中国·郑州考古（二十六）

CHINA ZHENGZHOU ARCHAEOLOGY

郑州文物考古与研究（四）

上

顾万发　主编

郑州市文物考古研究院　编著

文物出版社

图书在版编目（CIP）数据

郑州文物考古与研究.四/郑州市文物考古研究院
编著.—北京：文物出版社，2022.9
ISBN 978-7-5010-7762-5

I.①郑… Ⅱ.①郑… Ⅲ.①文物—考古—郑州—文
集 Ⅳ.①K872.611.4-53

中国版本图书馆 CIP 数据核字（2022）第 143426 号

郑州文物考古与研究（四）

主　　编：顾万发
编　　著：郑州市文物考古研究院

责任编辑：郑　彤
封面设计：王文娴
责任印制：张　丽

出版发行：文物出版社
社　　址：北京市东城区东直门内北小街 2 号楼
邮　　编：100007
网　　址：http://www.wenwu.com
经　　销：新华书店
印　　刷：宝蕾元仁浩（天津）印刷有限公司
开　　本：787mm×1092mm　1/16
印　　张：85
版　　次：2022 年 9 月第 1 版
印　　次：2022 年 9 月第 1 次印刷
书　　号：ISBN 978-7-5010-7762-5
定　　价：680.00 元（全 2 册）

目　录

（上）

第一篇　考古调查与发掘

第二篇　理论研究与探讨

（下）

第三篇　科技考古与文保

第四篇　文物介绍与赏析

第五篇　中国近代史研究

第一篇
考古调查与发掘

河南省体育场商代遗址发掘简报

刘文科　信应君

河南省体育场位于郑州市文化路与优胜北路西北角（图一）。2015年10～12月，郑州市文物考古研究院对建设范围内的遗址进行了考古发掘工作，发掘地点在体育场东北部，共布探方40个，其中29个为10×10平方米，其余11处应形就势，发掘面积大小不等，合计3600平方米，发现了商代至唐宋多个时期的文化遗存，其中商代文化遗存尤为丰富。清理出环壕、夯土墙、建筑基址、祭祀场、祭祀坑、灰坑、墓葬等多种遗迹，出土了铜器、玉器、石器、陶器和骨蚌器等丰富的遗物（图二）。现将发掘情况简报如下。

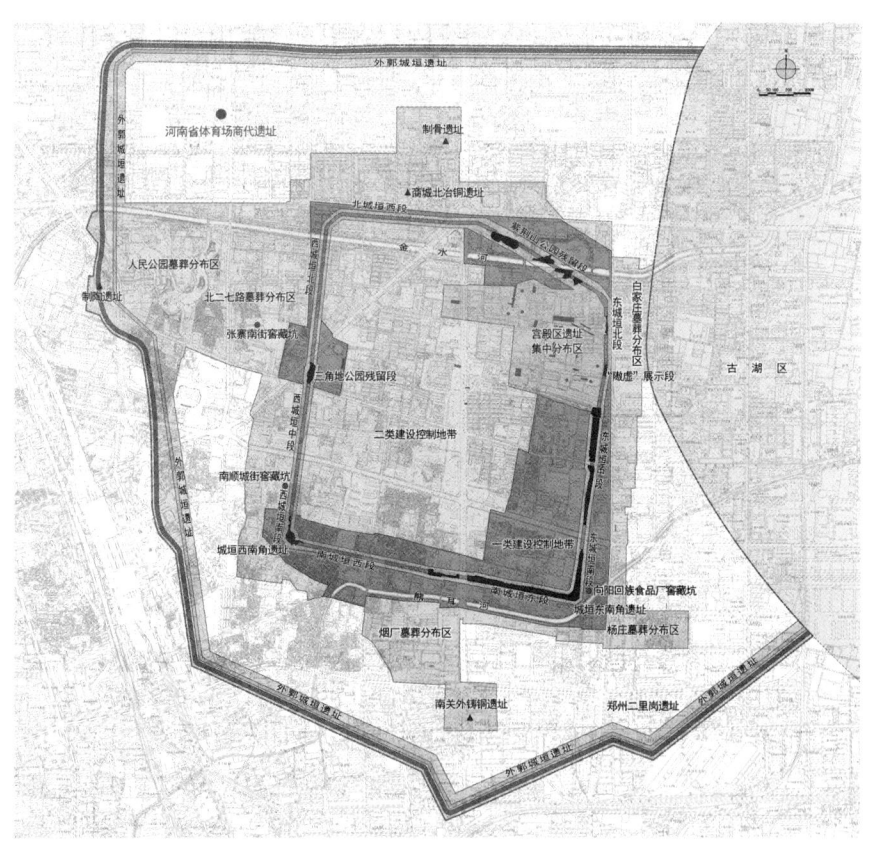

图一　商代祭祀遗址与郑州商城位置示意图

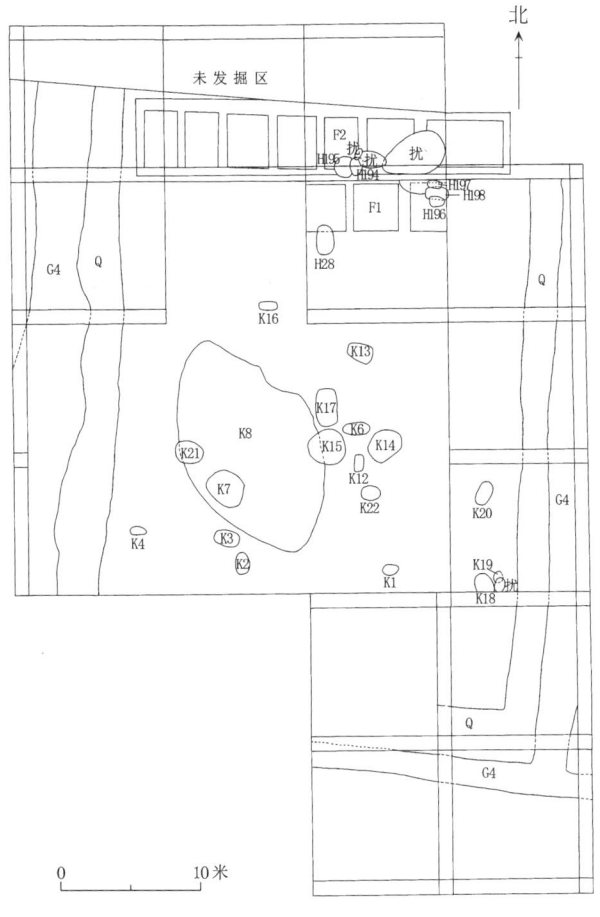

图二　商代遗迹分布平面图（局部）

一、地层堆积

发掘区地表回填土与现代垃圾较多，从地表向下清理1.5米左右，淤土层完全暴露，发掘工作从该层往下清理。地层堆积可分为三层，以T1203的北壁为例介绍如下（图三）。

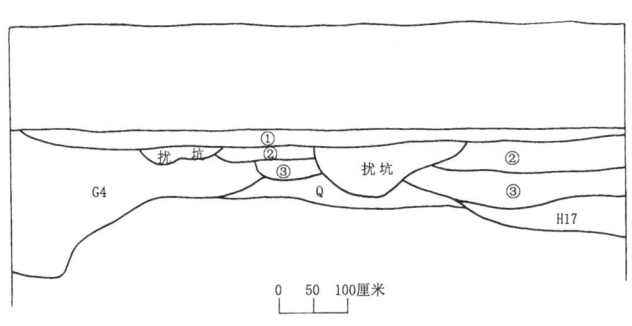

图三　T1203北壁剖面图

第1层：深0～0.3米，厚0.2～0.3米。浅黄色土，质松软，结构疏散，含沙量大，较纯净，可见少量砖和炭屑颗粒。该层为淤土层，均匀分布整个发掘区。

第2层：深0.1～0.65米，厚0.15～0.45米。黄褐色沙土，质疏松，含泥质灰陶、瓷片，器类有碗、罐、盏等，另有少量空心砖碎片。该层应为唐宋时期文化堆积层。

第3层：深0.3～1.15米，厚0.2～0.5米，灰褐色土，质较硬，出土有陶片、兽骨、石器等。该层为商代人类活动所形成，西部区域分布较薄，东南部分布较厚。

第3层之下为生土，红褐色，土质较硬。

二、文化遗迹

（一）建筑基址

共发现2处，位于发掘区的北部。此处地势较高，扰乱严重，地层堆积和遗迹保存较差。根据地层和堆积状况仅可分辨出遗迹的大致范围。以F2为例介绍。

F2位于发掘区的最北端，东西向，分布T1503、T1504、T1505、T1506四个探方，为一座长方形连排式建筑，东西长26.5米，南北宽4.8～5.5米。F2北墙的东侧被叠压于断崖下，宽0.5～0.8米，南墙宽0.5米。东西并排的8堵墙宽0.5～0.6米，未发现门道与柱洞。从西往东第一间面阔2.45米，进深4米，面积9.8平方米；第二间面阔2.45米，进深4米，面积9.8平方米；第三间面阔3米，进深3.75米，面积11.25平方米；第四间面宽2.75米，进深3.55米，面积9.76平方米；第五间面阔2.4米，进深3.6米，面积8.64平方米；第六间面宽3.75米，进深3.8米，面积14.25平方米；第七间面宽5.3米，进深3.2米，面积16.96平方米。据发掘情况可知，构建房屋时，对房屋所在的地面基础进行了夯打，夯层厚薄不一。同时该夯层和房屋也被商代灰坑所打破（图四）。

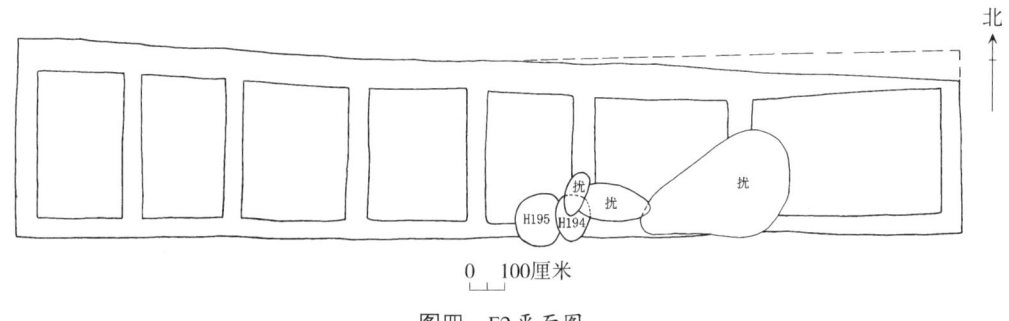

图四 F2平面图

（二）环壕

1条，编号G4，平面呈"凵"型，环布于建筑基址的东、西、南三面。东侧壕沟西距F2约3.9米，西侧壕沟东临F2约4.2米，南部壕沟连接东西两侧壕沟，形成一个半闭合空间。

东侧环壕揭露长度42.3米，口宽1.5～3米，局部宽可达3.5米，底部宽度在0.5～1米，深浅不一，深度在0.5～1.5米左右。南侧环壕清理长度29米，口宽在1.5～1.9米左右，局部可达2.3米。底宽0.5～1米，深度不一，深0.8～1米。

西侧环壕堆积较好，揭露长度36米。其平面为长条状，打破生土。沟壁下部规整平直，底部宽窄不一，最窄处约0.5米，最宽处在1.4米左右。至中部渐宽，人工痕迹明显，部分区域呈台阶状，灰沟口部最宽，宽度在3～5.1米之间，沟深1.45～2.35米，底部不规整，凸凹不平。沟内填土分为三层堆积，上层堆积为黑褐色，中层堆积为灰褐色，沟底堆积为青褐色。沟内堆积土质疏松，包含物丰富，出土大量陶片。沟内堆积部分漫出沟口。

（三）夯土墙

壕沟内侧残存夯土墙，剖面为梯形。红褐色黏土，土质坚硬质密，较为纯净。其中西侧夯土墙保存较差，仅局部可见，宽1.65～3.5米，残高0.25米。东侧夯土墙长约41.5米，宽1.25～2.45米，残高0.35～0.75米，局部夯土墙保存较好，可见清晰的夯层。厚度为0.05～0.1米，南部夯土墙破坏严重，长6米，宽2.9～4米，高0.55米。

（四）祭祀场与祭祀坑

环壕中部是一处不规则形状而且面积逾100平方米的陶片堆积层，陶片堆积密集，交错层叠分布，其间夹杂着兽骨、卜骨、带朱砂陶片、人骨和动物残骸等，这一堆积应是祭祀场，编号K8。

祭祀场周边分布着祭祀坑和灰坑。根据形制和堆积方式分为坑状堆积和片状堆积。坑状堆积多竖穴，其内可见完整的动物遗骸或兽骨与陶片堆积；片状堆积为平面堆积，即在一定的区域内密集分布着陶片、兽骨、人骨遗骸等文化遗存。

祭祀坑25处，多位于祭祀场附近，环壕外的东、西、南三面也有少量发现。以K2、K3、K14为例介绍。

K2　竖穴土坑式，平面近椭圆形，壁微弧，近底渐平。坑口长径1.5、短径0.6米，坑底长径1.2、短径0.5米，坑深0.3米。坑内填土为灰褐色五花土，土质较软，结构疏松，含少量料礓。坑底出土一副完整野猪骨架，头向北，四肢叠于腹下，呈跪卧状（图五）。

K3　竖穴土坑式，平面为椭圆形，弧壁，圜底。坑口长径1.8、短径1米，坑深0.3米。坑内为灰褐色花土，土质较软，结构疏松。坑底有一副完整的野猪骨架，西北—东南向，四肢置于腹下，呈跪卧状（图六）。

K14　片状堆积，平面为椭圆形。长径2.4、短径2.1米，厚约0.05米。堆积为灰褐色，土质较软，结构疏松，含少量炭粒。堆积南部出土大量陶片、卜骨、石刀及少量动物骨

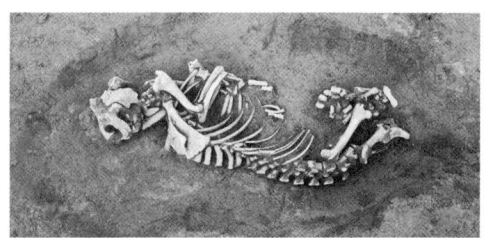

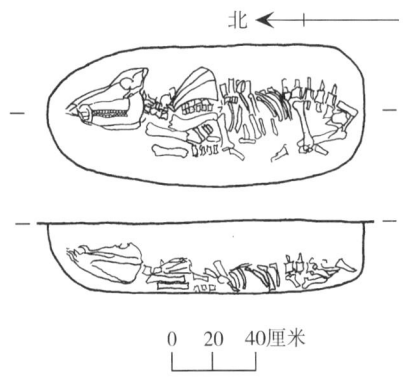
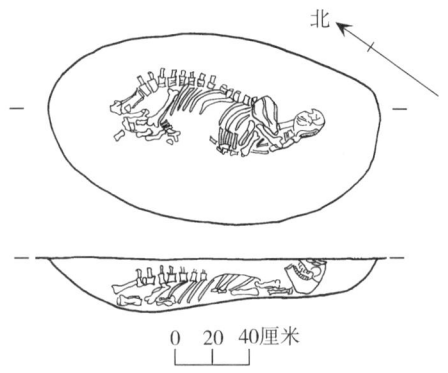

图五　K2遗迹照片及平、剖面图　　　　　　图六　K3遗迹照片及平、剖面图

角。堆积北部，陶片较少，一具完整的婴儿骨架呈俯身状平置于堆积中（图七）。

（五）灰坑

共182处，根据形状分为圆形、椭圆形、长方形及不规则形。重点介绍H47、H113、H155三处。

H47　位于T1404中部，开口于第2层下，被唐代淤土沟扰乱，仅存底部，打破生土。平面为不规则形，口底同大，直壁平底。坑口长径2.4、短径1.6米，坑深0.3米。黑褐色填土，土质较软。出土遗物有陶片、兽骨等（图八）。

H113　位于T1307中部，开口于第3层下，打破生土。平面为椭圆形，口大底小，坑壁略斜，不规整，平底。坑口长径2、短径1.6米，坑底长径1.8、短径1.4米，坑深1米。黑褐色填土，土质较软，结构疏松，含大量炭粒、烧土颗粒等。出土物丰富，

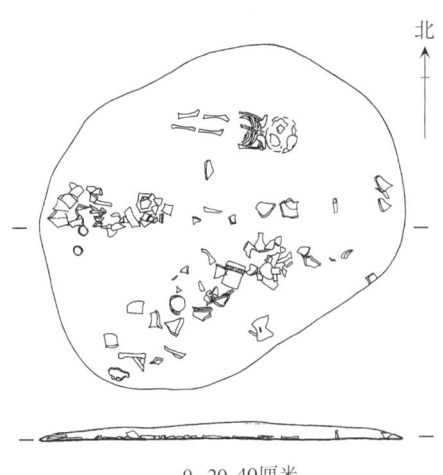

图七　K14遗迹照片及平、剖面图

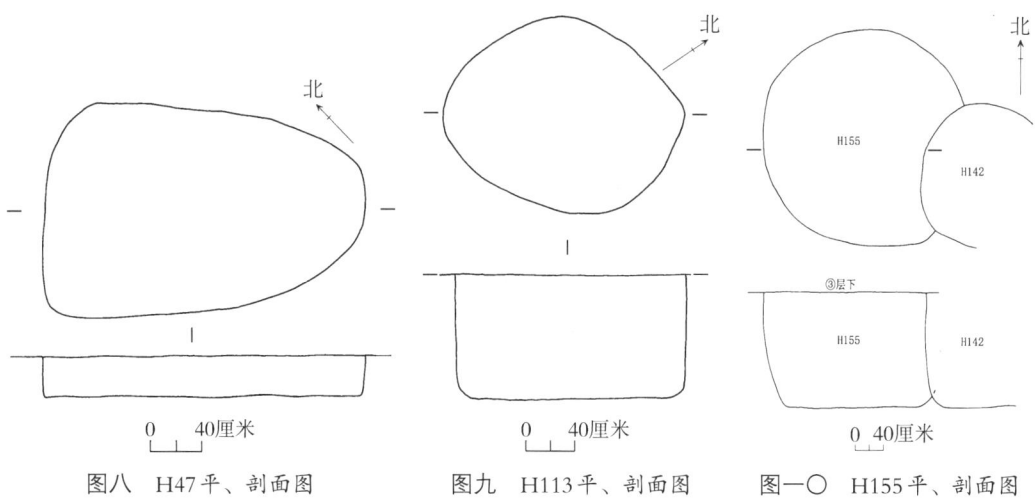

图八 H47平、剖面图　　　图九 H113平、剖面图　　　图一〇 H155平、剖面图

有陶器、铜镞、骨笄、兽骨、牛羊角等（图九）。

H155　位于T1307中部，开口于第3层下，打破生土，被142打破。平面近圆形，口大底小，坑壁略斜，平底。坑口长径3.1、短径3米，坑底长径2.9、短径2.8米，坑深1.6米。灰褐色填土，土质较软，结构疏松，含大量炭粒和烧土颗粒，出土物丰富，陶片居多，可见少量卜骨、石刀和蚌器等（图一〇）。

（六）墓葬

8座。开口于第3层下，墓向各异，形制相同，均为长方形竖穴，直壁平底，葬式不一。以M9、M13、M17为例介绍。

M9　南北向，方向0°。北部为H74打破。平面呈长方形，残长1.6、宽0.8、深0.4～0.5米。灰褐色五花土，土质松。墓室北部扰动严重，颅骨缺失，俯身葬，头向北。人骨左侧摆放有小口高领罐、豆、簋、杯、鬲等随葬器物。右侧放置有陶爵，骨镞和玉柄形器（图一一）。

M13　位于发掘区西侧，方向280°。打破生土，被H106打破。平面长方形，长2.1、宽0.7、深1米。仰身直肢葬，头西脚东，面朝上。颅骨周边清理出5个发笄，分为骨、玉两种材质。头骨附近发现1件

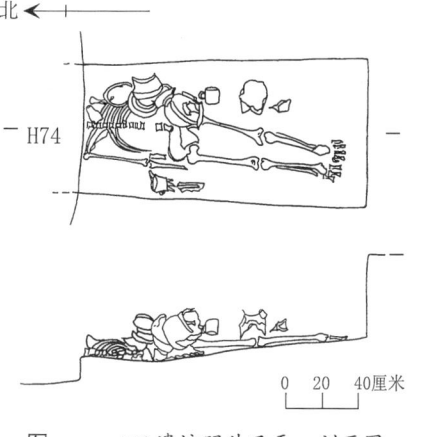

图一一　M9遗迹照片及平、剖面图

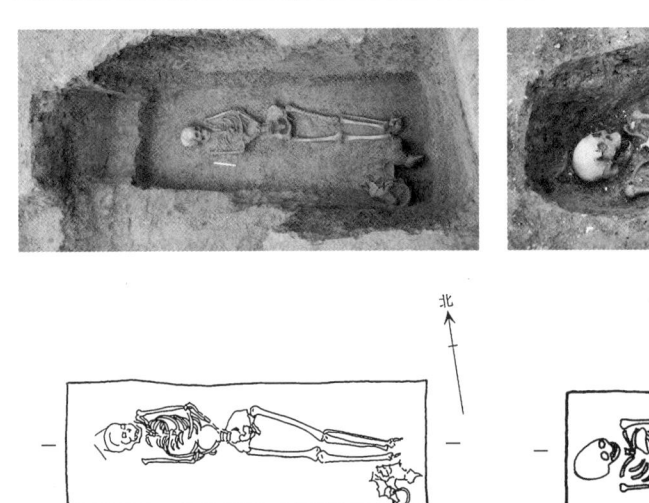

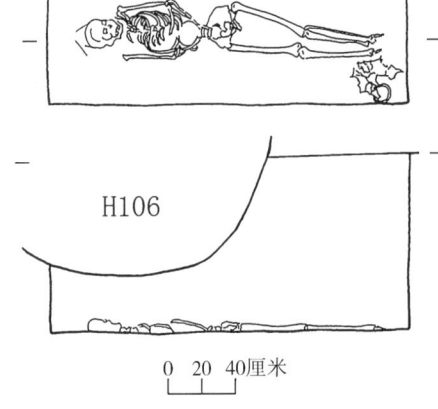
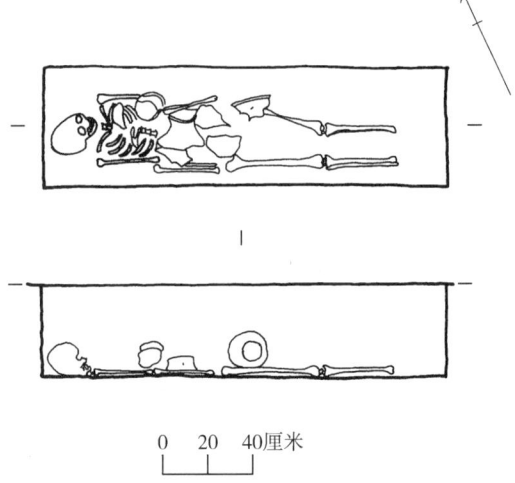

图一二　M13遗迹照片及平、剖面图　　　　图一三　M17遗迹照片及平、剖面图

小型铜器，当属头部饰品或者类似铜簪的遗物。墓室东南角放置有陶豆、陶鬲等随葬陶器，均破碎。墓室底部与人骨上可见大量朱砂（图一二）。

　　M17　开口于第3层下，方向290°。平面呈长方形，长1.9、宽0.5、深0.2米，坑内填黄褐色五花土，土质疏松。仰身直肢葬，头向北，面向上，微偏北，为一次葬。人骨左侧放置陶鬲1件，腹部放置小口高领陶瓮1件，左侧股骨上放置陶豆1件，皆残破（图一三）。

三、出土遗物

　　种类较多，有陶器、铜器、玉器、石器、骨器、蚌器及卜骨等，陶器居多。

（一）陶器

　　多为器物残片，完整器较少。泥质陶占比例较大，夹砂陶较少。灰陶为主（未标明陶色者均为灰陶），少数为灰褐陶和黑皮陶。多饰中绳纹，少量饰粗绳纹和细绳纹，附加堆纹、弦纹较常见，亦可见圆圈纹和窗棂纹及磨光黑陶。根据陶质的差异，器形也各有特点，其中夹砂陶多蒸煮器、器形有三足器较为常见，器形有鬲、大口长腹罐、甗、斝、爵等。泥质陶多为存储器和盛器，器形以平底器、圜底器、圈足器为主，主要的器形有大口尊、簋、泥质罐、盆、瓮、壶等。

图一四 陶器（一）

1.鬲（H47：1） 2.鬲（H113：3） 3.鬲（H113：5） 4.罐（H113：1） 5.簋（M9：3） 6.簋（T1204③：1） 7.壶（H113：2） 8.盆（T1304③：1） 9.瓿（G4②：32）

图一五 陶器（二）

1.爵（M9：1） 2.爵（T1107③：4） 3.杯（M9：2） 4.豆（M17：1） 5.豆（M9：4） 6.瓿（G4②：30） 7.捏口钵（G4①：17） 8.器纽（G4①：69） 9.纺轮（T1203③：6）

1.鬲　夹砂灰陶或灰褐陶。颈部以下多饰有绳纹，根据口沿差异分五型。

A型　卷沿，圆唇。据沿面下勾程度分两式。

Ⅰ式　沿面较平，器壁较薄。标本H47：1，颈下饰纵向细绳纹。口径13.4厘米，高16厘米（图一四：1、图一六：1）。

Ⅱ式　口沿外卷且下勾明显，胎壁渐厚，饰中绳纹。标本G4②：19，尖唇。器表可见烟熏痕迹。口径20厘米，高6厘米（图一六：2）。

B型　双唇口，沿面平。器表多饰细绳纹或粗绳纹。标本H113：10，器身饰粗绳纹，颈下绳纹用手指抹去，器腹有烟熏痕迹。口径16.2厘米，高19.8厘米（图一六：3）。

C型　沿面近唇部下折，尖唇。标本H113：5，灰褐陶，器身饰纵向中绳纹，颈下绳纹抹平，器表烟熏痕迹明显。口径16.8厘米，高22.8厘米（图一四：3、图一六：4）。

D型　沿面窄平，尖唇或圆唇。根据形态差异分为两式。

Ⅰ式　标本H155：8，灰褐陶，圆唇，器身饰粗绳纹。口径18厘米，高15厘米（图一六：5）。

Ⅱ式　标本K14：41，尖唇，饰粗绳纹和圜络纹。口径26厘米，高7.8厘米（图一六：6）。

E型　折沿鬲。根据口沿差异分为两个亚型。

Ea型　方唇。标本H113：3，器物颈部饰细弦纹和圆圈纹，腹部饰粗绳纹。口径19.2厘米，高24.4厘米（图一四：2、图一六：7）。

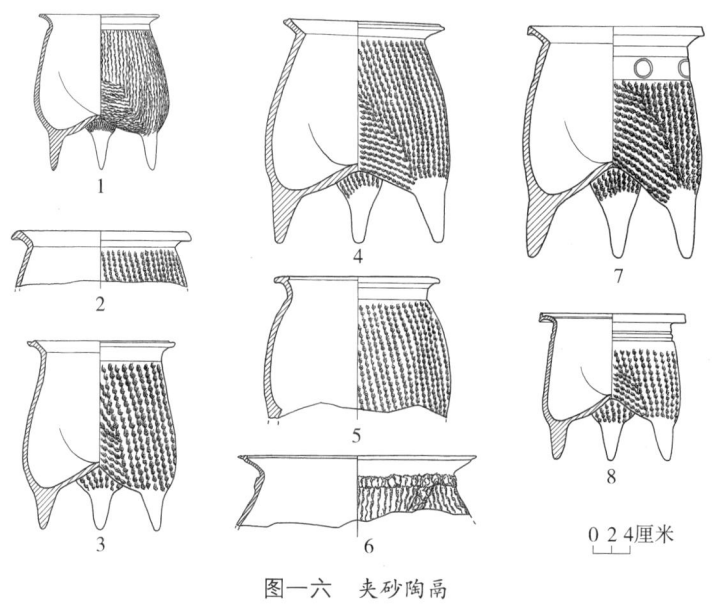

图一六　夹砂陶鬲

1.AⅠ式（H47：1）　2.AⅡ式（G4②：19）　3.B型（H113：10）　4.C型（H113：5）
5.DⅠ式（H155：8）　6.DⅡ式（K14：41）　7.Ea型（H113：3）　8.Eb型（M9：5）

Eb型 沿面上折，呈盘口。标本M9：5，沿面上饰凹弦纹一周，颈下饰凹弦纹两道，腹部饰中绳纹。口径16厘米，高15.4厘米（图一六：8）。

2.大口长腹罐 夹砂陶质，沿面上折成直口，束颈，器表饰绳纹，粗细有别。根据口部差异分两型。

A型 直口。根据口沿宽窄又分两式。

Ⅰ式 沿面窄。标本H47：4，灰陶，红色陶胎，胎壁较薄，饰细绳纹。口径20厘米，高6.4厘米（图一七：2）。

Ⅱ式 沿面宽。标本H155：9，灰褐陶，胎壁较厚，唇上缘略外翻，饰粗绳纹。口径30厘米，残高8厘米（图一七：1）。

B型 唇上缘内敛。标本K14：56，方唇，唇上缘高。口径30厘米，高2.8厘米（图一七：3）。

3.瓿 侈口，束颈，器表饰粗绳纹。根据口沿分为两型。

A型 卷沿，沿面平。标本H113：11，灰褐陶，沿面近唇部渐平，内缘饰浅凹槽一周，口径27厘米，残高12厘米（图一七：4）。

B型 折沿，双唇口，内缘高。标本G4①：32，口径30厘米，残高6厘米（图一七：5）。

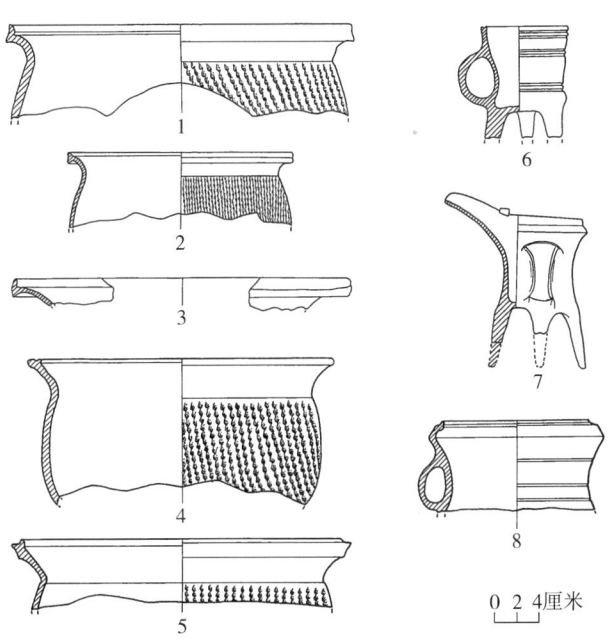

图一七 夹砂陶器

1.AⅡ式大口长腹罐（H155：9） 2.AⅠ式大口长腹罐（H47：4） 3.B型大口长腹罐（K14：56） 4.A型瓿（H113：11） 5.B型瓿（G4①：32） 6.A型爵（T1107③：4） 7.B型爵（M9：1） 8.斝（H155：10）

4. 斝　标本H155：10，敛口内折，口沿内凹，窄肩，束腰，肩腹之间有泥条状鋬。颈部饰凹弦纹三道。口径13厘米，高7.8厘米（图一七：8）。

5. 爵　圆口，有流，束腰，泥条型耳，三锥形实足。根据形态分为两型。

A型　标本T1107③：4。敞口，束腰，上粗下细，流残断，圜底，足残。口径7.6厘米，残高9.6厘米（图一五：2、图一七：6）。

B型　标本M9：1，口微敛，流上扬，束腰，平底。口径6.5厘米，残高14.8厘米（图一五：1、图一七：7）。

6. 大口尊　多口腹部残片，侈口，肩部多饰附加堆纹。根据口肩径差异分为四式。

Ⅰ式　口径小于肩径，短颈。标本H47：5，灰褐陶，圆唇，鼓肩，肩颈明显。颈部饰凸弦纹一周，肩部上方饰弦纹两周，折肩处饰附加堆纹一周。口径27厘米，肩径28.6厘米，残高12厘米（图一八：1）。

Ⅱ式　口径略大于肩颈，颈部较短。标本G4②：26，方圆唇，鼓肩，颈肩明显，颈部饰弦纹一周，肩部上方饰弦纹两周，折肩处饰附加堆纹一周。口径33厘米，肩径32.4厘米，残高15.6厘米（图一八：2）。

Ⅲ式　口径明显大于肩径，颈部渐长。标本H155：11，方圆唇，颈肩明显，窄肩。颈部饰凸弦纹一周，折肩处饰弦纹两周。肩部下方饰凹弦纹两周。口径25厘米，肩径20.2厘米，残高15.8厘米（图一八：3）。

Ⅳ式　口径大于肩径，颈部较长，颈肩不明显，窄肩微鼓。标本G4①：34，胎壁较厚，唇面外翻，圆唇，颈部饰一道凸棱。折肩处饰一道附加堆纹。口径37厘米，肩径17.8厘米，残高12.4厘米（图一八：4）。

7. 盆，数量较多，多为泥质灰陶，口径大，根据口沿和腹部形态，可以分为敞口深腹盆、敛口鼓腹盆、折沿浅腹盆、刻槽盆。

敞口深腹盆　折沿，深腹，多饰绳纹。根据沿面有无凹槽分两型。

A型　无凹槽。根据口唇差异分三亚型

Aa型　沿面较直，方唇或圆唇。标本H47：6，尖圆唇。上腹饰凸棱一道，腹部饰交错中绳纹。口径34厘米，残深12厘米（图一八：5）。

Ab型　沿面微卷，唇部下勾成卷圆唇。标本T1304③：1，窄沿，深腹微鼓，平底内凹。腹部饰中绳纹。口径34.2厘米，高24厘米（图一四：8、图一八：6）。

Ac型　沿面近唇部形成小台面。标本K14：47，沿面近唇部渐平，方圆唇，唇面有凹槽一周。口径38厘米，残高4.4厘米（图一八：7）。

B型　沿面有凹槽，根据口唇差异分为三个亚型。

Ba型　圆唇。标本K14：16，沿面较宽。颈肩部饰凹槽两道。口径34厘米，残高

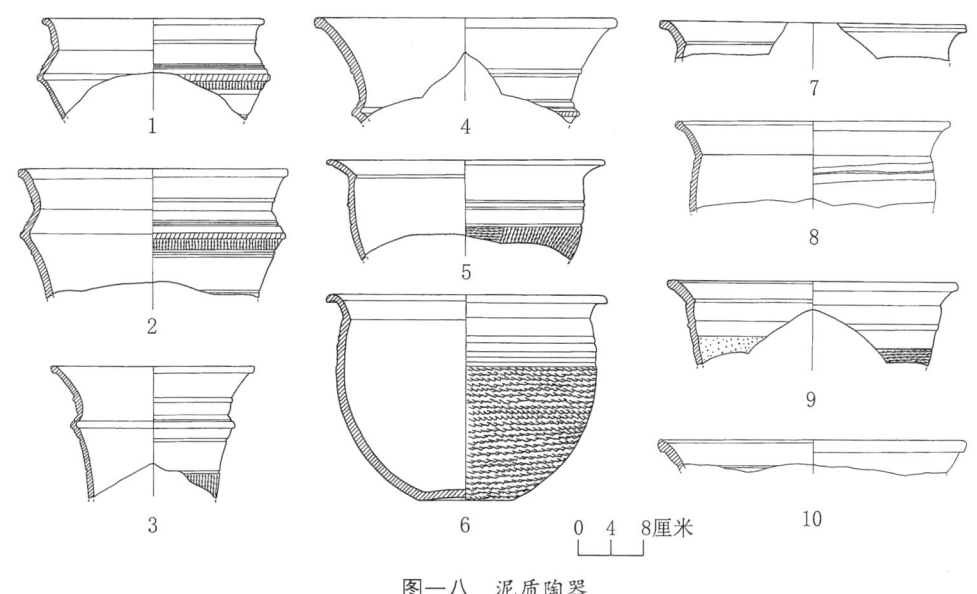

图一八　泥质陶器

1. I 式大口尊（H47：5）　2. II 式大口尊（G4②：26）　3. III 式大口尊（H155：11）　4. IV 式大口尊（G4①：34）　5. Aa 型敞口深腹盆（H47：6）　6. Ab 型敞口深腹盆（T1304③：1）　7. Ac 型敞口深腹盆（K14：47）　8. Ba 型敞口深腹盆（K14：16）　9. Bb 型敞口深腹盆（H155：12）　10. Bc 型敞口深腹盆（K14：18）

10.8 厘米（图一八：8）。

Bb 型　尖圆唇，口沿近唇部成小型台面。标本 H155：12，沿面较窄，近唇渐平，内壁饰小麻点。颈部外侧饰凸棱一周，腹部饰横向中绳纹。口径 36 厘米，高 10 厘米（图一八：9）。

Bc 型　唇面上缘突起。标本 K14：18，唇部肥大凸起。口径 38 厘米，高 4.1 厘米（图一八：10）。

敛口鼓腹盆　敛口，平折沿，沿面窄，鼓腹，圜底。多饰弦纹、回字纹、绳纹等。标本 H47：7，颈肩部各饰凸棱一周，下腹部饰横向中绳纹。口径 26 厘米、高 13.4 厘米（图一九：1）。标本 G4③：24，颈部饰凸棱一周，腹部饰回字纹一周，底部饰细绳纹。口径 27 厘米、高 14.8 厘米（图一九：2）。

折沿浅腹盆　侈口，折沿，浅斜腹，上腹部多饰凹弦纹，下腹部多饰绳纹。根据沿面差异分为两型。

A 型　沿面平直。根据沿面有无凹槽，分为两个亚型。

Aa 型　沿面无凹槽，根据胎壁厚度分为两式。

I 式　胎壁较薄。标本 H47：8，圆唇。腹部饰弦纹和交错中绳纹。口径 37 厘米，残高 10.2 厘米（图一九：3）。

II 式　胎壁较厚，唇部有绳纹。标本 K14：8，方唇近圆，唇面饰绳纹一道。腹部饰交错粗绳纹。器壁内壁有凸棱一周，底部饰小麻点。口径42厘米，残高10.2厘米（图一九：4）。

Ab型　沿面有凹槽。标本H113：13，胎壁较厚，圆唇。器腹饰粗绳纹。腹内壁饰凸棱和小麻点。口径38厘米，残高8.8厘米（图一九：5）。

B型　沿面下折。标本G4①：42，泥质黑陶。圆唇，折沿，沿面有凹槽一周。器物外侧饰横向中绳纹，内壁有凹槽一周。口径36厘米，残高8.8厘米（图一九：6）。

刻槽盆　标本H155：13，敞口，折沿，圆唇。内壁饰纵横的刻槽，粗细和走向不一。唇部下方饰凹痕一道，颈部饰一道凹弦纹，腹部饰横向中绳纹。口径34厘米，高10.4厘米（图一九：9）。

8.簋　平折沿、沿面窄，圜底，圈足。根据形态差异分为三型。

A型　鼓腹。标本M13：8，尖圆唇，颈部与下腹部均饰凸棱一周。口径15厘米，高7.8厘米（图一九：10）。标本T1204③：1，方唇。上腹部饰凸棱两周，下腹部饰凹弦纹一道，底部饰粗绳纹。口径25.8厘米，高15.6厘米，圈足17.2厘米（图一四：6、图一九：11）。

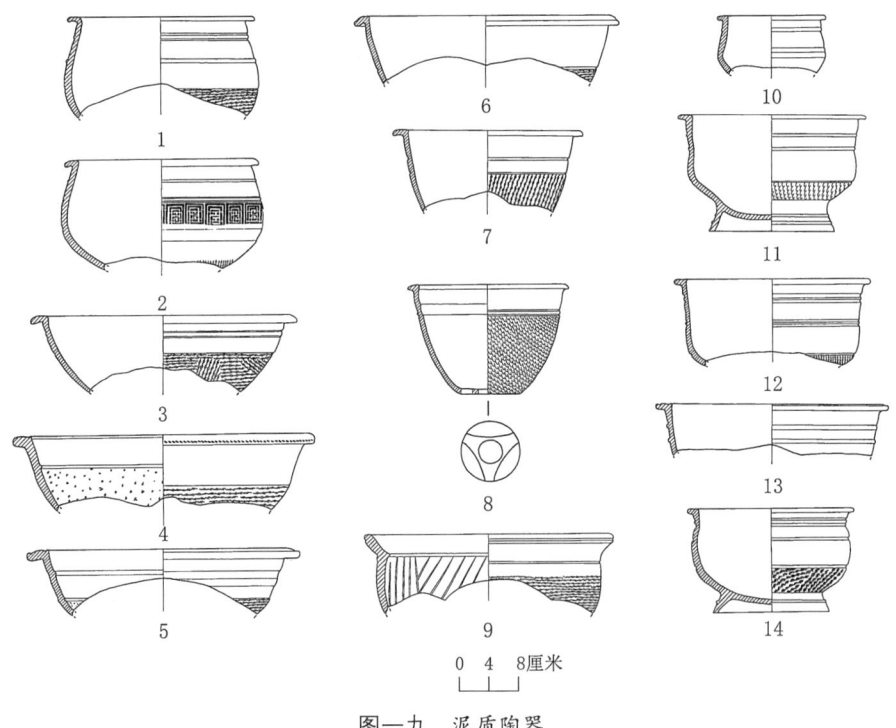

图一九　泥质陶器

1、2.敛口鼓腹盆（H47：7、G4③：24）　3.AaⅠ式折沿浅腹盆（H47：8）　4.AaⅡ式折沿浅腹盆（K14：8）　5.Ab型折沿浅腹盆（H113：13）　6.B型折沿浅腹盆（G4①：42）　7.A型甑（H47：9）　8.B型甑（G4②：32）　9.刻槽盆（H155：13）　10、11.A型簋（M13：8、T1204③：1）　12.Ba型簋（G4②：24）　13.Bb型簋（G4②：25）　14.C型簋（M9：3）

B型　直腹，据口部凹槽分为两个亚型。

Ba型　沿面无凹槽。标本G4②：24，磨光黑陶，方唇。颈部饰凸棱两道，底部饰中绳纹。口径27厘米，高11.6厘米（图一九：12）。

Bb型　沿面有两道凹槽。标本G4②：25，沿面内外各有一道凹槽，腹部饰凸棱两道。口径32厘米，高6.8厘米（图一九：13）。

C型　束颈。标本M9：3，沿面稍鼓，底部有矮圈足。颈部饰凸棱一周，肩腹部饰凹弦纹一道，底部饰粗绳纹。口径22.8厘米，高14厘米（图一四：5、图一九：14）。

9.甑　敞口，平折沿。腹部斜下收，多饰绳纹。根据口沿形态分为两型。

A型　沿面宽，圆唇。标本H47：9，腹部饰凹弦纹和斜向中绳纹。口径26厘米，高10.8厘米（图一九：7）。

B型　沿面窄，尖唇。标本G4②：32，底部中心有箅孔，器壁外侧饰交错细绳纹。口径22厘米，高14.6厘米，底径8厘米（图一四：9、图一九：8）。

10.泥质陶罐，数量较多，根据口沿与腹部形态差异，可以分为小口高领罐、捏口罐、盘口平底罐。

小口高领罐　口微侈，束颈，圆肩。颈肩部饰凸弦纹。根据口唇差异分为两型。

A型　圆唇。领部高矮不一。标本H47：10，颈部饰凸弦纹，肩部饰纵向细绳纹和凹弦纹，器物上腹部内壁可见网状印模痕迹，口径14厘米，残高8厘米（图二〇：1）。

B型　尖唇，口唇外翻成短折沿，颈肩饰凹弦纹。根据颈部差异分两式。

Ⅰ式　颈部较长。标本H155：14，口径15厘米，残高6厘米（图二〇：2）。

Ⅱ式　颈部较短。标本K14：28，肩腹部饰纵向中绳纹。口径14厘米，残高9.3厘米（图二〇：3）。

捏口罐　口部有对称捏痕。圆腹多饰绳纹。根据口沿形态分为两型。

A型　无沿，侈口，束颈。根据唇部差异分为两式。

Ⅰ式　方唇，唇口略外翻。标本H47：12。胎壁较薄，颈肩交界处有一道凹弦纹。颈部以下饰纵向细绳纹。口径12厘米，残高7.2厘米（图二〇：7）。

Ⅱ式　圆唇，唇部肥厚。标本H113：14，颈部较长。颈部以下饰横向中绳纹。口径14厘米，残高6.2厘米（图二〇：8）。

B型　短沿。根据沿面差异分为三式。

Ⅰ式　沿面窄平。标本H47：13，尖唇，口唇薄，颈部较短。腹部饰交错中绳纹。残宽6.3～7.5厘米，残高4.9厘米（图二〇：9）。

Ⅱ式　沿面平直。标本H113：15，胎壁较厚，短沿较平，圆唇，肩部渐长。口唇内缘凸棱不明显，颈部以下饰横向中绳纹。器腹内壁饰较大的麻点。口径14.4厘米，高11.6厘米（图二〇：10）。

Ⅲ式　沿面外缘下垂。标本K14：30，胎壁较厚，短沿，圆唇，口沿近唇部略下垂，口唇内缘有凸棱。口径14厘米，高4.5厘米（图二〇：11）。

盘口平底罐　标本H113：1，窄折沿，沿面内凹，方唇。腹壁斜直，深腹，平底。颈部以下饰纵向中绳纹。直径13.7厘米，高17.4厘米（图一四：4、图二一：8）。

11.豆　根据形态差异可分二式。

Ⅰ式　标本M17：1，尖唇，斜壁，深盘。圆柱形柄。豆盘有朱砂痕迹。口径17厘米，高8厘米（图一五：4、图二〇：4）。

Ⅱ式　标本M9：4，浅盘，假腹，高圈足，圈足外撇。腹部饰弦纹两道，圈足上饰凸弦纹2道。口径15.8厘米，高10厘米，底径11厘米（图一五：5、图二〇：5）。

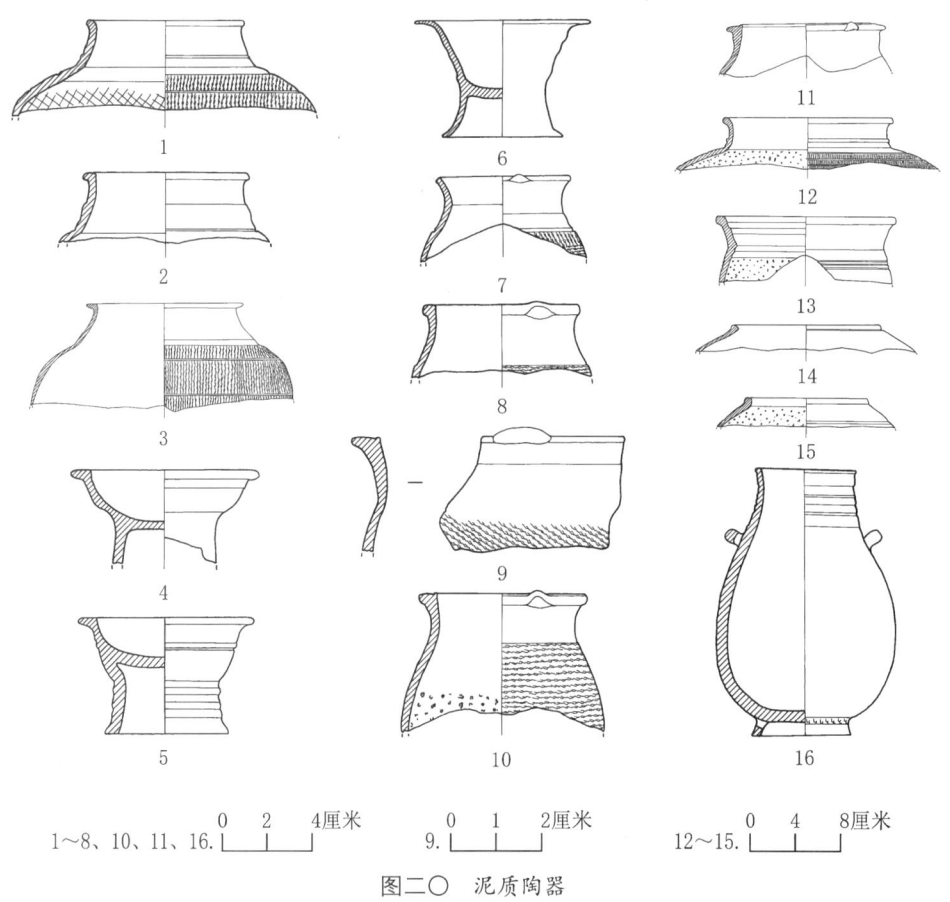

图二〇　泥质陶器

1.A型小口高领罐（H47：10）　2.BⅠ式小口高领罐（H155：14）　3.BⅡ式小口高领罐（K14：28）
4.Ⅰ式豆（M17：1）　5.Ⅱ式豆（M9：4）　6.瓿（G4②：30）　7.AⅠ式捏口罐（H47：12）　8.AⅡ式捏口罐
（H113：14）　9.BⅠ式捏口罐（H47：13）　10.BⅡ式捏口罐（H113：15）　11.BⅢ式捏口罐（K14：30）　12.A型
大口瓮（H155：15）　13.B型大口瓮（K14：24）　14.A型敛口瓮（H47：11）　15.B型敛口瓮
（H155：16）　16.壶（H113：2）

12.觚　标本G4②：30，形体粗壮。侈口，束腰，深腹，高圈足。腹壁有朱砂痕迹。口径15.4厘米，底径10.6，通高10厘米（图一五：6、图二〇：6）。

13.瓮　根据形态和口部差异可以分为两种，即大口瓮和敛口瓮。

大口瓮　多为口部残片，根据口部差异分为两型。

A型　标本H155：15，直口外侈，圆唇，束颈，阔肩。颈部有凸棱一周，肩部饰凹弦纹和纵向中绳纹，内壁饰麻点。直径30厘米，残高9厘米（图二〇：12）。

B型　标本K14：24，灰黑陶色，方唇，溜肩。肩部饰凹弦纹，内壁饰麻点。直径32厘米，残高11.4厘米（图二〇：13）。

敛口瓮　敛口，广肩。根据口部差异分为两型。

A型　无领。标本H47：11，灰褐陶，尖唇阔肩。口径26厘米，高5.6厘米（图二〇：14）。

B型　矮领。标本H155：16，圆唇。肩部饰凹弦纹，内壁有小麻点。口径22厘米，高5厘米（图二〇：15）。

14.壶　标本H113：2，直口微外侈，圆唇，束颈，溜肩，肩部两侧有一组对称横鼻。深腹略鼓，下腹内收，平底，附加矮圈足。颈肩部饰多道弦纹，圈足上两对称圆孔与肩上两鼻相对。口径8.8厘米，腹径15.8厘米，底径8.7厘米，高22.8厘米（图一四：7，图二〇：16）。

15.缸　标本K14：40，黄褐陶，直口，腹壁直，口部饰附加堆纹，腹饰横向篮纹。残高15.4厘米，残宽13.7厘米，厚1.9厘米（图二一：4）。

16.器盖　标本H155：17，黑皮陶，覆钵状，敞口，尖圆唇。顶部较平，器壁斜直，外侧饰凹弦纹三周，顶部残。口径30米，残高13.6厘米（图二一：1）。

17.器纽　多为器盖残件。根据形态差异分为两型。

A型　菌状顶。标本K14：59，黑陶，菌盖顶，柄部细，根部渐粗，中空。残高7.8厘米（图二一：6）。

B型　弧形顶。标本G4①：69，弧

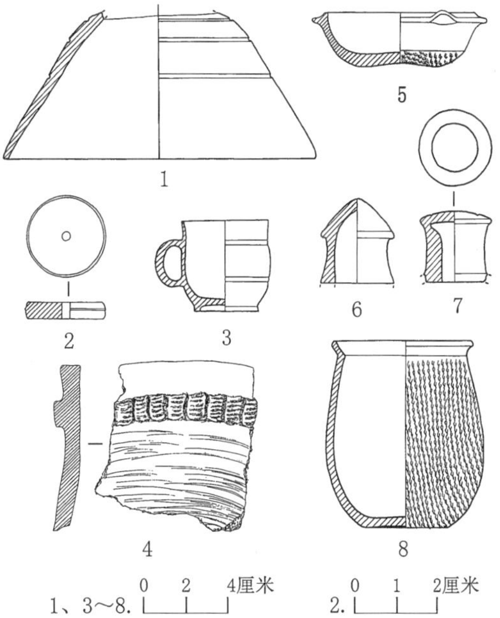

图二一　泥质陶器

1.器盖（H155：17）　2.纺轮（T1203③：6）　3.杯（M9：2）　4.缸（K14：40）　5.捏口钵（G4①：17）　6.A型器纽（K14：59）　7.B型器纽（G4①：69）　8.盘口平底罐（H113：1）

顶上饰圆形弦纹，中空。残高6.6厘米（图一五：8、图二一：7）。

18.纺轮　标本T1203③：6，泥质黑陶，饼状，中有一孔。孔径0.4厘米，直径3.8厘米（图一五：9、图二一：2）。

19.杯　标本M9：2　直口，腹部略鼓，泥条形耳，平底，浅圈足，腹部饰凹槽两道。口径8.3厘米，底径6厘米，高8.4厘米（图一五：3、图二一：3）。

20.捏口钵　标本G4①：17，窄沿，尖唇，敞口，斜壁，口部有对称捏痕，底部内凹，底部饰绳纹。直径15.4厘米，高5厘米（图一五：7、图二一：5）。

（二）铜器

1.爵　1件（T1③：1）。出土于发掘区西侧。敞口，长流，尖尾。独柱，柱顶饰涡纹。腰内收，腹鼓。底微圜鼓，三棱锥足。器物腰部正面饰一行圆圈纹饰，腹部正面饰浅细阳线兽面纹。器高14.2厘米，流尾长14厘米（图二二：1、图二三：1）。

2.镞　1件（H113：6）。锈蚀严重，三角形弧边锋刃，扁平双斜翼，双翼后锋渐窄变尖，脊铤作圆柱状，铤尾直径较小，顶端弯曲。通长7厘米，翼宽2.3厘米（图二二：3、图二三：2）。

3.簪　1件（M13：3）。锈蚀严重，残断。顶端为圆环状，主体为长条状，外侧有一道凹槽。长6.8、厚0.3厘米（图二二：2、图二三：3）。

图二二　铜器

1.爵（T1③：1）　2.簪（M13：3）　3.镞（H113：6）

（三）玉器

1.柄形器　1件（M9：6）。青褐色，长条形，平首齐锋。柄部内弧，略窄。器身直且宽，至顶端渐收为平锋。通长9.8厘米，宽1-2.1厘米，厚0.4~0.5厘米（图二三：4、图二四：1）。

2.簪　3件。标本M13：1，青褐色，通体磨制，圆锥状，尾粗尖细，残断。剖面为圆形，通长11.6厘米，直径0.8厘米（图二三：5、图二四：4）。

（四）石器

多呈青灰色，以生产工具为主，种类有刀、镰、锛等。

1. 刀　标本H155：3，通体磨光，长条形，残断。弧背略厚，单面刃，刃部较薄，残损。残长8.9厘米，宽5厘米，厚约0.8厘米（图二三：6）。

2. 锛　标本H155：2，刃部磨制，长条形。仅刃部磨制，单面弧形刃。长8.7厘米，宽5.3厘米，厚1.4厘米（图二三：7）。

3. 镰　标本G4①：14，通体磨光，长条形，残。弧背直刃，中部宽，顶端窄，刃部与顶端均为双面加工。残长10.1厘米，宽3.3～4.3厘米（图二三：8、图二四：5）。

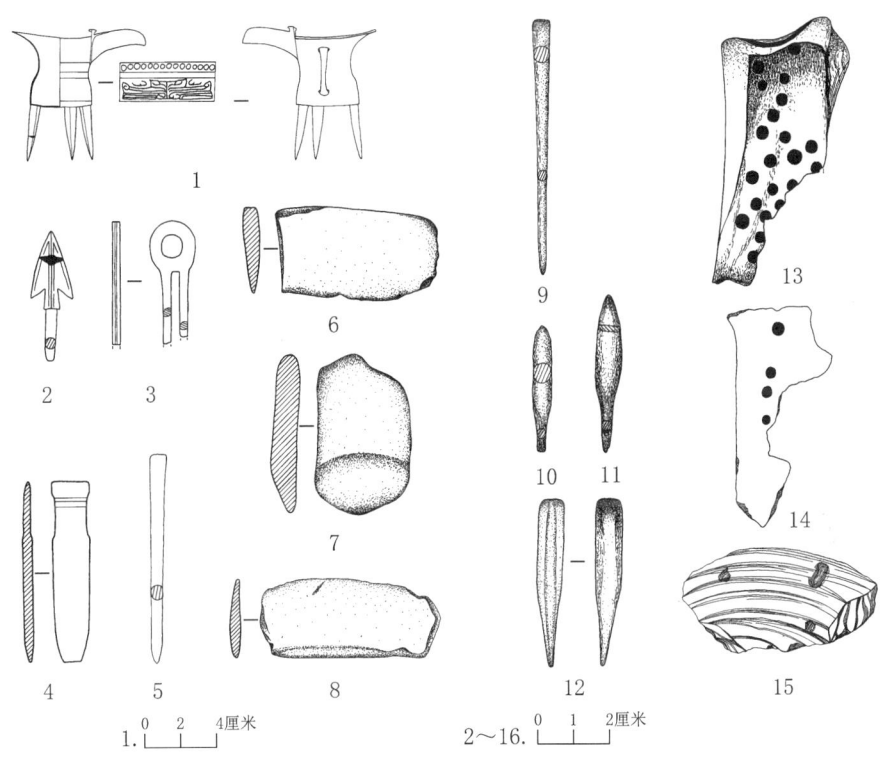

图二三　其他出土器物

1.铜爵（T1③：1）　2.铜镞（H113：6）　3.铜簪（M13：3）　4.玉柄形器（M9：6）　5.玉簪（M13：1）　6.石刀（H155：3）　7.石锛（H155：2）　8.石镰（G4①：14）　9.骨簪（M13：6）　10、11.骨镞（G4②：46、G4②：47）　12.骨锥（G4②：4）　13、14.卜骨（H113：9、H155：1）　15.蚌器（H155：4）

（五）骨角蚌器

骨角器较多，皆通体磨光，种类有骨簪、骨镞、骨锥以及骨角器等。

1. 骨簪　标本M13：6，灰褐色，尾部平齐粗壮，顶端略尖，断面为圆形。通长13.9厘米，尾部直径1厘米，顶端直径0.4厘米（图二三：9）。

2. 骨镞　形制不一，略有差异。标本G4②：46，黄褐色，圆锥状，锋部圆钝，断面为圆形，内收渐细成铤。长6.9厘米（图二三：10）。标本G4②：47，黄褐色，枣核状，长锋，铤部较长，断面为圆角长方形，长8.5厘米（图二三：11、图二四：2）。

3. 骨锥　标本G4②：4，淡黄色，通体磨光，长条形，中间内凹，一端斜收为锥状，另一端磨成铲状。长9.1厘米，宽1.2厘米（图二三：12、图二四：3）。

4. 蚌器　标本H155：4，白色，蚌壳磨制而成。弓背弧刃，刃和背部较薄。两侧不规整，蚌壳表面的纹理和内侧沟槽尚清晰可见。残长11.5厘米，宽5.6厘米（图二三：15）。

图二四　其他出土器物

1. 玉柄形器（M9：6）2. 骨镞（G4②：47）3. 骨锥（G4②：4）4. 玉管（M13：1）5. 石镰（G4①：14）6. 卜骨（H113：9）7. 卜骨（H155：1）

（六）卜骨

数量多，多采用动物肩胛骨，经过修整，可见清晰钻灼钻痕。标本H113：9，黄褐色，牛的肩胛骨。卜骨上可见密集的钻孔，排布不规律，多圆形圜底，深浅不同，个别钻孔可见灼烧的黑色印痕。残长14.5厘米，残宽7.4厘米（图二三：13、图二四：7）。标本H155：1，灰褐色，肩胛骨下端残部，较薄，破损严重。卜骨上可见零星灼烧钻痕。残长11.8厘米，残宽5.4厘米（图二三：14、图二四：6）。

四、结语

通过发掘，根据地层堆积关系，结合出土遗物类型分析，可将河南省体育场商代遗址分为四个时期。

第一期文化遗存的代表单位有H47、G4③等。陶色多灰褐色、胎壁较薄，器表多饰细绳纹。卷沿鬲为主、大口长腹罐沿面较窄、大口尊颈短且肩径大于口径。其中A型鬲、A型大口长腹罐、Ⅰ式大口尊、敛口深腹盆、Aa型的敞口深腹盆等器物与郑州铭功路H3内同类器物极为相似[1]，当属同期。据此可知，第一期遗存早于二里岗下层H17，晚于二里岗下层最早阶段的H9，属于二里岗下层较早时期。

第二期文化遗存以H155、H133、G4②层和M17为代表。陶色多灰色，器表绳纹变粗。A型Ⅱ式鬲与二里岗的H17：18较为相近，A型簋、Ba型簋与二里岗的Ⅰ式簋、Ⅱ式簋形态相似[2]。其中鬲多卷沿，大口长腹罐沿面渐宽，深腹盆沿面较窄。第二期文化遗存的时代与二里岗H17的时代较为接近，时代为二里岗下层晚期。

第三期文化遗存的代表单位有K14、G4①。陶色多灰色、胎壁渐厚，多饰中粗绳纹、圜络纹和圆圈纹。大口尊肩部渐平，颈部变长。遗存中的方唇折沿圆圈鬲、敛口斝、长颈大口尊、子母口的陶甗等均为郑州二里岗上层典型器物。第三期遗存应属二里岗上层。

第四期文化遗存以M9为代表，Eb型鬲与郑州木材市场所见Bb型陶鬲相近[3]，出土的陶簋、陶爵等器物具有白家庄器物的特征[4]，时代应属郑州商代文化中期的"白家庄期"。

河南省体育场商代遗址地处郑州商城内城外的西北部，距离内城西北角不足700米，且位于郑州商城的外城内侧，与外城相距亦仅半里之遥，近年在这一区域曾进行过多次考古发掘工作，并时有重要商代文化遗存发现，说明此地在早商时期就是商人重要的活动区域之一。此次发掘发现的祭祀场面积较大，周围的祭祀坑密集分布，表明该遗址是一处具有祭祀性质的文化遗存。遗址位于郑州商城内外城之间，当是郑州商城重要的组成部分，或承担一定的"区域功能"，应是郑州商城的祭祀场所。遗址中发现的祭祀坑数量较多，其祭祀模式、形态都与郑州小双桥此类遗存极为相近[5]，其时代早于郑州小双桥遗址的时代，证明这一模式是商文化所特有的祭祀和酬神的方式。

河南省体育场商代祭祀遗址是多年来郑州商城最为重要的考古新发现之一，这一遗址的发现是郑州商城重要的补充。遗址中堆积丰富的商代祭祀遗存对于研究郑州商城的性质和文化面貌具有重要的作用，也为小双桥祭祀行为找到最直接的源头。

附记：发掘领队信应君，发掘人员刘文科、梁亚男、邓燕、王庆丽、王广才，整理刘文科、邓燕、王玉红、黄晨，绘图景亚茹、高宏，摄影郝世华。

▌注释

［1］郑州市文物考古研究所：《郑州市铭功路东商代遗址》，《考古》2002年第9期。

［2］河南省文化局文物工作队：《郑州二里岗》，科学出版社，1959年。

［3］姜楠、张建华、于宏伟：《郑州市木材公司1997年及2000年商代遗址发掘简报》，《郑州文物考古与研究（一）》，科学出版社，2003年。

［4］河南省文化局文物工作队第一队：《郑州白家庄遗址发掘简报》，《文物参考资料》1955年第10期。

［5］河南省文物考古研究所、郑州小双桥：《1990年—2000年考古发掘报告》，科学出版社，2012年。

（原刊于《中原文物》2020年第2期）

郑州市东风路商代遗址发掘简报

刘文科　姜楠

河南新瀚海东风置业有限公司拟建瀚海东风第一城项目，该项目位于郑州市金水区东风路北侧，丰庆路西侧（图一）。在该建设区域内发现有古代文化遗存多处，2014年，郑州市文物考古研究院对施工区域内的所见遗迹进行了发掘清理。由于施工，地层已全部破坏，遗迹完全暴露。在建设区域内共计清理遗迹17处，其中商代灰坑11处，墓葬4座，包括汉代墓葬3座，唐代墓葬1座，墓葬均被盗扰，仅有极少数遗物出土。本简报对堆积相对较为丰富的商代遗存择其要而述之。

一、商代遗存

在发掘范围内，共发现商代文化遗存11处，零散的分布于整个发掘区域。灰坑形制可以分为圆形、椭圆形、方形三种。仅部分灰坑出土有丰富的遗物，现选择堆积丰富的几处灰坑进行重点介绍。

H1　平面近似椭圆形，坑壁垂直，平底。坑口长径为3.5、短径2.3、深0.7米。坑内为灰褐色填土，土质疏松，出土陶片较多，分为泥质灰陶和夹砂陶片，陶色多为灰色，亦见灰褐色。纹饰以素面和绳纹为主，少量饰有弦纹。可辨器形有鬲、盆、捏口罐、瓮、簋、夹砂罐等，石刀、石镰等（图二）。

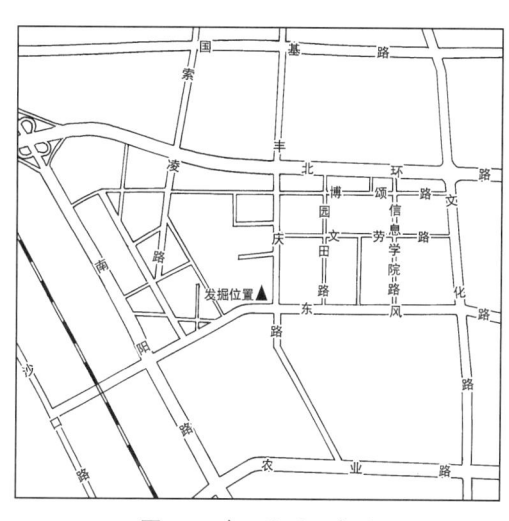

图一　遗址位置示意图

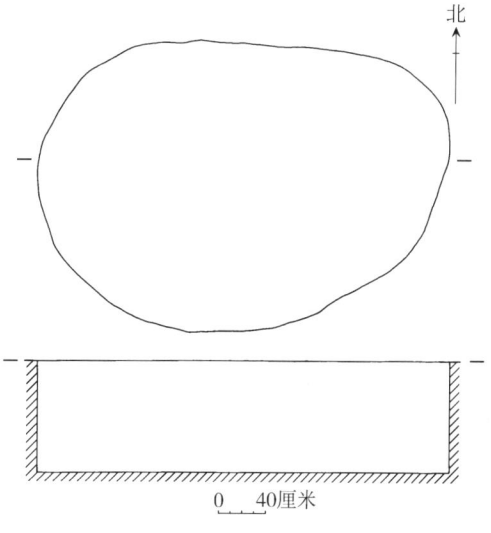

图二　H1平、剖面图

H3 平面近似长方形，坑壁垂直，加工痕迹明显，平底。坑口长1.4、宽0.8、深1.68米。坑内为灰褐色填土，土质疏松，含有少量炭屑，出土陶片较少，分为泥质灰陶和夹砂陶片，陶色均为灰色。纹饰有素面、绳纹、弦纹。可辨器形有鬲、大口尊。石器有石镰1件（图三）。

H5 平面近似椭圆形，坑壁较直，平底。坑口长径3.4、短径1.5、深0.5米。坑内为灰褐色填土，土质疏松，出土陶片较多，分为泥质灰陶和夹砂陶片，陶色多为灰色，少量灰褐色。纹饰以素面和绳纹为主，少量饰有弦纹、附加堆纹、粗绳纹、窗棂纹。可辨器形有鬲、盆、大口尊、刻槽盆、敛口罐等（图四）。

H10 平面近似圆形，坑壁直，规整，平底。坑口直径1.3米，深0.5米。坑内为灰褐色填土，土质疏松，出土少量陶片，均为泥质灰陶，陶色多为灰色，纹饰以素面和绳纹为主。可辨器形有陶盆、刻槽盆等（图五）。

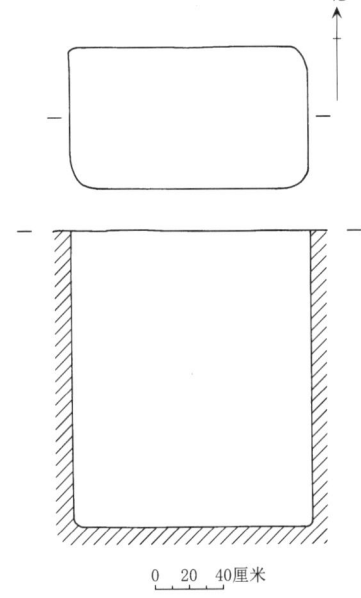

0 20 40厘米

图三 H3平、剖面图

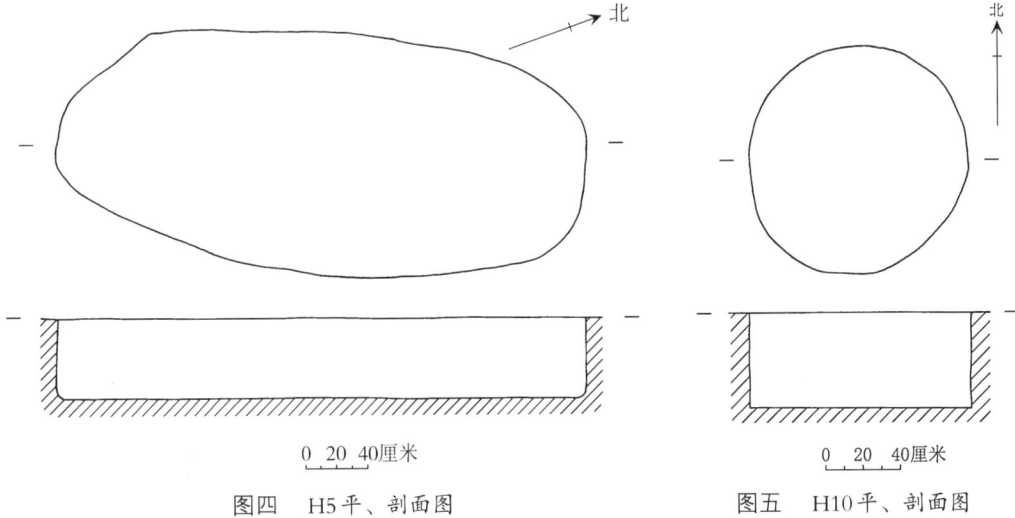

0 20 40厘米

图四 H5平、剖面图

0 20 40厘米

图五 H10平、剖面图

二、出土遗物

遗址中出土遗物以陶器为主，主要器物除陶鬲、陶甗、夹砂罐、敞口深腹罐、刻槽盆、陶簋、陶甑、大口尊、高领罐、捏口罐等器物之外，还出土有少量的原始瓷器、石器和蚌器。现就出土器物标本简要介绍如下。

（一）陶器

陶器种类较多，有鬲、甗、罐、尊、簋、瓮、钵、豆、盆、甑等。

鬲　10件。均为夹砂陶，根据陶鬲口沿差别，可以分为三型。

A型　2件。侈口，斜折沿，方唇、束颈、鼓腹。沿缘部下折，沿面有一周凹弦纹，颈部饰有两周凹弦纹，肩部以下饰有粗绳纹。H1：3，口径18厘米，残高10厘米（图六：1）。H3：4，口径18.8厘米，残高7.4厘米（图六：2）。

B型　6件。侈口，折沿，沿缘部上折，似盘口，束颈、鼓腹，颈部外侧饰有凹弦纹，颈部以下饰有绳纹。标本H5：4，锥形足，形体较瘦，口径12.6厘米，残高15.4厘米（图六：3）。标本H5：6，口径17.6厘米，残高7.4厘米（图六：4）。

C型　2件。敛口，束颈，方唇，斜折沿，唇上缘内勾，与沿面形成凹槽，器表饰有圜络纹。标本H4：12，口径19厘米，残高8厘米（图六：5）。H4：13，口径14.4厘米，残高5.8厘米（图六：6）。

鬲足　3件。夹砂陶。标本H2：6，红褐色，锥形足，残高9.2厘米（图六：7）。标本H1：3，灰陶，袋状，残高5厘米（图六：8）。标本H4：14，灰陶，锥形足，残高5.8厘米（图六：9）。

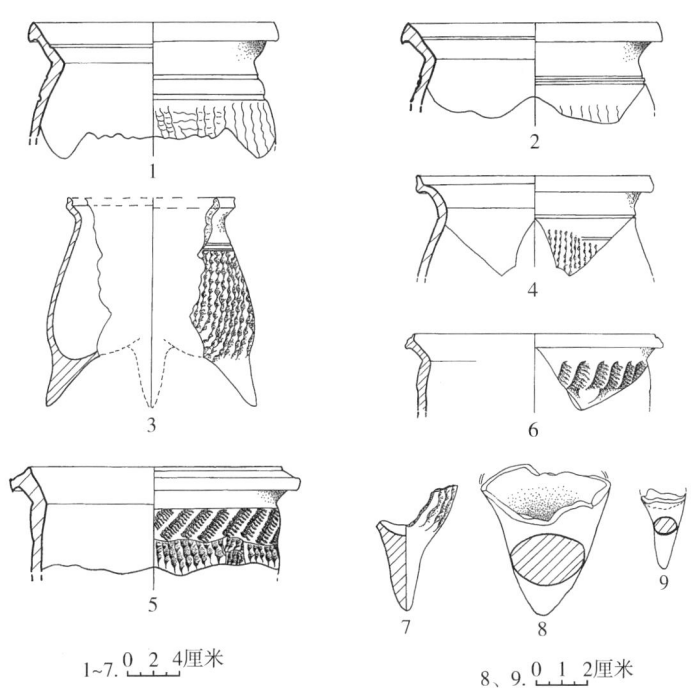

图六　陶鬲

1. A型鬲（H1：3）　2. A型鬲（H3：4）　3. B型鬲（H5：4）　4. B型鬲（H5：6）　5. C型鬲（H4：12）　6. C型鬲（H4：13）　7. 鬲足（H2：6）　8. 鬲足（H1：3）　9. 鬲足（H4：14）

甗　2件。夹砂灰陶，形制略有差异，以口部形态区别可分为二型。

A型　侈口，方唇，束颈，唇缘上折，颈部以下为绳纹，腹部斜直。标本H2：3，口径26厘米，残高8.8厘米（图七：1）。

B型　侈口，方唇，束颈，唇缘外侧上折，颈部以下为绳纹，腹部斜直。标本H5：7，口径24厘米，残高9.3厘米（图七：2）。

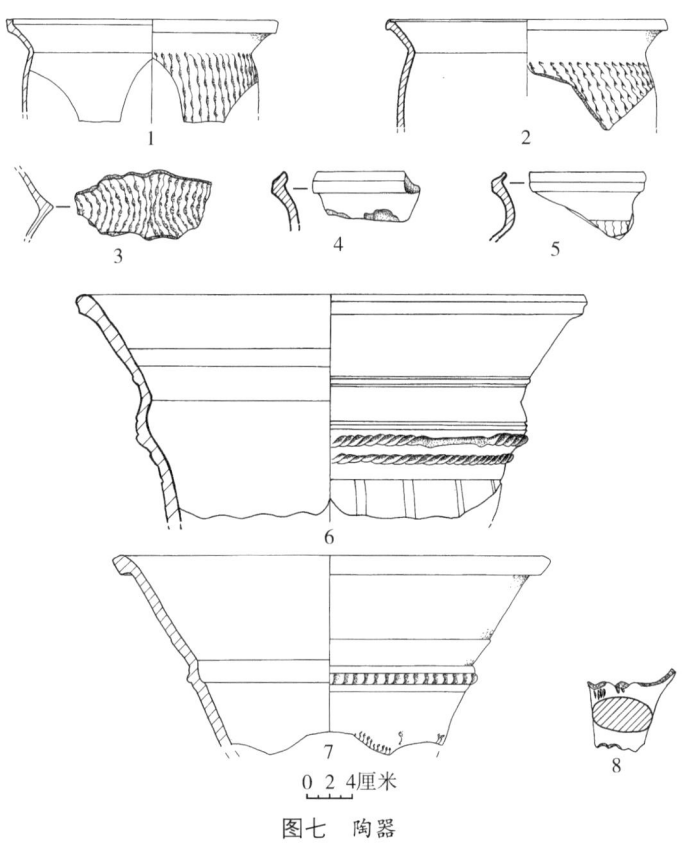

图七　陶器

1.A型甗（H2：3）　2.B型甗（H5：7）　3.甗腰（H1：12）　4.夹砂罐
（H11：3）　5.夹砂罐（H1：5）　6.A型大口尊（H5：13）　7.B型大口尊
（H5：14）　8.甗足（H4：1）

甗腰　1件（H1：12）。甗腰残片，夹砂红褐陶，有腰隔，器表饰有绳纹（图七：3）。

甗足　1件（H4：1）。夹砂灰陶，足根粗大，残高7厘米（图七：8）。

夹砂罐　2件，形制相同。夹砂灰陶，方唇，直口斜卷沿，沿缘部上折，颈部下侧饰有粗绳纹。标本H11：3，长6厘米，残高4.2厘米（图七：4）。标本H1：5，长10厘米，残高5.5厘米（图七：5）。

大口尊　4件。泥质灰陶，多为口沿残片，可参与分型的有二件，根据肩部差异分为二型。

A型　1件（H5：13）。泥质灰陶，侈口，方唇，肩部鼓起，饰有附加堆纹两周。腹部饰有窗棂纹饰。口径44厘米，残高18.8厘米（图七：6）。

B型　1件（H5：14）。泥质灰陶，侈口，方唇，肩部微鼓，饰有附加堆纹一周，其下为绳纹。口径37.2厘米，残高16.6厘米（图七：7）。

敞口深腹盆　5件。泥质灰陶，根据口沿差异，可分为二型。

A型　4件。侈口，折沿，沿面上有两周凹槽，方唇，深腹，上腹部饰有凸棱一周，下腹部饰有绳纹。标本H1：4，口径31厘米，残高12.4厘米（图八：1）。标本H4：5，口径35厘米，残高11厘米（图八：2）。标本H4：6，上腹部饰有凹弦纹两周。口径26.8厘米，残高11.8厘米（图八：3）。标本H1：7，残高11.4厘米，壁厚0.6厘米（图八：4）。

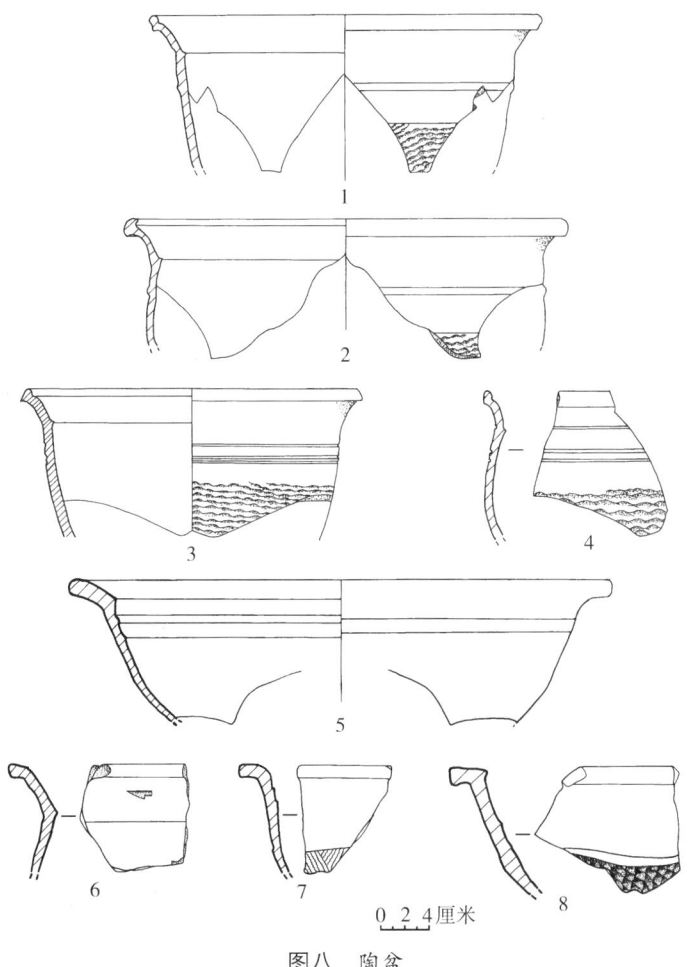

图八　陶盆

1.A型敞口深腹盆（H1：4）　2.A型敞口深腹盆（H4：5）　3.A型敞口深腹盆（H4：6）　4.A型敞口深腹盆（H1：7）　5.A型浅腹盆（H10：1）　6.B型敞口深腹盆（H1：9）　7.B型浅腹盆（H10：2）　8.C型浅腹盆（H4：4）

B型　1件（H1：9）。平折沿，方唇，沿面内侧有凸棱一周。残高8.4厘米，厚0.8厘米（图八：6）。

浅腹盆　3件。泥质灰陶，根据口沿差异，可分为三型。

A型　1件（H10：1）。侈口，折沿，方唇，斜腹。器物内部亦有弦纹两道。口径44厘米，残高11.5厘米（图八：5）。

B型　1件（H10：2）。侈口，平折沿，方唇，斜壁。器物内部亦有弦纹两道。残高8.4厘米（图八：7）。

C型　1件（H4：4）。敞口，折沿，方唇，腹部斜下收，饰有交错绳纹。残高10厘米（图八：8）。

甑　4件，泥质灰陶，可分为二型。

A型　3件，平折沿，方圆唇，腹壁斜直。标本H5：3，上腹饰凹弦纹两道，下腹饰绳纹，口径26厘米，残高9.6厘米（图九：1）。标本H5：2，口沿下饰有凹弦纹两道，弦纹下部为绳纹，残高7厘米（图九：2）。标本H11：4，直口微侈，方唇，腹壁斜，素面。残高6.8厘米（图九：3）。

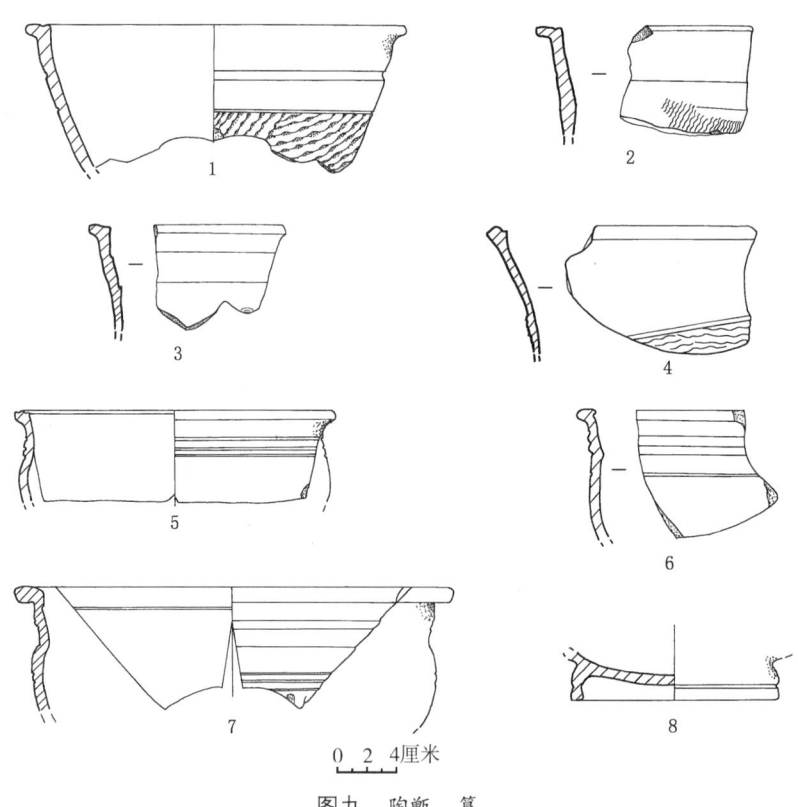

图九　陶甑、簋

1.A型甑（H5：3）　2.A型甑（H5：2）　3.A型甑（H11：4）　4.B型甑（H9：2）　5.A型簋（H5：5）　6.B型簋（H1：11）　7.B型簋（H4：8）　8.簋圈足（H11：2）

　　B型　1件（H9：2）。侈口，圆唇，壁斜直，腹部饰有横向绳纹。残高8.4厘米（图九：4）。

　　簋　3件，泥质灰陶，根据口部差异可以分为二型。

　　A型　1件（H5：5）。沿面有凹槽两周，平沿，圆唇，口部外侧有凸弦纹两道，颈微束，腹部略鼓。直径28厘米，残高6厘米（图九：5）。

　　B型　2件，沿面无凹槽。标本H1：11，直口微侈，方唇，腹壁较直。残高8.4厘米（图九：6）。标本H4：8，侈口，平沿，方唇，直颈，颈部饰有凸棱一道，肩下部饰有凸棱纹两道。口径30厘米，残高8厘米（图九：7）。

　　簋圈足　1件（H11：2）。泥质灰陶，圈足较矮，略外撇，圈足上饰有凹痕一道。圈足直径14厘米，残高3厘米（图九：8）。

　　大口瓮　1件（H1：10）。泥质灰陶，侈口，圆唇，高领束颈，溜肩，颈部饰有绳纹，腹部饰有绳纹。直径23.3厘米，残高8.4厘米（图一○：1）。

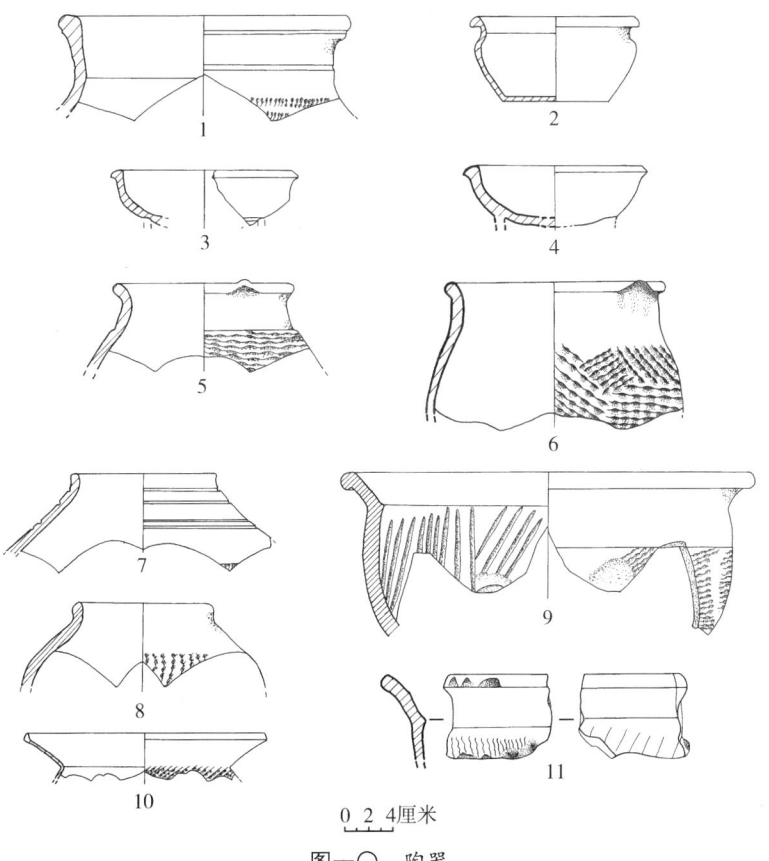

图一○　陶器

1.大口瓮（H1：10）　2.陶钵（H5：1）　3.豆（H4：2）　4.豆（H4：3）　5.捏口罐（H1：6）　6.捏口罐（H4：10）　7.A型小口瓮（H5：12）　8.B型小口瓮（H2：4）　9.刻槽盆（H11：1）　10.原始瓷尊（H9：3）　11.刻槽盆（H5：8）

陶钵　1件（H5：1）。泥质灰陶，敛口，尖唇，平沿。肩部略鼓，浅腹，平底。直径13.2厘米，高6.8厘米（图一〇：2）。

豆　2件。泥质灰陶，尖斜唇，浅盘。标本H4：2，口径14.2厘米，残高4.4厘米（图一〇：3）。标本H4：3，口径14厘米，残高4.8厘米（图一〇：4）。

捏口罐　2件。泥质灰陶，唇部有捏痕。标本H1：6，侈口，短束颈，圆唇，肩部以下饰有横向绳纹。唇部有捏痕迹。口径14厘米，残高7厘米（图一〇：5）。标本H4：10，口微侈，圆唇，束颈，颈部略长，溜肩，颈部以下饰有绳纹。口径17.8厘米，11.6厘米（图一〇：6）。

小口瓮　2件，根据肩部形制可以分为二型。

A型　1件（H5：12）。泥质灰陶，敛口，圆唇，短颈，广肩。肩部饰有凹弦纹四道。口径12厘米，残高7.8厘米（图一〇：7）。

B型　1件（H2：4）。泥质红褐色陶，敛口，圆唇，短颈，圆溜肩。口径11.2厘米，残高3厘米（图一〇：8）。

刻槽盆　2件，泥质灰陶。标本H11：1，折沿，方唇，唇部外卷。颈部下饰有绳纹。器内壁有刻槽，胎壁较厚。口径33.2厘米，残高13厘米（图一〇：9）。标本H5：8，侈口，沿面内侧有凸棱一周，圆唇，颈部以下饰有绳纹。残高6.7厘米（图一〇：11）。

（二）原始瓷器

原始瓷尊1件（H9：3）。敞口，宽沿，折肩，灰色陶体，外挂青灰色釉，釉质晶莹纯净。口径19.6厘米，残高3.8厘米（图一〇：10）。

（三）石器

包括石刀和石镰。

石刀　4件。根据形制差异，可以分为三型。

A型　2件。长条形，直背。石器四周剥落痕迹较为明显。标本H9：1，长11.5厘米，宽5.3厘米，厚0.6厘米（图一一：1）。标本H11：5，长17厘米，宽5.3厘米，厚0.8厘米，刃部略弧（图一一：2）。

B型　1件（H1：2）。双孔石刀，近椭圆形，斜刃，刃部略弧。长10厘米，宽4厘米，孔径0.7厘米（图一一：3）。

C型　1件。H9：4，刃部较直，背部弧形，长10厘米，宽4.4厘米，厚0.6厘米（图一一：4）。

石镰　4件，形制基本一致。长条形，背部略直，有打磨痕迹，刃部内侧为弧形，有明显的磨制痕迹。标本H1：1，斜弧刃，长10厘米，宽4厘米，厚0.4厘米（图一一：5）。标本H3：2，长条形，长8.2厘米，宽3.1~4.1厘米，厚0.8厘米（图一一：6）。标本H2：1，长条形，弧刃，长8.5厘米，宽2.9～4厘米，厚0.6厘米（图一一：7）。标本H1：8，前端残失，弧刃，残长6厘米，宽3.5～4.6厘米，厚0.8厘米（图一一：8）。

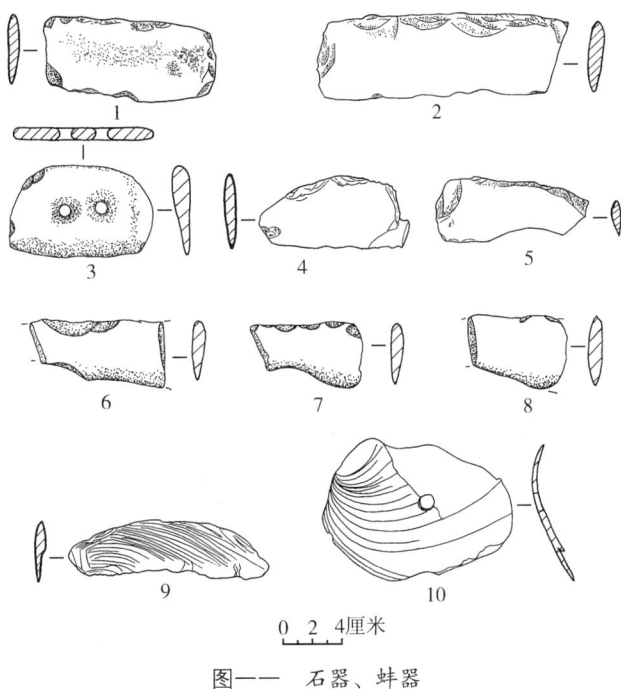

图一一　石器、蚌器

1.A型石刀（H9：1）　2.A型石刀（H11：5）　3.B型石刀（H1：2）　4.C型石刀（H9：4）　5.石镰（H1：1）　6.石镰（H3：2）　7.石镰（H2：1）　8.石镰（H1：8）　9.蚌刀（H4：11）　10.蚌刀（H2：2）

（四）蚌器

有刀、铲各一件。

蚌刀　1件（H4：11）。长条形，长13.2厘米，宽3.7厘米（图一一：9）。

蚌铲　1件（H2：2）。蚌刀，近似椭圆形，器物中部有钻孔，孔径为1厘米。长13.5厘米，宽9.5厘米，厚约5厘米。刃部不规则，较薄0.2厘米左右（图一一：10）。

三、结语

东风路与丰庆路发现的这一处古代文化遗存，由于施工地层清理过深，遗迹遭到一定程度的破坏，除了H1保存相对较好外，其他的遗迹均残存底部。清理灰坑遗迹11处，其中只有5处灰坑（H1、H3、H5、H0、H11）堆积较为丰富，包含有较为丰富的陶器和石器，其他灰坑出土遗迹较少，个别灰坑只有较为零散的陶片出土。

在这一遗址中出土的古代遗物具有典型的商代文化的特征。在该区域发现的陶鬲与郑州木材公司所发现的陶鬲形制基本相同，其中瀚海所见的三种形制的鬲在郑州市木材公司均有发现，如瀚海所见 A 型陶鬲与木材公司 Ba 型形制，瀚海所见 B 型鬲与木材公司发现的 Ca 型形制相似。瀚海所见 C 型与木材公司的 Aa 型陶鬲的形制基本一致[1]。其中瀚海所见 B 型陶鬲在郑州银基商贸城的发掘中也有所见[2]。瀚海所见的 B 型与 C 型陶鬲在郑州烟厂西街也有发现，其与 I 式鬲和 II 鬲相似[3]。在郑州南顺城街青铜器的窖藏坑的下层中的 A、Ba 型鬲与瀚海的 A 型鬲、C 型鬲基本一致[4]。瀚海所见 A 型大口尊、A 型敞口深腹盆与郑州银基商贸城发现的 A 型大口尊、Ad 型盆基本一致[5]。瀚海发现的捏口罐与南顺城街窖藏坑内发现的捏口罐较为一致[6]。根据这些器物的特征，可以看出，有些器形有二里岗上层器物的一些特征。但是，其代表性的器物例如 A 型鬲、B 型鬲、A 型敞口深腹盆、A 型大口尊等，均具有非常明显的商代白家庄器物的特征。根据这些器物的特征可以判断，这处遗址的时代应为商代白家庄时期。

发掘区域位于郑州地区的北部，在这一带，少有商代文化遗存的发现。近年来，在这一区域考古发掘工作相对较少，此次在这一区域发现的商代遗址为我们研究商代文化遗存的分布和商代文化提供了新的资料。

附记：发掘领队姜楠，发掘人员刘文科、梁亚男、郝世华，绘图樊丽君、于阿苗，插图处理李晓花。

注释

［1］姜楠、于宏伟等：《郑州市木材公司1997及2000年商代遗址发掘简报》，《郑州文物考古与研究（一）》，科学出版社，2003年。

［2］郑州市文物考古研究所：《郑州市银基商贸城商代外夯土墙基发掘简报》，《华夏考古》2000年第4期。

［3］郑州市文物考古研究所：《郑州南关街附近商代灰坑发掘简报》，《中原文物》1998年第2期。

［4］郑州市文物考古研究所：《郑州南顺城街青铜器窖藏坑发掘简报》，《华夏考古》1998年第3期。

［5］郑州市文物考古研究所：《郑州市银基商贸城商代外夯土墙基发掘简报》，《华夏考古》2000年第4期。

［6］郑州市文物考古研究所：《郑州南顺城街青铜器窖藏坑发掘简报》，《华夏考古》1998年第3期。

（原刊于《华夏文明》2016年第8期）

郑州高庄遗址商代晚期遗存发掘简报

刘青彬

　　高庄遗址位于郑州市中原区须水镇高庄村南部，地理坐标为北纬34°75′01″，东经113°51′39″，海拔130米。遗址东邻须水河，为河边二级台地，南部有一条自然冲沟，地势西高东低。遗址东部不远为马良寨遗址，西北部有东赵遗址和关帝庙遗址（图一）。为配合机械工业第六设计研究院有限公司高科技信息园项目工程的建设，经国家文物局批准，2016年1月至7月，郑州市文物考古研究院对项目范围内的遗址进行了抢救性发掘，发掘面积约4500平方米（图二）。在该遗址内发现有晚商、汉、晋、唐、宋、清等不同时期的文化遗存，其中以商代晚期遗存最为丰富。现将商代晚期文化遗存的发掘情况简报如下。

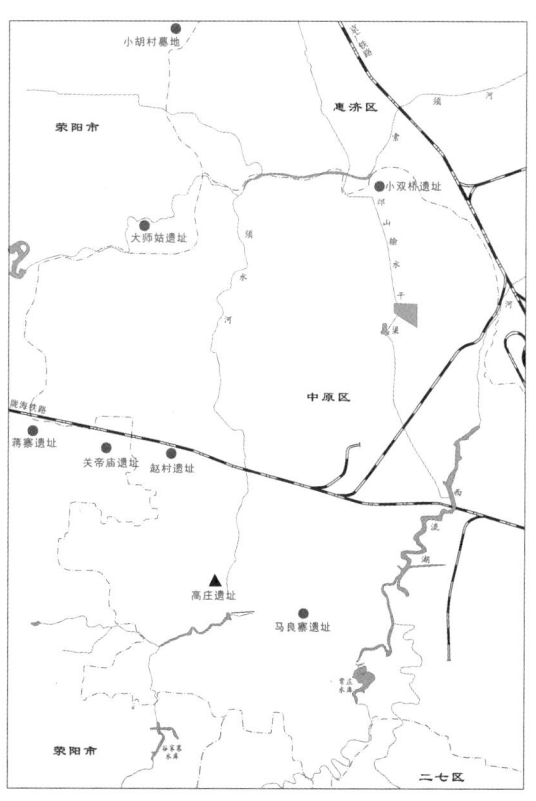

图一　遗址位置示意图

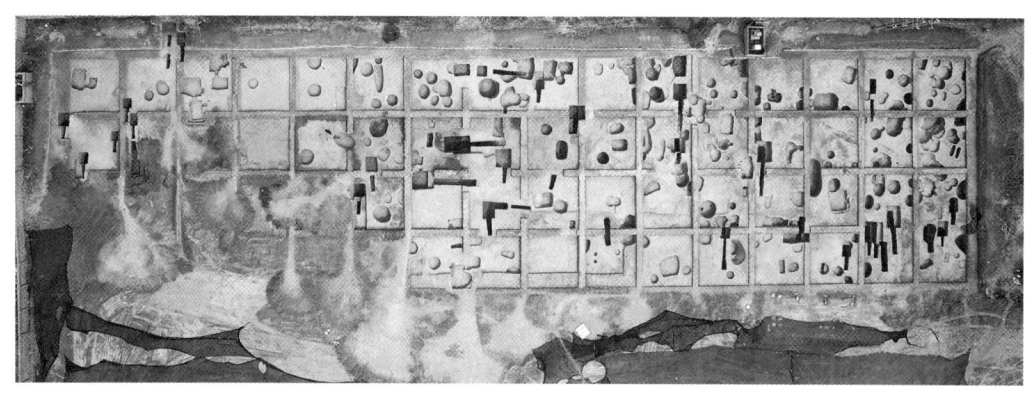

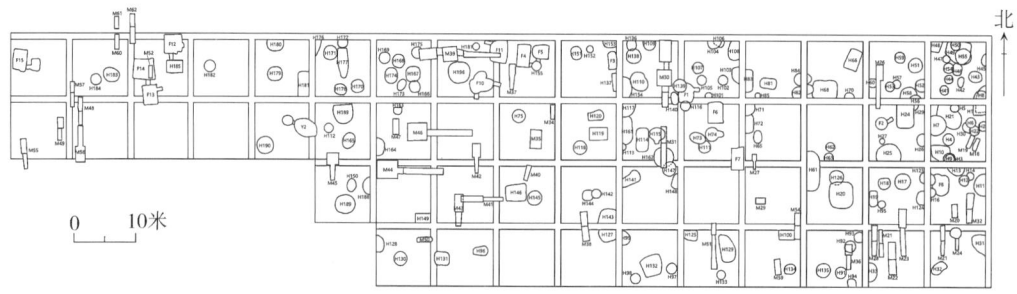

北

0　　10米

图二　发掘区航拍及平面图

一、地层堆积

因村庄拆迁及建筑垃圾清理，高庄遗址上层文化堆积基本被破坏，大量文化遗迹直接暴露于地表。在遗址北部尚存留有少量原始堆积，经清理，地层堆积可分3层。以T0410北壁为例介绍（图三）。

第1层：黄褐色土，土质松散，较为杂乱。包含植物根系及碎砖块等建筑垃圾。厚0.1～0.22米。该层为现代耕作层。

第2层：黄灰色土，土质结构疏松，质地较软，包含植物根系、残砖瓦块及少量陶瓷片。厚0.15～0.25米。唐代墓葬M30叠压于该层下。该层为近代扰动层。

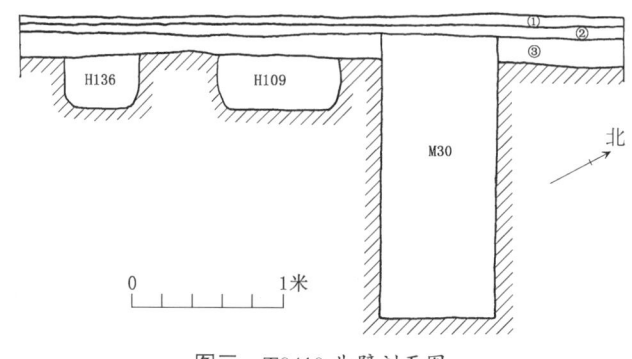

0　　　　　1米

图三　T0410北壁剖面图

第3层：红褐色土，土质较硬，结构致密，较为纯净。含红烧土块、炭屑及陶片等。厚0.25～0.45米。商代灰坑H109、H136开口于本层下。该层为晚商文化层。第3层以下为黄白色生土。

二、文化遗迹

高庄遗址商代文化遗迹包括房址、灰坑、墓葬、窑址等。

（一）房址

共15座。皆为半地穴式，可分为单室和双室两类，仅保留地下部分，地面以上的建筑结构无存。平面形状有长方形、方形及半方半圆形，以长方形居多。多有门道，突出于房屋主体外，平面呈长方形或梯形，结构呈台阶状或斜坡状下行，方向不一。房内大多有在生土上挖建的单体或联体灶，有些还有火塘，在灰堆内放置有石块等物。部分房内掏制有壁龛，多经火烤；也有依墙壁挖出的圆形坑洞，内置陶鬲、钵等器物。房内活动面多不明显，略硬于填土。双室房屋之间有通道相连。现以F1、F15为例介绍。

F1　单室。位于T0412西南角，西、南部分别延伸至T0312东隔梁、T0411北隔梁下，被H116、H139、H140打破，向下打破生土。平面近长方形，直壁平底，南北长3.2、宽2.5、残深0.6米。门道位于东侧，近梯形，长0.9、宽0.6～0.7米，方向98°。门道现存两级台阶，落差0.1～0.2米。室内地面踩踏面不明显，略硬。灶位于房屋北部，与北壁连接，高于室内地面，直径约0.3米，弧壁，入火口朝南。灶东部有一直径0.12米的小圆洞，不与灶通，壁经火烤。室内堆积为灰褐色，土质疏松，夹杂有烧土颗粒及绿锈斑点，出土有鬲、盆等陶器残片，还发现1件陶纺轮。灶内填土呈灰黑色，包含大量草木灰（图四、图六）。

F15　双室。位于T0401西部，打破生土。房址未见明显门道，按面积大小分主侧两室。主室平面近长方形，直壁平底，南北长3.5、宽2.3、残深0.8米。单体灶位于东南角，平面近椭圆形，长径0.4、短径0.34米，烧结面厚0.02～0.04米，南部有长筒形烟道依壁延出。西南角依墙壁挖一圆形坑洞，直壁，直径0.82米，底部较平，为红烧

图四　F1（由东向西摄）

图五　F15（由北向南摄）

硬结面，低于居住面0.12米。主室东南部有长条形台阶连接东部侧室，长0.84、宽0.7、
残深0.6米。侧室平面近长方形，南壁为弧形，长1.88、宽1.3、残深0.6米。联体灶位
于东北角，高于室内地面，保存较好。前后灶大小接近，直径约0.28米，南有入火口，
北有圆筒形烟道，依墙壁延出。前灶东南部也有一个圆形小洞，直径0.13米。北部依
墙壁挖出一个圆形坑洞，直壁平底，直径0.4米，底部低于居住面0.26米。室内堆积为
灰褐色，质地较硬，包含有红烧土块和陶片等，侧室西南角墙壁有放置大件器物的挤
压痕迹，内有残陶钵1件（图五、图七）。

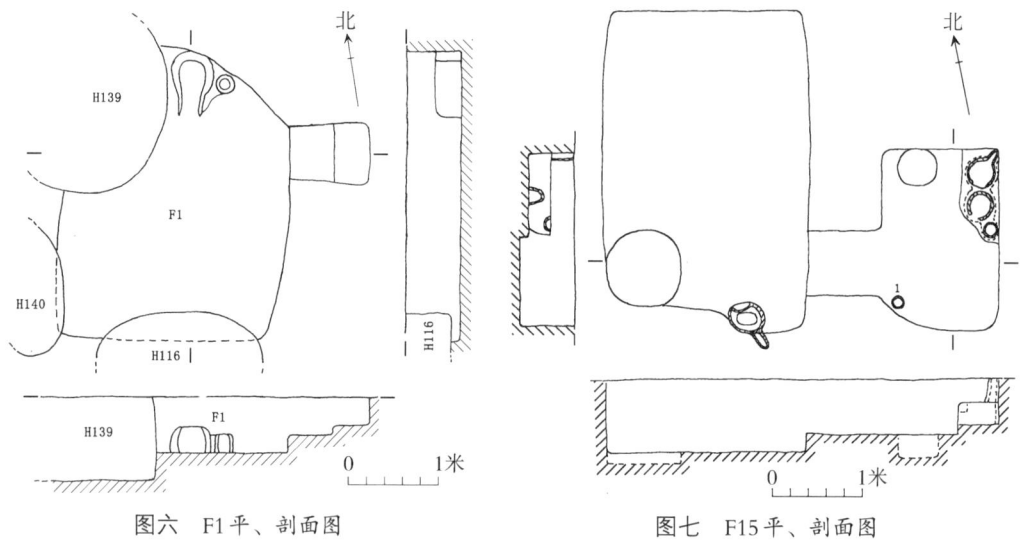

图六　F1平、剖面图　　　　　　　图七　F15平、剖面图

（二）灰坑

共172个。坑口平面形状有圆形、椭圆形、长方形及不规则形几种，以圆形及椭
圆形为主。灰坑结构有直壁、斜壁内收及袋状之分，以直壁居多；坑底多为平底，也
有部分斜底、圜底及不平整者。部分灰坑留有供上下使用的台阶；有些在壁上掏制壁
龛，并经火烧；也有少量在底部套挖小坑，形成子母坑；还有的灰坑下挖一定深度后
留有半周二层台。现以H74、H81、H110、H178为例介绍。

H74　位于T0312中部，打破生土。平面形状近圆形，直径2.1米。东部有一台阶突
出于坑体，长0.8、宽0.68～0.8、深0.6米。灰坑近圜底，不平整，最深处1.2米。堆积无
明显分层，灰褐色土，质地较软，包含烧土颗粒、陶器残片及骨器等（图八、图一〇）。

H81　位于T0413西南部，打破生土。平面开口近椭圆形，长径2.8、短径1.8、深
1米。坑壁稍斜内收，底部中间下挖有1椭圆形小坑，西部依壁挖出3个圆形小坑，大
小近似，直径约0.5、深0.3～0.4米。堆积呈灰黄色，质地稍硬，包含有陶器残片和石
器等（图九、图一一）。

图八　H74

图九　H81

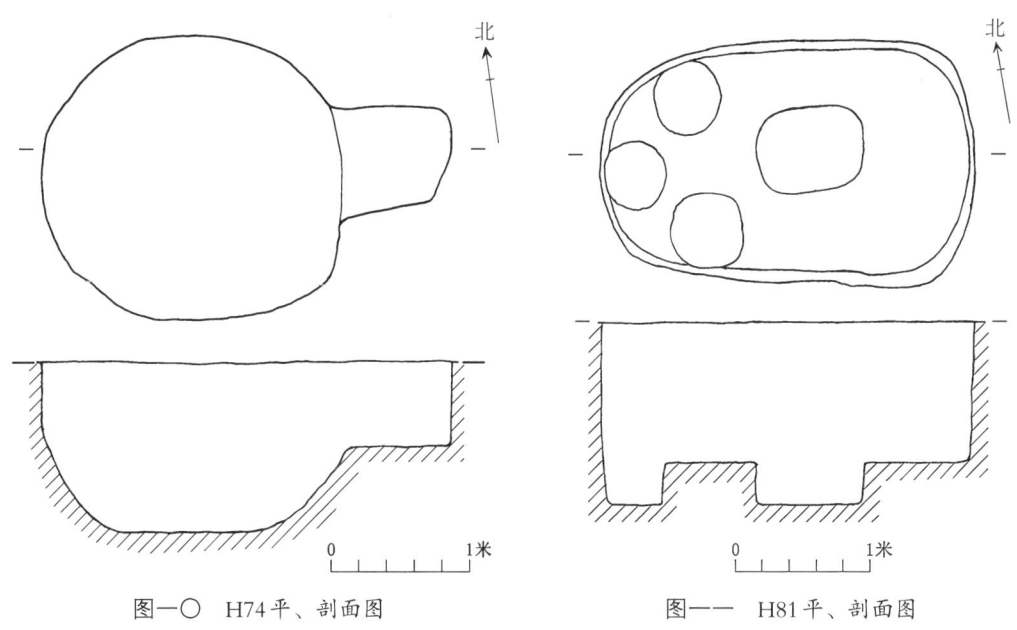

图一〇　H74平、剖面图　　　　　图一一　H81平、剖面图

　　H110　位于T0411西南部，被H154打破，向下打破生土。平面开口呈椭圆形，底部近圆形，弧壁呈微袋状，平底。东南部坑壁中间有半周月牙状二层台，台上有2个小圆坑。北部坑壁掏制有3个壁龛，中间最深，宽0.75、高0.7、进深1.4米，左右分置2个小壁龛，进深较浅。壁龛内皆经火烧，形成红褐色烧结硬面。灰坑保存开口长径3.3、短径2.5米，底部长2.7米，坑深2米。坑内堆积无明显分层，土色灰褐，结构疏松，含有较多红烧土颗粒。出土有鬲、簋、盆、罐等陶器残片（图一二、图一四）。

　　H178　位于T0406南部，打破生土。平面开口为椭圆形，直壁平底，较为规整。长径2、短径1.7米，坑深0.6米。底部发现人骨架1具，保存较差，佝偻侧卧，头向东南，面向西南，左臂弯曲，下肢平直。坑内填土为灰黄色，质地松软，包含少量烧土颗粒，仅见少量陶器碎片（图一三、图一五）。

图一二　H110（由南向北摄）

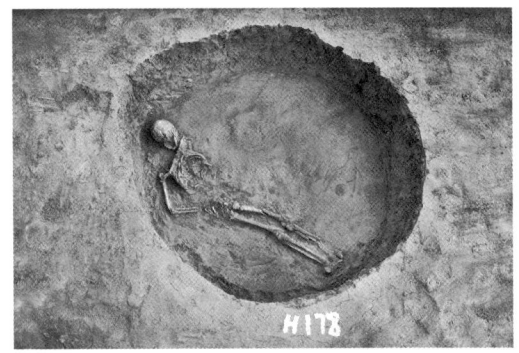

图一三　H178（由西向东摄）

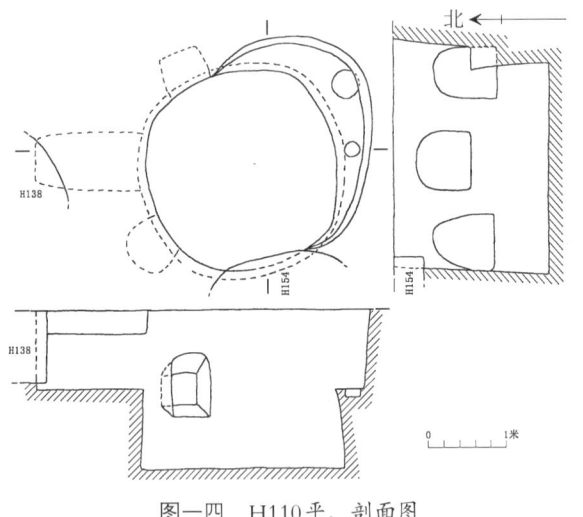

图一四　H110平、剖面图

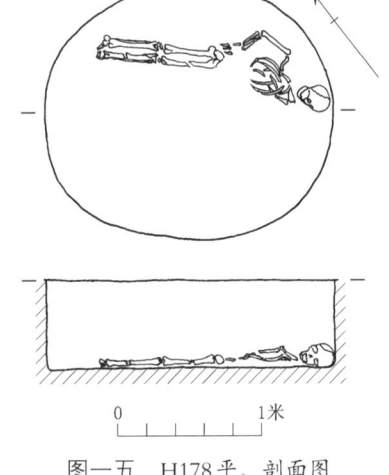

图一五　H178平、剖面图

（三）墓葬

　　商代墓葬5座，均为竖穴土圹墓，平面为长方形或圆角长方形。填土多经过夯打，圆形夯窝明显。除M35形制较大外，其余4座均为小型墓，形制简单，也无随葬品。现以M35为例介绍。

　　M35　位于T0309偏东南，打破生土。平面为圆角长方形，北部略宽，墓壁外斜，呈袋状，方向5°。墓口南北长3.4、宽1.9～2米，现存深度1.8米。距墓口1.2米处见生土台，宽0.15～0.2、高0.6米。同时发现棺灰痕迹，长2.1、宽0.6～0.7米。生土台和棺灰之间填充黄褐色土。墓底中部有长方形腰坑，长1.1、宽0.4、深0.3米，中间位置有朱砂痕迹。墓内人骨已朽成粉末，仅可知头向北，但葬式不明。墓底北部随葬有一铜爵与一铜器盖，东侧贴近棺痕处竖置一铜戈，腰坑中间上部放置有一玉璜和一玉凿。墓内填土为黄褐色花土，质地较为坚硬，经夯打，夯窝直径0.06～0.08米（图一六、图一七）。

图一六　M35（由南向北摄）

（四）陶窑

仅发现1座。

Y2　位于T0305东部，延伸至东壁下，打破生土。存留结构包括操作间、火门、火膛、窑箅、火眼等。操作间呈椭圆形，斜弧壁，底平。口部长径4、短径2.7米；底部长径3.8、短径2.5米，深0.8米。操作间西部向下倾斜延伸到火门，火门近方形，弧形顶，呈砖红色，残高0.9、宽0.6米，向西连接火膛。火膛位于窑室正下方，近圆形，弧壁，平底，直径2～2.2米，中间高0.85米。顶部微弧，烧结面呈青灰色，厚0.04～0.06米。窑箅位于火膛之上，保存较差，平面近圆形，厚0.3～0.38米。箅上有6个火眼，5个分布于周边，呈柳叶形或椭圆形，长0.24～0.56、宽0.1～0.14米；1个位于正中间，呈圆形，直径0.16米。火眼均为斜直壁内收，烧结面厚约0.05～0.1米。火膛内填土为灰褐色，土质疏松，含烧土块及炭屑等，底部有近0.1米厚的草木灰。操作间内出土有鬲、罐等陶器残片（图一八、图一九）。

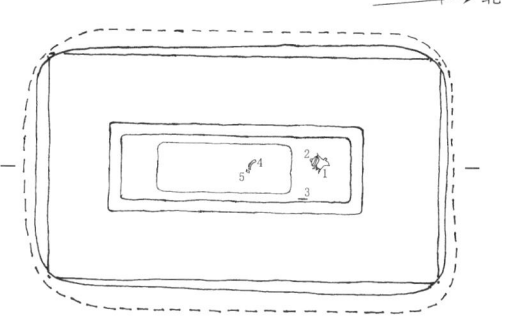

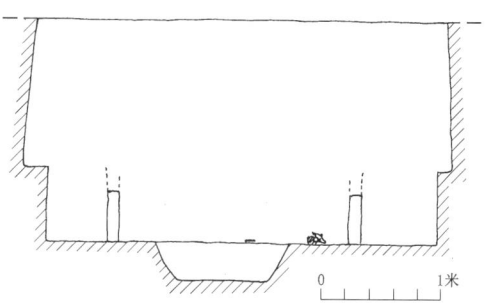

图一七　M35平、剖面图

1.铜爵　2.铜器盖　3.铜戈　4.玉璜　5.玉凿

图一八　Y2（由南向北摄）

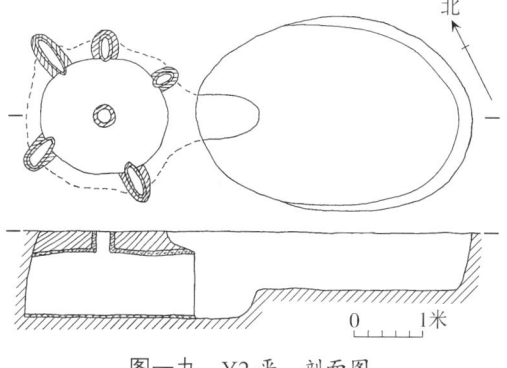

图一九　Y2平、剖面图

三、出土遗物

多为陶器，另有青铜器、玉器及若干石器、骨器等，此外还发现有卜骨。

（一）陶器

多为灰陶，另有少量褐陶及红褐陶，泥质和夹砂均多见。纹饰以绳纹为主，另有弦纹、划纹、附加堆纹等。器形主要有鬲、簋、盆、瓮、罐、钵、豆等，另外还有纺轮、陶拍等。

鬲　复原6件。多为夹砂灰陶、红褐陶及灰褐陶，胎内夹杂沙砾、白灰等。器表多饰竖向或斜向粗绳纹，也有少量拍印的成组绳纹，颈部及袋足下部绳纹多经涂抹。袋足足根均为后装，脱落处有绳纹痕迹。器表多有使用时留下的烟熏痕。按口沿可分为三型。

A 型　侈口，沿面微凹，沿外侧微鼓，断面常见折沿后外叠痕迹。圆唇或方唇，鼓腹，最大径位于下腹部。分裆，依足部形态分为三式。

Ⅰ式　实足根内收呈尖锥状，表面有刮削痕，裆部较高。标本F10：1，灰陶，腹部有烟熏痕迹。沿面内处有一周凹弦纹。口径24.8厘米，腹径26.8厘米，高23.6厘米（图二〇：1、图二三：1）。

Ⅱ式　实根足内收，锥状无尖，有刮削痕，裆部稍低。标本H165：1，灰陶。口径21.8厘米，腹径22.6厘米，高19.5厘米（图二〇：2）。标本H74：1，灰褐陶，口径20厘米，腹径24厘米，残高18厘米（图二〇：3）。

Ⅲ式　矮柱状实根足微内弯，裆部较低。标本H115：1，红褐陶，外表熏黑。口径15.3厘米，腹径15.7厘米，高12.6厘米（图二〇：4、图二三：2）。

B型　沿面较平，沿下外凸起棱。标本H24：2，红褐陶，腹壁较直，足根内收呈柱状，有刮削痕。口径27.2厘米，腹径25.6厘米，高21厘米（图二〇：5）。

C型　敛口，沿面内凹，口部起棱，束颈。标本H24：3，灰褐陶，器表饰中绳纹，肥袋足，足根退化成纽状。口径15.2厘米，腹径17厘米，高12.9厘米（图二〇：6、图二三：3）。

簋　复原2件。多为泥质灰陶、黑皮陶和灰褐陶，黑皮陶多磨光，纹饰有绳纹、竖线纹及弦纹、三角纹等。根据器形特征可分为两型。

A型　敛口，折沿，鼓腹或弧腹。标本H17：1，灰褐陶，圆唇，沿面斜直，鼓腹，底部微圜，圈足外张。沿下及上腹有涂抹过的稀疏绳纹，中腹有两周凹弦纹，内壁有刻画竖纹，下腹为交错绳纹。口径27.4厘米，圈足径14.4厘米，高19.4厘米（图二〇：7、图二三：4）。标本H128：1，灰陶，圆唇，沿面斜弧，束颈，弧腹，圜底，圈足残。器表饰绳纹，沿下及上腹有涂抹痕。口径20.8厘米，残高17.6厘米（图二〇：8）。

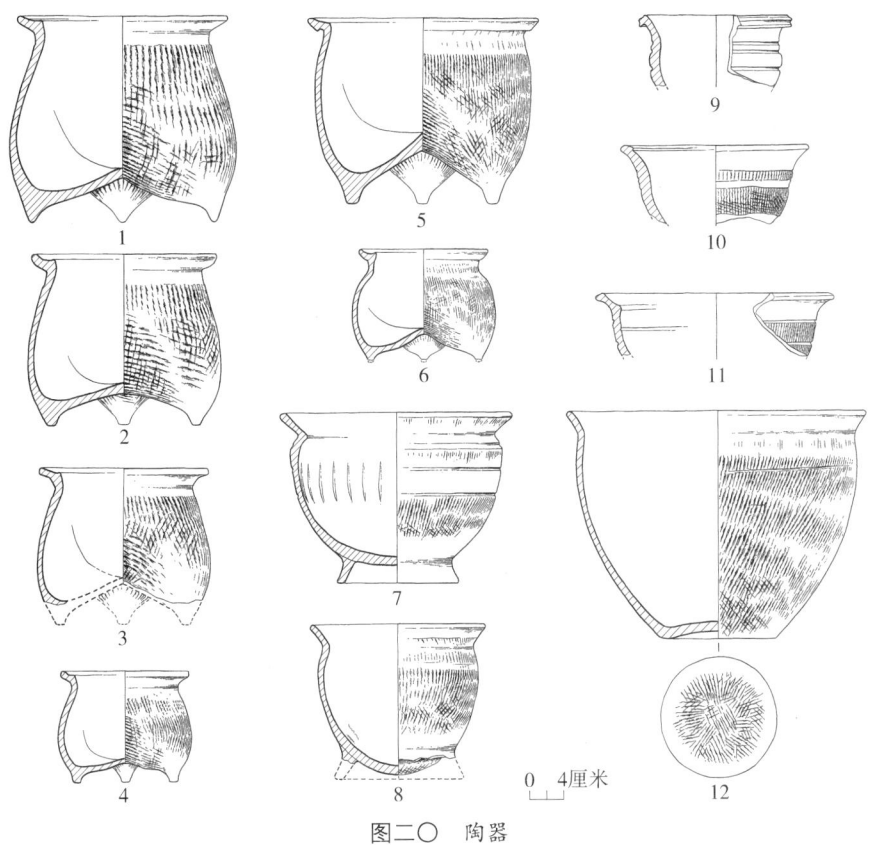

图二〇　陶器

1.AⅠ式鬲（F10：1）　2、3.AⅡ式鬲（H165：1、H74：1）　4.AⅢ式鬲（H115：1）　5.B型
鬲（H24：2）　6.C型鬲（H24：3）　7、8.A型簋（H17：1、H128：1）　9.BⅠ式簋（H162：1）
10.BⅡ式簋（H147：1）　11.A型盆（F1：2）　12.B型盆（H83：1）

　　B型　敞口，弧腹，均为口部残片。根据口沿可分为两式。

　　Ⅰ式　方唇外撇。标本H162：1，磨光黑皮陶，唇部起棱，沿下微凹。上腹饰宽
凹弦纹三周。口径18厘米，残高8厘米（图二〇：9）。

　　Ⅱ式　圆唇内勾。标本H147：1，磨光黑皮陶。腹上部有两周凹弦纹截断绳纹，
下部为交错绳纹。口径22.2厘米，残高9厘米（图二〇：10）。

　　盆　复原1件。多为泥质灰陶。敞口，最大径位于上腹部，器表饰竖向或斜向绳
纹，口沿下有抹平痕迹。根据口沿可分为两型。

　　A型　宽折沿。标本F1：2，泥质灰陶。圆唇，沿面微凹，斜弧腹。腹部饰弦断中
绳纹。口径28.2厘米，残高7.2厘米（图二〇：11）。

　　B型　卷沿。标本H83：1，泥质灰陶，圆唇，束颈，弧腹，底部内凹。沿下有涂
抹竖绳纹，不规则刻画弦纹，腹部饰中绳纹，近底部为交错绳纹。口径35厘米，底径
13.4厘米，高26厘米（图二〇：12）。

图二一　陶器

1.瓮（H126：4）　2、3.折肩罐（H24：1、F8：2）　4、5.Ⅰ式钵（F4：2、F4：1）　6、7、8、9.Ⅱ式钵（H71：2、H73：1、H190：1、F15：1）　10.Ⅲ式钵（F8：1）　11.圆腹罐（Y2：1）

瓮　均为泥质灰陶，陶胎较厚，口径较小，皆为口沿残片。标本 H126：4，圆唇，卷沿，广肩。肩部及以下饰弦纹和中绳纹。口径 14.2 厘米，残高 7.2 厘米（图二一：1）。

罐复原完整者1件。多为泥质灰陶，少量浅红陶及夹砂红褐陶。大部分为残片，卷沿或折沿，纹饰以绳纹居多，也有少量弦纹和方格纹。根据器形可分为两类。

折肩罐　标本 H24：1，夹砂红褐陶，口残，弧腹，底部内凹，肩部素面，腹部有稀疏绳纹。底径 8.8 厘米，残高 13 厘米（图二一：2）。标本 F8：2，泥质浅红陶，质地坚硬。圆唇，直口，折肩，斜直腹，底残。肩部饰两道凹弦纹，腹部饰拍印方格纹，肩下有涂抹痕。口径 11.4 厘米，残高 17.5 厘米（图二一：3、图二三：5）。

圆腹罐　标本 Y2：1，泥质灰陶。方唇，口部有一处轻微捏痕，束颈，圆鼓腹，底残。沿下有涂抹绳纹，腹部饰绳纹。口径 16.6 厘米，残高 17.6 厘米（图二一：11）。

钵　复原7件。泥质灰陶或灰褐陶，敛口，多饰竖向、斜向或交错中绳纹。根据器形分为三式。

Ⅰ式 弧腹较浅，底部微内凹，饰绳纹。标本 F4：1，灰陶。口径 13.2 厘米，底径 8.2 厘米，高 8 厘米（图二一：5）。标本 F4：2，灰陶，上腹残见一组刻画草叶纹。口径 12 厘米，底径 7 厘米，高 8.5 厘米（图二一：4）。

Ⅱ式 鼓腹较深，底部较平，部分饰绳纹。标本 H71：2，灰陶。口径 12.8 厘米，底径 7 厘米，高 10 厘米（图二一：6）。标本 H73：1，灰褐陶。口径 12.8 厘米，底径 7 厘米，高 9.5 厘米（图二一：7）。标本 H190：1，灰褐陶。口径 13.4 厘米，底径 7 厘米，高 11.5 厘米（图二一：8）。标本 F15：1，灰陶。口径 14 厘米，底径 5.6 厘米，高 11.4 厘米（图二一：9、图二三：6）。

Ⅲ式 深腹，斜弧内收，器底较小，内凹。标本 F8：1，灰陶，素面，内壁有一周凹弦纹。口径 16 厘米，底径 7.4 厘米，高 13.7 厘米（图二一：10）。

豆 数量较少，仅见残片，泥质灰陶或黑皮陶，尖唇或尖圆唇内勾，敛口，素面。标本 H119：1，灰陶，尖唇，斜弧腹，柄微外撇。豆盘内有凹弦纹两道。口径 13 厘米，残高 7.6 厘米（图二二：1）。标本 H165：3，黑皮陶，尖圆唇，斜腹，浅盘。口径 23 厘米，残高 5.6 厘米（图二二：2）。

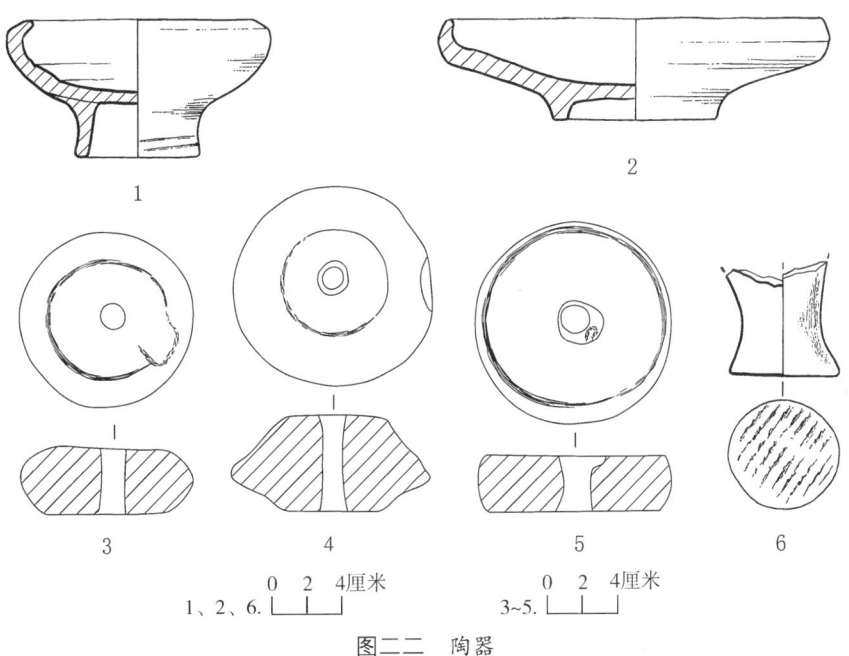

图二二 陶器

1、2.豆（H119：1、H165：3） 3、4、5.纺轮（F1：1、H61：1、H129：1） 6.陶拍（H126：3）

纺轮 4件。皆为泥质陶，扁平圆饼形，中间有圆形穿孔。标本 F1：1，灰陶，两面较平，一面绕穿孔有一周划纹，周边鼓凸起脊。直径 4.9 厘米，孔径 0.7 厘米，厚

1.8厘米（图二二：3）。标本H61：1，褐陶，整体呈梭形，两面较平，侧面斜直形成凸棱，有按压痕。直径5.5厘米，孔径0.8厘米，厚2.6厘米（图二二：4）。标本H129：1，两面微凹，侧面外弧，饰线纹，有涂抹痕迹，穿孔不规整。直径5.5厘米，孔径0.8～1.2厘米，厚1.7厘米（图二二：5）。

陶拍　1件（H126：3），夹砂灰陶。拍面呈圆形，较平，有规整绳纹，柱状捉手，有刮削痕，上部残。拍面直径6.4厘米，残高6.4厘米（图二二：6）。

图二三　陶器

1.A Ⅰ式鬲（F10：1）　2.A Ⅲ式鬲（H115：1）　3.C型鬲（H24：3）　4.A型簋（H17：1）　5.折肩罐（F8：1）　6.Ⅱ式钵（F15：1）

（二）铜器

铜器4件，爵、觯盖、戈、镞各1件。

爵　标本M35：1，窄流，流、尾上翘，卵形深腹，菌状双柱位于口沿近流折处，半环形鋬，三棱形锥状足较短，略外撇。素面。出土时保存较好，呈暗金黄色，光泽感强。通高16.2厘米，流至尾长15.3厘米，最大腹径6厘米，柱高3.6厘米，足高6厘米（图二四：1、图二五：6）。

觯盖　标本M35：2，椭圆形，桥形纽，两端为龙首状，叉状双角，怒目圆睁。盖身以凸弦纹为界分为上下两部分，上部素面，下部饰两组兽面纹。扉棱为兽面鼻中线，

1、2. 0 2 4厘米　　3、4. 0 1 2厘米

图二四　铜器

1.爵（M35：1）　2.觯盖（M35：2）　3.镞（H85：1）　4.戈（M35：3）

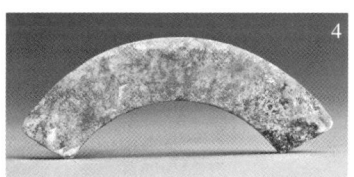

图二五　铜器和玉器

1.铜觯盖（M35：2）　2.铜觯盖内铭文　3.铜镞（H85：1）　4.玉璜（M35：4）　5.玉凿（M35：5）　6.铜爵
（M35：1）　7.铜戈（M35：3）

乳钉圆睛凸出，周边饰云雷纹和羽状纹。下为子口，内壁有铭文"舌父癸"三字，阴文。出土时保存较好，呈褚红色，有光泽。通高5.8厘米，长径8.7厘20米，短径6.8厘米，口部长径6.8厘米，短径4.9厘米（图二四：2，图二五：1、2）。

　　戈　标本M35：3，长直援，弧线聚锋，中脊微隆不起棱线，阑较长，曲内，饰鸟纹，臣字目，端出歧冠。出土时保存完好，局部有暗红底色，制作精良。长27.8厘米，援长18.2厘米，援宽6厘米，厚0.6厘米（图二四：4、图二五：7）。

　　镞　标本H85：1，镞身略呈三角形，锋部较钝，中脊起棱，圆柱形铤，锈蚀严重。通长4.5厘米，最宽处1.8厘米（图二四：3、图二五：3）。

　　（三）玉器

　　玉器2件，均为M35所出。

　　璜　1件（M35：4）。为三分之一圆璜，扁平体，内外两边缘弧形光洁，通体素面无纹，端口平齐，无孔。出土时覆满朱砂。外边通长7.2厘米，内边通长4.8厘米，宽1.45厘米，厚0.4厘米（图二五：4、图二六：1）。

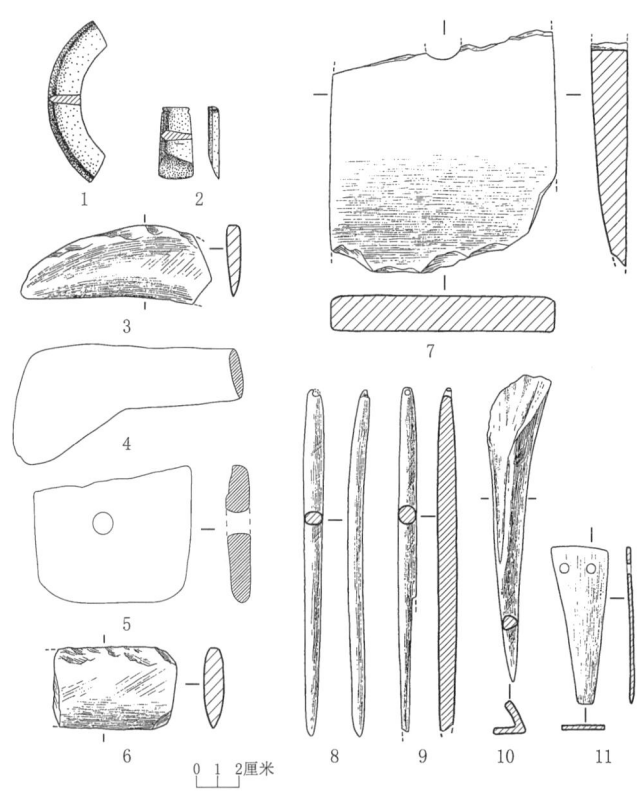

图二六　玉、石、骨器

1.玉璜（M35：4）2.玉凿（M35：5）3、4.石镰（F4：3、F7：1）5、7.石铲（F5：1、F3：2）6.石刀（H118：2）8、9.骨笄（H3：1、H74：2）10.骨锥（H120：1）11.卜骨（H26：1）

凿　1件（M35：5）。梯形，扁体单弧刃，上部两侧各刻一浅道，形成扉牙状平顶。平体面呈锈黄色，单刃面呈青灰色。通长3.1厘米，顶宽1.1厘米，刃宽1.6厘米，厚0.5厘米（图二五：5、图二六：2）。

（四）石器

石器均为磨制，包括镰、铲、刀等，多残。

镰　标本F4：3，青黑色，磨制，尖头，弧背，尾残，双面弧刃，背部有琢制痕迹。残长8.5厘米，宽3厘米，厚0.7厘米（图二六：3、图二七：1）。标本F7：1，青黑色玄武岩，头部残，直背，近平尾，刃部较直，近尾部斜直呈角状，背部及尾部有琢制痕迹。残长10.3厘米，宽2.3～2.8厘米，厚0.5厘米（图二六：4、图二七：2）。

铲　标本F5：1，青灰色，整体呈梯形。平顶，两端磨成圆弧状，下部残。有穿孔，两面大小不一。残长5.7厘米，宽6.5～7.4厘米，孔径1.7～2厘米，厚1.5厘米（图二六：5、图二七：3）。标本F3：2，青灰色砂岩，上小下大。上部残，残处见钻孔痕迹，两侧磨平，刃部残。残长9.5厘米，宽10厘米，厚0.5～1.7厘米（图二六：7、图二七：4）。

刀　标本II118：2，青黑色，残为长方形，直背，双面直刃，背部有琢制痕迹。残长5.7厘米，宽3.7厘米，厚0.8厘米（图二六：6）。

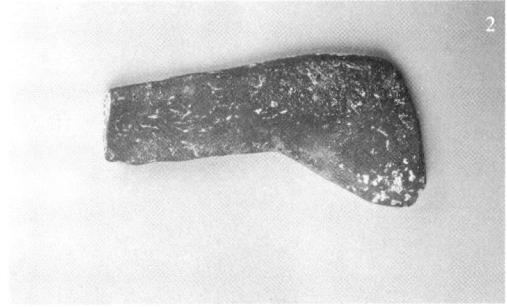

图二七　石器

1.镰（F4：3）　2.镰（F7：1）　3.铲（F5：1）　4.铲（F3：2）

（五）骨器

包括笄、锥及卜骨等。

笄　2件。均为磨制。标本 H3 : 1，扁圆锥形，稍弯曲，顶部残，有穿孔。残长 15.5 厘米，直径 0.8 厘米（图二六：8、图二八：1）。标本 H74 : 2，整体呈圆柱状，尖部残，圆顶，有穿孔。残长 15.2 厘米，直径 1.7 厘米（图二六：9、图二八：2）。

锥　1件（H120 : 1）。整体呈三角形锥状，磨制光洁。长 13.5 厘米，最宽处 2.2 厘米（图二六：10、图二八：3）。

卜骨　1件（H26 : 1）。残存略呈梯形，较为轻薄。两面有削平修整的痕迹，直侧边修整光滑，长端部微弧，近端有圆形灼孔两个。长 7 厘米，宽 0.7 ~ 2.6 厘 22 米（图二六：11、图二八：4）。

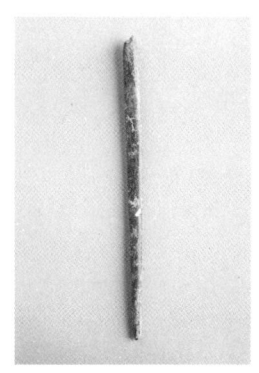 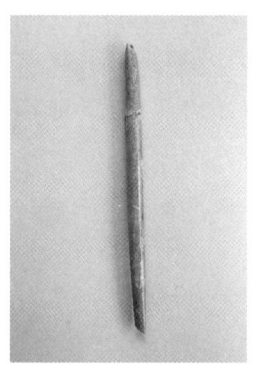 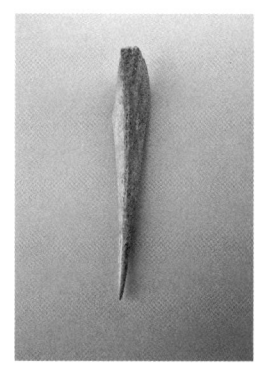 

图二八　骨器

1.笄（H3 : 1）　2.笄（H74 : 2）　3.锥（H120 : 1）　4.卜骨（H26 : 1）

四、结语

（一）遗址年代

由于地层破坏严重，大多遗迹在清理后直接暴露于生土层面，为判断时代带来了一定的困难。遗址内为数不多的打破关系多是灰坑与房址之间，较为典型者有 H139、H140、H116 →F1、H155→F4、F5等。综合上述单位及整个遗址的出土器物，高庄遗址文化遗存可分为三个阶段。

第一阶段：陶器以 A 型 I 式鬲、A 型簋、I 式钵、A 型盆、折肩罐为代表。鬲均为分裆锥足鬲，沿面内凹，圆唇，与荥阳关帝庙遗址[1]陶鬲形制和制法类似，但整体器身和裆部较低，与郑州马良寨遗址[2]第二阶段同类器接近。其中，A 型 I 式鬲、A 型簋、I 式钵分别与荥阳关帝庙同类器 F2 : 2、H21 : 1、Y1 : 1[3]形制相近，A 型盆与郑州马良寨 H36 : 24[4]类似。荥阳关帝庙遗址的晚商遗存分为三段，主体为殷墟二期，涵盖殷墟三期，郑州马良寨晚商遗存第二阶段与关帝庙晚商遗存年代相当或略晚，据此将高庄遗址晚商遗存第一阶段年代推定为殷墟文化第二期偏晚至殷墟文化第三期早段。

第二阶段：陶器组合包括 A 型 Ⅱ 式鬲、B 型 Ⅰ 式簋、B 型盆、Ⅱ 式钵、鼓腹罐等。相较于第一阶段，陶鬲器身和裆部更加低矮，实根足变粗变秃；陶簋变为敞口，下腹微鼓。其中，A 型 Ⅱ 式鬲、B 型 Ⅰ 式簋分别与苗圃 Ⅲ 期同类器 Ⅴ AT1 ③：27、GT209 ③：1[5] 接近，B 型盆与郑州马良寨 H72：9[6] 类似，Ⅱ 式钵与荥阳关帝庙 H656：2[7] 类似。这一阶段仍带有第一阶段的多数特征，又有所发展，与关帝庙遗址和马良寨遗址第二阶段的同类器也较为接近，据此将其推定为殷墟文化第三期的晚段。

第三阶段：陶器组合以 A 型 Ⅲ 式鬲、B 型鬲、C 型鬲、B 型 Ⅱ 式簋、Ⅲ 式钵、折沿瓮等为主。与二期相比，陶鬲变为矮扁体，实根锥足成为矮柱状或退化；陶簋成为大敞口斜腹。其中，A 型 Ⅲ 式鬲与郑州马良寨 G2：1[8] 形制相似，B 型鬲、B 型 Ⅱ 式簋分别与大司空同类器 H91 ④：1、M97：8[9] 相近。这一阶段与郑州马良寨遗址第三阶段较为接近，与殷墟相比，应该进入了殷墟文化第四期的范畴。

（二）墓葬年代

关于墓葬的年代，由于只在 M35 内发现随葬品，故仅就 M35 的年代进行论述。

M35 内共发现三件铜器，分而述之。铜爵与荥阳小胡村 M22：7[10] 相近，足部相较更短，更接近孝民屯东南地 M1275：2[11]。曲内歧冠戈在殷墟墓葬中发现较多，出现于殷墟文化二期，第三期仍在流行，多制作精良[12]。另一铜器见盖不见身，其铭有"舌父癸"，表明其为"舌"氏族之铜器。"舌"铭铜器多有发现，早在 1933 年，安阳殷墟就曾出土一批"舌"铭铜器，有学者进行过考证，指出这批铜器的年代大都集中在殷墟青铜器三期，个别器形可早至殷墟二期晚段[13]。除殷墟外，郑州地区也发现不少"舌"铭铜器。1993 年，郑州市博物馆从黄河大观项目筹建处征集到一批遗物，共有 6 件铸有铭文"舌"字[14]。2006 年，荥阳小胡村晚商墓葬也发现了数量更多的"舌"铭铜器[15]。综合来看，M35 应与小胡村商代墓葬之间有较为紧密的联系，小胡村 M22 的年代隶定为殷墟文化三期，M35 的年代也当在殷墟文化三期。

（三）聚落布局与性质

高庄遗址东邻须水河，南部原为一条冲沟，邻河而居的特点十分明显。从遗址内部考察，大致可分为东西两区，东区遗存丰富，有较多的灰坑和房址，房址多为单室，房址与灰坑之间存在叠压打破的情况。少量的墓葬和窑址也分布于此，与居址间杂，形成居葬合一的情况。西区遗存数量较少，仅见部分房址和少量灰坑，但房址均为双室，且遗迹之间没有叠压打破的情况。东西区之间遗存较少，形成了一道空白地带。

由于存在时间差异，遗存布局上的相互关系，还需要进一步的梳理。

从M35所见"舌"铭铜器来看，墓主显属舌族。"舌"铭铜器分见于殷墟和郑州两地，表明舌族有两个支系，一支内服官居于殷都，一支外戍驻守于旧都，而郑州西北郊是其外支系的胙土封地[16]。从年代分析来看，M35的建造时间正处于遗址的存续期内，墓主应该在聚落中有着较高的地位，很可能是该聚落的管理者。结合遗址中发现的相当数量的房址和灰坑，可知高庄遗址应是舌族的一处重要栖居地，当属于舌族外支系的封地。

（四）学术意义

高庄遗址是近年来在郑州西北郊发现的又一处重要晚商遗址。郑州西北郊的索须河、须水河和枯河流域，是商周时期遗存丰富的区域之一，历年来开展了大量的考古调查和发掘工作，发现了相当数量的商周时期遗址[17]。高庄遗址年代与殷墟文化三、四期相当，处于商周变革的关键时期。从遗址的三个阶段来看，一、二段文化面貌较为接近，第三段则有所变化，但总的继承发展关系比较清晰。具体来看，陶鬲、簋等器物的发展变化尤为明显，折沿鬲器体逐渐变矮，裆部变低，实根锥足由尖变粗变秃，直至柱状；陶簋由折沿变敞口，腹部由鼓变斜，圈足渐高。这些变化与殷墟晚商时期同类器的变化趋势一致，表明殷墟晚商文化对郑州地区有较大的影响。

作为舌族的重要栖居地，高庄遗址的发掘对于探讨商代晚期至西周早期族属的演变有着重要的学术价值，有助于进一步认识晚商时期郑州西北郊区域聚落形态，并为解决郑州地区商周时期社会变迁以及与殷墟文化的关系等问题提供了科学的考古资料。

附记：发掘领队刘彦锋，发掘人员丁永、任丽娟、李智伟、康乐、闫振洋、贺俊、刘青彬，绘图侯荣奇、刘军幸，摄影蔡强、郝世华。

▌注释

[1] 河南省文物考古研究所：《河南荥阳市关帝庙遗址商代晚期遗存发掘简报》，《考古》2008年第7期。

[2] 河南省文物考古研究院、河南省文物局南水北调文物保护办公室：《郑州市马良寨遗址晚商文化遗存发掘简报》，《考古》2017年第4期。

[3] 河南省文物考古研究所：《河南荥阳市关帝庙遗址商代晚期遗存发掘简报》，《考古》2008年第7期。

[4] 河南省文物考古研究院、河南省文物局南水北调文物保护办公室：《郑州市马良寨遗址晚商文化遗存发掘简报》，《考古》2017年第4期。

［5］中国社会科学院考古研究所：《殷墟发掘报告（1958-1961）》，文物出版社，1987年，第135、141页。

［6］河南省文物考古研究院、河南省文物局南水北调文物保护办公室：《郑州市马良寨遗址晚商文化遗存发掘简报》，《考古》2017年第4期。

［7］河南省文物考古研究所：《河南荥阳市关帝庙遗址商代晚期遗存发掘简报》，《考古》2008年第7期。

［8］河南省文物考古研究院、河南省文物局南水北调文物保护办公室：《郑州市马良寨遗址晚商文化遗存发掘简报》，《考古》2017年第4期。

［9］中国社会科学院考古研究所：《安阳大司空——2004年发掘报告》，文物出版社，2014年。

［10］河南省文物考古研究院：《河南荥阳小胡村墓地商代墓葬发掘简报》，《华夏考古》2015年第1期。

［11］中国社会科学院考古研究所：《河南安阳市殷墟孝民屯东南地商代墓葬1989-1990年的发掘》，《考古》2009年第9期。

［12］中国社会科学院考古研究所：《中国考古学·夏商卷》，中国社会科学出版社，2003年，第395页。

［13］汤威：《舌族探微——1933年安阳薛家庄殷墓稽考》，《中原文物》2011年第3期。

［14］河南省文物管理局、郑州市文化局：《辉煌的历史记忆》，香港国际出版社，2002年；汤威：《郑州出土舌铭铜器考》，《中国国家博物馆馆刊》2011年第10期。

［15］河南省文物考古研究院：《河南荥阳小胡村墓地商代墓葬发掘简报》，《华夏考古》2015年第1期。

［16］汤威：《郑州出土舌铭铜器考》，《中国国家博物馆馆刊》2011年第10期。

［17］张松林：《郑州市西北郊区考古调查简报》，《中原文物》1986年第4期；张松林、张家强：《郑州地区西周考古的收获与思考》，《河南文物考古论集》（四），大象出版社，2006年。

（原刊于《中原文物》2021年第1期）

郑州市黄河路109号院殷代墓葬发掘简报

吴倩　魏青利

2012年11月至2013年1月，为配合省直机关房地产服务中心住宅楼工程建设，郑州市文物考古研究院对工程区内的遗迹进行了清理，其中商代遗存丰富，包括有灰坑、水井、灰沟、夯土建筑、墓葬等。共发掘了墓葬45座，其中43座为殷墟时期（参见附表一）。现将商代墓葬发掘报告简报如下。

省直机关房地产服务中心殷墟墓葬位于郑州市黄河路与花园路交叉口西南角，黄河路109号（图一），所发掘墓葬位于拟建住宅楼基槽内。墓葬排列有序，多为东西向、南北排列，少量南北向，保存较好，多数有随葬品。

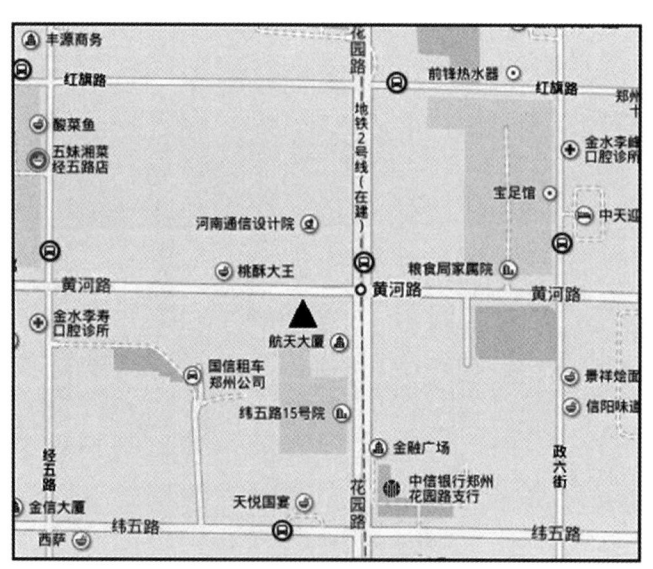

图一　墓葬位置示意图

一、地层堆积

第1层：表土层，厚1.9米，含大量建筑垃圾。

第2层：近现代层，黄灰色，厚0.3～0.36米，含有瓷片。

第3层：冲淤积层，黄色，厚0.2～0.35米，含有瓷片。

第4层：冲淤积层，浅褐色，厚0.16~0.25米，含有瓷片。

第5层：唐宋文化层，浅红褐色，厚0.95~1.48米，含唐宋时期瓷片及汉代筒瓦、板瓦。

第6层：汉代文化层，灰褐色，厚0.6~1.75米，含大量筒瓦、板瓦及少量碎陶片。

第7层：冲淤积层，灰黄色，厚0.1~1.1米，含极少量碎陶片。

第8层：商代文化层，灰褐色，厚0.2~2.5米，含商代器物残片。该层自西向东堆积渐厚。

第8层下为生土，墓葬均分布在第7层下，绝大部分直接打破生土，局部打破第8层及生土。

二、墓葬形制

墓葬分布具有集中、成片分布的特点，均位于发掘区的西部（图二）。皆为长方形竖穴，大多长2~3米，宽0.6~1米。以木棺为葬具，但大多已完全腐朽，仅在3座墓中发现有残存棺痕，木棺长约2米，宽0.6米左右。

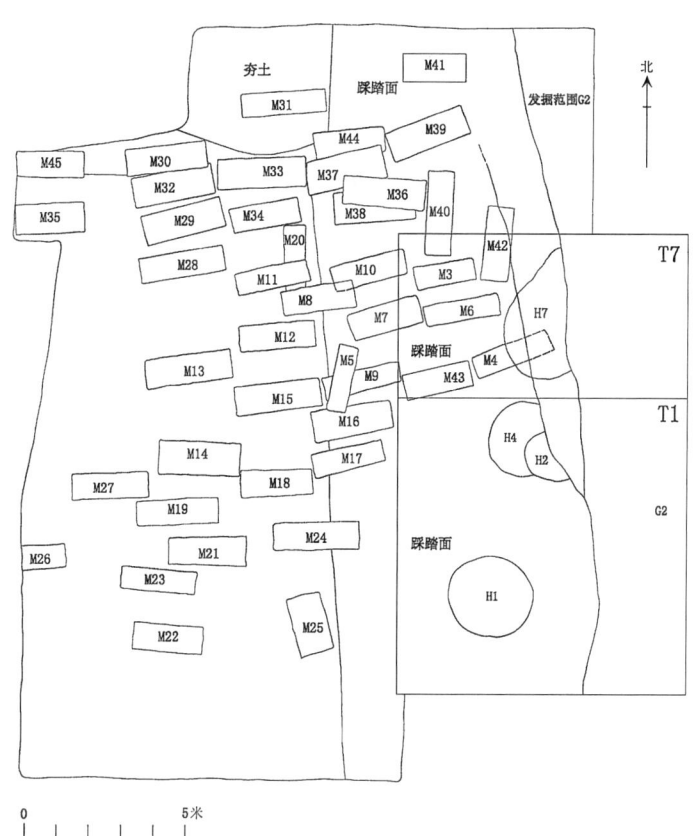

图二　墓葬分布平面图

墓葬内人骨保存状况一般，人骨头向多数为东北，少量正东、西北或北。墓主人绝大部分为直肢葬。仰身直肢葬25座，双手交于腹部，均为右手抚于左手上；俯身直肢1座。屈肢葬2座，一为俯身屈肢，一为侧身屈肢。另有2座墓可确认为直肢，但因骨架腐朽严重，无法进一步观察葬式。其余墓葬人骨已完全腐朽。

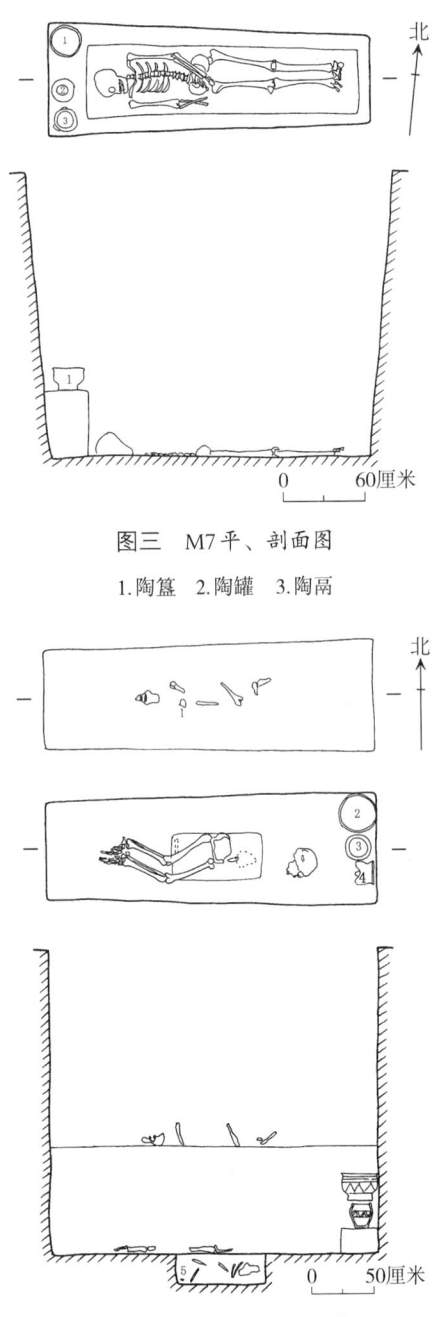

图三　M7平、剖面图

1.陶簋　2.陶罐　3.陶鬲

图四　M12平、剖面图

1.铜铃　2.陶簋　3.陶罐　4.陶鬲　5.玉璋

共有13座墓中发现有殉狗，分别见于腰坑、二层台和墓葬填土中。其中腰坑殉狗有4座，每个腰坑1条。二层台上殉狗有1座，填土中殉狗8座。狗骨保存较好者可以看出为屈肢葬，头向一般向西，与人骨头向相反，仅见一座与人骨头向一致。两座墓二层台和部分陶容器发现动物骨骼，主要为羊或鸡，应是下葬时用于祭祀的肉食。

随葬品一般置于人头端的二层台上或棺的顶板上，少量位于墓底紧挨头骨处，有些陶器出土时已残碎，一般为簋、鬲、罐，少量盆、豆及小型铜玉器。

根据墓内结构大体将这批墓葬分为有无二层台、有无腰坑等几类，分别举例如下。

M7　方向为75°。墓室长2.4、宽0.7~0.9、深1.8米，二层台高0.4米，棺长1.8、宽0.4~0.6米。填土内有殉狗（保存较差）。墓主人头向东北，面朝南，仰身直肢，左手放于身侧，右手置于腹部，经鉴定是一名青年男性，身高约为164厘米。共出土随葬品3件，为陶簋、陶罐、陶鬲，均位于二层台之上（图三）。

M12　方向为90°，墓室长2.25、宽0.6~0.8、深2米，二层台高0.15米。墓室填土有殉狗，有腰坑。墓主人头向东，面朝南，仰身屈肢，上身腐朽严重，经鉴定为一名老年女性。共出土随葬品5件，其中铜铃位于殉狗颈部，陶簋、陶罐、陶鬲位于墓主头端二层台上，玉璋位于腰坑内。墓主口中含有贝币4枚（图四）。

M15 方向为104°，墓室长2.6、宽1、深1.7米。头、脚处均有二层台，高0.3米。脚骨处二层台上有殉狗，狗头向西，与墓主人头向相反。墓内葬一人，头向东，面向北，仰身直肢，经鉴定为一名壮年女性，身高142厘米。共出土随葬品4件，放置在头骨东侧二层台上，分别为陶罐、陶簋、陶鬲、陶鬲（图五）。

M29 方向为75°，墓室长2.25、宽0.7、深2米。有腰坑，长0.6、宽0.26米、深0.25米，直壁平底，腰坑内发现零星狗骨。二层台高0.3米。墓内人骨腐朽较为严重，经鉴定为一名中年女性。共出土随葬品3件，放置在头骨东侧二层台上，分别为陶簋、铜矛及玉柄形器（图六）。

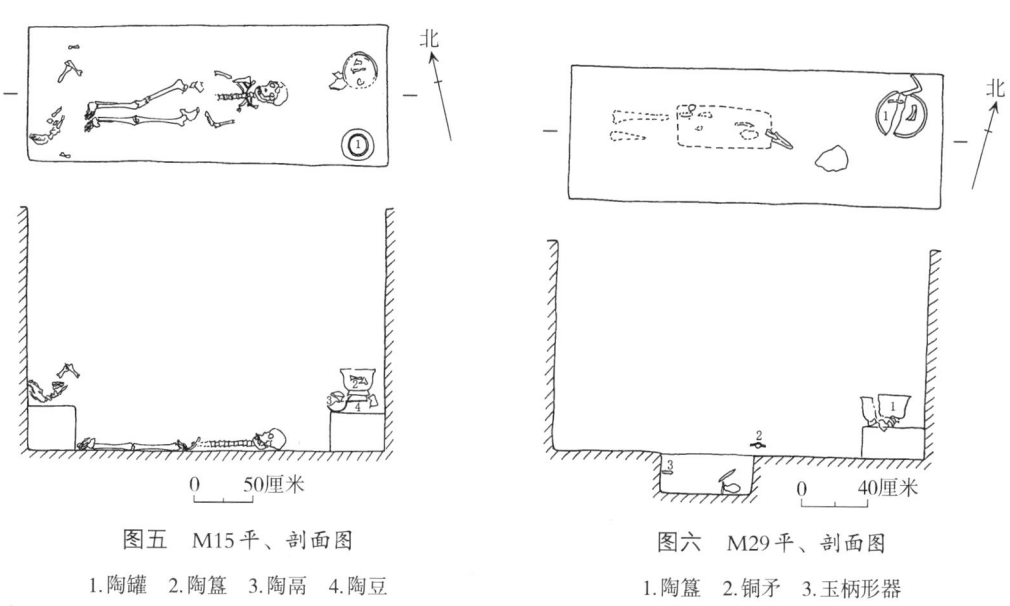

图五 M15平、剖面图

1.陶罐 2.陶簋 3.陶鬲 4.陶豆

图六 M29平、剖面图

1.陶簋 2.铜矛 3.玉柄形器

三、随葬器物

随葬器物有陶器、铜器、玉器及贝币。

1.陶器

陶器修复60件，包括鬲、簋、罐、豆、壶、盆等，除鬲多为夹砂灰陶，余基本是泥质灰陶。多数陶器系轮制而成，部分陶器的腹部、足部在制法上略有差别，如鬲腹、足部多用模制成，罐则用泥条盘筑法制成。鬲和罐的腹部饰绳纹（包括粗绳纹、中绳纹及细绳纹），部分罐肩部饰有网格纹，簋的腹部饰三角花纹及填充有绳纹的三角划纹。

鬲 11件。根据整体形态的不同可分为三型。

A型 4件。颈部较长，可分为三式。

I式 1件（M33：2）。夹砂灰陶，尖唇，侈口，折沿，沿面上有三周凹槽，肩部微显折棱，深弧腹，裆较高且较平，柱状足，足部有刮抹痕迹，足底被磨平。颈部绳纹抹平，腹部饰中绳纹。口径16、通高15.6厘米（图七：1）。

Ⅱ式　1件（M18：1）。夹砂灰黑陶，方唇，直口微侈，肩部有折棱，体形较矮小，腹部较宽扁，裆部稍矮，腹部及袋足绳纹被抹去，实足根残。口径13.2、残高11.8厘米（图七：2）。

Ⅲ式　2件。标本M15：3，圆唇，口微敛，卷沿，口径明显大于腹径，口沿不平，形体较小，腹较浅，裆部较矮，腹部及袋足处饰细绳纹，颈部绳纹被抹平。口径为13.2、通高12～12.6厘米（图七：4）。标本M20：1，夹砂灰黑陶，尖圆唇，卷沿，侈口，口沿不平，口径大于腹径，腹部宽扁，裆部矮，实足根残。颈部绳纹被抹去，肩部饰一周弦纹，腹部及袋足处饰细绳纹。口径16、残高12.6～13.2厘米（图七：3）。

B型　4件。腹部较深，可分为两式。

Ⅰ式　1件（M34：2）。夹砂黑陶，形体基本呈方形。圆唇，敛口，折沿，沿较长，裆部较高。肩部稍下有一周凹槽，腹部及袋足处饰粗绳纹。口径为16.6、通高16厘米（图七：5）。

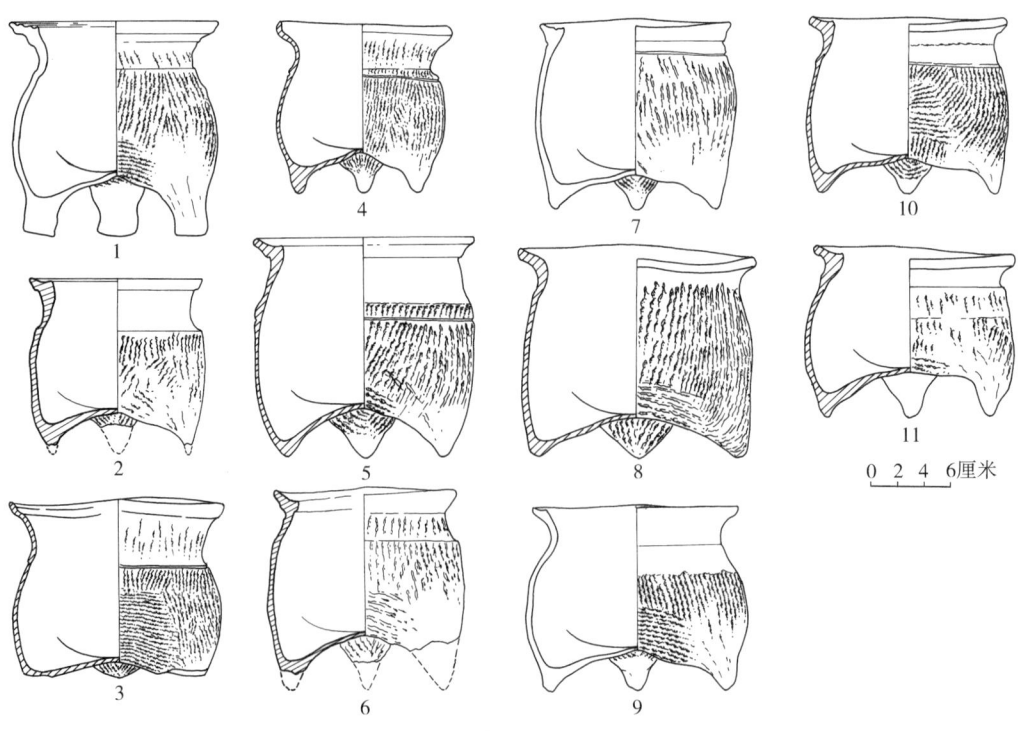

图七　陶鬲

1.AⅠ式（M33：2）2.AⅡ式（M18：1）3.AⅢ式（M20：1）4.AⅢ式（M15：3）5.BⅠ式（M34：2）6.BⅡ式（M12：4）7.BⅡ式（M35：3）8.BⅡ式（M42：1）9.CⅠ式（M4：1）10.CⅠ式（M7：3）11.CⅡ式（M24：1）

Ⅱ式　3件，裆部较矮。标本M12：4，夹砂灰黑陶，圆唇，敛口，折沿，沿较短，口沿不平，实足根残，腹部及袋足处饰杂乱的粗绳纹。口径13.6、残高11.6～12厘米（图七：6）。标本M35：3，夹砂褐陶，整体呈方形，圆唇，敛口，折沿，沿短，口沿不平。颈部及与肩部之间各饰一周弦纹，腹部粗绳纹被抹平。口径为14、通高13.6～14厘米（图七：7）。标本M42：1，夹砂灰陶，方唇，侈口，卷沿，口沿不平。通体饰粗绳纹。口径18、通高14.8～15.6厘米（图七：8）。

C型　3件。腹部较浅而扁，可分为两式。

Ⅰ式　2件，裆部稍高。标本M4：1，夹砂褐陶，尖圆唇，侈口，卷沿，口沿略不平，有矮领，实足根残，腹部饰中绳纹，袋足处绳纹被抹平。口径15.2、残高13.4～13.6厘米（图七：9）。标本M7：3，夹砂褐陶，圆唇，折沿，敛口，肩部有折棱，实足根残。口径14.8、残高13厘米（图七：10）。

Ⅱ式　1件（M24：1）。腹部更为宽扁，裆部较矮。夹砂灰陶，圆唇，折沿，敛口，口沿不平，肩部微显凸棱。腹部绳纹被抹平。口径为15、通高12～12.4厘米（图七：11）。

罐　15件，根据整体形状的不同，又可分为矮束颈罐、高领罐、圆腹绳纹罐。

矮束颈罐　12件，依据肩部的不同可分为两型。

A型　9件，折肩。根据大小又分为两亚型。

Aa型　6件，形体较大。标本M15：1，泥质灰陶，直口微侈，肩部较长，底微凹。通体饰粗绳纹。口径14、底径9、通高25厘米（图八：1）。标本M19：1，泥质灰陶，侈口，平底。肩部绳纹被抹平，上腹部饰三角划纹，下腹部饰三周弦纹。口径12、底径9、通高21厘米（图八：2）。

Ab型　3件。形体较小。

Ⅰ式　1件（M7：2）。泥质灰陶，直口微侈，凹圜底。腹部绳纹被抹平。口径10.2、底径7、通高12.8厘米（图八：4）。

Ⅱ式　2件。标本M12：3，泥质灰陶，直口微侈，口沿不平，平底。肩部饰三周弦纹，上腹部饰三角划纹。口径11.2、底径7.8、通高15～15.4厘米（图八：6）。

高领罐　2件，可分两式。

Ⅰ式　1件（M27：1）。泥质灰陶，腹斜收，凹圜底。肩部稍下饰少量中绳纹。口径为13.2、底径为9、通高为18.6厘米（图八：3）。

Ⅱ式　1件（M31：2）。形体较小，泥质灰陶，直口微侈，口沿不平，折肩，凹圜底。肩部有两周凸棱及一周弦纹，腹及底饰中绳纹。口径10.2、底径4、通高11.6～12厘米（图八：5）。

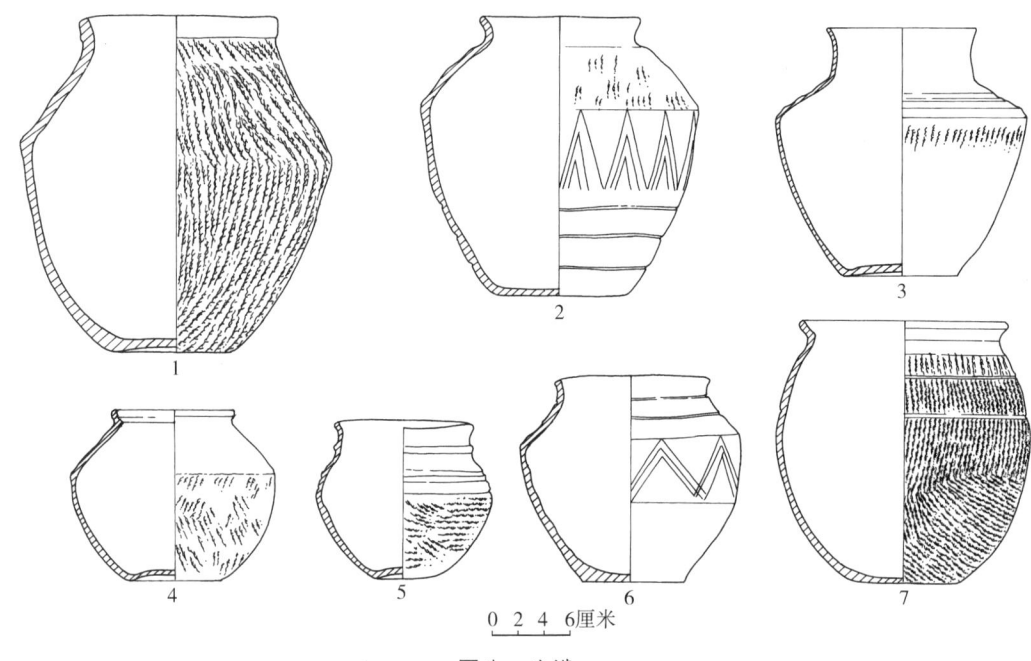

图八　陶罐

1. Aa型矮束颈罐（M15：1）　2. Aa型矮束颈罐（M19：1）　3. Ⅰ式高领罐（M27：1）　4. AbⅠ式矮束颈罐（M7：2）　5. Ⅱ式高领罐（M31：2）　6. AbⅡ式矮束颈罐（M12：3）　7. 圆腹绳纹罐（M4：3）

　　圆腹绳纹罐　1件（M4：3）。泥质灰陶，方唇，侈口，圆肩，圆腹，平底。肩部有一周凹槽，通体饰中绳纹，下腹部绳纹较凌乱。口径14、底径8、通高19.6厘米（图八：7）。

　　簋　25件。根据整体形态的不同，可分为束颈盆式簋、大敞口簋、碗形簋。

　　束颈盆式簋　10件。根据腹部不同又可分为两型。

　　A型　6件，圆腹。

　　Ⅰ式　2件。标本M9：1，泥质灰陶，折沿，敛口，圜底，腹较深，底座残。腹饰数周弦纹。口径22.4、残高14厘米（图九：1）。

　　Ⅱ式　4件。标本M28：1，泥质黑陶，尖唇，卷沿，侈口，沿面较长，腹较浅，圜底。圈足饰中绳纹，余为素面。口径20、圈足径10.8、通高14.6厘米（图九：2）。标本M30：1，泥质灰陶，微侈口，卷沿，平底，圈足较矮。颈部绳纹被抹平，上腹部有两周凹槽，底部有一周凸棱，下腹与圈足结合处有一周凹槽。口径20、圈足径10、通高14.4厘米（图九：3）。

　　B型　4件。折腹。标本M33：1，泥质褐陶，尖唇，折沿，敛口，圜底。下腹部饰两周弦纹，圈足上绳纹被抹平。口径26、圈足径14.6、通高21.2厘米（图九：4）。标本M39：1，泥质灰陶，方唇，卷沿、沿面较长，侈口，圜底，圈足极矮。腹饰中绳

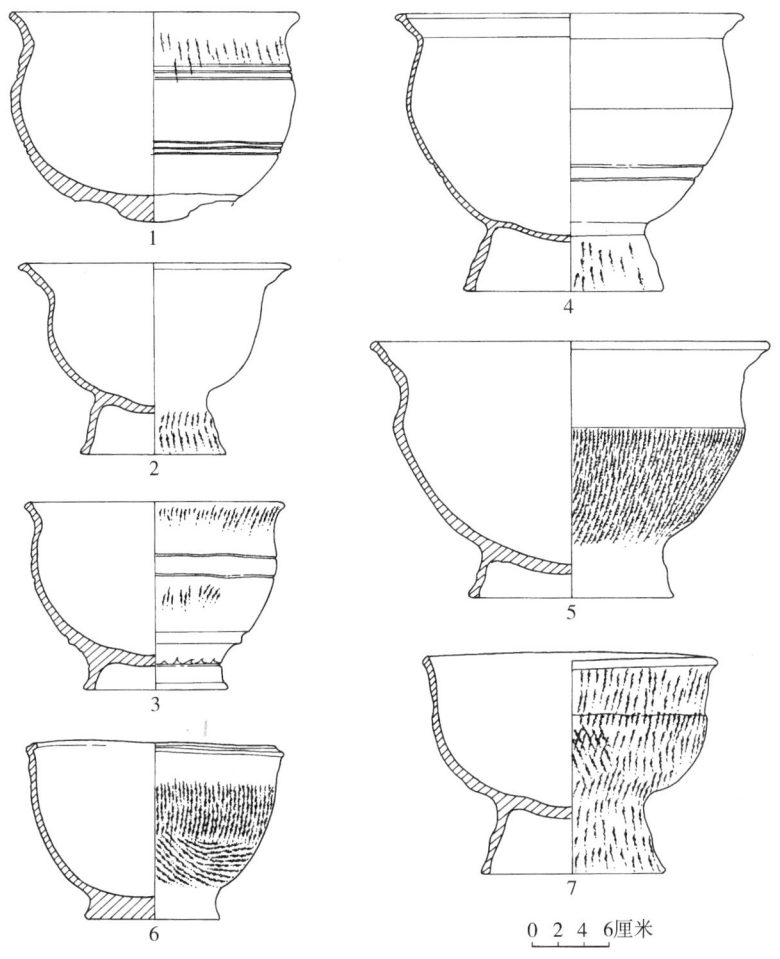

图九 陶簋

1.A Ⅰ式束颈盆式簋（M9∶1） 2.A Ⅱ式束颈盆式簋（M28∶1） 3.A Ⅱ式束颈盆式簋（M30∶1） 4.B型束颈盆式簋（M33∶1） 5.B型束颈盆式簋（M39∶1） 6.碗形簋（M40∶1） 7.碗形簋（M22∶1）

纹。口径31、圈足径15.1、通高19.6厘米（图九∶5）。

大敞口簋　13件，根据腹部不同分为两型。

A型　6件。斜腹，可分为三式。

Ⅰ式　1件（M27∶2）。泥质灰陶，窄折沿尖唇，深斜腹，底微圜。上腹饰五周弦纹，下腹近底处饰中绳纹，圈足中间有一周弦纹。口径23、圈足径10.2、通高18.4厘米（图一〇∶1）。

Ⅱ式　3件。腹部稍浅。标本M4∶2，泥质灰陶，方唇，沿面外缘下垂，圜底。腹部饰中绳纹，上腹与下腹之间有两周弦纹，并将绳纹隔开。口径24、圈足径13、通高17.4厘米（图一〇∶2）。标本M29∶1，泥质灰陶，窄折沿方唇，圜底，矮圈足，上腹

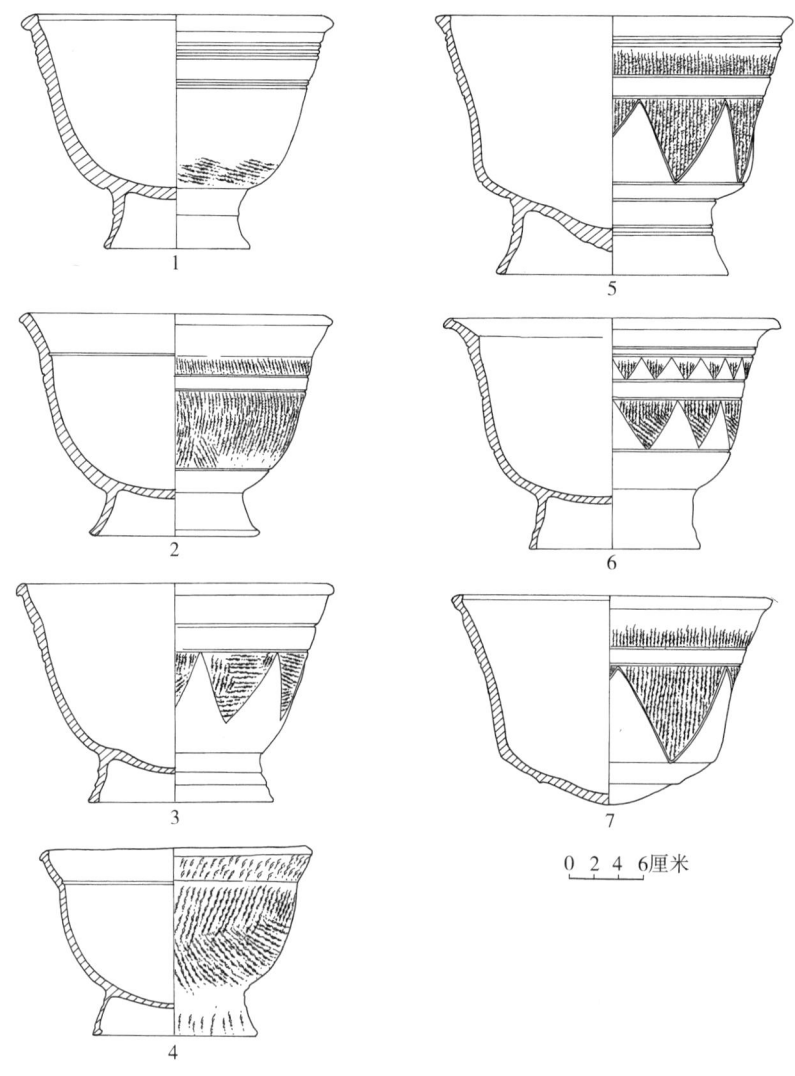

图一〇　陶簋

1. A Ⅰ式大敞口簋（M27：2）　2. A Ⅱ式大敞口簋（M4：2）　3. A Ⅱ式大敞口簋
（M29：1）　4. A Ⅲ式大敞口簋（M36：1）　5. B Ⅰ式大敞口簋（M16：2）　6. B Ⅰ式大敞口簋
（M24：2）　7. B Ⅱ式大敞口簋（M15：2）

饰两周弦纹，下腹饰之间填充有中绳纹的三角划纹。口径24.6、圈足径14.4、通高17.2
厘米（图一〇：3）。

　　Ⅲ式　2件。浅腹。标本M36：1，泥质褐陶，折沿较宽，圜底，矮圈足。腹部饰
中绳纹，圈足绳纹被抹平。口径21.4、圈足径12.6、通高14.6厘米（图一〇：4）。

　　B型　7件。折腹，可分为两式。

　　Ⅰ式　4件。标本M16：2，泥质灰陶，尖唇，下腹略鼓，圈足较高，口径较大，
尖圜底。颈部饰带状细绳纹一周，上下各饰两周弦纹，腹部饰填充绳纹的三角纹。口

径27.4、圈足径18、通高20.4厘米（图一〇：5）。标本M24：2，泥质灰陶，方唇，折沿，微圜底。口沿下饰小三角纹及绳纹，上下兼饰弦纹，腹部饰填充细绳纹的大三角纹，外框的三角极规整，圈足底部有刻划纹。口径为26、底径为15、通高为18.2厘米（图一〇：6）。

Ⅱ式　2件。三角绳纹纹饰已较粗糙。标本M15：2，泥质灰陶，折腹处更斜直，尖圜底，下残。颈部饰中绳纹，腹部饰两周弦纹及填充中绳纹的大三角纹。口径25.7、残高16.4厘米（图一〇：7）。

碗形簋　2件。标本M22：1，泥质灰陶，圆唇，侈口，口沿不平，圜底，圈足稍高，呈喇叭状，通体饰粗绳纹，但有被抹去的痕迹。口径23.1、底径14、通高16.2～16.8厘米（图九：7）。标本M40：1，泥质褐陶，直口，沿微内勾，沿内有凹槽一周，圈足极矮，腹饰中绳纹。口径19.4、底径10.4、通高13.8厘米（图九：6）。

盆　3件，可分为两型。

A型　1件（M18：3）。泥质灰陶，深腹，尖圆唇，直口，弧腹，从肩部以下较之沿领部加厚一层，平底。腹饰中绳纹，大范围的绳纹被抹平。口径26、底径8.6、通高17.6厘米（图一一：1）。

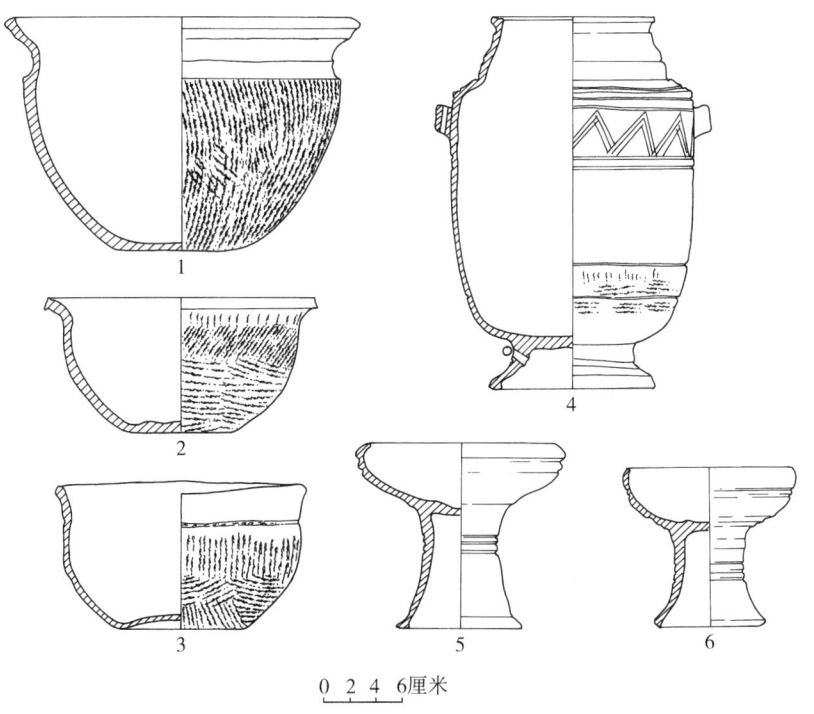

0 2 4 6厘米

图一一　陶盆、壶、豆

1.A型盆（M18：3）2.B型盆（M13：2）3.B型盆（M14：1）4.小口双耳壶（M35：1）
5.豆（M14：2）6.豆（M15：4）

B型　2件。浅腹。标本M13：2，泥质褐陶，方唇，沿面下垂，敞口，弧腹，平底。腹部饰细绳纹，颈部及底部绳纹被抹平。口径21.2、底径8、通高10.2厘米（图一一：2）。标本M14：1，泥质灰陶，侈口，无沿，口沿不平，折腹，凹圜底。通体饰中绳纹。口径18.6、底径9、通高10.8~11.2厘米（图一一：3）。

豆　2件，均为泥质灰陶，敛口。标本M14：2，形体稍大，豆盘为斜腹，底部内凹，豆柄呈喇叭状，柄饰三周弦纹。口径14、底径8.4、通高14厘米（图一一：5）。标本M15：4，形体较小，豆盘为斜弧腹，有两周凹槽，豆盘处两周凹槽。口径12.6、底径7.8、通高12厘米（图一一：6）。

小口双耳壶　1件（M35：1）。泥质灰陶，敛口，折沿，方唇，领部有三周凹槽，折肩，肩部有双耳，直腹微斜收，盘状底座，底座上有双孔。上腹部饰三角形刻划纹，下腹部有三周弦纹，下腹靠近底座处绳纹被抹平。口径11.6、底径12、通高28厘米（图一一：4）。

2.铜器

铜器5件，包括铜爵1件、刀1件、矛1件、铜铃2件。

爵　1件（M30：2）。长流，尖尾，流口有菌状柱，素面菌帽，直腹，凸底，三棱形锥足较高。把手上端饰兽面纹，上腹部饰弦纹三周。高17.8厘米（图一二：3）。

刀　1件（M30：3）。柳叶形，弧背，刀背起凸棱，窄长柄，环首，刀身及柄一面包浆。长22.7、宽2.5厘米（图一二：2）。

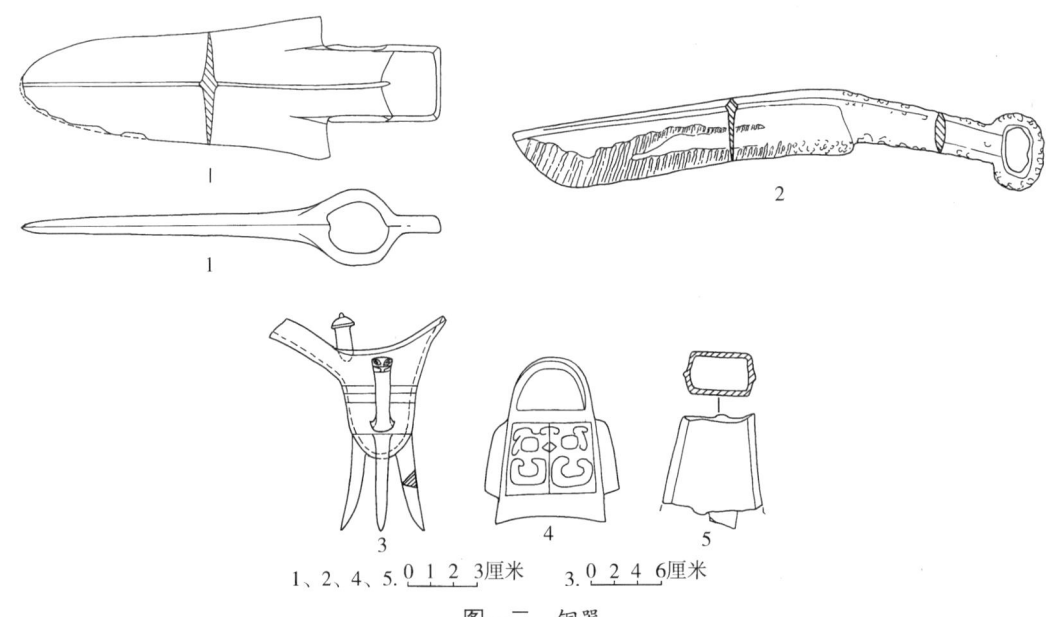

1、2、4、5.　0 1 2 3厘米　　3.　0 2 4 6厘米

图一二　铜器

1.铜矛（M29：2）　2.铜刀（M30：3）　3.铜爵（M30：2）　4.铜铃（M31：1）　5.铜铃（M12：1）

矛 1件（M29：2）。断面呈三角形，中脊明显隆起，直达前锋，穿位于骹中部。长18、厚0.1～0.8厘米（图一二：1）。

铃 2件。标本M12：1，表面呈梯形，体两侧有一凸棱，已残（图一二：5）。标本M31：1，被挤压变形铃腔截面呈椭圆形，两侧带扉棱，铃舌稍长，腹部饰简化饕餮纹。高6.7、口宽4.7厘米（图一二：4）。

3.玉器

玉器15件。多数出自于腰坑内，包括玉柄形器、圭、匕及其他残器（无法看出器形）。

柄形器 4件。标本M10：2，黄褐色，器身较宽，柄稍长。长7.5、宽2.2、厚0.7厘米（图一三：1）。标本M29：3，灰色，器身细长，上下均残（图一三：3）。残长7、宽1.6、厚0.7～1厘米。标本M34：4，白色，顶端呈梯形，体身细长，柄短。长12.4、宽1.6、厚0.5厘米（图一三：2）。

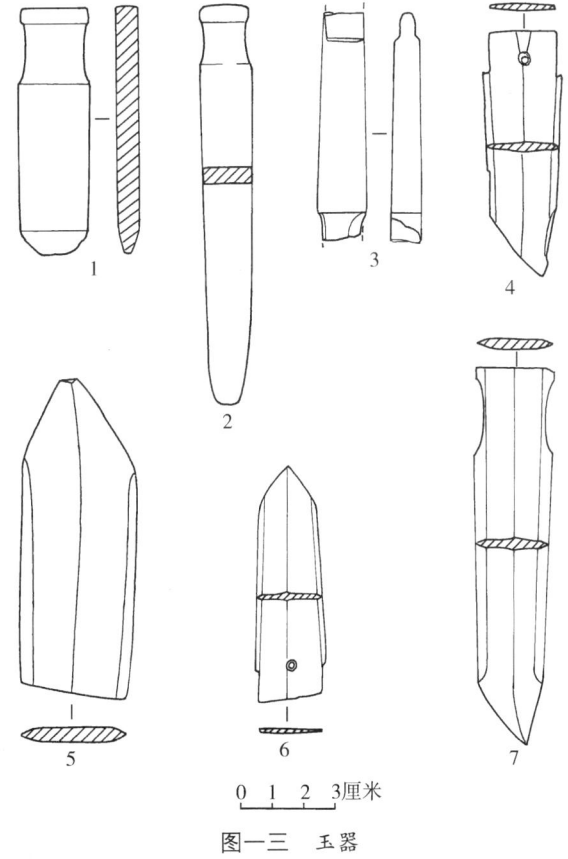

图一三 玉器

1.玉柄形器（M10：2） 2.玉柄形器（M34：4） 3.玉柄形器（M29：3） 4.玉匕（M12：5） 5.玉圭（M33：3） 6.玉圭（M37：1） 7.玉匕（M35：4）

玉圭　2件。标本 M33：3，青色，体形宽扁，尖残。残长 10、厚 0.5 厘米（图一三：5）。标本 M37：1，灰色，柳叶形，柄与身相接处有穿孔，为单面钻。长 7.4、厚 0.1 厘米（图一三：6）。

玉匕　2件。标本 M12：5，青灰色，柄中部有穿孔，两面对钻。长 7.6、厚 0.3 厘米。（图一三：4）。标本 M35：4，白色，柳叶状，背及刃均较直，柄呈亚腰形。长 11.7、厚 0.4 厘米（图一三：7）。

此外还有贝币 12 枚，均为墓主人口中所含。

四、结语

1.随葬品分析

这批墓葬均为小型长方形竖穴土坑墓，随葬品亦很少，有 5 座墓中未发现随葬品。有随葬品者大体可分为四类：陶器组合，陶器组合及铜、玉器，单件陶器及单件玉器。随葬有铜器的仅有 4 座墓，占 9.3%；随葬鬲、簋、罐组合有 7 座，占 16.3%，其余即为鬲、罐或簋、罐或鬲、簋。共有 25 座墓中随葬簋，占 58.14%。

2.分期与年代

出土的这批器物特征明显属于殷墟时期，且时间跨度不大，多数面貌较为一致，如陶簋，无论从器形还是纹饰上分析多数应属一个时期。以往的考古研究中曾将殷墟墓葬陶器分为四期[1]，此次的发掘与以往得出的陶器编年吻合。根据前文器物的分型分式结果，参考既有分期成果，将此次墓葬中的陶器编列为两个阶段。

第一阶段：A I 式鬲、B I 式鬲、C I 式鬲、I 式高领罐、Ab I 式矮束颈罐、A I 式束颈盆式簋、A I 式大敞口簋、A 型盆。

第二阶段：A II 式鬲、A III 式鬲、B II 式鬲、C II 式鬲、Aa II 式矮束颈罐、Ab II 式矮束颈罐、II 式高领罐、圆腹绳纹罐、A II 式束颈盆式簋、B 型束颈盆式簋、A II 式大敞口簋、A III 式大敞口簋、B 型大敞口簋、碗形簋、B 型盆、豆、壶。

依据上述陶器编列，此次发掘的墓葬除因缺少随葬品不能分期外，余皆属于前后相承的两个阶段，相当于殷墟文化分期中的第二、三期。

3.墓葬的分群现象

东西向墓有 38 座，南北向墓有 5 座（M40、M42、M5、M20、M25）。本次发掘的墓葬排列整齐、距离紧凑，可以看出与殷墟其他墓地一样，也有成群分布的现象。本次发掘区域较小，若今后在此地扩大发掘范围，墓葬的分布于分群现象应为非常明显。

4.其他

根据“殷墟西区墓地”及孝民屯商墓等殷墟小型墓葬群来看，殷墟即有先有墓地而后演变成居址的，也有居址演变为墓地的。本次发掘墓葬区内发现有零星文化层及大面积踩踏面（由于发掘面积所限，并未完全揭露踩踏面范围），并发现有墓葬打破踩踏面的现象，这表明在作为墓地之前曾有居民居住于此。

如此密集而排列有序的殷墟墓葬以往在郑州地区不曾发现，此次的发现填补了这一地区殷墟墓葬研究的空白。因环境所限，本次发掘无法完全揭露该墓葬区，但从现场情况上看，墓葬区一直向北、向东延伸，有待于今后的发掘将其面貌完全揭露。

附记：发掘人员吴倩、张吉钦、武云霞、朱树玉，绘图和拓片李扬、李曼、赵向莉、刘福来，摄影蔡强。本文在整理过程中，得到了郑州大学郜向平、张继华两位老师的帮助，在此谨表谢忱。

注释

［1］中国社会科学院考古研究所安阳工作队：《1969～1977年殷墟西区墓葬发掘报告》，《考古学报》1979年第1期。

（原刊于《中原文物》2015年第3期）

附表一　墓葬统计表

墓号	方向（度）	墓穴	棺木	腰坑	葬式	随葬品	备注	分期
M3		1.5×0.7+0.8		无		Aa型矮束颈陶罐、AⅡ式束颈盆式陶簋		三
M4	50	2.3×0.5+0.85		无	仰身直肢	CⅠ式陶鬲、圆腹绳纹口陶罐、AⅡ式大敞口陶簋	墓主人为一壮年男性	三
M5	20	1.8×0.5+0.3		无	俯身屈肢			
M6	80	2.3×0.6+1.5		无	仰身直肢	残玉器	墓主人为一壮年男性，身高172厘米	
M7	75	2.4×0.88+1.8	1.78×0.46+0.2	无	仰身直肢	CⅠ式陶鬲、AbⅠ式束颈陶罐、AⅠ式束颈盆式陶簋	墓主人为一青年男性，身高为164厘米。填土内殉狗，保存较差	二
M8	80	2.3×0.8+0.7		无	仰身直肢	B型束颈盆式陶簋	墓主为青壮年男性，身高160厘米	三
M9	80	2.56×0.7+0.86		无	仰身直肢	AⅠ式束颈式陶簋	墓主人为一壮年男性，身高158厘米	二
M10	85	2.4×0.8+2.15		无	仰身直肢	贝币4枚	墓主人为一青年男性，填土内殉狗，狗头向西	
M11	82	2.3×0.7+0.4		无				
M12	90	2.25×0.7+2		有	仰身直肢	BⅡ式陶鬲、AbⅡ式束颈陶罐、BⅠ式大敞口陶簋、玉匕	墓主人为一老年女性，腰坑内殉狗	三
M13	95	2.2×0.8+0.6		无	仰身直肢	B型陶盆	墓主人为一中壮年男性，身高154厘米	三
M14	107	2.32×1+0.58		无	仰身直肢	B型陶盆、豆	墓主人为一壮年男性	三
M15	104	2.6×1+1.7		无	仰身直肢	AⅢ式束颈陶鬲、Aa型束颈陶罐、BⅡ式大敞口陶簋、陶豆	墓主人为一壮年女性，身高142厘米。填土内殉狗，狗头向西	三
M16	85	2.34×0.72+0.96		无	仰身直肢	AbⅡ式束颈陶罐、BⅠ式大敞口陶簋	墓主人为青少年男性，约为16岁	三
M17	85	2.2×0.6+1.3		无	仰身直肢	B型陶盆、陶豆、残玉器	墓主人为青少年男性，约为16岁，身高165厘米。填土内有殉狗，狗头向西	三
M18	100	2.3×0.8+1.6		无	仰身直肢	AⅡ式陶鬲、Ⅰ式高领陶罐、A型陶盆	墓主人为中年女性	二
M19	95	0.7+2		无		Aa式矮束颈陶罐、AⅠ式大敞口陶簋		三

续表

墓号	方向（度）	墓穴	棺木	腰坑	葬式	随葬品	备注	分期
M20		1.1×0.65+0.6		无		AⅢ式陶鬲、Aa型矮束颈陶罐		三
M21	100	2.4×0.8+0.8		无	仰身直肢	AbⅡ式矮束颈陶罐、B型束颈盆式陶簋	墓主为青年女性，身高162.5厘米	三
M22	95	2.2×0.8+0.55		无	仰身直肢	碗形陶簋	墓主人为一壮年男性，身高154.5厘米	三
M23	100	2.3×0.7+0.38		无	仰身直肢	残陶簪	墓主人为青年男性	
M24	97	2.7×0.9+0.9		无	仰身直肢	CⅡ式陶鬲、Aa型矮束颈陶罐、BⅠ式大敞口陶簋、残玉器	墓主人为壮年女性，身高153厘米	三
M25	80	2.2×1.1+0.4		无	仰身直肢		墓主人为青年女性，身高158厘米	
M26		1.48×0.7+1.2		无		残玉器		
M27	90	2.36×0.84+1.7		无	仰身直肢	Ⅰ式高领陶罐、AⅠ式大敞口陶簋		二
M28	85	2.5×0.8+0.5		无	仰身直肢	AⅡ式束颈盆式陶簋	墓主人为壮年男性，身高162厘米	三
M29	75	2.4×0.84+1.3		有		AⅡ式大敞口陶簋、铜矛、玉柄形器	墓主人为一中年女性，腰坑内殉狗，保存差	三
M30	80	2.5×0.8+1.7	2×0.45+0.25	有		AⅡ式束颈盆式陶簋、铜刀、玉片		三
M31	90	2.1×0.9+2.1		无	仰身直肢	Ⅱ式高领陶罐、BⅡ式大敞口陶簋、贝币	墓主为一中年男性，口中含一枚贝币。填土内有殉狗，狗头处有一铜铃，狗头向南向西	三
M32	85	2.3×0.9+0.3		无			墓主人为壮年女性	三
M33	90	2.5×1+1	1.9×0.6+0.25	有	仰身直肢	AⅠ式陶鬲、B型束颈盆式陶簋、玉圭	墓主人为中老年女性，身高155.5厘米。腰坑内出土玉圭	三
M34	90	2.1×0.8+1.12		有		BⅠ式陶鬲、Aa式束颈陶罐、BⅠ式大敞口陶簋、玉柄形器、贝币	墓主人为壮年女性，口中含贝币。腰坑内出土狗骨及玉柄形器。狗骨保存极差	
M35	80	0.8×0.9+2.4		无	仰身直肢	BⅡ式大敞口陶簋		三
M36	95	2.2×0.8+0.8		无	仰身直肢	AⅢ式大敞口陶簋	墓主人为成年男性	三
M37	80	2.54×1+0.8		有	仰身直肢	玉圭	腰坑内殉狗一只，保存差	三

续表

墓号	方向（度）	墓穴	棺木	腰坑	葬式	随葬品	备注	分期
M38		2.68×0.88+0.7		无			保存极差	
M39	80	2.5×0.9+0.7		无	仰身直肢	B型束颈盆式陶簋		三
M40		2.7×0.8+1.7		无		碗形陶簋		三
M41	88	1.5×0.7+0.8		无			填土内有殉狗，狗头向西	
M42	6	2.3×0.5+0.85		无	仰身直肢	BⅡ式陶鬲、Ad型矮束颈陶罐、AⅡ式束颈陶盆、AⅡ式陶簋	填土内有殉狗，头向北，与头骨一致	三
M43	60	1.8×0.5+0.3		无	仰身直肢	AⅢ式大敞口陶簋		三
M44	94	2.3×0.6+1.5		无	仰身直肢			
M45		2.4×0.88+1.8		无				

河南新郑市寺东高遗址周代遗存发掘简报

黄富成

寺东高遗址位于河南新郑市孟庄镇寺东高村（现属郑州航空港区），南距郑州国际机场约3000米（图一）。遗址位于一高台地上，高出周围地表约3～6米。遗址呈椭圆形分布，南北约300米，东西约350米，总面积达10万平方米。遗址大部分被寺东高村占压。为配合107国道改扩建工程郑州段建设，2009年11月至2010年3月，郑州市文物考古研究院对此遗址进行了局部发掘。发掘范围集中在工程占压寺东高遗址的东部边缘地带，发掘面积2400平方米。在该遗址发现西周晚期、春秋至战国等不同时期的文化遗存，出土了一批丰富的文化遗物，现将该遗址周代遗存发掘情况简报如下。

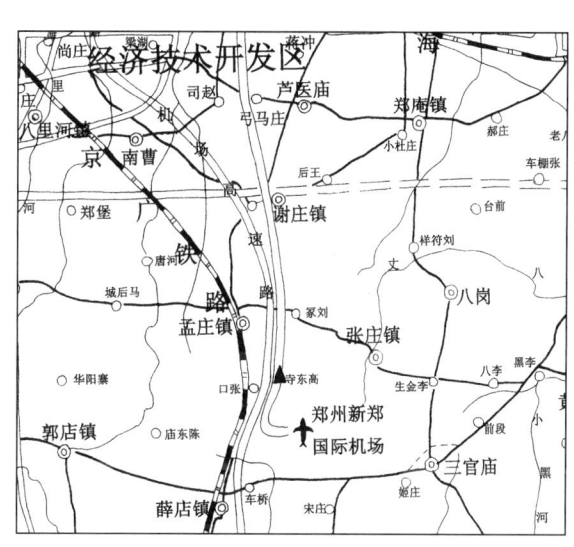

图一　遗址位置示意图

一、地层堆积

本次发掘区位于遗址东部边缘，地势北高南低，地势较高处遗迹丰富，台地外侧地势缓坡降低，遗迹渐疏。为探明该聚落遗存的地层堆积关系，特向发掘区南部地势较低处外延两个探方。地层堆积分7层，其中1～6层分布于台地上，7层分布于台地外侧低洼处。现以T1405、T1505、T1605、T1705东壁地层剖面为例介绍如下（图二）。

第1层：耕土层，黄褐色，土质松软，含大量沙土，厚0.18～0.45米，包含大量植物根系及砖块等现代垃圾。

第2a层：黄沙土，土质松散，粉细沙土为主，深0.2～0.45米，厚0.45～0.8米，较纯净，为风积黄沙土，含有砖块、瓷片。

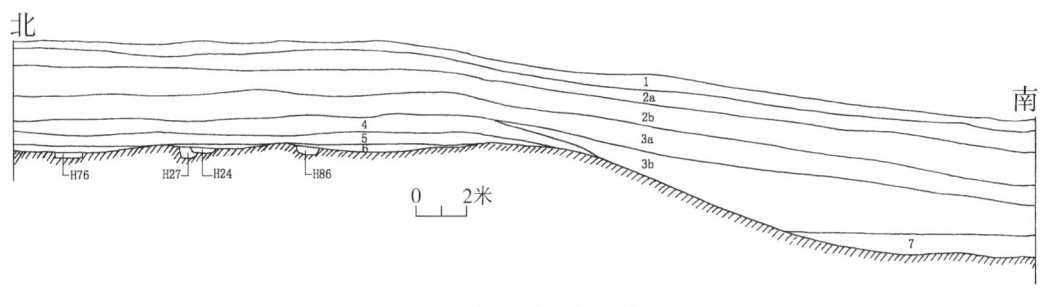

图二　探方东壁剖面图

1.黄褐土　2a.黄沙土　2b.黄褐沙土　3a.深黄褐沙土　3b.灰黄土　4.灰褐土　5.深灰褐土　6.深褐土　7.黑褐色淤泥（湖相沉积层）

第2b层：黄褐沙土，土质松软，深0.7～1.05米，厚0.7～1.2米，较纯净，为风积黄沙土，含有零星陶片、瓷片。

第3a层：深黄褐色土，土质黏硬，结构较疏松，含少量细沙。深1.8～2.2米，厚0.45～0.8米，含有少量汉唐时期的筒瓦、板瓦及瓷片等。

第3b层：灰黄土，土质黏硬，纯净，结构较致密，有少量细沙。深2.80～3.2米，厚1.3～2.2米。

第4层：灰褐色土，土质黏硬，结构较致密。含腐殖质、碳粒、烧土块、草木灰烬等，深2.5～3.3米，厚0.2～0.6米，包含陶片及少量骨器、石器等，器形有釜、罐、豆、盆、钵等。

第5层：深灰褐土，有黏性，结构紧密。包含大量腐殖质、碳粒、烧土块、草木灰烬等，深2.8～3.6米，厚0.1～0.45米。包含大量陶片及少量骨器、石器、兽骨等，器形有鬲、鼎、盆、盘、罐、豆、盂、骨簪等。

第6层：深褐土，底部泛青色，土质黏硬，结构较致密。含碳粒、烧土颗粒等，深3.54～4.25米，厚0.1～0.3米。该层局部残存，开口于该层下的灰坑大多残存底部。包含物以陶片为主，有少量骨器、石器等，器形有鬲、盆、豆、盘、鼎等。第6层以下为红褐色生土层，结构较致密，黏硬，夹杂有较多礓石块、砂石。

第7层：黑褐色淤泥土，结构较紧密，纯净，含一定水分，柔软，泥粒度较高，遇水不散，为湖相沉积层，深4.7～5.5米，厚约0.8～1.1米。该层在遗址台地外侧的低凹处广泛分布。

二、文化遗迹

本次发掘各类遗迹有灰坑、灰沟、水井、陶窑、墓葬等，遗迹分布较密集，大多存在叠压与打破现象。

（一）灰坑

共167个。平面形状有圆形、长方形、椭圆形、不规则形等几种，以圆形和长方形居多。在结构上，圆形坑大多平顺规整，可分为竖直壁、斜直壁、平底、圜底等几类。长方形坑又分直角和圆角长方形，坑壁大多竖直平整，较深。袋状坑较少，有圆袋状和长垂腹袋状，口小内部空间大，有可能是储藏所用的窖穴；椭圆形和不规则形坑较常见，但一般较浅。

H73 位于T1905中部，开口于第5层下，打破生土，西侧被H72打破，东侧被M2打破，方向306°。坑口平面呈椭圆形，坑壁竖直、平底。长径残约1.3、短径1.15、深0.6米（图三）。坑内填土褐黄色，土质疏松、杂乱，夹杂有红烧土块、碳粒、草木灰烬等，出土少量泥质灰陶片，器形有鬲、盘、罐等。

H76 位于T1904东北部，开口于第5层下，打破生土，同时被H41、H46、H59所打破，方向150°。坑口平面呈近圆形，弧壁圜底。直径介于0.85～0.88米之间，深0.65米（图四）。坑内填土深灰色，土质疏松，杂有较多碳粒和红烧土块，出土有豆、盆、罐、鬲等泥质灰陶片。

H81 位于T2004东南部，开口于第5层下，打破生土，方向38°。坑口平面呈圆角长方形，长边两内壁向内外扩呈弧腹袋状，宽边两壁竖直向下。坑口长1.3、宽0.8米。坑底长1.3、宽1.05米，坑深1.3米（图五）。坑内堆积分两层：第1层深灰色填土，厚约0.8米，土质疏松，杂乱，夹有大量炭灰和少量烧土颗粒。出土有罐、鬲、盆等泥质灰陶片；第2层灰褐色填土，土质细密，含有较多草木灰烬，出土有鬲、豆、盆等器物残片。

H143 位于T2404西南部，开口于第4层下，打破生土。坑口平面近圆形，略不规则，直径约1.3、深0.34米。坑壁竖直，平底。坑内填土灰褐色，土质疏松，含有碳粒等。坑的北部有一具零乱兽骨，坑中间有夹砂红陶釜残片，饰弦纹、绳纹，兽骨旁边有几块泥质灰陶罐残片（图六）。

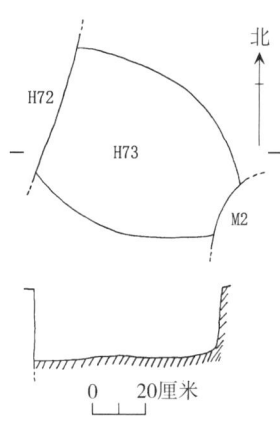

图三 H73平、剖面图

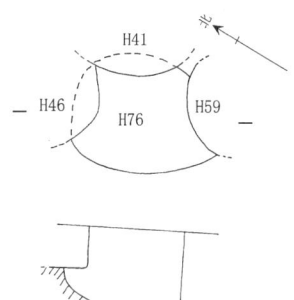

图四 H76平、剖面图

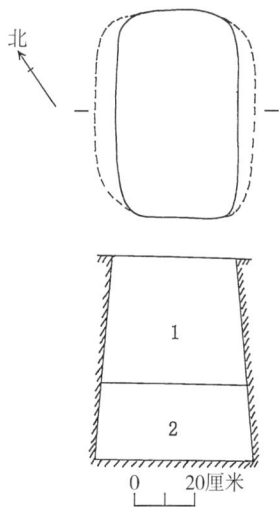

图五 H81平、剖面图

1.深灰色土 2.灰褐色土

图六　H143平、剖面图
1.陶釜　2.陶罐　3.兽骨

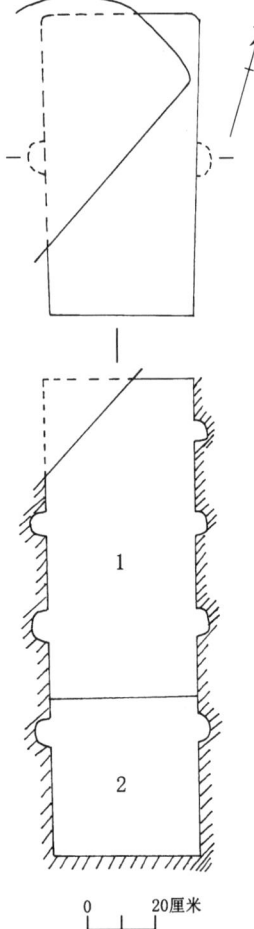

图七　J1平、剖面图
1.浅灰褐土　2.灰褐土

（二）灰沟

1条。位于遗址东北部，开口于第4层下，打破生土，方向45°，呈西北—东南向分布。斜直壁，平底。宽2.05～2.15米，深1.1～1.3米，发掘长度22米。沟内堆积较杂乱，以黄褐灰土为主，含细沙，包含大量草木灰烬、烧土颗粒等。出土陶片多泥质灰陶，饰绳纹、弦纹、素面等，器形有鬲、盘、豆、盆、罐、釜、盂、钵等。

（三）水井

1口。位于T2104北部偏东，开口于4层下，打破生土，方向162°。平面近长方形，长1.7、宽0.92、残深2.48米。上部被开口于4层下的一个扰坑打破，井壁平直较为规整，两壁对称分布有近半圆形脚窝，东壁残存4个，西壁残存3个。脚窝深0.08～0.15、高0.12～0.15米，脚窝的间距约为0.4米（图七）。井内堆积分为2层。第1层堆积浅灰褐色，厚约1.8米，土质较松散，含碳粒、烧土块、草木灰烬等，出土少量陶片，以泥质灰陶为主，仅有釜为夹砂红陶。器形有釜、盆、罐、豆、钵等。第2层堆积灰褐色，土质稍硬，结构紧密，含碳粒、烧土块及草木灰烬等，出土物较多且破碎，泥质灰陶为主，饰中、细绳纹或素面，器形有豆、盆、罐、盂、钵、碗等。

（四）陶窑

2座。结构类似，均为在地表向下挖掘而成的土窑，窑壁、火膛、火门及窑底等处有较厚的烧结面，窑前带有较大的工作坑。

Y1　位于T2304东北部，开口于5层下打破生土，方向185°，窑室的西北角上部被H117打破。Y1整体保存状况较好，现存有窑前工作坑、火门、火膛、火道、窑室、窑壁、烟道等，没有窑箅，窑顶因坍塌不复存在（图八）。

Y1窑室平面整体形状略呈梯形，南壁宽1.84米，北壁宽1.43米。西壁宽1.4米，东壁宽1.53米，残深0.84米。窑壁及窑室底部有明显的人工加工涂抹痕迹，留有深浅不一的浅凹槽，壁面光滑形成较厚的青灰色烧结面和红烧土层。青

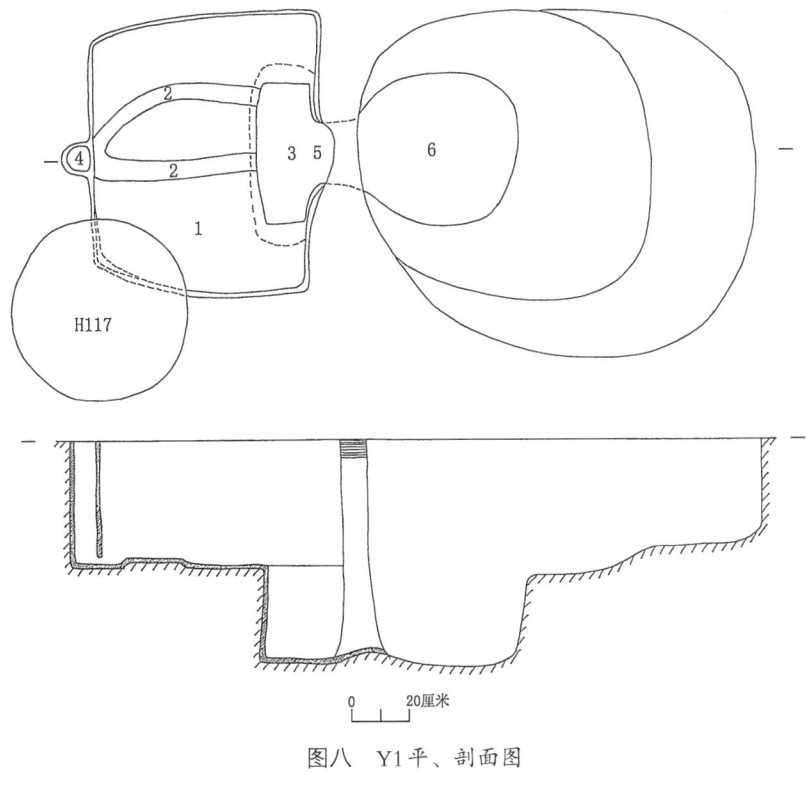

图八　Y1平、剖面图

1.窑室　2.火道　3.火膛　4.烟道　5.火门　6.工作坑

灰色烧结面厚约0.02～0.03米，红烧土层厚度约0.05～0.06米；窑前工作坑平面近椭圆形，长2.70米，宽2.30米，工作面为斜坡近台阶状，至火门处逐渐趋深，深度为0.70～1.5米。

火门位于窑室南壁中部，向南与工作坑连接。顶部为圆弧状，两侧门壁竖直，上宽下部稍窄。上宽0.5、下宽0.4、高1.3米；火膛位于窑室南端中部，平面近长方形，底部外扩较大。火膛平面东西长0.94、南北宽0.4米。底面东西长1.2、南北宽0.44米，火膛深0.64米；火道位于窑室底部中间，为两道沟槽，由火膛通往烟道底部连为一体。火道宽0.11～0.12、深0.05米；烟道位于窑室北壁中部，形状近半圆形，长0.18～0.2、残高0.44米。

窑内堆积深灰褐色土，土质杂乱，结构疏松，夹杂大量草木灰烬和红烧土块。出土较多残碎陶片，多泥质灰陶和夹砂陶，饰以绳纹、弦纹和素面等，可辨器形有鬲、罐、豆、盘、盆、甑、器盖等。

（五）墓葬

2座，皆为小型土坑竖穴墓。

M1　位于T2104北部偏中，开口于第4层下，打破生土。墓口平面近梯形，长1.66

米，南端宽0.52、北端宽0.62米，深0.22米，方向354°。墓底发现一具人骨，仰身直肢葬式，头北，面向上。墓内填土灰褐色，土质松软，结构疏松，墓坑内没有发现随葬品（图九）。

M2　位于T1905中部，开口于第4层下，打破生土。墓口平面为圆形，墓壁斜直至墓底外扩，墓底平整。墓口直径1.3米，墓底直径约1.4米，深0.8米。墓底发现一具人骨，较散乱，头及上肢完整，下肢肢解并放于上肢左侧。头向东，面向北。墓内填土灰褐色，包含烧土颗粒、碳粒、草木灰屑等，土质疏松，结构散乱。墓内出土较多零碎陶片，泥质灰陶为主，饰以绳纹、弦纹和素面，可辨器形有豆、鬲、罐、盆等（图一○）。

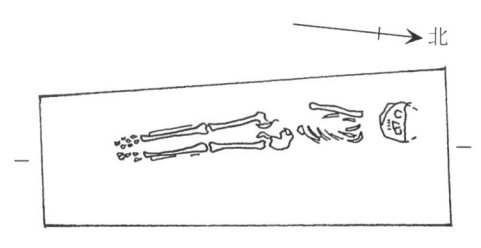

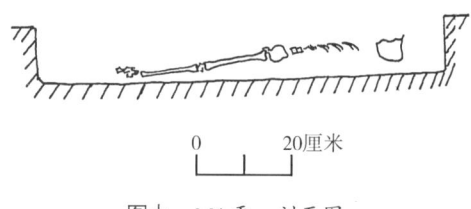

图九　M1平、剖面图

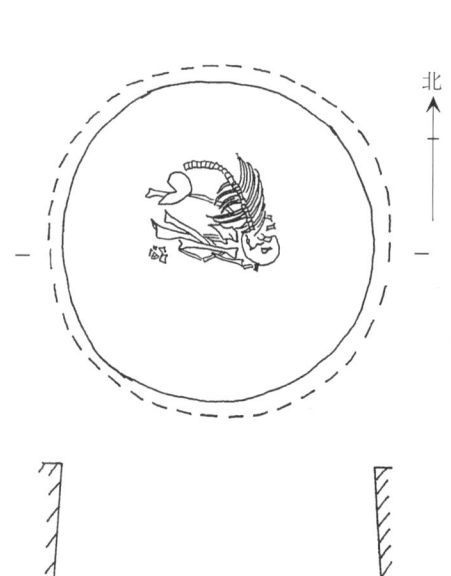

图一○　M2平、剖面图

三、出土遗物

寺东高遗址出土遗物以陶器为主，除了常见的鬲、盆、豆、盂、罐、甑、钵、碗、纺轮、器盖、陶拍、骨笄等器物外，还出土了数量众多的矮三足陶盘。这里就部分典型标本做一简要介绍。

（一）陶器

鬲　4件，均为夹砂灰褐陶，分为三型。

A型　敛口，斜折沿近盘口，方唇，弧腹。标本H24：2，沿面微凹，弧腹微鼓，袋状足，连裆较低，通体饰粗绳纹，颈部竖绳纹，腹及足部饰横向绳纹。口径17.5厘米，高14.2厘米，壁厚0.7厘米（图一一：1）。

B型　折沿，方唇，器体深长，颈微束。标本T1905⑤：2，折沿，方唇，沿面外侧有一道较浅的宽凹槽，袋状钝足，连裆较低。器表上部饰竖行粗绳纹，下部及足饰斜行绳纹，颈部绳纹被轻轻抹去。口径26.4厘米，高25.2厘米，壁厚0.8厘米（图一一：2）。标本H24：1，沿面外侧有一道凹槽，腹弧鼓，袋状足，连裆较低，器表饰竖中绳纹，颈部绳纹抹去。口径24.8厘米，高24厘米，壁厚0.7厘米（图一一：3）。

C型　折沿，方唇，束颈，鼓弧肩，直腹。H76：3，沿面较窄，中间有一浅凹槽，沿的外唇下垂，下部残失。肩上部饰一道浅凹弦纹，肩及腹部饰粗绳纹，颈部素面。口径18厘米，壁厚0.5厘米（图一一：4）。

盘　7件，分为四型，其中A～C型为矮三足盘，D型三足蜕化近平底。A型有1件

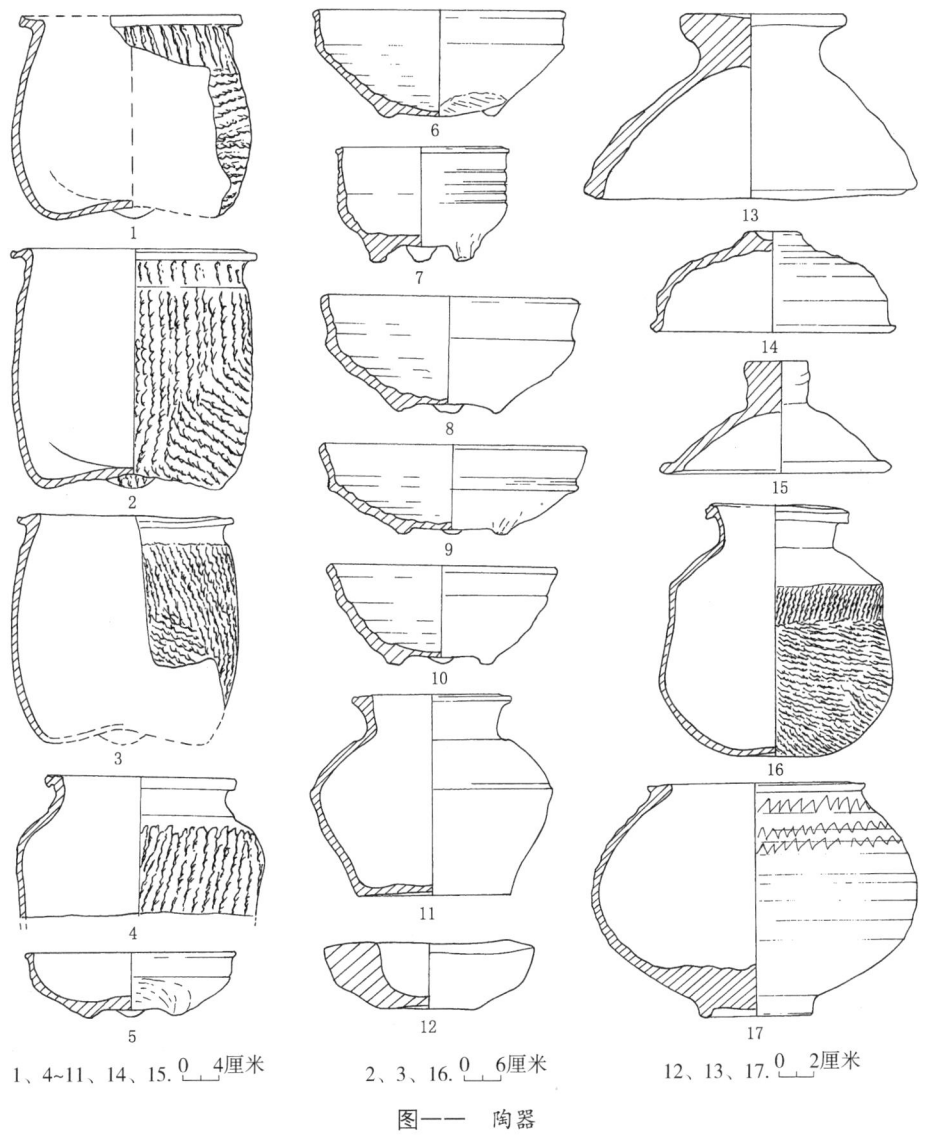

1、4~11、14、15.　0　4厘米　　　2、3、16.　0　6厘米　　　12、13、17.　0　2厘米

图一一　陶器

1.A型鬲（H24：2）　2.B型鬲（T1905⑤：2）　3.B型鬲（H24：1）　4.C型鬲（H76：3）　5.C型盘（H104：4）　6.B型盘（H32：1）　7.A型盘（H27：1）　8.B型盘（H65：2）　9.B型盘（T2204⑤：7）　10.C型盘（H161：5）　11.B型罐（H161：5）　12.D型盘（H44：2）　13.B型器盖（H41：1）　14.C型器盖（H65：4）　15.A型器盖（T2504⑥：9）　16.A型罐（H102：3）　17.C型罐（H60：4）

为夹砂灰褐陶，其余为泥质灰陶。

A型　深腹，平底。标本H27：1，口沿唇部微外翘，深直腹，腹外部饰四道凹弦纹。矮柱状足，足制作粗糙，用刀削过后手捏制。口径12.6厘米，高8厘米，腹深7厘米（图一一：7）。

B型　圆唇，折腹，圜底，折腹处凸棱明显。标本H32：1，腹底外壁有刀削痕迹，乳状足系用刀削而成。口径18.4厘米，高7.6厘米（图一一：6）。标本H65：2，口径19厘米，高8.2厘米（图一一：8）。标本T2204⑤：7，敞口圜底，乳状足用刀加工而成。口径19厘米，高6.4厘米（图一一：9）。

C型　弧腹，圜平底。标本H161：5，圆唇，斜弧腹。腹底及乳状足用刀加工而成。口径16.8厘米，高6.8厘米（图一一：10）。标本H104：4，方唇，圜底内凹。腹底及乳状足用刀加工形成。口径15.4厘米，高4.6厘米（图一一：5）。

D型　标本H44：2，系用手捏制而成，较小，粗糙不规则。方唇，厚壁，乳状足不明显，底近平。口径7.6厘米，高2.5厘米（图一一：12）。

豆　4件，泥质灰陶，分为四型。

A型　标本H86：1，口微敛，腹稍深圜底，柄部有二至三道凸棱，大喇叭口座。折腹圜底，喇叭口座的外缘较平。口径18.5厘米，高16厘米，底径12厘米（图一二：1）。

B型　标本H142：1，敞口，折腹，圜底，小喇叭口座。盘腹较深，柄部有细微凸棱。口径13.3厘米，底径6.8厘米，高12.8厘米（图一二：2）。

C型　标本H139：2，浅盘，折腹，圜底，高柄，座较平。柄部有细微凸棱，圜底较浅。口径11.4厘米，底径9.9厘米，高13.6厘米（图一二：3）。

D型　标本H128：2，敞口，圜底，斜弧腹，高柄，小座。口径10.9厘米，底径4.3厘米，高12.6厘米（图一二：4）。

盆　3件，泥质灰陶，分为三型。

A型　标本H9：1，圆方唇，斜折沿，深腹微鼓，圜底。折棱上凸，沿面内侧有一道浅凹槽。颈部饰竖行细绳纹，腹饰横向绳纹，口径31厘米，圜底残失（图一二：5）。

B型　标本H19：2，折沿方唇，敛口，深弧腹，圜底。沿面微鼓，沿面外侧有一道浅凹槽。颈部饰竖行细绳纹，中间有一道凹弦纹，腹饰横向绳纹，口径24厘米，圜底残失（图一二：6）。

C型　标本H87：3，斜折沿方唇，敞口，直腹，圜底。颈部饰凹弦纹，腹饰交错绳纹。口径39.2厘米，高14.7厘米（图一二：7）。

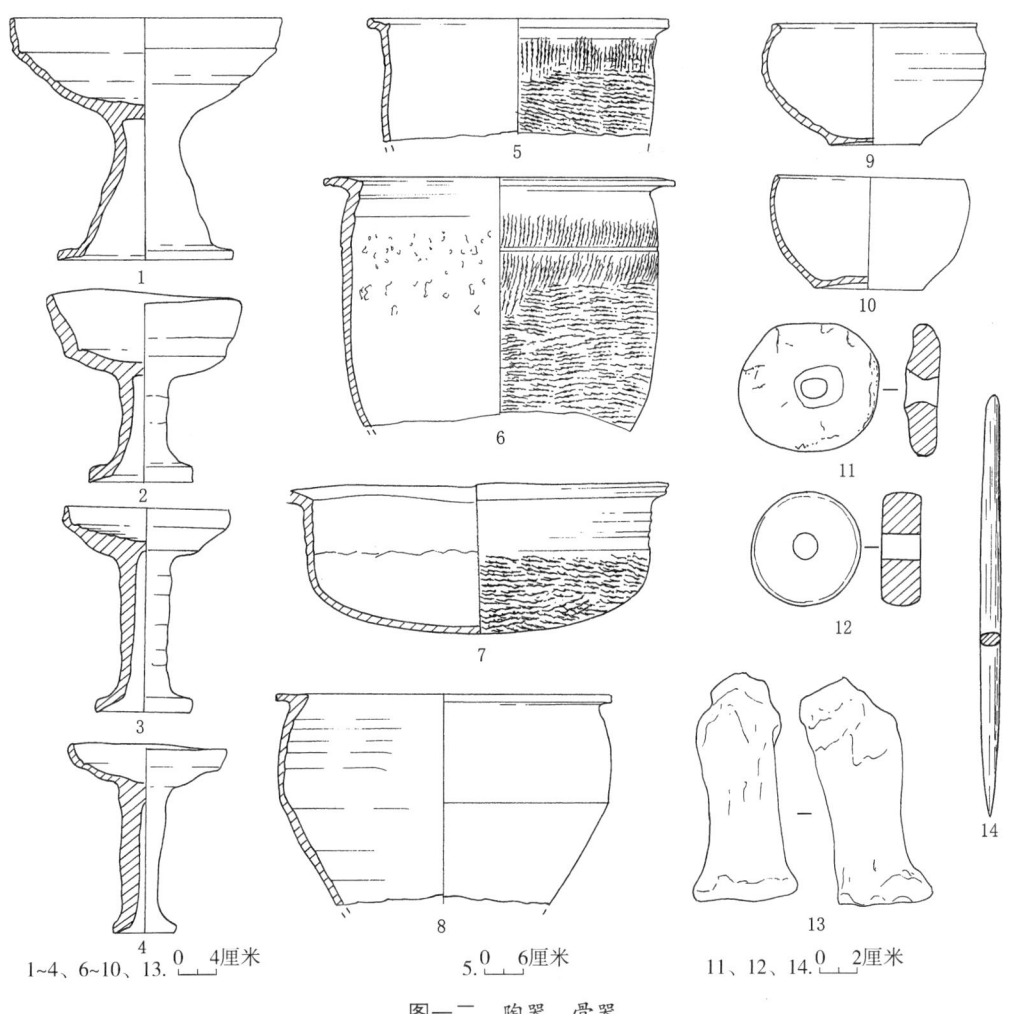

图一二 陶器、骨器

1.A型陶豆（H86：1） 2.B型陶豆（H142：1） 3.C型陶豆（H139：2） 4.D型陶豆（H128：2） 5.A型陶盆（H9：1） 6.B型陶盆（H19：2） 7.C型陶盆（H87：3） 8.陶盂（H158：2） 9.A型陶钵（T2105④：6） 10.B型陶钵（H157：2） 11.陶纺轮（H19：3） 12.陶纺轮（T2204④：12） 13.陶鼎足（T2204⑤：10） 14.骨簪（H104：2）

　　罐　3件，泥质灰陶，分为三型。

　　A型　标本H102：3，卷沿，束颈，斜折肩。肩部素面，腹饰绳纹。垂鼓腹，圈底内凹。腹上部饰竖行绳纹，下部饰交错横向绳纹。口径15.9厘米，腹径25.4厘米，高25.8厘米（图一一：16）。

　　B型　H161：5，折沿，束颈，斜折肩，素面。口径17.3厘米，底径10.8厘米，高14.1厘米（图一一：11）。

　　C型　标本H60：4，敛口，折沿，溜肩，鼓腹，矮圈足。肩部饰三周波浪形暗纹，腹饰五道细小凸弦纹。口径8厘米，腹径12厘米，底径4.1厘米，高8.2厘米（图一一：17）。

　　盂　1件（H158：2）。泥质灰陶，表皮灰褐。方唇，折沿，折腹，素面，下腹斜收，底残失，口径23厘米（图一二：8）。

　　钵　2件，泥质灰陶，分为二型。

　　A型　标本T2105④：6，敛口，方唇，鼓腹，假圈足，小平底，素面。口径14厘米，腹径15.5厘米，底径6.2厘米，高8厘米（图一二：9）。

　　B型　标本H157：2，敛口，尖唇，弧腹，平底略内凹，素面。口径13厘米，腹径13.6厘米，底径7.2厘米，高7.4厘米（图一二：10）。

　　甑　1件（H87：5）。泥质灰陶。斜折沿，双唇，斜弧腹，平底。底部五孔，中间一圆孔，四周四孔呈圆弧形分布。腹上部内外壁均饰数周凹弦纹，下腹部素面光滑。口径47.8厘米，底径22.5厘米，高26.1厘米（图一三：3）。

　　器盖　3件，分为三型。

　　A型　标本T2504⑥：9，夹砂红褐陶，圆柱形握手，斜壁，底部外缘凸起，制作粗糙，素面。口径16厘米，高7.8厘米（图一一：15）。

　　B型　标本H41：1，夹砂红褐陶，覆盘形，菌状握手，斜弧壁，制作粗糙，素面。口径12.2厘米，高6.5厘米（图一一：13）。

　　C型　标本H65：4，泥质灰陶，覆碗型，握手较短，磨损过，弧腹饰凸弦纹。口径17.8厘米，高7厘米（图一一：14）。

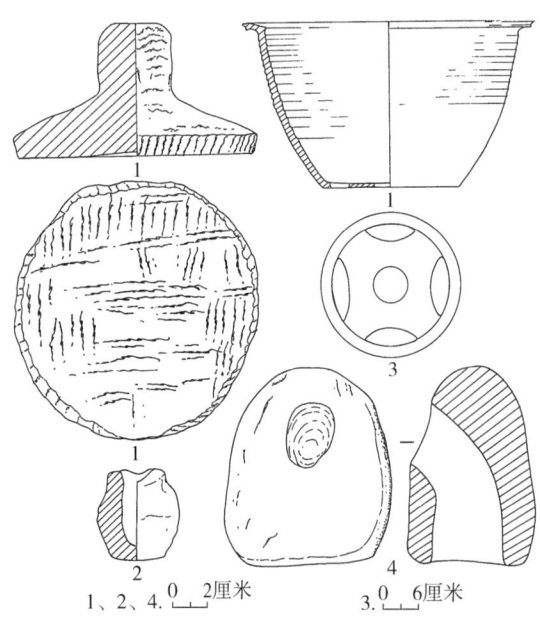

图一三　陶器

1.陶拍（H62：1）2.壶（H14：2）3.甑（H87：5）4.穿孔陶器（H120：1）

　　陶拍　1件。H162：1，夹砂红褐陶，圆形拍面，圆柱形握手，通体饰交错绳纹，拍面直径13.3厘米，厚1.1厘米，高7厘米（图一三：1）。

　　鼎足　1件（T2204⑤：10）。夹砂泥质灰陶，蹄形足，制作粗糙，用手捏制而成，足径7厘米，残高15厘米（图一二：13）。

　　穿孔陶器　1件（H120：1）。夹砂红褐陶，一端圆角方形，一端扁漫圆形，在圆角方形一面的中间有一孔径约4厘米的圆孔斜上弯穿出器面，孔径缩小为3厘米。圆角方形一面宽约6.5厘米，器高10.5厘米（图一三：4）。

　　纺轮　2件。标本H19：3，夹砂红

褐陶，不规则圆形，中间孔径两端有一圈凸起，直径，4.2～4.8厘米，厚1.1厘米（图一二：11）。标本T2204④：12，泥质灰陶，圆形，直径3.8厘米，厚1.3厘米（图一二：12）。

陶壶　1件（H14：2）。夹砂泥质灰陶，直领鼓腹，平底，素面，用手捏制，较粗糙。口径3厘米，腹径4.5厘米（图一三：2）。

（二）骨器

骨簪　1件（H104：2）。用截取动物肢骨磨制而成，椭圆柱状体，头部磨尖。长14厘米，直径0.5～0.7厘米（图一二：14）。

四、刻划符号

在寺东高遗址出土陶豆的豆盘内发现了数量众多的刻划符号，这批刻划符号集中出现在豆盘底部，主要分布在盘底的中心及其附近，刻划工整，痕迹清晰，有些类似于现代汉字的"丁""千""干""工""厂"等，有些则形似数字、箭头等符号，显然这是一种人为的刻划符号（图一四：1～17）。

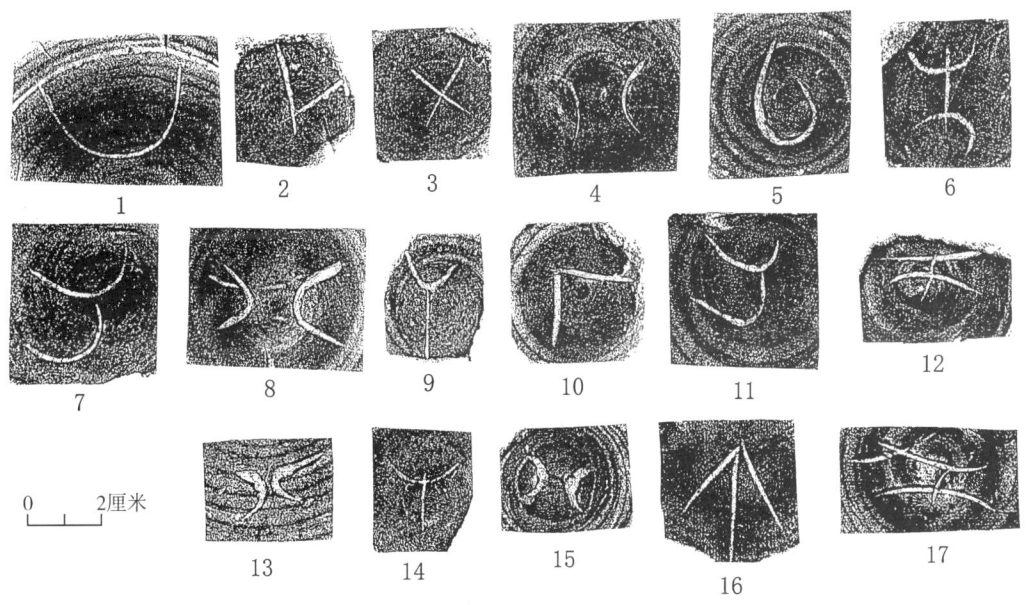

图一四　陶豆盘底部刻划符号拓片

1. H70：4　2. H70：5　3. H73：2　4. H57：4　5. H108：3　6. H106：1　7. H3：5　8. T2004⑤：6　9. H62：6　10. H62：7　11. H62：8　12. H34：4　13. H108：7　14. T1904④：5　15. H91：6　16. H107：9　17. T1905⑤：12

五、结语

寺东高遗址为一处小型聚落遗存，遗址地理环境为高台地形。依据湖相沉积层分布范围看，遗址周边湖沼广布。据《水经注·渠水》云："（蒲田）泽在中牟县西，西限长城，东极官渡，北佩渠水，东西四十许里，南北二十许里，中有沙岗，上下二十四浦，津流径通，渊潭相接。"[1]在蒲田泽广阔的湖沼范围内有相当数量的台地，寺东高遗址所处台地应当属于先秦时期古圃田泽南部边缘地带。战国以后，湖沼萎缩，该聚落遗存基本废弃，历史上相当长一段时期内为风沙盐碱地，人烟稀少。

遗址所出遗物以陶器为主，陶豆内的刻划符号可能是制陶作坊或匠人标识，与周代实行的"工商食官"制度有关。遗址第5层以及开口于第5层下灰坑内出土的矮三足盘B型，如T2204⑤：7等与新郑郑国祭祀遗址西周文化层中所出A型盘（H2147：1、H2138：17）相似，C型盘与其B型盘（H1954：1）相似[2]。两地的矮三足盘与洛阳中州路出土的春秋带耳三足盘（M515：26）[3]有着共同的祖型，这种矮三足盘春秋以后逐渐消失，具有浓郁的郑文化特征。根据地层关系，寺东高遗址第6层则不晚于西周晚期至春秋早期，遗址延续至战国时期。根据地层关系和出土典型遗物推断，寺东高遗址最初的居民有可能是西周晚期从别处迁移来的郑氏族人，这对于研究西周末年桓公借虢、邬十邑寄孥，东迁族人的历史事件提供了重要素材。寺东高聚落遗存的地理环境和下层堆积反映的文化面貌，对于探讨郑文化的发展、分布与变迁具有重要意义。

附记：发掘领队刘彦峰，发掘人员黄富成、侯新佳、王延生、李洁，整理黄富成，线图绘制李杨、李曼，拓片刘福来。本文在写作过程中得到刘彦峰、信应君二位先生指导，谨致谢忱。

▌注释

[1] 这是较早关于蒲田泽地理形势的历史文献记载。李吉甫《元和郡县志》亦云："（蒲田泽）一名原圃，县西北七里，其泽东西五十里，南北二十六里，西限长城，东极官渡。"

[2] 河南省文物考古研究所：《新郑郑国祭祀遗址》，大象出版社，2006年，第378页，图二五二（13～16）。

[3] 中国科学院考古研究所：《洛阳中州路》，科学出版社，1959年，第78页。

（原刊于《中原文物》2015年第5期）

新郑铁岭墓地战国仿铜陶器墓发掘简报

冯砑华　　郝红星

铁岭墓地位于新郑郑韩故城西北3公里双洎河北岸的铁岭村周围，在配合南水北调中线工程建设中共发掘东周墓葬1300余座，其中绝大部分墓葬为东西向，少部分墓葬为南北向，二者均南北成列，可知是按一定顺序埋入的。在Ⅲ区的发掘区东缘，有一组南北向墓葬，出土绘彩的鼎、罍、盏、舟、盘、匜等仿铜陶器，与周围出土小型鬲、罐、盂、豆组合的墓葬或者出土中型鼎、豆、壶、盘、匜组合的墓葬截然不同（图一）。这种墓在郑州其他东周墓地也有发现，往往是墓地少数者，年代不易确定。我们将铁岭墓地这组特点鲜明的仿铜陶器墓简介如下，并探讨它们的年代。

一、墓葬形制

（一）M345

1. 墓葬形制

M345位于发掘区东缘，方向5°。此处地层被取走2米，墓口存于耕土层下，南北长3.4米、北宽2.6、南宽2.35米，墓底南北长2.75、宽1.9米、深5.7米。墓壁修整光滑，东南角建14个方形脚窝。脚窝宽0.15、高0.12、进深0.1米，间距0.7米。墓底放置单椁单棺。椁长2.63、宽1.6、存高0.4米，棺长2.3、宽1.08、厚0.06、存高0.3米。棺内尸骨无存，系盗扰所致。棺、椁北端放有陶器，其中鼎、匜放在棺、椁西挡板间，罍、舟放在东挡板间，盘、罍、舟、玉刀放在棺内北端。根据器物位置及破碎情况，推测这些器

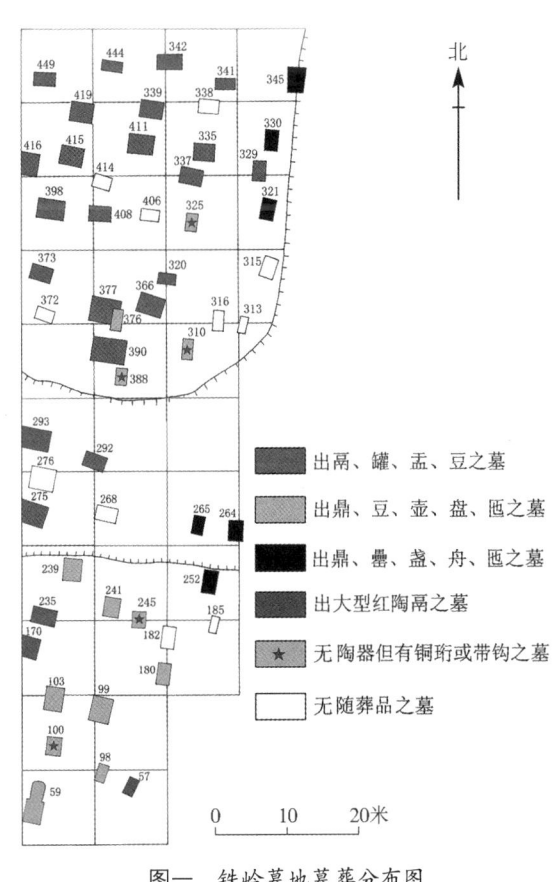

图一　铁岭墓地墓葬分布图

（图例）
出鬲、罐、盂、豆之墓
出鼎、豆、壶、盘、匜之墓
出鼎、罍、盏、舟、匜之墓
出大型红陶鬲之墓
★ 无陶器但有铜珩或带钩之墓
无随葬品之墓

0　　10　　20米

北

物原放在棺的顶板上（图二）。

2. 出土器物

墓中出土陶器7件、玉刀1件，其中鼎、盘、舟外底有刮削痕。

陶鼎　1件（M345：5）。灰陶褐衣。盖为母口，方唇，矮弧壁，弧顶，顶置中空矮柄圆捉手。鼎身子口，方唇，双附耳外撇较高，上腹直，圜底，三爪足，爪足内侧有凹槽，内壁三足处出露凸榫。上腹饰一周凸弦纹。盖、上腹弦纹以上涂银白色浆衣，弦纹以下饰红色三角卷云纹，耳、足饰红、白条彩。口径13.4厘米，腹径17.6厘米，通高17.2厘米（图三：3）。

陶罍　2件。标本M345：1，红陶褐衣。侈口，弧平沿，方唇，高束颈，弧肩，鼓腹，平底，三乳足。肩部饰四周凹弦纹，对置两兽耳、两鼻纽。颈、下腹原绘红色三角卷云纹、白色点彩，因褐衣脱落，绘彩也脱落殆尽。肩部涂银白色浆衣，足饰红、白条彩。口径9厘米，腹径18厘米，底径10.8厘米，高20厘米（图三：1）。标本M345：8，器形、饰彩大致同前，唯肩部为两兽耳、两方纽，颈、下腹红色三角卷云纹已不显。口径10厘米，腹径19.4厘米，底径10.4厘米，高18.8厘米（图三：2）。

陶匜　1件（M345：6）。灰陶。平流，腹宽而浅，平底略凹，无尾。内底有轮旋痕，中部凸起。体长12.1厘米，宽8.4厘米，高5.6厘米（图三：4）。

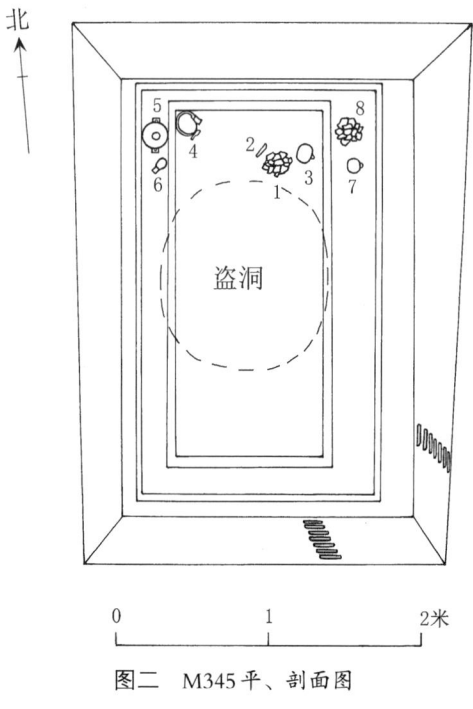

图二　M345平、剖面图

1、8.陶罍　2.玉刀　3、7.陶舟　4.陶盘　5.陶鼎　6.陶匜

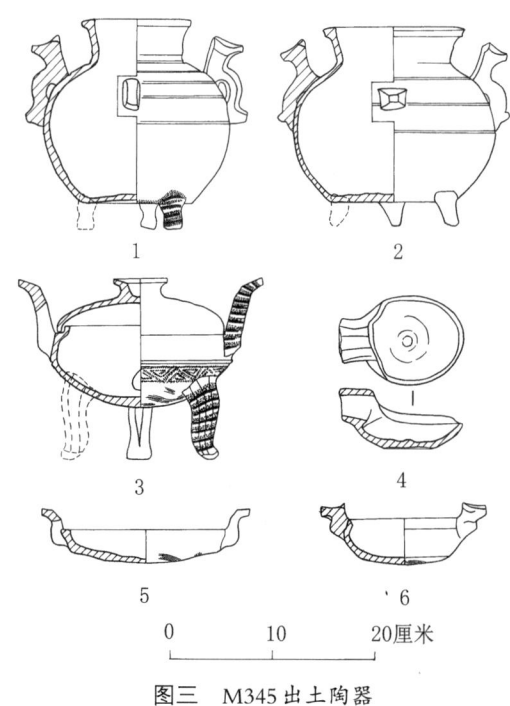

图三　M345出土陶器

1、2.罍（M345：1、M345：8）3.鼎（M345：5）4.匜（M345：6）5.盘（M345：4）6.舟（M345：3）

陶盘　1件（M345：4）。灰陶褐衣。侈口，窄平沿，尖圆唇，双附耳，浅弧腹，圜底。耳、内壁涂银白色浆衣。口径14.7厘米，高5.2厘米（图三：5）。

陶舟　2件。标本M345：3，灰陶。椭圆形。侈口，尖唇，极窄弧肩，鼓腹，圜底。沿外对置两兽耳。口长径12.6厘米，短径10.4厘米，高5.8厘米（图三：6）。标本M345：7，灰陶。器形大致同前，只是平底。长径12厘米，短径10.6厘米，高4.8厘米。

玉刀　1件（M345：20）。平背，斜刃，无柄。后部钻有一孔。长10厘米，宽2厘米，厚0.02厘米。

（二）M330

1. 墓葬形制

M330位于Ⅲ区发掘区东缘，其北5米为M345，方向4°。墓上部两米被取走，墓口南北长2.76、东西宽1.8米，墓底南北长2.56、东西宽1.6米，深3.26米。墓壁修整光滑，西北角建4个方形脚窝。脚窝宽0.2、高0.18、进深0.12米，间距0.7米。墓底置"亚"字形棺，棺长2.44、宽1.3、厚0.08、存高0.36米。棺内尸骨一具，保存一般，经鉴定为老年女性。棺内北端摆放陶器，自西向东有罍、盏、鼎、舟、匜、盘等，其中鼎破碎，鼎盖放在最东端的盘上，舟上放置匜，匜上覆器盖，盖上所插莲瓣已碎（图四）。

2. 出土器物

墓中出土陶器8件，均为褐红胎褐衣，其中鼎、盏、舟、匜外底有刮削痕。另2件为泥质器。

陶鼎　1件（M330：4）。盖为母口，斜方唇，矮直壁，弧顶，顶置中空矮柄圆捉手。鼎的火候较低，器身破碎不可修复。子口，方唇，双附耳，圜底，三爪足。盖表涂银白色浆衣，鼎饰彩已不显。盖口径16.6厘米，高5厘米（图五：9）。

陶罍　2件。标本M330：1，侈口，平折沿外侧下倾，斜方唇，高束颈，弧肩，鼓腹，平底，三乳足。肩部饰四周凹弦纹，对置两兽耳、两方纽，方纽失落。颈部绘红色波折纹间土黄色波折纹，肩部涂银白色浆衣，下腹饰红色三角卷云纹，足外侧饰红条彩。口径9.6厘米，腹径19.8厘米，

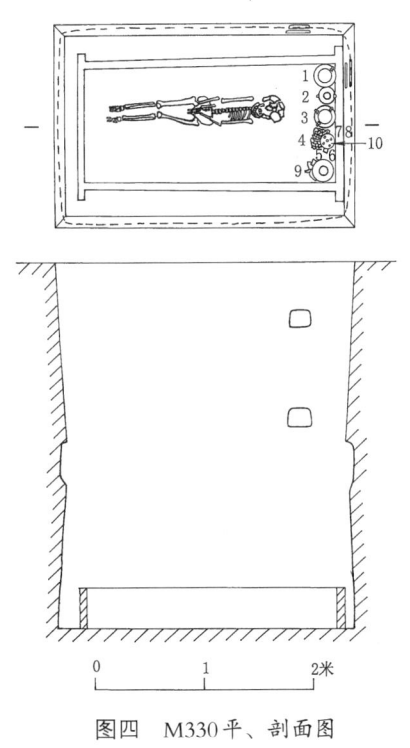

图四　M330平、剖面图

1、3.陶罍　2.陶盏　4.陶鼎　5.陶匜　6.陶舟
7、8.泥盘　9.陶盘　10.陶器盖

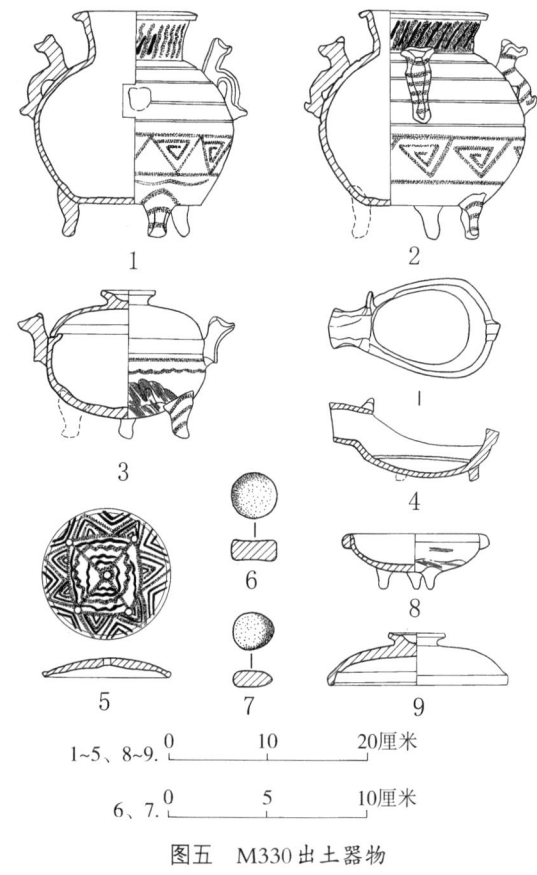

图五　M330出土器物

1、2.陶罍（M330：1、M330：3）3.陶盏（M330：2）4.陶匜（M330：5）5.陶器盖（M330：10）6、7.泥盘（M330：7、M330：8）8.陶舟（M330：6）9.陶鼎盖（M330：4）

底径12.4厘米，高21.8厘米（图五：1）。标本M330：3，器形、饰彩大致同前，唯肩部为四个兽耳。口径9.6厘米，腹径20.4厘米，底径11.4厘米，高21.8厘米（图五：2、图一七）。

陶盏　1件（M330：2）。盖为母口，方唇，弧顶有中空矮柄圆捉手。盏身子口，方唇，上腹直，中腹凸起一棱，下腹弧内收，圜底，内底有轮旋痕，三爪足。沿外对置两兽耳。盖、盏凸棱以上涂银白色浆衣，凸棱以下饰红色弦纹、水波纹各一周，足饰三道红条彩。口径11.8厘米，腹径15.8厘米，通高14.2厘米（图五：3）。

陶盘　1件（M330：9）。火候低，破碎不可修复。大致为侈口，双附耳，浅弧腹，圜底，三乳足。

陶匜　1件（M330：5）。牛形，扬首，旁置两耳，宽浅腹，圜底，梯形尾置于沿上，三柱足。内壁底缘有一周凹槽。除外底外，通身涂银白浆衣。体长17厘米，宽9.6厘米，高8厘米（图五：4）。

陶舟　1件（M330：6）。圆形。侈口，尖圆唇，直领，微见弧肩，鼓腹，圜底，三乳足。沿外对置两凸纽。通体涂银白色浆衣。口径12.2厘米，高5.4厘米（图五：8）。

陶器盖　1件（M330：10）。圆形。方唇，弧顶。顶中一孔，周围四角各有一孔。盖面以五孔为抓纽，用红彩、土黄彩连成朝向不同的三角纹。发掘时，盖孔内原插有莲叶，碎不可修。根据墓内随葬品情况，器盖有可能用来放置罍上。直径12.6厘米，高1.8厘米（图五：5、图一九）。

泥盘　2件。标本M330：7、M330：8，均为圆形，其中一件顶、底皆凹，另一件顶、底皆平。直径分别为2.2厘米、1.9厘米，厚分别为1厘米、0.8厘米（图五：6、7）。

（三）M321

1. 墓葬形制

M321位于Ⅲ区发掘区东缘，其北14米为M345，方向13°。墓上部2米被取走，墓口南北长 2.9、东西宽 1.84 米，墓底南北长 2.54、东西宽 1.54 米，深 3.7 米。墓壁修整光滑，东南角建 11 个三角形脚窝。脚窝宽 0.14、高 0.14、进深 0.1 米，间距 0.5 米。墓底置 "亚" 字形棺，棺长 2.18、宽 1.36、厚 0.1、存高 0.7 米。棺内尸骨一具，已成粉末，未能鉴定性别。尸骨上自南向北一列陶器，有可能原来放在棺盖上，有罍、舟、盘、匜、盏、鼎，其中最南边的罍内放有 2 只陶鹤，舟内有 4 件泥盘，棺内最北端放有 1 件玉片（图六）。

2. 出土器物

墓中出土陶器 9 件，均为褐红胎褐衣，其中鼎、盘、盏、匜外底有刮削痕。另有 4 件泥质器、1 件玉器。

陶鼎　1 件（M321：7）。盖为母口，斜方唇，矮直壁，弧顶，顶置中空矮柄圆捉手。鼎身子口，方唇，双附耳较矮，直腹，圜底，三细爪足，内壁三足处出露凸榫。盖、上腹涂银白色浆衣，中腹饰红色三角卷云纹及白色点彩，耳饰红、白条彩。口径 15.6 厘米，腹径 19 厘米，通高 21 厘米（图七：3、图一八）。

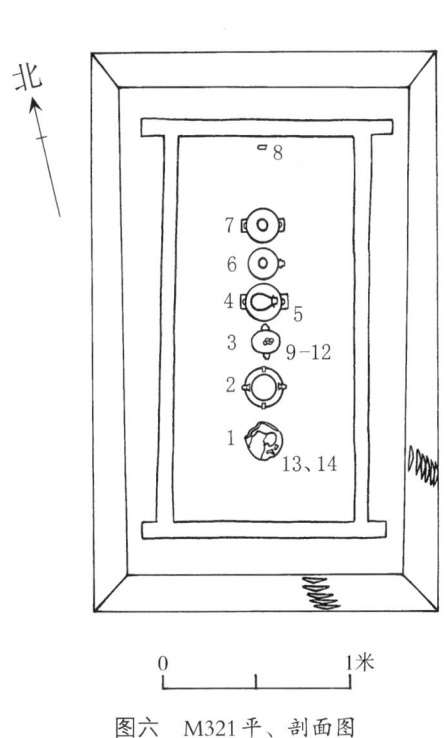

图六　M321 平、剖面图

1、2.陶罍　3.陶舟　4.陶盘　5.陶匜　6.陶盏　7.陶鼎　8.玉片　9～12.泥盘　13、14.陶鹤

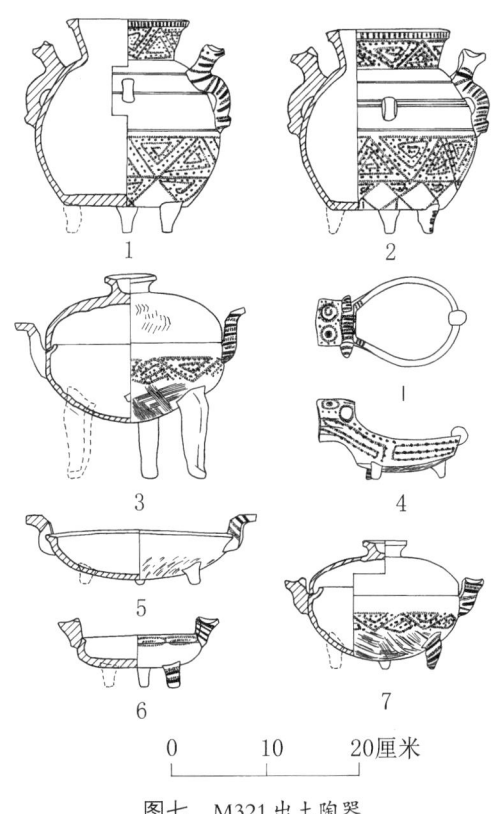

图七　M321 出土陶器

1、2.罍（M321：1、M321：2）3.鼎（M321：7）4.匜（M321：5）5.盘（M321：4）6.舟（M321：3）7.盏（M321：6）

陶罍　2件。标本M321：1，侈口，弧平沿，方唇，束颈，弧肩，鼓腹，平底，三乳足。肩部饰三周凹弦纹，对置两兽耳、两鼻纽。沿、耳、足饰红、白条彩，颈、下腹饰红色三角卷云纹及白色点彩，肩涂银白色浆衣。口径10厘米，腹径19.6厘米，底径12.4厘米，高21.8厘米（图七：1）。标本M321：2，器形、饰彩同前，唯肩部为四周凹弦纹。口径10.2厘米，腹径19厘米，底径12厘米，高21厘米（图七：2、图二一）。

陶盏　1件（M321：6）。盖，母口，方唇，矮直壁，弧顶有中空矮柄圆捉手。盏，子口，方唇，上腹短直，下腹弧内收，圜底，内底略平，三乳足。沿外对置两兽耳。器盖、上腹涂银白色浆衣，中腹饰红色三角卷云纹、白色点彩，耳、足饰红、白条彩。口径12.8厘米，腹径16.4厘米，通高13.2厘米（图七：7）。

陶盘　1件（M321：4）。侈口，斜折沿，圆唇，双附耳外撇，浅弧腹，圜底，三柱足。盘内壁涂银白色浆衣。口径18厘米，高7.2厘米（图七：5）。

陶匜　1件（M321：5）。牛形。首略扬，旁置两耳，宽浅腹，圜平底，短尾似蜗牛，三柱足。内壁涂银白浆衣，首顶及腹壁饰红色卷云纹、白色点彩，足饰红、白条彩。体长16.2厘米，宽9.4厘米，高8.4厘米（图七：4、图二〇）。

陶舟　1件（M321：3），纵椭圆形。敛口，尖圆唇，微束颈，微鼓腹，平底，三柱足。沿外对置两兽耳。内壁涂银白色浆衣，外腹壁饰红色卷云纹，耳、足饰红、白条彩。口长径12.7厘米，短径11.4厘米，高7.4厘米（图七：6）

陶鹤　2件。标本M321：13，立姿。昂首，尖喙，引颈，肥身，尾残，锥足。身饰红色卷云纹及白色点彩。残高6厘米（图八：1）。标本M321：14，颈、足失，腹、背饰红色卷云纹及白色点彩。残长3.5厘米（图八：2）。

泥盘　4件。标本M321：9～M321：12，均为圆形，两件顶面凹，底面平，两件顶、底皆凹。直径分别为1.6厘米、2.2厘米、2厘米、2厘米，厚分别为0.8厘米、0.8厘米、0.7厘米、0.7厘米（图八：3～6）。

玉片　1件（M321：8）。方解石质。两端残断，两侧稍薄，中部有刀切割留下的棱。残长4.1厘米，宽2.6厘米，厚0.3厘米（图八：7）。

（四）M265

1. 墓葬形制

M265位于Ⅲ区发掘区东缘，北57米为M345，方向17°。此处地层被取走1.5米。墓口存于耕土层下，南北长2.65、东西宽1.6米，墓底南北长2.35、东西宽

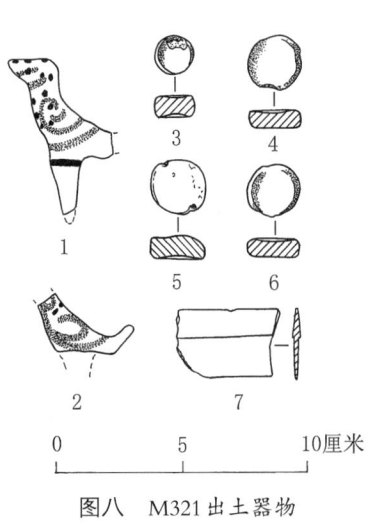

图八　M321出土器物

1、2.陶鹤（M321：13、14）　3～6.泥盘（M321：9～12）7.玉片（M321：8）

1.25米，存深2米。墓壁修整光滑，西北角建方形脚窝4个。脚窝宽0.14、高0.1、进深0.1米，间距0.5米。墓底置棺，棺长1.7、宽0.86、厚0.06、存高0.7米。棺与北壁之间放置随葬品，自西向东有鼎、盏、尊、舟、盘、匜、器盖。棺内尸骨一具，仅余头部，经鉴定牙齿为壮年男性（图九）。

2. 出土器物

墓中出土陶器8件，皆施褐红胎褐衣，火候较低，鼎、盘、盏、舟、匜的外底有刮削痕。

鼎　1件（M265：7）。盖为母口，斜方唇，矮斜壁，弧顶，顶置中空矮柄圆捉手。鼎身子口，方唇，双附耳外撇稍高，鼓腹，圜底，三爪足。内壁有轮制旋痕与三足凸榫。盖、上腹涂银白色浆衣。口径14.4厘米，腹径19.8厘米，通高20.2厘米（图一〇：1）。

尊　2件。侈口，弧平沿，方唇，束颈，折肩，鼓腹，小平底略凹。口沿至上腹涂银白色浆衣。标本M265：1，口径9.4厘米，腹径17.4厘米，底径6厘米，高15.6厘米（图一〇：2、图二二）。标本M265：5，口径9.2厘米，腹径19.4厘米，底径6厘米，高15.6厘米（图一〇：3）。

盏　1件（M265：6）。盖为侈口，斜方唇，斜壁，弧顶，顶置中空矮柄圆捉手。盏身子口，方唇，上腹略弧，下腹弧收，平底内凹。口沿对置两鼻纽。盖、上腹涂银白色浆衣。口径13厘米，腹径16厘米，底径7.7厘米，通高11.6厘米（图一〇：6）。

舟　1件（M265：4）。圆形。敛口，圆唇，浅弧腹，圜底。沿对置两鼻纽。内壁、外腹壁涂银白色浆衣。直径12.6厘米，高3.6厘米（图一〇：7）。

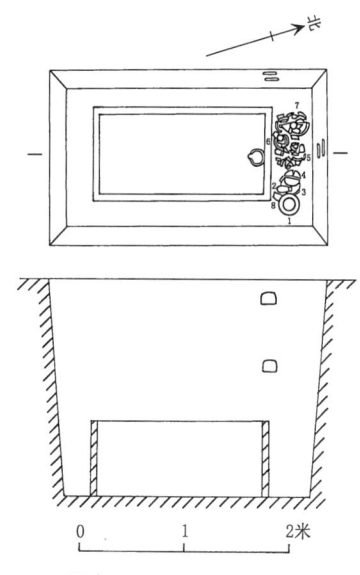

图九　M265平、剖面图

1、5.陶尊　2.陶匜　3.陶盘　4.陶舟　6.陶盏　7.陶鼎　8.陶器盖

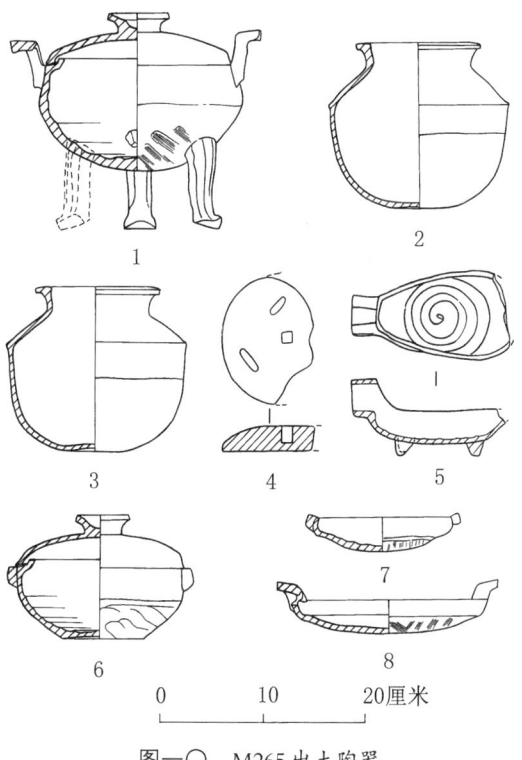

图一〇　M265出土陶器

1.鼎（M265：7）　2、3.尊（M265：1、M265：5）　4.器盖（M265：8）　5.匜（M265：2）　6.盏（M265：6）　7.舟（M265：4）　8.盘（M265：3）

盘　1件（M265∶3）。侈口，方唇，双附耳，浅弧腹，圈底。盘内壁、耳、外腹壁涂银白色浆衣。口径17.8厘米，高5厘米（图一〇∶8）。

匜　1件（M265∶2）。管状流较平，长浅腹，前窄后宽，圈平底，内底有轮制旋痕，下附三短足。残长15.6厘米，宽8.4厘米，高7.2厘米（图一〇∶5）。

器盖　1件（M265∶8）。已残。圆形，弧顶，平底。正顶有一小方洞，周围布列四个近长方形孔，残留两个。顶面涂银白色浆衣。直径12厘米，厚2.4厘米（图一〇∶4）。此盖有可能置于尊上。

（五）M264

1. 墓葬形制

M264位于Ⅲ区发掘区东缘，北58米为M345，方向10°。此处地层被取走1.5米。墓口存于耕土层下，南北长2.8、东西宽2米，墓底南北长2.6、东西宽1.8米，深3米。墓壁修整光滑，西北角建有4个三角形脚窝。脚窝宽0.14、高0.12、进深0.1米，间距0.7米。墓底置棺，棺长1.9、宽1、厚0.06、存高0.2米。棺与北壁间放置随葬品，自西向东有罍、舟、盏、莲瓣、匜、器盖、盘、鼎，鼎内放有一陶鹤。棺内尸骨一具，保存极差，大部成渣状，未能鉴定性别（图一一）。

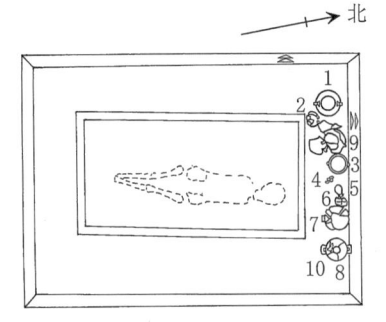

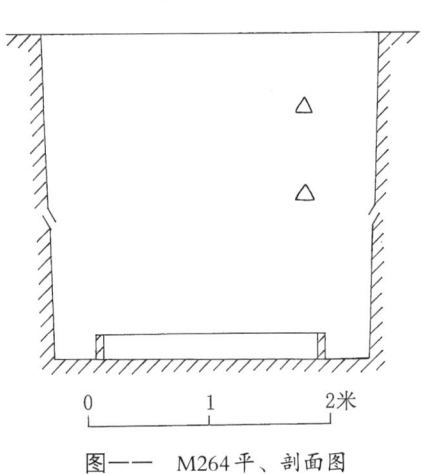

图一一　M264平、剖面图

1、9.陶罍　2.陶舟　3.陶盏　4.陶莲瓣　5.陶匜　6.器盖　7.陶盘　8.陶鼎　10.陶鹤

2. 出土器物

墓中出土陶器10件，皆施褐红胎褐衣，其中鼎、舟、匜外底有刮削痕。

鼎　1件（M264∶8）。盖为母口，方唇，直壁，弧平顶，顶置中空矮柄圆捉手。鼎身子口，方唇，双附耳外撇，深腹近直，圈平底，三细爪足，内侧中空。内壁三足处有凸榫，外腹壁饰两道凸弦纹，盖、上腹涂银白色浆衣，中腹饰红色三角云纹及白色点彩，耳、足饰红、白相间条彩。口径13.8厘米，腹径18.4厘米，通高18厘米（图一二∶3、图二三）。

罍　2件。标本M264∶1，侈口，平折沿外侧下倾，方唇，束颈，弧肩，鼓腹，平底，三熊足。肩部饰三周凹弦纹，对置四兽耳。沿、耳、足饰红、白条彩，颈、腹饰红色三角卷云纹及白色点彩，肩涂银白色浆衣。口径9.2厘米，腹径17.8厘米，底径11.2厘米，高20.6厘米（图一二∶1、图二四）。标本 M264：9，器形、饰彩同前，唯腹部对置两兽耳、两鼻纽，三乳足。口径10.5厘米，腹径18.2厘米，底径10.8厘米，高19.8厘米（图一二：2）。

盏　1件（M264：3）。盖失。盏身子口，方唇，上腹短微弧，下腹弧内收，平底略内凹。沿外对置两鼻纽。中腹饰红色三角卷云纹、白色点彩。口径11.6厘米，腹径15.6厘米，通高7.6厘米（图一二：6）。

盘　1件（M264：7）。侈口，平折沿，尖圆唇，双附耳外撇，浅弧腹，圜底。盘内壁及耳内壁涂银白色浆衣。口径20厘米，高5.8厘米（图一二：5）。

舟　1件（M264：2）。纵椭圆形。侈口，细圆唇，窄弧肩，浅弧腹，圜底，三柱足。沿外对置两兽耳。内壁涂银白色浆衣，外腹壁饰红色卷云纹及白色点彩，耳、足饰红、白条彩。长径12.4厘米，短径11.6厘米，高6.4厘米（图一三：1）。

匜　1件（M264：5）。牛形。低首，旁置两耳，浅腹，前窄后宽，圜平底，短尾似纽，下附三柱足，前二后一。内壁及管状流顶涂银白浆衣，腹壁及首两侧饰红色卷云纹、白色点彩，足饰红、白条彩。体长13.8厘米，宽8.4厘米，高7厘米（图一二：4、图二五）。

鹤　1件（M264：10）。立姿。昂首，尖喙，引颈，肥身，宽尾，高锥足。身饰红条彩与红点彩，多不显。高6.4厘米（图一三：2）。

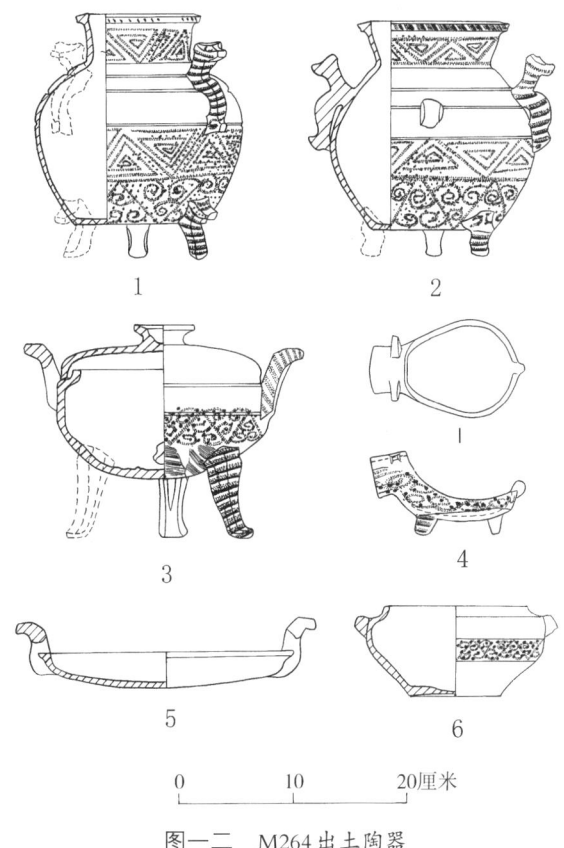

图一二　M264 出土陶器

1、2.罍（M264：1、M264：9）　3.鼎（M264：8）　4.匜（M264：5）　5.盘（M264：7）　6.盏（M264：3）

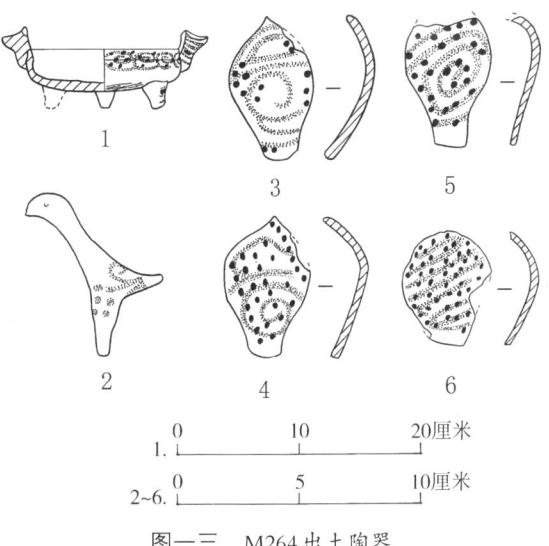

图一三　M264 出土陶器

1.舟（M264：2）　2.鹤（M264：10）　3～6.莲瓣（M264：4）

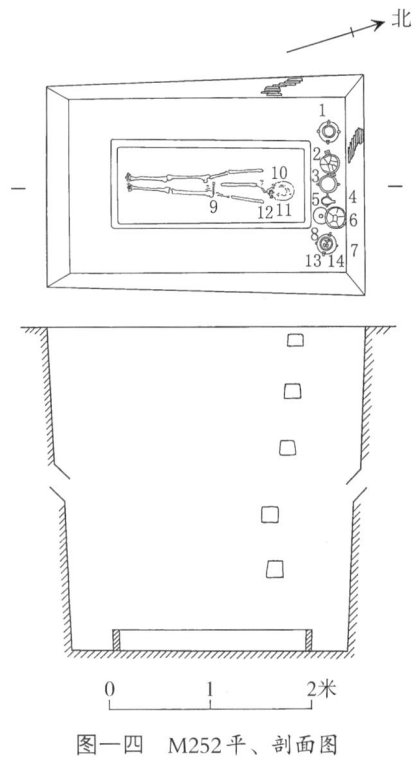

图一四　M252平、剖面图

1、7.陶罍　2.陶鼎　3.陶盏　4.陶匜　5.陶舟
6.陶盘　8.陶鹤　9.铜带钩　10、11.玉柱　12.玉
珩　13、14.莲瓣

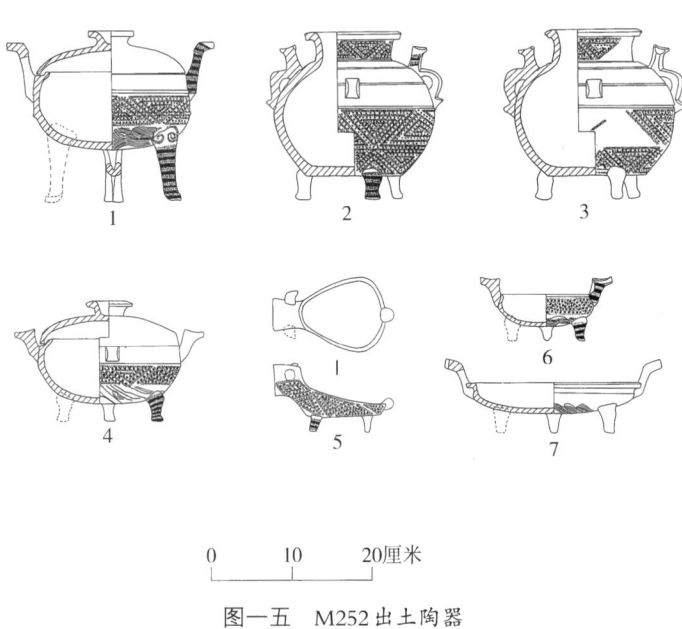

图一五　M252出土陶器

1.鼎（M252：2）　2、3.罍（M252：1、M252：7）　4.盏（M252：3）　5.匜
（M252：4）　6.舟（M252：5）　7.盘（M252：6）

莲瓣　一组4件（M264：4）。曲叶形，短柄，背面饰各种红色云纹、白色点彩。长5.5厘米，宽3.5厘米，厚0.3厘米（图一三：3~6）。

器盖　1件（M264：6）。火候极低，已碎。大致呈圆形。

（六）M252

1.墓葬形制

M252位于Ⅲ区发掘区东缘，北65米为M345，方向28°。此处地层古人取走一部分，墓口存于耕土层下。墓口南北长3.1米，北宽2.1、南宽1.9米，墓底南北长2.7米，北宽1.9、南宽1.65米，深4.7米。墓壁修整光滑，西北角建18个方形脚窝。脚窝宽0.16、高0.15、进深0.1米，间距0.3~0.4米。墓底置棺，棺长1.96、宽0.84、厚0.06、存高0.2米。棺与北壁间放置随葬品，自西向东有罍、鼎、盏、匜、舟、盘、罍，其中匜放在舟内，东部罍内放有陶鹤1、莲瓣2。棺内尸骨一具，保存极差，经鉴定牙齿为老年女性。墓主口内放置玉珩，盆骨处放置1铜带钩（图一四）。

2.出土器物

墓中出土陶器10件，皆红胎褐衣，鼎、盏、舟、匜、盘外底有刮削痕。另有玉器3件、铜器1件。

陶鼎　1件（M252：2）。盖为母口，方唇，弧顶，顶置中空矮柄圆捉手。鼎身子口，方唇，双附耳外撇，直腹，圜底，三细爪足，内侧中空。内壁三足处有凸榫，外壁腹饰两周凸弦纹，盖、上腹弦纹以上涂银白色浆衣，弦纹以下饰红色三角卷云纹及白色点彩，耳、足饰红、白条彩。口径15厘米，腹径19.2厘米，通高20.4厘米（图一五：1、图二七）。

陶罍 2件。侈口，弧平沿，方唇，束颈，弧肩，鼓腹，平底，三爪足较矮。肩部饰四周凹弦纹，对置两首兽耳、两鼻纽。颈、腹饰红色三角卷云纹及白色点彩，耳、足饰红、白条彩，肩涂银白色浆衣。标本M252：1，口径9.4厘米，腹径20厘米，底径12厘米，高20厘米（图一五：2）。标本M252：7，口径9.5厘米，腹径19.6厘米，底径12.3厘米，通高20.2厘米（图一五：3）。

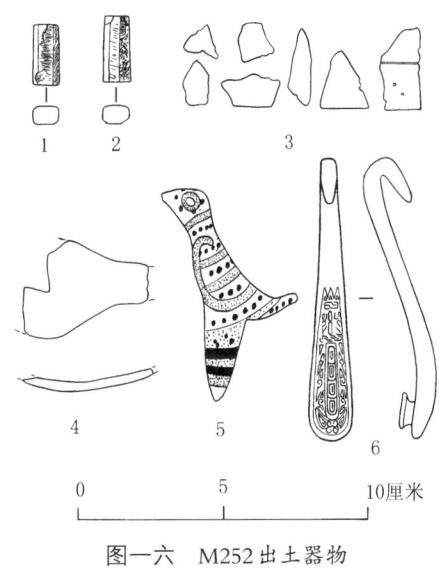

图一六 M252出土器物

1、2.玉柱（M252：10、M252：11） 3.玉珩
（M252：12） 4.陶莲瓣（M252：14） 5.陶鹤
（M252：8） 6.铜带钩（M252：9）

陶盏 1件（M252：3）。盖为母口，方唇，斜直腹，弧顶，顶置中空矮柄圆捉手。盏身子口，方唇，上腹短直，中腹凸起一棱，下腹弧收，圜底，三爪足较矮。沿外对置两兽耳、两鼻纽，盖、凸棱以上涂银白色浆衣，腹凸棱以下饰红色三角卷云纹及白色点彩，耳、足饰红、白条彩。口径13.4厘米，腹径16厘米，通高14.4厘米（图一五：4、图二八）。

陶舟 1件（M252：5）。纵椭圆形。侈口，窄卷沿，细圆唇，束颈，鼓腹，圜平底，三乳足。沿外对置两兽耳。舟内壁涂银白色浆衣，耳、足饰红、白条彩，腹部饰红色三角卷云纹及白色点彩。长径12.7厘米，短径10.5厘米，高7.6厘米（图一五：6、图二六）。

陶盘 1件（M252：6）。侈口，弧平沿，方唇，双附耳外撇，浅弧腹，圜底，三柱足。盘内壁及耳内壁涂银白色浆衣。口径19厘米，高8.8厘米（图一五：7）。

陶匜 1件（M252：4）。牛形。首略扬，旁置两耳，浅腹，前窄后宽，短尾似纽，下附三柱足。匜内壁及首顶涂银白浆衣，外腹及首两侧饰红色三角纹卷云纹及白色点彩，足饰红、白条彩。体长15.8厘米，高8厘米（图一五：5）。

陶莲瓣 2件。标本M252：13，面弯曲，柄失，残长5厘米，宽3.5厘米，厚0.3厘米。标本M252：14，残，背面饰三角卷云纹及白色点白彩。残长4.2厘米（图一六：4）。

陶鹤 1件（M252：8）。立姿。昂首，尖喙，引颈，肥身，宽尾，高锥足。身饰红色卷云纹、红白条彩及白色点彩。高7.2厘米（图一六：5、图二九）。

图一七　陶罍
（M330：3）

图一八　陶鼎（M321：7）

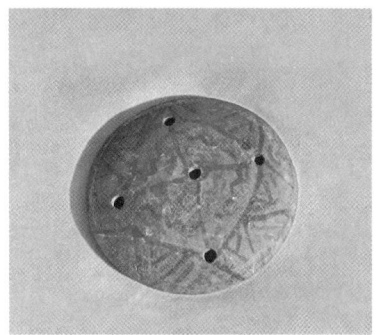

图一九　陶器盖（M330：10）

图二〇　陶匜（M321：5）

图二一　陶罍
（M321：2）

图二二　陶尊（M265：1）

图二三　陶鼎（M264：8）

图二四　陶罍
（M264：1）

图二五　陶匜（M264：5）

图二六　陶舟（M252：5）

图二七　陶鼎（M252：2）

图二八　陶盖（M252：3）

图二九　陶鹤（M252∶8）

玉柱　2件。或为玉珌的组成部分。青玉质，方圆柱体，一端稍细。标本M252∶10，粗径0.95厘米，细径0.9厘米，高2厘米。标本M252∶11，粗径0.95厘米，细径0.85厘米，高2.2厘米（图一六∶1、2）

玉珌　1件（M252∶12）。白色，共7片，其一上有两穿孔，孔径1毫米，厚0.6毫米（图一六∶3）。

铜带钩　1件（M252∶9）。鸭首，长颈，扁圆腹，平背，宽圆尾，尾背置一纽。腹饰重环纹及变形云纹。长9.5厘米，尾宽1.5厘米（图一六∶6）。

二、结语

（一）墓葬年代

　　铁岭墓地有完整而清晰的墓葬埋入顺序，分析上述六墓的位置并对比周围墓葬的出土器物，大致能够判断这六墓的年代。

　　铁岭墓地Ⅲ区发掘区东部宽约90余米，自北向南埋着七至八列东西向的春秋晚期墓葬，至双洎河北岸后，又折回Ⅲ区发掘区西部再次自北向南埋。发掘区西部位于双洎河支流的东岸，宽100米，发掘中发现个别墓已塌入支流中。这一区域的墓葬出土物较少，大部分为空墓，北部有些墓尚出春秋晚期最晚段的小陶器，偏南部位的M709、M722[1]出土器物有灰陶鼎、豆、壶、盘、匜，这两墓均为东西向，器物置于椁、棺之间，保持着春秋晚期的埋葬习惯，它们应是铁岭墓地最早的两个战国墓。

　　发掘区西部墓葬埋至双洎河北岸后，有一部分战国墓附在发掘区东部的东南缘，即本文所示灰色部位。这些墓均南北向，所出灰陶鼎、豆、盘、壶、盘、匜，除M59器物打碎置于棺底外，其余均置于北壁壁龛中。从器物来看，鼎耳与前述M709、M722所出陶鼎有明显不同，其余器物区别不大。这些墓可能是接续西区墓葬埋在这里的。为什么没埋在发掘区东部的东缘？因为这里已经被前述六墓及一些不出陶器的墓葬占据了。从时间顺序上来说，六墓的年代要早于发掘区东南缘的战国墓葬。

　　观察六墓所出陶器与M709、M722出土器物有着极大区别，表现在陶色、器物组合、纹饰三个方面。六墓与M709、M722年代孰早孰晚？这需要我们参考发掘区东、中部墓葬出土器物来判断。发掘区东、中部大部分墓出土小陶器（鬲、罐、盂、豆），少部分墓出土小陶器和成套铜器（铜鼎、铜盏、铜舟、铜盘、铜匜）[2]，还有一部分出土小陶器和成套仿铜陶器[3]（陶鼎、陶盏、陶盘、陶舟、陶匜、陶罍、陶簠、陶壶）。成套铜器与六墓陶器同，但缺罍；成套仿铜陶器一般为红陶或红褐陶，比六墓陶器多了簠、壶。从胎质和有罍这两点来看，六墓陶器承继了东部仿铜陶器墓的陶器组合，年代大致与M709、M722相同。东部仿铜陶器墓陶器较大，一般模印夔龙纹或刻划三角网纹、绚纹，制作复杂，而六墓陶器稍小，一般绘红色三角卷云纹、红白条彩，既有仿铜陶器高贵性的一面，又开新时代简约之风，符合陶器发展规律。

（二）墓葬性质

从位置来看，仿铜陶器墓分为南北两组，两组间夹着一些不随葬陶器的墓葬，级别比南北两组墓低一些。从这些墓大致成列分布的特点来看，它们应属于同一家族，也是发掘区东部大家族墓地的一部分，不然不会挨得这么近。而这六座仿铜陶器墓以东宽20米的范围内（在渠外，未发掘）有10座南北向的中型墓，其中应有随葬绘彩陶器的墓葬。再东50米的范围内，只有稀稀疏疏的10座南北向小墓。显然，仿铜陶器墓、未发掘的中型墓与发掘区东部墓葬关系比较亲近，与稀疏分布的小墓关系较远或者没有关系。

发掘区东部出小陶器和成套铜器的墓葬或出小陶器和成套仿铜陶器的墓葬，鼎都只有一件，墓主身份为士。我们推测继承了小陶器和成套仿铜陶器墓葬之风的这六座战国早期墓的墓主仍是货真价实的士，所以他们才采用这种绘彩仿铜陶器来标显身份的不同。而那些使用鼎、豆、壶、盘、匜等灰陶器的墓主，可能是丧失士身份者或者他们的后代。

上述六座墓出土器物为鼎、罍（或尊）、盏、盘、舟、匜，一般为红陶褐衣，个别为灰陶，在器物不同部位涂银白色浆衣和红、白彩，纹饰主要为三角卷云纹，而同期出灰陶器的战国墓出土物为鼎、豆、壶、盘、匜，均为灰陶褐衣，在器物不同部位饰列齿歧云纹、列齿三角纹、列齿纹间反S纹、列齿纹间X、列齿纹等，均以暗纹形式出现。这两类墓仿佛来自不同世界，前者仅占战国墓的一小部分，存续时间短，不见后继者，后者则占战国墓的大部分，在战国中期、晚期都有延续，器物发生很大变化。

铁岭墓地这六座墓，墓葬数量少，随葬器物显得另类，这一特点在郑州地区其他墓地也有体现，例如禹县白沙战国墓地[4]、郑州碧沙岗墓地[5]、新郑河李村墓地[6]、新郑赵庄墓地[7]等，难以置信的是，这几个墓地出土鼎、罍（或尊）、盏、盘、舟、匜的墓均为南北向的墓，这或许能说明它们时代的一致性。另外，赵庄墓地M58仿铜陶器与大型红陶鬲共出，则铁岭墓地发掘区东缘仅出大型红陶鬲的M350、M351、M57的年代，应与这六座墓的年代相同，但级别较低。

附记：发掘领队郝红星，发掘人员袁国林、董建国，摄影蔡强，绘图郝红星。

注释

[1] 郑州市文物考古研究院、河南省文物管理局南水北调办公室：《新郑铁岭墓地M709、M722发掘简报》，《文物春秋》2012年第1期。

[2] a.郑州市文物考古研究院、河南省文物管理局南水北调办公室：《新郑铁岭墓地M429发掘简报》，《中原文物》2010年第1期；b.郑州市文物考古研究院、河南省文物管理局南水北调办公室：《新郑铁岭墓地M550发掘简报》，《中原文物》2010年第5期；c.郑州市文物考古研究院、河南省文物管理局南水北调办公室：《新郑铁岭墓地M458发掘简报》，《文物研究》第17辑，科学出版社，2010年。

[3] 郑州市文物考古研究院、河南省文物管理局南水北调办公室：《新郑铁岭墓地仿铜陶器墓发掘简报》，《文物研究》第20辑，科学出版社，2019年。

[4] 陈公柔：《河南禹县白沙的战国墓葬》，《考古学报》1954年第1期。

[5] 河南省文物局文物工作队第一队：《郑州碧沙岗发掘简报》，《文物》1956年第3期。

[6] 河南省文物研究所新郑工作站：《新郑县河李村东周墓葬发掘简报》，《中原文物》1987年第4期。

[7] 郑州市文物考古研究院、河南省文物管理局南水北调文物保护办公室：《新郑市赵庄东周墓葬发掘简报》，《中原文物》2011年第3期。

（原刊于《华夏考古》2020年第3期）

郑州航空港区冢刘战国墓（2013ZHM9）发掘简报

张永清

冢刘墓群位于郑州航空港区，原属新郑市孟庄镇冢刘村。墓群位于原冢刘村北部，紧接村北边缘（图一）。2013年6～11月，为配合南水北调支线工程项目建设，郑州市文物考古研究院对郑州航空港冢刘墓群进行了考古勘探与发掘，清理战国、汉代及晋、唐时期墓葬150座。其中，战国墓2013ZHM9（以下简称M9）保存相对完整，现将其发掘情况简报如下。

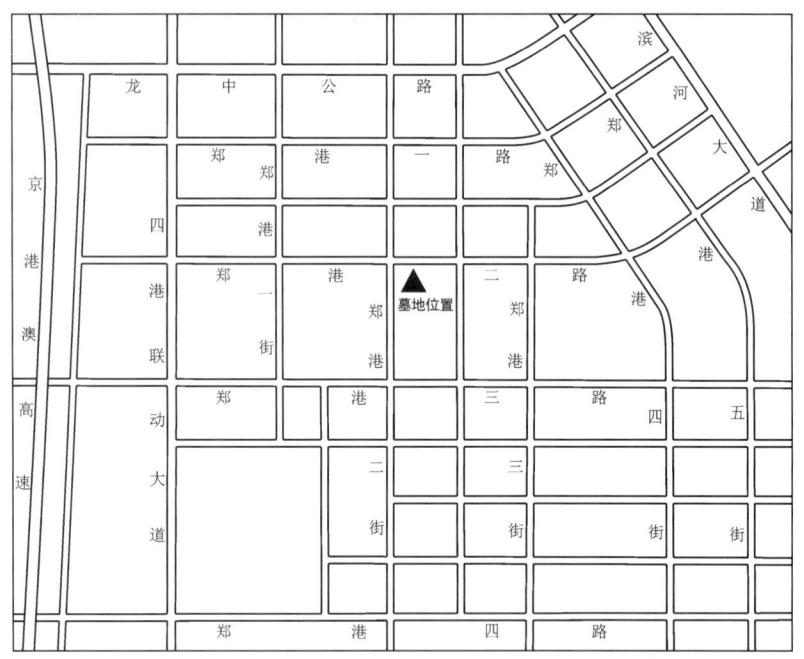

图一 墓葬位置示意图

一、墓葬形制

M9为长方形竖穴土坑墓，开口于耕土层下，墓口距地表0.3米，方向13°。墓口长2.5、宽1.5米，底长2.2、宽1.3米，深1.4米，墓壁斜直内收，底平。墓底棺木已朽，棺内有人骨一具，仰身直肢，头北脚南，面部向上，双手叠置于胯部，保存较差。墓内填土为黄褐色五花土，土质结构疏松（图二）。

二、出土器物

出土器物共3件，有陶罐、陶钵、铜带钩各1件。

陶罐　1件（M9:1）。泥质灰陶。口残，束颈，折肩，直腹微弧，圜底。肩部饰弦纹，腹部及底饰中绳纹，上腹有拍打痕迹。腹（肩）径26、存高24.6厘米（图三、图五:1）。

陶钵　1件（M9:2）。泥质灰陶。圆唇，弧腹下收，平底微凹。素面。口径15、底径7、高6厘米（图四、图五:2）。

铜带钩　1件（M9:3）。人形，钩残，纽位于人物背部正中间。人物形象为头戴毡帽，两耳部盘发为髻，窄额头，颧骨突出，鼻梁高大，身穿短袖连体方格纹裙装，右腿半屈足部着地，左腿跪卧，怀内抱着一把乐器正在弹奏，属典型的胡人装束。人物怀中的乐器，长柄笔直（直项），弦轸可辨（两轸），音箱应为圆形（圆盘），因人物右手正在弹拨而被遮盖，符合弦鼗"盘圆柄直"的特征。带钩残长6.5厘米，圆钮高0.6、直径1厘米（图五:3、图六）。

图三　陶罐（M9:1）

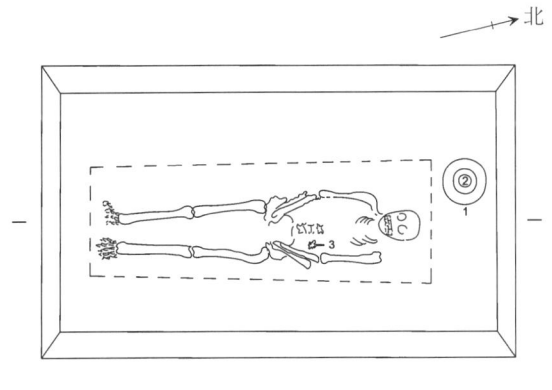

图四　陶钵（M9:2）

图二　M9平、剖面图

1.陶罐　2.陶钵　3.铜带钩

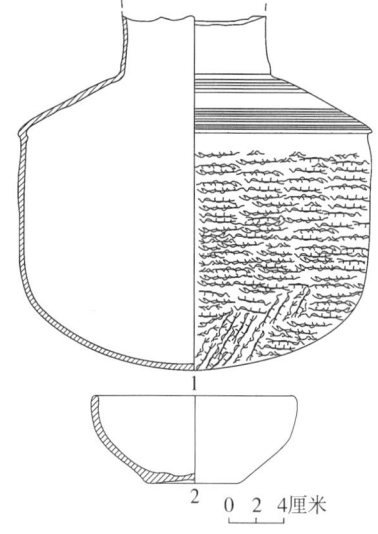

图六　铜带钩（M9:3）背面

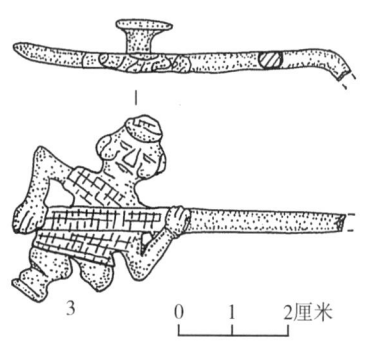

图五　出土陶、铜器

1.陶罐（M9:1）2.陶钵（M9:2）3.铜带钩（M9:3）

图七　秦始皇兵马俑一号坑武士俑身上的人形带钩

三、结语

M9结构简单，是郑州地区战国晚期常见的土坑竖穴墓葬形制，出土的陶圜底罐、陶钵与郑州南阳路战国墓M18出土的罐、碗（钵）组合相同，且器物形制相同[1]，属郑州地区战国晚期典型的罐、钵组合形式。配以铜带钩随葬，也是郑州地区战国晚期墓葬常见的随葬形式。因此，M9的年代应属战国晚期。墓内随葬器物数量少而简单，应为平民墓葬。

铜带钩胡人形象栩栩如生，"弦鼗"形制清晰可辨，横抱于坏中正在弹奏，故可命名为"胡人弹弦鼗铜带钩"。胡人弹弦鼗铜带钩较为罕见，带钩中的"弦鼗"，与郑聪所描述的"弦鼗无品柱，系将一长柄插入两面蒙革的鼓头，鼓头圆而小，鼓头之上有三根细弦，直柄，竖抱怀中以手弹"[2]的弦鼗形制近乎一致，可以确定为我国胡琴类乐器（弓弦弹拨乐器）的前身——"弦鼗"。弦鼗属抱式弹拨乐器，弹拨弦鸣而作声。秦代称之为"弦鼗"，俗称"秦琵琶"，唐代易名为"秦汉子"。鼗在商代已经产生，弦鼗则由周时的打击乐器"鼗"发展而来。有研究认为，在四川彭州征集的汉代演奏画像砖上发现的"弦鼗图像"是"我国最早的弦鼗图像"[3]。而此次 M9 出土的胡人弹弦鼗铜带钩，与秦始皇兵马俑一号坑中一武士俑身上所塑的带钩[4]形制相同（图七），但其上的弦鼗比秦俑和汉代演奏画像砖上展示的弦鼗图像年代更早。胡人弹弦鼗铜带钩的出土及其展现的文化特征，与春秋战国时期北方胡人与中原汉人之间相互交流的大趋势吻合，是北方胡人文化与中原文化相互交流的一个印证。

附记：发掘单位郑州市文物考古研究院、河南省文物管理局南水北调文物保护办公室，领队信应君，发掘人员张永清、王玉红，整理张永清，摄影蔡强，绘图李扬、王玉红。简报的写作得到了顾万发的指导，在此谨致谢忱。

▌注释

[1] 郑州市文物考古研究所：《郑州市南阳路冢世界购物广场战国墓发掘简报》，《华夏考古》2006年第2期。

[2] 郑聪：《中国古代琵琶的形制考辨》，《音乐论坛》2006年第8期。

[3] 高文：《我国最早的弦鼗图像》，《音乐探索》1998年第2期。

[4] 邹维一、曾维华：《秦汉时期的带钩》，《文史知识》2013年第1期。

（原刊于《文物》2016年第11期）

河南省纺织机械厂M1发掘简报

刘文科　索全星

　　河南省纺织机械厂拟建的住宅楼位于郑州市中原区建设西路，在该建设工程区域的东南部发现有古代墓葬一处（图一）。郑州市文物考古研究院对此墓葬进行了发掘清理，墓葬编号 2013HFJM1（简称M1）。墓葬保存完好，形制完整，随葬品丰富。现将M1清理情况简介如下。

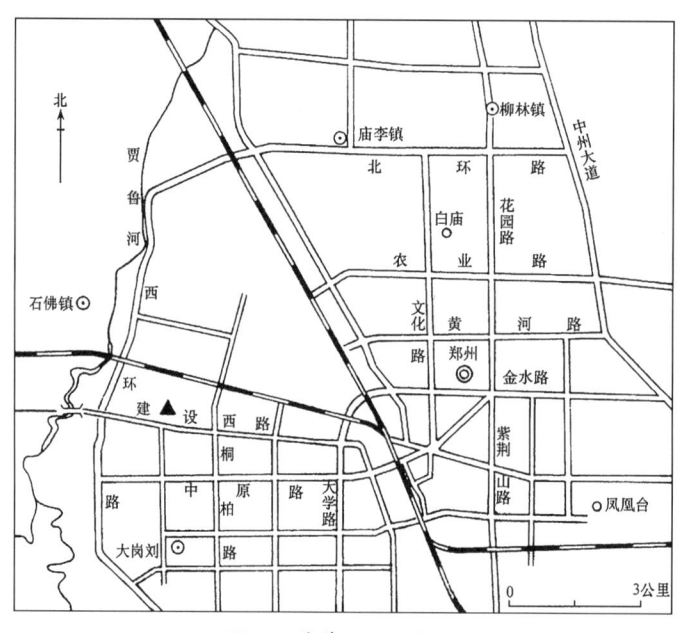

图一　墓葬位置示意图

一、墓葬形制

　　M1为砖室墓，方向175°。墓底距墓口4米。墓葬全长7米，由墓道、封门、墓室、耳室四个部分组成（图二）。墓道位于墓室南部，竖穴土坑式，平面为长方形，南北长2.7、东西宽1~1.1米，墓道沿墓门方向渐宽，墓底距开口层下4米，壁面平直，墓道底部较平整。墓道的北部有墓门，墓门用青灰色小砖封门，小砖为内弧形封堵。封门墙高约1.2米，由23层青灰色小砖错缝平砌而成。

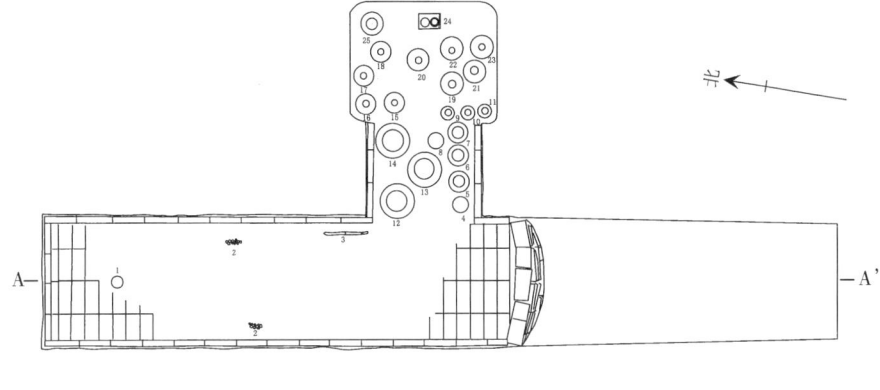

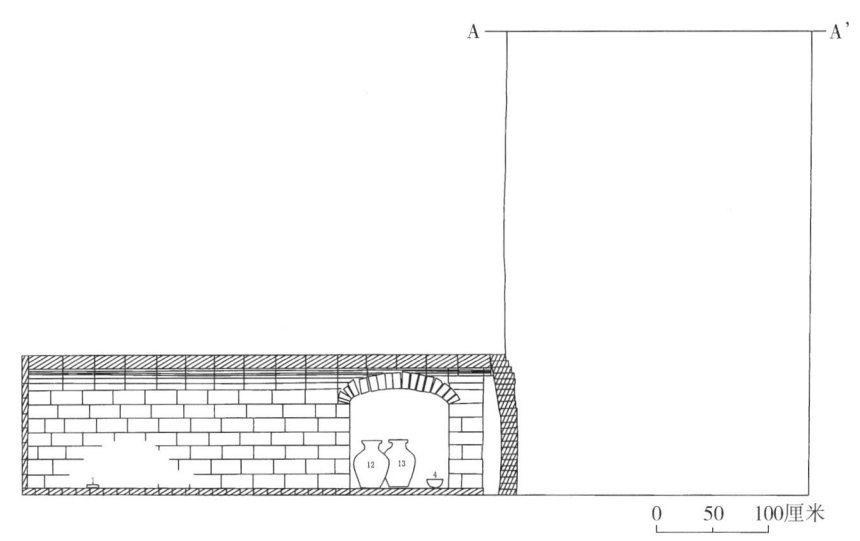

图二　M1平、剖面图

1.铜镜　2.五铢钱　3.铁刀　4.铜洗　5.陶罐　6.陶罐　7.陶罐　8.陶碗　9～11.小陶壶
12～14.陶罐　15～23.釉陶仓　24.陶灶　25.陶罐

墓门以北为墓室，平面为长方形，南北长4.3、东西宽1米，墓室高1.1米，由小砖砌筑而成。东西两壁由小砖侧立错缝砌筑而成，共计7层，高0.9米。从第8层开始，小砖为平铺于下面侧立小砖之上，开始起券，形成弧形砖室券顶。墓室北壁为小砖平铺错缝而成。墓底为小砖东西向齐缝铺地。墓室内未见葬具痕迹，在墓室北部发现有铜镜一枚，墓室中部有铜钱数枚，在耳室的口部北端有铁刀一把。

耳室位于墓室的东侧，平面呈"凸"字形，耳室前端为砖券结构，平面为长方形，南北面阔0.9、东西进深0.86米，拱高0.84米，两壁为三列六层青砖侧砌，顶部为砖券弧形拱顶。耳室后端为土洞式，面积略大于前端耳室，南北面阔1.3、东西进深1.04米，弧形顶，高1米，直壁，平底。耳室内放置有大量的随葬器物。

二、随葬器物

M1内共计出土随葬器物较为丰富，共计24件（不含钱币），包括陶器、釉陶器、铜器、铜钱、铁器等。

（一）陶器

21件，分为泥质灰陶和低温釉陶。

1. 泥质灰陶

12件，器类有罐、壶、碗、灶等。

罐　6件，根据器型差异分为二型。

A型　4件。体瘦高。标本M1：25，口沿残破，束颈、溜肩、鼓腹、下腹部斜收，平底。肩、腹部饰有弦纹多道。腹径25、底径11、残高33厘米。颈部两侧各有钻孔一个，左右相对（图三：1）。标本M1：14，盘口，沿内卷，似钵形口，束径、圆肩、下腹斜收，平底。肩部与腹部饰有弦纹数道，口沿部位有刻画"‖"凹槽两道。口径12.9、腹径32.4、底径15.9、高43.5厘米。标本M1：13，形制同标本M1：14，口径14.4、腹径32、底径16、高42.9厘米（图三：8）。

B型　2件。体矮胖。标本M1：6，侈口，尖圆唇，短束颈，溜肩，鼓腹，平底。口径10.6、腹径17.4、底径9.2、高15.6厘米。肩部饰弦纹两道，底部有穿孔（图三：2）。

标本M1：7，泥质灰陶，口微侈，圆唇，短束颈，圆肩，扁圆腹，平底。口径11、肩宽16.8、底径10.2、高14.2厘米。（图三：3）。

壶　3件。泥质灰陶，器形较小，盘口，短束颈，溜肩，肩部饰弦纹两周，椭圆形鼓腹，腹部饰弦纹一周，下腹曲折，平底，标本M1：11，口径7.4、腹径12.6、底径5.2、高15.4厘米。标本M1：10，口径8.2、腹径13.8、底径7、高17厘米（图三：4）。

碗　1件（M1：8）。尖圆唇，敞口，弧腹，平底。口径12.2、底径8.4、高4.8厘米（图三：6）。

灶　1件（M1：24）。双火眼，前壁开半圆形火门，火门高4.3、宽4厘米。火门左右两侧与上部均饰有菱形纹饰，后壁高起成为挡烟墙，上有菱形纹烟道。灶面中部略隆起，中间有火眼两个，大小基本一致，火眼直径5.2厘米。前部火眼置陶釜两件。陶釜形制一样，敛口，圆唇，折腹，平底。陶釜口径4.3、底径3.3、高2.5厘米。其后火眼上置陶甑一件，敞口，折沿，斜腹，平底，底有穿孔三个。陶甑口径8.4、底径3.5、高4厘米。火眼两侧饰菱形纹。陶灶前壁高12厘米。后壁（含挡烟墙）高21厘米。灶身长20、宽13厘米（图三：7）。

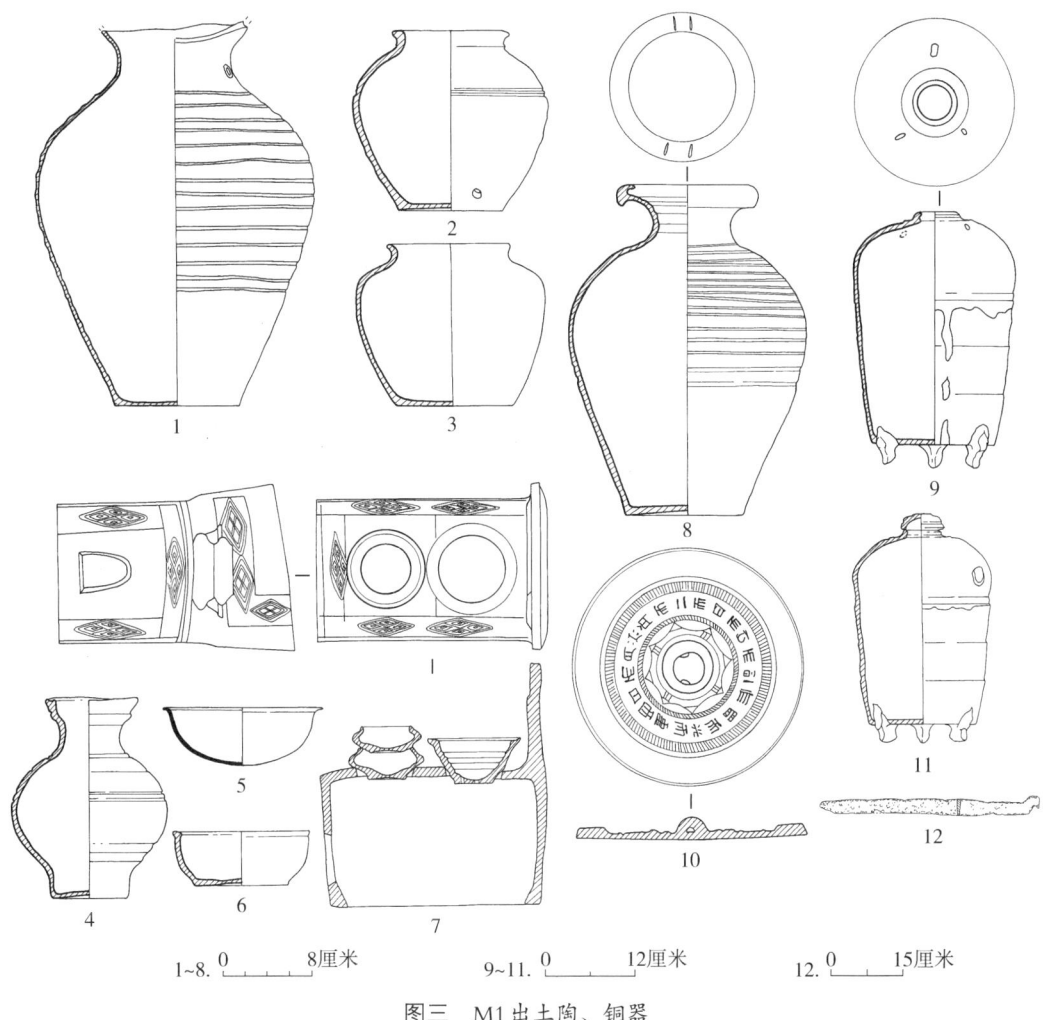

图三 M1出土陶、铜器

1. A型陶罐（M1：25） 2. B型陶罐（M1：6） 3. B型陶罐（M1：7） 4. 陶壶（M1：10） 5. 铜洗（M1：4） 6. 陶碗（M1：8） 7. 陶灶（M1：24） 8. A型陶罐（M1：13） 9. 釉陶仓（M1：22） 10. 铜镜（M1：1） 11. 釉陶仓（M1：16） 12. 铁刀（M1：3）

2. 釉陶器

9件，均为陶仓。

陶仓形制相近，其中5件较高大，均为红色陶胎，口、肩部均施酱色釉，腹部有散落的釉斑，口沿有三个支点。敛口，圆鼓肩，筒形腹，平底，四棱状三足。腹部不施釉，有数道轮制痕迹。标本M1：23，口径4.5、肩宽23.1、底径15.7、通高33.5厘米。标本M1：22，口径4.5、肩宽22.2、底径16.8、通高33.3厘米（图三：9）。剩余4件略矮。形制近同，均为红色陶胎，在口、肩部施黄釉。敛口，圆鼓肩，筒腹，斜腹，四棱状三足。腹部不施釉，有数道轮制痕迹，肩部一周有四处涩疤。标本M1：15，口径4.5、肩宽19.5、底径15、通高28.8厘米。标本M1：16，口上覆有碗形小盖，平折沿，方唇，浅腹，弧形底，盖口径5.5、腹深2.5厘米，仓口径4.5、肩宽18.9、底径14.4、通高27.6厘米（图三：11）。

（二）铜器

3件（组），器类有铜洗、铜镜、五铢钱。

洗　1件（M1：4）。外折沿，敞口，尖唇，半球形腹，圜底，胎壁较薄。口径14.3、深5厘米（图三：5）。

铜镜　1枚（M1：1）。日月连弧铭文镜，圆形，半圆形纽，纽外有弦纹一周，其外是一圈内向八连弧纹，连弧纹之外有铭文一周，平缘，缘面较宽。其上书有"内二日以昭明光象日月□"，每两字之间用"而"字作为隔断。直径10.4、厚4厘米（图三：10、图四：1）。

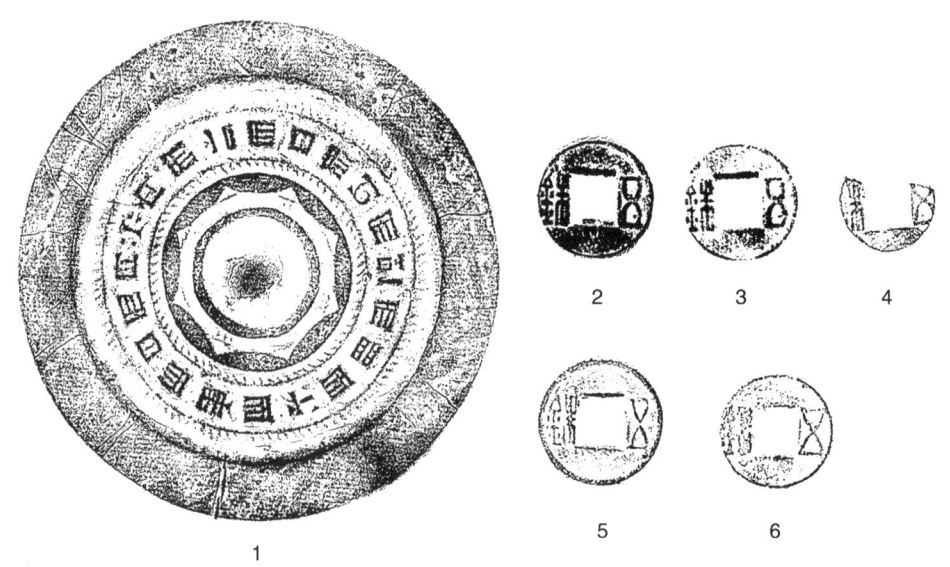

图四　M1出土铜器、五铢钱拓片

1.铜镜（M1：1）　2、3.Ⅲ式五铢钱（M1：2-1、M1：2-2）　4.剪轮五铢（M1：2-3）　5.Ⅰ式五铢钱（M1：2-4）6.Ⅱ式五铢钱（M1：2-5）

五铢钱　101枚。根据钱上字形的变化，可分为三式。

Ⅰ式　钱文字体规整。标本M1：2-4，"五"字略瘦而高，交叉处较直，似两个三角形相对，"铢"字的金字头似箭镞，朱字头方折。直径2.6、穿径1厘米（图四：5）。

Ⅱ式　钱文略宽。标本M1：2-5，"五"字相交处呈直壁，"五"字较Ⅰ式稍显宽大。直径2.3、穿径1厘米（图四：6）。

Ⅲ式　钱文宽大，笔画清晰，字体规整。标本M1：2-1和标本M1：2-2，"五"字相交处圆润，而且弯曲较大，与上下两横相交近直角。"铢"字的金字旁比朱字旁略小，金字头呈箭镞状。直径2.4、穿径1厘米（图四：2、3）。

剪轮五铢　数量较多，其中Ⅲ式五铢钱较多，多从外廓剪去。标本M1：2-3，残存部分的"五"字交笔圆融，朱字头方折，为Ⅲ式五铢钱所剪。直径2、穿径1厘米（图四：4）。

（三）铁器

刀　1件（M1：3）。已锈蚀，断成6截。扁圆环首，背刃皆直，刀身断面为三角形，刃部向尖端渐窄。通长44.2、柄长8、最宽处3.2厘米（图三：12）。

三、结语

河南纺织机械厂M1为一处带有耳室的弧形顶小砖券墓，竖穴土坑室墓道，此类墓葬与洛阳烧沟汉墓中的二型Ⅰ式相似[1]。M1出土的器物以陶器为主，并出有铜器、铁器，其中陶器组合为罐、釜、仓、灶等。M1中的AⅡ式罐在郑州地区西汉代晚期墓葬中常见。例如荥阳赵家庄汉墓群[2]、郑州管城区五里堡村同洲花园小区[3]，均发现此类陶罐。

M1出土一件昭明铜镜，字体方正，铭文用"而"字相隔。此类铜镜是西汉中晚期最为流行的铜镜之一[4]。M1还出土大量钱币，其中Ⅰ式与Ⅱ式与洛阳烧沟汉墓中的Ⅰ式相似，Ⅲ式与烧沟汉墓中的Ⅱ式相似。在M1中也发现了一定数量的剪轮五铢，此类剪轮五铢主要流行于王莽新币之前，所以这些五铢的时代应该在西汉成帝、哀帝年间。

结上所述，我们认为，河南纺织机械厂M1的时代应该是西汉晚期。

附记：发掘领队索全星，发掘人员刘文科、王兰芬，绘图李扬、扶明华，摄影蔡强。

▌注释

［1］洛阳区考古发掘队：《洛阳烧沟汉墓》，科学出版社，1959年。

［2］汪旭、马黔彬、赵同生：《荥阳赵家庄汉墓群发掘简报》，《郑州文物考古与研究》（一），科学出版社，2003年。

［3］信应君、张文霞：《郑州市同洲花园小区汉墓发掘简报》，《郑州文物考古与研究》（二），科学出版社，2010年。

［4］孔祥星、刘一曼：《中国古代铜镜》，文物出版社，1984年。

（原刊于《华夏考古》2016年第3期）

郑州登封金东村东汉墓发掘简报

张永清　朱少铮

大金店墓地位于郑州登封市大金店镇，紧邻镇区北部，为一处汉代墓地（图一）。为配合省道S323线登封段建设工程，2014年2～11月，郑州市文物考古研究院、登封市文物保护管理局联合对该墓地进行了抢救性考古发掘，共清理墓葬101座，其中2014ZDDM7（以下简称M7）保存相对完整，出土文物比较丰富。现将发掘情况简报如下。

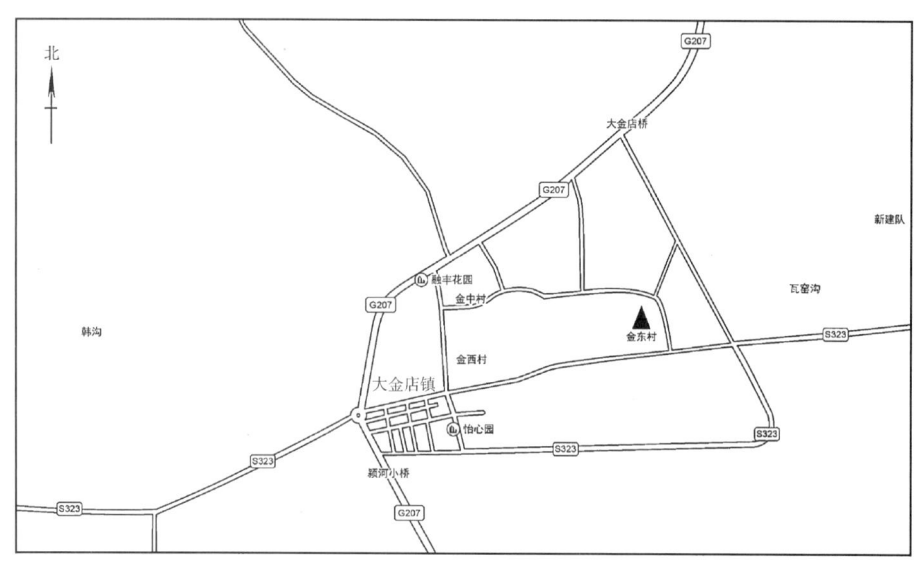

图一　金东村汉墓位置示意图

一、墓葬形制

M7位于大金店墓地东部，为斜坡墓道单砖室墓，由墓道、封门、甬道、墓室组成，方向184°。墓道开口于耕土层下，距地表2.5米。墓道平面为长方形，长3.2、宽0.92米，底部斜坡状，距开口1.9米。墓道内填土为黄色五花土，夹杂砂石、料礓石等。甬道连接墓道与墓室。平面呈梯形，总长1.9米，宽0.92～2.15米。中部有一砖券封门，用残砖和个别整砖横向错缝平砌而成，向外呈弧形，共28层，最上部一层砖为竖砌，高1.92、宽1.7米。封门与墓室之间东部又设一砖券甬道，拱顶，两侧壁各由一层子母口砖错缝平砌，最上部一层为纵向竖砌，拱顶由一层子母口砖纵向竖砌，部分拱顶及底部铺砖破坏，长1.1米，宽1.16米，高1.5米（图二）。

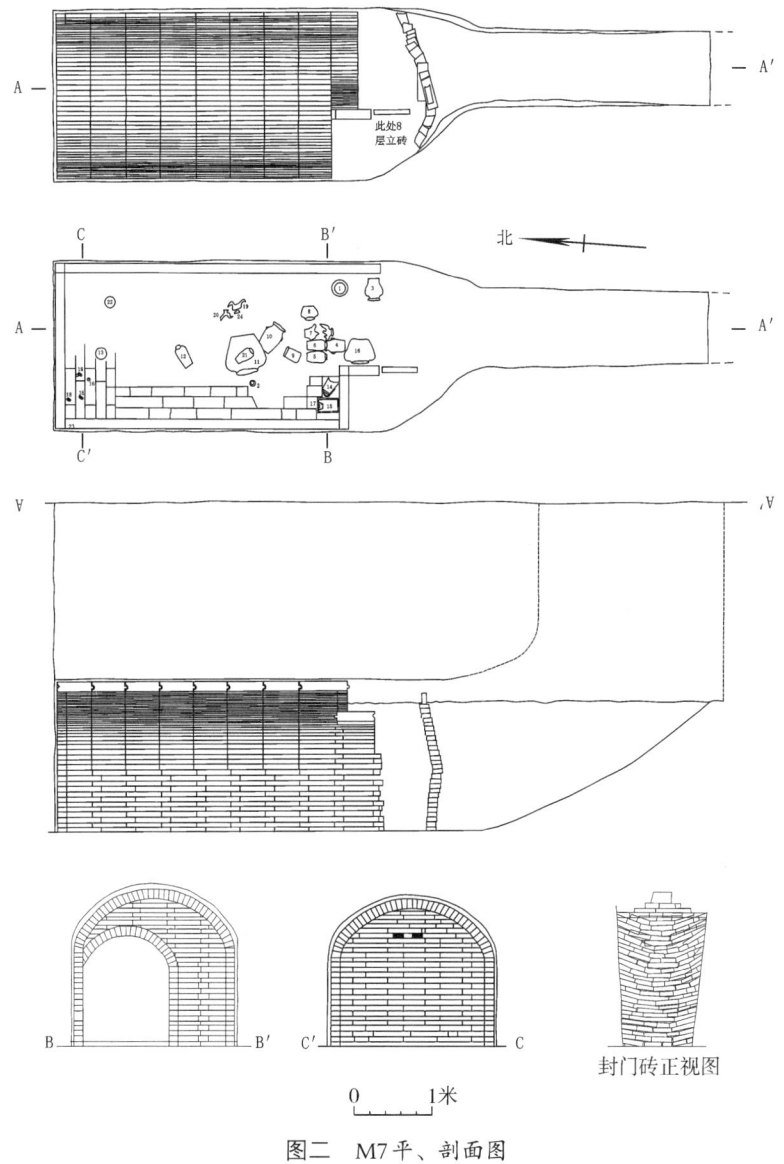

图二　M7平、剖面图

1.铜洗　2、22.铜镜　3、4、8.A型陶罐　5、6、12～14、21.陶仓　9.陶井　11、16.陶瓮　15.陶灶　17.陶甑　18.铜钱　19、20.陶鸡　23.银戒指　24.陶狗

墓室用小青砖券成，青砖铺底。平面呈长方形，直壁，平底，拱顶，长3.54、宽3.15、深2米。墓室四壁下部11层的砖均为榫卯结构，侧面模印半菱纹（图三：1、2），砖长45、宽12、厚7厘米。墓顶为两种纹饰的砖。其中墓顶前三排砖饰有菱格纹（图三：3），砖长48、宽12、厚0.07～6厘米；后五排砖的侧面装饰菱格纹，菱格稍小

（图三：4），长45、宽12、厚6～7厘米。墓底北部用小青砖呈纵向错缝平铺，墓底南部用小青砖横向错缝平铺。随葬品散置于墓室底部，部分位于砖券小甬道内。墓室底部近东壁发现有厚约5厘米的白灰以及棺钉、红色漆皮等，应为置棺处。人骨已朽无存。墓室内有多层淤土。

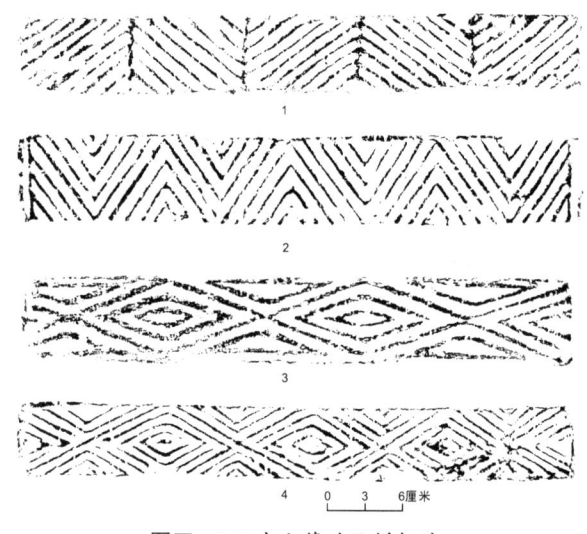

图三　M7出土墓砖纹样拓片

1.墓室砖墙　2.挡土墙砖　3.墓室券顶前三排砖　4.墓室券顶后五排砖

二、随葬品

墓内随葬品有陶、铜、银器等23件。其中陶器19件，器形有仓、罐、瓮、壶、井、灶、狗、鸡等；铜器3件，器形为洗、镜；银戒指1枚，另有铜钱120枚。

（一）陶器

均为泥质灰陶。

陶仓　6件。直口或直口微敛，方唇或圆唇，矮领，窄弧肩，筒腹，平底微内凹。内、外壁均有轮制留下的弦纹，部分仓外部粘有白灰。标本M7：5，直口圆唇。外腹有白灰痕。口径8、腹径15.6、底径12.1、高26.4厘米（图四：5）。标本M7：6，直口微敛，方唇，外腹有白灰痕。口径7.5、腹径14.4、底径12.5、高25厘米（图四：3）。标本M7：21，直口方唇。口径8、腹径16、底径12.2、高27.6厘米（图四：6、图六）。标本M7：14，直口微敛，方唇。口径7.8、腹径14.2、底径12.4、高22.6厘米（图四：1）。标本M7：12，直口圆唇，口部因挤压而成椭圆形。外腹有大片的白灰痕。长径10、短径9、腹径16、底径13、高23.6厘米（图四：2）。标本M7：13，直口微敛，方唇。口径8、腹径16.4、底径12.5、高26.2厘米（图四：4）。

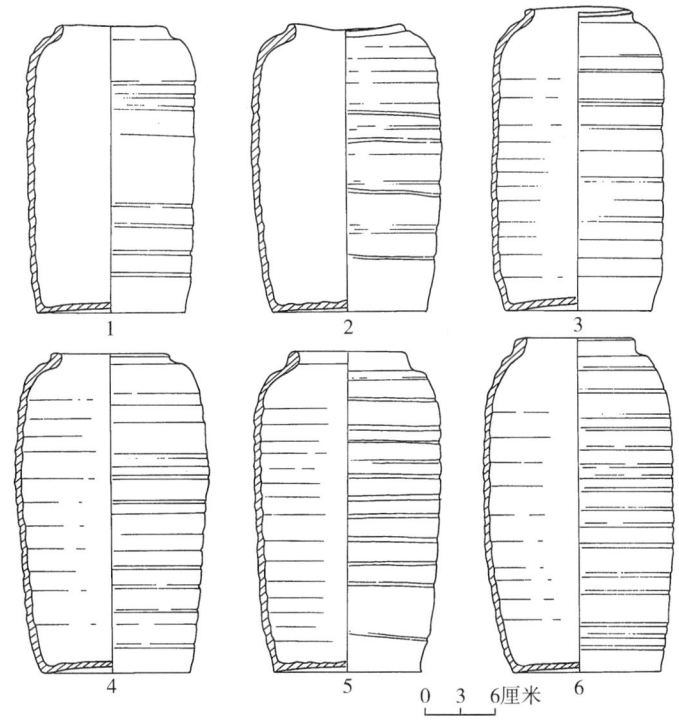

图四　M7出土陶仓

1.M7：14　2.M7：12　3.M7：6　4.M7：13　5.M7：5　6.M7：21

陶罐　5件，根据有系、无系分为二型。

A型　无系罐，3件。依据口部形态可再分为二式。

Ⅰ式　2件。侈口，平折沿或折沿外侧下倾较甚，方唇，束颈，弧肩鼓腹，下腹弧内收，平底。标本M7：3，外壁略见轮旋痕，内壁轮旋痕明显。口径11、底径13.5、腹径24、高28.8厘米（图五：1、图八）。标本M7：7，肩腹部饰有四周篦齿纹及数周细弦纹。口径10.5、腹径24、底径13.5、高31厘米（图五：2）。

Ⅱ式　1件。标本M7：8，直口圆唇，束颈，弧肩，鼓腹，下腹弧内收，平底。内外腹壁有轮刮痕，局部粘有白灰。口径11.5、腹径20、底径12.5、高17厘米（图五：5、图九）。

B型　双系罐，2件，形制近同。侈口唇，束颈，弧肩鼓腹，平底微凹。肩部对饰穿鼻耳，内外腹壁轮旋痕规整而明显。标本M7：4，口径16、腹径24、底径11.6、高24.4厘米（图五：6）。标本M7：10，外腹有大片的白灰痕。口径18.5、腹径23.6、底径15、高31厘米（图五：3、图七）。

陶瓮　2件。标本M7：16，敛口，弧平沿，圆唇，方肩，鼓腹，下腹弧内收，平底略内凹。内外腹略见轮制旋痕。口径16、4、腹径38.7、底径20、高30.6厘米（图

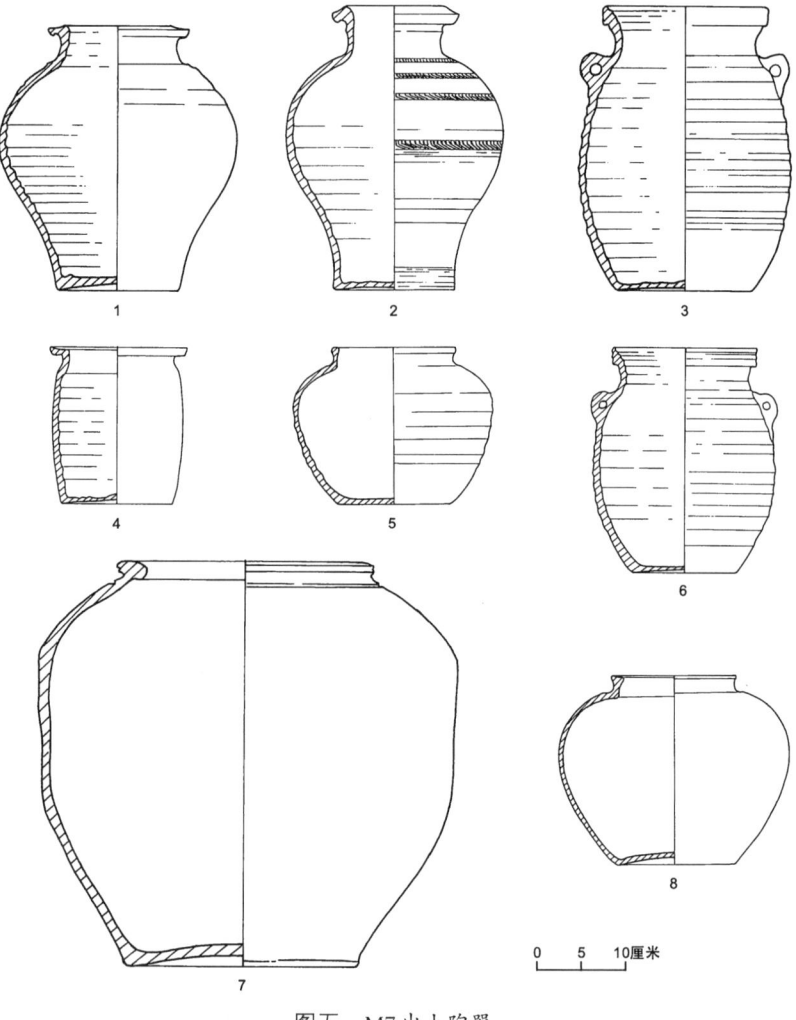

图五　M7出土陶器

1、2.AⅠ式陶罐（M7：3、M7：7）　3、6.B型陶罐（M7：10、M7：4）　4.陶井（M7：9）　5.AⅡ式陶罐（M7：8）　7、8.陶瓮（M7：11、M7：16）

五：8）。标本M7：11，敛口，斜折沿，尖唇，束颈，弧肩，鼓腹，下腹弧内收，平底略内凹。口径23、腹径47、底径24.5、高44.5厘米（图五：7）。

陶井　1件（M7：9）。仅存下部。直口，平折沿，方唇，筒腹，平底微凹。内壁有清晰的轮制旋痕。口径11、腹径14.8、底径12.4、高17厘米（图五：4）。

陶灶　1件（M7：15）。灶面中部设置一大一小两釜火眼，其中大釜火眼上放置一甑（M7：17）。釜眼圜底。甑敞口，深弧腹，小圜底，底有三孔。直径12、深6厘米。灶面上釜眼四周模印出各种食材和厨房用具，食材有鱼、鸡、禽、龟、螃蟹、猪头、羊头等，厨房用具有板凳、案、帚、勺、削、钩、箸等。灶长25、宽18、通高7.5厘米（图一〇：1、一〇：2，图一一）。

图六　陶仓　　　　图七　B型陶罐　　　图八　AI式陶罐　　　图九　AⅡ式陶罐
（M7∶21）　　　　（M7∶10）　　　　（M7∶3）　　　　　（M7∶8）

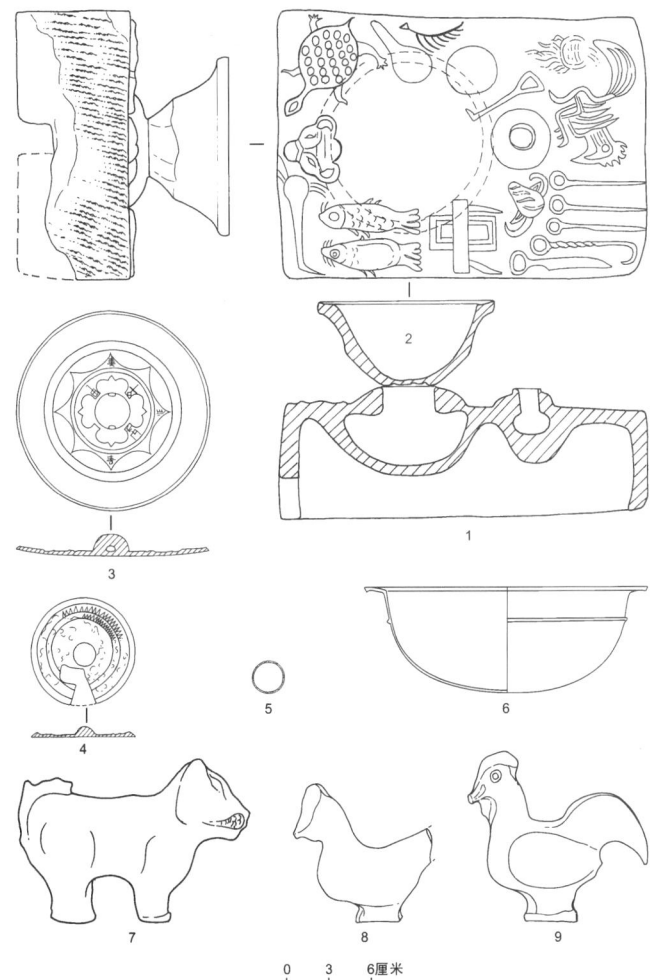

图一〇　M7出土器物

1.陶灶（M7∶15）2.陶甑（M7∶17）　3、4.铜镜（M7∶22、M7∶2）
5.银戒指（M7∶23）6.铜洗（M7∶1）7.陶狗（M7∶24）8.陶母鸡
（M7∶20）9.陶公鸡（M7∶19）

（二）陶动物和模型

陶狗　1件（M7：24）。泥质灰陶，合模制成，仅存右半部。四肢立地，平首卷尾。嘴微张，露齿，耳朵和面部不清。长16.2、高10.5厘米（图一〇：7、图一四）。

陶鸡　2件，一公一母。泥质灰陶，均为手制。标本M7：19，公鸡，立姿，昂首翘尾，眼视前方。长13、高11.5厘米（图一〇：9、图一二）。标本M7：20，母鸡，立姿，体形笨拙，头略低，眉目制作粗糙，尾残。长10、高9.3厘米（图一〇：8、图一三）。

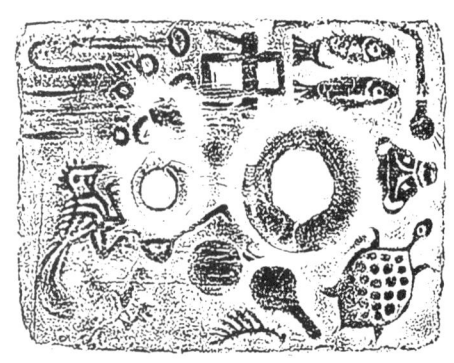

图一一　M7出土陶灶（M7：15）灶面拓片

（三）铜器

铜洗　1件（M7：1）。侈口，平折沿，方唇，弧腹，圜底。折沿处有两个穿孔，大小不一，上腹饰一道凸弦纹。口径17、腹径15、高7.5厘米（图一〇：6）。

铜镜　2件。标本M7：22，为"长宜子孙"连弧纹镜。圆形，宽素缘，半球钮，钮外有柿蒂形四叶钮座，四叶间各有一字铭，合为"长宜子孙"，四叶外为一周凸弦纹，再外为一周内向八连弧纹，八连弧纹内角间有四字铭文"寿如金石"。连弧纹与素缘间为一周宽凹槽。直径13.5厘米（图一〇：3、图一五：1）。标本M7：2，圆形，三角缘，圆钮。外区饰连齿纹，内区纹饰不显。直径8.5厘米（图一〇：4）。

图一二　陶公鸡（M7：19）

图一三　陶母鸡（M7：20）

图一四　陶狗（M7：24）

（四）其他

银戒指　1件（M7：23），圆形，直径2.1厘米（图一〇：5）。

铜钱　120枚。标本M7：18，钱正背面皆有郭，穿背有郭，正面仅1枚上有一横。其中58枚锈蚀严重，字迹不清。字体如烧沟汉墓Ⅰ型铜钱有8枚，"五"字中间两笔较直，"铢"之金字头如翼镞，朱字头有方折有圆折，直径2.6、穿径0.95厘米。字体如烧沟汉墓Ⅱ型铜钱的有7枚，"五"字两笔稍弯，朱字头皆圆折，钱径、穿径同前。字体如烧沟汉墓Ⅲ型的有44枚，"铢"字笔体纤细，金头呈三角形，朱头大部分为圆折，个别为方折，钱径2.5～2.6、穿径0.9～1.0厘米。磨郭钱3枚，其中第一枚五字中间两笔较直，铢字不显；第二枚"五"字中间两笔稍弯，"铢"字不显；第三枚两字皆显，为Ⅲ型钱，钱径0.4～0.5、穿径0.9厘米（图一五：2～9）。

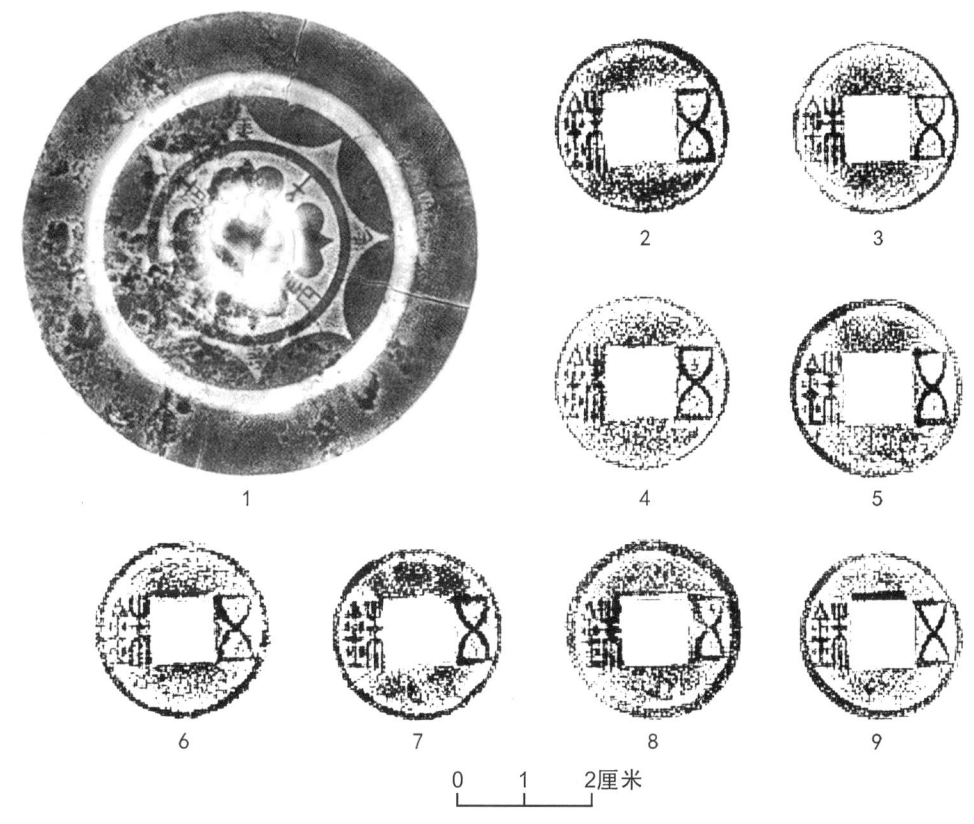

图一五　M7出土铜镜和五铢钱拓片

1.铜镜（M7：22）　2～9.五铢钱

三、结语

金东村东汉墓未见封土，形制相对简单，随葬品中均为常见生活器皿，应该为一般平民墓。

该墓为斜坡墓道单室纵长方形小青砖券拱顶墓，其形制与洛阳李屯东汉元嘉二年墓[1]近似，该墓中所用小青砖侧面的菱格纹，似是西汉时期空心砖纹饰的简化。随葬品方面，罐、瓮、仓、井、灶、狗、鸡等陶器共出一墓，是东汉时期最常见的随葬品组合，尤其是A型陶罐时代偏早，至东汉中期仍在使用。五铢钱是汉武帝元狩五年（公元前118年）发行，墓内出土铜钱均为五铢钱，形制分别与烧沟汉墓中的Ⅰ型、Ⅱ型、Ⅲ型钱相近[2]，其中Ⅲ型时间最晚，为东汉前期。墓内出土的"长宜子孙连弧纹镜"（M7∶22）与江苏扬州新莽东汉初墓出土的铜华连弧铭带镜[3]、纪年铭文镜居摄元年连弧铭带镜[4]、河南洛阳东汉中期墓出土的"长宜子孙"八连弧云雷镜[5]形制均有相似之处。而且此形制的长宜子孙镜是长宜子孙云雷纹镜的简化[6]，时间早于东汉中期，与洛阳烧沟汉墓第五期的时代近同。此外，该镜的四叶纹纽座，叶的两端刚刚开始向外突出，与烧沟汉墓图七九"铜镜四叶纹纽座之变化"第2号[7]相似，属于向东汉中期出现的蝙蝠形四叶柿蒂纹[8]过渡初期的形制。综合以上分析，M7的时代定为东汉早期较为适宜，下限不晚于东汉明帝永平七年（64年）。

附记：发掘单位郑州市文物考古研究院、登封市文物保护管理局，领队刘彦锋，发掘人员郭现军、张永清，整理张永清、李晓花，绘图李扬、王庆丽，拓片刘福来。

▎注释

［1］洛阳市文物工作队：《洛阳李屯东汉元嘉二年墓发掘简报》，《考古与文物》1997年第2期。

［2］中国科学院考古研究所洛阳考古发掘队：《洛阳烧沟汉墓》，科学出版社，1959年。

［3］孔祥星、刘一曼：《中国铜镜图典》，文物出版社，1992年，第235、241、367页。

［4］孔祥星、刘一曼：《中国铜镜图典》，文物出版社，1992年，第241页。

［5］孔祥星、刘一曼：《中国铜镜图典》，文物出版社，1992年，第367页。

［6］中国科学院考古研究所洛阳考古发掘队：《洛阳烧沟汉墓》，科学出版社，1959年，第238页。

［7］中国科学院考古研究所洛阳考古发掘队：《洛阳烧沟汉墓》，科学出版社，1959年，第175页。

［8］郝红星、刘洪淼、李祺：《河南巩义市新华小区汉墓发掘简报》，《华夏考古》2001年第4期。

（原刊于《考古与文物》2019年第1期）

新郑市和庄镇周庄汉墓发掘简报

黄富成　李曼

周庄汉墓位于河南省新郑市和庄镇周庄村西北约400米的一处土冢之下，土冢处于南水北调中线工程干线范围之内，新孟公路从土冢西部边缘穿过，地理位置坐标为：北纬34°26.744′，东经113°48.090′，海拔126米（图一）。为配合南水北调中线工程建设，受河南省文物局南水北调文物保护办公室委托，郑州市文物考古研究院于2010年5月至2011年5月，对该土冢及其周边区域墓葬等古代文化遗存进行考古发掘。根据对土冢勘探结果，我们发现，土冢之下为三座并行排列、规模形制庞大的东汉墓葬，编号为M5、M7、M8。虽然该土冢及墓葬历经多次盗扰破坏，但一冢三墓的结构形制仍非常清晰，实属罕见，现将该土冢汉墓的发掘情况简报如下。

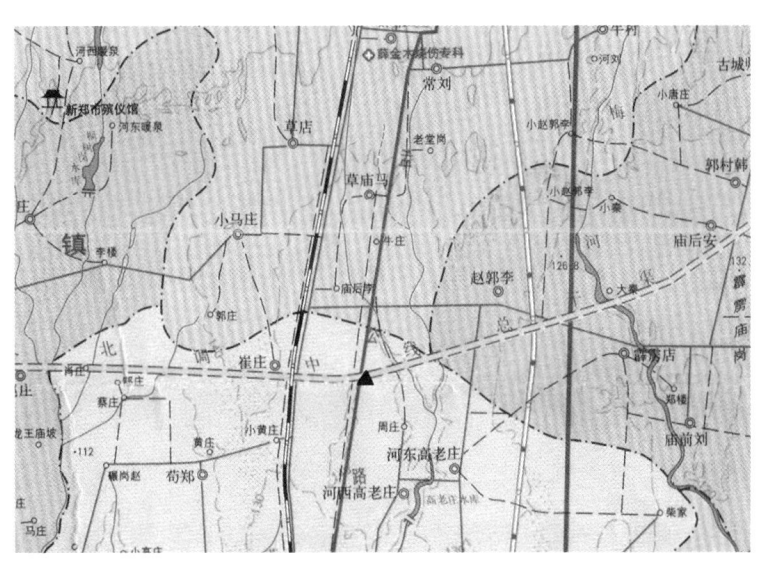

图一　周庄汉墓位置示意图

一、土冢与墓葬形制

周庄土冢位于新孟公路东侧，处于南水北调中线工程干线范围之内，该土冢经过修建新孟公路及村民耕种、取土等因素，破坏较严重。新孟公路切断土冢西部边缘一部分，邻公路一侧呈现断崖截面形态，东部边缘地带有田间耕路环绕。土冢之上为枣树林、刺槐等杂灌木，另有一个简易茅草棚，盗洞较多且明显。土冢高出公路约4米，高出东部边缘地势较低处约6米（图二）。土冢现存南北约67.5米，东西约30米。通过清理土冢西侧剖面，我们发现土冢现地表之上为夯土，夯层较厚，夯痕较淡，显然是简单夯实以起到加固作用。夯层厚度介于0.12～0.25米之间，局部夯层紊乱。根据对土冢最高处所做南北向剖面观察，M7、M5、M8之上的堆积土层应为一次性堆积（图三）。

周庄土冢之下的三座汉墓均为斜坡状墓道穹顶砖室墓，为竖穴深坑多墓室结构，并行排列，墓道向东，方向270°。三墓规模庞大，形制略有差异。土冢历经多次盗扰，几成空墓。其中M5保存相对较好，因坍塌、盗掘严重，残存砖圈墓室，拱形穹顶不存在。M5为前后室结构，出土有彩绘陶案、陶罐、陶鸡、猪、狗等，应为陶制十二生肖一部分。墓门为石质方形立柱，残、断，青石门楣上浮雕一卧鹿，封门砖墙呈拱形外凸。M7为前后室结构，前室北有侧室。坍塌、盗掘严重，墓室内为乱砖，残余墓室四角处的墙砖、底砖，出土锈蚀严重的车马件铜泡2个。M8较大，为前、中、后三室结构，墓室坍塌盗掘严重，墓室内分布乱砖，但三室基底砖及墙角砖保存较好，故三室结构较清晰。墓门为并立的两块方青石，无图案、纹饰。墓内出土陶罐、彩绘陶案、陶壶等残片。

（一）M5

平面结构呈长条带状，前后室结构，墓圹结构庞大，砖室墓穹顶上部及以上部分破坏，残存穹顶底部以下墓室，墓室内壁砖部分遭到破坏。墓室内填土为红褐花土，质地疏松，包含大量碎砖块、陶片。现存墓葬通长17.8米，包含六部分，即墓道、封门、甬道、前室、甬道、后室（图四）。

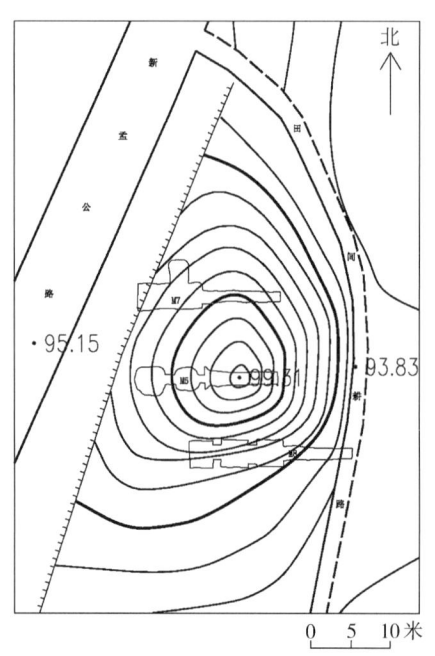

图二　周庄汉墓土冢地形及M5、M7、M8位置图

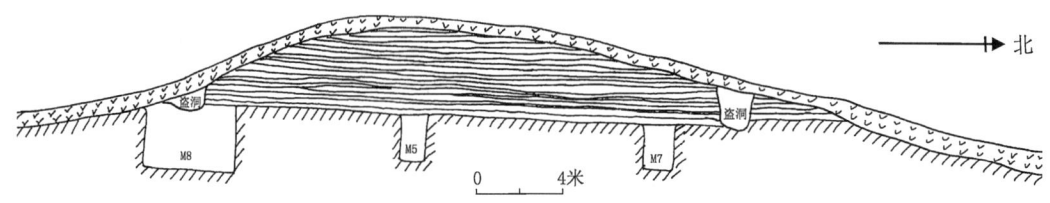

图三　周庄汉墓土冢剖面图（中心高点处）

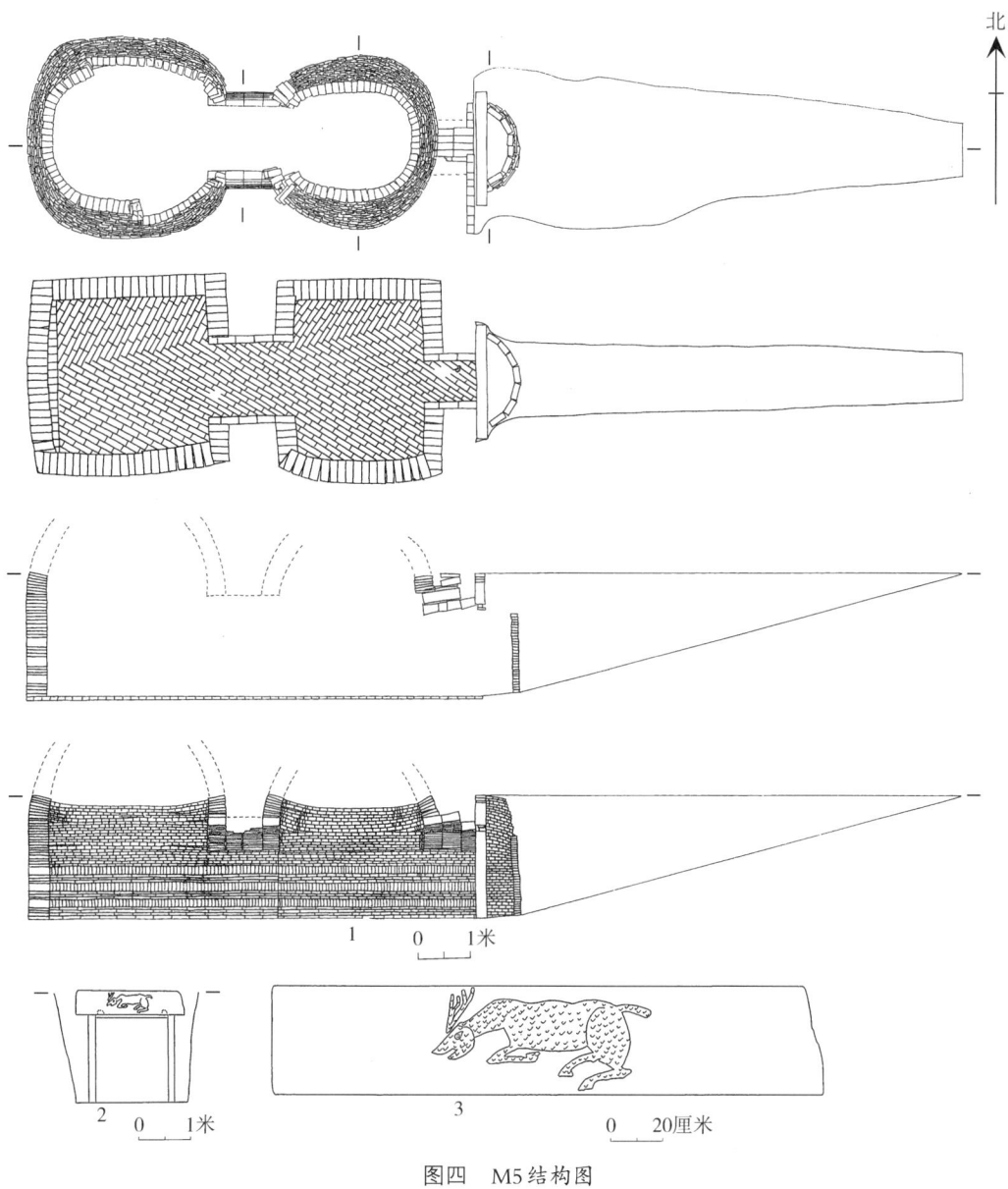

图四　M5 结构图

1.俯视图、平面图、剖面图、剖视图　2.墓门正视图　3.门楣石雕

　　墓道斜坡状，现长 9.3 米，封门处宽 2.75、深 2.25 米。墓门：封门砖墙呈弧状外拱，局部坍塌，现高 2.2、宽 1.6 米；封门石柱残、断。封门石楣青石花岗岩质地，长 2.1、宽 0.4、厚 0.2 米。石楣正中阳刻一卧鹿，寓意"禄位"。墓门甬道两壁砖已坍塌，拱形顶，宽 1、进深 0.75、高 1.5 米。前室残深 2.3 米。残存周壁砖，上部壁砖始内敛，收成穹顶。墓室土圹东西 3.1、南北 3.8 米。墓室底砖内壁东西 2.45、南北 3 米。墓室间甬道的顶部缺失。土圹间结构南北 1.65、东西进深 0.9 米。内壁砖之间结构南北 1.2、

进深0.9米。后室残深2.3米。周壁墙砖局部坍塌，墙砖上部敛收。墓室土圹结构东西3.8、南北3.7米。墓底方形，墙砖内壁东西2.85、南北2.9米。

（二）M7

前后室结构，前室北有一侧室。墓葬东西通长17.45、南北7.4米。墓葬盗掘坍塌严重，填土为红褐花土，质地疏松，包含大量碎砖块，碎陶片等。残存墓室局部墙砖、地砖等，封门及前后室之间等结构均不祥（图五）。

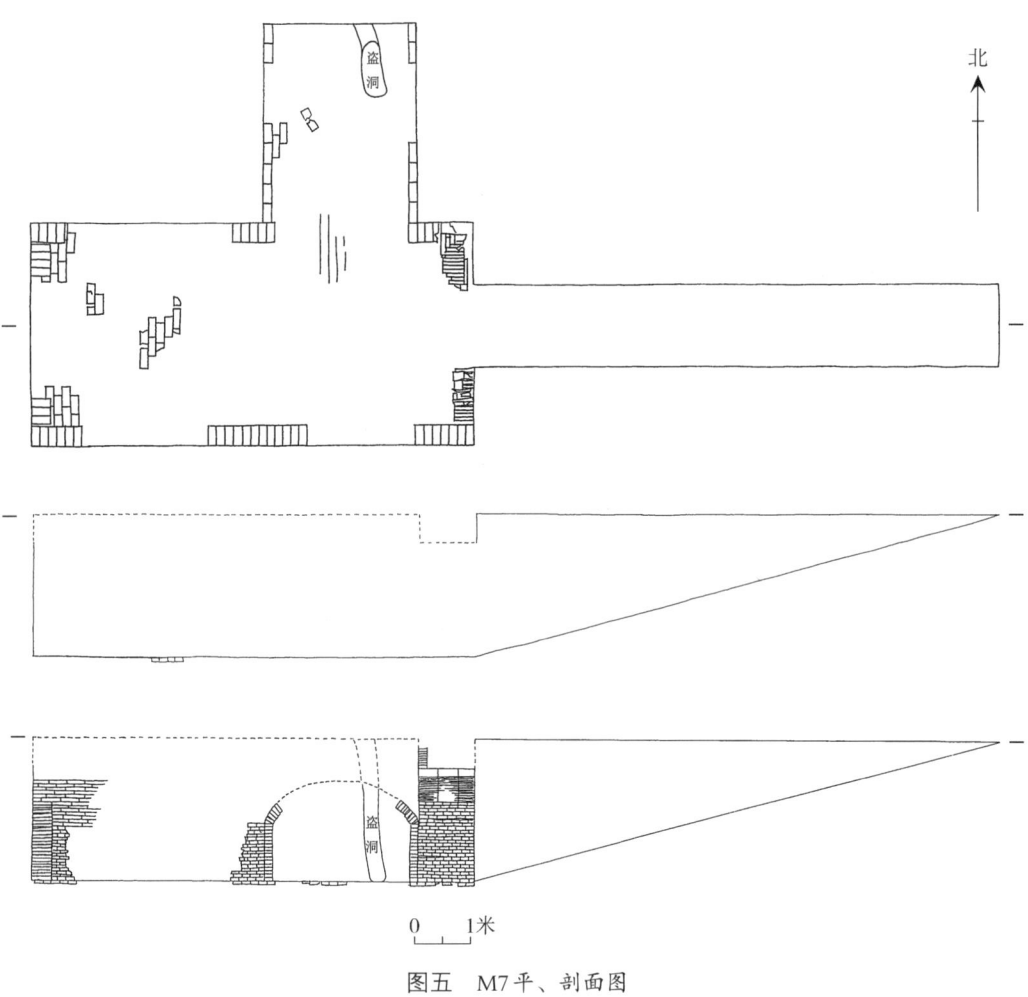

图五　M7平、剖面图

墓道斜坡状，现状长9.45、宽1.45米，封门处深2.5米。墓室的前后室土圹结构通长8、宽3.9、残高2.5米。北侧室居中偏北位置有一盗洞，残存局部壁砖。现残状南北3.5、东西2.8米。

（三）M8

斜坡状墓道，前、中、后室结构。墓葬通体长20.9米，盗掘坍塌严重，残存墓门封门青石板、墓室墙壁底砖、墙角砖等。墓内填土红褐花土，质地疏松，包含大量碎砖、碎陶片等。封门、墓室间甬道等结构不详（图六）。

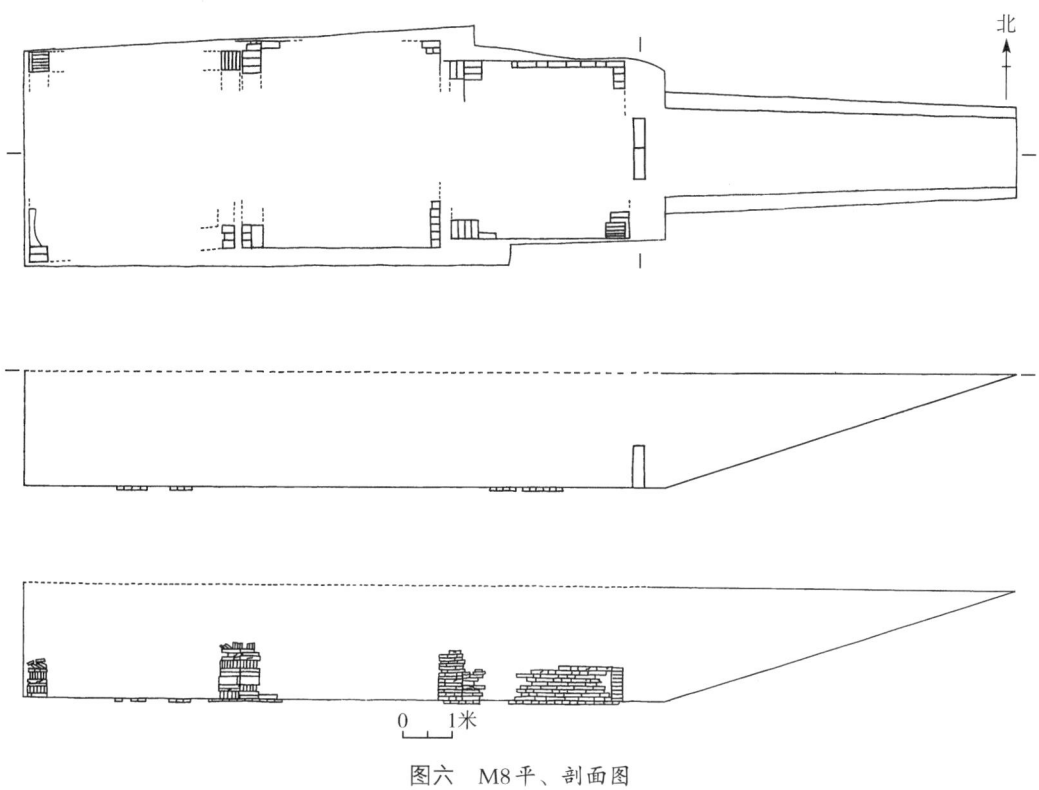

北

0   1米

图六 M8平、剖面图

墓道现长8米，封门处呈口大底小状，上口宽1.7～2.4、底部宽1.2～1.7、深2.25米。封门的结构不详，残留大小一致素面青石板两块。单块石板长0.8、宽0.62、厚0.22米。前室残深2.25米，墓室土圹结构南北3.5、东西3.2米。壁砖内壁之间南北3.2、东西3米。前、中室之间甬道进深约0.5米，宽度不详。中室的墓圹结构南北4.05、东西4米，残深2.25米。壁砖内壁之间南北3.5、东西3.3米。中后室之间的甬道进深约0.75米，宽度不详。后室的墓圹结构南北4.1、东西4米，残深2.25米。墙砖内壁之间南北3.45、东西3.4米。

二、随葬器物

（一）M5

陶罐 标本5件，其中M5∶3为夹砂灰陶，其余均为泥质灰陶。陶罐均为红胎，敞口直领，方唇平沿。分为三型。

A型陶罐 直领弧肩折肩罐。标本M5∶1，唇沿略内凹，弧肩略鼓，肩腹部呈弧状斜折，下腹斜收，平底。肩部饰压印两重菱形纹一周，三重圆弧拱形纹饰一周，肩腹部结合处饰较宽凹弦纹。口径14厘米，腹径32厘米，底径16厘米，通高23.5厘米（图七：1）。标本M5：2，唇间略内凹，弧肩略鼓，折肩，下腹斜收，平底。肩部饰压印三重圆弧拱形纹及两重菱形纹一周，肩腹部结合处饰较宽凹弦纹一周。口径13.5厘米，腹径32厘米，底径15厘米，高24厘米（图七：2）。标本M5：19，残存口、肩部残片，弧肩，肩部饰两周侧立"人"字形印痕索纹，余素面。口径16厘米（图七：17）。

　　B型陶罐　直领斜肩折肩罐。标本M5：4，唇沿略外翻，唇间略内凹。斜肩略鼓，弧腹内收平底。肩部饰压印侧立"人"字形索纹、三重圆弧拱形纹及两重菱形纹各一周，肩腹部结合处饰宽凹弦纹一周。口径15厘米，腹径33厘米，底径15.6厘米，高24厘米（图七：4）。

　　C型陶罐　直领圆鼓肩。标本M5：3，唇内沿略凸起，圆鼓肩，鼓腹，下部弧腹斜收，平底。肩部饰压印侧立"人"字形索纹、三重圆弧拱形纹及两重菱形纹各一周，肩腹部饰较宽轮滑凹弦纹一周。口径16厘米，腹径40.5厘米，底径19.6厘米，高32.5厘米（图七：3）。

　　陶钵　标本M5：5，泥质灰陶，已残。敛口，方唇折沿，唇间内凹，腹直壁斜收，平底。素面。口径24厘米，腹径25.8厘米，底径21厘米，高6.7厘米（图七：5）。

　　陶盆　标本M5：6，泥质灰陶，已残。侈口，沿外折，圆方唇。腹略鼓，圈底。颈下部三道凸弦纹，腹部饰一道凹弦纹。盆内满饰朱砂彩绘，素彩。盆外部颈部饰一周朱砂彩绘卷云纹，颈下饰数道朱砂彩绘条带。口径26厘米，腹径24厘米，底径11厘米，高11厘米（图七：6）。

　　陶车　M5：7，泥质灰陶，素面无纹饰。长方形车舆，两侧有窗，平顶前深，双辕。长20.5厘米，宽9厘米，高7厘米（图七：7）。

　　陶案　2件，均残。标本M5：8，泥质灰陶，圆角长方形，周边外廓凸出，案面平整。案面以朱砂彩绘为地，案面以两道黑白相间的条带分为内外两个区间。外部区间饰祥云朵朵，其间以朱绘彩飘带穿插其间。内部区间饰以瑞兽类似麒麟等在奔腾飘逸。长38.8厘米，宽27.7厘米，厚约1.2厘米（图八：1）。标本M5：9，泥质灰陶，圆形，外廓凸起，案面平整。案面朱砂彩绘为地，案面图案以黑白两色绘制，以两周黑条带分为内外两区。外区两条黑条带之间饰以白色绘制的祥云图案为主，间以飘带，内区素面。直径33.5厘米，厚1.2厘米（图七：8）

　　陶壶　标本M5：10，残存颈肩部残片，泥质灰陶，直颈，斜折肩。颈下饰三周轮划凸弦纹，肩部饰压印凸起铺首衔环（图七：9）。

陶碗 标本M5：11，泥质灰陶，敞口尖唇，弧腹斜收平底略圜，矮圈足。内壁满饰朱砂彩绘，模糊不清。口径9厘米，底径2.4厘米，高3.7厘米（图七：12）。

陶阁楼 标本M5：12，残存楼顶部分残片。庑殿顶形式，顶面饰以凸起圆饼。残片长8厘米，宽5厘米（图七：10）。

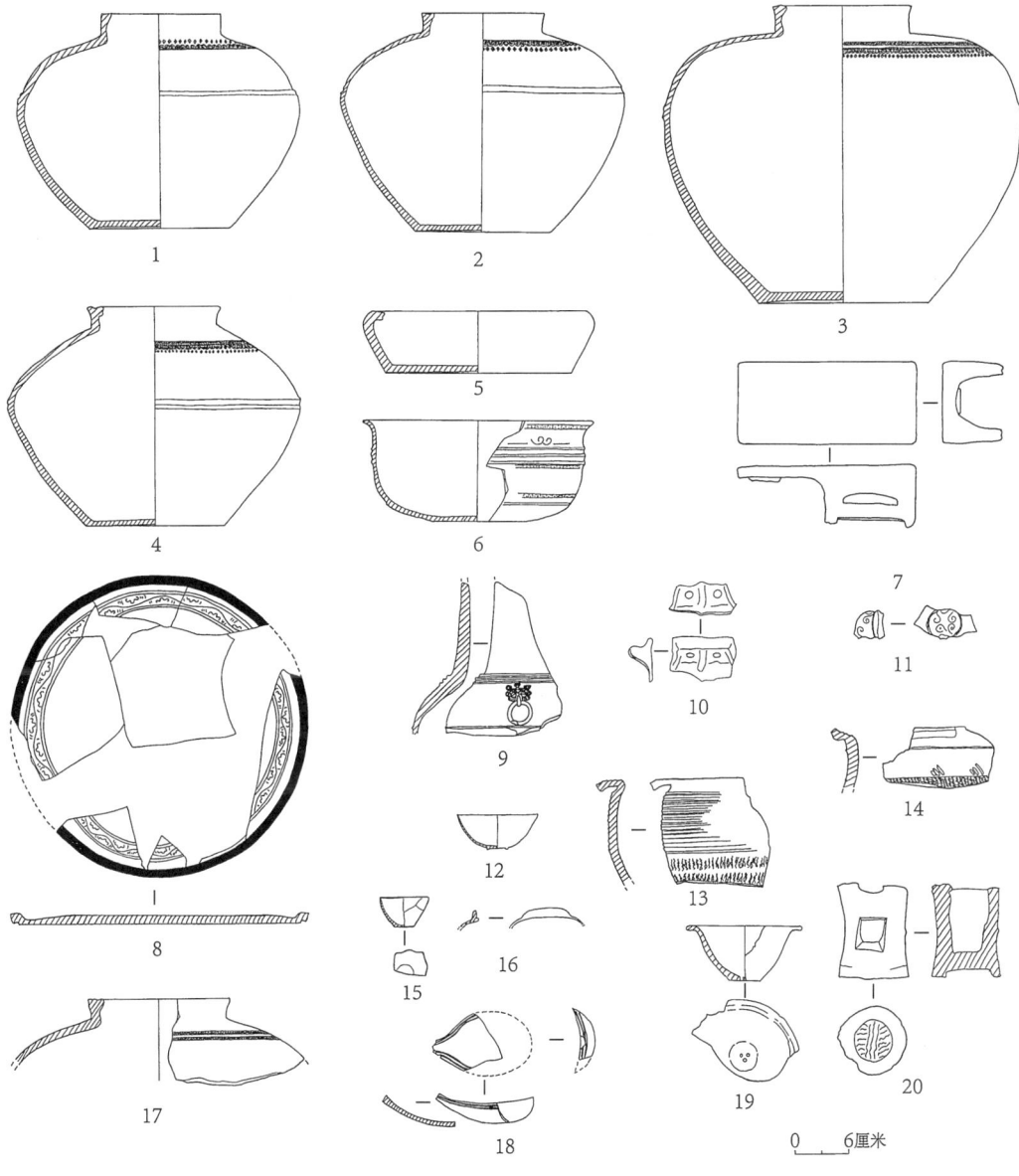

图七 M5、M7出土陶器

1、2、17.A型罐（M5：1、M5：2 M5：19）3.C型罐（M5：3）4.B型罐（M5：4）5.钵（M5：5）6.盆（M5：6）7.陶车（M5：7）8.案（M5：9）9.壶（M5：10）10.阁楼（M5：12）11.兽头（M5：14）12.碗（M5：11）13、14.釜（M5：13、M5：18）15.杯（M5：20）16.耳杯（M5：21）18.匜（M7：2）19.甑（M7：1）20.方孔器（M5：22）

陶釜　2件，均残。标本M5：13，残存口沿、腹部残片。夹砂红陶，斜方唇平折沿，沿面有数道细微凹弦纹，深弧腹。上腹部饰数周凸弦纹，下腹部饰粗绳纹。残片宽12厘米，高12厘米（图七：13）。标本M5：18，残存口沿及颈部残片。夹砂褐陶，方唇斜折沿，敞口弧颈。沿上饰数道轮转凹弦纹，颈部饰一周凸弦纹。颈肩部素面，腹部饰粗绳纹。残片宽12.6厘米，高6厘米（图七：14）。

陶兽头　标本M5：14，泥质灰陶，朱砂彩绘，器物饰件，已残。可见口、眼、鼻，其中眼、鼻以勾画云纹形式表现。残片宽7.2厘米，高3厘米（图七：11）。

陶猪　标本M5：15，泥质灰陶，素面。吻短耳小，身体粗壮，四肢粗矮，尾巴齐地，腹部下垂。形态憨厚可掬，为家饲动物。体长13.2厘米，高6.2厘米（图八：2）。

陶鸡　标本M5：16，泥质灰陶，素面。吻短，冠高耸，尾端上翘，腿部粗整，胸部厚实丰凸，羽毛以圆形鳞片和斜直线来表现，栩栩如生。体长13.3厘米，高13.8厘米（图八：4）。

陶狗　M5：17，泥质灰陶，素面。仰首前伸，嘴微张，舌头微伸，立耳龠眼，四肢粗壮较矮，尾巴上翻卷，身体粗整。陶狗颈部及前肢肩束有辔带，通体短小低矮，显然是体型较小的宠物狗，一副讨好人的模样。长18.7厘米，高13厘米（图八：5）。

陶杯　标本M5：20，泥质灰陶，素面。尖圆唇，敞口，深弧壁，平底。口径5.4厘米，底径2.2厘米，高3.2厘米（图七：15）。

陶耳杯　标本M5：21，残存带耳半侧，素面。平面椭圆形，残片长7.5厘米，宽1.8厘米（图七：16）。

陶方孔器　标本M5：22，泥质灰陶，素面。残片呈长方形，中间有一方形孔。长10.1厘米，宽8.1厘米，厚1.9厘米（图七：20）。

（二）M7

出土泥质灰陶和泥质夹砂陶，其中泥质灰陶有甑、罐、壶、盆、彩匜、彩案、彩盆等残片，泥质夹砂陶有釜残片。

陶甑　标本M7：1，泥质灰陶，敞口折沿圆唇，弧壁斜收圜底，底部中心有三个圆形孔。口径13.2厘米，底径3.3厘米，高6厘米（图七：19）。

陶匜　标本M7：2，泥质褐陶，残存带流半端，平面尖椭圆形。外部饰有朱砂条纹两道，内壁满饰朱砂红彩。残片长6.3厘米，宽6厘米（图七：18）。

陶案　标本M7：3，泥质灰陶，圆角长方形，周边外廓缘凸起，案面平整。案面以朱砂红彩为地，案面以两道黑白相间的条带分为内外两个区间。外部区间饰祥云朵朵图案，其间以朱绘彩飘带穿插其间。内部区间饰以瑞兽似在奔腾、飘逸。残片长17.6厘米，宽8.5厘米，厚约1.2厘米（图八：3）。

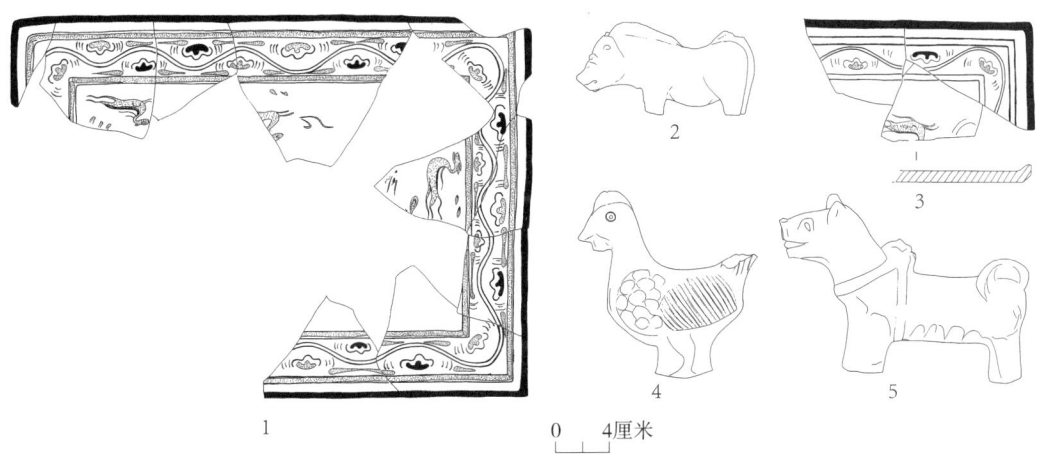

图八　M5、M7出土陶器

1.陶案（M5：8）2.陶猪（M5：15）3.陶案（M7：3）4.陶鸡（M5：16）5.陶狗（M5：17）

（三）M8

出土陶片较少，可辨器形有盆、罐、壶等，泥质灰陶。

三、结语

新郑周庄汉墓三座墓葬共同拥有一座土冢，根据地层堆积应为一次性堆积。三座墓葬并行排列，层位一致，均为竖穴深坑多墓室结构，规模较大，不存在陪葬或祭祀的迹象，应为迁葬或合葬墓冢。墓葬随葬明器制作考究，陶案等多饰彩绘图案，墓主应是具有一定身份地位的人，一冢三墓可能为一家族亲缘关系较近的人合葬而成。尤其是M5封门石楣上阳刻一卧鹿，寓意"禄"，可能是一官宦世家。

这三座墓葬均为多墓室砖室穹顶墓，随葬品中既有灶、案、杯等陶制明器家具普遍出现，也有陶鸡、狗、猪等家畜，甚有陶制阁楼、马车等大件物品，这与《洛阳烧沟汉墓》中第六期墓葬特征基本一致[1]，属于东汉后期墓葬。三座墓葬随葬品类同，多为明器，饰白衣、彩绘等。器物基本为日用品家禽宠物等。尤其是M5陶罐中的A型、C型与新郑刘庄汉墓等出土陶罐完全类似，墓葬结构亦相当类同[2]，符合东汉中后期随葬器物及墓葬结构基本特征。

新郑周庄汉墓一冢多墓的形制结构具有中原地区典型的墓葬文化特征：竖穴深坑、棺椁葬具、封土夯筑，它不同于苏南、江浙等地自新石器时代晚期[3]或商周以来的土墩墓流行平地或浅坑掩埋、封土不夯等特征。自"太伯奔吴"之后，春秋以降苏南等地始出现竖穴深坑的土墩墓坟丘现象，这是中原墓葬文化与当地土墩墓习俗相互交流与融合的结果[4]。新郑周庄一冢多墓的现象并不常见于中原地区，由此推测，汉代中原地区与苏南等地在墓葬风俗、文化信仰等方面的交流与融合可能已相当紧密。

　　附记：发掘单位郑州市文物考古研究院、河南省文物局南水北调文物保护办公室，领队顾万发，发掘人员黄富成、袁国林、常建忠、刘福来，整理黄富成、李曼，绘图李曼。

注释

[1] 中国科学院考古研究所：《洛阳烧沟汉墓》，科学出版社，1959年，第229~239页。

[2] 郑州市文物考古研究所：《新郑刘庄汉墓发掘简报》，《郑州市文物考古与研究》（一），科学出版社，2003年，第910~921页。

[3] 黄建秋：《江南土墩墓三题》，《东南文化》2011年第3期。

[4] a.王根富：《苏南土墩墓的初步研究》，《华夏考古》2001年第1期；b.杜佳佳、王根富：《土墩墓研究中的几个问题》，《南方文物》2010年第4期。

　　　　　　　　　　　　　　　　　　　（原刊于《华夏文明》2016年第3期）

郑州登封袁村东汉墓（2014ZDYM2）发掘简报

张永清　　刘世奇

　　袁村汉墓群位于郑州登封东华镇西北部的袁村附近，范围涵盖袁村东南、南、西南部。为配合省道S323线登封段建设工程，2014年2～11月，郑州市文物考古研究院、登封市文物管理局联合对该墓地进行了抢救性考古发掘，共清理墓葬27座。其中，2014ZDYM2（以下简称M2）位于袁村村南150米处的登东公路西侧（图一），保存相对完整，出土文物比较丰富，现将发掘情况简报如下。

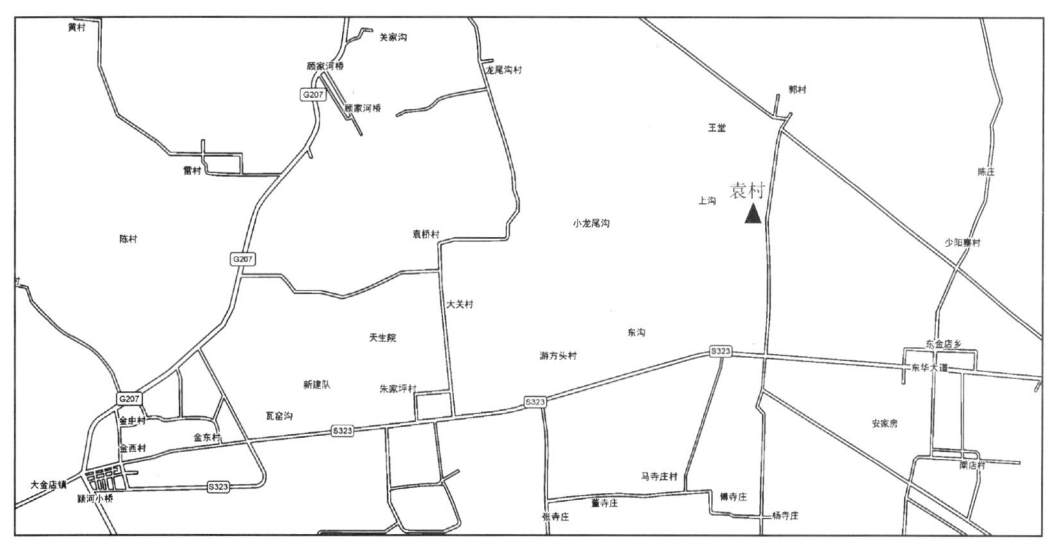

图一　M2位置示意图

一、墓葬形制

　　M2位于袁村汉墓群中南部。形制为斜坡墓道前后室砖墓，由墓道、封门、前甬道、前室、后甬道、后室六部分组成，方向195°（图二、图三）。

　　墓道位于墓室南部东侧，平面呈梯形，底部呈斜坡状。长2.6、宽1.16～1.34、深1.8～2米。封门呈弧状，横向平砌错缝，大部分使用完整青砖，共12层。封门通高1.54、宽1.34米。前甬道位于墓道与前室之间东部，长方形，拱形顶仅存部分。下部

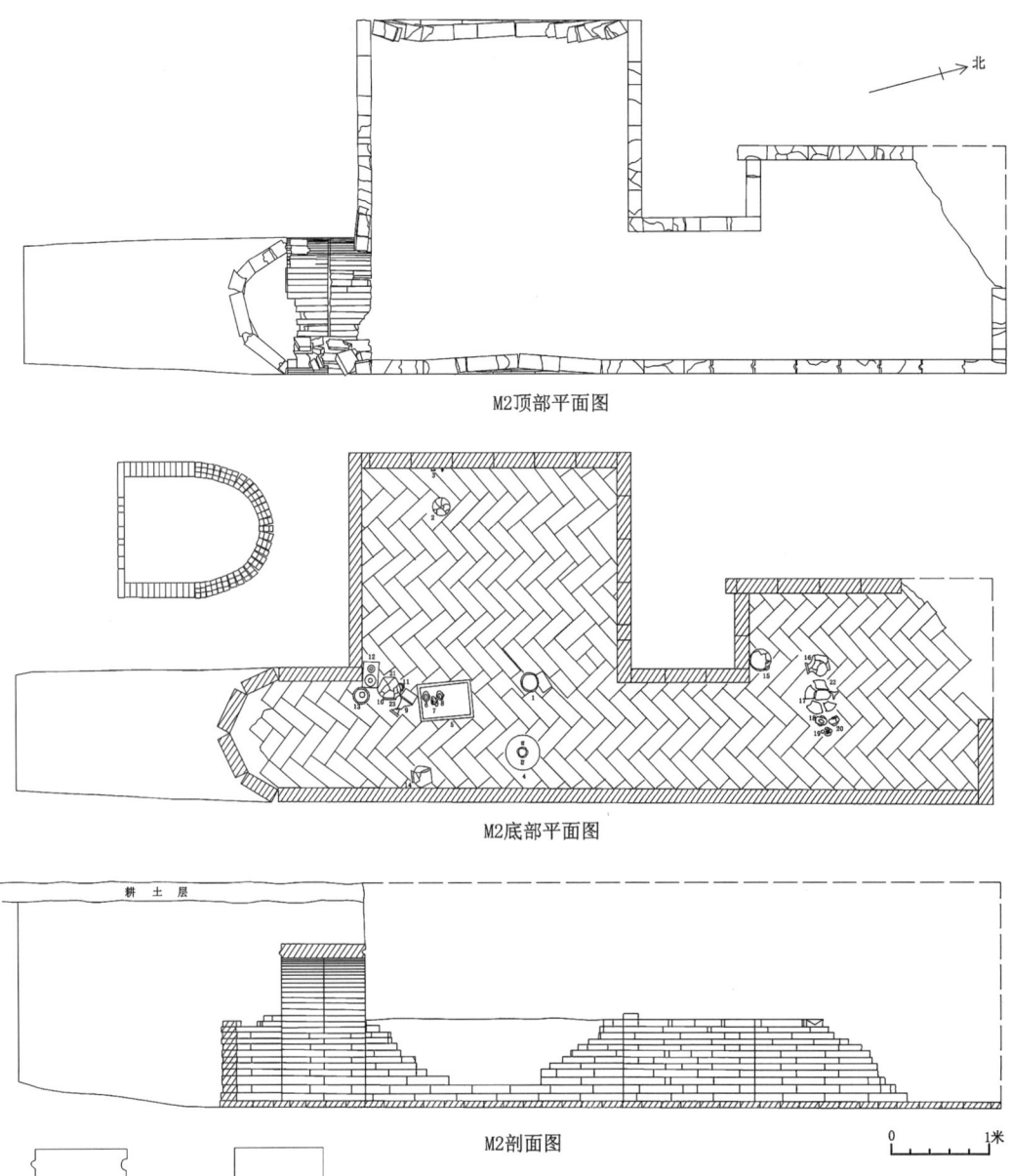

M2顶部平面图

M2底部平面图

M2剖面图

M2 一号青砖　　　M2 二号青砖

图二　M2平、剖面图

1.铜洗　2.铜镜　3.铜钱　4、10、14、16、21～24.陶罐　5.陶案　6～8、11、18～20.陶耳杯　9.陶井　12.陶灶
13.陶甑　15.陶猪圈　17.陶鼎

两壁由12层青砖平砌而成，上部用子母砖起券成拱形顶。宽、高同封门，宽1.34、高1.54米，进深1米。壁砖侧面饰竖纹，顶砖侧面模印"宜子孙大吉利十千万"（图四）。

前室平面呈东西向长方形，仅存壁砖及铺地砖。墓壁由两种形制的青砖顺砌错缝而成，一种侧面饰竖纹，一种侧面饰铭文"宜子孙大吉利十千万"。室长2.88、宽

图三 M2发掘后全景（自南向北摄）

图四 M2墓砖模印文字拓片

3.48、存高0.8米。后甬道位于前、后室之间东部。平面呈长方形，壁砖由竖纹砖顺砌错缝而成。长1.06、宽1.34、存高0.8米。后室平面呈南北向长方形，长2.64、宽2.24、存高0.8米。西北角部分已遭破坏，仅存壁砖和铺地砖。壁砖侧面饰竖线纹，顶砖侧面模印"宜子孙大吉利十千万"。室内发现人骨散块。

M2遭破坏严重，仅存壁砖和铺地砖，拱券仅甬道残留少部分，墓室及后甬道拱券已无存。前、后甬道及前、后室底部存有铺地砖，均由竖纹青砖呈"人"字形铺设而成，铺地砖长42、宽14、厚6厘米。

二、随葬器物

M2随葬品较为丰富，有陶、铜器22件以及铜钱46枚。

（一）陶器

共20件，种类有罐、案、耳杯、井、灶、甑、猪圈、鼎等。

陶罐 8件。根据有系、无系分为二型。

A型　5件，无系罐。有泥质灰陶和夹砂灰陶两种，均制作粗糙，局部有扭曲变形情况。根据形制的不同可分两个亚型。

Aa型　3件。敛口，平沿，尖唇，矮束颈，宽弧肩，鼓腹，下腹弧收，平底或平底微内凹。标本M2：10，口部稍变形，腹饰宽弦纹。口径13、腹径25、底径13、高22厘米（图五：1、图七）。标本M2：22，外腹仅存几道凹弦纹。口径18.5、腹径36、底径22、高30.5厘米（图五：2、图八）。标本M2：21，肩部扭曲较甚，腹部弦纹不明显。口径12、腹径24.5、高20厘米（图五：5、图九）。

Ab型　2件。侈口，弧平沿，尖唇，短束颈，弧肩，鼓腹，下腹弧收，平底微内凹。标本M2：14，口部变形，腹部饰宽弦纹。口径13、腹径24、底径13、高22厘米（图五：3、图一〇）。标本M2：23，腹部饰宽弦纹。口径13.5、腹径25、底径13.5、高22厘米（图五：4、图一一）。

B型　3件，双系罐，又分为两个亚型。

Ba型　2件。侈口，卷沿，方唇，长束颈，弧肩，肩部对称饰双耳，鼓腹，下腹弧内收，平底或平底略内凹。标本M2：16，肩部对称饰鼻形耳，内、外腹轮旋痕明显。口径12、腹径23、底径12、高24厘米（图五：6、图一二）。标本M2：4，肩部对称饰泥条耳，耳中部有凹槽，半圆形双耳，颈肩相接处与肩腹相接处各一周凹弦纹，下腹饰宽凹弦纹，内腹壁轮旋痕明显。口径11、腹径24、底径11、高22厘米（图五：8、图一三）。

Bb型　1件（M2：24）。盘口，方唇，溜肩，鼓腹，下腹微折，平底略内凹。肩部对称饰桥形耳，耳面上饰叶脉纹。器体内、外饰有宽深的轮旋痕。口径13、腹径26、底径14、高30厘米（图五：7、图一四）。

陶案　1件（M2：5）。泥质灰陶。长方形，浅平沿，斜浅腹，平底。长53、宽38、缘厚2.5、腹深1.3厘米（图六：1）。

陶耳杯　7件，其中6件（M2：6、M2：7、M2：8、M2：18、M2：19、M2：20）形状近同，还有1件（M2：11）偏小。泥质灰陶，磨制而成。杯身椭圆如船形，两侧对称饰新月状双耳，与口沿相平。标本M2：11，长径10.3、短径8.5、深3.5厘米（图六：2）。标本M2：18，长径11.5、短径8.8、深4厘米（图六：3）。

陶井　1件（M2：9）。泥质灰陶。由亭与井组成。亭为圆平顶，两面山墙与井连接，山墙内侧饰有数道宽弦纹，自上而下呈阶梯状分布。井的横截面为圆形，直壁，平底。亭顶径10、井底径14、通高29厘米（图六：7、图一五）。

陶灶　1件（M2：12）。泥质灰陶。长方形，前有拱形火门，后有低矮挡火墙，灶面周边有花边装饰，中部设置两釜，一釜上放置甑，釜小甑大，不配套。釜周围模印宰杀过的鹅、鸡、鱼及钩、削、板凳、笼屉、水池、勺、箸、帚等，其中板凳下有

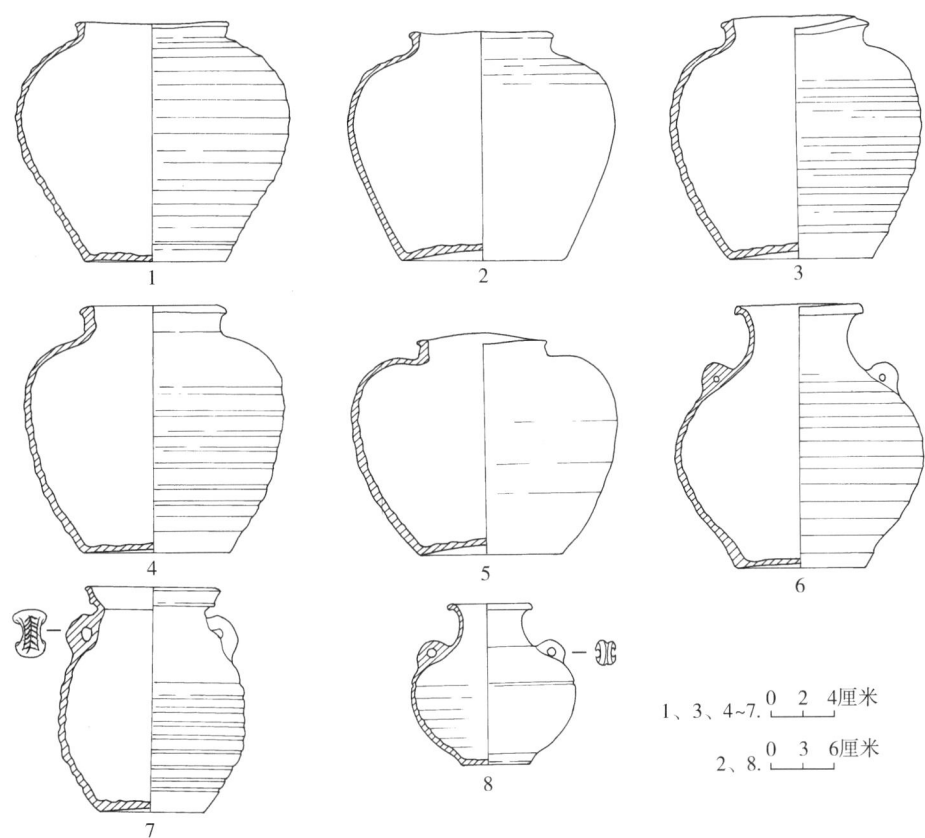

图五　M2 出土陶罐

1、2、5.Aa 型陶罐（M2：10、M2：22、M2：21）　3、4.Ab 型陶罐（M2：14、M2：23）　6、
8.Ba 型陶罐（M2：16、M2：4）　7.Bb 型陶罐（M2：24）

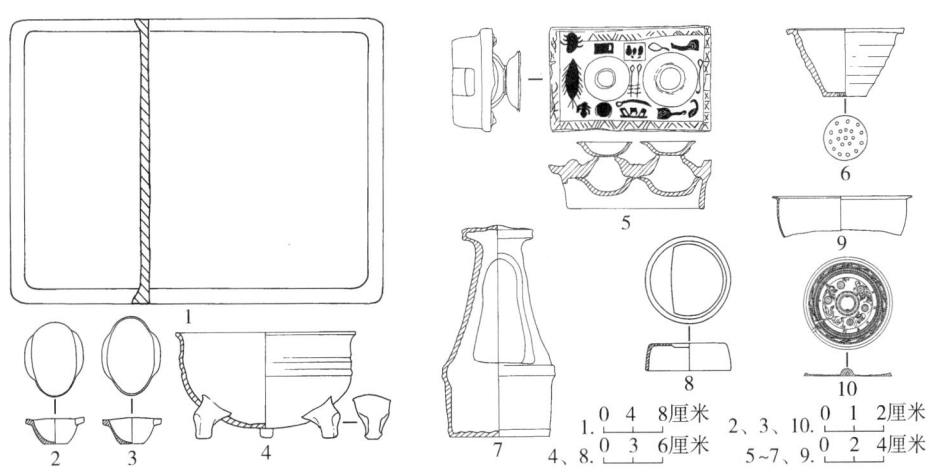

图六　M2 出土陶、铜器

1.陶案（M2：5）　2、3.陶耳杯（M2：11、M2：18）4.陶鼎（M2：17）5.陶灶（M2：12）6.陶
甑（M2：13）7.陶井（M2：9）8.陶猪圈（M2：15）9.铜洗（M2：1）10.铜镜（M2：2）

一水桶，水池中漂浮着宰杀后的禽类。灶长25、宽16、通高19.3厘米（图六：5、图一七、图一八）。

　　陶甑　1件（M2：13）。泥质灰陶。敞口，平折沿，方唇，斜直腹，平底无存。外腹饰数道清晰的宽凹弦纹。口径16、底径6.4、高10厘米（图六：6、图一九）。

　　陶猪圈　1件（M2：15）。泥质灰陶。圆形，如覆盆，顶小底大，月牙形顶棚，其余部分露天，斜直腹。口径20、底径23、高8.2厘米（图六：8、图二〇）。

图七　Aa 型陶罐（M2：10）

图八　Aa 型陶罐（M2：22）

图九　Aa 型陶罐（M2：21）

图一〇　Ab 型陶罐（M2：14）

图一一　Ab 型陶罐（M2：23）

图一二　Ba 型陶罐（M2：16）

图一三　Ba 型陶罐（M2：4）

图一四　Bb 型陶罐（M2：24）

图一五　陶井（M2：9）

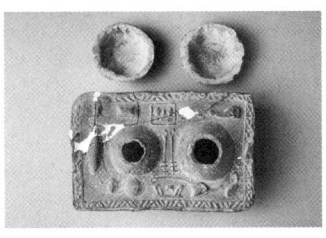

图一六　陶鼎（M2：17）　　　　图一七　陶灶（M2：12）　　　　图一八　陶灶（M2：12）

图一九　陶甑（M2：13）　　　　图二○　陶猪圈（M2：15）　　　　图二一　铜镜（M2：2）

陶鼎　1件（M2：17）。泥质灰陶。侈口，卷沿，圆唇，束颈，微鼓腹，圜底，三兽首足。外腹有两周凹弦纹。口径24、腹径22.8、高14厘米（图六：4、图一六）。

（二）铜器

共2件，为洗和镜。

铜洗　1件（M2：1）。敞口，窄折沿，圆唇，弧腹，锈蚀严重，底无存。素面，外腹有火烧痕迹。口径20、存高5厘米（图六：9）。

铜镜　1件（M2：2）。已残，为六乳禽兽镜。圆形，三角缘，半球形纽，纽外有圆座，座周一圈联珠纹，其外为一周凸棱，棱上饰圆圈纹与直线纹。再外为纹饰，以一周铭文分为内外两区。内区饰六尖乳，乳间浮雕八凤，其中纽孔相对的两面，各有两只雏鸟，羽翼未丰，其余六凤回首展翅，翔于当空。外区自内向外纹饰为细弦纹、篦齿纹、锯齿纹、飞云纹。内、外区纹饰之间则饰一周铭文，字迹不清楚，依稀可辨有"不""明""日""月"等字。直径18、缘厚0.6厘米（图六：10、图二一）。

（三）铜钱

共46枚。标本M2：3，钱正背面皆有周郭，穿背有郭。字如烧沟汉墓Ⅰ型的铜钱有7枚，"五"字中间两笔较直，"铢"字不太清晰，直径2.6、穿径0.95厘米。字如烧沟汉墓Ⅱ型铜钱的有1枚，"五"字两笔稍弯，"金"字四点较短，郭部分被磨，钱径2.5、穿径1厘米。字如烧沟汉墓Ⅲ型的有5枚，金头呈三角形，四点较长，朱头为圆折，钱径2.6、穿径0.9～1厘米。有12枚字迹不清，个别重量略轻，似是烧沟Ⅳ型铜钱，直径2.5、穿径1厘米。磨郭钱6枚，字迹模糊，直径2.3～2.5、穿径0.9～1厘米。剪轮钱18枚，多数字迹不清。直径1.9～2.3、穿径0.9～1厘米。

三、结语

M2的形制为前室横列的前后室砖墓，属于烧沟汉墓第五型。出土的陶案、井、灶、猪圈等随葬品具有明显的东汉晚期特征，同洛阳烧沟汉墓第五期墓葬出土同类器相近[1]。M2所出铜镜为六乳禽兽镜，与湖南长沙东汉中期墓出土的"侯氏五乳五禽镜"[2]、河南洛阳东汉时期墓葬出土的"陈氏六乳禽兽镜"[3]、尚方六乳禽兽镜[4]等形制相近，可以划为同一类型，其时代应相近，同属东汉中后期。

而五铢钱自汉武帝铸造发行以来，历经300余年，钱币形制和钱文有明显的时代特征，其中钱文"朱"字头圆折是东汉以后出现的特征，五铢钱重量减轻是东汉中叶才开始出现，磨郭钱则是东汉灵帝建宁三年（170年）之前出现，建宁三年之后数量增多。东汉晚期由于经济萧条，出现了剪轮钱[5]。M2出土铜钱均为五铢钱，钱型如烧沟汉墓Ⅰ、Ⅱ、Ⅲ型甚或Ⅳ型者均有，个别钱文"朱"字头呈圆折形，部分重量较轻，有少量的磨郭钱，尤其出土了较多的剪轮钱，因此可以断定，该墓的时代已至东汉晚期。

附记：发掘单位郑州市文物考古研究院、登封市文物管理局，领队刘彦锋，发掘人员王广才、张永清，绘图李扬、王广才，拓片刘福来，摄影蔡强、张永清。

▍注释

［1］洛阳区考古发掘队：《洛阳烧沟汉墓》，科学出版社，1959年。

［2］孔祥星、刘一曼：《中国铜镜图典》，文物出版社，1992年，第334页。

［3］孔祥星、刘一曼：《中国铜镜图典》，文物出版社，1992年，第340页。

［4］孔祥星、刘一曼：《中国铜镜图典》，文物出版社，1992年，第336页。

［5］洛阳区考古发掘队：《洛阳烧沟汉墓》，科学出版社，1959年，第225页。

（原刊于《洛阳考古》2015年第2期）

河南郑州上街西晋墓发掘简报

魏青利　　丁兰坡

2011年5月，为配合基本建设，郑州市文物考古研究院对位于河南省郑州市上街区工业路以北的工程施工范围进行了考古发掘（图一），共清理古代墓葬8座，其中3座西晋墓（编号ZSYM1～ZSYM3，以下简称M1～M3）保存相对较好，出土器物丰富。现将这三座墓的发掘情况简报如下。

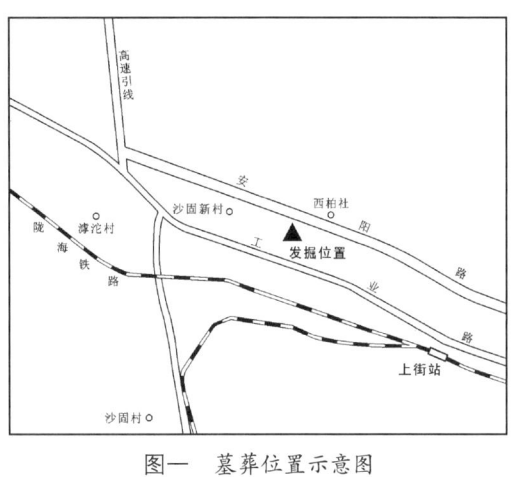

图一　墓葬位置示意图

一、墓葬形制

M1～M3规模相近，方向一致，形制结构各有差异，均遭到不同程度的破坏。其中，M2与M3东西并列，相距约5米。

（一）M1

M1为带斜坡墓道的单室砖室墓，由墓道、封门、甬道、墓室四部分组成，方向180°（图二）。墓道位于甬道南侧。平面呈长方形，斜坡式，近墓门处变为平底，长11.2、宽1、深4.3米。封门位于墓道与甬道之间。以小砖错缝平铺叠砌而成，宽1.1、残高1.67米。甬道位于墓室南侧偏东。顶部毁坏不存，长1.53、高1.67米。甬道分为南、北两部分。南部近封门处两侧壁用条砖叠砌而成，底部未铺地砖，长0.4、宽0.95米；北部两侧壁以条砖纵向错缝平砌，底部以条砖平铺，长1.13、宽0.8米。

墓室遭扰严重。平面呈长方形，土洞暗券，墓壁用条砖错缝平砌，墓底用条砖横向平铺，南北长2.94、东西宽3.04、高约2.8米，顶部留有宽0.5米的透气孔。墓室填土内出土陶碗、多子盒、灯、勺、楼、井、镇墓兽、镇墓武士俑、侍俑、牛等。

（二）M2

M2为带斜坡墓道的双室砖室墓，由墓道、封门、甬道、前室、耳室、过道、后室组成，方向180°（图三、图四）。墓道位于甬道南侧。平面呈长方形，斜坡式，两壁可见竖条形工具痕迹，长7.7、宽1、深5.5米。封门位于墓道与甬道之间。以小砖错缝平铺叠砌而成，略向外弧，宽1.47、残高1.8米。甬道位于封门和前室之间。券顶，长

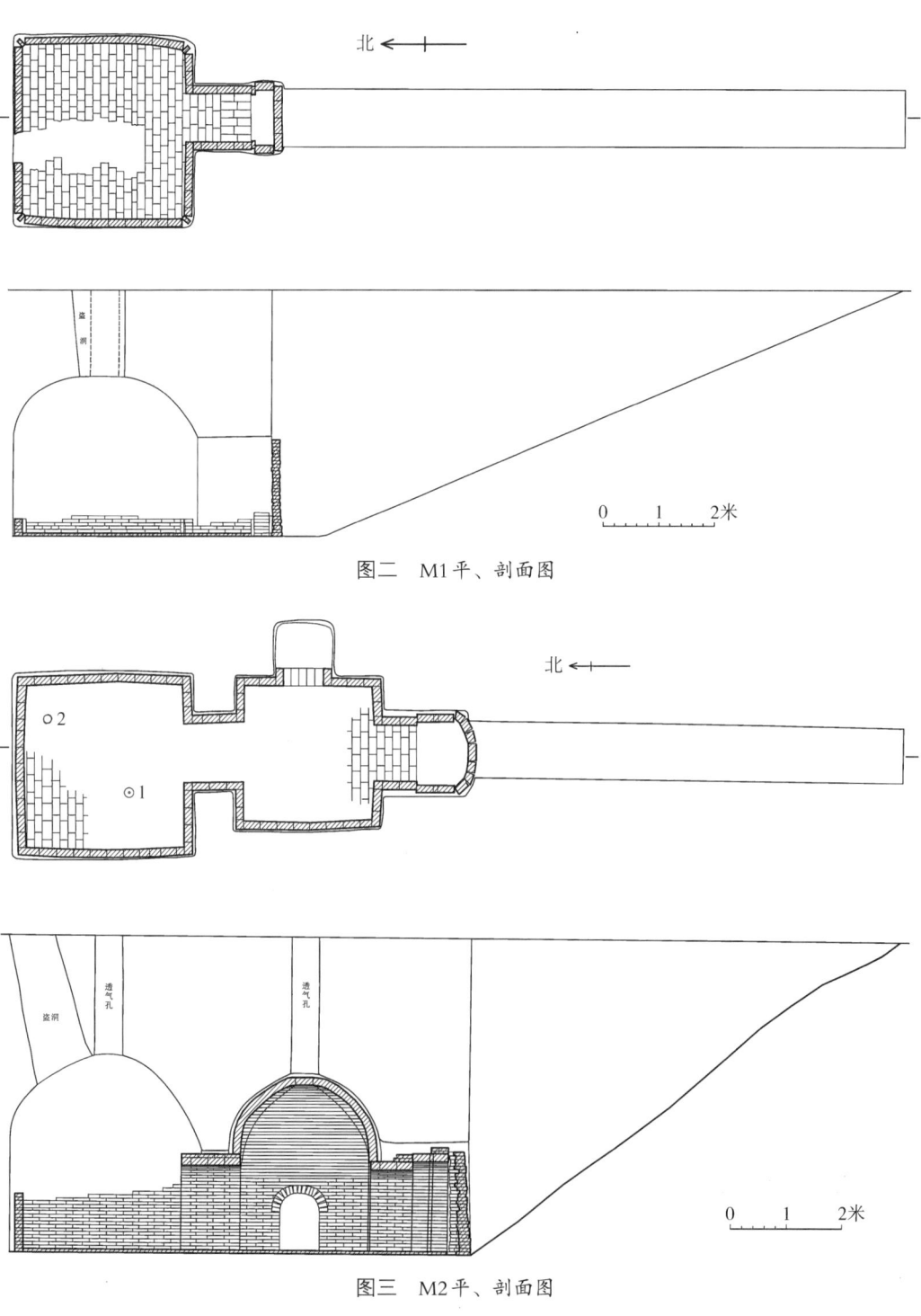

图二　M1平、剖面图

图三　M2平、剖面图

1.陶空柱盘　2.陶碗

1.69米。甬道分为南、北两部分，南部略高于北部。南部两侧壁以条砖纵向叠砌而成，底部无铺地砖，长0.92、宽1.1、高1.56米；北部两侧壁以条砖纵向错缝平砌，底部用条砖横向平铺，长0.77、宽0.97、高1.41米。

前室平面呈方形，四壁微外弧，以条砖错缝平砌而成，穹隆顶，底部用条砖横向平铺，边长2.3～2.4、高3.1米，顶部留有宽0.5米的透气孔。耳室系在前室东壁正中掏挖的一小土洞，平面呈长方形，宽1、进深1.1、高1.2米，券门宽1、高1.2米，仅券门底部铺砖。过道连接前室与后室。形制与甬道近同，平面呈长方形，券顶，底部用条砖横向平铺，长1.08、宽1.02、高1.47米。后室遭扰严重，顶部坍塌。平面呈方形，四壁微外弧，以条砖错缝平砌而成，穹

图四　M2全景（由北向南摄）

隆顶，底部用条砖横向平铺，边长2.9～2.92、高3.46米，顶部留有宽0.5米的透气孔。

此墓遭扰严重，随葬器物主要出土于填土内，包括陶碗、盘、盆、空柱盘、瓿、勺、熨斗、磨、镇墓兽、镇墓武士俑、马、牛、牛车以及铜镜、带具等。

（三）M3

M3为带斜坡墓道的双室砖室墓，由墓道、封门、甬道、前室、耳室、过道、后室组成，方向175°（图五～七）。墓道位于甬道南侧。平面呈长方形，斜坡式，近墓门处变为平底，两壁可见竖条形工具痕迹，长8.94、宽0.79、深4.2米。封门位于墓道与甬道之间，分为内、外两层。外层封门系以条砖错缝平铺叠砌而成，略向外弧，宽1.26、高1.26米；内层封门使用四块空心砖侧立叠砌，空心砖长1.05、宽0.28、厚0.12米。甬道位于封门与前室之间。券顶，两侧壁以条砖错缝平砌而成，底部用条砖横向平铺，长1.24、宽0.73、高1.26米。

前室平面呈方形，四壁微外弧，以条砖错缝平砌而成，穹隆顶，底部用砖"两横两纵"平铺，边长1.9～1.92、高3米，顶部留有宽0.4米的透气孔。耳室在前室东壁正中。砖室，平面呈长方形，券顶，宽0.6、进深0.74、高0.69米，券门宽0.8、高0.87米。过道连接前室与后室。形制与甬道近同，平面呈长方形，券顶，底部用条砖横向平铺，长0.62、宽0.74、高1.28米。后室顶部有一盗洞，墓室内遭扰严重。平面呈方形，四壁微外弧，以条砖错缝平砌而成，穹隆顶，底部铺砖较为粗糙，"两横两纵"平

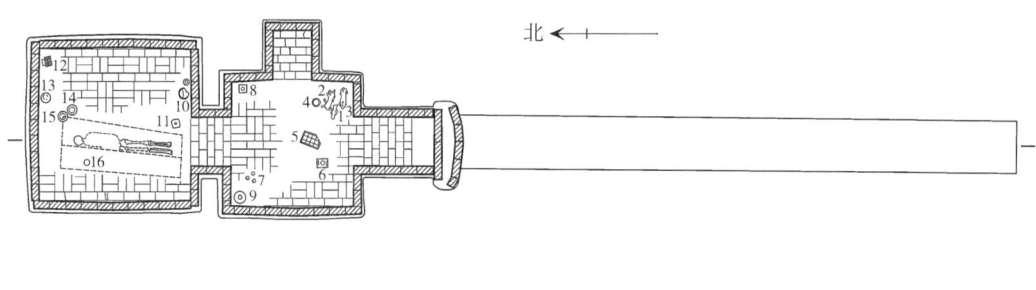

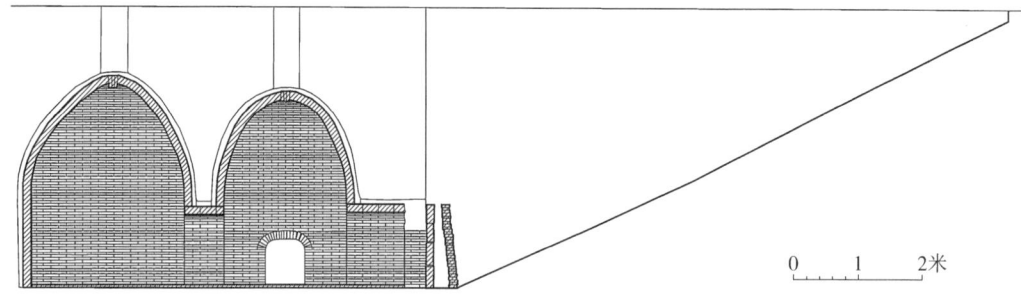

图五　M3平、剖面图

1.陶牛　2.陶镇墓兽　3.陶男侍俑　4.陶井　5.陶多子盒　6.陶灶　7.铜帽钉　8、11.陶帐座　9.陶空柱盘　10.陶灯　12.陶楼　13.陶碗　14、15.陶罐　16.铜镜　17.铜钱

图六　M3顶部（由北向南摄）

图七　M3底部（由北向南摄）

铺与纵向平铺交错使用，边长2.31~2.37、高3.2米，顶部留有宽0.4米的透气孔。后室中部偏西置一棺，长1.87、宽0.62~0.78米，棺下有一层石灰。棺内残存一具尸骨，已朽，头向北，葬式为仰身直肢。

此墓遭盗扰，大部分随葬器物出土于填土内，其余器物散落于前室和后室，包括陶碗、罐、空柱盘、多子盒、灯、帐座、灶、井、楼、猪圈、镇墓兽、侍俑、牛车、马、牛、鸡以及铜帽钉等，棺内随葬铜镜、铜钱。

二、随葬器物

三座墓共出土随葬器物90件（套），包括陶器、铜器、石器等。

（一）陶器

82件。包括日用器、模型明器、俑、动物等。

碗　9件。分为3型。

A型　1件（M1：8）。平折沿，弧腹内收，饼底。口内径9.6、口外径11.4、底径5.5、高3.9厘米（图八：1）。

B型　1件（M1：13）。大敞口，斜直腹内收，假圈足。外壁饰数周凹弦纹。口径13.4、底径4.8、高5.5厘米（图八：2）。

C型　7件。敞口，斜腹内收，平底。标本M2：24，底微内凹。口径18、底径10.7、高6.5厘米（图八：3）。标本M2：2，口近直。口径16.4、底径9.6、高6.4厘米（图八：4）。标本M3：29，外壁有一周凹槽。口径15.3、底径10.1、高4.4厘米（图八：5）。

盘　1件（M2：23）。敞口，斜壁，平底。内底有两周凸棱。口径20.7、底径15.6、高3.8厘米（图八：8）。

罐　2件。大小、形制近同。直口，鼓腹，平底微内凹。肩、腹部各饰一周弦纹。标本M3：14，口径11、底径9.2、高13.6厘米（图八：6）。标本M3：15，口径10.1、底径9.6、高14厘米（图八：7、图一三）。

盆　1件（M2：3）。敞口，宽折沿，沿面有一周凹槽，腹壁斜直内收，平底，内底上凸。口径16.7、底径8.9、高5.3厘米（图八：9、图一四）。

甑　1件（M2：13）。敞口，斜折沿，斜直腹，平底。底部有七个圆孔。口径14.2、底径6.2、高7.4厘米（图八：10）。

勺　3件。由斜直柄和扁圆形器身组成。柄呈扁圆形，上细下粗，器身平面呈椭圆形。标本M1：9，宽4、残高7.2厘米（图八：15、图一五）。

空柱盘　7件。分为3型。

A型　3件。敞口，方唇，斜腹内收，平底，底部中间有一圆孔与中柱相通。标本

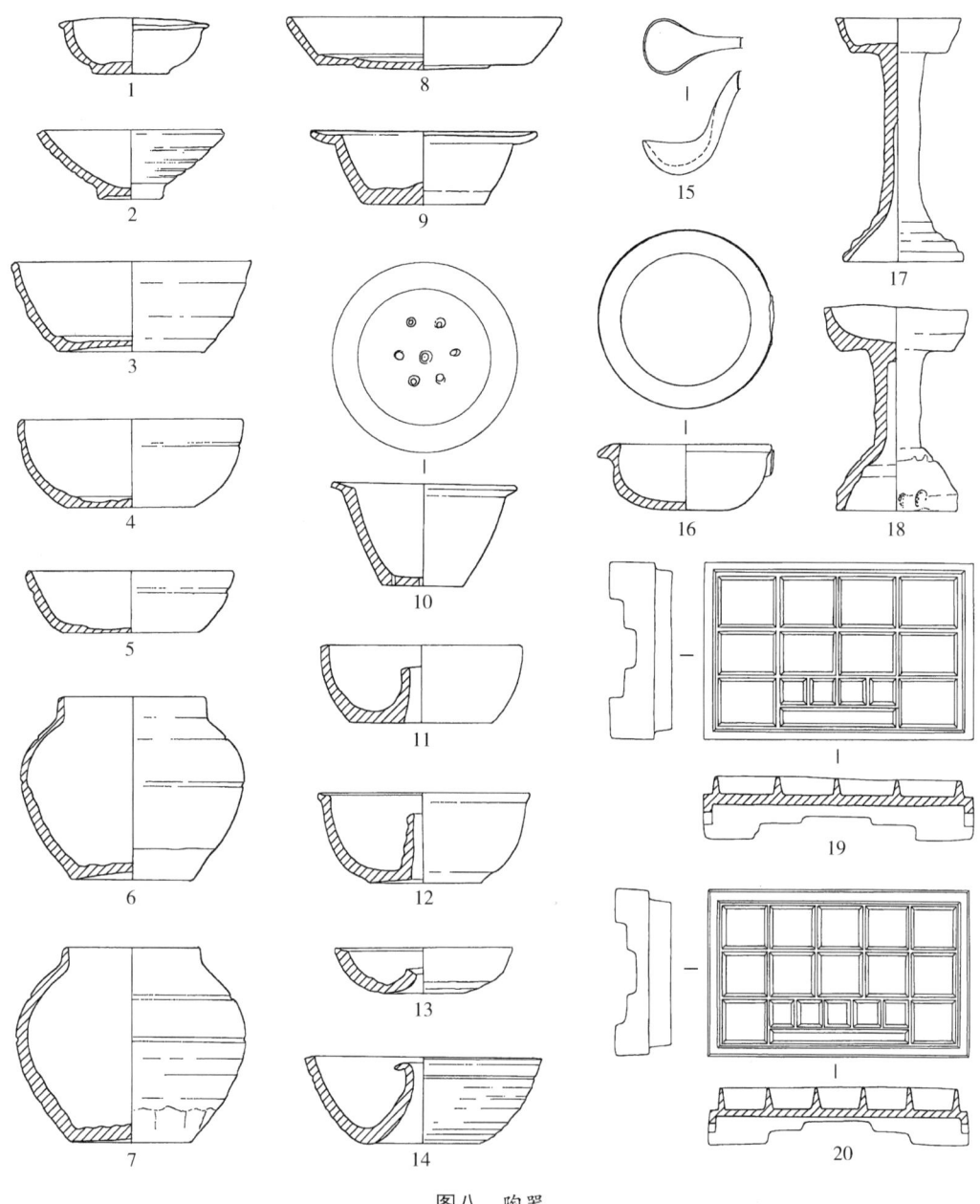

图八　陶器

1.A型碗（M1∶8）　2.B型碗（M1∶13）　3~5.C型碗（M2∶24、M2∶2、M3∶29）　6、7.罐（M3∶14、M3∶15）　8.盘（M2∶23）　9.盆（M2∶3）　10.甑（M2∶13）　11.A型空柱盘（M2∶22）　12.B型空柱盘（M2∶20）　13.D型空柱盘（M2∶28）　14.C型空柱盘（M3∶9）　15.勺（M1∶9）　16.熨斗（M2∶4）　17.A型灯（M1∶6）　18.B型灯（M3∶10）　19.A型多子盒（M2∶5）　20.B型多子盒（M3∶5）（11~14、17、18为1/6，19、20为1/8，余为1/5）

M2∶22，口径18.4、底径12.7、柱内径1.8、高6.8厘米（图八∶11）。

　　B型　2件。折沿，弧腹内收，平底，底部中间有一圆孔与中柱相通。标本M2∶20，沿面较平。口径19.1、底径10.8、柱内径1.9、高7.6厘米（图八∶12）。

C型 1件（M3∶9）。敞口，方唇，斜弧腹，圜底内凹，底部中间有一圆孔与中柱相通，中柱柱口呈喇叭形。口沿下饰一周凹弦纹。口径20.9、底径10.3、柱内径1.9、高7.5厘米（图八∶14、图一六）。

D型 1件（M2∶28）。敞口，斜方唇向内，斜弧腹内收，圜底内凹，底部中间有一圆孔与中柱相通，柱残。口径16.2、底径7.2、柱内径1.8、残高3.9厘米（图八∶13）。

多子盒 4件。均呈长方形，面置方格，阶梯状足。分为2型。

A型 3件。面置大、小方格共15个。标本M2∶5，长32.2、宽20.6、高7.6厘米（图八∶19、图一七）。

B型 1件（M3∶5）。面置大、小方格共18个。长31.4、宽19.6、高6.6厘米（图八∶20、图一八）。

灯 2件。分为2型。

A型 1件（M1∶6）。灯盘敞口，斜壁内收，平底，中柱上细下粗，下部中空，底座为螺纹状圈足。口径11.1、足径10.6、高21.2厘米（图八∶17、图一九）。

B型 1件（M3∶10）。灯盘敞口，腹壁微斜，腹部较深，中空短粗中柱，喇叭形圈足。口径12.3、底径11、高17.3厘米（图八∶18、图二〇）。

熨斗 1件（M2∶4）。直口，折沿，弧腹，平底，柄残。口径12.4、高4.8厘米（图八∶16）。

楼 2件。房身呈长方体，屋顶为两面坡式，有屋脊瓦垄，脊两端翘起，前面左侧开一竖长方形门。标本M1∶10，顶宽13.8、房身宽7、高15.3厘米（图九∶1、图二一）。标本M3∶12，顶宽14、房身宽10.2、高16厘米（图九∶4、图二二）。

猪圈 1件（M3∶28）。平面呈长方形，一侧为方形圈栏，另一侧为厕所，边上附台阶。猪圈内置一猪作趴卧状。长16.5、宽10.2、高3.7厘米（图九∶2、图二三）。

灶 1件（M3∶6）。灶体呈长方形，前有矮小阶梯状挡火墙，其下为长方形火门，后有方形烟囱。灶面置一釜，并模印刀、勺、钩等图案。长19.2、宽12.6、高10.4厘米（图九∶3、图二四）。

井 4件。井亭为两面坡式，有屋脊瓦垄，脊两端上翘，下为井栏。分为3型。

A型 1件（M1∶1）。两柱下端外弧呈“八”字形，井口宽沿，喇叭形井栏。井口宽11.5、高19.6厘米（图九∶6、图二五）。

B型 1件（M3∶4）。两柱下端较直，井口宽沿，喇叭形井栏。井口宽11.6、高24厘米（图九∶9、图二六∶左）。

C型 2件。制作粗糙。两柱下端微斜，井口外撇，井栏呈圆柱状。标本M3∶30，井口宽11.6、高23.5厘米（图九∶10）。

图九　陶器

1、4.楼（M1∶10、M3∶12）　2.猪圈（M3∶28）　3.灶（M3∶6）　5.水斗（M3∶45）　6.A型井（M1∶1）　7.A型磨（M2∶14）　8.B型磨（M3∶18）　9.B型井（M3∶4）　10.C型井（M3∶30）　11.碓（M2∶15）（均为1/6）

　　水斗　1件（M3∶45）。敞口，斜弧腹，圜底。周身饰藤条纹，并呈"十"字形贴附两泥条。口径5.1、高4.2厘米（图九∶5、图二六∶右）。

　　磨　3件。均由上、下两磨盘组成，上层中部圆盘中间以竖壁相隔，两侧各有一竖向孔道。分为2型。

　　A型　2件。下层磨面有辐射状沟槽。标本M2∶14，直径10.4、高4.4厘米（图九∶7、图二七）。

　　B型　1件（M3∶18）。上层磨盘表面有浅辐射状沟槽，下层磨面为素面。直径10.4、高4.8厘米（图九∶8、图二八）。

　　碓　1件（M2∶15）。整体呈长方形，一端为支架，另一端为臼，中置杵。长13.9、底板前宽2.8、底板后宽4.8、高3.3厘米（图九∶11、图二九）。

　　镇墓兽　4件。分为2型。

A型 1件（M1：4）。残，左耳、颈鬃及尾均缺失。站立状。牛首，小立耳，圆目外鼓，口微张，背饰三圆形纽，腹部及臀部饰旋状纹，低头作奋力向前状。高15.2厘米（图一○：1、图三○）。

B型 3件。站立状。牛首，两小圆耳外凸，圆目外鼓，鼻孔外翻，口微张，颈饰三束鬃毛前刺，背饰圆形纽，四肢粗壮有力，尾上翘，低头作奋力向前状。标本M2：9，背饰两个圆形纽。通身施白彩，部分剥落。高16.1厘米（图一○：2）。标本M3：37，一颈鬃缺失。背饰5个圆形纽，臀部饰旋状纹。通身施红彩。高18.8厘米

图一○ 陶俑和模型

1. A型镇墓兽（M1：4） 2、3. B型镇墓兽（M2：9、M3：37） 4、5、8. 男侍俑（M1：5、M3：3、M3：31） 6. A型女侍俑（M2：6） 7、9. B型女侍俑（M3：35、M3：34） 10. C型镇墓武士俑（M1：12） 11. B型镇墓武士俑（M3：33） 12、13. A型镇墓武士俑（M2：27、M3：32）（均为1/7）

（图一○：3、图三一）。标本 M3：2，尾尖残。形制与标本 M2：9 近同。背饰两个圆形纽。通身施白彩，部分剥落。高 15.4 厘米。

镇墓武士俑　4件。分为3型。

A 型　2件。头戴兜鍪，怒目上挑，三角鼻，阔嘴，神态威仪。上着右衽窄袖衫，腰系带，下着裤。双臂握拳上举作持物状。原有彩绘，但大部分剥落，仅身体部分存有白彩。标本 M2：27，顶束高缨。左手拇指上翘，右手残。残高 37.4 厘米（图一○：12、图三二）。标本 M3：32，头顶缨饰及左手残。残高 32.2 厘米（图一○：13）。

B 型　1件（M3：33）。头束高螺髻，弯眼，嘴角上挑，面带笑意，腹部圆鼓。身着筒袖铠，腰系带，下着袴。双手握拳，拇指上翘，右臂上举，左臂向左侧直伸出，原均应执物。高 33.2 厘米（图一○：11、图三三）。

C 型　1件（M1：12）。下身残。头束高螺髻，高眉，双目外凸，高鼻梁，颧骨突出，嘴微张，下颌前倾。上着右衽短衫，露脐。右手握拳上举，左手握拳前伸作持物状。残高 25.6 厘米（图一○：10、图三四）。

男侍俑　3件。头戴皮弁，上着右衽短衫，腰系带，下着裤。双手置于腹前。标本 M1：5，小眼，高鼻，小嘴，面容呆滞。下着窄裤。双手作执物状。高 23 厘米（图一○：4、图三五）。标本 M3：3，弯眉细目，嘴角上挑，面带笑意。下着肥裤，胯间系带。高 20 厘米（图一○：5、图三六）。标本 M3：31，弯眉细目，面带笑意。下着肥裤。高 29.2 厘米（图一○：8）。

女侍俑　4件。身着右衽曳地长裙，腰间系带并于前腹处打结。双手交叉置于腹前。分为2型。

A 型　1件（M2：6）。头束高髻，神态祥和。高 22 厘米（图一○：6）。

B 型　3件。头戴幞头。标本 M3：34，弯眉小嘴，面带笑意，神态自然。高 24 厘米（图一○：9、图三七）。标本 M3：35，幞头部分残缺。神态安详。高 20.6 厘米（图一○：7）。

牛车　3件。车厢均为长方体，卷棚式顶，前后出檐，车前面敞开，车后开长方形门。车轮均为饼状，12辐，车毂粗壮，连接车厢和车轮。标本 M2：31，长辕，车厢顶及厢体用弦纹隔出窗及装饰。车轮不镂空，每轮外侧阳刻辐条。车长 35.6、宽 17.6、高 21.8 厘米（图一一：1、图三八）。标本 M3：24，残存车厢和车轮。车轮镂空。车厢顶及厢体有刻划的装饰。车厢原有白彩，多剥落。车残长 16.4、宽 16.2、高 21.8 厘米（图一一：2、图三九）。标本 M3：40，保存较为完好。双辕前端原有弓形横轭套于牛颈，车轮镂空。车厢顶及厢体原有白粉打底彩绘，剥落不辨。车长 35.2、宽 14.4、高 20 厘米（图一一：3）。

车轮　1件（M1：11）。10辐。直径 14.2 厘米。

图一一　陶牛车

1.M2：31　2.M3：24　3.M3：40（均为1/8）

马　4件。均前腿直立，后腿微屈，尾下垂，背负鞍鞯。标本M2：10，鞍鞯分开。高23.6厘米（图一二：1）。标本M3：41，鞍鞯分开，鞍下端尖。高25.7厘米（图一二：2、图四〇）。标本M3：25，鞍鞯一体。高13厘米（图一二：4、图四一）。

牛　3件。牛角向前，两耳外扩，颈前伸，双目圆睁，四肢发力，尾夹于两股之间，作用力拉物状。标本M1：2，高10.2厘米（图一二：5）。标本M2：11，表面留有白彩，部分已剥落。高12.8厘米（图一二：6）。标本M3：1，一后腿缺失。高12.6厘米（图一二：3、图四二）。

鸡　5件。分为2型。

A型　3件。公鸡。冠较高，尖嘴，翅膀贴体，尾翘且顶端后卷，双腿站立。标本M2：8，高13.6厘米（图一二：14、图四三）。标本M3：27，高11.9厘米（图一二：13、图四四）。标本M3：38，站立于平板之上。高13.2厘米（图一二：15）。

图一二　陶模型

1、2、4.马（M2：10、M3：41、M3：25）　3、5、6.牛（M3：1、M1：2、M 2：11）　7、12.B型鸡（M2：30、M3：39）　8.负物蟾蜍（M2：7）　9.猪（M3：23）　10.B型狗（M3：42）　11.A型狗（M3：22）　13～15.A型鸡（M3：27、M2：8、M3：38）（4、8为1/4，余为1/6）

　　B型　2件。母鸡。头带冠，尖嘴，翅膀贴体，尾翘且顶端平齐，双腿站立。标本 M2：30，高19厘米（图一二：7）。标本M3：39，高9.1厘米（图一二：12、图四五）。

　　狗　2件。双耳竖立，两眼怒睁，尾向上卷，四肢站立。分为2型。

　　A型　1件（M3：22）。头微向上抬，四肢肥壮。高11厘米（图一二：11）。

　　B型　1件（M3：42）。昂首，后腿前屈，卷尾较高。高10厘米（图一二：10、图四六）。

　　猪　1件（M3：23）。背有鬃，尾贴股，前蹄向后，后蹄向前，趴于底板之上。高4.3厘米（图一二：9、图四七）。

负物蟾蜍　1件（M2：7）。由蟾蜍形底座和直立平板两部分组成。蟾蜍平首，双眼圆鼓，鼓腹，抬臀，前腿短直，后腿前屈，作负重状，背上立一直板。板中部有一小圆孔。直板宽6.3、厚1、残高9厘米，通高13.5厘米（图一二：8、图四八）。

盾牌　1件（M3：43）。平面近椭圆形，中部及边缘均有刻划线条，盾面有刻划纹饰。长18.6、宽8.6厘米（图四九）。

帐座　2件。分为2型。

A型　1件（M3：8）。长方体，中有一圆孔。长14.8、宽12.7、高6.8厘米。

B型　1件（M3：11）。不规则覆斗形，中有一圆孔。长15.3、宽14.4、高6厘米。

图一三　陶罐（M3：15）

图一四　陶盆（M2：3）

图一五　陶勺（M1：9）

图一六　C型陶空柱盘（M3：9）

图一七　A型陶多子盒（M2：5）

图一八　B型陶多子盒（M3：5）

图一九　A型陶灯（M1：6）

图二○　B型陶灯（M3：10）

图二一　陶楼（M1：10）

图二二　陶楼（M3：12）

图二三　陶猪圈（M3：28）

图二四　陶灶（M3：6）

图二五　A型陶井　　　　图二六　B型陶井（M3∶4）　　　　图二七　A型陶磨（M2∶14）
（M1∶1）　　　　　　　及陶水斗（M3∶45）

图二八　B型陶磨（M3∶18）　　　图二九　陶碓（M2∶15）　　　图三〇　A型镇墓兽（M1∶4）

图三一　B型镇墓兽（M3∶37）　　　图三二　A型镇墓　　　　图三三　B型镇墓
武士俑（M2∶27）　　　　武士俑（M3∶33）

图三四　C型镇墓武　　　图三五　男侍俑　　　图三六　男侍俑　　　图三七　女侍俑
士俑（M1∶12）　　　　（M1∶5）　　　　（M3∶3）　　　　（M3∶34）

图三八　陶牛车（M2：31）

图三九　陶牛车（M3：24）

图四〇　陶马（M3：41）

图四一　陶马（M3：25）

图四二　陶牛（M3：1）

图四三　A型陶鸡（M2：8）

图四四　A型陶鸡（M3：27）

图四五　B型陶鸡（M3：39）

图四六　B型陶狗（M3：42）

图四七　陶猪（M3：23）

图四八　陶负物蟾蜍（M2：7）

图四九　盾牌（M3：43）

（二）铜器

镜　2件。标本M2：19，博局镜。圆形，圆纽。纽外接圆圈带，其间为环绕的12个乳丁，圆圈带与双线方格相切，方格内四角饰乳丁，方格外接圆圈带，主区被T纹划分为四方八极，八枚乳丁纹各占一级，间饰栉齿纹。主区外共分四周，由内及外依次为锯齿纹、辐射纹、锯齿纹、弦纹，窄素缘。直径13、缘厚0.6厘米（图五〇：1）。标本M3：16，连弧纹镜。圆形，圆纽。纽外饰一周凸弦纹，其外为一周14个内向连弧纹，外饰两周弦纹，弦纹间饰V形几何纹，窄素缘。直径12.1、缘厚0.4厘米（图五〇：2）。

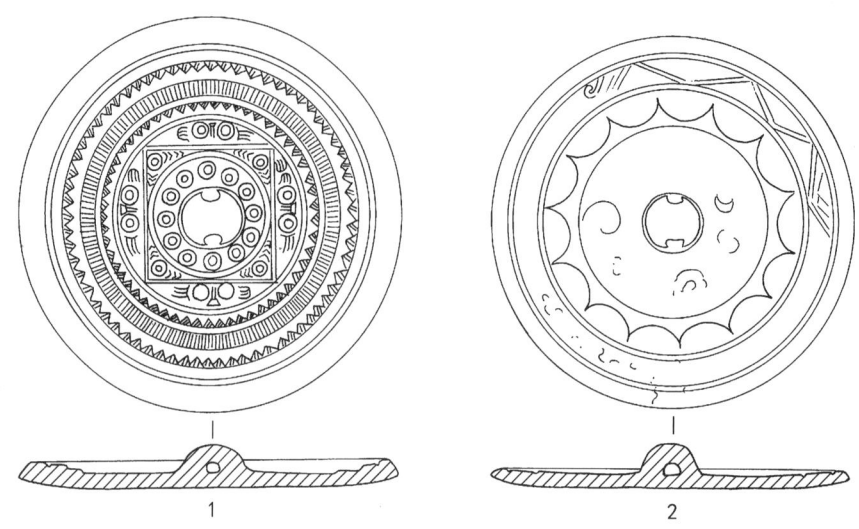

图五〇　铜镜

1.M2：19　2.M3：16（均为2/5）

图五一　铜带具（M2：18）（2/5）

　　带具　1套（M2：18）。12件，由带扣1件、方牌带銙5件、心形带銙5件和铊尾1件组成（图五一）。带扣平面呈圆角长方形，中间有环纽，两侧有铆钉。扣身镂空饰卷枝叶纹。长7.4、宽3.8、厚0.4厘米。方牌带銙上部方形上缘为花边状，上缘有三个铆钉，下部方形底缘呈圆角，上下錡板间以上錡板三个长方形条穿过下錡板三个长方形扣眼向上，再以三个铆钉固定。上下錡板均饰镂空卷枝叶纹。长8、宽4.5、厚0.2厘米。心形带錡上部为束腰鼓形，四角各有一铆钉，下部为心形，上錡板中部有一T形条穿过心形錡长方形扣眼向上，两侧以两个铆钉固定。上下錡板均饰镂空云头纹。长7、宽3.7、厚0.2厘米。铊尾残存部分呈圆角长方形。残长3.7、宽4.5、厚0.4厘米。

帽钉　1组3件（M3：7）。形制、大小相同。顶呈蘑菇形。标本M3：7-1，直径为2.6、高1.4厘米。

钱币　1组（M3：17）。百余枚，皆出土于M3后室棺内，置于骨架之上或之下。朽蚀严重，钱文可辨主要为宽郭五铢。

（三）石器

黛板　3件。均呈长方形。素面无纹。标本M2：17，长15.1、宽9.7、高0.6厘米。标本M3：44，长9.7、宽8.3、高0.3厘米。标本M3：26，长14.2、宽8.8、高0.6厘米。

三、结语

郑州上街区发现的这三座墓葬规模相当，形制虽有所差异，但均为中原地区晋墓常见的形制。M1为单室砖室墓；M2和M3形制相同，均是由长斜坡墓道、封门、甬道、前室、耳室、过道、后室组成的双室砖室墓。三墓间距相近，平行分布。这三座墓中均出土有较多时代特征鲜明的器物，如陶空柱盘、多子盒、牛车、镇墓兽、镇墓武士俑、侍俑等，且同类器物形制相近。因此可以判断，这三座墓应基本属于同一时期墓葬，可能为同一家族的墓地。

依据《洛阳魏晋墓葬分期的初步研究》[1]，这三座墓中出土的陶空柱盘、牛车、马、镇墓武士俑、镇墓兽等组合，出现于西晋中晚期。而与这三座墓所出陶罐、空柱盘、多子盒、镇墓武士俑、镇墓兽、牛车、马等形制相同或相近的器物，见于河南偃师杏园M34[2]和洛阳吉利区西晋墓M2490、M2491、M2492[3]中。综上所述，本次发掘的这三座墓的年代应为西晋中晚期。

上街M2中出土了一件陶负物蟾蜍（M2：7），造型特殊，在中原地区西晋墓中较为少见。由于背负平板已残，不知其上部具体形制，推测或为碑[4]，具体用途待考。

本次发掘的三座西晋墓规模较大，虽遭盗扰，但仍出土了数量可观的随葬器物，墓葬形制和出土器物具有典型的时代特征，对于研究西晋中晚期的社会经济、文化艺术及墓葬分期提供了重要的实物资料。

附记：发掘领队刘彦锋，发掘人员丁兰坡、孟庆刚、郭存良，摄影丁兰坡、蔡强，绘图李扬、焦建涛。

注释

［1］朱亮、李德方：《洛阳魏晋墓葬分期的初步研究》，《洛阳考古四十年——1992年洛阳考古学术研讨会论文集》，科学出版社，1996年。

［2］中国社会科学院考古研究所河南第二工作队：《河南偃师杏园村的两座魏晋墓》，《考古》1985年第8期。

［3］洛阳文物工作队：《洛阳吉利区西晋墓发掘简报》，《文物》2010年第8期。

［4］张倩《颛顼考》，《古都郑州》2012年第1期。

（原刊于《文物》2019年第12期）

隋代郑仲明墓发掘简报

魏青利　尤悦　丁兰坡

2014年，郑州市文物钻探队在郑州西郊罗庄的城中村改造项目中探出一批古墓葬，郑州市文物考古研究院在此进行了考古发掘。其中14ZYLM15（以下简称M15）出土一合墓志，知其为隋代郑仲明墓，现将该墓的发掘情况简报如下（图一）。

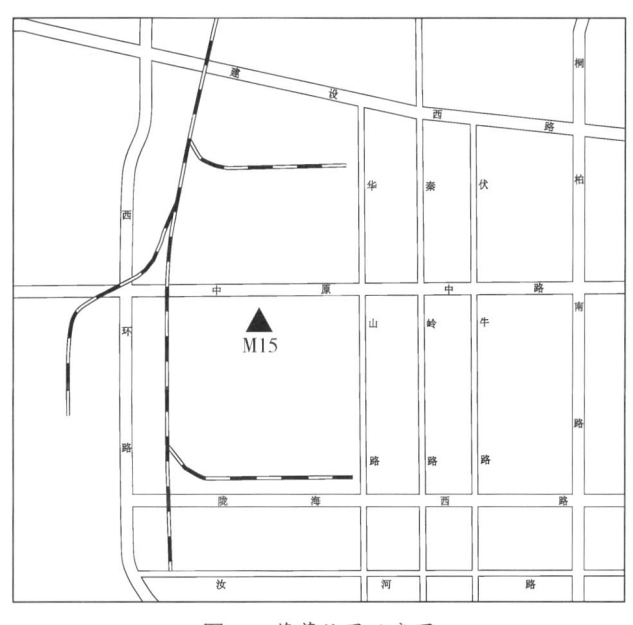

图一　墓葬位置示意图

一、墓葬形制

M15为单室砖券墓，方向188°，由墓道、封门砖、墓室三部分组成。已遭严重破坏，顶残。墓道位于墓室之南，长方形斜坡状。开口距现地表0.2米，长5.9、宽0.9、深3.9米。封门由内外两道砖组成，共27层青砖错缝平铺，残高1.6米。墓室长方形，长3.55、宽2.9米。四壁砌法为错缝平铺砌4层，其上顺丁一层，至1.45米处起券。墓内铺地砖已无存。墓室用砖长30、宽15、厚4.5厘米。甬道处置墓志一合，其余器物均被扰动，出土于墓室填土内（图二）。

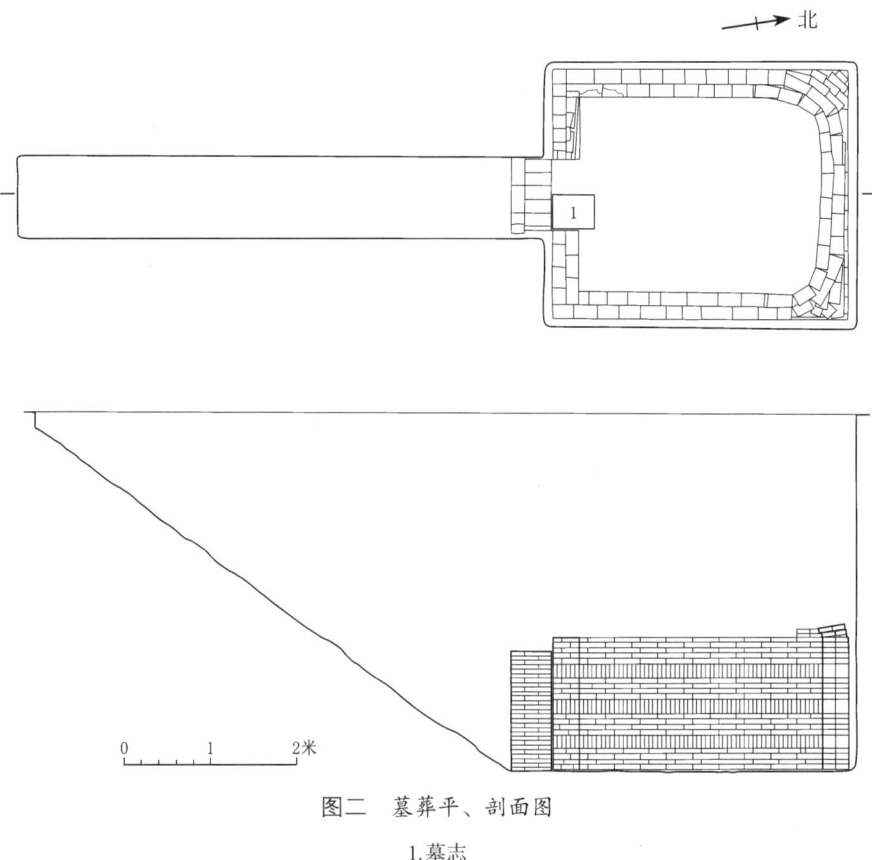

图二　墓葬平、剖面图

1.墓志

二、随葬器物

墓中随葬器物12件，以瓷器和陶俑为主，少数器物（例如铁镜）为实用器，根据质地分述如下。

（一）瓷器

瓷碗　2件。灰胎。敞口，圆唇，深弧腹，假圈足微内凹，内底有三个支钉痕迹。器身内外施黄釉，外施釉不及底。标本M15：3，口径13.3、底径6.4、高7.6厘米（图三：3）。标本M15：4，口径13.2、底径6.4、高8.4厘米（图三：2）。

瓷罐　1件（M15：2）。泛红胎，敛口，双圆唇，圆唇间形成凹槽，可以加盖。弧肩，鼓腹，下腹弧收，平底略内凹，肩置4个桥形系。内壁满施黄釉，外壁施釉及肩，以下露胎，凹槽下部亦未施釉。口径17.7、腹径24、底径12、高27厘米（图三：1）。

瓷砚　1件（M15：12）。圆形，砚面上凸成弧状，中部较平，周围为凹槽，砚壁较直，下为8个马蹄足。砚面及底未施釉，余施淡青釉，有细碎的开片。口径16.8、底径20.7、高7.5厘米（图三：5、图五）。

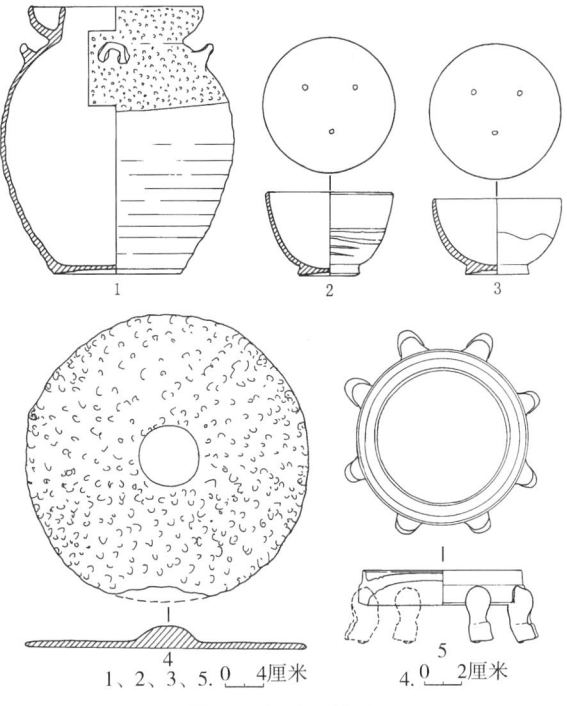

1、2、3、5. 0 4厘米   4. 0 2厘米

图三 瓷器、铁器

1.瓷罐（M15：2） 2、3.瓷碗（M15：4、M15：3） 4.铁
镜（M15：7） 5.瓷砚（M15：12）

（二）陶俑

俑头 3件，均为红陶。标本M15：5，男俑，头戴笼冠。细眉，小眼，厚唇，鼻已失。残高8.7厘米（图四：1）。标本M15：6，男俑，头束巾。粗眉，凸眼，蒜头鼻，小嘴，满脸笑意。残高5.6厘米（图四：2、图六）。标本M15：8，男俑，头束巾。粗眉，小眼，蒜头鼻，小嘴含笑。高5.6厘米（图四：3）。

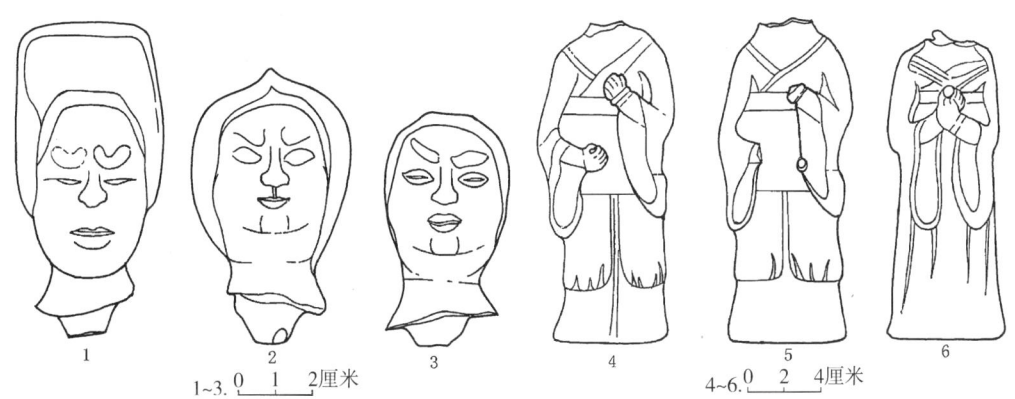

1~3. 0 1 2厘米   4~6. 0 2 4厘米

图四 陶俑

1~3.俑头（M15：5、M15：6、M15：8） 4、5.男俑身（M15：9、M15：10） 6.女俑身（M15：11）

男俑身　2件，均为红陶。标本 M15：9，内着圆领衫，外穿右衽宽袖袍，腰束带，下着裤褶，左手举于胸前，右手置于腹侧，手有小孔，作持物状。残高8.7厘米（图四：4、图七）。标本 M15：10，服饰同前，上衣左下有一圆孔，手残。高5.6厘米（图四：5）。

女俑身　1件（M15：11）。红陶，上身着宽袖襦，下穿曳地长裙，腰束带，颈部系有巾，双手交于胸前，有孔，作持物状。高5.6厘米（图四：6、图八）。

图五　瓷砚（M15：12）

图六　俑头（M15：6）

图七　男俑身（M15：9）

图八　女俑身（M15：11）

（三）铁器

铁镜　1件（M15：7）。锈蚀严重，圆形，圆纽，直径14.9厘米（图三：4）。

（四）墓志

墓志1合（M 15：1）。长方形，由志和志盖两部分组成，青石质。志盖长方形，长52.3、宽41、厚4厘米。顶面有十字界格，自右向左篆书"魏尚书仆射郑君墓铭"。志石长方形，长52.3、宽41、厚8厘米。棋盘界格，志文楷书，共20行，满行15字，计296字，最后14字刻于志石侧面。志文如下：

故魏侍中尚书右仆射郑君墓志

君讳仲明，荥阳人也。世德世禄，门阀门风，详诸素碑，可略云也。祖玄，阳武靖侯，驰声上国。父永，豫州刺史，流咏下民。公早擅奇姿，凤标令问，基宇宏邈，器识渊远。魏政侵微，奸徒孔炽，镇静方俗，尤俟尊贤，以公德重望高，就拜本郡太守，大都督，安平县开国侯。尔朱荣以建义之年，拥徒据洛，迁逼神器，熏灼生民。公于是戮力匡躬，乃心王室，斩凶魁之使，燔僭逆之书，气耸凝霜，精贯白日，既而孤城杀翮，洇浦解鳞，奋肆蚊蚋之心，遂逢蝼蚁之害，虽臧洪之在东郡，望此非难，阳瓒之据滑台，方斯未远。赠侍中车骑大将军、尚书右仆射、仪同三司，并、雍、回（？）州刺史。粤以隋大业六年十一月廿三日葬于合阳之原，乃为铭曰：洪原溯（缺一字），层构迢嶤。降诞英彦，命世建标。戎图处（？）奋，文思龙雕。人事几促，天祐何辽。名随风远，身共烟消。生兮易谢，魂兮难招！（图九）。

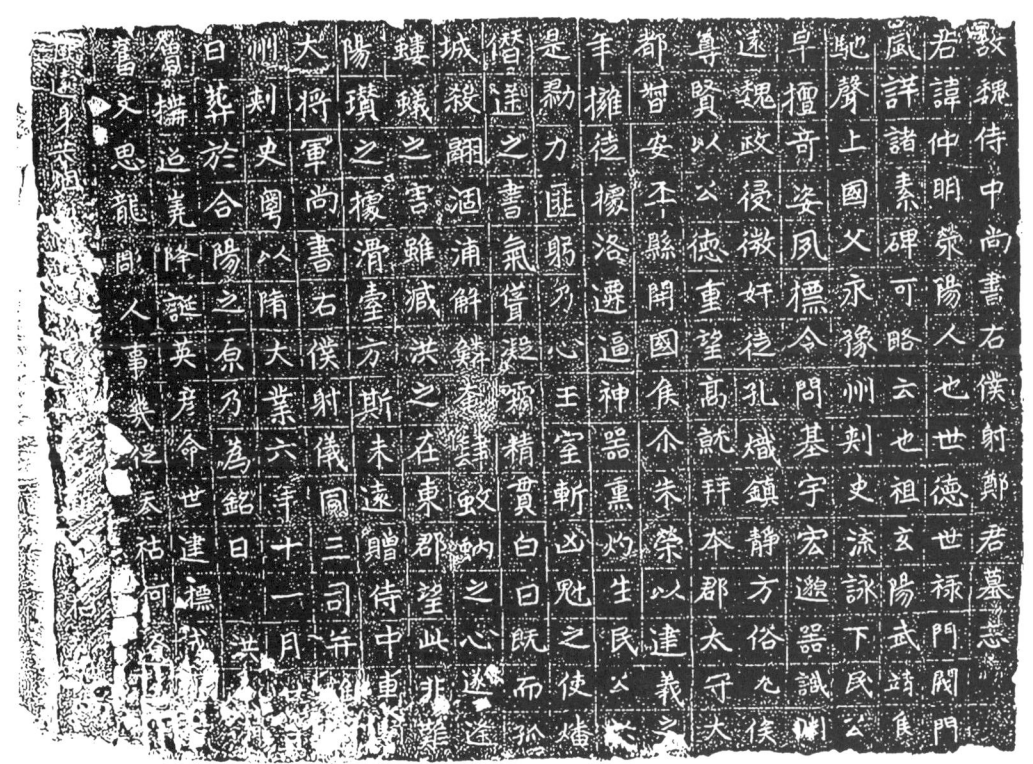

图九　墓志拓片

三、结语

（一）郑仲明其人

有明确纪年的隋墓在郑州尚未发现，该墓墓志虽简略，墓主却出自荥阳豪门郑氏，北魏中书令郑羲是其从祖父，中书令郑俨是其从弟，两人过从甚密。据志文记载："君讳仲明，荥阳人也。……以君德高望众，就拜本郡太守。"此事在《魏书·郑羲传》记载较详："祖育弟仲明，奉朝请，稍迁太尉属，以公强当世，为从弟俨所昵，除荥阳太守。俨虑世难，欲以东道托之。"[1] 由此可知，郑仲明的得官，与郑俨"欲与东道托之"有莫大关系。

志文又记载："尔朱荣以建义之年，拥徒据洛，迁逼神器，熏灼生民。"这就是北魏历史上著名的"河阴之变"。事变中，"仲明弟季明遇害河阴。俨后归之，欲与起兵，寻为城民所杀。"[2]郑季明和郑俨应为灵后、庄帝一党。郑季明被杀后，郑俨复归乡里，打算与时任荥阳太守的郑仲明一道起事，反抗尔朱荣，结果失败，为部下所杀，传首洛阳。志文在谈到郑仲明的反抗经历时用词颇美，"戮力匡躬，乃心王室，斩凶魁之使，燔僭逆之书"，但当时贼势强大，"既而孤城杀翾，涧浦解鳞，奄肆蚊蚋之心，遂逢蝼蚁之害，虽臧洪之在东郡，望此非难；阳瓒之据滑台，方斯未远"。虽然志文说得隐晦，仍可看出郑仲明、郑俨孤立无援，又遭内乱，终于兵败身死。史载"庄帝以仲明舅氏之亲，其弟与谋扶戴，仲明之死也，且有奉国之意，乃追封安平县开国候，邑七百户，赠侍中、车骑大将军、仪同三司、尚书左仆射、雍州刺史"[3]。志文两次提到郑仲明为"尚书右仆射"，可证《魏书》之误，并补《魏书》之缺。

郑仲明死于北魏孝庄帝建义元年（528年），仲明长子也死于建义之年。80多年后，隋炀帝大业六年（610年），其后人始将其骸骨葬于荥阳。该铭文过于简单，可能与时过境迁、仲明后代不昌有一定关系。

（二）随葬器物

郑仲明墓随葬的瓷器是隋墓常见的器物，其中碗和辟雍砚的制作较精，与安阳韩邕墓[4]、安阳桥村隋墓[5]的碗、砚相似，代表着隋朝的制瓷工艺水平。陶俑虽然用泥土制做，但与北魏时期荥阳、巩义铁线泥俑的做派一脉相承。到了唐代，这两地的红陶俑在俑类中占有相当大的比例，可以认定这些俑是本地所做。

（三）合阳之疑

墓志云"粤以隋大业六年十一月廿三日葬于合阳之原"，观之志石，文清字正，并无篡改迹象，然考诸史籍，荥阳、郑州一带并无合阳建制，笔者分析有两种可能。

一种可能是书丹者搞错了，应为"荥阳之原"。1994年，郑州市文物考古研究院曾在郑仲明墓东南1.2公里伏牛路西的金属制品研究院，发掘了葬于"荥阳梅山旧茔"的李文寂墓[6]。伏牛路以西的高岗南距梅山尚有13公里，勉强可以称为梅山余脉，称"荥阳之原"更合适。

还有一种可能，"合阳之原"没错，即葬于今陕西省合阳县。合阳，古有莘国。据

《三家注史记·魏世家第十四》载，魏文侯17年，西攻秦，至郑而还，筑雒阴、合阳。《史记正义》曰："雒，漆沮水也，城在水南。郃阳，郃水之北。"《括地志》云："郃阳故城在同州河西县南三里。雒阴在同州西也。"合阳之所以在《正义》《括地志》中称为"郃阳"，是因为汉景帝二年（前155年）改"合"为"郃"，不过隋唐常用简化字，郃阳原称"合阳"，墓志中出现合阳实属正常。《隋书·志第二十五》中"临汾郡冀氏县"下注，"后魏置冀氏郡，领冀氏、合阳二县"，正是这种风气的体现。1964年9月，国务院改生僻地名，改"郃"为"合"，称"合阳"，郃阳又回归本名。

郑仲明传首洛阳后，并没有立即埋葬，过了80多年才于大业六年葬于合阳之原。葬后不久，墓志连同随葬品又一起回到合阳以东300公里的荥阳之原，这太不可思议，既然要归葬故乡，何必从洛阳弄到陕西，又搬回荥阳呢？因此我们认为，"合阳之原"可能是"荥阳之原"的误刻。

附记：发掘领队张家强，发掘人员赵洪发、张文举，绘图李扬、焦建涛，摄影蔡强，拓片刘福来。墓志的录文、考释得到郝红星先生的指导和帮助，在此表示感谢。

▌注释

［1］《魏书·郑羲传》，中华书局，1974年。

［2］《魏书·郑羲传》，中华书局，1974年。

［3］《魏书·郑羲传》，中华书局，1974年。

［4］安阳市博物馆：《安阳活水村隋墓清理简报》，《中原文物》1986年第3期。

［5］安阳市文物工作队：《河南安阳市两座隋墓发掘报告》，《考古》1992年第1期。

［6］郑州市文物考古研究所：《郑州西郊唐墓发掘简报》，《文物》1999年第12期。

（原刊于《中原文物》2015年第6期）

郑州华南城唐范阳卢氏夫人墓发掘简报

黄富成

2010年10月，郑州市文物考古研究院在郑州华南城二号广场基建考古中发掘出土两座唐代砖室墓葬，编号为M2、M3，南北并列分布。其中M2位于裴度墓东约200米左右，M3位于M2北约200米左右（图一）。M2、M3墓葬规模、结构类同，但M2因盗掘严重，仅残余封门处甬道部分墙砖。数年前M2被盗掘出土一块墓志，为"唐故邠宁节使赠司空河东裴公（识）墓志铭"[1]，现藏于新郑市博物馆，可知M2为裴度之子裴识之墓。M3残存底部，斜坡状墓道长近10米，未清理完毕。墓内因盗掘严重，仅出土铜钱、瓷罐等少量陪葬品，但墓室四壁砖雕精美。此外，"唐范阳卢氏夫人墓志"铭文、墓志石裙壁周边的十二生肖以及青龙、白虎、玄武、朱雀四神图案，具有极高的历史文化与艺术价值。现将M3的发掘情况简报如下。

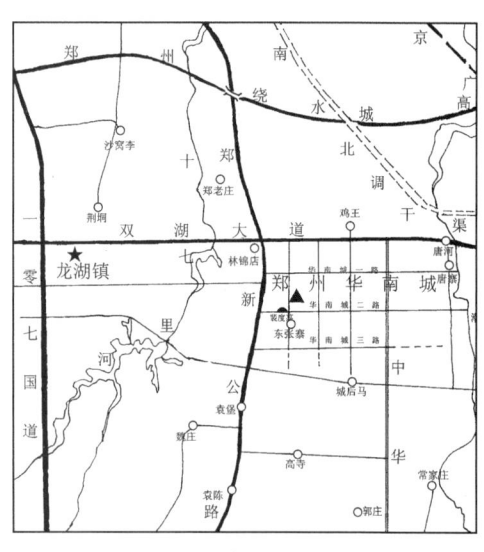

图一　墓葬位置示意图

一、墓葬形制

M3为斜坡墓道砖室墓，墓葬平面呈"甲"字形，方向190°，整体坐北朝南。墓葬因盗扰破坏严重，残存墓室下部及墓底，墓室内堆积五花土及大量碎砖块。墓葬由墓道、甬道、墓室三部分组成（图二）。

墓道位于甬道中间南侧，平面呈南北向长方形，在甬道前方2米内较平坦，之后呈较缓斜坡状向上延伸。墓道现存长度约10米，发掘长度近2米。墓道宽1.58米，现深4.6米，内填五花土，土质结构疏松。

甬道位于墓道与墓室之间。顶部结构不复存在，甬道两侧有砖墙，墙内现宽1.44、进深0.68、残高0.68米。封门处用青砖平铺封门，其后在甬道内是两层青砖横长斜放，

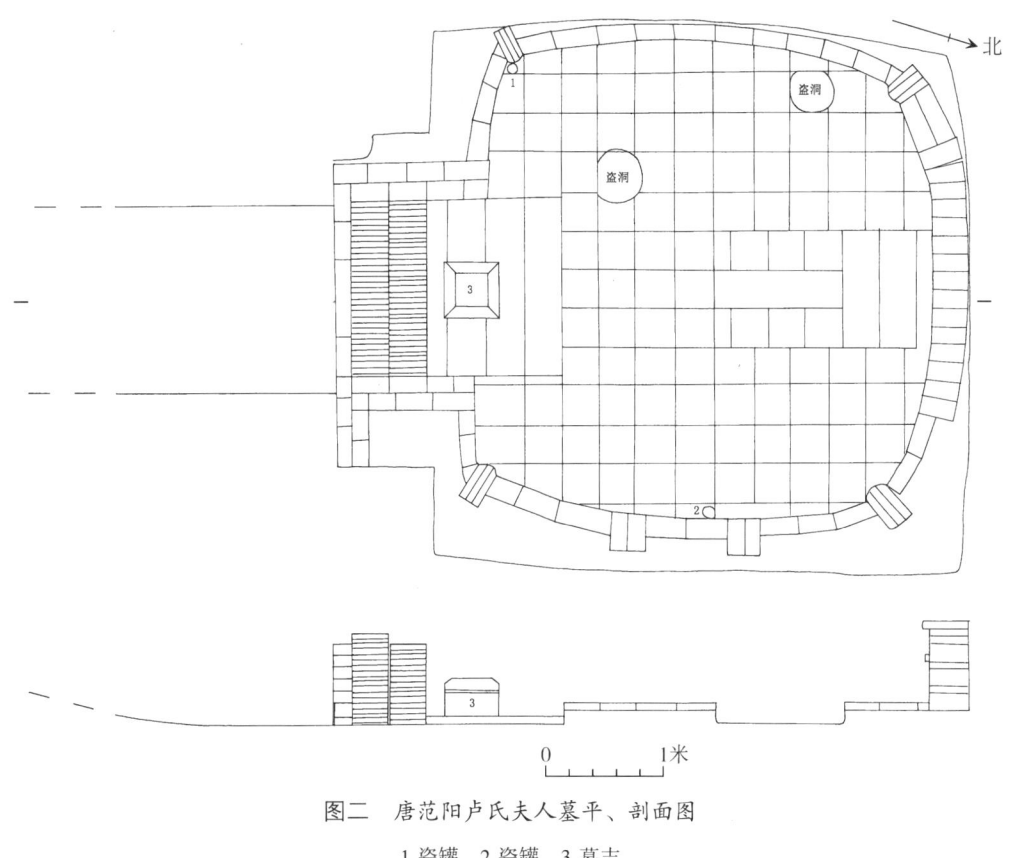

图二　唐范阳卢氏夫人墓平、剖面图

1.瓷罐　2.瓷罐　3.墓志

层层反向向上堆叠，形成侧立的"人"字形砖墙纹饰。

　　墓室位于甬道北侧，现存结构平面呈圆角方形，四周墙壁略呈弧形外鼓，墙壁为砖雕图案。墓室内壁间南北长4.1、东西宽3.96米，墙壁现存高度0.74米，四壁角柱之间的宽度为3.75～3.9米之间。墓室内方砖铺地，平坦整齐。从甬道进入墓室内是一块长方形下沉凹槽，东西宽1.46、南北长1.14、深0.12米，方砖铺地。中间位置放置一块方形青石墓志石。墓志盖石盝顶，顶端呈方形四边斜坡，纵横剖面呈梯形，盖石顶端阴刻"唐范阳卢氏夫人墓志"。墓室北半部中间位置为一处下沉的长方形凹槽，东西宽0.98、南北长1.09、深0.18米，方砖铺地，因被盗扰而地砖翻起，露出黄土。

　　墓室坍塌严重，室内没有发现棺钉、棺痕及人骨痕迹，黄褐色五花填土夹杂大量碎砖块，填土间出土30余枚开元通宝。在墓室西半部有两个明显盗洞，破坏了部分地砖。在墓室东壁中间位置出土一件双系黑釉瓷罐，在西南角处出土一件双系酱釉瓷罐。

　　在墓室四壁转角处，均以三排立砖为柱，柱子饰红漆。四壁以砖雕构图，局部饰以朱漆彩绘（图三）。

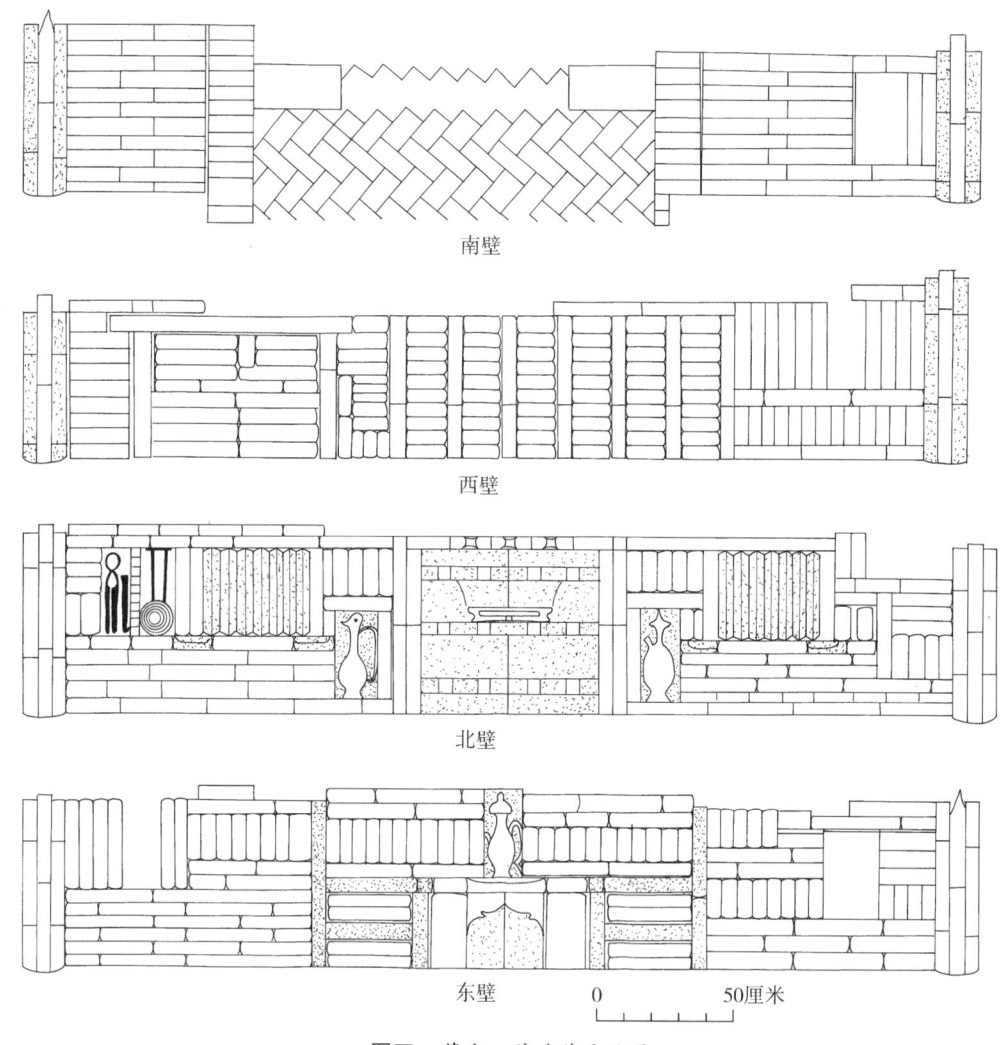

图三　墓室四壁砖雕平面图

　　南壁中间位置为甬道进入墓室内的下沉凹槽部位，两侧为甬道立墙，墓室内侧的墙端饰以红漆。墙壁西侧靠近西南角柱处，有一竖立长方形凹槽壁龛，疑为灯室。

　　西壁左侧为一方桌，中间部位以立砖间隔，因残缺尚不明确具体图案。右侧于墙壁间竖立一长方形凹槽壁龛。

　　北壁中间位置为一合闭对开大门，大门的三排方形门钉、门锁均以浮雕形式凸出，门柱为两排立砖砌成，大门及门柱均饰红漆。大门的左、右两侧下部位，均以浅浮雕形式表现出壁龛内放置一器物，壁龛内红漆为底。其中左侧为一鸭首壶，把手下垂较长形似翅膀；右侧为一个"十"字形尖顶壶。大门两侧居中位置，用立砖形式表现出木格栅栏式窗户，饰以红漆。在北壁左侧壁龛内，以浅浮雕形表现剪刀、钩针、尺子、熨斗等器物，右侧残存一倒T形结构，推测应为梳妆台，饰红漆（图四）。

东壁中间位置为一凸起的案，饰以红漆，案上置一圆顶带纽执壶，案的左右两侧为两把椅子，饰以红漆。东壁左右两端各有一壁龛，灯室空置（图五）。

图四　墓室北壁砖雕

图五　墓室东壁砖雕

二、出土器物

M3因盗扰严重，出土物较少，主要出土物有双系瓷罐、开元通宝铜钱及唐范阳卢氏夫人墓志一合。

（一）瓷器

双系瓷罐2件。其中一件出土于墓室东壁中间案下，黑釉双系瓷罐，圆唇，侈口，束颈，鼓肩弧腹斜收，圆底矮圈足。肩上对称饰半环形双系纽，圈足处未施釉（图六）。另一件出土于墓室西南角处，尖圆唇，侈口，束颈，通体饰酱釉色，肩上有四处不规则较大白斑，弧肩鼓腹斜收，平底矮圈足。肩上紧挨口沿饰对称半环形双系纽，圈足处未施釉（图七）。

图六　黑釉双系瓷罐

图七　酱釉白斑双系瓷罐

（二）开元通宝

铜钱30余枚，均为开元通宝，锈蚀严重，规格较一致。

（三）墓志

墓志1合，出土于墓室与甬道间下沉的凹槽中间。出土时墓志盖覆于墓志石之上，两石质地一致，均为正方形青石。

墓志盖（图八）方形，盝顶，边缘厚3.8厘米。盖顶面正中阴刻楷书"唐范阳卢氏夫人墓志"。盝顶，顶面四周阴刻交错菱形格纹。四刹饰以四神纹，从盝顶顶面下方逆时针方向依次刻画玄武、青龙、朱雀、白虎。青龙周边饰卷云纹，似在云海中腾跃（图九）；白虎周边饰树叶花瓣等纹饰，似在丛林间奔腾（图一〇）；玄武为龟蛇结合体，四周饰波浪纹，似在碧波中神游（图一一）；朱雀凤头展翅，四周饰花瓣纹（图一二）。

墓志石（图一三）平面呈方形，边长47.5、厚10.5厘米，石面通体以浅细阴刻线纹划格。铭文为阴刻楷书，竖排工整，间隔有序，铭文如下：

图八　唐范阳卢氏夫人墓志盖拓片

　　唐通直郎行左骁卫录事参军裴迥妻范阳卢氏墓志铭

　　乡贡进士裴鹄篆

　　夫人范阳人也，德门氏族推为第一，簪缨代袭叠叠不绝　曾祖政皇任太子中允赠越州都督　祖瑾皇任河中少尹　父衮皇任宣州宣城县尉。夫人即宣城尉之长女也　夫人四德早彰，百行兼备，威仪规矩，无亏礼经。婉娩而妇道克成，礼乐而阃门作范。加以天资聪慧，宿性温和，诗书无愧于谢家，履行洞合于曹氏，可谓贤和之俱美也。年十八归于吾兄。顷者以暂婴微疾，遽至沉疴。药饵之功莫显，膏肓之祟竟侵。以咸通九年九月九日终于永乐里第，春秋二十六。呜呼！何神理之无征！何天道之暗昧！即以其年十一月八日归葬于郑州管城县马亭乡刘村。有男一人霍九，有女二人，

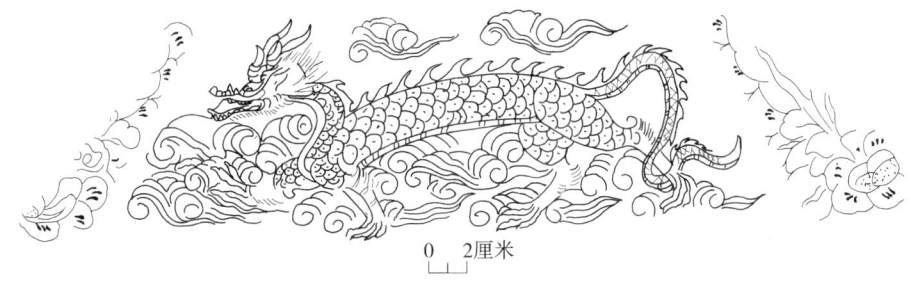

0   2厘米

图九　墓志盖四刹图案之青龙

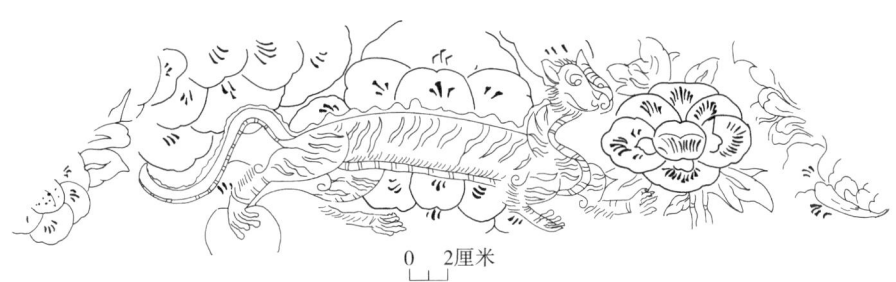

0   2厘米

图一〇　墓志盖四刹图案之白虎

0   2厘米

图一一　墓志盖四刹图案之玄武

0   2厘米

图一二　墓志盖四刹图案之朱雀

皆在襁褓。余所述者　丘婐之德，所纪者年月姓氏而已，将留万代，须在勒铭。其词曰：巍巍茂族　炎炎传芳　闺门鼎甲　派胤轩裳　威仪礼乐　后嗣弥光　唯是夫人　温柔和顺　渊德早彰　家声益振　妇道兢兢　内言克慎　夜臺何速　遽殂坚贞　松风悲咽　万古哀声　将传不朽　刊石勒铭

图一三　唐范阳卢氏夫人墓志拓片

墓志石四周的裙边阴刻十二生肖图案，每边刻三个，下身裙摆，上身官袍，双手持笏板，头部以十二生肖图案显示。十二生肖图案头顶祥云，图案之间以莲花间隔。从墓志石正面下方裙边逆时针看，十二生肖图案依次为丑牛、子鼠、亥猪（图一四）、辰龙、卯兔、寅虎（图一五）、未羊、午马、巳蛇（图一六）、戌狗、酉鸡、申猴（图一七）。排列顺序与现行十二生肖基本一致。

0　2厘米

图一四　墓志石周边生肖图案之丑牛、子鼠、亥猪

0　2厘米

图一五　墓志石周边生肖图案之辰龙、卯兔、寅虎

0　2厘米

图一六　墓志石周边生肖图案之未羊、午马、巳蛇

0　2厘米

图一七　墓志石周边生肖图案之戌狗、酉鸡、申猴

三、结语

郑州华南城发掘出土的唐范阳卢氏夫人墓规模较大，建造精美。墓室四角为圆形彩绘立柱，四墙壁施彩绘砖雕，装潢考究。北墙正中为一朱绘大门，饰有锁具、凸钉

等，两侧砖雕为壶、剪刀、熨斗、尺、针等图案，两侧墙壁砖雕窗棂、桌、椅、案等家具。墓室内所有立柱、大门、砖雕皆为青砖切削磨制形成，砖与砖之间没有白灰等粘结，砖缝极密，推测应是灌浇米汤等结合。砖的砌法严密，砖雕形象生动。墓葬结构及其建造形制充分反映了墓主人生前的贵族生活状态。

墓志石盖所刻的四神图案，寓意吉祥雍容华贵，体现了墓主人的贵族身份。墓志四周裙边所刻十二生肖实属罕见，拟人化的卡通形象头顶祥云，手持笏板，寓意子孙后代世世为官，福禄不绝。

据墓志铭文可知，这是一篇裴鹄为其兄裴迥之妻卢氏夫人所作的墓志铭。卢氏为范阳名门望族，与裴度家族结为姻亲，属于门当户对。据《新唐书·宰相世系表》记载，裴度有子七人，排列顺序为譔、翊、谂、调、识、諴、让。但是《唐故邠宁节使赠司空河东裴公（识）墓志铭》记载："（裴识）父度，司徒，守中书令，赠太师。公即太师之第三子。……（裴识）长子侣，兖海监察。次曰迥，左骁卫将军参军。幼曰□，方举进士。"据此可知，裴识应为裴度第三子，裴识又有三子。据《新唐书·宰相世系表》记载，裴识二子侣为监察御史，迥为司封员外郎，未有幼子记载。另据裴识墓志，裴识有三子，除了裴侣、裴迥，幼子铭文不详。现在根据M3《唐范阳卢氏夫人墓志》所载，裴鹄为裴迥之弟，乡贡进士，完全符合裴识墓志所载裴识幼子的身份，由此可知，裴识第三子为裴鹄。

唐范阳卢氏夫人墓属于裴度家族墓地一部分，墓葬砖雕精美，墓志石刻四神兽以及十二生肖图案具有极高的艺术价值，尤其是志文，补正了历史文献和出土墓志中裴度家族的谱系。

附记：发掘领队索全星，发掘人员黄富成、许远斌、袁国林，绘图黄富成、许远斌、樊丽君，拓片刘福来，摄影与整理黄富成。

注释

[1] 新郑市文物管理局编：《新郑碑刻文集》，香港国际出版社，2004年，第13～16页。

（原刊于《中原文物》2016年第6期）

巩义贰仟家4S店唐墓发掘简报

郝红星　孙角云

2011年，贰仟家4S店在巩义河洛路与紫荆路交叉口东700米的地方建临街营业房，施工过程中发现一座墓葬。巩义市文物局随即进行了抢救性发掘，出土一批瓷俑与瓷器皿，为巩义历年来考古所少见，现将发掘情况简报于下（图一）。

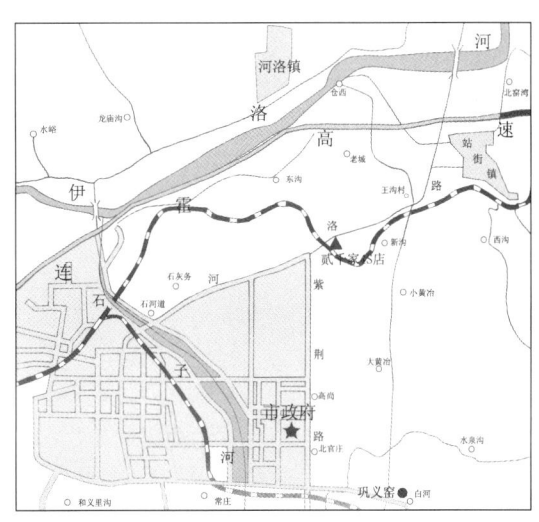

图一　墓葬位置示意图

一、墓葬形制

墓葬为竖井墓道土洞墓，方向190°，深3.5米，由墓道、甬道、墓室三部分组成。由于场地限制，墓道没能发掘。甬道为梯形，拱顶。南宽1.8、北宽1.5、长1.4米，顶高1.4米。

墓室平面为横长方形，拱顶。南北长2.4、东西宽3.5、顶高1.6米。墓室北部置棺，人骨已朽成灰，头向不明。置棺处见铜钱与铜带具。棺南放置瓷俑与瓷器皿，其中最西为盘口壶、盖罐、碗、唾壶，中部为武士俑、文官俑、男女侍俑，东部为牛、鸡、羊、鸭、猪、碓、茶托等（图二）。

二、出土器物

该墓出土45件（套）器物，质地分为瓷器和铜器，分别叙述如下。

（一）瓷器

43件。主要器物有人俑、动物俑以及器皿。下文除了特别标明胎质、釉色外，器物均为白黏土胎，施透明釉。

武士俑　6件。分为二型。

A型　2件。标本4307，头戴宝顶盔，盔有护项，环眼圆睁，浓眉如柳，鼻嘴方

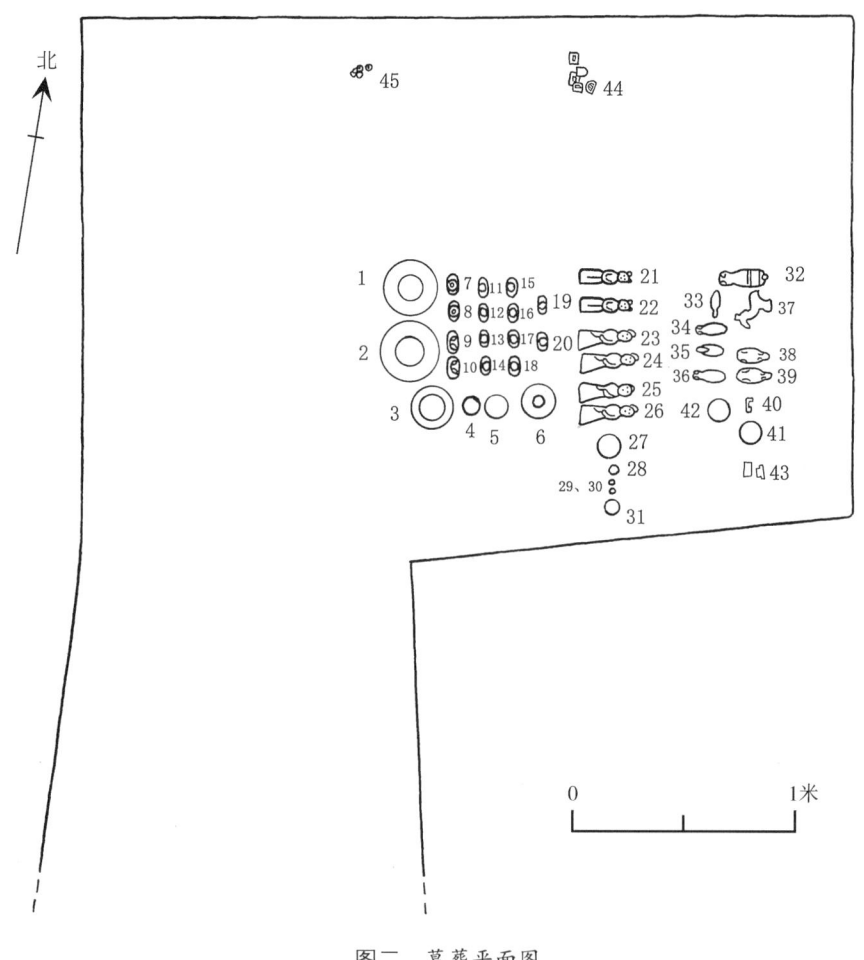

图二　墓葬平面图

1. 瓷盘口壶　2. 瓷盖罐　3. 瓷碗　4. 瓷罐盖　5、6. 瓷唾壶　7、8、16、17、18、19. 武士俑　9、10. 文官俑　11～15. 幞头俑　20. 低髻俑　21、22. 双环髻俑　23～26. 半翻髻俑　27. 瓷盏　28. 瓷双系罐　29、30. 瓷盅　31. 瓷盆　32. 瓷牛　33. 瓷鸭　34、36. 瓷羊　35. 瓷鸳鸯　37. 瓷鸡　38、39. 瓷猪　40. 瓷碓　41. 瓷茶托　42. 瓷磨　43. 瓷井　44. 铜钱　45. 铜带具

正，肩披龙首披膊，披膊下有云口套袖、闭口式臂鞲，甲身胸、腰系索带，胸索顶端饰一虎首，两侧的胸护周饰联珠纹，护心饰人面，腰索下垂两绒球，下着小口裤，足着靴，双手抱腹，似持载类武器，立于方形底板上。高34.3厘米（图三）。标本4308，武士完全同前，但清晰度不如前俑，立于连履底板上。高32.7厘米（图四）。

　　B型　4件。用模相同，经过后期加工。标本4322，低头，头戴尖顶盔，盔顶的正、侧面刻饰三道凹槽，槽下刻饰锯齿纹，粗眉大眼，高鼻厚唇，颇具女相，上穿右衽阔袖褶，腰束带，下着大口裤，足着靴，双手拱于胸前，所持笏板已失。立于方形底板上，底板中心一洞，与俑腹腔相通。高22.2厘米（图五）。标本4323，盔顶的正、侧面刻饰三道凹槽，其余同前俑，底板亦有孔洞。高22.6厘米（图六：左）。标本

4324，几乎同前完全一样。高 22.1 厘米（图六：中）。标本 4325，盔顶刻饰一周凹槽，其余同前。高 22.9 厘米（图六：右）。

文官俑　2 件，一模所出。标本 4305，头戴平巾帻，蹙眉，臣字眼，高颧骨，大嘴紧抿，内着交领窄袖襦，外罩交领阔袖褶，外披裲裆甲，腰束带，下为大口裤，足着履，双手抱笏板立于地。高 31.4 厘米（图七）。

幞头俑　5 件。标本 4316，头戴幞头，眉宇开阔，长眼横斜，鼻直口方，身穿团领窄袖袍，腰束带，袍下摆有一横襕，下着小口裤、靴，拱手持笏板立于方形底板上。高 23.2 厘米（图八）。标本 4317，釉稍白。俑面容俊朗。高 23 厘米（图九：左）。标本 4319，同前俑非一模，容貌相似。高 23.2 厘米（图九：中）。标本 4320，同前俑非一模，容貌极相似。高 22.9 厘米（图九：右）。标本 4321，服饰同前，但双足立于地，足间空隙直通腹腔。高 22.6 厘米（图一〇）。

低髻俑　1 件。标本 4318，头梳低髻，大眼直鼻，颇具佛相，身穿 U 形领窄袖襦，下束曳地长裙，足着履，袖手垂于腹前，立于地。高 19.7 厘米（图一一）。

双环髻俑　2 件。标本 4310，头梳双环髻，柳眉梭眼，嘴唇翘

图三　A 型武士俑
（标本 4307）正、侧面

图四　A 型武士俑
（标本 4308）正、侧面

图五　B 型武士俑
（标本 4322）正、侧面

图六　B 型武士俑
（标本 4323、4324、4325）

图七　文官俑（标本
4305）正、侧面

图八　幞头俑（标本
4316）正、侧面

图九　幞头俑
（标本4317、4319、4320）

图一〇　幞头俑
（标本4321）

图一一　低髻俑
（标本4318）正、背面

图一二　双环髻俑
（标本4310）正、背面

图一三　半翻髻俑
（标本4311）正、背面

图一四　半翻髻俑
（标本4315）正、背面

起，容貌稍老，身穿U形领窄袖襦，肩披宽帛，下束曳地长裙，足着线鞋，双手持瓶立于地。高22.2厘米（图一二）。标本4312，服饰同前，清晰度不如前者，手中所持似亦为瓶壶类。高21.9厘米。

半翻髻俑　4件，服饰和表情基本一致。标本4311，头梳半翻髻，额贴宝钿，蚕眉杏眼，悬胆鼻，樱桃嘴，身穿U形领窄袖襦，外罩U形领半袖，脖系两周项链并悬挂璎珞，肩披衣式帛巾，系结于左胯下，下束曳地长裙，足着履，左手提巾角，右手垂于体侧，隐于帛巾内，右手下似有一垂囊。高23.3厘米（图一三）。标本4313，服饰、容貌同前。高22.7厘米。标本4314，素烧灰白瓷胎，未施釉。高24.3厘米。标本4315，素烧瓷胎。施绿、红彩，背有墨书"金花"二字。高23厘米（图一四）。

牛　1件。标本4309，低头，长角，小耳，眼如铃铛，鼻孔较大，嘴微张，凸肩，凹背，粗尾垂于臀后，四肢立地，身略前倾，作用力状。头有络头，背搭革带，应为拉车的牛。长19.3、高11.3厘米（图一五）。

羊　2件。标本4328，低头，卷角高起，后有小耳，小眼，抿嘴，弧背，无尾，四肢蜷曲卧于地。周身压印月牙形小坑。长11.9、高6.1厘米（图一七）。标本4330，大致同前。长13.6、高6.8厘米。

猪　2件。标本4332，长嘴，狭眼，圆耳，抿嘴，肩部较低，四肢曲卧于地，似半训化猪。周身压印月牙形小坑，未施釉。长13.6、高5.2厘米（图一八）。标本4333，大致同前，未施釉。长13.3、高5.6厘米。

鸡　1件。标本4331，尖喙，高冠，圆眼，肉垂与颈羽整洁漂亮，翅小而尾长，双腿略曲立于地。长11.2、高12.2厘米（图一六）。

鸭　1件。标本4327，尖喙圆首，圆眼呈孔洞状，弯颈，肥身，短尾，浑身的羽毛均未做出，似一秃鸭。长12.5、高8.5厘米（图一九）。

鸳鸯　1件。标本4329，长喙方首，圆眼，小耳，缩颈，肥身，短尾，作浮水状。羽毛刻划细致，背部光洁。长11.7、高8.9厘米（图二〇）。

图一五　瓷牛（标本4309）　　图一六　瓷鸡（标本4331）　　图一七　瓷羊（标本4328）

图一八　瓷猪（标本4332）　　图一九　瓷鸭（标本4327）　　图二〇　瓷鸳鸯（标本4329）

碓　1件。标本4334，由碓柄、杵、支架组成。碓柄，头端抹角长方形，下有棱柱状杵，尾端长方形略薄。支架呈凵形，中有一凹槽，碓柄可以卡在里边。长15.8、宽5.9、高3.6厘米（图二一）。

磨　1件。标本4335，由上、下磨扇组成，以一周凹槽作为分界。上扇刻饰三周同心圆凹槽，槽间刻饰磨眼与人字纹。直径8.3、高1.4厘米（图二二）。

井　1件。标本4989，灰白瓷胎。由四块瓷砖粘接在一起，两边砖塑造出井栏。长5.7、宽6.5、高3.1厘米（图二三）。

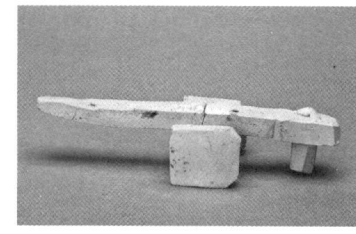

图二一　瓷碓（标本4334）

图二二　瓷磨（标本4335）

图二三　瓷井（标本4989）

图二四　瓷茶托（标本4985）

图二五　瓷盘口壶（标本4355）

图二六　瓷盖罐（标本4356）

图二七　瓷碗（标本4342）

图二八　瓷盖（标本4381）

盘口壶　1件。标本4355，外壁呈盘口，窄平沿，尖唇，内壁弧收，束颈，大弧肩，鼓腹，圈足。口沿内壁至肩部釉色发青，腹部釉较薄，露出微泛红的白胎。口径9.9、腹径22.3、圈足径9.9、高34厘米（图二五）。

罐　1件。标本4356，由盖与罐组成。盖为子口，方唇，弧顶，顶中一宝珠纽。罐为侈口，卷沿，圆唇，短束颈，弧肩，鼓腹，下腹内收，延伸成假圈足，圈足较直。盖、肩部的釉层较厚，腹部的釉较薄。口径10.2、腹径24、圈足径9、通高31.7厘米（图二六）。

碗　1件。标本4342，敛口，卷沿，圆唇，略见束颈，深鼓腹，圜底，外底为假圈足。内壁施满釉，外壁施釉近圈足，沿有脱釉现象。口径18.4、圈足径10.6、高10.3厘米（图二七）。

盏　1件。标本4381，红陶胎。侈口，圆唇，弧腹，圜底，外底略高，似假圈足。内、外壁施褐釉。口径 10、足径 4.6、高 4.6 厘米（图二八）。

　　唾壶　　1 件。标本 4346，由盖与壶组成。盖为碟状，敞口，翻卷沿，圆唇，浅弧腹，圜底，内底有一宝珠纽，外底假圈足较小。壶为盘口，翻卷沿，圆唇，束颈，斜肩，垂腹，假圈足。盖、壶的内、外壁施青釉。口径 8.2、腹径 13.5、底径 9.4、通高 13.8 厘米（图二九）。

　　双系罐　　1 件。标本 4981，灰白瓷胎，因含铁较多，器表有较多的褐色晶斑。侈口，翻卷沿，圆唇，束颈，弧肩，鼓腹，平底略内凹。肩部有双系。口径 2.1、腹径 3.6、底径 1.8、高 4.2 厘米（图三一）。

　　茶托　　1 件。标本 4985，灰白瓷胎，褐色晶斑少。似罐的底部，略见斜腹壁。侈口，平沿，内底略上凸，有轮制旋痕，外底为圈足。口径 8、圈足径 5.5、高 1 厘米（图二四）。

　　盅　　2 件。胎质、胎色与双系罐相似。两件形制近同。标本 4982，侈口，尖唇，深弧腹，圜底，假圈足。口径 2.4、圈足径 1.3、高 1.8 厘米（图三二）。标本 4983，圆唇，其余同前。口径 2.4、底径 1.5、高 2.2 厘米（图三三）。

　　盆　　1 件。标本 4984，胎质、胎色同盅。敞口，平沿，沿面一周凹槽，圆唇，斜直壁，平底略内凹。口径 6.2、底径 3.5、高 2.7 厘米（图三四）。

　　罐盖　　1 件。标本 4980，子口，方唇，弧顶，顶中有一宝珠纽。顶面施白釉，底面露胎。直径 6 厘米（图三〇）。

图二九　瓷唾壶（标本 4346）

图三〇　瓷罐盖（标本 4980）

图三一　瓷双系罐
（标本 4981）

图三二　瓷盅（标本 4982）

图三三　瓷盅（标本 4983）

图三四　瓷盆（标本 4984）

（二）铜器　2件。

铜带具　1件。标本4986，由带扣、铊尾、4个带銙组成。铊尾长3.5、宽2.5厘米，带銙长3、宽2.5厘米，带扣长2.5、宽3厘米。

铜钱　4枚。标本4987，开元通宝钱，锈饰严重。直径2.5、孔径1厘米。

三、结语

（一）年代

该墓出土的瓷俑与唐代早期常见的同类器有异，时代可能更早。A型武士俑头戴宝顶盔，有护项，肩披龙首披膊，甲身中长。这种装束和公元647年的偃师崔大义妻墓[1]、公元664年柳凯墓[2]中的武士俑风格相似，时代或许接近。文官俑头戴平巾帻的形象特殊，与隋代、唐早期的平巾帻都不一样，帻屋前边没有封口，或许是一种新样式，其所穿裤褶符合古制，但唐初并不多见。另外，低髻俑同崔大义妻墓的半翻髻俑（实为低髻俑）相似，但衣着略有不同。前者为U形领窄袖襦，曳地长裙；后者则为团领窄袖襦，曳地间色裙。半翻髻俑是唐代新出的髻式，其衣饰特别复杂，柳凯墓以后没见过这种半翻髻俑。双环髻是隋代就有的髻式，本墓出土的两件双环髻俑，同柳凯墓双环髻俑相似，但柳凯墓的俑做得更逼真。总之，4S店唐墓的瓷俑风格更接近崔大义妻墓。从器物胎质来看，4S店唐墓与崔大义妻墓都用白黏土制成，或许为那个年代用料的习俗。综上所述，4S店唐墓的年代大体在公元640～660年之间。

（二）器物风格

该墓出土器物除了铜钱、铜带具，全部都是瓷器，这在巩义早期唐墓中是很少见的。其实，巩义早在1981年就发现过这类唐墓，即夹津口砖厂唐墓，出土器物与4S店唐墓高度相似。由于这类器物在当时少见，所以被误以为是隋墓[3]。1986年，洛阳市文物工作队在孟津朝阳村砖厂一座被破坏的唐墓中，收回50多件白黏土制成的陶器，大部分施青黄釉，器物同前述两墓的风格相近，也是初唐的墓葬[4]。目前看来，这类墓葬应该代表着一个阶段的特征。隋代巩县瓷业兴盛，入唐以后，巩县窑生产了一批施釉瓷俑（用白黏土制的施釉陶俑，从广义来说，也可称为瓷俑）。这批瓷俑继承了隋俑的风格，并且有所发展，同时又为以后唐俑的发展奠定了基础。此阶段已有的弯角镇墓兽、文官俑、武士俑、幞头俑、胡帽俑、半翻髻俑、低髻俑、双环髻俑、椎髻俑等，在盛唐时期继续发展，只是体形加大，冠、髻有所变化。值得一提的是，盛唐不再流行瓷俑，而是朝着三彩陶器的方向发展，这充分说明，初唐墓出土的瓷俑，是隋代瓷业的惯性使然。

注释

［1］赵会军、郭宏涛：《河南偃师三座唐墓发掘简报》，《中原文物》2009年第5期。

［2］洛阳市第二文物工作队、偃师县文物管理委员会：《河南偃师柳凯墓》，《文物》1992年第12期。

［3］巩义博物馆：《河南巩义市夹津口隋墓清理简报》，《华夏考古》2005年第4期。

［4］洛阳市文物工作队：《洛阳孟津朝阳送庄唐墓发掘简报》，《中原文物》2007年第6期。

（原刊于《东方博物》2017年第4期）

河南巩义站街镇王沟村唐墓

郝红星　孙角云

1995年5月，巩义市政府拓建市区至站街镇的孝站路（现名"河洛路"），施工中在王沟村南的路基下发现一座唐墓（图一）。村民刘梦周等三人私自将墓挖开，并将文物带至家中。巩义市公安局接到举报后对三人进行了刑拘，但从事后移交的文物种类来看，或有文物已从三人手中流出，或仍有器物遗留在墓中。出土器物中有一件非常别致的白釉宝相花三足盘，此类盘目前在巩洛地区的唐墓中出土较多，均不能确定具体年代。而在此墓出土的一块志砖上，幸能辨出"戊辰二月"四字，对确定该墓的具体年代具有重要作用。现将该墓出土器物介绍如下。

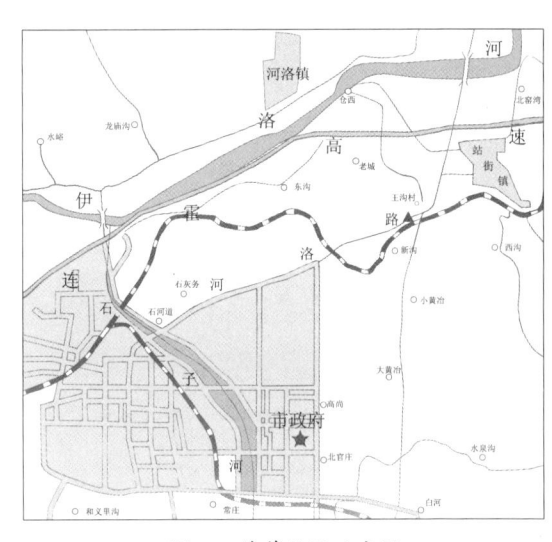

图一　墓葬位置示意图

一、墓葬形制

由于时过境迁，当事人已无法找到，而当时接收器物的巩义市文物管理所并未去现场，所以墓葬形制无从知晓。现将墓葬编号为95HGWM1，以下简称M1。

二、出土器物

共收缴器物42件（套），质地有陶、铜两种，依次叙述。

（一）陶器

镇墓兽　2件。标本M1∶1，兽首镇墓兽。头顶两个粗长弯角（其一残断），角根部有节，中部有副角，额间有一硕大宝珠，长鬣呈板状，腮后有小耳，羽翼，短粗腿，蹄足，无尾，蹲坐于椭圆形中空低台座上。额头塌陷，双眼皮，直筒鼻，大嘴露齿，颔下三缕胡须。镇墓兽除前肢涂粉红彩外，其余大部分涂橘红彩，多有脱落。板鬣和前肢上加涂黑条彩，羽翼、胸部云纹间隐约可见绿彩，腹部装饰粉红色条彩和黑条彩。高37厘米（图二）。标本 M1：2，人首镇墓兽，残碎无法修复。台座高4.3厘米。

武士俑　1件（M1：3）。头与右臂残。肩披龙首披膊，龙鼻卷曲，着开口式臂襦。甲身的胸部、腰间系索带，两个圆胸护，腹护半圆，桃形短蔽膝，甲身下摆饰有流苏。内着飘裾衬裙，下着裤，小腿罩膝裤，足着靴。左手叉腰，右手上举，右腿上抬，重心支于左腿，脚踩小鬼的腿和胸部，小鬼仰躺于椭圆形中空低台岩座上。俑为大眼、宽鼻翼，八字须，嘴微张，露舌，颧骨高，下颌角宽，下巴略上翘。小鬼身材短粗，腹部圆鼓，曲腿，左拳握于腹部，右掌扶着俑的左腿，头发上梳成尖顶状，两粗眉斜刺向上，圆眼，塌鼻，腮旁两朝天的尖状耳。俑的嘴唇、披膊、衬裙和小鬼的臀部、头发均涂橘红彩，臂襦、靴子涂铁锈红彩，甲领、流苏涂绿彩，岩座涂黑彩。甲身圆护、下摆以及膝裤用铁锈红彩、黑彩绘出云纹，已不清晰。残高39厘米（图三）。

牵马俑　4件，两件为编发俑，另两件为幞头俑。标本 M1：4和标本 M1：5，编发俑，发中分，下端挽辫于脑后，身着黄色翻领窄袖袍，领饰橘红彩，腰束黑带，下着黑靴，双手置胸前，作握缰状，立于方形底板上。该俑宽额，鼓目，塌鼻梁，抿嘴，满脸笑意。高皆23厘米（图四、图五）。标本 M1：6和标本 M1：7，幞头俑，身穿淡黄色团领窄袖袍，腰束黑带，足着黑靴，双手握缰于胸前，立于方形底板上。该俑浓眉遮眼，鼻翼尤宽，八字须与络腮胡须修剪整齐，为典型的胡人。高皆24.5厘米（图六）。

幞头俑　1件（M1：8）。头戴黑色幞头，身穿粉红色团领窄袖袍，腰束黑带，下着裤和黑靴，拱手立于方形底板上。该俑胖脸眯眼，红唇紧抿。高19厘米（图七）。

倭堕髻俑　1件（M1：9）。头梳倭堕髻，身穿铁锈红团领窄袖袍，下着粉红色大口裤，足着橘黄色翘头履，拱手立于方形底板上。该俑胖脸小口，眉目不太清晰。高21厘米（图八）。

双垂髻俑　2件。标本 M1：10，发中分，梳双垂髻，上穿粉红色交领窄袖襦，肩披橘红色短帛，下着黄色曳地长裙，拱手立地。该俑凤眉细目，高鼻小嘴，面容和蔼。高17厘米（图九）。标本 M1：11，头梳双垂髻，上穿粉红色交领窄袖襦，肩披铁锈红色短帛，下着橘红色曳地长裙，拱手立于地上。该俑浓眉大眼，小嘴微启，神情稍为严肃。高16.5厘米（图一〇）。

编发女俑　1件（M1：12）。发中分，于耳际向后编发，身穿黄色团领窄袖袍，腰系黑带，下着裤和黑靴。该俑低眉善目，小嘴微撅，似喜又忧。高19厘米（图一一）。

男乐俑　3件。标本 M1：13，头戴黑色幞头，上穿白色团领中袖袍，下似着裤、黑靴，盘坐于橘红色椭圆底座上，正眯眼吹笛，鼻头很大。高8厘米（图一二）。标本 M1：14，饰物和神情相似，唯袍为绿色。高7.5厘米（图一三）。以上两俑的幞头均为武家诸王样。标本 M1：15，头戴黑色幞头，身穿橘黄色交领窄袖襦，外罩铁锈红色翻

图二　兽首镇墓兽（M1∶1）

图三　武士俑（M1∶3）

领半袖袍，下着裤和黑靴，盘坐于橘黄色椭圆底座上，腿上放一绿色腰鼓，边拍边唱。该俑浓眉，凸眼，高鼻，嘴上有一字胡须，嘴下连鬓络腮胡。高8厘米（图一四）。

女乐俑　1件（M1∶16）。头梳双垂髻，上穿橘黄色交领窄袖襦，外罩白色交领半袖，下着绿裙，足着黑靴，盘坐于橘黄色椭圆底座上，正神情贯注击打节板。俑黑眸明亮，红唇微张。高8厘米（图一五）。

图四　牵马俑
（M1∶4）正、背面

图五　牵马俑
（M1∶5）正、侧面

马　2件。标本M1∶17，白马勾首，扬脖，大眼，嘴微张，分缨，剪鬃，背置鞍鞯，平臀，束尾，四肢直立于底板上。络头、攀胸、鞦一应俱全，革带共饰14枚杏叶，涂橘黄彩。鞍鞯做工较精，鞍前有蹬，鞍后五鞘，鞍面雕饰粉红色云纹，鞯面上部饰橘红色云纹，下部饰黑色菱纹。高30、长31厘米（图一六）。标本M1∶18，白马体形同前，但额头垂缨，披鬃，络头、攀胸、鞦上饰14枚忍冬形杏叶，鞍上搭一条又宽又长的橘黄色锦袱，中饰粉红色卷云纹。长30、高31厘米（图一七）。

图六　牵马俑
（M1∶6、M1∶7）

图七　幞头俑
（M1∶8）正、背面

骆驼　2件。标本M1∶19，昂首，扬脖，大眼，抿嘴，双峰凸起，背置橘红色云纹毯，尾摆于右臀，立于长方形底板上。该驼形体高大，身体大部分施黄彩，鬃、垂胡、双峰、前腿上部、腹中部、四蹄施铁锈红彩。彩与花纹多脱落。长29、高36厘米（图一八）。标本M1：20，器形同前。双峰间毯上置货架，上搭虎头驼囊，囊旁悬瓶、束丝、鸡、兽腿等。长28、高38厘米。

羊　2件。合模制成，大小相同。标本M1：21，昂首、平背、截尾，四肢蜷曲于长方形底板上。抿嘴、弯角、小耳，下肢较细。体饰黄彩，背和腹部有黑斑。长10、高6.5厘米（图二〇：4）。

猪　2件。合模制成，大小相同，均为野猪。标本M1：23，肩高臀低，小尾摆于左臀，四肢曲卧于地。长嘴、小眼、尖耳、长鬃。体涂黑彩。长10.5、高5厘米（图二〇：1）。

狗　2件。合模制成，似为宠物狗。短嘴、大耳、小眼、秃鼻，脖戴项圈，四肢匍匐于底板上。标本

图八　倭堕髻俑（M1：9）正、侧面

图九　双垂髻俑（M1：10）正、背面

图一〇　双垂髻俑（M1：11）正、侧面

图一一　编发女俑（M1：12）正、侧面

图一二　男乐俑（M1：13）正、侧面

图一三　男乐俑（M1：14）正、背面

M1：26，长9、高3厘米（图二〇：2）。

鸡　1件（M1：27）。合模制成，公鸡。尖喙，高冠，长尾，雄立于地。羽毛刻划而成，体饰黄彩。长10、高8厘米（图二〇：3）。

灶　1件（M1：28）。梯形台体，正面设半圆形灶门，上有山形挡烟墙，灶面中部一锅盖，锅隐不见，锅后有长方形低矮挡烟墙。通体涂黄彩，灶门上方和锅盖均涂橘黄彩。长5.5、宽4.5、高3.5厘米（图二一：2）。

井　1件（M1：29）。梯形台体，井框置于井壁之上，框的榫卯相接处有圆形铆钉，不太清晰。井壁涂黄彩，井的四角涂橘黄彩。井口边长5、底边长6、高3.5厘米（图二一：3）。

碓　1件（M1：30）。由底板与碓柄组成。底板呈抹角长方形，头端设圆臼，臼面亦呈圆形，中部为支架，尾端设长方形碓垫。碓柄头圆尾方，碓杵陷于碓臼中。碓面涂橘红彩。长12、宽3.5、高2.5厘米（图二一：1）。

牛车　1件（M1：31）。由牛与车组成。牛抬首，弯角，小耳，圆眼，嘴微张，短脖，垂胡较宽，肩肉凸起，平背，长尾甩于右臀，立于长方形底板上。长18、高13厘米。车箱分为前、后舆，卷棚，两端略翘，前舆车辀、车栏以橘红彩画出，车辀顶饰泥钉，以

图一四　男乐俑（M1：15）正、侧面

图一五　女乐俑（M1：16）正、侧面

图一六　陶马（M1：17）

图一七　陶马（M1：18）

图一八　陶骆驼（M1：19）

图一九　三彩盘（M1：40）

图二〇　陶动物

1.陶猪（M1：23）　2.陶狗（M1：26）　3.陶鸡
（M1：27）　4.陶羊（M1：21）

图二一　陶模型

1.陶碓（M1：30）　2.陶灶（M1：28）　3.陶井（M1：29）

图二二　陶牛车（M1：31）

示軨为圆柱。后舆右后侧留门。车轮牙宽毂大，车辕及轴均无存。车长23、宽13.5、高18
厘米，轮径15厘米（图二二）。

陶罐　5件，釉色有绿、白、黄、蓝。标本M1：32，盖，子口，平折沿，圆唇，弧
顶，顶中一宝珠纽。罐为侈口，卷沿，圆唇，束颈，近平肩，鼓腹，下腹弧内收，平
底。盖与器身大部施绿釉。口径11.8、腹径18.8、底径9.8、通高18厘米（图二三：1）。
标本M1：34，器形同前，体施白釉，口沿及肩、腹部有条状蓝釉，白釉多脱落。口径
11.5、腹径19、底径10、高14厘米（图二三：2）。标本M1：35，器形同前，施白釉。
口径14、腹径23、底径11、高18厘米（图二三：3）。标本M1：36，仅见罐盖。子口，
平折沿，圆唇，弧顶，顶中一宝珠纽、纽尖残。盖顶及折沿底面施蓝釉。直径13、子口
径10、高4厘米（图二三：5）。另有一件黄釉罐盖（M1：37），形制同前，盖顶及折沿
底面施黄釉，底面黄釉上点施蓝釉。直径14、子口径10、高4厘米（图二三：4）。

塔罐　2件，已破碎，无法修复。标本M1：38，盖呈塔刹状，底径8.5、高7厘米。
座为平顶，喇叭状。顶径8.7、底径15.7、高13厘米。

图二三　陶罐
1. M1：32　2. M1：34　3. M1：35　4. M1：37　5. M1：36

图二四　铜镜（M1：41）

三彩盘　1件（M1：40）。敞口，卷沿，圆唇，浅弧腹，平底，三爪足。内底模印出雁、云、莲叶组成的宝相花。雁为黄首、黄颈、黄膀、黄尾，白羽，展翅翱翔在白云缭绕的青天上。天外八朵蓝缘褐心的云朵，再外为八朵莲叶，叶梗、底面饰绿釉，叶面蓝缘褐心。盘内、外腹壁、内底均施白釉。口径29.3、底径24、高5.6厘米。盘内放置9件小盏，侈口或敛口，卷沿，圆唇，弧腹，圜底，平底假圈足，内、外壁施白釉。口径5～6厘米，圈足径3、高3.5厘米（图一九）。

（二）铜器

铜镜　1件（M1：41）。圆形。窄平缘，薄胎，内外区以一周联珠纹凸棱作为界格。内区兽纽，似一匍匐的有尾蟾蜍，周围5个瑞兽作各种腾跃状，其外为10串葡萄。外区内侧有21串仰枝、垂枝葡萄，枝叶间穿插有8只各种姿势的长尾雀，或振翅欲飞，或口衔穗实，或驻足观望，其外为一周小云朵。直径13.5、缘厚1.2厘米（图二四）。

（三）墓志

墓志一合，青砖制成，平面近方形，由志盖与志砖组成。其中志盖为盝顶，长30.7、宽31、厚5.5厘米，略显粗绳纹。背面浅刻界格，楷书，周边脱字较多。15行，满行14字。志砖长30.5、宽31.3、厚5.7厘米。13行，满行13字（图二五）。

志砖文字如下：

　　大唐故文林郎史部常选潘君□夫人祁氏墓志铭并序
　　夫人发系太原，尧之后也。祖让□，任郑州司马。父崇周，任沁州延双府左果毅，上柱国。夫人天纵聪□，风规孔硕，母仪延秀，女德孤奇。操怀松竹，对寒雪而逾青；质蕴珪璋，入缁泥而转白。一适潘门，七行无□，中外把其芳规，亲族资其乐只。往属金夫早丧，誓柏舟以自明，王□孤茕，想慕义而茹痛。嗟呼，报施匪实，遘殁于

志砖　　　　　　　　　　　　　　志盖

图二五　墓志（左）和墓志盖

□□□□鹊之能□□□□□□，春□□□□三，以□

志盖文字如下：

□□□元十六年岁次戊辰二月□□一□戊辰□□河南□巩县南□□□□□于是□
里□□□□。停歌远□，□之伤思。小大于焉，潜泫爰穷。卜兆未□，祔于潘君。权
以卒月□日甲申，殡于巩县西原。茔启青乌，坟摽白鹤。陵谷□迁，芳声可纪。乃为
铭曰：

狋钬令室，徽音孔袟。德既具四，符乃迁七。乐而后笑，言不妄出。冰镜清心，
霜松表质。其一。

彼美威仪，俨乎若思。唯言是□，非□勿依。道飚易截，川水难追。凡百临□，
胡谁不悲。其二。

嗟嗟彼苍，胡能忍□。□□宜□，何官□藏。式铭幽□，终古□□。

三、结语

（一）年代

M1出土一合砖志，虽然字迹漫漶，经辨识志盖，有"□□□元十六年岁次戊辰二
月"，查有唐一代戊辰年共有四个，分别是668年、728年、788年、848年，而728年

为开元十六年，788年为贞元四年，而贞元十六年为庚辰年，所以，此墓的年代只能是开元十六年，即公元728年。

（二）墓主身份

墓主祁氏的丈夫是九品文散官，自己的祖、父辈也当过中下级官吏。因此，祁氏生活在殷实之家。不幸夫婿早亡，又没留下一儿半女，而更为不幸的是，从"报施匪实"一词来看，祁氏卒时岁数似乎也不大。由于祁氏天资聪慧，女德大方，能秉持节操，得到邻里与亲族的尊重，所以死后也得哀荣，墓中随葬器物多且制作精美，即是表现之一。

（三）器物风格

M1随葬器物根据其功用可分为神器类、侍俑类、家用类、器皿类四种。其中神器类器物因文、武官俑缺失而数量最少。侍俑类器物数量庞大，除了一般的男女侍俑、马俑、驼俑，还有一套牛车、一组乐俑。牛车在唐墓中较少出现，乐俑更是罕见，说明墓主人不仅有较高的身份，而且很有品位，而乐俑身材偏胖，也与其时代相符。家用类随葬品的数量符合常规。器皿类器物除了代表时代特征的塔式罐，还有代表釉色发展方向的绿釉、蓝釉、黄釉罐，其中三彩白盘更有一种说不出的清新别致。此外，瑞兽葡萄镜用料精良，铸造精细，是唐镜中的精品。需要说明的是，墓中陶器除塔罐外，均用陶洗较精的白黏土或泛红白黏土制成，而这一时期随葬品大致相同的墓葬，则有不少器物用泥质红陶制成。从这点来说，该墓墓主的经济能力似乎更强一些，或者说更讲究一些。

另外，此墓正处于唐墓由盛转衰的过渡期，侍俑类器物的个头比盛唐中期（700～720年）的略矮一些。再往后，神器类器物基本绝迹，而侍俑类器物也小得可怜，这在巩义芝田唐墓表现得很明显。开元二十八年（740年）以后，巩义唐墓基本进入无俑时代。

附记：作者单位郑州市文物考古研究院、巩义市博物馆，修复曹蕴琪，摄影陈巍、杨丽。

（原刊于《东方博物》2016年第4期）

巩义恒丰钢缆厂唐墓发掘简报

郝红星　孙角云

2013年9月，巩义市文物局在康店工业园区恒丰钢缆有限公司抢救性清理一座唐墓，编号M13。墓中除了常见的俑类、器皿类随葬品外，还出土五件魌头，这是巩义历年来一次性出土魌头最多的一次，对研究魌头的作用有重要意义。现将出土器物简报如下（图一）。

一、墓葬形制

该墓的发掘资料不慎遗失，根据钻探图纸以及发掘者郜涛回忆，墓葬

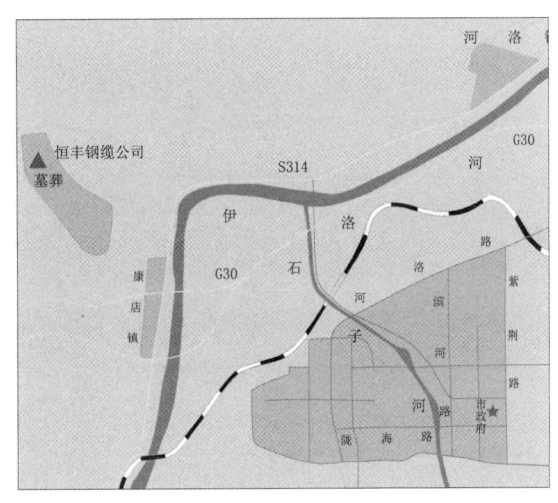

图一　墓葬位置示意图

为半斜坡墓道土洞墓，方向183°，由墓道、甬道、墓室三部分组成。墓道平面呈梯形，南宽0.72、北宽0.8米，南北长4.2米，南端深0.8、北端深3.2米。甬道为方形，拱顶，长0.8、宽0.8、顶高1.4米。

墓室平面呈长方形，拱顶，南北长3.1、东西宽2.4、顶高1.8米。墓室西部置棺，人骨已朽。棺处放置魌头与铜镜，从铜镜的位置来看，墓主人头向朝北。在棺东靠近墓壁的地方，放置陶俑与器皿，自南往北依次是镇墓兽、两个武士俑、牵马俑、马、牵驼俑、骆驼、男女侍俑和陶罐。

二、出土器物

该墓共出土30件器物，按质地分为陶器和铜器种，下面分别叙述。

（一）陶器

出土28件，主要有人俑、动物模型以及器皿。器物除了特别标明胎质外，均为白黏土胎。

镇墓兽　2件。标本4537，人首镇墓兽，独角已失，额顶残留整齐的短发，中型

图二　人首镇墓兽
（标本4537）正、背面

图三　兽首镇墓兽
（标本4536）正、背面

图四　宝髻武士俑
（标本4534）正、背面

耳，下连络腮胡子，浓眉，凸眼，高鼻，红唇微启，唇上八字胡须，肩生分齿羽翼，前肢直立，贴于腹部，无尾，蹄足，蹲于椭圆形中空低台座上。短发、眉、胡、耳背、脑后、台座均涂黑彩，耳内、腹侧、腰背则涂橘红彩。残高29.5厘米（图二）。标本4536，兽首镇墓兽，头顶两尖角高而弯，根部有一宝珠，粗眉，大眼，高鼻，嘴大张，颔下三缕胡须，板鬣，肩生分齿羽翼，其余同前。角、脑后、背、台座背面彩均已脱落，正面的鬣、胸、腿、台座涂黑彩，鬣根、胸腹侧则涂橘红彩。高39.5厘米（图三）。

武士俑　2件。标本4534，宝髻武士俑。发上扰成髻，上卧一朱雀，短方脸，粗眉，大眼，高鼻，抿嘴，唇上下的胡须已不明显，肩披龙首披膊，甲身系索带，下有短蔽膝，甲身下摆饰流苏，内有飘裾衬裙，腿着膝裤，足着靴，左手叉腰，右手握拳上举，脚踩牛头臀尾，牛卧于中空低台座上。雀身、套领、披膊、衬裙均涂橘红彩，索带、臂褠、靴子涂铁锈红彩，雀翅、尾、甲叶、漆裤、牛、台座均涂黑条彩。高46.2厘米（图四）。标本4535，宝顶盔武士俑。头戴宝顶盔，上卧一朱雀，宝顶与雀尾均失。俑的姿势、服饰同前，涂彩也大体同前。残高44厘米（图五）。

牵马俑　2件。形象、服饰、姿势相同。头戴黑色幞头，身穿翻领窄袖袍，腰束黑带，下着裤、靴，两手握拳于胸部，呈握缰绳状，立于方形底板上。标本4529，铁锈红袍，橘红色翻领，黑靴。高23.1厘米（图六：左）。标本4530，白袍，橘红色翻领，黑靴。高23.4厘米（图六：右）。

牵驼俑　2件。形象、服饰、姿势均相同。头发中分，下挽成辫，身穿白色翻领窄袖袍，领口橘红色，腰束黑带，下着裤，足着黑靴，两手握拳于胸部，做握缰绳状，立于方形底板上。标本4531，高21厘米（图七：左）。标本4532，高22.3厘米（图七：右）。

图五 宝顶盔武士俑
（标本4535）正、背面

图六 牵马俑（左：标
本4529、右：标本4530）

图七 牵驼俑（左：标
本4531、右：标本4532）

图八 倭堕髻俑（标
本7980）正、背面

图九 辫发女俑（标
本7979）正、背面

图一〇 倭堕髻俑（标
本4533-1）正、侧面

倭堕髻俑 3件。标本7980，头梳倭堕髻，身穿白色翻领窄袖襦，领橘红色，下
束白裙，足尖微露。高14.4厘米（图八）。另外两件形象、姿势、尺寸相同，服色不
同。头梳倭堕髻，身穿翻领窄袖开襟短袍，内着右衽低胸窄袖襦，下束高腰曳地长裙，
足掩于裙内，垂手而立。标本4533-1，长袍橘红色，裙子白色。高12厘米（图一〇）。
标本4533-2，长袍白色，裙子橘红色。高12厘米。

辫发女俑 1件。标本7979，发中分，下挽成辫，身穿白色团领窄袖袍，腰束黑
带，下着裤、黑靴，拱手立于方形底板上。高17.8厘米（图九）。

无头女俑 1件。标本7784，上窄窄袖襦，肩披长帛，下束曳地长裙，足掩于裙
内。残高6.5厘米。

马 2件。青灰黏土胎，体涂铁锈红彩。勾首、扬脖、小耳、大眼、张嘴、分缨，鬃
部成沟槽状，背置简洁鞍鞯，翘臀，尾巴缺失，四肢直立于底板上。标本4538，红彩一

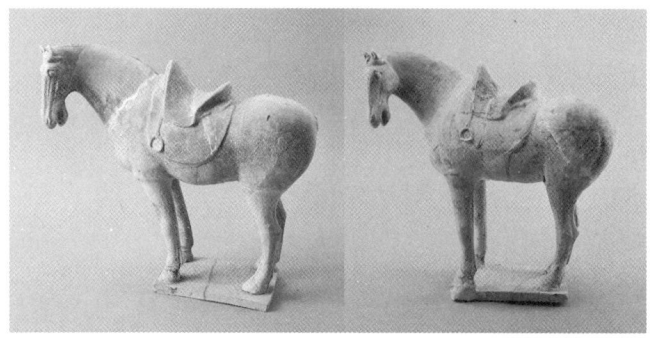

图一一　陶马（左：标本4538、右：标本7783）

图一二　陶驼（标本4540）

图一三　陶驼（标本4539）

图一四　陶猪（标本7981）

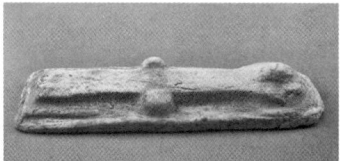

图一五　陶碓（标本7785）

侧脱落。长36.2、高31.2厘米（图一一：左）。标本7783，长36、高34厘米（图一一：右）。

驼　2件。青灰黏土胎，体涂红彩。昂首，扬脖，小耳，大眼，嘴大张，双峰凸起，背置椭圆毯子，所饰橘红色云纹多脱落，尾摆于右臀，四肢直立于长方形底板上。鬃留得特长，垂胡修剪过短，鬃、垂胡、峰均涂铁锈红彩，脖、腿上部、腹涂有铁锈红条彩与圆斑。标本4540，长29.3、高38.2厘米（图一二）。标本4539，长29、高38.5厘米（图一三）。

猪　1件。标本7981，抿嘴，梭形眼，小耳，肩高臀低，小尾甩于左臀，四肢卧于地。体施黑彩，多脱落，嘴、眼、耳均涂橘红彩。长10.3、高5.2厘米（图一四）。

碓　1件。标本7785，由底板与碓柄组成。底板呈抹角长方形，头端设圆臼，臼面呈圆形，中部为矮支架，尾端设长方形碓垫。碓柄头圆尾方，碓杵陷于碓臼中。碓面涂橘红彩，顶面多脱落。长10.4、宽3、高.5厘米（图一五）。

磨　1件。标本7786，由上扇与底座组成。上扇做出圈粮的一周凸棱，内涂橘红彩表现两个磨眼，圈外涂黑条彩表示磨齿。直径5.6厘米，高2.5厘米。

井　1件。标本7787，梯形台体，井框置于井壁之上，井框榫卯相接处有圆形铆钉。井框及四角涂橘黄彩。底边长4.8厘米，高3厘米。

塔罐　2件。泥质灰陶。由盖与罐组成。盖为塔刹状，下有子口，平顶略凹，中为相轮。罐为敛口，卷沿，圆唇，束颈，弧肩，鼓腹，平底略内凹。下腹部有轮制旋痕。标本7788，塔刹七层相轮。口径8.8、底径10、通高33厘米（图一八：左）。标本

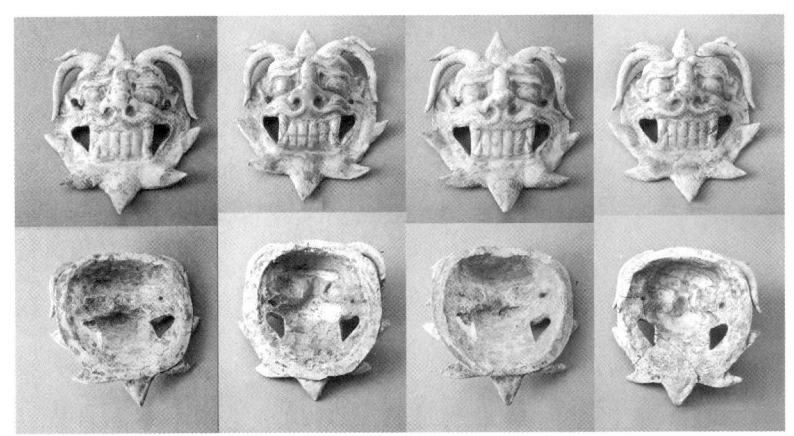

图一六　陶魁头（标本 4511-1～4511-4）

图一七　陶魁头（标本 4511-5）正、背面

7790，塔刹五层相轮。口径 8、底径 10、通高 35.4 厘米（图一八：右）。

魁头　5 件。标本 4511-1～4511-4，形制一样，较小（图一六）。头顶两弯角，根部有枝角，角下垂较甚，角间竖一缕三角形额发，横眉，臣字目，喇叭形小耳，猪形鼻，大嘴裂张，中部獠牙对出，门齿横竖，嘴角两缕倒须，颌下三缕胡须。耳内、眼眶、鼻孔、唇周均涂橘红彩，额发、胡须先涂黑条彩以示毛发，再涂橘红彩。高 27.5、宽 25.5、厚 9.5 厘米。标本 4511-5，与前 4 件相似，唯弯角向外展开，腮旁做出两腿，四爪突于面部。高 30.9、宽 40.2、厚 10 厘米（图一七）。

图一八　陶塔罐
（左：标本 7788、右：标本 7790）

2. 铜器

铜镜　1 件。标本 4513，八瓣菱花形，窄平缘，圆钮，无座。镜背有一矮凸棱，将镜分为内外两区。其中内区有五朵菱形宝相花，间以四朵小云，宝相花中心一点为花蕊，四圆花瓣，再外为菱形花瓣及叶；外区饰四蜂、四花，两花处于含苞期。直径 11.8、缘厚 0.4 厘米（图一九）。

图一九　铜镜（标本 4513）

铜钱　2 枚。标本 7789，开元通宝钱，锈蚀严重。钱文特征难辨。直径 2.4 厘米。

三、结语

（一）墓葬年代

恒丰钢缆厂 M13 的神器类器物有镇墓兽、武士俑，而没有文武官俑，侍俑类中有牵马俑、编发俑、倭堕髻俑，这表明它的年代应在722年之后，参考722年偃师杏园卢氏墓[1]、公元728年巩义祁氏墓[2]出土器物，M13的年代更接近祁氏墓。祁氏因是下级官员的家属，随葬品比较讲究，像乐俑、三彩盘、绿釉罐都是M13没有的，两匹马也做得比较精致。M13的器物稍显粗糙，但并不代表其年代就比祁氏墓晚，相反，有可能略早于祁氏墓，因为730年后的陶俑多系红陶制做[3]。综上所述，我们推测M13的年代在725年前后。

（二）器物风格

M13的器物非常具有时代特征：镇墓兽为低台座，翼为分齿羽翼，兽首镇墓兽角较高，顶端向内拐，有两角欲交的味道；武士俑身材中等，头部仍有朱雀，脚踩卧牛；文武官俑消失；牵马俑的幞头巾子完全蹓倒，牵驼俑为胡相的编发俑，颇似女相；马的身躯略长，勾首不明显，驼的鬃宽大，垂胡剪得较短；倭堕髻俑穿开襟袍，这种形象还是首次见到。

M13出土了5件魌头，与巩义过去发现的魌头多有不同。这5件魌头形象较为一致，大的一件面部有爪，看上去更威武些；小的四件腮部有髭，看上去比较可爱。根据魌头遗落的位置，大的应当固定在棺的前挡板上，小的应该固定在两侧的棺板上，每侧两件。魌头的耳根各有一根残存的铁钉，这是魌头固定于棺板上的明证。过去一般认为，魌头是古人表演傩戏时蒙于面的面具，但是《隋书·礼仪三》有"四品已上用方相，七品已上用魌头"的记载，只是没有言明方相、魌头用于何处。M13虽然不能确定是官员，但魌头固定于棺板上却是明确无疑的，这表明，魌头在墓里的作用还是驱除害人鬼怪，保护墓主的魂魄不受侵害。

▌注释

［1］中国社会科学院考古研究所：《偃师杏园唐墓》，科学出版社，2001年。

［2］郑州市文物考古研究院、巩义市博物馆：《巩义站街镇王沟村唐墓》，《东方博物》2016年第4期。

［3］a.洛阳市文物工作队：《洛阳龙门张沟唐墓发掘简报》，《文物》2008年第4期；b.洛阳市文物工作队：《唐睿宗贵妃豆卢氏墓发掘简报》，《文物》1995年第8期；c.洛阳行署文物处、偃师县文管会：《偃师唐李元璬夫妇墓发掘简报》，《中原文物》1985年第1期。

（原刊于《古都郑州》2017年第3期）

河南巩义二纸厂唐墓发掘简报

宋奇　　孙角云　　郝红星

　　1995年5月，巩义市文物保护管理所（简称"文管所"）在伊洛河与陇海铁路交界处的巩义二纸厂抢救性清理了两座唐墓（图一），其中M1出土器物可分为神器类、侍俑类、家用类、器皿类四种，神器类器物中不见镇墓兽、武士俑，却又出土墓龙、地吞这两种在河南罕见的具有神器性质的器物。现将M1发掘情况简报于下。

一、墓葬形制

　　M1的发掘资料在文管所迁址过程中遗失。据发掘者张毅海、杨明权回

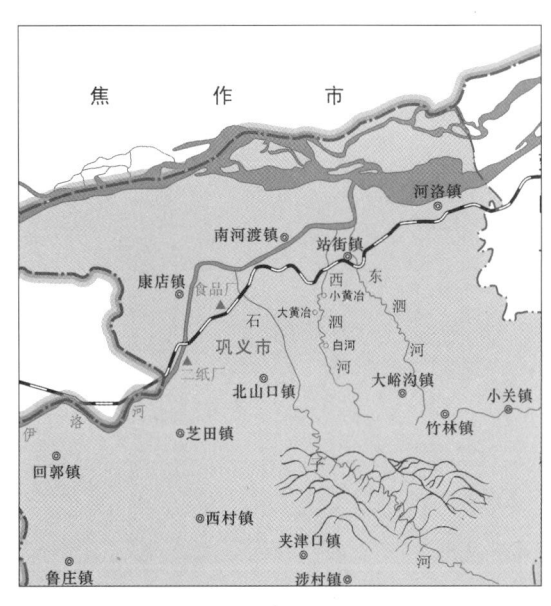

图一　墓葬位置示意图

忆，M1与M2均在巩义二纸厂的南院墙附近，两墓相距10米。M1为斜坡墓道的单室土洞墓，深约4米。墓道宽0.8米，仅清理一部分。墓道北为甬道，宽0.8米，顶高1米。墓室长方形，东壁与墓道东壁在一条线上，长不足2.5米，宽2米，顶高约1.6米。墓室西部置棺，仅见人骨痕迹及棺钉，东部放置器物，墓龙在最前边，地吞在东北角，其余器物放在中间。

二、出土器物

　　M1共出土28件器物，质地有陶、瓷、铜、铁四种，下面分别叙述。

（一）陶器

　　陶器17件，除了神器类的文官俑、墓龙、地吞、观风鸟，还有男侍俑、女侍俑、马、骆驼、牛、羊、狗、鸡等。

　　文官俑　　1件（M1：1）。头戴进贤冠，大耳圆脸，眉清目秀，身穿左衽阔袖襦，腰束

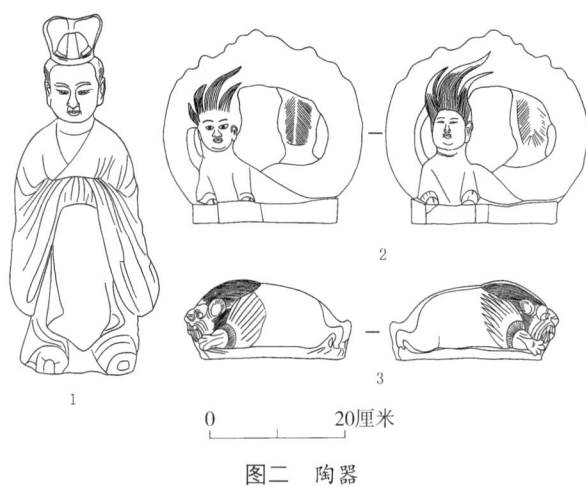

图二　陶器

1.文官俑（M1：1）　2.墓龙（M1：2）　3.地吞（M1：3）

图三　陶器

1.男侍俑（M1：5）　2.侏儒俑（M1：10）　3、4.女侍俑（M1：6、M1：7）

带，下着曳地裙，腹前腰带上垂宽大蔽膝，后背腰带上垂挂一打结的锦带，足着云头履，拱手而立。高52厘米（图二：1、图六）。

墓龙　1件（M1：2）。由匍匐在底板两端的男女二俑组成。两俑均作人首蛇身，胸部以上抬起，曲臂支地，手仅做出轮廓。两人的蛇身从背部拱起，相会于空中，顶端呈锯齿状。男俑发分四缕，脑后拢发，弯眉，凸眼，高鼻，高颧骨，嘴微张，身略左倾。女俑发分三缕，飘洒飞扬，面如满月，丰唇，容貌清秀。高28、宽30、板厚15厘米（图二：2、图一〇、图一一）。

地吞　1件（M1：3）。外形既像狮子又像猪，伏卧在空心底板上。低首，弓背，肥身，敛臀，垂尾。短吻，小耳，突眉，圆睛，塌鼻梁，宽鼻翼，6颗上齿短宽而齐，10颗下齿长如戟林。前腿短粗前伸，肘以上刻划出羽翼，颈部有细而长的鬣毛，后腿蹬地。长25、宽15.5、高11.5厘米（图二：3、图一二）。

观风鸟　1件（M1：4）。仅余头部。人面鸟喙，发上拢，于头顶梳成三角髻。圆眼，环眉，勾喙，喙根有两片飞羽延至颊部。残高8.3、宽5.7、厚6厘米（图四：2、图一三）。

男侍俑　1件（M1：5）。头戴幞头，方脸，弯眉，圆眼，悬鼻，小嘴，唇上有髭，络腮胡须。内着团领中单，外着翻领窄袖袍，腰束带，前襟掖于腰间，下穿长裤，着高腰靴，拱手立于方形底板上。俑的手中原抱持有物。高43厘米（图三：1、图七）。

女侍俑　3件。标本M1：6，头梳半翻髻，低头，宽额，眯眼，直鼻，小嘴。身穿团领中单，外穿右衽阔袖襦，腰束带，下束曳地长裙，腿间飘长带，足着云头履，左手捂腹，腹部鼓起，右臂下垂，袖端似有一红色香囊，右足向前。腹部一孔，左手原应持物。残高26.5厘米（图三：3、图八）。标本M1：7，容貌、服饰、举止同前，唯细节略有不同，系脱模造成。浓眉、腮红、口唇尚留，背后墨书"秋月"二字。高26厘米（图三：4、图九）。标本M1：8，发顶罩一巾子，巾子背后有孔。身穿右衽襦，腰系带，下束裙，左臂残缺，右手搭一束巾，腹以下残。

女坐俑　1件（M1：9）。头梳低髻，圆胖脸，低眉，小眼，蒜头鼻，抿嘴。身穿交领无袖襦，曳地长裙用宽带束于胸下，臀后另有细带勒住蓬松的裙，鞋尖微露。膝盖弯曲蹲于地，头前倾，右臂残，左臂扶于腿侧。高15.8厘米（图四：1、图一四）。

侏儒俑　1件（M1：10）。头戴幞头，大眼，蒜头鼻。身着窄团领偏襟窄袖袍，腰束带，下着裤、靴，左手握拳于胸部，右臂下垂。高17.8厘米（图三：2）。

马　1件（M1：11）。仅余腹和四肢碎片。

骆驼　1件（M1：12）。仅余前腿及臀部，臀部残留货架以及束丝，尾巴甩于右臀。

牛　1件（M1：13）。伏首，缩肩，收臀，四肢蜷曲，卧于底板上，尾置于右侧。牛佩络头，耳、眼、鼻、嘴、四肢和尾巴刻划得较细致。长22、宽13、高8厘米（图五：1、图一六）。

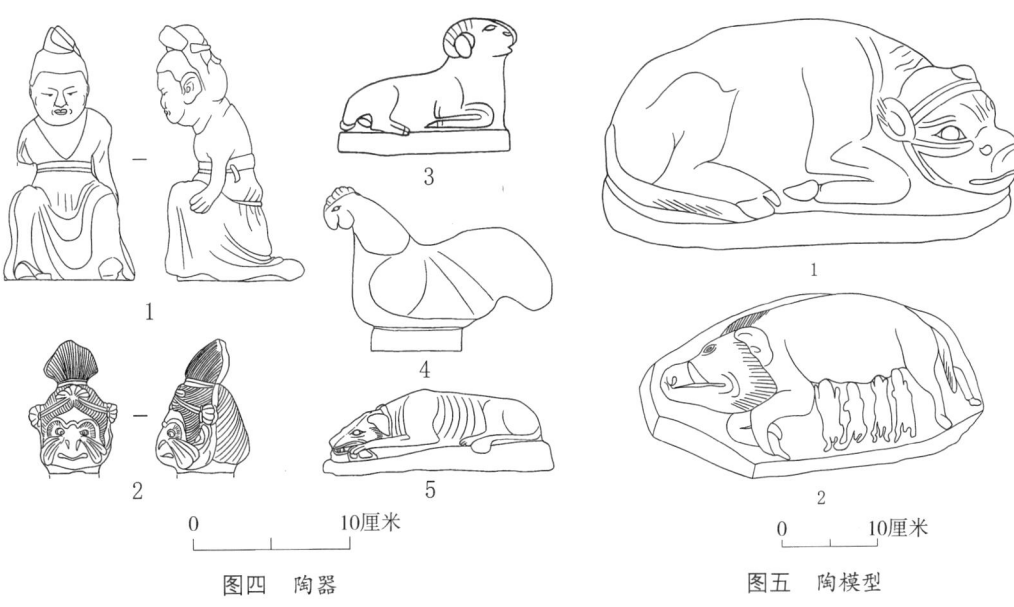

图四　陶器

1.女坐俑（M1：9）　2.观风鸟（M1：4）　3.羊（M1：14）
4.鸡（M1：17）　5.狗（M1：16）

图五　陶模型

1.牛（M1：13）　2.猪（M1：15）

图六　文官俑（M1∶1）
及其背面

图七　男侍俑
（M1∶5）

图八　女侍俑
（M1∶6）

图九　女侍俑（M1∶7）
及其背面

图一〇　墓龙（M1∶2）正面

图一一　墓龙（M1∶2）背面

羊　1件（M1∶14）。大卷角，小耳，圆眼，嘴微张，四肢蜷曲，小尾甩于右侧，臀下露出蛋囊，昂首盘坐于底板上。长11.6、高8.4厘米（图四∶3、图一七）。

猪　1件（M1∶15）。子母猪。母猪侧卧于底板上，垂耳，睁眼，闭嘴，獠牙伸出，颌下、肩部鬃毛浓密，前腿蜷曲，后腿分开，尾垂于后腿间。腹下四只猪仔正在吸食母乳。长18、宽11厘米（图五∶2、图一八）。

狗　1件（M1∶16）。身体弯曲，龇牙咧嘴，圆眼，奓耳，四肢伏卧于底板上，尾置于左侧。颈有项圈，身上肋骨毕现，前爪下有一块肩胛骨。长14.7、高5.3厘米（图四∶5、图一九）。

鸡　1件（M1∶17）。勾喙，圆眼，低冠，颈下有肉垂，颈羽、翼羽呈圆盘状，翘尾，方柱足低矮。长14.6、高10.2厘米（图四∶4、图二〇）。

（二）瓷器

瓷器4件，种类有罐、

盘等。

罐　3件。形制相同。侈口，翻卷沿，圆唇，束颈较高，弧肩，鼓腹，平底略内凹。标本M1∶18，口沿至上腹部施白釉，中腹以下露胎。口径8.5、腹径21.6、底径10.5、高30.3厘米（图一五、图二二∶1）。标本M1∶19，口沿至中腹施白釉。口径8.6、腹径21.6、底径10.3、高30.6厘米（图二二∶2）。标本M1∶20，口沿至下腹施青白釉。口径9.6、腹径24.8、底径12、高33.8厘米（图二二∶3）。

盘　1件（M1∶21）。侈口，圆唇，浅弧腹，圜平底，假圈足。口沿内外壁施青白釉。盘中放置8个小盏。盏为侈口，沿卷，深弧腹，假圈足。内、外壁均施青白釉。盘口径24.5、圈足径13.4、高4厘米。盏口径5.5、高3厘米（图二一、图二二∶7）。

（三）铜铁器

6件，种类有铜镜、铜带銙、铜钗、铜钱、铁剪等。

铜镜　1件（M1∶22）。圆形。凸缘，薄胎，内、外区以一周凸棱作界格。内区兽纽，四肢匍匐于地，头大尾长。纽周围有6只瑞兽，或腾跃或匍匐，神态各异，其外有10串垂枝葡萄。

图一二　地吞（M1∶3）

图一三　观风鸟（M1∶4）

图一四　女坐俑（M1∶9）及其背面

图一五　瓷罐（M1∶18）

图一六　陶牛（M1∶13）

图一七　陶羊（M1∶14）

图一八　陶猪（M1∶15）

图一九　陶狗（M1∶16）

图二〇　陶鸡（M1∶17）

图二一　瓷盘（M1∶4）

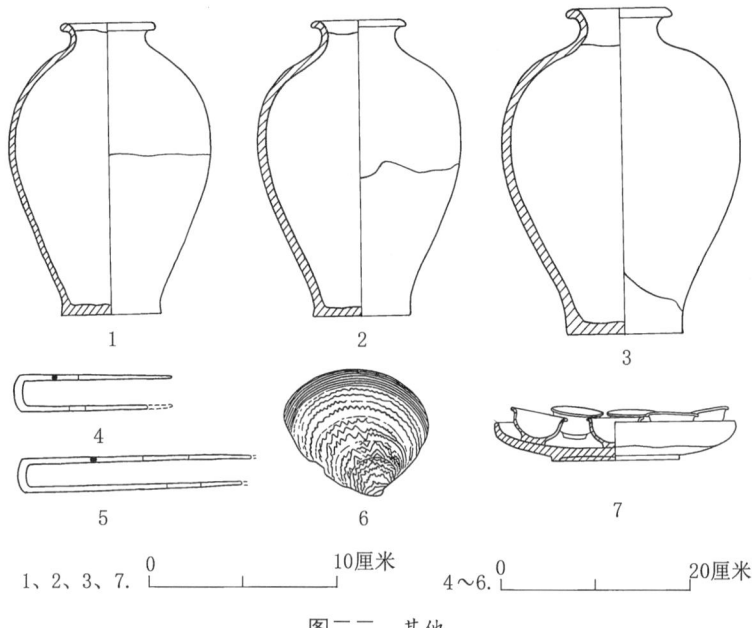

1、2、3、7. 0 ————————— 10厘米　　　　4～6. 0 ————————— 20厘米

图二二　其他

1、2、3.瓷罐（M1：18、M1：19、M1：20）　4、5.铜钗（M1：24、M1：25）　6.蚌
壳（M1：28）　7.瓷盘（M1：21）

图二三　铜镜（M1：22）

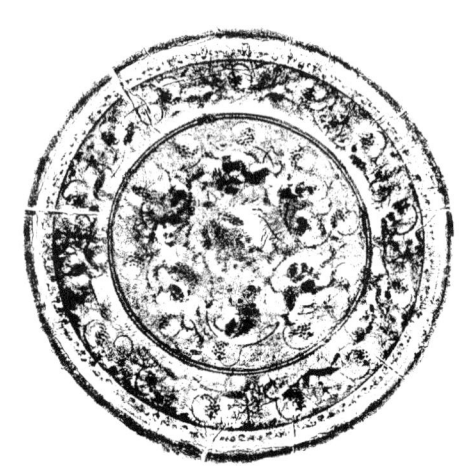

图二四　铜镜（M1：22）拓片

外区内侧有14串垂枝葡萄，枝叶间穿插8只长尾雀、6只短尾雀，其外为一周祥云。直径
13.5、缘厚1.1厘米（图二三、图二四）。

　　铜带銙　1件（M1：23）。仅余铜带扣，由环、轴、针以及夹束皮带的扣片组成。
长4.5、宽3、厚0.6厘米。

　　铜钗　2件。均残，U形。标本M1：24，残长8.6厘米（图二二：4）。标本

M1：25，残长12.6厘米（图二二：5）。

铜钱 5枚。铸造较精，为"武德开元"钱。其中"元"字首划短小，次划左挑；"通"字的"辶"三笔不相连，"甬"头开口较大。直径2.4、穿径0.7、廓宽0.2厘米。

铁剪 1件（M1：27）。双股剪，刀苗呈燕尾形，连接部分呈U形，已残。残长15厘米。

（四）其他

蚌壳 1件（M1：28）。盛装脂粉用，仅余一片，壳的表面有锯齿形生长线。长7.5、宽6.5厘米（图二二：6）。

三、结语

（一）墓葬年代

二纸厂M1没有出土易于断代的镇墓兽、武士俑等神器类陶俑，所出文官俑、男侍俑、女侍俑之形象为巩义唐墓所罕见，马、骆驼又破碎无比，这给我们判断墓葬年代带来了困难。然而，二纸厂M1出土的墓龙、地吞、观风鸟的组合是十分有特色的组合。这种组合在河南仅此一例，在河北有较多的发现，如河北南和东贾郭唐墓[1]、公元688年河北南和郭祥墓[2]、公元688年元氏县吕众墓[3]。在山西也有类似的发现，例如公元676年长治王惠墓[4]、公元689年长治崔挐墓[5]、公元693年长治冯廓墓[6]、公元704年长治王义墓[7]。这些墓大致给出了这类组合的年代。山西的几座墓不见观风鸟，而且墓龙和地吞与二纸厂M1的同类器有较大区别，相反，河北三墓出土的墓龙、地吞、观风鸟，与二纸厂M1的同类器相似度颇高。郭祥墓出土的文官俑进贤冠顶有圆台，衣着上为阔袖襦，下为裙、云头履，与二纸厂M1的文官俑相近。郭祥墓的马奴俑头戴幞头，蓄络腮胡，前襟掖于腰间，靴为锐尖高腰靴，这与二纸厂M1男侍俑相似。综上所述，二纸厂M1的年代可能在公元688年前后。

能与二纸厂M1进行对比的巩义唐墓，只有1992年郑州市文物考古研究所在二纸厂东北2.5公里的巩义食品厂M1[8]。食品厂M1出土的墓龙虽残，但应与二纸厂M1的墓龙同模；食品厂M1所出女坐俑、驮有束丝的骆驼、子母猪、肋骨毕现的狗，也跟二纸厂M1同类器相似。所以，食品厂M1与二纸厂M1的年代相当。

（二）器物风格

二纸厂M1出土的完整俑类和陶模型有文官俑、墓龙、地吞、男侍俑、女侍俑、女坐俑、羊、狗、鸡等，从质地来看，它们都是巩义本地生产的器物，与河北唐墓的同类器物有细微差别。例如，二纸厂M1文官俑为白净面皮，河北郭祥墓文官俑为络腮胡须；二纸厂M1墓龙的拱身上有齿，河北唐墓的墓龙拱身无齿；二纸厂M1女坐俑手无持物，河北呈蹲踞姿势的女俑则多持箕或乐器。此外，二纸厂M1的女侍俑褒衣博带，腹部凸起，不见于其他地区的唐墓；二纸厂M1的鸡足为长方台形足，这在其他地方的唐墓中也没有见到。

二纸厂M1出土的瓷罐、瓷盘、铜镜均为本地产品。其中瓷罐卷沿，束颈较高，腹部鼓大，这种罐在巩义二电厂唐墓[9]有较多出土，其年代在公元650～700年之间。二电厂唐墓出土了两面与二纸厂M1类似的铜镜，其年代为公元670～690年之间。巩义王沟村唐墓[10]也出土了一面相似的铜镜，此墓有明确的纪年（公元728年）。看来，这种铜镜的使用年代在公元670～730年之间。

后记：发掘单位许昌市博物馆、巩义市博物馆、郑州市文物考古研究院，发掘人员张毅海、杨明权，绘图姜战省、郝红星，摄影杨丽。

注释

[1] 辛明伟、李振奇：《河北南和东贾郭唐墓》，《文物》1993年第6期。

[2] 辛明伟、李振奇：《河北南和唐代郭祥墓》，《文物》1993年第6期。

[3] 刘超英、冀艳坤：《元氏县大孔村唐吕众墓》，《文物春秋》1999年第2期。

[4] 长治市博物馆：《山西长治唐代王惠墓》，《文物》2003年第8期。

[5] 长治市博物馆：《山西长治市北郊唐崔拏墓》，《文物》1987年第8期。

[6] 长治市博物馆：《山西长治市唐代冯廓墓》，《文物》1989年第6期。

[7] 山西省文物管理委员会、山西省考古研究所：《山西长治北石槽唐墓》，《考古》1962年第2期。

[8] 郑州市文物考古研究所、巩义市文物保护管理所：《河南巩义市孝北（南）村唐墓发掘简报》，《文物》1998年第11期。

[9] 郑州市文物考古研究所：《巩义芝田晋唐墓葬》，科学出版社，2003年。

[10] 郑州市文物考古研究院、巩义市博物馆：《河南巩义站街镇王沟村唐墓》，《东方博物》2016年第4期。

（原刊于《中原文物》2019年第3期）

巩义二纸厂M2发掘简报

孙角云　　郝红星　　孙六明

1995年5月，巩义市文物保护管理所在伊洛河与陇海铁路交界处的巩义二纸厂抢救性清理了两座唐墓（图一）。两墓并排，时代大致相同，但出土器物多有不同。M1资料已经发表[1]，现在将M2资料整理发表如下。

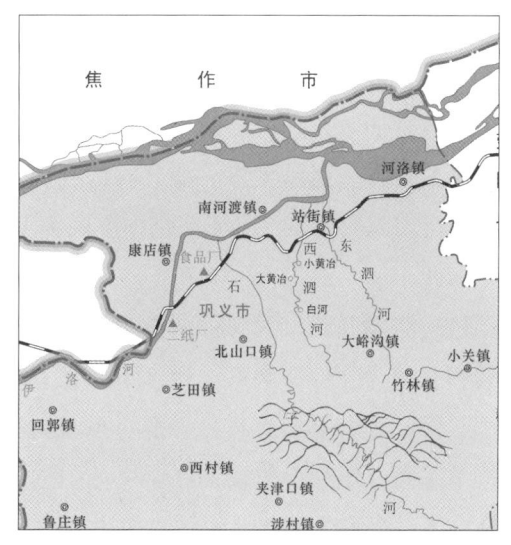

图一　墓葬位置示意图

一、墓葬形制

M2的发掘资料在保管所迁址过程中遗失。据发掘者张毅海、杨明权回忆，M2在二纸厂的南院墙附近，斜坡墓道，宽度不足1米，院墙压在墓道之上，院外墓道未发掘。院内墓道发现一天井，天井北为甬道，宽仅0.7米，顶高1米。墓室长方形，东壁与墓道东壁在一条线上，长不足3米，宽2米，顶高1.7米，墓底距地表约6米。墓室西部置棺，仅见人骨痕迹与部分棺钉，东部放置器物，其中武士俑靠近甬道，人俑、马俑、器皿随后。东壁南端有一个小龛，茶盘放置龛内。

二、出土器物

M2共出土44件器物，质地有陶、瓷、铜器，下面分别叙述。

（一）陶器

分为陶俑、模型和器皿。陶俑主要有镇墓兽、文官俑、武官俑、武士俑、牵马俑、风帽俑、幞头俑、条髻俑、低髻俑，陶模型有马、骆驼、羊、猪、狗、鸡、鸭等。除特别标明胎质外，均用白黏土制成。器皿类主要有家用类陶器、三彩器和砖墓志等。

镇墓兽　2件。标本M2：1，人首镇墓兽。仰面向上，头顶粗弯角，末端呈如意状，粗角根部一小角向前弯曲，脑后有双齿戟，喇叭耳向外伸展，浓眉紧锁，鼻头高翘，嘴紧扰，肩部装饰一对列齿羽翼，前肢直挺，蹄足，后肢蹲坐于中空底座上。角和岩座均涂黑彩，耳、膀、腹、蹄部涂橘红彩，羽翼涂橘红、绿彩云纹，胸部涂彩已脱落。高70厘米（图二：1、图五）。标本M2：2，兽首镇墓兽。平首前视，两角并扰向上，弯曲如钩，前有两小角，脑后有双齿戟，高眉阔嘴，露出满嘴排牙，腮旁短鬣如月牙，下接翼，上连角，羽翼和前肢如前，亦蹲于中空底座上。身上涂彩多已脱落，隐见鬣上绘有细线纹。肩、蹄、胯部原涂橘红彩，底座涂黑彩。高67厘米（图二：2、图六）。

文官俑　1件（M2：3）。粉红黏土胎。头戴进贤冠，圆脸，眉毛高挑，杏圆眼睁，高鼻梁，抿嘴微笑。身穿橘红色交领阔袖襦，外着裲裆甲，下着白裙，腿间长飘带，足着黑色云头履，拱手立于黑色中空底座上。高72.3厘米（图二：3、图七）。

武官俑　1件（M2：4）。头戴红色鹖冠，鹖鸟头昂起。方脸，卧蚕眉，杏眼，短鼻梁，抿嘴，微露笑意。身穿橘红色交领阔袖襦，外着裲裆甲，下着白裙，腿间长飘带，足着黑靴，拱手立于黑色中空底座上。高68.7厘米（图二：4、图八）。

武士俑　2件。标本M2：5，头戴铁锈红宝顶盔，盔的侧沿略翻起，宽扁脸，浓眉搞挑，眼睛凸圆，两腮扯向两边，抿嘴上撅，肩披披膊，着云口套袖、铁锈红闭口式臂韝，甲身上部系胸索，腰索下系长方形短蔽膝，下摆饰流苏。腹部所绘虎首、胯部墨绘甲叶，背部橘红彩已不显。下着白裙，腿间长飘带，足着黑靴。左手撎胯，右手握拳平举，眼向上斜视，立于黑色中空底座上。高71.4厘米（图二：5、图九）。标本M2：6，头戴铁锈红宝顶盔，盔的上沿、侧沿翻起，宽短脸，竖眉，凸眼，抿嘴上撅，身甲、裙、靴同前。胸前两圆护原涂绿彩，腹护呈弯角状，左手撎胯，右手握拳捂于腰部，向前怒视，立于黑色中空底座上。高71.2厘米（图二：6、图一〇）。

牵马俑　1件（M2：7）。头戴黑色幞头，粗眉，凸眼，宽鼻翼，撇嘴，身穿橘红色翻领窄袖袍，腰束细带，系巾，左胯后部系一黑色鞶囊，下着裤、靴，左手握拳于腰侧，右手握拳上举，做握缰状立于长方形底板上，双眼斜视左下方。高32厘米（图三：1、图一一）。

牵骆俑　1件（M2：8）。粉红黏土胎。发中分，下端挽辫于脑后，辫梢自双耳上方垂下，圆胖脸，高鼻深目，眼帘低垂，抿嘴，面相年轻，侧身立于长方形底板上。高31.5厘米（图三：2、图一二）。

风帽俑　1件（M2：9）。头戴风帽，圆胖脸，粗眉小眼，抿嘴微笑。身披翻领窄袖长袍，内着团领窄袖袍，腰束带，下着裙，足着靴，拱手立于地。背上墨书"春保"二字。高22.8厘米（图三：5、图一三）。

幞头俑　3件。头戴幞头，身穿团领窄袖袍，腰束带，下着裤和黑靴，拱手立于底板上。标本M2：10，粉红黏土胎。宽鼻大嘴，容貌丑陋。高26.7厘米（图三：3）。标

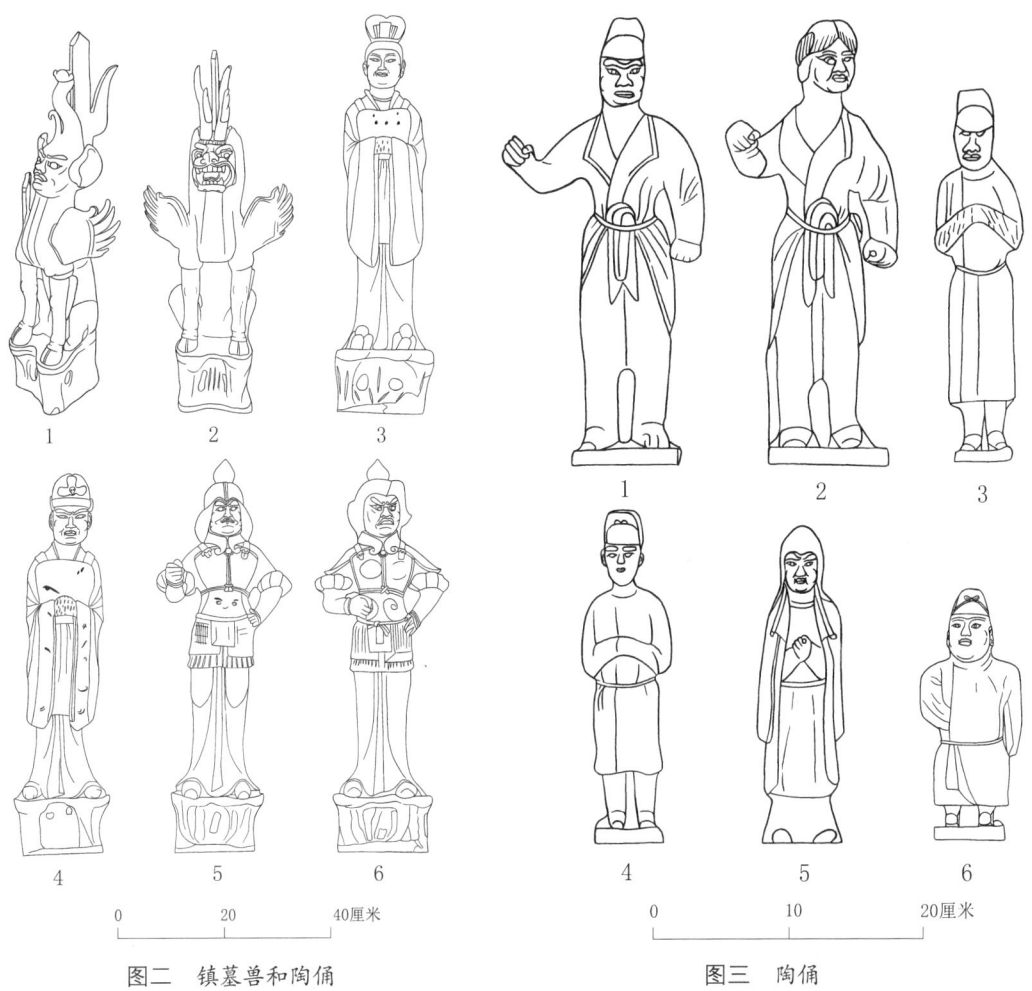

图二 镇墓兽和陶俑　　　　　　图三 陶俑

1、2.镇墓兽（M2：1、M2：2）3.文官俑（M2：3）
4.武官俑（M2：4）5、6.武士俑（M2：5、M2：6）

1.牵马俑（M2：7）2.牵驼俑（M2：8）3、4.幞头俑
（M2：10、M2：11）5.风帽俑（M2：9）6.侏儒俑（M2：13）

本 M2：11，面孔尖圆，袍面涂橘红色。高24厘米（图三：4）。标本 M2：12，眉目不清，面部和袍均涂白彩。高15厘米。

侏儒俑　1件（M2：13）。粉红黏土胎。头戴幞头，脸圆脖粗，小眼，高鼻，抿嘴，下巴上仰，身着团领窄袖袍，下着裤和靴，左手垂于腰侧，右手插于怀中。高19厘米（图三：6、图一四）。

条髻俑　1件（M2：14）。头梳条髻，圆胖脸，眯眼，大鼻头，歪嘴，身穿橘红色翻领窄袖袍，腰束带，下着裤和履，拱手立于底板上。高21.8厘米（图四：1、图一五）。

低髻俑　3件。头梳低髻，身穿交领窄袖襦，外罩半袖，肩披长帛，下束橘红色曳地长裙，足尖微露，拱手立地。标本 M2：15，低首，歪鼻，斜眼，嘴紧抿，一副欲哭无泪的样子。襦、半袖、帔帛均涂白色。高 26 厘米（图四：2、图一六）。标本 M2：16，神态略同前，眉目不清。红襦、红色半袖、白帛。高 26.6 厘米（图四：3）。标本 M2：17，歪首，嘴、眼皆抿，一副冥想的样子。襦和半袖涂红色，黑帛，后背墨书"春花"二字。高 26.4 厘米（图四：4、图一七）。

图四　陶俑

1.条髻俑（M2：14）　2~4.低髻俑（M2：15、M2：16、M2：17）

图五　镇墓兽
（M2：1）

图六　镇墓兽
（M2：2）

图七　文官俑（M2：3）
正、背面

图八　武官俑（M2：4）
正、背面

马　4 件。标本 M2：18，勾首，扬脖，小耳，大眼，抿嘴，分缨，剪鬃，背置鞍鞯，无镫，鞍后墨绘跋尘，臀上墨绘鞦，短尾，四足立于地。长 41.7、高 38.4 厘米（图一八：1、图二〇）。标本 M2：19，勾首，扬脖，尖耳，张嘴，披鬃，背置鞍鞯，上有小镫，鞍后四鞦，束尾，四肢立于长方形底板上。长 50、高 43.7 厘米（图一八：

图九　武士俑（M2：5）
正、背面

图一〇　武士俑（M2：6）
正、背面

图一一　牵马俑（M2：7）
正、背面

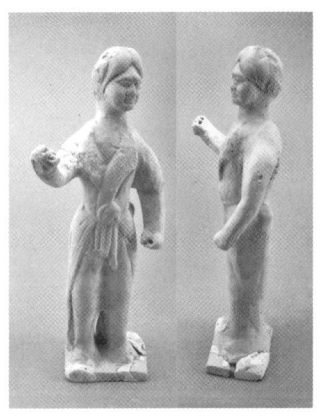

图一二　牵驼俑（M2：8）
正、侧面

图一三　风帽俑（M2：9）
正、背面

图一四　侏儒俑（M2：13）
正、背面

图一五　条髻俑（M2：14）
正、背面

图一六　低髻俑（M2：15）
正、背面

图一七　低髻俑（M2：17）
正、背面

2、图二一）。标本 M2：20，体形同前。双耳，束尾残，剪鬃呈凹槽状，背置鞍鞯，上有橘红色袱。残长 47.4、残高 45.4 厘米（图一八：3、图二三）。标本 M2：21，体形同前。双耳后伏，束尾已失，尻部留一圆孔。橘红色袱于中部松束，遮盖鞯的大部。残长 46.4、残高 46.3 厘米（图一八：4、图二四）。

　　骆驼　2件。标本 M2：22，昂首，扬脖，小耳，大眼，张嘴，垂胡较短，拱背，双峰凸出，背置橘红毯，短尾甩于左臀，四肢瘦长，立于长方形底板上。长 36.6、高 55.8 厘米（图一八：5、图二二）。标本 M2：23，体形同前。背置圆毯，双峰间有虎头驮囊。长 36.2、高 56.2 厘米（图一八：6、图二五）。

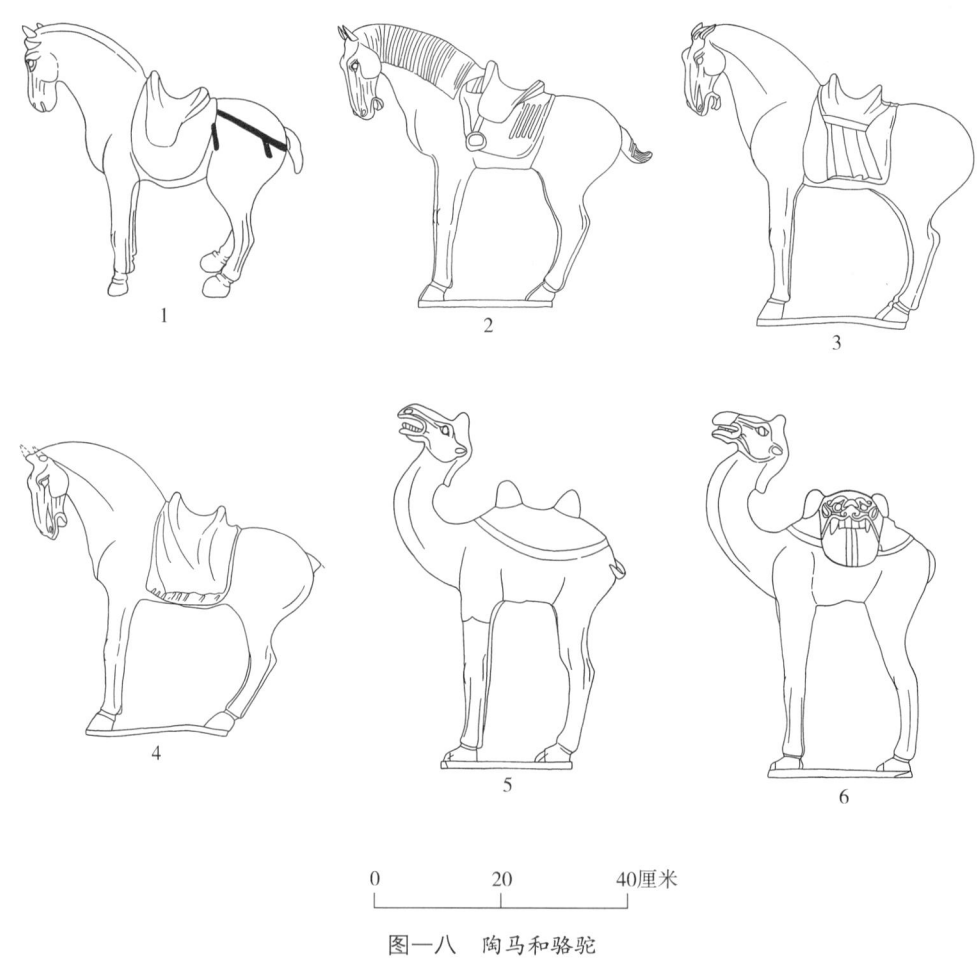

图一八　陶马和骆驼

1～4.马（M2：18、M2：19、M2：20、M2：21）5、6.骆驼（M2：22、M2：23）

　　羊　2件。昂首，弯角，无耳，小眼，抿嘴，小尾，四肢蜷曲于地。标本 M2：24，长 10.9、高 7.6 厘米（图一九：1）。标本 M2：25，长 12 厘米，高 7 厘米。

　　猪　2件。长嘴，尖耳，抿嘴，鬃毛高竖，拱背，小尾甩于左臀，四肢曲卧于地。

标本M2：26，嘴、耳涂橘红彩。长11.8、高5厘米（图一九：6）。标本M2：27，长12、高5厘米。

狗　2件。昂首，尖嘴，搭耳，小眼，拱背，长尾上翘于左臀，前肢直立，后肢蹲于底板上。周身涂黑斑。标本M2：28，腹部有一洞，系胎薄塌落，底板较薄。高11.5厘米（图一九：2、图二六）。标本M2：29，底板前缘较厚，原涂橘红彩。高12厘米。

母鸡　2件。昂首，尖喙，小眼，无冠，颈下有肉垂，颈羽、翅羽刻划不清，翘尾。标本M2：30，眼、尾、足涂黑彩。长9.2、高8.8厘米（图一九：3）。标本M2：31，眼、颈、翅、尾涂黑彩。长10、高9厘米。

鸭　1件（M2：32）。昂首，小眼，扁嘴前伸，脖子较短，肥身，短尾，柱状足。眼涂黑彩，后颈有少许橘红彩。长8、高8厘米（图二七）。

灶　1件（M2：33）。长方体。正面设半圆形灶门，上有山形挡烟墙，灶门上方墨绘火焰，灶面有一圆坑，以示锅。长10、宽6.8、高6.5厘米（图一九：4、图二八）。

井　1件（M2：34）。粉红黏土胎。梯形台体。井口置井框，上有4个方形铆钉。底边长7.2、高4.4厘米（图一九：5、图二九）。

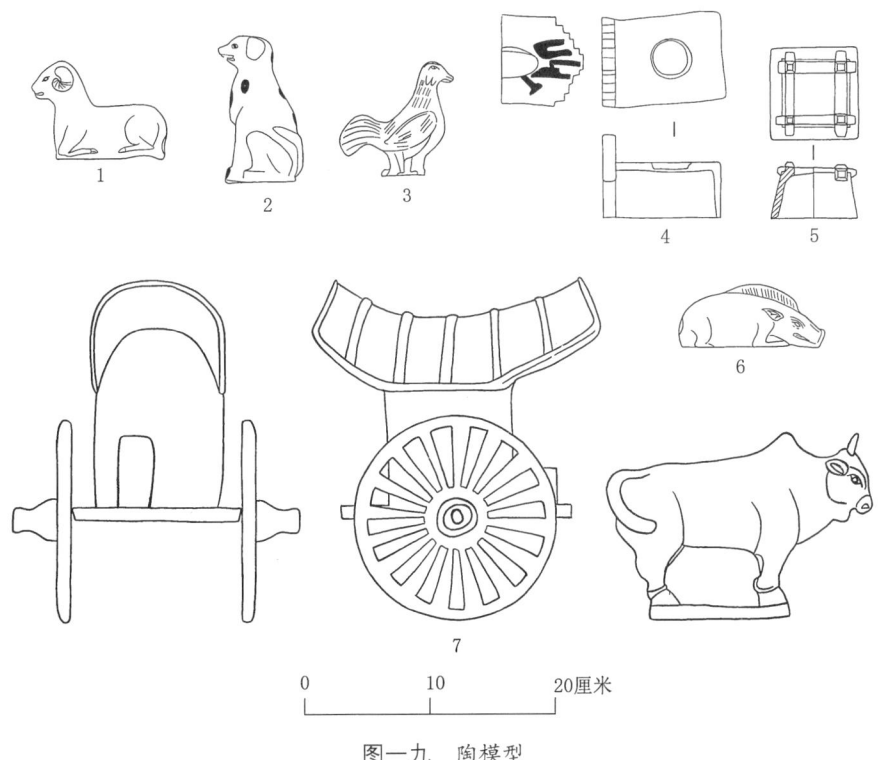

图一九　陶模型

1.羊（M2：24）2.狗（M2：28）3.母鸡（M2：30）4.灶（M2：33）5.井（M2：34）6.猪（M2：26）7.牛车（M2：35）

图二〇　陶马（M2：18）

图二一　陶马（M2：19）

图二二　陶骆驼（M2：22）

图二三　陶马（M2：20）

图二四　陶马（M2：21）

图二五　陶骆驼（M2：23）

图二六　陶狗（M2：28）
正、背面

图二七　陶鸭（M2：32）

图二八　陶灶（M2：33）

图二九　陶井（M2：34）

图三〇　陶牛车（M2：35）

牛车　1件（M2：35）。由牛和车组成。牛伸头，耸肩，平背，尾甩于右臀，四肢粗壮立于地。牛长14.6、高21.4厘米。车轮十六辐，前舆低矮，长方形，后舆高大，上有拱顶棚，两端出檐甚长，左后方有门。长23.2、宽21.2、高26.8厘米（图一九：7、图三○）。

三彩盘　1件（M2：36）。由盘和盘内9个小盅组成。盘为侈口，圆唇，浅弧腹，平底，矮圈足。内、外腹壁施绿、白、酱三釉。盅为侈口，卷沿，圆唇，鼓腹，平底。内壁满施绿、白、酱三釉，外壁施釉至中腹。盘口径24.4、足径11.4、高1.9厘米，盅口径6、足径3.2、高4厘米（图三一：1、图三二）。

三彩钵　1件（M2：37）。敛口，内折沿，方唇，弧肩，鼓腹，平底。外壁沿至中腹施白釉，在白釉上间施纵条状绿、酱釉。口径4.6、腹径10.2、底径4.8、高7厘米（图三一：2、图三三）。

砖墓志　1件（M2：38）。志盖与墓志均为盝顶。志盖篆书，残存"君铭"二字。墓志墨书全失。盖与志均为长37.5、宽36.5、高6厘米。

（二）瓷器

种类有罐、茶碗、灯盏。

罐　3件。标本M2：39，敛口，方唇，斜直领，弧肩，鼓腹，假圈足。肩部对置四系，残失两个。口沿内壁至下腹施青白釉。口径8、腹径22.8、

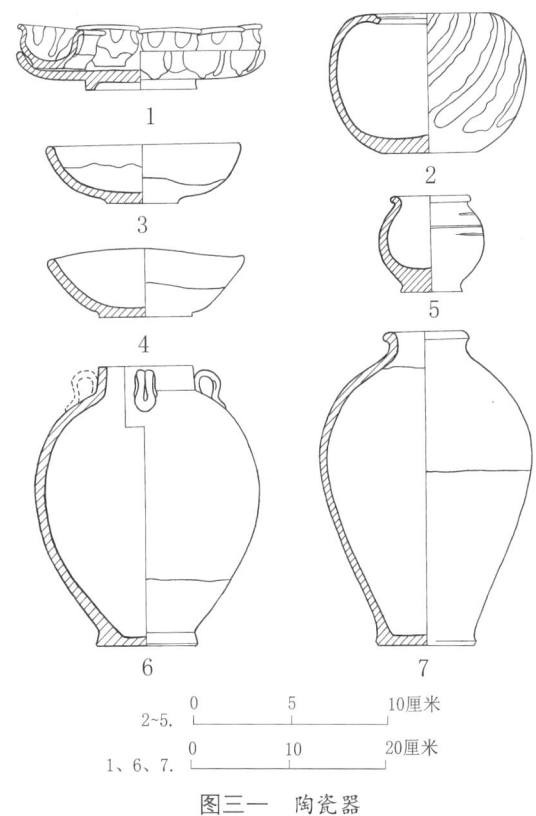

图三一　陶瓷器

1.三彩盘（M2：36）　2.三彩钵（M2：37）　3.瓷茶碗（M2：42）　4.瓷灯盏（M2：43）　5～7.瓷罐（M2：41、M2：39、M2：40）

图三二　三彩盘（M2：36）

图三三　三彩钵（M2：37）

图三四　瓷罐（M2：39）

图三五　瓷罐（M2：40）

图三六　瓷罐（M2：41）

图三七　铜镜（M2：44）

足径10、高28厘米（图三一：6、图三四）。标本M2：40，侈口，卷沿，圆唇，束颈，弧肩，鼓腹，平底。内壁施青白釉，外壁施釉至中腹，唇部釉被刮去。口径7、腹径22、底径10、高31.4厘米（图三一：7、图三五）。标本M2：41，侈口，卷沿，圆唇，束颈，弧肩，鼓腹，平底。内、外壁均无釉。口径3.3、腹径5.4、底径3.1、高4.8厘米（图三一：5、图三六）。

　　茶碗　1件（M2：42）。侈口，圆唇，浅弧腹收成平底。口沿内、外壁施茶末釉。口径9.2、底径3.6、高3厘米（图三一：3）。

　　灯盏　1件（M2：43）。器形不整。侈口，圆唇，浅弧腹收成平底。内壁施姜黄釉，外壁无釉。口径9.2、底径4.7、高3.4厘米（图三一：4）。

　　（三）铜器

　　铜镜　1件（M2：44）。锈蚀严重。圆形，三角缘，圆纽，圆座。一周凸棱将镜背分为内外两区，其中内区有四瑞兽，绕纽奔跑，周围为葡萄枝叶；外区为葡萄、鹊鸟，其外一周祥云。直径8.5、厚1厘米（图三七）。

三、结语

（一）墓葬年代

二纸厂M2出土砖墓志，惜志文无存，我们只能根据出土器物特征来判断其大致年代。M2出土器物有唐墓常见的四种组合，即神器类、侍俑类、家用类、器皿类。其中镇墓兽台座较高，羽翼齿端分离；文官俑的进贤冠高居头顶中部，武士俑盔的下沿微向上翻起，这些特征同公元691年孟津屈突季札墓[2]、公元698年偃师盛才墓[3]、巩义食品厂92M1[4]出土的同类器物基本相同。墓中没有出现公元701年巩义刘安墓[5]的武士俑脚踩小鬼、披膊龙鼻朝天竖起的特征，因此，二纸厂M2的年代大致为公元690～700年间，考虑到条髻俑和四鞘马都是在较早墓葬出现，可将该墓的上限提前至公元685年。

（二）器物风格

二纸厂M2出土的镇墓兽、文官俑、武官俑、武士俑身形高大，举止、服饰不张扬，是神器类器物在盛唐初期的标准表现，它们的底座高度均不超过12厘米，故我们称其为中底座。而巩洛地区公元700～710年间神器类器物的底座一般在12厘米以上。二纸厂M2两件牵马俑腰系毛巾，这和屈突季札墓牵马俑形象大体相同，系巾的牵马俑在其他阶段不见。二纸厂M2出土的风帽俑、侏儒俑、低髻俑、搭袱马、体形短高的骆驼、蹲踞花斑狗，在屈突季札墓、食品厂92M1都有见到，其中风帽俑大概也是前期遗留，而插手怀中的侏儒俑、低髻俑、搭袱马、短高驼、蹲踞花斑狗，则是这一时期的标配器物。值得注意的是，陶马在这一阶段肩部抬起，与脖、臀大致成斜线。二纸厂M2出土的束颈罐、三彩盘、灯盏是这一时期的代表器物，四系罐、小瓷罐则出现较早，应为前期遗留。

（三）与M1的关系

二纸厂M2与M1并排，相距10米。两墓均为坐北朝南的斜坡墓道单室土洞墓，墓室大小相近，但是M2比M1多了一个天井，墓葬形制要比M1高一些。M1是一个十分奇怪的墓葬，墓中没有出土镇墓兽、武官俑、武士俑，所出文官俑、男侍俑、女侍俑在巩义唐墓少见，但又确系巩义所产。另外，M1出土一套神器类器物，亦为巩义产品，主要有墓龙、地吞、观风鸟。这三种器物在河北、山西出土较多，河南三器同出一墓的只有该墓一例。M1的神器类器物与河北南和东贾郭唐墓[6]、公元688年河北南和郭祥墓[7]、公元688年元氏县吕众墓[8]出土的墓龙、地吞、观风鸟相似；M1的文官俑、男侍俑与郭祥墓的文官俑、马奴俑大致相同，让人不得不怀疑，二纸厂M1这几件器物是仿河北器物而作，而M1的年代也被判断在公元690~700年之间。

　　二纸厂M2的随葬器物比M1多16件，其中束颈罐、盘、铜镜两墓大致相同，俑类则差别较大，完全不像同时期产品。当我们将M1随葬品与大致同时的巩义食品厂92M1器物对比时，发现两墓的墓龙、女坐俑、子母猪、卧狗非常相像；将M2器物与食品厂92M1器物对比时，则发现两墓的神器类器物以及侏儒俑、马、骆驼、鸡、蹲式狗、牛车等又十分相像。因此我们认为，二纸厂M1、M2与食品厂92M1这三座墓是同时的。二纸厂M2与食品厂92M1两墓均有一个天井，级别稍高，使用了相同的神器类器物以及大量的侍俑、家用、器皿类随葬品；二纸厂M1级别较低，未能使用高大的神器类器物，但它使用较多河北风格随葬品的原因，是墓葬级别不够还是个人爱好，仍有待于今后的探讨。

　　附记：发掘单位巩义市博物馆、郑州市文物考古研究院，发掘人员张毅海、杨明权，绘图姜战省、郝红星，摄影杨丽。本文部分照片由河南博物院武玮、张建民提供，特此感谢。

▎注释

[1] 许昌市博物馆、巩义市博物馆：《河南巩义二纸厂唐墓发掘简报》，《中原文物》2019年第3期。

[2] 310国道孟津考古队：《洛阳孟津西山头唐墓发掘报告》，《华夏考古》1993年第1期。

[3] 偃师商城博物馆：《河南偃师唐墓发掘报告》，《华夏考古》1995年第1期。

[4] 郑州市文物考古研究所、巩义市文物保护管理所：《河南巩义市孝北（南）村唐墓发掘简报》，《文物》1998年第11期。

[5] 巩义市博物馆内部资料。

[6] 辛明伟、李振奇：《河北南和东贾郭唐墓》，《文物》1993年第6期。

[7] 辛明伟、李振奇：《河北南和唐代郭祥墓》，《文物》1993年第6期。

[8] 刘超英、冀艳坤：《元氏县大孔村唐吕众墓》，《文物春秋》1999年第2期。

（原刊于《华夏文明》2020年第7期）

荥阳市周古寺唐墓M2发掘简报

魏青利　丁兰坡

　　2013年，郑州市文物考古研究院在中原西路荥阳市周古寺段施工过程中，发掘了四座唐墓。其中M2出土了一批瓷器、陶器、铜器等珍贵文物，年代属初唐时期。该墓的发掘为研究荥阳唐代地区的丧葬制度和埋葬习俗提供了可信的实物资料。现将M2的发掘情况简报如下（图一）。

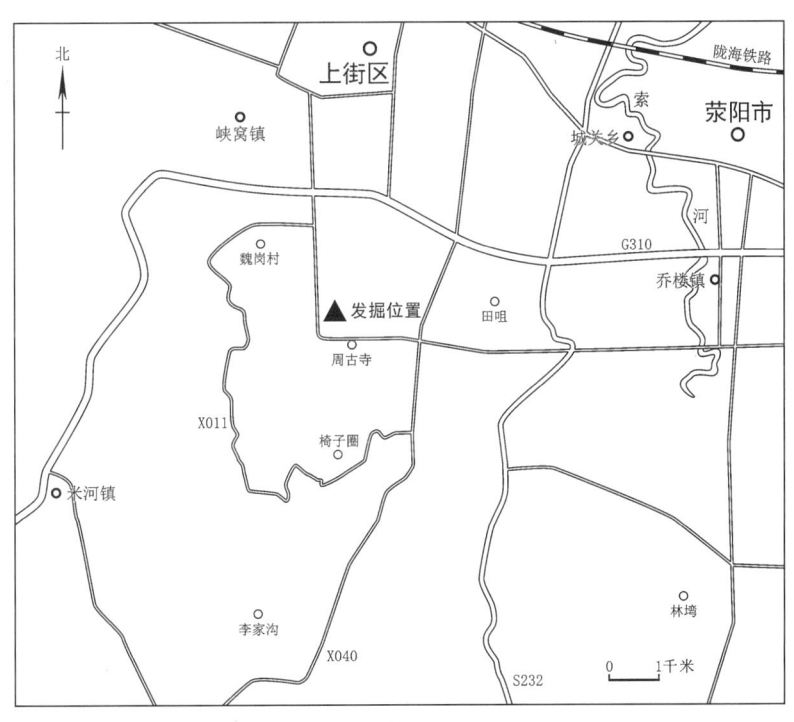

图一　墓葬位置示意图

一、墓葬形制

　　M2位于荥阳市城关镇周古寺村北段，编号为2013ZJZM2（以下简称M2）。单室砖室墓，平面呈"甲"字形，由墓道、封门、过洞、甬道、墓室、渗水井六部分组成。方向175°（图二）。

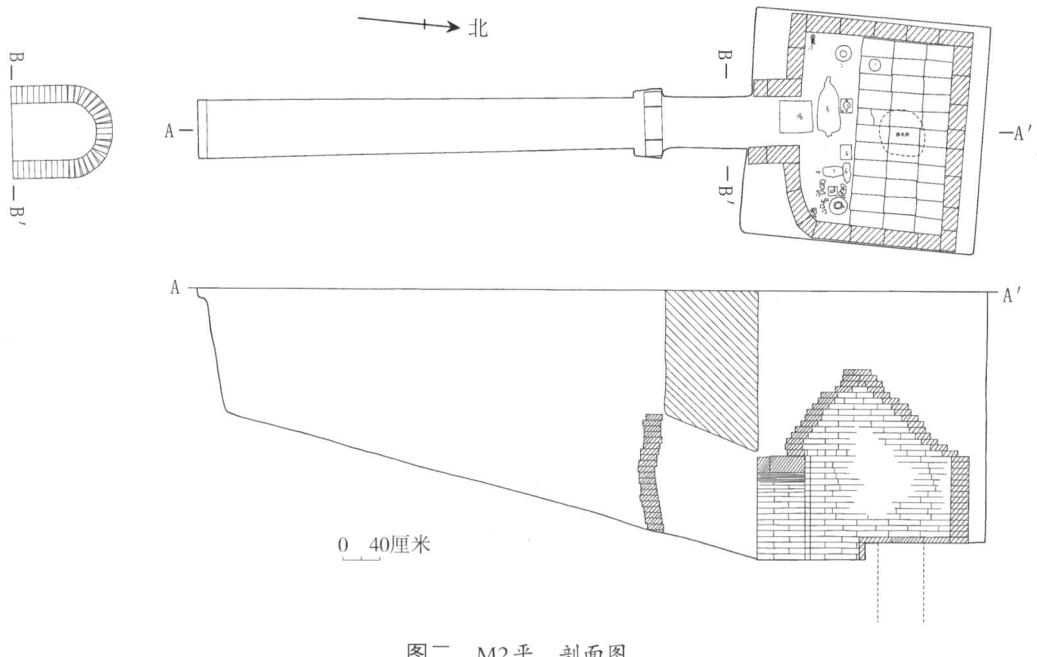

图二　M2平、剖面图

1.铜镜　2.瓷盏　3.陶骆驼　4、5.陶镇墓兽　6.陶牛　7.陶马　8.陶猪　9.陶灶　10.陶羊　11.瓷壶　12.陶鸡　13.陶磨　14、15.陶俑　16.陶车　17.铁剪　18.砖墓志

　　墓道平面呈长方形，南宽北窄，长5、南宽0.6、北宽0.54米，至底呈斜坡状，南高北低，南深1.4、北深2.4、斜坡长4.5米。封门由小砖错缝平铺20层形成，高1.2米。砖长34、宽18、厚6厘米。甬道为土洞，长0.94、宽0.6米，顶残。甬道与墓室之间有砖砌的过洞相连，券顶，宽0.54、高1.08米。

　　墓室位于北部，单室，顶呈攒尖状，墓室底部呈东西向长方形，长1.9、宽1.6米，底距顶2.8米。墓室四壁由小砖错缝平铺砌成，墓室北侧设有砖砌棺床，东西长1.9、宽1、高0.3米。棺床底部有一个不规则形状的坑，深0.9米，内有残砖块，推测为墓室的渗水井。在墓门口处清理墓志，棺床西南出土铜镜一面，其余均出土于墓室南侧棺床前。

二、出土器物

　　该墓共出土各类随葬器物22件（组），质地有陶、瓷、铜、铁、石器以及其他，部分（陶车、人俑等）未修复。现分述如下。

　　（一）陶器

　　12件。器形有俑类、生活用具。其中俑类均为泥质红陶，火候较低，部分未修复。家居模型明器均为泥质红，实用器为白陶胎。

　　人面镇墓兽　1件（M2：5）。原饰有彩，已剥落。独角，双耳外撇，拧眉竖目，神态威仪，肩生双翼，蹲立于矮须弥座上。高41厘米（图三：2、图六）。

兽面镇墓兽　1件（M2：4）。原饰有彩，已剥落。双角耸立，双耳外撇，鼓目，张嘴龇牙，两肩部双翼，蹲立于矮须弥座上，通高47厘米（图三：1、图七）。

伏首俑　1件（M2：19）。头戴幞头，身长穿长袍，腰束带，双手向前伸交于头下，呈五体投地状。长13.3、高3.7厘米（图五：6）。

陶骆驼　1件（M2：3）。昂首曲颈向后做嘶鸣状，双峰间负行囊，站立于长方形踏板之上，泥质红陶，从斑驳彩绘上可见原有坐垫等。通高38厘米（图四：1、图八）。

陶牛　1件（M2：6）。首残，体态壮硕。残高9.4厘米（图四：2、图九）。

陶猪　1件（M2：8）。匍匐状，尖长喙突出，双目紧闭，双耳贴首。长12.2、高4.3厘米（图四：6、图一〇）。

陶羊　1件（M2：10）。匍匐状，昂首。长9.2、高7.2厘米（图四：3、图一一）。

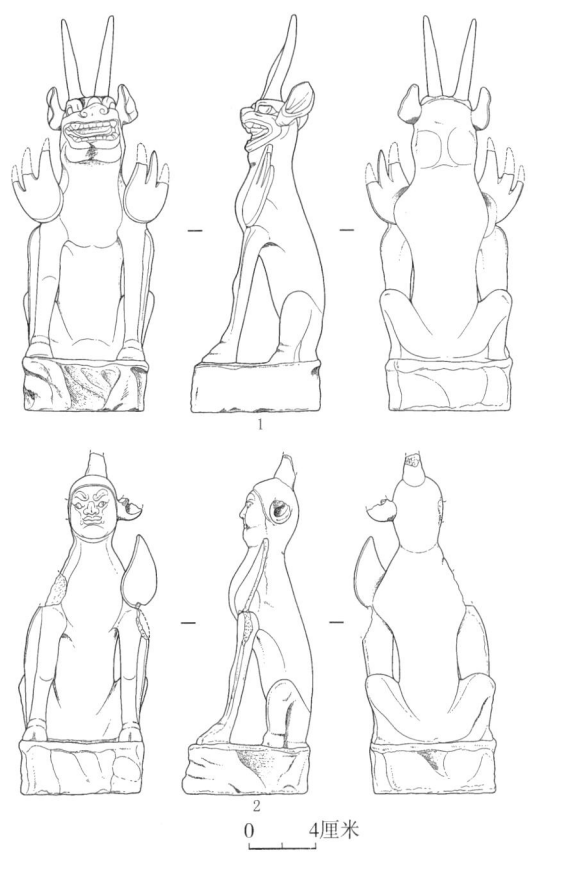

图三　陶镇墓兽

1.兽面镇墓兽（M2：4）　2.人面镇墓兽（M2：5）

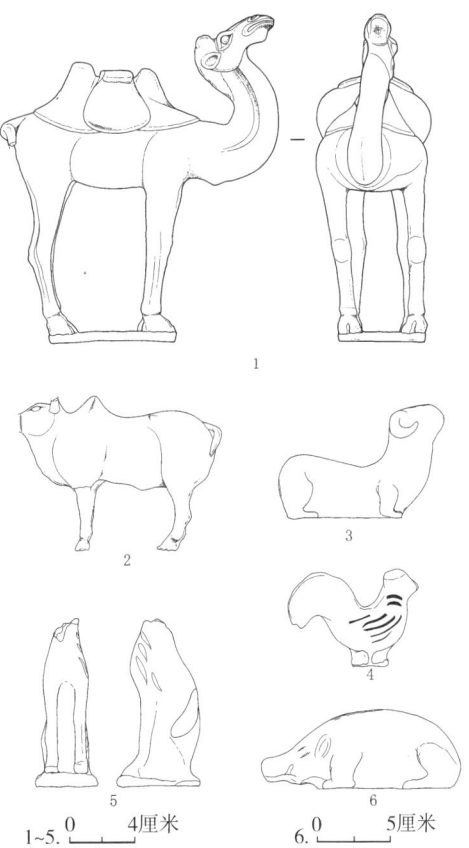

图四　陶动物俑

1.陶骆驼（M2：3）　2.陶牛（M2：6）　3.陶羊（M2：10）　4.陶鸡（M2：12）　5.陶狗（M2：21）　6.陶猪（M2：8）

陶鸡　1件（M2：12）。昂首，尖喙，高冠，尾弧，身上有墨线绘羽毛，站立于圆形底板上。通高6.8厘米（图四：4、图一二）。

陶狗　1件（M2：21）。首已失。前腿直立，后腿卷曲。残高10厘米（图四：5）。

陶罐　1件（M2：11）。灰白胎，圆唇，外翻沿，短小束颈，鼓腹，平底。口径8.8、底径8.4、腹径19、通高26.4厘米（图五：2、图一五）。

陶灶　1件（M2：9）。泥质红陶。灶台平面近方形，中部单灶做釜状，山状挡火墙，长方形火门。长9.1、宽8.2、高8.5厘米（图五：5、图一三）。

陶磨　1件（M2：13）。俯视呈圆形，顶盘小于底盘，盘顶有三个圆孔。底径8.4、高2.5厘米（图五：3、图一四）。

（二）瓷器

瓷壶　件（M2：2）。盘口，折沿，圆唇，短束颈，弧腹，平底。施豆青色釉，口及底部不施釉，灰白胎。口径7.2、底径7.6、腹径14.5、高22.8厘米（图五：1、图一六）。

瓷盏　1件（M2：20）。灰白胎，内施黄釉，外不及底，胎釉结合并不牢固。口微敛，斜直腹，平底。口径9.8、底径3.4、高3.5厘米（图五：4）。

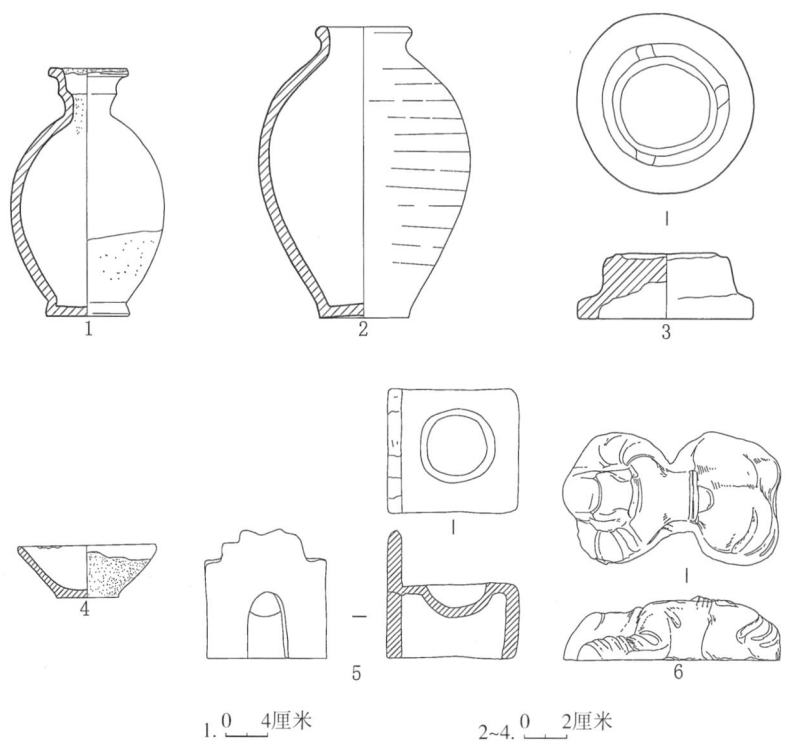

1. 0 —— 4厘米　　2~4. 0 —— 2厘米

图五　陶瓷器

1.瓷瓶（M2：2）　2.陶罐（M2：11）　3.陶磨（M2：13）　4.瓷盏（M2：20）　5.陶灶（M2：9）　6.伏首俑（M2：19）

图六　人面镇墓兽（M2：5）

图七　兽面镇墓兽（M2：4）

图八　陶骆驼（M2：3）

图九　陶牛（M2：6）

图一〇　陶猪（M2：8）

图一一　陶羊（M2：10）

图一二　陶鸡（M2：12）

图一三　陶灶（M2：9）

图一四　陶磨（M2：13）

图一五　陶罐（M2：11）

图一六　瓷壶（M2：2）

（三）铜器

铜镜　1件（M2：1）。圆形，圆纽，窄缘饰锯齿纹一周。方座为双线钩成，内四角各一变形柿蒂叶纹，间饰一小型柿蒂叶。两重三角形锯齿纹圈将镜分为内外两区。内区双钩四个规矩纹以及四个瑞兽，瑞兽之间点缀以祥云图案。规矩纹内各饰有小花一朵，双锯齿纹，外区铭文一周："玉匣聆看镜，轻灰暂拭尘。光如一片水，影照两边人。"直径16.3、缘厚0.4厘米。窄缘，锯齿纹一周（图一七：1、图一八）。

（四）铁器

铁剪　1件（M2：17）。交股状，通长31厘米（图一七：2）。

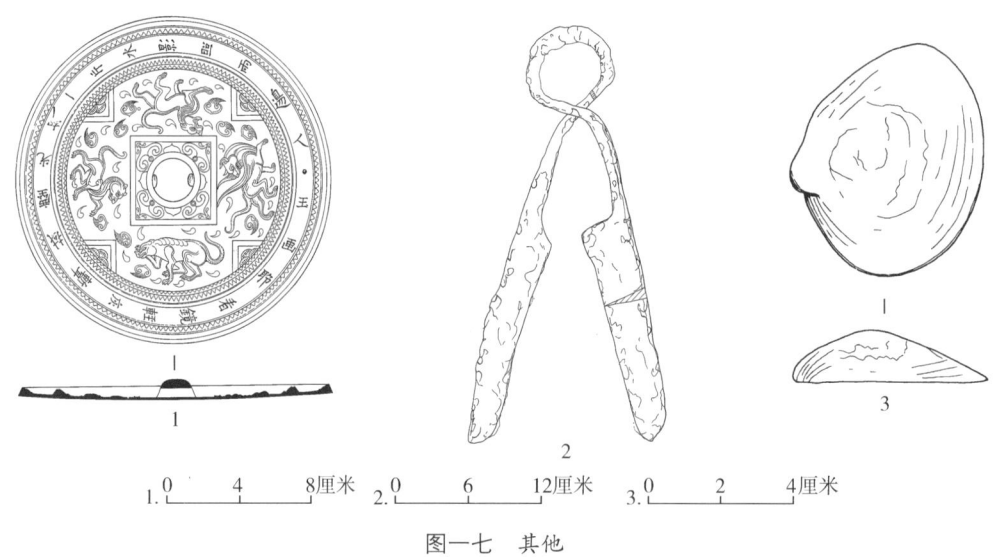

图一七　其他

1.铜镜（M2：1）　2.铁剪（M2：17）　3.贝壳（M2：22）

图一八　铜镜（M2：1）

（五）石器

墓志　一合（M2：18）。石灰岩质，平面近方形。长34、宽33、厚6厘米。志盖有四刹，厚4厘米。墨书而成，年代久远，字迹不辨。

（六）其他

贝壳　1件（M2：22）。紧贴于铜镜后。长6、宽4.7、厚1.2厘米（图一七：3）。

三、结语

M2为单室砖室墓，棺床砌于墓室北壁下，该形制为初唐时期典型的中型墓葬[1]。M2的随葬品虽不丰富，但四大组合俱存，第一组为神煞明器类（人面镇墓兽、兽面镇墓兽），第二组为表现墓主出行情况的牛车等，第三组为家居生活类的男女侍俑和家畜动物俑等，第四组为家用生活器具明器以及生活实用器。

M2所出镇墓兽及家畜动物俑，与郑州丁彻墓[2]出土的一组镇墓兽及家畜动物俑形制近同。M2铜镜与丁彻墓的铜镜均为四神镜，风格相似。丁彻墓有明确纪年，为公元676年。综合分析，周古寺M2为初唐墓葬。

M2未被盗扰，在棺床底部出现了渗水井，这种墓葬形制在中原地区尚属首次发现，为研究郑州地区初唐代时期的丧葬制度提供了新的实物资料。

附记：发掘单位郑州市文物考古研究院、荥阳市文物保护管理中心，领队顾万发，发掘人员丁兰坡、魏青利、曹铁良，绘图寇小石、张盼，摄影蔡强。

注释

［1］徐殿魁：《洛阳地区隋唐墓葬的分期》，《考古学报》1989年第3期。

［2］刘彦锋、陈萍、赵兰：《郑州丁彻墓发掘简报》，《华夏考古》2000年第4期。

（原刊于《华夏文明》2016年第1期）

荥阳市周古寺唐墓M3发掘简报

魏青利　刘其山　丁兰坡

郑州市文物考古研究院在配合中原西路荥阳市周古寺段基础建设的施工过程中，于2013年发掘了一批唐墓。其中位于荥阳市城关乡周古寺村北段、编号为2013ZZZM3（以下简称M3）的唐墓未经盗扰，而且保存较为完整，并出土了较为精美的随器品。现将发情况简报如下（图一）。

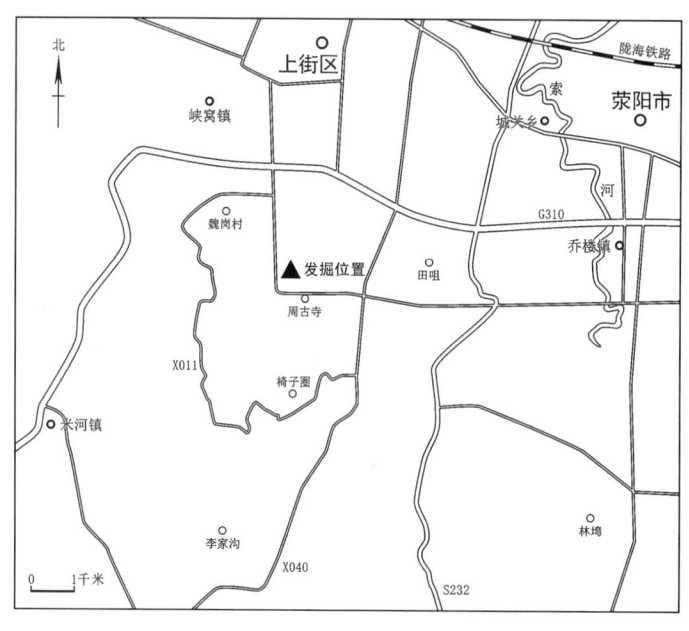

图一　墓葬位置示意图

一、墓葬形制

M3为单室土洞墓，由墓道、封门、甬道、墓室四部分组成。方向170°（图二）。墓道平面呈长方形，长6.6、宽0.6～0.74米，从南端至0.8米处深0.4米，从0.8米处至2米处呈斜坡状下降，至4米处平整，以下为斜坡状下降，深3.3米。封门位于墓道北端，由残砖错缝平铺叠砌而成，现仅存两层，呈圆弧状，高0.1米。甬道位于墓道以北，墓室以南，为过洞式拱形顶，东西长0.72、南北宽0.7、高0.8米，至0.6米处起拱顶。

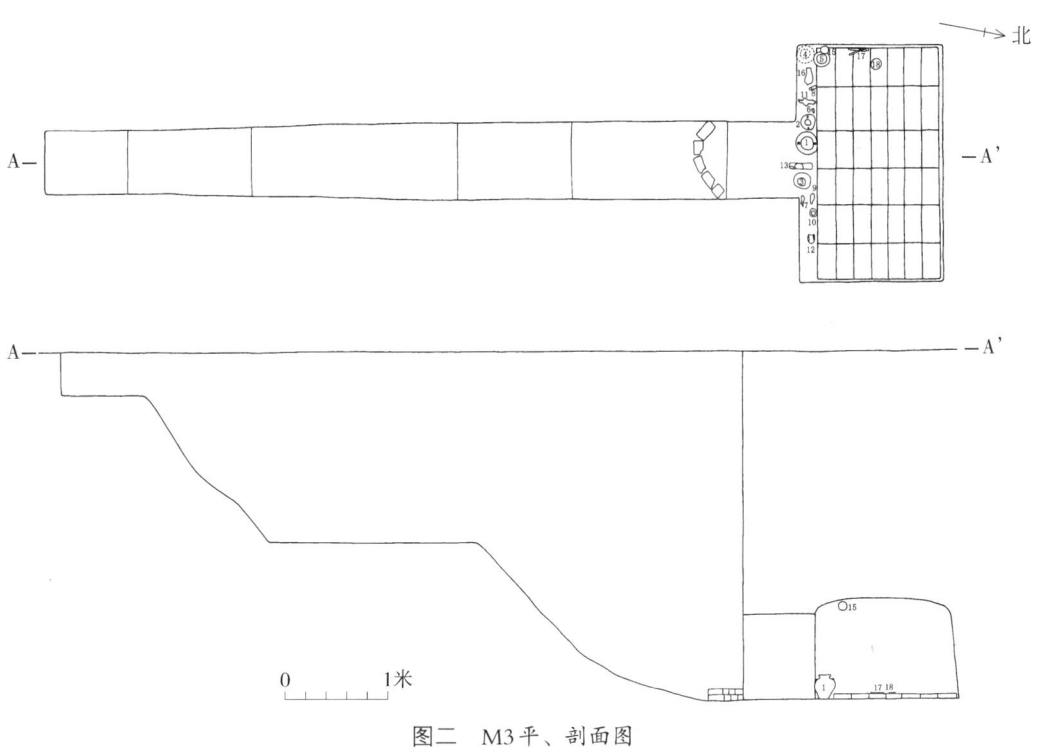

图二 M3平、剖面图

1~3.陶双系罐 4.三彩钵 5.酱釉钵 6.陶狗 7.陶羊 8.陶兽 9.陶猪 10.陶磨 11.陶俑 12.陶马车 13.陶马 15.黑釉盏 16.黑釉瓶 17.铁剪 18.铜镜

墓室位于北侧，平面呈长方形，底径长2.24、宽1.42、高0.96米。墓室北侧为砖砌棺床，一字平铺，长2.24、宽1.2、高0.05米。墓室南侧随葬的陶器有陶俑、马、骆驼、双系罐、三彩钵、狗、羊、兽、猪、磨、碓、灶、车，瓷器有酱釉钵、黑釉盏、黑釉瓶。棺床西侧随葬有铜镜、铁剪，由此推测人骨头向朝西。棺床所用铺底砖长35、宽17、厚5厘米。

二、出土器物

该墓共出土各类随葬器物20件（组），质地有陶、瓷、三彩、铜、铁器。现分述如下。

（一）陶器

双系罐 3件。依据腹部特征可分两型。

A型 2件。均为泥质灰陶。圆唇内凹一周，束颈，肩系两个桥形纽，弧腹，平底。标本M3：1，口径15.4、底径9.5、腹径20.8、通高22.4厘米（图三：3、图六）。标本M3：2，胎质粗糙不光滑。口径10、底径7.4、腹径16、高17.8厘米（图三：2、图七）。

B型 1件（M3：3）。泥质灰陶。方唇，矮束颈，肩系两个拱形纽，圆鼓腹，平底。口径6.8、底径7.6、腹径14.4、高17.1厘米（图三：1、图八）。

狗 1件（M3：6）。泥质红陶，首已残。昂首奋耳，前腿直立，后腿卷曲。高11.5厘米（图四：1）。

羊 1件（M3：7）。泥质红陶。昂首，匍匐状。长10.8、高6.6厘米（图四：3、图一○）。

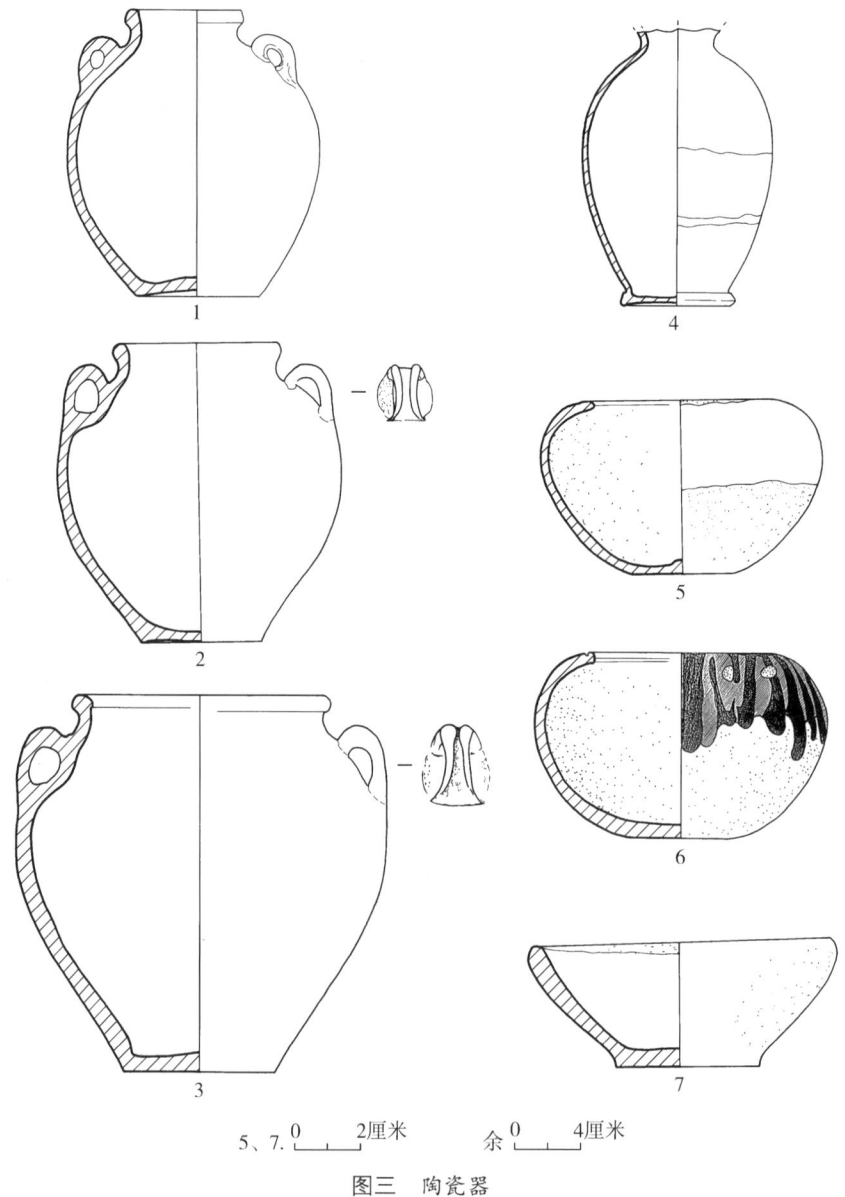

5、7. |0___2厘米   余 0___4厘米

图三 陶瓷器

1.B型双系罐（M3：3） 2、3.A型双系罐（M3：2、M3：1） 4.黑釉瓶（M3：16） 5.酱釉钵（M3：5） 6.三彩钵（M3：4） 7.黑釉盏（M3：15）

兽　1件（M3：8）。泥质红陶，似水牛，作昂首奋力状，甩尾。长10.9、残高5.6厘米（图四：2、图一一）。

猪　1件（M3：9）。泥质红陶。匍匐状，长嘴尖而突出，两耳贴首。长10.6、高4.3厘米（图四：5、图一二）。

马　1件（M3：13）。马首已残失，背负鞍鞯，站立于长方形托板上。残高28.6（图四：4）。

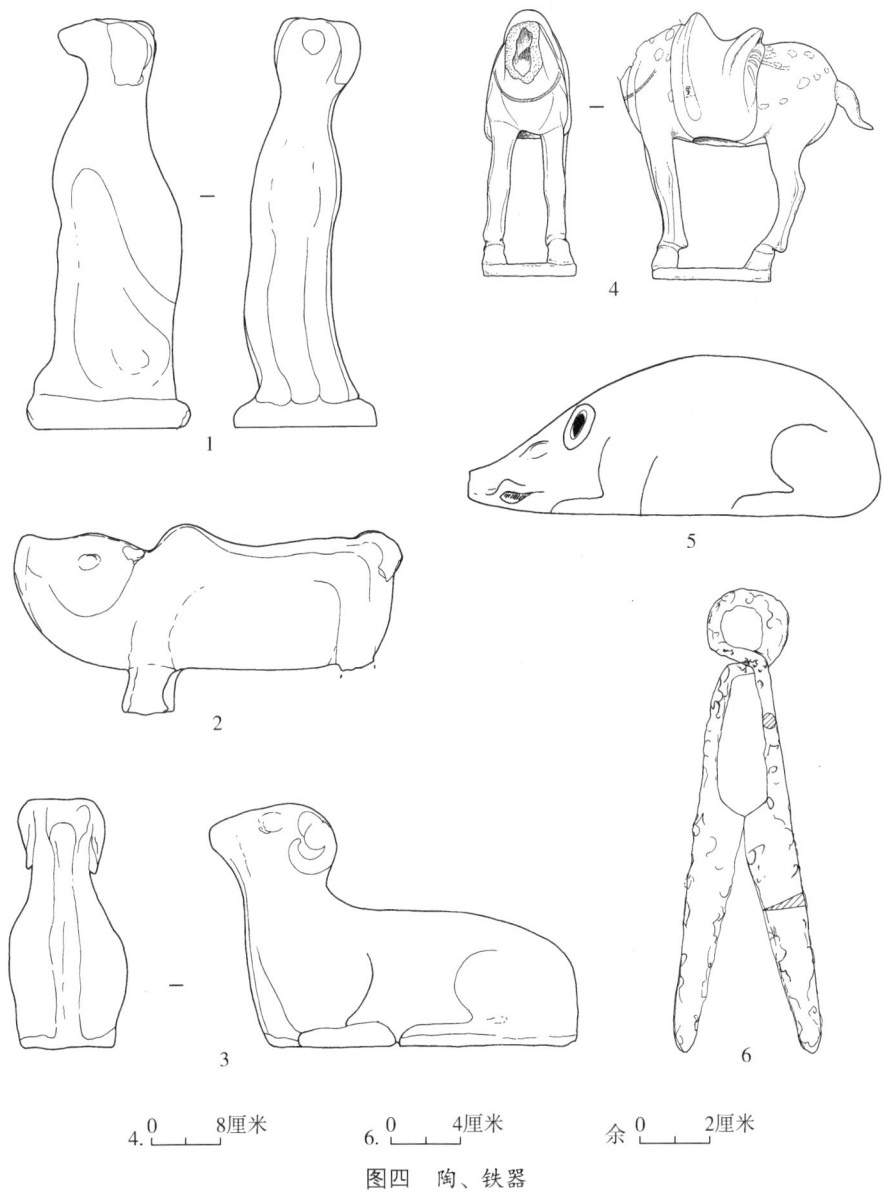

4

5

1

2

3

6

4. ├0────8厘米┤　　6. ├0────4厘米┤　　余 ├0────2厘米┤

图四　陶、铁器

1.陶狗（M3：6）　2.陶兽（M3：8）　3.陶羊（M3：7）　4.陶马（M3：13）　5.陶猪（M3：9）
6.铁剪（M3：17）

车　1件（M3：12）。卷棚顶式，棚顶前、后两端上翘，车后开长方形门。车辐11根（图五：1、2）。

灶　1件（M3：20）。泥质红陶。灶体呈长方形，阶梯状挡火墙高出灶台，拱形火门。通高8.1厘米（图五：6、图一三）。

磨　1件（M3：10）。泥质红陶。由上、下两磨盘组成，上层中部圆盘中间以竖壁相隔，两侧各一竖向孔道，上层磨面用墨画出辐射状沟槽，多脱落，下层磨面为素面。上径5.4、底径8.4、高3.7厘米（图五：4、图一四）。

碓　1件（M3：19）。泥质红陶。底板长方形，一端为支架，一端为臼，中间置相杵，杵臼连为一体。长13.6、宽4.5、高1.8厘米（图五：3、图一五）。

此外，还出土有陶人物俑及骆驼俑等，为泥质红陶，由于火候较低，未能修复。

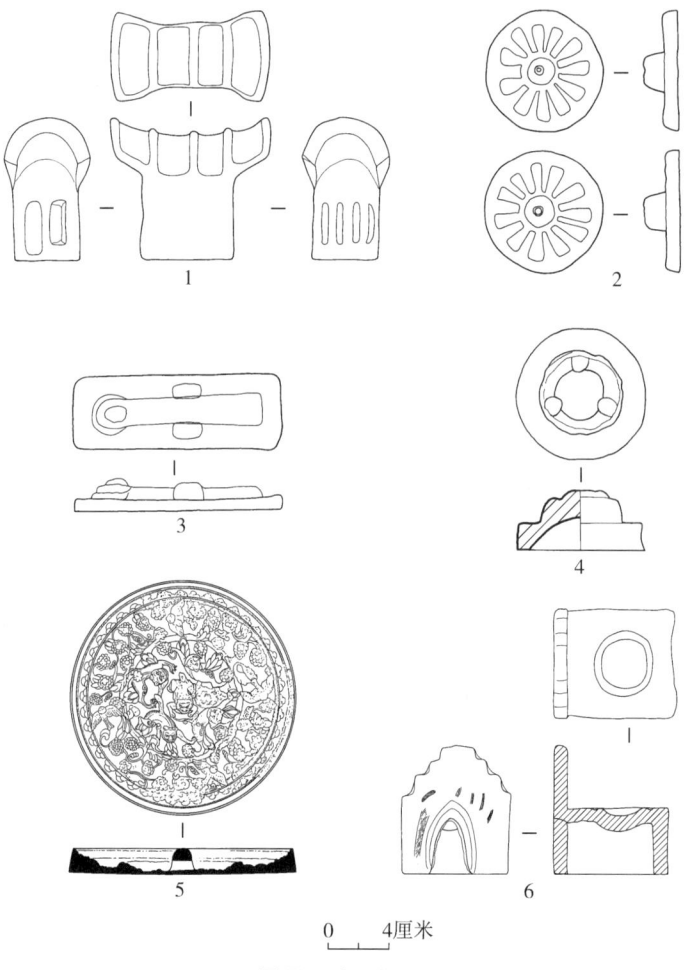

0　　4厘米

图五　陶、铜器

1.陶车（M3：12）　2.陶车车轮（M3：12）　3.陶碓（M3：19）　4.陶磨（M3：10）　5.铜镜（M3：18）　6.陶灶（M3：21）

（二）瓷器

盏　1件（M3：15）。敛口，斜直腹内收，平底，仅内部施黑釉，余均无釉。口径9、底径4.4、高3.2厘米（图三：7、图一六）。

瓶　1件（M3：16）。口残，肩及腹上部施黑釉，假圈足外撇，平底。腹径11.7、底径6.4、残高16.5厘米（图三：4、图九）。

图六　陶罐（M3：1）　　图七　陶罐（M3：2）　　图八　陶罐（M3：3）　　图九　瓷瓶（M3：16）

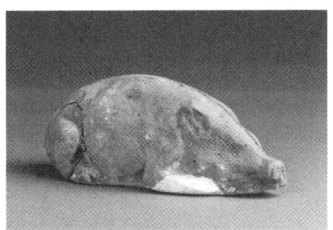

图一〇　陶羊（M3：7）　　　　图一一　陶兽（M3：8）　　　　图一二　陶猪（M3：9）

图一三　陶灶（M3：20）　　　　图一四　陶磨（M3：10）　　　　图一五　陶碓（M3：19）

图一六　瓷盏（M3：15）　　　　图一七　酱釉钵（M3：5）　　　　图一八　三彩钵（M3：4）

钵　1件（M3∶5）。敛口，耸肩，弧腹，小平底，仅肩部施酱釉，余均胎色。口径10.5、底径6.6、腹径16.4、通高10.3厘米（图三∶5、图一七）。

（三）三彩器

钵　1件（M3∶4）。敛口，耸肩，弧腹，小平底，仅肩部有釉，绿、黄、褐三色，余均胎色。口径11、腹径17.7、底径6、通高11.1厘米（图三∶6、图一八）。

（四）铜器

图一九　铜镜（M3∶18）

铜镜　1面（M3∶18）。圆形，伏兽纽。内、外区之间用一周凸棱间隔。内区四瑞兽绕纽，同向排列，体态舒展。外区有四只飞鸟，展翅穿插于葡萄枝蔓叶实之间，重瓣花纹缘。在内、外区交界处环列枝蔓葡萄。缘内云头状小花密布一周，高缘薄胎。直径15、缘厚1.6厘米（图五∶5、图一九）。

（五）铁器

铁剪　1件（M3∶17），交股状。通长15厘米（图四∶6）。

三、结语

M3为单室土洞墓，棺床砌于墓室北壁下。M3随葬品组合主要有两类：一为家居生活类的家畜动物俑等，二为家用生活器具明器以及生活实用器。随葬器物虽不甚丰富，且无纪年墓志，但从其墓葬形制和出土物来看，时代特征还是很鲜明的。A型陶双系罐的形制为厚唇，耸肩，最大径在肩部，下腹斜收，平底。B型陶双系罐的最大腹径在中部，这种两种形制的罐流行于盛唐。圆形瑞兽葡萄镜据孔祥星先生考证，开始流行的时代应在高宗时（650～683年），以武则天时期最为盛行[1]。综上所述，此墓为盛唐偏早阶段。

附记：发掘单位郑州市文物考古研究院、荥阳市文物保护管理中心，领队顾万发，发掘丁兰坡、魏青利、曹铁良，绘图寇小石、张盼，摄影蔡强。

▎注释

[1] 孔祥星：《隋唐铜镜的类型与分期》，《中国考古学会第一次年会论文集》，文物出版社，1980年。

（原刊于《华夏文明》2020年第6期）

荥阳市周古寺唐墓M6发掘简报

魏青利　刘其山　丁兰坡

郑州市文物考古研究院在配合中原西路荥阳市周古寺段基础建设的施工过程中，于2013年发掘了一批唐墓，其中一座编号为2013ZJZM6（以下简称M6），位于荥阳市城关镇周古寺村北段，未经盗扰，保存较完整，出土了较为精美的器物，现将墓葬发掘情况简报如下（图一）。

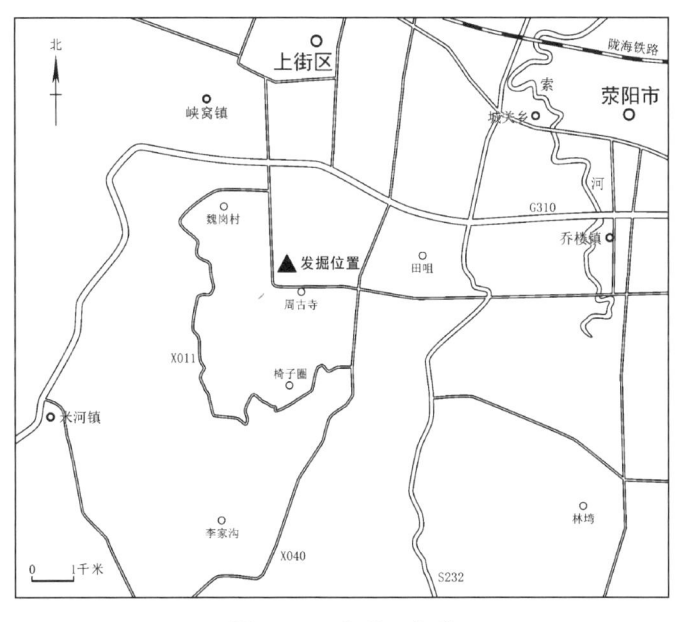

图一　M6位置示意图

一、墓葬形制

M6为土洞墓，由墓道、甬道、墓室、壁龛四部分组成。方向170°（图二）。墓道平面呈长方形，长5.6、宽0.8～1米，底部呈斜坡状，深3.3米。甬道位于墓道以北、墓室以南，土洞，东西长1.2、南北宽0.45、高1.2米。在甬道东侧靠近墓室处有一土洞壁龛，进深0.21、宽0.3、高0.25米。

墓室位于北侧，平面呈方形，长2.25、宽1.1～1.18米。墓室门高1.1米，墓室东侧

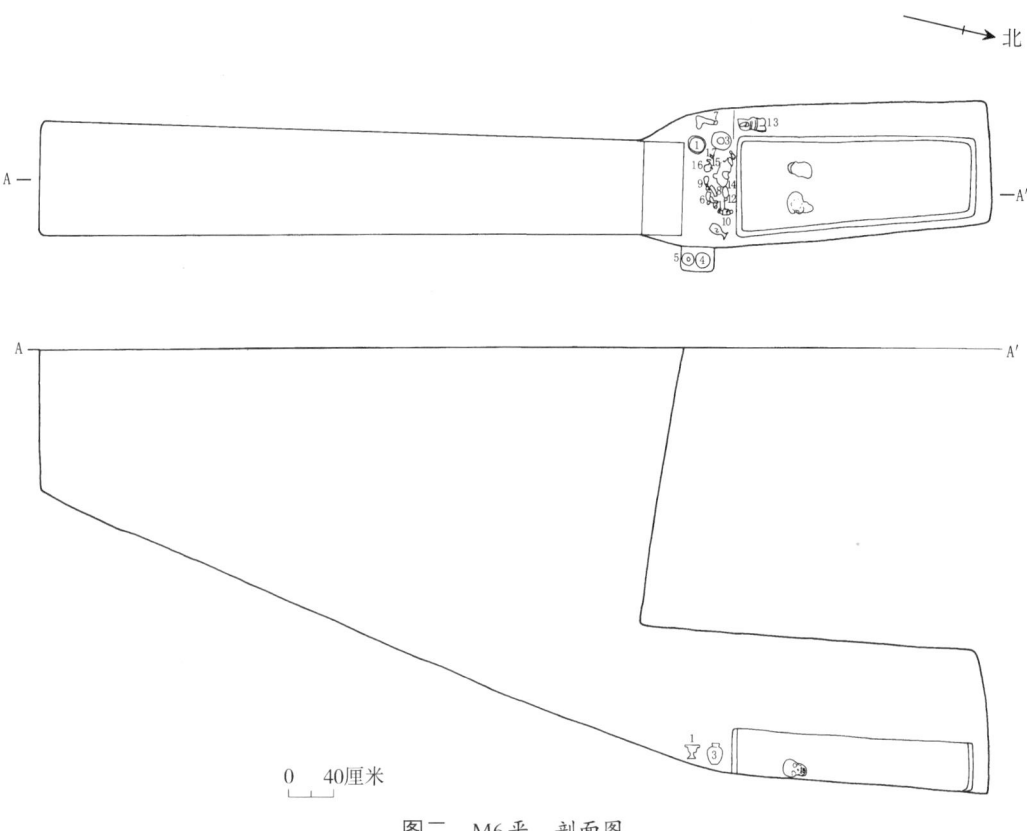

图二　M6平、剖面图

1.瓷三彩盏　2.瓷瓶　3、4.瓷罐　5.瓷壶　6.陶鸡　7.陶骆驼　8.陶羊　9.陶狗　10、11、12.陶俑　13、14.陶马
15.陶灶　16.陶磨　17.铜钱

置有一棺，南宽北窄，棺长2.1、宽0.68～0.85、残高0.38米。棺内骨架已朽，仅存头颅骨2个，均为头向朝南。墓室底部南高北低。壁龛内置白瓷罐1件、黄釉瓷壶1件。其余随葬品均出土于墓室南侧的棺前。

二、出土器物

该墓出土各类随葬品17件（组），质地有陶、瓷、铜、铁、石器等，现分述如下。

（一）陶器

出土陶俑及家居生活类明器，均为泥质红陶，火候偏低，其中陶马、骆驼和陶灶未修复成形。

陶罐　2件。标本M6：3，灰白胎，敞口，束颈，溜肩，弧腹，平底微凹。口径7.6、腹径14.5、底径7.2、高19.4厘米（图三：4、图六）。标本M6：4，灰白胎，敞口，束颈，溜肩，弧腹，平底微凹。口径7.6、腹径14.5、底径7.2、高19.4厘米（图三：5；图七）。

鸡　1件（M6：6）。鸡冠饰红彩绘，羽饰黑彩，红彩长尾弧形下垂。高7.2厘米（图五：1、图一〇）。

羊　1件（M6：8）。昂首，匍匐状。长9.5、高6.7厘米（图五：2、图一一）。

狗　1件（M6：9）。昂首聋耳，前腿直立，后腿卷曲。高11.4厘米（图五：3、图一四）。

男侍俑　2件。均头戴幞头，身着窄袖长衫，腰束带，下着裤，双手置于腹前，站于长方形板上。标本M6：10，残高19.8厘米（图四：1）。标本M6：12，身体向右倾斜。高21.4厘米（图四：2、图一六）。

女侍俑　1件（M6：11）。头束高髻，面部丰腴，神态安详，身着圆领窄袖衣，下着及地长裙，腰束带，双手拱于腹部，披肩自肩遮手垂至膝下。头部施黑彩，多已脱落。高23厘米（图四：3、图一五）。

磨　1件（M6：16）。由上下两个磨盘组成，上层中部圆盘中间以竖壁相隔，两侧各有一竖向孔道。上层磨盘饰以黑沿，磨面墨绘出辐射状沟槽，多已脱落；下层磨为

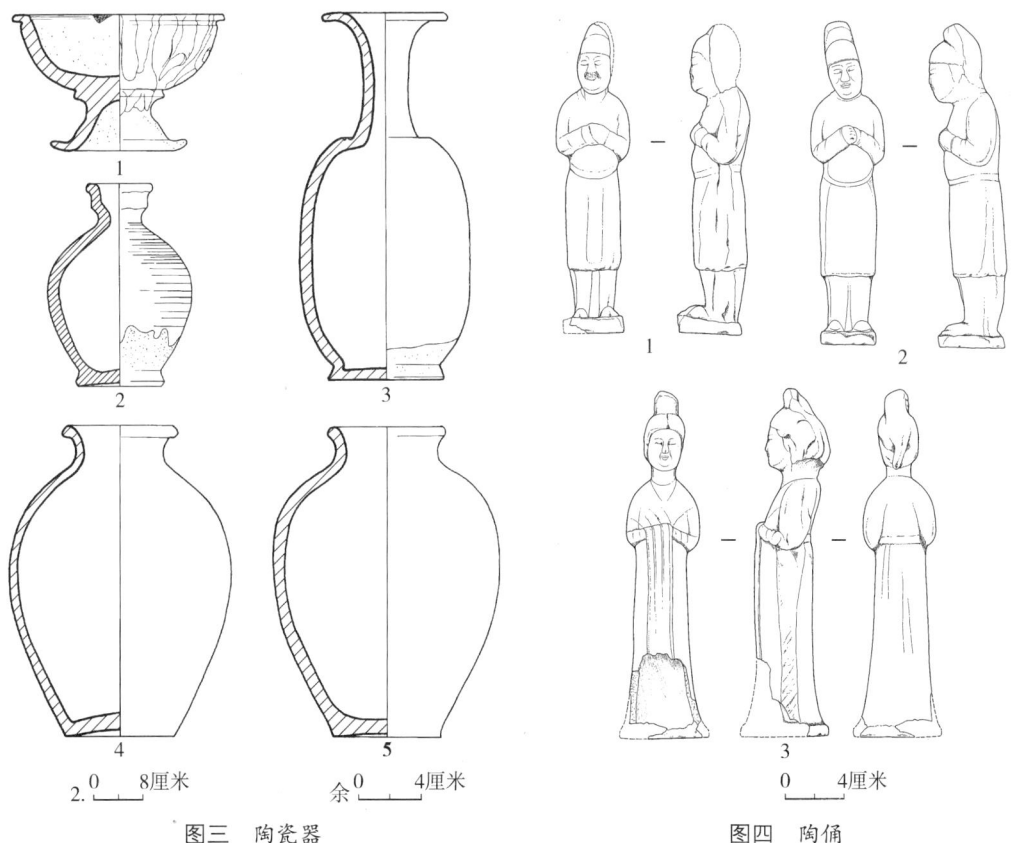

图三　陶瓷器

1.三彩高足杯（M6：1）　2.B型瓷瓶（M6：5）　3.A型瓷瓶（M6：2）　4、5.陶罐（M6：3、M6：4）

图四　陶俑

1、2.男侍俑（M6：10、M6：12）　3.女侍俑（M6：11）

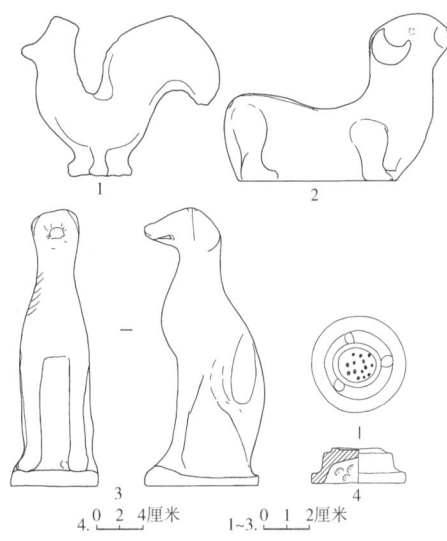

图五　陶动物及模型

1.鸡（M6:6）　2.羊（M6:8）　3.狗（M6:9）
4.磨（M6:16）

（三）三彩器

高足盘　1件（M6:1）。口微敛，平折沿，弧腹内收，短柄，喇叭状足，仅口沿及腹施釉，釉不及底，露灰白胎。口径13.6，底径8.8，高8.6厘米（图三:1、图一三）。

（四）铜器

铜钱　3枚（M6:17）。粘连在一起，钱文不辨。直径2.4、孔径0.7、厚0.1厘米。

三、结语

M6虽然形制较小，随葬品也不丰富，且无纪年墓志，但是从墓葬形制与出土器物来看，其时代特征较为明显。M6形制为单室土洞墓，墓室平面呈竖长方形，

素面。上径5.4、底径8、高3厘米（图五:4、图一二）。

（二）瓷器

瓷瓶　2件。可分两型。

A型　1件（M6:2）。敞口，宽平沿，细长束颈，颈肩处有弦纹两周，弧腹，沿外侧饰有一周凹弦纹，假圈足外撇，平底。淡青釉，釉色明亮，匀净，有细碎开片，釉不及底，露灰白胎。口径8.2、腹径10.8、底径7.4、通高23.2厘米（图三:3、图八）。

B型　1件（M6:5）。盘口，束颈，溜肩，鼓腹，假圈足微外撇，平底微凹。口、肩施酱黄釉，腹下部及底不施釉。口径8.2、底径10.8、腹径8.8、高25.4厘米（图三:2、图九）。

图六　陶罐（M6:3）

图七　陶罐（M6:4）

图八　A型瓷瓶（M6:2）

图九　B型瓷瓶（M6:5）

图一〇 陶鸡（M6：6）

图一一 陶羊（M6：8）

图一二 陶磨（M6：16）

图一三 三彩高足盘（M6：1）

图一四 陶狗（M6：9）

图一五 女侍俑（M6：11）

图一六 男侍俑（M6：12）

墓道斜坡状，墓室东侧置有一棺，这与东部洛阳地区盛唐时期的墓葬形制相似[1]。

随葬品方面，M6虽然出土陶俑数量较少，但女侍俑头束高髻，面部圆润，体态修长，神情安详；男侍俑头戴幞头，身着圆领窄袖衣，这些均是盛唐时期的特征。另外，该墓出土的陶罐M6：3与杏园M1041：1[2]、三彩高足盘与杏园M1928：3[3]、瓷瓶M6：5与上街铝厂唐墓M1：5[4]形制相似。综合以上分析，该墓时代应为盛唐阶段。

　　附记：发掘领队顾万发，发掘人员丁兰坡、魏青利、曹铁良，绘图寇小石、张盼，摄影蔡强。

注释

［1］徐殿奎：《洛阳地区隋唐墓的分期》，《考古学报》1989年第3期。

［2］中国社会科学院考古研究所：《偃师杏园唐墓》，科学出版社，2001年。

［3］中国社会科学院考古研究所：《偃师杏园唐墓》，科学出版社，2001年。

［4］王文华、汪旭：《郑州市上街铝厂唐墓发掘简报》，《中原文物》1997年第3期。

（原刊于《洛阳考古》2016年第2期）

荥阳市周古寺唐墓M7发掘简报

魏青利　刘其山　丁兰坡

郑州市文物考古研究院在配合中原西路荥阳市周古寺段基础建设的施工过程中，于2013年发掘了一批唐墓。其中2013ZZZM7（以下简称M7）位于荥阳市城关镇周古寺村北段（图一），未经盗扰，保存较为完整，并出土了较为精美的器物。现将发掘情况简报如下。

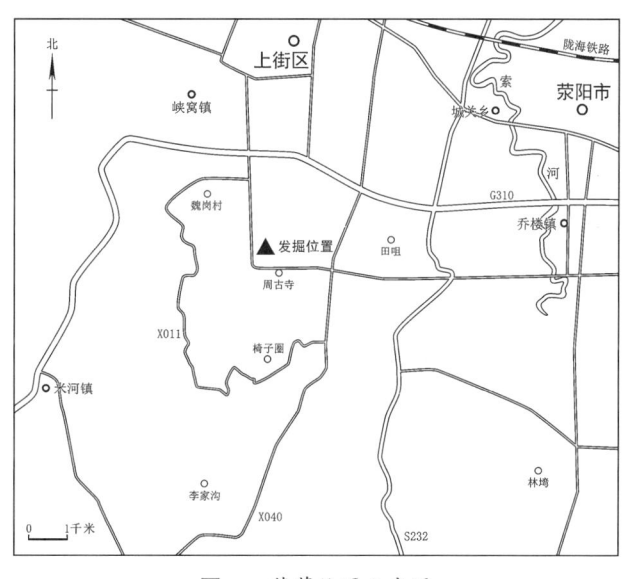

图一　墓葬位置示意图

一、墓葬形制

M7为砖室墓，由墓道、封门、甬道、墓室、耳室五部分组成，方向170°（图二）。墓道平面呈长方形，长4.9、宽0.76~0.9米，斜坡状，坡长5.4、深2.2米。封门位于墓道北端，由残砖错缝平铺叠砌而成，自南向北共21层，呈圆弧状，高1.32米。甬道位于墓道以北、墓室以南，券顶，东西长1.4、南北宽0.6、高1.02米。墓室位于甬道北侧，平面呈方形，长1.2、宽1.2米。墓室四壁为砖砌，自底部为三层错缝平铺，其上为一丁的高度，该层为一平两竖，再上为六顺一丁，往上为错缝平砌。顶已残，残高1.32米。

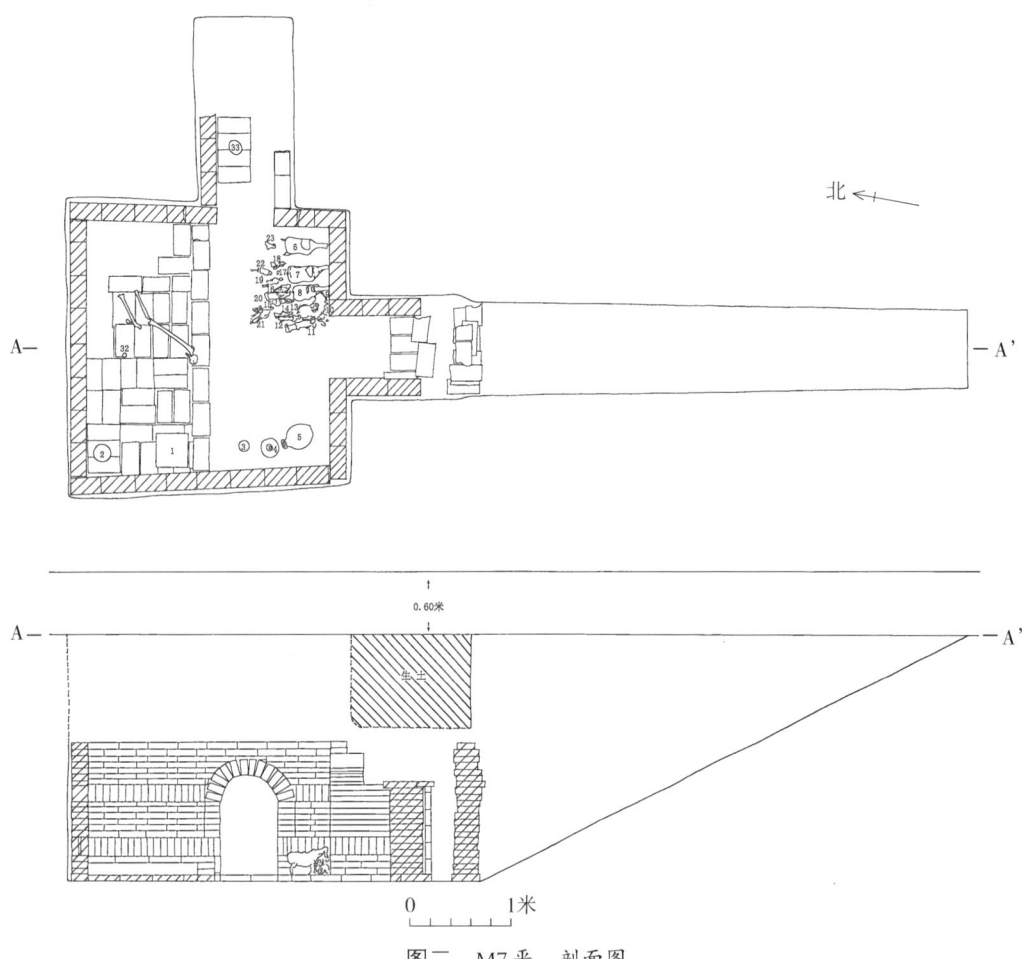

图二　M7平、剖面图

1.墓志　2.铜镜　3.瓷碗　4.陶瓶　5.陶罐　6~8.陶马　9.陶骆驼　10.兽面镇墓兽　11、25.文官俑　12、31.武士俑　13、16.女侍俑　14、15、17~21、29.男侍俑　22.陶猪　23.陶鸡　24、34.陶碗　26.陶鸭　27.人面镇墓兽　28、30.牵马俑　32.铜钱　33.铁镜

北部为砖砌棺床，小砖平铺，长2.4、宽1.2、高0.3米，棺床南侧用三角形砖筑成花边。棺床上仅存墓主下肢骨，推测墓主头向朝西。耳室位于墓室东侧，门为砖券，呈弧形拱顶，宽0.56、高0.94米。内为土洞，拱顶，进深1.8、高0.94米。随葬器物多集中于墓室东南角，摆放有序，镇墓兽、人俑、动物俑等均向南而立，墓室西南置陶罐1件、瓷瓶1件，西北置黑瓷盏1件。在棺床西北部放置一面铜镜，西部有墓志（图三）。

二、出土器物

M7共出土各类随葬品34件（组），质地有陶、瓷、铜、铁、石器等。现分述如下。

（一）陶器

种类有陶俑、动物模型以及生活用具。

人面镇墓兽　1件（M7：27）。头戴圆顶兜鍪，上竖顶缨，拧眉怒目，三角鼻，嘴紧闭，肩生双翼，蹲坐于近似三角形底座上。背部有10簇竖毛。高40.3厘米（图四：1、图一〇）。

兽面镇墓兽　1件（M7：10）。狮面，头生双角，怒目圆睁，鼻孔外张，张口龇牙，肩生双翼，背竖冲天戟，背有竖毛11簇，蹲坐于近似三角形托板上。通高41厘米（图四：2、图一一）。

武士俑　2件。均头戴圆顶兜鍪，内有护颈甲，身着裲裆甲，护膊腰束带，下着裤，站于矮座上，铠甲为绿色，腰带黑彩。右手屈举于肩部，右手握拳向前，歪胯，站立于矮座上。标本M7：12，通高38厘米（图五：6、图一二）。标本M7：31，通高38.1厘米（图五：5）。

文官俑　2件。均头戴冠，低眉顺目，神态端庄，上着右衽宽袖上衣，腰束宽带，下着长裙，足着云头履，站于矮座上，双手拱于胸前，发饰黑彩，唇着红，上衣为黄色，飘带为红，履涂黑。标本M7：11，通高40厘米（图六：2、图一三）。标本M7：25，通高41厘米（图六：1）。

女侍俑　2件。可分两型。

A型　1件（M7：13）。面部圆润，头束高螺髻。上着翻领窄袖衣，下着及地长裙，带束于胸际，肩部帔帛垂自膝下，足登履。身材修长，

图三　M7发掘现场（由北向南摄）

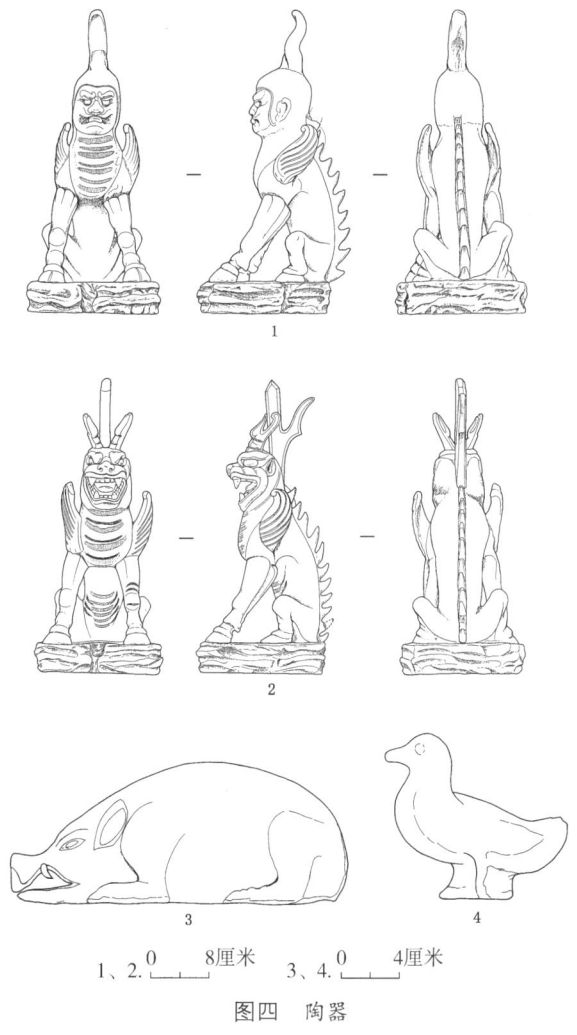

图四　陶器

1.人面镇墓兽（M7：27）　2.兽面镇墓兽（M7：10）　3.陶猪（M7：22）　4.陶鸭（M7：26）

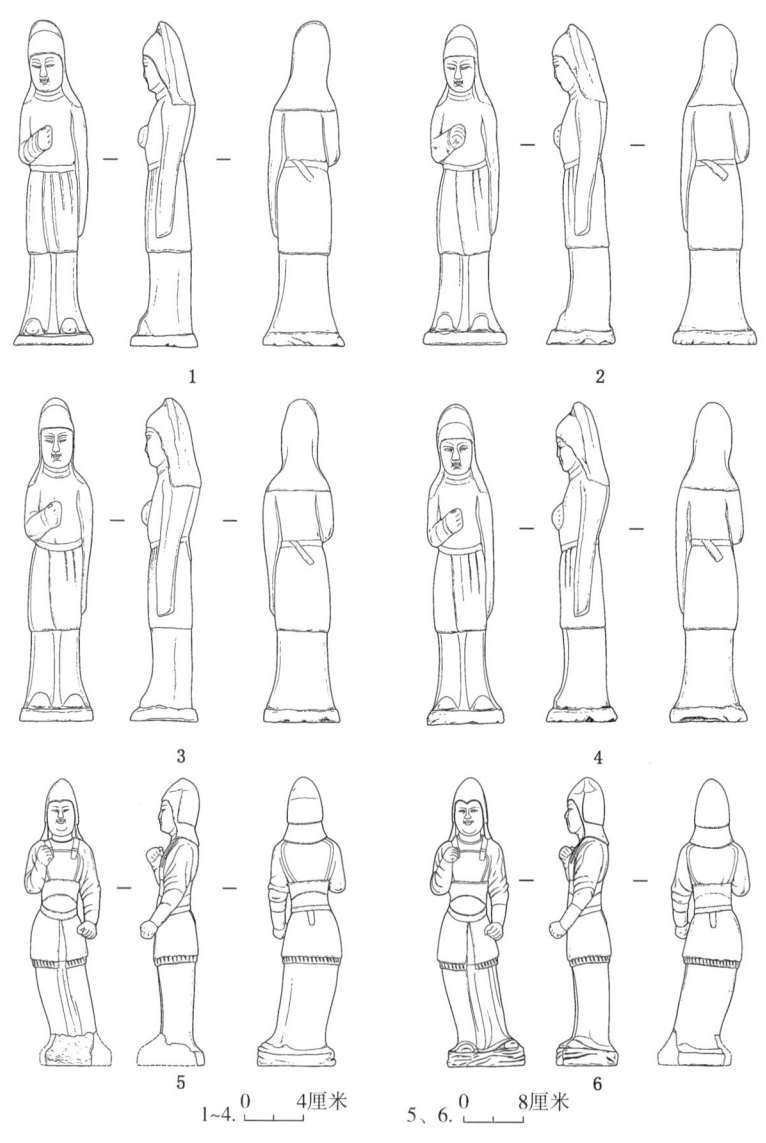

1~4.　2

3　　　　　　　　　　　　4

5　　　　　　　　　　　　6

1~4. ⊢0　　4厘米⊣　　5、6. ⊢0　　8厘米⊣

图五　陶俑

1～4.A型男侍俑（M7：14、M7：15、M7：17、M7：20）5、6.武士俑（M7：31、M7：12）

双手置于腹前。红裙红，绿披肩。高25.8厘米（图六：3、图一四）。

B型　1件（M7：16）。头束双髻，神态可爱，着窄袖长裙，带高束于胸际，自然垂落。右手屈举置腹前，左手下垂。发黑，唇红。高23.5厘米（图六：4、图一五）。

男侍俑　8件。可分三型。

A型　4件。头戴帷帽，着圆领窄袖衣，下着裤，腰系带，站于板上，右手握拳于胸前，左手下垂。头部微颔，眼神安定。标本M7：14，高21.2厘米（图五：1）。标本M7：15，高21.2厘米（图五：2）。标本M7：17，高21.4厘米（图五：3）。标本

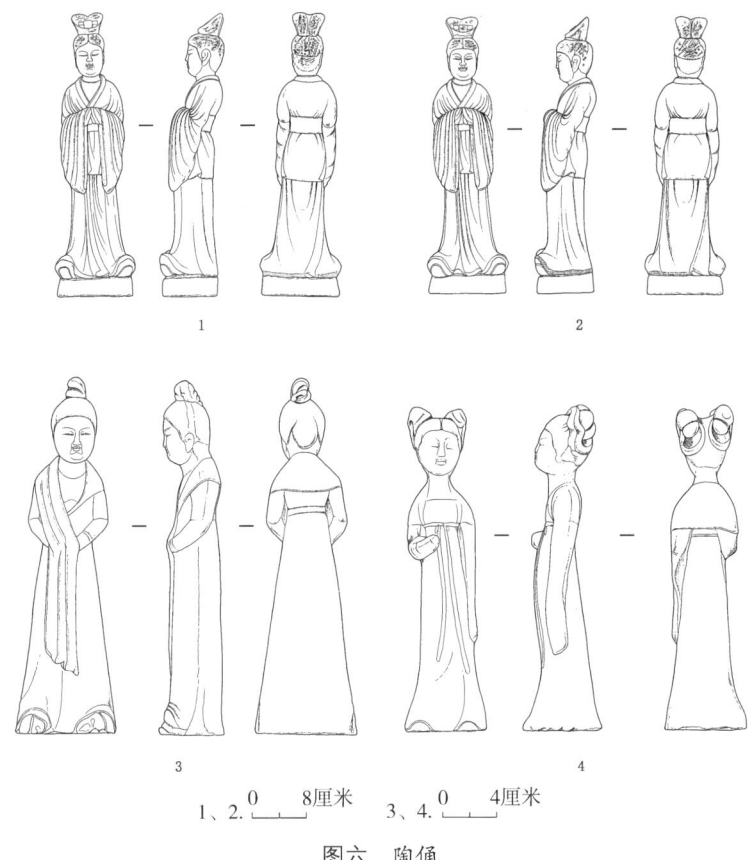

1、2. 文官俑（M7∶25、M7∶11）　3、4.女侍俑（M7∶13、M7∶16）

图六　陶俑

M7∶20，高21.2厘米（图五∶4、图一六）。

B型　3件。头着冠，神态祥和。内着圆领窄袖衣，外着右衽宽袖衣，下着裤，双手拱于胸前，冠及发施黑彩，眉、眼黑彩，唇红。标本M7∶18，高20.2厘米（图七∶1）。M7∶19，高21.4厘米（图七∶3、图一七）。标本M7∶21，高20.4厘米（图七∶2）。

C型　1件（M7∶29）。头戴帽，着圆领窄袖长衫，腰系带，双手拱于胸前，屈膝弯腰站于踏板上。高21.6厘米（图七∶4、图一八）。

牵马俑　2件。头着胡帽，深目高鼻，颧骨突出，身着窄袖上衣，腰束带，下着裤，足登靴。颈挂缰绳，右手屈臂握拳于腹，左手下垂，鼓腹，站于长方形板上。标本M7∶28，帽顶残，残高22.3厘米（图七∶5）。标本M7∶30，高23.6厘米（图七∶6、图一九）。

马　3件。低首，曲颈作嘶鸣状，躯体肥壮，背负鞍鞯，通体施有彩绘，可惜驳落，可辨有黑色缰绳，饰大小不一黑圆圈纹，尾打结成麻花状。标本M7∶6，通高37厘米（图八∶1、图二一）。标本M7∶7，高37厘米（图八∶2、图二〇）。标本M7∶8，通高37.5厘米（图八∶3）。

图七　陶俑

1~3.B型男侍俑（M7：18、M7：21、M7：19）　4.C型男侍俑（M7：29）　5、6.牵
马俑（M7：28、M7：30）

骆驼　1件（M7：9）。仅残存部分躯体（图八：4）。

猪　1件（M7：22）。作匍匐状，嘴稍上翘。体长11.6、高4.7厘米（图四：3、图
二四）。

鸡　1件（M7：23）。鸡冠饰红彩绘，羽饰黑彩，红彩长尾弧形下垂。高10.8厘米
（图九：5、图二二）。

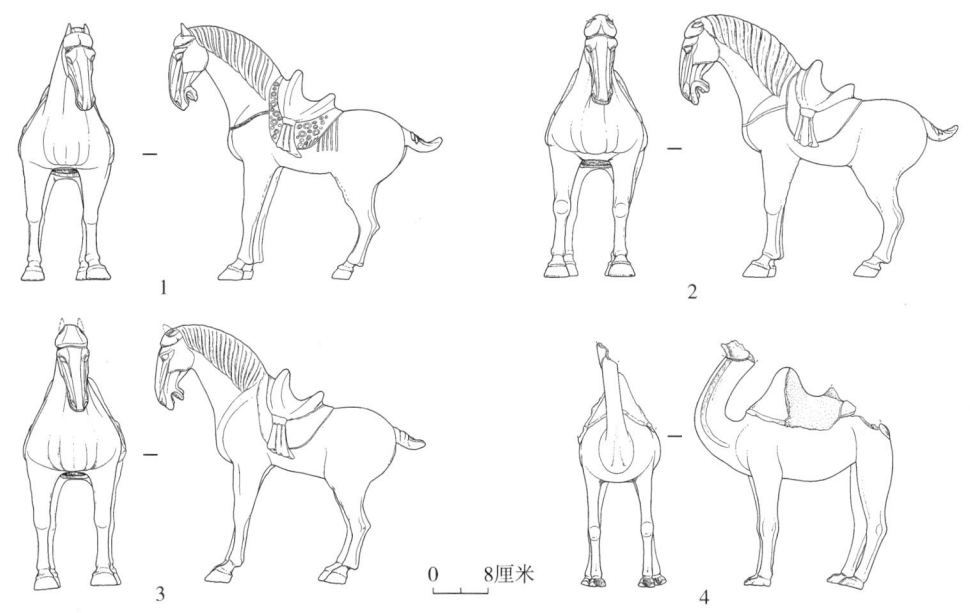

图八　陶马和骆驼

1~3.马（M7：6、M7：7、M7：8）4.骆驼（M7：9）

鸭　1件（M7：26）。引颈平视前方，体态丰腴，站立于圆形托板上。高5.5厘米（图四：4、图二三）。

瓶　1件（M7：4）。泥质灰陶，平折沿，方唇，束颈，溜肩，弧腹，平底。口径7.8、腹径20.8、底径12.5、高30.5厘米（图九：6、图三〇）。

罐　1件（M7：5）。泥质灰陶，折沿，圆唇，束颈，圆鼓腹，平底，肩及腹上部饰同心圆纹及小草纹。颈下饰5周，腹上部饰6周。口径14、腹径26、底径13.4、高32.6厘米（图九：7、图二九、图三一）。

碗　2件。泥质红陶，体型小巧，口沿不规整，制作粗糙。束颈，弧腹，平底。标本M7：24，口径12.6、底径4.4、高8.4厘米（图九：3）。标本M7：34，口径12.6、底径5.9、高7.6厘米（图九：2、图二七）。

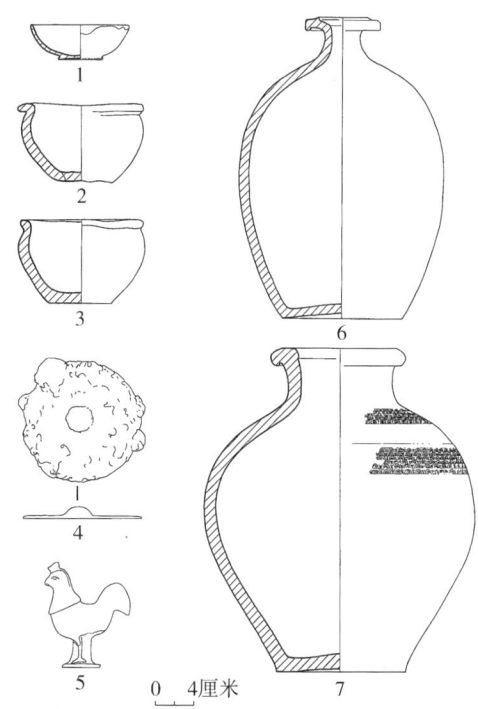

图九　陶瓷器和铁器

1.瓷碗（M7：3）2、3.陶碗（M7：34、M7：24）4.铁镜（M7：33）5.陶鸡（M7：23）6.陶瓶（M7：4）7.陶罐（M7：5）

图一〇　人面镇墓兽
（M7：27）

图一一　兽面镇墓兽
（M7：10）

图一二　武士俑
（M7：12）

图一三　文官俑
（M7：11）

图一四　A型女侍俑
（M7：13）

图一五　B型女侍俑
（M7：16）背部

图一六　A型男侍俑
（M7：20）

图一七　B型男侍俑
（M7：19）

图一八　C型男侍俑
（M7：29）

图一九 牵马俑
（M7：28）

图二〇 陶马
（M7：7）

图二一 陶马
（M7：6）

图二二 陶鸡
（M7：23）

图二三 陶鸭
（M7：26）

图二四 陶猪
（M7：22）

（二）瓷器

碗 1件（M7：3）。敛口，圆唇，弧腹，平底，内壁施满黑釉，外壁基本不施釉，碗内底有三支钉痕。口径10、底径4.4、高3.4厘米（图九：1、图二八）。

（三）铜器

铜镜 1面（M7：2）。为十二生肖镜。圆形，圆纽，圆纽座的乳丁之间有八字铭文，锈蚀严重，仅辨"光正"两字。镜面饰三圈弦纹。内弦纹与中弦纹之间饰有一周缠枝花叶纹，中弦纹与外弦纹之间被分成十二格，每格内有一个生肖图像。弦纹外为三角锯齿纹带，窄素缘。直径15.6、缘厚0.5厘米（图二五、图二六）。

0   2厘米

图二五 铜镜（M7：2）

图二六　铜镜（M7：2）

图二七　陶盆（M7：34）

图二八　瓷碗（M7：3）

图二九　陶罐（M7：5）肩部纹饰

图三〇　陶瓶（M7：4）

图三一　陶罐（M7：5）

　　铜钱　1枚（M7：32）。直径2.4厘米，钱文不辨。

　　（四）石器

　　墓志　1盒（M7：1）。青灰石质，分为墓志和墓志盖两部分，平面近方形。墓志盖无字，从四边起向上斜收成盝顶。边长35、厚4厘米。墓志有朱红隔行，墨书行文，可惜字迹不辨。长35、宽33.5、厚6厘米。

　　（五）铁器

　　铁镜　1面（M7：33）。锈蚀严重。直径12厘米（图九：4）。

三、结语

M7 随葬品数量较为丰富，俑类齐全，四大组合较为完整，第一组为神煞明器类（人面和兽面镇墓兽），第二组为表现墓主出行情况的马队、骆驼等，第三组为家居生活类的男、女侍俑和家畜动物模型，第四组为生活器具明器及生活实用器。M7 所出镇墓兽、武士俑、文官俑、A 型和 B 型女侍俑、男侍俑与郑州丁彻墓[1]出土的一组镇墓兽（M11：1、M11：2）、武士俑（M11：3）、文官俑（M11：5）、单髻女俑（M11：24）、双环髻女俑（M11：29）、风帽俑（M11：14）、小冠俑（M11：7）、幞头俑（M11：11）等形制相似，但是制作比丁彻墓更为精美，细节处更传神。另外，M7 出土的十二生肖镜，流行于隋至初唐[2]。M7 为单室砖室墓，除顶部坍塌外，其余均保存完整，棺床砌于墓室北壁下，该形制为初唐时期典型的中型墓葬[3]。郑州丁彻墓有明确纪年，为公元 676 年。综上所述，周古寺 M7 为初唐墓葬。

M7 未被盗扰，随葬品较为丰富，从墓葬形制与出土器物来看，其时代特征较为典型，为研究荥阳地区初唐的丧葬制度提供了新的实物资料。

附记：发掘单位郑州市文物考古研究院、荥阳市文物保护管理中心，领队顾万发，发掘人员丁兰坡、魏青利、孟庆刚，绘图寇小石、张盼，摄影蔡强。

▌注释

［1］刘彦锋、陈萍、赵兰：《郑州丁彻墓发掘简报》，《华夏考古》2000 年第 4 期。

［2］孔祥星：《隋唐铜镜的类型与分期》，《中国考古学会第一次年会论文集》，文物出版社，1980 年。

［3］徐殿魁：《洛阳地区隋唐墓葬的分期》，《考古学报》1989 年第 3 期。

（原刊于《华夏文明》2017 年第 2 期）

郑州市区几座唐墓发掘简报

魏青利　　丁兰坡

2007年，郑州市文物考古研究院在配合基础建设的施工过程中，发掘了一批唐墓，现将这批唐墓介绍如下（图一）。

图一　墓葬位置示意图

1.金笛印染公司安置小区唐墓　2.河南龙源置业有限公司世纪家园小区唐墓　3.河南仟禧置业有限公司商住楼唐墓

一、金笛印染公司安置小区唐墓（2007ZJDM2）

金笛印染公司安置小区位于郑州市中原区工农路以东，秦岭路以西，棉纺路以南，该小区内发掘唐墓一座，编号2007ZJDM2，下文简称JDM2。

（一）墓葬形制

JDM2为单室土洞墓，开口距地表2米，平面呈"甲"字形，由墓道、墓室两部分相连组成，上部被建筑基础破坏严重，仅剩接近墓底部分。总长3.7、残高0.5米，方向170°。墓道位于墓室南端中部略偏西，平面呈长方形，南端被扰，残长1.9、宽1.06米。底部南高北低，呈斜平底，残深0.5米。

墓室在墓道北部，上部扰毁，仅剩近墓底部分，平面近呈长方形，土洞状，长2.06、宽2.48、深0.4米。墓壁平直规整，墓底为平底，略高于墓道北端底部。在墓室北部发现朽棺痕迹，并清理出骨架三具。骨架朽腐严重，骨架上半部多呈粉末状，下半部肢骨保存较为完好，尚可见葬式为仰身直肢。随葬品均位于墓室东南角，散乱放置，有陶罐、瓷瓶、瓷四系罐、铁剪刀、铁镰斗各一件（图二）。

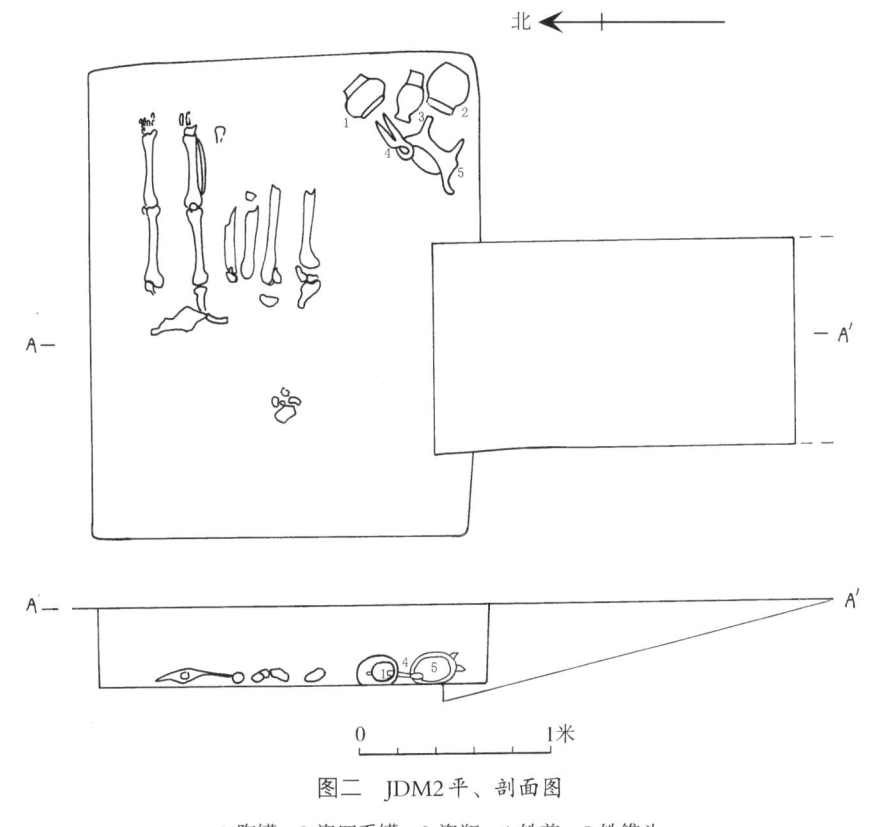

图二　JDM2平、剖面图

1.陶罐　2.瓷四系罐　3.瓷瓶　4.铁剪　5.铁镰斗

（二）出土器物

陶罐　1件（JDM2：1）。泥质灰陶。口微敛，圆唇，束颈，圆鼓腹，下腹稍内收，底内凹。肩上置对称条状双系。口径9.7、腹径14.6、底径5.9、高13.4厘米（图三：2）。

瓷瓶　1件（JDM2：3）。盘状口，圆唇，束颈，弧腹内收，底外撇，内凹。腹与底交接处饰凹弦纹一周。灰白胎，上半身施青釉。口径6.7、腹径14.1、底径7.6、高22.5厘米（图三：1、图一一）。

瓷四系罐　1件（JDM2：2）。直口，圆唇，广肩，上腹鼓，下腹内收，底内凹。肩部有四个桥形系纽。红胎，上半身施青釉。口径9.7、腹径14.6、底径5.9、高13.4厘米（图三：4、图一二）。

铁鐎斗　1件（JDM2：5）。器身呈直腹碗状，一侧有短流，一侧有近S形曲柄，柄端呈凫头形，下附三个圆柱状足。已残，锈蚀严重。高24厘米（图三：3）。

铁剪刀　1件（JDM2：4）。锈蚀严重，剪尖部稍残，交股回环，8字形环曲柄，为弹压式，直刃，刀背较厚。残长26.2厘米（图三：5）。

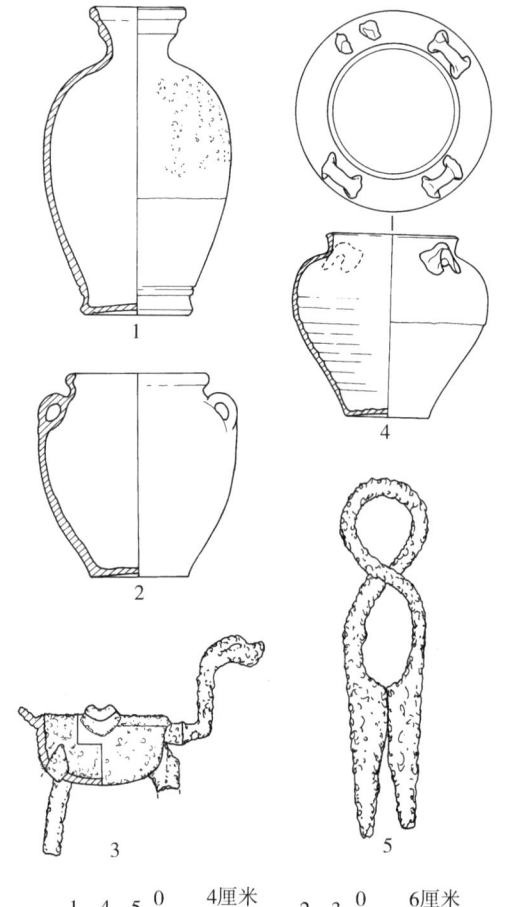

1、4、5. 0 ⌴ 4厘米　　2、3. 0 ⌴ 6厘米

图三　JDM2出土器物

1. 瓷瓶（JDM2：3）　2. 陶罐（JDM2：1）　3. 铁鐎斗（JDM2：5）　4. 瓷四系罐（JDM2：2）　5. 铁剪刀（JDM2：4）

二、河南仟禧置业有限公司商住楼唐墓（2007ZQXM2）

河南仟禧置业有限公司商住楼位于郑州市二七区兴华北街和桃源路交叉口东南部，该区域清理发掘唐代墓葬一座，编号2007ZQXM2，下文简称QXM2。

（一）墓葬形制

QXM2为单室土洞墓，开口距地表3.5米，平面呈"甲"字形，由墓道、甬道、墓室三部分组成。总长6.6、深2.1米，方向180°。墓道位于墓室的南部，平面呈北宽南窄的梯形，竖井状，长2.9、宽0.8～1米。底部南高北低，呈斜平底，深2.3～3.3米。近南端东西两壁上各设有对称的脚窝4个，形状近呈馒头状，长0.16、高0.15、深0.1米。北端靠近甬道部分有一个近椭圆形的盗洞，直达墓道底部，一直进入墓室。甬道南连墓道，北接墓室，平面呈长方形，拱形顶，过洞式，平底，顶部已坍塌，未见封门，宽与墓道相比略窄，长0.7、宽0.88、高1.5米。

墓室位于甬道北端，平面呈长方形，土洞状，长3、宽2.3～2.4、高2.1米。拱形顶，保存较好，墓壁平滑，东西两壁微向外弧，构筑规整，墓底呈坡状，北高南低。因被盗扰，未发现骨架，葬式葬具不详。填土中出土随葬品有陶罐3件、瓷碗3件、瓷注1件、铜钱2枚（图四）。

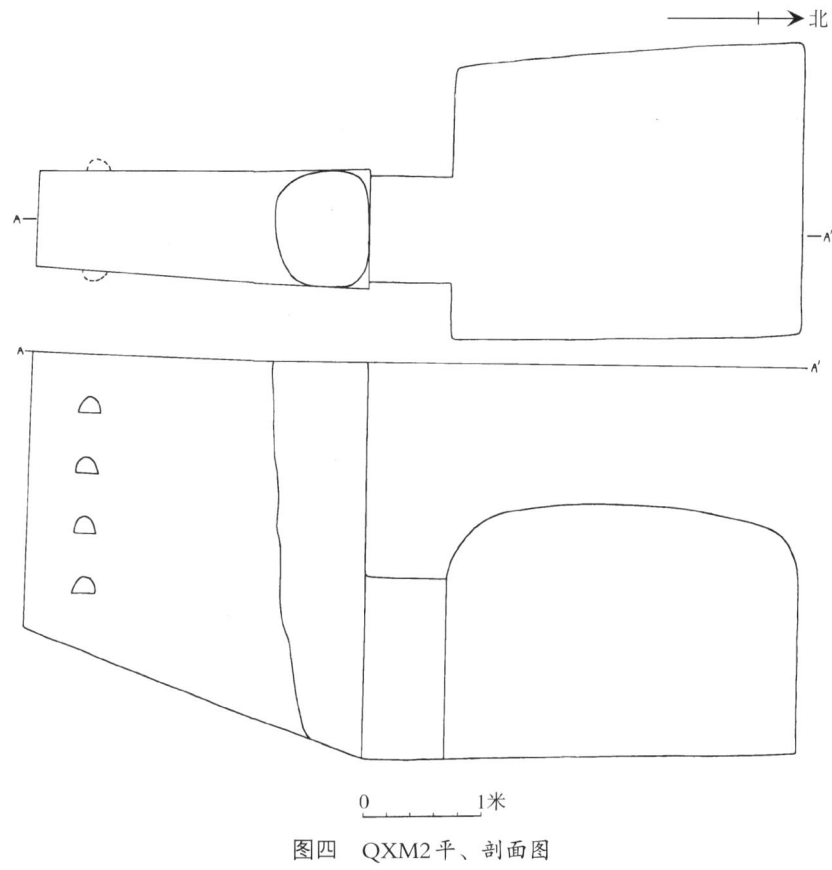

图四　QXM2平、剖面图

（二）出土器物

陶罐　3件。均为泥质灰陶。口微敛，圆唇，束颈，圆鼓腹弧内收，底平或微内凹。标本QXM2∶1，平底。口径13.3、腹径22、底径10.2、高23.3厘米（图五∶1）。标本QXM2∶4，底内凹。口径13.8、腹径22、底径9、高23.5厘米（图五∶2、图一三）。标本QXM2∶5，平底内凹。口径14.1、腹径22.5、底径11、高23.8厘米（图五∶3）。

瓷碗　3件。均为内外施白釉。大敞口，圆唇，弧腹，圜底，圈足。标本QXM2∶2，口径14.3、底径7.2、高3.7厘米（图五∶6、图一五）。标本QXM2∶3，口径19.3、底径10.1、高5.2厘米（图五∶7、图一六）。标本QXM2∶6，口径15.8、底径7.3、高4.6厘米（图五∶5、图二〇）。

瓷注子　1件（QXM2∶7）。卷沿，敞口，细颈，圆鼓腹，底内凹。一侧肩置一管状短流，另一侧口肩处置一曲柄，柄身饰一泥条，泥条上端有4个圆球状装饰，下端有一个圆球状装饰。黄褐釉不及底，胎较红。口径6、腹径13.1、底径7.4、高15.4厘米（图五∶4、图一四）。

铜钱　2枚。腐朽严重，字迹不可辨。

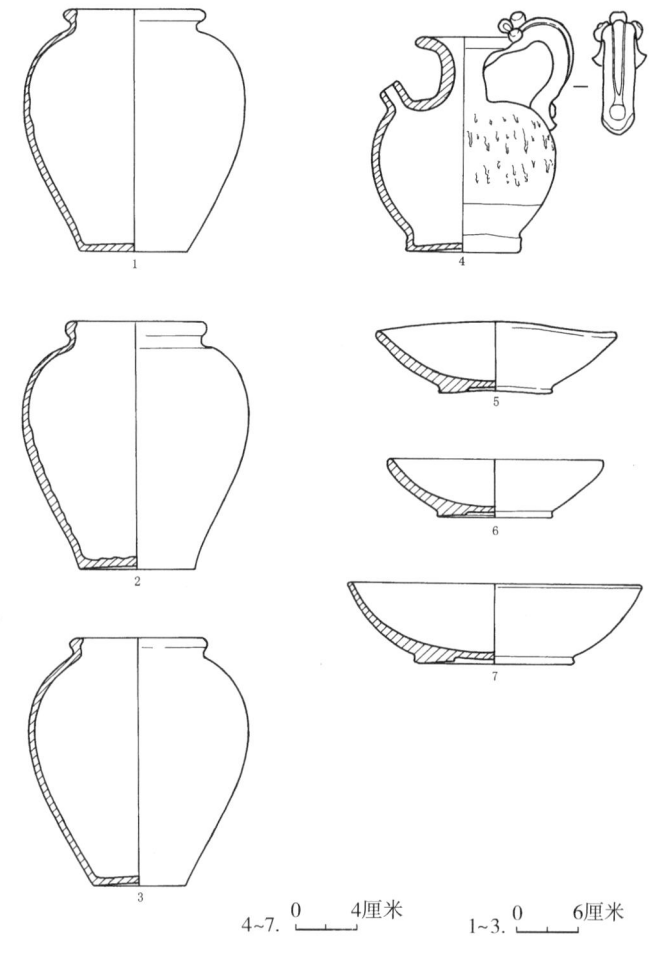

4~7.　0　　4厘米　　　1~3.　0　　6厘米

图五　QXM2 出土器物

1~3.陶罐（QXM2∶1、QXM2∶4、QXM2∶5）　4.瓷注子（QXM2∶7）
5~7.瓷碗（QXM2∶6、QXM2∶2、QXM2∶3）

三、河南龙源置业有限公司世纪家园小区唐墓（2007ZLYM4、M5、M8）

河南龙源置业有限公司世纪家园小区位于郑州市绿城广场南路以南，嵩山路以东，伊河路以北，兴华北街以西，该区域共发掘唐墓3座，均为土洞墓。现以2007ZLYM4（简称LYM4）、2007ZLYM5（简称LYM5）、2007ZLYM8（简称LYM8）为例加以介绍。

（一）墓葬形制

1.LYM4

LYM4开口距地表3.4米，为单室土洞墓，形制较小，平面形状呈"甲"字形，由墓道、墓室两部分组成。总长4.8、深1.9米，方向185°。墓道位于墓室的南端，平面呈梯形，北宽南窄，竖穴状，长2.4、宽0.6~0.8米，东西两壁较平直，底部呈斜坡状平底，南高北低，近墓室门口处则呈平底，深1.35～1.9米。

墓室位于墓道北部，平面呈长方形，土洞状，长2.4、宽1.2、高1.2米。拱形顶，稍有坍塌，墓壁平直规整，平底。墓室中部置木棺一具，腐朽严重，可见棺木朽痕，长2.1米，南宽0.68、北宽0.58米，残高0.12米。棺内中部偏东发现有半个头骨。墓室东北角出土铁鼎1件、陶罐1件、铁剪刀1件、瓷罐2件、铜饰件2件、漆盒2件（图六）。

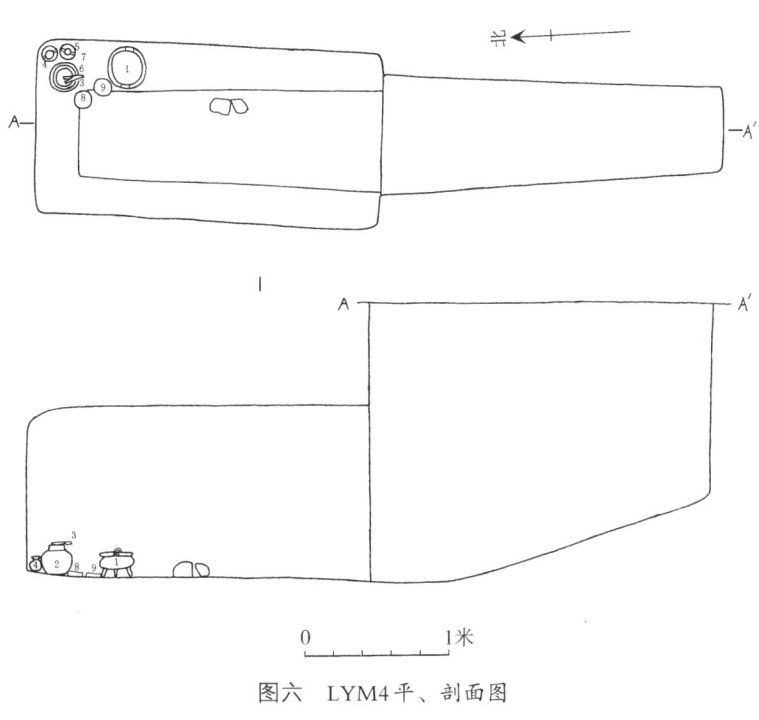

图六　LYM4平、剖面图

1.铁鼎　2.陶罐　3.铁剪刀　4、5.瓷罐　6、7.铜饰件　8、9.漆盒

2. LYM5

LYM5开口距地表0.2米，单室土洞墓，平面近"中"字形，由墓道、甬道、墓室、耳室组成。墓葬南半部大部分被建筑基坑破坏，总长4.4、深1.5米，方向187°。墓道位于甬道南端，大部分被破坏，仅残留少部分底部，残长0.8、宽0.86～1.05、残高0.2～0.4米。甬道位于墓道与墓室之间，上半部被破坏，长方形，过洞式。长0.4、宽0.94、残高0.64～0.82米。甬道南端连墓道处的墓道内，有小砖平砌做封门，因被盗扰，仅剩一层。

墓室位于甬道北部，平面近长方形，东西长2.94～3.24、南北宽1.5～2.08、高1.5米。顶呈拱形，部分已坍塌。墓底为平底，墓壁较平直，构筑规整。耳室平面呈梯形，为南北向长，南端直接与墓室相连，长1.0～1.65、宽1.32～1.6、高1.1米。拱形顶，墓底与墓壁均与墓室相同。该墓已遭盗扰，墓室内未见骨架与葬具，墓室中部偏北有一层小砖平铺做的棺床，平面呈梯形，长2.5、宽0.68~1.2、高0.05米。棺床西部有随葬品陶罐1件，瓷器盖1件，南部有铜钱3枚（图七）。

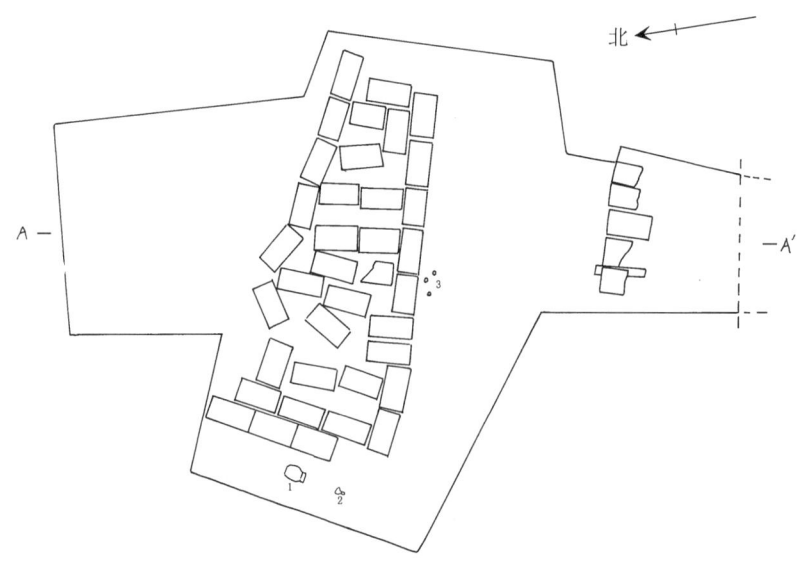

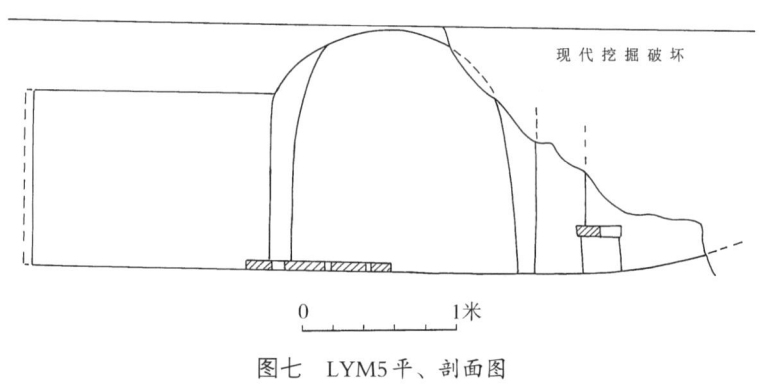

图七　LYM5平、剖面图

1.陶罐　2.瓷器盖　3.铜钱（3枚）

3.LYM8

LYM8开口距地表0.3米，单室土洞墓，形制较小，平面形状呈"甲"字形，由墓道、甬道、墓室三部分组成。总长6.1、深1.88米，方向178°。墓道位于墓室南端中部偏东，开口平面呈梯形，长3.54、宽0.68~0.9米，底部南高北低呈斜坡状，近甬道门口处有一生土台阶，底长3.3、宽0.7~0.8米，南部深1.5、北部深1.88米。墓道四壁平直规整，南壁下部内收呈斜壁。东西两壁有对称的脚窝各一个，馒头状，长0.1、高0.06、深0.05米。甬道位于墓道与墓室之间，呈长方形，过洞式，拱形顶，平底。长约

0.3、宽0.82、高0.82米，未见封门。

墓室位于甬道的北部，平面呈长方形，土洞状，长2.44、宽1.38～1.5、高约1米。墓室顶呈拱形，保存较好，墓底为平底，与墓道相比较深，土洞壁较直而且规整。墓室西部置一棺，朽腐严重，仅可见棺痕，痕长1.8、宽0.44～0.62米。紧贴棺的东侧，墓室近中部出土方形砖墓志一合，墓室门口处内侧发现有一头骨。东北部出土瓷注1件、瓷碗2件、陶罐2件、铁鼎1件。散乱放置（图八）。

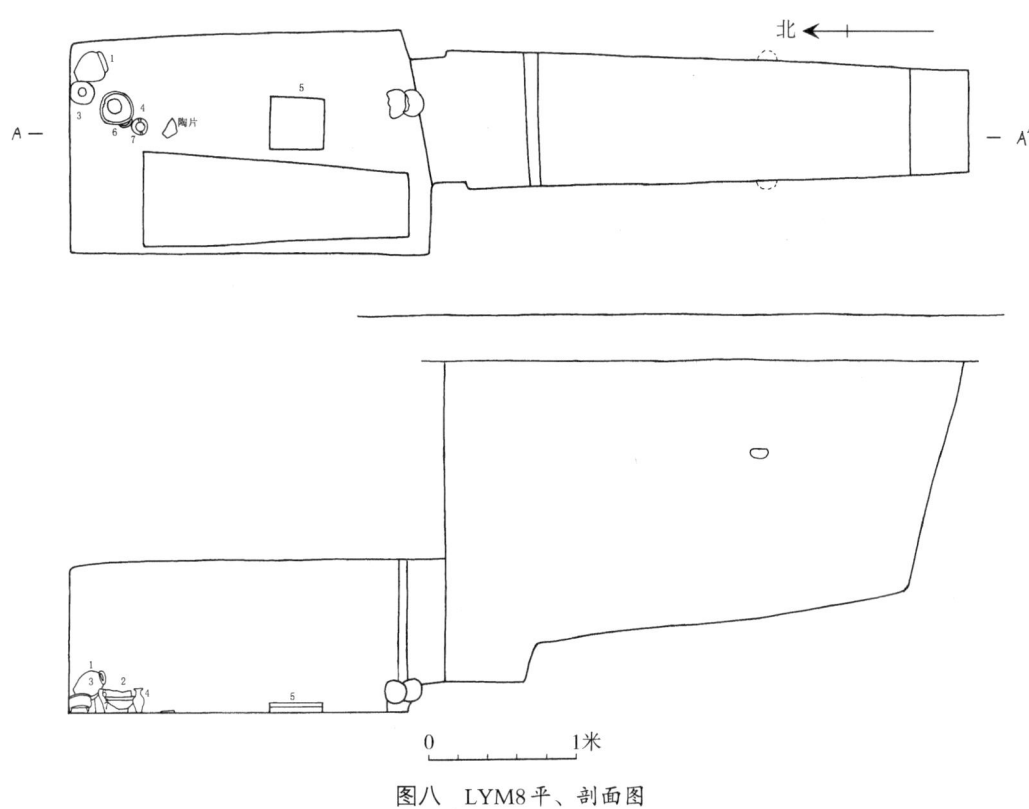

图八　LYM8平、剖面图

1、2.陶罐　3.铁鼎　4.瓷注子　5.砖墓志　6、7.瓷碗

（二）出土器物

陶罐　4件。泥质红陶。形制、大小近同。卷沿，沿面多有一周凹槽，敛口，束颈，弧腹内收，平底或圈足。肩置对称单系，均残。标本LYM4：2，平底。口径16、腹径23.9、底径11、高24.3厘米（图九：1、图一七）。标本LYM5：1，口沿不平，平底。口径15.6、腹径23.5、底径10.6、高25.5厘米（图九：2、图二四）。标本LYM8：1，腹斜直收，圈足。口径16.2、腹径23.5、底径11.7、高21.6厘米（图九：4、图二五）。标本LYM8：2，圈足。口径16.2、腹径23.2、底径11.3、高23.4厘米（图九：3）。

瓷注子　1件（LYM8：4）。通体施白釉。侈口，卷沿，束颈，圆鼓腹，平底。一侧肩置一管状短流，另一侧口肩处置一曲柄，柄身饰一泥条，泥条上端有三个圆球状装饰。口径6、腹径12、底径7.2、高15.2厘米（图一〇：1、图二六）。

瓷双系罐　2件。标本LYM4：4，直口，圆唇，束颈，圆鼓腹，平底。灰胎，黑褐釉，施釉不及底。口径6.1、腹径10.7、底径5.6、高8.4厘米（图一〇：4、图一八）。标本LYM4：5，侈口，圆唇，束颈，圆鼓腹，平底。灰白胎，黑釉，釉不及底。口径6.6、腹径11、底径6.1、高8.2厘米（图一〇：5、图一九）。

瓷碗　2件。通体施白釉，泛黄，大小形制近同。敞口，圆唇，弧腹，圜底，圈足。标本LYM8：6，口径14.2、底径7.3、高3.6厘米（图一〇：2、图二一）。标本LYM8：7，口径14.2、底径7.3、高4.1厘米（图一〇：3、图二二）。

瓷器盖　1件（LYM5：2）。塔形，青釉，内外施釉，灰白胎。直径6.1、高6.2厘米（图一〇：6）。

铜饰件　2件。大小形制等同。有4个花瓣，上置一圆环纽，下为小圆柱。推测为器物上的装饰。标本LYM4：6和LYM4：7，长径2.8、高2.1厘米（图一〇：7、图二三）。

铜钱　3枚（LYM5：3），均为开元通宝。

铁鼎　2件。标本LYM4：1，侈

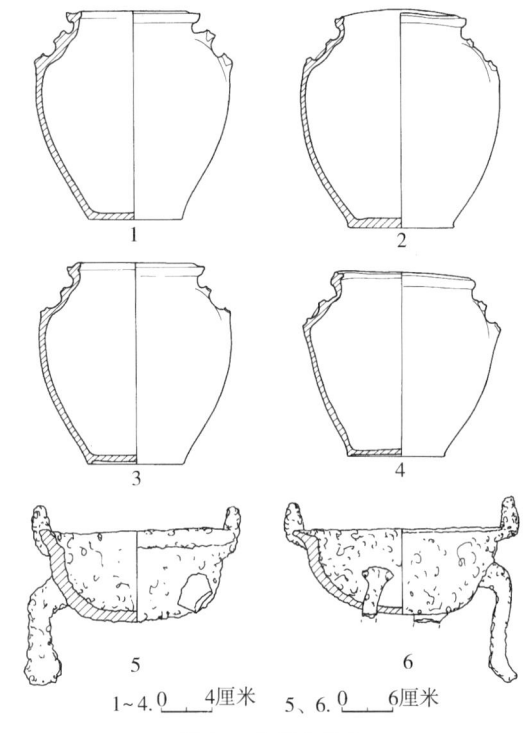

图九　陶罐和铁鼎

1～4.陶罐（LYM4：2、LYM5：1、LYM8：2、LYM8：1）

5、6.铁鼎（LYM4：1、LYM8：3）

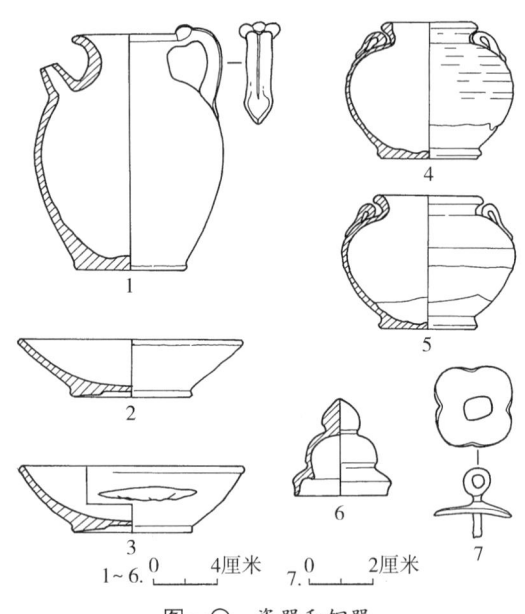

图一〇　瓷器和铜器

1.瓷注子（LYM8：4） 2、3.瓷碗（LYM8：6、LYM8：7） 4、5.瓷双系罐（LYM4：4、LYM4：5） 6.瓷器盖（LYM5：2） 7.铜饰件（LYM4：6）

口，弧腹，圜底，沿上对称有两个立耳，三蹄足。锈蚀严重，已残。口径21、通高21厘米（图九：5）。标本LYM8：3，折沿，侈口，弧腹，圜底，沿上对称有两个立耳，三足弯曲。锈蚀严重，已残。口径24、通高21.6厘米（图九：6）。

铁剪　1件（LYM4：3）。锈蚀严重，残，直刃，刀背较厚，残长0.14厘米。

砖墓志　1合（LYM8：5）。方形砖，盖已残。墓志盖盝顶，四刹呈斜坡状。底边长33、顶边长23、厚3.5厘米。墓志磨损严重，志文模糊不辨。边长33、厚5.5厘米。

漆盒　2件。标本LYM4：8和LYM4：9，圆形，木胎，髹漆，只可大致看出形状，朽不可取。

图一一　瓷瓶（JDM2：3）　　　图一二　瓷四系罐（JDM2：2）　　　图一三　陶罐（QXM2：4）

图一四　瓷注子　　　　图一五　瓷碗（QXM2：2）　　　图一六　瓷碗（QXM2：3）
（QXM2：7）

图一七　陶罐　　　　图一八　瓷双系罐（LYM4：4）　　　图一九　瓷双系罐（LYM4：5）
（LYM4：2）

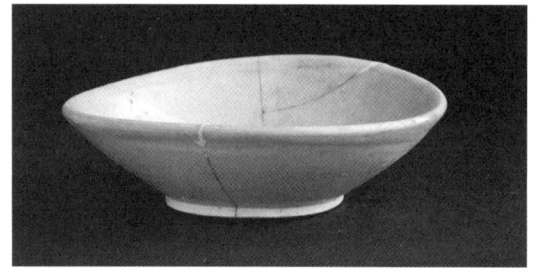
图二〇　瓷碗（QXM2∶6）

图二一　瓷碗（LYM8∶6）

图二二　瓷碗（LYM8∶7）

图二三　铜饰件（LYM4∶6、LYM4∶7）

图二四　陶罐（LYM5∶1）

图二五　陶罐（LYM8∶1）

图二六　瓷注子（LYM8∶4）

四、结语

金笛印染公司安置小区唐墓随葬的陶罐，与郑州伏牛南路唐墓[1]的M1∶1形制近同，较之双耳健全；瓷瓶与郑州上街铝厂唐墓[2]A型瓷瓶（M1∶5）风格相似，较之多饰有纹饰。综合分析，此墓为盛唐偏早阶段。

河南仟禧置业有限公司商住楼唐墓M2所出瓷碗，大小形制近似于河南电力工业学校仿真教学楼唐墓[3]出土瓷碗，所出陶罐与大岗刘唐墓[4]出土的陶罐形制相仿，均有中唐特征。

  河南龙源置业有限公司世纪家园小区3座唐墓中，M4为斜坡墓道，纵长方形墓室，所出两件黑瓷双系罐，与上街房管局唐墓[5]出土的黑瓷罐相似，这些均为盛唐特征，故此墓应属盛唐墓。M5的墓葬形制较为特殊，为郑州地区所不见，随葬陶罐与M8的同类器相仿；出土的开元通宝，"通"字走之旁的前三笔为连续拐折，"甬"字上部开口扁，背部依稀可见月痕[6]。综合推断，M5大致为唐代中期。M8的墓道位于墓室偏东处，墓室为纵长方形，木棺置于墓室西壁，所出瓷注、瓷碗与河南电力工业学校仿真教学楼唐墓[7]所出同类器相似，故此墓应属中唐墓。

  以上发掘清理的几座唐墓，虽然形制较小，均为土洞墓，但从墓葬形制与出土器物来看，时代特征较为典型，为研究郑州地区唐代丧葬制度提供了新的实物资料。

  附记：发掘领队顾万发，发掘人员丁兰坡、江旭、王振宇、郑立敏，绘图李扬，摄影蔡强。

注释

［1］郝红星、于宏伟、张文霞：《郑州西郊唐墓发掘简报》，《文物》1999年第12期。

［2］王文华、汪旭：《郑州市上街铝厂唐墓发掘简报》，《中原文物》1997年第3期。

［3］郑州市文物考古研究院内部资料。

［4］周到、郝红星、于宏伟：《郑州地区发现的几座唐墓》，《文物》1995年第5期。

［5］周到、郝红星、于宏伟：《郑州地区发现的几座唐墓》，《文物》1995年第5期。

［6］徐殿魁：《唐代开元通宝的主要品类和分期》，《中国钱币》1992年第3期。

［7］郑州市文物考古研究院内部资料。

（原刊于《华夏文明》2016年第10期）

河南荥阳市飞龙路学校两座唐墓发掘简报

魏青利　尚元昕

2018年10月至2019年1月，郑州市文物考古研究院和荥阳市文物保护管理中心在配合荥阳飞龙路学校基建过程中，先后清理唐、宋、清墓32座，均遭严重盗扰，但有两座唐墓出土珍贵文物，墓葬编号2018ZXFM28、2018ZXFM18（以下简称M28、M18）。现将发掘情况简报如下（图一）。

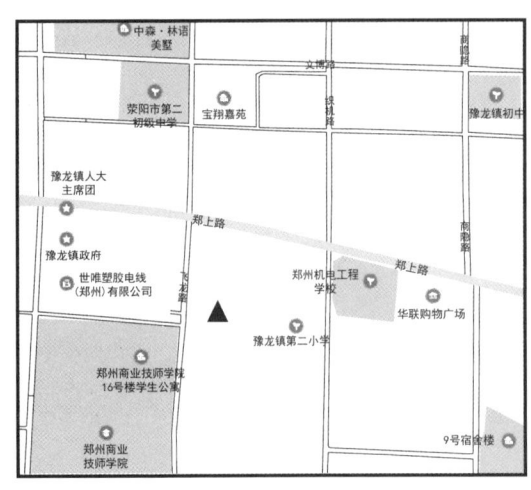

图一　墓葬位置示意图

一、M28

1.墓葬形制

M28为斜坡墓道的单室土洞墓，由墓道、过洞、天井、甬道、墓室组成，方向186°（图二）。墓道位于过洞南，平面略成长方形。南部有七级台阶，阶宽0.3、高0.2米。墓道北部呈斜坡状，被一现代墓打破，总长7.2、南宽0.9、北宽1.1米。

过洞3个，长方形，拱顶，斜坡底。第一过洞水平长2.2、宽0.9、高1.4米，第二过洞水平长1.4、宽0.9、高1.35米，第三过洞水平长2、宽0.9、高1.3米。另有天井3个，长方形，四壁陡直，底呈斜坡状。第一天井长1.3、宽1米，第二天井长1.7、宽1米，第三天井长1.6、宽0.9、深9.9米。

甬道位于墓室之南，拱顶，长2.2、南宽1、北宽1.2米，高1.35米。甬道内可见零星人骨，另有瓷碟1件、残龙头1件和少量陶、瓷碎片。甬道外残留封门墙，宽1、厚0.3、残高0.56米。

墓室为长方形土洞，弧顶，后壁正中被盗洞打破。南北长2.8、东西宽2.6、高1.78米。铺地砖为纵横平铺，十分整齐。墓室西侧残留棺灰，东侧散乱放置8件陶俑，已非原位。

2.出土器物

低髻女俑　1件（M28：6）。白黏土胎。头梳低髻，圆胖脸，高鼻小嘴，眉眼模

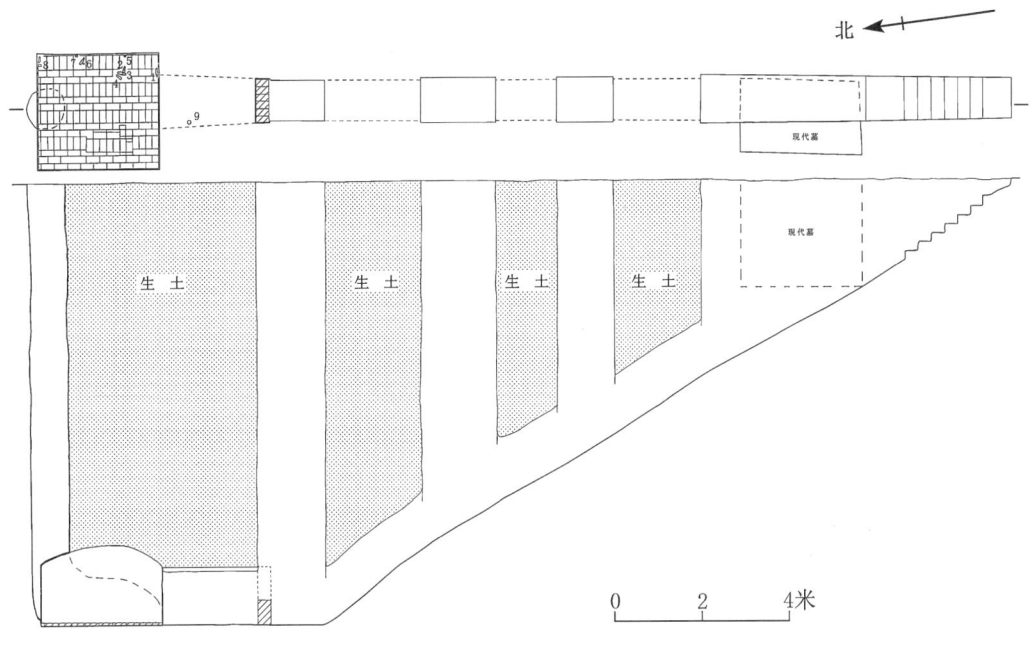

北 ←

生 土　　生 土　　生 土　　生 土

现代墓

现代墓

0　　2　　4米

图二　M28平、剖面图

1.蛇俑　2.猪俑　3.龙俑　4、5.失首俑　6.低髻女俑　7.兔俑　8.牛俑　9.瓷茶盏

糊。上穿交领窄袖襦，外罩半袖，帔帛长垂，下着曳地长裙，足着云头履，拱手立地。脸涂白彩，头发残留黑彩，帔帛和裙子施黄釉，右肩有绿色清釉。高24.6厘米（图三：1、图四）。

生肖俑　5件。均为白黏土胎。上为兽首，下为人身，着团领袖袍，腰束带，下着裤、靴，拱手或者施叉手礼，立于方形底板上。眼、鬃毛、裤、靴均为墨绘，角、耳、唇、齿涂红彩，袍子涂黄彩或橘红彩。下面分别介绍。

牛俑　1件（M28：8）。面部有残损，已失一角。首前伸，耳侧立，凸眉，大眼，高鼻，阔嘴紧抿，施叉手礼。袍子涂橘红彩。高25厘米（图三：2、图五）。

龙俑　1件（M28：3）。龙首硕大，顶角已残。大眼，小耳，耳后有发，鼻上翘，大嘴露齿，施叉手礼。袍子涂黄彩。高24厘米（图三：3、图六）。

兔俑　1件（M28：7）。首前伸，大眼前视，长耳顺颈，抿嘴，施叉手礼。袍子涂黄彩。高23.4厘米（图三：4、图七）。

蛇俑　1件（M28：1）。扁首前伸，大眼，抿嘴，短颈。施叉手礼。袍涂淡铁锈红彩。高22厘米（图三：5、图八）。

猪俑　1件（M28：2）。昂首前伸，大眼，抿嘴，垂耳贴腮，拱手。脖颈处墨绘一周，袍子涂淡铁锈红彩。高23.9厘米（图三：6、图九）。

失首俑　2件。标本M28：5，头已失。身着黄袍，施叉手礼，立于底板上。残高

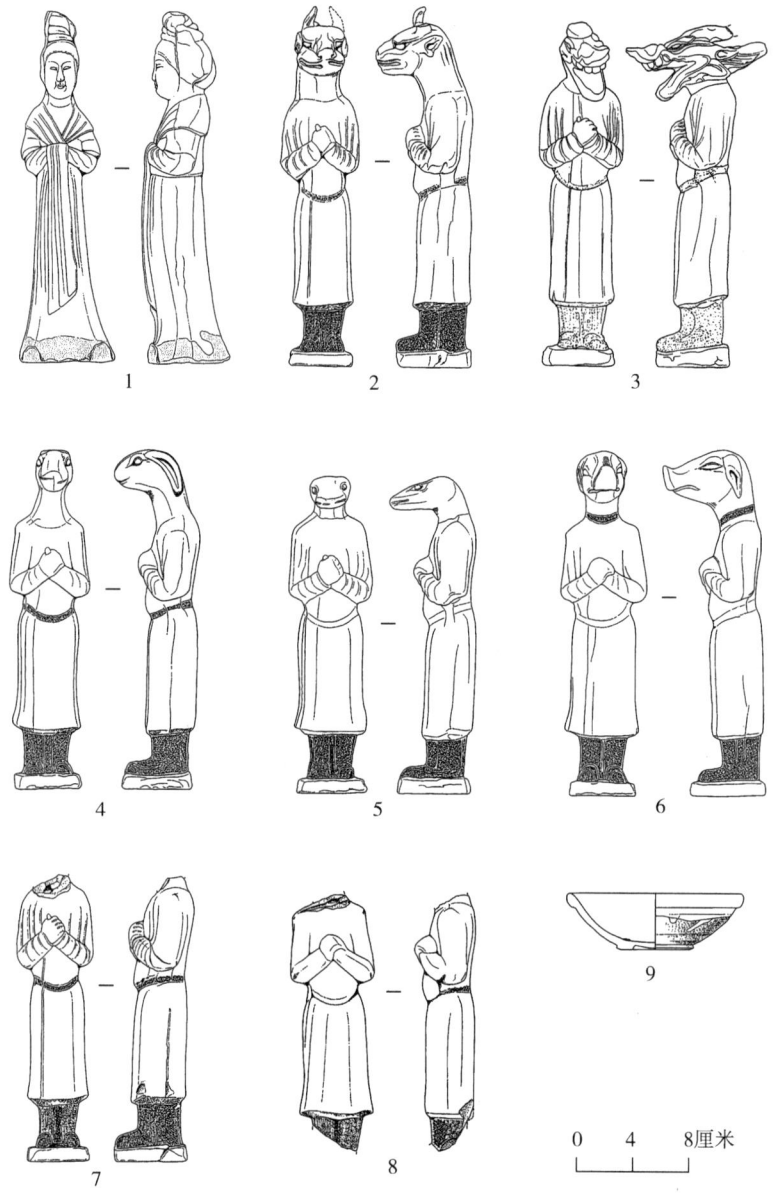

图三　M28 出土陶器

1.低髻女俑（M28∶6）2.牛俑（M28∶8）3.龙俑（M28∶3）4.兔俑（M28∶7）5.蛇俑（M28∶1）6.猪俑（M28∶2）7、8.失首俑（M28∶5、M28∶4）9.瓷茶碗（M28∶9）

19.8 厘米（图三∶7）。标本 M28∶4，首、足皆失。身着黄袍，拱手。残高 18 厘米（图三∶8）。

　　瓷茶碗　1 件（M28∶9）。粗褐胎。敞口，圆厚唇，浅弧腹，玉璧底。内底有三支钉痕。内施满釉，外壁施至唇下，釉白而厚。口径 12.5、底径 5.5、高 3.9 厘米（图三∶9）。

图四　低髻女俑（M28：6）　　　图五　牛俑（M28：8）　　　图六　龙俑（M28：3）

图七　兔俑（M28：7）　　　图八　蛇俑（M28：1）　　　图九　猪俑（M28：2）

二、M18

1.墓葬形制

　　M18为竖井墓道的单室土洞墓，由墓道、甬道、墓室三部分组成，方向186°（图一〇、图一一）。墓道位于甬道南，长方形竖井状，底呈斜坡状，长2.4、宽1、深

5.4～6.5米。甬道位于墓室南，拱顶，长3、宽1.2、高1.6米。西壁与墓道西壁在一条直线上，东壁比墓道东壁宽出0.2米，北部平底，南为墓道延伸过来的斜坡。甬道北部存留一块方形墓志。墓室平面呈倒梯形，拱顶，平底。有一长方形盗洞，自墓室右上方直入墓室，室内已空无一物。长3.2、北宽2.9、南宽2.6米，高2.1米。

图一〇　M18平、剖面图

图一一　M18全景

2. 出土器物

墓志　1合（M18：1）。青石质，平面呈方形，由志石与志盖组成。志盖盝顶，顶边长25、底边长39.5、厚4.5厘米。顶面双阴线界格，自右向左楷书"卢公墓志"，四刹线刻牡丹花纹样。志石平面呈正方形，边长39.5、厚6.5厘米。阴线界格，志文楷书共16行，每行字数不等，计305字（图一二）。录文如下：

唐故泾王府长史范阳卢府君墓志铭

南阳张资述

卢公讳瑱，字瑱，其先范阳人也。曾祖弘道，曹州济阴令。祖允载，瀛洲平舒令。父休彩，朝散大夫，舒州司马。公始以孝悌之闻，历官得贰于维城之府，道高迹简，士君子之仰止焉。故工部尚书、金吾将军泗州刺史、清河张公，初平百越，脁三庄，功摇帝心，名动天下，有女一人，贤，当笄年，选择良媲，得公之懿范焉，即以其女归于公，虽专城之门，百两阗阗，而夫妇之道，实梁孟也。公松槚故于荥阳之墟，以夫人之赀之厚，益为封植之用，行弥闻于世。贤名将军，既亲且敬，而朝庭藉甚，方兴趋装之誉，扬于王庭。贞元二年十一月廿三日不幸寝疾终于私第，将军哀恸而存葬之于泗城之北原。夫人生男一人、女一人。女嫁武功县主薄辅藏耀。男曰遵孝，爱文学，复闻于世。今丞相裴公贤而汲之，拜朝议大夫，权知遂州都督府司马柱国。大和元年冬十二月十三日，司马以负□归，而太夫人弃世，享年七十九。呜呼！司马以哀号之中、迷余之薄请志，以二年八月七日归祔于荥阳故茔之西北。□铭曰：

贤美卢公，惟孝是从。乃树乃封，我无其私。礼之大者，公独光守，荥水之阳，虽朽谁朽。矧有贤嗣，如珪如璋。丞崇其门，俾驾而骧。

图一二　墓志拓片

三、结语

1.M28年代

M28墓室被盗，随葬器物的位置已乱，部分遗失，部分被扰乱到甬道。所见器物分为三大类，包括低髻俑、生肖俑、茶碗。低髻俑在巩洛地区一般只出现在公元722年之前。厚圆唇的玉璧底茶碗在公元828年安阳刘家庄北地郭遂墓有发现，再早则未见。这两类器物年代差别巨大，恐非同时代产品。生肖俑在河南唐墓中发现不多。在巩洛地区，有三座纪年唐墓出土生肖俑，其中偃师杏园唐墓有二座，为公元738年李景由[1]墓、公元750年郑琇夫妇墓[2]，另一座为偃师的741年李元璬夫妇墓[3]。三墓的生肖俑皆穿着阔袖襦和裙，立于地，与M28的着团领袍、立于底板的生肖俑不同。李景由墓、郑琇夫妇墓为斜坡墓道土洞墓，李元璬夫妇墓为竖井墓道土洞墓，前两人官六品，后者官四品。看来，墓葬形制与官阶没有严格对应。

从墓葬形制看，M28为斜坡墓道、三天井、三过洞的土洞墓，级别应该高过前三座墓。其中生肖俑用白黏土制成，为巩义窑产品，其身段与公元722年前的巩义唐墓男侍俑相同。这就存在两种可能：第一，M28年代以低髻俑消失年代为准，在公元722年之前；第二，以生肖俑的大概年代为准，将墓葬年代定在公元740～750年之间，至于低髻俑、生肖俑，均为定制产品，使用的是以前的旧模。我们倾向前一种可能。至于玉璧底茶碗，需要等新的考古资料来证实，如果时代不能提前，则只能理解为从盗洞中混入。

2. M18志文内容

卢瑱墓出土墓志虽然不大，却透露出较多的历史信息。卢瑱一家四代为官，从曾祖的六品到卢瑱的四品，可以说是家族声誉日盛，但皆不见史载。卢瑱本人为青年才俊，得工部尚书青睐，嫁女与之，然卢瑱生平事迹不着笔墨，恐有隐情。志文记载，卢瑱死于泗城，很有可能当时卢瑱在其岳父手下供职。贞元二年（786年）卢瑱去世，大和元年（827）其夫人去世，次年，其子卢遵孝将二人合葬于荥阳祖茔。需要指出的是，卢遵孝受"今丞相裴公"赏识，得以"拜朝议大夫，全知遂州都督府司马上柱国"，所谓"今丞相"应该是指裴度。《新唐书·裴度列传》记载，"（宝历二年）二月丁未，山南西道节度使裴度守司空，同中书门下平章事"[4]，直至大和四年（830年），裴度方被罢免。

附记：发掘领队顾万发，发掘人员丁兰坡、赵洪法、冉召兢，器物摄影郝世华，墓葬摄影丁兰坡、赵洪法，绘图寇小石，拓片赵桐生。

（原刊于《中国国家博物馆馆刊》2020年第12期）

河南巩义王沟新村唐墓M5发掘简报

信应君

王沟新村墓地位于巩义市站街镇西南王沟新村南部，以北3公里为伊洛河，北距连霍高速公路1公里，东部紧临焦桐高速公路，东北距杜甫故里2公里，南邻河洛路，西南距黄冶三彩窑址2公里，孝站路从墓地中间东西穿过。地势东南高西北低，处于嵩山北麓的北部邙岭地带（图一）。2011年7月，经巩义市文物勘探队勘探，在此发现古代墓葬20座。2011年7～8月，郑州市文物考古研究院对这些古墓葬进行考古发掘，清理墓葬22座，其中汉墓3座，唐代墓葬11座，宋代墓葬8座。这批墓葬盗扰严重，现将发掘的11座唐墓中保存较好的墓葬2011GWM5（下文简称M5）简报如下。

一、墓葬形制

M5是刀把形土洞墓，方向185°，由墓道和墓室两部分组成，墓道位于墓室南侧，为长方形竖井式，墓口距现地表深0.3米，墓道长2.8、宽0.8、深2米。直壁，平底，底部低于墓室0.1米。

土洞墓室位于墓道北端，南宽北窄，平面近似梯形。拱顶，四壁较直，平底。墓室与墓道东壁在一条直线上。墓室进深3.2米，宽1.4～1.2米，顶距

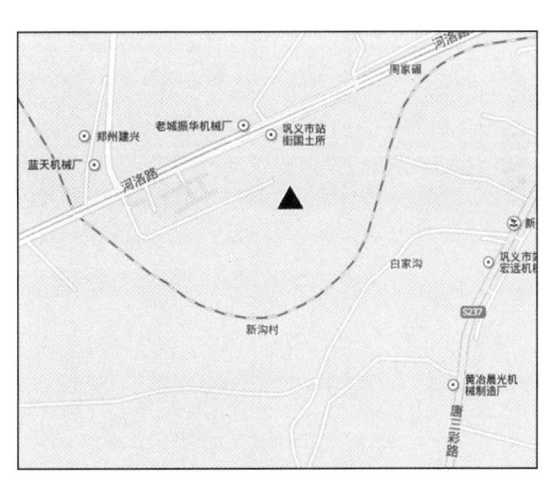

图一　墓葬位置示意图

地表深0.9米，高约1米。墓室西部有生土台棺床，棺床长2.16、宽0.62～0.68、高0.1米。棺床上置棺，已朽，棺长1.96、宽0.42～0.5米，厚度不详。棺内有人骨一具，保存较差，头北脚南，仰身直肢，面向上，为一中年女性。棺内人骨头部右端随葬银钗1件，头骨左前侧随葬铜镜1面、银发拢1件、铜眉夹1件、铜钗1件、铁剪刀1把、贝壳2个。墓室东部随葬有镇墓兽1件、陶俑6件、陶马1件、铁器1件。棺前随葬盘口壶1件、瓷碗1件（图二、图三）。

图二　M5全景（自南向北摄）

二、随葬器物

M5共出土随葬器18件，质地为陶、瓷、铜、铁、贝壳等。

（一）陶器

陶器8件，包括镇墓兽、武士俑、幞头男俑、女侍俑、陶马。

镇墓兽　1件（M5：1）。彩绘俑。置于墓室中部东侧随葬品的最前排。锐三角形双角，板须宽大，板须前有两小耳，兽面，大眼，眼球外凸，隆鼻，阔口巨齿，颔下三缕胡须。两肩有较宽羽状翼，无尾，蹄足，前腿直立，后腿卷屈，蹲坐于椭圆形低台座上。正面及体侧涂红彩，多脱落，背无彩，板须用黑彩描出，肢用黑彩，胸脯绘墨线卷云纹。宽13、通高35厘米（图四：3、图九）。

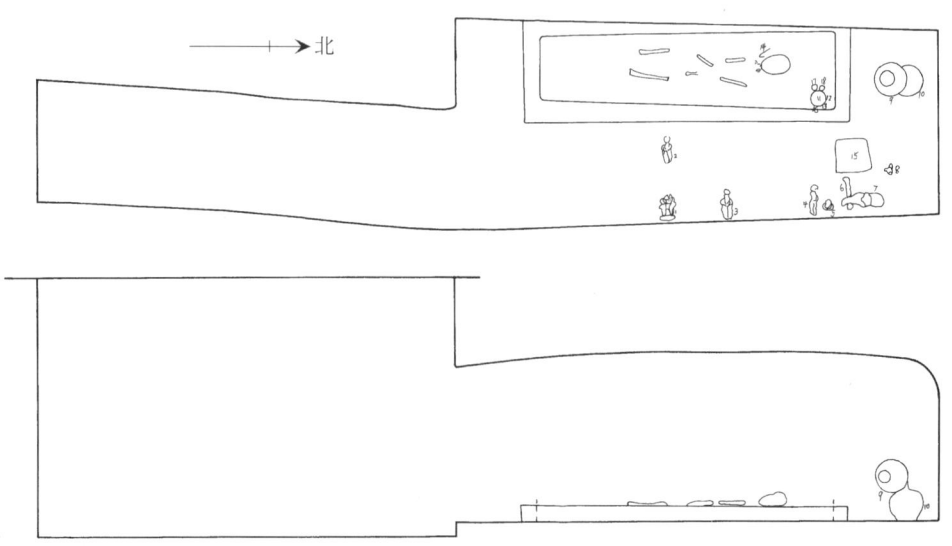

图三　M5平、剖面图

1.镇墓兽　2、3.武士俑　4、5.幞头男俑　6、8.女侍俑　7.陶马　9.瓷碗　10.四系盘口瓷壶　11.铜镜
12.铜眉夹　13.银发拢　14.铜钗　15.铁块　16.铁剪　17、18.蚌壳

武士俑　2件。标本M5：2，与镇墓兽并列，置于镇墓兽的右侧。白胎，施红彩，多脱落。头梳宝髻，眉骨粗隆，双目圆睁，圆脸阔耳。右手握拳上举，左手按胯。肩披龙首膊，着开口式臂襦，甲身两圆护，腹护呈桃形，胸、腰系索带，腰索下短蔽膝，甲身下摆饰流苏，内有衬裙。两小腿着膝裤，足着靴，右足踩羊头，左足踩羊臀，羊卧于椭圆形低台座上。高43、宽20.7厘米（图四：1、图一〇）。

标本M5：3，置于镇墓兽的后侧。白胎，通体施红彩。发上拢梳成宝髻，圆脸阔耳，高鼻，闭嘴。右手握拳上举，左手按胯。肩披龙首膊，着开口式臂襦，甲身两圆护，腹护呈半圆形，胸、腰系索带，系索带，腰索下短蔽膝，甲身下摆饰流苏，内有衬裙。两小腿着膝裤，足着靴，右足踩羊头，左足踩羊臀，羊卧于椭圆形低台座上。高42、宽19.5厘米（图四：2、图一一）。

图四　镇墓兽和武士俑

1.武士俑（M5：2）　2.武士俑（M5：3）　3.镇墓兽（M5：1）（1/7）

　　幞头男俑　2件。标本 M5：4，平躺在墓室东部天王俑的后侧。白胎，头系幞头，后垂带。国字形脸，眉目不甚清晰，两眼紧闭，嘴唇厚重，口唇涂红，面带愁容。身着橘红色团领窄袖袍，腹束黑色腰带，下着裤，足着黑靴，拱手立于底板上。高18.5厘米（图五：3、图一二）。标本 M5：5，立于陶马左前方。白胎，体施红彩。头系黑色幞头，后垂带。圆脸，面目不清。低眉塌鼻，口唇涂红。身着红色团领窄袖袍，腹部圆隆，下着裤，足着靴，拱手立于底板上。高19厘米（图五：4、图一三）。

　　女侍俑　2件。标本 M5：6，横躺在陶马右前方。红陶胎。头梳倭堕髻，发施黑彩。面部丰润，体态匀称，上穿交领窄袖襦，肩披短帛，下束红色曳地长裙，略见足尖。双手隐于袖内，拱于腹前。高19.8厘米（图五：1、图一四）。标本 M5：8，立于陶马的右后侧。红陶胎，头梳倭堕髻，发施黑彩。面部丰润，体态匀称，眼微眯。上穿交领窄袖襦，肩披短帛，下束枣红色曳地长裙，略见足尖。双手隐于袖内，拱于腹前。高20厘米（图五：2、图一五）。

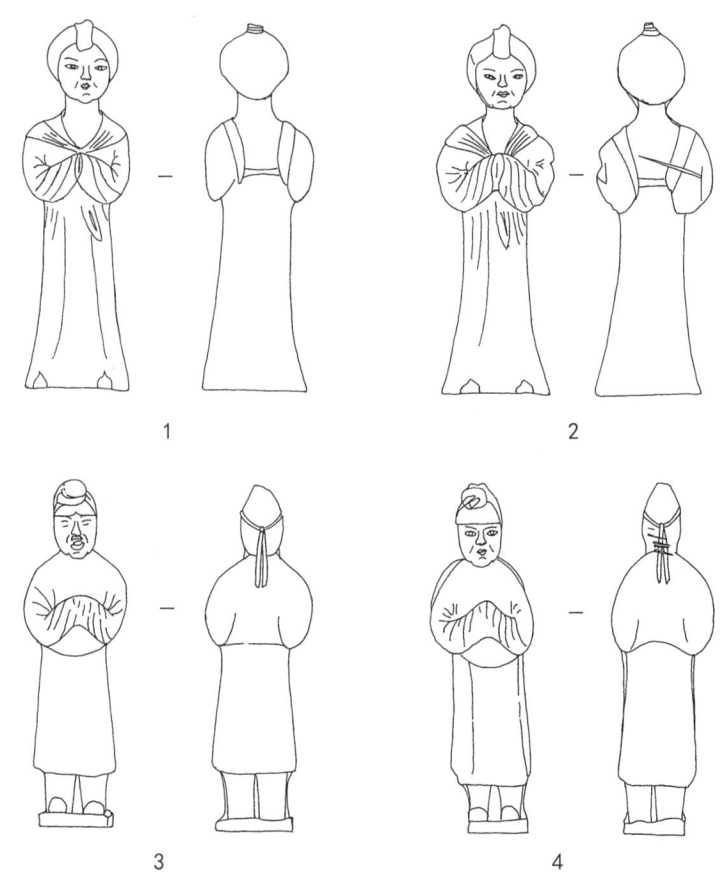

1　　　　　　　　　2

3　　　　　　　　　4

图五　幞头男俑和女侍俑

1.女侍俑（M5：6）2.女侍俑（M5：8）3.幞头男俑（M5：4）4.幞头男俑（M5：5）（1/4）

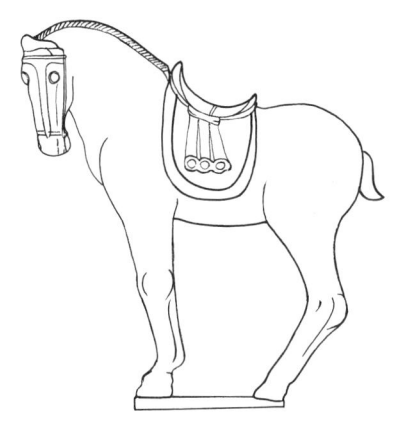

图六　陶马（M5：7）（1/6）

陶马　1件（M5：7）。泥质陶，白胎。无革带。勾首，头微偏向一侧，口微张，露齿。肩略抬起，分鬃，剪鬣。背部有鞍，橘红袱，鞍袱打结下垂。身子后挫，束尾上翘，立于长方形底板上。体形肥硕，全身涂枣红彩。高31.2、长29厘米（图六、图一六）。

（二）瓷器

瓷器2件，置于棺后，包括盘口壶和碗。

四系盘口壶　1件（M5：10）。白瓷胎，略泛青，盘口，圆唇，束颈，近平肩，鼓腹，平底，肩置四系。口径11、腹径16.5、底径7.4、高23.2厘米（图七：2）。

碗　1件（M5：9）。覆置于盘口壶上。白黏土胎，变形严重。侈口，圆唇，唇下微束，弧腹，假圈足。内、外壁施黑釉，外壁半釉。口径20.8、腹径20、底径10.4、高12.4厘米（图七：1）。

（三）铜器

铜器3件，包括镜、眉夹和钗。

铜镜　1件（M5：11）。置于棺内头骨的右前方。八出葵花形，桥形纽，圆纽座，座外有双线方栏，方栏外饰4个T形纹与V纹，内饰缠枝花枝。图案外饰一周凸弦纹和一周斜短线纹。外缘饰一周齿状三角纹。直径10、缘厚0.3厘米（图八：1）。

铜眉夹　1件（M5：12）。一端是夹子，用来夹眉；另一端细长而直，为挖耳匙，匙端残断。残长12.5厘米（图八：4）。

铜钗　1件（M5：14）。已残，与铜镜放置位置相同。U形，两端细，中间粗，截面呈圆形。残长6.1、宽1.5厘米（图八：2）。

（四）其他

银发拢　1件（M5：13）。U形，剖面呈圆形，前部稍弯。长12.3、宽5.8厘米（图八：3）。

铁块　1件（M5：15）。残为碎片。

铁剪　1件（M5：16）。压股剪。残长25.4厘米（图八：5）。

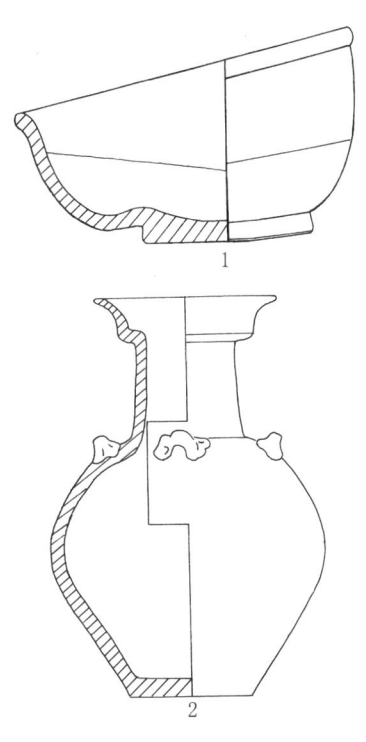

图七　瓷器

1.碗（M5：9）　2.四系盘口壶（M5：10）（1/5）

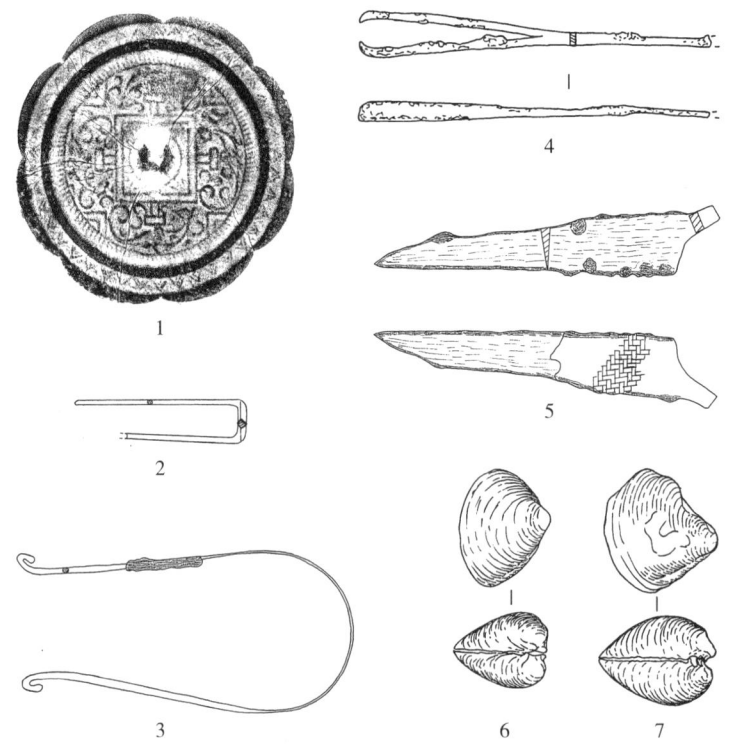

图八　出土器物

1.铜镜（M5：11）　拓片　2.铜钗（M5：14）3.银发拢（M5：13）4.铜眉夹
（M5：12）5.铁剪（M5：16）6、7.蚌壳（M5：18、M5：17）（2/5）

蚌壳　2件。标本M5：17，由两片组成，两瓣可以对合。里面装有脂粉。白色，蚌纹呈放射状，长4.2、宽4.4、厚3.1厘米（图八：7）。标本M5：18，长3.4、宽4.2、厚2.7厘米（图八：6）。

图九　镇墓兽（M5：1）

图一〇　武士俑（M5：2）

图一一　武士俑（M5：3）

图一二　幞头男俑（M5：4）

图一三　幞头男俑（M5：5）

图一四　女侍俑（M5：6）

图一五　女侍俑（M5：8）

图一六　陶马（M5：7）

三、结语

巩义站街镇原为巩义县城治所，西周、春秋时期，巩为巩伯国。战国时属韩，秦时属三川郡，秦庄襄王元年（前249年）置巩县。汉晋时期，这里属河南郡或河南尹，唐代属河南府。隋唐时期，巩义的墓葬形制、埋葬习俗与东都洛阳相似。

（一）墓葬性质

M5为刀把形单室土洞墓，墓道衔接于墓室南壁，与墓室东壁成一线。墓室西部置棺和棺床，棺床为生土，木棺，已朽。棺内置人骨1具，保存较差，头北面上，仰身直肢。东部及棺内头部和棺床北部与墓壁间的空间部分放置随葬品。

　　根据巩义以往发掘的唐墓的特征，唐墓器物组合有四大类，即神器类、侍俑类、家用类、器皿类[1]。M5出土器物有神器类（镇墓兽、武士俑）、侍俑类（马、幞头男俑、女侍俑）、起居类（铜镜、钗、眉夹、发拢、盛脂粉的蚌壳、剪刀）、器皿类（瓷罐、碗）等，其中神器类有镇墓兽、武士俑，无文官俑、武官俑。据《唐六典》所记，四神中，祖明、地轴为镇墓兽，当圹、当野为武士俑。镇墓兽与武士俑应成对出现。M5的镇墓兽为单个出现，无文官俑、武官俑，这种现象可能是当时随葬品主流组合之外的一种组合。另外，M5随葬品缺少家用类而增加起居类，这与洛阳地区多数唐墓略有差异。

（二）墓葬年代

　　由于M5未出土墓志，没有确切的纪年依据，因此只有根据墓葬的形制及随葬品的类型来对墓葬年代进行推定。M5出土的镇墓兽，兽首锐三角形双角，颌下三缕胡须，羽翼，低台座，与巩义芝田 M151 BⅣ式镇墓兽[2]、巩义河南省储备局四三一处国库唐墓M2∶2镇墓兽[3]、巩义市食品厂93HGSM1镇墓兽（M1∶2）相似[4]；M5的武士俑头梳宝髻，右手握拳上举，左手按胯，肩披龙首膊，甲身两圆护，足踏卧于低台座上羊身，这种造型与巩义芝田 88HGZM151的5CⅢ式武士俑[5]、河南省储备局四三一处国库唐墓 M2∶3武士俑[6]、巩义老城砖厂M2∶10三彩武士俑[7]相似；M5出土的幞头男俑，与巩义芝田88HGZM10的BⅢ式男俑[8]、河南省储备局四三一处国库唐墓的M3∶4、M4∶6男俑类似[9]。此外，M5的女侍俑与巩义芝田88HGZM4∶5女俑相似[10]，陶马与巩义芝田88HGZM151的BbⅡ式陶马类同[11]，四系盘口壶与巩义芝田88HGZM6A型陶盘口壶相近[12]。

　　巩义唐墓镇墓兽、武士俑的发展序列是台座由低到高。如公元672年的偃师杨堂墓[13]，镇墓兽和武士俑均立于底板上；到公元676年的郑州丁彻墓[14]，二者已立于低台座上；至公元691年的孟津屈突札墓[15]所出者，其下的台座已变为高台了。王新庄M5镇墓兽、武士俑的台座，还没有发展到巩义食品厂93HGSM 1中的高台座。

　　综上所述，M5与巩义芝田 M151、老城砖厂M2、巩义河南省储备局四三一处国库唐墓处在同一时期，其时间在公元675～680年之间。M5的发掘对于研究唐代东都洛阳社会经济发展、丧葬习俗具有重要的价值。

　　附记：发掘单位郑州市文物考研研究院、巩义市文物管理局，领队信应君，发掘人员闫付海、刘秀秀，绘图潘寸敏。

注释

［1］郑州市文物考古研究所：《巩义芝田晋唐墓葬》，科学出版社，2003年。

［2］郑州市文物考古研究所：《巩义芝田晋唐墓葬》，科学出版社，2003年。

［3］郑州市文物考古研究院、巩义市文物管理局：《河南省储备局四三一处国库唐墓发掘简报》，《文物春秋》2009年第3期。

［4］郑州市文物考古研究所，巩义市文物保护管理所：《巩义市食品厂唐墓发掘简报》，《中原文物》2003年第4期。

［5］郑州市文物考古研究所：《巩义芝田晋唐墓葬》，科学出版社，2003年。

［6］郑州市文物考古研究院、巩义市文物管理局：《河南省储备局四三一处国库唐墓发掘简报》，《文物春秋 》2009年第3期。

［7］郑州市文物考古研究所、巩义市文物保护管理所：《河南巩义市老城砖厂唐墓发掘简报》，《华夏考古》2006年第1期。

［8］郑州市文物考古研究所：《巩义芝田晋唐墓葬》，科学出版社，2003年。

［9］河南省储备局四三一处国库唐墓发掘简报，《中原文物》2008年第3期。

［10］郑州市文物考古研究所：《巩义芝田晋唐墓葬》，科学出版社，2003年。

［11］郑州市文物考古研究所：《巩义芝田晋唐墓葬》，科学出版社，2003年。

［12］郑州市文物考古研究所：《巩义芝田晋唐墓葬》，科学出版社，2003年。

［13］偃师商城博馆：《河南偃师四座唐墓发掘简报》，《考古》1992年第11期。

［14］郑州市文物考古研究所：《郑州丁彻墓发掘简报》，《华夏考古》2000年第4期。

［15］310国道孟津考古队：《洛阳孟津西山头唐墓发掘简报》，《华夏考古》1993年第1期。

（原刊于《文物春秋》2016年第3期）

河南郑州唐郑仲淹夫妇合葬墓发掘简报

2017年8～10月，为配合基本建设，郑州市文物考古研究院在郑州市惠济区古荥镇北，省道S314以南发掘了一批汉晋和唐宋墓（图一）。其中一座唐墓（编号2017ZZZM80，以下简称M80）保存较完好，未被盗扰，据出土墓志记载，墓主为唐滁州司马郑仲淹及其夫人。此墓纪年明确，随葬器物丰富，组合完整。现将发掘情况简报如下。

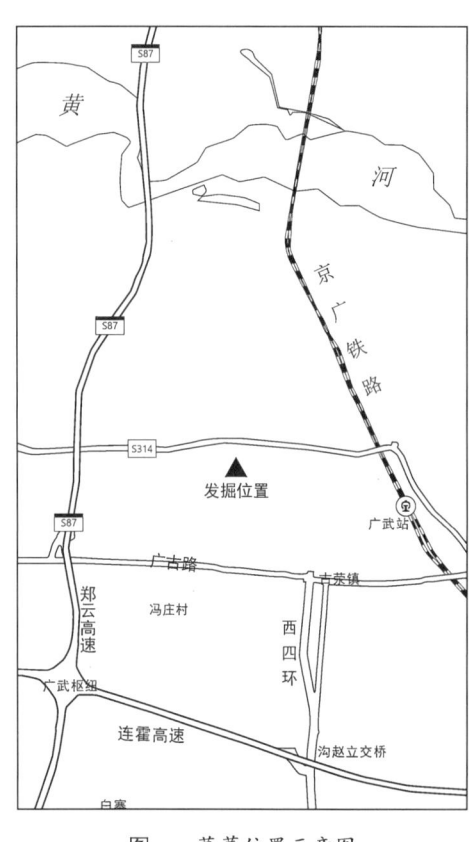

图一　墓葬位置示意图

图二　M80全景

一、墓葬形制

M80为单室土洞墓，由墓道、封门、甬道、壁龛和墓室五部分组成，方向185°

（图二、图三）。墓道位于墓室南侧。竖穴式，平面呈长方形，直壁，底部呈南高北低的斜坡状，长3.5、宽1、深6～6.4米。墓道南部两壁有对称的脚窝，脚窝呈马蹄形，宽0.26、高0.2、进深0.2米。封门位于墓道北侧，由内、外两层小砖砌成。外封门底部平铺8层砖，其上丁砖顺砌而成；内封门均为丁砖顺砌。封门宽1、高2、厚0.6米。

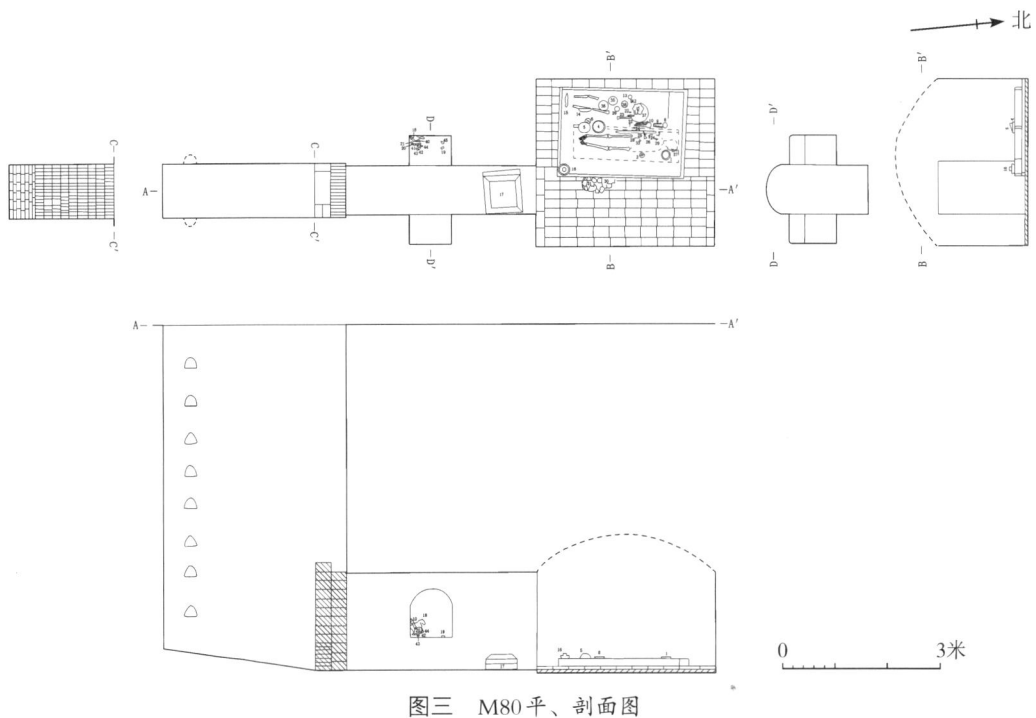

图三　M80平、剖面图

1.瓷砚　2.玉璧　3、15.铁剑　4.铜钵　5、14.铜洗　6.铜碗　7.银勺　8.陶砚　9.铜钱　10、32.银饰件　11.铜镜　12.玉佩　13.铜盒　16.铜灯　17.墓志　18.骑马俑　19、40、42、43.女侍俑　20、21、41、44、45.男侍俑　22.铁剪　23.铁刀　24、25、28、33.铜饰件　26.铜刀　27.铜钗　29.铜珠　30.陶执壶　31.陶罐　34.铜钉　35、39.漆盘　36～38.漆盒（其余器物为后期整理时发现，此图未标）

甬道位于封门以北。平面呈长方形，直壁，平底，拱形顶，底长3.6、宽0.9、高1.8米。甬道北端正中放置墓志1合。壁龛甬道中部两壁对称设形制、大小相同的壁龛。平面呈长方形，拱形顶，宽0.8、高0.9、进深0.55米，底距甬道底0.6米。西侧壁龛内放置陶骑马俑、男女侍俑、动物模型等，均为泥质红陶，陶质普遍较差，火候低，部分跌落至填土内，大多不能修复。东侧壁龛内放置木质类器物，形状不辨，呈一层黑灰状。

墓室位于甬道以北。平面近方形，直壁，平底，拱形顶，长3.4、宽3.1、直壁高1.8米。底部用小砖一字顺铺。墓室西部加铺一层平砖以代棺床，宽1.6～1.8、高0.06米，与墓室等长。棺床上置一椁，内置双棺，椁长2.4、宽1.6、残高0.15米，东棺长2、宽 0.6、残高 0.15 米，西棺长 1.9、宽 0.7、残高 0.15 米。棺内人骨腐朽严重，仅余部分下肢。椁内东南角置铜灯 1 件，椁外东部放置陶执壶、罐各 1 件。西棺东北部放置陶砚、铜钱、银勺、银饰件等，中部置漆盒 3 件、漆盘 2 件，其中头部漆盒内置铜镜、铁剪、铁刀等，右臂外侧置铜盒、玉佩等，南部有铁剑、铜洗等。东棺头部有铜簪，头东侧置瓷砚，右臂外置铁剑，左壁外置玉璧，上身自颈部向下腹部依次置铜珠、铜饰件、铜刀等。两棺之间南部置铜钵、洗、碗各 1 件。漆器内的随葬器物及部分小型器物位置应有漂移。

二、出土器物

除陶俑、漆器保存状况较差外，M80 出土其他随葬器物的保存状况均较好，种类丰富，包括陶器、铜器、铁器、银器、瓷器、玉器、漆器、墓志等。

（一）陶器

罐　1 件（M80：31）。小直口，唇外翻，短束颈，溜肩，鼓腹，平底。肩部饰四周同心圆纹，间有弦纹，颈、腹部有彩绘图案，多脱落，可辨有祥云纹。口径 14、底径 10.5、高 35.4 厘米（图四：1、图五）。

执壶　1 件（M80：30）。直口，厚唇，短颈，溜肩，弧腹，平底。肩部一侧置短流，另一侧对称置条形执手。肩部以下饰数周弦纹。口径 11.6、底径 9、高 22.4 厘米（图四：2、图六）。

砚　1 件（M80：8）。砚面呈椭圆形，下附两近锥状足外撇。长 9.8、宽 7.6、高 2.2厘米（图四：10、图七）。

骑马俑　2 件。均残，不可修复。出土时可辨骑马男俑头戴幞头，身着窄袖翻领胡服，下着裤坐于马上。通身施白彩，局部有红黑彩描绘的细节。马微回首，低头作嘶鸣状，背负鞍鞯，尾部及下肢残，站立于长方形托板上。标本 M80：18，俑残高 12.4厘米，马残高 23.6 厘米，托板长 12.8、宽 8.5 厘米（图四：3、图九）。标本 M80：47，缺失俑上半身。残高 27.2 厘米。

男侍俑　6 件。较完整者仅 2 件，余均有缺项。头戴黑色幞头，面相圆润，细眉笑眼。身着圆领窄袖长袍，腰系带，双手拢于袖内，置于腹前。标本 M80：20，缺右臂。高 20.2 厘米（图四：4、图一一）。标本 M80：21，高 20 厘米（图四：5、图一二）。标本 M80：44，缺头部。残高 7.2 厘米。

女侍俑　12 件，其中较完整者 4 件。根据发型不同分为 3 型。

A 型　2 件。头梳高髻。标本 M80：46，身着交领窄袖长裙，双手拢于袖内，置于胸前。高 18 厘米（图四：6、图一三）。

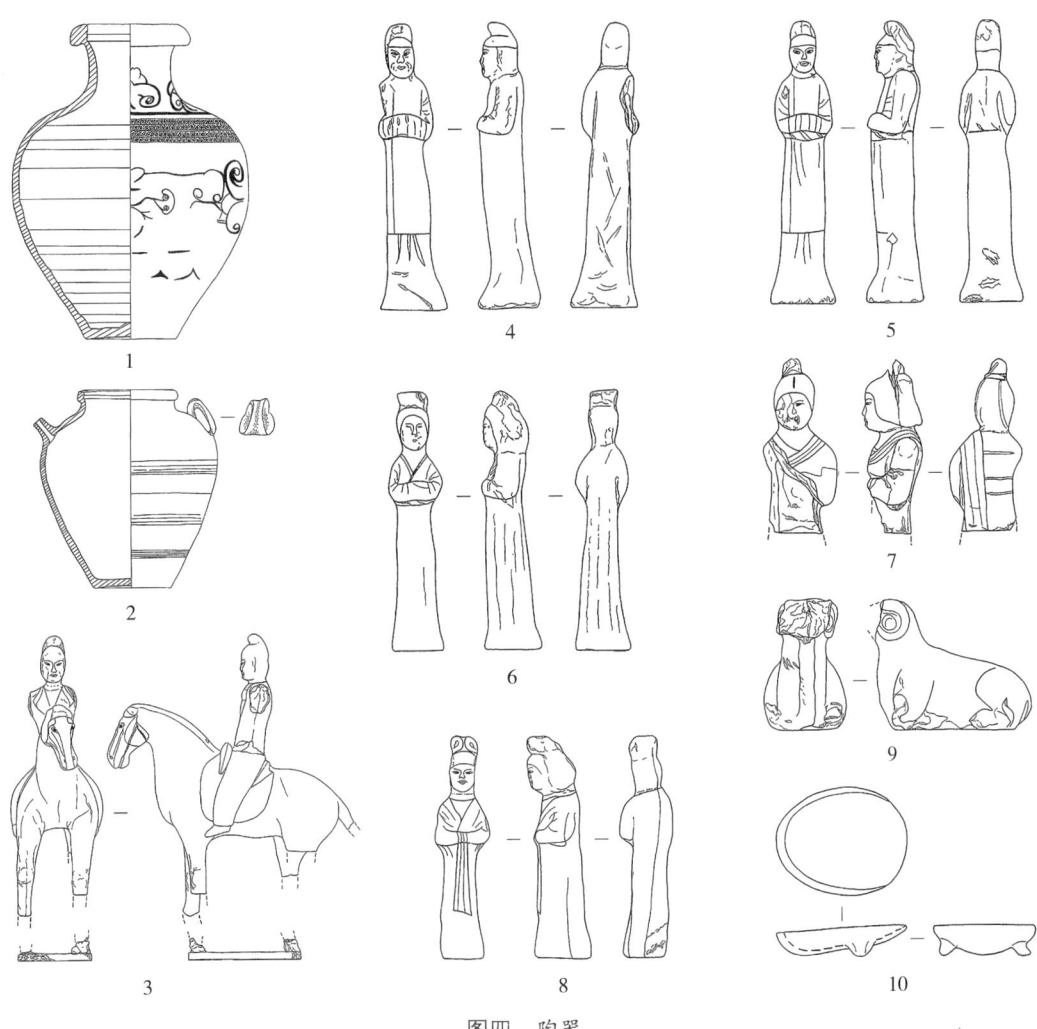

图四　陶器

1.罐（M80：31）　2.执壶（M80：30）　3.骑马俑（M80：18）　4、5.男侍俑（M80：20、M80：21）　6.A型女侍俑（M80：46）　7.B型女侍俑（M80：49）　8.C型女侍俑（M80：40）　9.羊（M80：52）　10.砚（M80：8）（1～3为1/8，8、9为1/3，余为1/5）

　　B型　1件（M80：49）。缺下身。头梳螺髻，左肩有帔帛垂下。残高12.4厘米（图四：7、图一〇）。

　　C型　1件（M80：40）。头梳双髻，身着交领窄袖长裙，肩披帔帛，绕手下垂至膝。双手拢于袖内，置于腹前。高9.4厘米（图四：8、图一四）。

　　猪　2件。标本M80：53，仅余身体部分。残长6.4、高2.4厘米。标本M80：55，仅余头部。长喙凸出。残高2.9厘米。

　　羊　1件（M80：52）。头残。弯角，四肢弯曲呈跪伏状。残高5.6厘米（图四：9）。

图五　陶罐（M80：31）　　图六　陶执壶（M80：30）　　　　图七　陶砚（M80：8）

图八　瓷砚（M80：1）　　　　　　图九　骑马俑　　　　图一○　B型女侍俑
　　　　　　　　　　　　　　　　（M80：18）的陶马　　　　（M80：49）

图一一　男侍俑　　　图一二　男侍俑　　　图一三　A型女侍俑　　　图一四　C型女侍俑
（M80：20）　　　　（M80：21）　　　　　（M80：46）　　　　　（M80：40）

鸡　　1件（M80：63）。仅余翅部。残长4.3厘米。

鸭　　2件。形制近同。头部均缺失。形体肥胖，蹲卧于长方形托板上。标本M80：50，残高3.4厘米。标本M80：51，残高3.75厘米。

（二）瓷器

瓷砚　　1件（M80：1）。圆形，砚面内凹，周有凹槽，圈足，足墙外等距附22个兽足。通体施酱绿釉。直径20、高5.4厘米（图八、图二三：8）。

（三）铜器

碗　1件（M80：6）。由器盖和器身两部分组成。器盖弧顶，宝珠纽。器身子母口，弧腹内收，圈足外撇。器盖素面，器身口部饰两周凸弦纹。口径11、足径7、通高11.8厘米（图一五：1、图一七）。

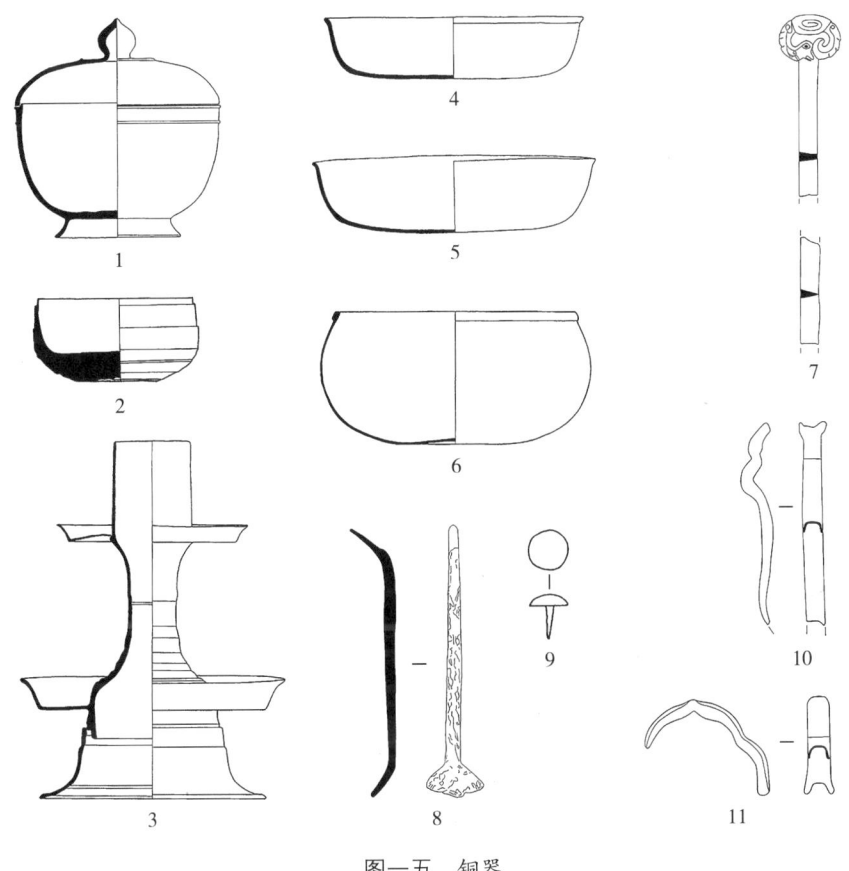

图一五　铜器

1.碗（M80：6）　2.盒（M80：13）　3.灯（M80：16）　4、5.洗（M80：14、M80：5）　6.钵（M80：4）　7.刀（M80：26）　8、10、11.饰件（M80：25、M80：24-2、M80：24-1）　9.钉（M80：34-1）（1、8为1/4，2、7为1/3，9～11为1/2，余为1/6）

盒　1件（M80：13）。缺盖。子母口，器壁较直且向下逐级加厚，底微内凹。口径6.3、底径3、高3.3厘米（图一五：2、图一九）。

洗　2件。口微敞，圆唇，直腹弧收，平底微弧。标本M80：14，唇厚外翻。口径21.4、底径6、高5厘米（图一五：4、图二〇）。标本M80：5，口径23.4、底径5、高6.3厘米（图一五：5）。

钵　1件（M80：4）。敛口，厚唇，鼓腹，圜底微凹。口径20、腹径22.4、高10.8

厘米（图一五：6）。

灯　1件（M80：16）。由中柱、上盘、下盘及底座四部分组成，连成一体。中柱呈中空，上部呈矮圆柱状，用以插烛，中部弧收，下部为直壁。上盘和下盘均为敞口，口略外撇，浅腹，平底。底座外撇呈喇叭形。中柱中部饰数周弦纹。中柱上口径6.4、上盘口径16、下盘口径22、底座径19、通高29厘米（图一五：3、图二一）。

镜　1件（M80：11）。鸾鸟瑞兽银壳镜。六出菱花形，伏兽纽。银壳全器以细密鱼子纹为地，一周随形凸棱将镜背纹饰分为内外两区。内区二瑞兽二鸾鸟相间排列，间以花枝绕一周；外区饰流云花枝。直径7.3、厚0.7厘米（图一六、图一八）。

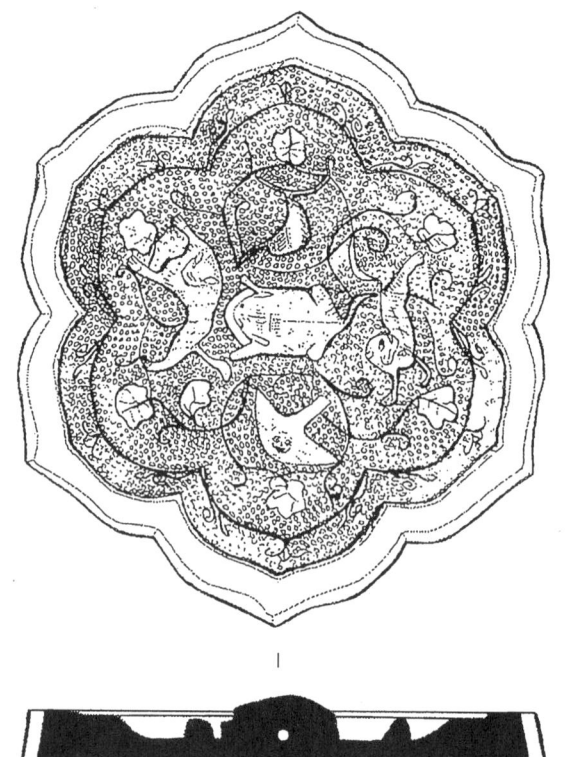

图一六　铜镜（M80：11）（原大）

图一七　铜碗（M80：6）

图一八　铜镜（M80：11）

图一九　铜盒（M80：13）

图二〇　铜洗（M80：14）

图二一 铜灯（M80：16）

图二二 铜刀环首（M80：26）

刀 1件（M80：26）。环首，上饰兽状纹样。刀身残为两段，不相连。上段残长7.4、下段残长4.4厘米，环首宽2.6、刃宽0.9～1厘米（图一五：7、图二二）。

簪 3件（M80：27）。形制相同，均有不同程度残损。U形双股。素面。标本M80：27-1，残长2.7厘米。标本M80：27-2，残长8.5厘米。标本M80：27-3，残长9.7厘米。

饰件 6件。标本M80：24，2件。由薄片弯曲而成，向内扣有沿，具体形制不辨，推测为漆木器上的装饰。标本M80：24-1，长2.6、宽0.8厘米（图一五：11），标本M80：24-2，长5.5、宽0.8厘米（图一五：10）。标本M80：25，平面呈长条状，两端均向下弯，其中一端平面近扇形。长14.6、宽3.2厘米（图一五：8）。标本M80：28，条状薄片，两侧均向内扣。长17.4、宽0.46、厚0.3厘米。标本M80：33，残。整体呈圆角长方形。长5、宽4.4、厚0.3厘米。

珠 36颗（M80：29）。器表鎏金。近椭圆形，中间有一圆孔。长径0.5、短径0.4、孔径0.1厘米（图二四）。

钉 13件（M80：34）。器表鎏金。半圆形钉帽，三棱状锥尖。钉帽径1.1、高1.2厘米（图一五：9、图二五）。

钱币 574枚（M80：9）。出土时朽呈一堆。均为开元通宝钱（图三一）。

（四）铁器

剑 2件。均锈蚀严重。形制近同，长短不一。有握柄，器身中间厚，两刃薄。标本M80：3，保存较完整。长82.4、宽7.2厘米（图二三：1）。标本M80：15，尖部缺失。长23.2、宽3厘米。

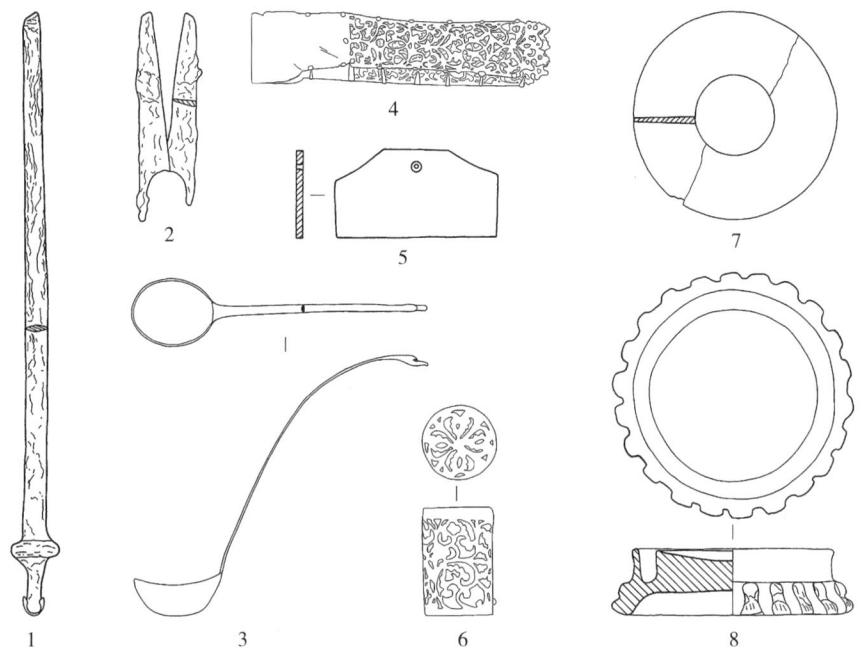

图二三　出土器物

1.铁剑（M80：3）　2.铁剪（M80：22）　3.银勺（M80：7）　4、6.银饰件（M80：32、M80：10）　5.玉佩（M80：12）　7.玉璧（M80：2）　8.瓷砚（M80：1）（4、7为1/3、5、6为1/2，余为1/6）

图二四　鎏金铜珠（M80：29）

刀　1件（M80：23）。残余下半部，背近直，一侧有刃，刀尖略上挑。长13、宽2.2厘米。

剪　1件（M80：22）。仅余双刃。残长16.8、宽5.6厘米（图二三：2）。

（五）银器

勺　1件（M80：7）。半圆形勺体，一端接细长弧形柄，柄端呈凫首。长24.4、宽5.4、高20.8厘米（图二三：3、图二六）。

饰件 2件。标本M80：10，圆柱体，顶部较平，另一端为敞口。顶部与周壁均呈花枝镂空状。直径2、高3厘米（图二三：6、图二七）。标本M80：32，残。主体由两个半圆形镂空银片以铆钉扣合而成，一端与扁圆素面体垂直固定。长12.3、宽1.9～2.9厘米（图二三：4、图二八）。

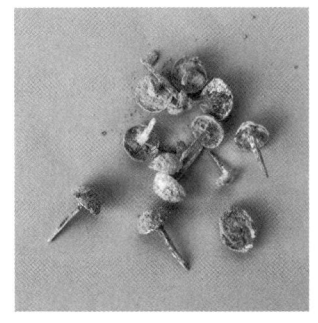

图二五 鎏金铜钉（M80：34）

图二六 银勺（M80：7）

图二七 银饰件（M80：10）

图二八 银饰件（M80：32）

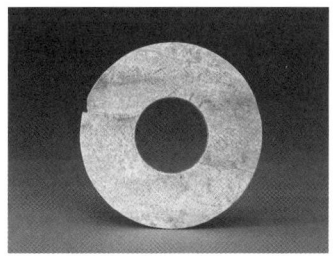

图二九 玉璧（M80：2）

图三〇 玉佩（M80：12）

（六）其他

玉璧 1件（M80：2）。青灰色，打磨光滑。外薄内厚。孔径3.3、直径8.3、厚0.2～0.34厘米（图二三：7、图二九）。

玉佩 1件（M80：12）。黄色，制作较粗糙。上部呈梯形，腰微内弧，中有一圆形穿孔，下部为长方形。上边长2.9、底边长4.45、高2.35、厚0.2厘米，孔径1厘米（图二三：5、图三〇）。

漆盒 3件。均呈圆形，已残朽，不能提取修复。标本M80：36，残存直径18厘米。标本M80：37，残存直径34厘米。标本M80：38，残存直径11厘米。

漆盘 2件。均呈圆形，已残朽，不能提取修复。标本M80：35，残存直径16厘米。标本M80：39，残存直径9厘米。

（七）墓志

墓志 1合（M80：17）。青石质，质地坚硬，打磨光滑，镌刻工整。正方形。志盖盝顶，盖顶边长48、底边长71、高17.5厘米（图三二）。盖面中心阴刻隶书"大唐

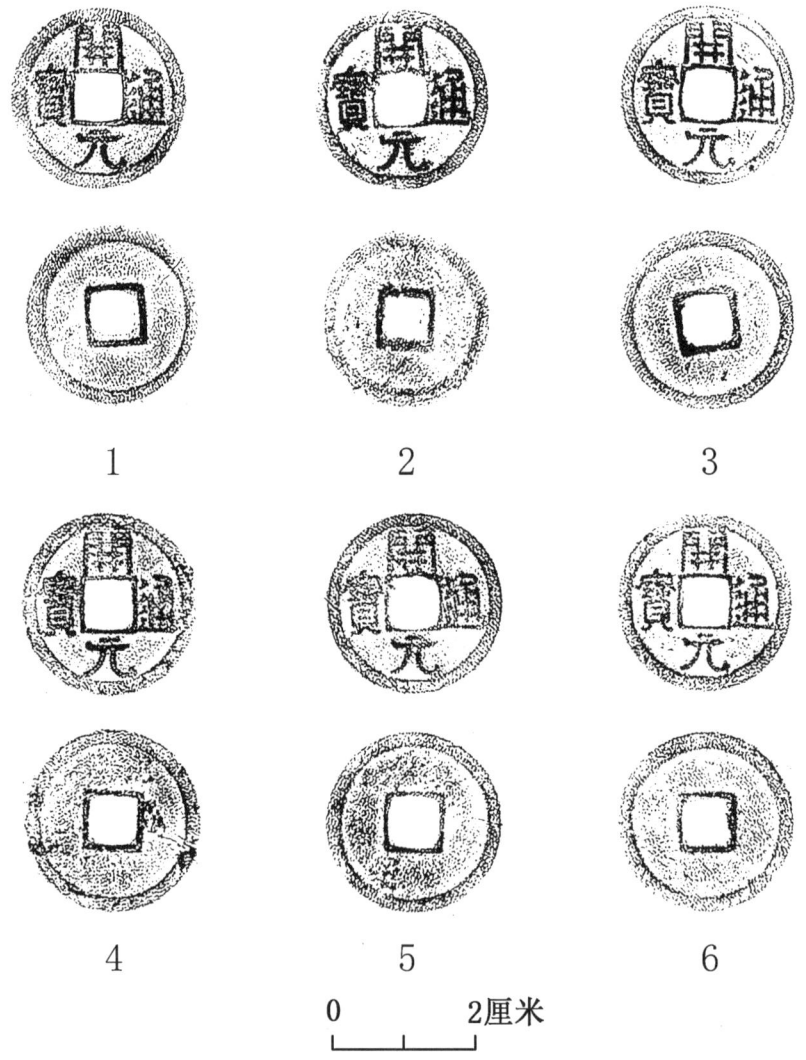

1　　　　　　　2　　　　　　　3

4　　　　　　　5　　　　　　　6

0 　　　　 2厘米

图三一　M80出土铜钱拓片（原大）

故」郑府君」墓志铭" 3行9字，四周饰卷叶纹。四刹按地支方位阳刻十二生肖图案，间饰刻卷叶纹，四侧面刻卷叶纹。志石边长69.5、高10.5厘米（图三三）。志文以细阴线分格，每格边长2.5厘米，隶书阴刻，27行，满行28字，共723字。四侧面刻五组缠枝花卉纹，志文起始的侧面正中刻一只鸟，作展翅飞翔状。录文如下：

大唐故滁州司马上柱国郑府君墓志铭并序」

君讳仁洽字仲淹荥阳开封人也曾祖孝道北齐殿中将军章武郡守祖」德术隋扬州江都令考弘震隋开府仪同皇朝会州录事参军芝」兰继馥印绶相辉或位卑而道尊成身没而言在君禀灵胎教袭训门风」丹穴呈姿黄中韫粹风气爽爽宁唯王谢之家孝性蒸蒸更是荀何之室」七年

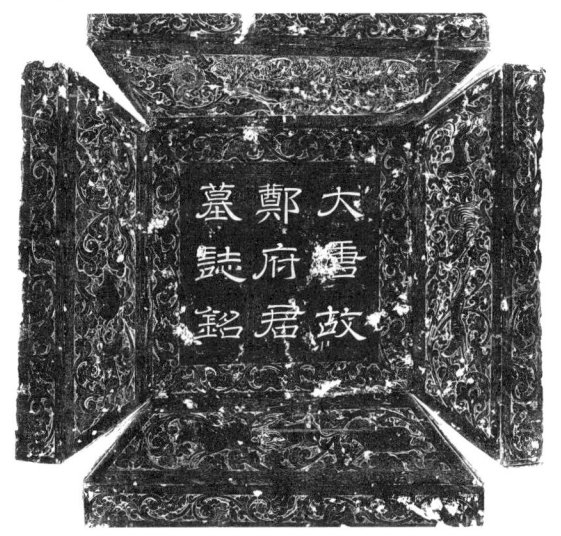

图三二　墓志盖（M80：17）拓片

高秀童孺可知万里宏图从横自负龙朔中蒲州刺史程名振拜大」将而分间摁佳兵而度辽以君筹画为多召居戎幕动妙算运奇谋敌无」隐情我无遗策自九都而穷碣石清秽貊而扫朝鲜预有力为允膺其赏」军还授上护军仍参侍卫选授豊州都督府兵曹参军边郡所虞兵机尤」切君职务惟理备预有方故得人吏获安风尘不起秩满授台州始丰令」螗避于境人成赖之尝于县南高山特起佛塔遂有飞泉一所涌出其傍」是为清净之池谅云功德之水形胜攸属感应逾彰盖境伟之迄今号为」郑公塔

转潭州长沙令惠政清节复如居始丰之时文明年加朝散大夫」依旧任铜章之重朱绂之荣茂是风猷增其光宠俄以与泽王尚金亲则」姻娅王诛缘坐夺五品久之除滁州司马江淮之间剽悍成俗爰清爰静」善政以敦风优哉游哉弃官而卒岁良田广宅始符仲长之言坏木頽山」遽轸段人之梦春秋八十以神龙元年岁次乙巳正月午朔四月乙酉」终于洛州伊阙县伊川里之别舍呜呼

图三三　墓志（M80：17）拓片

哀哉夫人范阳卢氏怀州修武令」普德之女生分鼎族仪范凤成归我良人好合斯在始愿偕老俄
先大夜」春秋六十七长安四年岁次甲辰二月丁未朔卅日丙子终于洛阳县殖业里之私第呜呼
哀哉粤以神龙二年岁次丙午五月癸卯朔十八日庚」申合葬于故荥阳城西北广武原礼也哀子
前鹤禁卫兵曹叔钧孝达神」明哀缠屺岵阡有檀柏坟成负土翠石壹沉芳风万古其铭曰」于皇
府君桂馥兰芬韦丝靡佩仁义成文雄心倜傥妙略纷纶幕中既画」辽阳有勋乃预六曹边兵称理
来抚二邑视人犹子淮阳之郊半刺为美」伊洛之沕爰居爰止丘园得性濛汜催年盛德何在余风
凛然荥阳旧国」京兆新阡哀哀嗣子泣对寒泉」

三、结语

M80为夫妇合葬墓。据志文所载，墓主"讳仁洽，字仲淹，荥阳开封人也"，出
身仕宦之家，官至五品，神龙元年（705年）卒于"洛州伊阙县伊川里之别舍"，享年
80岁。夫人范阳卢氏，长安四年（704年）卒于洛阳私第，享年67岁。神龙二年（706
年），二人合葬于"故荥阳城西北广武原"。

该墓为单室土洞墓，甬道呈过洞式，墓志摆放于甬道内近墓室处，墓室平面近方
形，甬道口开于墓室南壁偏东，墓室西侧置棺床，是典型的中原地区盛唐时期墓葬形
制[1]。此墓随葬器物组合中有盛唐时期的彩绘出行仪仗俑群，均为火候较低的泥质红
陶，制作较为粗糙，但出土的铜器、银器、瓷器也有质量上乘者。其中，铜灯的形制
与偃师杏园神龙二年（706年）宋祯墓[2]出土同类器形制相近；铜银壳鸾鸟瑞兽镜最
为精美，形制与宋祯墓同类器近同。

郑仲淹墓附近有"大唐故赠安州都督郑府君碑"，结合以往资料和本次发掘可证
明，此处是唐代的一处郑氏家族墓葬区。郑仲淹墓的发掘，为研究唐代荥阳郑氏家族
世系、唐代家族墓地的丧葬习俗等提供了重要资料。

附记：发掘领队刘彦锋，发掘人员丁兰坡、齐相福，摄影蔡强，绘图张盼、刘博
琛，拓片赵桐生。

▍注释

［1］徐殿魁：《洛阳地区隋唐墓的分期》，《考古学报》1989年第3期。

［2］中国社会科学院考古研究所：《偃师杏园唐墓》，科学出版社，2001年，第63页。

（原刊于《文物》2021年第8期）

河南荥阳市东北部两座唐墓发掘简报

魏青利　杨猛　丁兰坡

2017年3月和2019年1月，为了配合基本建设，郑州市文物考古研究院和荥阳市文物保护管理中心在荥阳市东北部开展抢救性考古发掘，先后发掘了一批汉唐时期的墓葬。其中有两座唐墓，编号2017ZGBM36（下文简称M36）、2019ZXMM1（下文简称M1）出土了一批陶、瓷、铜、铁、漆器和墓志等珍贵文物，现将墓葬的情况简报如下（图一）。

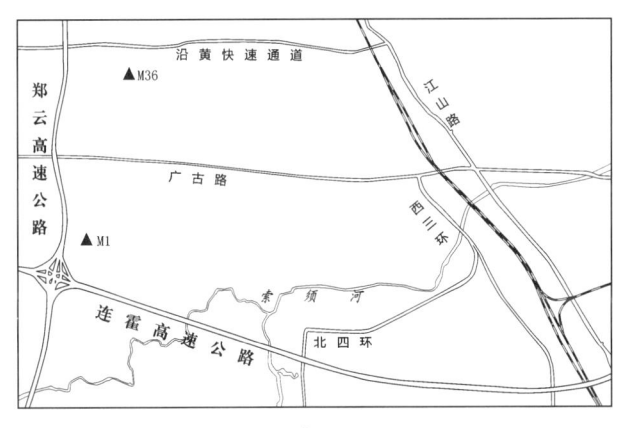

图一　墓葬位置示意图

一　郑州思念翡翠城唐墓（M36）

（一）墓葬形制

M36位于荥阳市S314公路以南、清华园路以东，为单室土洞墓，由墓道和墓室两部分组成，方向186°（图二、图三）。墓道位于墓室南部。平面呈梯形，南窄北宽，宽0.9～1.2、长3.2米，南高北低，北部靠南处稍呈坡状，深4.1～4.4米。墓室位于墓道北侧，土洞，拱顶，洞口宽1.2、高1.8米。底平面呈梯形，南北长3.1米，南宽1.4、北宽1.6米，高1.3米。墓室东南部出土墓志一合，倒置，正面朝下。

（二）出土器物

M36因被严重盗扰，仅出土墓志一合（M36：1）。方形，由志与志盖两部分组成，青

北 ←—|—

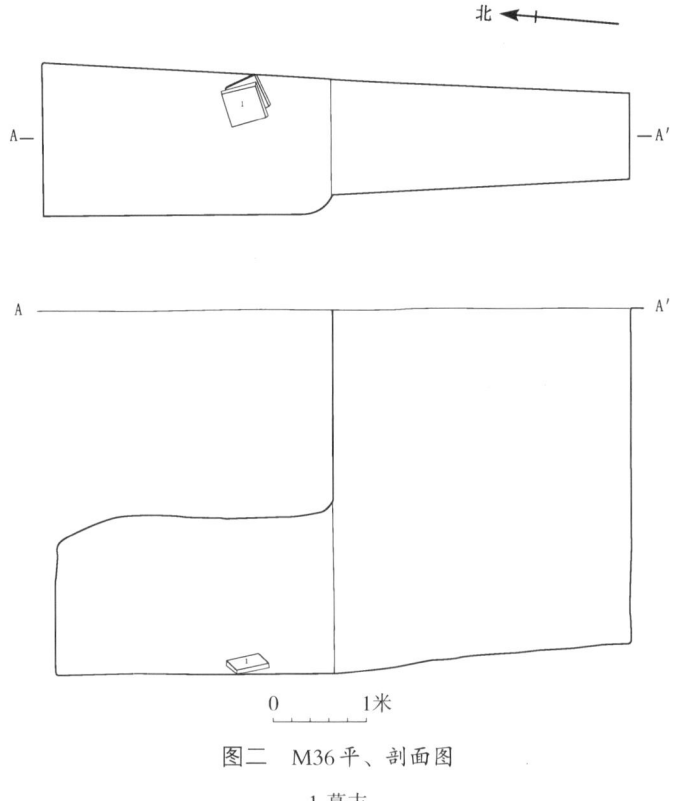

图二　M36平、剖面图

1.墓志

图三　M36全景

图四　M1全景

图五　墓志盖（M36∶1）拓片

石质，质地较差。志盖盝顶，顶边长18、底边长34厘米，厚9厘米（图五）。顶面中心阴线划格，自右向左篆书"荥阳郑府君墓志铭"，四周双阴线外框，上下绘写意花草纹，左右绘简单的几何纹样，四角缀饰宝相花。四刹较宽，每刹的梯形面上用双阴线分隔为三部分。正中长方形，内绘四神图案；两侧为三角形边饰，内绘花卉。志石正方形。边长37、厚9厘米（图六）。阴线隔行，志文楷书，共20行，行字不等，计402字。四边阴线刻十二生肖，每面三个。底部未打磨。录文如下：

唐故试太常寺协郎荥阳郑府君墓志铭并叙

公讳严，其先荥阳人也，世有人物，为山东望族。五代祖」福庆，有唐之高士，儒术德行，首出士林，三降鹤书，坚卧不」起，朝廷嘉之。及卒，赐谥净节先生。高

图六　墓志（M36∶1）拓片

祖日用，任沂州贡县丨尉。曾祖梅，任汝州叶县尉。烈考文会，任右率府仓曹参军。丨公高道之后，得其余芳，乐闲放而忘箴仕，好山水而多远游。丨不戚戚于贱贫，常怡怡于耕钓，不知岁之丰俭，不问家之有无，丨由是屡空而晏如也。臧否不闻于口，喜愠不形于色，虽走使之有过者，/未尝以楚楚示其戚，熙熙然家以之理。娶辽东李氏，即郑州司马丨茵之长女也，妇容妇德，中外推之，可谓哲夫哲妇，秦晋之匹。丨有二子，长男次女。男曰象，未娶，女曰鸾，夫人所出。公尝从知丨为竟陵郡倅，竟陵居大江之湄，因为风水所侵，及罢，寝剧。/既还家，不逾月而终，时乾符二年五月廿有四日也，享年六丨十有九。以明年八月十日葬于广武原，祔先茔，礼也。郑典午丨李茵以亲，亲备公平生之践履，志而铭，曰：丨至矣郑君，其性恂恂。薄浮容而若傲诸世，丨保今问而能近诸仁。弃其家兮如晚诸展，丨从所知兮于江之湄。生而有道兮心之以达，丨殁而无蓄兮家之贫。叹孀妻与幼子丨赖无依兮号穹昊。

二　郑州马吉尔食品调味有限公司唐墓（M1）

（一）墓葬形制

M1位于荥阳市广武镇西苏楼村北，广古路以南，桃贾路以东。单室土洞墓，底平面呈刀形，由墓道、甬道、墓室三部分组成，方向175°（图四、图七）。墓道位于墓室北部，竖井状。上口平面呈长方形，长2.1、宽0.7米；底部平面呈梯形，南窄北宽，坡长2.1、宽0.7～0.8米，深2.75～3米。墓道南侧东西两壁各有一列近三角形的不对称脚窝，宽0.2、高1、深0.12米。甬道位于墓道和墓室之间。土洞，平顶，底部南高北低，稍呈坡状。底长0.7、宽0.8、高0.1～1.05米。

墓室位于甬道南部。底平面呈梯形，南北长2.97、南宽1.3、北宽1.68、高1.1米。墓室东北部出土墓志一合，不辨墨迹。部分随葬品移位，多出于中东部，有陶鸡、瓷注、瓷碗、铁鼎、漆盘、铜钱等。未见葬具和人骨，推测棺应置于墓室西侧。

（二）随葬器物

M1共出土各类随葬器物9件（组），质地有瓷、陶、铜、漆、铁器等，现分述如下。

1.瓷器

瓷罐　1件（M1：2）。敞口，圆唇，短束颈，溜肩，圆鼓腹，平底。灰白胎，内外均施白釉，釉色发黄，胎釉结合差，剥釉较严重。腹部以上露胎处饰红彩图案，多剥落不辨。口径8.2、腹径16、底径8.4、高14.4厘米（图八：2、图九）。

瓷注子　1件（M1：5）。敞口，矮束颈，广肩，直弧腹，平底，短流，桥形纽。灰白胎，内外施白釉，釉色泛黄，细腻光洁，外壁施不及底。口径7.4、腹径12.2、底

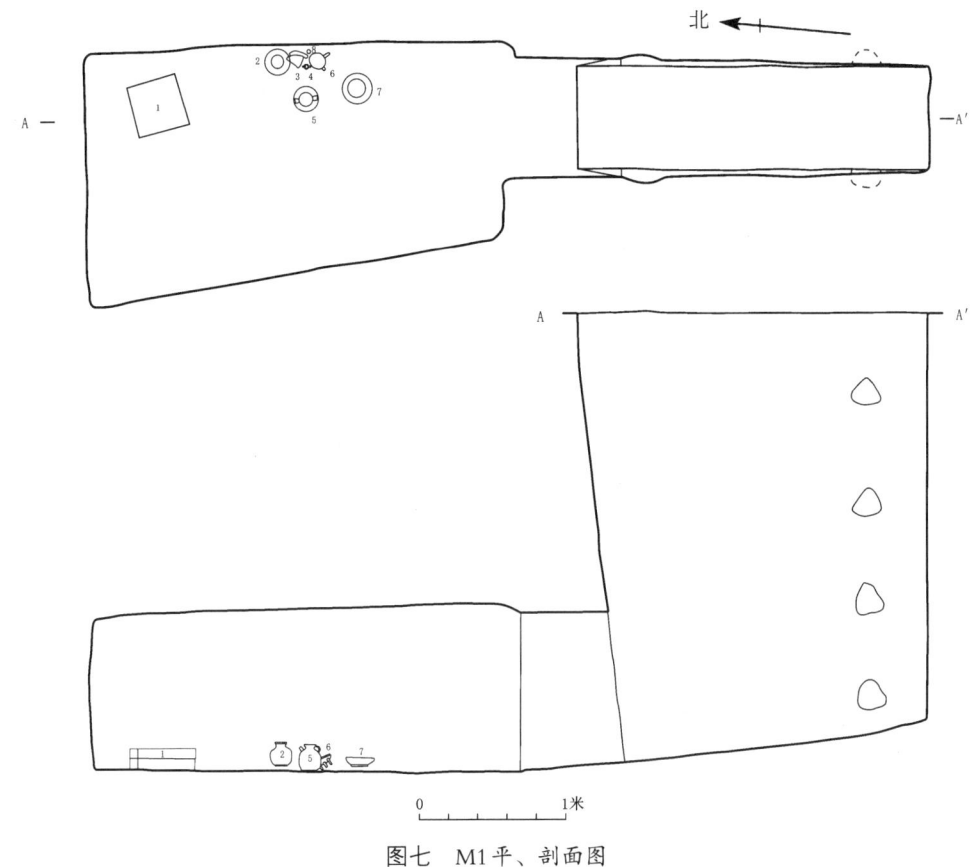

图七　M1平、剖面图

1.墓志　2.瓷罐　3、7.漆盘　4.陶鸡　5.瓷注　6.铁鼎　8.铜钱

径7.8、高13.6厘米（图八：1、图一〇）。

2.陶器

陶鸡　1件（M1∶4）。泥质灰陶，制作粗糙。伸颈前视，冠较高，尾高耸，作匍匐状。原饰有彩，多已剥落。长4.4、高3.4厘米（图八：4、图一一）。

3.铁器

铁鼎　1件（M1∶6）。侈口，垂腹，圜底，三高柱足外撇。口沿一侧有一个U形缺口，器底有烟炱痕。口径13.1、通高11厘米（图八：5、图一二）。

铁券　1件（M1∶9）。夹在墓志中间，锈蚀严重，根据铁锈痕迹推测为长方形。痕长35、宽15厘米。

4.铜钱　1枚（M1∶8）。为开元通宝钱。铜质差，残破，钱文模糊。直径2.3、穿径0.6厘米（图一四）。

5.漆器

漆盘　2件。已残。圆形，敞口，平底。盘内饰红彩，外为棕黑彩。标本M1∶3，

图八　M1出土器物

1.瓷注子（M1：5） 2.瓷罐（M1：2） 3、6.漆盘（M1：7、M1：3） 4.陶鸡（M1：4）
4.陶鸡（M1：4） 5.铁鼎（M1：6）

图九　瓷罐（M1：2）

图一〇　瓷注子（M1：5）

图一一　陶鸡（M1：4）

图一二　铁鼎（M1：6）

图一三　漆盘（M1：7）

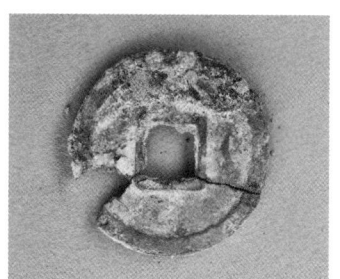

图一四　开元通宝钱（M1：8）

口径18.9、底径14.8、高2.3厘米（图八：6）。标本M1：7，口径17.2、底径12.4、高2.2厘米（图八：3、图一三）。

三　结语

M36规模不大，遭扰严重，随葬品几乎无存，仅出土一盒墓志。从志文可知，墓主郑严为荥阳郑氏之后。其五代祖福庆，儒术德行出众，唐政府赐谥号"净节先生"。其祖辈及父亲均为中下级官员，未见载于史书。郑严不乐仕途，志文赞其为"高道之后，得其余芳"，可知其为道教信徒。郑严生前做过竟陵郡的郡佐，唐代竟陵郡辖境约当今湖北仙桃、天门、洪湖三市及监利县地，地处长江与汉水之间，河湖众多，气候卑湿，志文说郑严居官期间为"风水所侵"，以致不可医治。回乡后卒于荥阳家中，其时乾符二年（875年），次年葬于广武原祖茔。志文虽然简单，但有明确的纪年和别具一格的志文内容，由此可窥唐代末年，寄情于道教的墓主郑严看破世局，超然世俗，以及身为士族的荥阳郑氏风光不再、渐趋沉寂的史实。

M1虽出土墓志，惜不辨墨迹，但其墓葬形制较为典型，为长方形竖穴土洞墓，坐北朝南，墓道和墓室均为南窄北宽，呈双梯形，应属晚唐时期流行的墓葬形制[1]。该墓未经盗扰，从随葬品出土位置可知，墓室西部设有棺床，惜不存。随葬品中有实用器瓷罐、瓷注子、铁鼎，其中瓷注子短流，器体矮胖，按照学者对唐墓的分期[2]，我们认为，该墓的年代应在公元9世纪中晚期的晚唐时期。

两座唐墓均为小型墓葬，形制较为一致，平面呈"刀"形，均由长方形竖井墓道、长方形墓室组成，为典型的晚唐时期小型墓葬，为研究荥阳地区晚唐时期的丧葬习俗、物质文化提供了实物资料。

附记：发掘领队魏青利，发掘人员赵洪发、郭清臣、杨猛，绘图张盼，摄影蔡强，拓片赵桐生。

注释

［1］徐殿魁：《洛阳地区隋唐墓的分期》，《考古学报》1989年第7期。

［2］徐殿魁：《洛阳地区隋唐墓的分期》，《考古学报》1989年第7期。

（原刊于《中国国家博物馆馆刊》2021年第7期）

郑州外国语中学宋代砖雕壁画墓发掘简报

魏青利

　　2010年11～12月，郑州市文物考古研究院为配合郑州外国语中学基本建设，在工人路西侧、陇海路北侧清理一批墓葬，其中宋代墓葬5座、明代墓葬3座。2010ZYWM8（以下简称M8）保存较好，为宋代砖雕壁画墓。现将发掘情况简介如下（图一）。

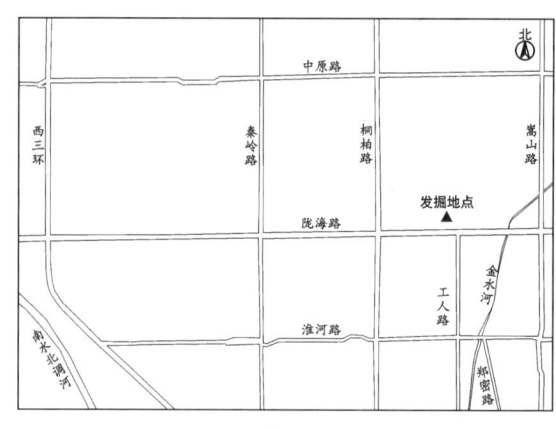

图一　墓葬位置示意图

一、墓葬形制

　　M8为斜坡墓道单室砖券墓，方向185°，深3.4米，由墓道、过洞、天井、墓门、甬道、墓室组成（图二、图三）。墓道位于过洞南端，长方形阶梯式，阶梯存于中部。长5.64米，南宽0.6、北宽1.06米，台阶宽0.7～0.86、高0.12～0.2米。过洞位于天井之南，长方形，拱顶。长0.82、宽1.06～1.2米，残顶高2.5米。天井位于墓门之南，长方形，平底，西壁有塌方。长2.24、宽1.2～1.5、深3.4米。

　　墓门位于甬道与天井之间，券顶已塌。宽0.84米，残高2米。甬道位于墓室南壁正中，券顶已失，残存下部，两壁涂抹白灰，下有地仗。长0.9米，南宽0.84、北宽0.88米。甬道内残存三道封门砖，侧立顺铺。

　　墓室从地面往下挖，为一直筒状倭角方坑，边距3.6米。在坑内砖砌墓室，呈抹角方形，东西宽2.83、南北长2.7米。室内青砖铺地，高于甬道底0.4米，形成倒"凹"

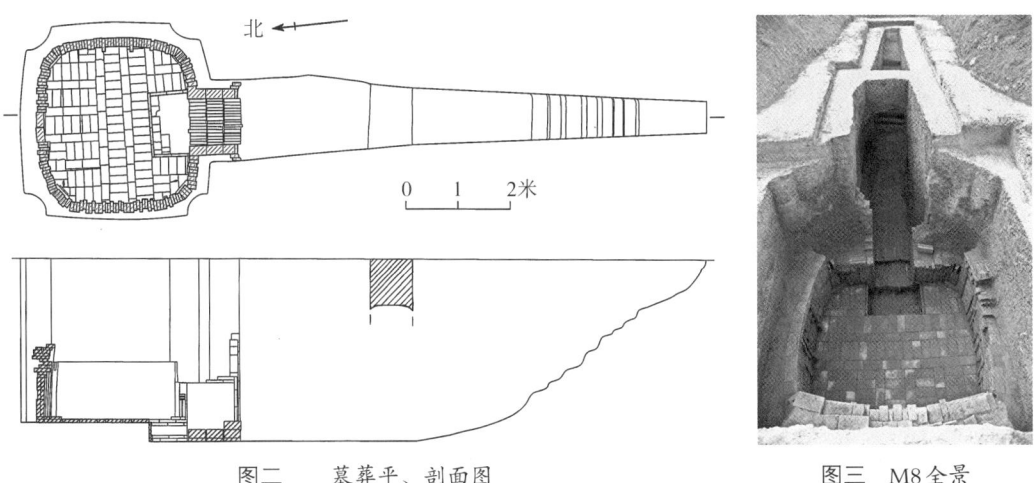

图二　墓葬平、剖面图　　　　　　　图三　M8全景

字形棺床。棺床前空地的铺地砖残失一部分，空地东、西、北三面为棺床的壁砖，饰3～5个壶门。墓室仅留下部直壁部分，四角砌抹角倚柱，均残剩下部，涂黄彩，并绘红彩一整二破莲瓣，底有长条砖作柱础。南壁正中为甬道，其余壁面装饰砖砌家具、假门、格扇等，上绘壁画（图四）。

图四　墓室壁画展开图

二、壁画

（一）甬道壁画

甬道东壁绘一长方形拱顶轿子，轿身中部固定两条抬杠，另有三条可能是备用的。轿身装饰华丽，底桯涂波浪状红条彩，四壁绘竖直线纹，上部呈弧状相连，内加饰双弧线，弧线以下绘一周牡丹花带，花带以下的四壁涂画赭黄云纹，轿顶前后档的周边装饰圆环与花枝。轿左前方绘有4人。一人头戴方冠，圆脸，留有半长须髯，身穿团领肩花阔袖袍，正在向身前两人发号施令。此人容貌俊朗，可能是主人。身右一人，头戴花冠，圆脸，嘴周胡须很短，身着团领袍，正在旁听。身前两人画得稍矮，左戴花冠，右戴无脚幞头，均身着团领阔袖长袍，下着裤和线鞋，躬身听命。轿右后方绘

8人，发上拢，7人头梳小髻，一人发髻略大，手持杆。均为圆胖脸、短髭须，身着团领窄袖长袍，腰束带，下着裤和线鞋，拱手前视（图五：左、图一四）。

甬道西壁亦绘一长方形拱顶轿子，中部固定两根抬杠。底桯绘红色波浪纹，四壁绘直线纹、红色流云，加饰缨钉，轿顶装饰略同前轿。轿左前方前绘三人，皆拢发梳小髻，一人发和髻涂红，圆脸、短髭须，身着团领窄袖长袍，下着裤和线鞋，三人拱手，面相对，似在商量事情。轿后方绘有两人，一人发和髻涂红，均着团领窄袖过膝袍，拱手侍立（图五：右、图一五）。

图五　甬道东壁壁画（左）和西壁壁画（右）

（二）墓室南壁

南壁的中间为甬道，左右两侧壁面均用雕砖砌出家具，并在白灰面上绘壁画，边缘绘红色纵条彩（图一〇）。东侧砌一红色圆形盆架，三弯腿，下有托泥，架上有白色曲腹脸盆，壁面隐约显出一女。盆架右侧砌一红色货架，顶板已失，两侧设悬牙，底座设支牙（图六：左）。西侧砖砌一烛台、一灯檠。烛台直尺状足，顶部三齿上各立一碗（碗失），用以承烛。灯檠下为三曲齿状足，柱顶有碗托，上有曲腹灯碗。烛台旁站立一人，残存身部以下，着黄袍、白裤、线鞋（图六：右）。

（三）墓室西壁

左侧砌一屏风门楼。门楼由立颊、门额、倚柱、普柏枋、铺作、檐椽、望板、仰覆瓦、脊组成。立颊、门额涂红彩。倚柱涂黄彩，柱上用红彩绘一整二破莲瓣。普柏枋涂黄彩，并绘红色木纹。把头绞项造铺作由黄色栌斗、白色泥道栱、白色乳栿组成，其上散斗、心斗墨绘莲瓣，补间铺作仅有栌斗、一乳栿、一心斗。铺作之上为黄色素枋，上涂红彩斑。再上为白色檐椽、望板、白色仰覆瓦、白脊，脊上似绘有红色禽兽。屏桯红色，下有砖座，屏心白色，墨书五行行草，最后一行为三字人名，字多不识（图七）。

右侧砌一直足直枨方桌和两个靠背椅。桌沿下饰花牙，桌上放置茶盏2件、茶注1件。桌下放黑色坛子1件，上覆白碗。两椅的靠背较低，直枨下另有两足，应为后边的两足。桌椅背后的墙壁上绘有红色的门，残留边框，地栿略低于椅面。门内左下角站立两人，仅存臂部以下，一人穿红袍，另一人穿粉红袍，内为白裤。框内右下角亦站两人，仅存胸部以下，一着青袍，一着赭袍，内为白裤。门内绘一株红树，树根分叉，桌面以上残缺（图一一、图一六）。

（四）墓室北壁

中部砌大门的门楼。大门由立颊、门额、地栿、槫柱、上额组成，立颊下有门砧，门额上设两个长方形门簪，门扇半掩，门缝闪出一人，仅见脸庞与粉红裙。门外为两倚柱，柱间为普柏枋，普柏枋之上为三个把头绞项造铺作，铺作之上为替木，以上残失。大门两侧为格扇门楼。格扇边桯借用大门倚柱，新建一较低倚柱，格眼饰毬纹，障水板

图六　南壁砖雕和壁画

图七　西壁砖雕和壁画

图八　北壁砖雕和壁画

用竖砖雕为壸门。倚柱间为普柏枋，上建有完整的把头绞项造铺作一朵，以及不完整的把头绞项造铺作一朵。普柏枋之上为素枋、椽、檐橡、望板、仰覆瓦、脊。大门除门簪为白色外，其余均为红色。格扇毬纹白色，腰串为红色。倚柱、普柏枋、铺作、素枋的饰彩均同屏风门楼，栱扇绘白色牡丹花与卷云纹（图八、图一二、图一七）。

（五）墓室东壁

中部砌一直足直桄直搭脑的衣架，桄上有矮老，足端设站牙。搭脑一端挂有白色带銙，另一端用绶带悬挂着硕大的压胜钱，架下用砖雕出熨斗2件、直尺1件、交股剪1件。衣架背后的墙壁上绘红门，残留边框、地栿，门内绘兰草一株。衣架左侧砌一小柜，直足，直桄，正面设锁，柜上放置笔架1件、砚台1件、墨锭2件。柜后绘侍女二人。左侧女子发垂两鬈，圆脸高鼻，小眼小嘴，上身着白色交领窄袖襦，下着粉红裙，手捧黄色包裹。右侧女子梳单环髻，男相，服饰同前，拱手前望（图九）。

图九　东壁雕砖和壁画

　　衣架右侧砖砌镜架，上为三条直搭脑，上搭脑饰一枚五瓣蕉叶，中搭脑上悬挂一镜，两足间为抽屉，下有纵向支座。镜架后绘女侍二人，皆梳单环髻，上身着白色交领窄袖襦，下着裙。左女黄裙，手捧黄色包裹；右女红裙，拱手侧身朝向对方。衣架、柜、兰花、绶带、压胜钱皆施红色，带铐、镜架涂成白色，笔架、直尺涂成黄色，镜架抽屉、熨斗、交股剪、锁、砚台、墨锭则涂黑色（图一三、图一八）。

图一〇　墓室南壁

图一一　墓室西壁

图一二　墓室北壁

图一三　墓室东壁

图一四　甬道东壁壁画（摹本）

图一五　甬道西壁壁画（摹本）

图一六　墓室西壁（摹本）

图一七　墓室北壁（摹本）

图一八　墓室东壁（摹本）

三、墓葬年代

外国语中学壁画墓内没有纪年材料，我们只能根据墓葬形制与砖雕内容来大致判断它的年代。

墓道为斜坡阶梯墓道，墓室为四边外弧的倭角方形墓，设倒"凹"字形棺床，其形制与南关外宋仁宗至和三年（1056年）胡进墓[1]近同。从砖雕来看，两墓更有惊人的相似：南壁都砌有盆架，西壁所砌桌椅和桌上器物完全相同（包括桌下的黑坛子），北壁同砌大门与格扇，东壁所砌衣架、小柜、镜架的高度也相似。不同之处在于，胡进墓比外国语壁画墓多了一个天井，这是级别高的一种表现。除了天井，壁画内容和砖雕结构都有不同。壁画方面，外国语中学甬道壁画是抬轿出行图，胡进墓是牵马出行图。胡进墓室内没有壁画，外国语中学墓的壁画较多，而且质量较高。砖雕方面，外国语中学墓的西壁有屏风门楼，北壁有格扇、大门上也把头绞项造铺作，胡进墓则没有。把头绞项造铺作在郑州发现不多，巩义涉村壁画墓曾有发现[2]，它比胡进墓的一斗三升铺作复杂，似乎出现略晚。另外，该墓的砖雕家具跟胡进壁画墓类同。综合考虑，可将外国语中学壁画墓的年代定在公元1060～1090年。

外国语中学壁画墓的东壁砌有悬挂的压胜钱，这在郑州并不多见。2014年郑州尚庄发现一座方形壁画墓[3]，同样仅存墓室下部，其东壁衣架上也悬挂压胜钱，两墓年代应该相近。

附记：发掘领队姜楠，发掘人员丁兰坡、魏青利、王兰芬，绘图魏青利、焦建涛，摄影丁兰坡。本简报写作过程中，郝红星先生给予许多帮助，谨致谢忱。

▌注释

[1] 河南省文化局文物工作队第一队：《郑州南关外北宋砖室墓》，《文物参考资料》1958年第5期。

[2] 郑州市文物考古研究院：《郑州宋金壁画墓》，科学出版社，2005年。

[3] 郑州博物馆、郑州市文物考古研究院：《郑州尚庄壁画墓M1发掘简报》，《中原文物》2021年第3期。

（原刊于《中原文物》2021年第4期）

郑州尚庄壁画墓M1发掘简报

谢婷　郝红星

尚庄村位于郑州市西南郊，北距郑州商城东南角4.5公里，村北600米有七里河自西南向东北蜿蜒流过，村西原有一高出地面四五米的土岗，20世纪60年代被平掉。2014年，在村北平地上进行城中村改造，郑州市文物勘探办公室在此探出宋墓5座，其中M1为壁画墓，其余四墓为土坑墓。现将M1发掘情况简报如下（图一）。

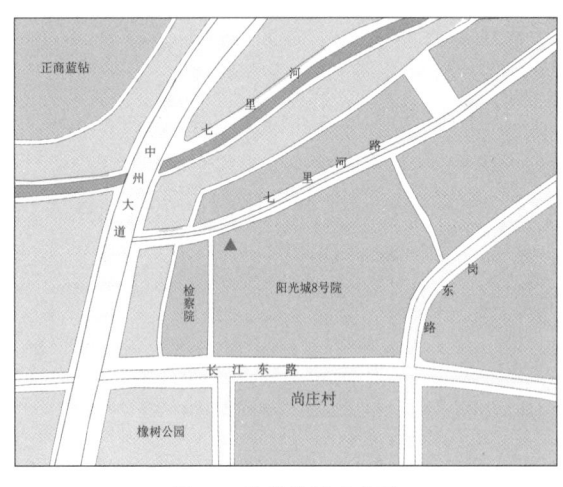

图一　墓葬位置示意图

一、墓葬形制

墓为斜坡墓道砖券单室墓，方向175°，由墓道、过洞、天井、墓门、甬道、墓室六部分组成（图二）。墓道位于过洞南端，梯形，阶梯式，残留四个台阶。残长2.1米，南宽1.16、北宽1.36米，台阶宽1.13~1.16米，长0.3、高0.2米。过洞位于天井之南，梯形，拱顶塌落，台阶已被踢毁。长约0.6、宽1.3米，顶高约1.3米。天井位于墓门之南，梯形，口大底小，斜底，口长1.8、口宽1.35~1.75、深约2.57米。

墓门位于甬道与天井之间，上部为门楼，大部分已失，仅留一层普柏枋，下部由拱券、阑额、门簪、门额、上额组成。拱门宽1.1米，拱顶高2.06米，墓门残高2.54米。甬道位于墓室南壁正中，下部青砖错缝平铺，1.4米起券，四砖齐缝券成，其上又有3层平砖。壁面涂白灰，大部脱落，见壁画残迹。长1.3、宽1.1、顶高2.1米。甬道内有3道封门砖，最外一道下部9层砖人字形垒砌，上部7层砖平铺封堵严实。中部一道仅留一层侧砖，最内一道留3层侧砖。

墓室从地面往下挖，为一直壁抹角方坑，边长3.5米。在坑内砖砌墓室，亦呈抹角方形，边长3.2米。室内青砖纵横铺地，高于甬道底0.44米，形成"凹"字形棺床。棺床临近甬道的三壁上砌有壶门，棺床中部有一长方形金井，长0.7、宽0.6、深0.24米。

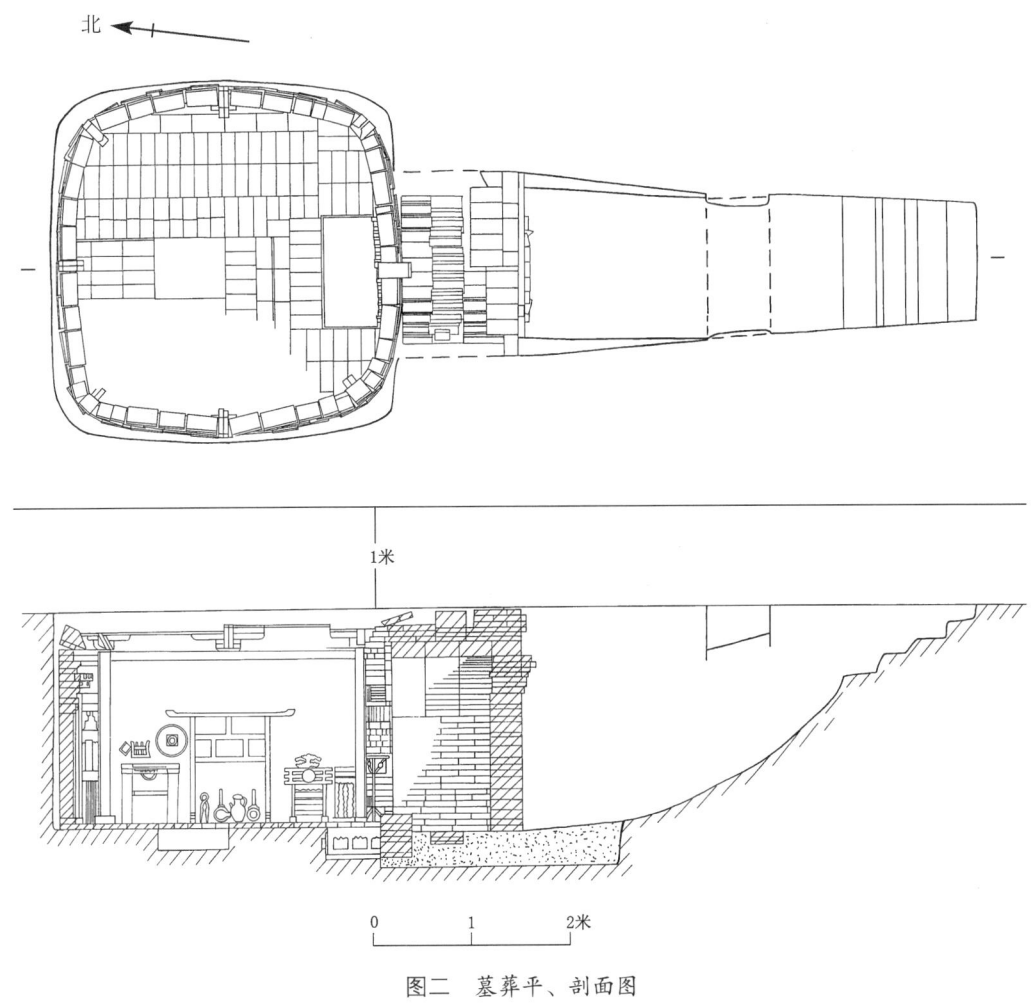

图二　墓葬平、剖面图

墓室仅留铺作以下部分。四角砌倚柱，下有长条砖作柱础，柱间砌阑额，阑额之上设4个转角铺作及4个补间铺作。北壁设有复杂的门楼结构，南壁、东壁、西壁砌各式家具，局部保留有壁画。

　　发掘过程中，墓内只发现少数残砖，可知该墓在古代已被拆毁，墓室顶砖以及甬道内的两道封门砖亦被取走它用。

二、壁画

　　整个壁面涂有白灰，然后在白灰层上绘人物壁画、木作彩画。局部人物壁画为了取平壁面，在白灰层下有极薄的泥抹地仗。

（一）墓门砖雕与彩画

　　墓门涂白灰，门缘上绘有红边，拱顶两侧墨绘两朵牡丹花，花瓣点橘红彩。门额

图三　墓门砖雕与彩画

上涂红彩（图三）。

（二）北壁砖雕、彩画与壁画

壁面两侧为倚柱，用红彩绘出一整二破莲瓣，共三组。阑额周缘涂红彩，额心白彩。三个栌斗涂红彩，栱间壁白灰脱落。中部砖砌大门门楼。大门由地栿、立颊、门额、门簪、门扇组成，门扇半掩，门缝中似有两人。偏后一人个高，头梳团髻，包白巾，方圆脸，细眉秀鼻，身着白襦，探出上半身，右手抓门扇，向外张望；偏前一人个矮，头不清晰，着白襦、白裙，袖手而立。门楼由倚柱、阑额、把头绞项造铺作、素枋、檐椽、连檐、仰覆瓦组成，仰覆瓦直抵上边的阑额，倚柱下有柱础，与门颊共用。门楼两侧为格扇门楼。格扇下部为障水板，用砖隔成五个较窄的壶门。上部为小格扇，格眼饰毬纹，格扇旁各装饰一壶门。格扇门楼由普柏枋、两个半朵把头绞项造铺作、素枋、檐椽、连檐、仰覆瓦、脊组成。大门门楼倚柱用红彩绘一整二破莲瓣，门扇、地栿、门颊、门额、障水板、格扇的桯、普柏枋、素枋、连檐、脊缘均涂红彩，格眼及格眼旁边的壶门、门簪、把头绞项造铺作、仰覆瓦涂白彩（即原来的白灰层），栌斗上点有红点，格扇门楼把头绞项造铺作的栱间壁墨绘牡丹，格扇门楼上方的空白地墨绘牡丹，并点红点，而门楼上方的栱间壁只墨绘两瓣牡丹花瓣（图四、图五）。

（三）东壁砖雕、彩画与壁画

壁面两侧倚柱、阑额、铺作与北壁相同。壁面中部砌一直足、直枨、直搭脑的衣

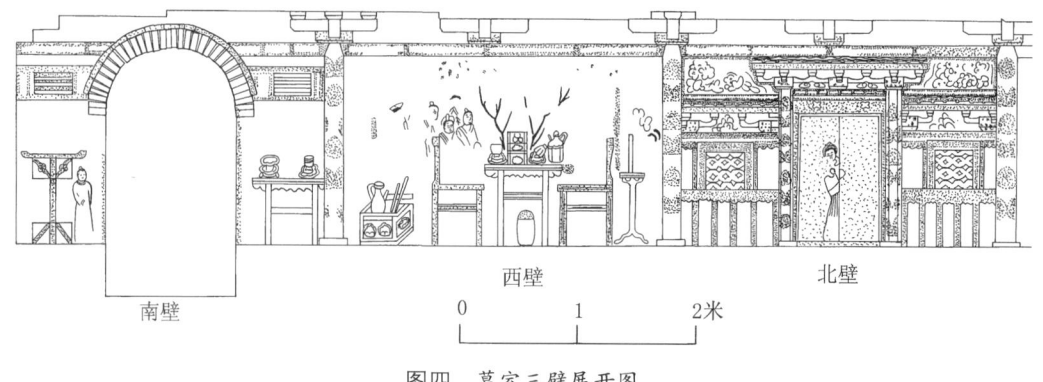

南壁　　　　　西壁　　　　　北壁

0　　　　1　　　　2米

图四　墓室三壁展开图

图五　北壁砖雕与壁画

图六　东壁砖雕与壁画

架，两直枨上有三个矮老，足端设站牙。搭脑左下方壁面上伸出短柱，上悬挂一枚压胜钱，架下用砖雕出交股剪1件、水熨斗1件、茶注1个、炭熨斗1件。衣架左侧砌一小柜，直足，直枨，正面设锁，柜上放置抄手砚1件、笔架1件。衣架右侧砖砌镜架与盆架。镜架上为三条直搭脑，搭脑上方装饰"工"字形花叶，中搭脑上悬挂一镜，两足间为三层抽屉，下有纵向支座。盆架直腿，下有托泥，架面下装饰花牙，腿亦雕成花牙形式，架上放有脸盆。衣架、压胜钱、小柜涂红彩，镜架、盆架、笔架、抄手砚、交股剪、熨斗、茶注涂白彩。阑额下方用墨线绘两层长方框，上层方框内涂红点，或为幔帐，或为卷帘。以下的壁面绘有牡丹花，多已脱落（图六）。

（四）南壁砖雕与壁画

壁面两侧为倚柱，中部为甬道，拱顶出檐，冲断阑额，顶上未设补间铺作，拱顶两侧砌两个横向直棂窗。甬道东侧下部砌货架，货架面下设有花枝状悬牙，悬牙下有束箍，与悬牙对应的底部设支牙。货架西侧墨绘一人，似为男子，圆脸，大耳，小眼，小嘴，身着白袍，低头。甬道西侧下部砌出茶桌，桌面下饰花牙，桌上摆两件茶具，左为两个相摞的盏托，右为茶盏与盏托，茶桌后面的壁面略见两条黑线，可能是人物的衣纹。倚柱用红彩绘出一整二破莲瓣，阑额周缘涂红彩，额心白彩，栌斗、直棂窗、拱顶出檐、甬道缘、货架均涂红彩，茶桌、茶具涂白彩（图四、图七）。

（五）西壁砖雕、彩画与壁画

壁面两侧为倚柱，上用红彩绘出一整二破莲瓣。阑额周缘涂红彩，额心白彩。三个栌斗涂红彩，拱间壁墨绘牡丹，点以红点。壁面中部砖砌一张直足直枨方桌和两个靠背椅。桌面下饰对称花牙，桌上放置茶盏2件、茶注及注碗各1件、小橱1件，其中一只茶盏倒扣于盏托中，桌下放坛1件，红碗作盖。靠背椅的足较高。椅子左侧砖砌方形无座火炉，炉中有茶注及火箸。右侧靠背椅旁有一烛台，三曲齿状足（一足看不到），圆台面上插有一根蜡烛。火炉、烛台上方各见一道红彩竖框，应为壁面上绘的红门，地栿仅在桌旁画出一小段。红门内左侧见五个妇女，前边两人，中排两人，后排一人，皆梳髻，扎巾，方脸，面较丰腴，着白色交领襦。门内中部绘一株红树，树分两枝，上部有分杈（图四、图八）。

图七　南壁砖雕与壁画　　　　　　　　　　图八　西壁砖雕与壁画

三、结语

（一）墓葬年代

尚庄宋墓M1未见题记或买地券之类的纪年材料，但是根据墓葬形制及砖雕内容仍能判断其大致年代。

在郑州，像尚庄这样的方形砖券壁画墓已经发现4座，其他三座分别是二里岗宋墓[1]、南关外宋墓[2]、郑州外国语中学宋墓[3]。二里岗宋墓、南关外宋墓早在20世纪50年代已经发表，成为郑州壁画墓的重要断代参考。这四座墓均为坐北朝南，墓室土圹和墓道分别开挖，墓道为斜坡阶梯式，尚庄宋墓、外语中学宋墓的墓道北边建有天井，而二里岗宋墓、南关外宋墓没有天井。墓门上边均建门楼，用砖砌出一斗三升的铺作，铺作之上有替木、橑檐枋、连檐、仰覆瓦、脊等。墓内清一色为"凹"字形棺床，高出墓底20厘米以上。

墓室四壁砖雕布局类似。其中南壁一般砌有盆架，内容为盥洗场面。二里岗宋墓的南壁雕有辘轳井桶，可能表达了取水内容。尚庄宋墓原本应在南壁的盆架，被挤到东壁南端。

东壁中部均为衣架，架下雕有尺子、剪刀、熨斗等。一侧有小柜，柜上有书写工具，另一侧有镜架。由此可知，东壁内容为墓主一家人的日常生活场面，主要是女主人的女红、妆容，男主人的书写，可能还有小孩，压胜钱是其表征。

西壁中部为一桌两椅，其旁有火炉或灯檠。南关外宋墓西壁椅后有一长颈茶壶，原应放在火炉内，但火炉未雕出。外语中学宋墓西壁是个例外，椅旁建有屏风门楼。总体来看，西壁内容应为夫妇茶饮场面。

北壁中部为大门，两旁为直棂窗或格扇，大门内一般绘有妇女。现在很直观地看到，二里岗宋墓北壁仅有简单的大门及直棂窗，南关外宋墓北壁为简单的大门及简单的格扇，而外语中学宋墓、尚庄宋墓北壁均为大门门楼及格扇门楼。显然，从木作结构来看，外语中学宋墓、尚庄宋墓年代要晚一些。

二里岗宋墓出土了开元通宝、唐国通宝、周元通宝、宋元通宝四种铜钱，没有发现比宋元通宝再晚的钱，故简报推测，墓葬年代为北宋初年，约在公元960～976年间，墓室南壁砖雕辘轳与井桶，北壁大门两侧为直棂窗，或是二里岗宋墓年代较早的表现。南关外宋墓有确切的纪年，墓主为胡进，葬于公元1056年。北壁大门两侧为简单的格扇门，要比直棂窗复杂。仅从砖雕来看，外语中学宋墓、尚庄宋墓的北壁大门上建有门楼，技术比南关外宋墓先进，况且外语中学宋墓、尚庄宋墓的棺床比墓底高40厘米以上，棺床三壁装饰壸门，而二里岗宋墓、南关外宋墓的棺床仅比墓底高20多厘米，棺床三壁为须弥式，这也可能是时间带来的变化。

综上所述，我们认为，尚庄宋墓年代可能在公元1060～1070年之间。该墓的年代下限是根据登封城南庄宋代壁画墓[4]特征推断的，此墓为八边形墓，墓室内砖雕元素同上文提到的四座墓，墓室中部有复杂的铺作，墓室顶部有砖砌垂花饰，其年代接近公元1097年的登封黑山沟壁画墓[5]。

（二）砖雕与壁画布局

中国艺术研究院的易晴女士在其《河南登封黑山沟北宋砖雕壁画墓图像构成研究》[6]一文中认为，黑山沟壁画墓的下部壁画是顺时针识读，顶部升仙壁画则是逆时针识读，即所谓按"坐北面南"仰观俯察而产生的"天道左旋，地道右旋"的排列顺序。尚庄宋墓的墓顶已毁，墓室下部壁画用"地道右旋"识读仍能说得通。北壁为"妇人启门图"，寓意深宅大院里边的女人盼望夫归；东壁是墓主一家人的日常生活，南壁是茶饮前必要的洗漱活动（不幸的是此墓脸盆被挤进东壁），西壁是墓主夫妇饮茶图，烧茶水用的火炉一般必不可少。

尚庄宋墓的壁画保存极差，甬道有壁画残迹，南壁货架下有一男侍，东壁可能只绘有牡丹花，西壁红门内有五个妇女，显然不是墓主夫妇。从南关外宋墓、外语中学宋墓来看，甬道一般绘出行图，东、西壁上绘的都是侍者，墓主夫妇形象并未出现在墓室中。尚庄宋墓的壁画也是这种情况。

（三）砖雕的消亡问题

像尚庄这样砖雕占墓壁装饰大部、壁画只见小部分的宋代壁画墓，流行于北宋晚期早段，大约在公元1080年左右。墓室发展成八边形，北壁仍然是大门，女红、妆容砖雕仍然位于墓室东方向，洗漱砖雕位于墓室南方向，茶饮砖雕位于墓室西方向，这时女性墓主开始出现在盆架前或坐椅上。

大约到北宋晚期中段（约公元1090～1110年），各种砖雕家具突然消失，转而以壁画形式出现在墓室大体相同的壁面上。例如，黑山沟壁画墓的火炉、夫妻茶饮的桌椅出现在墓室西方向，盆架出现在墓室南方向；箭沟壁画墓[7]夫妻对坐出现在墓室西方向，不见桌子，盆架仍位于墓室南方向。但是也有例外，如平陌壁画墓[8]的妆容出现在墓室南方向和东方向，火炉出现在东方向，高村壁画墓[9]的盆架出现在东方向。值得一提的是，在尚庄宋墓、外语中学宋墓出现的压胜钱，可能是后来壁画中房间悬挂的饰钱文香球的前身，正如箭沟壁画墓东、西壁所见到的那样。

附记：发掘单位郑州博物馆、郑州市文物考古研究院，领队张家强，发掘秦德宁、潘敏，绘图秦德宁、郝红星。

▌注释

［1］裴明相：《郑州二里岗宋墓发掘记》，《文物参考资料》1954年第6期。

［2］河南省文化局文物工作队第一队：《郑州南关外北宋砖室墓》，《文物参考资料》1958年第5期。

［3］郑州外国语中学宋墓为郑州文物考古研究院的发掘资料。

［4］郑州市文物考古研究所、登封市文物局：《河南登封城南庄宋代壁画墓》，《文物》2005年第8期。

［5］郑州市文物考古研究所、登封市文物局：《河南登封黑山沟宋代壁画墓》，《文物》2001年第10期。

［6］易晴：《天道左旋，地道右旋——河南登封黑山沟北宋砖雕壁画墓图像构成》，《中原文物》2009年第4期。

［7］郑州市文物考古研究所：《郑州宋金壁画墓》，科学出版社，2005年。

［8］郑州市文物考古研究所、新密市博物馆：《河南新密市平陌宋代壁画墓》，《文物》1998年第12期。

［9］郑州市文物考古研究所、登封市文物局：《登封高村壁画墓清理简报》，《中原文物》2004年第5期。

（原刊于《中原文物》2021年第3期）

新郑唐户遗址宋代墓葬M42发掘简报

信应君　刘青彬

2006～2007年，郑州市文物考古研究院受河南省文物管理局南水北调文物保护办公室委托，对渠道占压唐户遗址部分进行了考古发掘，主要揭露了一处裴李岗文化时期的大型聚落，相关情况已述于发掘简报[1]。此外还清理了其他时期的文化遗迹。其中 M42 是一座宋代墓葬，其形制和随葬品较为特殊，现将发掘情况简报如下。

一、墓葬形制

M42 位于唐户遗址第Ⅲ发掘区，在探方 T0202 东南部，叠压于东隔梁下。墓葬开口于第 2 层下，开口距地表 0.3 米，打破第 3 层、第 4 层，并打破裴李岗文化时期灰沟 G11。墓葬平面开口呈长方形，南北长 1.5、东西宽 0.8 米。竖井式墓道，直壁平底，深 0.65 米。墓室为偏洞室，位于墓道西侧，长方形，长 1.48、宽 0.6、高 0.5 米（图一）。

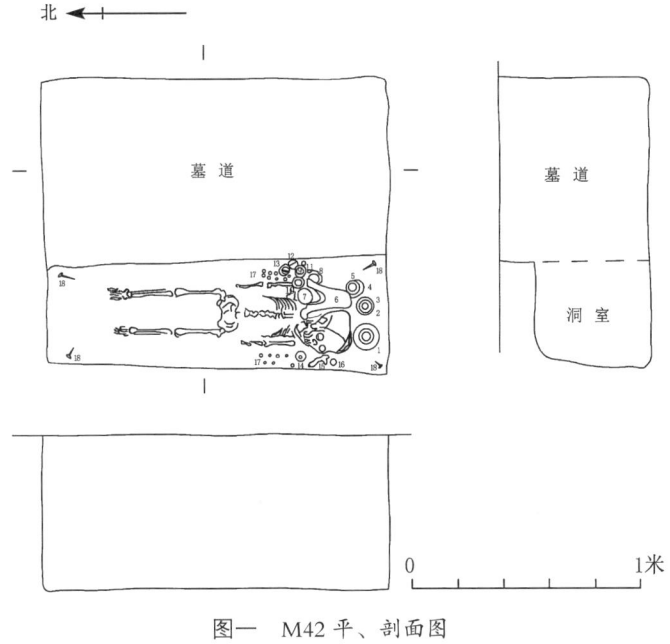

图一　M42 平、剖面图

1.瓷双系罐　2.瓷瓶底　3～5.瓷碗底　6.铁犁铧　7.铁錾子　8.陶盆　9.瓷盅　10.瓷盏
11.瓷猫　12.瓷罐　13.瓷桶　14.瓷壶　15.瓷狗　16.瓷碗底　17.铜钱　18.铁钉

墓道内填土为黄褐色花土，土质较软，结构疏松。洞室内为黄色淤积土，含较多粉砂。墓室内发现人骨一具，较为细小，应为幼儿。仰身直肢，头向南，面朝上。墓室底部有棺木朽痕，四角发现有铁质棺钉4枚，推测葬具为木棺。

二、随葬器物

墓室内随葬品集中于墓主头、胸部周围，多为瓷器，种类有罐、盏、盅、壶、残器底、动物模型等，另有少量陶器及铁器，并有铜钱数枚。

（一）瓷器

双系罐　1件（M42：1）。直口，圆唇，矮颈，溜肩，颈肩部对称装饰垂叶形耳，鼓腹，圜底，圈足。灰白胎白釉，口沿、肩腹间随意施黑釉点画，下腹和足部露胎，饰凹弦纹数周。口径6.6、底径4.5、高6.9厘米（图二：1、图三）。

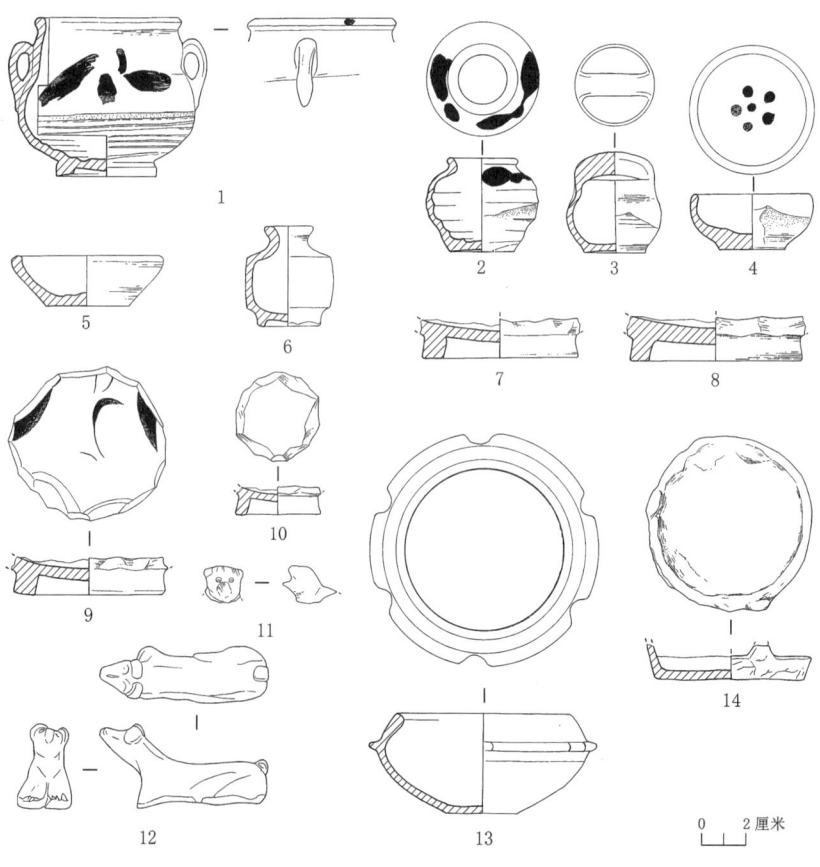

图二　出土器物

1.瓷双系罐（M42：1）2.瓷罐（M42：12）3.瓷桶（M42：13）4.瓷盅（M42：9）5.瓷盏（M42：10）6.瓷壶（M42：14）7～10.瓷碗底（M42：3、M42：4、M42：5、M42：16）11.瓷猫（M42：11）12.瓷狗（M42：15）13.陶釜（M42：8）14.铁鏊子（M42：7）

罐　1件（M42：12）。直口，圆唇，束颈，溜肩，鼓腹波折，平底微凹。灰白胎白釉，不均匀，肩部饰大小不一的黑釉点画，下腹及底部部分露灰白胎。口径3、底径2.8、高4.2厘米（图二：2、图四）。

桶　1件（M42：13）。直口微侈，尖唇，束颈，颈部贴附桥形粗提梁，鼓腹，平底微凹。内施酱釉，外壁施酱釉未及底，下腹及底部露灰白色夹砂胎。口径3.7、底径2.8、高4.5厘米（图二：3、图五）。

盅　1件（M42：9）。直口，圆唇，近直腹，假圈足，底平。器身内壁施白釉，底部中心有一个较小的黑釉圆点，周边均匀分布5个较大的黑釉圆点，外壁施不均匀半釉，下半部露灰白胎。口径5.3、底径3、通高2.4厘米（图二：4、图六）。

盏　1件（M42：10）。敞口，方圆唇，中间有一浅凹槽，斜壁，浅腹，平底。素烧，不施釉。口径6.9、底径3.8、高2.3厘米（图二：5、图七）。

壶　1件（M42：14）。小口，厚圆唇，束颈，广折肩，直腹微鼓，浅圈足底。器身内外均施黑釉。口径2.1、底径2.7、高4.4厘米（图二：6、图八）。

碗底　4件，均为圈足。标本M42：3，内壁微凹，施白釉，外壁一半粗素胎一半白釉，底部有5个支烧点。上口径7、底径7、高1.7厘米（图二：7）。标本M42：4，内壁微凹，施白釉，有小碎片（裂纹），外壁为素胎。上口径8、底径7.8、高1.9厘米（图二：8）。标本M42：5，内壁微凹，施白釉褐花，外壁素胎，底部有5个支烧点。上口径7.4、底径7、高1.6厘米（图二：9）。标本M42：16，圈足，内外均施白釉，部分地方被铁锈和铜锈所沁，底部有4个支烧点。上口径3.6、底径3.6、高1.1厘米（图二：10）。

瓶底　1件（M42：2）。平底微凹，中间有一圆形钻孔。灰白胎，三彩釉，下腹及底部露胎。底径2.3、残高1.8厘米。

狗　1件（M42：15）。头部上扬，两耳下垂，双目圆睁，尾巴高卷于股上，伏卧姿，底平。黑釉，足腹部露灰白胎。长7.7、高3.8厘米（图二：12、图九）。

猫　1件（M42：11）。残存头部，黑釉灰白胎（图二：11）。

（二）陶器

釜　1件（M42：8）。敛口，圆唇，鼓腹，小平底，上腹部一周宽折沿，被均分为6组。夹砂灰陶，下腹部有黑褐色熏烧痕，素面。口径8、底径3.4、高4.4厘米（图二：13、图一〇）。

（三）铁器

犁铧　1件（M42：6）。锈蚀严重。

凿子　1件（M42：7）。圆形，边缘下垂，有三足，锈迹斑斑，已残。直径7.5、高1.5、厚0.5厘米（图二：14）。

图三　瓷双系罐（M42：1）

图四　瓷罐（M42：12）

图五　瓷桶（M42：13）

图六　瓷盅（M42：9）

图七　瓷盏（M42：10）

图八　瓷壶（M42：14）

图九　瓷狗（M42：15）

图一〇　陶釜（M42：8）

（四）铜钱

铜钱　34枚（图一一）。保存较差，多锈蚀，钱文可辨认的有开元通宝2枚（一枚前带星点纹，另一枚背带月纹）、太平通宝1枚、至道元宝3枚（2枚草书，1枚行书）、咸平元宝1枚、祥符通宝1枚、天圣元宝3枚（2枚篆书，1枚楷书）、皇宋通宝5枚（篆书4枚，楷书1枚）、至和元宝1枚、嘉祐元宝1枚、嘉祐通宝1枚、治平元宝2枚（1枚篆书，1枚楷书）、熙宁元宝2枚、元丰通宝8枚（3枚篆书，5枚行书）、元祐通宝3枚（2枚篆书，1枚行书）。

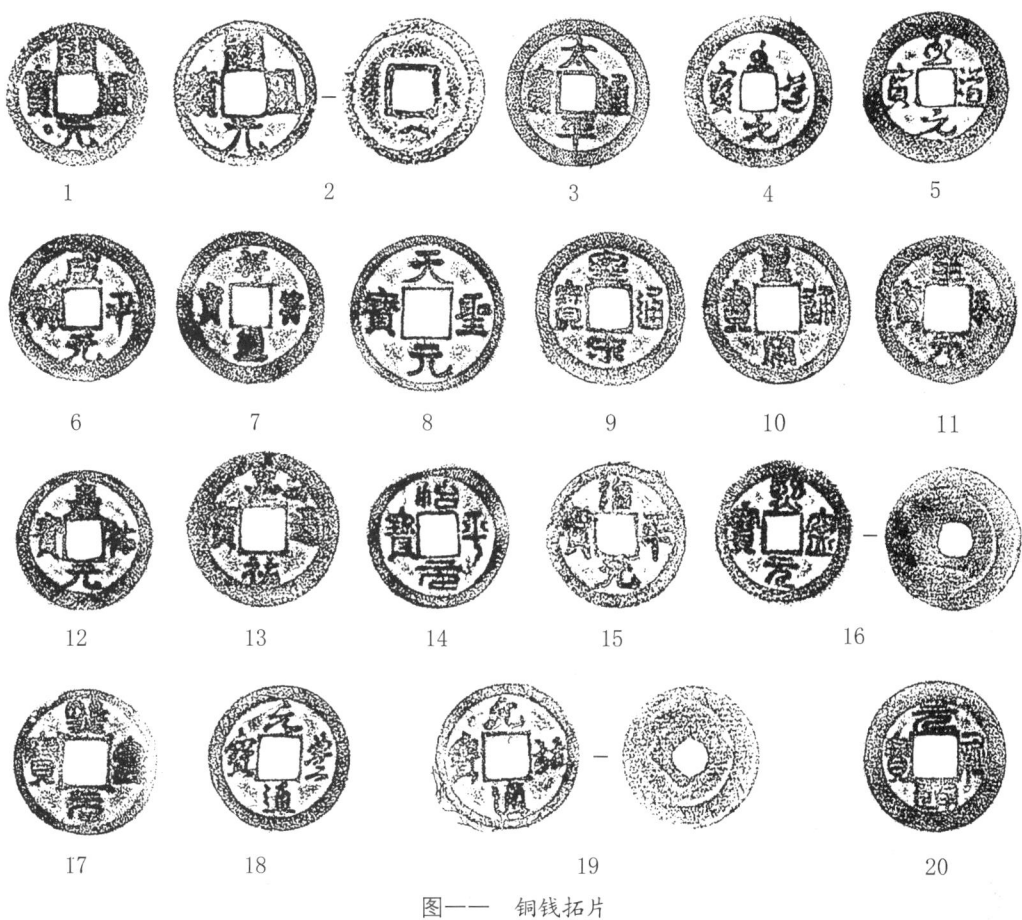

图一一　铜钱拓片

1、2.开元通宝　3.太平通宝　4、5.至道元宝　6.咸平元宝　7.祥符通宝　8.天圣元宝　9、10.皇宋通宝　11.至和元宝　12.嘉祐元宝　13.嘉祐通宝　14、15.治平元宝　16、17.熙宁元宝　18.元丰通宝　19、20.元祐通宝（原大）

三、结语

（一）墓葬年代

从地层堆积、墓葬形制及随葬品来看，可对M42的年代进行探讨。M42开口于第2层下，打破第3层。依发掘简报，第2层为近代扰土层，第3层为裴李岗文化层[2]，此为M42的地层上下限。

从随葬铜钱来看，最早的是唐代的开元通宝，最晚的是北宋的元祐通宝，集中于北宋仁宗至神宗之间，元祐通宝始铸于北宋哲宗赵煦元祐年间（公元1086～1093年），可知M42的年代不早于北宋晚期。瓷罐与荥阳后真村M25：1形制类似，瓷碗底与M26同类器形制相近[3]，推测M42的年代当在北宋末年。M42的洞室墓的结构在北宋时期也较为流行，郑州高新区贾庄[4]、河南中博股份有限公司[5]，荥阳后真村［3］等处都有发现，但偏室结构不多见。

（二）相关问题

从墓主的骨架体质特征来看，M42 的墓主明显为儿童，其随葬器物也与之联系紧密。治平元宝钱的磨边现象，虽仅见一边，但应该是有意为之，可能与祈福、装饰、辟邪有关[6]，也有人谓之"压胜钱"，多由儿童佩戴。所见瓷碗和瓷瓶的 5 件器底，明显为有意的加工和再利用，其中三彩瓶底还有钻孔，充满了儿童游戏玩耍的意味。其他器物如瓷桶、瓷狗、瓷猫等，也是常见的玩具，其性质应与器底一样，用于陪伴墓主，或供其游戏玩耍。

宋代是我国瓷塑玩具生产的繁荣时期，各个窑口普遍烧制，各地还出现了专营玩具的集市和挑担沿街叫卖玩具的货郎[7]，该墓出土的瓷狗、瓷猫等就是玩具实物。狗象征做事敏捷、忠诚，民间有欢喜狗、富贵狗的说法。"猫"和"耄"谐音，民间习俗七十为耄，八十为耋，意思为吉祥长寿[8]。这类陶瓷玩具对儿童有启蒙、益智、娱乐与游戏等多种有益于身心健康发展的功能[9]。

M42 出土的一批宋代风俗玩具，对研究宋代风俗游戏以及儿童丧葬文化提供了珍贵的实物资料。

附记：发掘单位郑州市文物考古研究院、河南省文物管理局南水北调文物保护办公室，发掘人员信应君、王广才，整理信应君、刘青彬，摄影郝世华，绘图刘军幸，拓片刘福来。

▌注释

[1] a.河南省文物管理局南水北调文物保护办公室、郑州市文物考古研究院：《河南新郑市唐户遗址裴李岗文化遗存发掘简报》，《考古》2008 年第 5 期；b.郑州市文物考古研究院、河南省文物管理局南水北调文物保护办公室：《河南新郑市唐户遗址裴李岗文化遗存 2007 年发掘简报》，《考古》2010 年第 5 期。

[2] 河南省文物管理局南水北调文物保护办公室、郑州市文物考古研究院：《河南新郑市唐户遗址裴李岗文化遗存发掘简报》，《考古》2008 年第 5 期。

[3] 郑州大学历史学院考古系、河南省文物局南水北调文物保护办公室：《荥阳后真村墓地唐、宋、金墓发掘简报》，《中原文物》2015 年第 1 期。

[4] 郑州市文物考古研究院：《郑州高新区贾庄宋金墓葬发掘简报》，《中原文物》2009 年第 4 期。

[5] 郑州市文物考古研究院：《河南中博股份有限公司宋金墓发掘简报》，《中原文物》2009

年第6期。

［6］吴文强：《浅谈古代钱币中的磨边、凿边现象》，《中国文物报》2011年2月9日第3版。

［7］朱海滨：《中国古代陶瓷玩具述略》，《中国文物报》2016年4月5日第7版。

［8］苏玉美：《宋代玩具研究》，河南大学2014年硕士学位论文。

［9］魏跃进：《从宋代陶模造型管窥宋代游戏风俗》，《中原文物》2010年第1期。

（原刊于《黄河·黄土·黄种人》2019年第12期）

郑州华南城二路金代砖雕壁画墓发掘简报

黄富成

2014年8月，郑州市文物考古研究院在新郑龙湖镇发掘了一座金代砖雕壁画墓。该墓位于郑新快速通道东，郑州华南城二路与中华北路交叉口东侧，在唐寨社区西南。墓葬整体保存较好，由于施工，穹顶局部被破坏。现将发掘情况简报如下（图一）。

图一 墓葬位置示意图

一、墓葬形制

该墓为在地面挖竖穴深坑，坑内有砖室结构的砖雕壁画墓，由墓道、封门、甬道、墓室组成，全长9.3米，坐北朝南，方向190°，墓葬墓室上部为弧形穹顶，外形呈塔式顶结构，中间为砖雕斗栱，下部为六角形墙体（图二、图三）。在墓葬穹顶外部三分之一近顶处，以立砖形式外伸，斜向上凸出一圈，形成一个支撑平台，在此平台上层层砌砖，形成漫弧形聚顶（图五），类似唐墓明器塔式罐罐盖的塔式结构[1]。

墓道在封门南面，为竖穴土坑，现通长5.8米，封门处深4.3米。墓道由两段组成。前段平面呈条带状，土质台阶组成斜坡，长3.74、宽0.6米，台阶宽0.27～0.37米。后段为直壁平底，平面呈筒状，近封门处略宽，长2.06、宽1.1米。

封门位于墓道与甬道之间，用青砖筑砌而成，高1.6、门宽1.1米。两侧门柱以立砖横面竖立形式表现，封门内用立砖横面横立交错叠放，顶部为砖砌的弧形拱顶。门楣用砖平铺，其上嵌入用砖块磨制的栀子花瓣形门簪两枚，门楣上出檐，用砖单层平铺（图四）。封门彩绘主要在两侧门柱以及门楣上，因为土侵，白灰地剥落严重，整体图案模糊，缺失严重。两侧门柱每个门柱两边饰朱赭色彩带，中间饰浅黄色花朵。封门拱顶上饰红、黄二色环带。门楣周边黄色涂边，白灰地上墨线勾绘几朵莲花，其间的填彩漫漶不清。门簪则以朱彩勾边。

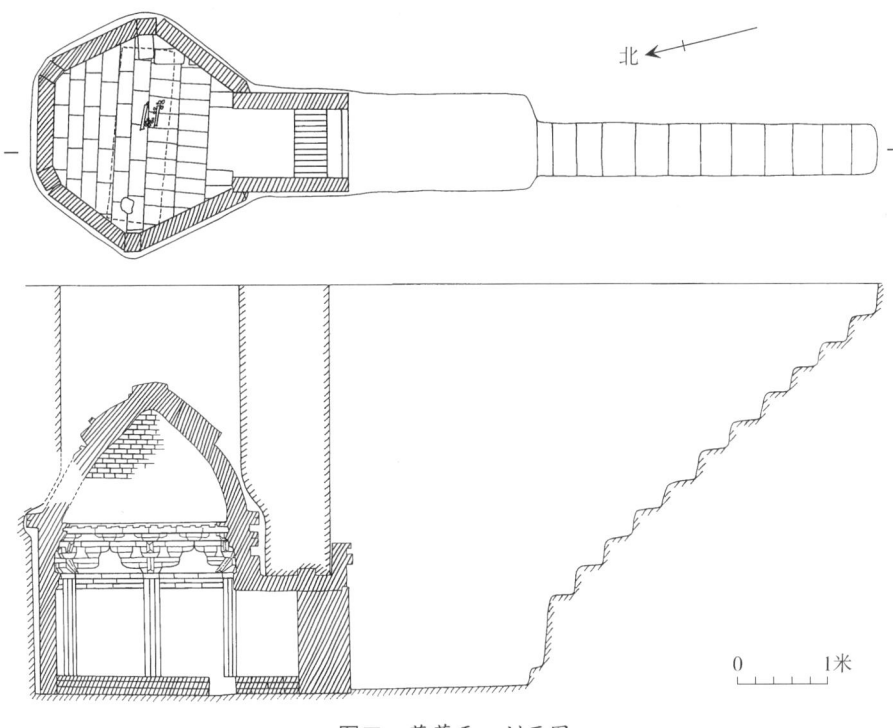

图二　墓葬平、剖面图

图三　墓葬全景

图四　墓葬封门

图五　墓室穹顶结构

图六　墓室内的砖雕斗栱

图七　墓室东南壁画

甬道位于封门和墓室之间，进深1.25、宽0.73、高0.93米。甬道口用青砖层叠封堵，地面铺三层砖，两侧为砖墙，顶部为弧形拱顶。

在墓室入口与甬道连接处有一凹槽，宽0.7、深0.3米，下面露黄土。墓室穹顶，下为六角形墙体，中间以砖雕斗栱连接（图六）。黄泥抹地，涂白灰水，大多剥落，裸露青砖。墓底横向错缝平铺三层青砖。墓室内南北进深1.97米，墙每边宽1.91米。室内高2.84米，其中穹顶高1.2米，墙体高1.1米。棺床用青砖铺就，残存棺灰痕迹。单棺，东西向放置，残余的十余枚棺钉锈蚀严重。骨架朽化严重，头骨残片位于墓室西侧，下肢骨等残块位于墓室偏中间位置。墓室内出土开元通宝、政和通宝、淳化元宝、正隆元宝等唐宋金时期铜钱20余枚，锈蚀严重（图一五）。墓室内没有发现其他陪葬品，根据墓葬结构和棺、骨保存状况，此墓应当是砖室墓建好之后迁葬。

墓室内砖雕斗栱结构为一斗三升结构的柱头斗栱，昂居中外挑，栱上出檐，檐下有椽，共六组斗栱。斗栱廊柱分列于六角形墙体的转角处，高1.1米，用三层立砖竖置叠砌，构成转角倚柱。斗栱正面及檐下椽子的头部装饰朱赭色彩，栱间壁及栱下柱以白灰水涂抹为地。砖雕斗栱部分因水土侵蚀以及盐化严重，赭彩较淡。

墓室下部为墙体结构。墓室边墙用两层青砖做承台基础，以转角倚柱分成五面墙体和墓室正门甬道口。墙体略内凹，其上作砖雕壁画。墓室下部内壁通体涂刷浅层白灰，墙体的砖上均饰朱赭色彩。墙体白灰多处剥落严重，壁画斑驳，模糊不清（图七、图八、图九）。

图八　墓室东北壁画

图九　墓室西南壁画

二、砖雕和壁画

墓葬坐北朝南，墓室南面为甬道，甬道拱形券顶，甬道墙壁两侧为转角倚柱，柱头为一斗三升斗栱。其余五面墙体壁画均为行孝图，内容基本是二十四孝（图一〇）。

图一〇　墓室结构及壁画展开示意图

东南壁居中的砖雕为立幡构造，圆弧形三角幡头，下面用两长两短立砖形式表现幡身，局部脱落。右上角壁画描绘一男子，身着褐黄色圆领袍，骑在斑斓猛虎背上，身上橘黄色飘带飞扬。画面左部还有一人，穿黄袍站立，残存臂以下部位。画面其余部分绘有树丛藤枝（图一一）。东南壁画描绘的是晋朝人杨香扼虎救父的故事。

东北壁的下部砖雕窗户，窗框、窗棂饰赭彩。墙壁上半部为壁画。中间为倚栏拱桥，栏杆饰赭彩，拱桥横面饰黄彩，黄彩立面绘有墨线图案。桥下有泉，数条鱼跃起。

桥的左侧有一妇一仆。其中妇人发髻高耸，着橘红色圆襦，拱手站立；仆人着黑帽灰袍，持飘幡站立一旁。桥的右侧有一老一童，拱手站立。老者头戴黑色圆形襆头，身着灰色圆袍；童子发髻高挽两朵（图一二）。东北壁画描绘的是涌泉跃鲤的故事。

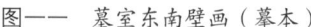

图一一　墓室东南壁画（摹本）　　　　　图一二　墓室东北壁画（摹本）

北壁的下半部砖雕一假门，门框涂白灰，门饰朱赭色，门楣上砖雕两朵栀子花瓣形门簪，已脱落。假门左侧立一妇人，穿橘红色领灰色襦衫，模糊不清。右侧站立一人，着黑袍，腰部有橘红色绶带。墙壁的上半部墨线勾绘青藤蔓枝，其间填充橘红色祥云。

西北壁的下半部砖雕为一扇假窗，形制同东北壁假窗。上半部的壁画依稀可见居中有一男子，头戴黑色官帽，身着朱红色圆袍，拱手站立。该男子的前面跪立一黄服小童，左侧立一男子，左上方云端站立一人，右前方立一灰袍男子。画面之间有大树、青藤、云朵。西北壁画描绘的是三国时吴国陆绩怀橘遗亲的故事（图一三）。

西南壁的砖雕居中为一灯檠，三角形支架，檠顶放一灯盏。在灯檠两侧以及后方，用墨线勾绘树藤，云雾缭绕。人物图画分为四组。灯檠左上侧是一童子，衣不蔽体，头戴枷锁，面向一身着黄袍华服的中年男子，男子右手指向少年。这幅壁画描绘的是东汉董永卖身葬父的故事。灯檠上方为一灰袍少年，肩挑一桶一篮。这幅壁画描绘的是汉代蔡顺拾葚异器的故事。灯檠右上方绘一老妪，身着黑锦华襦，拱手端坐，背靠黄椅，脚踏矮凳，对面一男子头戴官帽，着朱赭红袍，正在拱手行礼。这幅壁画描绘的是宋人朱寿昌弃官寻母的故事。灯檠右侧有一男一女，相对站立。女子站左侧，上身着黑色对开短襦，下着浅黄裙子；男子站右侧，头戴黑色襆头，上着团领黄袍，下着灰裤。地下堆物泛出金光，熠熠生辉，二人以手挠头，面相惊异。这幅壁画描绘的是晋人郭巨埋儿奉母、刨坑得金的故事（图一四）。

图一三　墓室西北壁画（摹本）　　　　　图一四　墓室西南壁画（摹本）

三、结语

该墓是在地面挖竖穴土坑，然后在坑内建造砖室墓葬，以砖雕壁画装饰墓室，建好后异地迁葬。陪葬品较少，仅出土20余枚铜钱（图一五），主要有正隆元宝、政和通宝、开元通宝、崇宁通宝、太平通宝、元丰通宝、熙宁元宝、治平元宝、咸平元宝、景祐元宝、绍圣元宝、嘉祐元宝、皇宋通宝、淳化元宝、天禧通宝、祥符元宝、天圣元宝、圣宋元宝等，其中皇宋通宝、圣宋元宝为非年号钱。铜钱年代最晚的是金代完颜亮正隆年间（1156～1161年），当时黄淮流域由金人统治，中原地区社会动荡，居民迁徙流动性大，所以，迁葬、薄葬和壁画墓是这一时期墓葬的特点[2]。

华南城二路墓的壁画内容有扼虎救父、涌泉跃鲤、怀橘遗亲、卖身葬父、拾葚异器、弃官寻母、埋儿奉母等行孝故事，充分体现了两宋时期儒家纲常教化的理学道统。行孝图表明，二十四孝的内容在中原地区进一步固化[3]。

与中原地区其他宋金壁画墓不同的是，华南城二路砖雕壁画墓的穹顶外部为塔式顶，这种结构较为罕见。唐代墓葬出土的塔式罐具有强烈的佛教色彩，它既是地面浮屠的缩影，又是墓葬丧葬文化中礼佛的一种表现[4]。华南城二路墓葬的塔式顶构造，同样具有特殊含义，结合墓室砖雕彰显菩萨威德的立幡等元素，这或许是墓主人在纲常伦理束缚之下的内心表白，也是宋金时期南北民族融合在丧葬文化上的体现。

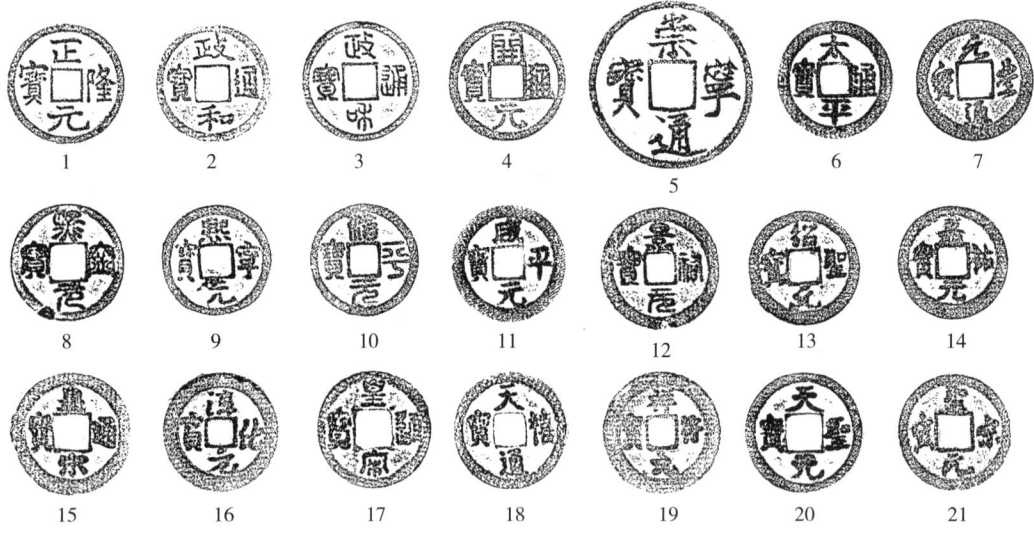

图一五　铜钱拓片

1.正隆元宝　2.政和通宝　3.政和通宝　4.开元通宝　5.崇宁通宝　6.太平通宝　7.元丰通宝　8.熙宁元宝　9.熙宁元宝　10.治平元宝　11.咸平元宝　12.景祐元宝　13.绍圣元宝　14.嘉祐元宝　15.皇宋通宝　16.淳化元宝　17.皇宋通宝　18.天禧通宝　19.祥符元宝　20.天圣元宝　21.圣宋元宝（4/5）

　　附记：发掘领队张家强，发掘人员黄富成、王延生，绘图李曼、杨远，摄影黄富成、蔡强，拓片刘福来。

注释

　　［1］袁胜文：《塔式罐研究》，《中原文物》2002年第2期。

　　［2］郑州市文物考古研究所：《郑州宋金壁画墓》，科学出版社，2005年。

　　［3］上海博物馆主编：《壁上观——细读山西古代壁画》，北京大学出版社，2017年。

　　［4］a.李轩鹏、李军：《邢台地区塔式罐研究》，《中国国家博物馆馆刊》2017年第1期；b.袁胜文：《塔式罐研究》，《中原文物》2002年第2期；c.河南省文物考古研究院：《三门峡印染厂墓地》，中州古籍出版社2016年，第458页。

第二篇
理论研究与探讨

论河姆渡遗址两件特殊的陶支座及其文化传承

顾万发

　　在河姆渡遗址曾出土有两件特殊的陶支座（图一），学术界对其关注不多，原发掘报告只是称其为一般的陶支座[1]，并未予以解析。我们曾在相关文章[2]中认为其为神鸟形，不过也未加翔实论证。其实这两件陶支座具有非常重要的学术价值，现在予以论证。

　　这两件陶支座实际是神鸟造型，主要依据如下。第一，其首有冠羽，这是一类鹰形神鸟的常见造型，在河姆渡遗址河姆渡文化阶段就有不少发现（图二：1）。例如，在田螺山遗址的河姆渡文化阶段，神鸟也是以陶支座的形式存在的（图二：2）[3]。第二，中国新石器时代许多陶支座都是神鸟形（图三：1、2），或与太阳有关（图三：3）。

　　这类神鸟的早期渊源实际可以追溯到高庙文化，在高庙文化中这类神鸟非常多（图四）。而河姆渡文化本身与高庙文化关联密切，我们认为，考古学材料可以表明河姆渡文化应该受到了高庙文化的精神嫡传。

　　河姆渡这类神鸟的含义为何呢？我们认为它实际与太阳有关，也可以与火有关，主要证据如下。

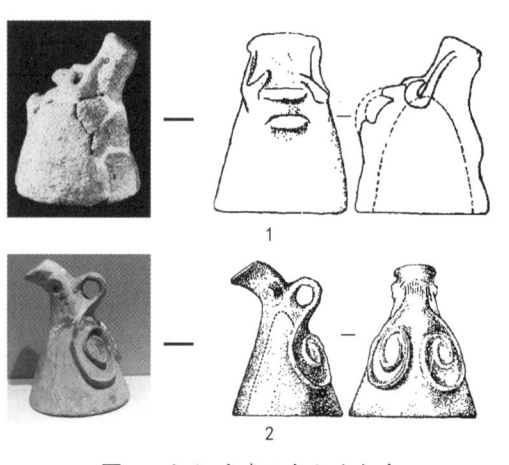

图一　河姆渡遗址出土陶支座

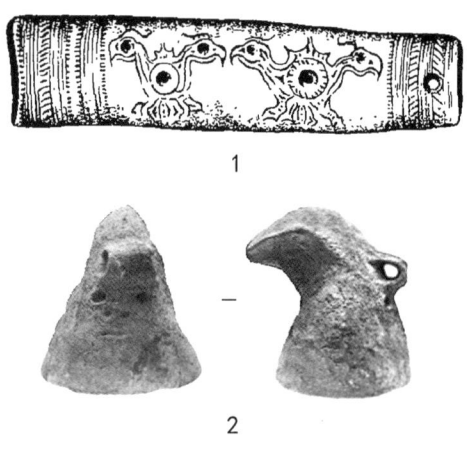

图二　河姆渡文化的神鸟纹

1.河姆渡遗址　2.田螺山遗址

1　　　　　　　　2　　　　　　　　3

图三　新石器时代神鸟形陶支座

1.河北磁山　2.天津蓟县清池　3.湖北秭归柳林溪

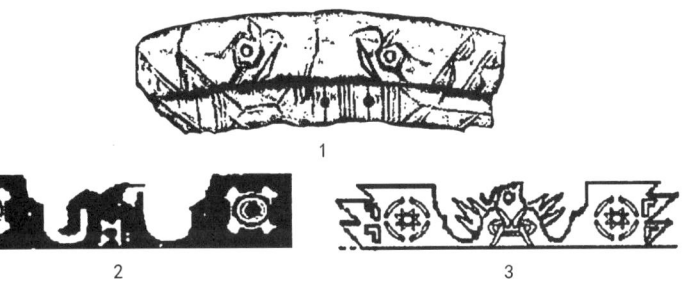

1

2　　　　　　　　　　3

图四　高庙文化陶器上的神鸟图案

第一，在高庙文化中这类神鸟就呼应较为全面的太阳大气光象。在河姆渡文化中，虽然出现过呼应月亮大气光象之幻月图像的神鸟，但是案例极少。一般神鸟还应是呼应较为全面的太阳大气光象或是呼应真太阳两侧的幻日的。

第二，在新石器时代，陶支座有不少造型，其中还有一类为猪的形式（图五）。我们知道，猪在中国古代曾经可与太阳大气光象之宏观造型相呼应，或与运送太阳、幻日之事相关联。这在河姆渡文化（图六：2）、北辛文化（图六：1）、龙虬庄、双墩文化中都有明确体现。商代也曾发现过表明猪与太阳密切相关的案例，像在湖北、湖南等地发现的铜磬，有的周身即为9个太阳（图七），显然是真太阳以及幻

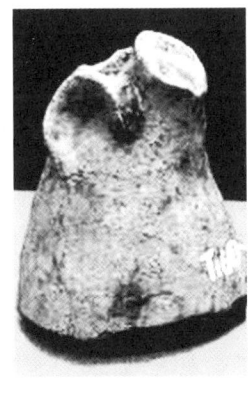 

1　　　　　　　　2

图五　新石器时代猪形陶支座

1.浙江宁波塔山河姆渡遗址出土　2.湖北十堰市博物馆收藏

日或曰10个太阳神话的图像。其实，猪形磬在商代小双桥、龙山阶段陶寺、仰韶文化晚期南佐等遗址都发现过，只不过早期多未明确表现太阳神话罢了，这一问题我在相关文章中有所论述，兹不赘言。

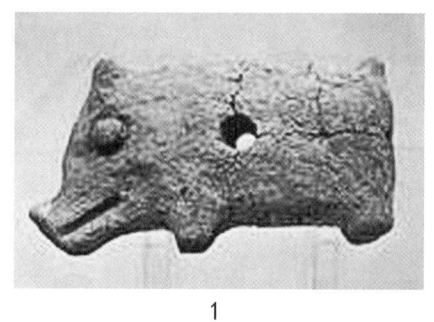

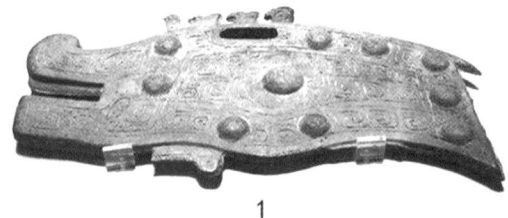

1

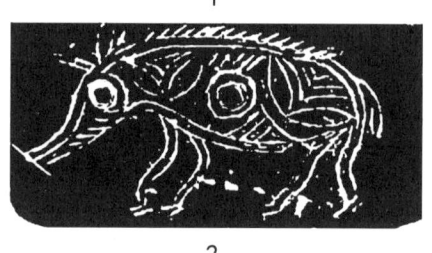

2

图六　北辛文化陶猪与河姆渡文化陶猪

1.山东省博物馆藏　2.浙江省博物馆藏河姆渡
文化猪纹陶钵

2

图七　商代青铜豕磬

1.湖南汨罗曹家村出土青铜磬　2.湖南省博物馆藏青铜磬

这类神鸟在河姆渡文化中有不少为簪子形骨雕（图八：1）。这样的簪子戴于头上，实际类似首立神鸟。首立神鸟者在红山文化贵族头顶、良渚文化、石家河文化晚期都有所发现，其中有的是玄鸟鸮形或以之为主体的造型，有的是以河姆渡这类神鸟即鹰形为造型（图八：2～7）[4]。与其更为类似的即是龙山时代禹州瓦店遗址、石家河遗址、石峁遗址等地发现的这类神鸟（图九）。在盘龙城、殷墟等遗址也有少量发现，多属于文物传承。另在商代也发现有以这类神鸟为簪首的骨、玉簪。当然，商代也发现不少以其他神鸟为簪首之造型的，估计也有自河姆渡文化以来就出现的鹰首簪或鹰形簪之影响。

自河姆渡文化以来的这类鹰形神鸟，到了山东龙山文化、石家河文化晚期、新砦期及石峁文化阶段，已被视为是某氏族的图腾物。依我们的判断，其应是天命生少昊氏始祖的神鸟。按照《左传·襄公十七年》郯子之语，其可能是少昊鸷始祖的鹰形神祖，类似文献记载并被商代诸多图像所证实的商人始祖禼的神祖，就是玄鸟也即鸮，这是另一类神鸟神祖，在山东龙山文化玉器中，两者经常并列于一件器物上（图一〇）。直到春秋战国时期，山东地区还出现过鸮首壶与鹰首壶并列。这类鹰形神鸟在发展过程中内涵有传承也有创新。这类鹰形神鸟在商代也有不少发现，有不少在戈首，著名的"三句

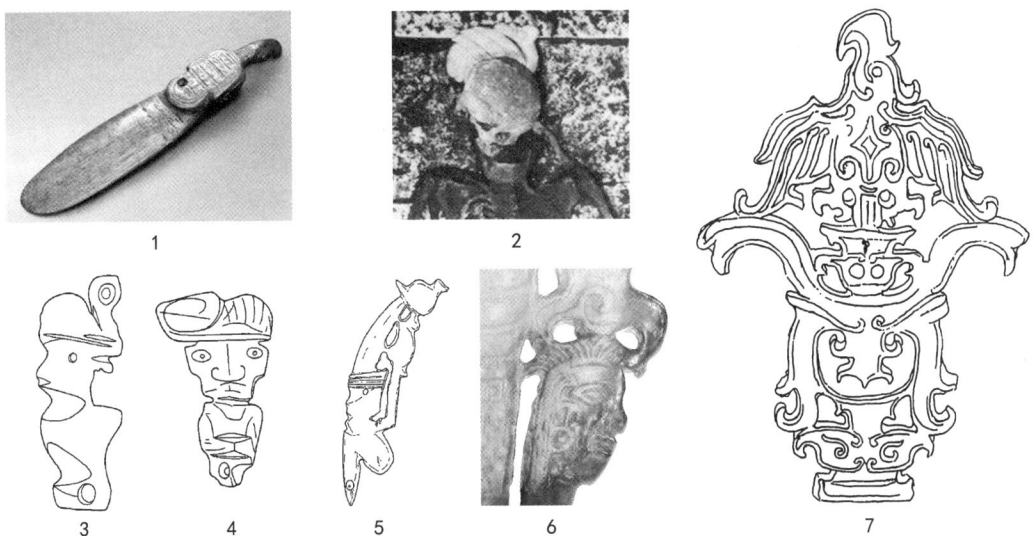

图八　河姆渡文化骨雕与其他新石器文化的神鸟造型

1.河姆渡文化骨器　2.辽宁牛河梁十六地点出土玉器　3.安徽马鞍山烟墩山出土玉器　4.南京朝墩头出土玉器　5.江苏苏州赵陵山出土玉器　6.上海博物馆藏玉器　7.天津博物馆藏玉器

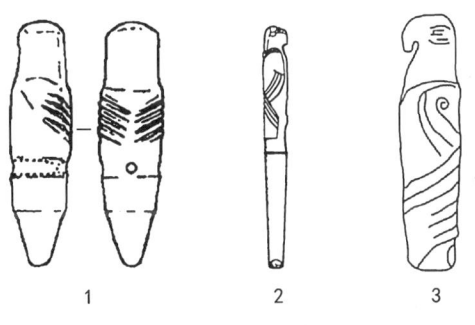

图九　龙山时代神鸟造型

1.河南禹州瓦店　2.湖北石家河　3.陕西神木石峁

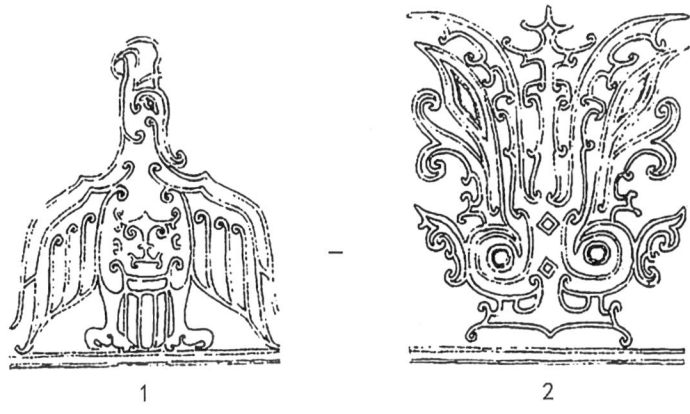

图一〇　山东龙山文化玉器

兵"即是。直到战国时期，这类神鸟依然有发现，像著名的荆门车桥避兵戈之图像、蹲踞式神人首立神鸟，与山东龙山文化、石家河文化晚期的少昊氏始祖即披肩发神人首立鹰图像都有一定联系。

河姆渡这类陶支座实际就是晚期陶鼎之足。以神鸟形作为器物之足的现象，在山东龙山文化表现最为明显，在该文化所在的有些区域出土了许多以鸮首为足的陶鼎（图一一：1），而这些区域依据文献记载，确实也多为少昊系的分布区域。依据我们的判断，这类鸮首应该即是少昊系的玄鸟氏之图腾——鸮，也就是商人之图腾——玄鸟。这类以神鸟形为鼎足的现象，在商代甚至是周代依然存在，多是三足鼎或四足鼎（图一一：2～5），虽然也有时代的设计思维，但是其也应与早期以神鸟形为鼎足的风格有一定的联系。中华文明的文化传承和创新，由此可见矣！

1　　　　　　　　2　　　　　　　　3

4　　　　　　　　　　　5

图一一　山东龙山文化陶鼎和商周青铜鼎

1.山东省博物馆藏龙山文化陶鼎　2.商代妇好墓出土青铜鼎　3.周代鲁姬鼎　4."清玩雅集二十周年庆"收藏展上的青铜鼎　5.旧金山亚洲艺术博物馆藏青铜鼎

▌注释

［1］浙江省文物管理委员会、浙江省博物馆：《河姆渡遗址第一期发掘报告》，《考古学报》1978年第1期。

［2］顾万发：《鼎足造型及其相关图案的太阳大气光象问题图解》，《华夏文明》2017年第3期。

［3］该鹰形陶支座，背部之耳实际是河姆渡这类陶支座鹰之冠羽端的变体，客观上又可作为陶支座的把手。该陶支座的典型特征是负有一神面，从河姆渡有太阳大气光象图形的骨板及高庙文化这类鹰形太阳大气光象负载的与太阳或幻日有关的獠牙神虎首看，这一拟人化造型应是太阳神。田螺山还有另一河姆渡文化阶段的器耳 ，耳上有一神面，与所述陶支座鹰神所负神面一致，而自高庙文化以来，器耳经常是有太阳或太阳大气光象之神面或图案的，或是与太阳意义有联系的造型。马桥遗址一件良渚文化陶杯耳上就有典型的神鸟负八角形太阳，与凌家滩呼应太阳大气光象并负载八角形太阳的鹰形神鸟（猪形翅膀表示运行的幻日）是一致的。这也利于说明与其类似的玉器之鹰形图像 这一类龙山时代鹰所负神面应与太阳有关，自然具有这类介字形冠的龙山时代神面与太阳都应有一定的联系。

［4］有这类神鸟立于首的披肩发神人，即是少昊氏始祖的神祖（弗利尔美术馆玉刀之虎食省略四肢和身体的"蹲踞式"神人之首，从吉美博物馆披肩发神人的造型看，这类神首全形实际是拟合鹰形图腾神鸟的披肩发神人，其实就是少昊氏始祖的神祖，并且是拟人化者）。至于该类神鸟，即鹰，应是少昊氏之图腾神鸟。天命其降临雷泽而生少昊始祖，与商人之天命玄鸟鸮降临雷泽而生商人始祖卨一样，都属于中国早期自新石器时代以来盛行的雷泽生殖崇拜文化。

（原刊于《华夏文明》2019年第3期）

马家窑文化彩陶"舞蹈纹"盆"舞者"图像内涵研究

顾万发

一、基本素材

在马家窑文化中,有一类所谓的"舞蹈纹"或"舞纹"的彩陶盆,学术界对其高度关注,相关科研文献也非常丰富。目前,具有真实可信性的彩陶"舞蹈纹"盆主要有以下几件:

青海大通县上孙家寨出土一件(图一:1),青海同德宗日遗址出土一件(图一:2),甘肃武威新华乡磨嘴子遗址出土一件(图一:3),甘肃会宁头寨乡牛门洞村出土一件(图一:4),日本《中国のタイル》一书收入一件(图一:5)[1]。青海同德宗日遗址出土的另一件彩陶盆(图一:6),其主体图案可与所述彩陶主体图案归入一类。

二、学术界认识

关于这些彩陶中"舞者"本质的讨论,文章非常多,饶宗颐等诸多学者都曾予以高度关注[2]。虽然对其具体内涵各家解释不一,但是基本都认为与"舞"有关,尤其是有不少学者还把其中的"舞者"解释为男性,还有的学者把它与现在少数民族的"锅庄"类舞蹈相联系。2013年6月27日至28日,在河南省三门峡市召开的"彩陶中国——纪念庙底沟遗址发现60周年暨首届中国史前彩陶学术研讨会"上,张朋川先生在相关论文中认为,"舞者"不是生活中

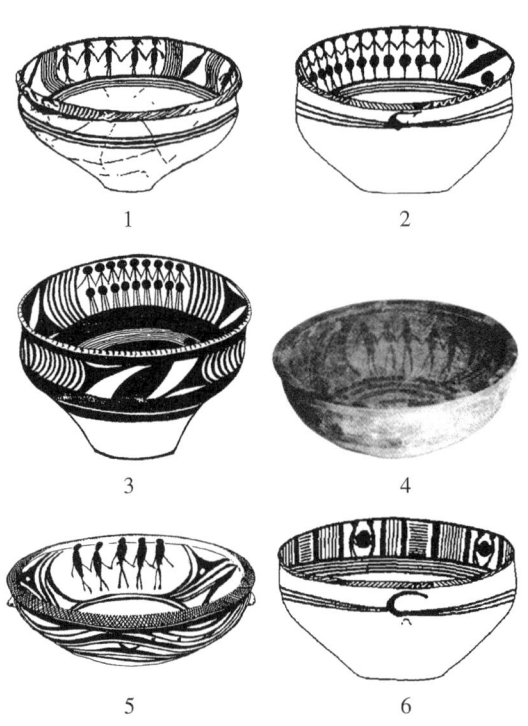

图一　马家窑文化"舞蹈纹"彩陶盆

1.青海大通上孙家寨　2.青海同德宗日　3.甘肃武威磨嘴子
4.甘肃会宁头寨乡牛门洞村　5.日本收藏　6.青海同德宗日

的普通的人，是抽象化的融入鸟元素的人形纹，或是作鸟形装扮的作巫术活动者。整个造型是宗教意味的仪式活动，联翩起舞，藉以驱邪、祈福，求得繁衍昌盛[3]。我在2014年9月25～28日召开的"2014中国临洮马家窑文化国际学术论坛暨马家窑遗址发现90周年纪念大会"上所写的《马家窑文化彩陶"舞"纹盆内涵新解》中认为：这些所谓的"舞者"，实际都是与太阳有关的鸟，有的两侧有多道平行弧线，实际是光晕之线，多数彩陶图案的每组鸟之间的图案，都是明显传自"仰韶文化—石岭下层—马家窑类型早期"这一系统中的鱼身造型（图二、图三）。至于青海同德宗日遗址出土的那件彩陶盆，每两只鸟之间的图案则可能是简化的鱼身之表达，马家窑类型彩绘中有不少支持这一判断的材料。

　　显然，这些"舞蹈纹"盆图案中的鸟和鱼形成的组合，是来自仰韶文化以来的彩陶核心构图方式和逻辑的，表达的意义自然密切相关。但是问题并不止于此，因为仰韶文化中的这类鱼身与鱼身之间为鸟或其他"太阳大气光象"等图像的构图含义，学

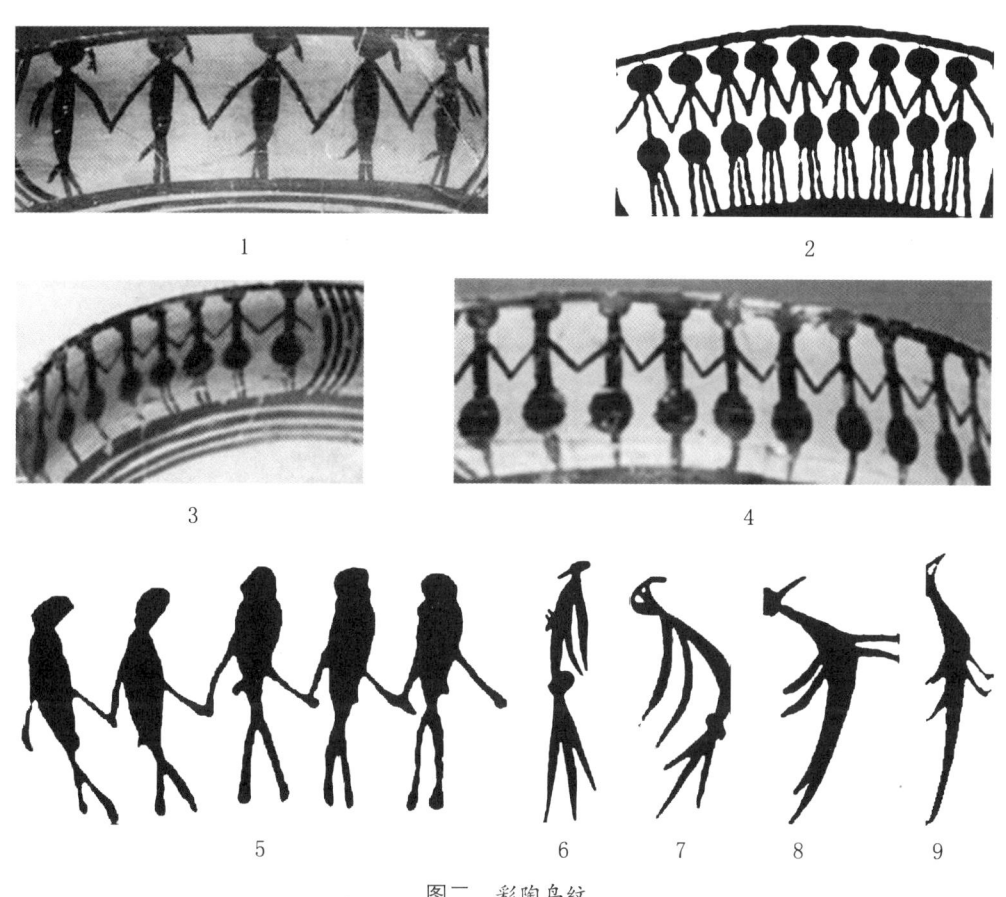

图二　彩陶鸟纹

1.青海大通上孙家寨　2.甘肃武威磨嘴子　3、4.青海同德宗日　5.日本收藏　6.陕西华阴西关堡　7～9.陕西华县泉护村

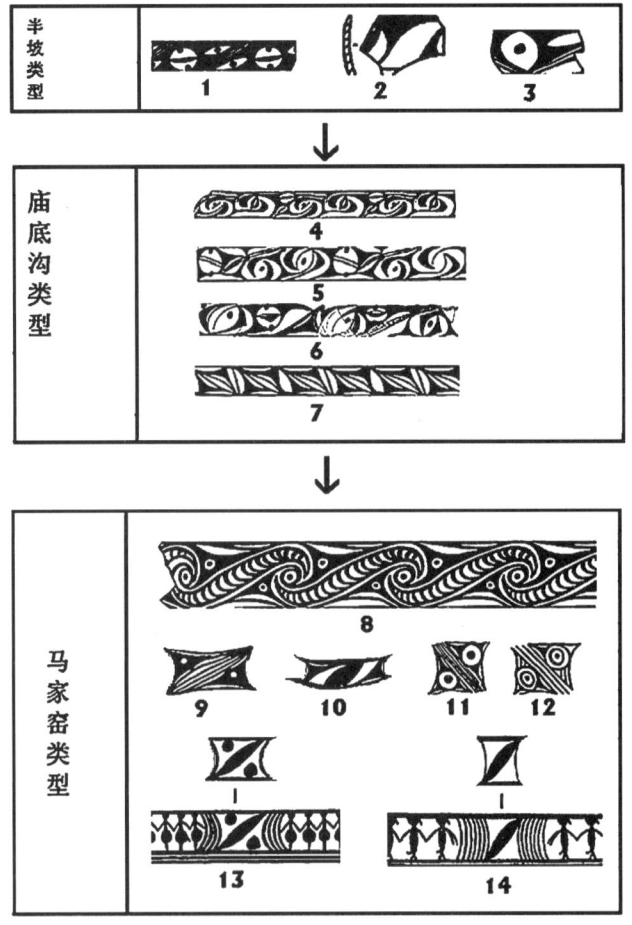

图三　鱼形承续图

术界并未厘清，仍需进一步讨论，并且论证起来较为复杂。

仰韶文化中的这类鱼身与鱼身之间的鸟或其他"太阳大气光象"等图像的含义为何，直接牵涉到所述"舞者"的本质内涵。学术界一般均随性地认为，仰韶文化中的这类鸟或相关图像代表的是金乌或者太阳；还有人认为，其中有的彩绘鸟图像以及附近的圆点表达的是"金乌负日"的题材，等等。

三、新的讨论

关于这些"舞蹈纹"盆图像的内涵，我的认识是基于在前述相关会议上所写的《新石器彩陶中的十九个问题》学术报告的有关解读，以及所写的《马家窑文化彩陶"舞"纹盆内涵新解》学术报告的有关观点，并有最近的新的认知。

由于马家窑文化彩陶"舞蹈纹"与仰韶文化密切相关，我们就先从仰韶文化的鱼（身，其他同）鱼（身，其他同）及其中间的造型论起。

1.我认为这类鱼身与鱼身之间所在的位置，首先是其中一条鱼的"鱼头鱼目"的部分。这样认识的关键是应看到这类彩绘绝大多数必须阴阳同时读才有意义[4]。从图四可以看出，其中的A1是横向一半鱼的鱼身和鱼头，A2、A3、A4、A5都是鱼身。有的有弧边三角形的鱼鳍，例如图四：1之A3、A4和图四：3之A；有的是横向一半的鱼及鱼鱼之间的"太阳大气光象"，例如图四：1之A1。图四中一对相邻的S形，像特别规整的图四：1中的双S，其与附近图案无法作为一个单个整体看待，显然不是晚期龙山时代所谓"旋目神"造型的来源，其与附近的图案阴阳图同读，是鱼鱼及其之间的与太阳有关的图像，并且双S牵涉到两条鱼。不过需要特别指出的是，这类彩绘中的S形与太阳有关，但是与龙山时代所谓"旋目神"之"旋目"没有直接演化关系，虽然两者都与太阳有关。

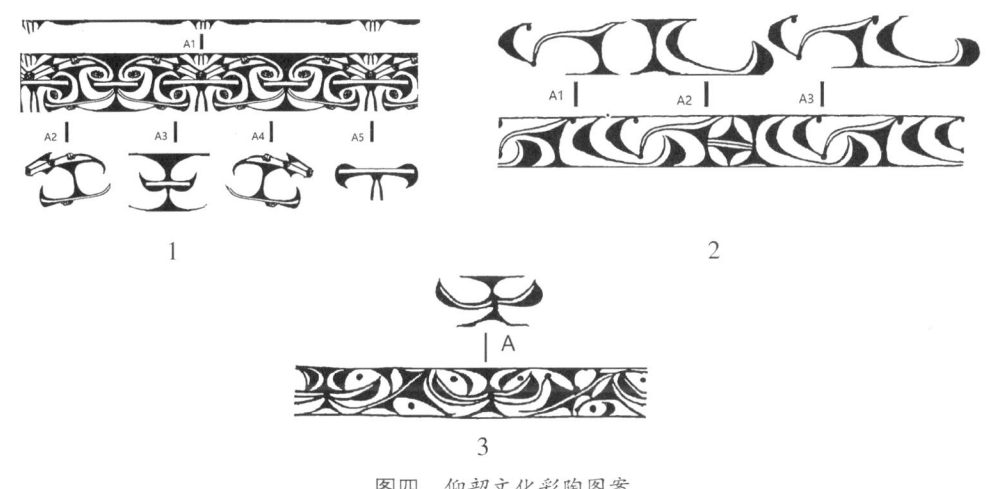

图四　仰韶文化彩陶图案

1.江苏邳县大墩子　2、3.河南陕县庙底沟

2.这类图像中鱼鱼之间的造型有的为两个近似弧边的三角形组合，间或其中间或附近还有横线或圆点等等，其外围有的为圆形或近似圆形。而我以为，其中两个近似弧边的三角形应该就是"圆盘纹"[5]，对应于太阳22°晕的切弧和帕瑞弧组合，圆形或近似圆形即是表示"圆盘纹"这一发光体特征的一种表示法。无论发光体形状为何，都可以用或有或无光芒的圆形或近似圆形予以表达，像庙底沟彩陶中表示"圆盘纹"这一发光体即有☺[6]这一造型。同时，也非常巧的是，这一造型也与圆形鱼目基本拟形（图五）。

3.我们前文论证了这类"舞蹈纹"中的"舞者"为鸟，那这些鸟具体代表的是什么呢？这是一个颇为复杂的问题。

半坡等遗址曾经出土过一类以鸟首形作为鱼目的半坡类型图像（图六：1、2、4、

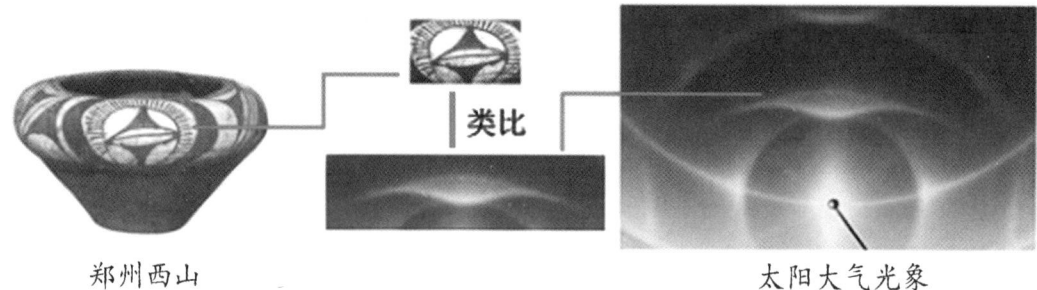

图五　郑州西山仰韶文化彩陶上的图案

6、7），并且该类图案中还出现过鸟目鱼首以及鸟目鱼首和人面[7]鱼身者合一的构图（图六：1）。图六：1这一人面鱼身图案构图中，其中的人面应是作为鱼面的大概的正视图，人面上端的造型为鱼身大概俯视的造型，整个图像上端的近似X形为鱼尾，实际是鱼尾的大概侧视图。这其中的人面从彩陶内涵综合地看，应是太阳神人面，只不过这太阳神人在此充当的应该是太阳周边的光气"节点"或"结点"的拟人形罢了。著名的龙虬庄彩绘陶钵图像的"太阳大气光象造型"利于说明这一观点。

　　图六：1人面为大概正视，鱼身为大概俯视，其中鱼身很容易被认为是人的发冠。其中的鸟首绘制简单—不过依然可以从其中看到其瞳仁应是"圆盘纹"[8]，江苏六合程桥羊角山出土纺轮揭示中国古代"蹲踞式"神圣造型重要来源的"太阳大气光象"神的"蹲踞式"造型（图六：3），以及高庙文化、河姆渡文化、良渚文化、大汶口文化、半坡类型—庙底沟类型彩陶文化、龙山文化以来常见"太阳大气光象"整体或部分神鸟化的造型看，显然应属于太阳22°晕的切弧或及帕瑞弧围合的造型[9]，于此则该类图案中鸟首所代表的被省略了鸟身的鸟，对应的就应是包括真太阳在内的较为全面的"太阳大气光象"神鸟了[10]。这样的神鸟首在姜寨另一件彩陶中以更为奇特的方式表达（图六：2），不过在此其依然是作为（"太阳大气光象"神）人面形鱼首的目及瞳仁 。该彩绘中两神人面形鱼首各一半错位配置的情况非常特殊，器物原来彩绘人神鱼面为 。按照主体线条的组合看，似乎复原图应该是 ，这时又出现方向问题，即假使 的上端是额头，则 也应该倒立才是正方向，即为 ，反之亦然。又从其他类似的半坡类型人神面看，双目的造型一般是一致的，则又有 、 、 等几种可能。从姜寨彩陶 、 、半坡彩陶 、 中鱼的额头造型看， 、 应该是正确的方向和组合。自然从这一图像的情况看，半坡这一彩陶的情况说明其中还隐藏着一类组合，即像 、 一样的造型。从半坡彩陶 、 、 、 、武功游凤彩陶 [11]、姜寨彩陶 [12]、东庄村彩陶 [13]、东庄村作为鱼头的其他人神面 [14]、 [15]等看，我们的判断是较为可信的。

关于▨、▨图像更为特殊的是，其中神人目为▨、▨，整体都是常见的太阳22°晕的切弧、帕瑞弧的围合造型，即其属于彩绘中的"圆盘纹"，但是▨又拟形仰韶文化中较为常见的男性生殖崇拜符。再虑及禹州洪山庙仰韶文化男性生殖崇拜符之类的材料，显然这利于说明这其中的鸟首应是对应较全面的"太阳大气光象"的神鸟的省略，其及鱼的组合或与鱼身的融合，蕴含有阴阳相合、多子多福之生殖崇拜的含义。这样的在与鱼或经常作为鱼面的太阳神系人面图像有关的彩绘中明确绘制出男性生殖崇拜符的相关彩绘还有不少（图七）。

半坡类型晚期也开始出现有头有尾的完整的鱼，两条这样的鱼之间有"圆盘纹"造型，也出现过一条有头有尾的完整的鱼与一个"圆盘纹"组合的情况，还出现过有头有尾的完整的鱼以及一条简化的鱼之间有一个在"圆盘纹"基础上绘制的男性生殖崇拜符的情况（图八）。这其中"圆盘纹"可以理解为单纯的太阳22°晕的切弧、帕瑞弧组合，或可理解为对应较全面"太阳大气光象"的神鸟在省略为鸟首后的进一步省略。另，这类鱼中有的原来多被视为无目鱼（图八：1、2、3），现在看来其中有的在

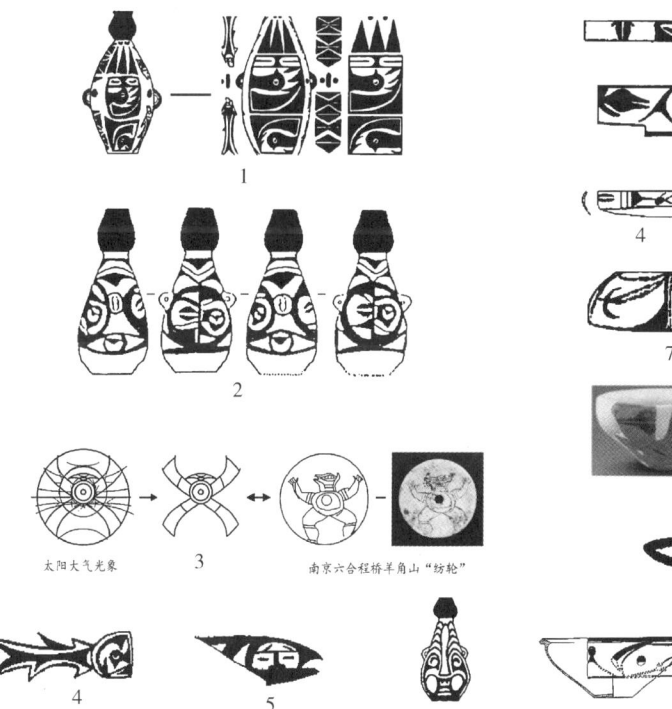

图六　新石器时代彩陶图案

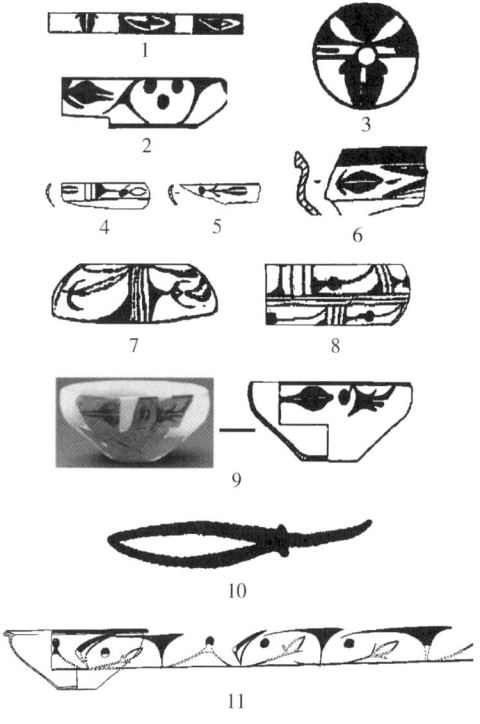

图七　新石器时代彩陶图案

1、3、6.甘肃秦安大地湾　2.陕西陇县原子头　4.陕西岐山王家嘴　5.西安南殿　7.重庆巫山大溪　8.湖北枝江关庙山　9.河南陕县庙底沟　10.河南禹州洪山庙　11.陕西华县泉护村

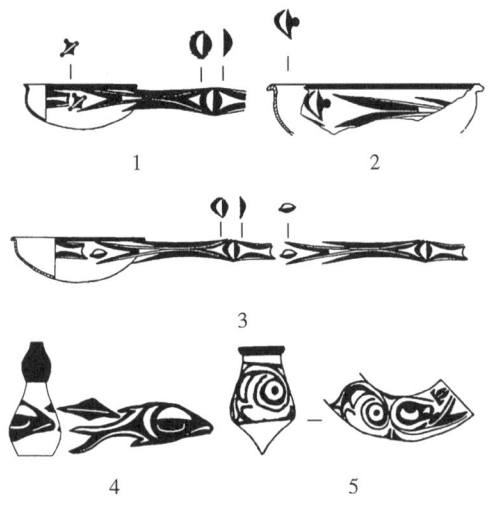

图八　新石器时代彩陶图案

1、3.甘肃秦安大地湾　2.陕西华阴南城子　4、5.陕西临潼姜寨

鱼鳃近嘴的前端造型很可能也是作为鱼目的"圆盘纹"。这样的话，这些鱼鱼之间又出现"圆盘纹"应该是一种鱼之阴与"太阳大气光象"之阳相协的一种强调和多重表达，其蕴含了神鸟与鱼独立相组、神鸟与鱼造型融合两种组合模式，具有从半坡类型到庙底沟类型有关鱼与"圆盘纹"、神鸟等"太阳大气光象"组合的过渡特征。

又，仰韶文化庙底沟类型中大量出现鱼目为"圆盘纹"造型者，但是未出现其与鸟首融合者。这当然可以理解为是由于取形"太阳大气光象"的"圆盘纹"与鱼目瞳仁相似拟形拟神的原因使然，但是本质意义上，从半坡类型中这类"圆盘纹"作为"对应较全面太阳大气光象"的侧身或正视展翅神鸟瞳仁继而和整个鸟首作为鱼目并使得整个图像蕴含阴阳相协生殖崇拜内涵的情况看，应该可以理解为是半坡类型这类鸟首的进一步简化，并且这一简化从半坡类型晚期就已开始。

庙底沟类型中相同逻辑位置常发现为侧视神鸟的情况也有利于说明这一问题[16]。当然，随着原始思维之演化，仰韶文化彩绘中的表达鱼的组合自身时，不一定会经过完形神鸟→神鸟省略→神鸟首→神鸟首与鱼→神鸟首即男性生殖崇拜符之阳与鱼之阴→生殖崇拜这类较为完整的逻辑解释路径，而会经过一部分解释路径或直接思维至"神鸟首之阳与鱼之阴组合"表示生殖崇拜内涵。注意这里的与鱼头目有关的"神鸟首与鱼之组合"与一般"鸟食鱼"图像存在不同，一为"鸟食鱼"，一为"鱼食鸟"，不过在"生殖崇拜"方面两者表达的内涵是一致的。

综合所述，从以上有关半坡类型神鸟的讨论看，仰韶文化彩绘中的诸多神鸟，一般应该是对应较全面的包括真太阳在内的"太阳大气光象"的。不过有些问题尚需说明。

1.被诸多学者认为是神话中金乌负日之写照的泉护遗址彩陶的完整图案为 ，是常见的"鱼—鸟组合图"，不是诸多学者引用的 形或单独出来的 形。其中的圆形不是太阳，只是一个定位点而已，至多有装饰、活跃画面的作用。仰韶文化中许多的点是有意义的，也有许多点仅仅是用于定位，至多只不过是又同时增加了画面的灵动感、装饰性，实际并不代表具体事物。尤为重要的是，考古学中发现的其他"金乌负日"神鸟，太阳不会位于神鸟以外。与"金乌负日"不一的"日中有金乌"造型，也是整个太阳边界围绕整个金乌，并且依据太阳大气光象考古学材料看，"金乌负日"中的金乌，像弗利尔玉璧昆仑坛台符号内的负载真太阳的神鸟一样，对应的是较为全面的太阳大气光象，而"日中有金乌"的金乌则一般是指太阳黑子。

2.庙底沟的 🜊、大禹渡的 🜋、垣曲的 ⌓[17]都不是什么"金乌负日"或金乌[18]，而是"圆盘纹"[19]。另外，所谓的鸟尾不过是表示"圆盘纹"中帕瑞弧中间较明亮区域的光芒而已。

3."圆盘纹"所绘的太阳22°晕的切弧、帕瑞弧[20]，视觉造型有时与侧视飞鸟非常相似，三星堆、金沙"玉璋"首与太阳22°晕上端切弧之上端的帕瑞弧对应的部分就有刻成侧视神鸟的[21]。但是这无法证明庙底沟仰韶文化彩陶中的神鸟就是来自太阳22°晕上端的切弧、帕瑞弧等，并且现有来自半坡类型的材料有助于说明其应是对应包括真太阳在内的较为全面的"太阳大气光象"之神鸟。法国吉美博物馆所藏良渚文化玉琮刻符中魏格纳弧、太阳22°晕之上切弧的确认（图九：1），有助于论证这一观点。

4.在仰韶文化彩陶的鱼鱼之间，确实出现过明确地包括真太阳在内的"太阳大气光象"，例如河南汝南县有关仰韶文化彩绘（图九：2）。不过，依然是代表太阳周边光气的。

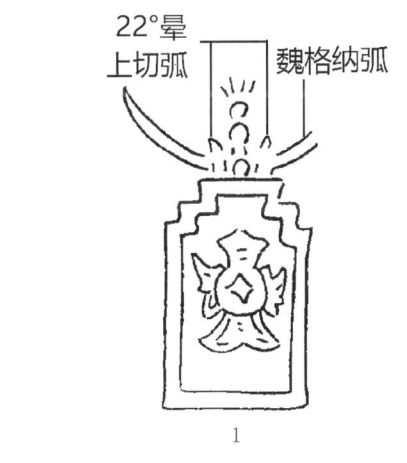

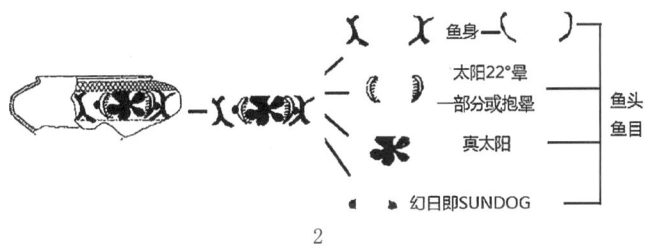

图九　良渚文化玉琮（上）和仰韶文化彩陶

5. 仰韶文化鱼鱼之间还出现过蟾蜍，马家窑文化同类鱼鱼彩绘中出现过蛙或蟾蜍（图一〇）。从有的蟾蜍或蛙背造型明显与菱形真太阳对应、四肢明显对应于海内克弧（Helic Arc）、头尾对应于太阳22°晕之切弧或及帕瑞弧等等情况看（图一〇：2、3），这些蛙或蟾蜍对应的是较为全面的"太阳大气光象"，图一〇：6何家湾半坡类型彩陶盆中央的蛙对应包括真太阳在内的"太阳大气光象"之案例，利于证明之。另从半坡类型彩陶盆一周"鱼—蟾蜍"图案看（图一〇：7），应该还存在着以包括真太阳在内的"太阳大气光象"表示太阳周边光气"节点""结点"或及附近光气的情况。龙虬庄著名的彩绘陶盆中央盘内四周，有四个以真太阳为中心的"太阳大气光象"图像，也说明了这一问题[22]。

图一〇　新石器时代彩陶和商代玉器

1. 庙底沟文化彩陶　2、4、5. 马家窑文化彩陶　3. 商代玉器（幼体蛙或鳄鱼）6. 西乡何家湾彩陶 7. 半坡文化彩陶

6. 在仰韶文化彩陶的鱼鱼之间也出现过 S 形、"の"字形旋纹，其代表的是包括真太阳在内的"太阳大气光象"呢，还是适时代表包括幻日在内的真太阳周边的"太阳大气光象"之"结点"、"节点"及附近光气呢？从大溪文化、崧泽文化有关材料看，似乎两种情况都存在；从高庙文化、河姆渡文化、大溪文化、崧泽文化其他材料看，应是后者（图一一）。

另，从大汶口文化有关材具体料看（图一一：3），有的 S 形又确切地可以代表幻日及附近光气。大汶口文化陶背壶为神鸟形，背一圆形和两个 S 形，并且耳上也有横彩带。显然，这一彩绘造型应该这样认识：中间的圆形（真太阳）—S 形（幻日）—横彩带（属于幻日环），器物高领代表鸟颈、鸟首，上端的彩绘圆形代表太阳22°晕上端切弧之明亮部分。这类器物可视为是对应包括真太阳在内的较全面"太阳大气光象"的神鸟。大汶口文化这类陶器及图案的逻辑组合，与高庙文化神鸟、田螺山著名的刻画代表幻日的猪、鹿以及高庙文化的圭首形太阳光柱图像的鸟形陶盉、马家浜遗址刻画真太阳、太阳22°晕、幻日环的陶盉（图一二）是一致的。

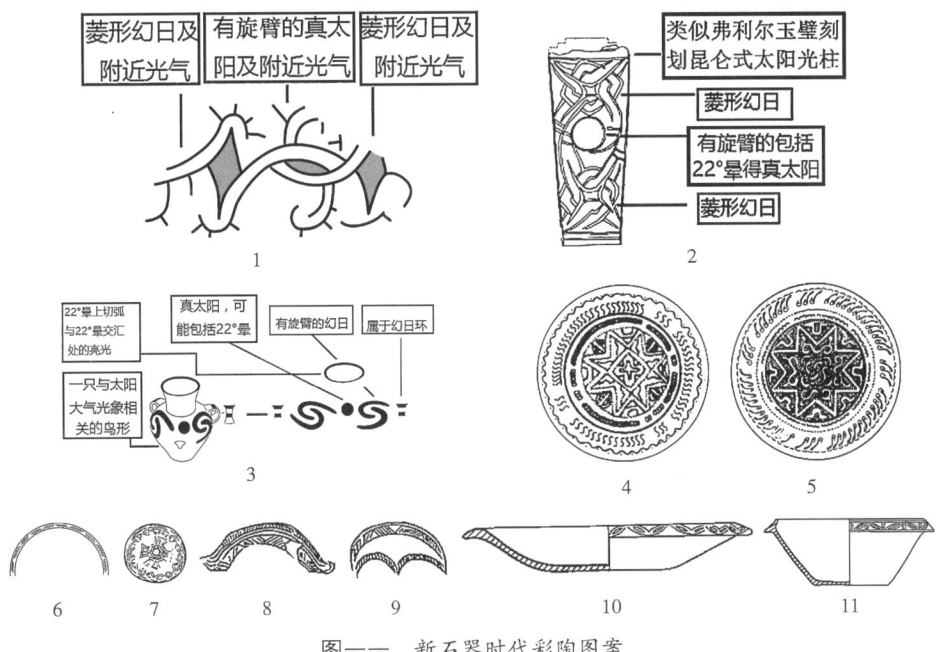

图—— 新石器时代彩陶图案

1.划城岗　2.嘉兴博物馆藏　3.大汶口　4、5.汤家岗　6～11.河姆渡

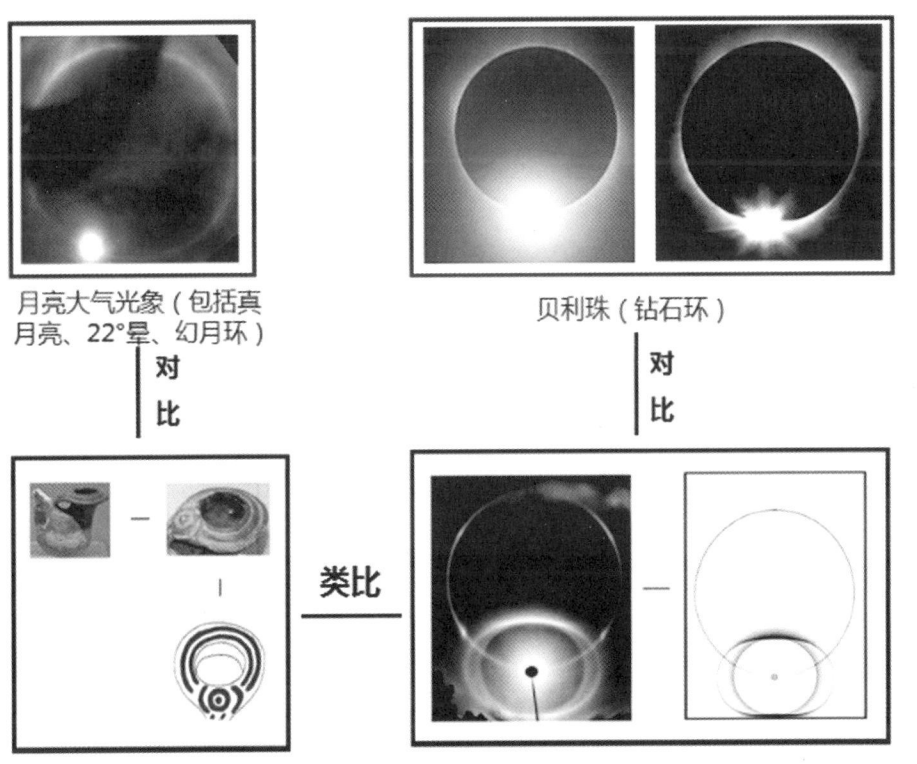

图一二　马家浜鸟形陶鬹上的图案

关于S形、"の"字形旋纹可以代表太阳周边光气"结点"、"节点"或及附近光气的材料还有不少，从考古材料看，可以早到高庙文化、汤家岗文化。如安徽定远侯家寨的 [图]、城头山的 [图]、汤家岗属于高庙文化晚期或汤家岗文化的 [图]、[图]、[图]、划城岗属于高庙文化晚期的 [图]、划城岗属于大溪文化的 [图]、[图] [图] 、[图] 、[图] 、杨家湾的 [图] 、[图] 、[图] [23]、[图] [24]，等等；与这些S纹连续体在属于太阳光气这一本质方面一致的其他索纹，如安乡划城岗的 [图]、[图]，以及良渚文化中诸多"の"字形旋纹等，都属于太阳光气。

S形、波曲形以及波折形连续一周，从诸多材料尤其是汤家岗高庙文化的以八角形为中心的"太阳大气光象"构图、河姆渡遗址河姆渡文化系列"太阳大气光象"构图看（图一一：4～11），确实是可视为太阳或相关"太阳大气光象"一周光气或表示其发光意思的符号的[25]。

另，从图一三的"太阳大气光象""勾云形"玉器、商早期饕餮关联图看，红山文化"勾云形"玉器确实是对应于"太阳大气光象"的，并且真太阳或及附近光气造型有时确实也会以近似半个S形或近似"の"字形的旋纹予以表示的。

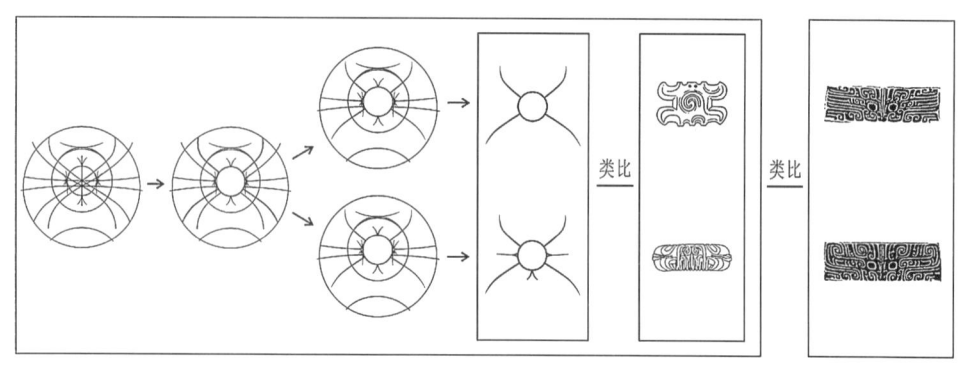

图一三　红山文化"勾云形"玉器上太阳大气光象内涵图解

上文所述S形、波曲纹、波折形连续体中的三角形造型及连续体中的圆形、菱形或旋形之整体、其中的一段或它们的变体，在高庙文化中已出现端倪，除了前文所述划城岗高庙文化的 [图]、[图] 等之外，其实还有不少这样的材料，如湖南胡家屋场相当于高庙文化阶段并有高庙文化因素的 [图]、[图][26]、长沙大塘高庙文化晚期 [图] 中的 [图][27]、常州新岗崧泽文化陶猪身表示"太阳大气光象"之弧的 [图]，等等。

显然，我们可以说，从考古学材料看，高庙文化的时候，S形、波曲形勾连纹周边已经开始出现刻意表现的三角形，用以更完备地表达S形或波曲形勾连纹周边，也是弥漫着太阳光气的这一意思。在高庙文化末期及大溪文化早期或相当于这一阶段的河姆渡等其他文化中，开始出现单个三角形一边延长弯曲，或两个相连的一边延长弯曲的三角形[28]互相"牵手"或相背或互相连续的造型，像河姆渡的🐚。从考古学的角度综合地看，较早较多地发现于高庙文化的系统表现太阳之气的S形—波曲纹—索纹组成的纹饰系统，在有所重合的文化或后续不少文化如河姆渡文化、大汶口文化、崧泽文化、薛家岗文化、红山文化等之中都得以传承，并且在崧泽文化中表现较为突出。像薛家岗的🦉、昝庙下文化层的🦎、龙南的〰️、🌙，以及前文论及的崧泽文化的其他有关刻画图像，等等。

　　南方这些明确表示太阳光气的曲线、折线及其节点的图案系列已较为清晰，其中曲线、折线两侧明显或蕴含的三角形、弧边三角形我们也已讨论得较为清晰了。不过，由于东南地区很早的时候就已出现了与三角形有关的图像系统，所以讨论这一问题应当论明它们之间以及其与崧泽等晚期文化有关现象的关系。

　　关于这一问题我们前文已有所论及。我们知道，有学者认为崧泽文化中的目形图案应该是河姆渡文化中"芽叶纹"造型的传承。确实，河姆渡文化中有很多"芽叶纹"，但是我们可以确切论明，这些"芽叶纹"实际非"芽叶"，这些所谓的"芽叶"，实际基本都是以羽翅造型表示太阳（光晕、幻日）发出的光气的，也有少量是表示神鸟之羽翅的，如田螺山遗址出土的著名陶鸟鬶形神物之背的"芽叶纹"[29]。

　　承上文所论，这些被称为"芽叶纹"的羽翅常常组成近"角形"，并且常用来表示太阳之角光、幻日之角光，或是太阳某一度数光晕的光芒。河姆渡文化中表示太阳之光气的有的图像，如🔺、⌒等，每个可以认为是一个光气单元的三角形之中又明显有两个弧边三角形，这每个弧边三角形又是由两个"芽叶纹"围成的，与河姆渡刻画图像🌑中的弧边三角形虽然三个角的度数并不相同，但是本质意义上也是位于羽翅中间的，本身与羽翅一起也应是表示与太阳有关的光气的。

　　以"芽叶纹"造型来表示太阳或其两侧的幻日及附近光气的确切的例子，是河姆渡综合各类"太阳大气光象"之陶器图案中猪身的图案—🐷、🐖以及一件大象雕塑身上所负之图案🌑[30]。河姆渡文化猪身之幻日旁的"羽翅——弧边三角形"并不都对称，如🐖、🐗。河姆渡文化中的这类三角形或弧边三角形一般都是与羽翅如影随形的，在太阳两侧、幻日两侧或幻日一侧的三角形，有的边线弧，有的并不明显呈现弧形。

　　另外，河姆渡▨中的弧边三角形▨，似乎是没有羽翅随形。

　　崧泽文化的目形纹在其早期基本不见，但是并非没有任何发现。依据盛起新研究[31]，G型编织纹即目形纹或省略圆形的目形纹在崧泽文化早期已有发现，如南河浜的◢、🅷，等等。

　　从前文论述且就目前材料看，从高庙文化开始至大溪文化，已经形成三角形与连续S形象组的案例，崧泽文化时期在西方的大溪文化之中，🌀类造型及索纹等较多。河姆渡文化早期也有弧边三角形随形的这类连续的表示太阳光气的S形图案，如 等；还有许多的"圆形＋芽叶纹"造型，或表示幻日神鸟之眼睛的圆形＋三角形等艺术造型，还有以"芽叶纹"为斜向轴并对称的弧边三角形，如 等。

　　崧泽文化中的目形纹出现得也较早，早期者中明显可以看到有一类其中的三角形为斜向，这一情况由高庙文化——大溪文化系统中可以找到类似者，在河姆渡文化中也可以找到， 及 均蕴含着这类弧边三角形。又崧泽文化中早期的目形纹有 类确切造型者，是两个弧边三角形与一圆形，虽然前述文化中的有关论及图像均可以演化出这类造型，但是总的看来，河姆渡文化中的"圆形＋芽叶纹"造型在圆形方面与其更为类似。

　　综合来看，崧泽文化中的特殊纹饰目形纹应该与高庙文化—大溪文化系统及高庙文化—河姆渡文化系统都有关联。从时间方面看，崧泽文化中晚期的弧边三角形＋索纹则主要与大溪文化索纹系统关联更为密切。

　　在新石器时代，表示太阳光气的索纹、目形纹或三角形＋曲线纹，或它们的变体，沿长江流域、山东半岛、辽宁半岛至内蒙古东部这一广阔的"半月形"地带内广泛传播。这些区域内各文化尤其是红山文化中的勾连彩陶主体、大汶口文化的一部分彩绘、绝大部分弧边三角形及圆形刻画组合，不少学者认为是仰韶文化的传播，在我看来，其主题及内涵仍然属于东南方"半月形"地带的传统，红山文化勾连纹中的弧边三角形或特殊的近似三角形者，都不是仰韶文化中的斜向轴对称鱼身一半之近似弧边三角形造型。不过，仰韶文化几何化鱼形彩陶，以斜向轴对称的两个弧边三角形组成一条鱼的鱼身之构图方式的出现，除了本地半坡类型晚期或庙底沟类型早期的"花瓣纹"构图中蕴含的斜向轴对称和错位设计的构图原则影响外[32]，还有部分影响应是来自南方、东方这一"半月形"地带的崧泽文化（大汶口文化）中的目形、弧边三角形＋索纹等主体纹饰风格。同时，中原、西北这一"半月形"地带的鱼鱼连续图中的斜向轴与鱼鱼之间的相关太阳大气光象构图[33]，与南、东、北这一"半月形"地域内高庙文化—大溪文化—崧泽文化、高庙文化—河姆渡文化—崧泽文化两系统内的诸多与索纹有关的图像也很相似，都与太阳光气有关，应该是受到其一定的影响。夏县西阴村的花瓣纹 中的 很有可能对应于太阳光柱及上下切弧、华县泉护村的花瓣纹 中的 、华夏西关堡彩绘 中的鱼身 中的 、 中的 [34]为太阳22°晕的切弧、帕瑞弧组合的情况，利于证明这一点。

　　以上论证说明，仰韶文化庙底沟类型阶段彩陶中位于鱼鱼之间的造型，有的是包括真太阳在内的有旋臂的太阳，有的是真太阳周边包括"圆盘纹"在内的太阳光气之"节点""结点"或及附近光气，等等。不过，这里还应该再次特别予以言明，早期的弧边或直边三角形以斜向轴对称构图法构图并与圆形、旋形或近似旋形组成连续体的彩绘图案，以及常常与之高度相关的S形，在长江中下游、东南区域、东北这一"半月形"地带[35]与中原地区以至西北这一"半月形"地带彩陶中都存在，构图方式有明显类同，还都与太阳光气有关，但是它们各自的总体含义绝大多数却是有迥然明确区别的[36]。南—东—北这一"半月形"地带内的这一符号系统，在中国文化中传播的时间最长，考古学上出现的时代也较早，并且逐渐在中原地区正统王朝中逐步传承下去，例如夏家店下层文化大甸子墓地的 ▨、二里头文化的二里头遗址的 ▨、渑池郑窑的 ▨、商文化安阳小屯的 ▨，等等，所以我们看到龙山文化玉人、玉鸟及二里头等文化中的玉圭或铜器、骨器、彩绘上数量庞大的斜向轴对称的三角形加云雷纹[37]、目雷纹等，就不用再纠结于其中有鱼没鱼了。

在中原—西北这个"半月形"地带内，在辛店文化唐汪类型中代表性的斜向轴对称的弧边三角形图案 ▨、▨ 等，与仰韶文化、马家窑文化中的主题彩绘很是相似，与另一"半月形"地带的主体彩绘或演变延续图案也很相似。综合来看，我们认为，辛店文化唐汪类型中弧边三角形及蕴含S形的连续纹之代表性纹饰应该与另一"半月形"地带图案中的弧边三角形+索纹有相似的方面，但是可能不属于一类，应该可能还是属于中原—西北这一"半月形"地带的主体造型。陇西小堡子 ▨ 中的 ▨、东乡林家 ▨ 中的 ▨ 与 ▨、▨ 等中的阳纹类似，与前述的各文化中的索纹也基本一致的情况利于说明我们观点。

7.前述河姆渡遗址河姆渡文化的特殊"纺轮" ▨，一面为与高庙文化S形纹密切相关的索纹图案，另一面为表示太阳核心的穿及光芒的羽翅纹[38]。另外，河姆渡四期崧泽文化陶豆内的一幅有四旋臂的真太阳及其光气图案 ▨[39]，崧泽文化安吉安乐和南京六合程桥羊角山遗址出土的陶"纺轮"上也有真太阳及其周边光气的图案。将这些图案与马家窑文化、宗日文化相关图案加以比较，我们发现，河姆渡文化、崧泽文化、马家窑文化中的诸多双旋臂或S形造型在这些所述图案中，只能表示太阳边界旋出的光气"节点""结点"及附近光气，无法表示真太阳。尤其是从马家窑文化、宗日文化的有关盘内彩绘图案看，更是这样。例如永登杜家台、乐都脑庄的图案，中间的圆形、"十字+圆形"对应的是包括真太阳在内的"太阳大气光象"，由其中心向周边延出的光气正好是作为周边鱼身鱼身之间的造型，即它是作为"鱼头鱼目"的。也显然，这样的单旋臂旋符[40]显然只是真太阳延出之光气的"节点""结点"及附近光气（图一四、图一五）。

尤其重要的是，我们在宗日文化的材料（图一六）中发现一幅图案（图一六：1），其为多角形，每个角还有弯曲的旋势，并且位于一件器物的内盘。由于器物的口在高庙文化、河姆渡文化、崧泽文化、仰韶文化、马家窑文化等诸多文化的艺术图案中常常代表真太阳或及其周边光气，再综合其他材料，我们有理由认为，宗日文化这一图案表示的是真太阳及其光气，因此其六角处的鸟显然不是代表真太阳的太阳鸟，而应是真太阳角光之端附近光气的"结点""节点"并及附近光气的拟物化。图一六：7、9的中心有明确无疑的真太阳的彩绘，更证明了这一认识。

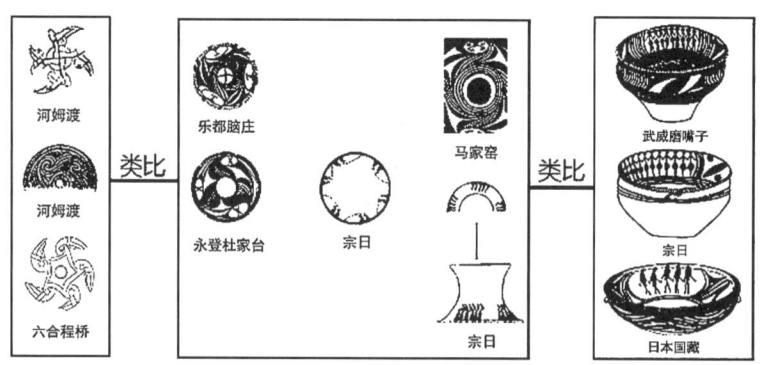

图一四　新石器时代彩陶图案

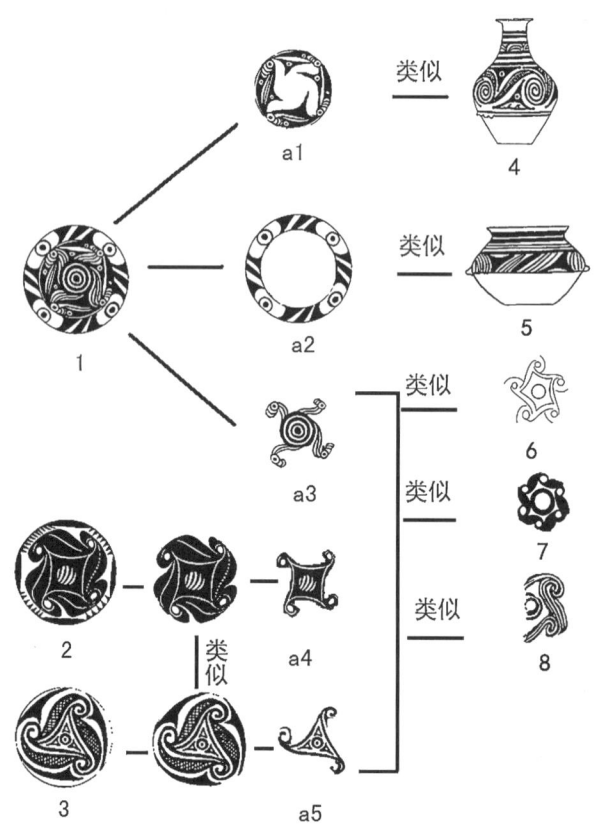

图一五　新石器时代彩陶图案

1.柳湾　2.康乐县烽台　3.甘肃　4.民和马营　5.民和大庄　6.六合程桥
7.安吉安乐　8.河姆渡

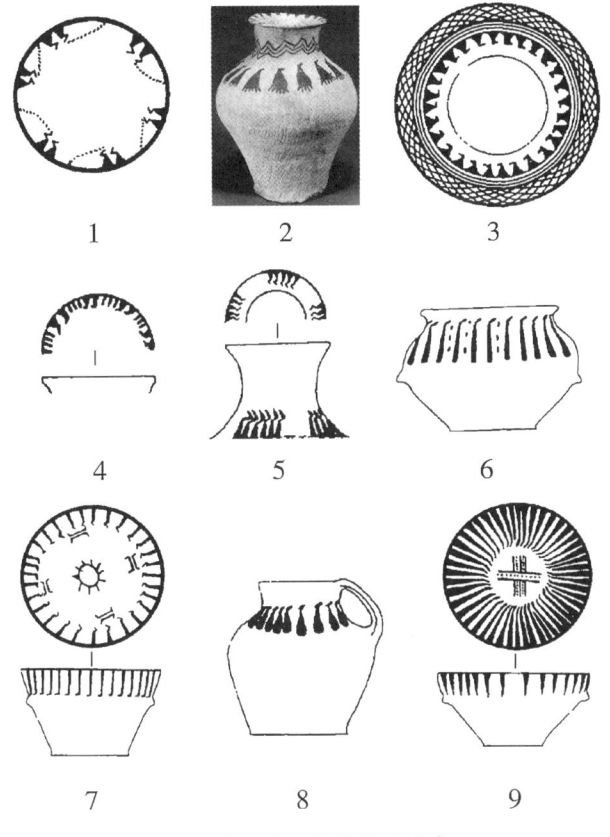

图一六　宗日文化彩陶图案

　　又，在宗日文化中，这类神鸟有更多个一组的，甚至有整整一周的，因此，这多个鸟也不是对应真太阳的鸟，而应与真太阳延出的光气对应。从高庙文化、河姆渡文化、良渚文化、龙山文化等早期材料看，鸟可以对应包括真太阳在内的较为全面的太阳大气光象，也可以对应较具体的太阳大气光象[41]，从良渚文化的诸多图像如 🐦、🔺 等可以看到，凡是太阳光气都可以以鸟形来表示。这些情况说明宗日文化中以神鸟表示太阳光气是有文化渊源或广阔的文化背景的。

　　8.我们发现"仰韶文化—马家窑文化系统"的彩陶图案中，有的表示以真太阳为中心的内容与表示其延出光气的"节点"或"结点"所用的图形一样，如柳湾半山类型的图像 🔵，其圆盘内部中心对应以真太阳为中心的部分为"圆形+十字纹"，其他三个由真太阳延出光气的"节点"或"结点"所用图形也一样[42]。还有器物一周光气"节点"或"结点"所用图形也是这类"圆形+十字纹"的，如前文所述的民和核桃庄马家窑类型的 ⊙、柳湾半山类型的 ⊙、◇◇◇◇、▨▨▨▨，等等。高庙的 ☀、秦王寨的 ⊙、北刘庄的 ⊛、二里头遗址也曾发现过二里头文化时期的中间一大圆周边多个小圆的遗迹、花地嘴新砦期朱砂器盖面等等，应该也是表示太阳及其周边光气"节点"

或"结点"的。庙底沟发现彩陶 背部的圆点造型也利于说明这一问题。顺便说明，考古学上发现的中间一圆周边多小圆的图像或遗迹，不应是超新星爆发时呈现的造型[43]。

由上所述我们可以发现，仰韶文化半坡类型晚期、庙底沟类型阶段、仰韶文化晚期，鱼身鱼身之间的造型，单就本身造型论之，有的是包括真太阳的大气光象，有的是由真太阳延出光气的"节点"、"结点"及对应太阳22°晕之切弧和帕瑞弧的"圆盘纹"等。至于其中的S形或"の"字形，从秦安大地湾的彩绘 及河津固镇的彩绘 看，与"圆盘纹"处于同一彩绘并且处于同类逻辑位置，并且从大汶口文化有关彩绘又可明确找到幻日及附近光气呈现为S形造型的素材（图一一：3）；从马家窑类型诸多彩绘材料也可看到，仰韶文化中晚期彩绘中的S形或"の"字形，有对应真太阳周边的光气"节点"、"结点"及附近光气的情况存在。

"圆盘纹"似乎也可以被有些古人视为是对应包括真太阳在内的较全面"太阳大气光象"神鸟的省略[44]同时其他鱼鱼之间位于同类逻辑位置的，确实也出现过包括真太阳在内的"太阳大气光象"。这样的话，与"圆盘纹"位于同类逻辑位置的这些S形或"の"字形若视为是真太阳及其旋臂，则与"圆盘纹"可能代表的包括真太阳在内的"太阳大气光象"拟形的全形神鸟所蕴含的本质也可相应。总的看来，鱼鱼之间的造型不论是否包括真太阳，基本都是代表或表达太阳周边之光气的。这也说明，解读新石器时代的彩陶连续图，不仅需要看展开图，多数的时候从器物某一端看的俯视图可能更重要。

马家窑文化阶段鱼身鱼身之间的造型众多，包括单个及多个的鸟。从诸多盘内彩绘及有的彩绘两端俯视图看，多数应该是由真太阳延出光气的"节点""结点"或及附近光气的造型，即使是采取了包括真太阳在内的造型，表示的基本依然仍是是由真太阳延出光气的"节点""结点"或及附近光气的。就像图一○：2这件背部有奇特菱形真太阳图案的蛙，应该类似南京六合程桥羊角山遗址出土崧泽文化纺轮上的蹲踞式鸟首神人一样（图六：3），也是呈现蹲踞式的，并且与半坡类型、庙底沟类型、红山文化、龙山时代[45]、商周时有关蛙、鼋、龟等一样，是天然的"蹲踞式"造型，其对应的"太阳大气光象"与羊角山蹲踞式鸟首神人对应的也应类似，是包括真太阳在内的"太阳大气光象"的。

另，在庄浪老庄等遗址出土的马家窑类型彩绘中，也曾发现鱼身鱼身之间明确的与仰韶文化"圆盘纹"来源一致的"太阳大气光象"——，等等。还有，两鸟一圆的造型在宗日文化中也发现过（图一：6），依据我的看法，其应是真太阳以及两侧22°晕附近与洛维茨弧有关的"太阳大气光象"等光气。

我们知道，马家窑类型彩绘总体上与仰韶文化庙底沟等类型密切相关，尤其是鱼鱼连续图。举例论之，在庙底沟等类型中，鱼鱼之间的造型，单就形状而论，对应的有太阳22°晕的切弧、帕瑞弧组合、真太阳为中心的"太阳大气光象"、S形、"の"字形，等等。在马家窑文化中，单就造型而论，鱼鱼之间最明显的造型是真太阳周边的光气"节点""结点"及附近光气的S形、"の"字形，也有包括真太阳在内的"太阳大气光象"的拟蟾蜍形[46]，还有少量"圆盘纹"及数量众多的圆圈纹、"十字＋圆形"，等等。同时，俯视器物时，马家窑文化器物口或器物内部中心有时应视为是以真太阳为中心的造型，这时把器物肩膀的图案或器物内中心周边的图像与之统一看，则周边鱼鱼之间的S形、"の"字形等造型，则确凿无疑地应视为是真太阳周边的光气"节点""结点"及附近光气。

尤其应该在这里加以强调的是，大概从马家窑文化半山类型开始，两个弧边三角形以斜向轴对称构图法构图的造型，其中的弧边三角形虽然有所变化，但是仍然与鱼身有关，并未在含义主体方面纳入长江中游、南、东、北方的"半月形"地带的以蕴含斜向轴对称构图法构图的弧边三角形或近似弧边三角形组合来单纯表现太阳光气的图像系统，虽然两者所在的"半月形"地带所述的主体图像都与太阳光气有关并在造型方面有互相影响。

半山、马厂类型中，相对于仰韶文化、马家窑类型彩绘鱼鱼图逻辑位置处有时是蛙，以及柳湾遗址三台平地点出土蛙足蹲踞式神人的女性特征也利于表明，当时这些地区和文化中依然保存有中原—西北这一"半月形"地带彩陶早期的文化元素。当然，这些蛙的头部往往为包括真太阳在内的与太阳有关的造型，柳湾三台平蛙足蹲踞式神人明堂处还有菱形，手足弯曲处也有四个与太阳大气光象可能有关的彩绘黑点，这些情况又表明，蛙及神人本身又具有阴阳两重性，这与仰韶文化中的鱼或人面（太阳神面）鱼纹所蕴含的阴阳信息类似。

我曾在有关文章和相关论述中谈及鱼鱼以及大气光象融合的文化、民俗含义。马家窑文化阶段尤其是马家窑类型、宗日文化（类型）阶段，鱼鱼之间造型的种类，在仰韶文化时期存在的，在此阶段和此文化中，有的依然演绎传承，无论其造型是否有时会采用与真太阳造型类似的圆形加十字形或与包括真太阳在内的"太阳大气光象"对应的蟾蜍等形，其表达的含义主要还是指或代指真太阳周边光气的"节点""结点"或及附近光气的。因此其也应是强调鱼鱼及大气光象的融合，并以此表达阴阳相协、多子多福的生殖崇拜概念。半山、马厂类型中，除了所述的鱼鱼图，还出现了蛙蛙图，早期的文化、民俗核心含义得到有效传承和衍生。

四、结语

现在我们来总结马家窑文化"舞蹈纹"盆中"舞者"的本质，主要应有以下两方面。

1.它显然是一种鸟，虽然与仰韶文化中的鸟一样，都与"太阳大气光象"联系，但是两者对应的具体"太阳大气光象"并不相同。"舞蹈纹"盆之鸟图案中的一组多个相连者，从前面的论述中可知，仍然是表示真太阳周边的光气"节点""结点"及附近光气的。至于有一组是两只鸟相背于一圆者，则应如前所述，圆形应包括真太阳和22°晕，两只鸟则是太阳22°晕附近的相关"太阳大气光象"。参照仰韶文化中的案例，总的来说，"舞者"及其周边表示其光芒范围或光晕范围的区域组成的圆形或近似圆形[47]，本质上表示的应该是一条鱼的"鱼目鱼头"，并且一般情况下，连续排列的鱼之鱼头向右。

2.若仅从鱼鱼之间的造型对应真实的"太阳大气光象"这一方面论，马家窑文化"舞蹈纹"盆中的"舞者"，既有包括真太阳在内的"太阳大气光象"（图一：6），又有本身对应的仍然属于真太阳周边光气"节点""结点"及附近光气（图一：1~5），这一现象在仰韶文化中同样存在。

（1）仰韶文化鱼鱼之间的"圆盘纹"单就造型而论，属于太阳周边光气而非真太阳[48]。同时，南、东、北这一"半月形"地带中的S形或"の"字形或其连续、一周者，基本都是表示真太阳周边光气的，弧边三角形从河姆渡文化猪形幻日神所负幻日附近的造型看，也可以表示幻日附近的光气。这类光气尤其是真太阳周边光气的造型和斜向轴对称特征恰好与中原—西北这一"半月形"地带本地元素一起对中原—西北这一"半月形"地带彩陶鱼鱼连续构图的中间造型、斜向轴对称构图法的运用起到了一定的影响，因此，庙底沟类型彩绘鱼鱼之间的这类构图出现对应真太阳周边光气的符号也是很正常的。

（2）仰韶文化彩绘鱼鱼之间的造型出现过确切地的包括真太阳在内的相关"太阳大气光象"，例如图八，其与马家窑文化"舞蹈纹"盆中鱼鱼之间出现的两鸟一圆图案（图一：6）类似，都包括真太阳。

3.这些"舞蹈纹"中"舞者"的性质已若所述，其之间的图案基本都是斜向轴对称的鱼身或变形线条画的鱼身，这些鱼身与"舞者"所在的区域构成完整的鱼。不过，图一：5更为特殊，其中斜向轴对称的弧边三角形中间还有圆形，我在有关文章中曾有论述[49]，我认为其与两条鱼的鱼身有关，这一情况在马家窑类型中较为多见[50]。

4.这些"舞蹈纹"中"舞者"与其之间的图案，不仅是组成一条鱼那么简单，这样组合的本质意义还在于表明古人信仰鱼神。这一神，从对半坡类型人面鱼纹及马家窑类型人面鱼身彩绘性质的讨论看，还应与太阳神系有关。

5.从图六以及禹州洪山庙等遗址仰韶文化男性生殖崇拜符与鱼鱼彩绘中S形的关联看，这些"舞蹈纹"中"舞者"与其之间的图案的组合，本质目的还在于表明时人相信，以这样的艺术形式可以达到阴阳相协、多子多福的美好境地。

附记：本文得到"中华之源与嵩山文明研究会重大课题——嵩山地区文明化进程与华夏文明的形成"的资助，并以此文恭祝著名考古学家李伯谦老师八秩荣庆！

注释

[1] 水城：《人物舞蹈纹盆·锅庄舞及其他》，《文物天地》1998年第1期。

[2] 饶宗颐：《彩陶鹭鱼画与青海舞人图案》，《澄心论萃》，上海文艺出版社，1996年。

[3] 张朋川：《马家窑类型舞蹈纹彩陶纹饰另解》，《彩陶中国——纪念庙底沟遗址发现60周年暨首届中国史前彩陶学术研讨会材料》，2013年6月。

[4] 顾万发：《大地湾等遗址出土特殊彩绘的构图规则及相关问题——彩陶新诠之一》，《中原文物》2015年第5期。

[5] "圆盘纹"概念由王仁湘先生提出，详见其专著《史前中国的艺术浪潮———庙底沟文化彩陶研究》，文物出版社，2011年。

[6] 　中的　为太阳22°晕切弧和22°晕的切点，　　为太阳22°晕的切弧，　　为帕瑞弧。

[7] 实际即是"太阳大气光象"神面。

[8] 其中的　较为明显。

[9] 若包括帕瑞弧的话，这样的造型一般应是太阳高度角很高的时候。

[10] 具体地说，可能是整个都侧视的神鸟，也有可能是首侧视身正视展翅的神鸟，如高庙的　　　、　　　、台北故宫博物院藏龙山文化玉圭图案　等。

[11] 大概复原的武功游凤鸟目太阳神人鱼面，鸟首向内。大阳彩陶　鸟首向外。

[12] 　为鱼的俯视＋正视图，　为鸟目鱼头图，两者方向不一致。

[13] 其中人神面方向与常规鱼头方向不一致。鱼头正视展开图大概为　　，其中的人神面复原大概为　，下端斜向复原组合为人字形，这是半坡类型人面鱼纹一类嘴的造型一部分，彩绘神人面有的也未绘出嘴巴，如原子头彩绘　中的　。　中还有一个造型为　，似乎像　等人神面的一半或侧面，不过更可能是鱼鳃。

[14] 鱼腮中装饰圆点，鱼目为太阳神人形，类似　。

［15］鱼身为"亚"字形，目为太阳神人形。

［16］庙底沟类型这类鱼鸟图，有时只有鸟，应视为一种省略或脱胎于较完整的鱼鸟图。

［17］ 为 加附近的圆，该圆形可能为定位点。至多还有可能是或同时是为了指示帕瑞弧的中间更亮。

［18］"金乌负日"神话来源于 、 、 、 、 、 等一类对应较全面"太阳大气光象"的神鸟图像及其中蕴含的思维，"有翼太阳"来源之一应与高庙文化中 类与相关"太阳大气光象"对应的图像及其中蕴含的思维。 应该对应 类太阳大气光象，双翼明显应与幻日环有关。中间的心形造型边界，从高庙的 等相关材料看，可能对应太阳22°晕或46°晕。

［19］顾万发：《论大河村遗址一件特殊彩陶上的神圣图像》，《炎黄文化》2015年10期。我在该文中曾经对仰韶文化中"圆盘纹"的实质作过简要论证。现在我的基本观点未变，不过，对于其中有的"圆盘纹"如 、 等的认识应确认为都是太阳22°晕的切弧、帕瑞弧的组合（太阳22°晕上端或下端都有切弧、帕瑞弧，由于古人多重视观测早晚太阳，太阳22°晕下端切弧、帕瑞弧组合形成"月牙形"不太明显和典型，并且在太阳高度角变化的过程中，这一不太明显和典型的"月牙形"又出现在太阳高度较高时候，约为45°～47.5°之间，所以一般的切弧、帕瑞弧的组合主要是太阳22°晕上端者）。一类未单独描绘出帕瑞弧者，如 等，应是帕瑞弧与切弧图像合一了。另外， 这一图像中的束线实际表示的是光芒。

［20］有的也可能仅仅对应切弧。

［21］有的刻制为心形。

［22］顾万发：《论高庙文化中獠牙兽的动物属性、神格及相关问题——并论中国早期艺术史中的"太阳大气光象"母题》，《华夏文明》2016年第1期。

［23］杨家湾的 为简体。

［24］其中，有时其中有点的近似方块的造型在大溪文化、龙虬庄文化中代表太阳光气，这类造型在关庙山遗址也有发现如 、 等。S形、"の"字形旋纹本质意义上与 类"牵手"索纹及其他诸多索纹一致。 中的三角形+弧形、 中的单元造型、与未绘出三角形或近似三角形的太阳光气图像 属一器的定远侯家寨彩绘 中的 ，并不是中原地区至于西北这一"半月形"地带彩陶鱼身之斜向一半，如夏县西阴村彩绘鱼身 之 、 等的造型，前者中的三角形或弧边三角形仍然是太阳光气，本质意义上是常见 类索纹两侧在上下横线间的空白区。对于太阳光气而论， 中清晰绘出的S形代表太阳光气的造型，附近未绘出的区域实际还是光气，因为太阳光气被认为是弥漫的，附近未被绘出的区域依然应理解为太阳光气。并且从 的改造图 看， 图中S形附近未被绘出的区域呈现出弧边三角形的造型，与汤家岗的 类似。从划城岗的 、河姆渡的 、关庙

山的 ⬛⬛⬛ 等类看，这时S形索纹两侧的弧边三角形已被刻意制作出或显示出，这些案例也利于说明 ⬛⬛⬛ 类索纹阴阳图像都具备一定的意义。崧泽、大汶口等文化中，有时也出现绘出或刻画出S形光气两侧的弧边三角形的，如邳县大墩子大汶口文化彩绘 ⬛⬛⬛ 、崧泽文化同里的 ⬛⬛ 、邱城的 ⬛⬛ 、南河浜的 ⬛⬛ 、昆山的 ⬛⬛ ，等等。

［25］波折形连续一周表示太阳周边光气的意思在磁山文化的 ⬛⬛ 、半坡类型的 ⬛ 等等器物中表现也非常明确。

［26］这些图案都是在器耳上，同遗址器耳还出有 ⬛⬛ 、⬛⬛ 等明显与太阳光柱等大气光象造型有关的图案。从高庙文化直到商周春秋时期，器耳处常出现与太阳有关的几何造型或神鸟，这更是说明 ⬛⬛ 、⬛⬛ 等中的曲线、S形以及三角形应该就是太阳之光气。

［27］大塘等遗址所出现的斜向轴对称之三角形太阳光气，即 ⬛⬛⬛ 中的 ⬛、⬛⬛ 等，其之间是圭首形太阳光柱之气及其内的太阳。不过，高庙文化中的这一斜向轴对称的表示太阳光气的三角形组合的每两个相邻单元的方向不是顺向的，而是对称的。而从考古资料看，高庙文化、河姆渡文化、大溪文化、崧泽文化、红山文化、仰韶文化、马家窑文化之中表达太阳周边连续漩涡中心及连接它们的太阳光气的时候，则表示这些光气的斜向轴对称的三角形单元之间一般是保持顺向的。不过，方向不同的两者没有本质的区别，这仍然可以说明高庙文化大塘遗址刻画图案 ⬛⬛⬛ 中的 ⬛⬛ 类造型之间的圭首形光气之内的圆形确实应该是真太阳，而所述文化中这些造型之间的部分应该是真太阳光气向外旋处的"结点"、"节点"。

［28］实际是S形或波曲线与三角形一边重合，这是一种设计法，与不重合的意义一样，不过风格略异罢了。

［29］需要言明的是，这一著名陶鸟形鬶整体应对应较为全面的"太阳大气光象"，其身上左右方向不同的两队代表幻日的神鹿、神猪及来源于高庙文化的圭形太阳光柱可以有助于证明这一判断。

［30］其中心为多重圆形，两侧对称分布蕴含弧边三角形的"芽叶纹"。在没有其他场景的情况下，大象身上的圆形应理解为以真太阳为中心的造型。

［31］盛起新：《崧泽文化纹饰对良渚文化的影响》，《东南文化》2014年第5期。

［32］如大地湾半坡类型晚期的彩绘 ⬛⬛⬛ ，其中的 ⬛ 最可能是代表一条鱼鱼身的"花瓣纹"，⬛⬛ 也应与 ⬛ 类似。两者都是沿着斜向轴对称的轴错位构图。

［33］这类太阳大气光象绝大多数充当"鱼头目"。

［34］其中的 (((✦))) 是太阳22°晕的切弧、帕瑞弧组合——✦ 及其光晕，与西山彩绘 ⬛ 类似。

［35］包括大汶口文化，相对于庙底沟类型而言，属于自身特色较浓的彩绘、红山文化诸多蕴

含 S 形或 "の" 字形的彩绘、刻画图案，等等。例如邳县大墩子的 、牛河梁的 、凌源三官店子的 、清水河的 、长海郭家村 。庙底沟遗址也有少量这类造型，如 等，与大溪文化的 "牵手纹" —杨家湾的 、大河村类型中有少量发现的 、、、、雕龙碑的 、、、邳县大敦子的 、、王因的 、高庙文化、大溪文化、河姆渡文化、崧泽文化等中的 S 纹、索纹等本质上为一类，即都是表示太阳周边之光气的。

［36］中原地区至于西北这一 "半月形" 地带也有少量长江中下游、东、南区域至于东北或简称为 "南、东、北" 这一 "半月形" 地带的主体图案。不过，像邹县野店的 、、王因的 等彩绘或刻画图案，应该视为主体是属于中原地区至于西北这一 "半月形" 地带的，其中有斜线的 "叶片纹"，不应视为是另一 "半月形" 地域的 "芽叶纹" 传承，虽然这一 "半月形" 地带在崧泽文化时期确实有这类造型，如南河浜的 、常州新岗的 ，等等。两者应该只是相似，但是意思确实有区别的，一个是与鱼和太阳光气都有关，一个只是与太阳光气有关的羽翅纹。伊川白元遗址出土有彩绘 ，邳县大墩子出土有彩绘 ，显然是 类彩绘中的一部分，其核心在于表达太阳 22° 晕之切弧帕瑞弧组合及其光芒的，与 "芽叶纹" 没有传承关系，虽然两者有与太阳光气有关的共同点。

［37］例如台北故宫博物院藏玉圭之 、石家河玉鸟之 、大英博物馆藏石家河文化玉人之 、美国安德鲁夫妇所藏龙山文化玉圭之 、上海马桥陶器之 等。

［38］原报告未见该图像，文字描述为叶纹，应该是类似河姆渡遗址出土的河姆渡文化图像 中的羽翅。

［39］大汶口文化以来的所谓 "玉璇玑" 与这类造型的其他图像之来源，都应是太阳中心及附近的相关光气、大气光象。

［40］也发现马家窑文化其他彩陶俯视图中真太阳周边的光气即 "结点" "节点" 及附近光气造型为双旋臂旋符的。

［41］例如河姆渡碟形器图像 中的双鸟，对应的就是上洛维茨弧。

［42］崧泽文化中也出现过这类十字形加圆形表示 "节点" "结点" 的素材。

［43］有学者曾认为，高庙文化以来的 "八角星纹" 是超新星爆发的造型，也是可商榷的。而我以为，从现有的高庙文化神鸟、凌家滩玉鹰等图像与太阳大气光象高度对应的情况看，实际上他们都是真太阳或幻日的造型。认为 "八角星纹" 与超新星爆发的造型有关的观点，详见徐琳《凌家滩出土玉版上八角星图案新解》，张宏明等主编《玉英溯源——安徽历代玉器研究文萃》，时代传媒股份有限公司、黄山书社，2015 年。

［44］庙底沟类型彩绘中的 "圆盘纹"，从半坡类型晚期与 "圆盘纹" 有关的神鸟等材料看，

有可能是对应较全面"太阳大气光象"神鸟的省略，或也可理解为由省略而渐成独立表达的符号。不过，无论如何，都是表示太阳光气并借此表示阴阳之阳的，同时与鱼之阴阳之阴构成文化组合。

［45］陶寺等遗址出土有龙山时代的铜蛙，另外也有一些蹲踞式神人等。

［46］这其中还蕴藏着多重阴阳。

［47］如 中的 、( )中的( )，等等。

［48］其也可能是仰韶文化中对应较全面"太阳大气光象"神鸟或其首的省略，在庙底沟类型中已然有独立于神鸟而成为鱼的构成符号的地位。

［49］顾万发：《大地湾等遗址出土特殊彩绘的构图规则及相关问题——彩陶新诠之一》，《中原文物》2015年第5期。

［50］马家窑类型中，有时这一圆形省略，这时的造型与一般表示鱼身的弧边三角形也就无法或不用再予以区别了。

（原刊于《华夏文明》2016年第6期）

论河南荥阳青台遗址发现的一件彩绘葫芦瓶

顾万发

　　在河南荥阳青台遗址一座仰韶文化墓里发现一件完整的葫芦瓶[1]，出土于头前的壁龛中[2]，造型精美，图像丰富，具有一定的学术价值。该葫芦瓶为泥质红陶，火候较高，口部为近似觚杯形，略微亚腰，腹部为罐形，溜肩，整体略扁，平底，具有桥形单把。从半坡文化以来的葫芦瓶演化规律，结合共存器物及图像来看，其时代应属仰韶文化晚期（图一）。

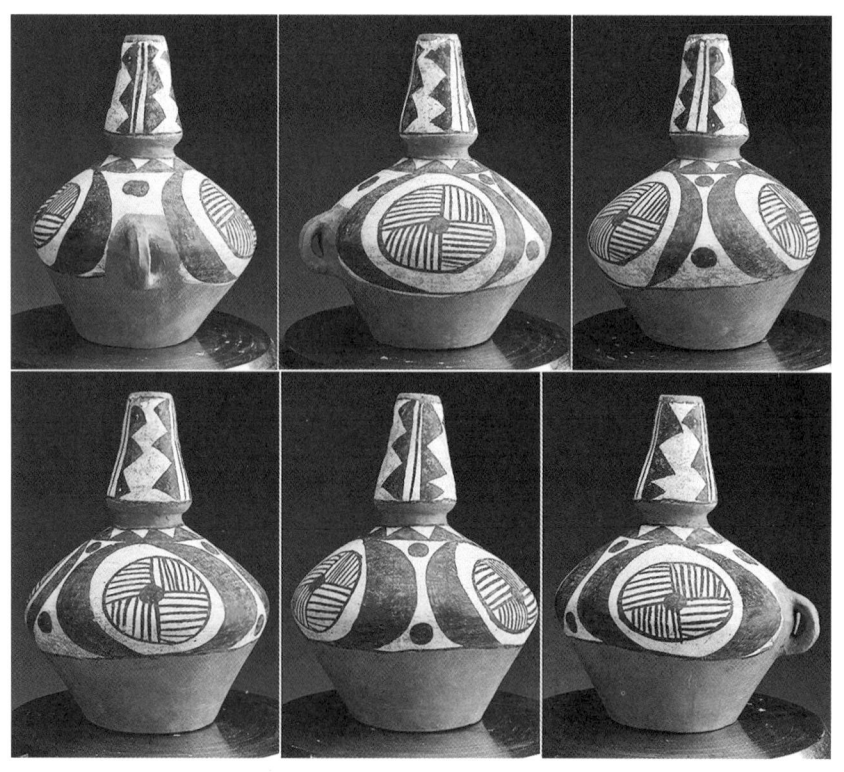

图一　荥阳青台遗址出土仰韶文化彩绘葫芦瓶

　　该器物在白化妆土上绘制黑彩图案。瓶口图案为竖直锯齿形，一共三组。瓶口下端又有一周黑彩图案，其中留白的图像为一个八角形，与大汶口文化等之中的太阳图案高度相似。器物腹部的图案较为特殊。这类圆形电扇似的造型在仰韶文化中并不多见。从周边同时代的文化看，其主要出现于南方的屈家岭文化中，并且主要出现于其中的纺轮上（图二：4）。同时我们发现，更早在高庙遗址（图二：2）、双墩遗址（图二：3）也有发现。

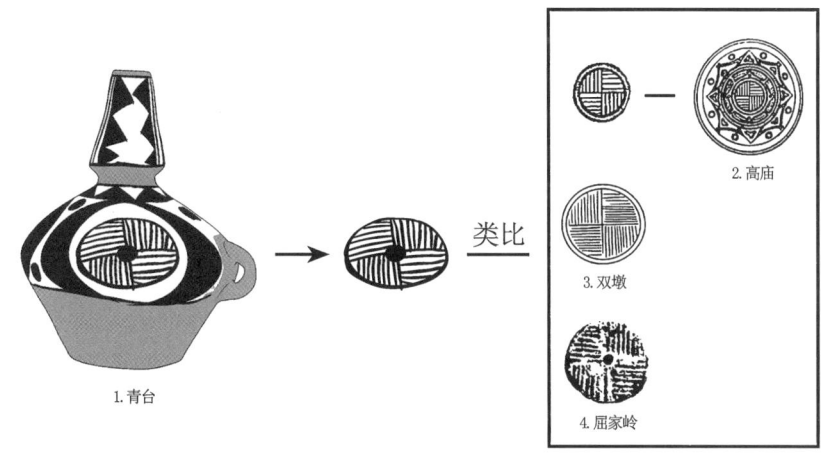

图二　青台遗址出土葫芦瓶上的图案

高庙文化白陶图像丰富，相关学者已论证其与太阳有关。我们也进一步证明其是以表现太阳、太阳大气光象为主的。图中高庙出土陶器底的图像的中心之圆形应与太阳有关。该圆形边界四周外的四正方向有带圆的三角形，可能是表示太阳22°晕与太阳柱方向和幻日环交汇处出现明显光点，以及其发出或在其附近的相关光气的，左右部分最可能是22°幻日的造型。高庙该图像中心圆形四周的四个左旋的线条，代表的应该是由太阳22°晕发出的光气。这一造型之外的圆形可能象征大于22°的晕，四正的三角形代表该晕发出主光芒，其之间的造型也表示光气。从高庙文化泸溪下湾发现的高庙文化太阳大气光象图像看，一周的圆形表示的应是四周光气的结点，形成一周也可以视为是整个图像代表的光气的光芒。当然也有可能的是若把中心的四扇形圆盘视为太阳的光轮，则外面的圆形可以解释为太阳光晕。

古人用四个扇形组成圆形，并且四个扇形中的线条方向为顺时针方向排列，显然依然可以视为是"旋臂"，与一般表现太阳光气的"旋臂"是类似的表现形式。双墩遗址这一符号，与高庙文化这一图案中心造型一致，显然也应做类似的理解。同时我们还有更为重要的证据。在双墩遗址发现有600多个刻画符号，多位于器物之底，从我们的判断看，这些符号基本都是表示与太阳有关的造型，像曙暮光、太阳光晕、太阳晕与其中的菱形、八字形太阳光柱、象征太阳或幻日运行的猪、鹿、鱼等。所以，双墩这一四扇形组成的圆形，很可能与太阳有关。

屈家岭这一符号，显然更应与太阳有关。因为该符号位于陶纺轮上，而纺轮或纺砖又与陶轮盘类似。陶轮盘古人以之名钧，有时被比喻为天。《文选》中贾谊的《鵩鸟赋》写道："云蒸雨降兮，纠错相纷。大钧播物兮，坱圠无垠。"李善注："如淳曰：'陶者作器于钧上，此以造化为大钧。'应劭曰：'阴阳造化，如钧之造器也。'"与天相关者，太阳应是重要的一个。另外我们在其他陶纺轮尤其是同属于屈家岭文化的彩陶纺轮上，发现了许多与太阳有关的S形、十字形、三旋臂形、四旋臂形太阳符号，也可以作为重要证据。

另外从高庙文化这一图像看，古人肯定是按照四正方向来设计太阳旋臂造型的，这可能表明该图像中的四正方向与太阳光柱及幻日环构成的四正或似四正方向是契合的。

从仰韶文化半坡类型以来发现的诸多葫芦瓶材料看（图三：2～4、6、10、12）[3]，其图案包括鱼形（图三：1、8）[4]、蛙形（图三：4）、鱼形与太阳大气光象符组合（图三：1、2）[5]、鱼形与太阳神组合（图三：9、13）[6]、鱼与太阳组合（图三：10）[7]、鲵鱼形（图三：11）[8]、鱼之目为鸟类的（图三：7、12）、鸟类食鱼形（图三：3）、太阳或及太阳大气光象（图三：6），等等。还有的整体设计为一个女性的造型，同时还有太阳大气光象图案与简体鱼形（图三：5）[9]。

从图四：1、图四：2以及图三：2、图三：9等相关材料看，男性生殖崇拜符与太阳大气光象之符在与鱼组合的时候，有时在造型和内涵方面具有相当的关联性。不少鱼目为太阳大气光象造型，其中不少呼应太阳22°晕之切弧与帕瑞弧的组合造型，像图三：1及图三：13两侧的鱼。而这类太阳大气光象从图四：3与太阳大气光象的对比图看，可以拟合鸟首，这又与图三：9、12中鱼目为鸟首或一定程度拟人形的鱼头（太阳神）之目为鸟首或太阳大气光象的情况相符，自然与图三：3、阎村彩绘瓮之鸟食鱼表达的生殖崇拜内涵相一致。

总之，这些图案或整体造型都与生殖崇拜密切相关，因此，荥阳青台遗址这一葫芦瓶图像与太阳（大气光象）介入表达的与生殖崇拜相关就是非常自然的了。

有学者发现，我国至今关于葫芦的神话有100多则。尤其是不少民族还把葫芦认为是诞生始祖的母体，是先祖灵魂的归宿地，葫芦笙声是祖先的声音。在西南和陕西地区，彝、苗、水、仡佬等族，有以葫芦镇鬼的风俗。

我们知道，中国浙江余姚河姆渡遗址发现了7000年前的葫芦及种子。古埃及等文明中也发现很早就利用了葫芦。其实人们在漫长的采摘和种植历史中，早已发现葫芦多籽、拟形生殖崇拜符和瓜瓞绵长的特点。

综合来看，荥阳青台这一葫芦瓶上的图案主要是与太阳相关的。从所列举诸多葫芦瓶图案可以看到，我们可以用考古材料确证，古人确实是把太阳、太阳大气光象、作为太阳象征的鸟、多子的鱼、蛙或其中几类的组合看作与生命高度关联的。尤其是

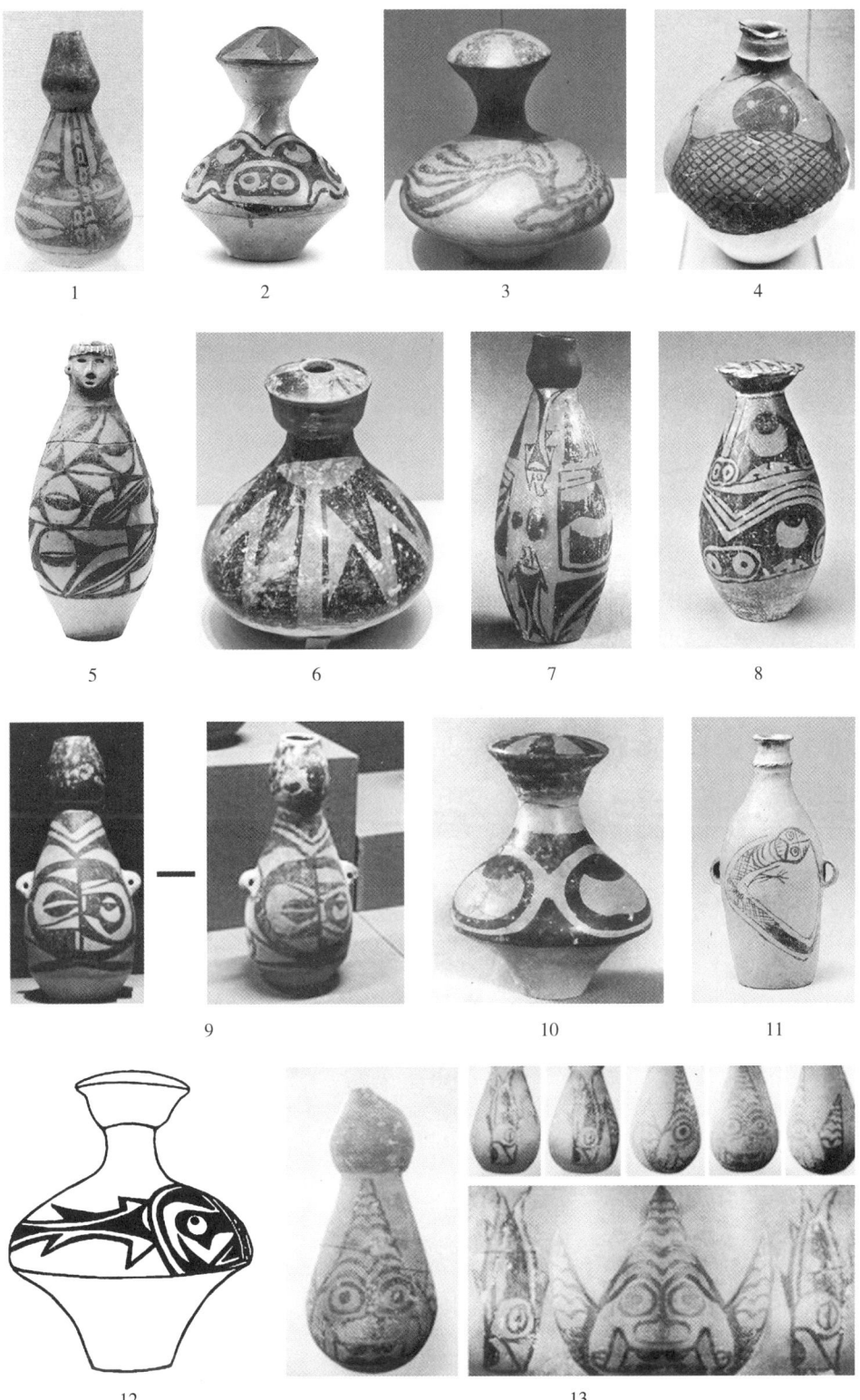

图三 新石器时代彩绘陶瓶上的图案

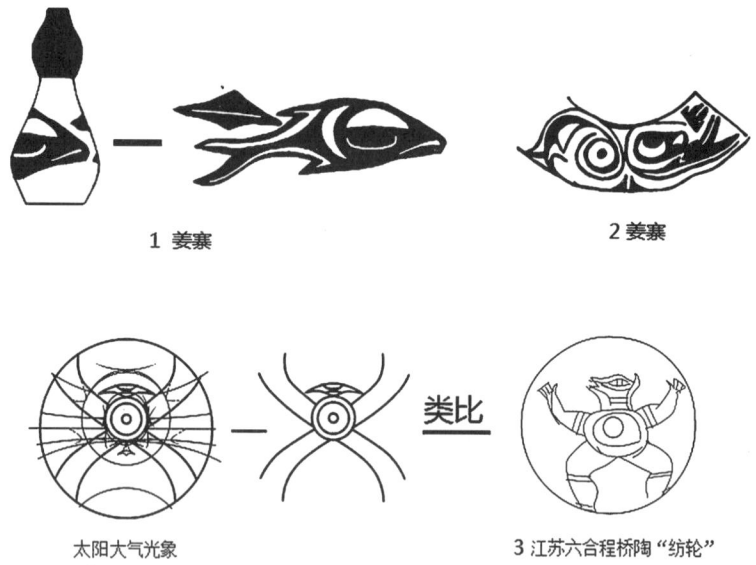

1 姜寨　　　　　　　　　　2 姜寨

太阳大气光象　　　　3 江苏六合程桥陶 "纺轮"

图四　新石器时代陶器上的图案

葫芦瓶上出现的代表阴阳的图案、幼体鲵鱼、多子丰产的鱼形、把女性融合葫芦瓶等设计理念，更是与葫芦本身一起非常明确地用于表达期盼家庭或组织人丁众望、子嗣繁衍昌盛的希望的。另外我们发现这类葫芦瓶常见为随葬品，因此这类信仰其实也有希望死者能够重生的意思，对于成人在另一个世界能够同样获得这些图像所蕴含的人间吉祥场景也是有所寄托。同时，由于时人也有视葫芦为图腾的类似概念，所以结合民族学材料看，也可能具有表达死者魂归图腾的意思。至于目前所知民族学、民俗学中葫芦形器的其他功能，无疑是在这类生殖崇拜和重生信仰的基础上的一种衍生。

▎注释

［1］a.河南文物考古学会：《2017年河南省五大考古新发现》，http://www.kaogu.cn/cn/xccz/20180330/61499.html，2018年5月14日；b.尚元昕、魏青利：《2017年河南省五大考古新发现之荥阳青台遗址发掘》，《华夏文明》2018年第4期。

［2］在黄河流域发现有仰韶文化时期带壁龛的墓葬。青台遗址这座墓葬的壁龛只有一个，位于头部，较为简单，在黄河流域早期壁龛墓中略显特殊。双槐树遗址也有类似发现。新石器时代壁龛墓葬的材料参见秦存誉、袁广阔《黄河流域新石器时代壁龛墓壁龛功能新识》，《洛阳考古》2016年第3期。

［3］在一些文献里被称为"壶"，实际可视为另一种葫芦瓶。

［4］其中图三：1中的鱼目应为太阳大气光象造型。

［5］器物腹部图案为鱼，葫芦瓶口或上端图案为太阳大气光象，可能是太阳22°晕上端的切

弧与帕瑞弧组合。从图三：1中这类两个三角形组合有时只有一个的现象看，可以视为未表现帕瑞弧或者是太阳高度角变高的时候帕瑞弧变得更为平直使然。另一个证据就是，半坡类型葫芦瓶彩绘中的男性生殖崇拜符虽然与这类太阳大气光象很相似，但是明显会增加特征符，像图三：2，鱼数目与其一致。

［6］其中图三：9右中的太阳神人之目为男性生殖崇拜符。图三：13由王仁湘先生制作。详见王仁湘《植物人格化》，《光明日报》2015年11月18日。

［7］该器物头顶图案为太阳形。

［8］其是有六只外鳃的幼体鲵鱼，非常明确地体现了希望多子或重生、再生的意愿。

［9］其中的太阳大气光象造型充当鱼目。

（原刊于《华夏文明》2018年第5期）

论孙家岗遗址出土的后石家河文化玉蛙

顾万发

近年来，湖南澧县孙家岗遗址又出土了数件玉器，由于较为残损，以至于不易于论明其为何物，也有少量新出玉器，为后石家河文化玉器增加了种类，现就M71中一件重要的玉蛙作以论述[1]。

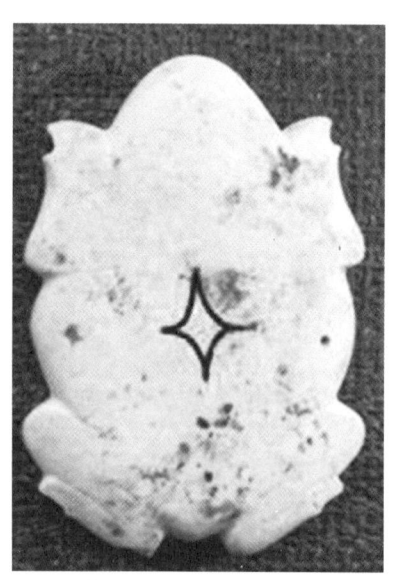

图一　孙家岗遗址出土玉蛙

图二　肖家屋脊出土圆形玉牌

新出的玉器中的这件玉蛙非常重要，尤其是这只蛙的背部有一菱形（图一）。我们曾在后石家河文化中考古发现三件玉器与菱形有关，肖家屋脊有一件圆形玉牌（图二），其中心有一菱形，该菱形有8个同方向旋臂，一周还有近似长方形镂空造型。综合判断，中心的菱形应是真太阳。呼应太阳大气光象中的菱形者，菱形周边及周边的实心部分可能是太阳之晕，较为可能的是22°晕和46°晕[2]。其中还有一件钟祥六合遗址的圆形牌饰（图三），其中心由曲线围成一个菱形。依据我们的判断，尤其从张陵山遗址发现的良渚文化早期陶器盖上的光气围成的亚字形也即一种菱形太阳来看，这也是由曲线光气围成的菱形真太阳，曲线为太阳的光气，圆形牌饰周原可以相当于太阳的光晕。肖家屋脊还有一件菱形牌饰（图四），从其方向以及其所述的菱形真太阳看，其也应是常见的菱形真太阳的视觉造型。圆形牌饰上的菱形代表太阳还有一重要证据，这类圆形牌饰类似纺轮，屈家岭文化彩绘纺轮及崧泽文化纺轮形器物上经常绘制或刻画有与太阳有关的图案，尤为重要的是谭家岭出土的与孙家岗玉器同一年代的圆形牌饰（图五），上面有鹰纹。这类鹰纹，从高庙文化开始就与太阳、太阳大气光象密切相关（图七），有的本身就有菱形，天津博物馆的徐世璋旧藏后石家河文化玉器中的鹰便是这样（图六）。当然，这一玉器中的鹰还与少昊氏有关，应是与"天命玄鸟鸮生商"一样的"天命鹰生少昊或即少昊鸷"之失传神话中的鹰[3]。少昊与太阳有关，这与其呼应太阳的造型也是相符的。

图三　钟祥六合出土圆形牌饰

图四　肖家屋脊出土菱形牌饰

图五　谭家岭出土圆形牌饰

图六　天津博物馆藏后
石家河文化玉鹰

图七　高庙文化陶器上的图案

　　太阳以菱形表达的考古学材料发现很早，最早在高庙文化中就出现多个案例[4]（图八）。在田螺山河姆渡文化中也表现明显。在高庙文化有关遗址及句容丁沙地遗址、萧山跨湖桥遗址中，也发现其与海内克弧相组的例子。另在崧泽文化和良渚文化中的所谓龙首纹[5]（图九）面部有菱形，台北故宫博物院藏山东龙山文化鹰纹圭的鸮之面部有两个菱形，良渚文化半圆形牌饰中的神面中，少量在鼻子上也有菱形。依据我们的观点，他们是呼应鸮之面盘面羽围合的造型，这一风格早在赵宝沟文化中就已出现，在二里头具有鸮元素的镶嵌绿松石牌饰神面、商周饕餮中的案例众多，多数为一个位于额头，少量为两个。不过我们判断，这些菱形尤其在晚期也同时拟合别的神物特征，像同时具有牛元素的饕餮等等。另外，从台北故宫博物院所藏龙山文化鹰纹圭另一面的鸮图像看，其中额头的菱形还同时呼应太阳，因为其首的"介"字形为中心的羽翼纹组成的高冠，同时呼应以太阳光柱为中心的光气，整个造型与高庙、河姆渡、良渚、大汶口等文化以及浙江三亩里遗址的王油坊类型中与太阳光气有关图像类似。至于该龙山文文化鸮鼻子中间的菱形，呼应生物鸮鼻赘上方由面羽围合成的近似菱形，又由于鸮面羽饰在一书中常常背描绘为上下对称或基本对称，所以整体与太阳的海内克弧似乎呼应，所以这一菱形也同时呼应于太阳。整个三代神面纹额头或鼻子中间中的菱形，均属于上述解释体系。

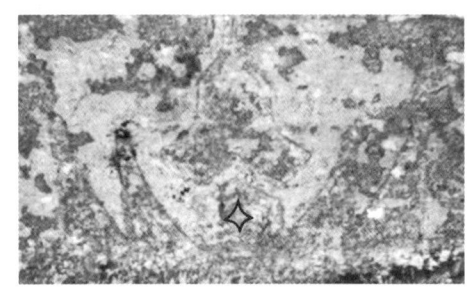

1　　　　　　　　　　　　　　　　　2

图八　高庙文化陶器上的图案

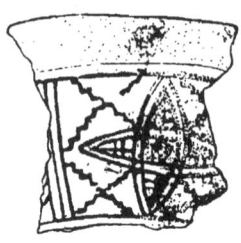

图九　良渚文化玉器　　图一〇　跨湖桥　　图一一　丁沙地　　图一二　赵陵山
　　　　　　　　　　　遗址的 X 纹　　　遗址陶器　　　遗址陶器

　　不过需要注意的是，这些文化中的菱形纹，多数的方向应该是以菱形四角为正方向，这样才会与太阳大气光象中的菱形真太阳拟合。于是我们由此判断高庙[6]、跨湖桥（图一〇）[7]、丁沙地[8]（图一一）、赵陵山[9]（图一二）等遗址所出的菱形与 X 形符号组成的图案中，X 形实际拟合太阳的海内克弧，而非拟合幻日环和太阳柱方向的光气。

　　蛙与太阳有关，似乎是少见的文化传承。文献中曾记载蟾蜍与月亮关联，不过考古学材料表明，蛙或蟾蜍在新石器时代曾与太阳密切相关[10]（图一三）。文献中有不少以蟾蜍为阴的记载，不过从阴阳的辩证和场景考虑，也有把蟾蜍比作阳的记载。

　　半坡文化常见彩陶能够说明这一问题，常见人面鱼纹盆。我们曾经证明人面鱼纹应是人面鱼身的神，整个人面鱼纹为俯视＋正视＋侧视的鱼，即三点透视的特殊的鱼。其中人面位于并相当于俯视及正视的鱼头。这其中的人面，从其他神面的眼睛中的图案经常与太阳大气光象或男性生殖崇拜符或太阳神鸟对应的情况看，显然应为太阳神面及呼应阴阳之阳的神面，其与鱼应组成一组阴阳。我们在仰韶文化庙底沟遗址也发现蟾蜍图像，其中一件在彩陶图案中经常呼应与太阳或太阳大气光象内涵的位置为彩绘，蟾蜍彩绘两侧还有一个圆形。我们曾经论证其为表现太阳、光晕、海内克弧、幻日的综合图像。

　　能够说明蛙与太阳有关的材料还有不少，像石岭下类型、马家窑类型、半山和马厂等类型的彩绘中，都发现过典型的蛙纹，位于常为太阳或太阳大气光象的位置。最典型的一件是马家窑类型的彩绘蛙纹，其背部还有菱形，蛙背圆形正好可以视为太阳之晕，四肢则呼应太阳的海内克弧。菱形在马家窑类型中可以表示太阳还有一些材料可以证明，此不赘述。

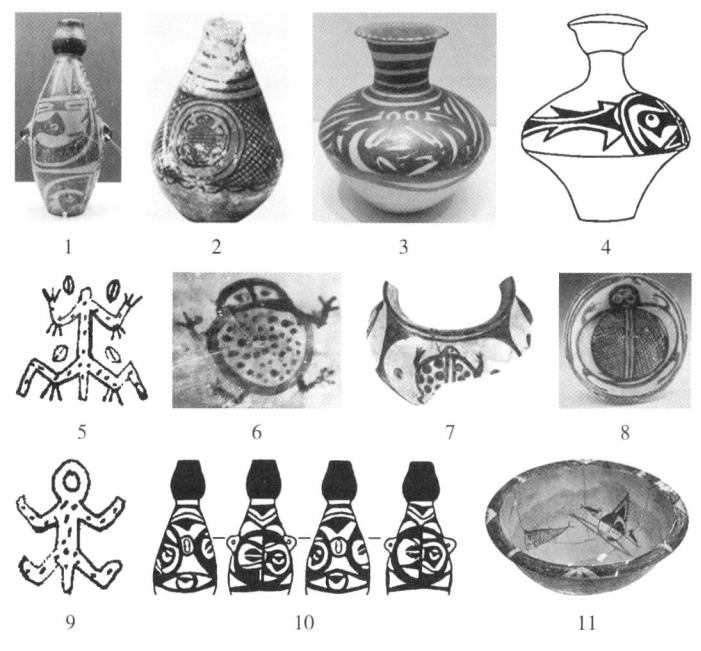

图一三　新石器陶器上的蛙纹

　　在其他像红山文化、崧泽文化、良渚文化、凌家滩文化之中，我们都发现不少有助于说明蛙形可以呼应太阳的材料（图一四）。像红山文化中的鼋，在凌源市田家沟村红山文化遗址中有被刻画在石板上的例子[11]。这些鼋有的为玉质，有的在死者手中，并且为一对，可能在这样的情况下表示的是幻日，死者则相当于呼应真太阳了。良渚文化及南河浜遗址中也发现有少量的鼋素材。这些鼋实际即呼应太阳大气光象，头尾基本呼应于太阳的上下切弧及相关光气，四肢呼应于太阳的海内克弧，圆形背部呼应于太阳的光晕[12]。当然红山文化中的一对者，雌者应呼应月亮大气光象，与呼应太阳大气光象者组合表示阴阳相组的生生不息之气。凌家滩玉版，我们曾经证明其四隅之光气的造型可视为龟甲四肢，则整个有四肢的龟甲也呼应于太阳大气光象[13]。同时玉版四隅的光气造型本来就呼应太阳的海内克弧。整个玉版可能也与数术有关，那应该是其多功能的表现而已。鼋、鳖、龟整个造型基本类似，蛙与他们在造型上也类似，因此我们在彩陶中才发现很多蟾蜍、蛙与太阳或太阳大气光象呼应的材料。在龙山时代，蛙的材料并不多见，然而在陶寺遗址却有一件铜蛙（图一五：1），并且蛙的两侧还有孔。这只蛙在天文学发达的陶寺遗址出土，可能并不限于装饰，其两侧的孔也不限为为系，该蛙很可能呼应太阳大气光象，即四肢呼应海内克弧，头尾基本呼应于太阳的上下切弧及相关光气，四肢呼应于太阳的海内克弧，圆形背部呼应于太阳的光晕[14]，两侧之孔呼应的应是太阳的幻日。

图一四　新石器时代的鼋、鳖、龟造型

商代还出现蹲踞式的蛙、蟾蜍、鼋等，其背部有的有一圆形，可能象征真太阳。像德国欧德赞男爵及夫人旧藏的玉鼋（图一五：2）、安阳博物馆所藏的玉鼋（图一五：3）、妇好墓玉蟾蜍（图一五：4、5）、美国明尼阿波利斯艺术博物馆玉蟾蜍（图一五：6）、美国芝加哥艺术博物馆玉蟾蜍（图一四：7）。妇好墓出土（图一五：8）、赛克勒先生收藏（图一五：9）、美国芝加哥艺术博物馆收藏（图一五：10）的殷墟时期的以圆形表示真太阳的太阳鸟，应是重要证据。东京国立博物馆还藏有一件商代鹰首龟鳖身的玉器（图一五：11），也具有类似文化内涵。有的蜥蜴形的动物，背部还为何有菱形，可能也拟合菱形真太阳，则整个动物则拟合宏观太阳大气光象，上海博物馆就藏有这样的玉器（图一五：12）。

图一五　新石器时代至商代的动物形象

图一六　商代青铜尊上的铭文

有的龟鳖或鼋背部有一离火纹，像郑州二里岗一件铜尊之铭[15]（图一六），显然也应与孙家岗有菱形纹饰的玉蛙表达的含义相关，其也应是拟合太阳大气光象的。在伊朗高原新石器时代出土的一件彩陶罐上有一蛙纹图像，背部为圆形＋菱形，四肢为蹲踞式，我们认为，这也应是拟合太阳大气光象。此类菱形真太阳与其光晕的组合在中国新石器时代的彩陶中有不少案例，例如大汶口文化、仰韶文化大河村类型、仰韶文化晚期南佐遗址、宗日文化中，都出土过这类材料。

鼋、鳖、龟、蛙整个造型有时可以与太阳大气光象呼应的依据，还有一些文献及考古材料互证的材料。其中重要的材料有鳖灵、开明传说、昆仑开明神话及陶寺天文观测设施。扬雄《蜀王本纪》中记载"荆有一人，名鳖灵，其尸亡去，荆人求之不得，鳖灵尸随江水上至郫，遂活，与望帝相见。望帝以鳖灵为相。……鳖灵即位，号曰开明帝。帝生卢保，亦号开明。"《华阳国志·序志》也记载"荆人鳖灵死，尸化西上，后为蜀帝。"另《山海经·海内西经》记载："昆仑南渊深三百仞。开明兽身大类虎而九首，皆人面，东向立昆仑上。"又记载："海内昆仑之虚，在西北，帝之下都。昆仑之虚，方八百里，高万仞。上有木禾，长五寻，大五围。而有九井，以玉为槛。面有九门，门有开明兽守之，百神之所在。在八隅之岩，赤水之际，非仁羿莫能上冈之岩。"关于开明之义，多有解读，然以与太阳有关为是。昆仑九面，开明兽守护，开明兽又负责昆仑圉时，类似生物的时令节气，与陶寺天文台观察太阳何其相似也（图一七：1），尤其是陶寺观象的观测点即是三重夯土（图一七：2），显然拟合昆仑无疑。这样看，开明实际是太阳也就有相当的依据了。这也有助于说明鼋、鳖、龟、蛙与太阳相关的可能性。商代铜器中的图像"鼋"身除了圆点纹，有的还有离火纹，可能表现的是太阳或与火有关的雷纹[16]。名字与太阳有关的鳖灵为荆人也颇有意思，似乎说明后石家河文化区域本来就有这类文化传承，如同项羽名籍之名与后石家河文化鹰之项羽呼应一样。

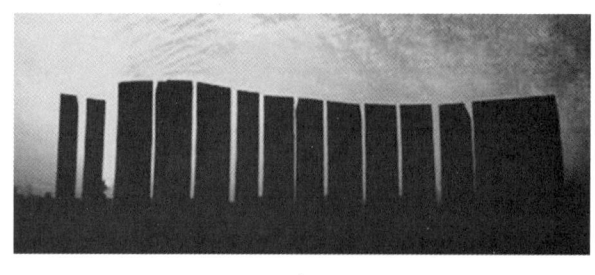

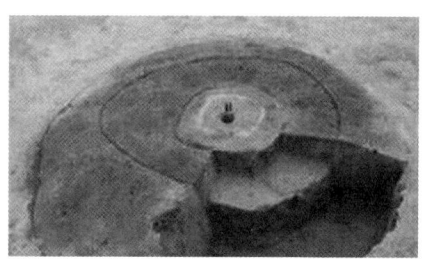

1　　　　　　　　　　　　　　　　2

图一七　陶寺古观象台

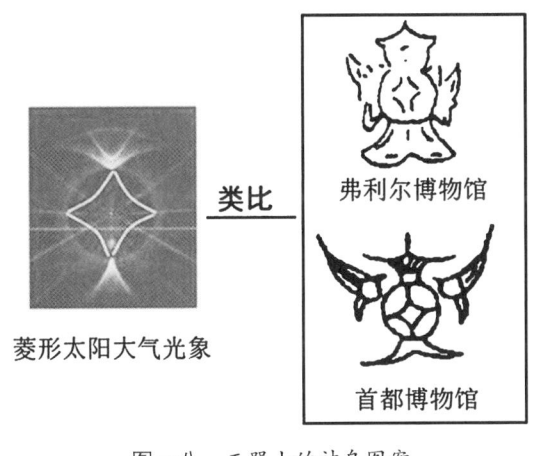

图一八　玉器上的神鸟图案

图一九　金沙遗址出土玉蝉

古代为了使得制作的器物呼应太阳大气光象，有时甚至有变形，弗利尔美术馆藏良渚文化玉璧昆仑形坛符中的太阳大气光象神鸟，其双翅就变形了[17]（图一八），大汶口遗址一件神鸟形背壶上的彩绘太阳大气光象神鸟也是这样，红山文化的勾云形玉器以及商代早期即中期的一些饕餮纹之羽翼也变形了。金沙遗址一件特殊的玉蝉翅膀，也是为了拟合太阳大气光象尤其是海内克弧，并与良渚文化坛符中的太阳大气光象神鸟一样，有所变形（图一九）关于金沙玉蝉的这一问题，我在2017年9月24日四川成都"玉汇金沙——夏商周时期玉文化特展"学术会议上予以论证过。

我们还发现，有些崧泽文化六合程桥遗址的一些蹲踞式鸟首神人也拟合太阳大气光象，当然也拟合神鸟了。晚期的蹲踞式神人首先是拟合各自信仰的神鸟，其次有的也应拟合太阳大气光象，尤其有的四肢与海内克弧明显相关。泉屋博古馆商代铜鼓上的蹲踞式玄鸟鹗神祖便是这样，既拟合鹗又拟合太阳大气光象。

值得一提的是，古人关注太阳大气光象时代很早，若所述早在高庙文化时期就很丰富了。尤其是从这时关注的太阳大气光象已较为全面了，有真太阳大气光象，像菱形、方形、六角形等等[18]，还有幻日，有22°晕的、46°晕的之类，还有海内克弧、太阳22°晕、切弧、帕瑞弧等等。这类材料我们在高庙文化白陶花纹、汤家岗文化白陶花纹、陶器耳朵花纹、河姆渡文化陶器刻画、常州新岗崧泽文化陶猪刻画等均有发现。

中国古代与动物有关的菱形素材数量确实非常多，内涵丰富。像良渚文化中兽面纹鼻子上的菱形或额头上的菱形，首先是拟合鹗的面部神物特征的。常州新岗出土崧泽文化陶猪面部的两个菱形，显然是拟合太阳大气光象及猪面的神物特征。台北故宫博物院所藏龙山时代一件玉圭上的鹗图像，面部有两个菱形，首先是拟合鹗的面部神物特征，其额头的菱形还拟合自高庙文化以来即出现的菱形真太阳，并与其首部表示鹗之簇羽等的"介"字形羽冠拟合大汶口文化的著名刻划符号，同时也拟合太阳大气光象[19]。赛克勒先生所藏一件二里头文化铜牌饰，神面有菱形，鼻子为拟合虎的T字形，所以这一菱形即拟合鸮又拟合虎。夏家店下层文化彩绘神面之菱形纹，显然也是即拟合鸮，若又有虎的成分，则还拟合虎。二里头陶器刻画的龙纹，其首额头也有出现菱形纹的，除了拟合鸮之外，同时还拟合蛇的生物特征。商周饕餮额头菱形纹首先是拟合鸮的，同时也是拟合所蕴含的动物例如象、虎、牛、鹿等的生物特征。考虑到所述台北故宫博物院所藏山东龙山文玉圭鸮的簇羽等还与太阳大气光象有关，以及商周饕餮首经常有羽冠造型，显然额头的菱形也拟合真太阳。我们发现后石家河文化有的獠牙神人之介字形冠上有圆形，显然是太阳，这利于说明三大龙山文化[20]中的"介"字形羽冠与太阳有关的认识。

中国古代对于月亮也应十分关注，理论上月亮也有菱形的造型，客观上也存在着幻月以及相关光晕，只不过不像太阳那样相对而言更为多见和丰富。把月亮表示为菱形的考古材料，在汉代的画像材料中也有发现。仰韶文化中出现的蟾蜍和两侧圆形，有可能也是表现月亮大气光象的。不过我们认为，以下原因不利于蟾蜍菱形表现月亮说。

月亮在早期的关注度总体是低的。关注月亮者，从洪山庙遗址彩绘材料看，多是以月牙形表示的，早期以圆形表现者，只在河姆渡遗址象牙骨板上发现一例确证的材料。以圆形加菱形表现，只在汉代画像材料中有一例发现。仰韶文化发现的蟾蜍及两个圆形的组合，在同一件彩陶图像中相应的位置基本都是与太阳有关的造型，像十字形、发光的圆形太阳等，还有数量众多的以盘形、发光或不发光的弧边扇形表现太阳切弧及帕瑞弧组合的造型。当然理论上这些盘形、弧边扇形也可能表现的是月亮大气光象，但是，半坡以及史家类型中这类符号常作为神面之眼，尤为重要的是同一神面之眼，一只是盘形大气光象，另一只却是鸟之首，或者是男性生殖崇拜符。从姜寨等遗址的彩绘葫芦瓶看，有的还可以互相替代，并且这类神面是常作为半坡文化鱼类之首。显然表达阴阳的这类人面鱼纹之充当鱼头的神人面，应是男性神祖或太阳神祖，这说明该盘形大气光象只能是太阳大气光象而非月亮大气光象。这些材料说明，仰韶文化彩绘中与太阳大气光象呼应的蟾蜍及其附近的两个圆形，只能是真太阳及幻日，与真月亮及幻月无关。关于鳌灵与开明神兽传说，这类四肢造型者曾被视为拟合太阳大气光象，并且这一鳌灵被认为来自于后石家河文化区域的荆州。荆州历史上与孙家岗同属于荆楚文化区域。陕西城固五郎庙出土的商代呼应太阳的铜钺之孔有的为蛙形（图二〇），并且蛙身为典型的呼应太阳的离火纹。另外，南方铜铙发现了呼应太阳的铜铙饕餮双目[21]。少数像湖南浏阳柏嘉铜铙，饕餮双目为蛙（图二一）；也有像湖南株洲朱亭区黄龙乡兴隆村铜铙，变形神面双目为龟鳖形（图二二）。还有在湖南出土的金棋卣图案中，有双蛇形动物围绕蛙形或鳖的图像，有学者认为，这些图像与蛇食蛙、鳖生物现象有关，我们觉得不宜这么认为。其中的蛙、鳖应与所述黄龙乡兴隆村铜铙中双蜥蜴所绕变形饕餮类似，即是呼应太阳的神物，其中蛙、鳖本身也正好可以呼应太阳大气光象。在湖南衡阳县赤石乡出土铜卣图像中（图二三），蛙位于两蛇形神物之间，与湖南株洲朱亭区黄龙乡兴隆村铜铙双蜥蜴形动物绕变形饕餮比较，该蛙与饕餮相似，商周饕餮有拟合太阳神，于是该蛙也可能有太阳神神格，这与蛙的造型有时拟合太阳大气光象的造型相符[22]。还有的蛙位于三层造型之上，该类三层造型实际与战国以来的三层盾牌类似，即都具有昆仑的特征。这样的话，蛙位于昆仑上，也正可拟合太阳神。另在莲塘卣的图像中（图二四），在双蛇形中间还有蛙或龟鳖的，也正可以说明龟鳖和蛙可以拟合太阳神。同时在莲塘卣图像中，双蛇形之间还有蛇形物、蜥蜴形物、鹿、持刀人、鸟等，俨然是一幅泽国图像。不过这并不代表该类图像只是描绘泽国自然和生活景观，从其中龟鳖和蛙多位于中心位置的现象可以获得这一认识。这也可以理解，即以自然和生活为背景，从而使被神化的神物具有一定的场景。这样看来，莲塘卣中蛙所处的场景和角色可能不一样。

图二〇　陕西城固　　图二一　湖南浏阳　　图二二　湖南株洲出土青铜铙
出土商代青铜钺　　出土青铜铙（局部）

1　　　　　　　　　　2

图二三　湖南衡阳赤石乡出土青铜卣

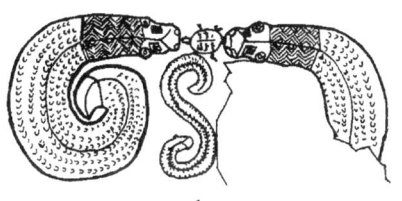

1　　　　　　　　　　2

图二四　青铜卣上的蛇纹和蛙纹

综合地看，蛙、蟾蜍早期确实是可以与太阳呼应的。

综上所述，我们认为，孙家岗这件玉蛙实际呼应的应是太阳大气光象，其呼应的太阳大气光象与所述其他龟、鼋、蛙、蟾蜍类似。尤为重要的是，其身上的菱形，呼应的应是自高庙文化以来就引起古人高度关注的一种大气光象。良渚文化赵陵山遗址发现的一件玉蛙可能也有这样的含义（图二五）。良渚文化玉器图像及陶器刻画图像中有丰富的太阳大气光象材料，可能利于说明这一问题。另菱形为动物所负并表示菱形真太阳的材料在商代依然有发现，像美国弗利尔美术馆所藏铜象尊之小象背部就是一个典型的菱形真太阳。

  　类似

图二五　赵陵山　　图二六　孙家岗遗址　　　　图二七　孙家岗遗址瓮棺葬出土玉鹰残件
遗址出土玉蛙　　瓮棺葬出土虎头

孙家岗瓮棺葬还出土有两只虎头（图二六）和一件鹰的翅膀残件（图二七）。山东龙山、后石家河、石峁三大龙山文化及禹州瓦店、花地嘴等遗址中的鹰，我们已论证其为天命生昊的鸷，与少昊氏密切相关。从济阳刘台子墓、南阳麒麟岗墓出土的后石家河文化的玉器看，鹰、虎可以组合[23]。从弗利尔美术馆收藏的属于邓淑苹女士所言华西系统玉器中的玉刀等器物中的虎食披肩发者[24]（图二八：1、2）的含义看[25]，孙家岗这一瓮棺葬中的虎纹与其他后石家河文化的虎纹一样（图二八：3），是表示代行天帝之命的神物。孙家岗墓葬中未发现神面，但在同一遗址的另一座墓葬中发现了残羽翼纹（图二九），应是神面高冠的一部分。

在一些少数民族，把蛙与鼓联系起来，有的还制作蛙鼓以祈下雨。战国时期南方铜鼓上蛙较多见。这显然与自然现象有关。一般蛙集体鼓则下雨季节来临，蛙也因此得以繁殖。这就显然与蕴含中国古代文化丰富内涵的震泽、雷泽以及雷泽归妹卦有联系。邹县野店遗址的神鸟鬻身饰闪电符、泉屋博古馆商代铜鼓之商人神诞神话图像（其中的龙可能表示的是震泽之震的意思，因为依照易学震为龙，其位于水中，意此地为震泽、雷泽。虎"食"人卤中的龙、商代诸多盘中的团形巨龙可能也有这样的含义。商代盘中的这些巨龙附近一般会有鱼、小龙等，在其周围有时还会有虎、神鸟、鱼组合图像，应该与虎食人卤中虎、蹲踞式神人、器物底端的龙鱼等图像呼应：虎、龙、鱼各自相应，虎食人卤中的蹲踞式玄鸟神组，首先是拟合神鸟的造型，显然应与盘中

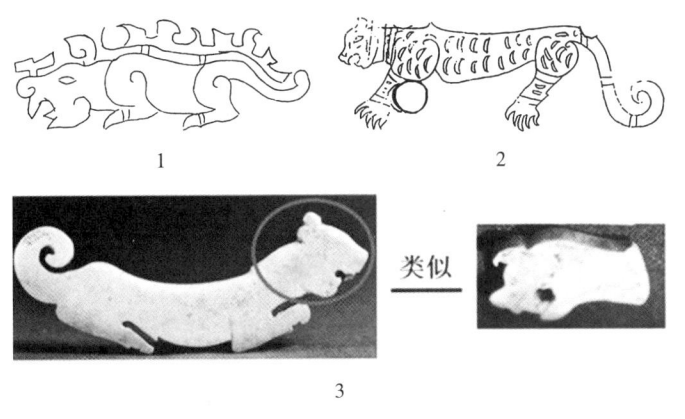

图二八　玉器上虎纹 　　　　　　　　　　图二九　孙家岗墓葬出土玉器残件

的虎、神鸟、鱼组合中的神鸟呼应。整个图像系统是蕴含"天命玄鸟，降而生商"神话的图像叙事。当然也有一些只是以龙、鱼等简单图像来表达这一文化及其内涵的，这应视为神诞神话图像的省略叙事）等诸多证据表明，从大汶口文化开始尤其是商代的上帝与雷神关联密切，商代的蹲踞式神组显然与神鸟有关，即这一造型是拟合神鸟造型的，确切地说是鸮。同时从商代蹲踞式玉人有的身上明确有圆形加十字形符看，显然又是雷神标志，因此，该蹲踞式造型又是拟合闪电的屈曲造型，与卜辞中的申字、雷字拟合。雨蛙、蟾蜍总体上也可能视为是蹲踞式造型，因此其也可以拟合闪电造型。果真如此，则孙家岗玉蛙可能还具有祈雨功能，或可视为同时具备雷神的一些功能。

总之，我们认为，该墓葬中与太阳有关的鹰、与祖先神诞神话有关的鹰虎组合，以及与宏观太阳大气光象呼应的六边形玉器、玉蛙一起，表达的依然是对于神圣祖先的崇拜以及能借此获得天降恩泽、祖先保佑，或者借此也能获得与祖先有关的神圣太阳之神及神蛙的繁衍能力和生生不息之气！

▍注释

［1］赵亚锋：《澧县孙家岗遗址揭示出一座随葬玉器瓮棺墓——孙家岗遗址2017年发掘通讯（二）》，湖南考古网站，2018年2月7日。

［2］石家河文化区域早期的大溪文化中，曾出现许多煤石制作的石器与太阳大气光象呼应，这也说明当地也有这一文化传承。更早的太阳大气光象题材，在高庙文化、汤家岗文化中数量非常多。

［3］弗里尔玉刀之虎"食"船型冠披肩发神人首，实即复原应为蹲踞式，蹲踞式及披肩发拟合的应是鹰的特征，其代表少昊拟人化的鹰神祖。这类虎食神人与商代饕餮、龙、虎食蹲踞式神人或玄鸟鸮的文化内涵属于同类的神鸟神诞逻辑。华西系统的弗里尔玉刀虎食人之所以为

人头，是因为当时三大龙山文化的神人多习惯于以头的造型表现，整体表现的目前看有两类，一类是法国际美博物馆所藏的船形冠披肩发者，一类是上海博物馆所藏的额头饰带者，该类神人为曲上肢对手并蹲下肢的蹲踞式，其他额饰带的人形神面复原的话多数应该类似这样造型。从天津博物馆徐世璋旧藏的三神组合玉刀看，也有首有羽翼纹装饰的神人以神鸟为身的。商代晚期的蹲踞式玄鸟神组，有的拟人形，有的主要为神鸟即鸮形。这样看的话，三大龙山文阿虎中的人首神像的复原结果就是其一主要为人形，另一主要为神鸟形。虎所"食"单纯为人首的风格在商代依然存在。另外，从金沙朱砂口的虎材料看，确实有以奴隶饲虎的现象和文化。

［4］高庙文化太阳为菱形者很多，有的还有光芒，文中图八：2的这一菱形纹更为特殊，其中心为真太阳，其菱形的边界可能为太阳22°晕四周太阳柱和幻日环方向的切弧。

［5］实际是鸮与兽、蛇的组合。

［6］高庙文化中有一类蕴含圆形及X形的图像，代表真太阳或幻日，像高庙呼应太阳大气光象的鹰之图像 ，其中的幻日图像为以真太阳为中心的太阳大气光象造型代表之，此类造型与跨湖桥相关图像内涵都与太阳大气光象有关。

［7］跨湖桥这类X纹，单个为一单元者是拟合海内克弧的，高庙遗址陶豆 上也有这类造型。两个一组者，拟合的是太阳22°晕两侧的光弧的。

［8］这类太阳大气光象造型中的四圭形太阳纹，在高庙遗址、汪家屋场等遗址的高庙文化中，四个方向呼应太阳的海内克弧，在丁沙地这一类彩绘中，拟合的却是菱形真太阳的上下左右正方向。

［9］这类菱形在崧泽文化等诸多文化中发现很多，然其方向我们关注较少，实际上多数方向应以菱形四角为正方向。

［10］其中图二三的这类蛙，在关节处表现的应是拟合太阳鸟的羽纹。其与种子造型组合，可能是因为蛙鼋善于繁殖，并且繁殖季节与农时、春季、雷电、雨季呼应，蛙又可为阳，蛙声又为雷，主生，蛙可冬眠又象征再生，蛙可以食害虫，变化形态生长则似乎有神性，因而古人视其为神物并认为其利于丰收。马家窑文化的蛙，单纯就该文化而言，也可以解释为阴阳之阴，但是考虑到其与仰韶文化表示阴阳之阳的蛙、蟾蜍的联系，还是解读为阳蛙为好。

［11］雷广臻：《红山文化遗址石板上现黄帝文化符号图腾神龟》，《辽沈晚报》2011年12月28日。

［12］多为22°晕。有的有首无尾。

［13］由于太阳在生万物等意义上相当于天神之中心，所以太极图有以太阳为中心的。同时式盘类器物或遗迹，其中心往往是北斗、极星或者太一。

［14］多为22°晕。有的有首无尾。

［15］这类图像在诸多铜盘中出现，有的还与鱼组合，显然表示水泽。为离火，离卦为八卦

之阴卦，呼应水泽。有的甚至表示的是雷泽，与商代有的铜盘中代表震卦含义的饕餮团龙，和表现"天命玄鸟，降而生商"的"鱼·玄鸟·虎"图像等的含义有关。

［16］太阳与雷两神往往可以统一。

［17］该图有利于说明本文中有关菱形太阳大气光象问题。

［18］孙家岗遗址出土玉蛙的这一瓮棺中，还有一件六角形玉块，可能即是六边形太阳大气光象。仰韶文化发现过陶多边形，山东龙山文化中也发现过多件六边形的玉器，均属于这一现象。

［19］这类"介"字形加羽翼纹的太阳大气光象，在河姆渡文化已有丰富发现，既可以拟合太阳周边的光气大概造型，也可以拟合太阳出入之山。

［20］早于其的时代以及晚于其的时代，依然有类似的文化现象存在，不过不像这一时代风格非常典型和较为统一，其他言及三大龙山文化者同。

［21］多数为以太阳形的单旋符表示明亮的双目，少数为各两个单旋符构成的四目，像湖南博物馆所藏一件商代铜铙即为这样▨。神物四目的现象在大甸子墓地一件以鸮元素为主并且鸮喙及嘴巴明显的彩绘神面▨（这些彩绘牌饰一类是以鸮为主，尤其是其喙及羽冠，还有一类嘴巴或脸的下端以虎元素为主）、仓包包遗址神面造型以鸮元素为主并且鸮喙及嘴巴明显的铜牌饰▨中都出现过（各个文化中的这类铜牌饰之神物主要特征是鸮，有的全是鸮，有少量是虎的鼻子。采用臣字形双目的较多，可能是虎的成分），四目特征可能仿自自然界的其他多目生物。

［22］有的蛙双前肢似乎是执着双蛇形物，与淮阴高庄战国墓图像中蹲踞式神人执龙虎图形类似。

［23］从谭家岭遗址出土玉器看，后石家河文化中的鸮、虎也可以组合。

［24］这类披肩发者的披肩发特征，是拟合鹰或鸷。法国吉美博物馆发现过有完整人形的，是典型的蹲踞式，理论上显然可以称为"夋"式或"俊"式，鉴于此，文献中"帝俊生少昊"应是可信的神话。依据我们的观点，山东龙山文化、后石家河文化、石峁文化等三大龙山文化、瓦店、花地嘴遗址中的鹰应视为少昊鸷之鹰形神祖，像商人契之玄鸟神祖一样。孙家岗遗址还出土有虎首残件，从该器物看，其相当于谭家岭完整的玉虎之虎头，这类虎正与弗利尔美术馆玉刀之虎"食"人首图像中的虎类似。因此，后石家河文化中的虎的内涵，可能与弗利尔玉刀虎食披肩发神祖的虎一致，与商代的虎食人卣中的虎的含义也基本一致。总之，石家河文化中的许多虎包括虎头都具有这样的内涵，而与西方白虎、与皋陶生于白虎之白虎都无关，其食神祖应是天帝命少昊鸷及契等神话中天帝命的体现（本文中神祖的主要内涵是生始祖的神圣祖先）。

［25］商代虎、龙、饕餮食人图或饕餮食玄鸟图以及周代的饕餮食周人鸟形神祖图，表达的意思与商代玄鸟或曰具有雷神元素的玄鸟信仰类似，即天命具有雷神元素的神鸟生始祖契。商

代蹲踞式玉人有的身有圆形加十字形符号，从卜辞及我们的综合观点看，显然是雷形。有的雷形符号位于拟人形的神祖脚踝，正与雷、震为足、为胥相符，与华胥氏雷泽生伏羲、姜嫄履巨人迹生稷等神话中的雷泽和雷神生殖崇拜主体元素相符，与文献及简牍中许多神人生于玄丘之水、青丘之泽、央台及泽、在河之洲等类雷泽区域即古代生殖崇拜文化代表区域现象也相符。这就是说，商人始祖生于雷泽，周人始祖实际也是如此。实际上，许多神人神诞神话都与雷泽与神鸟有关，像尧、舜、禹等。其实从《诗经》之关雎篇"在河之洲"，以及大约起源于8000年前的周易核心卦之代表之一的雷泽卦等与婚姻有关的卦象内涵、易学易理看，雷泽和雷神生殖崇拜是中国古代关于万物繁衍的思维主体。这也是周人铜器器耳朵也有饕餮"食"神鸟的现象，显然也是蕴含姜嫄雷泽生稷的内涵。著名的仰韶文化临汝所谓的"鹳鱼石斧图"，学术界多以为是鱼与鹳两个部族之战的体现，也有少数学者认为是生殖崇拜的意识。我们认为，其中的主体是与生殖崇拜有关，因为整个仰韶文化的鱼及神鸟的组合没有表示战争的，半坡文化中著名的"人面鱼纹"，实际人面代表太阳之阳神，其头顶的造型为鱼身，上端的X形为鱼尾，整个"人面鱼纹"实际是面向一条鱼的散点透视加俯视。在史家类型阶段的临潼姜寨，还发现这样的人面可以有獠牙，这种只有下獠牙的现象显然借助了猪的特征，从河姆渡、崧泽文化看，猪在当时可以与太阳高度相关，自然这类鱼的头部之獠牙人首应呼应太阳神，与鱼构成阴阳。又该鹳鱼石斧图中的鹳为白色颜料所绘，与易之震卦颜色相符。同时按照《禽经》及传统药物学的本意，白鹳为阳。所以，鹳鱼图像表达的主要是生殖崇拜。在临汝附近的洪山庙等遗址发现了许多表示阴阳等的生殖崇拜彩绘，更利于说明鹳鱼图像的内涵。

论考古发现的新石器时代几处重要天文遗迹
——从牛河梁第五地点一号积石冢天文内涵谈起

顾万发

　　该遗址核心的第五地点一号积石冢，冢体是一个三层的圆形石坛。对于这一石坛的三重冢界石墙性质，学术界以往讨论的多为与三衡相应的石坛。董婕和朱成杰两位学者依据相关天文软件以及发掘报告关于三重冢墙直径的数据，计算出其与公元前3600年立夏节中候天文昏影终这一时刻的北斗天象图非常相符，其中残存的三重冢界墙分别与天璇、天权、天玑三星绕极轨迹圆周吻合，而且北斗最亮星玉衡也刚好与中心大墓主人的头部吻合，同时天极点也落在了中心石堆的中心附近，相距只有0.8米（图一）[1]。

图一　N5Z1M4及三重冢界墙与公元前3600年立夏节中北斗的位置关系图

　　我们认为这是对于红山文化这类积石冢的新的发现，非常重要。关于这一积石冢的天文内涵及其启示，有几方面值得论述。

　　第一，积石冢的中心应该是北极而非北极星之所在，因为天文星图的中心就在积石冢的中心。由此可以看出，青台遗址北斗九星等天文遗迹中心的黄土台与这一类积石冢中心的石圆台并不是一回事，黄土台应是文献中的礼仪建筑圜丘，是在北极星附

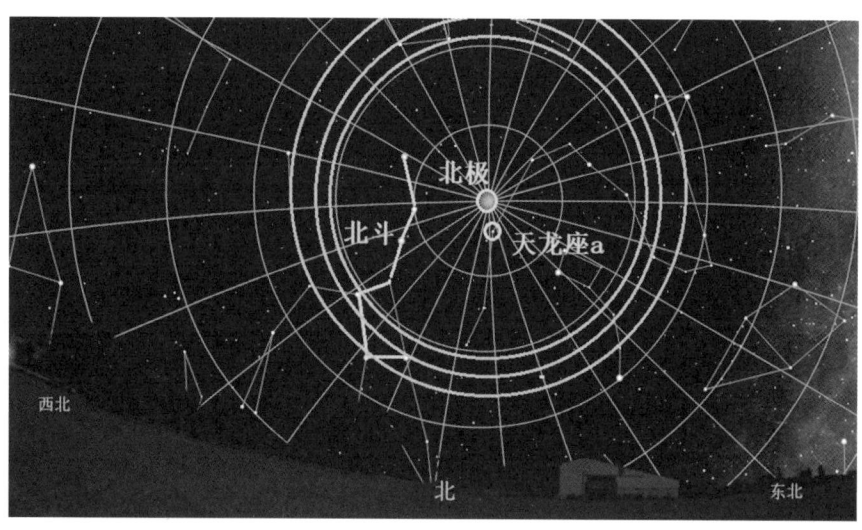

图二　距今5500年左右的北极、北极星示意图

近和北极附近的，不过显然都属于天中范围。

　　第二，根据天文学计算，距今5500年左右的北极星是天龙座a，虽然这颗星亮度有限，但是史前确实有人把其作为极星看待，所述的距今5500年左右荥阳青台遗址发现的北斗九星等天文遗迹是重要证据。但是红山文化牛河梁遗址第五地点的人们并未这样认为，他们可能是以当时的玉衡作为北极星了。从天文星空图看（图二），距今5500年左右，即使不视天龙座a为北极星，这时的北斗的开阳星距离北极的距离也近于玉衡，理论上其也可以作为北极星，但是牛河梁遗址第五地点一号积石冢表明，玉衡可能被视为北极星。这表明，那一时代红山文化区域存在依北斗确定北极星的现象。北极星为玉衡的这一认识有一个重要证据，那就是董婕和朱成杰两位学者所发现的某一时间"北斗最亮星玉衡也刚好与中心大墓主人的头部"对应。从青台北斗九星天文遗迹中的圜丘位置看，圜丘基本位于北极星天龙座a的附近，从陶寺遗址天文观象台看（图三），其观测点也位于

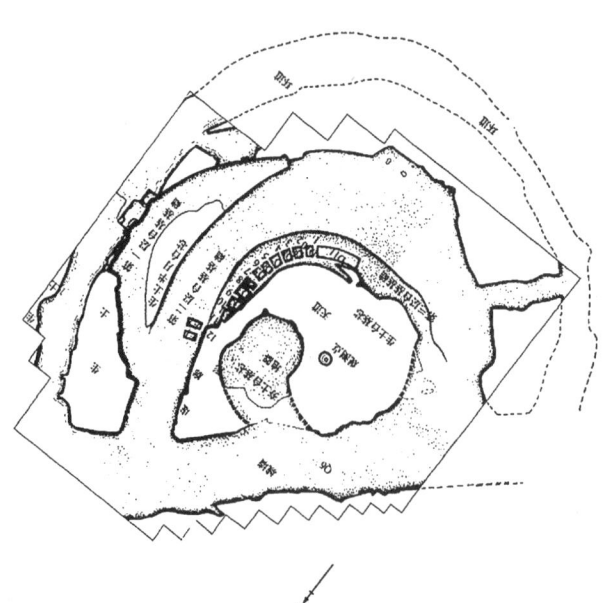

图三　陶寺遗址天圆地方以及具有
天地之中内涵的昆仑式天文观象台

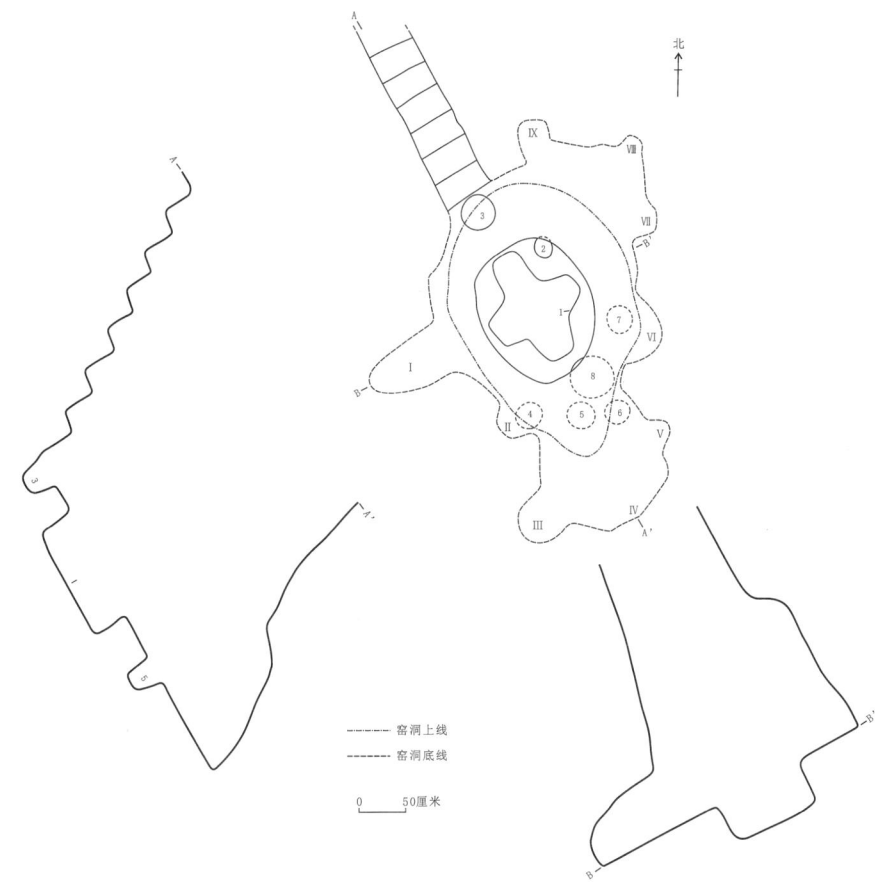

图四　太谷白燕 F504

1-8.底部小坑　　Ⅰ-Ⅸ.窑洞

北极星天龙座 a 的附近，两者都是当时王者和代表性巫者观天的地点，从天人相应的角度看，这一位置应该是呼应天上北极星和天下王者的位置。而牛河梁遗址第五地点 1 号积石冢死者的位置恰好呼应玉衡，而非天龙做的 a，或者表明当时的人们虽然把天龙座 a 视为北极星，但是也只是位于北极星左右，像商周时期卜辞、铭文和文献表明的那样，人间王者死后可以在天帝左右一样，并且这一情况更为符合当时的实际。如是这样，牛河梁遗址第五地点 1 号积石冢死者头部呼应玉衡，就是在傍依北极星的位置予以优选的结果，因为玉衡是附近围绕的北斗星中最亮的星。新石器时代也曾出现北极与地中严格相应的情况，像太谷白燕 F504 即是如此（图四）[2]。

　　第三，死者不在积石冢中心的北极及北极星的位置，这显示了尊北极、北极星的古老传承，死者是傍依天中的，类似文献中所谓的洛邑"依天室"一样。

　　第四，与中原地域的这类天文遗迹比较，早于其的濮阳西水坡 M45（图五），时代与其类似的荥阳青台北斗九星天文遗迹[3]，都表现了北斗星官，却没有表现北斗个星

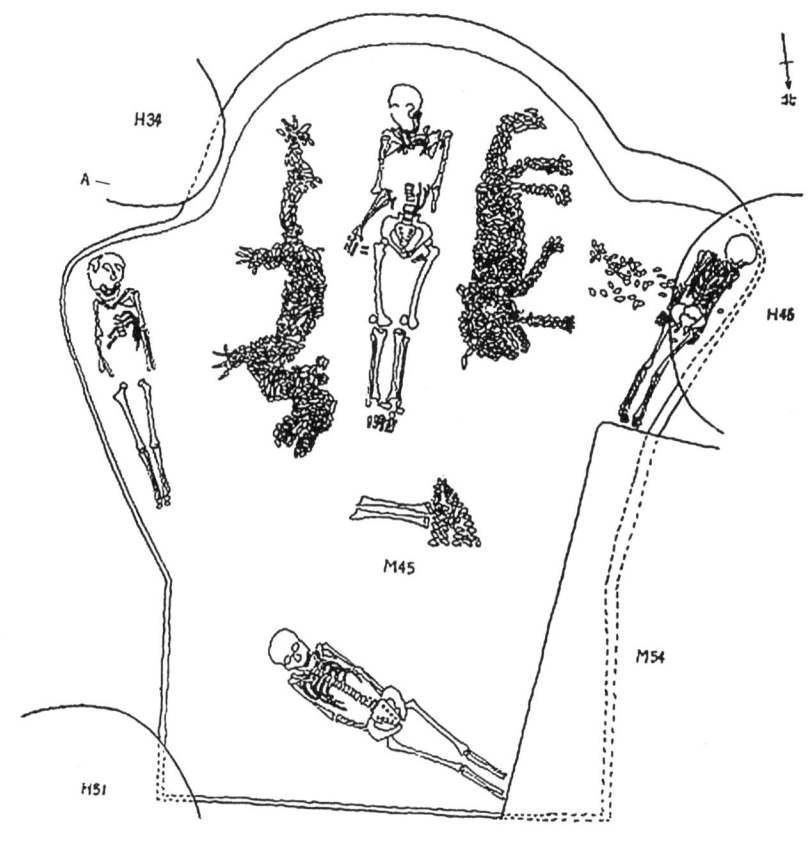

图五　濮阳西水坡M45

的运行轨迹。实际从俯视的角度看，增添其斗魁几颗星的轨迹，即与牛河梁遗址第五地点1号积石冢所蕴含的星象一致（图六）。濮阳西水坡遗址M45的造型线条实际来自三衡[4]，陶寺天文观象台的三重墙实际也是表示三衡的[5]。

第五，我们认为这样的三层实际还有一定的寓意或者对于晚期三层的含义有启发。其表达的是天中三层的意思，而非地中昆仑的意思。

第六，历代的祭天之坛多为三层、三重或三层颜色土奠基，有的三是三衡，有的三是斗魁天璇、天玑、天权三星的轨迹。不过有的是象征性的，无符合实际的数字规则，但是依然是象征三衡或斗魁三星轨迹。这类现象在红山文化中都应存在。其他像良渚文化等新石器时代文化中的方形三重应为地中的概念。

第七，红山文化这类祭坛多有墓葬，也有没有

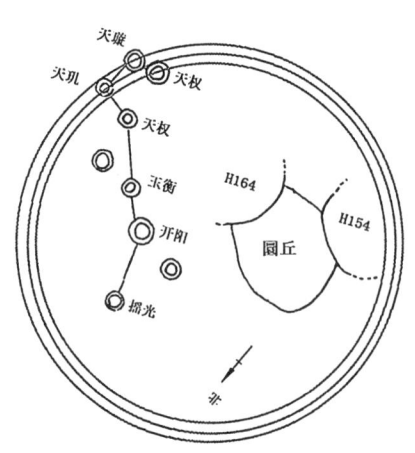

图六　青台北斗九星遗迹

的。良渚文化及崧泽文化祭坛多有墓葬，良渚文化中也有少量没有墓葬，以城头山遗址为代表的大溪文化早期祭坛是有墓葬的，不过祭坛中也有呼应星象的圆形埋石头单位[6]。仰韶文化这类天文祭坛像青台北斗天文遗迹是位于墓地附近，本身有少量瓮棺，不过似乎不是墓葬，但是又不太有规则，不太可能像濮阳西水坡M45一样，是表示羲和四子的，所以有可能是祭祀。青台遗址北斗九星天文遗迹发展到大河村四期时，应已废弃，不过在这一区域还发现有祭祀祖先和农业祭祀的迹象，并且在祭祀祖先的场地也发现四个两组头向相对的墓葬，可能是以人祭祀的行为。在郑州双槐树遗址还发现墓地中有祭坛，其中发掘的这个祭坛上面没有墓葬。这也有利于说明新石器时代的诸多与天有关的祭坛，与地坛、墓地祭坛有的有别，有的有联系。

▍注释

［1］董婕、朱成杰：《牛河梁红山文化遗址建筑设计思想研究》，辽宁科技出版社，2016年；董婕、朱成杰：《现代科技破译古老璇玑——牛河梁再现黄帝族新证》，光明网2016年7月13日。

［2］顾万发：《太谷白燕F504古天文学及古地理学内涵初步研究》，《田野考古与艺术史研究论文集》，科学出版社，2018年。

［3］顾万发：《荥阳青台遗址仰韶文化北斗、圜丘、土臼等一组遗迹及相关问题研究》，兰轩谈古的博客，2019年2月11日。

［4］冯时：《中国天文考古学》，中国社会科学出版社，2010年。

［5］何驽：《怎探古人何所思——精神文化考古理论与实践探索》，科学出版社，2015年。

［6］以石头呼应星相是一种文化。

论高庙文化中獠牙兽的动物属性、神格及相关问题

——并论中国早期艺术史中的"太阳大气光象"母题

顾万发

高庙文化中著名的獠牙兽，多数是四个獠牙，少数为两个獠牙。多数为正视，少数为一半表示侧视并进一步代表獠牙兽（图一）。这些有獠牙者来自何类的自然动物，它所代表的是什么神，不少学者都对此予以高度关注，并且做了深入的研究[1]。笔者以为，不管是什么时期的这类神兽，至少应该把其头和身分开来讨论，这样才利于精确地说明相关问题。

高庙文化刻划模印图案的獠牙兽没有身体造型，所以暂不讨论为何类身体。就其獠牙或神面来看，应该来自于虎，其神格应该是太阳神系，并与太阳大气光象高度相关。这些獠牙者，单独从文献上的"虎"字与"昊"字、"昊"字与太阳高度关联的角度看，是可以把其与太阳大气光象予以关联的，但是似乎又缺乏同时代的更为确切的依据。其实不然，高庙文化或其他文化中证明这类獠牙所来源的动物类型尤其是其神格的证据非常丰富。

笔者认为，这类獠牙造型来自于虎，代表的神之神格适时地为太阳神大气光象之真太阳神，或幻日神。兹作论证。

一

明显有四獠牙的兽，在自然界的野生动物中最为突出的是虎、豹、犬、熊等，因此有这类獠牙的所属动物应在这类动物之间。

二

在松溪口遗址的高庙文化中，出土有包括蚌塑虎（包括豹，下同）的祭祀遗迹（图二）。

三

除了大溪文化，在高庙文化中最为重要的另一传承者——河姆渡文化中，在造型

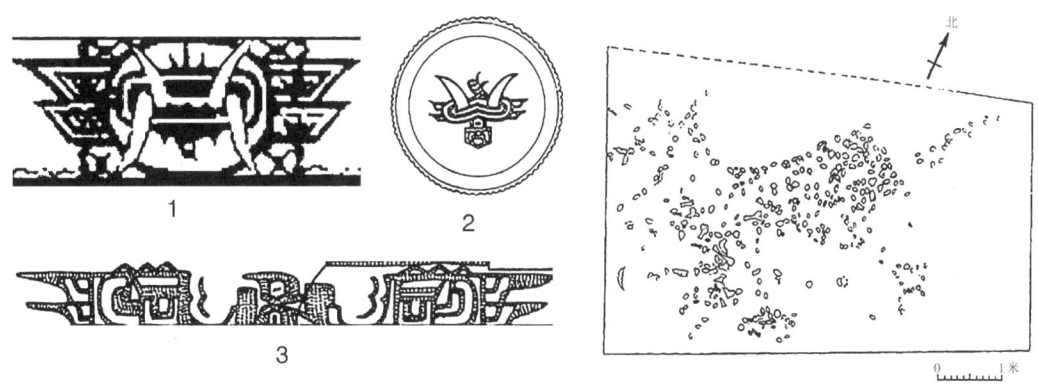

图一　高庙文化陶器上的獠牙兽　　　　图二　高庙文化松溪口遗址的蚌塑虎遗迹

都是对应太阳大气光象的"碟形器"。例如图三：1，左右两只幻日神鸟的中间（幻日神鸟并不仅仅对应幻日，还包括其他光气等，下同），就有明显属于虎类的两只动物，根据诸多的材料看，一般"碟形器"中间的部分就是真太阳、真太阳之晕、22°晕的切弧、帕瑞弧、洛维茨弧等全部或部分具体太阳大气光象。显然，这其中的虎类应该是运输和象征真太阳的。河姆渡文化中也出现过应该是真太阳的虎类动物（图三：2）。

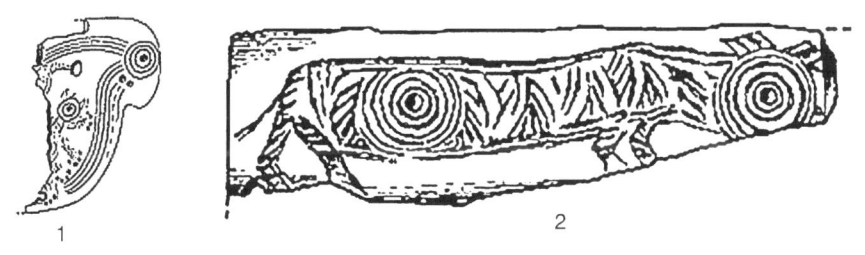

图三　河姆渡文化图案

高庙文化正视展翅神鸟两翅膀上，有时为几何化的太阳幻[2]，有时则为四獠牙神兽正面，有时又为四獠牙神兽面的"一半"或曰假性"侧面"。这说明，幻日神兽也可以用代表真太阳神的神兽造型或其半予以表现。这自然容易理解，因为幻日同样也可以视为太阳，古代多个太阳神话就可能反映了古人对此类太阳大气光象问题的思维图式。

在高庙文化重要传承者河姆渡文化及其他的重要文化如凌家滩文化、赵宝沟文化中，河姆渡、田螺山、凌家滩、内蒙古小山等遗址出现了以猪、鹿、鸟等象征和运输幻日、太阳光气"结点"及附近光气的素材[3]。河姆渡遗址河姆渡文化中的有关图案，中间为以羽翅表现的太阳光柱、附属光气及相关晕弧（图四：2、3），甚至有以太阳造型表示眼睛、以洛维茨弧、太阳22°晕之切弧及菱形光块或相关光气[4]，示意太阳神及其头冠等拟人的造型（图四：1）。图四各个图案的构图模式如下：中间为对应真太阳并包括相关晕弧的真太阳神，两侧为对应幻日及相关光气的神猪、神鸟，这与高庙文化中间真太阳神（獠牙神兽或菱形等）、两侧为幻日神之獠牙神兽（或八角形及晕弧等）的结构非常相似（图四：4）。

图四　河姆渡文化（1～3）与高庙文化（4）的图案对比

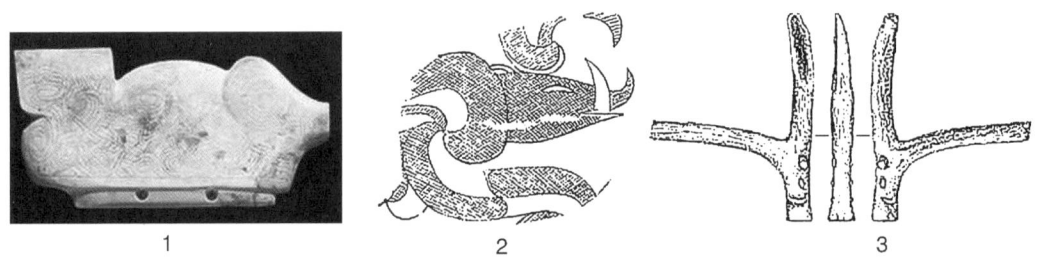

图五　良渚文化（1）、赵宝沟文化（2）和顺山集遗址（3）出土器物

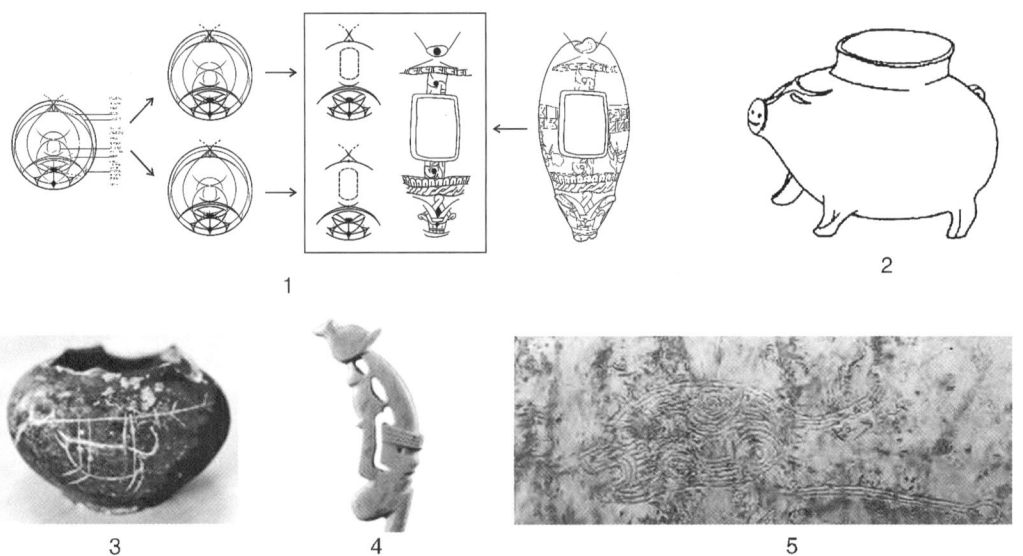

图六　新石器时代陶器、玉器上猪的形象

　　另外，在日本东京国立博物馆所藏的良渚文化玉器中，出现了具有明显四獠牙的猪（图五：1）；红山文化中出现过四獠牙的 C 形龙；内蒙古小山遗址赵宝沟文化的陶尊上，有两獠牙的猪首蛇身有翼神龙（图五：2）；在江苏顺山集新石器时代早期遗址的鹿角上，发现雕刻有神兽，报告作者林留根认为，是有两只獠牙的猪（图五：3）；在凌家滩遗址，发现有两獠牙的巨型石猪。动物学上，不少野猪虽然有四獠牙，但往往只有两只较为突出。这些情况似乎说明，高庙文化中的四獠牙或两獠牙者也有可能是猪，但综合前述及从高庙文化的动物整体崇拜材料看，应该不是这样，该文化中的四獠牙或两獠牙者只能是虎豹类而非猪，两獠牙应视为四獠牙的省略。

　　当然，这些并不是说对于太阳大气光象来说，猪只与幻日相关，而与真太阳不相关，事实上，猪是可以与真太阳相关的。在常州新岗遗址崧泽文化中，我曾发现确切的案例。例如在新岗遗址崧泽文化中，曾发现一条周身刻满图案实即各类太阳大气光象的"猪尊"[5]（图六），从面部中间沿着脊背到达尾、腿的图案明显是包括菱形真太阳、22°晕、切弧、上切弧内的菱形光块、46°晕、太阳柱方向的其他弧等诸多具体太阳大气光象。在时代相近的薛家岗文化、龙虬庄文化中，也发现大量这类的陶猪尊（图六：2，不过，时代接近的双墩遗址陶器底部的双猪应与河姆渡文化中的双猪一样，与幻日有关，单猪者若不属于没画完的双猪的话，应与真太阳有关）。虽然它们身上没有图案，但在理论上应该是与常州新岗猪形陶尊一样，都是有关太阳大气光象的载体和比拟，并且这一比拟与猪天然地具有神话中所谓的"混沌"及"昆仑"等类的特性有关。同时我们发现，江苏兴化蒋庄良渚文化遗址中，类似弗利尔玉璧刻画符号中表示太阳光柱及有关晕弧的坛台——高柱（下端的人字形对应太阳22°晕之切弧等）造型中有猪的造型，系于太阳柱中心线条上。显然，这里的猪示意的是沿着太阳光柱升降的太阳（图六：3）。这一特殊符号，总体与赵陵山神人头顶太阳光柱及其上的小神兽即猪的组合及内涵一样（图六：4）。不过，这类沿着太阳光柱升降的太阳，有时不排除包括有连珠的幻日现象。另外，蓝田山房所藏的一件良渚文化的玉璧上所刻的猪，对应的也应是真太阳（图六：5）。

　　从高庙文化、河姆渡文化、大汶口文化和红山文化中以太阳光柱或及相关大气光象之晕弧及其附近光气为表现主体的三角、三层、三重之压印或刻画或雕刻图像（图七）看，"昆仑"最初是与太阳有关的，战国以降才开始出现与北斗高度对应的现象[6]。高庙文化中有众多的蕴含"昆仑之三"（三角、三层，下同）的图像，多位于与较全面的"太阳大气光象"对应的展翅神鸟之间，展翅神鸟之翅膀或尾翎多数时候还作为以太阳光柱等为主体的太阳大气光象两侧一定颜色光气的近似尖首形的边界（参见图七：20、22，这类尖首形与中洛维茨弧应该无关，不过高庙文化中还有一些圭形的尖首形，可能与切弧之菱形有关）。更为明确的是，该类以太阳光柱等为主体的太阳大气光象，有的上端还有羽翅或气体组成的尖首形（图七：20），有的总体还模仿神鸟的造型，该造型的下端有的还有菱形真太阳或代表真太阳的獠牙兽，如高庙的 ⛰ 等。河姆渡诸多著名的"蝶形器"图案及本文图七：12、13 等，毫无疑问均是太阳大气光象的写照。河姆渡文化诸多反映太阳大气光象信仰的图像、骨牙制品，我们认为是高庙文化的直接传承（河姆渡文化的高端信仰和精神产品都有高庙文化的素质），甚至可以说是高庙文化精神的嫡系。学术界广泛关注的象牙器首的所谓"蚕"纹之"介"字形（图七：18、19），其实并不是学界广泛认可的什么蚕，而是数量众多的"介"字形的以太阳光柱及相关晕弧为中心的太阳大气光象。图七：13 这一著名的河姆渡图案，主要内涵及部分结构均传承自高庙文化，其各部分包括的太阳大气光象的具体内容有太阳光柱及附属光气、幻日神猪、魏格拉弧及附近S形光气、对顶幻日及右侧光气、太阳 22°晕、较高太阳高度角下的洛维茨弧（对应主弓形）、太阳 22°晕之上切弧和外凸的帕瑞弧，等等。

图七　新石器时代陶、玉、骨器上的图案

1～11、20～26.高庙文化　12、13、18、19.河姆渡文化　14、15.大汶口文化　16.红山文化　17.良渚文化需要特别说明的是，该件器物图案的阅读方式颇有争议，实际从太阳大气光象角度看非常简单，猪首左右向上的视角就是正确的"阅读"和放置方式，因为猪是代表象征和运输幻日的，幻日则是随着太阳高度角增加而向斜上方渐远的。图八有关高庙遗址高庙文化的特殊图案，只有以太阳大气光象角度解读才可以的案例，更易于说明这一问题。

猪与太阳大气光象关联，在中国古代的有关神话中也有体现。如《庄子·大宗师》的论道之章节中，庄子就列举了不少古神古帝："夫道有情有信，无为无形；可传而不可受，可得而不可见；自本自根，未有天地，自古以固存；神鬼神帝，生天生地；在太极之先而不为高，在六极之下而不为深，先天地生而不为久，长于上古而不为老。豨韦氏得之，以挈天地；伏戏（羲）氏得之，以袭气母。"清代王先谦注《庄子》曰："豨韦是豕韦，盖古帝王也。"这就是说，豨韦是猪韦，是一位古帝王。饶宗颐在《红山玉器猪龙与豨韦、陈宝》[7]一文中，把红山文化玉猪龙与豨韦氏予以联系，认为豨为猪，韦同围，豨韦正是对玉猪龙回旋之状的描述，玉猪龙正是豨韦大神[8]。

从有关文献中可知，古人认为豨韦氏早于伏羲氏，其得道后"以挈天地"，是一位创世神。结合中国和世界古代的创世神话、太阳生殖崇拜信仰及诸多其他太阳神崇拜的材料看，这一豨韦氏确实应该与太阳大气光象密切相关。不过笔者认为，红山文化已发现的枭角、鸟目、猪鼻的C形玉龙之成对者，应该和兴隆洼文化、河姆渡文化、凌家滩文化、红山文化、良渚文化、双墩文化相关遗迹、图案及玉器中的双猪一样，与幻日神有关，方向相反表示真太阳两侧幻日运行的方向相反，如同新石器时代或更晚时期考古发现或《山海经》等记载的诸多神人或死者两耳附近的玦类、小神人、珥龙、珥蛇以及高庙文化以来不少器物两耳上的与太阳有关的图案之象征意义一样，基本都是代表"幻日（及附近光气，下同）"和象征"运输"幻日的。不过有时采用了真太阳常用的造型构图，并且单耳图像也有表示真太阳的，例如新石器时代直到商周时期，器物把手常见神鸟造型，马桥一件良渚文化陶杯的把手，就是太阳大气光象神鸟负八角形真太阳，与类似凌家滩负八角形太阳并有双幻日神猪翅膀的神鸟相类似，因此玉猪龙可能不是豨韦大神。由于猪同样可以代表包括真太阳在内的诸多太阳大气光象，所以真正的豨韦大神应该是这类猪神，豨韦之韦说的应该是猪的混沌、胖圆、周身对应太阳各种幻日、光气、光晕及弧等所具有的"韦"的特质。

所以，高庙文化阶段，獠牙者来自虎类；河姆渡文化阶段，能确切说明与真太阳有关的动物属性除鸟之外就是虎。高庙文化风格的圭首太阳柱、月牙形切弧等太阳大气光象符号的田螺山非常重要的著名陶鸟，其身上的猪、鹿确切地说，是代表"运输"和象征"幻日"，该陶鸟本身则是包括真太阳的大气光象的整体性比拟。河姆渡文化中，双猪类、双鸟类图像和造型也是象征和代表"运输""幻日"的，其中间位置则是包括真太阳的或隐含真太阳的。而崧泽文化中，猪可以明显对应包括真太阳在内的太阳大气光象。良渚文化中的四獠牙神兽整体轮廓、位于鼻子中间的"菱形"等具体造型主体，显然主要来自崧泽晚期、良渚文化早期的被有些学者视为编织纹、气纹的太阳大气光象图案，如赵陵山的 ❀ 纹，等等，因此自然是包括真太阳的。这里需要特别予以说明的是，良渚文化神兽的四獠牙也似乎可能有的是仿自猪，因为日本东京国立博物馆所藏玉猪就有四獠牙。但是综合整个造型及文化系列看，应该是仿自虎类，因为这是自高庙文化以来的悠久传统，龙山阶段及其以后说明其来自于虎类的证据更是常见。不过需要明确的是，良渚文化中可以在整个神兽中再分出一类的神兽，常位于"蚩尤环"、玉璜之上，也有少量的位置更特殊，像何鸿卿所藏对应太阳大气光象的三叉形器，其位于左右两侧，大雄山官井头遗址一件冠状玉器，其位于冠之左右。这类神兽造型主体也基本来自崧泽晚期、良渚文化早期以菱形或十字形为中心的太阳大气光象图案。在考古学上，这类神兽及其直接来自大气光象图案，更早的渊源也早及高庙文化，它们有牙齿，但是都没有明显的獠牙，从良渚文化三叉形器、冠状器等几乎所有新石器至于三代重要礼仪神性玉器、礼仪图案基本都与太阳大气光象对应的情况分析，其显然可以充当幻日神兽，只不过其造型与三叉形器、冠状器之中心的太阳神兽一样，都采用了包括真太阳在内的大气光象主体来构型。这就像高庙文化幻日神与真太阳神都可以以八角形或四獠牙兽表示的情况类似[9]。

四

证明该类獠牙神兽有时是真太阳神的造型[10]的材料，在高庙文化（图八）及晚一些的有关文化中大量存在，并且其本身产生和衍生的诸多文化符号在中国早期艺术史及宗教信仰史的起源、发展和形成过程发挥了非常重要的作用。但由于学术界很少从"太阳大气光象考古学"的角度予以审视的原因，因此很少被发现和识别。

高庙遗址高庙文化中白陶图像的俯视图案（图九：1~3），其中的四角方向的部分或这些部分的中央，从图九：8等视觉太阳光芒情况看，似乎可能属于太阳的光芒线。但是，这些光芒线是一般常见的光芒还是较为重要的具体太阳大气光象？这一问题非常重要，因为这直接关系到其中心图案对应太阳大气光象的哪一具体部分，换言之，它关系到这一獠牙兽具体和准确的太阳大气光象内涵问题。

我们知道，一般太阳的光芒线，从自然视觉或眯眼观测看到的有四芒、六芒、八芒，等等。考古学材料中，存在把这类太阳多芒艺术化、简单化的问题，例如光芒之间本来距离有不等者，却被简单化为都是相等者，或者只选择其中基本相等者作为相

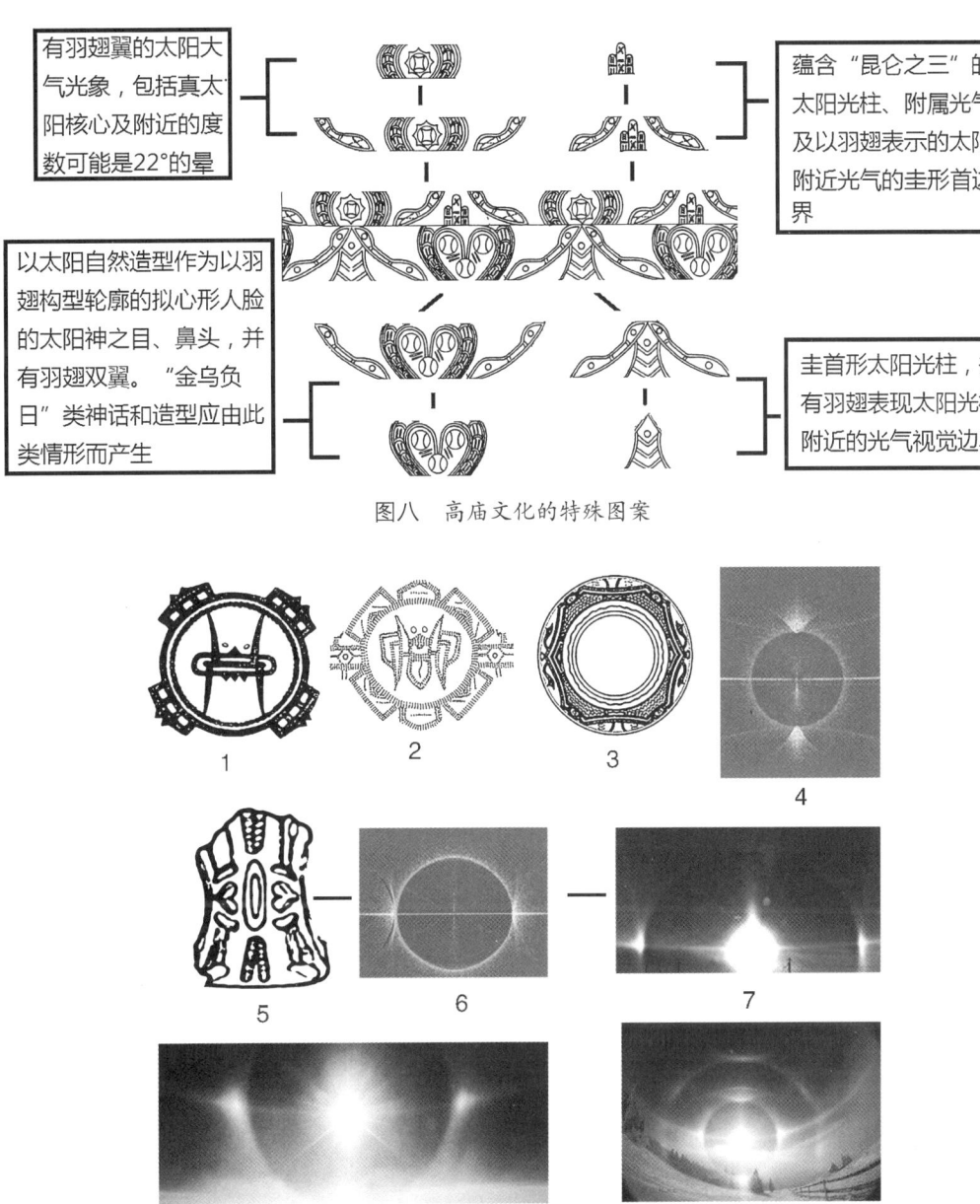

图八　高庙文化的特殊图案

图九　高庙、汤家岗遗址陶器纹饰

1、2、3.高庙　5.汤家岗　4、6、7、8、9.太阳大气光象

等、不相等太阳光芒的代表。不过，从自然或眯眼观测看，超越太阳22°晕之圆形外的除海内克弧（Helic Arc）及幻日环和太阳柱方向的光芒外，其他较为均匀并且明显的多芒或22°晕本身有较为均匀的多芒太阳，应该是观测不到的。

另外，单从图九：1～3的四角之造型看，似乎图中的圆形还有可能是一般的表示太阳的常规造型，但是结合图中的菱形、圭形、羽翅等方面综合判断，其整体显然是包括真太阳在内的太阳大气光象。确切地说，三图案中四角造型，有的是全部，有的是部分，应为太阳大气光象中的海内克弧的一部分。图九：2中的四角造型似乎更为特殊，它还适宜比拟神鸟四翼，四翼的边线可能还蕴含22°晕的上下切弧（Tangent　Arc）以及太阳22°晕两侧特殊的洛维茨弧（Reflected Lowitz　Arc），并且上下两端的圭形还对应太阳22°晕的上下切弧及其中心，用以比拟和表现与较为全面的太阳大气光象对应之神鸟（非一般意义上的太阳鸟，良渚文化中有多个，像图一〇：2~5）的首尾，其中的圆形自然最可能应视为太阳的22°晕，中间的四獠牙兽对应的则应是太阳22°晕内的部分或其核心，四獠牙还同时模拟太阳22°晕内的亚腰形太阳柱。🐦与🐦中的横向宽带，应该对应于太阳幻日环方向上位于22°晕附近的部分光气，其中横向宽带上方的羽翅以及下端的竖直线造型，也可能与太阳22°晕两侧的洛维茨弧末端有联系，整体可认为是属于比拟的神鸟之翼的部分，其菱形显然是真太阳两侧的22°幻日（Sun Dog）[11]。

图九：3中的四角也较为特殊，牵涉到的具体太阳大气光象与图九：2的情况类似，当然具体构形取舍并不完全一样。不过，与图九：2不一致的方面主要是其四角不宜比拟为四翼。当然，整个造型也不宜与一只较全面太阳大气光象对应的神鸟比拟。图九：3两侧的羽翅，是幻日附近的上下洛维茨弧的末端，两侧端的近似菱形或近似圭首形是22°幻日，接近太阳22°晕的三角形则对应上下两条洛维茨弧与22°晕围合的空间，

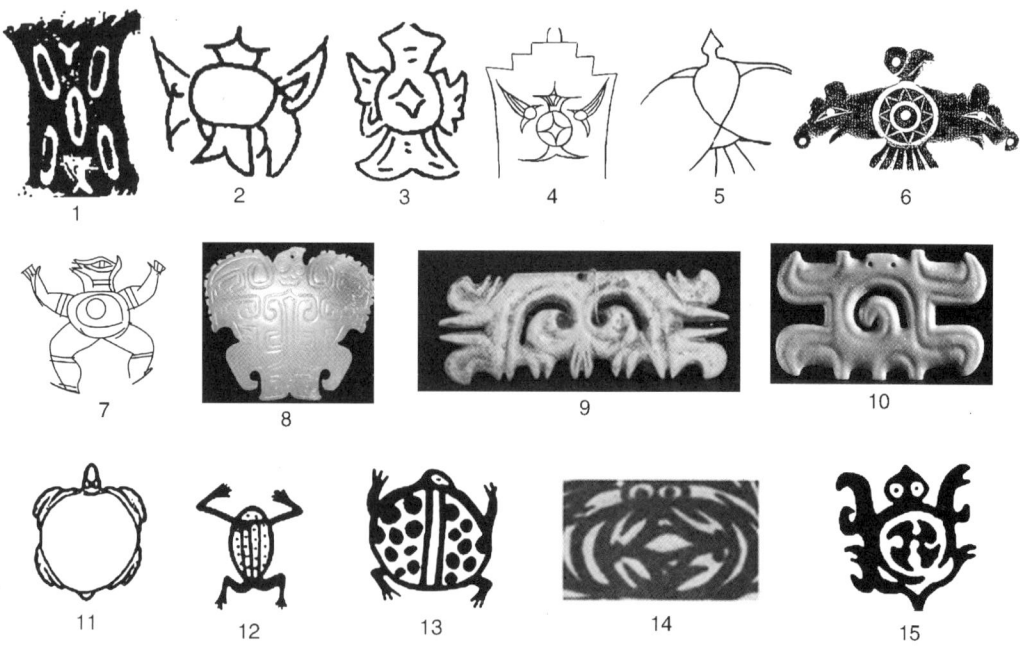

图一〇　新石器时代陶、玉、骨器上的图案

1.大溪文化　2~5.良渚文化　6.凌家滩文化　7.崧泽文化　8、15.商文化　9~11.红山文化　12、13.仰韶文化　14.马家窑文化

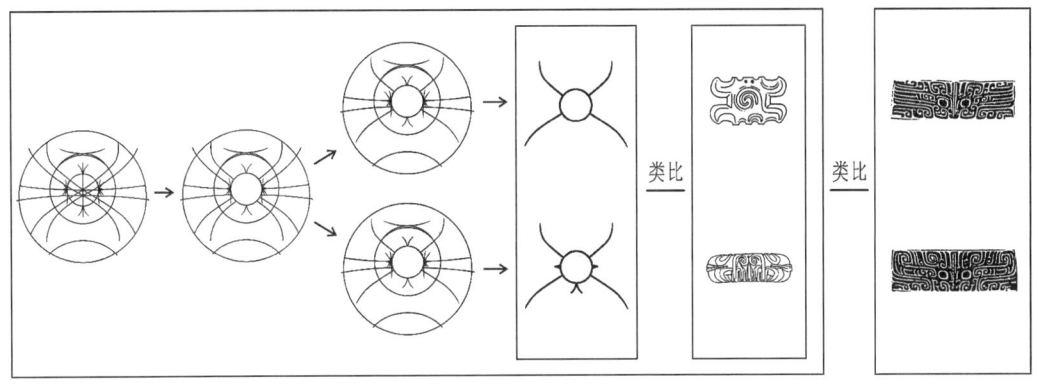

图一一　太阳大气光象、勾云形玉器、商早期饕餮纹关联图

上下端的造型似乎应是太阳22°晕的上下切弧，位于多角形内圆形上下端的四根线条似乎是太阳神兽的四个獠牙，但是考虑到位于多角形内圆形上下端的四根线条中间还有圭首形，所以我们认为，多角形内圆形上下端的四根线条及其中间的圭首形，对应的应是太阳22°晕上下切弧，包括其中心的圭首形，其外上下两端各两个共四根线条具体对应的应是太阳的内凸帕瑞弧（Sunvex Parry Arc）。以上论证，参见图九：4～9之汤家岗高庙文化的太阳大气光象考古材料和自然界中的太阳大气光象素材。

与太阳大气光象类似从而符合互渗律的特殊造型的太阳大气光象图像，在同时期和稍晚的文化中得以全面传承，例如诸多文化中具有礼仪神秘意义的具有人的一些特征的神圣蹲踞式、河姆渡文化、红山文化、仰韶文化、崧泽文化、良渚文化、龙山文化、马家窑文化、商周文化等文化中与太阳大气光象之海内克弧或及亚海内克弧（subelic arc）呈现的天然的蹲踞式形状高度比拟的（或与包括海内克弧或及亚海内克弧等较全面太阳大气光象对应的）一些图像（图一〇、图一一、图一二），例如鸟、蛙[12]、蟾蜍、鼋、"太阳大气光象—勾云形玉器—饕餮"系统，等等。

高庙文化神兽的獠牙风格，在兴隆洼文化中有所体现，在良渚文化中表现得更是明显，继之在红山文化中的猪龙，剑桥大学博物馆藏红山文化蹲踞式玉人首的雌熊图像、龙山时代的石家河文化部分玉神面、少量玉虎面和山东龙山文化少量玉神面中都有所体现。

獠牙兽与神人的组合主要有两种形式，从良渚文化开始大量出现神人神兽统一于太阳大气光象这类组合的案例[13]（图一三，神人的高冠"介"字形对应22°晕上端的外凸帕瑞弧），神兽獠牙特征融入神人的组合，则是从兴隆洼文化开始就已经出现，该文化白音长汗遗址出土的玉石人面，就具有南方高庙文化风格的四獠牙（图一四）。

关于良渚文化中的神人与神兽，林巳奈夫认为，其中的神兽应属于太阳神，所谓的神人为"白眼神"，即月亮神，神人神兽组合即是太阳、月亮的阴阳组合[14]。良渚

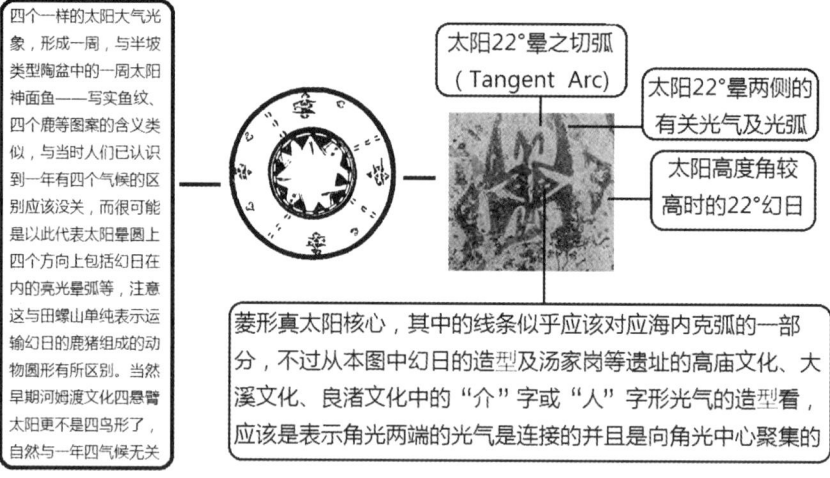

四个一样的太阳大气光象，形成一周，与半坡类型陶盆中的一周太阳神面鱼——写实鱼纹、四个鹿等图案的含义类似，与当时人们已认识到一年有四个气候的区别应该没关，而很可能是以此代表太阳晕圆上四个方向上包括幻日在内的亮光晕弧等，注意这与田螺山单纯表示运输幻日的鹿猪组成的动物圆形有所区别。当然早期河姆渡文化四悬臂太阳更不是四鸟形了，自然与一年四气候无关

太阳22°晕之切弧（Tangent Arc）

太阳22°晕两侧的有关光气及光弧

太阳高度角较高时的22°幻日

菱形真太阳核心，其中的线条似乎应该对应海内克弧的一部分，不过从本图中幻日的造型及汤家岗等遗址的高庙文化、大溪文化、良渚文化中的"介"字或"人"字形光气的造型看，应该是表示角光两端的光气是连接的并且是向角光中心聚集的

图一二　龙虬庄太阳大气光象彩绘图解

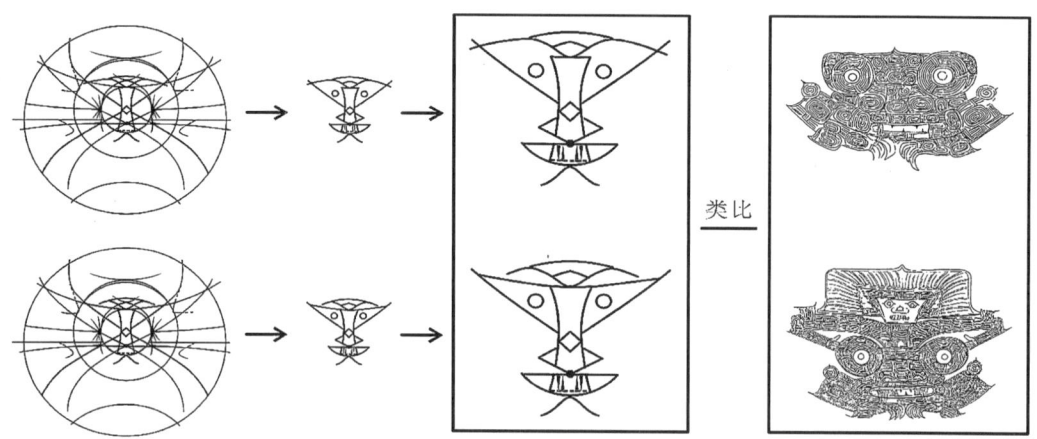

类比

图一三　良渚文化族徽太阳大气光象内涵图解

文化中的此类神兽，基本都有獠牙，有菱形，整体都是羽翅的组合，与高庙文化、河姆渡文化、崧泽文化、龙山文化、夏商周文化的有关符号、神人神兽、饕餮等太阳大气光象图案传承有序，联系密切，因此说其为太阳神兽是无疑的。除了河姆渡遗址第一期骨版上的双鸟背对、翅膀组成"介"字形并作为一圆形之光气的组合之一可能与月亮有关外，其他类似造型者论其为月（神）则论据贫乏。

　　良渚文化中的这类神人，有单独成图的，也有与神兽连接在一起的，其是否确实如林巳奈夫所认为的那样是月亮神，值得再讨论。我认为，其性质应该仍然是太阳神人。

　　第一，依据本人研究，良渚文化神人神兽组合对应于相关的太阳大气光象（参见图一三），"白目"者对应于太阳22°晕以上的切弧、帕瑞弧等。如此，则"白目"神人显然不是月亮神。

第二，良渚文化神人、神兽或其组合构图中，其左右还有两鸟及两"蚩尤环常饰式"神兽。这一组合结构，非常符合常见幻日与真太阳构图逻辑和形式（图一五：2、3）。这有利于说明中间的神人、有獠牙兽或其组合与太阳大气光象有关的本质。前文提及何鸿卿先生藏有一件三叉形器

图一四　白音长汗遗址出土玉石人面

1.白音长汗　2.大英博物馆藏

（图一五：1），两侧有对应于太阳海内克弧及亚海内克弧组合上半部分的两叉，其上不但有拟人的幻日神，还有在蚩尤环和玉璜常见的神兽。这类神兽也有少量存在于冠状器顶端两侧（图一五：4）的，与何鸿卿所藏这件三叉形器两侧的神兽一样，是代表和象征幻日并"运输"之的神兽。该三叉形器中间的獠牙兽，显然代表的是真太阳神，其高冠已不存。

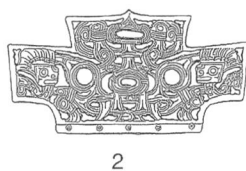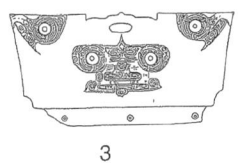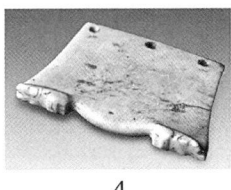

图一五　良渚文化玉器

1.何鸿卿收藏　2、3.反山墓地　4.官井头遗址

第三，良渚文化有诸多玉石器，例如各式耘田器、冠状器、三叉形器、璜状器等。依据本人研究，主要部分都对应于太阳大气光象，尤其是其中心都是对应于太阳大气光象的中心。因此，这些位于玉器中心的獠牙兽，显然是代表太阳神或其驭之神兽。

第四，良渚文化神人和獠牙兽有单独成为一个单元的情况。獠牙兽有的鼻子往上的方向和额头附近基本是平的，但是有的此处附近却是"介"字形或"人"字形。如：瑶山玉琮的两段分别有神人 ▨▨ 和神兽 ▨▨ ，其中神兽鼻子往上的方向有图案 ▨▨ 。另一件玉琮的神人图案为 ▨▨ ，神兽为 ▨▨ ，其中神兽鼻子往上方向的这一特征表现得更为明显，是直接绘制成圭首形。该类獠牙兽图案中的这类"人"字形或圭首形的造型，从相关人、虎豹类动物鼻子的常规素描或绘画看（图一六），显然是由于鼻根与额骨鼻部之间的肌肉有较为明显的接近"人"字形纹路因而呈现的一种视觉特征使然。由于当出现皱眉、炯炯目光等严肃神态时这一造型更为明显，所以之所以有此类造型，显然是为了表现神人神兽的严肃性。

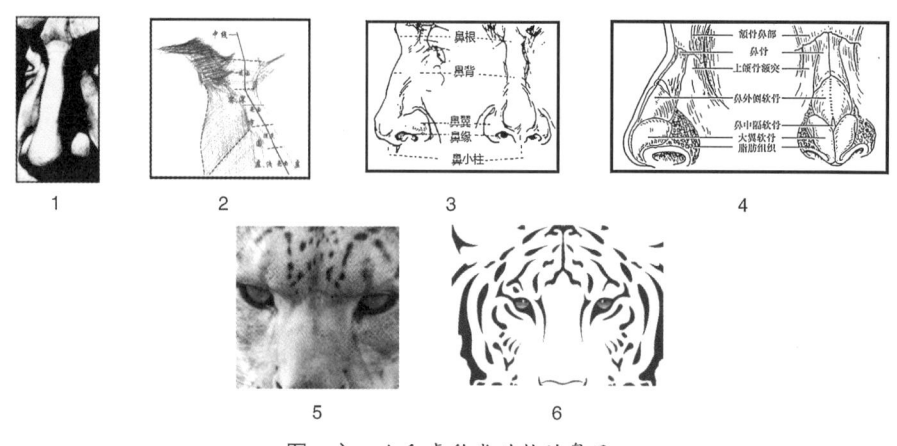

图一六　人和虎豹类动物的鼻子

　　所述的这类"介"字形或"人"字形，显然可视为是描述"肖像"特征的造型。有的太阳神兽，也是以自然的"肖像"性特征拟合神圣的"介"字或"人"字形的，如石家河文化中有的太阳神虎、牛、鹿等（图一七：21、22、24、25），这些神兽就是以头顶造型、角等与太阳22°晕上端的"介"字或"人"字形及附近切弧等光象达到基本拟合的，并且这些头顶造型、"介"字形或"人"字形是与太阳大气光象中22°晕之上切弧、菱形光块、帕瑞弧等部分对应的。

　　良渚文化獠牙神兽头顶的"介"字或"人"字形，则是不一般的。例如图一七：4、5、7、19、20，它们也应该对应太阳的上切弧及菱形光块等。图一七：17、18（包括头顶二层羽饰）非常利于说明这一看法。当然，由于我们认为良渚文化神人神兽组合与太阳大气光象对应，即其中的神人对应于太阳22°晕附近的相关光气、晕、弧，尤其是其中的切弧，一旦神兽头顶的"介"字或"人"字形对应的恰包括神人对应的太阳大气光象的主体，那是否表明这一判断有误？尤其是神兽头顶依然存在这类"介"字或"人"字形的情况下，如图十五：3，其中的神兽为 🐯，显然是有"介"字或"人"字形的，但是其上端仍然有 ⌒▭ 类"介"字或"人"字形。我们认为，有"介"字形或"人"字形在首上端的良渚文化獠牙兽图像中，神兽可以是图一七：11、26那样的造型。像獠牙兽 🐯 一样在头顶出现"介"字或"人"字形及菱形的情况，原因似乎可能是由于古人意识中认为獠牙兽主体是虎形。因为按照神人神兽与太阳大气光象对应的情况看，其头顶的"介"字或"人"字形，包括其额头上的菱形等，虽然确实是对应着所述神圣太阳大气光象的，但是由于其是虎首，如石家河文化有的神虎一样，头顶的"介"字形或"人"字形又可同时视为是太阳神虎的"肖像"特征，所以，对于其头顶的这一造型，当讨论其本身时，含义如上所述，当讨论其本身与其上端 ⌒▭ 形的关系时，为避免重复，可以把它作为神虎的"肖像"特征来理解。这与龙山时代及以后的多重"介"字形冠既有区别又有联系。我们认为这一解释较为牵强。其中图一五：3神兽头顶的"人"字形及菱形实际对应于太阳22°晕之上切弧部分、切弧上端的菱形，图一五：3神兽头上整个器物最上端的"介"字形应该对应于太阳22°晕之外凸的帕瑞弧，整个图案是一个组合。图一七：11、26、27的情况类似，不过图一七：11神兽鼻子向上部分基本是平的，其他两个则是外凸的。显然这三者至少图一七：26、27中的神兽鼻子上端与图一五：3中神兽顶端人字形＋菱形是对应的，并

图一七　新石器时代玉器上的图案

1～7、9～11、15、16、19、20、26、27.良渚文化　8、12～14.薛家岗文化　17、21～25.石家河文化　18.石家河文化（或商代仿）

且图一七：26、27中的三者与其所在器物最上端造型组合内涵同于图一五：3，即都有高冠。

当然，神兽头顶在视觉上似乎有"介"字形或"人"字形或及菱形的图像，内涵较为复杂，因为其牵涉到诸多特殊玉器上的有关造型。图一七：10中有"人"字形和菱形。这里的菱形应是一般太阳神兽鼻子中间表示真太阳的自然造型[15]，但是从其与图一七：4、5、7、19、20以及图一五：1的对照情况看，似乎又不是那个菱形，而像是太阳22°晕上端切弧上方常出现的菱形光块。综合来看，尤其是与图一七：13比较，第一种看法更为可信。

另外，薛家岗文化的一类玉器（图一七：8、12、13、14），造型特殊，辨识复杂。有学者认为，图一七：8、14中的"の"字形是眼睛[16]。"の"字形眼睛或表示太阳光气单元的这类符号，在红山文化、良渚文化中确实发现较多，综合所述这类材料，尤其是把图一七：12、15、16与它们类比，则会发现这些"の"字形实际确实应视为眼睛，图一七：12、15、16不过是把菱形及"の"字形目连在一起了，很容易让人以为是单纯的蕴含菱形的卷起"人"字形。图一七：8中的U形造型，似乎是 ▨▨ 类璜的特征，但是由于有"の"字形的参照，并且该U形又可以独立表现，所以笔者认为其除了是璜的特征表现之外，还应对应于太阳22°晕之上切弧。并且其与两侧的歧出造型可以同时对应于皱眉和表情严肃时神人神兽面部纹路的素描造型。图一七：12与有的耘田器单从视觉看有相似之处[17]。

承上文所论，獠牙神兽与神人的融合从兴隆洼文化开始就已经出现。该文化的白音长汗遗址出土的玉石人面四獠牙，具有南方高庙文化的风格，因此其应为太阳神。

最为复杂的应该是龙山时代的诸多獠牙神人神兽的融合图。学术界不少学者都曾对其内涵的各个方面进行过讨论，但是至今也未能取得较为一致的结论。龙山时代神人神兽融合明显的例子增多，并且更为倾向于人的特征。其基本特征可以从很多方面论述（图一八）。

第一，从獠牙数量看，依然是四獠牙多，两个獠牙者少。并且出现众多没有獠牙者，还有的连嘴都未画出，一方面是性别原因，另一方面是新的构图方式使然。

第二，诸多神人纹在一器物的两面或一对器物上成对出现[18]，其中有一对都没有獠牙的，也有极少数由于可能的特殊原因都有獠牙。数量较多的是其中一个有獠牙，另外一个没有。

第三，还有两个神面纵向排列，其中一个位于另一个头顶之上的。

第四，新出现三个一器的雕塑品，正反两个神人面，在头顶的一面还有一神人面。当然还有一器物上附属几个小图像的，此不赘述。

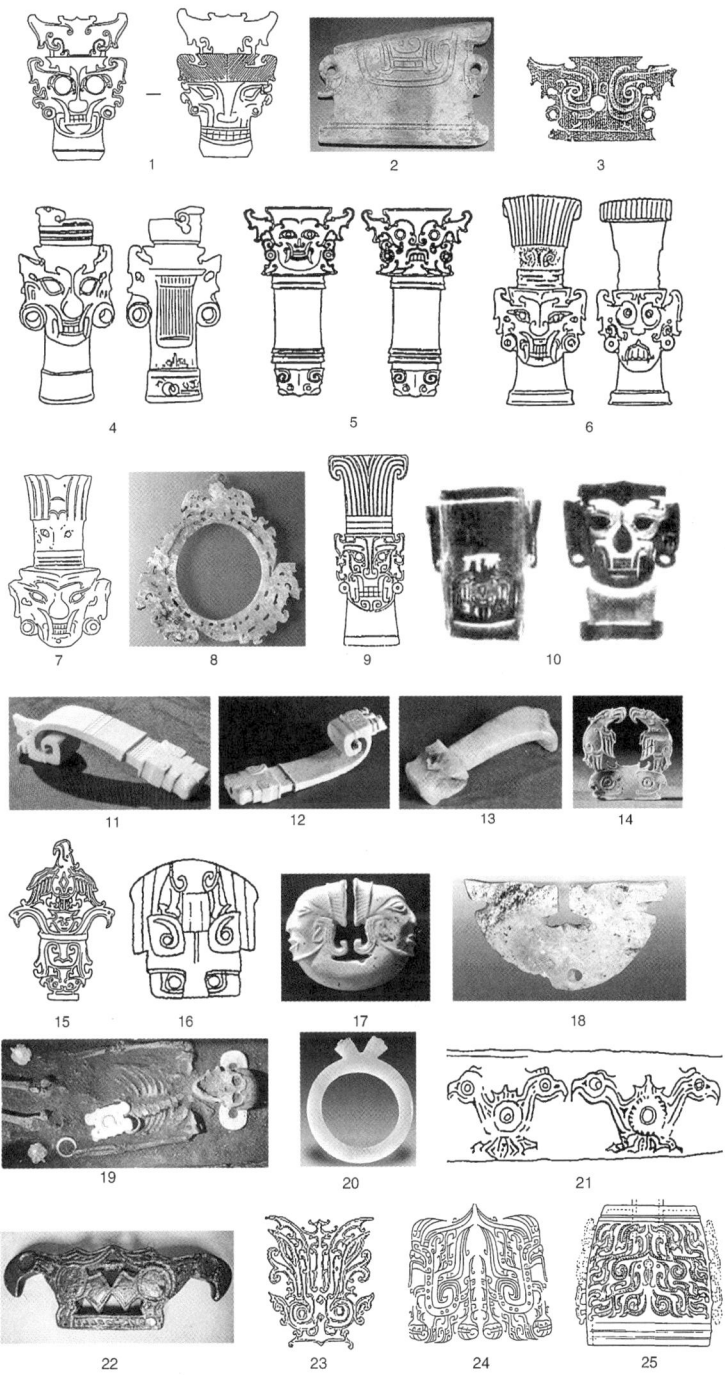

图一八　新石器至商代出土器物上的神人神兽图案

1.曲沃羊舌村　2.戴氏旧藏　3.台北故宫博物院藏　4.河南省文物商店藏　5、6.美国斯密森宁研究院藏　7.塞克勒藏　8.法国吉美博物馆藏　9.新干大洋洲　10.上海博物馆藏　11～14、17.石家河文化出土玉器（11、12为一件的两面）　15.天津艺术博物馆藏　16.济阳刘台子　18.常州新岗　19.牛河梁　20.五莲丹土　21.河姆渡　22.田螺山　23.台北故宫博物院藏　24.三星堆　25.屯溪奕棋3号墓第五，出现了较多的头部有鸟的或与鸟组成一组的神人像。这些神像中的有獠牙者，是承自早期的文化传承的，具有高庙文化、兴隆洼文化、良渚文化以来的獠牙神兽和獠牙神人的与太阳神系有关的特质，但是问题相当复杂，兹作论述。

（1）有的獠牙神人在头顶有神鸟，这类神鸟有的是侧视图（图一八：4），有的是正视图（图一八：15）。其中的侧视图者，与红山文化牛河梁遗址第十六地点 M 4 巫师贵族死者头上的侧面卧鸟一致（图二〇）。该死者身带蹲踞式玉人，头顶玉鸟，都是明确与太阳有关的。其中，"蹲踞式"玉人的"蹲踞式"，我们曾结合江苏六合程桥羊角山遗址"纺轮"上的鸟首"蹲踞式"太阳大气光象神证明其来自太阳大气光象之海内克弧、亚海内克弧、真太阳、切弧、帕瑞弧等；其中的侧视神鸟，参照图一九，显然可知其就是太阳22°晕上帕瑞弧等的拟物化。又，牛河梁红山文化中有死者随葬背对"猪龙"或手握雌雄之鼍的，我们曾论证它们代表太阳22°幻日，方向不同即幻日运行方向相反。于此，位于幻日之间的神人则是位于真太阳神的地位。这就是说，该位贵族既是巫师，更是王者，是自诩或被认为是太阳之神或太阳神之化身或子孙的。于此，则图一八中头顶有神鸟者也应是这一含义。头顶有正视展翅神鸟者应与头顶有侧视神鸟者近似，一个是把太阳22°晕上的帕瑞弧等比拟为侧视鸟；一个是以整个大气光象神鸟正视布置于首，以指示其太阳神系特质。

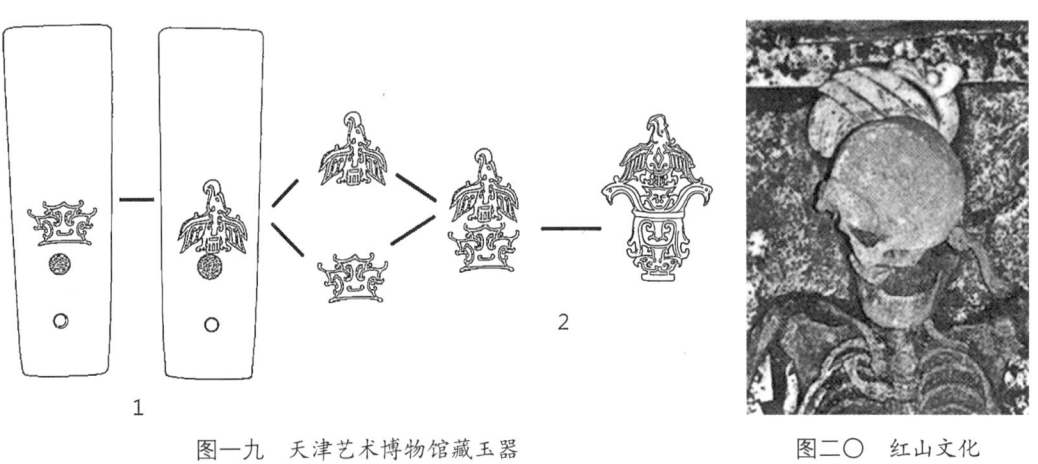

图一九　天津艺术博物馆藏玉器　　　　　　　图二〇　红山文化
　　　　　　　　　　　　　　　　　　　　　　　M4出土玉鸟

（2）图一八：16是济阳刘台子西周墓出土，具有石家河文化风格的正视的鸟蹲在虎头上，单独从上述鸟蹲神人的太阳神系属性可以判定，该虎同样具有神之属性。确实，在高庙文化、河姆渡文化中就有以獠牙虎头或虎的全形代表太阳的现象，在石家河早年出土的文物中更是数量众多，这些虎的太阳神系属性主要体现在其首的"肖像"特征与对应于具体太阳大气光象的"介"字形或"人"字形冠互相融合的方面。同时，新出土的石家河文化玉器图一八：11、13之虎戴有与图一八：6、9等具有某些共同特征的高冠，并且图一八：11、13之玉器，一面是虎戴高冠，另一面是虎首之上的弯喙玉鹰。这另一面造型与所述头顶有鸟的太阳神系素材图像一八：15、16、图一九：1、2高度关联，只不过在"并封"组合中，该双面神虎有可能代表幻日神而非真太阳神罢了。这都说明，头有鸟类（包括相对于神鸟爪下神人或神虎而言侧面表现的神鸟）的神像或神巫史像，来自或模拟太阳神、太阳神之化身或其子或幻日神的本质。

（3）图一八：5包括一位有獠牙的两个神像位于虎上。这一构图特征，有些类似良渚文化神人神兽组合图，神兽在这里有神性的指示性和工具性特质。因为统一于太阳大气光象的良渚文化神人神兽组合图，其中一个重要的理解就是神人以神虎为工具，虽然两者单独都可以表示太阳神。

（4）图一八：7在四獠牙神兽的冠中间有一面带S纹的神人面。面带S纹或旋目，是龙山时代一类玉人的常见特征。该组合也类似前文所述的统一于太阳大气光象的良渚文化神人神兽组合。于此，这类组合中则可把一般四獠牙的神人神兽融合造型理解为相当于良渚文化神人神兽组合中的神兽了。

（5）图一八：6有三个神面，如果不是雕刻过程有什么特殊问题的话，则更为特殊。我们看一面"冠"的中间有两只S形围绕的旋目眼睛，中间是"亚腰"形鼻子，显然是与日照两城镇玉圭神面类似，与台北故宫博物院所藏龙山文化玉人（图一八：3）之目也一致。这些旋目与鼻子似也可认为是一组真太阳及两侧22°晕的幻日。一组该神面与下端獠牙神像共有上端的"冠"。"冠"下是两个神面相背，其中一个有四只獠牙。承前所述，"冠"中的神面与獠牙神兽的组合是良渚文化中的神人神兽常见组合形式。单独看这一面的话，则与图一八：7一样，不过，獠牙神像背面还有一面神像，显然这是阴阳的概念。这类图像组合中的背对背神像相当于良渚文化经典神人神兽组合中神兽的位置，由此也可看出龙山时代这类神人神兽图像在神人神兽组合的视角下，其个体属于人类还是动物已有了更为辩证的归类方式。

（6）龙山文化阶段数量众多的神像出现二元特征，就考古学认知而言，最为可能的原因是人们以前的信仰内容或是信仰表现形式发生了微变。最有可能的是，原来只是信仰或表现单一的太阳神或幻日神，到了晚一些，又把这些神灵以人的视角审视之，其中一条就是其有家庭组合。世界各地人类族群早期传说和神话思维发展的一种情况是，古人把这类神灵和自己的祖先予以嫁接，所以出现了阴阳神灵，其中的男神即是上帝，或是远祖之祖，女神则为类似《史记·殷本纪》中记载的帝喾之妃等等之类。具体是谁，则要看各神话如何的"编程"了。图一八：17、18、20，实际也相当于神像相背，似乎蕴含有"并封"的意义，同时方向的不同也有与图一八：21、22中神鸟造型之幻日神的概念。这里予以说明，太阳神帝有妃，妃的造型采用的是太阳神帝冠等类装束，这是为何呢？按照林巳奈夫在前述论著《中国古玉的研究》中的论述，应该由于其是月亮神的缘故。因为月亮同样可以有"介"字形或"人"字形光气、晕等。但是，承我们前文的讨论，其不太可能是"月亮神"。那么，其装束较为一致，一种可能的解释是妇随夫贵，并用以表现同类相应，另一种可能的解释是两者都是幻日神，幻日神虽然是幻日，但是仍然是太阳，或者说是小太阳，是太阳之子，所以可以采用真太阳神的装束和样子。22°幻日有两个，位于真太阳两侧。一般玉戚两侧的"介"字形、"人"字形表示相关光气，有的应该是指幻日的光芒，大孔玉戚之扉棱可能指的是其他光饵。玉戚两侧为人形者，如黎城戚一类玉器，中间部分相当于太阳核心及光柱等，阴阳神人正好位于其戚之两侧，整个布局非常符合自然太阳大气光象中真太阳和两侧幻日的组合结构。同时，幻日均属于真太阳之延伸，两个幻日神又被视为阴阳，这也属于远古创世神话中伏羲女娲式婚姻传说所蕴含的关于阴阳和婚姻的原始思维。商周时期人世间太阳之王死后则在太阳上帝左右之说就属于这一认知的体现。

古人重视真太阳，也非常重视幻日及相关太阳大气光象，甚至是光气的节点。如在仰韶文化中，有非常多的所谓"圆盘纹"，其实是太阳22°晕的切弧和帕瑞弧的组合；马家窑文化的彩陶"舞蹈纹"盆，其中鱼身与鱼身之间的鸟，从宗日文化的鸟纹一周均匀分布，或几只一组分布在多角形太阳之光角端的情况来看，多鸟应该是表示太阳光气在角光处的结点及附近光气的，至于宗日文化另一件所谓"舞蹈纹"盆彩绘鱼身与鱼身之间的两鸟一圆者，则可能是仿照太阳22°晕与两侧的特殊洛维茨弧组成的太阳大气光象[19]。其实仰韶文化到马家窑文化彩陶中，许多我们认为是真太阳者都应是真太阳之光气"结点"及附近光气，只不过有的采用了真太阳常见的造型。从高庙、河姆渡、崧泽、龙山、红山系列文化中的弧边三角形、索纹、彩陶勾连纹、云雷纹等多数均是真太阳之光气。

（7）图一八：14，神像未刻画出嘴和獠牙，"介"字形冠，在"介"字形冠上有两只与妇好墓所出石家河文化玉凤如出一辙的侧视回首的鹰，两喙基本相连。圆形目，外有羽翅围绕三方，与龙山文化神像 的眼睛类似。单独看，该神像与一般石家河文化神像没有什么不同，关键是"介"字形冠上有两只鹰的这一构图模式在石家河文化诸多玉器中未见，其意义是什么值得讨论，这也关系到该神像及獠牙兽的具体内涵问题。

承前文所论述及图二一，大汶口文化、红山文化、龙山文化中，神人、神虎头上可见侧视神鸟或正视神鸟，不过那都是一只神鸟。从图二一：1、2、4、5、6等看，最早来源于太阳22°晕上的相关晕弧，从图二一：7～15看，太阳神或特殊巫史的头顶也常有一太阳造型。这个太阳是真太阳还是对顶幻日，问题较为复杂。埃及太阳神头顶之太阳是真太阳，三星堆和金沙铜人之首的太阳，从图二一：12之大溪文化太阳神人与幻日的组合及河姆渡瓦状残器有关包括对顶幻日在内的太阳大气光象图案等看，似乎也可以是对顶幻日。不过从图二一：9～11图像中的神鸟造型看，由于其与高庙文化以来对应包括真太阳、幻日及相关晕弧的"太阳大气光象神鸟"高度一致，所以图二一：7～15中神人头顶的圆形、旋臂造型和神鸟造型，最可能是真太阳或是以真太阳为中心的光气，或者是拟神鸟形。那么石家河文化这件玉人头顶的两只神鸟之意义为何？我们简要予以论证。

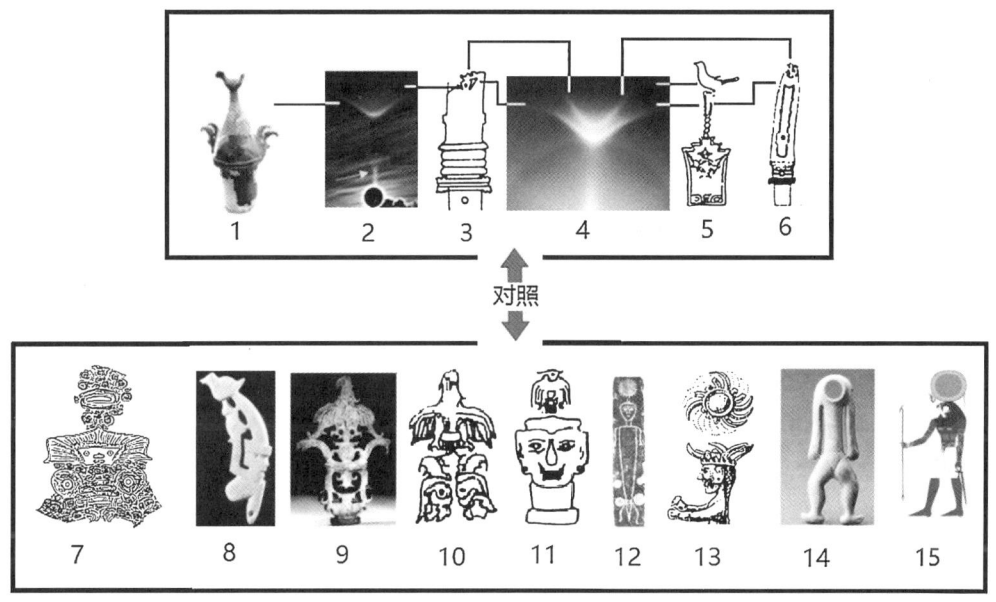

图二一　中国神鸟、太阳神与埃及太阳神

1.尉迟寺　2、4.太阳柱和22°晕附近的切弧、帕瑞弧　3、6.三星堆文化　5.弗利尔玉璧"昆仑坛"符　7.反山　8.赵陵山　9、10.天津艺术博物馆藏玉雕及其图案　11.上海博物馆藏玉人及其图案组合　12.秭归东门头蹲踞式太阳神　13.金沙太阳冠巫史　14.三星堆拟蹲踞式人身太阳神　15.埃及太阳神

第一，从图七、图八看，早在高庙文化就出现对应较全面的"太阳大气光象神鸟"用翅膀或尾翎等围绕太阳光柱、相关晕弧及真太阳附近光气的现象，以显示太阳光柱及附属光气等外围一定颜色光气的视觉造型和大概边界[20]，从图七：20～26看，也有以羽翅或光气组成的近似"介"字形或"人"字形或气囊形的造型位于太阳光柱及附属光气或相关晕弧之上的，用以表示上端的光气。大溪文化这类素材的"介"字形之上有时也会有"介"字形，如划城岗遗址的刻画符号🔺，用意与高庙文化一致。

第二，河姆渡文化、良渚文化中，经常出现两只飞鸟相背而立，其翅膀相邻组成"人"字形，位于真太阳或光气结点之上，如图一八：21、22及下家山良渚文化的🦅；河姆渡文化中对应于真太阳光柱—附属光（此一风格直接来自高庙）、太阳高度较高时的上洛维茨弧（即其中的弓形）、魏格拉弧、上切弧、小的弓形帕瑞弧（Sunvex Parry arc，与上切弧组成月牙形）、顶端对顶幻日、两侧猪携幻日等的太阳大气光象图案 ；河姆渡文化中对应真太阳（为太阳神拟人化的目，此一风格直接来自高庙）、太阳高度角较高时的上洛维茨弧（其中的巨型弓形）、上切弧及其上端的相关光气、幻日的太阳大气光象 ，等等。其中"介"字形或"人"字形都显然是由羽翅组成的，无论是太阳22°晕之内的还是之外的或是其他位置的都是这样，这是继承和创新了高庙文化的传统。

林巳奈夫曾在《良渚文化的鸟与气》一文[21]中论证到河姆渡瓦状残器图案中的"月牙形"与"戴"的关系，能看到这一步确实显示出他的有关中国艺术史研究的相当功力。不过笔者认为，有以下几条需要说明：

（1）其称河姆渡T33（4）98中的"月牙形"与其文图6～8中的人字形的"戴"是一回事，此为不确，"月牙形"内涵我已论述不予赘言，而其文6～8中的"人"字形则不是，至多和构成"月牙形"的切弧有关。

（2）其文中所谓的"戴"是取自《晋书·天文志》的，其认为即是"帕瑞弧"，而其文中6～8所述的良渚文化中的"人"字形不是其文中提及的"帕瑞弧"。

（3）林巳奈夫认为，河姆渡T33（4）98中的"月牙形"两侧所立者为鸟，鸟身同心圆为太阳，"月牙形"为"戴"，与太阳位置关系不重要，所以只要在其附近既可。本人以为"月牙形"两侧所立者为猪，同心圆不是真太阳，是真太阳的22°幻日，自然承上文所述"月牙形"与林巳奈夫先生引自《晋书·天文志》的"戴"的含义不一，"月牙形"由于其对应确切的太阳大气光象，自然位置不会随意。

（4）林文中的河姆渡文化象牙器，即是大家熟悉的"蝶形器"，它的整体造型不是其所说的"戴"，并且该蝶形器被放置倒立了。放置正确之后，其上端边界才与林文中的"戴"大概对应。

（5）林文中的河姆渡文化象牙器中的似太阳纹，不是"戴"的中央部分，而是太阳22°晕上端切弧之明显亮于附近的部分，两侧的鸟也不是所谓"戴""德"的体现，其对应的是太阳22°晕的上端洛维茨弧（Upper Lowitz Arc）不与上切弧重合的部分。

第三，对应于太阳大气光象的神人神兽形成后，其眉弓以上的冠总体包括太阳22°晕上端的切弧、菱形光块或及帕瑞弧，但是也有不少冠似乎并不严格遵照与具体太阳大气光象对应的层级，好像有的会随意增高和增加层数，如台北故宫博物院所藏乾隆御诗龙山圭，其上神灵之冠很高，从其有两个菱形的造型 看，好像其上端的冠远远超越了太阳22°晕以上的外凸的帕瑞弧。从与具体太阳光气对应的高庙文化、崧泽文化相关图像与神人神兽造像的具体关联看，下端的菱形对应的是真太阳，上端的菱形对应的是太阳22°晕上端切弧中心有时会显现的菱形亮光，前一个菱形在良渚文化神人、神兽鼻子中经常出现，后一个菱形在良渚文化中也有所发现，例如图一七：4、5、17、18神兽即有。后一种菱形在商周时期大量出现，并形成规制。两种同时出现的数量这时极少，商周时期的彭县竹瓦街曾见到一个饕餮的造型▨。商周时期在蜀地发现诸多东方和中原早期的艺术风格，应与三星堆文化的传承有关，真可谓"礼失而求诸野"矣！

一般说来，对应于太阳神人、神兽之冠[22]的太阳大气光象应该限定在太阳22°晕以上的外凸的帕瑞弧之内，但是往上还有各种晕、弧，不过我们没有确切的用于说明这些晕、弧理论上可以作为神冠增高变复杂的依据。我们知道，龙山时代的这类神人额头以上的"冠"，包括"介"字形（有的可能是以羽翅表示的，已不存，有的是中空的太阳光柱，其中应蕴含有"介"字形之含义）在内，不少均是横向安置的三层的，有的即使看似高一些，仍然是这么多层。这类横向安置的羽翅造型是左右对称的。龙山时代这类羽翅及其中心神人面貌的组合，与高庙文化中的与包括22°幻日在内的宏观太阳大气光象对应的神鸟（龙山时代也非常多见）可以宏观对应，其中间神人相当于真太阳神，也可以说是相当于高庙神鸟的核心部分，冠及脸侧的羽翅相当于神鸟两侧的羽翅及项羽。显然，这与我们认为的良渚文化、龙山时代这类神人神兽与太阳大气光象是相契合的。而图七：2、3、4、10和图一八：21、22等反映太阳光柱、附属光气、光柱附近呈现近似圭形光气、幻日等大气光象的图像（其中图七：2、3、4两侧的羽翅本文未予以显示）中，羽翅的外端都是向着太阳中心的，河姆渡文化中反映洛维茨弧与太阳22°晕切弧上端强光部分的图像中双鸟也是两首向外的，新时期时代只有良渚文化福泉山等遗址中发现过少量"介"字形两侧为向心对鸟造型的素材（从相关材料看，当时更多的"介"字形两侧是首向外的飞鸟，并且从有关材料可以明显看出其中的"介"字形是两股气的组合），在花厅等少量遗址发现过近长圆形玉器上有四鸟两两相对的现象。但是，台北故宫博物院所藏乾隆皇帝御制诗玉圭神人之冠，组成冠的羽翅是纵向倾斜安置，"介"字形层次和高度似乎也多于和高于一般的神人。其之所以如此的原因有两方面：一方面是运用了"高庙（像图七：6、7、8等）—河姆渡（T213（4A）：84）—大汶口文化（图七：14、15等）系统"的太阳光柱及其附属光气的羽翅化造型来表达冠的原因，尤其是由于运用了在河姆渡文化中表现尤为突出的一种太阳中心及其附属光芒的构图法使然。像（T213（4A）：84）中的太阳大气光象之羽翅图案，这一构图法形式是：中心的"介"字形（以太阳光柱或中心光芒造型为主）主体形状是由两个羽翅单元的侧视造型合体组成的（在高庙文化、大汶口文化同类主题的构图中，用于表现中间"介"字形太阳中心光柱或中心光形及附属呈现近似"介"

字形光气的图案中不明确显示这一模式。这样的主要原因是艺术设计者从象形的角度直接以"介"字形表示这类太阳光气造型），这两个羽翅单元合体造型的两侧还有这类羽翅单元，一般也是侧视造型，不过由于是羽翅这一特殊的表面有一定弧形的对象，因此有的羽翅侧视造型明显是大于该羽翅1/2面积的。又由于乾隆皇帝御制诗玉圭神人之冠紧挨着中心的两侧第一层羽翅组合造型是由三个羽翅单元组成，这就使得由两侧羽翅合体构图的冠的中心增加了层级。乾隆皇帝御制诗玉圭神人之冠高耸的另一方面原因，则是造型方面有明显的艺术化使然。不过龙山时代也有其他神人之冠，在采用部分横置羽翅的同时，也明显采用了前文所述的"高庙—河姆渡—大汶口文化系统"的太阳光柱及其附属光气的羽翅化造型表示法，但是冠之整体并不高，像上海刀一端边缘上的神人，其冠上有明显的石家河文化玉凤尾翎类羽翅，该冠尾翎及整个冠的结构与河姆渡T213：（4A）84图案类似，与高庙04T1016（13）：1中有尾翎的图案也类似，但是其冠并不高。

第四，本文所论的神人神兽，基本都是由与太阳光气有关的羽翅组成的。尤其是良渚文化中的神人神兽的标准化的图案，实际就是光气之线的勾勒，线条极其繁复缜密，这与时人认为它们就是太阳光气的集结和精华有关。从诸多材料看，太阳之光气可以用鸟来表示。良渚文化诸多陶罐上的图案可以明确说明，这些图案有时是の字形或其组合的太阳光气[23]，有时是无数只表示太阳光气组合的小鸟，等等。另早期有一些经典的以鸟示光气的素材，像在河姆渡文化中，█████ 中有太阳22°晕之上切弧明亮部分，两侧的上洛维茨弧的两端就是用鸟首来表示的。从高庙文化以来盛行以羽翅或以鸟及其羽翅组成"介"字形的传统，并且有的还位于太阳之上与具体太阳大气光象对应，显然当太阳神拟人化或拟物化后，更多的是作为所谓的冠，或是作为"肖像性"特征与太阳大气光象之冠融合。

第五，在存有不少东方古风的三星堆遗址，有一铜人衣服上有一副非常特殊的图案（图一八：24）。这两个动物，以人的手作为爪，龙头龙身鸟羽，整体造型又呈鸟形，其周身几乎所有羽翅都向着中心，形成多重"介"字形或近似"介"字形。该铜人站于一铜台子上，下面是负载饕餮，整体造型很类似良渚文化的神人神兽组合，与故宫博物院藏红山文化玉佩上蹲踞在有角神兽之上的神人也有相似，尤其在与神兽相组合之结构内涵和逻辑方面。良渚文化中的神人神兽与该红山文化玉佩神人、神兽组合基本一致，本质上也应该整体对应着类似的太阳大气光象，所以在铜人衣服上的这一多重"介"字造型与所述神人神兽之冠或神鸟之间的这类有关太阳大气光象造型就有了密切联系。

图一八：25是屯溪弈棋3号土墩墓出土的春秋时期的"祖槷"[24]，于本文主旨而

言，值得认真讨论。楚地出有诸多所谓的镇墓兽与其有关。依高崇文先生的认识[25]，一般的镇墓兽应该和淅川和尚岭出土的这件自名"镇墓兽"一样应该名"祖重"。实际此件准确的称谓应为冯时先生所说的"祖埶"，其他镇墓兽准确的含义为何，尚不易定论，暂称为"重"。"祖埶"和被认为是楚镇墓兽的这类"重"有相同也有不同，两者均蕴含有与太阳有关的前文所言的"昆仑三"结构和内涵，从本文看，这类题材自高庙文化以来就出现。尤其是"祖埶"上蕴含的"昆仑三"的图式以及有的中心柱（相当于太阳光柱或及光柱向上方向上的晕光等）上端代表沿着光柱升降太阳的神鸟更利于说明"祖埶"和"重"的这一本质来源（该类柱上一个或两个神鸟，从春秋中期邾国墓地"祖埶"上两只神鸟的方向上看当为正视，与尉迟寺 T 2318：1 对应太阳大气光象神物之首的神鸟方向并不一致，后者相对于神面和观者而言为侧视，对应的为太阳 22° 晕上端的相关弧，而前者是正视神鸟，对应的为太阳或升降的太阳。就其是否为真太阳而言，前者与前文天津市艺术博物馆所藏玉人头顶的身负菱形真太阳正视神鸟类似）。只不过"祖埶"更具有"历法"特征，"重"更具有标明昆仑特质之神的巫术特征。韩城梁带村西周 M27：1014 铜尊、宝鸡石鼓山 M3：24 西周户彝、《劫掠》A643 方尊等器的"圭形——四羽翅类形状"之组合（这类组合与器盖、相关图案连在一起还蕴含着"翌"的造型），位于器物顶部，而器物顶部、器口自新石器时代以来出现过诸多象征太阳的素材，这显然也利于说明"祖埶"和"重"的远古来源和特质，即它们的整体造型都是或蕴含"太阳·昆仑结构"，都与高庙文化以来的太阳大气光象图式系统有关，而与璇玑、极星及天盖等无关。"祖埶"和"重"的座有的非常相似，屯溪 M3：12 底座四面以游蛇及羽翅组成多重的"介"字形或近似"介"字形，中间为一神兽，两侧还有运用阴阳图设计法制作的两只神鸟对称围绕。这一造型虽然有相对的变化，但是仍然可以明确看出其与所述三星堆文化铜人衣服上特殊图案、田螺山、河姆渡等地河姆渡文化含有背对背神鸟等特殊图案之间的联系。屯溪奕棋这件"祖埶"底座四面图中的游蛇和鸟依照中国早期艺术表现材料和理念，都可以视为是太阳光气。从这个角度讲，其可以包括真太阳两侧的幻日，只不过构图者设计思想中是否有这么具体的太阳幻日的元素就不得而知了。另"祖埶"和"阳神"之座均来自昆仑造型，与新石器时代以来诸多对应太阳的纺轮也一致，因此也具有大地、地中的概念，这也是有的"祖埶"之柱上圆下方以象征天地阴阳的原因。战国以降，则昆仑—地中与北斗或极星相应的认知规模化出现。

　　综合这几点，我们认为，石家河文化中这件玉器神像头顶的双神鸟，不应视为是神像"介"字形冠上端的太阳光气、晕弧的合理拟物化[26]，其位于神人"介"字形冠之上，侧视回首，组成了又一副以"介"字形为主的造型，与图一八：21、22、24 的构图方式基本一致。这对鸟为何采用了鹰的造型，因为这是当时石家河文化人群高度崇拜的神鸟，理论上说只要是属于太阳大气光象之光气造型，都可以用这一造型来予以适当表达。至于其代表的含义中是否还有与幻日有关的内容，我认为应该有，因为从新石器时代至于三代饕餮等考古材料看，用羽翅组成"介"字或"人"字形太阳大气光象的相背之鸟或饕餮两侧的神鸟（或神龙），基本都与幻日有关，无关者则可以明确证明。不过这两只神鸟所蕴含太阳光气中的幻日（楚地所谓的"虎座鸟架鼓"之造型中，鸟立于虎背类似石家河文化中的神鸟位于虎首，不过显然这里的神鸟与石家河文化虎首神鸟内涵应有区别，一个对应真太阳，一个对应包括幻日在内的部分光气，其围绕的鼓象征真太阳。当然"虎座鸟架鼓"之鸟位于虎首，采用了石家河文化用以表示以真太阳为中心的一类图案之构图方式）不是对应于其中的神人，而是对应于两神鸟围成的包括真太阳在内的表示太阳中心、光柱等光象的"介"字形造型的。这一组合实际是一组较完整的太阳大气光象。双鸟及围合的造型位于神人首，目的在于像图二一：7～15（尤其是其中最为明显的7、9、12～15）以及曾侯乙墓漆棺上有关蕴含蹲踞式造型的鸟身或鸟爪神人（曾侯乙墓漆棺上该类造型，头顶双鸟类图案有两类：一类是双鸟围绕心形符，这显然对应于太阳22°晕上端的帕瑞弧及相关弧；一类是双鸟绕圆形，显然对应于真太阳、幻日等相关大气光象。扶风强家村M1：58之西周时期的双鸟绕圭之玉璧，对应的同样是包括太阳光柱、幻日及相关晕弧的造型）等图像一样，在头顶显示以真太阳为中心的造型，以标明神人神兽神鸟的太阳神系之属性。顺此言及，九连墩出现由双对首神鸟组成类似陶寺龙山文化神兽面（参阅王仁湘先生的"3N3N的博客"中有关"陶寺神兽对鸟说"的有关内容），主要原因如下：（1）该类神兽本质上是太阳光气或曰太阳大气光象之神，与神鸟可以表示太阳光气的情况相符；（2）龙山文化陶寺式神人神兽造型的来源是太阳大气光象，而这类太阳大气光象经常出现中心部分几何化两侧拟神鸟化的现象，并且在良渚文化等之中曾经出现过两神鸟首相对的题材；（3）战国时期除了继承变革传自高庙文化、河姆渡文化、龙山文化、三代及商周的以神鸟神龙之羽翅、自身组成或围成"介"字形、菱形等与真太阳、太阳大气光柱及相关晕弧有关造型的文化风格外，在九连墩等诸多墓葬出土的玉器中，还盛行以龙、蛇、凤等组成神兽或饕餮的现象。至于汉代，楚文化区域中还出现过以神鸟部分羽翅围绕成神面的现象。

五

以上论证了高庙文化及其他文化中獠牙兽的动物属性及其神格，发现从早到晚，在太阳大气光象神灵主题中，除了鸟类之外，虎类也是重要的拟物形式，并发现了其他突出表现四獠牙或两獠牙的动物像猪这一与虎表现的太阳主题较为一致的情况。同时，发现獠牙兽与神人造型互相组合，或各自特征相互融合的情况，出现了神人神兽相组以及半人半兽这些世界性神灵的标准构型。这在一定程度上反映了人类心灵、精神和原始思维的共性。

这其中，有以虎面或又附加取形于太阳大气光象的高冠予以表现的太阳圣灵，但其身又为何呢？我们在高庙文化、河姆渡文化、石家河文化及更晚的文化之中明显看到了全形的神虎[27]，并且与单纯虎头或高冠虎头[28]表现的神灵一致，都是太阳神系神。这说明当时至少存在虎头虎身的太阳神[29]。

同时，从早晚期材料看，多数情况下，獠牙神或石家河文化中的虎头神仅为头部，其核心原因应该与人面或虎面近似圆形，也即相似于太阳或太阳大气光象之整体的圆形使然，视觉中的太阳又没有身体四肢，因此以这样的造型表现太阳神面目自然也就没必要再顾及其身了。历代设计学材料中以神人神兽表现太阳、月亮或其他天体神的，确实有很多没有表现其身的。这其中的重要原因除了运用高度重视相似性的设计法之外，最为重要的还是由于人们认为表现者只是比喻和比拟，倾向、膜拜的最终和核心的对象还是太阳本身。其实，本质上以更近似真实自然造型的太阳或完全限定于太阳的造型范畴设计太阳神系诸神，也是神职人员、巫师艺术家的带有根本性的宗教艺术心理。所以，学术界有时认为它是省略了物身就不准确了，再判断其身是何似乎就是学者的闲适了。但是，艺术甚至是宗教艺术在一定程度上也是多元的，当事人有充分的神话的、宗教的、心灵的甚至是神示和纯艺术的理由来创造同一主题的形式多样的神品，包括设计太阳神之身。如此，我们研究其省略与否就又是有意义的了，这种情况需要与前一种情况予以区别。有关文化中的虎头太阳神就被有的宗教艺术家设计为有身有冠的造型。

我们可以将二里头等文化中的铜牌饰图案作为一个重要的标本来予以认真地讨论这些问题（图二二）。

二里头文化铜牌饰中神兽基本都为虎面（有学者认为其中有的是鹿面，有的认为是熊面，还有的认为其中有的是狗面，等等。笔者认为应是虎面，观看时应该注意看其两腭，整个面部两腭是展开的[30]）。有的身体为龙形，有的像新发现的石家河文化表示太阳神兽的虎头一样（图一七：11、12、13），无身而有对应于相关太阳大气光象的高冠[31]。照前文之讨论，显然这些牌饰中神物属于太阳神系无疑。

那么，牌饰之神兽是否又与夏人的具有神性的祖先有关呢？本人以为这是可能的。笔者曾经论证夏朝之"夏"字是取形于蹲踞式神人的，而从江苏六合程桥羊角山纺轮[32]看，蹲踞式神人神兽最早又确凿无疑的是取形于太阳、海内克弧、亚海内克弧、切弧

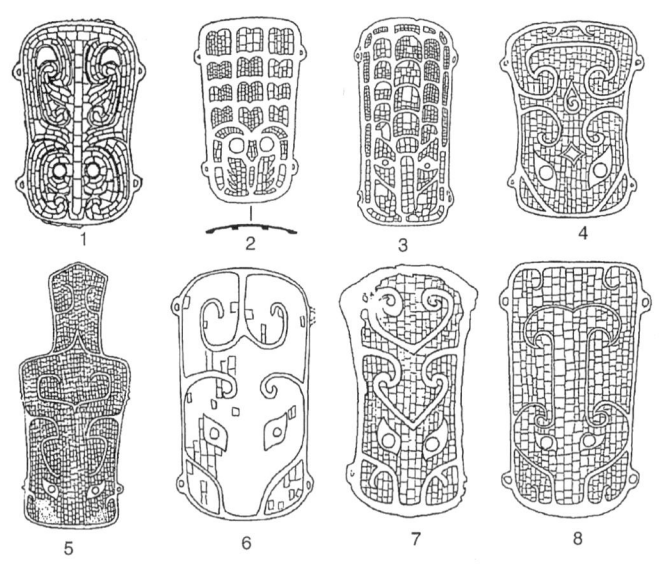

图二二　二里头等文化中的铜牌饰图案

1、2、7.二里头　3.日本美秀博物馆藏　4、5.哈佛大学赛克勒博物馆藏
6.庄浪县博物馆藏　8.保罗·辛格藏

等造型组合的[33]，所以夏人以之为国名，实际表达的就是夏人对太阳确切地说就是对太阳大气光象的高度崇拜[34]，而"帝"字同样是取形于太阳大气光象的，所以对太阳神的崇拜也就是对上帝的崇拜。而牌饰之虎、之龙及对应大气光象的高冠都是与太阳神、上帝在内涵上是密切相通的[35]。

　　当然，牌饰的亚腰形，与高庙、河姆渡、良渚、大汶口、龙山等文化以来的诸多符号和图案中蕴含的造型类似，都是与以太阳光柱为主体的太阳大气光象对应的。这也有利于说明这些神虎或虎头龙身者的太阳神系属性。关于二里头等文化中铜牌饰的由来，学术界近年来有认为其是来自天山北路的有关文化[36]。在我看来，二里头等文化铜牌饰的形成过程肯定有其影响，但是自始至终，本地因素是主体，其中的动物纹饰是有自己的渊源的，不是来自河西地区或者是三星堆文化的，取形取神于太阳大气光象始终是中国早期艺术的主体。内地从高庙、河姆渡、大汶口的著名"坛台昆仑式太阳神符"、河姆渡著名的骨板上刻画神符、良渚文化弗利尔玉器坛台内太阳大气光象神鸟、双目太阳神兽、龙山时代数量众多的板状玉石上刻画的神面等等，无疑是二里头等文化铜牌饰构图和板状造型的重要文化来源。当然，不可否认，在陶寺文化、齐家文化、二里头文化等受到西方尤其是欧亚草原早期青铜时代的塞伊玛—图尔宾诺文化的影响的宏观背景下，二里头文化铜牌饰这一文化产物采用铜质的质地和板状外形无疑是接受了这类文化及媒介文化的一些影响，但是如前所述，内地也有在玉石板状物上刻画神物的悠久传统，牌饰的神物也是内地和东方的风格，尤其是有内地和东方传承有序的、反映内地主流信仰内涵的取形取神于太阳大气光象的本质。所以，外来的影响是存在的，但是主体是自我的，即使是外形受到了一些影响，一旦被内地采用，随即就融入内地取形于太阳大气光象的玉圭、来自太阳光柱等的昆仑式造型的坛台、亚腰太阳柱、神符等板状神器的文化之中了。

通过对高庙文化中獠牙兽的形貌、内涵的起源及其传承、发展过程的研究，我们可以看出，獠牙兽以及其中蕴含的太阳大气光象这一问题于中国早期艺术史、精神信仰史的研究而言极其重要，许多重要的学术问题都与之有关，无论已有"定论"的还是多年来语焉不详的，或是过去从未引起关注的或是认为没有什么意义的，等等。有时运用这一视角会发现或解决非常重要的学术难题，或产生新的原本认为不可思议的学术认知，并且以太阳大气光象这一古今任何人都可以观测到的带有科学性的素材作为证据，一定程度上避免了人文学术的语焉不详、无法肯定、自圆其说之类的似是而非的认知和观点之常态困境。如大家比较熟悉的勾云形玉器，若不看出其太阳大气光象的构图和取神于太阳大气光象的似乎是不可理解的神异，则肯定看不出其与商代早中期诸多饕餮[37]这一似乎是"关公战秦琼"式的高度关联[38]，肯定还会继续存在饕餮内涵各说并存的现象。而以大气光象视角厘清了勾云形玉器与早商饕餮具体关联之后，再讨论其他相关问题，从高庙文化特质和精神层面讨论商人族源地问题，就会提供崭新可凭的视角。

六

太阳大气光象影响对象不仅包括数量庞大的早晚期各个考古学文化的图案、符号，也包括其他诸多的遗迹、遗物，甚至是"辛"字、"商"字、"帝"字等久未取得解读共识的疑难文字、怪诞难解的远古神话，等等。可以说高庙文化的诸多图像、河姆渡文化的碟形器、刻画神符、陶鸟图案、良渚文化、红山文化、石家河文化的各种玉器及其图像、仰韶、马家窑等文化之中的彩陶、二里头文化、夏家店下层文化的彩绘牌饰、三代的饕餮，各时代诸多的蹲踞式神人、神巫、神兽，等等，基本没有多少是离开太阳大气光象或其衍生内容的。像有些世界著名的文化一样太阳大气光象已成为中国早期人们的一种思维图式，达到了无太阳（太阳大气光象，下同）则不艺术，无太阳则不神圣，甚至是无太阳则不生活的境地！

太阳大气光象科学是认知中国早期艺术史、信仰史和神话史的总密钥。作为研究古代社会的学者，尤其是考古学者，在探索古人的精神、认知成为任何人都不能也无法忽视的学术本质要求的背景下，运用"太阳大气光象考古学"的方法，尝试着走近远古时代那弥漫着灵氛和圣光的世界，相信一定会聆听到古人更为清晰真切的心声和祝语，甚或还有那惘然的叹息！

注释

[1] a.贺刚：《中国史前艺术神器的初步考察——〈中国史前神器〉纲要》，《长江中游史前文化暨第二届亚洲文明学术讨论会论文集》，岳麓书社，1996年；b.贺刚：《湘西史前遗存与中国古史传说》，岳麓书社，2013年。

[2] 这类幻日采用的是与常见真太阳造型一致的形态，如高庙遗址高庙文化图案 中与太阳大气光象对应的展翅神鸟，其双翅之中的"介"字形则为太阳及太阳光柱。顺便提及，该图案中的下端 不是该神鸟的尾端，它是一个独立单元，应该倒过来单独读，即该造型与图七：21～26一样，是蕴含"昆仑之三"的太阳光柱及以神鸟包括尾翎等的羽翅表示的附近之光气。有的还由于表现太阳附近光气的形状而呈现"介"字形，如图七：25、26。甚至有的还有晕及X形的海内克弧，如高庙遗址高庙文化侧首展翅的"太阳大气光象神鸟" 中的幻日即是以这样的真太阳之太阳大气光象造型予以表示的。有的则是包括太阳２２°晕及相关晕弧的，如高庙文化中 的幻日，包括太阳之晕、十字光甚至还可能是幻日环方向上的光、海内克弧等。

[3] 这里所谓的与幻日有关的猪，也包括幻日周边的气体。其中，小山陶尊的鹿 ，其尾部显示的是与太阳有关的光气，应是太阳旋出的光气及"结点"。因为我们有确切的证据证明，新石器时代与太阳有关的一周动物者，多是表示太阳旋出的"结点"和附近光气的，两个位于中心图像两侧者，像河河姆渡文化中的诸多双猪，或是两队多个且每个队伍方向相反者，像田螺山著名的对应于太阳大气光象的鸟形蠵身的神猪和鹿（该器身还有来源于高庙文化的"介"字形太阳光柱），则一般应是太阳22°左右的幻日，虽然像龙虬庄特殊彩绘盆中一周主体图像、仰韶文化有的鱼头中的鱼目造型采用的是包括真太阳在内的太阳大气光象造型或对应真太阳、22°晕及附近较完整太阳大气光象神鸟的鸟首。之所以这样表现，主要原因是认为旋出的"结点"及光气仍然可视为是小太阳，因而可以用真太阳及相关光气的造型表达。仰韶文化半坡类型陶盆中，盆的一周也有四只朝同一方向奔跑的鹿或鱼，内涵与其类似。

[4] 以羽翅表示，这是高庙文化以来的传承，也是由于太阳神为光气之神、羽翅又与光气可"同价"互表之故。

[5] 尊的口可能受到有关具体太阳大气光象影响，只是这一光象学术界似乎尚无具体称谓。计算机模拟得较为清晰，平时的观测中应该是极其难以观测到的，因此也显示其神秘性及神圣性。当然需要说明的是常州新岗这一陶猪尊的尊口在整个猪鼻子到猪腿的这一纵向图案中的位置与实际光象的相对位置并不严格对应。

[6] 蔡运章先生曾经提出大汶口文化一类特殊陶器上的 、、 等造型是甲骨金文中的昏字（《大汶口陶罍文字及其相关问题》，《山东师范大学学报》2013年第2期），这确是很有见地的见解。笔者以为其时还不是文字，而是太阳大气光象，其中的圆形是表示有多个太阳沿着太阳光柱升降往来的。不过晚期昏字的造字确实是取形这类神圣符号或思想的，其之所以具有

明亮的意思，显然与这类神符的太阳大气光象本质有关，并且这类符号从高庙文化开始就已出现，如高庙的太阳光柱及两侧和上端的附属光和虚光的组合造型 中，就明显有太阳经常呈现的菱形这一自然造型。注意此类大汶口文化符号与北斗、璇玑、天盖无关。

[7] 饶宗颐：《红山玉器猪龙与豨韦、陈宝》，《辽海文物学刊》1989年第1期。

[8] 基本表现的应该是22°幻日。

[9] 具体论证可参照近期拙论《太阳大气光象视角下的中国早期艺术、信仰和神话问题研究》以及《文明之光——古都郑州探索与研究》，科学出版社，2015年，及兰轩谈古博客。

[10] 有时又可以是幻日神的造型。

[11] 太阳高度较低时，太阳22°幻日有时会有较为明显的菱形的样子。顺便说明图九：2只是比拟为神鸟，但并不是神鸟实形，不过其与图一〇：1～4确是很像的。

[12] 陶寺遗址出土有龙山时代的铜蛙。

[13] 单一神人或神兽也对于基本不同的太阳大气光象。单一的神兽其冠的部分及神兽眼睛、鼻子特别是印堂以上的部分基本对应于良渚文化类统一于太阳大气光象的神人神兽组合的神人部分。

[14] 林巳奈夫著：《中国古玉研究》，杨美莉译，台北艺术图书公司，1997年。

[15] 菱形太阳在自然界很是常见，卜辞中就有这样的写法。高庙文化及其以后的历代先民非常重视它，经常采用之来表示太阳，还有一些文化还把它与海内克弧组合起来形成近似"田"字形或中间十字形的菱形予以表示。崧泽文化、良渚文化早期先民经常绘制太阳光气，太阳中心就常用菱形，这一菱形太阳及附近光气与良渚文化"蚩尤环常饰式"神兽无论外形还是内涵方面均高度相关，只不过在良渚文化中这类神兽多是作为幻日神予以体现的。

[16] 方向明：《由潜山薛家岗的三件璜形玉器谈起》，张宏明等主编《玉英溯源——安徽历代玉器研究文萃》，黄山书社，2015年。

[17] 详见拙著《文明之光——古都郑州探索与研究》，科学出版社，2015年。

[18] 花地嘴朱砂陶瓮之神。

[19]《左传·哀公六年》载："是岁也，有云如众赤鸟，夹日以飞三日。"后因以"赤鸟夹日"为不祥之兆。《三国志·魏志·管辂传》曰"有鸣鹊来在阁屋上"，裴松之注引三国魏管辰《管辂别传》曰："赤鸟夹日，殃在荆楚。"由此观之，似乎宗日文化的"两鸟一圆"图案也有可能是对《左传·哀公六年》所述的气象造型，不过考虑到古人对于常规太阳大气光象、太阳角光处的结点及附近光气的关注是传承有序的，所以本人还是倾向于否认该"两鸟一圆"图案的《左传》之论。

[20] 当然，从图七：25、26及图八看，太阳光柱及附属光气或及相关晕弧应是晚期所谓圭的来源，并且高庙文化已开始出现有翼太阳神了。

［21］台北《故宫学术季刊》第20卷第4期。

［22］有的还作为神人神兽本身的一部分。

［23］石家河文化大汶口文化的陶尊上所刻画的各类符号，除了明确的菱形太阳、十字＋圆形太阳、杯似、豆似太阳光柱、太阳鸟等等之外，最多的就是〰类的所谓"牛角形"符号，其实就是像福泉山太阳光气图案🐟🐟🐟中的一类鸟的羽翅一样，用以代表给予复活的太阳和灵气。

［24］冯时：《祖燊考》，《考古》2014年第8期。

［25］高崇文：《楚"镇墓兽"为"祖重"解》，《文物》2008年第9期。

［26］虽然晕弧、光气和羽翅是可以相通的。

［27］最近石家河遗址出土了全形的玉虎。

［28］石家河文化中，也有以头顶的"肖像性"特征与对应太阳大气光象的"介"字形冠互相融合的现象，这类造型可视为是低冠。

［29］从凌家滩虎头璜、龙凤璜看，虎也可以用于表现幻日。另外，中国早期艺术史中，太阳神或太阳大气光象之神也有众多是以鸟的造型予以表现的，半坡类型中的太阳神有的是人面鱼身，像半坡陶盆中的所谓"人面鱼纹"图案，有的则是虎面鱼身，不过具体却是用来表现真太阳光气"结点"的。

［30］夏家店下层文化大甸子墓地彩绘牌饰中有多层双S形神面，三星堆文化中也有一件这样🔲🔲的铜牌饰，这里的双S形从龙山时代诸多神像看，是以人的面貌浓厚的神像双旋目造型代表神面主体的，有一般铜牌饰神兽面常见的鄂嘴和冠顶。笔者在相关文章中曾经讨论过其造型的由来，详见拙作《大甸子墓地陶器上的特殊彩绘》，北京大学中国考古学研究中心、北京大学震旦古代文明研究中心编《古代文明研究》第七卷，科学出版社，2008年。

［31］图二二：5的"人"字形冠，有学者认为是羊角，详见王青《镶嵌铜牌饰的初步研究》，《文物》2004年第5期；王青《镶嵌铜牌饰的寓意诸问题再研究》，《东方考古》2012年第9期；陈小三《试论镶嵌绿松石牌饰的起源》，《考古与文物》2013年第5期。实际这一造型是神面最为常见的具有悠久历史的"人"字形顶。"人"字形对应的太阳大气光象有太阳22°晕内外之分。在神面之首的这类"人"字形顶，具体对应的太阳大气光象应是太阳22°晕上端外凸帕瑞弧。其实铜牌饰神面之冠象饕餮面部中心鼻子方向的造型一样，均是对应相似的太阳大气光象的。当然从本文图一一看，商早期饕餮主体以至中期的一些饕餮，其面部尤其是四角的羽翅造型及整体结构确定无疑来自红山文化勾云形玉器，而勾云形玉器又确切无疑地来自太阳中心及相关的海内克弧等，有的还包括太阳22°晕的下切弧及幻日之类的太阳大气光象。

［32］实际象征的是太阳及相关大气光象，这一案例有助于确切地证明有的"纺轮"的太阳天文学意义。

［33］参见拙作《论大河村遗址一件特殊彩陶上的神圣图像》，《炎黄文化》2015年第10期。

［34］此一蹲踞式造型又非常符合利于修炼的人体科学，与利于乘蹬或驾驭飞腾神兽时保持身体平衡的姿势也高度符合，从淮阴高庄战国墓中龙蛇结伴蹲踞、形成画面中的三层山形方面看，蹲踞式总体造型又合三层昆仑形，曾侯乙墓中也发现类似现象。从高庙、河姆渡等文化看，昆仑最早又是与太阳光柱、附属光芒等高度关联的，所以蹲踞式造型占尽各种优势，自然很容易得到广大巫师的应用，并成为人世间描述和塑造太阳神及其衍生神灵，甚至是作为诸多神灵、神祖的标准造型，像湖北秭归县门头沟遗址的一件大溪文化太阳神，头顶太阳，下肢有四个幻日，整个造型为神灵最常采用的蹲踞式。

［35］商朝之"商"字、"帝"字同样是取形于太阳大气光象的，所以商人也是一个高度崇拜太阳暨上帝的朝代。

［36］陈小三：《试论镶嵌绿松石牌饰的起源》，《考古与文物》2013年第5期。

［37］饕餮的重要变迁之一，主要是在早期勾云形饕餮的基础上增加了龙身而已。

［38］勾云形玉器与太阳大气光象之海内克弧及真太阳高度对应，有的勾云形玉器对应的太阳大气光象中还包括22°幻日、太阳22°晕之下切弧。商早中期一批饕餮纹与对应于真太阳、海内克弧、太阳22°晕下切弧的太阳大气光象的双目勾云形玉器高度关联，龙山时代石家河文化、山东龙山文化、山西等地龙山文化有关神人神兽造型额头以下的有的大概对称的羽饰蕴含着与勾云形玉器对应的海内克弧的部分。相比较而言，商早中期这批饕餮纹与红山文化勾云形玉器更肖似，而与龙山时代以来的神人神兽额头以下的大概对称羽饰部分相似度低一些，虽然勾云形玉器及龙山时代以来的有关神人神兽纹都与真太阳及海内克弧等太阳大气光象都有关。

（原刊于《华夏文明》2016年第1期）

论石峁皇城台26号石雕

顾万发

石峁遗址皇城台出土了数量众多的石雕，"中国文博"公布的第26号石雕非常特殊（图一）。关于该石雕，不少学者予以了关注，也有学者认为其可能是两面神。我们认为，该石雕的内涵可能还有别的解读，兹以论证。

识别这一石雕的性质，确实是困难的，因为关于龙山时代以来玉人面的性质较为复杂，学术界还没有确切的共识。我们曾认为，山东龙山、石家河文化晚期的玉人面主体是神祖和太阳神两类，并且两面者中有以鹰为图腾的少昊氏之具有明确人形特征的神祖和以鸮为图腾的玄鸟氏之具有明确人形特征的神祖之组合，有的是鸮与鹰之图腾神鸟的组合，即是以生物形表现的神祖组合。还有少量的是拟人化男神祖和女神祖之组合，一般女神祖在氏族神诞神话叙事中释为生活在人间的，而男神祖是天命苍龙赋予其子孙繁衍之功的，简化或者不严格叙述则为天命的，甚至天子思维和天道观与这一神话信仰都有关。自然龙山时代的两面图像，还有的是少昊鸷或鹰与该氏族神祖组合，有的是玄鸟鸮与玄鸟氏神祖组合，即两面图像是生物形神祖与具有明显人形特征的神祖。不过玉器图像中还有更为复杂的组合，像台北故宫博物院的鹰纹玉圭、山西黎城石峁文化玉戚。有的玉圭还有明显的大火星之形，并且主要出现在玄鸟氏玉圭

图一 石峁皇城台26号石雕

图像中，溧阳玉圭更为特殊一些，即有玄鸟，又有少昊氏图腾——鸷，剩下的图像则是玄鸟氏神祖啻之首和主要以羽翼表现的大火星造型，这主要是由于玄鸟氏的氏族始祖契阏伯曾经是舜之火正、玄鸟氏以火司春秋分的原因。

遵循着这一认识，我们判断，与石家河文化有重要联系的石峁文化这一石雕神面应该属于我们所论的神面组合之一。又由于石家河文化晚期、陶寺文化晚期的阴阳神祖，基本都是以阴阳雕刻技法来表现其阴阳属性的，石峁文化神祖与石家河文化晚期的玉器神祖所来自的氏族属性，不少又是高度一致的，所以皇城台26号石雕之两个立体阳雕神面很可能不是阴阳组合，而应该是别的性质的组合。依据石家河文化晚期（或称之为肖家屋脊文化）、山东龙山文化等中玉器中各种人面组合的情况以及山东龙山文化、石峁文化虎食少昊氏氏族神祖人首的情况，其应该是少昊氏之鸷和玄鸟氏氏族神祖啻的组合，不是与氏族始祖鬴的组合，即山东龙山文化、石家河文化晚期、石峁文化以来的龙、虎、人、鱼、图腾（若神鸟等）等元素的部分或者全部组合中，人形是神祖，依商人玄鸟氏则为啻，神鸟形为图腾，依照商人则是玄鸟鸮，并且啻还存在融合神鸟的造型，图像虎食人卣中的蹲踞式神祖啻的造型，即是这种情况的代表。

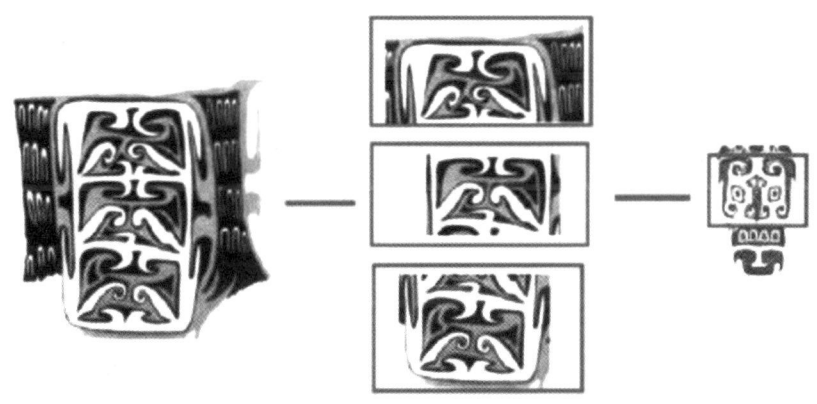

图二　夏家店大甸子墓地出土彩绘牌饰

由于这两个石雕神面的特征非常独特，只有其中之一的耳朵与石家河文化有关神面类似，对于我们判断神面的确切性质帮助较小，我们只能以此知道其与石家河文化神面有联系，可以宏观判断出其属于少昊系太阳家族，有天命苍龙赋予的子孙繁衍之功，但是凭借这一特征，并不能作更加翔实的判断。

是否有别的特征利于我们判断？实际是有的，只是无法常规视之。我们看，该石雕神面中的一个神面，非常特殊，在现在所见的早期神面中，只有夏家店下层文化大甸子墓地的一件彩绘牌饰（图二）的鸮神面与其有密切关系。两者头顶两侧都有下沉的线条造型，面的轮廓中有两个C形。夏家店下层文化这一神面，来自我们早年论证的二里头文化一件主体为鸮首的绿松石牌饰（图三）。大甸子墓地的该彩绘牌饰由三个几乎相同的鸮神面组合，只是由于绘制原因，有一些不同或缺失。每个单元的神面眼睛是来自红山文化风格的鸮目，两个C形组合为鸮的面盘（这一表示法在赵宝沟文化就已出现，在二里头文化有的绿松石牌饰图像中依然存在），与鸮面盘真实情况相符。该彩绘单元鸮面神头上下沉的线条造型即是鸮的簇羽。该彩绘牌饰下端一个单元鸮面也有类似的线条，可以理解为属于鸮的面羽。应该予以强调的是，该彩绘牌饰鸮面面的轮廓线之分歧，实际与每一个C形组合，还是二里头文化、夏家店下层文化以至于商周的羽翼形的地线或者阳线，可以代表其本质，即是可以表示精气的线条。综合来看，该牌饰的三个单元神面都是鸮面（没有特别地表现嘴巴）无疑，从其他情况综合判断即是玄鸟氏的图腾，用于牌饰，可能是以鸮或者鸮面龙身的特殊造型表现苍龙。这样造型为鸟首龙身的苍龙，在三星堆铜西极若木或者东极扶桑树上有所表现，在《清翫雅集二十周年图录》所录的一件商晚期青铜卣之系的苍龙造型中也有表现。该青铜卣之系的苍龙为火字形，与盖纽下端的C形龙构成一组阴阳龙，该青铜卣之上端还有一条菱形花纹的龙，其与系也可以构成一组阴阳，可以表示酒为阴阳之精华。该卣标准化饕餮首的这一菱形花纹的鹿角柄苍龙和标准化饕餮组合在一起，还表现了苍龙唾、散精气可以动物化为标准化饕餮这一三代以来陶器、青铜器图像重要主题。标准化饕餮兽首下的人面则是商人玄鸟氏的神祖喾，与郑州商城宫殿区出土陶簋为苍龙所食并拟合了玄鸟造型的蹲踞式神祖喾之首基本一致（图四）。

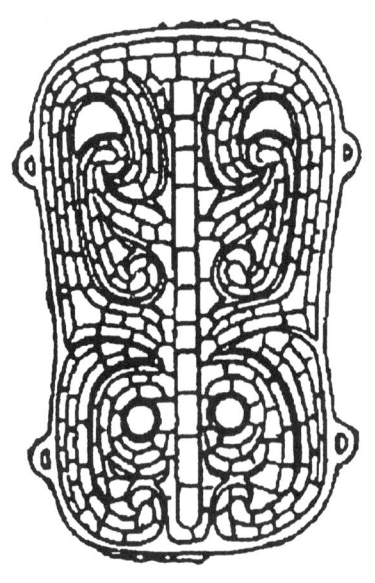

图三　二里头文化嵌绿松石铜牌饰

图四　《清翫雅集二十周年图录》
收藏商代晚期青铜卣

我们曾经认为，玄鸟氏的起源与红山文化有关，近年来又有一些更早的证据。2015年，在塔尺营子遗址发现了一块有獠牙鸮形图像石牌，一面是人面鸮身，另一面的主体图像元素是鸮面。另外，巴林右旗博物馆征集有一件传出查海遗址的兴隆洼文化石牌，其为有獠牙人面，并有菱形花纹的龙身。这些证据表明，玄鸟氏的早期来源可能会早到兴隆洼文化。在山东龙山文化、石家河文化晚期、石峁文化、花地嘴新砦期、二里头文化、商文化都有明确表现。花地嘴新砦期的朱砂绘制的神面（图五），一个是"介"字形太阳羽冠的玄鸟鸮，另一个是有鸮目的玄鸟氏人形元素明确的神祖喾。石峁石雕的这些神祖，与其他龙山时代和石家河文化晚期玄鸟氏和少昊氏神祖比较，只不过人的元素更加明确罢了。

图五　花地嘴出土新砦期陶器

我们这样判断，还是基于整个石峁文化与整个夏家店下层文化的联系非常密切这一情况。石峁遗址发现过典型的夏家店下层文化陶器和祭祀人首。同时夏家店下层文化的彩绘人面可以从石峁文化找到诸多来源。这就是讲，我们判断石峁文化这一石雕神面之一与夏家店下层文化这一彩绘玄鸟鸮有关，只是两个文化有关的案例之一罢了。

我们看该石雕另一面的特征（图六），其不是用阴线刻画，所以不具备石家河文化晚期、陶寺文化以阴阳雕刻表现神祖之男女的风格（湖南澧县孙家岗遗址新出的獠牙神祖面，双面造型基本一致，但是各自单独以火阴或阳的雕刻风格，显然是少昊氏阴阳神祖造型）。那么这时，在一个神面识别为玄鸟鸮表现的氏族即玄鸟氏人形特征明显神祖的情况下，另一面为少昊氏神祖的可能性就较为明确了。依据我们发现的龙山时代和石家河文化晚期的这两个氏族神祖的组合造型，另一个石雕面似乎并不具备以鹰为图腾的少昊氏之神祖常见的特征，这一常见特征主要是披肩发，即是拟合鹰或鸶的项羽。不过我们发现，鹗神祖的部分造型可以为另一个石雕神面借用，这样看即是有披肩发的人形面了，而披肩发是龙山时代和石家河文化晚期少昊氏神祖的典型特征。所以，另一个石雕借用了其背面这一石雕的一部分造型，用为自己的造型。这样理解还有一个重要证据，这就是玄鸟鹗神祖与另一个神祖的耳朵有共同的主体，即两者别的造型也存在互相借用的现象。从所有龙山时代、石家河文化晚期、石峁文化其他神面看，除了石峁该石雕这一案例，所有神面之耳都是单一方向的，包括美洲印第安文明的一些与中国这类文化有关的造像特征，都是这样，假若皇城台 26 号石雕神面之耳有两个方向，则是唯一的一个案例，显然这是不太可能存在的，即其不应该视为一个神面的耳朵，而应视为是两个神面耳朵有互相借用的部分使然。从本案例看，两个神人面有共同的耳朵主体，是皇城台 26 号石雕的一个重要特征。

图六　石峁皇城台 26 号石雕

图七　石峁出土双面石雕

　　识别其为玄鸟氏和少昊氏氏族神祖还有一个重要证据，即是两个神面的嘴巴造型。我们曾经总结了一个基本规律，即是在石家河文化晚期和山东龙山文化中，凡是由这两个氏族神祖面组合的构图中，两者区别多数非常明显。一方面是眼睛的区别，一个是鹗的圆形眼睛或者旋符造型的眼睛，另一个是鹰或者鸳的臣字形眼睛。另一个重要区别是玄鸟氏神祖的嘴巴有髭或无髭，多数呈现"介"字形；少昊氏神祖的嘴巴则没有这些特征，多数是半月形。本文所论石峁皇城台 26 号石雕，两个神面的嘴巴即具有这一重要区

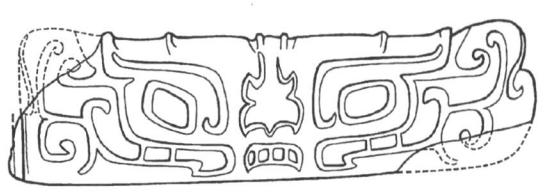

图八　二里头文化骨雕神面

别。而另一个双面石雕（图七），从其嘴巴造型判断，很可能即少昊氏的阴阳神祖了1。也有的是常见造型，或者是常规件的吐舌形。学术界公布的二里头文化的一件骨雕神面（图八）即可能是

少昊氏神祖，依然有这样的特征。

至于石峁该神祖面的两个氏族神祖的眼睛都是菱形，没有了圆形和臣字形之别了，我们认为菱形眼睛形成一种风格，早期主要在石峁文化。其之所以采用菱形，可能受到了龙山时代一些玉器、石器（石峁遗址即有）横向装饰的表示生机之气图案的影响，这些图像受到了仰韶文化等更早期与太阳或太阳大气光象有关的横向彩绘或是刻画图案的影响。又由于依据《黄帝内经》这类文献，古人认为眼睛是先天之本，代表精气的生机和能量，自然对于少昊氏集团的少昊氏、玄鸟氏这些信仰太阳的古人而言，菱形正好与太阳或者太阳大气光象可以有联系，所以其作为神祖之眼睛，自然是符合时代认知的。

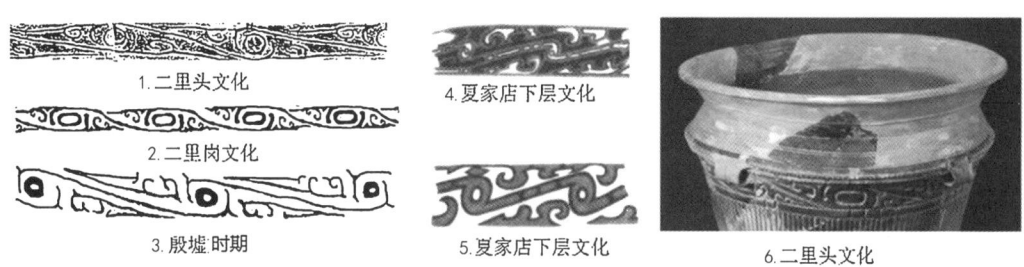

图九　夏家店下层文化、二里头文化、殷墟时期的图案

图一〇　石峁遗址中的菱形图像

在夏家店下层文化、二里头文化、殷商文化中，不少表现为菱形排列的造型（图九），并且有的这种构图中的单元形成了菱形眼睛的造型。在石峁遗址（图一〇）、二里头遗址以及三星堆文化，还发现诸多菱形眼睛的图像，尤其是仓包包出土的一件铜牌饰（图一一）、大甸子墓地的一幅彩陶神面，主要以眼睛和首上的羽翼生气纹表现精气这一先天之本的动物化，是商早期饕餮纹构图设计的来源之一。商以来的饕餮纹，我们

曾简单地总结为简易化饕餮纹和标准化饕餮纹，其中标准化饕餮纹，是精气这一先天之本的动物化，简易化饕餮则是基本是以苍龙或者苍龙系表现生机、能量的，表现其的生物不限于龙，有的是多种生物元素的组合。标准化饕餮为精气的动物化，而其是龙精的动物化为代表，但是不限于苍龙或者苍龙系之精气，有的是以多种生物元素组合表示其是多种生命力强盛的代表性生物精气的动物化（图一二）。美秀博物馆所藏的属于二里头文化铜牌饰（图一三），神面或者苍龙面的眼睛即是菱形的。又由于这些所论绿松石青铜牌饰的神面都是苍龙面，苍龙又是天地之间最具代表性的生机和能量的象征，所以这两件绿松石牌饰的苍龙图像以菱形表现其眼睛，是具有文化意义的。我们这一认识，易理也可提供一定证据，易理中离为眼睛，离也为火，为电，这与苍龙、生机能量都可以联系，因为苍龙有大火星，苍龙与雷电联系密切，苍龙现则万物生机现，自然是生机能量的象征。又由于菱形太阳也是天地之间的重要能量，与苍龙生机能量的升降在时令方面是一致的，所以从一定意义上，苍龙生机和太阳生机具有关联，这也是与太阳有关的少昊氏等的神祖还会获取苍龙或者龙虎能量修炼的重要原因之一。

  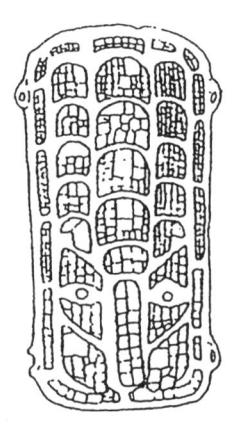

图一一　四川真武　　　图一二　大甸子墓　　　图一三　美秀博物馆
仓包包出土铜牌饰　　地出土彩绘牌饰　　藏二里头文化铜牌饰

弗利尔美术馆藏石峁玉刀（图一四）、养德堂藏玉圭（图一五）、弗利尔美术馆藏玉雕（图一八）有虎食少昊氏神祖图像，石峁遗址诸多石雕有虎食神祖（图一六），或者马如龙食黄牛图腾（图一七）图像。其中的白虎食神祖或者马如龙食黄牛图像，从二里头文化、商周时期的龙虎食人或者神鸟图腾造型看，可以视为是各自省略了苍龙或白虎。不过从诸多苍龙食神祖或者图腾以及虎食神祖或者图腾单独存在的情况看，苍龙食神祖（或者图腾）也可以视为是单独传递生机能量给神祖，虎食神祖（或者图腾）也可以视为是融合了龙的造型从而理解为是传递龙虎能量给神祖的意思，总之有道家的修炼之意义，以使神祖或者图腾与天地组合为三才，达到真人之层次（图一八）。

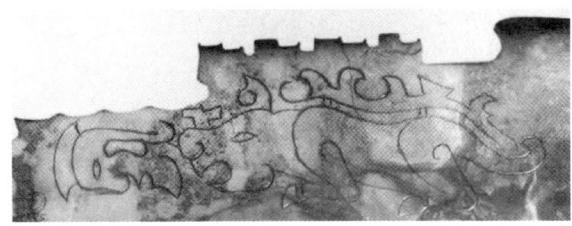

图一四　弗利尔美术馆藏石峁玉刀上的图案

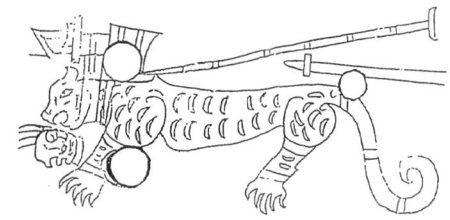

图一五　养德堂藏玉圭上的图案

图一六　石峁遗址出土虎食神祖石雕

图一七　石峁遗址出土虎食牛图腾石雕

这样看，整个石雕人面即容易理解了，其原来是少昊氏、玄鸟氏两个氏族的神祖组合，以表示两个部落的长期联合或同盟。这一战略同盟至少在龙山时代就已存在（依据《左传·襄公十七年》郯子的话实际会更早），弗利尔美术馆就藏有一件有两个氏族神祖图像的玉牌饰（图一九），山东地区的战国时代依然存在，战国时期这一地区还有鹰、鸮组合的铜壶。

图一八　弗利尔
美术馆藏玉雕

图一九　弗利尔
美术馆藏玉牌饰

图二〇　石峁皇城台出土陶鸮

至于两个石雕神面头上端的造型，应该表达太阳的意义，这与其是太阳家族的属性是相符的。同时表达其不只是获得了苍龙或者龙虎的道家的修炼异能和能量，还有太阳的能量，即是具有宇宙第一生产力的神祖，以之繁衍子孙则生生不息。同时也有神话自己和氏族的意思。自然最为重要的目的是与苍龙建立了联系，与天帝建立了家族式联系。这实际是晚期东宫文化、天子文化、真龙天子文化等的早期表现。

判断石峁这个石雕的两个神面是神祖，还有一个重要的证据，即是这类神祖经常是为虎食的，像披肩发者在弗利尔美术馆之石峁文化玉刀中即是为虎所食。而为虎这一神兽所食者，我们曾证明其即是苍龙白虎赋予子孙繁衍之功的神祖。从这一意义上讲，这一石雕蕴含的文化依然属于中国古代诸多神人、圣人神诞的经典神话叙事之主体背景——雷泽生殖崇拜文化。

同时这两个石雕神面下巴的下端都有羽翼，这样的造型是拟合神鸟的，也是拟合男神的。这样的造型在两城镇遗址采集的一件龙山时代陶器的刻画神面有出现，在弗利尔美术馆一件石家河文化晚期无獠牙玉制神面也有发现。

确切地讲，两个石雕神面是以鸷为图腾的少昊氏和以鸮为图腾的玄鸟氏之具有明显人形元素的神祖的组合。我们在石峁文化石雕中发现过鸮，在石峁皇城台发现诸多陶鸷（图二〇），这即是表明石峁文化的主体属于典型的鸷鸮氏族组合文化，并且从石峁多陶鸷、少鸮等情况看，少昊氏在石峁这一统治集团中，居于重要地位。连同石雕中存在明确的玄鸟鸮图像、其他少昊氏神祖图像看，少昊氏应该居于主要地位，玄鸟氏也有一定的地位。从《大戴礼记·五帝德》《世本·帝系》看，其时整合的五帝中没有少昊鸷。有文献认为，玄嚣是青阳，即少昊鸷。据《史记·历书》记载，少昊氏之衰也，颛顼受之。从战国文献的黄帝世系，泉屋博古馆收藏铜鼓表明的喾与陶唐之尧、玄鸟氏之禼、周之稷的父子联系，《史记·五帝本纪》把黄帝、少昊、颛顼三氏顺序排名并早于尧时。《楚语》云："少昊氏之衰也……颛顼受之……其后三苗复九黎之德，尧复育重、黎之后，不忘旧者。"郯子讲的顺序是黄帝氏、炎帝氏、共工氏、大皞氏、少皞挚。《列子·汤问》记载，"共工氏与颛顼争为帝"。《竹书纪年》里说，（颛顼）"生十年而佐少昊氏，二十而登帝位"。《左传·襄公十七年》郯子那句话中的少昊鸷，应该是少昊氏有天下之时的氏族统治者，从文献判断早于陶寺之尧时代，应该属于大汶口文化。其太阳信仰、神鸟之兆、氏族的鸟名，可能体现在各种器物与太阳有关的刻画符号以及各种陶鬶中。从考古学看，山东龙山文化晚期（即可以视为是以两城镇神祖面纹玉圭为代表的年代左右）、同时的石家河文化晚期、石峁文化一定阶段、新砦期阶段，少昊氏集团尤其是少昊鸷之裔和少昊氏集团的玄鸟氏出现了较为繁盛的时代，两者保持联盟友好。玄鸟氏还立有国商有天下。依照泉屋博古馆铜鼓反映的商人看法，尧、禼和稷都是喾之子，属于黄帝玄嚣系，这让我们看到，玄嚣确实可能为少昊氏，加上玄鸟氏神祖喾被一些文献认为是黄帝之裔，则大一统的帝系之整合的时代是很早的，至少早于商。至于《史记·五帝本纪》等没有少昊，可能是玄嚣即少昊。至于文献讲喾妃常仪生鸷，泉屋博古馆铜鼓并没有反映，若不是其他原因，则表明历史上早期有些世系（可能是经过整合的）之中，认为喾第四妃为常仪，其子为鸷，则可能是玄嚣为少昊氏或者少昊鸷讲法的讹误。《山海经》和《子弹库帛书》中帝俊即喾生日月、帝俊即喾之妃常羲、羲和的讲法，同样属于讹误，至少对于商人泉屋博古馆铜鼓所反映的帝王世系的这类认识而言。

总体来讲，一定意义上古籍中记载的早期王朝大一统之黄帝世系的认识，时代较早，是古代早期王朝也秉承的一种帝王世系，即使有所整合，也不晚到西周，更不会晚到战国。这一认识，对于历史学界尤其是中国考古学界重新认识大一统问题具有重要的价值。

▌注释

[1] 本文所谓的少昊氏是指文献中有关东夷系的少昊氏，其与文献中记载的有关黄帝之子少昊的联系较为复杂。《史记·五帝本纪》记载黄帝之子曰玄嚣（青阳）。《帝王世纪》曰黄帝之子：“少昊帝名挚，字青阳，姬姓也……是为玄嚣。”《汉书·律历志》记载：“少昊帝，《孝德》曰少昊曰清。清者，黄帝之子清阳也，是期子孙名挚立。”从泉屋博古馆铜鼓没有常仪、少昊鸷信息和《左传》郯子之“少昊鸷”的叙述看，帝喾四妃的记载中之常仪可能是东夷少昊鸷祖，以其为喾之四妃之一，是古代大一统文化整合所致。《盐铁论》载，“轩辕战涿鹿，杀两皞、蚩尤，而为帝”，利于证明《史记·五帝本纪》类的帝系整合，实际不包括少昊鸷，但是不能一概否定东夷少昊系在帝系的范围，像玄鸟氏按照郯子的话，属于少昊氏集团，但是其又成为《世本》《史记·五帝本纪》等文献中黄帝之裔喾。山东龙山文化、石家河文化晚期、石峁文化、新砦期文化等之中玉器及其图像表明，玄鸟氏属于少昊氏联盟无疑。这无疑证明所谓黄帝系和东夷系的复杂联系。

鸮面神人及玄鸟氏有关问题研究

顾万发

在有关文化的艺术题材中，有一类多被称为是神人面的材料较为特殊，不过并未引起学术界的足够关注。我们认为这类材料数量虽然不多，但是横跨时代和地域较广，具有重要价值。我们暂且称之为鸮面神人，以下我们就对之予以讨论并就教于方家。

巴林右旗博物馆藏有一件特殊的玉器（图一），具有典型的红山文化风格。其造型显得较为奇特，即其面部周围有一周刻意雕出的造型，并且在首部形成角状造型。我们认为，这实际是仿照鸮的造型设计的，主要拟合的是鸮的面盘及簇羽。其面盘及角与所谓的"玉猪龙"[1]的面部上端也较为相似，都属于鸮元素。这与红山文化盛行鸮文化崇拜的风格是相符的。当然，在东北地区，鸮文化早在赵宝沟文化中就出现了，例如内蒙古敖汉旗小山陶尊上的鸮图像以及赵宝沟遗址中带菱形的简化鸮面图像。在上宅文化中也出现了典型的石鸮，红山文化还有一件与巴林右旗博物馆所藏这一件基本一致（图二），现藏于朝阳博物馆。其实这类鸮面设计风格在大汶口文化中可能也存在，曾有一件可能类似的玉人头，似乎也有鸮面风格（图三）。郑州商城二里岗时期一件残陶簋上，有一龙"食"蹲踞式神人像（图四），显然这一图像是"天命玄鸟，降雷泽而生商"神话的图像化，其中的蹲踞式神人之造型显然也是拟合玄鸟即鸮的姿态的。这一神人与一般商人神诞神话的神人有所不同，其面部造型有拟合鸮面盘的成分[2]。另外，三星堆遗址的一件青铜人首（图五）戴有面具，从面具之后的额头的具有的明确双角造型看，其面部整体也应是拟合鸮面的。

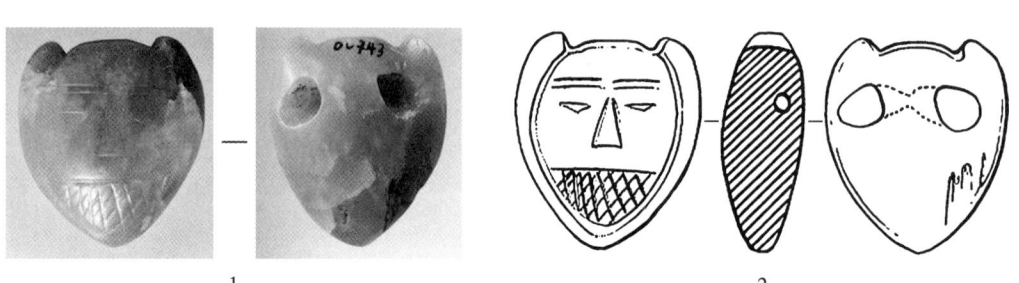

1 — 2

图一　巴林右旗博物馆藏玉器

图二　朝阳博物馆藏石器

图三　大汶口文化玉器

图四　郑州二里岗出土陶簋残片

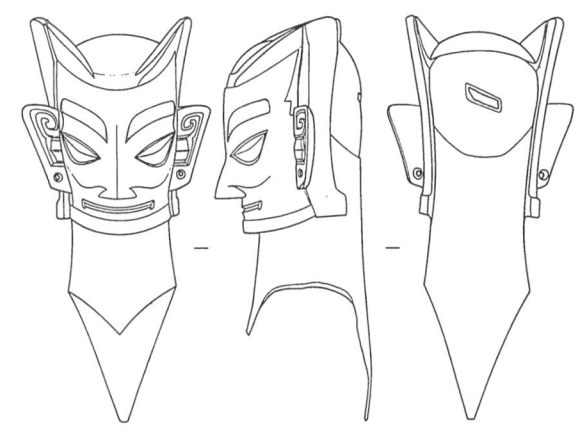

图五　三星堆出土青铜人首

　　承所述及相关材料，鸮文化在大溪文化、河姆渡文化、上宅文化中有少量发现，在红山文化有丰富的发现，在赵宝沟文化、河南仰韶文化也有少量发现，在山东龙山、后石家河文化、石峁文化也有一定发现。在崧泽文化和良渚文化的所有龙首纹中，龙首面部上半段为明显的鸮造型，与红山文化玉猪龙面部构图风格类似。良渚文化所谓的兽面纹，其实面部上半段也基本是鸮元素，其神面之双目造型也是鸮目，尤其是其双目按照王仁湘先生的观点[3]，是有旋臂的，我们认为显然是拟合鸮之目。这类鸮目之接近两鬓的地方，有明显属于短耳鸮之目的特点，林巳奈夫称为天体太阳或月亮之晕[4]。与其他长耳鸮等鸮类不同，短耳鸮面盘该处的颜色与面盘其他段不同，良渚文化的制作玉器者予以表现。关于红山文化出现鸮，很可能与玄鸟氏的早期人群有关，这时的玄鸟氏还未在古代传承的典籍中记载。良渚文化中出现如此众多的鸮文化元素，明显表明两文化人群有密切关联，而非一般的文化往来伙传播。浙江兴化蒋庄良渚文化遗址人群的古DNA鉴定结果显示，两文化高度关联，这表明，红山文化人群有直接迁徙至良渚文化区域并在其中发挥重要作用的现象。至于在石家河文化晚期出现与鸮有关的神物，则很可能与少昊系的玄鸟氏有关。依据文献记载，少昊系曾协助夏人征伐三苗，并且考古发现利于说明。石家河文化晚期，东夷的少昊系人群曾随着征三苗事件的发生和结束而前去湖北湖南等地。至于三星堆文化中出现鸮文化，不单是文化传承的原因，从其中具有明确的鸮文化崇拜以及具有鸮元素的铜人等材料看，石家河文化晚期的少昊系人群曾经到达蜀地域，并且其中不少人包括玄鸟氏在当地三星堆文化的繁盛中贡献了不少力量。

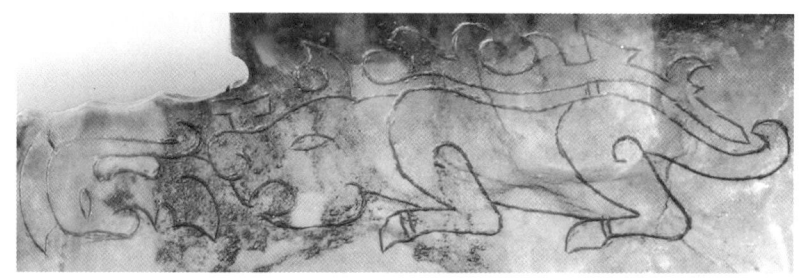

图六　弗利尔美术馆藏玉刀上的纹饰

图七　吉美博物馆藏玉人

图八　弗利尔美术馆藏铜器

我们看到龙山时代弗利尔美术馆藏玉刀之虎"食"披肩发神人首（图六），从法国吉美博物馆藏石家河文化晚期的披肩发神人造型看（图七），该披肩发神人应为蹲踞式，从天津博物馆徐世璋旧藏石家河文化晚期玉雕中的神鸟身"介"字形冠神人看，也可能是神鸟身，但是这类披肩发神人的神鸟身者未发现案例，所以还是视为人形为佳[5]。不过即使是神鸟形，与蹲踞式也是相符的，因为中国早期的蹲踞式首先就是拟合神鸟造型的。商代陶片上的龙"食"人、虎"食"人卣或铜尊图像中的虎"食"人、白陶上或兕觥足上的饕餮"食"人图像[6]中的人，实际都是拟人化的蹲踞式，与诸多商代铜器器耳上的饕餮"食"生物形玄鸟即鸮图像内涵实质是一回事，都是"天命玄鸟降雷泽而生商"神诞神话的图像化。

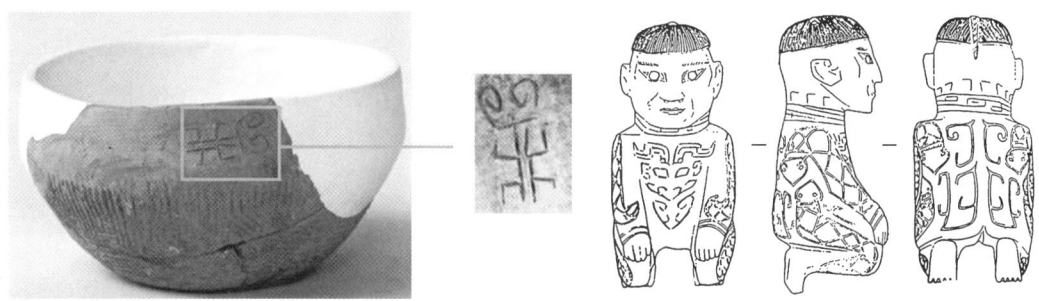

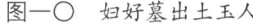

图九　荥阳关帝庙出土商代陶器　　　　　　　图一○　妇好墓出土玉人

图一一　泉屋博古馆藏　　　　　图一二　泉屋博古馆藏商代铜鸮及其拓片
　　　　商代食人卣

　　商代还发现过鸮与虎面神人各为一面的玉雕，显然蕴含的是虎"食"玄鸟神祖的意思，与虎"食"人卣图像元素即内涵非常一致，只不过一个为生物形特征多的玄鸟，一个为具有拟人化特征的玄鸟神祖而已。虎"食"人卣中的具有一定拟人特征的玄鸟神祖，造型更为特殊，其呈现为侧首蹲踞式，这与台北故宫博物院所藏龙山时代玉圭之鹰造型的侧首非常一致[7]。不过该玉圭之鹰代表的是天命生少昊挚的神鸟，说明龙山时代少昊系的有关蹲踞式神人拟合的应该是鹰，像法国吉美博古馆所藏蹲踞式披肩发神人应即如此[8]。而玄鸟神祖蹲踞式拟合的神鸟，从泉屋博古馆铜鼓玄鸟神祖之神鸟元素、造型及该鼓上的表现有簇羽造型的鸮等图像看，应是鸮，即玄鸟。卜辞及金石文献中的商人玄鸟神祖造型，除了以玄鸟合文表现其为鸮之外，卜辞中还有跪坐式的心形鸮面神（《小屯》4333）[9]。为商人高度重视和祭祀[10]，这一心形应该即是鸮面。弗利尔美术馆铜兕觥中商人的拟人化玄鸟神祖是跪坐侧首式（图八）、荥阳关帝庙商代陶器上有心形面即鸮形面的玄鸟神祖为蹲踞式（图九）都有利于证明之。殷墟跪坐式拟人化玄鸟神祖（图一〇）也是重要证据。当然这一跪坐式神人为玄鸟神祖的另一重要证据是，其四肢有蛇，身负蝉身饕餮上帝[11]，与泉屋博古馆商代虎"食"人卣中四肢有鸮羽的拟人化玄鸟神祖（图一一）周身重要装饰几乎一致，与泉屋博古馆所藏铜鸮之身负蝉身饕餮上帝及翅膀为蛇的图像组合也高度拟合（图一二），与妇好墓鸮尊之反映商人始祖神诞神话图像中的鸮身负蝉身饕餮、多组饕餮或龙"食"玄鸟神祖造型及内涵也高度相关（图一三）。该鸮尊身负蝉身饕餮上帝还有一定拟人化的形式（图一四）。另外，花园庄东地卜辞中的玄鸟合文，表现的是长耳鸮（图一五：1）。同时从王亥之亥首的神鸟看，除了以长耳鸮表示之外，有的应是以无簇羽短耳鸮表示的。同时由于文字化的原因，还有的是以一般的神鸟造型来代表鸮的。从妇好墓、殷墟57号墓以及苏埠屯商墓出土的鸮面C形龙看，商人信仰的鸮包括长耳鸮及簇羽不明显的，有的可以确认为实仓鸮、草鸮。与商人玄鸟氏密切相关的红山文化之鸮、良渚文化中的鸮元素，基本是短

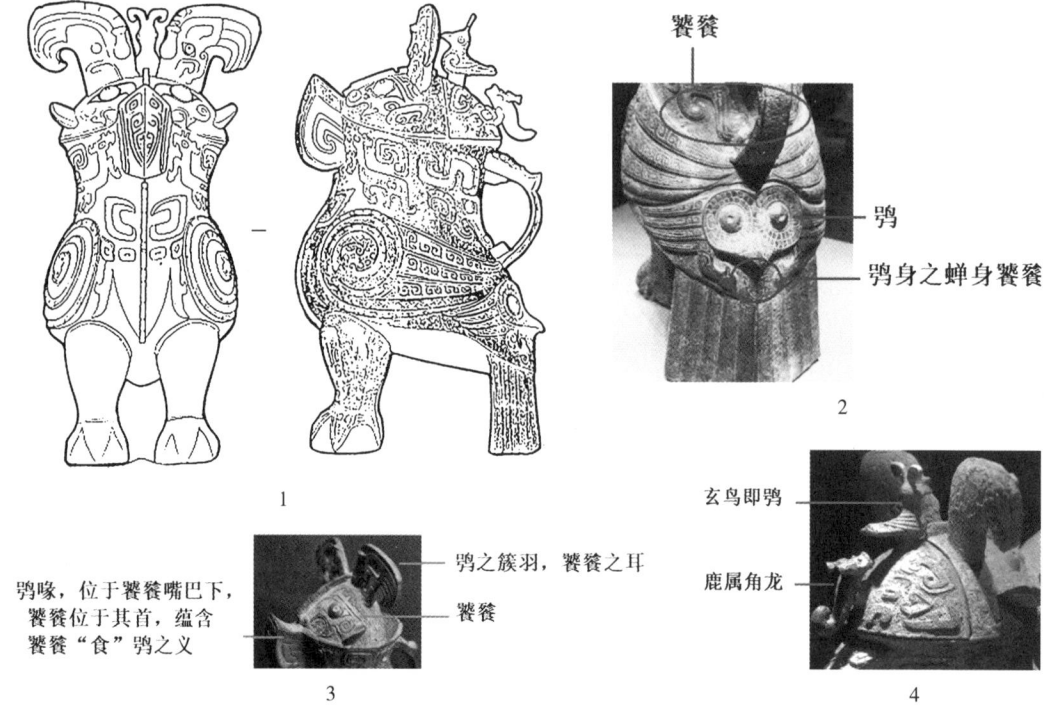

图一三　妇好墓出土鸮尊

耳鸮。《集成》以及《金文编》中的两类玄鸟妇铭文，一类为无簇羽者，一类为长耳鸮（图一五：2、3），与考古发现的实物及文字学表现的情况一致。

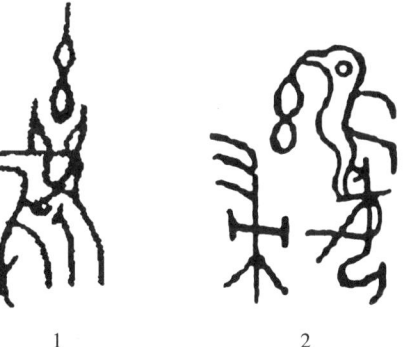

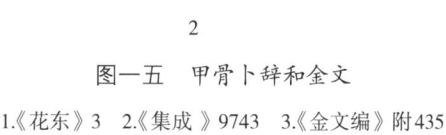

图一五　甲骨卜辞和金文

1.《花东》3　2.《集成》9743　3.《金文编》附435

图一四　美国史密森研究院

　　我们所论这些不同文化和时代的玄鸟文化以及玄鸟氏自身表现的文化，是希望说明鸮面人的出现并不奇怪，其只是当时鸮文化、玄鸟氏文化的一种表现形式而已。结合文献和相关考古发现，这些鸮面人很可能与玄鸟氏族群有关，而不全是接受文化的传播。同时从鸮面人的出现区域、时代以及玄鸟文化的盛行范畴，也可以看到玄鸟氏的出现、形成、繁盛、迁徙的部分踪迹。另外，少昊系的玄鸟氏在石家河文化晚期表现为重要力量，在新砦期、二里头文化中晚期以来表现出众，尤其是建立了商王朝。

　　我们知道，在三星堆文化中出现了短耳陶鸮、无簇羽铜鸮、有明显拟鸮之簇羽的鸮身人面神物（图一六）以及反映商人神诞神话铜尊图像中的虎"食"人造型（图一七）。这似乎难于理解，实际并不奇怪。三星堆有的铜人的平顶带状冠、短发齐脑在商代贵族服饰或虎"食"人卣的玄鸟神组身上有部分发现，但是并不普遍。从三星堆发现的商文化元素看，商代时两地有诸多文化往来，尤其是所述的三星堆一件铜尊图像中有反映商人神诞神话的场景，并且图像是纯正的商文化风格，这更说明蜀地上层社会当时应该存在玄鸟氏人群，并与中央商王朝有往来。不过我们认为，三星堆文化中的平顶戴冠以及短发者所代表的族群，可能主要是由来自晚期石家河文化的包括玄鸟氏在内少昊系与各方融合发展而来，并且在商代时与中央王朝的玄鸟氏应有所往来，但是核心是早已存在于本地的人群，而非中原来者。三星堆发现的一类可能是鹰雕的神鸟（图一八：1），与石家河文化晚期发现的这类神鸟高度近似（图一八：2、3），都应是少昊系某一支信奉的神鸟。这类神鸟在三星堆文化的传承以及三星堆文化中的首有索形冠带短发者与肖家屋脊一件玉人冠带较为相似的情况，也有助于说明石家河文化晚期的一些人曾来临三星堆，并成为三星堆文化的创造者之一。

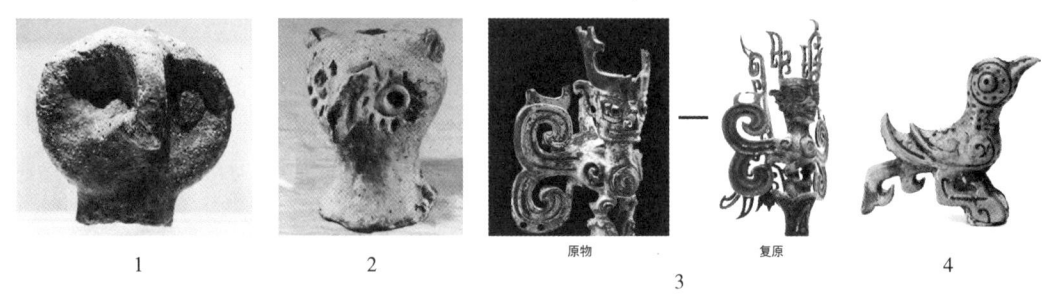

图一六　三星堆出土陶器、铜器

图一七　三星堆出土铜尊纹饰

图一八　新石器时代至商代神鸟形象

有学者认为三星堆文化中的少昊系人群主体是来自于三苗或是窜三危的三苗的，我们认为主体不应是这样，因为虽然三苗之时石家河文区域有诸多东夷风格的人和文化元素，包括可能有玄鸟氏等少昊系的人，但是那时的少昊系尤其是玄鸟氏并不特别有势力，该文化区域少昊系及玄鸟氏应该在禹征三苗之后，即在石家河文化晚期，才大量增加和发达的。在当地石家河文化晚期发现的许多少昊系玉器尤其是多件与玄鸟氏即鸮氏有关的陶鸮、玉鸮以及与鸮有关的玉神面即是明证[12]（图一九）。在三星堆文化中，我们发现除了长辫子的外，不少铜人均为短发，有的有发簪，有的没有。在神坛上的祭祀者及托举着铜尊的祭祀者也是短发，并且头顶一周多为带状冠。其中的无发簪的短发者（图二〇）与虎"食"人卣中的商人拟人化的玄鸟神组发型较为相似，两者相似的一面还有耳朵造型以及耳朵有穿，这在中原商人造型中表现较少，在虎"食"人卣中的玄鸟神祖之拟人化造型中却是典型特征[13]，这应该有助于说明三星堆文化人群中的这类铜人与玄鸟氏可能有相似的部分族源。不过由于不是直接在商代迁徙，所以在商代的少量拟人化神祖造型中保留的典型神祖发型之部分特征，在三星堆则较多地呈现出来。这也可能说明，三星堆文化中与玄鸟氏有关的人祖先或部分祖先是较为直接地来自石家河文化晚期区域的。蜀地又属于偏远之地，所以保留早期风格较为浓厚。当然与石家河文化晚期的诸多玉人、陶人发型、冠等比较，三星堆文化的这类铜人也发生了较为明显的变化，有可能有的是文化影响所致，不一定是族属问题。

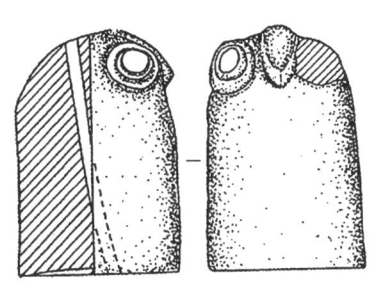

1.随州金鸡岭

2.武汉博物馆

3.武汉博物馆

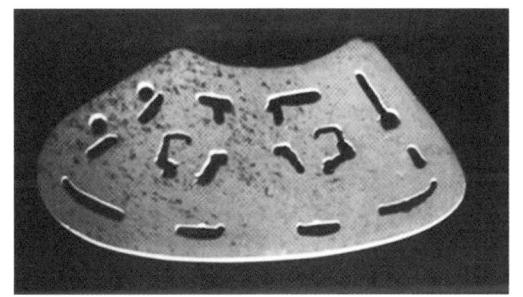

4.谭家岭

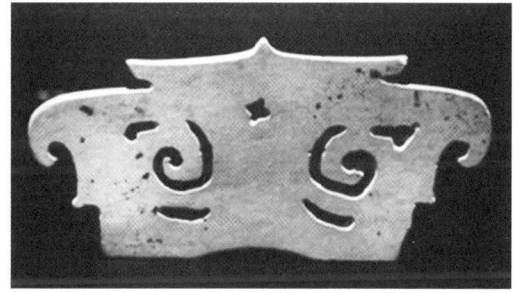

5.谭家岭

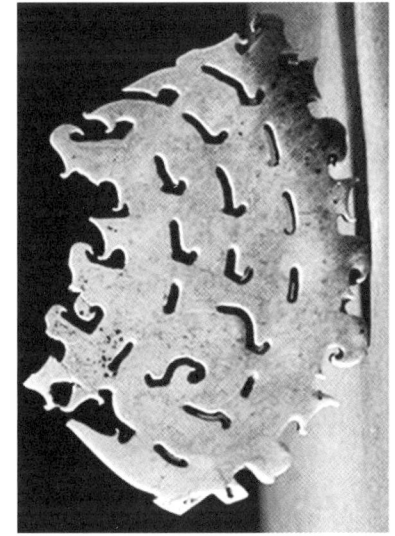

6.谭家岭

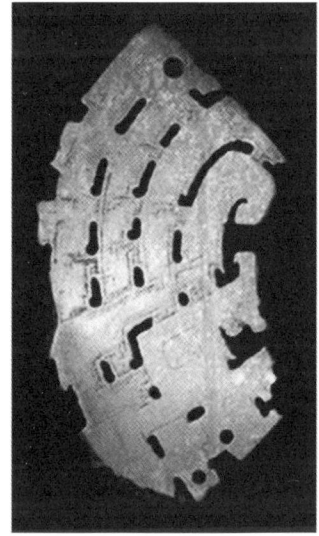

7.芝加哥艺术研究院

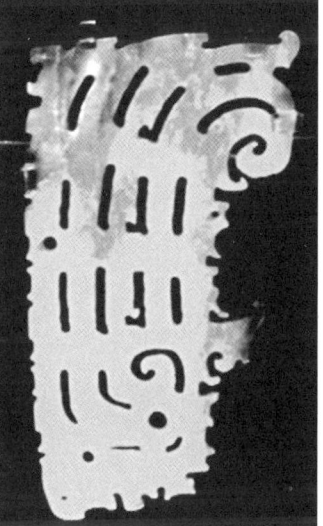

8.首都博物馆

图一九　新石器时代玉器

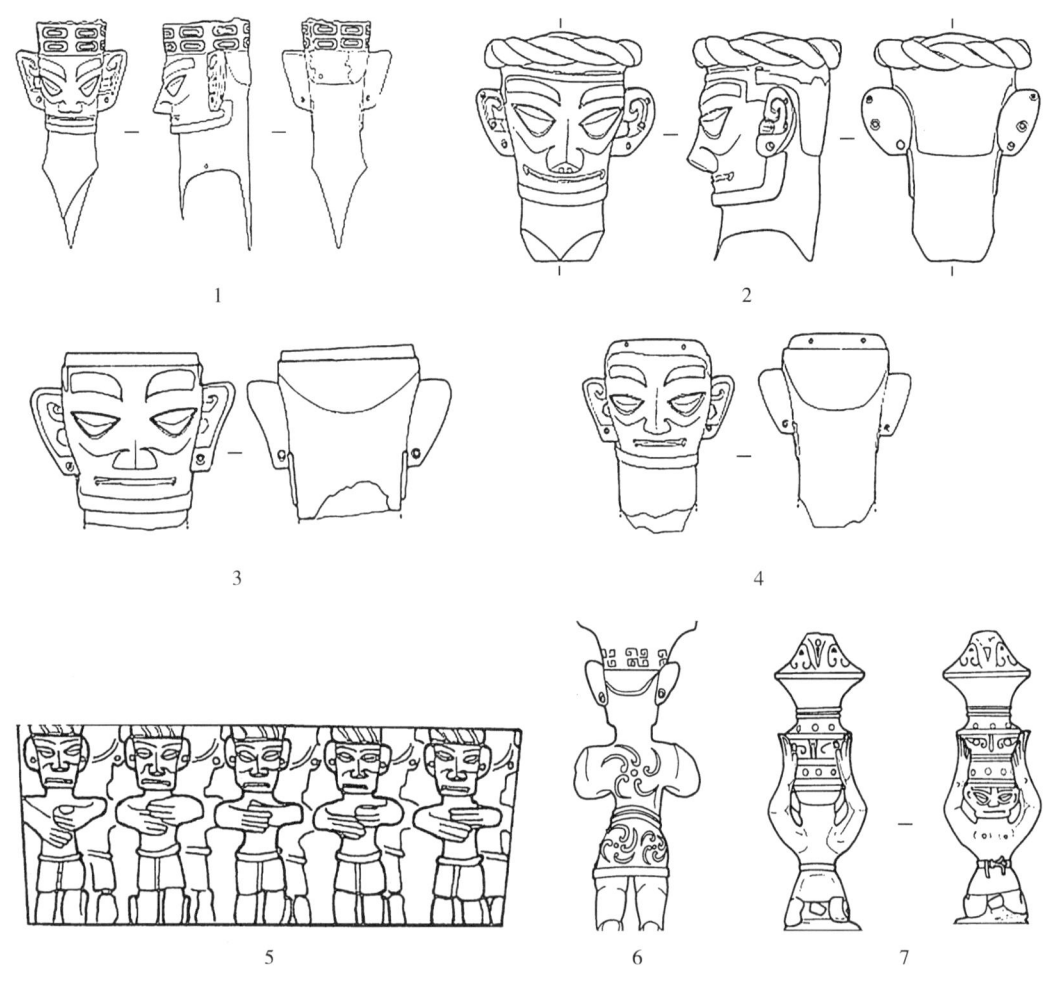

图二〇　三星堆铜人形象

　　另外，三星堆文化铜人发型中有不少是短发有簪板的，类似有发髻。有发髻者在石家河文化晚期出现较多，但是这类玉人或陶人一般戴月牙形的由神鸟羽翼纹组成的冠，颇为类似当今少数民族像印第安等人的羽冠。不过从湖南石门发现的一件石家河文化晚期月牙冠玉人看，也有的是脑后短发的（图二一）。综合来看，三星堆文化一些铜人的发型及冠带更近似石家河文化晚期。石家河文化晚期的这类短发者，单从考古学上看，其族属不好判断，然而依据考古及历史文献，其中多数应与东夷有关，尤其是少昊系。初步判断，其中的冠带者可能属于玄鸟氏，披肩发者应该属于生少昊挚的鹰氏，其他则多属于少昊系的其他神鸟氏。这也就是说，三星堆文化的统治者中有不少与少昊系人群或其文化密切相关，其中的玄鸟氏不可忽视，虽然那时其与中原商王朝的玄鸟氏已有诸多不同。关于这一点，三星堆文化中的狗头冠（图二二）可能也是一个重要证据。我们曾经论证，该狗头冠可能与古代的瑶族有关，这类狗头冠有的戴在有带冠的短发有簪者头上，而这类人恰恰是巫师代表。狗头冠在瑶族的传说中又恰与商人人间祖先帝喾有关。由此可以判断，三星堆文化这类人的主要成分可能与玄鸟氏有联系。

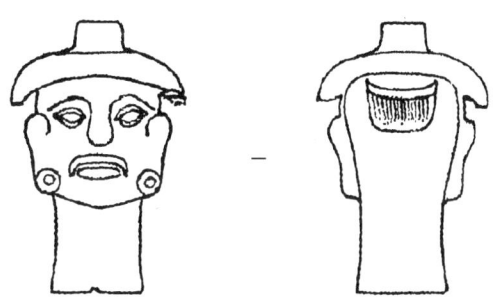

图二一　　石门出土石家河文化玉人

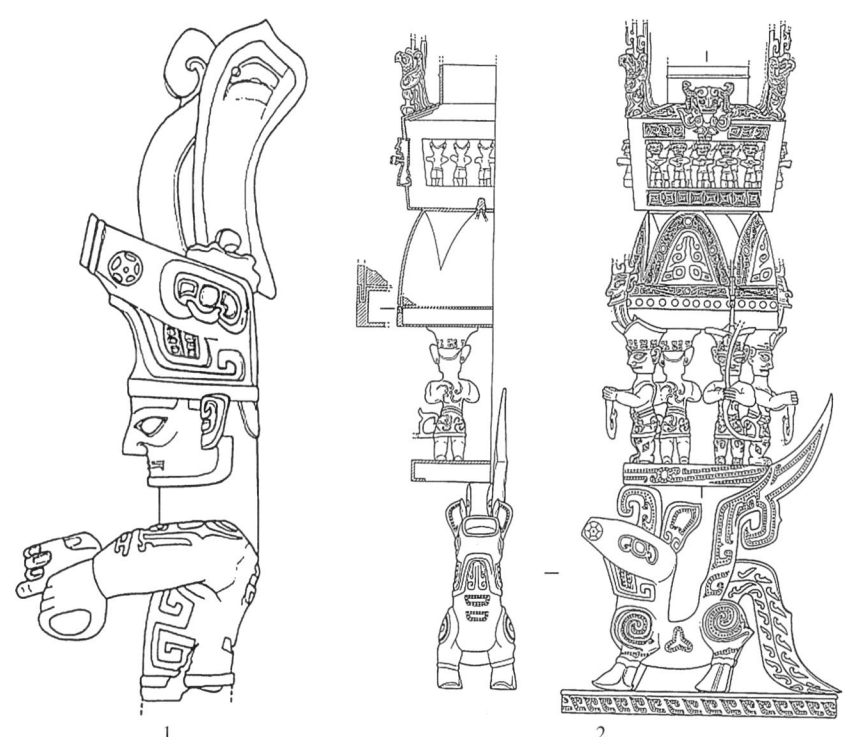

图二二　　三星堆出土铜人形象

综合来看，这些蕴含鸮元素的鸮面神人应与历史上著名的玄鸟氏有关。其中二里岗陶器上为龙所食的鸮面神人，其面有鸮之面盘的部分特征，我们可以确切地说其"蹲踞式"是拟合玄鸟即鸮的，其整体上应视为是天帝命之[14]降落雷泽以生商王朝始祖卨的神物。这类神人在别的材料中还常以鸮的生物造型出现，这说明该神人可以视为是玄鸟即鸮的拟人化形式。红山文化的两件拟合鸮神人面，就其本身信息不易于论证其性质，不过从所述二里岗这一鸮面神人、卜辞中的这类神人、关帝庙陶器上神人的玄鸟神组性质可以判断，其很可能也是玄鸟神组的拟人化表现形式。三星堆的鸮面神人，戴着神人面具，去掉神人面具看的话，其应该代表该文化族群中与玄鸟氏有关的人们，其又戴着神人面具，则该面具有可能即是与其有族属关联的某一位本文化共同爱戴的祖先。

注释

［1］红山文化除了三星他拉、东拐棒子沟玉龙为猪及神鸟羽、龙组合外，其他所谓的红山文化"玉猪龙"实际是鸮及熊、蛇等的组合。当然，赵宝沟文化有明显的有羽翼的猪首龙出现。小山陶尊图像之猪首龙，有翅膀，其头上的造型似乎是猪耳，但是也可能是长耳鸮之簇羽。赵宝沟文化中也有明确的鸮崇拜。小山陶尊之一类弯喙鹰似的神鸟，应该是鸮。同时赵宝沟遗址赵宝沟文化中也发现以菱形和C形线条构图的鸮面，其中的菱形主要表示的是鸮的鼻赘上方及额头部分面羽围合的造型，台北故宫博物院藏山东龙山文化鹰纹圭另一面的鸮，就有两个菱形纹，显然也是生物特征。这就是商周饕餮纹及二里头文化铜牌饰、夏家店下层文化彩绘牌饰鸮神面或具有鸮元素的神面中菱形的由来。商周的这类菱形，国际学者有的也称为钻石。

［2］该神人之面似乎是卜辞中的页或首字的造型，实际不是，因为卜辞中这类字是侧面表现的，而本图像中的神人面显然是正面造型。

［3］王仁湘：《中国史前"旋目"神面图像认读》，《中国史前考古论集》，科学出版社，2003年。

［4］［日］林巳奈夫：《中国古玉器综说》，吉川弘文馆刊行，1999年。

［5］谭家岭遗址发现的石家河文化晚期该类船形冠披肩发神人共存于块形玉器，黄君孟夫妇墓这类神人以阴阳雕刻的形式共存于一器之两面，台北故宫博物院所藏龙山文化玉圭中的这类神人位于獠牙神人两耳附近，上海博物馆石家河文化晚期玉佩这类神人位于鹰爪之下，黎城戚中该神人与另两个与鸮信仰和造型有关的神人共存于一件器物的两侧。综合红山文化、凌家滩文化、崧泽文化、良渚文化、山东龙山文化之璜形、块形或圆形双头玉器，我们可以认为这类神人在不同的场景中会充当生少昊之鹰神祖、阴阳神祖或幻日神。

［6］周代有不少铜器器物耳朵有饕餮或动物"食"神鸟造型，这其中有的是表达商人"天命玄鸟降雷泽而生商"的神诞神话的，有的应是周人"天命神鸟降巨野泽也即类雷泽而生周人始祖稷"之神话场景的。实际上诸多远古著名的神人、圣人之出现，都是符合雷泽生殖崇拜文化的。

［7］赵陵山玉人蹲踞式、凌家滩玉人的蹲踞式、牛河梁晕的蹲踞式，时代较早，我们认为其是拟合神鸟的，各自拟合的应是其氏族或部落信仰的神鸟。赵陵山玉人首端的神鸟为鸮，所

以其拟合的应是鸮，其中神人冠为类似石家河文化晚期有关玉人的带冠，这利于说明石家河文化晚期这类玉人可能是玄鸟氏的神祖。凌家滩者应是鹰，与同一遗址中拟合太阳大气光象的载八角形纹的鹰为一类，这类鹰与高庙文化、河姆渡文化、台北故宫博物院鹰纹圭之鹰、徐世璋旧藏石家河文化晚期玉雕中的鹰、谭家岭玉雕之鹰属于一类。牛河梁玉人的造型虽然与凌家滩蹲踞式玉人非常一致，但我认为不应视为是单纯的文化接受，实际上在接受南方的蹲踞式文化时，变换了拟合的对象，即其是拟合红山文之鸮的，因为红山文化的神鸟信仰以鸮为主，并且是短簇羽、簇羽不明显或无簇羽的鸮为主。牛河梁这一蹲踞式玉人无任何冠或羽冠的情况与之也相符。

［8］这类披肩发神人之披肩发实际是拟合鹰的冠羽或枕羽的。山东龙山、石家河文化晚期、石峁文化等三大龙山文化发现的披肩发者，有的似乎是女神面部形象。金巴斯塔、叶舒宪等学者曾论及猫头鹰女神、太阳女神崇拜文化，兴隆洼文化中也有诸多女神崇拜的例子。这类女神崇拜现象在欧亚大陆确实存在，像保加利亚等早期材料中，就有这类与鸮女神有关的陶瓮。

［9］卜辞中常被读为"高祖夒"或"夒"的那个神祖，应是帝喾之称谓，其为拟合鸮的蹲踞式无疑，然而不像有的学者认为的那样是鸮面。其实，该字首是商代一种表示头的常见写法，带有耳朵，容易与鸮面混同。另一个有时被隶为"夏戌"的神祖，应该是契或曰禼。

［10］四肢有蛇与虎"食"人卣中的拟人化玄鸟神祖、殷墟出土的跪坐式拟人化玄鸟神祖是同样风格。实际上商代不少铜器玄鸟图案的两耳附近，还会经常出现小蛇或小龙。虎"食"人卣中，四肢有鸮羽的拟人化玄鸟神祖两耳附近也有小蛇。这与团龙两耳有时会有小龙、饕餮两侧有时会有小龙等现象，应是以后诸多蹲踞式神人耳蛇的重要来源之一。

［11］蝉的变换生长及蝉蜕特性是上帝采用蝉身的重要原因，皿方罍之主饕餮图像也是蝉身。

［12］金鸡岭陶鸮像石家河文化晚期诸多玉器一样是中空的，这与石家河文化中期的陶鸮是有所不同的。

［13］拟人化玄鸟神祖中也有这一特征不明显的，像图一〇。

［14］以龙"食"之构图来表示该神人是上帝所命的，有时是以虎、饕餮"食"之来表达的。

论姚家山一件良渚文化玉钺上的特殊图像

顾万发

在良渚文化出土的玉钺中，有图像的并不是特别多，其中姚家山遗址M37出土的一件大孔玉钺（M3：37），可谓较为特别。该玉钺呈弧形刃，在钺的一端有一特殊图案（图一）。关于该图案，发布该器物的专著认为是一符号，具体含义不明[1]。

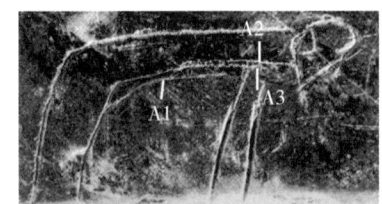

图一 良渚文化姚家山遗址出土玉钺（M3：37）

一、图像识别

我们认为该图案不是一刻画符号，而应是一种动物的造型，确切地说应属于虎豹类猫科动物中的豹。主要依据如下。

第一，从图像造型上看，其应是一动物，头部明显，四肢侧视。

第二，身体瘦耸，与虎有所区别。

第三，图像中的A1显然是表示动物腹部的下垂部分，A1这类表示动物腹部下垂特征的艺术表现风格，在东南地区的河姆渡文化中表现明显，如河姆渡文化田螺山遗址出土的象牙雕犀牛的腹部特征（图二），该器物上犀牛左端动物的腿关节转弯处下垂形态造型也是这样表现的。当然若得出这一结论，需以这一图像此一部分是动物腿的造型为前提。我们发现，河姆渡另一著名泥塑上似乎是象的动物腿部表面图案较为特殊，也是用诸多的连续加横线三角形来表现的（图三：1），与田螺山象牙雕刻图像中犀牛左端图案中的三角形较为相似。这一泥塑动物的带三角形的部分四肢是较为明显的，不过从报告发表的线图上看（图三：2），可能与河姆渡文化多数别的动物的足表现形式不一致[2]。河姆渡遗址另一件河姆渡文化融合伊特鲁里亚瓶式太阳大气光象与动物的彩绘图像中蹄子或曰足的表现也是这样的，只不过其中的弧形变体为三角形（图四）。另外，该彩绘中的链式纹实际与高庙文化、汤家岗文化中常见的一类太阳光气造型高度一致。大溪文化、龙虬庄文化中，这类以彩绘方格纹表现光气的材料也非常多。这也有助于说明该彩绘中的其他图像及河姆渡文化中诸多动物确实与太阳有关。河姆渡文化中还有其他动物也表现了这一特征，只不过不太明显罢了（图五）。

第四，A2、A3应是表示前肢与身体交会处的形态特征的。

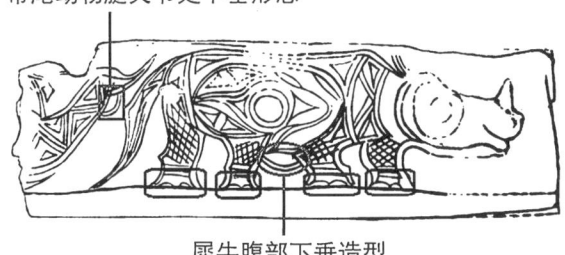

图二 河姆渡文化田螺山遗址出土象牙雕犀牛

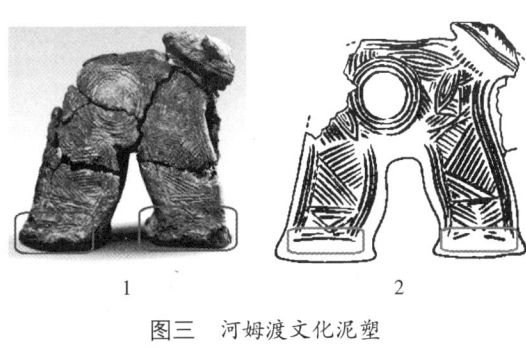

图三 河姆渡文化泥塑

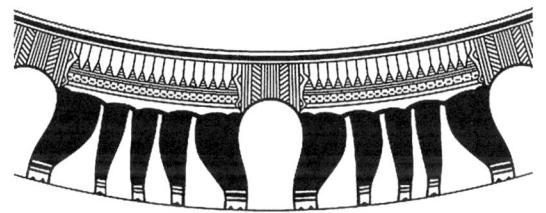

图四 河姆渡遗址彩绘图案

图五 河姆渡刻划纹骨片和猪纹黑陶钵

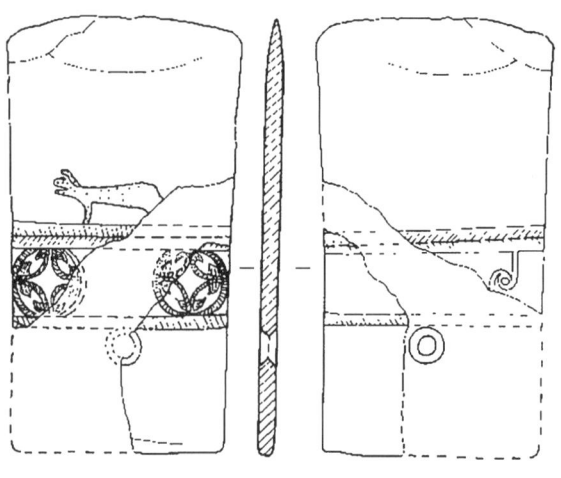

图六　好川墓地出土玉钺

第五，在良渚文化时期，在反山遗址出土的玉钺上也出现过神人兽面纹，其中兽面纹中就蕴含有自高庙文化开始就经常在表现与太阳有关的图像中运用的虎豹之獠牙。良渚文化中也发现较为写实虎豹图像。像好川墓地曾发现一件玉钺（图六），其上有与太阳有关的"菱形＋圆形"[3]、带旋臂的S形等[4]。尤为重要的是，其上还有一动物造型，从其形态判断，显然是一动物，并且从其具体形貌看，非常类似猫科动物中的豹子。其身上的点状造型应即是豹子的花纹，与自然界或河姆渡文化中表现的条状或近似阴阳三角形的虎纹明显不同（图五：1）。

第六，在商周时期的玉钺和铜钺上，出现虎纹或虎雕的案例也较多，像滕州前掌大遗址出土的商代玉钺（图七：1）、城固五郎庙村出土的商代铜钺（图七：2）[5]、宝鸡竹园沟出土的西周时期的铜钺（图七：3），等等。

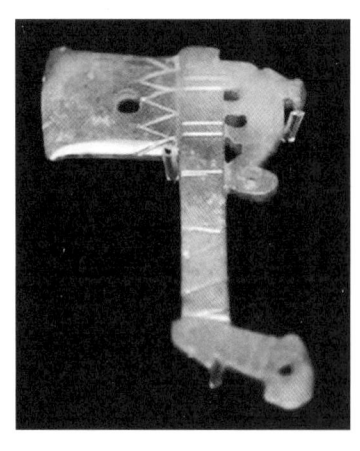

1　　　　　　　　　　　2　　　　　　　　　　　3

图七　商周时期的玉钺、铜钺

二、内涵申论

斧钺上有虎豹类图像，意义是什么？这类情况较为复杂，总体上来说，单纯在斧钺等兵器上增加虎豹，无论含义有怎样的具体区别，应该包括增加主人威武神力并使其获得吉祥的意义。姚家山这一玉钺上出现豹子图像，也应包括这一象征意义。另外，关于姚家山这件玉钺之上有豹子图案的其他具体意义，笔者认为以下内容应该值得提及。

我们知道，在高庙文化中，太阳神或幻日神是以獠牙虎豹嘴或（及）鼻子等组合来表现的，河姆渡文化中有以虎来"运行"太阳的，凌家滩文化中虎可以代表和运行幻日，石家河文化或后石家河文化中，有诸多玉虎头，并且这些玉虎头上端的耳朵和头顶组合的造型还拟合神人的"介"字形冠顶，换言之，这也是与太阳光有关的造型。后石家河文化也有一些玉神人，整个造型由虎嘴巴、虎鼻子与后石家河文化一般神人面部上端的组合而成，陶寺中期墓地也出现过这类玉神人（图八）[6]。神木石峁遗址也发现有双虎绕一后石家河文化神人的石雕。后石家河文化中还有不少神人具有虎豹类动物的獠牙[7]，现藏斯密森宁博物馆的有关后石家河文化神人还与虎组成一个玉雕。良渚文化中诸多的兽面纹[8]，多有獠牙，其中四者应为虎豹类獠牙，两者似乎是猪的獠牙，实际由于该类玉器神兽的獠牙是上獠牙，所以还应视为是虎豹类獠牙的省略表现形式，因为中国古代野猪的獠牙一般下獠牙显著。日本东京国立博物馆所藏一件非常特殊的整体呈猪形的良渚文化玉器（图九），头部应该综合了几种动物的特征，像双目及附近造型与良渚文化常见的兽面纹是一致的，应有鸮的成分，四獠牙为虎豹牙，嘴巴应该是猪的。大英博物馆藏有一件良渚文化玉器（图一〇），也有四个獠牙，显然这是融入了虎豹的特征。另其目位于侧耳（实非）的造型中，实际也是蕴含鸮的成分。由所述这些材料看，其中的虎豹显然都是与太阳有联系的。

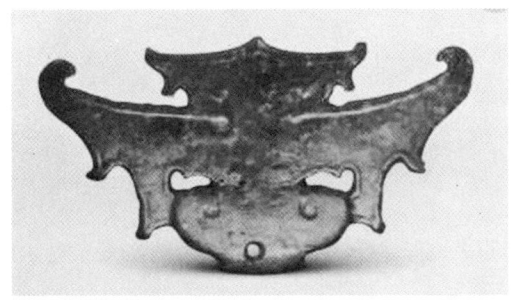

图八　陶寺墓地出土玉器

图九　东京国立博物馆藏良渚文化玉器

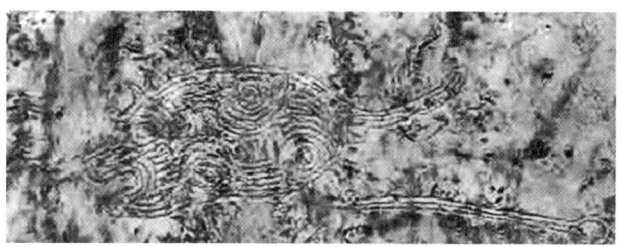

图一〇　大英博物馆藏良渚文化玉器　　　　图一一　蓝田山房藏良渚文化玉璧的图案

虎豹与太阳有关，其实部分原因是虎豹具有一系列重要的生物特征使然。虎豹身材一般较为矫健灵活，善于奔跑，性情机敏，嗅觉听觉视觉都很好，智力高，食性广泛、胆大凶猛，在很多地方处于食物链的高端，几乎都是万兽之王；与鸮类似，一般夜间或凌晨、傍晚出没。同时虎身有缎子般的光芒耀眼之花纹，豹子有圆形或梅花形等类形状的花纹。虎豹与太阳联系的具体内容大概有以下几方面值得提及：（1）虎豹具有善走的特点，太阳也在天地游走，所以太阳的游走可以视为虎豹"运行"太阳。（2）虎豹耳目聪慧，处于食物链高端，所以可以像太阳一样成为圣神或主宰性神物。（3）虎豹多出现于傍晚、黄昏等的特性与鸮类似，因此可以像中国古代诸多文化中的鸮一样视为黑暗的神灵、引导的神灵或晚上的太阳神灵。（4）豹子身上的圆形或梅花形等花纹可以比拟为太阳，虎身因为有缎子般的花纹，闪闪发光而可被视为与太阳相关。（5）虎面近似圆形，与太阳光盘像类似。

其实神话民俗学和民族学里面也有不少证据，像把太阳称为祖先的，把祖先与太阳予以关联的，把神人称为太阳圣名的，像太昊、伏羲等等。所谓跨太平洋的文化连续体的一些印第安人的材料也有助于我们讨论本文的关键问题：由于美洲豹有昼伏夜出的习性，所以有的印第安人将美洲豹金色带黑斑的毛皮赋予了白昼的太阳或夜晚的太阳、月亮或星星的象征意义。在有些印第安人的多神崇拜思维中，美洲豹这位神灵具有多样的权威：统治着黑暗与冥间，同时又能使人口滋生、食物丰足。这一信仰衍生出了美洲豹是人类的祖先，是战神，能够赐给人类雨水与食物等一系列奇异神话。从这些材料看，中国早期材料中的虎或豹，不少可与太阳建立联系，或"运行"太阳、幻日，或象征太阳、幻日之类。

另外，中国新石器时代的玉钺之穿，往往都有象征意义，量博满先生认为，其往往与太阳、月亮或星辰有关，不过主孔应为太阳[9]。林巳奈夫认为，这类玉器的主要的穿代表的是日月[10]。笔者认为，这类玉器的主孔应只与太阳有关，其他次要的排除其他因素形成的话，应与幻日有关，而非月亮或星辰。

综上所述，姚家山玉钺的穿应该代表太阳，其上的豹子也与太阳有关，寓意之一应是"运行"太阳之神物。所以，综合地看，姚家山遗址这件良渚文化玉钺上出现虎图像，与其穿象征太阳的内涵也是相符的。

同时，在早期人类历史中，由于太阳的东升西落以及随四季变换着远近，以至于古人害怕太阳再也不回来了。于是出现过拴住太阳的巫术行为。南美洲印第安人有的部落就出现过拴太阳的石柱子，格萨王传记中有拴住太阳不使之落山的记载。另外蓝田山房所藏一件良渚文化玉璧上刻画有一只腿上拴着绳子的猪（图一一）[11]，双墩遗址有诸多身拴绳子的猪图像。由于猪可以象征太阳，所以这肯定是一种拴住太阳的巫术行为。

另外《山海经》中记载有夸父追太阳的故事，并且说其"逮之于禺谷"，甘肃东乡族自治县祈阳盐场的一幅辛店文化彩陶画（图一二）就表现了这一故事：一人拿矩，同一器物另一个画面则是其手持一红色太阳。三星堆神树上的倒立神物，鸟蛇一体，其有四肢，其中后两肢的爪子有一对就是典型的神人手掌，该手掌中有明显的带三旋臂的太阳造型。这些可能都与抓住太阳的巫术信仰有关。

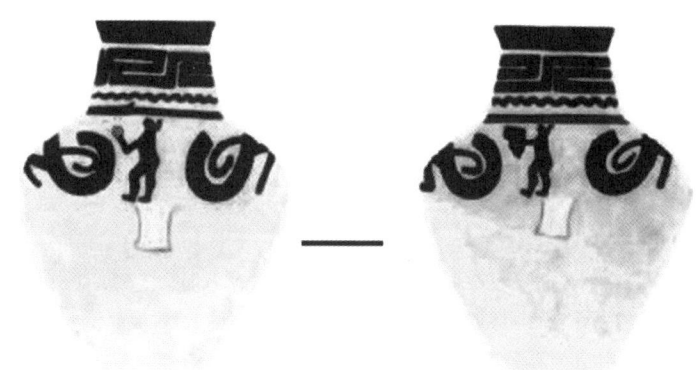

图一二　甘肃出土辛店文化彩陶

中国新石器时代以来出现有不少虎"食"人素材，具体包括虎"食"人首[12]、虎"食"呈现蹲踞式造型的神人等两类。同时我们在郑州商城发现过龙"食"蹲踞式神人的图像。另外我们还发现有一定数量的饕餮"食"器耳现象，这些器耳有的没有具体物像特征[13]，有的是蹲踞式神物或神人。还有更为特殊的情况，这就是在西周时期出现过牛形、羊形、象形神物"食"简省器耳（图一三：1~4）或饕餮"食"简略显鸟羽特征的器耳的现象（图一三：5）。所述这些现象说明以下几个问题。

第一，有些器物上单纯的龙、虎图像，与"食"神人（首）、"食"神鸟的龙、虎性质基本一致。从西周时期诸多环首钺可以看得非常明显（图一四）。

第二，图一四：1这类环首钺上的虎所"食"鸟喙神人首之神人若复原的话应该是

1.竹瓦街出土　　　　　　　　　　　　2.竹瓦街出土

3.竹瓦街出土　　　　　　　　　　　　4.竹瓦街出土

5.坂本五郎藏

图一三　西周青铜器

蹲踞式，上海博物馆所藏环首钺上综合人、象、鸟等多种物类特征的神人为蹲踞式即是明证（图一四：7）。

第三，从"食"神人（首）、"食"神鸟之"食"的主体角度看，龙、虎、常见饕餮、象首饕餮、牛在一定情况下，表达的含义是相近的，更确切地说应该都与太阳神这一神格有关。同一画面同一器物中，不同的动物可能象征类同的神灵，这就是不同物类代表同类神灵的现象。

第四，从高庙文化开始，器耳经常与太阳关联，其上的图案或鸟或动物或蹲踞式神人是表现太阳的或表雷同太阳神形的神灵的，这些神灵的表现形式尤其是鸟类又被

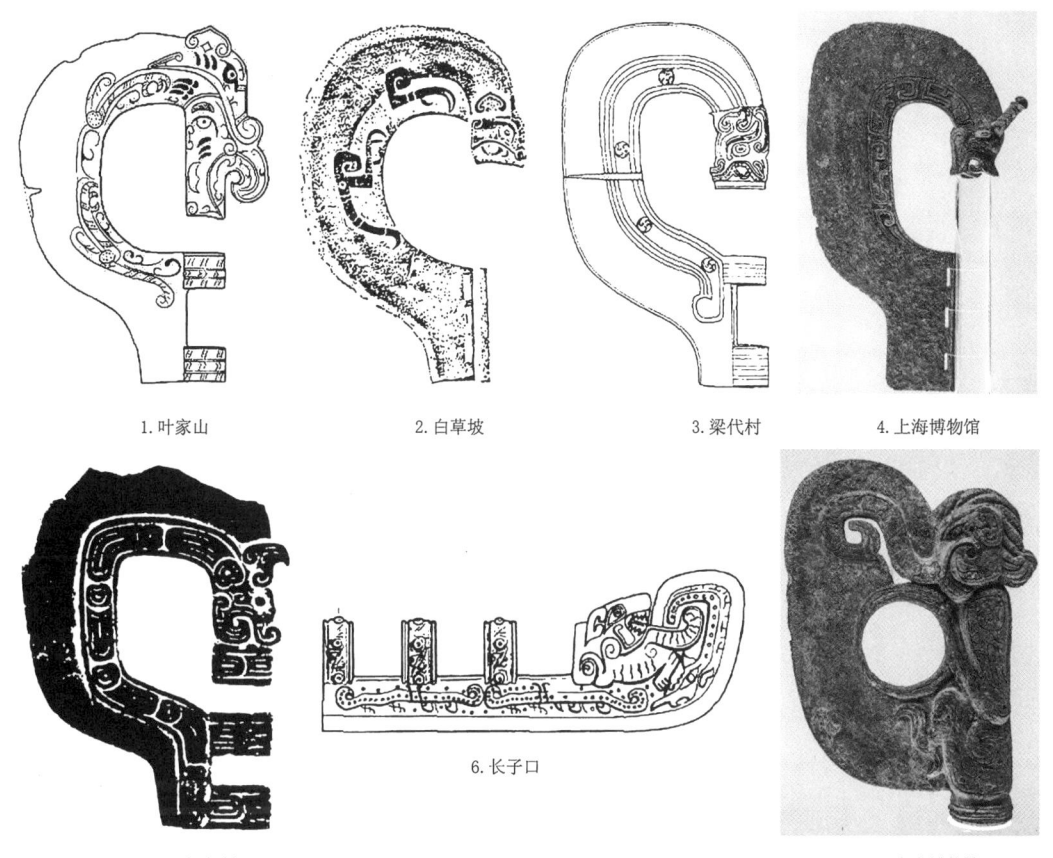

1.叶家山　　　　2.白草坡　　　　3.梁代村　　　　4.上海博物馆

5.梁代村　　　　6.长子口　　　　7.上海博物馆

图一四　西周铜钺

饕餮、牛、象等与太阳相关的神物所"食"，是否蕴涵着悖论呢？即一个是什么，另一个就不是什么，但是两者又属于同样的神格。应该不是这样，在中国古代的神灵造型设计方面，经常出现把不同物类综合于一体的现象。这一综合通常是一种"零件组合"。不过通过单个或不同物类组合体的两个单元之一"食"另一个单元的方式，可能也是希望表达一个单元组合的神灵同时具有另一个表现同类神灵物类的神奇功能。当然这里需要注意被"食"者为具有明显人形特征的情况。理论上这些神人基本应是蹲踞式神人或其省略，而这些蹲踞式神人，宏观上看，一般应有为神或为巫师等可能，具体问题可以具体讨论，不过无论如何，类似凌家滩和红山文化牛河梁的蹲踞式玉人最可能为巫师，只不过拟合了太阳鸟、蹲踞式太阳神的造型罢了。

被"食"者明显为神鸟者，可以视为是巫师的拟形太阳鸟的神化造型，或者视为是太阳神的动物化造型。被"食"者明显为人首形或综合其他动物特征的人首形，或明显是蹲踞式神人形，这种情况可以视为属于与前者同样的情况。具体是太阳神还是拟合该神造型的巫师或其他神，需要具体讨论。假使有的是巫师、巫神或其他拟合太阳神造型神的话，这一情况应视为是巫师、巫神或其他神相对于蹲踞式太阳神造型的成功转化。

总之我们由这些讨论可以看到，至少在商周时期的一些场合，龙虎豹有互换性。同时龙、虎、豹与太阳具有高度相关性，甚至可以代表或同时"运行"太阳神。

三、结语

豹子之神物位于姚家山这一玉钺上，可以认为其实是代表或同时运行"太阳神"的。该件玉钺由其主人执掌，这一形式具有象征性地表明该首领或巫者掌握了太阳"运营"的功能。同时从上海博物馆藏二里头文化铜钺上蕴含有与历法有关的图像看（图一五），以执掌玉钺的方式也可象征性地表明主人知悉历法掌握天理并以之敬天授时。同时主人执掌该玉钺，自然也表明其具有军权及神机威武！

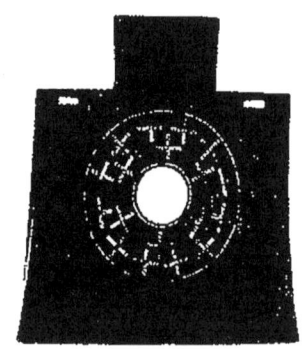

图一五　上海博物馆藏铜钺

▎注释

［1］张炳火主编：《良渚文化刻画符号》，上海人民出版社，2015年。

［2］这应是由于报告绘图人员绘制有误造成的，实际上，其足的表现图案也是横线及两个连接的弧线。

［3］这可以理解为是真太阳的菱形及光晕。菱形四角的附加造型，应是表示真太阳菱形与光晕连接处的光气较为明亮并且有所发散。当然考古学中发现的菱形＋圆形，有的可能是通过眯缝眼睛等方式调整视觉时，在大脑中形成观看太阳时留下的短暂印象。

［4］该S形可能是带旋臂的太阳或太阳光气，这类新造型在中国古代各文化中表现明显，像高庙文化、汤家岗文化、屈家岭文化、河姆渡文化、崧泽文化、仰韶文化、大汶口文化、龙山文化等，尤其在新地里等遗址的良渚文化中也有发现。不过各文化中有的连续S形纹表达的是太阳光气及其节点，不一定都是太阳光气及太阳。

［5］虎位于钺之穿，钺之穿象征太阳，这简洁地说明该器物中的虎可以象征太阳，这一现象与钺之穿中青蛙纹类似，因为青蛙同样是拟合太阳海内克弧等太阳大气光象的造型。

［6］当然这类后石家河文化神人的冠都应与太阳光气有关，同时还可能拟合鸮的簇羽等。著名的甘肃正宁宫家川史家类型葫芦瓶上有两幅图案，一幅为常见的人面鱼纹，另一幅只有神人面而无鱼身，不过该神人面头顶上有对称的造型，王仁湘先生在其博客中认为是羽毛。我们目验实物，王仁湘先生的认识应是正确的。更进一步地说，我们认为其很有可能是拟鸮之簇羽的。鸮之簇羽出现于与太阳有关的神人首，预示该神人可能与阴太阳有关，则另一面神人与阳太阳有关。

［7］这类神人常常为一组，一般一个有獠牙一个没有，应该属于阴阳神祖。神人的装束表明其与太阳有或明或暗的联系，在该族群的神话叙事中会常常会有所体现。

［8］蕴含有鸮及虎豹或野猪的成分。

［9］量博满：《关于新石器时代的钺——论圆孔的象征意义》，浙江省文物考古研究所编《良渚文明研究——纪念良渚文化发现六十周年国际学术讨论会文集》，科学出版社，1999年。

［10］林巳奈夫：《有孔玉石斧的孔之象征》，浙江省文物考古研究所编《良渚文明研究——纪念良渚文化发现六十周年国际学术讨论会文集》，科学出版社，1999年。

［11］这间接说明玉璧与太阳有关。

［12］像端方收藏的龙山时代玉刀，商代铜钺上也发现过这类图像。

［13］从考古发现的具有具体动物人物特征的器耳材料看，我们以为这些没有物像者有可能是神鸟或蹲踞式神人的简省。

（原刊于《华夏文明》2018年第6期）

论肖家屋脊遗址出土的一件特殊玉器
——从该玉器的扉牙论起

顾万发

肖家屋脊遗址曾出土过一件非常特别的玉器（图一），学术界有人以之为柄形器的。关于这一玉器，不少论著中都提到了它。我们原来认为其似乎是神人面和神虎面的组合，现在从扉牙的识别角度再简单讨论之。

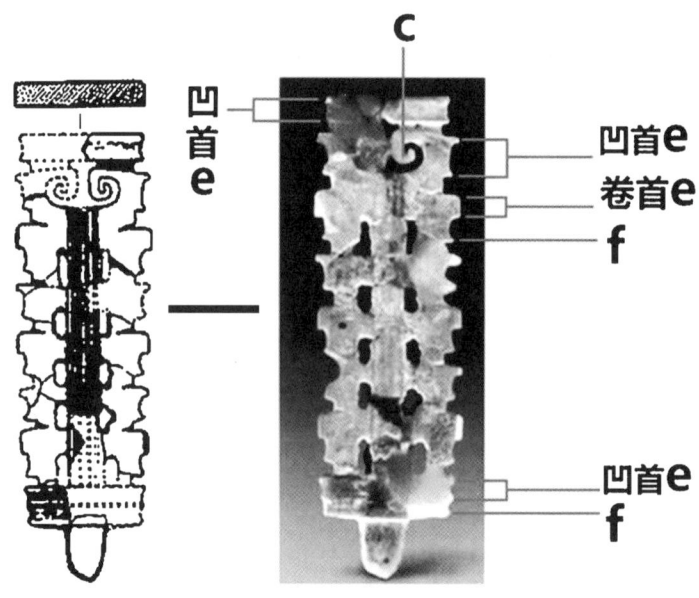

图一　肖家屋脊遗址出土玉器

其实这一玉器最为典型的特征是其两侧的扉牙，对其扉牙的正确理解是识别这一玉器内涵的关键所在。龙山阶段的玉器扉牙，林巳奈夫早年曾经详细论证过，他对弗利尔美术馆一件玉刀上的扉牙图案就曾给予了详细标识（图二）。近年来我们对此问题较为关注。在林巳奈夫研究的基础上，我们提出了一个较为系统的表示方法，并增加了一些林巳奈夫等学者未曾关注的关键特征的描述和表示。主要是对于羽翅纹典型特征的表述，像"卷首e""刀形e""凹首e""s形e"等，尤其提出了c，更是后石家河文化玉器扉牙一个非常重要的识别阅读之关键（图三、图四）。

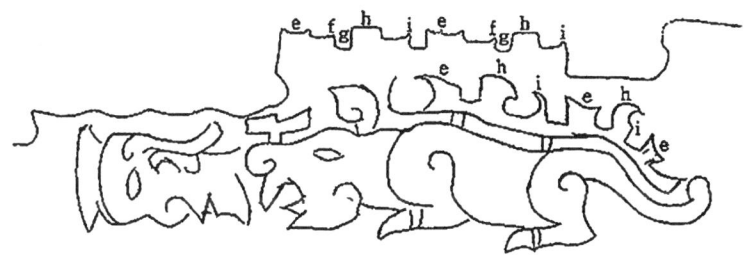

图二　弗利尔美术馆藏玉刀

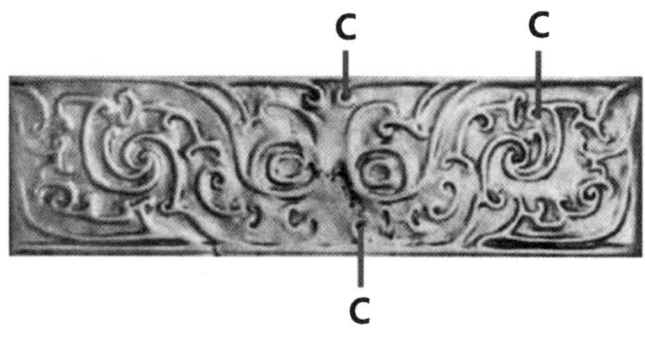

1.台北故宫博物院藏

2.台北故宫博物院藏

3.台北故宫博物院藏

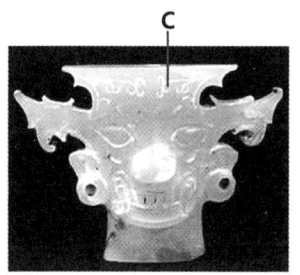

4.谭家岭出土

5.史密森研究院藏

图三　新石器时代玉器

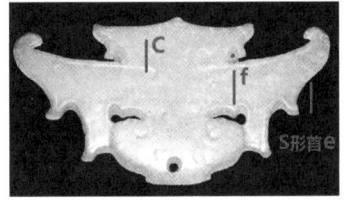   

1. 陶寺出土　　　　　　　　　　　　　2. 两城镇出土

3. 法国吉美博物馆藏　　　　　　　4. 法国吉美博物馆藏

   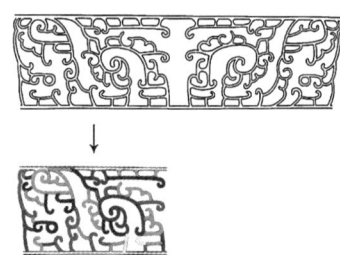

5. 台北故宫博物院藏　　6. 谭家岭出土　　7. 首都博物馆藏　　8. 台北故宫博物院藏

9. 台北故宫博物院藏　　10. 芝加哥美术研究所藏　　11. 三星堆出土

12. 天津博物馆藏　　13. 瑞典远东博物馆藏　　14. 故宫博物院藏　　15. 谭家岭出土

图四　新石器时代玉器

我们认为，对于肖家屋脊该件特殊玉器扉牙的识读应该有以下几个方面。

第一，两侧是对称的，并且主体扉牙基本是"凹首 e"和"卷首 e+f"间隔纵向排列。

第二，主体扉牙应该是"凹首 e"和"卷首 e+f"各三个。上端和下端的扉牙采用了羽翅的造型，由于位于两端的缘故，所以还有符合器物造型的间隔和终止的功能，但是明显与中间主体的造型略有区别，本质都是表示羽翅的扉牙。其中下端的扉牙较为特殊，这类扉牙在龙山时代也有一些发现，但是相对较少，其在"凹首 e"的基础上，还是有一个 f 造型。

第三，其中的"凹首 e+f+卷首 e 上端的部分"及"卷首 e+f+凹首 e 上端的部分"，都基本表示一只完整的羽翅。其中的镂空也为每一只完整羽翅的构形起到了界定部分边界的作用。

第四，该器物其他未标识的"凹首 e"或"卷首 e"理论上都应有 c，但是有的未予以明显表现，有的可能借助了镂空予以了简单表示。表现和未表现的情况在后石家河文化、山东龙山文化、石峁文化等中的神人构图中都存在。同时需要指出的是，我们在有的神面构图中，也发现部分羽翅造型的下端表现为 c[1]（图三：1、3，图四：12～15）。我们知道，后石家河文化时期，在山东、华西、湖北等地域，这类以羽翅造型主要表现太阳光气的扉牙在璜、刀、钺、璋、神人首等上面都有表现，意义在于表现这类神物中蕴含的太阳之神圣光气，并以之助力达到巫术和信仰的目的。

1.芝加哥博物馆藏

2.肖家屋脊出土

3.弗利尔美术馆藏

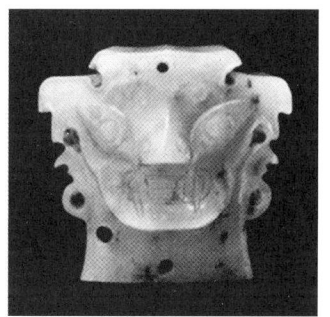

4.亚洲美术馆藏

图五　新石器时代玉器

第五，肖家屋脊该件玉器中的主体扉牙对称模式有别于其他璜式（图五：1）[2]、玉刀等玉器的对称模式或基本对称的模式。肖家屋脊该件玉器这些主体扉牙对称的造型应该是神面的简化造型。我们知道，龙山时代肖家屋脊等地域这类神灵之首一般有不少羽翅。依据我们的研究，这些神像主体基本是由羽翅来构成的[3]（图四：1、3、5、6）。用对称的两只羽翅表现神面的材料有发现，像天津博物馆和北京故宫博物院所藏的龙山时代玉器中的一个神面（图四：12、14），这一神面中只包括一对羽翅，冠不显，在人形中蕴含有石家河文化神虎的嘴形等特征（图五：2）。但是这类对称的羽翅一般是"卷首e"。对称的"凹首e"还未发现单独构成神面的材料，不过对称的"凹首e+卷首e"组合，确是当时不少神面主体的造型（图五：3、4），因此我们认为，肖家屋脊该件玉器中的主体扉牙实际应构成三组相同的神面。只是这些神面的冠顶无法体现明确的"介"字形[4]。

第六，肖家屋脊该件玉器有三组同样的神面排列，与后石家河文化其他早期柄形器及良渚文化雕刻小型玉琮的锥形器有类似特征。该器物上端的亚腰形构形与考古学上常论的多数柄形器类似，这也利于说明所谓柄形器的亚腰形上端应该是羽翅造型，其上有时会有扉牙的情况有利于说明这一问题。同时肖家屋脊该器物还有装柄设计。综合地看，其应视为片状的柄形器。其对于了解二里头文化柄形器的起源及装饰虎面或分段造型具有启发作用。

▍注释

[1]谭家岭该件玉器中的神人及神鸟中的卷曲线条的卷曲端显然都属于扉牙标识系统中的c。另请注意，这些构图中的一只羽翅，一般应包括两个c，只不过由于构图的叠压，有的只能表现出一个卷曲端。图12玉制鹰构形这一特征表现非常明显。

[2]谭家岭新出的一件玉璜扉牙是严格对称的，但是这件玉璜扉牙是部分对称的。

[3]这些玉器的整个造型，包括其眼睛轮廓的边界、鼻子主体等，基本都是羽翅符。我们以不同的颜色表示一组构图，每一个相邻的不同颜色者都是一只羽翅。这是这一时期基本的神人、神物主体或部分构图规律，也说明这些神物应是由太阳光气构成的，颇有几分"气生说"的样子。

[4]单体的不少玉人，像图7等也不是"介"字形冠顶，这是由于其上端有羽毛未能保存的缘故，有的玉人未能有"介"字形冠顶，是制作的省略或不完备造型。

（原刊于《华夏文明》2018年第9期）

论羊舌村晋侯墓地新石器时代玉人高冠及相关问题

顾万发

羊舌村晋侯墓地出土一件非常重要的玉人（图一：1），风格是典型的后石家河文化。关于此件玉器，不少学者予以过论证。关于其头顶的冠形，是不少学者提及的。主要有两种看法，一种认为是鹰，另一种认为是神面。此问题非常重要，现予以论证。

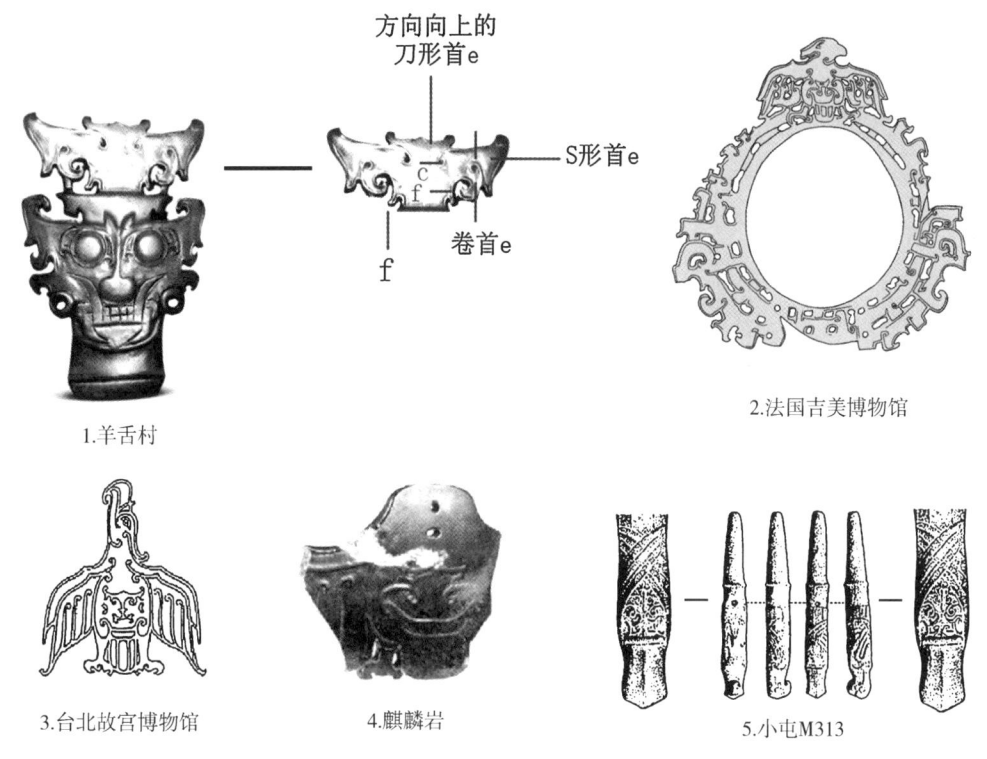

图一　羊舌村晋侯墓地出土玉人与新石器时代玉器之比较

这类图像，在法国吉美博物馆藏玉器之鹰（图一：2）、台北故宫博物院玉圭之鹰（图一：3）、南阳麒麟岗玉鹰（图一：4）、小屯后石家河文化玉鹰（图一：5）、天津博物馆徐世章旧藏后石家河文化玉器鸟身人面（图二：1）身上均存在。实际两城镇玉圭一面的鸮图像"介"字形冠顶中心也有这类造型（图二：2），与图一：3鹰神身上的这类造型也特别相似。关于这类图像，确实非常类似山东龙山文化、后石家河文化、石啺文化等三大龙山文化戴“介”字形冠神，有的与一些去除双目的神面也较为类似，像吉美博物馆玉器鹰形身饰、麒麟岗玉鹰身饰与谭家岭玉器（图二：3）、天津博物馆原徐世璋藏玉雕组合下端神面去掉双目的造型基本一致。台北故宫博物院玉圭一面的玉鹰之身饰“介”字首图像及小屯M313出土鹰形发笄所饰“介”字首图像下端为反向S形，与三大龙山文化玉人枕之羽饰下端或及项的下端相似。关于羊舌村神面之冠，参照林巳奈夫[1]关于龙山时代玉器扉牙及笔者的解读方法，其完全是由羽翼纹组成的，不应视为鹰，具体解读如图一：1。该玉器的重要价值之一在于利于说明獠牙神面头顶之穿确实有组装“介”字首羽饰的现象。

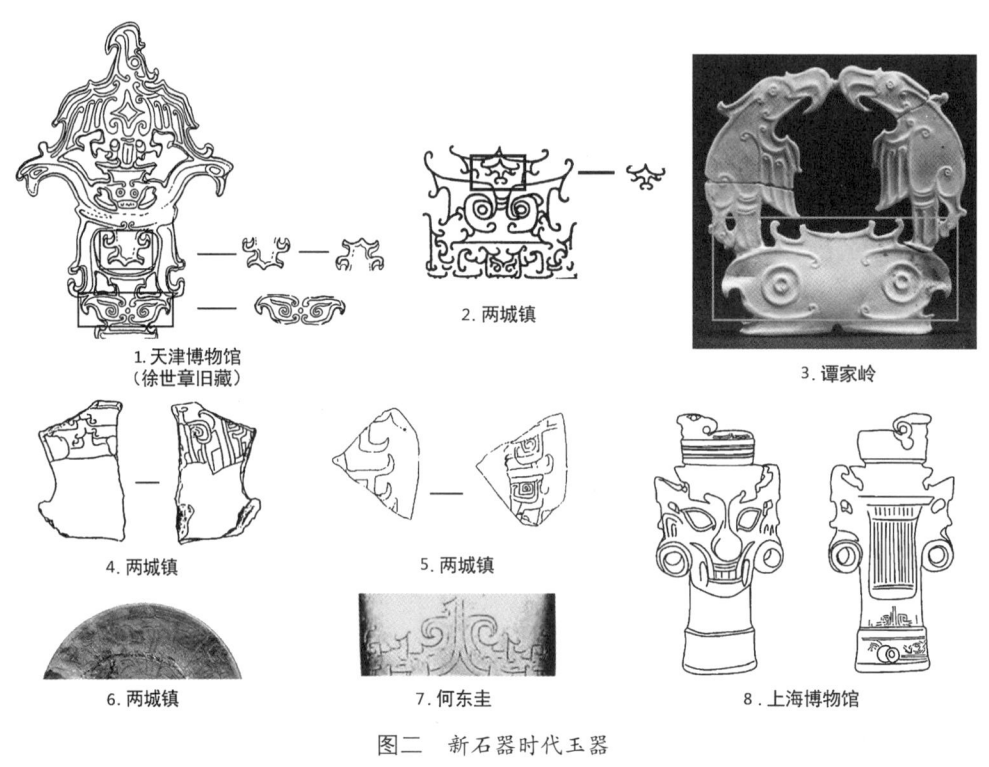

1.天津博物馆（徐世章旧藏）
2.两城镇
3.谭家岭
4.两城镇
5.两城镇
6.两城镇
7.何东圭
8.上海博物馆

图二　新石器时代玉器

　　不过，综合地判断，我们认为这类造型仍不是神面，有的是因为与一些神面的宏观主体很类似，似乎易于理解为是这些神面省略双石目的造型。商代确实也曾发现过无目饕餮。后石家河文化出土的玉神面，有点像陶寺、肖家屋脊出土玉神，其双目显然是由羽翼纹围成的，不能由此认为其也是无双目神面。另外，图二：1人面鹰身神身上这类介字首造型明显只是“介”字形而非具有神面大概轮廓的羽翼纹构图[2]。另两城镇地区也发现不少单独“介”字形为单元的组合图（图二：4~图二：6）。龙山文化玉圭或玉人项背有的一面也只是羽翼纹组成的“介”字形或近似“介”字形，像何东圭主一面的图像就是一种羽翼纹组成的近似“介”字形（图二：7），不过与图一之类联结在一起的"介"字形图像造型构图方式方面有所区别。上海博物馆所藏的后石家河文化玉人头项背，也有这样一类"介"字形图像（图二：8）。这类经常位于与神人或神鸟相组的一圭两面的另一面，或位于人项背之"介"字形图像，虽然其与前文所论图一"介"字首形的羽翼纹构图有所区别，但是都是羽翼纹造型，本质应属一类。不过这另一类"介"字形羽翼已发现多件，似乎未见这类羽翼纹作为冠的情况存在，只是临朐朱封玉冠饰[3]之"介"字形冠与它们有些类似，同时大甸子墓地具有明确山东龙山文化风格的彩绘神面有一幅鸮神面也有类似的冠，不过有所变形。这类无目的以"介"字形为首的由羽翼构图的图像，有的虽然非常类似有目神面之宏观主体，依然不宜视为具体神面，其可以像羊舌村玉器中的该造型一样，作为羽冠，也可以像肖家屋脊羽饰玉柄形器一样[4]。

那么为何这样的造型均没有双目？这是一个非常重要的问题。关于这一问题，我认为以下几方面较为重要。

第一，这类"介"字形羽翼纹明确地说，应该直接来自大汶口文化。主要依据是：（1）造型相似，时代接近。（2）与昊族有关的历史传说在文献和考古上可以说明，山东龙山和大汶口文化的族群主体是具有连续性的。（3）大汶口文化这类造型中有的"介"字形两侧已有羽翼纹，与龙山阶段类似。（4）浙江三亩庙遗址王油坊类型的地层中曾出土有类似大汶口文化"介"字形符号的造型，其中出现了双目及鼻子的神面。对于我们理解所述无双目"介"字形有参考价值。即有无双目的两者有联系，但是不可视为是原形和省略。

第二，这类造型更早的来源应该是河姆渡文化及高庙文化。其中高庙文化时期已开始出现单独、两个或三个"介"字形相组的形式，并且高庙文化这类"介"字形多同时有几种含义：（1）表示太阳周边以真太阳为中心的光气造型，包括太阳光柱。有的为太阳光柱或幻日环方向的光气造型。可能还与太阳出入之山拟合。多重"介"字形，往往为三个，有时为两个，这是明显的同时拟合山的造型的。（2）两侧往往有以较完整的呼应其两侧太阳大气光象神鸟——鹰之尾羽或羽翼组成的近似"介"字形，以示意太阳光气的"介"字形造型之边界。（3）还有一些"介"字形，同时还表现及拟合太阳大气光象中的光十字等形。

河姆渡文化的"介"字形也有几种含义：（1）田螺山遗址神鸟形陶盉上有一来自高庙文化的"介"字形，也是表示太阳周边以真太阳为中心的光气造型的，包括太阳光柱。该盉上的另一月牙似符号则可能与大汶口文化的这类符号呼应的太阳大气光象一致，而与切弧及帕瑞弧围合的近似月牙形呼应的大气光象不一致。但是若不考虑位置与方向则就一致了。（2）河姆渡的"介"字形中有一类明确是拟合太阳大气光象的，包括的太阳大气光象非常丰富。（3）河姆渡象牙骨雕上的两鸟围绕太阳、月亮的构图中，其中的"介"

字形首应呼应太阳的22°晕切弧及其中心向上的光芒，其边界也是用两侧神鸟的羽翼纹围合的，与高庙文化中"介"字形两侧常见神鸟羽翼纹或尾羽类似。所不同的是，高庙文化中的"介"字形两侧的神鸟一般是呼应宏观太阳大气光象的鹰类，是否也存在少量呼应月亮大气光象的神鸟及相关物象，暂不易找到。而河姆渡象牙骨板太阳头顶组成"介"字形的羽翼纹来自表示太阳两侧有关太阳光气的神鸟之羽翼，包括太阳的幻日。（4）河姆渡遗址河姆渡文化时期曾经出土过完全以羽翼纹表现的太阳光气造型，也出现过"介"字形两侧有对称羽翼纹的材料。这显然是受到高庙文化的影响并具有创新的现象。同时我们可以明确地看到这些造型是大汶口文化两侧带羽翼纹的"介"字形符号的重要来源。在此言明，河姆渡遗址属于河姆渡文化的时间下限可能比一般认为的会更晚一些。

第三，在良渚文化中，这类"介"字形文化得到进一步丰富，各类"介"字形冠众多。同时一些玉器符号中也出现许多这类造型，像弗利尔美术馆玉璧中的坛台符号，可与文献中所言的三层昆仑之丘互相印证，属于山，与大汶口文化中的特殊刻画符号中的部分符号也可以，并且这类符号与山形呼应，还呼应太阳光气或太阳大气光象。另外，弗利尔美术馆玉璧的昆仑形坛台符号中常见的神鸟负太阳造型或曰有羽翼太阳，实际也呼应太阳大气光象。良渚文化山形与太阳的组合，实际上与大汶口文化中是有圆形太阳的诸多"介"字首符号具有相类的文化内涵，都可以与太阳出入之山联系。

综上所述，我们对于羊舌村这一玉人之高冠及所述龙山文化中的类似"介"字首图像的性质有以下认识。

1.最早的雏形和文化渊源来自高庙文化，经过河姆渡文化的传承和创新，在大汶口文化、良渚文化中进一步丰富起来。在龙山文化中逐步形成类型多样，丰富和简约并存的"介"字形为首的图像。

2.其文化关联的物像显然是太阳，在河姆渡文化时期这类图像关联的物像中有一幅为月亮。

3.在大汶口文化时期的以山东地区为中心的地域，传说和文献记载其主体为昊族，即太昊和少昊。所述大汶口文化与太阳大气光象有关的诸多著名刻画符号显然是昊族的信仰主题，也即有太阳之义。

4.从考古学文化看，大汶口文化时期的人群有相当的成分至少是信仰文化可能与南方良渚文化、河姆渡文化、高庙文化有关文献失载，只是相关古史或传说失传而已。从考古学文化看，良渚文化与河姆渡、高庙文化也有密切联系，有的现象的隔代出现，有可能是早期人群的文化复兴。

5.山东龙山文化、后石家河文化中的介字首图像的单独出现，实际在新砦遗址新砦期的高领罐肩膀上也出现过。其作用同于二里头、荆南寺等遗址二里头文化高领冠肩膀的代表东夷昊系神面的单目符一样，用于表明其昊族文化特征。从石峁文化存在诸多的后石家河文化神面、陶鹰、花地嘴遗址相当于石圭的石器上存在鹰、花地嘴遗址新砦期朱砂绘鸮神面、瓦店遗址鹰、瓦店遗址附近南京大学南水北调工程考古工地出土的鹰之类的材料看，少昊系在石峁文化、河南龙山文化及新砦期时，在中原或影响中原的实力非凡。其实从二里头、商等时期的鸮元素众多以及商人玄鸟氏属于少昊系的材料看，少昊系的鹰或鸷系及玄鸟鸮系对于中国早期国家形成和信仰等文明形成具有不可忽视的作用。石峁文化主要在西河左右，与启子武观地近，夏代尤其是早期与皋陶系也关联密切。又依据文献记载，有鬲氏为少昊之裔，有虞氏、有仍氏为东夷之人，少昊之皋陶系辅助夏禹征伐及管理，这样看来，龙山时期及新砦期时较多出现东夷系少昊系文化因素这一状况，就不奇怪了！具体地看，石峁文化的统治集团应有启子武观系、少昊系以及地方权贵。石峁的少昊系尤其是其中的皋陶家族在当时地位较为显赫，从诸多文化中存在鸷即鹰的情况即可看出。这样看，羊舌村晋侯墓地这件玉人有可能来自石峁文化区。不过从诸多玉石考古材料看，制作这类单独的玉雕人像在后石家河文化区更为盛行，所以不论其直接承自何时何地，恐怕该玉器的原产地仍是后石家河文化区更有可能。

6.三大龙山文化及花地嘴新砦期玉圭上的鹰，应呼应太阳大气光象，图二：1鹰身的菱形即是菱形真太阳。整体与高庙文化中的鹰有类似之处。这类呼应太阳大气光象的鹰身由羽翼相组的"介"字形为中心造型，也应与太阳密切相关，这正是高庙、河姆渡等、大溪、良渚、大汶口系列文化中"介"字形的基本意思。这类鹰应与玄鸟生商神话语境中的玄鸟鸮一样，是生少昊鸷的天命之鸷，弗利尔美术馆玉刀虎"食"披肩发神人与商代虎"食人"、饕餮"食"玄鸟鸮等题材中的人、鸮类似，都应是天命之物或拟人化的神人。天命生少昊之鹰拟人化的材料中，法国吉美博物馆所藏一件为完形的蹲踞式，可呼应文献中帝夋生少昊。

7.《左传·昭公十七年》郯子之话有许多不确的地方，然少昊鸷与玄鸟氏等关于少昊的说法有不少真实成分。从后石家河文化、山东龙山文化、石峁文化等之中玄鸟鸮与鹰或其拟人化造型的高度相关性看，少昊系与商人玄鸟氏确实关联密切。与少昊鸷有关的天命之鹰尤其是其拟人化的蹲踞式造型，说明东夷系帝俊的由来原来与这类蹲踞式神人有关，并且拟合的是鹰，而非商人的玄鸟鸮。从卜辞中的商人祭祀神祖造型、弗利尔美术馆龙身饕餮所"食"跪坐侧上半身拢手的拟人化玄鸟神祖、妇好墓出土跪坐并身有蛇腹有蝉身饕餮上帝的拟人化玄鸟神祖看，商人的玄鸟鸮图腾拟人化也可呈跪坐式或蹲踞式，从文字学角度，也都可称为"夋"，但是商人本身是读契、夔等字的，卜辞中的所谓高祖夋则常规隶为夔字，文字上也类"夋"。这些可能也是文献中夔、夋混同的本质原因之一。又少昊鸷之鹰鸟神祖拟人化也为蹲踞式，就更容易出现商人玄鸟氏祖先与少昊鸷昊族鸷鸟祖先造型的混同了。少昊鸷的鹰鸟神祖与契的玄鸟神祖，都可拟人化，都可为虎所"食"，并都为"蹲踞式"，依郯子语，两者同为昊族，诚如是，这可能是考古学、艺术史探索文献古史的重要案例了。

了解了三大龙山文化鹰之本质，再看这类"介"字形羽饰，我们可能会对于这类经常出现于鹰身之造型有更为确切的认识。其不是鹰应是明显的了，因为鹰身再饰一鹰纹显然不合适。这利于玉料或晚期艺术、民族雕塑不可等同。

综合地看，这类以"介"字形为中心的造型，本身应该是大汶口文化著名符号中的有明显羽翼纹并以"介"字形为中心一类图像的传承，像南京北阴阳营陶尊上的大汶口文化符号等。这类符号中底端的一组羽翼纹，按照林巳奈夫对于玉器扉牙的识别系统和我们的补充，一般是刀型"e"或s形首"e"，有的还有"f"及"c"，应该呼应所论大汶口文化这类刻画符的底端。山东龙山等三大龙山文化的这类以"介"字形为中心的造型，一旦增加双目，即为神面。若再增加獠牙、人形的嘴巴等人类面部和人类头型等特征，即成为具有拟人化特征或部分拟人化特征的神。这类造型与大汶口文化著名刻符有关的现象进一步说明，三大龙山文化中与"介"字形羽翼纹有关的玉神面，无论是何方神圣，都与太阳有关无疑。

▌注释

［1］［日］林巳奈夫：《中国古玉研究》，日本弘文馆，1991年。

［2］图二：1中的鹰应为天命生少昊之鸷，鹰爪下端的人面鸟身者圆形目，应是鸮鸟身及圆形鸮目的拟人鸮神，该神下端的神面双目为旋符形，应是鸮面，这也利于说明图八谭家岭鹰神下端的圆目者也应是鸮而非虎，其也是与山东龙山文化诸多玉圭图像一样，是典型的鹰、鸮组合，或曰少昊鹰神祖及玄鸟鸮神祖组合图像。黎城戚上有三个神庙，并且其中两个组合雕刻在一起的神面方向不同。该戚图像中也有拟人化的披肩发神鹰祖及鸮神祖图像。这些现象说明，文献中言商人与东夷有关联确是可以证明的。

［3］实际为戴"介"字形冠的鸮神，簪子本身代替鸮喙。

［4］该柄形器之羽翼纹可能依然不是神面，镂空部分主要是为了标明单元羽翼边界或及我们关于玉器扉牙称谓所定义的C，整个造型可视为羽翼纹高冠，结合文献可视山东龙山、后石家河、石峁等三大龙山文化的这类造型为少昊系文化符号。当然，新砦陶器盖神面、花地嘴朱砂瓮神面以及二里头、齐家、三星堆、夏家店下层等文化中的牌饰都有鸮元素，因此与少昊系均有联系，即与其中的玄鸟氏关联密切，以玄鸟即鸮为图腾的商人诸多饕餮神与之相关更不必论了。

（原刊于《华夏文明》2018年第10期）

陶寺天文观象台"天地之中"内涵及相关问题初步研究

顾万发

陶寺观象台是陶寺遗址近年来非常重要的考古发现[1]（图一），发掘者和其他天文历算学者都对于其天文内涵予以了认真讨论。主持人何驽先生还非常难得地识别出其中心的基址形状与太极形相似，并判断其与天道、地器有关联[2]（图二）。这些观点精彩纷呈，堪称卓识。在探讨之余，笔者发现该基址的含义可能更为丰富，故对陶寺观象台"天地之中"内涵及相关问题作以论证。

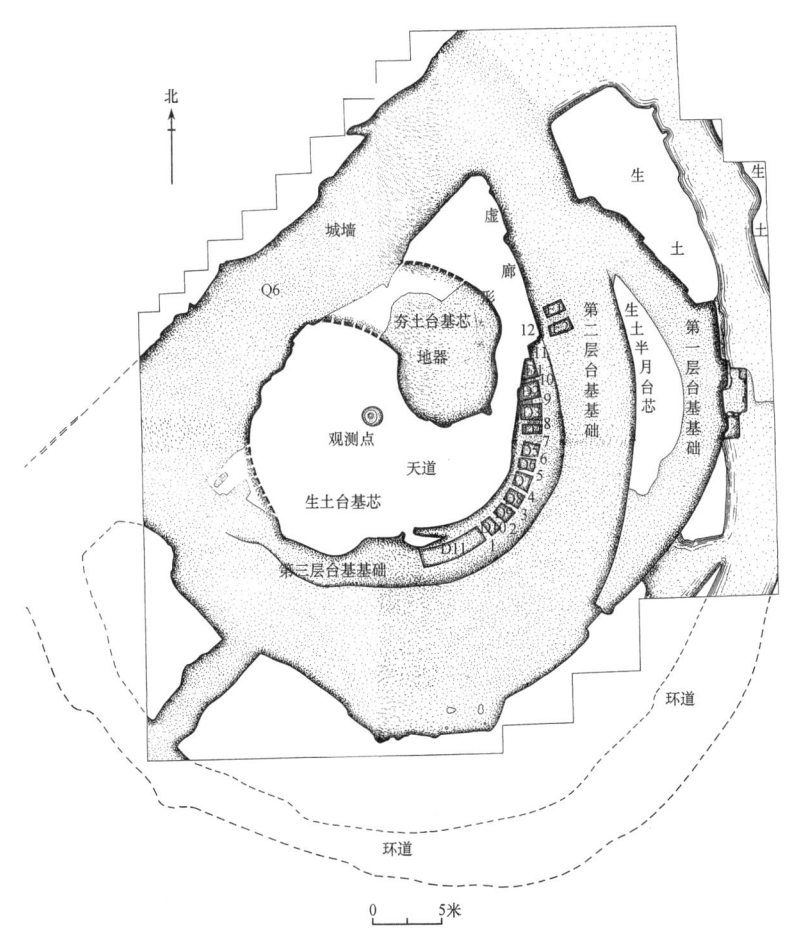

图一　陶寺遗址中期观象台基址平面图

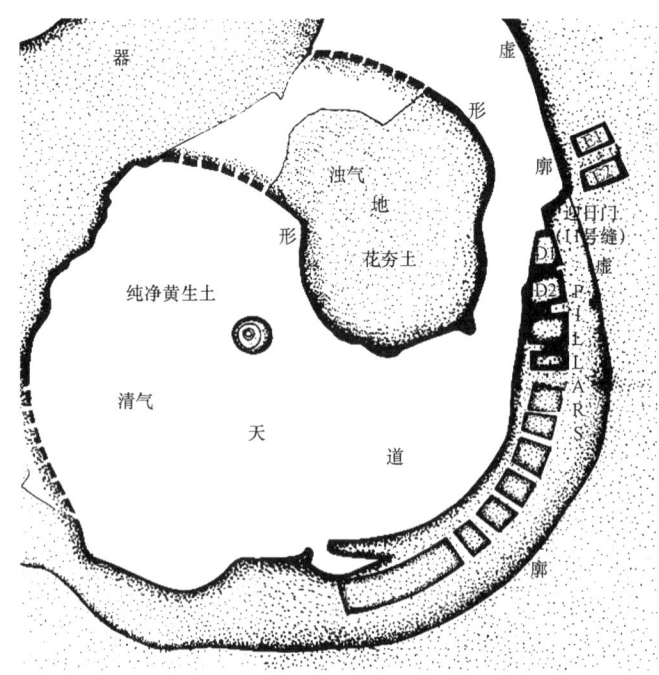

图二　陶寺观象台核心太极图解

随着北极的变动，会逐渐产生新的北极星。中国古代的天文学家在长期观测积累的认知和总结人事的情况下，将天体的恒星分为三垣、二十八宿及其他星座。其中的三垣，即太微垣、紫微垣、天市垣。宋代王应麟《小学绀珠·天道·三垣》记载三垣曰：“上垣太微十星，中垣紫微十五星，下垣天市二十二星，三垣，四十七星。”[3] 依照唐丹元子《步天歌》，紫微垣有十五星，为三垣的中垣，位于北天中央位置，故称中宫，以北极为中枢[4]。《史记·天官书》中亦有与之相当的星官，但名称、星数不同。《宋史·天文志二》：“紫微垣东蕃八星，西蕃七星，在北斗北，左右环列，翊卫之象也。一曰大帝之坐，天子之常居也，主命、主度也。”[5]（图三）

其中的东蕃、西蕃近似以北极为中心的旋臂形，与陶寺天文观测基址平面中心构图类似。于是，若当年陶寺天空的北极周围也有这类造型的话，则陶寺观象台基址中心观测点即可视为北极星。2100年前的北极在天龙座 α 附近，那时其周围是否会出现类似太极形的旋臂造型呢？参照Stellarium的天文星空图看（图四），那时的天龙座及小熊座的有关星相及附近的其他星组合相似也可以构成与北极变动后晚期星空中东蕃、西蕃近似的造型。并且由于那时的北极星位于其中一蕃上，所以呼应北极星的陶寺天文台观测基址的观测点并不在真正的北极，而在可以象征天道的纯净黄土之旋臂上，理论上应该在北极星天龙座 α 附近。需要注意的是，虽然北斗以及小熊座也可以构成一组近似S形图像，但是考虑到观测点的位置，笔者认为，陶寺天文台观测基址的S形

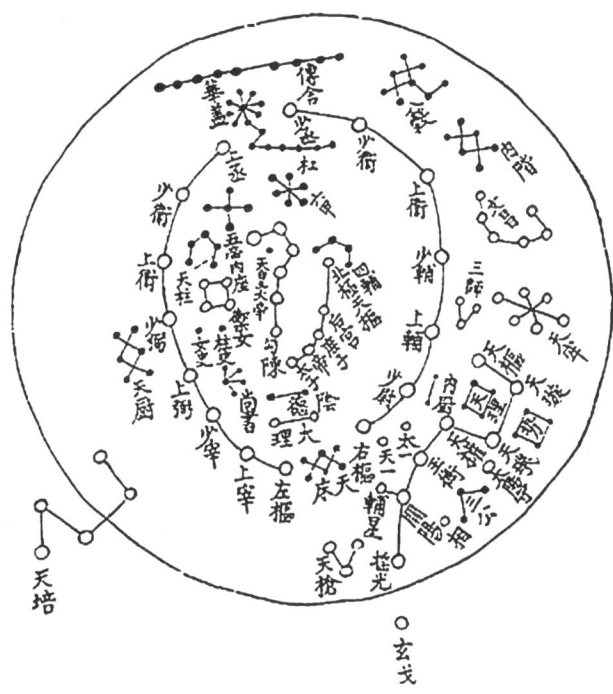

图三　紫微垣（引自明·顾锡畴《天文图》）

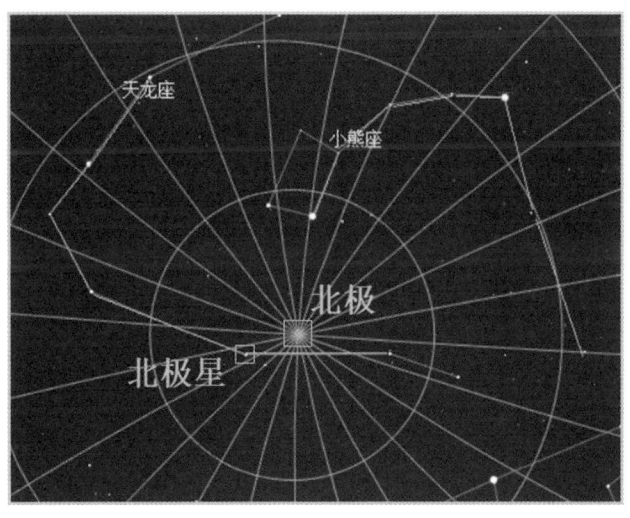

图四　5500年前天中星座图

来源与这样的一组组合的启发无关。当然陶寺天文台观测基址中的S形造型的设计思维确实还应与何弩认为的与天道、地器有关联。之所以出现这一现象，我们认为，还与陶寺天文台观测基址的天地之中内涵的有关。

　　还应该注意的是，天盖上的星空图表示法有仰望和俯视两类，并且新石器时代的不少与天象有关的图像是仰视天象的。而陶寺的天文观象台之S形符合俯视，这与"盖天论"相符，也与Stellarium天文星空图所描绘的相同。这更加利于说明陶寺观象台具有天地之中的内涵，其实也利于表明图四太谷白燕F504包含有天地之中的内容。

诚若是，则陶寺天文观测台基址理论中心就可以与北极相应，观测点则与北极星附近相应。之所以观测点不在呼应北极的地方而在呼应北极星附近的地方，即在当年的北极星天龙座α附近的地方，笔者认为原因是这样的：由于古人逐渐意识到北极星是在变化的，所以应该逐步知道真正的北极之所在。由于当年的北极位置没有可见亮星，所以为虚。呼应地面之昆仑是一个区域，自然包括北极，但是王者所站立的观测点则不呼应绝对的中心，而在中心附近，换言之即很可能呼应北极星天龙座α附近，天地之绝对中心则视为虚位，甚至呼应北极星的位置也是这样。

其实中国古代虽然总体上王权人文地理、数术原则、空间精神思维多是遵守类似《清华简·保训》"求中""得中""归中""执中"之理念的，但是从历代星图关于帝王、北极星的人文命名以及北极星与北极一般不相一致的情况看，古人的这类选择，尤其在三代，往往是呼应北极、北极星附近的，换言之是呼应近似北极、北极星的中心。除了北极位置经常没有可视的亮星原因外，还应有尊崇北极的意义。从周人测地中于登封却在洛阳立都之事也可以予以佐证。《史记·周本纪》载，"王曰：'定天保，依天室。'"[6]此"天室"理论和本质上应是天地之中的意思，从定国都的角度应为嵩山即天室山，但是"依天室"是傍依于天室山之义，而非是金文中多见的具体祭祀天神祖先的的明堂，虽然两者意义上有联系。当然，国所都之地方由于位置呼应上应北极、北极星的地中附近，所以一般也可以称为天地之中，这也是《史记·周本纪》言洛邑时曰"此天下之中，四方入贡道里均"[7]及《逸周书·作雒》载"乃作大邑成周于土中"[8]，《通鉴地理通释·历代都邑考》载"乃使召公卜居洛水之阳以即土中"[9]，《尚书大传》言"于卜洛邑，营成周，改正朔，立宗庙，序祭祀，易牺牲，制礼作乐，一统天下，合和四海"[10]的重要原因。王晖认为，武王营建并迁九鼎于"雒"（洛）的地方应是"栎"即栎邑，因为只有这里才称得上是真正的天下之中[11]。这显然是没有意识到，应该是未关注到古人选择国都一般是近于地中而非以地中为国之中的，也没有注意到由尊崇北极、北极星、地中而形成的一种政治文化观之情况。

正像许多天文学者所论述的那样，陶寺观象台的功能包括观测太阳定节气、祭祀太阳，这与陶寺观象台位于城市东南一隅并且面向东南的方向位置是相符的[12]，与古代于冬至祭祀太阳和祭祀北辰的习俗也是相符的[13]。

同时，陶寺观象台基址中心的S形在何驽在所述文章中认为是代表天道地器的[14]。这类造型在陶寺观象台中确实是可以视为是代表阴阳清浊之气的，但是在其他文化中还可以象征太阳形。这些表示与太阳有关的文化符号在河姆渡文化（图五：1）、屈家岭文化（图五：2）、仰韶文化等之中均可以找到。在陶寺也有诸多传承自新石器时代的与太阳光气方面有关的S形（图五：3）[15]。不过在陶寺遗址也存在形式上与陶寺观象基址S形较为相像的另一类S形彩陶（图五：4、5），陶寺的这类S形彩绘的两个旋臂是两种颜色的，这一类S形彩绘的两种颜色似乎可能是受到观象台基址中心由生黄土和灰土组合的S形的影响。陶寺早期有的陶鼓上有旋符，旋臂造型有区别，应该是阴阳之气的汇合，这符合鼓为震、震为雷、雷为阴阳和的易学思维。这样的蕴含阴阳之气的S形，虽然不是天道地器的意思，但是至少表明那一时期阴阳之气的思维可能确实存在了。

陶寺遗址出土有诸多的团龙（图五：6），也有不少学者尤其是民俗学者认为与太极有联系，这似乎与陶寺观象台的S形造型可能有联系。王仁湘认为。陶寺龙盘中的龙与阴阳之阳有关[16]。若从花纹种类判断，陶寺龙盘中心的这类龙蛇实际应来自蛇的生物属性。确切地讲，包括陶寺龙盘中的龙在内的新石器时代以来龙身图案单元间隔呈现W形的龙，从生物学角度看，造型可能受到环蛇属蛇[17]的影响，有的也可能参照长岛蝮这一类蛇，同时拟合象形字"火"字的造型。总的看来，陶寺这类团龙实际与夏家店下层文化大甸子墓地陶器盖上的蛇应是与二里头文化、商文化中表示闪电神的五步蛇图像相关，我们曾证明其即是雷龙，表达雷泽万物生长、繁衍等文化内涵[18]。至于王仁湘列举的侯家庄1004号墓葬出土的位于铜胄之耳的团形龙，其各自的花纹正好是上述两类蛇，这样的设计所表达的实际确实是雷电阴阳问题。这样的蛇位于虎形铜胄两侧，是为了使将军获得雷电神的帮助[19]，或比喻其威武若雷电。这与不少饕餮首端、脸、鼻子、耳朵有蛇、龙的情况类似，与春秋战国以来的珥蛇、执蛇、腰蛇应有一定的传承，与虎食人卣中人形玄鸟神祖两耳之蛇也非常类似。从唐尧的神诞神话看[20]，也可能属于雷泽生殖崇拜文化。这样理解陶寺盛水龙盘，也与易之震为龙、震为雷、雷泽归妹卦的义理非常相符，与商代有关图像以及卜辞文字中商代龙蛇可以表示与繁衍、神祖概念有关的现象也相符。

商代（图五：7）以至周代铜盘中的团龙、山西石楼县桃花者村出土的蛇形觥觚中的五步蛇，以及春秋时期晋公盘、楚地少见的有各种蛙、蛇的卣之内涵[21]，有助于对于陶寺龙盘的内涵进行解读。陶寺龙盘的这些S形蛇实际即是典型的雷龙（离火形花纹的龙为雷龙，像陶寺龙盘中的龙，有菱形纹这则是闪电龙，像商代的一些铜盘中的龙纹），从二里头绿松石龙遗迹中闪电龙取形五步蛇以及铜铃象征雷的情况看，雷龙为阴阳之阳，闪电龙为阴阳之阴。既然已出现典型的阳的概念，则阴阳观念也应已形成。

1.田螺山出土雕刻木板　　　　　　　　　　2.屈家岭出土彩陶壶

3.陶寺出土彩绘陶簋　　　　4.陶寺出土彩绘陶壶　　　　5.陶寺出土彩绘陶壶

6.陶寺出土彩　　　7.殷墟妇好墓出土铜盘　　8.侯家庄 M1004　　　9.侯家庄 M1004
绘龙纹陶盘　　　　　　　　　　　　　　出土铜胄装饰　　　　出土铜胄装饰

图五　象征太阳、团龙的图像元素

　　我们本段的论证，主要是补充证明陶寺观象台的S形确实应该若所提何弩之文所言，属于阴阳之气的性质。同时也希望以其表明，既然陶寺龙盘雷龙为阳，陶寺又存在阴阳思维，并且雷电阴阳又被视为是天地之中阴阳之气所和而成（侯家庄1001号墓葬诸多骨柶的雷神图像附近刻画有五字形，即体现了"五雷"概念，而"五雷"即是洛书中心数五思维的体现，也即是中心为阴阳概念的体现）。又《周礼·地官·司徒》记载"地中"为"天地之所合""阴阳之所和"，综合来看，陶寺观象台的S形很可能与天地之中的概念有联系。

同时陶寺天文观象台具有天地之中的性质，体现在其三层的造型上。这样的三层台基可以将其视为三层圜丘，基址中心类似北京明清天坛中间的"天心石"[22]，除了具有祭祀太阳的功能[23]之外，还应具有祭祀北辰等天神的功能。《周礼·春官·大司乐》："冬日至，于地上之圜丘奏之。若乐六变，则天神皆降，可得而礼矣"[24]，郑玄注"天神"为天皇大帝，即其时的北辰，或曰北极星神。

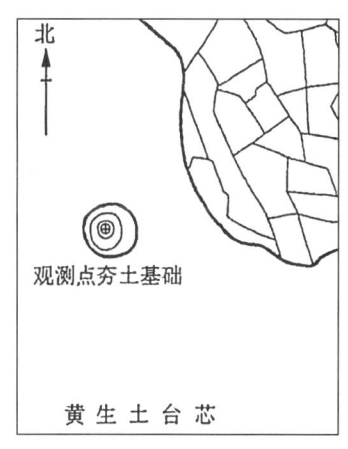

图六 陶寺观象台观测点

笔者注意到，陶寺观象台的环道[25]、第二、第三层台基可以构成一组蕴含三层的文化结构[26]。第二、三层台基与环道之三重又可视为三衡[27]及三重昆仑。该蕴含圆形的观象台可以视为文献中密集记载的重要天文礼仪文化设施——圜丘，这也与冬至祭太阳于圜丘的古礼仪是相符的。另，陶寺天文观象台基址中心的观测位置也包括不同颜色的三重土（图六），其周围还有一周由三重土组成观测点的基址土，整体结构与昆仑及其周边弱水组合相类似[28]。笔者曾从观测太阳及节气的角度论证过昆仑与陶寺观象台之间的联系[29]。其实这类"天地之中"的思维很早就起源了，并且考古学中也发现有一些证据。例如荥阳青台北斗九星等天文遗迹[30]中的圜丘（图七），位于北极、北极星附近，实际即是表明其有昆仑的特质，之所以位于此，就是为了呼应天中的。太谷白燕F504[31]中

图七 青台遗址北斗九星、圜丘以及北极和北极星位置图

表示地中的十字架，与包括天中的圆形头顶的空白空间也是呼应的（图八）。

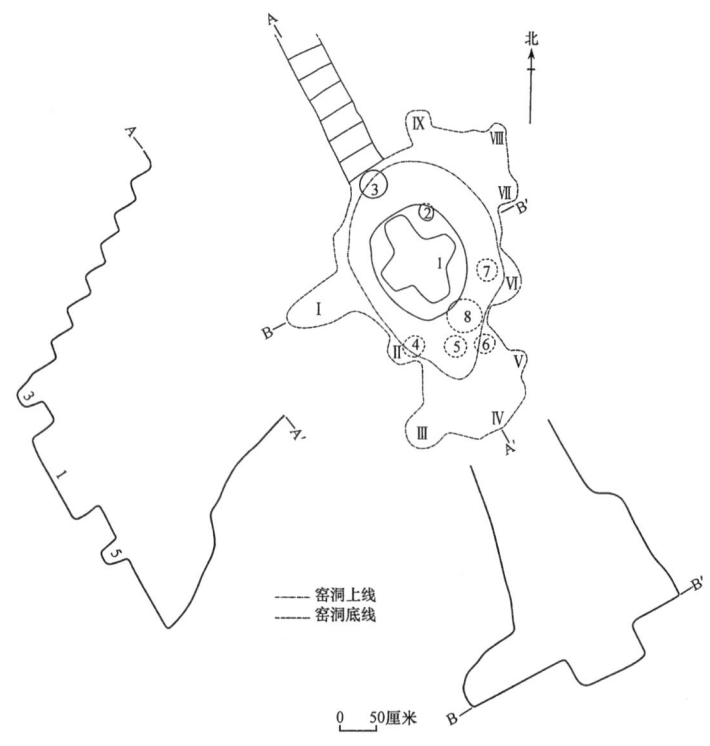

图八　太谷白燕 F504 平、剖面图

　　从陶寺观象台观测点位于一个旋臂上而非位于两个旋臂中心的情况看，通过简易的天文观测方法，陶寺中期的天文观测者天文贵族应该知道北极的位置。由于尊崇北极、地中的主观原因以及当时北极无可视星的客观原因，使得陶寺观象台的实际观测点略偏离理论上的中心位置。从发掘材料看，陶寺天文观测者通过略调整夯土柱理论位置的办法，来纠正观测点偏移所带来的理论误差。因此这种“偏移”背后的动因可能正是规避完全的北极地中的文化心理。

　　综上所述，陶寺观象台除了观测太阳、定节气、祭祀太阳之外，还应具有别的内涵和功能。陶寺观象台所承载的功能及内涵较为复杂，总体上可视为蕴含“天地之中”理念的模型。之所以这样设计，可能是由于古人认为于天地之中进行观测更为合理，所计算出的历法更为准确。更为重要的是，古人认为于“天地之中”的模型观测天文，能够呼应北极、北极星等所在天中地中，体现“王者居中”的思想。考古材料表明，这一思维在6000多年前已有萌芽。后岗一期文化的濮阳西水坡 M45 墓主位于“三衡”的中间[32]（图九），又处于对应“斗魁”的位置。从 Stellarium 天文星空图描绘的6400年前的天文图像看（图一〇），墓主所在位置位于斗杓之上，宏观上即是北极、北极星附近位置[33]，这显然说明中国古代已有人间首领与天上北极、北极星相关联的思维了[34]。同时笔者认为，于天地之中的模型[35]观测、祭祀北辰、太阳等重要天神，也是王者践行圣王之法、中正之道的数术和政治行为[36]。

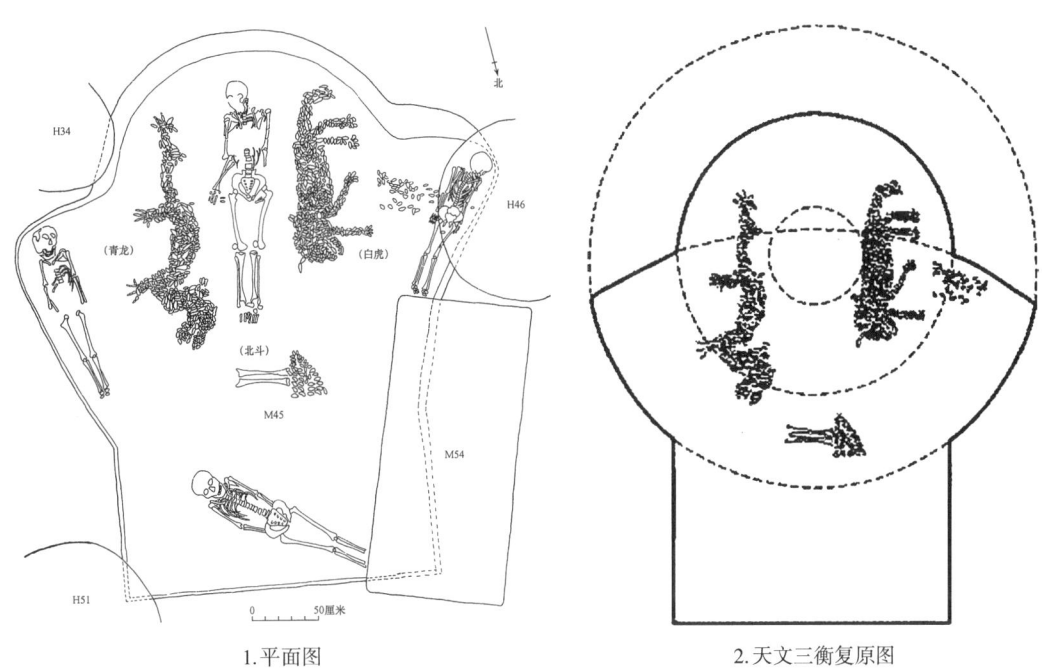

1.平面图　　　　　　　　　　　　　　　2.天文三衡复原图

图九　濮阳西水坡 M45

（引自冯时《中国天文考古学》第294页图6～18）

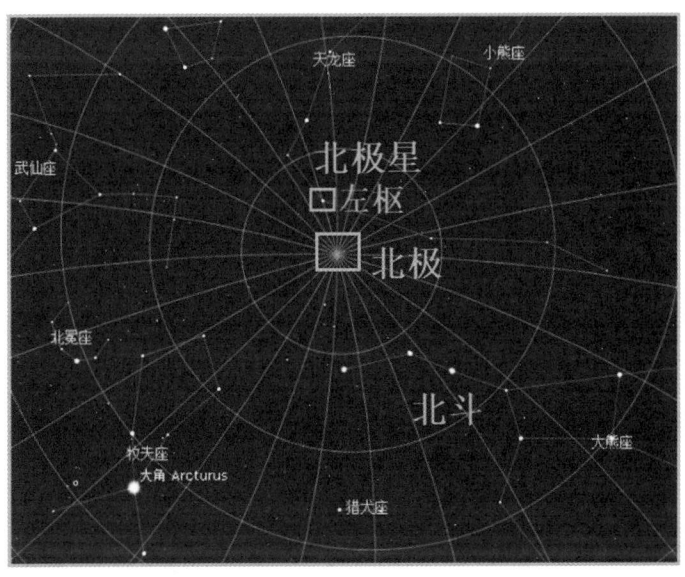

图一○　6400年前的北斗、北极、北极星

注释

[１] a.中国社会科学院考古研究所山西队等：《山西襄汾陶寺城址祭祀区大型建筑基址 2003 年发掘简报》，《考古》2004 年第 7 期；b.中国社会科学院考古研究所山西队等：《山西襄汾县陶寺中期城址大型建筑Ⅱ FJT1 基址 2004～2005 年发掘简报》，《考古》2007 年第 4 期。

[２] 何驽：《试论都邑性聚落布局的宇宙观指导理论——以陶寺遗址为例》，中国社会科学院考古研究所夏商周考古研究室编《三代考古》，科学出版社，2013 年。《周礼·地官·司徒》载"地中"曰："天地之所合也，四时之所交也，风雨之所会也阴阳之所和也。"即"天地之中"是当时宇宙和人文空间、精神空间的中心，是天地万物发生发展的根源之地。从这一点来看，何驽有关陶寺天文观象台田野考古的细致发现和天道、地器、阴阳的观点殊为难得，与本文的观点整体也无互否。尤其是阴阳之气于天地的关联，值得高度重视。《易经》曰："易有太极，是生两仪，两仪生四象，四象生八卦。"孔颖达疏："太极谓天地未分之前，元气混而为一，即是太初、太一也。"陶寺观象台之太极可理解为是已有天地情况下的天地之中、天地合一，所以有阴阳，也可以理解为是太极形中心元气形成天地的过程表达。由于这一地点是天地相连的地方，正是太极之地，而天地相连的地方，即是天地之中。同时这一造型又恰与当时天中附近的造型相似，自然此地为天中的概念就更有依据了。当时的星空北极星在其中一个由个星组成的天龙座的旋臂上，而不在两颗星组成的旋臂的中心，这也是为何观象台观测点不在太极的中心的缘故之一。

[３]（宋）王应麟：《小学绀珠》，中华书局，1987 年，第 5 页。

[４]（唐）王希明：《步天歌》，1719 年刻本。

[５]《宋史》卷四十九，中华书局，1985 年，第 655 页。

[６]《史记》卷四《周本纪》，中华书局，1959 年，第 129 页。

[７]《史记》卷四《周本纪》，中华书局，1959 年，第 133 页。

[８] 姚蓉：《逸周书·文系年注析》，广西师范大学出版社，2015 年，第 116 页。

[９] 王应麟：《通鉴地理通释》，商务印书馆，1936 年，第 48 页。

[１０] 朱维铮主编：《中国经学史基本丛书》第 1 册《尚书大传》，上海书店出版社，2012 年，第 38～39 页。

[１１] 王晖：《周武王东都选址考辨》，《中国史研究》1998 年第 1 期。

[１２] 武家璧：《陶寺观象台新论》，《帝尧之都中国之源——尧文化暨德廉思想研讨会文集》中国社会科学出版社，2015 年，第 149～170 页。

[１３] 详见《周礼》《左传》等文献以及新浪博客"兰轩谈古"的《荥阳青台遗址仰韶文化北斗、北极、圜丘等一组遗迹及相关问题研究》。

[１４] 何驽：《试论都邑性聚落布局的宇宙观指导理论——以陶寺遗址为例》，中国社会科

学院考古研究所夏商周考古研究室编:《三代考古》,科学出版社,2013年。

[15] 这类S形,在仰韶文化中多见,在高庙文化、河姆渡文化、大溪文化、崧泽文化、屈家岭文化中也都有与其相关的索纹或其变体或文化融合造型,有的与太阳有关,有的与太阳光气有关,这其中的太阳光气包括大气光象。

[16] 王仁湘:《方圆阴阳——商周龙虎纹的另类解读》,见微信公众号"器晤"2018年10月14日。

[17] 一般不会是链蛇属,虽然其与环蛇属多数环式花纹非常相似,但是链蛇多无毒,一般不作为神人的助手和增加其威武和严厉的工具。二里头文化以来,诸多背部菱形为主的蛇纹,实际都多来自五步蛇、短尾蝮蛇等有毒蛇形象。五步蛇、短尾蝮蛇等有冬眠、蜕皮以及雷震惊蛰开始活动、晚上出现等特征,所以易被人们信仰、欣赏和用于巫术。由于这些特征,五步蛇类也常出现在商人"雷泽生商"的场景中,或是玄鸟神祖的身上,像小双桥铜构件、虎食人卣、妇好墓玄鸟鸮形神祖尊(商代有的鸮尊翅膀的小龙为有火字形花纹的雷龙)、山西省石楼县桃花者村的龙形觥觥等。

[18] 陶寺龙盘的龙嘴中都有生物造型,与卜辞中的"生"字类似,又蕴含有土地吐生万物的意思,可能表达生生不息之意。这是符合震卦为口舌的易象的。

[19] 虎食人卣中的珥蛇,是为了使拟人化玄鸟神祖获得生生不息之气,以表明其繁衍子孙的神祖身份和繁衍生殖崇拜的内涵。蛇纹装饰于虎形胄首段,置于将军头部,非常类似虎食人卣造型的主体,应是为借助这一神圣造型以获得神佑和巫术力量。

[20]《竹书记年》:"帝尧陶唐氏母,曰庆都。生于斗维之野,常有黄云覆其上。及长,观于三河,常有龙随之。一旦,龙负图而至,其文要曰:亦受天佑,眉八彩,须发长七尺二寸,面锐上丰下,足履翼宿。既而,阴风四合,赤龙感之孕。十四月而生尧于丹陵。"

[21] 晋公盘等中的多种生物实际是表现雷泽万物繁盛的媵器,以期望子孙繁衍,家族兴旺。

[22] 又名"太极石",从陶寺观象台基址中心的太极造型看,这可能是早期"天地之中"内涵的一种传承。

[23] 学术界依据考古观测及《礼记·郊特牲》"郊之祭也,迎长日之至也,大报天而主日"之记载亦有相关讨论。另外,(晋)王嘉《拾遗记·炎帝神农》曰:"筑圆丘以祀朝日。"

[24] 详见《周礼》第209页,岳麓书社,2001年。

[25] 何驽:《山西襄汾县陶寺中期城址大型建筑ⅡFJT1基址2004~2005年发掘简报》一文认为,该环道是超出生土面的夯土,像一堵矮墙一样。

[26] 发掘简报中的第一层台基应该是第二层台基的挡土墙,以使得其稳固。

[27] 由于地貌限制,陶寺观象台三衡与实际分至形成的三衡数值逻辑并不完全相符,象征

意义明显。其中中期城墙的方形象征方形的地，环道及二三层台基为三衡，象征天。晚期也有这样融合方地的祭天坛台和墙。依据冯时的认识（详见冯时《河南濮阳西水坡45号墓的天文学研究》，《文物》1990年第3期；冯时《中国天文考古学》，社会科学文献出版社，2001年），濮阳西水坡M45墓葬造型也是三衡天及方形地的组合。不过为何不直接以墓葬形制作三衡形制呢？笔者认为，可能是为了拟合类似河姆渡文化一类太阳有关光象造型而省略。

［28］《山海经·大荒西经》云："西海之南，流沙之滨，赤水之后，黑水之前，有大山，名曰昆仑之丘。有神，人面虎身，有文有尾，皆白，处。其下有弱水之渊环之。"陶寺观象台观测点可能可以视为三层昆仑与一周弱水之渊这一中国古代特殊的文化造型，与文献记载的西周时期的明堂辟雍造型内涵可能有关联。虽然关于明堂辟雍考古发现的文献最早只能到西周金文，但是传承古籍记载其历史久远，考古学中也发现其他一些早期遗迹或图像可能与其有联系。实际上中国新石器时代以来的单重或三重环壕聚落有的可能不但有防御功能，还应或多或少具有相关内涵。

［29］顾万发：《论湖南澧县孙家岗遗址新出玉蛙》，《古代玉器研究通讯》2018年第2期。在通过柱子缝隙观测太阳的前提下，李勇计算过陶寺观象台相关年代。不过其对于陶寺天文观象台通过柱子缝隙观测太阳也有所异议，详见李勇《世界最早的天文观象台——陶寺观象台及其可能观测年代》，《自然科学史研究》2010年第3期。从《山海经》关于昆仑的九门、开明兽、囿时记载看，具有昆仑结构特征的陶寺观象台的主要功能确实应包括通过柱子缝隙观测太阳以定历法节气。《山海经·西山经》："西南四百里，曰昆仑之丘……神陆吾司之。其神状虎身而九尾，人面而虎爪。是神也，司天之九部及帝之囿时。"（《山海经》第58页，上海古籍出版社，2015年）另据《山海经·海内西经》："海内昆仑之虚，在西北，帝之下都。昆仑之虚，方八百里，高万仞。上有木禾……面有九门，门有开明兽守之，百神之所在。"（《山海经》第293页，上海古籍出版社，2015年。）

［30］该黄土台只是在北极和北极星附近，应具有圜丘性质。图中9个圆形应对应北斗九星。其中第九颗星，学术界有人认为是景星，亦有其他认识。不过无论如何，不改变其为北斗九星的性质。"兰轩谈古"新浪博客的《太谷白燕F504古天文学及古地理学内涵研究——并新论"亚形""九州""分野""明堂"等相关问题》一文中指出，荥阳青台九个陶罐组成的遗迹为北斗九星。有关详细讨论参见笔者兰轩谈古新浪博客的系列文章。

［31］顾万发：《太谷白燕F504古天文学及古地理学内涵研究——并新论"亚形""九州""分野""明堂"等相关问题》，《田野考古与艺术史研究论文集》，科学出版社，2018年，第435～462页。

［32］冯时：《中国天文考古学》，社会科学文献出版社，2001年11月。

［33］陆思贤认为，濮阳西水坡M45墓主为位拟北极神，参见陆思贤《濮阳西水坡45号墓

主人的人格与神格》,《华夏考古》1999年第3期。另有学者认为M45的北斗造型为数万年前的北斗造型,并以此来讨论该墓主位置,虽然也认为其位于北极位置,但是对于墓葬中北斗造型的判断过于机械。实际上北斗斗魁、斗柄的造型象征意义明显,并不严格。在此言明,本文中关于北极、地中的人文表现,多数是在近似区域,为行文简化,不再严格描述。当然古代也应存在北极、地中严格表现的思维和相关材料。

[34]这一现象说明当时首领已有视自己为天下之主的愿望、思维或实践。可以看出,中国古代天人合一、天中地中相应、君权北辰神授、大一统等思维或其雏形早已出现。

[35]当时人们可能具有以冀州为九州中心以及"天倾西北"的宇宙观。既然天倾西北,则位于天中的北极、北极星也应西北倾,从天地相应的角度看,呼应北极、北极星即是天心、天中的人文意义上的地中(即是天中下面的地理位置)或曰地胆、地心之位置也自然应往西北方向倾斜了。于是地中也由此被视为应在西北方冀州之地了。

[36]《周礼·地官司徒》记载:"天地之中"的地域"然百物阜安,乃建王国焉。"《荀子·大略篇》也记载:"欲近四旁,莫如中央,故王者必居天下之中。"这说明,中国传统文化中的"皇权中心"和正统正尊之地,即"天地之中"附近地域。

（原刊于《文博》2019年第6期）

"天命玄鸟，降而生商"的图像学研究
——从泉屋博古馆所藏商代铜鼓论之

顾万发

泉屋博古馆藏铜鼓，时代为商代晚期，据传出土于湖南。该器原为清宫颐和园旧藏，20世纪初由于战争等原因丢失，为日本住友纯粹购买。由于意识到该铜鼓之重要性，所以屡有学者提及，并为解读其含义作出多年的努力[1]，像郭沫若、林巳奈夫、李学勤等著名青铜器专家都曾关注过或做过专门研究。然至今学术界未能于此器物图像有一多数人认可的论断。林巳奈夫先生的考证较多，然也不敢决定，直至《神与兽的纹样学》一书，依然在作调整。其他观点亦不少，然多数语焉不详或作奇异之解。我认为此神鼓及其有关誉四妃之子为王的神诞神话图像（图一），是包括商人关于其神祖诞生的"天命玄鸟，降而生商"神话图像的，兹简论之。

1.有鸮之簇羽、鸮之羽翅、鸮之爪、拟合鸮形之蹲踞式样子的男性神人，实际是拟人化的玄鸟，或曰是《诗经》等文献中玄鸟形象的一类表达。

2.洪迈《容斋随笔》卷十二《巽为鱼》："《易》卦所言鱼，皆指《巽》也。"传统解"恒卦"曰"巽为女"。中国考古学及民族学材料表明，女可比拟为鱼，从半坡文化以来的考古材料看，鱼可用于生殖崇拜神话中的阴阳之阴。由商人始祖神话可以论定，泉屋博古馆商代铜鼓神人图像下端生殖崇拜符两侧的两条鱼就相当于文献中所言的有娀氏浴于水中的两个女儿。

图一　泉屋博古馆藏铜鼓纹饰

3.按照文献，帝誉之妃嫔有记载为简狄和建疵。我们看，该图像中两条鱼明显为一大一小，一肥一瘦，显然正是有娀氏两女儿之写照[2]。从卜辞看，商人尊右，其中呼应简狄的大一些的鱼位于相对于神人而言的右侧，正与商礼合。又古代主在东，宾在西，亦称"西宾"，即尊西。于此而论，蹲踞式神祖面南背北，西为宾之位也，东为主则谦，为宾则逊于西之宾也。

4.代表简狄、建疵之鱼与男性神人生殖崇拜符组合造型，与有的文献中描述二女食玄鸟之卵的神话情节高度一致。

5.两侧另外的鱼及龙蛇实际表示玄鸟神祖所在场景为水中，这在各类古代有关"天命玄鸟，降而生商"的古籍、简牍等文献中都有体现，称为"玄丘之水""玄丘水""青丘之水"等等。在不少其他神人生殖崇拜神话中，扶桑、空桑、桑林等也会出现在这类场景中或代指之，古代不少社之周围或有桑林即为这一文化现象，桑梓之家本质也属于此类文化。

6.图像反映了中国古代非常重要的"雷泽"文化。玄鸟及简狄和建疵所在的水域并非一般的地方，其类似古文献中的"雷泽"，是远古重要的神圣生殖崇拜区域，或相关神人、圣人经常出现或与之相关的区域，像舜、孔子、伏羲、雷震子等。这类区域由于多发雷电[3]，从而使得动植物、鱼类生长旺盛，周期短，收成高。同时雷电可以杀死各类有害细菌，并使得空气清新宜人，利于人们在此修心养性，沟通神灵；并且雷电源自天上，威力巨大，古人对其有敬畏之心，希冀联络，祈求依附关联甚至是建立起"亲属"关系，是远古时期一种自然的文化心理。又由于古人在不明科学原理的情况下，以为"雷泽"类区域既然植物、鱼类、动物长得快，则人可能也繁殖得快，长得快，长得好，长得健康。从而在各种思维和现象的作用下，古人认为这简直是太神奇了，该地域肯定是也应该是神奇之地，尤其是神圣生殖崇拜之地。

7.古代河流转弯或至于平原地带或河流交汇区域，经常放缓，由于水力、天文影响、地质变化、河滩土壤等原因，河流弯曲并常常会形成S形及小的沼泽、湖泊等。其中的河流主形近似S形，形制类闪电，湖泽则拟形滚地雷、雷电常见的火球或近似造型。其整个组合与甲骨文及金文中的"雷"字基本一致，所以象形取义，形类比拟，功效自然相类。这颇为类似人类学上的比拟巫术。

8.铜鼓图像中玄鸟神祖生殖崇拜符侧的一大一小、一胖一瘦双鱼，我判定相应于玄鸟生商神话中的简狄和建疵。这非常符合《周易》之"归妹"卦所提到的中国古代甚至现在一些少数民族中依然存在的一类婚姻制度，即姊妹俩共侍一夫。这一现象的婚姻在不少中国古代名人中也有发现，像文献记载的舜、少康等。

承上所述，该铜鼓图像中有属于"雷泽"的水域场景，这一场景与"归妹"卦的"雷泽"或曰"震泽"本质结构和有关归妹风俗故事内容都非常一致，实让人惊奇！

简狄、建疵姊妹一为有娀氏之长女，一为次女。依照商人神诞神话记载，简狄生商人始祖契。

古今中外神话中盛行少女与神的组合，像河伯取妇等。《周易》之"归妹"卦也具有"震长男泽少女"的文化结构域，这也是那个时代的事实，自然也是晚期帝王选妃的些许前因，当然本质上还是社会和人类本性使然。不过《周易》之"归妹"卦的解读对于"震长男泽少女"组合多有微词，这也与简狄而非建疵生契的神话所蕴含的文化倾向一致。这或有助于说明《周易》此种文化观点起源甚早，也进一步说明当时的一般婚姻观与神灵、国王、贵族有的婚姻现实是有部分矛盾的。

9.该商代铜鼓图像显然与鼓应有密切关联，而鼓为乐长，又为艮卦为雷为龙。综合其他材料，我们可以较为确切地讲，图像中拟合部分人形的玄鸟神祖应该同时具备雷神、乐神的职责[4]。这一神名，按照《山海经》等文献中对于夔的含义的诠释，显然可以称为夔[5]。对于这一图像的高羽冠、蹲踞式造型，从文字的角度而论，也应是可以写为夔的[6]。

铜鼓上的该玄鸟神祖与鱼、雷泽的组合显然是符合"归妹"卦的含义和卦理的，即该神有震卦之性，与雷神、雷在"雷泽归妹"这一卦的卦理上有共同点。同时晚期文献记载的乐正名夔、皮可制神鼓的具有比拟雷神的神兽曰夔、犪也有助于证明铜鼓图像中的神人在作为生商的图腾玄鸟和神祖的同时，也具备雷神的特性[7]。

10.该铜鼓上的图像内容包括饕餮、长耳鸮（图二：1）、蝉、神人之综合鸮之羽翅、鸮爪子、长耳鸮簇羽、饕餮小耳、大耳[8]、有鹿角柄的龙[9]、神人两侧的简化龙、蹲踞式玄鸟神祖[10]、象征商人女始祖的鱼等内容。我们应该确认，这基本是一个非常重要的生殖崇拜图像组合[11]。我们在泉屋博古馆所藏商代晚期觥上同样发现有这些典型内容：象征简狄的鱼，象征玄鸟神祖的鸮，反映"天命玄鸟"含义的"饕餮食玄鸟"造型[12]，有鹿角柄的龙[13]等。我们在虎食人卣（图二：4、5）上也发现了蹲踞式的这一高度拟人化的玄鸟神祖[14]、卣底端代表简狄和建疵的两条鱼[15]、位于鱼中间的有鹿角柄的龙[16]、身饰蛇、珥蛇、"食"人虎等。这一组合主体与泉屋博古馆铜鼓基本一致[17]等等。我们在弗利尔美术馆所藏一件商代晚期觥（图二：2）上也发现典型的这一宏观组合：象征简狄和建疵的鱼[18]、反映"天命玄鸟"含义的虎[19]、把手呈现的"饕餮'食'玄鸟"造型、龙"食"跪坐式玄鸟神祖[20]、象征生生不息的小蝉，以及饕餮和玄鸟鸮合一的造型[21]，等等。另外这类器物上也有不少龙蛇，实际多数应视为或按照晚期所谓珥蛇、腰蛇、践蛇、执蛇的方式理解，这些神物的组合多不是随意组合的。尤其是有的应该理解为龙"食"人化神祖或龙"食"神鸟代表的神祖。

实际上不少商代鸮尊，头顶有饕餮面的，都蕴含着这样的饕餮"食"玄鸟鸮之神祖的主题。数量众多，非常明显，此不赘述。

以上案例不仅说明商代玄鸟生商"作品"广泛，也说明以下两个问题：

（1）对于诸多青铜器上纷繁复杂的纹饰，不应简单以"巴洛克"繁复工艺风格理解之，有的是有神诞故事（图三：1、2）和前文所举几例铜器图像中所蕴含的"制图规矩"的。这些规则较为普遍，并且不单单是常见的装饰学规则，而是蕴含有文化意义的构图。

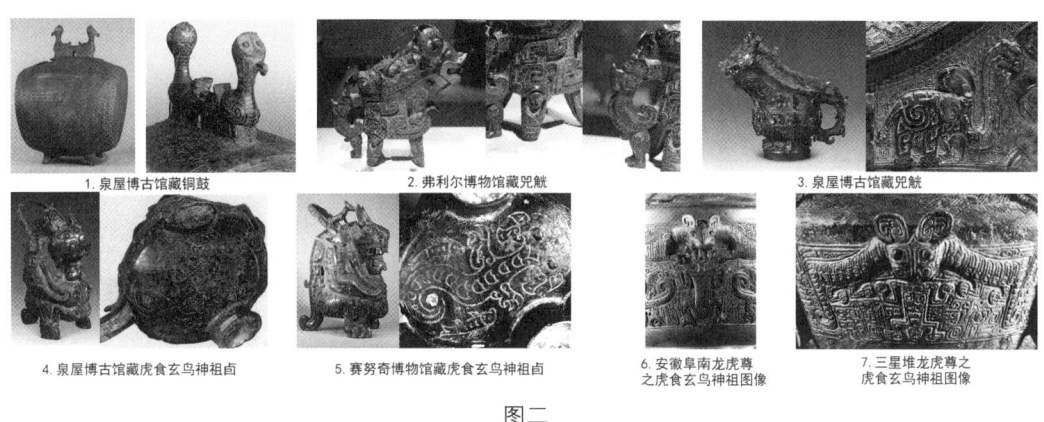

1. 泉屋博古馆藏铜鼓　　2. 弗利尔博物馆藏兕觥　　3. 泉屋博古馆兕觥

4. 泉屋博古馆藏虎食玄鸟神祖卣　　5. 赛努奇博物馆藏虎食玄鸟神祖卣　　6. 安徽阜南龙虎尊之虎食玄鸟神祖图像　　7. 三星堆龙虎尊之虎食玄鸟神祖图像

图二

（2）商周青铜器铭文的核心内容是反映其信仰上帝、慎终追远、祭祀感谢上帝、祖先，祈望上帝、祖先保佑等文化思想的。自然还包括纪念重要皇恩的，有少量是纪念朋友之类的内容。即使是纪念皇恩，最终原因或有此圆满事业的缘由也是落在祖先之功德方面，因此青铜器上出现祖先诞生神话（图三：1、2、7）和饕餮代表的上帝、天极、天道、太一本质体现即生机、元气、精气神，是最为自然和应该的了。这对于我们理解王孙满之语[22]应有意义。

11．以这种神诞和上帝信仰的角度来理解商周青铜器图像，不仅符合青铜器铭文所言其制作的核心目的、感谢的原因和对象[23]，而且符合中国古代道的文化特质。同时以这种理念可以解决不少三代陶器及铜器图像上的难题。像前文所提泉屋博古馆所藏商代铜兕觥的图像中，还有一不被大家注意的图案：两条小象嘴巴上端的鼻子上各有一小人头。与此问题可以解读之。

（1）文献记载商人与象密切相关。尤其重要的是商人先祖舜[24]与象密切相关。按照商周图像内容主要为神诞和上帝信仰的思路，那么这个小的人首，很有可能应是商人祖先舜或曰夋、俊。

（2）文献中谈及舜为商祖，学术界争论多年而无新智。按照文献记载，舜其中一姓为妫，居汭汭，死后象为之耕，弟为象等，即其与象密切相关。然文献纷繁，互相歧义，大家无法多论，今由该图像并结合商周铜器图像主题思想来判断，则可说明，舜、俊、喾、告、夏应是商人同一祖先[25]，也可说明商人始祖与象之关联的记载是具有非常重要的意义，具有一定的真实性。

（3）弗利尔美术馆也藏有一件类似的兕觥，其上也有小象，虽然与泉屋博古馆兕觥小象造型有所区别，但是表达的意思应是相类似的。这两件铜兕觥上的象之造型基本与出土的商代铜象尊造型基本一致[26]，甚至有一类与其鼻端的鸮喙饕餮首造型也一致，再考虑到泉屋博古馆商代铜兕觥上的小象图案有鸮耳的情况，足可以说明商代象尊很有可能与关于舜的神话叙事密切相关。

12. 中国考古学发现的古代的诸多蹲踞式图像，尤其是红山文化和商代、商遗民的这类图像，多为拟合鸮鸟造型。其他这类图像至少拟合了鸟的造型。总体上有的还可能同时拟合了蕴含真太阳、海内克弧等太阳大气光象。当然这些造型被巫师采纳，像凌家滩、红山文化牛河梁玉人，还具有符合使得人们心清神定的人体科学原理。当然这些巫师同时也应是贵族，多数还应是重要的祖先，所以不能因为其为巫师就否认诸多蹲踞式神人和神鸟的或神祖或始祖或重要祖先的性质。

13. 从泉屋博古馆铜鼓玄鸟神祖图像看，考古学中发现的诸多蹲踞式图像无论有否表现生殖崇拜符，有的还同时拟合了生殖崇拜造型和内涵。[27]

14. 《吕氏春秋·音初》《竹书纪年》[28]记载的有娀氏之女为两人，与泉屋博古馆铜鼓和妇好墓龙盘反映的商人始祖神话或商族原初始祖诞生神话中有娀氏之女的数量是相符的。

15. 《雷泽归妹》初九："归妹以娣，跛能履，征吉。"《象》曰：归妹以娣，以恒也。跛能履吉，相承也。六五曰："帝乙归妹，其君之袂，不如其娣之袂良。月几望，吉。"《象》曰："帝乙归妹，不如其娣之袂良也。其位在中，以贵行也。"从这些记载看，在古代确实存在着以娣嫁女而用其姊陪嫁的现象。帝乙嫁女给周文王即是用这一方式。从文献及泉屋博古馆商代铜鼓图像中的与男性生殖崇拜符构成阴阳性质的两条鱼拟合有娀氏来看，商人始祖诞生神话的神配婚姻也属于这一类方式。由此，文献记载这两人是简狄及建疵姊妹二人也应是可信的。这一方面看来以《列女传》《竹书纪年》记录最为准确。

16. 与泉屋博古馆商代铜鼓图像男性生殖崇拜符之卵构成阴阳的两条鱼，与《吕氏春秋·音初》之"二女爱而争搏之，覆以玉匡，少选，发而视之，燕遗二卵北飞，遂不反"之燕遗两枚卵、两个女子争搏之的记载最为相符。

17. 生商神话中有玄丘、青丘、瑶台、九层之台等设施，都应位于"雷泽"类水域。卜辞中名为"雷丘"者应该可能与这些"雷泽"之丘或相关的神圣之台有关[29]。

18. 屈原把玄鸟又称为凤凰。有学者认为从江陵马山一号楚墓出土的丝绸之鸮图案看，其所言的凤凰实际为这类鸮。本文对有关商人图腾为玄鸟认识的证实，进一步明确证实这一认识。这也说明关于玄鸟为鸮的具体特征的复杂性方面。我们看到商代确实还有一些短耳类的鸮，被商人信仰，像妇好墓[30]和殷墟57好墓出土的C形玉龙，其鸮首有典型的草鸮面元素。关帝庙遗址出土商代蹲踞式玄鸟神祖（图三：5）、卜辞中的商人玄鸟面"兕"字形或"兜"字形[31]神祖（图三：3），面均为心形鸮面盘轮廓，不知其具体鸮的耳朵或曰簇羽特征。花园庄东地出土的玄鸟字合文中的鸟为典型的长耳鸮（图三：6）。

19. 先商文化集中于以河南中心地域为核心的东西两面，舜的神话也集中于这一东

1. 商代铜盘

2. 妇好墓出土龙虎食玄鸟神祖誉之钺

3. 商人的"兕"形神

4. 郑州商城出土陶簋残片

5. 荥阳关帝庙遗址出土陶钵上的夔神像

6. 甲骨文中的玄鸟合文及其中的长耳鸮

7. 大洋洲铜制玄鸟神祖誉青铜器

8. 石峁之商人玄鸟神祖誉

图三

西范畴，从商人"天命玄鸟，降而生商"神话及舜与象关联密切的神话之真实性来看，这说明商人两个儿子的所在唐夏、商丘的历史记载应是有较为真实的内容的。同时我们应该看到，鸮文化是中国古代文化主要是新石器时代和三代的重要主题[32]。盘龙城等商代早期饕餮纹与红山文化勾云形玉器的高度关联也有利于与说明商人的玄鸟鸮之崇拜是真实的，也说明商人在当时可寻的老家与东北与红山文化人有密切的联系。红山文化勾云形玉器中的双目者与商代早期有对称四组羽翅的双目饕餮对应，红山文化的单目勾云形玉器[33]与商代早期的有关一目并具有四组对称羽翅的饕餮纹对应，这类饕餮纹在盘龙城有些发现。这些现象也从另一个方面说明商人"天命玄鸟，降而生商"神话的证明材料是诸多的，不仅是本时代，还有对那个时代而言已成为历史的素材。

注释

［1］绝大多数著作中的图像绘制有误，或不清晰。

［2］与舜妻尧之长女、次女娥皇、女英神话结构类似。

［3］雷电制造的碳酸铵多，即化肥多，并且雷电可以改善土壤、水域等的微生物结构等。

［4］林巳奈夫在《中国古玉的研究》（吉川弘文馆出版，1991年）一书中曾经认为其为乐神夔，随后又放弃此论，其在《神与兽的纹样学》（林巳奈夫著，常耀华等译，生活·读书·新知三联书店出版，2009年）一书中认为其是南方的乐神形象。

［5］夔出入有似日月之光即闪电为伴，发雷声，有风雨。其皮为鼓，显系雷神特征。其所在

为流波山，又在海中，显类"天命玄鸟，降而生商"神话中的"玄丘之水"的及"中央之台"的模型。"仓身"与玄鸟之"玄"相类。无角牛形可能与鳄鱼之首类似，也与牛之神威有关。一足可能是神话猎奇特性使然，或更可能是取之弗利尔美术馆著名商代铜兕觥腿上俱具雷神特征的玄鸟神祖之"健美亮相"式姿态（面基本正，而足身斜侧，呈现似乎一足的特征）的部分特征（宋代以来的传统解读认为是观商周夔龙侧视一足使然，今观弗利尔美术馆商代兕觥足上这一玄鸟·雷神视觉"一足"特征，知其可能为误论也）。总之，神话言黄帝得之以鼓，显然是力取雷神之名、生存环境、色泽、雷神伴生物象、具雷性生物、牛类能为天帝所派之神兽等特征于一体，以凸显其鼓似雷，能显天雷天神之威，以制蚩尤。综合论之该夔名神兽，虽名是早期雷神名，然实仿雷神也。

［6］关于商代玄鸟神祖，其基本均为蹲踞式，少量为跪坐形，但是有的为人形，有的为鸮形，有的两者成分均有。造型上有的有高飘的长发或冠或曰簇羽，有的无。就夒、夒两字的隶写而论，首字有无"两角"较为重要，有者在于强调，无者应该无高冠或无形象表现的簇羽。另文字中无"两角"的首字中的一横即为对高发的呼应，只不过未有高发者也厘定为首、页等字了。

［7］卜辞中一般为帝令雷，而非帝令夒。由此看来卜辞中的帝令雷很有可能是帝令雷神施法打雷。

［8］与长耳鸮之簇羽同时拟合。

［9］可能在此象征其可赋于喾能量，也可以代替喾，成为商人神祖。该龙为鱼尾，强调水的特征明显。同时商周可见有爪之鱼，多为璜形。另外，神人图案两侧空间的其他两条鱼有可能代表别的妃嫔（从鱼类大小的角度看，神人右侧的鱼、代表简狄的鱼、神人左侧的鱼三者大小顺次，是否为元妃姜嫄、次妃简狄和三妃庆都的写照，值得研究。至于文献记载的四妃即生挚的常羲未予以表现，从卜辞有娥、羲京等材料看，可能由于部落的重要性有别等原因其时尚未纳入商人的神话表现体系），或同时象征雷泽之水域。

［10］与大洋洲铜玄鸟神祖的复原造型可能类似。当然卜辞中也有鸮面神祖为跪坐形的，殷墟也有不少这类神祖的发现，以前以为只是高级贵族或巫师而已。

［11］也同时蕴含上帝崇拜的内容。

［12］盖及把手均有表达，这类设计在兕觥上较为多见。把手的这类设计更是多见，直到周代。

［13］可以有多重含义。商周饕餮两侧的小龙，常规情况应为象征幻日的，有时为凤鸟。有时一侧凤鸟或小龙为两个，则为两个度数的幻日。另有时饕餮整体变化为两个单独小龙（但是不像一般饕餮两侧的小龙代表幻日）和位于中心的鼻子，但是其来自整体的影子仍在。饕餮两侧的龙有的不代表幻日，有的应视为与文献中记载的珥蛇、践蛇或执蛇等类似，这类龙蛇的位置造型一般会表现得更为特殊，从位置上看，更为明显地位于耳、爪附近。当然商代殷墟出土有的神人及虎食人卣（图二：6、7）中神人有臂蛇、腿蛇现象，弗利尔美术馆商代兕觥鹿角柄

象虎还有鼻蛇现象。另外，有的以常见饕餮为首的龙位于鸟首两侧或神人首两侧，则一般应视为"食"神鸟或"食"神人的饕餮所代表天帝之本质的整体造型的解体或曰变化。我们还发现更为特殊的饕餮龙，其嘴巴有带曲折纹的鸟喙，看着似乎是鼻子。这类特殊的龙身神面与"饕餮食玄鸟"的特殊变体似乎一致。或也可能是一种特殊的综合了不同物类元素的饕餮。综合地看，各类情况一般如此，但是可能都会有更为特殊的方面，有的还需具体讨论。

［14］手足端为羽翅，显系鸮羽。

［15］从图像的结构看，其位于底端，显然与神人构成生殖崇拜场景。

［16］应代表喾。

［17］铜鼓上的玄鸟神祖因为饕餮所"食"，而虎食人卣之神人即拟人形更多的玄鸟神祖则为虎所"食"。虎食人卣之上虎背的饕餮为牛角鸮耳形，与泉屋博古馆商代饕餮略异。

［18］两条鱼位于饕餮这一天帝本质象征之一的双耳，反映有娀氏之女、商人女神祖的神性。

［19］位于盖中心两侧各一，实际与双身一头之虎或郑州商城两龙（图三：4）、神木石峁两虎、弗利尔美术馆玉刀一虎食蹲踞式神人或人首的含义类似。两虎中间为一只鸮鸟和鱼也各位于两侧，一起构成虎、鸮、鸟组合，显然也是一幅"天命玄鸟，降而生商"组合图。

［20］其摆了个"健美亮相"的姿态，周身神龙纹与虎食人卣神人类似，与殷墟出土的周身饰蛇身负蝉身饕餮天帝本质象征的跪坐类神人基本一致。原来认为其为一般贵族或巫师，现在看来应为玄鸟神祖的另一表现形式。

［21］盖的后端造型即是，只不过表现鸮喙的部分断掉了。

［22］昔夏之方有德也，远方图物，贡金九牧，铸鼎象物，百物而为之备，使民知神、奸。故民入川泽山林，不逢不若。螭魅魍魉，莫能逢之，用能协于上下以承天休。

［23］有的是为纪念某事或媵器，但是最终落脚到感谢祭祀祖先。

［24］这里即俊、喾，我们已讨论俊、舜、夏、夒在有些文献和叙事中具有一定的统一性，待发表。

［25］虽然有的事项是别的神灵和附加内容。

［26］湖南博物馆等机构所藏商代象尊，有的象鼻端还有一饕餮首、一鸮喙。饕餮、鸮喙构成标准化的饕餮"食"鸮场景。这类蕴含商人祖先神诞神话最为主题的叙事场景在商代铜觥、妇好墓鸮尊、弗利尔美术馆鸮卣、商代簋等常言铜器器耳、殷墟有的白陶器物等上面都有明确表现。另外，有的象尊在饕餮食玄鸟构图上端还有一虎，显然虎为饕餮首神物，像商代铜觥等器物上龙常作为饕餮首神物一样。

［27］玄鸟神祖的造型还有表现为龙身人面的。像殷墟出土过骨制品，鸮耳，人面龙身，人臂鸟爪。尤为特殊的是：一，其双臂上举飞鸟爪，类似泉屋博古馆铜鼓神人，与一般饕餮之爪雷

同；二，其中一件龙身有离火纹，这一离火纹应为雷，也表明该具有鸮簇羽的部分拟人化的人面龙身者同时为雷神。循此我们可以认为商代蹲踞式玉神人或飞鸟为玄鸟神祖，也为雷神，其身所刻画的中有十字的圆形图符即为雷形。周时曾发现这类蹲踞式神人图像中表示雷的图符为离火纹。

［28］《汉魏丛书》本。

［29］良渚文化中的坛台以及或符号或许包含有这类功能，不过其上的神鸟却是太阳神鸟无疑，显然生物特征不是鸮，但是良渚文化龙首纹和兽面纹中又蕴含有丰富的与红山文化、崧泽文化密切相关的鸮文化。所以良渚文化中的鸟类崇拜是复杂多元的。关于其祖先的来源有可能是与白天的太阳鸟和晚上的太阳鸮鸟类都予以关联的。

［30］妇好墓鸮尊盖顶的饕餮之角为两只具有鹿角柄的龙，并且与饕餮面不在同一平面，是立着的。这样的龙角在其他饕餮上也见过类似的。更为特殊的是，这两角同时作为鸮的角，即该长耳鸮的簇羽。艺术设计，造型结合，真巧夺天工，匠心独运也！该鸮尊体现的寓意实际可为两方面：一是一只鸮，是商人的图腾玄鸟；另一个方面，饕餮"食"鸮，更明确地表明是天命之生商的，这其中的天，相当于商人的上帝；顺此特别论明：妇好墓鸮尊饕餮之角又为鸮角，充分说明我们早已提出的饕餮之羽角为鸮之簇羽（并且是长耳鸮）、饕餮主形象中鸮为重点成份、三代饕餮（许多二里头文化、三星堆文化、齐家文化铜牌饰神物、夏家店下层文化彩绘牌饰神物）与红山文化勾云形玉器、良渚文化龙首纹、兽面纹等都具有高度关联（共同之信仰物即鸮、龙）、中国早期艺术史甚而文化史中鸮文化是重要主题等观点的高度合理性。

［31］关于卜辞中的这一神，不同学者争论较多。有以为是娥皇的，有认为是羲神的，有以为是董父的等等。我们认为该神应该是鸮面盘的人身形，即人身鸮面，可隶为兜字。其为鸮面神，鸮神勇武、威严，所以该字晚期的凶、恶之义应是其引申义。卜辞中有兜父一神甚或兒兜一神恐与兜神不是一神。郑州关帝庙商代晚期陶钵上有一蹲踞式鸮面神，按字可隶为夒，字书以为夒是鸟敛足纵飞之义。从我们提出的蹲踞式首先是拟形鸟类的观点看，这一隶定是可以的。兜字，若视为是对卜辞中跪坐式鸮面神的隶写，则由于跪坐某种意义上与蹲踞式造型可以视为类似，所以才出现兜、夒被视为一字的看法。综合地看，卜辞中的兜神，有可能是商人的先祖之名，并且很有可能是玄鸟神祖的一种造型，实际是稷。

［32］饕餮纹在商周都蕴含鸮的成分，足可见周人对上帝、天帝的尊敬。

［33］实际是鸮的侧面使然。

（原刊于《华夏文明》2018年第8期）

"商"字新论

顾万发

"商"字的含义，学术界有多样的观点，然而还没有一种获得基本共识。"商"字的内涵，确实是一个颇为难解的难题。张立东近年来新提出一种认识，其认为该字形为几案上有斧钺，以示崇拜和信仰，这是较为新颖的看法[1]。受其启发，并结合我们近来从事的中国早期雷文化研究，笔者以卜辞中的"商"字为主要论述对象，对其含义予以新的论证。

我们认为，"商"字形体现的场景是几案上供奉凿形或曰楔形雷神工具，主要证据如下。

第一，关于卜辞中的王字形即是斧钺造型的认识，吴其昌在1934年发表的论文中已有初步发现[2]，林沄承之而予以更为确切的论证和申发[3]。王字与有的凿形的字形或字形构件[4]虽然在卜辞中有类似的情况，或者是混同的情况，像无名组的 （《合集》28103）；但是在早期卜辞中，可以看出两者是有明显区别的，尤其是同在一版的卜辞中，其中王字形中的一横与凿形工具（或类似工具，其他同）中的一横，对于两文字中的三角形而言，多数的位置区别明显（图一）。尤其是王字形，基本不见"商"字上端最为常见的辛形字构件[5]，只有 （《合集》5）、 （《合集》6057）[6]等极少数写法不严格的王字，写法与早期"商"字上端常见的辛形字构件类似。《合集》19946的王字 ，写法与一般的王字写法有明显的区别，是更为写实的一种写法，但是与"商"字上端的常见造型区别明显，除了呼应的工具不同之外，还由于王字是工具

1.《合集》7786

2.《合集》7780

3.《合集》7803

4.《合集》7796

5.《合集》7775

6.《合集》7789

图一　商代甲骨卜辞

的正视，而商上端的辛形是工具的侧视或纵向剖视。"商"字上端的辛形字即使有的写法类似王字的常见写法，其中多数区别还是明显的，尤其是各自表示工具的具体形体区别明显。另王字形有 𝐢（《合集》23354）一类写法，"商"字上端的辛形字若不视为借几形一横的话，从没有这一写法。

总体来看，卜辞中王字与"商"字上端的造型区别明显，并且王字与"商"字上端造型的区别，与王字表现的斧钺和"商"字上端造型表示的凿形工具，两者实际造型、结构的区别也是较为一致的。即使"商"字上端的辛形字构件出现与表现斧钺的标准化"王"字形一样的情况，主要还是与写法不严格有关，或者由于都是工具，只是一种近似的替代或有的写法本近似使然，并且数量较少。即使"商"字上端的辛形字有的写为并且造字的意思就是斧钺形，至多表明当时有"雷公斧"的概念（《旧唐书·高宗本纪》有记载），即"商"字上端的辛形若有的被视为斧钺的话，也依然是视为雷神工具的，而非以军事为基础含义的斧钺崇拜。至于晚期"商"字上端的辛形字多与天干地支的辛字形类似，可能与两者都是凿子似的工具有关。这一变化在龙字形首上也有表现，而龙字造字以及其首的辛形字构件，我们认为与商代就已出现的"天取龙"现象有关，所以这也利于证明天干地支类的辛字也应该是一种凿子似的工具。

商代晚期		西周早期	西周晚期	春秋早期	春秋晚期	
《佚》518	宰丰骨	 作父乙尊	鲁士商盨又簋	秦公镈	庚壶	蔡侯壶

图二　商周卜骨、青铜器上的"商"字

第二，在"商"字中，出现过鹗的眼睛（图二），学术界曾认为这是商人玄鸟图腾的一种表现，这是可信的。在夏家店下层文化中出现过一个神灵面有多只眼睛的现象，在相当于商代的三星堆文化中也发现具有二里头文化风格的牌饰有多目呈现的材料（图三）。其中图三：1这样的彩绘神兽面，有四目，可能是代表雷电神的龙身神兽之面。图三：2为三对鹗目的神兽面，参照二里头的牌饰内容看，应该是雷或电龙之首。图三：3是有五对鹗目的神面，从其具有鹗的面盘来看，其是鹗面，可能省略了龙身，也可能就是一只鹗。大甸子墓地的彩绘牌饰中，有的是由面部没有神兽成分的多

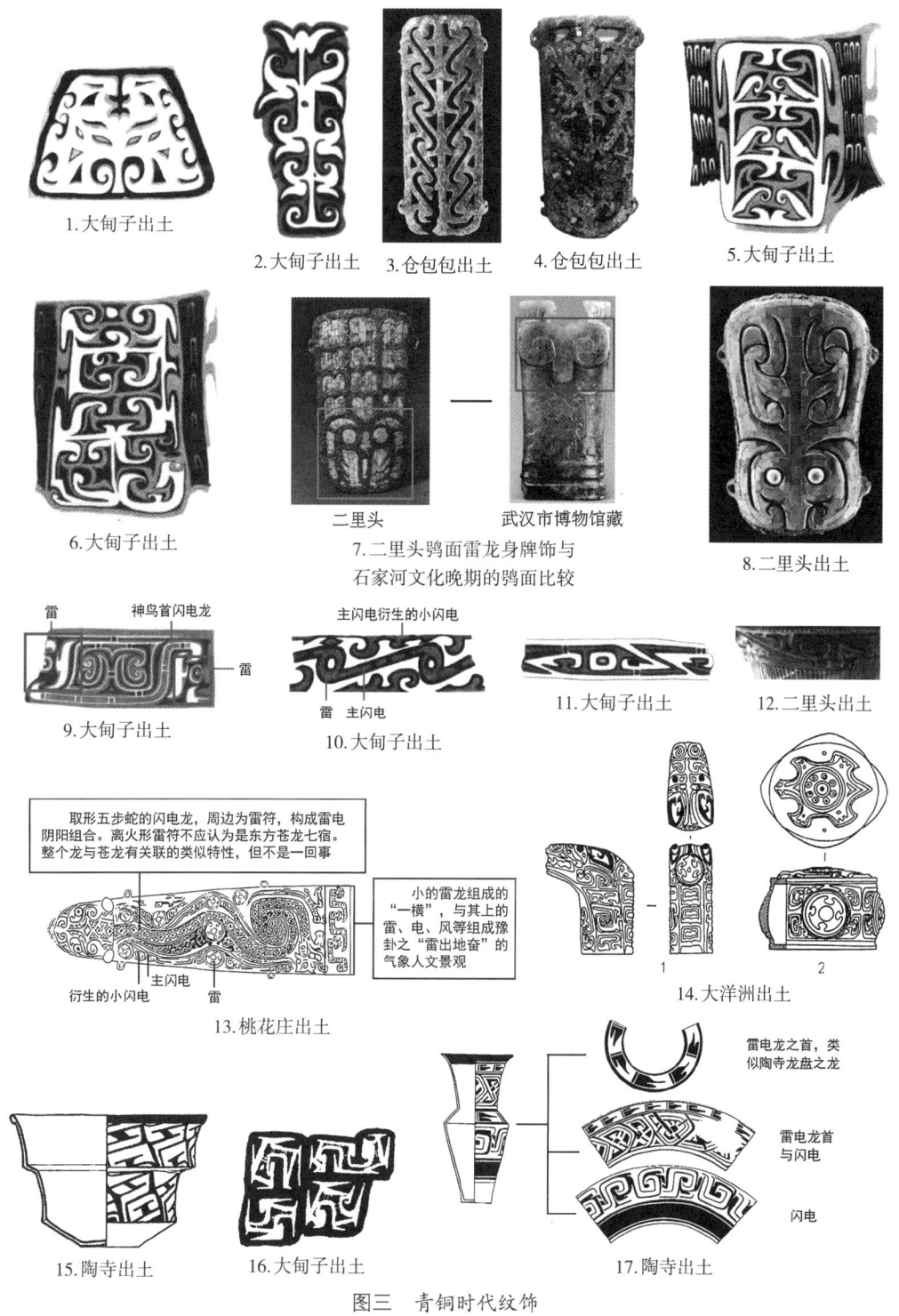

1. 大甸子出土　2. 大甸子出土　3. 仓包包出土　4. 仓包包出土　5. 大甸子出土

6. 大甸子出土

二里头　　武汉市博物馆藏
7. 二里头鸦面雷龙身牌饰与
石家河文化晚期的鸦面比较

8. 二里头出土

雷　神鸟首闪电龙　　主闪电衍生的小闪电
雷　主闪电
9. 大甸子出土　　10. 大甸子出土　　11. 大甸子出土　　12. 二里头出土

取形五步蛇的闪电龙，周边为雷符，构成雷电
阴阳组合。离火形雷符不应认为是东方苍龙七宿。
整个龙与苍龙有关联的类似特性，但不是一回事

小的雷龙组成的
"一横"，与其上的
雷、电、风等组成豫
卦之"雷出地奋"的
气象人文景观

衍生的小闪电　　主闪电　　雷
13. 桃花庄出土

14. 大洋洲出土

雷电龙之首，类
似陶寺龙盘之龙

雷电龙首
与闪电

闪电

15. 陶寺出土　　16. 大甸子出土　　17. 陶寺出土

图三　青铜时代纹饰

个完整鸦面组成的，但是周边却是表示雷龙的图案（图三：5、图三：6），这表明，每
个鸦面可能代表的是一只完整的鸦。鸦为候鸟，与雷龙组合构成相关，也可能是鸦首

闪电龙，龙身未表现，其与雷龙组合构成雷电阴阳。从二里头鸮面牌饰（图三：7、图三：8）看，还是理解为鸮面龙身为佳，只不过龙身更可能是闪电龙。从二里头明确是鸮面雷龙身的牌饰（图三：7）看，也可能是雷龙身。图三：4有两对眼睛，其上端的心形应该认为是五步蛇等蛇类的特征，不应该视为是有的牌饰中由鸮与神兽元素组成的神奇雷龙或闪电龙之动物额头的属于鸮的特征。该牌饰的眼睛为菱形，类似三星堆文化的铜菱形眼睛，来源应该与石峁—二里头—夏家店下层文化有关。该菱形眼睛还较为特殊，从相关文化看，内涵来源于雷电组合。二里头文化、夏家店下层文化这类造型应该就是雷电组合（图三：9～图三：12），不过明确为离火形雷符的，在那时没有，只是到了商代，在桃花庄龙形觥觚、大洋洲诸多铜器图像中有表现（图三：13、图三：14）。其实古代人高度关注雷电现象，把万物生长都与其关联（所谓帝出万物于震是也），包括氏族的神祖与始祖。把雷电描绘成图像，有各式各样的构型，有写实的，有象征化的，还有以场景比喻的，像南方铜铙有的以象吼或者两象打架来表现雷震之象。更有写实的造型若陶寺和大甸子墓地，其诸多彩绘线条，一般看不出是什么明晰的动植物，实际是闪电，尤其是大甸子墓地的一些彩绘图案或彩绘牌饰，刻意明确为闪电图案，甚至有的还表现出闪电的放电现象（图三：15～图三：17）。这样看的话，三星堆文化仓包包出土牌饰图案的眼睛应该与雷电有关，如果对该牌饰动物进行复原，更可能是雷龙身，即该牌饰神龙更可能是雷龙[7]。从二里头文化中雷龙、闪电龙都可以代表雷的铜铃组合并且依然是表达雷或者雷电的情况看，该牌饰真使用时，可能还会有铜铃等相组的法器。实际上，中国早期这类表示雷的法器很多，像贾湖裴李岗文化、仰韶文化、大汶口文化中的有石子龟甲，凌家滩墓葬中首领腰悬的玉龟甲形铃，新石器时代的有陶球的响器[8]、陶铃、铜铃，以及两城镇龙山文化中期墓葬中发现与人骨组合并表现雷的装有石子的有机物袋子[9]等。这即是讲，一个神面有几双眼睛的情况是存在的，尤其对于鸮而言，其目为圆形的，观之则很容易产生多只眼睛的视觉错误。这表明"商"字的构型中会刻意地表现其神祖神诞神话内容。卜辞中的玄鸟，有直接描写为长耳鸮的，像王亥首的鸮；有的没有明显的簇羽，应该是短耳鸮或者是草鸮之类[10]。首有辛形字的神鸟，其辛形往往与"商"字上端造型类似，除了少数用为实际的风外，多用为风，这样的神鸟中可能也有少量是被商人以鸮的变体来看待的，这可能与鸮的候鸟特征有一定联系，与卜辞中的风还会作为帝之使者的身份也应有关。同时鸮与雷电关联，与风与雷电关联的情况类似。其他表明少量首有辛形字的神鸟可能与鸮有关的证据是，卜辞中的风字有这样的造型，与有的王亥之首的玄鸟表现形式非常相似，像。同时该风字首辛形造型的排线也有拟合孔雀的可能，孔雀首天然有辛形，可能古人有时认为其是鸮的另一种神奇的表现形式，楚地绘画中甚至有鸮似凤鸟。

总体来看，首有辛形字的有的凤、风字，应该也是商人雷泽生殖崇拜文化的表现之一，这也为屈原把商人神话的图腾神祖玄鸟又称为凤找到了基本原因。卜辞中的凤字首有辛形字的原因，主要还是由于春秋季节风与雷电、雷电与雨高度相关，同时，孔雀这样首有冠的禽鸟与首加辛形字的神鸟高度近似也是重要原因。

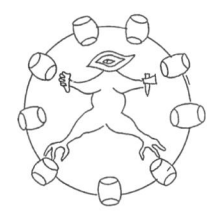

| 1.东湖三官殿梁墓中的雷公图像 | 2.彝族文献《宇宙人文论》中的雷公形象 | 3.武梁祠汉画中的雷公（画方框者）图像 |

图四　雷公图像

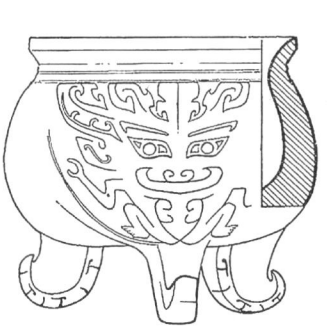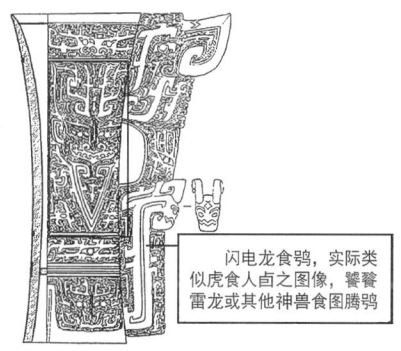

闪电龙食鸮，实际类似虎食人卣之图像，饕餮雷龙或其他神兽食图腾鸮

| 1.泉屋博古馆藏铜鼓 | 2.瑞典远东博物馆藏商代陶鼎 | 3.殷墟妇好墓出土象牙瓿 |

图五　商代铜器和象牙器

第三，凿形器物是雷神的常见工具，卜辞中有一些文字利于证明这一看法。卜辞中的𣄒（《乙》4824）这类字，马薇颀认为，该字从凿从手持槌形会意，符合民间神话雷公击杀人为其工具凿击所致，一些佛庙中现在仍有一手持凿一手持槌之雷公像（图四：1、图四：2）。他还认为，从该字出现于卜辞可以知道，该神话由来之远，并认为震为雷击也，震为晚起的字[11]。冯时认为该认识较为重要，并依之有更多发挥，尤其谈到与雷电有关的商代"天取龙"神话[12]。这些论证都表明商时期人们相信雷神确实有类似凿形或楔形的工具。商代发现有诸多辛形或纵剖视图为辛形的铜凿子之类的工具，汉画中雷神的工具为凿形也提供了相关的证据（图四：3），文献也有类似的记载。

第四，商人的男神祖，从泉屋博古馆表现雷的铜鼓图像看（图五：1），无疑是具有雷神特性的玄鸟神祖[13]。从瑞典远东博物馆所藏商代陶鼎图像看（图五：2），近似饕餮首的蹲踞式神人也可以表现商人的神祖[14]，类似妇好墓象牙觚的拟人化蝉身神祖有不少饕餮的特征（图五：3）。由于饕餮是雷神[15]，则这样的图像表明其神祖与雷神高度关联[16]。另从商代虎食人卣中的虎食蹲踞式拟人化玄鸟神祖图像（图六）[17]以及虎食人卣器物底端雷龙与大小不一的代表简狄、建疵的两条鱼的组合看（图七），商人的男神祖有时还被直接描述为雷龙[18]。同时《花东卜辞》3的卜辞中出现了商人的图腾玄鸟鸮的造型（图九），是明显的长耳鸮，与泉屋博古馆反映商人玄鸟神祖雷泽神诞其始祖禼神话图像中的鸮高度一致。泉屋博古馆还有一件鸮尊（图一〇：1），其翅膀有雷龙[19]，示意其可鼓羽翼腾飞升降于天地[20]，该神鸟身有一蝉身饕餮，在此蝉身

图六　商代虎食人卣　　图七　虎食人卣器底雷龙　　图八　虎食人卣背　　图九　商代卜辞
部的牛角饕餮

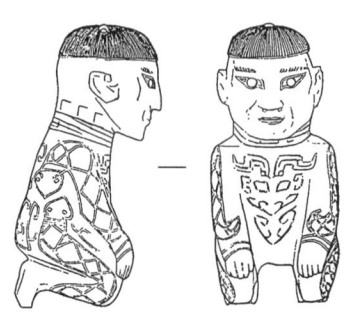

1.泉屋博古馆藏　　　　　　　　2.殷墟妇好墓出土

3.殷墟妇好墓出土　　　　　　　4.四盘磨出土

图一〇　商代青铜器和玉器

饕餮[21]代表的应该是雷神，表明该神祖图腾鸮有雷神特性。这样的蝉身饕餮在妇好墓跪坐式神祖[22]（图一〇：2）、妇好墓鸮尊身以及尾巴端的鸮神祖身上（图一〇：3）上都存在，它们的性质是基本一致的。妇好墓出土的一件玉鸮的身上也有饕餮。在四盘磨商代拟人化玄鸟神祖身上也有羊角饕餮（图一〇：4），与鸮身有蝉身饕餮意义基本一致。类似案例还有不少，不赘述。

这些材料连同中国古代盛行雷泽生殖崇拜文化的现象表明，商人确实有雷泽生殖崇拜文化信仰[23]。这样的话，在"商"字形中表现雷神的凿形或楔形工具，与在其中表现玄鸟鸮之眼睛的造字方法和思维是类似的，即都是刻意在造字中表现"天命玄鸟降雷泽而生商人始祖禼或曰契"的雷泽神诞神话内容。

注释

[1] 张立东：《钺在祭几之上："商"字新释》，《民族艺术》2015年第6期。

[2] 吴其昌：《殷虚书契解诂》，武汉大学出版社，2008年。

[3] 林沄：《说"王"》，《考古》1965年第6期。

[4] 卜辞中的 𝄇（《续》6.13.11）、𝄇（《明藏》三六.一）等字形多被学术界认为是辛字或是近似工具的造型，也有学者明确认为是拐折的收割工具。天干地支的辛字多被认为是一种凿形工具。詹鄞鑫在《释辛及与辛有关的几个字》（《中国语文》1983年第5期）中认为，卜辞中的 𝄇 类字为辛字，𝄇、𝄇、𝄇 等字为辛字，并认为两字是两类有所区别的凿形工具。晚期黄组卜辞的"商"字上端的辛形字，出现不少天干地支类的辛字形，像 𝄇（《合集》36567）。这表明这类辛字形确实可能像詹鄞鑫所讲的那样，也是一种类似凿子的工具，并在晚期卜辞中出现代替 𝄇、𝄇 的现象。不过我们认为至少有的辛形字或字的构件应该是这些工具的侧视或者是纵向剖视图。卜辞中不少龙字首的辛形字构件在晚期也多写为这样的辛形，总体来看，卜辞中整个龙字首的辛形变化与"商"字近似。另外，不少铜凿形工具的正面视下端为直，侧视或纵向剖视则偏，也有的凿形工具侧视或纵向剖视都为直的，所以才会出现有的辛形字下端为直，有的为偏，并且在造字中有所取舍，或视同而不以区别。卜辞中龙字与"商"字首的辛形，应认为是纵向剖视或侧视下端为直的凿形或类似凿形的雷神工具。𝄇、𝄇 等这类辛形字一般应该是工具的侧视或纵向剖视造型，而表示斧钺的王字像 𝄇 等的造型，一般是正面。不少有銎或者无銎的斧钺铲锛的纵向剖视或侧视造型，也多为辛形，其与 𝄇、𝄇 等这类辛形应该有所区别，因为依照文献和汉画等较早的材料，雷神早期的主要工具为凿形或楔形。另，卜辞中"薪"[𝄇（京都二〇九八）、𝄇（京津四二三〇）]字左端的辛形，也是表示经过斤斧所剖，细剖薪材像凿子形一样，有的还表现木，会意之。

[5] 像《合集》7788的"商"字上端 𝄇 的造型。

[6] 有的字书写为 𝄇，实际字迹并不清晰，所以也不能肯定即是这样的写法。

[7] 不过本身装饰有雷符的龙也不一定是雷龙，像有的鹿角柄上端有离火形雷符者，龙身却是菱形花纹。这样的龙可能应这样理解：这一龙为闪电龙，鹿角柄的雷符与其组合为雷电。

[8] 像东海峪遗址、大河村遗址的盖有斗魁四星的拟合北斗龟的陶龟形响器和龟甲响器。

[9] 它还与表示闪电的绿松石龙构成雷电组合。

[10] 妇好墓有草鸮面的部分特征的C形雷电龙为一身的玉器表明，草鸮也是其神祖鸮的范畴。新石器时代以来的龙之C形拟合闪电、蛇形，与苍龙七宿形也近似。

[11] 马薇顾：《薇顾甲骨文原》上册，台北文史哲出版社，1971年。

[12] 冯时：《甲骨文"震"及相关问题》，宋镇豪《甲骨文与殷商史》新三辑，上海古籍出版社，2013年。

[13] 商人神祖有时是拟人化的蹲踞式造型。

[14] 该神祖像泉屋博古馆铜鼓的蹲踞式神祖一样，有拟合蝉之身，这类造型是神祖鸮经常采用的，目的依然是通过蝉可象征雷这一信仰与雷建立联系，不过神鸟身与蝉身造型上也确实是类似的。

[15] 诸多证据表明，饕餮可以是雷神象征，有时也是闪电神象征。

[16] 类似美洲本土文化中人与神兽之间"他我"的联系。

[17] 虎食人卣中的虎象征雷神，与其中的鹿一样，震为鹿是易之震卦的基本象征之一。其中菱形纹的龙与二里头绿松石龙一样，是闪电龙无疑。神祖胳膊上的龙，为有鹿角柄的龙，两耳是小龙，从虎的上肢的闪电龙龙形看，这些龙应该都是闪电龙的表现形式，示意神祖周身有闪电围绕，携雷电之功降临雷泽生商人始祖禼，有些像神话中黄帝出生时有闪电的情况。该虎食人卣底端的图像是雷龙与表示简狄、建疵的大小不同的两条鱼（与两者身份和古代存在的一类婚姻习俗相符）构成，表明商人甚至有时认为雷神可以被视为其神祖。这与神祖为玄鸟并不矛盾，玄鸟神祖获得的是雷身或者雷电神之功，以至于与雷神有"他我"之关联，这一关联是用周身雷电围绕的方式来表现的。这样的龙绕周身的造型在周代玉人上表现最为明显。这样的造型含义在于，一方面表现其乘闪电龙周行天下、沟通天地，另一方面表明主体可以像雷神一样与闪电相组合。该神祖具有雷神特性还通过其为雷神象征的虎所食得以表现，从而其与雷神获得美洲式"他我"关联。该蹲踞式拟人化神祖身有饕餮，实际也是表明其有雷神特性的，就像妇好墓等遗址出土的作为商人神祖的蹲踞式神人以身有离火形雷符表现其获得雷神生生不息的宇宙第一子孙繁衍的特性一样。其实雷神象征的虎背也有一个牛角饕餮，商周至战国时期的饕餮基本都是雷神，也有的是闪电神。在此该牛角饕餮（著名的侯家庄牛鼎、鹿鼎的族徽即是牛和鹿，所以饕餮中出现族徽的影子，表明神祖与饕餮密切相关，即是神祖获得雷神的特性甚至是"他我"联系，但是诸多饕餮的其他动物成分与器物的真正主人图腾无关）代表的是雷神，表明虎为雷神象征。该虎食人卣之系的龙形图案，无疑也是闪电龙，两头的象鼻神兽也应是以

系为神的闪电龙。该虎下肢还有饕餮首，应该是雷龙或者闪电龙的简化，也有虎，显然是雷的象征，其身的火字形纹也是重要证据。这一铜器图像性质还表明雷电龙的龙首可以是多种动物或其变异或组合。

[18] 龙山、石峁、商周、春秋战国时期虎或者龙食人题材中的虎代表雷神，龙象征雷神或者闪电神，有的龙可以从身上的花纹来判断其是雷龙还是闪电龙。雷电神所食之人具备了雷神或者闪电神的一些特性，虽然其本人不是雷神、闪电神。这类虎、龙与神人的关联现象依然基本符合"他我"的解读模式。两件虎食人卣中雷神象征的虎背都有一个牛角饕餮（图八），而这饕餮显然是雷神，用以表明该虎为雷神象征。在此论明，三代及东周的诸多器物花纹与雷电有关，同一器物的雷电花纹有诸多相同或不同的动物或者饕餮来表现，实际都是雷电，用以强调。

[19] 妇好墓鸮尊之鸮翅膀是有菱形纹的闪电龙。闪电龙和雷龙有时可以表现类似的目的。

[20] 鼓羽、振翅形容神鸟飞翔，雷电龙于羽翼是商周以至于战国时期神鸟之羽翼的常见现象，雷电龙既有震卦含义，与鼓羽振翅相符。

[21] 皿方罍主体饕餮实际是饕餮吐舌形，不是鸮喙，也不是蝉身，这类造型在商周以至于战国的饕餮上有发现，尤其是虎，在战国时代兵器图像中尤其多见。蝉也是雷神象征之一，石家河文化晚期的蝉可能已有这一象征意义。在商代诸多三段式或其简化形式表现的"雷出地奋"图像中（一般器物花纹都遵循这一构图方式），常以其实际造型或者简化的心形作为地下之雷的象征。

[22] 其身有菱形纹闪电龙，与虎食人卣中的蹲踞式神祖下肢菱形纹龙一样。

[23] 文献记载的伏羲生于雷泽、黄帝出生与闪电有关、尧舜禹的出生原因或者地理区域与雷电或者雷电龙有关、"夏"字与具有雷神特性的蹲踞式神鸟有关、姜嫄履巨人迹以示重神，因为震卦象征可为足，为胥生稷于雷泽等都是重要证据。另从仰韶文化早期开始出现的包括鹳鱼石斧图在内的仰韶文化诸多鱼鸟图，实际与泉屋博古馆商人玄鸟神祖与鱼的组合类似，都是雷泽生殖崇拜文化的典型素材，其中的神鸟都具有雷神特性，虽然不是雷神。

（原刊于《华夏文明》2020年第1期）

论商代几件铜钺之龟

顾万发

商代有不少铜器的图像较为特殊，其中有几件铜钺的图像是青蛙纹样和龟纹。这些纹样的含义是什么，学术界有不少讨论。不过我们认为可能还有别的解读，兹以论之。

首先我们看其中一件城固遗址的商代的青铜钺（图一），其穿是一只龟，也颇像蛙或者蟾蜍。虽然商代有少数蛙的造型龙身有火字形雷火符，所以可以是呼应雷的雷兽，但是综合判断，尤其是其首有T形耳，整体近似饕餮面，所以该图像应该是一只龟。该龟有一个完整的离火形图像，依据我们的认识，商周的离火纹基本的象征意义不是学术界多数人认为的太阳，而是雷，这与"离为龟""离为电"的易象义理是一致的。

图一　城固出土
商代青铜钺

1.瑞典斯德哥尔摩
远东博物馆藏

2.郭家庄

3.洋县

图二　商代铜钺

该龟代表的是雷，其位于整个造型中蕴含玉璧形的铜钺之穿，依照有关学者的论证，玉璧象征天，玉璧之穿象征天中，则天中有雷龟，其含义之一表示的可能即是神人、祭司、巫师等可以乘雷至于天中。我们还发现不少铜钺之穿，其位置或其旁有离火形雷符或者是有火字形花纹的雷龙图像（图二），表达的意思之一应该类似。一般钺之穿，有学者认为代表和象征的是太阳，这在薛家岗文化玉刀的彩绘太阳大气光象中可以证明，但是从考古学看，尤其是从蕴含玉璧形的铜钺和玉钺尤其是有领玉璧的玉钺的造型看，钺之穿或至少是从新砦期开始出现的蕴含玉璧形的钺之穿，与天中和雷是有关的，时代可能更早到龙山时代。龙山时代以来，不少玉钺都有各种扉牙和神人面，扉牙是以羽翼纹表现的，可能是呼应雷之光气的，可能同时还呼应太阳之光气。从龙山时代以来的玉器之神人而言，其基本都是太阳家族的东夷人，所以其面之羽翼呼应太阳神鸟以及来自于高庙文化、河姆渡文化、大汶口文化以来以羽翼表现的太阳光气，同时由于这些人们都是信仰雷泽生殖崇拜的氏族，所以这些神人即神祖（少数是女神祖），都获得有雷电之能量，以雷电之光气，这样的光气同样是以羽翼来表现的，弗利尔美术馆石峁文化玉刀之虎食神祖图像之雷虎（图三）[1]，其身既有这样的扉牙，实际即是其本身散发的获得自雷电的能量之表现。这样的雷兽和具有雷电能量的神祖位于玉钺或者玉刀，是可以理解的，因为从商代存在雷为天地之中气的数术概念看，雷在天中之位置或者天中之旁是可以理解的。

图三　弗利尔美术馆藏玉刀上的图案

还有一件商代的铜钺（图四），由埃斯肯那齐收藏的一件铜钺表面有两条龙和一只龟。其中的龙，其身有雷火符，显然是雷龙，另有一个龟的图案，从整个商代的龟图像来看，其基本的含义即是表示雷的雷龟。商周时期，有的铜盘等器物，其盘内有一个龟图像，有的龟图像本身还有离火形或者雷火形图像（图五），都是表示其是呼应雷的神兽的表示。这些龟位于盘内，显然是水中，其代表的火只能是雷火，即是雨中之火。这种龟鳖位于盘内表示水中之雷火的现象，可能早到陶寺文化阶段（图六）。二里头文化时期，有一个确切的案例证明，龟是可以象征雷的。该证据是一幅图像（图七），其是由一条龙和一个龟组成，其中龙为有菱形花纹的五步蛇，显然表示闪电。在盛行雷电组合的二里头文化时期[2]，参照其他证据，我们有理由认为该幅图像中的龟象征的是雷。春秋战国时期，有一些陶豆形铜灯（图八），像中山王墓的一件，其中盘内即是一个龟，其背立柱有一执龙蛇神鸟，参照许多汉代的朱雀神龟造型灯具（图九），该离火龟即是水中雷火，与当时的油灯灯火含义是一致的。其中的神鸟也是呼应雷的朱雀，因为其鹑火之次呼应火，也呼应雷。

图四　埃斯肯那齐藏铜钺　　　　　图五　大洋洲出土商代铜盘

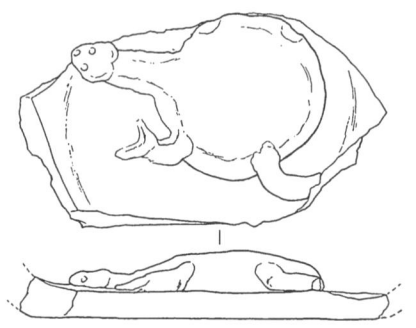

图六　陶寺出土陶盘　　　　　　　图七　二里头出土陶片

图八　中山王国出土战国铜灯　　　　图九　纪山汉墓出土陶灯

弗利尔美术馆还藏有一件商代铜钺（图一〇），其穿还是一只龟，与城固铜钺之龟的意义应是一致的，不过并没有刻意地表现离火形。

这些论证利于证明，二里头文化以及商周文化铜器或者少量陶器中的龟图像，基本是表现雷的，那些其身有圆形、离火形、火字形花纹的，实际都是表现雷、雷火的，而非昴宿等含义。

图一〇　弗利尔美术馆藏商代铜钺（右为局部）

注释

[1] 依据我们的论证，龙山时代以来的山东龙山文化、肖家屋脊文化、石峁文化、二里头文化、商周文化中，多数的虎表示的是雷，所述各文化中的虎食人图像或石雕即是雷兽食神祖，以这种造型表示传递雷电之能量予神祖，神祖以之繁衍子孙。这属于中国早期非常盛行的雷泽生殖崇拜文化。

[2] 二里头文化绿松石龙遗迹中，绿松石龙取形于龙形花纹的五步蛇，该五步蛇象征闪电。其中的铜铃，从考古学、文字学和文献学方面看，是象征雷的。其中的一字形绿松石组合，象征呼应天的地。整个图像实际是《豫卦》象辞，所谓的"雷出地奋"。其做法是企望雷电出现风调雨顺，同时利于建邦初始，并可以之模拟"雷出地奋"气象景观呈为乐舞，来祭祀上帝和祖先。还有二里头文化众多的器盖式中空神器，不少都有五步蛇或S形表现的闪电，其中一件有表示闪电的五步蛇、表示雷的獐或兔子、表示土地的亚字镂空，整个构图依然是表达"雷出地奋"的气象景观。注意其中的器盖式中空神器，实际是高亭类的巫术设施，功能和意义之一是用以引雷致电。

论商代艺术中蹲踞式的神祖、雷神性质及相关问题

顾万发

商代的蹲踞式玉人（图一：1、2、4），一般认为是巫师，笔者认为它首先是商人的玄鸟神祖，由于其身有的还有圆形加十字形的雷形（图一：2、4）[1]，所以它同时具备了雷神的一些特征，这有些像埃及、两河流域、迈锡尼、斯堪的纳维亚半岛等地神话中的神，一人分担几种身份或集不同神性特征于一身。其实，从中国古代的阴阳生万物之萌生文化以及神人、圣人的神诞神话可以清晰地看到，在中国古代尤其是早期，雷、雷神与天命的神性图腾化祖先或曰始祖神父具有高度的统一性或关联性。帝命令雷的现象在卜辞中常有出现，这似乎说明雷神有一定的独立性，但是所述同样是商代

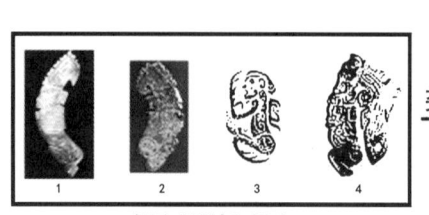 类比 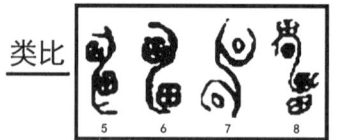 类比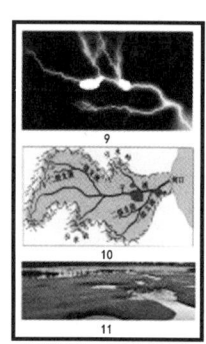

商周"雷神"祖先
（其中的"离火"、"圆形+十字形"为
"雷"或"球形闪电"，分歧S形为闪电形）

甲金文中的"雷"字
（其中的"点缀"为"球形闪电"或常说的"雷"）

河湖泽、雷电造型
（注意三者高度象形）

图一 商代的蹲踞式玉人

图二 甘肃天水师赵村出土彩陶

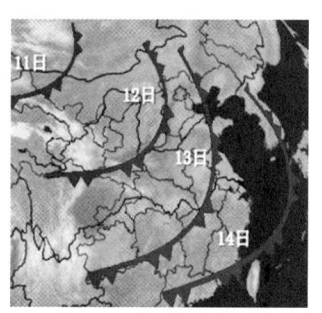

图三 气象学的冷锋

身有圆形加十字形即雷形符号（图一：2、4，参
照图一：5~8）的玄鸟神祖或曰商人始祖禼（或
成为契）的玄鸟神父，清晰地表明玄鸟神祖与雷
神的统一性。泉屋博古馆商代铜鼓上的主体拟人
化并且有玄鸟翅膀和爪子的玄鸟神祖与代表简狄
和建疵的两条鱼在以鱼、龙象征的雷泽之地域的
组合（图四），也清晰地表明商人始祖契的神父
玄鸟即鹁与雷神两者的融合[2]。综合来看，商人
始祖之神父确实同时是雷神，帝令雷的现象在卜
辞中可能也同时指商人的始祖之神父玄鸟，或是
少量的独立表示。

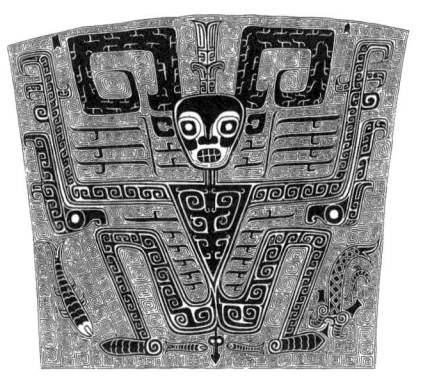

图四　泉屋博古馆商代铜鼓

图五　弗利尔美术馆藏玉刀上的图案

　　仰韶文化半坡类型的神鸟食鱼、大河村类
型的鹁鱼石斧图等，无不是在表现雷泽生神人、
圣人的神话。周易中表示婚姻的核心卦雷泽归妹卦正是中国古代雷泽殖崇拜文化
的义理体现，与中国古代神鸟食鱼、铜鼓崇拜、木鼓崇拜中的图像或立体器物表达
的是同一内容。在雷泽生殖崇拜这一文化中，尤其是早期文物体现神父的形象如前
所述，往往表现为神鸟形、拟人形或两者融合的造型[3]，并且常常与雷神、鼓代表
的雷神或震[4]、龙[5]、鱼[6]等组合，这就是中国古代尤其是早期代表性表达天命
神物降临雷泽生神人、圣人场景的图像。在这类图像中，神物一般即为某一部族的
图腾或神父，在中国更多地表现为始祖或圣人的神父，像玄鸟确切地为商人始祖契
的神父，鹁鱼石斧图中的鹁应为著名的驩兜族始祖之神父。

　　从考古学材料看，这类蹲踞式神人，有的为龙所"食"，像郑州商城二里岗所出
陶簋残片所刻左右双龙"食"蹲踞式玄鸟鹁面神祖、鹿邑长子口商人墓葬中的玉质龙
"食"玄鸟神祖、妇好墓龙"食"蹲踞式首立鹁的玄鸟神祖、弗利尔美术馆所藏商代觥
觥中的饕餮首龙"食"跪坐侧首之拟人化玄鸟神祖等；有的为饕餮所"食"，像商代
白陶中的饕餮"食"拟人化玄鸟神祖。不过这一类与龙"食"蹲踞式玄鸟鹁面神祖有
类似的方面，因为饕餮往往为龙身。还有的为虎所"食"，像商代虎"食"人卣之虎
"食"蹲踞式玄鸟鹁神祖图像、安徽阜南龙虎尊以及三星堆文化龙虎尊中的虎"食"拟
人化玄鸟神祖等[7]这里虎"食"、饕餮"食"实际代表的就是天命之意义，也表达了
天之爱护、保护的意思，因为虎有时会叼着小老虎，西周铜器中就发现过这样的图案。
所谓龙"食"，也应具有类似的意义。

　　这其中的虎"食"蹲踞式神祖的图像系统，一般学者认为可能只是起源于商代，实

际上起源甚早，弗利尔美术馆一件玉刀之上的虎"食"蹲踞式人首图应是代表（图五）。这一虎"食"人首图非常重要，并不是若学术界所言，虎代表的部族战胜人首代表的部族的图像表达，也不是单纯的巫师护卫，其实质应与商代虎"食"拟人化蹲踞式神祖的意思类似，只不过商代这类虎所"食"蹲踞式神祖拟合的是玄鸟即鹑的，而该玉刀之人首，拟合的应该是东夷少昊系的神鸟即鹰的。这里应该予以说明的是，从石家河文化晚期的玉人首、石峁遗址皇城台诸多石雕人首、石峁玉人首以及从法国吉美博物馆（图七）、上海博物馆所藏两件石家河文化晚期的完整玉人看，弗利尔美术馆这一玉刀之人首，应像山东龙山、河南龙山、石家河文化晚期、石峁文化、陶寺文化中的有关具有神性特征的玉人首、石雕刻人首一样[8]，如果复原，应为蹲踞式造型，即拟合神鸟的造型，并且该神鸟或神人有的还具有生殖崇拜意义上的雷神特征。弗利尔美术馆收藏石峁文化玉刀上的该类神人的披肩发特征，显然是拟合山东龙山文化、河南龙山文化晚期及石家河文化晚期石峁文化因素中与东夷有关的鹰之枕羽的特征。依据《左传·昭公十七年》郯子之语，这一船形冠披肩发神人拟合的即是天命生少昊氏始祖的鹰，类似天命生商始祖契的玄鸟鹑。从近期媒体报道石峁发现的许多陶鹰（图八）以及其中出土诸多具有石家河文化晚期、夏家店下层文化风格神面来看，其地域的统治集团主力之一应是来自东夷的少昊系，这也利于证明笔者关于天命神鸟暨雷神生始祖文化在早期广泛存在的判断。笔者认为，商人玄鸟氏、少昊氏具有拟人化特征的神父，还具有神鸟的蹲踞式特征，这实际也是表明这些始祖同时具有雷神特征的一种表达，因为雷神往往具有神鸟的特征。所述半坡类型、大河村类型的神鸟"食"鱼图以及泉屋博古馆商代铜鼓商人始祖雷泽神诞图像利于说明这一问题。另外，冯时曾经论证卜辞中存在一种神鸟与雷密切相关，并且在文献中也有证明[9]，这的确是卓识，晚期雷公神鸟嘴都是证明。

远古时代有的始祖往往具有雷神特性其实很容易理解，这是一个雷电科学问题。依据现代科学，湖泽之地雷电较多，而雷电之地，由于有丰富的碳酸铵，土壤由于雷电会获得更好的更新改造，所以生物、动物丰富，生长周期短，生长旺盛。由于雷电较多，一般人会有恐惧，雷神在此也不敢不有所敬畏，所以

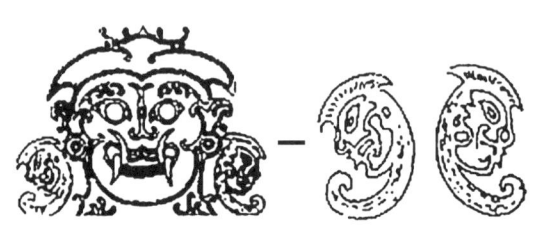

图六　台北故宫博物院藏玉圭

图七　法国吉美
博物馆藏玉人

图八　石峁出土陶鹰

易于形成全民皆有敬鬼神的心理和文化，利于形成原始礼仪秩序，也利于依神圣而统治。此地域有雷电，空气清新自然，人在此处心地纯净，适合与神沟通。在这类雷电较多的地方，古人又因为对雷电的恐惧而产生敬畏与上帝、雷神关联密切的统治者的观念，也利于治理和神话巫术、神人，并且易于形成精神活动、部族重要叙事的神异化。卜辞造雷字即源于闪电与雷，依照巫术心理的普遍原理，古人因此认为，拟合雷电造型的湖泽也具有雷电的神奇（参见图一）。蹲踞式神人即是拟合雷电的[10]，带有圆形+十字形雷符或离火形雷符的蹲踞式神人（参见图一：3）更是形象。古人并不明白雷电、湖泽与万物生长的科学原理，他们只是认为神人圣人就应生于这样的神圣之地，所谓空桑、云梦、濩泽、巨野、雷泽等等是也[11]。他们认为只有这样，才能表明神人、圣人、始祖具有神性、威严、雄武，才更利于子孙繁衍，并且可以藉着由神诞而衍生的拟家族关联而获得天帝、雷神的家族式护佑，以得万事胜意！

▌注释

[1] 西周时期，出现少量蹲踞式神人身上有离火纹（图一：3），应为雷形。师赵村出土一件彩陶上的神人似乎为神鸟身，头部背有太阳。其肩膀两侧的圆形加十字形似乎也是表示雷的符号，笔者认为更可能是同时表示幻日之符号（图二）。神人所在陶罐上的锯齿纹在西部地区的彩陶中多见，但在这里可能表示的类似气象学中所谓的冷风之锋（图三），用以表示冷风。从常见的绘画表现方法角度看，其中的诸多十字形有可能表示漫天雪花，曲线则可能表示雨水，这样的话整个图像可能与季节气象有关。古人以为节气的变动与太阳的运行密切相关，与《山海经》等记载的上有九门（位于昆仑台东，是向着太阳东升的方向，并由执掌圉时的开明兽守卫）等内容的昆仑台高度近似的陶寺观象台，可以证明那时应该具备了类似的气象认知。其中雷形，显然也是为了说明神人与春夏时节也密切关联。这样看该神人至少有太阳神与雷神属性，台北故宫博物院所藏乾隆题诗玉圭上有一獠牙上帝两侧的船形冠披肩发神（图六）更能说明这一问题。依照我们的认识，该神人为天命生少昊始祖的鹰神之拟人化，复原的话，很有可能类似法国吉美博物馆所藏的石家河文化晚期蹲踞式玉人一样（图七），为蹲踞式。依照我们的论证，该拟人又拟鹰的神祖还具有雷神特征，其位于太阳天帝的两侧，显然也具有雷神和幻日神的角色。

[2] 该铜鼓的鼓首有两只鸮，显然是商人图腾玄鸟。鼓本身是震，是雷，与帝出万物于震，震则万物生高度一致，这类以鼓表达或参与表现生殖崇拜仪式和神物的现象至今在少数民族中依然存在。铜鼓的鼓皮为鳄鱼皮，《山海经》波留之山（与战国简牍中的"玄丘之水"、《诗经》中的"在河之洲"、祭地礼仪中的"泽中之方丘"构成逻辑和雷泽含义类似）的雷神夔牛就有鳄鱼的影子，此即说明鳄鱼可以作为雷神的另一象征物，以其皮蒙于鼓，与有的苗族支系以牛皮蒙鼓蕴含蚩尤祖先类似。这与玄鸟、蹲踞式神人有雷神特性并不矛盾，两河流域、埃及和欧

亚早期文明中有的神就有多个动物形象。另外，该铜鼓上的鱼还表示泽，与鼓、龙组合即雷泽，是中国早期仰韶文化、凌家滩文化、良渚文化、龙山文化、夏商周三代以至于今天在世界各地还有所传承的雷泽生殖崇拜文化的案例，商朝的雷泽归妹卦更是重要证据。

［3］当然也发现有龙身者。

［4］现在有的苗族支系信仰木鼓与牛皮的组合实际就是其祖先蚩尤与雷神的组合。石峁、陶寺、商代还发现有不少鳄鱼骨板，多为蒙鼓用之鳄鱼皮，而鳄鱼往往也是象征雷神之物象，各个文化中存在的以鼓随葬的现象有的可能具有再生意向，这是我们应该高度关注的。新石器时代的瓮棺，不少用的小口尖底瓶或其他器物，其中不少有鼓的特征，尤其是有的有穿孔，其实这一特征主要是拟合鼓的，也正是利用所谓帝出万物于震的文化，来表达希望死者能够复活再生的意思，灵魂出入可能只是其功能之一。当然以陶为棺，可能也有陶冶、养育的朴素思维。

［5］震为龙。

［6］往往代表巽、女，代表湖泽，与神鸟、鼓等表现的雷、震等意象组合表示雷泽。

［7］特别应该注意，这里的人，学术界不能一概地像张光直等学者理解的那样，单纯为巫师，也不应像李学勤参照弗莱斯（Doglas Fraster）"他我"观点理解的那样，虎食人卣或龙食人意味着人与神性的龙、虎的合一。该神人身有蛇，实际与沈建华讨论卜辞中有关字中的蛇一样，表示祖先和繁衍。相关学者的观点详见张光直《商周青铜器上的动物纹样》，《考古与文物》1981年第2期，《中国青铜时代》，香港中文大学出版社，1982年；李学勤《试论虎食人卣》，《南方民族考古》1987年第1辑；沈建华：《释卜辞中的"后土"及相关字》，《初学集：沈建华甲骨学论文选》，文物出版社，2008年。

［8］若复原的话，不少可以或者应为蹲踞式造型，当然有的也可能具有龙身造型或鸟身造型。

［9］冯时：《甲骨文"震"及相关问题》，宋镇豪主编《甲骨文与殷商史》，上海古籍出版社，2013年。

［10］也拟合神鸟。

［11］周人始祖稷生于巨野泽，即是雷泽生之。其实诸多神人、圣人生于水的文献记载多为雷泽生殖崇拜文化的体现。

（原刊于《华夏文明》2019年第1期）

瑞典斯德哥尔摩远东古物博物馆所藏
一件中国商代铜鬲图像解读
——并论中国古代饕餮的定义及内涵

顾万发

瑞典斯德哥尔摩远东博物馆所藏中国商代的器物，数量不多，但一向以奇特为特征，著名的大理石鼎因其有奇特的商人神祖图像而为学术界所关注。其实还有一件商代晚期的铜鬲（图一），图像也较为特别，有鹿角柄的神面、额头的小神兽面以及其他图像。具体图像虽然在商代都有，但是总体仍然较为特别。特别是鹿角柄的神面作为主体纹样的很少。由于学术界对于饕餮的概念定义复杂不一，所以在论证该铜鬲图像内涵定义之前，有必要对于本文讨论的饕餮概念予以新的定义，以利全文的讨论。

刻意表现额头或及羽冠的，并且一般不是具体的或独立的自然动物造型的神兽面或及其身，我们称为标准化饕餮。不是具体或独立的自然动物造型的兽面或及其身，同时不刻意的表现额头或羽冠的，我们称为简易饕餮。能看到明确动物特征的独立动物面或基本独立的动物之面并有龙身或者可以判断其应有龙身者可能称为写实性饕餮[1]。

标准化饕餮与简易饕餮一般是呼应雷或闪电的，其中标准化饕餮除了有鹿角柄的五步蛇造型者，更多的是呼应雷的，并以羽冠、刻意表现的额头、鼻子融合天柱信仰，同时有的标准化饕餮还会融合"辛"字形雷神工具来表达"天取龙"信仰，以表现其具有承自天命获自雷赋的生生不息特质和天赋威严。有的标准化饕餮还融合了氏族信仰的神兽甚至是图腾的元素，更有少量的直接以信仰的神兽或者图腾表现之，这方

图一　瑞典远东博物馆藏商代铜鬲

面的代表是侯家庄鹿鼎或牛鼎之主体兽面。标准化饕餮或者西周以来的以简单的雷龙、表示闪电的羽翼纹组成的表示饕餮的造型，出现在钟镈之鼓，这利于表明其为雷神的特质，然而有时钟镈之鼓还有团形龙表现的雷或者离火形雷符共存，这是否表明这些饕餮就不是与鼓呼应的雷兽了呢，实际不是，两者都可以表现钟镈之鼓呼应雷或者震卦性质的，其中离火形雷符、团形小的雷龙与饕餮也有组合成单体的情况，像春秋时期的一些玉饕餮上既有离火等形的雷。还有的简易饕餮，无论有否鹿角柄，表现雷或者闪电的都有，还有表现雷电一体的。写实性饕餮呈五步蛇造型的一般是呼应闪电的，少数猓首、牛首龙身者也是呼应闪电的，其他多是呼应雷的，这类饕餮的龙身一般显示较为明确的菱形花纹或者是雷火纹，而标准化的饕餮即使显示龙身，一般也只是羽翼纹样，少量的显示为蝉、虎、牛或者神鸟身。这些饕餮是呼应雷电的，一般是龙身，可以被称为雷神、闪电神或雷电一体神，蝉身者应视为用以特殊表现地下雷神的一种造型，特别是用在"雷出地奋"的语境下的图像中。虎、牛或是神鸟为身的饕餮造型者，数量特少，一般用于没有鹿角柄的标准化饕餮，可认为是雷神的一种特殊造型或者其变体。还有的饕餮直接综合了制器主人氏族图腾的一些典型元素，对于理解图腾与雷电神的密切关系较为重要。

至于写实性的动物或者一些神鸟，整体除了表示闪电的五步蛇和表示雷的小蛇之外的动物，像猪马牛羊猓象神鸟等，从有的身有火字形雷火符或者离火形雷符的情况看，基本都是呼应雷的。少量的像鱼，有的可以呼应或表现闪电或雷[2]。

这些单独的神兽或神鸟可以认为基本都是呼应雷的神兽[3]，神话叙事中或可以被视为雷的附体、随机方便变体、化身，不严格论之的话可以被简单地视为另一种形态的雷兽、雷鸟甚至是雷神。至于有的属于氏族图腾的动物或者神鸟，像商人的玄鸟神祖，有时其身显示雷火，这是为了表明其有来自雷赋的雷火即在人间的子孙繁衍之功。这样的神兽或者神鸟，在美洲印第安土著文化中有关神兽与人之间存在的"他我"关联这一理解模式下，在商人神祖神诞商人始祖喾这一具体神话背景的视角下，可以理解其与雷有同样的功能，甚至可以直接描述其神祖为雷神。从虎食人卣之雷龙与鱼的组合与泉屋博古馆铜鼓上的拟人化玄鸟神祖与表示简狄、建疵之鱼的组合主体图像和内容的类似看，确实是这样。自然从这些图像可以看到，神兽、神鸟与雷神之间还是有所不同的，视为变体或者化身或者是呼应的神兽或者神鸟则是较为常见的和规范的。直接视神兽或者神鸟为雷神则是特殊的语境或是特殊的一种神话叙事语言。就商人的玄鸟鹗图腾而言，对于商人玄鸟神祖之子孙繁衍之功是来自帝命雷而赋予其的这一具体神话内容，在一般的神话叙事中，可能省略了天命雷这一层次，而直接讲成是天命玄鸟了。从商代存在广泛的神兽食玄鸟鹗图像这一情况看，显然是存在卜辞中有所体现的帝令雷这一层次的，而神话叙事则多强调天命而省略了雷赋，从而容易忽略雷赋层次，甚至是忽视视玄鸟神祖为雷之化身、变体或者附体的层次了。侯家庄的鹿铭铜鼎之鹿位于主体饕餮位置的现象可能利于理解这一问题。

商周以来的所谓夔龙造型较多，有的呼应雷，有的呼应闪电。另有不少夔龙身有多个离火形或者类似造型，实际都是雷符，与该夔龙构成雷电组合，显然该夔龙为闪电的象征。不过在具体的神话叙事中，可能只表述为龙蛇或相关角色。

总体来看，商周时代这些饕餮和独立神兽呼应雷电的情况都存在，具体为何尚需判断。现在看来，以鹿属动物面为首的龙基本为闪电龙，以五步蛇首为首的闪电龙总体较多，少量的还是雷电一体龙[4]。还有一些雷龙的首与五步蛇首近似，也可能是别的种类的毒蛇之首。自然造型保持较为完整的独立动物或者神鸟，除了五步蛇或者有鹿角柄的五步蛇多表现为闪电龙，或者有鹿角柄的兽面龙象征雷龙或闪电龙都可以、图腾主要表现为神祖等情况，一般都是呼应雷的或曰表现为雷兽的。

笔者认为该铜鬲图像有以下几个方面值得论证：

1.该铜鬲的整体图像的内容较为丰富，然而万变不离其宗，依然遵循中国战国以前艺术史出现的雷电文化之主题。

2.其中的鹿角柄神面，一般认为其角为鹿属，笔者曾经更确切地认为其是鹿角柄，即是鹿属之角脱落之后依然生长新生鹿角的基础角，由于具有不落并再生特征而为古人所重视，把其纳入有关神兽面，以表达再生、子孙繁衍和生生不息的概念，与“子子孙孙永宝用”等思维相融合。近年来，冯时从天文和古代人文的角度提出龙以及其角与相关星象呼应的认识[5]，张远山还提出商周的龙图像之各种不同的角与北斗等星象呼应的看法[6]。早年的东方苍龙确实比现在更接近北天极和北斗，客观上不少龙形确实与东方苍龙七宿造型有类似，甚至即是东方苍龙。这一有的为东方苍龙的思维还是有一定依据的，尤其在新石器时代以来，不少龙被视为象征、呼应雷、闪电或雷电的神奇动物的前提下，设计中有苍龙七宿之龙的影子是一个符合逻辑的现象。其中还有一个重要原因是，苍龙七宿之龙由于季节出没以及与雷电气象出没的高度呼应而被认为属于雷电龙的性质。龙的形象的设计并不完全依赖于星象，像张远山所言的北斗角，可能即是长耳鸮的簇羽的一种造型，而非北斗形，或即是雷龙的一种造型，不少小的雷龙即是这种拐子龙形。天文学中未见东方七宿与北斗构成一体龙的有关依据，只有“杓携龙角”的提法。

3.鹿角柄的神面代表的是什么神面呢？这是一个类似饕餮一样被人们讨论了千年的问题。首先商周以至于更晚时期，鹿角柄的神兽并不单一，但是总体有四类。第一类是典型的鹿属神兽有这样的角，自然有的是麂角；第二类有明显的鼻端表现，从二

里头文化以来的考古发现看，其主体是以五步蛇为主体造型的神兽面；第三类是没有
特别表现额头或及羽冠的可视为简易饕餮的神兽面；第四类是一些四肢神兽，五步蛇
特征并不明显。实际有的神鸟和人形面也有这样的鹿角柄，只是不算是常见神兽或饕
餮。对于本文中的这一神兽面而言，其主体的鼻子端明显，从侧面看，五步蛇特征更
为明显。结合同时期别的兕觥首五步蛇的造型看，其主体应该是有鹿角柄的五步蛇首。
从二里头文化以来，五步蛇可以代表闪电，有的首类似五步蛇者也可以代表雷，但也
可能是别的类似造型的毒蛇。还有以五步蛇为主体的龙，其身同时有火字形花纹，所
以是雷电一体龙。由于该鹿角柄神兽面特别表现了额头、羽冠，可能表明其以上端羽
冠的表现来特别表明其融合有高柱，这应该是我们定义的标准饕餮的特征了。这其中
还应蕴含着通天柱或及太阳柱的信仰，与一般有鹿角柄却无刻意表现额头或及羽冠的
五步蛇闪电龙在表现目的方面既有联系又有区别。标准化的饕餮一般是呼应雷或闪电
的，这种以五步蛇自然造型的首为主并具有标准化饕餮羽冠的神兽面，可能是呼应闪
电的。商代晚期以来，也出现过五步蛇首形的雷龙[7]，但一般是侧视龙，这种正视以
五步蛇首为主形的标准化饕餮形的闪电龙少见。

4.在器物上端的一周，有几条小蛇，这样造型的小龙，多数时候周身有火字形花
纹，显然不应该作为五步蛇看待，应该是类似五步蛇的其他毒蛇，因为多数毒蛇之首
都是近似的。这样造型的小蛇，在商代的虎食人卣之商人神祖下肢表现为周身是菱形
花纹，显然是五步蛇。这更表明毒蛇造型有的是类似的，不过一般五步蛇者鼻子端表
现更明显，花纹为菱形；而其他毒蛇虽然造型可能有的与五步蛇近似，但是鼻子端不
明显，花纹也明显不同。本铜鬲图像中的这类小蛇即属于除了五步蛇之外的蝮蛇等，
花纹也近似。

该小蛇花纹的火字形，来源问题较为复杂，一方面其造型与有的毒蛇近似，另一
方面鸟类、有鳞类的动物之羽翼图像中都可以呈现这一造型。同时从周代来看，这样
的火字形花纹不少也成为神鸟翎眼的造型之一，还有的成为饕餮、虎、牛、鹿、貘等
动物身上的花纹造型，有的还宏观拟合或者同时拟合动物、神鸟等生物之鼻子、腮、
角、耳、足等本身具有的素描特征。这类纹样在商代以后，成为一个典型的符号，总
体表现是雷之阳或雷之火的。

综合来看，该铜鬲具有火字形花纹的小蛇是呼应雷的，其与有鹿角柄并以五步蛇
为主体造型的表示闪电的神兽面，可能构成雷电组合。雷电图像是与中国古代与天地
人之间的礼仪制度、神祖神诞、沟通天地的巫术、宗法制度、敬天法祖文化密切相关
的核心图像，但是单纯的雷也可以表达其主要意义。

5.鹿角柄神面的额头还有一个小的神面，其有饕餮之面容。饕餮高羽冠的特征在

二里岗文化的商代铜卣饕餮图像中已开始出现，应该是受到龙山文化、二里头文化、石峁文化、石家河文化晚期、夏家店下层文化、新砦期等各类文化中的玉器神面、石雕神面、彩绘神面、绿松石神面、陶器神面之影响。商代晚期的一些铜钺之中的神人面[8]也有这样的风格。尤其是商代一些骨器制作的器物或者骨柶的图像中，这类高羽冠神面较多。

这一小的神兽面，似乎是蝉身，从而应视为是蝉身的标准化饕餮。商代的蝉身饕餮较多，其性质即是一种饕餮的造型，即一般的饕餮是龙身，而有一种饕餮是蝉身，自然还有虎身和牛身，甚至是神鸟身，等等。蝉，我们曾论证过其是可以呼应雷的神奇动物，尤其是由于其长期生活在地下，并且具有蝉蜕之功，化羽飞升，所以也被认为具有再生、地下生成、沟通天地和成为神仙的本事和象征意义，由于这一原因，其被古人神化，可能从石家河文化晚期开始，其逐步被更多地用于表现雷。这主要是几个方面：一个是雷电有生万物的功能，与蝉之再生相似，其次蝉在夏季树木，木德为龙，雷电为龙，所以蝉鸣可以类比为雷鸣，与雷电夏季多、雷电常见绕树木现象也可以拟合。另古人还认为秋冬时段，雷藏地下、田地，与蝉生活于地下的特征可以拟合。有的学者认为饕餮具有蝉身，是由于饕餮具有变幻或变形功能，笔者认为这是不怎么准确的。确切地讲是呼应或者表示雷的生物的一种组合。这样看，该蝉身高羽冠饕餮即是呼应雷的神圣生物的一种造型，与殷墟的一件弓形器、上海博物馆的一件商代弓形器、山东滕州前掌大商代两件车軎的蝉身人首图像都是以拟人化的方式来表现其是呼应雷的神兽。这样的人面蝉身者为何是呼应雷的神圣生物呢？其实有诸多依据，简单地讲，弓形器中这样的两个雷兽之间即是雷符，整体构成类似商周时常见的雷龙、雷鸟或雷符围绕代表雷电并蕴含高柱或及"天取龙"等信仰的饕餮之图像结构。雷电围绕雷电的解读似乎有些悖论，其实必须清楚，自然现象本来就同时存在多个雷电，中心的标准化饕餮由于特别表现额头或及羽冠的原因从而刻意的表现高柱或及"天取龙"信仰。其实饕餮之所以这么处理，还是受到了文明传承的影响，因为良渚文化、龙山时代以来，诸多神面头顶都是中空的，一方面代表这是一个连接天地的通道，可以依据和依凭，即使有羽翼冠依然可以表达这一含义。更为重要的是雷电绕神树、神柱尤其是太阳神树、神圣通天柱是一种基于雷电自然的神话图像。在神话中太阳也是沿着扶桑树或曰天柱升降的。

我们之所以假设其为蝉身饕餮，是希望表明，饕餮额头有蝉身饕餮是符合逻辑的。关键是，该铜鬲主体饕餮额头上的神面不应该视为蝉身，其所谓的蝉身造型实际应视为鼻子端，其实皿方罍因之主体饕餮还有这样造型的舌而非鸮喙。具有这样心字形鼻子端的一些神龙可以象征闪电或者雷，确认身有菱形花纹并有这类鼻子端的则象征闪电。我们认为，该铜鬲的主饕餮鼻子融合了有关高柱信仰，所以在高柱首有雷电都是符合雷电沿高柱的自然气象的。这样看，该小型高冠的饕餮即是呼应雷电的神兽了。

诸多商周时的铜器饕餮面额头[9]往往有一个小的神兽面或立体神兽面（或曰牺牲首），表达的也应是这类雷电行高柱的含义。这样的神兽面一般不特别表现有些超越常规视觉的额头或冠，并不刻意的在其中表现雷电行高柱或及"天取龙"信仰，有的自身两侧还有雷电龙或者雷鸟等。另，商周时期诸多卣觥的主体神兽首的额头往往有一条龙、凤鸟等，其本质是表示呼应雷电的动物，卣觥盖子一端的主体神兽首，一般不像标准化的饕餮那样特别装饰和表现额头、上端之冠，但是有的鼻子有近似冠的羽翼造型，连同鼻子本身的文化象征，我们可以认为这样在神兽额头出现龙、神鸟等的原因，应该是参照了标准化饕餮的有关设计思维，其实没有特别表现额头和羽冠，或没有羽冠者，依然可以以其鼻子等表达天柱的意思。意义与标准化饕餮额头或冠上端有小龙或神鸟的意义类似，但是这样表现方式除卣觥外总体数量少。

该小的高羽冠雷神位于鹿角柄神面的额头，核心含义即是表示雷电是绕天柱升降的，也可能还表现了"天取龙"信仰以及巫师、神人等是可以乘雷电沟通天地的信仰。商代广泛存在乘雷电沟通天地、周行天下的信仰，这并不是一个随意的认识，侯家庄1500号墓葬以及侯家庄1001号墓葬中的龙、虎或及牛组成的"雷舆"即是证明。商代以来诸多车马器主体文化实质是表现、拟合乘雷驾电和其他雷电文化的情况也是重要证据，这也符合《国语》所谓车为震卦之象的记载。《史记·龟策列传》中记载神龟行走，有雷电助行风雨相随的场景以及像《楚辞·远游》《大人赋》似的周行天下、沟通神人的浪漫主义辞赋所描述的场景，来源之一即是乘雷驾电文化。

6.该鹿角柄神面的两侧还有两个动物，其有鸟喙，其他方面同于一般的龙形，应该是一条鸟喙小龙，由于有明确的神鸟之喙，喙为亘，伏为震，显然有刻意地表现其雷鸟之阳的意思。商周时期的神鸟，除了侯家庄商墓骨枘图像中的一些是表示闪电的之外，基本都是表现雷之阳或者呼应雷之阳的。有的在具体的神话叙事中，较为复杂，像商人的神祖玄鸟鹨，商代的考古证据表明其为神祖，具有天赋自雷的生殖繁衍雷火之功，本身又是来自少昊系的太阳家族[10]，有的时候又被描述为与雷神或闪电神具有美洲土著文化中神人神兽之间的"他我"式关联。周人也应该是类似的，其诸多柄形器的神鸟，往往立于雷电龙之首，有的时候站立在神祖之首，神祖周身往往还有雷电龙和雷鸟特征，这些柄形器上的神鸟特征往往与青铜器上装饰的有火字形雷火符号的神鸟呼应，尤其是与诸多簋、罍、卣觥等器物之耳或者立体装饰的神鸟呼应，而这些神鸟经常为呼应雷电的神兽所食[11]。这一神兽食神鸟经典结构，早期就已存在[12]，其中神兽往往呼应雷或及闪电，所食者往往是神祖，晚期或有巫师。这样看，那些西周柄形器的神鸟应为周人图腾神鸟，并且应该具有帝命天赋的雷或及电之子孙繁衍之功。总的讲，该铜鬲的这些有神鸟之喙的小龙表现的应该是附属于鹿角柄这一呼应闪电之神兽的小雷龙，相当于一般饕餮两旁或者闪电龙附近的雷符。

▌注释

[1] 写实性的独立整体动物不称为饕餮。

[2] 弗利尔美术馆藏兕觥的饕餮造型之角即是鱼，可能是表示闪电的，侯家庄1001号墓葬的骨柶中有一件图案中以鱼表示闪电，泉屋博古馆藏铜鼓有鱼尾龙，是有鹿角柄和菱形花纹的五步蛇形，妇好墓出土一件磬有四肢鱼尾菱形花纹的简易饕餮闪电龙。少量的鱼可以表示雷，例如湖南博物馆的一件象尊器盖有鱼身饕餮，小屯遗址发现一件商代铜盘有鱼尾并有火字形花纹的雷龙图像。

[3] 与雷具有同样质地尤其是雷之阳，可以视为属于同类，所以可以呼应。

[4] 这类龙的火字形花纹不像有的首与五步蛇首类似的雷龙那样在身背，而是在五步蛇腹，同时拟合蛇鳞。

[5] 冯时：《中国天文考古学》，中国社会科学出版社，2017年。

[6] 张远山：《中国龙的起源，终于搞清楚了！天子的秘密，就怕你不信》，文汇网2018年4月27日。

[7] 这类雷龙有可能是蛇首类似五步蛇的其他毒蛇。

[8] 可能还是呼应雷神的。

[9] 少量在鼻子端或者鼻子中。

[10] 雷兽或闪电兽食神祖，其中神祖有的是图腾神鸟形，有的有一定的人形，其本身来自太阳传承，但是又被赋予了雷之阳，以之融于子孙繁衍。总体论之，雷之阳是帝命赋之的，诸多氏族始祖的神诞神话，常常与雷泽或雷电有关，而雷从卜辞看，是由上帝来管理的，这样的神诞神话不少内容是基于雷电万物生的自然现象而产生的，同时以这样的神诞神话来表现其氏族始祖以及家族的不凡天命和具有天命雷赋之威的。

[11] 诸多类似宝鸡竹园沟一件西周方座簋之耳的图像结构明显是身有火字形雷火符的神兽食图腾神鸟造型。

[12] 像弗利尔博物馆所藏石峁文化玉刀之虎食（省略拟神鸟的蹲踞式）少昊金天氏（文献记载或曰青阳氏、穷桑氏、云阳氏）神祖之首图像、石峁遗址诸多虎食人形神祖或黄牛图腾神祖图像、石家河文化晚期诸多神人与虎构成的虎食人图像组合。

（原刊于《华夏文明》2020年第4期）

"格物致知——鸿燊堂吉金"之兽面纹提梁卣图像解读

顾万发

　　中国嘉德2016年5月30日举办的香港艺术品春季拍卖会，名曰"格物致知——鸿燊堂吉金"，其中有一件兽面纹提梁卣。依据拍卖图录介绍，其时代为商代晚期，通高28.1厘米，口径7.3厘米，足径10厘米。细颈鼓腹，腹之最大径在下部，圈足直矮，两侧有长方形铸孔，下部环饰云雷纹。卣盖呈半圆形，盖缘有伸出的子口，可与器口密合。边缘饰雷纹一周。盖纽作笠形，饰以涡纹，盖面上有附加的活动錾扣，錾扣为蟠蛇啮咬团龙形象，龙鼻高卷，首尾相接呈圆环形。蛇首作正视三角状，圆耳尖鼻，咬噬蟠龙。蛇尾盘曲呈环状，与提梁内侧的小环相套合，进而与提梁相连。蟠龙与蟠蛇分饰鳞甲纹与菱形纹。提梁背部正中铸有钩形棱脊[1]，与两端龙首相接。龙首上仰，钝角圆眼，翘鼻露齿。梁身饰有菱形纹。铜卣颈饰两周凸弦纹以及两组兽面纹，中隔云纹带。兽面作正视状，直鼻圆眼，以短凸棱为鼻梁（图一：1）。

　　依据我们近年来对于中国古代艺术史中雷电主体文化的研究，该提梁卣的系，实际主形是取自五步蛇或曰百步蛇的造型，首有鹿角柄（图一：2），龙的本体是象征闪电的。鹿角柄的基盘应是象征雷的，有时有离火形雷符即是证明，其与龙本体构成雷电组合。卣身的饕餮纹，应该像一般的饕餮一样与雷电相关[2]。其中饕餮纹上端附近的回形纹，是以阴线成型的，单元应该是由两个有分歧回纹连成的S形（图一：3），器物下端的纹样是阴线表现的单个有分歧的回形纹（图一：4），上端盖周的回纹是阳线构形，单元是一个有分歧的回形纹（图一：5）。商周青铜器这些类回纹表现的实际都是羽翼纹样，经常在商周的各类动物身上有表现，即拟合或部分拟合动物之羽，也应是表示闪电或者附属主闪电而衍生的物象。这种分歧的回形纹样，初始阶段在二里头文化和夏家店下层文化就出现过。

　　该卣盖纽的造型是学术界所谓的囧文，其含义的解读较为复杂。这类囧文，有的认为是室和堂之间名牖的窗子及光格，有的认为是盟誓之歃血，也有的认为是太阳。从甲骨文、金文中的盟字看，有的构成明显是器皿与歃血，例如《铁》223.4、《京都》1227；有的是牛狗等盟誓动物之血的特写，例如《明藏》682、《合》40363等，其形为坎形，这从坎卦的义理可以解读，坎为血、坎为赤，清华简《筮法》八卦方位图即以

1

2.提梁卣系首龙头

3.饕餮纹上端的回形纹

4.器物下端的回形纹

5.卣盖及其纹饰

图一　商代兽面纹提梁卣

劳卦（坎）为北，其色为赤。但是有的器皿与囧文组合，例如《甲》2363、《撫续》64等。其中的囧文是雷符的形象还是太阳的形象，不易论之。从盠驹尊的离火纹和铭文中的"勇雷"（图二：右）之称以及商周铜器中囧纹与闪电龙相组为雷字形的情况看，囧纹多是雷符。从金文开始出现的盟字有明[3]、月字的构件看，这样的盟字中的囧形应该是盟誓动物之血与太阳纹的统一。主要是以太阳火之义表现其是才杀死动物之血的意思，这也是盟誓所强调的礼仪。不过这并不表明商代以及两周的囧文都是表示太阳的，盠驹尊的离火形或囧形图像与铭文（图二）[4]的呼应等表明，商以来艺术图像

图二　盠驹尊及其盖上铭文

中的囧形基本都是雷符。只是由于雷符与太阳都是火球，所以很相似。

围绕着该盖纽雷符的龙，周身基本都是拟合蛇之鳞片的"火"字形花纹，依据我们有关中国早期雷电文化的认识，这表明其是雷龙，其与囧形盖纽表现的雷符组合表示雷声滚滚。考古学中也有诸多闪电龙与雷符的组合，尤其有的雷符，本身有的也作为盖纽，著名的桃花庄龙形觥觥盖，背有菱形以及腹有火字形花纹的雷电龙围绕的雷符即是盖纽（图三），只是附近还有其他囧形雷符和闪电，并且闪电有主闪电和衍生的闪电之别[5]。

该卣盖上啮咬团形雷龙的蛇，与卣之系的龙之本体一样，龙鼻高卷，菱形花纹，显然都是典型的五步蛇或百步蛇的特征。从二里头的绿松石龙与表示雷的铃的雷电组合符合"雷"字形的情况[6]、二里头绿松石龙遗存符合豫卦之"雷出地奋"的人文气象景观（图四、图五）、文献中铃、钟、镈錞钎可以象征雷的记载和考古发现来看，显然其也是表示闪电的。

该卣的图像中还有一个重要问题，这即是为何把闪电龙与雷龙组合的问题。我们知道，商代至战国，考古学发现诸多这两类龙蛇的组合情况，可能表明的是雷电组合或者雷电阴阳组合以利生万物和中庸之和的意思。这样的解读，总的来讲是正确的，但是有些具体问题可能无法论证清楚，是否可以引入卦象的问题呢？我们认为是可能

图三　桃花庄龙形觥觥局部

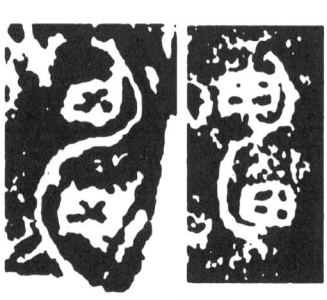

《合》24364　　　雷甗

图四　甲骨文、金文中的雷字

的，因为从跨湖桥鹿角刻画以及淮阳平粮台发现有龙山文化的离卦看，《易》的起源之早超出一般的预期。至于商代，文献、卜辞、铜器铭文和泉屋博古馆商代铜鼓、虎食人卣等铜器图像中表现的"雷泽归妹"卦义理的广泛出现表明，早期的易理已是相当完备的了，并且非常广泛地运用在礼仪制度和生活中。

从侯家庄1001号墓葬骨椁雷电图像以及诸多考古发现看，闪电有的为神鸟形，多数呼应龙形，雷可为囧形，还可以呼应龙形或神鸟形，两者还都可以拟人化。依据《易·说卦传》，闪电一般呼应离卦，雷呼应震卦，并且震为龙。《易》之复卦中，包括震卦和离卦的有丰卦、噬嗑卦（图六）。

丰卦由火下雷上的离震卦组成，其经曰："亨，王假之；勿忧，宜日中。"意思是雷电出则风调雨顺，象征丰收亨通，王依照丰卦义理为政为礼，获得丰富的资源，则没有忧愁，事业如日中天。"象"曰："雷电皆至，丰，君子以折狱致刑。"其中强调依照丰卦义理，以雷电之光明雷霆为原则，从而自觉遵照丰卦义理明察事理，审理狱案，以使得刑法严明、君子之治。"彖"曰："明以动，故丰。王假之，尚大也。勿忧，宜日中，宜照天下也。日中则昃，月盈则食，天地盈虚，与时消息，而况于人乎，况于鬼神乎？"其中强调了丰卦的重要启示，王者应该意识到电闪雷鸣是上天垂示的重大天象，自己应该视其为天之警示而敬戒修身，认识到万事物极必反，要时刻抱有危机意识。

噬嗑卦为下震上离之卦组合，其"彖"曰："颐中有物，曰噬嗑，噬嗑而亨。刚柔分，动而明，雷电合而章。柔得中而上行，虽不当位，利用狱也。"该辞言口中有物隔其上下不得嗑，必啮之则得合，故为噬嗑，噬嗑若雷电之力而能"亨通"。处理民众矛盾，有雷霆之威，也得有仁和之法，使政策得中道而上行，虽然与普通方法不符，然而这才是利于刑狱治理的。"象"曰："雷电，噬嗑，先王以明罚敕法。"就是讲先王是以噬嗑卦这样的义理明罚敕法的。《系》曰："日中为市，致天下之民，聚天下之货，交易而退，各得其所，盖取诸噬嗑。"这是从生意谈价与"噬嗑"的相似性方面而言的理解，并不是该卦的本意，或者不是该卦早期的意思。

依据《易·说卦传》，兑为口舌，为曳、牵引、拖曳。该卣盖面上的鋬扣为闪电

二里头的绿松石闪电龙以及雷铃、土地的组合

图五　二里头绿松石龙、铃等组合与雷字

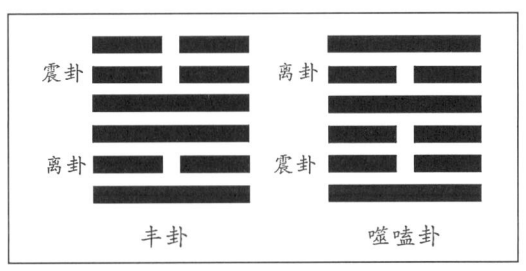

图六　丰卦与噬嗑卦卦象

蛇啮咬雷龙形象，非常符合坎卦义理。依据《易·说卦传》，兑又可为泽，《周易集解》虞翻曰："坎水半见，故为泽。"汉易以坎为月，《周易正义》孔颖达曰："取其月是水之精也。"《易·说卦传》云："兑以悦之。"又曰："说（悦）万物者，莫悦乎泽。"兑卦之"象"曰："丽泽，兑。君子以朋友讲习"，丽，繁体为麗，鹿并连两角，"丽泽"若两个湖泊连在一起，意思可能包括朋友之间交往若湖泊交流、讲习道义是一件很快乐的事情等内容。

　　综合卦象的义理看，该卣的錾扣之蟠蛇啮咬团龙形象，实际是闪电蛇啮咬雷龙，蕴含的《易》之义理首先是《震》卦和《离》卦，从闪电龙和雷龙的位置以及丰卦、噬嗑卦的义理看，更符合丰卦，寓意是雷电至则风调雨顺，雷电龙出则雨若酒。一些青铜器经常有流为雷龙、雷虎、闪电龙或省略其身的饕餮（著名的人面龙纹盉即是），可能也具有这样的寓意。同时丰卦还具有一般雷电现象蕴含的敬戒修身之警示[7]的义理。同时该器物图像中可能还包括兑卦的义理，由于兑可为泽，又为悦，并且体现朋友之谊，可能也表现了器物主人或者设计者表达的一种以酒会朋时应该持有的心理。整个器物周身又有雷电，卣储酒，则整个组合构成"雷泽归妹"卦象，而这一卦象的义理即是祖先繁衍和子孙生生不息。雷泽对于商人而言，即是其神祖玄鸟由天命而降临神诞其始祖禼的地方。用简牍和文献的话讲，就是简狄之"玄丘之水""青丘之水"或者上海博物馆战国简牍所谓之"央台"，确切地讲都属于雷泽，或属于具有雷泽文化背景的桑野等。其实夏、商、周始祖以及更早的诸多氏族部落的始祖神诞神话，原本最早何尝不是以雷泽文化为背景的呢！

　　包括车马器、斧钺等在内的商周诸多青铜器、玉器，主体图像即是代表雷电的龙、蛇、鹿、虎等神兽和离火形雷符，有的还是表现神祖神诞背景的虎等神兽食拟人化神祖或代表神祖的神鸟图腾的图像。采取这样的图像为装饰主体，正是人们希望借助雷震万物生的神圣威力，以获得生生不息、神祖保佑及与神祖有关的雷电之威。也是希望能够乘雷驾电，风驰电掣，本领非凡，并能够以之沟通天地，周行天下、升到神灵之境地。更是希望以雷电之震卦、离卦的象征及其组合之义理，参之以奋发有为、整齐礼仪等制度和教化，并视雷电为天垂象、神祖为雷电神之"他我"，从而依照其蕴含的文化思想和《易》之义理，希望做到威严明仁，戒慎谦卑，俯天爱民，敬宗法祖，慎终追远。这些应该是当时社会理想的信仰法则。

注释

　　[1] 实际是羽纹，商周时期的龙蛇多有羽翼纹，论其为羽蛇也不为过。

　　[2] 诸多证据表明，饕餮一般即是雷神，或者有的为闪电神，或者是雷电一体神，具体是

何，需要视具体图像而论。

［3］在甲骨文中，一些"明"字的月旁造型有的为典型的囧形，对于"明"字左端的这一囧形，多数学者认为是窗牖。在甲骨文中，"明"字左端的造型有的是圆形或方正的日字形，学术界有的认为该字形是圆牖或者圆牖的变形，有的认为方正者为方牖，还有的认为都是太阳。我们认同"明"字中的囧形应该是太阳纹。

［4］一名为"勇雷雉子"，一名为"勇雷骆子"。

［5］这类造型的表示闪电的花纹从夏家店下层文化和二里头文化开始出现标准型，到战国时期还能见到。

［6］二里头发现两条这样的绿松石闪电龙与以铃表示雷的组合之绿松石遗迹，其实绿松石牌饰与铃的组合也即是雷与电的组合或雷龙与雷的组合。二里头的绿松石牌饰除了两件与鸮有关，其他尤其是有心形面者，其面都应是拟合五步蛇首的造型的，因而首先是闪电龙。夏家店下层文化的彩绘牌饰有的应该是与雷电有关的龙首形，有的是由多个鸮面组成的（鸮面表示雷），有的没有具体的动物形，只是以线条和色彩表现的闪电，其中应该蕴含雷。还有的彩绘牌饰周边有雷龙图案，以表示或强化雷电组合。二里头绿松石龙遗存表示的雷电组合，蕴含着"雷出地奋"景观，尤其是其中一横形的绿松石造型表示与天呼应的土地，这一文化在两城镇M33中也有表现，其中绿松石形为闪电龙，石子代表响雷，一字形动物骨代表土地。

［7］本文所论之卣身有饕餮造型代表的雷电神和以系表示的雷电一体龙。

（原刊于《华夏文明》2020年第2期）

论商代晚期一件铜方卣的图像

顾万发

　　清翫雅集成立于1992年，是台湾有名的收藏团体，2012年在台湾举办了清翫雅集成立二十周年专题展览。其中有一件商代晚期的青铜方卣（图一），非常重要，学术界从艺术形式角度谈的多，对于其内涵论述则几乎没有。实际上，该铜卣就研究商人认知中其神祖神话的面貌等精神考古而言，其价值堪同虎食人卣。

图一　商代晚期的青铜卣

　　1.其方体4个角的四个神人首，实非一般的装饰或者是一般的神怪，其实际是商人的神祖，即传说中的天命降雷泽而生商的神祖玄鸟的拟人化。重要证据如下：（1）其首上端是饕餮。饕餮有羊角，羊角有拟合火字形的花纹，还有反映羊呼应火的卜辞。由此可以判断该饕餮应是雷神象征。（2）该饕餮与神人首构成的结构是经典的神兽食神人结构，与商代的铜钺、兕觥、方鼎、陶簋、铜构件、陶罍等器物中的神兽食神人的构图一致。尤其该神人的造型特征与郑州商城遗址二里岗文化时期陶簋图像（图二）的龙食神人之首高度一致，显然是一种相同的表现方式，只不过省略了拟合玄鸟鸮的蹲踞式。石峁遗址一件石雕（图三）的某一氏族神祖像，其显示近似半身像，显然也是蹲踞式的省略，其拟合的应该是该东夷某一氏族的图腾神鸟，即蹲踞式主体是拟合图腾神鸟。

图二　郑州商城遗址二里岗
文化时期陶簋纹饰

2. 该铜卣主体饕餮额头上端还有地纹的饕餮，应该是沿着饕餮融合鼻子的高柱[1]升降的雷之表示，与有的饕餮额头的小型牺首具有类似的意义，不过一般的牺首有鼻子但是并不融合高柱。

3. 该铜卣上端有来两条浮雕的龙。该龙首整体取形于五步蛇，其龙身花纹是由云雷构成的菱形，即是五步蛇的典型花纹，这表明其是闪电龙。

4. 铜卣之系是由神鸟和龙蛇组合的一种特殊的龙。这种以整个神鸟身融合到龙之造型的并不多，不过还是存在的，像三星堆文化扶桑太阳树，其中的雷电龙就是这样。按照一般的铜卣之系的意义，该铜卣之系依然是象征雷电的，由于其有神鸟主体成分，鸟首龙身花纹是近似火字形的，所以其是以神鸟与雷龙身组成的一种表示雷的特殊造型。

5. 该铜卣的盖纽为离火形雷符，其周围是一条有离火形花纹的C形龙，显然即是雷龙，这是一种较为多见的雷龙与雷符的一种组合。另外，一般的提梁卣和提梁壶，其中盖纽周围的龙一般是雷龙，提梁之龙为有菱形花纹的闪电龙，两者构成雷电组合，但是该方卣提梁为雷的象征，盖纽周围的C形龙依然是雷龙，所以两者的常见雷电组合并不成立。不过，从视觉看，该方卣呼应提梁之雷龙者可以是该卣上端浮雕的龙，

图三　石峁遗址出土石雕

图四　石峁皇城台石雕

图五　石峁出土虎食牛石雕

浮雕的龙正好又是闪电龙，两者正好构成雷电组合。

雷电图像是三代以来至于战国时期图像艺术的主题，起源非常早。三代的铜器中的礼仪之器物和酒器，由于和天、生长、祭祀、子孙繁衍关联，所以以雷电图像装饰其是相符其主题意义的。尤其是酒器，由于酒与子孙繁衍的关联，所以酒器的图像以雷电为主尤其是神祖神诞神话图像，更表明了酒与雷泽与子孙繁衍的关联。

6.我们认为该铜卣之神人首是商人王族氏族神祖，即玄鸟氏神祖，换言之，是生商人始祖㖊的神祖玄鸟的拟人化，现略作论证。

虎食人题材在石峁文化出土众多，像有虎食人[2]图像的弗利尔博物馆玉刀、石峁皇城台石雕（图四）等。养德堂的一件玉圭也发现有虎食人图像[3]，可能来自石峁文化东南方向的文化。其实石家河文化晚期的玉人和虎，除了作为雷的象征而为神人乘坐的功能，也应该存在虎食人概念，因为都是符合"伙伴"或者"他我"的概念的。石家河文化晚期以来的雷虎非常盛行，春秋战国时期这类虎依然存在。

其实龙山文化以来，虎食人[4]与饕餮食人、龙食人基本含义类似，都与雷电有关，主体含义之一都是通过这一形式赋予神祖的宇宙第一子孙繁衍之功，因为雷电万物生，帝出万物于震。

石峁文化还出土过虎食牛的图像（图五），显然这是反映以牛为图腾的氏族石雕，其呼应神祖的动物即是黄牛，其时代黄牛来自西方，被视为神圣，被认为是某一氏族的图腾了，并且从这一雷虎食牛的图像看，该氏族也信仰雷神，并且把其始祖与雷神关联了。

晚期的虎、龙等食人题材中，有的神人可能是巫师了，不一定是神祖，像战国时期浙江博物馆一件铜盉之虎食人、国家博物馆战国时期一件玉器的雷龙食神人，神人都应该是巫师。波士顿美术馆一件可以视为是牛食神人的春秋时期的车马器，其中的神人与天理大学天理参考馆的一件铜器之龙身有离火形雷符的神祖造型一致，由此可知，该牛食之神人是典型的神祖，因此，西周以来车马器的虎食人图像中的人首可能有的也应该是神祖。由这些案例来看，西周以来车马器的神人乘虎、龙等造型中，这些神人可能多为一种类似汉代羽人一样，并不是具体的神。少量车马器像有的车辖之人形非常写实和具体，可能是墓主或者是佣人的比拟。综上所述，该铜卣之神人首，实际上是商王之玄鸟氏氏族的神祖像。

7. 与清玩雅集该方铜卣类似的卣在商代还有一些，像殷墟妇好墓的一件、白鹤美术馆的一件等，其具体造型和图像与清玩雅集的这一件非常相似，只是没有神祖面，这提示我们一般的饕餮实际都可以融合到神兽食神祖这一经典造型中。

8.清玩雅集这件方卣的饕餮食神祖，与弗利尔美术馆藏商代晚期的一件兕觥把手的神兽食玄鸟鹗以及虎食人卣主题图像即雷虎[5]食神祖可以类比。参照其他证据以及类比这些图像并以及类似的铜卣图像，我们认为，商周时期饕餮的性质即是雷神或雷电一体神，也可能有蕴含太阳之阳，饕餮鼻子的造型可能与通天柱崇拜有关，这个表示沟通天地的特别造型，在龙山时代的诸多玉人、良渚文化的诸多神人兽面纹、兽面纹[6]都存在。

▌注释

[1] 天地柱、太阳光柱、扶桑等类型的通天柱。

[2] 代表少昊氏神祖。

[3] 代表少昊氏神祖。

[4] 战国秦汉也有少量的虎食人是一般理解的虎食人，或是祭祀，或是刑杀。金沙遗址的祭祀现象中，也有以俘虏的人饲虎的石雕。

[5] 雷虎中有雷火之阳，可能也包括有太阳之阳。

[6] 实际上是鹗与虎等獠牙神兽元素构成的神灵。

论台北故宫博物院所藏铜兕觥的把手图像

顾万发

台北故宫博物院藏一件铜兕觥（图一），盖已不存，时代为商代晚期。兕觥的问题，学术界讨论颇多，不少学者对其定名、神物类别等都有所研究。我们认为其中的把手图像也非常有价值，这里略予论述。

台北故宫博物院这件兕觥之把手由两部分组成，下端的是一只神鸟，足爪、目、喙、尾羽、翅膀非常清楚，头部不完整，因为一部分为上端的饕餮所"食"。饕餮的小耳、曲角、双目、鼻子、嘴巴明显。整个构图即是饕餮"食"神鸟造型。龙山时代以来，我们发现有一侧身虎"食"无身之神人首（图二）[1]、两虎位于无身神人首两侧以示"食"之者、一首两身虎位于蹲踞式神人上端"食"其首者、饕餮或有明显分歧之龙舌的龙"食"蹲踞式神人或跪坐式神人之首者。我们也发现不少龙"食"鸮、龙"食"神鸟的商周玉器或玉器组成部分，许多铜器中也有这类图像。

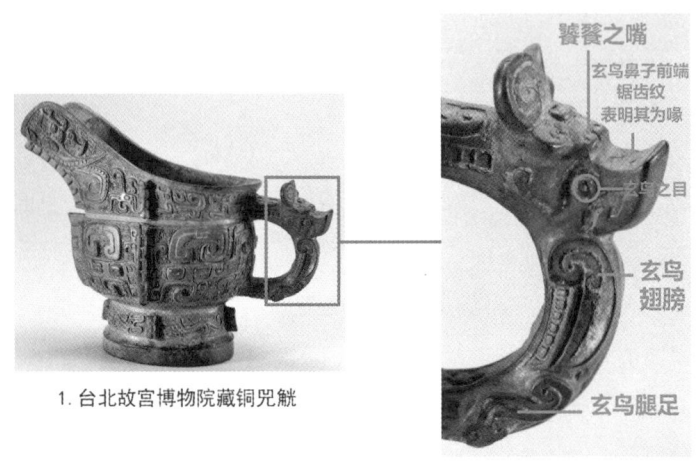

1. 台北故宫博物院藏铜兕觥

图一　台北故宫博物院藏铜兕觥

我们认为，台北故宫博物院这一兕觥把手饕餮嘴巴前端为神鸟之喙，除了形似外，重要的证据是其鼻子前端的曲折线，这是商周时期描述神鸟之喙的典型表示法，弗利尔美术馆所藏一件兕觥（图三）以及亚方罍（图四）把手上饕餮所"食"之神鸟，即有这一特征，白鹤美术馆所藏一件有诸多鸮文化元素的铜卣（图五）提梁神兽所"食"

也是一神鸟。商人铜器中被"食"神鸟应是玄鸟，即鹗。

　　注意台北故宫博物院所藏一件传出山东青州的带"亚丑"铭文的青铜尊，其上有一立体图像，似乎是饕餮"食"鹗（图六）。不过若是鹗的话，该鹗喙的上端无曲折线，倒是在其下端有一条曲折线，这条曲折线又很像是弗利尔美术馆一件铜凹觥上神兽的牙齿（图七）。而该凹觥上的这一神兽之嘴巴前端似乎蕴含有神鸟之喙的特征[2]，只不过不像台北故宫博物院所藏这一铜尊上的立体饕餮之鹗喙特征那么明显罢了。综合地看，这类造型的饕餮，其中的曲折线实际是嘴巴中的牙齿，其鼻子前端的造型拟合的应该即是鹗喙的造型，整个图像如同商代鹗喙融合饕餮鼻子的图像一样，实际也蕴含着饕餮"食"神鸟，即玄鸟、即鹗的意思，本质意义上则是"天命玄鸟，降而生商"神话的象征图像。另外，承方勤先生惠示，崇阳铜鼓鼓顶有对称两组饕餮"食"神鸟的立体图像，该神鸟也只表现了有曲折线的喙，由于该铜鼓与泉屋博古馆所藏传出湖南的商代铜鼓总体一致，泉屋博古馆的铜鼓无疑是商人始祖玄鸟（鹗）神诞神话的写照，该鼓顶对称的立体图像也是两只长耳鹗，所以传出崇阳的这一铜鼓鼓顶饕餮所"食"神鸟应是玄鸟即鹗，此问题在此不赘述，待详论。

　　当然我们也发现凹觥上的主体神兽单纯为虎首的情况，但是为虎（或饕餮）"食"鹗或神鸟的情况更多，这更利于说明弗利尔美术馆这一铜凹觥主体神兽的嘴巴应该融合了鹗喙。另外，前文所述台北故宫博物院所藏传出青州的商代铜尊上，也有饕餮"食"象的图像（图八），结合泉屋博古馆所藏商代铜凹觥之特殊象纹[3]，我们认为，该图像与商人之重要关联者有虞氏有关。

　　弗利尔美术馆还有一件凹觥的耳朵是羊角饕餮，位于该神兽首（图九）。该神兽首略有神鸟之喙的造型，然而鼻子前端没有曲折线，下端则有一条。这可能是神兽首与神鸟之喙的一种简约融合模式，即神兽之嘴巴有鹗喙的部分特征，依然是"天命玄鸟，降而生商"神话的象征。至于其上端的羊角饕餮，不宜于理解为是"食"融合神鸟之喙的神兽，而应理解为是位于神兽首的立体神兽，这在商周的各类饕餮首是常见的现象。

　　我们曾论证，蹲踞式神人的蹲踞式，自凌家滩、红山文化以来，首先是拟合神鸟的造型的，因此虎、饕餮、龙"食"神人，可以变换为"食"神鸟。一般情况下，这一族群与生殖崇拜有关者是什么神鸟，则这一蹲踞式神人拟合的就应是什么神鸟。于商人而言，我们已在有关泉屋博古馆商代晚期铜鼓及其图像的讨论中，以商人时代的与"天命玄鸟，降而生商"神话高度符合的材料无疑证明商人的图腾即为玄鸟，也即鹗或猫头鹰。因此，商代的这类饕餮、龙、虎所"食""神"人，无论是蹲踞式或是跪坐式，都是拟合玄鸟之形的，所"食"若为神鸟的造型，则显然应是玄鸟即鹗。

图二　弗利尔美术馆藏玉刀　　　图三　弗利尔美术　　图四　故宫博物院　　图五　白鹤美术馆
　　　　　　　　　　　　　　　　　　馆藏铜觇觥　　　　　藏亚方罍　　　　　　藏铜卣

图六　台北故宫　　　　　　图七　弗利尔美术　　　　图八　台北故宫　　　图九　弗利尔美
博物院藏铜尊　　　　　　　　　馆藏铜觇觥　　　　　博物院藏铜尊　　　术馆藏铜觇觥

　　至于周代，除了商遗民外，周人的这类饕餮"食"神鸟应该是周人信仰的神鸟。从《诗经·大雅·民生》及《史记·周本纪》的记载看，姜嫄在巨野之地履帝武敏或曰巨人迹而生周人始祖弃。这一神圣的巨人，从《诗经》看，其属于帝之足迹，从《史记》看，其属于巨野泽这类区域的巨人之足迹。结合我们对于泉屋博古馆具有鸮特征的蹲踞式神人为玄鸟神祖及相关雷泽文化的讨论看，姜嫄生弃的场景，也应在类似雷泽的区域。这类雷泽类区域，古代文献记载的有桑林、云梦等，与传说的伏羲等神人出现、生活的区域和《山海经》中被羿所杀的如修蛇、封豨等神物所在的区域相类。其之神祖当年应该同时有雷神的特征，还未能为上帝。不过《诗经》所言为帝之足迹，可能应这样理解，古代震象为雷、为足[4]，帝之武敏应象征雷神。同时，从卜辞及文献看，雷与神鸟有密切关系，所以周人的饕餮所"食"神鸟代表之神也应是雷神并周人的神祖。这说明早期族群神祖的诞生神话有不少是与雷泽关联的。实际上屯卦、豫卦、归妹卦中卦的组合，都与雷泽或雷泽神话可以类比，而这些卦的卦理，尤其是其中的雷泽、雷丘内涵均与生殖崇拜文化有联系，并且有的卦若出现则利于建国立侯，有的卦像屯卦还重点强调了初始、奋斗等励志创业规律，以及创业者的品格锻炼等等内容。综合地看，各卦的内涵显然与始祖初创"国家"困难重重仍然保持高贵品质和动力有联系，这显然与神圣始祖神诞神话相符。

　　器物的把手之含义，本来是为了使用方便，然而古人也有附加其含义的，像马桥遗址一件良渚文化陶杯，其单把上有背负八角形太阳符呼应太阳大气光象的神鸟。该图像与凌家滩负八角形真太阳并呼应宏观大气光象的玉鸟高度一致。其实，在高庙、长沙大塘等遗址的高庙文化中，器物的把手或者耳上已出现与太阳有关的图像。另，中国民俗常把出生的男孩与器物之把联系

《灵枢·脉度》说："肾气通于耳。肾和则耳能闻五音矣。"清朝《医林改错》中云："两耳通脑，所听之身声归于脑。"《四诊抉微》中有言："耳焦如炭色者，为肾败，肾败者，必死也。"中医认为，精生髓，髓聚于脑形成髓海，主持精神、思维活动的功能。精髓充盛，则听觉灵敏。若肾精不足髓海失养，则两耳失聪。中医认为，肾开窍于耳，心则寄窍于耳，肾为先天之本，藏五脏六腑之精。

古人把耳与肾关联，与太阳关联，这实际均可与生殖崇拜和神圣耳聪为圣的思想认识关联。古人为何把耳与这些物像和理念关联呢？林巳奈夫[5]曾经集合卜辞中的耳字造型，并以之与太阳大气光象中的切弧帕瑞弧组合的有些造型类似来解释。我们认为，实际的原因可能有以下几方面。

1.耳朵和婴儿、胎儿造型类似，自然引发人类繁衍的概念。

2.耳朵的听力好，往往是圣人、神人的特征，并且总体上听力好，代表未始老去。

3.耳朵若器物之柄或把，而在民俗中确实有比拟男孩的。

4.古人认为，北方主聪，故为耳。这可能与两者五行都可与水关联有关。另坎中爻震，为孔为玉为出。重卦之坎卦，上下皆坎，中存震、艮，山之中兴雷布雨，草木发秀（图一〇）。又坎卦属于八纯卦，卦内财官父兄子俱全。由此可见，坎卦蕴含雷泽等生机和生殖崇拜之象无疑，而"天命玄鸟，降而生商"神话恰与雷泽高度相关。

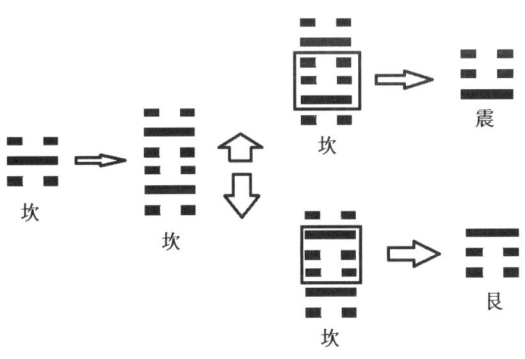

图一〇 坎卦及相关卦象

5.重卦坎为水，并且两坎相重。《序卦》曰："坎者陷也，陷必有所丽，故受之以离。离者，丽也。"崔觐曰："物极则反。坎虽陷于地，必有所丽于天，而受之以离也。"又太阳两侧的幻日似乎是人耳，所有这些可能是与坎卦关联之耳可以与太阳关联的原因。

6.坎为水，为沟渎、坎为水、水为玄色，故为玄卦。坎从坤卦变化来，故坎为玄。又坎者陷也，即耳象也，所以来自玄方的玄鸟雷泽生商之神话与耳可以相应。

7.坎为隐伏。坎卦符号是中阳隐藏在上下二阴之中的形象。一切善于隐藏的事物和现象，都具有坎卦之象。又坎为水，所以类泽，与文献中所言雷泽类区域均可视为同类。而桑林、云梦、祖泽、社稷、雷泽均属于神圣生殖崇拜场地，其与神诞之婚姻文化自然也是呼应的，这与坎卦义理非常相符。

8.坎卦，从八纯卦的理解上，有人认为其主题是侵和，显然与饕餮"食"神鸟象及有雷神特征的神祖生始祖神话主题也非常一致。

9.从泉屋博古馆铜鼓及古籍、简牍记载的玄丘之水看，商人始祖神诞场景为雷泽类区域，这也是古代常见的生殖崇拜区域。泽与坎可相关。同时我们看到，商人对于雷泽类生殖崇拜的区域的表现常用与水有关的物象来表达，像商代诸多铜盆图像中常见鱼、龙（震为龙）等，尤为重要的是这类铜器上常见虎（间或为龙）·神鸟·鱼组图（图一一）[6]，与虎食人卣图像中象征"天命玄鸟，降而生商"神话的虎·蹲踞式玄鸟神祖（手足有玄鸟之羽）·鱼组合、弗利尔美术馆商代兕觥之虎·神鸟·鱼图像组合等，主题含义一致，都与商人始祖神诞神话有关。所以，商周时期在器物之耳以饕餮"食"神鸟的方式表现始祖神诞神话，也同时是商周之族表现其始祖雷泽神诞（图一三）[7]的一种方式而已[8]。承前文言，在商代这一为饕餮所"食"神鸟为玄鸟即鹗，有长耳的，也有短耳的，相当于商代常见的蹲踞式玉人（图一二）。有的玉人身有圆形加十字形雷形符号，更说明商代这类神人与饕餮或龙身饕餮所"食"神鸟一样（图一四、图一五），即为商人之玄鸟神祖并有雷神特征。我们也发现商代存在龙"食"蹲踞式玉人现象（图一三），以及神鸟与雷高度关联的特性[9]，这更利于说明这类神鸟与蹲踞式玉人的关联性。

另外，商代饕餮"食"鹗图像中，在鹗喙上常可见一蝉纹（图一六），这是象征生生不息的，与商人始祖神诞神话和氏族繁衍可以关联。同时，泉屋博古馆铜鼓鼓顶两图腾玄鸟[10]（鹗）中间也有蝉，泉屋博古馆所藏有龙"食"玄鸟神祖图像的商代铜兕觥中也有蝉形，连同所述青铜器上常见蝉形，多应与商人神诞内涵有联系。

当然，古人关于器物之耳或把的文化附加意义不同时代不都是这么完备。从考古学及文献来看，新石器时代高庙文化、凌家滩文化往往把其与太阳大气光象明确地予以关联，而商及周时期则明确地把诸多青铜器之耳与坎卦、雷泽的文化内涵予以关联，商代的易学已较为成熟，相关的义理和事实在所见的周易经文及彖词、象辞中依然多有体现。像豫卦、恒卦、屯卦、归妹卦，内涵有不少与商人始祖诞生、侯国初创的内容有关，甚至是商人一些成就及励志的内容也都包括在内。泉屋博古馆铜鼓体现的内

图一一　妇好墓铜器　　　　图一二　妇好墓玉器　　　图一三　明尼
阿波利斯艺术
研究院藏玉人
　　　　　　　　　　　　　　　　　　　　　　　　　图一四　晋侯墓
地出土商代玉器

图一五　妇好墓玉器　　　　图一六　藤田博物馆藏铜方罍　　　图一七　山东茌平出土陶鼎

容就与前文所述卦象可以联系，所以商周时期把与其神祖神诞的神话有关的图像在器物之把上予以表现，实际是有早期文化传承、比拟巫术和民俗信仰基础的。

仅举一例。从豫卦看，"利建侯、行师"，即建立侯国，与铜鼓图像"天命玄鸟，降而生商"之立国始祖契相应；泉屋铜鼓玄鸟神人与鱼、泽的组合非常符合雷泽归妹卦，与"天命玄鸟，降而生商"之神诞神话、婚姻神话相应；豫卦上卦为震，震为雷，下卦为坤，坤为地。春雷轰鸣，大地震动，催发万物，这也呼应商始祖神诞神话；豫卦之《象》曰："雷除地奋，豫。先王以作乐崇德，殷荐之上帝，以配祖考"豫卦，是说王观此卦象，取法于声满大地的雷鸣，制作音乐或以之鼓舞，歌功颂德，光荣归于上帝，光荣归于祖考，这与泉屋铜鼓有太阳神帝饕餮图像、鸮图腾图像、玄鸟神祖图像、简狄图像等相应。又此卦利行师，即出兵打仗，与鼓的击鼓传令用兵之军事功能也是密切相应。

注释

［1］复原的话，蹲踞式身是常见情况。

［2］商代常见饕餮之鼻子或嘴巴与其所"食"鸮之喙、嘴组合的例子，图三器盖饕餮神兽嘴巴前端为表示神鸟的喙，表示饕餮"食"神鸟，与把手含义类同。这类用类似组合强调表达

类似主题的方式是商周这类器物上的常见现象，甚至是基本融合的例子。阿斯特克文化中美洲豹较为重要，表现祖先时，其把美洲豹嘴巴特征融合神人，这与饕餮嘴巴融合鸮之喙的情况虽然内涵不一样，但是艺术表现形式有些类似。

［3］商代象的素材有一定数量，兕觥之象纹也有一些，卜辞中也有诸多关于象的记录，商代南方也有不少象尊。同时，商代象尊像湖南醴陵的那件，其鼻端有鸮喙及鸮足及翅膀，附近有一虎，与虎"食"人卣及其他饕餮食鸮表达的内涵一样，显然表达的也是饕餮"食"玄鸟的神诞神话。这与泉屋博古馆蕴含商人神诞神话的兕觥上出现象纹的情况类似。饕餮"食"象图像可能说明象是天命之神物，临人间而生舜之始祖（其弟以文献名"象"，概取名仿祖之图腾），舜祖居妫汭可能与这一失传神话有关。

［4］古代"胥"字简为疋，又为雅、为正，正与蹲踞式为雅、夏，正可以关联。"疋"字在花园庄东地卜辞中已发现。华胥氏之名应与足、震、雷有关。

［5］林巳奈夫：《良渚文化的太阳之"气"和鸟》，《故宫学术季刊》第20卷第4期（2003年夏季号）。

［6］个别三者顺序错排列，有时只有神鸟和鱼。

［7］周人姜嫄生弃也属于雷泽生殖崇拜类文化，实际诸多神人诞生神话都与雷泽有关。

［8］有的在青铜器上装饰非象征简狄、建疵的鱼以及墓中随葬或佩戴玉鱼也可能有的是象征商人始祖神诞之雷泽类区域神话场景的。

［9］神鸟表示雷神，雷神与坎、泽密切相关，因此与契生玄丘之水类雷泽高度呼应。商代这类蹲踞式神人为拟合神鸟造型，是为玄鸟神祖，有的身饰雷形符号，所以其与神鸟单在具有雷神特征这一方面就可以互换。神鸟与雷的相关性在文献和卜辞中均有体现。详见冯时《甲骨文"震"及相关问题》一文，宋镇豪主编《甲骨文与殷商史》（新三辑），上海古籍出版社出版，2013年。

［10］该鼓顶之玄鸟实为长耳鸮。实际上商代有的鸮为短耳鸮，红山文化则多为短耳鸮，故宫博物院藏夏家店下层文化玉佩之蹲踞式神人头身之羽翅实际为鸮羽，从图像看，可能也是短耳鸮，山东茌平出土的龙山时代一件陶鼎之足（图一七），圆目，有喙，表面布满以圆形表示的羽毛，显然为鸮，这样的陶鼎非常多，其相应的应即郯子话语中的玄鸟氏。两昊，学术界一般认为其相应于大汶口文化，大汶口文化中的各式陶鬶应是呼应郯子话语中的有些神鸟的，虽然郯子讲的不全是可信的。

（原刊于《华夏文明》2018年第11期）

论桃花庄龙形兕觥的含义并论五步蛇与夏人的图腾问题

顾万发

夏人的图腾问题是学术界多年关注的夏代学术主题之一，然而多年来基本是在熊、黄龙、薏苡之间选择。这些看法都有一定的文献依据，然而都无法找到较为重要的考古学支持和严密的逻辑。刘敦愿在《文史哲》1983年第5期发表的《山西石楼出土龙纹铜觥的装饰艺术与族属问题》一文中，提出"以龙蛇纹样为主体装饰的铜器，应是夏族余民"制作的观点，桃花庄龙形兕觥（图一）亦即商代山西地区的戎狄族或即鬼方的遗存。这是对于该兕觥的龙纹[1]与夏人关联的最早专门论著。蔡运章在关于二里头绿松石龙遗迹[2]和姒字的文字学内涵的讨论文章中认为该龙[3]为苍龙，即是夏人的图腾。

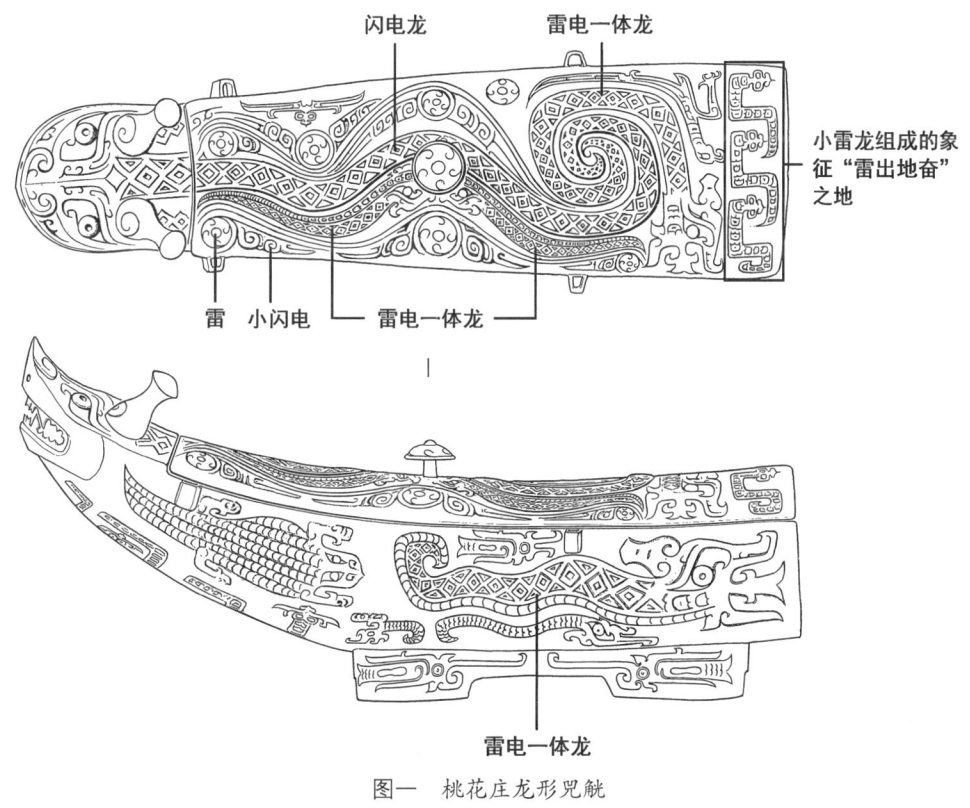

图一　桃花庄龙形兕觥

图二　泉屋博古馆藏商代铜鼓图像

该龙形兕觥，我们也曾有多篇文章论之。我们认为其中的龙有雷龙、闪电龙和雷电一体龙：只有菱形花纹并且其首拟形于五步蛇的，是象征闪电的，有菱形花纹又有火字形花纹的是雷电一体龙，只有火字形花纹的，即属于雷龙。

该兕觥中还有神鸟，还有鳄鱼，十分特殊。关于其中的神鸟，与金沙发现的黄金器物图像中的一类神鸟非常一致，应视为雷泽之生物。其中的鳄鱼，学术界对于其性质讨论不多。我们认为应该从整个兕觥图像反映的具体场景来判断，才会更有依据，但是一般而言很难了解古人制作图像的具体场景，不过，有不少材料利于论证这一问题。

1. 泉屋博古馆的商代铜鼓图像（图二）为商人神祖雷泽神诞其始祖禼的所在场景，即雷泽。而这一雷泽中，就有一条有鱼尾并且有鹿角柄的闪电龙。还有一些鱼，除了拟人化玄鸟与商人神祖生殖崇拜符并置的代表简狄和建疵的两条鱼，剩下的两条鱼可能与帝喾神话中代表稷、舜或者尧的女始祖有关。

2. 由于鳄鱼一般生活于泽，所以首先使人们意识到的概念包括雷泽，而恰好文献中曾经把鳄鱼视为雷神的表征物，或者讲是雷神的造型来源之一。又该兕觥中有呼应闪电的龙，还有呼应雷电的一体龙，还有属于"雷出地奋"场景的三条小雷龙组成的呼应天的地[4]。这样看，该鳄鱼应该是雷泽的鳄鱼，是雷泽的表征物之一。

3. 石峁等遗址出土有鳄鱼骨板、朱封龙山墓出土有鳄鱼骨板，都不是一般的猎奇制品，实际都蕴含着当地人们可能存在雷泽、雷神信仰。石峁诸多虎食神人图像蕴含的雷文化即是明证。虎食的神人一般为氏族神祖，由于雷震万物生、帝王出万物于震，所以其为雷虎所食即表明其获得了雷神的子孙繁衍之功，这一子孙繁衍之功，是宇宙中的第一神圣繁衍之功，因为根据卜辞雷电为帝之令，雷电是天垂象，让万物生长是上帝的意思，所以其繁衍子孙也即上帝的直接的意思，因而是神圣的，这就是为何需要以雷虎、雷龙、闪电龙等与雷电有关的神圣动物食神祖的本质原因[5]。

综合来看，该兕觥盖表现的主要意思之一是"雷出地奋"自然气象景观，与二里头绿松石龙遗迹（图四）、两城镇龙山中期墓葬绿松石、石球和一字形骨头之组合（图五）[6]的意义是一致的。该兕觥整体图像主要表现的场景还有雷泽，其中的诸多神物都是具有生殖崇拜含义常见的元素。其生机盎然，以表现雷泽的生生不息之文化象征意义。实际上商周以及春秋战国时期，有诸多铜盘图像表现雷泽场景，像商代反映神祖神诞始祖故事的雷泽盘非常多。商周以及东周时期的一些铜盘还出现雷虎食鱼的图像，也是雷神与代表女始祖组成的阴阳组合。雷虎食鱼的玉器在商周时期也有发现，例如弗利尔美术馆藏一件商代晚期的觥觥（图六）[7]。我们发现，商周以及春秋战国时期诸多象征雷泽的铜盘（图七、图八）被用于陪嫁，这是其图像主题与子孙繁衍有关的主要原因。

图三　玛雅文化的龙与闪电神

其实这类以器物及其图像表现雷泽的遗产众多。淮阴高庄战国墓还有一些铜盘（图九）[8]，其中心为近似离火形或者四花叶形。离火多为雷符，少量是同时表现雷火与太阳的[9]。四花叶形，从春秋时期的应国墓地、战国时期九连墩漆盒等材料看，实际与离火形有联系，即其是表示雷发光的符号，可能还可以同时拟合花，因为花与发光之雷本身就是类似的，易之震卦义理可以证明这一认识。

尤为重要的是，淮阴高庄一件铜盘中心有一龟（图九：3），而龟自新石器时代以来，就出现表示雷的现象，像各种龟铃或者龟甲响器即是。二里头文化以来又出现诸多龟身有圆形、离火形雷符的现象。诸多证据表明盘与豆中的龟象征雷，其所在的盘或者豆盘实际象征雷泽。这更利于证明淮阳这些盘子图案是以雷泽为中心的图像。这些铜盘中心雷符周边是索形龙组成的图像，而索形龙从商代开始基本都是表示雷电的，从战国开始，索形龙出现雷电阴阳形的，以前只是同雷龙或同闪电龙。淮阴高庄铜盘图像的雷电周围是类似《山海经》描述的场景，这一场景周围开始出现天上的人间式生活场景，整个图像实际是以雷泽为中心的空间设计。

桃花庄龙形觥觥中取形于五步蛇的龙有几条，作为整个器盖主体的龙，是一条基本写实的五步蛇（又有百步蛇、菱纹蝮等名），是象征闪电的。这一主体龙尾还有一条小龙，周身基本是菱形花纹，但是在首后却有少数火字形花纹，即是雷火之形，这表明其是具有雷火之阳的闪电龙，或者即是雷电一体龙。另两条小龙，围绕着离火形雷

图四　二里头绿松石龙遗迹

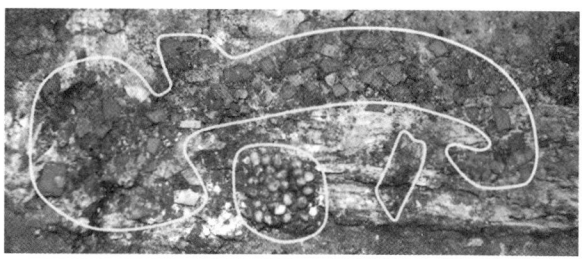

图五　两城镇龙山中期墓葬绿松石、
石球和"一"字形骨头之组合

图六　弗利尔美术馆藏商代晚期觥觥

图七　温岭琛山乡楼旗村出土商代铜盘及局部

图八　上海博物馆藏春秋时期雷泽铜盘

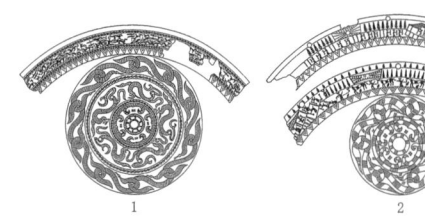

1　　　　　2　　　　　3

图九　淮阴高庄战国墓铜盘

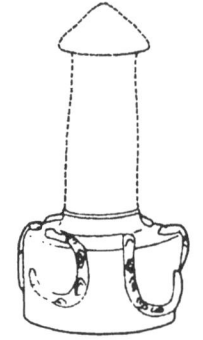

图一〇　二里头陶器盖

符和闪电，周身除了菱形花纹，其侧还有表现腹鳞的火字形花纹，实际应为一条雷电一体龙。鳄鱼附近还有一条龙，身有火字形花纹，首与五步蛇区别较为明显，腹有瓦块形鳞纹，虽然不像火字形花纹，但依然应作为小雷龙看待。其他小龙，都是身有火字形花纹，为雷龙无疑。

二里头文化时期，有诸多取形五步蛇的龙蛇，像二里头绿松石龙、陶器盖似神器的泥塑有菱形花纹的五步蛇[10]（图一〇）、与雷龟组合的有菱形花纹的蛇（图一一）[11]、二里头的面盘为心字形的有关绿松石牌饰之蛇等。依据我们的判断，这些五步蛇都是象征闪电的[12]。以龙象征雷电的考古学材料早已出现，像兴隆洼文化的由猪头和石头、陶片组成的龙，红山文化的猪头龙、红山文化的其他由鸮元素和蛇、狗熊的元素组成的C形龙、陶寺的彩绘龙（图一二）等，这些龙基本都是雷龙或者雷电龙，新石器时代红山文化一座墓葬两条C形龙可能是雷电龙组合，也可是两条同性质的龙组合，战国以前的索形龙中的两龙性质往往是一样的，很少出现单独闪电龙的现象。

五步蛇象征闪电龙，还可以由二里头文化一些牌饰内涵予以论证。五步蛇的心字形首是二里头等文化中不少铜牌饰的神面主体[13]（图一三），这表明这些牌饰动物的主体依然是五步蛇，自然即象征闪电龙，其与铃组合，依据文献，铃可以象征雷，所以两者组合即是雷电组合。巫师可以以五步蛇为兽面的闪电龙牌饰和铜铃为法器，表现拟合"雷出地奋"的气象景观，期望以此获得或赞扬风调雨顺，万物生长，国泰民安，同时也可依之表现"乘雷驾电"升降天地，沟通神人。被学界通常引用的洛阳金村符号性玉神人所骑之玉龙，其背有菱形，身有瓦块形（拟合火字形），即是雷电龙，表现的即是"乘雷驾电"现象。依据豫卦之易理，该卦还利于建邦、出师，同时以之表现的舞乐，按照豫卦之《象辞》论，可以以之祭祀天帝和祖先。

夏家店下层文化的彩绘牌饰不少都具有这一功能。至于二里头文化中的两件绿松石鸮面牌饰和夏家店下层文化中的彩绘鸮面组合的牌饰，由于鸮可以具有雷神特性，或者鸮面可以和龙组合构成闪电龙、雷龙或者雷电一体龙，所以绿松石鸮面牌饰与铃的组合依然符合或基本符合雷电组合。考古学发现，侯家庄1001号墓出土骨栖的雷电

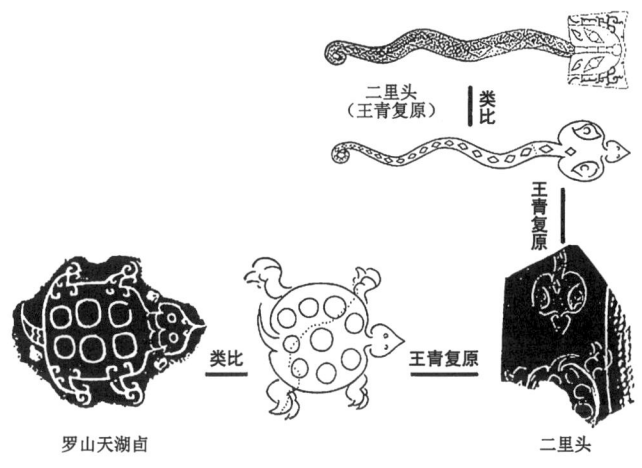

图一一 二里头铜器上的龟（雷）、蛇（闪电）组合

图一二 陶寺出土彩绘龙纹陶盘

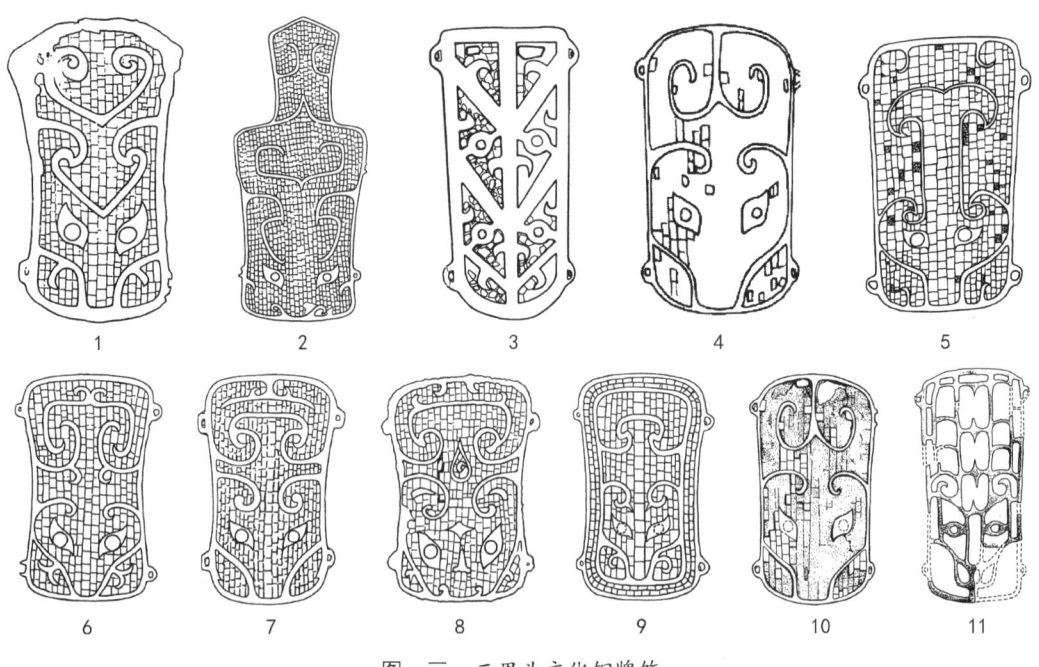

图一三　二里头文化铜牌饰

1、2、6.赛克勒博物馆藏　3.四川真武村仓包包祭祀坑出土　4.甘肃天水秦城区出土　5、8.辛格藏品　7.河南二里头出土　9.1991年伦敦流散品　10.甘肃天水采集品　11.甘肃广河采集品

图像中，有一件图像是雷龙与离火形雷符的组合，为雷字形；桃花庄的雷电一体龙与雷符有组合的现象，呈现雷字形；商代殷墟的白陶罍盖，有的是闪电龙与雷符的组合，有的铜器盖纽是雷龙与离火形雷符的组合。

夏人信仰的五步蛇，一个重要的原因是其可以与铃或鹿或鸮等组成"雷出地奋"之气象景观。至于夏人的图腾，从鲧化作黄龙以及禹的文字学方面看，似乎可能是龙。从中国新石器时代至夏商周诸多人们都尊崇和遵循的雷泽神诞始祖的文化背景看，夏人的图腾首先应该是神鸟，只不过该神鸟具有雷电的一些特性，尤其是宇宙第一子孙繁衍之功。夏字来自于蹲踞式造型即是重要的证据。夏翟为五彩神鸟，可能即是类似商之玄鸟、周之鸑鷟[14]的夏人图腾。所谓雷泽又有雷泽之名，可能即表明雷有时的表现可能与蹲踞式造型有关。而反映人文的蹲踞式造型，本质意义上即是拟合神鸟的，即神鸟也可以与雷神直接有关。

从商代虎食人卣器物底端的雷龙与代表简狄和建疵的鱼之组合看（图一四）[15]，商人文化中，除了以具有雷神特性的玄鸟作为图腾，确实还存在把雷神直接认为是其神祖的隐喻思维，其把虎食人即雷虎食蹲踞式拟人化玄鸟神祖图像显示给公众，却把雷龙与代表简狄、建疵的两条鱼[16]组合的这一图像铸造于虎食人卣底端的意思可能有这一方面。总的来讲，夏人统治者图腾可能是阳翟。其与雷电神之间关联密切，从虎食人卣或雷电龙食玄鸟的玉器、铜器图像看，有时甚至被叙述为是"他我"的关联，尤其从商人虎食人卣器底端的雷龙代替神祖图像看，其图腾也可以被认为是龙，只不过这一龙与神祖图腾可以有"他我"的关联。

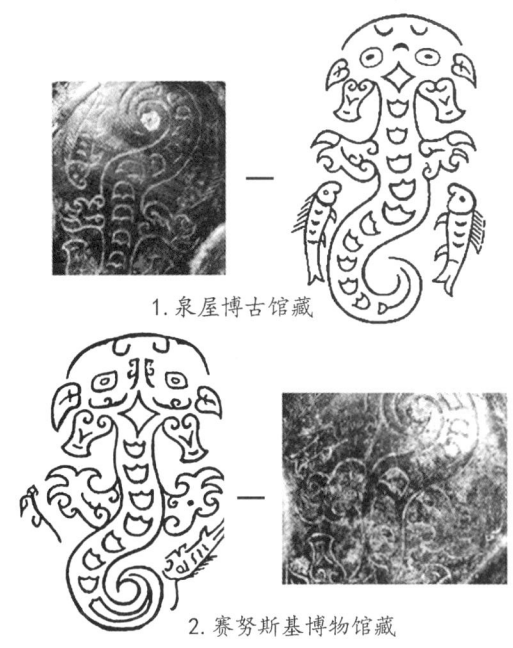

1. 泉屋博古馆藏

2. 赛努斯基博物馆藏

图一四　商代虎食人卣器物底端的雷龙与鱼之组合

　　桃花庄咒觥主体结构中的龙为夏人高度重视的五步蛇，从这一条看，似乎该咒觥可以反映夏人的图腾，并且该器物似乎与夏人有关。然而单独依据这一条是无法论定夏人图腾的，因为商人、周人同样崇拜五步蛇，并且依然多数时候像二里头文化反映夏代情况一样，是作为闪电龙或雷龙[17]来信仰的。

　　虎食人卣器底端的图像等考古学材料表明，在商代商人王氏族中出现过雷龙代替神祖图腾鸮的思维，也出现过菱形花纹的五步蛇闪电龙（有时伴有雷符）与图腾神鸟之间具有"他我"关联的造型。周代玉器之柄形器神祖之首的神鸟为周人图腾，其下端的神人为神祖，这一神祖有时表现为有神鸟特征，有时为龙形，显然是在"他我"关联的情况下以雷龙表现神祖了。夏字的由来显然与蹲踞式有关，也即与神鸟有关。另，文献中记载夏人的图腾薏苡，可能与夏人姒姓有关，即与龙有关。这些材料和论证表明，夏人的图腾可供选择的有薏苡、龙、神鸟。依据商周王氏族图腾内容看，夏字也应与雷泽文化有关，即其来源于蹲踞式，而这一蹲踞式本质意义上来自于神鸟并且是雷鸟，所以夏人图腾可以是神鸟。另，夏人的图腾可以描述为薏苡，因为这一神话同样与雷电有关。同时夏人的图腾在"他我"语境中还可能表述为五步蛇[18]。夏人的这一图腾情况与图腾层次论还不一致[19]。至于其他时代、地域的五步蛇图像，不一定是夏人的图腾表现，主要还是作为闪电神出现的，也可能是另一个氏族的图腾。因为诸多氏族都把雷电与氏族神祖神诞联系，因而表示雷电的龙可以是多氏族在神兽与神祖在相互构成"他我"关联基础上的图腾，这可能是多氏族都认可"龙的传人"的本质原因。

桃花庄龙形觥觥表现的是一幅雷泽景观和"雷出地奋"的自然气象景观，是万物生长的场景。其中的五步蛇在这里不应该是表示夏人图腾的，其实际是用于表示雷电的。以五步蛇装饰觥觥，还可能表明觥觥之酒若雷泽，利于主人的生生不息和子孙繁衍。《汉书·食货志》记载："酒者，天子之美禄，帝王所以颐养天下，享祀祈福，扶衰养疾。"《诗经·豳风·七月》："为此春酒，以介眉寿。"《易林·坎之兑》："酒为欢伯，除忧来乐。"这些都与雷泽有天降生生不息之能量有确切的联系。

▌注释

[1] 主体取形于五步蛇。

[2] 蔡运章提出二里头绿松石龙遗迹中的绿松石条形为呼应天的土地以及该遗迹表示龙从地腾飞升天西北的观点是具有卓见的（蔡运章：《绿松石龙图案与夏部族的图腾崇拜》，杜金鹏、许宏主编《二里头遗址与二里头文化研究》，科学出版社，2006年）。我们则提出龙代表闪电，铃代表雷，雷电组合出于地，又在基于雷电出万物生的自然现象的基础上，来反映符合豫卦核心义理"雷出地奋"的。这一重要的绿松石龙及相关造型是自然景观和人文思维的经典组合。雷电文化与气象、礼仪、宗法、神诞神话等的关联，是中国古代新石器时代以来艺术思想的主体，诸多青铜器图像、玉器图像、车马器图像非常利于证明这一问题。另外，东方苍龙符合雷电龙特征，但是不是所有的雷电龙都是东方苍龙，具体龙的造型，可能在一般的雷电龙与苍龙造型之间有影响。

[3] 主体取形于五步蛇。

[4] 以雷龙组成"地"，是由于古人认为雷可藏地、藏田，同时表示土地生机，像二里头绿松石龙场景中的地，其也是以所谓的雷纹构成，实际是以羽翼纹表现的闪电之组合以表示青天时节，雷电已现，土地惊蛰，已有生机。

[5] 美洲玛雅文化中闪电神有被龙食的现象，其中的龙本身花纹有的是有菱形花纹者（图三：1），造型主体应该来自美洲土产菱纹蟒，也有的食闪电神的是同时具有圆形花纹和菱形花纹的龙（图三：2），应该来自美洲本土的菱纹蟒和水蚺。由于有题记，所以美洲的龙食人题材的含义明确，这对于我们理解中国这类题材具有重要的参照作用。可以认为这是美洲土著文化与中国古代文明有关信仰主体的一个高度相似的方面。其实两地还有诸多文明元素相关，像大

气光象神鸟、首有神鸟的蹲踞式神祖、类似石家河文化晚期、石峁文化神人耳朵装饰等等。这些相似元素在中国一般都很早，这也表明有关学者认为两地文化高度关联的可信性。

〔6〕王青：《远古图物：早期神灵考古探索》，上海古籍出版社，2019年。

〔7〕弗利尔美术馆藏一件商代晚期的觥觥的背部，就有一幅由雷虎、男神祖鸮、女始祖鱼综合的图像，其组合应该包括雷虎食鱼、雷虎食神鸟、神祖食鱼、雷虎食神祖及神祖食鱼。

〔8〕淮阴高庄战国墓有的铜盘的龙纹组合、神人与神兽的组合，位于阶梯形山体，实际是拟合山形，并位于地下，表现的是"地之雷"，并表达"雷出地奋"以利万物生的意思。这些表示雷泽场景的铜盘图像，本质上与商周以来的诸多铜盘图像意义是相同的。与湖南赤石动物纹（蛙、蛇、鳄鱼等）铜卣以及该地域其他动物纹铜卣，实际表示的都是雷泽万物生的场景，与桃花庄龙形觥觥场景都属于雷泽图像。

〔9〕商代猪形磬，中间离火既是雷火又是太阳，周边的枚是同样的内涵。战国的刀剑首经常是玉璧形，其中的离火形即多是雷符。其实西周以来的玉璧之离火纹依然多是雷符，这些玉璧的图像，像龙虎神鸟等都是表示雷电阴阳的动物。

〔10〕器盖似神器实际代表的是通天高台，符合高端致雷电的自然科学，古人观测到这一现象，所以制作了拟合这一现象的神器。另，这些器盖似神器，与空心（有的是示意，可能同时还拟合太阳光柱，代表通天柱）的石家河文化晚期风格的玉神人可以类比。其中器盖似神器的五步蛇为闪电，神人虽然为太阳家族的某一氏族之神祖，但是其繁衍子孙之功来自于天帝所命之雷电，所以经常用代表雷电的动物特别是龙、虎等所食的图像来表现其与雷电神之间常常具有的"他我"关联。二里头文化晚期一件陶牌饰，也有空心的通天柱，本身造型也应该是"介"字形，与赛克勒博物馆所藏的一件"介"字形牌饰类似，整体造型与内涵近似二里头文化的器盖似神器。这表明这两件牌饰及其他亚腰形牌饰制作思想也是依据高端致雷电的自然科学。这一高端的代表在宇宙中，往往以太阳光柱、太阳大气光象或拟合之的通天高台或扶桑之类的太阳神树为代表，三星堆文化九鸟一龙（雷电龙）铜树也是代表。

〔11〕商周开始有的五步蛇身有火字形花纹用以象征雷，商代的离火形符中既可以有雷龙，也可以有闪电龙，商王陵的铜胄即是代表，这也表明雷电、闪电龙与离火形雷符都可以组合。

〔12〕商周开始有的五步蛇身有火字形花纹用以象征雷，商代的离火形符中既可以有雷龙，也可以有闪电龙，商王陵的铜胄即是代表，这也表明雷电、闪电龙与离火形雷符都可以组合。

〔13〕这些牌饰中其他线条尤其是心字形首上端的线条，基本都是羽翼形，用来表示闪电龙周边的附属闪电或曰光气，这一重要判断是基于二里头文化一件器盖式中空神器的图像：一头双身有菱形花纹的蛇，显然是五步蛇，其代表闪电。右上端有一鹿属动物或兔代表雷，整体构成类似卜辞中的金文中的雷字形，其周边和上端，是以羽翼纹表示的附属闪电或曰光气，是雷电现于九天的背景，也是地奋雷出的天空自然景观。另，辛格所藏的一件牌饰（图一三：8），

在五步蛇首的上端还有一特殊的符号，我们认为应该是代表鸮的眼睛。鸮是候鸟，与雷电相始终，同时从石家河文化晚期、石峁石雕以及商代的玄鸟鸮的材料看，鸮可以象征雷，其与五步蛇的组合构成雷电组合。其实二里头等文化的牌饰中，在五步蛇首上端有的还有心字形，其应代表鸮面并代表雷，与五步蛇代表的闪电构成雷电组合。这一心字形代表鸮，从卜辞中与鸮有关的字的写法中可以予以判断。其实绿松石牌饰中还有一件（图一三：5）在五步蛇闪电神背景中采用了括号形以代表鸮面，也是雷电组合。

［14］从《史记·周本纪》看，可能是鹰形；从《国语·周语》看，可能是凤凰之属；从考古发现看，应该是一种神鸟。周人的玉器璋至少一类即是柄形器物，其上花纹彰显祖德。其中神人应该即是神祖，有的神祖雷龙化，神人与周代的玉人类似，经常有雷电龙在周身。其中立于首的神鸟应该即是图腾神鸟，这些神鸟有的应该是周人王氏族的图腾神祖。这些神鸟有的与同时代青铜器耳朵的神鸟造型基本一致，而这些神鸟有的身有火字形雷符，有的像佣国铜器的一些神鸟足底有离火形雷符，显然具有雷之子孙繁衍之功，并且这些神鸟多数还为代表雷电的神兽所食，正是龙山时代以来的经典的反映雷泽生殖崇拜文化的结构。另，周代玉人、玉器图像中的龙与神人，一般都有雷龙与神人构成雷龙食神人经典结构，只是没有商代虎食人构图那么明确罢了。

［15］图一四：2的鱼也是两条，只不过一条不清楚而已。

［16］两条鱼各自代表简狄、建疵，象征巽、兑，雷龙象征震卦，构成商代既有的雷泽归妹和恒卦，表示婚姻、更新、再生、繁衍之意义。

［17］有的五步蛇为主要造型的龙，却是火字形花纹，商代晚期以及西周以来出现这一现象。

［18］这些与雷电有关的薏苡、五步蛇图腾，可能是夏人姒姓的由来。

［19］彝族学者刘尧汉在《中华民族龙虎文化论》（《贵州民族研究》1985年第1期）首先提出图腾演变、衍生的层次论。彝族学者杨和森又在《图腾层次论》（云南人民出版社，1987年）中，以羌戎等民族材料继续探讨这一问题。从考古学的层面看，民族学中存在的一些图腾现象在中国古代应该是存在的，不过存在的原因不一定都是表面的层次，其中一个重要的原因应该是这些具体不同的图腾是具有"他我"关联的。

（原刊于《华夏文明》2020年第3期）

五步蛇身的电神及相关问题

顾万发

妇好墓铜尊的五步蛇牺牲为标准化的龙身兽面（图一），然而这样的描述和认识没有明确的学术意义，尤其对于青铜器纹样的内涵而论。我们认为，这一兽面龙主要取形于五步蛇：其身背有完整的菱形纹，两侧是三角形，尤其是头部的鼻子，与真实的五步蛇非常相似。背为菱形纹的蛇，还有属于游蛇科的玉斑锦蛇（图二），该类型的蛇菱形花纹不连接，所以两侧没有三角形。同时玉斑锦蛇是无毒蛇，不是当时人们崇拜和信仰蛇之主题的选择。其他国家有这类花纹的其他蛇，但是中国古代并未发现。台湾排湾族、鲁凯族的五步蛇崇拜，是值得对比论证的民族学材料。

该五步蛇造型中有鹿角柄，这是商代典型的生生不息信仰的表现。商代多数五步蛇多有这样的鹿角柄，只有少量的五步蛇没有。因为鹿角柄是鹿角生长的基础，并且鹿角解而鹿角柄不坏，是真正的再生之基础，所以崇拜生生不息的商人高度重视这样的设计，周代也有一些发展，商周时期还发现有的这类鹿角柄上端有离火形雷符，有的还有花朵形造型，都是强调生长的意思。侯家庄1001号墓葬有一件骨栖的饕餮图像非常特殊，其首有离火似的雷符，并且雷符首端也是三角形的花朵似造型，这是平面图像，其显然与有的鹿角柄之端有花朵形的造型类似。这类所谓花朵形造型的本意还是雷生光芒，两者并不矛盾（图三）。

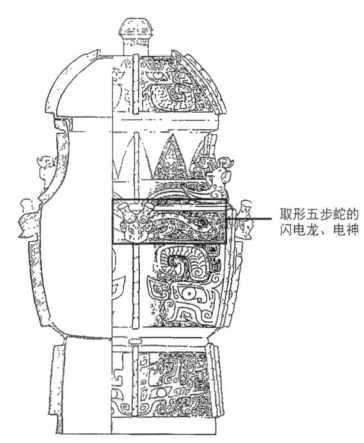

取形五步蛇的
闪电龙、电神

图一 妇好墓出土铜尊

图二 玉斑锦蛇

图三 侯家庄M1001
出土骨栖上的纹饰

商周时期也有的非取形与五步蛇的龙也有这类鹿角柄，这类蛇有的是取形五步蛇的电神（图四：1），有的是身有火字形纹样的阴阳之阳龙，也即是雷神之龙（图四：2、图四：3）。王仁湘的公众号《器晤》之《方圆阴阳》一文，曾论及这类龙蛇的阴阳性质，与雷神电神之阴阳是相符的。

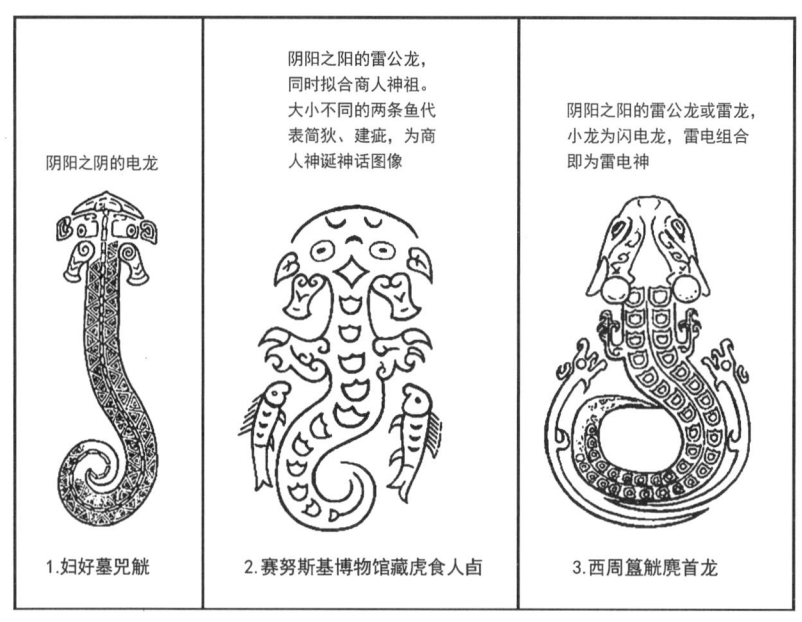

阴阳之阴的电龙

1.妇好墓兕觥

阴阳之阳的雷公龙，同时拟合商人神祖。大小不同的两条鱼代表简狄、建疵，为商人神诞神话图像

2.赛努斯基博物馆藏虎食人卣

阴阳之阳的雷公龙或雷龙，小龙为闪电龙，雷电组合即为雷电神

3.西周簋觥鹿首龙

图四　商周时期铜器上的纹饰

商周铜玉以及骨器中的五步蛇造型，有的还有鱼尾，可以称之为鱼龙。妇好墓出土的一件玉磬上，兽面五步蛇身的鱼龙还有四肢。实际上都应视为是电龙，并与商人的神祖神诞之雷泽神话有关。

二里头绿松石龙与绿松石条形以及铜铃实际是一个组合，该组合中的铜铃代表雷震和地震，绿松石条形代表土地、藏龙之田，绿松石龙代表闪电。而该绿松石龙正是取形于五步蛇。这类五步蛇的龙，在二里头文化较多，都是表现闪电的龙，即电神，与雷神的组合即雷电神，是表现人、物之生殖崇拜和生生不息的意思。与其他图像比较，更能言明问题（图五）。

1.二里头绿松石龙遗迹中铃代表雷与地奋之震，是有文献依据的，文献中常用"铃铃"表示雷声和地震声，正与《豫》卦之"雷出地奋"相呼应，这一自然景观往往是惊蛰春分逐渐多现的现象。

2.铜铃代表雷，文献中铃钟为阳，其与闪电之龙正好构成一组阴阳，与卜辞中的"雷"字相似。二里头绿松石龙与铃组合的内涵识别，利于言明二里头其他与铜铃共出的铜牌饰，有的为龙，有的与春分玄鸟鸩有关，玄鸟又可拟形闪电，所以牌饰与铃的

1.二里头绿松石龙·"雷出地奋"豫卦景观

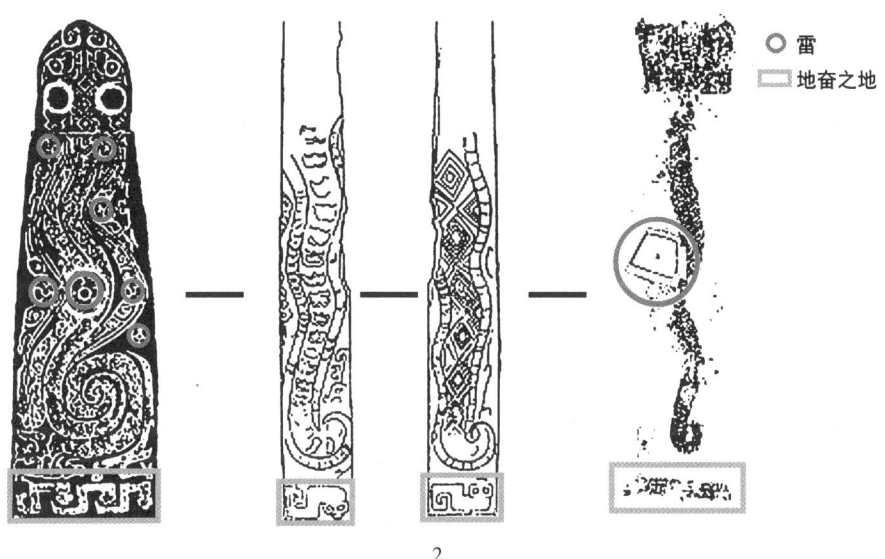

○ 雷
▭ 地奋之地

2

图五　二里头出土绿松石龙与其他图像比较

组合应与绿松石龙遗迹类似。

3.夏家店下层文化中彩绘牌饰不少，有的与带火字形花纹的蛇（陶寺陶盘雷龙也有类似的火字形花纹）组合，显然可视为雷龙与闪电神的阴阳组合。三星堆文化铜牌饰为窖藏，未携带与雷组合的背景。

商代侯家庄1001号墓葬出土有诸多骨柶，有的是典型的五步蛇龙、该类五步蛇显然是电神，是闪电龙。也有火字形火纹的雷公龙，有的还与闪电龙构成阴阳组合即是雷电神（图六），与有的骨柶上人面雷公身、雷电身组合的图像基本一致。同时这些骨柶有的长尾神鸟与雷符组合，应也是闪电神，这在铜器中是少见的（图七）。这表明，商代有电神、闪电龙，有时也表现为闪电神鸟，也是电神。雷神、电神的阴阳属性之论，雷公龙、闪电凤之现象，也可能与晚期龙凤为阴阳组合的概念有关。侯家庄1001号墓葬各类骨柶图像，除了反映商人神祖神诞的雷泽文化图像外，其基本图像主要反映的是雷出、藏与地、田的关系，与其来自于饮食的本质是有关的。

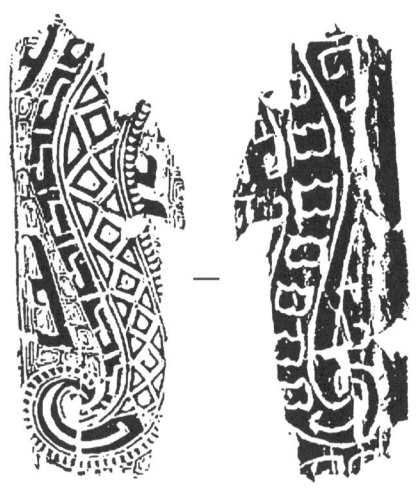

图六　侯家庄 M1001 出土骨柶　　　　　　　图七　侯家庄 M1001 出土骨柶

取形五步蛇的属于阴阳之阴的闪电龙。商人拟人化的蹲踞式玄鸟神祖本身造型也拟合闪电形、申字形，其背有雷神饕餮，与妇好墓蹲踞式玉人身有圆形＋十字形雷符组合一样，不过一个是雷符，一个是饕餮。这表明蹲踞式神祖已具有阴阳之阴的雷神特性，与闪电龙组合仍然属于雷电组合的性质。赛努斯基博物馆的虎食人卣中，蹲踞式神人身没有饕餮雷神，应视为省略或不言而喻。

该鸮尊翅膀的龙食取形与五步蛇的闪电龙，在雷电阴阳组合中属于阴阳之阴。商代鸮尊或鸮形铜器翅膀多见的龙为雷公龙，属于阴阳之阳。

图八　虎食人卣和鸮尊

　　五步蛇身的闪电龙、神鸟形闪电神以及其阴阳雷、电神龙的识别，对于完善青铜纹样解读的难题具有重要价值。商代的一般意义的饕餮纹，多可以视为与雷电神密切相关，详识待论。

　　五步蛇身的闪电龙常见出现于鸮尊，表示雷神的雷公龙也多见于鸮尊，并且两者还多出现于虎食人卣器物的图像中（图八）。按照我们的判断，这些器物的图像多与天命玄鸟降而生商神话有关。商代的鸮即是玄鸟图腾，拟合闪电神，即是卜辞中的申字形，有时也可单独代表雷电神。有的蹲踞式玄鸟神祖有拟人化倾向，有的还有圆形加十字形雷符，显然表明玄鸟代表闪电即是申字形，其与雷符组合即是卜辞中的雷字，也即是雷电的组合字。雷电组合的雷字、雷电组合的鸮形器，有时具有阴阳统一的特征，这也是世界各地造物主的典型特征，但是相对于商人的女始祖而言，则是阴阳之阳的特征，泉屋博古馆商代铜鼓拟人化有羽翼的那行玄鸟神祖即是明证。同时应该言明，出现这类玄鸟神祖、闪电龙、闪电神鸟、雷龙的商周图像，一般都与雷泽神话有关。侯家庄1001号墓葬闪电神鸟与雷组合的图像中有鱼的造型即是明证。实际上中国古代的雷泽神话从高庙文化、仰韶文化看，起源很早。世界其他民族也有诸多雷神神话，由此可以看到，中国古代的雷泽生殖崇拜文化也具有明显的国际性。

（原刊于《华夏文明》2019年第10期）

商代猪形铜磬及相关问题研究

顾万发

商代晚期的铜磬，学术界关注得并不多，只有几篇有限的学术讨论。实际上这类材料非常重要，蕴含着非常重要的信息。

1.一般认为这类铜磬为猪形，也有认为其为龙形的。我们认为，总体应视为猪形，其猪的特征非常明显。不过猪喙造型与夏商周时期有的龙嘴之喙类似是确实存在的，耳朵与饕餮首的龙也相似。

2.若像有的学者认为那样，铜猪磬很难形成编磬，主要是由于铜铸，其音不易于精确区别（图一）。

3.该类铜磬猪形上端有的有一鸟，有的为羽翅纹，都可同时代表猪的钢鬣。

4.铜磬造型中非常重要的一点是鸟与猪的组合，这类组合在湖南青铜猪尊上也有明确体现。鸟与猪的组合非常重要，在甲骨文中有的王亥之名即是"鸟位于亥首"的造型。

5.我们曾经论证猪与太阳有关联，即猪与太阳大气光象多个具体图像组合或个别图像有关。河姆渡和田螺山之猪图像（运送太阳或幻日）、河姆渡猪首形器（可能象征逆温层下的太阳）、双墩之猪图像（象征太阳或幻日）、良渚文化玉璧之带系猪图像（其中猪象征太阳）、常州新岗之陶猪（身饰太阳大气光象）、浙江嘉善之陶猪[1]、大汶口文化的一件特殊陶鬶（蕴含鸟猪同体，与太阳有关）、新砦之猪首器盖（可能象征逆温层下的太阳）、夏家店下层文化之石猪（象征太阳）、商代的双头猪铜器（与双头鸮铜尊类似，应与太阳有关）、晋侯墓地之铜猪[2]、金文中的猪运行太阳徽铭，都是重要的考古学材料。因此，"鸟位于亥首"可以理解为神鸟与比拟太阳神物的组合。

6.鸟与猪的组合中，其中的鸟为神鸟，这一神鸟的属性为何？从红山文化牛河梁一贵族神巫墓葬中死者的头顶神鸟看，其选取的是鸮与天鹅的成分并予以组合。从卜辞中王亥之名的写法看，其首端的鸟形，单从文字看，生物属性不一，有的是长尾鸟，有的是鸮，有的是鸡形鸟。

另外，不少学者都曾经把卜辞中王亥之亥字首上之鸟认为是《诗经·商颂》"天命玄鸟"之"玄鸟"。首有神鸟的造型，在良渚文化、红山文化及龙山文化中都出现过。这些神鸟有的是小型鸟类，有的属于鹰隼类，不过从这些图案中似乎识别不出其为这

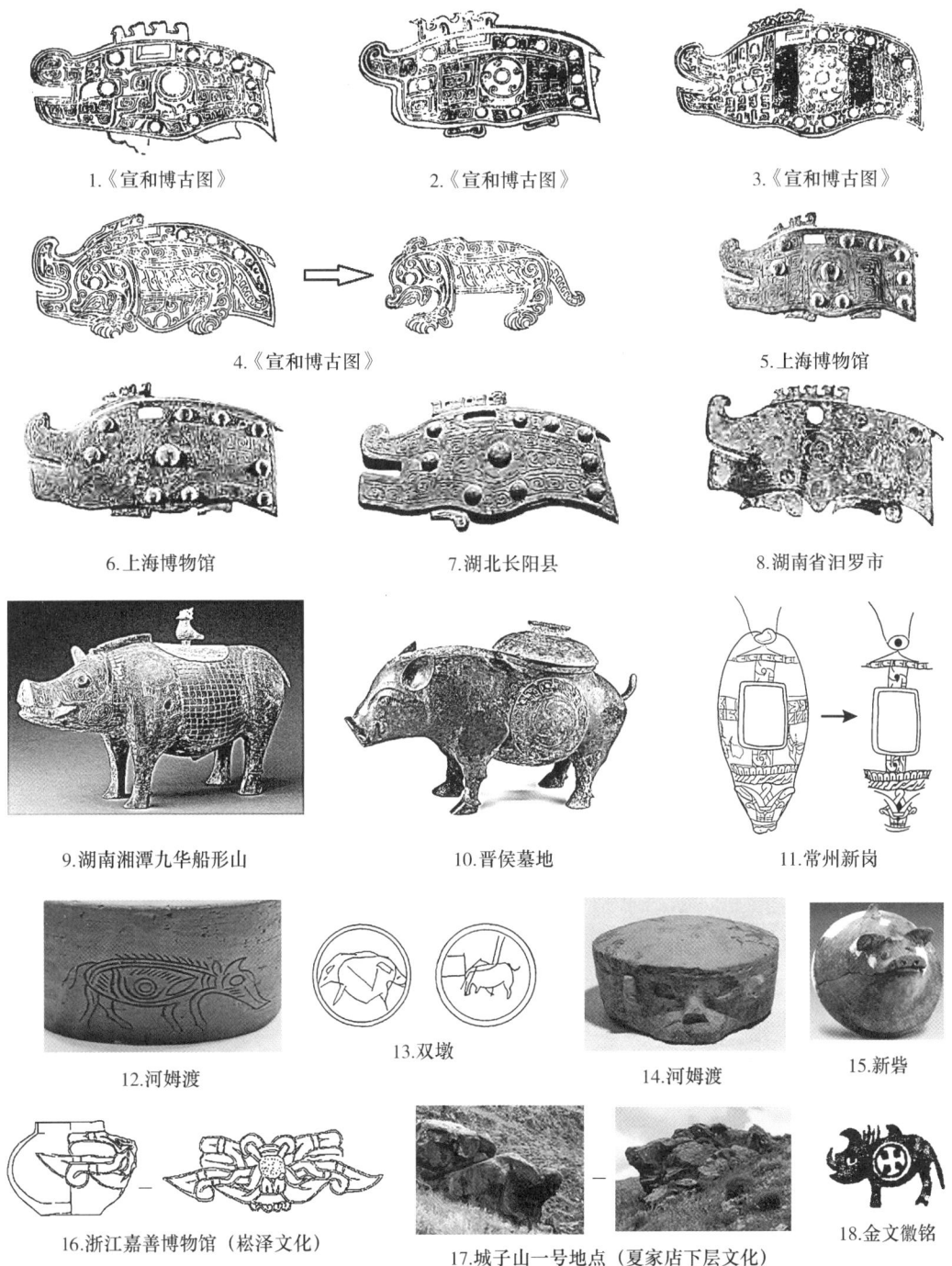

图一　新石器至商周器物上的猪纹和造型

些神人的神祖之鸟，但是从与玄鸟生商神话有关的卜辞中有的王亥之"亥"字的写法看，也可能与其图腾有关。王亥之"亥"字首端的神鸟在文字上不应全部必然是玄鸟，但是其中少量的确实是长耳鸮，应即玄鸟。其他不明鸟类者及鸡似者可能是代替玄鸟或是短耳或基本无簇羽的玄鸟的。至于王亥之"亥"，之所以起名为猪，显然是由于猪与太阳神有关的原因。同时，商人信仰太阳神，以之为名也是古代这类"姓名学"的常见现象。依据我们有关泉屋博古馆藏商代铜鼓图像的研究，后代所谓的降而生商的天命之玄鸟，至少在商代晚期，商人贵族思维中"玄鸟生商"的主要场景是：具有鸮簇羽、羽翅的蹲踞式[3]男性神祖[4]，位于以鳞似鱼、龙等表示的泽中[5]。

7. 铜磬的造型实即为"鸟及亥"的组合，换言之，其与卜辞中有的王亥之"亥"字是同类造型。

8.《郁离子·尚诚篇》记载，泗水之滨多美石。孟尝君为薛公，使使者求之以币。泗滨之人问曰："君用是奚为哉？"使者对曰："吾君封于薛，将崇宗庙之祀，制雅乐焉，微君之石，无以为之磬，使隶人敬请与下执事，惟君图之。"泗滨人辞孟尝君曰："下邑之石，天生而地成之。昔日禹平水土，命后夔取而荐之郊庙，以谐八音，众声依之，任土作贡，定位方物，要之明神。"孟尝君大恐，命驾趋谢客，亲御泗滨人，迎石登诸庙，以为磬。诸侯之客闻之皆来，秦、楚之兵亦解。由此记载可见，古人认为石磬可以和谐八音，使众声依附，使神灵明智，显然是说磬可首领众声，沟通神灵。《周礼·冬官·考工记》："磬氏为磬，倨句一矩有半。其博为一，股为二，鼓为三。参分其鼓博，去一以为鼓博。参分其鼓博，以其一为之厚。已上，则摩其旁；已下，则摩其耑。"由此可见，磬的声音不能太清也不能太浊，应是中和之音，避免出现响而不厚、尖而不振、短而不悠等共振与谐振感差的情况。制磬技术上要求磬声音纯正，清脆悦耳。《淮南子》所载钟磬合鸣时："近之则钟声亮，远之则磬音彰。"磬声悠游播扬，到达天际帝所，动人神之心扉。《吕氏春秋·古乐篇》："帝颛顼生自若水，实处空桑，乃登为帝。惟天之合，正风乃行，其音若熙熙、凄凄、锵锵。颛顼好其音，乃令飞龙作效八风之音，命之曰《承云》，以祭上帝。乃令鱓先为乐倡，鱓乃偃寝，以其尾鼓其腹，其音英英。帝喾命咸黑作为声歌——《九招》《六列》《六英》。有倕作为鼙、鼓、钟、磬、吹苓、管、埙、篪、鼗、椎、钟。帝喾乃令人抃或鼓鼙，击鼓磬，吹苓展管篪。因令凤鸟、天翟舞之。帝喾大喜，乃以康帝德。"又载："帝尧立，乃命质为乐。……瞽叟乃拌五弦之瑟，作以为十五弦之瑟。命之曰《大章》，以祭上帝。舜立，仰延，乃拌瞽叟之所谓瑟，益之八弦，以为二十三弦之瑟。帝舜乃令质修《九招》《六列》《六英》，以明帝德。禹立，勤劳天下，日夜不懈。通大川，决壅塞，凿龙门，降通漻水以导河，疏三江五湖，注之东海，以利黔首。于是命皋陶作为《夏籥》九成，以昭其功。"另据《吕氏春秋·古乐篇》，尧命夔击磬，"乃拊石击石，以象上帝玉磬之音，以致舞百兽"。其意是在尧帝在祭祀天帝时，叫大臣夔击磬，类上帝之玉器磬之音，以至百兽或图腾舞蹈的人们也随之起舞。古有"四时嘉至磬"的说法，这里的"嘉至"是西汉宗庙迎神乐名，磬参与的礼乐除了祭祀上帝、康明帝德外，也用于祭祖神的素材。

《白虎通义·礼乐篇》："磬者，夷则之气也，象万物之成也。其气磬，故曰：'磬有贵贱焉，有亲疏焉，有长幼焉。'朝廷之礼，贵不让贱，所以有尊卑也。乡党之礼，长不让幼，所以明有年也。宗庙之礼，亲不让疏，所以有亲也。此三者行，然后王道得；王道得，然后万物成，天下乐之，故乐用磬也。"

由上文可知，磬声天籁，可以祭祀、康明上帝，中正天然；可以昭明圣王，嘉德四野。所以铜磬采用猪形，可能与猪可以象征太阳神帝有关。同时王亥之功，在卜辞中位同高祖，假若铜磬之形所融合猪在商代确实可以与卜辞中王亥之亥相关的话[6]，则表明该磬除常用功能外，可能分布于长江两湖地区的商人经常用于昭功先王王亥这一礼乐场景。

9.《宣和博古图》中收载一件猪形铜磬身有一虎，有学者可能会认为与虎方有关。商代曾经出土过虎纹和龙纹磬，也有人认为与虎方或龙方有关。在我们看来，这类磬上的虎和龙与族徽无关，应该是一种装饰。这里的龙虎猪与太阳有关，以此示意磬声清亮阳光，悠扬远播，以康明德辉，昭明功名，沟通人神天帝，商代猪形铜磬、晋侯墓地铜猪身负太阳的情况更利于说明这一问题。同时龙虎从云风，龙虎腾跃，虎啸龙吟，猪声天籁，这些可能与制作使用磬者希望表现的磬声特质有关。所以，磬上出现虎[7]、龙、凤纹，甚至是以猪为磬形，可能还与象征性地把磬声与这些动物的声音拟合的设计思维有关。当然，出现猪形磬，与两者可以较好拟形也有关。

综合来看，《宣和博古图》中该铜磬中的虎表示太阳，相当于别的铜猪磬身上的圆形太阳纹，其位于该猪身，目、足与之融合，实际其蕴含的主题及核心含义之一，是"猪运太阳"。古人以为乐与风气高度关联，《通卦验》（郑玄注）曰："立秋，凉风至，虎啸。"这也是铜猪磬及殷墟虎纹玉磬用虎纹的原因之一。

10.我们在大洋洲也见到过鸟位于虎身的铜器，这里的虎应该与盖或首为神鸟的猪形尊或猪形磬中的猪可以对应，即两者都可以象征太阳。同时我们发现，商代有牛尊上端的盖纽为虎形的，也是神性的一种体现，但是更多的则是一种装饰艺术。

11.从河姆渡遗址到西周时期，甚至到汉代，以猪象征或运行太阳或幻日的现象一直就存在，但是在有夏一代，这类现象似乎很不明显。在新砦遗址出土有一猪首器盖，但其可能与当时盛行东方因素有关，而与中原夏人本族群似乎没有明显关联，不过按照《山海经·海内经》记载，"黄帝妻嫘祖生昌意，昌意降处若水，生韩流。韩流不过擢首、谨耳、人面、豕喙、麟身、渠股、豚止，取淖子曰阿女，生帝颛顼"看，夏人祖先也有人有猪的特征，这一谱系可能是大一统论的有误之断。

12.《淮南子·本经训》记载："逮至尧之时，十日并出……尧乃使羿诛凿齿于畴华之野，杀九婴于凶水之上，缴大风于青丘之泽，上射十日而下杀猰貐，断修蛇于洞庭，禽封豨于桑林。”其中擒封豨、去除九个太阳都表明，羿与猪神和太阳为对立关系。《左传·襄公四年》载：“浞因羿室，生浇及豷……处浇于过，处豷于戈。”寒浞一子名豷，一子名浇，即一名与猪直接相关，一名与水继之猪相关，总之，都是与猪有关联。这些神话可能也暗含了羿与寒浞的某种对立关系。

13.《山海经·海内西经》记载：“海内昆仑之虚，在西北，帝之下都。昆仑之虚，方八百里，高万何。上有木禾，长五寻，大五围。面有九井，以玉为槛，面有九门，门有开明兽守之，百神之所在。在八隅之岩，赤水之际，非仁弈莫能上冈之岩。”又载：“昆仑南深渊三百仞。开明兽身大类虎而九首，皆人面，东向立昆仑上。”从学术界的讨论看，其中的开明兽与太阳有关。扬雄《蜀王本纪》记载：“望帝积百余岁，荆有一人，明鳖灵，其尸亡去，荆人求之不得。鳖灵尸随江水上至郫，遂活，与望帝相见。望帝以鳖灵外相。时玉山出水，若尧之洪水。望帝不能治，使鳖灵决玉山，民得安处。……鳖灵即位，号曰开明帝。帝声卢保，亦号开明。”开明实应与太阳有关，可能也与鳖灵有关。根据我们的研究，鳖之造型实际是可以拟合太阳大气光象的，红山文化玉龟、凌家滩和玉版四维之矢形组合等均利于说明这一问题。

《山海经·西次三经》记载：“西南四百里曰昆仑之丘，是实惟帝之下都，神陆吾司之。其神，状虎身而九尾，人面而虎爪。是神也，司天之九部及帝之囿时。”郭璞注“囿时”曰“天帝苑圃之时节”，即时令节气，袁珂校注曰：“开明兽即《西次三经》神陆吾也。”由此可知，此陆吾、开明兽与太阳有密切联系。西北又为帝之下都，从常州新岗崧泽文化身饰太阳大气光象的陶猪、河姆渡文化中表示太阳幻日之猪图像、凌家滩文化中表示幻日的玉鹰之猪“翅膀”、《庄子》中有关“封豨氏”的记载可知，天帝可以呼应为太阳大气光象之神，物化则可为亥。于此西北昆仑中的重要图像应包括亥及虎。

《白虎通义·礼乐篇》载：“如其次，笙在北方，柷在东北方，鼓在东方，箫在东南方，琴在南方，埙在西南方，钟在西方，磬在西北方。声五、音八何？声为本，出于五行；音而末，象八风。故《乐记》曰：‘声称文谓之音，知音而乐之谓之也。’”由所述文献知，磬对应于西北方，而西北又为帝之下都的昆仑之地，此地的重要“文化景观”为上帝及开明兽，此“文化景观”又可以与亥—虎关联。这说明《宣和博古图》中的那件猪形中又有虎形的磬之图像与昆仑圣像在神话内涵方面具有一定的文化联系。

14.磬在乐器关于八方的位置为西北位，西北为昆仑，昆仑三层来太阳大气光象常见的三层坛台现象[8]，与太阳关联，太阳又与猪及虎均有关联，昆仑有虎形开明神，因此猪携虎铜磬之图像蕴含猪携太阳运行的意识。昆仑神话场景也蕴含这类神话内容。

依照前文所述《山海经》等文献，昆仑山面有九门，有九首开明神兽，每首各守一门，并掌“囿时”，即掌昆仑神植之时令节气。这一场景实际与陶寺一类观象台非常类似，该神话与陶寺天文观象台具有相同逻辑：昆仑九门与陶寺观象柱之间的空间呼应，观象柱之间某一节气的太阳与管理昆仑九门及掌"圊时"之开明兽之首呼应。尤其开明兽掌"圊时"，正是节气的概念。

15.青铜猪磬采用猪形与卜辞中以之为牢的情况应无关，只需为猪即可，何需载太阳？

16.8件青铜磬除了一件外，中间一圆形离火纹与周边圆形枚似物表现的实际是

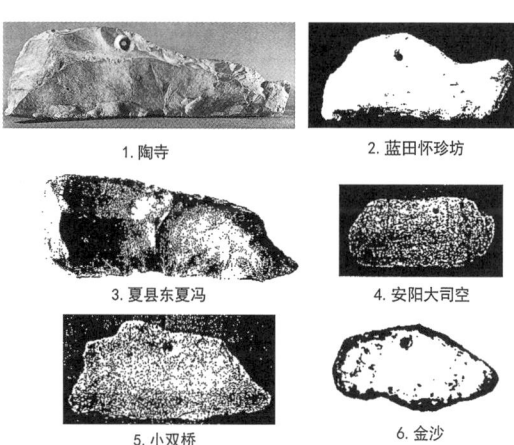

图二　新石器时代出土石磬

真太阳及幻日之小太阳，整体是一个特别的太阳大气光象，即7个小太阳幻日和中心一个真太阳，共计10个太阳，反映了中国古代的十日神话及其来源。另一件特殊者是由于特别表现了中间的虎从而影响了整体10个太阳的表现。同时这一材料也以较为确切的证据证明，夏商周时期的多旋臂的雷纹或离火纹主要还是表示太阳而非雷，同时也有助于说明商代蹲踞式玉人身上的"圆形加十字形"是太阳而非气象学中的雷，自然也说明，林巳奈夫等人引用的少量蹲踞式神人身上与商代蹲踞式玉人身上"圆形加十字形"呼应的多旋臂雷纹或离火纹也应是太阳。同时说明，商代卜辞及商周金文中的神、申、雷子中的S形或分歧式S形依然是闪电，而非方辉所言鼓神身形或者郭静云所云双头蛇形[9]。

17.猪形铜磬的背为弧形，腹部下垂，与猪形高度拟合。下端下垂的磬在新石器时代有所发现，但是并不多见。同时猪磬背部弧形明显，倨句不明，从其悬挂孔的位置看，鼓股有别。同时其倨句明显大于135度，不是符合《周礼·考工记》中的标准制法，看来主要还是为了拟形猪。这样的铜磬结构其音应较低沉。这可能说明这类特磬应是使用于祭祀等严肃场合的收韵之器，即《孟子》所谓的"金声玉振"。齐国故城发现石磬有"乐殿"铭文，也说明了磬的音乐角色[10]。

18.猪形磬的起源实际应较早，应该到了龙山时代。考古学上发现不少其他石磬，非常像猪形，尤其陶寺出土的那件连猪喙都非常明显（图二）。

19.其实商代还有鸮形磬，还有典型的鱼形磬，其应该都具有象形、象征和美好寓意。其中鸮形磬还应与鸮有关。

注释

[1]身饰菱形真太阳为中心的太阳大气光象。其中大气光象为一无首鸟形，陶猪首位于菱形中心。神鸟与陶猪的关联即神鸟负载的陶猪表示的太阳。无头太阳大气光象神鸟在高庙文化

中已出现。

［2］意思是“运行”太阳的猪。晋侯墓地还出土有“运送”月亮的兔尊。在新石器时代的凌家滩遗址也出土有象征月亮的兔形玉冠饰。

［3］这说明考古发现的诸多蹲踞式首先是仿鸟的形态，无论其是单独的神或是虎所“食”之神（三星堆、淮南龙虎尊中的虎所“食”之蹲踞式神人实际也应是商人玄鸟神祖的另一种表示，郑州商城出土双龙“食”蹲踞式部分拟鸮面神人也应是商人玄鸟神祖。当然，殷墟有鸮耳的龙身人首骨雕神像也属玄鸟神祖的另一类造型，大洋洲青铜鸮耳人面实际也是玄鸟神祖的头像）等。

［4］具有鸮之特征的玄鸟神祖，可以断定商之玄鸟即为鸮。从诸多鸮形器及鸮图像看，不一定全表现为长耳鸮。

［5］绝对是与神圣生殖崇拜有关的“雷泽”类圣地。并以两条大小不一的鱼代表浴水的简狄、建疵姊妹，两鱼与生殖崇拜符之组合也与文献中“天命玄鸟，降而生商”神话中的“争卵”隐语符合。另该图像商人玄鸟神祖位于以鱼龙示意的泽中，此泽又以鼓示意为“雷泽”，又娶象征有娍氏两女之鱼。所以，整个铜鼓图像与“雷泽归妹”卦之婚姻义理及象辞所举姊妹同嫁等内容高度一致。

［6］磬采用猪的造型可能始于龙山时代，所以若商代的铜猪磬与亥关联，应视为时代赋予其新的内涵。

［7］商代一件龙纹磬的图案中，龙身还站立一只小鸟，显然与前文所述鸟立虎首、猪首的铜器为一类。又由于其位于磬上可能还有象征磬声等神圣意义。

［8］晚期可能有天之三衡思维介入。

［9］方辉在《说“雷”及雷神》这篇文章中讨论雷字、神字，他认为商代身有⊕符的蹲踞式玉人、卜辞中雷字的分歧式S形等实际是雷神的身体造型，神人身上及卜辞中的雷字的⊕为鼓形。我们为认为不确，虽然北欧等地的雷神的雕像身上确实出现过“圆形加十字形”表示雷的情况，但是于此问题则有更多的反证材料。郭静云在《天神与天地之道：巫觋信仰与传统思想渊源》（上海古籍出版社，2016年）一书的所谓双头蛇神之造型，显然来自中国早期的索纹系统，而这类系统中的羽翅纹，从大甸子墓地、二里头等遗址的发现看，其分歧式的线条方向基本上与甲金文中神、申之字中分歧式S纹相反，这有利于说明商周双头蛇神之造型宏观上来源于光气而非闪电的造型，虽然两者有些相似。大汶口墓葬出土过一件陶鬶，其身有一闪电形泥塑是较早记录的神形。至于宜昌杨家湾的所谓雷字符号，没有表示雷的两点，它只是大溪文化常见的一类表示太阳的S纹。

［10］侯乃峰：《齐国故城发现的石磬铭文释说》，《励耘语言学刊》2010年第2期。

（原刊于《华夏文明》2018年第7期）

望京楼遗址出土青铜器研究

姚智辉　吴倩

望京楼遗址位于新郑市新村镇杜村和孟家沟村以西及周边区域，北距郑州市35公里。遗址发现于20世纪60年代。1974年冬于新郑望京楼东南发现一批青铜容器（有爵、鬲、鼎等），对新郑这批青铜容器形制分析进行的断代研究认为，它们属于商代早期铜器，都属于二里岗下层期(1)。这批早期出土青铜器造型精美，铸造精良，但多为征集、采集的非发掘品，缺乏出土地层的证据，难以断定确切年代，只能根据器物形制和纹饰特征推测相对年代。

2010年9月，为配合郑新快速通道基本建设，经国家文物局批准，河南省文物局、郑州市文物局组织郑州市文物考古研究院对该遗址进行发掘，被评为2010年十大考古发现之一。该遗址的发掘也证明了望京楼遗址确实是夏商时期重要邑聚。望京楼二里头文化城址与二里岗文化城址位于同一地点，也是夏商文化分界研究的很好对象。其中出土青铜器不仅为夏商时期文化研究提供了重要的实物资料，还反映了当时社会生产力的发展水平。

一、取样情况

对望京楼遗址出土二里头以及二里岗文化铜器数量统计，共计19件，仅见箭镞和小铜刀（图一），未见其他类型铜器。分析样品来自其中9件铜器。样品均取自铜器的残破处，取样部位详见表1。9件样品来自兵器和工具两类，都是小件铜器。兵器共4件（WJ02、WJ03、WJ04、WJ06），均为铜镞，取样部位均为侧翼；工具5件（WJ01、WJ05、WJ07、WJ08、WJ09），取样均为铜刀残断位置，反映都是铜刀的基体。

图一　铜刀（二期）Ⅳ T1005 H202：1

二、金相观察和成分分析

将样品镶样、打磨、抛光、侵蚀，在金相显微镜下观察显微组织，借助扫描电镜和能谱分析仪进行成分测定。金相显微镜型号：LEICA-DM4000，扫描电镜-能谱仪：Phenom XL-EDAX，工作条件：20kV，计数时间60s。样品分析采用无标样定量分析方法。考虑到微区成分和实际组成之间会有一定误差，对同一样品选择4个不同区域进行面扫，取平均值为最后结果。样品的金相组织观察和成分测定结果见表一、图二至图一〇。

表一　望京楼遗址出土铜器金相组织和成分

分期	编号	器物名（取样部位）	含量				金相组织	工艺	合金
			Cu	Sn	Pb	S			
二期	WJ02 ⅣT1005 H245：1	铜镞（侧翼）	90.6	5.2	3.8	0.3	单相铜锡a固溶体晶粒，晶内偏析存在但不明显。铅颗粒大小不一分散分布，可观察到铸造疏松（图二）	铸造	铅锡青铜 Cu-Sn-Pb
	WJ06 ⅣT1206 H687：2	铜镞（侧翼）	97.2	–	–	2.4	红铜铸造a固溶体晶粒，明显的晶界，晶粒大小不均，局部有变形，沿晶界腐蚀，分布有硫化物夹杂，存在铸造缩孔（图三）	铸造	红铜 Cu
	WJ05 ⅣT0305 H176：2	铜刀（柄部）	93.0	6.4	–	0.6	固溶体树枝晶再结晶晶粒和孪晶，局部存在滑移带。孪晶有的变形弯曲，晶粒被打碎变小（图四）	热锻+冷加工	锡青铜 Cu-Sn
	WJ09 ⅣT1005 H202：1	铜刀（柄部）	93.0	4.9	1.9	–	单相铜锡α固溶体树枝晶，存在偏析，白色为偏析富铜的部分。铅颗粒弥散分布，少许的硫化物，有自由铜，可见铸造疏松（图五）	铸造	锡青铜 Cu-Sn
四期	WJ07 ⅠT4133④：7	铜刀（柄部）	84.2	8.8	6.1	0.9	观察到固溶体树枝晶再结晶晶粒和孪晶，部分晶内存在滑移带。不规则的铅和孔洞沿着晶界分布，硫化物伴随着铅出现，有较多自由铜沉淀（图六）	热锻+冷加工	铅锡青铜 Cu-Sn-Pb
	WJ08 ⅣT1205 M54：2	铜刀（刀尖）	90.7	7.8	0.8	0.7	α固溶体树枝晶，再结晶晶粒和孪晶出现，有较多滑移带。铅颗粒弥散分布，有自由铜（图七）	热锻+冷加工	锡青铜 Cu-Sn
五期	WJ03 ⅠT1708⑤：1	铜镞（侧翼）	98.0	–	1.6	0.4	铜α固溶体大晶粒，明显的晶界，晶粒大小不均，局部有明显的变形，铅游离相于铜基α固溶体上，有铸造疏松。沿晶界腐蚀分布有硫化物夹杂（图八）	铸造	红铜 Cu

续表

分期	编号	器物名（取样部位）	含量				金相组织	工艺	合金
			Cu	Sn	Pb	S			
六期	WJ01 Ⅲ T4 M65∶7	铜刀（柄部）	88.3	9.3	1.6	0.7	锈蚀较严重，α固溶体树枝晶，偏析明显，（α＋δ）共析组织数量较多，形态较小。铅颗粒弥散分布，有硫化物夹杂存（图九）	铸造	锡青铜 Cu-Sn
	WJ04 Ⅳ T1802 G5∶1	铜镞（侧翼）	89.0	7.2	3.6	0.2	单相铜锡α固溶体树枝晶，偏析明显，有铸造疏松和孔洞，铅颗粒弥散分布（图一〇）	铸造	铅锡青铜 Cu-Sn-Pb

图二　铜镞（二期）
WJ02金相组织

图三　铜镞（二期）
WJ06金相组织

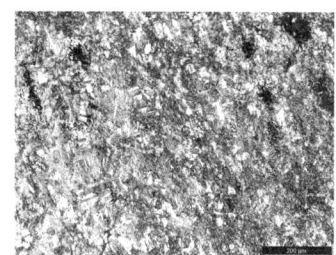

图四　铜刀（二期）
WJ05金相组织

图五　铜刀（二期）
WJ09金相

图六　铜刀（四期）
WJ07金相组织

图七　铜刀（二期）
WJ08金相组织

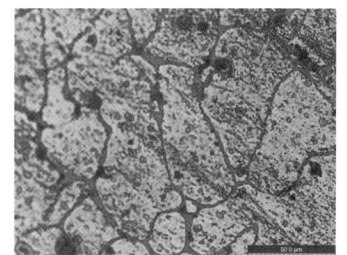

图八　铜镞（五期）
WJ03金相组织

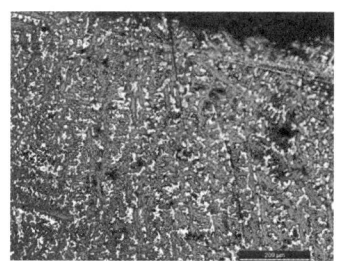

图九　铜刀（六期）
WJ01金相组织

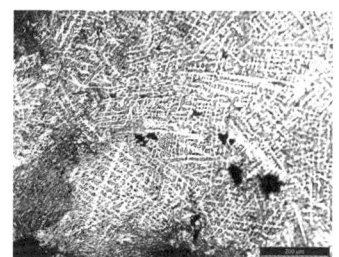

图一〇　铜镞（六期）
WJ04金相组织

三、分析讨论

9件器物样品，可分为 Cu-Sn，Cu-Sn-Pb 和纯铜三类。Cu-Sn 二元合金有4件（WJ01、WJ05、WJ08、WJ09），Cu-Sn-Pb 合金有3件（WJ0、WJ04、WJ07），红铜件有2件（WJ03、WJ06）。9件样品中有6件是铸造的，其中2件红铜铸件，2件锡青铜，2件铅锡青铜。9件样品中有3件是经过热锻的（WJ05、WJ07和WJ08），均为铜刀，金相组织中出现了等轴晶和孪晶（图五、图七、图八），3件热锻样品也都有冷加工痕迹。锻打材质有锡青铜，也有铅锡青铜。

依据发掘报告[1]对望京楼二里头文化和二里岗文化遗存和文化因素的分析，望京楼二里头文化属于以偃师二里头遗址为代表的二里头文化二里头类型。偃师二里头文化遗址一般分为四期，望京楼遗址的二里头文化遗存一期、二期，分别相当于二里头遗址第三期和第四期。望京楼二里岗文化遗存存在鲜明的早商即二里岗文化特征，与郑州二里岗文化面貌基本一致，城内发现的三期、四期、五期、六期文化，分别相当于二里岗下层一期偏晚阶段、二里岗下层二期、二里岗上层一期和二里岗上层二期。

9件样品包含5件铜刀和4件箭镞。5件铜刀中二元合金4件，三元合金1件，组织有铸造的，也有热锻与冷加工的。3件热锻铜刀含锡量处于6%～8。而铸造的铜刀中，锡含量要略高或略低于此，但尚不足以说明成分与工艺间有关联。

现代金属学认为，金属合金进行塑性形变时的温度，可低于或高于再结晶温度。前者称为冷变形或冷加工，后者称为热加工。当含锡量小于6%，锡溶于铜中形成a固溶体，塑性上升，适用于冷变形加工；当含锡量为5%～7%时，适用于热变形加工；当含锡量大于10%时，适用于铸造。这批铜刀中，3件锻打铜刀含锡量处于6%～8%，与现代金属理论是一致的。青铜器整体锻打成型很少，多数是铸造后局部热锻，但由于铜刀造型简单，器壁较薄，易于进行整体热锻和冷加工。3件热锻铜刀的中宽（2厘米左右）比铸造铜刀（WJ09）的中宽（4厘米左右）普遍尺寸窄。因为尺寸窄，锻打加工的难度也降低。古人不具备现代金属学知识，应是在生活经验基础上积累的认知。器物厚薄、尺寸大小影响着加工难易程度和工艺的选取，故推测这几件铜刀尽管是铜合金使用早期阶段，但热锻的使用应该有了一定积累，抑或这几把铜刀不是本土制作而是外来的。

箭镞样品有4件，其中2件是 Cu-Sn-Pb 三元合金，2件是红铜件，工艺均为铸造。2件红铜样品组织中局部晶粒有变形拉长，有可能是取样时造成的，红铜质软，样品体积小，工具与取样部位接触时产生瞬间力使得样品产生变形。2件红铜件纯度较高，杂质较少。古人获取金属铜有二个途径，即自然铜和冶炼得到的铜，金相组织只能区分原始的自然铜和冶炼铜的组织，但当自然铜被熔化重新铸造，它和冶炼出的铜在金相组织上就无法区分，这或许需要依赖微量元素等进行深入的研究。

望京楼出土的几把青铜刀，应是单范铸造。几把刀的刃端多向上翘，主要用来砍削器物和食物，抑或防身自卫，应该还未正式作为兵器用于战斗。和成熟青铜时代加装木柄的使用方式相比，这几把铜刀的使用更为原始。铜镞出现于二里头二期，有圆柱形、锥形和双翼形，到二里头四期全为双翼形[2]。4件望京楼出土箭镞的时代跨度从二里头四期到二里岗上层二期，4件尺寸接近，长度均为6厘米左右，都是双翼扁形箭镞，前有锐尖，两侧燕尾双翼，中间起脊，铤上粗下细，其形制跟偃师二里头双翼箭镞极为接近。

相比二里头遗址兵器具有实用兵器和礼仪兵器之分，望京楼出土的这几件兵器工具显然是实用器。从望京楼这几件器物还看不出该地区早期铜器工艺的演进，但是它可以反映出到望京楼五六期（二里岗上层时期），铸造工艺明显超过锻造工艺，成为主流。

人类冶炼铜及其合金的早期阶段，会使用红铜和含锡量较低的青铜，逐步发展到熟练利用铜的合金[3]。从年代上说，红铜的使用年代一般早于铜合金的使用年代。纯铜或铅、锡含量都低的铜容器为数甚少，一般多存在于商代[4]。9件样品中，有4件年代属于二里头遗址四期，分别为红铜、锡青铜和低锡的铅锡青铜。金正耀曾对二里头四期出土7件器物进行分析[5]，其中酒器均为高铅的铅锡青铜，其他为红铜和锡青铜，这类高铅含量的铅锡青铜显然是与器壁薄又铸造较复杂的酒器相对应的。郑光认为，二里头时期的青铜生产并非处于原始阶段，二里头文化并非中国青铜时代的开始阶段，在此之前，应该有一个较长发展阶段[6]。与望京楼遗址出土大量石器、骨器、蚌器相比，望京楼出土铜器数量较少。望京楼出土铜刀和箭镞尽管表明其有开始脱离石器时代的迹象，但由于工具单一，制作相对简单，从二期到六期难以看到数量和种类的增加与变化，尚不能说明其已经跨入青铜时代。铜器组织中多存在夹杂物和疏松，也反映出尚处于铜合金使用的早期阶段。箭镞是消耗性远程发射兵器，不易回收，是冶铜技术发展到一定阶段才会出现。结合出土铜器状况和这几件铜镞形制，加上望京楼遗址目前缺少更多冶铸遗物包括陶范、铜渣等发掘记载，箭镞究竟本地制作还是外来的，值得商榷。

四、结论

1.出土铜器均为小件兵器和工具，9件样品数量不多，仍可初步反映出望京楼遗址出土的铜器材质多样化和加工方式非单一性。材质有Cu-Sn、Cu-Sn-Pb和纯铜三类，加工方式有铸造和锻造，锻打集中于器壁较薄又较为狭窄的铜刀。对望京楼出土铜器的分析反映，当时可以根据材质和器物薄厚、尺寸选择工艺，对热锻技术认知度较高。

2. 从分期看，望京楼铜器的加工工艺无明显变化，但二里岗上层时期，铸造明显居主导在位。兵器和工具要求有良好的使用性能，高一点的含锡量更能满足强度、硬度等要求，来保证其锋利、坚固。说明到二里岗上层，对于器物成分与性能关系的认知程度比之前有所提高。

3. 望京楼铜器形制仿自同时期或略早的骨器或石器，还保留一定程度的原始性。这几件铜器的锡含量偏低，组织疏松，夹杂物比较多，金相组织、器物形制和工艺方法均显示出冶炼技术的原始性。望京楼这批铜器，应该属于铜合金使用的早期阶段。至于这批铜器是本地制作还是外来的，需要更多材料说明。

▌注释

［1］郑州市文物考古研究院：《新郑望京楼——2010～2012年田野考古发掘报告》，科学出版社，2016年。

［2］郭妍利：《二里头遗址出土兵器初探》，《江汉考古》2009年第3期。

［3］何堂坤：《先秦青铜合金技术的初步探讨》，《自然科学史研究》1997年第3期。

［4］李仲达、华觉明：《商周青铜容器的合金成分考察》，《西北大学学报》1984年第2期。

［5］金正耀：《二里头青铜器的自然科学研究与夏文化探索》，《文物》2000年第1期。

［6］郑光：《二里头遗址的发掘——夏文化研究论集》，中华书局，1996年。

（原刊于《文物保护与考古科学》2018年第4期）

郑州商城文化变迁及相关问题研究

闫付海

赵海涛在《二里头遗址二里头文化四期晚段遗存探析》[1]一文中，对四期晚段又分为四个阶段。笔者并没有对相关的遗存进行细致的研究，作者对考古学遗存的基本分析应该是没有问题的。但是，关于中心聚落遗址的最晚期遗存，笔者在新的文化因素分析和文化变迁理论的基础上有过两个补充认识。第一，同一文化层内的遗存，可以分组，而分组的遗存却可能属于两种文化或同一文化的两期或同一期的两段，比如陶寺一期、陶寺四期、二里头遗址二里头文化四期、郑州地区的晚商遗存等，文化层的改变当发生于中心聚落，而非中心聚落，虽有文化变迁，但可以无文化层改变[2]。第二，如果没有打破它的遗存，则其年代下限应适当延长，新砦遗址三期和二里头遗址四期是这种情况。

侯卫东的《试论二里岗文化构成的演变》[3]和《郑州商城的城市化进程》[4]两篇文章，主体内容是一致的，对郑州商城相关二里岗文化遗存的演变进行分析，并在认可郑州商城为商汤亳都的前提下进行解释和论证。文章对相关文化遗存演变的分析是没有问题的，但对性质的解释和论证可能是有待商榷的。学界通过对郑州商城始建年代的确认和比偃师商城的始建年代早而确认郑州商城为商汤亳都的论证过程和逻辑都是存在问题的。

笔者在《夏商分界及相关史实分析》[5]一文中，提出夏商分界于二里头文化三四期之间，偃师商城应为商汤灭夏后暂都于二里头遗址原夏宫所营建的新都；文中主要分析了二里头遗址二里头文化四期的重要遗存和偃师商城第一期第一段的重要遗存，并根据逻辑提出郑州商城不是亳都，而应该是隞都。

本文将重点分析郑州商城相关重要遗存的文化变迁情况及相关问题。将会提到的重要遗存有南关外遗存、洛达庙三期、化工三厂遗存、黄委会 W22、C8M6、商城城墙、外城墙、宫殿遗址、作坊遗址等（图一），至于小双桥遗址、白家庄期遗存、人民公园期遗存、青铜器窖藏坑等二里岗文化晚期及以后的遗存，本文暂不予讨论。

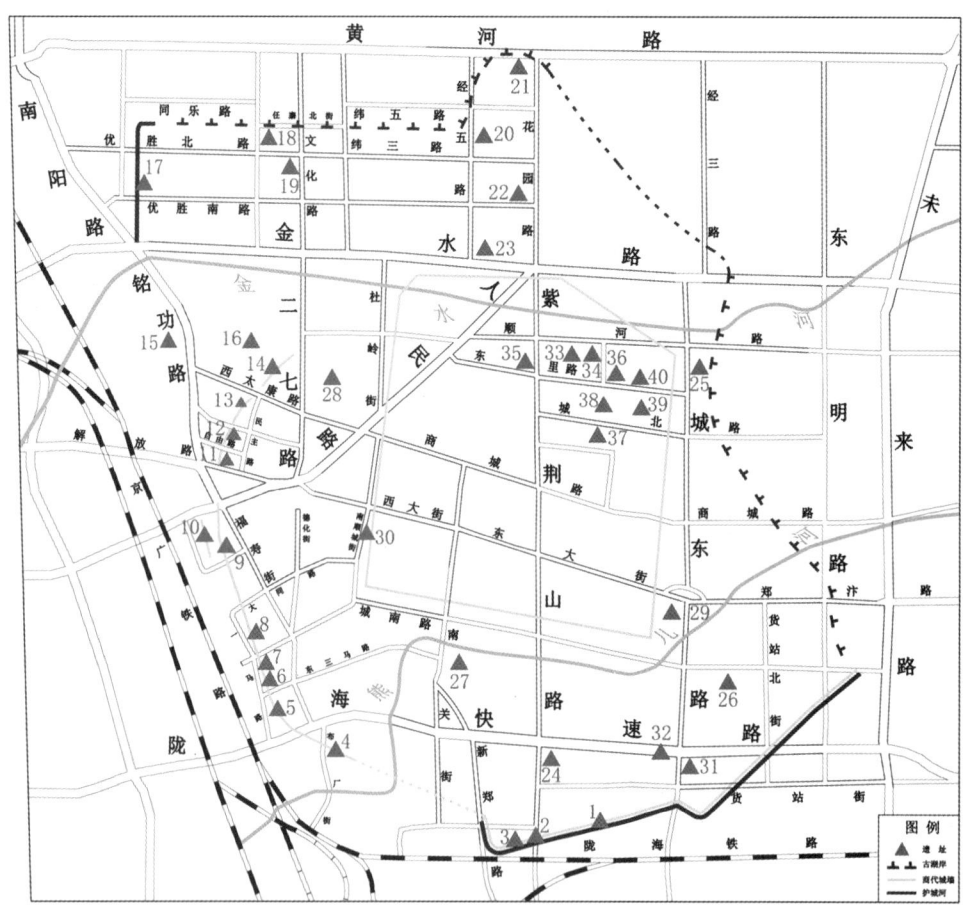

图一　郑州商城遗址示意图

1.1986年市木材公司　2.2001年紫荆山路　3.1986年二轻局仓库　4.1992年花园新村　5.1991年三德里　6.1994年银基商贸城　7.1986年振兴商场　8.1987年和平大厦　9.1986年兴隆街　10.1993年郑州饭店　11.2008年老坟岗　12.2010年华润印象城　13.2006年沃尔玛商场　14.2007年丹尼斯百货　15.1955年十四中制陶作坊遗址　16.1954年人民公园遗址　17.2002年优胜花园　18.2002年省图书馆　19.2015年省体育场　20.2008年省委文印中心　21.2012年黄河路109号院　22.1954年制骨作坊遗址　23.1954年紫荆山北铸铜作坊遗址　24.1954年南关外铸铜作坊遗址　25.1955年白家庄墓葬区　26.1954年杨庄墓葬区　27.1954年烟厂墓葬区　28.1974年张寨南街青铜器窖藏坑　29.1982年向阳回族食品厂青铜器窖藏坑；30.1996年南顺城街青铜器窖藏坑　31.1953年二里岗遗址　32.1954年南关外遗址　33.1986年黄委会青年公寓W22　34.1997年黄河河务局住宅楼C8M6　35.1976年黄委会水利科学研究所大型夯土建筑基址C8G15　36.1973年东里路一号院今河南省文物科技保护中心大型夯土建筑基址C8G10　37.1976年省中医药研究院大型夯土建筑基址C8G16　38.1991年郑州回民中学大型夯土建筑基址　39.1992年省中医学院东里路家属院大型夯土建筑基址　40.1998年北大街农业队居民住宅楼大型夯土建筑基址

一、南关外期相关重要遗存

郑州商城相关的地理环境情况，对于郑州商城商文化的变迁及商城的性质有着非常重要的影响。郑州商城的东南方向有凤凰台商代遗址[6]、梁湖龙山—商代遗址[7]、尚岗杨仰韶文化遗址、后魏仰韶文化遗址等，南边有二里岗，西边有杜岭、老坟岗，西北方向有小双桥[8]，北边有西史赵仰韶文化—商代遗址[9]，东北方向有大河村仰韶文化遗址[10]等。这些有早期及同期遗存的位置都意味着当时是高地，相应的，没有早期或同期遗存的位置就意味着很大的可能是低地或水面。

郑州商城相关的考古学文化被学界分为六大期，自早至晚依次为南关外期、二里岗下层一期、二里岗下层二期、二里岗上层一期、二里岗上层二期、人民公园期；其中二里岗上层二期也被称为白家庄期，人民公园期又可以分为人民公园一期和人民公园二期。

南关外期被认为和二里头文化四期大体同时，相关的遗存有南关外期遗存、洛达庙三期遗存、郑州化工三厂遗存，王立新在其文章中使用文化因素分析方法对这三者有非常充分的分析[11]，认为洛达庙三期遗存中二里头文化因素比重较大，南关外期遗存中下七垣文化辉卫型因素和岳石文化因素较为明显，化工三厂遗存中下七垣文化因素最为突出。笔者曾在文章中对相关遗存的性质进行推测：所谓洛达庙类型遗存，应该是商汤带领商夷联军到郑州，攻克郑州地区的土著以后，到二里岗下层一期之前商王朝再次开发郑州地区之前商族、夷族和原来夏王朝土著遗民创造的混合文化遗存；所谓南关外类型遗存，应该是商夷联军占领郑州以后，留守郑州的夷族聚居区所留下的遗存。需要指出的是，虽然洛达庙三期遗存中二里头文化因素比重较大，但是并不是文化变迁的主导因素，代表着统治阶层拥有权力的新出现的下七垣文化因素才是文化变迁的主导因素。

另外，除宫殿区大型建筑基址存在较为复杂的叠压打破关系以外，其他多数地点的二里岗文化地层与遗迹叠压打破关系相对简单。关于宫殿区大型建筑基址的叠压打破关系和年代问题，下文会进行讨论。根据出土陶器进行类型学分析的属于南关外期的洛达庙三期遗存、南关外下层遗存、电校H6、化工三厂H1等遗存，和以二里岗H9为代表的二里岗下层一期遗存之间并没有明确的地层叠压关系，《中国考古学·夏商卷》[12]把这些遗存统归于"早商文化一期"，侯卫东在其文章中则称为"过渡期"遗存。类型学在宏观的年代判断上较为准确，但在微观的年代判断上误差较大。对这些遗存的年代和性质进行深的一步的研究，包含着地层学和类型学在年代研究上的问题，笔者在相关的文章中有专门的思考和讨论。

与南关外期相关的重要遗存还有位于郑州商城宫殿区内的夯土墙（W22）和编号为97C8ⅡT166M6（以下简称C8M6）的殉人铜器墓。

（一）关于宫殿区内的夯土墙（W22）

1985年8月至1986年6月，河南省文物研究所在配合郑州商城宫殿区黄委会青年公寓建设工程（图一：33）发掘时发现了一段夯土墙[13]，编号为W22，呈东北—西南走向，发掘长度为25.2米，经钻探得知，继续由南、北两端向外延伸，发掘和钻探的长度共约

80米。W22叠压和打破第五层及H73，被H35打破，其中第五层及H73内遗物为洛达庙晚期，H35内出土遗物为二里岗下层，发掘报告把W22的年代定为二里岗下层时期。

1998年3～9月，河南省文物考古研究所郑州工作站为配合"夏商周断代工程"考古课题科研工作，在水利部黄河水利委员会一号高层住宅楼基建工地的考古发掘中，发现一段残长24米左右的夯土墙基槽[14]。从其位置、形制、结构与方向等分析，该夯土墙基槽和上述1985～1986年在黄委会青年公寓工程中发现的夯土墙基W22应为同一道夯土墙。该夯土墙呈东北–西南走向，向东北延伸约30米，与W22相连，西南端边缘清晰可辨。该夯土墙仅存基槽部分，上部被H56和H114打破，下面同时叠压或打破H110、H46、H78、H85、H86、H87。

关于该夯土墙（W22），1998年发掘的简报中的结语部分真是太重要了，提到了几个非常关键的内容，依次摘录如下：

1.1998年的发掘中，打破夯土墙的两个灰坑H56、H114的出土物可能要早于二里岗下层，最晚可至二里岗下层偏早阶段H9的时期；另外值得注意的是这两个灰坑打破的是夯土墙的基槽部分，H114打破墙基的中部，表明在这个阶段这段城墙已完全废弃，否则这些灰坑就不可能坐落在墙基的中部。

2.夯土墙下面发现的陶窑和较多的灰坑，说明夯土墙建造以前，这里已是一处具有相当规模的聚落遗址，因为同一时期的文化遗存在黄委会青年公寓大楼和河南黄河河务局等工地的发掘中均有发现。从这些灰坑内的出土物看，其年代基本一致，应为同一时期。这些遗物的文化因素大致可以分为三组。A组数量最多，约占85%，其特征同二里头文化四期晚段特征较为接近；B组数量较少，约占10%，其特征同豫北、冀南地区的漳河型先商文化的特征较为接近；C组数量最少，约占5%，其特征和豫东、鲁西南地区的岳石文化相同。

3.从夯土墙打破遗迹中的出土物和打破夯土墙基遗迹的包含物分析，夯土墙基的始建年代不早于二里头文化第四期晚段，亦不晚于郑州二里岗下层一期，其建筑及使用时间应大体相当于二里岗下层的H9阶段。

4.关于这段夯土墙基的性质，我们认为它不大可能是宫城的围护墙。该段夯土墙基础宽8米余，似更接近一道城墙的特征。

通过上述对该夯土墙（W22）相关材料的梳理，可以发现，该一定范围区域内经历了前后三个不同时期的聚落，分别是夯土墙之前、夯土墙同时、夯土墙之后，其中夯土墙之前的聚落已包含二里头文化四期晚段、漳河型先商文化、岳石文化因素，夯土墙之后的聚落的年代才仅是二里岗下层一期；而且，夯土墙仅存基槽，被灰坑打破中部，说明其时已完全废弃，完全可以说明其确定不是宫城的围护墙。

（二）关于殉人铜器墓C8M6

C8M6，位于商城宫殿区内黄委会青年公寓夯土墙W22东侧附近（图一：34），方向110°，是一座三人合葬墓，随葬有铜鬲、铜盉、铜戈各1件，玉柄形器1件，蚌镞2件，骨镞41件，海贝和绿松石组成的项饰1件，圆陶片1件，未见日常生活陶器随葬[15]。发掘者认为，该墓应为商系统文化中年代最早的一座铜器墓。铜盉、铜戈、玉柄形器均与二里头文化出土同类器形制较为一致，而且二里头文化三期所出的仅为陶盉。铜鬲的出现，决定了该墓为商系统文化墓葬；铜盉的出现，决定了该墓的年代确为商系统文化中最早的铜器墓葬，随葬器物的形制特点也表明这一点。

该墓葬形制规模较大，用人殉葬，随葬有青铜礼器、兵器和玉器，墓主人可以确定为一位身份较高的贵族。殉人是中华文明早期异族征服统治的表现，殉人和高等级随葬品是掌握最高权力的聚落首领墓葬的表现，因此，该墓葬极有可能就是当时聚落首领的墓葬。需要说明的是，不同时期的墓葬进行规模大小的比较来确定墓葬的等级是存在极大问题的。另外，该墓葬位于所谓的宫殿区，最高级别的墓葬和居住区存在时间和空间上的非共存性[16]，决定了该墓葬和宫殿区是不同时期的。

与C8M6相关的另外一座墓葬为C8YJM1[17]，即省中医院家属院M1，位于郑州商城城垣内东北部的商代宫殿区范围内偏东南处，墓室已被损毁，但墓内随葬铜爵1件和铜盉1件。如果没有被损毁，其原初是否随葬有铜鬲不得而知。随葬的铜盉，与C8M6的形制较为接近；随葬的铜爵虽没有线图，文字描述其和C8M32所出的基本相同。虽然发掘报告及多位专家学者将其年代定为二里岗文化下层二期。王炜在《郑州商城铜器墓研究》[18]一文中，通过分析将其年代调整为二里岗文化下层一期，且其文中属于二里岗文化下层一期的铜器墓仅有上述的C8M6和该C8M1两座。笔者认可王炜对该墓葬的年代分期调整。

根据C8M6和C8M1两座墓葬均随葬有铜盉，且形制一致，可以判断两者为同期墓葬。虽然M1因被破坏，仅出土铜盉和铜爵各1件，随葬品已不全，但M6未被破坏，且未随葬铜爵，就可以判断M1应晚于M6。

两座墓葬均属于二里岗文化下层一期，是郑州地区商系统文化最早的铜器墓葬，这也反映了上文提到的所谓南关外期和二里岗下层一期并无法确切区分出来，可以归属于同期，广义的二里岗下层一期或早商文化一期都是合理的。

二、郑州商城城墙相关年代

郑州商城城墙的相关年代尤其是始建年代，对于郑州商城的年代和性质的研究有着非常重要的价值和意义。学界的相关专家学者对这一问题均有所研究。其中较有代表性的是袁广阔的几篇文章[19]，研究了郑州商城内城、外廓城、宫殿区大型建筑基址等的年代问题。从几篇文章对于相关重要遗存的始建年代的论证和碳十四测定年代的分析来看，作者似倾向于认同郑州商城为商汤亳都的观点。笔者就这几个问题谈论一下自己的看法。

为了研究郑州商城的年代问题，发掘者在郑州商城四面城墙上开挖了22条探沟。

1.城墙叠压遗存

《郑州商城》报告中指出，在5条探沟内的夯土城墙下面，压有洛达庙期的文化层、灰沟和窖穴，压有南关外期的文化层、壕沟和窖穴，压有龙山文化层。袁广阔认为，压在夯土城墙下面的洛达庙文化层不会晚于商城内青年公寓洛达庙二期文化的年代，即此时郑州商城还没有兴建。且不说这些陶器在类型学上相同，其年代是否就必然相同，但从逻辑上说郑州商城此时还没有兴建是正确的。

《郑州商城》报告中提到2条探沟内发现商代夯土城墙的下面压有商代二里岗期下层文化的小沟。同样的小沟内的陶片，报告认为是二里岗期下层。袁广阔认为，可能为青年公寓洛达庙二期，理由是商城内洛达庙二期已蕴藏有少量的二里岗期下层文化因素。袁广阔对于这些陶片年代的新判定，足以表明这些陶片所表现的文化因素在类型学上已经不能准确表现其所属年代，因此，把这些年代可早可晚的陶片归属于早期的论证逻辑似乎是缺乏说服力的。

2.城墙夯土内的包含物

夯土墙的年代晚于其中包含物的年代。城墙夯土内的包含物，有属于龙山文化时期的，有属于洛达庙文化时期的，这些年代较早的遗物都是没有问题的。存在疑问的是，其中的细绳纹鬲，对城墙的修建年代非常关键，但是，同上述提到城墙下所压小沟所出陶片的情况一样，由于类型学在微观年代确认方面的局限，同样不能准确判定其年代。

笔者认为，对于这些年代可早可晚的陶片的年代归属宜晚不宜早。因此，笔者认同郑州商城城墙的主要发掘者杨育彬"郑州商城的相对年代是介于二里岗下层一期和二期之间，其始建年代约在二里岗下层一期偏晚阶段"[20]的观点。

3.叠压打破城墙的遗存

在12条探沟内发现有商代二里岗下层文化层，呈倾斜状覆盖在商代城墙内侧下部的夯土层上。在南墙CST3、T4中，直接叠压城墙内侧的二里岗期下层文化层下有一个长方形灰坑，也属于二里岗期下层文化。在西墙CWT5中，直接叠压城墙内侧的地层被二里岗期下层的灰坑（H1）打破。

这些文化层形成的原因和过程，需要的时间长短，文化层和其叠压的灰坑、打破其的灰坑的年代差别长短，这些文化层、灰坑能早于其叠压打破的城墙内侧夯土层多长时间，这些都是相关的问题。但是这些问题，并不影响上文对城墙年代和始建年代的判断。

4.关于北城墙CNM1

袁广阔在《郑州商城始建年代新证》一文中提到了北城墙CNT1内的CNM1[21]，根据其随葬的陶圆腹罐形制特征与郑州黄委会青年公寓洛达庙遗存晚期的同类器一致，认为该墓属于洛达庙晚期墓葬，该墓打破城墙夯土，是商城内城早于二里岗下层早段的直接证据[22]。

当然，这里也存在着陶器类型学在微观年代判断上存在局限的问题。经过对《郑州商城》发掘报告中该墓葬的相关资料的核查，并没有找到其所在探沟的平剖面图，没有找到墓葬与城墙的准确关系，文字描述为该墓葬"在叠压着商代夯土城墙内侧的商代二里岗下层二期的文化堆积层内"，尽管发掘报告把这个文化层的年代判定为二里岗下层二期可能是有待于进一步讨论的，但是，根据这些信息，袁广阔说，"该墓打破城墙夯土，是商城内城早于二里岗下层早段的直接证据"是不够严谨的。

综合以上关于郑州商城内城墙的讨论，有一个关键的问题就是，陶器类型学在微观年代判断上的局限问题，尽管如此，上文提到的杨育彬"郑州商城的相对年代是介于二里岗下层一期和二期之间，其始建年代约在二里岗下层一期偏晚阶段"的观点应该是符合史实的。

三、郑州商城外廓城墙相关问题

关于郑州商城外廓城墙，在1953年二里岗遗址发掘时就已经发现[23]，虽然当时并没有对其性质有清楚的认识。其后，在郑州商城外南部和西南部多次发现夯土墙遗迹，这些发现都为寻找、认识外廓城墙奠定了基础。2002年，河南省文物考古研究所对外廓城墙进行了全面的考古钻探及试掘，并向学术界首次公布了外廓城墙的位置、形制及相对年代[24]。袁广阔在其两篇相关的文章中对外廓城墙的始建年代进行了研究[25]。2006年以来，郑州市文物考古研究院在郑州商城外西部的多次发掘工作，为商城外廓城墙西墙北段的研究增添了多项重要发现，又引起了相关专家学者的热烈讨论[26]。

经过多年持续不断的调查、发掘和研究，外廓城墙的南墙和东墙的情况已基本弄清楚，而且没有新的重要发现来补充已经清楚的情况。近十多年以来的重要新发现主要集中于外廓城的西部、西北部和北部，本文就这一部分在相关发掘材料和专家学者研究的基础上，进行梳理和总结，提出部分新的认识。

（一）西墙兴隆街与福寿街段

1986～1987年，河南省文物研究所调查和发掘了当时振兴商场（图一：7）、群众剧院、和平大厦东南侧（图一：8）、中原大厦东侧、郑州长途汽车站停车场并穿过兴隆街至福寿街北段（图一：9）的西城墙[27]。1993年在当时郑州饭店扩建过程中，郑州商城工作站在福寿街西侧与兴隆街的交汇处（图一：10），发现商代外城西城墙呈南北向穿过基建区中部，位于前次发现的所谓西城墙的西部，二者间距约40米，认为在这一段应存在两条平行的外廓城墙[28]。此处两段平行的南北向夯土墙，可能是两个不同时期的墙，具体情况难以判断。

（二）西墙铭功路至西太康路段

2008年9～12月，郑州市文物考古研究院在解放路及自由路之间（图一：11）发现并发掘了一段呈东北—西南走向的夯土墙基[29]。该段夯土墙基发掘长度130米，剖面形状呈倒梯形，上口宽12～14.8米，下口宽10.2～12.5米，现存深度1.5～2.5米。城墙为分段夯筑，灰褐色黏土夯层明显，质地坚硬。夯土墙基建造在仰韶文化遗址上，并打破了该遗址，夯土中包含的陶片均属仰韶时期。墙基西侧向西60米内未发现城壕的迹象。商代遗存遭后期破坏严重，堆积不丰富，均在夯土墙的内侧，直接叠压在仰韶文化层上；商代遗存多为二里岗下层一期和二期遗存。

2010年10～12月，郑州市文物考古研究院在自由路以北民主路以西华润印象城工程区内（图一：12）发掘一段夯土墙基，呈东北—西南走向，宽13～16米，发掘长度50米，现存厚度0.8～1.6米，夯层厚0.08～0.1米[30]。

2006年7～8月，郑州市文物考古研究院在西太康路与民主路交叉口西南区域内（图一：13）发掘一段夯土墙基，呈东北—西南走向，灰褐色黏土夯层明显，质地坚硬[31]。

2007年7月，郑州市文物考古研究院在西太康路与北二七路交汇处西北区域内（图一：14）发掘一段夯土墙基，呈东北—西南走向，发掘部分长约250米，最宽处约30米，最深处约3米。夯土墙基打破二里岗下层一期的灰坑，并被二里岗下层一期的墓葬打破[32]。

相关的研究者多认为，该四段夯土墙基走向一致，是可以连接在一起的，应是外廓城墙的一部分。这四段夯土墙的走向均为东北—西南走向，部分研究文章中误写为西北—东南走向，这里特别说明一下。笔者也认为，该四段夯土墙基走向一致，可能是连接在一起的。从走向上看，也可能是和上述福寿街北段两段平行的南北向夯土墙中的东侧一段连接在一起的，但也可能并没有都连接在一起。有一个细节需要注意，西太康路北二七路段夯土墙基被二里岗下层一期的墓葬打破，则表明其时已经废弃。因此，该段夯土墙基应不是外廓城墙西墙的一段，或者是早期夯土墙的一段。

另外，袁广阔文章中提到华润印象城段夯土墙外存在一大型沙坑[33]，经向发掘者了解，确实存在一个沙坑。但是，位于南部的老坟岗段夯土墙外并没有沙坑，位于北部的两段夯土墙外也没有沙坑，尤其西太康路北二七路交汇处段距离人民公园墓葬区相距较近。因此，该处的"古湖泊"的范围需要进一步确认。

（三）西墙北段优胜花园段

2002年3～4月，河南省文物考古研究所在现优胜北路、优胜南路中段钻探出护城河（图一：17）。该区域地势较高，地表0.3米以下就是生土，护城河宽23～25米，探出长度约600米，其南是金水路和金水河。护城河剖面地层堆积可划分为3层。第一层厚0.4～0.9米，现代扰土层；第二层厚0.3～1米，为晚期淤积层；第三层厚0.5～1米，为早期淤积层，有一座汉墓开口于该层下；第三层以下为商代护城河，钻探深度7米仍未到底[34]。

该区域地势较高，地表0.3米以下就是生土，护城河宽23～25米，探出长度600米，钻探深度7米仍未到底，根据这些特征信息来看，出现差错的可能性不大，应该就是护城河。并没有提到附近是否有夯土墙基的信息，即便没有夯土墙，有足够宽和深的护城河，没有城墙也是可能的。如果该段确为商城外廓城的护城河，那么反证出上述解放路与自由路间的那段夯土墙基无护城河当非外廓城墙。

（四）西墙人民公园遗址和铭功路制陶遗址段

金水河南侧为人民公园遗址和铭功路制陶遗址。其中人民公园遗址（图一：16）位于现今铭功路北段东侧。人民公园内的地势稍高，是商代文化遗存分布较为密集的重点地区之一。人民公园内商代遗址的内涵相当丰富，其中除有较普遍的商代人民公园期文化遗存外，在商代人民公园期文化遗存的下面，还叠压有商代二里岗下层一期、下层二期和上层一期等各期文化遗存[35]。

铭功路制陶遗址（图一：15）位于现今铭功路北段西侧的郑州市第十四中学院内，遗址所在地势是北部略高于南部的漫平较高地带，耕土层下即为非常丰富的商代文化层；遗址以商代二里岗下层二期和上层一期文化遗存为主，另外还包含有少部分商代二里岗下层一期文化遗存和商代后期的郑州商代人民公园期文化遗存[36]。

该两处遗址相距较近，均包含有自二里岗下层一期至人民公园期的遗存，均地势较高。从金水河北岸优胜花园护城河的情况来看，金水河南岸即便不存在外廓城墙，应当是存在形制相同的护城河的，应当位于制陶遗址的西侧。今后若有机会在该区域进行钻探和考古发掘，应当注意护城河的迹象。如果发现相关的护城河或者夯土墙基的迹象，则可能与上述福寿街北段两段平行的南北向夯土墙中的西侧一段是相连的。

（五）西墙银基商贸城、三德里段

1994年底，郑州市文物工作队（现今郑州市文物考古研究院）在位于郑州市一马路以东、西三马路以北的银基商贸城（图一：6），配合基建进行了考古发掘。发掘探方4个，发掘面积706平方米，清理商代外夯土墙基一段和数个商代灰坑（图二）。夯土墙基开口距地表约1.25米（上部已被挖掉），坐落于生土上，残存最高约0.75米，残宽14米；基槽部分保存较好，打破生土，上宽下窄，呈倒梯形，东西两壁呈斜坡状，底宽12.8米，口宽13.3米，深0.5米；夯土颜色为红褐色，土质坚硬，其内没有发现陶片；两个探方内发现的夯土墙中间有一定弧度^[37]。

如图二所示，位于夯土墙基方向上的T3内没有发现夯土墙基，根据夯土墙的走向，应该是在T3的东北部有更大的弧度转向东偏南方向。简报中未提到夯土墙基西部是否有护城河的迹象，以及未能钻探或清理出整个发掘区域内夯土墙基的范围和走向，略有遗憾。

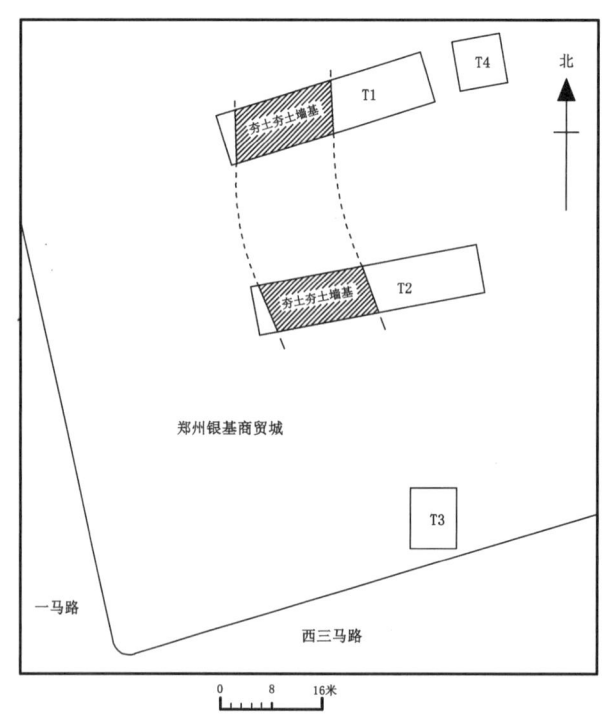

图二　郑州市银基商贸城发掘探方分布平面图

（引自《郑州市银基商贸城商代外夯土墙基发掘简报》图二）

如果T3确实位于外夯土墙基的外侧，则T3内的遗存情况对该段外夯土墙的始建和废弃年代有着非比寻常的意义。T3内第2层和第2层下的H7为白家庄期遗存，第3、4层为二里岗上层，第5层为二里岗下层H17段，第5层下H8为早于二里岗下层H17段。两个灰坑的年代基本可以判断出该段夯土墙的兴建和废弃年代为晚于H8和早于H7，也就是最早兴建于二里岗下层二期早段，至白家庄期废弃。

三德里位于郑州市火车站南侧，西三马路西段南侧（图一：5）。1991年3月，河南省文物研究所为配合郑州市二七房管局的旧房改造工程进行了考古发掘^[38]。由于受条件限制，只开了一个探方（东西长10米，南北宽3米），发现了一段夯土墙基（为夯土墙基的东半部）。该地点发现的夯土墙基长度约20米。通过对夯土墙基的解剖可知，夯土城墙的墙基是分两次夯筑而成的（图三）。

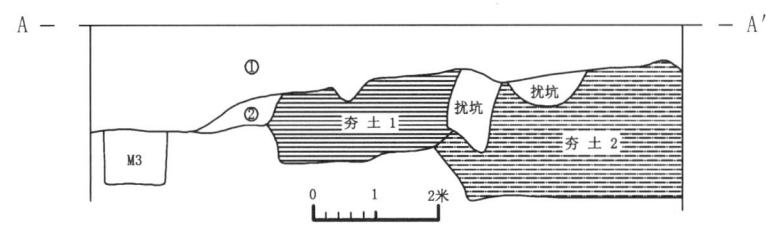

图三　三德里探沟 G1 南壁剖面图

（根据《郑州三德里花园新村考古发掘简报》图二改绘）

　　此处的夯土墙基明显为分两次夯筑而成，虽然可能是修补城墙而形成的，其实这种可能性并不大，更大的可能是两次夯筑城墙，那么就是第二次对第一次的改建和重建，则是两个时期的城墙。此处外廓城墙西墙南端的两期城墙，似可以和西墙中北部的两期城墙对应起来。如此，则需要对相关区域的考古发掘和研究进行更为细致深入的工作。

（六）北墙钻探情况及省图书馆老馆段

　　2002 年 3 ~ 4 月，河南省文物考古研究所对外廓城北墙区域进行钻探并在省图书馆老馆院内进行了试掘。钻探及试掘情况如下[39]。

　　在纬三路北约 100 米的经五路上发现了夯土，后向东在一印刷厂院内也发现了夯土。夯土距地表深 4.05 米，土色黄灰，质地坚硬，厚约 0.1 米，夯土下为黄沙土含料礓石。发现的夯土东西在一条直线上，二者相距约 100 米。沿印刷厂院内发现的夯土向北钻探，至 4.3 米左右即见生土。在距离夯土 10 米处，地势变低，在距地表深 6.2 米处发现黑灰色淤土，至 7 米未见底。淤土在北部郑州八中院内消失，其宽约 40 米。由于印刷厂院内面积有限，未能探出夯土的宽度。西部对与其平行的经六路、经七路、健康路、东三街进行了钻探，都没有发现夯土，但发现在文化层北部边缘地势会陡然变低，深度都在 6 米以上，然后出现淤土。在经七路河底宽约 20 米，健康路、东三街淤土北部的界限没有找到。在经五路东部与其平行的花园路、经四路等地因地下水位较浅，无法钻探，情况不明。河南省图书馆老馆，位于健康路以东、任寨北街以南（图一：18）。试掘情况表明，距地表深 2.5 米，发现二里岗上层文化层，深 4.5 米，发现二里岗下层文化层，约 4.9 米以下为生土。

　　根据钻探和试掘情况，北墙基本没有发现夯土墙基，仅发现少量夯土，夯土仅厚约 0.1 米，而且其下为黄沙土含料礓石，该所谓夯土可能是存疑的。北部区域在东西向大约为一条直线的位置地势陡然变低，并发现淤土，推测当时应为大面积水域，水域的北边范围可能很远，情况不详；经七路河底宽约 20 米，北部堆积情况不详。花园路东侧，因地下水位较浅，情况不详。

（七）北墙经五路至花园路段

2002年3月份对北墙的钻探中，在纬三路北约100米的经五路上发现了夯土，向东在一印刷厂院内也发现了夯土，两者相距约100米，后者北侧约10米发现了黑灰色淤土，宽约40米。

2008年5月，郑州市文物考古研究院对位于经五路与纬三路交汇处的河南省委文印中心综合楼工程进行了考古发掘（图一：20），清理有商代灰沟、灰坑、陶窑、墓葬、房址、夯土建筑基址等。夯土建筑基址位于发掘区的北侧及东南侧，延伸出探方外。发掘部分长约50.5、宽7.25～12.4、厚约1.2米，由红褐色黏土夯筑而成，夯层清晰，夯窝密集，十分坚固。探方内夯土建筑台基及基槽边线清晰。在夯土建筑基槽南侧清理出大面积砂礓石粉及红褐色杂土铺垫而成的地坪，质地坚硬，范围较大，厚10～20厘米，其西、南部均延伸出探方外。在夯土台基南部边缘，发现一组东西向排列的圆形柱洞，直径约35厘米，内填砂礓石及碎陶片[40]。

因无平剖面图等相关材料，仅从上述文字材料初步判断，基槽地坪、夯土台基及柱洞可能是两个时期的大型夯土建筑基址。该位置就在上述两处夯土中间北侧约20米，该位置东侧即为原一印刷厂院内黑灰色淤土，因此判断，该区域不似西部可能为水域，当时的地貌及遗存情况较为复杂。

2012年11月至2013年1月，郑州市文物考古研究院对位于郑州市黄河路与花园路交叉口西南角黄河路109号院内省直机关房地产服务中心住宅楼工程进行了考古发掘（图一：21），清理了丰富的商代时期的灰坑、水井、灰沟、夯土建筑、墓葬等，其中43座墓葬为殷墟时期，分布较为密集，打破了夯土建筑和踩踏面[41]。

黄河路109号院内发现的夯土建筑位于省委文印中心综合楼位置发现的夯土建筑的北略偏东方向，相距约500米。如果根据钻探情况推测外廓城北部为广泛存在的水域，可能和商城东部的古湖泊连在一起，那么经五路至花园路和黄河路之间的范围应是伸进水域的半岛，半岛的北部和东部边缘有待于进一步的发现。商城外东北部的白家庄、司家庄一带地势又变高，发现有商代文化层，该区域的北部和东部边缘也有待于进一步的工作。

通过上述对郑州商城外廓城墙、护城河及相关情况的梳理，这里再宏观考察外廓城的总体情况：（1）东部为湖泊，北部也存在大面积的水面，连在一起，东北部的白家庄、司家庄一带和北部经五路至花园路到黄河路一带为两个伸进水域的半岛。（2）西北部地势普遍较高，可能无城墙，优胜花园段护城河宽而深，北接北部的水域，南部可能连接位于铭功路制陶作坊西侧的水域或河流。（3）西墙中段至南端，似存在两期外夯土墙，且无明确的护城河迹象。（4）南夯土墙的情况较为清楚，无明确的可疑问题，在紫荆山路南外墙发现了护城河，该护城河应向东随城墙和位于东部的湖泊连接，向西随城墙和位于西部的水域连接。（5）北部、东部无城墙、护城河，为大面积水域；西部、西北部地势较高，无城墙，用护城河连接北部和西南部水域，分割和西部陆地的连接；西南部有城墙、无护城河，应为地势较低，且有水面；东南部有城墙和护城河，护城河连接东部和西南部水域，应为地势较低，分割和东南部陆地的连接。

（八）关于外廓城墙的年代

关于外廓城墙的年代，袁广阔在两篇文章中对其始建年代的论证是相同的，论证逻辑是存在问题的。第一，外廓城墙内发现大量二里岗文化层，但外廓城墙夯土内却没有这一期的陶片，反过来证明此时城墙已经建成。此种说法的关联性不强，城墙的夯土可能来自城墙外护城河所挖，没有包含陶片完全是可能的。第二，护城河中出土有二里岗下层陶片，可以证明该河在二里岗下层陶片以前就存在。护城河内的陶片，还有更早的；根据河内陶片判断河的开始年代是不可靠的，这些陶片可能是早期的遗存随水流进护城河内的。第三，用南关外铸铜遗址和南关外期遗存位于外廓城墙内侧来证明外廓城墙早于这些早期遗存。这种论证的前提是有问题的，外廓城墙和城内的遗存的早晚没有必然联系，似不是外廓城墙早于其内遗存，从外廓城墙的位置、走向来看，更似根据地形地貌和聚落存在情况而修建，晚于其内遗存。

通过上述对外廓城墙和内城墙的梳理和分析，外廓城墙晚于内城城墙是自然的，是符合常理的。内城城墙方正规整，自然是根据当时的自然地貌规划的结果。外廓城墙的情况则不同，虽然也是根据当时的自然地貌规划的结果，更多的应是考虑内城外已经普遍存在的聚落，这些聚落大多数为手工业作坊，尽可能把这些聚落包围在外廓城墙以内。因此，关于外廓城墙的始建年代，可以判断为二里岗下层二期或晚段。

四、宫殿区大型建筑基址相关问题

郑州商城宫殿区，主要是指商城内东北部发现大面积商代夯土台和大型房基的区域。1973年至1978年，河南省文物研究所在该区域东西长约750米，南北宽约500米的范围内进行了大规模的钻探和发掘工作，发现夯土台基数十处，其面积最小的有百余平方米，最大的有两千多平方米[42]。1985～1992年，河南省文物研究所在宫殿区范围内又进行了多次配合基本建设的考古发掘，发现了多处较为重要的大型夯土建筑基址[43]。在郑州商城的发掘报告中对这两批次的发掘材料又进行综合的充分的介绍[44]。1998年9月～1999年5月，为配合国家"夏商周断代工程"，河南省文物考古研究所在郑州市管城区北大街农业队居民住宅楼小区基建工地进行了较大规模的发掘，发现了叠压打破关系复杂的多处宫殿建筑基址[45]。

纵观这些数量众多的大型夯土建筑基址，部分因发掘面积有限或需要保护而未完全发掘至底部，材料较为零散和不够精细，对宫殿基址相关问题的深入研究有较大的影响。所幸，部分重要的宫殿建筑基址的考古发掘材料，为宫殿区的年代及变迁问题的研究，起到了重要的关键性的作用。这些材料包括，第一批次中的C8G10、C8G15、C8G16及各自附近的夯土遗迹，第二批次中的郑州回民中学遗存和省中医学院东里路家属院遗存[46]，第三批次的北大街宫殿基址遗存。

（一）C8G10、C8G15、C8G16及附近的夯土遗迹

该批次的这几组建筑基址，除部分用所在探方号表示外，明确的用G表示，有G8～G16，在《第一次发掘报告》中是这样表示的，在《郑州商城》的报告中均改为用F表示，即F8-F16，用探方号表示的部分不变。本文仍采用前者进行相关的介绍。该批次的这几组建筑基址，包含着较为复杂的叠压打破关系，发表的材料中均未见到相关的总平面图。笔者综合发掘报告和前辈专家学者的相关的基址年代研究成果，对这些基址的年代进行一个简要的梳理和判断。

1. C8G10组建筑基址

C8G10组建筑基址，位于东里路和顺河东街交叉口东北部今河南省文物科技保护中心院内（图一：36）。1974年秋，在配合这里的建设工程发掘的十九个探方（C8T38-42、T47、T48、T52、T54、T56-59、T63-66、T70、T73）约1900平方米范围内，发掘出较为普遍的夯土基址，存在着复杂的叠压打破关系，能够辨认出夯土基址大致轮廓与形制的，有7座，即C8G8-C8G14。

C8G10，中部被二里岗期上层的一条南北向壕沟打破，自身夯土层内也发现一些二里岗期上层的碎陶片，房内的地面至少五层地坪。叠压C8G10的地层和打破C8G10的壕沟内所出的遗物[47]与郑州白家庄遗址[48]上层的同类器物相同，年代应为郑州商代白家庄期，也即二里岗上层二期；夯土层内包含有二里岗上层一期陶片；因此C8G10始建于二里岗上层一期，废弃于二里岗上层二期之前。

C8G8，位于C8G9的东侧，打破了C8G9。叠压在二里岗期上层堆积之上，被一条东西向的二里岗期上层壕沟打破。因此，C8G8始建于二里岗上层一期，废弃于二里岗上层二期之前。

C8G11，位于C8G10和C8G9的西边，打破C8G9的西部，被二里岗期上层的堆积叠压，夯土层内包含较多的二里岗期下层陶片和少量洛达庙期的陶片。因此，C8G11的始建年代应为二里岗上层之前，废弃年代应为二里岗上层二期之前。

C8G13，位于C8G10的西侧，破坏了C8G12西南部和C8G14东部，其上被战国或汉代的堆积层叠压，叠压着二里岗期下层堆积，夯土层中包含有二里岗期下层的陶片。因此，C8G13的始建年代应为二里岗上层之前，废弃年代不详，可能延续时间较长至二里岗上层二期。

C8G12，位于C8G10与C8G9的西边和C8G11的南边，打破C8G9的西部，其西南部被C8G13打破。

C8G14，位于C8G13的西侧，东部被C8G13打破。C8G14没有打破C8G9，则表示两者可能共存。

C8G9，中部被C8G10挖毁大部分，东部和西部又被C8G8、C8G11和C8G12所打破，坐落在二里岗期下层和洛达庙期文化层上，夯土层中包含二里岗期下层和洛达庙期的一些碎陶片。因此，C8G9的始建年代应不早于洛达庙期，废弃年代早于C8G12和C8G14的始建年代，C8G9应始建于洛达庙期，废弃于二里岗下层二期之前。

综合上述建筑基址的打破关系及始建和废弃年代，C8G10、C8G8、C8G13、C8G11四个之间没有明确的打破关系，可能为共存关系。C8G13打破C8G12和C8G14，C8G12又打破C8G9；C8G10、C8G8、C8G11也打破C8G9。各建筑基址的始建年代和废弃年代详见表一，从下表可以清楚地看出各建筑基址的三次兴建和四次废弃过程。

表一　C8G10组建筑基址的始建年代和废弃年代

	洛达庙期		二下一期		二下二期		二上一期		二上二期	
	始	末	始	末	始	末	始	末	始	末
C8G9		√		×						
C8G14		√?				×				
C8G12					√	×				
C8G11					√			×		
C8G10					√			×		
C8G8							√	×		
C8G13							√			×?
C8G15		√		×						
C8G16					√			×?		

2. C8G15组建筑基址

C8G15组建筑基址，位于东里路以北、紫荆山路以西区域（图一：35）。1976年3月～1977年6月，河南省文物研究所配合黄委会科研所（南院）东南角的建设工程中，发掘出一座规模较大和保存较好的二里岗下层时期的宫殿夯土基址，编号为C8G15。

叠压着C8G15的商代文化层出土大量陶片，陶片的年代分别属于二里岗期上、下层和洛达庙期。C8G15的东部被一个二里岗期下层的椭圆形灰坑（C8H49）打破，西北部被一个二里岗期上层的不规则灰坑（C8H50）打破，西部被一座二里岗期下层的墓葬（C8M36）打破。C8G15打破了洛达庙期文化层和生土。夯土层中包含有洛达庙期的陶片。C8M36所出陶鬲和陶豆，年代为二里岗下层二期。因此，C8M15的始建年代应为洛达庙期，废弃年代应为二里岗下层二期之前。

另外，C8G15附近的另外两处处夯土基址（分别位于C8T55、60、61内和C8T62内），的始建和废弃年代也被判定为洛达庙期和二里岗下层一期。

3.C8G16组建筑基址

C8G16组建筑基址，位于城北路南，塔湾路西（图一：37）。1976年，河南省文物研究所在配合河南省中医药研究院办公楼建设工程中，发掘出一座规模较大且形制较为特殊的宫殿夯土基址，编号为C8G16。C8G16上部叠压着战国时期的文化层，未见有明确的二里岗期上层的文化层。C8G16夯土层中包含有较多的陶片，多数为二里岗期下层的，少数为洛达庙期的。C8G16的房基槽西部边沿打破两层灰土层，上层为较松软的浅灰土，包含有二里岗期下层和洛达庙期的陶片，下层为深灰土，土质甚硬，类似夯土，但分不出夯层，出土有洛达庙期陶片；该灰层和房基槽西边被一个二里岗期上层灰坑打破。

从上述C8G16的地层叠压打破关系判断，C8G16的始建年代应为二里岗下层二期之始；因打破C8G16的二里岗上层灰坑位于基槽的边缘，C8G16的废弃年代可能为二里岗上层一期之末或者更晚。

（二）郑州回民中学遗存和省中医学院东里路家属院遗存

1.郑州回民中学遗存

郑州市回民中学，位于郑州市东里路东段南侧，城北路中段北侧（图一：38），东邻省中医院家属院，北与校园操场商代宫殿基址和河南省文物保护科技中心院内的G10宫殿基址紧邻。1991年，河南省文物研究所为配合该校基本建设，在校园内的两个地点进行了考古发掘，在其中的A区的两个探沟（91T25、91T26）内发现了夯土基址3处，分别编号为91C8F11、91C8F12、91C8F13，并对夯土进行了解剖。

通过对夯土解剖沟的地层分析（图四），第4层为F12，出土有少量残陶片，被第2层和第3层所叠压，为战国时期的文化层，叠压第5层为河相堆积层，在其上部有一道东南、西北向的石头堆积带，高度约2米多，层内包含有洛达庙期的文化遗存。F11打破F12，F12打破F13，因发掘面积有限，各建筑基址的形制不详。

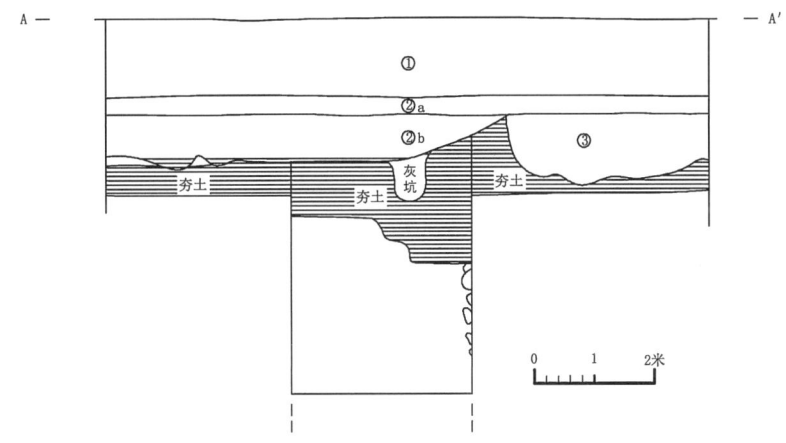

图四　郑州回民中学91T25东壁地层剖面图

（根据《1992年度郑州商城宫殿区发掘收获》图一二改绘）

2.省中医学院东里路家属院遗存

省中医学院东里路家属院，位于郑州回民中学东侧（图一：39）。1992年2月–1993年3月，河南省文物研究所对该基建区进行了抢救性发掘，发掘面积900平方米，发现了夯土台基三处，编号为F1、F2和F3。

F1和F2保存比较完好，F3仅发现西部边缘。F1位于发掘区中部偏东，近东西向，平面形状呈长方形，东部延伸至发掘区外，南侧和西部共发现排列有序的柱础坑20余个。F2位于F1的西侧，间隔3米方向为25°，与F1几乎垂直，从平面关系看，F1与F2应为同一组建筑。F3位于F1的南侧，北部被F1打破，南部为探方壁所压，夯土面未发现柱础坑、柱础石、墙基等建筑设施；可能是F1、F2这组建筑的庭院和活动场地。

从对夯土建筑的解剖沟的地层堆积情况来看（图五），F1被战国时期的文化层叠压，F1西部夯土较厚，达4米左右，夯土底部打破一层较厚的河相堆积层，与上述回民中学夯土基址底部的淤积层相连，遗存形式属典型的河相堆积，估计这里原来有一条古河道；河相堆积上部也发现有类似于回民中学遗存中的石筑遗迹。夯土层内包含有较多细碎的商代陶片。

上述郑州回民中学和省中医学院东里路家属院两处夯土建筑基址遗存有着非常重要的价值和意义。两个地点位于一条东西向的直线上，夯土建筑基址均叠压打破一层较厚的河相堆积层，推测为一条东西向的古河道；堆积层内出土有洛达庙期残陶片，判断该古河道早于洛达庙期，似为自然河道；堆积层上部夯土基址下均有石筑遗迹，应与营造宫殿时加固基础有关，推测两处夯土建筑应为同时开始营建的。郑州回民中学夯土建筑基址虽有打破关系，夯土层内包含物较少，为二里岗下层时

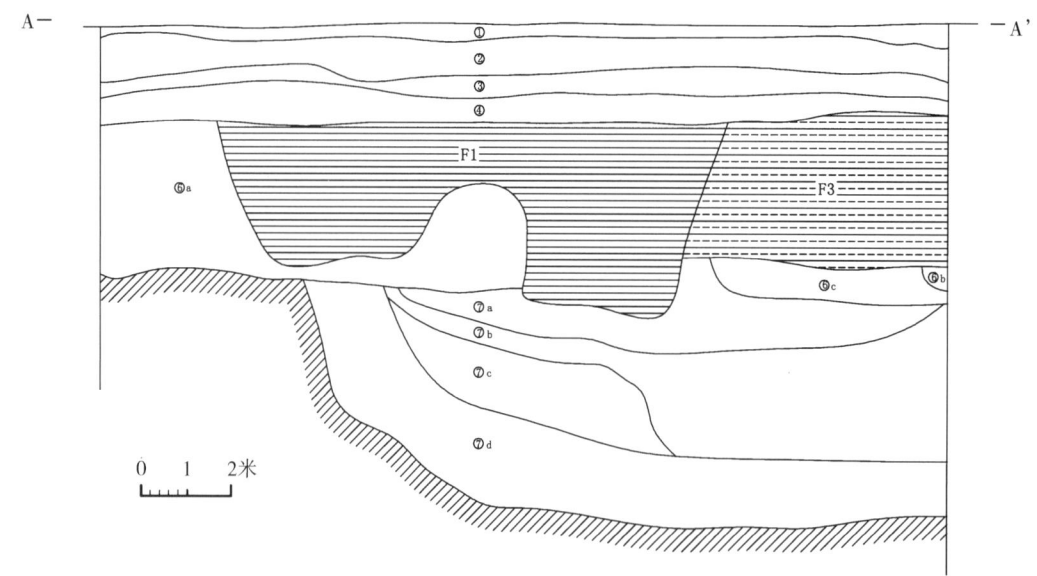

图五　省中医院家属院探方92C8TG1东壁地层剖面图

（根据《1992年度郑州商城宫殿区发掘收获》图二六改绘）

期，因此推测两处夯土建筑基址均开始营建于二里岗下层二期之始。两处夯土建筑基址上部均为战国时期文化层，因此，两处夯土建筑基址的废弃年代不详，可能为二里岗下层二期之末，或是二里岗上层一期之末，更可能为二里岗上层二期之末。另外，该古河道向东若延伸至内城城墙下，相应位置的城墙结构可以确认内城城墙的始建年代。

（三）北大街宫殿基址遗存

北大街宫殿基址位于郑州市东里路东段北侧，在郑州商城的东北部，东距郑州商城东墙约200米（图一：40）。其北侧为黄河中心医院商代建筑基址和二里岗上层时期的蓄水池，东侧为商代石砌供水管道和商代宫殿城墙，南侧为东里路38号院发现的商代大型宫殿建筑基址、夯土水井等，西侧约30米处为省文物考古研究所郑州工作站（今河南省文物保护科技中心）院内发现的宫殿遗址和商代人头骨壕沟。发掘面积2600余平方米，发现夯土建筑基址共20处，叠压打破关系十分复杂，部分为宫殿建筑基址，部分因破坏较为严重，形制不详。在这20处夯土基址中，有5处没有被其他夯土基址打破，分别为F1、F2、夯土Ⅰ、夯土Ⅷ、夯土ⅩⅥ，简单介绍如下（图六）。

F1，平面呈东西长、南北宽的长方形，东西长19.4、南北宽6.3米，方向109°。在紧靠F1基槽以北，分布有一与之平行的长方形细淤沙层，推测为F1的散水层或活动面；该活动面的东西两端略长于F1，东西长23、南北宽3.5米；在其南部边缘均匀地分

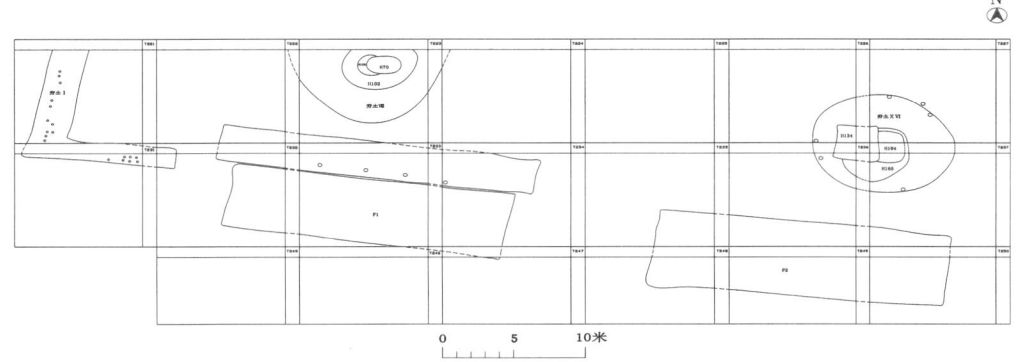

图六　北大街宫殿基址示意图

（根据《郑州商城北大街商代宫殿遗址的发掘与研究》图二改绘）

布有4个圆形柱础，每个柱础直径20厘米，由夯土夯填而成，柱础中心有明显的深灰色柱痕；每个柱础间隔2-3米。推测这些柱础与F1有关，应属于F1。

F2，平面呈东西向长方形，在F1以东，与F1间隔10米，北部边缘同F1的北部边缘同在一条直线上，因此方向同F1一致；东西长20.06、南北宽7米。夯土颜色、结构都和F1相同，因此推测为同组建筑中的两个单体建筑。从打破F2的H156、H160以及F1解剖沟内出土物来看，都相当于二里岗下层二期，因此，这两座建筑的始建和废弃年代都应该为二里岗下层二期。

夯土Ⅰ，位于F1的西部，平面呈L形，北端延伸到发掘区外。夯土平面的西部和南部均分布有较多小型柱洞。南部东西长11、西部南北残长10.5、夯土宽1.8-2.6米。

夯土Ⅷ，位于F1的北部，平面呈圆形，北半部延伸到发掘区外；夯土呈浅灰色，质坚硬；直径10米。夯土ⅩⅥ，位于F2北部，平面呈圆形，直径10米；夯土平面周围分布有6个内填白色料礓石颗粒的柱础，均直径20厘米左右。

该5处夯土基址未被其他夯土基址打破，可以理解为在废弃之前，它们是共存的，应该是同一组建筑。F1、F2位于南部，东西向，面向北，北部各有一个圆形建筑，性质不详；夯土Ⅰ位于西部，可能是该组建筑的西侧围墙设施；F2往东被一条晚期沟破坏，东侧是否还有宫殿建筑和圆形建筑不得而知，在对称位置上未见应该存在的东侧围墙结构。另外，打破夯土Ⅷ和夯土ⅩⅥ的灰坑H102和H165的出土器物均相当于二里岗上层一期，可能是两个圆形夯土建筑延续到二里岗上层一期，也可能是和F1、F2一期在二里岗下层二期废弃以后在二里岗上层一期又被破坏。

从解剖沟内的夯土打破关系来看（图七），F1打破夯土Ⅵ，夯土Ⅵ打破夯土Ⅶ及夯土Ⅶ下面的垫土层，夯土Ⅶ垫土下叠压着H230和H231，H230打破H231，H231打破生土。H230和H231出土遗物的年代为洛达庙期。夯土Ⅵ和夯土Ⅶ垫土所包含的遗物有洛达庙期的和二里岗下层一期偏早的。F1的始建年代为二里岗下层二期。从北大街宫殿基址的打破关系来看，从洛达庙期的聚落开始，经历了三次夯土建筑的兴建和废弃，至二里岗上层一期可能废弃为一般聚落区。

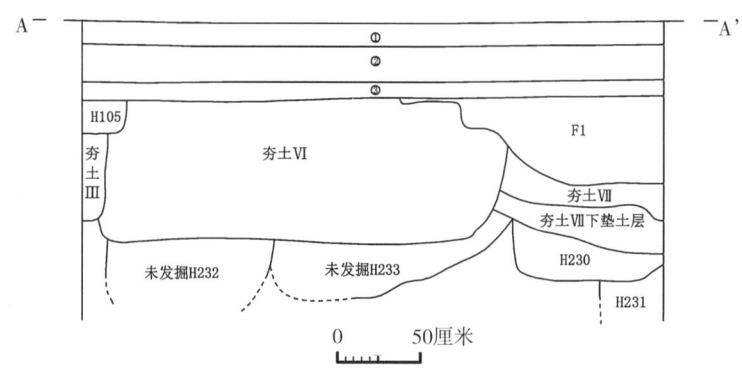

图七　北大街宫殿基址探沟剖面图

（根据《郑州商城北大街商代宫殿遗址的发掘与研究》图五改绘）

综合上述对商城宫殿区6个位置的夯土基址的分析，可以非常清楚地看到宫殿区夯土基址的变迁情况。在洛达庙期，位于东里路以北的C8G10区域、C8G15区域、98北大街东里路宫殿基址区域开始兴建大型夯土建筑，位于东里路以南的回民中学区域和省中医学院东里路家属院区域存在一条古河道。在二里岗下层二期之始，位于东里路以北的C8G15区域大型建筑废弃，C8G10区域和98北大街东里路宫殿基址区域的大型建筑废弃，并大规模重建；位于东里路以南的古河道被填平，在包括C8G16区域在内的广大范围内进行大型夯土建筑的兴建。在二里岗上层一期之始，C8G10区域又进行了部分夯土建筑的废弃和重建，98北大街东里路宫殿基址区域的夯土建筑似已废弃，位于东里路以南的3处夯土建筑也似已废弃。在二里岗上层二期，C8G10区域似仍有C8G13得以保留。

对郑州商城宫殿区的考古发掘与研究工作虽然取得了非常巨大的成绩和较为有效的进展，但也存在着一定的问题。因为郑州商城遗址位于现在郑州市区的中心，难以进行大范围连续的考古发掘研究工作；已有的发掘材料均比较零散，对研究工作也带来了一定的困难；小面积的发掘可以确认其为夯土建筑基址，但是夯土基址的范围、可能存在的院落、不同地点的夯土建筑之间的联系、不同时期夯土建筑和围墙院落的具体情况等，均无法进行研究。

单就C8G15来讲，《第一次发掘报告》和《郑州商城》两次的报告均未发表相关的总平面图，C8G15的始建和废弃年代均较早，而且该区域位于郑州商城北部的中心位置，所以打破C8G15的夯土建筑的情况非常重要，表现的是该位置在二里岗下层二期和上层一期时的状态，相关资料未见发表。

五、郑州商城商文化遗存的变迁及相关问题

在《中国考古学·夏商卷》中，用第一期、第二期、第三期、第四期来进行郑州商城商文化的分期，且在相关的介绍中，使用早商文化一期、早商文化二期、早商文化三期、中商文化一期的说法。这一种分期系统和通常所谓的二里岗文化下层一期、下层二期、上层一期、上层二期的分期系统基本上一致，而且上层二期也即"白家庄期"属于中商文化，是中商文化第一期。

虽然《中国考古学·夏商卷》一书把南关外下层、电校H6、化工三厂H1等相关遗存和二里岗H9统归于早商文化一期，又提到宫殿区C8T62内夯土基址上面灰土层所出陶器属早商文化一期，显然C8T62内夯土基址要早于早商文化一期，也就是说所谓"以南关外下层遗存为代表的南关外期"实际是存在的。如此，则郑州商城的商文化分期，除属于晚商的"人民公园期"之外，包括五期：南关外期、下层一期、下层二期、上层一期、上层二期，其中南关外期与洛达庙三期同时，与二里头文化四期同时，洛达庙三期也即"洛达庙期"。

1.郑州商城商文化遗存的变迁

郑州地区分布着多处二里头文化的城址和遗址，有东赵城址[49]、大师姑城址[50]、望京楼城址[51]、洛达庙遗址[52]，其中，洛达庙遗址距离郑州商城较近。洛达庙一期、二期遗存主要分布于郑州市偏西，洛达庙三期遗存即洛达庙类型分布范围较广，主要在郑州商城内城一带。南关外类型发现最少，主要集中于南关外地区，另外，电力学校和化工三厂的相关遗存也属于南关外类型。洛达庙一期、二期约相当于二里头文化二期、三期，洛达庙类型与南关外类型约略同时，当与二里头文化四期相对应。在郑州商城内城一带，仅在黄委会青年公寓项目工地发现零星洛达庙三期之前的遗存。

郑州商城宫殿区内洛达庙类型的夯土基址（C8G9、C8G15、C8T62夯土台基、98东里路北大街夯土Ⅶ等）和夯土墙（W22夯土墙）在二里岗下层一期废弃，属于洛达庙类型的C8ⅡT166M6随葬有铜鬲、铜盉、铜戈和玉柄形器，且有两个殉人。说明在下层一期之前的南关外期和洛达庙期，郑州商城宫殿区一带已经存在夯土建筑、夯土墙和贵族墓葬，但是，这些夯土建筑和夯土墙在下层一期就废弃了。

郑州商城城墙在二里岗下层一期偏晚阶段已经开始修建，而且至少部分建成。

1998年东里路发掘的宫殿地层关系是二里岗下层的基址下仍有多层夯土基址。例如F1为二里岗下层二期建筑，它向下打破夯土Ⅵ，而夯土Ⅵ下面又叠压打破着夯土

Ⅶ。夯土Ⅶ下面才是洛达庙时期的灰坑。这说明，二里岗下层一期的夯土Ⅵ在二里岗下层二期被废弃重建。

南关外铸铜遗址始建于下层一期，也可能早到南关外期。

到下层二期之时，郑州商城开始进入兴盛时期。主要表现在这时期兴建了大批宫殿，例如C8G10-C8G12、C8G16等主要基址均建于此时，东里路南的古河道也在此时被填平用于修建大型夯土建筑。南关外铸铜基址的规模得以迅速扩展，表明当时对铸铜业的需求加剧。铭功路的制陶作坊和紫荆山北的制骨遗迹均建于二期晚段。郑州商城的外廓城至迟在二期偏晚阶段基本建成，城址内的文化遗存较下层一期时普遍增多。

到上层一期，郑州商城在原有的基础上持续繁荣。主要体现在南关外铸铜作坊虽经扩展，仍满足不了当时对铸铜业的需求，又兴建了紫荆山北铸铜作坊。宫殿建筑群有新建、改建，例如C8G11、C8G12、C8G14等基址被废弃，并在其附近新建了C8G8和C8G13；C8G10则是在原有基址重建；郑州电力学校F1也是这时新建的一处规模较大的基址。

到上层二期即白家庄期，郑州商城大批的宫殿建筑被上层二期遗存所叠压或打破，两处铸铜基址也至迟在该期偏晚阶段时废弃。与此同时，在白家庄、铭功路、北二七路等地却发现了较多的铜器墓，而且张寨南街、城东路回民食品厂铜器窖藏埋藏时间均属于上层二期，南顺城街铜器窖藏坑的年代更晚些。三处窖藏所出铜器大多为其他遗址所不见的重器。以上遗迹现象似乎表明，当时郑州商城走向衰落，但至少在该期某一时间段内，仍有商王室和贵族在此活动。上层二期以后，郑州商城全面荒废，但是对于南顺城街窖藏坑的出现，仍有待合理的解释。

2.夏商分界、商城性质及相关问题

与郑州商城相关的重要学术问题有四个：（1）夏商分界发生在什么时候，或者说发生在二里头文化四期的什么时候；（2）二里头文化四期、洛达庙类型、南关外类型的性质和认识；（3）郑州商城的性质，它是商朝前期什么时候的都城；（4）对二里岗文化上层二期的认识。学术界的主流观点认为，夏商分界发生于二里头文化四期早晚段之间；二里头文化四期为夏遗民的文化遗存，洛达庙类型和南关外类型是先商文化到达郑州后的遗留；郑州商城是早商的亳都；上层二期即白家庄期为中商文化一期，郑州商城已部分废弃，其后全面荒废。

笔者通过对相关材料的分析和对相关研究成果的学习，对这几个问题有新的看法。

（1）夏商分界发生于二里头文化三四期之间，正是商夷联军灭夏，使得二里头文化三期转变为二里头文化四期。郑州地区在二里头文化三期时，有大师姑城、东赵城和望京楼城,市区西部有洛达庙聚落。商夷联军从商丘地区向西灭夏的过程中路过郑州,扫灭了郑州地区的三处二里头文化城址和一处聚落,致使他们从二里头文化三期转变为二里头文化四期。三处城址聚落的二里头文化四期中商文化因素并不明显,特别的是洛达庙聚落。

(2)洛达庙一、二期遗存主要分布于郑州市偏西,相当于二里头文化二、三期,而洛达庙三期遗存即是洛达庙晚期,也即洛达庙类型,分布范围较广,主要在郑州商城内城一带;同时,在南关外地区发现了南关外类型。通过文化因素分析可以看出,所谓洛达庙类型遗存,应该是商汤带领商夷联军到郑州,攻克郑州地区的土著以后,到二里岗下层一期商王朝再次开发郑州地区之前商族、夷族和原来夏王朝土著遗民创造的混合文化遗存。需要说明的是,虽然洛达庙二里头文化因素占比较大,但是商文化因素才是主导因素;所谓南关外类型遗存,应该是商夷联军占领郑州以后,留守郑州的夷族聚居区所留下的遗存。商城内城一带的洛达庙类型夯土基址、夯土墙和随葬铜器及殉人的墓葬正是这一情况的反映。作为夏王朝的都城,二里头遗址位于郑州西部的洛阳偃师。商汤带领商夷联军从占领郑州到攻占二里头都城也就是一两年之内的事情,所以从时间上来算,洛达庙类型应该算是郑州地区最早的早商文化。

(3)根据二里头遗址二里头文化四期遗存和偃师商城的相关情况,二里头遗址四期和偃师商城才是商王朝最早的都城,郑州商城应当是仲丁所迁之隞都。郑州地区商文化从洛达庙类型转变为二里岗文化下层一期,可以理解为先商文化与洛达庙文化融合的结果,似乎应该是先商文化在二里头遗址和偃师商城与二里头文化融合以后辐射传播至郑州商城的结果,更合理一些。从洛达庙类型到下层一期,表现出文化的过渡性质,真正繁荣始自二里岗文化下层二期,偃师商城因地理位置、环境和发展空间受限及王室斗争等因素,不能满足现实的需要,商王朝统治中心把目光投向了郑州地区,开始扩建郑州商城,有学者认为郑州商城是太甲城[53],可能是符合史实的。到仲丁自偃师商城迁至此地,又进行更大规模的改建和扩建。宫殿区夯土基址的复杂叠压打破关系所反映的多次兴废,正是表现的这一情况。

此处需要说明的是,洛达庙期至二里岗下层一期,郑州商城宫殿区内的夯土建筑、夯土墙W22、铜器及殉人墓C8M6,以及西太康路与北二七路交叉口西北角区域内的夯土墙,这些遗存是商人对郑州地区区域统治的表现,但并不能说明这些就是或不是商王朝都城的表现。

作为都城或中心聚落遗址,有大型夯土建筑,不一定有城墙,但有城墙,一定有大型夯土建筑,而且城墙应晚于或同时于大型夯土建筑。宫殿区内大型夯土建筑在二里岗下层二期之始开始大规模的兴建，那么郑州商城的城墙始建于二里岗下层一期偏晚阶段是合理的，因为年代判断上存在陶器类型学的误差，两者应该是在二里岗下层二期之始同时开始兴建。外廓城墙的兴建应晚于内城城墙和宫殿建筑的兴建，应始建于二里岗下层二期晚段。

二里岗下层二期之前的重要遗存的全部废弃和下层二期的全面大规模兴建，正说明下层二期之前不是商王朝的都城；二里岗上层一期对二里岗下层二期商城宫殿区的大规模重建，则说明郑州商城为先商之亳到商王朝的亳都的学说也是不合理的。本文提出的郑州商城是仲丁隞都以及成为区域中心聚落、准都城、都城再到区域中心聚落的过程是合理的，更可能是符合历史事实的。

从郑州商城商文化的变迁情况来看，根据相关史实的分析，仲丁迁至此地作为都城的时间应为二里岗文化上层一期。城墙和外廓城依然建成、扩建和新建了铸铜作坊、扩建和新建了大型夯土建筑。如果商王仲丁开始算是中商，那么二里岗上层一期就当算是中商文化一期。

（4）关于二里岗文化上层二期遗存的性质。郑州商城大批的宫殿建筑被上层二期遗存所叠压或打破，说明在上层二期时，郑州商城已部分废弃，说明作为王国都城已迁至他处。两处铸铜遗址则迟至上层二期偏晚阶段才废弃，三处青铜器窖藏坑中南顺城街铜器窖藏的埋藏年代要更晚。这说明，到二里岗文化上层二期时，郑州商城虽然失去了都城的位置，但是作为曾经的都城，仍然是郑州地区商文化的中心，必然延续了相当长的时间，至于延续到什么时间，有待于进一步的研究。

六、余论

通过对郑州商城各重要遗存的年代及文化变迁的研究，笔者再次论证了夏商分界、郑州商城的文化变迁过程及郑州商城的性质等问题，对郑州商城及相关商王朝前期的文化遗存和文化变迁有了一个较为清楚的认识。目前仍有几个问题有待进一步研究。

1.白家庄期与人民公园期遗存

郑州商城商文化的前期，为洛达庙期、南关外期、二里岗下层一期，实为三种不同类型的早期遗存，由于并没有明确的地层叠压关系，而且牵扯到二里头文化的末期，不同文化类型的权力属性并没有充分表现出来，陶器类型学在微观年代判断上的缺陷等因素的存在，这几种类型的文化遗存应属于同时期的。

与此相应的是郑州商城商文化的后期，即白家庄期和人民公园期，也存在类似的问题。白家庄期也即二里岗上层二期，商王朝的都城已迁移至他处，郑州商城失去了商王朝都城的位置，不再是商王朝的权力中心和商文化的中心，文化的变迁便不再敏感和明显。白家庄期和人民公园期之间也无明确的地层叠压关系，两者的早晚关系以及延续时间的长短在相关的研究中都是需要特别注意的。

人民公园期中的人民公园二期，由于是郑州商城这个商文化中心聚落的末期遗存，年代可能延续到很晚，可能部分遗存已进入到西周纪年范围内。相关的白家庄墓葬、人民公园墓葬、黄河路109号院墓葬、荥阳西司马墓葬[54]的材料可以进行相关的进一步的研究。

2.与盘龙城的关系

在南关外遗存中，发现一类裆部近平的鬲、斝[55]，形制与典型的二里岗期器物有一定差异，但与盘龙城遗址[56]的同类器物相近，两者之间存在着密切联系，而且南关外地区属于郑州商城的铸铜作坊区，因此与盘龙城可能存在青铜器生产上的关联[57]。

盘龙城商代宫殿遗址F1的结构和布局与郑州商城宫殿区C8G15相似，也说明郑州商城与黄陂盘龙城的商代文化存在着密切的联系[58]。关于郑州商城与盘龙城的密切关系，王立新的文章中认为，盘龙城聚落群的出现是中原商人殖民的结果[59]。

笔者认可王立新的观点。盘龙城遗址的文化也可以分为多期，其主要遗存为二里岗期的商文化，还有早于二里岗期的文化遗存。盘龙城遗址作为长江流域的中心聚落，多期文化的变迁反映了从二里头文化到二里岗文化中原王朝多次对长江流域的征服和迁徙过程。大冶铜绿山古铜矿遗址的文化变迁也经历了相同的过程[60]。这显然与中原王朝统治中心对长江流域青铜器原料产地的控制与开采有密切关系。

3.印纹硬陶和原始瓷

在郑州商城南关外的那条沟内，就出土有印纹硬陶、原始瓷片[61]。在郑州商城，自二里岗下层二期开始就出土一定数量的印纹硬陶和原始瓷。这些器物的形制和纹饰都显示出与长江中、下游地区文化的密切联系。印纹硬陶和原始瓷的产地及相关问题，学界已有非常充足的讨论[62]，笔者在此仅就这些问题做一简要的推测。

印纹硬陶和原始瓷的起源，一定是与原料产地有着密切联系，应该是起源于长江中、下游地区的原料产地。虽然科技手段可以检测出原材料的产地，但是这些产品也分两种情况，即原材料在产地制成产品运送到使用地；或者原材料运送到使用地，再制成产品。就郑州商城的印纹硬陶和原始瓷，从器形的差异和种类的多少来看，应属于后一种情况。

青铜器的生产技术掌握在中原王朝的权力中心所在的都城地区，原材料自然是从产地运送到都城，再制作成青铜器。盘龙城作为商王朝在长江流域的控制中心，控制着位于长江中、下游地区的青铜器原料产地，担负着往都城输送青铜器制作原料的重要使命。印纹硬陶和原始瓷的制作原料的输送，也是情理之中。2014年在盘龙城遗址杨家湾北坡的发掘中，出土了印纹陶多出现烧流及鼓泡现象，附近调查发现为印纹陶生产作坊区[63]，这一情况说明，盘龙城在运送印纹硬陶和原始瓷的制作原料的过程中，也在自己尝试制作。

　　除郑州商城之外，在早、中商时期，盘龙城[64]、藁城台西[65]、大辛庄[66]、耀县北村[67]均出土有印纹硬陶和原始瓷，与郑州商城同类器物保持较强的一致性[68]，合理的解释应为，这些各区域的中心聚落在与都城的密切交流中，获得了这些印纹硬陶和原始瓷。

注释

［1］赵海涛：《二里头遗址二里头文化四期晚段遗存探析》，《南方文物》2016年第4期。

［2］闫付海、信应君：《新视野下陶寺文化变迁研究》，中国社会科学院考古研究所、临汾市文物局编著《光被四表　格于上下——早期都邑文明的发现研究与保护传承暨陶寺四十年发掘与研究国际论坛论文集》，科学出版社，2021年，第103～115页。

［3］侯卫东：《试论二里岗文化构成的演变》，《江汉考古》2016年第4期。

［4］侯卫东：《郑州商城的城市化进程》，《中原文物》2018年第3期。

［5］闫付海、靳晓倩：《夏商分界及相关史实分析》，《古代文明研究通讯》总第73期，2017年6月。

［6］郑州市文物考古研究院发掘资料。

［7］信应君：《梁湖遗址商代大型建筑基址性质初探》，《华夏文明》2017年第5期。

［8］河南省文物考古研究所：《郑州小双桥——1990～2000年考古发掘报告》，科学出版社，2012年。

［9］郑州市文物考古研究院：《郑州市西史赵村仰韶文化遗址发掘简报》，《考古》2014年第4期。

［10］郑州市文物考古研究所：《郑州大河村》，科学出版社，2001年。

［11］王立新：《也谈文化形成的滞后性——以早商文化和二里头文化的形成为例》，《考古》2009年第12期。

［12］中国社会科学院考古研究所：《中国考古学·夏商卷》，中国社会科学出版社，2003年。

［13］河南省文物研究所：《郑州黄委会青年公寓考古发掘报告》，《郑州商城新考古发现与研究（1985～1992）》，中州古籍出版社，1993年。

［14］河南省文物考古研究所：《河南郑州商城宫殿区夯土墙1998年的发掘》，《考古》2000

年第2期。

　　［15］河南省文物考古研究所：《郑州新发现的几座商墓》，《文物》2003年第4期。

　　［16］最高级别的墓葬和居住区，即聚落首领的墓葬和宫殿区不可能是同一时间、同一空间的。如果是同时的，必然是不同空间的；如果是同一空间的，必然是不同时间的。

　　［17］河南省文物考古研究所：《郑州商城——1953年～1985年考古发掘报告》，文物出版社，2001年，第565页。

　　［18］王炜：《郑州商城铜器墓研究》，《中国国家博物馆馆刊》2013年第9期。

　　［19］a.袁广阔：《郑州商城始建年代研究》，《中原文物》2003年第5期；b.袁广阔、曾晓敏：《论郑州商城内城和外郭城的关系》，《考古》2004年第3期；c.袁广阔：《郑州商城始建年代新证》，《中国文物报》2017年11月3日第6版。

　　［20］杨育彬：《郑州商城的考古学研究》，《夏商周断代工程商前期年代学研究课题郑州商城专题报告》，1999年。

　　［21］河南省文物考古研究所：《郑州商城——1953年～1985年考古发掘报告》，文物出版社，2001年，第198、200页。

　　［22］袁广阔：《郑州商城始建年代新证》，《中国文物报》2017年11月3日第6版。

　　［23］河南省文化局文物工作队：《郑州二里岗》，科学出版社，1959年。

　　［24］河南省文物考古研究所：《郑州商城外郭城的调查与试掘》，《考古》2004年第3期。

　　［25］a.袁广阔：《郑州商城始建年代研究》，《中原文物》2003年第5期；b.袁广阔、曾晓敏：《论郑州商城内城和外郭城的关系》，《考古》2004年第3期。

　　［26］a.郑州市文物考古研究院：《郑州市老坟岗商代遗址发掘简报》，《中原文物》2009年第4期；b.顾万发：《文明之光——古都郑州探索与研究》，科学出版社，2016年；c.刘彦锋、吴倩、薛冰：《郑州商城布局及外廓城墙走向新探》，《郑州大学学报》（哲学社会科学版）2010年第5期；d.袁广阔：《郑州商城始建年代新证》，《中国文物报》2017年11月3日第6版；e.袁广阔：《略论郑州商城外郭城墙的走向与年代》，《中原文物》2018年第3期。

　　［27］河南省文物研究所：《郑州商城外夯土墙基的调查与发掘》，《中原文物》1991年第1期。

　　［28］河南省文物考古研究所：《郑州商城外郭城的调查与试掘》，《考古》2004年第3期。

　　［29］郑州市文物考古研究院：《郑州市老坟岗商代遗址发掘简报》，《中原文物》2009年第4期。

　　［30］郑州市文物考古研究院：《郑州市华润印象城仰韶文化及商代遗址》，《中国考古学年鉴》，文物出版社，2011年，第301～302页。

　　［31］a.郑州市文物考古研究院：《郑州市老坟岗商代遗址发掘简报》，《中原文物》2009年

第4期；b.刘彦锋、吴倩、薛冰：《郑州商城布局及外廓城墙走向新探》，《郑州大学学报》（哲学社会科学版）2010年第5期。

［32］顾万发：《文明之光——古都郑州探索与研究》，科学出版社，2016年。

［33］袁广阔：《略论郑州商城外郭城墙的走向与年代》，《中原文物》2018年第3期。

［34］河南省文物考古研究所：《郑州商城外郭城的调查与试掘》，《考古》2004年第3期。

［35］河南省文物考古研究所：《郑州商城——1953年～1985年考古发掘报告》，文物出版社，2001年，第875页。

［36］河南省文物考古研究所：《郑州商城——1953年～1985年考古发掘报告》，文物出版社，2001年，第384～388页。

［37］郑州市文物考古研究所：《郑州市银基商贸城商代外夯土墙基发掘简报》，《华夏考古》2000年第4期。

［38］河南省文物研究所：《郑州三德里、花园新村考古发掘简报》，《郑州商城新考古发现与研究（1985-1992）》，中州古籍出版社，1993年，第228～241页。

［39］河南省文物考古研究所：《郑州商城外郭城的调查与试掘》，《考古》2004年第3期。

［40］顾万发：《文明之光——古都郑州探索与研究》，科学出版社，2016年。

［41］郑州市文物考古研究院：《郑州黄河路109号院殷代墓葬发掘简报》，《中原文物》2015年第3期。

［42］河南省文物研究所：《郑州商代城内宫殿遗址区第一次发掘报告》，《文物》1983年第4期。

［43］河南省文物研究所：《郑州商城新考古发现与研究（1985～1992）》，中州古籍出版社，1993年。

［44］河南省文物考古研究所：《郑州商城——1953年～1985年考古发掘报告》，文物出版社，2001年，第230～297页。

［45］河南省文物考古研究所：《郑州商城北大街商代宫殿遗址的发掘与研究》，《文物》2002年第3期。

［46］河南省文物研究所：《1992年度郑州商城宫殿区发掘收获》，《郑州商城新考古发现与研究（1985～1992）》，中州古籍出版社，1993年，第98～143页。

［47］河南省博物馆、郑州市博物馆：《郑州商代城址试掘简报》，《文物》1977年第1期。

［48］河南省文化局文物工作队第一队：《郑州白家庄遗址发掘简报》，《文物参考资料》1956年第4期。

［49］顾万发：《河南郑州东赵遗址考古新发现及其重要历史价值初论》，《炎黄文化》2015年第6期。

［50］郑州市文物考古研究所：《郑州大师姑》，科学出版社，2004年。

［51］郑州市文物考古研究院：《新郑望京楼2010～2012年田野考古发掘报告》，科学出版社，2016年。

［52］河南省文物研究所：《郑州洛达庙遗址发掘报告》，《华夏考古》1989年第4期。

［53］田昌五、方辉：《论郑州商城》，《中原文物》1994年第2期。

［54］河南省文物考古研究院、郑州市文物考古研究院、荥阳市文物保护管理中心：《荥阳西司马墓地》，大象出版社，2016年。

［55］河南省博物馆：《郑州南关外商代遗址的发掘》，《考古学报》1973年第1期。

［56］湖北省文物考古研究所：《盘龙城——1963～1994年考古发掘报告》，文物出版社，2001年。

［57］袁广阔：《关于"南关外期"文化的几个问题》，《中原文物》2004年第6期。

［58］河南省文物研究所：《郑州商代城内宫殿遗址区第一次发掘报告》，《文物》1983年第4期。

［59］a.王立新：《从早商城址看商王朝早期的都与直辖邑》，《新果集——庆祝林沄先生七十华诞论文集》，科学出版社，2009年；b.王立新、胡宝华：《试论下七垣文化的南下》，《考古学研究》（八），科学出版社，2011年。

［60］a.黄石市博物馆：《铜绿山古矿冶遗址》，文物出版社，1999年；b.陈树祥：《大冶铜绿山古铜矿始采年代及相关问题研究》，《古代文明研究通讯》总第60期，2014年3月。

［61］河南省博物馆：《郑州南关外商代遗址的发掘》，《考古学报》1973年第1期。

［62］a.安金槐：《谈谈郑州商代瓷器的几个问题》，《文物》1960年8、9期合刊；b.安金槐：《谈谈郑州商代的几何印纹硬陶》，《考古》1960年第8期；c.周仁、李家治、郑国圃：《张家坡西周居住遗址陶瓷碎片的研究》，《考古》1960年第9期；d.李科友、彭适凡：《略论江西吴城商代原始瓷器》，《文物》1975年第7期；e.罗宏杰、李家治、高力明：《北方出土原始瓷烧造地区的研究》，《硅酸盐学报》1996年第3期；f.陈铁梅等：《中子活化分析对商时期原始瓷产地的研究》，《考古》1997年第7期；g.陈铁梅等：《商周时期原始瓷的中子活化分析及相关问题讨论》，《考古》2003年第7期；h.朱剑、王昌燧等：《商周原始瓷产地的再分析》，《南方文物》2004年第1期；i.金志斌：《部分商周遗址出土原始瓷及印纹硬陶的ICP-AES研究》，北京大学2009年硕士论文，第78页；j.黎海超：《黄河流域商时期印纹硬陶和原始瓷器研究》，《考古与文物》2014年第3期；k.黎海超、耿庆刚：《黄河流域商时期印纹硬陶和原始瓷器产地研究—以郑州商城和殷墟为中心》，《江汉考古》2017年第4期。

［63］武汉大学历史学院、湖北省文物考古研究所、盘龙城遗址博物院：《武汉市盘龙城遗址杨家湾北坡发掘简报》，《江汉考古》2018年第5期。

［64］湖北省博物馆：《盘龙城——1963～1994年考古发掘报告》，文物出版社，2001年。

［65］河北省博物馆等：《河北藁城县台西村商代遗址1973年的重要发现》，《文物》1974年第8期。

［66］山东大学历史系考古专业等：《1984年秋济南大辛庄遗址试掘述要》，《文物》1995年第6期。

［67］陕西省考古研究所等：《陕西耀县北村遗址发掘简报》，《考古与文物》1988年第2期。

［68］黎海超：《黄河流域商时期印纹硬陶和原始瓷器研究》，《考古与文物》2014年第3期。

梁湖遗址商代大型建筑基址性质初探

信应君

2009年5～8月，郑州市文物考古研究院在配合工程建设中，发现一处商代晚期文化遗存，发现有房址、祭祀坑、灰坑、墓葬等遗迹。特别重要的是，发现了商代晚期大型建筑基址和其周边的人祭坑（图一）。

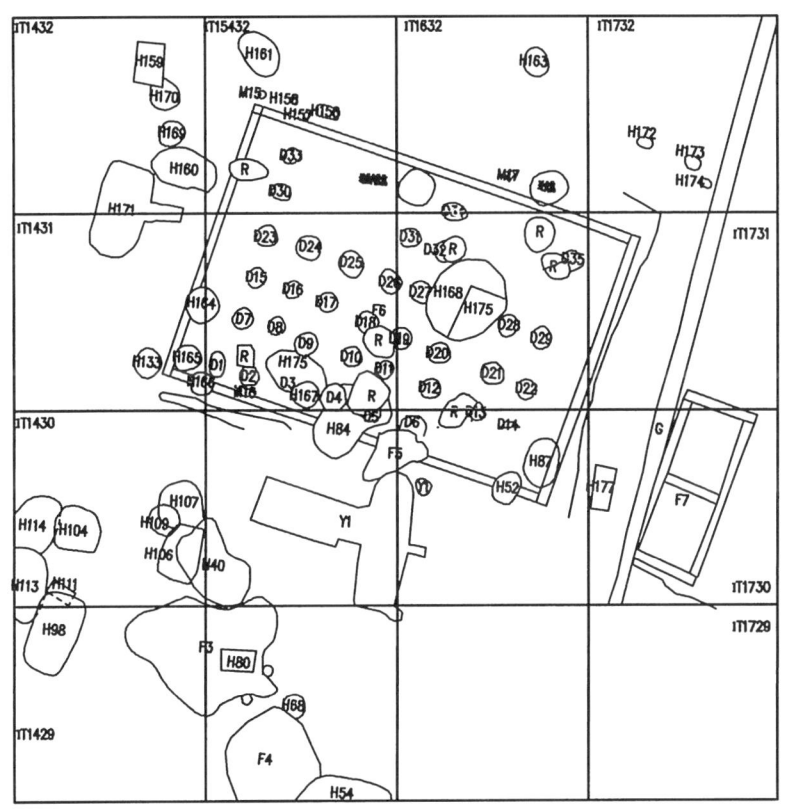

图一　遗迹平面图

一、遗址概况及工作收获

梁湖遗址位于郑州市区东南部，郑州市经济技术开发区梁湖村以东、南三环以北，西北距郑州商城约8000米，北距祭伯城遗址4000米。该遗址的地理位置处于历史上著名的中原大湖泊"圃田泽"西部的边缘地带，即《郑县志》记载的"梁家湖"区域。其地势西高东低，为起伏不平的岗地。遗址面积达20万平方米（图二）。

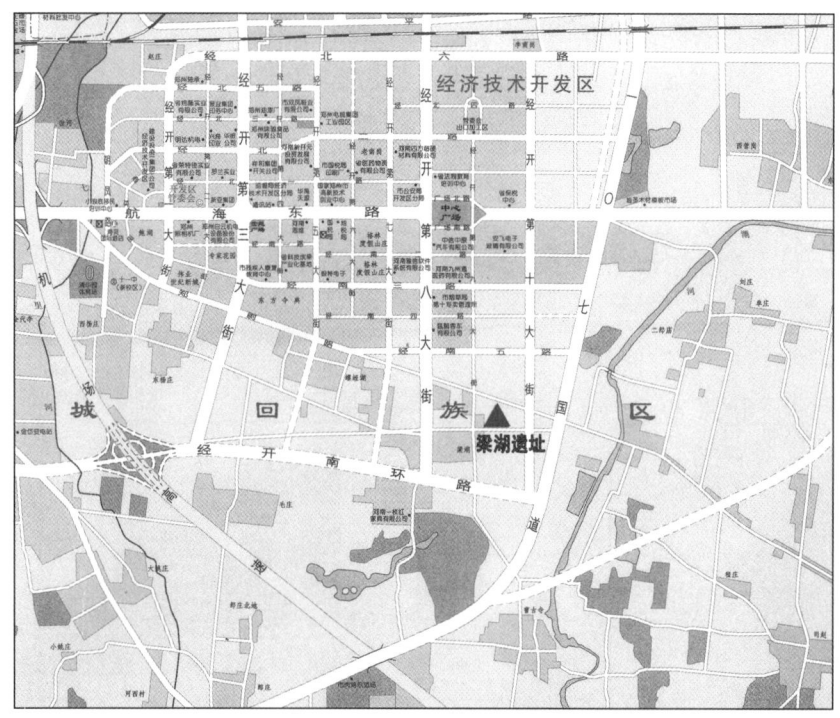

图二　梁湖遗址位置示意图

梁湖遗址地处郑州商城的东南部，是目前发现的距郑州商城最近的一处商代中小型聚落遗址。发掘区域主要集中在遗址东部，发现有龙山、商代、汉代、唐宋和明清时期的文化遗存。最重要的是，发现了商代文化遗存，包括房址、灰坑、祭祀坑、墓葬等遗迹，并出土大批文化遗物。

商代房址共发现6座，以大型建筑基址F6、F7两座房址最具代表性。灰坑、窖穴共153座，分布较为密集，分为圆形、椭圆形、长方形、不规则形几种，坑壁有直壁、斜壁、袋状等，底有平底和圜底两种。共发掘墓葬7座。

二、建筑基址F6、F7的形制特征

发掘区的中部，发现两座相连的大型建筑基址，即F6与F7，分别介绍如下。

F6平面呈长方形，方向200°，东西长20.75、南北宽15.25米，面积300余平方米。采用中间立柱、周围用夯土打墙、上部起架的建筑方式。屋内发现残存柱础35个，其布局东西8排，南北6排，形制有椭圆形和近圆形，斜弧壁，下部内收，圜底。有明显的夯打痕迹。柱础直径1～1.5米，残深0.6米。柱础用黄褐或灰褐色花土夯打，土质较硬，结构致密，含炭粒、烧土颗粒及较多的细黄沙等。夯层较明显，夯层厚0.05～0.1厘米，夯土内有细碎陶片。夯窝直径2～4厘米，圜底。

房址墙体西部、南部破坏无存，仅残存东墙和北墙东端部分。墙壁夯筑，宽0.5、残高0.12米，墙壁较直，结构致密。房址外围西南部、东部和东北部发现有宽0.5、残深0.1米的小水沟，可能是房屋的散水。沟内填土土色灰黄，土质略软，冲积淤层明显，含炭粒、烧土颗粒、细沙等。

在F6的南部发现了商代小型房址、灰坑及晚期遗存，南墙被晚期遗迹打破、扰乱。在F6西部偏南有一个蓄水池，编号H171。平面近椭圆形，坑南壁为斜坡形，南壁近底内收为斜壁，北壁和西壁较直，底不平。坑口南北长4.8、东西宽2.52米，底南北长4.2、东西宽2.35米，深2米。整体呈"凸"字形，东壁中部向外突出，呈阶梯状下伸到坑底，阶梯分三层。可能是用于蓄水和取水（图三）。

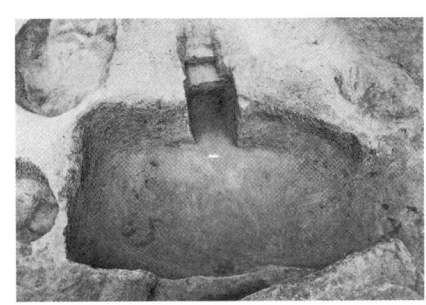

图三　H171蓄水池（由西向东摄）

F6北部的地面较为平坦，房址的西北和东北部发现有瓮棺和陶器坑，瓮棺内葬有幼儿骨骼或人头骨。坑内均置陶器，这可能是建筑基址奠基坑或祭祀坑。在F6西北部发现3座祭祀坑（H156、H157、H158）以及M15，在F6东北部发现3座祭祀坑（H172、H173、H174）以及M17（图四～图六）。另外，在F6的西南部发现M16（图七）；在东南部发现了小孩骨骼，惜已遭破坏。这些遗迹可能与建筑基址的奠基相关联。

根据F6的形制、规模进行推测，该房屋应为居住或聚议或祭祀所用。

1.夯土面结构（由北向南摄）

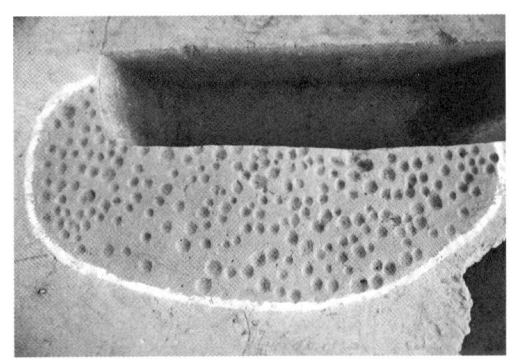

2.夯窝

图四　大型建筑基址F6

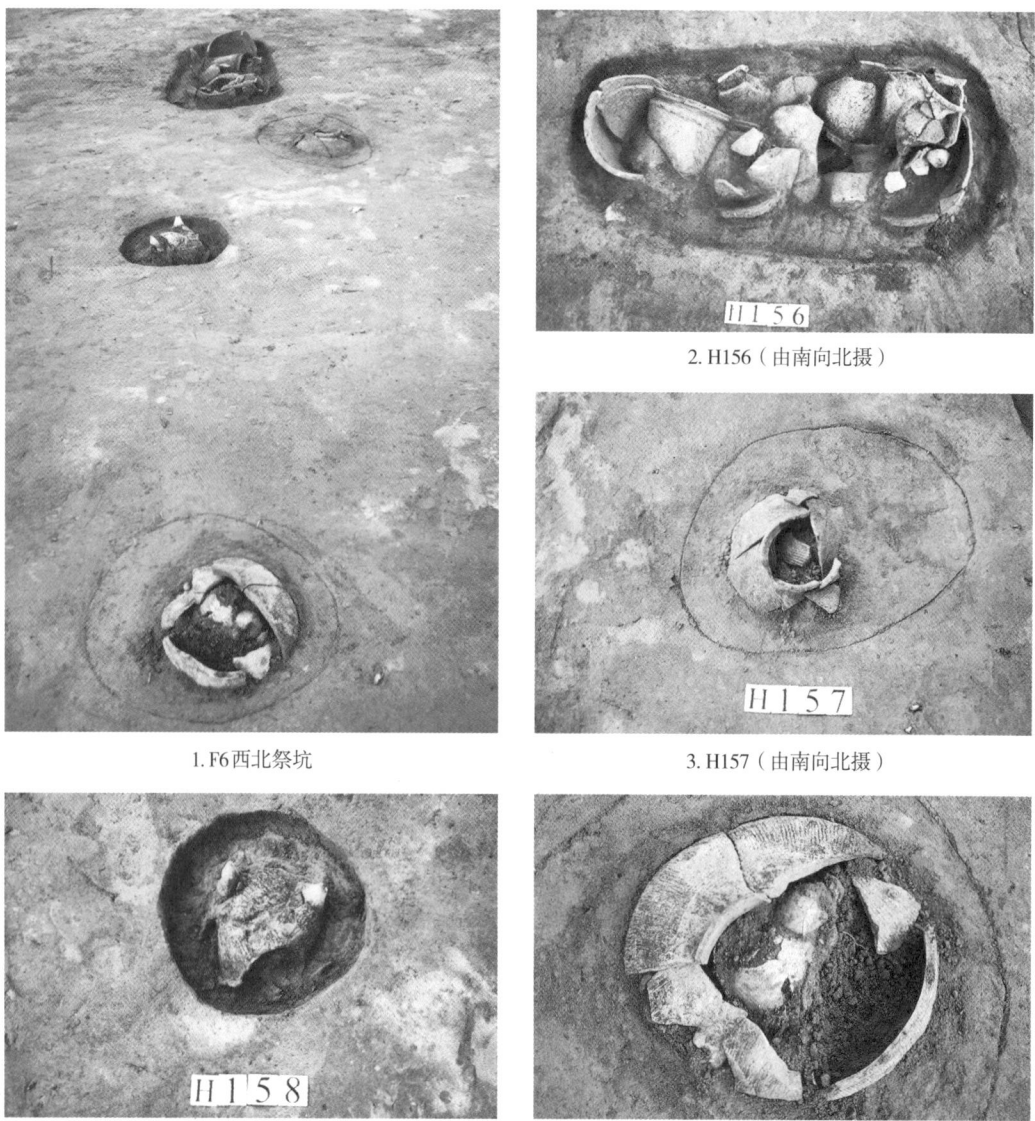

1. F6西北祭坑

2. H156（由南向北摄）

3. H157（由南向北摄）

4. H158（由南向北摄）

5. M15（由南向北摄）

图五　F6西北祭祀坑

　　F6的东部紧临F7。F7它与F6的东墙基址基本平行，方向198°。F7为一双间式建筑，平面形状为长方形，墙壁采用版筑夯打，夯窝不太明显，结构致密。由于F7的墙基残留部分较少，门道的方位已不明显。南北总长9米，东西宽4米，总面积36平方米。周围墙宽约0.5米，北间大于南间，中间夹墙宽0.45米，残深0.1米。北间室内长4.25、宽3米，面积12.75平方米；南间室内长3.3、宽3米，面积9.9平方米。房内的垫土为黄褐色花土，土质略软，结构稍致密，含炭粒、烧土颗粒及细黄沙等，残留烧火的痕迹（图八）。

1. M17（由北向南摄）

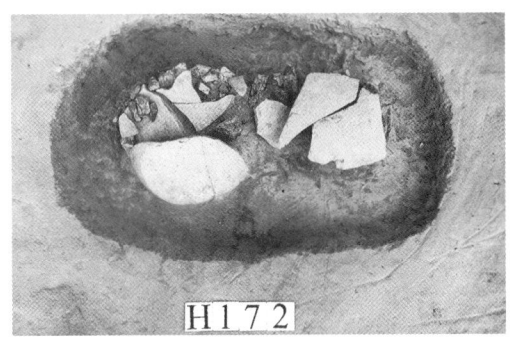

2. H172（由南向北摄）

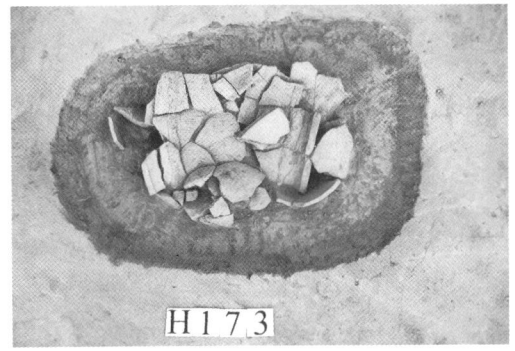

3. H173（由南向北摄）

4. H174（由北向南摄）

5. F6东北祭祀坑远景

图六　F6东北祭祀坑

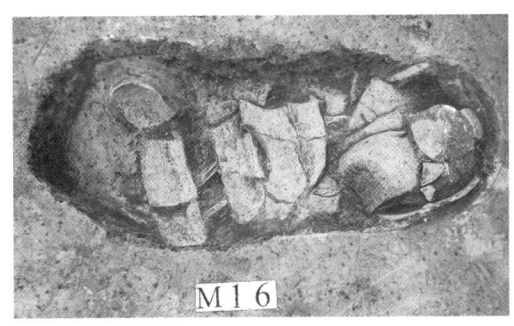

图七　F6西南祭祀坑M16（由北向南摄）

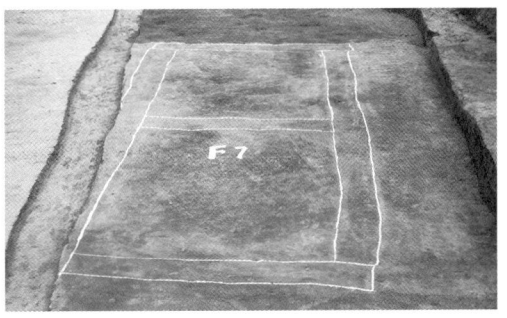

图八　F7（由南向北摄）

三、墓葬

发现7座商代墓葬，其中4座为长方形竖穴土坑墓，葬式均为仰身直肢。3座为瓮棺葬。

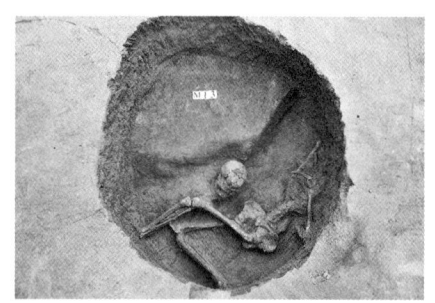

图九　M13（由西向东摄）

M13平面近椭圆形，骨架散乱，头骨与肢体分离，头骨上有一铜镞。墓主人显系非正常死亡，可能与战争或祭祀相关（图九）。M15位于F6的西北部，圆形，陶瓮内葬一头骨。M16位于F6西南部，圆角长方形，打碎的陶瓮内置一幼儿骨骼。M17位于F6东北部，长方形，内葬一头骨。这些墓葬与F6关系密切，应是F6的奠基或祭祀坑。出土遗物墓葬内主要有陶器、石器、骨器、卜骨等。陶器以夹砂灰陶为主，另有夹砂红褐陶、泥质灰陶。器表多饰绳纹，其次为弦纹。器型有鬲、罐、瓮、盆、簋、尊等，其中以鬲最为典型。石器有石铲、石镰、石凿、石斧等。骨器有骨锥、骨簪、骨镞等。蚌器有蚌刀、蚌镰等。另外，还出土有数量较多的卜骨、牛角和鹿角等动物骨骼。

四、梁湖遗址大型建筑基址的年代

梁湖遗址因早年平整土地和基建施工，地表扰乱严重，现地表下即为龙山时代或商代遗迹，因此很难从地层叠压关系上确定其年代。但是，我们根据遗迹的打破关系和出土陶器器型特征分析，仍能对遗址的年代加以确认，商代遗存是梁湖遗址的主要文化特征。大型建筑基址F6西北部的H156、H157、H158和东北部的H172、H173、H174及M15、M16、M17等周边奠基或祭祀坑遗迹内出土的陶鬲、陶罐、陶瓮等的年代与郑州关帝庙晚商遗址所出遗物相近或稍晚，具有晚商时期遗物的文化特征（图一〇）。

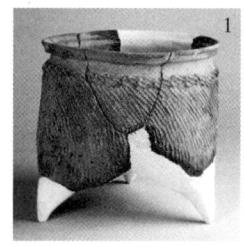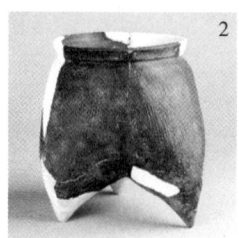

图一〇　出土遗物

1.陶鬲（H156：1）　2.陶鬲（H156：2）　3.陶瓮（H156：3）　4.陶瓮（M16：1）

郑州地区晚商聚落遗址，具有代表性的是地处郑州西北郊的荥阳关帝庙遗址。关帝庙遗址是一处晚商时期的村落遗址，其时代大致介于殷墟一、二、三期之间[1]。梁湖晚商聚落遗址与荥阳关帝庙遗址具有一定的承袭关系，其文化特征主要是殷墟三、四期遗存，由此推断梁湖遗址建筑基址的年代大致属于商代晚期阶段。

五、梁湖遗址大型建筑基址的性质

商朝把祭祀和军事视为国家的两件大事，正所谓"国之大事，在祀与戎"。祭祀是人与神灵或祖先交流的传统方式，是社会意识形态的重要组成部分，具体表现就是用礼物向神灵祈祷或致敬。大型建筑基址营造过程中用牲畜祭祀的现象在商代早期就已经出现，说明从商代早期到晚期各个阶段均有这种现象。商代建筑基址的祭祀遗存，在以往考古工作中多有发现，例如郑州商城[2]、偃师商城[3]、小双桥[4]、洹北商城[5]和小屯[6]等遗址，均发现有在建筑基址建造过程中用牲畜祭祀的现象。众多学者对这些建筑祭祀遗存的性质有非常深入的研究，认为这些祭祀遗存多数是商人在建筑奠基的过程中所进行的奠祭活动的祭品[7]。

梁湖遗址晚商时期遗存主要分布在遗址的东部和东北部，2009年的发掘区域为遗存的主要分布区，该期文化遗存的重要价值在于发现了大型建筑基址和基址周围的奠基或祭祀坑。这处建筑基址平面呈长方形，采用中间立柱，周围用夯土打墙，上部起架的建筑方式。柱础形制较大，经夯打。房址东侧有配房，西部有蓄水池。房址西南、西北、东北均发现有用陶瓮、陶鬲盛放人头骨或小孩骨骼的祭祀坑。我们推断这座大型建筑基址应当是一处举行重要祭祀活动的宗庙场所，东侧的F7可能是举行祭祀活动的神职人员或守护人员的居住场所，其周边的祭祀坑可能与这处大型建筑奠基祭祀有关。

这座大型建筑基址的发现，表明商代晚期郑州商城区域政治、经济再次达到相当繁荣的发展水平，为研究郑州商城的兴衰史提供了重要线索。特别是对晚商时期郑州地区的中小型聚落遗址与周围的大型聚落、中小型聚落的关系，以及郑州地区晚商中小聚落遗址的性质、布局、建筑方式，郑州商城废弃后原来族属的分布去向等问题的探讨研究具有重要价值。

▌注释

[1] a.河南省文物考古研究所：《河南荥阳市关帝庙遗址商代晚期遗存发掘简报》,《考古》2008年第7期；b.李素婷、祝贺：《河南荥阳关帝庙遗址考古发现与认识》,《华夏考古》2009年第3期。

［2］河南省文物考古研究所：《郑州商城》，文物出版社，2001年。

［3］中国社会科学院考古研究所：《河南偃师商城商代早期王室祭祀遗址》，《考古》2002年第7期。

［4］a.河南省文物考古研究所等：《1995年郑州小双桥遗址的发掘》，《华夏考古》1996年第3期；b.河南省文物研究所：《郑州小双桥：1990～2000年考古发掘报告》，科学出版社，2012年；c.宋国定：《商代中期祭祀礼仪考》，《2004年安阳殷商文明国际学术研讨会论文集》，社会科学文献出版社，2004年。

［5］a.中国社会科学院考古研究所安阳工作队：《河南安阳市洹北商城宫殿区1号基址发掘简报》，《考古》2003年第5期；b.杜金鹏：《洹北商城一号宫殿基址初步研究》，《文物》2004年第5期。

［6］中国社会科学院考古研究所安阳工作队：《河南安阳殷墟大型建筑基址的发掘》，《考古》2001年第5期。

［7］a.谢肃：《商代祭祀遗存发现与研究的回顾》，《殷都学刊》2005年第3期；b.杨谦：《商代中原地区奠基遗存初探》，《中原文物》2013年第3期。

（原刊于《华夏文明》2017年第10期）

论三星堆文化首有青铜尊的跪坐握手青铜人及有关问题

顾万发

三星堆文化是一支非常重要的考古学文化，其中发现有诸多特殊器物，引起不同学界的特别关注。尤其是三星堆新发现的一件青铜器——首有青铜尊的跪坐握手青铜人，公众有不少讨论，有的还著文论之[1]。我们在此也提出一些新的解读，以增明其义。

一、跪坐握手青铜人像

综合诸多三星堆文化的青铜人类型，尤其依据其没有羽翼形耳这一特征，我们判断该青铜器之青铜人（图一：2）的性质应是神职人员或者巫师。我们曾经认为，三星堆文化诸多青铜人若从其耳朵的特征来辨别的话，有这样两类：一类耳朵与石家河文化晚期、山东龙山文化、石峁文化等诸多玉人、石雕人图像相似，其既有人类耳朵的特征，又有神鸟羽翼纹特征（图二：1）。三星堆文化的大耳朵特征表现明显，总体

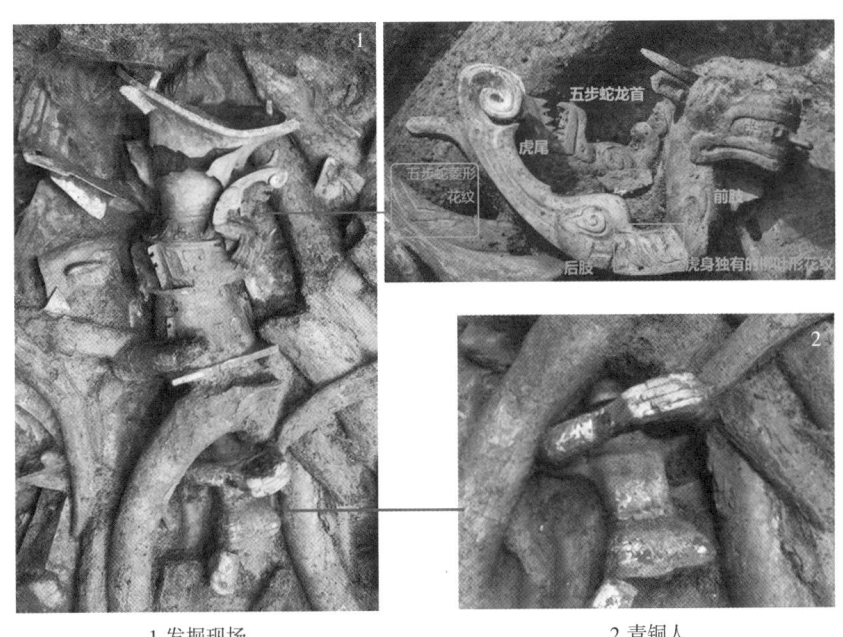

1.发掘现场   2.青铜人

图一　首有青铜尊的跪坐握手青铜人

图二　三星堆文化青铜人

图三　泉屋博古馆藏青铜鼓

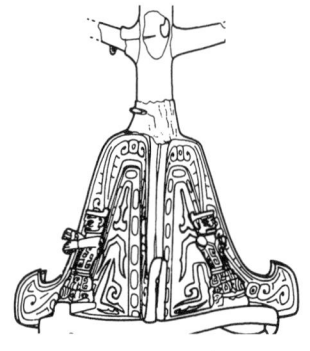

图四　三星堆文化青铜树座

上可分为两类，一类是羽翼形，另一类是马来貘耳或者是犀牛耳。像三星堆文化原来发现的三个有明确柱子形眼睛的青铜面具，其中一个具有肖家屋脊文化或者石峁文化的神鸟羽翼形耳朵，同时有马来貘耳朵和人类耳朵的特征，另两个则具有马来貘耳朵和人类耳朵的特征。这种儋耳形与犀牛耳朵也较为相似，但是综合青铜马来貘首的造型，不太可能。另一类青铜人耳朵只有人类耳朵的特征，显然基本都属于神职人员、巫师（图二：2）。依据我们的认识，其中耳朵有羽翼特征、马来貘或者犀牛特征（表明这些青铜神人具有这些动物的神性）的青铜人至少部分是氏族的始祖或神祖。这可以通过泉屋博古馆所藏商代铜鼓的蹲踞式神人帝喾（并有神祖图腾特性）的造型来论证[2]（图三）。

三星堆新发现的这一青铜器之青铜人呈跪坐式，与三星堆一件青铜树座下端跪坐青铜人（图四）性质相似，显然是表示神职人员祈求的意思。所论这件树座的跪坐青铜人下肢有以眼睛表现的苍龙形，整体相貌自身并没有明确的神兽、神鸟特征，所以应该是神职人员或者巫师以握手行雷法巫术求雨。需要指出的是，三代以前，若不是装扮而是自身有神奇生物特征的话，像手足和耳朵，则一般可以认为是始祖、神祖图腾的拟人化或者神灵。不过三星堆的一些人形，虽然其足都有相同的特殊表现（似乎隐含着神鸟爪子特征），但是有的是神职人员，有的是神祖、始祖。像新发现的坐于祭坛的青铜人（图五：1），其下肢或上肢有以眼睛表现的苍龙系，若单纯靠这一特征不易于判断其性质。三星堆文化巨型青铜立人等一些神职人员[3]、龙虎尊之神人、虎食人卣之神人、泉屋博古馆所藏铜鼓的神人[4]也有这样的特征或足附近有苍龙。三星堆新发现的一件青铜器中，坐在方形祭坛上的青铜人之足似乎有神鸟爪之特征。一般认为，若不是装扮的话，该人形显然不应该视为神职人员或者巫师，而应该是神祖、神灵或者氏族始祖，不过三星堆文化中的神职人员和始祖都可以有这样的特征，并且不只是跪坐足弯的时候，因为立着的人同样有，所以综合地看，该人较为可能是神职人员，三星堆的始祖、神灵等的造型一般有明确的羽翼耳、鸟身或者其他特征。

三星堆原来发现还有乘登鸟首龙或者简易神鸟的一个青铜人（图五：2），其下肢有眼睛表现的苍龙，同时参照其有乘登鸟首龙的特征，可以判断该人具有与乘登龙蛇的四方神或者四极神灵或禹等王巫相似的特征，又由于其具有自身而非巫师装扮而成的鸟爪特征，所以应该视其为神祖或始祖。这一现象也表明，四肢具有眼睛代表苍龙的特征者，可以为巫师、神职人员或者是始祖、神祖。

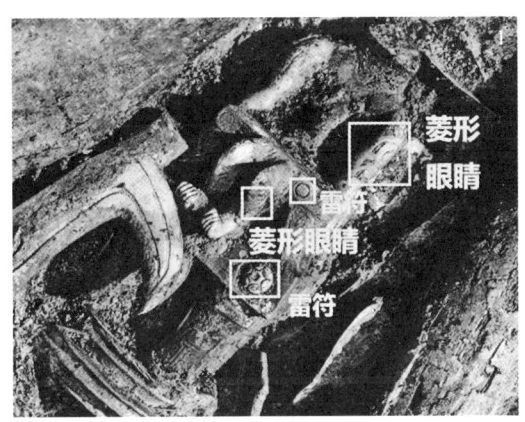

云雷纹拟苍龙所吐之气若闪电

以眼睛的形式代表具有苍龙形式的神龙，该神龙赋予神人以能量和威力。其踏鸟首龙（其没有足，还是以之为龙为好，不过若理解为神鸟，也是可以的，同时，商代中原也有龙鸟、鸟龙或者龙变之神鸟），与《山海经》之四方神乘青黄龙蛇的意义是相似的。震卦基本象征之一为足，也为龙，所以乘之则利于获得能量，周行天下，沟通天地。这样的人形，一般不是巫师、神职人员，而应该是神灵、神祖或具有图腾特征的始祖。在三星堆文化中，该神人可能即是可以担当太阳神角色的始祖或者神祖神。

菱形眼睛　雷符　菱形眼睛　雷符　鸟首龙

图五　三星堆文化青铜人

1.坐于祭坛的青铜人　2.乘登鸟首龙的青铜人

尤其应该论及的是，三星堆文化青铜树的树枝之首可以有太阳鸟，也可以有具有羽翼形耳朵的鸟身人首神灵[5]更利于证明有关问题（图六）。

图六　三星堆文化鸟身人首

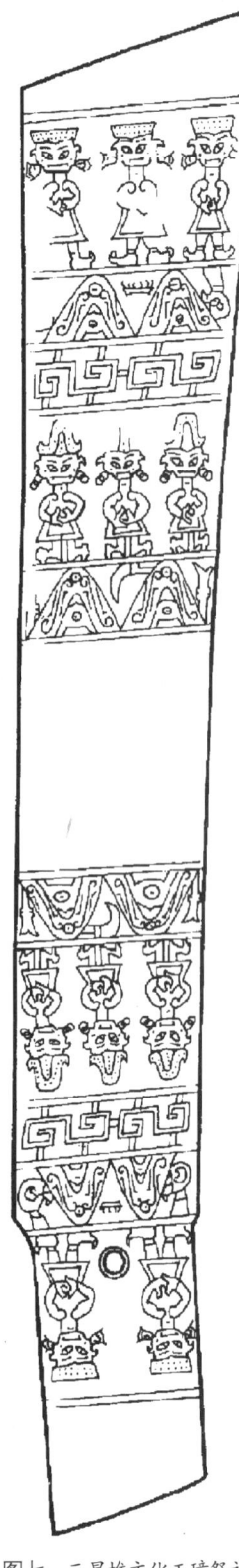

还有较为重要的证据是三星堆文化一件玉璋之祭祀山川的求雨图像（图七）和一件跪坐青铜人执牙璋[6]（图八）的引苍龙、神鸟、雷电以求雨的神人造型，其跪坐之足及另一个未跪坐之足同样特殊。1986年的一件牙璋的祭祀求雨图像中的神祖、始祖神跪坐、立着的造型其足的特征也是一样。自然这些案例利于论定三星堆文化中的这些跪坐造型，可能是神职人员、始祖祈求尤其是求雨的造型之一。

该新发现的青铜跪坐人的握手形式，是三星堆文化中的握手形式之一。现在看来，三星堆文化的青铜人手势可分为以下四种形式，这四种形式的手势具体意义有两种，但是宏观意义都是相似的，无论立着式、蹲踞式、跪坐式，主题意义都与行雷求雨有关。

第一种，执有器物。像巨型青铜立人（图九）和头戴神兽首[7]的青铜人（图一〇）。所论这两件青铜人握手是执有器物的，从现存的造型可以认为是鼓形。我曾经认为其是代表雷的，或者是简单表示柱子形，因为树柱可以引来雷电，正与其巫师、神职人员的身份以及求雨的功能相符。能够论定这种造型是加持器物的，还有一个重要原因，即是三星堆另一件青铜人加持器物的一只手的小手指的造型。同样的造型在三

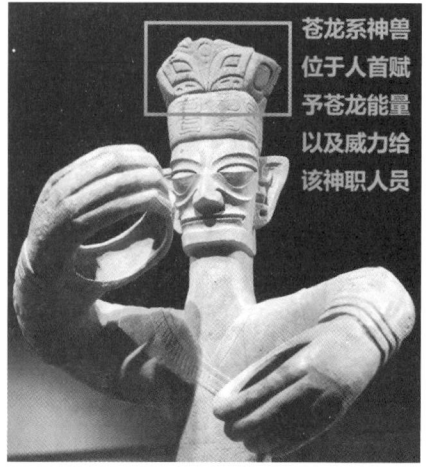

苍龙系神兽位于人首赋予苍龙能量以及威力给该神职人员

图七　三星堆文化玉璋祭祀图　　图八　三星堆文化跪坐青铜人　　图九　三星堆文化青铜立人

图一〇　巫师首端的神兽与马莱貘对比图

星堆文化另一件执青铜牙璋的青铜人造型中也有表现（图八）。

　　第二种，不执任何明确器物的造型，并且各自呈现高低的造型，其意义显然与执有鼓形铜器或者树柱形青铜神职人员、巫师手势的意义是一样的。国墓地的两个青铜巫师也是这样的握手。这种握手一般应该视为第一种加持器物的省略，或者也可以认为是拟合加持器物，或者可以具体理解为是拟合雷。

　　第三种，不执任何器物，不过两握手略微错位，高低不明显。这一种与巨型青铜立人等的握手造型似乎有区别，但是实际是一样的。这可以视为巫师或者神职人员手舞足蹈过程中的一个定格。

　　第四种，平齐的握手造型。其与其他几种握手造型的区别之一是造型整齐。这种造型在三星堆文化中早有发现，1986年发现的祭坛式青铜器的四个青铜人即是这种握手形（图一一）。此外，还有少数青铜人也是这样的。祭坛式青铜器的这种青铜人，其握手执有的有柳条形铜器，应该是一种羽翼形表现的苍龙所吐火气的造型，或者即是象征闪电的造型，与引来雷电的树柱形或者象征雷的鼓形都表现的是具有关联的同一主题。这样看，该类型的握手之本质意义与别的类型是一致的，都是用于表现雷电主题的。本文主论新发现的三星堆文化跪坐青铜人的握手造型，与第四种基本一致，只是没有执器物，这可能是省略表现闪电的柳条形，或者有机质的柳条形丢失了、损毁了。1986年的埋藏坑曾发现一件类似的握手残损青铜人。

　　综上所述，这个跪坐青铜人是祈求的造型。那么其祈求的什么呢？我们认为是求雨，主要依据

图一一　三星堆文化祭坛式青铜器

图一二　虎食人卣

如下。

1.三星堆文化1986年发现的埋藏坑的祭坛式青铜器第二层青铜人有这样握手的造型。这一造型从有关的论证看，显然与雷电有关（图一一）。

2.图一一所示意有握手形并且整体立着的青铜人造型，与本文论证的这件青铜器中青铜人的这种跪坐形不同，不过都属于神职人员是无疑的。而1986年发现的那件祭坛式青铜器中的这种青铜人下肢的小腿，同样有以眼睛代表的苍龙[8]。这与虎食人卣中代表商人有玄鸟图腾鹗的蹲踞式、羽翼和鸟爪子特征的始祖帝喾（图一二）四肢有苍龙（或者兽面苍鸟）很是相似，商代这种虎食人造型表示帝喾获得了苍虎（特别表现苍龙具有来自大火星特性的动物，不是西方白虎）和图腾赋予能量、神奇威力和同化。三星堆文化1986年发现的祭坛式青铜器中这样的青铜人，周身还有离火形或曰囧纹，实际上是雷符，同时其冠有万字形符，可能标识的是太阳，表示其还属于太阳信仰的氏族。离火形雷符与眼睛表示的苍龙构成苍龙吐火气即离火形雷的场景，这应该是以图像表示巫术成功的结果——引来雷电。

3.三星堆文化1986年发现的祭坛式青铜器这种握手执表示闪电或者苍龙吐火气之柳条形青铜人，整体近似蹲踞式。这种蹲踞式既拟神鸟形，也拟闪电形，还拟苍龙形。这样的造型及其所在的场景表明其可能与祈求苍龙、四方神等神灵降雨的肖形巫术主题有关。若是这样，则属于巴蜀地区出现的很中原很华夏的文化内容。

4.三星堆文化1986年发现的祭坛式青铜器中（图一一）判断握手青铜人首为青铜尊的，最早是孙华[9]。新发现的首有青铜尊的跪坐式青铜人与之很是相似。1986年发现的这一祭坛式青铜器人首之青铜尊上有夏家店下层文化、石峁文化、二里头文化、商周文化中就出现的雷电纹样，还蕴含有蝉形[10]。同时这一祭坛式青铜器中作为铜尊之圈足的蝉形还拟合山形，正与古人认为山川起云气降雨的认知是一致的。

对于三星堆文化1986年发现的这件祭坛式青铜器底座的立人，学术界也有很好的论证[11]。我们认为这个立人，表示的应该不是牵着神兽的意思，其依然是巫术场景中立着的施行握手行雷法巫术的神职人员，与三星堆文化1986年发现的三星堆青铜树座的跪坐神职人员较为相似。

1986年的祭坛式青铜器中铜尊图像的立体造型还有四个人面、羽翼耳以及神鸟身造型者，显然是神灵，可能是神祖、四方神或者是神祖、始祖担任的四方神[12]。该铜尊方肩四维还各有一只神鸟，从商代其他的青铜尊这样的青铜神鸟有的为苍龙所食的情况看，可能依然属于图腾神鸟或者获得苍龙能量的神鸟。该方肩铜尊的四面还各有5个跪坐握手小铜人，头戴索形冠带，从其耳朵看属于神职人员，与三星堆1986年发现的一类青铜人头像是一致的。这样的小铜人之握手没有执器物，应是以握手表现雷形、鼓形或树柱形，表示引来雷电或象征雷，整体依然呼应的是求雨的场景。

5. 1986年发现的祭坛式青铜器中，这种握手执柳条形的青铜人首上端还有神人，其有羽翼的耳朵，显然不是神职人员，只能是神灵或者有神性的祖先身份。综合地看，我们认为其更可能是氏族有神性的始祖或神祖，其位于首表示祭祀之以祈求降雨。卜辞中商人神祖、始祖帝喾以及高祖夒等都具有这样的功能。

6. 三星堆一件1986年发现的青铜树座之跪坐青铜人（图四），呈现与1986年发现的巨型青铜立人一致的握手形，其下肢与1986年发现的祭坛式青铜器之执柳条似铜器的青铜人下肢一样，有表示苍龙的菱形眼睛。这更利于证明这类青铜人是巫师或曰神职人员，并且这些青铜人的造型是求雨巫术行为。巨型求雨青铜立人首有苍龙神兽加持并且乘登由苍龙所托青铜座的造型即是重要证据。

7. 1986年发现的祭坛式青铜器的另一部分，可能属于青铜尊的一部分，并且有一部分可能是祭坛。其中出现有山川、苍龙、离火形雷符、目形与S形组合的雷电符，显然依然与求雨有关[13]（图一三）。尤其是该祭坛上端的跪坐青铜人，下肢有以菱形表现的苍龙，衣服有苍龙吐火气或者闪电造型，这与1986年和新发现的祭坛式青铜器之青铜人以及树座之跪坐青铜人的服装都有不少是类似的，综合其他原因，则表明其身份的基本一致性。

8. 新发现的该跪坐青铜人首有铜尊，与1986年发现的祭坛式青铜器中的四个青铜人首有铜尊的组合显然是一致的。这样的一致性利于证明该新发现的青铜人造型，同样属于巫术求雨的场景。

图一三　三星堆文化祭坛式青铜器

二、青铜人首青铜尊的意义

青铜尊这种器物，在商周文化中非常多见，是一种常用于装酒的礼仪祭祀器物。三星堆文化新发现的这件青铜人首的青铜尊属于商晚期风格，是中原风格的南方变体[14]，其装饰较为特殊。

（一）青铜人首青铜尊装饰中的牛头神兽构图，具有丰富的学术信息

1.这种牛头神兽具体造型在其他文化中基本不见。不过首与牛头有关的人、神倒是不少，像故宫博物院所藏的一件红山文化属于典型蹲踞式的神人，首有圆形北极星或者太阳天体并执有方圆代表阴阳的权杖，其乘立的神兽即是有狗熊四肢的牛首神兽。故宫博物院所藏的另有一件红山文化著名的玉人，其首有明确的牛头冠。商周时期，有不少标准化饕餮[15]具有牛角，还有用较为写实的整个牛形表示苍龙的，可能即属于帛书《二三子问》所谓的苍龙之"龙变"现象[16]。尤为特殊的是，三星堆文化新发现的这件青铜尊之牛头神兽，构图元素较为复杂，其四肢至少是四足为犀牛蹄形[17]。同时，该牛头神兽尾和尾翼与1986年发现的青铜祭坛（图一一）下端的与苍龙特性有关的神兽尾和尾翼较为相似，两者的蹄足都同于犀牛蹄足。这也利于证明青铜祭坛下的神兽具有犀牛的部分元素。

2.该牛头神兽的尾巴是用神鸟的羽翼造型来表现的，表明该虎非同一般。该神兽的另一个典型的特征即是其虎形身。其近似柳叶形花纹，是商至于战国时期虎身特有的一种花纹，别的动物没有。这一虎的造型风格在中原商周时期较为多见（图一四：1），只不过中原乃至北方在春秋战国以后变为严格的S形—柳叶形了，这一严格造型的虎身花纹，最早在三星堆文化的金虎上有发现（图一四：2），中亚、西亚稍晚的虎文化中曾发现这样的柳叶形花纹，显然应该来自东亚而非有的学者认为的相反。

3.该牛头神兽有几种生物特征，但是整体造型更近似于一只虎，尤其是这样表现

图一四　柳叶形虎身花纹

1.殷墟妇好墓出土　2.三星堆出土

虎奔的C形特征更利于证明之。C形虎最早流行于石家河文化晚期（图一五：1），从此到石峁文化（主要是虎首）、三星堆文化（图一五：2）、商周春秋战国，甚至是汉代玉器中也有发现。尤其是三星堆文化中有C形绿松石镶嵌的青铜虎和金虎，实质与该牛头神兽是一样的。最为重要的证据即是该牛头神兽和兽面五步蛇苍龙为组合。

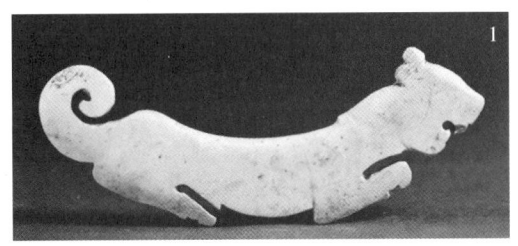

图一五　C形虎

1.谭家岭出土　2.三星堆出土

4.这种牛头虎身犀牛腿羽翼形尾巴（尾翼）的神兽，其中的虎元素实际不是一般西方白虎的概念，应是反映东象七宿之特性的一种动物。这种虎可以单独表现东象七宿特征，也可以与一般以五步蛇形为主体的苍龙一起表现阴阳特质的东象七宿，从这个意义上讲，这样的虎实际也可以视为是较帛书《二三子问》所谓的"龙变"更为特殊的一种反映苍龙大火星火性的"龙变"。

（二）青铜人首青铜尊装饰中的龙构图，具有重要的价值

该龙为兽首，有两肢。其最为特殊的特征是有菱形花纹的龙身，我们曾经论证这是取材于自然界中五步蛇特征的一种花纹。这种龙，从以二里头文化的绿松石龙（图一六）、器盖式"京"字形通天引来雷电苍龙神器（图一七）为代表的时代开始，即多用来表现苍龙[18]。这种花纹的苍龙，在三星堆文化1986年发掘中即有诸多发现，其中一件不但有菱形，还有拟合五步蛇蛇腹花纹的火字形（图一八），与桃花庄角形觥觥盖子上的巨形苍龙是一致的（图一九）。这样的苍龙以自身花纹拟合火字形的造型表现了

图一六　二里头遗址出土绿松石龙　　　　图一七　二里头文化通天神器

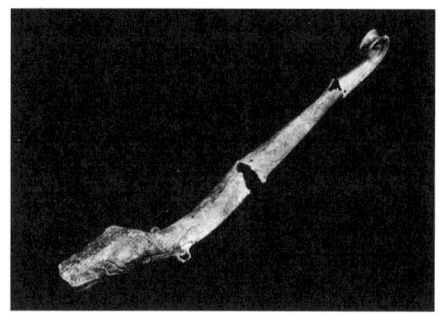

图一八　三星堆文化苍龙

图一九　桃花庄出土角形兕觥

其具有来自大火星之火的特性，这是由于苍龙的组成之一即是大火星[19]，并且在六或七星之中非常重要。

（三）该青铜尊的苍龙与牛头神兽应该是一个特殊组合

重要证据有：小双桥青铜构件（图二〇）的图像中，菱形花纹的苍龙和虎即是一个组合，共同与蹲踞式的商人神祖，即是具有图腾鸮之神性和特性的神祖或者同时表现帝喾又构成一个组合，表示给神祖传递苍龙的能量。这样的组合在虎食人卣中也有，

图二〇　小双桥出土青铜构件

图二一　龙虎尊

虎食人卣的虎与其中人（显然是帝喾，并表现了图腾的特征）下肢的菱形花纹的苍龙即构成组合。还有商代的龙虎尊（图二一）之菱形花纹的苍龙、虎与神祖的组合都是重要案例。不过，泉屋博古馆所藏铜鼓之"天命玄鸟降临雷泽生商"的神诞神话图像表明，单独的苍龙也可以表现传递能量给神祖的神话。该苍龙有菱形花纹和火字形花纹两种，并且火字形花纹位于苍龙首，与妇好墓鸮卣翅膀的苍龙一致。这样的造型实际表示来自苍龙大火星的火字形能量传递给神祖或氏族始祖。该鱼尾苍龙正是在震卦为足的思维下，从该神祖之足传递苍龙能量为其作为子孙繁衍之用的。神祖之足有火字形花纹并且为男性生殖崇拜符形，即是重要证据。同时另一条在四条鱼中排列第一等的鱼位于足旁，正是姜嫄履巨人迹神话的本质写照和图像化。这样看来，鱼尾苍龙之所以为鱼尾，鱼的鱼鳞花纹又拟合苍龙的火字形花纹，正是表明苍龙与其神祖的同化性，同时表明该氏族始祖子孙繁衍的能量来自苍龙。

三星堆文化的首有青铜尊的现象较为多见。除了

介绍的两件，1986年发现的还有一件首有青铜尊的
跪坐青铜人（图二二）。其跪坐的祭坛式青铜器除了
首有铜尊，还有蝉形和山形，显然与引雷、求雨有
关。该首有青铜尊的神职人员跪坐举手，显然表示
持之奉献神灵。这也表明三星堆文化的首端有青铜
尊的造型确实表示以之奉献祭祀的意思。

图二二　三星堆文化顶尊跪坐青铜人

三、青铜人与青铜尊组合的意义

　　该青铜尊的五步蛇主形的苍龙和牛头虎身犀牛
腿神鸟尾（尾翼）的神兽表现的都是东象七宿，显
然是代表东象七宿特性的两种特殊神兽，总之与求
雨有关。其下端的跪坐青铜人又是三星堆文化求雨
的常见造型之一。这样综合地看，这一跪坐青铜人
与首有神兽装饰的青铜尊之组合，表现的应该即是
神职人员求雨的场景。

　　我们的这一认识除了所论之依据，实际还有不
少其他依据，兹再论三星堆文化中较为重要的几个。

　　1.三星堆文化1986年发现的巨型青铜神树（图
二三），首有多个神鸟，一般认为是太阳神鸟无疑。
然而该神树的性质是什么，则有不同看法，各观点
证据也各不相同。我们赞同其是扶桑树的认识。关
键是这样的神树有几个特征：其中的离火形或者囧
形表示雷，还有一条特殊的龙，整体即是苍龙与离
火形雷构成的苍龙吐火气之组合。之所以这样构图
可能主要有以下原因：扶桑树为神树，而树具有引
来雷电的现象，而古代雷电存在被视是苍龙所吐火
气的看法。扶桑树在神话中位于四向之东，正是苍
龙的方向，所以扶桑树与苍龙联系密切。该神树之
龙四肢的下肢，有人的特征，而其掌纹的造型是有
三个悬臂的特殊造型，这样的图像在金沙与雷有关
的金器中有表现，可能表示雷。道教的雷法即是以
挥舞握手引雷和掌送雷来表现的。

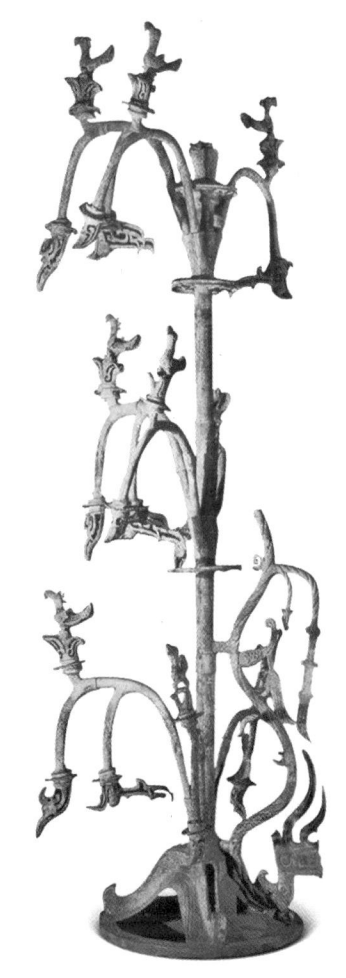

图二三　三星堆文化巨型青铜神树

这一案例表明在三星堆文化中，求雨是一个重要的主题，并且从1986年祭坛式青铜器内容和商代卜辞、古代文献的记载看，求雨的对象主要是上帝、四灵、山神、祖先神、苍龙等，各种证据较为互化。

2.该新发现的跪坐式青铜人首的青铜尊之牛头神兽，从发表的图像看，其位于该青铜尊标准化饕餮[20]之额头，这样的构图在商周铜器中非常多见。我们曾经论证，商周几乎所有标准化饕餮（即额头有柱子形造型的饕餮）表示的是苍龙吐火气的拟动物化，标准化饕餮额头的神兽则一般属于简易化饕餮（即额头没有柱子形的饕餮），即表现的是苍龙，并多数是简化的无身兽面，其与标准化饕餮的组合实际表现的正是苍龙吐火气即雷或者雷电的意思。这样的案例证明，三星堆文化新发现的这件特殊青铜器的牛头神兽位于标准化饕餮的额头，也是表示类似苍龙的神兽吐火气的意思，其中的火气拟动物化为标准化饕餮了。尤其是该牛头神兽的吐舌造型（本身还是系挂），与泉屋博古馆所藏商代青铜鼓的鱼尾苍龙一样，都是标识吐火的、吐生的。石家河文化晚期的一些始祖、神祖也有吐舌造型的，都是拟合苍龙这类神兽吐火造型的。三星堆的龙虎尊之蹲踞式神祖，也是吐舌造型，正是拟合苍龙吐火气的，并表示其已获得神虎之能量。这一神兽吐火的图像以及其与苍龙的而组合，主要表现的是雷雨降临的意思。在一般的商周青铜器中，诸多饕餮图像在表现雷震万物生的生生不息之德的同时，还多表现长子继承制等礼仪宗法制度问题，自然也有表现帝喾四妃等雷泽神诞内容的。

四、有关问题

1.本文的案例表明，新发现的这件铜器，其造型和反映的文化主题早有发现。不过其对于三星堆文化有些问题的解读依然是具有重要价值的。

2.三星堆文化与中原夏商文化、石家河文化晚期文化、石峁文化的文化传承联系密切。像三星堆文化的人像众多特征，实际在石家河文化晚期玉人首中也有非常多的发现，尤其是三星堆文化中的青铜人首也有一类耳朵等具体特征与石家河文化玉人首、石峁文化石雕人首有传承，性质也是神祖或者同时拟合有神祖神性的始祖。

3.从本文讨论的求雨主题以及其他问题看，三星堆文化应属于典型的华夏文明主题文化。那一时期的巴蜀文化相对于华夏文明主体而言，文化有滞后的特征，不过主题依然属于早期华夏文明。同时，这一文化相对于整个华夏文明而言，体现的多元性是弱的，并且是次要的，主要呈现的是一体化特征。特别应该提及的是，三星堆文化的很多青铜器表现的场景，实际在中原地区都存在，只是没有用有形的构图表现罢了。

4.在三星堆新发现的这件青铜器中，青铜人与苍龙、牛头神兽构成一个常见的近似于商代龙虎人组合的组合。承所论，这种龙虎人组合在虎食人卣（只是其中五步蛇等表现的苍龙在该人的四肢）、小双桥青铜构件、安徽阜南龙虎尊、三星堆龙虎尊中都有表现。

虎食人卣、小双桥青铜构件、安徽阜南龙虎尊、三星堆龙虎尊等中的这些龙虎人组合中的人，都是商人始祖帝喾，并同时有图腾鸮的特征，或者讲，即是同时表现拟人化的图腾即神祖和帝喾的图像。龙虎给该人以能量，这能量来自东象苍龙及表现来自苍龙大火星能量的虎，连同其本身的来自太阳家族的太阳能量[21]，使得该人具有宇宙第一生产力，以之繁衍子孙，生生不息，并且与苍龙和北天极建立起家族式联系，这即是天子、龙子龙孙的原本由来。

该首有青铜尊的青铜人与龙、牛头神兽构成的组合中，青铜人显然首先是神职人员，其跪坐显然是求得雷雨神兽降临，这样的神兽实际都是表现东象的。又由于苍龙神兽可降雨，所以在跪坐神人以尊酒祭祀的前提下，以降临式神兽装饰青铜尊实际表示的是神兽降临，即求雨灵验了。那么该神兽和人组合中的人是否可以表示始祖或神祖呢？主题是否包括其他龙虎人组合中神兽赋予人以繁衍子孙的能量呢？从三星堆存在龙虎尊的情况看，似乎可能，但是从1986年发现的祭坛式青铜器表现的场景等看，还是以求雨为主题的。至于该青铜尊神兽是否也同时表示赋予了该跪坐青铜人以苍龙的能量，我认为是的，但是不是一般虎食人、苍龙食人、附于人等，为了赋予神祖、始祖能量以繁衍子孙，而是因为这样可以使得该跪坐青铜神职人员与苍龙等神兽产生雷同性，更易于求得苍龙和神兽降临致雨。

该青铜器文化意义的解读，利于我们理解一般青铜器装饰。我们现在依然认为：一般饕餮纹属苍龙，标准化饕餮纹是苍龙所吐火气之拟动物化，应该即是雷或雷电，所谓云雷纹同样属于苍龙所吐火气之衍生。总之商周青铜器的主纹样，其表现的文化思想主题，除了呼应长子继承制的内容，不少还同时是与求雨、丰产、生机、威严等有关的。

5.新发现的这件首有青铜尊的跪坐青铜人中的牛头神兽生物元素丰富，尤其是有犀牛的牛腿元素，整体的尾、尾翼与1986年发现的祭坛式青铜器下端的神兽也非常相似。这为解读该神兽是什么动物这一长期难题提供了新的启发。我们认为：

（1）其蹄子实际与爪哇犀牛较为相似，首的主体特征即是马来貘，不过头上增加了一枝独秀的羽冠。新发现的三星堆文化的跪坐青铜人首的青铜尊之有牛头虎身神兽，同样有这种造型的犀牛蹄子。

（2）祭坛下端这样的神兽，其首为马来貘的特征明显，在三星堆文化还发现有这样的青铜神兽，其马来貘特征更为明显。

（3）这样的神兽的四肢有犀牛的特征，在三星堆文化的青铜器中，发现这样四肢的青铜神兽有更为明确的犀牛皮甲特征，是我们判断其腿为犀牛牛腿一个重要证据。不过该祭坛下端神兽之犀牛蹄子的三个奇蹄的造型表现的有所简化。

（4）考古中的青铜马来貘造型，在春秋以后，一般其嘴巴已不是写实的了，往往与一般牛类动物的造型类似。临淄齐国故城遗址博物馆所藏的一件战国青铜马来貘尊甚至嘴巴、四肢、尾巴都变成了牛形，这显示了春秋战国以来青铜马来貘的造型采用了不少牛的特征，而不是不清楚马来貘的特征而为之。汉代山东画像石中曾出现两幅马来貘造型，同样有类似春秋以来青铜马来貘的牛尾巴造型。祭坛下端的神兽，实际是多种动物和神鸟特征的综合，其C形主体，实际还有石家河文化晚期以来表现苍龙特性的一种虎的影子。与新发现跪坐青铜人首青铜尊的牛头神兽之虎身元素一致。

（5）祭坛下端神兽之所以有这些特殊动物元素，其实也是简单综合思维的结果。神鸟善飞翔，犀牛、马来貘按照李时珍等人的解读和神话传说，具有神性。尤其是马来貘善走[22]。马来貘一般只能夜间出来活动，白天则躲在阴暗的地方休息，偏向夜行性动物的曙暮性动物，正是与猫头鹰一样的能够夜视并且还是随着太阳升降的自然界的神异动物。同时其听觉和嗅觉十分灵敏，属于神圣之特征。其耳朵像马，后腿像犀牛，身躯像猪，鼻子似象。有的文献认为其是五不像：鼻似象，耳似犀，尾似牛，足似虎，躯似熊。另其从幼崽至于成年，色彩变化神奇，成年个体全身毛色黑白相间，颇有阴阳不测谓之神的意义。犀牛有威，并且文献记载其可以通天。同时犀牛和马来貘都是善于游泳的动物，这是与龙蛇同样的特征，这加强了其与苍龙的联系，同时表明了其更应该具有与苍龙腾飞降雨相关的本领。

（6）祭坛下端这种神兽的嘴巴有太阳似的造型。这种太阳似的造型，实际表现的是更为特殊的雷。其与离火形一样都可以作为挂件，并与融合蝉形之山构成组合。由于这些元素都可与雷关联，所以利于证明该造型更可能标识特殊的雷。三星堆文化发现的几件方向盘式青铜器，实际都可能是这种雷的表现。三星堆早期发现的埋藏坑曾发现有的青铜马来貘耳朵有这种太阳似造型，有可能表示来自苍龙大火星之能量的火字形（图一〇）。西周伽国的马来貘尊本身有火字形花纹，表示其具有来自苍龙大火星的能量，尤其是该马来貘的腿有明确的苍龙和离火形雷构成的以苍龙吐火为雷为主题的图像，更利于证明该马来貘之火字形表示的是其具有来自苍龙所吐火气的能量。而马来貘兽首的神兽可以食作法求雨的巫师（图一〇），赋予其的显然是与雷电降雨有关的能量，自然标明这种符号更可能是雷符了。商周时期的苍龙、雷兽嘴巴有的有火字形雷火符，更证明该神兽具有雷和苍龙的一些神性和能量，具有有关的飞跃、沟通天地等功能。该祭坛式青铜器下端这种神兽之耳朵，从原来发现青铜神人首的这种神兽

（图一〇）的耳朵看，不少是有标识来自苍龙大火星之能量的火字形花纹或者太阳似特殊雷形，这同样利于证明这种奇异神兽具有与苍龙有关的特性。

从一定意义上，可以认为这样的神兽属于苍龙之火特性的"龙变"动物。尤其从三星堆文化新发现的跪坐青铜人首青铜尊的牛头虎身犀牛腿神鸟尾翼的神兽和具有五步蛇菱形花纹的苍龙之组合看，马来貘尊和祭坛下端的神兽之马来貘首更应该视为是与苍龙特性有关。

（7）从这些论证看，三星堆文化的祭坛式青铜器并不是祭祀太阳神，而是祭祀上帝、祖神、四方神、苍龙等或者其中有关神灵以求雨的。

（8）祭坛式青铜器的地面之造型，实际为亚字形，是土地的象征，神兽从地面腾飞，地面的立人不是驾驭着，其这种握手形式，与三星堆文化其他人的各种握手形式基本是一致的[23]，即是行雷法的神职人员无疑，或讲是求雨场景的甚至人员。

（9）这一祭坛下端的神兽，与神鸟、犀牛、马来貘、虎等动物有关，具有腾飞、善走、水行等特性，显然是助力神职人员作法的，这一乘登作法的场景利于证明这个祭坛式青铜器即是祭祀场景的立体化和连环画似再现。同时也利于证明两条马来貘首神兽应该同向并立[24]，与《山海经》等文献中记载的乘登龙蛇的四方神和淮阴高庄战国墓青铜器图像中乘登龙蛇的图像是一样的。

（10）三星堆埋藏坑还发现有一些有大耳朵的青铜神兽，有的青铜神兽可能是龙首采用了动物的这一元素，尤其是其中部分神兽首额上还有一枝独秀的羽冠，显然与早年发现祭坛式青铜器之神兽首造型类似。有的青铜神兽整体造型与祭坛式青铜器之神兽造型基本一致，但是其嘴巴造型却与马来貘区别较为明显，可能是牛形或者犀牛形的。这些案例表明马来貘、犀牛文化在整个三星堆文化中具有一定的地位，这一认识不仅有利于丰富我们有关巴蜀文化，尤其是三星堆文化信仰之认识。而且对于我们理解石家河文化的陶马来貘、春秋战国的青铜马来貘尊、汉代的画像石马来貘造型、意义及中国的马来貘文化史，有着重要的价值。

（11）中原地区的马来貘尊，除了早年埃斯肯纳齐收藏的一件可能是商代的，其他几乎都出自西周时期。西周时期以来的马来貘尊，例如茹家庄2号墓内出土的西周早期马来貘尊（图二四：1）、弗利尔美术馆收藏的西周中期马来貘尊（图二四：2），其嘴部造型基本表现为方形，这一点与三星堆文化部分马来貘的造型特征相似，这表明中原地区的马来貘尊文化有三星堆文化的影响，关中地区的茹家庄西周文化是重要的早期传播地区。中原地区自西周时期以来，出现不少马来貘尊及马来貘形青铜图像，应国墓地的青铜卣等器物中还出现其作为苍龙之首的案例。春秋以后，诸多所谓的貘尊或者以马来貘形象参与造型器物，如1965年发现的长治战国青铜盘，其中的动物元素

　　1.茹家庄2号墓出土　　　　　　　　　　　　　　　　2.弗利尔美术馆藏

图二四　西周时期的马来貘青铜尊

主要来自于牛类，马来貘特征只是部分，尤其是嘴部的特征来自于其他动物，而非马来貘。

▌注释

　　［1］王仁湘：《奇奇怪怪青铜器》，详见"器晤"公众号，总第331。

　　［2］该神祖之所以具有神鸟的特征，是因为商人的图腾是猫头鹰，从泉屋博古馆所藏商代铜鼓上端的神鸟图腾造型看，商人玄鸟为鸮，在此表现为长耳鸮。文献中记载帝喾为氏族始祖，在考古学来看，有不少都具有图腾特征的造型，只是文献没有记载这样的特征。我们平时所讲的神祖，实际主要是氏族的图腾或者与其氏族始祖神诞具有特殊关联的神奇生物。

　　［3］其下端的龙首表明其乘有神龙。

　　［4］实际这些神人都是商人的神祖帝喾。

　　［5］与山东龙山文化、石家河文化晚期玉人首的本质是一致的，即都属于太阳家族的人，同时还可获得苍龙或者雷电的能量，并以之繁衍子孙或者是增加自身各个方面的威力、神力。战国时期文献记载的各种五帝之类的圣人雷泽神话，有的还与北斗信仰、北极星信仰联系，符合"帝出万物于震"的文化，像黄帝的出生神话等即是这一文化的体现。这一证据更利于证明三星堆文化中，除了足有少许不明确的神鸟特征者，那些有羽翼耳等神鸟特征的人形一般不是神职人员或者巫师。

　　［6］牙璋的扉棱是神兽的，即是苍龙，是羽翼形扉棱的则是表现苍龙之火气。另外，牙璋本身包括有扶桑的意义。

　　［7］该兽面与祭坛式青铜器的下端两个神兽的兽面是一致的。三星堆原来发现的祭坛式青铜器下端神兽造型特殊，其有犀牛腿和犀牛蹄，首的主体无疑是马来貘，头顶上端有神鸟羽翼形。其身又似虎，其尾和尾羽翼更有神鸟特征。总之这是一只特殊的神兽。孙华认为，这是类

似飞廉的神兽（详见孙华《三星堆"铜神坛"的复原》，《文物》2010年第1期），不过他并没有论证这是哪些具体的自然生物特征的组合。

[8] 王仁湘认为，这是眼睛崇拜，可能代表太阳，详见王仁湘《三星堆青铜立人冠式的解读与复原》，《四川文物》2004年第4期。

[9] 孙华：《彭县竹瓦街铜器再分析——埋藏性质、年代、原因及其文化背景》，高崇文、安田喜宪主编《长江流域青铜文化研究》，科学出版社，2020年；孙华：《三星堆"铜神坛"的复原》，《文物》2010年第1期。

[10] 我们认为，至少从石家河文化晚期开始，人们认为蝉与山川地下之雷密切相关。

[11] 王仁湘：《三星堆二号坑296号青铜神坛复原研究》，《东亚古物》（A卷），文物出版社，2004年。

[12] 这与一些文献记载的求雨过程中拜祭四方神仪式可能有关。

[13] 依照孙华先生的认识。

[14] 其实三星堆文化从其本质而论，属于华夏文明无疑，在那一时期其主体已与中原文明属于一体文明了。

[15] 表现雷的神兽，多是龙身。

[16] 这在竹瓦街西周时期青铜罍图像中有不少发现。

[17] 这利于证明1986年发现的祭坛式青铜器下端的两只神兽之四足是犀牛牛蹄形，而非鹿蹄形。

[18] 陶寺文化则是以有火字形的龙来表现苍龙，以苍龙食麻黄草表现兴龙，少数是以蝼蟈形动物表现。

[19] 龙山时代以来，不少是以火字形来表示的。不少玉器有表现，像溧阳玉圭。这一时期，其往往与商人的图腾鸮、商人的始祖帝喾或者是少昊氏族的少昊鸷或者其图腾鹰图像组合。

[20] 标准化饕餮即额头上端特别表现为柱子形的饕餮，额头只有有立体羽翼却没有柱子形造型者不属于标准化饕餮，应该视为是以一般的饕餮，而一般的饕餮则是苍龙的一种。

[21] 玄鸟氏属于少昊氏这一太阳信仰族。

[22]《唐史》云："吐火罗献铁，日行三百里"。

[23] 新发现首有青铜尊的跪坐青铜人、原来发现的小型青铜人以及祭坛式青铜人中的执柳条形者之握手形，意义与其他人都与雷电有关，但是略有区别，应该是执柳条形以标识闪电的。注意该柳条实际是羽翼形。

[24] 孙华在所述论文中曾提出是不同方向的复原方式，王仁湘在所论的复原祭坛青铜器的论文中则认为是同向的。

（原刊于《华夏文明》2021年第3期）

三星堆一件特殊牙璋的图像学

——并论饕餮本质、苍龙能量传递、雷泽神诞等问题

顾万发

三星堆有一件具有重要学术价值的牙璋（图一），学术界非常重视，诸多文献有录，然而解读并不丰富。林巳奈夫有过较为系统的解读[1]，他认为该神鸟是太阳神鸟，牙璋类似青铜神树树枝之端，组合即是三星堆鸟立青铜神树的枝首。牙璋首有立着的太阳鸟，是希望带来太阳的恩惠。我们认为尚有别的解读，现论证之。

一、立鸟火字形花纹的含义及其性质论证

该牙璋神鸟身有多个火字形，其中有一个非常符合常规商周以来火字形花纹的标准，有的是西周出现的半月形变体火字形花纹。论证其意义，是一个特别复杂的问题。

火字形符，在商周时期，是标准化的苍龙、饕餮、神鸟、龙、鳖、牛、貘、虎、马、鹿、麂、狗熊、蛙、狗等诸多动物或者由多种动物元素构成的动物之身常见的一种特殊图案，其是卜辞等各体文字中火字的造型，从大汶口文化太阳符号的下端即已出现这一造型，在红山文化和陶寺龙山文化以来一般多用于表示来自苍龙之大火星所散发的火，或者表示来自大火星之火的能量，并为苍龙、虎等呼出或者同时向神祖等传递。苍龙六宿或者七宿之代表即是大火星，其可以散发火，一般以离火形表现或是以这类火字形来表示，不过离火形有时也可以同时表示大火星本身。陶寺苍龙盘龙身即有拟合自身花纹的这种火字形花纹（只有一个是用娃娃鱼或蜥蜴类蝾螈来表现苍龙文化的），予以强调的是这种表现形式最早来自红山文化的彩陶。

从商代的骨枑（图二）和弓形器（图三）的图像看，有四角、六角、八角的大火星造型。自然也有别的造型，像花园庄东地54号墓一件弓形器的大火星图像是圆形的，还以火字形表现了其散发的能量火（图四）。不过这个大火星不是离火形的，有些离火形龟的图像和弓形器的图像可以

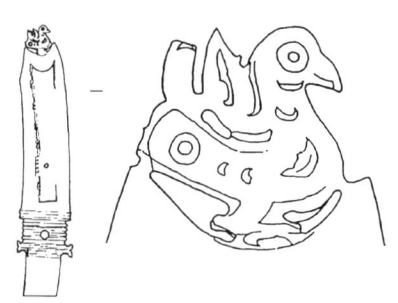

图一　三星堆出土牙璋

证明，离火形的大火星也会散发这样的火字形。图四大火星周边的四个标准化饕餮首，意义是什么呢？应该即是苍龙大火星所吐之火及附随光气的动物化表现。我们知道，苍龙所吐来自大火星之火，有以离火形表示的，有的以圆形加十字形表示的[2]，有的以昂宿似造型表示的，像妇好墓的苍龙[3]及其所吐之火（图五）。这类造型多与苍龙（像西周的半月形铜刀之苍龙等）、表现苍龙的长尾巴鸟、蹲踞式玉人（像妇好墓蹲踞式神祖、明尼阿波利斯艺术博物馆的西周车轴装饰的蹲踞式神祖等）一类神祖组合。从商王陵侯家庄1001号墓葬的一些骨柶图像和梁带村等墓地发现的西周早期的半月形铜刀苍龙形构图看，表示来自大火星之火的离火形有时即在苍龙龙身内（图像表现似乎在体表）。从桃花庄龙形觥觥苍龙图像看，苍龙周边的离火形即是其所吐之火，苍龙周边离火形众多，即是表示吐火很多，随时可以吐火。图五等表明商代晚期至于西周早期，还出现过以多圆的似昂宿形表示的来自大火星之火[4]。这样表示苍龙所吐之火的圜火，像苍龙所吐离火形之火一样可以与苍龙或有的夔龙形苍龙组合[5]。另外，从西周半月形铜刀苍龙图像看，该苍龙还可以与虎视为同类，都可以食神祖，即是以食之这一形式表示传递东象来自大火星的能量给神祖的[6]。这类昂宿似圜火[7]，还可与一头双龙身的苍龙组合[8]。从商代中期标准化饕餮的羽翼形与二里头文化、夏家店下层文化的旋符（表示苍龙所吐火气，自然界中即是雷电和附近光气）基本一致的现象

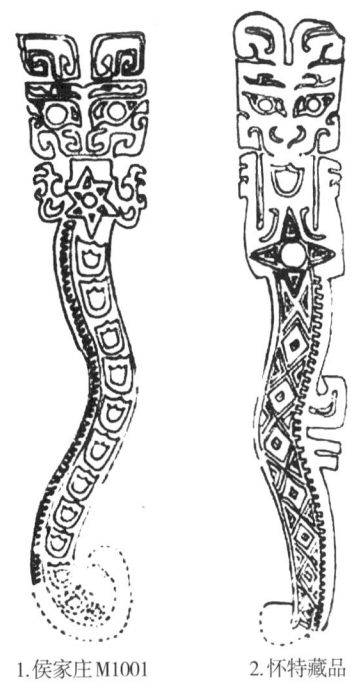

1. 侯家庄 M1001　　2. 怀特藏品

图二　商代骨柶上的苍龙

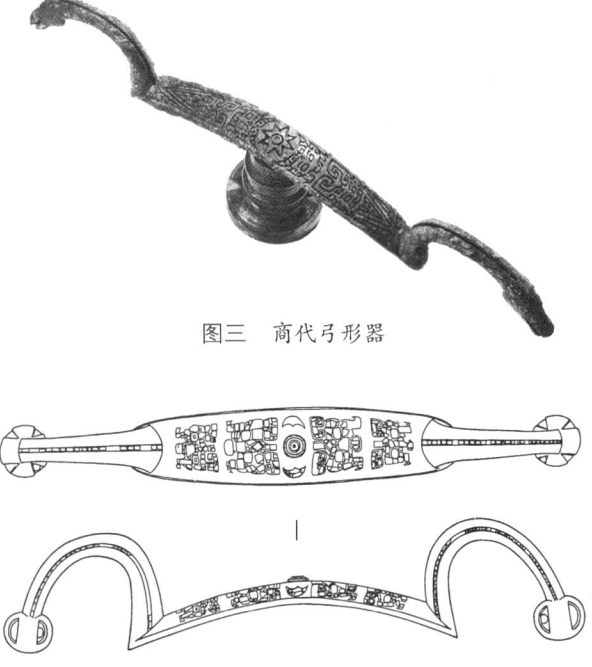

图三　商代弓形器

图四　花园庄东地54号墓出土弓形器

图五　妇好墓出土铜彝上的龙纹

图六　大洋洲遗址出土铜器上的龟纹

看，标准化饕餮确实是苍龙所吐来自大火星的圜火以及以羽翼表现光气或火气的动物化，从二里头文化、夏家店下层文化时期以来的诸多纹样[9]和盘龙城等早期饕餮纹样的造型关联看（图七），由于苍龙所吐之圜火与光气，总体还被视为是自然界的雷电，像张家坡墓地的一件西周时期的特殊类似兵器的器物（图八）[10]即利于证明这一问题，所以这些标准化饕餮的羽翼实际即是苍龙所吐之火的附随。

从所论及泉屋博古馆铜鼓、侯家庄1001号墓葬骨柶图像看，学术界以往所谓的夔龙，有的即是标准化饕餮的侧视图像。这些侧视图像有的表现了额羽、牛角等，有的没有，多数不特别表现额头，像简易化饕餮一样，但是这样的夔龙依然像标准化饕餮一样，应视为属于苍龙所吐之火的动物化造型。商周图像中作为苍龙的夔龙，一般是位于标准化饕餮旁的，或者具有火字形花纹、菱形花纹的，或者是与离火形雷符组合的，或者是食神祖或者图腾的，或者是有苍龙重要标志鹿角柄的等等。有的夔龙，显然取形于二里

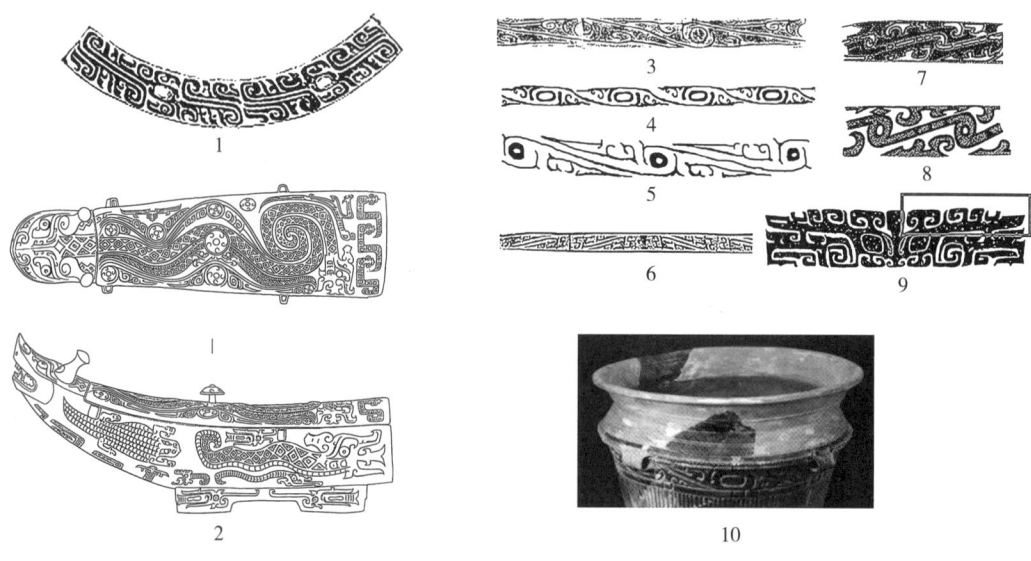

图七　二里头文化、夏家店下层文化、商周时期铜器和陶器上的纹饰

1.二里岗时期纹样　2.桃花庄龙形觥觚　3.二里头文化纹样　4.二里岗文化纹样　5.殷墟时期纹样　6.西周时期纹样　7.夏家店下层文化纹样　8.夏家店下层文化纹样　9.二里岗时期纹样　10.二里头文化陶尊

头文化以来的离火形、S或歧首S形闪电及其附属光气的构图，并且有的还表现为双嘴龙，像有的西周铜卣之系和钟的表面图像，显然应该视为是闪电龙。这样的龙有的还是吐舌龙。吐舌龙在西周玉器中多现，在钟之鼓、旁鼓多现，依然表示的是苍龙，有不少并明确表现了传递能量的意思，尤

图八　张家坡墓地出土西周铜器

其在与蹲踞式神祖或者简易造型的龙身神祖组合的西周玉器中表现明显。商代骨柶图像中，还有小的夔龙或者鱼、小蛇等造型，位于苍龙或者表现苍龙的苍鸟旁，并与离火形构成组合，显然是归属苍龙所吐火气而存在的[11]，商代骨柶的一面往往有标准化饕餮侧视造型，即是一种夔龙，像有的骨柶一面的多个标准化饕餮一样，表示多个雷兽，其往往与骨柶另一面的苍龙类型图像构成整个一组人文气象图像，即是苍龙出地、雷现天空、雷出则地奋的气象。

从小双桥铜构件之玄鸟雷泽生商图像、侯家庄骨柶的有关苍龙图像、弗利尔美术馆藏西周曲刃铜刀的苍龙食神祖图像（还有火字形花纹的虎，与火字形花纹的苍龙一起传递能量给该神祖）以及西周早期半月形铜刀的苍龙有离火形符看，苍龙具有的来自大火星之火的能量可以火字形或者离火形等来表示，大火星则可以以火字形、四角、六角、八角形等多角形和离火形来表示。从波士顿美术馆一件西周铜鼎标准化饕餮面有离火形图案以其他诸多标准化饕餮鼻子等面上位置具有火字形图案，或者标准化饕餮拟合自身特征的角具有火字形花纹看，苍龙吐火的动物化造型本身表现其为苍龙所吐之火本质的符号多是火字形，少数是离火形，还有的是方向盘形的，三星堆的表现求雨祭祀过程的祭坛似铜器之雷兽和团手行雷法的铜立人首的雷兽（图一〇）[12]，其表现自身为苍龙所吐之火本质的标志即是嘴巴有一个似太阳的造型。这样的标准化饕餮或神兽可能也有拟合苍龙的意思。从泉屋博古馆鸮尊有火字形图案、弗利尔美术馆

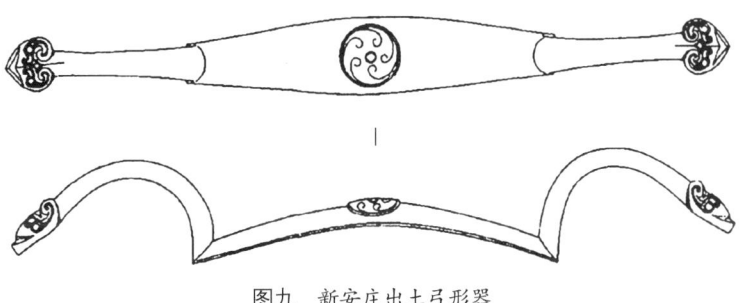

图九　新安庄出土弓形器

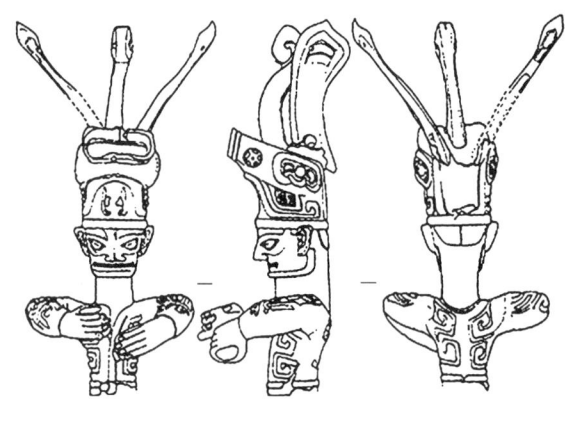

图一〇　三星堆铜立人首

西周曲刃铜刀的苍龙食神祖图像之神祖有火字形图案（图一一）等看，接受苍龙能量的神祖或图腾鸟，本身会以一个或者多个火字形花纹来表现。尤为重要的是，从侯家庄王陵1001号墓葬的骨栖图像和一些铜器中标准化饕餮旁的龙、鸟来看，表现苍龙的不只是各种形式的龙形，还可以是鸟龙形和鸟形，并且长尾巴和短尾巴鸟都可以，帛书《二三子问》言，龙可变为云、蛇、虫、鸟、鱼之类。商周时确有蚕身饕餮龙，尤其是虢国墓地有一条蚕身龙，有鹿角柄，显然是表现苍龙蚕变的。本身具有或者接受了苍龙传递能量，或者具有或者接受了苍龙所吐之火的动物化形式即标准化饕餮传递能量，是商周以至于战国时期各种动物、鸟、标准化饕餮、简易化饕餮等有时会有火字形花纹、离火形花纹的基础原因。

新安庄出土的一件弓形器的两端是典型的五步蛇首造型（图九），整体即是两条五步蛇。该五步蛇身有离火形，显然该弓形器整体表示的是大火星和苍龙。只是其中的离火形还可以同时表示大火星衍生的离火形能量，与一些苍龙龙身的离火形有部分相似。五步蛇是二里头文化以来器盖似神器、陶盆、各种铜器、陶器、骨器等各种器物表现苍龙的常取之形，只不过有菱形花纹、火字形花纹或同时有两种花纹等不同形式。

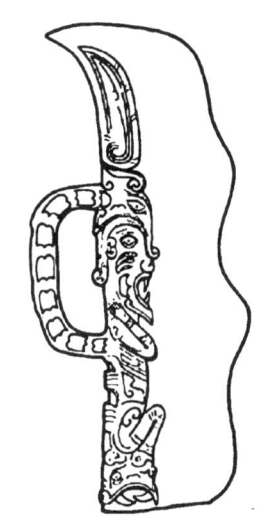

图一一　弗利尔美术馆藏铜刀

其他两端为兽面的弓形器，对于五步蛇形的苍龙而言，可以视为是变幻了首的苍龙或曰其首代表的动物是可以作为震卦之象的，像可以比拟为苍龙首的牛首、马首，等等[13]。同时这些弓形器的动物嘴一般都有铜球，形成类似銮铃的造型和效果，其中的圆球即是拟合苍龙所吐之离火形或者昂宿似之火，显然即是以铃形容苍龙"吐火为雷"的意思，与诸多弓形器两端为常见銮铃的设计思维意义是一样的。《晋书·天文志》等文献记载表明古人有以铃言震、雷的现象，《说文》言"霆，雷馀声也。铃铃所以挺出万物"，《前汉·天文志》记载"丙戌，地大动，铃铃然"，这都表明大火星与铜铃（即是雷）有关联，也利于证明标准化饕餮简单讲即为雷兽，更确切讲，还有苍龙所吐之火的附随之火气（由于论述不简，其他只言其为雷兽，或不这样严格叙述）。

二里头绿松石龙（图一二），蔡运章以之为苍龙[14]，是为卓识。还有一个重要的内容是，其大火星的位置是一个表示雷的铜铃。雷位于大火星位置，同样是刻意地表明大火星与雷具有关联。天津博物馆有一件章乃器捐赠的商代弓形器（图一三），为一首苍龙形，在其龙身大火星的位置有一銮铃，这更是明确表示大火星与雷有关联。三星堆的虎食人铜尊之有菱形花纹的苍龙图形，其周边为雷电图案，图案中一般的雷都是以圆形表示的，但是唯独在大火星附近的雷却是以离火形表现的，显然即是刻意地以雷呼应大火星，以之表明大火星与雷的关联。该案例同时表明离火形在不同场景或表示大火星或表示雷。

苍龙为东象，呼应一年一度的生长季节，呼应仓色、苍生，同时其与雷电风雨高度关联，所以苍龙为震卦之龙，是帝出万物的震卦方位的龙。苍龙的明显特征是有大火星，是全天一等的代表性亮星。其在中国古代异常重要，六七千年前春分点始于东升，有学者卓识，认为早期存在大火星历，这更表明苍龙大火星与农业、晴雨密切相关的天文学背景。

商人也非常重视苍龙之大火星，早年商人祖先曾为火正。商代中期的标准化饕餮造型含义，可以简述为雷兽。其羽翼归于苍龙所吐火气。这样的标准化饕餮与苍龙、夔龙、苍鸟[15]等的组合，实际可以比拟为苍龙吐火，该火来自大火星。商晚期和西周时期，还出现不少标准化饕餮与双头龙的组合，这时的标准化饕餮与其旁的双头龙不宜视为是雷电组合，因为有的双龙不一致。

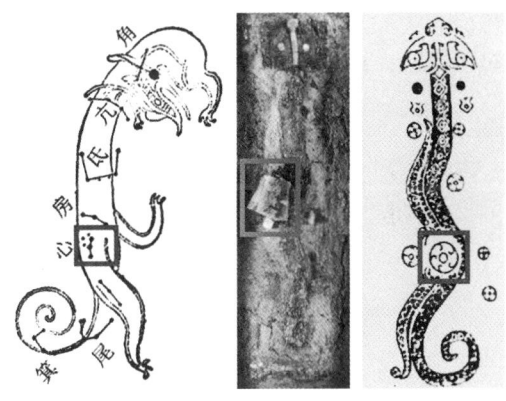

图一二　二里头遗址绿松石龙（中）、桃花庄觚上的苍龙（霜）、东象苍龙以及大火星（右）

由于年代变迁，大火星指导农业的地位弱化，但是依然很受重视，周人依然名其为"农星"。不过，地位弱化和强调形式不同，可能是周人铜器中期花纹变迁的原因之一，这时单独表示苍龙所吐来自大火星之火的饕餮减少，不过仍然是以其他形式强调雷和苍龙，以强化长子继承制、宗法制度和天子的概

图一三　天津博物馆藏商代弓形器

念（帛书《二三子问》载龙德即天子之德）。从卜辞看，祭祀大火星或者心宿可以用于求雨，显然应该与苍龙之功有关。这在考古学中有不少案例，商代有不少大火星和苍龙的素材，诸多龙形尤其是菱形花纹和火字形花纹或两者都有的龙以及简易化饕餮首的龙，即是典型常见的苍龙。三星堆一件铜树（扶桑树）有不少离火形，即是苍龙所吐之火，即可视为是雷。该树之龙的四肢，一双是拟合鸟的，一双是拟合人的，并且人手还有一个离火形。拟合人（即是神祖）之手，利于神化神祖与苍龙的联系，与虎食人卣底端商人神诞始祖神话图像中苍龙代替神祖或者弗利尔美术馆人面铜盉神祖呈现人面苍龙身是类似的。人手苍龙在三星堆铜立人的衣服既有，其类似铜立人以团手造型舞动表示行雷法，铜树苍龙的人手有离火形，即是同时表示苍龙吐火、行雷法的。三星堆的一件拟合五步蛇自身特征，从而同时具有菱形花纹和火字形花纹的铜龙即是苍龙。商代的弓形器[16]，其动物的造型实际都应该视为苍龙，其身之铃，显然都应视为是呼应大火星，属于苍龙所吐来自大火星的火，同时自然是雷[17]，其造型与二里头以绿松石表现蕴含生机的苍龙和呼应大火星[18]并表示雷的铜铃之组合[19]是相似的。另商代陶、铜器盖等图像中经常可见C形苍龙围绕离火形盖钮的，实际也应该视为是苍龙与雷符的组合，只不过这个离火形雷符与苍龙的大火星是呼应的，即本质意义上是来自苍龙所吐来自大火星之火的。

花园庄东地54号墓的一件铜钺（图一五：1）以及弗利尔美术馆一件兕觥（图一五：2），两者图像中有拟合羽翼特征的火字形花纹的神鸟，一个是获得了菱形花纹的苍龙和火字形花纹苍龙的能量，另一个是获得了构图中食之的火字形花纹的苍龙能

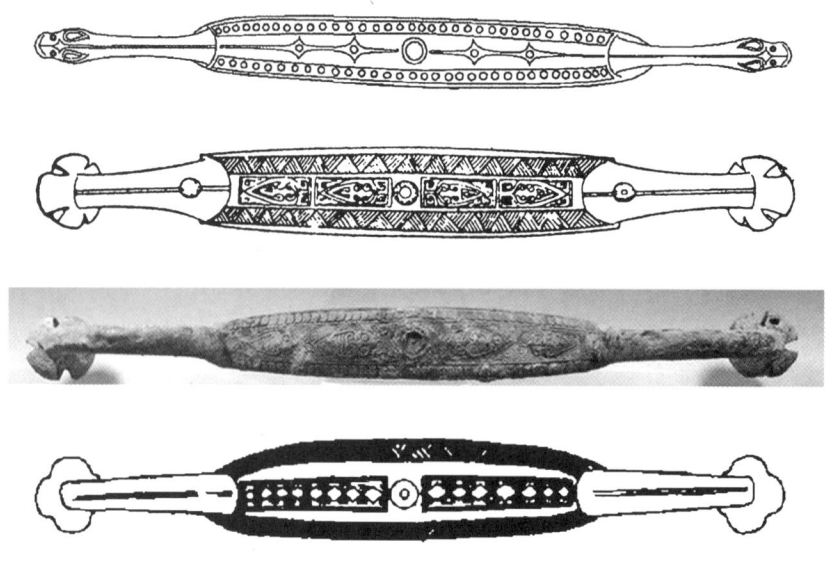

图一四　弓形器上的花纹

量，还有一些商周器物之柄的构图表明，有火字形花纹的神鸟，是获得了简易饕餮表现的苍龙、火字形花纹的苍龙、菱形花纹的苍龙、火字形花纹的虎等神兽之一或两者组合能量的神鸟，总之其火字形花纹表明其与苍龙来自大火星的能量有关。

由于解读神鸟自身火字形花纹是解读该神鸟、该牙璋以至于整个牙璋这一器类性质的首要问题，而解读饕餮的意义又是解读这一火字形花纹的首要问题，所以这里在已有简要讨论饕餮含义的基础上，对于商周时期各式饕餮纹的性质予以补充论证：

为利于论证，我们把饕餮简单地区别为简易化饕餮和标准化饕餮：简易饕餮即是不特别表现鼻子山根、没有额头羽冠的神兽，多数情况下包括较为写实的兽面。这类饕餮无论作为铜卣等器物之系首、成为铜器表面一组图像中心，还是作为单独存在或者一组图像之一，其一般都可以用位于标准化饕餮首或其额首的形式，表示该标准化饕餮是其所吐之火及其附属火气的动物化。或者自己，或者与有苍龙身或者虎身的神兽构成一组，共同传递能量给神祖或者图腾神鸟。表现传递能量的方式有食之或者附属的形式。同时简易化饕餮位于一组苍龙或者苍鸟图像中心的，不少是表示与其一起传递东象能量的，而非接受苍龙或者苍鸟的能量，或同时代表标准化饕餮，这是标准化饕餮与简易化饕餮在组合方面的一个区别。标准化饕餮，即多是作为器物主体图案

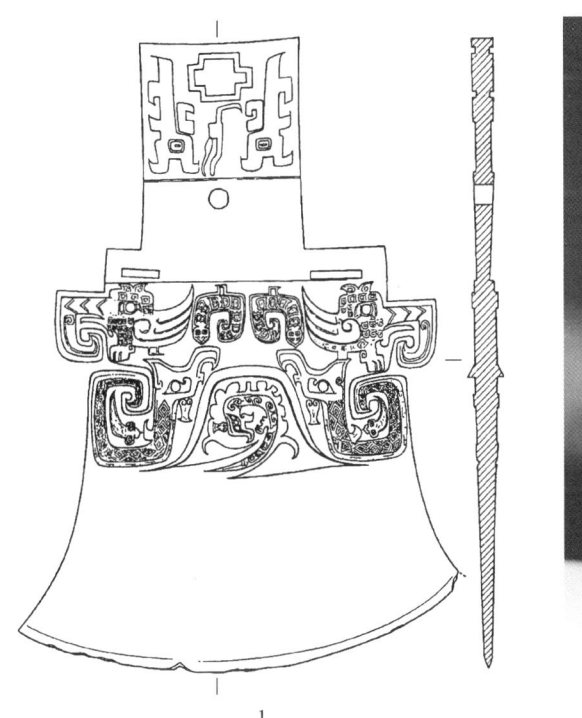

图一五 花园庄东地54号墓铜钺和弗利尔美术馆铜觥觚

图一六　瑞典远东博物馆
藏商代大理石鼎

图一七　妇好墓出土虎首
鸟身石雕

图一八　泉屋博古馆藏商代
铜鼓纹饰

的以平面化造型为主的兽面图像，其一般特别表现鼻子上端，或者同时还有额头羽冠，即林巳奈夫所谓的有蕤饕餮[20]。标准化饕餮除了龙首，其龙身基本不见菱形花纹或火字形花纹，这是其与简易化饕餮、苍龙的另一个明显区别。标准化饕餮本质简单地讲即是雷兽，有时会拟合苍龙，其在少数情况下作为神祖之首的主体（图一六），显然是神祖的一种更加高端的神化形式。神化自己神祖若雷或者讲是苍龙所吐之火，与商时期虎面鸮身神祖（图一七）体现的神化神祖为具有苍龙性质之虎的现象有些相似，只不过一个是神化若苍龙所吐之火，一个是神化若苍龙一样的虎。石家河文化、石峁文化以及商时期这些虎的性质，笔者已有论证，其本质意义上是苍龙来自大火星之火性的表现，所以与有火字形的苍龙类似，而恰好虎食人卣底端的图像（图一八）即是有火字形花纹的苍龙与代表简狄、建疵[21]的大小不一的两条鱼的组合。这显然是把神祖视为了苍龙。苍龙大火星之火性表现的虎，一般以食之的形式传递能量给玄鸟氏图腾或者拟人化神祖，同时由于苍龙和玄鸟氏神祖在图像学上存在有"他我"现象，则虎成为玄鸟氏图腾鸮之首的情况，是容易理解的。

若图一七所示，标准化饕餮本身也存在作为玄鸟氏神祖首造型主体的现象以及食玄鸟图腾鸮首的现象[22]。这显然利于论证标准化饕餮与神祖、苍龙、虎之间的复杂关联问题。弗利尔美术馆的一件商代兕觥之足有标准化饕餮食蹲踞式神祖的构图（图一九），该神祖四肢是有火字形花纹的苍龙，与虎食人卣之人形神祖有一些类似[23]，并且两神祖四肢的龙都属于苍龙系，都是与虎一起传递苍龙类能量予神祖的。为何一定是东象苍龙的能量？显然即是遵循太阳升万物生、帝出万物于震、震为雷、震为乾坤长子、雷为天地长子、雷电生万物、震为东向、震为苍龙、苍龙现则雷出、雷出则地奋等文化思维和原始科学认知的。中国早期文明的神话、艺术和政治、礼仪的主体基本都是遵循这个逻辑或者按照这个逻辑编辑的。

标准化饕餮本身作为苍龙（或者表现苍龙火性的动物虎）所吐之火（严格而论还有附属或附随光气，其他同）的动物化，一般不会再有接受苍龙能量的构图。《清翫雅集廿周年庆收藏展：器物》收录的一件商代方卣（图二〇），似乎表现的是标准化饕餮直接获得苍龙的能量，再传递给以人首表现的玄鸟氏神祖之过程。实际上该标准化饕餮上端的苍龙有两条，一条是有鹿角柄并有菱形花纹的苍龙，另一条是有火字形花纹并且以整只神鸟为首的苍龙这样的或类似的有具体鸟元素的苍龙在商时期的铜卣以及三星堆扶桑树上有明确发现。其实，商晚期以来铜器表面鸟首龙身一般都可视为同于这种龙，西周时期龙首神鸟尾或半龙半鸟龙非常多，像林巳奈夫《殷周青铜器综览》第二卷6-1收录的一幅简易化饕餮，是象首、苍龙身、鸟尾、羽

图一九　弗利尔美术馆藏商代觥觥

角等组成的[24]。另外，非常特殊的是，侯家庄1001号墓的骨柶图像中有单以神鸟表现苍龙的，尤其其中有火字形花纹[25]的神鸟与本文所论牙璋首的神鸟相似（图二一）。自然表示苍龙的还有虎、鸟龙，还有鸟与苍龙左右为首的组合造型，像妇好墓鸮尊图像中即有这样的案例，《殷周青铜器综览》第二卷8-17收录的西周早期铜罍也有这样的特殊造型以表现苍龙。

另外，商周时期诸多标准化饕餮、多数牺首[26]等形式的简易化饕餮、以鼻子代表的标准化饕餮旁，有对称的兽面龙、鸟龙、长尾巴神鸟、短尾巴神鸟、综合象鼻子等动物元素的神鸟，基本都与苍龙的本质有关[27]，哪怕其是方向不朝着中心饕餮的。具体讲这些神兽或者神鸟、神龙都可归于震卦之象，其中的标准化饕餮为苍龙或者苍鸟所吐之火及其火气的象征物或者表现物，简易化饕餮本身可表现为苍龙。多是与其旁的苍龙、苍鸟共同传递

图二〇　商代方卣（《清翫雅集廿周年庆收藏展：器物》）

1　　　2

图二一　侯家庄1001号墓出土骨柶

能量，或者表示其下端的标准化饕餮是该简易化苍龙、苍鸟所吐之火及火气的动物化表现。像日本天理大学天理参考馆的一件商时期的鸮卣图像（图二二）和西周铜簋的图像（图二三），该鸮卣以作为系的简易化苍龙与两旁的苍鸟组合来综合表现苍龙，就像菱形花纹的苍龙与火字形花纹的苍龙经常组合相似。或者一方面用于和其下端的标准化饕餮组合，表示苍龙吐火气为雷，或同时还与标准化饕餮额上端常见的简易化饕餮首或牺首一样，呼应或实际位于明堂，以表现大火星、苍龙和明堂的联系。商周至于春秋时期，发现过有离火形大火星位于饕餮额头上端之明堂位的，这类图像可能具有类似的意义。西周铜簋的图像中，简易化饕餮与苍鸟组合，似乎是以简易化饕餮表现的苍龙来代表标准化饕餮，或仍然理解为是苍龙。尤其是其中的鸮卣，其苍鸟是有鹿角柄的，即是典型的拟合或者表现苍龙的奇鸟，这是苍鸟拟合苍龙的重要证据之一。有的商人图腾鸮鸟也有这一现象。另外，2018 年大唐西市夏拍的商方尊之图像（图二四）、藤田美术馆商时期方尊之图像（图二五），其中牺首代表的是简易饕餮，其一般应该具有龙身，不过省略了，同时该简易化饕餮所食的都是图腾鸟，不过只是以喙来表现的，不是鸟的全形（这类曲折形表示鸟喙的形式从石家河文化晚期就已出现，武汉博物馆既有一件四系鸮形玉牌有这样的风格）。其旁是鸟首苍龙或者是兽面苍龙，简易化饕餮代表的苍龙与其旁的苍龙组合，表现的是共同给氏族图腾鸟传递东象能量。

殷墟遗址的一件弓形器图像（图二六）的苍鸟吐火造型（其中的多角形对于整个弓形器，可能还代表大火星）和殷墟遗址另一件弓形器图像（图二七）的苍龙吐火造型[28]，利于论证我们的认识。

各式饕餮旁的有些神鸟特征明显，容易识别，一般即是表现苍龙的。尤其有鹿角柄即是苍龙之角的鸟，更是明证，像妇好墓的一件铜器的一只苍鸟造型（图二八），即可以其有鹿角柄来判断其具有苍鸟性质。其还有火字形花纹，即像有的苍龙下颌或额背有火字形花纹一样[29]。有的造型较为特殊，像上海博物馆一件商鼎图像（图二九），

图二三　　日本天理参考馆藏
西周铜簋

图二二　　日本天理参
考馆藏商代鸮卣

图二四　　2018大唐西市夏拍的
商代方尊

图二五　　日本藤田美术馆藏商代方尊

标准化饕餮旁的火字形花纹的鸟，似乎为小龙所食。若确是这样，则小龙为苍龙，鸟则可能是图腾鸟了。该龙、鸟与标准化饕餮的构图，在苍龙吐火逻辑下，图腾与苍龙即是一种"他我"的关联了，其中图腾鸟可视是表现苍龙的苍鸟，其吐火即为标准化饕餮。该龙、鸟和标准化饕餮的构图中的饕餮，总的讲，也可以视为是龙、鸟各自所吐来自大火星的火。虎、苍龙、标准化饕餮、简易饕餮食神祖与图腾鸟等构图，像玛雅文化、阿斯特克文化有的神兽食人图像具有的含义相似，即神兽与所食神人或者图腾之间具有"他我"联系，商周诸多图像也表明中国古代存在这一现象。不过中国的神兽，食之表示能量传递，吐之表示来自。

图二六　殷墟出土弓形器纹饰

图二八　妇好墓出土铜器纹饰

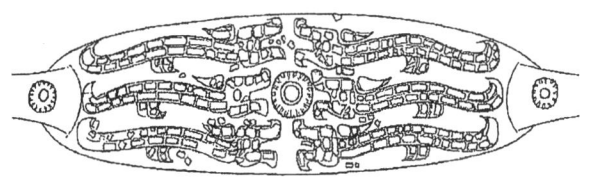

图二七　殷墟出土弓形器纹饰

图二九　上海博物馆藏商代铜鼎纹饰

　　有些龙首神兽之尾和鸟首神兽之尾是一样的，从诸多材料看，应该理解为是一个造型，似乎应该理解为龙尾、鸟尾两种内涵，不过综合各种图像，还是应该理解为是鸟尾巴。商代即有这样的苍龙，这应是西周中期以来盛行的上端一半是龙下端一半是鸟的苍龙风格的早期代表。不过无论何变，若帛书《二三子问》之论，龙本质、龙纹未变。

　　我们还应该注意，标准化饕餮、简易化饕餮、虎等从商晚期开始，在耳朵附近或者鼻子等面部或者角，有时会有火字形花纹（图三〇），该花纹造型和内涵与苍龙大火星散发的火形之一是一致的（参见图二），有的骨雕龙直接以之为大火星的表现

图三〇　安阳郭家庄出土商代石枕

形式，至于曾侯乙墓的天文漆箱图中，大火星即是以火字形表示的[30]。这表明有的标准化饕餮有标志自身特性的设计造型，可能同时也有趋同苍龙的意思[31]，不是表明其获得了苍龙或苍龙系能量的意思，因为其本身即是苍龙所吐之火。

标准化饕餮有苍龙所吐之火的本质和雷兽的本质（还有苍龙所吐火的附随光气，其他同），除了像苍龙、虎一样可以提供能量给神祖，还可以提供能量予其所在之器物的所有者[32]，使其获得东象苍龙或曰其大火星能量的圣佑，助力繁衍子孙、勇胜保全、安康仁和、生生不息。同时由于其一般还作为祭祀礼器的主体花纹，还应视为是关联所有者地位、祭祀权和以之为沟通天地工具的一种神兽，一种使所有者与天地建立联系、获得圣佑的保护性神兽[33]。

有的铜器，像著名的西北岗1400号王陵之鹿鼎、牛鼎，还把图腾或氏族象征直接与标准化饕餮融合或代替，其意思似乎难以理解。冯时认为其是作为主人升天之灵蹻的，"反映了对墓主人于升天途中乃至升入帝廷后饱食无忧的祈愿"[34]。这是有卓识的，不过，方鼎本身可与食物关联，牛、鹿本身则不宜关联，其只是表达图腾和标准化饕餮具有"他我"关联和更加神化了图腾罢了。同时冯时认为，灵蹻功能应该是就其位于南向墓道的场景所表现的特殊功能而言的。该铜鼎制作时的设计思维，主题之一应是，以图腾代替标准化饕餮的形式表现氏族图腾与标准化饕餮之间具有关联性，就好像瑞典远东古物博物馆大理石鼎的蹲踞式神祖图像一样，是以标准化饕餮作为其神祖之首造型主体这一形式，来表现神祖与标准化饕餮是融合的。不过由于商周铜器的标准化饕餮主体本质属于雷兽，还有的具有拟合苍龙的现象，有时又存在功能等趋于苍龙和多数简易饕餮（不少是苍龙身）[35]和虎等苍龙系神兽的现象，同时由于乘登苍龙、虎、乘雷驾电等可以沟通天地、周行九天、拜见上帝和祖先，所以标准化饕餮本身也可以像苍龙一样，存在适时地作为通天灵蹻的情况。

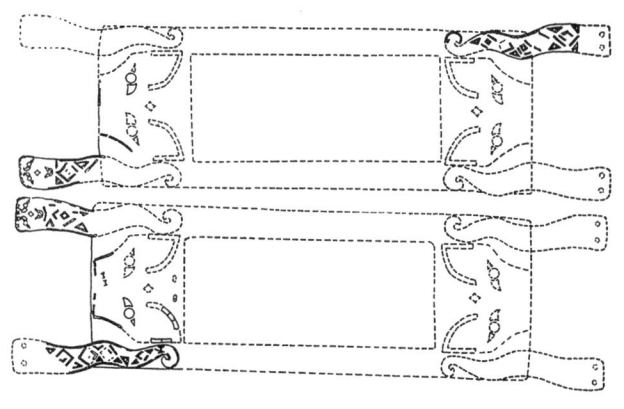

图三一　侯家庄M1001出土雷舆

文献记载中国传统有所谓的"乘雷驾电""驾苍龙"和"雷舆"文化，战国简牍《唐勒赋》即有"雷舆"一词。侯家庄王陵1001号墓即发现有不少以菱形花纹的苍龙和虎构成的"雷舆"[36]（图三一）。西北岗王陵1500号墓石龙、石牛和石虎组合、妇好墓椁顶上方中央的石牛，更是苍龙和雷电文化的反映，其中龙、虎本质上表示苍龙之性，牛表示车舆[37]，同时牛本身有火字形，呼应苍龙之火，整体即是所谓"乘驾苍龙"，或者近似"乘雷驾电"。这也利于证明商周时期包括标准化饕餮在内的诸多神兽、鸟，在祭祀、巫术场景中都可以具有灵蹻功能。

商周各类器物的花纹尤其是苍龙或者可以比拟苍龙的苍龙系神兽、神鸟或者其他震卦之象，理论上都可以作为乘登工具，不过是否有或实践了这一功能，更多的应该看具体的场景来判断。

我们曾证明各类车辕之軎或者辕首神兽首其实多是苍龙首，有少数铜车軎的饕餮还是标准化饕餮，像茹家庄1号墓的铜车軎（图三二：1），其中的人形背有双立鹿[38]，发型同于芮国墓地一件具有人面、人形上肢和神鸟身的神祖，所以该人形也可能是神祖、神人或巫师身份。另一面是一个标准化饕餮，鼻子有典型的火字形图案，表示其具有苍龙大火星之能量，显然是作为苍龙首的，与軎组成一条苍龙。这是西周时期发现的诸多标准化饕餮拟合苍龙的一个典型案例。乘车人、车辕或者辕与軎等整体即是神人骑着苍龙沟通天地、周行九天、拜见上帝和祖先等的景象。这一材料利于证明诸多车軎、车軎的牛、饕餮等食人与虎食人卣等的意义是类似的，诸多车軎之人与神兽组合是神人乘苍龙或乘神虎升天的意思，即类似所谓的"乘雷驾电"。这也表明标准化饕餮除了作为苍龙所吐之火的动物化、雷兽，还存在被作为苍龙看待的情况，这与所论标准化饕餮存在拟合苍龙的现象是一致的。有的车軎有多个图像，像埃斯肯纳齐拍卖行的一件西周车軎（图三二：2），其一面是鹿和象鼻子饕餮形，是两条苍龙，可能相当于一条是菱形花纹的，另一条是火字形花纹的。另一面是简易化饕餮代表的苍龙食人首，显然是传递东象能量给神祖的意思，整个图像表达的可能是神祖驾苍龙的意思，也可能表达乘车人驾苍龙拜见神祖的意思。

标准化饕餮还出现食神祖首，或在一定情况下作为神祖首造型主体的少见现象，

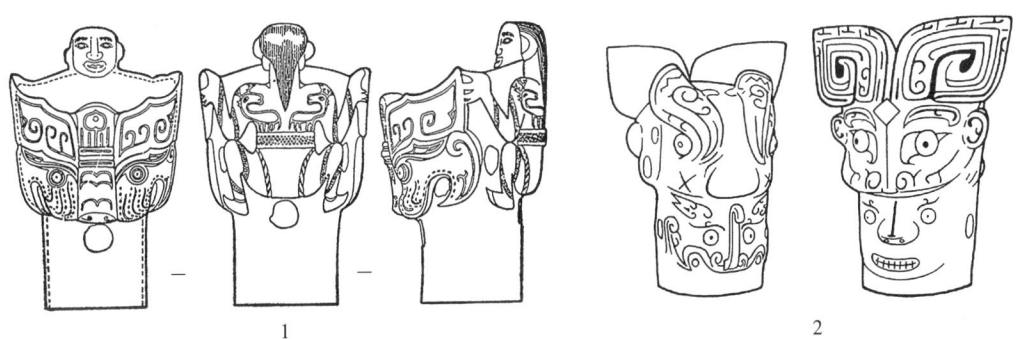

1　　　　　　　　　　　　　　　　2

图三二　陕西宝鸡茹家庄1号车马坑軎饰和埃斯肯纳齐拍卖行藏西周车軎

这更表明其有拟合苍龙或者类同于表现苍龙大火星之火性的虎之情况。其实从龙虎组合以及菱形花纹龙和火字形花纹龙组合的情况看，古人在关于动物类型学认识方面，存在认为火字形花纹的苍龙和虎是类似的认知。

图三三　上海博物馆藏觥觥

标准化饕餮在觥觥盖子的图像中还有不少特殊表现，其中有食神鸟图腾（以喙表现）的构图（图三三）。这类构图在有的铜卣苍龙造型之系的端兽首和有的铜器浮雕兽面或曰牺首都有发现，都属于神兽食神鸟图腾的经典构图，这也利于表明标准化饕餮有时存在与简易化饕餮和其他造型苍龙的关联，并且利于我们理解商周各种饕餮之间以及饕餮与虎、苍龙、苍鸟等之间存在的联系。

还有的车舆的辖首之轫只是两个神兽面，这表明其相当于菱形花纹苍龙和火字形花纹苍龙的常见组合，与商代一些骨柶的两面各自有菱形和火字形花纹苍龙的组合方式类似，这依然符合文献记载的"驾苍龙"之义。这样的话，张光直[39]关于青铜器动物功能的巫蹻之论还是有一定的应用空间的，参照本文提到的灵蹻之论，更是如此。不过不应归于简单的萨满论，同时还应看具体的场景，像已有论证的著名商代牛鼎和鹿鼎的特殊标准化饕餮的功能即是典型案例。

所属情况表明，商周各类器物的图像尤其是早期艺术史中饕餮问题的讨论离不开东象苍龙、雷电、传递能量、雷泽、太阳能量[40]、神祖雷泽神诞、生生不息、长子继承制[41]、原始宗法制、天子、雷为天地长子、震为乾坤长子、帝出万物于震等概念。总的看，饕餮并非林巳奈夫[42]所谓的上帝以及张远山"饕餮纹是源于天文宗教神话祭祀万舞的复合神像"等有关认识[43]，如不从所述这些方面论证饕餮，则可能是万法皆失。

有了对以饕餮为主体商周图像内涵的理解，我们自然会认识到，本文所论三星堆这一牙璋首的神鸟有火字形花纹的特征并不简单，其实际表明了这样的神鸟不是表示太阳的，而是具有一种能量的神鸟。

从本文的论证看，该能量是以火字形表现的，即是苍龙大火星散发之火的能量。大火星与雷关联，所以苍龙"吼呼为雷""吐火为雷"[44]，即雷是来自大火星的。桃花庄龙形觥觥盖子上端的苍龙周围是雷电图案，这样的雷电图像与二里头文化、夏家店下层文化、商周以来的这类图像密切相关，早期饕餮的羽翼和面之组合既相似于这些图像的一个单元。这表明雷电应视为来自苍龙，于是有火字形图案的神鸟实际即是与苍龙、雷电密切相关和呼应的神鸟了。该牙璋的神鸟也是这样。

商周时期，不少神鸟都具有这样的火字形，有一个的或多个的。这些神鸟有的还与标准化饕餮构成组合（图三四），有的还作为器物之足（符合震为足的易理），还有的单独成器，像泉屋博古馆的商代铜鸮尊（图三五）[45]。显然，具有这样的火字形图案，则表明这些神鸟都有了苍龙大火星之火的能量了，即是与苍龙和雷电密切关联了。因为苍龙吐气、吐火为雷电，雷即是大火星散发的火气，有的以火字形表示，有的则以离火形表示，有的则以圆形小龙表示。从小双桥铜构件传递东象能量予（玄鸟鸮之拟人化）蹲踞式神祖的苍龙和表示苍龙来自大火星火性的虎看（其也在传递东象能量给神祖）（图三六），苍龙和虎本身会吐火，即是雷电之气。这样的雷电之气的造型又是商代最早一批标准化饕餮造型的重要基础，其羽翼造型与表现苍龙所吐之圜火、火气的图像密切关联。二里头文化、夏家店下层文化有丰富的表现苍龙所吐之火、火气的图像，即是雷和光气的图像，其与标准化饕餮的关联，利于证明标准化饕餮的雷性来自苍龙所吐大火星之火。同时从花园庄东地54号墓之铜钺图像、泉屋博古馆商时期的方尊四角有火字形花纹的鸟图像（图三七）[46]看，神鸟有火字形，即可能是单独获自菱形花纹苍龙、火字形花纹苍龙之一的能量，也可能是同时获得两者的能量，还可以是获得了没有表现花纹的苍龙或者属于苍龙的牺首之形的苍龙之能量。总的看，鸟、龙有这样的火字形，本质意义上都是表示东象苍龙生生不息的能量的。

还有较为重要的一个案例是妇好墓的偶方彝，其盖子上的图像特殊（图三八）。严格地讲有两只鸟和一个半鸮半兽的神兽面，神兽面的主体为鸮形，还有兽面的元素，并且有火字形花纹。旁边的鸟有圆形的鸮形眼睛，翅膀和眼睛都有火字形花纹。这样的图像，可能是苍鸟吐火的造型，即有簇羽之鸮元素的神兽是其旁表示苍龙的苍鸟所吐之火。同时三者都融合了苍龙之火字形，并且都有鸮元素，显然表现了鸮与苍龙、鸮与苍

图三四　陕西泾阳高家堡3号墓出土卣盖（上）和上海博物馆藏商代铜鼎

图三六　小双桥出土商代铜构件

图三五　泉屋博古馆藏商代铜鸮尊

龙所吐之火之间的关联，即神化了神祖图腾，又表现了苍龙、苍龙之火与神祖之间的关联。

图三七　泉屋博古馆藏商代方尊

图三八　妇好墓出土偶方彝

　　鸟可以与雷相关的这一认识还有较为丰富的文献依据。《大戴礼·夏小正》曰："雷震雉鸣，雊，鼓其翼也。正月必雷，不必闻，惟雉必闻之"。《七修类稿》卷三《天地类》："雉雊，雉，文明之禽，阳鸟也；雊，雌雄之同鸣也，感于阳而后有声。"《说文》记载："雄雌鸣也。雷始动，雉鸣而雊其颈。从隹、从句，句亦声。"《洪范·五行传》曰："正月雷微动而雉雊。"这些文献虽然没有记载神鸟获得苍龙能量，却表明存在与苍龙呼应、与雷电呼应的神鸟。考古发现石家河文化晚期的一些图腾神鸟，有的首下有一横，并且这一横有的还有云雷纹，实际即是表示其是呼应雷并获得苍龙能量的神鸟，只不过没有以龙、虎或饕餮食之的形式来表现罢了。卜辞中发现呼应雷的神鸟也是首下之吭有一横。这些显示火字形图案获得苍龙系能量的神鸟，与文献中记载的神鸟具有类似的性质。

　　这样看，商周时期，无论是呼应雷的鸟、表示神祖的图腾鸟，还是表现苍龙的苍鸟，都可以有火字形花纹。这样的鸟都与苍龙、雷电有联系。

　　三星堆文化中，有不少鸟形的器物，像鸟首的勺子、扶桑树上的太阳鸟、扶桑树的鸟龙形苍龙、执踏鸟神的巫、四太阳鸟金箔、三太阳鸟铜有领形器，还有人面鸟身的拟合太阳神的神祖或者是拟神祖形的太阳神图像（图三九）[47]，等等。尤其是太阳神树的鸟身神祖，有神祖的羽翼耳，显然不是神职人员，只能是神灵类型，依据我们的判断，其应该是太阳鸟与神祖融合的造型。

　　总之，在三星堆文化中，有太阳鸟、融合神祖的太阳鸟、融合苍龙的鸟、作为神职人员工具的鸟等几种形式。无论是哪种鸟，只要有这种火字形花纹，本质意义上都与苍龙来自大火星的能量关联。三星堆文化这一牙璋图像中有火字形花纹的鸟，从中原商周时期的文化看，更可能是图腾或者苍鸟，而这两种鸟，都是宜于招致苍龙、虎，或者本身即是表现苍龙的，并且从本文所论的上海博物馆铜鼎图像（参见图二九）等有关案例看，图腾花鸟还可以与苍龙具有"他我"关联，这时的图腾鸟不妨称之为苍鸟。

图三九　三星堆出土铜器

以这样的神鸟立于牙璋，是巫术行为中的一种模拟。由于该火字形与苍龙大火星密切相关，所以这样的神鸟可以招致苍龙至，或者由于本身即表现苍鸟，所以易于招致雷雨。

另该类型牙璋本身的复杂扉牙部分像有的学者讲的那样是龙，我们更确切地认为其即是苍龙。由于牙璋本身造型来源之一又是拟合太阳大气光象的，从而具有高柱、高树、扶桑等象征，则在神鸟呼应苍龙雷电、高柱高树易招雷电、苍龙、扶桑有木德、木德为龙、桑林适宜祷雨等文化背景下，有火字形花纹神鸟的这一牙璋，显然是一种符合原始逻辑的具有求雨功能的礼器。三星堆的一个铜人执牙璋、铜扶桑树挂有牙璋[48]和金沙一件刻画跪持象牙以祭山川并有闪电出现表现灵验等求雨过程图像的牙璋，都是重要的证据。

二、三星堆文化虎雕牙璋的意义

金沙遗址还有一件牙璋有虎的图像，该虎即是苍龙来自大火星之火性的一种表现形式，所以无异于讲其与扉牙表现的苍龙构成组合，类似商时期的小双桥铜构件之菱形花纹的苍龙和虎构成的规范表现苍龙的组合。依据《河图》"玉虎晨鸣，雷声也"之记载，虎可以象征雷和表现苍龙，尤其可以表现和象征苍龙大火星的火性。确实在小双桥铜构件中向商人玄鸟图腾拟人化蹲踞式（即是拟形神鸟的造型）神祖传递能量的，除了表现苍龙特性的菱形花纹的苍龙，还有表现苍龙之大火星火性的虎，换言之虎可以象征苍龙之大火星火性，相当于火字形花纹的苍龙。而卜辞中有诸多祭祀大火星和心宿以求雨的记载。这样以虎镂空于牙璋，可能是希望与之有关的苍龙、雷电循牙璋象征的高柱、高树、扶桑降临的意思，这对于论证三星该立鸟牙璋具有求雷雨的功能是重要的同区域同文化证据。

三、牙璋复杂扉牙的苍龙含义

该牙璋的扉牙是典型既有原始起初阶段的扉牙，又有晚段复杂形式的扉牙，而复杂

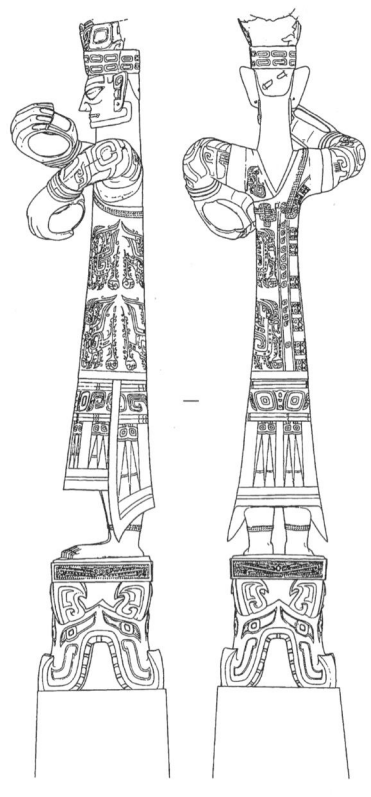

图四〇　三星堆出土立人铜像

形式的扉牙即是龙，并且是属于能够带来雷电风雨的苍龙，也有很少的是苍鸟（金沙牙璋中有少数主体扉牙是神鸟形）。其沿着牙璋拟合的太阳大气光象造型并及其象征的高柱、高树降临，若三星堆苍龙并离火形雷符沿着青铜扶桑树升降一样[49]，与二里头文化器盖形通天塔似的礼仪之器有苍龙等图像可以参照。

三星堆立人铜像（图四〇），其下端为饕餮形神兽首表现的苍龙，整个人与神兽首组合示意的是登驾苍龙并获得苍龙的能量[50]。其身图案中有握手行雷法并以人手为爪的苍龙，都可以视为是苍龙的变化、变体。铜立人本人握手，是典型的行雷法动作。其首有苍龙或者苍龙系神兽，显然是传递苍龙能量的，表现身份，并助力其获得能量，以行雷法。三星堆还有一件青铜树（图四一），其立于有雷电符表示的雷电之山[51]，有跪式神职人员，也是握手行雷法，与祭坛似铜器的方尊形造型的四面多人的握手意义一致[52]（图四二）。

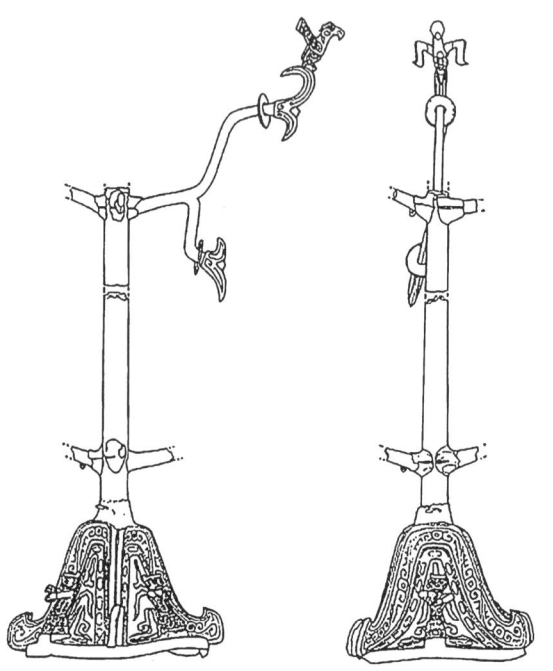

图四一　三星堆出土青铜树

图四二　三星堆出土青铜器

四、三星堆牙璋祭祀求雨图像的论证

三星堆文化还有一件牙璋（图四三），其图像是经典的祭祀山川的图像。从该图像可以判断，该祭祀山川求雨活动有几个阶段：立牙璋、象牙等祭品、礼器——一类神职人员跪拜——初步显灵，出现近S形闪电——河灵、山神或其他神灵出现，憾山，雷出地奋，船显示雷雨至并多——另有平顶冠的神职人员立拜致谢。这利于证明学术界所谓的牙璋可能即是文献中记载的一种璋[53]，西周的柄形器属于一种用于朝觐之凭信的璋。至于二里

图四三　三星堆出土牙璋
（左为上部，右为下部）

头等文化的牙璋是否用于凭信，这也是有可能的。吴镇烽《商周青铜器铭文暨图像集成续编》[54]收录了一件考古出土的商人使用的二里头文化晚期牙璋，从铭文看，是商代小臣这样的高级人员用于觐礼之用的，显然表明这件古物牙璋在商代时是可以作为凭信的。商周时中原牙璋当时很少，基本不作为常规存在了，商人和西周时期只有少量模仿蜀地的璋和玉戈，所以作为凭信的小臣牙璋是一种个案，不过其反映的信息则是非常重要的。从考古发现和金文看，西周时期用于朝觐会宗王者的凭信的一般是圭和璋，也会有别的玉器。

1.邢侯铜钺

五、牙璋与斧钺的关联论证

牙璋有刃，整体有斧钺之形或之义，显然它融合了有刃的斧钺[55]。不少斧钺本来也有扉牙或者有苍龙形扉牙。西周时期即有铜钺之侧有火字形花纹苍龙[56]（图四四），显然整体构图、内容与牙璋龙形扉牙类似，这也表现出牙璋作为军旅工具之可能。

2.竹园沟出土铜钺

图四四　西周时期铜钺

六、牙璋蝉形符的意义

有的牙璋还有蝉形符，依照我们的认识，至少从石家河文化晚期以来，蝉是可以表示雷的。商周时期有的蝉，从弓形器图像、有关铜器窃曲纹图像看，还可以表示苍龙所吐之火。同时蝉身造型的部分图像还可以拟合苍龙大火星衍生、散发能量的火字形，蝉形本身有时也与苍龙的心宿拟合。石家河文化晚期、石峁文化丰富的虎文化是这一判断的重要依据[57]。不少商代饕餮和神祖以蝉为身，实际即是表现其与雷、与大火星、与苍龙关联的一种造型。所以蝉出现在牙璋首或其身，是一种巫术行为，以这一图像表示雷降临、苍龙现，这也与卜辞祭祀心宿以求雨是相符的。

综合来看，该立鸟牙璋的神鸟是呼应苍龙的神鸟，其立牙璋首，以呼苍龙雷电至。该牙璋的两龙犀牙，应代表苍龙至，雷雨至。整体论之，该牙璋具有求雨的功能，是一件祭祀山川求雨为主的祭祀礼器。

七、本文论证的几点启示

（一）关于牙璋名实的问题。这一问题，历史上多有争论，从本文的论证看，对于文献应该重视。《周礼·考工记》载："大璋，中璋九寸，边璋七寸，射四寸，天子以巡守。"《周礼·春宫·典瑞》记载："璋邸射以祀山川，以造赠宾客"。这说明玉璋有的是巡狩、祭祀山川的器物。另《周礼·春宫·典瑞》还记载："牙璋以起军旅，以治兵守。"牙璋有刀刃，这表明其中确实蕴含着有斧钺之形。总之，从我们的论证和有关璋的图像看，《周礼》记载的斜杀其柄端并且祭祀山川的一种璋，即是文献中记载的牙璋。其祭祀山川求雨的功能是真实的。从诸多别的依据尤其是其有刃的现象看（即使是拟合太阳大气光象的Y形首，依然有刃），其起军旅的功能也应该可能的。自然依据本文论证等，其可能还具有凭信的功能，这与其传播可能有关。

（二）考古发现山东等地的一些早期牙璋不少在山上，也应是祭祀山川求雨的巫术行为使然。

（三）石峁遗址的牙璋以及有关玉器出现在城墙，可能是用于求雨用的。这首先与当时西北之地总体为旱地环境是有关的。该遗址城墙发现的蛇形石雕属于苍龙系，是期望雷雨降临的巫术图像。鳄鱼骨板也是石峁人存在雷泽文化的重要证据。石峁遗址诸多虎食人图像，虎以食之形式表示向氏族神祖传递东象苍龙的能量，以使其神圣、和天建立联系、繁衍氏族始祖、赋予神圣品格等，这与弗利尔美术馆石峁文化石刀、台湾养德堂玉圭虎食少昊鸷所属族团来源氏族（可以简单地称为少昊氏）神祖以及商时期虎食人卣和其他虎食神祖等图像中的虎之内涵是一致的，即是苍龙之火性特征的象征。

这样虎食人方式的内涵同时也符合与中国古代帝出万物于震、震为东象、震为苍龙、震为雷等基础文化观[58]。这表明石峁遗址苍龙雷电万物生的雷泽文化盛行，自然这也利于证明石峁城墙有牙璋等玉器和蛇形雕刻，可能是用于祭祀求雨的。至于二里头文化墓葬的诸多牙璋，可能是求雨的礼器，同时还可能是凭信之端。

（四）牙璋的功能之一是求雨的祭器，与二里头文化以及商周时期盛行苍龙文化有密切关系。著名的二里头文化铜牌饰基本内容即是以五步蛇为主形的苍龙、以鸮为首的反映苍龙大火星之火性的苍龙（或即是以候鸟鸮表现的苍龙震象，或可称为苍鸟）。有时该绿松石牌饰中，主体图案还是五步蛇形苍龙与鸮鸟图案的组合。二里头文化考古发现的这些铜牌饰都与铜铃组合，显然即是苍龙、或苍鸟、或由龙鸟元素构成的苍龙等与雷的组合，与二里头绿松石龙和铜铃组合以及二里头器盖似神器的菱形花纹苍龙与表示雷的动物之组合是相似的[59]。还有一个重要证据即是仓包包的一件铜牌饰，图像是两颗星连成的角宿，显然表现的是苍龙之角。夏家店下层文化彩绘牌饰，多与二里头文化牌饰为同类，有鸮面的、有五步蛇苍龙的、有以苍龙大火星的火字形组成的等等，不过有的牌饰神面可能是东夷系神祖，这是很特殊的，就像该文化还有彩绘大火星神一样，较为独特。

（五）三星堆文化有不少小的牙璋，应该是挂在别的器物上的，包括青铜树。主要作用应该是招苍龙、雷电以求雨的。

（六）由本文对于牙璋以及饕餮的论述看，中国古代早期艺术史的主题与苍龙、雷、电、神祖雷泽神诞、东象生生不息、繁衍子孙、圣佑永存、能量传递、长子继承制、原始宗法制、震卦之象和有关易理[60]密切相关。

关于牙璋和商周青铜器图像内涵的讨论，素材丰富，学者众多，并且也历经有年，但是对于其的认知，真知很少，遑论共识。尤其不少认知主体是立于所谓饕餮的类型本身的，是个体似论证。过多强调独立个体的区别，像对于诸多龙形、饕餮形，认为不同的类型即可能呼应多个神。这类论证看似精确化，实际是过于强调不同了。这样的话，对于兕觥这类铜器中的诸多动物，可能无法论证。这样的解读，显然也是没有注意到装饰性等艺术本身的特点和规律。实际上，这些不同的动物神可以适宜地归类的，除了单纯为了艺术性表现，多数可以归属于震卦。学术界还缺乏对于饕餮纹样的组合和一件器物和多件的整体论证，像诸多认知没有注意到商时期的铜盘、商周铜簋、兕觥等的耳朵构图的逻辑一致性，也没能跳出一般的民族学考古，从而没能认识到龙山时代、石峁文化、商周时期虎食人、龙食人或者饕餮食人是表现基于雷泽神话叙事的东象能量传输以助力繁衍氏族始祖的本质。同时对于诸多标准化饕餮与苍龙，很少有从组合的视角论证的，自然对于其苍龙吐火的本质无法看到。很多认识本身缺乏逻辑性，并且缺乏较为严格的图像学、考古学和文化史背景，与时代思想史尤其是易理没有建立起应有的联系等等。显然这不是无人关注或是素材少的问题，很显然可能是我们的方法存在问题，好在这方面近年来有些学者已有所探索，我们期待新的学术话语体系。

▎注释

[1]［日］林巳奈夫：《中国古代の神がみ》，吉川弘文馆，2002年。

[2]桃花庄龙形兕觥盖子、弓形器、骨栖以及其他器物的图像还表明，苍龙的大火星除了可以用多角形、圆形、火字形表示，还可以用离火形表示。

[3]该苍龙显示龙舌，表示在吐火气。该图像中有以鼻子表现的标准化饕餮，其旁即是这两条苍龙，显然标准化饕餮即是该苍龙所吐之火气的动物化。

[4]有学者认为是以昴宿形式表示的星，实际不是，其是来自大火星的圜火，其造型可以视为是离火形的一种简化构图。许多表示大火星或者苍龙所吐之火的龟，像商时期的大洋洲遗址有离火形大火星和附随光气以及散发之火字形能量的图像的龟（图六）。这样的龟背不少是离火形，有的则是多个圆形或两者的组合。

[5]像妇好墓的三联铜甗之甑的图像，就是这样的苍龙与以鼻子代表的标准化饕餮的组合，标准化饕餮显然应该视为是苍龙所吐之火（苍龙所吐确切地讲，应该有火及附随光气，自然界表现为雷和电，并且附近还有其衍生的以羽翼表示的光气。吐火苍龙有的是一条，有时为两条，或是一条苍龙和一条虎），该火来自大火星，以图案来表示多是离火形或者火字形等，以动物形来表示，主要是标准化饕餮。由于该火来自大火星，大火星又是苍龙代表，所以竹瓦街的一件西周铜罍图像中还出现过直接以火字形花纹的苍龙来表现的现象，不过这是较少的艺术设计形式。一些简易化饕餮的牺首有时可以归为这类现象。

[6]苍龙大火星符合天道的稳定、生命的颜色以及与季节的关联，使得古人认为其与自然的生命力、神化的明堂、人间的王者、天子等有关。苍龙食神祖与苍龙吐子、苍龙吐火（传递能量于神祖）可以适时的予以比拟。雷为天地长子，震卦为乾坤长子、震卦为雷、龙、苍龙大火星与王等概念都是密切相关的。苍龙本身是具有天地、乾坤之性，具有阴阳不测的生生不息的神奇元气，以菱形花纹火字形花纹苍龙表示产生雷电的原始两种特性。一般的菱形花纹者、离火形花纹者或火字形花纹者都可以单独代表苍龙，或者菱形花纹龙和火字形花纹龙（有的是虎）联合代表苍龙，或是有两种花纹的一条龙表现的苍龙。以苍龙的能量传给氏族神祖，即是神化自己的神祖或者人间的王者。

[7]实际是苍龙所吐之火的一种形式，是离火形的一种简化。

［8］多是菱形花纹的龙身，少量是火字形花纹的，西周早期方鼎这类装饰较为流行，象叶家山的几件方鼎。

［9］圆形、眼睛形、离火形、心字形、S形或者歧首S形旋符以及羽翼纹的组合。罗伯特·贝格利等人认为，二里岗文化的这些纹样与饕餮造型有关，但是认为只是一种为了引人注意的目视文化（详见罗伯特·贝格利《罗越与中国青铜器研究——艺术史中的风格与分类》，浙江大学出版社，2019年）。同时，其并没有发现二里头文化和夏家店下层文化中与饕餮纹造型具有演化逻辑这类图像材料。

［10］大唐国际2019年香港秋拍也有一件，不过时代被误识。

［11］弗利尔美术馆一件商时期的兕觥之标准化饕餮首有鱼形的羽翼角，应是苍龙所吐表示雷的团火附近的火气的生物化，有的饕餮之角为苍龙形，实际依然是以苍龙形表示这样火气的，桃花庄龙形兕觥盖两条小苍龙围绕团火亦是如是案例。商时期还发现火字形花纹、菱形花纹都有的鱼尾苍龙以及单独为火字形花纹的鱼尾苍龙，这都表明鱼作为苍龙或其组成元素的现象是存在的。

［12］在该遗址出现过铜器构件为这一造型。

［13］还有一些动物，像猪、马、兔子、象、龟，存在负载离火形图像的现象，同样是作为离卦之象的动物，负载的同样是大火星。西周时期晋侯墓地的猪所负载的离火形周围还有雷电符，这表明大火星与雷电密切关联。商代负载离火形大火星（多数还与其他的圆构成10个或9个太阳）的猪磬与雷电也有关。另外，弓形器的发明最早是中亚的米努辛斯克盆地有关文化，商人增加了本民族的文化符号。

［14］蔡运章：《绿松石龙图案与夏部族的图腾崇拜》，《二里头遗址与二里头文化研究——中国·二里头遗址与二里头文化国际学术研讨会论文集》，科学出版社，2006年。

［15］表现苍龙的鸟，不少是长尾巴的，也有短尾巴的，不少还有表示来自有大火星之能量的火字形图案。

［16］有的弓形器首是别的动物，像有的是牛首的，有的是马首的，都可以作为苍龙之首，整体即是苍龙形。商时期的一些弓形器，本身有菱形花纹和变体火字形花纹，实际是表示菱形花纹苍龙和火字形花纹苍龙的，像图一四殷墟遗址的一些弓形器。

［17］商周弓形器的多角形图案看来绝大多数即是大火星，同时有时也表示苍龙大火星之火。有时还可以表示雷，尤其构图为苍龙和虎等所绕时。弓形器主体图像附近的各种龙、标准化饕餮、虎、蝉都与苍龙或雷兽有关。至少从石家河文化晚期开始，蝉可以作为雷的象征，并且可以拟合苍龙心宿，所以有苍龙围绕蝉表示其为苍龙所吐之火的铜器图像，也有蝉身标准化饕餮表示雷兽之图像（这里的蝉身饕餮有的是简易化饕餮，其中简易化饕餮应该是苍龙，其代表标准化饕餮，实际是一种更加神化了标准化饕餮，因为理论上，简易化饕餮多为苍龙，其所

吐火的主体即是标准化饕餮）。还有蝉身神祖的图像，即是神祖与雷融合的案例，与神祖与苍龙融合或者建立"他我"关联的文化背景是类似的。瑞典远东古物博物馆的大理石鼎之神祖，既有标准化饕餮首，又以人身部分拟合了蝉身，都是以神祖与雷拟合的原因释然，其中的标准化饕餮和蝉还可以视为一个蝉身饕餮。这样的图像利于证明考古发现的商周各类器物纹样中的饕餮、龙、神鸟、图案等与苍龙、雷电、苍龙大火星、苍龙吐火关联密切。

［18］并不是大火星，只是来自苍龙所吐的来自大火星的火。

［19］这一组合与桃花庄龙形兕觥盖的主体苍龙和附近的离火形组合是基本一致的。二里头遗址这一绿松石铜铃表示雷，位于绿松石苍龙大火星位置，表示时人认为雷与大火星有关联。其实二里头文化铜牌饰都与以五步蛇表示的苍龙或以神鸟鸮表现或参与表现的苍龙或曰震卦之象有关（二里头绿松石牌饰的图像主要有五步蛇表示的苍龙，应以菱形花纹为主。有以鸮鸟作为苍龙首的，或单依鸮鸟表现东象苍龙本身或其震卦之象的。有的牌饰是五步蛇与以鸮表现的苍龙或其震卦象为组合的，与《清翫雅集廿周年庆收藏展·器物》之两条苍龙类似），其与铜铃组合，即是苍龙与雷的组合。总体看，二里头绿松石牌饰与铜铃组合、器盖似神器之菱形花纹或者火焰纹苍龙和表示雷的动物即是震卦之象的组合、二里头两处两件绿松石苍龙和铜铃的组合，都是苍龙和雷的组合，与商代妇好墓的呈现蹲踞式造型（实拟苍龙形）这类神祖与其身的圆形加十字形组合类似圆形加十字形只有一个，还在拟合苍龙形的神祖之身，所以其首先表示的是大火星。明尼阿波利斯艺术博物馆一件车轴的图像中，西周早期的蹲踞式氏族神祖有一离火形符，显然也是表现大火星的。商骨柶的图像中，有的苍龙其身有多个离火形，而不是在其龙身拐弯的位置，这多个离火形依然表示苍龙所吐之火。若不在龙身，则依然是所吐之火，并且已成为雷了。苍龙龙身有离火形与商周半月形铜刀中诸多苍龙有离火形的构图是同样或是类似的，都是表示苍龙来自大火星之火。

［20］［日］林巳奈夫：《神と兽の纹样学：中国古代の神がみ》，吉川弘文馆，2004年。

［21］鱼为巽、兑，巽、兑为女，所以以鱼表示简翟、建疵是符合易理的，自然也是7000多年的文化传承，这是有半坡文化以来的诸多考古证据证明的。并且由于简翟、建疵为姊妹，所以两条鱼大小不一，这与巽为长女，兑为少女，也是一致的。苍龙是天地长子，呼应震卦，所以该苍龙形神祖与鱼的组合，也即是震卦与巽、兑卦的组合，这既是易卦中的恒卦和雷泽归妹卦。这两个卦是易卦中最重要的两个婚姻卦。该图像与泉屋博古馆铜鼓（铜鼓和鱼表示雷泽，符合战国文献和简牍记载的玄鸟神祖于雷泽生商的神话）图像中的蹲踞式玄鸟神祖男神与两条鱼的组合有联系。

《淮南子·墬形训》："有娀在不周之北，长女简翟，少女建疵。"高诱注："简翟、建疵，姊妹二人，在瑶台，帝喾之妃也。"暂依据该文献称有娀氏之姊妹为简狄、建疵。商代铜盘、兕觥、虎食人卣、花园庄东地54号墓之牛形尊以及湖南等地的商时期铜铙等中反映始祖雷泽神诞、玄鸟鹥生商于雷泽的神话图像中的简狄或及建疵，一般都用鱼表现。泉屋博古馆铜鼓更是重要证明。这一蹲踞式羽翼男神祖与鱼的组合，与半坡文化鱼鸟图有传承。该铜鼓图像还证明商人神祖、图腾为玄鸟，帝俊即是商人神祖的拟人化造型，不过是又附加了不少上帝的神话叙事。同时该图像还证明帝喾之妃子可能是三个，预示着文献所记载的四妃至少有三个是帝喾之妃。铜鼓蹲踞式神祖即巨人之脚旁的最大的鱼代表姜嫄，符合元妃之记载。《史记·周本纪》所谓巨野则即是雷泽，履巨人迹即是图像所示鱼位于蹲踞式神祖之脚，并以鱼鳞形表示获得来自苍龙和神祖的火字形能量。都以火字形表示，也表明存在拟合苍龙的思维。并且从图像可以看到周人与商人确实若文献所言，都是以帝喾为祖先，并且该图像表明商人认为商周王氏族的图腾都是鹥（只是周人不表现这一图腾信仰）。这表明古史记载的早期朝代传承确实有一脉相承的部分，我们确实在古史的诸多问题方面应该走出疑古时代。

〔22〕即标准化饕餮传递能量给神祖图腾，像妇好墓鸮尊、鸮卣以及一些兕觥盖子低端的标准化饕餮食神鸟图腾（多以喙表示的）构图，都有这一意思。其实由于标准化饕餮是苍龙所吐之火以及火气的动物化，所以苍龙传递能量和标准化饕餮传递能量，实际主体都是苍龙之火及火气。

〔23〕虎食人卣之神祖下肢是有菱形花纹的苍龙，上肢的图像，泉屋博古馆的一件是有苍龙鹿角柄的兽面鸟身者，赛奴斯基博物馆的一件是有鹿角柄的鸟形，这样的神兽和鸟是以鹿角柄形的角拟合苍龙的，与帛书《二三子问》的龙变现象是一致的，所以是可以提供和传递苍龙似的能量给神祖的。泉屋博古馆铜鼓的玄鸟氏神祖之胳膊旁有两个小的简化龙，实际也是传递能量给蹲踞式神祖的龙，位于胳膊，于该半人半鸟形神祖而言，胳膊又等同或拟合翅膀，或可视为震卦基本象征的足，所以与诸多鸮尊、晋侯墓地神鸟尊、一些铜簋、兕觥耳之图腾神鸟翅膀的苍龙或及苍鸟（可以呼应苍龙星宿的神鸟）意义是一样的。

〔24〕这样的饕餮表明有的简易化饕餮可以视为是两个独立神兽的组成。

〔25〕火字形方向向下，较为少见。另一神鸟长尾，与苍龙所吐之火的离火形和火气（有的还以鱼、夔龙等表示离火形的火气）组合，与桃花庄龙形兕觥盖子的苍龙构图基本一致，所以这时的神鸟即相当于苍龙，这即是帛书《二三子问》中所谓的龙变之一。商周时期诸多龙鸟元素组合的鸟龙或龙鸟即属于这类龙变现象。

〔26〕有少数的牺首特别表现了鼻子，依照定义则为标准化饕餮了。

〔27〕有一种标准化饕餮，其似乎被鼻子上的简易化饕餮或曰浮雕牺首隔离为两条龙，这样的龙，似乎应该理解为是标准化饕餮的侧视。不过，参照诸多图像看，这样的龙还是理解为属于苍龙为佳，实际其是与简易化饕餮、牺首表示的苍龙共同传递能量的，有的还位于标准化饕餮之首，还可以表示吐火为标准化饕餮的意思。另外，还有两头象组成的标准化饕餮，侧视象明确是可以独立的，整体则是两象身饕餮，这样的饕餮类似明尼阿波利斯艺术博物馆铜器之牛

身饕餮，都是标准化饕餮，林巳奈夫《殷周青铜器综览》第二卷3-241～243、245、246页之象牺首就是这样的两头象组合。由于象属于震卦之象，并且从花园庄东地54号商墓的一件方彝看，其可以负载离火形大火星，所以可以形容比拟苍龙，即可以归属于苍龙系。湖南的一些商代铜铙，有两件有象打架的造型位于铜铙之正鼓（有的铜铙或单象单独位于旁鼓），显然是由于象可为震卦之象从而可以表示标准化饕餮之雷兽的本质。象又可以组合为标准化饕餮，从象之构字的"妸"字看，舜之妸水为雷泽，舜弟名象而桀骜不驯等，都显示了苍龙吐火之火的本质和雷的特征，即表明象确实可以归属为震之象，震又为苍龙，所以，象可以比拟为苍龙。

标准化饕餮本质意义上可以简化称为雷兽，盘龙城等早期者有的还刻意地融合太阳大气光象和勾云形玉器中的玄鸟鸮造型，这类早期饕餮的羽翼依然归属于苍龙所吐的火气。标准化饕餮有时还存在模仿苍龙的造型特征，商周时期，不但发现过两条象首苍龙身、奇鸟尾、鸟爪的单体鸟龙组合为简易化饕餮的案例（《殷周青铜器综览》第二卷6-1），还发现过两头象组成标准化饕餮的图像，更是具体的明证。

［28］其中的圆形代表大火星，与另外两个圆形组成心宿，同时这些圆形还表示苍龙所吐之火。这样的设计即是艺术创意，同时也是刻意表明苍龙所吐之火与大火星是关联的，即是来自大火星的。

［29］商时期，不少大火星位于苍龙下巴以下，这可能是苍龙造型受到了天蝎座的影响使然。商时期确实有少数天蝎形苍龙，有时还用其表现标准化饕餮。晚期神话"龙珠在颔"可能是早期这一仓龙大火星文化的传承。

［30］河姆渡残瓦形陶器、田螺山陶盉都有这样的火字形，不过可能不是大火星，应是太阳22°的切弧和帕瑞弧组合。

［31］苍龙中有不少是表现其大火星之火性一面的龙，像火字形花纹的龙（相当于火字形花纹的虎）。还有的苍龙同时具有菱形花纹和火字形花纹。简易化饕餮龙本身即是苍龙的一种造型，所以有火字形花纹是正常的。虎是苍龙来自大火星之火性的表现，所以其有火字形花纹也是正常的。只有标准化饕餮，其本身即是苍龙所吐之火和部分附随的光气，苍龙所吐火又来自于大火星，这样的话，标准化饕餮本身出现火字形符，即是表示自身的火的特性，有离火形花纹的标准化饕餮更是表现了这样的意思，因为苍龙吐火之火基本是以离火形、眼睛形、多角形、昂宿似造型来表现的，以火字形表现的，往往是表示能量传递或者是苍龙大火星之能量散发，象不少商时期龟负载离火形大火星，附近往往会有火字形。不过苍龙本身的花纹不少是火字形花纹，有的菱形花纹为主的苍龙在面或者下颌附近也会有火字形花纹，这表明标准化饕餮出现火字形，除了表示自身特性，还是有拟合苍龙的意思的。大洋洲遗址的一件铜龙，额头有离火形，是为大火星，其附近有火字形花纹，即是苍龙之大火星衍生之火。大洋洲遗址还有一件钟，其牛首饕餮的额头也有一个离火形，显然也应该是大火星的表现（尤其有圆形更是影响到了三

星堆文化的离火形等的表现。石峁一件神祖有圆形，可能表示拟合太阳神），这即是商时期的以标准化饕餮拟合苍龙的代表，都是神化标准化饕餮的一种现象。其实神化自身的文化历史悠久，石家河文化晚期的神祖有介字形羽冠，是拟合太阳的，弗利尔美术馆西周曲刃铜刀，其神祖有獠牙，显然即是拟合该器物图像中表现苍龙火性的动物苍虎的。石家河文化晚期玄鸟氏神祖的嘴巴与獠牙太阳神多数相似，同样是拟合太阳神的。石峁遗址的一件石雕神祖面，围绕一周索形，可能是拟合太阳、大火星或苍虎所吐之火的一种表现，以神化氏族神祖。标准化饕餮增加苍龙符号，也应该是类似的一种神化。

［32］许多商铜胄的附加造型和本身造型都是标准化饕餮，戴在将军首，即是食之以传递能量，这是重要的证据。少数铜胄是拟合苍龙的，像西北岗1400号墓的R19050铜胄即是。

［33］与雷或者雷电为天地长子、震卦为乾坤长子、长子继承制、长子祭祀权、东向为生机之始、原始宗法起源等密切相关。

［34］冯时：《器以载道》，《读书》2020年第4期。

［35］像弗利尔美术馆一件商代觥觚之足有标准化饕餮食神祖图像，神祖周身是火字形花纹的苍龙，这表明标准化饕餮和苍龙一起给神祖传递东象能量。若已述，标准化饕餮在商代鸮卣和觥觚盖下低端的构图中，其一般是以食神鸟图腾的形式呈现的，自然与苍龙食神鸟图腾构图类似，显然表明标准化饕餮与苍龙有时存在趋同的现象。

［36］其中车舆本身侧面是S形和离火形组合，应该视为是苍龙和苍龙所吐之火即是雷的组合。不过苍龙所吐之火不只是离火形之火，还有附随的火气，这既是离火形周边多有的闪电和羽翼形图案。商周的云雷纹即以这样的羽翼纹样为基础。还有不少饕餮、苍龙等神兽是以这样的造型来构图和装饰自身的。

［37］易理以为，坤为牛为舆。震卦为车舆取其运行之特点，坤为车舆则取卦有装载之特征。

［38］鹿为震卦之象，位于其两胁，胁为震象，震主飞动，鹿主奔走，助力神人乘苍龙升腾。

［39］张光直：《商周青铜器上的动物纹样》，《考古与文物》1981年第2期。

［40］主要是氏族本身所具有的，像玄鸟氏之鸮，来自少昊系。石家河文化晚期诸多东夷系神祖，首有介字形羽冠，表明其本身有太阳基因，所以又加持苍龙、雷电的能量，则有了宇宙第一生产力，于是以之繁衍子孙，自会是天命不凡、有天地之仁、关怀苍生、生生不息的，并天然有王者圣人品格，所以其封邦成王是天意，是符合天道的。

［41］长子继承是一种客观的选择，也是文明时代的一种人文安排，幼子继承制只是家产继承的一种形式，并未在整个人类社会产生重要影响。长子继承制最为重要的特征是符合基本的天道观。从商周时运行看以及民族学的材料看，有很多时候这样制度安排会让位于政治现实和

其他原因，不过作为一种符合天道的规则，则是文明政治的基本法则，所以若出现别的继承现象也多会以曲解使之符合这一天理。

［42］［日］林巳奈夫：《神と兽の纹样学：中国古代の神がみ》，吉川弘文馆，2004年。

［43］张远山：《〈山海经〉对饕餮纹的神话表述——天帝珥两蛇乘两龙》，《社会科学论坛》2019年第6期。

［44］古之认为苍龙在江河湖海大泽，冬眠，夏秋季活跃，可以预知天晴下雨，雨前会吼呼，声如雷，能吐气成雨，这与扬子鳄、湾鳄习性比较类似。标准化饕餮多为苍龙，或代替苍龙之苍鸟和鸟龙所围，就是表现其为苍龙所吐之火及其部分附随光气的所吐整个。火气为雷电，自然是风调雨顺，并与天地长子、与垄断祭祀权有关的长子继承制呼应。这样看，古人刻意在诸多礼仪器物表现标准化饕餮（西周中期以降多以其他形式表现）、苍龙、神祖雷泽神诞图像，是基于社会、天道、天地人自然属性相互联系的一种理性艺术。

［45］该鸮获得翅膀苍龙的能量，同时还以身附的蝉身饕餮（有的是标准化饕餮，即是苍龙所吐之火及其附随光气的动物表现形式，有的是简易化饕餮，即是把标准化饕餮提高到了苍龙首的形式，更加神化了）的造型表现这样的能量，蝉身还有拟合大火星之火的符号火字形。商时期诸多表示神祖的鸮首狗熊、玄鸟氏图腾鸮、拟人化神祖之身都有这样的蝉身饕餮，都有这样的意思。

［46］有这样的苍龙之角者，即是苍龙或者模仿苍龙的特征。另外，该方尊四角的鸟，与三星堆祭坛似铜器之上端方尊似造型四维的鸟是一致的。

［47］之所以认为其是神祖形，主要是基于诸多铜像的造型规律，三星堆诸多铜像，凡是有这类羽翼耳朵的，都是神祖，而那些人形耳朵的，则是神职人员。以羽翼形表示耳朵的这一风格在石家河文化晚期和石峁文化既有出现，基本是太阳神和神祖。神树有多个这样的太阳神，并不表明神祖有多个，实际上每个太阳神祖造型是一样的，依然只是一个的神祖与太阳神拟合了。

［48］该扶桑树还有与苍龙呼应的离火形，这与商周时苍龙与离火形或昴宿似的离火形变体组合相似，更证明其为苍龙扶桑。

［49］以这样的铜树作为宗教工具祭祀，功能之一是使得十日秩序运行，历法规范运行，自然会天地人和、苍龙带雷，以至风调雨顺。这是古代各种氏族、政体等关于信仰、巫术、礼仪和政治规范的基本内容。

［50］因为震为龙、震为足，所以泉屋博古馆铜鼓图像中商人玄鸟氏神祖足有苍龙，正是依照易理从其足传递苍龙生生不息的能量，以使其繁衍子孙、威圣自身、赋予神圣品格并与天地建立更为密切的关联。同时从小双桥商代铜构件苍龙、虎食玄鸟氏神祖（实为传递能量）、虎食人图像（实为传递东象能量）的造型以及首和鼻子利于能量的传递看，神兽食首也是重要的传

递能量的造型。该立人铜像（即巫师，其上肢有龙是巫、神祖的重要标志）首的神兽即是一种有苍龙能量的神兽或即是苍龙。

［51］古代存在雷电藏于山地的认识。《御览》四一九引《尚书大传》记载，孔子讲，高山生产了财物却并不认为是私有的。山中有风云，通达于天地之间，阴阳协调，风雨是至，万物生长，这就是仁。我们讲，天地之大德曰生，天下归仁，依照这一认识，雷电自然是苍龙之德之仁，所以这些有雷电符的雷电之山是符合古代认知的一种设计，与古人所以求雨祭祀山川的行为是一致的。

［52］该铜器的第一层是获得或具有苍龙之能量的神兽，旁有两人握手，并不是执系神兽的造型，而是与铜器上端类似方尊形的四面神职人员握手形一样都是行雷法的，神兽所在的铜块是亚形的，表示四角不掩的应天之地。至于第一层四个铜人之执柳条形，可能是闪电云气的造型，不是柳树枝拂去太阳灰尘的柳树枝，有些类似晚期求雨仪式中以柳树条洒水成雨的意思。两条神兽的嘴巴有似乎是太阳形的图案，这与中原商周时期在图腾鸟、苍鸟、饕餮、虎、兔子、苍龙等各种动物有的造型之特征是较为有火字形或离火形是一致的（这些动物或鸟，或负载大火星，或者获得大火星能量，或者本身即是雷或表示苍龙吐之神兽以及有关动物，为了表现自己具有的这样特质，则这些图腾鸟、苍鸟、苍龙、饕餮等动物之嘴巴会有火字形符或者离火形符）。这样看，该神兽嘴巴的似乎是太阳形的图案，实际是苍龙所吐大火星之火的符号性表示。不过由于大火星之火与太阳之火，单就其火的性质而言，应该是一致的，所以这样的火字形可能即是以太阳形表现苍龙大火星之火的，不过从该祭坛上端离火形有圆形的造型，以及三星堆文化龙虎尊的苍龙之离火形、桃花庄龙形觥觥的离火形、大洋洲的铜龙额头的离火形和其中一件铜钟表面饕餮额头的离火形大火星有圆形的造型看，其还是视为离火形的变体为佳。三星堆文化中有这样的构件，也应该是表示苍龙大火星或者苍龙所吐来自大火星的火的造型。

该祭坛似造型的铜器，第一层铜人之身有离火形，应是大火星或并苍龙所吐之火的造型，这些神职人员是求雨的，呼应商代卜辞中祭祀大火星与求雨有关。该类铜人羽冠还有万字形符，可能与雷或有关，祭坛上端即有圆形的万字符，这同时与该祭坛似铜器构图即是求雨的主题是符合的。孙华（《三星堆"铜神坛"的复原》，《文物》2010年第01期）等有关学者复原的该铜器最上端图案，有苍龙造型、大火星之火，还有雷电，所以其首端跪坐的神职人员是正在求雨的人员无疑。该神职人员四肢有龙首，像三星堆的诸多铜立人、团手铜人、鸟爪立人、祭坛似铜器第一层的立人、中原妇好墓的诸多玉人、商周图腾鸟、虎食人卣之蹲踞式神祖、商代虎首人身神祖等四肢或者翅膀有龙、鸟龙、苍鸟的现象类似，是传递能量，并可视为是这些神祖、巫师等以之助力腾飞沟通天地的工具（妇好墓的两件四肢有苍龙的写实性跪坐玉人，则是玄鸟氏神祖祭祀之尸的造型。被学界关注的四盘磨依坐玉人，也是这样的身份），古代所谓的乘龙、执龙等题材与这些案例都有关。祭坛似铜器的方尊形四周的神职人员握手是表示行雷法的，四角的神鸟应表示呼应并获得苍龙之火的神鸟（泉屋博古馆一件商代铜尊四角各有一个类似神鸟，同时该鸟为苍龙神兽有所食，示意传递苍龙东象能量，以利于风调雨顺），与商代火字形花纹的神鸟和牙璋首的神鸟有相似的方面。这类神鸟在商周的铜尊中发现较多，有的即有火字形花纹。四方的鸟身神人，应该是四方神，这呼应卜辞中求雨于四方神的记载，晚期求雨仪式中也多见求四方礼仪。每个执柳枝形神职人员头顶还有一个神人，从其耳朵看，是三星堆铜人像中的神祖而不是神职人员，表示求雨还应该祭祀神祖或者祖先，这与卜辞的记载是一致的。

［53］本身可以有诸多变体，像三星堆文化四边形的璋。金沙遗址一件四边形的牙璋有跪坐的人扛着象牙祭祀山川的图像，并且有S形闪电图案表示灵验的意思，即是求雨祭祀有效果了。依据文献记载，春秋战国时期有以玉版为璋的形式，应是早期传承。

［54］吴镇烽：《商周青铜器铭文暨图像集成续编》，上海古籍出版社，2016年。

［55］石峁文化、三星堆文化有诸多器类的玉器，像璋、兵戈、刀与柄形器以及圭等，还可以同时表示别的器类，像石峁的一件玉刀，即是刀，又表示柄形器，还用另一端表示圭，金沙遗址也有一件玉器两端各为圭、璋，三星堆文化的诸多玉璋实际是玉戈与玉璋的造型融合了。

［56］有的苍龙没有菱形或火字形花纹。

［57］石家河文化晚期的虎即是表示苍龙来自大火星之火性的一种动物，相当于商周有时用火字形花纹的苍龙。该虎与商代虎食人卣之虎一样是传递苍龙能量的，尤其是来自大火星的能量（本文所论虎、苍龙等传递苍龙能量，主体是大火星的能量，还包括附属或附随的能量，为简化行文，不予严格赘述，其他同）。石家河文化晚期这样的完形虎或虎首与诸多无獠牙的玉神祖（这时带有獠牙的一般是太阳神或作为属配的女神，少数可能与氏族神祖"他我"了，这样的神祖是可以为虎食的）组合即是类似石峁以及商周铜器、玉器中的虎食人（即是虎向神祖传递能量）或苍龙、苍龙系食人是一致的。石家河文化晚期有的虎有神人羽冠，是神祖更加神化自身，以位比太阳神、苍虎（即是苍龙来自大火星之火性的表现）同时增加太阳能量、苍龙能量的一种表示，这样即是同时获得了太阳和苍龙的能量，即是获得宇宙第一生产力了，用以子孙繁衍、神话自己等。有的虎首有鹰或鸷，是少昊氏之族裔表现其神祖位比虎、位比苍龙的意思，与商人虎食人卣底端以苍龙代替玄鸟鸦神祖这种思维相似。

商代龙盘中，常以一菱形花纹的龙或火字形花纹的龙为主体图像。这些龙属于苍龙，并非闪电龙。其与盘内的有火字形花纹的虎一起，给神祖图腾神鸟传递整个东象苍龙的能量。该神鸟则与代表女祖（若是玄鸟氏之氏族之裔，则是简狄）的鱼组合，以生始祖。这其中的虎，即相当于虎食人卣之虎或小双桥铜构件中的虎，盘中心的龙即相当于小双桥铜构件"天命玄鸟降临雷泽生商"主题图像中的菱形花纹的苍龙。商代铜盘中也出现苍龙与鱼的组合，与虎食人卣底端的苍龙与鱼的组合类似，都是以苍龙表现神祖，意在加强与上帝的联系，以至于晚期有天子之谓。铜盘中还出现虎与鱼之组合，也是把神祖同于虎的一种现象，由于这样的虎即是苍龙大火星之火性体现的动物，所以把神祖比为虎，仍是为了加强自己氏族神祖与苍龙（可认为天地之长子）、与上帝的联系。商代铜盘构图、商周铜器诸多耳朵构图、有的兕觥之背的虎·鱼·鸟组合（弗利尔美术馆一件商晚期兕觥即有这类图像）、饕餮食神鸟组合等都是可以适宜地统一的，都应归于雷泽生殖崇拜文化和帝出万物于震这类易文化和苍龙出万物生的苍龙文化，同时有时还与太阳出万物生的文化有关。商周时也发现铜盘中心是龟形（有学者认为是鳖形，无论是何，并不影响文化认知，这是由于古代的生物学类型，龟鳖相似），同时龟身往往有离火形或多个圆形（整体结构即类似苍龙大火星或苍龟所吐来自大火星之火），有的还散发火形，怀特藏商代骨器中也有与苍龙呼应的典型身负多圆的龟形，二里头文化也曾发现菱形花纹的苍龙与身负多圆的龟相组的陶器图像（是苍龙大火星的表现形式）。这都表明离为电、离为龟、以龟表现苍龙之大火星确实有其合理性。汉代的雷神图像中经常发现龟形，尤其是龟还吐火，正是其负载离火形大火星造型或者多个圆形（即拟合其盖的自然特征，又表示苍龙所吐之团火，只是这个苍龙按照帛书《二三子问》的龙变现象而变为龟了）的历史传承。

［58］中国历代神人圣人的不少神话叙事是与东象之神鸟、苍龙、雷泽、太阳有关的，主体是希望以此表现其神祖等具有太阳以及雷电、苍龙所赋的综合起来的宇宙第一生产力，以之繁衍子孙，自可生生不息，并可秉承天道，像太阳、苍龙、雷电一样，具有利于农渔牧等原始社会生业主体的天赋，同时具备没有自利、关爱苍生的王圣品格。这也是为何中国古代圣王、圣君的神话叙事、公众期待强调这些理想特征的基本原因。

［59］动物位于苍龙大火星位置，呼应大火星，与二里头绿松石龙的铜铃一样。

［60］就像有的兕觥，其身有各式动物，可以将这些动物归于震卦之象或与之有关的场景之象，整个商周艺术史的主题甚至也可以归结为之。周代中期器物图像的动物形式有所变化，但是内容主题仍在。许多神鸟依然与东象能量、震卦之象高度相关，不少神鸟身有苍龙大火星所衍之火符，即是明证。只是单独表现苍龙、苍鸟所吐来自大火星的火气即标准化饕餮很少了，原因之一是苍龙大火星的授时功能明显降低了。不过苍龙作为一个整体依然被重视，大火星之火附之表现了。

（原刊于《华夏文明》2020年第8期）

新论神兽食人一类图像的内涵

——从三星堆文化铜人首端有神兽的现象谈起

顾万发

　　三星堆文化铜人种类多样，其中有两件较为特殊的铜人。这两件铜人均呈立式，双手姿态特别，呈现弯握状。关于这类铜人，学术界讨论很多，但很少有学者关注到其首的神物。事实上这类造型的神物非常重要，加强对于这类造型特征的讨论可能会利于我们更好地理解这类铜人的性质。

　　其中一件铜立人首端有一常见的饕餮纹（图一），该饕餮残缺，不过眼睛明显，嘴巴也较为清晰，与戴特殊帽子的神人构成一种特殊的组合[1]。我们认为其造型属于中国自新石器时代以来出现的"虎食人"或"饕餮食人"的神圣造型。另一件铜人（图二：左），与所述的第一件铜人双手的造型类似，其头戴有与另一件铜人（图二：中）类似的冠。图二：左这一铜人之首有一似狗头形神兽，该狗头形与三星堆青铜祭坛上

图一　三星堆出土铜人

图二　三星堆出土铜人（左、中）和神兽（右）

的狗头形神兽高度近似。该祭坛形铜器中的狗形神兽（图二：右），有似狗的头身尾，头上有神鸟羽枝。该狗形神兽的蹄子非常特殊，应是非狗的特征。该神兽有双翼，是一只具有狗形及其他动物特征的特殊神兽。

三星堆这两件铜器的神兽位于神人之首的造型，形式上以及性质上与华西系统的弗利尔美术馆藏玉刀、石峁文化石雕以及殷商、西周时期器物或器物上的虎（或龙或饕餮）食人（或人首或神鸟或半人半鸟）造型高度相似（图三）。

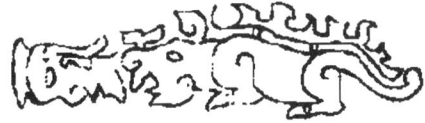

图三　新石器时代至商代的玉石器、铜器

1.石峁遗址出土石雕　2.弗利尔美术馆藏玉刀　3.弗利尔美术馆藏商代觥觚　4.泉屋博古馆藏虎食人卣

一般的虎或龙或饕餮所食[2]者，依其性质而论，我们常讨论的素材中主要是生氏族始祖的神父，或简称为神祖：像石峁文化的虎食东夷人首、商虎食人卣、弗利尔美术馆商人觥觚把手图像中的虎食鸮等图像。也有的表达的主要是被保护者，像商代饕餮形或者装饰有饕餮的铜胄所保护的将士。其实以被神兽所食表示被保护、护佑的意思是这类图像都具有的意义，不过像铜胄图像结构中的饕餮食将士，也可能是模拟虎食神祖图像的巫术，以期像商人这类图像中的神祖获得神兽的护佑一样吉祥。同时还借此可以获得这一蕴含子孙繁衍崇拜思维神像组合所赋予的生生不息的好运，在战争中保全生命[3]。从西周的少量图像看，虎所食者也有可能是天的形象，不过从天的概念变迁看，这一文化图像始于西周，数量很少。另从卜辞《合集》28111的"禘"字造型看，虎位于帝字之首，这也表明虎具有增加威严以及保护的概念，也表明所述与神人组合的图像中虎确实具有保护的概念[4]。

从三星堆那件完整神人的下肢（参见图一的其他完整图像）看，其整体应属蹲踞式造型。事实上三星堆铜器中还存在典型的蹲踞式神人图像，只不过也遵循早期的陶器、石雕、铜器、玉器文化传统，简化为神人首。像其中的一件东夷系神人附饰（图四：

左），其下端为神兽面目，与西周时期有的青铜斧钺主体图像非常一致（图四：右），而该人头形銎钺神兽之上的神人即为典型的西周玉器中常见的蹲踞式神人，这利于表明图四：左这一铜器图像中的神人是与神鸟有关的蹲踞式造型的省略，性质可能为神祖。

图四　三星堆出土青铜面具（左）和
灵台白草坡出土铜钺（局部）

蹲踞式这一神圣造型起源很早，我们认为这一造型从新石器时代至战国，以至秦汉，基本都是拟合神鸟的造型，并且多是图腾神鸟。像"山东龙山—河南龙山—石家河文化晚期—石峁文化—夏家店下层文化"系列的神人首，基本都可以复原为蹲踞式，从天津博物馆馆藏（徐世璋旧藏）的石家河文化晚期的玉佩看，也有的或直接可为神鸟身，并且，这些神鸟一般应为图腾神鸟。从商代的材料看，有的也可能为龙身。商代神祖有神鸟形的，有鸮簇羽龙身人面形的，有半人半鸟形的，有写实一些的人形的等（图五）。有的身有圆

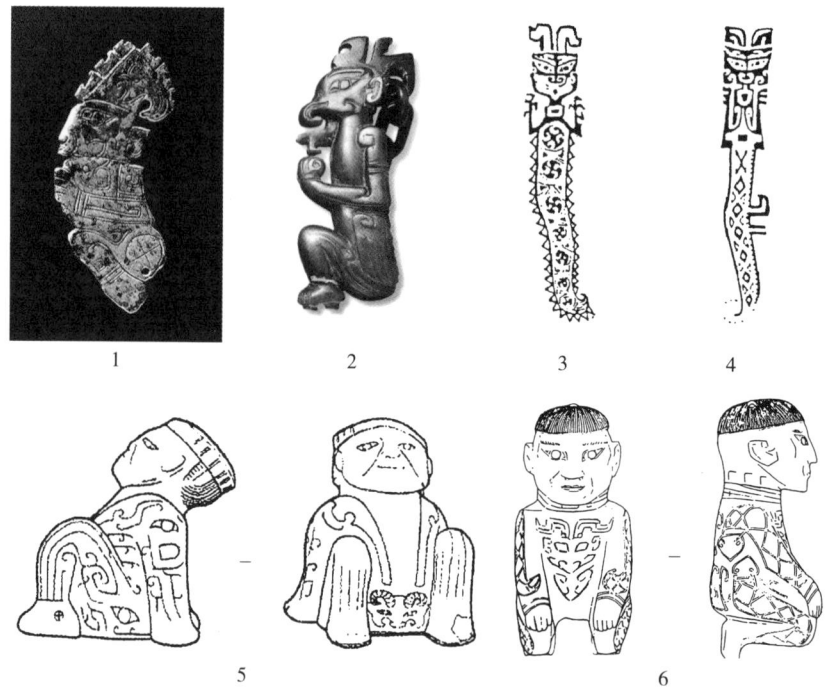

图五　商代出土玉、石、骨器
1.殷墟妇好墓出土玉人　2.新干大洋洲出土玉人　3.殷墟骨雕上的纹饰　4.殷墟骨雕上的纹饰　5.殷墟四盘磨出土石人　6.殷墟妇好墓出土玉人

形加十字形符号或者离火形符号，实际即是雷符，图五：1、图五：3、图五：5都是商人神祖的不同形式的造型，图五：3为多重神物的组合：龙身、鸮簇羽、鸮腿足、龙身、人面。图五：4也是与图五：3类似的商人玄鸟（鸮）神祖的一种造型：拟合五步蛇的龙身[5]、鸮簇羽、鸮腿足、人面。这表明这些神祖常与雷神关联，也即是与中国古老的基于自然、历法等的雷震生万物的信仰有关。

至于三星堆两件神人的上肢造型[6]，也是学术界讨论的重点，这里予以简论。我们看到战国时期的一件玉器中有龙食人图像（图六），其中的神人上肢都呈现出屈曲的造型，依据文字学，这些神人的造型是卜辞中典型的"夭"字形，应是表达神人舞动上肢的活跃状态和类似自然界桃之夭夭的草木丰盛之状态，而不是奔跑或者走的意思，虽然"走"字以及"奔"字所从的人形构图与之类似。

图六　国家博物馆藏龙食人玉佩

马王堆帛画中的所谓"太一避兵图"中太一神附近的有关神人也是这一造型，即使有的还一手持有兵器，也应该视为是"夭"字形神异图像。这说明战国时期这一玉器中的被龙所食神者无论是什么身份，都应具有巫者的神异功能。这与古代巫、首领等身份合一的现象相符的。三星堆这类神兽所食之神人的双手以及上肢造型虽然与所述战国时期的这一玉器中龙食人上肢造型不同，但是综合图像结构看，实际也利于表明三星堆这两件铜人上肢造型应该也是表现巫术性质的造型，用以表现其活跃和美盛的状态的。

综合来看，三星堆这两件特殊的神兽位于神人首的图像中的神人应该具有被神兽保护的性质，可能是三星堆文化中某一时期某一主导氏族的神祖，可能应是本身具有或接受东夷文化特色的氏族的神祖[7]。也有可能这类神人是被保护的与神祖具有家族谱系联系的具有巫术异能的统治者，不过即使如此，也依然是模拟了神兽食神祖的图像结构。总结我们的解读，我们认识到以下几点。

第一，一般的虎食人称谓已无法概括这一艺术史中非常重要的图像主体，实际食者还有饕餮、龙、牛等，被食还有神鸟、半人半鸟等。并且在西周时期还曾经发现少量的神兽食神兽的造型。

第二，被食者的身份、性质以神祖即始祖神父为主，尤其在龙山以及三代时期。自然若所述也有更为特殊的身份者。

第三，这一图像结构的最早案例应该有石峁出土虎食人石雕、弗利尔美术馆藏虎食人玉刀、养德堂藏虎食人玉圭。这三件器物图像中的神人均为东夷系某一氏族始祖的神父即神祖造型无疑。若复原的话，一般应为类似法国吉美博物馆藏石家河文化晚期玉人以及上海博物馆所藏石家河文化晚期玉人一样，为拟合图腾神鸟的蹲踞式。

第四，饕餮、虎食神鸟的造型在西周及其以后的春秋以至于战国依然存在，所表神祖含义可能有逐渐淡化的倾向，从而逐步成为一种常见图式。

第五，从商代的蹲踞式玉人即商人的玄鸟鸮神祖造型看，有的有圆形加十字形符号，这一造型应为雷形。半坡文化的神鸟食鱼图、仰韶文化鹳鱼石斧图、商铜器、玉器中出现的蹲踞式玄鸟神祖与鱼的组合图都蕴含有雷泽雷震万物生、万物出于震方的生殖崇拜的含义。这对于我们理解诸多文化中蹲踞式神人的本质含义具有重要基础价值。

第六，我们关于神兽食人这类图像的认识，与单纯的巫师论、萨满论具有明显区别，除了具体的解读不同，还有重要的一方面是，我们的认识是以中国本土的文献和考古发现为支持的，尤其是具有文献和文献所反映的时代同时的图像互相呼应的重要依据，像泉屋博古馆商代铜鼓及其图像（图七）与"天命玄鸟降雷泽而娶简狄建疵生商"的文献以及当时的婚姻形式之一都能够高度呼应。尤其重要的是，该商代铜鼓象征雷，与整个图像所蕴含的雷泽生商主题也高度呼应。另外，该铜鼓首有猫头鹰，显然是商人的图腾神祖鸮。也即是玄鸟，这与《诗经》之玄鸟诗也高度呼应。该两只长耳鸮中间的图像蝉，与该铜鼓的生生不息主题也是呼应的。这类蝉在商代反映玄鸟生商主题的铜器或图像中也是常见题材，这利于我们理解商代有关蝉元素的本质内涵。

图七　日本泉屋博古馆藏商代铜鼓

▌注释

［1］在三星堆发现的铜人首中，也有一件有这样的帽子，即是图二：中。

［2］并非是真食，这样的称谓是按照学术界的常用表述，其他同。

［3］商代这些饕餮形甲胄的考古学发现表明，这些甲胄的主人与商王室有高度的关联，因此这些将帅甲胄采用商代流行的虎食商人神祖的图像结构就容易理解了。

〔4〕从虎食人类图像有时表示为饕餮或龙食神人或拟合神祖的图腾神鸟的现象看，虎、饕餮、龙身饕餮或曰龙有时是高度关联的，有饕餮明确表现为虎身或龙身的情况利于证明：虎食人卣类图像中的虎为保护神，商周的饕餮，无论虎身、龙身还是神鸟身或蝉身，最为重要的特质是保护神。林巳奈夫在《中国古代的诸神》一书中（吉川弘文馆，2002年），曾经依据商代有鹿、牛造型铭文的鹿鼎、牛鼎的饕餮造型以鹿、牛为元素的情况认为，一般所论的饕餮纹为太阳神和氏族的上帝。我们认为，作为保护神，其中增加氏族图腾是很自然的，不能因为此而否认其是保护神的角色。商代早期饕餮纹中有明显鸮元素的情况，也是符合所述论证。其中鸮元素与红山文化中鸮的造型即勾云形玉器类似，很是特殊。

〔5〕有菱形花纹的五步蛇，在二里头文化、商文化中多与雷神、雷泽生生不息、子孙繁衍等含义有关。

〔6〕西周时期依然有发现。

〔7〕三星堆铜人造型中，有的与石家河文化晚期玉人神祖、商代玄鸟（鸮）神祖等东夷人神祖有关造型有相同之处，可以作为这一认识的辅助证明。

（原刊于《华夏文明》2019年第8期）

论戈国墓地一件铜簋的图像

顾万发

西周早期的戈国墓地，有诸多造型特殊的铜器，其中一件铜簋图像特殊，值得论证（图一）。该铜簋之耳的构图主体是有火字形花纹的苍龙食鸟图腾。其中的苍龙，其羽冠为简易苍龙的角，然其还有额头羽冠的特征，即有标准化饕餮的特征，这应是标准化饕餮拟合苍龙的一种现象。该墓葬的另一件铜簋之耳的苍龙之首同样是这样的标准化饕餮。该戈国墓地一些铜卣有火字形花纹的苍龙，其中有的是两龙身之苍龙（图二：1）[1]，其首有的也是标准化饕餮（图二：2）[2]。

该神兽有羽翼角，并有火字形花纹，表示其是具有大火星能量的苍龙。其食以鸟为代表的氏族图腾，表示传递能量给神祖，神祖以之繁衍子孙，增加威神，与苍龙、天地建立起家族式联系。

由于震卦的基本象征之一是足，所以小的苍龙从神祖之足传递能量给神祖，并与神祖首的苍龙构成传递能量的组合。一般传递给神祖东象能量的龙或虎形神兽，总数是一个或两个、三个甚至是四个，都应该视为归属于苍龙系。

图一　戈国墓地出土铜簋

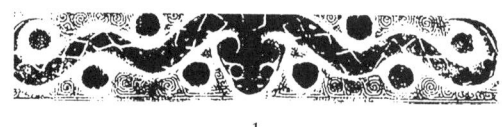

1

2

3

4

图二　苍龙和虎（表现苍龙）图像

1.戈国墓地出土铜卣　2.戈国墓地出土铜卣　3.铜方彝（引自梅原末治《古铜器形态的考古学研究》图版四二）　4.铜方彝（引自陈梦家《海外中国铜器图录》第一集图二四）

苍龙食鸟图腾是一种商代出现的图像。龙山文化、肖家屋脊文化、石峁文化则表现为虎食神祖之首，像弗利尔美术馆的一件石峁文化玉刀，上有虎食少昊氏神祖首图像（图三）[3]，虎是表现苍龙之火性的动物，相当于有火字形花纹的苍龙，其中的火性来自苍龙大火星。该图像中的人首即是少昊氏神祖之首，复原的话即是蹲踞式，这样的蹲踞式实际即是拟人化的鸟图腾造型，不过诸多证据证明这样的蹲踞式本身又拟合苍龙的S形，即以造型表现自己与苍龙有"他我"式关联，著名的商代虎食人卣底端代表商人玄鸟神祖的苍龙与代表简狄、建疵的两条大小不一的鱼[4]之组合利于证明这样问题（图四）。

所论的这些食神祖之虎，依照我们的认识即相当于有火字形花纹的苍龙，蹲踞式神祖又相当于氏族鸟图腾，所以龙山文化、肖家屋脊文化和石峁文化的虎食人即相当于苍龙食鸟图腾。肖家屋脊文化中的虎、龙、神祖、鸟器物之间有组合，遵循的即是虎或者苍龙食鸟图腾的理念，其中发现有的神祖是人形首苍龙身。这种造型表明苍龙与神祖存在"他我"关联，因为苍龙食神祖或者虎食神祖除了传递能量，还有表明具有"他我"关联的理念。蹲踞式造型同时拟合苍龙即是重要证据。同时，商代有的神祖像泉屋博古馆铜鼓的商人神祖有标准化饕餮羽冠的一些特征（图五），以及虎食人卣上一条苍龙与两条鱼组合的图像中以苍龙表现神祖的现象都是重要证据。

商人表现其氏族始祖神诞的叙事图像还有苍龙食玄鸟图腾的构图形式，例如妇好墓出土玉器（图六）。本文论证的戈国该铜簋为戈氏族制作，戈氏族从较为可信的文献记载看，来源于姒姓的夏王氏族，显然不是商人的王氏族，然而该铜簋之耳的图像与有的商人神诞神话图像构图一致，都是以苍龙的能量以及由于自己属于阳鸟而天生

图三　石峁文化玉刀上的虎食少昊氏神祖图像

图四　泉屋博古馆铜卣底部纹饰

图五　泉屋博古馆铜鼓上的商人神祖图像

图六　殷墟妇好墓出土玉器

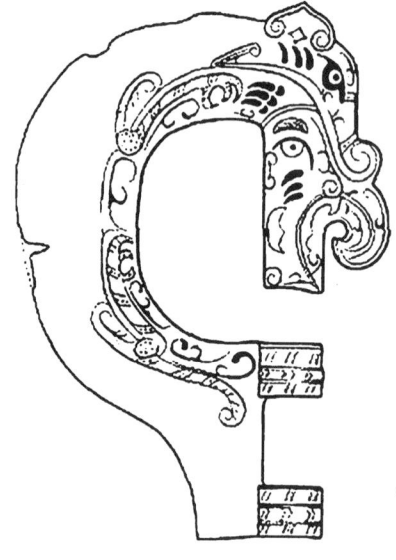

图七　叶家山西周墓出土铜钺

具有的太阳能量，形成宇宙第一生产力，用以繁衍子孙，诞生氏族的始祖，本质意义上都属于雷泽生殖崇拜神话。根据《国语》《史记》等记载，唐人的庆都与苍龙生尧王、周人的姜嫄巨野雷泽履巨人迹生稷、商人的天命玄鸟鸮降临雷泽而生商氏族始祖禼等神话都属于这样的苍龙雷泽神话，并由泉屋博古馆铜鼓的雷泽图像予以证明[5]。这些现象与诸多文献和战国帛书的记载也是有所呼应。本文所论戈氏这一铜簋之耳的图像，也是雷泽神话的反映，这个神话一般是夏人古老氏族始祖神话，而非戈氏单立氏族之始祖神诞神话。

同样，随州叶家山出土一件半月形苍虎食人首铜钺（图七），人首是鸟喙，与晋侯墓地的一件玉戈之神祖之造型有些像。整个铜钺图像与浚县西周墓葬的一件半月形铜钺类似。叶家山墓地这件铜钺的主人很可能是墓主人即姬姓周人贵族所铸造，显然该氏族神祖应该是姬姓贵族古老氏族神祖，与夏王、商王氏族没有关联。

这个案例表明，新石器时代、夏商周以至中国古代多数王者氏族始祖神诞神话是遵循雷泽苍龙神诞故事逻辑的，多可以以苍龙、虎、饕餮[6]等神兽食鸟图腾或者蹲踞式神祖、神祖首这样的图像来表现。

该铜簋耳的鸟之足还有一只小的苍龙，表示的是从足传递能量给神祖的意思。这是由于足是震卦的基本象征，而震卦的基本象征又有苍龙。泉屋博古馆商代的铜鼓之雷泽生商图像中，同时有菱形花纹和表示能量的火字形花纹的鱼尾苍龙即是从其足传递能量给商人神祖的。虎食人卣上的苍龙、苍鸟也是给从四肢即足传递能量给玄鸟的拟人化造型即蹲踞式神祖的[7]。诸多商周的象等动物形铜器，其足有的会有苍龙或者简易化饕餮，其意不是传递能量给象，而是一种基于震卦为足的形式表达。

该铜簋图像中的龙有几种，其中一种是有回字形龙身的龙，其应该同样属于苍龙。这种苍龙造型变化不多，但是有一种是有鹿角柄的，显然即表明其有苍龙本质。该铜簋方座上端圈足中的龙，是一种小型的有火字形花纹的苍龙，其往往与以鼻子代表的标准化饕餮构成一种对称构图。

从考古发现看，有的苍龙还以鸟形、龙鸟形、别的动物或者多种动物元素组合的造型来表现，该戈国铜簋的苍龙形式也不一致，这都是由于苍龙具有形变的异能。汉代帛书《二三子问》记载孔子之言："龙大矣！龙既能云变，有能蛇变，有能鱼变。飞鸟正虫，唯所欲化，而不失本刑，神能之至也。"这是讲龙既能变成云形，又能变成蛇形，又能变成鱼形，包括飞鸟、昆虫，龙可以随心所欲地变化出来。还

图八 虢国墓地出土玉蚕龙

有文献认为可小化为蚕蠋，商周时期即有饕餮首蚕身的苍龙，像虢国墓地出土的一件玉蚕龙（图八），其首为简易饕餮形，其龙身为蚕形，由于有鹿角柄，显然可以确认其是苍龙的一种表现形式。判断其属于一种特殊的苍龙而不只是蚕的特殊造型，主要是由于其有鹿角柄和龙首，泉屋博古馆铜鼓图像中传递能量给神祖，以使其具有特殊繁衍子孙等神异功能的鱼尾苍龙造型，是证明有鹿角柄的龙即是苍龙的重要证据。这一案例也表明，苍龙蚕变的文献记载是很正确的，并且可以早到商周时期。

▎注释

[1] 该龙为取形于五步蛇造型的苍龙，图像之圆形为苍龙所吐之火团，其呼应的是自然界之雷，不是有关学者所谓的昂宿形星相。

[2] 该苍龙有的近似虎身，古人有时把龙虎都视为同类，这即是一个案例。从图二：3、图二：4方彝图像看，存在虎首苍龙和以完形虎表现苍龙的现象。

[3] 其身的羽翼纹扉棱，即是表示苍龙之生气的。由于《周礼》中的牙璋和璋邸杀是平行描述，所以文献中的牙璋与璋邸杀应是不同的璋。我们所谓新石器时代以来的牙璋，可能包括文献中的牙璋和璋邸杀之璋，并且文献中对于牙璋有兵之象的原因和其名牙璋之牙的各种解读可能并不正确，之所以这种牙璋有牙之名，可能与其首多为弧形或者Y形造型有关。西汉纬书《易纬坤灵图》曰："苍牙通灵，昌之成运，孔演命明经道。"旧注："苍牙则伏羲也，昌则文王也，孔则孔子也。"伏羲呼应苍龙，苍龙呼应扶桑，扶桑呼应太阳大气光象和新石器时代以来的所谓牙璋，这可能是伏羲可称为苍牙的重要原因。从这一案例看，牙璋之名可能与这类玉器之首的造型有联系，而不是牙璋之扉棱。牙璋的扉棱，简单者连同其刃形，都是羽翼形，表现太阳大气光象之生气的，同时表现获得了苍龙赋予的生气。复杂的兽首形是苍龙首，两个并列的龙首表示动态的苍龙首，有的牙璋有四个两组苍龙首，实际是表示两条苍龙动态之首的。金沙

遗址的一件玉璋，其扉棱为四只鸟，可能即是表现苍龙星宿的另一种形式或苍龙之变，与商周青铜器中的苍龙，有的即是以苍鸟形式表现的一样，像简易化饕餮、标准化饕餮、以鼻子代表的标准化饕餮之旁有的是苍龙，有的即是苍龙之变的奇鸟，或曰苍鸟。有的苍鸟还有典型的鹿角柄，表明其与苍龙有密切关联。泉屋博古馆藏铜鼓苍龙即是典型的鹿角柄，有的苍龙或者苍鸟的鹿角柄有离火形的大火星符，都是表明其是苍龙表现形式的重要证据。

［4］之所以大小不一，是为了呼应简狄、建疵为姊妹。

［5］参见图五，其中的鱼，即是代表文献记载的帝喾四妃中的三妃。《大戴礼记·帝系》："帝喾卜其四妃之子，而皆有天下。上妃，有邰氏之女也，曰姜嫄氏，产后稷；次妃，有娀氏之女也，曰简狄氏，产契；次妃，曰陈丰氏，产帝尧；次妃，曰娵訾氏，产帝挚。"《史记·五帝本纪》云，"帝喾娶陈锋氏女"，张守节正义引《帝王纪》："元妃有邰氏女，曰姜嫄，生后稷；次妃有娀氏女，曰简狄，生卨；次妃陈丰氏女，曰庆都，生放勋；次妃娵訾氏女，曰常仪，生帝挚"。泉屋博古馆铜鼓上蹲踞式神祖脚旁的鱼代表姜嫄，这是由于其是几条鱼中的一等大鱼，并且位于神祖足旁，符合文献中姜嫄"履巨人迹"的记载。大小不一的一对鱼表示姊妹，依《吕氏春秋》为简狄、建疵。还有一条鱼可能是庆都。依据文献，帝喾四妃，然图像显示只有三妃，可能常仪由于其子帝挚执政时少并不善而不及。商时期，诸多铜盘有苍龙，同时有虎、鸟、鱼组合，实际都是雷泽生殖崇拜文化图像。有的图像描述神话具体，有的只是简化表现。有的铜盘图像只是以离火形龟和鱼来表现。还有铜盘、铜铙、铜罍以虎鱼或象鱼类图像组合来表现雷泽生殖崇拜这一主题。

［6］简易化饕餮一般表现的是苍龙，标准化饕餮一般表现的是苍龙所吐来自大火星的火气，有的标准化饕餮还拟合苍龙或是以苍龙表现之。

［7］虎食人卣上的虎也是表现苍龙的，以食之的方式表示从首传递苍龙能量给神祖。古人认为首顶可以通天地。这即是为何诸多石家河文化晚期玉神祖、石峁26号石雕神祖等首有穿或圆涡形的原因。

（原刊于《华夏文明》2020年第9期）

论波士顿美术馆一件西周早期铜鼎的饕餮图像及有关问题

顾万发

波士顿美术馆收藏的一件西周早期青铜鼎，其饕餮图像非常特殊（图一）。它有造型特殊的爪子，腿的图案也非常特殊，是一种表现羽翼纹和火字形花纹的造型，在西周的虎身出现过，最早来自于商代的虎身的羽翼。这表明其有苍龙大火星的火性。另外，该饕餮的耳朵下端有一个离火形，这与不少标准化或简易化饕餮以及蹲踞神祖、虎、神鸟、麃在耳朵下端或者嘴巴、腮、鼻子、额头等有火字形符类似，有的火字形是一个，有时多个，并且有的是简易的，有的完整的，有的还和羽翼的花翎颜色造型拟合。这类火字形花纹还在貘、虎、龙、凤等身多有，甚至都是（图二）。值得一提的是，商时期的诸多 C 字形苍龙，即有一个或者多个来自苍龙大火星的火字形。

有火字形花纹，表明该神奇者具有或者拟合苍龙、苍龙系的身份，或者表示其获得了苍龙或者苍龙系的能量，并且这一能量本质上来自苍龙大火星。本文介绍的这件铜鼎的饕餮，其为标准化饕餮，属于获得了苍龙的能量的神兽。同时，从一些案例看，

图一　波士顿美术馆收藏西周早期青铜鼎

图二　商周青铜器和玉器上的纹饰

1.弗利尔美术馆藏青铜方彝纹饰　2.波士顿美术馆藏青铜鼎　3.殷墟妇好墓出土玉器　4.殷墟妇好墓出土玉器　5.殷墟妇好墓出土玉器　6.殷墟妇好墓出土玉器　7.弗利尔美术馆藏青铜器　8.殷墟妇好墓出土玉器　9.泉屋博古馆藏虎食人卣纹饰

它还有拟合苍龙或者苍龙系的现象，在面上出现火字形图案即是典型的表现。

　　该标准化饕餮还在面上出现的不是火字形，而是离火形，这是大火星常采用的造型，也是雷和苍龙之星宿可以采用的造型。于该饕餮论之，该离火形可能是表示大火星的，该饕餮爪子的变体火字形，应视为是大火星散发的火。这利于判断该标准化饕餮是拟合苍龙的神兽，若复原其应可能是苍龙身。即使存在别的动物身，也属于苍龙系或者讲是震卦之象。综合其爪子而论，很可能是龙身。

1.该标准化饕餮的鼻子还有两个小型的饕餮，应该是传递东象能量的苍龙系。

2.在面上出现离火形的，还有一些有鹿角柄的苍龙。对于这些苍龙，该离火形表示的是苍龙角宿的一颗星。真卣的标准化饕餮的额头有这样的离火形（图三），也是表示苍龙角宿的一颗星。该标准化饕餮额头有离火形实际是借助相术中额头的日角拟合苍龙之角的。这依然利于证明标准化饕餮有拟合苍龙现象的重要案例。

3.大唐国际2017年秋拍的一件铜卣（图四），其系是典型的取形五步蛇的苍龙形，但是

其首则是有鹿角柄并扇子形的，显然是鹿角柄上端离火形的衍生。即该眼睛形可以视为是离火形，扇子可以视为是离火形的光芒表现，以花来表现光芒，是一种常见现象，花即是华即是光。扇子拟合蝉形，与雷具有关联，表现了苍龙的生生不息之特征。其实早在商代晚期侯家庄王陵1001号墓葬，标准化饕餮就有了这样的装饰来表现角宿，以拟合苍龙（图五）。春秋战国时期，一些苍龙和神人首有这样的花朵似的造型（图六），实际神人或者苍龙的这个造型即是花冠，与那一时期流行的神鸟首花冠类似，由于花冠可以拟合星宿和其光芒，所以实际都是为了拟合苍龙的，是角宿的艺术表现形式。

4.我们看倗国墓地的西周貘尊（图七），其腿的关节有一个离火形，周身为火字形花纹。该离火形表示的可能是大火星。在商代的蹲踞式神祖（图八），其蹲踞式即是拟

图三　真卣上的纹饰

图四　青铜卣上的龙形提梁

图五　侯家庄
M1001出土
青铜器纹饰

图六　曾侯乙墓（左）和淅川徐家岭楚墓出土青铜器　　　　　图七　西周貘尊

图八　商代玉器

1.美国国家艺术馆藏玉器　2.弗利尔美术馆藏玉器　3.新干大洋洲出土玉器　4.殷墟妇好墓出土玉器

合神鸟图腾形的，又是拟合苍龙形的，可能还拟合闪电。有的这类神祖有圆形加十字形符（图九），其实际是拟合大火星的，可能同时也拟合雷。这样的神祖之特殊造型的符号，有的位于腿或者足，这样的图像（图一〇），显然其利于证明该貘尊腿之离火形

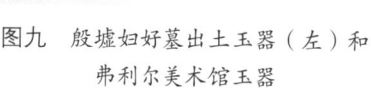

图九　殷墟妇好墓出土玉器（左）和　　　　　图一〇　皇家安大略博物馆玉器（左）和
　　　弗利尔美术馆玉器　　　　　　　　　　　　侯家庄M1001出土青铜器

首先表示的是大火星。于是该貘本身可能即是比拟苍龙了，即该貘可以视为苍龙系或者震卦之象。明尼阿波利斯艺术博物馆一件车轴，有牛食蹲踞式神祖造型（图一一：1），该神祖属于西周时期氏族神祖，其与商代蹲踞式神祖属于一个类型，其特殊符则是离火形，这利于证明至少龙山时代以来的蹲踞式是同时拟合苍龙的，圆形加十字形是同时拟合大火星的。西周时期诸多蹲踞式人形元素的玉器，其中的神祖，周身为龙，尤其有的龙，其首与神祖的发连接，表现的是龙食人的造型（图

图一一　明尼阿波利斯艺术博物馆和晋侯墓地出土玉器

一一：2），与龙山时代以来的龙、虎食人图像是一脉相承的。这些案例利于证明蹲踞式神祖之身的离火形或者圆形加十字形图案是拟合大火星的，蹲踞式是拟合苍龙形的，其次，整体还是拟合雷电的。

中国·郑州考古（二十六）

CHINA ZHENGZHOU ARCHAEOLOGY

郑州文物考古与研究（四）

下

顾万发　主编

郑州市文物考古研究院　编著

文物出版社

乾隆御藏一件西周早期四足铜簋的图像学

顾万发

《西清古鉴》曾经著录一件乾隆御藏的四足铜簋（图一），在佳士得拍卖行等一些拍卖行拍卖过，价值不菲。实际上，该件青铜器的图像也具有一定的学术价值。该铜簋的耳朵，是一般鼎、簋、罍之耳或牺首所蕴含的常规而又经典的图像组合或构图形式，即神兽食神鸟纹样，虎食人卣或其他铜器以及陶器之虎食蹲踞式拟人化神祖[1]属于这类构图的代表。该铜簋耳朵上的神兽，与一般的标准化饕餮比较，没有特别表现额头，所以应该是简易化饕餮。依照我

图一 乾隆御藏商代青铜簋

们的认识，其依然是呼应雷的神兽。耳朵构图中神兽面下的造型是神鸟，只是其首位于呼应雷的神兽之嘴（这是为了表现为其所食），所以看不到了。我们判断其为神鸟，还有一个重要原因，即整体耳朵的下端还有神鸟之尾巴的造型。

从商文化看，最为有名的神鸟是商人的图腾玄鸟鸮，并且商人图腾神话具有同于中国早期诸多神人、圣人神诞神话的雷泽文化背景，商人表现其神祖雷泽神诞神话的图像一般就是神兽食神鸟构图（图二：1），或是基于与之属于同一构图逻辑的饕餮食神祖（图二：2）、虎食人造型[2]、铜盘的虎·鸟·鱼或虎·鱼·鸟组合造型、泉屋铜鼓的蹲踞式玄鸟神祖与鱼组合的造型、虎食人卣器底的雷龙与鱼（象征简狄、建疵）组合等。另外，从姜嫄履巨人迹神话[3]可以知道，周人始祖稷的诞生也是具有雷泽文化背景的，并且从周代诸多王者的青铜器耳朵中具有的神兽食神鸟造型看，其也是周王族用类似商人表现神祖神诞的构图形式之一来表现始祖神诞于雷泽这一神话背景的。这样看，该铜簋耳朵之神兽食神鸟图像中的神鸟即表示神祖的图腾，具体是什么氏族的图腾，尚需具体论证。印第安纳艺术博物馆收藏的一件周早期铜钺上的神鸟食人鱼

有火字形花纹的雷龙位于"蹲踞式"的拟人化神祖身（实际是玄鸟鸮的拟人化），表示神祖获得了帝令雷赋的宇宙第一生产力，即使万物生长的雷电自然之功，于人类而言，就是神圣的来自天命雷赋的子孙繁衍之功。该饕餮食神祖与该咒觥把手的有雷火符神兽食图腾玄鸟鸮的图像以及商代虎食人图像具有相似的构图，都是表达商人始祖皋雷泽神诞这一主题的

图二　弗利尔美术馆藏商代青铜咒觥

图像，即是雷泽生殖文化崇拜图像，与新石器时代以来的鱼鸟图一脉相承，与泉屋博古馆藏商代铜鼓之鸟形人形综合的神祖与鸟的组合也有文化关联。从这些图像看，商周时期具有雷泽神诞神话背景的氏族，著名的是玄鸟氏和周人部落，还有其时存在的其他一些始祖神诞具有雷泽文化背景的氏族。同时也可能在商人主政的时代，当时玄鸟氏始祖雷泽神诞图像广泛流行，这样的话，商代一般的神兽食神鸟图像可能即有玄鸟雷泽生商文化背景。周代也是如此。

　　该铜簋表面还有立体牺首，其实际位于地纹饕餮的鼻子上，本质意义上该神兽面应该像饕餮一样是雷兽、闪电神兽，基本都应该是龙身，性质很可能是雷龙。这样的牺首学术界不是特别重视，林巳奈夫曾经认为，其相对于主体饕餮而言是低一级别的神[4]。我们认为其是雷龙或闪电龙，位于饕餮的鼻子上，与位于饕餮额头、鼻子中间或者鼻首的含义一样，都是表示雷电沿着饕餮鼻子融合的天柱升降的，符合雷电常见于高树、高柱的自然现象。自然除了这一含义，其还应有一定的装饰性。

　　从卜辞及金文中的商字、龙字等首的辛字形、辛字形造型的含义看，商人认为雷神工具是类似辛字形、辛字形或者凿子形的一种工具。从武梁祠汉画看，汉代人认为雷神的工具是锤子和辛字形或辛字形工具的组合。高鸿缙、马薇颀、冯时等学者认为，卜辞中有表示迅雷之震的一个字，我们认为其中的辛字形或辛字形即是凿子类工具。从自然现象看，以锤子、斧钺锤敲凿子，容易有火光，若雷电一般，这可能是商、汉等古人认识和表现雷神工具的重要依据之一。商周不少斧钺有雷电造型的龙和饕餮，一方面表示斧钺可以为雷电依凭，另一方面也表示可乘雷驾电至于以斧钺之穿表示的天北极的意思，可能还同时有威严和杀伐的意思。还有的饕餮鼻子也蕴含有辛字形或辛字形元素，可能也有这一雷文化背景。有的商代族徽，是龙蛇与辛字形或辛字形造型的组合，可能也有这一雷文化背景。这些有助于理解商周饕餮等神兽确实有呼应雷电的意义，而雷电多沿高柱走，所以呼应雷的神兽位于饕餮鼻子符合当时的雷电文化思维。

该铜簋中的菱形花纹是一个时代特征，其意义不易于论证，可能与图五商人神祖上衣领的菱形纹含义有关，即与夏商周以来表示闪电的五步蛇花纹有联系。

一般青铜器腿足的图像，从二里岗文化以来，不少都是饕餮纹，有的腿足本身是龙纹和神鸟纹[5]。这其中，动物纹样都是与雷有关的雷龙、雷鸟、雷象等。人物纹样则更为特殊，像弗利尔美术馆收藏的一件商晚期兕觥的一只足为与雷有关的蹲踞式神祖（图二：2），西周时期也有少量铜器之腿足明显是奴隶或者佣人。战国时期还出现过鸟与人元素综合的神灵作为铜器腿足的器物。

商周时期一般青铜器腿足的动物纹样多为兽面纹，或曰饕餮纹，也有夔龙纹，但是本身一般都是单独构图的，没有附属小的动物，而一般器物表面的饕餮纹，不少都是有附属小龙、小神鸟的。乾隆御藏的这件铜簋的腿足图像正是一个饕餮与两条附属的小雷龙，在器物腿足的图像中，这是少见的。只是由于面积限制，两条小雷龙与饕餮的组合相对于常规组合构图形式略有变化。这一案例更确切地表明以下几点。

1.器物腿足的饕餮纹实际与器物表面的主体饕餮纹总体上没有本质区别，基本都属于呼应雷的神兽。可能也有呼应闪电或雷电的。

2.一般器物腿足的饕餮纹没有附属动物和神鸟，主要是由于其面积限制无法表现。

3.古人为何在诸多铜器的腿足表现饕餮或其他雷兽呢？我们认为一方面是为了装饰效果和艺术表现，另一方面更为重要的原因还是与易理有关。我们知道，依据《说卦传》，震为雷、为龙（饕餮多为龙身），同时震还为胥（华胥氏之胥，有呼应雷的意义）、为腿足，所以在器物的腿足表现饕餮等雷兽或闪电神兽，是符合易理的。

4.该铜簋的腿足显然是动物形的，并且可能是牛腿足。神鸟翅膀和腿足有雷电图像（图二：1）与神兽四肢有雷电的图像（图三、图四）以及人的四肢有雷电图像（图五）的构图规则是一致的，这是由于神鸟的翅膀及腿足实际即相当于动物和人的四肢。在

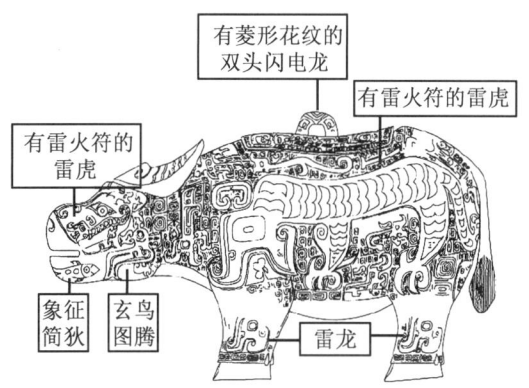

图三 花园庄东地M54出土商代青铜牛尊

象耳旁的雷火符，旁有岐式S形闪电。这表明商代的象确实可以作为呼应雷的雷兽。湖南一些象纹样铙，有的象位于铙之正鼓或者旁鼓，显然是呼应鼓即呼应雷的。有的以象打架表示雷电之威严，并且位于有饕餮纹铙之正鼓，显然是与正鼓呼应雷的饕餮是相应的。由是可以理解神话中的舜宅妫汭，其弟名象并桀骜不驯若雷电神话叙事的本质了

有雷火符的雷鸟，商代湖南出土有的牛尊之身也有这类呼应雷的雷鸟图像

位于四肢呼应雷的饕餮

图四　新乡市博物馆藏商代白陶象尊

神鸟翅膀、腿足有雷电图像[6]以及人和动物四肢有雷电图像，主要意义可能有以下两个方面。

（1）神鸟与神兽、神人获得雷电之助，飞翔、行走若乘雷驾电，以周行天下、沟通天地。从民族学有关占卜的过程看，淮阳平粮台以黄牛肩胛骨占卜即有肩胛骨为腿之主体并可以代表善走、沟通天地和传达讯息之功的原因，这一善走或者飞翔功能可以形容或者表现为乘雷驾电，这应是神鸟翅膀、腿足或者人及动物四肢有雷电图像的主体原因之一。

（2）神鸟或者神兽，四肢有雷电图像，有的甚至周身都有雷电图像，除了所述第一种情况外，另一种情况是，通过这样的装束，表现该神鸟或者神兽获得雷电这一宇宙第一生产力的能量，以之繁衍子孙。这样的神鸟或者神兽则显然有的属于图腾的范畴了。图二、图五是较为典型的反映商人神祖（图腾玄鸟鸮或其拟人化）在雷泽生商人始祖嵩的神话叙事图像，其中的神兽和雷虎为呼应雷的神兽，其食玄鸟图腾鸮的拟人化蹲踞式造型，就是以这一形式表示传递帝命雷电或雷赋予其神祖以雷电能量这一宇宙第一生产力，用于繁衍子孙，从而既遵循一般的雷震万物生之规律，又显示出其繁衍子孙的能量是获自帝命雷赋的，从而神圣，自然与一般人不同，利于宣扬代天治天下。

图五拟人化的玄鸟鸮神祖像下肢是有菱形花纹的闪电龙，上肢是有鹿

图五　泉屋博古馆藏商代虎食人卣

角柄的雷龙。该神祖两耳还有小龙，这样造型的小龙一般归为雷龙。这样的造型与西周玉人四肢以及首有雷龙造型（图六）的意义非常相似，与春秋以来神人、巫师乘龙、执龙、腰龙、珥龙、践龙造型在意义和造型方面的联系少，图六一类玉器主题都与雷泽生殖崇拜文化有关[7]。

图六　虢国墓地出土玉器

5.有的器物把手神兽食神鸟构图中的神兽，一般不特别表现额头，但是其两侧有时也会有小的神兽面，像折觥。这样的构图与本文铜簋之足的图像组合类似。这表明这些神兽食神鸟造型的神兽与一般铜器表面之主体饕餮或者刻意表现额头的标准化饕餮具有基本一致的内涵。换言之，饕餮是与雷电有关的神兽是无疑的。

▌注释

[1] 对于商文化而论，王者的文化中其实际是玄鸟神祖图腾的拟人化，郑州二里岗商城宫殿区发现的残陶簋之雷龙食神人即是典型案例。

[2] 即是神祖或曰是图腾鸮的拟人化造型。

[3] 巨人迹实际是隐喻表达雷神的，因为震卦的基本象征是足。华胥氏履巨人迹生伏羲神话同样有雷泽生殖崇拜文化背景，即表现为伏羲生雷泽的神话叙事。

[4] [日] 林巳奈夫：《神与兽的纹样学：中国古代诸神》，生活·读书·新知三联书店，2016年。

[5] 有的龙纹本身又有火字形花纹，显然是雷龙，像大洋洲的一件圆鼎就是这样。有的神鸟纹有火字形花纹，显然是呼应雷的神鸟，还有象纹、人物纹样的，等等，其中象形也可确认是雷的象征。至于人物形，则有俑人和神祖之别。

[6] 倗国墓地有两件铜器之神鸟爪子有一离火形符号，正是雷符。

[7] 图六这类人、龙以及其他的人、龙、虎或人、龙、鸮等元素综合的玉器中，龙一般是雷龙，虎为雷虎。这类玉器中呈神鸟造型的独立者为图腾，人则是神祖，春秋战国以后的一些执蛇、珥蛇、践蛇、龙食人等图像中的人则一般是有关神灵（像大武避兵戈中的雨师）或巫师。不过图六与春秋战国以来的执蛇、珥蛇、践蛇、龙食人图像中的龙蛇性质是类似的，本质上与雷、电等有关联。

（原刊于《华夏文明》2020年第6期）

颂壶中龙和人面的组合以及有关铜器的类似图像

顾万发

  颂壶是著名的西周晚期铜器，台北故宫博物院有一件，中国国家博物馆有一件。其整体图像特征和风格总的来讲是西周时期常见的，不过其耳下的图像较为特殊，是龙与神人首组合（图一）。

  这一组合中的人面较为特殊，其有西周以来玉器中的神祖面的常见特征，像鼻子等[1]，但是其却有龙耳，而非西周神祖等人面的T字形耳。这是一种同时表现多种元素并表示神祖与苍龙有关联的图像。该神人有龙形耳的风格，与商时期的神祖有苍龙常见的扭形竹笋式耳类似（图二），都属于神人采纳苍龙特征的造像形式。

  颂壶这一组合中与神人有联系的龙有旋符角，并且较为明显，这样的龙首较为常见，应国墓地一件铜卣之系的龙首就是这样。尤为重要的是，应国墓地的这一龙造型有菱形花纹，属于典型的取形五步蛇的苍龙，这利于证明颂壶的这种龙同样属于苍龙。颂壶这一组合中人面之首上端的龙，实际也与人面以下的龙是一致的，只是龙角表现得没有下端的龙明显。同时这样的龙一般都是吐舌的，显然有表现传递能量给神祖的意义，与商周诸多苍龙吐舌的意义是一样的。

  这样的组合依然属于西周以来神祖等神人与苍龙的组合形式（图三）。西周时期的

1. 颂壶

2. 颂壶上的神人图像

图一　台北故宫博物院藏西周颂壶

2

1. 晋侯墓地神祖

2. 台北故宫博物院铜镈

图二　商代的神祖造型

玉神祖，诸多是与苍龙组合的，有的四肢与苍龙融合。这样的组合表现的含义依然是苍龙传递能量给神祖的意思。西周时期，有的神祖采用了苍龙首，有的直接以苍龙来表现，都是表明神祖与苍龙的高度关联，隐喻其与苍龙、上帝有家族式联系。

其实很早就有这样的人文思维了，虎食人卣底端的有火字形花纹的苍龙与代表简狄、建疵的两条鱼的组合（图四：1），即表明商人玄鸟氏有以苍龙表现神祖的思维。从虎食人卣之神人即神祖看（图四：2），商人王氏族的神祖与苍龙具有美洲阿兹特克文化中闪电神龙等神兽与神人之间的"他我"式关联，在中国还表现为神祖以这一逻辑表明其存在这样一种认识——氏族神祖与苍龙、天帝有家族式联系，天子和真龙天子的概念即是由此而来。

另外，虎食人卣的虎食人图像单独依据虎食人造型理论上不能断定其为玄鸟氏神祖，即是鸮的拟人化，只是由于其底端的苍龙和两条鱼的组合非常符合文献记载的简狄、建疵姊妹与帝喾的故事，这样即可以表明其是玄鸟氏神话图像。同时泉屋博古馆

1.晋侯墓地出土　　　　2.晋侯墓地出土　　　　　　3.晋侯墓地出土

图三　西周玉神祖与苍龙

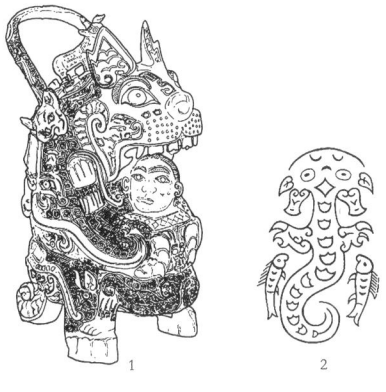 

图四　泉屋博古馆藏虎食人卣　　图五　泉屋博古馆藏铜鼓上的图案

铜鼓也有拟人化神祖与大小不一两条鱼的组合（图五），并且以鼓为雷泽明确表现了雷泽生殖崇拜概念，与文献记载更为相符。尤其是该铜鼓上端有两只长耳鸮，更是表明这是商人玄鸟氏即鸮氏的氏族始祖雷泽神诞的神话叙事图像。这些图像和商代都邑、方国等地发现的虎食人图像等表明，虎食人卣是玄鸟氏氏族神祖雷泽神诞氏族始祖禼的叙事图像无疑，也表明湖南宁乡地区商代青铜文化的主人主体有商人王氏族的影子。

解读颂壶这类组合图像，重要困难在于一般很难把神祖首上下端的龙与神祖首联系起来看。同时，还应该明晰颂壶中神祖首与苍龙的组合形式与西周时期的神祖组合虽然本质类似，但是苍龙在透视表现形式上有变化，即从侧视龙变为侧视加正视龙。这实际是为了更好地表现苍龙和该颂壶的四方造型。颂壶这样的组合之间还形成互相借助的构图方式，即一条龙既是神祖首下端的苍龙，还是另一个神祖首上端的苍龙。这样互相借用又不失既有图像法则的构图理念，只以一条苍龙表现两个龙身的形式就艺术化地完美解决了，不能不赞叹古人的艺术造型能力。

西周晚期以后这类神祖和苍龙组合的颂壶式铜器还有一些。其中，山西青铜博物馆、山西博物院、芝加哥艺术博物馆、周原青铜博物馆的为西周时期的，上海博物馆、新郑市博物馆、山西晋城陶寺北两周墓地1号墓的为春秋早期的。秦公壶、洛阳康乐食品厂出土的铜方壶（C1M3427：24）也是春秋时期的（图六）。

颂壶的图像表明商周的苍龙和神祖的组合，不只是在玉器中表现明显，在青铜器图像中依然有表现。在陶寺北两周墓地1号墓的春秋早期铜壶中，这类组合更为特殊一些，其中的神祖首变为鸟首。一方面，新石器时代以来，以鸟代表神祖的现象较多，诸多蹲踞式神祖本身也拟合神鸟造型（龙山文化以来有的还同时拟合苍龙造型）；另一方面，商周时期神祖常有鸟图腾的特征，像神祖有凤羽冠、鸟爪子、羽翼等。同时该颂壶的其他曲折纹样，也表明以心形、火字形为主体的花纹造型，实际与心宿以及苍龙大火星有关，这是西周器物尤其是青铜器的一种图像主题。

颂壶等这类铜壶的主人多是姬姓周人，像单五父壶主人单氏通过眉县杨家村铜器铭文和文献可以证明其为姬姓。颂为龚姓，文献记载其很可能来自姬姓。这些同姓家族铸造的铜壶有相同的这类神祖与苍龙组合图像可以理解，其中的神人都表现的是周人的神祖，但是秦公壶出现这样的苍龙和神祖组合图像，显然不宜理解为是周人姬姓氏族神祖。这种情况表明，这可能是秦人借助于周人的艺术形式来表现自己的神祖。秦公镈（图七）平面和立体图像中的神祖[2]与苍龙组成的S形也属于组合一现象，尤其重要的是秦公镈的这一S形构型以及中间眼睛代表的龙之构图，与图三：3的造型结构一致[3]。这样的现象表明，这种铜壶的图像，反映的神话故事属于雷泽生殖崇拜文化、苍龙生殖崇拜文化类型，但是神话的主人公不一定一致，像商周以来，都有神兽

1. 单五父壶　　2. 国家博物馆藏颂壶　3. 芝加哥艺术博物馆　　4. 晋候䣄壶
藏铜方壶

5. 私人收藏西周晚期铜方壶　　　6. 秦公壶　　7. 上海博物馆　　8. 新郑市博物馆
藏铜方壶　　　藏铜方壶

9. 陶寺北春秋 1 号墓出土的铜壶　　　　10. 洛阳康乐食品厂出土的铜方壶

图六　西周晚期至春秋早期铜壶

形的苍龙食鸟的造型，其中的鸟为图腾，显然这类构图中的鸟，有的是同一个氏族的
神祖或该氏族所来自原始神话、记忆或者记载中最初氏族的神祖[4]，不都是一个原始
氏族或者同一个演化氏族的图腾，因而反映同一个氏族演化的不同层次氏族或者不同
氏族神祖（或者图腾）与雷泽、苍龙有关的神话构图，不少只是形式类似罢了。

▍注释

　　[1] 有的这样组合中的人面更为特殊，没有西周常见的神祖鼻子特征，山西青铜器博物馆

图七　秦公镈

藏的一件晋侯墓地铜壶的神祖就是这样。

　　[2]该神祖的具体造型有人的元素，还有具体的苍龙元素。有人的元素和苍龙或神鸟图腾元素是诸多神祖的特征。

　　[3]西周时期的一些窃曲纹，即是李零所说的山字形花纹（李零：《山纹考——说环带纹、波纹、波曲纹、波浪纹应正名为山纹》，《中国国家博物馆馆刊》2019年第1期），有的会有眼睛形，图一：1与这一S形的眼睛形，实际都是苍龙之首的简化。

　　[4]通过眉县杨家村铜器铭文可以知道，单氏这一支的氏族始祖为单公，显然单五父壶之苍龙和神祖组合中的神祖不宜是单公之神父，而应是整个周人氏族始祖稷的神父，即是整个周人原始氏族的神祖。

（原刊于《华夏文明》2020年第10期）

论西泠十五周年秋拍的一件西周青铜刀图像及有关问题

顾万发

2019西泠十五周年秋拍"国之重器——中国历代青铜器"专场，其中编号为Lot3593的一件西周青铜刀（图一）较为特殊。该青铜刀为美国纽约兰理捷（J.J.Lally）旧藏[1]。西泠拍卖图录对其描述如下："此柄刀造型别致，柄部高浮雕成站立的兽形。兽圆目凸出，眉蜿蜒而下成钩鼻，脸侧有C形耳，鬃发自鼻直至脑后。身躯直立，前肢卷曲，分附胸侧。腿蜷缩半蹲，单尾垂地。刀身弯曲，尾侧有一贯穿孔。青铜刀自商代晚期已有出现，延续至战国。此刀的兽体与商周礼器中动物纹风格相近，当为祭祀的配套礼器。"

该刀刀柄的图像实际是一个虎身神人（图一：2）。我们认为其为虎身，有多个依据，除了上肢、尾巴这种形似虎的一般造型依据，最为重要的证据即是其身柳叶形花纹是商周以来虎所特有的，商末的蜀文化和春秋以来的北方地区，虎身标准化花纹，有的呈现为典型的无岐柳叶形，中亚地区的虎纹也多是这种柳叶形。

图一　西周青铜刀

该虎身呈现出人的一些元素。首先是蹲踞式造型，有人的下肢造型，这是虎不可能呈现的。其次是它的造型，虽然有虎的元素，但人的鼻子和发型明显，而且这种发型一般出现在西周至春秋时期。

该虎身神人所呈现的蹲踞式，不只是为了协调刀柄造型，更为重要的原因是由于蹲踞式具有一定的文化意义，是新石器时代以来诸多神人的标准造型。之所以有这一造型，主要是为了拟合神鸟图腾，表示其为神祖，并且可以飞升，具有羽化之形，同时表现其有道家的神通。该神祖是以虎为主体、有人的元素的造型，以虎为主是为了表示该神祖获得了虎所赋予的能量和特质。由于商以来的蹲踞式有时还可以拟合苍龙，所以也应该视为是获得了龙虎赋予了能量，只是其中的龙蕴含其中，并不显示，也可以认为其中的龙省略了。我们知道，龙、虎、人或者龙、虎、神鸟元素组合是商以来的常见组合，西周早期以后，多为龙、人组合，不过也有少数是龙、虎组合，像西周的一些玉人（图二），一般认为是龙人组合，实际其有虎尾即表明其中有虎的元素，又由于其中的蹲踞式可以拟合神鸟图腾，所以它可以视为是龙、虎、人和图腾神鸟四种元素的组合，与商代虎食人卣中龙、虎和蹲踞式神祖组合的元素是基本一致的，这同样是符合早期道家文化。

图二　西周时期玉人

1.晋侯墓地出土　2.养德堂藏品　3.故宫博物院藏品

从龙山时代以来即有虎与神祖的组合，二里头文化以来也有不少龙与神祖的组合，商以来有不少龙、虎和人或者图腾神鸟等元素的组合。西周以来的有的龙、人组合中，实际有虎的元素，只是原来很少识别之并解读其意义。我们发现，西周晚期以来的一些常见龙、人组合，有时也会有虎增加。例如岐山县孔头沟遗址西周墓葬M10的一种青铜牌饰，在其类似青铜壶、玉璜等表面常见的龙、人组合中，明确增加了白虎元素（图三：1、图三：2）。这一典型案例表明，龙、人组合中的虎可能是省略了。我们可能会认为，没有虎的这种龙、人或者龙、图腾神鸟组合图像中的龙，由于没有虎，可能自身意义会随之变化，由龙、虎、人组合中的龙为阳变化为龙的自身阴阳。这似乎是符合"龙德"的，实际上龙为阴或者阳都是单独的状态，不是同时可以有的。综合来看，龙、人或者龙、鸟组合，依然应该视为是省略了虎，龙山时代的虎、人组合中，则相应地应该视为是省略了龙，不少龙、虎、人组合或者龙、虎、神鸟图腾组合利于证明这一问题。神祖或者图腾，或者神祖图腾与龙、虎同时组合，即是与苍龙、白虎组合，是强调该神祖、图腾有天道，有阴阳的能量赋予并强调阴阳修炼，与天地交通，与天地齐。

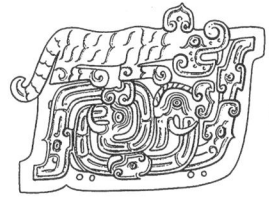

1. 岐山县孔头沟遗址西周墓葬
M10出土的青铜牌饰

2. 岐山县孔头沟遗址西周墓葬
M10出土的青铜牌饰

3. 养德堂藏西周玉璜

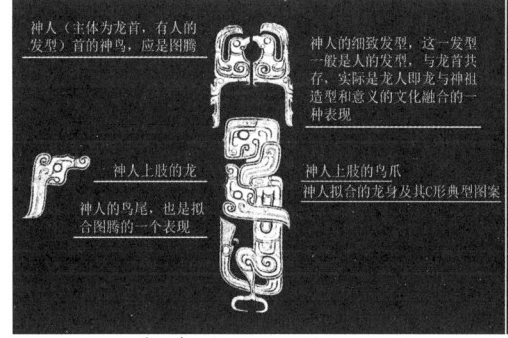

神人（主体为龙首，有人的发型）首的神鸟，应是图腾

神人的细致发型，这一发型一般是人的发型，与龙首共体，实际是龙人即龙与神祖造型和意义的文化融合的一种表现

神人上肢的龙

神人的鸟尾，也是拟合图腾的一个表现

神人上肢的鸟爪
神人拟合的龙身及其C形典型图案

4. 芮国墓地出土的西周玉柄形器

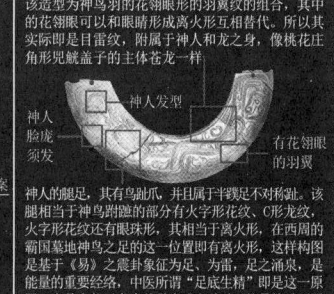

该造型为神鸟羽的花翎眼形的羽翼纹的组合，其中的花翎眼可以和眼睛形成离火形互相替代。所以其实际即是目雷纹，附属于神人和龙之身，像桃花庄角形兕觥盖子的主体苍龙一样

神人发型

神人脸虎颈发

有花翎眼的羽翼

神人的腿足，其有双趾毛，并且属于半蹼不对称趾。该腿相当于神鸟蹼蹠的部分有火字形花纹、C形龙纹，火字形花纹还有眼珠形，其相当于离火形，在西周的霸国墓地神人之足的这一位置即有离火形，这样构图是基于《易》之震卦象征为足、为之涌泉，是能量的重要经络，中医所谓"足底生精"即是这一原因，也是商代以龙虎从足底或者首赋予能量的重要表现。这一现象在阿兹特克文化也有发现

5. 晋侯墓地出土的西周玉璜

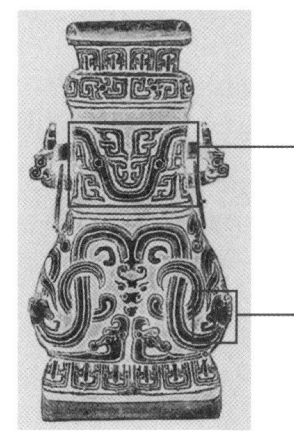

窃曲纹样，有学者认为早期来自于三星堆文化。这一图像从三星堆文化，有山形的造型拟合。其中的窃曲纹本身的眼睛纹样，从三星堆文化看，实际是目雷纹的眼珠子，目雷纹的雷纹省略了。其中的蝉形纹样，具有蝉的文化含义，是表示生机的，有时还表示龙蓉，也是生机能量。其中的心字形，也拟合蝉身，还有的是甲骨文心字形的造型，有的这类图像则是火字形，都是表示能量的，火字形至少从商代即表示能量，首先是火字形自然具有生机能量的意思，其次苍龙大火星即是其散发生机能量之源。还有的以花翎的眼睛形表示，实际也是由于其可以和眼珠子互相替代，目雷纹的眼珠子可以表示精气，即是生机能量的表现，这是符合中医的。

整个窃曲纹之间的似蝉形造型，实际不少都是羽翼或者神鸟参与构图，是由于其可以表示生机之气的。有的还以小龙表现，也是由于龙可以表现生机能量

该神人有人神兽的元素，其吐舌则表明其唾、散精气能量，这又表明其有龙的元素，龙身也表明其有龙的元素。与其共有龙身的是一条龙，为了形成对称构图，所以这一条龙是一头两龙身，并且其明确是吐舌龙，是在唾、散精气即是龙蓉的龙，赋予了神人，神人吐舌也表明了这一人认识。神人有龙身、吐龙舌，也是表现了神人与苍龙系的一种互化和融合。该神人的身份从商用以来的龙神祖组合或者龙虎神祖组合图像看，其应该是神祖，并表明该颂壶这一龙人图像省略了虎

6. 台北故宫博物院藏颂壶

图三　西周玉器和青铜器

　　图三：2、图三：3、图三：5中的神人和龙，以及一些西周玉璜的两只神鸟，不是阴阳的概念，而只是对称的构图形式。这些案例有利于证明牛河梁、谭家岭玉璜形两端的两个神人，牛河梁玉璜两端的猪龙，凌家滩玉璜两端的猪和神鸟，都不是阴阳的概念。图三：3的苍龙吐舌，从商代一些苍龙、虎的吐舌为羽翼形和有关证据，可以证明吐舌是赋予能量的，即是符合中国古代道家的唾、散精气能量的，本身唾和吐舌即是呼应肾气的。图三：3的苍龙之龙舌与神祖发型拟合，符合震卦为多发和细发的象征，这一卦象本身即是呼应能量和生机的。同时表现了从其首赋予神祖能量，这是常见的符合中医有关经络能量传递路径认识的，与小双桥青铜构件中的苍龙赋予神祖营的造型是一样的。同时一定意义上，这一造型也表示神人像龙唾所化成一样，或者一定意义上讲，是龙蓉的一种特殊转化，或者也是像一些龙食神人或者龙食图腾神鸟造型的含义一样。视其为龙蓉的特殊转化，与龙蓉的动物化一般可以视为标准化饕餮似乎是一种矛盾，这实际是商周存在的一种特殊情况，就像一般的苍龙食人有少数时候还表现为标准化饕餮食人（弗利尔美术馆藏的一件商代兕觥之足造型就是这样），

还有，神祖一般具有苍龙系的一些特征，从而表现为与苍龙的互化或融合，但是也有少数神祖具有标准化饕餮的典型特征，泉屋博古馆藏铜鼓的蹲踞式神祖瞢，即具有高鼓标准化饕餮的羽冠，瑞典远东博物馆藏大理石鬲之瞢的造型也有标准化饕餮之首。图三：4神人神鸟尾的花翎眼，是一个眼珠子形。孔雀的花翎眼自然造型核心是心字形，与图三：5神人和龙的共同龙身周围变体目雷纹的心字形是一致的，但是孔雀的花翎眼，若不读花翎眼的造型核心，则可以视为是眼珠子形。不过这一花翎眼的眼珠子，似乎只是自然的造型，一般龙身周围的目雷纹之眼珠子按照《黄帝内经》和中医经络学的讲法，则是表示精气的。但是从商周以来神鸟首附近的火字形花纹、龙身C形或者瓦形花纹之间的心字形花纹和窃曲纹中间蝉似造型的心字形花纹和火字形花纹的替代情况看，商周以来心字形花纹虽然从自然看只是孔雀花翎眼的核心造型，实际也是可以替代火字形的，可能的原因即是由于其属于羽翼，心字形在古代天文学中又可以和大火星联系以及心为火的中医认知。陶寺文化、二里头文化和夏家店下层文化以来，火字形图案是龙身、神鸟、象、鹿、鱼、虎身常见的一种花纹，有时还拟合这些动物本身的一些花纹，其本质意义上还是可以表示生机的，表示能量的。孔雀花翎眼可以表示能量，这是心字形花翎眼代表火字形的主要原因。商周以来有的龙印堂上端之额有离火形，若大洋洲的一件青铜龙杖首就是这样，西周有的有羽耳（这一发型式元素可能是神人元素）、简易化饕餮和龙身的苍龙化神人印堂之上的额头有眼珠子，也表明眼珠子是可以表现生机能量的，眼珠子和离火形有时可以替代的，因为离火和眼珠子都可以表示龙鬃，都可以表示生机能量。

该刀刀柄的神人图像中虎元素即是白虎，白虎具有"成"的概念，其与苍龙之"生"构成"生成"的意思。同时白虎本身有刑杀意义，与神人元素融合，位于青铜刀柄，像叶县旧县由戈和弧刃钺组合的青铜兵器一样，可能还有表现刑杀的一面。从上海博物馆藏二里头文化有绿松石十字形图案的青铜钺看，斧钺可以蕴含天，与历法有关，兵、戈、刀可以在意义上联系，这样看，该刀刀柄有这种图像，应该与叶县旧县四号春秋墓葬的这一青铜兵器（图四）的图像意义基本一致，还应有避兵和替天行道的意思。荆州"兵避太岁"戈（图五）同样选择了蹲踞式和周身有龙、拟合神鸟的神人图像，以及日月表示的历法元素，表现该神人有道家的修炼，同样是避兵和替天行道的。至于战国时期，这种神人的身份出现多重变化，暂不论述。

该刀柄的神人周身有火字形花纹，这是虎身的常见花纹，有的苍龙和少数青蛙周身也会有，有的神鸟耳下、神人面、一般饕餮面、商代的马、象面、马胄也会有，是表示能量的、生机的。

西泠十五周年秋拍这件西周青铜刀，蹲踞式造型位于内，这与中国西南地区在战国出现的诸多青铜兵戈有一定联系。这些青铜戈的内或者援有图像的构图方式，与"兵避太岁"戈类似。西南地区的这些兵戈的内或者援有不少有蹲踞式图像，有的还是几个（图六：1），学者或者认为其是再生意义巫觋之舞术，或者认为其是萨满教中的祖先崇拜，或者认为其与民族学中腋下生子以求生的巫术有关，等等。

蹲踞式的含义其实是一个世界性的难题，各文化中的含义较为复杂。西南地区的这些兵戈的蹲踞式，至少有蛙式蹲踞式和一般的蹲踞式，还有一类是双腿踞形不显的造型，也被不少学者归于蹲踞式。对于西南地区这些兵戈的蹲踞式，可以有如下理解：

图四　叶县旧县四号春秋墓出土
青铜兵器上的蹲踞式神人

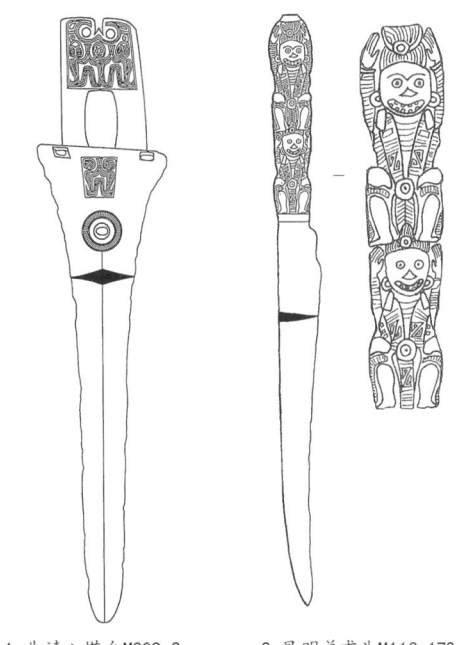

1. 曲靖八塔台M209:2　　　2. 昆明羊甫头M113:172

3. 湖南博物馆藏

图六　青铜器上的蹲踞式图像

图五　荆州出土战国"兵避太岁"
戈（局部）

一些有携兵器或者少数盛装的蹲踞式者（图六：2），可能包括首领类型的巫师。一些服装很少的，应该多是较为单纯的巫师，但是也可能有一些在平时还有其他的身份。还有一些简化的蹲踞式，首先可以确定的都是在作巫师之法或者具有巫术功能的舞蹈。尤其是那些下肢不明确弯曲的蹲踞式[2]（图六：3），其携带武器，人员较多，显然是一种众人巫术舞蹈，参加者即是来自部落的可以包括巫师、首领等人的组合。

西南这些兵戈之蹲踞式，拟合的为神鸟形或者青蛙形，或者同时拟合之。其中神鸟形表示其具有神鸟一样的神异特征，可以飞翔沟通天地鬼神，并具有神鸟之阳气，青蛙形则表示若青蛙一样的生命力、雷震的生命力以及辟邪功能。依据刘宗迪的认识[3]，"大"字、"神"字和"舞"字，三者之间具有一定的联系，从满语中巫师"萨满"，有"舞""天神"和"大神"等意义看，这三个字都有神的意义。西南地区这些兵器的蹲踞式，从多个组合和一些岩画看，实际也是舞形的一种，同时造型也呈汉字的"大"字形。刘宗迪所谓的"大"字形，在"皇""美"等字形也有表现，即是表明这些舞蹈也是表现神性的。古代的各种舞蹈，显然多与神的问题有联系。《易·系辞》曰"鼓之舞之以尽神"，即是这一认识的体现。以形体舞蹈可以表现神性，其实即是天性，蹲踞式是重要的代表性形式，考古学发现可以证明战国以前已有之。只是有的蹲踞式，主体是拟合神鸟形，又同时还是拟合神鸟、鼋形、蛙形等。至于舞蹈中的蹲踞式，可能是拟合其一或者多种拟合，这同时增强了以形体舞蹈表现其拟合的含义。蹲踞式表现的天性，有的体现在人的自然繁衍方面，有的以蛙、鼋、神鸟等体现自然繁衍方面。有的体现了与天地一致的天性方面，也即是神性的一面，或者讲是表现符合道家本质的一面。这些造型都可以理解为是表现人们所追求真人的自然、朴素、神性、天性的一面。

凌家滩文化的蹲踞式（图七），李新伟认为表现的是巫师在萨满状态下如昆虫般蜕变和羽化，转化为神鸟的形象[4]。这是启发性的一种认识，不过这些玉人的具体身份，从台湾排湾族、鲁凯族神祖民族学资料和商虎食人卣（图八）蹲踞式人形为融合鸮的訾形之确切意义看，更可能是神祖类巫师，并且更应是表现其在冥思变为神鸟的状态，本身尚没有体现形体舞蹈的一面，其介字形冠，依然类似有关学者的认识，与太阳有关。赵陵山遗址的蹲踞式神人（图九），实际是腾飞的神鸟形，从其首的鸮看，其拟合的是鸮，很可能是早期的玄鸟氏。良渚文化的蹲踞式神人，实际拟合的是氏族太阳神鸟造型。龙山时代的诸多蹲踞式玉人，多以玉人首体现，少数体现全形（图一〇），同样首先是拟合神鸟图腾的神祖造型为主，不过不强调冥思转化的状态，是已经融合了

图七　凌家滩出土玉人　　　图八　泉屋博古馆藏商代虎　　　图九　赵陵山出土玉人饰件
　　　　　　　　　　　　　　　　　食人卣

神鸟或者神鸟图腾的状态。至于商代的蹲踞式玉人，同样是拟合图腾神鸟的神祖为主，商代泉屋博古馆藏铜鼓之訾的图像及其意义是重要证明[5]。西周以来，龙虎组合的蹲踞式神祖依然存在，有的神人与龙融合的图像众多，但是与龙虎同时组合的较少，参见图三：1、图三：2、图三：6。商周春秋的蹲踞式神人在玉璜、玉柄形器、单独的玉器、单独的玉人造型中都有表现，从妇好墓的玉人看，首先是拟合神鸟的，但是由于不是冥思的构图，所以与凌家滩玉人有联系又有不同，有联系的方面是两者都与神鸟造型有关，不同的方面则是，冥思者是强调巫术变形为神鸟，不是冥思者是应拟合神鸟图腾的造型。商代表现神祖訾的有多种形式（图一一），从这些图形看，蹲踞式玉人有的

图一〇　法国吉美博物馆藏玉人

以人形为主，有的以神鸟为主，只有腿为人形，有的则是神鸟形，反映了神祖向图腾演化过程的玄鸟鸮，是一个定格的造型，不是刻意强调冥思羽化的过程的。

图一一　殷墟妇好墓出土玉器

　　总之，到了战国时期，诸多的蹲踞式有拟合神鸟的，有以蹲踞之舞蹈的，有以蹲踞式仪式化造型的，其身份有的是巫师，有的是首领，有的是神，像"兵避太岁"戈的蹲踞式神人即是太岁神。自然也可能还有别的神，不过目前看，西南地区兵戈的这些蹲踞式则以首领巫师和单纯的巫师以及众人仪式化巫舞为主，这种蹲踞式造型和以舞蹈尤其是这种造型的舞蹈表现的是人的形体的天性、神鸟的阳性、神异性以及可能的蛙形丰产再生性，是否有泉屋博古馆藏商铜鼓訾图像之蹲踞式拟合有鼋形者，估计

没有，因为喾拟合鼋形，与龙漦神话盛行有关，战国这种蹲踞式估计已丧失这一神话内容。这些蹲踞式在兵戈等器物上出现，则是以形体及同时拟合蛙等，来表现生命力和避兵。

注释

　［1］详见《古代中国青铜》第23号，兰理捷公司东方艺术，2011年。

　［2］在西南地区的兵器有一些。

　［3］刘宗迪：《鼓之舞之以尽神》，《民俗研究》1996年第4期。

　［4］李新伟：《红山文化玉器内涵的新认识》，《中原文物》2021年第1期；李新伟：《中国史前昆虫"蜕变"和"羽化"信仰新探》，《江汉考古》2021年第1期。

　［5］该铜鼓之喾之蹲踞式造型，体现了其天性，体现了其与道家本质的一致性，体现了其神性，体现了喾之子孙传承符合天性，符合自然。龙山时代以来，这些蹲踞式神祖巫师与龙虎阴阳的组合，明确表现了其沟通天地阴阳的三才之一的天地之性。

（原刊于《华夏文明》2021年第12期）

西周时期半月形铜钺龙与有关图像性质新论

顾万发

西周时期，有不少半月形铜钺有龙纹，并且有单独的龙纹和龙食人首两种。有的还有离火纹、虎等其他特殊的图像。关于这类铜器的图像，不少学者予以论证，取得不少成果，然而尚未有非常合理的解读，兹予以论证。

一、离火形符的含义论证

这类铜钺的龙身有明显的离火形符（图一、图二）。这类离火形符，学术界有过不少讨论，一般认为其是所谓的囧形，意义为明，不少人认为其是太阳，也有的学者认为其是星星。我们认为这一造型主体含义，即是我们在多篇文章中论证的雷符。这一识别非常重要，持有雷电文化概念以及雷泽生殖崇拜概念是解读中国早期艺术史尤其是三代以来主体艺术的理论基础和基本方法。

论证其为雷符，主要有这么几个依据。

第一，盠驹尊的铭文有"勇雷雅子"和"勇雷骆子"，而现存这件完整盠驹尊的花纹即是离火纹。

第二，二里头绿松石龙整体是五步蛇，有菱形花纹，其与铜铃组合，同时还有一字形的绿松石，整体构成豫卦之《象》所言的"雷出地奋"造型，其中的龙即是闪电龙，铜铃依照文字学、文献学和其在多个场景的象征意义，显然表示的是雷，铃又在龙弯之位，整体构成卜辞和金文中的雷字形（图三）。商周时期铜器骨器图案的龙与雷符之

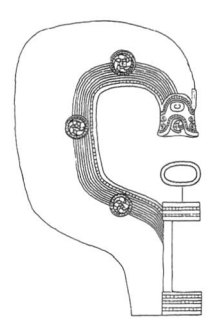

图一　张家坡出土
　　　　铜钺

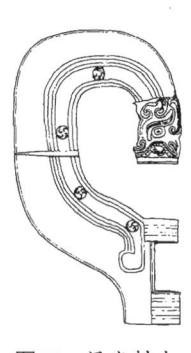

图二　梁代村出
　　　　土铜钺

呼应天的地　　表示雷的铜铃　　取形于五步蛇的
　　　　　　　　　　　　　　　　　龙，表示闪电

图三　二里头出土绿松石龙

图四　三星堆出土神树

图六　三星堆出土铜虎

图五　三星堆出土铜龙

图七　三星堆出土铜立人

组合，其中的龙，除了一般被认为属于夔龙形的龙，正好有诸多龙是取形五步蛇的菱形花纹龙，显然利于以闪电和雷组合解读之。这也利于确切证明二里头该绿松石五步蛇为闪电龙。

第三，三星堆文化有一件铜树，我们判断其为扶桑，其树枝上还有一条特殊的龙。该龙的造型组成元素特殊，由神鸟（鸟首为神兽面）、索形龙身和人形上肢组成，其中人形上肢作为龙的下肢。人手有离火形雷符，应与行雷法有关，同时这与震卦为手脚象征的易理是相符的。由于木德为龙，震卦义理为东向，为木，从易理和汉代帛画看，扶桑呼应东象苍龙，又由于自然界雷电行走高树，所以该龙是呼应雷电的。同时由于苍龙属于雷电龙等原因，所以该铜树之龙呼应苍龙，并且该高树为扶桑而非若木。又该铜树有多个铜离火形造型（图四），在树的主体和树枝上都有，表达的即是随龙身和高树的雷，雷符与龙整体构成卜辞和金文中的雷字形。该遗址还有拟合自身特征的菱形花纹并火字形花纹的残断铜龙，正是雷电一体龙（图五）。这利于确认该文化有雷电信仰的文物。

同时该遗址还发现铜人乘虎（图六）、头有神兽蹲踞握手行法的铜立人乘神兽（图七）、其身有离火形的铜人执藤条形工具（图八）、其他装束的铜人握手行法（图九）、具有石家河文化晚期风格的铜人即东夷系氏族神祖立于以眼睛代表的神兽首的有关文物（图一〇）。其中的铜立人等的握手造型表示其在行雷法，其圆形象征雷，舞动则雷行，符合震卦呼应四肢手足[1]。坛形铜器的一个层面立有多个铜人，身有离火形雷符并执有藤条形闪电即是重要的证据。所乘之虎，从其与石家河文化晚期以来的虎、三星堆文化的绿松石虎（图一一）、中原商周时期雷虎的关联看，这个虎即是雷的象征，乘虎即属于其时盛行的"乘雷驾电"文化。西周时期的邢侯铜钺也是重要的证据（图一二），其有诸多呼应雷或曰表现雷的神兽出现，即是增加铜钺的雷电之威，与一些兕觥有诸多呼应或表现雷的神兽以增加雷震万物生的希望是类似的[2]。邢侯铜钺中的神祖是龙形，表明神祖本身已具有了雷之特征，这是符合其时代神祖与雷可以具有"他我"关联特征的。

其实从西水坡的人乘龙，双槐树的人乘麋鹿，商周的人乘龙、虎，春秋以来增多的神人乘龙、虎等图像和文物的考古发现讲，"乘雷驾电"文化历史悠久，只不过有的尤其是

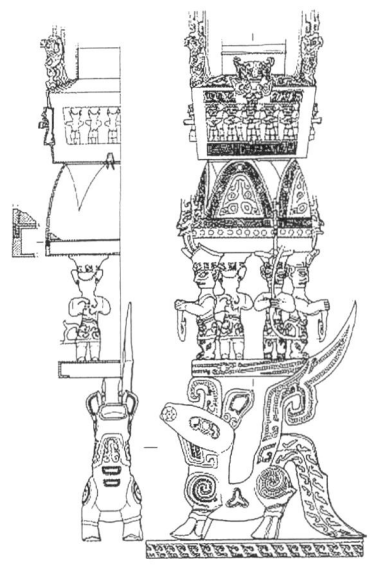

图八　三星堆出土坛形铜器

东夷系氏族神祖，即始祖的神父

代表呼应雷的神兽，与神祖组合即是神祖乘之，若乘雷驾电。西周邢侯铜钺有类似的组合

图一〇　三星堆出土铜器

图九　三星堆出土铜人

图一一　三星堆出土绿松石虎

晚期不表述为雷电，而直接理解为乘神龙神虎等神兽的世俗观念了。

第四，离火纹是否可以表示太阳，我们认为从卜辞和金文中的明字、盟字的写法和意义看，似乎有这种可能性。不过我们认为明字和盟字形中不少是日月组合，这提示我们，以囧形与月字组合的囧字形可能是太阳的另一种写法，但是卜辞中单独的太阳之写法并没有这一囧字形写法，至多有菱形等太阳大气光象的写法（依然属于太阳范畴）。这表明卜辞中明字写法中的囧形可能是以雷符表示明意或者以之代替太阳的。同时有的盟字中没有月，只有囧，这表明盟字中不一定必须有日月为明的意义，这样看，该囧字形本身即可能有明的意义。从商周图像看，显然囧形可以表示雷，所以以之表示明亮也是可以的，囧字与月字组合的盟字出现时，还有不少日月组合的盟字，有理由相信这时盟字中的囧字确实可能是代替太阳的一种表示。至于盟字在春秋以后的一些变体和一些古体字，则需要更为详细的论证，少量盟字古体中确实有日月为明的写法。另商代的一些猪形铜磬中有离火形，为雷符，应是表示磬若雷音的，本来易之义理中震卦即可为雷音。

第五，商周时期表示太阳的旋符和表示雷的离火纹较为相似，实际有区别。金沙铜人首的造型即是太阳纹（图一三），其是太阳氏族的巫师，其握手则是表示其在行雷法，与弢国墓地的两个铜人类似。弢国墓地的铜人有一个是有介字形羽冠的，显然是太阳家族的人，其行雷法与之不矛盾，像金沙铜人一样。金沙四神鸟图像的旋纹（图一四）同样表示的是太阳而非雷符。

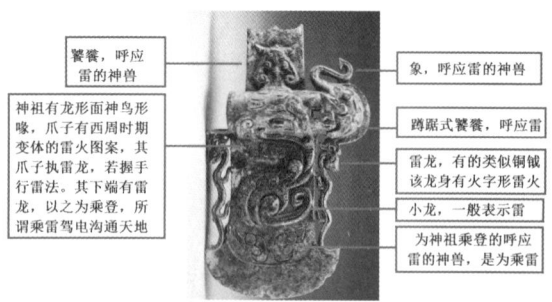

图一二　邢侯铜钺

图一三　金沙遗址出土铜人

图一四　金沙遗址出土太阳神鸟金饰

二、离火形雷符与龙组合的含义

从所述的论证看，离火形一般表示雷，这样的离火形雷符位于龙身或龙旁，实际即是与龙构成卜辞和金文中的雷字形，用以表明其整体组合是来自神界的雷电。这一龙的S形蕴含着S形闪电，同时由于苍龙属于雷电龙，所以苍龙也属于这样的龙。卜辞以来的神字含义表明，以闪电表示神的总称，是具体表示总称的典型案例。有学者认为闪电只是神的一种特殊表现，可能是本末倒置之论[3]。

龙与雷符构成的图像实际是反映雷电的，商周以来，其基本形式有如下几种（图一五）。

第一，龙为菱形花纹的闪电龙，其与雷符构成常见的规范化的雷电组合。

第二，龙周身有火字形花纹，显然是雷龙，但是其周边依然有雷符，整体依然构成类似卜辞及金文中的雷字形。这样的情况应该是对于雷的一种强调表达，整体数量较少。雷龙本身又有闪电龙的含义。

第三，有的龙，结合本身花纹的自然特征，整体既有菱形花纹，又有火字形花纹，整体拟合的是雷电，而非其一。

第四，有的龙本身没有菱形花纹，属于我们平时所谓的夔龙，然而其周边有雷符，显然是雷电组合，这样其本身即是闪电龙了。西周时期有少量所谓的窃曲纹中有离火形雷符，其表明窃曲纹有的表示的是闪电，这与诸多窃曲纹有龙元素以及窃曲纹弯曲

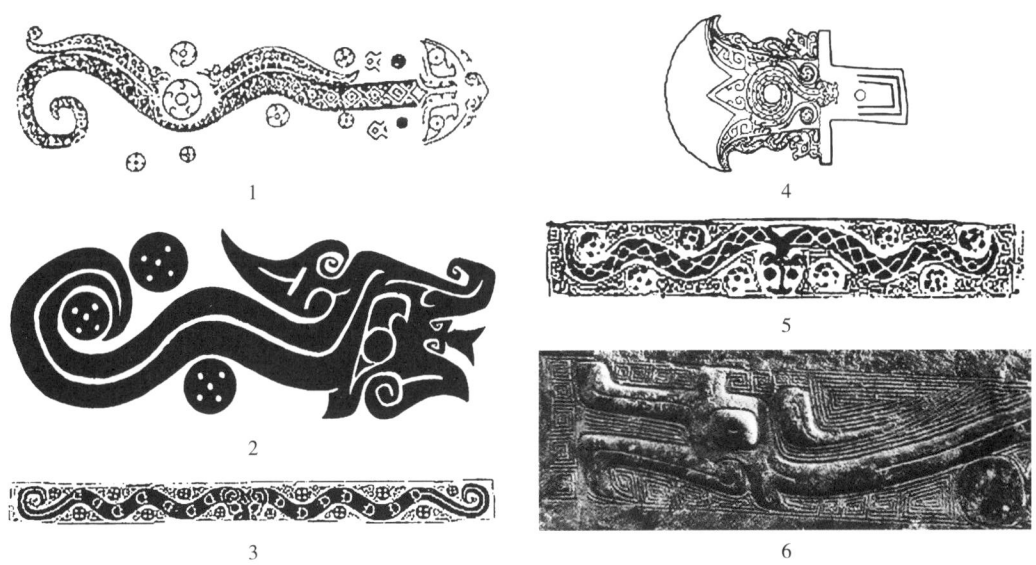

图一五　商周青铜器上的龙纹

1.山西石楼桃花庄出土商代铜觥　2.殷墟妇好墓出土商代铜彝　3.西周洹秦簋　4.陕西张家坡出土西周铜钺　5.湖北叶家山出土西周铜方鼎　6.美国大都会艺术博物馆藏西周铜禁

处有蝉形符或与雷火符有关造型之情况是相符的。还有的雷龙周身为离火形雷符，较为特殊。

在雷电龙中，多数雷电龙首是神兽形式，少数是人面，像弗利尔美术馆藏一件商代铜盉，其中主体造型即是人面龙身。该龙身有菱形花纹和火字形花纹，显然是雷电一体的神龙，由于其是人面，可以认为是雷电一体龙的拟人化。从虎食人卣的雷龙与两条鱼组合的商人鹝雷泽生商神话含义看，在商代，雷龙、闪电龙、雷电一体龙有时可以直接表述为神祖，所以人面铜盘中的人面龙也有可能同时是对于商人神祖的表现。

还有的半月形铜钺之龙的纹样是心字形和U形（图一六），从西周春秋诸多案例看，这两者组合或者单独都可以表示雷火，本身也与鳞、翎眼是拟合的，有这样花纹的龙即是雷龙。还有的龙身花纹是近似S形和半月形（图一七）。依据我们的认识，近似S形，实际是闪电形，半月形实际是西周以来出现的火字形雷火的变体或其组合元素，整个图像仍然是闪电和雷火的组合。

我们注意到这些铜钺中，有一件铜钺的龙，其食一人首（图一八）。这类神兽食人图像，属于经典的雷泽生殖崇拜文化图像，依照我们的已有论证，这一与氏族神祖（即是始祖之神父）神诞神话有关的图像中的龙，即是表示雷或闪电。这样铜钺中的龙，与反映商人玄鸟神祖雷泽生商神话的虎食人卣（图一九）构图中的虎有一致的地方。这样铜钺中的龙应该是直接表示雷或者闪电或者雷电的龙。另，虎食人卣之虎可以是呼应雷并具有接受雷的能量传递给神祖的神兽，不过从侯家庄王陵墓门"龙牛虎"组成的雷电车舆和郑州小双桥铜构件（图二〇）之雷电食神祖构图看（闪电是以五步蛇来表现的），虎也可以直接表现雷。

西周半月形铜钺中的龙为雷龙，龙食人首是一个重要证据，实际上还有不少类似的证据，像叶家山遗址出土了一件西周半月形铜钺的主体图案为虎食一人首（图

 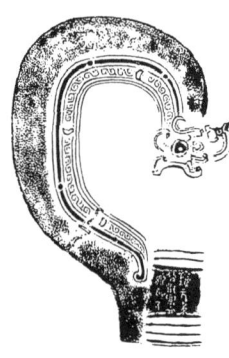  

图一六　梁带村出土铜钺　　图一七　耶子铜钺　　图一八　铜钺（林巴奈夫《中国殷周时代的武器》图二九八）　　图一九　泉屋博古馆藏虎食人卣

二二），其与所述铜钺的龙食人图案内容和表现形式都基本一致。尤为重要的是，该虎所食神人两腮有一火字形符号，这正是我们早已论证的雷火造型。该雷火符在不少饕餮或者其他呼应雷的神兽中都有发现，在雷龙身上更是非常多见，在甘肃灵台出土的一件西周兵器的人首之两腮上也有这样的雷火符（图二三），显然该人首应该是获得雷之能量的神祖[4]。与灵台兵器神人首基本一样的神人，有弗利尔美术馆藏一件西周铜刀之龙食人图像中的人（图二一），其不但两腮有雷火符，并且与身有火字形花纹的雷龙组合，正是与虎食人一致的经典的自从龙山时代以来就出现的神兽食神人结构。该神人下端还有一条龙首，整体与西周时期诸多玉器中神祖与雷龙融合的造型非常一致，这提示我们西周春秋以来的诸多玉器中，与图腾神鸟、雷龙融合的神人基本都是神祖。这样的话，该铜刀的神人与灵台兵器神人两者可能是同一个氏族的神祖。弗利尔美术馆藏铜刀的"雷龙食神祖"图像与虎食人卣图像的表达方式显然都属于雷泽文化，这更利于证明半月形铜钺的龙图像都与雷电有关并且即是雷龙，半月形铜钺之虎是表示雷的神兽。同时，弗利尔美术馆还藏有一件半月形铜钺，有虎形，该虎的两腮即有雷火符，这更明确地证明半月形铜钺的虎图像都是表示雷的。

三、结语

商周时期还有不少铜刀有龙以及虎图像（图二四），实际都与雷或者闪电有关，兹不赘述。从这些题材看，不少龙身不是菱形花纹或者火字形花纹，但是依然属于雷龙或者闪电龙。这有助于证明商周铜器主体饕餮或标准化饕餮之龙身，虽然绝大多数没有菱形花纹、火字形花纹，但是依然应该是呼应雷的神兽，有时甚至与雷龙、雷电龙

图二〇　郑州小双桥商代遗址出土铜构件

图二一　弗利尔美术馆藏铜刀

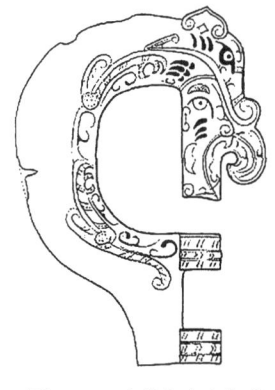

图二二　叶家山出土铜钺

图二三　灵台白草坡出土
铜戈（局部）

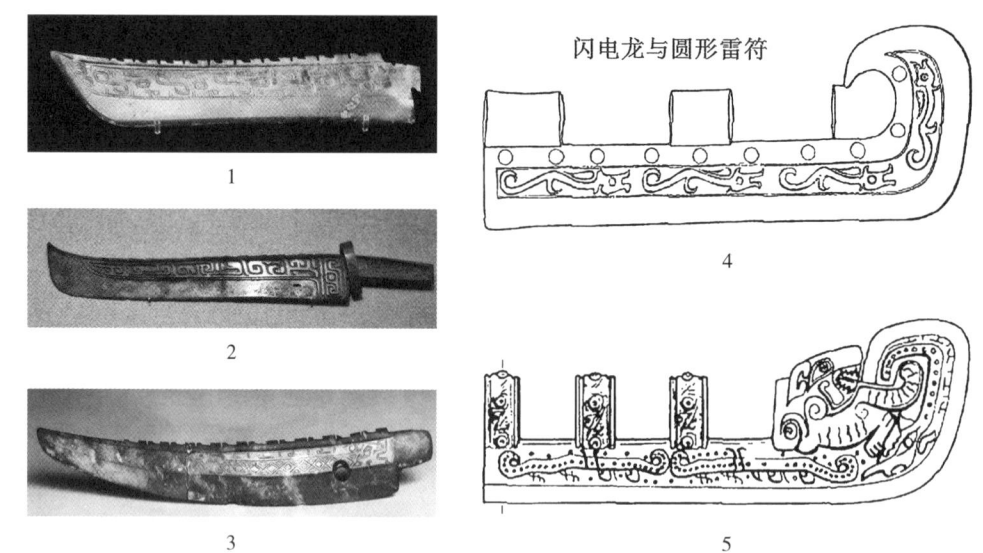

闪电龙与圆形雷符

图二四　铜刀上的虎纹与龙纹

1.大洋洲遗址铜刀雷龙纹　2.殷墟妇好墓玉刀电龙纹　3.殷墟妇好墓玉刀龙纹　4.殷墟铜刀闪电龙和雷符　5.鹿邑太清宫铜刀雷虎、闪电龙和雷电图案

会互相借助对方有关造型和特征各自表现，这或表明其之间有时会出现"他我"现象。

钺有雷电，实际与表现铜钺之劈杀与雷电本身具有的霹雳之杀、快若闪电等特性是可以高度关联的，同时以之可以显示斧钺锋利、威力和主人之威。钺之雷电霹雳是春天、春生的象征和启动，钺又为金，在五行有所启蒙的时代，其呼应西和秋收，所谓秋神蓐收执钺是也。春生秋收正好可以代表一年，如是，方有钺为岁。

▌注释

［1］不少神人神兽四肢有雷电龙或雷鸟或雷符，其中依据之一即是这一震卦易理。该铜立人首有雷兽，可获雷之能量，助行雷法，以显神威，并求得风调雨顺。

［2］林巳奈夫在《殷周青铜器综览》（林巳奈夫著，广濑薫雄、近藤晴香译，上海古籍出版社，2019年）一书中认为，不同的神兽即是不同的神，有的确实是不同的，然而多数是表达同一个主体的，他显然是忽视了易理之一卦多象的本质。

［3］郭静云：《天神与天地之道：巫觋信仰与传统思想渊源》，上海古籍出版社，2016年。

［4］这样的神祖立于兵器可以借助雷威避兵。

（原刊于《华夏文明》2020年第7期）

新论饕餮的本质、商周青铜器图像意义主题及有关问题（一）
——从商末周初一件青铜尊的特殊图像论起

顾万发

　　著名的德国汉学家卡尔·亨彻（Carl Hentze）所著的德文版《青铜器在中国早期文化中的重要性》（1941年版）一书中编号140的一幅图[1]（图一）较为特殊。我们知道，商周铜器标准化饕餮两旁一般是呈现对称的兽面苍龙、鸟首苍龙或者是特殊的神鸟[2]，少数是有火字形花纹的小苍龙，有的还有两条小苍龙，有的神鸟还为苍龙系的夔龙所食，即赋予精气能量和表现其有类似晚期文献记载的丹术修炼的行为以及得道的功德，或者像西北岗1004号王陵牛鼎之牛角标准化饕餮旁的神鸟，与苍龙系的夔龙并立，表示的意义同样包括获得夔龙精气能量和表现其有类似丹术修炼的行为及得道的功德。不过图一的神鸟与一般标准化饕餮[3]旁神鸟的常见特征（图二）有所区别，即其翅膀蕴含有火字形花纹的小型苍龙，或者说其为属于苍龙系的龙蛇[4]，这是具有重要学术价值的特征。

图一　商代晚期青铜尊上的饕餮及神鸟纹样

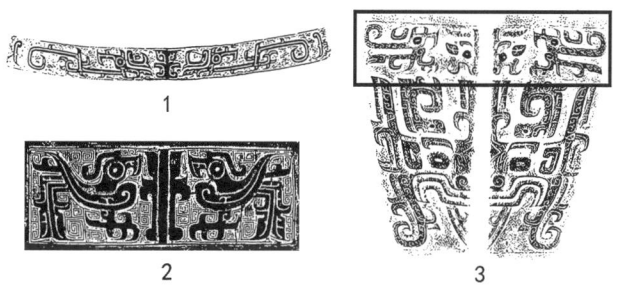

1

2

3

图二　商周时期饕餮及其对称的神鸟

　　商周时期饕餮旁的神鸟有各式各样的特殊特征。一般而言，标准化饕餮旁的神鸟翅膀不会有苍龙系，这种神鸟多数以脖子有火字形符表示其精气能量，尤其是已具有苍龙或者白虎、饕餮等神兽的精气一样的能量。依据红山文化三星塔拉、东拐棒子沟的两件有猪首元素苍龙、红山文化多数以狗熊、鸮、蛇元素为主的苍龙[5]以及陶寺文化龙盘之苍龙并及龙山时代以来苍龙的造型和意义[6]可以论定，商周以来青铜图像中的动物，如虎、神鸟、牛、马、龙、马来貘、象、狗熊、羊、鹿等，若有这种花纹，即是特别表示其真阴阳能量的[7]。图一饕餮旁的神鸟即有这种火字形花纹特征，其表现的主体能量来自于翅膀的苍龙赋予。以翅膀蕴含苍龙，是由于翅膀可视为足，震卦为龙为足，同类则更遵循互渗律。由此可以判定图二：2、图二：3这类饕餮旁的神鸟，表面即使没有火字形花纹，实际与有这一花纹的神鸟是类似的。

　　商周时期饕餮或者代表标准化饕餮的饕餮鼻子造型旁的对称动物，除了神鸟，很多时候是小龙，其中有的小龙之角为明显的鹿角柄形或曰瓶形角（图三：1）。这种鹿角柄的角端有的还有离火以表现苍龙之精，有的则是有眼珠的多角形即是特殊的雷形[8]（图三：2）。依据我们的认识，凡是有这种鹿角柄形角的龙，基本都为苍龙或者说都属于苍龙系。我们认为，有菱形花纹、火字形花纹的龙属于苍龙。另商代诸多青铜盘、小双桥铜构件、龙虎尊、虎食人卣、泉屋博古馆藏铜鼓、诸多兕觥、簋等青铜器主体图像或及苍龙等神兽食图腾的器物耳朵图像，不少表现的是商人氏族始祖禼由喾、玄鸟鸮雷泽[9]神诞的神话故事，有的则逐渐成为一种象征符号。这些图像中的苍龙白虎和神祖或者图腾玄鸟的组合还表示[10]赋予玄鸟图腾或者蹲踞式喾之精，表现神祖、图腾神鸟修炼之意义。图三：1属于有鹿角柄形角的苍龙，图三：2是有鹿角柄并且角上端有多角形雷符的苍龙，该对多角形雷符，实际来自该苍龙大火星，属于苍龙唾、散精气经过震雏的雷化，该图像也利于证明商周时期离火形的本质意义。图三：3的小龙，

图三　商代的神龙与神鸟

来自山东龙山、肖家屋脊、石峁、二里头、夏家店下层文化的羽翼纹样，属于二里头、夏家店下层文化以来基本定性的目雷纹中的T字形，只是还保留有较为早期文化的羽翼造型特征。在此表示由该苍龙唾、散的精气。其在苍龙附近，与二里头三期一件器盖式通天神器苍龙附近首上下的图案是一致的，不参加苍龙的构形，形成苍龙在云气中，这种图像在夏家店下层文化彩绘中表现明显，尤其在有的二里头文化绿松石牌饰、夏家店下层文化彩绘牌饰中表现也非常明显。二里头M11:7、赛克勒藏品A、埃斯纳齐藏品、天水市博物馆藏品、保罗·辛格藏品A这些牌饰，这种纹样都是不参与构形的。二里头M4:5这一件鸮面龙嘴苍龙面牌饰、保罗·辛格另一件藏品（额头有Y字形的）则是参与构形的，是作为羽冠出现的，与新砦器盖之苍龙类似，这是早期神祖、神鸟图腾羽冠、虎的羽翼装饰的特征传承。牌饰中还有的心字形苍龙首上有火字形花纹或及菱形花饰（齐家坪的镂空菱形眼睛牌饰），显然是苍龙身。

图四　二里头 M11:7 绿松石铜牌饰的苍龙和云气

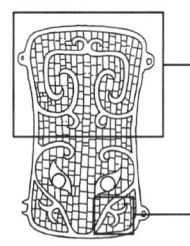

整体为目雷纹中的T字形，表示苍龙唾精所散成的云气。苍龙有首隐身。

夏家店下层文化彩绘已有这种图像单元，实际是T字形的变体，是表示龙首之羽的。

图五　赛克勒藏绿松石铜牌饰

其羽冠是变形的T字形羽翼，夏家店下层文化有这类羽翼单元，往往作为神鸟面之耳

图六　保罗·辛格藏绿松石铜牌饰

对称列于一个以鼻子代表的标准化饕餮之旁，其龙身周围都是圆形+圆点形，实际即离火（或曰囧火）的变形。依据我们的认识，离火（或曰囧火）围绕龙身周围的这种造型实际是苍龙所吐火气即精气之主体，在商代，其有时与S形以及附属的表示精气散发的羽翼造型组成的图像属于目雷纹。目雷纹是考古学中对于青铜器中一种纹样的称呼，这种纹样起源较早，以大甸子M713:7、M806:1、M371:10、M387:3、二里头2000T2Ⅲ④:1为早期代表，其中的目雷纹是仓包包遗址一件四眼睛苍龙面的眼睛造型，还是二里头、齐家文化、三星堆文化绿松石铜牌饰和夏家店下层文化彩绘牌饰的苍龙首纹和夏家店下层文化彩绘神祖像中特别表现以眼睛和羽翼纹组成神面这一重要特征和具体羽翼造型的重要来源之一[11]，自然有更为早期的文化因素。所论述文化中绿松石牌饰的神兽面以及彩绘牌饰的神兽面不少是苍龙首（图四、图五），有的苍龙首有羽冠（图六），有的还有龙身（图七），少数牌饰神面是鸮面（图八）。夏家店下层文化有一些彩绘牌饰，整体图像也是目雷纹中的羽翼纹表现的气，这些气为苍龙所吐精气的散发之气，但是苍龙并不显示。不过围绕彩绘牌饰的界往往会有苍龙。夏家店下层文化还有不少彩绘神祖。这些苍龙首和神祖图像，主要表现的是首，有的苍龙纹和整个神面的面部羽翼纹实际基本都是同时代目雷纹的羽翼纹造型或者省略或者简化，

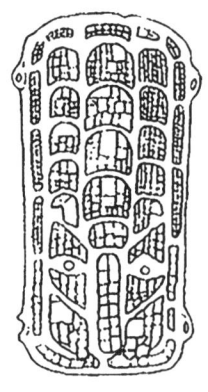

图七　日本美秀博物
馆藏绿松石铜牌饰

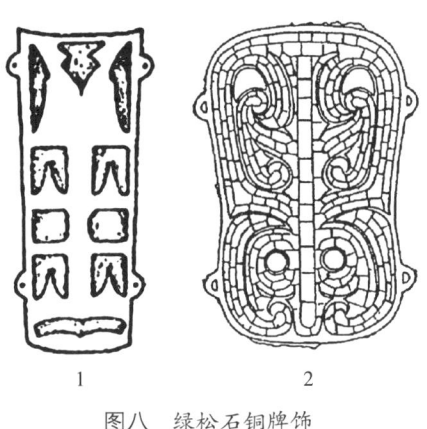

图八　绿松石铜牌饰
1.仓包包出土　2.二里头出土

整个面部还特别表现眼睛。二里头和夏家店下层文化有的苍龙面和几乎所有的彩绘、二里头文化的骨雕神祖之羽翼图案，属于其造型。有的苍龙面和几乎所有的彩绘、骨雕神祖之羽翼图案，属于其造型的一部分，这也是龙山时代以来神祖面以及高庙文化、河姆渡文化以来以羽翼表现光气或气的风格。同时二里头文化和夏家店下层文化的目雷纹，形式和内容都有早期来源，尤其是T字形等一些具体特征在龙山时代、新砦期和石峁文化中即有所定形，多在羽冠和耳朵造型中表现。

目雷纹在二里头文化和夏家店下层文化时期，整体上是一种具有自己风格的造型，并且从此较为稳定，至春秋战国都保持有一定的形式。其成为同时代神祖、部分苍龙[12]和二里岗文化早期饕餮纹即标准化饕餮纹造型的重要来源。就苍龙而论，其火气本质意义上应该来自于苍龙自身的大火星，这一大火星呼应蛇在生物学上的肾脏。由其发出的火或曰能量的主体可以离火形、火字形、菱形的形式出现，属于龙唾[13]，即龙精[14]，也即《国语》等记载的"龙漦"。因为丹术认为唾即生自于肾气，而肾藏精。这样的话，这些离火围绕的龙自然即是苍龙了。

商代的诸多神兽首铜胄，其与人形成一种兽食人首造型。这些兽面依据我们的认识，都是简易化饕餮首，不是标准化饕餮，其属于苍龙系之首。这样整个造型即是苍龙食人首造型。这些造型表现的也是龙唾、散精气赋予其人并修炼的意思。不少铜胄耳朵离火形精气即是苍龙唾、散。像侯家庄1004号王陵出土的一件铜胄（图九：1），其有苍龙首和离火，两者实际构成组合，表示苍龙唾、散精气。同时还与佩戴铜胄的将军等人形成一个组合，即是苍龙唾、散精气赋予佩戴铜胄的将军等，并以之表现将军等人的修炼以获得神通、异能等以杀敌、避兵、威敌等。该铜胄

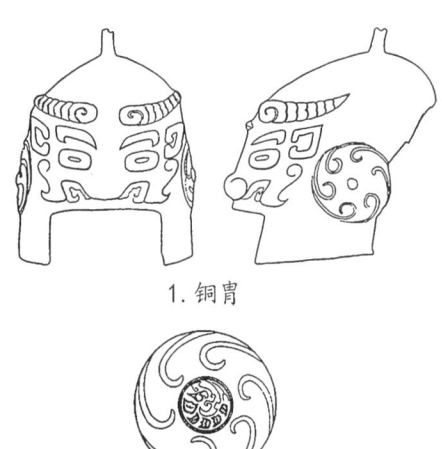

1. 铜胄

2. 铜胄之耳上苍龙纹饰

图九　侯家庄1004号王陵出土铜胄及
铜胄之耳的离火和苍龙纹饰

上的牛角苍龙唾、散离火形精气构图与三星堆文化龙虎尊之苍龙以及桃花庄角形兕觥盖子苍龙之旁有离火形精气造型是一样的。商代晚期苍龙唾、散离火形精气的这种构图还有不少，有的是虎、神鸟唾、散这种离火形精气。西周时期倗国墓地的马来貘前腿也有这种夔龙唾、散精气即离火形构图。该铜胄图像中，离火之精气又相当于为耳朵，正与肾藏精、肾之精气弥于耳、肾脏形似耳、耳朵为肾之窍的经络学和道家文化的认知是一致的。更为重要的是，商王陵的一些铜胄之耳的离火形中心还有菱形花纹或者火字形花纹的小苍龙（图九：2），正是表示该离火形精气是来自于苍龙的，同时还可能表示佩戴铜胄的将军等人是珥苍龙的，苍龙在耳，还利于其人修炼肾经等，所以若《山海经》等文献记载的珥蛇神人一样，修炼得道、赋有异能、龙蛇为武、具有神威。

二里头文化和夏家店下层文化的目雷纹，整体造型在商周时期表现明显，其与桃花庄角形兕觥盖子的苍龙、三星堆龙虎尊的苍龙及其周边的精气之图像是基本一致的。图三：3和图三：4也有这样表现的苍龙。图三：3这样的组合与图三：1、图三：2基本是一致的，其中图三：3两条苍龙吐舌表示吐火气即是龙精，这同样是证明标准化饕餮或者鼻子代表的标准化饕餮为精气动物化造型的重要依据，也利于证明图三：1、图三：2中的龙为苍龙以及鼻子代表的标准化饕餮是苍龙所唾精气的动物化[15]。从纽约大都会艺术博物馆藏端方青铜禁之双头龙围绕鼻子代表的标准化饕餮看，这些双头龙实际拟合的是以离火形或眼珠子为中心的目雷纹，本身相当于一般对称于标准化饕餮纹的苍龙[16]。一般标准化饕餮的造型，来源较为复杂，早期的造型总体而言基本是表现精气及其周抟散发造型的，即主体元素是来自于目雷纹并动物化的，表现的是精气，并且主要是以龙精，或者是苍龙白虎阴阳所抟之精，或者神鸟之精气为代表。至于这些目雷纹的造型、宏观形式，从设计而言，新石器时代以来的彩陶就已出现，只是内容不同。有的时候标准化饕餮还可能增加表现有雷的元素，像侯家庄1001号王陵骨柶的标准化饕餮纹头上有以离火为中心的多角形雷符即是重要证明（图三：5②）。应该认识到的是，苍龙鹿角柄有时候也会有多角的眼珠，显然表示的也是雷，其中的眼珠子是精气的象征，与离火可互换。商周以来的离火可以表示龙漦，并且依据考古发现，有的还成为多角形雷的中心。雷在古人的认识中，即存在是阴阳合成的看法，于是雷与"龙漦"都是属于阴阳和之精，所以两者类似是有基础的。自然也不是所有头上有雷符的都属于表现精气的神兽甚至雷兽，像诸多商周时期的苍龙和神鸟，其鹿角柄上端有的有花朵形，实际即是有光的雷，其中的离火或变为眼珠，或者没有特别表现。而有的苍龙之鹿角柄上端有离火而没有多角之光，则只是表示苍龙之精气的[17]。商代晚期的真卣之标准化饕餮，其额头之日角位置有离火形，这是非常特殊的标准化饕餮，

图一〇　殷墟妇好墓出土玉器

表明其为精气动物化的本质特征。我们再看图三：5①，其是两只神鸟围绕一个鼻子代表的标准化饕餮组合之部分。该神鸟有特殊的鹿角柄形角，并且有多角的雷形，这种角与鹿角柄一样，一般是苍龙所常见的，所以利于证明苍龙有时呼应这种神鸟以及这种神鸟会具有苍龙之类的能量。从图三：5②的标准化饕餮之角蕴含以囧火形＋多角形表现的雷看，更能表明标准化饕餮、雷、有这种角之神鸟与苍龙的联系。图三：5①与图三：1~4比较，可以认为有这种角的神鸟之功能类似于苍龙，即有苍龙之角就有苍龙之艺能。妇好墓的一件蹲踞式玉人[18]（图一〇），其首站立一神鸟即玄鸟鹯，显然其属于商人的氏族图腾。该神鸟首有瓶形角，并且上端有一条以菱形和火字形两种花纹表现其自身具有阴阳性质和能量的苍龙[19]，显然该鹯为苍龙所食即传递能量，并具有作为苍龙抟阴阳成精气的场景之意义。该鹯具有瓶形角，与蹲踞式玉人即帝喾构成一体，表示帝喾或曰帝俊[20]及其图腾鹯，由苍龙赋予其阴阳所抟之精并由神祖、图腾以之为主用于繁衍的能量，同时应认为帝喾和玄鸟鹯组合成苍龙抟阴阳成精的场地，类似晚期文献记载丹术中的丹鼎丹炉，并且表明关于神祖喾在神话叙事中有修炼丹术以得道的内容[21]。自然这种能量非常复杂，简单地讲，由于其中龙身有火字形和菱形两种花纹[22]，所以其食首立图腾鹯的蹲踞式帝喾之首，即是表示其以所抟呼应坎离、阴阳之气所成之精，赋予神祖帝喾，实际即表明神话中神祖修炼阴阳丹术，使其具备龙德天道等优秀素质，以之治理氏族部落，繁衍子孙，并且能够合于四时、四象，成为神仙一样。按照丹术的讲法，则其被赋予各种神通，可以沟通天地，周行九天，预知未来，役使龙虎、雷等诸神去邪得吉。妇好墓这一玉器之阴阳龙和蹲踞式神祖喾之组合，基本等同于新石器时代以来的龙虎、虎、龙和神人或者图腾的组合。其实濮阳西水坡45号墓葬是早期龙虎和人的组合，龙山时代的山东龙山文化、石峁文化、肖家屋脊文化的虎食人或曰虎人组合，从晚期龙虎人或者神鸟组合看，都可以视为是龙虎人组合，只是其中的龙被省略了。由于这种组合中龙虎之一会在足，所以只有首的神祖造像希望以龙虎阴阳表现其修炼得道的意思则只能选择其一了。也可以理解为虎单独表现了阴阳和之性质，因为从商周时期的材料看，确实火字形和菱形花纹表示阴阳两种花纹同时出现的虎出现，商周时期还发现有一些虎首苍龙，罗山天湖息国墓地M57出土的青铜卣其系即是虎首菱形花纹的苍龙，令方彝发现有虎首火字形花纹的苍龙，山中商会纽育支店藏的安阳骨柶之虎若苍龙一样唾、散精气，并且商代骨柶中虎有表现苍龙功能的现象，也发现过若夔龙对称构图的对称的虎。总体来看，肖家屋脊、山东龙山文化、石峁文化等选择的是虎（图一一至图一四），夏家店下层文化选择的是苍龙，二里头文化[23]选择的也是苍龙（图一五）。尤其是夏家店下层文化中一幅彩绘神人首有一首双龙身之苍龙（图一六），其造型类似二里头三期的一件器盖式通天神器的苍龙[24]（图一七）。至于商代所谓的虎食人，实际基本都是龙虎神祖组合，少数龙食人（图一八）或者虎食人可以视为是一种独立，也可以视为是龙虎人组合的一种省略。西周时期，龙虎食人（图一九）或者虎食人、龙食人图像依然存在。所论述这些图像中龙虎位置都遵循龙虎阴阳坎离、心肾交往的丹术原则，是一种神话和巫术中修炼过程的表达，显然这都属于道家的早期文化现象无疑，自然也属于巫术。

商代的一件弓形器的中心是对称的两条虎，显然这两条虎与其他弓形器之对称于中心的两条夔龙等苍龙相似。弓形器的这种对称龙，有夔龙形，并且有四个一组，有六个一组的，还有两个一组的。从殷墟的一件弓形器的图像看（图二〇：1），其显然是有鹿角柄的苍龙，利于证明弓形器（图二〇：2、图二〇：3）的夔龙属于苍龙系，

图一一　弗利尔美术馆藏玉刀（虎食少昊氏神祖首）

图一二　石峁石雕（虎食神祖首）

图一四　石峁石雕（马如龙食黄牛）

图一三　石峁皇城台编号24石雕（虎食神祖首）

图一五　二里头器盖式通天神器（苍龙、虹龙表现龙夔赋人、丹术修炼之意的图像与神人首）

图一六　大甸子墓地苍龙食神祖彩绘

图一七　二里头三期器盖式通天神器

图一八　皇家安大略博物馆藏苍龙食詈玉器

也利于证明弓形器的离火形是大火星，是苍龙或者马如龙或者虎等之唾，即是精气。殷墟另一件弓形器之图像，更能证明弓形器的离火形表示大火星，并应呼应弓形器所表现的苍龙等神兽的肾脏（图二〇：4）。该弓形器两首为心字形首的龙，二里头文化以来其一般即属于苍龙首的一种造型，这样弓形器整体即是两条苍龙，离火呼应大火星并苍龙肾脏。这也利于证明弓形器的多角形与离火有关，与大火星有关，但是与角宿无关，那些苍龙之角的多角形只能是一种雷的表现，至多同时表现角宿。大洋洲的一件玄鼋负载离火，则表明该离火为龙漦，大洋洲还有一件龙首，其额头为离火，并散发火字形表现的能量之气。大洋洲还有一件铜镈，其面为一条牛首苍龙，其两角之间有离火，应是位于额首的。这两个离火实际都是来自于苍龙大火星的能量表现。春秋时期，有的离火位于旁鼓，有的位于钟之正鼓的标准化饕餮之额头上端，显然表明精气与雷有联系，额头有离火形还表现了标准化饕餮额头在经络精气运行中的重要、有离火精气呈现或者赋能，并表现修炼。额头有离火形的标准化饕餮位于编钟之正鼓，还表明标准化饕餮有担当雷的特性。尤其是商代，有的青铜铙之正鼓的标准化饕餮，旁有夔龙，与青铜器的主体标准化饕餮组合是一样的，这都表明标准化饕餮有呼应的雷之特征。还有的商代青铜铙之正鼓，是两头象打架，显然是以两象的打架比喻正鼓之雷音。这些都表明了标准化饕餮与雷的联系。

综合别的多角离火形意义，则弓形器的八角形、七角形等多角形表示的即是大火星并苍龙类神兽之肾。同时其多角形，还与商代其他以离火为中心的多角形是一致的，即表现以精气为中心的雷。著名收藏家章乃器捐赠给中国历史博物馆的一件商代弓形器（图二〇：5），整体为苍龙形，其中心为铃铛，则该铃铛[25]所在位置为大火星并龙之肾脏，铃铛本身呼应雷，在此雷被视为属于由苍龙所吐火气即精气。一般的标准化饕餮是神兽尤其是苍龙为代表的神兽所吐精气的动物化，有的增加了其他动物元素，

图一九　英国国家博物馆藏青铜构件（龙、虎、神祖、图腾神鸟经典组合）

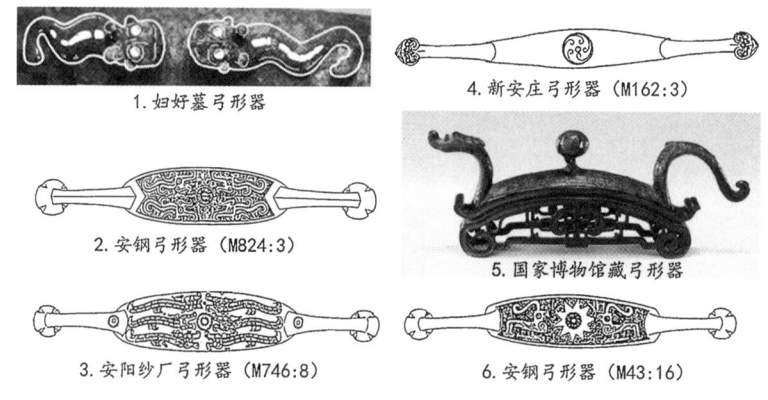

1. 妇好墓弓形器

2. 安钢弓形器（M824:3）

3. 安阳纱厂弓形器（M746:8）

4. 新安庄弓形器（M162:3）

5. 国家博物馆藏弓形器

6. 安钢弓形器（M43:16）

图二〇　弓形器

由于苍龙精气由苍龙唾散可以震雏成雷，雷震万物生，天地之精，万物皆生，所以龙精主生，这与雷是一致的。由于标准化饕餮是表现精气的，于龙的精气而言，有的时候还表现为雷。

所论述的各种案例，还利于表明虎有时也可能会单独表现类似龙的功能，尤其在单独虎食人的图像中。所以我们再强调的是，虎食人有的时候不一定是省略了苍龙。这与有关具体修炼神话叙事的取舍有关。我们论证弓形器的有关问题，还有一个重要的认识是，其有助于证明神鸟呼应神龙（或马如龙），其可以像苍龙一样，唾、散的火气即是精气可以是离火形，并且也可以是表示雷的多角形。有一件弓形器（图二〇：6），其中心多角形显然即是我们所论证的精气和雷，神鸟对称于其，相当于苍龙对称于其，即是利于证明神鸟唾、散之精气可以为雷，自然也可像苍龙一样所唾、散之精气动物化为标准化饕餮。文献和甲骨文中与雷关联的神鸟，应该即是这种神鸟。实际上章乃器捐赠的那件苍龙形弓形器也有对称于铃铛的神鸟，其更利于证明两个问题：一个是神鸟所唾、散精气可以和苍龙来自大火星的精气呼应，表明苍龙和神鸟的高度关联，那些有神鸟首或者以基本整个神鸟为苍龙首的现象，利于证明这一认识。另一个是，其表明神鸟所唾、散之精气与苍龙唾、散之精气一样，可以成为阴阳和的雷。弓形器的图像还有不少，像有的是蝉、人面蝉身者、饕餮面蝉身者或者标准化饕餮对称于中心，中心有的是离火形，有的是多角形，有的是带方向的旋符形等。其中蝉可视为是神明和之精，人面蝉身者应是标准化饕餮蝉身者的拟人化[26]，标准化饕餮或者有蝉身标准化饕餮（有简易化饕餮首蝉身）也应视为是精气的动物化表现。这样的人面蝉身者，不是标准化饕餮首蝉身的拟人化，实际是简易化饕餮即是苍龙的拟人化。妇好墓的阴阳玉人之首有这种鸮耳似的角。尤为重要的是，蝉可以作为地下之雷的象征，由两条夔龙、鸟龙等也可以组成蝉形图像，或者明确围着一个蝉形的图像，这都表明苍龙与蝉的高度联系。蝉与标准化饕餮组合，实际表现了标准化饕餮与蝉有共同的方面，这一共同的方面，即是雷可以视为是苍龙唾、散精气，而标准化饕餮则是精气的一种常见的动物化。这一动物化的精气来源，考古学发现往往是苍龙作为代表的，但是也有别的动物，像神鸟和虎等。苍龙精气的动物化除了标准化饕餮，还有为玄鼋、蝉的。另龙虎以及以龙为主的标准化饕餮中有的会有牛、羊、鱼、象、鸟等元素。总之，蝉可以表示苍龙、鸮之精所化的地下和地面之雷，但是作为精气动物化代表的标准化饕餮，精气的来源以各种龙[27]、神鸟等为主，还会有牛、火字形花纹的小龙等。标准化饕餮本身往往还会综合各种生物特征，像牛角、羊角、鱼形角、苍龙角、小龙蛇等。

神鸟与苍龙密切相关，还有不少证据。

1. 从易理方面看，震卦可以为神鸟、羽翼，还可以为龙，所以龙与神鸟具有都呼应同一卦象的现象。同时神鸟一般鼓翼而鸣，鼓又为震，则翅膀有苍龙、苍龙系或者呼应苍龙系和生机之气的小神鸟，也是符合易理的。

2. 从考古学证据方面看，商代存在一些神鸟作为苍龙之首的现象。像三星堆文化的1号神树[28]（图二一），其中的苍龙之首即是一只兽首神鸟，该苍龙与神树上的不被学术界重视的诸多离火形铜构件，构成苍龙唾、散火气即精气的场景[29]。

苍龙之唾为精气，可化为玄鼋，二里头文化已有这样的图像（图二二），商周有更多（图二三）。有的玄鼋位于青铜盘（图二四），其负载有多个圆形表示的唾沫（即龙漦），表示该盘为雷泽，同时其的出现表明有龙，则隐含的龙和虎、鱼构成经典的组合。实际虎和鱼也有直接构成经典组合的，商周时期都发现有虎食鱼的玉器。又有师鼓寨象纹青铜铙，即有虎、离火形和鱼的组合。这明显是虎唾、散精气赋予鱼的，这与虎鱼组合多了一个离火，更表明虎食鱼的本质。这种虎鱼组合和虎食人卣之苍龙和鱼的组合，实际都是阴阳组合，其中的虎，在一定意义上功能类似龙。商代的南方青铜铙中，师古寨的旁鼓是虎，由于旁鼓还可以为象、小夔龙、神鸟、离火、似穿山甲等，甚至有的青铜铙的正鼓还有象在打架，所以该虎也应具有苍龙的功能，其中的象、穿山甲似动物、夔龙等也具有呼应雷的苍龙系之功能，甚至是龙变。这同样利于证明旁鼓的神鸟与苍龙的高度关联。

花园庄东地54号墓葬等地出土的一些商代方彝，其四足有象，并且该象负载离火，显然若马如龙负载和龙负载单独的离火，表示大火星。并且方彝同样的位置[30]多会是苍龙，有的明确戴有鹿角柄，还有的有火字形花纹，都利于表明象也可以有苍龙的功能。这些现象表明象可以有苍龙的功能，自然神鸟也可以，并且可以呼应雷。自然这一论证表明，有的神鸟有时可以具有苍龙的功能，唾、散精气动物化为标准化饕餮或

图二一　三星堆1号扶桑树之苍龙

图二二　二里头陶器之苍龙唾（即龙漦）化为玄鼋的神话图像

图二三　商代的玄鼋图像

者简化的鼻子自然也是符合逻辑的。这同时表明有时具有苍龙功能的生物不只是特殊神鸟，还可以是象，甚至是白虎等。

有的玄鼋或者离火还与苍龙组合，以表现其为苍龙之唾或者其精气所化。龙漦所化的玄鼋与苍龙之精动物化的标准化饕餮一样都是精气之化生，蝉也可以，不过蝉也会作为神鸟精气的化身。又像中国台湾地区"清玩雅集"二十周年庆收藏展展出的一件商晚期青铜方卣，其上有两条苍龙，其中为系的那条，周身有火字形花纹，显然属于表现该组合中阴性的苍龙[31]。而这条苍龙的龙首造型正是一只神鸟（图二五），与三星堆文化1号神树的社龙、故宫博物院藏一件青铜卣系的神鸟为首的阴龙，花纹都是火字形。至于该方卣的另一条有菱形花纹的龙，显然是表示阳性的苍龙，属于二里头文化以来取自于五步蛇的苍龙系，二里头文化的绿松石苍龙以及有的器盖式通天神器装饰的菱形花纹的小龙等主体花纹都取自于五步蛇，至商代则特别多[32]。该方卣两条龙的花纹不同，正好构成一组阴阳苍龙，以其时符合道家的巫术思维，抟阴阳之气以成精，动物化即是该方卣图像中的标准化饕餮。这一标准化饕餮，在两条龙下端，并在人面代表的喾之首[33]，是传递能量给该神祖喾的，自然表示的是神话叙事中神祖喾以阴阳龙修炼具有类似晚期文献记载丹术特征的巫术并得道成神灵。其中的方卣以其方圆寓意天地阴阳，也呼应两条苍龙之阴阳，并似丹术中的丹炉一般，以阴阳为药，抟阴阳成精，表现为动物化的标准化饕餮。整个器物和其图像正是符合中国古代早期"文以载道"和"器以载道"的文化的。

苍龙、标准化饕餮与神祖喾的组合，在弗利尔美术馆藏的一件商代晚期觥觥之足图像中也有类似的表现（图二六）。该组合中的人无衣则表明其为类似汉代羽人一般的神人，不是一般奴隶、力士等的造型。作为器物之足的不一定都是一般人，有的会是火字形花纹的苍龙，有的会是火字形花纹的神鸟，西周时期还有披肩发神灵为足的案例。像英国华威郡顿沃尼庄园博物馆藏的一件春秋时期的青铜盉，其四足即是乘登

图二四　青铜盘之雷泽玄鼋、虎、
鱼组合图像

（出自 Florance Waterbury, Early Chinese
Symbols and Literature: Vestiges and
Speculations, published by E. Weyhe, 1942）

图二五　商人帝喾加玄鸟鸦元素的神
祖图像

图二六　弗利尔美术
馆藏觥觥局部

神兽的龙首人身神灵，与林巳奈夫论到的一件披肩发乘登形神灵是近似的。弗利尔美术馆藏该件咒觥之足的图像组合中，蹲踞式神人的四肢为火字形花纹的苍龙，其中只有升首的苍龙明确表现出了心字形首，上肢的苍龙未显示苍龙之首。这些位于器物之足的苍龙、有或无火字形花纹的神鸟、乘登神兽的龙面神人、披肩发多元素组合的神人，还呼应震卦为足、为龙的文化认知。这是一些青铜器四足或者三足可以有这种高端生物的重要原因。依据妇好墓一件有羽翼形玉人（图二七）四肢之菱形花纹的苍龙方向看，神祖上肢的苍龙应该是升龙但是其首应该下降。妇好墓还有一件有羽翼的玉人（图二八）下肢和腰有火字形花纹的苍龙，上肢是夔龙。我们知道，在以阴阳龙或者龙虎等表现赋能、修炼阴阳成神灵以及在阴阳抟精的概念下，与龙虎或者阴阳龙组合的可以是神祖，这有小双桥铜构件等诸多材料为证；还可以是商王等人，这可以侯家庄1001号王陵龙虎车舆和西北岗1500号王陵南墓道的石雕龙虎牛之车为证[34]。更早的证据则是濮阳西水坡45号墓葬了。总之只要是修道之人，理论上都可以表示为与龙虎组合，只是其时与龙虎、苍龙或者虎组合者，一般都是高级别的神祖、王者、将军[35]、贵族、巫师、神鸟图腾等。石峁文化的马如龙和黄牛首组合的石雕表明，与马如龙组合的有黄牛图腾，该氏族图腾代表的应该是石峁的氏族，从其以西来的黄牛为图腾看的话，该氏族与西方有关。马篙图像表明，与标准化饕餮组合的也可以是马如龙，即是马如龙唾、散精气也可以动物化为标准化饕餮。因为其时一般龙虎、阴阳龙、马如龙、神鸟与人形、图腾等组合表现的都是高级别者，基本都是神话巫术意义上的修炼并即将或者已是修仙得道者了。《道德经》第三十九章云："昔之得一者：天得一以清，地得一以宁，神得一以灵，谷得一以盈，万物得一以生，侯王得一以为天下正，其至也，谓天毋已清将恐裂，地毋已宁将恐发，神毋已灵将恐歇，谷毋已盈将恐竭，侯王毋已贵以高将恐蹶。"所以对于人们而言，得道是多么重要，失道的又多危险。这也是诸多祭祀、用兵、礼仪之器和遗址遗迹以造型、图像等表现主人有道的重要原因。《甲骨文合集》之28111有一个特殊的字，很利于理解这个问题。该字是帝字上端有虎首形，全句为"其方帝、燎郊土，叀牛"，是禘四方和燎郊中土的祭祀占卜，相当于诗

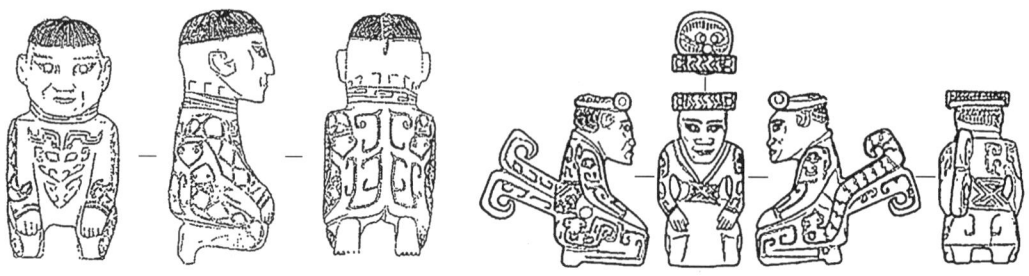

图二七　妇好墓出土玉人　　　　　　　图二八　妇好墓出土玉人

经的"以社以方"，这表明甚至上帝也会表现其与道
的联系。从天文学认知看，因为上帝呼应或者相当于
太一、呼应北极星、呼应太极和混沌[36]，自然天北
极呼应道家之虚无和有无相生，即是所谓的道。这也
为论证道生一、太一、天极、璇玑和上帝这些概念之
间的逻辑问题提供了天文学背景。更是为玉璧之穿有
抟阴阳成精并有固本作用提供了早期的重要证据，也
为蹲踞式神祖、神人[37]以及与龙虎、龙、虎构成组
合中的人、神等，同天北极和上帝之间建立起以道为
中介的联系，甚至是家族式的联系。西周以来逐步出
现和规范的天子、东宫太子、龙子等概念即与这些图
像有关。所论弗利尔美术馆藏这一兕觥之足的人形图

图二九　弗利尔美术馆藏兕觥局部

像，若参照该兕觥耳朵的神鸟为鸮（图二九）并为有阴阳性的苍龙[38]所食即传递能
量的情况看，由于图腾与神祖呼应，这表明该兕觥之足的人可能即是詟，呼应震卦为
苍龙为足。该兕觥之足的詟不是为苍龙所食，却是由标准化饕餮所食，这表明两种组
合的意义基本是一致的[39]。尤为特殊的是，该兕觥中为标准化饕餮所食的神祖四肢为
火字形花纹的苍龙，从图二五：1可以明确看到，该标准化饕餮是阴阳苍龙抟成之精
气的动物化，其食神祖，即是传递精气给神祖并表明神祖修炼等。这种标准化饕餮食
神祖的现象少，但是商代确实存在。泉屋博古馆藏铜鼓神祖詟首有标准化饕餮羽冠特
征，更是以另一种设计无意地体现了这一现象。所论弗利尔美术馆所藏这一兕觥之神
祖詟之首为标准化饕餮所食，也即是表现传递能量给神祖并以之修炼的，不过神祖四
肢还有火字形花纹的苍龙，即是神祖也以苍龙位于四肢的方式表现其获得苍龙的能量
和助力修炼的。本质意义上，标准化饕餮赋能和苍龙赋能应该是性质基本一致的能量。
这是因为标准化饕餮主体是苍龙唾、散精气的动物化。即使是神鸟、虎、牛、马所
唾、散精气，依然与苍龙唾、散之精气本质意义上都可以视为是基本一致的，基本都
与龙精可以建立联系。神祖等一般是与龙虎、龙、虎各自组合的，像这种以标准化饕
餮、苍龙和神祖的组合少见。标准化饕餮一般是表示精气的，其是阴阳所抟之精气的
动物化，本身并不直接表现阴阳，只有运行、组合时才显示。这种标准化饕餮食神祖，
与商代一些白陶罍的标准化饕餮食蹲踞式神祖构图基本一致，只是白陶的这种图像中，
神祖首一般不显示，并且有的蹲踞式神祖简化为曲折线条了。神祖图像之首有标准化
饕餮的元素，也表现了神祖本质与标准化饕餮是精气动物化这一本质之间的身份、角
色的联系，因为龙虎或者阴阳龙所食神祖、图腾神鸟等本身即可以视为是抟阴阳的丹

炉，或曰即是精气的另一种形式的化身。像泉屋博古馆所藏铜鼓的蹲踞式神祖訾身份可能一样的大洋洲青铜双面有两个獠牙的神祖訾之羽冠都有标准化饕餮的元素，大洋洲的神祖訾还以柱子的首圆下方表示其与天地阴阳和之精气的联系，同时表示沟通阴阳、天地。另瑞典远东博物馆藏一件商代石鬲之蹲踞式神祖訾之首的造型亦是标准化饕餮（图三〇），其与标准化饕餮食神祖表达的意义基本是一致的，并同样表明了神祖具有标准化饕餮的角色赋能，获得了阴阳苍龙或者龙虎之阴阳所拎精气的能量，同时也表现了氏族神话叙事中该神祖的修炼和得道成神灵的内容。神祖与龙虎等的组合，除了一般的赋能，实质上还是一种修炼的表达，现实中没有苍龙白虎如此的随行，不过神话和巫术会有这样的叙事，古人也有同构、全息于宇宙的修炼意识，艺术中则有体现，阴阳、龙虎、心肾交往的丹术就是这样形成的。晚期道家文献和神通中所谓龙虎象征坎离、阴阳、水火、心肾的讲法，实际讲明了道术的具体修炼过程、主要原理，甚至是具体的技术。同时龙虎组合还有一个重要作用，即是表明修炼的阴阳之气实际来自苍龙白虎的能量，并与天上的上帝有联系，与道术有联系。

3.从考古学发现看，也存在苍龙呼应神鸟的案例。商代侯家庄1001号王陵出土不少骨栖之表示"雷出地奋"场景的图像中，地面之上有的是阴阳苍龙（图三一：1），有的一面为苍龙系的夔龙，另一面则是较自然的神鸟造型（图三一：2），并且有的神鸟同样有表示苍龙能量的火字形符，这显然表明这一场景中神鸟和苍龙功能基本等同。尤为重要的是，不少骨栖图像中，有一种是与离火形（或曰囧火纹）组合并以神鸟为首的龙形或并长尾神鸟形[40]，整个造型可以说是神鸟与龙的完美统一，或者讲是一只蕴含龙形的长尾神鸟（图三一：3）。其周身具有的离火形即囧形，显然即是其唾、散的精气。可以理解为其是具有苍龙特征的神鸟之精，因为文献中神鸟与雷是高度呼应的，而雷又可以理解为是苍龙之精气的震雏、散发，所论商周时期弓形器的图像有利于证明之。从这些弓形器的图像中，可以明确证明神鸟和苍龙都可以唾、散精气为标

图三〇　瑞典远东博物馆藏商代石鬲
（图像为有标准化饕餮特征的蹲踞式訾）

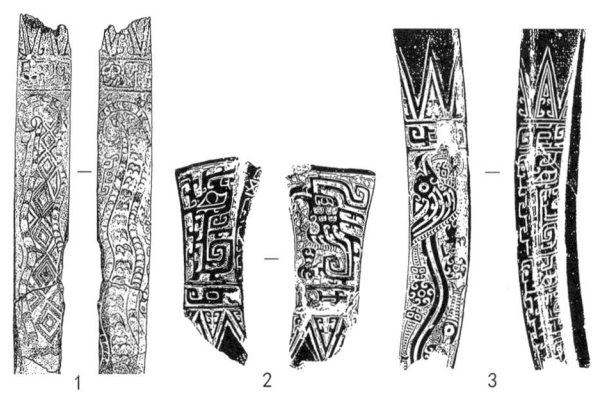

图三一　侯家庄M1001出土骨栖

准化饕餮，尤其从章乃器捐赠的那件苍龙形神鸟纹弓形器图像看，更证明神鸟唾、散之精气即与来自苍龙大火星的精气和雷都可以呼应。并且这些弓形器图像中的离火形，确实可以是苍龙之大火星、苍龙、神鸟甚至是虎所唾、散精气的造型。

4.商周时期的标准化饕餮旁，有的即是一种长尾巴神鸟。这些长尾巴神鸟和鸟首苍龙的构图元素，可能包括有绶带鸟元素。商周时期一般牺首[41]旁的动物，不少与以鼻子代表的标准化饕餮旁的动物基本一致，像龙、神鸟等，有的还有多个。所以林巳奈夫等学者认为这些鼻子代表的动物与牺首是一致的，实际是不正确的。

从牺首的具体特征和有的完整造型看，商周时期青铜器、白陶器的牺首有的是苍龙首，有的是虎首，有的是马来貘首、有的是牛首[42]、羊首[43]，有的是有饕餮羽冠的象首等。除了牛首者有的若完整是牛身，虎首者若有其身者有的是虎身，其他情况下牺首动物有其身者基本是苍龙身。其保持无身的牺首形时，除了独立存在的，一般和神鸟、鸟首龙、夔龙、鹿角柄的苍龙等构成组合。其中牺首为虎首复原也是虎身者，其和夔龙、鹿角柄苍龙等苍龙系组合应属于对称的龙与牺首之虎构成的龙虎阴阳组合，若在标准化饕餮上端，则标准化饕餮可以视为是龙虎阴阳抟精气的动物化。若本身是夔龙首，只能认为其与对称的苍龙、夔龙、神鸟等构成一般的装饰型组合，即使是夔龙牺首与神鸟的组合，由于这种神鸟具有苍龙的功能，仍应视为是装饰性组合[44]，至多还有加强表现有关功能的意义。有的牺首，旁有夔龙，但是与该牺首的组合似乎又像是一个首有牺首的标准化饕餮，整个标准化饕餮整体性和高耸的额头似乎是隐含其中的。这估计是一种特别表现的特殊图像，既有夔龙对称苍龙首，又隐含表达标准化饕餮额头有牺首。有的牺首还食神鸟首，皿方罍的牺首最为明显，其旁的夔龙对称于牺首，占据了非常明晰的位置。

妇好墓的鸮尊有简易化饕餮与神鸟的连接组合，意义可能也是这样[45]。若为龙虎组合，则这一组合本身是抟阴阳成精气的意思。

牺首与夔龙、神鸟等的组合或者单独出现于标准化饕餮的上端或者额头上，除了表现丹术的内容，其中重要作用之一即是表明该标准化饕餮与其也构成苍龙系唾、散之精气或龙虎组合抟阴阳以成精气并动物化为标准化饕餮的意思，与一些卣之系为苍龙，并位于标准化饕餮首或者额头的现象是基本一致的。有不少这样的标准化饕餮本身还有对称的夔龙、神鸟等，即本身图像组合也表现了夔龙或者神鸟唾、散精气动物化为标准化饕餮的意义。这种情况表明唾、散精气为标准化饕餮的苍龙系造型在同一件器物中可以有造型区别，这正好体现了龙变的神通，同时增加了艺术性。这样的图像自然同样表明特殊神鸟唾、散精气为标准化饕餮（或者省略为鼻子）是一种常见现象。

图三二　商周青铜器的饕餮及神龙、神鸟图像

此外，商周时期青铜器图像中与标准化饕餮组合的对称神鸟，除了脖子有火字形[46]（图三二：1）和翅膀有苍龙系的龙蛇、神鸟等特殊特征外，还有少数饕餮旁的对称神鸟与苍龙组合，并且有的构成"苍龙食神鸟"形式（图三二：2）。翅膀拟合有苍龙或者有苍龙精气散发所化的神鸟以及苍龙食神鸟的造型，本质意义上都是表现赋予神鸟以苍龙能量，并特别标识该神鸟能量主体是来自于苍龙之精气。有的标准化饕餮（或者代表其的鼻子）的对称神鸟有鹿角柄或者鹿角柄上端还具有以离火或者眼珠子为中心的多角形即雷符，都是利于证明这种神鸟是具有龙精之能量的，而不是林巳奈夫等多数学者认为的是龙乘神鸟或者是龙在神鸟帮助下飞升的意思。若其腾飞还以神鸟托运，这样的龙哪还有帛书《二三子问》所谓的龙德呢？

有的神鸟，其身的图像中有部分拟合其形的蝉身饕餮。这样的蝉身饕餮，多数是简易化饕餮，少数是标准化饕餮。像泉屋博古馆藏的一件青铜鸮尊之图腾玄鸟鸮（图三三：1），其翅膀有苍龙，脖子有火字形表现的能量，其负载即是蝉身标准化饕餮。还有耶鲁大学艺术博物馆藏的一件鸮尊的蝉身饕餮也是标准化饕餮。但是侯家庄1001号王陵石鸮的蝉身饕餮却是简易化饕餮，妇好墓的鸮尊同样是蝉身简易化饕餮。妇好墓的一件跪坐有羽翼的特殊玉人和侯家庄1001号王陵的鸮首神兽面元素构成的石神祖等，也有蝉身简易化饕餮。商代的青铜器、骨雕图像中蝉身标准化饕餮不少，夔龙组成的蕴含蝉身的简易化饕餮也不少。蝉身标准化饕餮，实际是精气两种动物化形式的组合，蝉身简易化饕餮，实际可能由于蝉与神明甘露的精气有关，所以把蝉本身视为是可以唾、散精气的一种生物了，其与简易化饕餮组合，正好都属于唾、散精气的生物，就像一些神鸟首的苍龙一样。自然也可以理解为代表精气或者雷的蝉与简易化饕餮象征的苍龙组合，实际也属于宏观的同类生物元素组合，因为苍龙唾、散精气，从妇好墓的青铜缶来看，是可以生物化为蝉的。对于与蝉身简易化饕餮、蝉身标准化饕餮都有组合的鸮来看，意义可以融合。注意，古人对于蝉非常关注，从石家河文化以来，其往往在中原三代以前的文化中具有重要地位。蝉与道家有密切联系，《荀子》等记载蝉"饮而不食""居高食露，精洁可贵"。《类编长安志》中记载汉武帝筑神明台立铜仙人铜盘承甘露饮以延年。其台为神明台，依照郭静云对于神明早期意义的正确理解，其即为天地阴阳和之台，呼应甘露本身具有天地阴阳之精的意思。蝉与雷关联密切，由于其长期生长于地下，又夏鸣于树枝，所以其又与地下之雷、代表生机的木都可以联系。这与标准化饕餮本身为精气尤其是苍龙之精的动物化表达是一致的，与简易化饕餮本身归属于苍龙、苍龙现生机现、震雏为雷、苍龙降则雷沉等概念密切相关。保利博物馆所藏的先方彝，其中有象鼻子苍龙对称于蝉构成组合（图三四），这表明其时存在苍龙唾、散精气生物化为蝉的概念，若泉屋博古馆藏铜鼓的玄鸟鹗与蝉的组合类似，其是表示玄鸟鹗唾、散精气生物化为蝉的意思，与甘露即神明之和的精气是呼应的。这样泉屋博古馆藏铜鼓之誉的蝉身（同时拟合玄鸟鹗身）、阜南月亮河龙虎尊之神祖誉的蝉身（同时拟合玄鸟鹗身）、三星堆文化龙虎尊神祖[47]同时拟合神鸟身的全蝉形身（图三五），既以蹲踞式等表现了其与图腾神鸟的关联，又以其融合的有火字形花纹的蝉形身表现了其与蝉的联系，即是与神明之精气的融合，或者是与具有这种唾、散精气能力的蝉[48]的融合，并可能获得雷的神通和具有蝉蜕复活再生成为神灵的异

图三四　保利博物馆藏商先方彝

图三三　商周青铜神鸟尊

图三五　三星堆文化龙虎尊神祖的全蝉形身

能。蝉在商周时期是一种常见符号，经常以其身[49]作为标准化饕餮之身，不少夔龙、鸟首龙的组合图像中也会蕴含有蝉形。经常还用这种造型和完全图案化的蝉形符号表现地下的雷和象征地表之下，即是代表地奋的土地之下。蝉龙身标准化饕餮或者简易化饕餮，成为商周时期饕餮纹中龙身、牛身、鸟身饕餮之外的另一种饕餮，并且是标准化饕餮和简易化饕餮都有。

总体看来，由于蝉可以视为是苍龙、图腾鹗所唾、散精气的生物化，自然与标准化饕餮具有类似的特性，同时其还作为地雷的代表，有时也可以表示地上之雷的象征，所以这表明拟合蝉身或者整个蝉形的标准化饕餮、简易化饕餮、蹲踞式神祖，有时与雷、精气都可以建立联系，这与雷本是阴阳和之精的认知是一致的。

中国国家博物馆所藏的一件南方商代象纹青铜铙，其正鼓是简化的以云纹表现的标准化饕餮，其额头有一蝉，非常利于表现其具有精气和雷的意义，与标准化饕餮本身化自精气并呼应正鼓从而表现雷的意义是一致的，因为雷同样是阴阳和之气的表现。蝉位于标准化饕餮额头的还有几个案例，不过不多。这一构图与苍龙位于标准化饕餮、虎、鹿等神兽、神祖、神人额头的意义有所联系，即是从经络关隘赋予能量、助力修炼，同时标志高耸额头是符合道术的构图。位于额头的苍龙，有的有菱形、有的有火字形花纹或者两种花纹都有，或者有鹿角柄，尤其是司母辛兕觥的该龙还与火字形花纹的虎构成龙虎经典组合，更表明各种饕餮神兽人首额头龙或者单独的牺首属于苍龙无疑，也利于表明我们关于标准化饕餮额头非虎的牺首属于苍龙及其具有特殊意义的认识是有更多的参照依据的。

象是一种特殊的动物，从花园庄东地54号墓方彝四足之象负载离火形的现象看，其可以相当于盉驹尊、苍龙、猪等负载大火星，即象可以呼应苍龙。变形的象组成标准化饕餮、简易化饕餮，或者标准化饕餮有的有象鼻子，或者有的简易化饕餮的苍龙采用象鼻子和象牙造型，都表明象可用于增强表现苍龙生机和苍龙精气动物化的表现力[50]。

中国国家博物馆所藏的这一象纹铙的正鼓有两只象打架的造型，以形象的造型拟合表现正鼓的雷音。该铙的铭文也是以象为族徽的，这表明其氏族与象有联系。正鼓以象表现雷音，也有可能融合了氏族族徽。就像泉屋博古馆藏铜鼓图像中，商人以玄鸟唾、散精气并生物化为蝉一样。象本身有时是桀骜不驯的，《史记·五帝本纪》中舜之弟象，即是这一特点的表现和拟合。象还有位于铙之旁鼓的，同样是由于象可拟合苍龙以及象的性格较为拟雷的这一特征。这个象打架与标准化饕餮重合位于青铜铙正鼓，更利于证明标准化饕餮有呼应雷的现象（图三六）。同时，肖家屋脊文化以来，蝉已出现可以视为是精气，并且可能还有表示地下之雷的象征意义，这表明标准化饕餮作为苍龙或者神鸟所唾、散精气，即照应太极混沌之义的阴阳属性之精气，有时还可

以表现雷的含义。图三：5②的标准化饕
餮首有以多角离火形表示的雷形也是重要
证据。毕竟雷是阴阳和之精气的认识起源
很早，甲骨文中即有雷与神鸟震雏有关的
记载。肖家屋脊文化的神鸟图腾鸮不少都
是吭有一横表现震雏之神鸟。半坡文化以

图三六　国家博物馆藏铜铙局部

来的鱼鸟图，有的即若泉屋博古馆藏铜鼓之蹲踞式并有羽翼的神祖罟和鱼的组合一样，
表现生殖崇拜的阴阳和之意，其中新石器时代鱼鸟图之神鸟可以对照蹲踞式罟，鱼呼
应的是铜鼓中的鱼，这样鱼鸟图中的神鸟也有呼应震卦的意义，鱼鸟图组合即可以视
为是震卦与兑卦、巽卦的组合。泉屋博古馆藏铜鼓中蹲踞式神祖罟与三条鱼组合，其
中与简狄、建疵两条鱼的组合，可以解读为震卦与巽卦、兑卦组合，场景是雷泽，以
鼓、鱼、苍龙等来表现雷泽的特征，以玄鸟鸮来表现春分的时节。

　　商代诸多神兽，在震卦为足、震卦为龙的易理认识下，往往在动物四肢刻画小的
苍龙[51]，佣国墓地的两只马来貘之前肢还有苍龙和离火形（或曰囧火纹）的组合，表
现的正是"苍龙吐火"即唾精气的场景，自然还是表明从其足赋予马来貘以能量的意
思，与震卦为足为胫骨的易象同样是一致的，并符合经络学认知。但是也有一些四肢
动物的四肢图像是神鸟形的[52]，像著名的四羊方尊[53]（图三七）、扶风县庄白村一号
窖藏出土的西周象尊等。这同样表明苍龙与某些特殊神鸟的高度关联，这些神鸟往往
具有苍龙的功能。林巳奈夫曾经认为，有的标准化饕餮旁的神鸟方向不向着标准化饕
餮，是来自河姆渡文化的特征，并把这一条作为标准化饕餮具有太阳神性质的重要依
据。实际上不可能这样解读，否则无法解读有的苍龙、夔龙以及方向对立的神鸟对称
于标准化饕餮或者其鼻子的现象。有的翅膀有苍龙的神鸟，像叶家山西周曾侯白生立
鸟盖悬铃铜罍盖纽的神鸟，翅膀有火字形花纹苍龙，
自身也有火字形花纹。这样的神鸟位于盖纽，按照
我们已有的论述，其功能相当于夔龙等苍龙，其位
于盖纽，也应是呼应天中抟阴阳成精气、帝出万物
于震卦即苍龙的原因。就像诸多青铜钺的中心有C
形苍龙或者回首苍龙一样。尤其是羊子山铜罍盖纽
的对鸟，与曾侯白生立鸟盖悬铃铜罍盖纽的神鸟一
样，都是翅膀有苍龙，本身有火字形花纹，其与图
一之对鸟构图高度一致[54]。夏家店下层文化有彩绘
的火字形花纹的苍龙位于盖顶，商周时期有诸多菱

图三七　四羊方尊上的神鸟

形花纹、火字形花纹或者两种花纹都有的C形、"の"字形苍龙位于盖纽，还有盖纽为离火形精气，并且有的围绕苍龙。叶家山西周铜罍的这种两只神鸟位于盖纽和一只神鸟位于盖纽，自然利于证明神鸟对称者和神鸟本身呼应抟阴阳成精的天极，也呼应帝出万物于震即苍龙，自然也利于论证图一之鼻子代表的标准化饕餮为精气的动物化之特质。

综合这些依据可以认为，标准化饕餮旁对称神鸟应该与苍龙密切相关，具有苍龙相应的功能。那么这些神鸟与标准化饕餮组合的意义主题又是什么，我们已有所言明，现予以论证。

商周时期在标准化饕餮旁的对称神鸟，首先应该是器主崇拜的神鸟，但不一定只是图腾。这样的神鸟，翅膀有时会有苍龙系的龙蛇、神鸟或者鸟龙。由于翅膀可以视为神鸟的上肢，即也可以视为足，所以翅膀有苍龙或者有与苍龙密切相关的神鸟，是符合震卦为足、震卦为龙的易理的，也是修炼阴阳、赋能角色、助力真气能量运行的经络文化的表现。这样的案例很多，像妇好墓鸮尊、泉屋博古馆藏鸮尊[55]（图三三：1）、保利博物馆藏倗国墓地出土的神鸟尊[56]（图三三：2）、佳士得拍卖行的神鸟尊（图三三：3）、英国白金汉宫旧藏商代苍龙食鸮尊（图三三：4）、泉屋博古馆藏兕觥上端的神鸟造型（图三三：5）等。尤其是妇好墓鸮尊、泉屋博古馆藏鸮尊、白金汉宫旧藏苍龙食鸮尊之神鸟为玄鸟鸮，其不只是商人崇拜的神鸟，还是商王氏族的玄鸟图腾。由于这类神鸟的功能也是可以呼应苍龙的，所以更是表明了图腾、苍龙之间的联系。其实天命玄鸟降雷泽而生商，从泉屋博古馆藏铜鼓看（图三八），玄鸟鸮为玄鸟氏图腾、神祖誉为玄鸟鸮图腾元素、标准化饕餮和玄鼋、蛙鼋、胎儿[57]甚至是苍龙S形和利于阴阳和的昆仑三层等多种元素、概念的组合，神祖获得降临雷泽的鱼尾苍龙的能量，神祖有标准化饕餮的羽冠等，显然即有与鱼尾苍龙之精融合的概念。该蹲踞式羽化的神祖誉之蹲踞式是其名字的由来，甲骨文中有表现。由于历史上误读该蹲踞式造型为甲金文以来的中爻、俊字，所以帝俊出现了，逐步出现了另一个神灵。该蹲踞式神祖誉的羽化上肢有两条简易化的夔龙，即是位于该神祖上肢或者翅膀的，与一般神鸟翅膀有小龙和虎食人卣神祖誉四肢有小龙意义基本一致。这些特殊造型表明神祖誉、图腾玄鸟鸮从四肢之龙苍龙系获得了苍龙之精气是无疑问的，同时也表明了古代修炼文化与巫术的内容。商代虎食人卣底端苍龙与鱼所代表的简狄、建疵构成阴阳、卦象组合，与整个虎食人卣的虎、龙和蹲踞式帝誉神祖、图腾玄鸟元素之组合及其表达的神诞神话主题是一致的。其中的蹲踞式神祖帝誉之蹲踞式，即拟合玄鸟造型、苍龙的S形，甚至还有蛙鼋[58]、玄鼋和符合道家文化希望修炼的胎儿之造型[59]（图三九），与整个虎食人卣的虎、苍龙、龙蛇和蹲踞式帝誉神祖、图腾玄鸟元素之组合参照，更能

图三八　泉屋博古馆藏青铜鼓上的纹饰　　　　图三九　泉屋博古馆藏虎食人卣

表明图腾玄鸟、氏族始祖、神祖和苍龙以及雷泽之间的联系。同时还可以表明各种翅膀有苍龙或及神鸟现象所表现意义的复杂性。尤其是图腾神鸟翅膀有苍龙系，更利于表明图腾本身的氏族子孙繁衍的能量，有获得听命于上帝的苍龙之能量[60]。至于图腾本身，从玄鸟氏看，其本身来自少昊系，具有氏族来自太阳的信仰，所以该图腾神鸟本身还具有太阳的能量，这样苍龙白虎阴阳和或苍龙阴阳和的能量，连同太阳的能量，即成为宇宙最为重要的生产力，以之繁衍子孙，则子孙繁盛，世代永葆，并与苍龙、天帝建立起家族式联系，同时得道成神灵，与天地合气德，与日月合其光，与四时合其象，并具有合道的异能和治理禀赋等。

　　能证明翅膀有苍龙的神鸟有的为图腾的材料还有不少，值得予以论及的是弗利尔美术馆原藏的一件青铜簋（图四○），其耳的构图可以视为两段：一段内容是嘴巴有火字形符[61]的兽面苍龙食神鸟[62]，另一段是翅膀有苍龙的神鸟立于人面。这一神鸟即是图腾，从具体特征看应该是长耳鸮，综合商周时期这类图像则可以认为其可能是玄鸟氏图腾鸮，于是该人首即可能是西周早期商人制作器物所表现的其来源氏族的神祖帝喾[63]。

　　商代有的神鸟翅膀之龙，其龙身的花纹有几种情况。一种是具有菱形花纹的同时还在前端具有属于表现清阳之能量的火字形花纹[64]，像妇好墓鸮尊（图四一）；另一种只有火字形花纹或菱形花纹，这是苍龙龙身重要的一种花纹。泉屋博古馆藏青铜鼓位于神人之足的苍龙有鱼尾，这与苍龙可以生活于水有关，同时亦与鱼喜生产、鱼化龙之认识有关。从侯家庄1001号墓葬有的骨柶图像看，鱼还可以表现苍龙所唾、散精气之羽化的部分。商代诸多鱼形龙或者鱼尾苍龙利于证明这一鱼尾龙构图的合理性和鱼在此的主题意义。同时该铜鼓的苍龙之身是以菱形花纹为主，首为火字形花纹[65]，其并吐舌，若图三：3一样，这些造型特征实际是表示唾、散精气传递能量的。苍龙、

图四〇　弗利尔美术馆原馆藏西周青铜簋　　　　图四一　妇好墓鸮尊翅膀上的苍龙

营之足有火字形花纹以及鱼鳞拟合火字形花纹，都表明能量在苍龙、神祖营、鱼之间的连续传递。

纽约大都会艺术博物馆收藏的一件商代兕觥（图四二），与玄鸟鸮、代表简狄的鱼组合的苍龙也是菱形花纹。同时该青铜器中菱形花纹苍龙附近还有虎，其方向向着器物的耳朵，但是其与菱形花纹的苍龙依然可以构成常见的呼应阴阳坎离水火心肾并抟阴阳成精的龙虎组合，连同该兕觥中图腾鸮翅膀的苍龙一起，共同赋予玄鸟鸮以精气能量，同时表示神话叙事或巫术中，玄鸟鸮图腾似人形神祖营一样，经过修炼并得道成为神灵。这一虎既然向着耳朵，自然还是另一个组合中的一员，即其还与该兕觥之耳造型中的神鸟、食图腾神鸟的苍龙，构成常见的龙虎图腾神鸟之经典组合。其中虎势上升、龙势下降，是由于坎自降火自升，若水火交往，则虎升龙降方可。这样的图像显然表现了神诞、修炼神话和巫术的内容，以及龙虎造型位置呼应坎升离降、阴阳肾心水火交往的内容。还表现抟阴阳成精气赋予图腾、图腾修炼得道成为得道神鸟等与神话、巫术有关的内容。可能还表达了处于上离下坎的未济阶段以及期望修炼到既济甚至是坎离变化以成先天乾坤的道家意义和历练的人生哲学。这个兕觥的龙虎组合和小双桥青铜构件龙虎蹲踞式神祖、妇好墓钺的龙虎人首、虎食人卣之龙虎人等组合是一种模式，与濮阳西水坡45号墓葬龙虎人组合遥相呼应。这提示我们，与龙虎组合的人、图腾等，都有以天中抟龙虎阴阳成精、固本的概念，都有升天至于天中、天地人神图腾同构全息的初步文化思维，都蕴含着若道家文献所谓的"修炼得道"或若西周以来强调的"获德"，从而以应上帝之命或者天命的精神信仰。

新石器时代以来尤其是商文化中的龙虎、图腾神鸟、男神祖营、代表女神祖的鱼这几者组合中的龙虎，如阜阳月亮湾龙虎尊、三星堆龙虎尊（图四三）、虎食人卣、小双桥装饰有龙虎蹲踞式帝营神祖组合图像和代表龙虎阴阳和之精精气动物化的标准化饕餮图像的青铜构件（图四四）、妇好墓装饰有龙虎和神祖帝营首组成图像的青铜钺等

图四二　纽约大都会艺术博物馆藏商代觥觥　　图四三　三星堆出土　　图四四　小双桥铜构件的龙虎
　　　　　　　　　　　　　　　　　　　　　　　　　龙虎尊　　　　　　　　　食人图像

（图四五）[66]，若所论大都汇博物馆藏觥觥之
龙虎神鸟组合的造型一样，其中龙虎的头向
和排列是有学问的。其设计一般按照龙虎呼
应坎离、水火、阴阳、心肾之象的规则，以
呈现既济或者未济之卦象表现修炼历程和人
生启示为造型，以表现呼应阴阳、水火、心
肾的龙虎交往、赋予能量、子孙繁衍、修炼、
得规矩成神仙、获得神通和异能等为基本思
想。其中的神祖或者图腾神鸟成为抟炼阴阳
之气成精的获得者或者若丹术中所讲的丹炉、
太一紫房，自然也表明其时神话和巫术叙事
中图腾神鸟或者神祖初步的修炼成神仙概念

图四五　妇好墓出土青铜钺

了。这其中妇好墓青铜钺龙虎和神祖首图像组合更利于理解这一问题。该青铜钺之图
像并不是大家认为的只是虎食人首图像，实际虎旁还有一个小龙图像，并且虎首势上，
龙首向下，构成离上坎下、离势下坎势上的形式，正是从未济到既济的过程，也是丹
术中坎离逆炼到乾坤、从现世返璞归真的过程，即是从后天到先天的一个过程。这正
反映了神话和巫术叙事、作法过程中表现人首代表的蹲踞式神祖即帝喾修炼以至于得
道的内容。尤其是该图像组合位于钺，由于斧钺拟岁即回归年，于表现神话和巫术阶
段的修炼而言，与濮阳西水坡45号墓第2幅图有基本一致的功能。其表示该神祖全息
于天地宇宙，天地人合一，生气通天，以一个大周天与一个回归年全息呼应。这一修
炼呼应了晚期道家文献中所载的包括大周天在内的内丹术功夫，表明依照神话和巫术
叙事、作法主题，该神祖成为得道的超凡脱俗、返璞归真的神仙了。在巫术盛行的时

代和早期丹术文化阶段，即是说具备神灵之质、诸多德行和巫术法力了。由于斧钺拟岁和玉璧，则其穿拟合天中，呼应的有北极、极星、上帝，或曰类似晚期的太一神等，所以与马王堆帛画之玉璧一样是抟阴阳成精并固本的，这与标准化饕餮为精气的动物化之认识是一致的。该标准化饕餮即是以龙虎代表的阴阳为该钺之穿所抟形成的精气动物化造型。由于钺之穿还可固本，所以由龙虎阴阳所抟精气会固本并传递给神祖啻，其全息天地阴阳，三才合一，呈现炼虚合道的丹术层次。斧钺之穿即有天极和道的象征，神祖啻首位于钺之穿，即是表现其可以获得阴阳之精、固本、修炼至于炼虚合道成神灵并可至于天中帝庭的意思。

同时该神祖啻为首，其复原形式一般是蹲踞式的，即是拟合鸮、蛙黾、苍龙S形、胎儿形的。尤其是该蹲踞式拟合三层台，属于上海博物馆藏战国竹简的玄丘之沨、《列女传》的玄丘之水、《天问》的瑶台、《吕氏春秋》的九成之台，实际即是昆仑台。考古学发现良渚文化的三层之台是典型。这些地方同样是天地之根，是阴阳和之地。《淮南子·坠形训》记载："山为积德，川为积刑，高者为生，下者为死，丘陵为牡，溪谷为牝。""土地各以其类生，是故山气多男，泽气多女。"其原理即可以用来理解雷泽、玄丘之水、九层之台、青丘等的阴阳和之性质。历代圣人、神人多言其生于雷泽有关的地方，实际即是这种昆仑台附近的区域。在古代，所谓的昆仑之地、雷泽是类似的，所以借助山泽通气的认知，其是利于阴阳之和的地方。有的文献关于瑶台、九层之台等没有讲到周围之泽，实际是省略了。《淮南子·坠形训》所载"何谓九薮？曰越之具区，楚之云梦，秦之阳纡，晋之大陆，郑之圃田，宋之孟诸，齐之海隅，赵之钜鹿，燕之昭余"即是重要证据。《九歌·河伯》云："乘白鼋兮逐文鱼，与女游兮河之渚。"《国语·越语下》亦有载："鼋龟鱼鳖之与处，而鼃黾之与同渚。"今人多以为《九歌》各篇中表现人神恋爱的内容颇多。据考此篇可能是记叙河伯与洛水女神前期相恋之事，"乘白鼋兮逐文鱼，与女游兮河之渚"，其中之渚即是洲，即《诗经·国风·关雎》中的在河之洲，即是像雷泽之地，整句话是比喻河伯与洛神之恋，遵循的同样是雷泽生殖崇拜文化。二里头文化菱形花纹的苍龙所唾龙齑化为玄鼋、商代时苍龙和鱼等的组合尤其是玄鼋作为青铜盘、斧钺中心图像的出现并可以和虎、图腾神鸟、鱼构成组合的现象，无疑是重要的考古学证据。这些现象无疑表明为何神祖啻等新石器时代以来的神人不少采用蹲踞式具有的一方面的重要意义。

濮阳西水坡45号墓之人位于天极、极星区域，与妇好墓这一青铜钺之位于其穿的神祖啻比较，也有类似的意义，只是其并非蹲踞式。不少商代的斧钺之中心有一条苍龙，与穿构成龙围绕穿的造型，其中龙为苍龙，其穿有的为离火形，显然是表现斧钺抟阴阳成精气的意思的。这与商代的一些青铜盘中心为负载离火形精气或者多个圆形表示唾精的黾之之意义相似，与一些白陶罍盖子的菱形花纹苍龙围绕一个离火形盖纽的图像意义也是基本一致的。有的斧钺如五郎庙出土商代铜钺之穿，有负载离火形精气的玄黾（图四六）[67]，还有的斧钺之穿是离火形即精气的绿松石图案[68]，埃斯肯纳齐韦钺有苍龙和玄黾围绕斧钺之穿，这些都是斧钺之穿抟阴阳以成精气、固本的重要证据。

郭家庙出土"曾白陭"铜钺（图四七），钺铭为"曾白陭铸戚钺，用为民刑，非歷殷刑，用为民政"，意思是曾白陭作戚钺，用来治民刑、行政令，代表国君权威。中山王䜌钺（图四八）铭曰"天子建邦，中山侯㤅。作兹军钺，以敬氒众"，意为中山侯受命于周天子，其威严众人不可侵犯，自然也是表现国君权威的。有的学者认为，钺铭表明春秋时期中国个别地方从礼法合一开始转向政刑合一。实际上，这一时期，只是更为注重现实的问题。至于君主权威以斧钺表现是很早的事，至少新石器时代的古国阶段即是。《逸周书·明堂》记载："天子之位，负斧扆，南面立"。《仪礼·觐礼》记载，"天子设斧依于户牖之闲"。郑玄注："依，如今绨素屏风也，有绣斧文，所以示威也。"这些文献描述的是西周时期的事，早期即有。

为何斧钺可以代表权威？这实际一方面与钺的军事、刑杀功能、象征军权有关，但是更为重要的是，钺与玉璧呼应，与天呼应，与天极和道家的文化呼应，与正朔的历法呼应。其形若岁，拟形北斗，大小岁以呼应大小周天。一方面，其代表的是天道，杀伐符合天道。另一方面替天行道。即是王道，这样做的结果是天下太平，天地有序。良渚文化为何玉钺王有神祖并太阳神以及神鸟的图像，瑶山墓地的玉钺也有神祖并太阳神图像，实际都是表明自己氏族是传承、遵循这种天道、王道的。商代的有些斧钺，把氏族始祖神诞神话图像化，也有这个意义。只是有的斧钺之图像并不是具体氏族的神诞生神话图像，多只是一种象征了。

有柄斧钺似北斗，似青龙牵引车舆北斗，正是新石器时代以来斧钺有龙的核心原

图四六　五郎庙出
土青铜钺

图四七　"曾白陭"铜钺

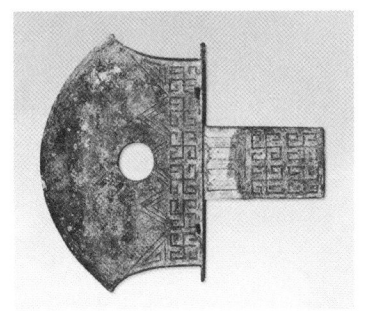

图四八　中山王䜌钺（其卍字形
方向并不都一样，实际是表现阴
阳的天地之气）

因，像半拉山墓地红山文化玉钺，其柄即有苍龙首（图四九）。商周以来一些斧钺的苍龙位于斧钺面，实际也是这一文化的体现。

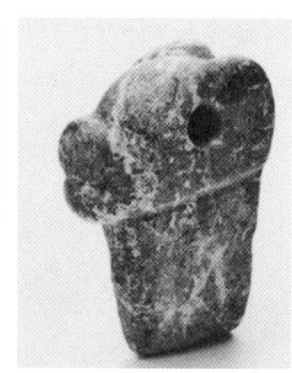

图四九　半拉山墓地出土斧钺玉龙首

▌注释

[1] Carl Hentze，*Die Sakralbronzen und ihre Bedeutung in den fruehchinesischen Kulturen*，De Sikkel Antwerpen，1941。图一为商末周初青铜尊上的饕餮及神鸟纹样，该尊见黄濬编著《尊古斋所见吉金图·卷一》图三十二，台联国风出版社，1976年。

[2] 图一中的这种鼻子形是标准化饕餮的简化，即以鼻子代表的标准化饕餮。往往由于器物面积或者位置次要，用之代表。苏埠屯商墓一件青铜钺之标准化饕餮，其鼻子即是这种造型，这种案例很多。这种鼻子，与有的苍龙像麂首鼻子（上海博物馆藏凤纹父乙觥之盖的一端为麂）印堂位置下端的羽翼造型基本一致，不过两者却有区别。这种鼻子包括饕餮印堂位置上端的额头部分或者讲是山根的高耸。诸多标准化饕餮位于青铜钺中心，呼应斧钺之穿所代表天北极、北极星等的本质，具有抟阴阳之精、固本的意义，这是许多斧钺、圭璋之穿和玉璧、璇玑中心的本质意义。新石器时代以来随葬玉璧可能有的已有这样的作用了。有的斧钺之首装饰的是有鹿角柄的龙，像滕州前掌大墓地的一件商代玉钺就是这样，其中意义之一也应与斧钺应岁应木有关。司马台遗址石峁文化有领玉璧和璇玑的组合，同样表明玉璧和璇玑的中心是呼应天北极、北极星等天中的，表现抟阴阳成精、固本的意义。璇玑之悬臂表示天的运行，由于天道左旋，所以考古学发现的玉璇玑方向应该是左旋。有的这种璇玑和几乎所有玉器的扉牙是表示璇玑等玉器中心散发的生机之炁的，即是道家之道生万物的由来和表现。玉璧、玉玦、有领玉璧、玉璇玑之穿都有天北极等天中的概念，都呼应道家之道的虚合道生万物的本质。其他玉器之穿呼应天北极者，都应有这样的意义。

[3] 即鼻子上端有明显的呈柱子状或羽冠状造型的饕餮，只有少数有变异或者例外。例如妇好墓出土的一件青铜钺，其正面饕餮既有柱子状的额头，又有瓶形的鹿角柄形角，而这种

鹿角柄一般是苍龙常见的。西安博物院藏西周早期勾云纹圆鼎主体饕餮图像也是如此；西周时期淳化圆鼎亦有这样的饕餮首，不过总体还是很少的。标准化饕餮的额头如此明确，与简易化饕餮区别明显，这主要是由于其本质是表示精气的原因使然。精气可以通天，是构成生命和维持生命的基本物质和功能体现的代表，精气的本质是通天一炁。《黄帝内经　素问》："夫自古通天者，生之本，本于阴阳。天地之间，六合之内，其气九州、九窍、五脏十二节，皆通乎天气。""故圣人传精神，服天气而通神明。失之则内闭九窍，外壅肌肉，卫气解散，此谓自伤，气之削也。"另外，鼻子和嘴巴在丹术中可以视为是天地、玄牝，所以鼻子高耸至于额头依然可以表示以之通天，自然还符合丹术其他方面的文化。二里头文化的晚期有少数具有苍龙特征的骨雕神祖，其之羽冠的额头位置即是羽翼表现的通天空心柱子式造型。临朐县朱封龙山文化玉簪子的鸮首也有这样的类似特征，其虽然与标准化饕餮纹的额头高耸并不完全一致，但是在通天方面是相似的。类似内丹术文化较为发达的商周时期，古人对于面之明堂、上鹊桥和泥丸宫的重要性依然保持重视，尤其是泥丸宫对于丹术而言更为重要，其是元神和足太阳经的出发地，所以商代诸多动物都在印堂有菱形，即是拟合神兽、神鸟自然造型，同时更是强调印堂、明堂、泥丸宫的价值。虽然一般的标准化饕餮除了基本都有的表现印堂、明堂、泥丸宫的重要性的菱形（菱形本身也符合面部的基本素描造型），还特别表现鼻子高耸至于额头简易化饕餮或者神兽都表现印堂的菱形，但是标准化饕餮还增加额头山根的高耸，这应该是以这一形式体现精气巡行与泥丸宫的关联和重要性，以及精气通天的本质和功能，相对于简易化饕餮而言，标准化饕餮更强调精气的通天特征和出阳神的修炼特征。

[4] 有时在苍龙周围表示苍龙所吐火气或曰其精气能量散发之气的羽翼造型，也用小龙、蛇、鸟、鱼等来表现，尤其其中的小龙、蛇可以归属于简易化饕餮，即鼻子上端没有明显呈柱子状或羽冠状造型以表现山根高耸的简易化饕餮。有的小龙会有一些特殊苍龙的常见特征，像火字形花纹，但是又不是作为主体的苍龙，所以为了强调这种联系与区别，可称之为是属于苍龙系的龙。青铜器的地纹，有的是云雷纹样，有的是羽翼纹样，两者是有联系的阴阳纹。其中有一种目雷纹，其眼珠子之间的气，动物化为小苍龙或者蛇形或者鱼形、神鸟形等形式，其独立成为花纹也是常见的现象，其中变为小苍龙形或曰苍龙系的现象，西周以来增多。《灵枢　根结篇》讲"太阳根于至阴，结于命门。命门者，目也""肝开窍于目"，肝肾同源，肾气不足，肾水便不能滋养肝木，两眼便无神，肾气充足，眼睛明亮，被称为"有神"。所以，由于苍龙所吐火气主体可以为离火形，即其为龙精，这样的龙精显然来自于苍龙的大火星。大火星的火字形，即类似人以及动物肾脏的造型，呼应蛇之肾，所以离火可以是龙精，火字形也常用以表现各种动物之能量或者是附属于离火形的造型。有的龙蛇还用其和菱形构成一组阴阳苍龙。二里头文化以来出现的目雷纹之眼珠和鹿角柄上端表示雷的多角形之中的眼珠，可以由离火（本身离卦为火，为目）之形代替，离火往往表示唾、散之精，龙、虎、象、神鸟等理论上都会有

唾、散精气这样的表现，实际上，尤其多表现为龙漦即龙精之形或者神鸟之唾、散之精气，虎唾、散精气有但是很少。自然有多角形的离火或者位于商代骨柶中苍龙之喉的多角形，实际即是表现震雏之精气或猪经过散发而为雷的。雷为阴阳之和，精为阴阳和，两者有相似的属性。雷在其喉为震雏，震雏散而为雷，多角即是表现雷声及其光芒的。这种有多角的离火或者眼珠子造型表示的雷，在有的苍龙鹿角柄、神鸟鹿角柄都存在。至于春秋时期，有的神兽像淅川下寺楚墓著名的四足神兽，其首有柿子纹，是表示天之中心的意思。秦时期发现的有关画像砖玉璧的中心即有这样的图像。战国时期曾侯乙墓的有关神人，有的首有花朵形，实际都是龙或者神鸟花冠的造型，实际也是表示天之中心之意义的，其与柿子纹有关，战国时期发现过由阴阳龙、花冠组合成的近似柿子纹造型。有的学者认为，这种苍龙鹿角柄的多角形是代表角宿（冯时：《文明以止—上古的天文、思想与制度》，中国社会科学出版社，2018 年。本文有关冯时的论点，没有特别注明的即为该著），则这种有眼珠子的多角形也应是角宿。不过由于多角形有的是以离火为中心、离火于苍龙可以作为大火星的造型以及由其散发的火气即精气的造型，又由于雷为震雏以及这种多角形又有位于苍龙之吭的现象，所以这种以离火、圆形或者眼珠子为中心的多角形，在商周时期苍龙而言，还是理解为雷的意思为佳。商代苍龙的鹿角柄上端除了多角形，有的还是离火形（神鸟的鹿角柄则不显示离火形，可能是不易显示），有的有鹿角柄的苍龙还是 C 形，这都利于证明这种多角形为雷。离火形可以为大火星，但是并没有确切证据证明，其还可以成为苍龙其他星宿的造型。桃花庄角形兕觥盖子之巨型苍龙，其大火星位置附近有一个离火形盖纽，为两条苍龙对称，明显是两条苍龙所唾、散之精气的意思。不过其未位于巨型苍龙龙身，若像冯时认为的那样，位于其可能与其他两个离火形构成三个离火代表大火星，其至多算是在表现苍龙唾、散精气的同时借代表现苍龙大火星。另这种翅膀有苍龙或者首有苍龙以及四肢有小龙的神鸟（绥德鸟盖匏壶之神鸟翅膀有小龙，还执有小龙，相当于四肢都有小龙，这是战国时期的特征，曾侯乙墓漆棺彩绘的有神鸟元素的神人羽翼和神鸟形爪子即四肢也是与龙蛇融合的，与西周时期的诸多蹲踞式玉人之四肢多与龙蛇融合基本是一致的），不宜理解为是助力神龙升天飞行（［日］林巳奈夫：《殷周青铜器综览》第二卷，广濑薰雄等译，上海古籍出版社，2019 年。本文没有特别注明的林巳奈夫的论点，即为该著）。

　　［5］即所谓的玉猪龙，从兴隆洼文化以来，猪首龙和猪头元素的龙确实存在，但是不代表红山文化的这些玉猪龙都是猪头龙，目前确认有猪元素的 C 形龙只有两件。

　　［6］红山文化意义的 C 形龙是苍龙无疑，其多为岫岩之绿色，即是苍龙，确切地讲呼应东象和春夏生机。其中牛河梁第 2 地点 1 号冢 4 号墓随葬两条相背的龙，一条呼应东升之青色，为春夏之苍龙，一条呼应西落之白色，是夏至之后秋冬的下降之龙。这代表一年，与该贵族两腿交午呈现五五形呼应。因为一年若以分至代表，则有东西南北两个交午，濮阳西水坡 45 号墓即是以龙虎合、雀鹿合来表现的。这样的构图实际是表现该人合于四时、四象，从丹术的认识

看，是修炼得道的人，是希望乘龙飞升天道以成为神仙。东南地区良渚文化的龙首纹，是苍龙首。良渚文化玉器的神人或者兽面上端往往有空柱形，可能是表示沟通天地、修炼神通以及有关的意思，与一般龙山时代、肖家屋脊文化、石峁文化神祖首呈现的联通柱形意义可能是一样的，与标准化饕餮额头高耸之意义可能也是相关的。至于良渚文化的神人骑着神兽（有猪獠牙、神鸟等元素的神兽），则应理解为是乘登这种神兽沟通天地、周行九天、行走天道的。这一文化的诸多玉器之兽面，有太阳形眼睛，因为太阳从阴阳方面看可以表现天精，与眼睛有联系。神鸟负载太阳幻日，所以与神兽的眼睛可以用同样表现。这样看来，神兽代表的是太阳神，英国国家博物馆和出光美术馆所藏的该文化中的两件猪形玉器拟合太阳大气光象，利于证明这一认识。至于神人，林巳奈夫认为河姆渡文化的蝶形器是神人多出的冠形器物这种器物的由来主体，所以其始终认为其与太阳有联系（［日］林巳奈夫：《中国古玉研究》，杨美莉译，艺术图书公司，1997年。本文没有特别注明的林巳奈夫关于古玉的论点，即为该著）。不过我们认为，该神人可能是神祖面，并被视为是与太阳神合一，即是太阳神和神祖都是得道的神。我们已有论述，这种神人的转折胳膊造型，实际是拟合太阳神鸟的翅膀。同时良渚文化官井头发现的有龙首纹的冠形器、英国国家博物馆所藏的一件何东捐赠的有兽面纹和龙首纹的良渚文化玉器，实际即表明苍龙对称于有猪和神鸟元素的太阳神兽以及隐含的太阳神人。把其理解为是苍龙唾、散精气的动物化和人格化呢？还是理解为是赋予其能量呢？从河姆渡文化、山东后李文华以来的猪、双墩文化的猪、兴化将庄遗址的猪图像、常州新岗文化猪身图像看，这些玉器中的兽面纹和神人应该与太阳有关，其中神人还是神祖。这样苍龙和其的组合应该视为是苍龙赋予其能量。这就可以解读为何蓝田山房藏良渚文化的一件玉璧有一头猪了。其实际是太阳的象征。玉璧有太阳，即是太阳运行于天。有绳子拴住猪，即是拴住太阳，使其按照准神、秩序、四时运行。良渚文化的斧钺之王即余杭反山墓地12号墓葬之钺，其有神人兽面纹和神鸟纹样，与一般玉器的图像组合是基本一致的。由于斧钺拟岁和玉璧，所以该神人兽面纹可以理解为获得苍龙赋能、阴阳之精气，得一以灵，方乘神兽炼虚合道，巡行九天。神鸟则为太阳幻日周行天空，属于随之的。良渚文化也发现一只神鸟拟合太阳大气光象的，其翅膀即有太阳幻日。与河姆渡文化以及凌家滩文化中以猪负载太阳或太阳幻日的造型的意义是较为相似的。陶寺文化有的彩陶有火字形花纹和圆形的组合，是表示苍龙大火星的。在山东大汶口文化的焦家遗址发现有同样图像。陶寺龙盘之龙即是苍龙无疑，表示其时对于苍龙和大火星的高度重视。陶寺还有一个龙盘之龙是蝾螈类的生物，可能是娃娃鱼，这是一种特殊的苍龙。

　　［7］于苍龙而言，表现为是大火星之火的能量。

　　［8］即为多角形，表示雷。其中心有的是离火形，有的是眼珠子形等。商王陵的中柱盂，其为花朵形，四周是苍龙，形成一种苍龙唾、散精气为花朵的造型。这是一种比喻和代替，实际花朵本有开花结果以及有精华的意思。淅川下寺楚墓著名的青铜神兽，其首有柿子纹，以其

表示天所抟阴阳所成的精华。这种柿子纹在秦时与玉璧之穿组合。有的则参与阴阳龙构图的天极的表现。各种图像的青铜镜有的是柿子纹，同样有天中的意义。

[9] 该盘即雷泽象征。1958年，淹城农业社在淹城发现的春秋时期双龙三轮青铜盘（注图一），显然其中青铜盘若车舆，呼应雷泽，整个造型拟合苍龙北斗。北斗之造型与车舆和车辕拟合，实际的车舆中，有的车轙为苍龙首（注图二：1），拟合杓携龙角，整个斗杓有苍龙图形即是这一原因，斗魁为车厢；有的车轙为人形和苍龙的组合（注图二：2、注图二：4），应该是苍龙食神祖（或者神人，其他同）的造型；有的除了以简易化饕餮表现的苍龙食神祖首，同时还有麂首苍龙、象鼻子兽首苍龙共同参与表示增加能量（注图二：5）；有的是苍龙和白虎组合（注图二：3），这显然是阴阳组合，与北斗阴阳或雌雄呼应，并呼应天中抟阴阳成精气，以赋予车主，表现其修炼炼虚合道，行路即周行天道。由于帝出万物于震卦，震卦可为苍龙，所以这些车轙造型也与一些青铜器和玉器一样，表现了沟通天地的意义，其中的龙虎等有引车至天的意义，神祖出现则是表现氏族世代得道，有苍龙赋能，并表现车主像祖先一样是秉承天道的。侯家庄1400号王陵南墓道里的龙虎牛车舆组合所表现的龙虎阴阳、车舆九天即利于证明我们的这一认识。微山武梁祠黄帝乘北斗汉画、诸多车马器中还有虎食神人首、人乘虎、乘标准化饕餮图像。显然表明了若濮阳西水坡45号墓葬以及新石器时代以来诸多龙虎人各种组合所表现的道家文化。道家的重要文化内容就有乘龙驾虎、龙虎鹿三蹻等，显然可以车舆视之。

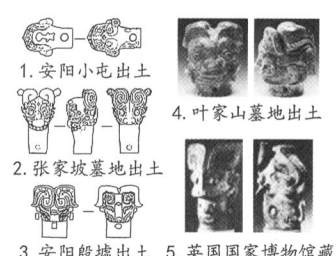

1. 安阳小屯出土
2. 张家坡墓地出土
3. 安阳殷墟出土
4. 叶家山墓地出土
5. 英国国家博物馆藏

注图一　淹城出土的双龙三轮青铜盘　　　注图二　青铜车轙

[10] 这其中的龙虎，表现了其时神话和巫术的叙事以及意识心智文本的内容。可以代表阴阳，坎离，呼应水火、心肾。现实中没有苍龙白虎与神祖的组合，但是作为巫术行为和原始神话，自然会在与神话叙事、巫术有关的意识、场景中出现。对于龙而言，甚至是以一些自然的蛇来代表龙、附属龙、表现龙等，也可能是图像的龙、思维中的龙等，而不只是一种比喻。苍龙等神兽食人或者图腾神鸟出现的文化背景是一样的。我们本文所论述的所谓修炼、丹术等概念，也是基于这一神话和巫术文化为基础的。在这一神话、巫术思维下，实现神话叙述和巫术目的中的异能、神通还应有身、心、气、神的运行机制，这一机制不可能若现有文献记载的道家的丹术等那样完备和清晰，但是无疑其属于阴阳之学，在本土化文明没有断层的背景下，运用晚期道家文化知识体系来部分解读早期文明现象，从本文的一些案例看，是符合客观实际的。

［11］有的羽翼纹纹样位于苍龙首上方和苍龙首附近，但不是苍龙本身羽冠，而是其唾、散之气。二里头三期一件器盖式神器的苍龙和一些绿松石牌饰的苍龙首周围即是这种图像。

［12］像一些绿松石牌饰苍龙首附近的构图元素。

［13］有的离火形成为多角形的中心，即是雷的中心。这样的雷有的只显示多角形，不显示离火。这种多角雷，有的位于苍龙之吭，相当于文献中所言的震响（雏），有的则独立成形并在苍龙附近存在。商王陵车马器的车驾装饰图像中，不少是以贝壳制作的多角形装饰，显然都是与车驾苍龙行走若雷呼应的，贝壳本身也是生命力的象征。这些车驾有的是龙之装饰，有的是马之装饰，实际都是表现龙与雷的联系的，因为马如龙。石峁遗址的马食黄牛图腾实际即是马如龙和黄牛图腾的组合。本文所谓食神人、图腾等，实际主题是赋予能量的意思。商周时期的马图像有的有火字形花纹、马篝的马和标准化饕餮的组合、马拟合四时苍龙为车驾、房宿或者房心尾为苍龙、盠驹尊之驹负载离火形大火星，都是马如龙的重要证据。一些弓形器的中间，有不少是多角形，有的还是离火形，有的则是表示其运行的方向线，有的还有一个铃铛。有的多角形旁为苍龙吐舌形。显然这样的多角形应该即是震雏所成的雷，雷的本质是阴阳，弓形器图像中这样的多角雷，有的还以图像形式表现为马如龙或者苍龙之精气、神鸟之精气、虎之精气。有的弓形器整体是一条龙或者两个马首，表明弓形器中心的图像，还应该呼应苍龙的大火星。并以铃铛，则同时表现了雷，意为雷来自于精气、来自于苍龙大火星等。商周时期的少数标准化饕餮首有多角形表现的雷，尤其是有的多角形中心还是离火形，更表现了精气和雷的联系，并表示这个标准化饕餮有呼应雷兽的特征。

［14］文献记载龙精、龙漦可以化为玄鼋，二里头文化已有发现。这一图像中，菱形花纹苍龙之嘴巴前端是一个负载多个圆形的玄鼋，这多个圆形即是龙漦（龙唾之泡沫）。这并不是林巳奈夫所言的昴星。三代的玄鼋图像中，有的圆形还与离火形组合负载于玄鼋之背。二里头有一类是高出地面的圆形地面，坛上分布着一圈或两圈大小相近的圆柱形黏土墩，无墙无柱，附近有路土，有随葬铜器、漆器、陶礼器的贵族墓以及火烧遗迹。这样的圆形遗址遗迹与玄鼋之背的多个圆形似乎很像，其可能是有学者所认为的祭坛（杜金鹏：《偃师二里头遗址祭祀遗存的发现与研究》，《中原文物》2019年第4期）。其中87YLⅥF8可能与天文有关，与上海博物馆藏二里头文化绿松石镶嵌的十字形斧钺以及二里头文化有绿松石十字形图案的圆牌饰表现的历法知识有联系。商代以玄鼋负载离火形或者离火＋多个圆形的现象较多。诸多青铜盘或者青铜卣图像中的这种神兽，自然不会是玄龟。虽然"我姬氏出自天鼋"之"天鼋"呼应的星象，确实与四象玄武之龟的虚星有关，但实际是不同认知体系的称谓。伦敦埃斯肯纳齐拍卖行的韦钺，其斧钺中心有两条苍龙，并有一个玄鼋，这个玄鼋应视为是斧钺拟玉璧之抟阴阳苍龙之精气所化。

［15］有不少苍龙或者神鸟对称的饕餮，是标准化饕餮，少数是简易化饕餮，这种简易化饕餮往往是浮雕苍龙首，少数易于误认为简易化饕餮即苍龙的虎首。这种组合不符合吐火气为龙

螯、龙精的构图，多为苍龙与神鸟或者夔龙或者龙虎等的组合。也有少数是夔龙与具有高耸额头即标准化饕餮特征的牺首组合，像上海博物馆所藏的商四羊首瓿。

［16］这样的双头龙商代出现，西周以来逐渐增多。与早期的目雷纹有一定的传承，但不是郭静云所谓的"神"字的来源（郭静云：《天神与天地之道》，上海古籍出版社，2016年。其他同）。"神"字的来源可能依然是闪电和雷。其中的闪电和雷似乎可以变化为双头龙，因为闪电可以理解为龙身，雷成为龙的眼睛。龙眼睛和雷可以互换，是由于两者都可以表现阴阳和的精气，闪电和龙可以互换，是由于古代存在闪电即是龙现身的看法。不过考古学发现"神"字形与两头龙没有直接的联系。甲骨文中的闪电和雷组合，其中有的读为"神"字，这是郭静云的卓越见识。甲骨文中的"神"字，其"申"字形主体S形有的没有歧，这是一种省略，不是目雷纹中的S形。目雷纹中的S形，有的也没有歧，但凡是有的，其方向与有"神"字之申字符有歧S形有歧方向，除了一个晚期的金文"神"字形，都不一致。而闪电的这一有歧义造型，早在邹县野店大汶口文化陶盉的闪电形就已有定型了。西周以来诸多玉璜之两龙、两神鸟或者人首龙身，其中的龙都是苍龙系，人面则基本是神祖等神人，其与苍龙的融合，以表现龙的赋能、工具和助力修炼。这与西周玉器之蹲踞式神人周身有龙的元素甚至人为龙首的情况和性质是类似的。这种人面一般是神祖，有时可能也会是其他的巫师等。总之主人是希望像玉器中的神人一样与苍龙融合，获得龙德和道家之道的。有的这种玉璜是两只神鸟、神鸟龙或者是两只神鸟和两条龙组成，表明神鸟与苍龙的联系，自然也利于证明本文图一之神鸟唾精气为标准化饕餮是有诸多证据的。新石器时代以来的蹲踞式图像，多数与神鸟有关，有的还表现了神鸟特征，像神鸟爪子、羽翼等，有的直接即是以神鸟为主的造型，像商代的一些蹲踞式神祖，首先拟合的即是以神鸟为主的造型。西周玉璜一般是神祖造型或者苍龙造型，或者是两种造型的融合。有的则单独是神鸟造型，这同样证明神鸟与苍龙、神祖的高度相关。

［17］目雷纹中心一般是眼珠子，三星堆文化龙虎尊苍龙旁的目雷纹则是以离火形（或曰囧纹）表现眼珠子的，桃花庄角形兕觥器盖的巨型苍龙周边的目雷纹也是这样的。这是由于眼珠子和离火都是表现精气的原因。眼珠子或离火的附属图像实际是羽翼形，是表现其散发的精气的。其中的S形实际上表示精气的抟周和散发主方向，晚期出现有歧的现象，即是羽翼化的典型造型，依然属于云雷纹。目雷纹的这种S形图像编排形式，实际新石器时代早已有之，像仰韶文化系的一些彩绘（注图三：1～注图三：3）。仰韶文化

1.牛河梁第十地点彩陶图案

4.瑶山墓地7号墓玉钺装饰

2.雕龙碑彩陶图案

5.牛河梁彩陶图案

3.灵宝西坡彩陶图案

6.邳县刘林彩陶

注图三　S形图像

系的这种旋符彩陶多数是同时读阴阳纹的，也有一些是读地纹的，尤其是受到仰韶文化影响的豫北地区的仰韶文化和红山文化的彩陶。其中的阳纹实际即是一种气。仰韶文化系彩陶之所产生诸多斜向轴对称图像，赵原因之一是为了保持之气单元的联系。仰韶文化系的这种S形之气，从中原仰韶文化的确切材料看，其与太阳之气有关。良渚文化的瑶山墓地7号墓玉钺附件装饰主体也是这种连接的S形（注图三：4），同样是表示气的。从英国国家博物馆的何东捐赠的良渚文化玉猪和出光美术馆的玉猪之图像参照，其S形为来自太阳的光气，一些"の"字形和羽翼形则是表示散发之气的。这种主体S形并以羽翼形表示散发之气的形式，与目雷纹是基本一致的。

［18］应为商人的氏族祖先帝喾。商代的蹲踞式玉人中，有的可能是其他氏族的神祖或者祭祀等。

［19］其中还有一只鸷首，为少昊氏图腾，标识玄鸟氏与少昊氏的历史结盟。《左传·襄公十七年》郯子之语以及诸多肖家屋脊文化玉器、山东龙山文化玉器、石峁文化玉器石雕、商周时期图像和战国山东地区鸮壶、鸷壶成组现象，都表明两者属于同一个氏族集团，并是该集团中的战略同盟的代表。龙山时代不少鸮与鸷并存于玉圭，即是这个原因使然。

［20］本为一人之称谓，但是由于读为两字等原因，有的文献则逐渐造化成两个人神。

［21］这是以晚期所存的道家文献词汇和术语论之的。新石器时代至于商周时期表述这一神话和巫术之有关丹术、修炼内容的图像、场景的语汇，尚不明朗。不过由于道家的本土化和文化传承，以战国以来的文献作解读术语，既较为清楚，也利于理解。自然，早期的道家与巫术是一体的，与晚期丹术等及其陈述有所不同，不过这不足以影响有关认识。本文这种陈述较多，不予以再论，其他同。

［22］一种表示阴，一种表示阳，符合帛书《二三子问》所谓的龙具有阴阳龙道、龙德。夔龙、鱼龙等形属于苍龙系的重要原因之一也是由于龙有变德使然。

［23］由二里头V T210B：3和V T212：1组成的一件器盖式通天神器，有人形神祖首，还有苍龙以及小蛇，以表现夏人神祖获得苍龙等赋予的阴阳和之能量，同时表明有关夏人神祖的神话和巫术叙事中有这种苍龙等赋能修炼并成为可乘登苍龙周行九天、具备诸多异能的得道之神人内容。中国新石器时代至于战国，多数龙食人（或者神鸟）、龙虎食人（或者神鸟）、虎食人（或者神鸟）与标准化饕餮食人或者表现为神兽与人、神鸟伙伴的图像，实际都与能量传递、角色赋能和表现修炼有关，只是有的人为具体氏族神祖、有的神鸟为具体氏族图腾，有的人和神鸟以及其与神兽、苍龙等组合的构图逐步成为一种表现修炼、赋能的符号和象征了。

［24］其附近的云气，即是苍龙所唾、散火气（即精气）的一种羽翼化表现形式。其主要线条即是二里头文化以来目雷纹中表示精气散发的羽翼纹之构成部分，若是雕刻，则是阴刻造型。其实三代以来，特别是商周以来，几乎所有饕餮纹、神兽的羽翼纹、花纹、云雷纹样的构图基本元素，尤其是羽翼纹样的构图单元元素，其本质都是一样的，都是羽翼纹和其阴阳读法之一

的云雷纹，有的实际即表现羽翼生物特征，又表现其与气有关，即是表示精气的。《灵枢》载："天有五音，人有五藏。天有六律，人有六府。"羽为五音中最高音，肾藏不竭，自然气候、物候及人体生理活动均处于高能状态，若五音中的羽声，高亢激越，响遏行云。《西都赋》曰鼓震则"声激越，謽厉天"，柳宗元《陪永州崔使，则君游宴南池序》曰"羽觞飞翔，匏竹激越"，《荆轲刺秦王》记载"复为慷慨羽声"士则皆虎目圆睁，怒发冲冠。三星堆3号坑发现的承黄邸（王仁湘认为是晚期名为屏风，早期的屏风类斧扆、黼依，文献记载为西周天子所用。这也可以看到三星堆文化的王者气派）力士，就是这样的面貌。从这些记载可以明白，为何古人以羽翼表示气。即是表示精气的生机的。早期的太阳以神鸟表现，光气以羽翼表现，除了神话的火气飞行升降，实际与羽翼的表现生机之强也有关。太阳现则生机现，太阳也被视为是天精。《越绝书·越绝外传记宝剑第十三》曰："当造此剑之时……雨师扫洒，雷公击橐；蛟龙捧鑪，天帝装炭；太一下观，天精下之。"以观其具有表现生命之力了。红山文化的勾云形玉器也是太阳大气光象的一种表现形式，其基本即是鸮的造型。肖家屋脊文化、山东龙山文化、石峁文化的各种羽冠，除了造型意义，其实都有表现其生命力的意义。新石器时代以来各种玉器的扉棱，实际也都若林巳奈夫所言都有表现生机的意义。只是这些扉棱表现的生机之气，一般不是太阳、月亮之气，更多的则是以苍龙之精气为代表。这些玉器拟合天，这些生机之气，即是天所抟的阴阳所成的精气。石峁文化、二里头文化以来的牙璋扉棱逐步出现苍龙形，即是重要的证据。至于龙山时代以来的各种神祖，其首之羽冠，确实有太阳光气的造型拟合，但是其同时也是获得苍龙赋能的神人。上海博物馆藏有一件商代玉器（注图四），其中神祖造型有拟肖家屋脊文化风格，玉璜为苍龙，显然与该神祖构成组合。龙山时代至于肖家屋脊文化、石峁文化、二里头文化以来，诸多神人还与虎构成组合，该虎显然是白虎，其赋予神人以能量，可能省略了苍龙，或者是以其自身阴阳特性表现赋予神人以阴阳和之能量。五莲丹土发现的龙山时代玉镯式玉器，有两个简化的有人字形冠的神人，应该是以表现阴阳神祖的，其即有太阳之气，也有帝出万物于震卦的苍龙之气即能量。以玉镯拟天，天抟阴阳成精气赋予阴阳神祖。还有加拿大皇家安大略博物馆藏的一件有良渚文化纹样风格的神祖造型，其与典型的有领镯子似玉器组合，即是与天的造型组合，其之羽翼自然也是太阳之能和天所抟阴阳之能。龙山时代，这样的羽翼也用于表现大火星，像溧阳圭和何东圭（注图五）都有这样的图像。更为重要的是故宫博物院藏龙山时代有良渚文化纹样风格的一件玉圭，其中神祖首的羽冠有表示大火星的造型。大火星即是苍龙之肾，苍龙唾、散精气又可以羽翼表现，肾本来呼应五音之羽，古代八卦之象征是以震卦可以像羽，所以苍龙大火星的造型以龙山时代各种神祖羽冠同样的羽翼表现之，自然表明各种神祖的羽冠，可以同时表现其获得了苍龙精气，是天所抟阴阳之气成精气的代表，从而表现这些神人是阴阳修炼和得道的。这些神祖图像、图腾神鸟往往位于斧钺圭，显然这些器物是拟岁的，更利于表现神祖修炼玉璧抟阴阳成精赋予神人、神鸟，神人、神鸟若余杭反山12号墓葬的钺王

注图四　上海博物馆藏玉璜

注图五　何东圭上的图像

之乘登神兽的神祖和神鸟，周行九天，炼虚合道。这些有良渚文化纹样风格的神祖之羽翼，也利于证明良渚文化神人、兽面等的"の"字形为主的花纹实际上也应该是气，只是其表现的是太阳之精气。这些案例表明，少昊系氏族神祖符合天道地，角色赋能，获得天地阴阳之精气，同时还有自身来自太阳的能量，所以获得了自然最为重要的能量组合，以之繁衍子孙、修炼则神通至，万物生。另二里头文化三期的这一器盖式器物的苍龙、镂空亚字形土地以及鹿或者兔子表现的雷，构成"雷出地奋"之图像。采用这一图像的器盖式器物，依据豫卦的解读，应该是可以用于祭祀天帝、祖先，封国设官置吏行政的。这一器物的出土单位是1963 V T212，没有具体编号。

［25］铃呼应古代的震卦、雷，是有文献和音韵学依据的。二里头文化的绿松石苍龙，其大火星并肾脏位置为一个铜铃，铜铃表示雷，与大火星和龙肾之精气有关。古人认为雷为阴阳和，与古代认为抟阴阳成精气的概念基本是一致的。五音之宫，体会为胸腔的震动，轰隆隆的，其至于喉咙正是"韵咙咙以和平"，其是宫音的特点，宫这个字的发声很自然就是胸腔共鸣。古代以雷为震卦，震卦又羽化呼应，雷泽多坎离，同时由于有雷神、苍龙和鱼，所以又多有恒卦和归妹卦之象，即是阴阳和之卦。雷泽之地又呼应龙虎、阴阳、坎离、心肾。所以震雏之雷在喉咙，头腔共鸣真正的共鸣腔是额窦和鼻咽腔，认知则以为在脑门或后脑顶盖的位置，所以古人认为这些地方重要，是呼应真气运行的地方，尤其是五音之羽的地方。所以震雏共鸣则出雷，在这些地方才会在造像方面特别表现，像本文所论的标准化饕餮的高耸额头、饕餮和神兽额头有苍龙、牺首、印堂有菱形、首有小龙蛇、有羽冠、首立神鸟、首有盘龙等。自然这些表现不少还有别的意义。

［26］其中或有神祖的影子，这是泉屋博古馆藏铜鼓的鋬之造型所体现的，也是瑞典远东博物馆藏商石鬲的鋬有标准化饕餮首的造型所体现的。

［27］鸟首龙、夔龙、象鼻子龙、鹿角柄的苍龙等。

［28］应该是扶桑。扶桑位于东海，东象为苍龙，桑树有蚕，蚕为龙变，并称蚕龙，又由于蚕马一气，马如龙，所以该树有龙，解读为扶桑是较有依据的。扶桑树还有生机的意思，古代桑林往往是祈祷雷雨的，所以往往是生殖崇拜的场地，伊尹生于空桑等即是这种场地。同时

由于桑树生长地域环境和与雷雨的关联，所以其与雷泽基本是一致的，不少神人生于雷泽和空桑实际是类似的。实际上三层神树有一个重要的三层特性，即是呼应昆仑之性质的，即是阴阳和之地和天地之根，若上海博物馆藏的战国简牍之玄丘之水、天问中的九层之台或者瑶台一样。同时还有社龙的出现，更利于证明其与社有关了。《抱雪斋读易笔记》之《〈周易〉中的"桑"的意象有什么寓意》一文认为，桑树与仲春联系，桑林和社属于同一地点，同时社位于王国之中，所以桑还象征着中，还象征着这似天命玄鸟降而生商的时令。桑树与社有联系还有文献依据。《墨子·明鬼》记载："燕之有祖，当齐之社稷，宋之有桑林，楚之有云梦也，此男女之所属而观也。"社树以宜于其地树为代表，桑树恰好是蜀地之易于生长之树。文献记载黄帝所娶西陵氏之女嫘祖发明桑蚕，南方丝绸之路可能在商代时远到埃及，三星堆文化发现有丝绸，百花潭战国铜壶图像汇总中有一组是采桑图。扬雄在《蜀都赋》中写道："绵蚕成衽，阿丽纤靡。"《华阳国志》卷三《蜀志》亦谓"锦官""锦里"。桑树与社有关的论证利于证明该三星堆文化1号神树还是社树。又冯时认为，句龙即是社龙、是阴龙、是社神。抱雪斋读易笔记的《"后以施命诰四方"解读：〈大象〉里的卦气学说》也认为，《左传》之勾龙社祇实际上指的是秋分傍晚后蜷曲勾盘起来的东宫青龙的房宿。三星堆1号神树的苍龙是下降的，降临至于地面，应该属于冯时所谓的地龙、社神（冯时：《文明以止——上古的天文、思想和制度》，中国社会科学出版社，2018年。其他同）。从这一意义讲，该神树不只是太阳、丝绸、桑蚕文化意义，还有生殖崇拜的意义。同时该神龙的索形造型，与西南雨林地区的一些树枝造型类似，也是抟阴阳的象征，即是该龙特别以此表现阴阳龙特征。该龙的人形足有离火形，实即是苍龙之足的离火形，在其足表现能量是商周时期动物的常见形式，符合经络学认知。同时离火在龙身，也是商周时期的常见现象，像商代的一些骨柶之苍龙、西周一些弧刃钺之苍龙等。以人形手为其足，同样表现了苍龙与三星堆文化王者神祖有关，三星堆1号青铜人是王者和巫师，其首有苍龙（或者虎）神兽首，其足下有苍龙首，表示其乘登苍龙，与中原龙虎或者龙与人经典组合是一致的，其并依中原商周龙虎或者阴阳龙或诸多龙与神祖等组合的经典风格之经络学认知，苍龙从其足也赋予气能量。这样，其即表现了三星堆文化王者巫师依照神话和巫术叙事等，自诩获得苍或及虎的能量，修炼以获得道家的异能，行走雷法，役使各神，这显然也属于中原龙者王家和早期道家的文化体现。该王者巫师之服装有一种兽面羽翼龙，其足也为人形之手的造型。表现的也应该是苍龙和神祖或者王者的联系。妇好墓有一件骨雕苍龙，但是其一端与苍龙不连接的地方有一段蚕形，表现了苍龙与蚕的联系。实际上灵旌石介的商墓即有蚕身苍龙，三门峡虢国墓地更有一件蚕身龙有鹿角柄，显然是苍龙无疑。这也是符合东向扶桑是呼应苍龙的文化认知的，还与树通天、甲骨文反映的"天取龙"文化、龙蛇居树自然现象是一致的。新修复的3号神树，也是整体三层，不过非常特殊的是其表现为一体三枝干，每个枝干首都有一个表现信仰太阳氏族的鸟身人面神祖。这可能即是蚕丛、柏鹳和鱼凫三部落的最早始祖首领。这样一棵三立树干的神树，表明了其文化中三部落联盟承继的性质。

［29］离火形在二里头文化晚期出现，商周以来非常多见。其含义有的认为是苍龙星宿，有的认为是太阳等。我们认为其最为主要的表现依然是以苍龙为代表的神兽之精气的表现。对于苍龙而言，有的还会用离火表现苍龙大火星以及由之产生的精气主体造型。1号神树额苍龙，身边有诸多的这种离火形，这一造型原来是被学术界忽视的，实际其对于判断神树性质具有重要价值，其与苍龙的组合正类似于商代桃花庄角形兕觥和三星堆文化龙虎尊之苍龙与周边离火图像的组合。

［30］属于四足，呼应震卦之龙。

［31］这两条龙都属于苍龙，基本是并列的。其组合类似于商代侯家庄1001号王陵的一些骨栖。其中有神鸟首的苍龙，有火字形花纹，这种神鸟为首的苍龙，在三星堆1号神树作为社龙，于此则该苍龙为阴。另一个苍龙周身为菱形花纹，是拟合五步蛇的一种苍龙，属于阴阳之阳。两者组合构成阴阳和，该方圆铜卣抟阴阳苍龙成精气即是标准化饕餮。商代大洋洲青铜方卣、妇好墓的一件铜卣、故宫博物院藏的一件商代铜卣，明尼阿波利斯艺术博物馆所藏的一件商代立鸮提梁方卣，还有嘉德2016年5月30日在香港举办的"格物致知——鸿桑堂吉金"春拍的一件兽面纹提梁卣，其中盖子上端的苍龙和系的组合，或者盖子上的两条苍龙组合，都是菱形花纹的苍龙与火字形花纹的苍龙形成阴阳和。只是有的系之苍龙为菱形花纹，有的系之苍龙为火字形花纹，以系为火字形花纹的居多。还有诸多系卣或者系瓿的系为苍龙，有火字形花纹的，有菱形花纹的，有的系整体是菱形花纹，但是苍龙首各面还有一个火字形花纹，这在泉屋博古馆藏一件商代铜瓿就有发现。还有的系卣的系为菱形花纹龙身，但是苍龙头为马来貘首，并且耳朵有表示精气的离火形。商铜胄之耳朵也发现有离火形，呼应肾脏。实际不少饕餮或者石峁文化、新砦文化、夏家店下层文化以来的神祖、苍龙首、饕餮等，其耳朵不少是T字形，实际即是羽翼造型，有拟形的意义，还有呼应五音之羽和肾的问题。在平顶山应国墓地即发现这样的卣。苍龙火字形花纹较为特殊，整个都是火字形的，还有鱼鳞形和单独的间隔明显的火字形，鱼鳞形即拟合龙蛇本身的视觉鱼鳞形，呼应其为鳞类，同时拟火字形。间隔明显的火字形，即火字造型，与有的毒蛇背花纹有类似，这样的火字形不宜认为是五步蛇腹的自然火字形，因为其在龙蛇之背。有菱形花纹又有火字形花纹的，一种是都在龙蛇背，另一种是菱形花纹在龙背，火字形花纹在龙腹，这是更为真实的拟合中国的五步蛇花纹了。对于这种苍龙，可以视为是阴阳苍龙，或者以其背判断属于阳苍龙，可以看具体的场景。有菱形花纹的苍龙是取之于五步蛇的，同时有火字形花纹的依然是取自于五步蛇自然花纹的。另外，菱形花纹的苍龙和火字形花纹的虎以及有火字形花纹的苍龙与有火字形花纹的虎组合，其中的苍龙都依然表示阳。这表明了阴阳性质的判断来自不同的场景，阴阳场景中可以还有阴阳。

［32］该两条苍龙为阴阳龙，并且属于方向一致的非对立苍龙组合。这种组合，较为多见，

在侯家庄1001号王陵的骨柶中有发现。在妇好墓的一对兕觥盖子有发现。从几个案例看，这一种类中，往往高者为火字形花纹。可能是表现负阴抱阳的意义。这与一些青铜卣系的苍龙和盖子上端的苍龙组合，并不完全一致，其方向中的高者多菱形花纹，少数是火字形花纹。这样菱形和火字形不同花纹的两条苍龙，呼应阴阳是无疑问的，是否还呼应坎卦、离卦呢？从其同样与神人、图腾神鸟组合的现象看，这是可能的。其中菱形花纹者呼应离卦，以菱形花纹的方形表示离卦阴爻之泰阴之精，火字形花纹的龙呼应坎卦，以火字形花纹表示坎卦阳爻之泰阳之精。若火字形花纹的龙高于菱形花纹的龙，正是坎上离下的既济卦，阴阳交往，抟阴阳成精气，各在其位。不过即使是非常完美，也面临迅速变未济的情况，所以可能有提示谨慎的意义。坎离阴阳卦爻存取，并依照丹术逆炼先天的原则，则获得先天乾坤天地的纯正阴阳。有的是菱形花纹的苍龙高，火字形花纹你的苍龙在下端，如此则离火升坎水降，阴阳不交往，呈现未济卦象，但是构图却是菱形花纹的龙首下降，刻意地表现离火降坎水升，表现离坎交往，以达到抟阴阳成精，由未济达到先天乾坤。阜南月河、三星堆龙虎尊、小双桥青铜构件、妇好墓的龙虎食人青铜钺中的龙虎位置是龙上虎下，只是其中龙首刻意向下，虎势向上，这样的设计构图同样不是随意的：龙上虎下，呼应离上坎下，这样的未济卦象造成阴阳不往，所以龙首下降，虎首上升，以修炼方式使龙虎阴阳交往，以成阴阳之精并赋予其中的蹲踞式神祖或者以首代表的神祖。以首代表是新石器时代以来的风格，龙山时代以来的肖家屋脊、石峁文化、二里头文化等中的诸多虎食人首或者虎与人首组合的图像或者玉器、石雕即是这一风格的代表，其自然也表现了神话、巫术思维、叙事中神祖修炼的内容。这种龙虎组合，符合道术的逆转趋先天的概念。与龙虎尊同为一个主题的商代两件虎食人卣，其虎与蹲踞式之神祖下肢的苍龙，方向不一致，虎上龙下，并且虎头向下，龙首向上，正好形成坎上离下阴阳各在其位的既济卦象，体现了离坎水火龙虎阴阳交往抟精赋予神祖和神祖修炼的意思。其中下肢的苍龙为升龙，曲形非句龙形，所以其花纹是菱形花纹。故宫博物院藏有一件鸮纹镈，其正鼓有一个饕餮纹，饕餮纹的鼻子附近有一个龙虎组合，虎上龙下，虎为火字形花纹，龙为菱形花纹，也属于同类的。这种龙虎组合在春秋战国时期的玉器中有不少表现，在一些兵器中也有表现，一般都是龙虎和神鸟构成组合。虎食人卣之卣还应该寓意丹炉，与酒为阴阳抟精的本质符合，自然由于阴阳之精赋予神祖，所以某种意义上其等同于修炼之人身丹炉。虎食人卣中蹲踞式营本身蕴含三层的意思，也是利于阴阳和之形，即其有呼应三层坛台天地之根的功能。明尼阿波利斯艺术博物馆藏的一件商代骨雕，蹲踞式神组之首为虎，下端为苍龙，方向与虎食人卣中与神祖组合的龙虎方向基本是一致的。其中虎为阴龙为阳，于神祖而言整个可以理解为是负阴而抱阳的造型（九连墩一件玉器两个首立神鸟的有翼神鸟形蹲踞式玉人，下肢和龙融合，在龙虎体系中其也是抱阳的造型，以表明神人获得龙的能量，乘龙飞翔），上卦坎下卦离，符合既济复卦。不过该骨雕中龙若升龙，其却似若鱼鳞纹，可能是由于视其为阴阳龙场景中下端的阴龙理解了。西周时期还有几件与蹲踞式神祖、图腾神鸟组合的龙虎构图，苍龙食首，虎位于下端，这些苍龙一般都是火字形花纹。虎的方形也是向下的，这表明对于以龙虎表现阴阳、坎离交往和抟阴阳成精的图像似乎失去了商代较为严格的规范，认为只是有龙虎元素即可，更可能是以坎卦之苍龙位于离卦之位置，以表示冯时论证的以之表现数术阴阳和时空阴阳的协调。在中国台湾地区排湾族、鲁凯族之五步蛇图腾，与中原夏商时期甚至于是更晚的这种灵蛇信仰有关。其以五步蛇为图腾，与商人类似。这些蹲踞式木头制作的人或者刻画图像，即是氏族神祖，这利于证明凌家滩文化、红山文化的蹲踞式玉人都应该是神祖，并且可能有拟合神鸟的意思。同时这两个文化的蹲踞式造型，似有拟合胎儿的概念，可能是道术的一种气息和逆天修炼。

［33］与郑州商城宫殿区出土的陶簋之苍龙食神祖誉图像中的蹲踞式誉之首基本一致。

［34］牛为车舆，龙虎抟阴阳成精气赋予商王和神牛，商王乘登神牛，驾驭龙虎。其时人们的神话、巫术信仰使人们相信，修龙虎阴阳之丹术，得道升天，以备异能。

［35］商代的苍龙铜胄可为将军等人佩戴，构成苍龙食将军首。本质意义上依然是巡行神祖之道的。

［36］所以其时的上帝没有明确的单一性别。

［37］许多的蹲踞式实际上可视为三层，为昆仑形，正是天地之根，呼应太极、阴阳混沌。上海博物馆藏战国竹简等战国简牍即文献记载的所谓九层之台、央台之丘、玄丘之水、青丘之水，实际即是雷泽，是圣人所生之地，是易学等所谓易于通阴阳之气的地方和天地之中和、天地之根的场景和模型。良渚文化、红山文化的三层墓葬祭坛，方圆成组，都是容易汇聚阴阳之气的地方。即使只是其中方圆一种祭坛，由于其都是连接天地之根的内涵，所以也具有这样的意义，所以红山文化是方圆祭坛都有墓葬现象，良渚文化主体是方形祭坛，这都利于通天、墓葬主人复活或者观测太阳变化以利历法。圭表观测太阳变化，实际即是阴阳变化，即是观测阴阳的。所以蹲踞式本身除了拟合神鸟图腾、青蛙龟、苍龙、胎儿，还有一种即是三层昆仑。龙虎或者阴阳龙等与神祖昆仑形组合，标识阴阳和，即与昆仑为天地之根、呼应天地之中的概念是一致的。

［38］还以火字形花纹表示该苍龙的能量。

［39］这个与标准化饕餮和苍龙组合的蹲踞式人应该是誉。咒鮌中的人又无衣，显然类似汉代羽人这种神仙的。羽人是道家的常见神仙形象之一，这表明龙虎与神人组合者或者乘登神龙的无衣者，不是奴隶或者力士，而是修炼有道之神人。西周以来的诸多乘登苍龙、乘登标准化饕餮龙的车舝、车辖、车轴、编钟正鼓（播鼓台2号墓葬的编钟正鼓的乘龙人）、兵器（荆州青铜戈之蹲踞式神人）之人，不少无衣者都属于这种神人。

［40］离火为苍龙、虎等所唾、散火气即是精气。除了苍龙、虎等唾、散这种火气，还有这种以神鸟为首的苍龙或者神鸟唾之。三星堆文化1号扶桑神树的兽面神鸟为首并以人手为后肢

注图六　张家坡出土青铜锤

之足的降临苍龙，非常特殊。该神树有诸多离火形，实际也是该苍龙唾、散之精气。西周时期还发现有以苍龙唾这种离火形场景制作的青铜兵器，目前只有两件，其中一件是张家坡西周墓地的（注图六），另一件是大唐国际拍卖行征集的。[41] 从整个造型完整者看，一般是苍龙、夔龙或者虎，有少数是牛头、马来貘首、羊首。这些牺首，羊、牛有的会有额头高耸这一标准化饕餮的特征，有的还明显与夔龙构成组合，但是一般牺首的鼻子上端、额头不会高耸。这一特征确切地讲是在印堂之上增加了一个特别设计的延续鼻子山根向上方向的一部分或者是羽翼形，以表现其与简易化饕餮的不同，尤其是表现其作为精气动物化的一种特征。这种特征可能是丹术中强调的鼻子通天、呼应肾的五音之羽发音颅腔共鸣、丹术中上鹊桥恢复、泥丸宫丹田与精气的联系、精气通天、出阳神、元神藏走泥丸宫等修炼某种程度的表现，以强调其是精气的动物化。由于是苍龙、神鸟等唾、散精气所化的动物神兽，所以与修炼的核心概念密切相关，由于修炼中额头、元神、印堂、睛明、明堂、泥丸宫上丹田、足太阳经等异常重要，并且与额头位置密切相关，所以重点表现。古人关注这一问题并不晚，兴隆洼文化在猪头和鹿头的额头位置有火烧穿孔即是重要证据。蚌埠双墩陶人首、顺山集的陶面具、龙山时代的有关玉器、石雕神人面等，额头位置都予以了强调。不过在商周时期少数青铜器和玉器的饕餮纹中，有少数标准化饕餮造型的饕餮纹却有鹿角柄，即是苍龙造型采用了高耸额头的做法。总体来看，商周时期青铜器牺首旁的对称动物为神鸟、夔龙或鸟首龙、小龙（不严格区别，按照常规称呼，总之都属于苍龙或者是以实际的蛇代表象征苍龙等），其与牺首的组合有几种。牺首为虎的，则一般是龙虎组合为主，牺首为苍龙首的，则是龙或者神鸟与之组合。竹瓦街的一件西周青铜罍，其有一个组合是两个夔龙对称于一条C形龙，由于该C形龙有鹿角柄和近似火字形花纹，无疑是苍龙。这像一些牺首一样，可以证明夔龙对称的生物可能是苍龙的重要证据。尤为重要的是，这种牺首有的位于标准化饕餮层位的上端，并且正好在标准化饕餮的额头上，这样则可以看到，牺首代表的苍龙、虎或者牺首及其对称生物构成的龙虎或者阴阳龙组合，可以视为其抟精或者唾、散精气的动物化即为标准化饕餮，这是多数标准化饕餮位于牺首下端的重要原因和意义，自然有的标准化饕餮旁也有夔龙或者神鸟，依然构成一组唾、散精气动物化为标准化饕餮的组合。有的卣、瓿之系的苍龙首位于标准化饕餮之上端，表达的意思也是苍龙唾、散精气动物化为标准化饕餮。还有的单独的一个牺首位于标准化饕餮的额头，表现的意义也是一样。还有少数标准化饕餮之额头是与神明之甘露即是天地阴阳和的精气有关的蝉，实际可能是表现标准化饕餮的精气本质的，并表明标识该位置与太阳经、真气运行、明堂、印堂、泥丸宫、丹田之间是具有重要联系的，以强调标准化饕餮的精气特质。一些兕觥盖子的苍龙额背会有小的龙蛇形，有少数还是两种花纹的苍龙，表达的可能也是类似的意义，可能还有赋能的意义。有的牺首或是苍龙首或者是虎首，有龙身或者虎身（令方彝表明存在少数虎首苍龙身），这些牺首或者没有对称的动物，并且下端有标准化饕餮，这可能是直接以龙或者虎表现唾、散精气并动物化为标准化饕餮了，只是这样单独的牺首少。山中商会纽育店收藏的一件安阳骨栖之虎图像附近有离火形精气的图像，表明虎单独唾、散精气的现象。弗利尔美术馆藏的一件青铜器盖，中心有玉璧，围绕的是三只虎，这也是表现其唾、散精气意义的。这种虎总体是很少的。其实，虎食人的图像龙山时代较多，二里头文化玉柄形器虎人组合表明其时存在虎食人模式，商周时期，单独的虎食人并不多，基本都是龙虎组合，有少数虎食鱼以表示阴阳和的图像出现。还有的虎位于青铜铙旁鼓的，与旁鼓常见的苍龙、神鸟、象、似穿山甲、离火形一样，表示另一个基音。由于是鼓音，所以也可以认为其呼应雷音。《山海经 北山经》记载："有蛇名曰长蛇，其毛如彘豪，其音如鼓柝。"这是苍龙震雏而散或龙吼为雷的文献依据，即青铜铙的正鼓、旁鼓的苍龙或者标准化饕餮，确实可以呼应鼓之雷音。有的青铜铙图像中还有虎与离火、鱼构成组合。这些都利于证明虎有时有类似龙的功能。这样看，牺首与鼻子（代表标准化饕餮）都为同一件青铜器的图像，即使对称于其的生物都一样，还是有其区别的。

［42］有的具备标准化饕餮的高耸额头。

［43］有的羊首者是标准化饕餮，不视为是苍龙首。

［44］其中的神鸟可以具有苍龙同样的功能。有的神鸟与苍龙组合，可能表现的是获得苍龙能量，像妇好墓鸮尊的藏龙与神鸟相连。这一时期，苍龙神鸟还没有形成一组明显的阴阳。

［45］西周时期有的标准化饕餮与其旁的神鸟连在一起，则是艺术的设计使然，不改变其依然是表现神鸟唾、散精气动物化为标准化饕餮的意思。

［46］西周时期除了部分神鸟腿足有火字形（这种火字形实际是能量的表现），龙部分类型有，虎一般都有。这表明无论哪一组阴阳，都可以以之表现能量。苍龙、标准化饕餮、佣国马来貘、三星堆文化祭坛负载神兽的马来貘首、三星堆文化残损的握手青铜人首所负的马来貘首、商周时期的象、神鸟、三星堆的青铜公鸡、商周时期有的玄鼋、虎食人卣的鹿、上海博物馆藏商代晚期弓形器的蝉身饕餮羽角人面者、蜥蜴或者鳄鱼等，都有表现。还有少数（像西周霸国的神鸟）足有离火形，这也是符合震为足、为胫骨的易理之象的，与佣国的马来貘之前肢有苍龙吐离火形精气相似。离火和火字形有联系、有区别。唾、散精气、传递能量，往往有火字形出现。

［47］可能是訾，利于讨论巴蜀有些人的来源与商人王氏族有关。

［48］商代的一些弓形器有这样的蝉。

［49］很少有三星堆龙虎尊这种以整个造型融合神祖之身的。

［50］自然还有综合表现标准化饕餮代表的自然界精气能量充盈的原因。

［51］神鸟翅膀可以视为上肢，所以翅膀有苍龙，也是符合震卦为羽为足的易学之象的。

［52］这样的神鸟具有苍龙之功。

［53］羊，从卜辞看，可以表示阳火。四羊方尊之羊，周身的火字形花纹，即是羽在拟合，又正表示其是具有能量的。

［54］这也提示图一的时代也可能已到西周早期。

［55］其翅膀有两条龙，应该都属于苍龙系。

［56］该神鸟翅膀除了龙，还有小型神鸟。一般神鸟翅膀只有苍龙，但确实少数还有小的神鸟，应该属于表现苍龙系能量的神鸟。这有利于证明苍龙与神鸟的联系，也利于证明苍龙和神鸟都可以唾、散精气为标准化饕餮的正确性。

［57］道家的修炼认为胎儿系纯阳之体。

［58］古代把人和蛙黾都视为倮虫。

［59］虎食人卣底端苍龙与鱼所代表的简狄、建疵构成阴阳组合，与虎食人卣的虎、龙蛇和蹲踞式帝喾神祖、图腾玄鸟元素之组合是呼应的。其中的蹲踞式神祖帝喾之蹲踞式，即拟合玄鸟造型、苍龙的S形、胎儿造型，还有蛙黾玄鼋造型（从妇好墓的蹲踞式帝喾负载表示苍龙大火星的圆形加十字形玉人看，其还可以视为同时拟合苍龙的S形）。这些拟合的生物之间构成互化，所以认为商人神祖为帝喾、为玄鸟、为苍龙都可以（由此可以表明，湖南宁乡等地的商文化主体阶层应该是商王氏族为主的文化，不宜认为文化的主体代表是土著，即虽然文化有土著特征，但是人的治理阶层代表可能是商王氏族，不是地方土著）。虎食人卣底端的苍龙代表商人神祖，即表明喾与苍龙有关，则商人又与上帝有了家族式联系，因为帝出万物于震，震卦即苍龙，为四象之东象，于是龙子、真龙天子、天子的概念就逐渐有逻辑地产生了。虎食人卣底端的鱼呼应女，又由于两条鱼大小不一，正是呼应简狄、建疵姊妹的，从易理象征看，正是呼应巽、兑的，又由于苍龙代表神祖，呼应震卦，则与巽卦、兑卦卦象构成易学中的著名婚姻卦，即恒卦和归妹卦。恒卦，呼应自然界的雷风随之自然现象，正是阴阳相随的意思，引申则夫妇亦应当像雷风一样相随和睦相处。一家之长子呼应震卦，一家之长女呼应巽卦，则震巽组合为恒卦，这样符合自然，婚姻恒久远。归妹卦，古人认为其确实言乎婚配，却是纳妾，而不是娶妻，并不是真正意义上的婚姻。还有学者认为归妹卦的主题内容有交易的成分在里面。这的确有一定的道理，不过于古代姊妹同嫁的这种情况，还有为保证宗法制度运行以及财产传承的实际考虑，《白虎通义·嫁娶篇》有诸多解读。这是符合《吕氏春秋》有关简狄、建疵的记载以及那一时期的婚姻制度的。另《泰卦》是消息卦，时应仲春，即是讲娶妻应仲春。《白虎通义·嫁娶篇》曰："嫁娶必以春者何？春天地交通，万物始生，阴阳交接之时也。《诗》云：'士如归妻，迨冰未泮。'《周官》曰：'仲春之月，合会男女。令男三十娶，女二十嫁。'《夏小正》

曰：'二月，冠子娶妇之时。'"虎食人卣底端的苍龙现，属于玄鸟至之的季节。整个虎食人卣似乎玄鸟没有表现，所以认为其属于春分之时没有确切依据，实际不是的，虎食人卣的蹲踞式帝喾本身的蹲踞式即是拟合玄鸟鸮的样子，其四肢腕踝又都有玄鸟的羽翼，也即是讲实际已以玄鸟来表现节气了。泉屋博古馆藏青铜鼓图像是另一个更为具体的典型：其中鼓和鳄鱼鼓皮表示雷和春分季节，并和其他鱼元素共同表示雷泽场景，与文献和简牍记载的浴场、九层之台、玄丘之沚、瑶台等之雷泽场景一致。尤其是其中雷泽，易于通阴阳之气，其中之台，多为三、九层，呼应天地之中和天地之根，利于抟阴阳成精。玄鸟图腾鸮于鼓首，表明时为玄鸟至的春分。玄鸟鸮之间又有一只没有蝉翼之蝉，蝉呼应神明之甘露，即是精气，可以视为是玄鸟所唾、散。并且蝉还可以表示雷，以这种蝉可以表现雷始出地的仲春，则即是寓意是仲春之时，玄鸟唾、散精气生商人氏族始祖禼。这即是《诗经》之天命玄鸟春分降临雷泽生商的写照。鼓之图像主体是一个蹲踞式神人，拟合玄鸟等形。其有玄鸟鸮一样的羽翼，上肢端已羽化，是为帝喾。其拟合玄鸟、胎儿、蛙鼋、苍龙等的样子，以表示与这些灵兽的联系。冠首有标准化饕餮风格，表示与阴阳抟之精的互化，这样与苍龙和雷都可以转化。其这一造型，显然可以表示其具有苍龙赋予的子孙繁衍的精气能量，类似阴阳和的雷，而雷震万物生，即这一生万物也是符合天道的。同时其两侧有简化小龙，与蹲踞式帝喾构成一般的商周青铜器之标准化饕餮为中心旁为苍龙的经典构图模式，正是表示该帝喾像标准化饕餮一样，呼应精气即是龙蓥的动物化。四条鱼则代表庆都、姜嫄、简狄、建疵。整个场景是文献记载的中国早期文明史中几个家族的雷泽神诞神话，与《吕氏春秋》《史记》《国语》以及上海博物馆藏战国简牍所记载的唐、商、周氏族始祖尧、禼、稷的神诞神话基本一致。从所论证可以发现，商人的图腾是玄鸟鸮无疑问，但是商人的图腾还可以是苍龙形、苍龙和玄鸟鸮的组合形，或者说帝喾的造型可以是苍龙或者具有苍龙和鸮的元素，这同样是天子、龙子概念的由来所至，也是认为这样的图像和认知从而建立了氏族与苍龙和上帝的家族式联系的依据。以下两件青铜器图像更利于理解蹲踞式神祖与龙虎组合等问题。何安达思源堂是著名的中国青铜器收藏机构，其收藏的一件西周早期青铜斗（注图七）图像具有重要价值。该青铜斗的图像由龙、神鸟、虎组成，龙虎并有火字形花纹。龙虎即是阴阳，龙虎尾巴连接，是一种阴阳交往的形式，与弗利尔美术馆藏西周早期曲刃青铜刀的龙虎类似阴阳交往的造型是较为类似的，否则虎首下则无法往来。其这一组合可能还表现了北斗七星有雌雄所以可以和阴阳的概念。其中的神鸟应该是获得龙虎阴阳和之精气修炼和得道的图腾神鸟。弗利尔美术馆、上海博物馆各有一件类似的。此外，该青铜斗的图像有牛，牛有很多意思，在此可能有表示斗为车舆的意义。商代以牛表示坤表示车舆，可以侯家庄1500号王陵之石龙虎牛组合作为重要证据。另一件为商青铜盘，其中有一个苍龙，龙之鹿角柄旁有虎和小龙以及鱼，鼻子有两只对称神鸟，嘴巴有对称小龙。这些附属生物构成龙虎图腾神鸟和鱼的经典组合。另青铜盘中心的鹿角柄苍龙和盘四周的虎、神鸟图腾、鱼又构成一组经典组合，同样

注图七　思源堂藏西周早期青铜斗

是由龙虎图腾神鸟和鱼构成。这是商代反映神祖神诞神话图像中较为全面的一种。其中盘四周的图像为虎、鱼、神鸟排列，不是一般的虎、神鸟、鱼的排列形式，实际是一种意思，只是排列的并不严格，实际应该是虎、神鸟、鱼这一顺序。但是在商周时期，也发现有虎食鱼的现象，或者是龙食鱼人（有人的下肢）的现象，所以这一四周排列形式中，主要是为了表现虎食鱼这一形式才这样处理的（这一青铜盘的器表，是转折的目雷纹和标准化饕餮）。从其中的神鸟造型看，可能表现的是玄鸟鸮，所以该青铜盘的氏族始祖神诞神话应该是玄鸟氏神祖訾雷泽神诞禼的神话表现，其中青铜盘、鱼、龙等元素象征雷泽，玄鸟鸮象征春分时期。其中的图腾玄鸟鸮，还表明隐含的訾，鱼则是简狄。泉屋博古馆藏青铜鼓的蹲踞式帝喾造型，其中除了羽翼、爪子、蹲踞式属于玄鸟鸮元素，若所论其蹲踞式还有多种拟合，尤其是其拟合玄鼋更有意义。一方面玄鼋本身可以视为是龙漦、龙精，另一方面和帝喾早年承位所在天之星野已有天鼋之称有关（星野之文化甚早）。《国语·周语》言"我姬氏出自天鼋"是就帝喾论之的，因为帝喾继承颛顼天位于齐，呼应星野即是天鼋。又由于天鼋神奇可视为龙漦，值得伶州鸠论及。至于天鼋所在为女虚危三星，《左传·襄公二十八年》名之"玄枵"，是为圆盖形，属于北方之象。卞家山遗址的良渚文化陶壶图像，王仁湘认为其中的龟即是早期北方之象，汉代四象之北方确实有单独表示为龟形的，王仁湘依据海昏侯墓葬出土文物，认为有龟蛇形或者龟鹤形，早期北方之象冯时认为多为鹿（四象论证具详见王仁湘、冯时的有关著作）。所有这些表明，女虚危三星宿为天鼋形是有一定的早期考古学依据的，只是这一天鼋之野未以玄龟或者龟命之，四象则有以玄武命之的。中华民族之所以以龙为图腾，主要是由于其来自于天之苍龙，是"帝出万物于震"的所在，与天北极有关，与北极星和道有关，是不同氏族都认同和希望把自己小部落的图腾与之联系甚至是互化的，这样龙也即变成了各个氏族的图腾了，于是整个中华民族都逐步接受苍龙为总的图腾。

[60] 商代龙虎、蹲踞式帝喾神祖组合以及龙、蹲踞式帝喾神祖组合中的苍龙，出现于神祖雷泽神诞禼的神话图像中，本身即同时表明其与天极、北极星、上帝的联系，因为"帝出万物于震"是中国古代起源很早的天文观和好生哲学核心内容。妇好墓出土的有领苍龙形玉器，其中心呼应天极、太一、上帝，所以该玉器表现的正是北极等与苍龙的联系。西周以后，苍龙围绕玉璧或者玉环的图像甚多，不少都表现了这一文化信仰。同时玉璧的中心，还有持阴阳成精、固本的作用，这是苍龙围绕其的另一个原因。我们发现有苍龙围绕玄鼋或者离火即是龙漦的图像，与妇好墓有领玉璧和苍龙构图的文化逻辑有类似的方面。商代的一些斧钺中心有负载离火

的電或者即是离火，有的是一条苍龙呈现C形。斧钺拟合岁，所以斧钺中心即大概呼应天北极、太一、上帝。由于天中响应地中，所以有最佳的天地阴阳往来，不是一般的天地之间，这是天地之根、阴阳之根，和方圆三层坛或者三层昆仑、九层之台以及文献中的玄丘之沕是类似的。天中、地中都是抟阴阳成精的地方，所以历代求中本质原因之一即是由于天地之间其是阴阳抟精气的中心，利于统治者和神人生长和具有天地人三才合一，沟通天地，利于具有阴阳抟精和以丹术修炼获得神力成仙的地方。那些三层台阶的昆仑形墓地以及三层台的祭坛、陶寺的观象台都是呼应天地之中的，即是阴阳抟精气的地理。这同时表明那些斧钺之穿的离火或者電形，实际呼应的是阴阳所抟以及所固之精，有苍龙的则可以讲即是苍龙所吐来自大火星的精气，以斧钺之穿呼应其阴阳和的性质和符合天之道。斧钺的岁之意义，呼应木，即呼应苍龙，所以太岁也可以以青龙表现。同时斧钺之穿的龙，即是苍龙，即有与穿所代表的天中形成苍龙围绕阴阳抟精的造型，还表示一个大周天即是一年的意思。上海博物馆的一件二里头文化时期的镶嵌十字形绿松石青铜钺，冯时已明确证明其与天文有关（冯时：《中国天文考古学》，社会科学文献出版社，2001年），表示回归之岁，这是斧钺拟岁的重要证据。濮阳西水坡45号墓葬的第2幅图像以斧呼应冬至，更是早期的证据。这些斧钺有的还有氏族神祖神诞与修炼得道的图像，以表现自己氏族祖先秉承天道征伐，持斧钺者也是遵循这样的天道的。秦国咸阳宫的一块画像砖，有方向不一的火字形花纹和菱形花纹的两条阴阳龙呈现索形围绕玉璧，该玉璧中心也是抟阴阳之精气的，并有近似的柿纹予以表现。玉璧与阴阳龙、龙虎或者凤凰之组合，同样是玉璧可以抟阴阳成精气的重要证明。春秋时期的一些龙系铜盉，像故宫博物院的一件，其系为苍龙，流为神鸟，神鸟首为一虎，三者正好构成一组龙虎神鸟的经典组合，只是更多的这种盉，不显示白虎，可以视为是一种省略，或者是苍龙自为阴阳。楚地汉代以来，凤凰、两鹤等可以代表阴阳，画像砖也有不少这样的图像。

［61］人们在生活中发现，口舌、喉咙、鼻子、额头等容易生火，所以虽然古人表现苍龙、饕餮、马来貘、牛、虎、公鸡、鳄鱼等有能量的方法多种多样，但是其中一种即是选择在嘴巴、鼻子、脖子、额头、督脉、脊柱等位置以火字形符表现，或者在四肢、爪子上表现。三星堆文化以表现求雨和沟通神灵场景的祭坛式多层青铜器，其神职人员所乘登的马来貘首犀牛身羽翼神兽嘴巴的方向盘形，即是表现其能量或曰精气之火的，与商周时期虎食人卣之虎、苍龙、标准化饕餮、简易化饕餮、神鸟之嘴巴或脖子之火字形符的意义就能量而言是一致的。弗利尔美术馆藏的著名的商代人面青铜盉的人面苍龙，其爪子就有火字形花纹。这些表现方法正是符合《黄帝内经》所言清阳出上窍、清阳实至四肢的讲法的。自然也有表示能量的图案位于动物之表面的，这同样是符合《黄帝内经》之清阳发腠理的记载的，只是首和四肢、嘴巴、脸颊更为明显。

［62］只显示神鸟之喙。这一风格是诸多器物耳朵之苍龙、白虎、象鼻苍龙、牛等神兽食神

鸟组合中神鸟首表现的常见造型，也有显示眼睛等的。神鸟往往只显示喙的还有商代兕觥图像。兕觥两端，一般高的一端是神兽或者苍龙（有的还明显表现整体），有的是具体的动物（像牛、虎，有的是羊角牛形、苍龙等）。另一端有时为神鸟，该神鸟在标准化饕餮嘴巴中同样多只显示喙，有的显示较明显，两者构成神兽（一般是苍龙或者标准化饕餮）食神鸟经典组合。同时这样神鸟有的还与高端的神兽构成神兽食神鸟之经典组合。这其中，兕觥的龙图像常会作为组合之一，即构成龙虎食神鸟图腾的经典组合。像司母辛兕觥，其一端是羊角牛，另一端是省略首的鸮，则一般组合即是神牛、龙和鸮组合。这一神牛额背还有苍龙白虎构成的阴阳组合，即是典型的抟阴阳成精气赋予该神兽，并且位于其额头和似人督脉的脊柱，与一些蝉（位于标准化饕餮额头的蝉有标志标准化饕餮性质和表明该位置体现道家的认知所以重要，可能也有赋能的作用）、商周蹲踞式玉人额、背有苍龙等的意义有关，即是赋能神兽和储存之酒并助力神兽修炼的，这样其与神鸟图腾构成的神兽食神鸟图腾之经典组合，即是传递了龙虎阴阳之精气了。与一般龙虎和神鸟图腾组合有些类似，只是其传递是经过另一个神兽了。并且该龙虎组合应该还参与了整个兕觥中的至少三组神兽食神鸟图腾的组合了。妇好墓的一件高端为明确虎形的兕觥，其盖子低端的鸮和高端的虎以及器物本身的龙即构成龙虎食玄鸟鸮的经典组合。弗利尔美术馆藏一件商代晚期铭文中有雨字形的青铜卣，其一端是神鸟鸷，另一端是虎，连同苍龙，则构成龙虎和少昊氏图腾鸷的经典组合。同时其盖子的图像借助兕觥本身的龙，则和鸮构成龙虎和玄鸟氏图腾鸮的经典组合。这些组合蕴含着图腾神诞神话，同时还蕴含着神话叙事和巫术行为、意识中图腾修炼得道成神灵的内容。自然这些与兕觥作为祭祀、礼乐之器，以及作为丹炉象征、五谷之精的酒器之意义，是一致的。

[63] 商周时期的蹲踞式可能还拟合鼋造型。《国语》等文献记载龙漦化为玄鼋。这种玄鼋神话的图像化在二里头文化有发现。负载以多个圆形或离火形表示龙漦或曰龙精的玄鼋，其多个圆形即拟合龙精唾沫呈现的圆形泡沫，符合道家的唾为精气。泉屋博古馆藏铜鼓之神祖夔与苍龙组合，由于其中的蹲踞式的神祖夔还同时可能拟合玄鼋造型，所以其可视为是由"龙唾龙漦"所化的神祖夔的造型，或者讲是玄鼋与夔造型融合了。妇好墓有的蹲踞式玉人，其身有圆形加十字形符，林巳奈夫诸多著作认为其是雷，实际首先是大火星。这样理解的话，则铜鼓之蹲踞式神祖以及商代诸多表现图腾玄鸟鸮的蹲踞式还可能拟合S形苍龙，这同时利于证明本文论证的主题，即有苍龙加持的神鸟与苍龙具有类似的功能。该铜鼓的神人与鱼的组合表明，商人玄鸟氏认为唐尧、商禼、周稷的始祖是一个人，这个人即是帝喾，也即是《山海经》记载的帝俊无疑，只是有的文献有时把帝俊讹成另一个神了。不过三者的图腾，依据文献记载较为复杂。依据商人的认识和有关帝喾四妃的记载，理论上三者都应该是鸮，但是现在只有商人图腾为玄鸟鸮并已被卜辞、泉屋博古馆藏青铜鼓图像、关帝庙商代陶碗的鸮神祖等证据证实。周人的图腾是什么神鸟，并没有明确的证据。凤鸣岐山只是讲其兴盛的征兆和吉象，也没有讲其一定是

图腾。曲沃晋侯墓地西周早期晋侯燮父制作的青铜鸟尊，从铭文看，是祭祀祖先的器物，然而却不是鸮的面貌，从翎眼和羽冠看，反而有不少凤凰的特征，可能与凤鸣岐山之凤有关。虽然依据屈原所讲，玄鸟鸮名字可能有凤凰之名，但是从目前的考古发现看，是不同的。周人不讲其图腾为鸮，只讲姜嫄履巨人迹（正是泉屋博古馆藏青铜鼓图像中商人氏族神祖巨人帝喾或曰帝俊之旁代表姜嫄的鱼与巨人具有男祖之形的足之组合）。考古发现晋侯制作的神鸟尊也可能是一种非鸮的特殊神鸟，用以表示其图腾的，这可能与周灭商有关。从周人存在去掉五音之商的现象看，这确实是可能的。陶寺龙盘和泉屋博古馆藏青铜鼓可以明确表明文献记载的庆都赤龙生尧有早期信仰基础。文献所谓的尧父赤龙，实际即是神化其神父为有大火星能量的火龙（陶寺龙盘之红色龙是火色，不过这个火不是一般的火，而是苍龙大火星之火，该赤龙即是有火字形花纹和大火星之能量的苍龙。冯时认为其是社龙、句龙，正好体现了社与祖先的联系），从而表明苍龙应视为唐人王氏族图腾，但是并没有文献记载其图腾为鸮，不过以龙为神祖神与以鸮为图腾并不矛盾，因为神鸟图腾和苍龙，从商代虎食人卣底端的苍龙和代表简狄、建疵之鱼的阴阳组合、商代青铜盘之苍龙、白虎、神鸟、鱼之组合、西周诸多玉器造型中存在龙首神祖等现象看，是可以统一的。陶寺的鸮目前只在少数陶把手有发现，值得重视。"佣季乍祖考宝尊彝"铭的神鸟羽角和眼睛似乎有鸮的主体面貌，不过从其铭文看，是佣国国君制作的祭祀祖先之器物，并且多数学者认为佣国国君可能并不属于华夏氏族，尤其不属于姬姓贵族，所以其作神鸟尊，依然无法证明该神鸟与周人图腾有关。

［64］以这种构图表示该苍龙以首吐火赋予神鸟阴阳和能量，同时表明图腾神鸟抟阴阳修炼，获得道术功夫。

［65］鱼尾苍龙首有火字形并吐舌则是表示传递阴阳和能量给神祖即帝喾的，并表现帝喾修炼的。其与妇好墓铜甗之甑的苍龙吐舌表现的含义略有区别。铜甗该苍龙吐舌表示唾、散精气，鼻子代表的标准化饕餮表示的是其精气的动物化（图三：3）。该铜甗之面有三条菱形花纹的苍龙，其围绕甗锅形成一周，与张家坡墓地的一件青铜钺的苍龙围绕斧钺之穿以及其他诸多斧钺苍龙围绕的斧钺之穿或者其象征的意义是基本一致的，表示都是苍龙与天极的联系。该鱼尾苍龙从神祖之足传递能量，符合《庄子·大宗师》中所说的真人之息可以至于踵。同时，《黄帝内经》曰："肾出于涌泉，涌泉者足心也。"意思是讲肾经之气来源足下，涌出灌溉全身。中医认为"精从足底生"，易理认为震卦为足为龙又为雷，而龙为苍龙，雷为阴阳和的能量，都是蕴含生机的。苍龙从其足传递能量并表现神祖修炼。按照丹术，这一修炼已达到一般所谓的大周天阶段了，或者是有的丹术家所谓的向着大周天过渡的小周天阶段了。丹术和中医都认为，足少阴肾经与上肢的厥阴心胞经相联通，形成心肾交往，即是水火坎离龙虎阴阳的交往，以筑己炼基、炼精化气等。商代对于丹术的认知不一定这样清晰，至少有一定的认识。

［66］该斧钺之图像利于证明夔龙的苍龙属性，自然有的苍龙之精气也可以化为小的夔龙。

［67］符合《国语》等记载的龙漦化为玄鼋的记载，从考古发现看，那些动物都不是龟，应是鼋，所以记为玄龟的文献记载应错误。这一文献在一定程度上也反映了夏商同族的问题，从泉屋博古馆藏铜鼓来看更是如此（该铜鼓有表现尧、喾、稷共同祖先为喾的神化图像，并且喾拟合的动物中包括玄鼋的造型）。

［68］有的斧钺有几个离火形，并与蝉形组合，表现的是表层土地之精气，预示着"雷出地奋"。

（原刊于《华夏文明》2021年第5期）

新论饕餮的本质、商周青铜器图像意义主题及有关问题（二）
——从商末周初一件青铜尊的特殊图像论起

顾万发

商代青铜盘中，有一件盘的图像是苍龙围绕一个由苍龙精气所化的鼋形，也利于证明这一认识。宝鸡市竹园沟13号西周墓出土的人首銎钺（图五〇），其钺面的苍龙造型有明确的獠牙[1]和神鸟爪元素。该神龙反首，属于苍龙系，这一特征在西周各种玉器中多见[2]。竹园沟人首銎钺钺面苍龙特殊，其足执有小龙，龙首呼应斧钺钺面之穿，斧钺面之穿可以呼应天极等，并有抟阴阳成精气的意义。其斧钺面之穿的小苍龙，可以从两个方面理解。一种抟阴阳之精气，可以苍龙唾这种有形图像表现之，或者简单理解为是以苍龙围绕钺面之穿象征的天极来表现之，只是由于设计形式的原因，把斧钺之穿和小苍龙融合了。之所以可以这样表示，是由于古人认为苍龙所唾、散精气依然可以视为是小苍龙。花园庄东地54号墓葬的青铜钺钺面之穿有一个小龙，有鹿角柄，显然是苍龙，表达的是同样的含义。花园庄东地54号墓葬之青铜钺的小龙还位于该钺一组对称饕餮之嘴巴，所以给人的印象是饕餮之唾，呼应斧钺之穿抟阴阳所成精气，也即表明苍龙所唾为精气的意思，与视钺之穿为小龙或者为小龙绕的象征意义是基本一致的。更为确切地讲，在斧钺之穿表现苍龙，主要是为了表现苍龙所唾为阴阳和的精气并有固本的特质以及表明斧钺之穿呼应的太一天帝出万物于震卦之苍龙的意思，这利于我们对于斧钺苍龙和饕餮图像的性质识别。斧钺之面的标准化饕餮，一般是表现斧钺拟合玉璧的抟阴阳成精气的动物化。斧钺面之简易化饕餮，属于苍龙系，有的表现其与斧钺之穿的联系，尤其是表现苍龙唾之精气与斧钺之穿呼应玉璧天极的抟阴阳成精气并固本之意义的联系。斧钺之苍龙有的可能与斧钺象征岁关联，我们知道晚期文献有太岁、小岁呼应

图五〇　竹园沟人首銎钺

北斗的记载，但是其思想的初步可能较早，北斗的造型实际也呼应有柄斧钺之形。岁星为木，与东象苍龙、青龙呼应，所以斧钺有龙是自然的了。这样的话，一般斧钺之穿相当于北斗斗魁中心，斗魁中心虽然历史上没有北极亮星，但是往往作太一常居之，即是上帝居住和巡视周天的地方，这样的话，视其为文化的北极或者北极星也是可以的。更甚者，有明确的考古学证据证明至少从新砦期开始，拟合玉璧之斧钺出现，其更早的濮阳西水坡45号墓第二幅蚌塑图像中的风字形斧即象征岁，只是还没有明显的玉璧之特征，东南地区的崧泽文化等的诸多玉斧钺已有玉璧天极的特征。这就使得以斧钺象征岁、以斧钺面之穿象征天极及北极的文化得以流行，以至于表面没有玉璧典型特征的斧钺也可以表现，圭璋有领玉器以及所谓的玉璇玑更是这样了。所谓牙璋之穿，首先象征天极等天中的代表，其扉牙林巳奈夫认为是羽翼之生气，即是符合中国道家的道生一、一生二、二生三、三生万物思维的，也是符合易之太极生两仪、两仪生四象、四象生八卦思维的[3]，八卦以圆形图像表现，其设计概念中即有这一天盘思维。冯时有关形埒的考证，利于理解这一问题。牙璋之兽面为首的扉牙实际是龙，更确切地讲是苍龙，其在斧钺之穿旁，同商周时期斧钺之苍龙意义高度关联。至于斧钺之首的刀刃形或者Y字形，实际都是羽翼纹之端的一种表现形式，连同牙璋之体，则即是羽翼形，都是表现生机的。尤其是Y字形首的羽翼，在二里头文化和夏家店下层文化往往作为苍龙唾、散精气的表现形式，商周则是云雷纹和神兽纹样阴阳造型的基本元素。至于牙璋融合斧钺形、玉戈形等，从其有刀刃即是很明显的了。

不少斧钺还有苍龙与白虎组合[4]，类似虎食人卣之龙虎，以这种龙虎组合表现龙虎阴阳以成精气以及获天之道，具有异能，替天行道之意义[5]。像1973年湖南长沙征集的西周龙虎钺[6]（图五一：1），2013年随州叶家山M28号出土的龙虎钺[7]（图五一：2）。总之这些斧钺之穿苍龙以爪执小龙并拟合钺面之穿，其中一个重要的意思是表现该苍龙之精气与玉璧之穿、斧钺之穿呼应天北极所抟阴阳以成精气是高度呼应的，除了已论述的案例，还有一些斧钺之穿为离火的青铜钺（图五一：3）更能证明这一问题。还有的青铜钺，其造型和图案的组合与商周时期诸多苍龙衔玉兵戈等兵器一样，苍龙与整个斧钺之首构成苍龙唾造型或者龙衔的造型（图五一：5）。有的斧钺有C形苍龙（图五一：6），有的斧钺有两条苍龙的现象，尤其有的斧钺还同时有一个为龙漦所化之玄鼋（图五一：4）。这些案例显然表明斧钺之穿抟阴阳成精气与苍龙唾、散精气的联系。还有一件西周早期青铜钺（图五一：7），其斧钺面是两条夔龙与一个标准化饕餮，夔龙为苍龙，标准化饕餮呼应钺面之穿，更是表明该标准化饕餮是该苍龙唾、散精气的动物化。

玉璧具有抟阴阳成精气的文献记载并不早，但是其实这一文化起源甚早。新石器

1. 1973年湖南长沙征集的
西周龙虎钺

2. 2013年随州叶家山M28
号出土的龙虎钺

3. 摘自《欧洲青铜器遗珠》

4. 埃斯肯纳齐藏青铜钺

5. 赛克勒旧藏青铜钺

6. 上海博物馆藏商青铜钺

7. 摘自《欧洲青铜器遗珠》

8. 张家坡墓地119号墓
葬的青铜钺

图五一　商周时期的青铜钺

时代以来的玉璧、有领璧几乎都可以表现抟阴阳以成精气并有固本之用等意义，像陶寺中期王陵的玉璧，其有的盖于彩绘陶罐，发掘者何驽认为是饮酒的作用，这是可信的。更确切地讲，是以玉璧之穿即天极抟阴阳之精表现酒精的本质的，也即是讲该酒类似于玉器抟天地之阴阳的精气。自然王者又与陶寺龙盘所显示的苍龙有家族式联系，则其所获之酒精与苍龙所唾即有了联系，这样即把王者与苍龙之精气、与天极等建立了联系，这是中国古代文明的一个基本主题。西周时期存在两条苍龙以尾围绕玉璧之天极的图像，若张家坡墓地119号墓葬的青铜钺（图五一：8）以及新石器时代以来诸多C形苍龙，像商周时期的C形苍龙、红山文化的C形苍龙、浙江良渚文化的C形或者以龙首表现的苍龙，都有表现苍龙与代表天极等天中组合的意义。总之，诸多新石器时代以来的C形苍龙、虎等元素及其所在的玉璧、璇玑、圭璋等玉器、青铜斧钺等明确把苍龙所唾之精气与天北极抟阴阳之功联系起来了，同时表现了天北极、北极星等天中象征的有无相生之道、道是有是无、道生一至于万物、帝出万物于震[8]、道之本质、太极、太一、上帝与玉器之穿的呼应。有的斧钺还表现有执历法、天道的意义。中国早期文明这些特质的符号，也表现了苍龙之精气的神圣及其有关的行为运行符合天道，符合西周以来更加强调的德，尤其是龙虎抟阴阳之德或者善变神通的阴阳龙德。

竹园沟人首銎钺钺面的主体神龙执小龙、小龙位于斧钺象征的玉璧之穿以及其表现苍龙之精气即是天极所抟阴阳以成精气的图像和文化，实际与古人有关经络中"足底生精气"的认知也有关。丹术所讲的周天之功中，有足底涌泉穴生精气、从足获得天地精气的认知。古代经络学和易学也认为震卦为龙为足、足有少阴经主肾以及商周时期龙或者虎在足传递能量的现象，利于理解我们的认识。竹园沟人首銎钺钺面神龙与西周玉璜和其他玉器中的诸多蹲踞式神人、神龙一样是反首的，那些玉器之龙和神人，由于苍龙赋予神人能量[9]，所以有的采用的是龙和人的融合造型。这表明在西周时期这一反首龙和神人即使不呈现拟合的造型，只要其组合出现，实际也可以表现苍龙赋予神人能量的意思[10]。对于该青铜钺而论，即是该苍龙和钺之侧附属小龙、内之简易化饕餮代表的小龙[11]赋予銎首神人以阴阳所抟之精气的能量。这表明竹园沟青铜钺銎首之人绝非简单，更不是有些学者所谓的敌人首级的象征。从埃斯肯纳齐收藏的一件类似的青铜钺之銎首人（图五二）由于获得钺面和内的标准化饕餮、苍龙之精气而具有火字形花纹的造像看[12]，竹园沟该斧钺青铜钺之銎首神人也应该是获得这种能量的神人。这个人首绝非一般人，更不是敌人模样。其发型与芮国墓地的蹲踞式玉人（图五三）、茹家庄墓地的青铜车軎之乘标准化饕餮形神兽的神人（图五四）相似。

  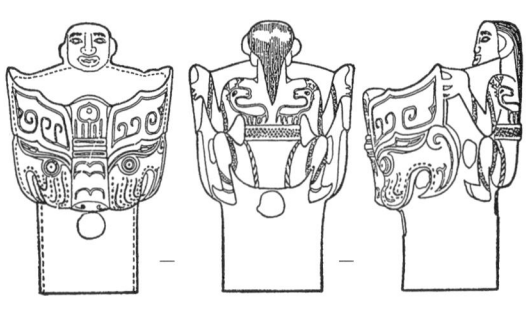

图五二　埃斯肯纳齐藏西周青　　图五三　芮　　图五四　茹家庄墓地出土车軎
　　　　铜钺　　　　　　　　国墓地出土
　　　　　　　　　　　　　　玉人

　　这样执有该钺者还可以以之表现自己像神人一样得道、军权神授、征伐有道以及替天行道。中国国家博物馆所藏的一件西周青铜钺（图五五），为玉璧形，其穿以天地阴阳之精华的玉器来表现[13]，更利于表明斧钺之穿的这一意义。弗利尔美术馆藏的一件三白虎围绕玉璧形的青铜器之图像以及春秋战国以来多条龙围绕玉璧或者玉镯形玉器的意义与之是基本类似的。上海博物馆藏的一件西周弧刃青铜钺（图五六），其中神祖有神鸟的元素，其一神鸟爪执斧钺之穿，与竹园沟13号墓人首銎钺之獠牙苍龙执呼应斧钺之穿的小龙具有基本一致的意义。这一案例表明该象鼻子神祖与苍龙在执象征玉璧之穿的造型方面，是一种为了表现两者融合的刻意的拟合。

　　妇好墓有一件有领玉玦，也有这样的苍龙（图五七），芝加哥艺术博物馆藏的一件玉玦形的玉璇玑（图五八）表明玉玦与玉璧、玉镯形玉器的联系，这显然表明有领玉璧、玦、玉璇玑、玉镯是这玉器之穿呼应道家之道并及天北极、北极星、精气并表现道的生机以及道的有无相生、道为有无、天极虚无、炼虚合道的文化意义，并表明有领玉璧之领可以为通天柱、天地连接的象征。这类有领玉璧、有领青铜瑗、有领璇玑，其领实际和穿都有这样的意义，司马台遗址的一件玉璇玑和玉璧的组合以及璇玑玉衡以齐七政之论[14]利于理解这一问题。这都表明斧钺、圭璋之穿实际与玉璧、玦、玉镯式玉器、璇玑之穿是可以拟合的，都是呼应天极或太一、北极星的，具有阴阳和的性质，这些玉器的扉棱实际即是表现其生机的。之所以羽翼表现生机，实际与中国古代以羽翼表现气的文化、中国古代的气生思维以及宫商角徵羽中羽翼表现生机有关。

　　汉代玉璧与阴阳龙或者龙虎阴阳或者凤凰阴阳组合，以及马王堆帛画和道家的有关成神仙丹术文献中有关玉璧抟阴阳成精气的记载、诸多标准化饕餮传承的铺首衔玉璧和镯子式玉器[15]的意义，利于证明这一认识。天极和北极星、太一显然一般不是一

图五五　中国国家博物馆藏西周青铜器

图五六　上海博物馆藏西周
青铜钺

图五七　妇好墓出土有领玉器

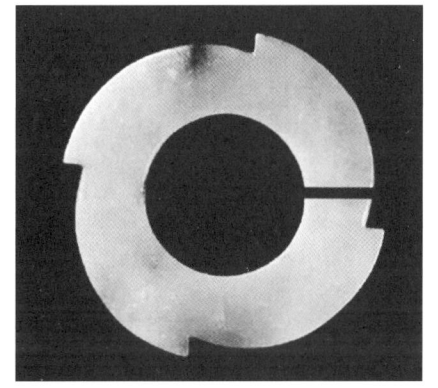

图五八　芝加哥艺术博物馆藏玉璇玑

致的，这即是天文之道生一的概念体现，是应该予以明晰的。具体论之，各种玉器以及以青铜器表现的玉器等，其穿有的可以完整表达这些概念，有的则只是其一。至于有学者认为陶寺有阴阳圭[16]，这是可能的，不过这应是另一种以阴阳两圭各自表示圭之穿呼应阴阳的形式，其有些内容与丹术中的刀圭可以参照。

　　商代以来的青铜器、白陶等，其本身图像主体或常见的是简易化饕餮代表的苍龙、标准化饕餮代表的精气所化的动物、属于苍龙系的夔龙、各种神鸟、鸟首夔龙等，尤其是标准化饕餮，基本即是苍龙或者有苍龙能量的神鸟唾、散精气的拟动物化[17]，或者是阴阳龙、龙虎登所抟阴阳之气而成精气的动物化。具体论之，标准化饕餮是精气的动物化，其中精气来源以龙为主，或者神鸟和龙虎等。其中原因即是阴阳苍龙或者苍龙白虎是天地阴阳能量有形化的主要代表，以完整的自然造型为主的牛、虎、鹿为少数，其中，牛在西周时期稍微多一些。为了表现阴阳所和能量的代表性和综合性，有的标准化饕餮纹，也融合了多种动物的特征，像龙、虎、鸟、牛、羊、鱼、象等。标准化饕餮特别表现精气的主体，即眼睛，二里岗文化时期最早一批标准化饕餮，一般都是以可以呼应离火为眼珠子的目雷纹组合来表现，即这样的标准化饕餮之眼睛不是臣字形的，这样标准化饕餮的羽翼即是精气之散发[18]。肖家屋脊文化、石峁文化、夏商周三代青铜器或者陶器、玉器图像中，有的有明确的苍龙、马如龙、白虎或者苍龙白虎组合，有的还会同时和图腾神鸟、图腾黄牛[19]、墓葬主人、王者、人形神祖、表示女祖先的鱼等几者组合。例如妇好墓的龙盘（图五九），其中的龙虎、图腾神鸟和鱼组合图像中龙虎为苍龙白虎组合无疑[20]，并且龙虎两者呼应阴阳坎离水火心肾交往。龙虎又与图腾神鸟玄鸟鹓组合，赋予神祖能量。图腾神鸟与鱼代表的简狄组合

1. 苍龙白虎图腾女神祖组合成神诞场景

2. 苍龙白虎、图腾玄鸟鹓和代表简狄、建疵之鱼的组合图。龙虎阴阳表现图腾鹓修炼阴阳，获得抟阴阳之精，与鱼构成古老的鱼鸟阴阳和图，以生氏族氏族始祖禼。铜盘象征雷泽，与文献简牍记载一致

图五九　妇好墓出土商代龙盘

则代表了阴阳之和。自然还是表明神鸟图腾代表的誉这样神祖修炼得道并以所获得的龙虎阴阳之精以繁育子禼的氏族始祖神诞神话、巫术叙事之主题。台北故宫博物院藏的一件龙盘更为特殊（图六〇）。其盘内的苍龙和附属小龙蛇，和代表简狄、建疵姊妹的两条鱼构成组合，抢到其图腾神祖誉与苍龙的融合性，建立起神祖与苍龙天之上帝的家族式联系。若泉屋博古馆藏虎食人卣的苍龙和两条鱼的组合图像结构和意义基本一致。该苍龙还与盘内的虎、神鸟图腾和鱼构成一组组合，以龙虎阴阳赋予图腾神鸟，图腾神鸟和鱼又构成鱼鸟阴阳组合，这一鱼鸟图是新石器时代以来的生殖崇拜图像，是表现商人氏族神祖誉生禼的神诞神话叙事的，整体元素像虎食人卣一样，有两组组合。这些图像组合中的器物本身以及图腾神鸟、神祖本身则有抟阴阳之丹田、中宫等象征或者角色赋能的意义。这种龙盘，不少是省略的，像玫茵堂藏的一件商代龙盘（图六一），只有苍龙和附属小龙。浙江温岭市的一件商龙盘，只有一条有菱形和火字形花纹的阴阳苍龙（图六二）。还有一些简化的龙盘，只有龙或者龙鱼，其只是一个与雷泽有关的神话的象征和符号了。不过总的来讲，这种盘所表现的雷泽文化，尤其是生机、神诞文化以及符合龙虎、阴阳龙等阴阳文化的道家的意义是主体。

图六〇　台北故宫博物院藏　　　　图六一　玫茵堂藏商代龙盘
　　　　商代龙盘

图六二　温岭琛山乡楼旗村出土商代青铜盘（局部）

商周时期龙盘、兕觥等器物中的这类复杂组合，是一个链条。在较为完备的链条中，一般有龙虎神鸟图腾和鱼四种元素，其中鱼鸟阴阳组合在新石器时代即有出现。半坡文化的鱼鸟图葫芦瓶（图六三：1～3）、鱼和拟合太阳大气光象的男性生殖崇拜符组合图像的葫芦瓶（图六三：4）、人面鱼纹的葫芦瓶（图六三：5）、拟合蚕茧、生物子房的人面鱼纹的瓮棺[21]（图六四）等图像，呼应、表现的正是阴阳和、精气生、混沌、道术、太极的文化、概念，本身或墓葬主人也可以视为是抟阴阳成精以赋生机的所在。其中的葫芦瓶本身还呼应葫芦多籽繁衍，呼应生物子房，若神话中的伏羲女娲乘坐的葫芦，与春秋战国时期的玄酒匏壶的本质概念也有联系。东晋王嘉《拾遗记》有"三壶"山抟阴阳的记载，马王堆帛画有证明，该记载来自西汉东方朔的《宝瓮铭》。《云笈七签》中讲葫芦变化为天地、中有日月，也体现了其阴阳和的意义。对于葫芦的这一阴阳和文化，有学者认为与佛教，尤其是《杂譬喻经》之《壶中人》故事有关，现在看来，实际有中国本土更早的依据。春秋时期以来青铜匏壶，有的盖子为神鸟，神鸟还往往执蛇，甚至有的翅膀还拟合有龙身造型，这表明春秋战国时期的神鸟执龙蛇、衔蛇、多数应该理解为是早期阴阳龙与神鸟图腾组合的传承。其系不似春秋战国时期龙系之盉的系多为龙[22]而为虎，这样的匏壶造型，就出现了龙虎和神鸟的经典组合[23]。古人认为羽声属水，圆急嘹蔼，圆满急畅，条达畅意，"羽觞飞翔，匏

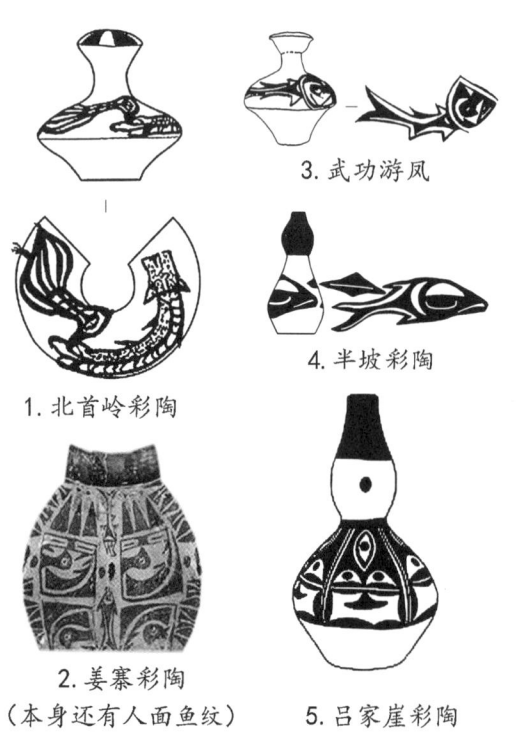

3. 武功游凤

1. 北首岭彩陶

4. 半坡彩陶

2. 姜寨彩陶
（本身还有人面鱼纹）

5. 吕家崖彩陶

图六三　新石器时代葫芦瓶

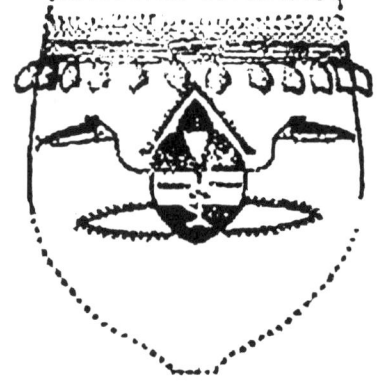

图六四　北首岭出土人面鱼纹彩陶瓮棺

竹激越"，以匏竹形容之，则也明确表现了匏与肾的呼应问题。神鸟为图腾神鸟，则代表龙虎阴阳之精气的玄酒出自神鸟，为主人之酒，则又有子孙传承的概念。只是这一神鸟图腾连同其他神兽食神鸟经典组合中的图腾神鸟和组合，逐渐散变为一种象征符号了。匏星为天空独体星，也利于表达其本身即是阴阳和的特性。那些没有明确虎系和神鸟盖子和小龙的匏壶，实际依然应视为是具有省略或者隐藏了龙虎神鸟组合或者有的元素。这些关于葫芦的案例表明中国早期阴阳学和朴素的生存繁衍文化本身即有道家的文化早期元素。

　　泉屋博古馆藏有一件商代兕觥，其背有两条鱼，代表的即是女祖[24]（图六五），与其组合的应该是附近的苍龙。附近的还有标准化饕餮口中的蝉，蝉可以象征精气或者阴阳和的雷，应该表示该标准化饕餮为苍龙精气的标志。即使同时表示标准化饕餮所唾，也符合多数情况下，标准化饕餮为苍龙唾、散火气即精气的认识。有的标准化饕餮增加了一些动物元素，正是表现精气之充盈的。尤其是龙精或者龙虎阴阳和之精气的充盈。还有的可能是虎唾精气或者是龙虎阴阳和精气的动物化。至于鹿等神圣动物唾、散精气是否可以动物化为标准化饕餮，理论上是可以的，但是考古学却基本不见直接的表达，这只能讲是以龙、神鸟、龙虎组合为主的。从侯家庄1001王陵骨柶等身有离火的苍龙图像中苍龙吭有多角形雷、商周时期有的多角形雷以离火或者眼珠子为主体、肖家屋脊文化存在神鸟吭有一横[25]、甲骨文中呼应雷的神鸟脖子有一横以及文献中有神鸟作为阴阳之阳精与雷呼应的记载等看，商代确实存在以圆形+十字形、附属龙身的铃铛、震雏的多角形和离火形等表现雷的现象[26]。依据古人的一种普遍认识，雷同样为阴阳之精，与蝉饮甘露即天地阴阳和之精、青铜器表现的苍龙或虎吐酒之精，都是若万物负阴而抱阳之冲和之气，呼应有阴阳属性的太极。

　　所论弗利尔美术馆藏那件商代兕觥之足图像是标准化饕餮和心字形首苍龙赋予该蹲踞式[27]神祖以天地阴阳和的能量，表现神话和巫术中其修炼丹术以获道的现象，并使其因而炼虚合道，并具备沟通天地、天地人合一的身心状态和治理之术等异能。其四肢为苍龙显然是符合震卦为足、雷震万物生的认知和经络学原理的。

　　由所述这些图像可以认识到，除了以龙为主的图像系统强调苍龙功能以及"帝出万物于震"即苍龙所在方的意义外，多数还明显以火字形强调了其能量。龙、阴阳苍龙或者苍龙白虎与人、图腾神鸟的这种阴阳组合，表现了图腾或者神祖甚至是巫师、墓葬主人、将军等依照神话和巫术的叙述即是有阴阳之道术、修炼并得道了。龙虎还可以比喻离坎卦，即是说明这一修炼过程拟合变化离卦之阴爻、坎卦之阳爻，即若丹术中所讲的铅汞之变，也即是离卦获坎卦之阳爻，则成乾之纯正之阳，坎卦则获离卦之阴爻成坤卦之纯正之阴，乾南坤北至则先天之形现，于天地则是阴阳浩然正气。

　　龙为菱形花纹，一般用于表现阳龙，其呼应离卦之阴爻可以比喻为离卦之泰阳之精，赋予坎卦则坎变成纯阴之坤，火字形花纹的苍龙，其拟合坎卦之阳爻则可以视为是坎卦之泰阴之精，替换离卦之阴爻则离变纯阳之乾。白虎一般都有火字形花纹，拟合自身部分或主体生物形花纹，也有少数商周时期的白虎，其背同时有菱形花纹，这显然是希望表明这种虎具备了自身阴阳之特性，像一些阴阳苍龙一样。还有如狗熊、鹿、马来貘、牛、马、虎、鹿、黿（图六六）、蜥蜴、标准化饕餮、简易化饕餮等，有的具有火字形花纹，除了有的拟合自身自然花纹，同时也是以火字形花纹表现其具有能量的意思。在此需要注意的是，这些动物中，有的作为苍龙之首的构图元素，有的作为简易化饕餮（实际也属于苍龙）的构图元素，有的单独以整体完形或者略有变化的造型呼应苍龙的功能（像牛、虎、鹿等），有的以其部分元素参与标准化饕餮的造型，像标准化饕餮的龙身、牛身、牛角、羊角以及牛鼎和鹿鼎之标准化饕餮的牛、鹿元素[28]。其中的虎是西方白虎，其出现较早，早期以濮阳西水坡45号墓葬为代表，龙山时代以肖家屋脊文化的玉虎、虎头、养德堂藏山东龙山文化玉圭虎食少昊氏神祖首之虎、石峁文化虎食神祖石雕图像之虎等为代表。小双桥青铜构件龙虎和神祖营组合、虎食人卣之龙虎和神祖营组合、阜南商文化和三星堆文化之龙虎尊的龙虎和神祖营等组合中的虎等，都是苍龙白虎语境中的白虎。这些商周时期的虎食人图像，实际都是龙虎和神祖组合，不只是虎和神人的组合。单独的虎与神祖、人的组合有，但是

图六六　侯家庄 M1001 出土骨枘

图六五　泉屋博古馆藏青铜兕觥（局部）

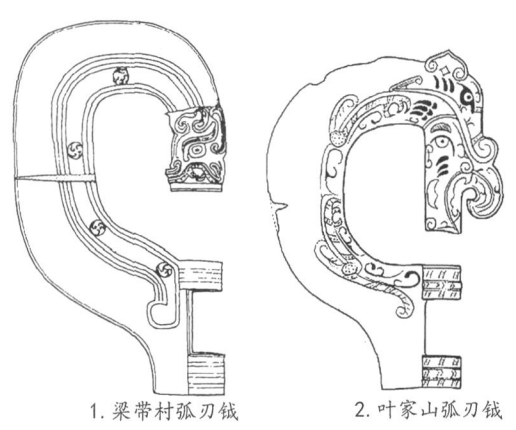

1. 梁带村弧刃钺　　　　2. 叶家山弧刃钺

图六七　两周弧刃青铜钺

少，龙与神祖的组合多一些。这种龙人（或者图腾神鸟）和虎人（图腾神鸟或者黄牛）组合，除了阴阳龙和阴阳虎的概念，则都应视为是龙虎之一的省略。西周以来的弧刃钺（图六七），有的即是苍龙食人首[29]，或者虎食人首[30]，显然可以视为是阴阳龙或者龙虎阴阳与神人的组合，其中龙虎不全的甚至没有神祖首的，一定语境下也可以认为是省略其一。妇好墓有鹿角柄苍龙为首的簪子，装饰之形貌正是苍龙位于首的造型，应该理解为是阴阳龙食人首即是赋予人能量和修炼的造型。妇好墓还有虎首鸮（图六八），也是表达虎食图腾赋予能量和修炼意义的一种更为特殊的形式，可以理解为省略了苍龙，但是由于龙山时代以来白虎的特殊性以及表现习惯，所以其可以和龙组合也可以单独表现，所以也可以认为没有省略。这一造型实际是以虎与图腾融合的形式表现虎赋予图腾神鸟以能量，并表现其图腾神祖的修炼巫术。侯家庄1001号王陵的虎首跪坐人（图六九）以及鹿邑太清宫商人墓的虎首跪坐人（图七〇），都应是表达虎食神祖或者龙虎食神祖即赋予神祖能量、表现修炼的一种形式。实际上下肢或者整个四肢有苍龙即是四肢呼应震卦、震卦为龙、乘登神龙周游天下、获得苍龙能量、以苍龙助力四肢阴阳经络运行等概念的表现，也是经络学所讲的清阳之气出四肢以利能量沟通的表现。与这些人组合的阴阳龙或者是龙虎，表现乘登内涵的时候，类似《山海经》所载四神的乘登阴阳龙、三星堆文化祭坛式青铜器下端神职人员乘登马来貘首阴阳神兽和曾侯乙墓漆器以及淮阴高庄战国墓青铜器中的神人、帝王乘登阴阳龙的造型，同时也是阴阳龙等神兽抟精气赋予乘登者的一种表现，更是在神话和巫术背景下，以阴阳龙和龙虎阴阳表现神祖修炼以至于得道成为神灵的造型。鹿邑太清宫商人墓这一虎首玉人之背为玄鸟鸮图腾，更证明该人为神祖的可能。其四肢没有苍龙，视为或者不失视为省略都可以，与妇好墓的一件鸮与人组合的玉器是类似的（图七一）。西周以来的蹲踞式神祖或者巫师等，在玉器的图像中表现明显，青铜图像则较少。这些蹲踞式神祖等，周身夔龙，实即是沟通天地的工具和赋予能量和修炼的体现。尤其是丹术

图六八　妇好墓虎首鸮

（上肢为苍龙，爪子和花纹以及首为虎元素，整体蕴含人、龙、虎，属于苍龙白虎神祖之经典组合，并且嘴有火字形花纹表示能量）

图六九　侯家庄1001号王陵虎首跪坐人

图七〇　鹿邑太清宫商人墓虎首跪坐人

修炼中各个关隘，这些小龙还是用于助力运行过关和通天的。这些小龙位于首尾、腰、四肢之足、头顶、爪、耳朵等，正是任督脉、足太阳经、上下鹊桥、阴阳经络、印堂、泥丸宫、百会穴等经络关隘。这些玉器中有的也不只是龙元素与神祖组合，有的还有虎元素，像西周时期的蹲踞式玉人，有的既有龙，又有虎元素（图七二）。春秋时期的叶县旧县春秋墓4号墓葬之弧刃斧钺戈之虎身人面神祖，周身有龙纹，首上端还有一条这类青铜戈常见的和神鸟组合的虎。这些器物中的龙虎都应是商代和西周早期龙虎和神祖组合的变体，自然虎有刑杀、龙虎有避兵的概念，龙虎阴阳和也有辟邪和避兵的概念了。

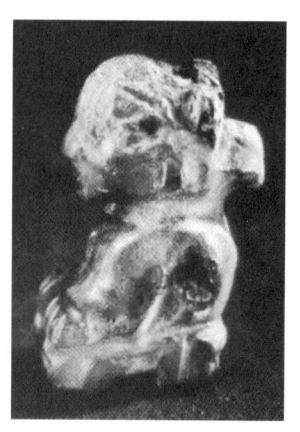　　　　

　　图七一　妇好墓出土玉人　　　　图七二　西周玉人（私人藏品）

　　这些图像中的龙虎与人或者神鸟图腾之组合，表明经过神话和巫术思维下的龙虎阴阳坎离阴阳心肾修炼，神祖以之获得异能和神通，即是得道。其合于四时、天地，获得了与天帝、苍龙联系的子孙繁衍之功和周行九天、沟通天地、预知未来、联通并役使各路神灵的异能[31]，整个构图依照神话和巫术叙事主题，拟合了龙虎阴阳抟精和神人丹术修炼大小周天功夫等，与一般的标准化饕餮旁有对称苍龙或者具有能量尤其是苍龙能量的神鸟之组合，在图像学结构和意义方面有些联系，但是并不相同。这里应该予以强调的是，本文所论的商周青铜器、骨雕、玉器等图像中，苍龙唾、散或神鸟唾、散精气的动物化之一即是标准化饕餮，有时还表现为阴阳和的雷。其本身不具有单独的阴阳，而是若太极蕴含阴阳属性。苍龙及其大火星可以单独表现阴阳和，这样的苍龙可以唾、散火气，并成精或震雏散而为雷。这与古人阴阳和为精和阴阳激荡成雷的认识、有的苍龙同时有菱形花纹和火字形花纹、有的菱形花纹的苍龙与有火字形花纹的虎构成组合[32]这类图像在逻辑和意义上都是互相呼应的。自然，苍龙的生机、能量，如所述还受到了天北极、上帝的左右，原因即是古人很早就有道生一至于万物和"帝出万物于震"的认知。从阴阳之气的视角，天极、道、北极星等概念总体上也是与抟阴阳所成之精、混沌、上帝、太一等是有联系的。至少6500年前濮阳西水坡所在的新石器时代以来，存在以斧钺拟岁的概念，所以存在以斧钺之穿拟合天北极、极星等现象。商代斧钺之穿有离火形或者若五郎庙青铜钺其穿为负离火之玄鼋形[33]、斧钺之穿有标准化饕餮、以简易化饕餮为首的苍龙额头拟合斧钺之穿（图七三）、苍龙额头有离火（图七四）、标准化饕餮额头有离火（图七五、图七六）、小龙、"の"形的小龙（图七七）、斧钺之穿以火字形花纹的苍龙为对称（图七八）或者战国以来玉璧之天北极、北极星位置有龙凤、阴阳龙、龙虎等，即是易于理解的了，原来呼应天北极、北极星、太一、上帝的斧钺之穿、玉璧之穿可以抟阴阳成精气。易学之"帝出万物于震"，也是表现中和东在方位方面的高度关联的这一现象和认知的[34]。

图七三　赛克勒旧藏商代　　　图七四　新干大洋洲出土商代青铜镈　　图七五　上海博物馆藏玉器
　　　　青铜钺

图七六　西周编钟之鼓部　　　　图七七　春秋编钟之鼓部　　　图七八　赛克勒旧藏商代
　　　　　　　　　　　　　　　　　　　　　　　　　　　　　　　　　青铜钺

　　对于有的神鸟具有苍龙的功能，我们已有论证。由于这一问题是本文主题的论证基础，所以不同论述阶段，我们都会有所谈论。这里可以借助于有关C形或者"の"字形苍龙问题再论。像红山文化的C形苍龙，一般其首多数是鸮、狗熊和龙嘴元素组成，少数有猪头的元素。尤为特殊的是，那斯台发现一件融合苍龙元素的C形鸮（图七九），浙江省博物馆所藏良渚文化一陶器有多个有神鸟元素的C形鸮面龙图像，牛河梁23号墓出土有一件所谓猪龙组合的鸮面S形苍龙。另崧泽文化的C形苍龙、凌家滩文化的C形龙与红山文化C形苍龙意义基本是相似的。良渚文化官井头遗址的一件冠形器有两个对称苍龙首，何东捐赠给英国国家博物馆的一件三叉形器也有两个苍龙首。肖家屋脊有C形神鸟（图八〇）、C形苍龙（图八一、图八二），临朐朱风有S形神鸟首蛇，商代有诸多C形为主的玉制苍龙、神鸟首苍龙、三星堆文化的神鸟首苍龙，西周时C形苍龙依然存在很多，这一时期有不少拟合苍龙C形或者"の"字形的神鸟，像一件青铜器盖顶的神鸟（图八三）。这其中的C形龙即是苍龙，其与陶寺苍龙、二里头器盖式器物的C形龙、夏商时期的C形苍龙，总体都属于苍龙系，只是在具体内涵方面还有区别。而有的鸟首龙和神鸟也采用这种C形或者"の"字形苍龙造型。还有商代有少数标准化饕餮，是以两只神鸟构形的。波士顿美术馆藏一件商青铜铙之鼓的饕餮即是这样，商代有少数鸮卣盖的标准化饕餮有的也是由两只鸮组成，等等。西周时期，苍龙、人首龙身者或龙首人足者，往往是玉璜的主体图像，但是不少苍龙有神鸟尾巴。其中有的蹲踞式还拟合神鸟，也有少数是完整的神鸟，或者是以神鸟与神龙组成一个单元的（图八四）。还有的弧刃钺之苍龙，花纹主体是D字形和心字形，其中的心字形实际一般是神鸟的花翎图案（图八五）。这些案例更是有助于理解苍龙与这些特殊神鸟的联系。

图七九　那斯台出土C形鸮

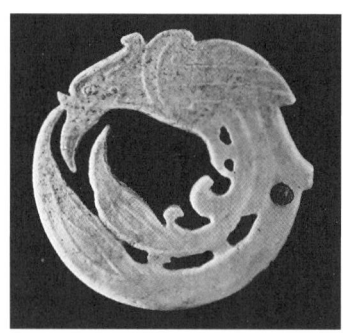

图八〇　肖家屋脊出土玉器

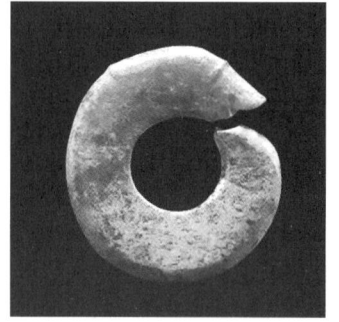

图八一　肖家屋脊出土玉器

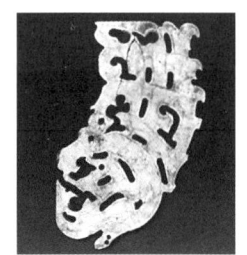

图八二　孙家岗出土玉器

图八三　西周青铜器盖的图像

图八五　芮国墓地出土青铜钺

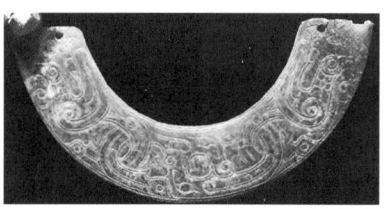

图八四　晋侯墓地出土玉璜

有的特殊神鸟，像有火字形符的神鸟、翅膀有小龙的神鸟等，其能量主体来自苍龙，除了易学和考古学发现的证据，卜辞中也能找到其相关证据，尤其是表现其与雷有关联的证据。我们已讲过，商卜辞中一种被禘祭的神鸟，写为脖子有一横的字形，表示的即是该神鸟能够感雷而引吭节敏或震雏的意思。《大戴礼·夏小正》曰："雷震雉鸣，雏，鼓其翼也。正月必雷，不必闻，惟雉必闻之。"《七修类稿》卷三《天地类》："雉，文明之禽，阳鸟也；雏，雌雄之同鸣也，感于阳而后有声。"从音乐和《阴阳应象大论》的记载看，水生咸，咸生肾，在音呼应羽，在人、物则呼应喉即吭，其声则呼应引吭而震雏，即是呼应肾脏之精气运行至吭或再散发，这即是雷。总之神鸟属于羽，呼应肾，呼应精气，雷为阴阳和之精气，所以神鸟其呼应雷是一种同类呼应了。

而雷作为阴阳和之精气，出现、消失与苍龙升降密切呼应，所以古人往往认为天文四时变化中的雷，是苍龙震雏或龙声。考古学发现春秋时期有的雷泽盘中的苍龙与青蛙构成组合，还有少数巫师执小龙首为青蛙的，都是表现苍龙行雷的。苍龙呼应雷、神鸟呼应雷，神鸟为羽为精气，苍龙之雷为阴阳和之精，显然这些文献和发现可以依据这一逻辑而被视为是神鸟呼应苍龙的直接依据。肖家屋脊文化的一些图腾神鸟鸮玉器（图八六），也以吭有横形并同时有云雷形回纹表示其是应雷之神鸟的，并且可能是获得苍龙能量的，所以与这种东夷氏族图腾神鸟有关的神诞神话，一般即属于雷泽神话。这是早期中国神人、圣人神诞的基本场景。古人存在这样一种认识，即雷的产生和精的产生都是由于阴阳薄动、阴阳和、两神相搏形成的，所以雷泽生圣人、神人即是一种互渗和比兴。在自然现象中，古人看到雷泽的地方一般呈现雷字形，并且由于雷电，该地域的碳酸铵增多、空气好、土壤好等，自然万物生长很快，繁衍旺盛，所以古人认为自己氏族始祖若在这些地方初生，自然也是生长旺盛、子孙繁茂，尤其是获得雷电能量、龙虎能量，所以符合天道，与苍龙和上帝有联系。

依据易理和所论各种考古案例看，本文论证的卡尔·亨彻所绘这种翅膀有苍龙的神鸟以及为苍龙或者苍龙白虎所食[35]的神鸟，本质意义上是具有苍龙或者龙虎所抟阴阳之精的生机、能量的神鸟。不难判断，那时代的神话、巫术的叙事中，应该还有类似该神鸟修炼并得道的一些内容。这种翅膀有苍龙系小龙或者明确有火字形符的神鸟，有的还与蝉身标准化饕餮组合，像泉屋博古馆

图八六　肖家屋脊出土玉器

的一件青铜鸮尊，其身即有这样的标准化饕餮，以形象化表示其与苍龙精气的联系。妇好墓的祭行尸之造型也有这种蝉身简易化饕餮，但是其蝉身刻意地表现了古代的神明精气的概念，还有侯家庄1001号王陵之鸮首狗熊之身的神祖，也有这种蝉身简易化饕餮。商代的蝉身饕餮总共有简易化饕餮首和标准化饕餮首两种，一种表现的是蝉身苍龙首，一种表现的是蝉身标准化饕餮首[36]。这都表明苍龙与这种神鸟有密切关联。

　　泉屋博古馆藏商青铜鼓蹲踞式的甾，其身为拟合神鸟身的蝉身，其冠为标准化饕餮之冠。其足有阴阳和的苍龙赋予其能量，其首上端的鼓端还有鸮立其首的标准化饕餮，可以理解为标准化饕餮食蹲踞式神祖甾。若所论弗利尔美术馆藏那件兕觥之足的神祖、殷墟有的白陶罍蹲踞式神祖、清觥雅集藏家的一件方卣神祖甾之首有标准化饕餮一样。该铜鼓的标准化饕餮四周是井字形目雷纹表示的精气，鼓面之周有常规目雷纹表示的精气，鼓面是鳄鱼皮，鳄鱼像夔牛一样是雷神特征的动物，可以标志雷泽[37]，并且鳄鱼皮鼓面为方圆形，正是天地阴阳和为雷的造型。蹲踞式的甾获得苍龙所赋之精同时有蝉身同时拟合神鸟身[38]，蝉本身也有神明和之精气的象征意义，还由于蝉可象征雷，所以也表明了其神祖具有震卦和雷的特征。三星堆文化龙虎尊之蹲踞式神祖，其身拟合一只完整的蝉，表达的意思类似。还有的神鸟对称于标准化饕餮构成组合，表现的正是神鸟唾、散火气即精气并动物化为标准化饕餮的意思。神鸟对称于标准化饕餮或者代表标准化饕餮的鼻子之图像结构和逻辑类似商周青铜器中两条归属于苍龙系的苍龙或者夔龙对称于标准化饕餮或者弓形器多角形符之图像，而这种图像表达的正是苍龙唾、散火气即是苍龙唾精、龙漦并动物化为标准化饕餮或者为多角形雷的概念。有的神鸟，像瑞典斯德哥尔摩博物馆藏的一件商青铜圆鼎[39]，神鸟对称于离火形，即是神鸟唾、散精气即离火形的意思，与盠方彝的苍龙对称于离火形的含义为苍龙唾、散精气是基本一致的。这种夔龙对称于离火的造型组合，数量较多，像竹瓦街的一件青铜罍也有这种图像[40]。神鸟获得苍龙赋予之精气，其又经过转化结合自身精气，以唾、散精气并动物化为标准化饕餮[41]，这样其精气与苍龙之精气即有了联系，这也体现了这种神鸟与苍龙的联系。商周时期为龙虎所食的神鸟，依然是获得、修炼抟阴阳和之精气的，与阴阳龙之精气基本一致。

　　自然界的万物都是负阴而抱阳的，都有冲气以为和的精气，无限阴阳的层次是一个对立统一的问题。阴阳龙或者龙虎是天地之间阴阳最有代表性的一组表现动物。同时负阴而抱阳的代表性形象可以表现为负虎抱龙，若明尼阿波利斯艺术博物馆所藏的一件商代骨雕之龙虎和蹲踞式神祖的组合一样。有的则是以龙首虎下来表现。虎食人卣之虎食人图像中，虎上龙下，然而龙为升，所以以菱形花纹表现。其实龙虎是一组阴阳，无论苍龙是何种花纹，都是龙为阳虎为阴。在龙虎构成中，龙的花纹本身又按照自己的阴阳龙系统来表现其在龙虎组合中的阳，这表明阴阳的层次性、对立统一等在这一时期确实存在。在苍龙本身的阴阳方面，主要遵循升与降、天与地、春夏和秋冬、东西方、火与水、离与坎、心与肾，复杂在于有的复杂图像中，无法同时互相契合。以桃花庄角形觥觥为例，其盖子的升降龙花纹不一致，升龙为菱形，降龙以菱形花纹为主，面有几个火字形。表示土地地奋的是全为火字形花纹的小龙。在这个完整的图像系统中，龙有升降，并作为阴阳对待。其中降龙整体是两种花纹组合，菱形花纹是主体，似乎有表现降龙接近地的意思[42]。桃花庄角形觥觥盖子的升降龙与芮国墓地升降龙，不是一回事，芮国墓地该玉器两龙是强调阴阳交往之升降，桃花庄器盖则是表现呼应四时变化的苍龙在天空背景的升降[43]。桃花庄觥觥盖子的另外两条对称于离火形盖纽的苍龙，菱形花纹和火字形花纹共存[44]，这是自身阴阳和的苍龙对称于一个离火形，表示的即是自身阴阳的苍龙唾、散精气的意思，其中的离火即是精气的主体[45]。该角形觥觥的下端，显然是以鳄鱼、菱形花纹和火字形花纹共存的苍龙和龙首鱼表现雷泽的[46]，并以火字形花纹的小龙表现雷泽之泥的（雷泽和其基泥组合有些类似于天和地）。桃花庄角形觥觥下端有两种花纹的苍龙显然有阴阳龙的特征，其有少数火字形花纹，同时可能还表现了在渊近泥的意思。觥觥下端主体苍龙之所以以两种花纹共存表示阴阳和，还是希望以此表现雷泽是阴阳和之地、觥觥酒为阴阳和之精[47]，并且还表明雷泽因有苍龙和雷神而与苍龙、上帝都有联系，是适合诸多圣人帝王出生的圣地。

　　从所论述可知，龙精、龙虎阴阳和之精可能是所有动物精气中最具有代表性的，所以苍龙唾、散精为标准化饕餮或者表现为代表标准化饕餮的鼻子，是商周以来常见的表现天地万物之精气的代表图像[48]。同时由于获得苍龙能量的图腾神鸟或者人们崇拜的神鸟，其结合自身之精气唾、散之，其动物化也可呈现为标准化饕餮或者代表标准化饕餮的鼻子的样子，即这种神鸟之精同样是天地之间的精气代表，本文论证的图1即是典型代表。只是有的这种神鸟翅膀或者首没有显示苍龙，多数是以有火字形符表现，甚至是连这个符号都没有，不过代表的意思依然是有这样的能量的神鸟。

　　也有一种神鸟，如已论述的妇好墓一件玉器的蹲踞式神祖首的鸮，其有鹿角柄，这显然是获得、具有苍龙能量的神鸟才会有的造型，因为鹿角柄往往是苍龙的常见特征，无论是写实一些的苍龙，还是简易化饕餮代表的苍龙，只是苍龙或者苍龙系并不都有这种造型。还有一些商代的鸮卣，如明尼阿波利斯艺术博物馆所藏的一件鸮卣（图八七），其鸮的翅膀上端是一只神鸟，该神鸟耳朵是鹿角柄形，与虎食人卣之蹲踞式神祖胳膊的神鸟耳朵一样。商周时期不少神鸟尊、鸮卣、觥觥造型中的主体神鸟翅膀本身或者上端常见的是苍龙[49]，但是有的却是有鹿角柄的神鸟或者没有什么典型特征的神鸟，还有少数是苍龙和神鸟同时存在。这种案例利于证明神鸟与苍龙可以融合，自然更利于证明神鸟唾精气动物化的造型之一是标准化饕餮或者以鼻子形表现的标准化饕餮这一认识具有合理性。

　　侯家庄1001号商王陵出土之骨柶（图三一）中的"雷出地奋"图像[50]，表明该苍龙和神鸟具有相似功能。只是苍龙之精来自自身，而这种神鸟之精主要来自苍龙或者龙虎所赋以及自身。龙虎或者苍龙与神鸟的组合[51]（图八八），其主题除了一般理解的能量传递、繁衍子孙、阴阳往来，按照其时神话和巫术叙事，还可以从道术的视野理解为是图腾神鸟以丹术修炼得道，从而具有道家异能、神通的早期形态等，同时神鸟还可以乘登苍龙，或者乘龙驾虎。神兽食神鸟或者神兽食人、龙虎神鸟或者龙虎人这样的组合，逐步有符号化的现象，其中的神鸟可能已无法明确具体到氏族图腾，整个构图成为一个获得苍龙等神兽能量和修炼的象征。本文所论卡尔·亨彻（Carl Hentze）所绘这一商末周初青铜尊图像中的神鸟，其所唾、散火气即精气即是转换来自其翅膀的苍龙。

　　商周时期，翅膀有小苍龙、鸟首龙的神鸟不少，这种特殊的神鸟在商代多是玄鸟鸮，并且多以鸮尊、鸮卣和觥觯主体的形式存在。殷墟侯家庄1001号商王陵有一件石鸮翅膀也有苍龙（图八九），还有一件石质长耳鸮翅膀有多条小龙（图九〇），不过这

图八七　明尼阿波利斯艺术博
　　　　物馆藏青铜鸮卣（局部）

图八八　上海博物馆藏西周青铜斗

图八九　殷墟侯家庄M1001
　　　　出土石鸮

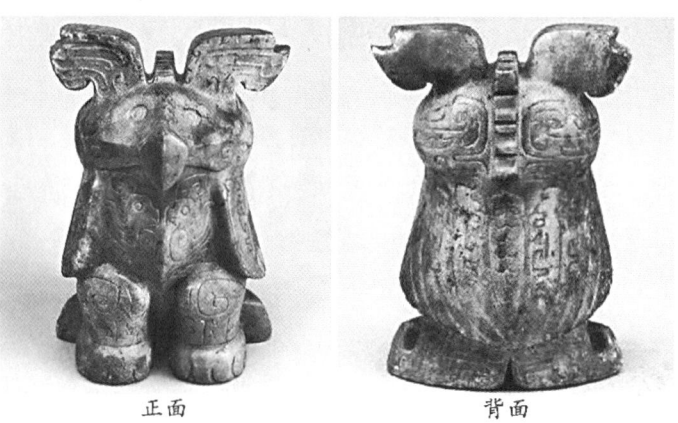

正面　　　　　　　　背面

图九〇　殷墟侯家庄M1001出土石长耳鸮

些小龙没有火字形或者菱形花纹，丹术意义和能量赋予的意义与翅膀有菱形花纹或者火字形花纹的苍龙系是一样的。另商代的青铜和石鸮尊、石鸮，还有不少胸有蝉身标准化饕餮图像，其中蝉与再生和神明之精有联系，简易化饕餮为苍龙首，标准化饕餮为苍龙等神兽精气的动物化。尤其是其中的鸮之整个造型，有的以鸮耳拟合简易化饕餮的耳朵，显然有利于证明神鸟与苍龙的融合，是一种常见现象。也利于证明图一铜尊的神鸟可以像苍龙一样唾、散精气并动物化为标准化饕餮或代表其的鼻子。

这种翅膀有小龙的神鸟，像本文所论卡尔·亨彻所绘这种作为对称于标准化饕餮或者代表其的鼻子者很少[52]，只有这一青铜尊和少数觥盖子有近似平面形式的这种图像，多数是以独立神鸟造型或者器耳立体造型存在的。周代这种翅膀有小苍龙的神鸟有的是以鸟尊形式存在的，有的是作为青铜觥的图像存在的，有的是作为觥、簋的耳朵之主题图像存在的。并且为耳朵者多为简易化饕餮表示的苍龙所食[53]，或者为虎所食，有少数与"苍龙食神鸟首"的图像共同组成器物的耳朵造型。这种为苍龙、虎或者简易化饕餮代表的苍龙或者龙虎所食的神鸟，多是特殊的神鸟，有的具有图腾性质，像商代有高冠的蹲踞式神鸟鸮，有的是时人崇拜的神鸟，总体都是获得道的。

商代的鸮尤其是这样，由于鸮为玄鸟图腾无疑，所以周代这种虎食神鸟或者苍龙食神鸟图像中的神鸟，除了商人所铸氏族自己的青铜器之鸮为玄鸟氏图腾，西周时期苍龙等神兽与神鸟构成的这一组合中的神鸟基本都不是鸮，而是表示周人某一氏族图腾或者信仰的神鸟，并且逐渐和整个组合变成只是一种表示获得能量、修炼得道的象征符号。春秋战国时期，依然存在翅膀有小龙的鸟形尊或者神鸟图像，像楚国即有（图九一），这应该是早期的文化传承，不过数量很少了。

图九一　江陵马山楚墓出土丝绸图像

已有论证的弗利尔美术馆藏的那件商代觥，其足有标准化饕餮代表的神兽[54]食蹲踞式神人，神人上身无装，从该觥耳朵图像中苍龙所食的神鸟为玄鸟鸮看，该蹲踞式神人可能是帝喾，蹲踞式本身拟合的是鸮这种神鸟即玄鸟的造型。同时蹲踞式拟合的也应该有苍龙、玄鼋和蛙龟、胎儿的元素。更为重要的是，中国新石器时代以来的红山文化、凌家滩文化蹲踞式玉人神祖、龙山时代的蹲踞式神祖、商周时期的蹲踞式神祖，其蹲踞式拟合的对象很多，像神鸟、苍龙、龟、鼋、利于阴阳和的三层昆仑等，还有的一个重要的拟合即是仿照胎儿，因为这是中国道教内丹术的一个基本思想，即是逆炼成先天，返璞归真。新石器时代以来的一些跪坐葬和蹲踞式葬以及婴儿瓮棺葬、二次葬的瓮棺葬，不少都是这一文化的表现。这一兕觥之足图像中的帝喾四肢是有火字形花纹的苍龙形，从其中一个有明确首的看，是心字形首的苍龙系。由于蹲踞式首先拟合神鸟，四肢拟合神鸟翅膀和足，所以其正可视为相当于鸮的翅膀和足有苍龙的样子。这表明四肢或翅膀、爪子有小龙的蹲踞式神人、神鸟之间的内涵联系。

妇好墓的写实人形，有的四肢有菱形花纹的苍龙形，还有蝉身简易化饕餮，并且背有羽翼（图二七）。尤其脖子还有目雷纹，表现个人具有苍龙赋予的精气。有的腰有苍龙（呼应肾脏），股有火字形花纹的小龙，上肢有夔龙，背有羽翼（图二八）。与一些鸮卣、商王陵的石鸮、鸮首熊形跪坐神祖（图九二）、虎首跪坐神祖[55]（图六九）、融合龙虎人组合元素的西周玉人（图九三）有相似的方面。这些造像有若道家的修炼之初步概念，苍龙在四肢或及腰与助力修炼运行真气、赋予能量有关。另妇好墓的这两件写实明显的玉人，都有羽翼，显然是表现其修炼得道飞升的，这与道家成神仙的术修目的之一是一致的，也可能还有拟合神祖图腾神鸟的意思。妇好墓的这两个人四肢有苍龙（或曰苍龙系）的造型与虎食人卣的蹲踞式或者商代跪坐式神祖四肢等有苍龙装饰的风格较为一致，其可能是表现喾之祭祀之行尸，即这两个人理论上可能是神祖喾的孙辈（或大臣）化装成神祖喾的样子，自然也有可能是贵族、巫师等具有道术

图九二　侯家庄1001号王陵石雕（胸有一个以简易化饕餮为首的蝉身神兽）

图九三　晋侯墓地出土玉人

的早期信仰者装扮修炼畅望成为的样子。

　　商代虎食人卣的蹲踞式神祖即是帝喾，这表明其发现之地的南方尤其是这一器物的主人可能是商人。其下肢图像有上升之菱形花纹的苍龙[56]，上肢是有苍龙功能的有鹿角柄的龙面神鸟[57]。虎食人卣的图像中，虎和帝喾下肢、耳朵的龙、蛇，共同构成龙虎阴阳，以其所抟阴阳之精气能量给神祖帝喾，同时依照其时神话、巫术叙事，并参照现存的道家文献，这些龙虎还有助力神祖、神人修炼、运行经络关节之真气、得道成神灵。人首、任督脉、四肢经络、丹田、鹊桥和呼应肾之耳朵等都是修炼的重要关隘，这样的设计利于龙虎赋予神祖能量并使神祖修炼得道。若新石器时代以来在人首尾、四肢或者周身以苍龙或及虎元素，或者自新石器时代以来，人神装饰龙蛇或者乘登龙蛇神兽的意义一样。至于虎食人卣以及有关玉器、青铜盘的龙虎人组合、龙虎鱼鸟组合，主体是以这龙虎阴阳和之精气的能量及其本身因为来自太阳鸟家族而自然具备的太阳之能，神诞商人氏族始祖禼，赋予其具有道的心性、神通，并以子孙繁衍的方式传世万代、以此与天帝、苍龙建立家族式联系，成为符合天道的天子、大人或王者。依照其时神话和巫术叙事并参照丹术文献，这样具有合四时、四象的天人合一之质和役天地、雷雨等神通的人，以这样的能量、素质繁衍、传世子孙，子子孙孙永宝用。子孙永宝用，器物本身是表象，本质意义上，上帝和祖先浩荡恩德、一阴一阳、符合天道的宗法等器物及其图像所载之道，才是这些器物、图像和这种或显或隐去的铭文蕴含的主体意义。小双桥青铜构件、妇好墓有龙虎食神祖首图像的青铜钺、诸多龙纹盘、蹲踞式玉器等非常利于理解这一问题。宇宙中承载这种天地人之道的能量具体是什么？代表者即是呼应天地阴阳属性的所抟之精。往往以龙虎或者自身阴阳之龙与神祖、神人或者图腾神鸟的组合，以及有关器物，来具体表现雷泽式场景、修炼丹术场景、生殖崇拜场景或者阴阳变化、宗法制度文化。实际上以苍龙、神鸟以及苍龙、神鸟唾、散火气[58]等图像或同时以器物造型、遗址遗迹造型和环境形胜、神话叙事、巫术修炼行为等来表现，以宣扬阴阳抟精、修炼丹术、天人合一等道家早期理念。自然这样的理念，现实中还会与正气、公正、威严、祭祀、礼仪、宗法制度、法制秩序、王权等各方联系。

　　我们知道，儒家也多赞同《庄子·天下》"独与天地精神往来，而不傲倪于万物；不谴是非，以与世俗处"的道家思想，道家的天地万物有其次序，以道行走则天下治也是儒家之用。总体论之，《老子·道德经》讲"失道而后德，失德而后仁"，即是道家认为当道失传之后为德，德失传之后为仁，再之后就是义，再最后就是礼。即古以天道为第一法则，其他则为其次。

　　濮阳西水坡45号墓之龙虎和人组合所在为天文背景，在随之的时代依然传承。抟阴阳成精赋予神祖、图腾、巫、修炼者等的龙虎、阴阳龙，若丹术所讲的心肾阴阳坎离水火，与汉代代表魂魄、阴阳抟精的龙虎或者阴阳龙性质相似。《易·系辞传下》云："天地氤氲，万物化醇；男女构精，万物化生。"《荀子·天论》曰："阴阳大化，风雨博施。"《列子》云："天地含精，万物化生。"《云笈七籤》卷二载："太初时，虽有日月，未有人民。渐始初生，上取天精，下取地精，中间和合，以成一神，名曰人也。"正所谓"龙云虎风、龙水火虎，以之万物生成"也。中医认为，肾和心的脏象为水、火，肾脏藏精为虎为水，心脏藏精为龙为火，龙虎抟精藏于肾，先天一炁和后天的精气在龙虎抟精过程中，保持运行不息[59]，即是保持自身的成万物并生生不息之意。

商代的龙虎与商人神祖之帝喾、图腾玄鸟鸮的组合，实际是龙虎阴阳抟精赋予帝喾、玄鸟图腾鸮以精气，为的是使其具有旺盛生机、生殖力，并与天极、上帝建立家族式联系。同时赋予这样的能量，还表明图腾、神祖修炼以获得神通，从而天人合一，中和天下，成为具有顺应天道的治理者，这也是中国古代求中的本质原因之一[60]。商代还有不少单独由龙传递能量给神祖、图腾神鸟以及有关人的图像，这种龙有的有菱形、火字形两种花纹[61]，可以表现阴阳抟精赋予商人神祖、图腾等能量并同时助力其修炼，与龙虎阴阳修炼、丹术的原理相似。也有像晋侯墓地的苍龙食图腾玄鸟鸮的玉器造型（图九四），该苍龙只有火字形花纹，这是一种花纹表现的阴阳龙或者视为是龙虎组合的简化。由于龙可自身阴阳，龙之所唾之精的散发之气还可以化为小龙，所以主体表现的苍龙旁往往还有小龙。这些龙赋予能量，还有助力修炼过程中真气运行过关的意义，所以龙多位于人的腰、四肢、首、尾、足等重要的经络关隘和任督二脉。还有的位于胯下，除了过关之助，还有乘登升天周行工具的意思。曾侯乙墓漆棺和五弦琴之具有神鸟元素的有关帝王、神人，其自身四肢周边龙蛇，胯下的苍龙还是索形的。这种索形龙即是以阴阳龙表现赋予神人阴阳和之能量的，助力修炼，并且表现其是修炼阴阳得道之人神，若汉画像中的西王母之龙虎座或者其旁有伏羲女娲图一样。有的汉画的伏羲女娲图，蛇身还组成龙穿玉璧的造型，以表现抟阴阳成精气并以之固本的（图九五）。

还有一条苍龙有两种花纹并且本身还有鱼尾的造型，像安阳殷墟洹河南岸墓地出土的一件石磬之四足龙有鱼尾，泉屋博古馆藏商青铜鼓之春分时节雷泽场景中，有一条有两种花纹的苍龙有鱼尾，这种设计的思维来源，除了鱼龙互化的生物分类认识，主要是由于鱼喜生产、鱼有精气散发之化等认知使然，所以增加鱼尾实际是为了增加表现了阴阳抟精的意思，自然也表现了雷泽的概念[62]。更有的苍龙有火字形花纹等，同时有虎之四足或者虎面的一些元素，这也是龙虎阴阳抟精气的一种表现。图三：1的

图九四　晋侯墓地出土商代玉器

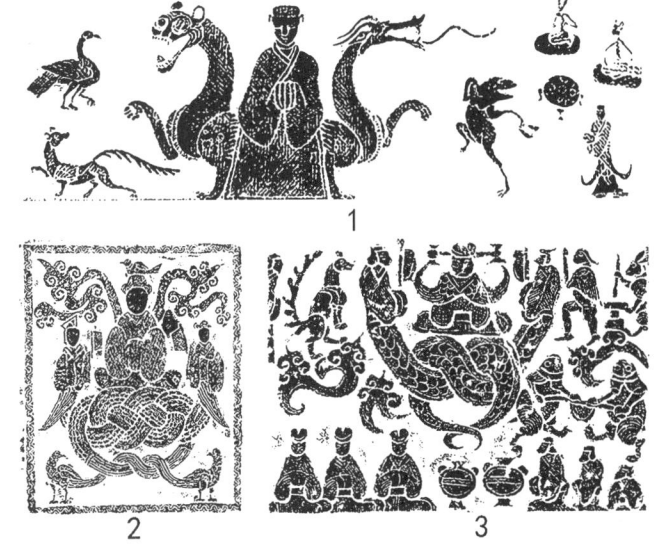

图九五　西王母龙虎座和伏羲女娲图

苍龙，其即有龙虎元素组合的影子。这种苍龙唾、散精气，也可以理解为龙虎阴阳抟精气，其之唾、散则可以动物化为标准化饕餮或者其鼻子。有的则是以蝉来表现，有的则以有标准化饕餮特征的神祖来表现和承载，像泉屋博古馆藏商青铜鼓之訾以及远东博物馆藏石鬲之訾。已有论述的商代弓形器，有的是两条虎对称于弓形器的中心，这表明商人有时也以虎吐火气成精来作为宇宙精气的代表。山中商会纽育支店所藏商代一件骨柶之图像中也有确切的虎唾离火形精气的图像，但是除了单独的虎食人、虎人组合这类图像可能是以虎单独表现阴阳的情况，总的是很少的。

若所论龙位于神人周身的原因一样，传递给神祖或者图腾神鸟、其他墓葬主人、将军等能量的苍龙、虎，或食神祖、图腾神鸟之首，或附属于蹲踞式神祖四肢，或者是在翅膀，或者在脚旁，这种设计总体是符合道家修炼经络之气运行路径、关隘所在的。像诸髓皆属于脑，肾精气与脑有联系，首有百汇联系诸经络，泥丸宫为上丹田并下系肾脏，同时泥丸宫联系足太阳经，为元神所居，震卦为足为龙，脚底涌泉穴为精气之路等，尤为重要的是，任督二脉巡行气散、遇关隘、鹊桥断，则应有龙等神兽来引，若晚期丹术《内经》图等文献中的河车、鹿车、羊车等。不少还具有沟通天地、周行九天、以龙致雨等概念，若芮国墓地玉琮的巫师执夔龙升降天地[63]（图九九）、《山海经》四方神乘等阴阳龙、熊家冢出土的巫师乘登神龙升天[64]（图一〇〇）、院墙湾人执龙获赋能玉人（图一〇一）、淮阴高庄战国墓葬乘登四足龙图像（图一〇二）、曾侯乙墓的乘登并赋能的菱形花纹的索形阴阳龙漆绘[65]（图一〇三）赋予能量、工具理性和修炼等是神人、图腾等周身引走龙蛇或有关神鸟、马如龙等的重要原因，与一些神话或者巫术有联系。

图九六　芮国墓地出土玉琮

图九七　熊家冢龙和巫师

图九八　院墙湾龙和巫师

图九九　淮阴高庄青铜器图像

图一〇〇　曾侯乙墓五弦定音
装置漆绘

　　商周以来龙虎或者阴阳龙等赋予神祖、图腾、人、神等能量并以之表现丹术修炼并得道的图像，在兕觥、卣、青铜盘、尊、罍、钺、盉、鼎、簋等器物表面或者耳朵等表现得较为明显。这些器物是用于宗庙祭祀和表现宗法制度礼仪的，以及表现主人的道家思想的。同时其中的盉、兕觥、卣等基本都是酒器，酒气生发，与龙虎阴阳抟精赋予神祖能量、利于繁衍的作用是一致的。同时温酒以火，酒为水火，可以视为是龙虎坎离水火阴阳抟精的象征，于是酒器则与晚期的丹炉相似。

　　不少商周以来的青铜盘是盛水的，其有龙虎图腾、神鸟和鱼等元素组合，却不是一般的图像，尤其是早期，其基本是表现氏族始祖雷泽神诞神话的图像。其中神鸟和鱼的组合，基本含义即是仰韶文化以来的鱼鸟图之阴阳和意义，具体则是神祖和女祖先的阴阳组合，于商玄鸟氏族论之，则是玄鸟鹗与简狄组合，繁衍子孙的能量主要是龙虎所赋予阴阳抟精以及玄鸟氏太阳氏族的太阳本质能量，这样的青铜盘往往象征雷泽。若所论述，雷泽空间正是天地间最为主要的自然阴阳抟精的空间，许多神人、圣人、帝王生在雷泽或者出生与雷有关，都是源于古人对于雷为阴阳和的性质认识。这一雷的阴阳之和拟合图腾或者神祖与女祖先的阴阳组合。同时古人认为雷泽是易于通阴阳之气的，这也是重要的相关原因。作为嫁妆的晋公盘，有龙及各种生物，即是雷泽的另一个自然环境的典型表现，表达的是希望子孙繁衍、充满生机的雷泽场景。卣，符合西周时期以来壶形，尤其是商代以来的方卣，实际是方圆卣，正是天地阴阳和的象征，若丹炉、乾坤炉一样，图二五：1是代表。马王堆1号、3号墓葬出土的帛画中，以两条龙组成壶形，不少学者谈到该壶形是合阴阳气的空间，这是正确的。其组成壶形空间的两条龙即是不同颜色表现的阴阳龙，显然是寓意其为阴阳抟精空间造型的意思，也呼应混沌、太极之类的概念。有的学者还具体讲到颂壶也是象征这样的空间的[66]。

至于罍，商代殷墟遗址的部分白陶罍为壶形，不少有标准化饕餮食蹲踞式神祖图像。有的盖子有苍龙和离火形组合[67]，并且盖子和底端有五字形符号，表示天地之中阴阳之气交往并往来抟精的意思。还有诸多青铜器没有明确的龙虎神祖或者图腾组合，但是由于有饕餮苍龙或者标准化饕餮表示的阴阳所和之精，所以可能不少器物都具有抟阴阳之气的丹炉、丹田、中宫之类的意义。至于这些图像表达的意义，已有所论。

同时抟阴阳之精赋予谁，则显然看具体场景，可以是祖先、神灵、贵族、巫师、将军等，并助力修炼，自然还有更多的象征意义。弗利尔美术馆藏有一件商代有人面龙身苍龙图像的青铜盉（图一〇一），盉嘴图案显示为两条小龙吐酒，这表明该青铜盉确实有抟阴阳之气为精之功，酒精即相当于该阴阳所抟之精气，由苍龙唾之，若龙漦、龙精，饮酒则依之生发之功，不仅利于修炼、真气运行，利于子孙繁衍，又与道术文化和宗法传承联系，并逐步与苍龙、上帝建立家族式联系。该盉盖苍龙有两种花纹[68]和鹿角柄形的角，显然是具有自身阴阳特性的苍龙。其鹿角柄上端有离火形，即是苍龙之精气的造型[69]。其足有火字形花纹，表明其具有能量，在足表现，与足有涌泉穴、清阳出于四肢的经络学有关，与丹术中足下生精的认识有关，与震卦为足的易学思维有关。该盉龙首有人面的元素，从商代骨柶图像中有人面元素的龙之本质依然是属于苍龙看，这是苍龙的拟人化而非神祖、祖先等的拟龙化。不过这个人面苍龙与文献记载的烛龙有一定的共性，都与雷有关，但是不宜认为是烛龙，烛龙应该是苍龙的异化或者是模仿苍龙的形象。该人面龙为苍龙，除了其有一条苍龙龙身的造型和这个人面有苍龙的重要特征即鹿角柄，还有一个重要证据即是2018年香港大唐国际春拍的一件编号LOT78的商代晚期人面青铜戈（图一〇二），其龙虎组合的造型中有一个图像就是这样的人面造型。该戈图像中与该人

图一〇一　弗利尔美术馆藏商人面龙身盉

图一〇二　2018香港大唐国际春拍商代晚期人面青铜戈

面组合的还有一条虎的造型，龙虎与兵戈之穿组合即是表现了龙虎阴阳抟精气的意义。该青铜戈之穿显然呼应天北极、极星等天中。类似的人面者，若湖南宁乡人面方鼎中标准化人面饕餮代表的是苍龙所吐之精的神兽化合拟人化，而不是神祖的饕餮化。

　　至于其他商周时期的青铜器图像，不少都有表现"雷出地奋"的内容，有的青铜钺还与岁与玉璧联系，所以也有早期的阴阳抟精、"坚精"，并使"神明来积"的意义[70]。实际上早期的良渚文化等随葬玉璧，表示的内涵应该包括有类似的意义，陶寺存储酒的彩陶罐扣玉璧，同样是比喻酒为阴阳所和的精华之意义，与玉璧之穿呼应天极、极星以及玉璧抟阴阳成精并固本的文化有关。王者以为，酒之生发之气和酒精之华，利于子孙繁衍，并利于与上帝、苍龙逐步建立了家族式联系。实际上，诸多玉器和圭、璋、斧、锛、钺之穿都是可以表现天之北极、极星或者是以天北极为中心的天中的，这样的器物有斧钺之本，即是有拟合岁的概念，甚至新石器时代以来的斗形器物和有柄斧钺有的还拟合北斗[71]。

　　以龙虎组合或者阴阳龙作为阴阳抟精，并赋予神祖、图腾、将军、巫师等精气，同时其以之修炼，即是固本并使"神明来积"，以至神灵和神通，依照神话和巫术的叙述等，还有表现类似道家文献所记载的丹术修炼而得道的某些意思。由于龙有龙德，龙虎阴阳，大人虎变，所以龙、虎可以呼应圣人、天子、大人等，以阴阳龙或者龙虎代表的阴阳抟精是最为符合天道的，最能代表天道的，自然也是呼应天地人之道的。有的获得苍龙或者虎或者龙虎阴阳和之能量并以之修炼的神鸟，同样是能够代表和象征天道的秩序和本质的，所以以这种神鸟唾、散其精为离火、多角形，或者动物化为标准化饕餮或代表其的鼻子，与苍龙唾、散其精为离火、多角形或者动物化的本质是基本一致的。

　　古人认为阴阳之气只有符合天道的抟化，才能抟精、化气、化虚合道的。表现这样道家文化早期来源的图像较为丰富，考古学的早期代表之一即是出现于濮阳西水坡的45号墓葬。还有龙山时代山东龙山文化、石峁文化玉器、石雕中的虎食神祖首图像、肖家屋脊文化虎食神祖首玉雕组合或者虎与神祖首共存的组合。二里头文化器盖式通天神器的神祖首与苍龙的组合、二里头三期柄形器之虎与神祖首的组合。另二里头三期表现土地和拟雷铜铃的绿松石苍龙、二里头文化的绿松石牌饰[72]、三星堆文化仓包包遗址的绿松石或无绿松石[73]牌饰[74]、齐家文化绿松石或者镂空牌饰[75]与墓葬主人或者神职人员的组合。夏家店下层文化火字形花纹的苍龙与神祖首的组合、夏家店下层文化以苍龙首或者苍龙精气为主体图像[76]的彩绘牌饰[77]与墓葬主人的组合。商周时期的龙虎、龙[78]与神祖或者图腾神鸟等的组合，西周时期诸多龙或者龙虎与蹲踞式神祖或者神人首、图腾神鸟的融合（图一〇三～图一〇五）。另有明尼阿波利斯艺术博物馆藏西周车轴之牛[79]与蹲踞式神祖的组合，弗利尔美术馆藏西周曲刃青铜刀（图一〇六）之头龙足虎与蹲踞式神祖的组合[80]等。这其中的苍龙或者鸮、牛等，都应具有抟阴阳之气成精赋予死者、巫师、神祖等的意义，同时也表现了这些人、神、图腾、巫师等修炼升天成神灵，具有符合天道的精气神从而具有代天治民[81]等资格、神通、异能。我们曾经论及的战国时期诸多索形龙位于具有神鸟元素以及从商周以来较为规模地形成的人龙融合风格的神人首或者足下，显然也是抟阴阳之气成精以赋予这些神人的，神人又有以之为阴阳组合的工具和修炼丹术的可能[82]。战国时期的这些神人有的是蹲踞式的，可能与古代帝王、天中等有关。曾侯乙墓葬漆棺有一幅画（图一〇七：1），蹲踞式的鸮面羽翼和鸟爪神人之首，其首有一个菱形，位于阴阳龙编织的图像上端，应该表示天中的意思[83]，呼应其的蹲踞式神人应该即是神圣帝王了。还有两个鸟为首龙为尾的神奇动物围绕的是一个明显的帝字形，下端是一个索形龙和龙凤组合（图一〇七：2），显然这是以阴阳龙和阴阳神鸟对称的，其中心即是天中，即为太一神或者上帝。天中或者代表之的神灵是可以抟阴阳成精的，也表明上帝是有道的，与所论甲骨文《合集》之28111中帝字首有虎字的写法表示的意义类似的。漆棺彩绘还有的是阴阳龙和凤凰对称的通天地理阴阳的单形（图一〇七：3）以及代表精华、天中的柿子纹[84]（图一〇七：4）。秦时期的一些玉璧之穿有类似的图像（图一〇八）尤其是一件战国时期青铜器的四条阴阳龙之中心即是这种柿子纹样[85]（图一〇九）以及天盖璇玑的造型（图一一〇）。另有院墙湾的执龙玉人，两条龙花纹一样，是火字形，其龙身有神鸟形、羽翼表示有腾飞之功。两条龙对称于玉人首上端的有旋符的圆形，代表玉璧的概念，显然即有抟阴阳之气成精或者唾、散精气的意义，并以之赋予格子服玉人代表的巫师。神人乘登或者执有神龙尤其是阴阳龙的意义不只是乘登飞升、引龙致雨那么简单，有的还有表现修炼丹术有道的意义。在九连墩墓葬发现的一件三龙围

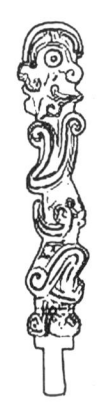

图一〇三　埃斯肯纳齐藏青铜构件　　图一〇四　虢国墓地蹲踞式神祖玉器　　图一〇五　明尼阿波利斯艺术博物馆藏西周人面神鸟身神祖玉器　　图一〇六　弗利尔美术馆藏西周龙虎神祖组合青铜刀

绕玉璧的造型与院墙湾的这一玉器中的玉镯式玉器是类似的，同样是表示天中抟阴阳之气成精的意义。这两件楚墓玉人的服饰在中山国流行，巫师则有女巫、男觋之别，在熊家冢的一件战国时期玉龙构图中，就有一个这样的袖手巫师乘登神龙腾飞。陈家大山楚国墓地也有一幅帛画（图一一一），有火字形花纹的龙和凤携墓葬主人升天。龙携巫师或者墓葬主人灵魂周行九天、升天为神仙，是古代的一种常见的符合道家修炼成神仙之阶段的现象之一[86]。淮阴高庄战国墓的青铜器刻画图像中有诸多执龙乘登周行九天的图像，表明院墙湾这一玉人执龙升天腾飞，同时还获得其赋予的抟精。信阳长台关楚墓漆琴图像中，除了巫师引飞龙，还有巫师执两条索形龙的，显然应该具有乘登飞升和获得阴阳龙所抟阴阳之气成精以得道通天的意义。这些所执之龙，有的还有青蛙与龙组合，类似泉屋博古馆藏春秋青铜龙盘中苍龙和青蛙的组合图像，即是苍龙震雏为雷。

在这种表现阴阳之气抟精或者赋予人、神以阴阳抟之精气的图像中，人的身份识别是非常重要的。综合来看，有神帝、神祖、神王、巫师、神灵[87]、墓葬主人、将军等。春秋战国以来，考古发现这种组合中的神王、巫师逐渐表现明显。浙江省博物馆藏的一件战国青铜盉（图一一二），食人的龙有两种，一种是菱形花纹+鱼鳞形，一种是有鱼鳞花纹的龙食一人形。这种具有两种花纹的龙应是阴阳龙，其所抟阴阳之气成

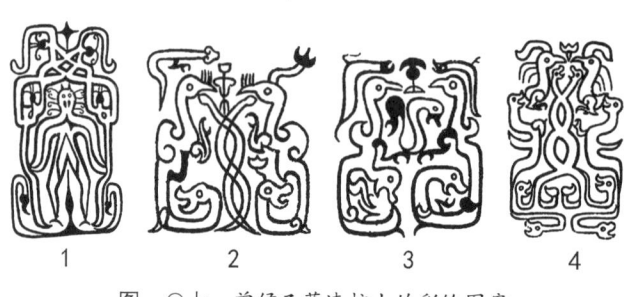

图一〇七　曾侯乙墓漆棺上的彩绘图案

图一〇八　秦代画像砖上的龙和玉璧

图一〇九　战国青铜器上的龙纹

图一一〇　天盖璇玑的造型

图一一一　陈家大山楚墓出土帛画

精食赋予其所食人即是该巫师的。鱼鳞形龙则可能表示的地龙、阴龙或曰社龙，其食人即是表示赋予该人以能量的。不同的龙食人图像，可能表现了不同的场景之巫术行为，其中单独以鱼鳞另食之的可能是在社祭中。中国国家博物馆藏有一件战国玉器，主体是有火字形花纹的龙食一以祖衣表现神仙特征的人，意思应该是以这种造型的龙来表现阴阳抟精赋予该神仙的，自然也有道家的文化色彩。至于汉代，龙虎、阴阳龙抟阴阳之气成精是常见题材，不赘述。另外中国古代的各种与人有关的造像，不少有跨、执、腰、珥、践龙或者蛇等现象，这与人体的经络和修炼真气巡行过关以及巫术有关。人首有督脉和足太阳经经过，并呼应百会穴和泥丸宫[88]；足、耳、腰与肾脏和主要经络之关隘有关。人形周身之龙蛇的布

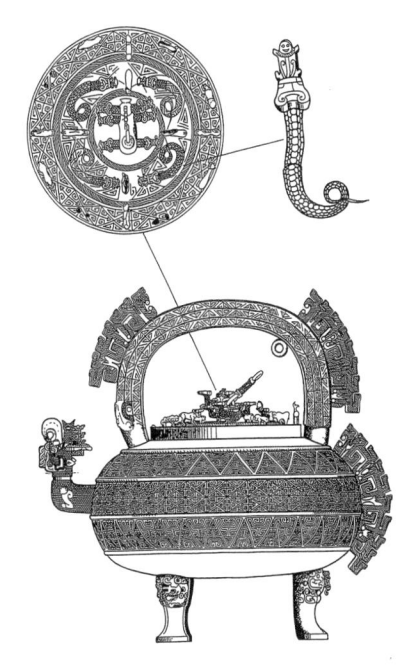

图——二　浙江省博物馆藏战国青铜盉

置，呼应经络，提供能量、天然生机，以养其先天之本，助力真气运行[89]。然修炼丹术，是为了获得神灵之资和具有异能，所以无论早晚其还与常见的巫术、祭祀等同步[90]。

　　至于兕觥，以妇好墓的一种兕觥简要论述。该兕觥共有两件，其盖子的主体图像有火字形花纹的苍龙构形和一条有菱形花纹及鹿角柄形角的苍龙（图一一三），与类似侯家庄1001号墓有的骨椁两面不同花纹的苍龙组合和青铜卣系、盖常见的两种不同花纹的苍龙组合一样，整体构成苍龙阴阳以抟精气，抟之和存之的空间丹炉即是兕觥本身。奉献给神灵、神祖或者是巫师、修炼之人的，同时表示这些人、神是有道的。以之存酒，即是有生发之功的酒精了，饮酒则获得健康长寿和生发之气。另一件是司母辛青铜兕觥。该兕觥整体是一种羊角兽面神兽，其背为一有菱形花纹的苍龙，其旁有火字形花纹的虎，构成龙虎组合，表示抟阴阳成精气，所抟丹炉和存储即是兕觥本身，加上兕觥整体的这种神兽之精气以之储存酒，则该酒同样即是有精气之酒了。同时该龙虎和该兕觥一端省略其首的神鸟图腾构成一组经典龙虎图腾神鸟组合。弗利尔美术馆藏人面龙身青铜盉（图一一四）之两条小苍龙吐酒、叶家山的青铜盉之四足鹿角柄苍龙吐酒（图一一五）、广东省博物馆藏西周青铜盉之苍龙吐酒、一些象尊或者兕觥以象鼻子吐酒[91]。这其中，弗利尔美术馆藏人面盉之两条鹿角柄苍龙所唾之酒，恰好以标准化饕餮呼应之，即该盉之流的图像是标准化饕餮，其与唾酒的两条苍龙又构成一个经典组合，即苍龙与标准化饕餮之组合。标准化饕餮为苍龙所唾精气的动物化，酒精

也是苍龙所唾，则酒精等于龙精。这一案例利于证明龙精、龙漦可以动物化为标准化饕餮，也利于证明古人对于酒与精气的具有类似的本质之认识。还有不少象尊或者象觥的鼻子是两条苍龙组成（图——六），少数的青铜盉之流是虎形，虎也有唾精为离火形现象。这些都表现了酒与苍龙或者白虎之唾即精气的联系。至于春秋战国时期不少酒器和水器依然是这样，甚至是春秋战国时期的匜[92]，也有不少是以苍龙兽首为嘴巴。这都表明了古人具有视酒为精气、视清水之净有酒之特征、以甘露为神明之精的文化认知。

酒本五谷精华，《黄帝内经》曰"酒者，水谷之精"。按照一般的天地阴阳体系理解，其为地之阴气。然而依照《黄帝内经》所言，古人往往认为，制酒最好的原料是稻米，"必以稻米……此得天地之和，高下之宜，故能至完，伐取得时，故能至坚也"，是讲稻米的生长时间是一年中时间最长的，能够得天地的阴阳之气最多，并且是中和之植物。尤其是酿酒的过程，稻米等五谷经过水火的精炼，若心肾交往，阴阳变化。酒为"水形火性"，是水火交融的精灵，符合丹术的阴阳心肾水火之交往。贾湖遗址的酒，有学者认为可能像其他氏族古老的民俗一样，是以咀嚼法制作的，即是以唾液发酵的。唾为肾精，这是一种古老的认识，现有的考古学材料表明其可能很早就出现。这一认知使古人认为酒是以肾精为发酵基础的。同时学术界的研究表明，中国新石器时代中期有的酒之制作是以谷蘖、谷芽酒为主的，并且仰韶文化时期以小口尖底瓶作为主要制作器物。现在有确切的证据表明，古人对于小口尖底瓶的人文认识中，存在认为其是阴阳混沌孕育生机的象征器物之认识，所以不少作为小孩的瓮棺或者绘制有依托复活的人面鱼纹。其作为酒器，不只是由于其有利于酿制、沉淀等功能，还由于其具有所述的和阴阳之人文特征。《老子·道德经》有"谷神不死，是谓玄牝，玄牝之门，是谓天地根"。学术界对于其中谷神的解读不一，我们知道，稷、粟即是谷子，是中国最早的农作物之一，在黄河流域是主体，是中和的作物，利于肾脏，谷神是道的比喻意义。同时内丹术之黄芽黄庭成丹的思维，也表明古人可能认为早期谷芽

图——三　妇好墓出土觥　　图——四　弗利尔美术馆藏人面龙身青铜盉　　图——五　叶家山出土青铜盉　　图——六　泉屋博古馆藏青铜觥（局部）

酒是太极混沌、阴阳抟精的认识。这样看，酒具有天地阴阳抟精的特质，可能是古人一种悠久的看法。这即是为何古人以苍龙吐酒的造型和龙虎食神鸟、龙食神鸟的造型体现在盉等酒器[93]，并且不少酒器还有龙虎抟阴阳和神诞神话组合图像的重要原因。不过古代对于酒的认识是逐步的和多元的，《酒诰》曾经表明其时有禁酒的意识，然而有周一代，始终有酒文化，并且阴阳和始终是其主题。

▎注释

[1] 这是西周常见的苍龙獠牙的表现形式，有的神人的神鸟喙与之有几分相似。

[2] 西周不少玉器神人也是这种反首，以表现苍龙和神人的关联，这种獠牙龙有的是马镳图像。

[3] 其他的斧钺、玉璧、璇玑之穿也是符合这一思维的。

[4] 由于与斧钺有关并为白虎，所以还表示刑杀和威严的概念。

[5] 诸多斧钺都有这样含义，只是有的以明确的龙虎图像表现了，有的以苍龙图像表现了，有的没有图像表现罢了。若在斧钺之首还有神人的造型，则更是表现了自己是有道之人。

[6] 其中钺面之苍龙类似一般斧钺面之穿位置之苍龙的意义。

[7] 虎与钺面之穿还有虎唾为阴阳抟之精的概念。

[8] 即可以苍龙像之。

[9] 神人自然有修炼的意思，其他同。

[10] 竹园沟人首銎钺中身省略，复原的话，苍龙会有更复杂构图的可能。

[11] 都属于苍龙系。

[12] 灵台白草坡青铜兵器之神人首有这一特征，弗利尔美术馆藏西周曲刃青铜刀之龙虎所食的神人有这一特征，诸多标准化饕餮、简易化饕餮、苍龙等神兽亦都会有这一能量化标签，阴阳龙还存在以之和菱形花纹表现阴阳属性的现象。

[13] 古人以玉随葬，显然获得其精华、不败金身，是不少墓葬这一形式的一个重要意义。

[14] 即是天极为中心的璇玑和北斗，主宰日月五星。

[15] 象征天和天中的。

[16] 冯时：《自然之色与哲学之色——中国传统方色理论起源研究》，《考古学报》2016年第4期。

[17] 这个火气本质上来自于苍龙大火星，呼应苍龙之心宿二，实际呼应蛇在生物学上的藏精之地——肾脏，用于世系的子孙繁衍和符合天地阴阳之道的固本，传递《二三子问》所谓的"龙德"，使修炼和获得者具有诸多神奇异能。

[18] 本文所论精气主体是精气神之精，有的简化称之为精气，其他同。

［19］石峁遗址的马如龙食黄牛首。

［20］这也间接表明，商周时期所谓的夔龙属于苍龙系无疑，这是非常重要的证据，利于从考古学方面明确证明商周时期甚至更早或更晚各种龙的性质。苍龙唾、散精气作为宇宙之精气代表，苍龙是表现这一主题的最具代表性的动物，以唾、散火气即精气动物化的动物中，牛、鹿、虎、神鸟、鱼、象等元素也有出现。苍龙造型有的作为标准化饕餮造型的元素，有的标准化饕餮甚至是以两只神鸟构图的，像波士顿美术馆藏商青铜铙正鼓的标准化饕餮即是如此，也有西周时期的标准化饕餮是以象组成的。简易化饕餮表现的苍龙构图元素，有的与标准化饕餮类似。在一些场景与苍龙具有同样功能的，动物也很丰富，像商王陵骨柶中反映"雷出地奋"的人文景观中，地面上的多为苍龙现，也有的是以牛、鹿、神鸟、神鸟首龙或者蝎子首足的苍龙来表现苍龙的。竹瓦街牛纹罍的牛，有对称于标准化饕餮首的现象，显然这个完整的牛是呼应苍龙的。其中还有完整的牛首位于耳朵的，显然也是以整头牛功能等同苍龙了。妇好墓有鱼尾苍龙的石磬、侯家庄1001号王陵等地发现的骨柶中，有的苍龙或者虎吐散之精的主体以离火、C形小龙表现，其散发之气则以羽翼形表现之。苍龙和虎唾、散之精气（精气的意思，在文献中有的为精或者其之气，本文并未严格区分，实际上精与其化之气有区别，本文有时会特别区别，这里予以论明，可以附近文字理解，其他同）有的还动物化，动物化的种类中有小夔龙、鱼、神鸟等。标准化饕餮特别表现精气，尤其表现精气核心，即特别显现整个面貌中精气集中表现的眼珠子。

［21］人面鱼纹婴儿依托鱼，借助葫芦瓶之太极、混沌、阴阳和的鱼鸟图、男性生殖崇拜符合鱼的阴阳和之图像，表现其借助冬眠之鱼春天应时复活之机而复活。其瞑目和睁眼，都是婴儿的特征，也可能有表现转生过程的意思，具有道家的明显特征。

［22］也有为虎的。

［23］匏壶之匏，由于是苦的，所以和盐卤有关，盐为五味之首，关联肾脏和眼睛，恰好与肾精和早期的命门即眼睛或者睛明有关，所以其与龙虎抟阴阳成精气正是一致的。至于神鸟，其唾为匏壶之玄酒，即其本身是阴阳抟或者被赋能的主体，所以与抟龙虎阴阳所抟之精气也是符合的。这样的匏壶，在湖南邵阳市博物馆藏有一件商时期的，其图像有简省目雷纹、云雷纹、苍龙对称的标准化饕餮和苍龙耳。

［24］商代的这种鱼，有的可以判断为象征简狄，有的无法判断，也可能是其他氏族的，或者是一种表示雷泽生殖崇拜文化的阴阳之阴的符号，就像有的苍龙等神兽食神鸟造型或者有的青铜盘的苍龙、神鸟、鱼等组合中的鱼一样。

［25］有的有简单的"の"字形花纹，属于晚期的云雷纹装饰，表示雷之气的。

［26］由于苍龙、神鸟之精气与自然的雷具有类似的性质，阴阳和的雷实际也属于精，雷和龙的发音、神鸟震雏都是可以呼应震卦之象的。

〔27〕以无衣表现出其与汉代羽人的神仙特征相似之处，自然这是道家的文化。

〔28〕其中牛鼎饕餮的牛角较为明显、鹿鼎的鹿形标准化饕餮较为写真。不过这两个方鼎并不是以牛和鹿为牺牲的专用鼎，应该是以牛和鹿为族徽的氏族制作的鼎。牛鼎和鹿鼎的标准化饕餮和其中牛、鹿铭文的联系提示我们，族徽和标准化饕餮元素中的生物种类，有时候应该具有一定的联系，但是考虑到只有这样一个较为确切的特例，并且其他标准化饕餮也有具有牛和鹿元素的，所以我们可以认为，其他标准化饕餮组成元素中明显的鱼、牛、鹿、羊等元素，除了可能的特例，主要是以多种代表性生物来综合表现精气充盈的。

〔29〕有的苍龙龙身有离火形的精气。殷墟王陵的一些甲胄耳饰的离火中还会有苍龙，这都有利于表明苍龙之精气可以离火形来表现，并且其精气可以化为小龙。生生复始而不息。

〔30〕有的人首可以视为省略了。

〔31〕有玄鸟鸮元素。

〔32〕少数是由有火字形花纹的苍龙与有火字形花纹的虎之组合。还有少数这种虎，其身有火字形花纹，其背却是拟合五步蛇苍龙的菱形花纹的。这种有两种花纹的虎，是响应阴阳的。还有诸多苍龙只有火字形花纹，像陶寺龙盘之龙，或者只有菱形花纹，像二里头文化绿松石苍龙（绿松石为绿色，呼应有生机的春夏之苍龙），但是依然能够代表整个苍龙。只是这时的苍龙没有特别强调其阴阳特性。

〔33〕《国语》《史记》记载龙漦即龙精，可以化为玄鼋，有的文献讲是玄龟是错误的。有的学者认为青铜盘负载离火或者多个圆形的动物为龟，实际应该是玄鼋。

〔34〕易理、自然和社会方面都有体现，古代东宫更重要，是太子位，同样是这种早期认知的传承。

〔35〕实际是以食或曰吐舌传递能量给神鸟，并表现神话、巫术和意识中图腾神鸟修炼的内容。从商青铜盘的雷泽神祖神诞场景看，有的是龙虎和图腾神鸟的简单排列，并没有食的明确设计，这是一种食神鸟的简化。虎食神鸟者，往往是龙虎组合，有的则是其一。龙山时代的几个龙虎神人首组合的案例中，龙可以认为是省略了，二里头文化时期、夏家店下层文化龙虎神祖组合中，只有龙，这是由于龙有自身阴阳使然，有的或者视为是省略了虎。商周以来龙虎有不省略的，但是玉器中虎一般省略，多为龙食人或者同时周身有多条龙。这些龙一般位于四肢、尾或者腰等，这些地方都是修炼丹术的核心关隘，我们本文有诸多论述。首呼应督脉、足太阳经和上丹田的泥丸宫、百会穴，额头呼应上鹊桥、明堂等，四肢呼应心肾、上肢抬起呼应中丹田、足呼应涌泉穴、腰呼应肾和下丹田、跨下呼应气巡行之三关。所以龙位于这些地方利于运气巡行，也利于获得龙的加持和能量，自然利于得道者行巫术、役使诸神灵等。战国以来，各种乘登龙蛇、践蛇、腰蛇、珥蛇、首蛇（马家窑文化即出现）、跨龙蛇的巫术现象，都是符合这一道家文化的。

另外，从帛书《二三子问》看，由于龙可自为阴阳，所以可以单独食神祖或者神鸟图腾。龙山阶段的虎食人多，由于龙虎组合中，虎可食人首，龙可从其足传递能量。对于只有人首的玉器，可以只有虎而龙隐藏了，何况虎也有独立出现的场景，其很像是一条阴阳龙。龙虎抟阴阳等对于神人而言是修炼的形象化，历史上认为内丹术起源很晚的看法显然是错误的。美国国家博物馆藏的肖家屋脊文化高羽冠两面玉神祖，其下端为虎，实际也是以虎表示传递能量给神祖、表现神祖修炼的意思。这一组合中，可以视为龙隐藏了或者讲虎独立完成了。

［36］该标准化饕餮即是苍龙这一代表性神兽或者龙虎阴阳和之精气的动物化。

［37］桃花庄角形觥觥呼应五行之木，木呼应苍龙。同时觥觥为青铜即是金，其与苍龙组合即是金木之会，即是阴阳会。商周以来的青铜器有龙蛇纹，有的可能也有这样的意义。

［38］一般神鸟有这种造型。

［39］［美］罗伯特·贝格利：《罗越与中国青铜器研究》，王海城译，浙江大学出版社，2019年，图16。

［40］实际还有一些商代弓形器，其中心为离火形，并且两首为马如龙首，显然这与盉驹尊是类似的，应该视为是马如龙负载离火形的大火星。由于这一离火形为大火星，呼应蛇的生物肾脏的位置，所以由其吐火则是来自大火星的，由于大火星呼应肾脏，所以其应该是来自肾脏的龙之精气。诸多弓形器的中心有铃铛，象征意义即是雷，因为雷可以视为是来自龙漦的震响而成。

［41］有的以鼻子代表。

［42］总的来讲，除了印堂的钻石菱形，一般两种花纹都有属于阴阳龙的特征。有两种花纹的苍龙，一般是菱形花纹多火字形花纹少，或者以五步蛇腹的自然花纹拟合火字形花纹。不过即使火字形花纹再少，只要有两种花纹也属于阴阳龙。但是在龙虎组合中，无论菱形花纹、火字形花纹还是两种花纹的，都是阳龙芮国墓地的一件商代神鸟，与器组合的升龙为菱形花纹，降龙为火字形花纹。这种升降龙组合不是呼应春夏的升龙和呼应秋冬的降龙之组合，其是表现阴阳交往的苍龙组合，其中菱形花纹呼应离卦自下向上，火字形花纹的苍龙呼应坎卦，自上向下，形成交往，即整体以图腾神鸟为中心形成呼应天地的阴龙、阳龙交往组合。

［43］花园庄东地54号墓葬漆棺的上端为菱形花纹的苍龙，下端为火字形花纹的苍龙，方向左右不一致。这样排列的菱形花纹龙和火字形花纹龙即可视为是水火、阴阳交往，希望墓葬主人可以像阴阳龙神鸟组合中的神鸟、虎食人卣之蹲踞式神祖、龙虎人组合中的人、龙虎神鸟组合中的神鸟、三星堆3号坑跪坐人首立尊之阴阳龙和标准化饕餮、人组合中的人等，可以获得阴阳抟之精气以再生复活获得异能等。

［44］其中火字形花纹还拟合五步蛇腹的自然花纹。

［45］多数苍龙没有以菱形花纹和火字形花纹共存表现其自身阴阳，但是依然具有唾、散离

火形或者变形离火形精气的功能。该两条阴阳苍龙对称的离火形不在兕觥盖子主体苍龙身，而是在该苍龙之肾附近，像二里头绿松石苍龙的铃相对于绿松石菱形花纹苍龙的位置一样（铜铃表示雷，雷属于阴阳和的精气），其意义在于表示盖子主体苍龙周围的离火是表示龙精的，尤其是来自于苍龙之肾的（对于苍龙而言即是苍龙大火星）。侯家庄1001号王陵的一件骨柶之苍龙、张家坡墓地弧刃青铜钺之苍龙，其龙身都有多个离火形的图像，这种苍龙图像利于理解这一问题。

　　［46］《山海经·海内东经》："雷泽中有雷神，龙身而人头，鼓其腹，在吴西。"鳄鱼群居水中，每遇雷雨，群吼如雷。

　　［47］兕觥角形呼应木，表现生机。同时兕觥之酒精若雷泽，雷和酒都是阴阳和之精气。酒有生发之功，呼应表现生殖崇拜。这些都与雷泽、泽雷表示的恒卦、归妹卦这两个易之婚姻卦高度呼应。

　　［48］自然牛、虎、鱼、羊、神鸟等元素有时也会参与标准化饕餮的造型，即把动物界的最具代表性的集中用于表现总体以龙为主的精气。本文简化，没有特别说明的，一般只讲苍龙，其他同。

　　［49］火字形花纹、菱形花纹的都有。

　　［50］夏商周三代的"雷出地奋"主题图像中，表示地面之地奋的元素，可以是苍龙、云雷纹、夔龙、四足龙、虎、井字形眼珠、简易目雷纹。至于侯家庄等商代骨柶表层地面表示地奋的生物可以不一样，并且方向也可以不一样，可能是为了表现地之生气的运行。

　　［51］西周时期，龙虎组合中的龙，都是火字形花纹。该青铜构的苍龙首向神鸟下端，白虎首也是向下，这样水火阴阳则不交往，但是实际上该器物图像从两个方面表现龙虎阴阳交往：一方面苍龙反首，另一方面不是白虎反首或者上升，而是龙虎并逢。

　　［52］该神鸟眼睛下方有火字形图像，以表示其具有了苍龙一样的能量，修炼到了一定的阶段（或者是具备了苍龙的能量特征，或者是获得了龙虎阴阳所抟之精气的能量，或者说是修炼到一定的成神灵阶段），一般这样的神鸟数量多，翅膀有苍龙的总体较少。

　　［53］有的时候苍龙有多条。

　　［54］标准化饕餮一般为龙身，或有少数为象身、鸟身、牛身等。商代还发现有的标准化饕餮是由两只神鸟构图的，西周时期发现有的标准化饕餮是由两头象或者象头神鸟身的神兽构图的，等等。这都表明标准化饕餮表现的阴精气，除了以龙漦为主，有的还以多种宇宙的最有生命力的动物或者其元素组合来表现之，强调精气的充盈和生命力之盛。

　　［55］四肢有苍龙、虎首、虎爪，并有人跪坐元素。尤为重要的是其中还有濮阳西水坡45号墓葬以来的龙虎人经典组合的元素，自然可以表达若龙虎食人卣之龙虎人组合同样的意义。

　　［56］类似二里头绿松石绿色的苍龙。

［57］实际是一种苍龙本质的表现，如那斯台的鸮首苍龙、浙江省博物馆藏良渚文化鸮首苍龙、妇好墓诸多面有鸮元素的苍龙。这表明红山文化的C形龙和崧泽文化以来的龙首纹实际是苍龙无疑。

［58］即精气，并动物化为标准化饕餮。

［59］汉代龙虎画像砖图像，不少中间有生命树，或者羊。有生命树，是由于龙虎抟精带来旺盛生机。有羊，也是以龙虎抟精使羊永远具有生机，即是永远吉祥的意思。还有的龙虎之间有玉璧，与马王堆1号墓葬帛画以阴阳龙穿玉璧以表阴阳抟精"坚精"并导致"神明来积"，即"天地阴阳来积"，意义是一致的。更有龙虎之间是鱼鸟图，表现的更是阴阳抟精呈生机的意义。有的中间是青铜鼎，显然是象征抟阴阳的丹鼎的。汉代龙虎表示魂魄、阴阳的文化，姜生等学者有很好的论证，可以参看。这一文化的渊源甚早，早期的代表可为濮阳西水坡45号墓，更不用讲夏商周三代了。

［60］只有中才是天地之根，才呼应天地阴阳之和。

［61］有的没有，但是依然表现的是阴阳龙。

［62］妇好墓出土的一件玉磬，其上一条有两种花纹的阴阳龙，同样有鱼尾，并且四肢若虎。其中，鱼喜生产的特征、龙自身阴阳之和，龙虎元素之和，也表明了该苍龙具有阴阳抟精的意思。该龙吐舌，呈现吐火气的样子，其位于磬。依据文献，磬是上帝的玉磬衍生而来，这样其可能表示的即是以吐火气的形式表达以所抟之精奉献神祖和上帝。另以鱼龙蛇共同构图，与古人认为鱼与龙蛇可以互化的思维也有关，并表现其为雷泽。由于雷泽是万物生长旺盛之地，是神人、圣人出生的地方，是雷电所至之地，是生气通天之地，是阴阳之气交往之地，所以也是阴阳抟精的地方和上帝、神祖降临之地，与磬象征吉祥、万物生成也可以呼应。

［63］利于证明西周时期诸多玉人与龙的组合意义包括执龙升降天地，也利于证明玉琮之柱形是可以作为天地沟通之柱的。自然人或者巫师四肢有龙，还有获得能量的意义。

［64］利于证明随葬各种龙形玉器的一些功能。

［65］其中的神人有的学者认为是夏启或者伏羲女娲。依据文献，可能是伶伦。不过从两个神人之冠不一致的情况看，可能是伏羲女娲，表示12个凤凰，雌雄各六，以符十二律的六律六同之阴阳的。《淮南子》等文献认为音乐源之于太一之阴阳，综合来看，即是伏羲女娲。至于其造型与曾侯乙墓漆棺彩绘的古代帝王造型相似，与战国以前的神祖等与龙、神鸟的组合形式也是相似的，或者正是由于战国时期，人们认为伏羲女娲是古代帝王的原因。

［66］我们在有关文章中认为，其中的龙为苍龙，人面为神祖首，两者互联，同样是借助壶表现抟精、"坚精"以及"神明来积"的，使人面神祖获得苍龙之精，修炼成神灵，具有龙德、异能。

［67］离火位于璇玑、天中，表示天若玉璧抟阴阳成精的意思。离火即是精气的造型，以苍

龙绕之，即是以龙精为代表。这种苍龙围绕盖钮离火的造型利于证明红山文化以来的这种C形龙的本质意义即是苍龙绕北极、璇玑的天中，有道家的生机文化和易学的生机文化。

［68］火字形花纹还同时部分拟合五步蛇腹的自然花纹，这种五步蛇的腹之花纹，有的表现，有的不表现，有的具有表现阴阳之阴的功能，有的则只是一种描述，并且只表现其自然特征的意义时，主要表现为D字形，而非标准的火字形，并且只在龙腹。春秋战国以来，以菱形和火字形花纹表现的阴阳龙依然存在，但是更多的是以其他形式表现龙之阴阳，像以其背有D字形或火字形来表现阴龙，以人字形或鱼鳞形表现阳龙的，以不同颜色表示阴阳的，还有同样的两条龙以索形表示阴阳的，等等。

［69］这种鹿角柄有离火形的情况，是否代表的是角宿，可能是不易证明的，有的鹿角柄苍龙之鹿角柄上端是多角形，似乎是表现星宿的，但是从考古发现的这种多角形，有的中心也是离火，并且从一些弓形器的多角形可以表现大火星并持仓龙之精气的情况看，还是理解为是苍龙之精气为佳。鹿角柄的基盘本来即是生长新的鹿角的基础，有象征生机的意义，与离火形或者多角形精气、雷是呼应的，也利于表现角以木征为生机之象的认知。

［70］雷本身即可以视为属于苍龙精气，其来自苍龙的大火星。苍龙的大火星可以视为是蛇的生物学肾脏，所以其也是《国语》《史记·周本纪》等文献中所谓"龙漦"的来源。"龙漦"即"龙唾"，道术以唾作为规定辟邪守正之术，正是由于其是来自肾脏的所谓精物，所以鬼邪惧之。这样看，商周时期饕餮纹及其变幻者也确实有辟邪守正的功能。

［71］斧钺之形，从濮阳西水坡45号墓葬之钺看，可以拟合岁。大汶口文化的诸多大口瓮有这种符号，有的可能即是表现岁并拟合北斗的，其利用的是和阴阳之气成精之功。现在看到的这些大口尊，主要出现于大汶口文化、崧泽文化、良渚文化、石家河文化区域，主要用为随葬、祭祀、瓮棺。这几方面都牵涉到了抟阴阳成精的问题。其各种符号，有的是地中社树，聚集阴阳，有的是圆形与火字形，还有的是柱形符号和圆形太阳表示天精下降。所以用于制作能够带来生发之气的酒精、用来能够带来生机的瓮棺、用来祭祀则与奉献神灵祖先以酒精精华或者传递精气有关。

［72］有苍龙和鸮首两种图像。鸮首者或者是鸮首苍龙。鸮元素的苍龙，在那斯台红山文化、良渚文化、崧泽文化、商代都存在。三星堆文化仓包包一件鸮首牌饰，鸮喙和耳朵等明确，是鸮面无疑，其可能是苍龙身，但是不显。

［73］以绿色表示生机是选择绿松石的原因之一，其他文化的这种绿松石牌饰选择绿松石，同样有这一原因。其呼应东象之木的生机颜色，作为苍龙首也是呼应生机之颜色的。

［74］共有四件。一件图案化的为鸮首形，另一件由两个圆形连成的造型可能是角宿，中有二里头和夏家店下层文化目雷纹和石峁眼睛风格的菱形四目为苍龙首，眼睛数量可能呼应后天八卦的震卦之数四的。还有一件多层双S形的，若已由论证，实际是目雷纹中的S形。

［75］两件都是苍龙无疑。其中齐家坪的那件背有菱形花纹和瓦形花纹，即是以两种花纹来表现其是阴阳苍龙。

［76］这些图像主要是以各种表现苍龙精气的T字形花纹和同时代没有眼珠子的目雷纹图案元素为主。

［77］夏家店下层文化彩绘牌饰，不少与二里头等文化中绿松石牌饰属于一类，其中不少是苍龙首，或者是隐藏苍龙形貌的苍龙唾、散精气的组合。

［78］这一时代，单独的虎与人组合较少。三星堆文化可能有人乘登虎的现象出现，西周车马器中有少数虎食人组合。

［79］明尼阿波利斯艺术博物馆藏的一件西周时期的车马器有牛食负载大火星的蹲踞式神祖图像，表明牛的功能类似苍龙是存在于一些场景的。文献有所记载，像《山海经·大荒东经》记载夔牛有雷神特征。同时不少饕餮有牛角，三星堆文化3号坑的跪坐甚至人员首立尊之龙虎组合中的虎，实际是牛头虎身犀牛腿。有的学者甚至认为苍龙几个星宿组合曾经出现过以牛表现的形象，从本文看是可能的。

［80］龙虎之位，象征离上与坎下的未济卦象，不过龙首下，虎首上，则表现的是神话叙事和巫术、意识中神祖进行修炼的主题内容，也即是以此图像形象化表现心肾水火阴阳交往的具体功法，商代龙虎尊更是这类图像组合。

［81］或若《内业》所言，可以天人合一、得道升天、预知未来、役使雷雨众神。

［82］乘登的阴阳工具基本都有这样的意义，不予多论。

［83］战国时期有青铜器图像是以阴阳龙围绕的菱形表示天中。

［84］其可以作为神鸟之羽冠、神龙羽冠的上端造型，淅川下寺楚墓青铜神兽首也有这样的花朵纹样。

［85］其以龙冠组成这种柿子纹样，也利于证明这种火字形冠与中心的联系，另有汉代的四柿子纹呼应四象的青铜器可以证明。

［86］这一玉器表明春秋战国时期诸多玉龙的作用主题。

［87］三星堆文化埋藏坑有一件青铜神灵以神鸟爪执两条鸟首阴阳龙。

［88］马家窑文化的人首形器盖，其首蛇。该蛇是神话叙事和巫术、意识中赋能并加持修炼的。

［89］有的若丹术中的龙、鹿、羊之车舆。

［90］二里头文化铜牌饰的苍龙、绿松石龙塑，位于墓葬主人之上肢或者执之，应该具有执龙蛇的意思，与晚期执龙蛇造型有类似的意义。一方面执之升降天地，另一方面传递能量，符合丹术的修炼阴阳之规和震卦为足为龙的认识。同时还可能在生时行祭祀天帝、祖先、封建、设置官吏的作用。

［91］商代象尊的鼻子有的是由两条小苍龙组成，即表现为苍龙吐酒。

［92］盥洗之用途，为精明之水，似新石器时代以来苍龙陶盘、青铜龙盘、玄鼋豆盘所表现的雷泽之水，若酒一般，酒即是精华。这些盘中有的是龙虎或者阴阳龙抟精气，赋能并表明图腾神鸟的阴阳修炼。有的盘中是负载多圆形或者离火形或者两者都有的鼋，代表龙颣。泉屋博古馆藏的一件春秋时期铜盘，有苍龙及其所吐火气化为雷的青蛙，还有龙首纹装饰，并有火字形花纹表现来自苍龙大火星的能量，总之与雷泽有关。汉代神明之台的甘露盘之甘露即是阴阳和之精明之水，也利于认识这一问题。

［93］二里头文化的陶盉开始有虎食神鸟的造型，其中盉整体为神鸟，其口为虎面。

（原刊于《华夏文明》2021年第6期）

新论饕餮的本质、商周青铜器图像意义主题及有关问题（三）
——从商末周初一件青铜尊的特殊图像论起

顾万发

中国的道家在东汉以前是一个阶段，魏晋以来是一个变化阶段，本文所论的这些考古发现现象表明这些龙、虎、神祖甚至是巫师、墓葬主人等图像组合及其器物本身的意义，至少应是道教流形、合气、治气、形解传精文化的早期来源，并且显然是中国道教思想的早期表现。

本文已有的论证表明，商周时期，人们经常把苍龙唾、散精气，龙虎阴阳传精气、精气的动物化神兽、震卦之象的神兽、"雷出地奋"场景及其组合，以及氏族神祖神诞神话、神诞符号等以生为德之首、呼应道家的文化和宗法制度作为青铜器的主体纹饰。商周青铜器图像意义复杂，除了装饰之常规功能以及我们所论的一些功能，我们从以下几个方面予以简单补充和总结论述。

1.苍龙、白虎等神兽或为苍龙、白虎组合所赋能量的神鸟震雏应雷，预示着春天即来，万物生长了，符合天道。龙虎或者龙、神祖、图腾神鸟组合[1]，以表现氏族始祖雷泽神诞神话以及神话和巫术中的修炼，以之表示希望实现天地之好生之德，天地之精、阴阳和以生人，从而达到天、地、人三才一致。

2.苍龙、白虎、标准化饕餮、人及其有关组合的阴阳相生、天地人三才全息图像、雷泽场景，呼应天道、威严，所以可以作为反映贵族崇尚天道思想的祭祀之器及其图像，即所谓的"文以载道""器以载道"。

3.阴阳苍龙、苍龙白虎阴阳和之精，赋予神祖、图腾或者墓葬主人、巫师、神仙、将军等，这些图像还体现这些人的修炼并得道，使其具有合天道的辟邪、避兵等异能、神通。荆州兵避太岁戈之蹲踞式并具有神鸟特征的神人（图一一七），以上、下肢之龙蛇和脚踏太阳月亮采集阴阳龙、天之阴阳能量。执、跨、珥、腰龙蛇，是典型的道家巫术，可以从人体经络重要节点获得能量、助力

图一一七　荆州
出土兵避太岁戈

沟通天地和辟邪、避兵等。马王堆帛画中的太一避兵图，实际也是道家的思维。作为祭祀者、使用者、参与者，依照心理学原理和巫术思维，借助由这些器物、图像及其仪式性现场所形成的气场、能量场，也可以获得龙虎、

图——八　西周早器的标准化饕餮

龙蛇、饕餮之能量以及相关者的影响，所以商周以来的青铜器图像、玉龙、玉虎、蹲踞式神祖玉器、苍龙食神祖玉器等以及相关者，利于提升人和场景的精气神，人神皆可获得神通，从而实现辟邪、获吉、除凶、避兵等。

4.万物负阴而抱阳，冲气以为和。宇宙中的各种生物之精，都是具有阴阳属性的，是阴阳合成的，其运行则随化而现其阴阳特性。天地之精，万物化生、天精地气生万物，太极生两仪至于八卦、道生一至于万物，这些总体上都属于中国古代道家、易学思想文化的基本主旨。古人选择精气作为与氏族始祖神诞、宗法制度、天地人合一、人类社会、自然天地好生之德都有关联的表现对象，是一个自然、朴素、客观而理性的智慧选择。夏家店下层文化的诸多彩绘的羽翼地纹、商周青铜器甚至至于战国，主要的地纹和主题图像的构成元素都可以细致到羽翼的层次，无论是易学还是道术，其都是与目雷纹元素、苍龙之精的散发之气、呼应生物之本的肾等高度关联的，总之，即是精气或曰阴阳和，这是商周青铜器图像甚至是器物本身所载之道的主体。

5.据《黄帝内经》等文献记载，精气是对付邪气的，所以商周青铜器等的这种图像及其有关场景等，可以带来正气，正能量，可以用来辟邪，有的甚至是避兵。

6.商周以来标准化饕餮即是精气动物化的典型形式[2]，表现的精气往往以动物唾、散的精气来表现，这些动物以苍龙、特殊神鸟、鸟龙为代表。不少标准化饕餮还有牛羊角、鱼形角[3]，或者火字形花纹的苍龙形角[4]（图一一八）。这种属于苍龙系的夔龙形角、离火符、象鼻子、神鸟羽、神鸟爪子等元素，意在表明标准化饕餮往往集合诸多生命力旺盛的生物，以表现其作为精气动物化能量的充盈。不过基本是以龙身为主，可以理解为是以苍龙龙精为代表。以其他元素为主的少，像著名的西北岗王陵之鹿鼎的标准化饕餮纹是商代唯一一件鹿首代表标准化饕餮的案例，少数标准化饕餮有鹿角柄，不过这是很少的，除了妇好墓的一件钺是早期的代表外，西周早期关中地区有几件器物也有之。牛身标准化饕餮目前也只在明尼阿波利斯艺术博物馆发现有一件青铜器的主体图像是完整牛身，还有一些较为写实的牛头牺首有高耸的额头。较为特殊的是，有少数标准化饕餮主体是由两只神鸟组合的，像波士顿艺术博物馆藏的一件商青铜铙正鼓之饕餮即是由两只神鸟来组成的，还有少数商代鸮卣之盖的标准化饕餮也是由两只神鸟组成[5]，

这些是商代以两只完整神鸟组成标准化饕餮面的代表。九连墩遗址一件肖家屋脊文化风格的神祖面，是由两只神鸟组成的，学术界对其认识不一致，有的认为由此可以判断肖家屋脊文化这种玉神面即是由这样两只神鸟构成其本来面貌的，有的认为是晚期加工而成的，现在看，以晚期加工更为可能，肖家屋脊文化这种玉神祖面主体实际是以羽翼构图的。战国时期，以神鸟或龙蛇构成标准化饕餮的玉器非常多。商周时期，还发现有以两只首为神兽并且有象鼻子、神鸟身的神兽或者两头羽化特征明显的象组成标准化饕餮的案例。总之这些都是很少见的。有的有龙身的标准化饕餮本身还有虎的元素，可能是融合龙虎元素以加强表现其为阴阳和之精的意思，这与标准化饕餮被视为是其旁对称苍龙或者神鸟唾、散精气的动物化并不矛盾。

《论衡·龙虚》云：“短书言‘龙无尺木，无以升天。’又曰‘升天’，又言‘尺木’，谓龙从木中升天也。”《三国志·吴志·太史慈传》云：“当与卿共之。”裴松之注引晋虞溥《江表传》曰：“龙欲腾翥，先阶尺木者也。”《博物志》有云：“金龙头上有物，如博山之，其精灵之结晶，完全凝聚于此，有此灵物，方能嘘气成云，扶摇直上，飞升于九天也。此为特贵之品，故列为第一。”《酉阳杂俎》之《广动植之二·鳞介编》及《尔雅翼·释龙》也有类似的记载。对于尺木升天问题，王充在《论衡·龙虚》中认为：“彼短书之家，世俗之人也见雷电发时，龙随而起，当雷电击树木之时，龙适与雷电俱在树木之侧，雷电去，龙随而上，故谓从树木之中升天也。”即以雷电击树自然现象解读之。《博物志》以尺木为“其精灵之结晶，完全凝聚于此”解读之。现代有些学者则以鳄鱼特征或者龙角解读之。清代俞正燮认为，依据桓谭《新论》中“龙无尺水，无以升天。圣人无尺土，无以王天下”之论，“尺木”应当为“尺水”。《初学记》引《献帝春秋》云：“龙欲腾翥，先阶尺水者也。”《太史慈传》注引《江表传》误作“尺木”。《酉阳杂俎》认为龙之尺木，为道家的鄙论。

从这些记载看，若相信至少汉代已出现的尺木之论，则似乎标准化饕餮的高耸额头特征与“尺木”有关。除了商代的一些玉器和西周早期的一些青铜器中有额头高耸同时又有鹿角柄的饕餮纹或者龙纹，一般有鹿角柄的饕餮或者龙是没有这样的高耸额头。依照文献和我们的定义，这种有尺木的龙，特征与标准化饕餮近似，性质却是一般的龙。而我们认为标准化饕餮是苍龙等神兽唾、散精气的动物化表现形式之一，即不是苍龙本身。考古学发现一般的龙，确实基本没有高耸额头的。商周以来出现少数标准化饕餮可以传递能量给神祖、为神人所乘登的现象，这表明标准化饕餮也可以担当苍龙的一些功能，只是还不常见。自然也表明神祖和标准化饕餮的高度关联性，泉屋博古馆藏青铜鼓的蹲踞式饕首即有标准化饕餮之冠羽造型，实际即表示其神祖饕具有苍龙精气，融合了苍龙精气动物化的标准化饕餮之形，瑞典远东博物馆藏商王陵之

图——九　南越王墓出土金虎玉龙

（符合龙虎阴阳和的道家之论，作为系钩系于腰，呼应心肾交往和肾之先天之本）

图一二○　上海博物馆藏青铜器图像

大理石鼎的蹲踞式鸮之首，也有浓厚的标准化饕餮特征，都是这一现象的具体表现。西周早期也出现过标准化饕餮有鹿角柄的现象，这即是苍龙的形象，不过数量不多。春秋战国时期，一些标准化饕餮的意义，估计时人已有所误解了，尤其是民间，《吕氏春秋》的周鼎饕餮之论即是一个典型代表。这似乎表明当时的人有可能把战国、汉代依然存在的以标准化饕餮为首的龙身饕餮之高耸额头特征视为龙的尺木了。另一种可能是，把战国、汉代以来一些龙首依然存在的人字形神化为尺木了（图——九），只是这一假设，与标准化饕餮的高耸额头特征也并不一致。综合各方之论，从尺木的字形而言，应该是以错讹误字理解为是。关于博山之论，可能确实有所依据，因为博山若炉，即是高耸。需要强调的是，龙面的人字形特征是中国古代一种龙的典型特征，自二里头文化就出现了，其与标准化饕餮的额头高总不一致。

　　依《黄帝内经》等中医之经络学，头为诸阳之首，面为五脏之表，汇聚精气。经络学言人身百脉会聚于是阳之君即是首，骨主气与先天之本肾络应。古代的骨相学认为，上过发际下至印堂左右到额角为止的圆突高拱为圆形伏羲骨，上至于发际下至于华盖并到额角之旁地带呈椭圆形的则为椭圆伏羲骨，都是帝王相。还有下以眉头上到百汇，各有一骨至于日角、月角，则为日月龙虎骨，也是帝王相。下从印堂上至于百汇，起一耸骨，为天柱，也是帝王之相。这些认识中，在新石器时代以来的各种陶、玉、青铜器肖像中都有所体现，在标准化饕餮和简易化饕餮中也有表现，其中的天柱骨相，与标准化饕餮的额头高耸较为接近，伏羲骨也是如此。日月龙虎骨的与一些简易化饕餮的苍龙较为相似，在一些标准化饕餮中也有少数体现，象真卣的标准化饕餮，在日月角就有明确的离火形表现之。所有这些都表现了饕餮和有关神灵图像的神圣性传承。

　　7.标准化饕餮，确实有的体现为近似两条夔龙的样子，但是这样的图像有总体很少。一般是由于有牺首出现于饕餮鼻子位置从而省略中心鼻子造成的。有的是一种特殊的设计造成的，像上海博物馆所藏一件西周青铜器的标准化饕餮，即是这样的（图一二○），这种由两个夔龙单元组成标准化饕餮实际不符合标准化饕餮的构图原理和其本质含义。

8.标准化饕餮旁的龙，学术界一般称为夔龙。这些夔龙的性质是什么，学术界没有定论。不过从有的标准化饕餮旁的夔龙有鹿角柄的情况看，其应该归属于苍龙系。这些龙，有的是兽面苍龙，有的是神鸟为首的苍龙[6]等。还有的以鼻子表现的标准化饕餮旁的苍龙，其周身有诸多由其唾、散精气形成连续目雷纹，或其简化，其中精气主体圆形为十字形加圆形，或者圆形加元圆点形，实际本质都是离火形。这种精气散发之气以羽翼纹表现，这个羽翼纹整体与一般目雷纹中的羽翼纹是一致的。商代不少骨柶的图像（图一二一）中，龙唾、散精气主体为离火形或者其变体，即是圆形加十字形离火形[7]，又散发气。商周青铜器的那些表现"雷出地奋"人文气象景观的纹样，一般是苍龙在地上、标准化饕餮在地上，并不明确表现雷的图像。实际苍龙、标准化饕餮或者苍龙唾、散精气化为标准化饕餮的出现，即表明会出现"雷出地奋"的，只是在这种青铜器图像体系中，基本不表现或者明确单独表现雷的造型，少数是以龙角有多角形的雷符[8]来表现之，一些骨柶则以标准化饕餮有多角形雷符表现之。这里由苍龙唾、散精气的每一个单元，除去主体S形[9]和眼珠子形，则会有动物化的现象，动物化类型中，除了鱼、神鸟、蛇等，还有小夔龙。在概念上，整个精气的动物化种类可以陈述为除了蝉等，主要是标准化饕餮。自然从泉屋博古馆藏青铜鼓鼗有标准化饕餮冠羽以及苍龙给其传递精气能量的现象讲，蹲踞式的神祖鼗也是苍龙精气的拟人化形式，这与龙子的含义又有联系。有的苍龙与牺首的某些构图组合，似乎表明苍龙、神鸟等唾、散精气的动物化还可以表现为苍龙，这应该视为是一种构图艺术，不属表现唾、散精气动物化的意思。花园庄东地54号墓的青铜钺图像中，似乎是饕餮嘴巴有一条有鹿角柄的龙（图一二二）即是苍龙[10]，实际上该嘴巴代表的是钺面两侧饕餮之嘴巴[11]。该钺面的这一鹿角柄苍龙，与商周一般斧钺中心的C形苍龙意义类似，即该苍龙的出现首先是呼应斧钺之穿的[12]，在帝出万物于震、震为东向、为苍龙、苍龙唾精气呼应生机等关联的文化逻辑下出现的。实际斧钺出现玉璧形或者其元素，出现表达生机之夔龙、苍龙等唾、散精气的动物化像标准化饕餮、白虎[13]、蹲踞式神祖[14]、

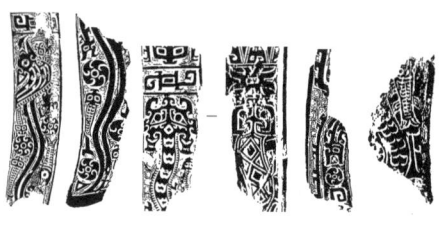

图一二一　侯家庄1001号王陵出土骨柶

图一二二　花园庄东地M54出土青铜钺

（有两个饕餮、一条有鹿角柄的小龙，还有菱形花纹苍龙食神鸟的经典造型。意义与商周苍龙食神鸟意义基本一致，其又铸造于斧钺，意义与岁、大周天联系，有遵循天道的概念和修炼的意义）

苍龙或者白虎食神祖首[15]等图像，主体都是在表现天之德，即是生机，风字形造型的斧钺和其中的龙元素本身也构成了战国以来出现的一种风字形，也同时表现了与生机的联系战国文字写为㲯，由丬和乚组成，一般认为是风来生物生长之意义。甲骨文中以风鸟为之，是表现神鸟、羽翼与风的联系。学术界一般认为这种风字，是由于甲骨文中风字的鸟尾巴讹变而成，也有以为是风筝形的。不过《说文解字》以风动虫生来解读这样的风字可能不完备，但是风动虫生确实是自然现象，所以这样的风字造型可能有来自甲骨文金文的影响，但是也可以理解为是一种新的异体字，其中虫字形实际是龙蛇，这种龙蛇在商周确实可以用于表现生机，甚至是苍龙系。虎食人卣融合鸮的神祖罍耳即有这样的蛇，以获得能量。所列举的风字，其中一撇即是风形，蛇形即是风动虫生的意思。这样风字形斧钺有龙蛇，也可以构成所谓的风动物虫生之义，即也可表现生机之意义。这种杀伐德生融合、辅助，即是所谓的王道[16]。道之一统中，阴阳兼备，生与刑杀相辅助，是以威势、教化两者辅助的德政。有的斧钺之穿有玄鼋、苍龙或标准化饕餮，实际都是表现强调帝出万物于震的，即是强调始、元的，尤其有的有神祖或者神祖神诞的神话图像，也是强调这一王道是始于氏族之元、始的，符合元亨利贞。以元正天之道、王道，可以实现《春秋繁露》所谓"五者俱正，而化大行"。所谓的天命观、天子授命、一统于天子之论，都可以从斧钺和其图像的主题中予以表现。其实新石器时代以来的斧圭，像两城镇玉圭、养德堂玉圭等，有神祖神像、图腾神鸟或者白虎食神祖首像，已有这方面的初始意义。董仲舒认为："王道之三纲，可求于天。""道之大原出于天，天不变，道亦不变。"在中国斧钺文化中都有所体现，尤其是王道的起始，来自于天生、天性、天命的，这即是为何斧钺特别强调生机和神祖神诞主题的本质意义。另有一些斧钺有铃铛、铃的功能，我们曾经以二里头绿松石龙和铜铃的组合以及龙首或者马如龙的弓形器与铃铛的组合论证过，其一般表示的即是雷，有时还会与大火星位置呼应以表现其来自大火星又往往呼应苍龙之肾，这与雷的本质为阴阳相袭而生的现象呼应。这些斧钺的铃铛虽然有表现乐奏、提醒的作用，但是更为重要的作用还是表现生机之义以呼应整个斧钺表现的王道之德的。同时乐本身与四时五行、天地之道有呼应，所以并不矛盾。器物与音乐的联系，其中之一的表现即是在道的主旨下所谓的钟鸣鼎食，一些青铜器和钟的组合即是典型表现。北京故宫博物院藏还一件春秋时期的青铜戈有一个圆形加十字形附装构件，除了使用中以之为乐奏、提示的功能，实际也是雷的表现，同时以之表现生机。一些车马器的铃铛与马如龙组合，实际也有这样的意义。

商周时期的青铜戈，也曾发现火字形花纹的苍龙嘴巴前有一个菱形花纹的苍龙，这实际是阴阳龙组合。西周时期的青铜戈也有这种情况，像甘肃灵台白草坡西周墓

图一二三　妇好墓出土青铜缶

M2：12之火字形花纹的白虎，嘴巴前有一条菱形花纹的小苍龙，构成苍龙白虎的阴阳组合，显然表现的是一阴一阳为之道的意义，具有避兵等功能。可能由于蝉可以呼应神明阴阳和的甘露，所以还有苍龙唾、散精气动物化为蝉的。妇好墓的一件青铜器（图一二三）即有这样的图像。该蝉位于小苍龙之中，是小苍龙唾、散精气的动物化。同时该蝉位于标准化饕餮高耸的额头[17]，呼应标准化饕餮的印堂、明堂和泥丸宫，也即是呼应元神、元气、主体经络和肾脏之精气的。肾为先天之本，精气之神运行周天，神化于泥丸，修炼以至于元神出之，出于九天，通天通神。自然由印堂、明堂和泥丸宫衍生出的高耸额头意义非凡，其与饮具有阴阳和性质的神明台之甘露的精气之蝉，自然可以呼应互持。这也是一些特殊的族徽有的位于标准化饕餮高耸额头的重要原因。妇好墓青铜缶的这一标准化饕餮即是苍龙之龙漦的动物化，其高耸额头旁的小龙即属于苍龙系，其与该标准化饕餮构成商周时期苍龙唾、散精气化为标准化饕餮的经典造型，同时其作为标准化饕餮的耳朵，耳朵呼应肾，所以赋予标准化饕餮以能量，整体表达标准化饕餮是苍龙精气的动物化造型。尤为应该注意的是该缶的蝉与其旁的小龙构成的这一经典组合的属于苍龙系的小龙龙身有表示能量的火字形花纹，这种花纹和菱形花纹之组合还用以表示阴阳性，但是也有不少龙本身即可以表示阴阳，因为其是龙，能阴能阳。这样的小龙属于苍龙系，还可以表示使地奋的能量，桃花庄角形兕觥即有这样的小龙表示地奋之地、雷泽之生机泥地，侯家庄1001号王陵骨柶也有不少这样的小龙，其与蝉构成一组龙唾精气化为蝉的组合。蝉在商周青铜器中的意义，我们曾经有所论证。妇好墓青铜缶的蝉，与表现"雷出地奋"场景中的地下之蝉以及呼应神明甘露从而表现精气这种能量的蝉，高度呼应。商周时期，春天地奋的地，在表示土地的能量时，往往以小龙，少数是井字形目雷纹、简化目雷纹表现，少数是以白虎等来表现的。而井字形目雷纹和简化目雷纹与常表示精气的离火形是基本同样的意思。这种目雷纹，从二里头文化、夏家店下层文化的目雷纹、二里头三期以来器盖式通天神器的苍龙图像[18]、夏家店下层文化目雷纹附近的龙、桃花庄角形兕觥盖子主体菱形花纹苍龙周身以离火形为中心的目雷纹、商周标准化饕餮纹造型主体来自目雷纹变化组合的现象看，可以表示苍龙唾、散的精气，所以可以使土地在春天有生机，这也即是讲土地和山脉的生机[19]，常可以用目雷纹或者与其相关的井字形眼珠纹[20]、夔龙等表示，尤其是山脉之地奋的表现，基本是目雷纹，有的同时还有蝉纹、火字形花纹，少数蝉形空间还有神鸟纹样，像石鼓山的有关青铜器图像。表现土地地奋的小龙之所以用有火字形花纹的小龙，则是由于其可以表示地龙或者阴阳之阴的能量，以白虎表现之，同样是由于其可以表示阴阳之阴的能量，这是相对于天阳或者龙阳而言的。蝉往往可以表现表层土地之下的能量，这与其生活习性有关，又若雷藏地下一般，所以这样的鸣蝉，有时又可以视为是苍龙唾、散精气而为雷鸣一样。妇好墓青铜缶以及有关青铜器的龙与蝉组合，构图设计思维类似于本文所论南方长江流域甚至广西等地春秋时期青铜盘、青铜卣的图像中苍龙围绕雷鸣之蛙或者苍龙围绕雷吼震雏的鳄鱼一样。

夔龙、小龙、蛇、牺首代表的夔龙、苍龙等，多归属于苍龙系。苍龙系用途多，经常用于蹲踞式神祖、巫师、神兽、标准化饕餮、神鸟等的额头、四肢、翅膀等这些人体、动物、神鸟图腾等修炼之气巡行路径主体和经络关隘，表示赋予能量和助力运行以获神通和异能。新石器时代查海兴隆洼文化的石塑龙、兴隆洼文化的猪头龙、兴隆洼墓地、濮阳西水坡45号墓葬、红山文化墓葬、崧泽文化、良渚文化早期、龙山时代的肖家屋脊玉龙、陶寺龙盘、二里头苍龙、夏家店下层文化苍龙、商周以来诸多蹲踞式玉人和春秋战国时期的淮阴高庄战国青铜器各种蹲踞式神人、曾侯乙墓漆棺彩绘神人等是重要代表。

实际上中国早期的龙，在早期文明的语境体系中，基本都是苍龙或者属于苍龙系，或者说是可以在一定程度上作为苍龙一些意义和功能的象征。所述的兴隆洼文化有C形猪头龙，赵宝沟文化有猪头龙，瑞典远东博物馆藏马家窑文化彩陶器盖之人首有蛇，红山文化随葬玉苍龙，凌家滩文化的C形龙，崧泽文化的龙首纹，良渚文化的首纹，实际都归属于苍龙系或者具有类似的功能。其随葬的意义，对于墓葬主人或为生者所佩戴以及用于祭祀，都是发挥苍龙或者类似其的作用，有的可能还具有赋能、修炼和工具等意思。良渚文化的龙首纹和兽面纹也较为特殊。良渚文化官井头的一件冠形器有两个龙首纹，何东捐赠给英国国家博物馆的一件良渚文化山字形器兽面纹两端也有这样的龙首纹，龙首纹可能与冠形器中间的太阳组合，或者与良渚文化山字形器的人形神祖和经常为其所骑的神兽[21]组合。良渚文化兽面纹，应该是以猪元素和神鸟元素为主的[22]。龙山时代陶寺之C形龙盘，显然是以陶盘表示雷泽，符合震为盂的之象，其龙则是雷泽苍龙，与尧神诞的赤龙是一致的，泉屋博古馆藏青铜鼓苍龙旁的那条鱼即是庆都，所以那条苍龙既是商周氏族获得能量的神龙，同时也是庆都之图腾赤龙。有学者认为其为句龙，所衔者为社树，或者是麻黄草。肖家屋脊文化的C形龙、二里头文化、夏家店下层文化的C形龙、绿松石龙，实际都属于苍龙无疑。至于商周以来的鸮面龙、兽面龙等也都属于苍龙或者苍龙系。自从濮阳西水坡45号墓葬代表的时代以来，龙虎人组合以及诸多蹲踞式玉人、神人的执龙蛇、珥龙蛇、腰龙蛇、践龙蛇、跨龙蛇、首龙蛇或者与龙蛇融合的造型，一方面是赋予能量，另一方面即是与助力人体经络之气经过关隘运行有关。不少龙蛇都是出现在人、神鸟赋能和修炼中经络巡行路线的重点和转折，以表现赋能并可助力修炼中的过关。同时这些神龙、龙蛇等有的还作为乘登、沟通天地的工具，这些依然属于道家的文化。已有论述的曾侯乙墓葬漆器和淮阴高庄战国青铜器之图像有诸多代表，荆州避兵青铜戈之蹲踞式神人更是表现了道家的风格[23]。播鼓台2号墓葬一些编钟之鼓以无衣乘龙执蛇之人表现神仙道家之文化特征，该神仙乘坐的即是苍龙。其位于编钟正鼓，带来的即是雷音。该神仙装束与枣林岗随州曾国墓地神仙骑龙图像基本一致（图一二四：1）。枣林岗随州曾国墓地车马器之神人，肩膀的"の"字形造型实际是羽翼的造型，这从芮国墓地黄金白虎纹样（图一二四：2）、芝加哥艺术博物馆藏西周壶的纹样（图一二四：3）是可以判定的，一些西周的獠牙神人之首也附属有这样的造型，这样的话，则该乘龙者即是无衣的羽翼之人，显然与汉代羽人类似，没有具体的身份。其乘龙形象还类似于荆州避兵青铜戈之太岁神脚踏日月阴阳以之抟精气，其执、珥、腰、跨蛇，是符合道家文化的构图。编钟正鼓有乘登苍龙的神仙，目的可能在于表现音乐的雅正和平、清幽出世、正一古雅的道家风格。九连墩著名的两面神人玉器中，其上半身与神鸟融合，其下端与龙融合，也有从下肢获得苍龙能量同时借助飞升的意义，这都属于古代道家的乘登神龙炼虚合道的造型。

9.商周青铜器上的各种生物，有呼应震卦的龙，有苍龙或者神鸟或者鸟龙唾、散精气动物化的标准化饕餮（或者蝉）、鼻子代表的标准化饕餮等，有"雷出地奋"的场景，有氏族雷泽神诞神话图像或者符号化表现，有反映阴阳的龙虎、人元素的神祖、神鸟图腾、功能呼应苍龙的神鸟，有鱼形女祖和蹲踞式神祖的组合，有神兽食神鸟、神兽食神人的组合等。这些图像中的多数与人的组合或者图腾神鸟的组合实际都是雷泽生殖崇拜文化，标准化饕餮为龙漦或者具有苍龙能量的神鸟之唾、散精气的动物化[24]。苍龙或者具有苍龙能量的神鸟唾、散精气的动物化运用于各

1. 枣林岗车马器

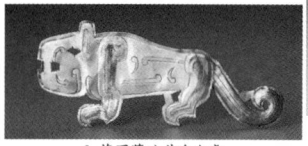

2. 芮国墓地黄金白虎

3. 芝加哥博物馆藏西周青铜壶

图一二四　西周春秋时期的青铜器和黄金白虎

个礼仪制度场合，有呼应天地、阴阳、宗法、秩序、好生之德和生生不息的概念，提示众人遵从天意，敬天法祖，遵照人法地、地法天、天法道、道法自然的逻辑秩序。同时商周青铜器的图像中表现龙漦和神鸟唾、散精气的动物化而成的标准化饕餮（或者蝉）、苍龙及其氏族始祖神诞神话等，从意义上呼应震卦[25]，呼应中国传统的长子继承制，呼应其时代的宗法制度精神。

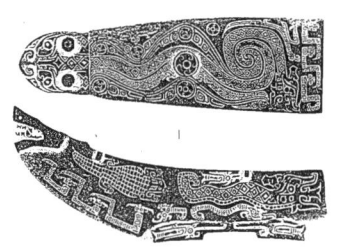

图一二五　桃花庄角形青铜觥觥

（觥觥器物身为雷泽。一面的三条鱼象征姜嫄、简狄和庆都；苍龙在泉屋博古馆藏青铜鼓图像中是赋予誉以精气能量的神兽，在虎食人卣中是商人氏族始祖契的神父，在此表示三氏族始祖图的神父；鼍为雷泽标志；觥觥身的三条小龙排成一横表示雷泽泥层；鳄鱼位于泥层之上表示仲春，正是高禖玄鸟繁衍节气。觥觥盖子包括天地。盖之苍龙唾、散精气，升降天地；盖子的两只神鸟即是玄鸟鸦，一个是正面俯视图，一个是侧视图，并且有火字形表示具有苍龙一样的能量；这两只神鸟实际是商人图腾，若泉屋博古馆藏青铜鼓首两只神鸟的身份一样，都是商人玄鸟图腾鸦的形象；觥觥盖的两条小苍龙围绕离火，表示唾、散精气为离火形，与盘方彝之夔龙唾、散精气为离火一致。整个场景、主题和泉屋博古馆藏青铜鼓是基本一致的）

10.除了苍龙、小蛇、苍龙之精气的动物化、特殊神鸟、龙虎阴阳和之精动物化的神兽等，其他牛、马、象、鱼、鹿、虎、麂、蝎子、鳄鱼、蝉等，也可以作为商周青铜器图像或者元素，尤其是牛、羊、龙、蛇、蝉、鱼、象等还可以作为苍龙或者阴阳和之精动物化的标准化饕餮、简易化饕餮的组成元素。其中的鹿、牛，一般不会作为标准化饕餮的主角，不过鹿鼎是个例外，其是以鹿作为标准化饕餮的主体的。一些牛牺首有高耸的额头，这正是标准化饕餮的典型特征。另从侯家庄1001号王陵的诸多骨柶图像看，完整的牛、鹿等，还以有火字形花纹等形式作为苍龙功能的担当者、替代者。还有商周时期的白虎较为特殊，其独立成形者往往与苍龙组合以表示抟阴阳成精气，以助力神人、墓葬主人、神鸟图腾等的修炼、行巫，或者获得龙虎赋能等，少数自身具有菱形和火字形两种花纹表示自身阴阳，这即是可以单独抟阴阳成精。所论西周早期鹿邑太清宫商人墓、汉中地区西周早期墓葬各自发现一件虎形刀，洛阳西周墓葬出土的一件商玉虎也发现火字形和菱形花纹同时存在的虎，还有博物馆机构也有这样的少数藏品。

山中商会纽育支店所藏一件安阳殷墟的商代骨柶，其有虎与夔龙位于骨柶两面[26]。较为重要的是，这其中虎身周围有目雷纹变体，并且目雷纹之常见的眼珠子变为离火形，表达的正是白虎唾、散之精或者按照中医讲是肾气的意思，或者讲是围绕在虎周生的神气、精气[27]，这其中离火散发之气，是以羽翼表现并动物化为小龙。从其他骨柶或者妇好墓石磬之鱼尾四足鹿角柄的苍龙图像看，这种气在离火形单元旁的一个单元还会变化为小蛇、鱼、夔龙或者神鸟等[28]。山中商会纽育支店所藏这一骨柶中虎唾、散精气主体为离火，与三星堆文化龙虎尊和桃花庄角形觥觥[29]盖子的苍龙唾、散精气的图像化是一致的（图一二五），这表明商周的标准化饕餮，除了表现为苍龙之精外，少数情况下也可以表现为虎之精气的动物化。实际上，虎等周边有这种目雷纹或者云目纹，只是表示其本身的精气，这即是讲，其散发之精气，也可以以这种形式来表现罢了。小双桥青铜构件的龙虎和蹲踞式甾[30]的组合中，甾、苍龙和白虎周边的精气之造型都是类似的，可能即是这个这种现象。自然标准化饕餮是精气的代表表现形式，还有蝉、玄鼋、牛牺首等，一般的所谓饕餮或者兽面本身也基本是多种动物元素的组合。

11. 苍龙、白虎代表的阴阳之和可以抟化为精气，若阴阳自有的龙或者虎等生物的阴阳和之精气，可以动物化为标准化饕餮。这样的龙虎、阴阳龙、阴阳虎甚至标准化饕餮本身，都可以赋予神祖、图腾、巫师、墓葬主人等以能量，可以讲即是赋能、助力修炼等。其中龙虎与人形神祖或者图腾、神祖的组合，赋予神祖的能量，还表现为以之用于繁衍子孙[31]。这种龙虎等与人、图腾的联系有时也表现为其与苍龙、白虎等的同化，像有的蹲踞式神祖采用了图腾神鸟造型、苍龙的S形，有的还有虎元素，尤其是采用虎的元素，妇好墓的虎首神鸟身神祖、鹿邑太清宫商人墓葬玉器中的虎首跪坐神祖、侯家庄虎首虎爪人身跪坐神祖、玉神祖蕴含有虎身虎尾形都是重要表现。尤其是这种神祖等与虎融合的形式之一是采用虎身，这种形式在西周玉器、春秋早期青铜兵器图像中也有诸多表现，像叶县旧县春秋时期4号墓葬的青铜弧形刃钺和兵戈组合成形的特殊兵器之虎身披肩发神祖造型是代表之一（图一二六）。鄢陵县王店村也发现一件有类似图像的青铜戈（图一二七），其中没有神鸟，实际上神人蕴含着神鸟的元素，即是以其近似蹲踞式造型来表现的。这样看的话，叶县旧县4号墓的这一兵器之虎身神祖实际还有蹲踞式的意义，即还有拟合神鸟的元素，这种神人还是以神祖论之为好。尤其是这些有虎元素的神祖，实际基本都与龙组合，像该兵器的虎背有龙，四肢有小龙，龙虎和人组合，赋予阴阳和的能量、修炼以至于有道是主要的意义，以阴阳能量和自身图腾信仰太阳的能量繁衍子孙也是这类图像可以表达的意义。铸造于兵器，更是表现其有执历法、有天道、炼虚合道、天下威严等意义。该兵器的独立虎、神鸟和龙蛇也构成一组龙虎图腾神鸟组合，意义类似于该兵器的虎身神人。春秋时期有一种兵戈经常是虎、神鸟和小龙组合，意义类似，像柏林亚洲艺术博物馆藏的一件春秋时期的青铜戈（图一二八），龙虎和神鸟的组合非常简化明显，这一组合并不一定是本氏

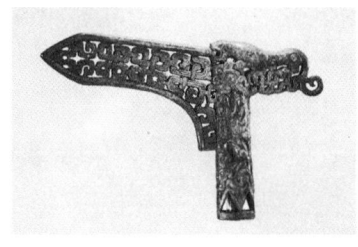

图一二六　叶县旧县4号　　　图一二七　鄢陵县王店村出土青　　　图一二八　柏林亚洲艺术博物馆
　　墓出土青铜弧形刃钺　　　　　　　铜戈　　　　　　　　　　　　藏青铜戈

族人所信仰的图腾神话，而是一种修炼的基本形式，即神人或者神鸟与龙虎阴阳构成的经典组合，并以之表现兵器之威和道家的文化。

12.西周晚期至于春秋战国时期，阴阳龙组合表示一阴一阳谓之道的形式依然存在。有的一首两身龙以龙身图案不一致表示其阴阳特性。有的以两段花纹不一致来表现自身阴阳特性。有的以造型花纹相同的两条龙形成索形表示[32]、有的以典型火字形花纹的龙和D字形花纹的龙以索形表示（图一二九、图一三〇），有的以菱形花纹和变异火字形花纹或者不同于菱形花纹的龙形成索形表示（图一三一）。还有的以火字形花纹和云雷纹形花纹的龙并列组合的形式表示（图一三二）。新石器时代以来龙虎阴阳和人、图腾组合表现的道家文化有不少发现，诸多青铜器图像从其中包括的阴阳龙、龙虎阴阳以及其与人、神鸟的组合，商周至于春秋时期的青铜盉、匏壶之有龙、虎和神鸟等方面的组合[33]。这些龙虎神鸟组合有的是氏族神诞内容，有的则是作为道家的修炼文化表征。自西周晚期至东周时期，以龙虎阴阳和神鸟组合的形式表示道家文化的案例有的不容易识别，像芝加哥艺术博物馆藏的战国时期玉器，神鸟衔蛇执蛇，正是获得阴阳龙的能量、表现修炼概念的；保利博物馆所藏一件春秋龙系鸟流青铜盉即有这一组合（图一三三），该组合还表示酒为阴阳和之精气的意义。这样的盉在春秋战国时期较为流行，有若保利博物馆藏该盉一样龙、虎和神鸟明确组合的，赵卿墓的鸟形青铜盉的系为四足苍龙，整个青铜盉为神鸟，该盉的第三只足是虎，整个构成元素是苍龙、白虎和神鸟构成的符合道家文化的经典组合，该青铜盉之酒则是有阴阳之精气的本质了。也有龙虎组合明显，但是神鸟并不明显的，是以整个器物的造型体现神鸟这一元素的，像诸多铜盉、壶形盉，盖纽为龙，其流为虎，器物造型为神鸟造型。如李家楼的青铜盉（图一三四），其系为苍龙，流为虎，形为神鸟，构成龙虎神鸟组合。尤其是虎盉，除了盖纽龙、流为虎、整体为神鸟形构成的组合，其中盖纽之苍龙除了有目雷纹的羽翼造型外，其尾巴还有一段一般只作为虎纹的图案，可能有特别表示龙虎组合的意思（图一三五）。还有奈良市博物馆藏的由龙、神鸟和虎元素构成的一只神兽。其为兽面，神鸟羽翼。四足四条龙、面之两条龙参与动物构形。龙为"の"字形，首向内，是商周以来绝大多数苍龙呈现"の"字形或C形的方向，属于苍龙系。其首和四肢的龙，传递能量并与神鸟和虎元素组合表现了该神鸟与龙、虎的融合，是龙虎神鸟经典组合，其造型的出现实际是神鸟在龙、虎阴阳赋能、修炼作用下呈现的一种结果，不是一般的怪兽（图一三六）。

我们强调商周青铜器图像意义和含义表现的是以苍龙唾、散精气的能量为主体的，除了其是天地之间的主要生产力这一原因外，同时还可因此建立起氏族与天帝、苍龙之间的联系，甚至是家族式的联系，所谓龙子龙孙、真龙天子等概念即是在这一模式

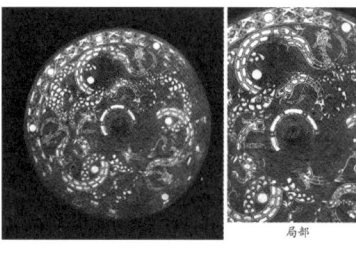

图一二九　瑞典国家博物馆藏洛阳
金村铜镜

图一三〇　战国时期
器盖阴阳龙
（围绕的天中菱形和火
字形坪）

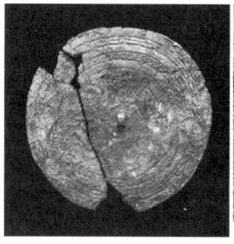

图一三一　弗利尔美术馆藏洛阳金村
铜镜

图一三二　芝加哥艺术博物馆藏金村
错金嵌玉龙形带钩

图一三三　保利博物馆
藏青铜盉
（其中系为苍龙，其龙身有
两部不同花纹的小龙蛇，
是表现苍龙自身阴阳的）

图一三四　李家楼出土青铜盉

图一三五　中国国家博物馆藏青铜虎鎣

图一三六　奈良市博物馆藏西周四足羽翼神兽

下出现的，自然也是产生代天而治、天命观的重要原因，更是龙图腾出现的基本原因。
法国赛努齐博物馆藏虎食人卣底端的苍龙与代表简狄、建疵姊妹的两条大小不一的鱼之
阴阳组合、桃花庄角形兕觥苍龙和三条鱼的阴阳组合、莱茵堂商青铜盘之龙、鼋[34]、
神鸟图腾神祖、鱼代表的女祖构成的组合、商代其他青铜盘之苍龙、鼋[35]、神鸟图

腾、鱼代表的女祖这些元素的组合等都是这一认识的重要证据。自然，二里头宫殿区的发现的一件重要陶盘之龙和多条鱼的组合，也属于这类阴阳组合，不过呼应的神祖和女祖不一样。这其中的盘和兕觥呼应雷泽和震卦，苍龙或者蛇呼应东象、帝出万物于震、震为龙、雷震万物生、呼应道的天极、极星、上帝生万物、抟阴阳成精气、阴阳中庸之和等等这些概念和认识，是中国古代关于生命、性命文化认知的最为基本的文化背景和基础，理所当然地在新石器时代以来的包括符号、图像、数术、人和社会组织、精神信仰等文明元素中予以表现和承载。

　　13.从本文的这些论述可以发现，实际上，商周以来的青铜器图像不少在新石器时代就有端倪，像龙山时代的虎人组合、三代以来的龙虎人神鸟等4元素的选择性组合，都有表达赋予能量、修炼、繁衍的意义；商周青铜器图像或及其存放平面形成的那些"雷出地奋"图像组合，不只是反映生机的气象人文景观，同时也多有一般青铜器图像的常见意义；新石器时代以来的诸多时代的玉器、骨柶图像和有关遗迹，也有呼应"雷出地奋"意义的成分；商周青铜器图像中苍龙、神鸟唾、散精气的组合也是常见的；苍龙、神鸟位于盖纽即天极实际是反映帝出万物于震的图像组合。所以商周青铜器图像学术论证的一个主体，对于饕餮、神鸟、龙等元素，不能像以往多只是以单个元素来看待，应高度重视其组合的意义。自然对于新石器时代以来的玉器或者有关图像也应高度关注其组合图像的意义。

　　14.苍龙，应时而变而生是其本质特色，这是易的本质，也是龙德的本质。其首先具有腾飞九天、周行天下的能量，所以作为道家的一种修炼层次象征，可以同时作为祭司、巫师等沟通天地、祖先的工具，《山海经》等文献中有关启、四神等乘龙形象的描述正是重要证据。这样学术界有关商周青铜器动物的巫师、祭司之助手的论点并不会完全失去价值，不过，并不是所有的动物都是沟通媒介和工具，甚至是萨满的精灵。乘龙、乘虎飞升本质意义上还首先是乘坐者本身有道之表现；苍龙、白虎等首要的含义也不是乘登工具，其主要含义还是阴阳、赋予能量、修炼表现等；主要图像的组合表现，基本主题依然是"雷出地奋"、苍龙唾、散精气动物化、氏族始祖神诞神话等。同时商周青铜器图像中，标准化饕餮本身并不像一般的苍龙、白虎等还可以作为工具，其是苍龙、获得苍龙能量的神鸟或者鸟龙唾、散精气的动物化。同时商周时期的苍龙等，依据不同的场景，有不同的功能，乘登工具只是一些场景的功能或功能之一，商周青铜器图像中的苍龙一般直接表现的还是唾、散精气的神龙，参与阴阳龙和为精气或者参与雷泽神诞的图像组合等，至春秋战国，总体而言，社会产生明显变化，但是小龙蛇、苍龙等依然经常作为阴阳之气的元素出现，只是作为有道之人乘登工具的现象表现得更加明显。应该强调的是，商周青铜器图像在一定的运用中，可能出现的乘登苍龙场景等与萨满巫术中的动物，虽然都有助手的表象，但是实际还有明确区别的[36]。

又若花园庄东地54号商墓漆棺之龙，一是菱形花纹的，一是火字形花纹的，显然是阴阳龙，即是抟阴阳之精赋予墓葬主人以再生和通天的，自然也表现墓葬主人若存世之人一样乘在从事修炼之术，以至于可以达到乘龙升降的层次。殷墟西北岗王陵1005号商王陵南墓道之龙、虎和牛组成的抟阴阳成精气通天之车更是代表性证据。其中龙为苍龙，虎为白虎，龙虎阴阳抟精，乘者商王借之通天。同时在这一组合中，牛为坤为车舆。龙虎之象即是修炼道术的阴阳，同时也是巡行周天之象，其中增加牛舆，表示墓葬主人可以乘坐之行走于九天黄道，即呼应道术的周天之路，表示墓葬主人商王有龙虎之精气赋能，并得道修炼成仙，若道家的描述，即是乘龙驾虎，合于四时，周行九天黄道，即是呼应一般所谓的大周天层次、炼精化气、练气化虚、炼虚化道的层次。其龙虎牛的方向向着商王，显然还有来迎的概念。其与濮阳西水坡45号墓葬的第1至3幅图像反映的内涵有些相似。同时，其中龙虎呼应坎离阴阳水火，其抟阴阳，至水火交往、坎离往来，以成精赋予车舆之牛和车舆主人商王。依据《黄帝内经》之论，精气本可以通天，则积精气之神牛、商王，有道之神，自然可飞升九天。这是龙虎牛组合的本质意义。古代车马构图拟合北斗和苍龙，同样是由于苍龙引走北斗以及北斗有雌雄以和阴阳精之功的原因。阴阳苍龙或者龙虎阴阳和之精气赋予斗魁车舆之主人，也是文献所谓"帝出万物于震"本质意义的表现。妇好墓玉牛，其背有火字形花纹，殷墟司母辛石牛两腮有火字形花纹。有这种火字形花纹的龙、虎则是表现其具有苍龙、龙虎的精气能量，牛具备了这种花纹，即是有道的，即具备了这种阴阳之精的能量，表明其可以这一能量神化为车舆，同时还可以助力墓葬主人飞升黄赤之道的天道。

一些商代青铜牛尊或兕觥也具有这样的意义。花园庄东地54号墓的一件青铜牛兕觥（图一三七），其侧面为虎，与附近的诸多小龙构成龙虎抟阴阳之精以赋予该牛，又赋予其储存之酒精，还形成龙虎和牛组合的车舆通天工具，与西北岗1500号王陵的石龙虎牛组合的意义基本一样。该青铜牛身的白虎与商青铜猪磬之身的白虎意义不同，北京故宫博物院青铜钟出现虎形扉棱可能是呼应铙音的。该青铜牛嘴部的龙虎、图腾神鸟和鱼的组合，表现了龙虎阴阳抟精赋予图腾，通过使图腾与代表女祖的鱼构成鱼鸟阴阳和图像，呈现天道[37]。该墓葬的

图一三七　花园庄东地M54出土青铜兕觥

漆棺也有两种花纹的苍龙，若所论显然是阴阳龙，意义与龙虎抟阴阳是一致的。这些
阴阳龙的主体作用之一是使墓葬主人再生、修炼、得道升天，类似汉代的龙虎或者阴
阳龙抟精、固本并赋予墓葬主人的意义。汉代的龙虎之抟阴阳成精赋予墓主的石雕和
彩绘很多，龙虎枕以及西王母的龙虎座，以及这些西王母与伏羲女娲组合、龙虎与玉
璧组合，都表明了玉璧、天中和西王母抟阴阳成精的文化。

　　新发现的三星堆3号坑的一跪坐青铜人首所立青铜尊，除了标准化饕餮纹，还有菱
形花纹的苍龙和牛头虎身的白虎构成组合，也应该归属于常见的龙虎阴阳坎离水火阴
阳组合，表示抟阴阳之气成精。其中的标准化饕餮即是该阴阳抟精的动物化，借助青
铜尊奉献给祖先、神灵、祭司、巫师等，同时表现祭司自己修炼阴阳之道，以具备沟
通天地、役使神灵、预测未来等巫术和道术的异能。该跪坐祭司所执之物不存，无论
原来有否，其实际都与祭坛式青铜器第一层祭司所执树枝形羽翼或者具有类似功能的
神鸟等有关，这表明其行为的场景可能是求雨等仪式和场景。商代还有不少猪形青铜
磬，若已提及的《宣和博古图》刊载的一件猪形青铜磬还有白虎图像，这是由于白虎
为征秋并呼应秋成，与特磬功能和其终成象征意义是一致的。妇好墓的一件石磬也有
白虎图像，意义也一样。新石器时代以来，猪形磬众多。商时期诸多猪磬，有石质的，
也有青铜的。其中目前发现的青铜质地猪形磬的图像中，圆形实际都是商周以来的离
火形精气。其由猪负载[38]，若侯家庄1001号商王陵的一些骨柶苍龙、神鸟龙、虎、西
周芮国墓地一类半月形弧刃钺的苍龙、西周一首双身龙、商桃花庄角形觥觵之苍龙等
生物身或者附近的离火形一样，实际都是其自身唾、散之精气。其中钟枚一样的离火
造型，少数位于中心者有明确的离火形线条，为离火形，多数没有花纹，实际都是离
火形，是精气的造型，总体以9个、10个为主，有一个为14个，还有一个猪形铜特磬
由于有虎覆之，只有6个离火形。经过多位音乐学者检测论证，这些所谓的枚实际没有
发音的作用。这些枚形，实际都是离火形或其的简化。我们这样认为的一个主要依据
即是《宣和博古图》有一件猪磬的非离火形的枚之间是米字形或曰井字形的简化，按
照商周时期这种图像的组合的规律，这种枚形基本只能是离火形，即是精气的造型，
猪形铜磬的各个离火形的枚之间，基本都是云雷纹样，并且不是一般的地纹，所以应
该理解为与这些枚构成似目雷纹的图像结构。总体上表示的是该猪若苍龙等神兽一样，
唾、散精气为离火，并且离火在其身，若有的苍龙图像一样。《周礼·春官·眡瞭》记
载，"眡瞭掌凡乐事，播鼗，击颂磬、笙磬。"郑玄注："磬在东方曰笙。笙，生也。在
西方曰颂，或作庸。庸，功也……乐人宿县于阼阶东，笙磬西面，其南笙钟。'"《宋
书·乐志二》记载，"皙皙庭燎，喤喤鼓钟，笙磬咏德，万舞象功。"这些青铜猪磬中
有一件还有虎图像，则显然是秋天、收成、成功、终成的象征，与磬的夷则之律呼应，

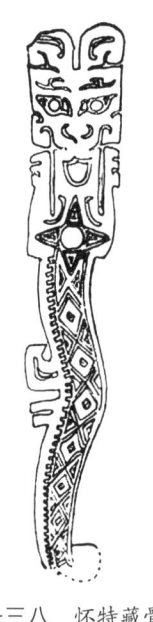

图一三八　怀特藏骨枢

文献而言即是颂、庸[39]。依据《吕氏春秋·仲夏纪·古乐》记载，人间之磬，是拟上帝之玉磬，所以可以磬乐通天，奉献给神祖和上帝，同时表示该乐符合阴阳抟精的中和之道，呼应天极、太极、上帝和有道之神祖[40]。晋侯墓地也有负离火形精气的猪形尊[41]。西周时期还有青铜兔子形尊，其载离火，表达的意义也应与祭祀和道家文化有关。同时中国古代震卦之象有不少动物，其中之一即是兔子，这也利于论证其为何载有离火形。不少文献都论证的盠驹尊，其负载离火形，从"勇雷骆子"和"勇雷雏子"之名看，该离火还呼应大火星，驹则拟为苍龙，即是马如龙，其中的离火形大火星还呼应龙之肾脏，又由于雷可以视为是以离火为基础的龙吭震雏[42]（图一三八），所以，该离火形呼应大火星，呼应苍龙之精，雷和精本质都是来自阴阳和，所以可以呼应雷，盠驹尊名字之中有"勇雷"并不奇怪。

15.不少商周时期的青铜盘、卣、铙等青铜器图像中，或是龙、图腾神鸟与鱼组合，或是虎、图腾神鸟与鱼组合，或是苍龙与鱼组合，或是虎与鱼组合。有的觥觚还有苍龙、图腾和鱼的组合或者虎、图腾神鸟的组合。另外，诸多青铜器耳朵的图像有苍龙或者虎食神鸟造型，等等。这些一般都与氏族始祖雷泽神诞神话有关，但是更多的神兽食神鸟之造型已逐步成为一种赋能、修炼的文化符号。虎食人卣和泉屋博古馆藏青铜鼓上的图像更是商人天命玄鸟降雷泽而生商氏族始祖卨之神话写照。尤其是泉屋博古馆藏青铜鼓上的图像，除了主要表示帝喾与简狄、建疵神话外，还完全符合文献中姜嫄履巨人迹、庆都赤龙[43]生尧神话记载的写照，更是文献中帝喾四妃记载的写照[44]。这表明青铜器图像确实有的还是表现氏族始祖雷泽神诞的场景和神话故事的。尤其是该铜鼓各处图像单元的设计、造型、位置、组合，都有严格的含义。像蒙鳄鱼皮的鼓面为体现天地阴阳的亚字形和圆形即是方圆形，连同龙鱼和三层钉，蕴含雷泽、明堂辟雍。鼓旁的两个神祖喾造型基本一致，从鱼的位置等元素看，显然整个组合是以鼓面为中心对称设计的，即阴阳苍龙一个在帝喾图像左足，另一个在其右足，并且位于阴阳龙中间的那一鼓面为正面鼓面，只有这样，这两条有两种花纹的鱼尾苍龙才能够与天地方圆阴阳的鼓面直接对称。因为这种对称符合苍龙唾、散精气的概念，这一精气即是天地阴阳之气和，代表者即是天地方圆这一组阴阳。鼓面鳄鱼皮的天圆地方，天中和地中，易于阴阳之气和，是数术"五雷"的由来。鼓钉所在有三层叠次，呼应昆仑台丘，与上海博物馆藏战国竹简《容城氏》有关商氏族始祖神诞雷泽之玄丘之水、其他文献的央台之丘、瑶台是一致的，这都是有雷雨之地，适宜阴阳和、山泽通气、适宜生存繁衍的地方。雷为具有阴阳属性的精气，与苍龙唾、散为精气是一致的。至东周时期，像所论的晋公盘[45]，其盘中即是典型的雷泽场景，作为晋公女儿的嫁妆，其隐含有希望其子孙满堂、生生不息、永有生机之意，正是雷泽生殖崇拜神话的写照。子仲姜盘铭文表明，该器是为夫人所做的，但是图像的生殖崇拜文化和生机意义与晋公盘基本一致[46]。还有诸多的觥觥，把虎食图腾神鸟、苍龙食图腾神鸟等氏族神诞故事的图像显现并融合到器物造型中。

商代有的青铜器图像构图显然是表现龙虎赋予神祖帝喾或者图腾玄鸟鸮以能量的，同时表现了神祖、图腾的道家的修炼意思。有的青铜器图像则有龙虎或者阴阳苍龙。还有诸多青铜器的图像表现了苍龙和苍龙唾、散之精动物化为标准化饕餮的意思，本身也属于道家的文化，老子《道德经》即是关注精气神的文化代表。青铜器中的"雷出地奋"的场景是常见的，诸多青铜器图像主体与抟阴阳有关。这样的话，商周一些青铜器（还有一些玉器、陶器）应是合阴阳气抟精的象征空间。尤其是一些酒器，像弗利尔美术馆藏的人面龙纹盉[47]，其图像中有明确的阴阳抟精和苍龙唾"龙漦"的元素，与古人对于酒的本质是阴阳和之精的认识是一致的，于是该盉即是抟阴阳的空间，也是酒器。

16.阴阳和之精尤其是苍龙所唾龙漦的动物化神兽，主要即是标准化饕餮，其次有玄鼋、蝉等，不过无法认为其整体会动物化为小蛇或者夔龙，能够动物化为这些小动物的，现在看来，只是苍龙所唾、散精气的主体散发的精气是可以的。以侯家庄骨柶之图像和三星堆龙虎尊之苍龙、桃花庄角形觥觥之苍龙看，精气的主体多表现为离火或者眼珠子。离火、眼珠子之间的羽翼纹或S形精气，是可以动物化为小蛇、夔龙、鱼甚至是神鸟的。商王陵的一些铜胄耳朵位置有的是离火，其中有苍龙，这也并非是苍龙之精动物化为苍龙的证据，而是由于耳朵若肾呼应坎卦并珥龙的造型，苍龙和离火构成一组苍龙唾、散精气场景，从耳朵赋予冠青铜胄之人。商周以及春秋战国的珥珥龙蛇者，只是没有具体表现其所唾、散的精气，实际珥珥龙蛇即是从其耳朵赋予其精气能量的意思。虎食人卣的蹲踞式詈即是珥蛇造型（图一三九）。芝加哥艺术博物馆藏青铜罍之图像的标准化饕餮（图一四〇），其额头有意义为精气的蝉[48]以表现肾精气、额头、印堂、明堂、泥丸宫、督脉等对于阳神、通天等的作用，其耳旁是夔龙。这个夔龙可以和标准化饕餮、蝉各自构成龙唾、散精气的组合，还位于标准化饕餮的耳朵旁，依然有从耳朵赋予和增加标准化饕餮精气能量的意义。之所以这样设计，除了艺术和空间的原因外，可能还有肾脏呼应耳朵的原因。本文图1以苍龙位于翅膀作为神鸟获得苍龙赋能、修炼是一种常见的形式，实际上，以苍龙为耳朵或者拟合耳朵，或者是为苍龙所食，同样是赋能、修炼的形式。本文有一些具体案例，妇好墓的鸮尊之耳装饰夔龙和有鹿角柄的苍龙，更是一个重要的案例（图一四一）。该鸮尊之鸮是长耳鸮，其耳朵呼应肾，所以苍龙、夔龙位于耳朵，即是珥龙蛇的早期形式，红山文化田家沟遗址曾经出现过单个版式猪龙位于耳朵的情况，属于同类现象。该鸮首还有一个饕餮，与鸮首有些拟合，像鸮耳朵可能同时作为饕餮之耳冠羽，其本身有火字形花纹，其与鸮本身构成食玄鸟鸮之神祖图腾的经典组合，实际反映了商人氏族始祖神诞神话、赋予神祖图腾能量、神祖图腾修炼等内容。

　　虎食人卣的蹲踞式神人，实际首先是拟合鸮的，即是玄鸟的。同时还是拟合鼋的，以表现其与苍龙龙藜化鼋的拟合以及其与苍龙的联系。同时其蹲踞式还拟合苍龙的S形，自然也是卜辞中神字的主体造型以表现其神性。该神人衣服领上的菱形花纹，实际是五步蛇的花纹，即苍龙的简化造型，这一装饰实际与古人重视颈项有关。中医把人的颈称之为"人迎"和"气口"，有较为重要的动脉，食道和气管。项，也有人体的重要经络。总之，都与人的生命联系，属于人体重要的部位。脖子上连头颅，下接胸腔脊柱，中间靠七节颈椎支撑。颈椎中间是脊髓，外边被丰富的血管神经淋巴管和肌肉包裹，脖子的基本特征即是气血经常活动。隋唐时杨上善注《黄帝内经》的一个早期版本《黄帝内经太素》言"理色脉而通神明"，即讲人的气色之喜怒哀思恐、青白黄赤黑和脉之在于人迎、上下肢脉诊常用手、脚腕部桡动脉运行应合之"金木水火土、四时、阴阳、八风、六合"即应与自然变化呼应，这即是与神明合德，会得道长生。这即是讲人的四肢之腕和脖子的经络是非常重要的，由之气血运行可知人的健康情况。本文所论的妇好墓一个跪坐玉人，四肢有归属于苍龙系小五步蛇，有羽翼，有蝉身简

右侧

左侧

图一三九　泉屋博古馆藏虎食人卣

图一四〇　芝加哥艺术博物馆藏青铜罍图像

局部

图一四一　殷墟妇好墓出土青铜鸮尊

易饕餮等，显然该人或可能是祭祀之仪中代表祖先的造型，与泉屋博古馆收藏的鸮尊、妇好墓鸮尊之玄鸟神祖结构基本一致。该跪坐玉人的四肢有龙，显然是赋予其能量的，本文有一些论证。更为重要的是该人颈项的一周是目雷纹，这一目雷纹显然与二里头文化以来的苍龙所唾、散之精气即能量造型的目雷纹是一致的，都是表示能量和生机的，之所以这样表现，应该是为了确保四肢能量到达其首，呼应脖子气血经常活动、供应头部能量，可以对于生命发挥重要作用。若《黄帝内经太素》所言该"人迎"之脉气血运行呼应自然，充满生机和能量，是合神明之德的。同时依据《灵枢·经别》，所谓足少阴肾经运行路线中有一段是"直者系舌本，复出于项"，显然肾经与项有关。又曰："气归于权衡，权衡以平，气口成寸，以决死生。"是讲脉中精微之气周身运行，取决于气血阴阳平衡，表现在气口的脉搏变化上，以气口的脉搏，可以判断死生。中医一般所言气口为脉寸，即是手腕，实际"人迎"之头颈、脚踝都是人四肢和首这五端的第一个重要转折，从脉络气血论之，都可以认为类似脉口、气口，所以都是体现人的气血运行的重要关隘。精气有先天和水谷精微构成，中医经络学讲精血同源，即是精血化生和充养之源相同，互相转化，并都具有濡养和化神等作用。《灵枢·经别》又曰食气入胃，则精气按照肝、筋、心、脉顺序巡行。"脉气流经，经气归于肺，肺朝百脉，输精于皮毛。毛脉合精，行气于府。府精神明，留于四藏。"这是讲血气流行经脉于肺，肺又将血气送脉，最后把精气输送到皮毛，其和经脉的精气汇合，又还流归脉。脉中精微之气，天机变化周流四藏。这些记载表明人的四肢和首的变化转折之踝、腕、颈项，利于观察人之健康，是精微之气巡行的关键。只是中医中脉口作为代表以诊。正是因为这样的原因，古人才非常注重踝、腕、颈项的装饰，像镯子、项圈之类。其中自然也有一般美学的装饰之意义，但是更为重要的还是符合这些中医经络之认知。这样，妇好墓跪坐之人颈项有表示精气的目雷纹[49]、四肢有苍龙的造型即容易理解了，虎食人卣之中的蹲踞式营四肢有苍龙系、衣服领有简化菱形花纹苍龙图案、踝腕都有表示精气的羽翼[50]装饰即易于认知了。自然那些四肢龙纹、首足爪龙纹、耳腰龙纹或者与龙有关，无不是呼应古人对于人的这些认识的，其中道家德修炼、赋予能量、能量交换、通天、周行天下、获得神通都是重要内容。

著名的虎食人卣之蹲踞式神人，实际是营，其脖子的"人迎"之气血通畅，能量生机，以其一幅的一周菱形花纹表现，实际是简化的五步蛇，自然呼应苍龙表达生机和能量，即是表现其"人迎"的脉象充满生机，所以是呼应自然规律以及合神明之德的。该营之四肢之腕都有羽翼纹，即是其拟合玄鸟鸮的表现形式之一，同时还是其四肢之腕脉口具有生气的表现，是人体呼应自然变化和神明之德的表现。

在三星堆文化的一些神树树座或者新发现的三层祭坛的山形图案，多数有目雷纹，实际是讲山中能量的，类似土膏，或曰地下之雷的能量。山之雷呼应颐卦表示培育颐养，呼应雷出地奋。西周时发现诸多的所谓的窃曲纹，实际其中即蕴含目雷纹，有的还蕴含着龙纹、蝉纹或者火字形花纹，表达的都是类似的意义。秦时文献有认为山川有日月五星之气，即是能量，其气或者能量可以苍龙唾、散精气的形式之一即目雷纹来表现，所以有的窃曲纹蕴含有龙纹或者目雷纹并不奇怪。这依然表明商周青铜器的图像主体不少都是为了表现生机的，包括氏族的繁衍问题。

　　新石器时代田家沟遗址有单珥龙，马家窑文化的彩绘器盖的人头有蛇。《山海经》记载诸多珥蛇神灵。考古学中发现较为标准的珥蛇逐步出现于商代的神人、神鸟耳旁，西周、东周逐步增加。"肾主藏精，开窍于耳。"耳形肾，为肾之窍，通于脑，为"窍中之窍"。耳为人体清窍，其功能有赖于肾主藏精，即清阳出上窍，所以肾脏与耳朵高度联系。龙蛇位于耳朵，这是赋予精气的核心含义，商代铜胄耳朵有的明确是苍龙和离火组合，即是苍龙唾、散精气为离火以赋将军等人的场景，单独在耳朵一离火者，可能是省略了苍龙，或者只是以之表现耳朵与苍龙精气、肾气的联系和其具有苍龙精气的能量。少数标准化饕餮，像20年代日本天琴坊御主人旧藏的真卤之饕餮，其额头的离火纹即有表现其具有苍龙精气本质的意义，自然也有拟合额头日月角的造型设计思路。

　　17.商代骨枘和有的青铜鼎等的图像，不少是以一周的蝉形纹样表示地下之雷或者是才出地面之雷的。还有一些由米字形眼珠子纹样[51]、简化的目雷纹、夔龙、白虎等部分构成一周的。桃花庄角形兕觥盖子是以三条有火字形花纹的小龙排成一行表示有生机之地，或者讲地奋之地的，其雷泽则是以另一种三条有火字形花纹和羽翼的小龙排成一行表示雷泽下的泥地是有生机的或者地奋的，二里头绿松石苍龙遗迹则是以羽翼形构图的一字形表示有生机之土地的。这些生机显然都是以苍龙唾、散精气或者其动物化甚至是小苍龙来表现的，一般表现的都是"雷出地奋"之地，也有的是山地，像三星堆文化的神树下端山地基本都有目雷纹或还同时有蝉纹等。西周以来的窃曲纹，其之间则以蝉形，多数融合有火字形、神鸟花翎纹，或者火字形和花翎形同时存在。少数还同时还融合有神鸟纹样[52]、苍龙首纹样、对称小龙纹样、拟合蝉形以目雷纹眼珠子为主的纹样[53]等。这种窃曲纹实际即是李零所谓的山形[54]。山有藏、宣生机之气的作用，古代往往山泽通气，山川互文，所以其融合的都是表现生机的精气、火字形能量图案、蝉以及同时表示生机和宣之气的神鸟、羽翼等。这种窃曲纹在青铜器中，其上端、下端往往是龙图像等。有的壶像晋侯田斤壶盖子上端的窃曲纹还组三峰的昆仑形。地面多是一些标准化饕餮或者苍龙、白虎、火字形花纹的鹿、蝎子首苍龙等，有的还以多条、多只表现，这种构图显然主题是"雷出地奋"，与窃曲纹山形上下端有龙形图样表现的都是与生机有关的主题。实际上在整个商周青铜器图像中，不少都是以所述蝉、饕餮、苍龙等元素形成《周易·豫·象》所谓的"雷出地奋"、雷山颐养之人文气象景观和象征的。依据文献，王者往往望祭山川、封禅名山巨镇，以表成功，以"雷出地奋"这一景观为背景制作的礼乐适宜祭祀上帝、祖先、封建行政，由此即可获得天下太平、庄稼丰收、人祖、天神高兴的场景。一定意义上，"雷出地奋"和山雷颐养、雷泽生机是类似的。特别言明，也有的青铜器之"雷出地奋"人文气象元素是不完备的，应该是省略或者借用其他元素表现了其中的一类或者两类元素。二里头的两组绿松石苍龙和象征雷的铜铃[55]组合遗迹、二里头三期的器盖式通天神器的苍龙与亚字形的镂空组合或及存放面所象征土地的组合、两城镇龙山时代墓葬之绿松石苍龙、石子包和一字形骨头象征的有生机土地的组合，即是早期考古学中发现的"雷出地奋"场景的典型代表。

18.商周青铜器尤其是兕觥，其中的动物图像非常多，除了苍龙、表示阴阳和之精的标准化饕餮、蝉等外，还有一些特殊的动物，如牛、象、兔子、鹿之类，从《焦氏易林》等文献和考古学发现看，这些都是可以作为震卦之象的，这与商周青铜器图像中以苍龙唾、散精气的动物化、龙虎阴阳和赋予能量、表现修炼以及有关雷泽神诞神话、"雷出地奋"场景等是一致的。

19.苍龙的图案不只是简单的艺术，其具有非常重要的人文意义。帛书《二三子问》等不少文献对于龙德化有记载，不少学者对于苍龙图像有论证。我们有过基本的论证，苍龙本身的图像，有的没有花纹，有的则是羽翼云雷图案，还有的有菱形花纹，有的有火字形花纹，还有的同时有菱形花纹和火字形花纹。菱形和火字形两种花纹都有的又有两种，一种是其背为菱形花纹，其腹与侧面连接的地方为火字形花纹，这是典型的拟合五步蛇生物性花纹特征的。若是龙背为火字形花纹，并且没有密集的鱼鳞形，则可能是基本取形于别的背有近似火字形花纹的毒蛇之花纹的。或者是借助了五步蛇腹与侧面连接的花纹而置于龙背，若是这样这即有了更多的设计成分。若密集的火字形花纹组合在龙身，似为鱼鳞，则应该是火字形花纹宏观拟合了龙蛇本身的鱼类印象，像青阳汪村的青铜雷泽盘之龙鱼图像之龙，陶寺龙盘之火字形花纹[56]。有的龙腹和龙侧面之间的花纹是弧长方形或者弧D字形，其实际即是各种蛇本身非花纹的表层之几何造型。不过也有以这种花纹的D字形位于龙背表示火字有花纹的，有的虎身花纹也是这种造型，像石峁遗址虎食人[57]石雕图像中虎尾的花纹，这是较为肖形的。至春秋战国时期，阴阳龙依然有采用早期图案来区别阴阳龙的，但是也有不少直接以弧D字形表示火字形，也有以蛇背表层的几何化造型即鱼鳞形来表示阳的，更有以其他的一些造型来表示阴阳区别的。

图一四二　殷墟妇好墓
出土玉器盖

图一四三　澄城西周
墓出土商代玉器盖

本身花纹为菱形的一般是阳龙，火字形花纹则为阴龙，冯时在其《文明以止》[58]、王仁湘在其《器晤》中都有重要的论证。由于阴阳的多重性和对立统一的性质，在龙虎组合中，龙无论是何种花纹，龙虎都是苍龙白虎，都表示阳。这样的案例较多，妇好墓玉器盖子图像（图一四二）和澄城西周墓葬同样玉器盖之图像（图一四三），属于典型案例。这两个盖子表面都是为"の"字形的苍龙形，是商周诸多青铜器盖子的造型，盖纽有苍龙是夏家店下层文化以来的重要现象，与新石器时代苍龙围绕北极的所谓猪龙等意义有关，表达了帝出万物于震于龙的意义，在商周青铜器盖子首表现较为多，由于有的神鸟与苍龙相当，所以有的盖纽则是以一只有火字形花纹的神鸟来表现的。这两个盖子内的图像还有两龙一虎和一个神鸟，其与盖纽的苍龙正好构成龙虎和神鸟的经典组合，剩余的夔龙也是参与这一组合的。商代参与龙虎组合的龙往往不止一个，造型也不一定一样，甚至有的有神鸟元素。其中的小龙可以视为苍龙系的附属。商周时期诸多龙盘的主龙附近即是小夔龙和蛇等[59]，虎食人卣参与龙虎和蹲踞式神祖觜之组合的图像中实际还有蹲踞式觜之上肢的有鹿角柄的归属于苍龙系的夔龙、耳朵的小蛇等[60]。在整个商代的龙虎组合中，一般苍龙的龙身都是菱形花纹或者火字形花纹，或者两者都有，还没有单独以别的夔龙等作为龙虎组合中的主体龙的。芮国墓地的一件玉器中，有菱形花纹的苍龙和有火字形花纹的鹿角柄苍龙构成阴阳龙和神鸟的组合，本质意义上与龙虎阴阳组合是一致的。主体是菱形花纹以及龙腹有火字形花纹的苍龙，一般是取形于五步蛇的自然造型。商代有的龙虎神祖或者神鸟组合中也有夔龙参与的情况，这种多龙与神祖组合的现象在西周玉器中就更为普遍了，至于战国的巫师、神灵，其周身为苍龙的现象也是较为普遍的。

我们对于苍龙、苍龙系概念有过简要论述，不过对于夔龙、蛇、苍龙、苍龙系等称谓并没有作严格定义，这主要是依据各种历史称谓称之，其实这些具体的龙蛇都可具有苍龙的功能，其具体意义可以从各个具体论述中予以认识。

20.器物的盖纽造型，是苍龙或者神鸟的，其意义一般较为特殊。红山文化神人首的鸮，赵陵山遗址蹲踞式玉人首的鸮[61]，龙山时代山东龙山文化、肖家屋脊文化神祖首的鹜或者神祖首的鸮，商时期玉人首的鸮，西周玉器神人首的凤，一般都是表现图腾或者吉祥神鸟的。也有一些神人首为苍龙、标准化饕餮、白虎、龙蛇、马来貘首、苍龙白虎组合的等，一般应视为是赋予能量和道家的修炼表现的。而那些器物盖纽的神鸟，有的与天文有关，像冯时所论证的祖辥[62]；有的则是由于视这些器物盖纽呼应天中、天极的原因。新石器时代以来，器物的盖纽、盖端，有时会出现神鸟形、龟形、盘龙形、多蝉形、离火形、多角形、猪形、虎形[63]等，其中明确为苍龙形、有火字形花纹的神鸟形、翅膀有苍龙的神鸟形、神鸟执龙形、离火形的意义，显然多数表现的是与生生不息的文化、帝出万物于震卦苍龙的文化、精气呼应混沌、太一、北极星、太极等文化是有关的，这些都属于早期的道家文化。自然一些器物上端的神鸟，还有更为特殊的意义，像古代一些鼓首，会有神鸟若鹭鸟，即与鼓主生、主仲春、呼应震有关，也与主鼓之生机之气宣升有关，像泉屋博古馆藏青铜鼓首的鸮，还有表现天降图腾于雷泽的意思。中国古代文明的早期，即有以道家的文化与斧钺联系的，这是由于斧钺与天、岁有一定的联系，执掌斧钺可以表现执掌历法和遵循天道。这表明早期道家的文化与天极、天极星、天中、上帝以及兵家、易家、天文家已有联系，以至于与天地人同构，与自然环境、社会变迁呼应的王道已出现。

《道德经》载："故天下神器，不可为也。"并不是讲无所作为，实际是讲"天下"这个神圣的东西，不可不按照规律人为地去治理，自身能够得道则万物均为我所备。天下为我所有，自然我也为天下所有，这是古代社会现实中道家文化的本质。王道的出现和运行，正是这一思想的基本实现。

若已有所论，中国早期的斧钺，不少具有表现岁和道的现象，即使像西周的一些半月形弧刃钺，也有不少具有苍龙或者是苍龙食神祖首构图。我们讲这些斧钺具有王道征伐或并及其氏族始祖传承的意义，其实这一问题还可以从刑和德方面来论证。《黄帝四书》载："作争者凶，不争亦毋（无）以成功，顺天者昌，逆天者亡，则不失所守。"即是讲妄争者有凶遇，然而没有原则的与世无争也无法以之成功。规律是顺随天道的昌，逆天道的亡。依照这样的规律为事，就不会失去自己所固守的道。《黄帝四书》载："天地已成，黔首乃生。姓生已定，敌者早生争，不谌必定，凡谌之极，在刑与德。刑德皇皇，日月相望，以明其当。望失其当，环视其央。天德皇皇，非刑不行，缪（穆）缪（穆）天刑，非德必顷（倾）。刑德相养，逆顺乃成。"意思是天地之间，百姓存焉；氏族部落一经形成，敌对部落迅速出现争斗，不予戡乱以正则争斗不息；而为之的准则，即是刑、德并行。戡乱以正的准则即是刑德并行。刑德若日月昭显，适宜并举，如果配合失当，上天则反降灾殃。天德应该与没刑罚的配合。天威浩荡，无德则倾。刑德辅成以成功。《黄帝四书》载："两相养，时相成，居则有法，动作循名，其事若易成。若夫人事则无常，过极失当，变故易常，德则无有。昔（措）刑不当。居则无法，动作爽名。是以戮受其刑"，是讲刑德互养、辅成，静动有循，则容易成功。依照天道所规定的准度，不擅自改变，方为刑德得当，否则则会被戮受刑。这些斧钺的图像有龙则表明其有龙德，有龙食人图像，则即是表现其氏族始祖是富有龙德之德者，整个表示生机、繁衍的图像即是生即是德，与象征岁的斧钺组合，即是天之德，即是苍生各在其位的生生不息之德。斧钺又有刑杀征伐之意义，则这些构图出现于斧钺，显然即是刑德的组合表现，并且更为确切的意思即是《黄帝四经》之刑德观，即是刑德并行，刑德之行遵循天道是为真正刑德，这也是戡乱建功立业的基础。把本氏族的神祖神诞图像表现于斧钺，显然即是表明自己及其氏族始祖以来是以之行刑德的。

新石器时代以来的一些斧钺，具有生机图像，从濮阳西水坡45号墓葬看，6500年前已有岁的象征意义，这样斧钺之形自然就有了天德的概念，而德的主旨即是生。龙山时代的斧钺以及一些石铲形玉圭、石刀、牙璋，本身也有斧钺之功能甚至岁的象征意义，所以斧钺图像中有自己氏族神祖图像，或者神祖与虎组合，或者神祖与龙虎组合，或者是标准化饕餮等表示精气的、有生机的能量[64]。三星堆文化的牙璋中，还有神鸟降临[65]，或者有心字形蝉形纹样[66]，牙璋扉牙是羽翼形或者苍龙形，都是生机或者生机之气的表达。所有牙璋之首的弧形刃或者Y形，实际都是羽翼形，都是表现生机之气的。另牙璋本身还拟合有斧、钺、圭、锛形[67]，所以其还具有岁以及呼应天北极等这些文化意义，显然都是呼应阴阳和生万物的，自然也有刑杀的概念，符合《黄帝四经》刑杀德赏并行的天道观。金沙遗址还有一件牙璋不但有蝉形纹，还有一条残存虎尾巴的虎，该虎与该牙璋的扉牙之苍龙构成龙虎阴阳，又可以再与这个蝉形纹组合，构成龙虎阴阳和精气这一完整的文化符号，表现生机和天道。这种蝉形纹样经常在各种动物本身的图案中出现。我们曾认为该图像实际可以代表蝉，《诗·豳风·七月》记载"五月蝉嘶"，其时在五，又若马嘶，马如龙，蝉鸣震耳欲聋，若雷鸣，自然可以呼应震卦。《蠡海集》曰："蝉近阳，依于木，以阴而为声。"其鸣则鼓腹，其这些特征也都可以呼应震卦。蝉又饮食甘露，甘露为阴阳精气，所以其又有精气的象征，商代龙唾精气可动物化为蝉即是重要证据。蝉鸣于树，其高洁，羽化腾飞，符合道家的修炼主旨凌家滩、红山文化的蹲踞式、龙山时代肖家屋脊文化、山东龙山文化神祖的蹲踞式，其首先都是拟合神鸟的，李新伟还提出新石器时代以来蹲踞式神人蕴含着"昆虫蜕变和羽化信仰"[68]，是为近年有关蹲踞式这一问题的新识，这与肖家屋脊文化蹲踞式神祖以及玉蝉众多表明的精神信仰情况可能有较好的呼应。这一问题较为复杂，现在看来新石器时代以来的蹲踞式，具体造型还可以细化论证，有的明显呈现飞腾形，像赵陵山良渚文化早期首鸮托猪的蹲踞式神祖[69]，显然首先拟合神鸟鸮，还有的像凌家滩玉人呈抱身形的，其形确实有似幼蝉羽化过程的样子，不过在以鹰为图腾的凌家滩文化条件下，其蹲踞式还应该至少同时拟合图腾[70]。良渚文化的蹲踞式乘登兽面的神人也可视为是这样的拟合蝉并同时拟合良渚文化神鸟造型的样子。这样看，这些文化中的蹲踞式除了拟合图腾神鸟，有的可能还同时拟合蝉。商周的蹲踞式神人图像，像妇好墓的一些玉人，西周的一些玉人，不少是蹲踞式的，首先是拟合图腾神鸟的，商王氏族应是拟合玄鸟鸮的，西周时期主要是拟合神鸟凤的。尤其拟合图腾神鸟也可以归属于羽化，所以一定意义上拟合神鸟可以与蝉羽化主题融合。同时新石器时代以来的蹲踞式，可能还有一个特殊的文化意义，从龙山时代以来的虎食神祖首[71]、商周以来的龙虎和神祖组合看，属于道家文化的造像，道家文化的修炼重要的方面即是成为赤子，所以这一蹲踞式还应该是赤子造型，即是胎儿、婴儿造型。还有更为特殊的蹲踞式，像泉屋博古馆藏青铜鼓錞的造型，除了拟合玄鸟鸮，还拟合龙鼖所化玄鼋。从少数民族像台湾排湾族、鲁凯族的氏族始祖神诞神话看，其以五步蛇为图腾，其造型一般是抱身式，四肢、首等往往有五步蛇图案，这实际与商代蹲踞式神祖之下肢、首常出现取形于五步蛇的苍龙或者苍龙系类似，表示获得该龙赋予的能量[72]。这种有龙蛇在周身以赋予能量的祖先造型与虎食人卣中蹲踞式神祖錞四肢有苍龙系图案，构图类似，而商人神祖有抱身造型的，有站翅腾飞造型的，有的似乎还是中间造型的，这表明抱身造型者，有拟合神鸟图腾的可能，对于排湾族和鲁凯族而言即是太阳神鸟，对于商人而言，即是拟合玄鸟氏，同时由于玄鸟在黄河流域属于候鸟，并且早晚出现，所以也同时拟合太阳神鸟，即玄鸟同时又是太阳神鸟，因为玄鸟氏本来即来自少昊氏部落，具有太阳的天然崇拜，自然太阳生万物的思维也是一个重要原因。这一案例利于证明抱身形的蹲踞式也可能同时有拟合神鸟图腾的意义。

蝉又联系精气，精气可以通天，《后汉·舆服志》等文献和考古发现一些通天冠中常附蝉为文，都是以蝉表达通天的文化意义，这即是一些饕餮纹的头顶、额头这些相对于人而言的足太阳膀胱经生发脉阳气、出阳神以及与天地交换能量的通天之地有蝉纹的重要原因。道家修炼中龙虎骨汇则尾闾中正，回归婴儿状态，神气归真，所以尾骨在中医和经络学而言非常重要。骨髓、骨来自肾的生机，并且整个人推脊柱往往比喻为龙，即呼应震卦。这既能够解读为何大洋洲的青铜虎之尾骨为蝉[73]，也利于解读为何苍龙和虎背有时以火字形花纹成行本身花纹也似火。还有一些蝉为与鸮尊之鸮喙或者四羊方尊神鸟之足，除了造型的拟合，主要是由于震卦可以为喙和足。商周一些神鸟身、背花纹往往为蝉形，这是表现其生机的，尤其是这些神鸟往往都是图腾神鸟，与蝉表阳可以很好的呼应，而蝉呼应阴而鸣，自然界蝉鸣像蛙一样，很多时候是生存繁衍行为的主要特征[74]，这是蝉鸣表示生机，尤其是在鸮这种图腾神鸟之身出现的重要原因之一。另从商代的青铜器图像看，蝉本身可以视为是龙精、雷[75]和地奋的象征，蝉本有再生、繁衍、神化象征等意义，代表生机，其还可以一些蹲踞式神祖组合，像三星堆文化龙虎尊的龙虎蹲踞式神祖组合、月儿河龙虎尊之龙虎蹲踞式神祖组合中的神祖訾之身即是同时拟合图腾鸮身、蝉或者蝉身的典型案例，在龙虎尊图像系统中，其中的龙虎阴阳和蹲踞式神祖、龙虎阴阳和蝉两组组合都是经典组合，一个表示神祖修炼阴阳获得能量、道家的神通，一个表示阴阳和为精气[76]，两个图像组合又组合，即是两方面意义的融合，以表现神祖获得道家的修炼神通，获得天地之间的第一阴阳能量，并可以之繁衍子孙。这其中氏族始祖的阴阳之阳的身份与蝉为阳为精的时代文化认知是明显呼应的。龙虎尊中龙虎一些组合兹不论。商代表还有一些有神人元素的造型[77]，以蝉为身，都时由于蝉具有这些以表现生机为主的象征意义。有的标准化饕餮也有蝉身，标准化饕餮是龙精动物化之一，蝉也可以是其的动物化，本身也是生机的象征，所以标准化饕餮有龙身、蝉身都是符合当时的信仰逻辑的造型。

21.商代重视酒器，西周早期酒器和食器并重，西周中期开始重视食器和礼乐之器，这是商周以来青铜器功能变迁的基本过程。但是无论如何，商周时期都是重视礼乐的，虽然形式有所变化，运用有所不同，强调层次不一，但是礼乐的本质都是寓于其中的，尤其并没有改变人们对于精气价值和功能的基本信仰，作为天地之精华的玉文化之盛，即是一个重要证据，只是西周以来德和天命以更为规范的面貌和更高的层次和重视程度给提出来了，商周青铜器图像的本质功能并没有因为朝代更替而产生的本质变化。

22.苍龙以及象征、代表或者替代其的龙蛇，呼应震卦[78]。《序卦传》曰：“主器者莫若长子，故受之以动，震者动也。”震卦恰好即是乾坤卦的嫡长子。苍龙呼应震卦，苍龙之精的动物化代表即标准化饕餮，呼应生机、生气和道家文化，同样呼应震卦、呼应嫡长子文化。我们论证过，中国古代的圣人神诞叙事基本属于雷泽神话，雷泽在阴阳之论中被认为是利于天地、阴阳之气感通的地方。这一基本场景的选取应用了雷为阴阳和、阴阳和为精的比兴方法，雷震子神话也是生动代表。这些祭祀礼仪之器物，由嫡长子垄断，在宗庙中祭祀，有的还表现了雷泽神诞文化甚至是具体的雷泽神诞神话场景，其中的泉屋博古馆藏青铜鼓、诸多商代龙盘、诸多兕觥等即是其中的代表。这些体现的正是嫡长子垄断祭祀权和嫡长子优先继承制这一中国古代逐步出现的宗法社会最为重要的主体特征。自然在现实中，由于种种特殊的原因，兄终弟及的社会现象也是常见的，在有商一代，这一现象基本与长子继承制平衡。于世界范围各个古代文明的继承制度而言，长子继承制在中国表现得非常明显。

中国的宗法制度特别是嫡长子继承制理念、天子思维、真龙天子概念、以生生不息为首德的观念、天命观以及天人合一的概念高度关联的这种文化特质，自起源以来，无论社会怎样变迁，作为主体或者社会的理想法则基本就没有断过。作为道术宇宙观、宗庙祭祀和礼仪制度构成其实质意义的汉代以前的青铜器、玉器、骨雕等，主体显然都是承载这一文化的。既然文化主体的本质基本没变，那么，青铜器、玉器、骨雕及其图像所承载的人文意识以及思想是不可能有规模化变迁的，这即是新石器时代至春秋甚至战国、秦汉期间，中国祭祀和礼仪制度、图物制度的本质变化不明显的重要原因。春秋战国，随着思想的变迁，确实增加了一些新的主题，在青铜器、漆器图像方面相对于早期主体更是有所变化和舍弃，但是其时，中国三代集成的繁盛传统文化本质依然保持，只是以更为特殊的形式来表现了。那些我们认为已经变化的图像和器物，有不少实际依然在表现传统的思想主题，只是我们的多年来视为定论的解读可能错了。像1965年在四川成都百花潭出土的所谓的"镶嵌错金银赏功宴乐铜壶"，有的学者即认为其本质并不是其命名所能够体现的，其实际是反映四时阴阳变化和阴阳交往的。我认为这是非常正确的，保利艺术博物馆也藏有一件类似的铜壶。

从思想史、社会文化史看，只是随着生产力、生产方式等的缓慢变迁，三代沉淀的文化本质至于战国、秦汉逐渐变换了具体的形式而已。崇拜的主题、信仰的逻辑没有断层、突变、异化，与苍龙、上帝、天帝、天的联系模式依然是家族式的，宗法制度和宇宙观的主体始终是基本一致的。自然，商周时段的青铜器图像的本质，并不会有以往所谓的中期巨变，那至多只是形式的变迁而已。需要特别强调的是，中国新石器时代以来的社会治理和运行模式，并不是只有道家式的，现实中各种文明治理模式的具体取舍都是应时而取、丰富多元的，这才是社会运行的真实图景。

23.历代的神人、圣人不少是诞生于雷泽的场景，像伏羲生雷泽，原因是华胥氏履巨人迹，还有喾本身的神诞，也有雷泽履巨人迹的神话。这个巨人迹，从泉屋博古馆藏青铜鼓的图像看，巨人应该是一个有图腾融合的赋有神性的男祖先。姜嫄履巨人迹之巨人是喾，只是不是一般的喾，而是与图腾鸮融合的喾，该巨人也即是很多文献记载的帝俊[79]，不是上帝，不过从上海博物馆藏战国简牍之《子羔篇》记载看，上帝发挥的作用是以其神通使现人武，之所以以人武显现，实际是由于古人很早即认为足底生精，有涌泉穴，并且是能量交换的重要地方，并且是雷的、震卦的基本象征，雷、震卦基本意义是带来生机，也是帝出万物的卦位。泉屋博古馆藏青铜鼓的苍龙就是这样从其足吐舌传递能量的，即是龙鳌的，其足之造型，即是人武的造型，若所论拟合男性甚至生殖崇拜符，并且图案与图像中苍龙首的火字形一致，表示来自龙鳌的能量。

商周时期的龙、虎赋予能量、唾、散能量往往是吐舌，实际即是唾、散精气的，这一原理我们已有经络学的论证。其实龙山时期肖家屋脊文化诸多神祖面有吐舌特征，可能也是表现这一文化的，以显示其具有生机能量，能量来自天赋，来自龙虎或者苍龙。文献记载的简狄、建疵等所浴之地实际为雷泽，这个记载若简牍以及其他文献记载的玄丘之水、央台之丘、青丘、瑶台、九层之台，甚至类似《诗经》中在河之洲，都是与神圣生殖崇拜有关的地方，九州称谓、良渚、华渚、河渚之类的称谓，严格意义上也属于这一生存繁衍文化的范畴。之所以多为雷泽，是因为雷泽若《说文》所载"云，大泽之润气也"，其地利于天地阴阳之气感动联通。所述商人神诞生神话场景中的瑶台和这些丘，考古学中呼应的有良渚文化的所谓祭坛。这些祭坛为三层，也呼应昆仑，尤其都有天地之根的性质，位于河网之渚即是雷泽之类的场景。这些地方，往往是古代的阴阳和之地。作为墓地，则利于墓葬主人获得阴阳和之精气，以之再生并通天，祭祀者可以沟通天地，并呼应在该坛以圭表测阴阳定历法。红山文化的三层坛墓地、秦始皇九层墓葬等都有阴阳之根的意义。考古学中的诸多蹲踞式神人，实际都呈现出首、肩膀、下肢为代表的三层结构，都是利于抟阴阳和现生机的造型，所以经常与龙虎或者阴阳龙组合。争论不休的"夏"字，实际也是蹲踞式神人造型，即是拟合神鸟、鼋、苍龙、蛙龟、胎儿的造型的，本身是符合中国道家文化的造型和有关道家的赤子文化的。尤其是蹲踞式的造型还拟合三层昆仑形，是天地中央以至中国之人的意思，表现了中国的概念，还是利于抟阴阳之形，生存繁衍的造型，属于天地阴阳之根的性质[80]。商周的这种蹲踞式神祖，商时期其身有的有圆形加十字形，西周时期有少数是离火形，像明尼阿波利斯艺术博物馆藏的一件西周车轴装饰的牛食蹲踞式神祖造型即是，这表明这种蹲踞式造型，在商代的圆形加十字形，本质和离火形一致，表示的都是精气能量，这也利于认为这种蹲踞式拟合的还有龙的造型，于西周而言，可能还同时会有虎的成分，因为龙虎尤其是龙，都有负载离火形的造型，只是虎较少。一些是商周时期有的夏字形，郑光认为有的字形是其人执玉，是为了表现其中国之人为有德有礼仪之人的装束，这可能是新增的表现构件字形，不过不改变其人形的蹲踞式本质。同时由于古人认为阴阳和为雷，《黄帝内经》之《灵枢·决气》认为"两神相搏，合而成形，常先身生，是谓精"，即若已有论述，雷属于精，所以雷泽之地神人、圣人之神诞恰是以气候现象和精阴阳之和的一种比兴。

雷与精都有阴阳和合的属性。有关伏羲、喾、稷、尧、舜，所在的时代都是父系氏族时期，所以，这个与易之八卦的震卦即雷象呼应长男是一致的。震卦在鼎卦之后，《序卦》以为"主器者莫若长子，故受之以震"，鼎为祭祀权力、治理权力和政权的象征，其与震卦相连接，看来是文化的反映，也是古代社会组织宗法制度的反映，更是易学的卓越见识。

雷是阴阳和之物，即属于精，所以龙震雏精气为雷这一认识的神话、巫术叙事是否有与龙直接联系的呢？《山海经·东山经》中夔牛"其声如雷"，是讲夔牛形龙，汇通闪电风雨，其雷声即雷，实际即是在讲苍龙和雷的特征及其呼应震卦的逻辑。甲骨文与神鸟震雏有关的卜辞，《论衡·雷虚》之雷"若人之呴吁矣"，南宋《道门通教必用集》中苍龙"吐云郁气，喊雷发声"。春秋时期，有些图像非常明确地表现了苍龙唾精气和于喉咙、以乐理而言即是发五音之宫胸腔共鸣和于喉咙，来表现苍龙之雷。像泉屋博古馆藏春秋青铜盘（图一四四），其象征雷泽。其中有完整"の"字形苍龙[81]，苍龙之首盘中心有一只青蛙，该青蛙拟自身的花纹是C形，与该青铜盘苍龙花纹一致，即是拟合自身花纹又同时是火字形花纹的一种，表示能量的。龙嘴巴为青蛙，青蛙与雷密切相关[82]，其鸣则若龙声雷。楚地战国时期有巫师执两条龙，龙呈索形，有的两条龙首也有青蛙，其应该同样是基于该龙盘雷泽文化的巫术现象。《尔雅翼》云龙曰："其声如戛铜盘"，联系商周以来的龙盘，似乎古人以盘声嗡嗡恰似雷的形容，应该是有人文意义的。

从桃花庄角形兕觥之苍龙、龙虎尊之龙可以发现，苍龙唾、散精气可以表现为离火+S形+羽翼形，其中的S形和羽翼阴阳读法的造型属于商周时期一般所谓的云雷纹。这与二里头文化、夏家店下层文化以来的目雷纹基本一致（图一四五）。其中二里头文化的目雷纹之眼珠子，有的还有S形的悬臂，像图一四五：1，应该表现了其作为精气是在明显运行的。

商代目雷纹中勾连的S形有的会出歧。这种有歧的S形，与甲骨文中的几乎所有申字形以及甲金文中几乎所有神字形中的有歧S形之歧方向都不一致[83]，这是一个基本和普遍的规律，并且这一规律在二里头文化和夏家店下层文化中已经明确出现。尤其是二里头文化三期的一件器盖式神器的苍龙纹图像中，这种出歧的图像是作为苍龙所

1. 二里头陶器的目雷纹

局部

2. 大甸子墓地彩绘目雷纹

图一四四　泉屋博古馆藏春秋青铜盘　　　　图一四五　目雷纹

图一四六　仓包包出土青铜牌

附的云气或曰苍龙唾、散的火气能量出现的，实际即是商周时期所谓的云雷纹。商周时期的这种云雷形花纹，普遍在龙虎等各种动物、神鸟中出现，或者作为背景的地纹出现，都表明这些动物的神性和具有的精气神。这种云雷纹以及更为完备的目雷纹之羽翼纹，实际可以表现各种动物、神鸟的精气。二里头文化和夏家店下层文化的这种目雷纹，从石峁文化石雕中菱形眼睛的神祖、二里头文化菱形眼睛的苍龙牌饰以及仓包包具有明显目雷纹特征的菱形眼睛的神兽[84]牌饰看（图一四六），目雷纹确实可以和眼睛联系，从其作为二里岗早期饕餮纹构成主体的现象看，更是这样。其实，这种目雷纹，从图形而非内容方面看，新石器时代的崧泽文化、仰韶文化、河南龙山文化玉器和石峁文化石雕图像中，早就有旋纹这些类似的图案了，其中菱形主要是由于其连续图像呈现一横的形式而出现的。

《黄帝内经》记载，眼睛是五脏六腑精气的表现，确切地讲即是一身精气的汇聚和重要表现，是最早的命门，所以目雷纹中眼珠子以及羽翼纹[85]，自然可以视为是精气的最佳表现形式。

简易化饕餮和标准化饕餮造型有时类似，但是这并不表明两者性质一致，而只是表明两者造型和意义来源有相关的时候和方面。简易化饕餮实际属于苍龙系，这样的话，首有具体动物特征的苍龙，有的与标准化饕餮也具有相似的方面。按照郭静云的认识来看的话，我们所谓的标准化饕餮实际即是夔龙纹的组合。而依据我们的认识，一般的夔龙纹即属于苍龙或者苍龙系，有时苍龙之精主体的散发之气，是以羽翼的形式表现的，其若动物化的话，有时是小夔龙的造型，这是夔龙精气变化为多个夔龙的很特殊的一个道家文化现象。而标准化饕餮纹则是阴阳之精，尤其多是苍龙所吐火气即龙漦的动物化，有的时候会增加龙、神鸟、苍龙等别的动物元素，甚至是形成完整的牛身饕餮。二里岗文化最早的标准化饕餮纹，不少眼睛不是臣字形，只表现眼珠子，这是其直接来自目雷纹的主要证据[86]。这种只表现眼珠子的现象，在二里头文化有关神祖造型中已有体现，像其中一件骨雕神祖面（图一四七），其首有龙山时代、夏家店下层文化少昊氏神祖的鼻子和嘴巴的特征，只是腿爪可能是苍龙的元素，这种龙人神鸟元素组合的案例非常多，若西周诸多神祖一样，像中国国家博物馆所藏的一件西周玉璜（图一四八），其两端造型内涵一致的男神祖，有神鸟的爪子，又拟合人的上肢和龙腿，其龙身、下肢并与苍龙融合。应该注意的是，新石器时代至于西汉以来的玉璜两端的龙、神、龙、虎或者人，基本都不是阴阳。凌家滩遗址有少数猪和神鸟各一端的玉璜同样不是。这表明，二里头文化的这个骨雕神祖面，是一个拟合了苍龙特征的男性神祖面，表示其具有少昊氏太阳神鸟图腾的能量同时又具有苍龙能量。之所以认为二里头文化这个骨雕神祖的眼睛不是肖家屋脊文化中鸮的眼睛的表示法（图一四九），是由于鸮神祖（即玄鸟氏神祖）嘴巴的造型一般是介字似的天盖形，不是这种弧形天盖形，这种造型的嘴巴，从新石器时代以来的山东龙山、肖家屋脊、石峁文化等诸多神祖造型规律看，一般归属于少昊氏神祖。所以这一神祖的眼睛与目雷纹中的眼珠子造型意义很是相似，是表示精气神的。

图一四七　二里头骨雕神祖面

图一四九　美国国家博物馆藏肖家屋脊
文化玉雕玄鸟氏神祖訾像

（其有两面，獠牙的一面为少昊氏神祖鹭，本面为玄鸟氏神祖訾的造像，鸮目明显，其中虎为商周龙虎神人经典组合中的白虎，省略了苍龙，或视为是虎若龙一样可以自身阴阳，表明虎赋予该神祖以能量的意思。龙山时代虎食人图像中，没有苍龙的出现。龙山时代、石峁文化中这种龙虎神人或者神鸟图腾的组合则缺少苍龙，二里头文化、夏家店下层文化一般缺少白虎。该神人鼻子和嘴巴明确属于少昊氏神祖特征）

图一四八　中国国家博物馆藏西周玉璜

　　二里头文化、夏家店下层文化的目雷纹，可能最早是希望表现精气的，与S形[87]组合的造型，表现了抟和散发的概念。二里头文化有的绿松石牌饰苍龙面，夏家店下层文化有的由龙漦动物化所成的神兽面、有神人元素的神面、鸮面[88]、龙山时代的多数神祖面、肖家屋脊文化多数神祖面、石峁文化多数神祖面、二里岗文化标准化饕餮纹，虽然主体都是羽翼和面的组合，但是早期标准化饕餮纹的眼睛不是臣字形（稍晚则有改变），只是眼珠子，是强调眼珠子的精气本质的，与所论述的苍龙和神祖面有明显的不同。石峁遗址皇城台编号24的石雕，在由虎所食的神祖旁有对称的石雕神人面，其眼睛似乎也只特别表现眼珠子或者是二里头目雷纹的眼珠子造型，并不显示眼白等，但是其眼睛可能实际是玄鸟鹗的眼睛表示法，自然其即是玄鸟氏神祖了，其与中间为虎所食的少昊氏神祖组合，属于少昊氏和玄鸟氏从大汶口文化开始至于战国时期世代联盟的文化表现。夏家店下层文化还有一些彩绘牌饰，其有不同的神面，有的只是苍龙唾、散精气的元素组合，有的为鹗面，有的是苍龙唾、散精气的动物化，像二里头文化绿松石青铜牌饰中的苍龙形，还没有确切的发现，这是一个特别重要的现象。齐家文化考古发现的绿松石牌饰显然是苍龙，三星堆文化仓包包遗址四件牌饰，则有鹗面，有四目苍龙，有苍龙唾散精气的旋符，有角宿。

　　标准化饕餮纹表现什么？从早期标准化饕餮看，其基本是由目雷纹为主体组合而成的。罗越最早认为饕餮纹来自于新石器时代的旋符，其学生巴克利教授又明确地认为其来自于二里岗文化的一些目雷纹，不过并没有区别标准化饕餮纹和一般的饕餮纹，尤其认为饕餮纹没有什么特殊意义，若讲有什么意义的话，则增加眼睛即是为了引发注意。我们认为，这种看法实际还基本是源于三四十年代的饕餮纹装饰无意义认识，自然与多数学者的认识不一致。其实只要讲明白目雷纹的含义，对于解读饕餮纹即有基础了。目雷纹的S形，不应视为阴阳，而应视为精气的周转和能量散发。无论是从中提取的菱形眼睛，还是以之为主要来源形成的标准化饕餮纹[89]，都应该是精气的动物化表现。三星堆文化的龙虎尊和桃花庄的角形兕觥苍龙造型的周围纹样中，目雷纹的眼珠子变成了离火形。而这一离火形在商周时期多数表现的是苍龙、归属于苍龙的夔龙和获得苍龙能量的神鸟之精，也有少数表现的是虎唾、散之精气甚至是有龙虎赋能的神祖营散发的[90]，这些都表明，标准化饕餮应该是精气的表现，尤其是苍龙、特殊神鸟之精的动物化表现。

　　双头龙（有的单首龙）确实是采用了目雷纹的形式，西周至于东周时期都有发现。但是其具有臣字形眼睛，从侯家庄1001号王陵的一些骨柶图像看，来自目雷纹造型的夔龙可能不包括或者不强调表现目雷纹的眼珠子，其依然归属于苍龙。标准化饕餮表现的，确切地讲是苍龙为主的神圣动物唾、散的精气，基本是以眼珠子和其散发的精气表现，或者是以动物化的形式表现，这种动物一般是标准化饕餮、玄鼋，少数是蝉等，也有不少表现为离火形等，还有诸多的只是以云雷纹表现，这种云雷纹来自二里头文化、夏家店下层文化目雷纹之羽翼形的阴阳读法，与来自金坛三星村的这种云雷形纹样可能不是一回事。这样看，标准化饕餮与商周以来的双头龙有联系但是并不一致，虽然两者造型都与目雷纹有关。这即是讲，早期的夔龙和标准化饕餮，其早期来源之一都与二里头文化、夏家店下层文化的目雷纹有关，然而一个归属于苍龙，一个特别表现其中的眼珠子，归属于精气的动物化，这是两者的重要区别和联系。二里头文化和夏家店下层文化的目雷纹，从大甸子墓地的一些彩绘看（图一五〇），已经出现目雷纹之间的S形变化为苍龙的案例，但是这个苍龙并不包括眼珠子。商代一些骨柶和磬的苍龙纹周边由该苍龙唾、散精气羽翼化造型的生物化者，并不具备目雷纹的眼珠子火则离火形元素的情况，利于证明这一认识。所论美国大都会博物馆藏端方铜禁之双头龙图像与鼻子代表的标准化饕餮纹之组合，也利于这一认识的成立。这更利于证明双头龙表现的夔龙，不是表现目雷纹的离火或者是眼珠子的，即不是刻意地表现苍龙神兽之精气的主体的。不过夏家店下层文化彩绘和有关双头龙图像倒是利于证明二里头和夏家店下层文化的这些目雷纹的眼珠子，实际是表现或相当于苍龙唾、散精气较为形象化的造型之一即离火形的。由于离火为精气，中医在《黄帝内经》以前又是以眼睛或者睛明穴为名命门的，所以目雷纹的眼珠子和离火形可以互换，与苍龙精气来自其肾即大火星也是相符的。西周淳化铜鼎的方形耳的图像特殊（图一五一），是典型的鹿角柄四足苍龙和代表标准化饕餮的鼻子组合，苍龙的嘴巴造型为典型的唾、散精气的造型，与盉方彝和妇好墓青铜甗等苍龙唾、散精气的形态一致，尤其与泉屋博古馆藏青铜鼓图像中苍龙向融合鸮和玄鼋等特征的神祖訾唾、散精气的造型一致。这里也应该论明的是，标准化饕餮之所以简化为鼻子，有装饰图像繁简得当的艺术原因和空间限制的原因，同时也更利于表现苍龙等原因，同时也有突出具有呼吸功能、涵盖聚集精气巡行督脉、通天、散发传递精气能量功能的印堂的鼻子与苍龙唾、散精气的呼应。西周早期的新出的"の"字形或C形苍龙，多数是作为器物的主体图像的，其唾、散之精的动物化用的依然多是由标准化饕餮简化的鼻子来代替的（图一五二）。商周青铜器标准化饕餮不简化的造型旁，苍龙、神鸟等似乎是处于陪衬角色的一种设计，实际是为了特别表现该标准化饕餮，即是这些苍龙或者神鸟唾、散的精气动物化。这种艺术设计实际是有多种原因的，有艺术视觉艺术的原因，更为重要的原因是为了表现精气这一主体意识所限制的，不只是艺术本身。还有一些标准化饕餮高耸额头的上端会有小牺首，实际即是苍龙，其简化往往也是为了表现标准化饕餮，实际上其与标准化饕餮之间依然可以形成一种组合，像利簋（图一五三），其中的牺首与标准化饕餮的组合可以表现苍龙唾、散精气为标准化饕餮的意思。当然，其位于鼻子高耸的额头位置，更为重要的原因是为了表现修炼的道术原因。因为额头上端直接为连接泥丸宫、睛明、通天等重要穴位的足太阳膀胱经经过的地方，与肾脏之精气密切相关，小龙位于其额头，也有表现标准化饕餮的经过这里精气的丰富之意义，像有一条苍龙一样，该精气之繁盛可以通天。另有道家的出阳神，按照道家之理，是自己和别人都可看到的，一般都是在头上端出去，修炼的境界有所谓的五气朝元、三花汇顶，所以中国古代人首、神兽首之苍龙、白虎、神鸟等，实际可以理解为是从额头赋予汇聚能量，这是一个重要的神兽和图腾等能量之路，也是精气神汇聚通天和出神之路，依照道家之理，出阳神本质意义上是精气神的融合形成另一个自我，实际与赋予其精气能量的神兽、其来自的图腾自然是相通的了，甚至视为是另一个自我或者祖先。所论述的利簋簋座标准化饕餮还和夔龙构成经典组合，并且该龙还有鹿角柄，属于苍龙无疑，显然整个组合表达了苍龙唾、散精气动物化为标准化饕餮的场景。在商代晚期，有了一种简易化形式的眼睛纹样，并且是以一个单元的形式出现的，其主体是目雷纹的眼珠子和其中眼珠子之间的S形连接而成的，我们暂时称之为拐折形的简化目雷纹。关于拐折目雷纹，西周的牛尊以眼珠子为苍龙之眼珠子的两条龙，两条龙是相互倒立的（图一五四），伯公父壶图像也有类似的苍龙（图一五五）。以这样的拐折目雷纹为苍龙造型基础的，还有更为特殊的，即是伯公父壶形盖的图案（图一五六）。其拐折目雷纹的两端为龙头，像双头龙一样，但是与一般的真正的双头龙不一样，连接两条龙的是眼珠子[91]，以眼珠子连接两条龙，则有些类似伯公父壶之壶盖的龙图像。实际上，西周一些器物的窃曲纹，其主轴单元基本是目雷纹的简化造型和山形。还有一些变体的拐折目雷纹，其对称于鼻子代表的标准化饕餮纹，显然是苍龙的意思。其表现的意义依然应该是简化苍龙唾、散精气为标准化饕餮的意思。拐折目雷纹还可以以其单元的部分元素和风格参与一种较为常见的线条化风格的标准化饕餮的造型，像思源堂所藏一件商代青铜鼎的标准化饕餮即是如此（图一五七）。这些案例表明变体的拐折形的目雷纹，有不同于一般目雷纹的方面，属于目雷纹晚期的一种变化形式，但是其本身或者变体作为单元参与构成标准化饕餮纹这一方面与目雷纹较为一致。这些案例还表明，在西周时期，出现以目雷纹之眼珠子为眼睛的苍龙形象，这时距标准化饕餮纹和夔龙纹的出现较为久远了。

　　商代晚期出现双嘴龙或者双头龙，显然来自目雷纹。凡是这两种龙的连续图像中，都不再有眼珠子，这似乎表明这两种龙的龙首包括呼应目雷纹中的眼珠子是有可能的。如此的话，则目雷纹的意义好像即是这种夔龙了，或曰即是属于简易化饕餮的苍龙了。二里头文化中确实出现过两件S形连续图像的节点是心字形的（图一五八），似乎是苍龙首，若是这样则更利于证明目雷纹的造型早在二里头文化时期，已有苍龙拟合其主体了，更确切地讲，利于证明夔龙即是拟合整个目雷纹了。但是从夏家店下层文化大甸子墓地的诸多彩绘装饰（图一五九）和诸多彩绘牌饰的羽翼装饰看的话（图一六○），这只是目雷纹中的羽翼纹元素变体组合的连续图，其断然不是二里头文化苍龙的心字形首。何况即使是也并不能表明目雷纹一开始即是苍龙的简化和图案化，虽然这并不影响我们对于标准化饕餮纹本质意义的论断。从美国大都会博物馆藏端方铜禁之夔龙对称于以鼻子表现的标准化饕餮，有的周身还像桃花庄角形兕觥盖子之造型来自五步蛇的苍龙、三星堆虎食人卣之苍龙、白虎、神祖组合中的苍龙、诸多西周菱形花纹[92]一首双身苍龙周身有变体离火形精气（图一六一），这可以表明，一般的夔龙依

图一五〇　大甸子
M810：18彩绘

图一五四　贺家村出土
西周牛尊

图一五一　淳化出土西
周铜鼎的方耳（局部）

图一五五　伯公父壶图像

图一五六　伯公父壶图像

图一五七　思源堂藏商
代青铜鼎（局部）

图一五二　兰州博物馆
藏西周青铜簋

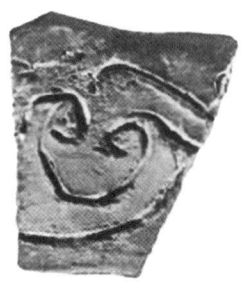

图一五三　利簋

图一五八　二里头文化
陶片图像

图一五九　大甸子墓地彩绘

[其是以 T 字形为主的羽翼，属于目雷纹的重要造型元素，表现的是生机之气，尤其可以表现苍龙唾、散精气。这种连接的造型，不少位于兽面之首，这种兽面实际即是龙唾、散精气的动物化，而不是苍龙之首，像大甸子墓地 M371：10（《大甸子》墓地报告图五四：6）。夏家店下层文化中也有不少 T 字形为主的羽翼纹元素位于神人之首的，像大甸子M828：3、大甸子 M371：10（《大甸子》墓地报告图五四：1），这两个彩绘面都有肖家屋脊文化诸多玉神祖首似的鼻子，这种彩绘面可能是龙蘂的拟人化，或者同时还是神祖面（就好像一些神祖同时具有标准化饕餮的特征一样，像泉屋博古馆藏青铜鼓的蹲踞式羽化神人即商人神祖訾之首，有与该铜鼓上端标准化饕餮羽冠一样的羽冠，表明其有标准化饕餮一样的特性，即与苍龙之龙蘂有联系），尤其其眼睛呈现为二里头和夏家店下层文化目雷纹的眼珠子，更利于证明其与龙蘂的联系。这些案例表明夏家店下层文化彩绘和商周青铜器图像之间具有联系。同时把夏家店下层文化龙蘂动物化造型与商周时期标准化饕餮比较，则可以发现商周动物化更近似二里头和夏家店下层文化目雷纹的单元组合色彩明显，夏家店下层文化这一龙蘂的动物化依然是目雷纹元素的组合，但是从整个造型中无法严格找到原始目雷纹的整体严格造型，不过依然可以视为是眼珠子和羽翼的组合]

图一六〇　大甸子墓地彩绘龙蘂的动物化及其羽翼装饰

（这表明彩绘牌饰的主体是苍龙精气，或者苍龙精气的动物化，或者是鸦面苍龙。与二里头文化绿松石牌饰的苍龙主体有联系也有区别。二里头文化的器盖式通天神器有龙，像其中一件有菱形花纹五步蛇造型的苍龙，其首上端和下端都有与目雷纹一样的羽翼纹元素，表示的是苍龙首附近的生机之气，但这并不是苍龙本身的生物造型。在二里头等文化绿松石牌饰中，所有鸦面苍龙的羽翼之冠，应该属于该苍龙的生物造型，但是不少取形于五步蛇的心字形首的苍龙，其首之造型，多数都是与二里头、夏家店下层文化目雷纹羽翼元素本质一致的造型，也都不属于苍龙本身的生物造型，与这一二里头器盖式神器的菱形花纹五步蛇形一首两龙身苍龙是一致的。保罗·辛革所藏一件心字形首苍龙，有"Y"字形羽冠，这种羽冠在肖家屋脊文化一种玉神祖首似，应该是这一氏族表现的苍龙，目的是为了增强自己氏族神祖与苍龙的联系，是若图一六五鸦面苍龙一样的构图思维）

然属于苍龙系[93]，商晚期出现的造型来自目雷纹的双头龙属于苍龙系。

另外，基本所有的标准化饕餮都有高耸的额头[94]，而苍龙即使是正面图像，也基本没有高耸的额头，只有少数商周玉饕餮和少数青铜器饕餮纹，有的即有鹿角柄又有高耸的额头，显然是同时具有苍龙典型特征[95]又具有苍龙、特殊神鸟之精气动物化

局部

图一六一　端方藏青铜禁上的夔龙

（这些夔龙可以表现苍龙，有不少证据，尤其像妇好墓的一件龙虎食誉首青铜钺，是表示龙虎阴阳赋予其能量的。其中与白虎组合的龙即是夔龙形，显然表示的是苍龙）

的标准化饕餮之特征。而高耸的额头，与丹术文献中所讲的泥丸宫、元神、精气汇聚、鼻子通天、足太阳膀胱经、印堂连接上鹊桥[96]等精气巡行、生气通天的古代道家文化有关，这都表明标准化饕餮作为阴阳龙或者虎唾、散精气的动物化，具有明显的早期丹术文化色彩，所以这种动物可能就以这种特殊造型为主来特别表现丹术修炼过程中生物之首有关重要经络关隘和精气通天等特殊神通的。有的标准化饕餮额头有单独小的苍龙首，或者是苍龙整体，或者是以苍龙或者虎为中心的组合，则这些苍龙、虎与标准化饕餮也可以构成组合，即是我们论证利簋图像时所言的，表示的也是苍龙唾、散精气动物化为标准化饕餮的意思，同时也可能还有助力标准化饕餮本身真气巡行关隘、通天的意义。有的标准化饕餮旁有对称的生长着鹿角柄的苍龙更利于证明标准化饕餮为苍龙唾、散精气动物化的重要和代表性形式。标准化饕餮造型早期来源与目雷纹有关，其是特别表现的精或者精气。由于龙精为天地之精气的代表，赋予苍龙能量的神鸟可以表现苍龙，少数虎也可以表现，所以标准化饕餮多为龙身神鸟爪，甚至有虎的元素，这也利于表现标准化饕餮为阴阳和之精气，这一阴阳即可以苍龙、白虎元素为阴阳代表。自然也有牛、羊、鹿、鱼、夔龙、小苍龙、神鸟或者鱼等多种动物、生物元素的造型出现，显然应理解为是以多种动物之精的汇集，以表现其是宇宙之精的代表和集中之意。鱼本身也有善繁衍、利丰产、利于阴阳和之概念。这样高耸的额头，与龙山时代临朐朱封鸮神面之羽翼冠和已有论述的二里头骨雕神祖面之冠（图一四七）的中心似乎有所相似。其只是有功能类似的一面，但是不是一回事，这是应该特别论明的。

郭静云认为神字形来自目雷纹，这似乎是有可能的[97]，但是实际则不是。我们知道，把甲骨文、金文神、雷字形中的S形解读为闪电，把雷电周围的圆形、田字形、点解读为雷或者雨的，是一种传统解读。郭静云把该字中的分歧S形或者单独的S形解读为双头龙，把圆形或者嘴巴形字符解读为龙嘴巴。从一些神字形中有口字形看，似乎是对的。不过口字形也可能是圆形雷等的一种写法和代替，这是甲骨文中一种常见的字符替代现象。这启示我们对于雷电神字的解读应该斟酌。

我们认为，甲骨文、金文的神字或雷电字，其圆形或者田字形应该解读为雷形。自然界那些被称为雷泽的地方，往往是S形河流的湖泊沼泽，这也基于自然现象的一个判断，利于证明雷电、神字形中的圆形、田字形的意义。若甲骨文、金文中的这个字形中的S形呼应双头龙的话，则其中的圆形、口字形或者田字形，是呼应双头龙的眼睛还是嘴巴呢？这是一个问题。二里头文化以来目雷纹在商代时出现过其中眼珠子变为离火形的现象，而这一离火形从商代的发现看，其是来自特殊神鸟、鸟龙唾、散之精、龙漦或曰龙唾的[98]，少数从图像看是来自虎等的。《黄帝内经》以眼睛是五脏六腑之精气的表现，属于命门，所以以离火之精气为眼睛也是合适的。这样的话，目雷纹中的S形就是甲、金文中神字形的S形或者有歧S形所表示的闪电。目雷纹假若是闪电与眼珠子的组合，由于闪电可以视为龙，所以可以视其为双头龙和眼珠子的组合了。这一解读似乎能够讲明双头龙的来源，但是目雷纹与神字形可能无法这样比较。这是由于目雷纹中的S形以及羽翼造型中的阴线条，其分歧的方向与甲、金文中的几乎所有神字之中的申字形、雷电字形中的有歧S形不一致，只有简化的没有分歧的神字之中的申字形和简化的单体申字形是S形，所以目雷纹不太可能是甲、金文中神、雷、电字的由来，这些字还是理解为是闪电和雷或者雨参与构字为宜。神字、雷字、电字本来来自基本一致的雷电、雷雨现象，使用过程中逐渐各自独立表达，只是其之间依然有联系，世界上雷和神这两个概念有联系是一种普遍现象。

《甲骨文合集》13002和13047、13048以及《合集》14167、14127—14131组合中，苍龙和神同样可以作为帝王命令的对象和行雨的主体，并且出现在一个场景，这利于表明苍龙和雷、神的不同。双头龙在诸多青铜器中的图像组合表明，其功能本质依然归属于苍龙系，所以若其与神字呼应，则所论这几例甲骨文中的苍龙和神字就可能会没有区别了，但是这显然不可能。

夏家店下层文化的彩绘，除了神人元素的神面和神兽，还有诸多不易于看到其造型的图像，实际上其基本都是来自二里头文化和夏家店下层文化目雷纹中的羽翼纹造型和S形[99]表现的精气。这种造型的羽翼纹，早期在高庙文化、河姆渡文化、山东龙山文化、肖家屋脊文化、石峁文化中就逐步出现了，在石峁文化、新砦期文化逐步出现了一些变化，以至于二里头文化和夏家店下层文化目雷纹中的羽翼纹逐步定型。其中有的具体造型，少数在石峁文化、新砦文化时即初步确定了，多数是承继有变的。羽翼纹样，在高庙文化和河姆渡文化与太阳或月亮有关[100]，龙山文化、肖家屋脊文化、石峁文化以来，则是表现神人、神鸟、神兽的羽翼纹依然有这一概念，不过对于神祖、神鸟而论，其羽翼造型同时还赋予了生机之气即是精气的概念，原因是采取了太阳神鸟、天精太阳和苍龙、获得苍龙能量的神鸟之生机之气。夏家店下层文化有人面元素的神面和表示苍龙所唾、散精气动物化的兽面以及二里头文化、齐家文化、三星堆文化中青铜牌饰中表现苍龙之首的神兽面，其面的羽冠和鬓须的造型以及附近表示苍龙唾、散精气的云气纹、羽翼纹，基本都是来自二里头文化和夏家店下层文化目雷纹之中的这种羽翼造型，其宏观上保留了一些早期神面和人面的羽翼风格尤其是龙山文化面由羽翼参与构形的风格。尤其像T字形羽翼和有的羽翼纹结构具有典型的龙山文化、肖家屋脊文化、石峁文化、新砦期文化风格。二里头文化和夏家店下层文化这一时期神兽面和有人的元素的神面的羽翼纹，具体和典型特征主要还是与这一时期的目雷纹造型基本一致，内容显然与龙山时代以来的羽翼纹神人的氏族神祖意思有多方面的不同[101]。从桃花庄角形兕觥苍龙、三星堆龙虎尊之苍龙以及侯家庄1001号王陵骨柶之苍龙图像、商周青铜图像、玉器图像看，二里头、夏家店下层文化的这些羽翼纹主要来自苍龙、神鸟、鸟龙、虎、夔龙唾、散精气、特殊神兽唾、散精气的散发表现形式，与高庙文化、河姆渡文化、龙山阶段等早期羽翼纹的意义有表示气的相同一面，但是本质对象却有明确的不同。另龙山阶段的扉棱，尤其是一些玉器的扉棱，其是生气无疑，主体是与道家的生命论、易学的生命论之气生论、水生论有关的。一般学者认为这两种是不同的学说，实际从古代的五行、五音、五脏等的呼应看，羽呼应肾、呼应气、肾呼应水、肾蓄精为本、精和气可转化等方面看，其实气生论、水生论是密切联系的。以羽翼表现，实际也是呼应肾的，呼应精气的，这表明很早古人就有水、肾、羽呼应的概念了，即是当时的文化思想同时符合水生论和气生论。

尤其特殊的是，夏家店下层文化的一些以"介"字形为首、以羽翼为主体造型的彩绘陶和彩绘牌饰的主体图像[102]（图一六二），除了有的周围是火字形花纹的苍龙图案，多数主体只是一些羽翼纹，主体图像中并没有苍龙，这表现的是苍龙唾、散精气的形式，这种图像元素本质上来自于二里头文化和夏家店下层文化的目雷纹，在二里头有的苍龙附属图像中有发现[103]。这种牌饰没有确切的苍龙位于牌饰之中，有的只是牌饰周围有简化苍龙图像，所以这种牌饰中的图案只能认为是苍龙唾、散的精气之羽翼化表现形式了。

夏家店下层文化的多重S形彩绘，从其中的阴阳图形看，本质是羽翼纹的构图。以阴阳图的读法还可以看到，其中的地纹图像是以人字形[104]或变异T字形为主的羽翼图像，是表示精气的。其中的近似S形，实际不是S形，是目雷纹中羽翼纹这种纹样阴阳读法的造型。三星堆文化的一件青铜牌饰（图一六三），其与夏家店下层文化的这种

图一六二　大甸子墓地出土彩绘陶　　　　　图一六三　仓包包出土青铜牌饰

多重S形彩绘牌饰似乎是一致的，但夏家店下层文化的这种多重S形实际还不是真正的S形，只是近似S形，与图163牌饰中真正的S形以及二里头文化、夏家店下层文化目雷纹中的S形并不一致，而是相应于人字形羽翼纹样地纹的阳纹，其整体连同下端的鼻子形，可能构成了没有眼睛的彩绘神兽面。三星堆文化这一铜牌饰的这个多重S形，实际是两行目雷纹造型中的连续S形，只是没有眼珠子的明确造型，显然这是表示精气的，应该即是苍龙等唾、散精气的一种表现，一定程度上可以表达苍龙的生机之意义。这样看，其与夏家店下层文化由羽翼纹构成的彩绘牌饰本质是一回事，与二里头等文化绿松石苍龙图像的牌饰图像的含义也是一回事。

石峁文化的双面神人有两组，其中一组双面石柱，在王仁湘的公众号《器晤》之《石峁石雕杂谈：双神》一文中有介绍。该石柱神面的印堂之X形羽翼造型以及下巴的羽翼造型[105]。尤其是其中的X形，与夏家店下层文化彩陶的一些应视为龙漦动物化的神兽额头的X形羽翼以及应视为龙漦所化变的有人面元素的神面[106]额头的X形羽翼似有共同特征，实际则是有所区别的，不过在额头羽翼采取X造型方面还是受到了石峁文化的一些影响的。

像大甸子墓地M371：2和7、M612：26额头之X形，依据阴阳图读法，其中套色的T字形即是二里头文化和夏家店下层文化目雷纹之羽翼元素的一部分，白色的X形，实际造型也是来自这两个文化中目雷纹中表示气的羽翼纹的主体部分，而不是石峁文化神面额头X形是直接来自单个的完整羽翼。

大甸子M371：10这一彩绘陶瓮两种彩陶神面额头之羽翼还形成连续，本质上则是二里头文化和夏家店下层文化的目雷纹在除去眼珠子造型的情况下形成的单元羽翼造型之变化。这些都表明夏家店下层文化彩绘神面额头的X形与石峁有的神面额头之X形羽翼虽然造型有关联，但是具体构图元素有一定不同。夏家店下层文化这些彩绘神面羽翼图像的这种套色绘画造型，在颜色方面符合《周礼·考工记·画缋》用色的道家文化，在各种颜色组合的情况下，以色彩之一读之的T字形、Y字形或者C形，在二里头文化和夏家店下层文化中都有独立表达的案例，都是羽翼元素，都是表现苍龙精气的。

夏家店下层文化彩绘神兽或者有人面元素的彩绘神面有羽翼形造型，其与同时代目雷纹高度关联，所以应该首先视为属于苍龙精气的一种表现成分，能够呈现彩绘神面的，整体而言是苍龙精气的动物化形式之一[107]；有拟人化元素的彩绘神面，同时应该具备氏族神祖的影子。夏家店下层文化有的彩绘中有明确的鸮，大甸子墓地还有鸮图像玉镯，大甸子墓地的神面有的鼻子有明确的来自肖家屋脊文化少昊氏神祖造型风格，这表明夏家店下层文化统治者应该与山东龙山文化、肖家屋脊文化、石峁文化一样，有少昊氏和玄鸟氏的氏族。石峁神祖有羽翼造型，本质意义上与山东龙山、肖家屋脊文化、新砦期文化、二里头文化早期神祖面有羽翼的情况类似，即是这些神祖这些羽翼都与其氏族图腾神鸟有联系，同时由于氏族始祖基本都来自于少昊氏，所以其羽翼成分还表明其具有和散发来自太阳生机之气即能量的意思[108]。又由于山东龙时代、肖家屋脊文化、石峁文化这些少昊氏神祖有为虎所食即是赋予能量的情况[109]，所以这些羽翼实际还用来表现该神祖有来自白虎或及苍龙的生机之气。龙山时代、肖家屋脊和石峁文化以虎食神祖的形式表示赋予能量是一种常见形式，这时的虎可能本身具有阴阳皆备的特性，或者本身可以视为是省略了苍龙的苍龙白虎和神祖的经典组合之简化形式。自商周至汉代，多见的是龙虎即阴阳和神人、神祖的组合，像商周至战国的龙食人图像中的龙也应视为自有阴阳特性，或者视为是省略了白虎的苍龙白虎经典组合的简化。

夏家店下层文化的这种X形，从色彩方面读，有案例表明其中还隐含有T字形这一本质上属于表示龙漦的目雷纹中羽翼的造型元素，也有大甸子墓地M371：10的两种神面案例表明其应该视为是目雷纹中羽翼纹造型的一部分，由于龙漦动物化造型的需要，所以才会出现对称构图的这种X形。很明显，夏家店下层文化这种神面的近似X形有来自石峁神面这种额头X形羽翼造型的影响，但是具体内涵有不同。

总的来看，石峁神祖的羽翼，像龙山文化、肖家屋脊文化、新砦期文化神祖面、图腾神鸟的羽翼一样，是太阳生气以及或龙或虎或龙虎赋予的阴阳能量的一种表现形式，夏家店下层文化、二里头文化的目雷纹之羽翼则一般与龙漦有关，也一般即是龙肾之精气，属于阴阳之本，属于生机和能量，与标准化饕餮纹的羽翼纹意义是一样的。夏家店下层文化的陶器满彩以及其主体图案为苍龙、苍龙精气、苍龙精气动物化等的现象，实际是商周青铜器、白陶等满工和以标准化饕餮、简易化饕餮、苍龙、雷泽神诞神话叙事图像等为主的重要艺术来源。

石峁文化的另一件编号为皇城台26号的石雕双面神祖，其面的整体基本为两个C形，这与夏家店下层文化有的彩绘鸮面[110]是基本一致的，这个彩绘鸮面是否可能还是龙首？关于这一问题，我们有所论证。商文化中有这样的苍龙，西周时期的青铜钺有这样的鸮面元素明显的苍龙，牛河梁的一件龙凤形玉器中的鸟首龙即是鸮面，红山文化的所谓玉猪龙、崧泽文化的龙首纹、良渚文化早期的龙首纹多数耳目是鸮形的。浙江省博物馆藏的一件良渚文化陶器，其图像有多个鸮面龙，与那斯台遗址的一件鸮面苍龙基本一致。实际上，商文明有诸多C形苍龙之首的主体元素是鸮，并且明显是商人玄鸟氏的图腾和苍龙的融合，提升了商人与苍龙的联系，像虎食人卣之苍龙和鱼的组合一样，在商人神祖和苍龙、上帝之间建立了家族式联系。这些商代的C形龙，有菱形花纹或者火字形花纹，或者两种纹样都有，或者有鹿角柄，所以是典型的苍龙无疑。这利于证明红山文化的C形龙、良渚文化的龙纹、凌家滩遗址的C形龙、肖家屋脊的C形龙、陶寺的龙盘之龙或者其中的娃娃鱼等新石器时代的诸多龙纹，基本都是苍龙或属于苍龙系。石峁文化石雕蛇、二里头拟合雷泽陶盂之龙蛇也应该归于苍龙系。自然二里头绿松石龙、绿松石铜牌龙遗迹商周诸多龙图像和简易化饕餮、夔龙等，都应是苍龙或属于苍龙系。

石峁文化石雕神祖图像的羽翼造型，对于二里头和夏家店下层文化的目雷纹具体造型有一定影响，对于夏家店下层文化彩绘神面耳朵造型也有影响，连同牙璋等元素的往来以及石峁文化中有夏家店下层文化的陶器，可以表明石峁文化除了和陶寺文化有关，还和新砦期文化、新砦文化二里头类型、夏家店下层文化有关。自然从牙璋、石雕神祖多有少昊氏、玄鸟氏神祖、少昊氏鸷鸟和玄鸟氏鸮图腾等看，还和肖家屋脊文化、山东龙山文化有一定往来，并伴随着牙璋向东、南传。这样夏家店下层文化和石峁文化中都有这种近似26号石雕玄鸟鸮神祖神面的对称C形风格，即是文化影响所致。其是否会是二里头文化和夏家店下层文化经常出现的T字形的阴阳线形成的C形呢？实际应该这样理解，其实际属于目雷纹中T字形映衬的C字形及其歧。二里头和夏家店下层文化时期的目雷纹的这种C字形一般只有一条歧线，单纯表现这种线条的云雷纹却有两端都有歧的，所以夏家店下层文化大甸子墓地M452：1这一彩绘牌饰整体造型应该视为是两段有两个歧线的C形组合。由于其本质上属于苍龙所唾精气散发造型的组成，所以还是在刻意地表现该牌饰与苍龙精气有关，围绕这一有三个鸮面图像牌饰的即是有简化火字形花纹的苍龙，也是与其整体造型以有歧线条的C字形构图是相符的。这也利于表明其中的三个鸮面有可能是鸮面苍龙，也利于证明1984年发现的二里头遗址那件绿松石牌饰之鸮面图像为表现的可能是苍龙龙身，也利于证明1987年发现的那件有明确龙身的苍龙首是以鸮为主的。大甸子墓地M452：1这一牌饰周边是有歧的C形，本质意义上来自苍龙精气的表现形式，自然其即与T字形羽翼有关，其对称为鸮的面盘形，显然表明这样造型不只是为了表现鸮的面盘造型而出现，还用于表现苍龙精气，与围绕的火字形花纹的苍龙和其中可能的鸮面苍龙都可以构成苍龙唾、散精气的逻辑叙事。这样的话，石峁26号石雕的玄鸟氏神祖面盘的C字形有歧，其中C字形表现鸮的面盘，其有歧则应是用于表现鸮耳朵的，与大甸子墓地这一鸮面牌饰四周两组有两歧C字形的组合既有联系又有区别，也表明大甸子墓地的这一彩绘牌饰来自于目雷纹元素的两组有两歧C字形对称排列，是有石峁文化风格的，其这种思维既有拟合二里头文化梯形牌饰的意思，可能还有拟合鸮面盘的意义，与其中三个小鸮面牌饰也呼应。大甸子墓地M453：10的彩绘牌饰，也是由小鸮面牌饰组成，整体风格应该与 M452：1 是一致的，不过由于绘制的原因，有不少变化。

　　二里头文化有的绿松石牌饰、夏家店下层文化彩绘中，依照阴阳读法不同，存在对称 T 字形或曰 C 形，这在二里头文化中有这种对称的刻画图案。这一 T 形或 C 形字形已有论述，即是目雷纹中的 T 字形或 C 形，是目雷纹中的羽翼元素组成的，像本文图 6 保罗·辛格所藏的一件绿松石牌饰，去除苍龙面则其背景即是这种对称的 T 字形或者 C 形。从其来源可知，其实际即是苍龙精气的表现形式目雷纹中的羽翼元素，可以用于独立表现苍龙精气的散发。以往解读绿松石牌饰，对于牌饰两端的线条多很难确切论述，实际是由于缺乏整体观使然。保罗.辛格所藏这件绿松石牌饰苍龙的 Y 形冠，与 T 字形的变体较为相似，在二里头文化绿松石牌饰苍龙首上端多为来自目雷纹的羽翼元素组合的现象下，似乎理解为 T 字形较好。不过总的来讲，该造型与该苍龙首为一体的冠发，本质意义上还应是肖家屋脊文化中的一种通天冠造型的发型，笔者原来曾认为其是 T 字形变体，可能尚需调整。这类羽冠在龙山时代的肖家屋脊文化或者石家河文化晚期已有一些发现，像皇家安大略博物馆藏有一件肖家屋脊文化玉牌的阴阳两面神祖，其发型即是典型的通天冠形，这种 Y 形通天冠形的发型实际是标准化通天冠的卷棚形的一种变体，在二里头遗址博物馆陈列的至今最具代表性的一座二里头文化墓葬中随葬有一件，商代晚期大洋洲墓地也有一件獠牙玉神祖也有之，往往属于少昊氏的神祖发型，若是这样，则该苍龙中有少昊氏的成分。

　　二里头文化、夏家店下层文化有不少目雷纹，作为夏家店下层文化的彩绘神面和标准化饕餮的构图元素，显然目雷纹的眼珠子即是这些神面的眼珠子，还有的目雷纹变形成了菱形眼睛，菱形眼睛的造型在石峁文化中发现不少，在夏家店下层文化神兽面中有发现，像大甸子墓地的 M1203：2，也有一些是作为装饰成行出现，像大甸子墓地 M838：2、大甸子墓地 M1121：2，其之所以成行，实际是来自目雷纹的变体简省了其中的 S 形等，大甸子墓地 M806：1 可以明显看到这一过渡。

　　二里头文化晚期有玉制的，美秀博物馆所藏二里头文化绿松石有角苍龙牌饰同样有这种零星的眼睛。同时三星堆文化有不少较为写实的五步蛇形苍龙是菱形眼睛，仓包包的一件 4 个眼睛青铜牌饰的苍龙之四目也是菱形的。三星堆文化的菱形眼睛较多，可能来自二里头文化，但是单独就菱形论之，早期应该有石峁文化因素，像石峁石雕中以单个或者两个菱形眼睛代替神祖面的现象。应该论明的是，菱形眼睛在石峁文化中有的直接作为神祖面之眼睛，有的则是直接以之代表神祖面的，时代早于二里头文化、三星堆文化和夏家店下层文化。石峁文化、新砦期文化、二里头文化、荆南寺二里头文化、香炉石商文化、三星堆文化都发现以臣字形眼睛位于陶器，像陶豆、高领罐、器盖等以代表神灵的现象，与菱形眼睛代表神祖构成一种简约风格、般若眼睛风格。

石峁文化神祖有的是T字形或者Y字形耳朵，新砦遗址新砦期晚段器盖之苍龙首也有这种T字形耳。夏家店下层文化的彩绘神面[111]有的也有。像夏家店下层文化大甸子墓地的M371∶2的彩陶神面耳即是T字形或者近似Y字形，夏家店下层文化还有不少神面都是T字形或者Y字形耳。自然还有的T字形属于神面羽翼组成。这些神兽面、神祖面之耳朵以羽翼表现，实际与耳朵呼应肾有关，已有论证。

二里头文化、夏家店下层文化的目雷纹，经过变化组合以及编排，动物化为二里头文化、夏家店下层文化的神兽面和二里岗文化以来的标准化饕餮，这些目雷纹之羽翼元素，为二里头文化、夏家店下层文化以及三星堆文化的牌饰所应用，有的属于同时代绿松石牌饰鸮面苍龙首之羽冠以及有的苍龙首两腮之羽的造型，多数位于绿松石牌饰苍龙首及其周围表示苍龙唾、散精气所成的云气纹，或者以苍龙精气的概念位于牌饰形之中，也有不少应用为器物彩绘等。至于这一时代目雷纹的早期造型来源，从较近的时代看，造型的羽翼元素有山东龙山、肖家屋脊和石峁文化表示生机之气的羽翼纹单元[112]，有龙山时代诸多玉器之表示生机之气的旋符图像，更早的即是仰韶文化等之中的旋符彩绘或者图案了，最早的旋符图案可以早到高庙文化。只是早期的这些图像与二里头和夏家店下层文化目雷纹的意思并不完全相同，目雷纹更多地采用了其形式，采用了有些这些形式意义方面的气之方面，采用了其中气的运行、气的有关汇聚表现形式及其一定的意象方面。其本质上是用来表现苍龙唾、散精气的，在以眼明或曰眼睛为命门、为全身精气神表现的早期中医经略学认知下，所以采用了目雷纹这种形式。并且其逐步意义散发，不只是以龙精为表现，更由于龙精作为生机独一无二的代表性，所以也可以代表和整个词旨和概念方面的生机和精气理念，表现具体的生物精气散发的形态。于是我们可以看到，商周以来，诸多动物、神人都有这种或者类似的羽翼，以表现其精气、生机。

总之，目雷纹的演变，一方面，成为表示精气的动物化即标准化饕餮的早期来源；另一方面，在商晚期，其羽翼为主的部分参与了一种特殊双头龙造型的构建，并且从侯家庄苍龙之精散发之气的羽翼形可以动物化为夔龙看，一般不包括眼珠子。早期饕餮纹眼睛普遍只有眼珠子，没有臣字形的眼睛，而眼珠子一般认为是肾精为主并关联肝精的表现，所以说，标准化饕餮早期形式特征重点是特别表现目雷纹的眼珠的，其羽翼也有表现，但是主体是强调眼珠子的，羽翼主要是用来构造其神兽面的。双头龙拟合了目雷纹除了眼珠子的一些造型，整体属于苍龙系。二里头时期的目雷纹本身，应该是表现精气的，在有些方面似乎表现出与苍龙的联系，但是只是在苍龙的眼睛方面，并且是整体目雷纹作为苍龙的眼睛[113]。晚期出现的双头龙造型，确实与目雷纹有联系，更早的文化图像或是属于早期二里头或者相关文化属性的一些图像，像仓包包的一件绿松石牌饰的苍龙采用目雷纹的简化形式为眼睛，表明二里头文化风格的绿松石牌饰在商代确实表现了苍龙之眼睛与目雷纹有关，夏家店下层文化也有表现眼睛的图像，是目雷纹变体组合的造型，这是表现目雷纹与二里头文化以来一些造型的苍龙有关的早期案例。但是非常特殊的是，标准化饕餮纹一般是表现精气尤其是苍龙精气的动物化的，而双头龙则依然属于苍龙系，性质类似夔龙，但是不应该认为两条夔龙构成了标准化饕餮，无论是造型还是内涵方面。自然标准化饕餮之身一般多是龙身，但是其整个并不是苍龙，其有龙、牛、神鸟等身都属于精气动物化的表现。

24.本文论证了一些关于斧钺圭璋、玉璧、璇玑、玉镯式玉器的有关问题，其与早期天文、宗法、道家、王道文化密切相关。关于这一问题，可以西周早期两件钺及其图像来更为明确的来总结和论证。西周时期的风字形斧钺，一般认为其造型有西方文化的影子，然而其本质意义依然是中国本土的，尤其是其与龙蛇元素的组合，表现了春风来、生机至的意义，这一问题我们已有论证。有一件风字形钺，其有苍龙食神祖图腾图像（图一六四），还有一件蕴含龙鱼阴阳、鱼鸟阴阳组合意义的图像（图一六五）。这两件钺的图像显然表现了阴阳和的思维和修炼的概念。其中钺有岁之义，呼应丹术大周天，以及炼虚合道的意义，表现神祖得道成神灵。同时与神祖、祖先崇拜以及王道联系，表现宗法制度，显示自己的征伐行为是在替天行道，并且是传承自神祖的。这是中国古代历代政治文化运行依据的基础之

图一六四　埃斯肯纳齐藏青铜钺

图一六五　印第安纳波利斯艺术博物馆藏青铜钺

[其中的鸮面苍龙同时作为男神祖，是图腾鸮（即玄鸟）和苍龙的组合，相当于泉屋博古馆藏青铜鼓中苍龙赋予蹲踞式营能量的另一种表现形式。鱼身人肢形为女神祖，为阴阳组合图像。自然也是震卦和巽卦的组合，为恒卦，属于易学中表示婚姻的一个重要卦象。其不是震卦和兑卦组合，因为从泉屋博古馆的材料看，兑卦呼应建疵，这一西周早期铜钺是获得苍龙生机能量的神祖营与代表简狄的人肢鱼的阴阳组合。这一组合与虎食人卣下端的苍龙和代表简狄、建疵的两条鱼的组合是基本一致的。这个氏族应该是玄鸟氏之裔]

一，是王法和道术共存的一个具体体现。《史纪·三代世表》记载《传》云"五政明则修礼义，因天时举兵征伐而利者王，有福千世"，即是这一认识的表述。其他斧钺，实际不少都有类似的意义。斧钺是王，其中有天，并有道，所以斧钺是符合王道的。各种圭璋、玉璧、玉镯式玉器以及所谓的玉璇玑，其穿若斧钺之穿，表现的有无、天中概念，即是天道文化。相关的各种礼仪制度，所以都有王道存之。各种玉器的与苍龙的组合、各种玉器的龙凤、龙虎图像、阴阳之气的表现，同样与中国古代的天地信仰、道家的生万物之精神，都是有关的。牙璋一般从甲骨文和文献看，"岁"为一年之称谓，始于商。关于以"岁"称年的原因，汉代以来至于近现代学者，一般把其与木星和行次联系。也有少数学者基于以"岁"为收庄稼之义的基础上认为，"岁"是把庄稼收割一次称为一岁的[114]。我们认为，其实以钺为岁为年，实际还有一个重要的原因应该是斧钺拟合玉璧即是天的原因，并且是主要原因。斧钺拟玉璧，并关联历法，至少从夏已有确切证据，上海博物馆所藏二里头文化十字形绿松石青铜钺是重要证据。参照濮阳西水坡45号墓葬以斧钺代表一年终始的冬至的现象，应该更早。其实6500年左右以来，以斧钺代表权力和天命、天道，应该是一种常见的文化认知了。自然这是王权、军权、神权的统一，即是相当于文献所言的天命、天道信仰和军事实力的组合，同时即是王道的逐步出现，至于5500年左右，则王道逐步走向在中国范围内主体文明区域的统一了。

《尔雅》曰："夏曰岁，商曰祀，周曰年，唐虞曰载。"从考古学看，夏称为年为岁，应该是一个常见的现象。以斧钺拟岁，斧钺有玉璧之元素，这表明古人把氏族神祖获得苍龙赋能、阴阳抟精气、以之为年之名、表现道生万物、道之有无、铸造刻画苍龙、标准化饕餮、神祖神诞神话等图像，执之[115]。即代表封建、宗法、军权和治理的正规性等，是有原因和逻辑的。我们论述的中山王厝钺铭"天子建邦，中山侯憼。作兹军钺，以敬氒众"，非常利于理解这一问题。其意为中山侯受命于周天子，由于斧钺拟玉璧代岁，授予诸侯，则其代表天子之命治理，无人危废天意。并且有斧钺，则若有历法、天道、天命，丰收和刑杀都是代天而行，恩威自有。

25. 标准化饕餮强调高耸的额头，其实还可以从《灵枢·经脉》之足太阳膀胱经了解。该经络自内眼角（睛明）起始，上向额部（神庭），在头顶与督脉相会（百会），其分支，从头顶到耳上角，直行的主干，从头顶入颅，联系脑中心的泥丸宫，回出来从后项部左右分开向下。足太阳经在《十一脉灸经》中称为"巨阳脉"，在《素问·热论》中记载："巨阳者，诸阳之属也。"即六经之中阳居首。足太阳经之脉气与督脉相联，主一身之大表统一身之营卫，司一身之气化，头、胸、腹、胫四大气街均为足太阳经所制。足太阳经上受手太阳经之交，下传足少阴经，与肾经连，属膀胱而络肾。与足阳明经在鼻根、目内眦处交会，在头部入络脑在耳上方和髀枢部与足少阳经交会。其经筋在面部结于鼻，在口结于舌本。其连之心乃君主之官。脑为元神之府，主精神、意识、思维；络之肾属先天之本，主藏精、生骨髓；连胃其经多气多血为后天生化之源。足太阳膀胱经为十二经脉之核心，膀胱俞有调节周身的全息功能。

《素问·生气通天论》讲："夫自古通天者，生之本，本于阴阳。天地之间，六合之内，其气九州、九窍，五脏、十二节，皆通乎天气。"若"精气乃绝"则是"阴阳离决"，即失去通天之气。这也可见通天之气与肾脏之精气的联系，与命门穴的联系。《黄帝内经》之前的命门，简单讲即是眼睛，或睛明，即是组太阳膀胱经的起始，而眼睛或者睛明正是一身之气的表现，尤其是精气之散发。古代佛教讲天眼通，天目通，其实与足太阳膀胱经起始于眼睛或者睛明而表明其可以沟通天地鬼神的意义类似。三星堆文化的所谓眼睛呈现柱子形的神人面，可能即是天眼通的意思，石峁文化、二里头文化等以眼睛表现神面，即是由于其可以通天，并且可以代表神人。

从饕餮面而言，显然额头是该经络重要经过地段，所以一般饕餮，其额头也有菱形。标准化饕餮则不只是有菱形还有高耸额头。《黄帝明堂经》记载"足太阳膀胱经"的穴位云："通天一名天臼，在承光后一寸五分，足太阳脉气所发。"由此可见足太阳经的重要性，其脉之气即可通天。人以首近天，首有通天之穴位，古代通天冠即是来自肖家屋脊文化玉神人之卷发的，天津艺术博物馆藏有一件玉虎也有这样的发型，这是以虎形象同时融合表现、代表神祖的造型。三星堆文化一件可能是骑着虎的青铜人，似乎也是这样的发型，只是由于表现其乘登神兽虎在腾行的过程中，所以这种发型飘起来了。不过综合地看，这一发型非常类似中原地区龙山阶段即有的披肩发发型的飘扬形式，西周时期的玉柄形器之蹲踞式神祖往往有这种发型，有的也是表现飘扬形的。该神职人员飘起的发型与一般的卷棚通天冠发型略有区别，多了一个曲度，商周时期不少神鸟的羽冠也有这种曲度，尤其是商代的玄鸟鸮图腾即有这种发型。商周时期也有与龙山时代肖家屋脊文化玉神祖只有一个曲度卷棚式通天冠发型基本一致的发型，主要表现在商周一些神鸟图腾、神祖或者巫师的发型方面，像商代有玉神鸟或者玄鸟鸮、玉神祖有这种发型，尤其是一些神鸟有这一发型，并且表现为人发，则是把图腾神鸟和神祖予以融合的发型，即是类似虎食人卣中与鸮融合的蹲踞式神祖訾的发型。这种发型有的明显起高耸，可能是以符五音之羽的，以表现其肾脏精气佳。足太阳膀胱经之气生发即是一身之生气生发，是由于其是制一身四气街之气的，所以其之气即是所谓的"生气通天"之气，通天穴即是足太阳膀胱经在首所发的脉气，其名为通天实际即是以表生机之气通天之意义。

作为面而言，则高耸额头即是体现足太阳经在面所聚集生气，有的标准化饕餮不只是额头高耸，有的还刻意以羽翼形造型在额头上端形成造型，足太阳经生发之气应该是其这种造型表现的意义之一。这种额头高耸或者同时有羽翼造型，利于表现标准化饕餮为精气动物化象征的本质。

注释

[1] 龙山时代已有初期形式，不过一般是虎、神鸟图腾（或者以蹲踞式元素表示蕴含图腾神鸟）和神祖组合，商代不少，西周玉器更多。

[2] 二里头文化发现的骨雕东夷系神祖，是表现阴阳和之精的元素、苍龙元素与神祖元素融合的案例。尤其是其眼睛造型，是来自二里头文化目雷纹的眼珠子。

[3] 弗利尔美术馆藏商代兕觥盖子的标准化饕餮即有这种角，主要是利用鱼的喜生产、鱼化龙性质增强表现标准化饕餮精气的本质特征。

[4] 其中的火字形花纹的苍龙作为标准化饕餮之冠的组成部分，更利于表现该饕餮为苍龙之精气的本质特征。这样的以火字形花纹的龙蛇作为标准化饕餮的不多，石鼓山遗址曾有发现，国际收藏机构曾有发现。有的还明确保留有苍龙的角，以确切的证据表明其即是苍龙形。该标准化饕餮中以有火字形花纹图案的苍龙加入造型的不多，一般加入标准化饕餮造型的是夔龙、不会有明确的火字形花纹，加入标准化饕餮造型的还有少数是鱼身龙，都是很少的。同时该图118中的神鸟与标准化饕餮的组合中，神鸟方向与河姆渡文化、良渚文化中神人兽面纹和神鸟的组合似乎一致，这也是林巳奈夫始终把饕餮纹与太阳神始终予以联系的一个重要原因即使其提出饕餮为上帝的认识之后，依然有这一辅助观点。实际上，商周标准化饕餮和神鸟的组合中，神鸟方向的变化只是形式设计活化使然。这种标准化饕餮依然是该神鸟唾、散精气的动物化，这种神鸟功能在此同于苍龙。龙和神鸟本来即有高度关联，这是新石器时代以来的考古材料表明的，鲁凯族神话中神鸟可化为蛇。商周青铜器中与标准化饕餮组合构成唾、散精气为标准化饕餮的构图中，神鸟一般不是图腾的造型，剔除了其本身来自太阳氏族的素质，周人文化中这种构图中可能有表现其图腾有冠神鸟（在周人玉器中多出现这种神鸟）的现象，但是其又不是太阳神鸟的概念，这是需要注意的。

[5] 有的则是由有饕餮耳朵的两只神鸟组成的。

[6] 看似长尾鸟，实际其尾拟合一种夔龙龙身，像灵台白草坡的西周青铜卣（M2∶9）。

[7] 商代蹲踞式神祖誉往往有这种符号，我们认为其是大火星，并是苍龙所唾精气的代表。明尼阿波利斯艺术博物馆藏的一件车轴装饰的为牛所食的蹲踞式神人，其这一符号变为离火形，这更利于证明这一问题。

[8] 可能不宜于认为是星。

[9] 有的不显示。

［10］该钺有苍龙食神鸟造型，表现的依然是赋予能量、拟岁修炼大周天和替天行道的概念。

［11］这是商周时期斧钺的一个基本规律，除了大洋洲遗址有一个嘴巴图案的青铜钺，或者是一个正面的标准化饕餮之嘴巴，或者讲是夔龙的嘴巴。有的看像是一个饕餮的，实际是两旁饕餮造型呈现的似乎是一个饕餮的视觉错误，只是由于设计问题，造成似乎是一个标准化饕餮的嘴巴，实际是两个饕餮纹互用。

［12］象征天极。

［13］赋予神祖以能量。

［14］西周邢台葛家庄铜钺有类似西周玉柄形器、玉璜常见的神祖，上海博物馆藏西周弧刃钺的蹲踞式神祖，只是有的具有诸多龙、鸟元素。

［15］实际是传递能量的图像，像邹城邾子钺、芮国墓地弧度刃钺有苍龙首，有的苍龙还有离火形，即是苍龙精气，有的弧度刃钺苍龙或者白虎还食神祖首。

［16］王拟合斧钺。

［17］确切的地讲是脑门，其他同。泉屋博古馆藏青铜鼓帝喾首上端的标准化饕餮，上端有两只鸮，鸮中间是一个蝉，两个鸮围绕一个蝉，表示唾、散精气为蝉，若妇好墓青铜缶（图一二六）之两条有火字形花纹属于苍龙系的小龙唾、散精气化为蝉是类似的含义。这又表明不只是苍龙唾、散精气化为标准化饕餮，神鸟也可以唾、散精气化为标准化饕餮。同时泉屋博古馆藏青铜鼓的标准化饕餮首上端立体着的两只玄鸟鸮之间的蝉，实际可以视为是位于标准化饕餮之高耸的额头，与图一二六中的标准化饕餮是基本一致的结构，与图一四三标准化饕餮额头有一个蝉的意义也是一致的，该标准化饕餮的高耸额头背蝉隐身表达了。

［18］有的还有人面神祖图像组合。

［19］三星堆文化神树下端的山脉，常有目雷纹表现的生机，其与山脉组成颐卦之象，表示培。

［20］有的眼珠子变为离火，表明其与目雷纹基本一致。

［21］良渚文化神人为神祖，同时位同太阳神。

［22］良渚文化的猪形玉器，从出光美术馆藏的一些明确为猪形的玉器看，猪是拟合太阳大气光象的，这更证明良渚文化的兽面纹实际是以猪为主要构图元素的，是代表太阳的神兽，或者作为太阳神并神祖的乘坐工具。

［23］其足踩日月阴阳，左右执阴阳龙，珥蛇、腰蛇呼应肾气，跨龙助力真气运行过关，同时乘龙是道家成神仙巡行周天的常见造型，这种龙往往呼应的是苍龙或者苍龙系。

［24］有的神鸟翅膀等有苍龙系的龙赋予其能量，具备了龙的特性。有的与标准化饕餮或者以鼻子代表的标准化饕餮组合的神鸟，似乎是长尾神鸟，实际都蕴含着龙性。妇好墓鸮尊的龙

与神鸟连体，商代一些以神鸟整体为首的苍龙、侯家庄1001号王陵中部分骨椁之神鸟与苍龙融合或表现苍龙等，实际都是神鸟在一定条件具有苍龙特性的表现。三星堆文化1号扶桑或者若木神树的苍龙之首为兽面神鸟、商周不少神鸟有苍龙的鹿角柄等现象更利于证明这一认识。

［25］八卦中其呼应长子。

［26］不是一般的龙虎组合，不过可以认为蕴含着龙虎组合的内容，因为夔龙同样可以表现苍龙，或者认为属于苍龙系。妇好墓的虎食人首青铜钺中的虎旁还有夔龙，与虎构成龙虎和神祖誉首的组合，与虎食人卣实际是虎苍龙和蹲踞式的誉组合一样，这个案例表明夔龙表现苍龙确实是存在的，那些夔龙与标准化饕餮或者其鼻子的组合现象更是证明。

［27］小双桥铜构件的誉与苍龙白虎组合的图像中，白虎周身也围绕这种气，只是没有一般目雷纹常见的眼珠子或者离火形。

［28］苍龙、虎、神祖等动物周边的云雷纹，本质意义上都是唾、散的精气。有的表现为明确的羽翼形，有的表现为所谓的云雷纹，即是二里头文化目雷纹中的阴阳读法的造型。这些云雷纹，一般是作为地纹的，但是也有表现神兽、人周边围绕的由其散发或者唾、散精气的情况的。这些动物周边唾、散精气，少数以目雷纹的方式表现，其中每个单元的核心有的有眼珠子，有的眼珠子变为离火，有的没有眼珠子和离火，像小双桥铜构件，核心只是"の"字形。所论商代石磬苍龙周边的表示其唾、散精气的核心者有的是"の"字形小龙，像商王陵青铜胄耳朵位置的离火中的呈现"の"字形苍龙一样，这表明该磬苍龙周边这种"の"字形小龙实际与青铜胄耳朵位置离火围绕的"の"字形小龙一样，可以表现苍龙唾散精气呈现的离火或者苍龙及离火。彭县竹瓦街一件西周青铜罍图像中，即有夔龙围绕的变体火字形立体花纹的"の"字形苍龙图像，其以龙身的羽翼纹样同时拟合离火，与所论商王陵青铜胄耳朵的离火苍龙近似。这种以目雷纹表现的苍龙或白虎等散发或者唾、散精气，其中的羽翼纹造型可以物化为多种生物，对于不是这种目雷纹形式表现精气的云雷纹，则一般没有生物化现象。龙山文化以来的牙璋主体造型横向所呈现的刀形确实表明其中包括有羽翼形，其中的Y形首的牙璋，确实是蕴含了目雷纹或者云雷纹中的分歧形，自然这只是牙璋的一个内涵，还有其本身还拟合了斧钺、春锄、太阳大气光象；商晚期的三星堆文化兵戈式牙璋还有戈的含义；等等。

［29］这一兕觥，学术界一般命名为龙形，实际整体是角形，只是盖子蕴含龙形罢了。角呼应生机和东象之木，整个兕觥图像表示"雷出地奋"、苍龙升降过程以及雷泽生机。其储存酒，以表现酒或酒精若苍龙唾、散之精具有生发之用，与表现雷泽神诞的神话主题一致。盖子表现的升降龙是苍龙、雷的升降以及"雷出地奋"现象，主体苍龙菱形花纹，具体造型特征来自五步蛇。若所论，兕觥图像主体是表现雷泽及其生机的，其核心则是表现誉之妃（以三条鱼来表现的，应该是姜嫄、简狄和庆都）神诞商契、周稷、唐尧的历史神话的。在表现的画面中，是以商人天命玄鸟降而生商故事为主的，像其盖子的两只神鸟即是商人图腾玄鸟鸮。其中誉的形

象，在该兕觥中是隐藏的，不像泉屋博古馆藏青铜鼓以及虎食人卣等表现得那么明确。该图像中与鱼直接组合的是苍龙，而不是商代象征雷泽的青铜盘之中常见的神鸟与鱼的组合。这种龙鱼或者神鸟与鱼的组合形式在有的商代象征雷泽的青铜盘之反映喾之四妃德历史神话图像中都有表现。桃花庄兕觥等青铜器中的苍龙与鱼的阴阳融合，实际是苍龙和喾之妃的阴阳组合，像虎食人卣器物底端的苍龙即是与简狄和建疵的阴阳组合。整个兕觥图像完整构图应该是盖子和其一侧图像的组合（另一面是对称图像）。兕觥本身的鳄鱼，位于三条火字形花纹小龙构图之上端，即是在富有生机的雷泽泥地的上端，表示的是秋冬藏于雷泽中的雷已出泥地，呼应陆地的"雷出地奋"，其本身与其附近的苍龙（吐龙舌表示唾、散精气能量的意思。之所以以羽翼形表现，即是由于生物的蛇舌造型与羽翼可以宏观拟合，又由于羽可以表示气，气可以表示能量，羽又呼应肾，表现的又是龙唾、散精气，以之赋予鱼）构成苍龙和雷组合，只是由于画面设计的构图原因，两者的联系不易于看出，实际苍龙唾龙舌造型与鳄鱼构成一条直线，横向联系，从平面图像的立体化场景看的话，则又构成苍龙唾、散精气，这样龙唾、散精气即与雷建立了联系，表现雷与苍龙伴随。自然苍龙吐龙舌造型，也是在唾、散精气的意思，其与代表喾之四妃的鱼构成阴阳组合该兕觥图像只有三条鱼，没有表现的喾之四妃之一即是常仪。那么是否表明文献记载的喾之四妃实际是三妃呢？不少商青铜器的鱼的同样图的一幅中个数一个、两个、三个的，也有不少只有三个泉屋博古馆藏青铜鼓虽然是四个鱼，但是实际是文献喾四妃之中的三个，不包括常仪。还有一些是三祖同样的组合中，一组只有一条鱼，可能是以这种三的数字来表现喾是三妃的。现在只有台湾省"故宫博物院"收藏的一件商代中期青铜盘有代表喾之四妃的四条鱼。雷泽神诞神话是中国古代诸多神人、圣王神诞的基本范式，像伏羲生雷泽、舜渔雷夏泽等。龙子龙孙、真龙天子即是这一为文化的基本表现之一。

　　桃花庄兕觥的另一个重要价值，即是其历史神话主题基本与泉屋博古馆藏青铜鼓一致，两者一件出土于南方，一件出土于北方，表明喾、尧唐、契商、稷周帝系一统的认知是一个普遍现象，而不是有的学者所认为的若《世本》那样，这一帝王系一统的认识只是南方人的。

　　［30］融合了玄鸟鸮。

　　［31］西周青铜器常见铭文"子子孙孙永宝用"即是这一思想和铭记"王之恩德"等意义的明确体现。

　　［32］像曾侯乙墓葬漆棺彩绘索形龙、曾侯乙墓五弦定音器的索形龙等。最早在商王陵发现有这样的彩绘双龙。

　　［33］青铜盉本身即是神鸟形，有的青铜盉之盉流行即是神鸟，有的则是龙、虎唾酒。

　　［34］龙之龙漦所化。

　　［35］不是龟。

　　［36］商周青铜器图像中可以作为工具的主要是苍龙、阴阳龙、马、牛等，三星堆文化和中

原战国以来，还有所谓的乘登白虎等，商周以来的车轭造型等也利于理解这一问题。

［37］这一龙虎、图腾神鸟和鱼的组合或者简省形式在商周春秋青铜盘中多有发现，一些觥觥中也有这种组合的部分，表现的是氏族始祖神诞神话，同时表明氏族始祖修炼阴阳之术。之所以在其嘴巴，依照已有的论述，这是由于其是能量易于表现的地方，即诸多商代苍龙、白虎、标准化饕餮、马来貘、大理石牛、神鸟表现能量经常在嘴巴有火字形或者方向盘形火（在三星堆文化表现明显）表现的原因。

［38］晋侯墓地也有发现青铜猪负载这种单独的离火形。

［39］猪即为磬，以猪为磬。猪四月生，呼应天理，位于斗魁，呼应极星神或者上帝，有太乙铭文的东晋石猪利于证明猪的地位。双槐树遗址发现有猪位于北斗斗魁附近的现象。猪在中国为主食，赋予生产力，所以有生的象征。同时功成祭祀，猪为太牢之一。年终庆贺，猪往往是主体之一，所以以猪可以呼应磬之功成和笙庸之能。从兴隆洼文化、赵宝沟文化看，猪曾很早就有作为龙首的现象。红山文化有两条苍龙有猪首的部分元素（其余所谓猪龙之首基本是鸮元素和兽、蛇面元素），所以猪有时可以视为苍龙，若豕卣之猪形即有苍龙元素。猪之聸耳为神人形，可以呼应角宿，为吉福。总之，其可以呼应磬应万物生成和功成之意义。磬为猪形，至晚始于龙山时代早期，意义很早就具备了。古人认为猪负载太阳，所以猪磬和青铜猪尊之离火形，也可以同时理解为是阳精，清阳之气升天，所以传递于天帝，以表现其为上帝之玉音的信仰。

［40］磬"既和且平"，上帝有玉磬之音，符合道家的文化主体。

［41］九连墩的三巫师乘登神猪等表明猪可以作为飞升沟通天地的工具，表示其是有精气的神怪。

［42］商代骨柶的一些苍龙之阬的多角形即是这种雷形，殷墟遗址发现商代有的这种多角形雷图像中心是离火形。

［43］实际是有火字形花纹的苍龙，即火龙。

［44］该铜鼓只表现了姜嫄、庆都、简狄三妃和建疵，没有常仪。这明确表明文献记载的这些氏族的神诞故事至少与商代的记载是基本一样的。更为重要的是，其表明商、周、唐是一个祖先的神话认知，至少在商代王氏族是这样认识的。参照文献和考古，则唐虞夏商周是一个氏族祖先，即是黄帝。喾的问题，从新石器时代的龙山时期玉器图像看，甚至是更早的发现并参照商代青铜器图像和甲骨文，是可以证明存在的。文献记载，喾是黄帝的曾孙，所以喾的问题解决了，黄帝的问题就会明朗一些了。这一发现具有特殊的价值，其利于考古学和历史学有关这几个重要朝代统治者族属问题之讨论，也利于现在就可以证明大一统之论的主体是成立的，是无疑问的。

［45］上海博物馆藏子仲姜盘与之基本一致。

［46］该铜盘还有火字形，显然表明雷泽之生机有雷赋予，由苍龙赋予。其为火字形，这是苍龙之龙身常见的花纹，即是能量，其是苍龙的精气。

［47］人面龙是苍龙的人格化，而非人的拟苍龙形，与大禾方鼎之四面有人面元素的标准化饕餮构图设计思维类似，其也是标准化饕餮的拟人化。

［48］山西郭家庄也发现有这样的青铜罍。

［49］按照《黄帝内经》，目为精气神之体现，属于命门（或者睛明为命门），目雷纹一般是由眼珠子和羽翼纹构成，单元为目之形。

［50］同时是拟合鸮的特征。

［51］有的学者称之为井字形。

［52］可以同时表示生气之宣的。

［53］若1973年陕西扶风庄白刘家村征集的青铜盂。

［54］李零：《山纹考》，《中国国家博物馆馆刊》2019年第1期。

［55］还有时令、天令等意义。

［56］以不同颜色表示明暗效果和其本身具有的阴阳可变的特性，虽然其相对于天地之龙是阴龙。

［57］即赋予神祖以能量。

［58］冯时：《文明以止》，社会科学出版社，2018年。

［59］有的还有装饰平面空间的意义。

［60］虎食人卣的龙虎组合，不只是一组，主体虎和来自神人龙身的龙蛇构成一组，还有虎纹和附近的龙构成一组。

［61］可能与早期的以玄鸟为图腾的氏族有关，其时代玄鸟图腾可能已形成，但是故事不一定与商人玄鸟氏神话一致，可能有传承。商人玄鸟氏神话应该是从尧神诞开始出现的，参照考古学，应该在龙山时代早期。该玉人蹲踞式，呈的是以鸮表现的太阳神鸟造型，上肢有猪，是在拟合神鸟左右翅膀各有一头猪，实际与同一遗址出图两翅膀为猪的玉神鸟相似。这种翅膀为猪的神鸟在凌家滩遗址出现过，与河姆渡文化陶瓦形残陶器、河姆渡陶盂的图像中以猪表现22°幻日的太阳大气光象有传承。

［62］冯时：《祖燊考》，《考古》2014年第8期。

［63］镈釬盖纽也是虎为主。

［64］以火字形符明确表现。

［65］三星堆文化牙璋。

［66］三星堆文化牙璋有的有之。

［67］龙山时代的一些称为玉圭的，像两城镇有神祖图像的玉圭，实际是一面刃的，可归属

春锄。

［68］李新伟：《中国史前昆虫"蜕变"和"羽化"信仰新探》，《江汉考古》2021年第1期。

［69］拟合太阳神身份，猪为太阳22度幻日象征。

［70］其抱身形虽然似蝉，但是也类似蹲踞安静神鸟的样子。

［71］复原则可以是蹲踞式。

［72］在有的版本的神话叙事中还连同来自太阳原始能量，获得的即是宇宙第一生产力。排湾族氏族神诞神话复杂，不过不少都牵涉到认为五步蛇为祖先，并且不少都谈到由太阳所照而化生，还有的讲代表祖先的神卵是太阳所生，即排湾族的氏族祖先为五步蛇，同时还多把太阳隐约表示为与祖先有关。鲁凯族一般认为其祖先即是五步蛇，或者把男祖先视为是太阳神。两个少数民族都有陶壶生殖崇拜，这与马王堆帛画之壶形合气有些相似。其实中国的陶壶与生殖崇拜的联系早在马家窑文化就有明确的代表，崧泽文化也有女祖陶壶，至于更早更晚的，还有不少，尤其像学术界所谓的颂壶等，更是以氏族神诞神话叙事图像或者这种叙事的符号化来表现这一生殖崇拜文化主题。更有像所谓"宴乐赏功攻占铜壶"，学术界有人认为其即是以阴阳变化表现与生存繁衍有关的主题的。

［73］蝉身下端造型在绘制方面正好又拟合火字形，这是一个表示能量的重要符号。

［74］同时蝉蜕再生、出地再生，《酉阳杂俎》曰，蝉未蜕时名"复育"，这都是蝉与生机关联的重要证据。

［75］尤其是地之雷。

［76］呼应蝉。

［77］有的可能是神祖。

［78］龙、夔龙、苍龙、苍龙系、蛇在本文并未确切严格辩称，一般生物形的蛇称为蛇，有兽面式首的，我们一般称其为龙。在使用和功能方面两者有一定的区别和联系，不过由于龙变之德，以及自然界存在的蛇为主体造型的蛇代表、代替表现苍龙属性、功能的现象较多，所以有时为行文简化，都归属于苍龙系。

［79］有的文献记载为俊。其实俊字，在甲骨文中，有夋字形，似乎是一个酒醉的样子。表示允诺的意思，所以有好的意思。又由于祭祀尸的地位，所以俊为优秀的衍生之义。这个字形本来不是蹲踞式造型的早期隶字。其早期隶字可能有夏字、夒字。读为夒字，夒字之意义与蹲踞式神祖而言似乎还有所联系。

［80］《道德经》论其为玄牝之门，只是对其生万物之征的一种叙述。

［81］还有诸多火字形图案，实际表示的是来自苍龙大火星，即是来自龙肾之精气。诸多小龙首，神话和巫术叙事应是苍龙附属，可以解读为或是苍龙精气的散化。

［82］《春秋繁露》和黎族民俗等都有以蛙求雨的现象，青蛙鸣唾雷鼓。世界各地都有青蛙

与雷密切联系的现象。

[83] 除了一个金文。

[84] 可能是龙漦动物化的早期形式。夏家店下层文化墓地诸多有菱形印堂的彩绘神兽，其可能都是商代的标准化饕餮纹，即龙漦动物化的早期形式。

夏家店下层文化不少彩绘神兽其实是二里头和夏家店下层文化目雷纹的排列变化组合而成的动物化造型，本文图160之类更是代表，呈现为普通的一组眼睛的动物。从图146仓包包的一件铜牌看，有少数呈现为四个眼睛的神兽。这种神兽，基本都不能明确看出是什么神兽的龙身。商周标准化饕餮基本是龙漦动物化，标准化饕餮造型早期基本来自于目雷纹的增减组合，并且多呈现为龙身，少数为牛身、神鸟身，还有一些由变形的象和两只神鸟组成。这样的话，夏家店下层文化的这些选取目雷纹之两个或者四个眼睛同时以目雷纹、羽翼纹作为该神兽羽翼等造型的元素之神兽，若呈现其身则一般应该是龙身。

米秀博物馆收藏的一件绿松石牌饰，菱形眼睛显然取自于二里头和夏家店下层文化的目雷纹。其为龙身，不过不是明确的苍龙常见花纹之一的火字形，而是瓦形或鱼鳞的蛇鳞形花纹。这种花纹只是在商代以来，曾经作为火字形的另一种变体，所以该花纹在此时应该理解为是蛇鳞视觉造型，不是刻意表现其为苍龙的，像商周标准化饕餮纹一样，其呈现龙身并不是表现其为苍龙的，而是表现其一般为龙漦或者具有苍龙能量的神鸟唾、散精气动物化的本质。不过，若视图一四九、图一六三是苍龙的一种特殊形式也有可能，但是从图一六五看，只表现目雷纹的铜牌饰确实存在，图一六五表明，确实存在苍龙精气作为牌饰主题图像，尤其是商周标准化饕餮纹早期造型来自二里头和夏家店下层文化目雷纹变形组合的情况看，图一四九、图一六三、美秀博物馆藏牌饰以及类似的这些图像还是理解为是目雷纹，即龙漦的动物化的一种早期造型为佳。无论结构还是意义，其实际即是商周标准化饕餮纹的早期形式。

[85] 有阴阳读法，其阴即是商周时期云雷纹的基本形式。

[86] 由于动物化造型的标准化饕餮流行很久了，以至于形成标准化饕餮即是一种特殊动物的概念，所以造型逐步多为一般动物的臣字形眼睛了。

[87] 商代出现，或者有歧S形。

[88] 有的有拟人化元素的可能还同时是神祖面。

[89] 早期的饕餮纹几乎都是标准化饕餮，标准化饕餮即是特别表现额头高耸。二里头文化时期，以眼珠子予以表现精气的现象已有明确表现，这是符合《黄帝内经》及更早时期对于命门意义和内容的认知的。稍晚，命门的概念则增多并复杂起来。

[90] 小双桥铜构件龙虎神祖詈组合是代表。

[91] 本身也是龙首。

[92] 少数是火字形花纹。

［93］这也符合帛书《二三子问》中龙变万化的特点。

［94］更确切地讲，是鼻子山根经过印堂高耸，其他同。

［95］具有鹿角柄是苍龙特征之一。

［96］各种饕餮该位置有一个菱形，即是所谓的钻石形。台北故宫博物院所藏的乾隆题诗的龙山时代一件玉圭之鸮，在鼻梁和印堂各有一个。兴隆沟遗址一座房子的西南位置的鹿和猪头骨，多数在印堂有穿。我们认为，这种印堂的钻石形，既是生物特征，又是与印堂、明堂、泥丸宫、元神、上鹊桥等丹术文化呼应的。

［97］郭静云：《天神与天地之道》，上海古籍出版社，2016年。其他同。

［98］丹术中所唾则为来自肾脏之精气，雷为阴阳和成，所以属于精。

［99］本质上是气，可以表现为羽翼纹的阴阳线。

［100］属于生机之气。已有论述的龙山时代有良渚文化纹样风格的玉圭，其神祖首的羽冠有表示大火星的造型，芝加哥艺术博物馆藏的龙山时代风格的一件玉圭神祖面，其羽翼图像还有良渚文化风格的纹样。这依然表明良渚文化图像的“の”字形为主的图案，实际应该是表示气的。这种风格的图案，是良渚文化表现太阳之气的，整个羽翼的造型从高庙文化以来，是与太阳造型有关的，龙山时代东夷系神祖的这些羽翼造型，整体也是与太阳光气有关的。自然从这些神祖与天中等意义的玉器组合的情况看，这些神祖之羽翼也有表现符合道术的生气，即是苍龙之精气表现的生气。龙山时代以来的玉器扉棱的意义是表现古代道家的生机之气，是呼应太极、上帝、太一、北极星等生万物于震卦即可为苍龙这一思维下的生机之气，这样的话，则龙山时代以来的各种玉器以羽翼表现的扉棱，显然其表现的生机之气，是以帝出万物于震的苍龙精气表现的生气。有的可能还具有太阳的生气，像一些圭璋斧钺等，若存在拟合太阳光柱的话，就是这样。整体生气现实中可以神鸟、阴阳龙、虎、龙虎等来表现之。本质意义上，太阳生机之气和月亮生机之气也可以构成一组阴阳，龙虎构成一组阴阳。龙山时代的一些阴阳神祖图像，像黄君孟夫妇墓的一对玉人、湖南澧县孙家岗肖家屋脊文化的一件阴阳刻的獠牙神祖等，其中羽翼的生机之气，即可以认为是以太阳、月亮、龙虎的阴阳生机之气来表现的。由于其都具有可以与虎组合的现象，所以也被认为是获得苍龙白虎生气的。

［101］夏家店下层文化大甸子墓地、二道井子遗址的彩绘人面元素的神面和兽面基本都是苍龙精气的动物化，有人面元素的神面可能还同时是少昊氏神祖。

［102］夏家店下层文化的介字形首的彩绘牌饰非常多，与哈佛大学所藏一件介字形首牌饰有些类似。

［103］二里头三期的一件器盖式通天神器苍龙旁的云气纹，是以二里头、夏家店下层文化的目雷纹之羽翼的元素为主要造型的，显然表示的是该苍龙唾、散的精气，可能也有所谓的卫气等，本身不是苍龙首的造型。这些羽翼之气不是苍龙造型的组成部分，与一些苍龙首或者神

祖首直接生出的羽翼造型是不同的。

[104] 二里头陶器有这样的刻画图案。

[105] 其与山东龙山文化、肖家屋脊文化、石峁文化的羽翼造型是有相同文化元素的。

[106] 由于有肖家屋脊文化玉神祖鼻子的特征，也可能同时为氏族神祖。

[107] 苍龙之精气还会动物化为玄鼋和蝉等，大甸子墓地的彩绘神面基本是苍龙精气的动物化，还有一些权杖头，像大甸子墓地M715∶13，M683∶7，也应该是这样的简化神面。

[108] 中国古代的羽翼可以表示气，即是能量的一种表现形式，羽舞可以致雷雨，也属于能量。这些与古代唾、散精气为能量的认识是一致的，像泉屋博古馆藏青铜鼓錞获得的苍龙能量，苍龙是以唾、散的形式赋予的，虎食人卣之虎赋予蹲踞式錞之能量也是这种形式，尤其是二里头遗址的有一条五步蛇和玄鼋组合的刻画图像表明，"龙漦化为玄鼋"的认识很早就出现，也是符合唾、散精气为能量的形式的。

[109] 像台湾养德堂玉圭、弗利尔美术馆藏石峁文化玉刀之图像，即有虎食少昊氏神祖之首的神话内容。

[110] 大甸子墓地M452∶1，有3个鸮面。

[111] 神兽面或者有人元素的神面。

[112] 出现在玉器、神祖、白虎、神鸟等。整个含义即是表现这些白虎、人面神祖和苍龙之精气的，表示神祖、苍龙都具有生机之气，同时有一定的造型作用。

[113] 二里头文化中有若图一六一的图像，在两个S形连续造型的节点为心字形，从夏家店从下层文化的彩绘图像若图一六二等看，这一心字形不是与绿松石牌饰心字形苍龙首一样的造型，其实际是目雷纹中的C字形变体，所以无法以之论证目雷纹整体表现为苍龙。

[114] 杜小钰：《上古称年用词考辨》，《中华文化论坛》2011年第5期。

[115] 肖家屋脊文化一件陶器有一幅图像，即是有羽冠首领执钺的场景。

（原刊于《华夏文明》2021年第8期）

新论饕餮的本质、商周青铜器图像意义主题及有关问题（四）
——从商末周初一件青铜尊的特殊图像论起

顾万发

26.五帝问题和帝系、帝王世纪、唐虞夏商周世系尤其是中国现代考古学的商周世系问题由来已久，是一个千古争论的话题。单纯依靠古籍文献，至多可以论到战国时期。然而考古学表明，关于帝的问题，从文字和有关角度，至少可以论到仰韶文化中期和崧泽文化时期，关于五帝一词，至少可以早到山东龙山文化晚期，甚至可以早到崧泽文化时期。我们曾在有关文章中知晓，龙虬庄陶文有"五帝"这一词语，大墩子陶纺轮图像（M30：7）同样有"五帝"这一词语或者"帝"字，禹州洪山庙遗址大河村类型的一瓮棺有"帝"字[1]，水牛张遗址龙山文化早期或者仰韶文化以及龙山文化的过渡期也发现有"帝"字形文字，东赵遗址二里头文化时期的大口尊也发现有"帝"字。这样的话，"帝"字至少有5000多年的历史，"五帝"至少有4000多年的历史。

对于其中龙虬庄的"五帝"陶文，饶宗颐曾经有过关注。其认为，整个饕餮纹的文字为一组，图像为一组。文字一组的第一个字不明，第二个字为"年"，第三、四个字可能是"祝尤"，是祝尤丰年之意。另一组四个图像为"鱼形及动物的图纹"，或者是"四只动物，似怪兽虫鱼之类"，整个图像是"古代祝尤巫术之写照"[2]。笔者认为，其中龙虬庄陶器之蹲踞式造型，即是五帝之四方帝的形象。龙虬庄陶文的四个人像都是蹲踞式，尤其是其足基本是人形的，是甲骨文、金文中常见的人之"止"字形或者"足"字形，只有一个可能由于书写的原因或者原始文字的原因有些类似甲骨文、金文中鸟的爪子形。这四个有人和神鸟特征的图像，是基本一致的，似乎与丁公陶文属于一类文字，但是龙虬庄陶文中的五帝文字证明其只能是图像，不会是别的文字。同时其蹲踞式蕴含有神鸟造型，这与甲骨文中五方神字义与神鸟有关的现象是一致的。良渚文化、红山文化的蹲踞式神人，肖家屋脊文化和石峁文化的蹲踞式玉神祖[3]，实际都有拟合图腾神鸟的意义。从卜辞的禘祭四方看，"五帝"这一词语早期应该是中土和四方即五方之神的名字（《甲骨文合集》21103）。卜辞中的东西南北四方神各有其名，可能还有一个共同的名字，即是巫[4]或者帝，其对于风、雨、疾等都有影响力。

这五方神经常可以获得禘祭，所以还应该可以称其为帝的，这是"五帝"早期称谓的由来。从甲骨文中的"方帝""勿方帝""帝四方"或者"帝于四方"的卜辞可以判断，当时的方神，是呼应四时阴阳变化形成万物的生生不息之秩序和规律的神灵，从其有生万物之功的角度看，正是"帝"字的造字主旨，是可以称之为"帝"的。这样，五方神则可有"五帝"之名。按照多数学者的认识，卜辞中的"方帝"和"勿方帝"之"方"是表示方位的名词，而非祭名，卜辞中还有"方燎"这样的词汇，这都利于认识这一"方"字的意义。

卜辞中还有"帝巫""帝于巫"和"巫帝""帝于东巫"之类的称谓，还有禘祭虎、神鸟、先祖先公和河等的卜辞，都表明方神[5]是可以有禘祭的，也隐约表达了方神可以被称为"帝"，有禘祭对象的地位。卜辞中的这些四方神以及中方的土，是自然特质明显的神，还不是《礼记·月令》《吕氏春秋》所谓的太昊、少昊、黄帝、炎帝、颛顼等配五方之人帝，也不是这些文献所谓的各方之人佐、人神。各方神自然神特征明显，然而并不妨碍其早期有拟人的特征，像已有论证的龙山时代晚期的龙虬庄陶文及其四个蹲踞式图像。

《楚辞·惜诵》有"五帝"，其与苍天以及"六神""山川神"并为众神。《书·舜典》记载："肆类于上帝，禋于六宗，望于山川，遍于群神。"这表明，"六宗"与"六神"相同，汉欧阳、大小夏侯、王充谓其为位于天地四方之间助阴阳变化者，显然是除了上帝和山川之神的众神。还有的认为是皇天上帝和五帝，或者是天宗、地宗及四方之宗。

《晏子春秋》有"（楚巫）请致五帝以明君德"，《史记·封禅书》载刘邦语"吾闻天有五帝"，其中的"五帝"即是五种颜色的五方帝，不过已有归属于天神的概念。可能至《春秋文耀钩》出现五色帝的具体名字，至于郑玄注《礼记·大传》之"太微五帝"，实际是天上的"五帝座"。这种五种颜色的五帝早期应该来自自然神，只是战国以来同于五色的认识较为明确。《吕氏春秋·十二纪》《礼记·月令》《淮南子·天文训》表明，至少秦时已出现五方五人帝[6]。

综合来看，五方神、五方帝的时代早，至少可以早到以龙虬庄陶文为代表的龙山时代晚期，甚至可以早到大墩子遗址陶纺轮为代表的崧泽文化时期。与五种颜色呼应的五方神或者五方帝时代晚一些，与五行呼应的五方帝时代可能类似。平面五人帝出现的时代至少春秋以来[7]，纵向五人帝的认识即是历史五帝的称谓至少在春秋时代以来即出现。崔述《上古考信录》认为《春秋传》但历叙古帝纪官之不同，初无"五帝"之名，《国语》但序此五人之功，亦不称为五帝而谓帝必限以五，从考古发现看，这一认识显然是有误的。

我们论证这一问题，对于本文是有一定意义的。首先，是为了更好地审视泉屋博古馆藏青铜鼓所表现的中国上古喾、尧、契、稷四个时期以及喾之天下（名字未记载）、唐、商、周四个王朝、八个历史神话人物以及中国上古史的有关问题。

泉屋博古馆藏青铜鼓中的喾，有的文献列其为五帝之一，但是对于喾本身在中国考古学、文献学、文字学中最早是什么时期出现的，一直有争论。喾的争论，单依现有的古书本身是无法解决的，现有发现的文献本身，由于时代问题等，论证早期问题本身存在普遍的逻辑悖论。文字学中，王国维所言的卜辞中之喾，学术界也有不同认识。考古学中单独依照常规的学术范式，对于喾的存在与否或者关于喾的历史记载和认识是否早到商以前，现在也没有明确的共识。然而图像学视野或者讲与多学科都有联系的艺术史视野，以泉屋博古馆藏青铜鼓为主的学术研究，为中国上古史中的这一重要问题提供了至今最早的氏族自己叙述的关于这一问题的"史诗"级认识，即商人的王族玄鸟氏认为喾是存在的，并且与几个王朝、数个历史神话人物都有关，并且关联到那一时代的思想史。其证明，这一认识至少可以早到商代，只不过是以图像学来表现的。

现在看来，王国维认为卜辞中的蹲踞式人形是"喾"字，确是卓识。有泉屋博古馆藏青铜鼓图像作以基本支持。徐旭生《中国古史的传说时代》则认为，关于喾的历史记载"无不可疑"，并认为《五帝德》所谓的"高辛氏"在先秦古籍中"一点线索也找不出来"，高辛氏的记载实际与喾没有联系。其对于尧、稷为喾之子，时代均不认可，认为姜嫄为喾之元妃、商人禘祭喾也是错误的，认为是晚期附会的。他同时认为五帝不过是战国末期的讲法，三代以前的所谓世代之更替并不是家族传承。从泉屋博古馆藏青铜鼓图像的证据看，这些认识无疑都是错误的。

据唐孔颖达《礼记正义序》所引郑玄《六艺论》云："戴德传《记》八十五篇，则《大戴礼》是也。"学术界多谓《大戴礼记》成于西汉，为礼学家戴德所著，原有八十五篇，但今仅存三十九篇，《五帝德》《帝系》两篇载上古帝王世系，司马迁据此为主撰成《五帝本纪》之五帝世系。五帝本来有多种说法，概略有六种：（1）黄帝、颛顼、帝喾、尧、舜（《大戴礼记》）；（2）庖牺、神农、黄帝、尧、舜（《战国策》）；（3）太昊、炎帝、黄帝、少昊、颛顼（《吕氏春秋》）；（4）黄帝、少昊、颛顼、帝喾、尧（《资治通鉴外纪》）；（5）少昊、颛顼、帝喾、尧、舜（伪《尚书序》《世经》《世本》，其中王谟辑本《世本》记载的是"少昊、颛顼、高辛、唐、虞"，即是少昊、颛顼、喾、尧、舜）；（6）《吕氏春秋·十二纪》等记录的五帝是太昊、炎帝、黄帝、少昊、颛顼之帝，也有的文献把其与颜色关联命名"五方帝"。

其中，伪《尚书序》由于处于汉代以来经书地位之尊，以后史籍多承用此说。该序言只有梅赜《尚书》版本有之，学术界一般认为其是西汉时期孔安国所伪造。从

《国语·楚语》记载看，少昊和颛顼为前后相继之帝王，似乎第5种五帝说法是有所依据的。另若确为西汉武帝时期所伪造，则司马迁作为问学于孔安国的学生，并没有拘泥于这一古籍和其师的认识，其依然依据《大戴礼记》之五帝的说法。

从《大戴礼记》之《五帝德》和《帝系》的记载看，从黄帝开始，呈现昌意和玄嚣[8]两支传承，黄帝其他的儿子都没有体现，唐虞夏商周帝系和司马迁《史记》之五帝都是在这两支中传承。《国语·鲁语》记载："故有虞氏禘黄帝而祖颛顼，郊尧而宗舜。夏后氏禘黄帝而祖颛顼，郊鲧而宗禹。商人禘舜而祖契，郊冥而宗汤。周人禘喾而郊稷，祖文王而宗武王。"三国韦昭认为"商人禘舜而祖契"之"舜"当为"喾"字之误，确是。《礼记·祭法》载："有虞氏禘黄帝而郊喾，祖颛顼而宗尧。夏后氏亦禘黄帝而郊鲧，祖颛顼而宗禹；殷人禘喾而郊冥，祖契而宗汤；周人禘喾而郊稷，祖文王而宗武王。"从泉屋博古馆藏青铜鼓及其图像以及桃花庄角形觥中反映的唐、商、周氏族始祖神诞神话看，喾、唐尧、商契、周稷是亲缘一系，这是商代黄河长江流域主体以商人为代表的一种古史世系的认识。泉屋博古馆藏青铜鼓、桃花庄角形觥这两件商代晚期考古发现证明这一古史亲缘世系的时代至少可以早到商代，其关系八个重要古历史人物和四个朝代，其对于认识中国早期古史世系、帝系的重要性是现今任何文献几乎都无法相提并论的。

《礼记·乐记》《史记·周本纪》《陈侯因资敦》记载武王封神农、黄帝、唐尧、虞舜、夏禹、商汤之裔或者记载黄帝等古帝王，利于证明这些人物、古国的存在，不过金文中牵涉到喾、尧、契、稷的记载几乎没有，所以金文甚至是甲骨文，在五帝、早期王朝史等上古史方面，依然无法与泉屋博古馆藏青铜鼓叙述的历史神话、文献价值相称。

《帝系》记载了黄帝的二子玄嚣（青阳）和昌意，传承《帝系》等的《史记·五帝本纪》之帝系是玄嚣（青阳）、昌意二系，或者喾和颛顼二系。五帝和三代大一统，从泉屋博古馆藏青铜鼓反映的历史神话看，其至少真实成分还确实是存在的。学者或论西周为这一整合认识的出现时间，现在看，泉屋博古馆藏青铜鼓属于玄嚣一系，这表明另一系也可能是存在的，整个情况表明商时可能已有较为完备的五帝、三代大一统的帝系认识了。

27.从泉屋博古馆藏青铜鼓以及有关材料可以证实商人的图腾为玄鸟鹑无疑，这对于理解一些古族历史问题很有启示，如秦人祖先问题。《史记·封禅书》云："秦襄公既侯，居西垂，自以为主少昊之神，作西畤，祠白帝。"《史记·秦本纪》记载，"秦之先为嬴姓"。至周孝王时，"邑之秦，使复续嬴氏祀，号曰秦嬴"。《国语·郑语》记载："嬴，伯翳之后也。"韦注："伯翳，虞舜官，少昊之后伯益也。"即秦人之姓"嬴氏"系来自其祖先伯益，伯益是少昊裔，于是似可言秦人为少昊裔了。《山海经·大荒东经》记载："东海之外大壑，少昊之国。少昊孺帝颛顼于此，弃其琴瑟。"由此看，似乎颛顼并不是秦人男性直系祖先。《史记·秦本纪》记载："帝颛顼之苗裔孙曰女脩。女脩织，玄鸟陨卵，女脩吞之，生子大业。"从吉美博物馆原藏秦人墓黄金神鸟有鸮和鹰的造型看[9]，秦人女性祖先为颛顼直系，男性祖先则为玄鸟直系。秦公墓磬铭则言高阳，似是从女系祖先论之的。从《左传·襄公七年》郯子的话看，少昊挚立，其下属有玄鸟氏，即是鸮氏，并且挚与鸮组合，山东龙山文化、肖家屋脊文化、石峁文化表现特别明显，从我们的论证，这即是少昊氏之图腾挚与商人玄鸟氏之鸮图腾组合。

28.商周青铜器的图像，有的学者认为本质是气。台北故宫博物院有关商周青铜器图像的讲解认为，商周青铜器盛放祭品用以祭祖，刻画于其上的气纹，就是用来帮助商周人与上天和祖灵沟通的密码，人们乘着由气纹幻化成的神兽，安全脱离险境。这一解读与本文的认识有一定的联系，但是有不少区别。本文的基本认识已有论述，这里强调的是，我们讲的基本构图元素是苍龙、白虎、精气的动物化即标准化饕餮，表现阴阳的龙虎，龙以及少数虎还可以自为阴阳，各种纹样中的目雷纹、井字形花纹等都是精气的表现，多用来表现苍龙唾、散的精气。龙虎阴阳和神祖、图腾组合表现的道家文化，以及龙虎阴阳天地和神祖、图腾组合表现的天地人三才合一文化，各种云雷纹以及动物自身的羽翼纹样，实际都是表现精气、能量、生机，同时从生机的视野强调氏族始祖神诞神话、宗法制度等。各种青铜器储存酒即是精气能量，储存五谷等即以其器物的图像表现其所准备有的精气本质等。自然也有表现"雷出地奋"的自然生产力、雷泽繁衍力的，以呼应祭祀天地、神祖等。还有斧钺等，是以其蕴含的天道、历法、阴阳、四时、生机和刑杀表现王道的，有时还把祖先神诞神话予以表现，实际是言自己的氏族是世代行王道的。从整个青铜器的祭祀和牺牲种类的组合看，也是体现了刑杀、生机的天地之道和王道的，是体现宗法制度和礼仪制度的。至于是否有乘登神兽沟通天地的，这种现象应该是存在的。这些青铜器及其图像所营造的场景中，巫师、祭司等相关人以其中的苍龙、白虎等为乘登工具，是可以沟通天地的。但是很多的时候还有神灵降临，或者升腾祭祀。另商周青铜器图像的自身构成的场景单元以及其与祭司、祭祀对象构成的场景单元，在解读的时候，其之间的联系是无疑的，但是在具体的结构和功能方面可能会存在不同的方面。

29.我们为什么称为龙的传人，学术界有各种解读，然而商周青铜器图像给我们提供了该传统认识清晰的重要原因。

（1）龙有龙德，为天地生机的代表，苍龙现，万物生机勃勃。

（2）龙替代神祖、图腾作为氏族的直接神祖，像虎食人卣底端的苍龙和简狄、建疵的组合。泉屋博古馆藏青铜器的苍龙和表现庆都的鱼的组合等即是典型代表。商代诸多龙盘的苍龙和虎、神鸟图腾、鱼的组合，也利于表现这一方面。诸多青铜器耳的苍龙食图腾神鸟以及商鸮尊翅膀有苍龙图像也利于这一解读。至于器物耳朵有苍龙食神鸟造型，一般是氏族始祖神诞神话故事，但是商周的神鸟则不同，晚期可能逐渐变为一种象征和符号了。

（3）苍龙为东象，其是帝出万物的方位，又呼应震卦，震卦基本象征之一又为龙，所以以龙为神祖，实际即是与天地建立了家族式联系，这也是西周以来天之概念的最早由来。

（4）虎食人卣、商青铜盘等表明，氏族以神鸟为图腾，但是并不排斥其融合苍龙综合为图腾的思维，因为在古人的认识中，有时还存在龙和神鸟有共同的一些特征[10]，因而可以融合形象，有倮虫生羽翼的自然规律支持这一融合。还有神鸟表现苍龙唾、散精气的现象，或者出现以翅膀有龙蛇或者龙蛇与神鸟组合的形式来表现神鸟获得苍龙系的能量。商周青铜器中出现的诸多龙首神鸟身、神鸟首龙身以及神鸟首龙鸟身图像，也是这一龙鸟关联的重要表现之一。

30. 泉屋博古馆藏青铜鼓图像于中国上古史具有重要价值，尤其为论证早期五帝的问题提供了难得的图像神话素材，对于理解中国早期思想史、上古史都有不可替代的作用。泉屋博古馆藏青铜鼓及其图像的重要价值笔者已有所论述，尚有一些简单的认识。

第一，在商代，政治的代表和实际的执政者玄鸟氏家族认可尧、禼、稷的氏族始祖是同一个人，这个人即是夋，其造型文字化会被写作"俊"。商代的所谓虎食人卣等题材中的人、商人的蹲踞式玉人实际即是融合了玄鸟鸮的夋。

第二，这一发现利于学术界肯定帝喾即是商人认为的其氏族的圣祖，利于证明帝俊只是一种字形讹误、有关帝俊的故事有的不属于喾等王国维的著论为卓识。

第三，该铜鼓图像连同崇阳县铜鼓、商青铜龙盘、黾[11]盘以及桃花庄龙觥等，清楚地表明《史记·周本纪》《国语》《诗经》《尚书》以及上海博物馆藏战国简牍的《容成氏》《吕氏春秋·音初》《天问》《淮南子·墜形训》等古籍所记载的上古五帝史，不少内容可以早到商代，不会晚到战国或者西周。

（1）姜嫄履巨人迹的意思是什么？铜鼓图像无可争议地表明所谓巨人即是融合了玄鸟鸮和夋的神祖。由于其融合了玄鸟的造型，并且神异，所以《容成氏》讲是上帝使其显现"人武"。神祖夋为蹲踞式，所以是巨人，是大人，是以其造型类似大字以及其地位论之的。履巨人迹，即是融合玄鸟鸮的夋之足无疑。之所以以足表现，实际与古人易学、经络学等认识有关。古人认为足为震卦基本象征，震为生机启动，中医认为足底涌泉穴，联通肾经，足底生精是也。这一认识和履巨人迹、人武之论，以及商周以来图像学中的苍龙与人的四肢以及耳首相连，实际是遵循经络学的，有的还显然表现了生殖崇拜文化。

（2）简狄、建疵是喾之妃子和妾。在该图像中，喾之生殖崇拜符与简狄、建疵组合，正是阴阳和的表现，同时融合鹓的喾之男性生殖崇拜符，拟合鹓面，与鱼构成鱼鸟图像，这是半坡文化甚至是高庙文化以来的一种表示阴阳和的生殖崇拜图像范式。自然融合玄鸟鹓的喾图像，本身也是神鸟鹓造型，其与鱼的组合也应该视为鱼鸟组合图。

（3）《淮南子·墬形训》载："有娀在不周之北，长女简翟，少女建疵。"高诱注："简翟、建疵，姊妹二人，在瑶台，帝喾之妃也。天使玄鸟降卵，简翟吞之，以生契。"褚少孙补《史记·三代世表》载："汤之先为契，无父而生。契母与姊妹浴于玄丘水，有燕衔卵堕之。契母得，故含之，误吞之，即生契。"《吕氏春秋·季夏纪·音初》说："有娀氏有二佚女，为之九成之台，饮食必以鼓。帝令燕往视之，鸣若谥隘。二女爱而争搏之，覆以玉筐。少选，发而视之，燕遗二卵北飞，遂不反。二女作歌一终，曰'燕燕往飞'，实始作为北音。"《列女传》卷一："契母简狄者，有娀氏之长女也。当尧之时，与其妹娣浴于玄丘之水。有玄鸟衔卵过而坠之，五色甚好。简狄与其妹娣竞往取之。简狄得而含之，误而吞之，遂生契焉。"这些文献中的简狄、建疵的记载，从泉屋博古馆藏青铜鼓图像看，确实是商人即有的认识，这一关于商人氏族始祖神诞的历史场景中不只是简狄一个人。在泉屋博古馆藏青铜鼓中表现为两条大小不一的鱼与男性生殖崇拜符的组合，正反映了《列女传·卷一》"简狄与其妹娣竞往取之"。《吕氏春秋·季夏纪·音初》："二女爱而争搏之，覆以玉筐。少选，发而视之，燕遗二卵北飞，遂不反。"这是别的文献所没有的，更显其传说的远古。

《吕氏春秋·季夏纪·音初》说的"九成之台，饮食必以鼓"，《淮南子·墬形训》高诱注所讲简狄、建疵所在的"瑶台"，《楚辞·天问》的简狄所在之台，在泉屋博古馆的三层鼓钉即是这种台，而且从三层来看，还是有昆仑特性的台。这同时表明，《容成氏》简牍所谓的"瑶台"、玄丘之沕、《列女传》卷一载玄丘之水，《太平寰宇记》的"浚仪青丘，亦曰玄池"和"女娀简狄浴于青丘之水"，至少这种讲法在商代即有。《楚辞·天问》："禹之力献功，降省下土四方。焉得彼涂山女，而通之于台桑？"这句话表明，这些文献中的台，位于阴阳升降的地方，即是天地之根，是阴阳和的地方。"台桑"之地与生殖崇拜有关，若《墨子·名鬼》所谓的祖、社、空桑、云梦是一类地方，这些地方一般会有台或者丘。文献中的渚、巨野泽、在河之洲，都是这类山泽通气的地方，利于阴阳和。同时这些地方雷电多，利于万物生长。

（4）《吕氏春秋·季夏纪·音初》记载："九成之台，饮食必以鼓。"《汉书·武帝纪》颜师古注引《淮南子》："禹治洪水，通辕山，化为熊。谓涂山氏曰：'欲饷，闻鼓声乃来。'禹跳石，误中鼓。涂山氏往，见禹方作熊，惭而去，至嵩高山下化为石，方生启。禹曰：'归我子！'石破北方而启生。"从泉屋博古馆藏青铜鼓图像的雷泽、玄丘、唐、商、周三王氏族始祖神诞历史神话图像反映的鱼鸟阴阳和之场景伴随雷的现象看，这两文献所记载的饮食是古代阴阳和的隐喻，"欲饷，闻鼓声乃来"，正是阴阳和与雷应的场景。这也表明了契合禹的神诞是呼应天地阴阳和雷伴之的神奇和天命的。

（5）《竹书纪年》记载："帝尧，陶唐氏，母曰庆都，赤龙感之，孕十四月而生尧。"《帝王世纪》亦云："帝尧，陶唐氏，祁姓也。母庆都，十四月生尧。"该铜鼓图像中与苍龙组合的有一条鱼，正是代表庆都的，并且该苍龙明显有菱形、火字形的花纹，显然可以视为火龙，即赤龙。其与鱼的组合从商代的虎食人卣底端的有火字形花纹的赤龙与代表简狄、建疵的鱼的组合看，确实表明铜鼓之赤龙与鱼的组合是赤龙与庆都的组合。

（6）在该铜鼓图像中，显然简狄是次妃，姜嫄是元妃。商代执政的商氏族即是玄鸟氏族，即是鹑氏族，却并没有由于自己执政而认为自己氏族女神祖是元妃，显然可以表明该铜鼓图像反映铜鼓原始所有者、制作者对于氏族神话持有的严肃性。

第四，该铜鼓的苍龙为两种花纹共存的苍龙，即是自身阴阳的苍龙，其赋予神祖喾以能量，主体是以之与妃子繁衍子孙的，显然这是龙子龙孙的由来。自然这一赋予能量也有修炼的义理。

第五，铜鼓之神祖有羽翼、高羽冠、上肢羽化严重，显然这是一只神鸟，即是神祖喾与神鸟鹑的元素文化融合。这是新石器时代以来的一种神人、圣人图像的造像范式。商代的蹲踞式神祖都有神鸟特征，有的玉神祖甚至采取的是自然的神鸟造型。具备图腾神鸟特征的商人神祖造型，与美洲玛雅文化中政治首领与图腾美洲豹变形转化的概念有些相似。一些神祖为龙虎食，与美洲玛雅文化中神兽食人首的概念有一定联系。其中阿斯特克文化中的神兽与神人、圣人构成伙伴或者"他我"联系的认识，与中国神兽食人或者图腾神鸟造型，在有的图像意义中，具有相似的一面。尤其是美洲玉米神神话中，有菱形花纹的龙蛇从其足传递能量、美洲豹食人首等造型，与中国古代的龙虎食人、菱形花纹藏龙或者菱形花纹和火字形花纹都有的苍龙从神人之足传递能量的图像之构图元素、图像基本结构和功能都有相似的方面。只是中国古代，本质意义上更强调龙虎天地阴阳、遵循天地人之道和三才文化以及成神修炼、天命传承、生生不息等。这表明玛雅文化为代表的美洲土著文明确实与中华古老文明密切相关。

第六，该铜鼓融合玄鸟鹑和喾的成分的神祖，还有拟合蝉的成分。其去除四肢则和一般的商周以来的蝉造型基本一致。其整体和蝉也较为相似，其四肢和羽翼与蝉可以大概呼应[12]，神祖首的羽翼角很像有的蝉首须角。三星堆文化龙虎尊的蹲踞式神祖之身拟合一只完整的蝉，整体像泉屋博古馆藏青铜鼓神祖一样，与蝉也有拟合的地方。这表明李新伟有关蹲踞式造型与蝉有关的认识确是有案例的，只是还同时拟合神鸟或者更多吉祥象征。拟合蝉的目的，我们曾有所论证，主要是由于蝉有表现精气、重生、通天、雷鸣、地下存活、卵生类神鸟等特征。《论衡·无形篇》："复育转而为蝉"，即是言其有再生特点，曹植《蝉赋》言"内含和而弗食兮，与众物而无求。栖高枝而仰首兮，漱朝露之清流。"这是讲蝉居高食露，精洁可贵。《国语·周语上》："国之将兴，其君齐明、衷正、精洁、惠和，其德足以昭其馨香，其惠足以同其民人。"其居高德化、精洁之特征即是与蝉可以呼应的。

商代曾有蝉作为龙綮出现，有的还位于标准化饕餮之额头，显然与表现其精气的特质有关。我们曾提及的妇好墓青铜缶、桃花庄青铜卣都有这类图像，美国旧金山亚洲艺术博物馆也藏有一件类似的青铜卣。

第七，该神祖整体蹲踞式造型首先拟合神鸟鸮，即是玄鸟，但是同时还拟合玄鼋、青蛙，也有可能拟合胎儿，即赤子。这即是表明这时代的道家文化的存在。文献中记载喾等神人生即能言自名、超出常规的时间出生，都是这一文化的表现。

第八，该铜鼓鼓面为鳄鱼皮。鳄鱼曾经作为雷泽之雷的象征，所以以之为鼓，自然是贵族式的。因为中国上古的神人、圣人不少都是遵循雷泽神诞这一范式的。

第九，《易·系辞》曰："天地无心而鼓动万物使之生生不息，圣人得道有心教化于民而忧之天下。"以铜鼓来表现氏族始祖神诞，是希望以此表明这些氏族始祖是符合天道获得其性命的，同时表明自己的氏族始祖忧患天下，所以是圣人，是得道之人。

第十，该铜鼓鼓面整体是天圆，其中心实际是"亚"字形，即是方形，这样的方圆天地阴阳的构成与雷为阴阳相搏所伴随是呼应的，自然也表现了阴阳和。

第十一，该铜鼓上端的标准化饕餮和蹲踞式神祖喾构成组合，其中的标准化饕餮周围是目雷纹和井字形花纹，都是精气的表现形式，在该图像系中，用以表示其是标准化饕餮所唾，并以之赋予蹲踞式喾，即是赋予蹲踞式神祖精气和繁衍子孙的能量。

第十二，《河图帝纪通》中记载："雷，天地之鼓也。"则该铜鼓即是雷的象征，其中的目雷纹，即是精气的象征，位于鼓上，可以称为是雷精，符合雷为阴阳抟形所伴的认知。《河图帝纪通》又记载"黄帝以雷精起"，即是讲黄帝的出生来自雷精，这与《河图稽命征》的附宝在郊野泽（即雷泽）生黄帝的神话相关[13]。《春秋会合诚图》中记载"轩辕，主雷雨之神也"，也是有这类神话背景之论。该铜鼓的目雷纹和米字形眼珠子造型，实际都应视为苍龙精气，可以动物化标准化饕餮，从一定意义上，可以认为是表现雷精的。在严格意义上，雷为阴阳和的伴随，这和雷呼应震卦和龙，呼应生机、生命，并且是神圣的天命、遵循秩序和天地阴阳的生命之意义是一致的。这样看，雷精本质上是伴随阴阳和的，在神话的叙述中，可能会理解为是雷精，即是雷所生之精，这自然是较晚期的演绎了。

第十三，该铜鼓鼓面附近的人字形花纹实际与江西吉安大洋洲的这种花纹基本一致，这种花纹的流行时间即是大洋洲这一时间段，并且很有地域特色，大洋洲的青铜器中多有这种纹样，湖南宁乡距离吉安县不远，纬度接近。由此可以判断，其时代与大洋洲青铜器时代是近似的，即是殷墟早期。这一特征是判断铜鼓年代的标准化特征，甚至可以作为判断其发现地的重要依据之一。

第十四，该铜鼓的誉之男性生殖崇拜符是典型的鸮面造型，连同该铜鼓上端的鸮图像、花园庄东地玄鸟合文中神鸟为长耳鸮的造型、卜辞中王亥首端神鸟图腾中有的神鸟为长耳鸮的现象这一案例，利于证明中国新石器时代以来，像牛河梁贵族墓葬贵族首有玉制的鸮面神鸟、赵陵山遗址蹲踞式玄鸟氏神祖首有鸮、肖家屋脊文化玉神祖首有神鸟、商周玉器神祖首有神鸟，这些应该属于图腾神鸟[14]。这表明新石器时代以来，中国存在图腾性质的神鸟等现象是存在的，尤其表明商人的图腾是鸮是玄鸟是无疑问的，时代可以早到新石器时代。

第十五，对于玄鸟妇壶之"玄"字的意义，学术界理解不一致。笔者认为其写法特殊，"玄"字与表示鸮的"鸟"字之喙相连。可能有一定的意义。"玄"字与神鸟喙相连，似乎是神鸟唾出"玄"字，可以理解为玄鸟唾丝，像蚕唾丝一样。中医讲唾为肾脏之气，蚕又可理解为龙变，所以"玄"字可以认为是蚕精气，也即可以理解为是龙精、龙漦。

《诗·小雅·皇皇者华》中所说的"六辔如丝"，即是讲辔缰有丝的光彩和韧度；"六辔沃若"，即是闪耀着鲜艳光泽；"六辔如濡"，即是新鲜有光泽貌。《庄子》讲"相呴以湿，相濡以沫"，这些记载在蚕丝和唾之间建立了联系，唾为肾之气，蚕吐丝即是唾之，是为蚕精气所化，即可以讲蚕唾新鲜有光泽，光彩有韧度，体现了唾为精华的特征。以多组圆形表现的龙漦、龙精，实际即是以唾沫形表现。二里头文化以来，考古学已有发现，商代表现雷泽神诞神话青铜盘盛行这种纹样，往往以鼋背多圆表现，这是古人认为鼋丰产使然。"龙漦变鼋"神话即是基于这一逻辑。"天鼋"族徽之鼋，往往显示出其背有多个圆形，依然存在以其表现天精的意义，与龙漦意义类似，因为龙德可以代表天德。青铜器和一些骨栖、骨刀之鼋，其背还会有离火形，实际也是表现精气的，其离火形，正是借助这一符号表现唾沫的精华之光的，与龙漦、龙漦化鼋是相符的。蚕吐丝，其丝若唾沫、若濡，沃若有光泽，正可以视为蚕之精华，蚕龙互化，视若龙漦。

"玄鸟唾玄"造型即是唾来自肾气的精华，这与商周神鸟唾、散精气图式是可以拟合的，与商周神鸟唾、散精气动物化为标准化饕餮、蝉、黾等是可以拟合的。由于神鸟与苍龙的高度关联，不少保形物类有羽化的现象，所以出现苍龙有羽翼、神鸟与苍龙构成一条特殊苍龙等现象。有一些商周图像中，似乎是单纯的神鸟，实际其身和长尾拟合龙身，即其是神鸟和龙的组合，或者视为特殊的龙，或者讲是特殊的神鸟。似乎是一只神鸟有苍龙拟合翅膀等神鸟和龙组成一种动物的现象，妇好墓的鸮尊还有龙与神鸟相连者。商周青铜器图像还有不少龙食神鸟的构图，实际是赋予神鸟能量，与神鸟衔蛇、神鸟践蛇、神鸟翅膀拟合龙蛇一样，实际都是赋予神鸟以能量，神鸟嘴巴、爪子、翅膀都是可以传递赋予能量的。神鸟之舌呼应唾、散精气；爪子和翅膀相当于四足，呼应震和龙，足底涌泉穴相应于人而言，霸国墓地的青铜神鸟足即有离火形，表示精气，神鸟之龙舌相应于人而言，其唾呼应肾气，与龙舌一样。商周一些苍龙龙舌为羽翼形，即是为了表现其是传递肾气的，因为五音之羽[15]呼应肾气。

从玄鸟妇壶的玄鸟解读，尤其是"玄"字表现了丝应该视为蚕唾精华的主旨特质看，可以意识到古代丝绸起源的文化动机除了再生、羽化成神等，还有一个即是其为蚕（龙）所唾，是精华，穿戴除了升天成神、再生，还可以同时增加自身的精气。古代把其与玉组合成"玉帛"奉献给神，都属于精华的范畴，是最为精纯的，是可以祭祀以供神用的。

玄鸟妇壶的玄与鸮神鸟组合的写法，表现了神鸟唾玄形若蚕（龙）唾丝一样，也即是与龙唾精气或龙漦一样，这与商周时神鸟可以像苍龙、苍龙系一样唾、散精气并可以动物化为标准化饕餮等的现象是一致的。

第十六，泉屋博古馆藏青铜鼓之苍龙从营之足赋予能量，这具有重要的思想史价值。我们知道，玉帛神用以至于成为礼品，在文献中有丰富的记载。《周礼·春官》载"立大祭用玉帛牲牷"；《左传·哀公七年》载"禹合诸侯于涂山，执玉帛者万国"；晋葛洪《抱朴子·审举》曰"施玉帛于丘园，驰翘车于岩薮"；《左传·僖公十五年》曰："上天降灾，使我两君匪以玉帛相见，而以兴戎"；《论语·阳货》讲"礼乎玉帛"；《齐雩祭歌》曰"礼充玉帛"。考古学发现也呼应文献。

《周易·序卦传》曰"履，足所依也。"郑玄《礼序》云："礼者，体也，履也。统之于心曰体，践而行之曰履。"《荀子·大略》曰："礼者，人之所履也。"《白虎通德论》："礼者，履也，履道成文也。"许慎《说文》："礼，履也，所以事神降福也。"《春秋说题辞》："礼者体也，人情有哀乐，五行有兴灭，故立乡饮之礼，终始之哀，婚姻之宜，朝聘之表，尊卑有序，上下有体，王者行礼，得天中和。"如《礼记·丧服》所谓礼体合乎天地阴阳四时人情之论。由于从体可以演化出亲属、宗法礼仪制度，可以演化出天地人三才，呼应之天地人三才之道，所以讲礼者体也，或犹体也。又由古人以履呼做足，足为震卦和龙，中医讲足底涌泉，生精气能量，所以为人的一身之本。人固本正气，体天地之道，即礼也。王国维认为酒有醴，则礼与禮（礼）与酒醴即有联系，其依然是奉献精华的祭祀之意义。《周礼·酒正》注："醴，犹體（体）也。"《礼记·内则》："醴者，稻醴也。"即是一种酒。酒为精华，所谓酒精是也。这样看，礼与精气有密切联系，至于实践之论，是一种升华和衍生，其基础和体还是精气、正气。同时，以履解读礼，可能还有更为特殊的意义，这即是由于古人以龙震卦象征足，震卦、龙德即是生机，生机本质来自精气、阴阳和，这是礼之本，以之逻辑和意义而言，以足为礼仪之本，以履为礼之表。震卦基本象征之一为足，震卦本质意义又为万物生机，有龙之象，道家之阴阳主旨即可表现为《二三子问》的"龙之德"。"龙之德"主旨按照《二三子问》之论，龙德是道的表现，《老子》二十五章和《二三子问》以"大"字概括道和龙德。龙德以有生机为其本质特征。龙德、生机为正是礼之本也。

第十七，易之震卦之象之一是喙，许多商周青铜器神鸟之喙常有蝉形图像，除了拟喙之形，还有表示精气和生机的意思，这正是震卦主生意义的表现，也是喙连鼻子呼吸功能的体现。商周以来，不少苍龙、标准化饕餮、白虎，都在鼻子上有火字形花纹，即是拟合素描特征，更是表现能量和生机的。

第十八，以鼓作为载体来表现这一来氏族始祖神诞历史的神话，实际与古人关于神人、圣人生于雷泽的常见神诞范式有关。因为鼓可以表示雷，搔鼓则雷至，又有鱼龙表现河湖之泽，所以综合表现的是雷泽生殖崇拜场景。崇阳县汪家嘴的商代铜鼓，三层鼓钉和鼓面、鼓身表现的昆仑、雷泽之意义，与泉屋博古馆藏青铜鼓是基本一致的。其鼓首所立造型，本质是两层苍龙食玄鸟鸮造型，这是我们判断其属于反映商人玄鸟氏氏族始祖神诞神话铜鼓的重要原因，也是判断其本身具有昆仑、雷泽意义的重要依据。由此，可以知道，苍龙、标准化饕餮、玄鸟所在的环境和场景有可能是雷泽，只是在器物表面有的没有明确的表现罢了。

第十九，以鼓融汇神诞故事，还与古代关于鼓奋阳气的认识有关，从而与生殖崇拜联系，正好用以表现喾和其妃以及图腾玄鸟鸮生子。鼓为震，为雷，《易传·象传》："天地解而雷雨作，雷雨作而百果草木皆甲坼。"《书·洪范》曰："雷于天地为长子，以其首长，万物与其出入也。雷出地百八十三日而复入，入则万物亦入；入地百八十三日而复出，出则万物亦出。此其常经也。"《河图帝通纪》曰："雷，天地之鼓。"《抱朴子》曰："雷，天之鼓也"。泉屋博古馆藏青铜鼓鼓面的鳄鱼皮是由圆形和亚字形组成的，是为天地，雷为天地阴阳和，表现为阳。搔鼓则雷至，于雷泽，则雷雨至，以使万物生长。商人图腾玄鸟的繁衍之能量来自玄鸟自身的太阳能，其属于少昊氏族和来自苍龙赋予的能量，而雷泽即是苍龙降临所在的一个场景，如文献中的雷神和黄帝制鼓的夔一般。以鼓表现氏族始祖神诞符合自然、天命。

第二十，以鱼象征姜嫄、简狄等，以雷为阴阳和的伴随现象，所以雷可以视为阴阳和之兴。同时阴阳及其伴随之雷，还是神诞场景的一种比喻和拟合，连同对于生殖崇拜的直接表现。可以讲《诗经》中赋比兴的文学表现形式，在此造型和绘画艺术中都表现了。喾、图腾和妃之阴阳和伴随天命玄鸟主旨和雷，也表现了玄鸟氏神祖喾繁衍子孙符合天道运行、天命，生生不息。

第二十一，玄鸟鹐为商人图腾，依据古人认识，神鸟震雏呼应雷，正可以与鼓即雷呼应。《大戴礼记·夏小正》："雉震呴。震也者，鸣也。呴也者，鼓其翼也。"依据《夏小正》《洪范·五行》等记载，正月雷震雉雏，是由于雉为阳精，雉雏相识以雷。《易·通卦验》和《礼记·月令》记载表明，雉雏、繁衍在立春，季冬雉雏，皆谓雷鸣地中时。曲项震雏，是为呼应五音之羽，即是呼应震卦的。这样看的话，泉屋博古馆藏青铜鼓鼓面及其图像有雷泽以及玄鸟鹐出现于鼓面，属于同一主题的表现。

小屯等遗址发现多角形的中心是离火形，少数离火形还是角形和线条组合成的，这些线条表现能量发散，角形表现离火能量精光、震雏。有的人面苍龙[16]胸有多角形图形，其实质应该与多角离火形是一致的。离火是能量，在龙身应该理解为来自苍龙之肾，属于龙黎，其在龙胸为多角形，则似神鸟震雏一般，主要是表现来自苍龙肾之精气的能量之运行动态的。这与鸟震雏相似，鸟震雏呼应雷，苍龙震雏自然也可以呼应雷，但不是雷。

第二十二，泉屋博古馆藏青铜鼓的蹲踞式喾，本身拟合玄鸟鹐。玄鸟为候鸟，春来秋走，又有晚现早没的生活习性，则可呼应太阳，所以可呼应震卦，是《焦氏易林》等所言的震卦之象。巽卦为长女，兑卦为少女。鱼呼应女，则鱼可以表示巽卦、兑卦。巽卦可为春天之风，巽卦为床下，所以巽卦可视为耳边风，即是象征女。剥卦之床，可以象征王朝、政权，非为古代井架，所以，《易·巽》之辞也表现了巽可为妃，这正表明泉屋博古馆藏青铜鼓中帝喾之妃以巽、兑卦之象征的鱼来表现是适宜的。其实，至少半坡文化以来即以鱼来表现女子，彩陶中的鱼鸟图像即是明证。《说卦传》曰"巽为风"，确切地讲为和风。《易本命》讲"风主虫"，所以春风动则虫生，万物生长。

巽卦和兑卦为覆卦，《杂卦》记载"兑见而巽伏也"，这与泉屋博古馆藏青铜鼓之象征简狄、建疵的两条大小不一的鱼一致，与神话中简狄、建疵姊妹的妻妾争抢为喾生子的社会现象有联系。

融合玄鸟鹐的男神喾呼应震卦，其与表示简狄、建疵之鱼呼应的巽、兑卦组合，则为恒卦和雷泽归妹卦，这是易之卦象中的婚姻卦，即泉屋博古馆青铜鼓图像的主题。

第二十三，《吕氏春秋·季夏纪·音初》载："有娀氏有二佚女，为之九成之台，饮食必以鼓。""九成之台"即是形容高台，泉屋博古馆藏有龙鱼的鼓身形成圆形，与鼓皮连成方圆形，其中三重鼓钉构成三圆，若红山文化的三重天坛，与鼓身鱼龙所在泽以及鼓面中心的"亚"字形形成所谓的辟雍之形，呼应金文记载。其中"亚"字形与明堂的基础可能类似，表示土地。整体是一个天地结构，与历代关于明堂意义的基本认识即其是遵从天地相应巡行四时天地之道的一种神圣建筑有类似的方面。这样的结构是天地人三才合一的造型，遵从天道，利于天地阴阳之气交通，利于神人、圣人繁衍。

泉屋博古馆藏青铜鼓中所表现类似天地明堂辟雍的有关含义和造型，和文献和简牍中使简狄、姜嫄等生子的玄丘之水、央台之丘、青丘之水、巨野泽有一定的意义联系，尤其在利于交通阴阳、巡行天道的方面。从上海博物馆藏战国简牍的《子羔》看，其时描述姜嫄的神话中有祈求上帝的成分，上帝使神通显人武[17]。天子造明堂，所以通神灵，感天地，正四时，出教化，崇有德，重有道，显有能，褒有行者也。明堂的主要意义在于借神权以布政，宣扬君权神授。一般明堂都建于城南，即所谓"布政之宫，在国之阳"，鼓之为阳，以之表现明堂是适宜的。

简狄、姜嫄等生子的玄丘之水、央台之丘、青丘之水、巨野泽等与神话中的雷泽、江河之渚、在河之洲尤其是閟宫之类，是呼应的。《诗·鲁颂·閟宫》载"閟宫有侐，实实枚枚。"《毛传》："閟，闭也。先妣姜嫄之庙在周，常闭而无事，孟仲子曰：是禖宫也。"郑玄笺："閟，神也。姜嫄神所依，故庙曰神宫。"实际是讲閟宫为神奇之地，氏族严格管理不是一般人都可以去的地方。《太平御览》卷一百三十五引《春秋元命苞》曰："周本姜嫄，游闭宫，其地扶桑，履大迹生后稷。"《黄氏逸书考》辑《春秋元命苞》记载："姜嫄游閟宫，其地扶桑，履迹而生男。"显然表明姜嫄游的閟宫，类似桑林、空桑之生殖崇拜之地，是与《墨子·明鬼》记载的"燕之有祖，当齐之社稷，宋之桑林，楚之云梦"可以归属于一类的地方。于是玄丘之水、央台之丘、青丘之水、巨野泽显然也属于这类地方。

第二十四，鼓面的鳄鱼皮中心的"亚"字形，一面"亚"字形的一端是9个大型骨版，共有8排计72个；另一端是6个，共有2排是12个，共有84个，另一面"亚"字形一端是5个，共有2排为10个；一端是8个，共有7排为56个，共有66个。5为生数，8为成数，6、9为成数并为老阴阳。66加300为366天，为太阳回归年闰年的天数，84加上300为384天，为一个月亮回归年闰年的天数。《易·参同契》："处中以制外，数在律历纪。"5为天数之中数，6是地数之中数，天地5运6气交通即是运气，《国语·周语》："天六地五，天之常数。""成之以六，天之道也。"泉屋博古馆藏青铜鼓的鼓皮中心"亚"字所蕴含的数字文化，实际表现了历法和天地阴阳之气，表明该铜鼓蕴含着自然四时之规律，即是天地人之规则即是道。桓谭《新论》曰："王者作圆池，如璧形，实水其中，以圜壅之，名曰辟雍，言其上承天地，以班教令，流转王道，周而复始。"

　　该铜鼓的三层鼓钉呈现圆形，并且逐渐叠次成台，与鼓面"亚"字形构成三层台之上端有一个"亚"字形建筑的形态，三层鼓钉位于鼓面，这样则与龙、鱼等所在的雷泽之圜，构成类似辟雍的造型。其中三层鼓钉之三可能还同时表现了昆仑三的含义。这一圆形加"亚"字形与杞县鹿台岗龙山文化的圆形"亚"字形建筑[18]、东汉洛阳明堂、西汉长安明堂辟雍基本一致，表明商代所谓的明堂辟雍之"亚"字形转角至少在第一层基础上没有表现其有小厅堂。整个鼓的这一造型显然表现包纳了天地模型，并且主要体现了天地之中的意义，还表现了天心地胆连接的意思，即是天地之根，利于阴阳和。

　　该鼓代表雷，鱼、龙代表泽，与神祖组合，构成典型的神人、圣人神诞的雷泽场景。该鼓面的"亚"字形，尤其是有的昆仑台，呼应文献中的天命玄鸟生商的玄丘之台、九层之台的元素，并且形成山泽通气，以利阴阳。鼓面的方和圆形呼应天圆地方，呼应阴阳，同时呼应的是天地之中或者是一个拟象的天地之中，这样，其也明确表现了央台之丘或者玄丘之水，或者讲表现了天地之根的意义，于是又体现了阴阳和。这些都符合文献中记载的喾与其四妃的神话故事，即是历代神人、圣人神诞基本遵循的巨野泽、空桑、有水垣的昆仑形等中国式雷泽生殖崇拜类型的神诞故事。《春秋合诚图》讲天帝之精气，起于中土和三河之洲；《古微书》卷八记载庆都生于斗维之野、三河之洲的天帝的精气奇石，并有雷电随之。与该铜鼓三层象征地中，鼓面象征的天地之中，苍龙、鼓象征雷电等元素组合是一致的。注意其中的苍龙为东象，可视为正，因为帝出万物于震卦，震卦为东为龙，所以历史上东贵于其他方，东宫是太子之地，太子则是帝王之传。《春秋演孔图》曰："正气为帝，间气为臣，宫商为姓，秀气为人。"宋均注曰："正气为若木，则人得苍龙之形，灵威仰之气。"即古代的帝王，是与天生万物之始的震卦方位的苍龙来临中土所唾精气有关的神人。

　　泉屋博古馆藏青铜鼓反映的天地之中的昆仑形，为三层。秦时之台还有九层的，如始皇王陵。泉屋博古馆三层之台，与东南良渚文化之所谓的祭坛是相关的。该文化之所谓祭坛功能并不单一，其中之一可能与这种台有关。其与墓地组合表现生死等自然法则和原始宗法。这些祭坛并不只有丘的文化主旨，其周有泽，整体即是雷泽之地。其中鼓呼应泉屋博古馆藏青铜鼓之类的鼓所代表的雷，饮食象征与喾的阴阳和，"二女爱而争搏之"，即是以两条鱼代表的简狄、建疵争抢为喾生子。《列女传》卷一载："当尧之时，与其妹娣浴于玄丘之水。有玄鸟衔卵过而坠之，五色甚好。简狄与其妹娣竞往取之。简狄得而含之，误而吞之，遂生契焉。"其中"简狄与其妹娣竞往取之"也是争为喾生子的叙述，属于古代姊妹嫡、庶同嫁的常见社会现象。"燕遗二卵北飞，遂不反"，可能表现了其春来秋走的候鸟特征和时节，同时也可能是喾葬山阴的一种喻义。在泉屋博古馆藏青铜鼓中，玄鸟鹓之卵和争卵反映的姊妹嫡庶争为喾生子现象以代表姊妹的两条鱼和男性生殖崇拜符组合来表现[19]，是符号学的经典表现。

第二十五，巽卦象征青色为生机之色，巽卦为酸，民俗中表现有生男意，所以古人以酸男预测。巽卦为震卦的旁通卦象，即是对卦、错卦、类卦，所以其与玄鸟鹓、喾象征的震卦组合，表现阴阳和，这是新石器时代以来即出现的鱼鸟图组合表现生殖崇拜的易学解读。

第二十六，《山海经》曰："雷泽有雷神，龙身人头，鼓其腹则雷也。"这里讲的即是鼍神。以鼍皮蒙鼓，若鼍负之鼓。《帝王世纪》记载，黄帝杀夔蒙鼓，以其骨为鼓槌，其中夔被描述为牛形，与《山海经》中的夔牛相似。《九江府志》："鼍，鳞甲黑色，性嗜睡，能吐雾致雨。声如鼓，故取其皮以冒鼓。诗云，鼍鼓逢逢，欲雨则鸣。故里俗以鼍谶雨。"罗愿《尔雅翼》："《诗》云'鼍鼓逢逢'，李斯亦云'树灵鼍之鼓'，是周秦皆以鼍冒鼓也。"《本草纲目》则云："鼍形似守宫，背尾有鳞甲，其声如鼓，夜鸣应更，谓之鼍鼓，亦曰鼍更，俚人听之以占雨。"《晋安海物记》亦云："鼍宵鸣如桴鼓，江淮之间，谓鼍鸣为鼍鼓。其声逢逢如鼓，又善夜鸣。"《唐史国补》："雷州春夏多雷，无日无之。雷公秋冬则伏地中。人取而食之，其状类猪。"由之可知，以鼍皮蒙鼓，以呼应雷泽。历代雷泽是神人、圣人神诞之地，从古代朴素科学的认知方面，可以解读为是利于生存繁衍、生长的地方。

尤其这一利于繁衍之地，还遵循易理，一方面是雷泽归妹卦象，另一方面即是《易·说卦》所记载的山泽通气。依宋董楷《周易传义附录》卷十二载："泽气之升于山，是山通泽之气；山之泉脉流于泽，为泉为水，是泽通山之气，是两个之气相通。山泽一高一下，而水脉相为灌输也。"宋俞琰《周易集说》卷三十六载："山通泽之气，泽通山之气，山泽之气往来相通。"朱子解释为："泽气升于山，为云，为雨，是山通泽之气；山之泉脉流于泽，为泉，为水，是泽通山之气。是两个之气相通。"《礼记·孔子闲居》："天降时雨，山川出云。"认为山川是天地通气的"孔窍"，山脉具有含藏阴阳之气的性能，气挥发出来，即可出云致雨。《易·乾》曰："云行雨施，天下平也。"文献记载的雷泽、江河之渚，实际都还有山丘、昆仑丘、沙丘、九层之台之类，若在河之洲，所以不是单独的河湖之泽。这即是泉屋博古馆藏青铜鼓不只表现雷

泽，还表现三层昆仑的主要原因。正是这一符合山泽之气往来相通以至雨来天下平的
场景，才利于表现呼应融合玄鸟的喾与其妃阴阳和，风雨雷至，神人、圣人生，带来
天下太平的盛世乾坤。

　　第二十七，鳄鱼唱求偶之歌，鼓起肚子，发出低沉的鼓声，这可以作为鼍鼓的象
征之一。这同样符合雷为阴阳和的伴随，来自阴阳和。雷泽是中国古代生殖崇拜圣地，
以至于有雷精的观点。西晋皇普谧《帝王世纪》曰：“黄帝有熊氏，母曰附宝，有蟜氏
之女也。见大电光绕北斗，枢星照郊野，感附宝而孕。”其中的郊野即是郊区类似巨野
泽的雷泽，大电光实际是表现雷之电的。关于闪电，《月令七十二候集解》有以之为阳
的认识，其引用《历解》曰：“凡声，阳也；光，亦阳也。”又引用《公羊传》曰：“电
者，雷光。”并认为徐氏曰“雷阳，电阴”是错误的。雷电阴阳的认识确实是较晚的，
早期实际雷电经常一体，性质一样，往往都被视为阴阳和的表现。

　　《艺文类聚》卷二引《河图帝通纪》：“黄帝以雷精起。”《太平御览》卷八六五引汉
应劭《风俗通》：“子路感雷精而生，尚刚好勇。”雷精还被视为有异于常人禀赋的帝王
之类，唐杨炯《大唐益州大都督府新都县学先圣庙堂碑文》序曰“是故雷精日角”。这
显然是由早期雷泽生殖崇拜文化、雷为阴阳和之伴的认识演化而来的认识，起源应该
略晚。桃花庄兕觥的雷泽是鳄鱼，则可能是雷神的早期形象。《山海经·西山经》之烛
龙之鼓，“其状如人面而龙身”。《山海经·海内东经》：“雷泽中有雷神，龙身人头，鼓
其腹则雷。”则是鳄鱼的本质或者演变。《山海经·大荒东经》中记载：“东海中有流波
山，入海七千里。其上有兽，状如牛，苍身而无角，一足，出入水则必风雨，其光如
日月，其声如雷，其名曰夔。黄帝得之，以其皮为鼓，橛以雷兽之骨，声闻百里，以
威天下。”这种夔也应该是雷神之形。这样的雷神，有几分龙的特征了，与鳄鱼造型有
不少相似，夔则是鳄鱼和龙、春牛元素的综合造型，已与龙有些特征相似了。春秋以
来，还出现过龙蛇嘴巴有青蛙的现象，从泉屋博古馆藏春秋时期的青铜盘之雷泽看，
其确实是以青蛙来表示雷的，西周只有极少数青铜卣系之端是青蛙的。由于青铜卣系
一般可以表示苍龙，所以龙吼、震雏可以认为是雷并以青蛙表现的这一新的文化认知
可能起源于商周之时，在春秋时期较为流行。这一认识利于表明所述商骨柶之人面苍
龙胸之多角形，可以表示龙之震雏（图一三八）。不过苍龙胸之多角形表示苍龙震雏，
并不表示多角形代表的能量为雷，其只是来自苍龙之肾脏即大火星的肾脏之精气，使
雷出现，还有其他因素参与形成，若人和动物的发生机理。也即，这种现象的出现，
依然不能表明离火之精气为雷，但是为雷精论提供了一部分认识基础。这样看，真卣
等青铜器标准化饕餮额头有离火形精气，表示其本质是来自苍龙精气[20]的动物化，而
非雷兽。西周时期其他青铜器图像中标准化饕餮腿、首之处的离火形也是这种表达，

同时表现其周身的精气能量。霸国青铜鸟尊之神鸟足的离火形，则还表现了中医经络学的四足底生精气以及神鸟本身具有能量这一认识。

至于北斗的问题，这是感生帝的思想表现，黄帝的感生帝即是，《礼记·大传》"王者禘其祖之所自出。"汉郑玄注"王者之先祖皆感大微五帝之精以生"，其中"黄则含枢纽"。《周礼·天官·大宰》云"祀五帝"，唐贾公彦疏也是持这样的认识。这种感生的思想起步较晚，大概在两汉，所以该文献中的闪电和郊野是雷泽雷电的写照，是早期的神圣王者神诞神话的常见范式。

第二十八，《诗·邶风·终风》曰"虺虺其雷"，其义即表现了雷与龙蛇的联系。"雷惊天地龙蛇蛰"，所以擂鼓表现雷，则铜鼓图像中有菱形花纹和火字形花纹的苍龙[21]开始赋予神祖喾以能量。

第二十九，王充《论衡》曰："子路感雷精而生，尚刚好勇。"即是具有若雷震子一样具有雷的素质。泉屋博古馆藏青铜鼓的神祖为喾，有鱼尾苍龙从喾之足传递能量[22]，即是获得来自苍龙大火星的能量。由于《易·说卦传》记载，帝出万物于震，即是天极呼应大火星或房宿。苍龙赋予的能量，即是震赋予的能量，即是雷赋予的能量。

第三十，《春秋公羊传·隐公元年》记载："立嫡以长不以贤，立子以贵不以长。"《艺文类聚·帝王部》："帝喾有四子：长曰鸷（挚），次曰弃，三曰契，四曰尧。"《史记·五帝本纪》记载："帝喾高辛者，黄帝之曾孙也。高辛父曰蟜极，蟜极父曰玄嚣，玄嚣父曰黄帝。自玄嚣与蟜极皆不得在位，至高辛即帝位。高辛于颛顼为族子。高辛生而神灵，自言其名。普施利物，不于其身。聪以知远，明以察微。……帝喾娶陈锋氏女，生放勋。娶娵訾氏女，生挚。帝喾崩，而挚代立。帝挚立，不善（崩），而弟放勋立，是为帝尧。"《帝王世纪》曰："帝喾高辛氏……亦纳四妃，卜其子，皆有天下，元妃有台氏女，曰姜嫄，生后稷；次有娀氏女，曰简翟，生契；次陈丰氏女，曰庆都，生放勋；次娵訾氏女，曰常仪，生帝挚。"泉屋博古馆青铜鼓以鼓的形式表现喾之子生的神诞神话，一方面是由于震卦呼应生机，呼应龙德化，还有一方面即是震卦呼应乾坤之长子，为在商代兄终弟及制为主、长子继承制为辅的基础上出现的西周嫡长子优先继承制度的规范化奠定了基础。

第三十一，鱼尾菱形花纹为主的苍龙[23]从其足传递能量，与苍龙唾、散精气的图像结构或者苍龙唾、散精气的动物化为标准化饕餮的图像结构是基本一致的，这样喾即有类似于苍龙之精气的特征，与标准化饕餮也应该有类似的特质。这样，在帝出万物于震的思维下，在神祖喾、标准化饕餮、苍龙精气、苍龙和帝王之间即建立了一个家族式联系。这是晚期天子、真龙天子、龙子龙孙讲法的逻辑链条。鱼尾龙在商代有一些发现，还有鱼形龙，这是由于鱼是一种善于生殖的生物，所以以鱼尾龙增强其生存繁衍能力。苍龙周身菱形花纹，本来即是阳龙代表，其首的火字形花纹，则是自身能量的代表。整体表示阴阳赋予，使神祖訾自身具备天之阴阳修炼成精气。

第三十二，《礼运》谓"人者天地之心也，五行之端也"。唐代孔颖达疏证，人在天地之动静若人心在人身之心动静一样。《文言传》释"乾元"曰："元者，善之长也。"朱熹认为："元者，生物之始，天地之德，莫先于此，故于时为春，于人则为仁，而众善之长也。"即仁是天地生物之心，其与天地生生不息之德和人心三者是同一的。天地之心即人心，人心为天心，表现为仁，即是生生不息，即程颢讲的"观万物皆有春意"。《易·说卦传》讲帝出万物于震，天帝为天心，震卦之龙能量来自天帝赋予的大火星能量，即是心宿二，其即属于龙蛇生物的肾脏位置，又自然象征中心位置，所以，泉屋博古馆藏青铜鼓一类苍龙赋予訾雷神祖的能量，不只是繁衍的能量，实际还有心的仁德、元德、天德。

《史记·三代年表》记载，与天地同心同德，则为王者，《黄帝四经·拾太经·五政》："男女毕迥，何患于国？"表示黄帝的思想可以与百姓通达，同心同德，上下一心，也就是老子所说的"玄同"，《经法·四度》中说的"上同"。

《史纪·三代世表》："《传》云：'天下之君王为万夫之黔（元）首请赎（续）民之命者帝，有福万世，黄帝是也。'五政明则修礼义，因天时举兵征伐而利者王，有福千世。"《中庸》云："天命之谓性，率性之谓道。"于人而论，即是以人为合于天用之德。《国语·楚语上》："尧有丹朱，舜有商均……是五王者皆有元德也。"《书·酒诰》曰："兹亦惟天若元德，永不忘在王家。"孔传曰："亦惟天顺其大德而佑之。"《周易》以天德表现乾象，《文言》以"乾元"系之于"用九"。《周易集解纂疏》又载汉人注《易》以"天德"即"乾元"。《九家易》曰："观乾之始，以知天德。"这样看，元德即天德，天有德，以仁为本，即是天心之元德表现。

《论语》中孔子曰："何事于仁！必也圣乎！"王阳明《大学问》讲："大人者，以天地万物为一体者也。"唐李鼎祚《周易集解纂疏》曰："言天之体，以健为用，运行不息，应化无穷，故圣人则之。欲使人法天之用，不法天之体，故名'乾'，不名天地。"泉屋博古馆藏青铜鼓之图像，訾与其妃，承天德而繁衍唐、商、周之氏族始祖，即尧王、玄王契、后稷，这些人为圣人无疑。其来自訾，并融合天命玄鸟降临雷泽而生之"天命"，同时由苍龙赋予神祖訾以能量，所以这圣人所则即是仁德。

天地人之心，其都为中正。《路史》载："天之历数在尔躬，允执其中，舜之受终也，在璇玑玉衡，以齐七政，故其庀而授禹，曰：'咨女禹，天之历数在尔躬，允执其中。'三圣之所授，执中而已。执中者，以历数之本乎中也。是故历法作，而中道著矣。班固之志历也，亦以是，为尧之授舜者也。""天生河图，八卦之原也；地应龟书，九畴之寄也。八卦者，历数之始也，而本于太极；太极者，至中也。九畴者，历数之成也，而本于皇极；皇极者，大中也。"

　　泉屋博古馆藏青铜鼓的鼓面之天圆地方位于中心，实际有天地之中的意义，连同鼓钉形成的昆仑形，以构成表现天地之中的中间，即是青阳成天浑浊下地的天地之根概念，利于阴阳和，神人生。

　　第三十三，《易·系辞上》言："显诸仁，藏诸用，鼓万物而不与圣人同忧，盛德大业至矣哉！"李鼎祚《周易集解》卷十三引侯果说："圣人成务，不能无心，故有忧，神道鼓物，寂然无情，故无忧也。"《周易正义》卷七引唐孔颖达疏："言道之功用，能鼓动万物，使之化育，故云鼓万物，圣人化物不能全无以为体，犹有经营之忧，道则虚无为用，无事无为，不与圣人同用有经营之忧也。"《道德经》曰："圣人常无心，以百姓心为心。"实际上并不是讲圣人无心，实际是讲其应该以百姓心为心，按照"圣人孩之"的赤子之心，治理国家。这种心即是仁，即是元德，即是遵循天地之心，即是"穷理尽性以至于命"的天命观，所以既是有心也是无心。《史记·乐书》载：凡音由于人心，天之与人有以相通，如景之象形，响之应声……故舜弹五弦之琴，歌南风之诗而天下治。……夫南风之诗者生长之音也，舜乐好之，乐与天地同意，得万国之欢心，故天下治也。泉屋博古馆藏青铜鼓即是陶唐氏、玄鸟氏、周氏族始祖，喾、尧、契、稷为赤子，有赤子之心，唯一表现的喾为蹲踞式，除了拟合玄鸟鹗、龙、鼋等形，还拟合赤子形。这也是符合中国自新石器时代以来[24]道家文化的。

注释

[1] 表示生机，以使死者复生。

[2] 饶宗颐：《谈高邮龙虬庄陶片的刻划图文》，《东南文化》1996年第4期。

[3] 多数以人首表现。

[4] "巫"字，本身与四方（四极）和中土都有关，确切地讲，"巫"字形有五方之意义。

[5] 有的祖先和河一样，可以有方帝一样的地位。

[6] 即是太昊、炎帝、黄帝、少昊、颛顼。

[7] 《史记·封禅书》云："秦襄公既侯，居西垂，自以为主少皞之神，作西畤，祠白帝。"秦襄公的时代是春秋时期。

[8] 或者曰青阳，或是少昊，司马迁等认为青阳即少昊，还有的认为玄嚣即青阳。

[9] 其鹰有的翅膀有龙眼，是为获得苍龙能量的神鸟。还有四鹗组合黄金装饰。

[10] 像羽翼、首、足等。

[11] 不是龟。

［12］蝉有六只脚，该蹲踞式神祖有四肢。

［13］附宝见"大电光绕北斗"，在枢星所照的郊野青邱生黄帝，其中青邱即是青丘，类似上海博物馆藏竹简《容城氏》之玄丘之汭。同时类似于《列女传》之訾四妃所浴的玄丘之水。也都类似在河之洲、渚，是古代利于阴阳和和天与地交通的地方。

［14］西周玉柄形器的图像中的位于蹲踞式神祖首的神鸟不是鸮，首一般会有凤冠，这可能是神话中鸣于岐山以表吉兆的神鸟，同时也是其信仰甚至是图腾的神鸟，是周人刻意地区别于商人玄鸟鸮图腾的。

［15］三星堆龙虎尊蹲踞式神祖唾舌形（表明其与商人的联系）即是为了表现其神肾气充盈的，具有龙虎赋予的精气神，是借助天地龙虎阴阳的修炼使然，也具有辟邪的功能。楚地战国以来的唾龙舌神兽即是以这种特殊造型辟邪的，这本质上属于道家文化。

［16］目前商代这样的人面苍龙大概有3条。

［17］从泉屋博古馆藏青铜鼓的图像看的话，则呼应的是图腾和訾融合的神祖之足。

［18］方圆建筑，符合阴阳平衡的特征和$\sqrt{2}$的数字化阴阳平衡。

［19］同时訾的生殖崇拜符还拟合玄鸟面。

［20］以离火形表示。

［21］火字形表示能量。

［22］按照中医理论是涌泉穴。

［23］主题造型取自五步蛇。

［24］至少6500年前已有较为完备的认知。

（原刊于《华夏文明》2021年第9期）

荥阳西司马商周墓地再研究

郝红星　于宏伟

西司马墓地是郑州市文物考古研究院、河南省文物考古研究院、荥阳市文物保护管理所于2005～2006年共同发掘的一处大型晚商至西周墓地。《荥阳西司马墓地》一书介绍了西司马墓地的位置、地理形势与地势、发现与发掘经过、墓葬形制与出土器物，并且对墓葬形制、器物型式进行了初步研究，但未涉及墓葬的分布规律及埋藏顺序。笔者对器物重新进行分型、分式，以此为根据，将82座商周墓分为四期，并且观察墓葬的埋入顺序（未随葬器物的墓葬从随葬器物墓葬的分布态势来判断它们的年代，随葬器物墓葬的墓主性别是一个重要参考因素），不妥之处，敬请方家指正。

一、墓地分区

西司马墓地共发掘商周墓85座（其中3座被盗，骨、器无存）。墓葬均为长方形竖穴土坑墓，一般口小底大，使用木棺的都留有夯打过的二层台。口长2～3.4米，口宽0.8～1.7米，深0.4～1.2米。考虑到墓的上部有1米遭到破坏，墓口长宽还应有减少。根据墓的长宽比例与墓的方向，可将墓分为两型。

A型墓呈南北向，长宽比例较小，墓看起来较宽胖。大墓长2.4～3.4米，宽1～1.6米，深0.7～1.6米，这种墓占绝大部分；小墓长2.2～2.4米，宽0.8～1米，深0.3～0.7米，这种墓仅占一小部分。

B型墓呈东西向，长宽比例较大，墓看起来瘦长。大墓长2.6～3.6米，宽1.1～1.6米，深1～1.6米，这种墓仅有数个；小墓长2.1～2.6米，宽0.7～1.1米，深0.3～1米，这种墓占绝大多数。

根据墓葬方向，可将墓地分成A、B、C三区。A区位于中部，墓葬所占空间呈不规则半环形；B区位于A区的东北部，被A区半包围；C区位于A区的西北部，与A区紧挨，墓葬所占空间呈椭圆形。关于墓葬头向，A区的28座墓有3座被盗（一座东西向，两座南北向），头向不明，其余墓均南北向，头向朝南；B区的21座墓有2座南北向墓（一座头朝北，一座头朝南），其余为东西向墓，头均朝西；C区36座墓除一座南北向墓（头朝北），其余为东西向墓，头均朝西（图一）。

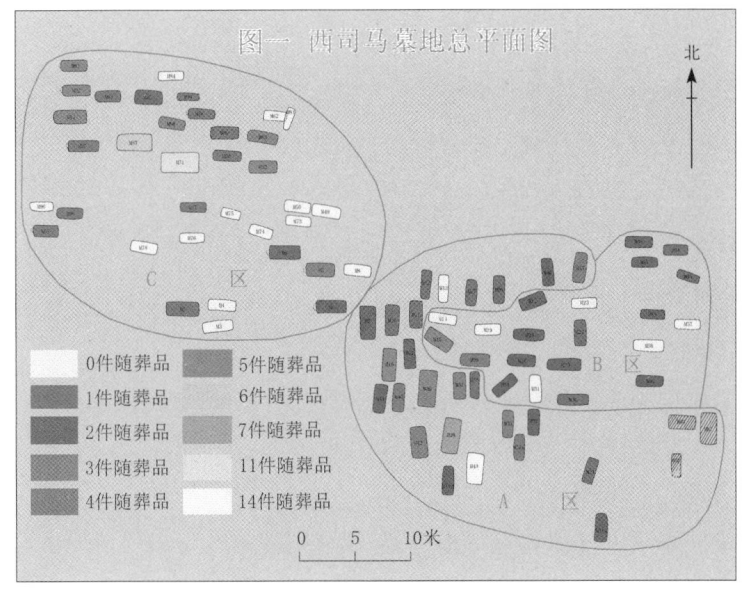

图一　西司马墓地总平面图

三、器物分型分式

西司马墓地出土器物以泥质灰陶为主，夹砂棕红陶、夹砂灰陶次之，另有少量泥质红陶。器形主要为罐、鬲、簋、豆，出土陶罐111件、陶鬲22件、陶簋16件、陶豆12件，另有铜觯1件、铜爵1件及砺石、蚌器等，因不具备分期性质，在此略去。

出土陶器虽然以罐为主，但罐的分期功能不如鬲、簋、豆，故我们的分型分式自鬲始，簋、豆随之。在这三种器物搭建的框架下，仔细考察陶罐的变化，将陶罐也分出期来，使整个墓地器物分期更科学合理，由此确定墓葬的埋入顺序。

1.陶鬲　根据陶鬲的口沿、腹、足的特征，将其分为四型。

A型　3件。器形窄而高。根据口沿特征分为两个亚型。

Aa型　折沿，沿面凹陷似盘口，袋足下有指节状足跟。根据沿、足不同分为两式。

Ⅰ式　折沿稍宽，方唇，袋足外张，足跟磨损。腹、足、裆饰特粗绳纹。标本M40：1，夹砂红陶（图二：1）。

Ⅱ式　窄折沿，方唇，腹较直，足跟较高，裆较低。腹、足、裆饰粗绳纹。标本M47：1，夹砂棕黄陶（图二：2）。

Ab型　侈口，折沿，圆唇，沿外侧有一窄平台，微鼓腹，三袋足，袋足下有较矮的指节状足跟，低裆。腹、足、裆饰中绳纹。标本M51：5，夹砂棕黄胎，褐表（图二：3）。

B型　9件。袋足，足下无足跟。根据器形分为两亚型。

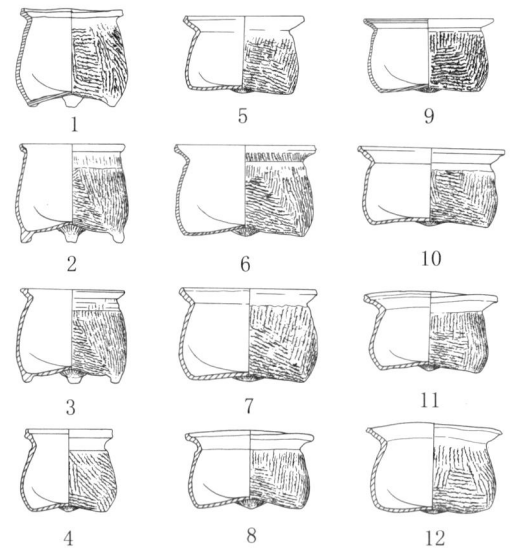

图二　西司马墓地出土A型、B型陶鬲

Ba型　器形较瘦。侈口，折沿，方唇，沿面凹槽较深，束颈，袋足外张，极低裆。腹、足、裆饰粗绳纹。标本M27∶1，夹砂棕红胎，褐表（图二∶4）。

Bb型　器形矮而宽，极低裆。根据唇、足特征分为三式。

Ⅰ式　方唇之上沿高而尖，袋足微外张。腹、足、裆饰粗绳纹。标本M7∶1夹砂棕红胎，灰表。标本M43∶10夹砂灰陶。标本M16∶4夹砂棕红陶（图二∶5～7）。

Ⅱ式　方唇之上沿不尖，唇内侧有凹槽，袋足内敛。腹、足、裆饰粗绳纹。标本M26∶1，夹砂灰陶。标本M38∶5，夹砂棕红胎，褐表。标本M42∶2，夹砂棕红胎，灰表。标本M46∶1，夹砂灰陶（图二∶8～11）。

Ⅲ式　器形大致同前，唯袋足的足尖消失。腹、足、裆饰粗绳纹。标本M39∶1，夹砂棕红胎，褐表（图二∶12）。

C型　5件。折沿上有略凹的窄平台，或用于承盖。鼓腹，袋足下无足跟。根据腹部特征分为四式。

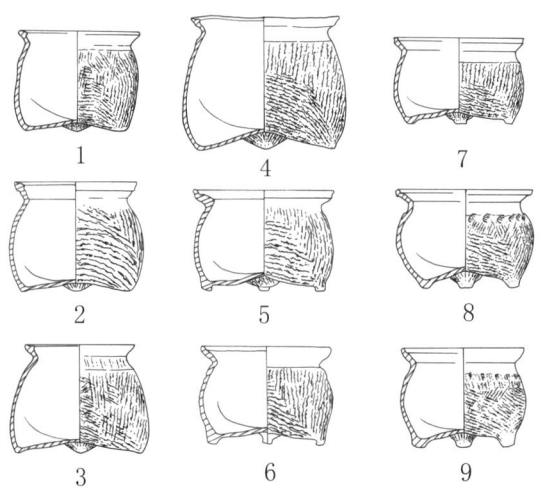

图三　西司马墓地出土C型、D型陶鬲

Ⅰ式　窄方唇，腹部、袋足较直，极低裆。腹、足、裆饰中绳纹。标本M51∶9，夹砂棕红胎，褐表（图三∶1）。

Ⅱ式　厚方唇，鼓腹，袋足内敛，极低裆。腹、足、裆饰中粗绳纹。标本M114∶1，夹砂棕黄陶（图三∶2）。

Ⅲ式　厚方唇，鼓腹，袋足外张。腹、足、裆饰中绳纹。标本M21∶1，夹砂土黄陶（图三∶3）。

Ⅳ式　圆唇，鼓腹，袋足外张明

显，足尖内敛，低裆。腹、足、裆饰粗绳纹。标本 M37：1，夹砂灰陶（图三，4）。

D 型　5件。器形矮而窄。折沿，鼓腹，袋足内敛，足下有指节状足跟。根据颈、肩特征分为两亚型。

Da 型　折沿下没有明显的束颈。又据沿、足不同分为三式。

Ⅰ式　方唇，沿面凹槽明显，足跟较高。腹、足、裆饰粗绳纹。标本 M134：2，夹砂灰陶（图三：5）。

Ⅱ式　圆方唇，沿面凹槽不明显，足跟较高。腹、足、裆饰中粗绳纹。标本 M87：2，夹砂灰陶（图三：6）。

Ⅲ式　方唇，沿面凹槽不明显，足跟极矮。腹、足、裆饰粗绳纹。标本 M10：1，夹砂褐陶（图三：7）。

Db 型　折沿下有明显束颈，肩部有摁压纹。分两式。

Ⅰ式　方唇，沿面凹槽明显，束颈较直，极窄肩。肩部摁压纹较深，腹、足、裆饰中粗绳纹。标本 M12：1，夹砂褐陶（图三：8）

Ⅱ式　圆唇，沿面凹槽明显。颈部略倾斜，肩部不明显。摁压纹浅显难辨，腹、足、裆饰中绳纹。标本 M17：1，夹砂褐陶（图三：9）。

2.陶簋　均碗式簋，16件，泥质灰陶。根据腹部、圈足特征分为两个亚型。

Aa 型　腹部较直。分两式。

Ⅰ式　侈口，折沿，沿外侧下垂，方唇，深弧腹，圜底，圈足外撇，接地面内侧内勾明显。标本 M40：4，腹部饰弦断细绳纹及三角细绳纹（图四：1）。标本 M47：3，腹部饰弦断细绳纹（图四：2）。

Ⅱ式　器形大致同前，圈足外撇呈束腰状。标本 M15：5，腹部饰细绳纹及三角细绳纹，圈足一周凹弦纹。标本 M16：1，腹部饰三角细绳纹，圈足一周凹弦纹（图四：3、4）。

Ab 型　腹部倾斜明显。分四式。

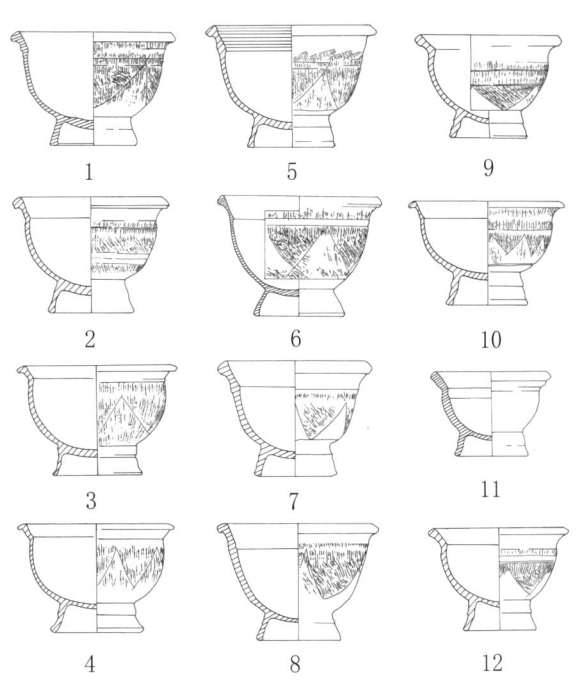

图四　西司马墓地出土陶簋

Ⅰ式　侈口，折沿，沿外侧下垂，方唇，深弧腹，圜底，圈足外撇，接地面内侧内勾明显。标本M51：2，腹部饰弦断细绳纹及三角细绳纹，圈足饰凹弦纹（图四：5）。标本M20：1，饰纹同前（图四：6）

Ⅱ式　器形大致同前，唯圈足接地面内侧微内勾。标本M119：1，腹部饰三角细绳纹，下腹及圈足各饰凹弦纹（图四：7）。标本M134：4，腹部饰三角细绳纹，圈足饰凹弦纹（图四：8）。

Ⅲ式　器形大致同前，唯斜直圈足有外撇的倾向，内勾完全消失。标本M51：1，腹部饰弦断细绳纹、三角细绳纹，圈足饰凹弦纹（图四：9）。标本M39：5，腹部、圈足饰纹同前（图四：10）。标本M43：11，腹、圈足各饰凹弦纹（图四：11）。

Ⅳ式　侈口，折沿，沿外侧下垂，方唇，深弧腹，圜底，圈足外撇呈束腰状。腹部饰凹弦纹、三角细绳纹，圈足饰凸弦纹。标本M33：3（图四：12）。

3.陶豆　除一件外，均泥质灰陶。根据腹部特征分为两型。

A型　弧腹豆5件。又据豆柄特征分为三式。

Ⅰ式　敛口，尖唇，弧腹，圜底，喇叭圈足，下端略粗于上端。豆盘及圈足饰凹弦纹。标本M47：4、标本M36：1、标本M51：7（图五：1～3）。

Ⅱ式　器形大致同前，唯圈足变粗，且上、下端等粗。豆盘饰凹弦纹，圈足饰凸弦纹。标本M16：5（图五：4）。

Ⅲ式　器形大致同前，唯圈足束腰较甚，下端略粗于上端。敛口，盘腹弧收成深圜底。豆盘饰凹弦纹，圈足饰凸弦纹。标本M38：3（图五：5）。

B型　折腹豆7件。根据折腹程度分为两个亚型。

Ba型　豆盘腹部微折。又据圈足特征，为分两式。

Ⅰ式　敛口，尖唇，微折腹，深圜底，高圈足，圈足上、下端等粗，但看上去上端较粗，束腰在中下部。圈足多饰凹弦纹。标本M40：3、标本

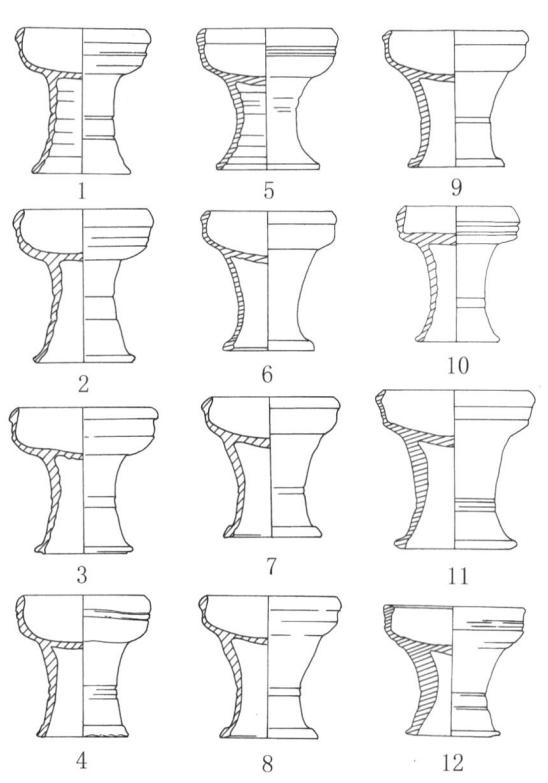

图五　西司马墓地出土陶豆

M41：2、标本 M51：4、标本 M38：4（图五：6～9）。

Ⅱ式　器形整体变瘦，外观大致同前，圜底变为平底，圈足上下等粗。豆盘及圈足饰凹弦纹。标本 M29：2（图五：10）。

Bb 型　豆盘折腹。根据口沿特征，分为两式。

Ⅰ式　敛口，尖唇，折腹，圜底较深，圈足上端略窄于下端。豆盘及圈足饰凹弦纹。标本 M43：8（图五：11）。

Ⅱ式　敛口，斜方唇，折腹，深圜底，圈足上端略粗于下端。豆盘及圈足饰凹弦纹。标本 M43：6（图五：12）。

4.罐　绝大部分为灰陶罐，以青灰为主，蓝灰为次，另有青皮、褐皮的陶罐。根据器形及纹饰分为四型。

A 型　束颈弧肩罐　54件。束颈较低，器形矮胖。又据腹部特征分为两个亚型。

Aa 型　鼓腹，下腹弧收。根据颈、肩特征分为四式。

Ⅰ式　侈口，卷沿，圆唇，束颈，弧肩较鼓，鼓腹，平底或平底略内凹。通体不见凹弦纹。标本 M40：2、标本 M17：2、标本 M86：1、标本 M92：2（图六：1～4）。

Ⅱ式　器形同前，唯颈部、肩部出现凹弦纹。标本 M37：2、标本 M119：2、标本 M42：3、标本 M94：1，（图六：5～8）。

Ⅲ式　器形大致同前，唯肩部下沉接近器物高度中部，颈、肩、腹饰凹弦纹。标本 M22：2、标本 M97：1（图六：9、10）。

Ⅳ式　侈口，小折沿，圆唇，束颈，斜肩，鼓腹，平底略内凹。颈部、肩部、腹部饰凹弦纹。标本 M22：1、标本 M2：1（图六：11、12）。

Ab 型　方腹，下腹短直。根据颈部、肩部特征分为四式。

Ⅰ式　侈口，卷沿，圆唇，束颈，弧折肩，方腹，平底。通体光素，没有纹饰。标本 M52：3、标本 M5：2（图七：1、2）。

Ⅱ式　器形同前，唯颈部、肩部、腹部出现凹弦纹。标本 M51：

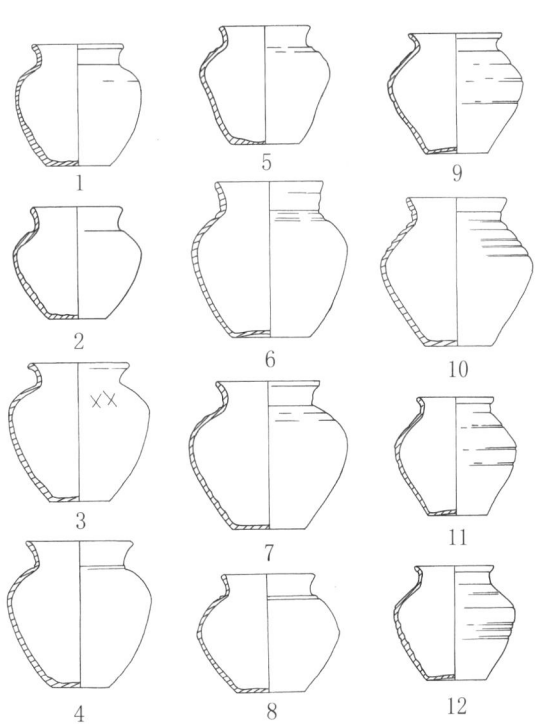

图六　西司马墓地出土 Aa 型陶罐

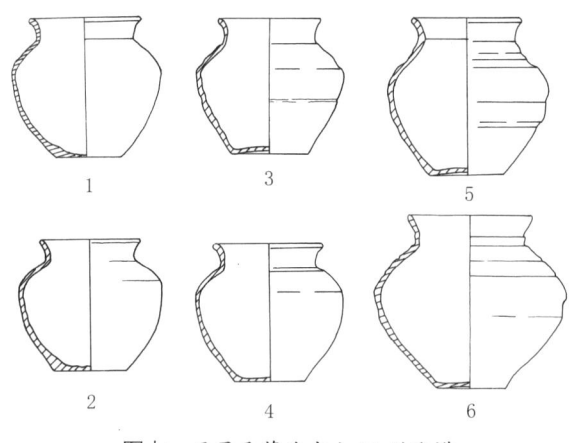

图七　西司马墓地出土Ab型陶罐

11、标本M53：2（图七：3、4）。

Ⅲ式　器形大致同前，唯肩部略下沉。肩部、腹部饰凹弦纹。标本M25：1（图七：5）。

Ⅳ式　侈口，折沿，圆唇，束颈，弧折肩，方腹，底略内凹。颈部、肩部饰凹弦纹。标本M91：2（图七：6）

B型　直领弧肩罐　28件。领较直，体形矮胖。根据口部特征及纹饰分为四式。

Ⅰ式　侈口，极窄小折沿，圆唇或方唇，斜直领，弧肩，鼓腹，平底或平底略内凹。颈部、肩部、腹饰凹弦纹。标本M47：2、标本M87：5、标本M38：7、标本M83：2（图八：1～4）。

Ⅱ式　器形同前，唯肩部出现三个或四个泥钉。标本87：3、标本M16：2、标本M83：3（图八：5～7）。

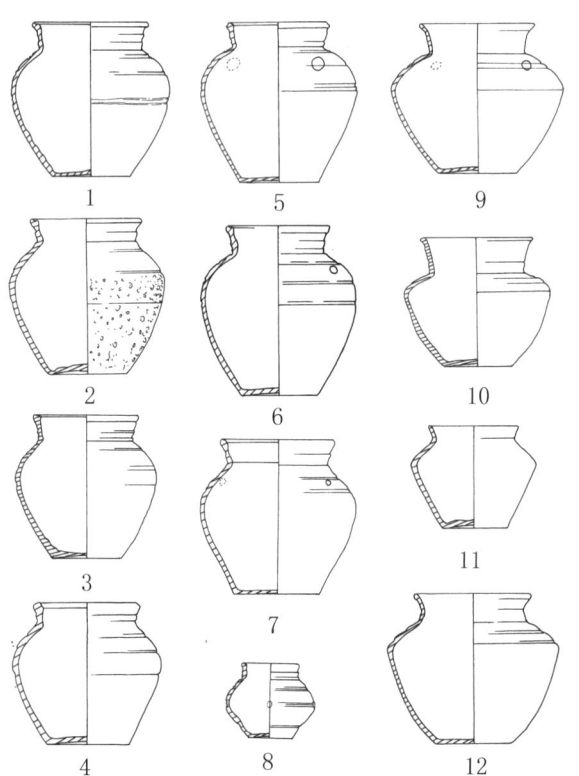

图八　西司马墓地出土B型陶罐和D型陶罐

Ⅲ式　器形较小。直口，圆唇，直领，弧肩下沉，鼓腹，平底略内凹。颈、肩、饰凹弦纹，肩、腹相接处有四个泥钉。标本M99：1（图八：8）。

Ⅳ式　侈口，小折沿，束颈，弧折肩，鼓腹，下腹弧收，底内略凹。肩饰凹弦纹及四个泥钉。标本M86：3（图八：9）。

C型　罍式罐　14件。器形整体像罍，没有圈足。根据颈、腹特征分为三个亚型。

Ca型　腹部无鋬手。又据领、肩、底的特征，分为四式。

Ⅰ式　直口，窄平沿，圆唇，束颈，折肩，方腹，平底略内凹。

颈、肩、腹部饰凹弦纹。标本M51：3，腹部饰双线波折纹（图九：1）。标本M51：6，腹部饰单线网纹（图九：2）。标本M87：4，肩部略鼓（图九：3）。

Ⅱ式　敛口，窄平沿，圆唇，束颈，弧肩，鼓腹，平底略内凹。颈、肩、腹饰凹弦纹，肩部一周单线网纹。标本M77：1（图九：4）。

Ⅲ式　侈口，圆唇，微束颈，弧肩，鼓腹，平底。肩部饰凹弦纹。标本M6：2（图九：5）。

Ⅳ式　侈口，圆唇，直颈，折肩，鼓腹，平底。肩部饰竖直线纹。标本M94：2（图九：6）。

Cb型　腹部有錾手。又据腹部特征，分为两式。

Ⅰ式　直口，斜折沿，圆唇，束颈，折肩，方腹，平底略内凹。腹部对称两个錾手。标本M52：2（图九：7）。标本M39：4，腹部饰双线波折纹（图九：8）。

Ⅱ式　敛口，斜折沿，圆唇，圆面有凹槽，束颈，折肩，鼓腹，下腹斜直内收，平底略内凹。腹部饰双线波折纹。标本M9：2、标本M15：2（图九：9、10）。

Cc型　器形矮而窄。又据口、颈特征分为二式。

Ⅰ式　微侈口，小折沿，圆唇，束颈，折肩，鼓腹，平底略内凹。颈、肩饰凹弦纹、三个錾手、三个泥钉。标本M91：4（图九：11）。

Ⅱ式　侈口，小折沿，圆唇，束颈，弧折肩，鼓腹，平底略内凹。颈、肩饰凹弦纹、三个錾手、三个泥钉。标本M91：3（图九：12）。

D型　尊式罐　3件。根据颈部特征，分为三式。

Ⅰ式　侈口，圆唇，长束颈，弧折肩，鼓腹，下腹弧收，平底略内凹。颈部、肩部饰凹弦纹。标本M20：1（图八：10）。

Ⅱ式　侈口，圆唇，斜直领，折肩，鼓腹，下腹斜直内收，平底略内凹。通体光素。标本M87：7（图八：11）。

Ⅲ式　侈口，圆唇，束颈，折

图九　西司马墓地出土C型陶罐

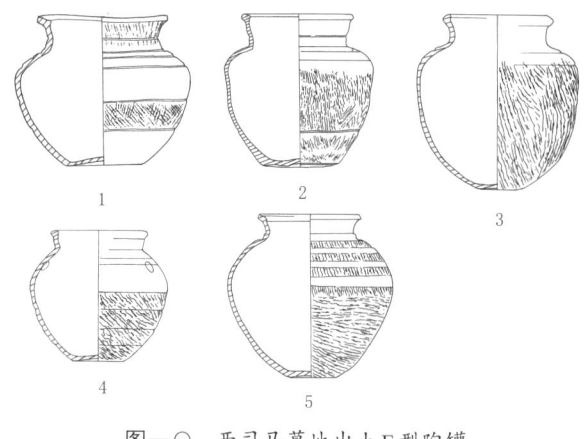

图一〇　西司马墓地出土E型陶罐

肩，鼓腹，下腹弧收，平底。标本M95：1（图八：12）。

E型　绳纹罐　5件。器形较大，器表饰绳纹。根据口、肩、底特征分为四式。

Ⅰ式　侈口，斜折沿，方唇，束颈，方肩，鼓腹，圜底内凹。颈、肩、腹饰凹弦纹。标本M51：8，颈部、中腹部饰中绳纹（图一〇：1）。标本M43：1，腹饰细绳纹（图一〇：2）。

Ⅱ式　敛口，尖唇，束颈，方肩，方腹，小圜底略内凹。肩饰凹弦纹，腹、底饰中绳纹。标本M88：1（图一〇：3）。

Ⅲ式　敛口，尖唇，束颈，弧肩，肩部下沉，鼓腹，小圜底略内凹。肩部饰凹弦纹、三个泥钉，腹饰弦断绳纹，底亦饰中绳纹。标本M83：1（图一〇：4）。

Ⅳ式　侈口，斜折沿，方唇，束颈，弧肩，肩部下沉，鼓腹，小圜底略内凹。肩饰弦断中绳纹，腹、底饰中绳纹。标本M93：1（图一〇：5）。

四、器物分期

西司马墓地陶鬲虽然不多，但分布具有区域性，演变具有连续性，簋、豆数量少而变化小，罐最多却型式纷杂，难以看出头绪，故以鬲的发展脉络为主线，簋、豆发展脉络为辅线，将墓地主要墓葬进行分期，在此基础上观察墓地陶罐的演变方向，进行将墓地所有墓葬进行分期，则墓葬的埋入顺序不言自明。

1.西司马墓地陶鬲最早的墓葬是M40、M47，它们的鬲均为盘口，体形略瘦，袋足有足跟，器表饰粗绳纹（图一一）。M27的鬲虽然袋足无足跟，但盘口、体形略瘦与前两墓鬲同，故将三墓视

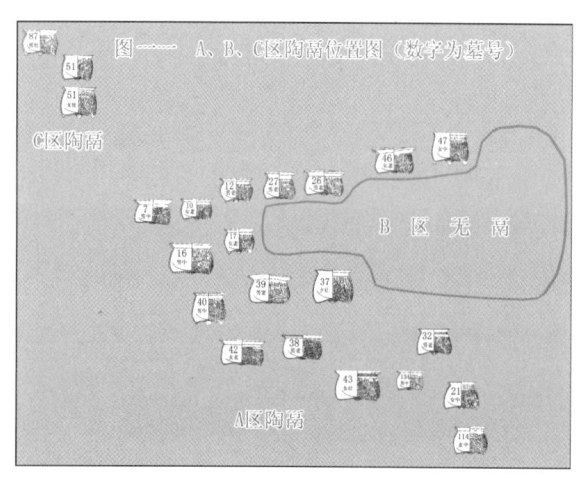

图一一　西司马墓地陶鬲位置图

为同期。观察 M40、M47 的簋、豆（图一二），簋圈足接地处内敛，豆为弧腹豆或微折腹豆，豆圈足粗细适中。则归入一期的鬲有 Aa I 式、Aa II 式、Ba 型，簋有 A I 式，豆有 A I 式、Ba I 式。再看两墓的陶罐，有 Aa I 式、B I 式（图一三），A 区 M40 左旁的 M41 以其罐、豆，A 区 M36 以其豆可进入一期。则一期的墓葬有 M40、M41、M27、M47、M36。

2. 其后，西司马墓地出现了两种奇怪的鬲，体形似 A、B 型鬲，比两者低，有外张的袋足，一有足跟，一无足跟，折沿上均有窄平台。出这两种鬲的墓只有一座，无法独立成期。但折沿上有窄平台的墓尚有四座，一并归入二期。至此，归入二期的墓有 M51、M114、M21、M32、M37。观察上述墓出土的鬲、簋、豆，鬲中新出现 Ab 型、C 型 I–IV 式，簋中新出现 Ab I 式、Ab III 式，豆 A I 式、Ba I 式仍在使用。B 区 M20、C 区 M52 因其簋圈足内敛而归入此期。

这 7 座墓出土的罐有 Aa I 式、Aa II 式、Ab I 式、Ab II 式、B I 式、B II 式、Ca I 式、Cb I 式、D I 式、E I 式，除 Aa I 式、B I 式是老式罐，其余都是新出的。那么通过观察，发现 M28、M30、M34、M89、M90 仅有罐出土，这些罐也符合二期的特征，且墓葬紧挨前述墓葬，可归入二期。M19、M31 是空墓，根据近临墓葬墓主性别，他们有可能是夫妻关系（并非绝对），将此两墓归入二期。

3. 此后的西司马墓地陶鬲进入快速发展期，C 型鬲突然消失，此后再无出现，出现一种与 Ba 型鬲有体形联系，但又差别巨大的无足跟宽折沿鬲，器体宽大而矮，即 Bb I 式、Bb II 式、Bb III 式。出土此三式鬲的墓葬有 M7、M16、M26、M38、M39、M43、M42、M46，均视为三期墓。观察它们的簋、豆，发现簋除了 Ab I 式、Ab III 式仍在使用外，新出了 Ab II 式、Ab IV 式、Aa II 式，豆新出了 AII、A III 式、Bb I 式、Bb II 式。

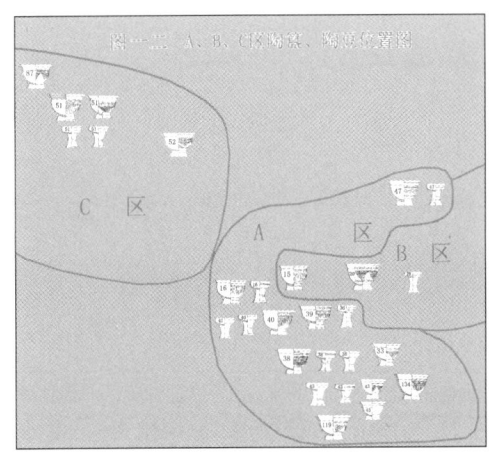

图一二　西司马墓地陶簋、陶豆位置图

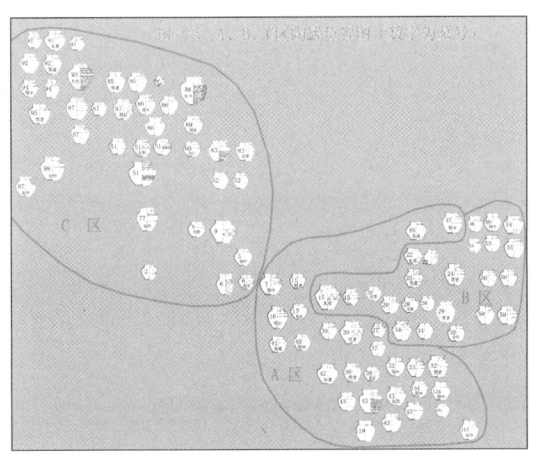

图一三　西司马墓地陶罐位置图

那么，出 Aa Ⅱ 式簋的 M15，出 Ab Ⅱ 式簋的 M119 自然应归入三期。出 Ab Ⅳ 式簋的 M33 其簋圈足特征同 Aa Ⅱ 式簋圈足，也应归入三期；出 Ba Ⅱ 式豆的 M29 可能是墓地最后一座出豆的墓，也归入此期。

观察以上诸墓葬出土陶罐，发现有 Aa Ⅰ 式、Aa Ⅱ 式、Aa Ⅲ 式、Ab Ⅰ 式、Ab Ⅱ 式、B Ⅰ 式、B Ⅱ 式、Cb Ⅱ 式、E Ⅰ 式罐，其中 Aa Ⅲ 式、Cb Ⅱ 式为新出现的罐，其余为二期旧有。而上述墓周围的墓葬，如 M5、M9、M24、M48、M53、M54、M55、M56、M59、M77、M83、M88 仅出土罐，这些罐同前述罐相同，故将这 12 墓也归入三期。如此一来，发现这些墓中 AaⅠ、AbⅠ 罐仍有使用，新出现 CaⅡ、EⅡ、E Ⅲ 式罐。同样的，这些墓周围还有一些空墓，如 B 区的 M14、M23、M57、M58，C 区的 M49、M50、M73、M74、M75、M76、M78、M81、M82 因夹在出器物墓的中间，也归入三期。

4. 西司马墓地三期是最鼎盛期，三期以后，墓葬数量急剧减少，器物变糙变小。此期见到的鬲为 D 型鬲，数量也不多，器形较小。簋仅见两件，豆已消失，各式各样的罐还有一定数量。出鬲的墓有 A 区的 M10、M12、M17、M134，C 区的 M87。观察这五座墓，发现 AaⅠ、Ab Ⅱ 式簋，AaⅠ、BⅢ、Ca Ⅰ 式罐仍有使用，D Ⅱ 式罐为新出。由于墓地已进入衰落期，A、B、C 区所余的墓大体都属于此期。有 A 区的 M11、M13，B 区的 M22、M25，C 区的 M2、M6、M85、M86、M91、M92、M93、M94、M95、M97、M98、M99。

观察上述 16 座墓葬，所出陶罐有 AaⅠ、AaⅡ、AaⅢ、AaⅣ、AbⅡ、AbⅢ、BⅢ、BⅣ、CaⅢ、CaⅣ、CcⅠ、CcⅡ、E Ⅳ 式，除了 AaⅠ、AaⅡ、AaⅢ、AbⅡ 为三期旧有外，其余均为新出罐。考虑这些墓的外围还有一些空墓，例如 C 区的 M3、M4、M8、M81、M84、M96，一并归入四期。

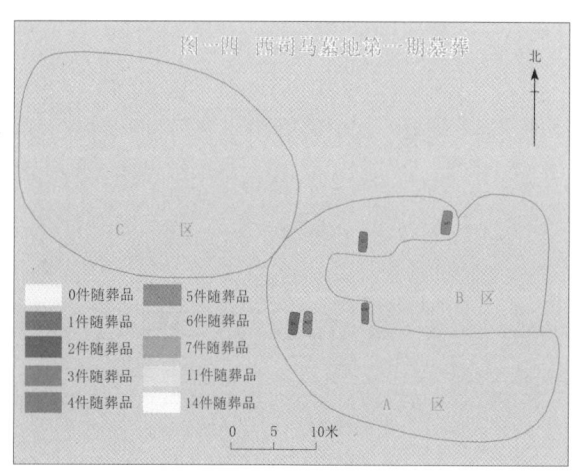

图一四　第一期墓葬

五、器物演变及墓葬埋入顺序

以上分期是以鬲的发展变化为基础，因为有簋、豆的辅助判断，故大致不会出错，或分析不会偏离器物发展方向。

1. 第一期墓少，鬲、簋、豆、罐的型式也少。鬲还停留在盘口较深的阶段，袋足外张，袋足下有足跟或无足跟，这一点保留了郑州地区殷墟三期鬲的特点。簋圈足下部内敛。豆圈足粗细适中，弧腹豆圈足束腰不明显，微折腹豆圈足有明显的束腰。罐则只有束颈弧肩罐与直领弧肩罐，前者颈、肩部没有纹饰，后者颈、肩部只有凹弦纹。根据鬲的特征，其与荥阳关帝庙殷墟三期鬲[1]、新郑铁岭墓地殷墟三期陶鬲[2]有一定距离，时间大致在郑州地区的商周之际，或可早至郑州地区殷墟四期末段。此期墓葬呈零星状分布于墓地A区北部、中部，B区、C区无墓（图一四）。

2.第二期墓葬渐多，墓地规模仍然不大，鬲、簋有新的样式出现，豆维持原样，罐处于发展时期。鬲的器体加宽变矮，袋足内敛，折沿上出现了窄平台，这种鬲还有式的变化。簋出现了腹壁倾斜的簋，圈足下部内勾逐渐变得不勾。豆则没有明显变化，或许盘腹变浅是个微弱的趋势。罐除了束颈弧肩罐、直领弧肩罐的颈部、肩部出现了较多的凹弦纹，有个别出现了泥钉纹，还出现了罍式罐、尊式罐、绳纹罐（相当于圆腹罐）。根据C型鬲和郑州董寨H39所出西周早期鬲[3]完全一致，将第二期定为西周早期早段偏早。此期出现的罍式罐、尊式罐较矮，具有浓郁的地方特征，而绳纹罐与洛阳北窑西周早期的圆肩圆腹罐[4]相似度亦颇高，与安阳殷墟郭家庄墓葬之殷墟四期的C型罐[5]也近似。另外，有5座墓凭借仅出的罐符合此期特征而归入此期，有两座空墓因与这些墓密聚也归入。它们有一定的不确定性，也就是说，在论及第二期埋葬规律时，C区有1座大墓和3座小墓埋入，A区墓葬大致沿着A区与B区的交界埋葬，B区的6座墓中除M20可以确定此期埋入外，其余5座有可能此期埋入，也有可能第三期才埋入（图一五）。

3.第三期墓葬最多，墓地处于鼎盛期，鬲的样式仅有一种，簋、豆样式增多，与罐同处于繁荣期。鬲宽体，折沿，矮档，无足跟。簋的圈足由斜直式变成束腰式，旧有的内敛式圈足仍能见到。豆的盘腹变浅，束腰变细，新出现折腹明显的豆。罐除了第二期的束颈弧肩罐、直领弧肩罐继续使用外，罍式罐、尊式罐、绳纹罐器体变高，而绳纹罐器形更接近洛阳北窑的圆肩圆腹罐。此期鬲的档略高于安阳西高平遗址西周鬲[6]的档，折沿上也无后者那么稠密的凹槽，时代应比西高平西周鬲略早，而同洛阳北窑西周早期 I 式折沿分档鬲[7]近

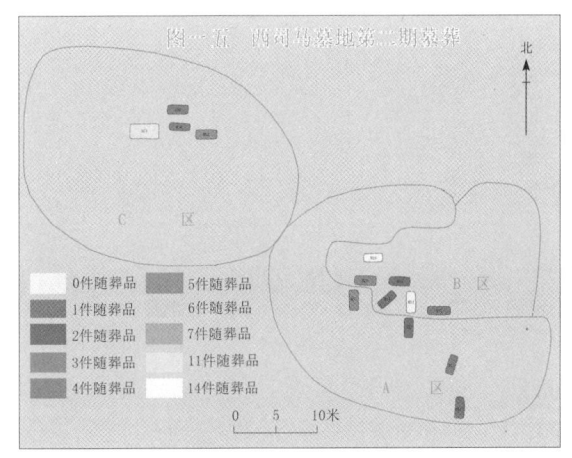

图一五　第二期墓葬

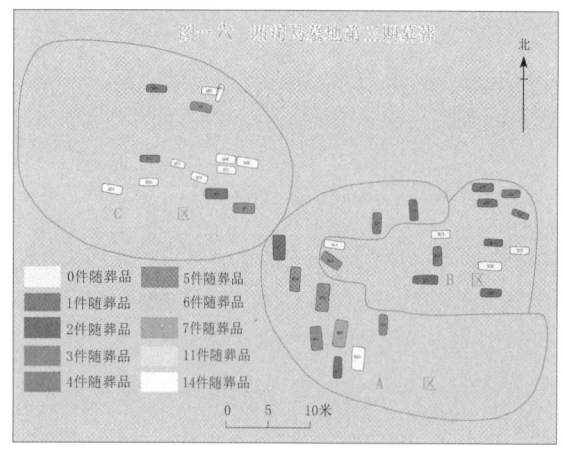

图一六　第三期墓葬

同，将其定为西周早期早段偏晚比较合适。

根据出土鬲、簋、豆墓所出罐的特征，将B区九座墓、C区五座墓划入第三期，相对于第二期按罐划入的五墓，这些墓有更多的不确定性。但从罐的发展趋势来看，将它们划入，我们有更多的自信，这些罐肩部装饰泥钉有高度的统一性。我们将B区4座空墓、C区9座空墓划入第三期，是因为它们夹在仅出罐的墓葬之中或近临，应该问题不大。如此，第三期墓葬的埋葬规律是：（1）A区墓葬主要埋于第二期墓的西侧，即墓葬自东向西埋，且以大墓居多，说明它们此时是整个墓地的主角；（2）B区墓均为小墓，埋在B区的中、东部，有自西向东埋的趋势；（3）C区墓均为小墓，以第二期大墓为中心，在东、南、北三个方向散开；（4）三个墓区尽管埋葬方向不同，但都是自有墓区向无墓区埋藏（图一六）。

4.第四期墓地整体处于萎缩状态，A区尚有6座小墓进入，B区仅有2座小墓，C区是整个墓地的维系所在。据发掘者介绍，在C区的南部，因取土应该造成一部分墓葬流失，这样C区的南北两方墓葬大体呈均势，说明西司马家族还有一定规模。由于第四期仅有一种鬲，与其共处的器物除了两件簋，其余全是罐，故我们只能以罐为基础，来观察周围墓葬罐的演变方向，可知束颈弧肩罐与直领弧肩罐肩部均下沉，

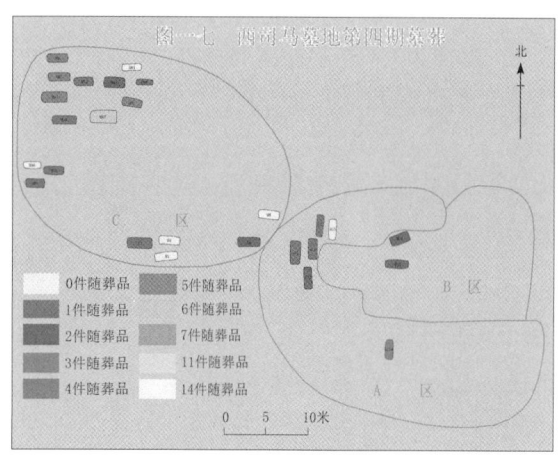

图一七　第四期墓葬

颈的上部均出现小折沿。无錾罍式罐器形变瘦。绳纹罐肩部下沉，也出现了折沿的特征。

西司马第四期陶鬲同洛阳北窑西周早期Ⅲ式折沿分裆鬲[8]，也即洛阳东关5座西周墓之M88[9]所出ⅡA鬲相似，罐（包括绳纹罐）的口沿出现小折沿，和洛阳西周中期墓葬陶罐特征[10]一致，有錾罍式罐器形较矮，和洛阳东关西周墓M88所出Ⅴ罐一样。考虑到墓地使用的

连续性，将第四期归入西周早期晚段偏早比较合适。此期埋葬规律是A区数墓埋入一、三期墓之间，B区残余两墓，C区墓大部集中在大墓M87的外围，M87可能是家族首领，整个西司马墓地处于衰落期。需要说明的是，C区外围有5座空墓划入第四期（图一七）。

六、结语

通过器物排比（参见附图一至附图三），我们将西司马墓地分为四期，第一期约相当于殷墟四期晚或商周之际，第二、三期相当于西周早期早段，第四期相当于西周早期晚段偏早。由于郑州地区晚商至西周的墓地发现较少，相应的研究更少。所以，我们这次排队与分期也是初步的，期待更多的同人批评指正。

虽然了解了西司马墓地的大致埋葬顺序，但仍有许多问题没有解决。比如，这个墓地是一个家族还是三个家族？是一个家族下的三个支族，还是三个互不隶属的三个家族？从第一、二、三、四期鬲、簋、豆、罐的分布来看，A、B、C三区文化面貌一致，但使用器物的偏好程度不同。第四期时墓葬集中在C区，器物以罐类为主，罐的胎质、胎色、器形一承前三期的发展脉络，不见整体突变的现象，也就是说没有遭受异族入侵。涉及A、B、C三区墓葬的墓向、器物放置位置，我们趋向认为，这是同一文化面貌下的三个家族，A区墓葬家族有自己固执的习俗秉承，B、C两区墓葬的家族有较多的习惯认同。第四期时，A、B两区墓葬的家族急剧衰落，而C区墓葬家族仍留在当地继续发展。

三个家族的族属也需考虑。从墓地一期之M40、M47、M27所出鬲袋足外张这一点来看，明显继承郑州地区殷墟三期陶鬲的体形与足部特征。所以，西司马墓地从源头来讲，是殷人墓。第二期时，A、C两区出现了折沿上带窄台的Ab型、C型鬲，这两种鬲的口沿在时代略早的荥阳槐西H13、H22[11]已经见到，它们的胎质完全同一期的夹砂棕红胎，故第二期时，西司马墓地的族属仍然为殷，但身份已是殷遗民。

第二期时，B、C两区开始使用。C区的M51为整个墓地的最大者，头向西，器物放置在椁内西端，这一点和A区墓之头向南，器物放置在棺内南端或棺外二层台是一样的。我们趋向认为，M51是从A区分离出去的一对有权势的夫妇，他们改变了墓向，但仍然遵从器物放置于地这一习俗。C区M52、M89、M90时代稍晚一点，墓葬也小，它们的器物已经放置在棺西的壁龛中，自此至第四期，C区与B区的绝大部分墓器物都放置在棺西端的壁龛中。这是新形成的文化习俗吗？还是接受了其他族的埋葬习俗？

观察安阳殷墟西区墓葬[12]、郭家庄墓葬[13]，发现安阳地区的殷墟墓有以下特征：南北向的墓较多，东西向的墓较少；南北向墓头向北的较多，向南的也不少，东西向墓头向东与向西的数量差别不大；器物一般放置在头端二层台或头端棺内，头端设有壁龛的极少；有腰坑的墓要占到一半左右。

2012年郑州文物考古研究院在郑州市黄河路发掘一处殷商墓地[14]，43座墓绝大部分墓呈整齐划一的东西向排列，仅有5座墓为南北向。东西向墓头均向东，南北向墓头向北，器物均放置于头端的二层台上，为殷墟二期、三期的遗物。墓地腰坑墓仅有6座。

西司马墓地南北向墓头向及器物放置方法遵从安阳南北向墓之少数者，东西向墓头向与器物放置方法与安阳、郑州的殷墟墓都不同。从西司马墓地仍有较多的腰坑墓这一点来说，我们仍然认为A、B、C三区都是殷人墓，但B、C两区的家族可能接受了周人的埋葬习俗，这一点我们或可从洛阳北窑西周早期贵族墓之M446、M451、M210、M215、M367等[15]设有对称壁龛得到启示。当然，西司马墓地东西向墓头端设有壁龛是否真的就是周人习俗，有待郑州地区更多的殷遗民西周墓来证明。

另外，从器物来讲，西司马墓地第四期已出现褐陶鬲、低矮型有錾罍式罐、圆腹绳纹罐，虽然这些器物含有一定的殷文化因素，但已是典型的西周器物，西司马墓地此时可以称为周人墓地了。

▌注释

［1］河南省文物考古研究所：《河南荥阳市关帝庙遗址商代晚期遗存发掘简报》，《考古》2008年第7期。

［2］郑州市文物考古研究院内部资料。

［3］郑州市文物考古研究所：《郑州市董寨遗址发掘简报》，《华夏考古》2002年第3期。

［4］洛阳市文物工作队：《洛阳北窑西周墓》，文物出版社，1999年。

［5］中国社会科院考古研究所：《安阳殷墟郭家庄商代墓葬》，中国大百科全书出版社，1998年。

［6］河南省考古研究所：《安阳市西高平遗址商周遗存发掘报告》，《华夏考古》2006年第4期。

［7］洛阳市文物工作队：《洛阳北窑西周墓》，文物出版社，1999年。

［8］洛阳市文物工作队：《洛阳北窑西周墓》，文物出版社，1999年。

［9］洛阳市文物工作队：《洛阳西关五座西周墓的清理，《中原文物》1989年第4期。

［10］张剑：《河南洛阳西周墓葬陶器初探》，《中原文物》1993年第1期。

［11］郑州市文物考古研究院内部资料。

［12］中国社会科学院考古研究所安阳工作站：《1969～1977年殷墟西区墓葬发掘报告》，《考古学报》1979年第1期。

［13］中国社会科院考古研究所：《安阳殷墟郭家庄商代墓葬》，中国大百科全书出版社，1998年。

［14］郑州市文物考古研究院：《郑州黄河路109号院殷代墓葬发掘简报》，《中原文物》2015年第3期。

［15］洛阳市文物工作队：《洛阳北窑西周墓》，文物出版社，1999年。

（原刊于《中原文物》2018年第1期）

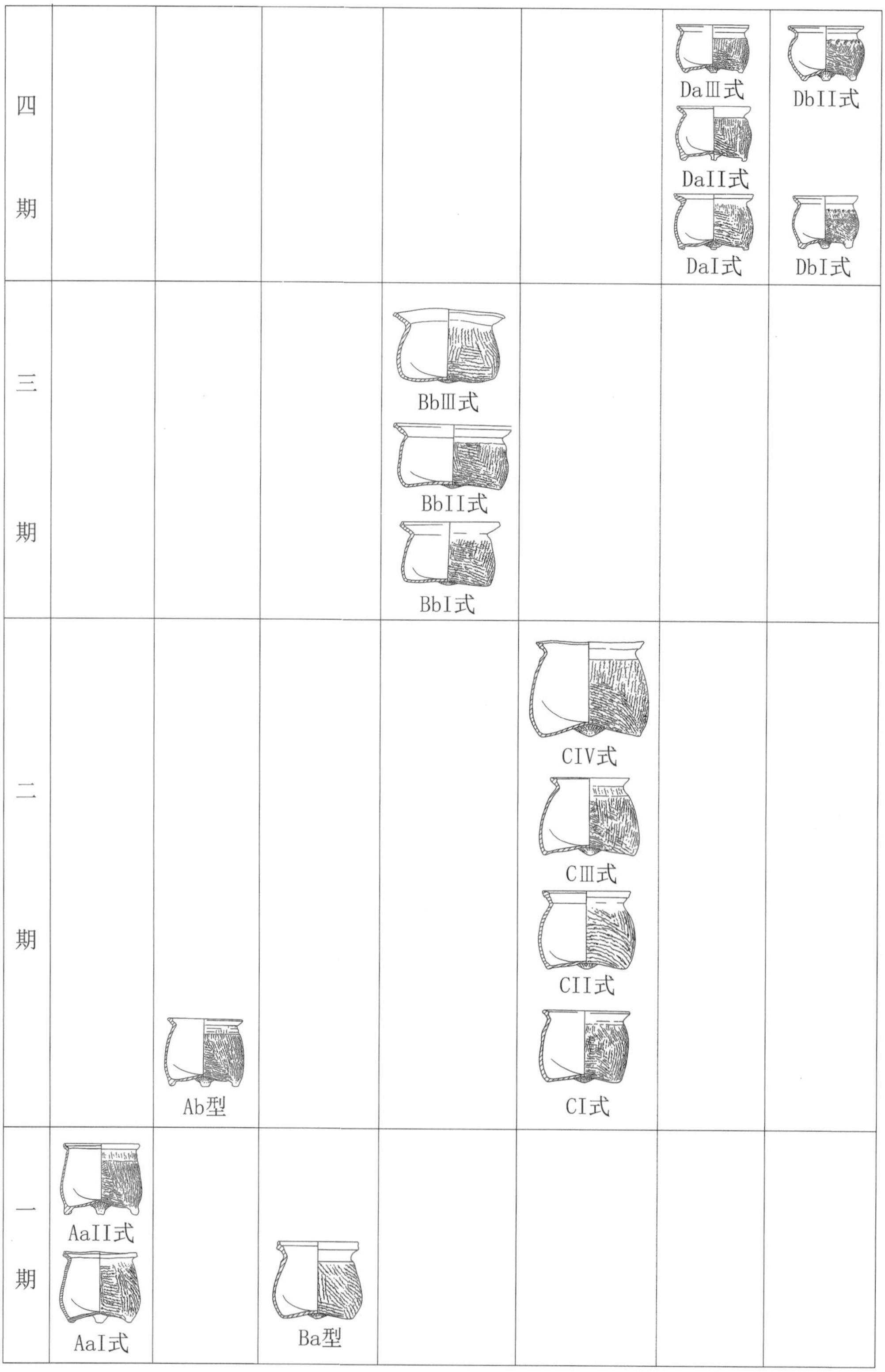

四期						DaⅢ式 DaⅡ式 DaⅠ式	DbⅡ式 DbⅠ式
三期			BbⅢ式 BbⅡ式 BbⅠ式			
二期		Ab型		CⅣ式 CⅢ式 CⅡ式 CⅠ式		
一期	AaⅡ式 AaⅠ式	Ba型				

附图一　西司马墓地陶鬲分期图

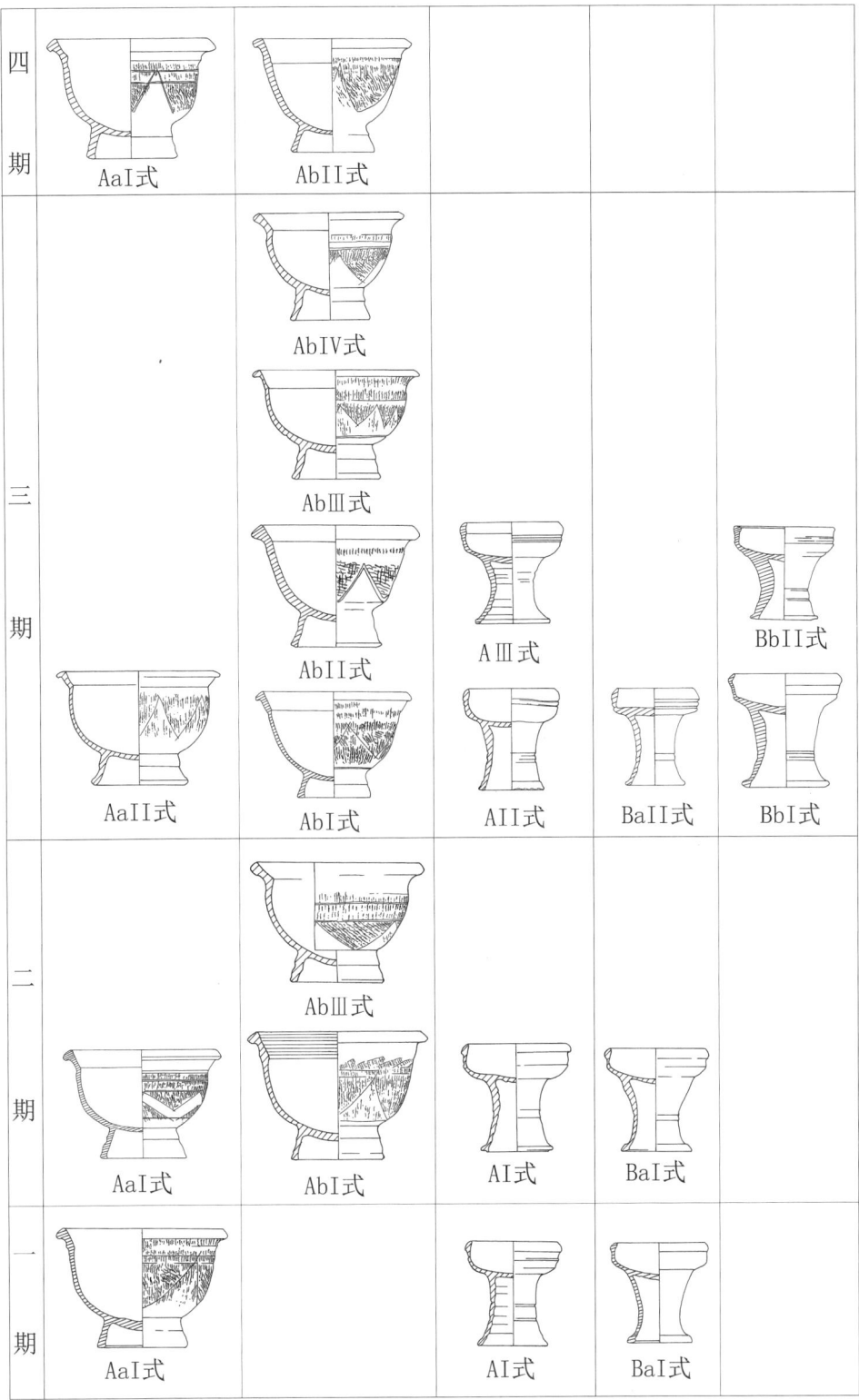

附图二　西司马墓地陶簋、陶豆分期图

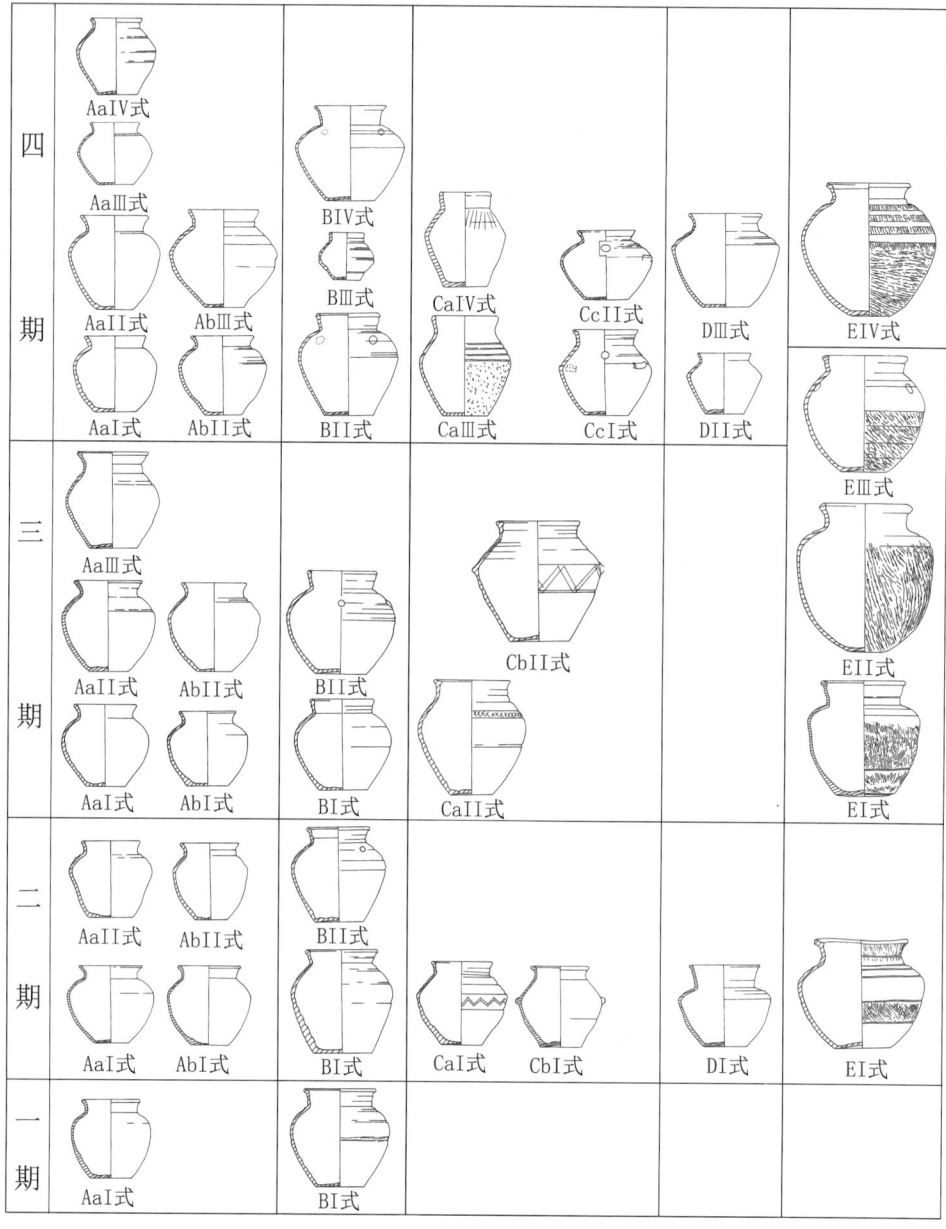

附图三　西司马墓地陶罐分期图

也论郑州娘娘寨遗址墓葬特征与族属

闫付海

娘娘寨遗址位于荥阳市豫龙镇寨杨村西北，西南距荥阳市4公里，东南距郑州市18公里，为一座两周时期的城址，北邻索河，西南是龙泉寺冲沟，东西长1200、南北宽800多米，城址面积近100万平方米。分为内外两城，其中内城平面呈方形，外城平面略呈长方形。2005～2009年，郑州市文物考古研究院对其进行了连续发掘，共发掘面积15000平方米，共清理各类遗迹1600多个，遗迹主要有城墙、城门、房址、夯土基址、墓葬等，出土遗物有陶器、石器、骨器、蚌器、小型铜玉器等；文化遗存的年代包含有龙山文化晚期、二里头文化、西周、春秋和战国。相关材料已部分发表[1]，引起了学界相关专家学者的注意[2]。

最近阅读学习了新出的一篇关于娘娘寨遗址19座西周时期墓葬分期特征与族属的研究文章（下文简称《论族属》）[3]，深受启发。在搜集研读了娘娘寨遗址的基础材料和相关的研究成果的基础上，笔者对该遗址所发掘的这19座墓葬的分期和族属进行分析，讨论另外的一种可能情况。

一、墓葬基本情况

发掘者根据娘娘寨城址的地形，以内城西南角为象限基点，将城址分为4个发掘区（Ⅰ区至Ⅳ区），共19座墓葬，发掘简报给出了较为详细的介绍，根据简报提供的信息，对墓葬进行了列表（表一）。其中10座墓葬位于Ⅰ区，也就是位于内城内，分别为M2、M3、M8、M9、M11、M12、M13、M25、M26、M31；9座墓葬位于Ⅲ区，也就是内城外西侧南部，分别为M34、M35、M36、M37、M38、M39、M40、M41、M42。

Ⅰ区的10座墓葬，墓葬方向、有无腰坑、随葬品有无及组合等因素差异性较大，规律性不明显；Ⅲ区的9座墓葬，规律性明显，M41随葬一豆一罐，M42无随葬品，其余7墓均随葬一鬲。

二、问题与思考

《论族属》一文根据出土的陶鬲的演变规律及其他共出器类，将19座墓葬中出土

表一　娘娘寨遗址墓葬信息表

墓葬	位置	方向	长	宽	深	腰坑	殉狗	头向	随葬品	填土
M2	Ⅰ T0502中部	95°	2.2	1.05	2.3	有	无	东	无	五花夯土
M3	Ⅰ T0502北部	95°	2.3	1.08	1.38	有	有	东	无	五花夯土
M13	Ⅰ T0605西部偏南	175°	2.4	1.2	0.9	无	无	南	玉器等9件	黄色花土
M25	Ⅰ T0708西南角	180°	2	0.65	0.5	无	无	南	无	黄色花土
M26	Ⅰ T0708中部偏西	180°	2.15	0.83	1.1	有	无	南	无	花土，硬
M9	Ⅰ T0605中部偏南	345°	2.8	1.3	1.74	有	有	北	鬲豆罐盂	黄色花夯土
M8	Ⅰ T0405中南部	0°	2.8	1.5	3.2	有	有	北	鬲、豆	红褐色夯土
M11	Ⅰ T0405西南部	350°	2.6	1.3	2.6	有	有	北	陶罐	红褐色夯土
M12	Ⅰ T0605南部偏东	355°	2.6	1.34	3	无	无	北	鬲、豆	黄色花夯土
M31	Ⅰ T0614西南部	346°	2.45	1.1	3.2	无	无	北	无	花土、夯土
M36	Ⅲ T4014西部	350°	2.08	1	0.5			北	鬲	黄灰色花土，疏松
M34	Ⅲ T4014西南部	5°	2.35	1.04	1.25			北	鬲	黄色花夯土
M35	Ⅲ T4014南部偏西	355°	2.1	1.04	1.3			北	鬲	五花夯土
M42	Ⅲ T4014西北角	5°	2	0.7	0.2			北	无	黄色花夯土
M37	Ⅲ T4014北部	3°	2.45	1.2	1.58			北	鬲	五花土，疏松
M38	Ⅲ T4013西南部	355°	2.2	0.9	0.46			北	鬲	灰色花土，疏松
M40	Ⅲ T4013东北部	353°	2.6	1.1	2.2			北	鬲	黄色花土，疏松
M39	Ⅲ T4013西北部	353°	2.56	1.18	1.2			北	鬲	灰黄色花土，疏松
M41	Ⅲ T4013中部	5°	2.64	1.3	3.74			北	豆、罐	黄灰色花土，疏松

陶器的12座重新分为一期两段，年代在西周晚期至两周之际。认为城内、城外墓葬基本同时，城内、城外两区墓葬特征明显不同，这是周原地区西周殷遗民和周系族群文化特征的差别。文中讨论了墓葬随葬品的"形"与"质"在考古学文化因素属性和族属研究上的重要作用，并提到了"居葬合一"的居葬形态。针对上述提到的《论族属》一文的几个点，笔者进行了相关的思考。

第一，中心聚落的文化变迁明显，非中心聚落的文化变迁不明显。高等级的遗存（包括墓葬）文化变迁明显，低等级的遗存文化变迁不明显。娘娘寨遗址在殷墟至西周时期属于小型聚落，到西周晚期筑城时也仍然是非中心聚落，出土陶器的12座墓葬和无随葬品的6座墓葬明显属于低等级的遗存，仅随葬玉器的M13也算不上高等级的遗存。非中心聚落的低等级墓葬随葬的陶器的年代辨识度差，因此，用随葬陶器的演变情况对娘娘寨遗址12座墓葬进行的分期是不合适的。

第二，在墓葬方向、随葬品组合、墓位形态等墓葬特征上，城内、城外的墓葬明显不同，表现的应不是族群的不同，更可能是年代的不同。

第三，判断墓葬区内墓葬的年代关系，首要依据为墓葬的开口层位，不同开口层位确定的年代早晚关系是确定的；其次，同一开口层位的墓葬，则依据墓葬特征进行分组，再分析各组的早晚关系；最后，同一墓葬特征的墓葬，则依据相同随葬陶器的演变来分析各墓葬的早晚关系。需要注意的是，非中心聚落的低等级墓葬则会出现遗民和族属在年代上的滞后情况。

第四，关于"居葬合一"的问题。早在新石器时代早中期，裴李岗、贾湖等多个遗址均已出现专门的墓葬区，"居葬合一"极大的可能是不存在的。所谓的"居葬合一"，应该是居住区和墓葬区不同时代的变换叠压打破的表现，而且陶器类型学的研究在这种情况下往往并不能有效区分。居住区和墓葬区的变换可以明确地表现相应的文化变迁和年代早晚；在叠压打破关系复杂的所谓"居葬合一"遗存中，成功地分离辨别出存在的一组或多组墓葬遗存和一组或多组居住遗存之间的叠压打破关系，可以更加有效地进行分期和文化变迁研究。

三、分期与族属的新认识

根据上述在《论族属》一文的启发下进行的思考，笔者对娘娘寨遗址所出19座墓葬进行新的分期和族属的讨论。因发表材料中并没有见到墓葬的平面分布图，I区的10座墓葬和居住遗存的打破情况不详，墓葬的深度表述没有足够精准等因素的存在，本文以下的分析所依据的推测可能存在问题，待发掘报告出版以后再行验证并且纠正。

1. 依据内城的始建把墓葬分为前后两期

I区的10座墓葬位于内城内，根据墓葬区与居住区在时间和空间上的非共存原则，可以确定这10座墓葬早于内城的始建年代。所谓墓葬区与居住区在时间和空间上的非共存原则，是指墓葬区和居住区如果在时间上相同，必然在空间上不同。如果在空间上相同，必然在时间上不同，不可能既在时间上相同也在空间上相同，实质就是"居葬合一"不存在。针对娘娘寨遗址，可以做一个基本的判断，内城内的墓葬，要么是早于内城的始建年代，要么是晚于内城的废弃年代；此处的10座墓葬应属于前者。

III区的9座墓葬位于内城外西侧南部，规律性明显，M41随葬一豆一罐，M42无随葬品，其余7墓均随葬一豆。由此可以判定，随葬单豆的7座墓葬应是和内城同时的墓葬，则晚于内城内的10座墓葬，M41和M42与内城的关系存在多种可能，需要进一步的判断。

2. 内城内墓葬分析

接下来，笔者根据墓葬的相对位置、头向、深度、腰坑及殉狗、随葬品组合、填土等信息对Ⅰ区位于内城内的10座墓葬进行分析。根据墓葬的方向和头向，可以把墓葬分为3组。

2座墓葬（M2和M3）东西向，头向东。M2位于ⅠT0502中部，方向95°，深2.3米，有腰坑，无殉狗，无随葬品。M3位于ⅠT0502北部，方向95°，深1.38米，有腰坑，有殉狗，无随葬品。因未见到墓葬的分布图，也未有墓主的性别信息，无法确定两者是一组夫妻合葬，即便如此，两者可以被判定为年代相同的墓葬。

3座墓葬（M13、M25、M26）南北向，头向南。M13位于ⅠT0605西部偏南，深0.9米，无腰坑，随葬玉器等9件（玉饰和玛瑙串珠应为一组项饰串），填土为黄色花土，土质疏松。M25位于ⅠT0708西南角，深0.5米，无腰坑，无随葬品，填土为黄色花土，土质疏松。M26位于ⅠT0708中部偏西，深1.1米，有腰坑，无殉狗，无随葬品，填土为花土，土质较硬。从相关信息的相似性来看，该三者可以被判定为年代相同的墓葬。

5座墓葬（M8、M11、M9、M12、M31）南北向，头向北。M8位于ⅠT0405中南部，方向0°，深3.2米，有腰坑，有殉狗，随葬鬲、罐各1件，填土为红褐色花夯土。M11位于ⅠT0405西南部，方向350°，深2.6米，有腰坑，有殉狗，随葬陶罐1件，填土为浅红褐色花夯土。从相关的信息来看，除方向没有完全一致外，两者可能是夫妻异穴合葬墓，随葬品的差异可能与性别有关。M9位于ⅠT0605中部偏南，方向345°，深1.74米，有腰坑，有殉狗，随葬鬲、豆、罐、盂各1件，填土为黄色花夯土。M12位于ⅠT0605南部偏东，方向355°，深3米，无腰坑，随葬鬲、豆各1件，填土为黄色花夯土。两者应为同时期的墓葬，可能略有早晚，可能包含了一个腰坑从有到无的转变。M31位于ⅠT0614西南部，方向346°，深3.2米，无腰坑，无随葬品，填土为五花夯土。M31和M12的情况更为接近。

这5座墓葬中，M9、M8、M11有腰坑和殉狗，M12和M31无，如果腰坑和殉狗的有无可以判定年代的早晚关系，那么M9、M8、M11应早于M12、M31。M8和M11应为一组夫妻异穴合葬墓，随葬品组合为鬲、豆、罐各1件；M9的随葬品组合为鬲、豆、罐、盂各1件；M12的随葬品组合为鬲、豆各1件。从随葬品组合的演变情况来看，M9早于M8-M11，早于M12。三者均有陶鬲和陶豆，简报仅发表了其中1件陶豆的形制信息，但发表了全部3件陶鬲，从陶鬲的器形来看，是符合M9早于M8早于M12的年代顺序的。

另外，M13和M9、M12同位于ⅠT0605内，M13随葬为玉器等9件，无陶器，深度仅为0.9米，填土土质疏松，M9和M12深度为1.74米和3米。合理的推测为M13早于M9和M12，当时的地势可能较高，在M9和M12时期被平整降低。从某种程度上可以认为，此处头向南的墓葬早于头向北的墓葬。

根据M13的随葬品情况来看，墓主人应为女性，而且等级明显高于其他仅随葬陶器的墓葬。无腰坑、殉狗和头向南，可能与族属相关。年代可根据随葬玉器的类型学研究进一步分析。

如果墓葬的方向确实可以表示年代的不同，则可以推测，东西向墓葬M2和M3的年代应早于南北向头向南的墓葬M13、M25和M26，早于南北向头向北的其他5座墓葬。

上述10座墓葬中有5座无随葬品，可不予讨论，另外5座墓葬的年代顺序自早到晚应依次为M13、M9、M8-M11、M12，其中表现了墓葬方向、腰坑有无、随葬陶器组合的几个因素的演变情况。

3. 内城外墓葬分析

Ⅲ区位于内城外西侧南部的9座墓葬，均为南北向，头向北，均无腰坑和殉狗。其中7座均随葬陶鬲1件。前面已经提到，这应是内城修建以后的墓葬区，时代晚于内城内的10座墓葬。从7件陶鬲的线图来看，存在较为明显的演变趋势，依据陶鬲颈部和口沿形态的变化，可以判断7座墓葬的年代顺序自早到晚依次是M36、M34、M35、M37、M38、M40、M39，其中M36和M34之间的变化略大（图一）。简报虽然没有给出这9座墓葬的平面位置图，但根据简报关于墓葬位置的文字描述，可以判断出各自的大体位置。根据陶鬲演变确定的顺序，与这7座墓葬的分布位置完全相符。

另外2座墓葬是M41和M42。其中M41深3.74米，随葬豆、罐各1件，填土为黄灰色花土，疏松。M42深0.2米，无随葬品，黄色花夯土。随葬品组合与其他7座墓葬明显不同，更为特别的是墓葬的深度。9座墓葬中，只有M42和M36、M38的深度在0.5米以内，而且M42位于M36和M38之间，相距不远的M41却深3.74米。合理的推测是在M41之前，该区域有过较大的地貌地势的变动，而且M42所在的位置应该是较高的。因此，M41的年代应晚于7座随葬陶鬲的墓葬。M42无随葬品，如果从填土的情况来判断，接近M34和M35，年代位置排在M35之后可能是合理的。

通过上述分析，对娘娘寨遗址19座西周至两周之际的墓葬中有随葬品的13座墓葬，可以排列出较为清楚的年代次序，而且其中表现了较为明确的前后四个时期，顺序及时期依次为M13为一个时期，M9、M8、M11、M12为一个时期，M36、M34、M35、M37、M38、M40、M39为一个时期，M41为一个时期。

4. 族属相关问题

娘娘寨遗址所出的大袋足无实足根鬲，出现于殷墟文化四期偏晚阶段，是殷墟文

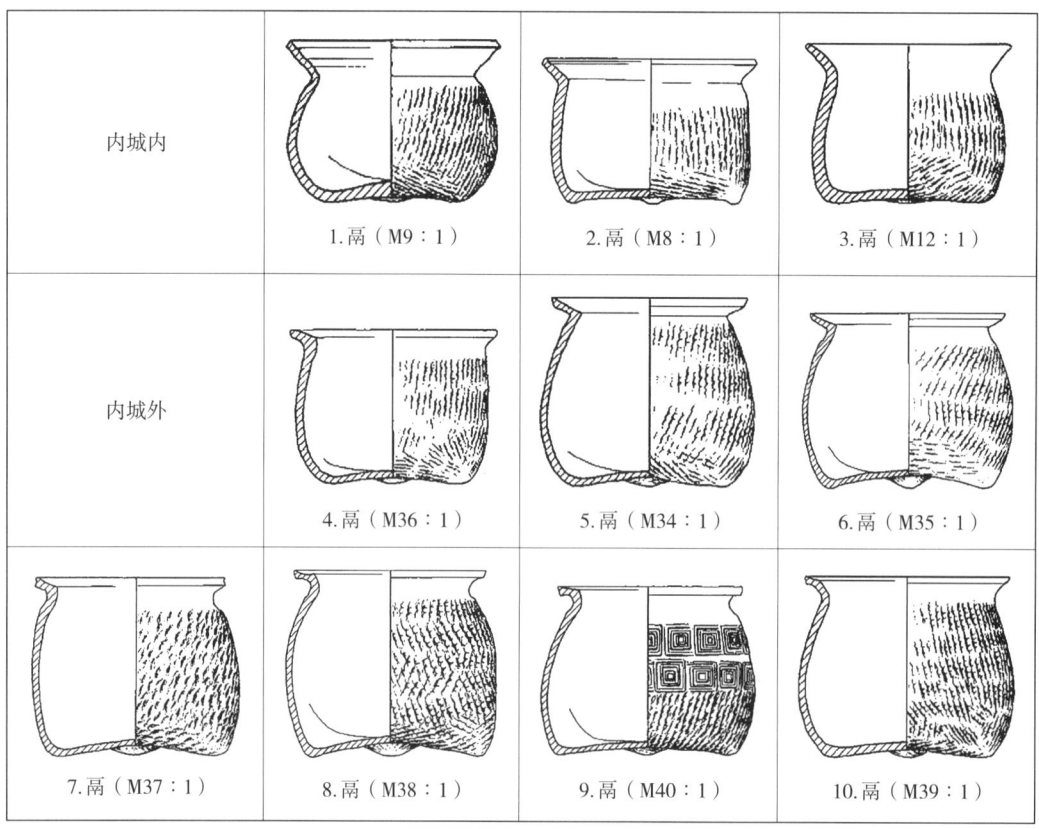

内城内	1.鬲（M9：1）	2.鬲（M8：1）	3.鬲（M12：1）
内城外	4.鬲（M36：1）	5.鬲（M34：1）	6.鬲（M35：1）
	7.鬲（M37：1）	8.鬲（M38：1）	9.鬲（M40：1）	10.鬲（M39：1）

图一　娘娘寨遗址墓葬出土陶鬲列图

化的典型因素。郑州地区，作为殷墟文化的核心分布区，在进入西周时期以后，作为非中心聚落的非高级遗存，仍然延续着原有的文化状态。

　　M13是这些墓葬中年代最早的墓葬，无腰坑，随葬有玉器和项饰串，未随葬陶器。从随葬品情况来看，应为女性墓，应属于统治阶层，可能是娘娘寨聚落当时的统治者（或配偶）。从墓葬的总体特征来看，应为周系族群。

　　其余随葬陶器的12座墓葬，作为非中心聚落的被统治的民众，自然应为殷遗民。内城内几座墓葬有腰坑和殉狗，以及随葬陶器组合，也都是殷遗民墓葬的特征。内城外随葬陶鬲的墓葬，虽然年代已到两周之际，从随葬的陶鬲来看，仍应属于殷遗民墓葬，只是墓葬没有腰坑，陶鬲的形制也有了明显的变化，是殷遗民族群墓葬在时代演变的过程中产生的变化。

注释

　　［1］a.张松林、张家强、黄富成：《河南荥阳娘娘寨遗址发掘出两周重要城址》，《中国文物报》2009年2月18日第2版；b.郑州市文物考古研究院：《河南荥阳娘娘寨城址西周墓葬发掘简

报》,《文物》2009年第9期;c.郑州市文物考古研究院、河南省文物管理局南水北调文物保护办公室:《荥阳娘娘寨遗址二里头文化遗存发掘简报》,《中原文物》2014年第1期。

[2] a.马世之:《娘娘寨城址性质问题试探》,《中原文物》2010年第5期;b.鲍颖建:《试论娘娘寨遗址发现的二里头文化遗存》,《中原文物》2014年第1期。

[3] 张家强、王源、雷兴山:《论郑州娘娘寨遗址墓葬特征与族属》,《中原文物》2019年第6期。

清华简《系年》"周亡王九年"及相关史实分析

闫付海

清华简《系年》第二章记载了幽王之死、携王被立与被杀、平王被立与东迁等相关史实，较《史记》的相关记载更为丰富，内容非常重要，引发了相关学者的浓厚兴趣和广泛讨论。其中"周亡王九年"一句，因有不同的理解，学者根据自己的理解提出多种不同的看法，至今尚无定论。笔者通过对相关学者研究成果的研读学习，认为"周亡王九年"应为"周亡。王九年"。《系年》这一段话中的相关历史记载，与《史记·周本纪》可以相合，并且丰富了两周之际秦、晋、郑、虢等国的相关历史。

一、"周亡。王九年"与《史记》相合

关于两周之际幽王之死与平王东迁的历史，《系年》《竹书纪年》与《史记》的记载多有不同，为方便比较与讨论，分别列出于下。

《清华大学藏战国竹简·系年》第二章载[1]："周幽王取妻于西申，生平王。王或取褒人之女，是褒姒，生伯盘。褒姒嬖于王，王与伯盘逐平王，平王走西申。幽王起师，围平王于西申，申人弗畀，缯人乃降西戎，以攻幽王，幽王及伯盘乃灭，周乃亡。邦君诸正乃立幽王之弟余臣于虢，是携惠王，立廿又一年，晋文侯仇乃杀惠王于虢。周亡王九年，邦君诸侯焉始不朝于周，晋文侯乃逆平王于少鄂，立之于京师。三年，乃东徙，至于成周。晋人焉始启于京师，郑武公亦正东方之诸侯。"

《左传·昭公二十六年》孔颖达《正义》引《竹书纪年》云："平王奔西申，而立伯盘以为太子。（伯盘）与幽王俱死于戏。先是，申侯、鲁侯及许文公立平王于申，以本为太子，故称天王。幽王既死，而虢公翰又立王子余臣于携，周二王并立。二十一年，携王为晋文侯所杀。以本非嫡，故称'携王'。"

《史记·周本纪》载："幽王以虢石父为卿，用事，国人皆怨。石父为人佞巧，善谀好利，王用之，又废申后，去太子也。申侯怒，与缯、西夷犬戎攻幽王。幽王举烽火征兵，兵莫至。遂杀幽王骊山下，虏褒姒，尽取周赂而去。于是诸侯乃即申侯而共立故幽王太子宜臼，是为平王，以奉周祀。平王立，东迁于洛邑，辟戎寇。"

关于幽王之死与平王东迁的相关史实，以上三种文献的记载，主体内容大体是一

致的，但详略程度和关键细节似差异较大。《纪年》记载了幽王之死、立平王于申、立王子余臣于携、二王并立及携王之死。《系年》的记载则更为详细具体，幽王起师围平王于西申、幽王及伯盘之死、立幽王之弟余臣于虢、晋文侯杀携王于虢、周亡王九年、晋文侯逆平王于少鄂立于京师、三年乃东徙至于成周等事件。《史记·周本纪》的记载最为简略，隐去了幽王之死和平王被立并东迁洛邑的过程，完全没有提到立余臣为携王和二王并立的事情。

综合来看，针对这件事情，《纪年》和《系年》的记载可以互证，可信性较大，可能是接近历史真实的。《史记·周本纪》的记载则是经过作者司马迁加工处理过的。《系年》中这一段关于幽王、携王、平王的记载，其最关键一句在于"周亡王九年"，如何理解，引起学界众说纷纭[2]，所有看法均存在着不同程度的疑难问题，所以至今尚无定论。需要特别说明的是王占奎的研究[3]，笔者受王占奎文章的启发，综合相关学者的研究成果，对这一段话中的相关历史记载有一个更合理的理解，与《史记·周本纪》可以相合。

王占奎文中，通过对"周乃亡"与"周室既俾"对比理解，提出"周乃亡"应为周都被毁。笔者认可其对"周乃亡"的分析，但其对"周亡王九年"的分析则可能是存在问题的。已分析"周乃亡"指周都被毁，则此处"周亡王九年"则应为"周亡。王九年"。

"周亡"承接前文"晋文侯仇乃杀惠王于虢"，"周亡"指周都进一步被毁，可能是完全废弃了。在惠王的廿又一年中，周都被西戎毁后是否得到一定程度的重建，在《系年》的这一段话中并没有显示；下文提到，根据虢季子白盘的年代和铭文判断，携王被立于虢以后，恢复了对周都的控制，并坚持了对狁犹的战争，则周都必然得到一定程度的重建；晋文侯仇杀惠王于虢，可以理解为晋文侯攻击惠王，惠王自周都逃至虢，被晋文侯杀于虢，如此，则周都再次被毁是情理之中的事，而且此时已是平王被立廿又四年也即平王二十一年，周都自此被完全废弃了。

"王九年"，下接"邦君、诸侯焉始不朝于周，晋文侯乃逆平王于少鄂，立之于京师。"，根据文意及相关历史事件，此"王九年"应是周幽王九年。《国语》卷第十六云："幽王八年而桓公为司徒，九年而王室始骚，十一年而毙。"此处"九年"显然是幽王九年，"王室始骚"则可能就是指，周王室因废故太子而立褒姒之子伯盘既而废太子在西申称王，且"幽王起师，围平王于西申"可能也开始在这一年。此处正合《系年》之"王九年，邦君、诸侯焉始不朝于周，晋文侯乃逆平王于少鄂，立之于京师。"下一句"三年，乃东徙，止于成周"则正合《系年》这一段话前半部分提到的"缯人乃降西戎，以攻幽王，幽王及伯盘乃灭，周乃亡"，幽王被杀，周都被毁，而且以虢公翰为首的邦君诸正立了携王，平王才被迫东迁。

如此，则"幽王之死"与"平王东迁"可能是同一年或前后两年紧接着发生的事情，与司马迁所著《史记·周本纪》正好相合。只是，《史记·周本纪》的记载则是经过作者司马迁加工处理过的；过于简略，隐去了幽王之死和平王被立并东迁洛邑的过程，完全没有提到立余臣为携王和二王并立的事情。

因为对"周亡王九年"无法充分合理理解，提到的携王可以和《纪年》相合，而《史记》完全没有提到携王，致使学界更倾向于相信《系年》和《纪年》的记载，而对《史记》的相关记载提出质疑和否定，并进行一定的阐释。上文已经重新断句理解"周亡王九年"可以和《史记》的记载相合，接下来讨论司马迁在创作《史记》过程中对平王东迁年代记载人为调整的可能性。

幽王之死与平王东迁，我们相信是真实发生的历史事件。司马迁在创作《史记》的过程中，看到了不少的原始素材。在《史记》中虽然没有记载幽王之死与平王东迁的过程，但在相关的本纪与世家篇中均明确提到了这两件事情，摘列于下：

《史记·周本纪》所载前已引。

《史记·秦本纪》记载："（襄公）七年春，周幽王用褒姒废太子，立褒姒子为适，数欺诸侯，诸侯叛之。西戎犬戎与申侯伐周，杀幽王郦山下。而秦襄公将兵救周，战甚力，有功。周避犬戎难，东徙雒邑，襄公以兵送周平王。平王封襄公为诸侯，赐之岐以西之地。曰：'戎无道，侵夺我岐、丰之地，秦能攻逐戎，即有其地。'与誓，封爵之。襄公于是始国，与诸侯通使聘享之礼，乃用骝驹、黄牛、羝羊各三，祠上帝西畤。十二年，伐戎而至岐，卒。生文公。"

《史记·晋世家》记载："文侯十年，周幽王无道，犬戎杀幽王，周东徙。而秦襄公始列为诸侯。三十五年，文侯仇卒，子昭侯伯立。"《史记·郑世家》记载："郑桓公友者，周厉王少子而宣王庶弟也。宣王立二十二年，友初封于郑。封三十三岁，百姓皆便爱之。幽王以为司徒。为司徒一岁，幽王以褒后故，王室治多邪，诸侯或畔之。二岁，犬戎杀幽王于骊山下，并杀桓公。郑人共立其子掘突，是为武公。"《史记·楚世家》记载："若敖二十年，周幽王为犬戎所弑，周东徙，而秦襄公始列为诸侯。"《史记·卫康叔世家》记载："（武公）四十二年，犬戎杀周幽王，武公将兵往佐周平戎，甚有功，周平王命武公为公。五十五年，卒，子庄公扬立。"

通过上述摘列的相关记载，很明显，幽王之死与平王东迁作为两周之际最为重要的历史事件，相关的重要诸侯国有秦国、晋国、郑国、卫国、楚国，是一个年代锚点。如果这两件事情是真实发生的，司马迁看到了原始的素材，绝无可能出于某种原因进行人为的年份调整。而且司马迁也没有任何进行发生年份人为调整的必要。司马迁可以隐去这两件事情发生的过程，没有提携王和"二王并立"，在某种程度上反映了他创作选材的倾向；但不会人为调整发生的年份。另外，幽王之死与平王被立两件事之间是否有一定年份的间隔？从《史记·周本纪》与《史记·晋世家》对年代相近性质类似的两件事情的记载来看，两件事之间没有年份间隔，幽王死后，平王被立（或已立），作为继任周王，次年为平王元年。

《史记·周本纪》记载："（厉王）三十四年，王益严，国人莫敢言，道路以目。三年，乃相与畔，袭厉王。厉王出奔于彘。召公、周公二相行政，号曰"共和"。共和十四年，厉王死于彘。太子静长于召公家，二相乃共立之为王，是为宣王。宣王即位，二相辅之，修政，法文、武、成、康之遗风，诸侯复宗周。十二年，鲁武公来朝。"厉王虽然不在都城，纪年方式也可以改了，但仍然是王。厉王死后，太子才被立，是为宣王。从这一条记载来看，所谓的"周都""无王"是不合适的。

在《系年》第一章中，对这件事的记载略有差异。《系年》第一章记载："至于厉王，厉王大虐于周，卿士、诸正、万民弗忍于厥心，乃归厉王于彘，共伯和立。立十又四年，厉王生宣王，宣王即位，共伯和归于宗。"虽然对"共和"的记载是不同的，但"十四年"的记载是一致的，这也说明了《史记》在历史事件发生年份的记载是可信的。

《史记·晋世家》记载："二十七年，穆侯卒，弟殇叔自立，太子仇出奔。殇叔三年，周宣王崩。四年，穆侯太子仇率其徒袭殇叔而立，是为文侯。"从"共和十四年"和"殇叔三年"的记录来看，如果幽王之死和平王被立中间有一定的年份间隔，在《史记·周本纪》中必然会有体现。

综上所述，《史记·周本纪》对幽王之死与平王东迁的记载是可信的。《系年》第二章的内容可以和《史记·周本纪》的相关记载相合，补充了部分缺载史实。《系年》"周亡王九年"，应该断句为"周亡。王九年"。

二、《系年》第二章分析

前一部分已分析《系年》第二章中"周亡王九年"应为"周亡。王九年"，且与《史记》记载相合。接下来对该章内容进行仔细分析。为便于接下来的分析，重新列《系年》第二章于下："周幽王取妻于西申，生平王。王或取褒人之女，是褒姒，生伯盘。褒姒嬖于王，王与伯盘逐平王，平王走西申。幽王起师，围平王于西申，申人弗畀，缯人乃降西戎，以攻幽王，幽王及伯盘乃灭，周乃亡。邦君诸正乃立幽王之弟余臣于虢，是携惠王，立廿又一年，晋文侯仇乃杀惠王于虢，周亡。王九年，邦君诸侯焉始不朝于周，晋文侯乃逆平王于少鄂，立之于京师。三年，乃东徙，至于成周。晋人焉始启于京师，郑武公亦正东方之诸侯。"

这一段内容是8句，记录了8件事，我们逐一分析每一件事。

1. 周幽王取妻于西申，生平王。

幽王、平王、伯盘的年纪，对西周末期到两周之际的政治历史发展演变也是一个重要的参与因素，在程平山的文章中有所考证[4]。晋人干宝《搜神记》："周宣王三十三年，幽王生。是岁有马化为狐。"[5]《大唐开元占经》引古本《竹书纪年》记载："周（灵）[宣]王三十三年，有马化为狐。"[6]方诗铭、王修龄认为，《搜神记》所引即古本《竹书纪年》[7]。《汲冢琐语》也记载，宣王年长无子而元妃生早产儿，引发"丧邦""天将弃周"等不详预言[8]。

根据上述文献记载，周幽王生于宣王三十三年；宣王四十六年崩，幽王立，年十四；幽王元年，年十五。娶妻于西申，生平王，当是幽王元年、二年的事情。西申，根据李峰的考证，位于宗周西北方向的平凉地区应是西申的位置所在[9]。

2. 王或取褒人之女，是褒姒，生伯盘。

《史记·周本纪》记载："三年，幽王嬖爱褒姒，褒姒生子伯服，幽王欲废太子。太子母申侯女，而为后。后幽王得褒姒，爱之，欲废申后，并去太子宜臼，以褒姒为后，以伯服为太子。"周幽王三年（前779年），王年十七。《毛诗正义》孔颖达疏引《帝王世纪》以为"幽王三年嬖褒姒，褒姒年十四"[10]。周幽王宠爱褒姒，褒姒为周幽王生下一子，取名伯服（一作伯般），当是幽王四年的事情。

3. 褒姒嬖于王，王与伯盘逐平王，平王走西申。

《史记·周本纪》记载："幽王以虢石父为卿，用事，国人皆怨。石父为人佞巧善谀好利，王用之。又废申后，去太子也。"

今本《竹书纪年》记载："幽王五年，王世子宜臼出奔申；皇父做都于向。"根据李峰对西周灭亡相关史实的考证，今本《竹书纪年》所载该条应该是符合事实的[11]。平王走西申应该是幽王五年的事情，平王时年三岁。

4. 幽王起师，围平王于西申，申人弗畀，缯人乃降西戎，以攻幽王，幽王及伯盘乃灭，周乃亡。

今本《竹书纪年》记载，幽王八年，王立褒姒之子曰伯服，以为太子。九年，申侯聘西戎及鄫。十年春，王及诸侯盟于太室，秋九月，王师伐申。十一年，申人、鄫人及犬戎入宗周，弑王及郑桓公，犬戎杀王子伯服，执褒姒以归。

《左传·昭公二十六年》正义引《竹书纪年》：平王奔西申，而立伯盘以为太子。（伯盘）与幽王俱死于戏。先是，申侯、鲁侯及许文公立平王于申，以本为太子，故称天王。《史记·周本纪》记载："申侯怒，与缯、西夷犬戎攻幽王。幽王举烽火征兵，兵莫至。遂杀幽王骊山下，虏褒姒，尽取周赂而去。"

"周乃亡"，根据王占奎的观点，应为"周都被毁"之意[12]。其说可从。

《春秋》隐公元年："秋七月，天王使宰咺来归惠公仲子之赗。"《正义》曰："天王，周平王也。……幽王为犬戎所杀，平王迁都王城，今河南县是也。平王四十九年，鲁隐公之元年也。敬王又迁成周，今洛阳是也。"[13]《春秋》隐公三年："三月庚戌，天王崩。"杜注："周平王也。"这说明《春秋》对"平王"的称呼就是"天王"，可见《纪年》载平王被立为天王之事应该不误。

综合这几条记载，平王奔西申，而后幽王废平王太子改立伯服为太子，而后申侯等立平王为天王（从《系年》、《史记·周本纪》来看，《纪年》中的鲁侯应为缯侯），而后幽王起师围平王于西申，而后申人、缯人勾结西戎攻幽王。幽王退回周都，并向东撤退。幽王及伯盘被杀于骊山附近，西戎劫掠毁坏周都而去。

5. 邦君诸正乃立幽王之弟余臣于虢，是携惠王，立廿又一年，晋文侯仇乃杀惠王于虢，周亡。

关于"邦君"，学界主要有三种看法：一种认为"邦君"为畿内小国国君[14]；一种认为"邦君"即为诸侯[15]；一种认为"邦君"为王畿内的贵族封建主[16]。李峰详细讨论过西周时期国与邦的区别，认为"前者用指东部的地方诸侯国，后者指的是陕西王畿的贵族宗族"，"被称为邦君的人可能就是宗族的领导者"[17]。综合分析，所谓"邦君"，应即陕西王畿内的小国国君和宗族贵族封建主。所谓"诸正"，应指在周都担任重要官职的大臣，不一定都是邦君。

《左传·昭公二十六年》正义引《竹书纪年》：幽王既死，而虢公翰又立王子余臣于携，周二王并立。根据文意，虢公翰立携王应晚于晋文侯立平王。两者刚好可以互为补充，以虢公翰为首的邦君诸正立幽王之弟余臣于携。携应为虢国地名，携惠王的惠，可能为谥号。被称为携王，应该是不被承认为周王，仅称为携地之王。

立廿又一年也即平王二十一年，晋文侯仇乃杀惠王于虢。周亡，同上文"周乃亡"，应为周都被毁。下文提到，根据虢季子白盘的年代和铭文判断，携王被立以后，恢复了对周都的控制，并坚持了对猃狁的战争。

6. 王九年，邦君诸侯焉始不朝于周，晋文侯乃逆平王于少鄂，立之于京师。

王九年，应为周幽王九年。根据前文，幽王八年废平王太子改立伯服为太子，平王被立为天王，幽王起师围平王于西申，因此，邦君诸侯不朝于周。《史记·周本纪》记载："厉王即位三十年，好利，近荣夷公。……王行暴虐侈傲，国人谤王。……其谤鲜矣，诸侯不朝。三十四年，王益严，国人莫敢言，道路以目。"因此，"不朝于周"与"诸侯不朝"意义相同，指不去周都朝见周王。此处"邦君诸侯"与前句"邦君诸正”的细微差异，正体现了“邦君”“诸侯”“诸正”的不同含义。

关于平王之立，《纪年》曰：“先是，申侯、鲁侯及许文公立平王于申，以本为太子，故称天王。”《系年》此句：“晋文侯乃逆平王于少鄂，立之于京师。”《诗·王城谱》：“晋文侯、郑武公迎宜咎于申而立之，是为平王。以乱，故徙居东都王城。”[18]综合这三条信息，平王先被申侯等立于申，遭遇幽王围攻，出逃至少鄂，被晋文侯、郑武公迎于申，立于京师。少鄂应为申国所辖小地名，京师应距离少鄂不远。根据下文“三年”一句判断，该句所载都是王九年发生的事情。平王时年七岁。

《左传·襄公十年》载，瑕禽曰：“昔平王东迁，吾七姓从王，牲用备具。王赖之，而赐之骍旄之盟，曰：‘世世无失职。’若筚门闺窦，其能来东底乎？且王何赖焉？”这是王卿士瑕禽回忆其先祖随平王东迁的情形。这七姓是平王的私属，并不是参与国政的强宗[19]。从平王的迁徙过程来分析，这应该是平王在西申遭遇幽王围攻仓皇出逃至少鄂的情形。平王当时是一个七岁的孩子，这七姓当是随平王从都城到西申，再到少鄂。至晋文侯、郑武公迎平王于申（少鄂），必得文侯资助，不会再如此窘迫。

从平王自西申至少鄂再被立于京师的情况来看，在王九年，幽王曾伐西申。进而十年盟太室再伐西申。京师，“晋文侯立之于京师”与下文“晋人焉始启于京师”，两个京师是同一个地方。据李峰考证，京师应位于宗周西北部泾河北岸的高原上，今天的彬县和旬邑之间[20]。

7. 三年，乃东徙，至于成周。

周幽王九年，晋文侯立周平王。三年，即第三年，也即周幽王十一年，乃东迁。至于成周，可能是当年，也可能跨年至次年。平王时年十岁。“乃东迁”应与携王被立有很大关系。携王被立，对两周之际的历史发展有着非常重大的影响，为秦、晋、郑、虢等国的发展提供了契机。下文详述。

8. 晋人焉始启于京师，郑武公亦正东方之诸侯。

启于京师，见《郑语》“楚蚡冒于是乎始启濮”。董增龄《国语正义》云：“启是拓土。”[21]《左传·僖公二十五年》载，晋文公帮助周襄王平定了王子带的叛乱，周襄王赐“与之阳樊、温、原、攒茅之田。晋于是始启南阳”。“始启”应为开始开疆拓土之义。王红亮据此认为，此处“京师”应该是周平王为赏赐晋文侯而新赐予的[22]。其说可从。

正东方之诸侯，整理者注：“政”与“正”通，训为“长”，此云郑武公为东方诸侯之长[23]。王红亮认为，“正”当训为“定”[24]。《周礼·天官·宰夫》郑玄注：“正，犹定。”《说文·正部》载曰：“正，是也。”孙诒让认为，“事必是而后定，故引申之，‘定’亦曰‘正’”[25]。《汉书·地理志》载：“后三年，幽王败，桓公死，其子武公与平王东迁，平定虢、郐之地，左洛右泲，食溱洧焉。"又，颜师古注《地理志》"新郑"引应劭曰："《国语》曰，郑桓公为周司徒，王室将乱，寄帑与贿于虢、会之间。幽王败，威公死之，其子武公与平王东迁洛邑，遂伐虢、会而并其地，而邑于此。""正东方之诸侯"应指"伐虢、会而并其地"。

三、携王被立与平王东迁相关史实分析

清华简《系年》第二章记载的内容，与《纪年》的相关记载可以互证，与《史记·周本纪》的记载相合。其中提到的"携王被立"为《史记·周本纪》所缺载，为我们深入认识《史记》中"平王东迁"的相关历史提供了重要线索，确认并丰富了两周之际秦、晋、郑、虢等国的相关历史。

1. 秦

因为《史记·周本纪》对"携王被立"的缺载，实际是掩盖了平王东迁的原因，导致学界对平王东迁的原因有各种看法，主要有"自然环境破坏说"[26]和"避秦非避犬戎说"[27]。因为没有对《系年》第二章"周亡王九年"正确理解，导致学界对《史记·周本纪》记载的平王东迁之年的怀疑和各种新说，进而对平王东迁与秦襄公、文公相关史事的错误认识[28]。通过前文分析，正确理解"周亡王九年"，梳理"携王被立"与"平王东迁"相关史事，就可以合理理解《史记·秦本纪》对"平王东迁"与"襄公立国"的记载，并丰富了相关历史。

《史记·秦本纪》记载："（襄公）七年春，周幽王用褒姒废太子，立褒姒子为适，数欺诸侯，诸侯叛之。西戎犬戎与申侯伐周，杀幽王郦山下。而秦襄公将兵救周，战甚力，有功。周避犬戎难，东徙雒邑，襄公以兵送周平王。平王封襄公为诸侯，赐之岐以西之地。曰：'戎无道，侵夺我岐、丰之地，秦能攻逐戎，即有其地。'与誓，封爵之。襄公于是始国，与诸侯通使聘享之礼，乃用骝驹、黄牛、羝羊各三，祠上帝西畤。十二年，伐戎而至岐，卒。生文公。""文公元年，居西垂宫。三年，文公以兵七百人东猎。四年，至汧渭之会。曰：'昔周邑我先秦嬴于此，后卒获为诸侯。'乃卜居之，占曰吉，即营邑之。十年，初为鄜畤，用三牢。十三年，初有史以纪事，民多化者。十六年，文公以兵伐戎，戎败走。于是文公遂收周余民有之，地至岐，岐以东献之周。"

根据《史记·秦本纪》的记载，秦襄公七年，幽王被杀，秦襄公护送平王东迁，获封诸侯。十二年，伐戎而至岐，卒。文公元年，居西垂宫，十六年，以兵伐戎，戎败走，遂收周余民有之，地至岐，岐以东献之周。

对应《系年》所载"携王被立"与"携王被杀"的时间，正好相合。由此可以理

解，周平王东迁的原因确如司马迁所说"避犬戎难"，只是掩盖了"携王被立"的事实。如此，也可以推测"携王被立"可能包含有与犬戎媾和的事实和因素。童书业认为，"其（携王）立亦拖庇于戎人"[29]。襄公获封为诸侯的理由，救周并护送平王东迁自然有功，仅是其一；借助秦部族的力量剿灭"携王"、驱逐犬戎为其二，才更为重要。至此可以充分相信，《史记·秦本纪》的相关记载是真实的。秦襄公因将兵救周、护送平王东迁、获封诸侯，于是始国，并开启了秦部族自西垂东进关中征服称霸西戎之路。

襄公十二年，伐戎而至岐，卒。从记载来看，伐戎依然越过西虢国至岐，可以判断，虢公翰立携王之后，恢复了对周都的控制，重心可能已向东偏移。所谓的伐戎，可能多半是对西虢和携王的攻伐，当然也付出了沉重的代价。

2.晋

《史记·晋世家》对"平王东迁"与"晋文侯"的记载较为简略："文侯十年，周幽王无道，犬戎杀幽王，周东徙。而秦襄公始列为诸侯。""三十五年，文侯仇卒，子昭侯伯立。"

《系年》的记载，丰富了"晋文侯"的相关史实，也确认了其他文献关于"晋文侯"的相关记载。《系年》第二章明确与晋相关的记载就有三条：立廿又一年，晋文侯仇乃杀惠王于虢；王九年，晋文侯乃逆平王于少鄂，立之于京师；晋人焉始启于京师。"三年，乃东徙，至于成周"一句，当也与晋有关。

今本《竹书纪年》记载："（平王）元年辛未，王东徙洛邑。赐文侯命。晋侯会卫侯、郑伯、秦伯，以师从王入于成周。二年，赐秦、晋以邠、岐之田。"《尚书序》："平王锡晋文侯秬鬯、圭瓒，作文侯之命。"

从这些文献记载的信息来看，晋文侯召集诸侯护送平王东迁洛邑以后，获平王赏赐秬鬯、圭瓒的同时，也和秦襄公一样，获得了剿灭"携王"以得"邠、岐之田"任务，也因此开启了征服周边诸多姬姓小国的西进扩张之路。秦文公"岐以东献之周"，可能也与此有关。

3.郑

《史记·郑世家》记载："郑桓公友者，周厉王少子而宣王庶弟也。宣王立二十二年，友初封于郑。封三十三岁，百姓皆便爱之。幽王以为司徒。为司徒一岁，幽王以褒后故，王室治多邪，诸侯或畔之。于是桓公问太史伯曰：'王室多故，予安逃死乎？'太史伯对曰：'独雒之东土，河济之南可居。'公曰：'何以？'对曰：'地近虢、邻，虢、邻之君贪而好利，百姓不附。今公为司徒，民皆爱公，公诚请居之，虢、邻之君见公方用事，轻分公地。公诚居之，虢、邻之民皆公之民也。'公曰：'吾欲南之江上，何如？'对曰：'昔祝融为高辛氏火正，其功大矣，而其于周未有兴者，楚其后也。周衰，楚必兴。兴，非郑之利也。'公曰：'吾欲居西方，何如？'对曰：'其民贪而好利，难久居。'公曰：'周衰，何国兴者？'对曰：'齐、秦、晋、楚乎？夫齐，姜姓，伯夷之后也，伯夷佐尧典礼。秦，嬴姓，伯翳之后也，伯翳佐舜怀柔百物。及楚之先，皆尝有功于天下。而周武王克纣后，成王封叔虞于唐，其地阻险，以此有德与周衰并，亦必兴矣。'桓公曰：'善。'于是卒言王，东徙其民雒东，而虢、郐果献十邑，竟国之。二岁，犬戎杀幽王于骊山下，并杀桓公。郑人共立其子掘突，是为武公。""武公十年，娶申侯女为夫人，曰武姜。生太子寤生，生之难，及生，夫人弗爱。后生少子叔段，段生易，夫人爱之。二十七年，武公疾。夫人请公，欲立段为太子，公弗听。是岁，武公卒，寤生立，是为庄公。"

对郑国初年桓公、武公的记载是较为简略的，仅详细记载了桓公问计于太史伯一事，可见此事之重要，引出桓公东徙其民雒东虢郐之地。

《系年》第二章载："王九年，邦君诸侯焉始不朝于周，晋文侯乃逆平王于少鄂，立之于京师。"《诗·王城谱》："晋文侯、郑武公迎宜咎于申而立之，是为平王。以乱，故徙居东都王城"。此条信息说郑武公和晋文侯一起迎宜咎于申而立之，前条信息说晋文侯立平王于京师发生在幽王九年。

今本《竹书纪年》记载："（平王）三年，王锡司徒郑伯命。四年，郑人灭虢。六年，郑迁于溱、洧。八年，郑杀其大夫关其思。"《汉书·地理志·注》引臣瓒曰："郑桓公寄奴与贿于虢、会之间，幽王既败，二年而灭会，四年而灭虢，居于郑父之丘，是以为郑桓公。"

关于灭郐，《韩非子·内储说下六微第三十一》："郑桓公欲袭郐，先问郐之豪杰、良臣、辩背、果敢之士，尽与其名姓，择郐之良田赂之，为官爵之名阃书之，因为设坛场郭门之外而埋之，衅之以鸡猳，若盟状。郐君以为内难也，而尽杀其良臣。桓公袭郐，遂取之。"

关于灭胡，《韩非子·说难第十二》："昔者郑武公欲伐胡，故先以其女妻胡君以娱其意。因问于群臣：'吾欲用兵，谁可伐者？'大夫关其思对曰：'胡可伐。'武公怒而戮之，曰：'胡，兄弟之国也。子言伐之，何也？'胡君闻之，以郑为亲己，遂不备郑。郑人袭胡，取之。"

至此我们再来审视相关史实发生的年代和顺序。幽王八年，任命郑桓公为司徒。九年，王室混乱，郑桓公请命东徙其民于雒东虢郐之地。同年，郑武公与晋文侯迎立宜咎于京师。幽王十一年，幽王被杀，郑桓公同时被杀。郑武公与晋文侯护送平王东迁洛邑。平王二年，灭郐。三年，王锡司徒郑伯命。四年，灭虢。六年，迁于溱、洧。

八年，灭胡。

《系年》第二章载，郑武公亦正东方之诸侯。正表现了郑武公参与护送平王东迁所获得的巨大发展契机，开启了吞并虢邻胡、挑战王室的扩张崛起之路。

另外，这其实还涉及郑国东迁一事，因为文献记载的不同，学界主要有两种不同的观点，分别是"桓公寄奴、武公东迁"[30]和"桓公东迁"[31]两说。结合本文的分析，笔者更倾向于相信《史记》的相关记载，认为"桓公寄奴、武公东迁"应该是符合历史事实的。简单分析如下。

其一，《竹书纪年》今本与古本所载王子多父所伐鄫、郐之异和《汉书·地理志·注》引臣瓒与应劭关于伐郐的不同说法这两个问题，在李峰的文章[32]中有较为合理的分析。

其二，清华简《郑文公问太伯》[33]载："昔吾先君桓公后出自周，以车七乘、徒卅人，敷其腹心，奋其股肱，以协于庸偶；接胄被甲，擭戈盾以造勋。战于鱼丽，吾乃获函、訾。覆车袭林，克郐朝食，汝容社之处，亦吾先君之力也。"《郑文公问太伯》记录了太伯临终时告诫郑文公的言辞，太伯历数郑国自桓公、武公、庄公以来东迁启疆的史实，具有较高的史料价值。其中明确记载了郑桓公克郐之事。

其三，《史记·郑世家》与《国语·郑语》都记载了郑桓公问计于太史伯一事，内容大同而小异；关键细节的差异，引起了学者对这件事情的怀疑[34]。前者应是在后者的基础上有所改写。《国语·郑语》载，"史伯对曰……若克二邑……公说，乃东寄帑与贿，虢、郐受之，十邑皆有寄地。"《史记·郑世家》载："虢、郐之君贪而好利，百姓不附。今公为司徒，民皆爱公，公诚请居之，虢、郐之君见公方用事，轻分公地。公诚居之，虢、郐之民皆公之民也。……于是卒言王，东徙其民雒东，而虢、郐果献十邑，竟国之。"仔细对比分析两者记载的差异之处，《史记·郑世家》对史伯所言"若克二邑"一句进行了人为淡化处理，重要的是，两者均隐去了郑桓公获得十邑的过程，其中就可能存在着对虢、郐的征服。

其四，《韩非子·内储说下六微第三十一》："郑桓公欲袭郐……桓公袭郐，遂取之。"

其五，今本《竹书纪年》记载："（平王）四年，郑人灭虢。"《汉书·地理志·注》引臣瓒曰："二年而灭会。"前者没有记载郑人灭郐，而后者记载平王二年灭郐，则可以推测，平王东迁之后的灭郐是一件不够分量记载的事情。

综上所述，《郑文公问太伯》所载"桓公克郐"之事，应发生在周幽王九年（前773年）。《韩非子·内储说下六微第三十一》所载故事，可能就是"桓公克郐"的发生过程。正是因为郑桓公攻克郐国，才获得了"虢、郐果献十邑，竟国之"的结果。郑武公护送平王东迁以后，于次年形式上灭亡了已经于四年前被郑桓公攻克的实质已经灭亡的郐国。

4. 虢

虢国的历史，在《史记》中没有单独的篇幅做记录，只零星散见于相关的篇幅中，在先秦至汉晋的各种文献中多有记载。学界根据文献记载及出土金文材料，对虢国的历史进行了较为深入的研究[35]。西周初年，周文王之弟虢仲、虢叔均受分封，建邦立国。虢仲封于今河南荥阳市境内，被后人称为东虢，平王四年（前767年）为郑国所灭；虢叔封于今陕西宝鸡一带，被后人称为西虢。两周之际，西虢迁于今三门峡、平陆一带，因地跨大河南北，故又被分称为南虢、北虢，惠王十九年（前658年）为晋国所灭。西虢东迁留于故地的支庶，被称为小虢，秦武公十一年（前687年）为秦国所灭。

关于虢国的历史，有一个重要的问题，就是西虢东迁三门峡一带的时间。多数学者认为，早在西周晚期已经东迁，又有历宣说和幽王说的不同；少数学者则认为，应是随平王东迁的春秋初期。清华简《系年》提到"携王被立与被杀"，为这一问题的研究提供了新的角度。

《系年》和《纪年》互证互补，幽王被杀后，虢公翰立携王于虢，21年后，晋文侯杀携王于虢。前文分析，虢公翰所立携王应该位于周都西部，可能与犬戎有所媾和。平王东迁以后，整合秦、晋的力量，攻灭携王，征服犬戎。平王二十一年（前750年）也是携王二十一年，也是秦文公十六年，秦伐戎，戎败走，同年，晋文侯杀携王于虢。这其中可能就包含着西虢与东周王室、秦晋的媾和，随后就东迁于三门峡一带，并在相当长一段时间内保持了虢国的政治地位。根据相关历史记载，西虢与东周王室媾和，东迁于三门峡一带，应该与东周王室欲摆脱对郑国过度依赖有关。

《史记·周本纪》载："幽王以虢石父为卿，用事，国人皆怨。"《吕氏春秋·当染篇》载："幽王染于虢公鼓、祭公敦。"《竹书纪年》载："幽王既死，而虢公翰又立王子余臣于携，周二王并立。"虢石父与虢公鼓当是同一人。杨宽《西周史》认为，"鼓是名，石父是字"。李峰认为，虢公翰就是虢公鼓，《竹书纪年》中的"翰"字是古墓本中"鼓"字的误抄[36]。王龙正等也认为，虢公翰即是虢公鼓，认为鼓是其名，石父是其字，鼓、翰二字可通假[37]。从幽王携王的相关历史分析，也确实如此。幽王被杀时，虢公翰并不像郑桓公一样殉难，而是在封地另立了携王，而且可能与犬戎有所媾和。21年后，在秦文公和晋文侯的夹击之下，可能仍然是虢公翰与平王、秦文公、晋文侯媾和，出卖了携王，并正式东迁至三门峡区域。今本《竹书纪年》载："（幽王）七年，虢人灭焦。"合理的解释应该是，自此虢人开始经营三门峡区域，但是西虢国正式迁徙至三门峡区域应该是平王二十一年携王被杀之后的事。三门峡上村岭虢国墓地M2009虢仲墓[38]的墓主，应当就是虢公翰。

另外，在虢国的研究中，有一个较为重要的问题是对"虢宣公子白鼎"和"虢文公子段鼎"中人物称谓的理解。很显然，其中的"宣"和"文"应该是谥号，如果墓主人是"虢宣公"和"虢文公"，在铸造随葬用的铜器时，携带自己的谥号，显然是不可能的，所以只能理解为"虢宣公之子白"和"虢文公之子段"。而且"白"和"段"定然不是继任的虢公，因为若为继任的虢公，自然无需用前任之子来称谓自己。

最近刚听到北京大学历史学系韩巍一个关于虢季子白盘年代的讲座——"虢季子白盘年代再议——兼论'二王并立'的考古学证据"[39]。根据韩巍的考证，虢季子白盘应为携王时器。笔者认可其对虢盘年代的分析和考证，但讲座中提到了几个细节，可能是存在问题的：（1）虢季子白和虢宣公子白若是同一人，则虢季子白应不是虢公翰；（2）携王应是携地之王的意思；（3）襄公护送平王东迁，应是史实而非秦后人粉饰。根据虢盘的铭文"携王十二年""王各周庙宣榭"可以判定，幽王被杀以后，犬戎劫掠周都而去，携王被立，应当是恢复了对周都的控制，在携王的二十余年，在以虢公翰为首的贵族大臣治理下，曾坚持了对猃狁的战争。

四、平王东迁与西周灭亡分析

西周是中国广大地域治理体系演变的关键时期，是封建制度的成熟稳定时期；随着生产力的发展，也孕育了先进治理体系的萌芽。

关于西周的灭亡，笔者较为认可李峰的分析。幽王五年（前777年），王世子宜臼出奔申，皇父做都于向，标志着以幽王为核心的政治派别对以皇父为核心的政治派别权力斗争的胜利，"不仅为王室权威的重建创造了机会，同时也开启了西周王朝灭亡的大门"。幽王十年，王师伐申，引发了申鄫联合西戎的反击，杀死了幽王，灭亡了西周政权，可谓是"在一种危险的境况下，一个错误的军事估算酿成了一场无法挽回的灾难"[40]。从某种程度上说，西周的灭亡有一种偶然性。

《史记·周本纪》记载西周晚期大臣对厉王、宣王的劝谏，国人暴动和厉王出奔，厉王、宣王、幽王的一意孤行，使得西周的情势每况愈下，直到幽王伐申引发西周的灭亡，实质则是表现了周王与贵族大臣集团的权力斗争。这一种斗争向前可以追溯到西周前期的昭王南征。根据禹鼎铭文的记载，当鄂侯驭方发动淮夷和东夷对西周的叛乱时，周王动用了六师和八师前去征讨鄂侯，但却以失败告终。随后，武公派出自己的戎车和徒驭，在禹的率领下，成功俘获了鄂侯驭方。根据多友鼎铭文的记载，同样是这位武公，命令多友指挥自己的战车抗击前来侵犯的猃狁，保卫了京师的安全，获得了周王赏赐的土地，而实际参战的军事指挥官多友却只受到武公赏赐的一件玉礼器、一套编钟以及一些铜。据研究，这位强势的武公就供职于厉王时期，可能就与厉王出奔有关[41]。

禹鼎铭文所载之事，表现了周王的军队和意图遭遇失败，武公却掌握着私人武装，扭转了局面，这让人联想到了昭王十九年的南征。多友鼎铭文所载之事，表现了武公掌控着周王与军队的联系，也表现了土地是怎样从王室转移到贵族大臣手中，王室和贵族大臣的力量在频繁的赏赐和土地迁移过程中此消彼长。

土地赏赐可以说是西周政权衰弱直至灭亡的根源。李峰书中有较为深刻的分析，在这场"恩惠换忠诚"的游戏中，这种自杀式的政府运转，注定周王将成为失败的一方[42]。如此，则可以理解西周晚期厉王、宣王、幽王的所作所为，实际是与贵族大臣的斗争，是王权重建的努力，只是均以失败告终。

夷王时期，《史记·齐太公世家》记载："哀公时，纪侯谮之周，周烹哀公而立其弟静，是为胡公。胡公徙都薄姑，而当周夷王之时"。今本《竹书纪年》记载："（夷王）三年，王致诸侯，烹齐哀公于鼎。"周王对诸侯的处置，表现了西周王朝国家对诸侯的控制依然存在。但是，根据李峰对"五年师事簋"铭文的研究推测，夷王五年对齐国的征伐是以失败告终的[43]。这一次王师对诸侯军队战争的失败，表明国家对诸侯的控制能力是有限的，实质上隐含着贵族大臣对周王行使权力的阻碍。

孝王时期，《史记·周本纪》记载："懿王崩，共王弟辟方立，是为孝王。孝王崩，诸侯复立懿王太子燮，是为夷王。"从记载来看，孝王的即位是不符合王位继承制度的。孝王在位九年或十五年，从"诸侯立夷王"的情况来看，孝王极大的可能是非正常死亡。另外，根据李峰对牧簋铭文的研究，铭文从某位周王之口谈到了西周政府及其行政的阴暗面，周王对政府部门的种种乱象感到痛心，对妄为的官员进行谴责，可能就是孝王[44]。很显然，孝王的非正常即位、改变局面的努力、非正常死亡，都表现了王权重建的努力和与贵族大臣的斗争是失败的。值得一提的是，《史记·秦本纪》记载"非子封秦"一事是孝王所为，而且是孝王与申侯妥协的结果，这一件事的争取可以算是成功的，从后世秦襄公护送周平王东迁、获封诸侯到秦昭襄王灭东周，再到秦始皇统一六国，这可以说是历史的宿命。

《史记·周本纪》和今本《竹书纪年》均记载了昭王南征，作为西周早期与西周中期的分界，标志着西周早期国家扩张阶段的结束。在《史记·周本纪》中，自穆王开始，多出现大臣对周王的劝谏。文献和相关的金文均记载，西周政府对诸侯、淮夷、猃狁的战争，胜少败多。没有充足的证据说明，这些胜利的战争是由执政大臣主导的而失败的战争是由周王主导的，但根据上述提到的禹鼎和多友鼎的铭文记载的情况来看，这一种可能性是极大的，这一切都与周王和执政贵族大臣的权力斗争有关。

至此，再来看西周初年的情况。武王克商，遂大封诸侯，可以理解为周取代商成为天下共主以后，对广大区域内原有诸侯的承认，并新封了少量王室子弟为诸侯。克商之后，几年时间内，武王就崩逝了，成王年幼，周公摄政。三监叛乱，周公东征，其后再次封建诸侯，大封功臣和王室子弟为诸侯，并制礼作乐，开启了西周王朝对天下的有效治理。仔细分析西周初年武王和周公对克商之后续问题的处理，是一个过程。

商王朝时期，商王及王室是怎么治理广大区域内的各诸侯国的，这个问题并没有清楚的研究，商王朝的多次迁都可能就与此有关。毫无疑问，作为西部的邦国，周取代了商，成为天下共主，这个问题对于周来说则更为严重。武王作为周王，克商之后，成为天子，大封诸侯可以说是必然的唯一的也是正确的选择，但仅仅是稳定了局面，对治理问题的解决几乎是毫无作用，而且还要面对王室子弟和克商功臣的封赏及平衡问题。武王是被这些问题愁死的吗？也可能存在着一个阴谋，总之，武王的早逝是一个历史的悲哀。

虽然武王和成王的年龄并没有确切的记载，但武王壮年而逝，因成王年幼，致周公摄政。某种程度上说，是周公摄政引发了三监叛乱，进而周公东征。东征的过程中，形成了新的治理天下的模式。东征胜利之后，周公大封功臣和王室子弟为诸侯，既实现了对功臣和王室子弟的封赏，又可以成功有效地对广大区域进行治理，并在北、东、南方向上开拓更为广大的区域。其后制礼作乐，开始了西周王朝对天下的有效治理。

与封建诸侯对应的是对周王直领土地的治理。作为西部邦国，关中地区是西周的王畿地区。周克商成为天下共主以后，为便于对东部区域的治理，营建洛邑和成周，直接控制洛阳盆地地区。如此，西周初期，周王及王室直接治理关中地区和洛阳盆地地区，实力远远超过任何单一的诸侯国，这成为西周时期王室对广大区域众多诸侯国成功治理的基础。武王克商大封诸侯，周公东征封建诸侯并制礼作乐，形成了稳定的格局，西周进入了稳定时期。周王对直领土地的治理与封建诸侯相类，赏赐土地维持初步官僚系统的运行，不能再大规模的封建诸侯，就只能在直领土地上进行土地赏赐。

土地赏赐是西周衰落直至灭亡的开端和根本原因所在。武王早逝，周公作为执政贵族大臣，摄政、东征、封建诸侯、制礼作乐，王畿地区的土地赏赐治理模式当也始自周公。因为封建诸侯，东部广大区域的土地被分封给各诸侯；因为土地赏赐，关中地区和洛阳盆地王室直领土地也很快被最大限度地赏赐给贵族大臣，周王的权力随着占有土地的减少而缩小，直到成为空有虚名的天子。普天之下莫非王土，率土之滨莫非王臣，所谓的"王土"和"王臣"仅仅是名义上的而已。如此，我们就完全可以理解西周中期至晚期，周王与执政贵族大臣的斗争。

西周早期，随着国家的扩张，封建诸侯成为必须，土地赏赐也并没有显现出来其存在的问题，周公的礼制体系似乎是完美地解决了当时面临的问题。随着土地赏赐的进行，其中存在的问题显现出来并愈发严重，导致周王与执政贵族大臣的斗争愈发激烈。西周初年，生产力发展水平、知识传播、人才储备等因素的限制，除了土地赏赐的方法似乎别无选择。周公的礼制体系与当时面对的情况有非常好的匹配，作为执政贵族大臣，非常好地维护和平衡了周王、诸侯、大夫等不同等级的利益。整个西周时期，王室对各诸侯国的治理和压制是非常有效的，各诸侯国的发展是有限的。但是，随着社会的稳定、生产力的发展，王室直领土地上土地赏赐政策导致新产生的利益全部被贵族大臣占有。因此，从历史发展的情况来看，周公的礼制体系，尤其是土地赏赐政策，并没有维护到周王的利益，甚至是对周王利益的损害。我们不能假设，如果武王没有早逝，对土地和官僚会不会有更加有效的治理和平衡体系，所以说，武王的早逝，是一个历史的悲哀；也可能是历史的幸运。

如此，再来分析西周中期至晚期的情况。可能早至昭王末年，周王已经丧失了绝大部分的权力。至孝王以后，甚至沦落为贵族大臣之间互相斗争的工具和牺牲品。宣王时期，长达46年的在位时间，表明执政贵族大臣的代理王权行使运用的较为合理。宣王末年，宣王与执政大臣的斗争以失败告终。在幽王初年，与西申的联姻，迅速稳定了局面，而后的派系斗争，导致了幽王的惨死和西周的覆灭，都是新执政贵族大臣的能力不足造成的，携王的被立与被杀，情况仍然如此。

整个西周时期，周王的权力在王畿内邦君大正之间互相争夺，但对于诸侯国的治理和压制是非常有效的，广大地域的治理体系在王畿内进行着缓慢的演变。晋、郑、秦迎立平王并东迁至洛阳盆地，周王室丧失了根基之地关中地区。对晋、秦的封赏和承诺，放开了对诸侯国的限制，开启了诸侯国的扩张崛起之路，改变了王畿内邦君大正之间对周王权力的争夺状态，扩大为诸侯国对周王权力的争夺。治理体系在王畿内的演变以失败告终，开始了在多个诸侯国内不同的演变探索。

五、余论

关于"二王并立"，有学者研究的所谓两次"二王并立"和一次"三王并立"，而司马迁的《史记》中只字未提。经过分析可知，周幽王在时，所谓的伯服封王与宜臼称王，均不能称为"并立"。幽王死后，平王被立，又携王被立，才被称为"二王并立"。司马迁《史记》中不提"携王被立"与"二王并立"，表现了司马迁根本就不承认"携王"为周王，应当也是东周至西汉时期社会的主流认识。

关于出土文献与传世文献的互证，廖名春在文章[45]中认为，是相互印证、相互发明、相互补充，远比相互否认、相互贬低、相互排斥更为重要。以《竹书纪年》、清华简和《史记》的互证为例，初步讨论这一问题。后出土的《竹书纪年》和新出的清华简等材料，司马迁不一定就没有看到相同的记载，司马迁定然还看到很多现在已经失传的文献材料。真实的历史是众多重要事件的发生过程，一个系统的演进过程，司马迁的《史记》是在真实历史的基础上，以众多原始记载为素材，进行的以记录历史为目的的创作。因此，在对待《史记》记载的真实性上，在没有明确确认是《史记》记录错误的前提下，应该倾向于相信《史记》的记载是真实的。需要注意几种情况。

1. 司马迁看到的原始素材可能有不同的说法，司马迁在不同的篇幅中用了不同的说法，或者提到了不同的说法。

2. 司马迁对自己也不容易确定的事情或者某种特别的原因，进行了简略的记载，比如"二王并立"及相关的历史。

3. 单独的历史事件，司马迁可能因为某种原因进行了人为的处理，比如尧舜禹的禅让、烽火戏诸侯。

4. 重要历史事件发生的年代以及重要人物的死亡年代，是一个系统中的时间锚点，司马迁如果看到了原始的记载，自行调整的可能性极小，完全没有动机。他可以人为的选择、删减素材，但不会故意记错，这不符合历史记录的传统和精神。比如"幽王之死"与"平王东迁"的发生年份，秦襄公、郑桓公之死的年份，共和记年与殇叔记年等。

▌注释

[1] 清华大学出土文献研究与保护中心：《清华大学藏战国竹简·二》，中西书局，2011年，第138页。清华简是清华大学于2008年7月收藏的一批战国竹简。经碳十四测定证实，清华简是战国中晚期文物，文字风格主要是楚国的。简的数量一共约有2500枚（包括少数残断简），在迄今发现的战国竹简中数量较多。清华简在秦之前就被埋入地下，未受"焚书坑儒"影响，所以能够最大限度地展现先秦古籍的原貌，研究它们有助于了解中华文化的初期面貌和发展脉络。

[2] 杨博：《〈系年〉"周亡王九年"诸说综析》，《中国社会科学报》2018年2月27日第5版。

[3] 王占奎：《清华简〈系年〉随札——文侯仇杀携王与平王、携王纪年》，北京大学中国考古学研究中心、北京大学震旦古代文明研究中心：《古代文明》（第10卷），上海古籍出版社，2016年，第205-214页。

[4] 程平山：《两周之际"二王并立"历史再解读》，《历史研究》2015年第6期，第4~21页。

［5］干宝：《搜神记》卷六，汪绍楹校注，中华书局，1979年，第69页。

［6］a.（唐）瞿昙悉达：《大唐开元占经》卷一一八《马休征·马化为牛狐及出地中》，明抄本，第2页b–3页；b.刘恕：《资治通鉴外纪》卷三《周纪一》，周宣王三十三年下引作"周有马化为狐"，张元济等编《四部丛刊》，上海商务印书馆，1929年，第28页。

［7］方诗铭、王修龄：《古本竹书纪年辑证》，上海古籍出版社，2005年，第60～61页。

［8］李昉等：《太平御览》卷八十五《皇王部十》，中华书局，1960年，第403页。

［9］李峰：《西周的灭亡——中国早期国家的地理和政治危机》，徐峰译，汤惠生校，上海古籍出版社，2007年，第252～260页。

［10］孔颖达：《毛诗正义》卷十五《小雅·鱼藻之什·白华》，阮元校刻《十三经注疏》，上册，第496页。

［11］李峰：《西周的灭亡——中国早期国家的地理和政治危机》，徐峰译，汤惠生校，上海古籍出版社，2007年，第233～245页。

［12］王占奎：《清华简〈系年〉随札——文侯仇杀携王与平王、携王纪年》，北京大学中国考古学研究中心、北京大学震旦古代文明研究中心《古代文明》（第10卷），上海古籍出版社，2016年，第205～214页。

［13］阮元：《十三经注疏》，第3721页。

［14］唐兰：《西周青铜器铭文分代史征》，中华书局，1986年，第463页。

［15］赵伯雄：《周代国家形态研究》，湖南教育出版社，1990年，第95页。

［16］朱凤瀚：《商周家族形态研究（增订本）》，天津古籍出版社，2004年，第346页。

［17］李峰：《西周的政体——中国早期的官僚制度和国家》，生活·读书·新知三联书店，2010年，第184页。

［18］阮元：《十三经注疏》，第696～697页。

［19］徐中舒：《先秦史论稿》，巴蜀书社，1992年，第185页。

［20］李峰：《西周的灭亡——中国早期国家的地理和政治危机》，徐峰译，汤惠生校，上海古籍出版社，2007年，第185～191页。

［21］清华大学出土文献研究与保护中心：《清华大学藏战国竹简·二》，中西书局，2011年，第140页。

［22］王红亮：《清华简〈系年〉中周平王东迁的相关年代考》，《史学史研究》2012年第4期。

［23］清华大学出土文献研究与保护中心：《清华大学藏战国竹简·二》，中西书局，2011年，第140页。

［24］王红亮：《清华简〈系年〉中周平王东迁的相关年代考》，《史学史研究》2012年第

4期。

　　［25］孙诒让：《周礼正义》，中华书局，1987年，第210页。

　　［26］钱穆：《西周戎祸考上》，《禹贡》第2卷第5期。

　　［27］王玉哲：《周平王东迁乃避秦非避犬戎说》，《天津社会科学》1986年第3期。

　　［28］a.程平山：《秦襄公、文公年代事迹考》，《历史研究》2013年第5期；b.王硕：《秦襄公纪年考辨》，《哈尔滨师范大学社会科学学报》2019年第3期；c.王雷生：《平王东迁原因新论——周平王东迁受逼于秦、晋、郑诸侯说》，《人文杂志》1998年第1期。

　　［29］童书业：《春秋左传研究》，上海人民出版社，1980年，第40页。

　　［30］a.童书业：《春秋史》，山东大学出版社，1987年，第108～109页；b.杨宽：《西周史》，上海人民出版社，2016年，第899～900页；c.李峰：《西周金文中的郑地和郑国东迁》，《文物》2006年第9期；d.李峰：《西周的灭亡——中国早期国家的地理和政治危机》，徐峰译，汤惠生校，上海古籍出版社，2007年。

　　［31］a.马楠：《清华简〈郑文公问太伯〉与郑国早期史事》，《文物》2016年第3期；b.刘光：《清华简〈郑文公问太伯〉所见郑国初年史事研究》，《山西档案》2016年第6期。

　　［32］李峰：《西周金文中的郑地和郑国东迁》，《文物》2006年第9期。

　　［33］清华大学出土文献研究与保护中心：《清华大学藏战国竹简·六》，中西书局，2016年。

　　［34］a.许倬云：《周东迁始末》，《求古编》，商务印书馆，2014年，第78页；b.韩国河、陈康：《郑国东迁考》，《郑州大学学报》（哲学社会科学版）2019年第2期。

　　［35］a.蔡运章：《虢国的分封与五个虢国的历史纠葛——三门峡虢国墓地研究之三》，《中原文物》1996年第2期；b.任伟：《虢国考》，《史学月刊》2001年第2期。

　　［36］李峰：《西周的灭亡——中国早期国家的地理和政治危机》，徐峰译，汤惠生校，上海古籍出版社，2007年，第274～275页。

　　［37］王龙正、杨海清、乔斌：《虢石父铜器的再发现与西虢国的历史地位》，载王斌主编《虢国墓地的发现与研究》，社会科学文献出版社、时代（远东）出版社，2000年，第231～234页。

　　［38］河南省文物考古研究所、三门峡市文物工作队：《三门峡虢国墓地（第一卷）》，文物出版社，1999年。

　　［39］韩巍：《虢季子白盘年代再议——兼论"二王并立"的考古学证据》，吉林大学考古学院·古籍研究所、吉林大学中国古文字研究中心"古文字与出土文献青年学者论坛"系列名家讲座第五场，2020年12月2日。

　　［40］李峰：《西周的灭亡——中国早期国家的地理和政治危机》，徐峰译，汤惠生校，上

海古籍出版社，2007年，第227～251页。

［41］李峰：《西周的灭亡——中国早期国家的地理和政治危机》，徐峰译，汤惠生校，上海古籍出版社，2007年，第151～154页。

［42］李峰：《西周的灭亡——中国早期国家的地理和政治危机》，徐峰译，汤惠生校，上海古籍出版社，2007年，第162～163页。

［43］李峰：《西周的灭亡——中国早期国家的地理和政治危机》，徐峰译，汤惠生校，上海古籍出版社，2007年，第114～115页。

［44］李峰：《西周的灭亡——中国早期国家的地理和政治危机》，徐峰译，汤惠生校，上海古籍出版社，2007年，第116～118页。

［45］廖名春：《清华简〈周公之琴舞〉与〈周颂·敬之〉篇对比研究》，《深圳大学学报》（人文社会科学版）2013年第6期。

郑桓公寄孥的考古学观察

黄富成

西周末年，周王室与诸侯间矛盾重重。西周末年动乱导致诸如幽王被杀、二王并立、平王东迁、桓公寄孥及桓公死期等历史悬案至今仍存。郑桓公为躲避王室与诸侯之间的战乱殃及，举部东迁于虢、郐等地，地点于今荥阳、新郑一带[1]，其后郑与晋、秦等因拥立平王而发迹。有关郑桓公东迁寄孥一事，史焉不详，至今颇多分歧。本文拟结合近年郑州等地西周晚期的考古发现等，对此问题谈一点肤浅的认识，不妥之处敬请方家指正。

一

郑桓公东迁及寄孥一事，在《史记·郑世家》《国语·郑语》《竹书纪年》《左传》等文献中有确切记载。

《国语·郑语》载："桓公为司徒，甚得周众与东土之人，问于史伯曰：'王室多故，余惧及焉，其何所可以逃死？'史伯对曰：'王室将卑，戎狄必昌，不可逼也。当成周者，南有荆蛮、申、吕、应、邓、陈、蔡、随、唐；北有卫、燕、狄、鲜虞、潞、洛、泉、徐蒲；西有虞、虢、晋、隗、霍、杨、魏、芮；东有齐、鲁、曹、宋、滕、薛、邹、莒，是非王之支子母弟甥舅也，则皆蛮夷戎狄之人也。非亲则顽，不可入也。其济、洛、河、颍之间乎！是其子男之国，虢、郐为大，虢叔恃势，郐仲恃险，是皆有骄侈怠慢之心，而加之以贪冒。君若以周难之故，寄孥与贿焉，不敢不许。周乱而弊，是骄而贪，必将背君，君若以成周之众奉辞伐罪，无不克矣。若克二邑，邬、蔽、补、舟、依、黑柔、历、华，君之土也。若前颍后河，右洛左济，主芣、騩而食溱、洧，修典刑以守之，是可以少固。'……公说，乃东寄帑与贿，虢、郐受之，十邑皆有寄地。"十邑谓虢、郐、邬、蔽、补、舟、依、黑柔、历、华[2]。

《史记·郑世家》载："郑桓公友者，周厉王少子而宣王庶弟也。……为司徒一岁，幽王以褒后故，王室治多邪，诸侯或畔之。于是桓公问太史伯曰：'王室多故，予安逃死乎？'太史伯对曰：'独雒之东土，河、济之南可居。'公曰：'何以？'对曰：'地近虢、郐，虢、郐之君贪而好利，百姓不附。今公为司徒，民皆爱公，公诚请居之，虢、郐之君见公方用事，轻分公地。公诚居之，虢、郐之民皆公之民也。'……桓公曰：'善。'于是卒言王，东徙其民雒东，而虢、郐果献十邑，竟国之。"

《竹书纪年》载："晋文侯十二年（原文"晋文侯二年"，脱落一个"十"字），周宣王子多父伐郐，克之。乃居郑父之丘，名之曰郑，是曰桓公。"

关于发生在西周末年的这件事情，人们多侧重于探讨桓公之死以及寄孥之地、郑国立国之事等。较之《竹书纪年》《诗经》与《国语》《史记》等历史文献记载的歧异，对于两周之际的诸多历史悬案，前人多有论述[3]，在此不再赘述。单就桓公寄孥这件事来说，他不是短时间内能够形成一定的文化积淀的，他是一个长期的定居、发展和扩张的过程。根据上述历史记载，桓公寄孥一事存在以下疑问：地点不详、寄孥范围和环境不清、后续发展无从谈起、郑族文化发展无法了解，等等。桓公举族东迁地点分散，人口集中但数量可能有限，其由陕西郑地东徙至郑父之丘"新"郑地，郑文化在"新"郑之地的累积、发展和体现在考古学文化上应有一定的反应和体现。

自武王灭商后，中原地区殷余民处于三监制度下的管叔管辖，殷商文化在郑州地区浸润久长，以至于今人在长期的田野考古实践中尚未完全区分郑州地区的西周考古学文化谱系。直至两周之际，要想明白地区分西周末和春秋早期的考古学文化，亦是相当困难。即便是能够厘清二者之间的关系，然而是否为桓公东迁郑族郑文化尚难断定。有鉴于此，我们对近年发现和发掘的几处西周末年聚落遗存简要分析，以期揭示二者之间的关系。

二

目前，郑州地区经过调查和发掘确定的两周古城址遗址等达50余处[4]，然而能够确认为西周晚期的古代文化遗存并不多，经过完整考古发掘的主要有新郑中行郑国祭祀遗址、荥阳娘娘寨两周城址、荥阳官庄遗址、新郑孟庄寺东高遗址。

1. 郑国祭祀遗址

新郑中行西周文化晚期遗存是目前为止在郑韩故城内历次发现面积最大、遗迹最密集的一处。发现的西周文化遗存有52座灰坑、水井等，出土了丰富的陶器、骨器等遗物。但西周文化遗存被春秋祭祀遗存破坏严重。根据出土文化遗物分析，该西周晚期遗存文化特征和春秋早期形成的郑文化特征既有较明显区别，又有一定联系，和洛阳西周文化的发展一脉相承。发掘者认为，这种文化特征是西周晚期郑文化东渐和当地的郐文化发展尚未交融阶段的遗存[5]，其典型陶器有鬲、盂、豆、罐、盆、甑以及筒瓦、板瓦等。在郑国祭祀遗址西周晚期、春秋和战国遗迹，均出土了少量颇具地方特色的矮三足盘。

2.荥阳娘娘寨两周城址

荥阳娘娘寨两周城址为一高台地形，位于郑州荥阳豫龙镇寨杨村西北、索河南岸。遗址东西长1200米，南北宽850多米，总面积100多万平方米，由内城和外城组成。外城主要分布于内城的东部和南部，北部和西部则是充分利用了索河的天然屏障，对内成形成了一个封闭系统。现外城仅存地表以下部分，东垣现存宽7～9米，南垣现存宽2～8米。南垣往西进入龙泉寺冲沟和索河，东垣北与索河相接，外城东面、南面城垣和龙泉寺冲沟、索河一起形成封闭的防卫系统。南垣外发现的外城壕，宽约20米，残深6米。内城垣相对独立，平面近方形，城墙长约400米，面积近16万平方米，现存城墙最高处可达7米。城内多层遗迹交错叠压，西周晚期至春秋战国时期的道路、大型夯土建筑基址、陶窑、窖穴、灰坑、水井、仓窖、祭祀坑等十分密集。内城外环壕宽48米，深12米。城壕上部坡度较缓，下部为一宽约4米、深约3米的陡直河底。城壕内上部淤土中可见东周时期遗物，底部淤土包含有西周晚期器物残片及动物骨骼等。

通过对内外城垣和环壕的多处解剖发掘，我们发现，外城墙修建年代在春秋时期，延续至战国使用、修补和扩建。而内城墙其修建年代则不晚于西周晚期，历经春秋战国多次使用修补。在内城墙基槽之下仍叠压有不少西周时期文化层和遗迹，说明此处在西周时期就存在一处人烟聚落。在娘娘寨城址西南约1000米处发现并进行发掘的西周墓地，进一步证明了在娘娘寨城址修建之前此处存在西周时期的聚落。墓葬随葬陶器具有非常浓郁的商文化因素，典型的宗周文化因素基本不见。这批墓葬的时代从西周早期延续至西周晚期[6]。

根据对娘娘寨两周城址及墓地的发掘，我们认为，墓地和城址具有极强的文化承续和年代衔接关系。娘娘寨城址最初的修建年代约在西周晚期，此时也是当地西周聚落衰败之际。在考古学上体现的两周之际的文化事件，在历史上当有反映。在发掘过程中我们就认识到，这种发生在两周之际的大概率事件就是郑桓公东迁寄孥之事了。两周之际发生于郑洛地区最为著名的事件就是桓公东迁寄孥，该城址可能与郑桓公东迁有很大关系。目前，遗址在地理位置和时代上与郑桓公东迁其民合，如推测无误，城址当为郑桓公东迁其民的重要都邑。该城址在东周时期仍然沿用，这对探讨郑武公灭东虢国也具有重要研究意义[7]。考古发现公布后，有学者进一步指出，娘娘寨两周城址应为桓公寄孥与武公东迁的重要都邑[8]。

3.荥阳官庄两周遗址

荥阳官庄两周遗址位于荥阳市高村乡官庄村西部，东南距娘娘寨两周城址约5公里。该聚落遗址由先期钻探发现的、平面略呈长方形的外壕和此次发现并确认的"凸"字形的内壕围合而成，总面积超过130万平方米。遗址平面形状略呈东西长方形，重点区域东西长约1300米，南北宽约900米，面积约117万平方米。该遗址文化层较厚，遗迹现象丰富，叠压打破关系复杂。发掘有西周至春秋时期各类遗迹。考古人员在内壕沟内发现大量夯土残块，并在遗址东北部发现两组布局规整、排列有序的两周墓地，出土铜鼎、铜戈等青铜器以及车马器、玉石器、陶器、骨蚌制品等大量重要遗物，年代自西周中晚期一直延续到春秋时期[9]。

4.寺东高两周遗址

在郑州机场北约3公里的新郑市孟庄镇寺东高村，有一处西周晚期至战国末年的遗址，局部发现有晚商遗迹和遗物。该遗址位于一高台地上，面积近10万平方米，中心部位与周边地势落差约6米左右，高台周边地下3米处遍布厚达1～1.5米的湖相沉积层。该遗址地层关系明确，出土了具有浓郁郑文化特征的矮三足盘等器物。根据地层关系（图一），该遗址第7层位于台地周边，深4.7～5.5米，厚约1.2米左右，黑褐色淤泥土，结构紧密纯净，含一定水分，柔软，遇水不散，晒干后较坚硬，为典型的湖相沉积土层。厚达1米余的湖相层说明此地经历了长时期的水积环境。遗址在第4层战国层以后即废弃，为厚厚的沙土层所覆盖，而湖相沉积层也在此时期同时被沙层所覆压。这说明战国以后，随着遗址被废弃，此处湖沼逐渐干涸，转而代之的是厚厚的风沙堆积层。在遗址第3a层深黄褐色土中，发现有少量的汉唐时期的筒瓦、板瓦、瓷片等，而积压在湖相层上方的第3b层灰黄土较纯净，结构细密，含少量细沙，厚达1.3～2.2米[10]。这种情况说明，寺东高遗址在春秋战国时期周边湖沼发育仍正常，水域环境明显，主体文化层包含西周晚、春秋至战国时期。然而在战国以后，该遗址废弃被厚厚的风沙堆积层覆盖，沙层中偶见唐宋时期瓦片、瓷片。这说明自汉以来，该地环境在短时期内发生了较为剧烈的变化，湖沼湮灭，风沙堆积情况加剧。

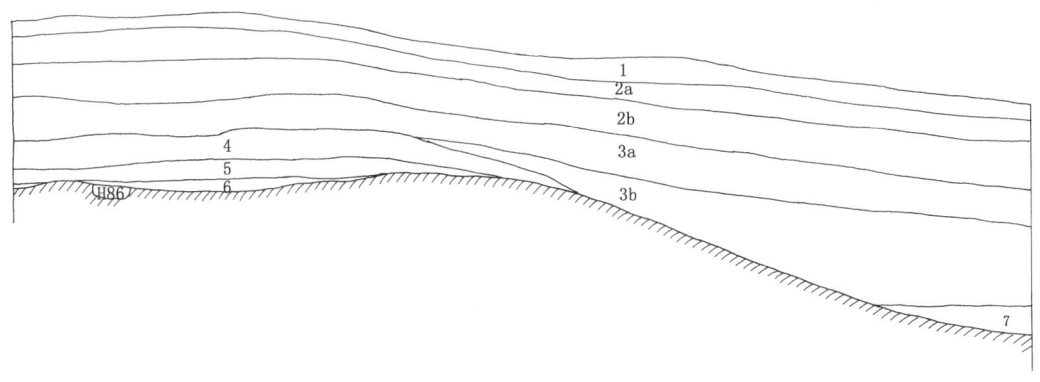

图一　新郑寺东高遗址T1505、T1605、T1705东壁剖面图

1.黄褐土　2a.黄沙土　2b.黄褐沙土　3a.深黄褐沙土　3b.灰黄沙土　4.灰褐土　5.深灰褐土　6.深褐土　7.黑褐色淤泥层（湖相沉积层）

　　寺东高遗址南距新郑国际机场约 3 公里，遗址高台地形明显，其北、东、南三面存在着厚厚的湖相沉积层，唯西面与陆岗地相连。遗址文化层堆积较厚，遗迹丰富，涵盖西周晚、春秋、战国时期，于战国后期被废弃。由于在遗址第六层及其他遗迹中出土了数量众多的矮三足盘等具有典型郑文化风格的器物，考虑到当时此地湖沼涟涟，荆棘丛生，环境较为恶劣，因此我们认为，寺东高遗址极有可能是西周末年郑氏先人借虢、郐等地十邑东迁中原之后艰苦创业的聚落遗存之一。根据地层关系，寺东高聚落遗存于战国后期以后废弃，被厚厚的沙积层覆盖，说明自汉以后，此地环境发生了显著的变化。

　　上述几处遗址是经过科学考古发掘完整揭露展示出的西周晚期文化面貌，基本反映了两周之际的文化面貌。近些年在配合基建过程中，郑州地区多处也出现西周晚期文化的遗迹现象，但因地层等破坏严重，大多零星破碎，地层关系不明确，遗迹现象混乱等。上述几处遗址地理分布与历史文献记载桓公东迁地理环境具有较大的相关性。

　　由于郑桓公东迁时尚不具有诸侯身份，其在周王室子男小国东虢、郐等地寄孥寄帑应为其宗族及其财产，财产有限，自身势力尚不强大，其寄居地规模亦有限。东迁之后灭小国，建立郑国，这应是在举族迁徙之后逐步发展的过程，绝非仅仅是因贿赂就能立足以致灭掉虢、郐之简单。其举族东迁之初，应当多以偏僻荒芜之地作为安置地点。经过仔细分析，寺东高遗址的面积近 10 万平方米，为一高台地形，地处古湖泊圃田泽南部边缘地带。当时应是湖沼涟涟、荆棘布野的荒芜地带。该遗址自西周晚期兴起，春秋战国时期极兴盛，汉代衰落并逐渐湮灭于黄沙之中。这种考古学上反映的文化变迁，基本体现了郑族东迁以后艰苦创业、逐渐兴旺发达的历史事实。《左传》昭公十六年春记载了郑国子产追记先人初来乍到之时艰苦创业的情形。子产云："昔我先君桓公与商人皆出自周（杜注云"桓公东迁，并与商人俱"），庸次比耦以艾杀此地，斩之蓬、蒿、藜、藋，而共处之。"娘娘寨遗址、新郑郑国祭祀遗址基本上反映了郑族东迁、立国之后在诸侯环伺中内外矛盾冲突的历史背景。

三

　　郑桓公东迁寄孥乃至发展立国，是一个落地生根、艰苦发展创业的过程。其在落地生根发展的过程中除了极大地融合当地文化之外，在一定时期内还应保留有其独特的郑文化。在上述几处遗址中普遍出土有他地不常见的一种器物——矮三足盘，我们认为，这极有可能是郑地颇具特色的郑文化之一。

　　三足陶器在中原地区尤其是郑地的发展历史悠久。自裴李岗文化起出现的三足钵、乳丁纹三足鼎等，直至两周时期普遍出现的三足器，如盘、鼎、甗、匜、敦等，发达的器物三足普遍呈现柱状、低矮、兽首等特点。上述遗址中出现的三足盘与郑地发达的三足器又有明显不同，这里的矮三足盘基本为实用器，多为泥质灰陶，素面。其盘面近似豆盘，从深至浅、从折壁到弧壁与豆盘的发展过程类似。三足系实足，手工捏制或工具削制，均匀分布，从矮柱状向乳突状，点状直至退化消失成平底，具有完整的发展变化过程（图二）。

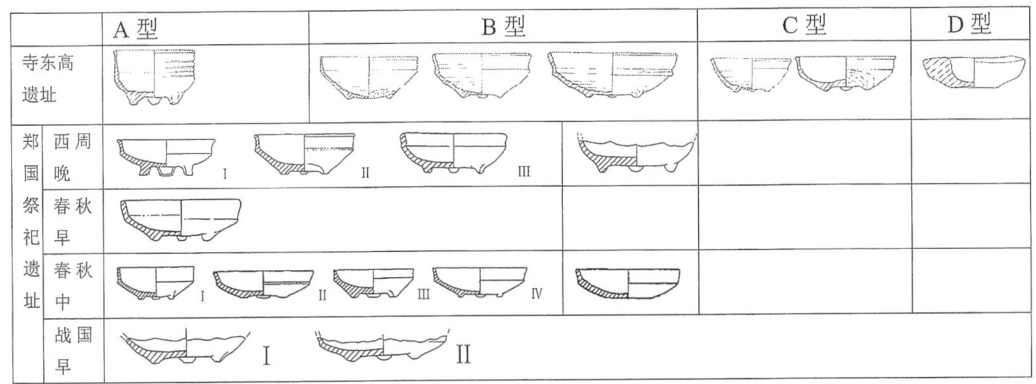

图二 寺东高遗址、新郑郑国祭祀遗址出土矮三足盘类型

1.新郑郑国祭祀遗址

该遗址出土陶盘分为西周晚期、春秋早期、春秋中期、战国早期四个阶段。

（1）西周晚期遗迹中出土的盘，可以分为A、B两型。

A Ⅰ式，黑衣陶，圆形，深盘，圆唇，直壁，圜底，有三个对称近似三角形小实足。

A Ⅱ式，红陶，圆形，深盘，方唇，口外侈，盘壁内弧，圜底，有三个对称扁体小实足。

A Ⅲ式，灰陶，圆唇，壁近直，圜底，有三个互为对称的似三角形小实足。

B型盘为灰陶，圜形底，带有四个互为对称的圆形小实足。

（2）春秋早期陶三足盘，均为泥质灰陶，圆唇，深盘，口微外侈，盘壁近直，圜底，有三个对称扁形小实足。素面。

（3）春秋中期三足盘均为泥质灰陶，素面，又分为A、B两型。

A Ⅰ式，方唇，深盘，内弧外折，圜底，有三个对称似三角形实足。

A Ⅱ式，圆唇，盘较浅，内弧外折，圜底，底有三个对称似三角形小实足。

A Ⅲ式，方唇，盘较浅，内弧外折，圜底，底有三个对称扁形小实足。

A Ⅳ式，方唇，盘较深，口微外侈，内弧外折，圜底，底有三个近圆形小实足。

B型盘较深，内弧外折，平底

（4）战国早期三足盘，泥质灰陶，素面，又分为两式。

Ⅰ式，盘壁残失，圜底，有三个对称扁实足。

Ⅱ式，盘壁残失，底微弧，有三个对称小实足。

2.寺东高周代遗址

在西周晚、春秋和战国地层和遗迹中均有矮三足盘出土，复原7件，分为4型，其中A型至C型为矮三足盘，D型三足蜕化近平底。只有A型1件为夹砂灰褐陶，其余为泥质灰陶。

A型盘深直腹，平底。口沿唇部微外翘，腹外部饰四道凹弦纹。矮柱状足，足制作粗糙，用刀削过后手捏制。

B型盘圆唇，折腹，圜底，折腹处凸棱明显。腹底外壁有刀削痕迹，乳状足系用刀削而成。

C型盘弧腹，圜平底。腹底及乳状足用刀加工而成。

D型盘系用手捏制而成，较小，粗糙不规则。方唇，厚壁，乳状足不明显，底近平。

3.在娘娘寨两周城址

在娘娘寨两周城址中出土少量三足盘，其型式相当于新郑郑国祭祀遗址的春秋中期A型盘[11]。

比较上述矮三足盘型式，寺东高A型盘出土于西周地层下的灰坑，其柱状足近似于郑国祭祀遗址A型Ⅰ式。寺东高B型盘折腹、凸棱、乳状足等特征与郑国祭祀遗址西周晚、春秋早期近似。寺东高C型盘则接近于郑国祭祀遗址春秋中与战国早期同类盘。值得注意的是，到了战国中后期，矮三足盘在上述遗址和其他遗址中基本绝迹，由此可以推断，这种器物在战国后期由于文化的发展与交融基本被淘汰了。由于二者地域接近，文化类同，发展行为一致，因此我们认为，郑地矮三足盘的出现和发展，是郑桓公东迁后郑地郑文化的一大特色。

▌注释

［1］马世之：《中原古国历史与文化》，大象出版社，1998年，第41、208页。马世之认为，桓公寄孥之虢地为东虢，东虢都城于今荥阳市区东北13公里的南城村平桃城。郐的地域，在今河南新密、新郑、禹州和郑州一带，郐国故城于今新密市老城东35公里曲梁乡大樊庄古城角寨村，此城早在商周时期沿用。

［2］徐元诰：《国语集解》，中华书局，2002年，第476页。

［3］相关问题分析参见晁福林《论平王东迁》，《历史研究》1991年第2期；王雷生《平王

东迁年代新探》,《人文杂志》1997年第3期。

　　[4]张松林、张莉:《嵩山与嵩山文化圈》,郑州市文物考古研究院《郑州文物考古与研究(二)》,科学出版社,2010年,第619～649页。

　　[5]河南省文物考古研究所:《新郑郑国祭祀遗址》,大象出版社,2006年,第363页。

　　[6]郑州市文物考古研究院:《河南荥阳娘娘寨遗址西周墓葬发掘简报》,《文物》2009年第9期。

　　[7]张松林、张家强、黄富成:《河南荥阳娘娘寨遗址发掘出两周重要城址》,《中国文物报》2009年2月8日。

　　[8]马世之:《娘娘寨城址性质问题试探》,《中原文物》2010年第5期。本文作者显然是把桓公寄孥和武公东迁作为两件事和两个阶段来看.

　　[9]a.郑州大学历史学院考古系:《河南荥阳市官庄遗址春秋墓葬发掘简报》,《华夏考古》2012第1期;b.郑州大学历史学院考古系、郑州市文物考古研究院:《荥阳市官庄两周遗址》,中国考古学会编《中国考古学年鉴》,文物出版社,2012年,第295页。

　　[10]郑州市文物考古研究院:《河南新郑市寺东高遗址周代遗存发掘简报》,《中原文物》2015年第5期。我们在对该遗址的发掘过程中,发现了汉代风沙层、湖相沉积层、春秋战国文化层、西周晚期文化层自上而下的地层叠压打破关系,这为探讨圃田泽环境变迁提供了重要的考古学地层依据。

　　[11]郑州市文物考古研究院内部资料,有关荥阳娘娘寨两周城址的资料,目前仍在整理中。

(原刊于《中原文物》2016年第2期)

东虢地望考辨

刘青彬

长期以来，关于东虢地望的问题，多依赖文献所记，表明其在河南荥阳一带。东虢之称出自汉代，之前仅言虢，地域靠东。《左传》隐公元年载："制，严邑也，虢叔死焉。"杜预注曰："制，河南成皋县也，一曰虎牢。""虢叔，东虢君也……虢国，今荥阳县。"《国语·郑语》载："其济、洛、河、颖之间乎，是其子男之国，虢、郐为大，虢叔恃势，郐仲恃险。"韦昭注曰："虢，东虢也。"汉代之后始称东虢。《汉书·地理志》曰："成皋，故虎牢，或曰制。"《后汉书·地理志》弘农郡荥阳："有虢亭，虢叔国。"《水经·济水注》记载与此相近，曰："索水又东迳虢亭南，应劭曰：'荥阳，故虢国也'，今虢亭是矣。"唐代后荥阳分出汜水县，其后文献多谓东虢封地在汜水。《括地志》曰："洛川汜水县，古虢（姬）叔之国，东虢君也。"《元和郡县图志》卷五称："汜水县，古虢国，郑之制邑，汉之成皋县，一名虎牢。"卷六云："东虢，今荥阳县。"《读史方舆纪要》卷四十六："虎牢关，在开封府郑州汜水县西二里。一名成皋关，亦曰古崤关。其地古东虢国，郑为制邑。"

其余文献多与之相近，兹不赘述。其上所称荥阳、制邑、成皋、汜水、虎牢等，总不出今荥阳之域，这为寻找东虢其地廓清了大的方位。

一、东虢地望几种观点的考辨

随着考古调查和发掘资料的逐渐丰富，对东虢地望的探讨也日益增多，但众说纷纭，一直没有定论。目前，关于东虢地望主要有如下几种观点。

1.平咷城（南城）

司马彪《郡国志》："县有虢亭，俗谓平咷城。"平咷城，今称平陶城，位于荥阳市广武镇南城村东南部，1984年文物普查发现商代遗址。第三次全国文物普查时进行了复查，认为是东周时期的平陶城，城址平面呈长方形，南北长约900米，东西宽约700米，现东墙北段和北墙保存较好，残高3米。城内发现陶窑、仓窖、墓葬等遗迹，散存较多的春秋、战国、汉代陶鼎、盆、罐、豆及筒瓦、板瓦残片，陶罐上发现"平兆用器"戳记。学者据此推测，虢亭即平咷城，故而东虢国都城为平咷城一带，持此观点者不乏其人[1]。该城东南部曾发现有二里岗时期遗存，并出土过商代青铜鼎、鬲、爵等[2]。2011～2012年调查时，发现遗址涵盖了二里头、二里岗及东周时期的遗存，但未发现西周时期的遗物[3]。在2014年调查时发现了夹砂罐、豆等少量西周时期的遗存[4]。尽管尚未有大规模的发掘和深入研究，但仅就目前的调查资料来看，平咷城缺乏与东虢国关键时间和体量相匹配的西周遗存，故平咷城为东虢始封地的观点已被一些学者先是而后非，今已弃之[5]。

2.娘娘寨遗址

娘娘寨遗址位于荥阳市豫龙镇。2006年经考古发掘，发现有外城墙和护城河，城址南北长1200米，东西宽850多米，总面积100多万平方米。在初步揭露部分遗存后，发掘者认为该城址的发掘为寻找西周东虢国故址提供了重要线索，并提出娘娘寨遗址可能为东虢故城[6]。但随着发掘的深入，发掘者重新修正了这一认识，认为该城址为西周晚期城址，在年代上与东虢相去甚远，不应是东虢国故址[7]。关于娘娘寨城址的性质，同样也未有定论。有学者结合文献记载认为，娘娘寨城址可能是郑国东迁的寄帑之处[8]。马世之将其进一步细化，认为娘娘寨城址可能为郑国东迁之都邑[9]。新论观点认为，该城址更可能是郑桓公在位时期位于郑国统治区域北部的边界城邑[10]。但无论何种性质，目前学界观点均否认了娘娘寨城址为东虢封地的可能。

3.官庄遗址

官庄遗址位于荥阳市高村乡官庄村西部。1984年，第二次全国文物普查中发现该遗址。遗址东西长约1300米，南北宽约1000米，总面积约130万平方米，以西周晚期至战国时期的文化遗存最为丰富。由于西周时期城墙和环壕的发现，发掘者在初期即认为，它对于厘清东虢、郑、韩等相关封国历史具有重要意义[11]。有学者据此认为，官庄遗址很可能是东虢国故址[12]。但在对遗址和墓葬所出器物进行辨析后，发掘者认为"与官庄城址有关的西周遗迹都属于西周晚期"，在时间上与东虢初封不符，故而认为它与东虢关系不大[13]。对于官庄遗址的性质，或认为其"可能是西周中晚期修建的拱卫东虢国都城的小城"[14]，或认为其"极可能是郑国为灭虢或防御郑北方之敌而营建的军事堡垒性质的城邑"[15]。目前来看，官庄城址基本不可能是东虢故地。

4.车庄遗址

车庄遗址位于荥阳市广武镇车庄村。2008年第三次全国文物普查发现。目前已发掘的遗址东西长1800米，南北宽200～500米，面积约70万平方米。调查和发掘显示，该遗址始于新石器时期，是一处跨越商代、西周、春秋战国和汉代的特大型聚落遗址[16]。调查发现，遗址以西周中期遗存为主，并发现有西周早期遗存[17]。有学者认为，"东虢国地望应该与车庄遗址关系密切，有可能在车庄、竖河一带分布"[18]。由于遗址暂未发现城墙等界隔性设施，此观点可备一说。

以上观点所称地点，多因年代不符而未成定论。无论平咷城、娘娘寨或官庄遗址，即偶见西周早期遗存，也绝非主体文化，均可排除。至于车庄遗址，虽所见西周早中期遗存较多，但是其位置靠近荥阳东部，应属管国范围（下文有论）；而且未见城池相关线索，势无险守，战略地位不高。因此，其为东虢地望的可能性较小。

二、东虢地望的考古学考察

从前述观点不难看出，寻找东虢封地主要遵循几个方面的条件：（1）遗址必须在荥阳境内；（2）时代必须始于西周早期，西周晚期可排除；（3）要有城墙和壕沟等防护设施，或暂未但有可能发现；（4）要有一定的规模和面积。这几个标准尽管重要，但囿于现有的调查和考古资料，很难有完全符合全部条件的遗址，这无疑让寻找东虢地望陷入瓶颈。笔者认为，尽管最终仍需要考古发掘来确认，但不妨通过现有资料的对比筛选，来考察可能性最大的地点。除上述标准外，还有两条重要的原则应遵循，即战略位置和族属关系。经过认真比对，笔者认为，荥阳西司马遗址具备东虢封地的条件。西司马遗址是2005年发现，经过发掘和调查，已有了部分初步收获，这为我们探讨其性质提供了科学的考古资料。以下从几个方面试论之。

1.西司马遗址地处更险要的战略地势

周初分封同姓各国的目的是拱卫王室。《左传》云："武王克商，成王定之。选建明德，以藩屏周。""武王克殷，成王靖四方，康王息民，并建母第，以藩屏周。"从地理位置来看，虢仲和虢叔之封国分别拱卫成周与宗周，均属军事战略要塞，这已为学界所共识。岳连建和王龙正通过金文考证，认为"虎牢即成皋，成皋即成郭，城虢又可读为城虢，城虢即虢仲所封的东虢"[19]，这既与文献记载相符，也对突出东虢险势的认识有利。《左传·庄公二十一年》曰："王与郑伯武公之略，自虎牢以东"。杜预注："虎牢，今河南成皋县。"王应麟《通鉴地理通释》云："虎牢之险，天下之枢也，在虢曰制，在郑曰虎牢，在韩曰成皋。"《史记·郑世家》集解引徐广曰："虢在成皋，郐在密县。"《史记·淮南王传》："人言约：'塞成皋之口，则天下不通。'"李斯《谏逐客书》："东据成皋之险，割膏腴之壤，遂散六国之纵。"可见成皋地势之险，战略之重。因此《国语·郑语》才有"虢叔恃势，郐仲恃险"之说。

荥阳地处豫西山地向豫东平原的过渡地带，西北部为大伍山，北部为广武山，中东部为平原地形，南部属伏牛山余脉，正是连接成周与东部殷商旧地的要隘。纵观整个荥阳地势，其西北为险，东部势平。西司马遗址位于荥阳市高村乡西司马村西北部，正处于荥阳西北，与车庄、官庄等遗址相比，其向北即为广武山丘陵地区，西距汜水较近，地势也更为险要，正符合"虢叔恃势"的地望（图一）。

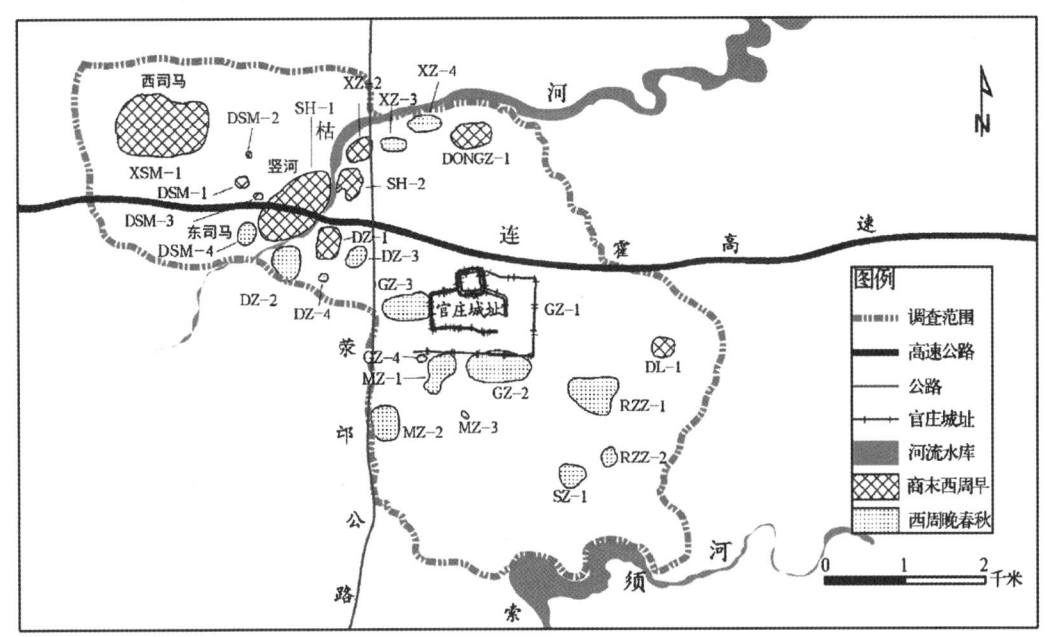

图一　西司马遗址地势示意图

2.西司马遗址面积和年代符合东虢城邑标准

经过调查和部分发掘，发掘者认为，西司马遗址应为一处较大的遗址，面积约80万平方米，并发现有龙山文化、二里头文化至商周时期的灰坑和商周墓葬[20]。关于西司马墓地年代，发掘者认为以晚商为主，个别到中商，最晚到西周[21]。但随着进一步比对研究，学者多认为有延后的必要，当在西周早期甚而晚至中期[22]。这一判断无疑正符合东虢国初封年代。进一步的调查显示，围绕着枯河流域还有东司马遗址和竖河遗址，并发现鬲、罐、簋等较多西周早期遗物，还发现有数个骨料坑。西司马遗址与竖河遗址之间约2公里的范围内，还存在着几个小遗址，时代也均为商末至西周早期[23]。我们有理由推测，这些遗址有可能同属一个较大的聚落，且包含有重要的遗迹。除去不同时期文化遗存的堆叠，仅属商末周初时期的遗址面积也十分可观（图二）。

《左传·隐公元年》记载郑国大夫祭仲向郑庄公谏言："都，城过百雉，国之害也。先王之制：大都，不过叁国之一；中，五之一；小，九之一。"学者计算大都的标准是百雉，相当于"方三分之五里"，即每边城墙长693米的方城，面积约48万平方米[24]。以此而论，西司马遗址完全符合西周封国城邑"大都"的标准，也更贴切"济、洛、河、颍之间""虢、郐为大"的文献记载。尤为重要的是，调查不仅在遗址东北部发现大量密集分布的陶片，在墓地南部的晚期寨墙下面还发现有红黏土夯土的迹象，厚约

0.3 ~ 0.9、宽约9 ~ 13米，推测应有基槽[25]。这一发现十分重要，但可惜未进行解剖，如果可以进一步确认夯土基槽的年代、形制和走向，将会直接影响对遗址的性质判定。

　　总体来看，枯河西侧西司马遗址与竖河遗址一带所构成的西周时期遗存面积较大，包含物丰富，且存在早期夯土基槽的可能，符合东虢城邑的标准。且遗址时代落于西周纪年内，与东虢初封时间吻合。但由于土地平整、早期的砖窑取土和高速公路等对遗址的破坏，尚难深入认识遗址的全貌。

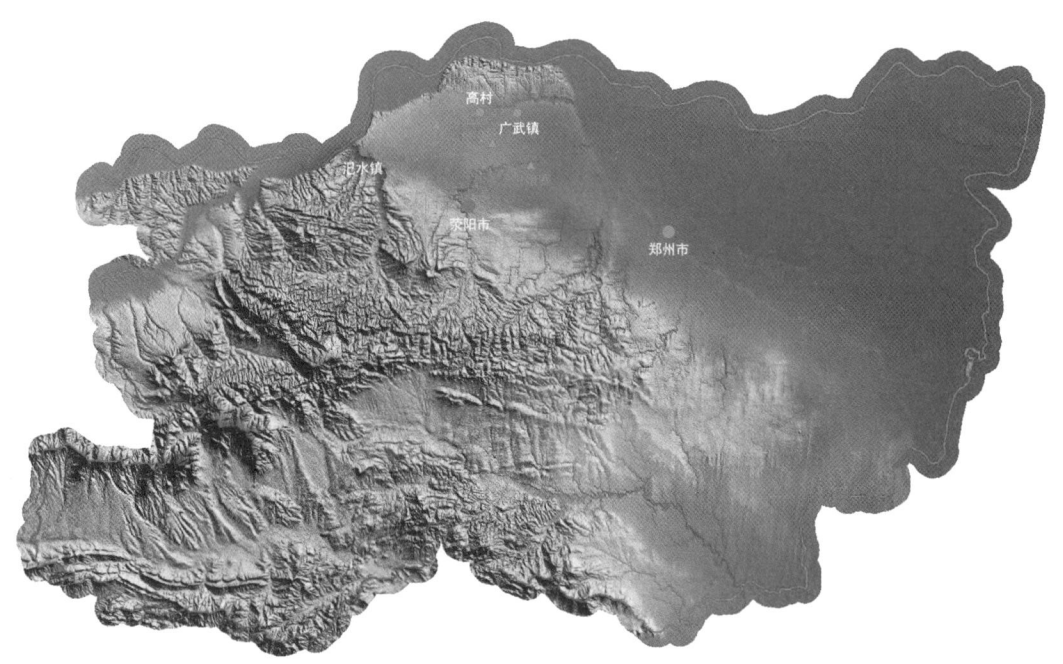

图二　西司马遗址及周边聚落调查示意图[26]

3.西司马墓地族属符合东虢封国之制

　　从郑州西北郊近年来的调查和发掘情况看，商周时期的遗址主要集中于索、须、枯河流域。以索河中游为界，大致可将荥阳分为东西两部分，从商周时期族属关系变迁来看，东西部显有不同。其中，荥阳东部须水河和索河中下游流域内几处晚商遗存如关帝庙遗址、马良寨遗址、高庄遗址和小胡村墓地等[27]，文化面貌较为一致，有些出土有"舌"铭青铜器，其同属商代"舌"族的可能性较大。考古资料显示，这些遗址时代多处于殷墟二期至四期，并已进入西周纪年内，但并无西周之后的遗存。这可能与武王克殷后"乃使其弟管叔鲜、蔡叔度相禄父治殷"的记载有关，这些遗址内的殷民被迫迁移，以便周人监管，导致这些遗址的文化遗存刚入周初便戛然而止。有学者认为，荥阳东部属管国统治区域，洼刘墓地即为西周早期管国贵族墓[28]，其说可从。

至于东虢国封地，应以索河中部为界，在枯河及索河上游寻找，也为学者所指出[29]。调查资料显示，荥阳西部枯河及索河中上游区域内有车庄、任河、丁楼等近20处西周时期的遗址或墓地[30]，西周早期以西司马遗址面积最大，也是这一区域的中心聚落[31]，其地位显然高于周边遗址。从西司马墓地出土器物、葬制葬俗来看，学者多认同其为殷遗民群体的身份，并可分为二族或三族[32]。根据《左传·定公四年》的记载及宜侯夨簋铭文来看，周代分封制的主要内容就是胙土授民并颁赐礼器，将殷遗民赐予封国为常见之制，如"分鲁公以大路、大旂，夏后氏之璜，封父之繁弱，殷民六族……分康叔以大路、少帛、綪茷、旃旌、大吕，殷民七族"。以此观之，西司马的殷遗民很可能即是周初分封东虢时所赐，其文化主体保持稳定发展，这也符合东虢国初封之制。

三、余论

尽管文献钩稽所指东虢地望在今荥阳境内，但封国故址尚未明晰。考古调查和发掘工作的深入为进一步探讨提供了可能。就目前资料而言，枯河与索河中上游地区属东虢封地可能性较大，而西司马、竖河遗址居此中心，相对而言具备更大的故址可能。索河中游附近的官庄和娘娘寨城址，城宽池深，军事作用明显。娘娘寨城内仍为殷遗民族属，可能与东虢境内殷遗民有关，而城外却是周人墓地[33]，推测此即为东虢边界，或与西周晚期虢灭有关。如此，西依地势之险，东恃城池之固，西司马遗址位居其中，更加符合东虢城邑的地位。简而论之，一是遗址年代以西周为主，且存在同期墓地；二是面积较大，并有夯土基槽的存在；三是地理位置险要，符合拱卫成周的定位；四是分封之初胙土授民的殷遗民族属与文献相符。当然，荥阳境较多的商周遗址仅仅开展了调查和试掘工作，许多问题仍悬而未决，随着更多系统工作和研究的深入，相信对东虢地望的探讨会越辩越明。

▌**注释**

［1］a.蔡运章：《虢国的分封与五个虢国的历史纠葛——三门峡虢国墓地研究之三》，《中原文物》1996年第2期；b.任伟：《虢国考》，《史学月刊》2001年第2期；c.岳连建、王龙正：《金文"城虢"为东虢考》，《文博》2003年第6期。

［2］荥阳文物志编纂委员会：《荥阳文物志》，中州古籍出版社，2011年，第63、64、225页。

［3］郑州市文物考古研究院、北京大学考古文博学院：《河南省郑州市索、须、枯河流域考古调查报告》，北京大学中国考古学研究中心、北京大学震旦古代文明研究中心编《古代文明》

（第10卷），文物出版社，2016年。

[4] 尚元昕：《2014年度枯河流域先秦时期田野调查简报》，郑州大学2015年硕士学位论文。

[5] 任伟：《再论东虢国地望》，《黄河·黄土·黄种人》2016年第10期。

[6] 张松林、张家强：《郑州地区西周考古的收获与思考》，河南文物考古论集（四），河南人民出版社，2006年，第93页。

[7] 张松林、张家强、黄富成：《河南荥阳娘娘寨遗址发掘出两周重要城址》，《中国文物报》2009年2月18日第2版。

[8] 黄富成：《郑桓公寄孥的考古学观察》，《中原文物》2016年第2期。

[9] 马世之：《娘娘寨城址性质问题试探》，《中原文物》2010年第5期。

[10] 韩国河、陈康：《郑国东迁考》，《郑州大学学报》（哲学社会科学版）2019年第3期。

[11] 韩国河、顾万发等：《河南荥阳官庄发现两周时期大型环壕聚落》，《中国文物报》2012年12月21日第8版。

[12] 张贺君、吴倩、魏青利：《郑州地区西周城址探析》，《洛阳考古》2014年第3期。

[13] 郑州大学历史学院历史文化遗产保护研究中心：《河南荥阳官庄城址周边系统调查与初步收获》，《中原文物》2015年第4期。

[14] 任伟：《再论东虢国地望》，《黄河·黄土·黄种人》2016年第10期。

[15] 韩国河、陈康：《郑国东迁考》，《郑州大学学报》（哲学社会科学版）2019年第3期。

[16] 谢庆：《荥阳发现特大古聚落遗址》，《郑州日报》2008年12月24日第10版。

[17] a.郑州市文物考古研究院、北京大学考古文博学院：《河南省郑州市索、须、枯河流域考古调查报告》，北京大学中国考古学研究中心、北京大学震旦古代文明研究中心编《古代文明》（第10卷），文物出版社，2016年；b.尚元昕：《2014年度枯河流域先秦时期田野调查简报》，郑州大学2015年硕士学位论文。

[18] 任伟：《再论东虢国地望》，《黄河·黄土·黄种人》2016年第10期。

[19] 岳连建、王龙正：《金文"城虢"为东虢考》，《文博》2003年第6期。

[20] 河南省文物考古研究院、郑州市文物考古研究院、荥阳市文物保护管理中心：《荥阳西司马墓地》，大象出版社，2016年，第2页。

[21] 河南省文物考古研究院、郑州市文物考古研究院、荥阳市文物保护管理中心：《荥阳西司马墓地》，大象出版社，2016年，第188页。

[22] a.郝红星、于宏伟：《荥阳西司马商周墓地再研究》，《中原文物》2018年第1期；b.张家强、蔡宁、雷兴山：《郑州西司马墓地结构与社会结构分析》，《华夏考古》2018年第5期；c.张雷：《郑州地区晚商至西周时期考古遗存研究》，吉林大学2019年硕士学位论文。

［23］郑州大学历史学院历史文化遗产保护研究中心：《河南荥阳官庄城址周边系统调查与初步收获》，《中原文物》2015年第4期。

［24］侯卫东：《试论周王朝外服诸侯都邑营建制度》，《考古与文物》2017年第5期。

［25］于宏伟、乔艳丽：《郑州西司马遗址发现晚商至西周早期墓地》，《中国文物报》2006年7月5日第2版。

［26］郑州大学历史学院历史文化遗产保护研究中心：《河南荥阳官庄城址周边系统调查与初步收获》，《中原文物》2015年第4期。

［27］a.李素婷、李一丕、丁新功等：《河南荥阳市关帝庙遗址商代晚期遗存发掘简报》，《考古》2008年第7期；b.河南省文物考古研究院、河南省文物局南水北调文物保护办公室：《郑州市马良寨遗址晚商文化遗存发掘简报》，《考古》2017年第4期；c.刘青彬、刘彦锋：《河南郑州高庄遗址发现晚商遗存》，《中国文物报》2017年1月27日第8版；d.贾连敏、王蔚波、鲁红卫等：《河南荥阳小胡村墓地商代墓葬发掘简报》，《华夏考古》2015年第1期。

［28］张松林、姜楠、张文霞：《西周管邑管城与管国》，郑州市文物考古研究所《郑州文物考古与研究》（一），科学出版社，2003年。

［29］韩国河、陈康：《郑国东迁考》，《郑州大学学报》（哲学社会科学版）2019年第3期。

［30］郑州市文物考古研究院、北京大学考古文博学院：《河南省郑州市索、须、枯河流域考古调查报告》，北京大学中国考古学研究中心、北京大学震旦古代文明研究中心编《古代文明》（第10卷），文物出版社，2016年。

［31］郑州大学历史学院历史文化遗产保护研究中心：《河南荥阳官庄城址周边系统调查与初步收获》，《中原文物》2015年第4期。

［32］a.郝红星、于宏伟：《荥阳西司马商周墓地再研究》，《中原文物》2018年第1期；b.陈翔：《西司马墓地与殷遗民》，《江汉考古》2020年第1期。

［33］张家强、王源、雷兴山：《论郑州娘娘寨遗址墓葬特征与族属》，《中原文物》2019年第6期。

（原刊于《黄河·黄土·黄种人》2022年第4期）

东阿曹植墓形制考

刘青彬

近年来，随着河南洛阳孟津曹休墓及安阳曹操高陵的相继发掘，越来越多的学者参与到有关曹魏时期墓葬的探讨中来，并且在许多方面达成了共识，填补了以往研究中的一些空白。在曹操墓热议的同时，山东东阿于1951年发掘的曹植墓也重被提起，但因时逢"建国伊始，发掘水平受到时代的局限，又由于区划的变更，没留下原始的发掘记录"[1]，导致曹植墓的形制资料不十分完整，其中许多方面尚有待商榷。《山东省东阿县曹植墓的发掘》（以下简称《发掘》）一文，是在发掘近50年之后根据资料和收集到的档案所做的补充，却难以完全复原最初发掘的情况。在曹操墓真假之辨的同时，也有人因其简陋的形制对曹植墓的真实性产生了怀疑；也有学者科学地分析其形制的不合规制处，并对曹植墓的真实性表示肯定[2]。本文在认同其真实性的基础上，拟从同期的曹魏墓葬入手，通过比较，对曹植墓的形制做一简要考察，以廓清其形制，并试复原其本貌。

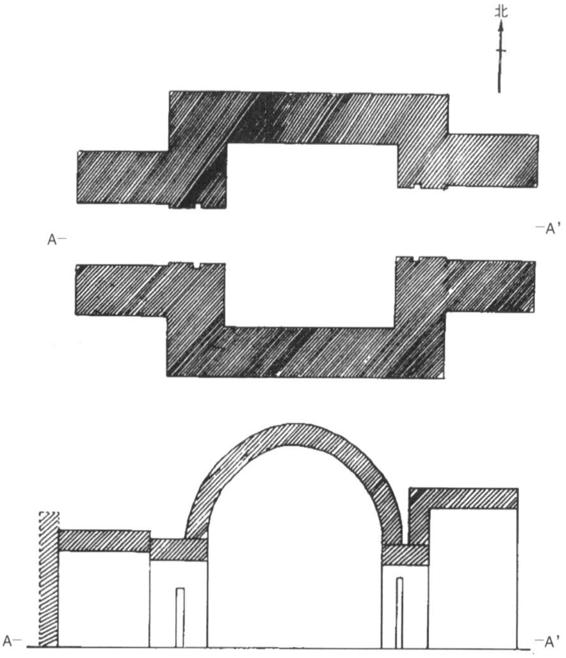

图一　曹植墓平、剖面示意图

一、曹植墓形制概况

据《发掘》一文讲，曹植墓位于东阿县城南19公里处的鱼山西麓，依山营穴，封土为冢，始建于魏青龙元年（233年）三月。墓葬平面呈"中"字形，由甬道、前室、后室三部分组成（图一）。墓葬朝向为坐东面西，墓葬全长11.4、宽4.35米，甬道长2.2、宽1.47、高2.24米。顶部和甬道口用砖平砌封堵。前门道深1.45、宽1.32、高2.06米，券顶。两壁中部有凹槽，作为顺砖错缝横砌封门墙之用。墓室为砖结构，墓壁采用三横一竖砌法。墓壁及顶部均抹一层厚约0.5厘米的石灰。前室呈方形，大跨度横券顶。后室长2.2、宽1.78、高3.31米。券顶，坍塌，无后壁。

二、曹魏时期相关墓葬的形制特征

中原地区曹魏时期的墓葬特点，大致以砖室墓为主要形式，墓葬建筑得比较规整，较大型的墓有长斜坡墓道，并在墓道两侧壁留出递减的台阶[3]。目前发现曹魏时期最有代表性的墓葬为洛阳曹魏正始八年（247年）墓[4]、曹休墓[5]以及安阳西高穴曹操墓[6]，此外还有洛阳东郊178号墓[7]、偃师杏园6号墓[8]等。其中前三座墓与曹植墓的相关性较高，以下重点介绍。

洛阳正始八年墓位于洛阳涧西16工区（矿山厂），为斜坡墓道砖券双室墓。墓道位于墓室东部，南北西壁呈五级台阶收缩，甬道长方形拱券，前端有封门，中间有青石做的石门。前室近方形，顶部结构不详，后室为长方形，券顶砖被拆除。前室、后室之间有甬道相连，两个耳室位于前室的南北两壁，近方形，以小砖砌成两层拱券[9]（图二）。从相关墓葬形制看，坍塌的方形前室顶部当为四面结顶，长方形后室顶部为普通弧券。

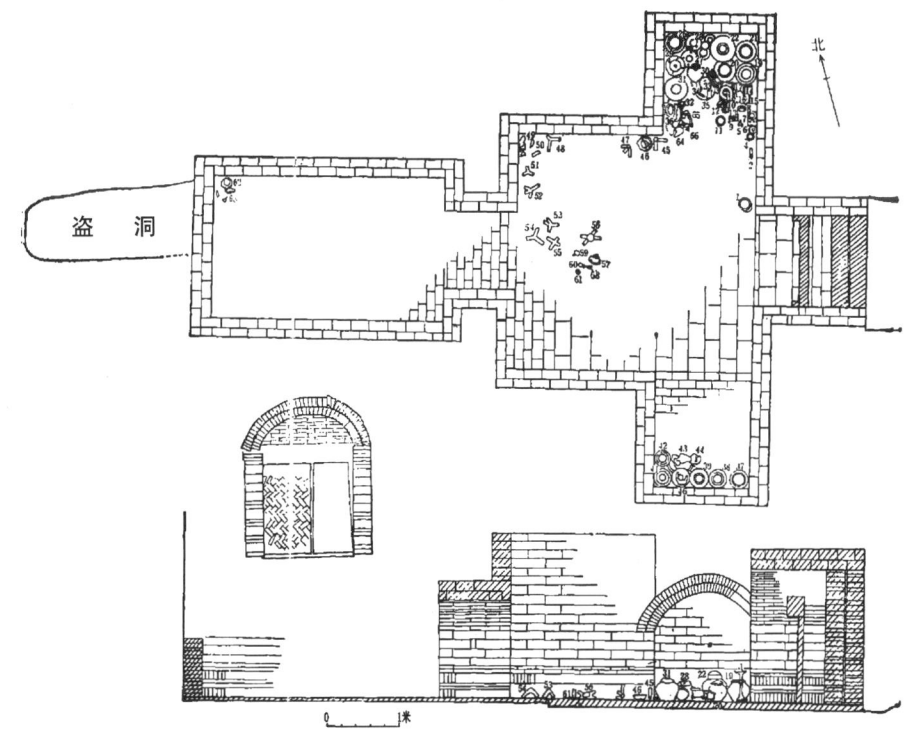

图二　洛阳正始八年墓平、剖面图

　　曹休墓位于洛阳市孟津县送庄乡三十里铺村东南，为长斜坡墓道砖券多室墓，东西全长50.6米，南北宽21.1米，深10.5米。由墓道、甬道、前室、耳室、北侧室、南双侧室、后室等组成。墓道位于墓室东侧，平面呈不规则梯形，两壁内收七级台阶。甬道平面长方形，拱券顶，有一砖一木两道封门。前室长方形横列式，顶部坍塌，推断为拱券顶。耳室位于前室东侧，甬道北侧，方向与甬道平行，平面长方形，拱形顶，扇形砖单层横列券。南双侧室位于前室南侧，东西并列，形制基本相同，平面呈长方形，拱形顶，仅保存一小部分。北侧室位于前室北侧，平面呈方形，顶部已塌，推测为拱券顶。后室位于前室的西侧，平面呈长方形，拱券顶，顶部仅残留一小部分，扇形砖单层横列券（图三）[10]。

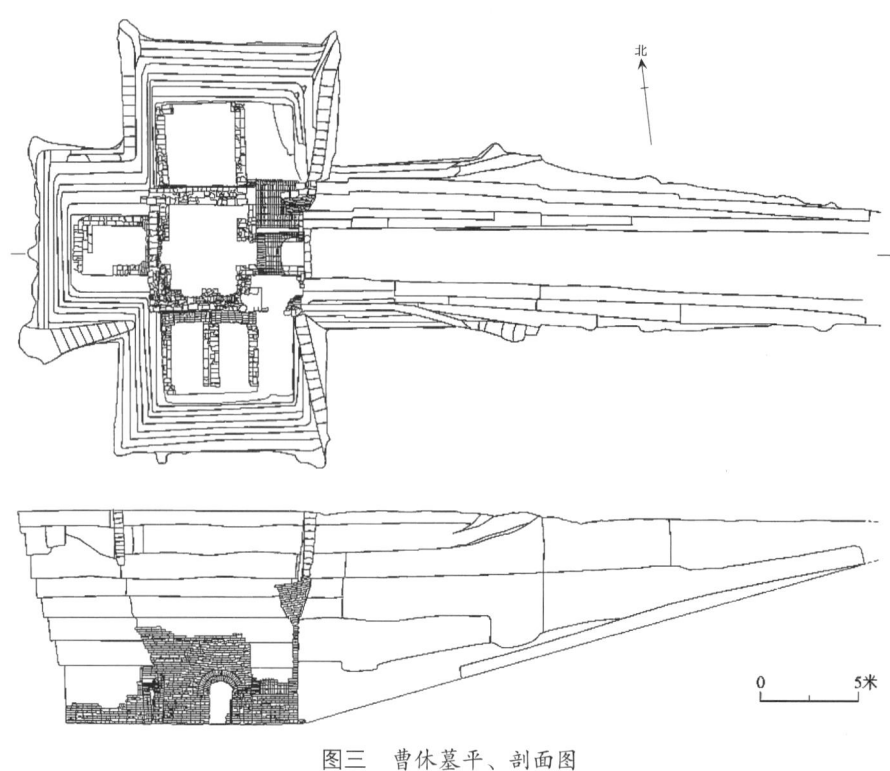

图三　曹休墓平、剖面图

　　安阳西高穴曹操墓，位于安阳市西北安阳县安丰乡西高穴村，为斜坡墓道多室砖室墓。墓道两壁分七个台阶内收，墓门有三层封门墙，甬道长方形券顶，青石铺地，前室近方形四角攒尖顶，通过甬道连接南、北侧室，甬道中部留有门槽。南侧室长方形券顶，北侧室长方形四角攒尖顶，连接前后室的甬道长方券顶，后室方形四角攒尖顶，通过甬道连接南北两侧室，甬道中部留有门槽，两侧室均为长方券顶（图四）[11]。

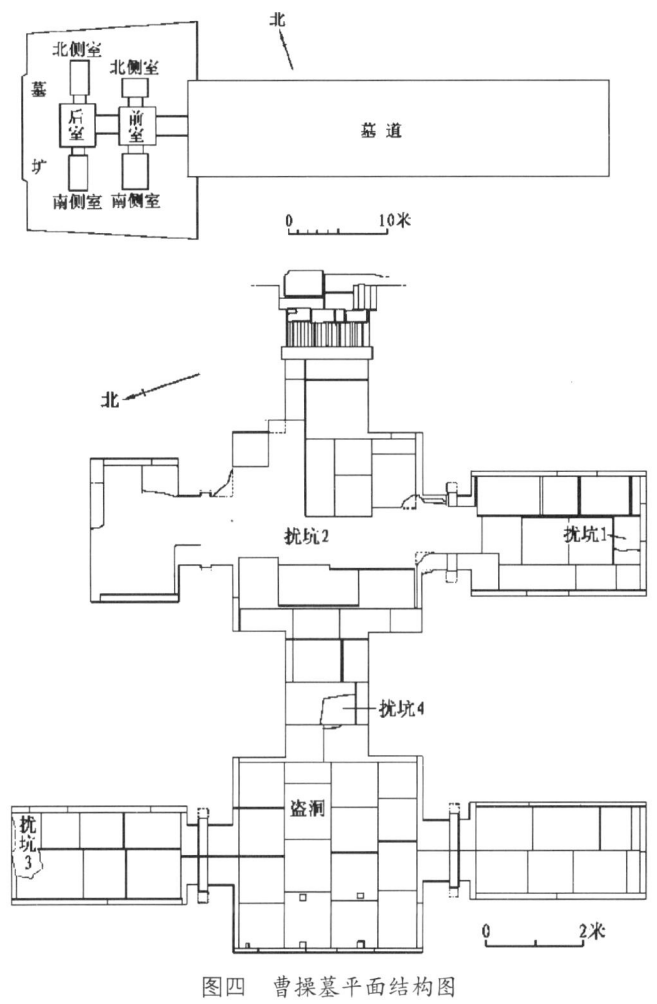

图四　曹操墓平面结构图

三、曹植墓与曹魏时期诸墓形制比较

为了更好地进行比较，现将上述墓葬形制结构分解如下（表一）。

表一　曹植墓与曹魏时期相关墓葬类比

类比项　　墓葬	曹操墓	曹休墓	正始八年墓	曹植墓
级别	帝	候	—	王
时间	建安二十五年（220年）卒	太和二年（228年）卒	正始八年（247年）	青龙元年（233年）
形制	平面呈"甲"字形	平面呈"十"字形	平面呈"十"字形	平面呈"中"字形

类比项　　墓葬		曹操墓	曹休墓	正始八年墓	曹植墓
墓向	方位	坐西朝东	坐西朝东	坐西朝东	坐东朝西
	方向	110°	98°	100°	269°[12]
墓道	形制	斜坡式	斜坡式	斜坡式	—
	长度	长 39.5 米	长 35 米	长 23.5 米	—
墓道台阶数		7	7	5	——
甬道		拱券顶	拱券顶	拱券顶	砖平砌
前室		近方形，四角攒尖顶	长方形，拱券顶	近正方形，顶部塌毁结构不明（推测为四面结顶）	方形，横券顶
后室		近方形，四角攒尖顶	长方形，拱券顶	长方形，券顶拆除（推测为普通弧券）	残呈长方形，无后壁，券顶坍塌
耳室（侧室）	数目	4	4	2	—
	形制	三侧室为长方形券顶，一侧室为长方形四角攒尖顶	拱形顶	拱券顶	—

　　由表一可见，级别最高的当属曹操墓，其次为曹植墓、曹休墓。正始八年（247年）墓虽无法确定墓主身份，但从其形制及随葬玉杯、铁帷帐架等珍贵文物看，地位应不低，可能等同或稍低于侯。从时间上看，曹操墓最早，正始八年墓最晚。据《三国志·魏书·明帝纪》所载，太和六年（232年）十一月，"庚寅，陈思王植薨"。由此可知，曹植与曹休的死亡时间相隔不过四年，此二墓形制应有更多相同之处。曹操墓为建安二十五年（220年），与曹休墓相隔8年，但已有诸多区别。曹操墓继承东汉帝陵传统，采用"甲"字形土坑明券的方式构筑墓室，与诸侯王级的曹休墓有着葬制的区别[13]。因此在考察曹植墓时，选择与其更加接近的曹休墓和正始八年墓似更为妥当。在对形制进行对比之后，我们可以看到，曹植墓与其他墓在形制上有明显不足：墓向相反，墓道未见，甬道以砖平砌，构造与其他拱券顶不同，不见耳室（侧室）。与同期诸墓相比，曹植墓的形制显然与其等级地位不相符，这也导致了现存的疑惑。

四、曹植墓形制缺失原因推断

　　陈寿在《三国志·魏书》中记载了曹植之死。太和六年（232年）二月，曹植"以陈四县封植为陈王，邑三千五百户……十一年中而三徙都，常汲汲无欢，遂发疾薨，时年四十一"。当年十一月，病死在陈，"其子志，遵治命，返葬于阿，即山为坟"。

曹魏时期流行薄葬，《三国志·魏书》载，曹操在《终令》和《遗令》中提出，陵墓要"因高为基，不封不树"，死前又嘱"敛以时服，无藏金玉珍宝"。曹植也"遗令薄葬"。但从现有的发掘资料看，薄葬只是相对于汉墓的厚葬而言。以安阳西高穴曹操墓为例，其形制及随葬品是对汉墓的简化，但这种简化并不意味着简陋，仍然要体现帝王之尊，也要遵循一定礼制[14]。与之相符，低一等级的曹休墓和正始八年墓的形制也体现出高规格的礼制。作为陈留王的曹植，其墓葬形制也不应因薄葬而有所缩减，这并非其缺失的缘由。在1977年发现的铭文砖中，记载了其迁葬时间与陵墓修建过程。根据记载，"二百人作毕陈王陵，各赐休二百日"[15]，可见其陵墓修建有充足的时间和人力，赐休二百日也能够反证对其陵墓修建的重视程度。所以，观察现存曹植墓葬形制与同期相关墓葬形制的差异，应是其他原因造成，并非原制即如此。

在《三国志·魏书》的记载中，曹植在政治上也饱受磨难。曹操生前就有几次"狐疑""大怒"，乃至"由是重诸侯科禁，而植宠日衰"。明帝即位后，更"又植以前过，事事复减半"，这是否是曹植墓简陋的原因呢？此说也难成立。在曹植死后，"其收黄初中诸奏植罪状"，"子志嗣，徙封济北王。……志累增邑，并前九百九十户"，可见明帝并未迁罪于其子嗣。而正是其子曹志安葬了曹植，在其营穴造墓上应该不会因政治原因而有所简化。

造成曹植墓形制不全的原因，应是很早就被损毁。《发掘》一文称，"按当时墓室中器物零乱状推测，该墓早年曾被盗……似为早年坍塌殆尽"，导致了其相比较之下形制的不足。隋代的《曹植墓神道碑铭》载，由于时代久远，该墓"兆茔崩沦，茂响英声，远而不绝"[16]。可见到隋代时期，曹植墓就已经遭到了一定程度的破坏。加上中华人民共和国成立初期发掘水平的局限，应该未能将受破坏的地方完全廓清，这应该就是导致现存墓葬形制不足的主要原因。

五、曹植墓的原制探讨

有关曹魏时期墓葬的形制特征，已有学者做过很好的总结。曹魏时期的墓葬多为砖室墓，大多为双室墓，一般由墓道、甬道、前室、过道、后室几部分组成。通常在甬道或前室的两侧分别有侧室或耳室。墓道基本为长斜坡，甬道为拱券，主墓室平面呈方形，大多为穹隆顶，也有少量的券顶和四角攒尖顶[17]。借助于其他墓葬形制，我们可以一探曹植墓的原本形制。

据《发掘》所述，"墓葬朝向为坐东朝西"，这与上述墓葬方向明显不符。魏晋时期，有坐东朝西的墓葬，例如偃师杏园6号墓，但比例很小，更多的是坐西朝东的方向[18]。

在《发掘》的注释中提到，"有的专家认为该墓的墓门应在东面……否定了以往坐东面西之说"，此说当是。这不仅是曹魏时期墓葬的主要特征，也是曹氏宗族一贯遵循的传统，与安徽亳州曹氏宗族墓的墓向相一致[19]。至于墓道，不难推测其亦应为长斜坡式。鉴于大型墓道都有内收台阶，相比较于曹操墓、曹休墓的七级与"正始八年"墓的五级，曹植墓的墓道内收台阶数当不低于五级，很有可能也是七级。

《发掘》所称"棺木放置于前室中部"，并发现有骨殖，这与"前堂后寝"的葬制有所区别。曹休墓在后室、北侧室、西南侧室分别安葬墓主人和合葬者；曹操墓的人骨也散落于整个后室，未在前室内见到人骨。据上所述，此"前室"实应为后室。其横券顶的结构，与曹休墓、正始八年墓的后室结构相同，也与后室的推测相吻合。后室既已确定，则《发掘》一文所指"后室"自然另有所用。观"后室"形制，尺寸明显较小，且无后壁，当是向前仍有延伸。如前述不谬，则此"后室"应为连接前、后室的甬道，结构应为拱券顶。在《发掘》注②中提到，"在墓后室发现了0.55米厚的残存封门砖石"，这与正始八年墓的青石门0.53～0.68米的宽度相符，应为原制的石门。在石门与甬道之间，应该存有真正的前室。依前述墓葬形制，前室亦应为方形或长方形，结构上应更接近曹休墓和正始八年墓的拱券顶。

同期墓葬的耳室（侧室）数量都在2～4个，可以推测，《发掘》中的"甬道"应为后室之侧室，而其他耳室则应与前室相通，并一起缺失。所述"前门道""后门道"应为各室相连接的过洞，其壁上的凹槽，在曹休墓中也有发现，并存有板灰，说明各室之间当是以木门分隔。综合来看，曹植墓的原制应接近于曹休墓和正始八年墓，为十字形砖券多室墓，由墓道、甬道、前室、后室、耳室（侧室）等组成。

六、余论

著名考古学家宿白、徐苹芳、黄景略、俞伟超在考察曹植墓后，认为曹植墓从形制到随葬品都堪称曹魏时期的标型，对于研究曹魏时期的丧葬制度、社会历史有着极其重要的意义[20]。曹魏时期的墓葬形制，在逐渐丰富的发掘资料支持下，已愈发清晰。因此，以现有资料对东阿曹植墓的原制进行复原，以求符合曹魏时期墓葬的整体特征和演变规律，有着必要性和可能性。曹植墓原制的大致轮廓，应该与同期的相关墓葬形制相去不远，但其真实全貌仍有待新的考古资料来证实。

▌注释

[1] 刘玉新：《山东省东阿县曹植墓的发掘》，《华夏考古》1999年第1期。

[2] 王庆友：《东阿曹植墓形制初探》，《丝绸之路》2012年第4期。

［3］张小舟：《北方地区魏晋十六国墓葬的分区与分期》，《考古学报》1987年第1期。

［4］a.李宗道、赵国璧：《洛阳16工区曹魏墓清理》，《考古通讯》1958年第7期；b.洛阳市文物工作队：《洛阳曹魏正始八年墓发掘报告》，《考古》1989年第4期。

［5］洛阳市第二文物工作队：《洛阳孟津大汉冢曹魏贵族墓》，《文物》2011年第9期。

［6］河南省文物考古研究所、安阳县文化局：《河南安阳市西高穴曹操高陵》，《考古》2010年第8期。

［7］洛阳市文物工作队：《洛阳市东郊两座魏晋墓的发掘》，《考古与文物》1993年第1期。

［8］中国社会科学院考古研究所河南第二工作队：《河南偃师杏园村的两座魏晋墓》，《考古》1985年第8期。

［9］a.李宗道、赵国璧：《洛阳16工区曹魏墓清理》，《考古通讯》1958年第7期；b.洛阳市文物工作队：《洛阳曹魏正始八年墓发掘报告》，《考古》1989年第4期。

［10］洛阳市第二文物工作队：《洛阳孟津大汉冢曹魏贵族墓》，《文物》2011年第9期。

［11］河南省文物考古研究所、安阳县文化局：《河南安阳市西高穴曹操高陵》，《考古》2010年第8期。

［12］《山东省东阿县曹植墓的发掘》一文中并未有方向的描述，此方向是在其平面图上测量得出，仅以参考。

［13］《山东省东阿县曹植墓的发掘》一文中并没有方向的描述，此方向是在其平面图上测量得出，仅以参考。

［14］李梅田：《曹操墓是否"薄葬"》，《中国社会科学报》2010年1月19日。

［15］a.顾铁符：《山东东阿县鱼山曹植墓发现一铭文砖》，《文物》1979年第5期；b.赵乃光：《曹植墓砖铭补释》，《文献》1989年第3期；c.卢善焕，《曹植墓砖铭释读浅议》，《文物》1996年第10期。

［16］山东省东阿县地方史志编纂委员会：《东阿县志》，齐鲁书社，1998年。

［17］韩国河、朱津：《三国时期墓葬特征论述》，《中原文物》2010年第6期。

［18］丁岩：《先秦两汉帝陵墓向初探》，《华夏考古》2014年第1期。

［19］安徽亳县博物馆：《亳县曹操宗族墓葬》，《文物》1978年第8期。

［20］郡萍：《曹植墓》，《中国文物报》1993年12月19日。

（原刊于《华夏文明》2016年第11期）

古荥冶铁遗址陶窑研究

郝红星

古荥冶铁遗址1975年由郑州市博物馆发掘，是中华人民共和国成立以来发掘的最大的汉代冶铁遗址，以规模大、产量高、技术先进而令世人瞩目，在世界冶金史上占有无与伦比的地位。1975年的发掘，除了发现两座硕大的炼铁炉外，还在炼炉的东部、南部发现13座陶窑。这些陶窑显然不是为居住在这里的人们日常生活服务，因为再多的人们也用不完13座陶窑生产的产品，它们应当还承担着冶铸厂的其他功能。

一、陶窑介绍

《文物》1978年第2期发表的《郑州古荥镇汉代冶铁遗址发掘简报》，有两座陶窑的平、剖面图，缺乏每窑的具体尺寸。所以，我们以介绍窑的形制为主。两窑均在生土上挖出窑的下半部，上半部用砖砌，收成穹隆顶，但已无存。

1.窑11

由窑前工作面、窑门、火膛、窑室、烟囱组成。工作面的具体情况不明，但一般工作面是利用低矮断崖前的平面或平地挖坑做成，此窑没有专门绘出，有可能是崖前平面。窑门用砖砌成，拱顶。铺地砖一层，靠近火膛的壁上砌有三层砖。简报给出笼通尺寸，窑门高1.2、宽0.6米。火膛位于窑门之后，马蹄形。两壁用砖砌，但高于窑门的上部不知是否仍用砖砌，火膛顶部的前部保留有砖砌的拱顶。后壁砌砖9层，作为保护窑室前壁的砖墙。简报笼统指出，火膛后宽2米，长1~1.6米，此窑火膛的长度恐大于1米。窑室呈倒梯形，两壁为生土，可能涂抹有草拌泥，不见铺地砖，尺寸阙如，但根据平面图，长、宽均应在2米以上。

烟囱在窑室后壁生土上挖槽而成。先在后壁上挖三个长方形竖槽，中间竖槽直通地面，两侧竖槽挖到半高的时候，拐向中间与之连通，但此窑右侧的竖槽又独立通向地面。槽挖成后，用砖把槽封起来，与后壁平齐，留出出烟的过洞。烟囱长宽高尺寸均缺（图一）。

2.〈66〉窑1

形制大致同窑11，细部略有不同。从剖面看，窑门前的地面呈斜坡状，这就断然是崖前的斜坡了，平地挖坑做成的工作面，没有必要修成斜坡状。窑门用砖砌成，拱顶已塌。从图上看，高度比窑11的窑门大不少，但由于没有比例尺，熟大熟小很难确

定。窑门下边设有风道，以铁板
与进柴口隔开，风道后壁上砌
有三层砖。火膛平面呈马蹄形，
圜底，后部稍平，两壁用砖砌，
上部收拢成拱顶，已塌，后壁
砌12层砖，用以保护窑室前壁。
从平面图对比来看，长宽比窑
11火膛要大很多，若两窑比例
相同的话。窑室平面呈长方形，
南部铺有三排平砖，两壁用砖
砌，上部收拢成顶，已塌。后壁
推测亦用砖砌，而不只是烟过洞
的上方，较直。烟囱在后壁生土
上挖槽而成，中槽直通地面，侧
槽弯曲与中槽连通，三槽共用一
个出口。槽挖成后，前面整个砌
砖墙，成为窑室后壁（图二）。

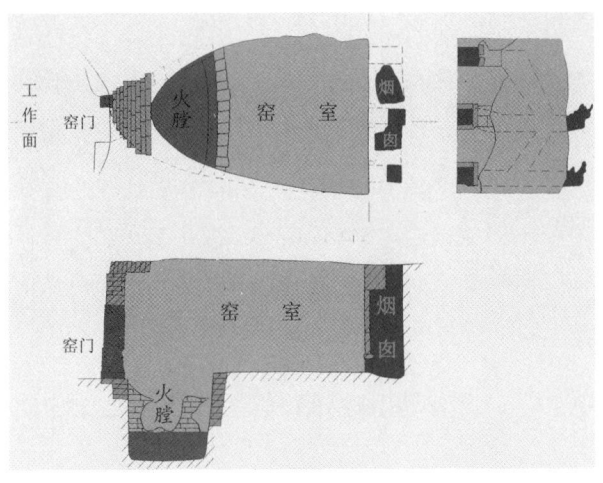

图一　古荥冶铁遗址窑11平、剖面图

　　窑11与<66>窑1的结构是
相同的，均由窑门、火膛、窑
室、烟囱构成，但窑门、烟囱细
部有不同，即<66>窑1的窑门
下增设了火道，能提供更多的氧

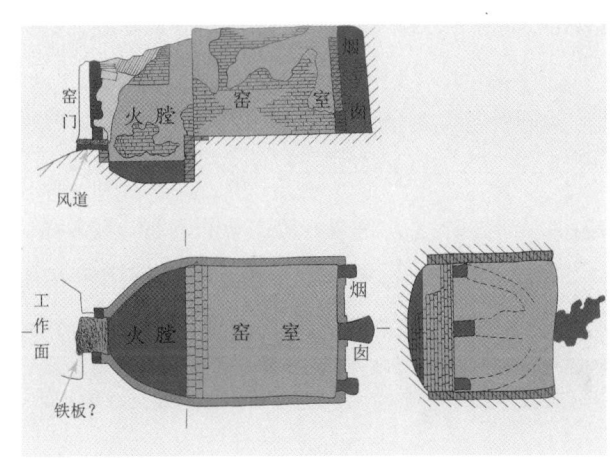

图二　古荥冶铁遗址〈66〉窑1平、剖面图

气，烟囱只有一个出口，可以很好控制窑室温度。两窑上部结构应该相同，即火膛的
顶部要低，或如蜣螂的头部，窑室顶部为较高的椭圆形，或如弧度高的蜣螂背部，烟
囱设在窑顶后面。

二、工作原理

　　从工作原理上讲，窑11与<66>窑1都属于半倒焰式窑。这种窑既不同于仰韶、龙
山时期的横穴式升焰窑，也不同于商代的竖穴式升焰窑，因其建造容易、装填量大而
成为中国使用时间最长的窑类，直到20世纪六七十年代，广大农村还常见这种原理的
砖窑瓦窑。当然，它与明代出现的全倒焰式窑有一定区别。

　　它的工作原理如下：器物胚件从窑门装填后，在火膛里投放燃料，熊熊烈火燃起，靠近火膛的器物已经承受了高温的洗礼，而火膛顶部的高温和烟涌向窑室后方，由于无处可逃，遇到窑室后壁只好下沉，从后壁底部的烟洞钻入烟囱，再升入天空。烟在下沉过程中，已经把窑室后部的器物加热、烘烤，所以，并不存在靠近火膛的器物烧得好、离火膛远的器物就半生半熟的情况。实际上，由于烧窑后期要封闭窑门，有时还封闭烟囱，窑室里往往形成还原气氛，并且常有渗碳现象发生，烧出来的器物常是青色或黑色的产品，难以分辨器物在窑内的具体位置。停火后，要放置一两天时间甚至更多，等窑内器物差不多冷却下来，再打开窑门搬出器物，这便大功告成。

三、与早期陶窑的对比

古荥两座陶窑是中国冶陶史上已经发展成熟的窑型，足以担当一般的烧陶任务。但是我国早期陶窑显然不是这样，有一个漫长的发展过程，分析各阶段重要窑例，可以从中窥探先民探索陶艺的艰辛过程以及成功时闪现的智慧。

1. 仰韶时期陶窑

冶陶技艺不可能凭空而降，也不可能一蹴而就，现在我们相信古人在陶器创制时期经历了民族学上所见到的篝火冶陶阶段，即将制成的陶胚放在一堆柴草中，点燃篝火，火尽陶出，这种无窑的冶陶过程烧出来的陶器一般为红色，因灰烬的沾染，也可能局部为褐色。

到了仰韶文化中期，我们已经见到比较实用的陶窑。如1996年发掘的河南新安县槐林Y1[1]，由操作坑、火膛、窑室组成，均在生土上挖掘而成。操作坑呈烧瓶状。瓶底部分枣核形，南北长2.8、东西宽1.1米，为人活动的地方。瓶颈部分梯形，东宽0.54、西宽0.82、长0.6米，为添柴的过道，有厚0.05米的蹋踩面。火膛大致圆形，圜底，口部被破坏。底径0.58～0.72米。周壁被烧成青灰色。东面有两个进火口，北侧的一个呈椭圆形，南侧的呈梯形。窑室有如馒头一样的剖面，靠近火膛一侧较直，另一侧弧度较大。南北长1.75、东西宽1.05米，残壁较直，高0.55米。窑底近壁有14个火眼，与下面的环形火道相通。环形火道与火膛的进火门相连，底面呈斜坡状。窑室周壁及火眼都被烧成青灰色（图三）。

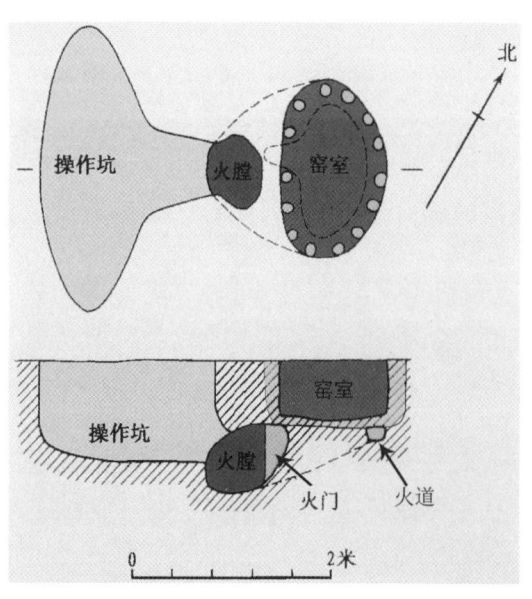

图三　河南新安槐林遗址仰韶陶窑Y1平、剖面图

槐林Y1的工作原理是这样的：在火膛内放入燃柴，点火焚烧，烟火通过两个进火门涌入火道，然后从14个火眼进入窑室，对陶器进行均匀加热。由于火膛盛装量小，需要不停地投入柴草，提供不断的热量。窑室顶部应为穹隆顶，并设有出烟孔。如果没有烟孔的话，势必造成烟倒灌进火膛，影响柴薪的燃烧，甚至有熄灭的可能。而窑室内缺氧，烧出来的器物只能是灰陶，这与仰韶陶器是红陶不符。需要说明的是，槐林Y1窑室面积近两平方米，考虑到仰韶陶器的器形较大，一次烧成的件数仍然有限。

2.商代陶窑

龙山时期发现的陶窑较少，应该仍然继续使用仰韶时期发明的这种横穴式陶窑烧造器物。商代已经见到竖穴式陶窑，20世纪50年代在郑州铭功路制陶遗址发现的Y110[2]，就是这样的陶窑。

Y110由工作面、火膛、窑室组成。工作面已无存。火膛大致圆形，位于窑室正下方，平底，直径1米左右，高0.7米。火膛中后部有一长方形窑柱，生土做成，用于支撑人工做成的窑箅。长0.6、宽0.23、残高0.52米。火膛前方有火口通向工作面。窑室平面呈圆形，直径1.1米，窑壁几乎无存。窑箅用木棍、草拌泥做成。先用粗细不同的木棍放置在窑柱上，上边再铺草，内外涂以泥巴，中部厚0.15米，近壁处厚0.27米，这是为了增加与壁的附着力，防止窑箅坍塌。窑箅做成后，用木棍在上边钻出圆孔，直径0.08米左右，这便是火眼。经火烧后，窑箅上面为砖红色，下面为青灰色（图四）。

郑州商城制陶遗址Y110的工作原理相对于槐林Y1来说，要进步很多，它直接将火膛置于窑室下，就这缩短了火焰与窑室的距离，热量在输送过程损失不多。同时，为了避免火膛的难以掏挖，商城Y110干脆人造窑箅，这样在挖窑过程中，火膛与窑室实为一体，挖起来相当方便，窑柱也便于切割整形，是很聪明的办法。但是Y110的面积不到一平方米，如果是烧制陶鬲一类的器物，装填量还可以，若是大口尊、盆一类的器物，则烧成的件数

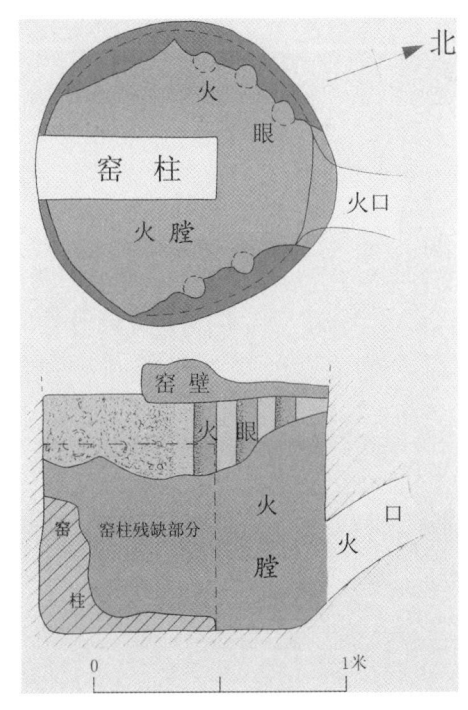

图四　河南郑州商城制陶遗址Y110平、剖面图

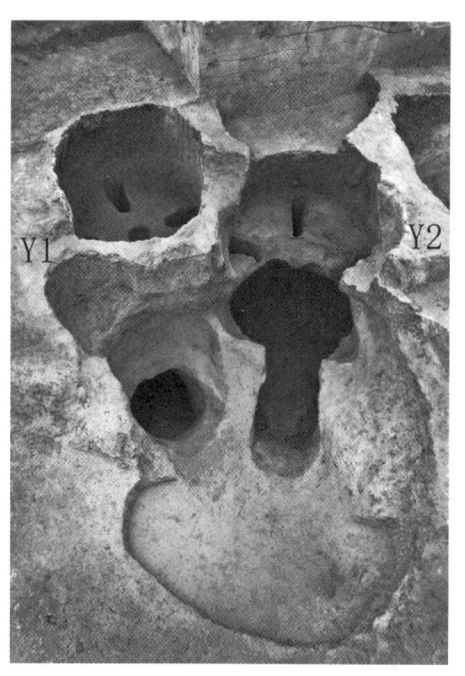

图五　河南荥阳关帝庙遗址Y1、Y2

也屈指可数。

3.殷商时期陶窑

殷商时期的陶窑又有进步，最明显的是去掉了火膛中窑柱，如2006年河南省考古研究院在荥阳关帝庙遗址发掘的并列双窑Y1、Y2[3]，由操作坑、火膛、窑室组成。操作坑椭圆形，位于窑室东边，两窑共用一坑，口长径3米，短径2.1米，深1.56米，底部缩成长1.5、宽1米的小坑，小坑深0.2米。南边为Y1，保存较好，北边为Y2，前部残缺。

Y1的火膛口呈圆形，直径0.68米，向西斜入地下，与火膛相连。火膛位于窑室正下方，椭圆形，弧壁，弧顶，平底，长径1.7、短径1.3米，中间高0.68米。窑室呈袋状，残留下部，直径1.56、残高1米。窑箅厚1.1～1.18米，中心有一个圆箅孔，直径0.21米，边缘呈十字形分布着4个长方形箅孔，长0.4～0.48、宽0.2～0.22米。窑室、窑箅、火膛的壁面都被烧成青灰色，再外为砖红色。Y2大小略同Y1（图五）。

关帝庙Y1窑室面积2.4平方米，无论烧小型器物还是大型器物，都有一定的装填量。为了增加薪容，火膛不设窑柱，并且有意识将火膛做得比窑室还大一点。同时，为了防止窑箅坍塌，窑箅做得很厚，这会消耗掉一部分热量。由于火膛的高度不高，Y1即使窑室顶部有烟孔，火膛里的火也难以充分燃烧，再加上浓烟里碳粒落到器物表面会发生渗碳作用，结果造成烧出来的器物大部分为灰陶或褐陶。

殷商时期又见到一种原始的半倒焰窑，这是我国陶窑由早期的升焰窑向半倒焰窑迈出的关键性一步，技术上有无可比拟的先进性，可以提高器物质量，充分利用热能。这种窑目前少见，仅在新郑铁岭墓地发现一例。

铁岭Y1位于一片殷墟二期居住区的北中部，应该是为这个居住区提供陶器的唯一陶窑，由操作坑、窑门、火膛、窑窑和烟囱组成，方向206°。窑在平地上开挖，挖穿当时的文化层，深入生土。陶窑废弃后，操作坑内垃圾土回流窑室，后窑顶坍塌，三个烟囱的外侧尚挂在窑壁上，内侧随顶下沉。春秋晚期时，该陶窑被M133打破，被挖掉了火膛的西部。

操作坑平面大致呈梨形，东、南、西三面浅，缓坡状，中部、北部渐深，与窑门相连。南北长4.2、东西宽3.2米，北部深0.9米。窑门位于操作坑与火膛之间，南窄北宽，略成倒梯形，实际上是窑壁外延的一部分，外延后成为窑门。南宽0.72、北宽约0.9、南北长0.55米，南端距地表0.9米，北端距地表1.9米，窑门高度因顶塌不知。火膛位于窑窑室前部，窑门北侧，与窑室界限不清。本是窑室一部分，因本窑没有专设火膛，柴只能置于窑门及窑室前部燃烧，以免影响放置陶器。窑室平面大致圆形，底中部低，四周高，直径2.4～2.5米。周壁除窑门附近外延外，其余直壁略内收，0.84米以上急剧内收成弧顶，顶高约1.36米。烟囱由窑室中部的方形烟囱和东、北、西三个长方形烟囱组成。方形烟囱，直壁，仅保留下半段。边长0.1米，复原深度0.6米。东、北、西三个长方形烟囱，口大底小，上、下口皆呈长方形，弧壁。复原上口长0.6米，上口宽0.14～0.16米，复原下口长0.4～0.5米，下口宽0.06米，深约1.04米（图六、图七）。

Y1的窑门、火膛、窑室底、周壁、弧顶、方形烟囱烧成厚0.04～0.1米的青灰色，长方形烟囱内壁几乎没有烧结。根据窑内堆积，此窑的产品大部为棕红陶，器表局部为褐色，它的形成原因当如下：柴薪置于窑室前部，因窑门较大，氧气充足，陶器受到氧化焰的烘烤，胎、表皆成红色。熊熊烈火燃烧，浓烟飞升，但窑顶中央的方形烟囱太小，大部分烟尘不得不下沉，从高度略低的长方形烟囱逃逸，下沉过程中，一部分碳粒降落到器表，发生渗碳作用，从而形成陶器既是棕红胎，器表局部呈褐色的特征。当然，在居住区的地层中也见到不少灰色的殷墟二期陶鬲，这应该是氧化

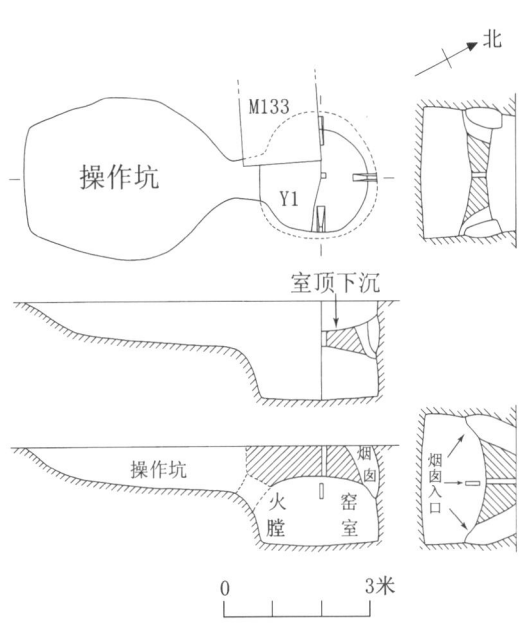

图六　河南新郑铁岭墓地殷商Y1平、剖面图

图七　河南新郑铁岭墓地殷商Y1

焰下渗碳作用发生得比较完全造成的，即氧化焰下也能得到灰色陶器。

4.战国时期陶窑

战国陶窑发现较多，与殷商陶窑相比，圆形的仍然不少，且火膛与窑室分离。本文以新郑铁岭墓地清理的一座长方形陶窑Y2为例。

陶窑Y2位于战国时的一条东西向浅沟北侧，火膛、窑室挖在生土上，工作面在沟内。窑由工作面、窑门、火膛、窑室、烟囱组成，方向190°。从残迹看，工作面的面积不大，北部大致圆形，宽1米左右。窑门位于工作面与火膛之间，南窄北宽，倒梯形。南宽0.45、北宽0.62米，南北长0.1米，深1米，高度不明。火膛位于工作面与窑室之间，倒梯形，平底，南、北两壁较直，东、西两壁略外扩，上留有较多的工具痕。上口南宽0.62、北宽2.15米，底南宽0.56、北宽1.9米，南北长1.06米，深1.2米，火膛底低于窑室0.7米。窑室平面近方形，直壁，平底，北壁底部设有三个烟道。东西宽2.4、南北长2.3、深0.5米。窑室南缘在使用过程中崩塌，用残砖修补，仅留一层。烟囱位于窑室后，竖井状，大致方形，下部通过烟道与窑室相连。西烟囱，东西宽0.28、南北长0.26、残深0.5米。中烟囱边长0.28、残深0.5米，东烟囱边长0.22、残深0.4米（图八）。

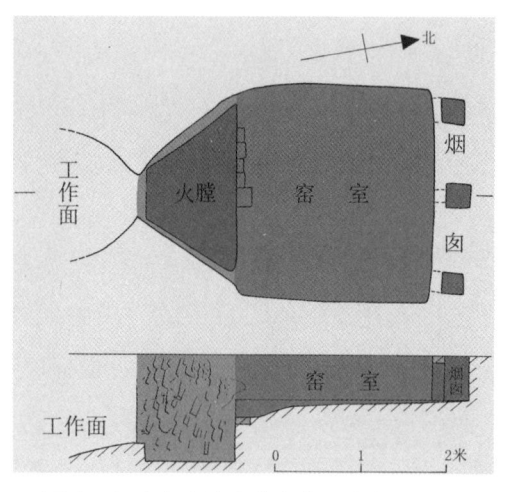

图八　河南新郑铁岭墓地战国早期陶窑Y2

Y2的火膛、窑室填中出土有较多的马蹄形陶拍、板瓦、陶鼎等，时代为战国早期，在窑室西北角底部还见到泥胎板瓦和陶盆，说明这个窑既烧大件器物，也烧小件器物。由于窑室保留较浅，上部情况未知，但填土中发现有较多的厚烧土块，说明窑室挖在生土上，上部可能用泥封成圆顶，烟囱推测三囱归一。

四、与汉代陶窑对比

能与古荥冶铁遗址陶窑进行对比的有巩义铁生沟遗址陶窑、南阳瓦房庄冶铁遗址陶窑[4]、温县安乐寨烘范窑[5]、西安郭家村烘范窑[6]等，铁生沟的陶窑因过于残破或没有线图而难以引用，我们就以后三者为例。

1.南阳瓦房庄烘范窑

南阳瓦房庄发现的陶窑均位于熔炉的附近，距离不过10余米，均由操作坑、窑门、火膛、窑室、烟囱组成，以Y2为例。操作坑大致方形，东西长2、南北宽2.2米，深0.47米。窑门拱顶已残，两侧用耐火砖砌成墙。门长0.52、宽0.78～0.82米，残高0.89米。火膛倒梯形，口大底小。底长0.6米，底宽0.8～1.15米。室窑长方形，四壁较直，上涂草拌泥。长1.74、宽1.82～1.95米。窑床上有白色柴灰。烟囱位于后壁生土中，中囱直，侧囱弯曲上向，三囱合一，长0.2、宽0.28、高0.82米（图九）。

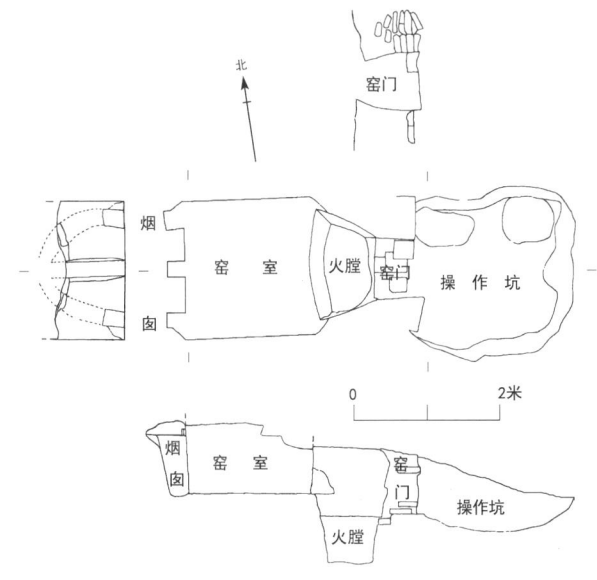

图九　河南南阳瓦房庄烘范窑Y2平、剖面图

2.温县安乐寨烘范窑

安乐寨冶铁遗址面积1万平方米，烘范窑位于遗址的北部，由操作坑、窑门、火膛、窑室、烟囱组成。操作坑近方形，平地挖坑而成。长2.7、宽2.34、深0.7米。窑门在操作坑东壁上掏挖而成，拱顶，宽0.84、高1.44、进深0.54米。窑门残留0.36米高的土坯。火膛倒梯形，平底，有砖砌的风道，南壁砌有壁砖，长0.95米，西宽0.86、东宽2.3米。窑室平面近方形，底面铺砖，四壁砌土坯，长2.86、宽2.72、残高1.4米。烟囱是在后壁上掏挖而成，中囱直，侧囱弯，顶部合三为一。残留的三个烟囱上口都呈梯形，宽0.28、长0.44～0.53米（图一〇）。

3.西安北郊郭家村烘范窑

烘范窑由操作坑、窑门、火膛、窑室、烟囱组成。操作坑长方形，斜坡状，残长2.85、宽0.88、深0.9米。窑门长方形，东西宽0.53、南北长0.66、高0.86米。火膛倒梯形，

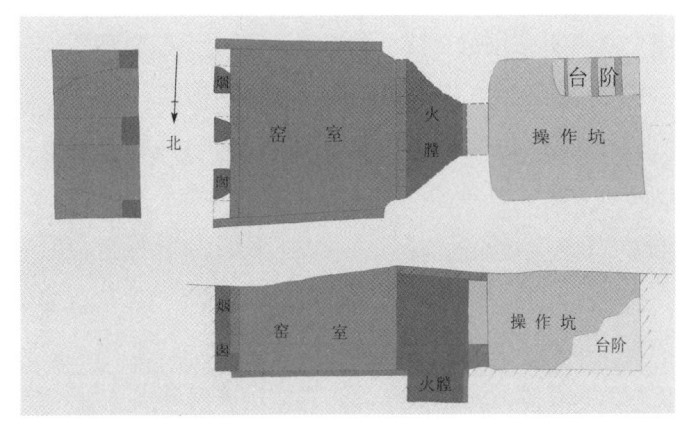

图一〇　河南温县安乐寨烘范窑平、剖面图

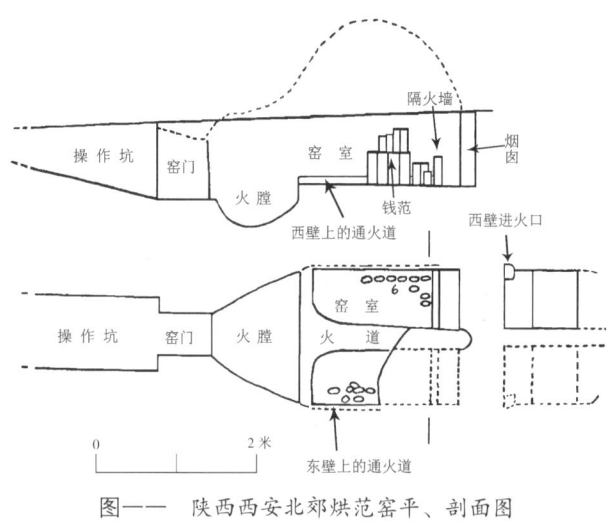

图一一 陕西西安北郊烘范窑平、剖面图

南宽0.53、北宽1.56、南北长1.03米。窑室平面呈长方形。南北长1.97、东西宽1.63、高0.9米。窑室底南端有宽1.7米的火道，与东、西两壁底部掏挖的通火道相连，中部通火道与后壁上的烟囱相连。窑室后部设有隔火墙，隔火墙与后壁间距0.2米，不排除这个空隙就是长方形烟囱（图一一）。

三座汉代陶窑结构大体相同，均由操作坑、窑门、火膛、窑室、烟囱组成，其中瓦房庄陶窑底部有白色灰烬、温县安乐寨窑内放置车马器陶范、西安郭家庄陶窑放置钱范、车马器范，由此肯定这三窑均为烘范窑。三窑中温县窑面积最大，达7.8平方米，相当于其他两窑的二倍强，火膛面积也最大，这与它的窑装量是相匹配的。温县窑火膛底部还用砖砌有炉箅，用以助燃。

五、古荥陶窑的功能

如前所述，古荥冶铁遗址陶窑同战国陶窑相比，功能性结构大体相同，同汉代瓦房庄、安乐寨、郭家村三窑相比，结构更趋接近，即窑室有铺地砖，窑壁增设土坯墙或砖墙，这样的窑室比起战国的生土壁窑室无疑更结实，不易坍塌，同时在保温性能或构建窑室顶部时更稳妥可靠。由此我们可以说，古荥的陶窑可以具有前述三窑的功能，即烘范的功能。那么，它是否真的具备这样的功能呢？还要做具体分析。

是否具备烘范功能，关键要看窑是否在冶铸厂附近，如果旷野里发现这么一座做工精致的陶窑，未必就是烘范窑，而在冶铸厂附近发现一座即使不是这么精致的陶窑，它也有可能是为烘范而生。我们知道，古荥的13座陶窑均在炼炉东部、南部，正是出铁水的方向，且距离不远。由于发掘面积有限，冶铁遗址两次发掘，未见到冶铸的遗迹，可能已遭破坏。遗址灰土与炉渣中发现许多陶模、陶范，这些东西正说明炼炉附近有铸造作坊，而炼炉东部、南部发现的13座陶窑应该就是为冶炼、冶铸服务的。因为建造炼炉需要大量的耐火砖、鼓风管，没有陶窑，它们从何而来？建厂时工人住宿的建筑构件如砖、瓦、瓦当，生活中需要的盆、罐、瓮、甑等，也都需要陶窑来烧造。所以，建成规模较大、质量较高的陶窑群，是一处官营冶铸作坊的必备，至于它烧造一些生活用器再正常不过。整体来说，古荥冶铁遗址的13座陶窑应该是为冶铁、冶铸而修建的，而烘范可能是它最常用的功能，这可从简报揭露的一座陶窑火膛内的砖砌风道即可看出端倪。

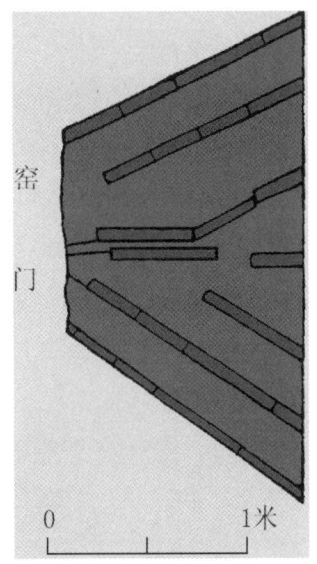

图一二　古荥冶铁遗址〈65〉窑5火堂风道

在〈65〉窑5的火膛底部，用砖架设六条风道，煤饼放在砖上，靠近窑门的煤饼已经燃烧成渣，靠近窑室的煤饼仅燃烧表面（图一二）。当然，砖砌风道不仅仅能给煤饼提供助燃的氧气，同样能给柴薪提供旺火的保证，例如前述温县烘范窑砖砌风道下遗留的，就是柴薪白灰和未燃尽的木炭。为什么要增设砖砌风道呢？我们认为增设风道就是为了加快燃烧的速度，让窑室快速升温，从而为冶铸提供充足的经过预热的范，以免冶铸时出现断炊现象，毕竟热铸的产品质量要求更高。

古荥陶窑不只能够为铸造铁器预热陶范、铁范，同样能将泥范烧成陶范。古荥冶铁遗址是河南郡设立的"河一"冶铁场所，废范会源源不断产生，新范需不断烧造，故烧造新的陶范也是一项重要任务。另外，从巩义铁生沟发现的退火脱碳窑[7]告诉我们，古荥这13座陶窑中的个别窑，也有可能用来铸件退火。

注　释

［1］河南省文物考古研究所：《河南新安县槐林遗址仰韶文化陶窑的清理》，《考古》2002年第5期。

［2］河南省文物研究所：《郑州市商代制陶遗址发掘简报》，《华夏考古》1991年第4期。

［3］河南省文物考古研究所：《河南荥阳市关帝庙遗址商代晚期遗存发掘简报》，《考古》2008年第7期。

［4］河南省文物研究所：《南阳北关瓦房庄汉代冶铁遗址发掘报告》，《华夏考古》1991年第1期。

［5］汤文兴：《河南省温县汉代烘范窑发掘简报》，《文物》1976年第9期。

［6］陕西省博物馆：《西安北郊新莽钱范窑址清理简报》，《文物》1959年第11期。

［7］赵青云等：《巩县铁生沟汉代冶铸遗址再探讨》，《考古学报》1985年第2期。

唐代张璀夫妇墓志考

刘青彬

图一　墓葬俯视图

图二　墓志出土情况

2017年10～11月，郑州市文物考古研究院在郑州市中原区三十里铺村南部发掘了一座唐代墓葬，据墓葬内所出土的两方墓志所记，墓主为张璀及夫人王氏（图一）。志文内容涉及郡县名称、人物、事件及官职等，为研究唐代中期的地望、人物、历史事件及职官等提供了实物资料。本文拟对墓志内容进行考释，并结合史料对墓主身份和相关历史事件进行初步探讨。

一

张璀墓志出土于甬道内，志盖偏覆于志石一侧，青石质（图二）。志盖方形，盝顶，顶部阴刻双细线界格，格内阴刻篆书"大唐故张府君墓志铭"，一共3行，每行3字。四刹饰阴线刻四灵图案，从盝顶东面顺时针方向依次刻画青龙、朱雀、白虎、玄武。四神兽周边饰云气、太阳等纹样。顶边长31厘米，底边长55.5厘米，厚12厘米（图三）。志石方形，边长55.5厘米，厚13.5厘米。文以楷书，间有行书，以阴刻竖线为界。志石四个侧面阴线刻十二生肖，兽首人身，以祥云纹垂盖，上着交领宽袖长袍，下裙摆长垂至地，双手拱于胸前，作持笏状。上猪鼠牛，右虎兔龙，下蛇马羊，左猴鸡狗，与现行十二生肖顺序

完全一致。凡26行，共711字（图四）。志
文如下：

图三　张璀墓志盖拓片

　　唐故义成军衔前兵马使、银青光禄大
夫、上柱国、清河县开国公、食邑一千五百
户张公夫人王氏　墓志铭并序

　　从侄前诚太常寺奉礼郎儒卿文

　　公讳璀，字□□，得姓于轩辕氏，黄帝
之苗裔，帝父锡土分疆，乃封郡望，公即清
河房之后也。洎曾祖讳师，皇朝散大夫、行
沙州司马。祖讳处珍，高尚其事。父讳朗

然，皇上骑都尉，功勋并列于茔记。公凤奉庭训，诗礼立身，书剑两攻，弱冠从宦，
广德中首仕。故令狐仆射列职辕门，迁受散将，久蕴韬略，果遭时危，天之挺生，包
藏器宇，志从心发，机展于目。俾公敷奏，对扬王庭，达主忠于圣聪，布君恩于惠下，

图四　张璀墓志拓片

历受爵赏，曾无间绝。贞元初，兵水旱蝗，妖孽更作，将士盈万，仓乏升储，米及千资，人莫能济。故李司徒宾议使行，非公不可，言发于忠，说绩诚恳，克惬上旨，敕支米约一二十万以拯军食，郑、滑两郊，士庶咸仰。贞元中，吴蔡竖孽，乱我国常，皇化涤除，不日见弥，戈戟倒载以归，王府未期之次，故李尚书俾公庆贺。金门怛怩，机发事应，遂口奏当军，比乏戈甲。上帝锡命，允卿所言，甲胄约万，干鉾巨千，壮兹军容，谁之能及。历事使主一十九，以功优受告牒共七道，官列上阶，禄封崇秩。呜噧！上天不悯，寝疾于旬，宝历二年十一月四日终于滑州白马县都向乡崇信坊私第，享年九十龄矣。夫人王氏，簪裾之后，柔顺懿恭，笄冠和鸣，誓将偕老，不幸短折，元和八年五月十六日先终于私室。长子才及成立，壮岁夭逝。长女出家，法名常璨；次常惠，号辩无数，以奉丧事。仲女适归郭氏，孤孀训育。季女少夭于赵氏之室，以明年丁未岁二月十日壬寅于郑州西荥阳县东二十里崇信乡檀山岗先父茔穴，礼也。儒卿久沐春惠，聊课斯文纂，谥功忠，兼书存殁。陵谷尚变，年代无期，用纪千秋之荣，亦光赞于泉，其词曰：

大河之傍，水滢山长。英杰间生，乃公乃王。首仕方岳，历职戎行。累迁爵赏，为师纪纲。机略佐时，寰宇宁康。开国承家，事无不臧。天失厥道，丧我忠良。双剑入匣，永闭檀岗。风悲垅树，月惨坟霜。森森松柏，万古苍苍。

有唐宝历三年二月十日纪。

王夫人墓志出土时，志、盖分离，志石出于墓室西南角，志盖出于甬道近右侧壁龛处，均为青石质。志盖方形，盝顶，顶部阴刻双细线界格，格内阴刻篆书"大唐故王夫人墓志铭"，一共3行，每行3字，四刹饰阴线刻缠枝花卉纹。顶边长26.5厘米，底边长41厘米，厚8厘米（图五）。志石方形，边长40厘米，厚12厘米。文以楷书，以阴刻竖线为界。凡16行，共468字（图六）。志文如下：

巨唐义成军节度衙前兵马使、银青光禄大夫、试殿中监、上柱国、清河县开国侯张璀亡夫人太原　王氏墓志铭并叙

试右金吾卫兵曹参军袁仲则述

夫人即故齐州历城县主簿讳倩之女。门传鼎族，世袭勋贤，令淑饱闻，风范多矩。自妍年嘱事，始终如初，举止雍雍，礼度有则，将谓同其偕老，共其枯荣，不幸遘疾先亡，享年七十有一。以元和九年五月十六日终于滑州白马县之西宅。鸾镜沉沦，永绝再睹，想像存没，得无嗟乎！监嫠年丧妻，哀悼之至，尚喜心力未退，壮气由全，每见话其达命，未尝不言旷其尸素，窃知时重勋贤，又顷以奏对有功，自兹二纪之中，

未可辞于天禄，所恨夫人不同毕其荣耳。有子一人，名钊，早著艺能，军中职事，已厕将列，方其光大，用显门族，不幸先逝。二女，一女适事君子，自有所归；一女宿负善因，从小出家，今住净行精舍，法名常璨，戒行精持，夏腊卅余矣！自居哀苦，泣血遇常，亲戚伤闻，道路悲叹。今用乙未岁十月廿四日祔殡大茔之右，其茔域原野管属，并有碑碣所载，不更重书。时属霜天，寒云惨然，灵榇郊野，丹旐翩翩。仲则猥蒙受记，惭以文字荒浅，有愧不尽故事，其铭曰：

图五　王夫人墓志盖拓片

　　惟其夫人，贤德所遵。神理不昧，降福来亲。惟其夫人，风规尚存。鸾镜沉瘗，万古孤坟。惟其夫人，修短自身。愿托净男，重结善因。惟其夫人，花发早春。为风吹落，叹之沉沦。

图六　王夫人墓志拓片

二

张璀，两唐书中无传，从墓志所记内容来看，他主要活动于郑州、滑州一带，戎马一生，官至义成军衙前兵马使，墓志中所涉职官，均与郑、滑两地或者义成军有密切的关系。义成军，唐德宗贞元元年（785年）由永平军所改，其节度使又称郑滑节度使或者滑亳节度使。据《旧唐书·地理一》记载："义成军节度使。治滑州，管滑、郑、濮三州。"墓志中所见职官有令狐仆射、李司徒、李尚书，结合史料，所指具体官员介绍如下。

"令狐仆射"是指令狐彰。安史之乱后，令狐彰以滑州归朝，受到重用，迁御史大夫，封霍国公，授检校右仆射。广德年间，张璀首次入仕即是"列职"令狐彰的"辕门""迁受散将"，就此开启其军戎生涯。

"李司徒"是指李勉。令狐彰死后，遗表推举李勉兼任滑州刺史、永平军节度使。德宗时又迁为检校司徒。据《旧唐书·德宗本纪》载，"宣武节度李勉为检校司徒"，故墓志中称其为"李司徒"。

"李尚书"是指李元素。李元素，邢国公李密之孙，曾任滑州刺史、义成军节度使，并加拜检校工部尚书。贞元十六年（800年），义成军节度使司马卢群卒，李元素代其为义成军节度使，又兼御史大夫，镇郑滑，并加检校工部尚书。故在墓志内称其为"故李尚书"。

《全唐文》收录有李翱所作《论故度支李尚书事状》（下文简称《事状》）一文，其中有这样一段记载："李尚书有二子仕于京师，奏请至滑纳妻，德宗皇帝敕奏事将军张璀曰：'与卿本使无外，往告卿本使，可令妻及新妇家来就上都为婚。'亦有手诏，李尚书遂发二新妇及妻入京以奉诏。"《事状》一文中，"李尚书"指李元素，多无异词。据《旧唐书·李元素传》记载："元和初，征拜御史大夫……入拜国子祭酒，寻迁太常卿，转户部尚书判度支。"所以文内称其为"故度支李尚书"。时李元素为滑州幕主，因出妻无状引起朝廷公议的不满。李翱作为观察判官，追念在滑州时的故主，特作此状，为李元素进行申辩，其文所称"奏事将军张璀"，即为本文所述张璀。

从墓志内容可以看出，张璀主要任职于义成军，官至衙前兵马使。唐代衙前兵马使掌军府兵权，唐肃宗以后实为藩镇储帅，故可称将军。《事状》一文称张璀为"奏事将军"，仅述其行，并非专职，唐代常有此类描述。墓志记载张璀"历事一十九主"，说明其长期任职于军中，可谓一员老将。唐德宗时，李元素曾任义成军节度，正是张璀幕主，由此德宗称其为张璀"本使"，并直言"与本使无外"，不仅符合张璀的身份，也表明李元素对张璀十分信任，将奏请二子完婚的事情交由张璀办理。志文所记"敷奏对扬""又顷以奏对有功",表明张璀经常上奏皇帝,并接受皇帝的敕令,这与《事状》所载"德宗皇帝敕奏事将军张璀曰"亦相吻合。此外墓志中称"故李司徒宾议使行,非公不可",由此可以看出,张璀长期受到幕主的信任,并经常到朝廷"奏事"。《事状》一文所谓"奏事将军张璀",与墓主在身份、时间、职责上均符合,确为同一人无疑。

三

墓志中所提及张璀的主要功绩有两件。一件是贞元初年上奏皇帝,为军队争取军粮,可称军粮事件;另一件是贞元中上奏皇帝,为军队扩充军备,可称军备事件。

军粮事件发生在贞元初,墓志作"兵水旱蝗,妖孽更作"。《旧唐书·德宗本纪》内多有提及:"贞元元年……戊戌,大风雪,寒。去秋螟蝗,冬旱,至是雪,寒甚,民饥冻死者踣于路……河南、河北饥,米斗千钱。"在这一背景下,义成军也面临着粮资缺乏的困境,志文称"将士盈万,仓乏升储,米及千资,人莫能济"。张璀受李勉重托,上奏争取粮食,"言发于忠,说绩诚恳",成功说服了德宗皇帝,"克惬上旨,敕支米约一二十万以拯军食"。成功争取到军粮的张璀,让"郑、滑两郊,士庶咸仰",不可不谓大功一件。

军备事件发生在贞元中,当时的背景是"吴蔡竖孽,乱我国常"。"吴"即吴少诚,曾为蔡州刺史,后反叛,故称"吴蔡竖孽"。李希烈死后,吴少诚杀死陈仙奇,自封留后,后被朝廷认可,为蔡州刺史、知节度留后。贞元十五年(799年),吴少诚开始扩疆为叛。《旧唐书·德宗本纪》载:"吴少诚谋逆渐甚,陷临颍,进围许州",随后德宗下诏夺官讨伐。义成军处在前线,是平叛的重要力量,但与墓志所载"皇化涤除,不日见弥,戈戟倒载以归"不同的是,平叛之战并不顺利,官军多有败绩。直至第二年冬天,"吴少诚引兵归蔡州,上表待罪。戊子,诏雪吴少诚,复其官爵"。朝廷诏封了吴少诚,叛乱之事才告一段落。此事之后,张璀上奏缺乏军备,于是皇帝赏赐了甲胄干矛等一大批军备,增加了义成军的装备实力。

有此奏对之功,皆是因物资匮乏上奏皇帝并得以赏赐,为军队争取到了宝贵的军粮和军备,这与《事状》一文中的"奏事将军"记载一致。

四

张璀墓志所述其为"清河县开国公",在王夫人墓志中则称其为"清河县开国侯"。据《旧唐书·百官列表》记载:"凡爵九等:一曰王……五曰开国县公,食邑一千五百户,从二品。"这与张璀墓志所记"清河县开国公,食邑一千五百户"相符,或是在王夫人死后张璀又被封赏，由侯而公。当然还有可能是对死者的溢美之词，言辞失真，这种情况在后辈为先辈所撰墓志中也较为多见。

张璀墓志中记载王夫人的去世时间是唐宪宗元和八年（813 年），"夫人王氏……不幸短折，元和八年五月十六日先终于私室"。然而王夫人墓志的记载是"不幸遭疾先亡，享年七十有一。以元和九年五月十六日终于滑州白马县之西宅"，二者在时间上相差一年。王夫人的墓志是按下葬时的碑碣内容不加更改而作，"并有碑碣所载，不更重书"，自然会更准确地记述死亡时间，不至于当时就会记错。再依据王夫人墓志中的下葬时间"今用乙未岁十月廿四日　殡大茔之右"，元和十年即为乙未年，由此推知，王夫人的死亡时间应为元和九年（814 年），次年下葬，张璀墓志所记当为误笔。

再有关于二人的子女数量，王夫人墓志中记有一子二女，"有子一人……二女，一女适事君子，自有所归；一女宿负善因……法名常璨"。张璀墓志则记有一子三女，"长子才及成立，壮岁夭逝。长女出家，法名常璨……仲女适归郭氏，孤孀训育。季女少夭于赵氏之室"。此处所提"季女"，应是张璀之妾赵氏所出，很小就夭折了，故在王夫人墓志内没有提及。

此外，志文提及"滑州白马县"，时为义成军治所。在《重修滑县志》中有记："贞元二年，改义成军，治滑州，管滑、郑、颍三州。领县七，曰白马，曰卫南，曰匡城，曰韦城，曰胙城，曰酸枣，曰灵昌。"文中提及"檀山岗"，称其在"荥阳县东二十里"，今仍存其地，属荥阳京城办事处狼窝刘村。《水经注·济水》又称之为坛山岗，其文云"又北迳京县故城西，入于旃然之水……城北有坛山岗"。熊会贞疏引："《一统志》：檀山岗在荥阳县东十里，山多檀木，绵亘三十余里，《水经注》之坛山岗即此。"

五

由墓志和史料可知，张璀生于玄宗开元二十四年（736 年），卒于敬宗宝历二年（826 年），出身勋官之家，曾祖及父均有官职。张璀长期任职于军中，历事一十九主，受到李勉和李元素的重用，屡获擢升，官至义成军衙前兵马使。他经常到朝廷奏事，曾在军粮匮乏和军备扩充时发挥了重要作用。妻王氏，育有一子二女；妾赵氏，育有一女。张璀虽寿，但是一对儿女早夭，一女出家，一女寡居，晚景较为凄凉。王夫人死后，"监耄年丧妻，哀悼之至"，只能靠回忆往日"奏对有功"的辉煌时刻度过残年。

（原刊于《寻根》2020 年第 1 期）

三门峡市印染厂唐墓陶器研究

范岩　郝红星

2017年6月，河南省文物考古研究院出版《三门峡市印染厂墓地》一书，将20世纪60年代河南省文化局文物工作队在三门峡市印染厂发掘的79座唐墓资料予以公布。这批唐墓除一座为初唐墓外，其余均为中、晚唐墓，墓葬年代集中，出土器物丰富，尤其是陶器的演变序列完整，与河南其他地区中、晚唐墓迥异，故有必要对其陶器进行全面研究，以作为唐墓研究的参考。

一、概况与研究方法

印染厂墓地共发掘墓葬152座，其中秦人墓63座、唐墓79座、宋墓10座。从墓葬所在的分区号来看，这些墓葬发掘时是按所在的区统一编号的，秦人墓区与唐宋墓区有重叠，而当时的墓葬总平面图已轶，这对研究秦、唐墓葬的埋藏规律和器物演变有较大影响。虽然从临近的墓葬编号或许能推测它们的位置相近，但事实可能未必如此，唐墓器物研究需另辟新径，即利用已有的纪年墓葬来观察器物的演变方向，进而排出器物的演变顺序，尔后再适当考虑器物的演变速度，将具有不同特征的器物分配到各时间段里。这种人为的强制性分型分式以及由此带来的墓葬年代可能和墓葬的真实年代未必契合，但也不会差得过远，在目前无法进行器物精确测年的唐代考古领域中，这种研究方法还是有必要的。

印染厂唐墓出土陶器235件、瓷器28件，铜器、铁器、铅器、银器不在我们研究之列，此处从略。陶器主要有塔罐、双系罐、无系陶罐、盘口壶、陶砚、陶茶注等，其中塔罐、双系罐、无系罐、盘口壶具有浓烈的地方特色，而陶砚、陶茶注包括墓地出土的石砚、瓷茶注则具有全国性的特点。我们主要研究前四者，陶砚、陶茶注等则作为侧证器物，不进行排队。

为了看清印染厂唐墓器物的演变走向，墓地既有的三座纪年墓显然不够，需要引入三门峡市文物考古研究所发掘的韩忠节墓、张弘庆墓[1]、王迈墓[2]以及偃师杏园唐墓[3]中的某些唐墓来佐证。

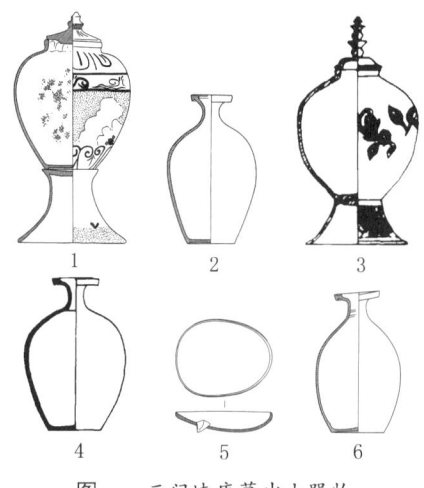

图一　三门峡唐墓出土器物

1、2.印染厂M138塔罐、盘口壶　3、4.韩忠节墓塔罐、盘口壶　5、6.印染厂M135陶砚、盘口壶

二、过程研究

1. 800年之前的演变

印染厂墓地的塔罐共有32件（包括缺盖、缺罐或者盖、罐均缺者），绝大部分高度在30～45厘米之间。从罐盖外形来看，可以分为两类。一类，盖座呈圆饼状，盖纽实心。这种盖在西安、洛阳、郑州沿黄河一线有较多发现，它们在740年以前，绝大部分是实心的，740年之后，开始变成窄细的空心，外形基本不变。由于像印章，简称印章型纽盖。另一类，盖座上鼓，下为空心，盖纽亦空心。它们一般出现在740年之后。由于像笠帽，简称笠帽型纽盖。由此可知，印染厂M138是740年之前的墓葬，其陶罐（包括塔罐之罐）具有颈高肩广，盘口壶具有沿窄平、腹粗大的特征（图一：1、2），其余墓均为740年之后的墓葬。

742年的三门峡韩忠节墓出土有塔罐、盘口壶，前者盖为笠帽式，后者沿窄而平（图一：3、4），同印染厂M138盘口壶之口沿。

印染厂M135出土1件卵圆形陶砚，同731年偃师杏园郑夫人墓陶砚器形相近，但砚池后部没有莲瓣装饰，时间应在740年之后。此墓同出的盘口壶沿面窄而凹（图一：5、6）。

印染厂M138、M135、韩忠节墓这三墓均为窄墓道、宽墓室，墓道大致在墓室南壁偏东部。这种墓在印染厂还有M72、M114、M134、M144、M149。这5座墓所出器物还有盘口壶、无系罐、双系罐。其中盘口壶与M138、M135、韩忠节墓的盘口壶相同，可知此时的盘口壶肩腹部粗大，口沿窄平或下凹。观察同出的无系罐、双系罐，均为窄折沿，方唇，短束颈，广肩，粗腹。双系罐的双系下凹坑较浅，这与郑洛地区双系罐双系下有深峻凹坑有很大不同，如760年的新郑张昭训墓[4]那样的双系罐。以上所述盘口壶、无系罐、双系罐的年代暂定为740～770年（图二）。

印染厂M145出土一圆角弧边陶砚，与783年偃师杏园崔绚墓陶砚、796年郑州孙和墓[5]陶砚相似（图三：3）。此墓出土的无系陶罐比之前无系陶罐高度略有降低，罐盖的子口下探较深而靠近罐壁，盘口壶沿面变宽，腹部仍如其旧（图三：4～6）。出土这样的陶罐、盘口壶且墓形同M145一样的，还有M70、M108（图三：7～9）。显然

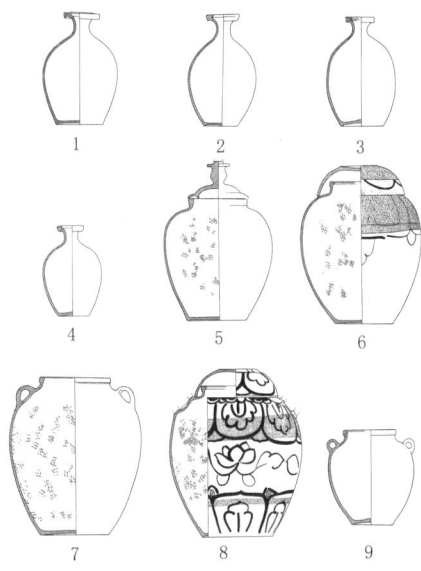

图二　印染厂唐墓出土陶器

1～4.盘口壶（M72：4、M134：1、M144：6、
M149：1）　5、6.无系罐（M134：4、M144：7）
7～9.双系罐（M72：6、M114：2、M134：2）

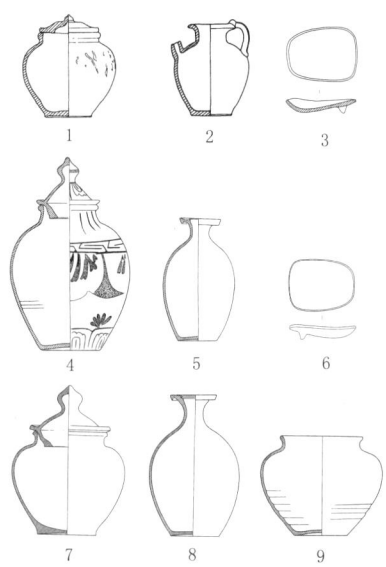

图三　孙和墓、印染厂唐墓出土器物

1～3.孙和墓无系罐、茶注、陶砚　4～6.印染
厂M145无系罐、盘口壶、陶砚　7、8.印染厂
M70无系罐、盘口壶　9.印染厂M108无系罐

新出现一种宽肩矮体素面无系罐，这种罐孙和墓也有（图三：1）。如此，印染厂M70、
M108、M145的年代大概一致，在770～800年间。

以上墓葬有6座位于12区，1座位于21区，3座墓位不清，可知印染厂唐代墓地是
自12区开始埋葬的。

2.800～850年之间的演变

印染厂M36为809年的墓葬，出土器物有塔罐、盘口壶、滓方、茶碗、陶砚（图
四：1～5）。其中陶砚与M145的陶砚相同，说明这种陶砚的使用持续一段时间。塔罐
之罐仍然保持M138塔罐那种高颈广肩，座的高度略有降低，罐盖子口下探较浅，仍然
是向下曲弧。盘口壶几乎没有变化。滓方可以作为一种证据存在。

三门峡张弘庆墓没有具体纪年，其盘口壶同印染厂M36：14之盘口壶，玉璧底碗
同M36玉璧底碗，彩绘陶罐同M36塔罐之罐也近似（图四：6～8）。故张弘庆墓也可
能是810年左右的墓葬。此墓出土有砚池后端呈折角的陶砚，印染厂M104、M150也出
土有这种陶砚。M104塔罐无盖，其余同M36塔罐大致相同。M150塔罐之盖无纽，子口
短而下曲，与M36塔罐子口风格相类。M104的无系罐盖子口较短，颈部明显；M150无
系罐是瓷胎，肩部较宽，同814年偃师郑绍方墓瓷罐相近。我们注意到M150的双系罐
沿面呈凹槽状，器形较小。从器物总体风格来看，我们认为这四墓年代一致，大约在
800～820年之间。

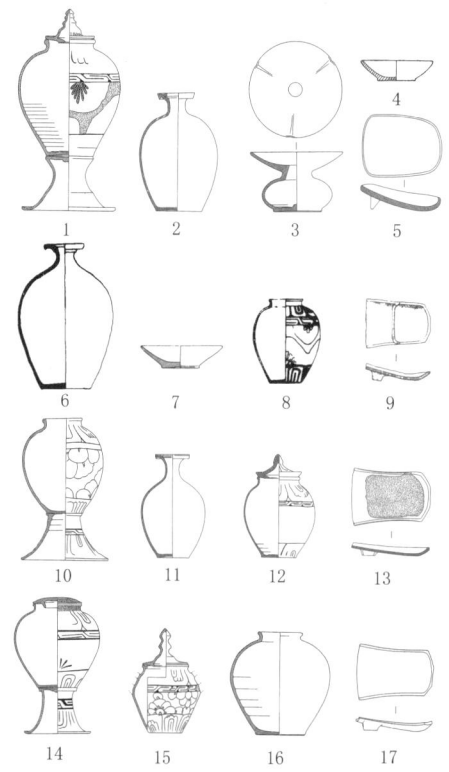

图四　张弘庆墓、印染厂唐墓出土器物

1～5.印染厂M36出土塔罐、盘口壶、滓方、茶碗、陶砚　6～9.张弘庆墓出土盘口壶、茶碗、无系罐、陶砚　10～13.印染厂M104出土塔罐、盘口壶、无系罐、陶砚　14～17.印染厂M150出土塔罐、双系罐、无系罐、陶砚

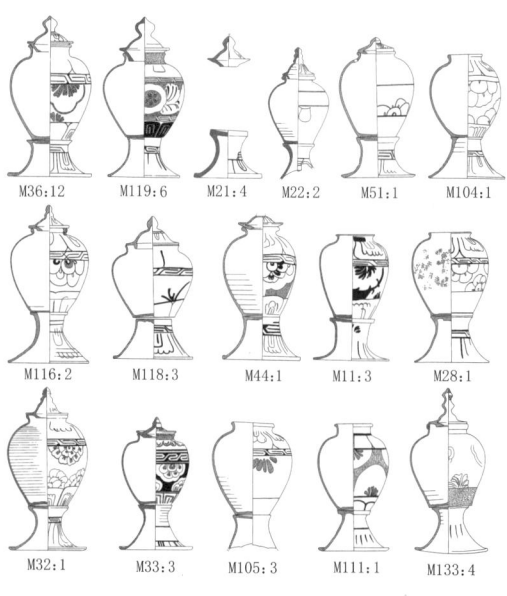

图五　印染厂出土塔罐

具有相同器物风格的墓葬还有M2、M16、M21、M22、M44、M51、M71、M83、M94、M111、M116、M118、M119、M4、M10、M11、M24、M28、M31、M32、M33、M95、M103、M105、M133，前13座墓年代似比后12座墓略早一点。它们中除M83为墓室与墓道等宽的墓葬外，其余均为墓室宽于墓道的墓葬，但宽出不是太多，或为窄铲形，或为窄瓦刀形。除M51位于4区、M133位于21区，其余墓葬位于9、10、11、12、15、16、18区（13、17两区为空白地）这一相邻地区。这一时期墓地有所扩大，墓葬集中在一起是合理的。

此期的塔罐仍然遗留有盖子口下探较深的例子，如M36∶12、M119∶6，但绝大部子口变短上提，位置仍偏外（图五）。无系罐颈部接近消失，M31∶2口沿出现浅凹槽，为新现象。前一时期宽矮的无系罐肩部变瘦。或受此风格影响，新出一种折肩的瘦体双系罐，其沿面均有凹槽。盘口壶器形、尺寸几乎没有变化，沿面有多种样式（图六）。

印染厂M61塔罐之座上书有"大和八年"字样，此墓可能为834年的墓葬，其罐盖子口上抬，有向中心靠近的趋势。

印染厂M97出土一凤字形石砚，与偃师杏园840年崔防墓石砚、847年穆悰墓石砚完全一样。故M97的年代可能为840、850年左右。墓中所出盘口壶口沿变窄、腹径变细是重大变

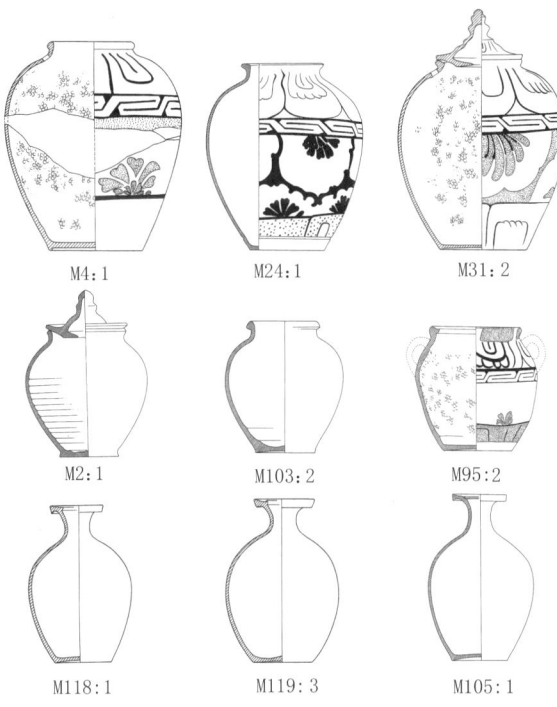

M4:1　　　M24:1　　　M31:2

M2:1　　　M103:2　　　M95:2

M118:1　　　M119:3　　　M105:1

图六　印染厂唐墓出土无系罐、双系罐、盘口壶

化，彩绘无系罐（脱落）肩部继续变瘦，有折肩的意味（图七：1～3）。印染厂M87出土有瓷茶注，M26出土有陶茶注，两器物口宽颈细，腹部陡直，与847年偃师穆惊墓瓷茶注完全相同（图七：10、12）。M30出土陶茶注口宽颈细，腹部上宽下窄，与850年陕县刘家渠唐墓M64[6]所出白瓷茶注相同。而M30塔罐盖的子口已处于中轴线旁，M87塔罐盖如锥体，比855年三门峡王迈墓锥体盖要矮（详后）。我们注意到，M97、M26、M30、M87仍然遗留有肩部

较宽的彩绘陶无系罐、腹部较粗的盘口壶（图七：6、7、11）。这四墓的年代约在820－850年之间。

　　具有以上器物特征的墓葬还有M151、M152、M82、M121、M17、M25、M38、M48、M127、M141、M143、M6、M20、M96、M115。其中前4墓时代略早，后11墓略晚。它们中有9座墓仍为窄瓦刀或窄铲形，有4座墓室与墓道等宽的墓，出现2座竖穴土坑墓。除M30位于4区，M6、M26、48位于11区，M20位于16区，M121位于21区，M151位于24区，M127、M143位于25区，其余墓集中在12、15区。显然，24、25区是墓区扩大引起的结果，12、15区可能是墓地中心部分。

　　这些墓的塔罐有如下特征：子口逐渐向中轴线靠近，直至封口（图八）。无系罐仍然有

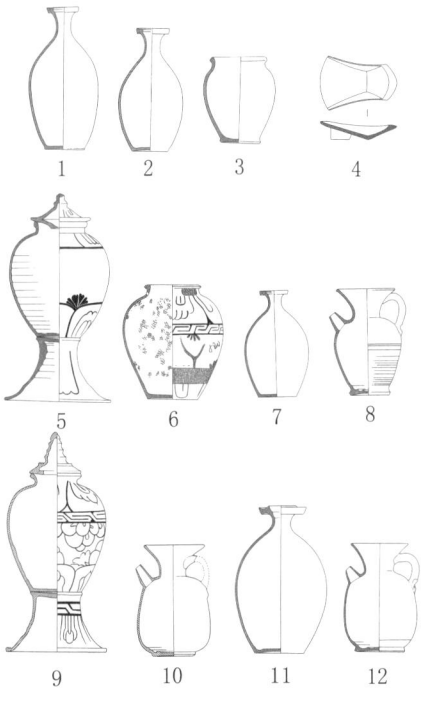

1　　2　　3　　4

5　　6　　7　　8

9　　10　　11　　12

图七　印染厂唐墓出土器物

1～4.印染厂M97出土器物　5～8.印染厂M30出土器物　9、10.印染厂M87出土器物　11、12.印染厂M26出土器物

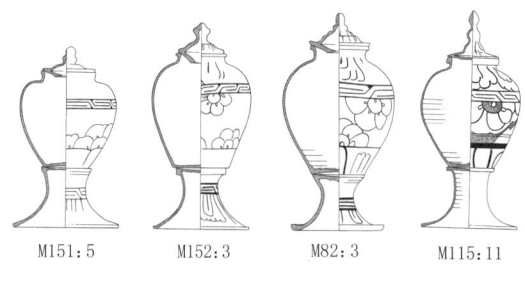

图八　印染厂唐墓出土塔罐

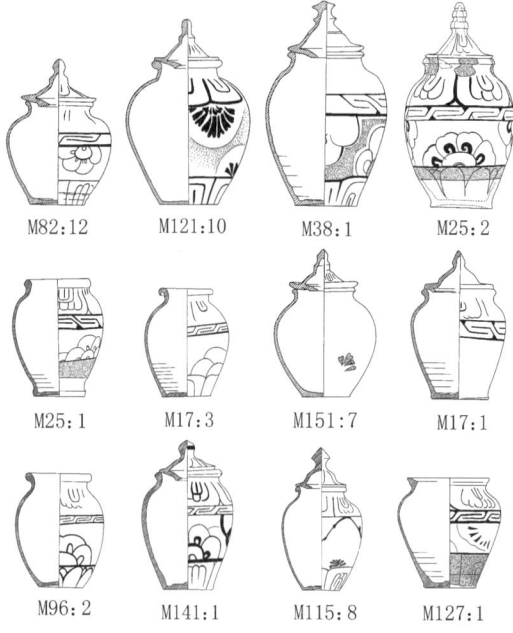

图九　印染厂唐墓出土无系罐

前一时段的宽矮类型，盖的子口变长，向中轴线靠拢；多数无系罐向瘦高方向发展，直至出现折肩意味明显的瘦高无系罐（图九）。双系罐器体变矮。盘口壶除了原来的粗体盘口壶外，新出一种腹径略细的盘口壶，如M115：10、M97：13所见的那样（图一〇）。

3. 850年之后的演变

2003年三门峡市文物考古研究所在十一局勘察设计院清理的855年王迈墓出土有塔罐、无系罐、双系罐、盘口壶，既代表了这一阶段的器物特征，也对判定850年之前的器物有参考作用。如它的塔罐之盖就和M87塔罐之盖风格相似，但比后者高得多。盘口壶腹部瘦削，一件比M97瘦体盘口壶略胖，另一件比之略瘦。瓷双系罐很有特色，矮束颈，窄弧肩，矮圈足，为新出的类型（图一一：1～4）。印染厂M67出土一件这样形制的几乎同大的瓷双系罐（图一一：6），年代大约也在855年之际。M98、M79出土的陶双系罐形态和这两件瓷双系罐近似，按照印染厂墓地器物肩部从宽到窄这一规律，它们的年代可能稍早一些（图一一：8、9）。印染厂M117出土的盘口壶和王迈墓盘口壶非常相像，所出石砚和847年偃师穆悰墓石砚完全相同，二砚尺寸相近，颜色均紫。这两墓年代或为一致，考虑到M117的塔罐座与罐不配套，是晚唐塔罐特有的情况（如869年偃师李棁墓塔罐那样），将其定为850年之后更为合适（图一一：13、15、12）。我们注意到，这一时期的折肩双系罐仍然存在（图一一：10、14）。M67、M117的年代暂定为850～870年之间。

出土器物和上述器物相同、年代也在这一阶段的墓葬还有：M8、M12、M52、M57、M131、M7、M112其中前5墓年代稍早，后2墓年代略晚。它们中有2座为窄瓦刀形墓，5座为墓室与墓道等宽的墓。从墓葬方位来看，4、5、11、12、16、21区各有一座墓，12区有两座墓，墓葬比较分散，数量也少，墓地已进入衰落期。

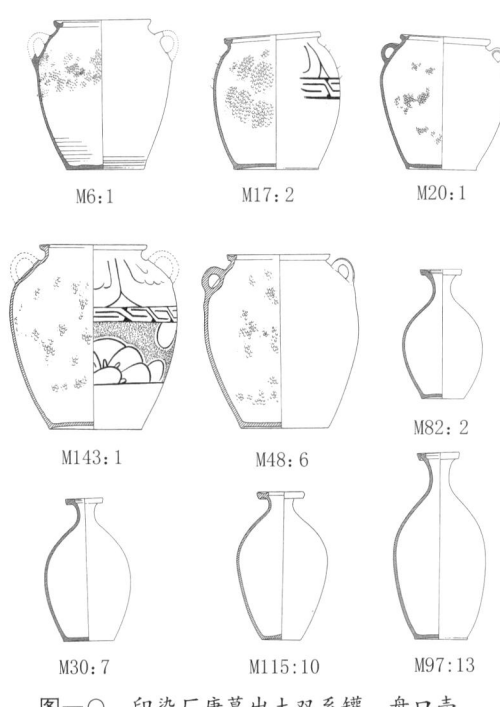

图一〇 印染厂唐墓出土双系罐、盘口壶

观察以上墓葬出土器物有如下的特征：塔罐之盖虽然没有M117塔罐盖那么尖高，但在空洞化这一点上是一致的，盖看起来像高顶草帽。折肩无系罐肩部变宽。盘口壶多数和王迈墓中两种盘口壶相同（图一二）。

印染厂M46出土一方陶砚，弧边，弧顶，砚形瘦长，与882年偃师李杼墓陶砚有相似的特征（图一三：5）。M46出土两件桶形陶罐（图一三：1、2），与李杼墓釉陶罐、894年安阳卢隐夫人墓[7]瓷罐器形相似，故M46的年代可能在880、890年左右。印染厂M66、M113所出盘口壶腹部特细，已达瓶的

形状（图一三：6、7）。鉴于之前腹部较瘦的盘口壶我们已定为860～870年之间，这种演变到最后形态的盘口壶年代是可能落在870～900年之间的。M113还出土有无系罐、双系罐，其双系罐和M46双系罐如出一辙，这更说明两墓的年代大致相同（图一三：9、4）。出土器物与以上器物相似的墓葬还有M54，其双系罐显然是双系罐的最后形态。

以上4墓2座位于4区，1座位于9区，1座位于15区，分布较为分散，墓地已进入最后阶段。4区每个阶段都有一、两座墓埋入，可能与墓葬中心区相距不远。4座墓中有2座为窄铲形墓，出土器物较多，2座为墓室与墓道同宽墓，出土器物较少。看来到了墓地最晚阶段，

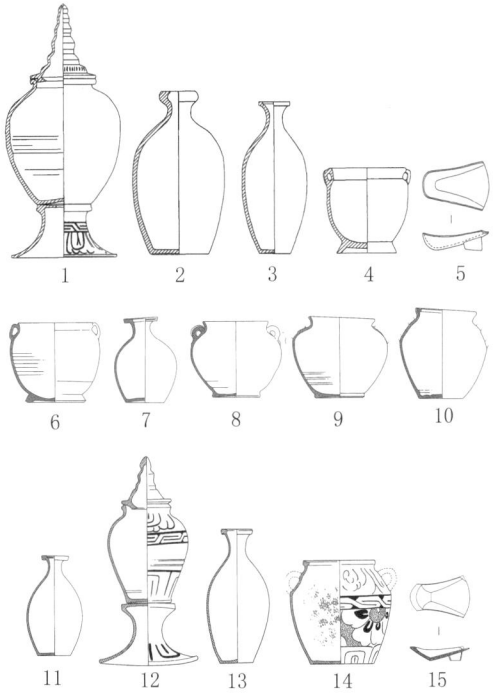

图一一 三门峡王迈墓、印染厂唐墓出土器物

1～5.王迈墓出土器物 6、7.印染厂M67出土器物 8.印染厂M98出土器物 9～11.印染厂M79出土器物 12～15.印染厂M117出土器物

仍有人偏爱使用铲形墓这种传统墓形；而墓室与墓道同宽者，是墓葬的发展趋势，前期随葬器物并不少，只是到了最晚阶段随葬器物才少起来。

三、分型分式

前述器物演变过程的研究，是从塔罐着手，并注重无系罐、双系罐、盘口壶的随行变化。墓中出土的陶砚、石砚是流行于文人手中的器物，具有较大范围的一致性，对我们判断陶器的演变方向、陶器年代很有帮助。茶注也有类似的作用。

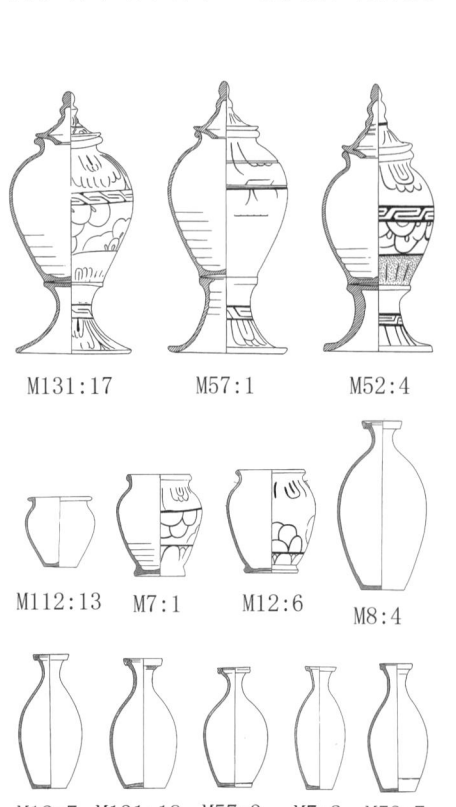

M131:17　　M57:1　　M52:4

M112:13　M7:1　　M12:6　　M8:4

M12:7　M131:18　M57:3　M7:2　M52:7

图一二　印染厂唐墓出土塔罐、无系罐、
双系罐、盘口壶

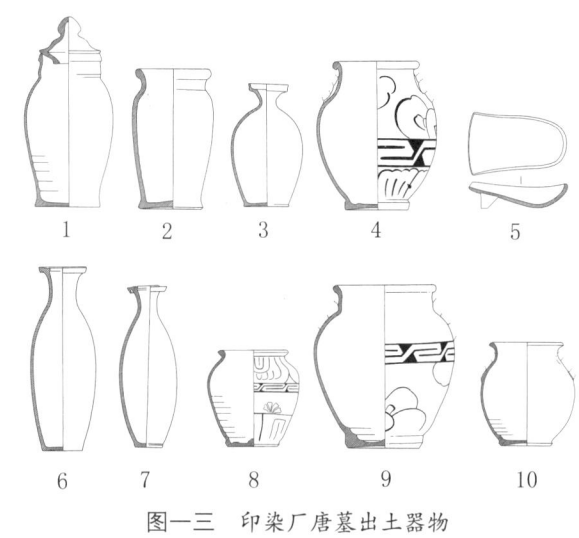

1　2　3　4　5

6　7　8　9　10

图一三　印染厂唐墓出土器物

1～5.印染厂M46出土器物　6.印染厂M66出土盘口壶
7～10.印染厂M113出土陶器

以下我们对印染厂墓地陶器进行分型分式，再现它们的变化细节。

1. 塔罐

印染厂墓地塔罐根据盖的有无、盖的形状分为A、B、C三型。

A型　有盖罐，1件。盖座圆饼形，盖纽柱状实心，即所谓印章型纽盖。罐，敛口，窄卷沿，方圆唇，矮束颈，宽弧肩，鼓腹，小平底内凹。座，平顶略内凹，束腰，喇叭口。标本M138：2，灰陶（图一四：1）。

A型塔罐在印染厂仅此一例。从黄河一线的纪年唐墓能够看出这类塔罐的盖最后演变成柱状空心纽，盖座的面下凹，如842年西安郭仲文墓[8]所见的那样（图一四：2）。

B型　有盖罐，25件。盖座空鼓，盖纽空心，即所谓笠帽型纽盖。根据盖纽不同，分为两个亚型。

Ba型　纽作塔刹形，又分四式。

BaⅠ式　5件。刹纽有一层相轮或两层

相轮，相轮之上为宝珠。盖的子口短而靠近罐口壁。罐多为侈口，卷沿，圆唇，矮束颈，宽弧肩，鼓腹，平底略内凹。座多平顶略凹，束腰，大喇叭口。标本 M36：13，灰陶。标本 M32：1，灰陶（图一四：3、4）

　　Ba Ⅱ式　3件。刹纽有一层相轮，相轮之上为宝珠，盖子口变长，向盖中轴线靠拢。罐、座特征大致同前。标本 M151：5，盖、罐红陶，座灰陶。标本 M82：3，灰陶（图一四：5、6）。

　　Ba Ⅲ式　3件。刹纽有一层、三层相轮，相轮之上为宝珠。盖子口已来到中轴线旁或变成平子口，甚至成封口状。罐颈比前期要短，腹部略瘦。标本 M30：1，灰陶。标本 M115：11，灰陶（图一四：7、8）。

　　Ba Ⅳ式　4件。刹纽有一层或两层相轮，子口又变短，整个盖因纽变粗而显得空洞化。罐腹部较瘦，出现与座不配套情况。标本 M117：5，灰陶。标本 M52：4，灰陶（图一四：9、10）。

　　Bb型　纽作宝珠形。根据子口形态分为三式。

　　Bb Ⅰ式　2件。盖子口较长，下探较深，靠近罐口壁。罐，侈口，卷沿，圆唇，高束颈，鼓腹，平底略内凹。座，较矮，平顶略凹，束颈，大喇叭口。标本 M36：12，灰陶。标本 M119：6，盖、座灰陶，罐红陶（图一四：11、12）。

　　Bb Ⅱ式　6件。盖子口变短抬起，偏近罐口壁。罐颈变短，腹部没有变化。标本 M51：1，灰陶。标本 M33：3，红陶（图一四：13、14）。

　　Bb Ⅲ式　1件。盖子口向盖中轴线靠拢，尚未达中轴线旁。罐腹

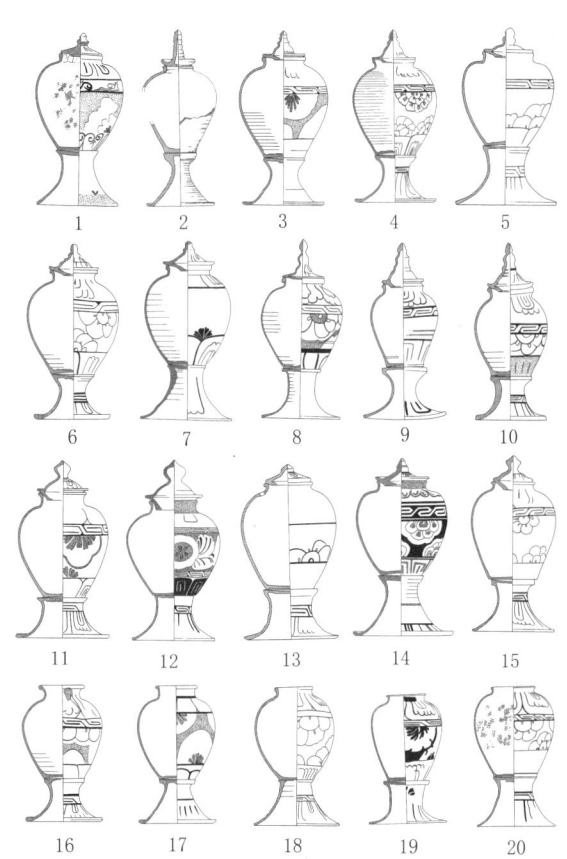

图一四　印染厂唐墓出土塔罐

1、2.A 型塔罐（M138：2、西安郭仲文墓塔罐）　3、4.Ba Ⅰ式塔罐（M36：13、M32：1）　5、6.Ba Ⅱ式塔罐（M151：5、M82：3）　7、8.Ba Ⅲ式塔罐（M30：1、M115：11）　9、10.Ba Ⅳ式塔罐（M117：5、M52：4）11、12.Bb Ⅰ塔罐（M36：12、M119：6）　13、14.Bb Ⅱ塔罐（M51：1、M33：3）　15.Bb Ⅲ塔罐（M152：3）　16、17.C Ⅰ式塔罐（M94：1、M111：1）　18～20.C Ⅱ式塔罐（M104：1、M11：3、M28：1）

部略瘦。标本 M152：3，灰陶（图一四：15）。

C 型　无盖罐，7 件。根据罐颈部特征分为二式。

Ⅰ式　2 件。罐侈口，卷沿，圆唇，高束颈，宽弧肩，鼓腹，平底略内凹。座平顶略凹或中空，束腰，大喇叭口。标本 M94：1，灰陶。标本 M111：1，红陶（图一四：16、17）。

Ⅱ式　5 件。罐束颈较矮，其余特征同前，个别罐下腹较瘦。座同前。标本 M104：1，红陶。标本 M11：3，灰陶。标本 M28：1，灰陶（图一四：18 ～ 20）。

2. 无系罐

35 件。根据彩绘的有无分成两类，一类为彩绘无系罐、一类为素面无系罐。

彩绘无系罐　主要根据器形分为两型，盖仅作为辅助因素参与。

A 型　器形较大。根据口沿不同分为两亚型。

Aa 型　敛口，卷沿，圆唇，束颈，广肩，鼓腹，平底或平底略内凹。根据卷沿宽窄、颈的高矮分为三式。

Aa Ⅰ式　2 件。卷沿较窄，束颈较高。标本 M138：2，灰陶。彩绘脱落。标本 M145：3，红陶。盖笠帽状，子口下探较深，偏向罐口沿（图一五：1、2）。

Aa Ⅱ式　1 件。标本 M4：1，灰陶。颈部较矮（图一五：3）。

Aa Ⅲ式　2 件。卷沿变得平而宽，器形略小。标本 M24：1，灰陶。标本 M30：5，灰陶（图一五：4、5）。

Ab 型　敛口，折沿，方唇，束颈，广肩，鼓腹，平底略内凹。根据沿的宽窄、颈的高矮分成三式。

Ab Ⅰ式　1 件。标

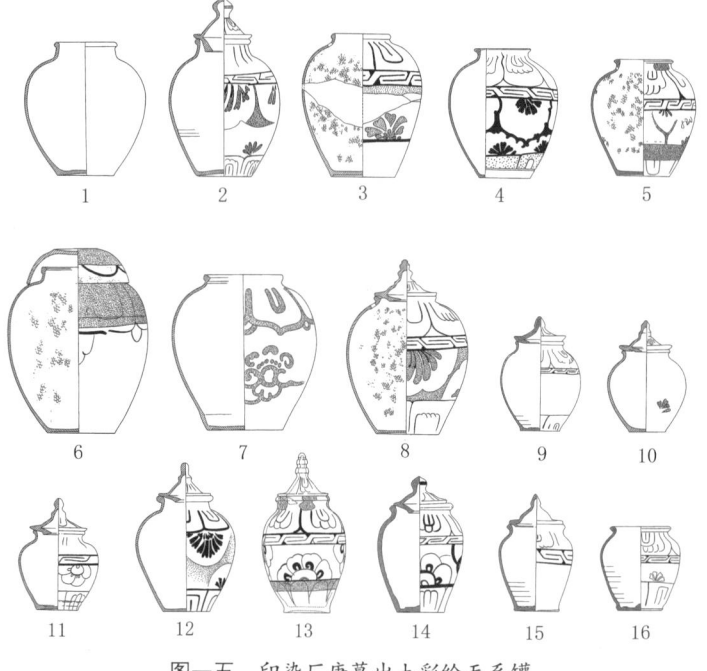

图一五　印染厂唐墓出土彩绘无系罐

1、2.Aa Ⅰ式罐（M138：2、M145：3）　3.Aa Ⅱ式罐（M4：1）　4、5.Aa Ⅲ式罐（M24：1、M30：5）　6.Ab Ⅰ式罐（M144：7）　7.Ab Ⅱ式罐（M148：2）　8.Ab Ⅲ式罐（M31：2）　9、10.B Ⅰ式罐（M104：5、M151：7）　11、12.B Ⅱ式罐（M82：12、M121：10）　13、14.B Ⅲ式罐（M25：2、M141：1）　15.B Ⅳ式罐（M17：1）　16.B Ⅴ式罐（M113：8）

本M144：7，灰陶。折沿内折，束颈较高（图一五：6）。

Ab Ⅱ式　1件。标本M148：2，灰陶。折沿变得稍宽，束颈变矮（图一五：7）。

Ab Ⅲ式　1件。标本M31：2，灰陶。束颈极短，折沿面略凹。盖子口上抬（图一五：8）。

B型　器形较小。根据肩部特征分为五式。

Ⅰ式　2件。器形矮胖。直口，卷沿，圆唇，束颈较高，弧肩，鼓腹，平底。盖子口上抬，较短，标本M104：5，灰陶。标本M151：7，灰陶（图一五：9、10）。

Ⅱ式　4件。器形矮胖。侈口或敛口，卷沿，圆唇，束颈较高，肩部上抬，鼓腹，平底或平底略内凹。盖子口较长，向轴中心靠拢。标本M82：12，灰陶。标本M121：10，灰陶（图一五：11、12）。

Ⅲ式　8件。器形变瘦。侈口，绝大多数卷沿，圆唇，短束颈，窄弧肩上抬，鼓腹，平底略内凹。盖子口向中轴线靠拢。标本M25：2，灰陶。标本M141：1，灰陶（图一五：13、14）。

Ⅳ式　3件。相比前式有折肩的意味，皆假圈足，余大致同前式。标本M17：1，灰陶。盖子口尤短，不合常规（图一五：15）。

Ⅴ式　1件。标本M113：8，灰陶。颈部极短，肩又变宽，器形显得矮胖，假圈足略内凹（图一五：16）。

素面无系罐　根据器形大小分为四型，盖作为辅助因素参与。

A型　器形较大，1件。标本M134：3，直口，窄平沿，双唇，短束颈，宽弧肩，鼓腹，平底内凹。盖子口较短偏外（图一六：1）。

B型　器形较小，平肩罐。根据颈部特征分为两式。

Ⅰ式　2件。微侈口，卷沿，圆唇，高束颈，宽平肩，鼓腹，平底略内凹。标本M70：1，灰陶。盖子口下探较深，靠近罐口壁。标本M108：2，红陶。无盖（图一六：2、3）。

Ⅱ式　2件。器形大致同前，唯颈部略短，无盖。标本M11：1，灰陶（图一六：4）。

C型　器形较小，弧肩罐。根据

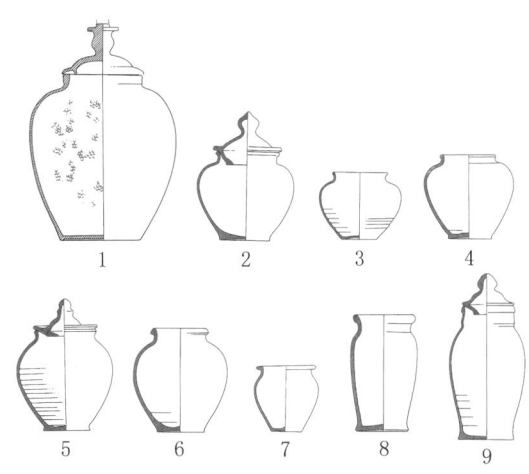

图一六　印染厂唐墓出土素面无系罐

1.A型罐（M134：3）　2、3.B Ⅰ式罐（M70：1、M108：2）
4.B Ⅱ式罐（M11：1）　5、6.C Ⅰ式罐（M2：1、M103：2）
7.C Ⅱ式罐（M112：13）　8、9.D型罐（M46：2、M46：15）

肩部特征分为两式（对比 B 型彩绘无系罐，知其有缺环）。

Ⅰ式　2件。微侈口，卷沿，圆唇，短束颈，弧肩，鼓腹，最大径在中部，下腹弧收，平底或平底略内凹。标本 M2 ∶ 1，灰陶。盖子口短而上抬，偏近罐口壁。标本 M103 ∶ 2，灰陶（图一六 ∶ 5、6）。

Ⅱ式　1件。标本 M112 ∶ 13，灰陶。直口，平折沿，尖圆唇，短束颈，窄弧肩，折肩意味明显，鼓腹，下腹斜直，平底略内凹（图一六 ∶ 7）。

D 型　2件。体形稍大，桶状罐。标本 M46 ∶ 2，灰陶。侈口，卷沿，圆唇，束颈，极窄弧肩，近直腹，平底略内凹。标本 M46 ∶ 15，灰陶。微敛口，尖圆唇，高束颈，窄弧肩，微鼓腹，平底略内凹（图一六 ∶ 8、9）。

3.双系罐

26件。根据彩绘的有无分成两类，即彩绘双系罐、素面双系罐。

彩绘双系罐　根据器形大小分为两型。

A 型　器形较大。根据口沿特征分为三式，中间有缺环。

Ⅰ式　1件。标本 M114 ∶ 2。灰陶。敛口，平折沿内折，方唇，短束颈，宽弧肩，断系下有浅凹坑，鼓腹，平底内凹（图一七 ∶ 1）。

Ⅱ式　1件。标本 M143 ∶ 1，灰陶。敛口，平折沿内折，方唇，沿面有凹槽，短束颈，断系下略显凹坑，器形略小，余同前（图一七 ∶ 2）。

Ⅲ式　1件。标本 M17 ∶ 2，灰陶。沿面有凹槽，短束颈，窄弧肩，断系下无凹坑，器形更小（图一七 ∶ 3）。

B 型　器形较小，折肩罐，4件。敛口，斜折沿内折，方唇，沿面有凹槽，极短束颈，折肩，鼓腹，下腹较直，平底或平底略内凹。标本 M10 ∶ 1，灰陶。标本 M150 ∶ 6，灰陶。盖子口较短，偏向罐口沿。标本 M95 ∶ 2，灰陶（图一七 ∶ 4 ~ 6）。

C 型　器形较小，弧肩罐。根据颈部不同，分为两个亚型。

Ca 型　1件。标本 M12 ∶ 6，灰陶。侈口，卷沿，方唇，短束颈，窄弧肩有折肩的意味，鼓腹，假圈足略内凹（图一七 ∶ 7）。

Cb 型　3件。颈部较高。侈口，

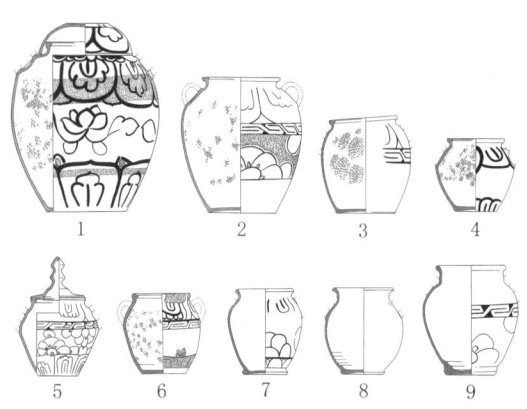

图一七　印染厂唐墓出土彩绘无系罐

1.A Ⅰ式罐（M114 ∶ 2）　2.A Ⅱ式罐（M143 ∶ 1）　3.A Ⅲ式罐（M17 ∶ 2）　4 ~ 6.B 型罐（M10 ∶ 1、M150 ∶ 6、M95 ∶ 2）　7.Ca 型罐（M12 ∶ 6）　8、9.Cb 型罐（M113 ∶ 6、7）

卷沿，方圆唇，高束颈，弧肩，鼓腹，假圈足略内凹。标本M113：6，灰陶。标本M113：7，灰陶（图一七：8、9）。

素面双系罐　根据器形大小分为四型。

A型　器形较大，弧肩罐。根据口沿特征分为三式，中间有缺环。

Ⅰ式　2件。敛口，窄折沿，方唇，短束颈，宽弧肩，鼓腹，平底略内凹。标本M72：8，灰陶（图一八：1）。

Ⅱ式　1件。标本M48：6，灰陶。敛口，平折沿内折，方唇，沿面凹陷，极短束颈，双系下见凹坑，器形略小，余同前（图一八：2）。

Ⅲ式　2件。器形更小，双系下无凹坑，余同前。标本M20：1（图一八：3）。

B型　器形较小，鼓肩罐，2件。侈口，卷沿，圆唇，短束颈，弧肩，鼓腹，下腹弧收，平底略内凹。标本M134：2，灰陶。标本M149：2，灰陶（图一八：4、5）。

C型　器形较小，折肩罐，3件。根据口沿不同，分为两式。

Ⅰ式　1件。敛口，斜折沿，短束颈，折肩，下腹弧收，平底略内凹。标本M83：1，灰陶。方唇（图一八：6）。

Ⅱ式　2件。敛口，斜折沿内折，沿面有凹槽，短束颈，折肩，下腹弧收，平底略内凹。标本M71：1，灰陶。圆唇。标本M79：6，灰陶。尖唇（图一八：7、8）。

D型　器形较小，宽肩罐，2件。侈口，卷沿，圆唇，短束颈，宽弧肩，肩部有双系，鼓腹，下腹弧收，假圈足略内凹。标本M79：7，灰陶。标本M98：1，灰陶（图一八：9、10）。

E型　1件。标本M54：1，灰陶。器形瘦高，颈部较长，双系已伸入颈内（图一八：11）。

4.盘口壶

完整器76件。根据口沿、腹部特征分为五式。

Ⅰ式　13件。平折沿较窄，方唇，沿面外高内低，或外低内高，或内外均平，或有凹槽，束颈，弧肩，鼓腹，下腹弧收，平底内凹。标本M138：3，灰陶。标本M72：1，灰陶。标本

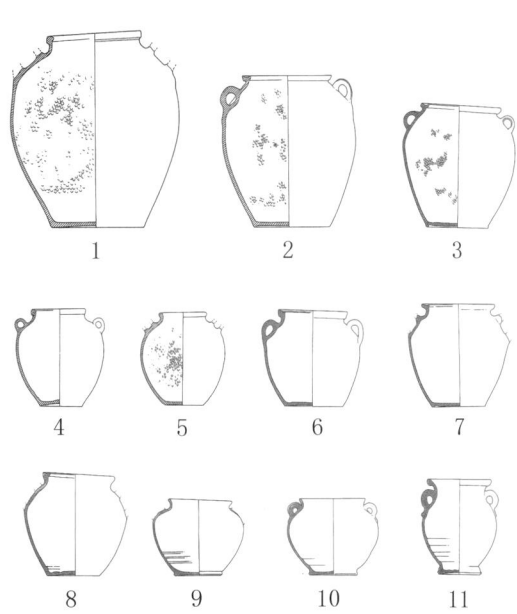

图一八　印染厂唐墓出土素面双系罐

1.AⅠ式罐（M72：8）　2.AⅡ式罐（M48：6）　3.AⅢ式罐（M20：1）　4、5.B型罐（M134：2、M149：2）　6.CⅠ式罐（M83：1）　7、8.CⅡ式罐（M71：1、M79：6）　9、10.D型罐（M79：7、M98：1）　11.E型罐（M54：1）

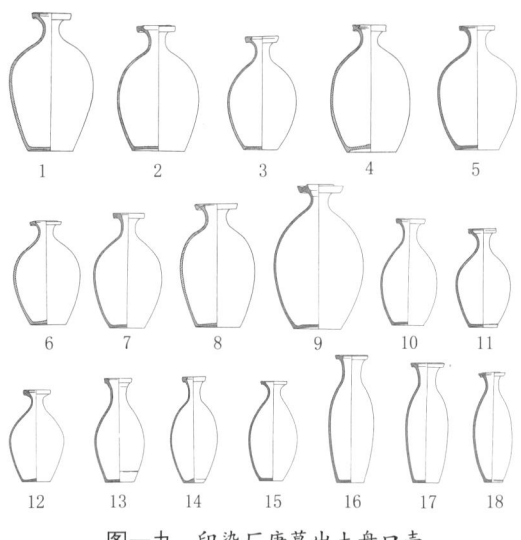

图一九　印染厂唐墓出土盘口壶

1～4. I 式盘口壶（M138：3、M72：1、M134：1、M144：6）
5～9. II 式盘口壶（M28：2、M152：2、M38：3、M145：4、
M26：3）　10～12. III 式盘口壶（M97：12、M57：3、
M127：9）　13～15. IV 式盘口壶（M52：7、M117：7、
M12：8）　16～18. V 式盘口壶（M66：2、M66：3、M113：10）

M134：1，灰陶。标本 M144：6，灰陶（图一九：1～4）。

II 式　38 件。器形同前，腹部没有变化，但平折沿变宽，沿面的形式仍大致有以上几种。标本 M28：2，灰陶。标本 M152：2，灰陶。标本 M38：3，灰陶。标本 M145：4，灰陶。标本 M26：3，灰陶（图一九：5～9）。

III 式　14 件。平折沿明显变窄，沿面仍有外高内低、内外均平、沿面略凹三种，腹部较前式要瘦，外形仍具壶的特征，其余同前式。标本 M97：12，灰陶。标本 M57：3，灰陶。标本 M127：9，灰陶（图一九：10～12）。

IV 式　9 件。壶的口沿较窄，沿面形式同前，腹部更瘦，已向瓶腹转变。标本 M52：7，灰陶。标本 M117：7，灰陶。标本 M12：8，灰陶（图一九：13～15）。

V 式　4 件。壶的口沿仅有沿面凹一种，腹部已成瓶状。标本 M66：2，灰陶。标本 M66：3，灰陶。标本 M113：10，灰陶（图一九：16～18）。

三、结语

以上我们根据器物自身演变规律对器物进行了分型分式，目的是为了更好地看清器物的演变过程。此间要做到器物有共同的演变朝向，不能一种器物朝这个方向演变，而另一种器物却朝相反的方向演变，或者完全没有演变，即使它们的演变速度不一样。以下我们对印染厂这批陶器在各阶段的特征做一表述。

河南地区郑洛沿黄河一线的唐墓在 740 年后，俑类基本消失，陶器仍保持高大或粗壮体形，印染厂 800 年之前的唐墓继承了这一特点。这一阶段唐墓数量较少。塔罐仅一例，盖为印章型实心纽，罐束颈不高，肩部宽大，座较瘦高。无系罐具有颈高、肩部凸鼓这一特征。双系罐颈部不高，系下凹坑较浅。盘口壶体形矮胖，最大径在肩腹部交界处，口沿有窄、有宽，窄的时代略早。

800～850 年间，唐墓数量陡增，是印染厂墓地繁荣期，器物形成独具特色的地方风格。塔罐肩部仍然宽大，大部分塔罐束颈较矮，出现颈部较高的个例，应视为前期的遗留（郑洛地区800年前有较多的束颈较高的塔罐，但三门峡一带暂未见到）。罐盖均为笠帽型，纽作塔刹状的盖与郑洛地区的笠帽盖不同，纽作宝珠形的盖更是别具特色。座高高低低，无规律可寻。无系罐肩部较宽，颈部变短。新出两种小型无系罐，一种肩平而宽，一种为弧肩罐。双系罐颈部变短，肩部变窄，新出两种小型双系罐，一种肩部较平，一种为折肩罐。盘口壶大部分仍然是前期的特征，新出数量极少的瘦体盘口壶，最大径仍在肩腹交界处，口沿又变窄。

850～900年间，唐墓数量大幅减少，除彩绘陶罐外，塔罐、素面罐、盘口壶都有粗俗化倾向。塔罐数量急剧减少，笠帽纽空心加大，罐肩部变窄，体形变小，座仍有

表一　印染厂唐墓出土陶器型式演变表

名称	型式	年代 740-770	770-800	800-820	820-850	850-870	870-900
塔罐	Ba型			I式	II、III式	IV式	
	Bb型			I、II式	III式		
	C型			I、II式			
彩绘无系罐	Aa型	I式	I式	II、III式	III式		
	Ab型	I、II式		III式			
	B型			I式	I、II、III、IV式	IV式	V式
素面无系罐	A型	✓					
	B型		I式	II式			
	C型			I式		II式	
	D型						✓
彩绘双系罐	A型	I式			II、III式		
	B型			✓		✓	
	C型					Ca	Cb
素面双系罐	A型	I式			II、III式		
	B型	✓					
	C型			✓	✓		
	D型				✓		
	E型						✓
盘口壶			I式	I、II式	II、III式	II、III、IV式	III、V式

高、低两种。大型无系罐消失，小型无系罐弧肩变成有折肩味的弧肩。大型双系罐消失，小型折肩双系罐仍有残存，小型弧肩双系罐前期缺失，此期突然出现，但显然与小型弧肩无系罐关系密切，并在它的体形基础上演变成高束颈的弧肩罐。盘口壶腹部继续变瘦，以至于变成瓶的形状。

我们将以上器物的型、式制成列表，以便大家明晰各型、式的出没时间，这样器物的演变风貌或许能够了然于我们胸中（表一）。

总之，三门峡印染厂唐墓这批陶器，无论器物面貌还是演进过程都与郑洛地区的同类陶器不同，这可能与它们独处僻地、社会较为稳定有关。这是一批难得的研究资料，甚至具有全国的唯一性。

┃注释

［1］三门峡市文物工作队：《三门峡市两座唐墓发掘简报》，《华夏考古》1989年第3期。

［2］三门峡市文物考古研究所：《河南三门峡市清理一座纪年唐墓》，《考古》2007年第5期。

［3］中国社会科学院考古研究所：《偃师杏园唐墓》，科学出版社，2001年。

［4］新郑市旅游和文物局：《新郑唐代张昭训墓发掘简报》，《中原文物》2014年第4期。

［5］郑州市文物考古研究院：《郑州市区西北部两座唐墓发掘简报》，《中原文物》2011年第4期。

［6］详见《一九五六年河南陕县刘家渠汉唐墓葬发掘简报》，《考古通讯》1957年第4期。

［7］中国社会科学院考古研究所安阳工作站：《河南安阳刘家庄北地唐宋墓发掘报告》，《考古学报》2015年第1期。

［8］陕西省考古研究院、西安文物保护考古研究院：《西安凤栖原唐郭仲文墓发掘简报》，《文物》2012年10期。

（原刊于《黄河·黄土·黄种人》2018年第11期）

巩洛地区唐墓镇墓兽排序征例

郝红星　刘小梅

　　镇墓兽是隋唐墓葬中最具特色的一类器物，不仅因其地位尊崇，更在于其本身有着非常细腻的演变过程。一般认为，入唐以后镇墓兽才真正开始了自身的演变过程。初唐国力凋敝，镇墓兽发展缓慢，但也经过了二至三个发展阶段。随着国力提升，则天当政，大唐风清气扬，意识形态开放，墓中俑类随葬品风格由早期的写实走向夸张、怪诞，镇墓兽更是捷足先登，率先发展，经历了四至五个发展阶段。安史之乱后，大唐国力衰微，丧葬观念发生变化，俑类器物日趋草率，并最终退出随葬品行列。这个规律比较适用于西安地区，对于巩洛地区的唐墓，俑类器物（包括镇墓兽）衰落得比较快，大概从720年开始小型化，740年以后很少见到它们了。

　　巩洛地区过去由于缺乏纪年唐墓，许多唐墓中的镇墓兽大家只能感知其属于初唐、盛唐，但具体属于初唐、盛唐哪一段，则茫然无知，甚至出现年代断错的情况。经过近二十年的考古发掘，唐墓资料大为增加，又出土一些纪年唐墓，目前已可对这些镇墓兽进行属段的排序，并对那些年代断错的予以纠正，其中有些镇墓兽的排序依据不是纪年资料，而是镇墓兽之间的互比。

一、唐以前的镇墓兽

　　镇墓兽春秋末年已经出现，战国时在楚地有较大的发展，多为木质，头上长有鹿茸一样的角，如湖北江陵天星观一号楚墓[1]出土的木质镇墓兽（图一）。这类镇墓兽与我们所说的成熟镇墓兽有较大区别。成熟镇墓兽由陶制成，最早出现在汉代，如陕南勉县东汉墓[2]所见红陶虎形镇墓兽，头上独角，短尾高扬（图二：上）。晋时，陶质镇墓兽仍保持单体走兽形式，如偃师杏园西晋M34[3]所出灰陶镇墓兽，颈上三束如戟鬃毛，长尾卷而后扬（图二：下）。北魏时，在元邵墓[4]中见到人首和兽首的成对镇墓兽，脊背均有三束鬃毛，短尾，爪足，蹲于底板上（图三）。随后历经北齐、北周、隋，镇墓兽的变化都不大，一直保持着臀部着地、前肢斜支、抬头躬身的特点，尤以隋张盛墓[5]的瓷质镇墓兽为上佳代表。张盛是隋的征虏将军，镇墓兽做得精致无比，颈上皆竖两齿戟，脊上短鬃毛。人首镇墓兽头顶有冲天独角，兽首镇墓兽额头有两后曲卷扬的细角，各自精神抖擞（图四）。

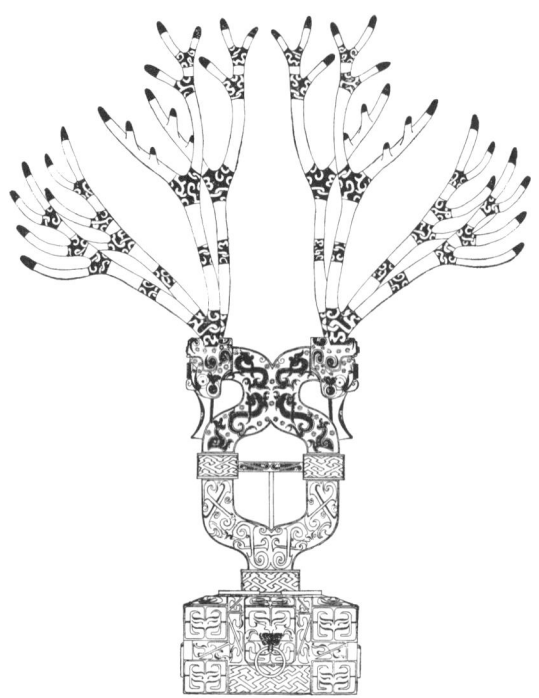

图一　天星观一号楚墓镇墓兽

图二　汉墓、晋墓出土镇墓兽

图三　元邵墓镇墓兽

图四　张盛墓镇墓兽

二、初唐镇墓兽

史学界一般以684年武则天临朝称制作为盛唐的开始，其实675年武氏已与李治并称二圣，参与朝政决断，675年又是考古学上器物发生重大演变的开始，故我们把618–675年视为初唐。

根据器物演变情况，将初唐分为三期：第一期618～640年，第二期640～650年，第三期650～675年。这是大致的分法，实际上有些镇墓兽会跨段使用，或者说这三期的界限有时会微幅摇摆。

1. 第一期（618～640年）

1991年，郑州市文物考古研究所在巩义铝厂发掘三座唐墓[6]，其中M3出土人首、兽首镇墓兽一对（图五），白黏土制成，敷彩多脱落。人首镇墓兽，头顶山形角，招风耳，大环眼，抿嘴露出两个獠牙，胸侧有两根飞羽，前肢斜立，脊背有连齿鬣毛。高37厘米。兽首镇墓兽，头顶两细角后曲卷扬，眉后有小耳，大环眼，宽嘴前突，鼻头较高，腮旁有月牙状短鬣，鼻凹至鬣搭一芽藤，胸侧两根飞羽，脊背有四束鬣毛与短尾。高30厘米。从坐姿与形象来看，与张盛墓镇墓兽接近，但此墓出土的马俑鞍后有四鞒，与初唐马鞍后皆有五鞒类似，北朝、隋马鞍后则不见鞒的设置，故将这两镇墓兽视为初唐镇墓兽。至于这样的镇墓兽年代下限也难以确定，只能将它们放在初唐一段。

2.第二期（640～655年）

1981年，巩义市文管所在夹津口镇砖厂清理一座"隋"墓[7]，墓中出土瓷质文物30余件。其中人首镇墓兽，昂首挺胸，头顶弯角残，小耳，浓眉大眼，抿嘴前伸，脊背三齿状鬣毛，无尾，前肢直立，爪足，蹲于地。残高27厘米（图六：左）。兽首镇墓兽，头顶短角曲折，小耳位于月牙状鬣前，浓眉凸眼，遍平鼻头，抿嘴，脑后半月状鬣毛，脊背三齿状鬣毛，无尾，蹲姿同前。高26厘米（图六：右）。

2001年，偃师市文物局在城关镇前杜楼村发掘647年崔大义妻李夫人墓[8]，墓中出土人首镇墓兽、兽首镇墓兽各一，白黏土制成，施米黄釉。人首镇墓兽，昂首，头顶弯角前伸，小耳，方脸，凸眉，大眼，蒜头鼻，厚嘴唇，脊背三齿状鬣毛，肩部阴刻小羽翼，无尾，蹄足，前肢斜立，蹲于地。高29.5厘米（图七：左）。兽首镇墓兽，姿势、脊饰同前。头顶独角后曲卷扬，脑后半月状鬣毛，怒目圆睁，大嘴微张。高28.5厘米（图七：右）。

1965年，河南省文化局文物工作队在三门峡印染厂发掘150多座墓葬[9]，其中唐墓M130所出器物大部同崔大义妻墓，可能是同窑的产品。墓中出土人首镇墓兽一件，圆脸，头顶独角前弯，小耳，前额突起，眉檐高耸，鼻孔朝天，红唇紧抿，胸涂黑、红彩，羽翼阴刻并填红彩，背有三齿状鬃毛，前肢斜立，蹄足，蹲于地。残高30.3厘米（图八）。

2017年，三门峡市文物考古研究所在商务区中学发掘一座唐墓[10]，编号M9，墓中出土29件釉陶器，其中人首镇墓兽姿势、神情完全同印染厂M130镇墓兽，可能为同模所出，但多了半圆形中空底板。通高31.2厘米（图九）。

1990年，偃师商城博物馆在南蔡庄乡沟口头发掘一座唐墓[11]，出土一批米黄釉陶

图五　巩义铝厂M3镇墓兽

图六　巩义夹津口唐墓镇墓兽

图七　偃师崔大义妻墓镇墓兽

图八　三门峡印染厂M130人首镇墓兽

器。人首镇墓兽，仰面，头顶独角，小耳，脊背三齿状鬃毛，无尾，前肢粗壮，蹄足，蹲于地。发、眉、络腮胡墨绘，唇、胸毛朱绘。高29.5厘米（图一〇：左）。兽首镇墓兽，头顶独角后扬，大眼，高鼻，嘴微张，腮后月牙状鬃，小耳，肩部阴刻羽翼，蹄足，蹲姿、鬃毛、绘彩同前。高27.5厘米（图一〇：右）。

图九　三门峡商务区中学M9人首镇墓兽

2002～2004年，洛阳市文物工作队在洛龙区关林镇发掘唐墓61座[12]，其中M1267出土两件镇墓兽，灰陶胎。人首镇墓兽，仰面朝天，独角如椎，眉、眼墨绘，唇、胸涂红彩，背无鬃毛，前肢直立，爪足，蹲于长方形底板上。高28厘米（图一一：左）。兽首镇墓兽，头顶独角后扬，头短而宽，腮后有小耳及短鬃，阔嘴紧抿，背无鬃毛，爪足，蹲姿、涂彩同前。高24.2厘米（图一一：右）。这两件镇墓兽腹部呈弓曲状。

3. 第三期（655～675年）

1999年，朝阳市博物馆在朝阳市纺织厂北发掘了661年王君墓[13]，墓中出土两件镇墓兽，陶胎。人首镇墓兽，头顶独角残，大元宝耳，高鼻，抿嘴，嘴上八字须，嘴下络腮胡须，肩生羽翼，前肢直立，爪足，蹲于长方形底板上。残高32.5厘米（图一二：左）。兽首镇墓兽，头顶双枝角较高，有副角，大眼，高鼻，大嘴狂张，舌尖上

图一〇　偃师沟口头唐墓镇墓兽

图一一　洛阳关林M1267镇墓兽

翘，獠牙对出，肩生羽翼，脑后至背中部有 5 个锯齿状鬃毛，长尾甩于右臀，蹲姿同前。胸部墨绘纵横条彩。高 36 厘米（图一二：右）。

2003 年，洛阳市文物工作队在关林清理了 C7M1305[14]，墓中出土两件镇墓兽，兽首镇墓兽残破。人首镇墓兽，头顶独角，根节粗大，节上有副角，小耳，斜眉，凸眼，红嘴，肩生半月状翼，脊饰齿状鬃毛，前肢直立，爪足，蹲于地。高 56.5 厘米（图一三）。

1992 年，河南省文物考古研究所在巩义北窑湾发掘一批汉唐墓葬[15]，其中 M6 出土物丰富。人首镇墓兽，方脸，头顶短弯角，窄长耳，眉清目秀，张嘴吐舌，双翼向后扬起，前肢直立，爪足，尾贴于背，蹲于长方形底板上（图一四：左）。兽首镇墓兽，头顶两枝角稍高，有副角，腮旁板鬣，小耳，巨眼，阔鼻，张嘴露齿，尾贴于背，翼形与蹲姿同前（图一四：右）。

巩义市博物馆有一件旧藏的双人首镇墓兽，不见共存器。镇墓兽方脸，耳朵斜长，头上短角弯曲，原来可能连在一起，肩部宽翼斜向上，前肢直立，爪足，无尾，蹲于地上。高 36.1 厘米（图一五）。

2002 ～ 2004 年，洛阳市文物工作队在洛龙区关林镇发掘的 M1289 也出土两件镇墓兽，白黏土制成。人首镇墓兽，头顶独角后扬，角根有小枝角，大耳，凸颊，肩生两斜扬的长翼，背饰连齿鬃毛，前肢直立，无尾，蹄足，蹲于长方形底板上。高 33.4 厘米（图一六：左）。兽首镇墓兽，头顶双角后扬，大眼，高鼻，红唇中露出排齿，无尾，颈上三束鬃毛，翼与蹲姿同前。高 31.6 厘米（图一六：右）。

1988 年，洛阳市第二文物工作队在偃师发掘了唐光州定城县令柳凯夫妇墓[16]。柳凯卒于 629 年，夫人裴氏卒于 649 年，两人合葬于 664 年。墓中出土两套器物，难分早晚，或可认为都是当时的瘞埋用品。大的一套柳凯用。人首镇墓兽，方脸，招风耳，头顶独角前卷，大眼，阔鼻，嘴微张，肩部半月状羽翼竖起，前肢直立，蹄足，脊背齿状鬃毛，蹲于前方后圆底板上。高 51 厘米（图一七：左）。兽首镇墓兽，头顶两枝角后扬，有副角，腮旁有板状鬣，小耳，铃目，高鼻，大张狂张，獠牙出露，羽翼、蹲姿同前。高 51 厘米（图一七：右）。小的一套夫人用。人首镇墓兽，头顶独角缭绕，中耳，颌下胡须如麻，肩生羽翼，蹄足，蹲于底板上。高 31.5 厘米（图一八：左）。兽首镇墓兽，头顶两枝角高扬，有副角，突眼，高鼻，大嘴，獠牙对出，羽翼、蹲姿同前。高 32 厘米（图一八：右）。

1990 年，洛阳市文物考古研究院在洛龙区发掘了 670 年陈晖墓[17]，出土红陶镇墓兽一对。人首镇墓兽，昂首朝天，独角残，大耳，圆眼，高鼻，嘴微张，秃掌状翼，前肢斜立，蹄足，蹲于长方形底板上。残高 36 厘米（图一九：左）。兽首镇墓兽，枝

角、前肢残，板鬣犹存，
张嘴露齿。残高36厘米
（图一九：右）。

　　1988年、1992年，
郑州市文物考古研究所两
次在巩义芝田二电厂进行
大规模考古发掘，清理一
批晋、唐墓葬，并编辑成
书[18]。其中1988年发掘
的M13，出土一件人首镇
墓兽，头顶独角较高，招
风耳外张，面容丰满俊
秀，双翼残失，前肢粗
直，蹄足，无尾，蹲于长
方形底板上。残高42厘
米（图二○）。1988年发
掘的芝田88M66出土一件
青灰陶兽首镇墓兽，周身
涂橘红彩，头顶两角弯曲
前伸，额头较矮，大嘴狂
张，板鬣弯曲，肩部两秃
掌状翼，前肢斜直，蹄
足，无尾，蹲于长方形
底板上。高36厘米（图
二一）。从角、蹄足以及
共出的武士俑来看，与芝
田M13镇墓兽大约同时。

　　而1988年发掘的M71、
M89、M90以及1992年
在芝田耐火材料厂发掘
的M35[19]都出土风格相
同的镇墓兽，它们均同

图一二　辽宁王君墓镇墓兽

图一三　洛阳
关林M1305人
首镇墓兽

图一四　巩义北窑湾M6镇墓兽

图一五　巩义博物馆
藏双人首镇墓兽

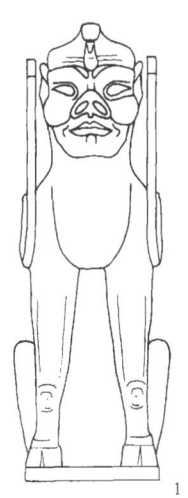

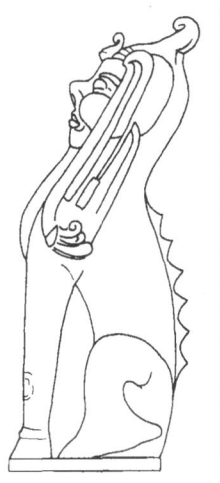

图一六　关林镇M1289镇墓兽

图一七　柳凯墓镇墓兽

图一八　柳凯墓镇墓兽

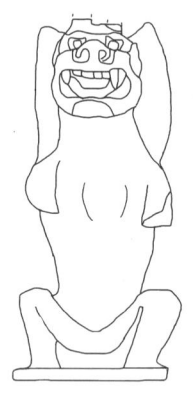

图一九　洛阳陈晖墓镇墓兽

图二〇　巩义芝田88M13镇墓兽

图二一　巩义芝田
88M66镇墓兽

图二二　巩义芝田M71、M89人首镇墓兽

于偃师商城博物馆于1991年发掘的672年杨堂墓所出[20]镇墓兽，白黏土制成，敷彩。

人首镇墓兽，方脸，窄长耳，头上独角弯细，檐眉铃目，高鼻露齿，肩生火焰状翼，前肢直立，爪足粗大，无尾，蹲坐于近方形底板上。M71镇墓兽以黑彩为主，高35.1厘米（图二二：左）。M89镇墓兽以橘红彩为主，高35.4厘米（图二二：右）。兽首镇墓兽，狮首，三短角分立头顶，旁立小耳，板鬣，眉檐高耸，铃眼如炬，高鼻抿嘴。M71镇墓兽两小角及一耳脱落，双肩无翼，身上多饰黑条彩。高33厘米（图二三：左）。M89镇墓兽火焰状翼上拥板鬣，橘红彩多脱落。高33.9厘米（图二三：右）。

2010年，洛阳市第二文物工作队在红

图二三　巩义芝田M71、M89兽首镇墓兽　　　　图二四　洛阳张文俱墓镇墓兽

山工业园区发掘了670年张文俱墓[21]，出土百余件器物。人首镇墓兽，头顶独角前卷，脑后戟残，中耳外展，大眼，阔鼻孔，噘嘴，脖侧列齿状鬣，肩生三齿翼，脊背列齿鬃毛，前肢斜立，蹄足，蹲于地（也可能蹲于低台座上）。周身涂白彩、红彩。高60.3厘米（图二四：左）。兽首镇墓兽，头顶无角，脑后戟残，铃眼，张嘴露齿，腮后小耳、四齿鬣，翼残，脊背列齿状鬃毛，前肢粗壮前伸，蹄足，蹲于圆形中空低台座上。涂彩同前。高50、座高8.4厘米（图二四：右）。

1999年，河南省文物考古研究所在郑州古荥镇师家河清理一座唐墓[22]，墓中出土两件红陶镇墓兽。人首镇墓兽，方脸，窄长耳，头顶独角高竖，圆眼小鼻，抿嘴，肩生秃掌状翼，前肢直立，蹄足，蹲于地。眉、眼、须、胸涂黑彩。高31厘米（图二五：左）。兽首镇墓兽，头顶双枝角较短，浓眉大眼，高鼻阔口，翼形与蹲姿同前。高31厘米（图二五：右）。

图二五　郑州师家河唐墓镇墓兽

2003年，洛阳第二文物工作队在伊川大庄发掘唐墓M3[23]，墓中器物同师家河唐墓器物十分相似，年代相同。人首镇墓兽，头顶高独角，圆眼，突鼻，抿嘴，前肢直立，蹄足，蹲于地。高30.1厘米。

2005年，郑州市汝河路启福花园发现673年杨质墓[24]，墓中出土蹄足底板镇墓兽（仅见蹄足、底板及头、枝角，其余无存），另有低台座武士俑1件、低台座文官俑2件。这是目前最早的镇墓兽蹲于底板，而武士俑、文官俑已发展到台座上的纪年唐墓，墓中器物用白黏土制成，可视作巩义产品的代表作。

三、盛唐镇墓兽

巩洛地区考古学上的盛唐一般指675～722年间，时间长达47年。为什么选择这两个有整有零的年代作为始终呢？这是因为676年我们见到这里的一对镇墓兽跃上低台座，自此节节高升，相继来到中台座、高台座，又于722年之际回归低台座。722年后仍有低台座镇墓兽，但服饰、发饰有较大改观，已进入下一阶段。

按镇墓兽台座高低及角、翼等方面的变化，我们将盛唐镇墓兽分为四期：第一期675～685年，第二期685～700年，第三期700～715年，第四期715～722年。

1.第一期（675～685年）

这一期目前发现墓葬较少，以676年郑州丁彻墓[25]时代最早，另有数座晚于它的墓葬，墓葬开始出现三彩镇墓兽。

郑州市文物考古研究所于2000年在高新技术开发区重阳街（现科学大道）发现丁彻墓。人首镇墓兽，头顶独角残断，中耳，浓眉，突眼，高颊，红唇紧抿，窄羽翼，脊背连齿鬃，前肢斜直，蹄足，蹲于椭圆形中空低岩座上。残高34、座高3.6厘米（图二六：左）。兽首镇墓兽，头顶短枝角，腮旁花瓣状板鬣，脊背连齿鬃，戟饰断，凸眼塌鼻，张嘴露齿，羽翼、蹲姿同前。舌、胸、腹、腿部毛饰红彩。高36.8、座高3.6厘米（图二六：右）。

2013年，郑州市文物考古研究院在荥阳周古寺清理一批唐墓[26]，其中M7所出俑类同丁彻墓十分雷同。人首镇墓兽，拢发，头顶独角高而粗大，怒目圆睁，嘴唇紧抿，嘴巴上撅，窄羽翼，脊背连齿鬃，前肢斜立，蹄足，蹲于椭圆形中空低岩座上。胸、腹施红条彩。高40.3、座高4.2厘米（图二七：左）。兽首镇墓兽，枝角后两齿戟高竖，短鬣成板状，怒目张嘴，獠牙利齿，气势比丁彻墓镇墓兽更威猛，羽翼、蹲姿、施彩同人首镇墓兽。高41、座高4.3厘米（图二七：右）。

巩义芝田1992年耐火材料厂M36[27]出土两件镇墓兽。人首镇墓兽，粗角残断，中耳外展，络腮胡浓密，眉高眼深，阔鼻下八字须外延，抿嘴，肩生两秃掌状翼，翼内侧刻有胸毛，尾从腰间卷贴于背，前肢斜立，蹄足，蹲于椭圆中空低台座上。体饰橘红彩、黑条彩，多脱落。残高36.6、座高4.4厘米（图二八）。兽首镇墓兽，两枝角较短，根部一宝珠，腮旁板鬣较宽，前有小耳，高眉凸眼，大嘴略张，两秃掌状翼，尾从腰间卷出，蹲于椭圆形中空低台座上。胸毛、腿纹用黑彩绘出，体侧涂橘红彩。高36.3、座高4.4厘米（图二九）。

2005年，郑州市文物考古研究院在巩义城西变电站发掘一座唐墓[28]，出土一批三彩器物。墓中一件人首镇墓兽，体形同前相似，尾亦从腰间卷起。脸涂白彩，角、脑后、耳背涂黑彩，耳内涂黑、橘红条彩。脖子以下施酱、白、绿三釉，以酱釉为主。高39.3、台座高4.4厘米（图三〇）。

1988年，郑州市文物考古研究所发掘的芝田88M146出土一件人首镇墓兽。独角高直，略有弯曲，中耳外展，环眼高鼻，抿嘴，秃状掌翼，前肢斜立，蹄足，无尾，蹲于椭圆形中空低台座上。周身涂橘红彩，多脱落。高41.6、座高5.9厘米（图三一）。

2.第二期（685～700年）

1991年，河南省文物研究所、洛阳市文物工作队在孟津西山头村发掘了691年的屈突季札墓[29]，出土一批三彩器。人首镇墓兽，粗角缭绕，前有三矮角，中耳外展特甚，耳根搭发梢，白脸大眼，嘴紧抿，两肩列齿羽翼，脑后两齿戟，脊背连齿鬃毛，前肢细直，蹄足，蹲于椭圆形中空中岩座上。面部、绕角涂白彩，背、前肢施黄釉，翼、胸、座施绿、白、黄三釉。高69、座高10.5厘米（图三二：左）。兽首镇墓兽，两枝角外展，根部一宝珠，长眉巨眼，鼻翼高起，张嘴露舌，板鬣、列齿羽翼、连齿鬃毛完整，戟残断，蹲姿、施釉同前。62.5、座高8.3厘米（图三二：右）。

1995年，巩义市文管所在巩义二纸厂清理两座唐墓[30]，其中M2出土器物较多。人首镇墓兽，粗弯角末端如如意，根部一小弯角，脑后双齿戟，面容端庄，喇叭耳耳尖上挑，列齿羽翼，前肢细直，蹄足，蹲坐于椭圆形中空中岩座上。角涂黑彩，余彩多脱落。高70、座高10厘米（图三三：左）。兽首镇墓兽，两枝角较高，高眉阔嘴，排嘴与舌出露，板鬣接翼，脑后两齿戟，列齿羽翼、蹲姿态同前。体侧涂橘红彩，台座涂黑彩。高67、座高10厘米（图三三：右）。

1992年，郑州市文物考古研究所在巩义食品厂清理一座唐墓[31]，出土两件镇墓兽。人首镇墓兽，宽扁角前弯，角前分立三小角，脑后两齿戟，耳若蒲扇，铃眼，高鼻，抿嘴，列齿羽翼，尾贴于背，前肢斜立，蹄足，蹲坐于椭圆形中空中岩座上。周身以橘红彩为主，多脱落。高65.2、座高10.4厘米（图三四：左）。兽首镇墓兽，两枝角高直，脑后双齿戟，板鬣弯长，阔眼大嘴，长相凶恶，肩部三齿翼，蹲姿、涂彩同前。高62.4、座高10.4厘米（图三四：右）。

图二六　丁彻墓兽首镇墓兽

图二七　荥阳周古寺M7镇墓兽

图二八　巩义芝田耐火材料厂M36
人首镇墓兽

图二九　巩义芝田耐火材料厂M36
兽首镇墓兽

图三〇　巩义城西变电站M17人首
镇墓兽

图三一　巩义芝田M146人首镇墓兽

1992年，偃师商城博物馆在刘坡村追回698年盛才墓[32]数件被盗文物。人首镇墓兽，头顶粗角高竖，角前一小角较高，大耳外张，大眼高鼻，唇上八字胡须，翼、戟残，前肢直立，蹄足，蹲于椭圆形中空中岩座上，残高63.5、座高10.6厘米（图三五：左）。兽首镇墓兽，顶角、戟残，张嘴露齿，下巴上一缕胡须，颈上一束鬃毛，三齿状翼，蹲姿同前。残高51、座高11.3厘米（图三五：右）。

1992年，郑州市文物考古研究所发掘的芝田92M4出土两件镇墓兽。人首镇墓兽，独角缭绕，两耳巨大，白面吓人，两肩列齿羽翼，胸部刻一"凵"形符，前肢直立，蹄足，无尾，蹲于椭圆形中空高岩座上。涂彩多脱落。高62、座高13.3厘米（图三六：左）。兽首镇墓兽，枝角较直，脑后戟残，横眉立目，獠牙对出，鬣连角抵翼，胸部亦刻"凵"形符，羽翼、蹲姿同前。口、脖、羽翼涂橘红彩，背涂铁锈红彩。高62、座高15.8厘米（图三六：右）。

3.第三期（700～715年）

2004年郑州市文物考古研究所发掘了巩义成功大学701年刘安墓[33]。人首镇墓兽，头顶四角缠绕，角前又竖一短直角，脑后火焰状戟，大喇叭耳根部缠绕发梢，突眼翘牙，模样恐怖，脖侧长齿鬣，肩生列齿羽翼，前肢粗壮，蹄足，截尾，蹲于中空中岩座上。角、台座黑彩，周身以橘红彩为主。高76、座高8.5厘米（图三七：

图三二　孟津屈突季札墓镇墓兽

图三三　巩义二纸厂M2镇墓兽

图三四　巩义食品厂92M1镇墓兽

图三五　盛才墓出土器物

图三六　巩义芝田92M4镇墓兽

图三七　巩义刘安墓镇墓兽

左）。兽首镇墓兽，枝角略残，腮后长鬣成齿状，电眼飞须，容貌俏丽，羽翼、蹲姿、涂彩同前。高83.8、座高10.7厘米（图三七：右）。

2003年，郑州市文物考古研究所在巩义北山口乡清理了702年阎方墓[34]。人首镇墓兽，独角缭绕，脑后双齿戟，喇叭耳外展尤甚，凸眉鼓眼，高颧骨，张嘴露齿，嘴上八字须，列齿羽翼，前肢近直立，蹄足，蹲于椭圆形中空高岩座上。周身用黄、红、绿彩饰以繁复的花纹。高77.8、座高12厘米（图三八：左）。兽首镇墓兽，枝角高弯，脑后双齿戟，板鬣抵角连翼，瞪眼张嘴，羽翼、蹲姿、饰彩同前。高79、座高12.9厘米（图三八：右）。

1985年，偃师县文物管理委员会清理了703年张思忠墓[35]，出土一批三彩器物。人首镇墓兽，独角高竖，脑后戟饰脱落，喇叭耳外展，龇牙咧嘴，颌下两齿状短须，两肩列齿羽翼，前肢直立，蹄足，蹲于椭圆形中空高台座上。正面施黄、绿、白三釉，背面施酱黄釉。高65.5、座高12.4厘米（图三九：左）。兽首镇墓兽，头顶两枝角，脑后火焰状戟，巨目獠牙，鼻下两缕飞须，颌下三缕胡须，腮旁齿状鬣，脊背连齿鬃毛，羽翼、蹲姿、施釉同前。高70、座高11.5厘米（图三九：右）。

2004年，郑州市文物考古研究院在巩义城东新区行政中心发掘唐墓M8[36]，出土一批粉彩器物。人首镇墓兽，头顶高粗角，脑后戟残，喇叭耳特宽，蹙眉，抿嘴，肩生列齿羽翼，前肢粗直，蹄足，无尾，蹲于椭圆形中空高台座上。涂彩多脱落。残高61、座高12.8厘米（图四〇：左）。兽首镇墓兽，头顶枝角高弯，腮后板鬣略窄，横眉立目，嘴若洞窟，列齿羽翼，前肢较细，蹄足，无尾，蹲姿同前。通身涂黑、橘红、粉红三彩。高65.4、座高12.3厘米（图四〇：右）。

1984年，中国社科院考古所河南二队在偃师杏园清理了709年的李延祯墓[37]。人首镇墓兽，头顶独弯角，中耳外展，粗眉巨眼，高鼻抿嘴，肩部三齿状翼，脊连齿鬃毛似火焰，无尾，前肢斜立，蹄足，蹲于椭圆形中空中岩座上。高46、座高7.8厘米（图四一：左）。兽首镇墓兽，两枝角较高，腮旁有卷鬣，中耳，大嘴张到极致，齿翼、鬃毛、蹲姿同前。高45、座高7.4厘米（图四一：右）。

1984年，中国社科院考古所河南二队在偃师杏园清理了709年的李嗣本墓[38]。人首镇墓兽，仰面朝天，头顶粗角，周围有三小角，中耳上翘，张嘴瞪眼，颈侧有列齿状鬣，肩生扇状列齿羽翼，脊背火焰状鬃毛，前肢斜直，蹄足，蹲于椭圆形中空高岩座上。高75、座高13.4厘米（图四二：左）。兽首镇墓兽，头顶两枝角，脑后火焰状戟，腮后列齿状鬣，张嘴怒吼，颌下三齿状须，扇状羽翼、鬃毛、蹲姿同前。高75.4、座高12.3厘米（图四二：右）。

1981年，洛阳市文物工作队在洛阳龙门清理了709年定远将军安菩墓[39]，出土一批高等级三彩器物。人首镇兽墓，头上黑粗角缭绕上向，前有一红小角，脑后两齿戟，喇叭耳略上翘，根部缠发梢，明眸红唇，络腮胡须，颈侧列齿鬣，两肩列齿羽翼，前肢斜立，蹄足，蹲于椭圆形中空高岩座上。颈以下正面施黄、绿、白三釉，背施黄釉。高102、座台16厘米（图四三：左）。兽首镇墓兽，两枝角高而前弯，根部有宝珠，腮旁有高大板鬣，红口白牙，列齿羽翼，前肢直立，蹲于椭圆中空高台座上。通高施黄、绿、白三釉，背施黄釉。高104、座高19厘米（图四三：右）。

2005年，洛阳市文物工作队在关林清理了C7M1526[40]，出土一批三彩器物。人首镇墓兽，头顶独角残断，喇叭耳上翘，瞪目闭嘴，面

图三八 巩义阎方墓镇墓兽

图三九 偃师张思忠墓镇墓兽

图四〇 巩义行政中心M8镇墓兽

图四一 李延祯墓镇墓兽

图四二 李嗣本墓镇墓兽

图四三 洛阳安菩墓镇墓兽

露微笑，肩生半月状翼，前肢粗壮直立，蹄足，蹲于椭圆形中空高台座上。脖子以下施黄、绿、白三釉。残高61.6、座高15厘米（图四四：左）。兽首镇墓兽，头顶枝角高直，根部一宝珠，板状鬣弧圆，瞪目吐舌，颌下三缕胡须，两肩半月状翼，前肢粗壮直立，蹄足，蹲于椭圆形底板上。周身施黄、绿、白三釉。高60.4厘米（图四四：右）。

中国农业博物馆从洛阳征集了唐代康子相墓志与15件彩绘陶俑[41]，但陶俑与墓志年代不一致，俑的年代要晚。人首镇墓兽，头顶独角，两耳超大，横眉立目，张嘴露齿，肩生半月状不分齿羽翼，前肢直立，蹲于椭圆形中空高台座上。角、耳背、后脑涂黑彩，耳内、背、身侧涂橘红彩，胸、腹、翼之膀部涂白彩，上绘黑色草叶纹。高70厘米（图四五：左）。兽首镇墓兽，头顶双枝角，根部一宝珠，凸眉大眼，阔口獠牙，巨舌吐露，板鬣，肩生半月状不分齿羽翼，前肢直立，蹲于椭圆形底板上。角、面部、板鬣、翼、前肢、胸腹部涂白彩，其上以黑、红、绿涂画各种纹饰，背、体侧涂橘红彩，胸部两侧点红斑。高46厘米（图四五：右）。

2006年，郑州市文物考古研究所在巩义涉村清理一座唐墓[42]，出土一批三彩与粉彩器物。墓中一件人首镇墓兽，头顶四棱状弯角，脑后双齿戟，喇叭耳上翘，耳根缠发梢，瞪眼抿嘴，神情凶恶，肩生半月状不分齿羽翼，前肢粗壮，蹄足，蹲于椭圆形中空高台座上，粗尾伸于腹前。脖子以上施黑彩、橘红彩，以下施黄、绿、白三釉。高80、座高14.8厘米（图四六）。

1988年，郑州市文物考古研究所发掘的芝田88M38也出土一批三彩器物。人首镇墓兽，独角缭绕，脑后两齿戟，喇叭耳上翘，明目突颊，宽嘴紧抿，肩生半月状翼，前肢劲挺直立，蹄足，无尾，蹲于椭圆形中空高台座上。脖子以下施黄、绿、白三釉。高76、座高11.3厘米（图四七：左）。兽首镇墓兽，头顶两枝角高而前弯，根部一宝珠，脑后火焰状戟，腮后板鬣，小耳，凸眼，高鼻，大嘴獠牙，颌下三缕胡须，翼、蹲姿同前，通身施黄、绿、白三釉。高74.4、座高11.5厘米（图四七：右）。

1991年，偃师商城博物馆在北窑村发掘了M5[43]，出土大批三彩器物。人首镇墓兽，独角缭绕前伸，脑后两齿戟，喇叭耳外展，根部缠发梢，大眼抿嘴，肩生半月状不分齿羽翼，前肢直立，蹄足，蹲于椭圆中空高岩座上。通身施黄、绿、白三釉。高77、座高13.6厘米（图四八：左）。兽首镇墓兽，头顶两枝角，根部一宝珠，脑后火焰戟，大眼，高鼻，张嘴，腮后板鬣，小耳，颌下飞须，翼、蹲姿、施釉同前。高76、座高16厘米（图四八：右）。

4. 第四期（715～722年）

1993年，巩义文管所在巩义食品厂清理两座唐墓[44]，其中M1出土器物高大美观。

人首镇墓兽，与王沟新村 M2 人首镇墓兽非常相像，仅翼、台座有差别，翼膀部突起，台座有束腰。角、后脑、翼、台座涂黑彩，膀、腹侧、后背涂橘红彩。残高 45、座高 7.5 厘米（图四九：左）。

兽首镇墓兽，两角残断，板鬣较王沟新村 M2 兽首镇墓兽宽，颌下三缕胡须，翼形同前。板鬣、台座涂黑彩，翼、胸绘橘红色云纹，腹侧、背涂橘红彩。残高 35.7、座高 7.5 厘米（图四九：右）。

中国社会科学院考古研究所河南二队在偃师杏园发掘了 718 年的李珣墓[45]。人首镇墓兽，独角缭绕，中耳外展，下连络腮胡须，肩生分齿羽翼，容貌、蹲姿同食品厂人首镇墓兽，敷彩尽失。高 34 厘米（图五〇）。

2016 年，巩义

图四四　洛阳林 C7M1526 镇墓兽　　图四五　中国农业博物馆镇墓兽

图四六　巩义涉村唐墓人首镇墓兽　　图四七　巩义芝田 88M38 镇墓兽

图四八　偃师北窑 M5 镇墓兽　　图四九　巩义食品厂 93M1 镇墓兽

市文物考古研究所在新兴家园发掘两座唐墓[46]，其中编号M599出土大量三彩器物。人首镇墓兽，头上角残断，大耳下垂，高眉突眼，嘴紧抿，肩生分齿羽翼，前肢贴腹，蹄足，无尾，蹲坐于椭圆形中空中台座上。脸涂白彩，脑后涂黑彩，正面及台座施黄、绿、白三釉，背施酱黄釉。残高27.3、座高6厘米（图五一：左）。兽首镇墓兽，头顶枝角残，根部一宝珠，板鬣较窄，高鼻阔嘴，颌下三缕胡须，羽翼、蹲姿同前。通体施黄、绿、白三釉，背施酱黄釉。残高29.2、座高4.6厘米（图五一：右）。

1986年，巩义市文管所在南河渡乡征集到一唐墓的器物[47]。人首镇墓兽，头顶独角分成两股缠绕向上，大耳下垂，三角眼，红唇微启，肩生分齿羽翼，前肢贴腹，蹄足，无尾，蹲坐于椭圆中空中台座上。角、后脑、耳背、台座涂黑彩，脊背、耳内、胸腹涂橘红彩，翼、腿彩脱落。残高33.5、座高6厘米（图五二：左）。兽首镇墓兽，头顶枝角较高，板鬣，小耳，深眼突鼻，大嘴猛张，颌下三缕胡须，翼、蹲姿同前。角、板鬣、翼羽、腿、台座涂黑条彩，后脑、脊背、脸、翼膀部、胸、腹涂橘红彩。高33.8、座高4.2厘米（图五二：右）。

2001年，郑州市文物考古研究院、巩义市文物保护管理所在巩义河南省储备局四三一处国库清理五座唐墓[48]，其中M3、M4出土器物较丰富。M3人首镇墓兽，头顶独角略残，中耳外展，下连络腮胡须，斜眉立目，八字胡须，唇下一缕短须，肩生分齿羽翼，前肢贴腹，蹄足，无尾，蹲坐于椭圆形中空低台座上。角、脑后、络腮胡涂黑彩，正面饰黄、绿、白三釉，背面施酱黄釉。残高36、座高5.5厘米（图五三）。M4兽首镇墓兽，头顶两枝角极高，根部残留宝珠痕迹，板鬣光滑，低额高眉，颌下三缕胡须，肩生不分齿羽翼，前肢贴腹，无尾，蹄足，蹲于椭圆形中空低台座上。正面施蓝、黄、白三釉，背施酱黄釉。高35.7、座高4.2厘米（图五四）。

2001年，郑州市文物考古研究所、巩义市文物保护管理所在站街老城砖厂清理两唐唐墓[49]，其中M2出土三彩器物较多。人面镇墓兽，头顶独角较高，中耳外展，明眸红唇，肩生分齿羽翼，前肢贴腹，蹄足，无尾，蹲坐于椭圆形中空低台座上。脸涂白彩，角、脑后、耳背涂黑彩，正面饰黄、绿、白三釉，背施酱黄釉。高41、座高4.2厘米（图五五）。

1983年，临汝县博物馆在纸坊乡清理一座唐墓[50]，出土三彩器物较多。人首镇墓兽，头顶独角高起，中耳外展，立眉斜目，正视前方，肩生分齿羽翼，前肢粗壮贴腹，蹄足，蹲于椭圆形中空低台座上。脖子以下施黄、绿、白三釉。高33、座高3.8厘米（图五六）。

1997年，登封市文物局在唐庄乡玉台村清理了一座遭到破坏的唐墓，墓中出土大

图五〇 偃师杏园李珣墓镇墓兽

图五一 巩义新兴家园唐墓M599镇墓兽

图五二 巩义南河渡唐墓镇墓兽

图五三 四三一处国库01M3镇墓兽

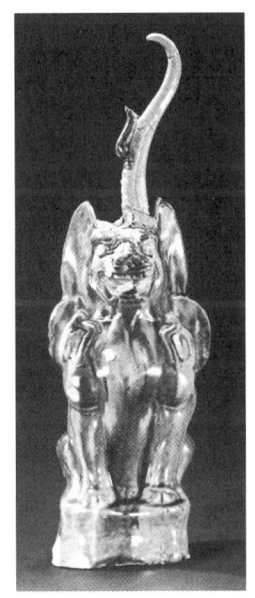

图五四 四三一处国库01M4镇墓兽

图五五 巩义老城砖厂M2镇墓兽

图五六 河南临汝县唐墓镇墓兽

量三彩器物[51]。人首镇墓兽，头顶独角残断，中耳外展，斜目撅嘴，肩生分齿羽翼，前肢贴腹，蹄足，无尾，蹲于椭圆形中孔低台座上。面部至足施黄、绿、白三釉，背施黄釉。残高30.8、座高3.5厘米（图五七：左）。兽首镇墓兽，头顶两长角，角根处一硕大宝珠，板鬣弧圆，明目阔嘴，翼、蹲姿同前。角施白釉，正面施黄、绿、白三釉，背施黄釉。高38、座台高3.6厘米（图五七：右）。

中国社科院考古所河南二队在偃师杏园村清理了M1902[52]，出土一批三彩器物。

人首镇墓兽，头顶独角残断，中耳上翘，下连络腮胡须，竖眉横眼，嘴上八字胡须，唇下一缕短须，肩生分齿羽翼，前肢贴腹，蹄足，蹲于椭圆形中空低台座上。通体施红褐彩。高33.6、座高3.9厘米（图五九：左）。兽首镇墓兽，头顶两枝角极高，根部一宝珠，腮后板鬣，小耳，瞪眼张嘴，颌下三缕胡须，翼、蹲姿、施彩同前。高37.2、座高4.6厘米（图五九：右）。

1995年，郑州市文物考古研究所在巩义河南省储备局四三一处国库清理唐墓两座[53]，其中M2出土器物较丰。兽首镇墓兽，头顶两角失，板鬣尚可，瞪目张嘴，肩生分齿羽翼，无尾，蹄足，前肢贴于腹，蹲于椭圆形中空低台座上。身上涂彩多脱落。高27、座高4.5厘米（图五八）。

2002～2004年，洛阳市文物工作队在洛龙区关林镇发掘M1337出土两件镇墓兽。人首镇墓兽，独角残断，中耳上翘，下连络腮胡须，铃目突颧，嘴上八字胡须，肩生分齿羽翼，前肢直立，蹄足，无尾，蹲于椭圆形中空低台座上。脸涂红彩，脖子以下施褐、绿、白三釉。残高30、座高3.7厘米（图六〇：左）。兽首镇墓兽，头顶枝角残断，根部一宝珠，深目高鼻，大嘴略张，肩生分齿羽翼，前肢贴腹，蹄足，无尾，蹲于椭圆形中空低台座上。正面施黄、绿、白三釉，背施黄釉。高37、座高3.8厘米（图六〇：右）。

2006年，洛阳市第二文物工作队在红山工业园区发掘两座唐墓[54]，其中M588出土一批红陶器。兽首镇墓兽，头顶枝角残断，板鬣较窄，怒目张嘴，肩生半月状翼，蹄足，蹲于长方形底板上。高41厘米（图六一）。

中国社会科学院考古研究所河南二队在偃师杏园发掘了722年的卢氏墓[55]。兽首镇墓兽，比偃师杏园M1902的兽首镇墓兽略低，容貌几同，角根部没有宝珠而已。高33.8、座高3.1厘米（图六二）。

20世纪60年代，洛阳市博物馆在关林附近清理了59号唐墓[56]，出土一批高质量的三彩器物。人首镇墓兽，头顶双角并列向上，于顶部回旋缠绕，如蛇相交，脑后宽戟，花式耳，耳根搭发梢，山形顶发，络腮胡须，明眼环视，嘴上八字胡须，唇下一缕短须，肩生列齿羽翼，细尾甩于左胯，前肢短而直立，蹄足，蹲于椭圆中空高岩座上。脖子以上涂白彩，以下正面施蓝、白、绿、黄釉，背施黄釉。高59、座高11.5厘米（图六三：左）。兽首镇墓兽，头顶两枝角较高，根部一宝珠，脑后火焰状戟，板鬣较宽，额顶短发、八字须、颌下胡须均浓密，瞪眼龇牙，肩生列齿羽翼，前肢短小，蹄足，无尾，蹲于椭圆形中空高岩座上。除戟外，通身施蓝、白、绿、黄四釉，背施黄釉。高57、座高11.6厘米（图六三：右）。

图五七　登封玉台村　　图五八　照片59：95四三一处国
　　唐墓镇墓兽　　　　　库M2镇墓兽

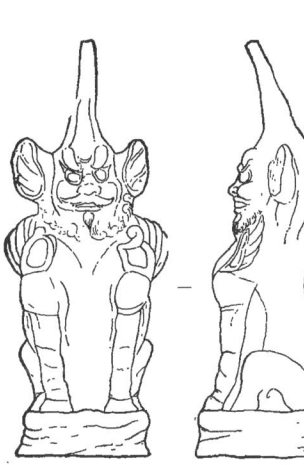

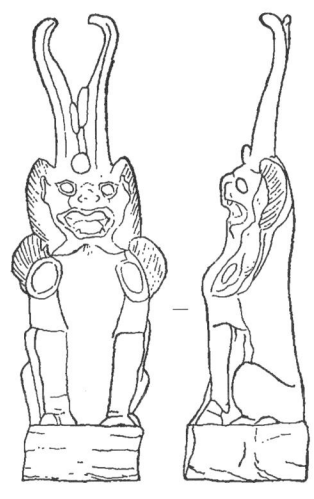

图五九　偃师杏园M1902镇墓兽

图六〇　洛阳关林M1337镇墓兽　　图六一　洛阳红山工业　　图六二　偃师杏园卢
　　　　　　　　　　　　　　　　园区唐墓镇墓兽　　　　氏墓镇墓兽

四、盛唐以后的镇墓兽

巩洛地区722年后墓中仍出镇墓兽，除个别经济富足者或官宦人家外，墓内器物整体质量下降很快，粗制滥造是主题。到了740年已很少见到陶俑了。这一时期史学上仍属盛唐，从器物来说，已经唐俑的衰落期。

根据俑类体形、服饰，分为两期：第一期722～735年，第二期735～750年。

1. 第一期（722～735年）

1972年，洛阳市文物工作队在涧西谷水清理一座唐墓[57]，出土一批高质量三彩器物。人首镇墓兽，头顶枝角较矮，副角位于两侧，中耳如花，根部搭发梢，大眼，抿嘴，肩生列齿翼，前肢短直，蹄足，立于椭圆中空中台座上。脖以下施蓝、绿、白、黄四釉。高51、座高10.7厘米（图六四）。兽首镇墓兽，头残，身形、施釉大致同前，残高42厘米。

2011年，郑州市文物考古研究院在巩义王沟新村清理唐墓11座[58]，其中M2出土两件镇墓兽。人首镇墓兽，头顶独角分成两股缠绕向上，中耳上翘，耳下络腮胡须，横目低垂，八字须，抿嘴，唇下一缕短胡，肩生半月状不分齿羽翼，前肢直立，蹄足，与腹部连为一体，无尾，蹲于椭圆形中空中台座上。角、脑后、翼涂黑彩，膀、腹、后背涂橘红彩。残高49厘米（图六五：左）。兽首镇墓兽，两角残断，板鬣较宽，瞪眼张嘴，獠牙对出，面相吓人，翼、蹲姿同前，蹲于椭圆形中空低台座上。板鬣、台座涂黑彩，后背涂橘红彩。残高37.5厘米（图六五：右）。

1992年，河南省文物考古研究所在巩义北窑湾发掘M3出土物亦丰。人首镇墓兽，头顶独角分成两股缠绕向上，上部残，脑后火焰状戟，中耳上翘，根部搭发梢，肩生半月状绘彩羽翼，前肢直短，蹄足，蹲于椭圆形中空中台座上。通身涂红彩，胸、翼有黑条彩。高54.5、座高8.8厘米（图六六）。

1995年，巩义市文管所在王沟村抢救性清理728年的祈氏墓[59]。人首镇墓兽，残碎，座高4.3厘米。兽首镇墓兽，头顶枝角极高，额前一硕大宝珠，腮后板鬣，小耳，明眸皓齿，颌下三缕胡须，肩生分齿羽翼，前肢粗壮贴于腹，蹄足，无尾，蹲于椭圆形中空低台座上。周身以橘红彩为主，台座黑条彩。高37、座高2.8厘米（图六七）。

2011年，郑州市文物考古研究院在巩义王沟新村（王沟村西南）发掘11座唐墓，其中M5[60]出土物较为丰富。兽首镇墓兽，头顶矮双角，各呈三角形状，其余部分如头形、板鬣、分齿羽翼、肢、台座同祈氏墓兽首镇墓兽十分相像，涂彩的部位、颜色也大体相同。高35厘米（图六八）。

图六三 洛阳关林59号唐墓镇
墓兽

图六四 洛阳谷水唐
墓镇墓兽

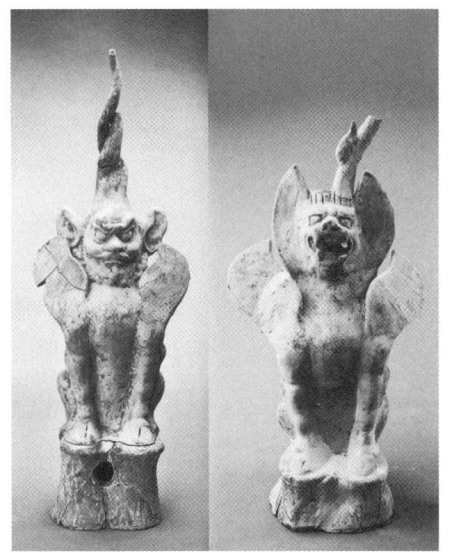

图六五 王沟新村M2镇墓兽

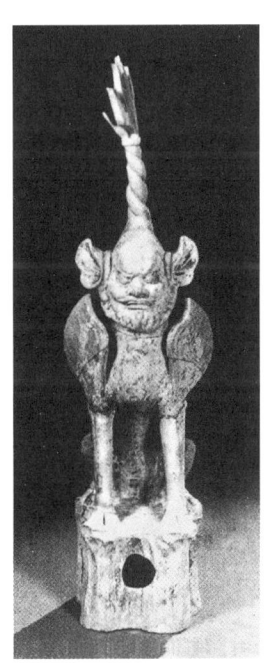

图六六 巩义北窑湾M3
人首镇墓兽

图六七 巩义祁氏墓兽首镇墓兽

图六八 巩义王沟新村
M5

中国社会科学院在偃师杏园发掘发729年袁氏墓[61]（M1435）。头顶两矮角，不见副角，大眼阔口，颌下三缕胡须，腮后有板鬃，小耳。肩生不分齿羽翼，前肢贴腹。高27.6厘米，座高4厘米（图六九）。

2008年，郑州市考古研究院在巩义花地嘴清理四座唐墓[62]，其中M1出土器物较

图六九　偃师杏园袁氏墓兽首镇墓兽

图七〇　巩义花地嘴 M1 镇墓兽

多。人首镇墓兽，头顶独角略残，中耳偏大，球眼长须，抿嘴，肩生分齿羽翼，前肢直立贴腹，蹄足，无尾，蹲坐于椭圆形中空低台座上。周身涂橘红彩、黑条彩，后者多脱落。高 33 厘米，座高 4.1 厘米（图七〇：左）。兽首镇墓兽，头顶枝角残断，板鬣近翼，大眼阔嘴，颌下三缕胡须较短。羽翼、蹲姿、涂彩同前。残高 28.5 厘米，座高 4.1 厘米（图七〇：右）。

2005 年，洛阳市第二文物工作队在关林大道徐屯东段清理古墓葬百余座[63]，其中 LNGM38 出土一批绘彩器物。人首镇墓兽，头顶矮独角，中耳上翘，浓眉大眼，八字须，抿嘴，肩生分齿羽翼，前肢直立贴腹，蹄足，无尾，蹲于圆中空低台座上。身涂姜黄彩，角、底座黑彩。高 30.2、座高 4 厘米（图七一：左）。兽首镇墓兽，头顶两枝角较矮，根部有宝珠，腮后板鬣，小耳，凸眼张嘴，颌下三缕胡须，羽翼、蹲姿、涂彩同前。高 30.5、座高 4.4 厘米（图七一：右）。

2005 年，洛阳市第二文物工作队发掘的关林大道 LNGM56[64] 出土器物颇丰。兽首镇墓兽，同 LNGM38 所出兽首镇墓兽完全一样。高 29.6 厘米（图七二）。

2005 年，洛阳市文物工作队在洛龙区十四中清理 10 余座古墓[65]，其中 C7M2688 保存完好。人首镇墓兽，头顶短粗角，中耳上翘，浓眉如岳，巨眼如铃，红唇上八字须飘扬，颌下络腮胡须，肩生分齿羽翼，前肢直立贴腹，蹄足，蹲于椭圆中空低台座上。角、胡须、腿纹、腹毛、台座涂黑彩，耳际、胸涂绿彩，耳内、腹、背涂橘红彩。高 30.6、座高 3.6 厘米（图七三：左）。兽首镇墓兽，头顶短枝角，腮后板鬣，大眼，张嘴，羽翼、蹲姿、涂彩同前。高 30.4、座高 4.2 厘米（图七三：右）。

2.第二期（735～750年）

1992年，洛阳市文物工作队在龙门西山发掘了740年的豆卢氏墓[66]。人首镇墓兽，头顶独角缭绕，前竖一小角，喇叭耳大过脸庞，根部搭发梢，张嘴露齿，肩部翼呈三束鬃毛状，蹄足，蹲于椭圆形高岩座上。通身涂红、白、绿、黑四彩。高65.5、座高13厘米（图七四）。此墓器物发掘者认为是从西安带回的官家用品。

1983年，洛阳行署文物处、偃师县文管会在偃师城关发掘了741年李元璥夫妇之墓[67]，出土250余件红陶器物。人首镇墓兽，头顶独角，大耳高竖，凸眼抿嘴，肩生三束鬃毛状翼，前肢斜立，蹲于椭圆形低台座上。高40厘米（图七五）。兽首镇墓兽，头顶三角，面残，右臂上举，左臂下垂体侧，爪足，高38厘米。

2010年，洛阳市文物考古研究院在老城区史家屯发掘了HM1243，出土一批红陶器物[68]。人首镇墓兽，头顶独角较高，两耳上向生长，突眼噘嘴，嘴唇紧抿，肩生叶状翼，前肢较细，蹄足，蹲于椭圆形中空中岩座上。全身涂白彩。残高42.9、台座高

图七一　洛阳关林M38兽首镇墓兽　　图七二　洛阳关林LNGM56兽首镇墓兽

图七三　洛阳龙门十四中C7M2668镇墓兽　　图七四　洛阳豆卢氏墓人首镇墓兽

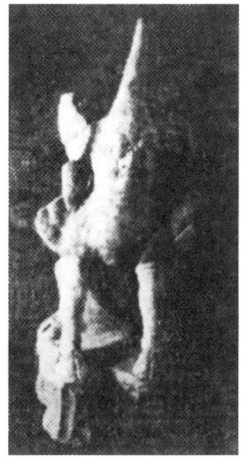

图七五　偃师李元璥墓人首镇墓兽　　图七六　洛阳史家屯M1243

9.5厘米（图七六：左）。兽首镇墓兽，头顶双枝角较直，鬓旁鬣向上竖起如长叶，嘴如猪，唇紧抿，獠牙出露，由于眉压得较低，眼珠夹于眉、鼻间，肩生叶翼，左前肢三趾抓地，右前肢上举如臂，三趾分立，蹲于椭圆形中空高岩座上。全身涂白彩，腹部饰黑色毛发。高40、台座高9.8厘米（图七六：右）。

1992年，洛阳市文物工作队在邙山南麓清理颍川陈氏墓[69]，墓中出土43件红陶器，其中镇墓兽同史家屯的镇墓兽十分相像，区别不大。人首镇墓兽，大眼圆睁，八字胡，唇下浓密络腮胡。高45.6、座高9.6厘米。兽首镇墓兽，两前肢直立，蹄足，蹲于中台座上。高44.4、座高10厘米。

五、镇墓兽演变规律

以上我们列举了巩洛地区出土器物比较丰富的唐墓，并按镇墓兽演变规律结合墓中重要器物将墓葬排序。以下将镇墓兽在初唐、盛唐、盛唐以后各期的特征予以总结（图七七）。

1.初唐三期

初唐第一期（618～640年），仅有巩义铝厂M3出土的两件镇墓兽，实际上当年发

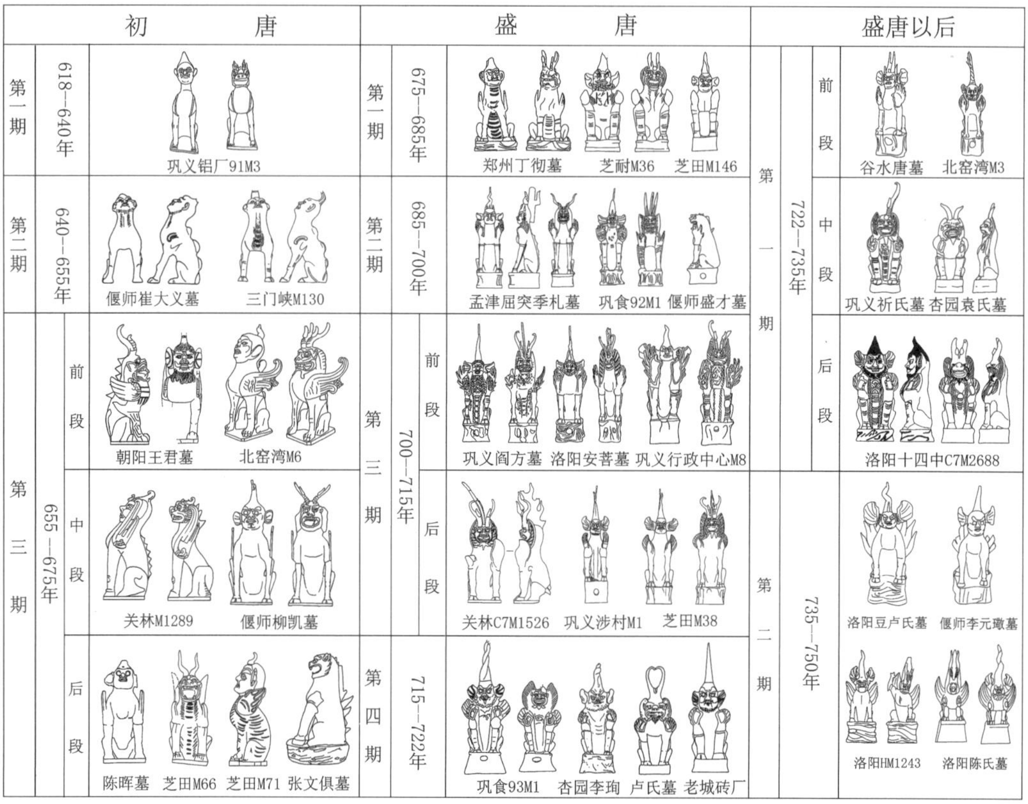

图七七　巩洛地区唐代镇墓兽排序图

掘的 M2 也出两件同样的镇墓兽。由于 M2 器物与 M3 高度重合，仅发表了 M3 的器物。这种镇墓兽，更多地继承了隋代镇墓兽特点，如山形角、斜立耳是隋代人首镇墓兽的特点，双角后曲上扬（根部有盘节）、胸部有飞羽是隋代兽首镇墓兽的特点，爪足、底板更是隋代镇墓兽一如既往的风格。虽然目前这样的镇墓兽发现较少，且无纪年，根据器物特点仍可确定是初唐第一期的器物。

初唐第二期（640～655年），因有 647 崔大义妻墓出土器物而构建此期特征。此段多座墓镇墓兽施米黄釉，白黏土制成，温度较低，为明显的釉陶器，但也有施透明釉的瓷胎镇墓兽，而少见涂彩的陶镇墓兽。镇墓兽多数蹲于地，人首的独角前弯，肩部刻有窄羽翼，兽首的有双角也有独角，肩部也有窄羽翼。这一时期的镇墓兽个性比较统一，既有地域性，也有镇墓兽外溢到边远地区的例子。此期镇墓兽高度一般为26～35厘米。

初唐第三期（655～675年），墓葬较多，镇墓兽变化频繁，根据翼形分为 3 段，但每段的年限不能确定，也有几种翼形共存一段的。前段有 3 座墓，镇墓兽皆生出实体翼，翼比较横平，呈半月状，爪足，多蹲于底板上，人首镇墓兽均为独角，兽首镇墓兽为较矮枝角，墓中出土器物总的来说，与 656 年贾敦颐墓[70]出土器物风格一致。中段翼变华丽，翼斜向上或向上，以关林 M1289 和 664 年柳凯墓为代表，镇墓兽多蹄足，蹲于底板上，人首镇墓兽独角变高，兽首镇墓兽枝角外撇。后段墓葬较多，情况复杂，发展出三种翼形。第一种翼成火焰状，以 672 年偃师杨堂墓、芝田 M71、M89 为代表，巩义新兴家园还曾出土瓷质的这种镇墓兽[71]，看来这种翼形颇为流行，皆爪足，蹲于底板上，人首镇墓兽独角很矮，兽首镇墓有三个小矮角，看着可笑。第二种翼形为秃掌状，翼尖向上，以 670 年陈晖墓、芝田 M13、M66、师家河唐墓为代表，这种翼相比于羽翼、火焰形翼，有减化的趋势，却是翼形发展的方向，镇墓兽皆蹄足，多蹲于底板上。第三种翼形以 670 年张文俱墓为代表，呈三齿状，镇墓兽下有台座，脑后有戟，可能是西安地区的风格。这种翼可能是盛唐列齿翼的前身。此期镇墓兽高度一般在 30～50 厘米之间。

2.盛唐四期

盛唐第一期（675～685年），墓葬不是太多，仅有 5 座。镇墓兽均蹲于低台座上，人首的独角、兽首的枝角都不太高，翼为短秃羽翼或秃掌翼，若是其它翼则不属此段。后来的镇墓兽台座增高，翼仍为秃掌状，仅见一例。此期镇墓兽高度一般在 36～42 厘米之间。

盛唐第二期（685～700年），镇墓兽台座超过 10 厘米，器物开始呈现盛唐风采。人首镇墓兽大独角前往往增饰小角，有些独角上部呈缭绕状。兽首镇墓兽有的为三齿翼。两镇墓兽脑后戟饰均两齿戟，不见其他形式。此期镇墓兽高度一般在 60～70 厘米之间。

盛唐第三期（700～715 年），镇墓兽台座达到最高，一般为 10～16 厘米，器物尤其夸张。人首镇墓兽耳如喇叭，此期前段均为列齿羽翼，后段皆为半月状不分齿羽翼，脑后火焰状戟增多，两齿戟仍有使用。这一期三彩镇墓兽较多，三彩釉色光亮，制作精致。此期镇墓兽高度一般在 65～80 厘米之间。

盛唐第四期（715～722 年），镇墓兽台座回降到 4～7 厘米之间。器物出现草率风格。人首镇墓兽独角多分成两股缠绕向上，兽首镇墓兽枝角显得修长。镇墓兽台座由早期的上窄下宽束腰式变为上下近等宽的束腰式，双翼均为分齿羽翼（洛阳关林 59 号唐墓因级别高，为特例）。此期仍有较多的三彩镇墓兽出土，墓葬总数也多。镇墓兽高度一般在 30～47 厘米之间。

3.盛唐以后的两期

第一期（722～735 年），按发展的惯性，此期前段仍保留镇墓兽独角为两股的中台座人首镇墓兽，但墓中女侍俑出现倭坠髻、双垂髻，这与盛唐第四期女俑髻式为低髻、半翻髻不一样。此期中段镇墓兽表现为低台座，乍一看和盛唐第一期的镇墓兽非常相似，但翼均为分齿羽翼，个别墓镇墓兽枝角较高，和盛唐第一期短羽翼、秃掌状翼的镇墓兽还是比较容易区分的。此期后段在洛阳出现较多的模样非常雷同的镇墓兽，人首的、兽首的均低台座、低角、分齿羽翼，和盛唐第一期的镇墓兽尤其相像（仅翼不同）。这种镇墓兽再度回归 680 年前后的形象，正是巩洛地区与西安地区不一样的地方。此期镇墓兽高度一般在 30～55 厘米之间。

第二期（735～750 年），仅发现 4 座墓，均为高官或官宦家属。从镇墓兽肩部鬃毛和整体形象来看，它们应该是西安地区的产品或西安地区的风格，与巩洛地区前一段镇墓兽的风格迥异，不能传承有序。此期镇墓兽高 40～65 厘米。

4.镇墓兽演变规律

通过以上叙述，我们知道了巩洛地区镇墓兽大概而细致的演变过程。初唐时尚有较多的隋代特征，不久就转为双兽均独角，蹄足蹲于地，肩部刻饰翼纹；其后肩部生出实体翼，爪足蹲于底板或地，兽首镇墓兽转为双枝角；再后来镇墓兽的角均增高，蹄足蹲于底板，双翼倾斜向上，不再是横平的式样；最后镇墓兽又出现爪足蹲于底板、双肩生出火焰状翼的样式，兽首的头部有三个分离小角，又有个别镇墓兽跃上台座。初唐阶段需要强调的是，镇墓兽足形变化多端，或蹄足，或爪足，或蹲于地，或蹲于底板，没有一定的规律。只有到了镇墓兽跃上台座，才统一变为蹄足（爪足极仅见一例）。

盛唐伊始，镇墓兽独角、双枝角较低，秃掌状翼、低台座或中台座，有个别兽首镇墓兽脑后有两齿戟；随后镇墓兽跨上高台座，脑后均有两齿戟，两兽的角从13厘米渐次增高，人首镇墓兽独角前往往增饰小角，兽首镇墓兽枝角根部多有宝珠。时间来到700～715年，这是镇墓兽的鼎盛阶段，三彩镇墓兽较多，形象华丽，脑后一般为火焰状戟，角增高到19厘米。随后镇墓兽快速进入衰落期，七、八年时间台座降回4厘米，镇墓兽的角却维持在12厘米左右。由于这时的镇墓兽整体偏低，12厘米高的角看上去相当高。衰落期仍有相当数量的三彩镇墓兽，虽然质量不及鼎盛时期，但出三彩器物的墓三彩比例往往达90%以上，堪称三彩最后的辉煌。

盛唐以后，镇墓兽仍保持低台座，镇墓兽的角降回6厘米左右，制作非常粗糙，当然此期也偶有精者。至于洛阳地区出现的西安风格的镇墓兽，时间在740年以后，可不计入巩落地区镇墓兽演变序列。实际上735年以后，巩落地区的镇墓兽大概已经结束（图76）。

注释

[1] 湖北省荆州地区博物馆：《江陵天星观1号楚墓》，《考古学报》1982年第1期。

[2] 郭清华：《虎形独角兽》，《文博》1991年第2期。

[3] 中国社会科学院考古研究所河南第二工作队：《河南偃师杏园的两座魏晋墓》，《考古》1989年第8期。

[4] 洛阳博物馆：《洛阳北魏元邵墓》，《考古》1973年第4期。

[5] 考古研究所安阳发掘队：《安阳隋张盛墓发掘记》，《考古》1959年第10期。

[6] 郑州市文物考古研究所、巩义市文物保护管理所：《巩义市铝厂唐墓发掘简报》，《中原文物》1998年第4期。

[7] 王保仁、张新月：《河南巩义市夹津口隋墓清理简报》，《华夏考古》2005年第4期。

[8] 赵会军、郭宏涛：《河南偃师三座唐墓发掘简报》，《中原文物》2009年第5期。

[9] 河南省文物考古研究院：《河南三门峡市印染厂130号唐墓清理简报》，《华夏考古》2016年第2期。

[10] 三门峡虢国博物馆、三门峡市文物考古研究所：《河南三门峡商务区中学9号唐墓发掘简报》，《中原文物》2018年第4期。

[11] 偃师商城博物馆：《偃师县沟口头砖厂唐墓发掘简报》，《考古与文物》1999年第5期。

[12] 洛阳市文物工作队：《洛阳关林镇唐墓发掘报告》，《考古学报》2008年第4期。

[13] 朝阳市博物馆：《朝阳纺织厂唐墓发掘简报》，《边疆考古研究》（第8辑），科学出版社，2009年。

［14］洛阳市文物工作队：《河南洛阳市关林1305号唐墓的清理》，《考古》2006年第2期。

［15］河南省文物考古研究所、巩义市文物保管所：《巩义市北窑湾汉晋唐五代墓葬》，《考古学报》1996年第3期。

［16］洛阳市第二文物工作队、偃师县文物管理委员会：《河南偃师柳凯墓》，《文物》1992年第12期。

［17］洛阳市文物考古研究院：《洛阳关林唐代陈晖墓发掘简报》，《中原文物》2012年第2期。

［18］郑州市文物考古研究所：《巩义芝田晋唐墓葬》，科学出版社，2003年。

［19］郑州市文物考古研究所、巩义市文物保护管理所：《河南省巩义市芝田两座唐墓发掘简报》，《文物》1998年第11期。

［20］偃师商城博物馆：《河南偃师县四座唐墓发掘简报》，《考古》1992年第11期。

［21］洛阳市文物考古研究院：《唐代张文俱墓发掘报告》，《中原文物》2013年第5期。

［22］河南省文物考古研究所：《郑州古荥师家河唐墓清理简报》，《华夏考古》2001年第3期。

［23］洛阳市第二文物工作队：《洛阳伊川大庄唐墓（M3）发掘简报》，《文物》2005年第8期。

［24］郑州市文物考古研究院发掘资料。

［25］郑州市文物考古研究所：《郑州丁彻墓发掘》，《华夏考古》2000年第4期。

［26］郑州市文物考古研究院、荥阳市文物保护管理中心：《荥阳市周古寺唐墓M7发掘简报》，《华夏文明》2017年第2期。

［27］郑州市文物考古研究所、巩义市文物保护管理所：《河南省巩义市芝田两座唐墓发掘简报》，《文物》1998年第11期。

［28］郑州市考古研究院、郑州博物馆：《巩义城西变电站唐墓发掘简报》，《文物春秋》2011年第3期。

［29］310国道孟津考古队：《洛阳孟津西山头唐墓发掘报告》，《华夏考古》1993年第1期。

［30］巩义博物馆、郑州市文物考古研究院：《巩义二纸厂M2发掘简报》，《黄河·黄土·黄种人》2020年第7期。

［31］郑州市文物考古研究所、巩义市文物保护管理所：《河南巩义市孝西村唐墓发掘简报》，《文物》1998年第11期。

［32］偃师商城博物馆：《河南偃师唐墓发掘报告》，《华夏考古》1995年第1期。

［33］巩义市博物馆馆藏资料。

［34］郑州市文物考古研究所、巩义市文物保护管理所：《巩义常庄变电站大周时期墓葬发

掘简报》,《中原文物》2005年第1期。

[35]偃师县文物管理委员会:《河南偃师县隋唐墓发掘简报》,《考古》1986年第11期。

[36]郑州市文物考古研究院、巩义市文物管理局:《河南巩义唐墓发掘简报》,《文物》2014年第8期。

[37]中国社会科学院考古研究所河南第二工作队:《河南偃师杏园村的两座唐墓》,《考古》1984年第10期。

[38]中国社会科学院考古研究所河南第二工作队:《河南偃师杏园村的六座纪年唐墓》,《考古》1986年第5期。

[39]洛阳市文物工作队:《洛阳龙门唐安菩夫妇墓》,《中原文物》1982年第3期。

[40]洛阳市文物工作队:《洛阳市关林唐墓(C7M1526)发掘简报》,《中原文物》2008年第4期。

[41]曹建强、马旭铭:《唐康子相墓出土的陶俑与墓志》,《中原文物》2010年6期。

[42]郑州市文物考古研究院、巩义市文物管理局:《巩义涉村唐墓发掘简报》,《中原文物》2011年第2期。

[43]偃师商城博物馆:《河南偃师县四座唐墓发掘简报》,《考古》1992年第11期。

[44]郑州市文物考古研究所、巩义市文物保护管理所:《巩义市食品厂唐墓发掘简报》,《中原文物》2003年第4期。

[45]中国社会科学院考古研究所:《偃师杏园唐墓》,科学出版社,2001年。

[46]巩义市文物考古研究所:《巩义新兴家园唐墓发掘简报》,《中原文物》2017年第1期。

[47]郑州市文物考古研究院、巩义市博物馆:《巩义南河渡唐墓器物简介》,《洛阳考古》2017年第3期。

[48]郑州市文物考古研究院、巩义市文物保护管理所:《河南省储蓄局四三一处国库唐墓发掘简报》,《中原文物》2008年第3期。

[49]郑州市文物考古研究所、巩义市文物保护管理所:《河南巩义市老城砖厂唐墓发掘简报》,《华夏考古》2006年第1期。

[50]临汝县博物馆:《河南临汝县发现一座唐墓》,《考古》1988年第2期。

[51]登封市文物局、郑州市文物考古研究院:《河南登封玉台村唐墓出土器物简介》,《历史文物》第27卷第3期。

[52]中国社会科学院考古研究所:《偃师杏园唐墓》,科学出版社,2001年。

[53]郑州市文物考古研究院、巩义文物保护管理所:《河南省储蓄局四三一处国库唐墓发掘简报》,《文物春秋》2009年第3期。

[54]洛阳市第二文物工作队:《洛阳红山工业园区唐墓发掘简报》,《文物》2011年第1期。

［55］中国社会科学院考古研究所：《偃师杏园唐墓》，科学出版社，2001年。

［56］洛阳博物馆：《洛阳关林59号唐墓》，《考古》1972年第3期。

［57］洛阳市文物工作队：《河南洛阳涧西谷水唐墓清理简报》，《考古》1983年第3期。

［58］巩义市博物馆馆藏资料。

［59］郑州市文物考古研究院、巩义市博物馆：《巩义站街镇王沟村唐墓》，《东方博物》2016年第4期。

［60］郑州市考古研究院、巩义市文物管理局：《河南巩义王沟新村唐墓M5发掘简报》，《文物春秋》2016年第3期。

［61］中国社会科学院考古研究所：《偃师杏园唐墓》，科学出版社，2001年。

［62］郑州市文物考古研究院：《河南巩义花地嘴唐墓发掘简报》，《东方博物》2015年第4期。

［63］洛阳市第二文物工作队：《洛阳关林大道徐屯东段唐墓发掘简报》，《文物》2006年第11期。

［64］洛阳市第二文物工作队：《洛阳关林大道唐墓（LNGM56）发掘简报》，《中原文物》2005年第6期。

［65］洛阳市文物工作队：《河南洛阳市龙门镇唐墓发掘简报》，《考古》2007年第12期。

［66］洛阳市文物工作队：《唐睿宗贵妃豆卢氏墓发掘简报》，《文物》1958年第8期。

［67］洛阳行署文物处、偃师县文管会：《李元璥夫妇墓发掘简报》，《中原文物》1985年第1期。

［68］洛阳市文物考古研究院：《河南洛阳史家屯唐墓（HM1243）发掘简报》，《文物》2017年第3期。

［69］洛阳市文物工作队：《洛阳北郊唐颍川陈氏墓发掘简报》，《文物》1992年第2期。

［70］洛阳市文物考古研究院：《唐代洛州刺史贾敦颐墓的发掘》，《中国国家博物馆馆刊》2013年第8期。

［71］巩义市博物馆馆藏资料。

（原刊于《黄河·黄土·黄种人》2019年第8期）

登封李守贵墓买地券考释

吴倩

1998年8月，郑州市文物考古研究所、登封市文物局在登封城南3公里的黑山沟村发掘一座宋代壁画墓[1]，该墓是郑州历年来发现的规格最高、壁画保存最好的一座壁画墓，墓中出土一方石质买地券，正与该墓规格匹配。然而2006年郑州市文物考古研究所出版的《郑州宋金壁画墓》[2]一书在收录该墓资料时，对买地券未作句读，且有一字错误，今改之，并略作解释。

买地券宽39厘米，高38厘米，厚10厘米，17列字，自右向左纵读，凡265字（图一）。券文如下（括号内为错字）：

维大宋国西京河南府登封县天中乡居住殁故亡人李守贵，今为三周记满，未有住葬之处，今选定绍圣肆年十二月二十九日己酉大葬，愿比（此）黄天父、后土母、社稷主边买得墓田壹所，周流一顷，用钱玖万玖仟玖百玖十玖贯文。其地左至青龙，右至白虎，前至朱雀，后至玄武，上至仓天，下至黄泉，陆至分明，各有去处。其买地钱分付与天神明了，两无悬欠。一书契人石功曹，一读契人金主薄。要见书契人变飞鸟上天，若不见读契人化鱼龙入东海。急急如律令。如地下有诸兰夺，付与五道将军，领过阎罗天子，永判玄堂。李守贵住宅，万代吉昌。一代保人如后：一代保人张坚固，一代保人李定度。见人如后：一见天神，一见人地祇。

绍圣肆年十二月二十九日己酉大葬，李守贵券契一本。

"维"是语气助词。"西京"指洛阳。"河南府"，时隶属京西北路，辖河南、洛阳、偃师、颍阳、巩、密等十六县，登封位列最后。"绍圣肆年"，是指公元1097年。

"比黄天父、后土母、社稷主边"中，"比"为"在"，"边"为旁边。"黄（皇）天父、后土母"是指天神地祇。"社稷主"在这里应该是能提供稳定食物来源的五谷神灵。"周流"即周域，意同周围。

"书契人"为书写契约的人。"读契人"负责校对书契，防止出错的人。"功曹"和"主薄"皆为官名，负责户籍、文书等文职工作。"要见书契人变飞鸟上天，若不见读

图一　登封李守贵墓买地券拓片

契人化鱼龙入东海"，说明此二人为神怪而非凡人。

"诸兰夺"，阻拦、夺取。"付与"，为交给。"五道将军"与"阎罗天子"均为阴间神祇。"五道将军"掌管世人生死。"阎罗天子"即"阎罗王"，掌管人间地狱众生灵寿命生死。"领过"为带到，"玄堂"指墓室。"永判玄堂"意为判处"诸兰夺"之人永远留在墓室里。

"代保人"即保人。"见人"，即知见人，意指参与契约签订的见证人。"张坚固""李定度"两个名字最早出现在晋代，金代以后逐渐消失。在实际买地过程中，"张坚固""李定度"不可能跨越这么长的时间做买地的保人，由此可见，"张坚固""李定度"两位保人也是虚构的。

"李守贵券契"中，李守贵即是立券者。"一本"为一份之意。

此券的句首说，李守贵是殁故亡人，因未有住葬之处，在黄天父、后土母、社稷主旁边买地，因买地行为发生在其死后，立券行为在阴间，所以书契人、读契人、代保人、见人均非凡人，而是阴间神怪。所谓买地一顷用钱九万九千九百九十九贯文，也是虚指。

注　释

［1］郑州市文物考古研究所、登封市文物局：《河南登封黑山沟宋代壁画墓》，《文物》2001年第10期。

［2］郑州市文物考古研究所：《郑州宋金壁画墓》，科学出版社，2006年。

（原刊于《华夏文明》2020年第5期）

新郑龙湖镇金元时期墓葬中的"五行石"与五行文化

黄富成　宋守杰

2013年4月，郑州市文物考古研究院在新郑市龙湖镇某商住楼基建工地发掘出土了一批金、元时期的墓葬[1]。这批墓葬仅有M8用多块方砖拼垒而成，平面似"中"字，内置器物若干件，类似于迁葬衣冠冢（图一）。其余墓葬在结构上均为土坑竖穴洞室墓，偏东北—西南方向，墓道均朝北。然而他们又不同于中原地区常见的宋代洞室墓，呈现以下几个特点：一是墓道为垂直竖穴，而非斜坡状；二是墓道较宽，宽度大于或者接近于墓室宽度；三是墓室内普遍有木质棺材，极个别的在墓室封口处有青砖封砌（图二）。

这批墓葬因盗扰严重，随葬品并不丰富。仅M8因是迁葬墓，形制较小而且保存完好，出土了元祐通宝、至元通宝、至正元宝等宋金元时期铜钱，出土有买地券石一块、双鱼纹铜镜、铜钱、铁灯、瓷罐、石砚台、五色石块等。可惜买地券石因为土浸严重，朱砂文字模糊不清，依据残余文字推测，可能为某一地块的四周界至，是一块墓地买地券（图三）。总体来说，这批墓葬的陪葬品中普遍出现五行石或五色石块，他们体现出的五

图一　M8结构（已揭去顶砖）

图二　M9形制与随葬品

图三　M8出土买地券石

行文化等在中原地区其他时期墓葬中较为少见，在此简要说明。

一是墓葬中普遍随葬五行石或五色石（图四、图五）。五行石的石块并不规则，大小不一，未经任何琢磨，类似于河滩卵石或碎石块。但五块石头颜色各异，多为浅白、黄灰、褐紫、暗褐、灰褐等色。每块石块上均用朱砂写有木精定、水精定、金精定以及木精、水精、火精、金精、土精等，显示为金、木、水、火、土的五行内容（图六至图一〇）。

二是墓葬中的五行石或者五色石基本分布于棺内四角或者墓圹内四角，有的在墓门放置一块。但在墓道中没有发现五行石块。

三是墓葬中多陪葬有带字灵符砖，多位于墓圹底端，砖上墨书"向"字，下有一竖杠，向下指着人死后灵魂要去的地方。

五行学说是先秦时期出现的一种朴素的唯物主义哲学观念，它取材于日常生活中的五种物质，以金、木、水、火、土为基本元素，作为构成宇宙万物以及自然现象的基础。五类物质各有属性，例如木有生长发育之性，火有炎热、向上之性，土有平和、

图四　M6出土的五行石

图五　M8出土的五色石或五行石

图六　M6出土的"火精定"石

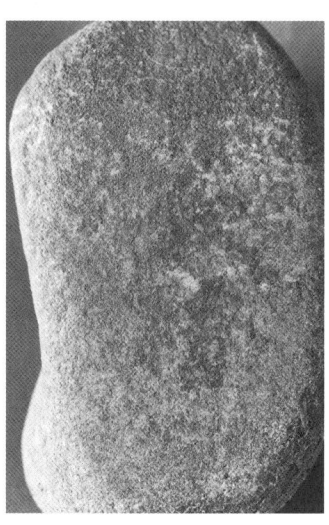

图七　M8出土的"木精"石

图八　M10出土的"水精定"石

图九　M6出土的"金精定"石

图一〇　M8出土的"水精"石

存实之性，金有肃杀、收敛之性，水有寒凉、滋润之性。《易经》认为木为少阳之象，火为太阳之象，金为少阴之象，水为太阴之象，土为大地之象。五行哲学把自然界一切事物归入这五大类。五行之表征在天上即为五星（金星、木星、水星、火星、土星），在地上就是金、木、水、火、土五种物质，在人就是仁、义、礼、智、信五种德行。五行哲学观念体现了中国传统农业社会天、地、人"三才"相互影响、互为循环，它是人们在农业生产活动中对天、地、人三者相互关系的一种哲理性认识，也是人们对于人与自然环境关系的基本出发点。"三才"理论是先秦时期人们在农业生产活动中对天、地、人三者相互关系的一种哲理性认识，是中国传统农学思想的核心与总纲[2]。这批墓葬中五行石的出现，反映了中原地区农业社会的一种文化信仰。

　　综合考虑这批金元时期墓葬的结构及随葬品，我们认为，他们体现了这一时期南北文化交流与融合的基本特征。首先，这批墓葬可能是北方游牧民族南迁中原地区、定居后形成的家族墓葬。这批墓葬的墓道普遍宽于或接近墓室，而且墓道较短，明显不具有本地墓道的狭长斜坡状的特点。其次，北方游牧民族逐渐融入中原地区农耕文化。土葬是中原地区的基本风俗，然而这一葬俗在北方游牧民族中较为罕见。游牧民族崇尚自然，流行天葬，来自于大自然，最后回归大自然。游牧民族南迁中原以后，入乡随俗，即借鉴了中原地区常见的土坑洞室墓葬俗，又有所区别。最后，墓葬中无论是五行石还是五色石，体现的都是金、木、水、火、土五行观念，这反映了北方游牧民族的精神信仰。

　　目前，在黄淮流域等地发现的金元时期墓葬并不多，多为零星出现。此次集中出土了一批金元时期墓葬，墓葬特殊的结构以及独特的五行文化葬俗，为我们研究北方少数民族入主中原以后南北文化交流提供了难得的资料。

注　释

［1］郑州市文物考古研究院内部资料。

［2］董恺忱、范楚玉主编：《中国科学技术史·农学卷》，科学出版社，2000年，第148～163页。

（原刊于《华夏文明》2016年第8期）

焦作冯汝楫家族墓地研究

郝红星

冯汝楫家族墓地位于焦作市中站区老万庄村西一个小山坡上，背靠太行山，小山西端有卫河支流大沙河自北向南流过。墓地由三座壁画墓组成，一号墓居中，二号墓居西，三号墓位在东南。

一号墓1973年由河南省博物馆、焦作市博物馆、新乡地区文化局联合发掘[1]，发掘者根据墓葬形制、壁画风格认为是金代墓葬。二、三号墓1978年由河南省博物馆、焦作市博物馆联合发掘[2]，发掘者判断两墓均为金代墓。其中二号墓木棺盖背书"父亲"二字，故为父亲墓；三号墓随葬铜质"合同契券"，为冯汝楫墓（图一）。

然而，2005年焦作市文物局出版《焦作市文物志》[3]时，将老万庄三座壁画墓定为元代，认为一号墓为冯汝楫墓，二号墓为父亲墓，三号墓为冯三翁墓，这与发掘简报的认知大相径庭。2018年，焦作市博物馆张保民在其《焦作老万庄壁画墓铜质买地

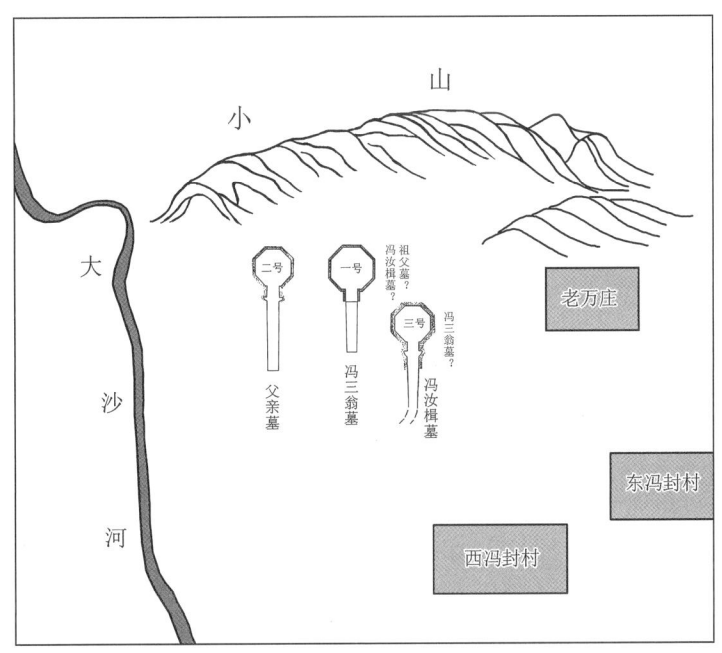

图一　冯汝楫家族墓地位置示意图

券考》[4]一文中（以下简称张文），根据买地券的内容以及焦作碑刻资料，认为三号墓为曾祖冯三翁墓，二号墓为父亲墓，一号墓为祖父墓，三墓均迁建于蒙元时期。从墓位看，曾祖墓位于东南，祖父墓位于中间，父亲墓位于最西，既凑够了祖宗三代，也符合自东向西排列的顺序。然而这违背了我国自北向南、由高向低安排墓位的惯例。笔者认为，应对契券内容、墓地地势、墓葬结构、壁画风格以及出土器物进行综合分析来判断三座墓的年代与主人。

一、张文主要观点

张文主要论述了三号墓的下葬年代、冯汝楫的为官经历、三座墓的主人，简介如下。

1. 根据铜质契券券首"怀孟州"一词判断三号墓为蒙元时期墓葬，根据末句"戊午年"判断，墓葬下葬年代为1258年。

2. 根据陈垣所著《道家金石略》[5]中收录的天坛尊师周仙灵异之碑拓片、重修天坛碑铭拓片，认为两次立碑年间（1246～1249年）冯汝楫的身份是怀孟州次官。根据《创建开平府祭告济渎记》拓片[6]认为，元宪宗六年（1256年）济渎庙立石时，冯汝楫的身份是怀孟州长官（戳同楫）（图二）。1257年，怀孟州改称怀孟路总管府，长官称总管。《元史·谭澄传》[7]记载："中统元年（1260年），世祖即位，擢怀孟路总管。"张文认为，谭澄1260年擢升怀孟路总管府总管，此前的总管为冯汝楫，由1256年的怀孟州长官续任而来。

3. 张文在结语里说：老万庄村这三座墓是冯汝楫曾祖、祖父、父亲之墓，冯汝楫墓不在其列。三号墓因有铜质契券为冯三翁墓，二号墓有"父亲"墨书为父亲墓，一号墓画风与三号墓同，门楼与二号墓相似，为祖父墓。迁墓的背景，是冯汝楫在济渎庙立石后，得到忽必烈的信任，此事足

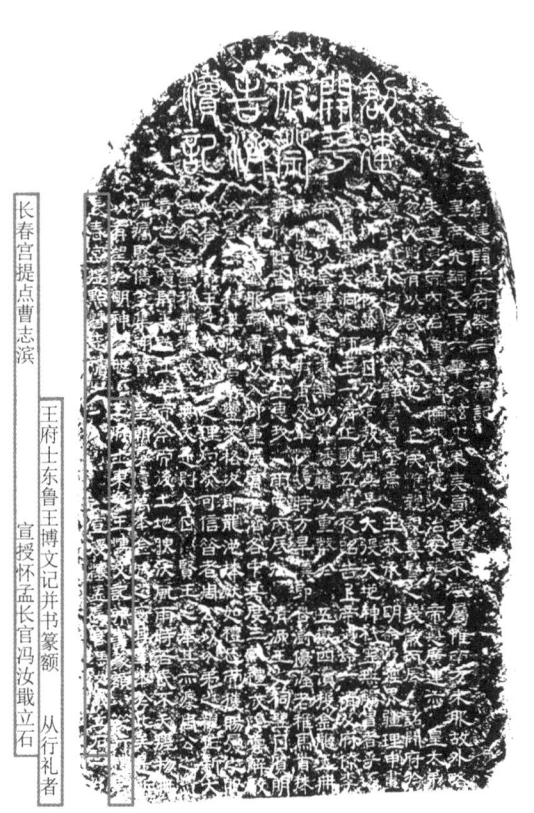

图二　创建开平府祭告济渎记刻石拓片

以光宗耀祖。

我们对张文判定三号墓下葬于1258年十分赞同，下文小有补充。对张文"冯汝楫可能是怀孟州最后一任长官，同时也是怀孟路第一任总管"则不敢苟同。对张文认为三墓均为蒙元时期墓葬、迁建于1258年也有自己的看法。

二、三号墓年代

三号墓所出铜质契券抬头为"维南赡部州怀孟州"。"南赡部州"是佛教用语，指地球所在的洲，意同"人世间"。宋金一些买地券国名前常缀有"南赡部州"四字，例如1993年发掘的邓州赵荣墓买地券[8]，开头即为"南赡部州大宋国邓州"。怀孟州，怀州、孟州的合称。宋金时期，怀州、孟州各有所属。《宋史·地理一》[9]载怀州辖河内、修武、武陟三县，孟州辖河阳、济源、温、汜水、河阴、王屋六县。《金史·地理下》[10]载怀州辖河内、修武、山阳、武陟四县，孟州辖河阳、王屋、济源、温四县。怀、孟互不隶属，在墓志上也有体现。例如2007年发掘的焦作宋冀闰墓[11]，墓志次行写"怀州河内县清期乡第四管"字样。张文所引焦作博物馆收藏的金代司塑买地券[12]，首句为"唯南怀州修武县孝廉乡定禾村祭主"（怀州一度称"南怀州"，此券沿用旧称，南怀州此时复称怀州）。

"怀孟州"一词最早出现在《元史·地理一》[13]怀庆路条："怀庆路，下。唐怀州，复改河内郡，又仍为怀州。宋升为防御。金改南怀州，又改沁南军。元初复为怀州。太宗四年（1232年），行怀孟州事（指元太宗攻取汴梁途中占领怀孟州之事）。宪宗六年（1256年），世祖在潜邸，以怀孟二州为汤沐邑。七年（1257年），改怀孟路总管府。至元元年（1264年），以怀孟路隶彰德路。二年，复以怀孟自为一路。延祐六年（1319年），以仁宗潜邸改怀庆路。"由此可知，"怀孟州"一词官方使用时间在1232～1257年间，怀孟路一词使用时间在1257-1319年间。

契券末句为"戊午年十月二十二日安葬大吉利"，在怀孟州一词使用年间没有戊午年，在"怀孟路"一词使用年间有两个戊午年（1258年、1318年），那么对契券"维南赡部州怀孟州长官"的称谓该怎么理解呢？张文认为，"怀孟州长官"是冯汝楫1258年给曾祖迁葬时的自称（循司塑买地券例），故有冯汝楫"出任怀孟路总管一职，直到1260年谭澄到任"的说辞。我们认为这种说法不合常理，理由有二。第一，司塑是一般村民，买地券用南怀州这个旧称可能是乡俗，而冯汝楫是官身，1258年尚在人生最辉煌的总管任上，不写怀孟路总管而用旧称不可想象；第二，不管契券是冯汝楫本人所写还是授意他人写，在自己曾祖面前自称官衔实为不敬，而应像江西吉水张宣义墓买地券[14]那样使用谦称。

鉴于此，我们认为，1258年三号墓下葬时，冯汝楫已去世，铜质契券的作者可能是冯汝楫的乡党，只有乡党才能按乡俗写出"维南赡部州怀孟州长官冯汝楫伏为殁故曾祖冯三翁奄逝"这样的第三人称语气。如果是冯汝楫的掾属撰写，恐怕会写成"维南赡部州怀孟路总管冯汝楫伏为殁故曾祖冯三翁奄逝"。如此，铜质契券可能是冯汝楫墓中的买地券，以第三人称语气写出冯汝楫为曾祖冯三翁迁建新茔的事实。由于新茔面积较大（约30米×26米），可以容纳数墓，新茔显然不止为曾祖而开，父亲和本人亦可入内。

契券末句的戊午年应是三号墓的下葬年，1258年大蒙古国尚无皇帝年号，只能写成戊午年。而1318年为大元延祐五年，既有国号也有年号，若写必写成"大元延祐五年"，故1318年可以排除。

三、宋金元买地券的多样性

判断三号墓主人是谁之前，我们需要先了解宋金元买地券内容的多样性。李裕群曾对宋元买地券进行研究，将买地券分为三种[15]：（1）有实际的买地行为，有买卖双方人名、亩数、钱数、立契人、见人等，甚至有交税后有司的画押；（2）有实际的买地行为，有买卖双方人名、亩数、钱数、立契人、保人等，但加入了阴司钱数、阴间免税的词句；（3）有名义上的买地行为，有步数、阴司钱数、立契人，保人、见人皆为神祇类名称，末句一般有急急如律令。

纵观宋金元三代的买地券，第一、二种数量较少，绝大部分是第三种，而第三种在内容上也有诸多的不同，大致分为两类。

第一类，买地券上仅显一人名字。有墓主与立券人同为一人的，例如1097年登封李守贵墓石质买地券[16]，首句写"殁故亡人李守贵"，末句写"李守贵券契一本"。又如1281年侯马张□成墓买地券[17]，首句写"殁故张□成"，券末立券人为张□成。有的只写买地人，不写墓主。例如1210年□守忠墓买地券[18]，券首写"□守忠，谨用钱"，券末仍写"买地人，□守忠"，墓内有成年男女及一小孩的遗骨。我们认为，这是□守忠夫妇及其夭折儿女的墓葬。也有只写墓主，不写立券人的，例如1150年孟津钱择墓买地券[19]，券首写"奉为殁故钱择"六字，墓主为钱择，立券人应为钱择的晚辈。金代有些买地券将立券人称为祭主，这是新出现的称谓，例如1157内丘王□墓买地券[20]、1188年焦作司塑买地券[21]。

第二类，买地券上显示两个人的名字，一为祭主，一为墓主。有的墓祭主、墓主不止一人。前者如1298年蔚县郭仲廉墓买地券[22]，后者如1296年三门峡冯兴墓买地券[23]。

宋金元买地券多数为方形，个别
为碑形，说明买地券与碑有密切关系。
1033年太原陶美石质买地券[24]，立
券人在文末自称"阳世葬主人陶美"。
1175年临夏王吉砖质买地券[25]，券末
书"乙未大定十五年四月日进义校尉
王吉碑"（图三、图四）。

四、三号墓主人

知晓宋金元买地券的书写习惯，
我们回头再看三号墓的铜质契券，录
文如下：

维南赡部州怀孟州

长官冯汝楫伏为殁故曾祖冯三
翁奄逝，在于浅土，未卜茔坟，自
心忧思，不遑所厝，遂于本州河内
县旧居冯封村正北偏西，旧祖茔坟
西南方，龟筮协从，择此高原，相
地袭吉，堪为宅兆。立契券谨用钱
九千九百九十九贯文，兼五彩信币，
买地一段，南北长二十步，东西阔
十七步五厘，东至青龙，西至白虎，
南至朱雀，北至玄武。内方勾陈，分
掌四域，丘丞墓伯，封部界畔，道路
将军，齐整阡陌，致使千秋百载，永
无殃咎，若有干犯诃禁者，将军亭长
缚付河伯。今备牲牢酒脯、百味香新，
共为信契，财地交相，各分付工匠修
茔安厝，已后永保安吉。知见人，岁
月主，保人，今日值符，故气邪精不
得忏客。先有居者，永避万里。若违

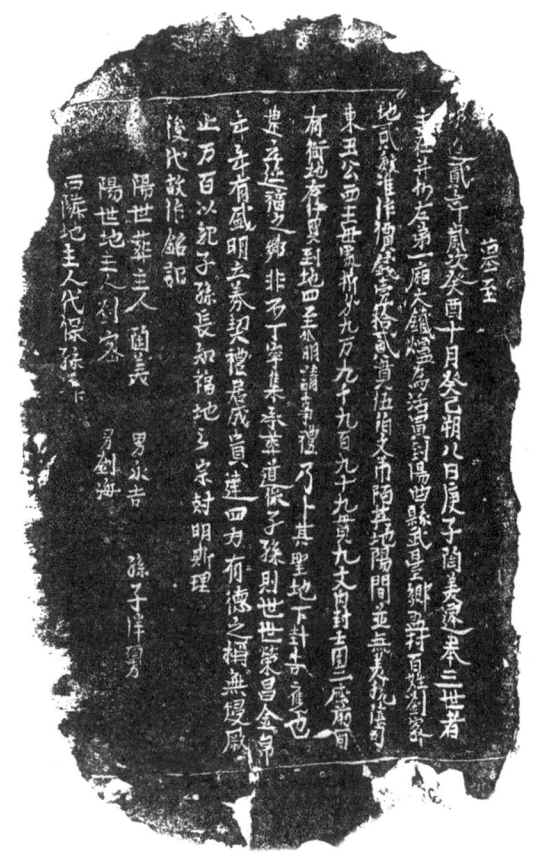

图三　陶美买地券拓片

图四　王吉买地券

此约，地府主吏自当其祸。葬主内外存亡悉皆安吉。急急如五帝使者女青律令。

戊午年十月二十二日安葬大吉利。

此券属于李裕群所说的第三种，如果首句写成"维南赡部州怀孟州祭主冯汝楫伏为殁故曾祖冯三翁奄逝"，我们会毫不犹豫断定它就是冯三翁墓的买地券，立券人为祭主冯汝楫，但因有"长官"二字，牵出许多疑虑。张文提到1257年怀孟州改成怀孟路总管府之事，他认为是沿用旧称，我们认为这种事不太可能。三号墓还有考古学证据，显示它不太可能是冯三翁的墓葬，主要有以下几点。

第一，三号墓七个壁面绘有壁画，正北为头戴展脚幞头的壮年官人，坐于交椅之上，身旁两人，左执扇右捧印，再远侧为四位侍者，这分明是冯汝楫的生活写照，其曾祖冯三翁不能享受这种待遇（图五）。

图五　三号墓壁画展开图

第二，七个壁面人物均着金代服饰，并未见元人常着的盔帽、短褙子，说明焦作一带仍处于汉族传统影响之下。焦作地区宋金以来葬俗同晋东南，这在壁画墓、砖雕墓建筑风格上有充分的体现。1964年发掘的侯马金代董海墓[26]是家族合葬墓，墓葬座北朝南，前、后室均为正方形。后室放置四具骨架，根据题记，东边为董海夫妇，西边为长子董靖夫妇。前室放置七具骨架，题记东边三具为次子董楼喜夫妇，西边三具为三子董念五夫妇，西南角一具为念五之女。这种以北为尊、以东为上的尸骨安排法，应当也是焦作地区的墓位安排法，故知处于下位的三号墓不可能是冯三翁墓。

第三，我们认为，铜质契券不过是冯汝楫的乡党以第三人称语气叙述冯汝楫为曾祖买地另辟新茔的事实，并套用当时流行的买地券格式。此券具有双重性，冯汝楫为曾祖买地，茔地足够大，父亲、本人也可入内，冯死后由乡党刻券放入墓中，故券尾未写"立券人冯汝楫"或"祭主冯汝楫"，这与其时众多买地券不同。我们还应注意到，冯汝楫可能没当过怀孟路总管，他的官职仅限于1257年以前的怀孟州长官，乡党所记或是实情。

第四，宋金元买地券以砖质最多，石质较少，铁质、铜质罕见。买地券质地应与墓主身份有关。1973年发掘的福建南安南宋恭人蔡氏墓[27]出土石墓志与铁质买地券各一，蔡氏是皇叔祖和义郡王赵士琭的侍妾，身份较高（恭人是四、五品官妻的封号）。墓志由蔡氏儿不劬书，买地券前边写葬日、亡日及葬地，后边文字几乎和冯汝楫铜质契券完全相同，不见立券人。

第五，铜质契券可能还起到墓志作用，当然信息仅有冯汝楫官职、给曾祖买地及葬年这三条。上文蔡氏墓志除卒年、葬年、葬地，也仅比买地券多了蔡氏生年、不劬及其两个儿子的信息。1985年发掘的江西临川南宋邵武知军朱济南墓[28]买地券，就有墓志作用。此墓出土长方形石墓碑、长方形石质买地券各一，没有墓志。碑书"宋故知邵武军济南朱公之墓"，买地券抬头书"宋故知郡朝请朱公地券"，内有住地、官职、卒日、葬日、葬地及迷信内容，不见立契人，和铜质契券大体相同。地券显然替代了墓志（图六）。

综上所述，我们认为，三号墓主人是冯汝楫。

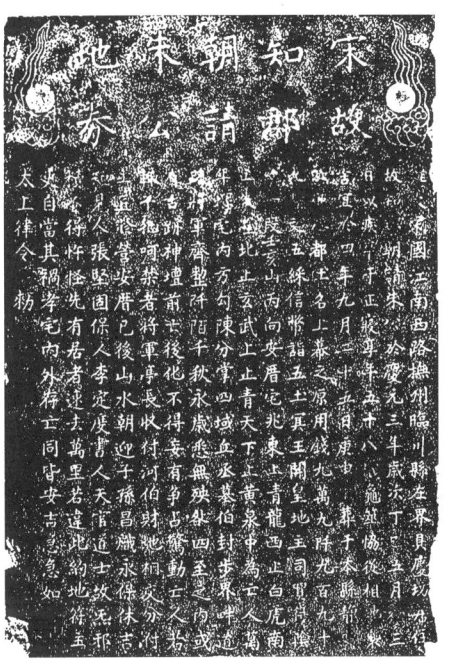

图六　朱济南墓碑与买地券

五、一号墓主人

既然认定三号墓主人是冯汝楫，二号墓棺盖背面墨书"父亲"二字，一号墓主人只能是冯三翁。铜质契券讲新茔是为曾祖所购，冯三翁当然不能缺席，按当时习俗，应处于最尊位置，即墓地北部中间。一号墓的墓主为冯三翁，也有考古学上的证据。

1.从结构来看，一号墓体量最大，门楼精致，墓室中部有复杂的五铺作斗栱。二号墓室体量略小，门楼同一号墓，墓室无斗栱、门窗。三号墓最寒酸，体量同二号墓，无门楼、斗栱、门窗。既然冯汝楫做官后为光宗耀祖另辟新茔，总不至于将曾祖墓做得最小，比父亲墓大是应该的（图七）。

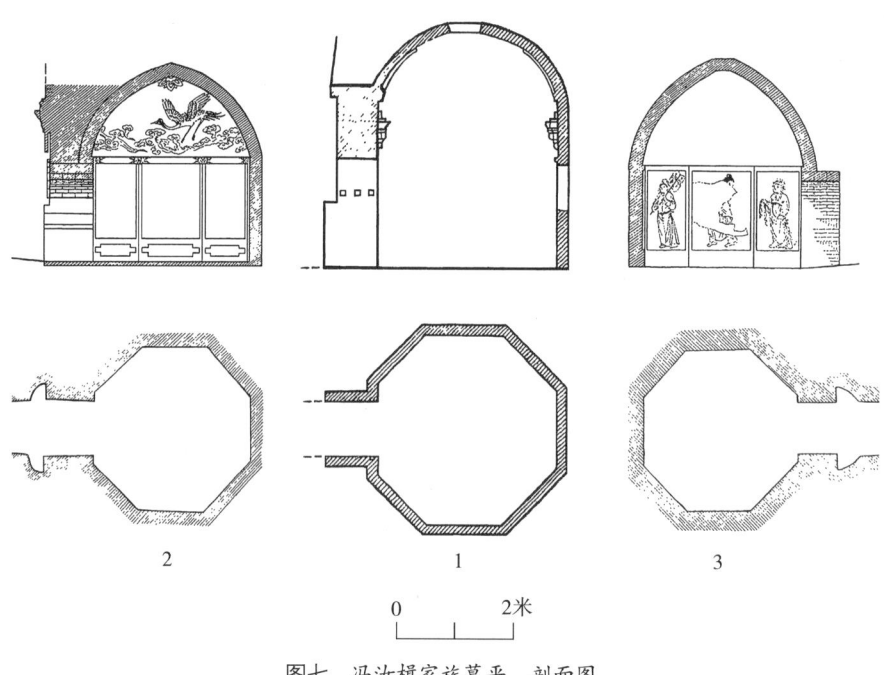

图七　冯汝楫家族墓平、剖面图

2.从壁画安排来看，一号墓北壁为假门，东北壁、西北壁为直棂窗，其余四面绘侍从，二、三号墓七个壁面均绘壁画。宋金以来，壁画墓北壁设假门，两侧设直棂窗是惯常作法，金代的一些壁画墓不再使用门窗。在一个墓地出现这两种墓，应该有时间上的先后。故有斗栱、门窗的一号墓时间最早，应为冯三翁之墓（图八）。

3.从出土物来看，一号墓被盗进土，棺、骨无存，出土三件红绿彩白瓷器。二号墓完整，出土豪华木棺，内有墓主夫妇及幼儿骨骼，另见一只粗瓷盏。三号墓完整，出土彩绘木棺，内有男性尸骨、铜质契券。北方地区墓室进土以后，尸骨有保存的，

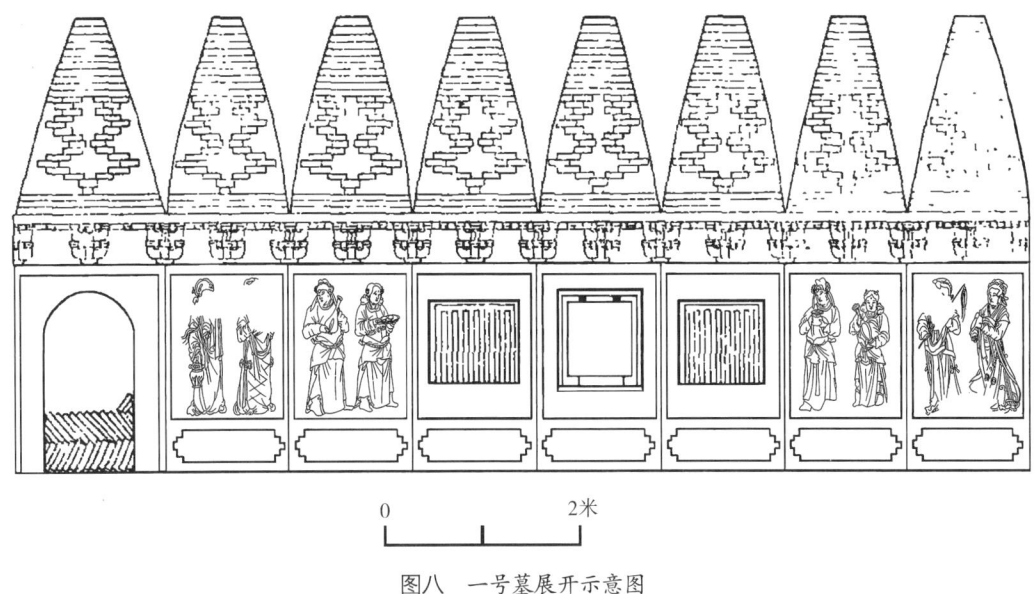

图八　一号墓展开示意图

也有消失的，故一号墓迁葬时棺、骨情况已无从知晓。一般说来，冯汝楫迁葬曾祖父，会用木棺盛敛曾祖父及曾祖母的遗骨。三号墓只有一具男性尸骨，若认成冯三翁之墓与理不合，最有可能是冯汝楫的墓，其时冯夫人可能还在世。但这样一来出现几个问题，需要将来的考古资料证明。一是冯夫人为何最终没与丈夫合葬。二是冯汝楫有无后代，如果有，为何没埋入三号墓西边，难道是家中出了变故？如果没有，冯汝楫的买地券由乡党代写，三号墓西边无墓可埋，符合墓地现在的情况。

综上所述，我们认为，一号墓主人为冯三翁。

六、二号墓的年代

宋金元买地券凡写"为""伏为""奉为""迁奉""伏缘""欲葬"等，后边引出的都是墓主，单人称的从尸骨来看往往是夫妇两口。上文所引三门峡冯兴墓买地券，墓主写两代七人，但墓中仅见一人尸骨，耐人寻味，这起码表明墓地可以葬两代人（墓地一亩五分，有可能还有墓葬）。对于像铜质契券这样单写"伏为曾祖冯三翁"的，我们认为是可以埋不止一代人的，但未必同时埋两代人。张文认为，一至三号墓同时迁建于1258年，对我们来说不可思议，正如我们前边分析，诸多因素决定了这三墓有早有晚。

二号墓与一号墓相比，体量略小，保留了一号墓的门楼、墓室下部的壸门，舍弃一号墓的斗栱、门窗。如果两墓同时建造，最有可能建成相同结构，体量上有所区别就行。一号墓出土3件饰红绿彩的白瓷器，这种器物很珍贵，冯汝楫在曾祖墓里放了3

件，父亲墓仅放一件粗瓷盏，如果两墓同时建造，冯汝楫没有必要厚此薄彼。我们推测冯汝楫在买地、迁建曾祖后，财力上可能有些欠缺，停了几年再迁建父亲墓，两墓相距不会太久。

三号墓体量与二号墓相当，无门楼、铺作，亦无壸门、门窗，墓顶连简单的飞鹤白云也未绘。此墓建于冯汝楫卸任怀孟州长官后的第二年，财力不是问题，但为什么如此寒酸，或与我们上边提到的有关。

我们认为，冯汝楫迁建新茔，在其任怀孟州次官之后便有能力进行。从刻石资料来看，此事或许发生在1246年前后，二号墓营建在其后，间隔时间不长。

七、墓地的时代风格

冯汝楫家族墓地的时代风格，主要体现在墓葬结构与壁画内容两个方面，限于篇幅，仅作简要介绍。

1.墓葬结构

三墓间隔时间不长，形制彼此有差异，三号墓是特例，一号墓可作这一时期的代表。墓室为八边形，前设门楼，墓室下部有砖砌倚柱，中部为五铺作斗栱，上部为穹隆顶，顶有菱形砖饰，这是宋金以来郑州至安阳一线壁画墓的常见作法。门楼、墓室使用五铺作，其令栱短于泥道栱，继承了晋东南金代砖雕墓五铺作的作法，门窗的安排也更多在晋东南金代砖雕墓中见到。墓门之门额两端做成卷云状，上雕三个垂柱状门簪，与郑州地区习见的四边形、六边形门簪不同，代表其最新时代风格。总的看来，冯汝楫家族壁画墓对郑州、晋东南两地壁画墓、砖雕塑墓的建筑风格都有吸收。

2.墓画风格

冯汝楫家族墓地二号墓壁画脱落，一号、三号墓壁画保存良好，风格基本相同，尤以女性明显。两墓女侍皆梳团髻，头上都扎带或包巾，上襦下裙，足着尖头鞋；不同在于一号墓女侍披有长帛，梳双垂髻的女侍，着男性服装，三号墓女侍未披帛。两墓男侍服饰也有相同之处，皆头戴垂脚幞头，身着袍、裤、靴，腰间有抱肚；不同在于三号墓老者戴交脚幞头、官人戴直脚幞头，官人与执扇者腋下皆有胸带。然而，如果将这些服饰与金代服饰相比，发现并未超出金服范畴，如襦、裙、袍、靴都是金代常见服饰，垂脚幞头在公元1143年赵处墓[29]甬道壁画上已见到（垂脚稍短），胸带在公元1189年长治敦武校尉墓[30]南壁壁画上见到，抱肚、胸带在公元1199年邹瑐墓[31]画像石上见到。总之，冯妆楫家族墓地壁画不过是继承金代壁画而已。

八、结语

　　冯汝楫家族墓地是黄河流域最为重要的一处金元时期壁画墓墓地，其三号墓下葬年代为公元1258年，所出铜质契券书写格式与同时期标准买地券有异，缺乏券首的"祭主"以及券末的"立券人"，如果不慎当成标准买地券来解读，容易产生判断失误，故应结合墓地地势、墓葬位置、墓葬结构、壁画特征、出土器物等进行综合判断。我们从契券"怀孟州长官"一词既违礼制也违官制推断，铜质契券是冯汝楫死后由乡党书刻的契券，三号墓的主人是冯汝楫，进而推断一号墓主人为冯三翁。这种判断与家族墓地的墓葬位置、墓葬结构、壁画特征等相符合。我们又根据张保民提供的石刻资料，推测一号墓的下葬年代约在1246年前后。

　　冯汝楫家族墓地三座壁画葬均为蒙元时期壁画墓，三墓结构略有差异，壁画大体相同，继承了金代晚期壁画墓的风格，这种情况在朝代更迭之后尤为常见，这一方面说明了文化传承的惯性，另一方面也可能和官场教化有关。

▎注　释

　　［1］　河南省博物馆、焦作市博物馆：《河南焦作金墓发掘简报》，《文物》1979年第8期。

　　［2］　河南省博物馆、焦作市博物馆：《焦作金代壁画墓发掘简报》，《中原文物》1980年第4期。

　　［3］　焦作市文物局：《焦作市文物志》，中州古籍出版社，2005年，第113～114页。

　　［4］　张保民：《焦作老万庄壁画墓铜质买地券考》，《焦作师范高等专科学校学报》第34卷第4期。

　　［5］　陈垣：《道家金石略》，文物出版社，1989年，第488页。转引自张文。

　　［6］　北京图书馆金石组：《北京图书馆藏中国历代石刻拓本汇编》（48），中州古籍出版社，1989年，第19页。转引自张文。

　　［7］　《元史·谭澄传》，中华书局，1976年，第4356页。

　　［8］　南阳市文物研究所、邓州市文化馆：《河南省邓州市赵荣壁画墓》，《中原文物》1997年第4期。

　　［9］　《宋史·地理一》，中华书局，1985年，第2116页。

　　［10］《金史·地理下》，中华书局，1975年，第640页。

　　［11］　焦作市文物工作队：《河南焦作小尚宋冀闰壁画墓发掘简报》，《文物世界》2009年第5期。

　　［12］　郭建设、索全星：《山阳石刻艺术》，河南美术出版社，2004年，第177页。转引自

张文。

　　［13］《元史·地理一》，中华书局，1976年，第1362页。

　　［14］陈定荣：《江西吉水纪年宋墓出土文物》，《文物》1987年第2期。

　　［15］李裕群：《宋元买地券研究》，《文物季刊》1989年第2期。

　　［16］ 郑州市文物考古研究所、登封市文物局：《河南登封黑山沟宋代壁画墓》，《文物》2001年第10期。

　　［17］山西省考古研究所侯马工作站：《侯马市区元代墓葬发掘简报》，《文物季刊》1996年第3期。

　　［18］山西省考古研究所侯马工作站：《侯马两座金代纪年墓发掘报告》，《文物季刊》1996年第3期。

　　［19］洛阳市文物工作队：《洛阳孟津县麻屯金墓发掘简报》，《华夏考古》1996年第1期。

　　［20］贾成惠：《河北内丘胡里村金代壁画墓》，《文物春秋》2004年第4期。

　　［21］郭建设、索全星：《山阳石刻艺术》，河南美术出版社，2004年，第177页。转引自张文。

　　［22］蔚县博物馆：《河北省蔚县元代墓葬》，《考古》1983年第3期。

　　［23］洛阳地区文化局文物科：《三门峡市上村岭发现元代墓葬》，《考古》1985年第11期。

　　［24］代尊德：《太原小井峪宋墓第二次发掘记》，《考古》1963年第5期。

　　［25］临夏回族自治州博物馆：《甘肃临夏金代砖雕墓》，《文物》1994年第12期。

　　［26］山西省考古研究所侯马工作站：《侯马102号金墓》，《文物季刊》1997年第4期。

　　［27］王洪畴：《泉州、南安发现宋代火葬墓》，《文物》1975年第3期。

　　［28］陈定荣、徐建昌：《江西临川县宋墓》，《考古》1988年第4期。

　　［29］张增午：《河南林县金墓清理简报》，《华夏考古》1998年第2期。

　　［30］长治市博物馆：《山西长治市故漳金代纪年墓》，《考古》1984年第8期。

　　［31］河南省博物馆、焦作市博物馆：《焦作金代壁画墓发掘简报》，《中原文物》1980年第4期。

（原刊于《华夏考古》2020年第4期）

层位学、类型学在年代研究上的思考

闫付海

在研究中原地区从龙山文化晚期到二里头文化时期的过渡情况时，赵春青的三种演变模式观点[1]和许宏的"文化岛屿群"观点[2]，不仅反映了考古学文化变迁的问题，也反映了考古层位学和类型学在年代研究上存在的问题。笔者在《新砦二期文化性质新论》和《论文化因素分析与文化变迁》等文中，论述了"征服统治和人群迁徙产生考古学文化的变化"这一新的考古学文化变迁理论[3]，也部分谈到了考古层位学、类型学在年代研究上存在的问题，本文在即有论述内容的基础上，就这一问题进行更进一步的讨论。

一　层位学与类型学的发展

考古层位学与类型学是考古学研究的基本理论和方法。随着考古学传入中国，考古层位学经历了地质学中的层位学至考古层位学，是一个逐步发展的过程。梁思永"后岗三叠层"的发现标志着考古层位学的形成[4]。张忠培对地层学和类型学进行了理论的思考和总结[5]，并进一步演变为"层位学"[6]。随着聚落考古学研究的兴起和发展，张忠培、赵辉、栾丰实等学者提出了"地面"的概念[7]，以确定遗存中各种遗迹的共时性，其中，赵辉对"地面"问题进行了较为详尽的阐述[8]，对层位学研究是一个较大的发展。其后，许永杰提出的"平列"概念[9]，也是对层位关系中遗迹共时性问题的思考。

类型学借鉴于生物学的分类方法，是考古学研究的主要方法论之一，是考古学研究认识问题的起点和依据。以类型学为基础，发展出来的考古学文化理论和区系类型学说，是中国考古学研究发展的重大进步和重要贡献，为由物质文化史研究转向古代社会史研究提供了坚实的基础。

年代研究是考古学研究的重要方面。层位学和类型学在考古学年代研究上均有着独到的、有效的、重要的价值。

层位学方面，根据地层和遗迹的层位堆积顺序，可以天然确定其相对年代的早晚顺序，即所谓的叠压和打破关系。但是层位学存在着两个问题：（1）仅限于有叠压和打破关系的地层和遗迹的相对年代早晚，本身并不能确定文化期的归属；（2）没有叠压和打破关系的属于"平列"关系的诸遗迹、同一遗址不同区域的各地层和遗迹、同一区域不同遗址的各地层和遗迹之间的年代早晚关系，层位学的方法是不能确定的。类型学的方法可以解决这两个问题中的绝大部分，加上"地面"概念的补充，似乎是较为完善了。

类型学方面，借助于有限的层位学确定的相对年代早晚关系，根据器物的相似性和演变规律、器物的组合情况，利用"桥联法"和"横联法"，似乎可以非常有效地解决考古学文化研究中的相对年代问题。类型学存在的问题也是显而易见：（1）类型相同年代即相同，这个前提是需要论证和分析的；（2）器物的演变是符合逻辑的，这一个假设也是存在问题的；（3）精度也是有限的，仅能达到所分析的遗迹属于同一个考古学文化的同一期至某段，实际年代相距更近或者不出遗物的情况则无能为力；（4）忽略了遗迹和器物的历时性和共时性。前三个问题均不同程度地包含这一点问题。

关于类型学在年代研究方面的精度问题，前辈学者提出了"地面"的概念，是一个很好的补充和发展。赵辉对"地面"的相关问题进行了详尽的阐述，提到了人的行为内容和过程、地面和多层活动面、地面和层面、地面和依托土、地面的局部与整体、地面的局部与过程、多层地面与关键地面、地面的年代问题、地面的保存情况与自然间歇层以及发掘工作中的指导原则，足见遗址中的"地面"是多么重要，可以说是进行聚落研究的基础。

虽然遗址中的"地面"非常重要，20年来，似乎并未引起学界足够的重视。"地面"本身能够得以保留就十分不易，能够在考古发掘中清理出来则更为不易。因能够保留且被清理出来的"地面"数量和范围有限，虽然它本身对确定共时性非常有效，但是整体上效果有限。因为"地面"本身太重要，寻找确实存在的"地面"吸引了我们过多的注意力，阻碍了我们的视野，而且仅局限于单个遗址中，终不能挣脱传统层位学和类型学的窠臼。

考古发掘工作中清理出来保留下来的"地面"非常重要，想象复原已经被破坏的曾经存在的"地面"同样有效。"地面"的概念不局限于遗址中一个聚落曾经真实的"地面"，其小可以使用在每一个遗迹单位上，其大可以使用在不同的遗址和聚落之间，道理都是一致的。

问题的根本在于对历时性与共时性的认识不够充分，包含考古遗存的每一项因素的历时性与共时性。

二、历时性与共时性

历时性与共时性是一对学术术语。应用在考古学领域，从字面的意思理解，历时性就是某一事物——包括遗迹单位、遗物、甚至是一个文化因素——从产生到消失所经历的时间，是时间纵向的存在。共时性就是某一事物和其他事物在某一时间同时存在，是时间横向的存在。

论起历时性与共时性，宏大莫过于时间和自然，我们无须过多讨论。与考古学研究相关的是遗存的历时性与共时性，包括城墙、壕沟、房子、灰坑、墓葬、地面与地层、遗物，每一项事物都有其产生、使用、废弃的过程，笔者逐一分析如下。

1. 城墙

长城也是城墙，主体应当是明代不同时期的，局部可能有更早的，也有少部分是现代维修的。旧北京城的城墙如果没有被拆除，可能会保留至今仍然存在，一直存在到被拆除的那一时间。据说清代的城墙里面包含着明代的城墙，明代的城墙里面还包含着金元时期的城墙。故宫的围墙也是城墙。我们可以思考其历时性与共时性。

城墙的始建年代，在于城墙或城墙基槽打破的地层或遗迹的年代，城墙主体内包含年代最晚的遗物可以作为参考。城墙的修建可能是短时间内一次连续的施工完成的，也可能是需要一定时间的分批多次施工完成。修建所用的时间，长与短，相对于其存在使用的时间，都可以算是一个时间点。城墙存在使用期间，是相对静止不变的，时间的长短是不确定的，期间可能存在局部的改变和维护。城墙的废弃，表现于打破城墙主墙体的非维护性的遗存——比如灰坑，局部的毁坏即表示城墙作为城墙历时性的改变，局部或大部分城墙虽然可能又存在了相当长的时间。

2.壕沟

城墙的壕沟，可以利用自然的河道，也存在一座城修建在一座小岛或一个半岛上的情况，这里讨论的壕沟指的是人为修建的壕沟，大运河某种程度上也算是壕沟。相关情况略类似城墙。

壕沟挖掘修建的年代在于其打破的地层或遗迹的年代，壕沟最底层堆积中的包含物对其修建年代的参考价值不大。壕沟内可能有多个时代的堆积物，一直到其与边缘的地面基本平齐为止。每一个时代，壕沟都存在着，发挥着不同程度的作用。

3.房子

迄今仍保存有不少明清至民国时期的建筑，修建年代虽然不同，有各自的历时性，但至今它们是共存的，有着共时性。一个房子有一个房子的历时性与共时性，一个聚落的居住区内的多个房子有各自的历时性与共时性，一个聚落的居住区也有其历时性与共时性。一个房子修建的年代虽然不确定，但是是一个时间点。存在使用时间的长短是不确定的，是一个时间段，在这个时间段内，它的状态是不变的。毁弃堆积的包含物和房子内地面上摆放的遗物是两种不同性质的遗物，年代相距也是不确定的。

两个相距不远的房子，它们开口于同一地层下，打破于同一地层，虽然都剩下房子的基础，且无打破关系，其中一个是单独的一个房子，另外一个有连续的打破关系，虽然不能确定单独的修建年代与另一个复杂打破关系中的某一个相同，但可以推测它们最终被毁弃的时间是相同的。

4.灰坑

超大型灰坑，像二里头遗址宫殿区的1号巨型坑，情况略同于上述的壕沟。一般的窖穴，情况略同于上述的房子。

5.墓葬

墓葬与墓葬区，在历时性与共时性方面，与上述其他遗存是有较大的不同的。单独一个墓葬，修建和使用时间是同一个时间点，不存在所谓的被毁弃的时间。一个墓葬区是由多个墓葬组成的，虽然每一个墓葬不具备历时性与共时性，但是一个墓葬区是存在开始、使用、结束的历时性与共时性的。

墓葬区的历时性有一个特别的地方，就是墓葬区的墓葬是有时间顺序和空间排序的，虽然它们并没有打破关系，而且可能我们无法确认其真实的时间顺序，尤其是墓葬区内的墓葬空间排列有序时，最大的那一批几个或十几个墓葬一定是有时间顺序的，像花厅遗址的墓葬区、陶寺遗址的墓葬区、清凉寺墓地、殷墟的王陵区、晋侯墓地以及历史时期的皇陵。

聚落内部墓葬区与其他功能分区是存在共时性的。墓葬区内通常是方向一致的，排列有序的，不存在打破关系的。如果发生了普遍存在的打破关系和墓葬方向的改变，则说明虽然仍然是墓葬区，但是历时性发生了变化。如果墓葬区变化为居住区或窖藏区，则明显是历时性的巨大变化。

6.地面与地层

考古学上的地层包括文化层和与文化层有关的自然层，地层的形成原因和形成过程是复杂的，总体上可以概括为人力作用和自然营力作用。自然层就是自然营力形成的地层，是古文化遗址中文化层序列中的间歇层。文化层的形成原因和形成过程，至今并没有确定的认识，应该是人力作用的结果，但其中是否有自然营力的作用和占有多大的比重，并不清楚。

与文化层相关的层位学问题有四个：（1）文化层是怎么形成的；（2）地面、依托土与文化层的关系；（3）遗迹是否会开口于地层中；（4）遗迹与其打破文化层和叠压它的文化层的年代关系。

因为文化层究竟是怎么形成的这个问题并不清楚，对于这些问题并没有进行深入的思考和统一的认识，笔者通过对相关研究成果的学习，形成初步的认识：（1）文化层的形成以人力作用为主；（2）依托土是文化层形成的一种重要方式，地面位于依托土的表面；（3）因为依托土和文化层多为人力作用形成，在形成的过程中，要么继续使用前一时期的地面，要么前一时期的地面遭到较为严重的破坏，因此，遗址中的"地面"不易保留下来，即便保留下来，也是范围有限；（4）如果有自然间歇层，则前一时期的遗存和地面应均保存较好；（5）遗迹的现存开口必然存在一个面，即使原开口地面被破坏，或者其上又有一层土或其他遗迹，因此，遗迹不会开口于地层中；（6）两个相互叠压的文化层之间的遗迹的年代上限近同于遗迹所打破的文化层的年代，下限近同于叠压遗迹的文化层的年代；（7）因为文化层和遗存及其历时性与共时性的复杂性，以上关于文化层的相关认识总体上不够扎实，逻辑上有点玄。

7.遗物

遗物是类型学分析的主要对象，遗物的问题就在于类型相同年代是否就相同，以及遗物的演变是否存在逻辑。

举一个不算恰当的例子，在智能手机出现之前，大家都用功能手机。后来苹果公司的智能手机出现了，随着时间的推移，越来越多的人从使用功能手机转变为智能手机，但是功能手机并没有完全消失。大部分老年机都是功能手机，还有不少年轻人同时在使用一部功能手机一部智能手机。以苹果手机为例，从第一代到第十代，有人从第一代开始用，每出现一个新的，都要换一个。有人从第四代开始变功能手机为智能手机，且没再更换后面迭代的新手机。如果做一个抽样调查，同时在使用的手机有各种功能手机，有代表着时间先后的迭代顺序的各代苹果手机，只是占比多少不同。

同样的道理，开口于同一文化层下又打破同一文化层且相距不远没有打破关系的三个灰坑，分别出土了"功能手机""苹果四代智能手机""苹果七代智能手机"，这三个灰坑就是三个年代不同的灰坑吗？它们更大的可能是同时的。

遗物的演变某种程度上是符合逻辑的，但是不符合逻辑的情况是更高一层的规则。每一种遗物都包含着相对复杂的技术、习俗、审美、实用等因素，遗物种类和因素的出现与消失是没有逻辑的。符合逻辑的只是在一个大变化下面一个单项的小变化过程，陶罐的腹由细逐渐变粗、陶鬲的裆由高逐渐变低，应该是符合逻辑的过程，也仅限于一个量变过程。即便如此，由于历时性和共时性的存在，也不能就确定年代的不同。

上述对遗迹、地层及遗物历时性与共时性的分析，是每一项事物纵向时间上的产生、存在、消失和某一个时间截面上各种事物的存在情况，本质上就是短时段的变化和长时段的相对静止，这与年代研究有着非常密切的重要关系。

三、层位学与类型学在年代研究上的思考

前面已经介绍了层位学与类型学的发展、存在问题以及文化遗存的历时性与共时性，在此基础上，对层位学与类型学在年代研究上的思考，形成新的初步认识。

1.层位学

层位学主要表现在一个遗址上有多个文化层，文化层之间包含着各种不同的遗迹现象。根据上述对历时性与共时性的分析，遗址中多个文化层之间的遗迹存在情况表现的是聚落变化或废弃前的状况，可以理解为遗址位置在纵向时间上多个时间点的横向截面聚落情况，而时间点之间的长短并不一致。

开口于同一地层下、打破同一地层的各种遗迹，因其打破关系反映的年代先后顺序是确定的，而没有打破关系的遗迹，大体是同时共存的。其年代上限近同于遗迹所打破的文化层的年代，下限近同于叠压遗迹的文化层的年代。需要注意的是，存在文化层被完全破坏而遗迹残留的情况，则需要以类型学原理为主进行分类分组和年代学研究。根据残留遗迹判断可能存在且已被完全破坏的文化层堆积的情况也是一项重要内容。

在一个遗址内，像陶寺遗址、二里头遗址、郑州商城遗址，同一个考古学文化期内，两个相距不远的点，其中一个发生变化或者地层的变化，另一个不变，则不变的点先与变化的点的变化前的情况共时，后与变化后的情况共时，一直共时到同时被变化。

同一地层和地层上的遗迹，会延续至被改变为止。地层的改变、缺失，表示着时间的延续。一个遗址内最后的文化层上的遗存，其年代下限可能会延续相对长的时间。地层可能没有改变，遗存分组也表示文化的变化，也与年代有关。

另外，在一个遗址内，保留有年代相距较远的文化遗存，且有各自的分布区域，像唐户遗址，根据调查情况，一片为裴李岗文化遗存，一片为仰韶文化遗存，一片为龙山文化遗存，则可能存在间歇层。

2.类型学

类型学研究以器物的类型和演变为分析对象，关于器物的相关情况前文已做初步分析，此处就器物的类型和演变与类型学问题进一步补充分析。

器物包含着相对复杂的技术，技术从属于权力，器物形制和组合的明显改变意味着权力的改变。以二里头遗址、偃师商城遗址、郑州商城遗址的陶器演变为例，同一状态在偃师商城从二里头文化发展而来已经经历了相当长的时间，传播到郑州商城，表现是一样的，但在时间和年代上是不同的。两者相同，其一已发生改变，而另一不

变，两者在时间和年代上是同时的，但在类型上却是不同的。单纯的类型学分期容易忽略器物的多样性、历时性和共时性，文化滞后性、距离远近与传播和变迁在年代上也有一定的关系。

类型学上的两处遗址文化因素相似，可能有两种情况，与中心聚落的情况存在关系。一种是中心向边缘区的传播，即如果中心聚落存在，像二里头遗址一、二、三期，则确定的同一文化区内各相同的文化遗存年代可以认为是相同的。另一种为中心的转移，即如果中心聚落发生变迁，则根据中心聚落变迁的分析，边缘区和新扩展区域的年代晚于中心区的年代。中心聚落的变迁，当与前一期有共存情况，共存的情况也可能长，也可能短，因此，一个遗址最初的聚落和最后的聚落在年代研究上都有着非同寻常的意义。中心聚落的存在期属与中心聚落的转移，中心聚落多层文化层的改变与最后的衰落，在年代研究上是有重要价值的。

另外，早期考古学文化，像裴李岗文化、仰韶文化，分期年代跨度较大，单纯的遗存年代并不容易确定，因为相对静止，其出现可能是从另一处迁徙而来，虽然类型学是一致的，年代上却是相承的，此处既属于类型学的问题，也是文化变迁的一个内容。彩陶、玉琮、牙璋的大范围传播，当与此内容有关。

四、余论

本文的内容是在进行考古学文化变迁和中华文明与国家起源等问题研究过程中的思考，是新的考古学文化变迁和中华文明与国家起源学术体系的组成部分。在已经完稿的几篇文章中均有提到该问题的部分内容，在本文的行文过程中并未展开论述。

注释

[1] 赵春青：《关于新砦期与二里头一期的若干问题》，《二里头遗址与二里头文化研究》，科学出版社，2006年。

[2] 许宏：《嵩山南北龙山文化至二里头文化演进过程管窥》，《中原地区文明化进程学术研讨会文集》，科学出版社，2006年。

[3] 闫付海：《新砦二期文化性质新论》，《华夏文明》2018年第6、7期。

[4] 梁思永：《小屯龙山与仰韶》和《后冈发掘小记》，《梁思永考古论文集》，科学出版社，1959年。

[5] 张忠培：《地层学与类型学的若干问题》，《文物》1983年第5期。

[6] 张忠培：《关于考古学研究的几个问题》，《文物研究》第五辑，黄山书社，1989年。

[7] a.张忠培：《中国考古学——实践理论方法》序言部分，中州古籍出版社，1994年；

b.赵辉：《聚落考古工作的尝试》，《中国考古学跨世纪的回顾与前瞻》，科学出版社，2000年；

c.栾丰实：《考古学理论·方法·技术》，文物出版社，2002年。

　　［8］赵辉：《遗址中"地面"及其清理》，《文物季刊》1998年第2期。

　　［9］许永杰：《考古层位学札记三则》，《江汉考古》2009年第2期。

论文化因素分析与文化变迁

闫付海

一、文化因素分析方法的应用与确立

李伯谦在《论文化因素分析方法》一文中写道："文化因素分析方法和地层学、标型学方法一样，是考古学基本方法之一。文化因素分析是指对考古学文化构成因素的分析。作为一种科学方法论，文化因素分析方法在考古研究中有着广泛的用途。如对某一考古学文化的性质的确定、发展阶段的划分、源流的考证，与其他考古学文化关系的探讨，它在整个中国考古学文化区系类型体系中地位的推断以及所反映的社会结构的研究等，都要借助于对其文化因素的科学分析。"[1]

随着中国考古学的产生和发展，文化因素分析方法即得到运用并逐步发展。20世纪20年代，安特生对仰韶文化彩陶的分析[2]。30年代，施昕更对良渚文化黑陶的分析[3]。50年代，梁思永对龙山文化三个区域类型的分析比较[4]。60年代，苏秉琦再次对仰韶文化内部不同类型的分析，重新确认了半坡类型和庙底沟类型的相对年代和性质[5]。70年代，殷玮璋对二里岗遗址和二里头遗址陶器组合的差异分析[6]。这些研究都运用和发展了文化因素分析方法。

20世纪80年代，对文化因素分析方法的认识和运用上升到一个新的高度。俞伟超在《楚文化的研究与文化因素的分析》一文中，具体谈到文化因素分析方法在楚文化研究中的运用[7]。李伯谦用文化因素分析方法研究了吴城文化的性质、分期和内涵，并讨论了其与商文化的关系[8]，其后，在晋文化研究座谈会上的发言[9]，对文化因素分析方法已经有了清楚成熟的认识，最终，从理论的高度认识和总结了文化因素分析方法的科学依据、广泛用途以及运用注意，确立了"文化因素分析方法和地层学、标型学方法一样，是考古学基本方法之一"的认识[10]。

考古学文化包含众多的文化因素，在类型学分析的前提下，对各文化因素进行分类分析，然后将各类文化因素与该文化的先行文化和后继文化以及相关的其他各考古学文化进行纵向、横向、交叉的比较分析，判断各文化因素的性质及来源去向，进行文化变迁、社会发展等相关的考古学研究。其基本的分析方法是定性分析和定量分析——定性分析以确定不同文化因素的属性、来源及去向，定量分析以确定各文化因素在同一考古学文化中的比重、地位及作用。

二、文化因素分析方法的问题与思考

20世纪90年代以来，众多学者在运用文化因素分析方法指导考古学文化研究的实践中，逐步发现该方法在运用的过程中存在着一些困惑和问题，也进行了有益的思考和探索[11]。

1.关于文化因素分析方法与类型学的关系

类型学通过对年代特征变化明显的遗迹或器物进行分析，以达到分期分段的目的，并总结各期段遗存的特征，客观反映各期段考古学文化遗存的情况。而文化因素分析方法则是在类型学分析的基础上，对所有文化因素的来源、变化和相互关系进行分析，以研究文化变迁和社会发展情况。

地层学、类型学、文化因素分析方法在考古学的研究中相互联系又各有侧重，因此，文化因素分析方法完全可以是和地层学、类型学方法一样的考古学的基本方法之一。

2.定量分析问题

定量分析是文化因素分析的基本方法，在具体应用中却存在着较大问题。考古发现的遗存存在的偶然性、特殊性、片面性，使得定量分析先天不足。融合性器物的归属也存在争议，并没有一套行之有效的方法对其进行定量分析[12]。

3.主体文化因素的问题

考古学文化包含众多不同的文化因素，各种文化因素多少比重不同，用定量分析方法得出主体文化因素的认知路径可能是存在问题的。随着礼制的起源和发展，文化因素产生了分层，根据文化因素层次（层级）性确定主体文化因素的认知路径可能也是存在问题的。

4.对新文化因素的认知

每一种考古学文化与其先行文化相比，定然是出现了新的文化因素，对该部分新出现的文化因素，学术界的主流认识是"既有对其先行文化的变革和继承，又有对同时期周围其他文化的借鉴、吸收和融合"[13]。这一认识可能是存在问题的。

用文化因素分析方法对考古学文化的研究，实质上是对考古学文化进行文化变迁的研究。用文化因素分析方法，在二里头文化向二里冈文化转变过程研究中，分析二里头遗址四期和郑州二里岗遗址一期的文化遗存，就会呈现出上述提到的几个问题。定量分析占比重大的文化因素和层次（层级）高的文化因素是二里头文化因素，怎么认识它和下七垣文化因素谁是主体文化因素的问题呢？对新出现的下七垣文化因素，怎么理解它的"吸收"呢？

三、文化变迁理论研究

考古学文化变迁的研究是考古学研究的重要内容，是由物质文化史研究转向古代社会复原研究的重要过程。

考古学文化是指一定时期内、分布于一定地域内、具有一定共同特征的人类活动遗存的总和，包括遗迹、遗物以及各种可获取的相关信息，都是当时人们所从事的各种活动遗留下来的。考古学文化虽然是客观的、静止的，但其反映的内涵是变化的，是联系的，是有过程的。考古学文化有自己的先行文化，也有自己的后继文化，也有与其共存的其他考古学文化。文化变迁研究的就是考古学文化产生、发展，直至衰亡的过程，以及在这个过程中与其共存考古学文化间的联系情况。

加拿大学者特里格博士1968年出版的书中"探讨了与人口迁移及文化特征发明和传播有关的各种文化进程"[14]，主要运用了人类学和民族学的材料，探讨了文化的发明、传播和迁移、独立发明、平行发展等几乎所有可能的文化进程。对中国史前考古学文化的变迁研究，有一定的参考价值。

陈星灿在《文化变迁的历史考察》[15]一文中，首先梳理了历史上文化进化论派、传播论派、历史批评学派、新进化论派等各文化学派对文化变迁的看法的发展。其后，较为深刻地讨论了文化变迁中的发明和传播，传播的主要途径有迁徙、战争、贸易、通婚等。再后，探讨了文化变迁在考古学上的主要表现：文化的断层、同化、融合、飞地与插花。最后，讨论了考古学研究文化变迁的各种局限性。

田名利在《考古学文化的传播与迁徙》[16]一文中，综合多位专家学者相关的研究成果，较为全面地讨论了传播与迁徙在考古学文化变迁中的各种可能性情况，丰富了前述陈星灿文章框架中的相关内容。

李伯谦在《关于考古学文化互动关系研究》[17]一文中，从考古学文化互动关系的角度，总结性地探讨了考古学文化变迁的各种情况。他没有明确区分传播与迁徙，但仍多偏重于传播。文中谈到考古学文化之间互动的快慢、强弱、主动与被动，谈到强势文化对弱势文化的同化、替代以及其主导的急风暴雨式的融合或浸润式的融合，谈到弱势文化对强势文化的抵抗、有选择地吸收或改进，谈到势均力敌文化交汇区域融合形成新文化，谈到考古学文化之间的直接传播和通过传播中介实现传播，谈到考古学文化传播中的"文化飞地"现象，谈到传播速度和"文化滞后"现象，谈到物质文化传播和精神文化转播的不同，谈到精神文化传播的情况，谈到考古学文化互动关系研究的几点注意事项。

综合学界关于文化变迁的研究成果，对文化变迁的认识较为一致："既有对其先行文化的变革和继承，又有对同时期周围其他文化的借鉴、吸收和融合"[18]，变迁的方式是以传播为主包含传播与变迁的所有可能的情况。

笔者认为，这些认识，是基于考古学物质文化史研究的推测和相对合理的解释，近乎全面且多种可能，但逻辑性弱，又似乎不能解释所有的考古学文化变迁的相关现象，致使中华文明与国家起源研究止步不前无法突破。

有没有一个关于考古学文化变迁的规律，可以解释所有的相关现象呢？是有的，关于考古学文化变迁的主要规律就是征服统治和人群迁徙产生考古学文化的变化。需要说明的一点，该规律主要适用于中国史前时期的考古学文化。

四、吸收与传播

文明的本质是生存。东方文明的本质和核心是生存和权力。相对统一的权力和相对封闭的环境内，文化是稳定和相对静止的。吸收和传播仅有限发生于同一文化区内部或者是同一权力实体内部，是相对略晚以后的事情，而且要与权力充分合理的结合，在权力的指导下进行。

基于考古遗存的发现与研究，我们推测吸收与传播是考古学文化变迁的主要方式。这一种推断本身并没有办法证实或证伪，我们可以用逻辑推理和类比的方法对"吸收和传播产生文化变迁"这一论断进行思考。

当今世界，各国各地区的发展存在着极大的不平衡。亚马逊雨林和非洲的热带雨林中还存在着原始状态的村落，中国西南地区也存在着不少原始状态的村落。云南泸沽湖畔的摩梭人的走婚习俗可能就是母系社会的孑遗。就算是在吸收和传播较为充分的各相对发达国家之间，仍有着各种文化的较大不同。此皆可见，吸收与传播对文化变迁的作用。我们可以思考，他们为什么不吸收？他们为什么要吸收？他们为什么不变化？他们为什么要变化？

传播的方式有借鉴或模仿、通婚、贸易或交换、贡纳或赏赐、个体或个别家庭的迁移、掠夺或战争，我们来逐一分析各种传播方式的情况。

1.借鉴或模仿

先看中国历史上的一些情况。以清朝前期国力之发展和强盛，以康雍乾三帝之英明神武，尚且闭关锁国，足见吸收与传播之难，史前时期的借鉴或模仿也不可能容易。

2.通婚

当今社会，因社会发展、交通便利、集中务工形成规模性人口远距离迁徙，才形成远距离的婚姻，且比重也不大。改革开放之前，绝大多数人的婚姻仍是邻近村子之间，甚至同村或交表婚也占不小的比重。

所谓的通婚，也是权力构成的重要方式。帝国时期，中原王朝和周边少数民族政权的通婚可以勉强称得上不同考古学文化居民的婚姻。汉唐时期的通婚，能在匈奴和藏族留下多少文化因素的痕迹呢。

春秋战国时期，居住于陕西、山西、河南、河北、湖北的居民，具有跨区域婚姻资格和能力的居民和家庭，是极为有限的，诸侯国王室而已，甚至是王的特权，可以说，诸侯国王室通婚也是王室王权的重要保障。

如此可以断言，长距离的史前古族对应是不合适的。史前不同考古学文化居民之间的婚姻关系除了极个别类张骞匈奴婚姻关系之外应无其他。

3.贸易或交换

帝国时期对贸易、商业和商人的抑制，向前追溯，中国对贸易或交换的称谓"商业"和"商人"与商王朝的关系，并无确凿证据。可以推测，商王朝灭亡之后，商遗民从事擅长的贸易和交换，因而被周人称为商业和商人。贸易和交换在商王朝及其之前并不存在，和中国史前权力、环境、农业手工业经济状况是相符的。

4.贡纳或赏赐

我们较为清楚的贡纳和赏赐系统当是帝国时期的情况，关于战国之前的情况，只能合理推测。可以推测，大禹治水过程中开始形成了强的贡纳关系，再之前的良渚、红山和陶寺社会的相关情况更为模糊，可能是稍有不同的。

5.个体或个别家庭的迁移

中国古代社会的权力控制、相对封闭的环境、农业和手工业业态，致使古代社会的个体或个别家庭的跨区域迁移是极少发生的，或者说即使是有这种迁移现象发生，对迁入区域的考古学文化的改变也几乎是不可能的。因为这些迁移的个体或个别家庭在原文化区域生存不下去，迁移的时候不可能携带多少文化因素，到迁入区域也不可能让携带的少量文化因素传播开来。

6.掠夺或战争

掠夺与战争对文化的改变，多表现在同一文化区域内部、文化区域交汇处和文化区域的扩张。掠夺与战争和文化的改变存在较为密切的关系。

综上所述，吸收和传播不能产生考古学文化的变化。

五、征服统治和人群迁徙产生考古学文化的变化

既然吸收和传播不能产生考古学文化的变化，掠夺与战争和考古学文化的改变存在联系，只有征服统治和人群迁徙才能产生考古学文化的变化，这才是考古学文化变

迁的主要规律。

　　人群迁徙产生的原因可能是多种的。外来人群和本地人群的战争是必然的。如果外来人群在战争中失败，则他们会继续迁徙到其他地方，本地人群的文化是不会产生变化的。如果外来人群在战争中胜利，征服了当地的人群，则当地人群中的一部分人（当以原统治阶层的人群为主）离开本地，成为新的迁徙人群，外来人群成为新的统治阶层，原本地人群中若有人留下来，则成为被统治阶层，他们中的绝大部分人本身就是被统治阶层。本地的文化必然产生变化，新的统治阶层主导了文化的变化，融合本地原有文化和迁入者的文化，产生了新的考古学文化。新文化中的本地原有文化和迁入文化的比重可能不同，也就是文化因素占比不同，但并不能改变迁入者主导文化变化的情况。新的被迫迁徙的人群，重复着征服统治和人群迁徙的过程。

六、文化因素分析方法的新运用及相关问题的新认识

　　如果没有历史文献记载的汤夷联军灭夏，通过对二里头文化和二里冈文化的文化因素分析，用文化变迁的理论来解释，我们会理所当然地认为，二里头文化吸收了下七垣文化和岳石文化的因素，转变成为二里冈文化。但事实并非如此，参考历史文献的相关记载，是下七垣文化和岳石文化的人群征服了二里头文化的人群，继承了二里头文化的主体内容，并主导了对二里头文化的改造，主导了二里头文化对下七垣文化、岳石文化的相互融合，形成了二里冈文化。

　　根据上述对文化变迁理论的新认识，文化因素分析方法中的疑问可以得到较为妥善的解决。关键在于新文化因素的出现和来源的分析，而且文化因素的携带者为迁徙的人群，迁徙的过程中并不携带或携带很少原文化的物质，只有在征服和迁入新区域并掌握权力以后，才能逐步表现出来自身所携带的文化因素，并在融合的过程中产生具有混合文化因素的器物。

　　根据新的文化变迁理论，我们来分析考古学文化互动关系的几种情况。

　　（1）考古学文化有强弱之别，但其间的互动是极少的，或者说能够表现出来的可产生文化变迁的互动是极少的。互动的方式只有外来迁徙者对本地者的战争和征服，不管是强对弱还是弱对强，只有外来征服者的主导融合、选择吸收，基本不存在无被征服的情况下对其他文化的主动吸收或加以改进。有两种特殊的情况，作为异文化因素出现方式的重要补充，在下文会谈到。

　　（2）所谓急风暴雨式或者浸润式，征服和权力变更是一致的，两者的不同在于，前者是本地被征服者无遗留或遗留较少的表现，后者是本地被征服者遗留较多的表现。需要指出的是，有记载的"汤革夏命"和"武王伐纣"对事发地的文化变迁并不明显，

但两者是不同的。

（3）考古学文化交汇地带形成的各种文化因素融合的新类型，并非当地对周围文化的吸收，而是周围文化对当地的轮番征服统治所产生的结果。根据文化因素出现的先后顺序，可以推测各文化对当地的征服统治的顺序。此一点在谈到文化因素归属与文化传播方向时是需要重新认识的。

（4）没有所谓直接的文化传播或通过传播中介实现的传播。迁徙的人群携带着文化因素离开母文化区，征服和迁徙至邻近的其他文化区，融合当地的文化因素产生新的文化，表现的就是所谓的直接传播。当其从当地再次征服和迁徙至距离其母文化区更远的文化区时，携带着已经融合的文化因素，其中包含着对母文化区文化因素的保留部分，再次融合新的文化区的文化因素，形成新文化区的新文化。当然，这两次迁徙发生的时间间隔并不确定，可能是一代人或是几代人，但是母文化区的文化因素仍然在传承。此表现的是通过传播中介实现的传播。

（5）关于"文化滞后"理论。与通过中介的间接传播相关联的是"文化滞后"理论，"文化滞后"现象是客观存在的，这一现象产生的过程前条已分析，所谓的传播中介，是一个人群迁徙的路线和停留的地点。三星堆出土的青铜器和巴蜀地区出土的柳叶形铜剑相关的文化因素传播变迁情况符合这一过程，玉琮和牙璋的传播变迁情况同样也符合这一过程。

（6）关于"文化飞地"与"插花"现象。所谓的"文化飞地"与"插花"现象，是文化变迁和文化因素传播过程中的明显表现。西周初年的"召公封燕"和"太公封齐"算是年代较早的较为明显的例子。之所以如此，是因为文明核心区的范围足够大，文化因素典型，"文化飞地"发生于文明区域的边缘。而且燕文化的壮大与张家园上层文化衰亡以及齐文化对当地土著文化的取代，正好符合中华文明起源与发展的"伞状发展"理论，是发生在总体伞状边缘的具体"伞状发展"。这一情况延续至秦汉时期对东南沿海和岭南的发展，延续至明清时期对西南和西北的发展，延续至今。往前追溯，可以看到殷墟文化、二里冈文化、二里头文化的发展均是如此，如果下七垣文化和岳石文化出现在郑洛地区算不上"文化飞地"和"插花"现象，所谓的"新砦现象"是明确的"文化飞地"和"插花"现象，其实质是一次文明核心的迁移，再次开启了中华文明"伞状发展"的过程。

（7）关于物质文化传播与精神文化传播。物质文化是生产技术的表现，物质文化的传播表现了技术的传播，农业技术、制陶技术、石器玉器制作技术、青铜器铸造技术等，技术的发展是社会发展的重要力量。技术掌握于权力，技术传播之难，从帝国时期丝绸技术与瓷器技术的对外传播可见一斑。风俗习惯、思想观念等属于精神文化方面，部分表现于生产技术或其他方面。

四川盆地三星堆文化与赣江中游地区吴城文化的青铜器铸造技术和中原地区的一致，但工艺水平上却有着明显区别。中原地区的人群掌握了青铜器铸造技术，迁徙至该地区以后，根据自己掌握的技术开始铸造青铜器，但因为非原工匠，所以工艺水平差别明显。同样的情况发生在中原地区王湾三期文化中出现的大汶口—龙山文化因素的陶器上。这些器物的制作技术是外地的，工艺水平差别明显，包含有外地的文化因素或混合文化因素，但是制作材料是本地的。

在物质文化丰富之前，文化变迁中的新文化因素可能并不多，只要有特殊性就可以说明问题。比如大汶口文化的拔牙习俗、标志性刻符、良渚文化的玉琮、龙山文化的牙璋等。这些大多属于精神文化方面的表现，跨文化区域的传播，并不能表明其蕴含的思想超越了文化的界限，在不同文化的居民中得到了一致的认同，只需要具有这些思想的人群迁徙至这些不同的文化区域即可。思想的传播，何其难哉！

（8）关于玉琮。有迹象表明，良渚文化与陶寺文化的衰落均与外来人群的征服有关，此处且不论陶寺文化，仅讨论玉琮与良渚文化的相关情况。

毫无疑问，玉琮和良渚文化是具有独一无二的强对应关系，可以从几个角度来分析玉琮所反映的传播变迁情况。目前尚不清楚良渚文化玉琮的起源。在良渚文化时期，玉琮是否都产生于良渚都城之内？良渚文化区域内各层级聚落中的玉琮是怎么获得的？同一文化区域内的权力象征物的流通系统，同样也属于权力控制系统，具体的方式可能与贡纳、赏赐、交换有关。全国其他文化区例如山东龙山文化、陶寺文化、齐家文化、石峡文化、三星堆文化、金沙遗址等出土的玉琮和良渚文化的玉琮，又有怎样的传播变迁关系？

良渚文化的衰落当与山东大汶口文化的南迁有关，广东石峡文化的玉琮当是良渚遗民逃亡迁徙至此地以后所生产的。另一方面，良渚文化被山东大汶口文化征服以后，良渚文化的玉琮被纳入山东大汶口—龙山文化的礼器系统，失去了核心礼器的位置。再随海岱系玉器迁徙至陶寺文化、齐家文化等。因此，玉琮虽然属于良渚文化因素，但是其传播变迁是一个过程，在相关的文化变迁研究中需要注意。

（9）关于贡纳与赏赐。贡纳与赏赐，是文化因素传播中的一种特别情况，和本文讨论的文化因素分析和文化变迁是不同的，这种情况下的异文化因素器物当多非本地生产。

七、余论

本文讨论了文化因素分析方法，文化变迁理论与考古学文化的互动关系研究中存在的问题，提出了新的文化变迁理论，即征服统治和人群迁徙产生了考古学文化的变化，以及在此基础上的文化因素分析方法的运用和考古学文化互动关系的研究。

用新的文化变迁理论基本上可以解释所有的考古学文化变迁情况，尤其是不同文化之间的变迁和关系。需要说明的是，该文化变迁理论主要适用于中国史前时期的考古学文化。随着社会的发展，文明区域逐渐扩大，萌芽了新的文化变迁方式，即文明核心区的文化因素随着文明区域的扩展传播至文明边缘区域，同时存在着文明核心区域对文明边缘区文化因素的吸收，而且随着文明区的进一步扩大，新的文化变迁方式的比重也越来越大。同时，纳贡与赏赐是文明核心区和边缘区文化因素交流的一种方式，是新的文化变迁方式的重要补充。

在中华文明起源和发展的过程中，大禹治水和夏王朝的西迁是两次非常重要的历史事件。在大禹治水的过程中，开始形成强的纳贡关系，经过了后羿代夏和少康复国的权力反复以后，夏王朝的西迁，使得中华文明的核心由海岱地区迁移至郑洛地区，即新砦—二里头文化的出现，再次开启了中华文明伞状发展的过程。和之前近一千年无意识的伞状发展的情况不同的是，此次因为对重要资源的控制，是有意识的发展，而且加强了权力控制，在发展的过程中，征服各区域的中心聚落，整合其原有的礼器循环系统，部分吸收至二里头都城手工业系统。同时，受限于生产力发展水平，二里头夏晚期文化所控制的范围也是有限的，由于贡纳系统的存在，其可以影响到更远的范围。

另外，关于文化变迁的理论，乃至于文明起源的理论，由于中国考古学起步稍晚于国外，且发展经历了曲折，因此在中国考古学发展和中华文明起源的研究中，多受国外考古学理论的影响较大。笔者通过对专家学者对于文化变迁和中华文明起源研究的成果的学习和思考，认为国外的文化变迁理论和文明起源理论多为民族学和文化人类学的材料研究而得出的，并不适合中国文化变迁和文明起源的研究，因为这些民族学和文化人类学的材料，某种意义上说，并没有演化成为文明，或者说中国式文明，和中华文明的起源还差着关键的决定性的因素方面。当然，其对中国的文化变迁和文明起源研究有一定的参考价值，例如文化变迁理论中对"发明""平行发展""传播""迁徙"的概念和定义，我们在用文化因素分析方法分析考古学文化变迁的时候，要仔细分辨文化因素的发明、平行发展、传播与迁徙。

根据本文的考古学文化变迁理论和中华文明起源的"伞状发展"理论，仰韶文化的彩陶分布以及向西、南中国的传播是需要重新认识的。而且，类型学分析在考古学文化年代研究上是存在问题的。文化因素的归属也是一个问题，相关的是文化因素的传播方向问题。

注释

［1］李伯谦：《论文化因素分析方法》，《中国文物报》1988年第11期第4版。

［2］安特生：《中华远古之文化》，《地质汇报》（第五号），1923年。

［3］施昕更：《良渚：杭县第二区黑陶文化遗址初步报告》，1938年。

［4］梁思永：《龙山文化——中国文明的史前期之一》，《考古学报》1954年第1期。

［5］苏秉琦：《关于仰韶文化的若干问题》，《考古学报》1965年第1期。

［6］殷玮璋：《二里头文化探讨》，《考古》1978年第1期。

［7］俞伟超：《楚文化的研究与文化因素的分析》，《考古学是什么——俞伟超考古学理论文选》，中国社会科学出版社，1996年，第119～132页。

［8］李伯谦：《试论吴城文化》，《文物集刊》（3），文物出版社，1981年。

［9］李伯谦：《文化因素分析与晋文化研究》，《中国青铜文化结构体系研究》，科学出版社，1998年，第294～296页。

［10］李伯谦：《论文化因素分析方法》，《中国文物报》1988年第11期第4版。

［11］a.钟建荣：《关于考古学"文化因素分析方法"的几点思考》，《唐都学刊》第24卷第3期，2008年5月；b.索德浩：《文化因素分析方法与历史时期考古学》，《华夏考古》2014年第1期；c.陈艺冠：《文化因素分析法浅析》，《湖北职业技术学院学报》2016年第1期；d.石泽明：《考古学文化因素分析法的理论与实践综述》，《吉首大学学报》（社会科学版）2013年12月第34卷；e.雷兴山：《壹家堡一期文化性质辨析——关于混合文化因素分析方法的讨论》，《文物世界》1999年第1期；f.张玲：《文化因素分析法解析——以楚文化考古学研究为例》，《安阳师范学院学报》2007年第3期；g.桑栎：《文化因素分析方法的省思——以二里岗文化的研究为例》，《南方文物》2017年第1期。

［12］雷兴山：《壹家堡一期文化性质辨析——关于混合文化因素分析方法的讨论》，《文物世界》1999年第1期。

［13］李伯谦：《论文化因素分析方法》，《中国文物报》1988年第11期第4版。

［14］［加拿大］布鲁斯·特里格：《论文化的起源、传播与迁徙》，陈淳译，《文物集刊》1994年第1期。

［15］陈星灿：《文化变迁的历史考察》，《东南文化》1989年第1期。

［16］田名利：《考古学文化的传播与迁徙》，《中原文物》2001年第3期。

［17］李伯谦：《关于考古学文化互动关系研究》，《南方文物》2008年第1期。

［18］李伯谦：《论文化因素分析方法》，《中国文物报》1988年第11期第4版。

小议考古学的几个关键性概念

刘文科

任何一个学科在社会与科技的发展下，都会产生或者衍生出一些新的概念和理论，这些概念或者理论与学科的发展方向息息相关。这些概念会悄无声息地改变一个学科的内涵与外延，慢慢地改变一个学科的研究领域与研究思路，同时，也改变科研人员或者社会对于学科的认知，从而刺激或者鼓励研究者对学科重新定位和重新理解。而这些变化多开始出现在一些学科的基本概念的变化上。"智者见于未萌"，因此通过对学科内部一些概念的解读，有利于把握学科的发展方向。同样，对一些关键概念的理解，也有利于我们对学科历史的认知，在宏观上理解学科的发展趋势。考古学在中国已近百年，而回顾这一学科百年来的发展历程，我们不难发现，与之相关的几个概念对认知和理解这一学科有着重要意义。

金石学、考古学、文化遗产三个不同的概念，对于中国考古学而言可谓关键性概念。厘清这三个词语的内涵与外延，对于我们认识一个学科发展有着极其重要的作用。

一

金石学、考古学、文化遗产三个概念，既是考古学的关键性概念，又是一部简明中国考古学史。"金石学"一词始见于宋代曾巩的《金石录》，但这一学科却发萌于两汉之际。由于古文经学的兴起，古文字的考证开始，张敞对尸臣鼎进行了文字考证，而这被认为是金石学的开始。这一学科在两宋得到了较大的发展。刘敞不但将自己所藏的11件铜器之图像、铭文模刻于石碑之上，而且提出了金石学研究的主要方法，"礼家明其制度，小学正其文字，谱牒次其世谥"。吕大临的《考古图》一书，将两宋之际的器物学研究推到了新的高潮。在《考古图》中，对收录的器物临摹图像、铭文，记录尺寸、重量，并注明收藏地和出土地。元明清以来，金石学的研究领域不仅突破了铜器与碑刻，扩展到钱币、玉器、铜鉴、砖瓦、封泥等方面，研究能力也达到了前所未有的高度。而在清末，金石学研究的范围已经不局限于这些有文字的器物，开始转向更加广阔的范围。

清末，内忧外困的华夏儿女看着满目疮痍的民族，积极向国外学习新的科技与技术，考古学便随着一批近代科技漂洋过海来到了中国。尽管"考古"一词最早出现于吕大临的《考古图》，但是宋代所谓的"考古"重在于考据与稽古，并不是科学意义上的考古学。正如考古学先驱李济所言："考古学与金石学的区别如同炼丹学与现代化学，采药学之于现代植物学，尽管炼丹学与采药学对学术史有重要的意义，但是没有人称其为化学和植物学。"这一学科主要运用地层学和类型学原理来研究古代社会。1928年，安阳殷墟发掘工作的开始，标志着中国考古学的诞生。考古学在中国得到了非常迅速的发展，历经百年的考古学发展，中国考古学硕果累累。

随着国际化的进一步深入，随着世界教科文组织《保护世界文化和自然遗产公约》的签订，"文化遗产"这一概念便开始在中国文化界大行其道。2006年，中国政府设立了"文化遗产日"，定为6月的第二个星期六为中国的"文化遗产日"，并且将"太阳鸟"作为中国文化遗产的标志。许多大学也开设了文化遗产学，有些则将原来的专业和学院名称也加以变换。例如西北大学将原来的文博学院改成了文化遗产学院，山东大学也是如此。这彰显着一个学科正在发生着前所未有的变化，恰如一百年前考古学在中国的兴起。

二

金石学、考古学、文化遗产似乎非常相似，但是它们之间有着本质的区别。金石学是研究、整理未经发掘出土的古代铜器、碑刻的学问。到明清时期，金石学研究已经非常宽泛，除了铜器、碑刻，还涉及封泥、竹简、砖瓦等，研究门类也扩展到早期考古学涉及的大部分研究内容，并且其研究方法有了提高，对器物的鉴别更加精细，防止伪器入选图录。但是，金石学研究的来源依然是未经科学考古发掘的器物，其研究方法是文字考证，研究对象是古代的器物与文字，研究群体主要是士大夫阶层。

当然，早期的考古学与金石学有着不可分割的关系，这一点不管是在学术争论还是在田野发掘中都或多或少的体现，在安阳的考古发掘中，李济将满满的发掘品拉回北京，当时清华研究院进行了欢迎会。但是，大家只关注到一个被切割的蚕茧，而对于发掘出来的彩陶，李济没有展示，大家也没有围观。在发掘初期，作为发掘组的成员董作宾只关注探方里有没有甲骨出土，并且认为费了九牛二虎之力只得到些许甲骨，可谓不值。这体现了考古学兴起之初学者在学科认知上的差异，也表现出考古学与金石学在研究方法上存在着明显的不同。随着一批有海外学习经历的年轻学者的加入，出现了一批职业考古人，考古学也逐渐在中国实现了成长，形成了一个拥有独立的研究方法的学科。

考古学是根据古代人类遗留下来的实物来探讨古代社会的一门学科，通过科学的手段研究古代人类的物质文化遗存，这些遗存是科学发掘出来的文化遗迹和遗物。在考古学中，所有的文化遗存具有平等性与客观性原则，不会因为有无文字而产生偏见。北京大学金石学大家马衡提出了"有意识之作品"，这也是从"物"到"人"的一个重要认识。考古学就是要解决器物背后的人与社会的问题，器物只是研究的一个媒介，重要的是其背后的历史和人。考古学在西方被认为是人类学学科，而我国被划归历史学，这一学科的限定与我国的现阶段社会和学术要求有一定的关系。

随着考古学的不断发展，也在不断突破原有的一些限定，出现一些新的研究领域和研究方向。随着国际化进一步深入，"文化遗产"这一概念日益流行，它比考古学或者文物学具有更为广泛的内涵与外延。正如英国考古学家科林·伦福儒在《考古学：关键概念》所定义，遗产无所不包，从景观到收藏，建筑与制度，传统、巨石阵、法国奶酪等，这些都可以被认为是遗产。文化遗产具有比考古学和文物学更为广泛的领域，包括物质文化遗产和非物质文化遗产两个方面。尽管目前大家多将文化遗产等同于文物，有意无意忽略非物质文化的存在，但是文化遗产作为一个学科概念，不仅是学科内涵与外延的变化，最主要的是学科性质和研究方法以及视角的变化。遗产原本就是一个社会与法律意味很强的词汇，这一概念已经远远超出了考古学研究视角，从历史社会的角度渐渐向当代价值与社会的角度转移。伦福儒在《考古学：关键概念》说道，遗产是表现在古代遗存上的当代价值，古代遗存的价值，存在于它对人们认识当代价值和身份认同的贡献上。

三

任何一个学科都在一定阶段不断发展或者分化，正如戴维克拉克所言，"考古学失去了的纯洁性（幼稚性）"。所谓的学科纯洁性的丧失，也是学科不断发展和研究方法变化而造成的结果，同时也是社会与科学共同作用下的结果。

金石学、考古学、文化遗产看似三个简单的概念。却代表了三次学科研究视角的转化，金石学以古代青铜与碑刻为研究对象，尽管门类后来扩展，但其研究视角是古代器物和古代的文字，总是逃不出"古物"或者"古董"的器物研究范畴。考古学不但关注器物，也关注与器物同时存在的环境，并且给予同一环境中所有客观存在一个平等性的地位。而关注这些环境中"物"的目的，是为了其背后的"古代社会与人"。文化遗产则更进一步，其关注的不仅仅是客观的物，也包括精神；不仅包括古代的，甚至包括现代的，将研究的视角从古代转到现代。这就对学科的研究与发展提出了新的要求，例如文化遗产的传承与阐释、人与遗产的关系等等一系列问题。所以，金石学到考古学完成了"古代的物"到"古代的人与社会"的转变，考古学到文化遗产则完成了"古代"视角到"当代"视角的转化。

当然，这一视角的变迁与社会的发展、科技的进步、学科自我完善、人文文化自觉有着很大的关系。

首先，社会的变革与国际交流的相互影响，会为一个学科带来或多或少的新气息，从而促使学科发生变化。20世纪初，新文化、新思潮的不断传播，民族的自觉和民族的振兴的思潮的兴起，通过科学救国的观念逐渐改变青年知识分子。在这种情境下，考古学在中国开花结果。文化遗产则是随着世界教科文组织《保护世界文化和自然遗产公约》的签订而在中国兴起。随着社会学发展、经济的发展、文化的繁荣，考古学所研究的文化遗存也受到了前所未有的关注，因此，社会对于考古学科的要求也达到了一个全新的高度。

其次，科学技术的飞速的发展为学科研究提供了重要的技术保障，同时也促进了交叉学科的发展与变迁。考古学的产生就与科技发展密不可分，源于地质学与生物学的发展，借助于地层学和类型学理论，形成了一门新的学科。而随着科技的不断发展，考古学的门类不断扩大，动物考古、科技考古等交叉学科的兴起，研究方法与理念与科技密不可分。在科技的辅助下，考古学达到一个前所未有宽度和深度，通过人类遗存的研究，可以观察到人与社会以及精神领域。

再次，学科的发展都一个自我调整与完善的过程。任何一个学科都有一个萌发、发展，鼎盛的过程。当然，正如早期的金石学历经千年发展，在明清已经非常成熟，学科的研究思路与方法已非常完善。但是恰在这一时期，大家对于考古学的认识是希望通过这一学科找出地下的"二十四史"，而"文化遗产"这一名词得到学术界的认可，其与学科的调整、完善具有不可分割的联系。随着学科的发展，研究领域的日益扩展，现在考古学研究的领域已经远远超过了过去的定义，这也是所谓考古学学科丧失纯洁性的表现，丧失的原因是学科的发展，边缘学科不断衍生，这也是学科不断自我调整的一个表现。

最后，文化自觉对于学科发展提出了新的要求。考古学与其他学科相比，有着自己的一个特殊性，它所研究的对象具有文化性、客观性，研究的方法与科学技术又密切相关，同时研究的内容与文化与民族、社会密不可分。随着社会和科技的发展、物质文化水平日益提高，人类就会对所处的社会环境提出更高的文化要求，对文化也产生了更多的反思。在这种文化自觉的要求下，学科的变迁就开始了，这一点不仅体现在20世纪考古学的兴起，也表现为当今社会上"文化遗产"概念的产生。

（原刊于《华夏文化》2015年第2期）

略论生产工具技术革新对原始农业生产结构的影响
——以嵩山地区为例

黄富成

农业的发展是人类社会一种有组织的经济活动。考古发掘和调查情况表明，嵩山地区旧、新石器时代聚落遗存分布呈现出明显的以山地为中心，沿河流向周边山前盆地、河流台阶地及至冲积平原放射状蔓延发展的态势。据此我们把嵩山地区原始农业的发展分为山地农业、河谷（盆地）台阶地农业和平原（河沼）农业三大阶段[1]。原始农业各发展阶段具有较强的考古学文化谱系承续关系，是嵩山地区原始农业聚落由点到线，再到面发展过程的区域文化显著特征。这一过程的发展最直接的物质标志就是工具形态的发展与演变，同时工具形态的发展又是以技术的革新与变化来体现的。

一

工具反映经济发展和生活水平的结构形态，要了解嵩山地区原始农业聚落社会生产经济发展的历程还必须依据各遗址出土各类工具结构形态等进行全面分析。

根据李家沟遗址新石器早期阶段工具形态看，该遗址以石器工具为主，打制石器主要有细石核、细石叶、边刮器、砍砸器等，磨制石器为无脚石磨盘[2]。唐户遗址2007年发掘出土工具石器为主：石核1件、尖状器2件、石磨盘1件完整48块残、石磨棒7件、石铲7件、石镰1件、石刀1件、石凿2件、石杵1件、石饼4件。另有陶纺轮1个[3]。

在裴李岗文化中尚未发现穿孔石器生产工具。较早发现穿孔实验但尚未成功穿孔的石器是在1979年发掘裴李岗遗址时出土的[4]。一件是T305第2层出土两面钻有圆窝的残片；另一件是在M38中出土长石条，长边一侧平整一侧有一道浅凹槽，两面均有未钻透的小圆窝，一面6个，另一面2个。第六期（属仰韶文化）时出现了简单的穿孔石器——石纺轮，但大型石器工具仍未出现穿孔结构。2007年，在唐户遗址出土一件残石铲，磨制，器身扁平，褐色粗夹砂岩，两端均为圆弧形，侧边弧形，两侧有对称圆形钻孔，未透[5]。这一时期掘土工具石铲尚未出现肩部结构形态，柄部结构尚不突出。

上述工具按功能作用大致可分为渔猎、采集、加工、耕作等几类。属于渔猎工具的有石球、弹丸、骨镞、骨匕、网坠等，属于采集工具的有石斧、石铲、石刀、石镰、骨匕、蚌镰等，属于加工工具的有尖状器、刮削器、石磨盘、石磨棒、石斧、石铲、石凿、石锥、石饼、石砧、研磨器、砺石、骨针、骨锥、骨抿、蚌刀、蚌镰、陶拍、陶臼等，用于植物颗粒加工工具的有磨盘、磨棒、研磨器、石杵、陶臼等，属于耕作工具的有石铲、石斧、石凿、骨凿、骨锥、鹿角器等。

为全面分析嵩山地区新石器各阶段生产工具发展结构的演变，本文选取长葛石固和郑州大河村遗址为样本，做一简要分析，藉此以窥全貌。

长葛石固遗址依据地层堆积和墓葬打破、叠压关系分为八期，其中前四期（Ⅰ—Ⅳ）属裴里岗文化范畴，后四期（Ⅴ—Ⅷ）属仰韶文化范畴[6]。各期出土工具分类如表一、表二（根据《长葛石固遗址发掘报告》）。

表一　长葛石固遗址Ⅰ—Ⅳ期出土工具统计表

	石器	骨器	蚌器	角质器	陶器	合计
Ⅰ	石斧1、石铲1、石凿1	骨锥1、骨针1				5
Ⅱ	石斧3、石凿1、石铲3、石锥1、石磨盘2、石磨棒1、石杵2、研磨器1、石饼1、石垫（砧）2、砺石1	骨镞4、骨抿1、骨匕1、骨锥2、骨针7、管形骨器2	蚌镰4		纺轮3	42
Ⅲ	尖状器1、石斧6、石铲3、小石凿1、石镰2、石磨盘1、石磨棒1、石球3、石垫2、砺石2	骨镞9、骨抿1、骨凿1、骨锥2、骨针1	蚌镰2、蚌片料1	角镰1、加工鹿角骨1	纺轮3、陶球1	45
Ⅳ	尖状器4、刮削器4、球状器2、石斧4、石铲8、石凿1、石镰1、石磨盘2、石磨棒2、圆形石器2、石弹丸1、石垫2、砺石2	骨镞10、骨抿2、骨匕3、骨凿2、骨锥4、骨针1、梭形骨器1、加工骨2	蚌镰4		纺轮3、纺锤形陶器（或陶网坠）1、陶支架2	70

表二　长葛石固遗址Ⅴ—Ⅶ期出土工具统计表

	石器	骨器	蚌器	角质器	陶器	合计
Ⅴ	刮削器1、石球1、石斧2、石铲3、砺石2、研磨器1	骨针3、骨锥3、骨镞4、骨抿1			纺轮1、陶球1、糙面陶具（陶网坠）19、陶臼1、纺锤形陶器（陶网坠）2	45
Ⅵ	砺石1、石铲2、石斧1、穿孔石纺轮1、圆石饼1	骨针1、骨锥4、锥形器2、骨匕1、骨镞2		鹿角器2	纺轮3、园陶片5	26
Ⅶ	石斧3、石锛1、砺石1、石网坠1、圆形石器2、研磨器2	骨锥3、骨镞3、骨抿1、残骨器1	蚌刀1、残蚌器1		纺轮10、陶球7、圆形陶片1、糙面陶具1、陶拍1	44

根据嵩山地区新石器时代以来至裴李岗后期各遗址出土工具结构组成、形态等分析经济结构，其特点有四个。

一是磨制石器越来越发达，类型繁多。同时工具的加工技术及类型质地多样化，骨质、蚌质、角质、陶质工具增多，显示经济活动多样性和生业结构的复杂性；

二是加工工具占比较大，形态材质多样，显示渔猎采集仍是经济活动的主体，生产经济活动极其有限；

三是土壤垦殖程度极低，仍处于刀耕火种的原始农作状态。上述工具中石器、骨器工具小型化，大一点在0.2米左右，少数达到35厘米左右。例如莪沟出土一件石铲，长35.7厘米。多数长度为0.08～0.2米之间。尤其是未能出现穿孔及肩、柄结构的大型石器工具，石铲等工具的两侧用来绳索捆绑的凹槽并不明显，说明用于捆绑结构的石器较少或者说复合工具较少出现，大多数石器工具只能是手执状态，尚不能利用穿孔捆绑杠杆作业，只能穴种、点种，不能进行大面积耕作，土壤翻耕、深耕亦极其有限。工具结构形态及出土碳化种子和果核亦证明迟至裴李岗文化末期，嵩山地区原始农业仍是采集渔猎为主，人工栽培作物可能刚刚兴起。

四是根据工具发展演进的形态和比例分析，在裴李岗文化时期，磨制石器工具大量出现而且呈现普遍化，说明生产工具的生产和应用已经有一定的规模和组织，这种生业模式已经脱离了单纯依靠采集狩猎活动，进入有预期获得的简单经济活动状态，生产经济向组织化方向发展。一方面，采集渔猎的范围和广度扩大；另一方面，包括动物驯养、土地垦殖、人工作物种植等行为，使得农业发展开始向着程序化、组织和规模化方向发展，虽然这个过程只是刚刚开始。

二

由于裴李岗文化台地农业是从嵩山山地农业发展而来[7]，山地农业的发展以火耕、打制石器工具及游动采集狩猎等为特点，属于旧石器农业。老奶奶庙旧石器遗址发现的3000多件石制品、12000多件动物骨骼及碎片、20余处用火遗迹，以及多层迭压、连续分布的古人类居住面中心营地[8]的生活状态，正反映了这种山地农业的原始状况。我国古史传说中有"烈山氏"。《左传·昭公》二十九年载晋国太史蔡墨云："稷，田正也。有烈山氏之子曰柱，为稷，自夏以上祀之。"《国语·鲁语》亦云："昔烈山氏之有天下也，其子曰柱，能殖百谷百蔬"。对于"烈山"的理解，有学者认为是放火烧山，"柱"则是挖穴点钟的尖头木棒，这正是原始刀耕农业互相连接的两个主要工序，因此，关于烈山氏的传说实际上只是原始刀耕农业耕作方式的人格化[9]。"烈山氏"时代实行的是刀耕火种农业形式，工具简单、效率低下，生产耕作极其粗放。根据裴李岗文化工具结构形态分析，至裴李岗文化晚期，嵩山地区原始农业正向着"烈山氏"刀耕火种时代发展（表三的分期根据《郑州大河村》）。

表三　郑州大河村仰韶文化各期出土工具统计表

	石器	骨器	蚌器	角器	陶器	玉器	牙器	木器	合计
仰韶前三期	石斧1		蚌铲2		陶锉2			木矛1、木柄1、加工木2	9
仰韶前二期	石斧6、石铲2、石矛1、砺石4	骨镞2、骨匕1、骨凿1、靴形器1	蚌铲1	鹿角靴形器1	陶锉3				23
仰韶前一期	石斧8、石铲3、石犁1、石锛1、石凿1、无齿石镰1、石镞1、敲砸器3、砺石9、穿孔环状器1	骨镞10、骨锥3、骨铲1、骨针1、骨匕1、		加工角器2	陶轮1、纺轮1、陶锉2、弹丸1	穿孔玉铲1			53
一期	穿孔石铲2、石镞2、穿孔石纺轮1、石球8、砺石1	骨镞7、骨抿1	蚌镞3、	角锥1、角矛2、靴形器4	纺轮4、网坠1、陶锉1、陶球1				39
二期	石斧3、石凿3、石刀1、纺轮1、石球13、石饼1、砺石2	骨镞8、骨削1、骨柄1	蚌镞3	角锥1、角锤（角锄）2、角靴形器4	纺轮2、陶球9				55
三期	石斧10、穿孔石铲6、石锛2、石凿2、穿孔石刀2、石杵1、纺轮5、石球12、弹丸8、砺石20	骨镞11、骨锥10、骨针4、骨鱼镖1	蚌镞8、蚌铲2、蚌镰1	靴形器4、角凿1、角锥2	陶轮1、陶拍5、网坠1、纺轮25、陶球20、弹丸16				181
四期	石斧31（3件穿孔）、石铲17（穿孔或肩部结构）、石锛2、石凿8、穿孔石刀6、直刃石镰2、石矛1、石镞3、纺轮28、石球10、刮削器1、敲砸器1、砺石11	骨镞37、骨锥10、骨针10、骨铲1、骨凿1、骨刀4、骨匕3、骨管1	蚌铲4、蚌刀9、蚌镰4、蚌镞6、蚌锥1	角镞1、角锥1、角锤2、靴形器4	纺轮56、陶拍2、陶球24、弹丸19	玉刀1	牙镞1		323

大河村遗址反映的是原始农业平原农业发展阶段，这一时期，工具形态发生了较大变化，体现如下。

一是工具质地拓展，类型多样。除了传统的石器、骨器、陶器外，蚌器、角器利用率提高，工具类型多样化。玉器、牙器、木器开始进入工具行列。玉器、牙器不再单单作为饰品等，只要适合即可作为工具用途。尤其是木质工具的发现，说明木质工具易于制作，很早时期就已经使用了，只是木质工具不易保存，难以发现。

二是在同区域发掘遗址面积内工具数量越来越多，不仅石器、骨器工具比例明显上升，且斧、铲、刀、镰等垦殖类工具明显增多。

三是重要工具的结构形态发生较大变化，复合工具大量出现。穿孔石器及柄、肩部结构工具如石铲、石刀等的出现与发展是工具技术的重大革新。大河村四期，穿孔石铲以及具有柄、肩部结构的石铲大量出现，说明可以与木棍等竿柄捆绑在一起组成复合工具的"石耜"业已出现。

四是大型工具开始出现，0.2米以上的石器、骨器类工具明显增多。尤其是在建业一号城邦仰韶文化遗址出土的大型石器工具如石斧、石铲等（图一、图二），器身的宽、高比例显著偏大，常见工具如石斧、石铲等，有些体长60余厘米[10]。这种大型石器工具一般没有穿孔，主要依靠器身和木棍等捆绑组成大型复合工具。大型石器工

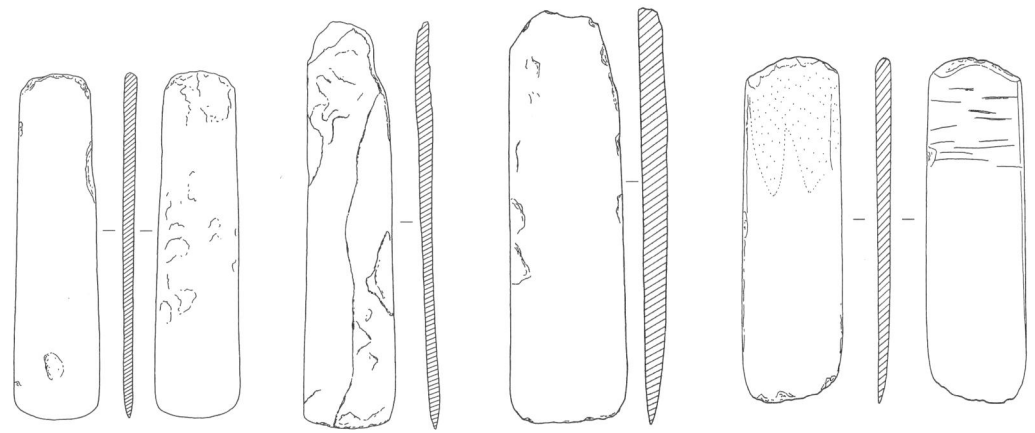

图一　建业一号城邦出土大型工具石铲（H428、H55、T0909⑤、H18）

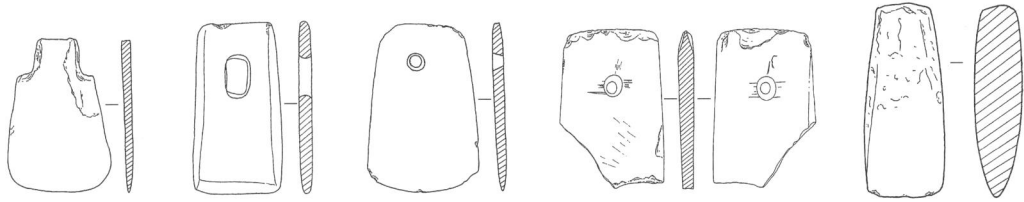

图二　建业一号城邦出土常见石器工具（H420、H247、H68、T1711④、H181）

具的出现说明，工具用途和效率都发生了变化。一方面，土地的垦荒、垦殖程度加深；另一方面，土壤的耕作效率提高。小型工具以及多种材质工具的普遍出现，体现着田间耕作管理水平的提高。

工具形态和组成结构的变化体现了原始农业生产经济形态发生了深刻的变化，主要体现在以下几个方面。

第一，土地垦殖工具种类明显增多，既有传统的石铲、石锛、石斧、骨铲等，也有角器、木器等均可用来开土辟壤。说明渔猎采集活动比例逐步降低，生产经济活动逐步提高，食物来源有了预期性收获，农业生产进入规模化和组织化，有利于原始部落分工的进一步发展。

第二，深耕工具及大型耕具的出现使平原农业开始进入大面积的土壤垦殖时期。穿孔石铲、石斧及石刀使得工具和木柄可以捆绑在一起，脱离了手执作业模式，尤其是穿孔及带柄及肩部结构石铲等复合工具——原始耒耜的出现，在杠杆原理作用下，效率大大提高。原始农业的发展就其耕作技术方式的演变过程可分为刀耕农业（刀耕火种）、锄耕农业（耜耕）、犁耕农业三个发展阶段。根据大河村出土工具形态分析，这一时期复合工具"石耜"[11]的出现，表明平原农业的发展进入锄耕农业阶段。

第三，这一时期，裴李岗文化中常见的石磨盘和石磨棒较为少见，同时木质工具大量出现。在仰韶前三期出土的木器标本190余件，大多木块有明显加工痕迹，砍痕、磨制出的刃部锋利削薄，木质较硬，其中一件木矛为侧柏，质地坚硬[12]。这说明，随着工具加工技术的进步，传统谷物加工工具石磨盘、石磨棒效率低、加工数量有限，制作不容易损坏，已经被淘汰，而易于加工、方便使用木质工具大量发展。很显然，农业生产的组织化作业已经具有一定规模，谷物生产数量和加工规模具有一定工场化特征。

第四，这一时期，石器工具较裴李岗文化台地农业阶段普遍变大，例如石斧、石铲、石刀、石凿、石锛等多数长度在20厘米左右，建业一号城邦出土的石器石斧石铲等大多在30～60厘米之间。大型工具标志着土壤垦耕能力的加深，农业生产水平进一步提高。这一时期收获工具——镰的形态也发生变化，裴李岗文化中普遍出现的锯齿石镰此时基本不见踪迹，取而代之的是直刃无齿石镰或石刀。耕种及收获工具的变化体现了平原农业锄耕农业阶段农业快速发展的基本特性：土壤深耕、大面积组织化耕种、收获及加工已颇具规模。

三

原始农具主要是指原始石器，石器技术的发展不仅代表了"新石器革命"划时代的技术象征，而且还代表着原始农业发展水平高低。从技术革新和功用拓展看，嵩山地区原始农业石器工具技术的发展分为四个时期。

第一期是从打制石器向磨制石器发展。在新密李家沟遗址发现了旧石器晚期到新石器早期文化叠压关系的地层剖面，即裴李岗、前裴李岗、细石器三叠层[13]。这种旧、新石器时代过渡阶段的遗址地层，为石器技术的传承发展提供了不可多得的绝佳样本。在其旧石器晚期细石器文化遗存中发现大量的细石核及打制的石质工具如端刮器、雕刻器、琢背刀等，形体较小，呈片状。在这一地层中发现了磨制的石锛，还有大量搬运来的石块，为扁平状的砂岩和石英砂岩。在早期新石器遗存中包含有打制石器与磨制石器，打制石器有锤击技术形成的细石核、细石叶。磨制石器出现了无支脚的石磨盘，圆角直边，上部磨平，长34、宽16.1、厚6.5厘米。磨制石器的发展显示细石器趋于衰落。

第二期是磨制石器的发展和拓展。裴李岗文化磨制石器的发展技术已较为成熟，石磨盘、石磨棒、锯齿石镰、石斧、石铲、石凿、石锛等成为磨制石器技术典型代表，大多数是器身通体研磨。如前述列表所见，此时穿孔石器较少出现，部分石纺轮材质为砂岩质地，易于研磨，在坚硬的石英岩等较大型工具上还没见到穿孔石器，但在裴李岗遗址、唐户遗址等出土的几件有钻孔但未穿透石器的痕迹看，这时已经开始出现石器穿孔的技术尝试了，可能是对于石器穿孔技术的工具如研磨器等以及穿孔方法尚未掌握。但磨制技术的发展已广泛应用到骨、蚌、角、玉等质地的工具制造上，锥、刀、镰、匕、铲、镖、针、叉形器等较为发达。同时，随着磨制技术发展及农业生产力的提高，要求工具制作使用快捷方便，锯齿石镰或蚌镰发展到仰韶文化时，锯齿渐趋消失，普遍以直刃石镰石刀等代替，以适应农业发展的实际需求。

第三期是复合石器工具的出现。复合石器工具是传统打制、磨制石器与杠杆技术的结合，分为三类，其中一类是穿孔结构，一类是具有肩部、柄部结构，还有一类是侧部具有凹槽结构。复合工具是依靠石器独特结构与木质杠杆结合组成，通过二者的组合，把力的支点尽量往前延，而把力矩向后延长，从而通过杠杆原理大大提高力的功用，提高工作效率。第一类是通过绳索穿孔捆绑，后两类是根据工具加工的结构特点进行捆扎形成复合工具形态。穿孔石器通过捆绑，肩、柄结构可捆绑、镶嵌，与普通木棍组合为简单操作的掘土工具——"耜"。但根据嵩山地区考古发现[14]看，到裴李岗文化后期，复合工具仍较为罕见，至长葛石固遗址第七期（仰韶文化前期），尚未发现穿孔石器以及具有明显肩、柄结构的石器。目前嵩山地区复合工具石耜最早出现在仰韶文化早期或偏晚，到了大河村四期，穿孔石器以及肩、柄部结构的石器已经普遍出现。

　　以裴李岗文化穿孔石器为例，我们发现这一时期石器穿孔琢磨技术仍处在发展阶段[15]，尤其是在质地坚硬的大型石器工具青石等上面，对琢穿孔技术尚不成熟，考古发掘中多次出现的半成品穿孔石器，就证明了这一点。石器穿孔技术的阶段性发展直接限制了这一时期复合工具的发展。如图三所示，1979年裴李岗遗址发掘出土一件青条石加工工具半成品，该器长条形，长边一侧平整，一侧有一道浅凹槽。两面均有未穿透的小圆窝，一面6个，另一面2个。横剖面长方形，两端不平整。长35厘米[16]。2007年唐户遗址发掘出土一件半成品钻孔石铲，褐色粗夹砂岩，两端均为圆弧形，侧边呈弧形，两侧有对称圆形钻孔，长19.5、残宽9.5、厚3.9厘米[17]。1979年裴李岗遗址发掘，在T305第2层出土一件两面钻有圆窝的石器残片，残宽15.5、残长10、厚3厘米[18]。这一时期，质地结构疏松材质的小型石器工具穿孔现象较常见，唐户遗址2006年发掘出土一件残纺轮（原报告归为石铲），褐色粗砂质岩。两侧边呈弧形，中部有一对钻圆形穿孔，残长5.2、残宽6.5、厚2厘米[19]。裴李岗文化后期以降，石器穿孔技术普遍发展，从小型工具如纺轮到大型石器工具石铲等，都出现穿孔现象。长葛石固遗址第Ⅵ期出土一件石纺轮，残存一半，紫红色，通体磨光，圆形扁体，中间厚，周边较薄，中央有一圆孔，直径6、孔径1厘米[20]。在大河村仰韶文化前一期出土一件名为"环状器"的青石残器，琢磨兼制，残孔内圆外方，长14.9、残宽4.4～5.7、厚5.2、内径4厘米[21]。根据该残器形制，其孔为两面对钻形成，器身长方体，应是一件钻孔石铲。该期同时出土一件残玉铲，黑白花玉，扁平体，中间厚两侧稍薄，磨光，上端饰圆孔3个，可能为一件装饰品而非实用器。大河村一期普遍出现穿孔石铲、石刀等石器，在临汝中山寨遗址属于大河村文化的第四期，也出现了穿孔石刀等石器（图三）[22]。

　　由上可见，裴李岗文化时期，大型石器工具尤其是质地坚硬的石器穿孔技术尚在发展中，两面对钻的石凿等钻孔工具并不多见。从半成品工具形态看对钻技术尚不稳定，因此可以推断，具有穿孔结构的复合石器工具这时尚未出现，同样我们发现，在裴里岗文化早中期，具有柄、肩部结构特征的时期亦是罕见。综上所述，在裴李岗文化早中期，原始农业生产经济仍处于刀耕火种状态，抑或是锄耕农业的前期阶段。这一时期，在骨器等饰品上面的钻孔技术已广泛应用于质地疏松的小型石器工具上面，如砂岩质地的纺轮等。这一阶段石器穿孔技术的发展与周边同时期原始部族的发展是一致的。在舞阳贾湖遗址出土石制品中，"贾湖出土的石制品中，有钻孔的器物比例不高，主要有纺轮、石环和穿孔石饰，可见穿孔技术还未广泛运用于工具的制作，虽然此时的穿孔工艺已相当娴熟"。而且"有钻孔的石制品大多石质较软，石料以含云母片岩、萤石和绿松石为主"[23]。

　　到了仰韶文化早期，复合工具的出现和发展标志着原始农业进入了锄耕农业阶段，

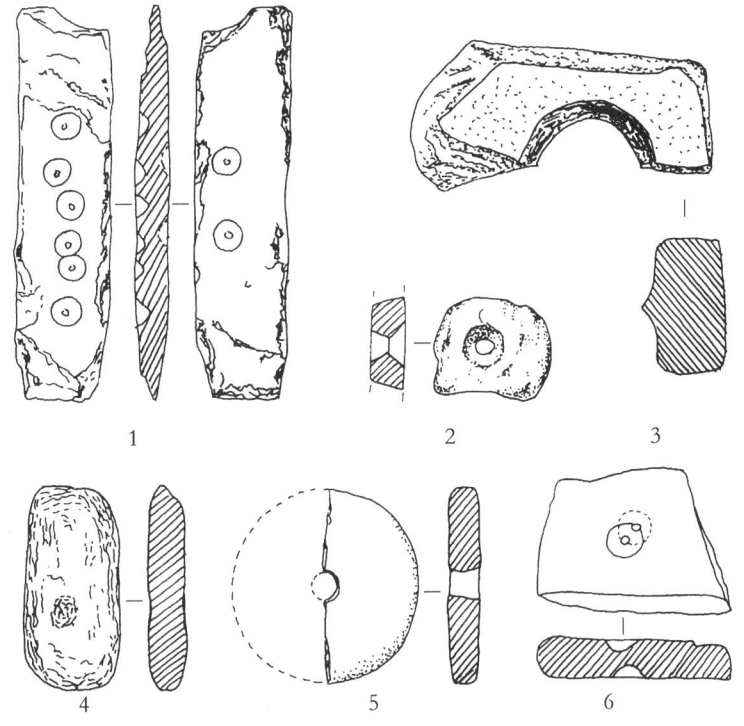

图三　裴李岗文化等"钻孔"石器

1. 1979年裴李岗遗址发掘M38：5（《考古学报》1984年第1期第35页）　2.唐户遗址2006年遗址发掘G11②：1（《考古》2008年第5期第13页）　3.大河村仰韶文化前一期T57⑩：3（《郑州大河村》第111页）　4.唐户遗址2007年发掘简报H86：1（《考古》2010年第5期第19页）　5.长葛石固遗址第Ⅵ期H55：5（《华夏考古》1987年第1期第77页）　6.1979年裴李岗遗址发掘T305②：6（《考古学报》1984年第1期第34页）

土壤垦辟技术的发展把原始农业推向了新的高度。

　　第四期是大型石器工具的出现。在郑州市河南建业一号城邦小区发掘出土了一批仰韶文化四期大型石器石斧、石铲等，体长介于40～65厘米之间，石铲为穿孔或肩、柄结构。大型石器工具——耒耜的出现，说明平原农业生产进入了深耕管理阶段。

　　要之，生产工具技术的发展，尤其是石器复合生产工具的发展使得土壤垦殖的效率和生产水平大为提升，原始农业的发展真正进入到生产经济阶段，这就为原始聚落社会内部对生产资源和劳动产品的控制进入到量化阶段，为原始聚落内部社会复杂化提供了最基础的先兆动力。

▍注释

　　［1］黄富成：《嵩山地区原始农业发展形态研究》，郑州市嵩山文明研究院课题论文（项目编号：Q2011–11）。

　　［2］北京大学文博学院、郑州市文物考古研究院：《河南新密市李家沟遗址发掘简报》，《考

古》2011年第4期。

［3］郑州市文物考古研究院、河南省文物局南水北调文物保护办公室：《河南新郑市唐户遗址裴李岗文化遗存2007年发掘简报》，《考古》，2010年第5期。

［4］中国社会科学院考古研究所河南一队：《1979年裴李岗遗址发掘报告》，《考古学报》，1984年第1期。

［5］郑州市文物考古研究院、河南省文物局南水北调文物保护办公室：《河南新郑市唐户遗址裴李岗文化遗存2007年发掘简报》，《考古》，2010年第5期。

［6］河南省文物考古研究所：《长葛石固遗址发掘报告》，《华夏考古》，1987年第1期。

［7］黄富成：《略论裴李岗文化台地农业》，《农业考古》，2008年第4期。

［8］《2011年度全国十大考古新发现》，《中国文物报》2012年4月15日第6版。

［9］李根蟠：《试论我国原始农业的发生和发展》，《中国古代社会经济史资料》第一辑，福建人民出版社，1985年。

［10］郑州市文物考古研究院发掘资料，石器线图由索全星先生提供。

［11］有学者认为，裴李岗文化Ⅲ式石铲器身较宽而短，刃平、顶端平齐或下凹，两侧常打制有缺口，这种生产工具自上向下用力，应为石耜，参见赵世纲《关于裴李岗文化若干问题的探讨》，《华夏考古》1987年第2期。根据出土器物形制，此式石铲两侧多宽、鼓出，打制缺口不明显，我们认为，这种石铲不具有捆绑结构，也不具有复合工具功能，因而尚不能作为石耜来认识。

［12］郑州市文物考古研究所：《郑州大河村》，科学出版社，2001年，第37~38页。

［13］北京大学考古文博学院、郑州市文物考古研究院：《河南新密市李家沟遗址发掘简报》，《考古》，2011年第4期。

［14］在2006年河南唐户遗址发掘简报中（参见河南省文物管理局南水北调文物保护办公室、郑州市文物考古研究院《河南新郑市唐户遗址裴李岗文化遗存发掘简报》，《考古》2008年第5期），在一条沟中出土一件穿孔石铲残片，编号G11②：1，褐色粗质砂岩，两侧边弧形，中间一对穿圆形钻孔。残长5.2、残宽6.5、厚2厘米。对于这一件穿孔石器，根据其形制更似纺轮，材质褐色砂岩，易于研磨钻孔。

［15］有学者认为，穿孔技术发明于5万年前的欧洲尼安德特人。我国的穿孔技术在旧石器时代中期已经产生，到旧石器时代晚期后段时期，穿孔技术更加成熟，并陆续传播到中国、日本列岛及朝鲜半岛。到裴李岗时期，中国境内的穿孔技术已经比较普及，参见王强《史前穿孔技术初论》，《四川文物》2009年第6期。根据考古发现看，在装饰品及小型采集渔猎工具上面，穿孔技术确实比较普及，但是作为土壤垦殖的较大型石器穿孔生产工具，在嵩山地区出现的时段不早于裴李岗文化晚期。

［16］中国社会科学院考古研究所河南一队：《1979年裴李岗遗址发掘报告》，《考古学报》1984年第1期。

［17］郑州市文物考古研究院、河南省文物局南水北调文物保护办公室：《河南新郑市唐户遗址裴李岗文化遗存2007年发掘简报》，《考古》，2010年第5期。

［18］中国社会科学院考古研究所河南一队：《1979年裴李岗遗址发掘报告》，《考古学报》1984年第1期。

［19］河南省文物局南水北调文物保护办公室、郑州市文物考古研究院：《河南新郑市唐户遗址裴李岗文化遗存发掘简报》，《考古》2008年第5期。

［20］河南省文物考古研究所：《长葛石固遗址发掘报告》，《华夏考古》1987年第1期。

［21］郑州市文物考古研究所：《郑州大河村》，科学出版社，2001年，第111页。

［22］中国社会科学院考古所河南一队：《河南汝州中山寨遗址》，《考古学报》1991年第1期。

［23］河南省文物考古研究所：《舞阳贾湖》，科学出版社，1999年，第945页。

（原刊于《炎黄文化》2015年3期）

孙庄遗址仰韶文化居民的肢骨研究

吴倩

肢骨研究是体质人类学的重要内容，骨骼的相关测量指数不仅可以反映个体生前发育情况，也能为我们了解人群体质状况提供参考。肢骨最大长和生理长等传统线性测量指标在推算古代人群身高方面也起着重要作用[1]。目前，人类学家主要参考四肢长骨线性值，结合现代人类的身高回归方程来复原古代居民的身高水平[2]。研究表明个体的身高水平与生活的环境因素和遗传因素密切相关，骨骼成长阶段的发育与人体摄取的营养密不可分。在此影响下身高的变化及肢骨的测量指标可以体现出社会整体经济状况和社会分工[3]。本文希望通过对孙庄遗址出土的肢骨研究，为了解黄河中下游地区仰韶文化晚期阶段古代居民的体质情况和两性社会地位等提供资料。

一、材料与方法

1.研究材料

孙庄遗址位于郑州市中原区孙庄村东南，在建设路以南、长椿路东侧，地理坐标北纬34°45′37.16″，东经113°32′17.22″。在该遗址共发掘清理出172处遗迹单位。基本为土坑竖穴墓，葬式多为仰身直肢葬，以单人葬为主，遗址年代为仰韶文化晚期[4]。

挑选标准：人骨标本保存完整，形态特征明确。经筛选，可测量的标本共39例。肱骨45根，股骨55根，胫骨55根（表一）。

表一　孙庄遗址可供测量长骨统计表

项目	男性		女性		总计
	左	右	左	右	
肱骨	12	14	10	9	45
股骨	14	14	14	13	55
胫骨	16	13	11	15	55
个体数	19		20		39

2.肢骨指数计算方法

参照《人体测量方法》[5]，使用测骨盘、直角规、弯脚规、游标卡尺等工具对肱骨、胫骨、股骨的最大长、生理长、体长等主要测量项分别进行测量，测量单位为毫米，将数据录入计算机，使用Excel及SPSS软件进行统计学处理，计算主要数据平均值。

按照以下相应公式，本文使用以下公式[6]计算了孙庄遗址古代居民的肱骨、股骨、胫骨的主要指数：

（1）肱骨粗壮指数 $=\dfrac{肱骨骨干最小周}{肱骨最大长}\times100\%$

（2）股骨粗壮指数 $=\dfrac{股骨骨干中部矢状径+股骨骨干中部横径}{股骨全长}\times100\%$

（3）股骨扁平指数 $=\dfrac{股骨骨干上部矢状径}{股骨骨干上部横径}\times100\%$

（4）股骨嵴指数 $=\dfrac{股骨骨干中部矢状径}{股骨骨干中部横径}\times100\%$

（5）胫骨指数 $=\dfrac{滋养孔处横径}{滋养孔处矢状径}\times100\%$

（6）胫股指数 $=\dfrac{胫骨生理长}{股骨全长}\times100\%$

（7）胫骨中部断面指数 $=\dfrac{胫骨中部横径}{胫骨中部最大径}\times100\%$

3.身高推算方法

目前体质人类学研究中计算身高的公式较多，没有统一标准。本文使用股骨最大长数据来计算身高。结合人体标本保存情况，我们选择K.Pearson[7]、Trotter and Glese[8]及邵象清[9]的公式对男性居民进行身高推算，女性身高使用K.Pearson、张继宗[10]和陈世贤[11]的计算公式。在使用这些回归方程时，要考虑到年龄对身高的影响，一般来说，人的身高峰值在18至20岁间，且利用下肢骨数据推算身高的可靠性大于上肢骨。孙庄遗址用于推算身高的标本均为成年人，年龄阶段以青壮年为主。具体公式如下（表二）：

表二 身高推算公式

作者	观察对象	性别	回归方程
K.Pearson	不明	男	1.880 × 股骨最大长 +81.306
		女	1.945 × 股骨最大长 +72.844

续表

作者	观察对象	性别	回归方程
Trotter and Glese	蒙古人种	男	2.15 × 股骨最大长 +72.57
邵象清	中国汉族 21–30岁	男	2.3 × 左侧股骨最大长 +64.362
			2.31 × 右侧股骨最大长 +64.484
	中国汉族 31–40岁	男	2.32 × 左侧股骨最大长 +64.021
			2.33 × 右侧股骨最大长 +63.564
	中国汉族 41–50岁	男	2.36 × 左侧股骨最大长 +61.748
			2.20 × 右侧股骨最大长 +68.757
	中国汉族 51–60岁	男	1.96 × 左侧股骨最大长 +78.403
			1.98 × 右侧股骨最大长 +78.019
张继宗	中国汉族	女	2.671 × 左侧股骨最大长 +48.3913
			2.752 × 右侧股骨最大长 +45.929
陈世贤	中国汉族	女	3.71 × 股骨最大长 +5

二、结果

1. 肢骨测量数据

孙庄古代居民的肢骨主要测量数据参见表三。

2. 肢骨指数

根据附表所示数据，按照相应公式，孙庄遗址古代居民的肱骨、股骨、胫骨主要指数计算结果如下（表四）。

肱骨的粗壮指数反映出肱骨的整体肌肉发达程度。孙庄组男性肱骨右侧较左侧略为粗壮；女性左侧较右侧略为粗壮。男性平均值为20.21，女性平均值为19.7，男性肱骨粗壮程度高于女性。

股骨粗壮指数代表其整体发育情况和粗壮水平。孙庄组两性股骨都是左侧较右侧粗壮；男性平均值为12.79，女性为12.37，男性股骨发育强于女性。

股骨扁平指数代表股骨干上部的粗壮发育程度。孙庄组男性股骨两侧均属于扁型且左侧扁平程度高于右侧，两侧平均值为78.69属扁型；女性两侧均为超扁型，右侧较左侧更为扁平；两侧平均值为74.16，属超扁型。可知孙庄遗址两性居民股骨干上端发育十分扁平，且女性较男性更为扁平。

股骨嵴指数代表股骨中部发育的粗壮度和肌肉附着情况。孙庄组两性股骨嵴右侧

表三　孙庄遗址古代居民肢骨主要测量项平均值

测量项目	男								女							
	例数	左	最大值	最小值	例数	右	最大值	最小值	例数	左	最大值	最小值	例数	右	最大值	最小值
肱骨最大长	9	313.11	326.00	303.00	12	314.67	340.00	304.00	10	293.60	307.00	281.00	9	300.11	315.00	284.00
肱骨全长	9	308.56	320.00	299.00	12	311.92	338.00	299.00	10	288.60	301.00	276.00	9	296.67	312.00	281.00
肱骨体中部最大径	9	23.16	25.42	21.01	12	23.28	25.41	21.41	10	21.67	23.52	19.36	9	22.05	23.96	20.58
肱骨体中部最小径	9	16.99	19.58	15.32	12	17.29	19.38	15.13	10	15.75	17.19	13.76	9	15.67	17.27	13.43
肱骨骨干中部矢状径	9	22.19	23.81	18.57	12	22.04	24.39	18.31	10	21.30	23.23	19.40	9	21.29	23.10	20.22
肱骨骨干中部横径	9	22.12	24.14	20.54	12	21.46	23.05	19.87	10	19.16	21.82	17.30	9	19.40	22.45	17.22
肱骨骨干中部周	9	67.44	72.00	60.00	12	68.67	73.00	62.00	10	62.85	67.00	59.00	9	64.00	68.00	60.00
肱骨骨干最小周	12	62.58	65.00	54.00	14	63.43	69.00	56.00	10	58.50	61.00	56.00	9	58.33	61.00	55.00
头周长	9	142.67	151.00	131.00	11	142.64	152.00	132.00	7	126.14	130.00	123.00	8	125.25	131.00	118.00
肱骨上端宽	7	50.91	53.66	48.00	11	51.85	56.00	47.85	7	45.89	46.64	45.00	8	47.37	49.47	45.32
肱骨下端宽	11	62.47	64.40	56.28	14	63.15	70.00	58.51	10	56.41	60.85	52.11	9	56.71	62.00	53.53
肱骨滑车宽	11	23.92	25.13	22.74	12	24.44	26.11	22.64	9	20.97	24.11	17.52	9	21.62	23.11	20.08
肱骨滑车和小头宽	12	42.57	47.74	39.04	13	42.55	45.47	39.90	8	38.51	41.40	37.06	7	38.01	40.61	36.19
滑车矢径	12	26.15	23.25	31.24	14	26.82	31.09	22.60	10	23.75	25.60	22.44	9	24.50	26.45	23.00
头横径	9	43.16	45.89	40.23	10	43.12	46.81	39.00	7	38.94	40.64	37.74	8	38.40	40.47	35.09
头纵径	9	46.64	49.53	43.61	12	47.46	50.54	43.51	8	41.00	41.84	39.56	9	41.69	44.04	39.88
股骨最大长	11	447.00	472.00	431.00	11	448.27	470.00	428.00	7	423.71	435.00	412.00	9	424.22	452.00	410.00

续表

测量项目	男 例数	男 左	男 最大值	男 最小值	男 例数	男 右	男 最大值	男 最小值	女 例数	女 左	女 最大值	女 最小值	女 例数	女 右	女 最大值	女 最小值
股骨生理长	10	440.1	467.00	427.00	11	441.45	467.00	421.00	7	417.71	426.00	404.00	9	417.11	446.00	407.00
体长	9	358.67	385.00	341.00	11	358.27	382.00	340.00	7	341.71	356.00	322.00	7	341.71	354.00	323.00
转子全长	10	416.6	444.00	402.00	10	415.70	437.00	401.00	7	398.14	410.00	378.00	7	397.57	405.00	382.00
体上部横径	12	32.44	35.07	30.26	12	31.56	36.32	27.41	13	30.81	34.10	27.81	13	30.76	33.31	28.37
体上部矢径	12	25.41	29.26	23.28	12	24.81	26.83	21.11	13	22.79	24.25	21.03	13	22.73	24.54	20.20
体中部横径	10	27.69	31.42	25.74	11	26.96	31.07	23.70	7	26.62	31.69	24.37	8	26.19	29.13	23.65
体中部矢径	11	29.15	33.24	25.51	11	28.83	33.31	26.43	7	25.14	26.72	23.22	8	25.41	26.35	24.15
体中部周长	10	90.3	96.00	86.00	11	88.91	96.00	81.00	7	82.86	90.00	78.00	8	81.63	85.00	79.00
体下部最小矢径	11	30.01	32.37	28.17	12	29.13	30.43	27.78	7	26.31	30.73	22.60	8	26.87	30.11	23.90
体下部横径	11	41.55	46.35	37.70	12	40.06	43.09	37.48	7	39.84	43.09	37.13	8	39.65	45.31	36.36
颈头前长	14	72.4	77.98	69.51	14	71.51	79.70	66.71	14	65.38	70.65	59.48	12	66.09	70.92	63.04
颈干角	14	125.71	131.00	117.00	14	130.64	138.00	121.00	14	126.29	137.00	116.00	12	128.25	142.00	120.00
头周长	13	151.85	157.00	143.00	11	152.55	160.00	148.00	11	135.27	142.00	131.00	12	136.25	142.00	130.00
头矢角	14	47.84	49.83	44.87	13	47.39	49.97	43.10	12	42.10	44.13	40.63	12	42.63	43.98	40.46
头垂直径	14	47.73	48.86	44.90	13	47.71	49.72	45.39	13	42.80	45.27	40.88	12	43.20	45.59	40.60
颈垂直径	14	35.42	38.04	33.18	14	34.09	36.23	31.96	14	31.15	33.92	28.20	12	30.54	33.42	28.34
颈矢径	14	25.46	28.95	22.07	14	24.44	27.00	23.02	14	22.85	25.42	20.92	12	22.54	24.36	21.47
两髁宽	7	81.14	84.00	79.00	10	80.70	85.00	75.00	7	74.43	78.00	71.00	8	76.00	79.00	72.00

续表

测量项目	男								女							
	例数	左	最大值	最小值	例数	右	最大值	最小值	例数	左	最大值	最小值	例数	右	最大值	最小值
外髁长	10	62.83	67.04	59.93	11	62.32	65.41	59.61	8	60.03	64.39	57.46	7	59.88	61.08	57.82
内髁长	8	63.36	65.28	60.32	10	63.43	65.20	59.41	7	58.58	59.63	57.68	8	59.62	61.59	58.13
胫骨最大长	15	374.13	411.00	351.00	13	370.31	390.00	350.00	11	349.64	382.00	332.00	15	348.07	383.00	311.00
胫骨生理长	15	349	393.00	329.00	13	345.15	363.00	328.00	9	328.11	365.00	312.00	14	324.29	358.00	290.00
全长	15	372.47	412.00	350.00	13	364.31	384.00	345.00	9	344.78	379.00	328.00	13	341.00	375.00	304.00
上端宽	14	76.29	82.00	71.00	13	75.46	81.00	69.00	8	70.63	74.00	68.00	11	70.55	73.00	68.00
上内侧关节面矢径	13	49.57	52.62	46.00	11	48.79	51.19	44.95	9	45.49	47.57	43.91	10	44.94	47.33	42.01
上外侧关节面矢径	16	42.81	46.51	40.33	11	42.29	43.26	40.90	9	38.76	40.71	35.97	14	39.00	42.84	33.96
下端宽	15	51.2	55.00	49.00	13	50.08	54.00	46.00	10	47.00	50.00	44.00	11	46.91	49.00	43.00
下端矢径	14	38.56	41.54	35.80	13	38.61	40.35	36.62	11	35.36	36.90	33.50	13	35.63	37.41	33.71
体中部最大径	15	32.06	34.96	27.85	13	31.69	34.49	26.88	10	27.99	31.91	25.80	13	27.65	30.51	25.43
体中部横径	15	22.76	26.70	18.80	13	23.23	28.86	20.89	10	20.37	21.81	18.81	13	20.56	21.90	19.08
体中部周长	15	86.8	90.00	80.00	13	86.54	93.00	80.00	10	77.10	83.00	72.00	13	76.08	79.00	70.00
体最小周长	15	78.87	83.00	74.00	13	79.23	87.00	74.00	10	70.30	73.00	67.00	13	70.77	73.00	67.00
滋养孔横径	14	24.93	30.84	20.53	12	25.45	30.70	21.81	9	22.33	24.12	18.84	13	22.53	25.91	19.68
滋养孔矢径	14	36.23	39.02	30.93	12	36.19	39.29	30.28	9	32.34	37.12	29.34	13	32.18	34.26	29.58

表四　孙庄遗址古代居民肢骨主要测量指数

指数项目	男			女		
	左	右	均值	左	右	均值
肱骨粗壮指数	20.13	20.29	20.21	19.94	19.46	19.70
股骨粗壮指数	12.92	12.65	12.79	12.39	12.34	12.37
股骨扁平指数	78.4	78.97	78.69	74.18	74.13	74.16
股骨嵴指数	105.82	107.56	106.69	95.43	97.39	96.41
胫骨指数	69.08	70.53	69.81	69.35	70.13	69.74
胫骨长厚指数	21.19	21.76	21.48	20.43	20.58	20.51
胫股指数	77.90	77.45	77.68	77.11	79.52	78.32
胫骨中部横断面指数	71.44	73.69	72.57	73.05	74.55	73.80

发育程度均强于左侧。男性平均值为 106.69；女性的平均值为 96.41，男性股骨中部发育较女性更为强壮。

胫骨指数可以反映出胫骨上部的扁平程度。汪沟组男性左侧属于中胫型，右侧为宽胫型；女性左侧属中胫型，右侧属宽胫型，男性两侧平均值为 69.81，女性平均值为 69.74，均属于中胫型。可知孙庄组居民胫骨发育水平中等略偏宽。

胫股指数代表胫骨长度与股骨的比例。男性平均值为 77.68，女性平均值为 78.32，均为短胫型，故孙庄组居民胫骨的长度偏短。

胫骨中部横断面指数可以说明胫骨中部的扁平程度。孙庄组两性胫骨右侧厚度均高于左侧；男性两侧平均值为 72.57，女性两侧平均值为 73.80，女性的胫骨骨干较男性更为厚重。

为了进一步了解孙庄组两性上下肢整体发育程度的差异，我们选取有代表性的肱骨及股骨粗壮指数数据，对男女两性进行了差异性分析。孙庄组两性肱骨粗壮指数的 t 值为 0.873，$P>0.05$，二者差异没有统计学意义；孙庄组两性股骨粗壮指数 t 值为 1.113，$P>0.05$，两者间差异不显著。

3.身高推算

K.Pearson 公式计算的男性平均身高为 165.46cm，Trotter and Glese 公式得出结果为 168.81cm，邵象清公式计算结果为 167.01cm，三种方法所得男性平均身高值为 167.10cm，变异范围在 165.46 到 168.81cm（表五）。K.Pearson 公式计算的女性平均身高为 155.31cm，张继宗公式计算的女性平均身高为 162.12cm，陈世贤计算结果为 162.29cm，三种方法所得女性平均身高值为 159.91cm，变异范围在 155.31 到 162.29cm（表五）。

表五　孙庄遗址古代居民的身高推算

项目	男						女					
	K.Pearson		Trotter and Glese		邵象清公式		K.Pearson		张继宗公式		陈世贤公式	
	左	右	左	右	左	右	左	右	左	右	左	右
平均身高	165.01	165.14	168.30	168.44	166.48	166.66	155.18	155.46	161.46	162.82	162.06	162.58
两侧合计平均身高	165.46		168.81		167.01		155.31		162.12		162.29	
公式合计平均身高	167.10		159.91									

对男女平均身高进行 T 检验结果显示，孙庄组男女两性平均身高的 t 值为 5.878，P <0.01，可知，孙庄组两性平均身高有显著性差异。

4.身高与其他古代组对比

为进一步分析孙庄遗址古代居民的身高水平，本文将孙庄组与新石器时代不同地区古代组居民的身高材料做比较研究。这些对比组包括：西坡组[12]、姜家梁组[13]、西夏候组[14]、牛河梁组[15]、华南组、三星村组[16]、磨沟组、大南沟组[17]。其中华南组包括鲤鱼墩组[18]、鲤鱼嘴组[19]、甑皮岩组[20]、河宕组[21]、昙石山组[22]（表六）。

考虑到身高推算国内没有统一标准，为保证数据对比可靠性，古代组男性居民我们采用 M.Trotter and G.G.Glesser 制定的利用股骨最大长计算身高的公式，使用两侧股骨的最大长推算身高平均值。女性居民我们采用各组原文中利用公式所推算出的身高平均值，如果存在多种公式的推算结果，则取其平均值。这里仅将该方法计算出的汪沟组身高值用于进行古代组对比。

表六　汪沟组居民平均身高与古代组的对比

组别	地区	时代	身高	
			男	女
西坡组	河南灵宝	新石器	168.48	
姜家梁组	河北阳原	新石器	168.59	160.39
西夏候组	山东曲阜	新石器	171.47	
牛河梁组	辽宁	新石器	167.17	
华南组	华南	新石器	166.87	156.3
三星村组	江苏金坛	新石器	166.00	150.30

续表

组别	地区	时代	身高	
			男	女
磨沟组	甘肃	新石器	166.75	158.85
平均身高			167.9	157.55
孙庄组	河南郑州	新石器	168.81	159.91

孙庄组男性身高（168.81cm）在新石器时代北方地区处于中等偏高水平，与姜家梁组（168.59cm）接近。较南方和甘肃地区古代组高，高于所有对比组身高平均值（167.9cm）。

孙庄组女性身高（159.91cm）低于河北姜家梁组（168.59cm），在新石器时代南方地区处于较高水平，高于所有对比组身高平均值（157.55cm）。

5.性别二态性比较

为更深入比较孙庄组居民整体发育形态上的两性差异，本文利用平均身高值计算了各古代组的两性差异性指数，所用公式为[23]：I=［（M1-M2）/M1］×100%

其中，M1、M2分别代表男女性平均身高。计算结果如图一。

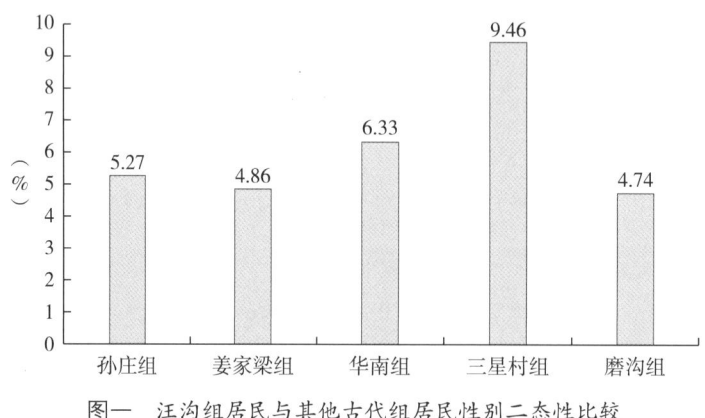

图一　汪沟组居民与其他古代组居民性别二态性比较

性别二态性指两性在生长发育中出现的形体大小及比例的差异。该指数一般在5%~10%之间[24]。

据图一显示，孙庄组居民的两性差异性指数为5.27%，处于正常范围中的较低水平，低于5%的有姜家梁组（4.86%）、磨沟组（4.74%）。华南组（6.33%）与三星村组（9.46%）处于正常范围中。

一般认为，女性的社会地位越高，成长过程中更易摄取到足够的营养促进身高发育。与同一群体中的男性在身高上表现出的差异就越小。即同一群体中女性的身高较高则性别二态性水平越低，反映出这个群体中女性的经济地位较高[25]。

三、结论

通过对孙庄遗址古代居民的肢骨指数、身高值和性别二态性的比较分析，我们大致了解以下几个方面。

（1）孙庄组居民股骨干上部发育较为扁平。胫骨上部中等偏宽，长度偏短，女性胫骨发育较男性更为厚重，男性肱骨、股骨发育整体比女性强壮。对孙庄组男女间肱骨、股骨粗壮程度进行差异性分析结果显示：肱骨和股骨粗壮程度的差别均没有显著性意义（P>0.05），可知孙庄组两性上下肢发育的强壮程度差异不大。

（2）孙庄组男性平均身高为167.10cm，变异范围在165.46到168.81cm。女性平均身高为159.91cm，变异范围在155.31到162.29cm。对孙庄组两性平均身高进行差异性分析显示，两性平均身高有显著性差异（P<0.01）。对比我国新石器时代古代组居民的推测身高后发现，孙庄组男性身高与北方地区各古代组接近，两性平均身高在同时期南方地区均处于较高水平。

（3）研究显示仰韶文化晚期阶段在黄河中下游的古代人群生计方式主要为农业，孙庄遗址所处的地理位置与气候环境对农业发展都非常有利，这一因素影响了该地区人群的饮食结构，使其摄入较多的碳水化合物，孙庄遗址居民有较高的患龋率也与此有关，但男女性患龋率并没有显著性差异[26]。孙庄组居民的两性差异性指数为5.27%，处于较低的水平。综上所述，也许说明当时孙庄组女性与男性摄取食物的量和种类的差别较小，由此推测，仰韶时期孙庄遗址男性与女性在生长过程中获得的营养以及男女之间经济地位相差不大。

本文仅是初步测量研究孙庄遗址古代居民的肢骨标本，希望能对仰韶文化晚期中原地区古代人类有进一步的了解，为未来开展的调查工作提供一定参考。

▎注释

[1] a.赵永生：《甘肃临潭磨沟墓地人骨研究》，吉林大学2013年博士学位论文，第22～33页；b.郑连斌、陆舜华、丁博等：《云南蒙古族体质特征》，《人类学学报》2011年第3期。

[2] a.王永豪、翁嘉颖、胡滨成：《中国西南地区男性成年由长骨推算身高的回归方程》，《解剖学报》1979年第1期；b.莫世泰：《华南地区男性成年人由长骨长度推算身长的回归方程》，《人类学学报》1983年第1期；c. Pearson K., Mathematical contributions to the theory of evolution V.On the reconstruction of the stature of prehistorical races, Philos Tvons R.Soc.Series A.1899,

192，pp.169-244.

　　［3］a.孙蕾：《郑州汉唐宋墓葬出土人骨研究——以荥阳薛村遗址和新郑多处遗址为例》，吉林大学2013年博士学位论文，第19～32页；b.张旭、李婧、朱泓：《内蒙古和林格尔县大堡山墓地古代居民的肢骨研究》，《人类学学报》2015年第2期。

　　［4］白倩：《郑州孙庄遗址出土人骨龋病研究》，郑州大学2017年博士学位论文，第1～3页。

　　［5］张继宗、任甫、吴新智等：《人体测量方法》，科学出版社，2010年，第98～101、113～118、119～123页。

　　［6］朱泓、李法军、魏东等：《体质人类学》，高等教育出版社，2004年，第133～152页。

　　［7］Pearson K.，Bell J.，A Study of the Long Bones English Skeleton，London：Cambrige University Press，1917.

　　［8］Trotter，Glese，A re-evaluation of estimation of atature based on measurements of stature taken during life and of long bones after death，American Journal of Physical Anthropology，1958，16：79-123.

　　［9］邵象清：《人体测量手册》，上海辞书出版社，1985年。

　　［10］张继宗：《中国汉族女性长骨推断身高的研究》，《人类学学报》2001年第4期。

　　［11］陈世贤：《法医骨学》，群众出版社，1980年，第221～236页。

　　［12］中国社会科学院考古研究所、河南省文物考古研究所：《灵宝西坡墓地》，文物出版社，2010年，第132～138页。

　　［13］李法军：《河北阳原姜家梁新石器时代人骨研究》，科学出版社，2008年，第197～202页。

　　［14］颜訚：《西夏侯新石器时代人骨的研究报告》，《考古学报》1973年第2期。

　　［15］辽宁省文物考古研究所：《牛河梁——红山文化遗址发掘报告（1983~2003）》，文物出版社，2012年，第491～504、543页。

　　［16］韩康信：《金坛三星村新石器时代人骨研究》，《东南文化》2003年第9期。

　　［17］赵永生：《甘肃临潭磨沟墓地人骨研究》，吉林大学2013年博士学位论文，第22～33页。

　　［18］潘其风：《大南沟——后红山文化墓地的发掘报告》，科学出版社，1998年，第145～150页。

　　［19］李法军、王明辉、朱泓等：《鲤鱼墩：一个华南新石器时代遗址的生物考古学研究》，中山大学出版社，2013年，第209～222页。

　　［20］刘文、罗安鹄、朱芳武等：《柳州大龙潭鲤鱼嘴新石器时代遗址的人骨》，《广西民族

研究》1994年第3期。

［21］中国社会科学院考古研究所、广西壮族自治区文物工作队、桂林甑皮岩遗址博物馆等：《桂林甑皮岩》，文物出版社，2003年，第491～499页。

［22］韩康信、潘其风：《广东佛山河宕新石器时代晚期墓葬人骨》，《人类学学报》1982年第1期。

［23］韩康信、张振标、曾凡：《闽侯县石山遗址的人骨》，《考古学报》1976年第1期。

［24］Holden C.，Mace R.，Sexual dimorphism in stature and women's work：A phylogenetic cross-cultural analysis，American Journal of Physical Anthropology，1999，110：27-45.

［25］Moinar S.，Human Variation：Races，types，and ethnic groups，NJ：prentice Hall，1998：189.

［26］周亚威、白倩、顾万发等：《郑州孙庄遗址仰韶文化人群的龋病研究》，《人类学学报》2020年第2期。

（原刊于《天津师范大学学报》自然科学版2021年第1期）

商代前期中原地区多品种农作物种植制度的初探

——以河南新郑望京楼遗址为例

王宁　桑哲承　刘效彬　吴倩

　　中原地区因其优越的地理位置，在中华文明的形成和发展过程中占有举足轻重的地位，长期以来是中国政治经济文化的中心区域[1]。农业发展是中华文明形成最为重要的前提条件之一，中原地区的农业发展状况理应代表了当时最先进的生产力水平，一直是学术界研究的重点问题[2]。

　　植物考古研究表明，中原地区的农业模式经历了两次重大转变[3]。第一次转变发生在中华文明形成时期（2500BC～1500BC）。在龙山时代以前，中原地区的生业模式始终表现出粟（黍）作农业为主的北方旱作农业的典型特点。在龙山时代之后，稻谷和大豆开始得到普遍种植，小麦引入并种植规模开始扩大，中原地区逐渐呈现出由单品种农作物制度向多品种农作物制度转变的趋势，长期以来单纯依靠粟作农业逐渐演变为包括粟、黍、稻谷、小麦和大豆在内的"五谷丰登"的农耕模式。这一率先转变所带来的经济优势，为中原地区中华文明的崛起和发展创造了有利条件。第二次转变，发生在商代之后至汉代时期（1600BC～220AD）。由于小麦在旱地农作物中是高产作物，前一时期引入的小麦，这一时期在中原地区得到广泛推广，经过漫长的过程，最终完成北方旱作农业逐步地由依赖粟黍向以共同种植小麦和粟黍模式的一次重大转变，这一改变为后来的以黄河流域地区为政治和经济中心的，强大的秦汉帝国的建立奠定了坚实的物质基础，并且影响至今。

　　与植物考古研究手段相比，C、N稳定同位素分析方法，在揭示先民食物结构和生业模式方面，具有自身的独特优势。根据"我即我食"（You are what you eat）原理，通过人骨的$\delta^{13}C$值，可以揭示先民的植物类及其所食动物中植物类的主要食物种类和来源[4]；通过人骨的$\delta^{15}N$值，可以判断先民食物来源中的肉食资源比例及其营养等级[5]。相比植物考古在宏观层面上对整个遗址中农作物遗存出土数量和出土概率的科学研究，考古稳定同位素分析能够在微观层面上精确地揭示先民个体对于不同食物的摄入比例，以及不同先民的个体饮食差异，可为研究古代农业发展提供更多不同角度的科学证据。

这一研究方法在中国大量考古遗址中得到了广泛开展[6]，包括二里头文化的河南伊川南寨遗址[7]、二里头遗址[8]、新密新砦遗址[9]、登封南洼遗址[10]和先商文化的河南鹤壁刘庄遗址[11]、河北磁县南城遗址[12]等中原地区多处重要遗址先民和动物的稳定同位素分析，加深了对商代以前（约1600BC以前）居民的生业模式和农业发展状况等问题的认识。与此同时，学界对河南偃师商城遗址[13]、郑州小双桥遗址[14]、南洼遗址、安阳殷墟遗址[15]、山东济南刘家庄遗址[16]和滕州前掌大墓地[17]等商文化遗址开展了稳定同位素测试工作，获取了商文化多处遗址先民的食物结构信息，总体上阐明了商人以粟作农业为主的生业模式[18]。此外，中原地区新郑遗址[19]、西亚斯和畅馨园[20]、宋庄遗址和陈家沟遗址[21]、申明铺遗址[22]的稳定同位素数据，展现了商代以后小麦在中原地区逐步推广的过程。

商王朝（1600BC～1046BC）作为中国有确切出土文字记载的最早王朝，正处在中原地区两次农业模式转变中的关键阶段。作为商王朝统治疆域最广、国力最为强大的二里岗时期，其都城就在郑州地区。地处中原腹地的郑州地区，区位优势更是独占鳌头，中华母亲河黄河从中穿过，自然环境条件亦十分优越，是商王朝都城早期所在地和统治的核心区域。然而，在中国古代农业发展如此重要和关键的阶段，目前仅有一处偃师商城遗址的3例先民的C稳定同位素值公布。学界对于商代早期（二里岗时期）郑州地区先民的食物结构和生业模式等相关信息的认识仍显薄弱。同时，其他地区绝大多数考古遗址的稳定同位素研究表明，郑州地区以外的商代先民仍然以C_4类（粟黍）植物为主要食物来源[23]。那么，商代早期郑州地区先民的食物结构和生业模式有何特点？前一阶段兴起的多品种农作物制度在这一时期的推广和实践达到何种程度？需要该地区更多考古遗址稳定同位素分析工作的开展和提供新的数据，予以解答。

本文选取该地区一处十分重要的商代大型城市遗址——河南新郑望京楼遗址出土的二里岗时期的人骨为研究对象，运用碳氮稳定同位素分析方法，探讨商代早期郑州地区先民的食物结构状况以及群体内差异，特别是多品种农作物制度在该地区的推广情况。并结合已发表的成果对商代先民的农业发展状况进行总结。

一、材料与方法

1.遗址背景

望京楼遗址位于河南省新郑市新村镇望京楼水库东南，距离郑州市区35公里，发现于20世纪60年代（图一）。2010～2011年，为配合基本建设，郑州市文物考古研究院对遗址进行了大规模勘探、发掘工作，重新认定其面积为168平方米，包含有二里头时期的夏代城址以及二里岗时期的早商城址，以及道路、大型夯土基址、祭祀坑、房

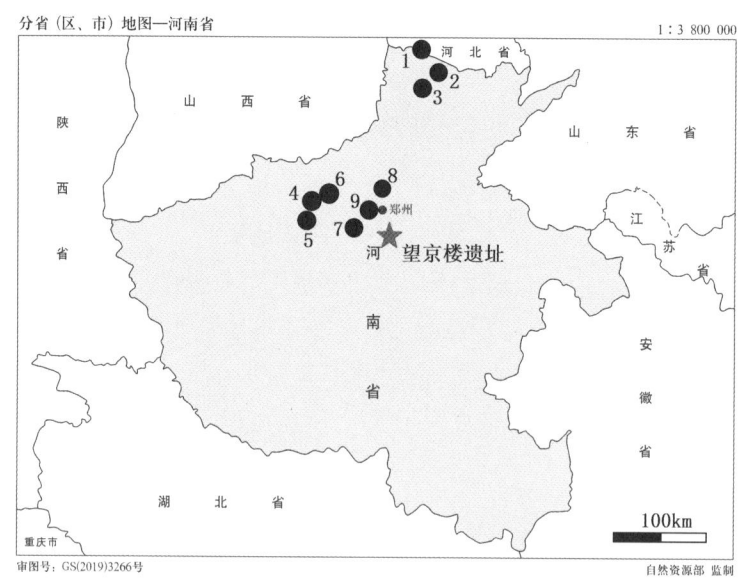

图一　新郑望京楼和相关遗址位置示意图

1.南城　2.殷墟　3.刘庄　4.二里头　5.南寨　6.偃师商城　7.南洼　8.小双桥　9.新砦

基、灶、陶窑、灰坑、水井、墓葬等大量遗迹和铜器、原始瓷器、陶器、石器、蚌器、骨器、玉器等丰富的遗物。结合地层学与类型学推测，早商城址应始建于二里岗下层一期，二里岗文化下层二期和上层一期兴盛，至二里岗上层二期废弃[24]。

该遗址是继郑州商城、偃师商城之后河南境内新发现的又一座商代早期城址，其规模相比前两者城址略小，但远大于同时期的其他城址。出土的青铜器器型精美且工艺高超，似为祭祀礼器，代表了使用者的身份等级较高，表明望京楼遗址不仅仅只具有一般聚落遗址性质，部分考古学家认为其性质为夏商时期一座方国都邑[25]。

2.样品选取

本次研究的样品全部来自望京楼遗址考古发掘出土的人类骨骼标本。为了更好地研究先民个体食物结构及其变化状况，在骨骼保存条件允许的情况下，对同一个个体，尽量对肋骨和肢骨（包括股骨和肱骨）进行同时取样。共取得31座墓葬中的29例肢骨和23例肋骨，共52例，包括二里头文化时期（2070BC～1600BC）4座和二里岗文化时期（1600BC～1300BC）27座（详见表一）。该遗址动物骨骼的稳定同位素数据已发表，因此本研究没有选取同时期的动物骨骼[26]。

3.样品处理

样品前处理和骨胶原提取在中国科学院脊椎动物演化与人类起源重点实验室完成。据Richards和Hedges[27]的方法，并参考Jay和Richards[28]对该方法的改进来提取骨胶原。利用手术刀和打磨机，清除附在骨样表面的污染。称取大约1~2g骨样，经去离子

表一　望京楼遗址人骨样品的同位素数据和详细信息

序号	墓葬编号	分期	年龄	年龄（中位数）	性别	骨骼类型	δ¹³C（‰）	δ¹⁵N（‰）	C（%）	N（%）	C/N
1	M1	上层一期	35–40	37.5	女	肢骨	-10.8	8.4	19.78	7.30	3.2
2	M2	上层一期	未知年龄–壮年	—	女	肢骨	-11.1	7.9	36.44	13.43	3.2
3	M3	上层一期	45–50	47.5	女	肢骨	-9.7	8.3	42.23	15.63	3.2
						肋骨	-9.8	8.5	44.50	15.95	3.3
4	M4	上层一期	40–45	42.5	女	肢骨	-11.3	9.9	35.89	13.39	3.1
						肋骨	-9.5	9.8	44.58	16.23	3.2
5	M9	下层二期	45	45	男	肋骨	-7.4	10.1	44.75	16.27	3.2
6	M10	下层二期	30	30	女	肢骨	-9.9	9.1	43.57	16.05	3.2
7	M12	上层一期	30	30	男	肋骨	-9.8	8.9	41.09	15.08	3.2
8	M14	下层二期	30–35	32.5	女	肢骨	-8.4	9.6	42.96	15.75	3.2
						肋骨	-9.3	7.5	41.70	15.58	3.1
9	M15	上层二期	40–45	42.5	男	肋骨	-9.2	7.8	44.06	16.36	3.1
						肢骨	-10.4	9.2	37.27	13.37	3.3
10	M19	上层一期	40	40	女	肋骨	-7.5	9.0	43.30	15.70	3.2
						肢骨	-10.1	8.9	38.20	14.15	3.2
11	M20	下层二期	25–30	27.5	男	肢骨	-7.1	9.2	44.05	16.08	3.2
						肋骨	-7.3	9.2	44.52	16.23	3.2
12	M21	下层二期	40	40	男	肢骨	-7.7	8.8	43.46	15.82	3.2

续表

序号	墓葬编号	分期	年龄	年龄（中位数）	性别	骨骼类型	$\delta^{13}C$ (‰)	$\delta^{15}N$ (‰)	C (%)	N (%)	C/N
13	M22	上层二期	35～40	37.5	男	肢骨	-7.1	7.9	48.19	17.84	3.2
						肋骨	-7.6	8.2	43.25	15.99	3.2
14	M24	下层二期	30～40	35	男	肢骨	-8.6	9.6	39.66	14.23	3.3
15	M25	下层二期	未知年龄－壮年	—	女	肢骨	-7.9	9.5	42.88	15.61	3.2
						肋骨	-8.0	9.2	42.24	15.24	3.2
16	M30	下层二期	30	30	女	肋骨	-9.0	8.5	44.29	16.00	3.2
17	M31	上层二期	35	35	男	肢骨	-9.4	9.5	33.10	12.10	3.2
						肋骨	-8.9	9.6	44.69	16.27	3.2
18	M32	上层二期	40～45	42.5	女	肢骨	-9.1	9.6	43.48	16.03	3.2
						肋骨	-10.1	10.0	41.83	14.99	3.3
19	M40	下层二期	35～40	37.5	男	肢骨	-7.6	8.9	42.36	15.32	3.2
						肋骨	-7.4	9.0	39.61	14.39	3.2
20	M45	下层二期	30	30	女	肢骨	-9.3	7.3	44.29	16.00	3.2
21	M48	上层二期	6～8	7	?	肢骨	-10.7	7.9	40.42	14.51	3.3
22	M50	下层二期	10～13	11.5	?	肋骨	-10.8	8.1	38.66	14.18	3.2
						肢骨	-10.8	8.4	40.34	14.69	3.2
23	M52	下层二期	40	40	男	肋骨	-10.2	8.0	44.48	16.18	3.2
						肢骨	-9.4	8.4	44.09	16.34	3.1
						肋骨	-8.9	8.3	41.75	15.36	3.2

续表

序号	墓葬编号	分期	年龄	年龄（中位数）	性别	骨骼类型	$\delta^{13}C$（‰）	$\delta^{15}N$（‰）	C（%）	N（%）	C/N
24	M53	上层二期	30	30	女	肢骨	-8.6	8.4	42.33	15.10	3.3
25	M54	下层二期	30～35	32.5	男	肋骨	-8.7	8.5	43.83	16.31	3.1
26	M55	下层二期	30	30	女	肢骨	-10.6	9.8	39.25	14.57	3.1
27	M56	下层二期	2～3	2.5	？	肋骨	-7.9	9.7	43.64	16.02	3.2
28	M57	下层二期	5～6	5.5	？	肢骨	-18.1	10.5	43.50	15.87	3.2
29	M58	上层二期	30～35	32.5	男	肋骨	-13.1	9.6	43.13	15.91	3.2
30	M62	上层二期	25～30	27.5	男	肢骨	-13.7	8.7	43.78	16.40	3.1
						肋骨	-13.6	8.9	43.50	15.90	3.2
						肢骨	-12.8	8.6	42.40	15.77	3.1
						肋骨	-7.8	8.2	42.99	15.87	3.2
						肋骨	-7.5	9.2	43.51	15.70	3.2
						肢骨	-7.0	9.6	42.99	15.87	3.2
						肋骨	-8.9	9.5	44.49	16.28	3.2
31	M64	下层二期	26～28	27	女	肢骨	-8.8	9.2	38.22	14.11	3.2
						肋骨	-9.0	9.2	41.91	15.26	3.2

水清洗后，置于0.5mol/L的HCl溶液（4℃）中脱钙，每隔两天更换酸液，至无气泡产生、骨样酥软为止。去离子水洗至中性，常温下0.125mol/L的NaOH溶液中浸泡20小时后洗至中性。于0.001mol/L的HCL溶液中70℃明胶化48小时，趁热过滤，冷冻干燥后得骨胶原。

4.测试分析

骨胶原的C、N含量及稳定同位素分析在中国科学院大学考古稳定同位素实验室完成，所用设备为Elementar Vario-Isoprime100型稳定同位素质谱分析仪。测试C、N元素含量所用的标准物质为磺胺（Sulfanilamide）。C、N稳定同位素比值，分别以IAEA-600、IAEA-CH-6标定碳钢瓶气（以VPDB为基准）和IAEA-600、IAEA-N-2标定氮钢瓶气（以AIR为基准）。此外，每测试10个样品插入一个实验室自制胶原蛋白标样（$\delta^{13}C$值为 -（14.7±0.1）‰，$\delta^{15}N$值为（7.0±0.1）‰）。样品的同位素比值，以$\delta^{13}C$和$\delta^{15}N$值表示，分析误差均低于±0.2‰，结果详见表一。

二、结果

1.污染辨别

人体死亡掩埋后，埋藏环境中的pH值、湿度、温度以及微生物等诸因素，都将破坏骨骼原有的组织结构和化学成分[29]。因此，辨别污染的样品并将其剔除，是利用C、N稳定同位素分析先民食物结构的前提条件。现代骨胶原中C、N含量分别约为41%和15%[30]，本文所有样品骨胶原的C平均含量为41.7±4.1%，N平均含量为15.3±1.5%，表明样品中的骨胶原保存状况良好。此外，判断骨胶原是否污染，更为重要的指标是其C/N摩尔比值。DeNiro等[31]认为，C/N摩尔比值在2.9～3.6之间的骨胶原，可视为未污染。由表1可知，52例样品的C/N比值全部介于3.1～3.3之间，其平均值及标准偏差为3.2±0.0%，均未收到污染，表明所有样品的碳氮稳定同位素分析值是科学可信的。

2.望京楼遗址先民的食物结构

望京楼遗址先民C、N稳定同位素散点图，如图2所示。由表一和图二可见，先民$\delta^{13}C$值变化范围为-18.1‰至-7.0‰，均值为-9.5±2.1‰（n=52），表明总体上先民主要以C_4类食物为食，但其较大的$\delta^{13}C$值变化范围，则暗示人群食物结构的多样性。对于$\delta^{15}N$值而言，其变化范围为7.3‰至10.5‰，均值为8.9±0.7‰（n=52），表明先民食物中包含较大量的动物蛋白，且个体之间有一定差异。

根据先民骨胶原的$\delta^{13}C$值高低划分，其食物结构可分为3种类型，即C_3类为主、C_3类/C_4类混合和C_4类为主，其$\delta^{13}C$值范围分别是-23‰～-18‰、-18‰～-12‰

和 −12‰ ~ −6‰[32]。以此为标准，望
京楼遗址先民的 52 例 δ^{13}C 同位素数据
中，C_3 类为主的 1 例，C_3 类 /C_4 类混合
的 4 例，C_4 类为主的 47 例，所占比例
分别为约 2%、8% 和 91%。表明这一时
期先民虽然摄取了少量 C_3 类食物，但
所占比例很低，C_4 类始终占有绝对主
要地位。在传统中国的主要粮食作物
中，粟黍是典型的 C_4 类植物，稻谷、
小麦和大豆是典型的 C_3 类植物。因此，
从先民的同位素数据上来看，先民的

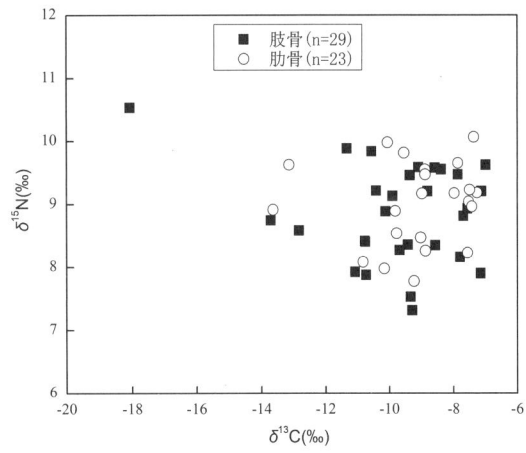

图二　望京楼遗址人骨的 δ^{13}C 和 δ^{15}N 值的散点图

食物结构中，包含了大量的粟黍类食物，并包含了少量稻谷、小麦和大豆，但是个体
之前存在较大差异，不同时期、性别和年龄先民食物结构差异的具体表现，本文将继
续展开分析。

三、讨论

1.不同时期先民的食物结构差异

望京楼遗址考古报告指出，该遗址以二里头文化和二里岗文化为主，根据随葬陶
器，可将墓葬分为 6 期，其中二里头文化遗存分为两期（第一期和第二期），二里岗文
化遗存分为四期（总第三期至第六期）[33]。本研究中选取肢骨先民的年代包含上述 6
期共 29 例，具体为二里头文化时期 4 例（第一期 1 例和第二期 3 例）和二里岗文化时期

25 例（总第三期 1 例、第四期 15 例、
第五期 5 例和第六期 4 例）。

　　由图三可知，二里头文化第
一期和第二期先民 δ^{13}C 和 δ^{15}N 均值
分别为 −7.6 ± 0.7‰ 和 8.5 ± 0.8‰
（n=4），与二里岗文化四个时期 25
例先民相比（总第三期 δ^{13}C 和 δ^{15}N
值为 −9.3‰ 和 7.3‰，第四期 δ^{13}C 和
δ^{15}N 均值为 −10.1 ± 2.9‰ 和 9.1 ± 0.7‰
（n=15），第五期 δ^{13}C 和 δ^{15}N 均值
为 −10.7 ± 0.6‰ 和 8.5 ± 0.8‰（n=5），

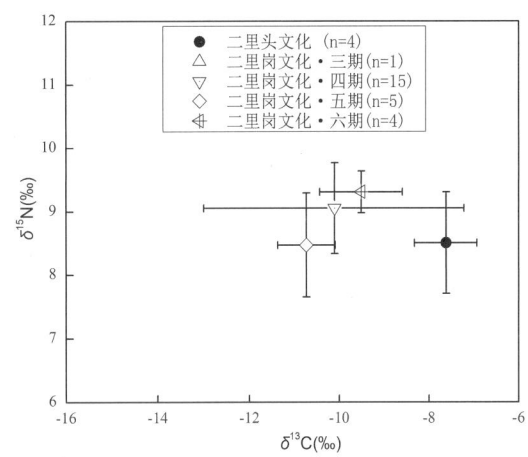

图三　不同时期先民肢骨的 δ^{13}C 和 δ^{15}N 值比较图

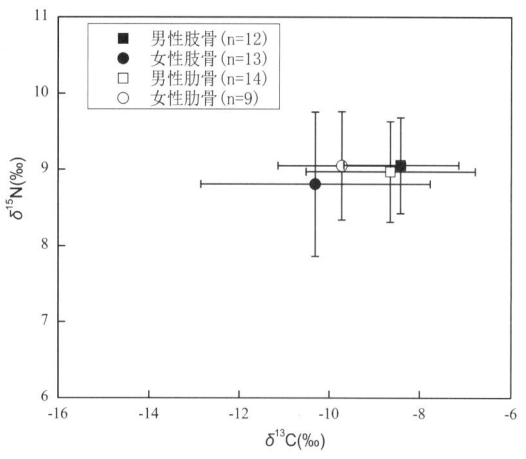

图四　不同性别先民肢骨和肋骨的δ^{13}C 和δ^{15}N 值
比较图

第六期δ^{13}C 和δ^{15}N 均值为 -9.5 ± 0.9‰
和 9.3 ± 0.3‰（n=4），δ^{13}C 值有明显
差异（p=0.042），δ^{15}N 值差异不明显
（p=0.368）。这一结果表明，与二里头
文化时期相比，二里岗时期（商代前
期）的先民虽然仍以 C₄ 类食物为主要
食物来源，但是摄入了更多 C₃ 类食物，
表明其主食种类进一步丰富，而肉食
资源摄取方面在较长的历史时期内没
有发生明显变化。

2.不同性别先民的食物结构差异

有学者提出了男女社会地位不平
等或许是导致性别饮食差异的重要原因[34]。望京楼遗址的 31 例先民中，C₄ 类为主的
个体有 28 例（13 男 13 女 2 例不明），C₃ 类/C₄ 类混合的个体有 2 例（性别不明），C₃ 类为
主的个体有 1 例（1 女）。由图四可知，男性肢骨δ^{13}C 和δ^{15}N 均值分别为 -8.4 ± 1.3‰和
9.1 ± 0.6‰（n=12），与女性肢骨的δ^{13}C 和δ^{15}N 均值（-10.3 ± 2.5‰，8.8 ± 0.9‰，n=13）
相比，男性δ^{13}C 和δ^{15}N 值略高，尤其是δ^{13}C 值差异较为明显（p=0.030），表明该遗址
中，男性摄取了更多 C₃ 类食物。相对而言，男女的δ^{15}N 值差异不明显（p=0.447），表
明男女性别不同并未导致在肉食资源摄取方面产生明显差异。

男性肋骨δ^{13}C 和δ^{15}N 均值分别为 -8.7 ± 1.9‰和 9.0 ± 0.7‰（n=14），与女性肋骨相
比，δ^{13}C 和δ^{15}N 均值分别为 -9.7 ± 1.4‰和 9.0 ± 0.7‰（n=9），男性的δ^{13}C 值略高，δ^{15}N
值几乎相同，但男女肋骨的δ^{13}C 和δ^{15}N 值差异均不明显（p=0.153，p=0.809）。

综合肢骨和肋骨数据可知，虽然男性肢骨的同位素数据表明其食物结构中包含了
更多的 C₄ 类食物，但是男女食物结构总体上较为相似，未发现性别不同导致食物结构
差异的明显证据。表明该遗址中，性别并不是差异产生的原因之一。

3.不同性别先民的食物结构差异

由于人体不同部位骨骼的新陈代谢速率不同，平均来讲，肢骨中的骨胶原至少 10
年以上才能完全更新[35]，而肋骨则 2 ~ 5 年骨胶原就可整个更换[36]。因此，通过对不
同年龄个体以及同一个体不同部位骨胶原同位素数据的比较分析，可较为全面地探索
先民个体生前不同生长发育过程中食物结构的变化状况[37]。

由图五可知，望京楼遗址先民肢骨和肋骨的δ^{13}C 均值与年龄的对应关系，总体呈
现出一种先升高，后略微降低的总体特征。这一结果表明，该遗址先民饮食中，青年

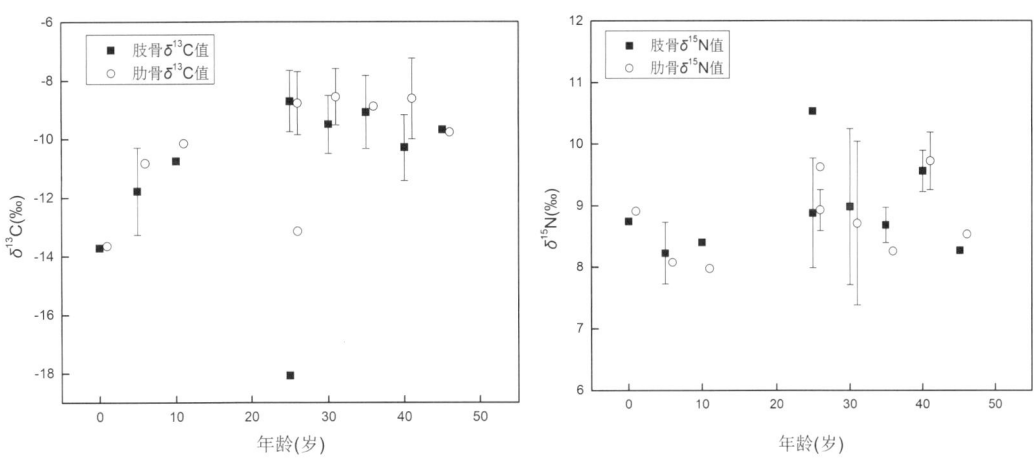

图五　不同年龄先民股骨和肋骨的δ^{13}C和δ^{15}N值误差棒图

个体摄入了更多C$_3$类食物，而成年以后的个体，长期保持C$_4$类食物为主的饮食习惯。

在望京楼遗址的31例先民中，同时获取股骨和肋骨的个体数量为21例，对比先民中同一个体股骨和肋骨的δ^{13}C值可知，其平均差异为0.51 ± 1.48‰（n=21），可知大部分先民去世前2~3年短期内δ^{13}C值与10年期以上相比并未发现明显变化，表明就同一先民个体而言，其饮食结构中的主食比例长期保持稳定。

与δ^{13}C值不同，望京楼遗址先民股骨和肋骨的δ^{15}N均值，从出生以后到10岁之前，略有降低。直到成年以后，虽有波动，但不明显，整个几乎没有发生明显变化。先民中同一个体股骨和肋骨的δ^{15}N值差异平均为0.01 ± 0.39‰（n=20），几乎可以忽略不记，表明该遗址先民在自身生长的不同年龄，在肉食资源摄取方面，长期保持相对稳定的水平。

总体而言，通过观察不同年龄先民和代表先民不同年龄段骨骼部位的δ^{13}C和δ^{15}N值发现，望京楼遗址先民除了部分儿童摄入了更多C$_3$类食物和N值较高以外，绝大部分成人饮食状况，包括主食比例和肉食资源，在人生的不同阶段长期保持稳定，反映了商代前期中原地区以粟黍为主的农业已经得到了较为成熟的发展。

4.商代前期中原地区多品种农作物种植制度初探

中原地区作为古代中国的政治经济中心，孕育出中国早期的国家。农业的发展在这一个过程中起到了至关重要的推动作用。植物考古研究表明，中原地区的农业模式在中华文明形成时期（2500BC ~ 1500BC）所经历了的重大转变，即由粟（黍）作农业为主的单品种农作物制度向包括粟、黍、稻谷、小麦和大豆在内的多品种农作物制度转变的趋势，为中原地区中华文明的崛起和发展创造了有利条件[38]。

望京楼遗址是中原地区一处十分重要的商代早期城址，作为夏商时期一座方国都邑级别的代表性遗址，其农业发展水平理应是当时中国农业发展程度的最佳代表之一。该遗址先民的51例$\delta^{13}C$同位素数据中，C_3类为主的1例，C_3类/C_4类混合的4例，C_4类为主的47例，所占比例分别为约2%、8%和91%。这表明，当时的人虽然摄取了少量C_3类食物（稻谷、小麦和大豆），但所占比例很低，C_4类食物（粟黍）始终占有绝对主要地位。借助植物浮选结果，可更加深入地探讨先民的食物种类。

望京楼遗址已完成植物浮选工作，尚未公开发表。根据发掘者提供的内部数据可知，该遗址在二里岗时期（商代早期）浮选出粟、黍、稻谷、小麦和大豆5类种子。其中，C_4类的粟、黍的出土概率分别为92.9%和57.1%，绝对数量比例分别为93.2%和4.8%，C_3类的稻谷、小麦和大豆的出土概率分别为14.3%、57.1%和21.4%，绝对数量比例分别为0.1%、1.3%和0.5%。通过稳定同位素测试和植物浮选结果可知，望京楼遗址先民的饮食结构中，虽然极有可能包含粟、黍、稻谷、小麦和大豆5类食物，但是仍以粟黍为主，稻谷、小麦和大豆所占比例很小，两者的关系并不平衡。

该遗址的出土的家畜动物及其稳定同位素值研究数据表明[39]，黄牛的$\delta^{13}C$均值为−9.2‰±1.5‰（n=16），猪和狗的$\delta^{13}C$均值分别为−9.0‰±2.0‰（n=24）和−9.5‰±2.6‰（n=10），与52例先民的数据−9.5±2.1‰（n=52）十分接近，食谱均表现为以与粟作农业相关的食物为主食的特征，两者可以相互印证。

从整个中原地区商周遗址来看（表二），夏代到商代时期中原河南地区目前已经公布稳定同位素测试数据的考古遗址有9处，包含本遗址，共计350例先民个体。由表2可知，其中绝大部分先民以C_4类为主（n=335），仅有1例个体以C_3类为主，有14例个体为C_3类/C_4类混合，表明中原地区虽然出现了C_3类农作物（稻谷、小麦和大豆）的信号，但这一时期C_4类农作物（粟黍）始终占有绝对主要地位。

表二 中原地区夏商时期先民C同位素统计表

遗址	时代	绝对年代	数量n	$\delta^{13}C$值（n）			参考文献
				<−18‰	−18‰~−12‰	>−12‰	
新砦	夏代早期	约1850–1750BC	8	0	0	8	吴小红等，2007
南寨	夏代中晚期	约2070–1600BC	9	0	0	9	张雪莲等，2003
二里头	夏代	约2070–1600BC	22	0	2	20	张雪莲等，2007
南洼	夏代–商代晚期	约2070–1046BC	19	0	0	19	Zhang等，2020
刘庄	夏代	约2070–1600BC	21	0	2	19	Hou等，2013
南城	夏代	约2070–1600BC	5	0	0	5	Ma等，2016
偃师商城	商代早期–中期	约1600–1250BC	3	0	0	3	张雪莲等，2003

遗址	时代	绝对年代	数量n	$\delta^{13}C$值（n）			参考文献
				<-18‰	-18‰~-12‰	>-12‰	
小双桥	商代中期	约1400–1250BC	51	0	4	47	王宁等，2015
殷墟	商代晚期	约1250–1046BC	160	1	1	158	张雪莲等，2003，2017；Cheung等，2017
望京楼	夏代–商代早期	约2070–1300BC	30	0	5	47	本研究
总数			328	1	14	335	

综上所述，虽然中原地区的农业模式在中华文明形成时期（2500BC～1500BC）经历了重大转变，出现了由粟（黍）作农业为主的单品种农作物制度向包括粟、黍、稻谷、小麦和大豆在内的多品种农作物制度转变的趋势，并且在商代早期得以延续，但是通过望京楼遗址先民的稳定同位素研究表明，这一时期粟黍类食物仍然在该遗址居民饮食中占据绝对主导地位，似乎多品种农作物种植制度的实施尚未达到完全成熟，农业复杂化程度不高。考虑到该遗址性质较为特殊，疑为商代地方方国都邑，那么关于多品种农作物种植制度在其他更高规格遗址，例如商代都邑级别遗址中是否存在？尚需进一步探讨，以期从先民食物结构角度来找到有关多种农作物种植制度实践的更多科学证据。

四、结论

本文通过河南新郑望京楼遗址先民骨骼的碳氮稳定同位素分析和研究表明：

（1）望京楼遗址先民的食物结构总体呈现出 C_4 为主，包含少量 C_3 类食物的特征，表明中原地区多品种农作物种植制度在商代前期中原地区得以延续，但是粟作农业的主导地位，始终未发生明显变化。"多品种农作物制度"在望京楼遗址中显示地不明显，至于这一制度在其他遗址是否存在，仍需更多研究材料进行证明。

（2）通过不同时期、性别和年龄先民个体的同位素数据比较发现，总体上未发现明显差异。与二里头文化时期相比，商代前期居民摄入了更多 C_3 类食物；男性的食物结构中包含了更多的 C_4 类食物；儿童摄入了更多 C_3 类食物。

（3）望京楼遗址先民肢骨和肋骨的同位素数据差异较小，几乎可以忽略不记，表明该遗址先民在生前的较长时间内，饮食状况保持相对稳定。

附记：感谢江苏师范大学陶思远在论文写作过程中的帮助，感谢匿名专家审稿时所提的宝贵意见。

▌注释

［1］中国社会科学院考古研究所：《中国考古学·夏商卷》，中国社会科学出版社，2003年，第338～351页。

［2］中国社会科学院考古研究所：《科技考古的方法与应用》，文物出版社，2012年，第104～106页。

［3］赵志军：《公元前2500～公元前1500年中原地区农业经济研究》，《科技考古》（第二辑），科学出版社2007年。

［4］Smith B.N., Natural Abundance of the Stable Isotopes of Carbon in Biological Systems, *Bio Science*, 1972, 22（4）：226-231；Epstein H.E., Lauenroth W.K., Burke I.C., et al., Productivity patterns of C$_3$ and C$_4$ functional types in the U.S. Great Plains, *Ecology*, 1997, 78（3）：722-731.

［5］Hedges REM., Reynard L.M., Nitrogen isotopes and the trophic level of humans in archaeology, *J Archaeol Sci*, 2007, 34：1240-1251.

［6］Hu, Y., Thirty-Four Years of Stable Isotopic Analyses of Ancient Skeletons in China：an Overview, Progress and Prospects, *Archaeometry*, 2018, 60（1）：144-156.

［7］张雪莲、王金霞、冼自强等：《古人类食物结构研究》，《考古》2003年第2期。

［8］张雪莲、仇士华、薄官成等：《二里头遗址、陶寺遗址部分人骨碳十三、氮十五分析》，《科技考古》（第二辑），科学出版社，2007年，第41～48页。

［9］吴小红、肖怀德、魏彩云等：《河南新砦人、猪食物结构与农业形态和家猪驯养的稳定同位素证据》，《科技考古》（第二辑），科学出版社，2007年，第49～58页。

［10］Zhang G.W., Zhang J.H., Zhao L.Y., et al., Reconstructing diets and subsistence strategies of the Bronze Age humans from the Central Plains of China：A stable isotopic study on the Nanwa site, *Int J Osteoarchaeol*, 2020：1-13.

［11］Hou L.L., Hu Y.W., Zhao X.P., et al., Human subsistence strategy at Liuzhuang site, Henan, China during the proto-Shang culture by stable isotopic analysis, *Journal of Archaeological Science*, 2013, 40（5）：2344-2351.

［12］Ma M., Dong G., Jia X., et al., Dietary shift after 3600 calyr BP and its influencing factors in northwestern China：Evidence from stable isotopes, *Quaternary Sci Rev*, 2016, 145：57-70.

［13］张雪莲、王金霞、冼自强等：《古人类食物结构研究》，《考古》2003年第2期。

［14］王宁、李素婷、李宏飞等：《古骨胶原的氧同位素分析及其在先民迁徙研究中的应用》，《科学通报》2015年第9期；Wang N., Li S.T., Hu Y. W., et al., A Pilot Study of Trophic

Level and Human Origins at the Xiaoshuangqiao Site, China（ca.1400 BC）Using δD Values of Collagen, Acta Geologica Sinica（English Edition），2017，91（5）：1884-1892；李宏飞、王宁：《小双桥遗址的商与夷》，中国社会科学出版社，2018年，第152～174页。

［15］张雪莲、王金霞、冼自强等：《古人类食物结构研究》，《考古》2003年第2期；张雪莲、徐广德、何毓灵等：《殷墟54号墓出土人骨的碳氮稳定同位素分析》，《考古》2017年第3期；Cheung C., Jing Z.C., Tang J.G., et al., Diets, social roles, and geographical origins of sacrificial victims at the royal cemetery at Yinxu, Shang China: new evidence from stable carbon, nitrogen, and sulfur isotope analysis, J Anthropol Archaeol, 2017, 48：28-45.

［16］宫玮：《济南大辛庄、刘家庄商代先民食物结构研究》，山东大学2016年硕士学位论文，第68～72页。

［17］张雪莲、仇士华、钟建等：《山东滕州市前掌大墓地出土人骨的碳、氮稳定同位素分析》，《考古》2012年第9期。

［18］Li X., Dietary shift and social hierachy from the Proto-Shang to Zhou Dynasty in the Central Plains of China, Environ Res Lett, 2020, 15：1-13.

［19］Zhou L., Garvie-Loka S.J., Fan W., et al., Human diets during the social transition from territorial states to empire: Stable isotope analysis of human and animal remains from 770 BCE to 220 CE on the Central Plains of China, J Archaeol Sci：Reports, 2017, 11：211-223.

［20］Dong Y, Morgan C, Chinenov Y, et al. Shifting diets and the rise of male-biased inequality on the Central Plains of China during Eastern Zhou, Natl AcadSci USA, 2017, 114（5）：932-937.

［21］Dong G.H., Li R., Lu M.X., et al., Evolution of human-environmental interactions in China from the Late Paleolithic to the Bronze Age, Progress in Physical Geography, 2020, 44（2）.

［22］Hou L.L., Wang N., Lü P., et al., Transition of human diets andLiangLiang agricultural economy in Shenmingpu Site, Henan, from the Warring States to Han Dynasties, SCIENCE CHINA Earth Sciences（English Edition），2012，55（6）.

［23］Li X., Zhang S.J., Lu M.X., et al., Dietary shift and social hierachy from the Proto-Shang to Zhou Dynasty in the Central Plains of China, Environ. Res. Lett, 2020, 15（3）.

［24］顾万发主编：《新郑望京楼——2010～2012年田野考古发掘报告》，科学出版社，2016年。

［25］袁广阔、朱光华：《关于二里头文化城址的几点认识》，《江汉考古》2014年第6期。

［26］陈相龙、尤悦、吴倩：《从家畜饲养方式看新郑望京楼遗址夏商时期农业复杂化进程》，《南方文物》2018年第2期。

［27］Richards M.P., Hedges REM., Stable isotope evidence for similarities in the types of marine foods used by Late Mesolithic humans at sites along the Atlantic coast of Europe, J ArchaeoloSci, 1999,

26（6）：717-722.

［28］Jay M., Richards M.P., Diet in the Iron Age cemetery population at Wetwang Slack, East Yorshire, UK：Carbon and nitrogen stable isotope evidence, *J Archaeolo Sci*, 2006, 33：653-662.

［29］胡耀武：《古代人类食谱及相关研究》，中国科学技术大学，2002年，第15～97页。

［30］Ambrose S.H., Preparation and characterization of bone and tooth collagen for isotopic analysis, *J Archaeol Sci*, 1990, 17（4）：431-451.

［31］De Niro M.J., Post-mortem preservation of alteration of in vivo bone collagen isotope ratios in relation to palaeodietary reconstruction, *Nature*, 1985, 317（6040）：806-809.

［32］Ekaterina A.P., Stanley H.A., Ma X.L., et al., Reconstructing northern Chinese Neolithic subsistence practices by isotopic analysis, *Journal of Archaeological Science*, 2005, 32（8）：1176-1189；Barton L., Newsome S.D., Chen F.H., et al., Agricultural origins and the isotopic identity of domestication in northern China, *Pubmed*, 2009, 106（14）；Ma M.M., Dong G.H., Lightfoot E., et al., Stable isotope analysis of human and faunal remains in the Western Loess Plateau, approximately 2000 cal BC, *Archaeometry*, 2014, 56（2）：37-55.

［33］顾万发主编：《新郑望京楼——2010～2012年田野考古发掘报告》，科学出版社，2016年。

［34］Dong Y, Morgan C, Chinenov Y, et al. Shifting diets and the rise of male-biased inequality on the Central Plains of China during Eastern Zhou, *Natl AcadSci USA*, 2017, 114（5）：932-937.

［35］Hedges REM, Reynard L.M., Nitrogen isotopes and the trophic level of humans in archaeology, *J Archaeol Sci*, 2007, 34：1240-1251.

［36］Cox G., Sealy J., Investigating identity and life histories：isotopic analysis and historical documentation of slave skeletons found on the Cape Town foreshore, South Africa, *International Journal of Historical Archaeology*, 1997, 1（3）：207-224.

［37］夏阳、张敬雷、余飞等：《中国古代儿童断奶模式与喂养方式初探——以安徽薄阳城遗址人骨的C、N稳定同位素分析为例》，《人类学学报》2018年第1期。

［38］a.赵志军：《公元前2500～公元前1500年中原地区农业经济研究》，《科技考古》（第二辑），科学出版社2007年；b.吴文婉、张继华、靳桂云：《河南登封南洼遗址二里头到汉代聚落农业的植物考古证据》，《中原文物》2014年第1期；c.钟华、李素婷、李宏飞等：《河南省郑州市小双桥遗址浮选结果及分析》，《南方文物》2018年第2期。

［39］陈相龙、尤悦、吴倩：《从家畜饲养方式看新郑望京楼遗址夏商时期农业复杂化进程》，《南方文物》2018年第2期。

（原刊于《人类学学报》2022年第1期）

家驴的起源、东传与古代中国的利用[1]

尤悦　吴倩

驴（*Equus asinus*），或称"家驴"，虽然不在中国"六畜"之列，但与中国古代社会生活息息相关。张果老倒骑驴、阿凡提骑小毛驴的形象深入人心。驴在动物学分类中的地位为哺乳纲（Mammalia）、奇蹄目（Perissodactyla）、马科（Equidae）、马属（*Equus*）。

驴喜干燥温暖地区，较不耐寒冷，能耐饥渴，消化能力比马强，抗病力强，消化疾病少，能吃苦耐劳。性成熟早，适配期为2～3岁，营养好时繁殖年限可达20岁以上，自然寿命可达30年，4～15岁役用性最强。驴比马少一个腰椎，脊椎横突短而厚，故腰强固，有利于驮载。驴善于走对侧步，骑乘时人体感觉舒适。驴性情温驯、胆小而执拗[2]。驴的负重能力可达60～80千克[3]。

目前，中国驴的生态地理分布大体上以长江为界，集中产区为北纬35°～44°之间，属于中温带、南温带气候的华北、西北和东北部分地区，尤以黄河流域分布最多。这种分布特点，与这一带的平原、丘陵、沙漠、荒漠地区的社会经济需要以驴作为役用有关[4]。驴的品种的形成，除了与遗传因素有关，社会经济需要是先决条件。家驴传入中国后，受环境影响，形成平原生态类型的地方良种，体格高大，体质结实，胸廓宽广，中躯呈圆桶状，尻斜偏短，四肢坚实，关节强大，蹄大质坚，耕挽能力强，如陕甘大驴、晋南驴、山东大驴等[5]。

在考古遗址出土的马属动物的遗存中，马和驴的骨骼形态差异较小，肉眼观察时，只有牙齿相对容易区分。动物学者艾森曼（Eisenmann）认为，驴和其他马属动物的前臼齿的下外脊都较短（图一），而臼齿的下外脊变长，但驴的变化不如其他马属动物的变化明显。另外，驴的第3前臼齿（P3）、第4前臼齿（P4）、第1臼齿（M1）和第2臼齿（M2）的双叶在靠近舌侧的部位呈V形，而马呈U形，这一判断方法的前提是牙齿磨损程度不十分严重[6]。

马属动物头骨和四肢骨的骨骼形态也有一定差异，须

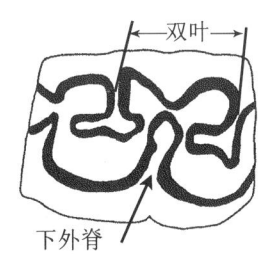

图一　驴下颌前臼齿咀嚼面
（艾森曼，1986年，图21）

借助测量工具进行鉴定和研究。艾森曼（Eisenmann）等对欧美博物馆收藏的现生和欧洲古代发现的马、驴等马属动物的第Ⅲ掌骨和第Ⅲ跖骨进行测量，提出了用第Ⅲ掌/跖骨的测量数据区分马和驴的骨骼的方法[7]。最近，波林·哈诺（Pauline Hanot）等学者对现代42匹马、44只驴和12个杂交个体的头骨和四肢骨进行3D几何形态研究，并用罗马和现代遗址出土的马属动物骨骼进行验证[8]。这些研究为动物考古学者从形态方面区分和鉴定马、驴等马属动物提供了重要信息，为我们鉴定和研究考古遗址出土的驴骨奠定基础。

一、家驴的起源

分子生物学的研究显示，家驴起源于非洲野驴，从而将家驴的起源地锁定在非洲北部。2004年，阿尔巴诺·佩雷拉（Albano Beja-Pereira）等学者通过对亚非拉三大洲52个国家现代家驴的线粒体DNA进行分析，排除了家驴起源于亚洲野驴的可能性，确认其有两个母系起源的世系，虽然努比亚野驴极有可能是家驴的祖先，但是索马里野驴也可能被驯化[9]。随后，木村（Kimura）等学者对考古遗址出土、博物馆收藏的驴的核DNA与现代索马里野驴的线粒体DNA进行分析，追查母系起源，确认阿尔巴诺·佩雷拉提出的一个世系来源于努比亚野驴，至于另一个世系的真正来源，目前尚不明确[10]。中国现代家驴线粒体DNA的分析结果显示，中国家驴起源于非洲野驴[11]，古代（陕西西安万科唐代遗址、内蒙古燕家梁元代遗址）驴骨线粒体DNA的分析结果显示，阿尔巴诺·佩雷拉提出的两个世系均为古代中国家驴的母系来源[12]。这些研究从分子生物学的角度指明我国家驴来源于非洲，但并未提到家驴起源的时间。

动物考古学的研究为家驴起源的时间提供线索。家驴最早在埃及前王朝时期的E1奥马里（Omari）遗址（公元前4600～前4400年）和马迪（Maadi）遗址（公元前4000～前3500年）出现[13]。在早王朝时期的阿拜多斯（Abydos）遗址（公元前3000年），发现了法老陵墓的随葬坑，出土10头驴的完整骨架，多数驴的椎骨出现棘突挤压和变形、椎体骨质增生等病理现象，这些现象为证明它们是家养动物提供了直接证据，这也是埃及最早利用驴来运输的动物考古学证据[14]。阿拜多斯的10头驴中，6头可辨认性别的驴均为雄性，4只可以判断年龄的驴集中在8～13岁。

公元前4000年中叶，美索不达米亚和叙利亚也出现家驴[15]。地中海东岸黎凡特（Levant）南部地区在铜石并用时期，负重动物的形象主要是牛，家驴出现后逐渐取代前者，成为远距离运输的主要工具。约旦北部的Hirbet ez-Zeraqōn遗址，是早期青铜时代美索不达米亚和埃及之间的一处贸易遗址，遗址出土4件动物负重形象和1件人类骑乘动物形象的陶塑，使用的牲畜都是驴[16]。再向东，在公元前2800年伊朗南部的

Tal-e Malyan遗址，也发现家驴的骨骼[17]。

除了考古发现的驴骨遗存和动物形象的陶塑，家驴在负重方面的作用从古代文献和图像材料中可见一斑。埃及古王国第五王朝（公元前2494～前2345年）的1件石刻提到760只驴和其他5000只家畜一同饲养在一处私人农场里，另1件石刻提到1000多只驴组成了努比亚和埃及之间的驴商队[18]。中王国时期，家驴负重的形象可以在墓葬壁画上见到（图二）。公元前2700年后，苏美尔人陶板上的楔形文字记载驴是重要的交通工具，他们还记载了家驴与野驴、马之间进行杂交。公元前1000年，用驴运输成为埃及至西亚之间常见交通方式[19]。

图二　埃及贝尼·哈桑（Beni Hasan）遗址克努霍特普二世（Khnumhotep II）墓内壁画，前1900年

值得注意的是，驴除了负重，也供人类骑乘。美索不达米亚公元前2000年至前1750年出土的陶板上，刻画骑手坐在驴背、左手握住与鼻环相连的缰绳的图像（图三），驴侧面两前腿重合、两后腿重合，作奔跑状。与马不同的是，驴的前肢和颈部力量有限，所以骑者坐在驴背靠后的位置，这一不舒适的位置可能阻碍其骑乘功能的进一步发展。

驴在美索不达米亚出现后，小亚细亚半岛奥斯曼卡亚斯（Osmankayasi）墓葬曾出土小型马属动物的骨骼，暗示家驴可能在赫梯时期（公元前1700～前1200年）向西北传播，到达安纳托利亚地区。在欧洲，驴是罗马帝国广泛分布的驮运动物，在法国地中

图三　美索不达米亚陶板上骑者与驴的形象
（Littauer & Crouwel，1979年，图37）

海沿岸也有出现[20]。公元3世纪，英格兰南部赛伦塞斯特（Cirencester）发现的马赛克上，有希腊神西勒诺斯（Silenus）坐在驴背上的图案[21]。17世纪驴，被西班牙人带入北美，19世纪进入澳大利亚。

二、家驴的东传与利用

公元前2000年家驴在美索不达米亚出现后，何时传入中国？传入的路线如何？目前还无法准确回答这些问题，只能根据有限的考古材料初步推测。陕西咸阳平陵的丛葬坑坑内，东西两侧各对称地开凿了27个拱形顶长方形洞室，每个洞室里都放置了一头大型哺乳动物，其中有10头驴[22]，驴骨周围还有绳索[23]。研究者指出，由于汉昭帝死于公元前74年，可以断定，至少在公元前74年以前，驴已经作为家养动物通过文化交流传到了陕西西安一带。遗憾的是，发掘人员需要对这些驴骨进行原址保护、不能移动，未能对其进行测量，也无法开展动物考古学研究。

中国目前经动物考古学研究确认发现有驴骨的遗址有12处。晚更新世早期，在河南省灵井遗址发现蒙古野驴的化石[24]。到了新石器时代，内蒙古自治区大坝沟遗址[25]、陕西省木柱柱梁遗址[26]和陕西省东营遗址[27]发现驴骨。青铜时代和早期铁器时代，在甘肃省秦魏家墓地[28]、北京市张营遗址[29]、内蒙古自治区井沟子墓地[30]和新疆维吾尔自治区圆沙古城[31]发现驴骨。东汉及以后，在内蒙古自治区哈克遗址[32]、西藏自治区察秀塘遗址[33]、吉林省敦化市敖东城遗址[34]和内蒙古自治区燕家梁遗址[35]发现驴骨。

（一）新石器时代的驴骨

上述新石器时代的遗址中，大坝沟遗址位于内蒙古自治区乌兰察布盟察右前旗境内的黄旗海南岸丘陵台地上，属于仰韶文化晚期阶段的"庙子沟文化"类型[36]，《中国考古学·新石器时代卷》将其归为海生不浪文化（公元前3300～前2800年）[37]。在该遗址发现的野驴（*Equus hemionus*），可鉴定标本数（NISP）为5，占全部可鉴定标本数的2.20%；最小个体数（MNI）为1，占全部最小个体数的2.78%。这5件野驴标本分别是左侧股骨体残块1件、左侧胫骨远端1件和近端趾骨3件。测量数据参见表一。

表一 考古遗址出土驴骨测量数据（单位：毫米）

遗址名称	骨骼名称	数量数据
大坝沟遗址	胫骨	胫骨远端长37、宽56.1
	近端趾骨	近端宽、长、高分别为38.3、29.1、72
	近端趾骨	近端宽、长、高分别为36.5、27、76

续表

遗址名称	骨骼名称	数量数据
东营遗址	胫骨	Bd=49，Dd=32.3
	掌骨	GL=205，GLI=202.9，LI=200.3，Bp=43.3，Dp=29.4，SD=31.4，DD=18，Bd=41.7，Dd=29.8
	第1节趾骨	GL=71.2，Bp=48.9，BFp=44.8，Dp=29，SD=31.7，Bd=42.3，BFd=40.2
张营遗址	第1门齿	内外侧径11、唇舌径12.4
	下颌骨	P2长22.6、宽11.7，P3中部下颌骨高51.8、厚21.3
圆沙古城	近端趾骨	GL测量样本4件，平均值67.1，范围64～71　BP测量样本4件，平均值34.5，范围33～36
	中间趾骨	GL测量样本4件，平均值34.3，范围32～37　BP测量样本4件，平均值35.4，范围34～37.5
	远端趾骨	GL测量样本3件，平均值34.8，范围32～38.5　BP测量样本3件，平均值38.3，范围33～43
	距骨	GL测量样本10件，平均值44.4，范围43～46.5　Bd测量样本10件，平均值44.8，范围41.5～48
	跟骨	GL测量样本3件，平均值80，范围75～84　GB测量样本3件，平均值39，范围38～40
哈克遗址	第1节趾骨	GL=73.2，BP=40.5，Bd=33.1
	上颊齿	长22.7
察秀塘遗址	头骨	颅全长510.5，基长490，腭长260，齿隙65，齿隙宽51.5，上齿列长146，门齿宽62.5，眼眶宽148.4
	头骨	上齿列长157

　　木柱柱梁遗址位于陕西省神木县大保当镇野鸡河村南约3千米的木柱柱梁北部缓坡上，是一处龙山晚期的环壕聚落遗址。驴骨的可鉴定标本数为10，在遗址发现的羊、马、猪、狗、牛等动物中的数量比例为0.36%；最小个体数2，在这些动物中的数量比例为1.02%。

　　东营遗址位于陕西省高陵县泾渭镇东营村，发掘的动物遗存属于仰韶时期和龙山时期。发现的8件马属（*Equus sp.*）动物标本均属龙山时期，相当于客省庄二期文化（公元前2600～前2000）。研究者认为，其中3件的测量数据明显偏小，应为驴骨，分别为胫骨1件、掌骨1件和第1节趾骨1件。3件驴标本占仰韶时期和龙山时期脊椎动物可鉴定标本数的0.60%，最小个体数为1，占脊椎动物最小个体数的1.67%。测量数据参见表一。

（二）青铜时代和早期铁器时代的驴骨

秦魏家墓位于甘肃省永靖县莲花公社村东台地上，属于齐家文化（公元前2183～前1630年）。墓地发现的驴骨数量少、破碎严重，研究者只鉴定其种属，未进行数量统计和测量。

张营遗址位于北京市昌平区东约4.5公里张营村，年代大约为夏商时期。遗址第三段（商代）出土驴骨2，占第三段全部可鉴定标本数的0.72%；最小个体数1，占全部最小个体数的4.17%。这2件驴骨标本分别为左上第1门齿1件，下颌骨1件，下颌骨保留P2，骨体下缘有砍痕。研究者无法判断它们是家驴还是野驴，测量数据详见表一。

井沟子遗址位于内蒙古自治区赤峰市林西县双井店乡井沟子村，墓葬年代为春秋晚期至战国前期（公元前550～前300年）。墓地发现驴和马、牛、羊和骡等动物一起随葬的现象，整个墓地随葬的驴的最小个体数是9，占全部随葬家养的动物的9.18%。该墓地随葬动物并非完整个体，而是按部位殉葬。M6、M21、M22、M26、M32、M33、M34、M46和M51共9座墓葬随葬驴骨，每座墓都有趾骨。此外，M6随葬驴肋骨，M21随葬驴胸骨，M22随葬头骨，M32随葬股骨和胫骨，M34随葬股骨，M46随葬股骨。随葬的驴的年龄也不同，M32和M34为1岁以下，M33和M46为2～2.5岁，M22为未成年个体，M21为成年个体，其他墓葬不详。研究者认为，随葬的驴、马、牛、羊和骡都是家养动物。

圆沙古城位于新疆维吾尔自治区于田县大河沿乡，地处塔克拉玛干沙漠腹地，法国学者对圆沙故城城墙14C测年的结果为距今约2200年。发掘的动物遗存中，驴的可鉴定标本数为13，占全部可鉴定标本数的1.40%；驴的最小个体数为3，占全部最小个体数的4.60%。采集的动物遗存中的驴的可鉴定标本数为69件，占全部可鉴定标本数的5.30%。测量数据见表一。研究者认为，驴是家养动物。

（三）东汉及以后的驴骨

哈克遗址位于内蒙古自治区呼伦贝尔市海拉尔区哈克镇北部，驴骨出土于遗址第⑥层，第⑥层上部碳十四测年距今1785±35年，第⑤层底部距今1750±35年，即约公元250年。驴的可鉴定标本数为2，占第⑥层脊椎动物全部可鉴定标本数的2.56%；最小个体数为1，占10.00%。这2件驴骨标本分别为第1节趾骨1件和左上颊齿1件，测量数据见表一。研究者指出，第⑥层见有驴、马和牛的骨骼，虽然数量少、标本破残，但鉴于时代较晚，应该都是家养动物。

察秀塘遗址位于西藏自治区那曲县罗马乡十七村辖地，是一处祭祀遗址，时代为公元9～11世纪。祭祀坑J2出土藏野驴（*Equus kiang*）骨骼标本的可鉴定标本数为13，占J2全部可鉴定标本数的38.24%；最小个体数为4，占J2全部最小个体数的16.67%。

这13件驴骨标本分别为头骨2件、肱骨远端7件、第1节趾骨1件、第2节趾骨1件、第3节趾骨1件和趾骨1件。从2件头骨标本骨缝愈合、牙齿磨蚀和犬齿的发育情况可以判断一为雄性老年个体，一为壮年个体。测量数据见表一。

敖东城遗址位于吉林省敦化市东南部。金代的动物遗存发现驴骨，可鉴定标本数为7，占遗址发现的驴、马、牛、狗、猪和鹿的全部可鉴定标本的2.88%；最小个体数为2，占9.10%。其中5件驴骨标本分别为右肩胛骨近端1件、右掌骨近端2件、左胫骨近端1件和右胫骨远端1件。

燕家梁遗址位于内蒙古自治区包头市九原区麻池镇，是一处元代村镇遗址。驴骨的可鉴定标本数为82，占全部可鉴定标本数的2.05%；最小个体数为5，占全部最小个体数的0.99%。发现有驴的头骨（含碎块）、上颌骨、下颌骨、游离齿、肩胛骨、肱骨、尺骨、桡骨、掌骨、盆骨、股骨、胫骨、跟骨、距骨、跖骨、趾骨等，基本包括驴全身的骨骼。研究者认为这些驴是家养动物。测量数据较多，详见原报告。

（四）讨论

家驴起源于北非后，杨再认为，我国殷商时代新疆地区已开始驯养驴，到汉代初才有少量驴、骡进入内地[38]。林梅村认为，家驴于公元前5世纪进入印度河流域，之后可能由中亚粟特商人经丝绸之路于公元前2世纪带入成都平原[39]。韩璐等学者结合文献资料提出，家驴在汉代之前就被引入到我国北部和西部地区[40]。本文通过对新石器时代、青铜时代和早期铁器时代以及东汉以后各时间段考古遗址发现的驴骨材料的梳理，尝试探讨中国家驴出现的时间和地点。

1.家驴出现的时间和地点

《史记·匈奴列传》记载，"唐虞以上有山戎、猃狁、薰鬻，居于北蛮，随畜牧而转移。其畜之所多则马、牛、羊，其奇畜则橐驼、驴、羸（骡）、駃騠、騊駼、驒騱"[41]。表明在《史记》成书以前，驴已经成为北蛮"奇畜"。

春秋晚期至战国前期（公元前550～前300年），内蒙古自治区井沟子遗址墓地随葬的动物除驴以外，还有马、牛和羊，而后三种动物是家养动物。墓地6座墓葬随葬的6头驴可以判断死亡年龄，分别是1岁以下、1岁以下、2～2.5岁、2～2.5岁、未成年和成年。其中1岁以下和2～2.5岁均属于未成年，未成年的个体占83.33%（5/6）。这一比例暗示，人类倾向于选择幼年个体随葬，也暗示驴是家养动物这一结论，因为在家畜群中更容易选择并获得幼年个体。

新疆维吾尔自治区圆沙古城的时代比内蒙古自治区井沟子遗址略晚，约公元前250年，遗址采集和发掘的家驴和家马的距骨、跟骨和趾骨的测量数据在研究报告公布的散点图上很容易区分。研究者认为，圆沙古城的马与山西省曲村遗址的马大小接近，驴骨的测量数据说明，这是一种小型驴。作者指出，中国西北和北部牧区主要分布许多小型驴种，其中的新疆驴是这一地区长期繁衍的干旱沙漠生态类型的小型驴。这两处遗址是目前动物考古学研究可以确认的家驴较早出现的地点，时间为公元前550年至前250年。

2. 驴的数量比例

上述多数遗址的研究报告都公布了驴的数量和比例，笔者将其归纳入表二。其中井沟子遗址、圆沙古城采集的动物遗存缺少可鉴定标本数和最小个体数等信息，在表中用横线表示。

表二　考古遗址出土驴骨的数量比例

遗址名称	年代	可鉴定标本数 NISP	可鉴定标本数比例	最小个体数 MNI	最小个体数比例
大坝沟遗址	公元前3300～前2800年	5	占全部可鉴定标本数的2.20%	1	占全部最小个体数的2.78%
木柱柱梁遗址	龙山晚期	10	在遗址发现的羊、马、猪、狗、牛等动物中的数量比例为0.36%	2	在遗址发现的羊、马、猪、狗、牛等动物中的数量比例为1.02%
东营遗址	公元前2600～前2000年	3	占脊椎动物全部可鉴定标本数的0.60%	1	占脊椎动物全部最小个体数的1.67%
张营遗址	夏商时期	2	占全部可鉴定标本数的0.72%	1	占全部最小个体数的4.17%
井沟子墓地	公元前550～前300年	—		9	占全部随葬家养动物的9.18%
圆沙古城（发掘）	公元前200年	13	占全部可鉴定标本数的1.40%	3	占全部最小个体数的4.60%
圆沙古城（采集）		69	占全部可鉴定标本数的5.30%	—	—
哈克遗址	约公元250年	2	占第⑥层脊椎动物全部可鉴定标本数的2.56%	1	占第⑥层脊椎动物全部最小个体数的10.00%
察秀塘遗址	9～11世纪	13	占J2全部可鉴定标本数的38.24%	4	占J2全部最小个体数的16.67%
敖东城遗址	金代	7	占遗址发现的驴、马、牛、狗、猪和鹿的全部可鉴定标本数的2.88%	2	占遗址发现的驴、马、牛、狗、猪和鹿的全部最小个体数9.10%
燕家梁遗址	元代	82	占全部可鉴定标本数的2.05%	5	占全部最小个体数的0.99%

　　由于这些报告写作的年代有先后，研究者探讨的问题各有侧重，所以在数量比例方面存在比较对象不一致的情况。以"可鉴定标本数比例"为例，大坝沟遗址、张营遗址、圆沙古城和燕家梁遗址都用驴的可鉴定标本数与遗址发现的全部动物的可鉴定标本数做比较，哈克遗址和察秀塘遗址则与特定单位的骨骼数量做比较，"最小个体数"比例也存在类似情况。这在一定程度上影响了"可鉴定标本数比例"和"最小个体数比例"的数值。

　　虽然存在比较对象不一致的情况，我们仍然能够发现驴骨在各个时期的遗址中数量比例都很低的现象。察秀塘遗址是一处祭祀遗址，在祭祀坑J2中，藏野驴的数量比例达到38.24%（可鉴定标本数比例）和16.67%（最小个体数比例）。这两个数值的比较对象局限在一个祭祀坑中，仅代表祭祀活动选用的驴的数量。其他遗址特别是居址中，驴的数量比例都很低，可鉴定标本数比例也没有超过5.30%，多在2.88%以下，最小个体数比例没有超过10.00%，多在4.60%以下。

　　为什么驴的数量比例较低？无独有偶，中国家狗也有同一趋势。根据武庄等人的分析，中国新石器时代至先秦时期，家狗在遗址出土的全部哺乳动物中所占的可鉴定标本数或最小个体数比例大致在5～10%之间[42]。与之形成鲜明对比的是，猪成为家养动物后在黄河流域的史前遗址中的数量比例一直较高。例如河南省西坡遗址的家猪，在全部动物可鉴定标本数的比例为84%，最小个体数的比例为58.9%[43]；河南省二里头遗址的家猪从二里头一期四期、二里岗早期和二里岗晚期的可鉴定标本数，在全部动物中都是最高的，分别是45.45%、52.27%、43.91%、40%、56.52%、42.95%，最小个体数的比例分别是33.33%、53.24%、38.64%、62.95%、68.09%、46.67%[44]。

　　驴、狗的低数量比例和猪的高数量比例，可能与古代人类利用家养动物的方式有关。猪是人类主要的肉食来源，人类日常生活中消费较多，食用后的碎骨常丢弃在居址附近。狗、驴除了食用，在其他方面发挥更为重要的作用。前文已述，家驴在北非起源之初就显示出被人类役用的证据，例如阿拜多斯遗址随葬驴骨的椎骨出现棘突挤压和变形、椎体骨质增生等病理现象，甚至在黎凡特南部地区取代了家牛，成为远距离运输的主要工具。遗憾的是，中国的驴骨材料非常有限，尚未开展驴骨的病理现象研究，无法就其使役问题进行探讨。王子今曾结合中国的文献资料探讨两汉时期家驴的骑乘和役使情况[45]。《唐大诏令集》记载了唐玄宗颁布的《禁杀害牛马驴肉敕》，这一敕令强调牛马驴的使役功能，不是祭祀之时不准进献牛马驴肉。一方面，驴因役用价值受到保护，另一方面，驴还具有药用价值。孙思邈在《千金宝要》中提到驴肉的药用功能，"妇人妊娠……食驴肉，延月"。王孝华论述了驴在宋、金时期的社会作用，提出北宋时期的人们已经认识到驴全身都是宝：驴皮是制作阿胶的重要原料；驴鞭、驴涎、驴乳甚至驴尿、驴屎，都具有药用价值；驴肉价廉，做法多样，是餐桌上的美味；当战马供应紧张时，驴成为人们日常出行的交通工具[46]。但是，从现有材料来看，多种开发利用方式并未造成驴骨在考古遗址中特别是居址中大量出现。

三、结语

本文梳理了中国动物考古学关于驴骨的发现和研究现状，讨论了中国家驴出现的时间和地点、驴在动物群中的数量比例和利用方式等方面的问题。在中国发现驴骨、开展动物考古学研究的12个遗址中，内蒙古井沟子遗址和新疆圆沙古城的驴骨代表了中国较早的家驴，时代为公元前550年至公元前250年。公元前74年，家驴可能作为一种"奇兽"随葬于汉平陵的随葬坑中，说明它已经在中原地区出现。

家驴的起源和传播与其使役功能密不可分，随着时间的推移，不同文化的人群发展出多样的开发利用方式。近东地区现代的民族学观察显示，家驴的主要作用仍是交通运输，人们对家驴的饲养和繁殖都采用粗放的管理方式，保持不吃驴肉的做法[47]。但是家驴传入中国以后，从驮兽逐渐变成"全身都是宝"的家畜，可以役用、食用和药用，反映出不同文化传统的人群开发利用同一种家畜的差异性。

▌注释

[1] 本文得到霍英东教育基金会资助，系国家社会科学基金"中原地区夏至早商时期动物考古学研究（项目号：16CKG021）"和北京市教委人文社会科学研究计划重点项目"丝绸之路开通前欧亚大陆文明交流互鉴研究"（批准号：SZ202010028011）阶段性成果。

[2] 田家良：《马驴骡饲养管理》，金盾出版社，2008年，第6、34、102、132页。

[3] Epstein, C. Indigenious Domesticated Animals of Asia and Africa and Their Uses, in L. Peel ed., Domestication, conservation and use of animal resources（World Animal Science A 1）, Amsterdam: Elsevier, 1983, pp.63-91.

[4] 郑丕留主编：《中国家畜生态志》，农业出版社，1992年，第175页。

[5] 郑丕留主编：《中国家畜生态志》，农业出版社，1992年，第178、179页。

[6] Véra Eisenmann, Comparative osteology of mordern and fossil horse, half-asses, and asses, in Richard H. Medow, Hans-Peter Uerpmann eds., Equids in the ancient world, Wiesbaden: Dr. Ludwig Reichert Verlag, 1986, pp.67-116.

[7] Véra Eisenmann, Sophie Beckouche, Identification and discrimination of metapodials from pleistocene and modern Equus, wild and domestic, in Richard H. Medow, Hans-Peter Uerpmann eds., Equids in the ancient world, Wiesbaden: Dr. Ludwig Reichert Verlag, 1986, pp.117-163.

［8］Pauline Hanot，Claude Guintard，S é bastien Lepetz，Raphaël Cornette，Identifying domestic horses，donkeys and hybrids from archaeological deposits：a 3D morphological investigation on skeletons，Journal of Archaeological Science，2017，78，pp.88–98.

［9］Albano Beja-Pereira，Phillip R. England，Nuno Ferrand，Steve Jordan，Amel O. Bakhiet，Mohammed A. Abdalla，Marjan Mashkour，Jordi Jordana，Pierre Taberlet，Gordon Luikart，African Origins of the Domestic Donkey，Science，2004，304（18），p.1781.

［10］Birgitta Kimura，Fiona B. Marshall，Shanyuan Chen，SÓnia Rosenbom，Patricia D. Moehlman，Noreen Tuross，Richard C. Sabin，Joris Peters，Barbara Barich，Hagos Yohannes，Fanuel Kebede，Redae Teclai，Albano Beja-Pereira and Connie J. Mulligan，Ancient DNA from Nubian and Somali wild ass provides insights into donkey ancestry and domestication，Proc. R. Soc. B，2011，278，pp.50–57.

［11］a.雷初朝等：《中国驴种线粒体DNA D-loop多态性研究》，《遗传学报》2005年第5期；b.卢长吉等：《中国家驴的非洲起源研究》，《遗传》2008年第3期。

［12］Lu Han，Songbiao Zhu，Chao Ning，Dawei Cai，Kai Wang，Quanjia Chen，Songmei Hu，Junkai Yang，Jing Shao，Hong Zhu，Hui Zhou，Ancient DNA provides new insight into the maternal lineages and domestication of Chinese donkeys，BMC Evolutionary Biology，2014，14，p.246.

［13］Fiona Marshall，African pastoral perspectives on domestication of the donkey：a first synthesis，in Denham，T.，Iriarte，J.，Vrydaghs，L. eds.，Rethinking agriculture：archaeological and ethnoarchaeological perspectives，Walnut Creek CA：Left Coast Press，2007，pp.371–407；Birgitta Kimura，Fiona Marshall，Albano Beja-Pereira，Connie Mulligan，Donkey Domestication，The African Archaeological Review，2013，Vol. 30，No. 1，pp.83–95.

［14］Stine Rossel，Fiona Marshall，Joris Peters，Tom Pilgram，Matthew D. Adams，David O'Connor，Domestication of the donkey：Timing，processes，and indicators，PNAS，2008，105（10），pp.3715–3720.

［15］Fardous Al-Ajlouny，Khaled Douglas，Bilal Khrisat and Abdulraouf Mayyas，Laden Animal and Riding Figurines from Ḥirbet irbet ez-Zeraq ō n and Their Implications for Trade in the Early Bronze Age，Zeitschrift des Deutschen Palästina-Vereins，2012，128（2），pp.99–121.

［16］Fardous Al-Ajlouny，Khaled Douglas，Bilal Khrisat and Abdulraouf Mayyas，Laden Animal and Riding Figurines from Ḥirbet irbet ez-Zeraqōn and Their Implications for Trade in the Early Bronze Age，Zeitschrift des Deutschen Palästina-Vereins，2012，128（2），pp.99–121.

［17］Zeder，M A.，The equid remains from Tal-e Malyan，southern Iran，in Meadow，R H and Uerpmann，H-P eds.，Equids in the Ancient World，Wiesbaden：Ludwig Reichert Verlag，1986， pp.366-412.

［18］Fardous Al-Ajlouny，Khaled Douglas，Bilal Khrisat and Abdulraouf Mayyas，Laden Animal and Riding Figurines from Ḫirbet irbet ez-Zeraqōn and Their Implications for Trade in the Early Bronze Age，Zeitschrift des Deutschen Palästina-Vereins，2012，128（2），pp.99-120.

［19］Juliet Clutton-Brock，Horse Power：A History of the Horse and the Donkey in Human Societies，Cambridge，MA：Harvard University Press，1992，p.65.

［20］Frederick E. Zeuner，A history of domesticated animals，London：Hutchinson of London，1963，pp.377-382.

［21］Juliet Clutton-Brock，Horse Power：A History of the Horse and the Donkey in Human Societies，Cambridge，MA：Harvard University Press，1992，p.117，118.

［22］袁靖：《动物考古学揭密代古代人类和动物的相互关系》，西北大学文化遗产与考古学研究中心编著《西部考古》（第2辑），三秦出版社，2007年，第82~95页。

［23］袁靖：《中国动物考古学》，文物出版社，2015年，第109页。

［24］李占扬：《许昌灵井旧石器时代遗址2006年发掘报告》，《考古学报》2010年第1期。.

［25］黄蕴平：《庙子沟与大坝沟遗址动物遗骸鉴定报告》，内蒙古考古研究所编著《庙子沟与大坝沟》，中国大百科全书出版社，2003年，第599~611页。

［26］杨苗苗、胡松梅、郭小宁、王炜林：《山西省神木县木柱柱梁遗址羊骨研究》，《农业考古》2017年第3期。

［27］胡松梅：《高陵东营遗址动物遗存分析》，陕西省考古研究院、西北大学文化遗产与考古学研究中心编著《高陵东营》，科学出版社，2010年，第147~200页。

［28］中国科学院考古研究所甘肃工作队：《甘肃永靖秦魏家齐家文化墓地》，《考古学报》1975年第2期。

［29］黄蕴平：《北京昌平张营遗址动物骨骼遗存的研究》，北京市文物研究所等编著《昌平张营》，文物出版社，2007年，第254~262页。

［30］陈全家：《内蒙古林西县井沟子遗址西区墓葬出土的动物遗存研究》，内蒙古自治区文物考古研究所等编著《林西井沟子——晚期青铜时代墓地的发掘与综合研究》，科学出版社，2010年，第315~377页。

［31］黄蕴平：《新疆于田县克里雅河圆沙古城遗址的兽骨分析》，北京大学考古文博学院编《考古学研究》（七），科学出版社，2007年，第532~540页。

［32］黄蕴平、哈达：《动物遗存》，中国社会科学院考古研究所等编著《哈克遗址——2003~2008年考古发掘报告》，文物出版社，2010年，第190~200页。

［33］胡松梅、张建林：《西藏那曲察秀塘祭祀遗址哺乳动物遗存及其意义》，河南省文物考

古研究所编《动物考古》（第1辑），文物出版社，2010年，第241～251页。

［34］赵海龙、陈全家：《吉林敦化市敖东城遗址2002年出土的动物骨骼鉴定》，《考古》2006年第9期。

［35］陈全家、赵莹、张海斌：《内蒙古燕家梁遗址出土的动物骨骼研究报告》，内蒙古自治区文物考古研究所，包头市文物管理处编著《包头燕家梁遗址发掘报告》，科学出版社，2010年，第746～799页。

［36］魏坚：《庙子沟与大坝沟有关问题试析》，内蒙古自治区文物考古研究所编《内蒙古中南部原始文化研究文集》，海洋出版社，1991年，第113～118页。

［37］中国社会科学院考古研究所：《中国考古学·新石器时代卷》，中国社会科学出版社，2010年，第391～397页。

［38］杨再：《中国养驴史话》，张仲葛、朱先煌主编《中国畜牧史料集》，科学出版社，1986年，第46～48页。

［39］林梅村：《家驴入华考——兼论汉代丝绸之路的粟特商队》，余太山等主编《欧亚学刊》新7辑，商务印书馆，2018年，第80～92页。

［40］Lu Han, Songbiao Zhu, Chao Ning, Dawei Cai, Kai Wang, Quanjia Chen, Songmei Hu, Junkai Yang, Jing Shao, Hong Zhu, Hui Zhou, Ancient DNA provides new insight into the maternal lineages and domestication of Chinese donkeys, BMC Evolutionary Biology, 2014, 14, p.246.

［41］《史记·匈奴列传》中华书局，1982年，第2879页。

［42］武庄、袁靖、赵欣、陈相龙：《中国新石器时代至先秦时期遗址出土家犬的动物考古学研究》，《南方文物》2016年第3期。

［43］马萧林：《河南灵宝西坡遗址动物群及相关问题》，《中原文物》2007年第4期。

［44］中国社会科学院考古研究所：《二里头1999～2006》，文物出版社，2014年，第1316-1373页。

［45］王子今：《论汉昭帝平陵从葬驴的发现》，《南都学坛》2015年第1期。

［46］王孝华：《驴在金代交通工具中的作用初议》，《北方文物》2011年第3期。

［47］Fiona Mashall, Lior Weissbrod, Domestication processes and morphological change: through the lens of the donkey and african pastoralism, Current Anthropology, 2011, 52 (S4), pp.397-413.

（原刊于《北方民族考古》第8辑，科学出版社，2019年）

黄帝文化是华夏民族雏形时期的核心基因

吴倩

考古学界泰斗苏秉琦先生曾经提出："我们这一代考古工作者必须正确回答：中国文化起源；中华民族的形成；统一多民族国家的形成和发展等问题。"这一说法其实正是考古人的历史使命。中华民族的早期形成是在整合庞杂的部落和部落联盟的形势下完成的，由此奠定了中华民族多元一体格局的基础，民族文化的生成与发展则与民族的形成与发展如影随形。在中华民族历史上最早完成这一伟业的民族始祖就是黄帝。文化无可替代地成了中华民族传统文化的核心基因——尽管黄帝时代还没有产生文字，但先民通过神话以及众多的历史记忆、文化记忆保留了它的主要内容，熔铸于我们民族的传统文化中。以黄帝文化为核心的民族文化基因至今仍在潜移默化地决定着我们民族的精神走向。

黄帝在他的时代所做的一切无可辩驳地地形成了思路清晰的早期文化要素，并成为以后扩展部族成为民族、形成民族文化的原始核心基因。重要的是，面向未来，这一文化基因还将有更多令人赞叹导向作用。许倬云在其《说中国》的"卷首语"中感喟道："（中国）这一共同体，经历了目前进行的全球化，应以其特性，融合各处人类，共同缔造人类共有的大同天下。"[1]这是在说我们这个民族国家的整体形态。

一、关于文化基因与民族文化基因

文化基因使文化得以传承，某民族的文化基因保证着该民族的文化得以传承；民族文化基因内在地维系着民族认同；文化基因像一只看不见的手，最终规制并指引着民族国家的社会走向。

国内学者中，对文化基因研究卓有成效的是吴秋林。他从原始文化基因开始进行研究，他认为人类原始文化的基因应该是形成于人类文化的基础大致形成之时，它由众多古代人类文化的多种文化因素（诸如部落联盟之间各自原有的文化要素）构成。吴秋林说："'基因'一词很明显是一个源于生物工程学的术语，是生物体遗传上的一个基本单位的名称，它保持着生命延续复制的密码，可以在相应的组合排列下，形成新的生命。这个词语在加上'原始文化'的前冠词之后，两个不同学科中词语的内涵就发生嫁接，词语上叫'原始文化基因'，含义上也就指原始文化上的一个基本单位，也就认为原始文化中有一种类似于生物体基因性质的东西存在。""原始文化基因正是分布在……有形文化和无形文化中，它们在某种意义上说很微小，可每个基因的个体又都是一个单位，并表现了原始文化的基础性质，即每个基因都能在文化的运动中或淹没，或过渡，或形成焦点，爆发出强大的文化能量。"[2]吴秋林继续论述道："与生物基因相类比，也存在一个可用来表征人类'文化本性'、深刻影响文化性质的基本文化单位——文化基因。"[3]吴秋林认为，原始文化基因论对文化人类学的另一个意义是在文化人类学上提出文化组合的可能性。各种不同的文化中有自己的文化基因构造，总和起来又是整个人类文化的基因构造，这些基因构造就如人种一样，他做出推论性质的预测说，各种不同的体态和肤色的组合都是可能的，故文化的组合也是可能的。

刘长林较早明确地提出"民族文化基因"一词，他认为，"大量的事实表明，在前人对后人的影响、文化门类之间的相互影响的背后，还有着更为深刻的动因和决定因素在发生作用，从而规定着民族文化以至整个民族历史的发展趋势和形态特征。这种动因和决定因素就可称之为民族的'文化基因'"[4]。

王东说："所谓文化基因，就是决定文化系统传承与变化的基本因子、基本要素。""文化基因是人类文化系统的遗传密码，核心内容是思维方式和价值观念，特别是如何处理人与自然、人与人、国与国、心与物这四大主体关系的核心理念。"[5]王东是基于文化进化论的立场做出的判断。

刘家和曾经提出"经学是中国的文化基因"。笔者认为，他是从"文化元典"的意义上做出的判断，他的指向是"经学"，即冯天瑜所说的"文化元典"。但文化元典应该是中华文化基因的"结晶"状态，因为基因应该是没有外在"形态"的。笔者赞同毕文波关于文化基因的观点："内在于各种文化现象中，并且具有在时间和空间上得以传承和展开能力的基本理念或基本精神，以及具有这种能力的文化表达或表现形式的基本风格，叫作'文化基因'。"[6]显然，将文化基因确认为是某部经典是不恰当的。

二、黄帝文化精神成为部族认同的基本取向

根据司马迁在《史记·五帝本纪》中对黄帝的记述"轩辕乃修德振兵，治五气，艺五种，抚万民，度四方"，说明黄帝办事谨慎、准备充分、思路清晰，施恩于民、造福于民。上述重大政策和惠民措施的实施，彰显了黄帝的个人魅力，也就使他有了巨大的文化号召力。科林伍德说："一个国家可能的幅员取决于民族同一性……不同民族类型的个人之间是不可能有政治团结感情的。"[7]华夏民族形成早期的部族时代，黄帝文化以无可替代的民族文化基因起到了决定性的作用。中国史书中说"部落曰部，氏

族曰族"[8]，故而合称曰"部族"。黄帝早期的舞台必然是部族，由此而部落联盟，进而形成具有民族形态的炎黄民族。笔者判断，炎黄民族还处于民族的"自在"阶段，要发展到"自觉"的阶段，还有极其漫长的路要走。

姜广辉从历史与哲学研究角度，将他的目标直接导入前轴心时代中国文化基因形成的探索。他认为，文化的"基因"与生物遗传学所说的"基因"不同，它不能直接成为科学实验的对象，而只能通过历史分析和逻辑分析的方法来认识它。"黄帝"可能是一个时代的开创者，从而是此一时代的象征和标志，而此一时代的一切进步和成就都归结为"黄帝"一人。经历一个神化的过程，黄帝也就成了一个半神半人、亦神亦人的人物[9]。

一个民族传统文化初期的核心内容就是英雄人物的光辉事迹，这是"英雄时代"的共同特征，这些对民族文化的认同起着至关重要的作用。关于黄帝的记载与神话传说，描述了黄帝在个人奋斗与部族治理与统一其他部落的实践。最为突出的就是他为公共事务、为民众的日夜操劳与奔波，从未停止过自己的脚步，这一形象充分证明了黄帝自身的"利他"美德。黄帝的个人品格和对社会的贡献显然是形成黄帝族群文化基因的决定性要素。斯迈尔斯在《品格的力量》一书中说道："品格是世界上最强大的动力之一。高尚的品格，是人性的最高形式的体现，它能最大限度地展现出人的价值。每一种真正的美德，如勤劳、正直、自律、诚实，都自然而然地得到人类的尊敬。具备这些美德的人值得信赖、信任和效仿，这也是自然的事情。在这个世界上，他们弘扬了正气，他们的出现使世界变得更美好、更可爱。"斯迈尔斯在该书中一再强调，一个人的品格就是他的财富，而且是最宝贵的财富；一个民族的有极强影响力的领导人，对本民族品格和文化的形成的影响是难以估量的[10]。《尚书·五子之歌》云："皇祖有训，民可近，不可下，民惟邦本，本固邦宁。"书中的"皇祖"大概就是指的三皇五帝，具体所指已无可考。但不妨试想：能有如此"传世"之训的，推测此"皇"应该是非黄帝莫属。

三、黄帝文化：华夏民族雏形时期的核心基因

5000年前尚无"华夏族"的概念，当时最为强大的当属炎黄部族，是华夏民族的早期形态。黄帝凭借个人的威望，先是构建起本部族的认同，并以此为圆心向周边民众及部族扩散，逐渐形成后来的部落联盟乃至华夏各部族群的认同，再后来就是华夏民族的核心认同——这些早期认同逐渐明确并得到巩固。黄帝部族的这一高度认同，逐渐凝聚成为后代民族文化的核心基因。

王震中认为，"黄帝时代实为国家产生之前的'英雄时代'。……黄帝时代最突出

的现象就是战争"[11]。需要着重指出的是：黄帝正是通过这几次大战，奠定了即将产生的华夏民族的基础，同时也将自己的威望提高到空前的程度。从这时起，黄帝文化就已经在无形中成为民族文化的核心基因。陈谷嘉说："中国古代的'民惟邦本'的思想乃缘起于中国古代文明起源的路径。"[12]其实，我们不难从这一线索"顺藤"摸到黄帝时代。甚至我们还能找到以下思想的根源所在："以德配天"和"惟德是辅"（《尚书·蔡仲之命》）。"惟天生民有欲，无主乃乱"（《尚书·仲虺之诰》）。"政之所兴，在顺民心；政之所废，在逆民心"（《管子·牧民》）。这都说明了黄帝文化形成的核心基因的广泛流传和深远影响。

随着华夏民族的不断扩大，这一核心基因为后来的部族和民族所接受，同时该核心也"吸附"新加入民族有益的认同理念，使民族文化基因不断稳步扩展——民族文化基因的这一特点不同于个体的生物基因对其他基因拒斥的特点。笔者认为，仅就中华民族文化的基因而言，它与其他民族文化基因有所不同。许倬云的《说中国》一书讲述了在漫长的中国历史上，随着华、夷族不断融合，中华民族的生物基因库不断扩大。与此相适应的是，中华民族传统文化中的文化基因，除了最原始的核心部分之外，也在随着民族自身的不断扩大、生物基因库的不断扩容而有相应的变化[13]。应该进一步指出的是，中华民族文化的原始核心基因和作为基因结晶的文化元典，其主要内容一直没有发生任何变化。

笔者认为，文化的核心基因具有辩证关系。核心基因处于"内核"且是由内向外规定着文化传承的走向，是个"单向通道"，特点不能由外向内进行反作用的。因此，一个民族文化发生某种改变，也只能是局部的、表面的、渐进的，也就是说只能在"吸附"的文化浅层基因上做出一些适应性的变化。

随着多元民族的扩大，文化的内容也随之更加博大精深，文化基因的附加要件也必定会因此而不断增加，但其最原始的核心部分却从未改变——它被后融入的文化基因要件层层"包裹"起来，遂形成中华民族永远不变的核心基因的"内核"。注意：内核不是后加入的，是最原始的构成要件，以之为原始核心，不断扩大、加厚。文化核心基因"传递"的方式，是"铸融"式的，只会聚集加厚，只要中华民族健在，这种格局永远不会改变。

中华民族作为一个有着密切内在联系的统一整体，是在历史的长河中逐渐形成的，并在中国各民族共同发展中不断地发展与巩固。反映在意识形态上，中华民族整体观念也有一个形成与发展的过程，它是中国古代大一统思想体系中的重要组成部分，是中华民族文化的重要内容。

刘正寅认为，"中华民族整体观念的起源可追溯至三代。史前史研究表明，中华民族还在其起源时代即表现出交流与统一的趋势。处在文明前夜的尧舜禹时代，黄河中下游地区已经发展成为一个文明程度高于四方的具有一定凝聚力的核心"[14]。

韩婴在《韩诗外传》中说道："黄帝即位，施惠承天，一道修德，唯仁是行"。赵馥洁认为，"黄帝文化"是中华文化的重要组成部分，有着自身的独特性。黄帝文化的基本特征是历史与价值的融合。所谓历史与价值的融合是指：在黄帝文化中，对黄帝的历史探索、历史认识和历史纪念总是与中华民族的价值理想、价值追求融合为一体的。正是在事实与价值的融通过程中，黄帝成了历史人物与神话人物、真实存在与善美象征相统一的人格形象，而以黄帝为主题的各种活动也成了事实认知与价值弘扬相融通的文化过程[15]。

以黄帝文化为核心基因的中华民族文化，正以积极的姿态、崭新的面貌登上现代化的国际舞台。杜运辉对此做出展望：中华文化的核心基因体现了连续性与变革性相统一。中华文化核心基因数千年来绵延赓续，"积淀着中华民族最深沉的精神追求，代表着中华民族独特的精神标识"，但它并非已经完成者，而是在每一历史时期都有其特定内涵和独特贡献，随着社会形态跃进而不断充实丰盈。我们既要防止固执于文化之"常"而无视时代变迁的因循守旧，也要反对固执于文化之"变"而盲目割裂历史传统的文化虚无主义[16]。

注释

［1］许倬云：《说中国》，广西师范大学出版社，2015年。

［2］吴秋林：《原始文化基因论》《贵州民族学院学报》（哲学社会科学版）2008年第4期。

［3］吴秋林：《文化基因新论：文化人类学的一种可能表达路径》《民族研究》2013年第6期。

［4］刘长林：《中国民族文化基因及其阴性偏向》，《哲学动态》1989年第1期。

［5］王东：《中华文明的五次辉煌与文化基因中的五大核心理念》，《河北学刊》2003年第5期。

［6］毕文波：《当代中国新文化基因若干问题思考提纲》，《南京政治学院学报》2001年第2期。

［7］［英］科林伍德：《历史的观念》，何兆武、张文杰译，商务印书馆，1997年，第10页。

［8］《辽史》卷六十九《表第七》，中华书局，1974年，第376页。

［9］姜广辉：《论中国文化基因的形成——前轴心时代的史影与传统》，《国际儒学研究》第6辑，中国社会科学出版社，1999年。

［10］［英］塞缪尔·斯迈尔斯：《品格的力量》，宋景堂译，北京图书馆出版社，1999年。

［11］王震中：《从复合制国家结构看华夏民族的形成》，《中国社会科学》2013年第10期。

［12］陈谷嘉：《中国文明起源的特殊路径与中国古代民本思想》，《华夏文化》2013年第4期。

［13］许倬云：《说中国》，广西师范大学出版社，2015年。

［14］刘正寅：《试论中华民族整体观念的形成与发展》，《民族研究》2000年第6期。

［15］赵馥洁：《黄帝文化的基本特征：历史与价值相融合》，《光明日报》2007年4月15日。

［16］杜运辉：《传承创新中华文化核心基因》，《中国社会科学报》2018年2月26日。

（原刊于《黄河·黄土·黄种人》2021年第2期）

上古神话与史前考古

——同源不同流

吴倩

　　尽管学术界对于"华夏文明"源自何时有不尽相同的看法，但至少有5000年的历史是毋庸置疑的。其中，见诸文献记载的历史却只有3000年左右。从没有任何文献记载到有文献记载之间，中间形成了"历史断桥"。近一百年来，学界一直在努力修补这个"断桥"，但由于种种原因与条件限制，目前尚未形成"修补"意见。笔者认为，中国上古神话与史前考古同源不同流，神话是对史前文化的记忆，考古则是寻求那一时代的实物遗存。如果能在考古与神话之间找到某种必然的联系，修补"历史断桥"就成为可能。本文旨在探索，以求教于方家。

一、"历史断桥"：考古与神话

　　关于神话与考古的关系，最具说服力的当属德国考古学者根据神话《荷马史诗》进行的现场考古挖掘，使特洛伊古城再现的案例。几千年来，人们把《荷马史诗》当作文学作品和神话来读，但德国考古学家谢里曼却把其中的《伊利亚特》当历史读。他认为，神话并非都是虚幻的世界，其中包含了某些历史的真实。他仔细研读、推敲《伊利亚特》里的每句话，尤其对特洛伊城的描写，他坚信特洛伊城曾经有过，特洛伊战争也曾经有过，他坚信特洛伊城就在小亚细亚境内。于是，从1865年开始，他在小亚细亚的希萨里克进行考古发掘，果然发现一座古城，这个古城居然就是《荷马史诗》中所描述的古代特洛伊人的都城伊利昂。后来，西方考古学家陆续发掘那一带的古文化遗址，并且不断有新的发现。

　　我们从这一事实得到的启示是，神话与考古，本非风马牛。从世界范围来看，神话与考古都有着千丝万缕的联系，可以用"同源不同流"来形容：上古时期某一事件或人物，经传说成为神话而流传于世，有学者称神话为"活化石"，作为该事件或人物的物质形态，则深藏于地下，等待人们去挖掘。

（一）"历史断桥"及成因小议

　　中国上古史与夏代历史之间存在着许多无法确切联系的地方，这些"断桥"阻断了上古史与有确切记载历史之间的通道，很多文献与文明起源的历史并不能有效连接。造成这一现象的原因是多方面的，最主要的应该是文字与语言两大障碍，不可能将当时所有的事件都形成传说与神话。即使形成了神话，能否全部保留，还要受制于下列环节：第一，传说与神话在转换时信息的丢失；第二，传说与神话的自然湮灭；第三，神话与历史的纠结——正统史学家"不录"传说与神话而致其灭失。总之，中国上古史产生"历史断桥"的最基本的原因是，文字的晚出是其主因，文字产生之后记载材料的匮乏是其次因。

值得一提的是，有历史以来，克服了上述原因之后，历代"正史"也因"有意地史料操控"而致史料灭失。侯旭东指出："中国历代朝廷热衷于编史，意在'表征盛衰，殷鉴兴废'，道德评判的色彩浓重，'意识形态'的倾向明显，属于布洛赫所说的'有意地史料'，属于第一手资料的文书档案却被主动销毁。传世的史书在一定意义上成为控制、引导和限制后人认识过去的工具，并大体操纵了人们的历史记忆。"[1]

就连追求"究天人之际，成一家之言"的司马迁，在写作《史记》前，多方搜集素材，积累了大量的原始资料和典籍，但他的《史记》毕竟是以自己的观点进行取舍的，对于他占有的资料来讲，所用比例是极小的。不难想见，在《史记》写成后，他积累的卷帙浩繁的资料，一定会迅速或逐渐散失。即使有一些进入了皇家图书馆，也在历代更迭中丧失殆尽。司马迁如此，班固等以后的史料也基本如此。需要指出的是，清代以前的历代学者都对此"断桥"束手无策。

（二）王国维的拓荒之功：古史研究的"二重证据"法

清末之前学术界的历史研究，沿袭自古以来的传统——训诂求证，这在文字资料不足的情况下，经常会使考证陷入绝境。王国维对数百年来的古史研究一直株守于训诂考据的做法不以为然，正值20世纪20年代中国考古界取得了殷墟甲骨等重大考古成果，他敏感地认识到，这是解决"断桥"问题的新方法。他于1925年新印讲义《古史新证》，明确地提出"纸上之材料"与"地下之新材料"要结合。这在史学研究领域是一个拓荒的举措。

王国维的诸多传世著作，都将地下的材料（甲骨文）同纸上的材料（中国历史古籍）进行对比研究，用卜辞补正了书本记载的错误。他自己称以上考证方法为"二重证据法"，意思是运用地下的材料（考古）与纸上的材料（文献）相互印证比较以考证古史的真相，成为一种公认的科学学术方法。这种考证方法既继承了乾嘉学派的考据传统，又运用了西方实证主义的科学考证方法，使两者有机地结合起来，在古史研究上开辟了新的领域，取得了巨大的成就。历史事实证明，"二重证据法"尽管并不尽善尽美，但它的确为后来学者开拓了研究的眼界与思路。

（三）茅盾的神话研究：“神话复原”的指向接近历史

茅盾从文学领域出发进行神话研究，旨在建构具有独立学术品格的中国神话研究体系。1928～1934年，茅盾以其新颖独到、自成体系的研究理念，形成了较为成熟的神话观，取得丰厚的学术成果。茅盾关于神话最重要的想法是：“我们能不能将一部分古代史还原为神话？……我们的古代史，至少在禹以前的，实在都是神话。如果欲系统地再建起中国神话，必须先使古史还原。”[2]现代神话研究者赵沛霖客观地说：“中国的神话一直处于‘原生态’，自古以来，人们总是在记录神话，而没有对它进行过多的后期加工。所以中国神话口述历史的作用表现得更为明显。从时间上看，中国的神话没有断裂，它从传说里的古神一直到文字出现，是世界上时间跨度最大的一种历史记载。从形式上看，中国神话基本保留了它的原始面目，与古希腊神话相比，很少有后人文学化的痕迹，所以它最大限度地保留了史前人类十分可贵的资料。”[3]这些宝贵的“原生态”资料，为中国神话与考古的科学结合提供了可能。

二、考古学：如何解决史前考古难题

（一）借鉴：费孝通谈社会学传统界限

21世纪初，费孝通提出了“扩展社会学的传统界限”的理念。他认为，社会学是一种具有“科学”和“人文”双重性格的学科，社会学的科学性，使得它可以成为一种重要的“工具”，可以用来解决具体的问题，比如预测某个社会的发展走向，调查某个群体的态度行为，分析某个社会组织的运行机制，解决某个紧迫的社会问题等。然而，社会学的价值不仅仅在于这种“工具性”。费孝通认为：“今天的社会学，包括它的科学理性的精神，本身就是一种重要的‘人文思想’；社会学科研和教学，就是一个社会人文精神养成的一部分。社会学的知识、价值和理念，通过教育的渠道，成为全社会的精神财富，可以帮助社会的成员更好地认识、理解自我和社会之间的关系，以提高修养、陶冶情操、完善人格，培养人道、理性、公允的生活态度和行为，这也就是所谓‘位育’教育的过程，是建设一个优质的现代社会所必不可少的。”[4]

费孝通指出，社会学对于人的精神世界的研究，是一种“社会学”的视角。由此，我们不难联想到考古学应该是从考古角度去研究“人的精神世界”。费孝通还指出，中国社会学一直没有特别刻意地去探讨中国延续了几千年的“心”“神”“性”等问题，在一定程度上是受到现代社会学研究方法的制约，目前的实证主义思路，不太容易真正进入这些领域，即使进入了，也可能深入不下去，有很多根本性的障碍。

笔者认为，古人的“心”“神”“性”等问题普遍存在于神话中，费孝通的理念完全适合于目前的考古界，甚至可以说“更适合”。因为考古学界与社会学界存在着相同的问题，费孝通的"药方"可以一方两用，甚至可以"一方多用"，因为现代学术中有很多"壁垒森然"且固守"本门防线"的学科体系。

（二）人类学、文化学、心理学等对神话学论述的启迪

1.现代语言哲学的创始人维柯创造了一种全新的神话哲学。他认为："人类文化的真正统一表现为语言、艺术和神话三者的合一。"[5] 既然神话是一种综合性的研究实体，那么从宗教学、语言学、人类学、社会学、民俗学、文学、艺术、历史、哲学等多学科的角度，对神话进行综合研究，就非常必要和重要了。20世纪，人类学的强势使神话研究更深入地渗透到人类的文化领域；心理学的崛起将其引入了人类的心理世界；结构主义、集体无意识、神话—原型批评的出现，大大拓宽了神话研究视野，丰富了研究手法。

2.1871年，《原始文化》出版。泰勒在《原始文化》中，对文化提出了得到公认的定义："文化或文明是这样一个复合的整体，其中包括了知识、信仰、艺术、道德、法律以及人作为社会成员所获得的能力和习惯。"[6] 泰勒说："从广义上看，人类的品质和习惯同时显示了文化现象的相似性和一贯性……因此，我们完全可以从人性和人类生活环境普遍的相似性这两个方面，通过比较，去追溯这种相似性和一贯性。""尽管各种族在文明程度上大不相同，在体格肤色上也有很大的差异，我们仍然能够将人类看作是自然界的一个和谐的整体，从而进行不同程度的比较。"[7] 显然，他在提示人们，考古研究也适于这种方法。

文化残余分析法是泰勒在《原始文化》一书中首次提出的。所谓的文化残余物，是指某些文化现象，例如某些工具、设备、艺术形式、风俗、观念等，虽然失去了其原有的功能和意义，但由于惯性的力量，仍然以一种残余物的形式留存于现在的社会中。因此，通过考察这些文化残余物，就可以重新构建旧有的文化结构，进而重建人类文化的发展进化史。泰勒在其中植入了神话这个"残余物"，而这个神话"残余物"则广泛地存在于现代社会人们的意识、民俗和一些文化艺术形态中。这些"残余物"，将原始社会各时期的仪式、习俗、观念等从一个初级文化形态转移到另一个距现代较近的文化形态，"残余物"是各初级文化阶段的生动见证或"化石性的文献"。

3.较人类学稍晚，心理学也积极参与神话的讨论。"心理分析学派"将梦境与神话联系起来考虑：神话是集体的梦，梦是私密的神话，神话这一概念打通了个体和集体无意识之间的桥梁。荣格认为，作为集体无意识的神话，具有和梦类似的特性。"一方面它是不可捉摸、超越逻辑的，但另一方面它又同我们的经验息息相关，并且潜在地影响到我们的思维模式、文化结构。如果说神话是集体的梦，那么历史就是群体的记忆。"[8] 由此，容格和弗莱创立了"神话—原型理论"理论，这是近年来在中国神话学界广泛流行的一种理论，影响深远。

（三）苏秉琦"形象思维"——考古与神话的共同思维

苏秉琦提出了考古的"形象思维"："科学是以逻辑思维反映客观世界，艺术是以形象思维反映客观世界。根据我的实践体验，形象思维对于考古学研究的重要性绝不亚于逻辑思维，而手感对于形象思维的作用，绝不是凭视觉得到的印象所能代替的。"[9]神话与考古的又一契合点——形象思维在这里合体，神话的形象思维与考古的形象思维合一，是它们之间亲缘关系的又一有力证据。这充分说明，考古学的形象思维与神话的形象思维相通。受到苏秉琦的启发，我们似乎还应加上一条：从该文化相应的时代入手，在历史资料与神话资料中找出与该文化相应的因素，进行科学的定性分析，与考古文化的定量分析进行对比鉴别，以便更加准确地确定文化的"运动规律"。

俞伟超曾说："要把考古学同历史学、人类学真正结合成一体，可能还要经历相当长的一段时间，但把这三个学科结合起来'重建中国远古时代'，在下一世纪中一定能做得很好。"[10]在当下对上古神话研究的反思中我们发现，上古史非但不是神话的历史化，恰恰相反，上古神话更多的是对历史的神话化。在历史记叙不完善的时代，它承载着传承历史的功能。正如徐旭生所说："无论如何，上古时代的传说总有它历史方面的素质、核心，并不是向壁虚构的。"[11]

马林诺夫斯基对神话的价值进行了阐述："我们不能否认，历史与自然环境必然要在一切文化成就上留下深刻的痕迹，所以也在神话上留下深刻的痕迹。然而将一切神话都只看作是历史，那就等于将它看作原始人自然主义的诗词，是同样错误的。"[12]马林诺夫斯基正确地指出了"历史与自然环境"必然要在神话中留下"深刻的痕迹"，这无疑是神话的巨大价值所在。问题在于，现代人要想获取这一巨大价值，就需要对某一神话所处的"历史"时代以及该神话产生的"自然环境"进行认真细致的研究。理想状态应该是，要具有"进入"那一"历史"时代和那一"自然环境"的神思境界，才能对神话的创造者有感同身受的理解，才能"触摸到"或真切体验到神话中那个"深刻的痕迹"，才能最大限度地掌握该神话的精神脉络，才能进入到正确理解该神话的状态。这无疑是一个艰巨而复杂的任务，要完成这一任务，首要问题自然是史前考古人员：他们有珍贵的、但却像无字天书一般的资料，他们与神话和"无字天书"之间的通道，有着苏秉琦提出的形象思维这样一个途径。

苏秉琦的形象思维概念还可以引导人们去思考史前普遍存在的巫术现象。人类的史前时代是一个巫术时代，是一个巫术史文化时代，巫术观念主宰着人们的思想观念与行为。巫术观念的核心思维就是形象思维，巫术同时也用各种"神""鬼"的活动场面来展现自己的思维。这种活动场面也广泛存在于现代社会的民间傩戏中，傩戏的表现场面及其道具——假面，富含深刻的巫术思维，也即古代人的形象思维。因此，现代研究既有必要从史前的祭祀遗物中去判断当时的巫术活动概况，以推断当时人们的形象思维；也有必要参照现实社会中的艺术"活化石"——傩戏来研究史前人们的形象思维。

（四）考古界可资参考的新思维

1.知识考古

米歇尔·福柯是与萨特比肩的思想大师，他指出："思想史应该像考古学发掘地下人类的遗存物那样，去挖掘思想史上堆积起来的一层层隐蔽的结构，而此结构不是线性的、连续的，是像地壳的沉积层那样充满了断层和界限。思想史的任务正在于认识某一时代话语合格学科所使用的基本范畴认识论的结构形式和根本性的配置原则，最终破译制约各种话语和各门学科的深层隐蔽的知识密码。"[13]

2.精神考古

李伯谦对精神考古下了一个定义："精神领域范围十分广泛，人对宇宙、对世界的看法，人对人类自身的看法，人们的宗教信仰、伦理道德观念、审美情趣、社会意识等等都属于精神领域的东西，运用考古学方法对这些方面所做的研究都是精神领域的考古学研究。"[14]晁福林认为，人类精神的萌生与发展的历史，也可以用考古学的方法进行探讨。他首先肯定考古学首要任务是物质文化层面上的考古，是考古的最基本层次；其次是社会结构与制度层面上的考古，是人们"通过考古来认识历史的必不可少的阶梯"。晁福林说道："广泛意义上的考古学还应当包括精神意识层面上的考古。人们常说，考古研究应当透过现象看本质，那么，精神层面上的考古尤其直指本质。"[15]

3.文化考古

陈胜前提出了"文化考古"概念，但文化考古是一个宏观的视角，它旨在解决分裂的考古学缺乏共同认同的概念体系的困难，避免考古学家研究空心化的趋向。虽然考古学研究古老的材料，却是一个年轻的学科，近代考古学体系直到19世纪末期才形成。中国考古学中，考古学被定义为"属于人文科学领域，是历史科学的重要组成部分。其任务在于根据古代人类通过各种活动遗留下来的实物，以研究人类古代社会的历史。实物资料包括各种遗迹和遗物，它们多埋没在地下，必须经过科学的调查发掘，才能被系统地、完整地揭示和收集。因此，考古学研究的基础在于田野调查发掘工作"[16]。

神话与考古，根本在于追求其"共性"而不是专注于个别材料的"个性"，即神话在某个时代合理的"时代内核"，而绝不是某神话的主人公"就是"某考古个案资料。主要在于考察神话资料的时代背景及所蕴含的精神哲理。

4.神话考古

陆思贤于1995年出版《神话考古》一书。该书"涉及历史学、考古学、民族学、地理学、天文学、数学、气象学、民俗学等许多领域"[17]，应该是考古与神话综合考量的较佳读物。他在多年考古实践和思考的基础上，对于神话和考古的结合，提出了一些具有前瞻性的见解。

三、考古与神话结合研究的方法浅识

（一）做好考古工作需要"通""博""深"

张光直在谈到考古（特别是史前考古）学人的知识结构时谈道："要研究三代考古，就要学考古、经籍、甲骨、金文和早期王国民族学……而且，今天念中国的考古不是念念中国的材料便行了。每个考古学者都至少要对世界史前史和上古史有基本的了解，而且对中国以外至少某一个地区有真正深入的了解。"[18]这是一个要求相当高的知识结构标准。

把研究对象做分科、分段研究是现代学术、学科建制培养、"造就"的基本学术方法，研究才能深入细致。这种"分"在使研究深、细的同时，又容易造成研究之间的"隔"，即研究某一段历史的学者对前、后时段相关事件、人物并不熟知。这种"片断化"虽然妨碍对历史人物、事件和思想的深刻理解，但是在"分"已成牢不可破的学科建制面前，"通"即"打通前后"又成重要课题。

哈佛大学教授迈克尔·威策尔说："神话常被考古学家用来考证上古时期人们的生活、思维和心智。"[19]威策尔力图把神话研究、语言历史研究、基因理论结合起来，探索人类的起源以及迁徙的路线。其研究使神话学在一定程度上为遗传学、语言学、考古学和人类学提供佐证，为揭秘人类文明的起源与传播历程助力，为洞悉人类远古文化史提供研究方法。本文强调神话学与考古学"联姻"，其实正是"优势互补"，神话学者一般都具有较深的上古历史的专业知识。

胡适说过："学术的大仇敌是孤陋寡闻，孤陋寡闻的唯一良药是博采参考比较的材料。"[20]李济指出："根据古器物学的资料，再加上民族学所描写现代原始民族的风俗习惯，我们就可以把不能想象的、难以复原的古代风俗习惯，得到他们反射出来的若干比较可靠的影子"。[21]考古若无民族学、人类学的功底（当然还远不止这些），显然是不能胜任的。

（二）大胆想象终究还得小心求证

考古界都熟知傅斯年的一句名言："一分材料出一分货，十分材料出十分货，没有材料便不出货……推论是危险的事，以假设可能为当然是不诚信的事……材料之外我们一点也不越过去说。"[22] 提倡神话与考古结合研究，但由于神话很有"名头"，很容易产生牵强附会的比附现象，这是应该高度警惕的。

2001 年日本考古界爆发一个大新闻。一个叫藤村的业余考古学家，竟然伪造了 42 处遗址和发现，其中包括 1984 年在马场坛发现的 17 万年前的石器、1992 年在宫城县上高森遗址发现的旧石器时代遗物等。这些东西其实是他自己放进去又自己挖出来的。该事件给世界考古界带来了极其不好的影响。

（三）摒弃门户之见

陈胜前在《文化考古刍议》中说："近代考古学由三个分支组成：最早是艺术史；其次是在北欧科学古物学的基础上发展出史前考古学，它扩展成为史前—原史考古（即新石器—原史考古）；第三是旧石器—古人类考古，它出现最晚，立足于地质学的均变论以及当时还在雏形阶段的生物进化论，其目的是探索人类的古老性。"[23] 他指出，当代考古学的分裂是多重的，最大的裂痕是科学与人文的对立；其次是三大考古学分支由来已久的裂痕。再者，考古学理论体系还面临传统与现代的难题，每一个理论体系若都是重起炉灶，那么前人的劳动也将前功尽弃，这实际上是不符合知识发展的一般规律的。革新与改良需要兼而用之，实践证明现代主义式的割裂历史只是一种空想。对于中国考古学而言，还存在另外一种矛盾，那就是西方与中国，我们是否仅仅需要向西方考古学学习技术方法，而无须考虑它的理论呢？或是仅仅考虑某些理论教条而无须考虑其思想基础呢？这是否是将西方学术工具化的考古学版呢？"在这个矛盾之中，还存在着一个重要的现实，那就是中国考古学亟待一个概念体系，能够兼容传统与现代，兼容科学与人文，能够会通中西。当然这样的目标可能过于庞大，但这无疑是我们努力的方向。"[24]

四、结论

王海光在谈现代史保存史料工作时，强调要重视"口碑史料和民间史料"（其实，神话传说基本上相当于"口述史"），他警告现在"以文乱史"现象严重："现在特别需要警惕的，是在口碑史料中掺水造假的问题……有些东西就是整理者对原版本一些内容的添枝加叶，有的是把整理者自己的想法移植到传主身上，甚至还为整理者个人目的而无中生有地给传主编造一些东西。"[25] 毋庸置疑，神话中的这种现象远比王海光提到的现象严重得多，神话的流传绝不是经过一两代"整理者"的"添枝加叶"那么简单，神话早就是数代人努力"层累地构建"而成的文学作品。对于神话的甄别选择，需要极大的耐心、高度的警惕，决不能在考古工作中"断言"某考古资料就是某神话主人公，如有的学者断言红山文化的裸女像就是女娲等。任何神话都离真实历史很远，神话只是原则上反映了某段历史、某个历史事件的概况，考古在与其参照时，必须对一些乱人耳目的材料进行甄别，狠下一番去伪存真的功夫，不能由一个极端（完全不信神话）走向另一个极端（用神话来生搬硬套）。

　　考古不是为了证明"神话是神话"，而是为神话而考古：不止用铲，大量应用的则是脑——融会贯通。在大历史的背景下，发现传说与神话间的联系，不搞攀附，切忌无证据地对号入座，生硬比附。

注释

［1］侯旭东：《"史书"出，"史料"亡——无意史料的销毁与有意史料的操控》，《中华读书报》2007年9月19日。

［2］茅盾：《中国神话研究初探》，凤凰出版传媒集团、江苏文艺出版社，2009年。

［3］赵沛霖：《神话、历史与古史传说人物》，《天津师大学报》（社会科学版），1995年第4期。

［4］费孝通：《试谈扩展社会学的传统界限》，《思想战线》2004年第5期。

［5］［意］克罗齐著：《维柯的哲学》，陶秀璈、王立志译，河南教育出版社，2009年。

［6］泰勒：《原始文化》，浙江人民出版社，1988年。

［7］泰勒：《原始文化》，浙江人民出版社，1988年。

［8］［瑞士］荣格：《集体无意识的概念》，《荣格文集》，冯川译，改革出版社，1997年。

［9］苏秉琦：《中国文明起源新探》，辽宁人民出版社，2009年。

［10］苏秉琦：《中国文明起源新探》，辽宁人民出版社，2009年。

［11］徐旭生：《中国古史的传说时代》，广西师范大学出版社，2003年。

［12］［英］马林诺夫斯基：《巫术科学宗教与神话》，李安宅编译，上海文艺出版社，1987年。

［13］［法］米歇尔·福柯：《知识考古学》，生活·读书·新知三联书店，1998年。

［14］李伯谦：《关于精神领域的考古学研究》，《中国文物科学研究》2007年第3期。

［15］晁福林：《从精神考古看文明起源研究问题》，《古代文明》（第5卷），文物出版社，2006年。

［16］陆思贤：《神话考古》，文物出版社，1995年。

［17］夏鼐、王仲殊：《考古学》，《中国大百科全书·考古学卷》，中国大百科全书出版社，1986年。

［18］张光直：《考古人类学随笔》，生活·读书·新知三联书店，1999年。

［19］张梅、杨汨：《神话比较揭示人类拥有共同的根——访哈佛大学南亚系教授迈克

尔·威策尔》,《中国社会科学报》2017年2月16日。

　　[20] 詹宏志:《胡适作品集》,远流出版公司,1986年。

　　[21] 李济:《中国古器物学的新基础》,《李济考古学论文选集》,文物出版社,1990年。

　　[22] 傅斯年:《历史语言研究所工作之旨趣》,原载中研院史语所集刊,1928年。

　　[23] 陈胜前:《文化考古刍议》,《南方文物》2014年第2期。

　　[24] 陈胜前:《文化考古刍议》,《南方文物》2014年第2期。

　　[25] 王海光:《中国当代史的学科建设与研究困境》,《学习时报》2012年10月29日。

（原刊于《华夏文明》2017年第10期）

华夏文明传承核心区的理论与实践

刘彦锋　高赞岭

一、华夏文明传承创新核心区概念

《国务院关于支持河南省加快建设中原经济区的指导意见》（国发〔2011〕32号，下文简称"指导意见"），首次把建设华夏历史文明传承创新区作为国家战略。传承弘扬中原文化，充分保护和科学利用全球华人根亲文化资源，培育具有中原风貌、中国特色、时代特征和国际影响力的文化品牌，提升文化软实力，增强中华民族凝聚力，打造文化创新发展区。

华夏历史文明传承创新区是中原经济区五大战略定位之一，郑州被定位为华夏历史文明传承创新核心区，这是基于郑州市的文化资源优势、区位优势的现实考虑。建设华夏历史文明传承创新区，关键是要打造传承创新的核心区。建设传承创新核心区，主要指以郑、汴、洛三地主体功能区为依托，辐射豫南，带动豫北，贯穿大中原东西的文化资源优势明显，集聚作用强劲，文化影响深远，能彰显河南地位，昭示中原未来发展希望的文化区域。打造核心区可有效整合三地文化资源和区位、经济及社会影响等方面优势，带动和营造周边地区文化共建共荣大环境，使河南文化优势更集中，影响力更强劲，社会公信度更高，让外界认同中原文化是传承重地、创新高地，有力促进中原经济区建设。

二、中原地区文明资源及其在建设华夏文明传承创新核心区中的重要作用

建设中原经济区，经济"硬实力"是基础，文化软实力是平台。作为华夏民族千古积淀的文明精髓，厚重文化对中原经济区建设具有极强的影响力、凝聚力和推动力。

1.文物资源是打造华夏历史文明传承创新区的重要优势

河南文物记录了华夏文明的古老厚重。正如《指导意见》指出的，中原地处我国中心地带，是中华民族和华夏文明的重要发源地。漫长的文明进程给河南遗留下丰厚的文物资源。郑州市是我国开展文物考古工作最早的地区之一，以对荥阳成皋广武区的考古调查和《河南石器时代之着色陶器》的出版为中国考古学诞生的重要标志。20

世纪30年代，以郭宝钧为代表的第一代考古学家对荥阳青台、巩义塌坡等遗址的发掘，为中国考古学的发展做出了重要贡献。自20世纪50年代开始，关于郑州考古的大发现接二连三，令人震撼。自十大考古新发现评比以来，郑州已经获得12项，同时还有4项入选20世纪百项考古大发现。老奶奶庙遗址揭示了距今3～5万年前中原地区已有繁荣的旧石器文化与复杂的栖居形态；李家沟遗址清楚地展示了中原地区从旧石器时代之末向新石器时代发展过渡阶段的历史进程；1978年裴李岗文化的发现，将中国氏族社会发展史由六千年前的仰韶时代上推二千余载；唐户遗址裴李岗文化时期大面积居住基址的发现，进一步丰富了郑州地区裴李岗文化的内、居住基址分区、分片布局，从社会学角度为探讨以血缘为纽带的社会家庭组织的出现提供了重要资料。

夏、商、周三代是中华民族形成的重要时期。这一发生在嵩山脚下波澜壮阔的历史进程，使得郑州地区不仅成为当时中国文明的中心，也在民族文化心理上刻下了"天地之中"的深深印记。

在中国国家文明史前2000年的历程当中，郑州7次为都，时逾千年，并两度担当夏、商王朝开国立都之重任，成为中国古都群中殊荣独享之创世王都，书写了中国国家和都城发展历史的开篇之章。

从先民告别穴居、开始建造房屋那刻起，郑州人便以自己的卓越创造在每个时期都留下了独具风采的建筑作品，为中国建筑史留下了一座独一无二的建筑实例博物院。在一个7440平方公里的区域内，向人们展示绵延8000年的建筑作品，这不仅在中国，在世界当属唯一。

科学技术是推动社会进步的强大动力，也是体现中华民族先辈的伟大智慧和创新精神的重要载体。回溯历史，郑州地区从来都是引领科技创新之地。

这里是原始农业的最早诞生地，也在与古人生活最为密切的天文科技、铜铁冶铸、原始瓷器、唐三彩与唐青花的烧造等方面独领风骚，举原创之功。这些科技发明不仅在中国，在世界科技文明发展史都占有极为重要的一页。这些科技发明也有力地证明了中华文明的发展史就是一部中华民族不断开拓、持续创新的历史，这些灿烂的文化瑰宝走过千年，历久而弥新，成为后人文明征途进步的阶梯。

中原地区文物诠释了华夏文明的创造创新精神。中华先民在中原大地开农耕、建都城、造文字、冶铜铁，中华文明在河南初露曙光。几千年的文明史中，中原大地上诞生的无数伟大发明创造，为人类文明进步做出了彪炳史册的贡献。在古代城址方面，郑州仰韶文化西山城址、登封王城岗龙山文化古城、洛阳东周王城、洛阳汉魏城等古代城址在创新中发展，影响中国三千年。

中原地区文物彰显中原大地的祖根地位。河南自古就是人烟稠密、经济繁盛、文化发达的地区，从古老的旧石器时代、新石器时代，到夏、商、周，大量的历史文献记载和越来越多的考古资料都证明，河南是中华民族的摇篮，华夏文明起源的中心。中华民族的人文始祖"三皇五帝"，在中原或出生和活动，或建都立业。由中华人文始祖衍生出的数以千计的姓氏，绝大部分源头在中原。在数千年历史发展的长河中，涌现出许多光耀千秋的历史人物，并且留下众多为后世子孙凭吊追思的史迹。

中原文物体现了华夏文明的兼容并蓄。该地区地处中原腹地，是连接东西南北的十字交通要冲，在中国历史上是文明交汇的重要地区。早在仰韶文化向龙山文化发展的过程中，中原地区就博采山东大汶口文化、湖北屈家岭文化等区域文明的成就，并日益成为中华文明的中心。连接东西的丝绸之路和贯通南北的隋唐大运河，促进了经济文化的流通发展。儒、释、道三教互为补充、相互融合，矗立在少林寺的"儒释道三教碑"，堪称"三教合流"的典型代表。古代各民族、各宗教在中原交会融合，使中原成为中华民族文化融合发展的熔炉。

2.中原文化的重要作用

中原文化对于历史进程的推动，对于中华文明的形成，对于民族精神的传承，对于经济社会的发展，都发挥了独特而重要的作用。

第一是认识作用。中原文化是五千年中华文明的缩影，反映了中华文明发展的轨迹，折射着中国历史发展的脉络。透过中原文化可以从总体上认识中国社会和中原发展，并从中总结出社会前进的有益借鉴。

第二是引领作用。中原文化在精神层面建构的文化理想，已经成为全人类共同的文明成果。如天下大同的文化气度，天人合一的理念境界，尊道贵德的理性气质，中庸辩证的思维方式，在环境恶化、能源危机、人为灾难频繁发生的今天，不仅是引领人类社会发展建设的美好理想，对于我们今天进行道德建设、人格完善，对于整个民族素质的提升乃至世界文明的进步，仍具有积极的引领作用。

第三是推动作用。中原文化产生的新思想、新知识、新技术，有力地推动了中国经济社会的发展。从周朝的"封邦建国"到北宋文官制度的全面繁荣，从北魏孝文帝改革到王安石庆历新政，中原大地上的每一次重大改革都推动了中华民族政治文明的递进。

第四是支撑作用。中原文化具有对中华民族共同精神的维系、智慧成果的传承功能。一个民族是要有精神的，中原文化对中华民族精神的塑造发挥了重要的作用。这种精神，尤其在民族存亡的危难关头，无不成为支撑全民族的坚强力量。中原文化正以其无可比拟的系统性、丰富性、完整性，为中国经济社会的发展提供了不竭智力支撑。

第五是凝聚作用。中原文化是广泛吸收众多民族优秀品质而成的中华文明的主流文化，团结和谐、爱国统一始终是其倡导的主题，千百年来，一直广泛而深刻地影响着海内外华人，报效国家、热恋故土等炽热情怀，成为全球华人的民族意识和价值追求。中原文化作为中华民族的根文化，长期以来就是海内外华人魂牵梦绕的精神寄托，大家无论身在何方，都有"常回家看看"的心理愿望。新郑黄帝拜祖大典和周口姓氏文化节的成功举办，正是中原文化这种特有历史震撼力和时空穿透力的生动展现。历史发展反复证明，中华民族无论怎样一波三折，甚至分分合合，但维护团结、追求统一的历史主流始终没有改变。

三、华夏文明传承创新核心区的战略定位

建设共有精神家园，是中央提出的重大文化战略。华夏历史文明承载了更多的优秀文化传统，是当代精神文明建设的重要组成部分，要认真挖掘中原文化这一精神富矿，使之成为全民族的精神财富，成为中国腾飞不竭的精神动力。

随着中国经济实力的增强，文化软实力已成为强国的重要标志，我们要清晰地向国外传达中华文化的核心价值、重要理念，以此提升中国的国际影响力，提高国家文化软实力。华夏历史文明的传承创新与中国软实力的增强密不可分。

增强海内外华人凝聚力的高度。国家要发展，文化要振兴，海内外华人必须凝聚起来，凝聚的纽带是文化，华夏历史文明是文化的核心组成部分。

四、华夏文明传承创新核心区的建设

1.遗址公园建设

历史遗址作为人类文明演变的见证，让我们看到人类如何走到今天。在历史遗址旅游资源开发的进程中，发掘其文化内涵，探明历史根源，进而让现代人更好的认识历史，体会传统人文风情。遗址公园尊重历史的传承及文化，并带有强烈的时代感，是满足人民群众生活文化需求的公共性历史遗址景观。在中外知名旅游胜地中，存在很多融入现代化城市的遗址公园。这些地方成为人们探索历史、感受古老文明、进行文化交流和旅游观赏的重要场所。关于历史遗址资源的开发，仅在遗址的现有基础上进行简单修复或者复原是远远不够的，其开发过程需要不断创新。我们应该结合城市的特性，融入历史文化理念进行打造，加入交互沟通交流进行运营。这样，游客在游览的时候，不仅可以通过讲解或文字说明的方式了解遗址的历史文化内涵，还可以通过参与、体验的方式，直观体会遗址所蕴含的历史文化价值。

进入新世纪以来，我国经济社会发展发生了更为深刻的变化，尤其是近年来，经

济、社会、文化等各方面的发展正在逐渐进入新的历史阶段，经济发展进入攻坚期。在发展改革、财政、国土等有关部门的大力支持下，在地方政府的积极主导下，在广大民众的热情参与下，大遗址保护蹒跚起步，奋勇前行，成果显著。国家考古遗址公园建设得到了地方政府和社会各界的高度关注，方兴未艾，丝绸之路、大运河等申报世界文化遗产工作有序推进，大遗址保护的全国性格局初步形成，并朝着以"六片、四线、一圈"为核心、150处大遗址为支撑、覆盖全国、全面体现中华民族多元一体发展历程的大遗址保护新格局迈进。

西安寒窑遗址公园的开发及利用，就是遗址公园建设的典范。寒窑位于西安市南郊曲江池东隅，曾是中华传统爱情故事人物王宝钏居住之地，并因此闻名于外。寒窑及王宝钏的故事在我国的民间广为流传，并被改编为戏剧，传唱至今。西安寒窑公园以寒窑遗址为平台，以在此发生的爱情故事为背景，建造中国西部第一个以爱情为主题的文化公园，使之成为恋人约会、定情、婚庆纪念的后花园。以爱情旅游、爱情消费、爱情纪念、爱情教育为主要运营方向，将遗址保护、城市旅游资源开发、文化产业基地融于一体，建设属于广大群众的爱情主题公园。

从其他省市的经验可以看到，遗址公园建设的作用，一是改善当地民众的生活水平；二是美化当地民众的生活空间，为广大民众提供公共文化场所和休闲场所，陶冶人的情操，使民众在家门口就能享受到文化所带来的愉悦，体味生活的美好和品质；三是丰富广大民众的精神生活，延续城市文脉，重塑城市精神，增强民众文化自信与文化自觉，提升其民族自信心、自尊心和凝聚力。

郑州地区正在依托重要考古发现推进有自身特色的遗址公园建设，比如老奶奶庙旧石器时代遗址公园。老奶奶庙旧石器时代遗址位于嵩山东麓的二七区侯寨乡樱桃沟景区内，2011年4至8月，北京大学考古文博学院与郑州市文物考古研究院合作发掘该遗址，发现了3000多件石制品、12000多件动物骨骼及碎片、20余处用火遗迹，以及多层迭压、连续分布的3～5万年前的古人类居住面。在老奶奶庙遗址附近，沿贾鲁河上游近10公里长的范围内，还分布着20余处旧石器地点，时代与老奶奶庙遗址相当，多数地点堆积较薄，文化遗存也较少，应只是临时活动的场所。从分布位置、地层堆积与文化遗存的保存等情况看，老奶奶庙遗址位于这个遗址群的中心，当是一处中心营地（趋于稳定的居住），并与前述临时活动地点共同构成一个遗址群。

以老奶奶庙旧石器遗址为中心营地的遗址群证明，早在距今5～3万年，在中原地区已有繁荣的旧石器文化与复杂的栖居形态。晚更新世人类在这一地区繁衍生存的辉煌历史，不但是探讨中华文明之源的重要资料，而且更进一步展示出多项与现代人行为密切相关的新文化特征。这些出自中原地区的新发现，与中国及东亚现代人起源于非洲的论断明显相悖，而很清楚地展示了我国境内更新世人类发展的连续性特点，为研究现代人类及其行为在东亚地区出现与发展提供了非常重要新视角。

该遗址的发现，成为认识我们直系祖先来源的关键所在。依托老奶奶庙建设考古遗址公园，启动遗址保护规划和考古遗址公园规划、建设，对于宣传"郑州人最早的家"，提升该区域文化软实力具有重要意义。同时，以老奶奶庙旧石器遗址为中心，把贾鲁河上游及樱桃沟景区打造成郑州乃至河南最具影响力的文化遗产保护、传承、开发、利用和文化产业园创业基地。

其他如大河村遗址公园、宋陵遗址公园、郑韩故城遗址公园等，都是具有鲜明特点的遗址公园。同时按照郑州市委市政府决策部署，着力抓实生态保遗工程。为促进生态郑州、美丽郑州建设，郑州市生态保遗工程以绿色发展理念为指导，积极贯彻落实"大生态、大环保、大格局、大统筹"战略，不断深化提升遗址生态文化公园建设科学性、可行性，确保全市文化遗产保护与生态文明建设有机衔接，实现生态建设促进文化遗产保护的重要目标，加快创建国家级大遗址保护创新模式，为国家中心城市建设提供生态、文化支撑。2017～2020年，谋划建设遗址生态文化公园75处，旨在以生态绿化方式让古遗址"活"起来，成为市民文化休闲活动的主题公园，延续城市文脉，探索文化遗产片区化、集群化、生态化、亲民化等新的遗产保护模式。

2.举办嵩山论坛，宣传嵩山文化

嵩山论坛是河南省建设华夏历史文明传承创新区的破题之作，是登封建设华夏历史文明传承创新示范工程的重要平台。论坛总主题"华夏文明与世界文明对话"保持不变，每年一届，汇聚来自世界各地各种文明文化、各种宗教流派的代表人物、学术领袖、国内外政要以及政府智囊和高端文化企业高管，选取不同的年度主题展开对话。

嵩山论坛自2012年以来已成功举办七届，着力打造有文化深度的高端论坛，塑造"对话"品牌，邀请国内外多元文化的代表人物、学术领袖、专家学者、文化名人及政要、政府智囊和知名企业高管进行文明对话，已在世界社科界具有较高知名度和一定影响力。

嵩山地区位居"天地之中"宇宙观的确立，不仅得益于西周天文历法科技的发展，而且有着深厚的自然和历史文化背景。嵩山横卧于河南省郑州市登封北部，位居中原核心腹地，东西绵延30多公里，是黄河流域东部的主要山脉，为五岳之冠。由于有着如此良好的自然条件和重要的区位优势，自古以来，嵩山地区就成为中华文明形成和起源的核心地区。

受"天地之中"理念的影响，嵩山被认为是万山之祖和神仙居住之地。《史记·封禅书》载，中华人文始祖黄帝就常到嵩山"与神会"。帝尧、虞舜、大禹都曾到此巡狩。据统计，从周武王开始至清末，历史上亲自或遣使祭祀、封禅嵩山的帝王就有68位。历代帝王或大臣巡狩、封禅、祭祀中岳，以期接天通地、永固江山、昌盛国运，与人们认定该地区为"天地之中"的文化心理有着密切联系。

在中华文化体系中，嵩山地区既是主要发祥地，又是重要支撑者。"天地之中"的"中"所代表的"世界之中心"的理念，作为古人的一种宇宙观，曾主宰了中国二千余年的王朝和臣民的世界观、处世哲学与行为实践。并由此延伸出了"中原""中庸""中和"等在中华文明发展过程中特有的文化理念。"中"的理念不仅深刻影响了中国国家机器文化的形成和发展历程，并且成为中国文化传承中绵延久远、从未中断的内在驱动力和中华文明发展中的重要支撑。

由于受"天地之中"理念的影响，各大主流教派都在嵩山地区建立了弘扬本门教义的核心基地，文人墨客在此歌咏书丹，嵩山地区也由此成为儒、释、道三教重要发源和荟萃之地，在此出现了"三教荟萃、三教共荣"的局面，并由此使中国古代各类历史建筑精华汇集于此。嵩山少林寺是中国佛教禅宗祖庭，中岳庙是北天师道的发源地，嵩阳书院则是宋代四大传播儒学的书院之一。这些优秀的古建筑不仅是"天地之中"宇宙观的间接产物，而且深深印证了"天地之中"宇宙观的重要地位。中岳庙"天中阁""岳立中天"碑，观星台的"千古中传"石额，都是"天地之中"理念的直接反映。

在历史发展的长河中，嵩山地区以其在中华文明发展中的重要地位成为早期文明起源的核心，又因"天地之中"理念的崇高地位，成为在中华文明形成和发展过程中，政治、经济、文化、民族交流融合的重要地区。作为夏商周三代建国立都之地、历代帝王祭祀、封禅之对象、三教文化荟萃之场所，造就了黄帝故里、商城遗址、杜甫故里、巩义窑址、宋陵、少林寺等一系列人文景观，诞生了管子、列子、韩非子、杜甫、白居易、李商隐、李诫等一大批具有巨大影响力的历史文化名人，形成了全国仅见的时间跨度最长、建筑种类最丰富的古代建筑博览长廊。

在中华文明起源和华夏民族形成的过程中，嵩山地区以其得天独厚的地理条件和自然环境，为中华文明的发展做出了巨大贡献，形成了内涵丰富、影响深远的嵩山文化。对嵩山文化资源的保护开发，着力将文化资源优势转化为文化产业发展优势，在培育新兴文化产业中赋予文化遗产新的生命力，实现了社会效益和经济效益的双赢。

3.世界文化遗产保护及其带动作用

以洛阳龙门石窟、嵩山"天地之中"历史建筑群为依托，引进国内外先进的文物保护理念和经验，吸引国内外先进的文物保护技术和人才，努力打造体现国际一流保护理念的世界文化遗产保护基地，使世界文化遗产地成为名副其实的世界性旅游目的地。

隋唐大运河是我国隋代开凿的一条举世闻名的人工运河，是世界上最长的人工河流，也是最古老的运河之一。它和万里长城一样，是我们的祖先用血汗凿建的宏伟工程，并称为我国古代的两项伟大工程。千百年来，它显示着中华民族的勤劳与智慧，闪烁着东方文明的灿烂与辉煌。大运河的开凿繁荣了南北经济，促进了南北文化的交流。它以洛阳为中心，北起涿郡（今北京市），南达余杭（今浙江杭州），全长2500公里。隋炀帝开凿的大运河主要是开通了通济渠和永济渠。通济渠开凿于隋炀帝大业元年（605年），分为东西两段。西段自今洛阳西郊引洛河和谷水入黄河；东段自荥阳汜水，引黄河后循汴水（原淮河支流），经郑州、开封、商丘、宿县、泗县入淮河。

隋唐大运河故道郑州段是通济渠的重要一段，它西起洛阳市，沿洛河自偃师与郑州市巩义交界处入境，经巩义市、荥阳市、惠济区、金水区、中牟县5个县（市、区），东南与开封县境相接，全长150余公里。现今运河故道伊洛河段尚存，邙山以北河段已被黄河所夺，郑州北部及东南部中牟境内运河故道亦多淤埋地下，仅运河部分地段依稀可见。例如惠济区惠济桥段，还保留一段河道遗迹。郑州北部及东南部的贾鲁河和索须河，都经过了人工改道，部分地段沿用了古运河河道。

2010年底，通济渠荥阳故城段进入大运河申遗"立即列入项目"，此外，巩义市通济渠洛口段、荥阳鸿沟遗址和巩义市洛口仓遗址进入"后续列入项目"。以大运河申遗郑州段为例，大运河郑州段有150多公里，它不仅是水上漕运的关键路段，而且是对外贸易的孔道，是泄洪的水道，是灌溉之脉，还是人工干预自然、人文风景的重要途径。在运河两侧有大量古城址、古文化遗址、古作坊、码头、船闸、堤坝、桥梁以及仓窑等。这段运河在历史上长时间发挥了许多重要的作用，申报世界文化遗产是一件惠及人民的大好事。

4.老城区近现代文化遗产保护及其意义

近年来郑州市经济发展迅速，城区面积不断扩大，郑州的城市面貌焕然一新，但是同时我们总觉得，这个城市似乎缺少些什么，尤其是在老城区，外地朋友来到郑州总是说郑州市区没什么看头。我们以为，缺乏的应该是这个城市的人文记忆，无论是国际的或国内的城市发展实践都证明，一座没有人文记忆的城市是断层的，是没有灵魂的，也是没有发展潜力的，而这些记忆的缺失正是这些传统文化资源。郑州的传统文化资源在老城区尚有郑州文庙、郑州城隍庙、郑州北大清真寺等少数基础建筑群，子产祠、晋王庙、关帝庙、郑州州衙等都已消失不见，给人们造成一种心灵上的创痛。

文脉为根，保护为本。2018年12月，市政府公布了第一批212处历史建筑，以更好保护我市历史文化遗产，挖掘文化内涵，延续历史文脉。报告提出，我市坚持以城市设计为引领，加快推进商都历史文化区、古荥大运河文化区、百年德化历史文化片区、二砂文化创意园区"四大文化片区"规划建设，打造彰显特质文化风貌的城市名片。目前"四大文化片区"的城市设计方案已基本完成，正在指导建设项目实施方案设计，较好地发挥了落实城市规划、指导城市建设的作用。

郑州市政府已经颁布了一批近现代优秀建筑的保护名录，希望郑州能扩大保护范围，多发掘、整理一些。特别是现在面临新型城镇化、旧城改造，应当把过去的历史文化名镇、名村，甚至一些古地名、古牌坊、古街道等尽可能多保留下来，这将给后代带来更多享受文化资源的机会。我市目前拥有一万多处文物点，全国第三次文物普查期间又新发现了上千处新文物点。如何把这些珍贵的文物展示、利用好，在"规划先行"的制度下在新型城镇化建设中对这些村镇进行重点保护和利用，让珍贵的文化遗产为都市区建设注入绵延不断的文化生命力。

近现代文化遗产形成年代较晚，未经历过多的自然侵蚀，而且在使用过程中不断得到维护，因此许多20世纪建造的房屋、厂矿、商铺、道路、桥梁以及各类纪念物等，至今仍然保持着鲜活的生命力，继续服务于社会生产、生活。与那些历经千百年沧桑的古代遗存不同，20世纪遗产往往是功能延续着的"活着的遗产"。

20世纪遗产见证了国家和民族的复兴之路，体现了为争取民族独立、国家富强、社会进步而前仆后继、自强不息的精神，凝聚着各个时期爱国志士、革命先烈、领袖人物和英雄模范们的崇高理想、信念、品德和情操，形象而直观，具有强烈的感召力。

5.郑州商城的保护、展示、开发、利用

郑州作为历史文化名城的主要依托是商代文化，尽管地面建筑已很少，但商代文化对中国历史是一个大的推进，文化特色是一个城市的形象和灵魂，进一步提炼商代文化的特质，在发掘商文化遗产的基础上还可做些让人有切身感受的展示。例如埃及，那里到处都是法老文化，在飞机上、酒店中都有。郑州的酒店，很少看到和商文化有关的展品，感觉还仅是一个口号而已，没宣传出去，没把这种东西融入城市发展的内涵中。在城市建设和规划过程中，对商代文化特别是青铜文化展示出来，在郑州市的街道、建筑充分体现，将会吸引很多人。对古商城的遗存做些适当的发掘展示，郑州的历史文化名城内涵会更加丰富。2011年金水路和紫荆山路的人民广场商代城墙遗址的发掘和展示就是一个很好的开始。

《国家文物博物馆事业发展"十二五"规划》中提出，郑州与西安、洛阳、荆州、成都、曲阜一起，被确立为"十二五"期间国家重点支持的6个大遗址片区。此外，还有郑州商城、郑韩故城、大河村、宋陵、古城寨、王城岗6处大遗址被列入国家重点保护的150处大遗址。这表明，郑州大遗址的突出地位和重要价值得到了国家的充分认可和高度重视。"十二五"期间，文物作为不可再生的稀缺的文化和经济双重资源，在社会经济建设中发挥着越来越重要的积极作用。郑州被国家列为重点支持片区，将在经费和政策上获得国家的大力支持。这将极大促进郑州市大遗址和文化遗产的保护工作，也更有利于充分发挥郑州丰富的文化遗产资源优势，为打造郑州都市区社会和经济和谐发展提供不竭动力。

五、结语

党的十八大以来，习近平总书记站在实现中华民族伟大复兴中国梦的战略高度，相继在国际国内不同场合就推动中华优秀传统文化传承和创新，发表了一系列重要论述，提出了一系列新思想、新观点、新要求，深刻阐述了中华优秀传统文化的历史地位和时代价值，多次就文物保护作出重要指示批示，思想深邃，内涵丰富，充分体现了党中央对中华优秀传统文化的高度自信，对文物工作的高度重视，为新时期文物事业发展指明了方向、提供了遵循。

历史文物是不可再生的宝贵资源，是中华民族悠久历史的实物见证，历经数千年硝烟战火、自然损坏能够保存至今实属不易。我们必须深怀敬畏之心、自豪之情、历史之责，切实保护好祖先留给我们的珍贵财富，坚持真实性、完整性、最小干预的原则，传承其历史文化价值。历史文物也是国史、党史、民族史的生动教材，是爱国主义教育的丰富资源，必须正确处理保护与利用、传承与发展的关系，充分发挥文物资源的教育功能和公共文化服务作用，做到保护与利用相统筹，在保护中加强利用，在利用中促进保护。

城镇化是我国现代化的必经之路，传承文化是城镇化的基本原则。城镇化要遵循文物保护的基本原则，在城镇化建设中不存在文物保护要为城镇化让路的问题。文物保护要符合城镇化的发展规律，不论乡村还是城镇，保护历史传统建筑也要尽量满足居民提升生活质量、改善居住条件的迫切需求，有利于环境改善和生产发展，积极探索文物保护与新型城镇化协调发展之路。

中国象棋源流考

刘彦锋

我国的传统棋种——象棋，其渊源十分古老，是一种充满趣味并且深受大众喜爱的智慧游戏。下象棋作为一项健康有益的娱乐活动，对提高人的智慧、磨炼意志、陶冶情操具有重要的作用。

学术界对象棋的起源还存在争议。有学者认为，象棋从诞生初期就带有明显的中国特色，诸如兵制，它原创于中国。但也有学者以为，据此断定象棋诞生于我国证据不足，认为它是舶来品，是从国处引进的。

单从我国象棋的起源和发展来看，经历了一个"从简到繁，由粗到精"的漫长过程。中国象棋应该从中国古老的博塞象棋，通过文化交流，不断吸收借鉴其他棋种的思维和走法，在北宋末、南宋初逐渐定型与发展。

一、中国象棋的起源与命名

"象棋"一词最早出现于战国时代。《楚辞·招魂》中，对其形制及玩法有专门记载："蓖蔽象棋，有六簿些；分曹并进，遒相迫些；成枭而牟，呼五白些。"由此可见，初创时期的中国象棋，早在战国时代已在贵族阶层中流行。

至于中国象棋的起源，在我国古文献中有以下几种说法。（1）起源于传说时代的神农氏，如元念常《佛祖历代通载》说："神农以日用星辰为象，唐相国牛僧孺用车、马、士、卒加代之为机矣。"[1]（2）起源于传说时代的黄帝，如北宋晁补之《广象戏格·序》说："象戏兵戏也，黄帝之战驱猛兽以为阵；象，兽之雄也，故戏兵以象戏名之。"[2]（3）起源于周武王伐纣时。明谢在杭《五杂俎》说："象戏，相传为周武伐纣时作，即不然，亦战国兵家者之流，盖彼时犹重车战也。"[3]（4）起源于战国。《潜确居类书》说："雍门周谓孟尝君：足下燕君，则斗象棋，亦战国之事也。盖战国用兵，故时人用战争之象为棋势也。"[4]（5）起源于北周武帝时，《太平御览》云，"周武帝造象戏"[5]。以上种种传说，应是早期博塞象棋的起源，而北周武帝所制"象戏"，应是在博塞象棋的基础上加以发扬光大，成为现代象棋的源头。

对于象棋的命名，也有多种说法，最具代表性的是"棋中有象"（刻成动物大象的棋子）或因用象牙雕刻棋子而得名。

"棋中有象"得名说，最早起于宋人晁补之《广象戏格·序》："象戏，兵戏也。黄帝之战驱猛兽以为阵；象，兽之雄也，故戏兵以象戏名之。"倘确因象而得名，象棋中就应有动物象的棋子，事实上，自战国出现象棋一名直到唐代以前，我国象棋中并无象形的动物象棋子存在，因此，棋中有象而得名说证据不足。

象棋因用象牙雕刻棋子而得名说，是现代国内外普遍的看法。《简明不列颠百科全书·中国象棋》云："那时（战国时）的象棋，意指象牙制的六博棋。"这种以棋子的材料来推断象棋名称起源的说法难以成立，目前考古发现的六博棋子，大都不是象牙制的，而是木、陶、石质的。山东曲阜鲁国故城战国早期墓葬的六博棋子和算筹[6]，江苏仪征新集镇庙山村赵庄西汉墓的六博漆盘[7]，云南个旧黑玛井发现的铜博具[8]，江苏徐州市九里山二号汉墓的六博棋子一套[9]等，都不是象牙制品。东晋李秀《四维赋》："四维戏者（博塞的一种）……画纸为局，截木为棋。"所以，古代"棋"字因"其"得声，意符则分别从木作"棊"，从土（陶）作"塅"，从石作"碁"。也说明古代棋子是用木、陶、石做的。这些记载可与考古发现相互印证。以"象牙棋"来说明象棋的得名，也不符合事实。

考古发掘已为我们提供了许多博塞象棋局子实物资料，现已知最早的是湖北云梦秦墓出土的六博棋局[10]，其他还有大量博塞棋盘和棋子的资料，比如山东曲阜鲁国故城战国早期墓葬的六博棋子和算筹[11]，汉长安城未央宫少府遗址[12]，汉长安城北宫南面砖瓦窑遗址的博局纹陶砖[13]，咸阳塔尔坡战国秦人墓出土陶罐上的博局图[14]，湖南长沙马王堆汉墓（M3：北163-1）（图一）[15]，江苏徐州市九里山二号汉墓的六博棋子一套[16]，湖北荆州天星观楚墓（M2：49）（图二）[17]，安徽巢湖放王岗一号汉墓的六博棋盘（图三）[18]，浙江安吉五福楚墓的博局及博弈棋子[19]，江苏仪征新集镇庙山村赵庄西汉墓的六博漆盘[20]，云南个旧黑玛井发现的铜博具（图四）[21]，河北平山中山国墓发现六博棋盘两套（图五）[22]等。同时大量的博塞局是汉代铜镜上流行的规矩纹图案，它与所见六博局极为相似，有人把其改称为六博纹镜。以上六博棋局的共同特征为在矩形图案中，有四仲、四维、四隅，中间图案形状可方可圆，可有可无。但四仲、四维是棋局的主题。

博塞象棋的发明，从文献记载的发明者可以看出都和以《周易》为主的易文化传统有着不解之缘。之所以称为象棋，是因为在其设计思想中充分运用了《周易》的取象思维方式、整体宇宙观和阴阳辩证观。

《周易》是我国最早的一部以讲哲理为主的典籍。宋会群在《〈周易〉思维与象棋起源及其设计思想》[23]一文中认为，《周易》思维指的是其中高度抽象和凝聚的整体

图一　马王堆汉墓M3出土六博棋盘

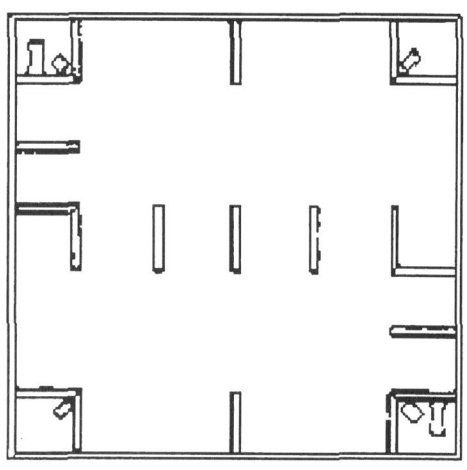

图二　天星观楚墓M2出土六博棋盘

图三　安徽巢湖放王岗出土六博棋盘

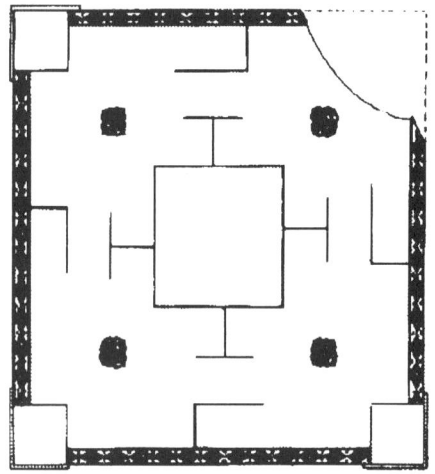

图四　云南个旧黑玛井出土铜六博棋盘

图五　河北平山中山国墓出土六博棋盘

思维、辩证思维、象数思维等基本的思维模式。这种稳定的思维结构模式，以极强的渗透性沉淀于人们的心理层次中，形成一种思维习惯和潜意识，从而规定了我们民族的文化基因、价值取向及思维方式，长期而深刻地影响了中国文化的各个层面。连象棋这种"小道"，也概莫能外。各种象棋的设计思想都源于易理，文中通过"六壬栻"星占盘的图案与六博的图案相比较，认为，占星盘中唯象思维是中国象棋起源与命名的原因所在。

六壬栻盘是1977年安徽阜阳西汉墓（前173年）出土的一件天文占盘[24]（图六）。栻，是古代测天文以定时日的工具，又是占卜用具。古代统治阶级十分重视占卜，占卜与天文分不开。《史记·龟策列传》中，引春秋时宋元公召博士卫平圆梦，卫平就曾扶着栻盘定日月星辰的方位为之剖析。《史记·日者列传》中，"旋式正棋"就是说占卜必须顺天时观天象，转动栻盘以卜吉凶。

唐代司马贞的《史记索隐》对栻作注释说，栻之形上圆象天，下方法地，用之则转天纲加地之辰。所以，人们又把栻盘称之为"天地盘"

汝阴侯墓出土六壬栻盘保存完整，字迹清晰。天盘刻正至十二月次，地盘四象刻天、地、人、鬼。地盘所刻十二地支和二十八宿都是按经纬阴阳方位排列的。上下盘的布局，正如《灵枢经·卫气行篇》所述："岁有十二月，日有十二，子午为经，卯酉为纬。天周二十八宿，而一面七星，四七二十八星。房昂为纬，虚张为经。房至毕为阳，昂至心为阴。阳主昼，阴主夜。"该盘分作天盘、地盘两部分，天盘圆形较小，周边刻二十八宿，中间刻北斗，斗柄指着十二个月所当的不同宿位。就是古历法中的"斗建"。地盘外方内圆，内圈刻有十天干、子午卯酉四仲、天地人鬼四隅，中圈外圈刻十二辰、分作四方的二十八宿和阴阳交界的四维。把六壬栻盘的文字部分全部去掉，仅保留其中四仲、四维、四隅的矩形线段部分，它就成了一个地道的博塞象棋盘。很明显，博塞象棋脱胎于这种栻盘，是它的简单化和缩影。

另外值得注意的是该墓出土的另一件占盘太乙九宫占盘（图七）。太乙九宫占盘上面的小圆盘放在下面方盘的凹槽里，两盘中心有圆孔可以通连。小圆盘过圆心划四条等分线，在每条等分线两端刻"一君"对"九百姓"，"二"对"八"，"三相"对"七将"，"四"对"六"。绕圆心刻"吏""招""摇""也"四个字。方盘在圆盘槽外至边缘中间划一方框线，框内外按四面八方刻字。太乙九宫占盘的正面，是按八卦位置和五行属性（水、火、木、金、土）排列的。九宫的名称和各宫节气的日数与《灵枢经·九宫八风篇》篇首图完全一致。小圆盘的刻划则与"河图洛书"符合。而"君""相""百姓"等，又都是《九宫八风篇》中的内容。《灵枢经》是《黄帝内经》的重要组成部分，它研究天气的变化与人体的关系，以占风候，治疾病。这个盘的刻

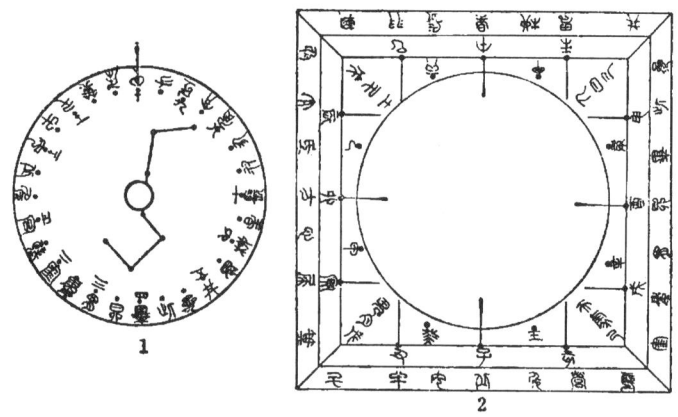

图六　安徽阜阳西汉墓出土"六壬栻栻"星占盘天盘、地盘

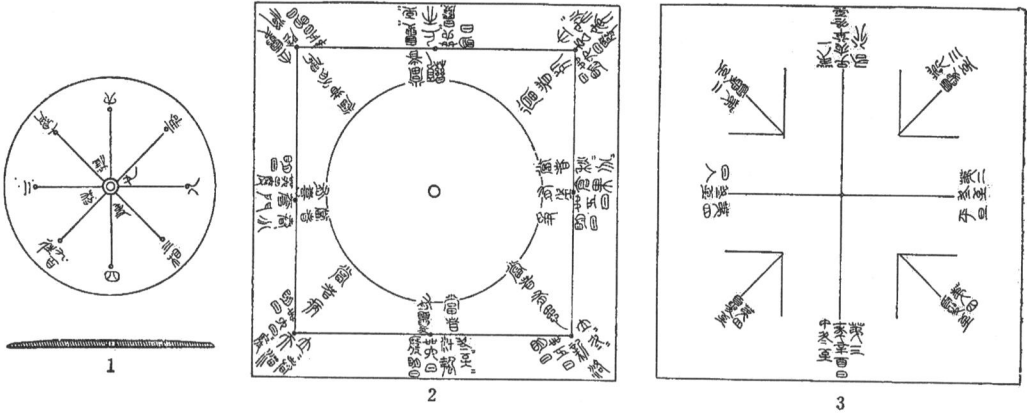

图七　安徽阜阳西汉墓出土太乙九宫占盘天盘、地盘、地盘背面

划实为《灵枢经·九宫八风篇》的图解，其用途当与天文、医学有密切的。

六壬栻盘、太乙九宫占盘把天上的星宿运转、地上的四季变化及人与这种时空的关系都集于一盘，并有机地联系起来，是对古代人所认识的宇宙模式的模仿，这种宇宙模式首先发端于《周易》的整体思维方式和太极式的宇宙框架理论。

《周易》的象是易卦的符号系统，它是由"—""--"符号组成的卦画表现出来。《易传》云："易者，象也。象者也，像也。"又云："圣人有以见天下之赜，而拟诸其形容，象其物宜，是故谓之象。"以此可以看出，"象"是客观事物的模拟，但这个模拟并不是像照相那样照下来，而是用一些符号来表示事物的"道"与"理"。易象并非直接摄取万物的图像，而是以极抽象的奇"—"偶"--"符号的不同排列而成的卦画去分别指代万千世界。《易经》正是运用"象"来托物言志。《周易》中"象"的建立，从认识论的角度看具有两大作用。一是通过象数模式体例，将世界万事万物简约化、规范化，使思维从具体到抽象；二是利用抽象符号，触类旁通，由此及彼，充实内容，使认识又从抽象到具体。这两方面作用形成认识的双向运动，构成了《周易》唯象思维这一独特的思维方式。

唯象思维是《周易》独特的思维方式，八卦、六十四卦中涵盖了天地万物的各种物象、实象、虚象，《周易》正是通过取象比类、触类旁通的思想方法，去把握和认识客观事物的。博塞象棋在思想方法上采取了唯象思维方式，在局、子的设计上取法于《周易》象数，故其中充满了天地运动、日月推移、四季交替、刚柔上下、礼制仁义等各种"象"，正如边韶所总结的其有"质象于天""取法天地"的盛大广博之"象"。因此，博塞之所以称为象棋，正是由于栻盘和博塞局子中具有"象天法地"之"象"的结果。

不仅边韶说棋中有"象"，古代凡与象棋有关的词赋文章全都这样说。例如北周王褒《象经序》："一曰天文，以观其象；二曰地理，以法其形；三曰阴阳，以顺其本；四曰四时，以正其序。"这些讲的都是象棋之"象"。在棋戏前冠以"象"字，是指弈棋犹如"象天则地"一样，自然和社会法则都以唯象思维的方式比拟后被用于棋局、棋子的设计和棋理上，棋中固有的"象天则地"之象，才是把棋戏称作"象棋"的原因所在。

二、象棋的发展与交流传播

需要说明的是，以上的象棋的起源和明名是指中国早期的博塞象棋，与现代的中国象棋或国际象棋有着根本的差别。现代象棋极有可能是在六博棋的基础上，从南北朝时期逐步演化而来。

1.战国时期

战国时期，关于象棋的正式记载主要有《楚辞·招魂》："蓖蔽象棋，有六簿些；分曹并进，遒相迫些；成枭而牟，呼五白些。"另外《说苑》记载，雍门子周以琴见孟尝君，说："足下千乘之君也……燕则斗象棋而舞郑女。"由此可以看出，远在战国时代，象棋已在贵族阶层中流行开来了。大量出土的棋具也可以证实，博塞象棋大致出现在战国时期。

早期的象棋，棋制由棋、箸、局等三种器具组成。两方行棋，每方六子，分别是枭、卢、雉、犊、塞（二枚）。箸相当于骰子，下棋之前先要投箸。局是一种方形的棋盘。比赛时，"投六箸，行六棋"，斗巧斗智，相互进攻逼迫，而制对方于死地。春秋战国时的兵制，以五人为伍，设伍长一人，共六人，当时作为军事训练的足球游戏，也是每方六人。由此可见，早期的象棋，是象征当时战斗的一种游戏。

2.秦汉时期

秦汉时期，塞戏颇为盛行，当时又称塞戏为"格五"，此时的象棋与早期的变化不大，从大量出土的棋具和博局纹铜镜可以佐证。

3.南北朝时期

中国现代象棋，与早期的博塞象棋的棋盘、棋子以及胜负规则都有本质的差别。与现代中国象棋相近的棋戏，出现于北周时期。据《周书·本纪》记载："天和四年，五月乙丑，帝制《象经》成，集百寮讲说。"南北朝时期，北周武帝（561～578年在位）制《象经》，王褒写《象经·序》，庾信写《象戏经赋》，标志着象棋形制第二次大改革的完成。

周武帝《象经》一书虽佚，但有大臣王褒的《象经序》和庾信的《象戏经赋》存。其中关于棋局有"丹局正直""局取诸乾""坤以为舆"的记载，可知其局取法于《周易》乾坤八卦，很可能是8×8的64方格正方形棋局。

"应对坎而衡离，忽当甲而取未。"描述向"宫城"做最后之冲击（或照将）。"坎"和"离"都是棋局内九宫的位次名称。我国象棋之九宫，就是根据我国具有民族特色的阴阳、八卦之九宫而演增成的。"坎"是现代棋中将、帅在九宫内的位次，而'离'则是宫顶之位次。所谓"对坎衡离"，正是冲城与照将擒王之谓。庾信的赋中关于"坎""离"之句，更向我们提供了象戏在北周时已具有九宫。也就是说，大家所熟悉的"宝应象棋"的前代"象戏"，在北周时已初具规模了。

象戏是一种新出现的盘戏，在《旧唐书·吕才传》也能体现出来："太宗尝览周武帝所撰之局《象经》，不晓其旨。太子洗马蔡元恭年少时尝为此戏，太宗召问，亦废而不通。"唐太宗贞元时期与北周天和年间相去不远，说明象戏在社会上还流传未广，它的规制也与传统盘戏围棋、六博有较大差异，所以，唐太宗等人不仅对象戏感到陌生，甚至连《象经》也看不懂。

4.隋唐时期

隋唐时期的象棋活动，史籍上屡见记载，其中最重要的是《士礼居丛书》载《梁公九谏》中对武则天梦中下象棋频国天女的记叙，和牛僧孺《玄怪录》中关于宝应元年（762年）岑顺梦见象棋的一段故事。唐代诗人白居易有"兵冲象戏车"的咏象棋诗。关于"八八象棋"，唐代有佚名《樗薄象戏格》三卷，见于宋代史录，但未能流传。唐德宗时，宰相牛僧孺所著《玄怪录》里的传奇故事《岑顺》一文，对八八象棋进行了详细的描述。"其干戈之事备矣……乃象戏行马之势也，时宝应元年也。"故八八象棋又称"宝应象棋"。大概到了唐末宋初，这种八八阴阳棋已普及于民间，并被用作锦绣装饰图案，即琴棋书画锦中的棋图案（图八）[25]。唐相牛僧孺所著《玄怪录》

里的传奇故事《岑顺》中，记载了当时唐代前期象戏形制即棋子立体象形，金铜成型，有王、车、马、卒士、将六个兵种，其描写的八八象棋的棋子的形制、排列、走法等，都与今天的国际象棋非常相似。

印度的梵文古籍（不晚于距今1000年）记载了一种四角棋，名为"恰图兰格"。棋盘是64方格，32个棋子分别8个一组放置四角，每方8子，其中兵四，王、象、马、船各一。玩法是兵、马与今国际象棋一样，王直、斜行一格，象斜行两格，船直行无远近。

图八　唐宋年间"琴棋书画锦"中的八八棋盘

每着棋走前先掷骰子，五点走王、兵，四点走象，三点走马，二点走船。这种棋与国际象棋在局子和着法上均有区别，与中国早期的博塞象棋的走法有相似之处，比如都是掷骰子走棋子等。

相对于北周、唐初时，在中国和中南、西亚地区，同时流行两种内容相似的象棋：八八象棋和"沙特朗兹"象棋。沙特朗兹象棋的棋子为象形棋子，与国际象棋的步法相似。国外学者大都认为，"沙特朗兹"象棋乃是现代国际象棋的前身。而"沙特朗兹"象棋来源于古印度的"恰图兰格"象棋。

从南北朝乃至隋唐时期，中国与印度、西域、阿拉伯世界的频繁交往来看，合乎逻辑的推测是，中国传统的象棋与这些地区的象棋互相交流借鉴，对唐宋时期中国象棋的定型有一定的影响。八八象棋大致在中国古老的博塞象棋的基础上，受阿拉伯世界的"沙特朗兹"象棋的影响，以北周天和四年（569年）武帝宇文邕制《象经》为标志，得到上层社会的承认而加以推广，在唐代成为社会各阶层普遍喜爱的一种盘戏。

5.宋朝

宋代是象棋广泛流行，形制大变革的时代。北宋时期，先后有司马光的《七国象戏》，尹洙的《象戏格》《棋势》，晁补之的《广象戏图》等著术问世，结合现在能见到的北宋初期饰有"琴棋书画"四样图案，而以八格乘八格的明暗相间的棋盘来表示棋的苏州织锦，和大量的传世和出土铜质、瓷质木质棋子，可以证实，象棋于北宋末定型成近代模式，有32枚棋子，有河界的棋盘，将在九宫之中，等等。南宋时期，成为流行极为广泛的棋艺活动，李清照、刘克庄、洪遵、文天祥都嗜好下象棋。宫廷设的

"棋待诏"中，象棋手占一半以上。民间有称为"棋师"的专业者和专制象棋子和象棋盘的手工业者。南宋还出现了洪迈的《棋经论》、叶茂卿的《象棋神机集》、陈元靓的《事林广记》等多种象棋著述。

6.元明清时期

元明清时期，象棋继续在民间流行，技术水平不断得以提高，出现了多部总结性的理论专著，其中最为重要的有《梦入神机》《金鹏十八变》《桔中秘》《适情雅趣》《梅花谱》《竹香斋象棋谱》等。杨慎、唐寅、郎英、罗颀、袁枚等文人学者都爱好下棋，大批著名棋手的涌现，显示了象棋受到社会各阶层民众喜爱的状况。

清初人徐兰1688年到蒙古，发现了一种"蒙古象棋"（图九），他的

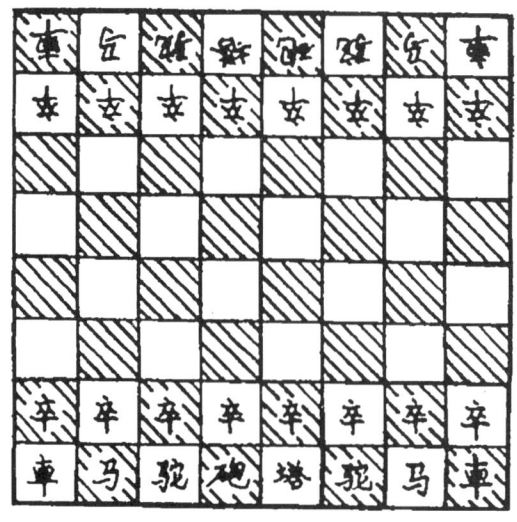

图九　古代蒙古棋盘

《塞上集唐六歌·蒙古棋》讲述蒙古流传的象棋，既与唐代的阴阳八八棋类似，又与国际象棋相近。蒙古象棋的炮、将是中国棋戏的主要特征，其源于中国毫无疑问。车、马、象的棋子在唐代象戏中也早已有之，且这些子的下法（如马行六卦即走"日"，驼横行九卦即走"田"）与中国棋戏的下法也大致相同。因此我们有理由相信，蒙古64卦象棋的源头是中国北周至唐代以来的八八阴阳棋。它随着蒙古大军12世纪的大规模西征，逐渐地传入东欧、中亚和西欧，15～16世纪时被欧洲人结合本地文化传统加以简单改造（仅去炮加皇后）以后，定型为现代的国际象棋。

7.中华人民共和国成立以后

1949年之后，象棋进入了一个崭新的发展阶段。1956年，象棋被为国家体育项目。以后，几乎每年都举行全国性的比赛。

三、炮的发明、楚河汉界的出现与象棋定型

关于中国象棋的定型，史家多以为是在北宋末宋徽宗（1101～1125在位）时期。朱南铣在《中国象棋史丛考》中谈道："宋徽宗夫妇所下的象棋，形制已经同于今日。"[26]李松福《象棋史话》云："我国古代象棋，经过北宋中叶的大革新后，到了北宋末叶始完全定型下来。"[27]谷世权、林伯原《中国体育史》云："北宋是我国象棋史上的大革新时代，这个象棋革新至北宋末才逐渐定型为今日中国的象棋。"[28]许多学者都

认为中国象棋定型于北宋末。张云川在《中国象棋的"定型"考》中认为，如果考虑行子规则的话，中国象棋很可能至元初才定型；如果只考虑棋子和棋盘的话，则当定型于南宋中后期[29]。

在我国象棋的发展中，"炮"的发明，起到了完美定型的作用。据目前资料来看，我国早在春秋时期就发明了抛石机。在没有发明火炮之前，抛石机就是抛石头，火药发明后，开始用抛石机抛射火药弹，叫作火炮。据考证，"砲"在晋潘岳的《闲居赋》"砲石雷骇激矢玄飞"中初次出现。

据宋代路振的《九国志》记载，唐哀帝时，郑璠率军攻打豫章（今江西南昌），"发机飞火"，烧毁该城的龙沙门。这可能是有关用火药攻城的最早记载。两宋时期，火药武器发展很快。据《宋史·兵记》记载，公元970年兵部令史冯继升进火箭法，这种方法是在箭杆前端缚火药筒，点燃后利用火药燃烧向后喷出的气体的反作用力把箭簇射出，这是世界上最早的喷射火器。公元1000年，士兵出身的神卫队长唐福向宋朝廷献出了他制作的火箭、火球、火蒺藜等火器。1002年，冀州团练使石普也制成了火箭、火球等火器，并做了表演。

中国历史博物馆征集保藏了4副宋代铜质象棋[30]，其形制完全相同。棋子圆形，每副有三十二枚，兵种有"将""士""象""马""炮""卒"等七种，计有将二枚、士四枚、象四枚、车四枚、马四枚、砲四枚、卒十枚。将二枚最大，直径3.1厘米，其余各子直径为2.5~2.8厘米不等。棋子正面铸有阳文，字体楷书，背面铸有阴底阳图。砲是一架抛石机，比北宋曾公亮《武经总要》的"单梢砲"图更为形象，机旁还站立一位砲手。

1982年，江西安义县长埠村出土一副宋代铜质象棋[31]。它与中国历史博物馆馆藏铜质象棋大同小异，明显不同的是，历史博物馆馆藏砲的图像是一架抛石机，而安义出土的砲的图像是一圆形爆炸火器，可能是霹雳火球或震天雷等，用生铁或烧陶做壳，内装火药，利用火药的爆炸力以杀伤敌人，这种火器是宋金战场上使用的新式武器。

"炮"在象棋中的出现，将本来已千变万化的棋局推进到一个新阶段。我国四大发明之一的"火药"，适时地应用到棋局的博弈中去，从此，在刀光剑影、人声厮杀、马仰车翻的棋盘上，就有了隔空射击、冲天火光和隆隆炮声了。从火炮的发明到应用，从一个侧面也可以看出象棋的定型也应在两宋时期。

至于楚河汉界出现在棋盘上，则是比较晚的事情。有河界的象棋盘见于北宋末。北宋末女词家李清照的《打马图序》中，刊有打马戏和象棋两用的局戏图，它所表示的象棋盘图形与现在的非常相似。程颢作《象戏》一诗云："中军八面将军重，河外尖斜步卒轻。"中军八面即将军居九宫的"五位"，故有八面之说，说明局中已有九宫。步卒过河可尖斜吃子，说明已有河界。

　　北宋是我国象棋史上的大革新时代，象棋子及其走法完全定型。范仲淹和刘克庄的诗对此作了形象的描述。范仲淹《赠棋者》云："何处逢神仙，传此棋上旨。静持生杀权，密照安危理。接胜如云舒，御敌如山止。突围秦师震，诸侯皆披靡。入险汉斜危，奇兵翻背水。势应不可隳，关河常表里。南轩春日长，国手相得喜。泰山不碍目，疾雷不经耳。一子贵千金，一路重千里。精思入于神。变化胡能拟。成败系之人，吾当著棋史。"刘克庄《象弈》云："小艺无难精，上智有未解。君看橘中戏，妙不出局外。屹然两国立，限以大河界。连营凛中权，四壁设坚械。三十二子者，一一具变态。先登如挑敌，分布如备塞。"这是古代文字中对基本定型后的象棋最早的、最全面的介绍。从此象棋的变化就很小了。

　　关于两格宽的河界，有一旁证。山西省洪洞县广神寺水神庙，建于宋元时期。其中有壁画《弈棋图》，画中的棋盘十分清晰，河界赫然是宽约两格的大河界（图一〇）[32]。

　　江苏金湖县吕良小镇，老街道东西南北四条街呈"井"字形格局，犹如中国象棋的棋盘，这就是所谓的棋盘街。吕良棋盘街的北街和西街较长，分别是250米和300米；南街和东街较短，分别为200米和250米。东街和西街之间，有一条南北向的深沟作为界河。古镇有32口水井，呈棋子式分布在"棋盘"上。在"井"字形街道的4个角上，正好有4眼井，人们称它为"炮井"，这就更增添了棋盘街神秘的色彩。考古人员对镇上残存的古建筑考证，发现有些是宋元间的。这也是在宋元时期棋盘就存在河界的又一例证[33]。

　　荥阳博物馆藏有宋、明清至近现代的各类质地的象棋几十副，宋代的铜质象棋与上述的宋代象棋基本相同。最为珍贵的是明代的砖雕残棋。棋盘中河界中刻"两国交兵，黄河为界"八个字[34]，这应该是楚河汉界出现在棋盘上比较早的实物资料（图一一）。

　　至于"楚河汉界"四个字何时出现在中国象棋的棋盘上，目前缺乏确切的资料证明。但大家都认为和楚汉战争有关，这一点没有异议。楚河汉界是中原地区今河南

图一〇　山西省洪洞县广神寺水神庙壁画《弈棋图》

图一一　荥阳博物馆藏明代砖雕残棋

荥阳黄河南岸广武山上的鸿沟，沟口宽约800米，深达200米，是古代的一处军事要地，它北临黄河，西依邙山，东连平原，南接嵩山，是历代兵家必争之地。《资治通鉴》卷九记载："汉王至荥阳，诸败军皆会，萧何亦发关中老弱未傅者悉诣荥阳，汉军复大振。楚起于彭城，常乘胜逐北，与汉战荥阳南京、索间。"《资治通鉴》卷十记载："（前203年汉王刘邦四年）项王进兵围成皋。汉王逃，独与滕公出成皋北门，渡河走修武，从张耳、韩信军。诸将稍稍得出成皋，从汉王。""汉王则引兵渡河，复取成皋，军广武，就敖仓食。项王已定东海来，西与汉俱临广武而军，相守数月。"从以上史书记载可以看出，刘邦、项羽在鸿沟对峙，项羽因为粮缺兵乏，被迫提出"中分天下，割鸿沟以西为汉，以东为楚"的要求，于是鸿沟成了"楚河汉界"。

四、考古发现的象棋

象棋在宋代定型后，流行更为广泛了。大量考古资料也说明了这一点。1997年7月，洛阳市文物工作队对一处宋墓进行发掘，发现了一座随葬有一套完整象棋子（图一二）的墓葬（M5692）[35]。从墓中出土的铜钱看，时代最早的为唐开元通宝和北宋初年的淳化元宝，最晚的为北宋徽宗崇宁年间铸行的崇宁重宝。据此我们将该墓的年代定在北宋末年，即公元12世纪初。瓷质象棋子在河南省鹤壁集瓷窑遗址发现过3枚，是"象、马、卒"[36]。安徽省凤台连城遗址只发现"将"1枚[37]，皆非一套完整的棋子，我们从中很难窥见古代中国象棋的真实面貌。而洛阳西工区出土的这副北宋末年象棋，与中国现行的象棋棋子数量相同，都是32枚，种类亦相同。

1973年，在福建泉州湾的后诸港发现一艘宋代沉船，出土文物中有木质圆形象棋20枚，包括阴刻楷书填红"马"1枚，墨书"将、仕、车、象、炮、兵"等10枚，字迹不清者9枚。这些棋子分散在第2、第10和第13舱中，说明当时船员和乘客们普遍

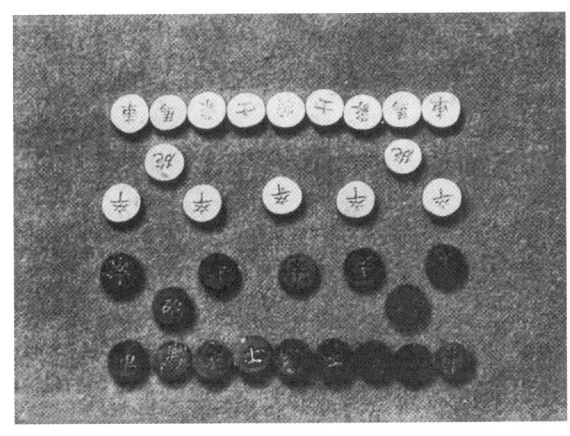

图一二　洛阳出土北宋瓷质象棋子

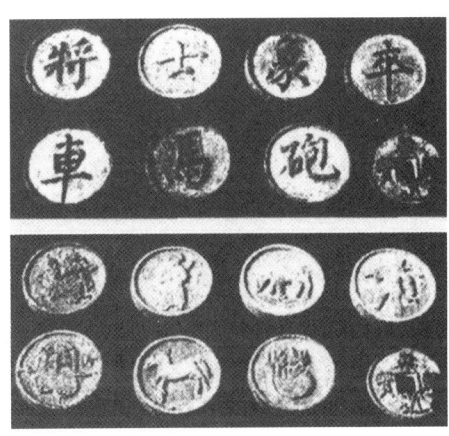

图一三　江西安义县北宋铜质象棋子

爱好象棋，象棋在普通人中较为广泛地开展[38]。1981年，江西安义县长埠公社出土了一副完整的北宋铜质象棋子，共计32枚，黑白各半。棋子正面为阳文楷体汉字，背面为相应的图案，包括"将"2枚、"士"4枚、"象"4枚、"马"4枚、"车"4枚、"炮"4枚、"卒"10枚（图一三）[39]。

宋代以后发现的各类象棋，棋子与之前的应经没有变化，只是棋子的质料不同。

注释

[1]（元）念常：《佛祖历代通载》卷二二。

[2]（宋）晁补之：《广象戏格·序》，《文献通考》卷二二九。

[3]（明）谢在杭：《五杂俎》卷六。

[4]（明）陈明锡：《潜确居类书》。

[5]（宋）李昉：《太平御览》。

[6]山东省文物考古研究所、山东省博物馆、济宁地区文物组、曲阜县文管会：《曲阜鲁国故城》，齐鲁书社，1982年，第181页。

[7]仪征市博物馆：《仪征出土文物集粹》，文物出版社，2008年，第53页。

[8]蒋志龙：《云南个旧黑玛井发现的东汉铜博具》，《华夏考古》2008年第2期。

[9]徐州博物馆：《江苏徐州市九里山二号汉墓》，《考古》2004年第9期。

[10]云梦睡虎地秦墓编写组：《云梦睡虎地秦墓》，文物出版社，1981年，图版42。

[11]山东省文物考古研究所、山东省博物馆、济宁地区文物组、曲阜县文管会：《曲阜鲁国故城》，齐鲁书社，1982年，第181页。

[12]中国社会科学院考古研究所：《汉长安城未央宫——1980～1989年考古发掘报告》，中国大百科全书出版社，1996年，第168页。

[13]中国社会科学院考古研究所汉城工作队：《汉长安城北宫的勘探及其南面砖瓦窑的发掘》，《考古》1996年第10期。

[14]谢高文、岳起：《塔尔坡秦人博局图》，《文博》1997年第4期。

[15]湖南省博物馆、湖南省文物考古研究所：《长沙马王堆二、三号汉墓第一卷田野考古发掘报告》，文物出版社，2004年，第165页。

[16]徐州博物馆：《江苏徐州市九里山二号汉墓》，《考古》2004年第9期。

[17]湖北省荆州博物馆：《荆州天星观二号楚墓》，文物出版社，2003年，第168页。

[18]安徽省文物考古研究所、巢湖市文物管理所：《巢湖汉墓》，文物出版社，2007年，第58页。

[19]浙江省文物考古研究所、安吉县博物馆：《浙江安吉五福楚墓》，《文物》2007年第

7期。

　　［20］仪征市博物馆：《仪征出土文物集粹》，文物出版社，2008年，第53页。

　　［21］蒋志龙：《云南个旧黑玛井发现的东汉铜博具》，《华夏考古》2008年第2期。

　　［22］河北省文物管理处：《河北省平山县战国时期中山国墓葬发掘简报》，《文物》1979年第1期。

　　［23］宋会群：《〈周易〉思维与象棋起源及其设计思想》，《周易研究》1996年第4期。

　　［24］安徽文物工作队等：《阜阳双古堆西汉汝阴侯墓发掘简报》，《文物》1978年第8期。

　　［25］王端编：《古锦图案集》，四联出版社，1955年，第43页。

　　［26］朱南铣：《中国象棋史丛考》，中华书局，1987年，第9页。

　　［27］李松福：《象棋史话》，人民体育出版社，1981年，第67页。

　　［28］谷世权、林伯原：《中国体育史》（上册），北京体育学院出版社，1989年，第300页。

　　［29］张云川：《中国象棋"定型"考》，《体育文化导刊》1996年第6期。

　　［30］杨桂荣：《中国历史博物馆馆刊》1989年第4期。

　　［31］胡奕实：《罕见的铜质古象棋》，《北方棋艺》1983年第4期。

　　［32］刘桑国：《中国古代体育史话》，文物出版社，1987年。

　　［33］姜瑞荣、李顺华：《吕良棋盘街的由来》，《江苏地方志》2014年第2期。

　　［34］荥阳市博物馆藏棋盘。

　　［35］洛阳市文物工作队：《洛阳市西工区6592号北宋墓》，《中原文物》，2002年第3期。

　　［36］河南省文化局文物工作队：《河南省鹤壁集瓷窑场发掘简报》，《文物》1964年第8期。

　　［37］南京博物院：《安徽凤台"连城"遗址内发现一批唐—元时代的文物》，《文物》1965年第10期。

　　［38］张如安：《南宋象棋子出土记》，《象棋报》1993年1月18日。

　　［39］胡奕实：《罕见的铜质古象棋》，《北方棋艺》1983年第4期。

（原刊于《黄河·黄土·黄种人》2016年第18期）

彩陶历法闰月制度的象数研究

索全星

我国传统历法是遵循朔望月制拟合地球与太阳公转的黄道年周期，以年、月、日、时辰为时间元素，参考其他天文星象与气候、物候的自然现象制定的纪年历法。历法方便日常生活，适于农业生产，一般称为农历、黄历、华历等。1912年中国引进颁行纯黄道年周期的格里高利历，称为阳历；农历配合阳历使用，称为阴历，在我国农业型经济社会中仍发挥着极为重要的作用。农历属于阴阳合历，因为与黄道年周期365.24日相差近11日，古代历法学家就使用"闰月法"拟合黄道年周期。传统历法建立在科学观察太阳、月亮等天体运行规律的基础上，以月相定日序，以中气定月序，因而形成平年和闰年的历法现象，采用三年一闰、大致十九年七闰，形成一个大的回归年历法周期。

农历特有的闰月、二十四节气等历法原则，一般认为是秦汉以来形成的比较规范的历法制度。但彩陶历法在5500年前不仅有节气的划分，还有成熟的闰月制度，丰富的彩陶历法实物展现了远古社会文化的别样风采，进一步拓展了中华文明起源研究的新视野。从彩陶历法看，在仰韶时期的公元前4000年前就有了天文历法雏形，大约在公元前3500年天文历法日臻成熟。彩陶历法"法于阴阳，和于术数"，不仅是中华思想和社会实践的文明概括，也是中华文明产生和形成的重要标志，是"中华""中国"名称的核心内涵。本文以彩陶实物为例，结合象数思维，阐述彩陶历法的闰月制度问题。

一、彩陶的岁差

古代天文历法实践者通过对天象观察和立杆测影研究，获得了比较精确的天文数据，很早就发现阳历年、阴历年存在的"岁差"，并用彩陶图纹做了记载。当然，这是祈告天神或尊信天道的彩陶文本，但我们因此知悉了远古天文历法者的精益求精的科学探索精神。

彩陶盆（姜寨遗址T276M159：2）[1]，泥质红陶，卷沿，敞口，腹略鼓，凹底，底部有一周凸棱，口径27.2、高12.8、底径11.2厘米（图一：1）。沿面饰黑彩，露白相对四个箭头，形成"四正"有四季之"二至二分"之意。内壁绘五鱼四组，其中两鱼一组，作游水状，形象生动。盆沿一周宽带黑彩为黄道（阳历年），四箭头以方位为"四正""四向"，以历法为"二至二分"。盆内壁之鱼对照"二至二分"，鱼象阴阳，左向旋动。鱼与月同属阴性事物，类比为阴历年。其中一组多鱼为双，鱼音谐"余"，相对阳历年这多出的"鱼"就是岁差。沿面"四正"虽与腹内四组游鱼分开绘画，但还是

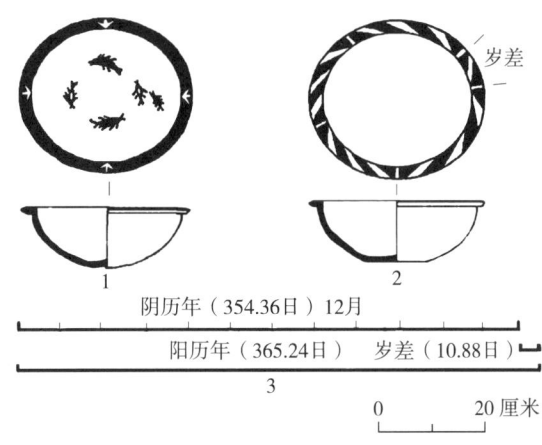

图一 表述"岁差"的彩陶盆

1.彩陶盆（T276M159：2） 2.彩陶盆（T52W50：1）
3.彩陶盆（T52W50：1）线段图

一幅阴阳合历的简图。以四组五鱼阐述"天道有余"。俗语"连年有鱼"乃远古老话，由来久矣，后世将"连年有余"谐音为吉祥语"莲年有鱼"，没有了"天道"的神秘，却增添了生活的乐趣。

彩陶盆（姜寨遗址 T52W50：1），泥质红陶，圆唇，敞口，深腹，凹底，口径32、沿宽2.4、高14.4、底径12.8厘米。沿面近平，饰黑彩，露白竖直线段分隔五组花纹。四组相同，每组为三个露白菱状方形或三角形；另一组为单独的露白菱状方形（图一：2）。盆沿一周宽带黑彩，寓意黄道（阳历年），相同的四组（每组三个露白图形属阴性，表述三个朔望月）为阴历年四季12月，一组露白图形的单独纹饰则为岁余。这样的图形显然是一幅阴阳合历的简图。我们将彩陶盆（姜寨遗址 T52W50：1）口沿纹饰进行图表分解，也是可以验证它是一幅阴阳合历的精简模式（图一：3）。

彩陶钵（淅川下王岗遗址 M563：10）[2]，泥质红陶，圆形，敛口，鼓腹下收，平底，外壁饰一周黑彩，口径22、高10.3厘米。腹部彩绘精美，运用了贴片印制图技法，黑彩红地。腹部中线细致入微，以直角三角作架构，应有"立杆测影"取"道"的内涵，箭头所向即有求索之意。如果以左右纵向的隔断与上下箭头分为四组单元图形，即地纹"米"字形，应是"四向八方"的宇宙观模型；如果以箭头纵向中线分为四组单元，又成为四季历法模式。其中一个隔断显得宽大，自成一组，看似颇不协调，实为历年与阴历年"天道有余"存在岁差的客观反映。以往都将宽大的隔断作为彩陶绘图失败所致，不予示人，现在看应是特意留出的彩陶历法岁差，实乃彩陶亮点，足见当时画师也是一位天文历法高手。彩陶钵"四向八方"图看似十分简单，其实是建立在"立杆测影"背景下的历法图式，揭示了天道的实质内涵，可见彩陶文化的无限魅力（图二）。

庙底沟遗址曲腹盆（02SHMT25H108：34），泥质姜黄陶，平沿方唇，上腹圆鼓，下腹斜收，平底，口径35、底径12.2、高25.8厘米。唇部绘一周黑彩，上腹绘四组开光合月纹黑彩一周，其中一组合月纹右侧月纹半漏底色。唇部一周旋纹黑彩为"道"的义项，腹部椭圆形开光为历年（四季）之象，合月纹本义为朔望月月时，这里有"季"时延伸义项，其中一组半漏底色的合月纹乃有不实、不足之意，指明了阴阳合历岁差之象（图三）。

图二　表述"岁差"的彩陶钵（下王岗 M563：10）　　　图三　表述"岁差"的彩陶盆（庙底沟02SHMT 25H108：34，引自《华夏之花：庙底沟彩陶选粹》）

二、平年、闰年与闰月

大汶口遗址的一件彩陶钵，泥质红陶，敛口圆唇，宽圆肩，腹壁斜直内收，小平底，口径18.6、腹径27.8、高11.2厘米。肩腹部白彩底色，形成黑彩圆形露底开光六组一周纹饰带，开光内绘红色合月纹和上下圆点，合月内又加绘两道黑色竖线（表示复指或重复）。三大月、三小月的图式和图内两道竖线的复指，构成了"六六之制"的远古数学模式，是十二月规制的历法范式。这种纹饰也称"圆灯笼样"图形，但从仰韶文化的时代背景看，这种大小相间的开光图式与合月纹十二月内涵应是表述大月、小月的历法简图（图四）。

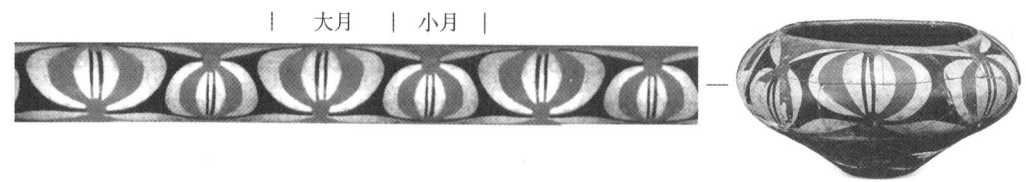

图四　大月、小月图式的彩陶钵（大汶口遗址出土，引自《大江上下：黄河流域史前陶器展》）

我们知道，朔望月周期为29.53日，但因历法的特殊性和实用性需要，只能取整数而不能有余，按照人们的生活习惯，采用大月30日、小月29日相间的月序排列。由此可知，彩陶历法是采用大月30日、小月29日、每年12月的历制。因为地球与太阳公转的黄道周期约365.24日为历年，这与12个朔望月存有"岁差"，为确保四季气候的应时如节，常年不乱，远古历法专家就在"岁差"积满一个朔望月的年份增加一个月，称之为"闰月"。每次闰月的余数作为"闰余"，进入下一年历法。彩陶历法的历年365.24日是个非常重要的常数，代表天道的根本，是闰月制度必须参考的基数。12个朔望月拟合历年，是天道大纲，闰月也要保持月相（朔望月）完整，以体现天道自然。一般把设置闰月的年份称为"闰年"，没有闰月的正常年份称为"平年"。彩陶历法除大月小月规制之外，还用闰月法把阴历、阳历协调统一，汲取阴阳合历的优点，为人类社会所用，充分显示了中华先人的聪明智慧和创新才能。

　　彩陶盆（庙底沟遗址02SHMT35H106：11），泥质黄陶，侈口窄折沿，曲腹，小平底。口径28、底径10.6、高16.6厘米。口沿唇部绘一周黑彩窄带纹，腹部绘一周两组黑彩图纹带，表述没有闰月的年份叫平年，有闰月的年份叫闰年。第一组图案的椭圆形露白开光内的两点为春分、秋分，标示平等，会意为平年的义项。右侧鱼形露白开光内有一圆点，是岁差（闰余）之意。第二组左下角标示一个小型单月图形，表示闰月，与第一组的岁差（闰余）相呼应。椭圆形露白开光内除了春分、秋分两点，有多出了一个单月图形，显然是闰年之意。这是彩陶历法自称"平年""闰年"的彩陶记载（图五）。

图五　平年、闰年图式彩陶盆（庙底沟02SHMT35H106：11，引自《华夏之花：庙底沟彩陶选粹》）

　　彩陶盆（山西省吕梁市方山县采集），泥质红陶，口沿平折，圆唇，上腹弧鼓，下腹斜收，平底，口径38、高24厘米。口沿及唇部施黑彩。上腹绘黑彩两组纹饰一周，一组为眉月、背月与合月的纹饰，表述平年的义项，一组为平年加闰月，表述闰年的义项，并在闰月月相的圆点上画一段水平直线，做出"衡"的特别标示。这件彩陶盆腹部图案应是彩陶历法平年、闰年的简介（图六）。

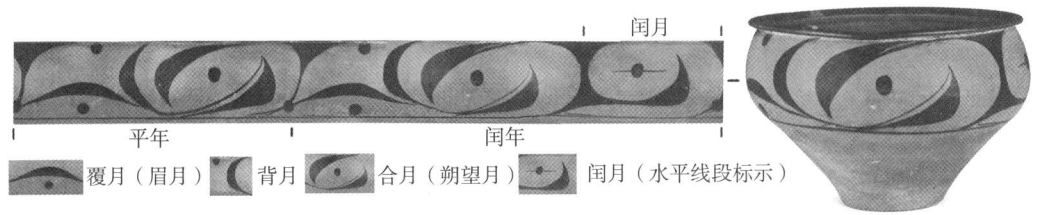

图六　平年、闰年图式彩陶盆（山西吕梁方山采集，引自《彩陶中华：中国五千年前的融合与统一》）

　　那么，在什么情况会产生闰月？对此彩陶也是有比较客观的表述，就是当历法岁余或闰余足够一个月，将无中气月设置为闰月。闰月是根据历法守恒原则，把相应的月份增加一个月的特别的历制方法，实际上是一种双月制。彩陶闰月一般以某种符号特别标出，并且清楚详明地记载了闰月产生的条件和设置的情况。这些历法细节都有可靠的彩陶"文献"支持，殊为难得。

　　曲腹彩陶盆（02SHMT35H106：10），泥质红陶，大口折沿，圆唇，上腹圆鼓，下腹曲折斜收，小平底，口径27、底径9、高17.8厘米。绘黑彩，口沿唇部绘一周窄带纹，上腹部绘平年、闰年历法图式一周（图七）。这个图式分为前后两组。前一组图案包含有岁差、大月、小月、平年和中气月的图记内涵，尾部的叶形开光内有一条中线，应是平年每月都含有"中气"的图示，这是平年历法的特点。后一组图案包含有闰月、大月、小月、闰年和无中气月的图记内涵，应是闰年历法的彩陶特点。其中闰年是平年图形缺少了一个圆点（秋分点），表示闰年与平年相异，其尾部的叶形开光是空白的，是闰年出现无"中气"月份的图示；闰月图形上面则多加了一个圆点用以特别提示，而这个圆点是向闰年图形借来的。后一组图案是讲述产生闰年的历法条件，即历法岁差足够一个月、历年内出现无中气的月份、无中气月则设置为闰月。

图七　平年、闰年图式彩陶盆（02SHMT35H106：10）

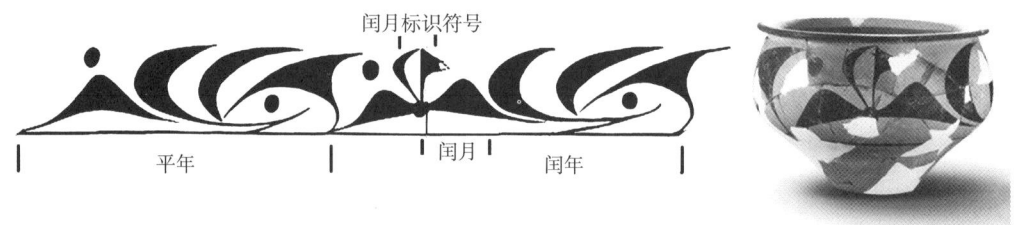

图八　平年、闰年图式彩陶盆（02SHMT21⑧：33）

　　曲腹盆（02SHMT21⑧：33），泥质黄陶，折沿方圆唇，上腹微鼓，下腹曲折斜收，小平底，口径27、底径9、高17.8厘米，整器略残。绘黑彩，口沿唇部绘一周窄带纹，上腹部绘平年、闰年历法图式一周（图八）。闰月为两个覆月，中间加一圆点表示关联，并以侧月和弧三角的闰月符号进行复指。这个历法图式的重要性在于，闰月是两个月，并以符号对闰月进行特别标注。参照图七，前一个月应为无中气的"某月"，后面的则为"闰某月",指明了闰月在彩陶历法的排序问题。

古人以易理思辨世界万物,认为事物具有变化、联系、互动和周期的属性,历法亦然。通过长期的天象测验、历算和历法研究,中华古人使用"闰月"之制解决了"岁差"问题,阴阳合历得以传承至今,为世界天文历法的发展做出了卓越贡献。彩陶历法是阴历年拟合黄道年周期,运用闰月制度,从而构建了以太阳、月亮、日(白天、黑夜)、时辰为主体,参考气候、物候现象,形成天、地、人为时空的历法系统,这在世界天文历法史上可谓空前壮举。

三、三年一闰

《尚书·尧典》云:"期三百有六旬有六日,以闰月定四时成岁。"[3]这是最早记载"闰月"的历史文献。古代是按照太阳视运动的黄道周期确定的历年,"月"是根据朔望月周期划分的,积月为"岁"是阴历年。历年与岁二者之间有时差,需要用"闰月定四时成岁",所以《尧历》属于阴阳合历。古代历法的闰月制度源远流长,早在新石器时代仰韶时期就有彩陶图式的文献记载,特别是"三年一闰"的彩陶表述尤为详明。

三年一闰的彩陶标本,在陕西泉护村遗址、河南庙底沟遗址、双槐树遗址都有出土,为研究彩陶历法提供了可靠的实物依据。"泉护村人"还在彩陶瓮(泉护村遗址H107③a:82)的"闰月"图符上做了红圈黑点的特殊标记,这为我们破译彩陶历法秘密提供了灵感和启示,解决了长期困扰学术界的彩陶历法闰月制的难题,这一重大突破将中国农历的形成时间上溯到距今6000年前。

泉护村遗址彩陶瓮(H107③a:82)[4],泥质红陶,敛口,圆广肩,下腹内曲,底略凹,口径25、底径10.4、高16.1厘米。口部沿面及沿内饰一周黑彩。上腹部白色陶衣上饰黑彩和红彩,图案由三组单元图形构成。单元图以两条

红色斜线作为单元分隔,前后两个黑彩弧边三角构成大的四季历法图式。其中,相同两组的单元图为一个合月纹、一个弦月,表示大月、小月;另外一个单元则在上图基础上多绘出一个合月纹,并用毛笔在其左下方反捺了长点,还嫌主题不明,又用红笔画出一个C形圈加以提示,进一步点明它的"闰月"性质(图九)。这个独特的标点符号,凸显了彩陶历法的主题效果,增加了彩陶画面的趣味。

图九　彩陶瓮(泉护村遗址H107③a:82,引自《彩陶中华:中国五千年前的融合与统一》)

合月纹是朔望月的月相，弦月是朔望月左部分的减省，据图像而言，有多少、大小、主次的阴阳内涵。大月、小月的历法内涵可能是创作合月纹、弦月纹图形并联的思想初衷，但从整个图案看，是用这个并联图像表述阴历年月相，从本义延伸为阴历年。阴历年12个朔望月（29.53日）即为354.36日，取整为354日。我国传统历法采用历年为365.24日，这是闰月制度必须参考的基数，除了历年常数之外，还有一个闰余（闰月整取之后的余数），在彩陶图形中难得一见，也算是个隐数。阅读彩陶要有彩陶图形之外的功夫，这些常数、隐数应当了然于心，否则很难读懂彩陶文化这部"天书"。历年比阴历年多了10.88日的岁差，两年则有21.76日，三年就有32.64日，可折合一个朔望月成为闰月（30日），合闰年12个月计384日，闰余进入次年历法。多一个合月纹的单元图，符合中国农历闰月、闰年的历法现象。世界上只有中国农历采用闰月制，闰月是中国特色历法的标记，由此可见中国农历形成历史之久远。

依据泉护村彩陶瓮图形，可以归纳出的历法内容如下。

图像元素：朔望月29.53日，阴历年354.36日，闰月提示符，次序，循环；

隐形元素：历年365.24日，日12时（时辰），闰余（2.64）；

平年：大月30日、小月29日相间，十二月，354日；

闰年：大月30日、小月29日相间，三年一闰月（30日），十二月，384日；

闰制：阴历年拟合历年，三年一闰，闰余归入次年；

象数：三个阴历年（二个平年、一个闰年）加闰余等于三个历年，

即（354.36×2）+（354.36+30）+2.64＝365.24×3

下面我们介绍一件庙底沟遗址出土的彩陶盆，也是"三年一闰"的图形内涵。

庙底沟遗址彩陶曲腹盆（02SHMT38H408：44）[5]，泥质红陶，下腹斜收，小平底，口径32.5、底径11.5、高20.6厘米。唇部外侧绘黑彩窄带纹，上腹部绘黑彩三组月相图形一周，单元图以对顶三角形交午以示连续和分隔。其中，两组单元图相同，均为合月纹；另外一组为合月纹和并立的弦月（图一〇）。

这件庙底沟彩陶盆图案与泉护村遗址彩陶瓮比较，显然简单了一些，却表述了

图一〇　彩陶曲腹盆（庙底沟02SHMT38H408：44）展示图

三年闰月制度的历法主题。两组单元图形的合月纹为平年月相，指代彩陶历法的两个平年；合月纹与并立的弦月组成闰年的月相，并立弦月的图形（不是合月纹，应是特别强调的标示）显然表示多出一个月。合月纹本义是一个朔望月月时，由此延伸出平年的12个朔望月（即阴历年）的义项。可见图形的本义和延伸义项是彩陶表述常用的手法。每个朔望月时长29.53日，那么合月纹代表一个平年则是：$29.53 \times 12 = 354.36$日。曲腹盆整个图案的象数形式是：合月纹（平年）十合月纹（平年）十合月纹（平年）又朔望月（闰月）+闰余＝三个历年，即（29.53×12）+（29.53×12）+（$29.53 \times 12+30$）+2.64，这个时长正好与三个历年（$365.24 \times 3 = 1095.72$日）相合。"三年一闰"法则在现行农历中仍然沿用，可见这种闰月制度不仅科学还很实用，是经过历史岁月检验的历法精华。

泉护村遗址彩陶瓮（H118⑥：9）[6]，泥质黄褐陶，敛口圆唇，沿内有一周凹槽，颈部略外弧，鼓腹，口径21、高20.6厘米。沿面饰一周黑彩，肩腹部绘一周黑彩纹饰带，三组图形以交午形纹分隔，下部绘粗线段一周为界（图一一：1、2）。纹饰带三块露地椭圆形开光，其内绘黑彩椭圆形与内置对立弧边三角形的四季图式，椭圆与弧边三角相交的上下两处各施加一圆点，以标识节点"二分"（即春分、秋分，另外三角顶点所示为"二至"即冬至、夏至），其中一个单元图的四季图式内又横置一组以线贯心的小型四季图式（图一一：3、4）。"分、至者，中也"，古人制历"时（季）中必在正数之月"[7]。这幅彩陶在强调了"二分"的同时，闰月的小型四季图式特意加了一条横线，且与"二至"方向一致，表明彩陶历法在朔望月制的前提下，还要以冬至、夏

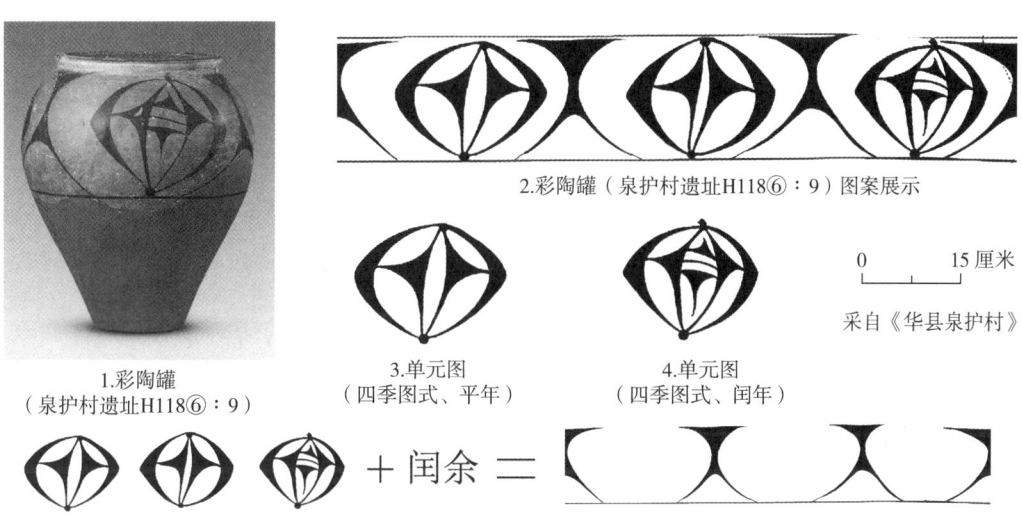

2.彩陶罐（泉护村遗址H118⑥：9）图案展示

0 ⊢————————⊣ 15厘米

采自《华县泉护村》

1.彩陶罐
（泉护村遗址H118⑥：9）

3.单元图
（四季图式、平年）

4.单元图
（四季图式、闰年）

5.彩陶罐闰月图案的象数解析

图一一　彩陶瓮（泉护村遗址H118⑥：9）闰月图式解析

至为基准保持历年的四季范式。小型四季图式内的一横细线，具有"中"的意涵，可以视为"中"。结合下王岗遗址彩陶钵（参见图二），这个图案虽侧重对季节的校验，但和上面介绍的"闰月"图式不仅历理相通，而且象数内涵一致，应是一幅"三年一闰"的彩陶象数形式（图一一：5）。

巩义双槐树遗址2016年出土一件彩陶罐（T4608H330：1）[8]，泥质红陶，口径23、底径10、高20.5厘米。鼓肩部位绘白地黑彩纹饰一周，由三组六角星纹、一组合月纹组成，分别以两组交午点纹、叶片中字纹为间隔（图一二：1）。下面我们对这组图案作一个分解，就会领略其中内涵。六角星纹则是一个小单元图形（图一二：3），居中的圆圈、圆点为太阳，六角形则是其光芒，这光芒与黑色背景齿合，寓意阴阳抱合一体，其外包以阴形的对月，是一个复杂的日月天相组合。因为太阳、地球运转，就有了冷热、气候的变化，应是历法理念"五日谓之候，三候谓之气，六气谓之时（季），四时谓之岁"[9]的反映。六角星纹就有了表示阴历年的内涵。合月纹就象数而言，表示朔望月（平均29.53日），具体到此图是代表闰月（图一二：4）。交午点纹是气候时序连续、交替之意（图一二：5）。叶片"中字纹"应是四季图式的变体，在图中的位置是以四季交替的形式连接六角星纹，是辅助性的，与六角星纹相呼应。但叶片"中字纹"是个内核，这应是测量太阳影长仪器"中"的标识（图一二：2）。

审视整幅图案，三个六角星和合月纹是主题，这与前面介绍的闰月图案的义理相同，也应该是一幅"三年一闰"的历法图记（图一三），其中的历法元素更加丰富多彩。通过分解，双槐树彩陶罐图案概括了月时、气候、四季、闰月等历法制度，应是一幅纯正中国特色的阴阳合历，即农历。应该说，这是中国历法比较完美的实物见证。

图一二　彩陶罐（双槐树遗址T4608H330：1）图示与分解

    ＋ 闰余 ＝ 3 × 黄道年

| 平年 | 平年 | 闰年（平年+闰月） | |
| 354.36日 | 354.36日 | 354.36日 | 30日+3.11日=3×365.24日 |

图一三　彩陶罐（双槐树遗址T4608H330：1）象数解析

四、十九年七闰

古代天文历法家发现，十九年加七个闰月就能很好把黄道年和阴历年协调一致，形成一个"（冬）至朔（朔望月）同日"的闰年周期，称为"闰周"。现在农历就是采用"十九年七闰"的古法，在彩陶实物中也有这样的图记内容发现。

杨官寨遗址的彩陶壶（M64：1）[10]，泥质橙黄陶，敞口方唇，高颈扁鼓腹，底微凹，口径9、底径11、高13厘米。腹部绘黑彩纹带一周，五组漏地开光内分别绘立式对反三角的四季图纹，两侧三角与开光交合处加圆点指示二至（冬至、夏至），每组以交午纹为分隔（图一四：1）。其中四组开光内的16枚漏地叶纹均以细线贯中，另一组开光内的有3枚漏地叶纹细线贯中、一枚漏地白叶，而四季图纹的对反三角间补以"｜"纹。线纹移位变作"｜"纹，使整幅图案盎然生趣。

杨官寨彩陶壶（M64：1）图式以往出土较多，一般叫作"花瓣纹"，现在看这是

1.彩陶壶（杨官寨遗址M64：1）

夏至　冬至　中线贯叶纹　漏地叶纹　椭圆形开光

2.四季单元图式

3中线贯叶纹、1空白叶纹、｜补中间　　4中线贯叶纹　　4中线贯叶纹　　4中线贯叶纹　　4中线贯叶纹

3.图案展示与单元图内涵解析

图一四　彩陶壶（杨官寨M64：1）纹饰与解析

错误的，应该加以纠正。参考本文泉护村遗址彩陶瓮（H118⑥：9）、双槐树遗址彩陶罐（T4608H330：1）的图形，它应是彩陶历法的四季图式。但杨官寨这个图形除了表述四季历法之外，还告诉人们一个历法道理，即"十九年七闰"的闰年周期。五组开光的四季图形，形成20个漏地叶纹循环模式，其中19个叶纹有"中"线贯通，一个空白叶纹，这个"中"线却画在留白的隔断内，表示下一个历法周期开始（图一四：3）。"｜"纹乃中华古人用以立杆测量日影的木杆，称为"中"，古尚天道，认为是通天圣物。历法以闰月制度十九年闰尽，以白叶、"｜"纹加以指示，说明"至朔同日"，天道复始。这应是"十九年七闰"法则的彩陶记载。象数形式为：十九个阴历年加七个闰月（朔望月），即354.36×19+29.53×7＝6939.55日，这和十九个黄道年（365.24×19＝6939.56日）仅有0.01日的微差。历数计时皆为取整，这个微差是可以忽略的。

从考古发现的彩陶可以确认，早在5500年前，中华天文历法学者已创立精密而成熟的闰月制度，并进行三年一闰、十九年七闰的历法实践。前后《汉书·律历志》称，十九年七闰的周期为"章"，十九年闰法为章法，这是我国自古以来传统的历法制度。据有关资料记载，这个法则给了公元前5世纪左右的雅典人梅屯，而我国完备具体、传承有序的十九年七闰的彩陶记载，要比梅屯早了至少3000年。究其原因，可能还是我国学者低估了对彩陶文化的认识，不知道彩陶历法，多侧重研究美术艺术史而走了歧途。

五、相关问题讨论

（一）关于象数的数据说明。本文历数用整数，历法数（历算）采用小数点后两位，主要有以下考虑。第一，许多彩陶图示都有"中"纹的不同表述，"中"是古代测日影、定方位、候风向的多功能天文仪器，应用立杆测影获得高精度天文数据并不是太难。第二，除了大量的测验工作，还有月相、二至二分和四立、黄道及黄赤夹角的彩陶记载，这都是长期天文学研究的知识积淀，是制定天文历法的基础。种种迹象表明，彩陶历法已颇成熟。第三，秦汉时期记载的许多天文历法元素，在彩陶历法体系中都得到印证，因此我们对中华先人的天文历法成就还有很大的认识空间，过高或过低评价都不妥当。《道德经》云："执古之道，以御今之有，能知古始，是谓道纪。"[11]这些数据在实际运用中，十分合乎彩陶历法的历理规范，长时段"十九年七闰"只有0.01日的闰余，精度之高让人惊叹，说明这个数据对彩陶历法是适合的，也印证了彩陶历法的始源性质。

（二）彩陶历法是中华历法的祖源。彩陶历法是现存最早的历法实物，奠定了中华历法制度的基础。彩陶历法的阴阳法则、闰月制、12月制、大小月制、节气制、等分制等在中国农历上得到充分的传承和发展。《汉书·律历志》记载，西汉颁行《太初历》前，有黄帝历、颛顼历、夏历、殷历、周历、鲁历等六个版本的阴阳合历约略可考，但因年久舛误皆不可用。据考订，《黄帝历》以黄帝登基为元年（公元前2698年），如果情况不错，那么彩陶历法是《黄帝历》之前未见文献记载的更古老历法。

（三）彩陶历法与农历的闰月、月历排列问题。我国现行的紫金本农历，平年12个月，闰年是历年（以冬至为周期）出现13个月，无中气月设置为闰月，通常十九年七闰。闰年虽实有13个月，因为闰月仍行12月之制。月历虽有大月、小月之分，为了拟合朔望月和节气，一般排序以正月、3月、5月、7月、8月、10月、腊月为大月（30日），其余为小月（29日）。彩陶历法的月历可能为大小月相间，闰月的位置也是明确的。农历一般将闰年的"无中气"月份设置为闰月，应是一种双月的特殊历制。庙底沟遗址的曲腹盆（02SHMT35H106：10）有"白叶闰年"的记载，杨官寨彩陶壶（M64：1）也有白叶闰尽的图示，"白叶无中线"应是特别提示无中气闰年闰月的现象，这与现行农历是一样的。

（四）彩陶历法的阴阳合历属性，具有广泛的实用性，是高层次社会意识形态和大格局文明社会架构的产物，展现了中华文明博大深厚的共同体意识。中华先人崇尚天道（古易），远古时期就科学地认知了太阳、月亮等天体运行规律，制定并尊奉天文历法以规范生产生活，在今黄河中下游交界和嵩山区域形成了旷古未有的中华"大同"盛世[12]。彩陶能够传播大半个中国，应与记载的历法知识有关。

（五）彩陶历法体现古易思想内涵，是中华元典文化的瑰宝，彩陶研究任重道远。文以载道，道以致用。彩陶记事、述功、明理、阐道的图录形式，是中华思想文明的载体，成为催化中华文明起源发展的机制和动力，揭示了中华文明起源和发展的连续不断的思想密码。彩陶历法除历法意义之外还有重要的思想文化价值，深刻影响了仰韶时期的社会发展，成为点燃中华文明起源的星火。"中华""中国"是远古文明社会的典范，源于尊行天道，历法图治，志于社会大同。中原区域内，如郑州大河村、荥阳青台、三门峡庙底沟等代表性遗址，没有或极少随葬品的土坑墓葬形制，可能反映了"天道平等""大公无私"的德治理念，生成了中原社会薄葬简祀、崇德重礼的新型社会风尚。司马迁《史记》开篇"五帝本纪"，已是古易、历法、农业、城建、饲养、纺织等十分成熟的社会，也有了较大规模的战争，文化影响遍及黄河、长江流域，与彩陶文化相似，但尚有许多区别。文献记载的"大同"盛世可能是真实事件，这和彩陶文化及其社会背景的契合程度极高，但黄帝文化可能是彩陶文化的继承发展。

（六）彩陶图案遵循基本的图记规制，一些单元图形约定俗成，属于早期文字的"文"化阶段[13]。彩陶图案一般为：主题→象→理（道）→数，有的彩陶还在口沿或其他部位作彩陶序题，提示义理原则。从彩陶历法和闰月制度看，符合一般的象数表

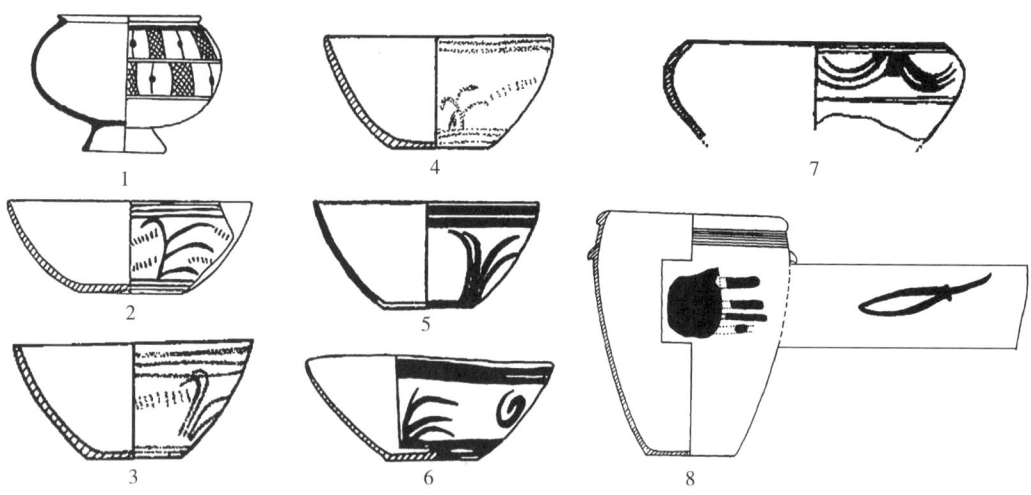

图一五　郑洛地区禾苗纹、"中"纹、"手耜"纹彩陶

1. "中"纹陶豆（伊川水寨遗址）　2～5、6. 禾苗纹陶碗（郑州大河村遗址第四期、后庄王遗址）　7. 禾苗纹陶钵
（郑州大河村遗址第四期）　8. "手耜"字纹陶缸（汝州洪山庙遗址 W104：1）

述，揭示了闰月制度的科学内涵。在彩陶文化背景下，郑州西山遗址的版筑夯土城墙[14]，荥阳青台遗址的纺织丝绸[15]，郑州大河村遗址（第四期）[16]以及后庄王遗址的禾苗纹陶碗[17]，汝州洪山庙遗址的"手耜"字纹陶缸[18]，伊川水寨遗址的"中"纹陶豆[19]，展示了原初"中国"的内核力量，由"文"而文化，由"文"而文字，由"文"而文明，中华文明步入了华夏模式的发展之路（图一五）。

六、结语

"三年一闰"和"十九年七闰"的闰月制度，说明彩陶历法是目前最早的集天文科学观察、历法学研究、精确历算等于一体的天文历法成果。从"三年一闰"到"十九年七闰"，反映了彩陶历法逐步科学、日臻成熟的过程。

彩陶历法是彩陶文化的重要组成部分，开一代中华历法之源，也是世界天文历法史的重要篇章。彩陶历法创立的一套历法规制，成为后世中华历法体系所遵循的基本范式，我国现行的紫金本农历的许多历法元素，就是对彩陶历法的继承和发展。

附记：本文是郑州中华之源与嵩山文明研究会2019年"彩陶古易文化研究"（Y2019–11）课题的子项目。

▌注释

［1］西安半坡村博物馆：《姜寨——新石器时代遗址发掘报告》，文物出版社，1988年，第

113页。

［2］河南省文物研究所等：《淅川下王冈》，文物出版社，1989年，第149页。

［3］慕平译注：《尚书·尧典》，中华书局，2009年。

［4］陕西省考古研究院等：《华县泉护村》，文物出版社，2004年。

［5］河南省文物考古研究院：《华夏之花：庙底沟彩陶选粹》，上海古籍出版社，2013年。

［6］陕西省考古研究院等：《华县泉护村》，文物出版社，2004年。

［7］《汉书·律历志上》，上海古籍出版社、上海书店影印本，1988年，第98页。

［8］双槐树彩陶罐一图引自《黄河·黄土·黄种人》2019年第16期。

［9］（唐）启玄子（王冰）：《黄帝内经·素问·六节藏象论》，引自《二十二子》，上海古籍出版社，1986年，第886页。

［10］王炜林：《彩陶中华：中国五千年前的融合与统一》，陕西师范大学出版总社，2020年，第184页。

［11］《道德经》第十四章，引自《二十二子》，上海古籍出版社，1986年，第2页。

［12］陈戌国点校：《周礼·仪礼·礼记》，岳麓书社，1989年，第368页。

［13］许慎在《说文解字》序中，将中国文字的发展分为"文"和"字"两个大的阶段。

［14］国家文物局考古领队培训班：《郑州西山仰韶时代城址的发掘》，《文物》1999年第7期。

［15］张松林：《荥阳青台遗址出土纺织物的报告》，《中原文物》1999年第3期；张松林、高汉玉：《荥阳青台遗址出土丝麻织品观察与研究》，《中原文物》1999年第3期。

［16］郑州市文物考古研究所：《郑州大河村》，科学出版社，2001年，第341页。禾苗纹许多都画了籽实，表达丰收的愿景。禾苗纹的不同图形，似有对农作物粟、黍、稻的专门表述，初具文字形态。

［17］河南省文物研究所：《郑州后庄王遗址的发掘》，《华夏考古》1988年第1期。

［18］a.河南省文物考古研究所：《汝州洪山庙》，中州古籍出版社，1995年，第28页；b.索全星、刘文科：《华夏文明起源的考古学观察》，科学出版社，2020年，第82页。

［19］洛阳市第二文物工作队、伊川县文化馆：《伊川土门、水寨新石器时代遗址调查简报》，《中原文物》1987年第3期。2021年10月2日笔者参观洛阳博物馆，发现白元遗址出土的一件彩陶罐与水寨遗址彩陶豆的图案极似。另外，高润民著《中国史前陶器》第204页第603号图的彩陶豆，也与水寨彩陶豆的图案类似，标注为偃师市灰嘴遗址出土。这类图形为"中国长年安泰"之意，应是原初"中国"的彩陶表述，比何尊铭的"中国"记载还要早，也是对中岳嵩山崇拜的佐证。

（原刊于《河南博物院院刊》2021年第五辑，大象出版社，2021年）

寻找中华文明的"华源"圣地

——河南郑州新郑华阳城遗址

索全星　刘文科

华阳城遗址是中华文明的"华源"圣地，嵩山地区的大河村文化晚期文化具有文明社会的性质，它是中华文明的起源。

考诸文献，"中国"二字最早出现在西周铜器《何尊》的铭文上，铭文记述了周成王将要迁都"成周"而"宅兹中国"的故事，可见"中国"源于中原地区。中国又称为"华夏"，"夏"源于我国古史中第一个王朝，而"华"呢？这一名称源自何地？又始于何时？"中国"与"夏"皆源于中原地区，这为探索"华源"指明了方向。"华"应当也在中原地区，处在夏文化的核心区内。郑州新郑的华阳城遗址是我们探索"华源"的一把金钥匙，这片古老而厚重的黄土地是孕育中华文明的圣地。

一、走进华阳城

华阳故城位于郑州市新郑以北20公里的郭店镇华阳寨村，是一处战国时期古城址，2013年被国务院批准为第七批全国重点文物保护单位。2010年7～11月，由于郑新快速通道从华阳故城西墙外通过，为了配合该项目，并且进一步了解古城的布局、结构及其文化内涵，郑州市文物考古研究院开展了对华阳城的考古调查及西城墙外侧护城河发掘的工作。

根据《新郑市文物志》记载，华阳城地表现存战国城址，《国语·郑语》等文献指出，这里是西周"华国"都城之所在。简洁的文献记载、神秘的西周"华国"、屹立的战国古城，这些线索联系在一起，似乎在向世人诉说着什么。沉默千年的古城墙和其中的每一块陶片，似乎倾诉着一段段精彩故事，它挑动着我们的好奇心，促使我们大胆推理、小心求证，在尘土和文献里剥茧抽丝，唯恐失去那把唯一的能打开文明之源的钥匙。

华阳故城西南有华阳寨村，这是一座回族自治村，考古队便居住于此。在华阳寨村考古的日子里，广大村民给予我们很多支持和帮助，相处融洽，并且建立了深厚的民族情谊。在这里我们先后组织了三次公众考古活动，参与者多达40人，有范新安、海永信、海文亮、苏国义、杨军伟等，他们都是华阳寨村和周边村庄的文化人和文物保护积极分子。通过座谈会，我们宣传普及了相关的文物保护知识和文物法规，获得了关于华阳城许多的文物信息和线索，也为我们调查发掘提供了珍贵的参考资料。

根据文献可知，早在隋代，伊斯兰教就已传到此地，华阳城南城门外有一座清真寺，是回族村民礼拜的地方。清真寺大门上镶嵌一方清咸丰年间的"古华邑"石碑，为神秘的华阳城增添了盎然古意（图一）。

图一　清代咸丰年间的"古华邑"石碑

二、中原战城的故事

《史记·韩世家》记载："（韩釐王）二十三年赵、魏攻我华阳。韩告急于秦……发兵救韩……八日而至，败赵、魏于华阳之下。"《史记·白起王翦列传》记载："昭王三十四年，白起攻魏，拔华阳，走芒卯，而虏三晋将，斩首十三万。与赵将贾偃战，沉其卒二万人于河中。"另据《史记·赵世家》记载："（赵惠文王）二十五年……与魏共击秦。秦将白起破我华阳，得一将军。"云梦睡虎地出土秦简《编年记》云，"三十四年攻华阳"。虽然史书上只有寥寥几笔，但是根据这几句话，我们可以窥探到那些与华阳城有关的战争往事。

华阳之战，是公元前273年发生的以韩国华阳城为主战场的赵魏与秦韩四国之间的战争，秦将白起率军长途奔袭，一举击败赵魏联军，歼敌15万人，解除了韩国的危机，确立了战国晚期秦国在中原战场的军事优势，奠定了秦国一统天下的战略基础。

华阳故城遗址如今已荆棘丛生，野草掩映，丝毫没有往日的雄姿，我们通过调查，对于这一古老的城池有了初步的了解。华阳城坐北朝南，现存城墙周长近3公里，平面呈束腰不规则长方形。城址的北墙、东墙、西墙保存较好，南部城墙被华阳寨村占压，其中北城墙的墙基宽15～30米，城墙高6～8米，顶宽1～3米。城墙筑有10个向外凸出的马面，用以强化守护。在北城的马面之上，犹存瞭望和燃放烽烟的高台遗迹。四面城墙中间各有一个缺口，除了东缺口因长期冲刷而成深沟、周围遗迹多已无存外，其余三个缺口均有古代的道路连接，应为城门。西、南两个城门右侧前伸马面，左侧有护城墙；北城门右侧亦有向前突出的遗迹，左侧拱卫马面。由此可见，城门具有强烈的军事防御意义（图二）。

图二　华阳城东周城址北城墙马面遗迹

为了弄清古城构造，我们对华阳城的东北角、东城墙缺口南侧进行解剖。华阳城的建造程序大概是先进行测绘规划，然后平整墙基地面，之后挖槽筑基，待墙基夯出地面后，城墙加宽筑高。夯土为浅黄灰色花土，含沙量大，土质因夯打而非常坚硬，夯层厚7～10厘米。每层夯土首先采用圜底夯，一般为夯径6～13厘米、深2～5厘米，圜底夯的上部铺垫薄土，再用圆形平底夯进行夯打，夯窝直径5～6厘米，深0.1～0.2厘米，使其牢牢地结为一层。最后用铁铲之类的锐利工具，将夯层表面打毛。从华阳城城墙的精工细作，可以感知韩国当权者对建造华阳城十分用心。

三、护城河中的战争

在进行调查之后，我们惊奇地发现，这座战国古城竟然没有护城河。因为文献失载，西城墙外侧发掘区的勘探报告也不见护城河的任何迹象，这与以往发现的古城布局不同。那么华阳城到底有没有护城河？这个问题让我们困惑了许久。

炎炎夏日，毫无头绪的护城河让整个考古队显得有些烦躁。但时隔不久，热心的群众提供了一条重要的线索，根据这一情况，我们对城东一带进行地毯式踏查，分别在东城缺口冲沟北侧断面及城东北角冲沟两侧断面上发现了平行淤积层。于是，我们重新对5月中旬在东城缺口外冲沟南侧的一处废井（TJ1）所做的剖面进行审视。废井中的层层堆积与两处冲沟的剖面大体一致，经过比较分析后我们推断，这种层层堆积应该是护城河断面。也就是说，我们发现护城河了！一时间护城河成为村民街谈巷议的话题（图三）。

图三　华阳城东周城址护城河剖面（TJ1）

我们随即对护城河进行勘探认定，认真做好每项调查工作。通过对城墙外侧周边的全面勘探，发现护城河环绕在城墙和马面外侧，内侧河沿高于外侧。护城河距城墙或马面约30～45米，河面宽15～30米，深5.6～6.8米。

历史就像调皮的小孩，总是把一些东西隐藏起来；历史又像睿智的老者，总是给后人一个祥和而宁静的过去。就像华阳城的护城河，在沧桑岁月中被淹埋填实，考古工作者通过冲沟断崖上的护城河踪迹，才幸运地发现了它。巧合的是，拟发掘区恰恰处在西城墙外侧的护城河位置，这给我们下一步发掘工作提供了重要依据，也完整地揭示了这座古城的内部结构与城防布局。正是这个机缘，让我们发现了已经被历史老人隐藏起来的惨烈的战争与"华源"之地。

在调查的基础上，我们在西城墙南端马面外侧的工程区布方2500平方米，经过历时5个月的野外发掘，在此发现了护城河、防御墙、壕沟、防御坑等遗迹，同时也出土了铜镞、铁铲、烧土块、陶钵、陶盆、板瓦、筒瓦、陶瓮等遗物。令人惊奇的是，这座千年古城竟然拥有前后两期的布防严密的军事城防体系（图四）。前期的城防设施只有城墙和壕沟遗迹。后期的规模更大，护城河屏障于前，高大坚固的城墙、马面依托在后，防御坑、防御墙居于二者之间，进行机动防御。这两套城防系统，从侧面证实了战国晚期赵、魏与秦、韩发生的"华阳之战"。

图四　华阳城东周城址的城防设施

从遗迹的分布和堆积状况来看，我们认为，华阳之战发生在前期城防设施的使用阶段。目前发掘的遗迹主要有城墙和壕沟。壕沟位于城墙的外侧，发掘长度23米，断面呈倒梯形状，口宽4米，底宽0.6～0.9米，深4.25米，斜壁光滑，挖制规整，中间还有1米宽的生土隔梁（图五）。从其位置、规模、结构看，显然是精心规划的一项城防工程。为了与后期的护城河区别开来，我们称之为"城壕"，也叫"壕沟"，编号G2。壕沟内自下而上有三层堆积。底层较薄，为花土，出土物较少。中层为淤积层，出土了大量的箭镞、箭杆和陶钵残片，有些地方散积的箭镞、箭杆厚达15厘米，说明这里曾经有过激烈的战争（图六）。上层为填土层，厚2～2.3米，以烧土块为主，还有少量石块、木炭泥块等，这显然是毁灭性战争留下的废弃物，专门用以填平壕沟的。从壕沟的结构形状和第二层遗存看，壕沟存在的末期，这里爆发了一场大规模战争，应是《史记》等文献所记载的"华阳之战"。

图五　华阳城的城壕（G2）

华阳之战后，因"韩居中国"，国贫地削，且沦为强秦的附庸，常常"以应天下四击，主辱臣苦，上下相与同忧久矣。修守备，戒强敌，有蓄积，筑城池以守固"（《韩非子·存韩》）。华阳城的后期城防体系应该是在上述社会背景下打造的。根据发掘情况，后期城防体系经过缜密规划，大致有如下几个步骤。首先，清理场地，填平壕沟；其次，挖护城河，建造城墙，护城河的土方用来夯筑城墙；再次，挖掘防御坑，建造马面，在马面外侧约15～20米处掘地取土，土方用来夯筑马面，掘地成穴的取土处修整为防御坑；最后，在护城河内沿岸上夯筑防御墙，形成了护城河、防御墙、防御坑、马面、城墙的防御体系。这种前河后城、坑穴环护、分层设防、虚实互补的城防作战体系，属于战国时期最先进的城防设施，但是先进的军事防

图六　战国壕沟（G2）出土箭镞

御透支了韩国原本羸弱的国力，没能挽救韩国最早被秦国吞并的历史命运。这套精心
打造的城防设施，在韩国最后四十余年苟延残喘中，并没有发挥抵御强敌的作用。

四、仰韶陶片和商周遗存

考古就是不断探索历史的未解之谜，不经意间的发现总能让我们欲罢不能。起初，
我们只是对华阳城西墙外侧进行考古发掘，发现了前后两期的城防设施，其中前期的
城防设施只有城墙和壕沟。在清理壕沟上层时，细心的考古队员在遗物中发现了两块
仰韶时期的陶片[1]，一块是黑彩网格纹红陶盆残片，另一块是平沿小圆唇夹砂红陶缸
残片（图七）。这两块仰韶时期的"不速之客"打破了我们因为发现城而带来的喜悦，
因为凭这两块陶片我们判定，华阳城遗址可能不是单纯的东周遗存，应该还有其他时
期的文化内涵。强烈的好奇心再次激发起我们探寻华阳城的热情。

黑彩网格纹红陶盆残片

夹砂红陶缸残片

图七　仰韶时期陶片

9月的深秋，田地里一幅收获的场景，而这一时期恰恰是我们田野调查最好的时
机。我们成立了调查小组，对华阳城及其周边的沟沟坎坎进行更加细致的踏查。功夫
不负有心人，我们在华阳寨村西南约1公里处发现了郭店仰韶文化遗址。该遗址位于郭
店村东北角，与城南遗址连为一体。在遗址断面的底层，发现有大量仰韶时期的陶片
散落其间，文化遗存十分丰富。我们选择台地林隙之处，做了50平方米的试掘，获得
了较多的仰韶时期遗物（图八）。

郭店遗址所在地应是"古华水"源地，郦道元《水经注》、乾隆版《新郑县志》都
有详细记载，从城南沟、郭店遗址的沟壑，仍可寻觅"古华水"的昔日风貌。2002年，
在郑韩故城东南隅的冯庄一带，发现一处东周时期大型制陶作坊遗址，出土带有"华"
字印章的陶器[2]，说明这个地方就是古代的"华"。

郭店遗址仰韶时期遗存，属于大河村文化的范畴。郭店遗址的重要性，一是它的

图八　郭店遗址出土遗物

主要文化遗存时代，二是它地处古华国，把郑州大河村晚期文化的性质一下子升华了。唐兰先生在《西周青铜器铭文分代史征》的著作里，论证《命簋铭》的华地时，明确指出"中华民族起于此"。实物与文献结合在一起，完美地解答了"华"是谁的千古之谜，为华夏文明找到了根源。

　　收获的季节总是令人喜悦不已，我们根据村民提供的线索，在沟北断崖处发现了一个商代灰坑，还在沟南郭店村的地头断面上捡到2块商代卜骨残块（图九）。一位郭店村民还回家拿出他去年夏天在地里捡到2枚骨簪（图一○），交给我们作标本。我们发现的商代灰坑的口部距地表0.5米，南北长2.2米，东西宽1米，深5.1米。坑壁较规整，东西长壁有相对的脚窝，灰坑内出土了大量的陶器、骨器、石器等商代早期遗物。此遗迹应该是商代水井，废弃后填入垃圾成为灰坑。我们随即对城南沟一带跟进勘探，所探5万平方米的面积内，文化层厚达1~1.5米，结合早期与群众座谈时所知这里曾出土许多石器这一，说明商代早期华阳城遗址确是一处人口稠密的大型聚落，这一发现填补了华阳城遗址商代遗存的空白。

　　深秋的一次踏查中，偶遇一位牧羊老人，得知我们是考古人员后，他非常热情地领着我们到他经常捡到陶片、箭镞和石器的地方。在一处断崖上，尚可看到斑驳的灰土痕迹，我们还从一棵灌木根部采集到一个完整的陶罐（图一一：3）。这个地方我

图九　商代卜骨

们早先也曾关注，做过三次调查，在沟坎崖壁搜寻，在田埂地头徘徊，每次都无功而返，这次牧羊人的指点，使我们发现了海寨殷墟文化遗存，距华阳城东北角约400米。试掘地点确定在海寨村民高瑞喜家东侧的菜地里，获得一批陶器和石器（图一一：1、2、4）。

　　6月初，我们在西城门北70米处作西城墙解剖，在墙基下曾发现西周时期的鬲足、口沿等陶器残片。现在把这两处时代比较接近的遗存放一起考虑，正处在西周"华国"的时地之内。马世之先生在《中原古国历史与文化》中指出，华是商周时期子姓国，被灭于郑武公东迁。西周末年的华国已极衰弱，属郑武公东迁直指的"十邑之地"，符合《国语·郑语》"前华后河，右洛左济，主芣、騩而食溱、洧"的郑国地理形势，华地的重要性不言而喻。西周华国在华水北部发展，华国灭亡以后则称之"华阳邑"，也

商代骨簪

图一〇　商代骨簪

1.陶鬲

2.陶簋

3.陶罐

4.石刀

图一一　海寨遗址出土遗物

有延续俗称"华邑"的。虽然考古调查资料尚显单薄，但华国的实物线索是清晰的。我们注意到，东周时期古代文献多用"华"表示这一区域的地理概念，而以"华阳"指代具体地名。战国晚期，在华水之北夯建城墙，称为"华城"，因为"山南水北谓之阳"，故又称"华阳城"。

华阳城的新发现在考古人孜孜以求的探索中延续，它的神秘面纱也被徐徐掀起。有些考古发现是可遇而不可求，你若抓住了稍纵即逝的机遇，便有可能找到那枚打开天机的钥匙。无论怎样，必须全身心地深入大众之中，才能获得实实在在的成果，公众的支持和帮助是我们点滴收获的动力源泉。在收获喜悦的同时，我们还须认真廓清"华阳之战"的历史烟云，究明华阳城文化内涵的本源真谛，从这个角度看，我们才刚走进华阳城。

五　探秘华阳城　追寻华文化

新郑华阳城遗址的调查发掘，至今已经6年。人们谈论华阳城的多了，关注华阳城的多了，它的文化内涵让专家学者牵挂不已。作为当年参加调查发掘的考古工作者，对这段工作经历则是难以忘怀。经过思考研究，我们对华阳城遗址有了比较深刻的认识（图一二）。

华阳城遗址调查发掘之后，我们在《中原文物》《考古》《中原文化研究》等专业刊物上发表了《河南新郑市华阳城遗址的调查简报》《河南新郑市华阳城遗址东周遗存的调查与发掘》《华国遗址考察与中华名称溯源》《论中华文明的起源及其初步发展》等文章，取得了一系列学术研究成果，推动了中华文明起源研究的深入开展。在拙著《中华文明本源初探》[3]里，笔者阐述了华阳城遗址在中华文明起源阶段的学术价值和意义，提出了"华文化"概念，对中华文明起源及其早期发展模式进行了新的探讨。华阳城浴火生古华圣地，华夏魂中国梦中华昌盛，这是我们研究工作的现实意义之所在。

华阳城遗址是中华文明的"华源"圣地，嵩山地区的大河村晚期文化具有文明社会的性质，它是中华文明起源的"华文化"。华族应是世居新郑华地一带的古老部族，这里居中的地理位置和优越的自然环境就是古华族创造华文化的最佳之地。

西周华国是远古"华"的名称孑遗，就是说古代的"华"和"华夏"之华、"中华"之华均源于此，由此也为"中华"找到了源地。华阳城遗址"华国"地处大河村类型的中部位置，所以，夏文化、商文化先后发祥于此的历史现象并非偶然，它完美地诠释了大河村晚期文化就是华夏文明的源头——华文化。华夏文明早期是华文化发展为夏文化的历史概括，黄帝文化是华文化的重要组成部分。

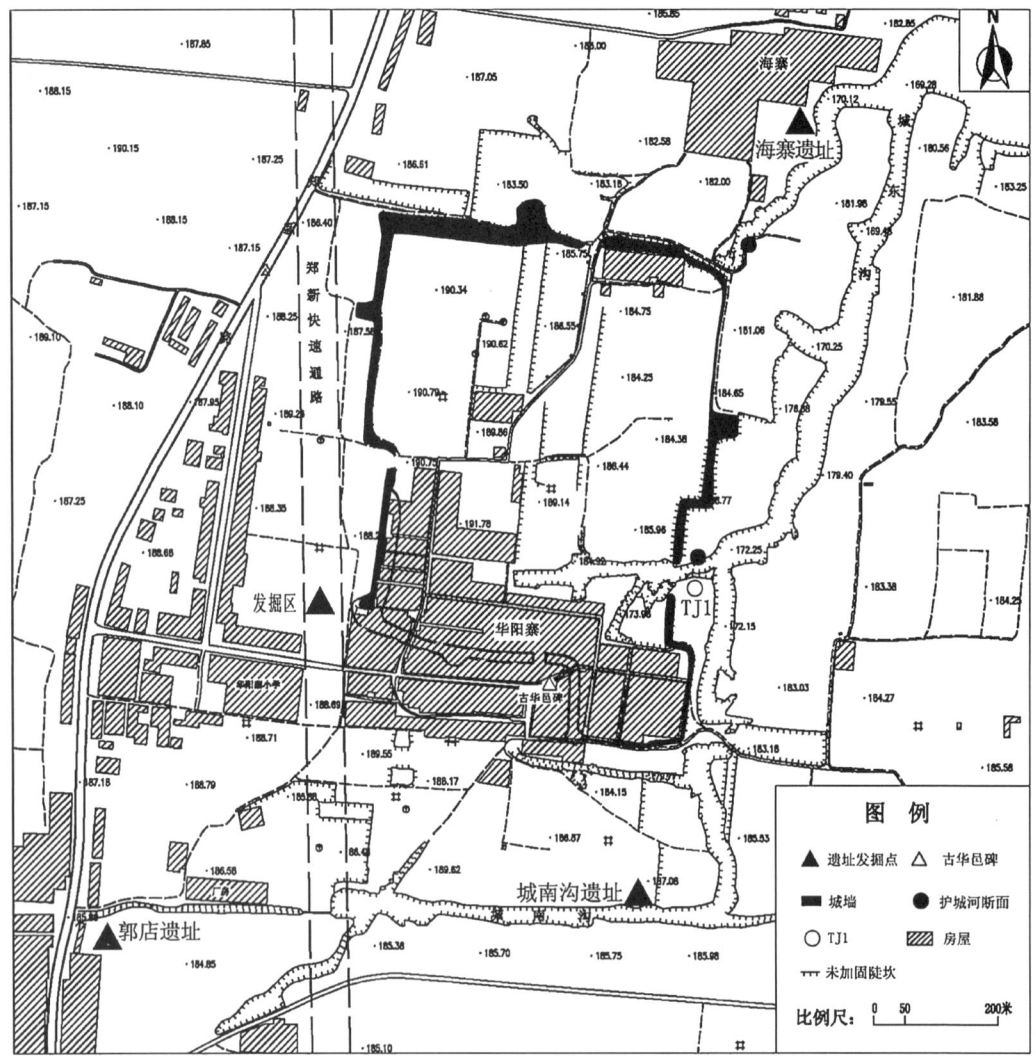

图一二　华阳城遗址平面图

　　1992年在郑州西山遗址发现大河村文化晚期的夯土城址，在荥阳点军台遗址又发现了同时期的城址，到目前为止，郑州地区已有两座大河村文化晚期城址。《史记》所载的黄帝时期的"五城十二楼"将逐步得到证实，新郑华阳城遗址的"华源"圣地也将被更多的新发现所印证。根据碳十四测年报告，郑州西山城址始建于距今5300年，若以此算起，则中华文明至少有5300年的悠久历史。郑州地区处在黄河中下游交界地带，处在嵩山黄河之间，古为"华"地，居天下之中，众多的新石器晚期及夏代的文化遗址与古城古都，充分证明了华夏文明早期由"华"到"夏"的发展历史。华夏文明也称中国文明、中华文明，这是华文化、夏文化分别对中华文明起源做出的历史贡献。

华阳城遗址的发现，为认证华源提供了珍贵的实物资料，扩展了中华文明起源研究的新视野。目前对华阳城遗址的了解和研究尚显粗略，还需要更深入的调查和发掘，不断丰富和充实资料，从而为中华文明的起源研究贡献力量。

附记：本文为2016年河南省社会科学普及规划项目（编号2016SKPJ-423）的子项目。

▌注释

[1] 详见《河南新郑市华阳城遗址的调查简报》，《中原文物》2013年第3期。

[2] 杨育彬：《从新郑考古四大亮点谈起——兼论具茨山岩画与黄帝文化》，张新斌、刘五一主编《黄帝与中华姓氏》，河南人民出版社，2013年。

[3] 索全星：《中华文明本源初探》，科学出版社，2014年。

（原刊于《大众考古》2016年第12期）

郑州古城村东周城遗址考古探胜

信应君　任广岭　刘文科

郑州市郑东新区商都路办事处古城村和东周村一带，地势高低起伏，沙岗沟壑连绵，高岗之上有座古城遗址，由于年代久远，不知该城郭何时所建，名为何城。后人因其久远，便称之"古城村"。

古城究竟源于何时，众说不一，或曰古城为依城（殷城），又言古城为邲城旧址。"依"城（殷城）之说，文献无确载，仅有传说。传说商代后裔武庚曾居于此地，但是多次的文物调查工作，在此地均未发现有商及西周时期文化遗存及遗物。而"邲"地之说，由于历史久远，我们查阅典籍，可以在历史的迷雾中，找出这座古城的只言片语。邲城的最早记载可以追溯到《春秋》的"晋楚邲之战"："十有二年春，楚子围郑，夏六月乙卯，晋荀林父帅师及楚子战于邲，晋师败绩。"《左传》用了三千余字记载这次战争，详尽地记述了战争的整个过程。晋楚邲之战是公元前597年楚国、晋国为争夺中原霸权进行的一场战役，以楚国胜利而告终，楚庄公成为春秋五霸之一。这就是关于邲城最早的文献记载。近年来，随着文物工作的进一步开展，在古城村一带发现了东周时期文化遗存，分布密集且范围较大（图一、图二），这为我们破解古城之谜提供了重要的实物资料。

图一　考古发掘全景　　　　　　　　　图二　考古发掘现场

一、调查发掘

2004年，郑州市文物考古研究所对郑东新区的文物遗迹进行全面调查，确认古城村的古城平面近刀把形，由城墙和城壕两部分组成，面积40余万平方米。西、北、东三面城墙较直，只有南城墙曲折，形成东宽西窄的不均等布局结构。

由于历史变迁，古城南、北城墙早已消失不见，仅东城墙地表尚保留有一部分。西部城外有一条南北向大沟，宽约200米左右，沟底宽阔平坦，当地人叫"跑马沟"，传说是养马练兵之处。西南城角有一高台，传说是"点将台"。东城墙内侧有一高岗，传说是监仓，即监禁犯人所用。东城外300米处有一并列双峰夯土岗，叫"门仓岗"，高5米左右，是城门外的监护设施。城北有"跑马埂"和"莲花池"，城西北角有"寺坡顶"。在古城东南有一道高岗，调查时发现了许多汉代砖室墓，当地传说城南有"大将坟"，当与此墓葬区有关。城内遗物丰富，发现有陶盆、陶罐、陶瓮、高柄豆、板瓦、筒瓦、瓦当等东周时期遗物。

2012年，郑州市公共廉租房项目选址于古城村南端。2012年11月～2013年1月，郑州市文物考古研究院对工程区进行了考古调查和发掘。考古发掘之始，首先对古城城址进行勘探，进一步确认该城平面形制为刀把形，方向为北偏东7°，西城墙长约440米，北城墙长约880米，东城墙长约560米，南城墙长约980米，总面积约40万平方米。城墙四周均有城壕，宽约30～60米（图三）。

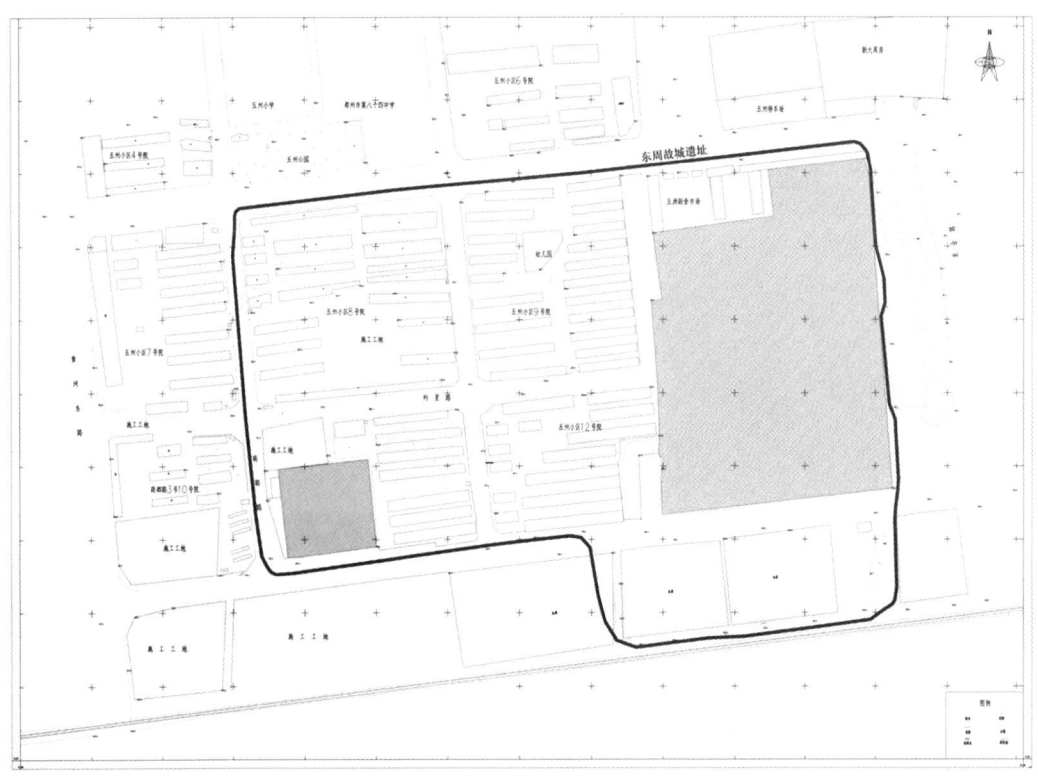

图三　东周古城平面示意图

2012年度的发掘区位于古城址南部，共清理各类遗迹230余处，出土陶器、石器、兵器等，在一些陶器上发现有陶文、刻划符号。重要的是，发现了南城墙的一段、城墙的西南和东南拐角，还有壕沟以及城墙排水设施。

四、城墙建筑方式与城内布局

城墙由基槽、主体城墙组成，个别地方用加固墩加固（图四）。城墙大部分地方仅保留有基槽，内外护坡以及地上墙体基本不存在。城墙建筑方式为双基槽版筑，其建造方法是先将平面的坑洼、生活遗留的灰坑和窖穴等用土夯实，然后在两边挖基槽，从基槽底部开始夯打，直至地表，再向上夯筑城墙。双基槽之间有墙芯。在南城墙外凸西段，发现两处城墙加固墩，形制为方形，夯层规整，硬度高，结构紧密，夯土用红褐色黏土、褐色黏土、灰褐色沙土混合夯筑，土质与周围有别，显然是从其他地方特意运来。两加固墩间隔约60米，可能与城门遗迹相关。

图四　城墙基槽　　　　　　　　　　图五　城墙延伸到外壕的排水管道

壕沟位于城墙基槽外4～6米，上部被晚期冲刷破坏，现残宽约36米，最宽处达60余米，深约4米。壕沟到西南拐角处与蓄水池并合。蓄水池位于城墙西南拐角西部，发掘部分平面形状为不规则形，东西长约80米，南北残留宽约50米，深约4米，底部为黄沙。推测应为专供城内用水的大型蓄水设施。

在城墙中段北部内侧发现大型夯土建筑基址，平面为不规则形，占地面积近950平方米。南部有墙基槽，基槽残长28米、宽0.3～0.4米。在基槽内发现有铜镞等遗物（图七）。西部发现柱洞6个，直径约0.2～0.4米。另外在西部还发现有几处形制规整的灰坑，大小、深度相近，直径约1米，排列规整，也疑似和夯土基址有关。推测该建筑可能是城门防御士兵居住的兵营（图八）。

图六 壕沟内五边形排水管道

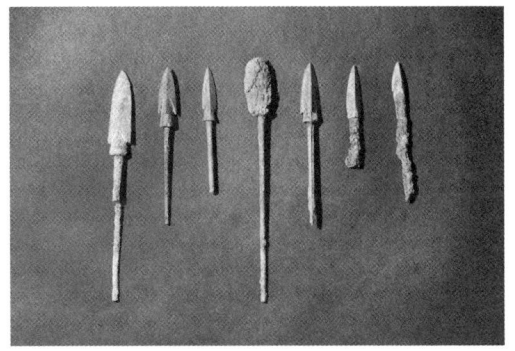

图七 建筑基址内出土铜箭头

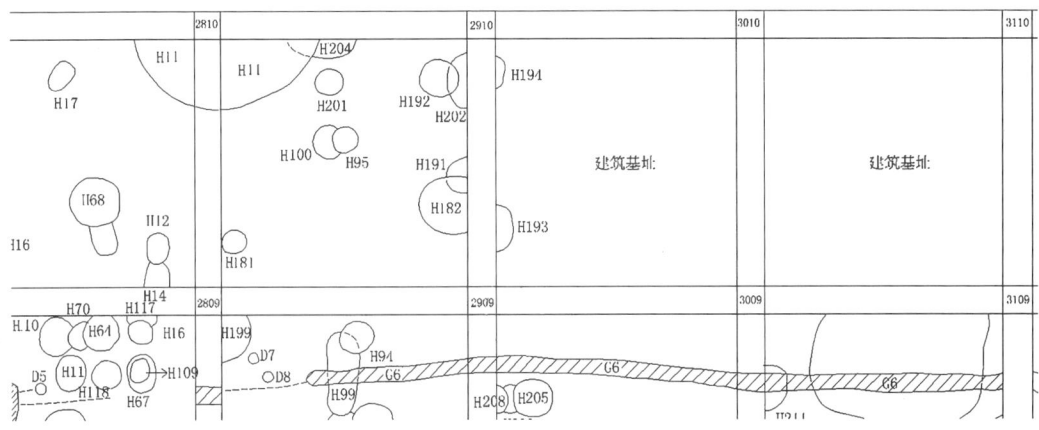

图八 城墙内侧大型建筑基址

东周时期灰沟共发现5条，其中南北向3条，东西向2条。这些灰沟纵横交错，应与城内的给排水有关。特别是G2内发现了陶质排水管道，管道用大型板瓦扣合，覆盖在排水沟上，管道直径约0.3米，长约0.5米，厚约0.02米，向下延深至壕沟底部。另外，在西南城角外部发现了五边形管道。这种形制的管道，以前仅在郑韩故城和秦咸阳城的宫殿区发现过。此次在这里发现高规格的大型排管道，从一个侧面证实了该城址的重要性（图五、图六）。

三、古城性质

该城址平面呈刀把形，已发现古城城墙的西南城角和东南城角，基本理清了东周古城南城墙凸出部分的形制结构，特别是两城角间距与《郑州市文物志》记载基本相符，是对其记载的郔城古城形制结构的考古学佐证。

《说文解字》云："郔，郑地。""郔城，郑地，春秋宣十二年，晋荀林父师师及楚子战于邲，在郑州管城县。"这座古城位于郑州郑东新区商都路办事处古城村和东周村一带，西邻黄河南路，南邻陇海铁路，东临康平路。地理坐标 N34°44'34.9"，E113°45'00.1"，海拔84米。这一区域属于今日郑州管城区的辖区，与文献所载的邲城的位置一致。在古城发掘中，清理出了大量的东周时期的文化遗存。并且发现了几处与城墙存在早晚关系的灰坑遗迹，其中战国晚期的灰坑打破城墙，城墙叠压的灰坑为春秋—战国早期。结合墙内与护城河所出陶片，可以推测该城的年代应不晚于战国早期。通过文化遗存与遗迹的打破早晚关系，我们可以确定，这处古城的时代应该不晚于战国中期。在郑州地区发现古城较多，但是在管城一带，除去此城没有其他古城的发现。结合文献和考古发现，我们认为目前的这一座古城就应该是历史上的邲城。

这座古城留给我们的不仅是历史名词，也为我们了解东周古城的构造提供了重要的实物资料。城墙建造方法采用双基槽的构造方式，直接从基槽底部开始夯筑，在城墙上建造加固墩，不同于以往发现的城墙加固方法，是目前所知中国城市建设史上第一次发现，它的发现对于研究东周时期城墙的建造方式提供了新的资料，对古代城市防御和城墙加固研究具有重要意义。

发现的排水管道及城外大型蓄水设施，而且用大型排水管道将城池和蓄水设施连接起来，对于古代的城市建设、布局结构和城市发展研究提供了重要的资料。已发现的陶文、刻划符号等，对探讨东周古城的性质、封国等提供了重要线索（图九至图一二）。

将这座刀把形的古城之上的历史尘封慢慢拨开，我们似乎可以看到那个久远的时代。而

图九　陶罐

图一〇　陶豆

图一一　陶文

图一二　陶文

这座城是否就是传说中的郧城，我们还需要走更长的路去探索，也有更多的困难去面对。城市的发展与高楼的林立是我们创造的今日的文明，而古城的昔日却在今日文明叠压夹缝中艰难地存在。"郧之战"关于郧城的重要的记载，郧城究竟是不是我们所发现的这座城，我们将继续上下而求索。

（原刊于《大众考古》2015年第6期）

王祥"卧冰求鲤"之地考辨

王中明　信应君　吴向东

孝是中国古代重要的伦理思想之一。元代郭居敬辑录古代24个孝子行孝的故事，流传甚广，在传统的木雕、砖雕和刺绣上常见这类题材的图案。《二十四孝》序而诗之，用训童蒙，成为中国古代宣扬儒家思想及孝道的通俗读物。其中，王祥"卧冰求鲤"的故事被推为"二十四孝"之首，影响最为深远。关于王祥"卧冰求鲤"之地，在山东临沂和河南洛阳、遂平等地都有"卧冰求鲤"的遗址，但究竟哪里才是王祥"卧冰求鲤"之地，众说不一。笔者对有关文献作了辨析考证，认为河南省遂平县和兴乡金刘村王庄的万泉河才是王祥"卧冰求鲤"的发生地。

一、王祥"卧冰求鲤"的传说

"卧冰求鲤"讲的是晋人王祥在严冬季节卧冰求鲤奉母至孝的故事，最早见于晋人干宝的《搜神记》。《搜神记》卷十一收录三则鲤鱼自动破冰弹跳的故事，主角有王祥、王延、楚僚等三人。《搜神记》记载："晋王祥，字休征。早丧母，继母朱氏不慈。父前数谮之，由是失爱于父。尝欲食生鱼，时天寒冰冻，祥解衣卧冰求之。冰忽自解，双鲤跃出，持归供母。"房玄龄等编撰的《晋书》亦收录此事。《晋书》卷三十三《列传第三》载："王祥，字休征，琅琊临沂人，汉谏议大夫吉之后也。祖仁，青州刺史。父融，公府辟不就。祥性至孝。早丧亲，继母朱氏不慈，数谮之，由是失爱于父。每使扫除牛下，祥愈恭谨。父母有疾，衣不解带，汤药必亲尝。母常欲生鱼，时天寒冰冻，祥解衣将剖冰求之，冰忽自解，双鲤跃出，持之而归。……其笃孝纯至如此……汉末遭乱，扶母携弟览避地庐江，隐居三十余年，不应州郡之命。母终，居丧毁瘁，杖而后起。徐州刺史吕虔檄为别驾，祥年垂耳顺，固辞不受。览劝之，为具车牛，祥乃应召，虔委以州事。于时寇盗充斥，祥率励兵士，频讨破之。州界清静，政化大行。"时人歌之曰："海沂之康，实赖王祥。邦国不空，别驾之功。"《三国志·魏书·二李臧文吕许典二庞阎列传》中的吕虔传记载："文帝即王位，加裨将军，封益寿亭侯，迁徐州刺史，加威虏将军。请琅琊王祥为别驾，民事一以委之，世多其能任贤。"从上述文献考证，王祥，琅琊人（今山东省临沂市），性至孝。生母早丧，继母朱氏多次在他父亲面前说他的坏话，使他失去父爱。父母患病，他衣不解带侍候。继母想吃活鲤鱼，适值天寒地冻，他解开衣服卧在冰上，冰忽然自行融化，跃出两条鲤鱼。继母食后果然病愈。从此，每到寒冬腊月，无论王庄附近的河面结多厚的冰，万泉河上王祥卧冰求鲤处再也没有结过冰。这成为远近闻名的一大奇观。为避战乱，王祥带着后母及其弟隐居庐江30余年，后徐州刺史吕虔请王祥为别驾，治理州界。荐举王祥为秀才，从温县县令做到大司农、司空、太尉。

二、王祥"卧冰求鲤"发生的时间

王祥出生于哪年，并无确载。《晋书・王祥传》只对其卒年有记："及疾笃，著遗令训子孙曰：'夫生之有死，自然之理。吾年八十有五，启手何恨。'……泰始五年薨。"西晋武帝泰始五年即公元269年，王祥活了85岁，由此推算，他是生于公元184年，即东汉灵帝光和七年（中平元年）。这一年东汉发生了张角领导的黄巾起义，虽然被平定，但是给病入膏肓的东汉王朝以沉重打击。王祥正是生于东汉末年战乱之际，其生活年代是从东汉末年一直到西晋初年。

那么，王祥的兄弟王览的生卒年是何时呢？《晋书》载："览字玄通。母朱，遇祥无道。览年数岁，见祥被楚挞，辄涕泣抱持。至于成童，每谏其母，其母少止凶虐。朱屡以非理使祥，览辄与祥俱。""咸宁四年卒，时年七十三。谥曰贞。"西晋武帝咸宁四年即公元278年，王览享年73岁，其出生年当在公元206年。王祥与王览二者生年相差22年，也就是说王祥22岁时其后母朱氏才生下王览。由此推断，王祥"卧冰求鲤"之事当是发生在王览出生之后。王览出生后，其母开始对王祥虐待，才有一系列王祥至孝、王览劝其母的事情发生。

王祥的父亲王融，《晋书》仅记："父融，公府辟不就。"其生平履历及生卒年没有记载。据山东临沂孝友村《琅琊临沂王氏宗谱》载，王融生于汉桓帝永兴二年（154年），卒于汉献帝建安十七年（212年），享年58岁。生于公元154年的王融，与生于公元184年的儿子王祥之间，整整相距了30年。说明王融在30岁那年才生的王祥。王览生于公元206年，由此推算，王融是52岁时生的王览，王览6岁那年王融即已辞世。那么王祥"卧冰求鲤"的故事，从时间推断也就是发生在王览出生后，王融辞世前这个时间段，即应该发生在王览成童之时，也就是发生在王祥25～30岁这个时间段。

三、王祥"卧冰求鲤"发生的地点

探讨王祥"卧冰求鲤"发生的地点，就要推断王祥在25～30岁即"卧冰求鲤"发生的这段时间内，王祥生活在哪里。

据《临沂县志》记载，位于山东省临沂市兰山区白沙埠镇中部的孝友村，是我国古代著名的"二十四孝"之一王祥的故里，王祥卧冰的故事就发生在孝友村前的孝河。《晋书》说王祥是琅琊人，是否就说明王祥"卧冰求鲤"的故事就发生在这里呢？显然不是。这与古代文献的记载方式有关，在记录人物生平时只记载祖籍，而不记载出生地。《晋书》说王祥是琅琊人，并不是说王祥就出生在琅琊，生长在琅琊，而是说王祥的祖籍是琅琊，也就是说王祥的血脉和琅琊王氏的血脉是一样的。这从《王氏琅琊祖金陵祖世表》中也能得到进一步考证。

《太原王氏渊源》记载了王氏一族的迁徙路线：太原—琅琊—吴房—金陵—开闽—台湾—港澳及全国各地、东南亚各国华人王氏、世界各阜华人王氏。《太原琅琊祖—临沂祖—金陵祖世表》载："二十五世，吉，字子阳（公元前100～前48年），初仕汉昌邑王刘贺，为中尉。昭、宣二帝时均被拜为谏议大夫，匡教时弊，裨益甚多，是西汉著名的清廉官吏。初家于虞，后徙居临沂，是为琅琊'临沂祖'。生二子，菘，骏。""二十八世，遵，字守业，少豪侠，有辨才，初仕隗嚣麾下为大将军，后嚣将背汉光武帝西自立。公数谏不听，乃携眷归洛阳。光武帝嘉其忠义，拜太中大夫，封义乡侯，拜国老。生二子，百、音（仁）。""三十世，融，音（仁）公四子，字巨伟，居吴房，官至南康尹。初娶贾氏，生子祥（三十一世也，以卧冰求鲤，二十孝之一），继娶朱氏，生子览。"从以上可知，王祥先祖王吉后"徙居临沂，是为琅琊'临沂祖'。其四代祖王遵乃携眷归洛阳"，说明已经在洛阳居住，琅琊已经不是主要活动地。王祥"卧冰求鲤"的故事。也就不可能发生地山东临沂。

之所以说"卧冰求鲤"的故事发生地在洛阳新安县，是因为文物工作者在洛阳新安县磁涧镇老井村王祥祠堂旧址发现了一块石碑。碑阳面刻"晋太保孝王祥之碑"几个大字，右下方刻有"至正三年五月河南府路总管梁宜、达鲁花赤伯答罕等立石"小字，左下方刻有"嘉议大夫河北河南道肃政廉访副使崔帖谟尔普化书"小字。碑阴面有古诗一首："为母卧冰稀世有，龙天遗鲤感精诚。寄言天下为人子，永继王祥万古名。"据此认为，王祥"卧冰求鲤"的故事发生地应该在洛阳。事实上，西晋的都城是洛阳，根据《晋书》等史料记载，王祥在西晋担任太保之职。已近晚年的王祥在洛阳做官，已经过了卧冰求鲤的时间。元代时官府在洛阳为王祥立碑，是为了宣传孝道，教化统治，这也是元代郭居敬辑录古代24个孝子行孝故事的历史背景。

王祥祖籍山东临沂，在都城洛阳居官，所以两地都有纪念这位先辈的遗迹和遗址，但这并不能说明"卧冰求鲤"之地就发生在这里。

《王氏琅琊祖金陵祖世表》载："王融，字巨伟，居吴房。"说明到王祥的父亲王融时，已经居住在吴房，即今天河南遂平县。王祥很可能就出生在吴房。虽然家谱上没有说王祥一定出生在吴房，但由于这时的王融居住在吴房，那么幼年的王祥一定跟着自己的父亲居住在吴房，这一点是肯定无疑的。吴房是王氏的郡望，而《王氏琅琊祖金陵祖世表》又记载了王祥的父亲王融在这里居住，他在30岁时有了王祥，52岁时有了王览，时间相隔这么久，与王融多变的婚姻是一致的。

三国时期，属汝南郡的吴房治所基本处于魏国和吴国的交界地，是兵家常争之地。由于所处的特殊地理位置，所以这里战争连年不断，民不聊生。大概在公元212年，在这里还发生了一场史上很有名的战争——濯水之战。这场战争是在魏国和荆州牧刘表之间进行的，魏国大将徐晃依照荀彧之计，在濯水以少胜多，大败荆襄名将蔡冒。濯水是遂平（吴房）过去对石羊河和汝河的总称。

正是这段时间，居住在吴房的王融继室朱氏生了王览。朱氏由于有了自己的亲生儿子，便渐渐对王祥进行责骂、殴打，处处刁难王祥，以至于在大雪纷飞的冬天也要吃鱼，致使二十多岁的王祥卧冰求鲤。王览6岁时，其父王融去世。王融去世的时候，吴房正是三国交战之地。父亲去世，加上连绵战火，王祥只好扶母携弟到朱氏的老家庐江避乱。据《晋书》及有关资料记载，王祥到庐江后，一住就是20年（也有说30年的）。由此可以推算，王祥从庐江避乱到被举孝廉，当上徐州的别驾，此时已50岁左右。

这段时间，回到庐江的朱氏，因其夫王融已故，儿子王览尚小，生活上必须依靠王祥。每每想起自己在吴房时对王祥的百般刁难，便心生愧疚，于是逢人便夸王祥如何好，如何孝顺，大冬天自己有病了，王祥如何冒着风雪到河里捉鱼给自己治病，这样王祥"卧冰求鲤"的故事逐渐被传开来，以至于朱氏死后，王祥被举孝廉当上了别驾。特别是在王祥当上别驾后，王祥的孝行，不仅在吴房和庐江得以流传，在全国各地也渐渐广泛流传开来。

我们知道，在那个以孝为尊的时代，王祥的孝行渐渐被当时的统治者知道。为了树立榜样，一是给王祥加官晋爵，让王祥官至大司农，位列三公；二是将王祥的孝行在全国宣传；三是为了影响后人，在王祥死后，还给王祥赐谥号元，册封了睢陵公。

四、王祥"卧冰求鲤"之地发生在遂平县

遂平县和兴镇金刘村王庄和刘店村有一条河流叫万泉河，村西有一座桥叫王祥桥，王祥桥西侧就是王祥"卧冰求鲤"之处。遂平作为王祥"卧冰求鲤"故事的发生地，不仅有许多传说故事和文史资料，还有王祥墓和王祥庙可以互相印证。

发生在遂平县的王祥"卧冰求鲤"救母故事，最早是以民间口头传说的形式相传的："二十四孝数王祥，王祥是孝子郎；他娘身上得了病，一心要喝鲤鱼汤；王祥慌

得不怠慢，一气跑到河沿边；浑身衣服都脱净，一骨碌卧到冰凌上；一哭惊动天和地，二哭惊动海龙王；两条鲤鱼跳出来，王祥喜得了不得；继母喝罢鱼鳞汤，大病痊愈笑开怀。""二十四孝有王祥，高堂本是继母娘。不幸继母身染病，终日卧病在榻床……净光身子寒冰卧，喜得红鲤精一双。继母喝下鱼汤后，病情见轻喜心上。王祥卧冰一段事，万古千秋美名扬。"这两首由民间艺人传唱的《王祥卧冰歌》，在遂平县广为流传。

　　清代《遂平县志》以及1997年再编《遂平县志》，对王祥"卧冰求鲤"传说发生在遂平县金刘村王庄一事都有记载。另据福建省泉州市历史博物馆馆藏的《闽王氏族谱》及《遂平王氏族谱》记载，晋朝初年著名的二十四孝之一的王祥，就出生在和兴镇金刘村王庄。现在遂平县和兴镇金刘村王庄有王祥坟遗址和"孝子祠堂"遗存。"王祥坟"位于王庄村南一百米处，背靠万泉河，坐西朝东。墓前原存有两块石碑（现已移到孝子祠堂内）。孝子祠坐落在王祥坟的东北侧，坐北朝南，由前庭后庭组成。祠堂正中央供有王祥像，像高约三米，线条流畅，栩栩如生。左右两侧墙壁上各有一幅图画，分别是"卧冰求鲤图"和"加官晋爵图"。祠堂正厅呈长方形，中央突起，房梁檩条笔直排列，上面雕有祥云和游龙，画工精细，色彩鲜艳，与高大的雕像相映生辉，为整个祠堂增添了庄严神圣的气氛（图一）。

图一　王祥庙

　　庭内祠堂右侧竖立着原来竖在王祥墓前的两块石碑。两块碑中的一块据考证是隋朝时期，统治者为纪念王祥，也为了让后人记着王祥"卧冰求鲤"这个故事，专门镌刻一块石碑，立于王祥墓前。在碑的正面，上面镌刻着一只鹤叼着一条鱼，下面刻有王祥的画像（图二）。另一块石碑是"民国"三年留下的"重修王氏祖祠碑"。碑文上记载吴房王氏"始祖休征公讳祥，司马晋人也"，称王祥"世代虽远，其孝思培植百世不替"。"王氏祖祠不知始修于何时，至清朝道光三年，王氏同族继为重修"。碑文由后代裔孙——前清大学士玉树撰文并书。

王祥坟是不是真葬有王祥，有待考古工作者进一步证实，但经文物勘探可知，该墓为多室砖室墓，墓道朝东。这种墓葬布局可能与王祥在洛阳居官，其祖籍山东琅琊，因此死后墓葬方向特意朝向祖先居住地有关。另外，王祥晚年在洛阳为官，死后为何

图二　清代重修王氏祖祠碑（左）和隋代王祥画像石碑

要从洛阳移枢葬于遂平？我们认为，这与当时孝治天下的社会背景分不开。前文已述，王祥的父亲王融居吴房，王融死后，王祥扶母携弟去庐江避乱。这里虽然没有记载王祥的父亲死后葬在哪里，但根据风俗习惯，王融死后一定葬在了吴房，也就是现在的遂平。另根据史料记载，司马炎建立西晋王朝时，王祥已是一位81岁的老人，4年后王祥便离开了人世。虽然《晋书·王祥传》记载，王祥在将死之时曾对自己的儿孙们说过"西芒上土自坚贞，勿用甓石，勿起坟陇"。但却不足以说明王祥死后要葬在哪里。我们知道，王祥是个大孝子，还是通过举孝廉当上官的，他死后只有把自己葬在父亲坟前，才能表示对父亲的孝心。所以，王祥死后才把自己葬于吴房，以此来陪伴父亲。由此足以说明，王祥"卧冰求鲤"的故事就发生在遂平，现在和兴镇金刘村王庄的王祥墓，极有可能是真正的王祥墓。

五、"卧冰求鲤"故事的现实意义

王祥"卧冰求鲤"的传说，原本是为了宣扬忠孝。孝道是古代封建帝王社会宗法礼仪的一个重要组成部分，作《二十四孝》的最初目的也是维护礼教，民间则将其传

为忠孝、忠义、尊老爱幼，情节也发生了变化，演绎成曲折的故事，寄托着人们对尊老爱幼、和谐相处的向往和追求。时至今日，这些思想观念已成为构建社会主义和谐社会不可缺少的一部分。

1998年3月，王祥"卧冰求鲤"遗址被遂平县人民政府确定为文物保护单位。2008年3月，王祥"卧冰求鲤"传说被驻马店市人民政府列入市级非物质文化遗产名录。2009年6月，王祥"卧冰求鲤"传说被河南省人民政府列入省级非物质文化遗产项目。

在不久的将来，围绕着万泉河两岸，一片文化园区将建成使用，古老的传说将在新的历史时期发挥更大的文化推动作用。王祥"卧冰求鲤"作为崇尚孝行的中华民族传统美德之一，将被广为传颂、继承和发扬。

（原刊于《黄河·黄土·黄种人》2016年第6期）

古埃及文明中的平衡稳定观
——以卡尔纳克神庙为例

刘青彬　信应君　王鸿驰

在古埃及创造的灿烂文明中，令人印象最为深刻的无疑是宏伟壮丽的石制建筑，例如金字塔、神庙、宫殿、陵墓、城堡等。作为献给神祇和法老的礼物，神庙是古埃及文明中最为重要的建筑形式之一，它既是献给众神的住所，也是纪念法老的殿堂，甚至还可以兼做堡垒、行政中心或王室的避难所，是融合政治、经济、商业的宗教中心。神庙本身有多种描述，作为众神的府邸、埃及的象征和宇宙本身，是人们崇拜的焦点和通往神圣的门户，其最富于神秘色彩的隐喻，也许是混乱宇宙海洋中的秩序之岛[1]。在古埃及人看来，神庙是神在创造宇宙期间产生的，因此也是宇宙的反映，并且对原始丘的描述就是创造的开始。更现实的说法，神庙就是"神之家"，也是人们供奉神的神圣建筑物或建筑复合体[2]。埃及神庙承担着为神人沟通交流的作用，是展示象征性的宗教仪式的重要场所。在这里，无数埃及信仰的神灵得到了供养和装扮，并通过法老和祭司举行的仪式来维护正义、秩序和平衡。

平衡和稳定是古埃及人的核心价值观念，他们不仅在建筑、雕塑、绘画、文字等多种形式上注重艺术的对称美观，在宗教、政治、律法等社会层面上也要求秩序稳定。作为一种宗教复合建筑体，神庙的构成元素中隐含着古埃及文明对平衡稳定的追求，提供了一个集中认识古埃及人思想和信仰的绝好例证。在现存的古埃及神庙中，位于古城底比斯的卡尔纳克神庙是典型建筑，也是世界上最大的神庙建筑群之一。对卡尔纳克神庙构成元素的剖析，有助于我们更好的理解古埃及人的思想观念。

一、神庙的布局与序列

卡尔纳克神庙的修建可追溯至中王国时期，阿蒙（Amun）神崇拜在此时崛起，对于全新形成的卡尔纳克土地来说，正是一个用来为一个新的神祇建造一座全新神庙的绝佳机会[3]。神庙区经多位法老的扩建，一直使用到公元前后希腊人建立的托勒密王朝时期，前后延续2000年之久。到新王国时期，第18王朝的法老们将底比斯建成了埃及神庙的中心，太阳神阿蒙也成为全埃及崇拜的主神，大多数神庙都为供奉阿蒙神而建，卡尔纳克也成为阿蒙神崇拜的中心，最终形成一片约25万平方米的巨大综合建筑群。这些神庙的设计遵循定制，外形几乎固定不变，主要由塔门、露天庭院、多柱厅、神殿和方尖碑等组成，四周环绕以围墙（图一）。

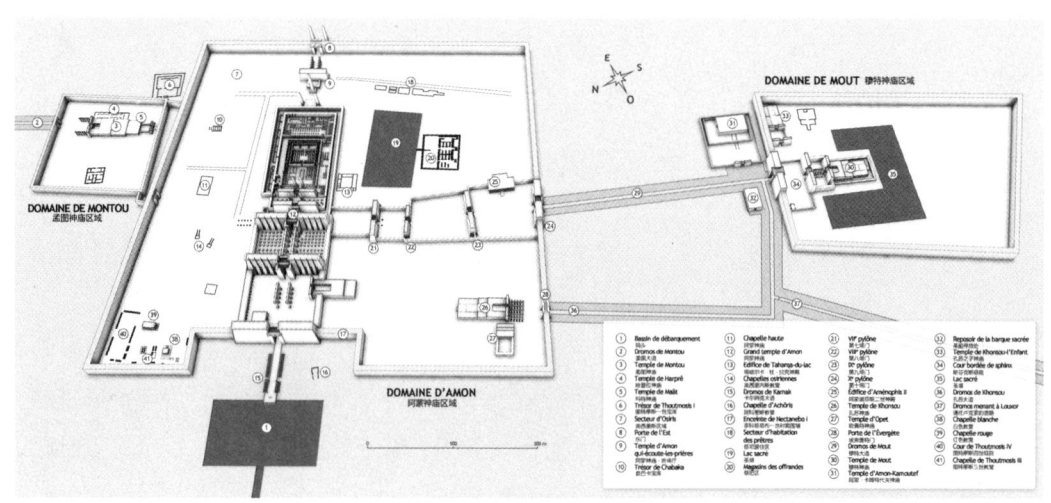

图一　卡尔纳克神庙布局示意图

经过历代法老的修建，卡尔纳克神庙仅塔门就多达10道。其定式是由对称的两个塔楼和中间连接的天桥组成，象征着地平线，是太阳神由东向西运行的必经之地。卡尔纳克神庙的多柱厅宽约102米，进深50米，占地5000多平方米，共有134根石柱支撑着阶梯状的平屋顶。石柱分16行排列，中间两排12根非常粗大，每根高达21米，直径3.57米。大厅中间部分比两侧高9米，所有的柱体、天花、梁、墙面都有象形文字和表现法老和神的浮雕。圆柱分别以纸莎草和荷花的形式表现，象征着法老与神的永恒生命。从中王国时期起，方尖碑开始矗立于神庙内。方尖碑是太阳光芒的象征，通常用一整块石头雕凿而成，上面刻有国王的名讳和封号，底座为正方形，碑体向上渐窄，顶部形似金字塔，尖端以金、铜或金银合金包裹，当太阳东升照射到碑尖时，它像太阳一样发出耀眼的光芒。神庙的各部分具有明显的象征意味，正如金寿福所解读，神庙入口两边的塔楼可以被理解为太阳升降的地平线，神庙的顶棚等同于天空，庭院中的柱子相当于顶天立地的支撑物，至圣所既是天地连接处，也是神所在的神秘地方。换句话说，古代埃及的神庙就是一个微型宇宙[4]。

卡尔纳克神庙除了主殿供奉阿蒙神外，南部和西南角是供奉其妻子穆特（Mut）女神庙以及儿子的孔苏（Khonsu）神庙，这三位被称为底比斯三神。此外，还有卡尔纳克北部地区的孟图（Montu）神庙和众多小神庙。

埃及是一个象征流行的国家，埃及的宗教观念决定了神庙是一种象征性的建筑[5]，卡尔纳克神庙即是杰出的代表。其构造元素蕴含着复杂的宗教观念，其结构布局尤其具备秩序与平衡的象征意义。从布局排列来看，卡尔纳克神庙整体沿两条中轴线而建，主轴线纵贯东西向的阿蒙神庙，由代表阿蒙神的狮身羊面像组成的斯芬克斯大道从尼罗河边连接至高大的塔门，经庭院进入壮丽的多柱大厅，尽头连接的即是供奉神像的神殿。从象征意向上来看，主中轴线直指冬至日出的方向，这也确立了卡尔纳克神庙中的神祇在最初就"已经具备了太阳神的属性"[6]。南北向轴线连接的是穆特神庙，其大致结构与阿蒙神庙一致。"在抽象的空间图示中，最具实际意义的，是表征空间方位关系的轴线。与抽象空间图示轴线的神秘契合，这是许多宗教建筑的要义所在。"[7]这种沿轴线的设计，甚至可以延伸到尼罗河西岸的葬祭庙和陵墓，除了建筑上的高超技艺外，还深刻表征着埃及人的宗教观和平衡观。

除了沿中轴线建造的序列外，对神庙空间的利用也折射出宗教意识对社会秩序的影响。从空阔的露天庭院到森立的列柱大厅，再到封闭逼仄的神殿，地面越来越高，顶部不断降低，建筑空间越来越小，采光也越来越差。这反映的是古埃及人理想世界的"创世之岛"。"地面抬升意味着攀爬山峰，这种理念是和埃及的创世观念密不可分的。"[8]与之相关的是进入许可的严格等级。一般信徒在庭院进行祭拜和节日仪式，普通祭祀方可进入列柱大厅，而只有法老或其代理人大祭司才能进入神殿。从宗教场所进行等级准入的灌输，实际上反映了法老希望维持社会阶层的等级制度，进而保证整个社会和统治的稳定。

古埃及神庙多采用稳定平衡的几何形定制结构。"受宗教观强调永恒、静态、安定等特质之影响，不喜变化，因而常用几何图形，最重要的是长方形，并爱好简单明了之美，作为其建筑的基本风格。"[9]卡尔纳克神庙，尤其是阿蒙神庙的建造遵循定制，整体以矩形呈现，中轴线上的建筑有序排列，无论是斯芬克斯像、塔门及两侧的雕像，还是巨大的圆柱、方尖碑，都相对对称，而对称的本质即是基于平衡的稳定性。"埃及神庙具有严格的对称形式，中间大道为中轴线，面积和建筑物、柱子的数量都以两边对称的方式排列；疏散与密集的对比也都显示出秩序感，而秩序感也就是一种有序的美。"[10]轴对称的布局，反映着社会阶层的等级与秩序，而渐次收缩封闭的空间，又营造出混沌宇宙的神秘感，既体现着创世神祇的隐秘性，又突出了王权掌控的社会秩序，神性和王权在神庙空间得到了平衡与和谐。

二、众神的崇拜与和谐

古埃及社会主流的意识形态是宗教有神论。宗教信仰在古埃及人的生活中起着支配的作用，甚而可以说是埃及文明的核心，不仅影响着普通人的生存和生活，还是国家法律和统治意志的体现。他们的宗教信仰非常复杂，供奉着众多神灵，有着完整的神系，并不断增加和转换着神性——既会创造新的神学理论，也会巧妙地掌握新旧神混合的比例。

神庙并非只是用于祭祀的建筑，还是理想世界的宗教仪式"模型"，世界秩序借由祭司在"模型"中举办的宗教仪式来维持[11]。在卡尔纳克神庙最繁盛的新王国时期，地位至高无上的自然是太阳神阿蒙。作为卡尔纳克神庙的主神，阿蒙神被赋予崇高的地位，它被认为是生命的守护者。太阳神崇拜的意义表征体现在卡尔纳克神庙的各个方面。例如由象征阿蒙神的狮身羊首雕像组成的斯芬克斯大道，象征着太阳升起运行的塔门，象征着太阳光芒的方尖碑，象征着永恒的太阳圆盘，等等。

尽管主神崇拜的地位产生过变化，但多神的宗教信仰却一直稳定传承。新王国时期，法老埃赫那吞（Akhenaten）曾进行过一神教的宗教改革，长久坚持的程式法则也有过短暂的波动，但也很快被传统的惯性信仰所淹没，以阿蒙—拉（Amun—Ra）神为主的多神信仰再次占据了统治位置。随着国家政权的巩固，一些地方性的神逐渐消失，一些则演变成全国性的大神。在埃及宗教中，太阳神拉（Ra）、尼罗河神奥西里斯（Osiris）逐渐成为全国敬奉的主神。主管宇宙和人间秩序的玛阿特（Maat）女神是法老必须敬拜的神灵，因为她是赋予法老神力和政权合法性的神[12]。

埃及宗教中的一个重要观念是神祇的对应。有代表白昼与明天的阿蒙—拉神，也有对应黑夜与昨天的奥西里斯神；有天空之神努特（Nut），也有大地之神盖卜（Geb）；有秩序之神玛阿特，也有混沌之神伊斯菲特（Isfet），还有代表上下埃及的孪生哈皮（Hapi）神等。在卡尔纳克神庙内，除底比斯三神外，也有为奥西里斯、玛阿特、普塔（Ptah）、塞赫美特（Sekhmet）等神祇建造的一些小神庙。在卡尔纳克北部的孟图神庙区内，就有六座奥西里斯小神庙和一座玛阿特女神庙。

最能体现平衡稳定观念的是象征神意本原的玛阿特女神，具备秩序、真理、公平、正义四种特性。玛阿特的形象是头上饰有一根鸵鸟羽毛的女神。在古埃及神话中，她是太阳神拉的女儿，智慧之神托特的妻子。她既是古埃及真理、正义和公平的化身，也是宇宙和谐之因的化身，对她的信仰是古埃及人宗教观念的核心，也是古埃及人对自然和社会认识的高度概括，象征着天地间确立的道德秩序，涵盖了宇宙秩序、社会秩序、个人修养等领域，代表着人与自然、人与社会、人与人关系的和谐与平衡[13]。它按照自然的秩序行事，作为一种自然法则发挥着作用，并促成与诸神明的和谐统一。对农民来说，遵守玛阿特意味着诚实的劳动；对官员来说，这意味着秉公办事；对士兵来说，这意味着人间秩序与宇宙秩序的和谐。多数埃及学家认为，玛阿特与象征神庙地基的远古土丘有渊源关系，也就是说，真理、公正、秩序等美好的理念和状态本来是创世时与世界一同生成的。

普通埃及人的生活与宗教密不可分。人们真切地关注爱与社会平等，一种强烈的保持秩序的愿望体现在他们的生活之中，这种愿望也化为对神的虔诚[14]。由埃及宗教孕育出来的埃及文明特别强调秩序、和谐、伦理，人们的理想是日月恒升，风调雨顺，尼罗河定期泛滥，人们丰衣足食，世界井然有序。在这样一个神权和宗教完备的国家，卡尔纳克神庙承担了人神沟通的作用，包容着众多神祇的和谐共处。

三、王权的神化与巩固

埃及的宗教经历了从多神崇拜向主神崇拜过渡的发展历程，与此同步的是埃及神权国家是在宗教的支撑下建立起来，并逐渐发展，不断稳固。君权神授赋予了埃及法老政权的合法性，所以，每一届法老都很重视利用宗教来巩固王权，加强统治[15]。埃及的社会结构模式在古王国时期就正式确立，并一直持续到托勒密和罗马将他们自己的体系带到埃及，期间社会组织和政府体系都很少发生变化。在三千年的时间里，即使在王国更替时有过短暂混乱的中间期，也会迅速回归到原来的统治模式。这样稳定而集中的政治结构，为古埃及王国的长久统治奠定了牢固的基石。从中王国开始，国王作为神的代理人统治人间（即埃及这个国度）的观念变得极为重要[16]。在这一模式下，统治者的职责包括政治、宗教、社会、经济、军事和法律事务，国王既是政府的中心又是宗教的中心。到了新王国时期，法老这一称呼开始用作国王的头衔，中央集权专制主义进一步加强，除了政权本身的建设外，宗教也发挥了重要的作用。"在加冕礼上，国王登上王位并接受神的权力进行统治，同时成为荷鲁斯（Horus）神的人间化身"[17]，并以玛阿特的原则统治埃及。

从卡尔纳克神庙的结构和元素中，可以看到王权与神权的内在统一性。国王是神庙的最高祭祀，为诸神建造神庙，遵从玛阿特女神所代表的平衡和秩序的法则，将真理、公正和秩序等神意带给世人。在卡尔纳克神庙的祭祀浮雕中，经常有国王向神献上玛阿特形象的场景，意即"由我来继承维护正义的职责"[18]。同时，国王也以宗教为手段，以神庙为载体，借助神权进一步加强王权，稳定统治。他们之间的关联反映了古代埃及人的宇宙观与人生观之间的联系，埃及国王相当于端坐在创世神的位子上行使王权，他的任务就是让创世神开天辟地时赐给人类的真理、公正和秩序常驻人间。

就卡尔纳克的主神来说，阿蒙神的名字意思为"隐秘"，有无法让人感知的能力，这同样也是奥西里斯、普塔等神明的神之特权。"底比斯的新君王接受这位'隐秘'的神明，极有可能是为了权力的合法化。统治者们因此可以成为让神明显现的君主，而其他人从来就不具备看到神的能力。"[19]国王是神在人间的化身，是"阿蒙神"之子，作为神意志的工具存在于世间，从而达到以隐秘的神性来巩固王权的目的。

四、艺术的表现与稳定

正是古埃及独特的地理环境和社会状况，决定了古埃及艺术风格上的繁盛与表现上的稳定。封闭独立的地理位置，稳定的宗教信仰，严格的阶层制度，都使得古埃及艺术的风格变化缓慢，具有稳固的审美意识和严格的正统规律，总体上具有刚劲、宏伟、庄严、简练的特点。

在卡尔纳克神庙中，除了恢宏壮美的建筑外，最具代表的艺术形式就是精美的雕塑、满铺的彩色浮雕与壁画以及神秘的象形文字。神庙首先以巨型的建筑和森立的圆柱表现出雄伟与震慑，以显示神性的崇高与庄重。巨大和崇高的艺术风格，映衬出人类的渺小与卑微，让人在看到后会不由得发出惊叹。埃及学的创始人商博良（Champollion）在1828年参观卡尔纳克神庙后写道："人类所能想象出来的美，似已毕聚于此。我所说的人类，不单指古代，而且指现代。我所说的美，凡建筑所能表现的，如壮丽、雄伟、高雅，均已全在其内。"[20]这种表现神性威严的形式，也正是国王借以达到显示王权，使民顺从的目的。

雕塑是建筑的附属品。在卡尔纳克神庙内，除了各个神祇的雕像外，还有众多的法老像，最著名的就是第二塔门两边的拉美西斯二世（Ramesses Ⅱ）巨型雕像。这两尊雕像采用的是奥西里斯神的站立形象，双脚并拢，双手交叉于胸前。除了这种姿势外，卡尔纳克神庙内的雕像还有其他较为常见的典范性程式，具体表现如下：坐像和立像必须要保持正面，站姿身体保持直立，双臂紧靠身体，左脚略向前，以增加雕塑重心的稳定性；坐姿正襟危坐，保持着视觉上的平衡。此外，卡尔纳克神庙内还有一些动物雕塑，如圣甲虫、狒狒等，表现上也注重对称和稳定。雕塑用以寄托灵魂，在材料上，古埃及人一般选择质地坚硬、耐久性高的岩石，这既是永恒的象征，也是永生的保障，可以让国王的灵魂有所寄生之躯，并能永垂不朽。

神庙墙壁和天花板上饰满浮雕和壁画，用来展示神灵，歌颂法老，包括祭祀场景、征伐场景、狩猎场景和生活场景。在表现形式上，这些浮雕和绘画有着共同的程式——正面律，即人物头部为正侧面，眼为正面，肩胸为正面，腰部以下为正侧面，这是埃及艺术追求完整性的体现。构图有三个特点，首先采用横带状排列结构，以水平线划分画面，让其排列井然有序；其次根据人物社会地位的尊卑来确定比例大小，安排构图位置，避免相互遮挡；再次多以象形文字和图像并用，使象形文字与画面浑然一体，从而起到记载历史和装饰画面的双重作用。

在卡尔纳克神庙艺术表现的元素中，还经常使用一些底座。底座多为方形或圆形，常用于廊柱、雕像、方尖碑、斯芬克斯像等，除了建筑意义上的稳固外，在视觉效果上也增加了稳定性。总之，卡尔纳克神庙内的艺术表现与政治和宗教密切相关，服务于王权与宗教，具有观念化、概念化和程式化的倾向，并表现出强烈的规范特征，展现出古埃及人艺术审美上的平衡与稳定。

五、平衡稳定观的产生

在三千年的历史长河中，古埃及文化几乎没有发生明显的发展和变化，保持着独特的风格和长久的稳定。这是因为背后的信仰和观念保持不变，特色鲜明的艺术形式、建筑、装饰和宗教在早期就已经确立和发展起来，直到外部入侵被打断。在古埃及人的观念中，埃及国土是一个理想化的秩序世界，是世界的中心，所以他们格外强调内部和外部的区别，他们的希望就是坚定地待在埃及国内，生活在埃及国土内的人民即是被理想世界接纳的民众。"与过去的连续性，在地理和政治上分化时对于疆域统一的神秘要求，以及透过国王的智慧及虔敬所获致的稳定和繁荣"[21]，这是古埃及人的意识中重点强调的三个主题，也是平衡稳定观念产生的根源。

从地理环境角度来看，埃及位于非洲东北部大陆，东面是阿拉伯沙漠和红海，西面是利比亚沙漠，北邻地中海，南面是几大瀑布和努比亚沙漠，有着相对封闭的地理空间。地理环境给予古埃及以天然屏障和保护，却也导致了固守观念的产生。正如有学者指出："自然的保护屏障，相对规律和可预知的气候，加上只要耐心勤勉地耕种就可以大量收获的农业地区，这些都是埃及文明保持稳定持续发展的重要因素。"[22]埃及国土大部分都是寸草不生的沙漠，只有尼罗河两岸绿色狭长的谷地和下游的三角洲适合人类生存，这也就成为埃及当之无愧的生命线。耕地和荒漠界限分明，让古埃及人意识到生命与死亡的巨大反差。太阳东升西落，尼罗河定期泛滥，土地恢复生机，自然世界的循环让古埃及人相信永恒和重生，这也是古埃及人最早的观念、宗教信仰和经验的来源。

尽管古埃及的地理环境较为封闭，但法老的统治并非坚不可摧，王权仍不免受到来自内部分裂和外族入侵的威胁，王朝三次中间期的混乱就是内外交困的后果，强化政治统治的合法性和维护王权的稳定性，就成为法老的首要任务。法老们都深谙利用宗教加强王权之道，修建神庙就是其中重要的手段。无论是哈特谢普苏特（Hatshepsut）女王，还是图特摩斯三世（Thutmose Ⅲ），都宣扬自己为神之子，并且不断扩建卡尔纳克神庙，以宣扬阿蒙神庙的神圣性来表明自己统治的合法性。因此，神庙在建造之初就体现着建造者维护稳定的观念。卡尔纳克神庙雄伟庞大的建筑物，一方面清楚地表现建造者的某种意愿，同时又不同程度地把这种意愿强加在其他人身上。

六、余论

卡尔纳克神庙的构成元素处处体现着古埃及的平衡稳定观念，这与古埃及的自然地理环境、宗教信仰和政治统治等因素密不可分，并在长久的发展中保持着持续的影响力。古埃及人对平衡稳定的追求，并不意味着固守于静止的一成不变，他们的认识更像一种运动的周期和节奏，遵循一种秩序守恒的规律。可以说，独特的自然环境造就了古埃及人的世界观，对美好生活的向往催生出和谐秩序的宗教信仰。"相对于埃及人同时代的邻居——美索不达米亚人、叙利亚巴勒斯坦人和安那托利亚人而言，埃及人一直处于一种快乐的地理隔绝状态。"[23] 这种自然生成的朴素观念，被法老和统治阶层加以引导和利用来巩固王权，而修建巨型神庙，实际上就是将被理想化的社会秩序加以物化和固化，从而把观念上的平衡稳定投射到社会的各个领域。

▌注释

[1] Richard H. Wilkinson，The Complete Temples of Ancient Egypt，London：Thames & Hudson，2000，pp.8-9.

[2] 刘文鹏：《埃及考古学》，生活·读书·新知三联书店，2008年，第218页。

[3][法] 吕克·贾宝德：《卡尔纳克神庙的起源和阿蒙神崇拜的开端》，高伟、郭子林译，《中东研究》2017年第2期。

[4] 金寿福：《古代埃及神权与王权之间的互动和联动》，《北京大学学报》（哲学社会科学版），2010年第6期。

[5] 赵克仁：《古埃及神庙建筑艺术风格溯源》，《东南文化》2008年第1期。

[6][法] 吕克·贾宝德：《卡尔纳克神庙的起源和阿蒙神崇拜的开端》，高伟、郭子林译，《中东研究》2017年第2期，第227页。

[7] 王贵祥：《东西方的建筑空间——传统中国与中世纪西方建筑的文化阐释》，百花文艺出版社，2006年，第47页。

[8][加拿大] 托马斯·施耐德：《古代埃及宗教与神庙》，贺娅辉译，《南方文物》2017年第4期，第13页。

[9] 刘德美：《古埃及艺术表现的象征意义》，《成大西洋史集刊》2004年第12期，第11页。

[10] 邱紫华：《东方美学史》，商务印书馆，2003年，第268页。

[11][加拿大] 托马斯·施耐德：《古代埃及宗教与神庙》，贺娅辉译，《南方文物》2017年第4期，第13页。

[12] Richard H. Wilkinson，The Complete Temples of Ancient Egypt，London：Thames &

Hudson，2000，p. 88.

［13］John A. Wilson，The Culture of Ancient Egypt，Chicago and London：The University of Chicago Press，1971，p. 119.

［14］赵克仁：《埃及新王国时期神庙的功能与作用透析》，《内蒙古民族大学学报》（社会科学版）2008年第6期。

［15］赵克仁：《两河文明与埃及文明的差异及原因探析》，《西亚非洲》2014年第1期。

［16］金寿福：《古代埃及神权与王权之间的互动和联动》，《北京大学学报》（哲学社会科学版），2010年第6期。

［17］［英］罗莎莉·戴维：《古代埃及社会生活》，李晓东译，商务印书馆，2016年，第131页。

［18］［加拿大］托马斯·施耐德：《古埃及的城邦与帝国》，高伟译，《南方文物》2017年第2期，第17页。

［19］［法］吕克·贾宝德：《卡尔纳克神庙的起源和阿蒙神崇拜的开端》，高伟、郭子林译，《中东研究》2017年第2期，第230页。

［20］［美］杜兰特著：《世界文明史》卷一《东方的遗产》，幼狮文化翻译公司译，华夏出版社，2009年，第102页。

［21］［美］巴里·克姆普著：《解剖古埃及》，穆朝娜译，浙江人民出版社，2000年，第23页。

［22］［英］罗莎莉·戴维：《古代埃及社会生活》，李晓东译，商务印书馆，2016年，第111页。

［23］John A. Wilson，The Culture of Ancient Egypt，Chicago and London：The University of Chicago Press，1971，p.12.

（原刊于《华夏文明》2020年第10期）

第三篇
科技考古与文保

三维激光扫描技术在田野考古发掘现场的应用

——以郑州东赵遗址为例

赵向莉　孙晓飞

三维激光扫描技术被称为"实景复制技术"，是继GPS空间定位系统之后又一项测绘技术新突破。通过高速激光扫描测量的方法，快速、实时、全面、非接触和高精度地获取被测对象表面的三维坐标数据和纹理信息，为建立物体的三维影像模型提供了一种全新的技术手段，被应用于文物保护、建筑、规划、水利水电和土木工程等领域。随着科学技术的进步和遗址发掘现场资料的完整度和准确度要求更高，三维激光扫描技术被应用于遗址保护是考古学发展的需要，该文主要以郑州东赵遗址为例，将三维激光扫描技术应用于该遗址保护。

三维激光扫描仪主要是由一台速度快、精度高的激光测距仪和一组引导激光并以均匀角速度扫描的反射棱镜组成。由激光测距仪内部的激光脉冲二极管发射激光信号，经过棱镜射向被测实体，通过探测器，接收并记录发射到反射被接收的时间计算得到扫描点到仪器的斜距值S，同时根据扫描仪所发射的激光光束的水平角 α 和垂直角 θ，即可得到每一个扫描点与测站的空间相对坐标（X、Y、Z）。

一、东赵遗址

东赵遗址位于河南省郑州市西高新区东赵村，东距郑州商城遗址约14公里，处于夏商文化分布核心区域。2012年10月，为配合"中原腹心地区早期国家的形成与发展"课题研究，北京大学考古文博学院与郑州市文物考古研究院联合对东赵遗址进行了考古发掘与勘探。经过近三年的调查、勘探和发掘，勘探面积达70万平方米，发掘面积近6000平方米，发现了大、中、小三座"套叠"在一起的城址，清理出城墙、城壕、大型夯土建筑基址、疑似祭祀坑区、灰坑、窖穴、水井等重要遗迹，出土了丰富的陶器、石器、骨器等夏商周时期文化遗物。根据遗迹现象和出土物可推断，大城为东周时期、中城为二里头时期，小城为新砦期。该遗址荣获2014年度十大考古新发现。

鉴于该遗址具有重要的历史价值和科学研究价值，为了能够快速、全面、准确和非接触式地对遗址发掘现场进行完整的实物资料获取，确保实物资料的精度和质量，三维激光扫描技术是目前国内最好的信息资料获取技术手段之一。

二、发掘区域数据采集

根据东赵遗址考古发掘情况，本次扫描的主要区域是中城东南拐角、小城和中城东城墙发掘区、遗址仓储区和中城北墙解剖沟五处考古发掘现场。东赵遗址发掘区域地形较为平坦、视野较为开阔，周围无较规整的标志性地物，发掘区域相对比较分散，发掘区面积较大，考虑到内业数据拼接精度和成果质量，在扫描区域周围布设标杆并粘贴标靶。标杆位置地选定与扫描站点的位置有着直接联系，两者在整个外业数据采集过程中都是非常重要的环节，直接决定着所采集数据的完整性和准确性。其中，扫描仪站点位置的选择尤为重要，扫描仪架设的位置直接决定扫描数据的全面性和实用性以及工作效率（图一）。

外业数据采集要做好前期准备。首先，要对需扫描区域内的遗迹、遗物以及周边环境进行全面勘察和认真分析，对出土的遗迹、遗物都要有所认知，搞清楚发掘区域遗迹与遗物、遗迹与遗址以及遗迹相互之间的关系和价值。其次，根据调研结果和确保单站获取数据信息

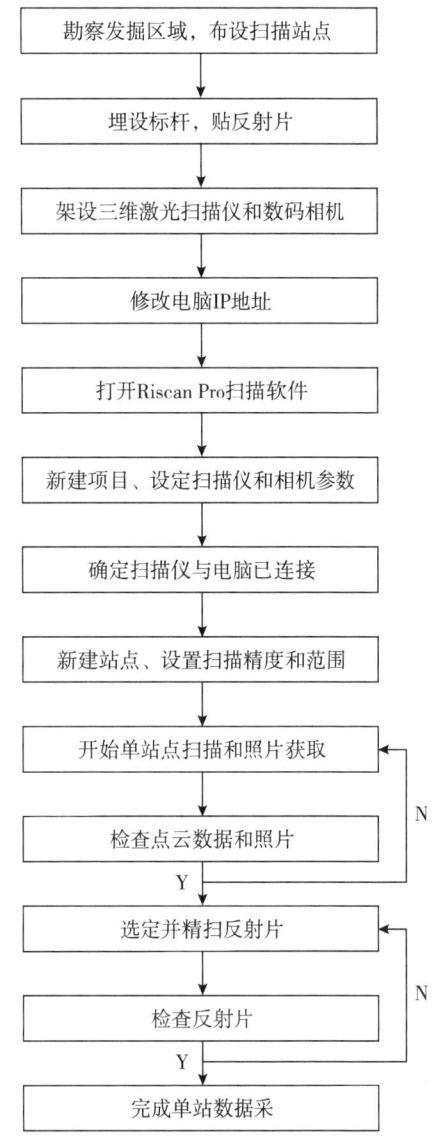

图一 三维激光扫描技术工作原理

完整，合理布设扫描仪站点位置。参照站点位置，布设标杆并贴反射片。在扫描仪站点位置选定和反射片粘贴中过程中应遵循以下原则：（1）先整体后局部；（2）获取数据的完整性；（3）两站数据要有重叠；（4）单站精扫反射片数量大于等于4个；（5）反射片不能在同一水平方向和垂直方向上，应该错落有致均匀分布。鉴于东赵遗址发掘区域较大，均采用了开放式发掘发掘方法，该遗址扫描站点的位置均在发掘区域隔梁上，相邻两站之间的距离为10米，围绕扫描站点在其周围竖立1.7米左右的标杆，并粘贴反射片。

东赵遗址外业扫描过程中，因需要对反射片进行精确扫描，所以采用已安装Riscan Pro软件的笔记本电脑控制扫描仪的作业方式。扫描设备使用奥地利Riegl VZ-400激光

扫描仪，配备尼康D700数码相机获取点云数据和纹理数据。首先，将激光扫描仪和相机安装固定在三脚架上，连接数据线至笔记本电脑，打开电脑并修改IP地址。打开Riscan Pro软件，建立工程项目文件（应保持在英文目录下，名称用英语字符注记），设置扫描仪器和相机型号，导入相机参数，确保扫描仪与电脑已连接。在此过程中，一定要注意扫描仪内的IP地址和电脑的IP地址不能相同，但要保证在同一局域网内，同时应当保证扫描仪内的参数设置与电脑连接时的参数设置一致。确保电脑和扫描仪建立连接，新建扫描站点，设置扫描精度和范围，设定在扫描结束后直接进行相片获取，确定进入数据采集过程。在此过程中，应该保证扫描仪激光发射的前方不要有遮挡物，扫描现场应该保持整洁，人员不能在现场走动。点云数据和纹理图像获取结束后，应该对点云数据和照片进行查看，确保数据的完整性和质量。反射片高精度扫描是外业数据采集的重要组成部分和内业数据处理的关键，在第一次扫描过程中所扫描到的反射片精度不能满足后期数据处理所需，需要对其进行高精度扫描。反射片精扫前需要对反射片进行筛选并确定，删除那些反射强度高但不是反射片的数据。反射片高精度精扫描结束后，同样需要对反射片的完整性和质量进行核查，而且要保证单站点达到精度要求的反射片数目在4个以上（图二、图三）。

图二　现场布设标杆及反射片　　　　　　图三　扫描工作场景

上面为三维激光扫描仪应用于考古发掘现场数据采集的主要工作流程，采用反射片扫描的作业方式对视野开阔且无标志性地物的考古发掘现场非常实用，确保了后期数据成果的质量。

三、发掘区域数据处理

扫描数据处理过程中用到的专业数据处理软件是Riscan pro和Geomagic，前者是三维激光扫描仪配套数据处理软件，后者是三维模型建立过程中最经典适用的一款软件。数据处理有数据预处理和数据后处理两个工作环节组成。其中，数据预处理主要运用的是配套的 Riscan Pro 数据处理软件。主要工作内容包括：（1）同一发掘区域的多站点数据合并至同一工程文件，点云数据拼接，相机参数重新计算，数据降噪和除冗以及创建 Polydata 等；（2）进行数据深后处理，建立发掘区域的三维模型、纹理映射。其主要工作流程如图四所示。

在东赵遗址外业扫描过程中，为了保证数据的完整性和质量，受该遗址考古发掘

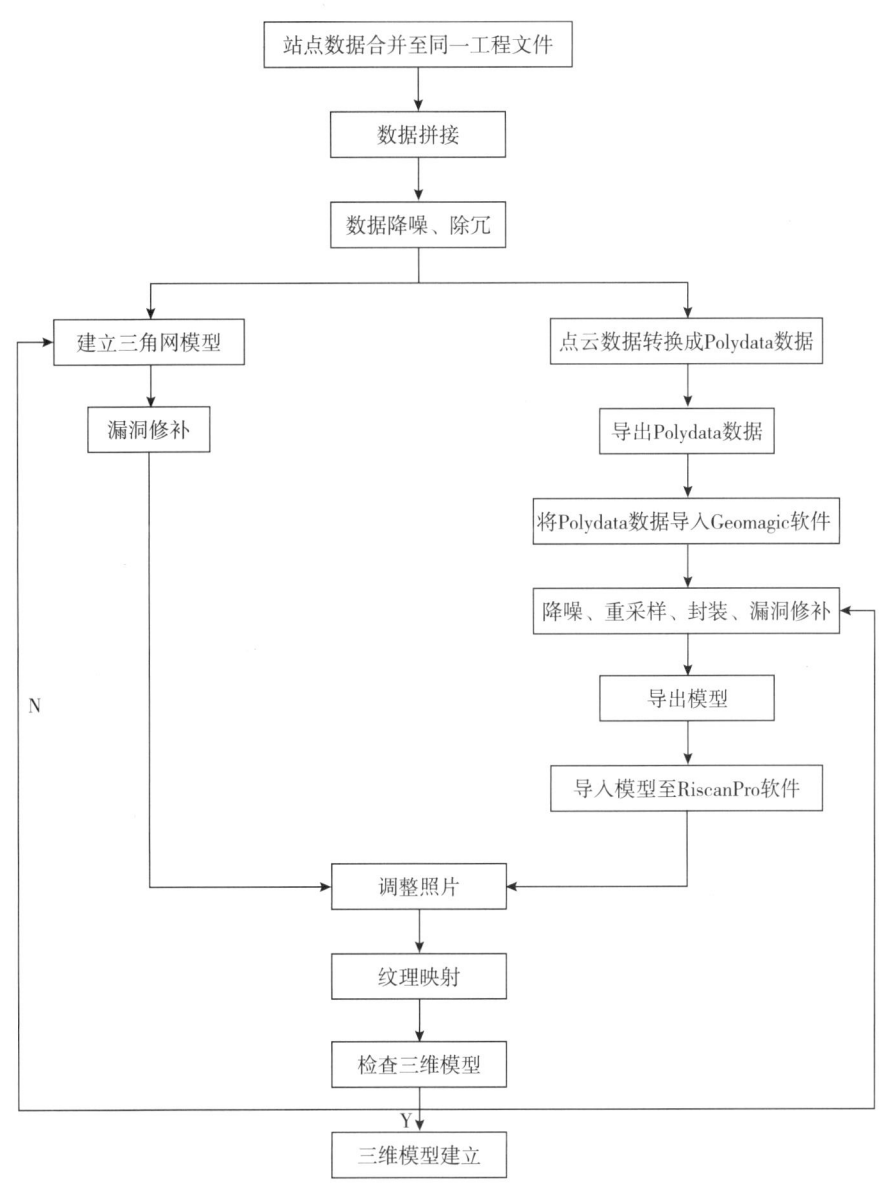

图四　内业数据处理工作流程

区域面积较大、探沟较深和一台笔记本电脑的电池使用时间为 1～2 小时等因素影响，需要对同一考古发掘区域进行多站点扫描和采用两台笔记本交替工作，因此同一发掘区域的扫描数据就存储于两台不同的笔记本电脑上。内业数据处理时，需要将两台电脑上存储的点站点扫描数据导入至同一台电脑的同一工程文件，确保数据的完整性。为了提高数据精度和保证成果质量，东赵遗址外业数据采集过程中采用了精扫反射片的作业方式，内业数据拼接采用公共反射片拼接方法。数据拼接过程中，需要先选定全景扫描数据作为基准站点数据，其余的所有站点数据都通过寻找公共反射片

与该站建立拼接关系。由于在扫描过程中，受外界环境和仪器自身因素的影响，在扫描过程中会出现一些噪声点和发掘区域之外的点云数据，为了提高数据处理速度，就首先需要将所有站点的点云数据转换成数据，然后对噪声点和发掘区域之外的点云数据进行删除。需要注意的是，将点云数据转换成 Polydata 的目的是为了保证原始扫描点云数据的完整性和准确性，为后续工作提供安全保障，由于在该软件中删除的所有点云数据将无法恢复，因此保留原始数据是很有必要的。多站点数据拼接后就会出现数据重叠，造成数据冗余，降低数据后处理速度和工作效率，所以需要对数据进行过滤，除去冗余点数据，提高电脑缓存速度。相机参数重新计算是数据预处理阶段的关键，由于扫描设备拆卸再安装后相机的中心与仪器轴心都会不同，相机参数就会发生改变，为了确保真实模型和彩色点云的精度和质量，需要重新计算相机参数。

点云数据后处理软件较多，下面简单介绍 Riscan pro 和 Geomagic 两款软件。在 Riscan pro 软件对已预处理的点云数据进行后处理，无需数据格式的相互转换，设定合适的三角网建立参数可直接完成三维模型建立和纹理映射。在 Geomagic 软件中进行数据后处理，需要把经预处理的 Polydata 数据导出再导入 Geomagic 后，经过"选择非连接项"—"选择体外弧点"—"减少噪音"—"统一采样"—"封装"等工作流程后即可建立模型。此过程中所建立模型可以通过相关命令进行漏洞修补和网格修改，确保三维模型的精度和质量。因在 Geomagic 软件对三维模型进行纹理映射需要重新选定同名点，利用 Riscan Pro 软件中将同一坐标系同一坐标基点的点云数据和纹理数据进行纹理映射，执行"textured"命令即可完成操作，同时还保证了真彩三维模型的精度和质量。其主要步骤如下：第一，在 Geomagic 软件中将所建立的三维模型导出为 .obj 格式；第二，导入 Riscan pro 软件；第三，纹理映射。由于光线、天气、周围环境和相机自身等因素的影响，在相片拍摄过程中会有不同程度的色差、失真等问题产生。在纹理映射过程中，需要对相片进行明暗度、色相及饱和度等调整，还要对经过调整的相片进行未失真处理（undistorted）。综上可知，利用 Riscan pro 软件对点云数据进行后处理，三维模型建立和纹理映射过程简单，但模型效果不甚理想；利用 Geomagic 软件建立三

维模型，需要转换数据格式、导出、导入和纹理贴图过程较比较复杂，但是建立的三维模型效果较好。为了保证成果质量和提高工作效率，建议将Riscan pro和Geomagic两个软件联合使用（图五至图一四）。

利用三维激光扫描技术对东赵遗址考古发掘现场进行了高精度、全面性地数据采集，所得到大量的点云数据和纹理数据，其主要的应用表现在以下几个方面。首先，这些原始数据主要被应用于信息资料存档、建立三维模型和制作二维线划图等方面。其次，所建立的三维模型可以真实地模拟考古发掘现场，为建立虚拟考古发掘现场提供了可靠、翔实的基础信息资料。同时，所有的成果都具有可量测性，可精确测量所

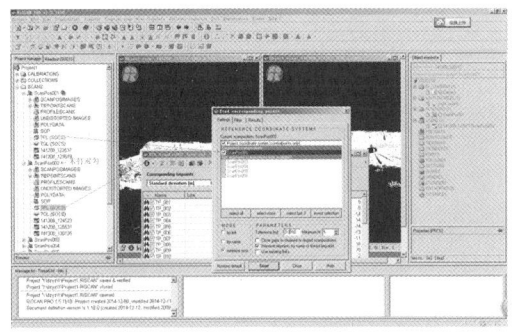

图五　数据拼接选择公共反射片

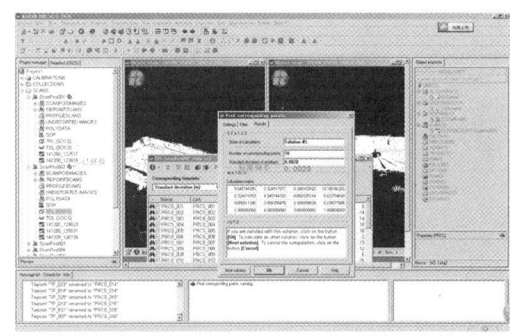

图六　数据拼接完成

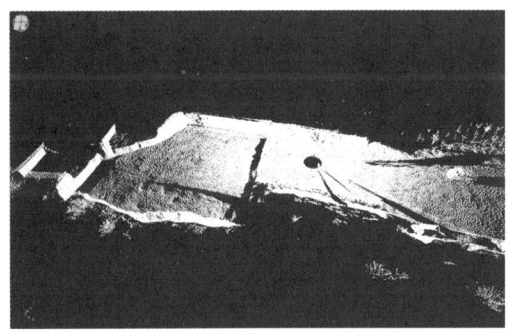

图七　去噪除冗前黑白点云数据

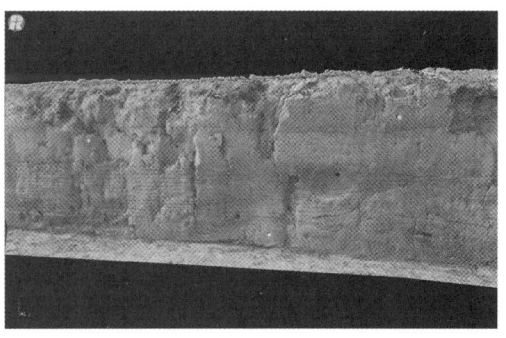

图八　去噪除冗后彩色点云数据

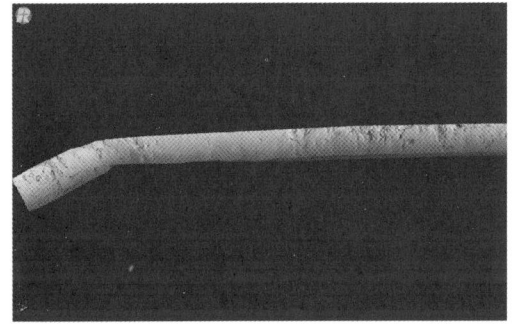

图九　Riscanpro软件中建立三角网模型

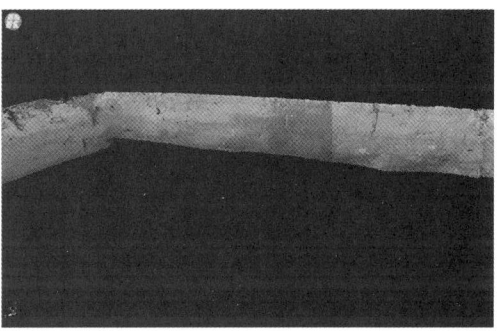

图一〇　Riscanpro软件中赋纹理三维模型

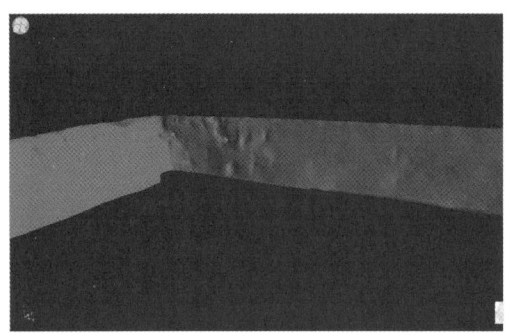

图——　Geomagic软件中建立格网模型

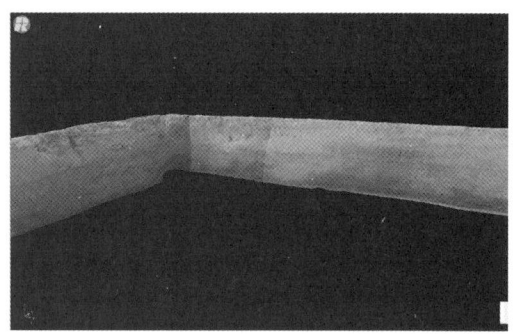

图—二　赋纹理的格网模型

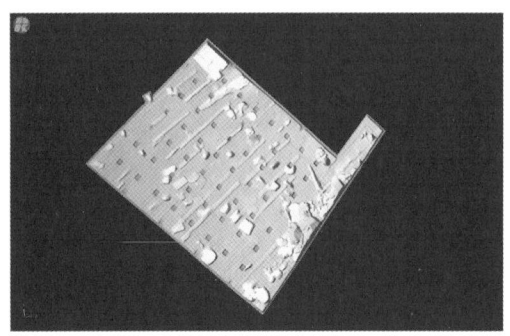

图—三　赋颜色的仓储区三维模型

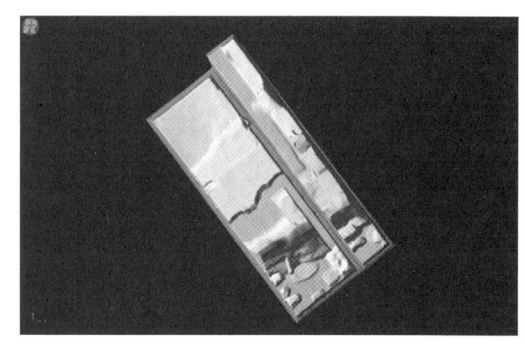

图—四　赋颜色的探沟三维模型

测对象的长度、宽度、深度、面积和体积。最后，该技术为二维线划图制作提供了新的技术支持和工作思路。其中利用点云数据制作二维线划图主要有两种手段：（1）根据所建立的模型在相应的软件中进行二维线划图制作；（2）直接把点云数据导入装有kubit插件的AutoCAD软件进行特征点提取、特征线连接，绘制发掘区域单个遗迹平剖面图，探方平、剖面图和发掘区域总平面图。同时，这些数字化成果为资料存档、遗址保护规划和科学研究都提供了全面、准确和详实的基础信息资料，同时还为考古地理信息系统建设和发掘现场数字化复原提供了准确的基础地理空间数据（图一五）。

通过三维激光扫描

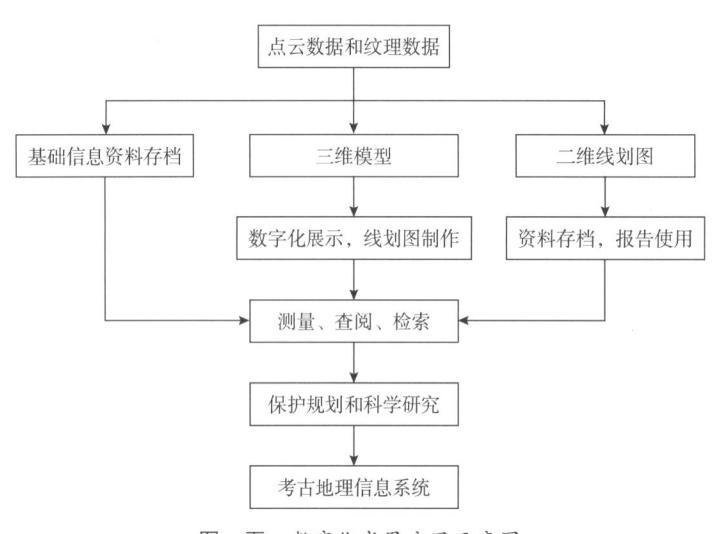

图一五　数字化成果应用示意图

技术获取的点云数据和纹理数据，建立的三维模型和二维线划图，为东赵遗址保护提供了新的实物资料获取技术手段，保证了资料的完整性和准确性，更重要的是数字化成果资料在遗址保护中发挥着重要作用。与传统的测绘技术和成果资料相比较，三维激光扫描技术具有非接触性、全面、实时、快速、高精度、高密度等优势在文化遗产保护领域已被广泛应用。同时，多样性、高精度、高质量的数字化成果为遗址保护与管理、保护规划制定、发掘现场复原等提供了可靠、准确的基础信息资料。总之，该技术在遗址保护中具有广阔的发展前景。

（原刊于《大众考古》2015年第10期）

三维激光扫描在考古信息采集后期的应用
——以花地嘴高领罐为例

许辰　李曼　焦谷雨

在这个数字考古全方位信息采集的时代，出现了数字计算机虚拟考古场景、通过数字可视化展示技术获取三维影像数据、用建模技术记录和复原考古发掘对象、三维激光扫描加影像记录纹理贴图等技术，藉此获得的数据，为建立遗址虚拟博物馆提供了丰富的三维影像资料，从而在遗址文化研究发挥重要作用。

作为现场考古发掘资料、手工绘图和现场拍照等资料信息后期整理的延续，我们用三维红外激光扫描技术来对器物进行信息采集工作。选取一件文物之后，用三维激光扫描对它进行全数字化数据采集和处理，将其完整无损地记录下来，这是我们对文物数字化信息获取的最终目标。

花地嘴遗址是1992年河南省社会科学院河洛文化研究所、巩义市文管所对河洛地区进行文物普查时发现的，位于郑州市巩义市站街镇北瑶湾村的村南台地上。2004年，郑州市文物考古研究所与北京大学考古文博学院联合对该遗址进行了考古发掘，发掘出的陶器有深腹罐、高领罐、附加堆纹瓮、浅盘豆等。我们采用HANDYSCAN3D手持式扫描仪，对花地嘴出土的高领陶罐（T115H213：2）进行信息技术采集（图一、图二）。

图一　花地嘴遗址出土高领陶罐

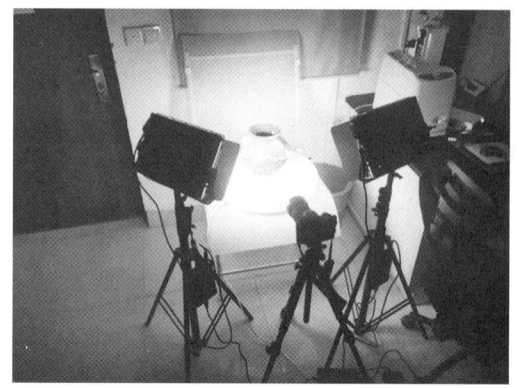

图二　进行文物信息采集

一、三维激光扫描技术工作流程

三维红外激光扫描信息采集的工作流程是：器物摆放、灯光铺设、激光扫描、模型修复、数码拍照、数字建模、模型贴图等。

首先，进行手持激光扫描仪的调节环节。调整光源、根据器物颜色深浅变化设定红外线强弱度快门。根据器物的造型和大小等因素设定三种定位方法：（1）点网覆盖，遮罩定位；（2）基于不破坏文物本身的前提下选择贴点定位；（3）通过实验总结，制作出透明的器物箱，可直接进行扫描。接下来扫

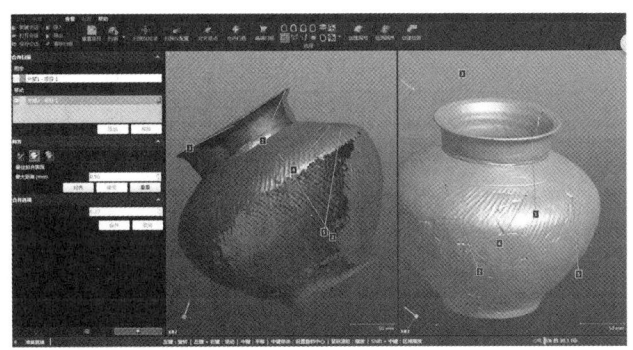

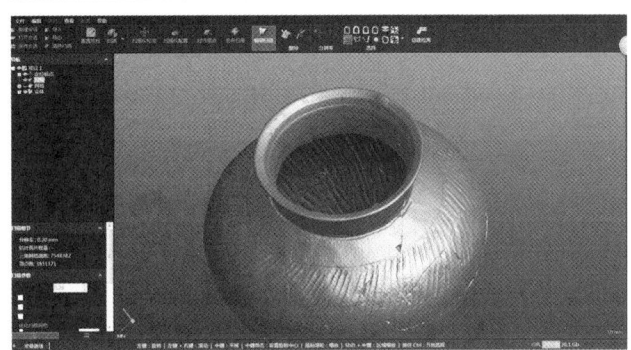

图三　OBJ格式的扫描模型

描点云并对器物进行360°全方位各个细节整合，如果受工作环境影响，没有办法一次性扫描完整，可调整器物位置多次扫描，最后进行合并。然后使用VXelements软件对扫描到的器物部分进行0.2毫米的精确修复。接着进行器物拼接、修补孔洞、网格修复等细节操作，完成一个网格清晰、去除杂质、高清晰度、真实完整的扫描模型。最后将文件保存成OBJ格式（图三）。目前比较流行的三维数据保存格式有OBJ、DXF等，这些格式都可以在常用的三维软件中打开。

其次，将生成的OBJ格式在雕刻软件ZBrush里打开，对模型进行工作前的校对以及方位调整，而后对器物进行拓补。在后期贴图时，器物的精度面数达几千面，可以完美达到所需标准。

在实际操作过程中我们发现，高精确度的扫描使得一件中等大小的器物达到10万～30万的面数，要想效果更好、更易操作，需要将高精度模型降低为1%～5%，去除细节面数，并且进行调整后的网格修复（图四）。为保证后期贴图不出现问题，我们先进行器物拆分（因为器物有厚度，而且会因为贴图而映射到器物内部），然后进行UV制作，将器物切分到可以满足贴图标准的面数。如果UV切分造成了器物网格扭曲、

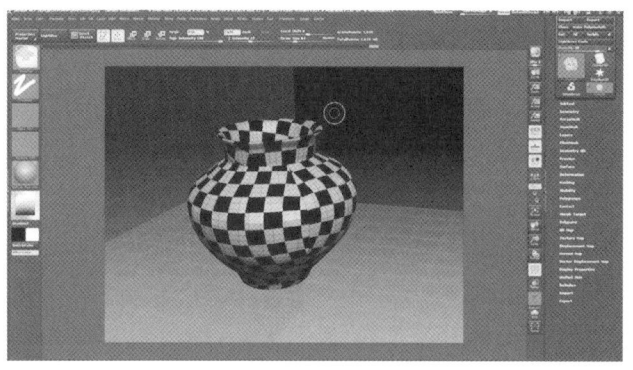

图四　陶罐网格检测

图五　陶罐模型

拉伸、变形，需要及时做出调整、修正。

最后打开源文件模型，将原器物的纹理结构细节映射到复制修改过的模型上，完成整个模型工作（图五）。

二、信息采集过程中的拍照工作

拍照工作的主要目的是还原拍摄器物原本的颜色清晰度，增强纹饰立体感，这个技术过程也是问题最多的阶段。拍照采集的图片在贴图过程中，我们发现，模型贴图有别于正常拍摄器物照，会出现透视关系不对、光源、聚焦点有误差、颜色不统一、器物纹饰变形，以及模型映射的正、反面拼合接缝达不到技术要求等问题。于是我们采取多种软件相结合的方式，用Photoshop手绘板操作，拼接接缝、修补纹路、调整照片色调，修改后导入ZBrush测试检查，再导入Photoshop反复修改。在进一步完善和探索过程中，我们又采用两个柔光灯，投射100度白光进行拍摄，效果仍然不理想。由于缺少顶光和后背投射光，拍摄出来的物体发灰，需要导入PS里，进行大量的调整、调色工作，既消耗资又浪费时间（图六）。

器材方面，我们使用的相机是D7000和标配80-105毫米镜头，这种配置用于拍摄全景照片效果很好，纹饰的机理清晰度也很高，器物造型感极强。但当我们用这种方法对器物局部取材，景

图六　陶罐模型贴图

深拉近时，就会出现对焦点虚弱、器物模糊等情况。于是，我们把器物划分成若干个区域进行拍摄，并且使相邻照片有部分重叠，以便进行拼接。然后把文物器型碎片的外形曲线和断裂面凹凸起伏的特征输入电脑，拍摄的器物图像经过预处理后，再合成为完整的立体造型。

　　我们的经验是：在进行具体的拍照贴图之前，注意观察器物的纹路造型、转折等问题，才能在拍照时增加拍照后的量化。例如，将器物进行拓补以后进行拆分的同时，也将内、外部进行拆分，并分开保存，这种方法类似PS里的分图层，可以进行局部雕刻和网格整理。即便是模型贴图，因为在图片拼合中容易遇到接缝断裂，所以需要用手绘板进行细节刻画。如果出现ZBrush软件都完成不了之时，要注意前期的模型要设定好，因为处理UV分离曲面问题的时候，很难避免重叠问题，导致中期延展UV的时候，UV看上去很不平整，使贴图工作很难快速进行，循环出现这种问题，会造成材质粗糙、模糊。因此，我们后期可以在导出的UV图片PS里进行进一步完善，最终将修改完善的成果重新覆盖于器物表面。

　　一件器物需要拍摄上百张照片才能比较完整地运用在贴图里，在今后的工作中，需要引进微距镜头和柔光箱，这是因为柔光箱的光线经二次透射产生漫射光，光质的柔和度非常好，对文物的造型透射具有包围感。柔光箱的尺寸越大，包围感越显著，文物的立体造型与光线的过渡会有更好的体现，使得文物颜色受光均匀，减少后期修图时间，甚至可以直接使用。

　　以上是三维红外激光扫描和信息处理技术为核心的科技考古信息采集。三维红外激光扫描技术的优势在于高精度、高准确、高分辨率，可以对墓室结构、器物造型和墓室内壁画等信息进行技术获取。目前这种信息采集技术在考古领域已被广泛应用。

（原刊于《大众考古》2018年第8期）

三维建模技术应用于考古发掘中的探索

赵向莉

三维建模技术是以目标对象的测量数据和影像数据为基础，通过一定的技术和方法建立实物的三维模型。目前国内比较先进的测量数据和影像数据获取技术手段有三维激光扫描、无人机航测和全周多视角影像等技术，本文重点探索三维激光扫描技术应用于考古发掘遗迹三维模型的建立。三维激光扫描技术是20世纪90年代开始出现的新测绘技术，可以实时、高效、高精度和非接触地获取田野考古发掘现场遗迹和遗物表面的三维点云数据和纹理数据。

随着考古学研究的不断深入，即从对年代分期的研究层面上升至对古代社会历史原貌的研究，对考古发掘现场实物资料和信息获取的准确性、全面性和时效性要求更高。传统的实物资料获取技术方法（文字记录、照片和绘图）已不能满足新时代背景下考古学研究所需。因此，为了获取一套系统有效的考古信息资料，需要引进新的技术和方法。

笔者以riegl三维激光扫描仪所获取的2016年度新寨遗址考古发掘遗迹的点云数据和纹理数据为基础，以RiScan Pro和Geomagic Studio数据处理软件为技术手段支持，探索新技术方法应用于考古发掘遗迹数字化资料获取的工作流程和考古发掘遗迹三维模型的建立。

一、数据采集和数据预处理

（一）数据采集

1.设备选用

选用Riegl地面三维激光扫描仪、高清数码相机和云台（图一）。其中，扫描仪以300000点/秒的扫描速度完成全景360°扫描，扫描精度达2mm。高清数码相机固定于扫描仪上，与扫描仪同轴，保证每站的点云数据和纹理数据位于同一坐标原点。云台设备为数据采集提供了新的工作方法和技术支持，特别是对获取探方内部较深遗迹的点云数据和纹理数据提供了极大的帮助，减少了数据的空洞。

2.点云和纹理数据采集

点云和纹理数据采集主要作业步骤包括现场踏勘、布设站点（反射片）、确定作业方式、设置扫描参数（根据扫描区域至扫描站点的距离设定合适的扫描参数）和区间（角度设置）、相机调试等。现场踏勘是利用三维激光扫描仪进行数据采集前必做的重要工作，应该先对考古发掘遗迹及

图一　数据采集所需设备

遗址周边环境进行踏查，根据踏查结果进行站点和反射片布设。按照《田野考古工作规程》要求，探方法和探沟法是田野考古发掘的两种基本方法，对于这两种方法的站点和反射片布设可依据以下方案。若田野考古发掘现场是按照探方法进行发掘时，扫描站点的布设一般就是在10×10米探方隔梁的四个角。若是探沟，需要根据探沟的长度、宽度和深度确定扫描站点，通常应在探沟两侧间隔10米的位置分别设站和探沟底部根据遗迹发掘情况进行设站。探沟扫描过程中，一定要利用云台进行扫描，保证探沟底部数据获取的完整性。反射片的布设应遵循以下三个原则：（1）反射片应布设在扫描区域的外围，距离应控制到3～5米范围内，形成不规则三角形或多边形；（2）每站扫描反射片不少于4个；（3）在点云数据中，反射片易被找到。

外业数据采集作业方法和内业数据拼接方法的选择需根据考古发掘遗迹及周边环境状况决定扫描方式，通常分为直接扫描和计算机控制扫描仪。首先，若考古发掘遗迹周边有建筑物或特征点比较明显的标志物，同时不考虑与大地坐标系统相联系的情况下，就可通过扫描仪进行扫描参数设置并直接进行扫描，数据存储于扫描仪内存或存储卡。其次，若文物考古发掘现场周围视野比较开阔且无建筑标志物（不利于数据拼接公共点选取），需要贴反射片，可选用计算机控制扫描仪进行数据采集和反射片高精度扫描，数据通过数据线传输且存储于计算机。利用反射片进行数据采集时也有两种作业方法：一是直接对反射片进行扫描，并确保任意两站数据都有4个以上高精度的公共反射片；二是建立控制网，利用全站仪对所贴的反射片进行三维坐标数据测量，并对反射片进行高精度扫描，利用测量数据和反射片进行数据拼接。

在数据采集过程中应注意的事项：一是作业员不得擅自离开测站，应防止仪器受震动和被移动，防止人和其他物体靠近仪器、以免摔坏扫描仪；二是测区范围内禁止出现高强度反射物体（如棱镜），以免损害激光扫描仪；三是确保扫描仪和计算机连接

正常，数据传输和存储，观测结束后，及时将数据备份，确保观测数据不会丢失。

（二）数据预处理

1.点云数据去噪

点云数据去噪是利用一定的方法（如 Selection Tool、Terrain Filter 过滤算法），剔除点云数据中的噪声点、地面植被和无用点。执行 Selection Tool 命令时，Deviation 参数设置应在 0～25 之间，自动选中噪声点，删除即可。执行 Terrain Filter 命令时，选择 x/y-plane of PRCS→设置 Vegetation，剔除地表植被。

经预处理的点云数据，为数据拼接提供了良好的数据环境，保证了数据的完整性，节省了计算机缓存空间，可以提高内业数据处理的工作效率。

2.点云数据拼接

点云数据拼接方法有公共反射片拼接法、手动选点拼接法和反射片坐标拼接法三种，其拼接方法的确定需依据外业数据采集方式。无论采用何种方法进行数据拼接，为确保数据的精度和成果质量符合测绘规范和标准，所有的站点数据拼接完成后，都需要进行多站点数据调整。鉴于多站点数据调整在数据后处理过程中的重要性，笔者重点对多站点数据调整功能的应用进行探索。

多站点数据调整（Multi Station Adjustment）的目的是确保数据拼接精度和成果质量满足工作所需，主要是对已拼接的点云数据进行调整，减小各站点云数据之间的误差，提高和核查数据拼接精度。一是准备数据，执行 Prepare Data。在工具栏 Registration 拼接命令下创建用于拼接的基础数据，选择需要进行校正的数据（图二）。根据图中的界面可知，在 Data 界面下准备需要校正、抽稀和合并的数据（图三），然后在 Setting 界面下设置在 X、Y、Z 三个方向的抽稀参数和勾选 Combine Data。二是精校正，执行 Start Adjustment 命令（图四）。需要设置的参数 Reference range 等于设置站站重叠长度或测程的一半，Search Raduis 设置应为粗拼接时精度的 3～4 倍。min.change of error 设置递减，幅度不要太大，调整参数使其所得计算结果到达最优解。锁定基础站，对所拼接站点进行校正，以此类推，拼接一站精校正一站。直至所有站点精拼完成，选择所有站点数据，设置合适的参数进行整体调整。

数据去噪和数据拼接是数据处理的基础工作，为后续的数据深加工奠定了基础。笔者利用公共反射片拼接、手动拼接和多站点数据调整方法，对 2016 年新寨考古发掘遗迹的点云数据进行处理后所得结论如下：公共反射片拼接后的精度都在 2 厘米以内甚至误差更小，而手动拼接的误差一般都在 5 厘米以上甚至更高。据此可知，公共反射片拼接的效率高和精度高，而手动选点拼接法费时、费力和精度较低。但两者最终经过多站点数据调整（精校正），数据精度均在 1 厘米以内，由此凸显多站点数据调整在数据拼接中的重要性。

三、数据深加工

数据深加工主要包括创建Ploydata、三维建模、相机参数纠正、纹理映射和创建正射影像。

（一）三维建模技术

1.RiScan Pro软件

RiScan Pro软件是Rigel三维激光扫描仪所配套使用的数据获取和数据处理软件，在该软件中进行三维建模，需要创建Ploydata。由于扫描数据占内存和数据量较大，为了提高工作效率，需把数据进行分割，分块创建Ploydata，再合并。具体的操作步骤如下。首先，创建Ploydata数据，打开点云数据（每3站），手动选择需创建的点云数据，执行"Copy Selection To New Ploydata"命令，在object目录树下会自动生成所创建的Ploydata数据。其次，合并Ploydata数据，在Obiect目录树下选择需要合并的Ploydata，右键执行filter data命令（图五），Data界面把要合并的Ploydata全选中，Setting界面下需要对Octree参数设置和Combine Data打对勾，点击"ok"。以上步骤是对Ploydata进行抽稀和合并。这里的数据合并（后者）与多站点数据调整数据准备所提及的数据合并（前者）

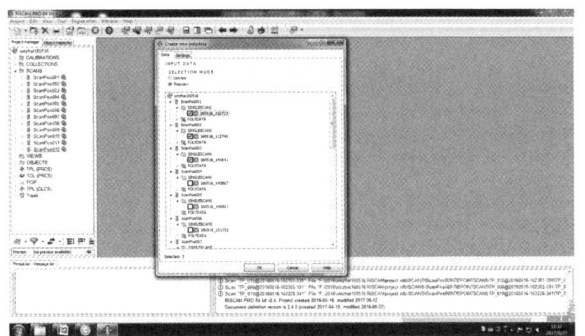

图二　准备数据

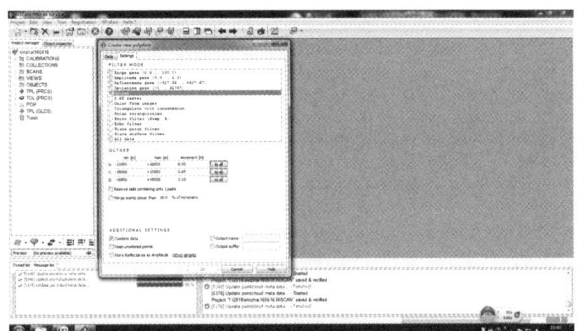

图三　合并数据

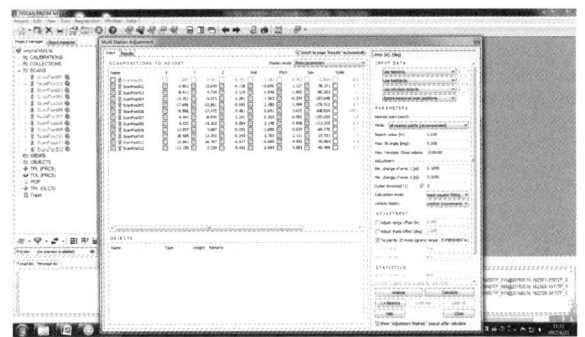

图四　多站点数据调整

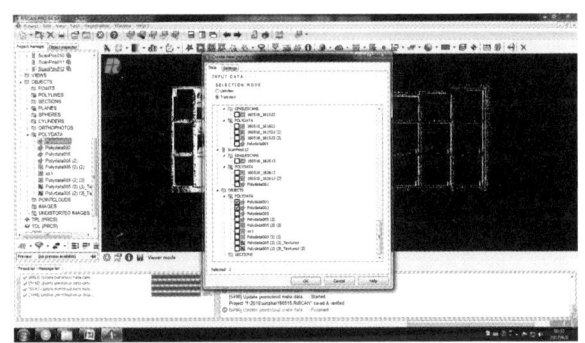

图五　数据抽稀与数据合并

的异同之处，前者所讲的数据合并是为多站点数据调整做准备，后者的数据合并是为三维建模做准备。

Filter Data 和 Clean Data 都是数据过滤，两者区别在于 Filter Data 可选择数据过滤的方法，如 Octree 是在 X、Y、Z 三个方向上按照设置的间隔距离进行抽稀；Clean Data 是按 Tolerance（公差）参数合并可复制的数据，从而达到数据抽稀目的。

在 Riscan Pro 中创建三维模型前，需先对 Ploydata 进行备份，将 Ploydata 导出 .wrl 格式并保存。RiScan Pro 中三维建模的主要步骤如下。打开所处理的 Ploydata，"Ctrl+A"选中所有数据，执行 Trigulated Selected Data 命令，对文物考古遗迹建模进行参数设置（图六），点击确定，并对所建的模型执行 Smooth And Decimate 命令进行处理。在该软件中建立的模型有很多空洞（图七），且空洞的修补方法单一，操作复杂，精度低，即便是经过优化和平滑处理的三维模型还是无法满足要求。鉴于此，笔者对 Geomagic Studio 三维建模软件进行认真的探索，寻求更适合文物考古发掘遗迹的建模技术方法。

2. Geomagic Studio 软件

Geomagic Studio 是一款逆向软件，通过对扫描点云数据进行处理生成准确的数字模型。本文将 Riscan Pro 软件中所创建的 Ploydata 导出为 .wrl 格式，在 Geomagic Studio 软件中进行三维模型建立。Geomagic Studio 软件三维建模的主要技术方法如下：首先，Ploydata.wrl 数据导入；其次，执行"非连接项""体外弧点""减少噪音""统一采样""封装"命令，完成模型建立。对所建立的模型进行空洞填补和多边形处理（网格医生→松弛→编辑边界），提高模型的质量和逼真度。

笔者利用 Geomagic Studio 软件对新寨遗址所扫描的点云数据进行处理。首先将在 Riscan Pro 软件中创建的 ploydata 导入至 Geomagic Studio 软件并经过非连接项、体外弧点、减少噪音和统一采样处理，得到点云数据（图八）。该结果显示，左上角四个探方点云数据稀疏，较深的灰坑有空洞现象，外业扫描过程中应重视云台的使用方法和技巧。其次将经过处理的点云数据进行封装。根据点云数据可知，该扫描区域有空洞现象，封装后的模型需要经过空洞修补。空洞修补有内部孔、边界孔和搭桥三种方法，根据所建模型的表现形式，选择合适的方法对空洞进行修补并优化，图九所示为封装并经过空洞修补的模型。最后，因自动生成的网格面会存在非流行边、自相交、高度折射边、尖状物、小组件、小通道、小孔等错误，可以用网格医生自动进行检查并且修改。平滑处理执行"松弛"命令，平滑处理使表面更加平滑且三角形的大小趋于一致。边界编辑是对模型的外边界进行控制点编辑，减少控制点数量，使边界更加逼真，同时模型效果更加逼真（图一〇）。

在 Geomagic Studio 中对 Riscan Pro 中所处理的点云数据进行模型创建时，需要注意将Riscan Pro软件中处理过的矢量数据导出成*.wrl格式，此时一定要选择正确的坐标系统。例如项目坐标系统，在Geomagic Studio软件中进行模型建立以后，一定要另存为*.obj格式。在将所建模型导入Riscan Pro软件（图一一）的过程中，一定要选择与导出相对应的项目坐标系统。其主要目的是保证坐标系统的统一，保证纹理贴图质量和精度。

通过对Riscan Pro和Geomagic Studio软件中的三维建模技术探索可知，该两款软件应该相互配合使用，才能高效地处理Riegl三维激光扫描仪所采集的点云数据，保证田野考古发掘现场原貌再现的逼真度和可靠度。

（二）纹理映射

纹理映射是对所建立的模型进行纹理贴图，把所获取的纹理数据按照一定的数学法则投影至所建立的模型表面，复原考古发掘遗迹真实面貌。通过对Riscan Pro和Geomagic Studio软件进行深入探究，我们发现，纹理贴图效果Riscan Pro软件略胜一筹。Riscan Pro软件进行纹理映射有Textured和Image Registration两种方法。笔者重点对Textured纹理贴图法进行探索。

Textured纹理贴图法需对相

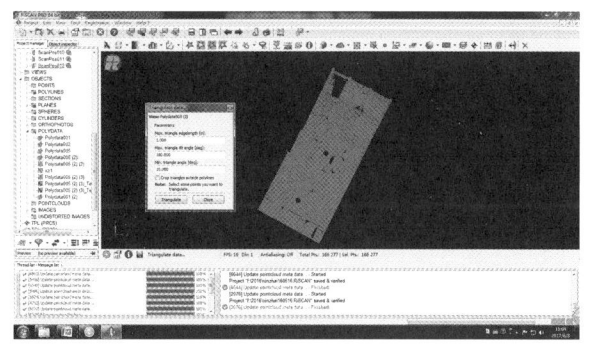

图六　创建三角网

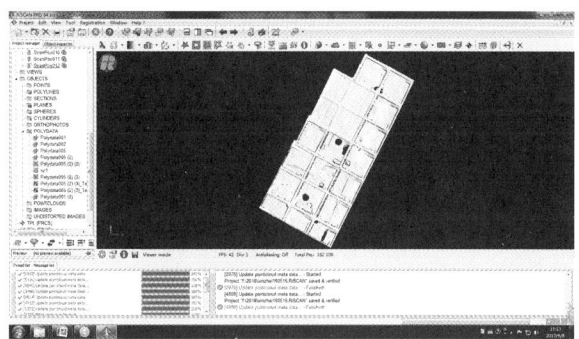

图七　三维模型

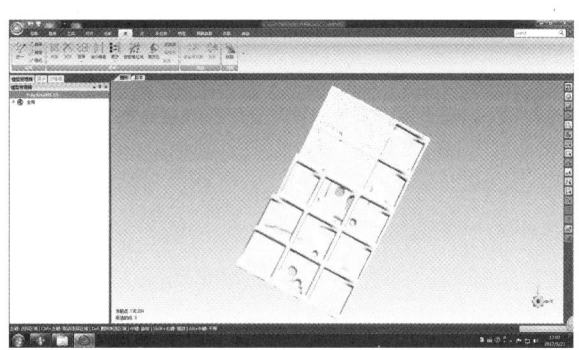

图八　点云数据

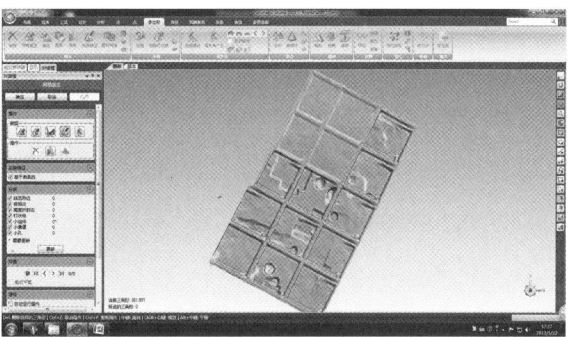

图九　三维模型

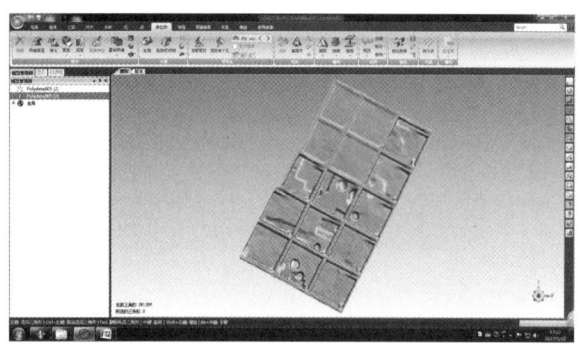

图一〇 经过优化处理的三维模型

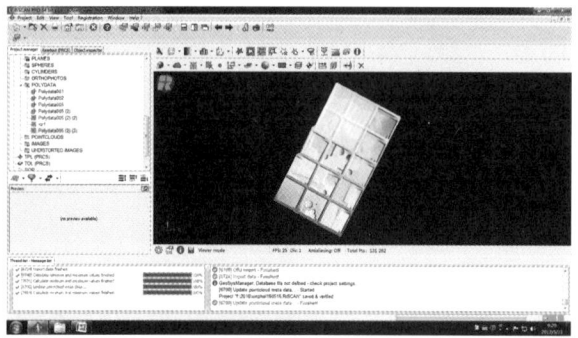

图一一 将所建模型导入Riscan Pro软件

机参数进行纠正，并对照片进行Undistorted处理。相机参数纠正方法有两种：反射片法和手动选点法进行纠正。

反射片法是利用所扫描的高精度公共反射片直接进行相机参数纠正的方法，具体作业方法如下：打开照片→"Show Tpl Socs"→在反射片的中心左键点击右键"Add Tiepoint To Tpl"→按住Shift左键框选添加点和反射片在扫描站点的坐标→右键点击"Link Tiepoints Together"。添加点过程中，需要注意所选择的反射片必须是正面的，精度必须要高，至少选点4个，同时尽可能选择中长视距范围内的反射片，距离太近误差会大，距离远则像素低，这都会影响相机参数纠正的精度，进而影响点云赋色和纹理贴图的效果。

手动选点法是手动选择点云数据和纹理数据的同名点并建立连接，利用所建立的同名点进行相机参数纠正。主要的作业方法和步骤：打开三维点云（单色Reflectance模式）和照片，在点云数据界面Create New Tiepoint创建点（点1），在相片上Show Tpl Socs，所创建的点1会显示在相片上，在相片寻找同名点并Add Tiepoint To Tpl（点2），将点1与点2进行Link Tiepoints Together。需要注意的是，所创建的同名点要求精度比较高，例如建筑物的房角、窗户的边框角或棱角等，数量要在6对以上，同名点要在控制范围内上下错落有致，离散均匀分布，尤其重点区域需多对同名点进行控制，提高相机纠正参数精度。

相机参数纠正主要步骤有添加同名点和计算，通过两种方法进行同名点添加后，需对Mounting进行重新计算。在Calibration→Mounting右键点击Attributes-readjustment of Camera Mounting→Calibration mode（modify rotation and translation）→Figure of Merit（least squres fitting）。图一二为2016年新砦扫描数据的相机参数纠正结果。相机参数纠正过程中需要注意的是，点的选择精度要求较高，均匀分布。相机参数纠正的误差控制在2个像素之内。如果两次扫描期间没有拆过相机镜头，相机没有从扫描仪上面取下或固定相机架没有变动，不需要对相机参数进行重新纠正（此时用一个相机参数就好，以免多个相机参数产生误差积累导致偏差）。若相机长时间使用需要对相机参数进行纠正，此时就要求在扫描数据之前需要把纠正后的相机参数（Mounting）重新导入扫描仪。

将相机参数纠正以后，就可以把新的相机参数赋予所有站点和照片（包括Undistorted的照片），接下来就可以将点云赋色（图一三）和模型进行Textured（图一四）。此时需注意的是，点云数据赋色的照片无需未失真（Undistorted）处理，而三维模型贴图的照片需经过未失真（Undistorted）处理。

经过纹理映射的三维模型可以建立正射影像图，便于进行文物考古发掘遗迹分布图的绘制。正射影像（图一五）的生成，主要是将建立后的三维模型进行调整。其主要步骤如下：左键点击Object Inspect-GL Camera→属性栏Camera Model设定为Orthogonal→关掉站点→两次"G"去掉网格→Save Scene To Image→选择合适的存储位置。

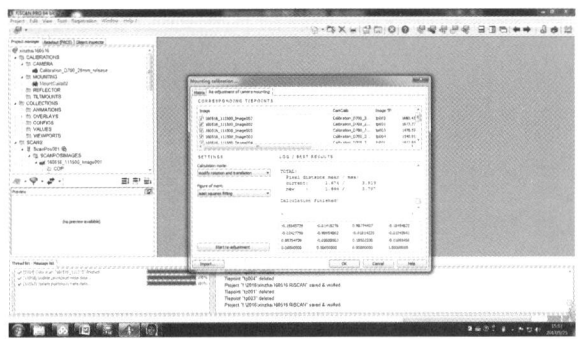

图一二　　mounting结果

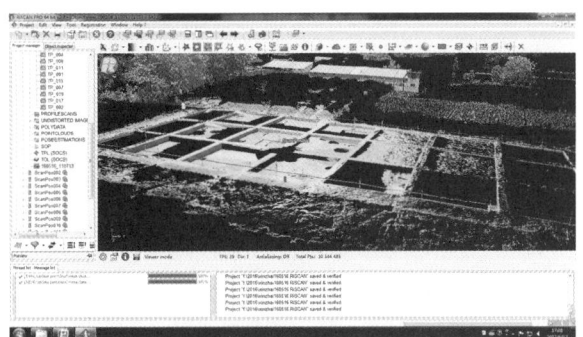

图一三　　点云数据赋色

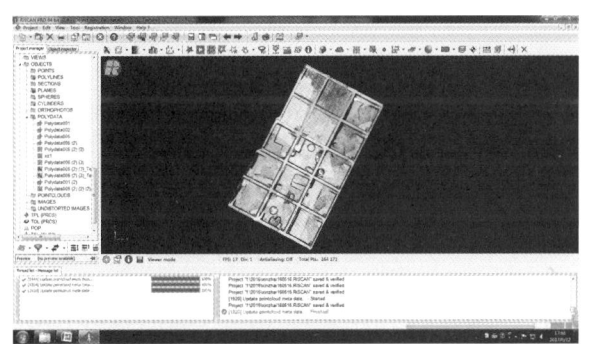

图一四　　三维模型纹理贴图后效果

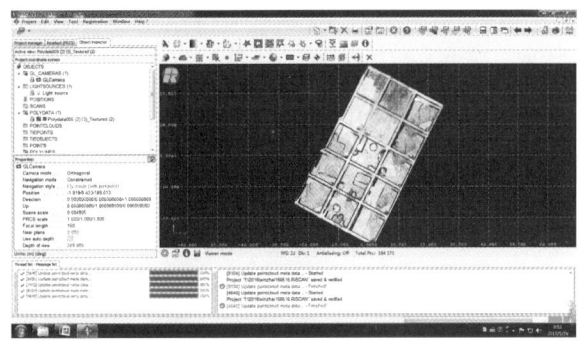

图一五　　生成正射影像

　　通过利用 Riscan Pro 软件和 Riegl 扫描仪在数据获取过程中的所得照片，直接进行贴图，效果不甚理想。甚至不断地提高相机参数的计算精度和在 PhotoShop 软件中对相片进行饱和度和色差处理，其纹理贴图效果总出现纹理错位，照片叠加层次不齐，纹理出现严重的色差，如图一四所示。

　　针对上述所出现的问题，笔者通过查找资料、与该软件方面的技术人员沟通得知，相机参数的纠正其主要目的是给点云数据赋色，若需要建立效果更佳的三维模型纹理贴图，需要严格的外业照片获取技术和专业照片处理技术。照片拍摄需注意的事项如下：（1）相机外出作业，曝光模式选择手动曝光，曝光时间、光圈大小和快门速度等相机参数设置应一致；（2）注意扫描站点、主要扫描区域和太阳的关系，一定防止主要发掘区域所拍摄的照片高度曝光，如果遇到此种情况一定要用相机手动拍摄照片。利用高像素的数码相机对文物考古发掘遗迹进行专业的高清晰纹理数据获取，根据现场环境注意相机参数的设置，例如曝光度（手动曝光）、光圈、曝光时间等，特殊情况下需要借助三脚架进行拍摄。

四、结语

　　笔者以考古发掘遗迹为实物对象，阐述了三维激光扫描技术在考古发掘中的应用，包括数据采集、数据预处理和数据深加工的技术支持和工作思路。在数据采集和数据预处理阶段提出了新的技术支持，云台和多站点数据调整应用。数据深加工（三维建模）阶段，重点以 2016 年新砦遗址考古发掘遗迹的三维点云数据和纹理数据为基础信息资料，主要探索 Riscan Pro 软件在数据采集、数据预处理和纹理映射等应用和 Geomagic Studio 软件在三维建模方面应用。Riscan Pro 和 Geomagic Studio 两款软件联合应用，可以高效率、高质量地完成考古发掘遗迹的三维点云和纹理数据处理，这为数据深加工（三维建模）提供了新的技术方法和工作思路，保证成果质量，提高工作效率。

　　两款软件联合应用提高了考古发掘遗迹三维建模技术的工作效率和成果质量，但在 Riscan Pro 软件中对三维模型进行纹理映射因贴图技术方法不足和纹理影像质量欠佳，导致所得三维模型成果与真实场景存在偏差，下一步需要对纹理映射软件及相关技术方法和纹理影像获取技术方法及质量进行深入研究。

（原刊于《黄河·黄土·黄种人》2018 年第 11 期）

基于无人机遥感技术的遗址考古研究

赵向莉　孙晓飞

近年来，随着计算机技术、通信技术及各种高精度新型传感器技术的发展，无人机性能逐步提高和考古学发展所需，无人机遥感技术已广泛应用于遗址考古研究。刘建国的《考古遗址的超低空拍摄与数据处理》一文，结合实例，探讨遥控飞机在考古遗址超低空拍摄技术和数据处理方面的应用，主要包括地面控制、相机设置、数据处理、成图等[1]。蒋晓春、张书涛将小型无人机应用于田野考古调查中，丰富了田野调查技术方法。所得成果（二维、三维模型）为考古调查深入研究提供了便利[2]。周磊、梁爽等将无人机航摄技术应用于大遗址保护中，生成 DOM 和 DEM 等成果，为开展大遗址保护项目积累经验[3]。

无人机遥感技术应用于考古的案例很多，但由于遗址考古对象的复杂性和独特性，田野考古中实物资料获取需专业的全息数据采集技术做支持，本文通过无人机遥感技术在青台遗址测绘和考古摄影的应用，旨在找出一套具有系统性、针对性和完整性的测绘技术应用方案，为遗址研究提供新技术支持。

一、青台遗址概况

青台遗址位于河南省郑州市西北 35 公里的荥阳市广武镇青台村东侧的土岗上，东临广武镇，西扼虎牢关，南临唐岗水库，北连广武山[4]。该遗址是一处规模较大、覆盖范围广的一处大河村类型的仰韶中晚期遗址，郑州市文物考古研究院对青台遗址经系统勘探，遗址面积达 100 万平方米。2015 ~ 2017 年，依据勘探成果在重要遗存位置布设探方，经针对性考古发掘，发现居民区、墓葬区、祭祀区、作坊区等聚落空间布局，清理出土的房址、墓葬和疑似北斗九星祭祀区等重要遗迹，出土了一批珍贵文物。尤其丝织物的发现，它是中原地区考古发掘所见的最早丝织品，为探索中国丝绸起源和早期文化交流提供了重要的考古依据[5]。2013 年，青台遗址被国务院公布为第七批全国重点文物保护单位。

二、无人机遥感技术在遗址测绘中的应用

青台遗址考古研究过程中，要理清遗址的时代、文化堆积性质和内涵、空间布

局结构、功能区划分、与周边环境的关系等，需要一套完整、准确、高精度的三维数字模型、数字正射影像和数字地形图等基础资料，为开展考古调查、勘探、发掘、研究、保护和管理工做好支撑。传统基础资料获取手段是采用全站仪、RTK和热气球等技术进行测量，效率低，而且费时费力。无人机遥感技术（安尔康姆md4-1000和索尼α7R）具有性能稳定、工作效率高、成果精度高、易操作等优势，为遗址三维模型、正射影像和大比例尺地形图测绘基础数据的获取提供一种新技术支持。该技术应用于遗址考古研究，主要分为数据获取和数据处理两个方面。

　　遗址测绘基础数据获取主要作业流程是航线规划、影像获取和控制点测量、数据处理。

1.航线规划

　　青台遗址航线规划是基于Google Earth和MdCockpit软件进行编辑，Google Earth主要参数设置"工具"菜单，地形提升高度参数设为1，坐标显示设为小数度数。进入MdCockpit软件，将青台遗址位置的经纬度坐标添加全背景起点，设置地图图片每行为3张，导入谷歌地球（TM）的地图，缓存遗址区影像。切换至Google Earth界面，重复执行编辑菜单栏下的"复制图像"命令。图一是遗址区域影像底图。

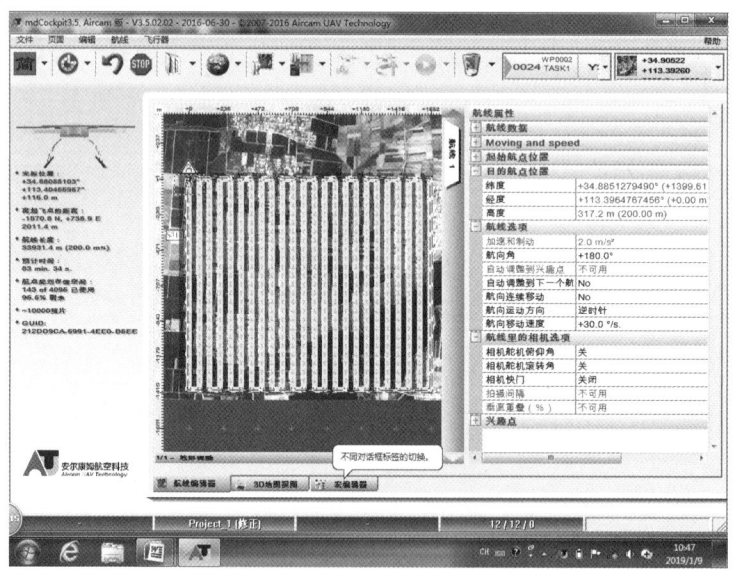

图一　青台遗址区域及航线规划

　　航线总体属性编辑，起飞点位置为独立于航点1，航线对准原点飞行为no，相机Sonyα7R。创建航点1，属性设置如下：相对高度20，创建航点2，相对高度与航高应一致为200米，航点（1和2）动作为未配置。在航点2的基础上，右键创建GIS栅格，栅格属性如下：光删方向角为0°，航向角180°；离地高度（飞行高度）200米，水平速度8米/秒，转动每列为yes；区域宽度1600米，区域高度1300米；横向重叠60%，垂直重叠70%；执行"优化航线"命令。逐条检查航线属性是否一致，航线两端航点动作为未配置。影像获取采用间隔3秒正射拍照模式，相机舵机俯仰角是+90°，相机舵机滚转角+0°。

青台遗址区域较大，为保证飞行数据质量和飞行安全，飞行设备单块电池续航时间须控制在22分钟以内，将航线手动拆分为4条分航线，4个架次飞行。

2.影像获取和像控点测量

第一，需根据气候、地理环境和气象等条件对相机参数进行设置。青台遗址影像获取时相机设置：手动档（M档），选择目标物最亮部分测光，相机焦距调至无穷，光圈为f6.3，曝光时间是1/1250秒，ISO速度为ISO-200。第二，审查航线，相机调试，并安装至云台，相机存储卡和SIM卡安装至飞行设备，确保飞行设备、地面站和遥控器等正常运行。第三，航前检查，包括4个电机旋转方向、电池电压电量及安装、数据卡安装、GPS盖、旋翼的安装及支臂固定、微波盒、遥控器信号等。第五，指标正常和保证飞行安全，航线上传飞行器成功，启动飞行器，当飞行器离地一定高度，"Shift+Waypoint键上拨"切入航线工作模式，飞行器按规划航线执行。同时，从地面站实时观察飞行器姿态、电池电量、风速和拍摄区域等。一个架次飞行结束，将影像和POS点导入计算机，检查影像重叠度和质量，核查POS点数据。

青台遗址控制点测量，在华测I80 GPS RTK和河南CORS系统（西安1980坐标系统）技术支持下，对遗址区域东北、西北、西南、东南、中心等区域选择独立特征点进行三维坐标测量。控制点测量时应对所测控制点进行拍照和文字记录，照片编号和测量数据编号必须一致，便于内业数据整理核查。青台遗址共选择17个特征点进行测量（图二）。

图二　控制点测量

3.数据处理

数据处理包括数据预处理和数据深加工。数据预处理是将影像数据、控制点数据和飞行记录数据导入计算机，所有的影像数据存储于一个文件夹，经数据质量检查，剔除冗余影像，利用Photoshop软件调整受自然环境干扰的影像。依据Pix4d软件对控制点和POS点格式要求，将POS点和影像编号对应存储，对控制点按平面坐标系统中三维坐标顺序进行整理（图三）。

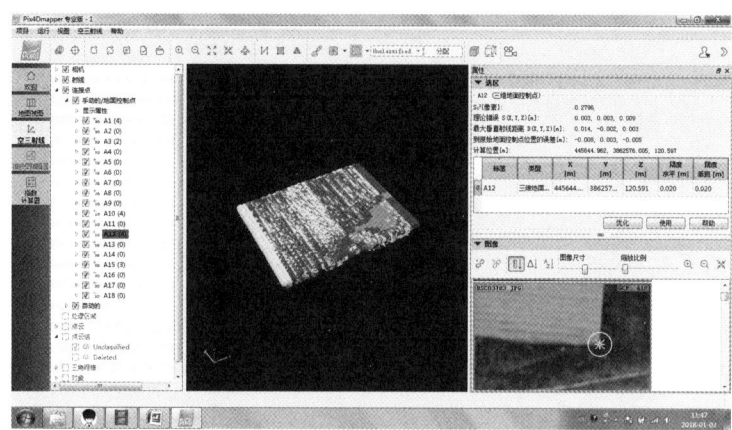

图三　控制点刺点

Pix4d软件中新建项目qt18（存储于影像目录中），导入影像和POS点，选择坐标系统WGS84，添加控制点数据并选择坐标系和投影参数。在平面编辑器初步处理（快速检测），查看质量报告中控制点精度评估情况。若控制点精度较低，进入空三射线编辑器，对控制点进行调整并优化。空三射线编辑器中刺点应注意：（1）三个标记：蓝色圆圈是预测控制点位置，黄色叉是所刺的控制点，绿色叉表示控制点已经重新参与计算重新得到的位置；（2）刺点时，照片不宜放过大，放到照片2倍；（3）对控制点调整后需优化处理。精度满足要求时，执行初始化高精度处理，并设置点云和数字表面模型及正射影像图相应模块参数，执行开始命令，生产成果。

三、无人机遥感技术在考古摄影中的应用

考古摄影可直观、真实地记录田野考古调查、发掘过程中重要遗迹遗物，是实物资料获取的一种重要技术手段。考古摄影主要包括遗址全景照、考古发掘工作照、发掘探方照片、单个遗迹照、遗物照、重要遗迹遗物出土录像等。传统考古摄影是借助梯子、升降机或搭架子等获取影像，虽可达到考古摄影要求，但在实施中，会遇到梯子安全性低，拆卸造成资源浪费；有人驾驶的飞机或热气球飞行高度高、速度快，较难获取高清、全面的影像等问题[6]，导致工作效率低，获取影像技术单一，费时费力。

青台遗址考古摄影，在大疆S1000+和佳能EOS 5D（自动对焦）相机技术支持下，依据考古发掘工作进程，及时获取遗迹遗物影像（照片和录像）。大疆S1000+和佳能EOS 5D技术具有飞行器性能稳定、易操作等优势，尤其是高清图传显示设备可实时播放相机获取的影像资料，并指导飞控手来调整飞行方向和高度、飞行器位置、角度确定、自动对焦，以获取高清影像，实现对考古发掘遗迹遗物进行多角度、全方位拍摄和录像，保证影像的完整性和全面性。

四、结果与分析

1.遗址测绘

青台遗址数据处理质量报告（图四）显示，影像重叠率低，湖面区域出现空洞。影像重叠度低主要是受航向重叠率和旁向重叠率、飞行高度、飞行速度、拍照时间间隔和风等影响。湖面空洞主要因面积大，像对点不易识别，可通过软件修补处理空洞。从质量报告控制点精度0.008米分析可知，DSM和DOM（图五、图六）满足规范要求，可用于遗址考古研究。

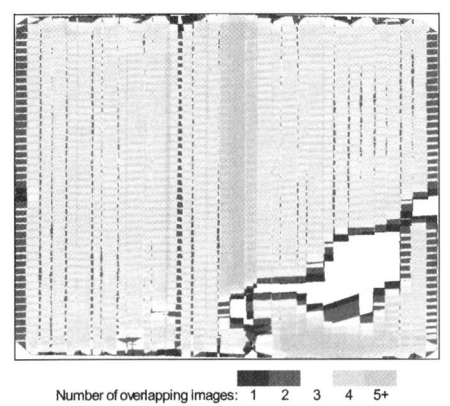

Number of overlapping images: 1 2 3 4 5+

图四　质量报告中的影像重叠率

Value
High : 132.706
Low : 87.583

图五　青台遗址数字地表模型

通过青台遗址数据获取、数据处理和成果分析可知，数据获取是关键，决定了成果质量和精度。首先，航线规划时航测区域界定、航高设置、重叠率设置、拍照时间间隔等设置，要充分考虑周边地理环境、自然气候条件和测区风俗习惯等因素，合理优化航线，保证飞行安全和获取数据的完整性和精准度。其次，控制点测量，坐标系统需与遗址调查、勘探和发掘遗迹等坐标系统一致。同时，根据遗址测区范围、周边地形地貌，选择目标清晰、易于判刺和测量以及较稳固的地物交点、拐角和中心点等作为控制点，保证数据的可靠性和精度。

2.考古摄影

大疆S1000+和佳能EOS 5D技术应用于青台遗址考古摄影，可及时对发掘遗迹进行多角度、全方位拍摄，获取遗址全景、考古发掘场景和发掘遗迹、遗物等高分辨率影像。其中青台遗址重要考古发现北斗九星祭祀区[7]，是在该技术支持下，获取全面、准确的遗迹遗物数字影像（图七）。

无人机遥感技术在青台遗址考古中的应用取得丰硕成果：（1）青台遗址DOM

图六 青台遗址正射影像

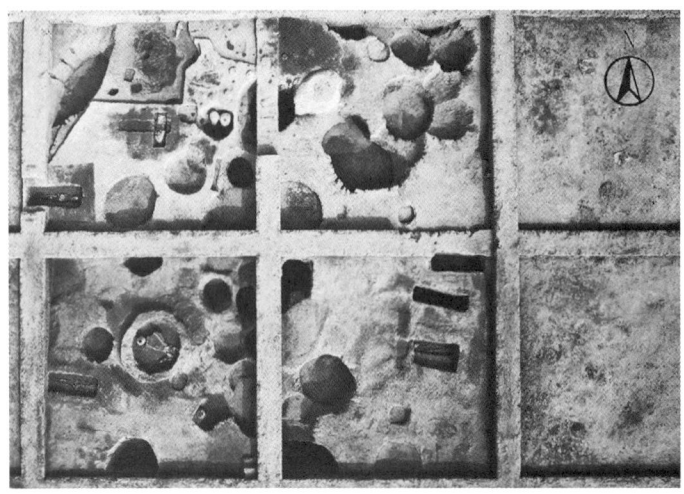

图七 北斗九星祭祀区（引自《华夏考古》2018年第3期第2页）

和DSM为遗址地形图（DLG）编绘提供了数字图像支持，解决了传统全站仪或GPS RTK逐点采集作业难、效率低等问题，提高了作业效率，保证了遗址考古成果资料的时效性和准确性；（2）高分辨率正射影像图、数字地表模型和数字高程模型，为考古领队提供直观、可靠的数字资料，有助于考古领队决策部署田野考古调查、勘探和发掘等工作；（3）正射影像图可作为考古勘探遗迹分布图和考古发掘遗迹分布图的底图，遗迹现象空间分布和聚落空间布局都能叠置显示，并有相应的三维坐标，对考古学发掘探方布设提供决策性的技术引导，为遗址考古研究提供全面、精准的数字化资料；（4）所有影像、数据和成果都可作为遗址的档案资料，永久留存于档案室；（5）遗址测绘和考古摄影所得影像、数据均是遗址考古三维模型建立的重要资料源；（6）所有数字化资料为大遗址保护规划、遗址公园建设和文化遗产保护工程等提供准确、高精度的基础信息资料。

五、结论

通过两种型号无人机遥感技术在青台遗址考古中的应用探索，创新了遗址测绘新工作模式和考古摄影新技术，提高了工作效率和信息资料质量，为建立遗址三维模型提供高分辨率、全面性强和高质量的影像数据，为更全面、高效地获取考古实物影像资料提供了技术支持。无人机遥感技术具有时效性强、高精度、高效率、易操作等优势，它必将成为遗址考古影像获取的重要技术，被广泛应用于遗址考古研究。

▌注释

［1］刘建国：《考古遗址的超低空拍摄与数据处理》，《考古》2015年第11期。

［2］蒋晓春、张书涛：《小型无人机在田野考古调查中的应用——以金堂云顶城遗址调查为例》，《西华师范大学学报》（哲学社会科学版）2018年第5期。

［3］周磊、梁爽、李海泉、李俊、南竣祥：《测绘技术在大遗址保护中的应用》，《测绘与空间地理信息》2017年第7期。

［4］参见《荥阳青台遗址出土纺织物的报告》，《中原文物》1999年第3期。

［5］尚元昕、魏青利：《2017年河南省五大考古新发现之荥阳青台遗址发掘》，《华夏文明》2018年第8期。

［6］任潇：《低空摄影测量技术在河南考古工作中的新应用》，《中国文物报》2014年12月5日第7版。

［7］参见《荥阳青台遗址遗迹》，《华夏考古》2018年第3期。

（原刊于《大众考古》2019年第10期）

新型测绘技术在双槐树遗址地形图编绘中的应用

赵向莉　孙晓飞

双槐树遗址位于河南省巩义市河洛镇双槐树村南边的高台地上，是一处距今约5300年的都邑性聚落遗址，遗址现存东西长约1500米，南北宽约780米。经考古调查、勘探与发掘，发现有环壕、夯土基址、墓葬、灰坑、人祭坑、兽骨坑等重要遗迹，并出土了丰富的新石器时代遗物[1]，2021年4月13日，双槐树遗址入选"2020年度全国十大考古新发现"。

为保证双槐树遗址重要文化遗存资料的系统性、完整性、全面性、准确性，郑州市文物考古研究院采用新型测绘技术（无人机航测技术、网络CORSE系统、三维建模和裸眼测图技术等），获取遗址本体及周边环境的基础信息数据资料，完成该遗址区域及周边环境的航测数据获取、像控点测量、实景三维模型创建、正射影像图制作和1∶2000遗址地形图采集与编辑。遗址地形图范围以双槐树遗址核心区为中心，北至炎黄快速通道，南至连霍高速公路，西至工厂围墙，东至自然沟，方圆约3.2平方公里。测区南部和北部为山地，地形较为复杂；中部区域在高台地上地势较为平坦，以农田为主，交通较为便利。

一、设备选用

双槐树遗址外业数据获取主要选用安尔康姆MD4-1000无人机搭载索尼a7相机、华测I80 GPS RTK及千寻CORSE系统，内业数据处理软件主要采用Context Capture和EPS地理信息工作站。安尔康姆MD4-1000无人机具有稳定性强、续航时间长、可规划航线获取影像等优势，索尼a7相机获取影像清晰度高。通过Context Capture和EPS地理信息工作站对外业数据进行处理，可以完成遗址区域三维模型重建、正射影像图制作和遗址地形图的编绘，具有处理效率高、成果质量佳、易被考古工作者掌握等优点。

二、数据采集

1.航线规划

依据双槐树遗址1∶2000地形图、遗址三维模型和正射影像等成果要求以及相关规范，我们进行了航线规划（图一），基于Google Earth和MdCockpit软件，规划航线航高为150米，旁向重叠率65%，航向重叠率75%，飞行速度8m/s，影像获取时间间隔3秒。

2.数据获取

数据获取包括遗址航测影像数据获取和控制点测量两部分内容。其中遗址航测影像数据采集，依据图一可知，飞行时间约需101分钟。受无人机电池续航时间

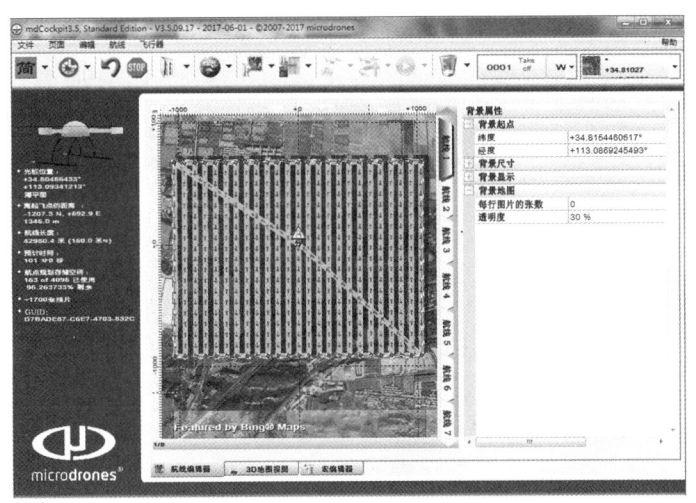

图一　双槐树遗址规划航线示意图

（23分钟）限制，在保证飞行器安全和影像质量的前提下，我们将规划总航线优化为7条分航线，每个架次飞行一条航线。每个架次飞行结束后，检查所采集影像质量、POS数据数量以及飞行器各项参数，确定信息完整、准确无误，再执行下一条航线飞行任务。由于该遗址核心区域处于高台地上，风相对较大，特别需要关注天气情况，需要在无风或微风、天气晴朗、阴影少的环境下执行飞行任务。确保飞行器在视野范围内作业。可借助望远镜观察飞行器飞行姿态，保证飞行器安全。

控制点测量是航测外业数据采集的重要部分，由于该遗址范围内以田地、山坡为主，控制点多选在居民区、道路等区域。控制点测量采用华测I80 GPS RTK、千寻corse系统，坐标系统选用国家2000。选取道路标志线交点，以台阶、水渠等明显线状、面状地物交点等特征点作为控制点、检查点，测量其特征点x、y、z。在遗址区范围内测量多个控制点数据，依据所测的控制点数据，在对应影像进行综合判读，选出影像清晰度高、不被障碍物遮挡、利于内业刺点等的5个点作为控制点（表一）。

表一　控制点一览表

点号	北坐标（X）	东坐标（Y）	高程（H）
1	3855089.839	415587.7773	88.5713
2	3854899.711	416334.6544	89.7339
3	3854441.803	416217.8794	164.0262
4	3853716.765	415656.1067	148.1667
5	3854495.643	415681.9471	162.5538

3.数据处理

把外业获取的影像、导出的POS数据和控制点数据整理至同一个文件夹，编辑POS数据编号与影像编号一致。基于context capture软件，新建工程（设置英文工程名称、存储路径），导入数据（导入影像数据、POS点数据），导入控制点数据，提交空中三角测量创建任务。导入POS点和控制点数据时，需选定WGS84坐标系统和国家2000坐标系统（中央经线114°）。

为了提高空中三角测量创建效率，首先分别基于"use photo positioning metadata for rigid registration"和"use photo positioning metadata for adjustment"提交空三。在基于POS数据创建空三基础上，分别对导入的5个控制点在对应影像上进行刺点（shift+左键），每个控制点刺4~8张照片。控制点刺点结束，基于"use control points for rigid registration"及"use control points for adjustment"两种模式，分别提交空中三角测量。两次空中三角测量创建成功后，所刺控制点标志绿色显示（图二）。空中三角测量质量报告中显示控制点精度如图三所示，绿色表示重投影误差小，精度高，空中三角测量创建成功。

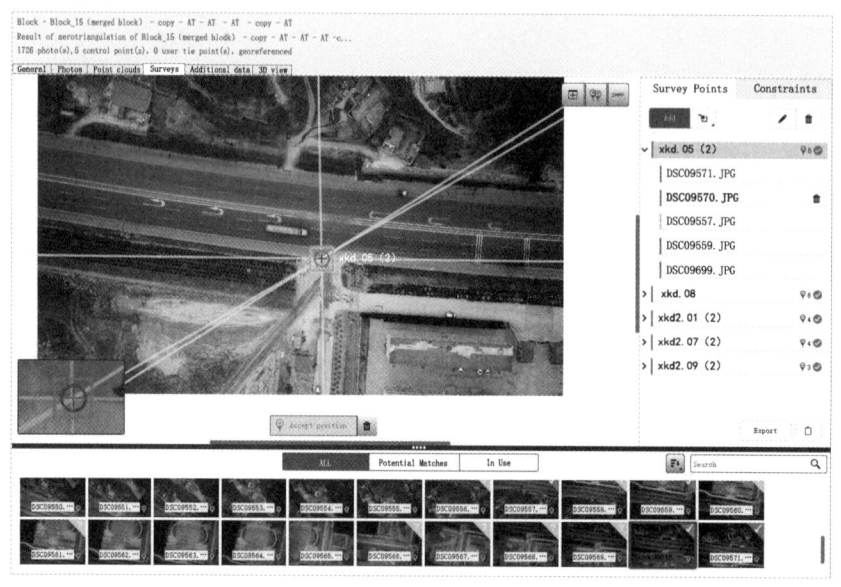

图二　基于控制点模式创建空中三角测量后控制点标志显示

依据空中三角测量质量报告中关于控制点精度、重叠率等参数显示可知，空中三角测量成果满足相关规范要求，可进入三维模型创建阶段。需定义创建产品的相关参数，基于3D mesh模式，设置三维模型数据格式为OSGB，瓦片模式为规则二维网格，选定国家2000坐标系统。依据计算机内存进行单块瓦片大小设定（单块瓦片处理过程

Control Points

					Control Points Errors					
Name	Category	Accuracy [meters]	Number of Calibrated Photos	RMS of Reprojection Error [pixels]	RMS of Distances to Rays [meters]	3D Error [meters]	Horizontal Error [meters]	Vertical Error [meters]	
xkd.08	3D	Horizontal: 0; Vertical: 0	6 (6 marked photos)	0.87	0.0908	0.0095	X: -0.0041; Y: -0.0021	-0.0083	✓
xkd.05 (2)	3D	Horizontal: 0; Vertical: 0	5 (5 marked photos)	0.9	0.0346	0.0044	X: 0.0003; Y: -0.0022	-0.0038	✓
xkd2.01 (2)	3D	Horizontal: 0; Vertical: 0	2 (4 marked photos)	0.45	0.0401	0.0602	X: 0.0158; Y: 0.012	0.0569	✓
xkd2.07 (2)	3D	Horizontal: 0; Vertical: 0	2 (4 marked photos)	0.44	0.0093	0.0277	X: -0.008; Y: 0.0009	-0.0265	✓
xkd2.09 (2)	3D	Horizontal: 0; Vertical: 0	3 (3 marked photos)	0.25	0.0072	0.0036	X: 0.0003; Y: 0	-0.0036	✓
Global RMS				0.64	0.0473	0.0301	X: 0.0081; Y: 0.0055	0.0284	
Median				0.45	0.0346	0.0095	X: 0.0003; Y: 0	-0.0038	

图三 空中三角测量质量报告中的控制点精度

中所占计算机内存不超过总内存的 2/3），双槐树遗址影像数据处理所用的 DELL 计算机内存是 64G，单块瓦片设置为 300 meters，单块瓦片所耗最大内存为 32GB，共分为 48 个瓦片，提交三维模型重建任务。遗址本体及周边环境三维重建用时大约 50 个小时，生成双槐树遗址三维模型（图四）成果数据。通过 Acute3D viewer 软件对模型进行全方位、多角度浏览，可查询遗址范围内任意点、线、面的三维坐标、长度、宽度和面积等。

把双槐树遗址三维模型导入 Acute3D viewer 进行浏览，经查阅，该遗址模型完整，质量较好。在遗址三维模型基础上创建遗址的正射影像，新建正射影像产品，定义相应参数，基于 Orthophoto/DSM 模式，设置 Sampling distance（meters）：0.023，Maximum image part dimension（px）：

方向：北—南

方向：东南—西北

方向：西北—东南

图四 双槐树遗址三维模型

图五　双槐树遗址正射影像图

4096为默认值，选择影像格式tiff，提交正射影像任务。由于Context Capture软件生产的正射影像有多个瓦片数据，因此需利用ArcMap软件对生成的正射影像分块数据进行合并，得到一张完整、高分辨率的正射影像图（图五）。

4. DLG数据采集与编辑

双槐树遗址外业数据采集，内业数据处理，生成遗址的三维模型、正射影像图等成果，为遗址大比例尺地形图的编绘提供了基础信息数据的支持。基于上述成果资料，采用EPS地理信息工作站系统，完成1∶2000大比例尺地形图数据采集与编辑。通过二三维交互采集采编一体化，直接对地物进行采集测图，相对于传统的立体像对测图，提高了遗址地形图的成图效率。

通过"三维测图"菜单下"OSGB格式转换"命令，将模型数据OSGB格式转换为DSM格式。执行"加载模型数据"和"加载超大影像"操作命令，加载DSM格式的模型数据及正射影像到软件中，形成二三维联动测图窗口（图六）。在二三维联动

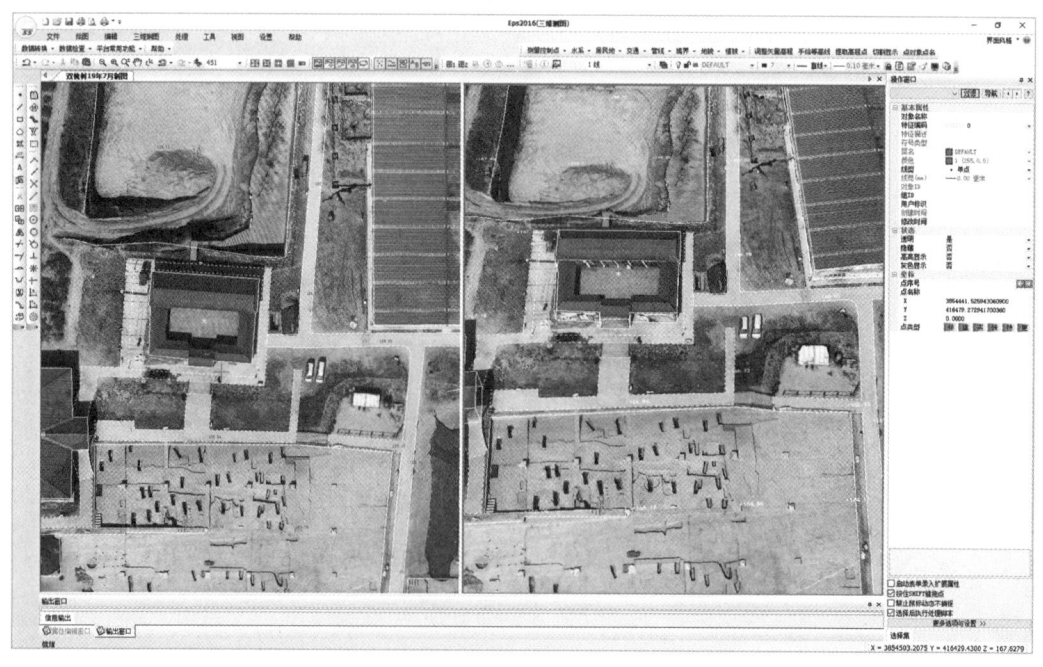

图六　基于EPS形成的二三维联动测图

窗口内，依据《1：500、1：1000、1：2000地形图航空摄影测量数字化测图规范》等相关规范，对道路、陡坎、房屋、田埂等地理信息采集与编辑，并通过"提取高程点"命令采集地貌特征点高程点数据，依据高程点数据，生成等高距为1米的等高线。依据影像图和编绘的地形图进行实地调绘，重点对图形编绘时有疑问的地物、地形等进行查看，必要时进行实地补测，再依据外业调绘成果资料对地形图进行更新、整饰，以确保地物、地形等信息准确、完整，完成双槐树遗址地形图编绘（图七）。

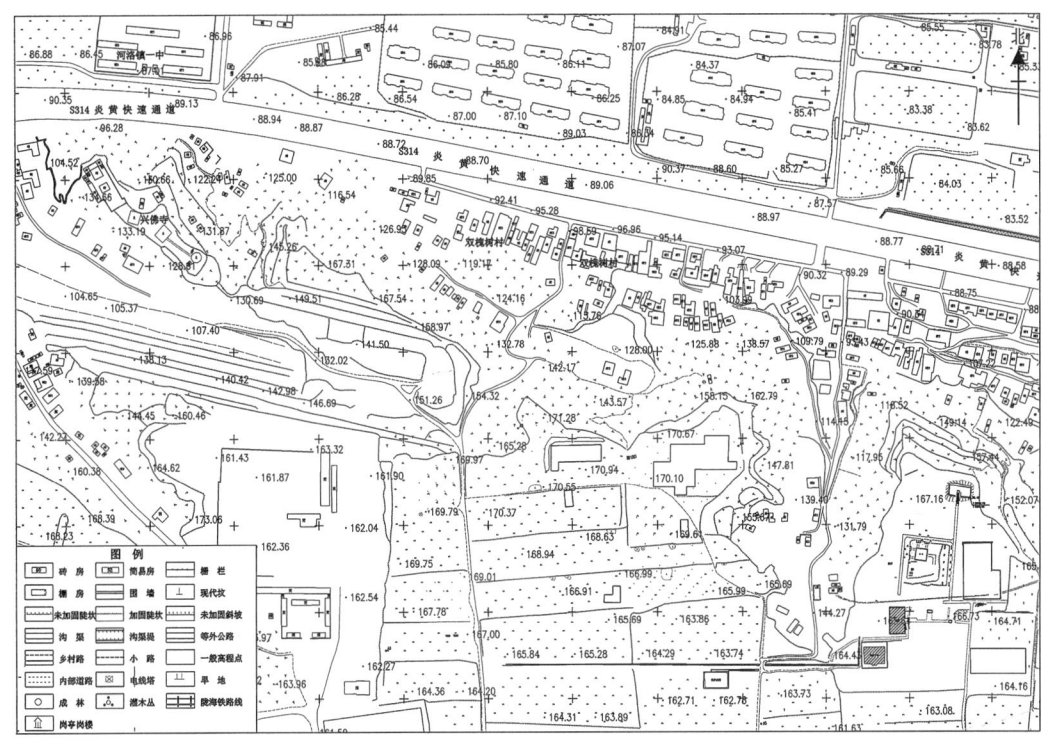

图七　双槐树遗址1：2000地形示意图（局部）

5.成果数量及质量情况

双槐树遗址航测面积约3.2平方公里，按照规划航线共飞行7个架次，相片数量共1726张。单张相片分辨率为7360×4912，地物清晰，色调均匀、一致。POS点数据完整，与影像数据相对应。控制点数量、精度等均能满足空中三角测量任务要求，所生成的三维模型、正射影像图，分辨率均满足1：2000遗址地形图的编绘要求。依据地形图编绘相关规范，最终完成了双槐树遗址1：2000地形图编绘。

三、数据处理结果分析

采用GPS RTK接收机作为精度检测的仪器设备，双槐树遗址选取32个特征点作为检查点，进行实地测量，根据实地测量检查点的位置分布情况，选取6个具有代表性的检查点。基于EPS地理信息工作站，在三维模型以及地形图上，获取6个特征点的图上坐标数据。依据相关规范，将图上获取的检查点坐标数据与实地测量的检查点坐标数据相比较，得出该检查点x、y坐标信息残差及中误差，参见表二。

通过对检查点中误差进行分析，依据CH/Z 3003-2010《低空数字航空摄影测量内业规范》3.4精度要求可知，双槐树遗址1∶2000地形图的精度满足制图规范要求。

控制点与检查点实地测量时，需要注意以下事项：首先是设备选用，选择的GPS RTK设备和网络corse系统应具有信号强、精度高、数据链稳定等优势；其次是特征点选取，应选择道路标志线拐点、线（面）状地物的交会点等作为检查点或控制点，进行实地测量，切勿选择距地表有一定高度的特征点（如房角、机井角等），坐标测量时，观测次数或时长应设置为10次或10秒以上，以确保所测数据精度满足相关规范要求。

四、成果应用

利用无人机技术、GPS RTK技术获取遗址本体、周边环境的影像及测绘数据，通过Context Capture软件、EPS地理信息工作站对数据进行处理，生成遗址实景三维模型、正射影像图、大比例尺地形图等数字化信息资料，能够为田野考古、考古学研究、文化遗产的保护规划与管理提供准确、翔实的基础信息。

双槐树遗址三维模型可真实再现考古发掘现场信息，逼真显示遗址本体及周边地理环境，基于Acute 3D viewer软件，考古领队可多角度、全方位浏览遗址的三维模型。双槐树遗址国家2000坐标系统下的大比例尺地形图，可清晰地呈现地物、地形等地理信息，图上任意点的三维坐标，任意距离的长度、宽度，任意区域的面积均可直接查询。

考古领队可通过遗址三维模型和大比例尺国家2000坐标系统下的遗址地形图进行全面、直观的查看、综合分析研究，更加清晰地掌控遗址本体及周边地理环境，精准制定遗址考古调查、勘探、发掘以及研究的实施方案，从而提高考古发掘效率。

五、结语

通过对双槐树遗址本体及周边环境的影像、控制点数据进行获取，对实景三维模型创建、正射影像图以及大比例尺遗址地形图进行制作可知，将无人机航测技术、GPS RTK测绘技术、Context Capture三维建模和Eps地理信息工作站软件处理系统等新型测绘技术联合应用于遗址地形图编绘是切实可行的。与传统航空摄影测量技术、遗址大比例尺地形图测绘相比，新型测绘技术具有效率高、精度高、易操作、易掌握等优势，不仅提高了工作效率、数据精度，也降低了人力、物力、财力成本，为遗址数字化大比例尺地形图的编绘提供了新的技术支持。

注释

［1］郑州市文物考古研究院：《河南巩义市双槐树新石器时代遗址》，《考古》2021年第7期。

（原刊于《黄河·黄土·黄种人》2021年第24期）

实用考古绘图四则

郝红星

对一个考古工作者来说，力所能及地进行一些器物修复及绘图是再好不过的事情，这种与器物的亲密互动无疑会增加自己对器物的认知以及对表象背后东西的理解，比如生产技术、艺术思想，甚至社会组织的一些功能。从另一角度讲，器物修复与绘图是技工的必备技能，如果不能完成这两项工作，那不过是个发掘机械手罢了，很可惜，目前这样的机械手为数不少。如何将遗迹图绘制正确，适时进行一些复杂器物的绘制，是考古领队迫切需要重视的问题。我们在此讲解四种图的绘制。

一、有打破关系的遗迹图的绘制

作为领队，在检查资料过程中，常常发现技工把有打破关系的遗迹的平、剖面图绘得乱七八糟。目标是绘出打破者，结果被打破者也绘出一部或全部；目标是绘出被打破者，结果既绘出被打破者，又绘出打破者，两者叠加在一起，让人眼花缭乱。实际上，由于我们绘制的是平、剖面图，而剖面图一般在平面图基础上添制而成。这样，绘制打破者的平、剖图，被打破者作为背景，一般是不用出现的。有人顾忌到打破者的平、剖图一部分是生土壁，一部分是熟土壁，而坚持要把作为背景的被打破者也绘出，这样就喧宾夺主了。因此，我们主张在总平面图中显示两者的关系，文字描述时予以介绍，绘图时将打破者全部用实线表示，而不必生土部分用实线、熟土部分用虚线，这样更简洁明了。下面以新郑铁岭墓地为例，说明被打破者如何正确绘制。我们遵循的原则是：虽然是绘制被打破者，但看到的（包括被打破者与打破者）一般都要绘出，看不到的（也就是清理掉的）一般无须绘出，为了线图完整的除外。

1.被打破者被一浅而小的竖穴土坑墓打破，如 M530 之被 M529 打破，要绘 M530 的平面图。M529 打破 M530 的生土壁一部分，也打破填土一部分，M529 已经清理完毕，仅在 M530 北壁上留下一直壁的浅坑。这时 M529 的东壁、西壁及东壁一部分要绘出，墓底在 M530 北壁有上一条东西向的线也要绘出。这条线以南的已经被清掉的原位于填土上的 M529 的南壁线，则无须用虚线标出。为了表达清楚，我们将 M529、M530 配了颜色（图一），而标准的线图是不能带颜色的（图二）。

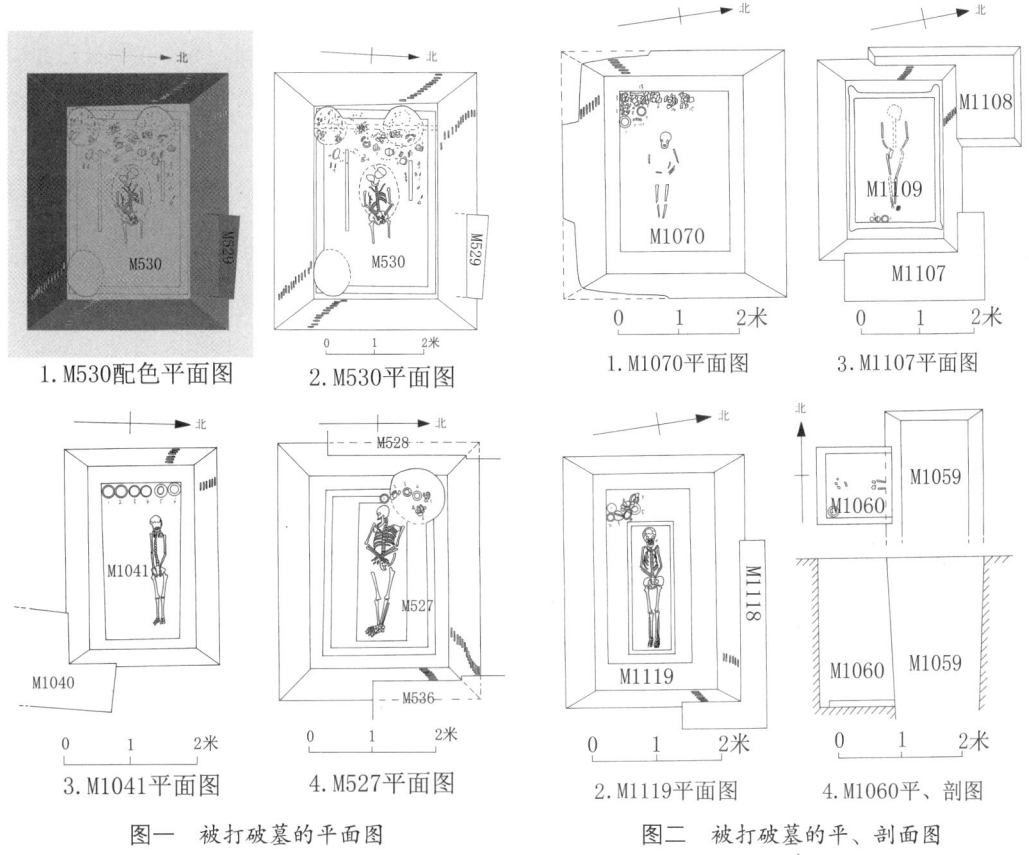

1.M530配色平面图　2.M530平面图　1.M1070平面图　3.M1107平面图

3.M1041平面图　4.M527平面图　2.M1119平面图　4.M1060平、剖图

图一　被打破墓的平面图　　　图二　被打破墓的平、剖面图

2.被打破者较大，打破者窄而长，为了控制被打破者线图不至于过大，打破者只绘出一部分，如M1041之被M1040打破一角。M1040是直壁的土坑墓，墓底在M1041西南角墓壁上留下两条直线，M1040已经被清掉的西北角不用再用虚线标出。为了图的整洁，M1041缺失的西南角墓口线不必绘出（图一：3）。

3.被打破者较大，打破者长而大，同样的为了被打破者平面图适中，打破者只绘出一小部分，如M527之被M528、M536打破。M528、M536均为直壁土坑墓，前者打破M527的西壁与北壁，后者打破M527的东壁与北壁，两打破者的墓底在M527的东、西、北三壁上留下了直线。因为M527被毁掉的墓口线距M528、M536在东、西、北三壁上造成的直线稍远，墓口线可以用虚线补出，这样M527平面图看起来更美观（图一：4）。

4.被打破者墓口被厚薄不同的文化层破坏，如M1070之东南角、西南角被文化层破坏，文化层范围不必理会，M1070的墓口线要用虚线绘出，以便M1170线图完整（图二：1）。

5.被打破者较大，打破者中型，可将打破者边线全部绘出，如M1119之被M1118打破。M1118为直壁的土坑墓，打破M1119东北角及东壁、北壁各一部，墓底在M1119东壁、北壁上留下了直线。M1118被清掉的部分不必用虚线绘出。为了图的美观，

M1119缺失的墓口线也不必用虚线绘出（图二：2）。

6. 被打破者较大，打破者有中型的口大底小的土坑墓，如M1109之被M1107、M1108打破。M1107为直壁土坑墓，墓底在M1109东壁与北壁上留下了直线。M1108

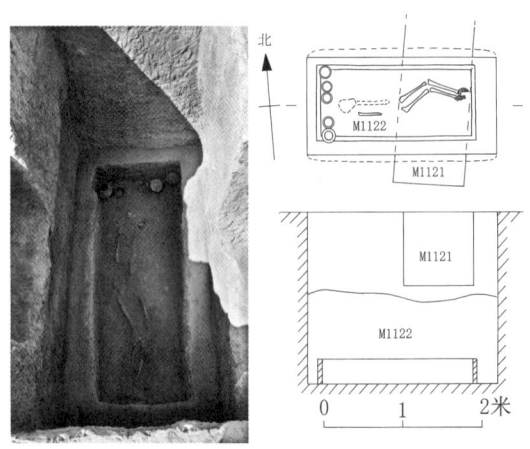

图三　M1122全景照片与平、剖面图

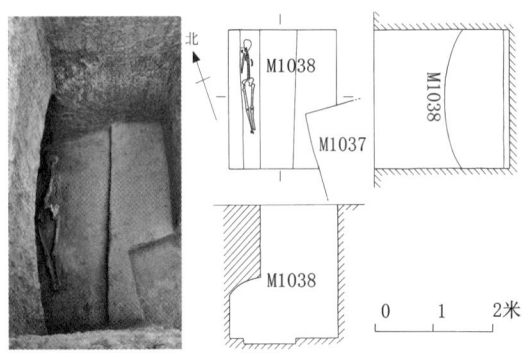

图四　M1038全景照片与平、剖面图

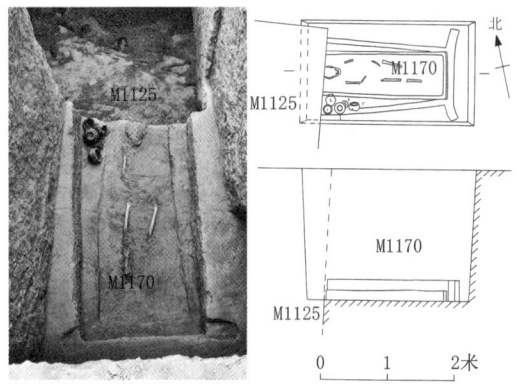

图五　M1170全景照片与平、剖面图

为斜壁土坑墓，墓底在M1109西壁与北壁上留下了直线，它的斜直墓壁在M1109的西壁与北壁上留下了斜直线。两墓被清掉的部分不必用虚线绘出，而M1109的墓口线也不必用虚线绘出，因为M1108的平面图已经够烦琐了，添上墓口线显得更乱（图二：3）。

7. 被打破者较小，打破者较大较深，如M1060之被M1059打破。M1059是较大的斜壁土坑墓，为了控制M1060平、剖图的适中，M1059的长度及深度均不必全部绘出。如果全部绘制，似又喧宾夺主；如果M1059的宽度不全部绘出，其剖面又显得过于零碎，莫明其妙（图二：4）。

8. 被打破者较小，打破者浅而长，纵向打破，如M1122之被M1121打破。M1121是直壁土坑墓，长度未全部绘出，被清掉的部分东、西壁，按理说不应再出现在M1122平面图中。因M1122南、北两壁外的这两部分是一个整体，可用虚线把它们连起来（图三）。

9. 被打破者中等，打破者大且深，打破前者墓底一部分，如M1037之打破M1038。其中M1037大于M1038，为了突出M1038，只绘出M1037的西北角（图四）。

10. 被打破者中型，打破者特大且

深，如M1170之被M1125打破。M1125是口大底小的斜壁墓（清完已回填），其东北角打破M1170的西部，而且贯穿底部，仅西北角有保留。为了图的简洁，M1125的底边未绘，为了M1170图之完整，其西壁的墓口线与底边用虚线补出（图五）。

二、简单器形的绘制

简单器形莫过于圆形器皿，例如罐，若能将它绘好，则相似、相近的器形如壶、钵、碗之类，绘起来也会相当容易。将罐放置在铺有米格纸的绘图台上，左边竖一个直角三角板，使罐体最宽部分紧贴三角板之直边，然后量取罐左边轮廓上的关键点至三角板的水平距离，再将这些点按一定的比例落在另一张米格纸上，罐之左轮廓便跃然而出。过去有一方法较为简便，即左轮廓线画出来后，在米格纸上找出罐的中轴线，按对称的原理将罐的右轮廓线画出来。实际上，古代的器皿正圆的很少，器皿口沿、肩、腹、底的中心点不在同一根中轴上，按对称法画出来的图，反而不是器皿的真实外形。所以，我们提倡在罐的两边各竖一个直角三角板，左三角板紧贴罐，右三角板距罐有一定距离，距离多少，则要根据绘画时采用的比例而定。

初学绘图时，一般掌握不住比例，看到小器物会采用1∶1或1∶2，稍大点儿的器物会用1∶3或1∶4，大器物会用1∶5或1∶6。一个遗迹单位的器物采用这么多比例，排版时线图大小均衡，容易安排，但模糊了器物的相对大小，使得器物在人们心中的形象不明确。经过20多年的实践，我觉得采用1∶1、1∶2和1∶4的比例较好，即便三种比例的线图安排在一版，因为彼此为二倍级，器物相对的大小比较容易想象。我习惯使用1∶2，至于1∶6要慎用。

回到"右三角板距罐有一定距离"这个问题。在1∶2的情况下，右三角板一般放在偶数米格线上，如图六∶中，放在24厘米处。这样在绘图米格纸上确定0厘米米格线，再标出12厘米米格线，罐的完整轮廓就容易绘制了。如果右三角板放在23厘米处，确定0厘米米格线后，就要标出11.5厘米米格线，殊为不便。但是，如果罐体右半部有特征需要绘出时，为了保证测量精确，右三角板可以沿着24厘米线向前移动（移向绘者），或者先向前，再向左移至20厘米，或者18厘米，或者16厘米处，然后在绘图米格纸上标出10厘米、9厘米、8厘米米格线，进行特征的绘制。这样做是为了将特征距右三角板的水平距离精确化。那么特征在高度上的精确化怎么做到呢？我们提倡用三角板来量取，让三角板的直边保持水平，量取数字后，高度数字与水平数字均除以2。有些人习惯用比例规量取特征到右三角板的距离，这样可省却水平数字的计算，但比例规的两脚中间没有连接物，眼力很难让它们保持水平，这样量出来的水平距离当然不甚精确。

　　以上所说的一切建立在一个基础之上，即绘图台的台面是一个水平面。如果台面中间下凹或中间凸起，即使用以上的方法测量，绘出来的图也是变形的。具体地说，如果是凹面，轮廓线上各点距三角板直边的距离变短，绘出来的图在中腹以上有较大的扩盈（图六：左）；如果是凸面，轮廓线上各点距三角板直边的距离变长，绘出来的图在中腹以上有明显的瘦身（图六：右）。观看上图所示，很容易理解。故此，我们需要在绘图台上放置一块平板玻璃，其上再放置米格纸、器物、三角板。

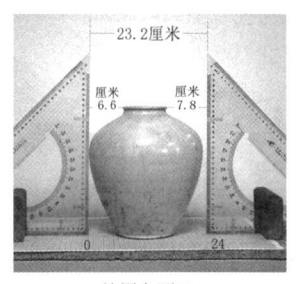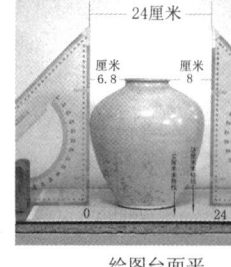

绘图台面凹　　　　　　　　绘图台面平　　　　　　　　绘图台面凸

图六　绘图台上三角板的放置方法

　　我平生第一次绘图并且用以发表的，是1994年自己撰写的《郑州地区发现的几座唐墓》一文用图。由于当时我对器物的生疏，造成一版线图有1∶1、1∶2和1∶3三种比例，这些图经过出版社的缩排，分别变成1∶2、1∶4、1∶6（图七）。以现在的眼光看，鎏金铜尺的珍珠地画得过于密集，缩排后变成漆黑一团，如果当初将珍珠地画成半圆，并适当减少数量，缩排后的效果或许更佳。瓷罐若使用1∶2的比例，则铜尺、碗罐的形象可以在脑中形成倍级增长，但瓷罐使用了1∶3的比例，打乱了这种增长次序。另外，所有器物的剖面斜线画得过于密集，可以略疏一些。为了保持剖面斜线方向的一致性，建议描图时，将三角板的边重合米格纸对角线，画歪时可以随时调整。

　　将这篇文章1∶4的线图（原比例为1∶2）排在一起，器物的相对大小

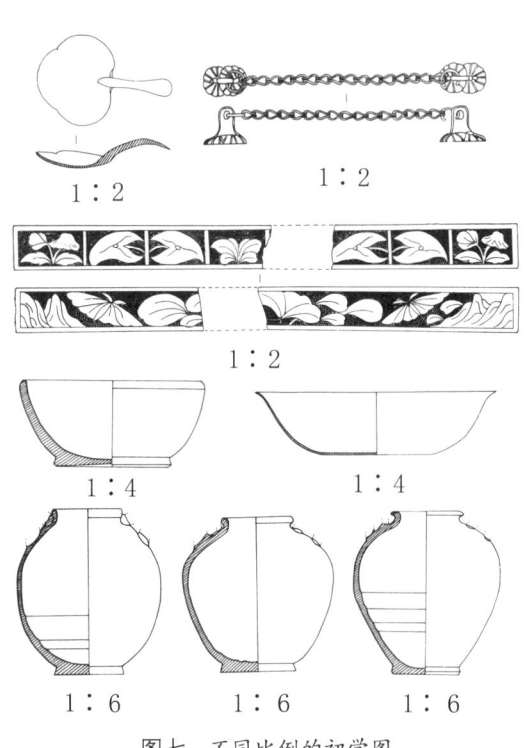

图七　不同比例的初学图

一目了然（图八）。1是白瓷茶注，2是三彩豆，3是青釉瓷砚，4是白瓷盘。描硫酸图时，一定要画出瓷器的质感，圆润与劲挺相结合。因此除了纵横直线用针管笔外，左边稍粗的剖面线与右边稍细的轮廓线均用一支蘸笔完成。线的粗细依靠着墨的多少与握笔的力道来达成。实际上，从一开始，本人就习惯将蘸笔尖反用，将笔尖的张力与弹力转化成线条的柔顺与飞扬。并且发现，考古界这样用笔的人不止一个。

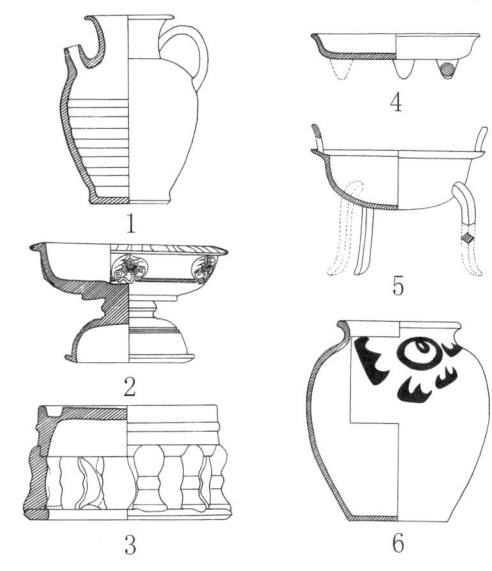

图八　同比例的初学图

2001年6月，郑州市文物考古院在巩义物资局新华小区发掘一座汉墓，由于器物大小相差悬殊，绘器物图时，使用了1∶1、1∶2、1∶3、1∶4、1∶6五种比例。《华夏考古》的编辑在排版时，将1∶2、1∶4的器物统一缩成1∶10的线图排在一起（图九）。观察这些图时可以发现，剖面斜线的间距大致一致，说明本人在绘制比例不同的线图时，对斜线间距拿捏得比较准，对可能发生的缩图情况了然于胸。对于一些铜器如无柄的铜熏炉，熏炉盖镂孔的孔小且多，用1∶1比例绘制。有柄的熏炉因柄较长，用1∶2比例绘制，并省去了俯视图。铜鸠车较小，用1∶1绘制。这三件图被编辑缩成统一的比例尺（1∶5）放在了一起（图一〇）。比较难绘制的是两件铜托盘上的铜耳杯，由于其弧度大，转圜处多，而反用的笔尖每次只能弧行1厘米就要改变硫酸纸的角度，这样就形成一个断点。一个耳杯大概有八至九个断点，接续绘线时，要尽量保证接头不被看出来，接续绘出的弧线弧度要和前边的弧度一致，

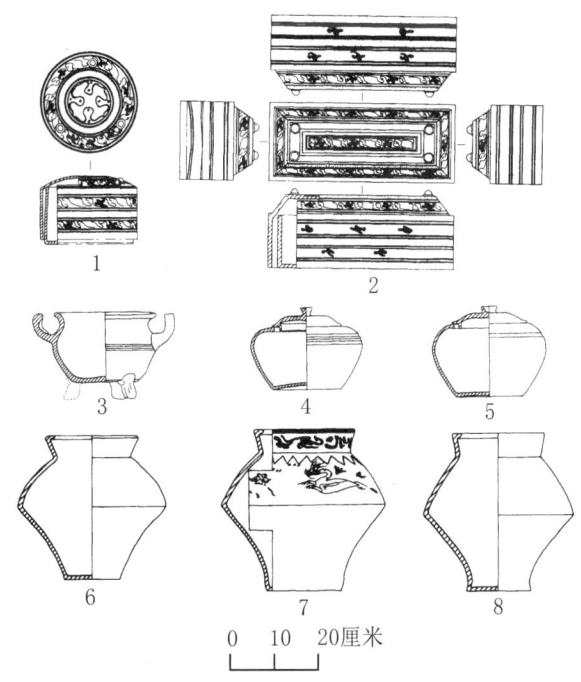

0　10　20厘米

图九　巩义新华小区M1出土陶器

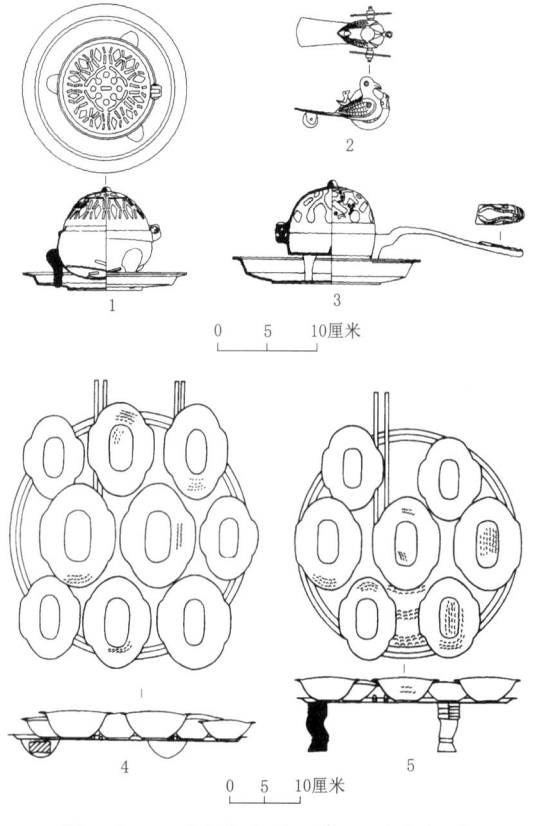

图一〇　巩义新华小区汉墓M1出土铜器

以上原为1:1，现为1:2

以上原为1:2，现为1:4

以上原为1:2，现为1:5

图一一　郑州东大街元代瓷器灰坑出土器物

这样就很难，更别说两盘共有16件耳杯，将全部耳杯绘好，没有一定的毅力是不行的。

2001年3月，郑州市文物考古研究院在东大街发掘了一个元代灰坑，坑中出土大量的元代瓷片，后撰成《郑州市东大街元代瓷器灰坑》一文，发表在2004年《文物》第11期上。由于瓷器大小相差不多，仅采用1:1和1:2两种比例。瓷器器形单一，多数为碗盘类，绘制起来比较容易，但描图时，悉数达成器物轮廓线的流敞、圆润，实属不易（图一一）。图中有些器物原图是1:1，被编辑部缩成1:2的比例，而原来1:2的图，有些被缩成1:4，有些则被缩成1:5，是因为后者器物有较大者。

三、　俑类器物的绘制

陕西、河南作为全国的文物大省，有较多的汉唐之物，这两省的考古文章中有较多的俑类线图，他们绘得都相当好。然而对于有志于绘图的年青考古工作者来说，可能感觉绘俑不太容易。我从自己的经历出发，认为从绘制一般的器皿到绘制较为复杂的俑类，三个月大概也就够了。原理是一样的，无非是正投影，把看到的画上去就行了，当然也存在为了图的整洁，把有些无用的斑点、瑕疵舍去的情况。

绘制俑类线图，不一定要有美术功底，我见过有些学过美术的人是怎样绘制俑类器物。他们一般量取俑类的身高，拿着铅笔，边看边绘出俑类的头、脸、衣服、裤、靴等，手法还是素描的手法，但没那么多线条。画出来的图，粗一看，很像，拿三角板一量，没有一处准确，从脸宽到肩高，从眼角到裤褶，总感觉不是那么回事。这样的图，你说用呢，还是不用？

我们的态度是，最好将图画得准确一些。如何画得准确？用三角板量就行了，即使你没学过美术，记住我们前边强调过的三角板的直边一定要保护水平，这样生描硬画出来的图也差不到哪儿去。当然，这样的图还有一项工作要做——美化，那就是美术范畴之内的了。

俑类绘图分为动物俑绘图和人俑绘图。前者和绘器皿图差不多，认真就行；后者则要花相当的心思，才能绘得像，绘出效果。

在唐墓中，我们一般见到的动物有马、驼、羊、猪、狗、鸡、鸭、鹅等。马、驼的眼眶呈三角形，眼珠为非正圆形，马首上还有突出皮肤的额骨线条，这些都是容易画的。马首、驼首画出来后，身体部位随便画，即使不那么精确，画出来的马、驼也是神采飞扬。这是什么原因呢？大概马、驼的精气神儿都集中到眼睛上了。两种动物的姿势大体是固定的，呈昂扬向上的姿态，至于身上的配备，那是无生命的东西，画好就行。当然，如果能知道马、驼的腿部构造，画出来的腿刚健有力，更加灵动。羊、猪、狗、鸡、鸭、鹅等均为合模制成，因模具或上釉问题，导致一部分眼睛不清，这样在眼睛的位置画上一小弧线，表示动物的眼眶也就行了（甚至可以不画）。而清晰的眼睛大致分为圆形与梭形两种，这也是容易画的，身体部位与骨骼精奇的马、驼相比，更容易画（图一二）。

图一二　巩义唐墓出土动物

唐墓中属于人俑的主要有镇墓兽（兽首镇墓兽

也附于此）、武士俑、文武官俑、男女侍俑等，它们的绘制，本人的感觉难度大体相当，依次说明。

1.人首镇墓兽

人首镇墓兽是隋唐墓中发展有序的一种器物，从初唐的短角、小耳、"国"字脸发展到盛唐晚期的粗角、大耳、长方脸，变化的是角、身体、台座的全方位增高，不变的是男性的气概。这种俑均为浓眉、大眼、高颧骨、阔鼻头，大嘴紧抿，有些长有络腮胡须。对于一个有美术功底的人来说，画这些动物根本不在话下；而对一个初入陌林的人来说，可能还不知道怎么下手。实际上，人首镇墓兽脖子以下的部位非常好量取，而面部除了仔细量取，还要有一些绘画技巧，这也是其他人俑面部的统一绘画技法。具体地说，仍然强调绘图台的面一定要水平。曾有绘图人员问我，我量得非常准确，为什么绘出来的俑脸看上去有点窄啊。这是绘图台的中部高于四周造成的。脸绘得窄了，怎么看都不像，周身画得再好，也都作废了。同样的，脸绘得宽了，看上去也相当别扭。稍早的人首镇墓兽，眼球高而凸，眼珠位置是凹坑，眼框大致呈方形，这是能够画好的（图一三：1、2）；后期人首镇墓兽眼球突出，一般用彩来描画眼框与眼珠，但彩往往脱落。所以，绘眼时不需要点睛，只在眼眶中画出眼球就行了（图一三：3、4、5）。绘人兽镇墓兽最关键的地方是绘颧骨。由于我们的绘画是平面图，而颧骨是立体的，常常量得非常精准了，看起来就是不像，脸上好像缺了什么东西，神韵全无。原来，颧骨的凸起虽然暴陡，但不是断层似的凸起，与眼眶、嘴角、鼻角、脸部轮廓之间没有明显的界限。如何表现这种凸起呢？常用的是弧线表示法（目前已经很少用阴影表示法了），在颧骨的周围画上间断的 ⌒、）、（、⌐ 来表示颧骨的突兀。这种看有实无的弧线，到底画在哪儿？画在突显出来的颧骨看着和实际大小一样的地方就行了。如果感觉大小不一样，就或里或外、或上或下微微地移动。镇墓兽的鼻和嘴都是容易画的，到这里似乎人首镇墓兽就堪堪而就了，其实不然。由于镇

图一三　巩义芝田人首镇墓兽

墓兽的下巴微有扬起，这个前伸的嘴巴画出来后，会感觉镇墓兽脸有些短，这也是下巴的圆润造成的。一般我们会把下巴线下移一点，或者脖子线画得偏下一些。这是视觉差的问题了，而不是下巴量取得准确不准确的问题。

2.兽首镇墓兽

兽首镇墓兽是与人首镇墓同步发展起来的，最初三短角、小耳、眼框深陷，嘴紧抿，发展到盛唐时期，角高戟长，大嘴狂张，胡须和羽翼也都飞扬。这种镇墓兽只要把大嘴和排牙画得精确，就基本表现出它的凶狠劲了（图一四）。新手往往漏画舌头，或者不知道怎么画，这是个小小的难点。

3.武士俑

唐墓中的武士俑大概有四种，小型圆顶盔武士俑、大型圆顶盔武士俑、宝髻武士俑、宝顶盔武士俑，后两种一直延续发展，直至盛唐晚期。

图一四　巩义芝田兽首镇墓兽

小型圆顶盔武士俑是唐代早期的武士俑，高21厘米左右，一墓多出，有时甚至多至7个，看上去大同小异。这种俑脸胖嘴宽，鼻头较高，眼睛涂彩一般已经失去，所以只画出眼眶便能表现它眼的神采。因颧骨高而圆，显得脸蛋丰满，故颧骨周围起衬托作用的弧线要短，方显质感（图一五）。

大型圆顶盔武士俑同小型圆顶盔武士俑共出，一墓未见有超出两个的，高42厘米左右。它与小型武士俑一同消失在公元675年之前。与小型武士俑脸蛋圆润不同，大型武士俑浓眉如檐，蒜头鼻高挑，两个大坑中镶嵌着卵形眼，眼珠上有凹坑，张嘴露齿，周围为凸起的颧骨与下巴，极富男子汉的狂野与沧桑。这种俑必须表现出双眼的炯炯有神和三角形颧骨的凸起。为此，眼珠上的小圆圈不能漏画，嘴周围的起衬托作用的弧线要尽量长，但也不能密不透风，要略有间断（图一六）。

宝髻俑与宝顶盔俑是对俑，墓中一般各出一件。宝髻俑的姿势基本相同，面容相似度很高，皆为浓眉大眼，颧骨略凸，宽鼻抿嘴。有些俑的眼部涂彩未失，有些一只眼有彩，另一只则没有，一定要据实以画，不然画出来的眼神就不对。这类俑的颧骨

图一五　巩义芝田小型圆顶盔武士俑　　　　　图一六　巩义芝田大型圆顶盔武士俑

既突出又柔和，不像大型圆顶盔武士俑那样，眼眶与嘴角深陷，故起衬托作用的弧线要略短一些，衬托出颧骨的凸起即可，嘴角的弧线更短，甚至可有可无（图一七）。

宝顶盔武士俑是唐墓中使用时间最长的一种俑，从唐代早期晚段一直使用到盛唐晚期，其面部形象与服饰变化不大，但头盔、底板、台座日趋增高。这种俑面孔方正，凸凹感不强，只要注意眉毛与胡子，还是比较容易画的。但有些俑眼睛凸而圆，采取了不画眼眶以突出眼珠的特殊手法；有些俑下巴略扬，故脖子线与下巴线要分开（图一八）。

图一七　巩义唐墓宝髻武士俑　　　　　　　图一八　巩义芝田唐墓宝顶盔武士俑

4.文武官俑

文官俑是唐墓中很重要的器物，它是由北朝的小冠俑发展来的，其形象在唐代也一变再变。唐代早期，墓中一般放置两件，形象较为一致，皆为头戴一梁进贤冠，身着交领宽袖襦，下着大口裤，足着履，双手扰袖，立于地。它和早期的大型圆顶盔武士俑一样，眼大而面凹。如果我们已经领会画衬托弧线的要领，这种俑就比较好画了。眼眶狭而长，眼珠上有圆坑，嘴角的弧线弯而短，下巴上有纵向美人坑，这些都容易办到。但在实际操作中，如果绘时不在意，眼角偏上偏下，或偏内偏外一点，俑的神情便不对。所谓眼睛是心灵的窗口，只有眼眶的宽度、高度、位置都对了，点眼也不错，图才能和俑神似，这要多观察，多锻炼才行（图一九）。

文官俑发展到盛唐，感觉从毛发到体形都发生了变化。早唐的还留有北朝的特征，宽额头，深眼窝，高颧骨，衣服也是裤褶之类，现在则摇身一变成为面丰身修的美男子，博衣褒带，完全的汉官装束。这类俑面部特征不突出，不突出便难绘，所以我们这里要提出一个相似度的问题。像前边的文官俑，面部凸凹有致，我们可以绘到百分之九十像，考虑到平面图与立体照片的视差，这已经是非常难得的了。但现在的汉式文官俑就不好绘，圆嘟嘟的脸，特征非常难抓，有时这一类的俑绘出来的图，三分像也达不到，这样的图显然是不能用的。对于这类俑我们要细细观察，多加揣摩，如果能绘出他们忧郁、内敛、文雅的性格那就更好了（图二〇）。

图一九　巩义芝田唐墓文官俑　　　　图二〇　巩义芝田唐墓文官俑

武官俑是从文官俑分离出来的，时间约在公元680年，这种现象可能与当时的朝服变化有关。此前的文官俑穿着是裤褶类服装，而裤褶是武人的衣服。随着士族集团的逐渐得势，朝中文武官员舍去了与关陇集团关系密切的裤褶类服饰，文武官员的分野

图二一　巩义芝田唐墓武官俑

图二二　巩义唐墓男女侍俑

影响到墓葬俑的变化，是再自然不过的事。新出现的武官俑浓眉大眼，鼻直口方，越来越有美男子特征。所以，要研究这类俑的眉、眼、鼻、嘴四个部位，眉、眼要画出炯炯有神，鼻、嘴要画出一团和气，前者用笔长而重，后者周围的弧线一定要短而浅。在此我们要再次强调蘸笔反用的好处，对于描画出眼角、眉梢、衣纹的流畅都大有好处（图二一）。

5.男女侍俑

男女侍俑主要有牵马俑、幞头俑、胡帽俑、反绾髻俑、低髻俑、半翻髻俑、倭坠髻俑等等，体形较同墓的镇墓兽、武士俑、文武官俑要小。由于我们每次绘图都是从较难的镇墓兽、武士俑、文武官俑开始，且绘制不好便重新来过，所以遇上这些较小的男女侍俑，其面部特征的掌握已不是问题，只是要在较窄的面部将这些特征绘出来就可以了。这里我不得不提到绘图用的铅笔，我习惯上用4H或3H的铅笔，笔尖细而硬，可以保证面部线条的清洁与明晰，在描图的时候，如果底图已比较传神，那么蘸笔的反笔尖便能逼真地再现男女侍俑的恭顺与谦卑，达到我们绘图的目的，而照相有时似乎还达不成此目的（图二二）。

四、绳纹器物的绘制

对绘图人员来说，绳纹的绘制是个难项。一般来讲，绳纹多出现于龙山时期延至战国时期的陶器上，战国以后就较少发现了。绳纹看似简单，实则毫无规律，就像人的指纹一样，天下没有相同的。为什么会这样呢？按理说，绳纹的制作无非是在尚有一定湿度的器物上碾压缠着绳索的棍棒。可是，绳索的粗细不同，压印出来的绳纹自然有粗有细。粗的轮廓分明，性格豪爽；细的绵延不断，阴柔妩媚。新制的绳纹棒带有较多的纤维头，易与泥胎粘连，轮廓内形成有序或无序的毛刺，使用一段时间的绳纹棒的纤维头基本磨光了（或者有些绳索本身纤维头就少），制出来的绳纹坑内几无毛刺。还有的故意将捆绑的绳索间距加大，则压印出来的绳纹行距更宽。更有甚者，绳纹压印出来以后，蓬勃而生的毛刺尚未晾干，便被突兀而来的抚平弄得声息全无，只剩下杂乱无章的畸形坑沿。凡此种种，都奠定了绳纹的多样性与趣味性，也由此决定了我们绘制绳纹时只能求得貌似、神似，而不能做到完全复制绳纹。我们以三种不同风格的线图来说明绳纹如何绘制。

（一）高秋菊先生的线图

20世纪50年代初，河南省文物局文物工作队（河南省文物考古研究院前身）在郑州二里岗一带进行了大量的考古工作。1959年出版的《郑州二里岗》，主要收录了1953～1954年的发掘资料，书中线图主绘者为高秋菊先生，高先生本人是绘画出身。

1.细绳纹

细绳纹主要发生在鬲、斝上，绳纹槽较窄，槽缘略显麦粒坑样。所绘线图绳纹较细，绳纹间距较窄，绳纹比原物更具麦粒坑样，这是为了体现绳纹特征而有所夸张。绳纹上有稀疏且短的毛刺，表示即使器物麦粒坑内有较多的毛刺，因为绳纹较细，肉眼只能发现少许（图二三：1、2）。

2.中绳纹

中绳纹比细绳纹略粗，同样举一鬲一斝为例。器物绳纹槽稍宽，绳纹麦粒坑清晰。所绘线图绳纹比细绳纹明显要粗，每道绳纹的麦粒数接近真实的麦粒数。因为设想光线从器物左上方斜射下来，麦粒坑左缘绘有大致均匀但长短不一的毛刺，表示麦粒坑在光线照射下形成的阴影。麦粒坑右大半部留白，表示在光线照射下，毛刺都已白化。这样的图还表示，两道绳纹之间的凸棱是尖顶（图二三：3、4）。

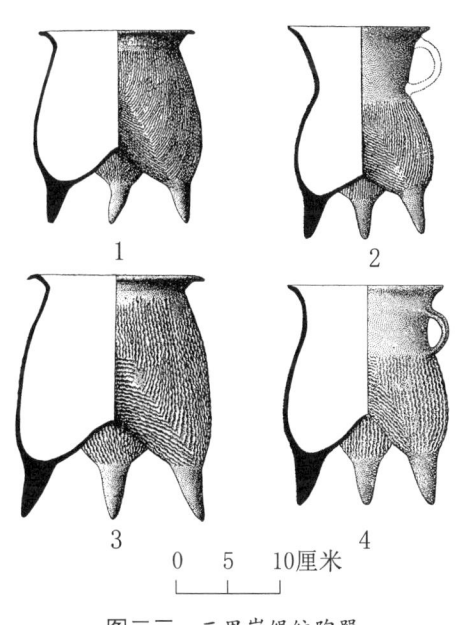

图二三　二里岗绳纹陶器

通过对比计算，我们发现，高秋菊先生所绘的图原用比例均为1∶1，后经过缩排，变成现在的大小。这样的话，描绘线图的工作量是非常大的，非今天人们所能想象。这样绘图也有好处，就是绘者通过观察，基本可以将每条绳纹的走向、每个麦粒的外形绘到位，逼真度极高。但是，从麦粒坑左缘方向基本一致的毛刺来看，这样的图显然经过艺术加工，具有素描与白描的特点，说每张图都是一幅艺术品也不为过。需要指出的是，高先生绘的是器物剖面图而非器物剖视图，线图皆无裆线、亦无内壁凸棱线及麻坑等，这可能是由当时的绘图原则决定的，以后的图也存在这个问题。

3. 粗绳纹

粗绳纹最粗，宽度在0.5～0.9厘米之间，一般槽较浅，也有深槽的。有以下几种绘法。

第一种　器物的绳纹槽较浅，槽内毛刺少，绳纹间凸棱为尖顶。绘图时绳纹尽量追随绳纹槽的真实走向，麦粒坑左缘也大致如其形，左缘像处理中绳纹那样，添上较为一致的横向短毛刺，右大半部留白（图二四∶1）。

第二种　器物绳纹槽稍深，柄内毛刺稍多，能见到麦粒坑的上下缘（很细），绳纹间凸棱为尖顶。绘图时除了绳纹走向、麦粒坑形、麦粒数趋近真实外，麦粒坑左缘上的毛刺要长一些、密一些，表示阴影稍宽，一些麦粒坑的上缘也可绘出一部分，不必全部绘出，那样太死板。麦粒坑右半部留白，但可随机地在某些留白区域添些黑点或极短的毛刺，增加器物的质感（图二四∶2）。

第三种　器物绳纹槽较深，麦粒坑清晰，绳纹槽间凸棱平顶，较窄。根据绘图原理，这些窄凸棱顶要留白，以示光线普照，而绳纹槽全部用阴影表示。对于绳纹槽内毛刺少的陶器，阴影可用密集的黑点表示，或夹杂一些毛刺也行，局部较浅的凹槽，仍填以或长或短的毛刺（图二四∶3）。对于绳纹槽内毛刺较多的陶器，阴影可用有序无序的毛刺，间少量黑点来表示（图二四∶4）。

第四种　商代有一种夹砂陶缸，胎厚，绳纹槽直而深。这种绳纹比较好画，槽间的平顶凸棱留白，槽间以各种方向的毛刺勾搭成网状，网状略具麦粒样即可。这是一种艺术化的处理方式，并非每个麦粒坑内就有这么多方向的毛刺，所要显示的就是直而略具麦粒样的阴影与直而白的凸棱，两相映衬，缸的特质便表现出来了（图二四∶5）。

第五种　器物麦粒坑特征突出，麦粒坑呈狭长状，上、下缘较明显。这样的器物麦粒坑左缘与上缘都要绘出，上缘绘得较长，并添上较多的毛刺，右半部留白，以示绳纹间凸棱为尖顶（图二五∶1）。

第六种　器特麦粒坑特征突出，但麦粒坑较圆。这样的器物麦粒坑左缘、上缘当

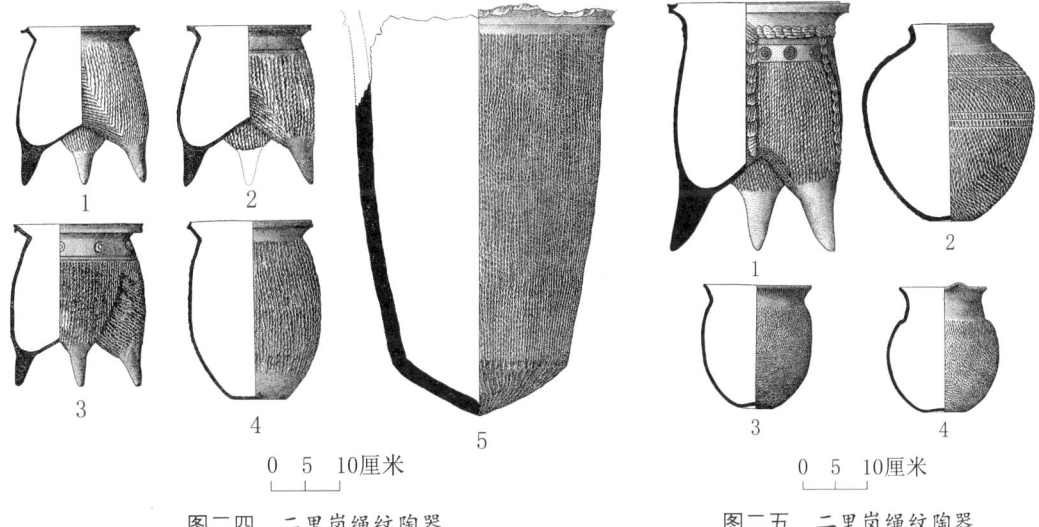

图二四　二里岗绳纹陶器　　　　　　图二五　二里岗绳纹陶器

然要绘得有圆弧度，所添毛刺形成的阴影也大致呈圆形，右小半部留白（图二五：2）。

　　第七种　器物麦粒坑不连贯，但大致能看出绳纹的走向。绳纹非连贯滚压制成，而是间断下压绳纹棒制成。这种绳纹以弧线与毛刺组成的斜长阴影表示（图二五：3、4）。

　　第八种　极少见。器物绳纹槽较宽，槽内不见毛刺，绳纹间凸棱呈线状。以密集点形成的细线表示绳纹槽的左缘，槽内以点来表示阴

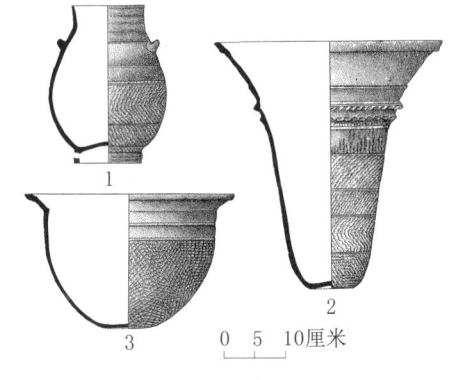

图二六　二里岗绳纹陶器

影，右半部有极少的留白表示凸棱左边被光线照到（图二六：1、2）。如果麦粒坑的四缘都清晰，则以密集点组成的细线表示出麦粒坑的凸棱，坑内填点，右半部有少量的留白表示被光照到（图二六：3）。

　　以上是我们自己根据高先生绘制的器物图逆向分析做出的归类，由于高先生绘制的是1∶1线图，而且绘得极为认真，我们相信这种分类有一定道理，但高先生绘图时是不是也做了这样的分类就不得而知了。总之，高先生这种高大尚的线图，我们只有叹羡的份，一般人很难学会做到。再说，时代不同，工作机制、要求也不同，今天的考古人如何绘制绳纹线图呢？

（二）新郑工作站绘制的线图

　　2003～2005年，河南省文物考古研究院新郑工作站在郑韩故城内的兴宏花园与热电厂一带发掘一批春秋墓葬。2007年，据此材料整理的《郑韩故城兴宏花园与热电厂

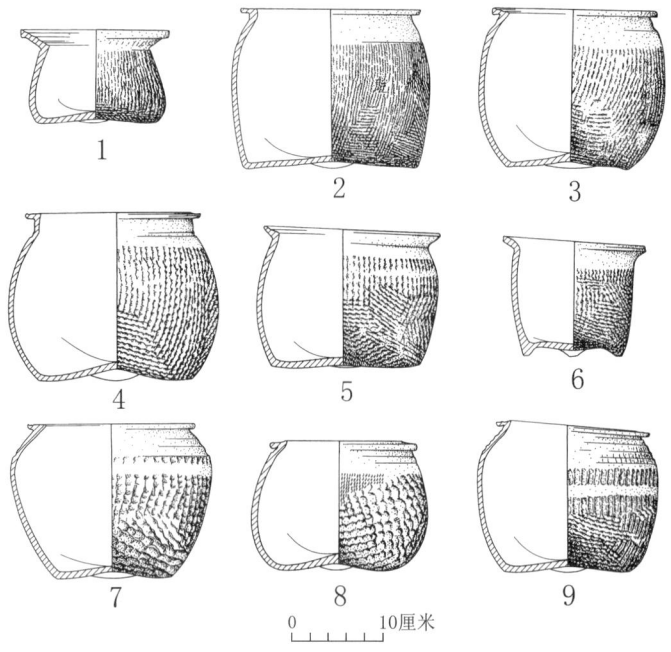

墓地》一书出版，书中大部分陶器由技工赵健、李静然按1：2比例绘制。观察这些线图，颇有高先生线图的遗风，它们表现的可能是以下几种情况。

1.绳纹模糊不清，不见麦粒坑，不见毛刺。这样的绳纹仅以间断的直线表示绳纹槽的左缘，槽内全部留白（图二七：1）。

2.绳纹稍细，绳纹槽略具麦粒样。以间断的直线表示绳纹槽左缘，以等距的横向毛刺表示麦粒坑的上、下缘，槽内全部留白（图二七：2）。

3.绳纹稍粗，麦粒坑明显，坑内有毛刺。这样的绳纹，绘时以弧线及短毛刺表示绳纹槽左缘及阴影，槽内右大半部留白以表示绳纹槽的宽度（图二七：3）。

4.绳纹较粗，麦粒坑呈斜向狭长状。这样的绳纹，绘时以弧线及短毛刺表示麦粒坑的左缘及上缘，坑内大部留白，表示绳纹的宽度（图二七：4）。

5.绳纹较宽，麦粒坑较饱满。这样的绳纹，绘时以弧线及短毛刺表示麦粒坑左缘及阴影，相较于前者，麦粒坑也较饱满，槽内大半部留白，表示绳纹宽度（图二七：5）。

6.绳纹宽且深，麦粒坑样明显但稀疏。这样的绳纹绘出来像蝌蚪，周围留白，表示麦粒坑深且疏（图二七：6）。

7.绳纹浅而宽，槽内有毛刺。这样的绳纹绘时，以弧线表示麦粒坑的左缘，以散乱毛刺表示麦粒坑的左下部，但违反光影原理，槽内右半部留白，表示绳纹宽度（图二七：7、8）。

8.绳纹宽而深，绳纹槽间凸棱呈平顶。这样的绳纹绘时，以弧线、毛刺表示绳纹槽的左缘，以间断线段界出绳纹槽的右缘，槽内以点表示阴影（图二七：9）。

以上八种绳纹画法，是我们根据书中的五版绳纹陶器图归纳出来的，未必能反映真实的情况。我们以为这八种画法已学到了高先生绘图的精髓，虽然没有做到亦步亦趋，已是相当的不易。不过，这种画法对从事专业绘图的技工来说，画到这种程度不为过；对工作发掘研究的考古人员来说，还是有点烦琐。

（三）本人的绳纹绘制实践

绳纹器物确实不容易绘，虽然自己的唐俑线图得到过北京编辑的赞扬，但2008年以前，自己从未绘过绳纹器物。在揣摩了《郑州二里岗》一书的线图细节后，一方面感觉绘法太过复杂，难以学习，另一方面又感觉有它的合理性、科学性、艺术性。因为时代的前进，我们遇到的绳纹陶器一般不再使用1∶1比例绘制，即使是小陶器也使用1∶2的比例，这样每条绳纹的麦粒数要接近真实数目便有一定的困难。在这种麦粒数失真的情况下，我们只能追求绳纹的整体外观看起来与真实器物大致相似，内容涉及绳纹的粗细、绳纹的布局、麦粒坑的外形等等，其他的不再固执追求。本人以铁岭墓地春秋墓绳纹陶器举例说明。

1.绳纹极细，似线状沟槽，几乎不见麦粒坑形态。这样的器物以间断的蚯蚓线或者断续的点表示，让人感觉到细绳纹那条沟槽就行了（图二八：1、2）。

2.细绳纹，麦粒坑明显而连贯。以短弧线及弧线内一至三个短毛刺来表示麦粒坑左缘及阴影，绳纹间距要小，以此表示绳纹较细，右半部留白，有无毛刺皆不绘（图二八：3～6）。

3.中绳纹，比细绳纹粗些，麦粒坑明显。以短弧线及稍长的毛刺来表示麦粒坑左缘及阴影，绳纹间距稍宽，表示为中绳纹，右半部留白，有无毛刺皆不绘（图二九）。

4.粗绳纹，绳纹槽一般宽而浅，麦粒坑明显。以弧线及较多较长的毛刺来表示麦粒坑左缘及阴影，绳纹间距要足够宽，因为此宽就是绳纹的宽度，右半部留白，而不

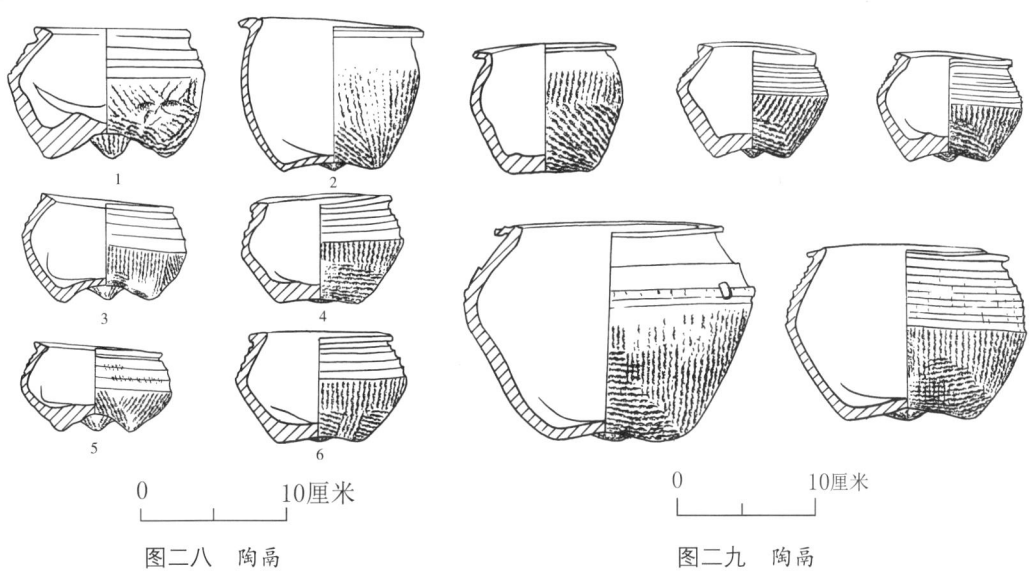

图二八　陶鬲　　　　　　　　　　图二九　陶鬲

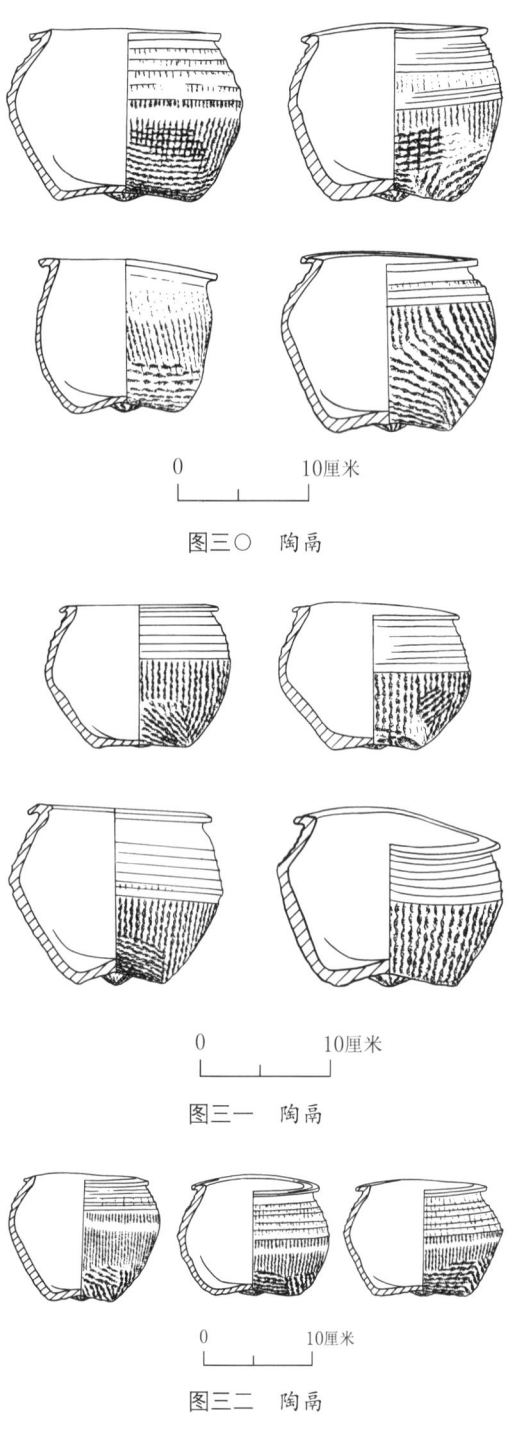

图三〇　陶鬲

图三一　陶鬲

图三二　陶鬲

管有无毛刺（图三〇）。而对于麦粒坑比较规整的器物，描绘绳纹坑时让它们更为整齐化一即可（图三一）。

5. 对于一件器物上有两种粗细不同的绳纹，要相对注意绳纹的宽度，尽量画出层次感来（图三二）。

以上所谈五种绳纹绘法，其实可简化为三种绘法：极细绳纹以曲折线或断续的点来表示；细绳纹以小弧线加短毛刺来表示，绳纹间距要窄；中绳纹、粗绳纹以较长的弧线及毛刺来表示，间距要宽。三种绘法皆不涉及绳纹麦粒坑内的毛刺，以及麦粒坑的上缘、下缘。并且，那种绳纹间凸棱为平顶的绳纹似乎也可归入粗绳纹一类，当然，也不反对采用新郑工作站的以间断线界出绳纹槽右缘的画法。

我们的绘法是一种为量产线图而设计的绘法，从绘图原理上来讲并不十分科学，但也不违犯大的原则，注重绳纹粗细、麦粒坑形状的图或许能算作及格图吧，绘这种图完全靠自己对绳纹的体会与握。

万事皆有例外。2011年，我们在铁岭墓一座战国陶窑底部发现80多个马蹄形陶拍，大部分底面、侧面、顶面有绳纹。因陶拍长径在6～8厘米之间，这批器物我使用的是比例尺是1∶1，其形象与效果自与前述绳纹陶器有所不同，举例说明。

标本Y2∶84，顶面中粗绳纹十分规整，侧面、底面有草本植物叶、籽留下的痕迹（图三三∶1）。

标本Y2∶65，顶面、侧面饰粗绳

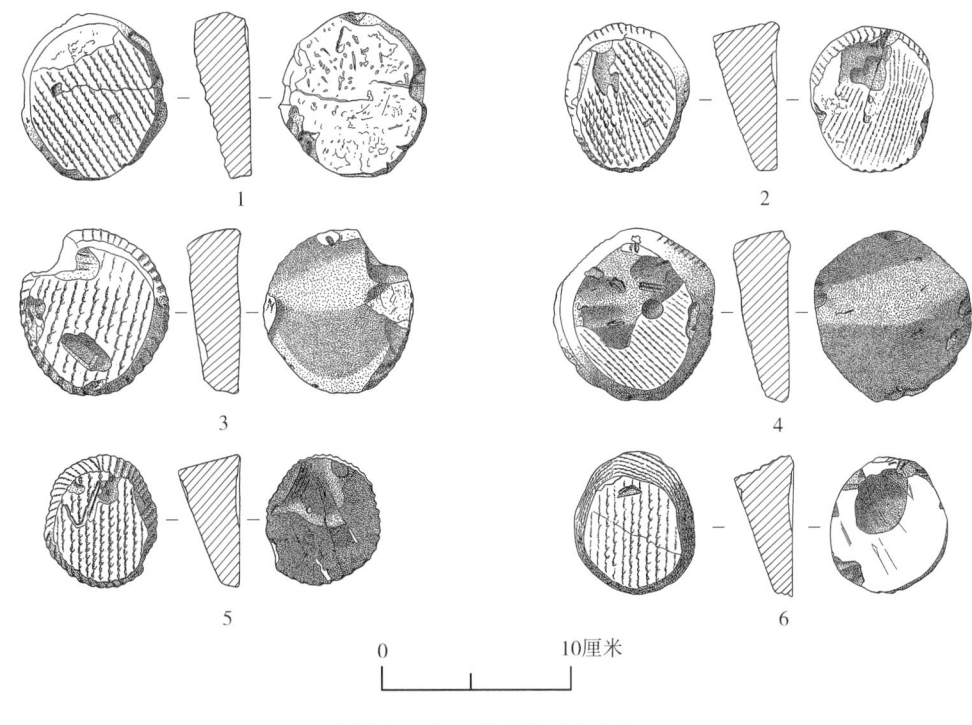

图三三 铁岭墓地战国陶窑陶拍

纹，底面一坑，周围饰细绳纹（图三三：2）。

标本Y2：89，略残，顶面崩落两块，顶面、侧面饰粗绳纹，背面无纹（图三三：3）。

标本Y2：90，顶面与侧面的下半部饰较浅的细绳纹，背面无纹（图三三：4）。

标本Y2：102，顶面、侧面饰深峻的粗绳纹，底面一凹坑，无纹（图三三：5）。

标本Y2：103，顶面饰粗绳纹，侧面饰横向中绳纹，底面光滑，上部有一凹坑（图三三；6）。

以上六图仍然根据器物绳纹的粗细来管控线图绳纹的宽窄，因为空间相对宽松，添画了麦粒坑的部分上、下缘。它们看起来都比较短，这是因为这些陶拍在碾压绳纹上以后，有一定的光亮，光亮之下、麦粒坑的上下缘及毛刺都被隐去。

五、结语

所谓"会者不难，难者不会"，这句话对考古工作者来说也蛮合适。记得大学期间，有一学期的绘图课，老师讲的内容完全忘却，只记得最后的考试绘的是一件陶鼎，自我感觉还行，但老师给了不及格。那时的学习似乎与今天的绘图经历无关，主观来讲，我仍然觉得自己是个绘图自学者。绘图的理论无外乎正投影这个最核心的理论，就像剑道崇尚的是"唯快不破"一样，掌握了正投影这个基本原理，可以穷尽一切办法让你的图精益求精。当然，绘图还要有个需遵循的过程，即由简而繁，由易而难，这就像我前边论述的那样，先把发掘工地的遗迹图绘正确，其实遗迹打破图也够迷惑人的。对器物绘制感兴趣的，不碍将工作之余的散步、聊天、打牌换算成器物的修复、简单器形的绘制，这就入了门，上了道。一张桌子，一件器物，两把三角板，一支铅笔，一张米格纸，还有半块橡皮，这就齐了，大部分是小学摸过的东西，但已走上了研究与艺术之路，谁说精绘的线图不是艺术品呢？

慢慢地，由点成线的线段不再那么生硬，由多次擦、画才能走确到位，到一次、两次便可描绘准确，心中自生欢喜，这就小学毕业了。如果能在硫酸纸上将你的底图描绘流畅自然，那已经中学毕业。这个过程大约一个半月，相当迅速。

接下来可绘人俑与兽俑。初时不敢拿笔，拿笔不知从何下手，其实也就是个眉、眼、鼻、嘴难办，那些头盔、发式、铠甲、衣裙、靴履都是死的东西，只有眉眼鼻嘴牵动人的表情，而最关键的又是眼神，如果此人没有蹙眉、噘嘴的话。眼神的绘制十分困难，眼眶宽一点、窄一点，眼角翘一点、弯一点都关乎眼神的成功与否。我徒弟问我，郝老师，我画的人脸怎么不对啊？我拿过来一看，说，脸画宽一毫米，眼角高了一毫米。1∶2换算后，就是误差各有两毫米，拿尺子一量，果不其然。眼力达到这种水平，应该研究生毕业了吧。

而我认为最难的，莫过于绳纹的绘制，这可能与我接触绳纹较晚有关。绘制绳纹有一个好处，器物轮廓线绘好后，用直线表示出绳纹走向即可，用不着把每行绳纹的麦粒坑都绘出。这样做须有一个前提，即自己对要绘的绳纹成竹在胸，清绘时笔尖控制住绳纹毛刺的多少与绳纹的宽度，最好器物放在眼前时时参考。如何胸有成竹？当然要先将绳纹的样式、结构研究透，然后归类、合并、去繁就简。非如此，则难以将变化万千的绳纹变成竹子。未必都去分析《郑州二里岗》，各地前辈绘制的绳纹都可参考，然后随自己的悟性与经历，合理发挥、择取好了。

如果真能做到这样，"会者不难，难者不会"的后半句便报废，人人得而学之，得而会之。二十年之绘图经历，至此一吐为快。

（原刊于《黄河·黄土·黄种人》2017年第4期）

河南登封程窑遗址浮选结果与分析

钟华　张永清　吴倩　赵志军

登封程窑遗址位于河南省登封市程窑村东北地一带，在嵩山山脉南侧，南临颍河，西傍书院河，遗址就分布在两河夹角的台地上，为一处主体为龙山时期、包括东周和其他历史时期的遗址[1]。该遗址为配合当地省道建设的基建性遗址，于2014和2015进行了抢救性发掘，发掘面积较为有限，目前对整个遗址的了解还不是很全面，龙山时期的遗迹单位包括灰坑、墓葬、壕沟和房址等。

一、采样与浮选

本次程窑遗址的浮选样品主要来自2014年和2015年于遗址系统浮选获得的土样样品41份，包括采集获得龙山时期浮选样品19份，东周时期浮选样品22份（其中18份确定属于战国时期）。通过合并相同遗迹单位后，样品数量共计37份，其中龙山时期样品16份，而且样品全部采自龙山时期灰坑；东周时期样品21份（18份确定属于战国时期），包括采自灰坑的15份样品、采自房址的5份样品、采自灰沟的1份样品。土壤样品的浮选是在考古遗址当地利用水波浮选仪完成的，浮选所用筛网为80目（0.2毫米）标准分样筛。

二、浮选结果

程窑遗址浮选样品中的炭化木屑非常细碎，利用标准分样筛我们将尺寸大于1毫米的炭化木屑筛选出称重，在共计333.5升的37份土样中，共筛选出炭化木屑46.87克。如果每份浮选土样按10升的土量计算，程窑遗址龙山时期浮选样品平均所含炭化木屑的重量是0.86克，东周时期浮选样品平均所含炭化木屑重量为1.85克。

程窑遗址出土的炭化植物种子包括粟（*Se-taria italica*）、黍（*Panicum miliaceum*）、大豆（*Glycine max*）、稻米（*Oryza sativa*）、小麦（*Triticum aestivum*）和大麻（*Cannabis sativa*）六种农作物炭化籽粒，共计12025粒，占到全部炭化种子的89.9%。其他可鉴定的植物种子有野燕麦（*Avena fatua*）、狗尾草（*Setaria viridis*）、马唐（*Digitaria sanguinalis*）、豆科的胡枝子（*Lespedeza bicolor*）、草木樨（*Melilotus suaveolens*）和绿

豆（*Vigna radiata*）、藜（*Chenopodium album*）、苘麻（*Abutilon theophrasti*）、水棘针（*Amethystea caerulea*）、紫苏（*Perilla frutescens*）、铁苋菜（*Acalypha australis*）、堇菜（*Viola verecumda*）、萤蔺（*Scirpus juncoides*）、白颖薹草（*Carex duriuscula*）、悬钩子属（*Rubus*）、禾本科（*Poaceae*）、菊科（*Asteraceae*）葡萄属（*Vitis*）、酸枣（*Ziziphus jujuba*）。

如果将程窑遗址龙山时期和东周时期出土的炭化植物种子一起统计的话，农作物中，粟是出土数量最多的，共发现了9983粒，绝对数量占到了全部农作物种子的83%。其他农作物种子的发现数量与粟有着非常明显的差距。大豆出土数量与黍相差不大，分别发现了834粒和750粒（龙山时期黍的数量要远多于大豆），大豆的绝对数量占到了全部农作物种子的6.9%；黍的数量比例为6.2%；小麦发现了834粒，主要集中在东周时期，占出土谷物数量的2.5%；大麻在遗址中出土了134粒，仅在东周时期有发现，占到出土谷物的1.1%稻米两期共发现了13粒，仅占出土谷物的0.11%。由此看来，粟是程窑遗址最重要的农作物遗存，而大豆、黍子和小麦应该也为重要的农作物遗存，但在不同时期情况有所不同，将在后文中详细讨论。

除了炭化农作物种子以外，在程窑遗址还发现了近20种非农作物植物遗存。其中发现数量比较多、较为重要的包括狗尾草，豆科的胡枝子、草木樨、藜、紫苏和马唐。禾本科的狗尾草和马唐属于典型的秋熟旱作农田杂草[2]，应为随粟黍收割进入遗址当中的。大量适应干旱环境的藜的发现，可以大致反映王圪垱遗址应该有着适应旱地生长的生态环境。紫苏的少量发现，反映发遗址周边存在着环境适合的生长区域。葡萄籽、酸枣的少量发现，显示着遗址居民对周围野生果树资源利用的存在。

狗尾草种子共发现72粒，占到全部杂草种子的5.3%，这些狗尾草种子均呈梭形，背部微凸，腹部较平。狗尾草种子是常见的田间杂草，常与同为黍亚科的粟、黍伴生，由此推测这些狗尾草种子很可能为混杂于收割的粟黍类农作物中被带入遗址的。

马唐在新砦遗址共出土9粒。其种子呈梭形，尾部尖，胚部较短。马唐为一年生秋熟旱作物杂草，即为粟黍农田杂草，同时马唐还可作为优良的秋季牧草。

豆科种子共发现66粒，占到全部杂草种子的4.9%。程窑遗址此次发现的豆科种子包括胡枝子、草木樨和1粒绿豆。其中以胡枝子的绝对数量最多，共发现55粒，种子呈倒卵状长圆形，脐部斜截明显。草木樨发现10粒，种子为圆肾形，稍扁，先端微凹。胡枝子和草木樨的花果期都在夏秋季节，都可以作为饲草，并且所发现的种子个体普遍偏小，应尚为未成熟。

藜共发现1033粒，其数量占到全部杂草种子的76.1%，是程窑遗址出土数量最多的非农作物植物种子。这些藜种子多数大体呈圆形，两面呈双凸透镜形，表面光滑且有放射状纹理，马蹄形唇，胚位于顶部凹口处。藜是美洲、中国台湾等地区常见的栽培作物，但尚无证据可以显示程窑遗址出土的藜是否为栽培作物。

紫苏在遗址中共发现103粒，其数量占到全部杂草种子的7.6%。紫苏种子为球形，表面有网纹，花果期为8～10月，为一年生旱地常见杂草。另外，紫苏全草可以入药，种子可以榨油，嫩叶可以食用。

三、浮选结果分析

（一）炭化木屑分析

程窑遗址37份土样中，共出土炭化木屑总重46.87克；龙山时期的16份样品中，每10升炭化木屑含量的平均值为0.86克；东周时期21份样品中，每10升炭化木屑含量均值为1.85克。但是通过对具体每份样品所含炭化木屑含量的考察，发现两个时期的两组数据都有极端值存在分别是来自龙山时期的灰坑H85和战国时期的灰坑H166所采样品。两遗迹单位中出土炭化木屑的含量分别为28克/10升和137克/10升，远高于其他遗迹单位中的样品。因此，我们对这两个时期的37份样品进行了炭化木屑含量的中值（median）计算，结果分别是0.13克/10升（龙山时期）和0.16克/10升（东周时期），与炭化木屑的平均值有着非常明显的差别。由于中值的计算不涉及极端数据，应该能更好地反映遗址炭化木屑含量的真实情况。

如果单独对H85和H166这两个极端例子考察的话，H85共出土5粒小米、2粒狗尾草和2粒藜，炭化植物种子数量并不丰。推测H85的这份样品反映了这个遗迹单位可能为一个一般性的灰坑，只是偶然性的包含了较多的炭化木屑，这些炭化木屑可能是作为薪柴燃料，也可能是其他用途。与H85不同，H166样品浮选发现了1300余粒炭化种子，并且包括了全部6种程窑遗址具有的农作物种类，另外还有1粒绿豆，2粒狗尾草和17粒藜，H166中炭化谷物的数量远远大于杂草数量，且杂草种类也极其有限，推测大量农作物遗存和炭化木屑保留在这个灰坑应该与该灰坑曾作为储藏坑有关，也许一次意外导致了储藏坑的木质结构和其中的谷物一起被炭化。

（二）稻米的分析

程窑遗址本次全部37份浮选样品共出土稻米13粒，绝对数量相比其他农作物是最少的。龙山时期共发现稻米10粒，绝对数量占到全部龙山时期出土谷物数量的1.1%，出土概率

为31.3%；东周时期共发现稻米3粒，绝对数量所占全部东周时期谷物比例不足0.1%，在21份样品中有2份发现，出土概率为9.5%。

通过以上数据不难看出，在绝对数量比例上，稻米无论在龙山时期还是东周时期，

其重要程度都非常有限；但是在出土概率上，龙山时期的稻米超过了30%，似乎并不像绝对数量所反映的如此之低。而到了东周时期，出土概率也跌入了10%，似乎从龙山时期到东周时期，稻米在程窑遗址的利用程度有着较为明显的下降。从程窑遗址的环境背景可知，该遗址位于嵩山山脉南侧、颍河上游地区，微环境上遗址周边平地狭小，稻米的可耕种面积有限，很大程度上影响了稻米的种植。

　　根据以往的植物考古研究，在裴李岗时期，稻米已经在河南中部地区发现[3]。到了龙山时期，更是在嵩山东侧的豫中多处遗址中发现，并且稻米的出土数量和出土概率都达到了前所未有的程度。在龙山时期嵩山豫中地区稻米广泛种植的大趋势下，稻米在程窑遗址的重要程度远不及周边颍河中游的瓦店遗址[4]和双洎河流域的新砦遗址[5]，却和同位于颍河上游相距不远的王城岗遗址[6]颇为接近：两遗址的稻米的绝对数量都只占到全部谷物的1%左右，出土概率上程窑遗址则高。由此可以明显看出小环境对龙山时期该区域稻米种植的影响，稻米在程窑遗址和王城岗遗址出土情况可以互为印证。

　　（三）大豆的分析

　　随着近年来新的遗址出土炭化大豆鉴定标准的更新，大豆研究的不断深入，可以看到大豆的栽培是一个漫长的演化过程。新石器时代早期，大豆已经在我国出现，虽然当时所种植的大豆在尺寸大小和形态特征上主要表现为野大豆特征，但已经开始出现了栽培特征。到了龙山时期，大豆才在中国北方得到普及。根据赵志军和杨金刚制定的最新的考古出土炭化大豆鉴定标准，虽然在豆粒形态、种皮和子叶特征等方面明显表现出了现代栽培大豆的特征[7]，但是尺寸方面仍然存在着明显的不一致。

　　程窑遗址共出土大豆834粒，分别是龙山时期的32粒和东周时期的802粒。其中龙山时期大豆绝对数量占全部谷物的3.4%，出土概率为31.3%；东周时期大豆的绝对数量占全部谷物的7.2%，出土概率为23.8%。虽然程窑遗址东周时期出土大豆数量远多于龙山时期，但绝对数量的比例方面都不超过10%；出土概率龙山时期略高，但也相差不多。由此可见，大豆在两个时期都较为重要的农作物资源，并且两时期情况变化不大。

　　通过与程窑遗址周边的龙山时期王城岗遗址、瓦店遗址和新砦遗址出土大豆数量和出土概率比较，各遗址古代居民对于大豆的利用情况相差不大，反映了嵩山东、南麓遗址出土大豆资源的一致性。除了数量和出土概率以外，大豆本身尺寸大小和其密度的分布也能帮助我们一窥当时人们是否存在着一些尺寸上的偏好。

　　由于程窑遗址龙山时期出土大豆数量有限，我们对其中保存完整的11粒大豆进行了长宽的测量，并且与周边的王城岗遗址、瓦店遗址和新砦遗址出土之大豆尺寸一起制表作图，以进行比较（各遗址大豆尺寸未进行补偿计算）。

从图一不难发现，程窑遗址龙山时期出土大豆的尺寸、分布与王城岗遗址非常类似，而瓦店遗址和新砦遗址出土大豆的尺寸分布更广，即包含有大量在前两处遗址不存在的小尺寸大豆。

大豆的尺寸方面又一次显示了程窑遗址和王城岗遗址的相似性，这种大豆尺寸选择的相似性是来自两遗址小环境的接近，还是对大豆加工利用传统上的一致？还需要更多考古学证据支持。

另外，我们将登封程窑遗址东周时期出土的大豆遗存随机取出保存较好且完整的50粒进行了长宽测量，并与龙山时期的11粒大豆尺寸制图比较。

由图二可以看出，龙山时期和东周时期一千多年的时间跨度里，大豆的尺寸分布上有着非常明显的不一致，似乎从这一点就可以推断大豆尺寸方面的分布与遗址小环境本身并没有直接的关系（遗址两段时期小环境变化并不明显），由此也可以反证程窑遗址和王城岗遗址龙山时期大豆尺寸分布的相似性中，遗址微环境因素并不占主要。具体分析来看，程窑遗址龙山时期大豆分布范围被包括在东周时期大豆尺寸范围内，即东周时期的大豆既存在与龙山时期大小接近者，也存在比其更大和更小者，并且分布密度上这三个尺寸也似乎没有明显的倾向。也就是说，较之龙山时期，程窑遗址在东周时

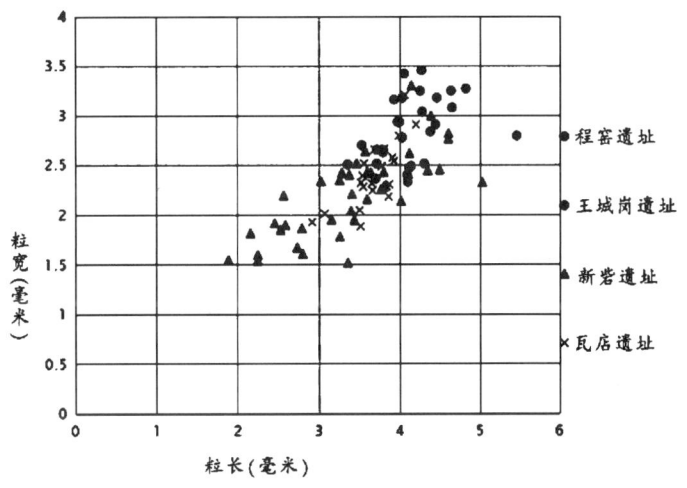

图一　龙山时期四遗址出土大豆尺寸比较图

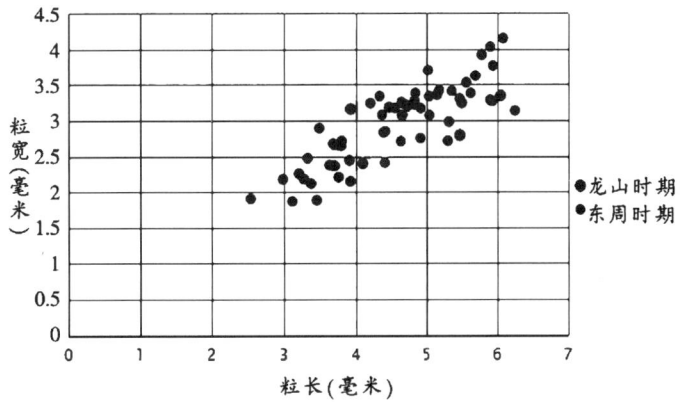

图二　程窑遗址龙山时期和东周时期出土大豆尺寸比较图

期的大豆利用在尺寸上的选择更为宽泛，出现和利用大尺寸大豆的同时，也依然没有放弃对小尺寸大豆的偏好。

（四）小麦的利用

小麦起源于西亚的新月沃地地区，就目前考古证据而言，经过AMS碳十四测年最早的小麦发现于龙山时期的山东胶州赵家庄遗址[8]，年代为4450～4220B.P.。而其他中原地区龙山时期遗址之前所发现小麦，往往经过碳十四测年显示，其时代与遗址本身时代有着较大的差距。

程窑遗址共发现小麦311粒，其中龙山时期小麦10粒，东周时期小麦301粒。龙山时期，小麦绝对数量占全部谷物的1.1%，16份浮选样品中，仅有1份有小麦发现，出土概率为6.25%；东周时期小麦的绝对数量占全部谷物的2.7%，出土概率为42.9%。由以上数据可以看出，无论龙山时期还是东周时期，小麦绝对数量占谷物的比例都不高，出土概率上却明显反映了从龙山时期到东周时期小麦在农业生产中重要性的陡增。值得注意的是，龙山时期的小麦仅在一个灰坑中发现，并且数量也不多，在没有得到直接的小麦麦粒碳十四测年结果的情况下，尚难以完全肯定程窑遗址是否在龙山时期即已存在小麦。

传入中国的小麦为栽培小麦无疑，但是当时人们对于尺寸的选择一定也出于一些考量。我们将程窑遗址龙山时期出土的5粒完整小麦与东周时期的随机抽取的50粒完整小麦进行了长、宽、厚的测量，并制下图（图三、图四）。

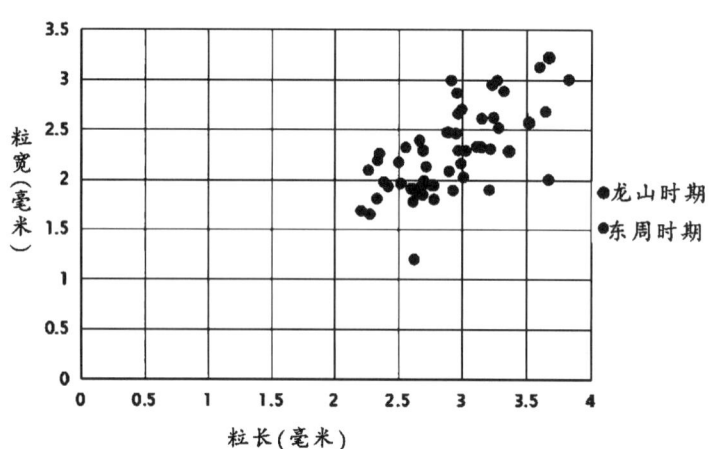

图三　程窑遗址出土小麦长宽尺寸比较图

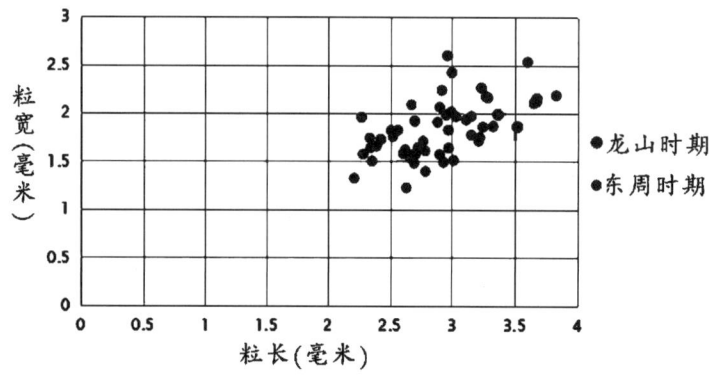

图四　程窑遗址出土小麦长厚尺寸比较图

从图三和图四可知，遗址发现小麦的长、宽、厚都有着较大的尺寸变化范围，似乎尺寸较小者所占比例更大一些，但差距并不十分明显。除了个别几粒小麦，程窑遗址出土小麦长宽比和长厚比相差不大，麦粒形状变化并不明显。通过与中国西北地区以及印度和西亚其他遗址出土炭化小麦尺寸的比较[9]，程窑遗址出土的小麦也应被归为"小粒型"小麦，尺寸上要小于西亚、印度乃至中国西北地区出土的小麦遗存。如果程窑遗址本次浮选所发现的龙

山时期小麦确为该时代的话，从这5粒完整的龙山时期小麦尺寸上也看不出与东周时期小麦有何明显不同，尺寸变化范围都包括在后者的范围内。

四、颍河中上游地区龙山时期农业生产特点

登封程窑遗址除本次因省道建设而进行的抢救性发掘外，仅在20世纪80年代进行过试掘，从未发表过系统的植物考古浮选报告。而在《颍河中上游登封、禹州考古调查遗址典型单位土壤样品的植硅体分析》一文中，涉及了程窑遗址的四处遗迹单位中出土的植硅体遗存，此次取样并不是通过系统的田野考古发掘获得的，信息量相对有限。在程窑遗址的这4个土样中，其中有两个发现了谷子和（或）黍子、水稻的植硅体，1个土样发现了谷子和（或）黍子的植硅体[10]。程窑遗址的这次植硅体方面的研究至少说明了该遗址在龙山晚期同时存在小米和稻米农作物遗存。

豫中地区颍河中上游经过系统植物浮选的遗址目前有3个，除了上文已经介绍的登封程窑遗址，还包括登封王城岗遗址和禹州瓦店遗址。登封王城岗遗址位于登封市告成镇西部、

嵩山东南麓、颍河中上游，该遗址龙山时期浮选样品共计59份，大部分浮选样品取自城壕。出土农作物遗存包括粟（1442粒）、黍（124粒）、大豆（153粒）和稻米（17粒），非农作物遗存包括黍亚科（747粒）、豆科（86粒）、水棘针（15粒）、藜科（10粒）等[11]。王城岗遗址龙山时期遗存基本为粟黍为主的旱作农业模式。瓦店遗址是颍河中游龙山文化晚期的一个大型中心性聚落，龙山时期遗存共浮选土样139份，其中农作物主要包括粟（2253粒）、黍（385粒）、稻米（1144粒）、大豆（573粒）和小麦（8粒），出土概率则分别占到66.19%、49.64%、61.87%、45.32%和4.32%。其中稻米的绝对数量仅低于粟，而出土概率甚至略高

于粟，瓦店遗址龙山时期遗存应该为典型的稻旱混作农业模式。而非农作物遗存方面，主要包括狗尾草属（2817粒）、黍亚科（970粒）、紫苏（557粒）、马唐属（509粒）、黍属（326粒）、豆科（265粒）、藜科（337粒），还有少量的莎草科、蓼科、大戟科、稗属、野大豆等等[12]。

有学者对颍河中上游谷地的十余处遗址进行了考古调查采样，浮选结果显示，龙山早期的谷水河遗址发现了100余粒粟，10余粒黍，5粒稻米，杂草方面，发现了莎草科、藜科、蓼科、马唐等。颍河中上游龙山晚期的7处遗址中，农作物依然以粟为主，黍其次，稻米和大豆虽然在7处遗址中都有发现，但出土数量都较少，其中大豆数量略多于稻米。杂草方面，以狗尾草、豆科、藜、马唐、蓼科为主，也发现莎草科、苋科、水棘针、桃属、杏属、葡萄籽等[13]。而颍河中上游考古调查植硅体的证据则显示，龙山早期两处遗址中的三份样品中分别发现了谷子和（或）黍子、水稻植硅体；龙山晚期多处遗址发现的11份样品中，有7份样品发现了谷子和（或）黍子、水稻植硅体，4个样品仅发现谷子和（或）黍[14]。

从龙山时期中原地区遗址环境来看，我们可以分为气候大环境和遗址周边小环境分别讨论。首先，大环境上，这一时期经历了4200B.P.气候突变事件，而这一气候突变事件是一次全球性的降温事件，而这一事件具体在中原地区的表现为气温下降，夏季降雨量减少，但也带来了气候大陆性的加强和暴雨天气的集中出现，而暴雨往往是引发北方河流水量猛增和爆发特大洪水的主要原因[15]。中原地区由于河流坡度普遍较大，地势较高，地面开阔，洪水发生时，一般情况只能淹没一些台地或阶地的前缘部分，很少见到淹没全部台地或阶地的情况[16]。由此可见，大环境上4200B.P.气候事件给中原地区带来的最为明显的影响——洪水也并不能对中原地区各遗址产生太大的影响，而降温和暴雨的影响也是相当有限的，尤其对于主要依靠河流而非降水作为主要水资源来源的稻米种植而言。从各遗址的小环境上来看，各遗址周边不远处都有河流分布，或是遗址本身就坐落在河流阶地上或两河相夹的台地，稻米种植的用水问题应该都不难解决。但是，除了河流因素以外，决定遗址是否适合稻米种植不得不考虑遗址周边的耕地条件情况（耕地面积、坡度等）。同为颍河流域的王城岗遗址、程窑遗址和瓦店遗址，虽都位于颍河流域，彼此之间相距也不是很远，但颍河上游的王城岗遗址和程窑遗址中，稻米的重要程度远远不及颍河中游的瓦店遗址，推测此明显的不同应该和三处遗址周边耕地条件有直接关系，即：位于上游的王城岗遗址和程窑遗址，由于周围山脉众多，可供耕种的河滩地或易于浇灌的土地有限，并且耕地也可能因为坡度的原因不适合作为稻田；而中游的瓦店遗址周边土地相对开阔且平缓，可供稻米种植土地面积大大多于前两者。颍河中上游考古调查采样也显示，农作物依然以粟为主，黍其次，稻米较少[17]，这和采样遗址大部分位于颍河上游、耕地条件有限相符。

豫中地区颍河中上游的全部3处遗址大豆的出土概率分别都超过了30%。由此看来，虽然大豆在几乎中原地区的全部遗址中都不占有重要的位置（仅有瓦店遗址大豆的出土概率接近50%），但大豆的数量和出土概率都相对较多（高）遗址的分布却有明显的规律性，即豫中地区的颍河中上游和嵩山东麓地区，作为与外界接触最为频繁的区域，可能也是社会复杂化程度最高的区域，大豆的重要程度相对较高。由图一我们不难发现：作为大豆重要程度略高的瓦店遗址，出土大豆豆粒尺寸的分布也比程窑遗址和王城岗遗址更广；而同样位于颍河上游的后两个遗址，大豆尺寸范围和密度分布都非常接近。尽管目前我们尚难以确定这三处遗址出土大豆尺寸上的异同是源于颍河流域中上游不同小环境的差别，还是古代居民对于不同尺寸大豆在加工利用上的偏好，但是基于图二显示的程窑遗址东周时期和龙山时期出土大豆尺寸范围的差别，似乎文化上而不是遗址小环境的因素对大豆尺寸选择更为重要一些。另外，距离颍河流域不远的伊洛盆地的大型都邑性聚落二里头遗址，在二里头期出土的大豆

尺寸分布竟然与龙山时期的王城岗遗址和程窑遗址的情况非常相似，是否也能在一定程度上解释中原地区的一些重要大型遗址在龙山时期到二里头时期对大豆尺寸的选择存在着某种一致性[18]。这种大豆特定尺寸（较大颗粒者）选择上的偏好，有学者研究显示也许与大豆内含油量的多少有着直接的关系[19]，通过对炭化大豆内部结构作X-CT扫描，为我们研究古代居民对大豆的利用偏好提供了新的可能性。

从颍河中上游地区的这三个遗址中出土杂草种子情况也能对其作物种植模式提供一些佐证。稻旱混种模式下的瓦店遗址出了发现大量的黍亚科（狗尾草为代表）、豆科、藜科等杂草外，还发现有莎草科、稗属和野大豆种子，这些更为适应潮湿环境或与稻田伴生的杂草在颍河上游的王城岗遗址和程窑遗址都没有发现。杂草方面的证据也与颍河上游两遗址旱作农业占绝对优势的地位相符。

五、程窑遗址所见龙山时期至东周时期农业生产特点的变化

上节我们对程窑遗址龙山时期农业生产特点已经有所介绍，下面将结合该遗址东周时期出土植物遗存，讨论这两个时期，在几乎一样的微环境下相隔一千多年间农业生产特点的变化。

值得注意的是，东周时期21份样本中有两份取自灰坑（H166和H287：3）中的样品，经浮选发现植物遗存的数量要远远多于其他单位，我们将其视为异常值，去掉之后又对程窑遗址东周时期其他遗迹单位出土农作物遗存进行了统计。之所以还保留未去掉异常值之前的统计结果，是因为诸如黍、大豆和大麻的绝大多数以及全部大麻种子都发现于这两个灰坑中，而这些数据对此后的讨论非常重要。

首先，让我们对东周时期程窑遗址出土农作物情况进行分析，去掉异常值对各谷物出土概率的影响非常有限（不考虑大麻），而绝对数量比例方面，除了小麦有了比

较大的提升以外，其他农作物的变化也并不大。从这两组数据中可以看出，东周时期，粟仍是最为重要的谷物资源，小麦的地位仅次于粟，黍和大豆仍然是重要的补充，稻米的作用则极其有限。大麻出土的两个异常值灰坑中，分别共发现植物种子9416和1315粒，其中农作物种子分别占到了99.7%和98.5%，而东周时期遗址出土全部农作物仅占到全部植物种子的30.2%（去掉这两个单位异常值）。由此，这两个灰坑的农作物比例要远高于其他遗迹单位，再结合此前关于灰坑H166中炭化木屑含量的讨论，我们推测H166和H287应曾被用来储存谷物，也许一次意外的窖穴焚毁事件使得大量农作物种子和炭化木屑得以保存。而大麻在当时可能数

量并不很多，只是在作为储藏待用时才可能中被发现。

其次，对程窑遗址龙山时期和东周时期出土谷物进行比较的话，粟、黍小米类资源一直是最为重要的农作物，大豆的重要程度变化不大，而稻米一直都是非常有限，可有可无。最重要的变化体现在小麦和大麻上，大麻从无到有，而小麦无论是数量还是出土概率都有了明显的提升。不论程窑遗址龙山时期的小麦是否可以确认。到了东周时期，小麦确实已经成为仅次于粟的农作物资源。如果程窑遗址本次浮选所发现的龙山时期小麦确属于该时代的话，从完整的龙山时期小麦尺寸上看不出与东周时期小麦有何明显不同，尺寸变化范围都包括在后者的范围内。与龙山时期相比，程窑遗址在东周时期的大豆利用在尺寸上的选择更为宽泛，出现和利用大尺寸大豆的同时，也依然没有放弃对小尺寸大豆的偏好。对此，目前尚难以给出较好的解释。

杂草方面，狗尾草和藜一直是程窑遗址为最常见的，而豆科杂草种子有了比较明显的变化，龙山时期常见的胡枝子和草木樨到东周时期难觅踪迹，而新出现了此前没有的绿豆。新出现的其他杂草种子还包括萤蔺、白颖薹草、荆条和酸枣，但发现数量都不多，两个时代出现的杂草种子基本反映了遗址周边相似的旱地、干燥的环境，差别并不明显。

六、结语

我们通过本次程窑遗址系统的植物考古采样、浮选、鉴定和分析研究，得到了一批重要的颍河上游龙山时期和东周时期的植物考古学材料。根据浮选结果显示，无论是龙山时期还是东周时期，粟黍类小米都是当时居民最为重要的农作物资源，大豆也是必要的补充，稻米发现极少，为典型的旱作农业生产模式。东周时期小麦地位的显著提高以及大麻的发现，成为其区别于龙山时期的时代特点。程窑遗址龙山时期的植物考古发现，为我们探讨颍河中上游地区农业经济模式特点提供了新的素材，无论从稻米的重要性，还是大豆的尺寸选择方面，该遗址都和相距不远的王城岗遗址非常接

近，属于典型的旱作农业经济模式，与颍河中游的瓦店遗址以及周边新砦遗址的稻旱混种模式形成了鲜明的对比，而这种差别很大程度上应源自于颍河上游地区的遗址小环境的特点，而大豆尺寸选择上的差别则不排除包含有人为加工利用上的偏好，这一点刚好可以与二里头遗址相联系。

注释

［1］赵会军、曾晓敏：《河南登封程窑遗址试掘简报》，《中原考古》1982年第2期。

［2］强胜：《杂草学》，中国农业出版社，2014年。

［3］Sheahan Bestel，Yingjian Bao，Hua Zhong et al.，Wild plant use and multi-cropping at the early Neolithic Zhuzhai site in the middle Yellow River region，China，*The Holocene*，2017，Vol.28，pp.195-207.

［4］刘昶、方燕明：《河南禹州瓦店遗址出土植物遗存分析》，《南方文物》2010年第4期。

［5］钟华、赵春青、魏继印、赵志军：《河南新密新砦遗址2014年浮选结果及分析》，《农业考古》2016年第1期。

［6］赵志军、方燕明：《登封王城岗遗址浮选结果及分析》，《华夏考古》2007年第2期。

［7］赵志军、杨金刚：《考古出土炭化大豆的鉴定标准和方法》，《南方文物》2017年第3期。

［8］靳桂云、王海玉、燕生东等：《山东胶州赵家庄遗址龙山文化炭化植物遗存研究》，《科技考古》第三辑，科学出版社，2011年。

［9］Liu，X.，et al.，The virtues of small grain size：potential pathways to a distinguishing feature of Asian wheats，*Quaternary International*，2016. http：//dx.doi.org/10.1016/j.quaint.2016.02.059.

［10］北京大学考古文博学院、河南省文物考古研究所：《颍河中上游登封、禹州考古调查遗址典型单位土壤样品的植硅体分析》，《登封王城岗考古发现与研究（2002～2005）上，大象出版社，2007年。

［11］赵志军、方燕明：《登封王城岗遗址浮选结果及分析》，《华夏考古》2007年第2期。

［12］刘昶、方燕明：《河南禹州瓦店遗址出土植物遗存分析》，《南方文物》2010年第4期。

［13］北京大学考古文博学院、河南省文物考古研究所编著：《登封王城岗考古发现与研究大象出版社，2007年，第933～938页。

［14］北京大学考古文博学院、河南省文物考古研究所编著：《登封王城岗考古发现与研究大象出版社，2007年，第809页。

［15］夏正楷：《环境考古学——理论与实践》，北京大学出版社，2012年，第314～316页。

［16］夏正楷：《环境考古学——理论与实践》，北京大学出版社，2012年，第319～320页。

［17］北京大学考古文博学院、河南省文物考古研究所编著：《登封王城岗考古发现与研究大象出版社，2007年，第933～938页。

［18］中国社科学院考古研究所：《二里头（1999～2006）》，文物出版社，2014年，第1299页。

［19］陈雪香、马方青、张涛：《尺寸与成分——考古材料揭示黄河中下游地区大豆起源与驯化历程》，《中国农史》2017年第3期。

（原刊于《农业考古》2018年第6期）

晚商中国（1250–1046B.C.）农业制度的优越性研究
——来自考古稳定同位素的新证据

王宁　王宇　陶思远　吴倩

一、引言

"民以食为天"，中原地区农业的发展是早期中国复杂社会形成最为重要的前提条件之一。农业考古研究表明，中原地区的农业模式经历了两次重大转变（赵志军，2007）。第一次是发生在中华早期复杂社会形成时期（2500–1600B.C.）。在龙山时代以前，中原地区的生业模式始终表现出粟（黍）作农业为主的北方旱作农业的典型特点。在龙山时代之后，稻谷和大豆开始得到普遍种植，小麦引入并种植规模开始扩大，中原地区逐渐呈现出由单品种农作物制度向多品种农作物制度转变的趋势，长期以来单纯依靠粟作农业逐渐演变为包括粟、黍、稻谷、小麦和大豆在内的"五谷丰登"的农耕模式。这一率先转变所带来的经济优势，为中原地区中华文明的崛起和发展创造了有利条件。

第二次转变，发生在商代至汉代时期（1600B.C.-220A.D.）。前一时期引入的小麦，这一时期在中原地区开始得到推广，经过漫长的过程，北方旱作农业逐步地由依赖粟黍向以种植小麦为主的模式发生转变，这一改变为以黄河流域地区为政治和经济中心的秦汉帝国的建立和强大奠定了坚实的物质基础（赵志军，2007郭怡等，2016；侯亮亮等，2020）。

商王朝（1600–1046B.C.）作为中国有确切出土文字记载的最早王朝，正处在中原地区两次农业模式转变中的关键阶段。地处中原腹地的郑州地区，实为"天地之中"，区位优势更是独占鳌头，中华母亲河黄河从中穿过，自然环境条件亦十分优越，是商王朝早期都城所在地和统治的核心区域。首都地区的农业和手工业发展程度理应代表了当时最先进的生产力水平。因此，继续深入开展郑州地区商代时期农业发展状况研究，对于探讨中华早期复杂社会与农业发展等科学问题具有重大意义。

20世纪出现的考古C、N稳定同位素分析方法，是揭示先民食物结构和生业模式强有力的研究手段。根据"我即我食"（You are what you eat）原理，通过人骨的$\delta^{13}C$值，可以直接揭示先民的植物类及其所食动物中植物类的主要食物种类和来源（Smith，1972；Epstein等，1997）。通过人骨的$\delta^{15}N$值可以直接判断先民食物来源中的肉食资源比例及其营养等级（Minagawa 和 Wada，1984；Hedges 和 Reynard，2007）。相比植物浮选法在宏观层面上对整个遗址中农作物遗存出土数量和出土概率的科学统计，考古稳定同位素分析能够在微观层面上精确地揭示先民个体对于不同食物的摄入比例，以及不同先民个体之间的饮食差异，从不同角度为研究古代农业发展提供更多的科学证据。这一研究方法在中国大量考古遗址中已得到了广泛开展（Ma M M 等，2016；董广辉等，2017；Hu，2018），包括二里头文化的河南伊川南寨遗址（张雪莲等，2003）、二里头遗址（张雪莲等，2007）、新密新砦遗址（吴小红等，2007）、登封南洼遗址（Zhang 等，2020）和先商文化的河南鹤壁刘庄遗址（Hou 等，2013）、河北磁县南城遗址（Ma Y 等，2016）等中原地区多处重要遗址先民和动物的稳定同位素分析，加深了对商代以前二里头文化时期（2070～1600B.C.）居民的生业模式和农业发展状况等问题的认识。与此同时，学界对河南偃师商城遗址（张雪莲等，2003）、郑州小双桥遗址（王宁等，2015；Wang 等，2017；李宏飞和王宁等，2018）、南洼遗址（Zhang 等，2020）安阳殷墟遗址（张雪莲等，2003，2017；Cheung 等，2017abc）、山东济南刘家庄遗址（宫玮，2016）和滕州前掌大墓地（张雪莲等，2012）等商文化遗址开展了稳定同位素测试工作，获取了商文化多处遗址先民的食物结构信息，总体上阐明了商人以粟作农业为主的生业模式（Li 等，2020）。此外，中原地区新郑遗址（Zhou 等，2017）、西亚斯和畅馨园（Dong 等，2017）、宋庄遗址和陈家沟遗址（Dong 等，2019）、申明铺遗址（Hou 等，2012）的稳定同位素数据，展现了商代以后小麦在中原地区逐步推广的过程。禹州瓦店遗址（陈相龙等，2017）、望京楼遗址（陈相龙等，2018）和偃师商城遗址（胡佳佳，2019）等家畜动物的考古稳定同位素分析结果，也阐明了龙山时代晚期到商代时期中原地区家养动物的饲养状况。

　　商代时期的郑州地区作为中国古代农业发展过程中如此重要和关键的一环，目前仅有商代早期偃师商城遗址（n=3）（张雪莲等，2003）、商代中期小双桥遗址（n=51）（王宁等，2015；Wang 等，2017；李宏飞和王宁等，2018）和商代晚期南洼遗址（n=6）（Zhang 等，2020）先民的 C、N 稳定同位素值公布，学界对于这一阶段先民的食物结构和生业模式等相关信息的认识，仍显薄弱.目前仅有的稳定同位素研究表明，中原地区商代先民仍然以 C_4 类（粟黍）植物为主要食物来源，由于骨胶原碳氮稳定同位素信号不够灵敏，没办法显示先民少量的或者短期摄入不同食物的信息，尚未在稳定同位素角度发现第二次农业模式转变的明显信号。这一时期先民的生业模式究竟有何特点？多品种农作物制度的推广和实践达到何种程度？尚需选取更多考古遗址开展稳定同位素分析工作，提供新的数据，予以解答。

　　为了继续探索早期中国农业发展状况，本文以作为商王朝建都和统治核心区域的郑州地区为研究重点，选择该地区目前首次发现密集而排列有序的商代晚期墓葬群（郑州黄河路109号院墓地）出土的30例人骨和7例殉狗为研究对象，运用碳氮稳定同位素分析方法，揭示该时段先民的食物结构状况以及个体饮食差异状况，进而探索多品种农作物制度在中原地区的推广情况，为探讨早期中国农业制度的优越性研究提供更多的科学依据。

二、材料与方法

1.遗址考古背景

2012年底发掘的河南郑州黄河路109号院墓地，是郑州地区首次发现密集而排列有序的商代晚期墓葬群，填补了该地区商代晚期墓葬研究的空白（吴倩等，2015）。该墓地位于郑州市黄河路与花园路交叉口西南角（黄河路109号）。2012年11月至2013年1月，为配合工程建设，郑州市文物

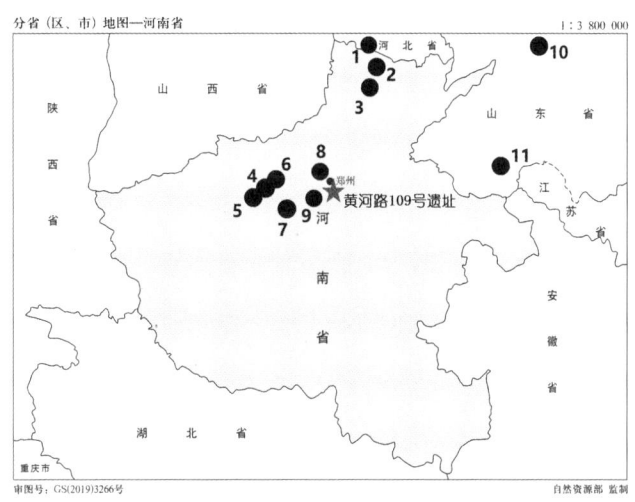

图一　黄河路109号院遗址及本文所引考古遗址的位置示意图
1.南城　2.殷墟　3.刘庄　4.二里头　5.南寨　6.偃师商城　7.南洼　8.小双桥　9.新砦　10.刘家庄　11.前掌大

考古研究院对工程区内的古代遗迹进行了清理，共发掘墓葬45座，其中43座为商代晚期。墓葬皆为小型长方形竖穴，大多长2～3、宽0.6～1米，排列有序，保存较好，随葬品很少，多为陶器，少量铜器、玉器及贝币，有5座墓中未发现随葬品。按陶器特征分析可将这批墓葬分为两个阶段，分别属于殷墟二期（约）和三期。共有13座墓中发现有殉狗，分别见于腰坑、二层台和墓葬填土中，为商文化特有的殉狗习俗（图一）。

2.样品选取

本次研究的样品全部来自黄河路109号院商代墓地考古发掘出土的骨骼标本，共37例，其中人骨30例、殉狗7例。根据随葬陶器特征分析可将这批墓葬分为两个阶段，分别属于殷墟二期（3例）和三期（17例），其中10例墓葬（灰坑）因未出土随葬器物，所以笼统归属为殷墟期（1250-1046B.C.）。殷墟二期大约对应甲骨文分期的武丁、祖庚、祖甲时期，殷墟三期大约对应甲骨文分期的廪辛、康丁、武乙、文丁时期，整体年代大约为1250-1102B.C.，延续150年左右（中国社会科学院考古研究所，2003）。由于这批人骨保存状况并不理想，体质人类学鉴定难度较大，部分样品的性别、年龄等信息缺失。详情见表一。

表一 黄河路109号院墓地人和殉狗骨骼样品信息和稳定同位素测试结果

序号	墓葬编号	分期	开口面积（m²）	性别/种属	年龄[b]	C（%）	N（%）	C/N	$\delta^{13}C$（‰）	$\delta^{15}N$（‰）
1	M3	殷墟三期	1.05	—	—	43.78	16.27	3.1	7.3	12.4
2	M4	殷墟三期	1.15	男	壮年	43.89	16.06	3.2	7.1	12.0
3	M5	—	0.90	—	—	44.71	16.51	3.2	9.1	10.1
4	M6	—	1.38	男	壮年	42.49	15.56	3.2	7.3	11.1
5	M7	殷墟三期	2.11	男	青年	32.24	11.83	3.2	7.3	11.0
6	M8	殷墟三期	1.84	男	青壮年	44.90	16.27	3.2	7.3	11.6
7	M9	殷墟二期	1.79	男	壮年	43.34	16.04	3.2	18.5	10.6
8	M10	—	1.92	男	青年	43.53	15.96	3.2	17.3	11.3
9	M11	—	1.61	—	—	42.43	15.44	3.2	7.4	7.4
10	M12	殷墟三期	1.58	女	老年	43.99	16.30	3.1	8.5	12.2
11	M13	殷墟三期	1.76	—	中壮年	42.29	15.34	3.2	7.9	10.6
12	M14	殷墟三期	2.32	男	壮年	43.80	15.72	3.3	7.8	10.9
13	M15	殷墟三期	2.60	女	壮年	44.76	16.13	3.2	7.9	10.7
14	M16	殷墟三期	1.68	男	青少年	46.21	16.77	3.2	7.6	10.6
15	M17	殷墟三期	1.32	男	青少年	44.21	16.06	3.2	8.8	10.9
16	M21	殷墟三期	1.92	女	青年	42.75	15.57	3.2	7.4	11.9
17	M22	殷墟三期	1.76	男	壮年	40.79	15.02	3.2	7.7	10.9
18	M23	—	1.61	男	青年	44.90	16.36	3.2	7.8	12.4
19	M24	殷墟三期	2.43	女	壮年	41.13	15.16	3.2	7.5	10.3

续表

序号	墓葬编号	分期	开口面积（m²）	性别/种属	年龄[b]	C（%）	N（%）	C/N	$\delta^{13}C$（‰）	$\delta^{15}N$（‰）
20	M25	—	2.42	女	青年	43.59	15.94	3.2	16.6	9.4
21	M26	—	1.04	—	—	42.04	15.49	3.2	7.8	11.6
22	M27	殷墟二期	1.98	—	—	44.14	16.14	3.2	8.2	11.0
23	M28	殷墟三期	2.00	男	壮年	41.44	15.05	3.2	7.3	11.3
24	M29	殷墟三期	2.02	女	中年	43.90	16.08	3.2	7.9	10.2
25	M31	殷墟三期	1.89	男	中年	45.94	16.92	3.2	7.5	11.6
26	M33	殷墟三期	2.50	女	中老年	44.53	16.22	3.2	7.3	12.6
27	M34	—	1.68	女	壮年	44.96	16.06	3.3	19.8	6.5
28	M43	殷墟三期	0.90	—	—	43.51	15.85	3.2	8.3	12.2
29	M1[a]	—	—	—	—	24.99	9.13	3.2	13.1	10.2
30	H7[a]	—	—	—	—	41.80	15.31	3.2	19.9	16.6
31	M6	—	1.38	殉狗	—	42.93	15.88	3.2	7.1	9.4
32	M7	殷墟二期	2.11	殉狗	—	44.20	16.31	3.2	6.7	9.2
33	M12	殷墟三期	1.58	殉狗	—	43.78	16.11	3.2	6.2	7.5
34	M15	殷墟三期	2.60	殉狗	—	43.82	15.96	3.2	7.7	9.6
35	M21	殷墟三期	1.92	殉狗	—	42.50	15.65	3.2	5.9	9.6
36	M33	殷墟三期	2.50	殉狗	—	41.10	14.95	3.2	7.0	10.1
37	M34	—	1.68	殉狗	—	40.78	15.06	3.2	10.6	13.5

注：a.M1和H7信息未在考古报告中公布，与发掘者沟通后，归属为殷墟期。b.个体年龄信息引自该遗址发掘报告公布信息（吴倩等，2015）。采用了阶段性的年龄分期来归纳鉴定结果，具体分为婴幼儿期（0～2岁）、幼儿期（3～6岁）、少年期（7～14岁）、青年期（15～23岁）、青壮年期（24～35岁）、壮年期（36～55岁）和老年期（56岁以上）。

3. 样品处理

样品前处理和骨胶原提取在中国科学院脊椎动物演化与人类起源重点实验室完成。据 Richards 和 Hedges（1999）的方法，并参考 Jay 和 Richards（2006）对该方法的改进来提取骨胶原。利用手术刀和打磨机，清除附在骨样表面的污染。称取大约 1～2 克骨样，经去离子水清洗后，置于 0.5mol/L 的 HCl 溶液（4℃）中脱钙，每隔两天更换酸液，至无气泡产生、骨样酥软为止。去离子水洗至中性，常温下 0.125mol/L 的 NaOH 溶液中浸泡 20 小时后洗至中性。于 0.001mol/L 的 HCL 溶液中 70℃ 明胶化 48 小时，趁热过滤，冷冻干燥后得骨胶原。

4. 测试分析

骨胶原的 C、N 含量及稳定同位素分析在中国科学院大学考古稳定同位素实验室完成，所用设备为 Elementar Vario-Isoprime100 型稳定同位素质谱分析仪。测试 C、N 元素含量所用的标准物质为磺胺（Sulfanilamide）。C、N 稳定同位素比值，分别以 IAEA-600、IAEA-CH-6 标定碳钢瓶气（以 VPDB 为基准）和 IAEA-600、IAEA-N-2 标定氮钢瓶气（以 AIR 为基准）。此外，每测试 10 个样品插入一个实验室自制胶原蛋白标样，$\delta^{13}C$ 值为 14.7±0.1‰，$\delta^{15}N$ 值为 7.0±0.1‰。样品的同位素比值，以 $\delta^{13}C$ 和 $\delta^{15}N$ 值表示，分析误差均低于 ±0.2‰，结果详见表一。

5. 污染辨别

人体死亡掩埋后，埋藏环境中的 pH 值、湿度、温度以及微生物等诸因素，都将破坏骨骼原有的组织结构和化学成分（胡耀武，2002）。因此，辨别污染的样品并将其剔除，是利用 C、N 稳定同位素分析先民食物结构的前提条件。现代骨胶原中 C，N 含量分别约为 41% 和 15%（Ambrose，1990），本文所有样品骨胶原的 C 平均含量为（42.6±3.7）%，N 平均含量为（15.6±1.4）%，表明样品中的骨胶原保存状况良好。此外，判断骨胶原是否污染，更为重要的指标是其 C/N 摩尔比值。DeNiro（1985）认为，C/N 摩尔比值在 2.9～3.6 之间的骨胶原，可视为未污染。由表 1 可知，37 例样品的 C/N 比值全部介于 3.1～3.2 之间，其平均值及标准偏差为 3.2±0.0%，表明所有样品的碳氮稳定同位素分析值是科学可信的。

三、结果与讨论

1. 先民和殉狗的碳氮稳定同位素分析结果

先民和殉狗的 C、N 稳定同位素值，如图二所示。总体而言，30 例先民个体中，24 例个体的 $\delta^{13}C$ 与 $\delta^{15}N$ 值较为接近，其余 6 例个体 $\delta^{13}C$ 值明显偏低，初步表明人群内部食物结构差异较大。7 例殉狗中，除 1 例 $\delta^{15}N$ 值较高以外，其余 6 例较为接近。

30例先民骨胶原δ^{13}C均值为9.7 ± 4.1‰，分布范围为19.9‰ ~ 7.1‰，差异十分明显。根据先民骨胶原的δ^{13}C值高低划分，其食物结构可分为3种类型（C$_4$类为主、C$_3$类/C$_4$类混合和C$_3$类为主），其δ^{13}C值范围分别是6‰ ~ 12‰、12‰ ~ 18‰和18‰ ~ 23‰（Pechenkina等，2005；Barton等，2009；Ma等，2014）。其中粟黍类为典型的C$_4$类农作物，稻谷、小麦和大豆为典型的C$_3$类农作物。以此为标准，可知该遗址的先民主食中

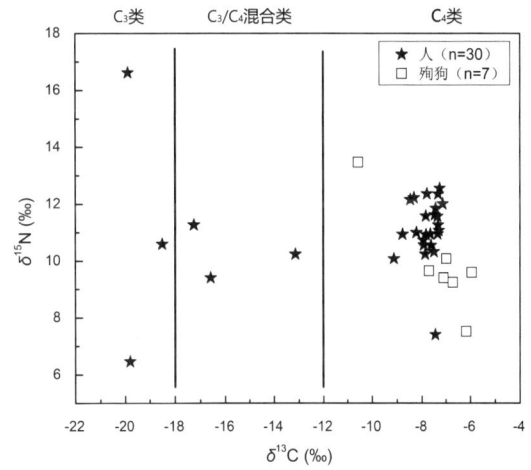

图二　黄河路109号院墓地人和殉狗δ^{13}C和δ^{15}N值的散点图

以C$_4$类为主的24例（7.8 ± 0.5‰），C$_3$类/C$_4$类混合为主的3例（15.7 ± 2.2‰）和C$_3$类为主的3例（19.4 ± 0.8‰），表明该遗址中的大部分先民以C$_4$类食物为主要食物来源，同时少部分先民摄取了更多的C$_3$类食物，初步体现了居民主食结构的多样性和复杂性。

30例先民骨胶原的δ^{15}N均值为11.1 ± 1.7‰，分布范围为6.5 ~ 16.6‰，个体之间差异同样十分明显。除去上述δ^{13}C值明显偏低（<-12‰）的6例个体以外，剩余24例先民的δ^{15}N值，有1例明显偏低（7.4‰），其余23例分布范围为10.1‰ ~ 12.6‰，均值为11.3 ± 0.7‰，再次体现了该地区先民食物结构的多样性和复杂性。

殉狗中除去δ^{15}N值较高的1例（C：10.6‰，N：13.5‰）以后，剩余6例的δ^{13}C和δ^{15}N均值分别为6.8 ± 1.6‰和9.3 ± 1.8‰，分布范围分别为10.6‰ ~ 5.9‰和7.5‰ ~ 10.1‰，以C$_4$类为主，差异相对并不明显。

2.先民食物结构差异性分析

（1）不同时期先民食物结构差异

由图三可知，C$_3$类/C$_4$类混合和C$_3$类为主的6例个体，除1例明确归属为殷墟二期以外，其余5例无法判断归属二期还是三期。殷墟二期先民除去1例特殊值外，δ^{13}C和δ^{15}N均值分别为7.8 ± 0.6‰和11.0 ± 0.0‰（n=2），与殷墟三期先民，δ^{13}C和δ^{15}N均值分别为

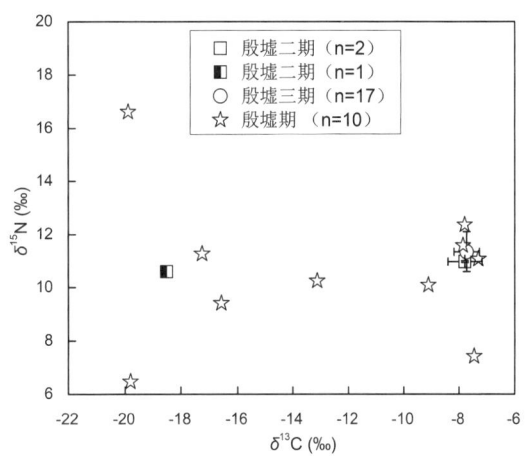

图三　不同时期先民δ^{13}C和δ^{15}N值比较图

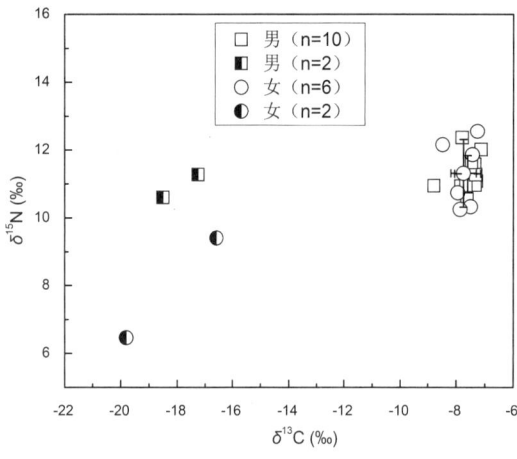

图四　不同性别先民$\delta^{13}C$和$\delta^{15}N$值比较图

7.7 ± 0.5‰和11.3 ± 0.8‰（n=17），几乎没有差异，表明先民食物结构差异与时代变化无明显相关性。

（2）不同性别和年龄先民食物结构差异

有学者提出，古代社会男女社会地位不平等是导致饮食性别差异的重要原因（Dong等，2017）。30例墓葬中，可鉴定出性别的有20例，包括12例男性和8例女性。如图四所示，有16例个体以C_4类为主（10男6女），有2例个体为C_3类/C_4类混合（1男1女），有2例个体以C_3类为主（1男1女）。其中，C_4类为主的男性$\delta^{13}C$和$\delta^{15}N$均值分别为7.6 ± 0.5‰和11.3 ± 0.5‰（n=10），与C_4类为主的女性相比，$\delta^{13}C$和$\delta^{15}N$均值分别为7.7 ± 0.4‰和11.3 ± 1.0‰（n=6），几乎没有任何差别。C_3类/C_4类混合和C_3类为主的4个个体中，2例男性数据$\delta^{13}C$值数据分别是18.5‰和17.3‰，与另外2例女性的$\delta^{13}C$值差别不大（19.8‰和16.6‰）。该遗址同位素数据表明，男女食物结构总体上极为相似，未发现性别不同导致食物结构差异的证据。

研究表明，人骨胶原蛋白反映的是个体生前10年左右食物类型的平均状况（Ambrose和Norr，1993）。通过观察不同年龄先民$\delta^{13}C$和$\delta^{15}N$值，可以探讨不同年龄先民食物结构上的差异。该遗址30例墓葬中，墓主人骨骼保存较好可鉴定出年龄的有22例。由图五和表一可知，C_3类为主的2例均为青年，C_3类/C_4类混合的2例均为壮年，

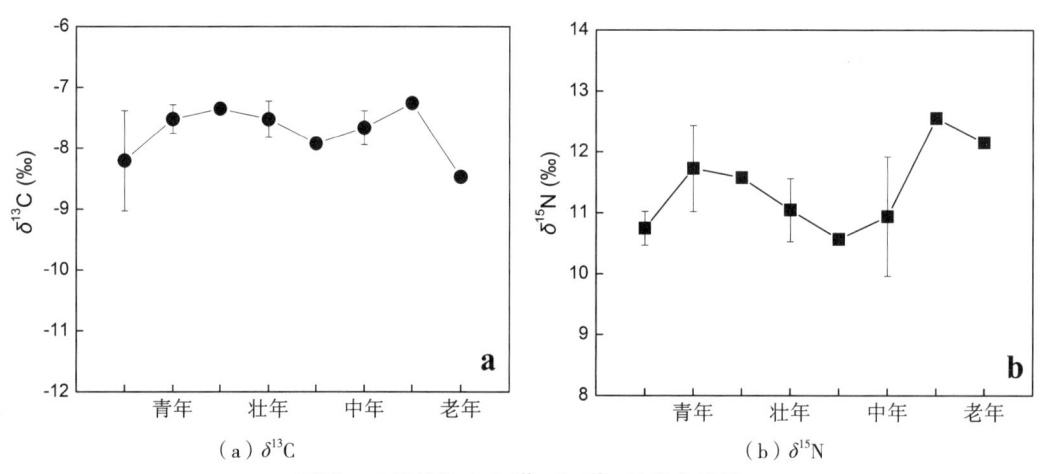

（a）$\delta^{13}C$　　　　　　　　　　　　　（b）$\delta^{15}N$

图五　不同年龄先民$\delta^{13}C$和$\delta^{15}N$均值比较图

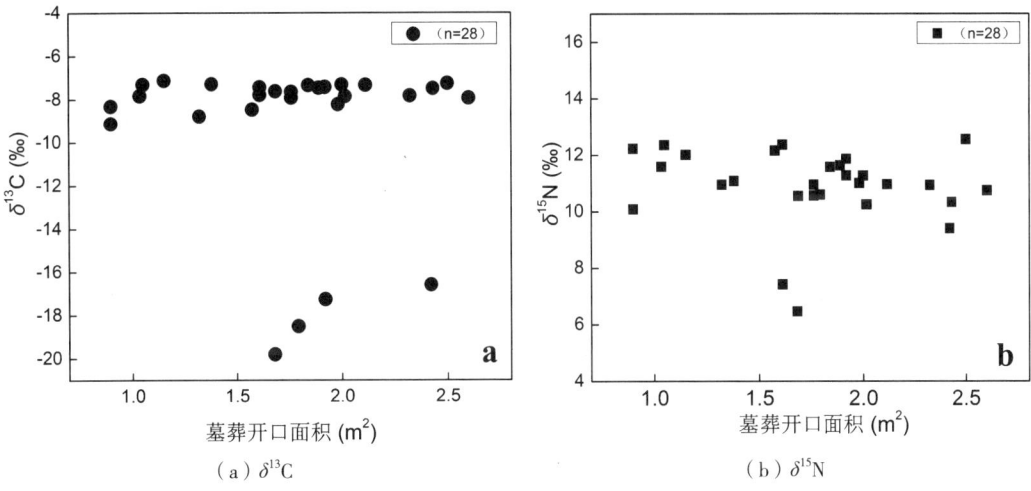

图六　不同墓葬开口面积先民 δ^{13}C 和 δ^{15}N 值比较图

C4类为主的不同年龄段死亡先民的 δ^{13}C 值差异并不明显。从先民 δ^{15}N 值来看，中年到步入老年期存在一次明显的升高过程。古代有老年人享有吃肉特权的记载，但是考虑的样品数量较少，该结论有待进一步更多证据支持。

（3）不同墓葬开口面积和随葬品类型先民食物结构差异

从表一可知，这批墓葬开口面积最小的仅为 0.9m²，最大的为 2.6m²，虽然规模相差近3倍，但是开口面积均小于3m²。按照《中国考古学·夏商卷》（中国社会科学院考古研究所，2003）的划分标准，该类墓属于"乙种第三类"，墓主人均属于商代平民阶层.如图六a所示，C3类/C4类混合和C3类为主的4例墓葬规模处于中间位置，与剩余C4类为主的24例墓葬规模的差异并不明显（p=0.382）。

随葬品的数量和种类也是衡量墓主人身份地位的一个重要参考标准。考古报告公布的28例墓葬中，随葬品多为陶器，仅包含少量青铜器（3例）、玉器（9例）和贝币（3例）。C3类/C4类混合和C3类为主的4例墓葬中，随葬贝币2例、玉器1例，无青铜器，并无显著特点。剩余C4类为主的24例墓葬中，3例出土铜器墓主人的 δ^{13}C 和 δ^{15}N 均值分别为 7.9±0.5‰ 和 11.3±1.0‰，与21例未出土青铜器墓主人的 δ^{13}C 和 δ^{15}N 均值 7.7±0.5‰ 和 11.1±1.1‰ 十分接近。9例出土玉器墓主人的 δ^{13}C 和 δ^{15}N 均值分别为 7.8±0.5‰ 和 11.4±0.9‰，与16例未出土青铜器墓主人的 δ^{13}C 和 δ^{15}N 均值 7.7±0.5‰ 和 11.0±1.2‰ 同样十分接近，表明虽然墓主人的经济实力可能略有区别，但食物结构差异并不明显。

综上所述，本文在划分先民食物结构为3种类型的基础上（C4类为主、C3类/C4类混合和C3类为主），通过比较不同时期、性别、年龄、墓葬规模和随葬品类型的先民稳定同位素值，发现个体饮食与时代、性别、社会地位差异不存在明显的相关性。

3. 商代中原地区农业模式与考古稳定同位素的新证据

中原地区作为古代中国的政治经济中心，已经开展了大量的植物考古研究工作（表二）。从夏文化的二里头遗址就浮现出了"五谷"（粟、黍、稻谷、小麦和大豆），虽然小麦的绝对数量和出土概率很少，但是稻谷的种植比较普遍，南洼遗址亦是如此。商代早期的河南登封王城岗遗址和二里头遗址中同样发现了"五谷"遗存，并且小麦的出土概率大大增加，多品种农作物制度的特点表现得十分明显。商代中晚期，稻谷的数量急剧减少，小麦的出土概率继续提高。整个过程中，粟黍在"五谷"中的优势地位，始终没有动摇。

表二　中原地区夏代到商代（2070–1046B.C.）考古遗址植物浮选结果

时代	绝对年代	遗址	样品数量	粟		黍		稻谷		小麦		大豆		参考文献
				绝对数量	出土概率	绝对数量	出土概率	绝对数量	出土概率	绝对数量	出土概率	绝对数量	出土概率	
夏	约2070–1600BC	二里头	101	5868	91%	961	64%	3240	70%	2	1%	80	27%	赵志军，2007
		南洼		10890		878		10		6		96		吴文婉等 2014
早商	约1600–1400BC	王城岗	14	1534	79%	160	71%	29	57%	191	79%	11	36%	赵志军，2007
		二里头	18	1285	89%	169	50%	26	33%	6	33%	22	39%	赵志军，2007
中商	约1400–1250BC	小双桥		1409	88.9%	51	44.4%	94	31.10%	127	28.90%	18	13.3%	钟华等，2018
晚商	约1250–1046BC	南洼		847		39		0		16		28		吴文婉等 2014
		赵村	28	4534	100%	68	100%	1	20%	17	60%	267	100%	王祁和史云征等，2019
		殷墟	146	3955		108		3		1		72		王祁和唐际根等，2018

表三　中原地区夏代到商代先民 C 同位素统计表

序号	遗址	时代	绝对年代	属性	数量	$\delta^{13}C$ 值（n）			参考文献
						<18‰	18~12‰	>12‰	
1	新砦	夏代早期	约1850–1750BC	都城	8	0	0	8	吴小红等，2007
2	南寨	夏代中晚期	约2070–1600BC	居址	9	0	0	9	张雪莲等，2003

| 序号 | 遗址 | 时代 | 绝对年代 | 属性 | 数量 | $\delta^{13}C$值（n） | | | 参考文献 |
						<18‰	18~12‰	>12‰	
3	二里头	夏代	约2070–1600BC	都城	22	0	2	20	张雪莲等，2007
4	南洼	夏代–商代晚期	约2070–1046BC	居址	19	0	0	19	Zhang等，2020
5	刘庄	夏代	约2070–1600BC	墓地	21	0	2	19	Hou等，2013
6	南城	夏代	约2070–1600BC	墓地	5	0	0	5	Ma等，2016
7	偃师商城	商代早期–中期	约1600–1250BC	都城	3	0	0	3	张雪莲等，2003
8	小双桥	商代中期	约1400–1250BC	都城	51	0	4	47	王宁等，2015
9	殷墟	商代晚期	约1250–1046BC	都城	160	1	1	158	张雪莲等2003，2017；Cheung等，2017
10	黄河路109号院	商代晚期	约1250–1046BC	墓地	30	3	3	24	本研究
11	刘家庄	晚商–西周	约1250–771BC	墓地	20	0	0	20	宫玮，2016
12	前掌大	晚商–西周	约1250–771BC	墓地	36	0	2	34	张雪莲等，2012
总计					384	4	14	366	

　　夏代到商代时期中原地区目前已经公布稳定同位素测试数据的考古遗址有12处，共计384例先民个体。由表三可知，仅有4例个体以C_3类为主，有14例个体为C_3类/C_4类混合，剩余336例个体以C_4类为主，表明中原地区虽然出现了C_3类农作物（稻谷、小麦和大豆）的信号，但这一时期C_4类农作物（粟黍）始终占有绝对主要地位，与植物浮选所显示的多品种农作物并存的现象不尽相同，很多遗址先民的稳定同位素分析结果并没有呈现出"五谷丰登"的特点。

　　如图七所示，12处夏商遗址中出现C_3信号个体的遗址有5处，其中包括中原地区的3处遗址，分别是二里头遗址、小双桥遗址和殷墟遗址。结合考古背景可知，这3处遗址均属当时都城级别，或许暗示多品种农作物的种植制度在当时主要存在于高规格

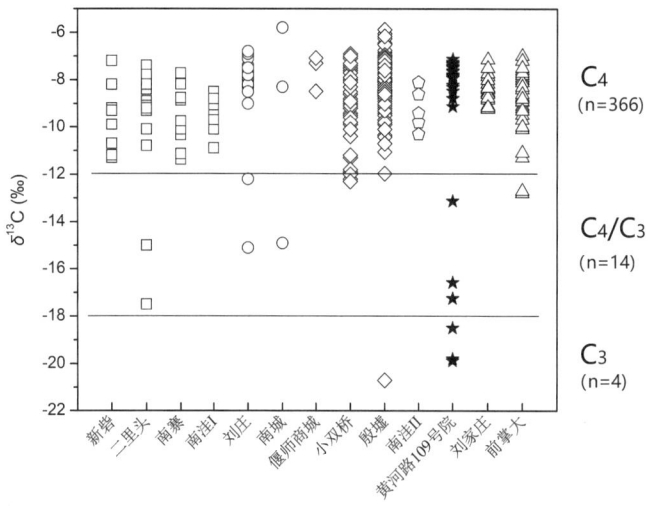

图七　中原地区夏商时期先民 C 同位素散点图

等级的遗址中，推测其作为当时一种非常先进和复杂的农业制度，可能具有一定的推广难度，同时也体现了中原地区农业发展的先进性。

本研究中的黄河路 109 号院遗址出现了大量 C₃ 信号，推测与其特殊的地理位置有关。该遗址与郑州商城遗址十分接近，距离不到 2 公里，而后者被学界认为是商王朝早期都城所在地（中国社会科学院考古研究所，2003）。虽然商王朝在中后期迁都后离开此地，但是这部分人群或许有可能保留了之前都城时期的多农作物耕作模式。此外，除了一例个体的 $\delta^{15}N$ 值较为特殊，异常偏高（16.6‰）以外，其余 C₃ 信号较为明显（<-12‰）的 5 例个体的 $\delta^{15}N$ 均值为 9.6 ± 1.9‰，低于 C₄ 信号明显人群 11.3 ± 0.7‰（n=23），同样排除了这 5 例个体由于大量摄取野生动物导致体内 C 值降低的可能性。

作为夏商时期都邑级别的新砦遗址（n=8）和偃师商城（n=3），未出现 C₃ 类信号的个体，推测或许与测试样品数量较少有关。值得注意的是，胡佳佳（2019）在研究偃师商城遗址祭祀坑中的猪牲中（n=13），发现了 3 种类型（C₄ 类为主、C₃ 类 /C₄ 类混合和 C₃ 类为主）食物结构并存的现象。由于猪的饲养受到人类活动的极大影响，并在某种程度上能够反映先民的食物结构（侯亮亮，2019），这一新发现或许暗示偃师商城有可能同样存在 3 种类型食物结构的先民个体，为多品种农作物的种植制度在当时主要存在于都城级别的高规格等级遗址中的观点，增添了更多证据。

本文通过多个遗址的考古稳定同位素和植物浮选结果，梳理了多品种农作物种植的制度在商代时期中原地区的实践状况。自新石器时代农业产生以来，中原地区长期实行粟黍（C₄ 类）为代表的旱作农业耕作模式，夏商时期水稻和小麦等 C₃ 类农作物开始大量出现。相对于之前单一种植粟黍，这一时期小麦的广泛种植，提高了农业种植结构的多样性，使得农业系统能够抵御更多的风险，为中原地区的进一步崛起和中华在秦汉时期的强盛奠定了基础. 黄河路 109 号院遗址的考古稳定同位素研究，证明了 C₄ 类的食物（粟黍）和 C₃ 类的食物（水稻和小麦）在商代晚期中原地区先民食物中共存的现象，为早期中国农业制度的优越性研究提供了新的科学证据。

四、结论

本文通过对郑州地区一处商代晚期郑州黄河路109号院墓地的碳氮稳定同位素分析和梳理多个遗址的考古稳定同位素和植物浮选结果，可知：

1.商代以前中原地区的先民食物结构中，C_4类的食物（粟黍）始终占据主要地位，而在商代以后，C_3类的食物（水稻和小麦）逐渐增多，最晚至商代晚期，郑州地区已经采用了多品种农作物的种植制度，但大部分先民仍以粟作农业为主。

2.先民食物结构差异与时期、性别、年龄和经济地位区别的相关性并不明显。

3.多品种农作物的种植制度在当时主要存在于高规格等级的遗址中，推测其作为当时一种非常先进和复杂的农业制度，可能具有一定的推广难度，同时也体现了中原地区农业发展的优越性。

附记：感谢江苏师范大学刘效彬在样品选取过程中提供的帮助，感谢浙江大学郭怡在样品前处理提供的帮助，对专家审稿时所提的宝贵意见和建议表示感谢。

▌参考文献

陈相龙、方燕明、胡耀武、侯彦峰、吕鹏、宋国定、袁靖、Michael P.Richards：《稳定同位素分析对史前生业经济复杂化的启示——以河南禹州瓦店遗址为例》，《华夏考古》2017年第4期。

陈相龙、尤悦、吴倩：《从家畜饲养方式看新郑望京楼遗址夏商时期农业复杂化进程》，《南方文物》2018年第2期。

董广辉、杨谊时、韩建业、王辉、陈发虎：《农作物传播视角下的欧亚大陆史前东西方文化交流》，《中国科学·地球科学》2017年第47期。

宫玮：《济南大辛庄、刘家庄商代先民食物结构研究》，山东大学2016年硕士学位论文，第68～72页。

郭怡、周杉杉、陈刚、李则斌：《江苏盱眙东阳军庄汉墓群出土人骨的稳定同位素分析》，《东南文化》2016年第6期。

胡佳佳：《偃师商城祭祀猪牲饲喂方式及来源探讨》，浙江大学2019年硕士学位论文，第1～67页。

胡耀武：《古代人类食谱及相关研究》，中国科学技术大学2002年博士学位论文，第15～97页。

侯亮亮：《稳定同位素视角下重建先民生业经济的替代性指标》，《南方文物》2019年第

2期。

侯亮亮、赵杰、邓惠、陈小三、陈涛、陶大卫、郭怡：《稳定同位素和植物微体化石证据所见山西忻定盆地4000a BP前后的生业经济》，《中国科学·地球科学》2020年第50期。

李宏飞、王宁：《小双桥遗址的商与夷》，中国社会科学出版社，2018年，第152～174页。

王宁、李素婷、李宏飞、胡耀武、宋国定：《古骨胶原的氧同位素分析及其在先民迁徙研究中的应用》，《科学通报》2015年第60期。

王祁、唐际根、岳洪彬、岳占伟：《安阳殷墟刘家庄北地、大司空村、新安庄三个遗址点出土晚商植物遗存研究》，《南方文物》2018年第3期。

王祁、史云征：《河北邢台赵村遗址出土商代植物遗存研究》，《华夏考古》2019年第1期。吴倩、张吉钦、武云霞、朱树玉、李扬、李曼、赵向莉、刘福来、蔡强、魏青利、张贺君：《郑州黄河路109号院殷代墓葬发掘简报》，《中原文物》2015年第3期。

吴文婉、张继华、靳桂云：《河南登封南洼遗址二里头到汉代聚落农业的植物考古证据》，《中原文物》2014年第1期。

吴小红、肖怀德、魏彩云、潘岩、黄蕴平、赵春青、徐晓梅、Nives Ogrinc：《河南新砦人、猪食物结构与农业形态和家猪驯养的稳定同位素证据》，中国社会科学院考古研究所考古科技中心编《科技考古》（二），科学出版社，2007年，第49～58页。

钟华、李素婷、李宏飞、赵志：《河南省郑州市小双桥遗址浮选结果及分析》，《南方文物》2018年第2期。

张雪莲、王金霞、冼自强、仇士华：《古人类食物结构研究》，《考古》2003年第2期。

张雪莲、仇士华、薄官成、王金霞、钟建：《二里头遗址、陶寺遗址部分人骨碳十三、氮十五分析，中国社会科学院考古研究所考古科技中心编《科技考古》（二），科学出版社，2007年，第41～48页。

张雪莲、仇士华、钟建、梁中合：《山东滕州市前掌大墓地出土人骨的碳、氮稳定同位素分析》，《考古》2012年第9期。

张雪莲、徐广德、何毓灵、仇士华：《殷墟54号墓出土人骨的碳氮稳定同位素分析》，《考古》2017年第3期。

赵志军：《公元前2500年～公元前1500年中原地区农业经济研究》，中国社会科学院考古研究所考古科技中心编《科技考古》，科学出版社，2007年，第1～11页。

中国社会科学院考古研究所：《中国考古学·夏商卷》，中国社会科学出版社，2003年，第351～359页。

Ambrose S H., Preparation and characterization of bone and tooth collagen for isotopic analysis, *J Archaeol Sci*, 1990, 17, pp.431–451.

Ambrose S.H., Norr L., Isotopic composition of dietary protein and energy versus bone collagen and apatite: Purified diet growth experiments, Lambert J.B., Grupe G, eds., *Molecular Archaeology of Prehistoric Human Bone*, Berlin: Springer, 1993, pp.1–37.

Barton L., Newsome S.D., Chen F.H., Wang H., Guilderson TP and Bettinger RL, Agricultural origins and the isotopic identity of domestication in northern China, *Proc Natl Acad Sci*, 2009, 106, pp.3–8.

Cheung C., Jing Z.C., Tang J.G., Weston D.A., Richards M.P., Diets, social roles, and geographical origins of sacrificial victims at the royal cemetery at Yinxu, Shang China: new evidence from stable carbon, nitrogen, and sulfur isotope analysis, *J Anthropol Archaeol*, 2017a., 48, pp.28–45.

Cheung C., Jing Z.C., Tang J.G., Yue Z.W., Richards M.P., Examining social and cultural differentiation in early Bronze Age China using stable isotope analysis and mortuary patterning of humanremains at Xin'anzhuang, Yinxu, *Archaeological and Anthropological Sciences*, 2017b, 9 (5), pp.799–816.

Cheung C., Jing Z.C., Tang J.G., Richards M.P., Social Dynamics in Early Bronze Age China: A Multi-Isotope Approach, *Journal of Archaeological Science Reports*, 2017c., 16, pp.90–101.

Deniro M.J., Post mortem preservation and alteration of in vivo bone collagen isotope ratios in relation to palaeo dietary reconstruction, *Nature*, 1985, 317, pp.806–809.

Dong G.H., Li R., Lu M.X., Zhang D.J., James N., Evolution of human-environmental interactions in China from the Late Paleolithic to the Bronze Age, *Progress in Physical Geography*, 2019, 44 (2), pp.1–18.

Dong Y., Morgan C., Chinenov Y., Zhou L.G., Fan W.Q., Ma X.L., Pechenkina K., Shifting diets and the rise of male-biased inequality on the Central Plains of China during Eastern Zhou, *P Natl Acad Sci USA*, 2017, 114 (5) pp.932–937.

Epstein H.E., Lauenroth W.K., Burke I.C., Coffin D.P., Productivity patterns of C_3 and C_4 functional types in the U.S. Great Plains, Ecology, 78 (3), 1997 pp.722–731.

Hedges REM., Reynard L.M., Nitrogen isotopes and the trophic level of humans in archaeology, *J Archaeol Sci*, 2007, 34, pp.1240–1251.

Hou L.L., Hu Y.W., Zhao X.P., Li S.T., WeiD., Hou Y.F., Hu B.H., Lv P., Li T., Song G.D., Wang C.S., Human subsistence strategy at Liuzhuang site, Henan, China during the proto-Shang culture by stable isotopic analysis, *J Archaeol Sci*, 40 (5), 2013, pp.2344–2351.

Hou L.L., Wang N., Lü P., Hu Y.W., Song G.D., Wang C.S., Transition of human diets and agricultural economy in Shenmingpu Site, Henan, from the Warring States to Han Dynasties, *Science China Earth Sciences*, 2012, 55（6）, pp.975–982.

Hu Y. W., Thirty-Four Years of Stable Isotopic Analyses of Ancient Skeletons in China: an Overview, Progress and Prospects, Archaeometry, 2018 60（1）pp.144–156.

Jay M., Richards M.P., Diet in the Iron Age cemetery population at Wet wang Slack, East Yorkshire, UK: Carbon and nitrogen stable isotope evidence, *J Archaeol Sci*, 2006, 33, pp.653–662.

Li X., Zhang S.J., Lu M.X., Qiu M.H., Wen S.Q., Ma M.M., Dietary shift and social hierarchy from the Proto–Shang to Zhou Dynasty in the Central Plains of China, *Environ Res Lett*, 2020, 15, pp.1–13.

Ma Y., Fuller B.T., Dong W., Shi L., Zhang X.Z., Hu Y.W., Richards M.P., Isotopic perspectives（δ^{13}C, δ^{15}N, δ^{34}S）of diet, social complexity, and animal husbandry during the proto-shang period（ca.2000–1600 BC）of China, *Amer J PhyAnthropol*, 2016, 160, pp.433–445.

Ma M.M., Dong G.H., Lightfoot E., Wang H., Liu X.Y., Jia X., Zhang K.R., Chen F.H., Stable isotope analysis of human and faunal remains in the Western Loess Plateau, approximately 2000 cal BC, Archaeometry, 2014, 56（2）, pp.37–55.

Ma M.M., Dong G.H., Jia X., Wang H., Cui Y.F., Chen F.H., Dietary shift after 3600 cal yr BP and its influencing factors in northwestern China: evidence from stable isotopes. *Quat Sci Rev*, 2016, 145, pp.57–70.

Minagawa M., Wada E., Stepwise enrichment of 15N along food chains: further evidence and the relation between δ^{15}N and animal age, Geochimica et Cosmochimica Acta, 1984, 48, pp.1135–1140.

Pechenkina E.A., Ambrose S.H., Ma X.L. and Benfer R.A., Reconstructing northern Chinese Neolithic subsistence practices by isotopic analysis, *J Archaeol Sci*, 2005, 32（11）, pp.76–89.

Richards M.P., Hedges REM, Stable isotope evidence for similarities in the types of marine foods used by Late Mesolithic humans at sites along the Atlantic Coast of Europe, *J Archaeol Sci*, 1999, 26, pp.717–72.

Smith B.N., Natural Abundance of the Stable Isotopes of Carbon in Biological Systems. *Bio Science*, 1972, 22（4）, pp.226–231.

Wang N., Li S.T., Hu Y.W., Song G.D., A Pilot Study of Trophic Level and Human Origins at the Xiaoshuangqiao Site, China（ca.1400 BC）Using δD Values of Collagen, *Acta Geologica Sinica English Edition*, 2017.91（5）, pp.1884–1892.

Zhang G.W, Zhang J., Zhao L.Y., Tao D.W., Zhou Y.W., Han G.H., Richards M.P.,

Reconstructing diets and subsistence strategies of the Bronze Age humans from the Central Plains of China: A stable isotopic study on the Nanwa site, *Int J Osteoarchaeol*, 2020, 1, pp.1–13.

Zhou L., Garvie–Lok S.J., Fan W, Chu X., Human diets during the social transition from territorial states to empire: Stable isotope analysis of human and animal remains from 770 BCE to 220 CE on the Central Plains of China, *J Archaeol Sci Rep*, 2017, 11, pp.211–223.

（原刊于《中国科学·地球科学》2021年第1期）

郑州地区出土一批战国青铜器病害调查及科技分析

李曼　吴金涛　刘青彬

为了配合郑州市民公共文化服务区南区地下交通系统及地下空间项目，郑州市文物考古研究院于2017年6月抢救性考古发掘古代墓葬38座，出土了一批重要的文化遗物。其中铜器按用途可分为兵器、车马器、饰品等。兵器见有剑、戈、镞等，车马器有镳、衔、车害等，饰品如带钩、铜璜、铜珩等。该战国墓地的发现，为我们了解该处的历史文化内涵和文化性质提供了科学的考古学资料。这批金属类器物出土时，出现了破损、裂隙、锈蚀、酥粉等现象，随着时间的推移，各类病害程度还在不断加剧，亟需进行保护和修复。

为了进一步了解该墓地出土金属类青铜器物的表面锈蚀情况，正确认识其腐蚀状况，探讨其病害机理，为保护修复工作提供科学依据，特选取该墓地出土的10件金属类青铜器物进行分析。运用X射线数字成像、扫描电子显微镜—能谱分析仪、激光共聚焦显微拉曼光谱仪、便携式X射线荧光分析仪和傅里叶红外光谱仪等多种分析检测手段对其锈蚀产物物相组成、内部结构、合金元素、制作工艺等多方面信息进行了相关分析，使保护处理工作在科学研究的基础上有的放矢、对症下药。

一、样品及检测分析方法

样品信息及检测分析情况表如表一所示。

X射线成像仪：X透射成像仪–CR：Yxlon xpo evo 225d测试条件：140kv，2.0mA，40s。

便携式X射线荧光分析仪：美国赛默飞thermo fisher公司xl–3t型。测试条件：General Metals，60s，光斑8mm。系统进行定性、定量分析，在完成定性扫描分析后自动用基本参数法程序（standard FP）进行定量分析。

扫描电镜能谱分析仪：Phenom prox，测试条件：Mode：5kV–Image，Detector：BSD Full

激光共聚焦显微拉曼光谱仪：Horiba　JY–xplora　plus测试条件：532nm波长激光，激光束斑1μm。25%强度，1200 gr/mm光栅，采集时间10s，次数6次。

傅里叶显微红外光谱仪：Thermo Fisher IN10，漫反射附件.测试条件：样品扫描次数32次，分辨率4.000。

表一　样品信息及检测分析方法

序号	文物编号	器物名称	测试部位	肉眼初观察	样品编号	分析检测方法				
						X探伤	扫描电镜能谱分析 SEM&EDAX	元素 xrf	raman 分析	红外 FTIR
1	M22：8	带钩	无损	浅绿色	11	√	√	√	√	
2	M23：37	带钩	无损	黄绿色	8		√	√	√	
3	M23：39	带钩	无损	灰白色	7		√	√	√	
4	M23：40	器盖	无损	墨绿色	5		√	√		
5	M27：11	带钩	无损	墨绿色	3、4	√	√	√	√	
6	M27：12	带钩	无损	浅绿	9、10	√	√	√		√
7	M28：2	铜戈	无损	浅绿色	1		√	√	√	
8	M28：3	柄箍	无损	褐色	6		√	√		
9	M28：5	带钩	无损	黑色	2		√	√		
10	M39：1	带钩	无损	墨绿色	12	√	√	√	√	√

对锈蚀产物特征进行初步考察，发现器表以（硬质）墨绿色（图一：1）、（酥粉状）白绿色（图一：2）和（硬质）灰白色（图一：3）锈蚀物为主，部分器物局部带有（软质）白色锈蚀堆积（图一：4）。

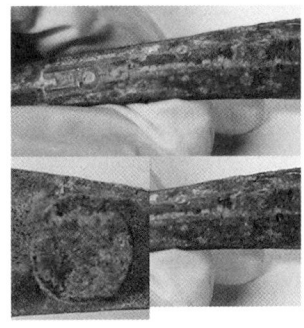   

1.硬质墨绿色锈蚀产物　　2.酥粉状白绿色锈蚀产物　　3.灰白色锈蚀产物　　4.软质白色锈蚀产物

图一　锈蚀宏观形态考察

二、分析结果

1. X射线数字成像结果

因部分器物锈蚀十分严重，器物通体不满锈蚀。通过 x 射线探伤数字成像设备，对器物纹饰、铸造工艺、内部结构、暗裂隙、腐蚀情况等进行初步判断（图二）。

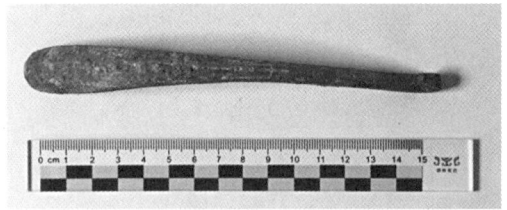　　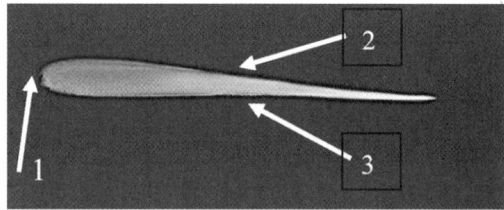

X1　　　　　　　　　　　　　　　2017ZWJM27：11

器物表面为墨绿色锈蚀，1.2.3 为锈蚀坑

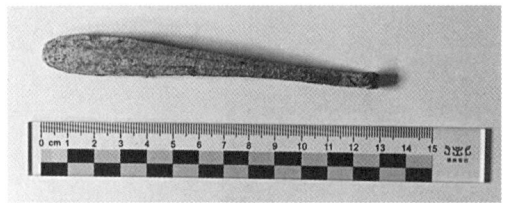　　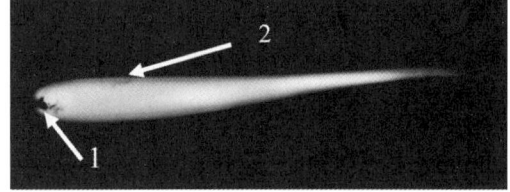

X2　　　　　　　　　　　　　　　2017ZWJM22：8

1. 为黄绿色锈蚀，为锈蚀形成的孔洞或者锈蚀坑（点蚀及其周边的暗裂）；2. 为灰白色锈蚀形成的锈蚀坑

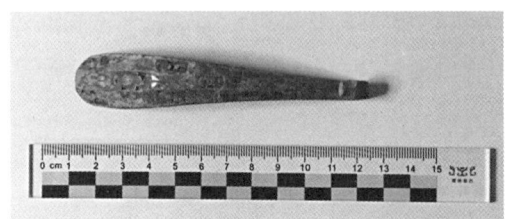　　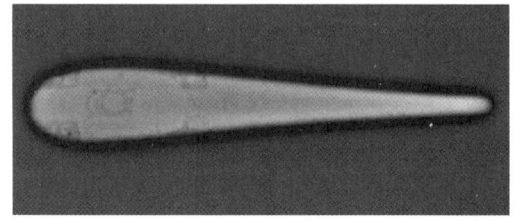

X3　　　　　　　　　　　　　　　2017ZWJM39：1

轮廓不清晰的絮状亮区，整体影像较虚，略暗，多层腐蚀

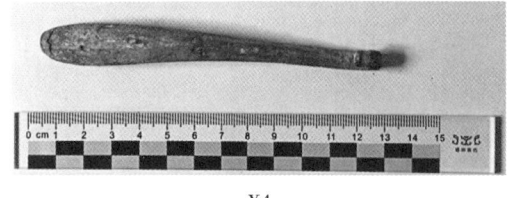　　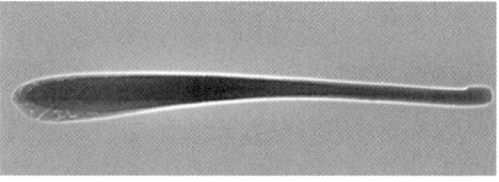

X4　　　　　　　　　　　　　　　2017ZWJM27：12

几乎全部被锈蚀覆盖，器物周身布满黄绿色锈蚀，前端有金线轮廓，前端灰色部分为锈蚀

腐蚀矿化的部位密度下降，对射线的吸收减弱，矿化程度越高，影像越暗。表面状况看似良好，其基体的不均匀腐蚀非常严重

图二　X射线数字成像结果

2.便携式X射线荧光分析仪XRF分析结果

对锈蚀较少的区域进行测试，推断其合金类型（表二）。

表二　样品表面锈蚀较少区域元素分析结果（wt%）

样品编号	器物编号	合金成分								合金类型
		Cu	Sn	Pb	Zn	Al	Si	Fe	其他	
1	M22：8	41.114	1.665	48.918	0.132	2.724	3.908	0.221		Cu–Sn–Pb
2	M23：37	36.752	5.67	41.717	0.102	4.299	9.998	1.113		Cu–Sn–Pb
3	M23：39	45.831	10.046	35.518	0.199	3.159	3.528	0.658		Cu–Sn–Pb
4	M23：40	36.553	8.916	42.64	0.118	4.096	5.039	0.512		Cu–Sn–Pb
5	M27：11	59.677	1.589	22.726	0.162	5.014	8.213	1.203		Cu–Sn–Pb
6	M27：12	69.466	0.579	26.182	0.134	2.173	1.224	0.103		Cu–Pb
7	M28：2	93.677	5.644	0.219	0.255			0.076		Cu–Sn–Pb
8	M28：3	26.303	10.867	52.921	0.14	1.35	3.429	0.154		Cu–Sn–Pb
9	M28：5	1.706		0.148				0.11	Ag97.841 Au0.028	
10	M39：1	47.02	1.61	44.429	0.163	3.345	2.776	0.157		Cu–Sn–Pb

　　从表二可以看出，本次检测出土青铜器多为典型的铜—锡—铅三元合金。锡含量处于0.5%～10.8%，处于偏低程度，配比变化较大，合金中锡的加入可以降低铜合金的熔化温度，增加铸件的抗拉强度，拓宽铜液的结晶温度范围，提高铜液的充型能力，并使其吸气倾向降低，有利于避免充型不足、气孔等铸造缺陷，同时也使青铜凝固时的收缩率变小，在铸件凝固时不易开裂；铅含量处于0.2%～52%之间，配比变化相对较大，铅本身不溶于铜和锡，熔点低，合金凝固过程中以游离态形式，可以减少枝晶间显微缩孔的体积，提高铸件的质量，同时其比重大，可以使铜液流动性和充型能力大为提高，显著降低生成浇不足缺陷的倾向，铜器纹饰复杂且多具有铭文，古代工匠可能有意根据器物复杂程度，使用不同合金配比来改善铜液流动充型能力。

　　器物腐蚀程度与铅的含量有一定关系，铅含量越高，越易被腐蚀。铅在埋藏环境中极易被氧化，形成不溶于水的氧化物，而铜被氧化为铜离子后有所流失，故在器物表面形成灰色或者灰白色的硬壳。

　　器物表面（基体腐蚀区和表面锈蚀区）存在明显的富锡现象，样品锈蚀区含锡量高于基体，由于埋藏在土壤中的青铜器表面层中的铜被氧化为铜离子，不断向表面迁移，而锡的氧化物不溶于水，因此在原地沉积，锡的氧化物能态较低，这种表面层有一定的保护作用（琵琶带钩、鸟带钩、车饰，锡较高，锈蚀较少），但是由于表面富锡造成体积膨胀，表面易产生龟裂损伤。

3.扫描电镜能谱分析结果

样品处理：因样品台较小，需在器物不重要、不明显的地方取样，避开在花纹、铭文等重要位置取样，手术刀轻轻刮取，然后研磨成粉末，将锈蚀产物粉末样品置于扫描电镜背散射探头下进行显微形貌观察，利用能谱仪进行定点及面扫描元素组成分析，结果如表3所示。

从图三和表三可以看出，样品1号、8号微观形貌观察为纤维状、柱状、致密状之集合体，晶面具垂直条纹，结合能谱元素组成及其相对原子个数比推测为氯铜矿

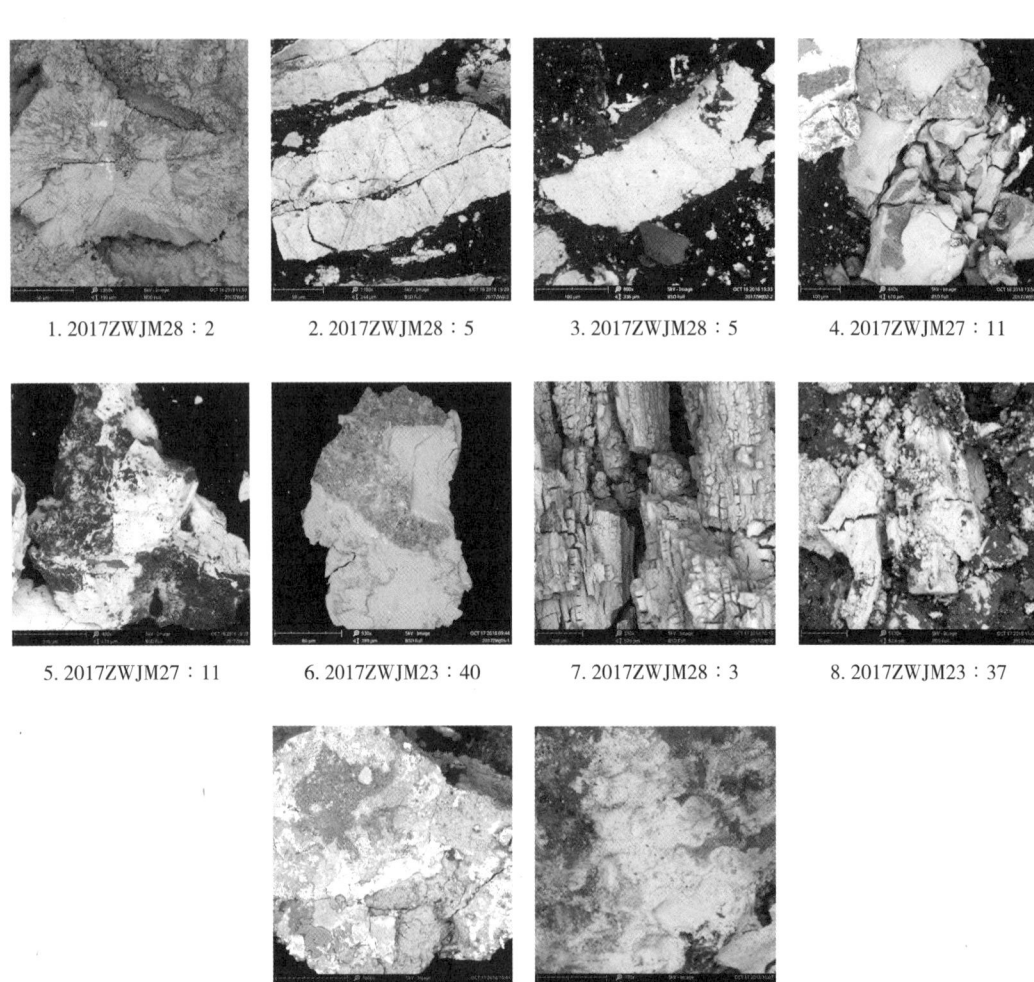

1. 2017ZWJM28：2　　2. 2017ZWJM28：5　　3. 2017ZWJM28：5　　4. 2017ZWJM27：11

5. 2017ZWJM27：11　　6. 2017ZWJM23：40　　7. 2017ZWJM28：3　　8. 2017ZWJM23：37

9. 2017ZWJM27：12　　10. 2017ZWJM22：8

图三　扫描电镜显微形貌

表三 能谱元素组成分析结果

序号	文物编号	实验编号	采点方式	主要元素含量（At%）						
				C	O	Cu	Sn	Pb	Cl	其他
1	2017ZWJM 22：8	11	点扫1	21.59	36.02	3.13		32.02		
			点扫2	19.35	49.27	16.66		6.39		
			点扫3	19.02	46.25	15.39		11.11		
			面扫	21.57	38.48	7.58		31.98		
2	2017ZWJM 23：37	8	点扫1	32.46	30.08	0.81		31.14		
			点扫2	52.93	28.29	1.73		10.62		
			点扫3	30.91	33.34	3.08		24.40		
			点扫4	22.65	35.79	19.33		11.46	8.62	
			点扫5	20.43	35.13	7.36		29.26	1.38	
			面扫	20.85	39.99	17.86		14.56	6.43	
3	2017ZWJM 23：39	7	点扫	46.06	30.79			23.15		
4	2017ZWJM 23：40	5	点扫1	43.96	35.90	4.04		3.01		
			点扫2	46.62	29.34	3.61		12.42		
			点扫3	37.93	41.83	13.14				
			面扫	50.59	38.38	6.09				
5	2017ZWJM 27：11	3	点扫1	17.49	46.86	14.23				
			点扫2	28.43	51.29	4.94				
			点扫3	16.68	46.59	14.73				
			面扫	24.82	48.28	13.19				
		4	点扫1	26.27	32.77			37.05		
			点扫2	35.80	35.04			16.05		
			点扫3	53.45	27.59			16.17		
			面扫	36.38	28.10		.	34.94		
6	2017ZWJM 27：12	9	点扫1	44.35	38.21	12.24				
			点扫2	45.70	37.48	12.04				
			点扫3	55.16	32.89	7.77				
		10	面扫	41.58	41.28	11.71				
7	2017ZWJM 28：2	1	点扫1	31.21	40.40	16.88	4.51	4.65		

续表

序号	文物编号	实验编号	采点方式	主要元素含量（At%）						
				C	O	Cu	Sn	Pb	Cl	其他
7	2017ZWJM 28：2	1	点扫2	23.45	41.93	12.73			0.08	
			点扫3	30.46	42.58	13.63				
8	2017ZWJM 28：3	6	点扫1	39.36	47.39	12.44	0.82			
			点扫2	42.20	36.60	6.81		4.81		
			面扫	46.06	30.79			82.10		
9	2017ZWJM 28：5	2	点扫1	37.10	20.59					Ag31.56
			点扫2	35.21	20.21					Ag75.96
			点扫3	34.34	39.16					Ag10.83
			面扫	36.28	23.02					Ag34.11 S6.59
10	2017ZWJM 39：1	12	点扫1	27.55	36.01	2.89		26.84		
			点扫2	26.30	48.02	5.98		19.81		
			点扫3	27.37	38.49	1.25		9.91		
			面扫	37.57	31.09			31.12		

$Cu_2Cl(OH)_3$。2号、3号、12号墨绿色锈蚀产物，通常呈隐晶钟乳状、块状、皮壳状、结核状和纤维状集合体，具同心层状、纤维放射状结构，根据能谱元素组成及其相对原子个数比推测为孔雀石$CuCO_3\cdot Cu(OH)_2$。4号、6号、7号、9号、11号灰白色锈蚀物显微观察呈板状或片状，白色锈蚀产物以Pb、C、O元素为主，根据所含元素及其相对原子个数比推测，推测为白铅矿$PbCO_3$，属于斜方双锥晶体，晶体常发育为板状或片状，因此碳酸铅在形成过程中的取向生长导致锈蚀部位呈现出层状分布。

4. 激光共聚焦显微raman分析方法（图四至图六）

仪器型号：Horiba JY-xplora plus

测试条件：532nm波长激光，激光束斑1μm。25%强度，1200gr/mm光栅，采集时间10s，次数

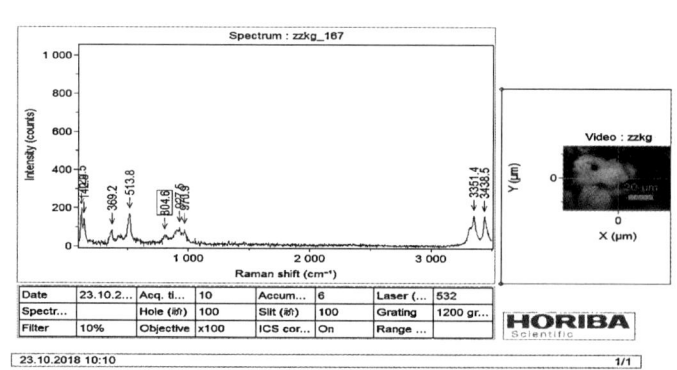

图四　样品8号：$Cu_2Cl(OH)_3$

6次。

样品8号：浅绿色腐蚀产物的Micro-Raman特征峰：3438，3351，971，927，804，514，369，143，135cm⁻¹与文献[1]中氯铜矿（碱式氯化铜）的Raman bands（wavenumbers）：3433，3349，974，911，820，512，358，149，139cm⁻¹基本吻合，因此可确定该浅绿色腐蚀产物为氯铜矿。

样品3号：墨绿色锈蚀产物的Micro-Raman特征峰：1493、1096、532、434、278、178与文献[2]中孔雀石（碱式碳酸铜）的Raman bands（wavenumbers）：1493，

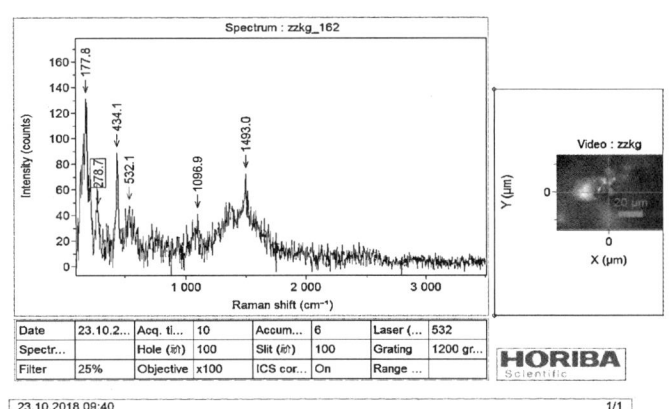

图五　样品3号：孔雀石 $CuCO_3 \cdot Cu(OH)_2$

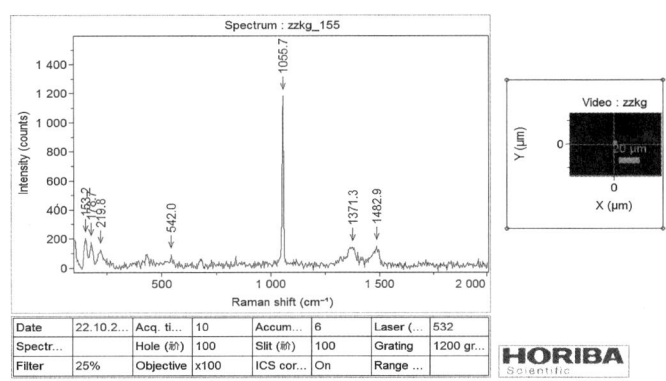

图六　样品11号：白铅矿 $PbCO_3$

1100，538，434，270，180 cm⁻¹基本吻合，因此可确定该墨绿色锈蚀产物为孔雀石。

样品11号：灰白色锈蚀产物的Micro-Raman特征峰：1483、1371、1056、219、178、153 cm⁻¹.与文献[3]中白铅矿（碳酸铅）的Raman bands（wavenumbers）：1477，1370，1052，225，176，152 cm⁻¹.基本吻合，因此可确定该灰白色锈蚀产物为白铅矿（表四）。

表四　锈蚀产物raman分析检测结果

文物编号	样品号	肉眼初观察	分析结果
M22：8	11	浅绿色	白铅矿 $PbCO_3$
M23：39	7	灰白色	白铅矿 $PbCO_3$
M23：37	8	黄绿色	氯铜矿 $Cu_2Cl(OH)_3$
M27：11	3、4	墨绿色、灰白色	孔雀石 $CuCO_3 \cdot Cu(OH)_2$、白铅矿 $PbCO_3$
M28：2	1	浅绿色	氯铜矿 $Cu_2Cl(OH)_3$
M39：1	12	墨绿色	孔雀石 $CuCO_3 \cdot Cu(OH)_2$

分析结果表明：（1）浅绿色锈蚀物为氯铜矿 $Cu_2Cl(OH)_3$，硬度 3 ~ 3.5。比重 3.75 ~ 3.77g/cm^3。属斜方晶系。晶体柱状氯铜矿或板状，晶面具垂直条纹。又为块状、纤维状、粒状、肾状、致密状之集合体。（2）墨绿色锈蚀产物为孔雀石 $CuCO_3 \cdot Cu(OH)_2$，硬度 3.5 ~ 4.5，密度 3.54 ~ 4.1g/cm^3，属单斜晶系。晶体形态常呈柱状或针状，通常呈隐晶钟乳状、块状、皮壳状、结核状和纤维状集合体，具同心层状、纤维放射状结构。（3）灰白色锈蚀物为白铅矿 $PbCO_3$，硬度 3 ~ 3.5，密度 6.4 ~ 6.6g/cm^3。属于斜方双锥晶体，晶体常发育为板状或片状，因此碳酸铅在形成过程中的取向生长导致锈蚀部位呈现出层状分布。铅的腐蚀产物由内向外的分布为氧化铅、白铅矿。铜器中 sn、pb 成分趋于在器物表面富集，其腐蚀产物白铅矿颜色发白，故铜器外观颜色较灰的主要原因。

5.显微红外 FTIR 物相分析

明确镶嵌物成分，便于修复过程中对缺失镶嵌物补全。FTIR 分析报告：2017ZWJM27：12 镶嵌物成分为绿松石（图七）。

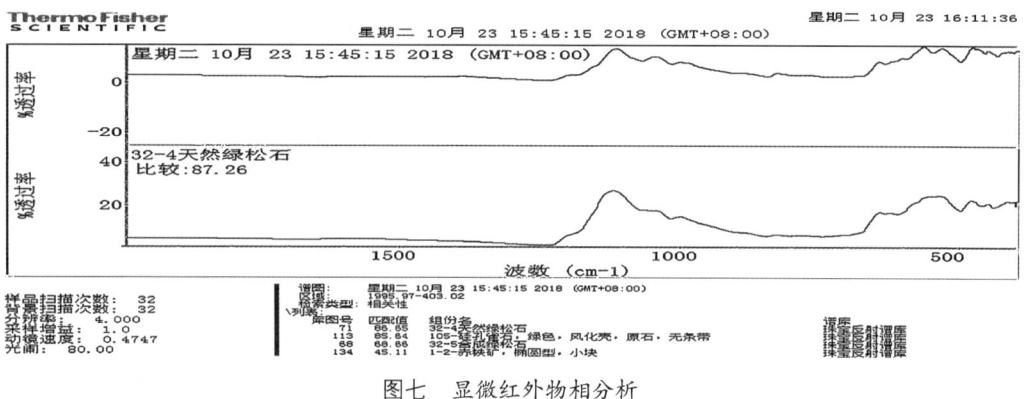

图七　显微红外物相分析

三、结语

该批青铜器普遍锈蚀严重，与含氯的埋藏环境有关，也与自身的材质和铸造工艺有关。锈蚀产物主要呈绿色、灰白色，部分器物矿化严重。根据锈蚀产物的矿物组成分析，青铜样品表面的绿色或蓝色锈层的主要成分是孔雀石，灰白色为白铅矿，白绿色为孔雀石和白铅矿混合物，浅绿色锈蚀物为氯铜矿（粉状锈）。粉状锈，表面硬壳下是疏松粉状锈，随着锈蚀加深，内部膨胀，导致表面铅氧化物硬壳破损。May R.[4] 认为，蚀孔底部铜阳极溶解形成白色氯化亚铜，其水解生成红色氧化亚铜覆盖于蚀孔表层，上面沉积碱式铜盐，最终呈现瘤状腐蚀产物特征；根据青铜腐蚀产物的结构，Lucey V.E.[5] 研究了点腐蚀中氯化亚铜结晶的生长过程；Tennent N.H. 和 Antonio K.M.[6]

提出，氯化亚铜放在潮湿滤纸上缓慢变化主要生成氯铜矿；Scott D.A. 和 O'Hanlon J.[7] 有证据表明，氯化亚铜在相对湿度高于45%时，易形成氯铜矿；利用红外光声光谱（IR-PAS）监测 $Cu \rightarrow CuCl \rightarrow Cu_2(OH)_3Cl$ 的形成途径，用以测定化学键振动谱的方式确认中间产物氯化亚铜[8]；模拟实验[9]证明，青铜表面在腐蚀初期，首先生成 $CuCl$，而后逐渐出现 $Cu_2(OH)_3Cl$ 氯铜矿。Sn 含量高，三元合金不均匀分布，形成电位不同的微区，随着含 Sn 增加，合金电极电位越低，越易发生电化学腐蚀，电化学不均匀性是点蚀发生的内因。

金银错铜器一般较普通青铜器腐蚀严重，尤其是图案周边部位。错金银纹饰通常被锈蚀物覆盖，这是由于铜器表面存在金、银、铜三种不同电极电位的金属，在地下潮湿环境中，水作为金、银、铜的电解质，由于金银的电极电位高于铜，金、银为阴极，而铜作为阳极，发生了电化学反应，致使金、银边缘的铜基体腐蚀比较严重，并且生成的腐蚀物不断覆盖于阴极——金、银表面。当金银与铜接触部分由于腐蚀导致疏松，金银纹饰极易脱落。点腐蚀后 Cl^- 扩散到孔口，并与正极反应产物和负极反应产物作用生成多孔粉状锈 $Cu_2(OH)_3Cl$，负极上生成铜离子、正极上生成氢氧根离子，所以该离子反应为氯离子、铜离子和氢氧根离子反应生成 $Cu_2(OH)_3Cl$ 沉淀，离子方程式为 $2Cu^{2+}+3OH^-+Cl^-=Cu_2(OH)_3Cl\downarrow$。

修复理念为将器物表面的土垢、硬结物、疏松的腐蚀产物、氯化物和其他可溶盐需要去除掉，以获得一个均匀、致密、美观的表面层，同时修复中需要注重保留重要的、有价值的历史痕迹信息。为不损伤文物基本外观特征和最大限度地保留出土各项信息，应根据文物不同锈蚀程度及不同部位选择性去除或保留相应锈蚀物。

特别是部分器物已出现了危害性极大的粉状锈，危害重大，清处和防护工作刻不容缓。粉状锈（有害锈）接触空气中的水分和氧气，其腐蚀反应会在铜器体内反复进行，此种粉状锈腐蚀会蔓延、扩散、深入，致使器物畸形，纹饰剥落，工艺痕迹模糊，锈透器物，甚至使整个器物粉化、断裂、酥瘫、完全毁坏，在非隔离空间还将传染其他青铜器，所以首先将其隔离去除病害。针对这批青铜器个别器物上存在的点状有害锈，可采取在体视显微镜下用手术刀、凿等工具剔除干净，缓蚀后进行封护处理。

鉴于该批青铜器表面生成厚厚的一层锈，掩盖了精美的纹饰、铭文、镶嵌工艺，直接影响着对器物断代、工艺、铸造特点等的研究，去锈工作至关重要。因化学方法可控性较机械法去除差，对遮盖错金银部分的无害锈尽量在体式显微镜下用机械法去除。不得已情况下，化学法对锈蚀物局部软化，辅助机械清理。保留适当无害锈并进行封护。

如进行局部除锈的话，可用脱脂棉蘸除锈液进行敷贴处理，并随时用吸管滴加除锈液，保持棉球湿润。敷贴期间为避免除锈液流淌到不需除锈的部位，可用油泥来进行围栏，也可以采用"无害锈除锈膏"除锈。在实际去除"无害锈"的过程中，往往是采取化学除锈与机械除锈相结合的办法，即先采用化学方法（配方用药量要稍为保守）把器物表面大部分的锈去除掉，剩下的锈也已被咬松、咬脆，然后再用机械方法通过超声波洁牙机、电动刻花机、刀具等把余下的锈剔除干净。

锈蚀去除完成后，进行缓蚀和封护处理、绿松石或者环氧树脂调色补配复原工作。对每件器物建立完整的修复档案，记录内容为器物编号、名称、时代、材质、级别、尺寸、重量、器形、纹饰、修复起止时间、修复阶段性照片、文字记录，修复后总结报告、修复者、修复前后照片、采样检测数据修复中用材工艺流程等所有记录资料，贯穿修复保护工作全过程，均应归入藏品档案。

已修复文物的保存条件建议如下：15～20℃，相对湿度为50%以下稳定的洁净环境中。展柜避免强光直接照射，尽量保持恒温恒湿，防止有害气体入侵，达到相对化学、环境平衡，有利于文物保护，定期巡检，发现问题及时处理。

注释

[1] Bouchard M., Smith D.C., Catalogue of 45 reference Raman spectra of minerals concerning research in art history or archaeology, especially on corroded metals and coloured glass, *Spectrochim Acta Part A*, 2003, 59, p.2263.

[2] Bouchard M., Smith D.C., Catalogue of 45 reference Raman spectra of minerals concerning research in art history or archaeology, especially on corroded metals and coloured glass, *Spectrochim Acta Part A*, 2003, 59, pp.2264-2265.

[3] Bouchard M., Smith D.C., Catalogue of 45 reference Raman spectra of minerals concerning research in art history or archaeology, especially on corroded metals and coloured glass, *Spectrochim Acta Part A*, 2003, 59, p.2264.

[4] May R., Some observations on the mechanism of pitting corrosion, *J Inst Metals*, 1953, 82, pp.65-74.

[5] Lucey V.E., Developments leading to the present understanding of the mechanism of pitting corrosion of copper, *Brit Corr J*, 1972, (7), pp.36-41.

[6] Tennent N.H., Antonio K M, *Bronze disease, Synthesis and characterization of botallackite, paratacamite and atacamite by infrared spectroscopy*, ICOM Committee for Conservation 6th Triennial Meeting, Ottawa, September, 1981, pp.21-25.

[7] Scott D.A., Hanlon J.O., *The analysis of copper trihydroxychlorides and their occurrence as*

corrosion products on bronze antiquities，Internal report，Department of Chemistry，1987.

［8］范崇正、胡克良、邢锦云等：《青铜粉状锈生长过程的跟踪观测》，《文物保护与考古科学》1997年第9期。

［9］范崇正、吴佑实、王昌燧等：《青铜器粉状锈生长过程的动力学研究》，《中国科学》（B辑）《化学·生命科学·地学》1992年第5期。

（原刊于《洛阳考古》2019年第1期）

大河村遗址出土仰韶时代彩陶颜料及块状颜料初步分析

李曼　刘东兴　吴金涛　杨盼明

大河村遗址位于河南郑州市郑东新区西北部，南距郑州市区6公里，北距贾鲁河2.5公里，距黄河7.5公里。大河村遗址发现于1964年，1972年首次进行考古发掘，迄今已进行25次发掘，发掘面积6800多平方米，出土各类文物4000多件，各类标本2万余件。

大河村遗址中出土的彩陶数量极多，色彩绚丽，图案丰富，在仰韶文化中独树一帜。其中白衣彩陶、红衣彩陶有着丰富多彩的图案类型、高超而娴熟的绘画手法、种类繁多的器物类型，标志着史前彩陶文化达到了一个高峰。2014年在该遗址进行第25次发掘时，出土一件仰韶三期彩陶盆，器形硕大，图案繁复，色彩鲜艳[1]。

彩陶是新石器时代陶器的主要装饰形式，工艺精湛、内涵丰富，在陶器发展史上占有重要地位，因此，此遗址彩陶颜料成分的研究对于探究中原地区仰韶时期独具特色的彩陶颜色、绘彩风格及制作工艺有重要意义。本文通过对大河村遗址不同时期出土颜料以及彩绘颜料进行无损成分分析，藉此对中国彩陶起源、工艺过程做进一步探讨。

二、样品和分析检测方法

1.检测样品的考古信息和相关资料

1号样品：白衣彩陶盆，2014年6月在大河村遗址T1出土，仰韶时期器物，为夹砂灰陶瓮W189的器盖。泥质红陶，侈口，仰折沿，圆唇，鼓腹，下腹急收，底部残失。口沿饰红彩直线纹、白彩弧形三角纹、红彩圆点纹、黑彩弧线纹，上腹施白地，饰红彩直线纹、黑彩月亮纹、黑彩弧形三角纹、黑彩圆点纹、红彩弧线纹，内壁施白衣。上腹近口沿处有两对钻孔。口径46、底径12.5、最大腹径36.8厘米，高15.2厘米。

2号样品：红色石质颜料，为新石器时代仰韶文化器物，残长4、残宽2.3、厚1.5厘米，重20克，1985年4月在大河村遗址T55⑬内出土。

3号样品：红色彩绘颜料，陶质，为颜料残留在陶片上，仰韶文化四期器物。残长5.2、残宽3.2、厚0.6厘米，重15克，1983年12月在大河村遗址发掘T52⑤内出土。

4号样品：仰韶文化四期红陶片，饰以黑彩、旋涡纹，1973年在大河村遗址T4出土。

5号样品：仰韶文化彩陶片，饰以平行直线纹、圆点圆圈纹，出土于大河村遗址。

6号样品：彩陶片，仰韶文化二期器物，饰以圆点纹、弧形三角纹，1975年在大河村遗址T22⑤层出土。

7号样品：仰韶文化彩陶片，饰以圆点纹、平行直线纹，出土于大河村遗址。

8号样品：仰韶文化彩陶片，饰以木骨纹、双圆圈圆点纹，1973年在大河村遗址T11出土。

9号样品：仰韶文化彩陶片，饰以圆圈圆点纹，1973年在大河村遗址T4F2出土。

2.分析测试方法

XRF原理：手持式X射线荧光光谱仪是一种基于XRF光谱分析技术的光谱分析仪器，当能量高于原子内层电子结合能的高能X射线与原子发生碰撞时，驱逐一个内层电子，从而出现一个空穴，使整个原子体系处于不稳定的状态，当较外层的电子跃迁到空穴时，产生一次光电子，击出的光子可能再次被吸收而逐出较外层的另一个次级光电子，发生俄歇效应，亦称"次级光电效应"或"无辐射效应"。所逐出的次级光电子称为"俄歇电子"。当较外层的电子跃入内层空穴所释放的能量不被原子内吸收，而是以光子形式放出，便产生X射线荧光，其能量等于两能级之间的能量差。因此，射线荧光的能量或波长是特征性的，与元素有一一对应的关系。由Moseley定律可知，只要测出荧光X射线的波长，就可以知道元素的种类，这就是荧光X射线定性分析的基础。此外，荧光X射线的强度与相应元素的含量有一定的关系，据此，可以进行元素定量分析。由于其便携具有高效、便携、准确等特点，可对文物进行无损、原位分析，使其在文物保护和科技考古行业有着越来越多的应用。

分析仪器：美国赛默飞（Thermo-Fisher）公司生产的Niton XL3t型手持式便携X荧光光谱仪分析微量元素，分析模式采用土壤矿物模式，分析时间为90s（图一）。

  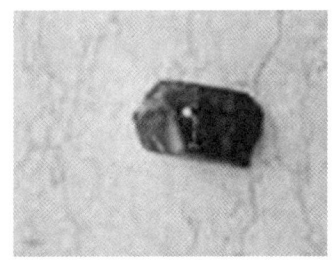

（1.3.4）　　　　　　　（5.6）　　　　　　　（7）

（8）　　　　　　　　　　（9.10）　　　　　　　　　　（11.12）

（13）　　　　　　　　　　（14）　　　　　　　　　　（15.16.17）

（18.19）　　　　　　　　　　（20）　　　　　　　　　　（21.22.23）

（24）　　　　　　（25.26.27）　　　　　　（28）　　　　　　（29.30.31.32）

图一　样品及测试位置图

三、结果与讨论

第一，2号样品（红色矿石）以及3号样品（陶器内部残留红颜料）的分析表明，其主要含铁，铁含量显著高于其他测试点，应为铁的氧化物，因此红彩的主要原料可能是赤铁矿类（Fe_2O_3）的红色矿物颜料，显色物相为α-Fe_2O_3，经高温焙烧后使陶器表面光滑、致密。制作烧制过程为，现将制成的胚体阴干、打磨光滑之后，再把研磨均匀的红色颜料涂绘于其上，或者直接在胚体上施一层红色颜料，最后入窑焙烧而成彩陶和红衣陶。这种烧制方法实际上是颜料在高温下向陶体渗透，并为陶器或颜料中助熔成分所溶解后附着其上。从工艺上讲，可视为先祖们的高温固化无机涂料，从某种意义上也可以说是彩釉工艺的雏形。

赤铁矿作为染色材料或其他用途，在中国有悠久的历史，例如山顶洞人遗址（[14]C测年距今18865±420年）中，在人骨的周围散布有赤铁矿粉末。另外还出土有用赤铁矿粉末染为红色的石珠及鲩鱼眼上骨[2]。这说明在彩陶出现之前，赤铁矿以及其他红色颜料（如朱砂）已用于涂染器物或祭祀活动[3]。赤铁矿经过火烧之后，基本不发生化学变化，而保持着原先的色彩。虽然有时因含一些微量元素引起色度的轻微变化，但红色色调基本不变。颜料在研磨细化之后，留存于其中的方解石对Fe_2O_3有包裹作用，有助于较流利的彩绘[4]。秦安大地湾遗址出土彩陶颜料及块状颜料[5]，半山、马厂类型黑、红复彩陶器复合颜料等[6]，红彩中都使用了赤铁矿。块状颜料中多含有方解石与高岭石，表明颜料大多采自沉积石灰岩层隙中。

第二，烧制陶胎黏土可能有两类，一类为含氧化钙较高的高铁易熔黏土，这类黏土来自黄土堆积中的红黏土层；另一类氧化钙含量较低的高铁易熔黏土，有可能是河床沉积土。

第三，陶器烧成温度在900-1000℃左右，氧化气氛烧成。

第四，白色陶衣经分析，为一类沉积高岭土。

第五，红色陶衣为加入一定量赤铁矿的制胎黏土，其含铁量较制胎黏土高3～5%。

第六，红彩也为赤铁矿和制胎黏土的混合，但含铁量更高，可以达到10%～15%。

第七，黑彩测试点的锰含量明显高于其他颜色测试点，且铁含量也较高。应为一种铁锰结核类矿石，比红彩的MnO（氧化锰）含量高出很多，主要是铁和锰混合呈色。大彩陶盆黑彩为磁铁矿与黑锰矿，主要是Fe_3O_4和MnO混合呈色（表一）。

表一　彩陶残片及块状颜料便携式XRF分析结果（单位：微克/克ppm）

编号	样品名	测试点	测试点描述	S	K	Ca	Ti	Mn	Fe
1	彩陶盆	1	白色陶衣	4950	3357	19404	1049	<LOD	13059
		3	红彩	2010	2645	1722	222	3940	24802
		4	黑彩	857	1231	196	28	21568	66781
		5	陶胎	3829	10831	55159	1006	419	29354
		6	外黑彩	7574	9038	21032	2441	29376	72760

续表

编号	样品名	测试点	测试点描述	S	K	Ca	Ti	Mn	Fe
2	矿物颜料	7	矿物颜料	<	3983	47812	955	8790	481900
		8	矿物颜料粘附	985	6239	22647	892	3471	93734
3	彩陶残片	9	红色颜料	<	11811	55335	13104	594	156325
		10	陶胎	25625	14464	121671	5982	945	46696
4	彩陶残片	11	红色陶衣	9738	34701	27493	3071	1015	46609
		12	黑彩	9378	21843	20696	2298	20104	63743
		13	陶胎	2696	21383	13597	3198	857	48230
5	彩陶残片	14	陶胎	2907	24008	52584	1995	674	47829
		15	白陶衣	1325	13860	31307	9176	19962	82926
		16	黑彩	2045	6836	22120	1242	32020	73405
		17	红彩	2206	16789	34647	8424	3363	68917
6	彩陶残片	18	黑彩	5498	10309	20193	3283	22136	95591
		19	白陶衣	2583	21949	16977	3892	577	27887
		20	陶胎	3480	17012	28801	1804	848	47851
7	彩陶残片	21	白陶衣	516	25565	10219	3456	249	21770
		22	黑彩	672	25292	6098	4214	20976	40765
		23	红彩	4408	24067	13806	11168	1328	47678
		24	陶胎	892	19764	19013	1605	294	37747
8	彩陶残片	25	红彩	14180	16899	74460	5878	598	55113
		26	黑彩	20379	13878	78119	2994	13152	43762
		27	白陶衣	17644	12959	74741	3268	525	20269
		28	陶胎	6733	22831	48954	11525	564	75719
9	彩陶残片	29	陶胎	5001	34281	64166	3019	278	40086
		30	黑彩	7074	6726	33525	1583	16859	32694
		31	白陶衣	4040	12154	19981	2106	<LOD	16545
		32	红彩	1145	19240.26	1630	2393	411	45982

仰韶时期大河村彩陶是在打磨光滑的橙红色陶坯上，以天然的矿物质颜料进行描绘，用赭石和氧化锰作呈色元素，然后入窑烧制。在橙红色的胎体上呈现出赭红、黑、白、诸种颜色的美丽图案，形成纹样与器物造型高度统一，达到装饰美化效果。

　　总之，此次通过对大河村彩陶颜料与出土颜料的初步分析，使我们对中国早期彩陶文化的产生、制作过程有了进一步认识，由于此次检测分析方法单一，该鉴定结论尚不能全面揭示此件彩陶制作工艺，日后采用多手段无损检测方法进行分析。大河村仰韶文化内涵丰富，就其颜料而言，尚有许多工作待做。

　　附记：感谢郑州市文物考古研究院顾万发院长和大河村遗址博物馆胡继忠馆长对科技检测工作的大力支持。

▌注释

　　[1]郑州市大河村遗址博物馆：《郑州大河村遗址2014～2015年考古发掘简报》，《华夏考古》2016年第3期。

　　[2]吕遵谔：《山顶洞人》，《中国大百科全书·考古学卷》，中国大百科全书出版社，1986年。

　　[3]马清林等：《中国古代颜料》，台北《故宫文物月刊》第192期，1999年。

　　[4]马清林等：《甘肃秦安大地湾遗址出土彩陶（彩绘陶）颜料及块状颜料分析研究》，《文物》2001年第8期。

　　[5]马清林等：《甘肃秦安大地湾遗址出土彩陶（彩绘陶）颜料及块状颜料分析研究》，《文物》2001年第8期。

　　[6]陈晓峰：《半山、马厂类型黑、红复彩陶器复合颜料研究》，《兰州大学学报》（自然科学版）2000年第5期。

（原刊于《洛阳考古》2018年第2期）

数字化技术在青铜器保护修复及展示与应用的探索

许辰　李曼

文化遗产是不可再生的，但是文化数据资源则具有可复制、可再生、可关联、可共享等基本特征。数字化是产生现代信息资源的新手段，通过互联网大数据、三维扫描、摄影测量、探地勘测等技术的突破发展对历史文化遗产的保护利用奠定了技术支撑。深化优秀历史文化的传承与延续，严格保护历史文化遗址遗存，强化历史文化遗产的活化应用，从而也加强了数字化理念与方法在文化遗产保护领域的推广和应用。

本文以残缺的青铜爵为例，通过对其进行三维扫描、3D打印等工作，对在实际工作中数字化技术在青铜器保护修复中应用的探索。

一、三维扫描和建模

三维扫描是运用非接触式激光扫描仪，通过反射信息获取点云数据，生成三维网格模型，其特点是精度高、速度快、不接触文物。目前有红外激光扫描仪、蓝光扫描仪、白光扫描仪等。为了得到一个完整的三维建模，在获得三维网格模型后，需要对获得的三维数据进行修正。主要处理方法有对缺失网格的修补、消除空洞、优化和简化点云密度、拍摄器物照片、映射纹理等步骤。根据扫描仪的特点不同，选择不同的方法处理。

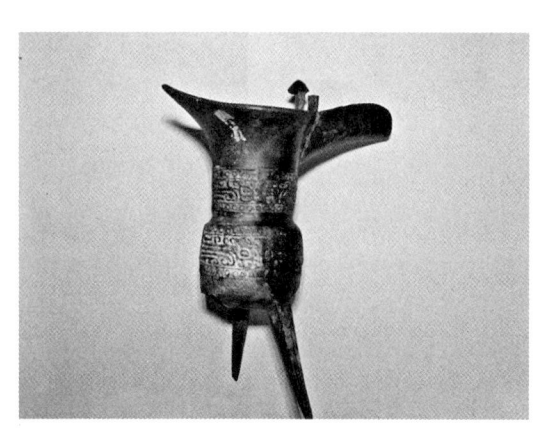

图一　青铜爵修复前照片

此次使用的是白光扫描仪，通过白光对青铜爵进行点云数据获取的同时对纹理贴图信息进行拍照，缺点是拍摄的分辨率低，纹理不太清晰。对于雕刻、纹饰研究或虚拟展示等，不建议选择白光扫描仪。下面以青铜爵为例（图一）。

首先使用白光扫描仪依次对残破的青铜爵进行数据采集，通过扫描仪自带软件，对获得的点云数据进行网格修复（图二）、空洞填补、网格优化等流程。然后将扫描的两个点云数据，选择共同点，形成三维模型（图三）。三维模型的通用格式一般使用obj格式。最后通过maya或zbrush软件，用合并好的三维模型数据复制出残缺的部位的模型（图四）。

图二　网格修复

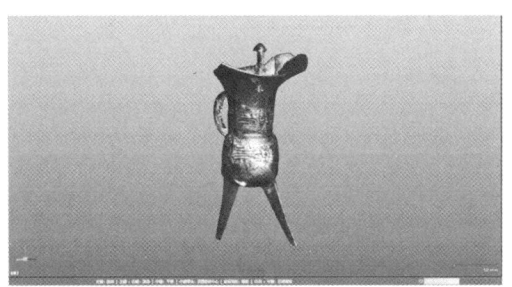

图三　三维扫描工作得到的三维模型数据

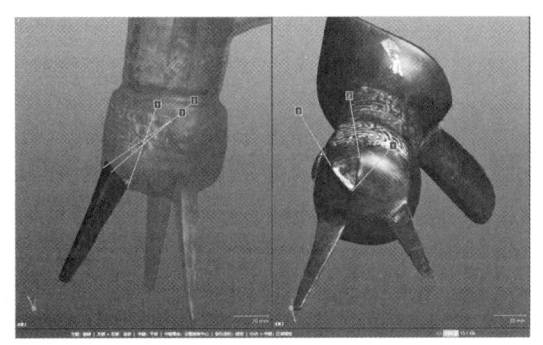

图四　模型合并

如果最终目的是虚拟展示，可将残缺数据与器物数据进行合并，得到完整的三维模型数据，就可以通过展示系统直接展示；如果是为了保护修复，可将obj格式导入3D打印机配套软件，进行微调后，可以直接进行3D打印。

二、3D打印

随着博物馆数字化的推广和普及，3D打印技术已经被应用到国内一些博物馆的文物保护工作中。3D打印技术优势在于它与原件有极高的相似度，对无法翻模或者不适用于翻模的文物进行复制，对局部残缺的文物进行复制，可调比例，进行快速打印，以满足研究与展示的需求。复制品能让参观者近距离观看、触摸文物，带来更直观的参观互动体验；复制品作为替代品，还可以保护珍贵文物不受环境或意外事件的伤害。

此次使用的打印机为J750全彩打印机，主要使用的是光敏树脂材料，打印机的采用的是阵列式喷头，根据模型切片数据，几百至数千个阵列式喷头逐层喷射液体光敏树脂于平台。工作时喷射打印头沿XY平面运动（图五），当光敏聚合材料被喷射到工

图五　3D打印机打印过程

作台上后，滚轮把喷射的树脂表面处理平整，UV紫外光灯对光敏聚合材料进行固化。完成一层的喷射打印和固化后，设备内置的工作台会极其精准地下降一个成型层厚，喷头继续喷射光敏聚合材料进行下一层的打印和固化。如此反复，直到整个工件打印制作完成。

因为颜料制作工艺的局限性，为了尽可能达到真实，可以在打印工作前，将3D软件里的模型所呈现贴图颜色与实物拍摄的照片颜色进行比对、调整，从而减少误差，使打印出来的模型更接近真实。

三、保护修复

青铜器在长期埋藏中易产生锈蚀，易受到挤压等外力出现变形、破损，表面易产生有害锈等情况。根据情况合理选择有害锈蚀的去除，常见的方法有化学去除和物理去除以及激光清洗等方法，去除附着物后，对青铜器破损的部位进行修补。铸造、翻模会对文物造成二次接触伤害，焊接法会对青铜器造成损伤，都不太理想，数字化技术运用在文物保护修复中大大减少了对文物的接触。

3D打印出青铜爵的缺失的模型表面外部包裹着支撑材料，因为树脂有氧化反应，打印出来的模型表面有一些树脂不能100%的固化，如果直接用水枪冲洗，容易冲坏模型。我们先用75% ~ 95%的酒精浸泡5 ~ 10分钟。泡久了也不好，容易使模型发生变形。浸泡之后用水枪冲洗干净。然后用砂纸打磨，直至将模型本体打磨出来（图六）。使用粘接剂涂抹在断面处进行修复工作，拼接出完整的青铜爵。完成修复工作后（图七），对青铜爵进行保护封护，使用B72喷涂在表面，为了减少与环境接触产生反应，增加抗腐蚀力。

四、数字化展示

从考古发掘现场的可移动文物，进行表面清理之后，通过三维扫描技术、高清拍照、贴图和序列帧的获取工作后，就可以进行虚拟展示了。序列帧是由keyshot、maya等渲染软件渲染后获得，模型需要放置在球面中心，渲染的照相机沿球面移动，序列帧中的图片会自动以一定的顺序排列，相邻的两张图片对应模型的角度相差5°，即一

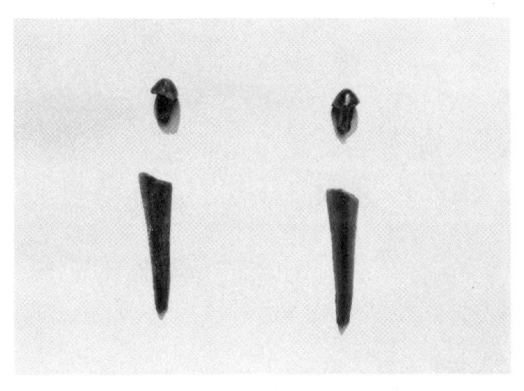

图六 打印出的配件（左为处理前，右为处理后）

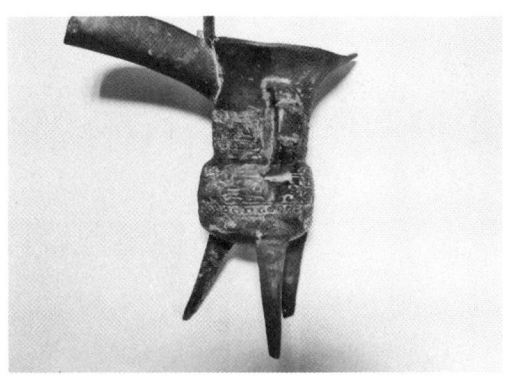

图七 将足粘接在青铜爵上

个360°的模型，序列帧数量为（360/5）2=5184张。

得到序列帧之后，将三维模型和渲染贴图储存至云服务器。为达到高清且流畅的展示及观看效果，上传的模型需要处理为低精度点云数据，附着高清的纹理。最后就是通过互联网，微信等媒介展现给大家，让观众可以扫描二维码进行观看，了解文物的信息，近距离了解文物。

总之，数字化技术可以建立文物藏品信息化，有助于对文物的管理；可以记录和监测文物馆藏环境下的变化，为保护方案的制定提供依据；有助于文物保护的研究；可以通过互联网、多媒体等形式进行传播与交流；利用数字化技术进行虚拟展示，可以更好地发挥文物的价值与作用。

（原刊于《东亚文化遗产保护国际研讨会论文集》，科学出版社，2019年）

一件牙雕蚕的修复保护方案

李曼　刘彦琪　吴金涛

双槐树遗址是河南巩义的一处仰韶中晚期大型聚落遗址，位于黄河南岸以南2公里、伊洛河4公里的河洛镇双槐树村南的高台上。经系统调查和大规模勘探，已确定该遗址现存面积达117万平方米。已发现仰韶文化大型三重环壕、一处大型夯土基迹、两处仰韶文化墓地、一处大型房址、13个祭祀坑，同时还发现灰坑600多处、木骨房基20多座、窑址6处，出土了大批仰韶时期彩陶及其他文物。从双槐树遗址可以看出，中原地区在仰韶文化中晚期发生了剧烈变化，社会出现阶层，由此可以印证，5000多年前，中国已经进入文明阶段，有了早期的国家形态。

2016年3月，郑州市文物考古研究院的考古队员在双槐树遗址仰韶时代地层中清理出一件牙雕蚕，乳黄色，头尾翘起，像桑蚕在吐丝时的动作，长6.4、宽0.6～1、厚0.1厘米（图一）。这是迄今考古发掘出土的与养蚕有关、时代最早的一件具有写实风格的家蚕艺术品，意义重大，因此出土后，我们即着手修复和保护工作。

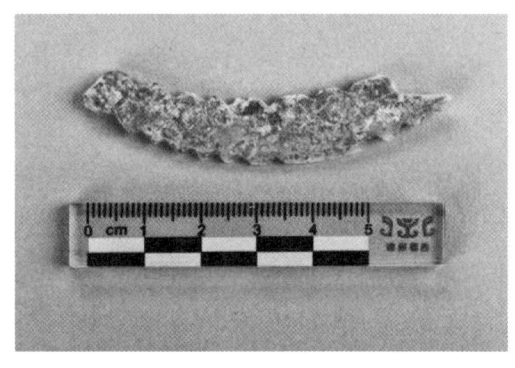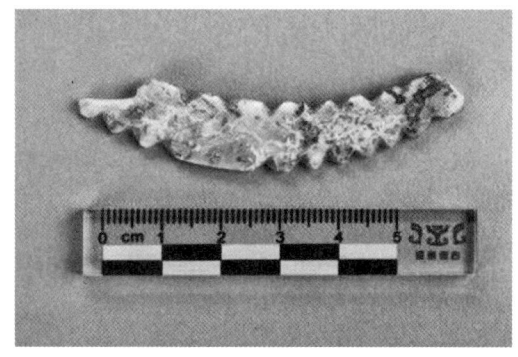

图一　牙雕蚕

一、显微观察

第一步，我们使用Nikon smz25研究级体式显微镜，通过微观形貌观察，可见器物表面有大量的沉积物覆盖（图二），沉积物表面布满孔隙，容易吸收空气中的水分，因而不利于器物本体长久保存。器物原始表面可见分布均匀的划痕，这些划痕被器表沉积物叠压，说明其形成时间早于器物的埋藏。这些痕迹可能是制作器物时留下的加工痕迹，也可能是器物使用时留下的痕迹。因此在修复和去除器物表面沉积物时，应注意保护这些痕迹，不能破坏器物表面原始信息的真实性。

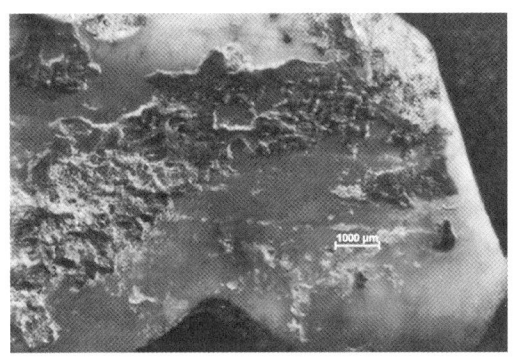 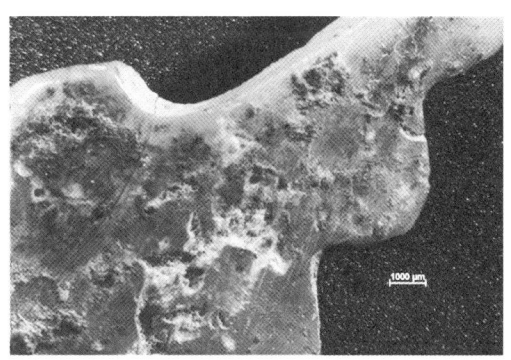

图二　牙雕蚕表面的沉积物　　　　　　图三　牙雕蚕尖端的裂隙

观察器物背面，可以见到尖端部位存在裂隙（图三），它的存在一方面降低了器物的机械强度，另一方面增大了器物与空气水分的接触面积，使得器物沿着断面加速劣变的几率提高，因此，需对该部位进行注胶以加固和封护。

二、成分分析

激光拉曼光谱被广泛应用于古代颜料、古陶瓷成分、玉石成分、青铜器腐蚀产物的分析，是一种较为常用而且效果较好的无损检测方法（图四、图五）。

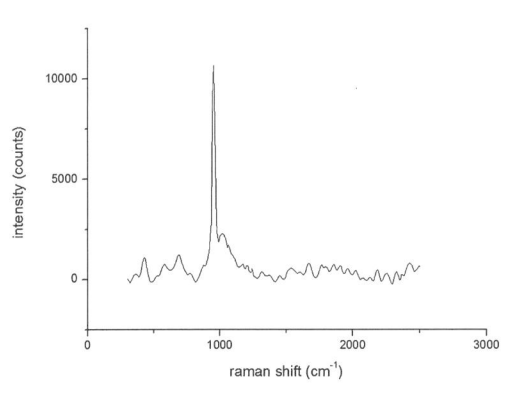 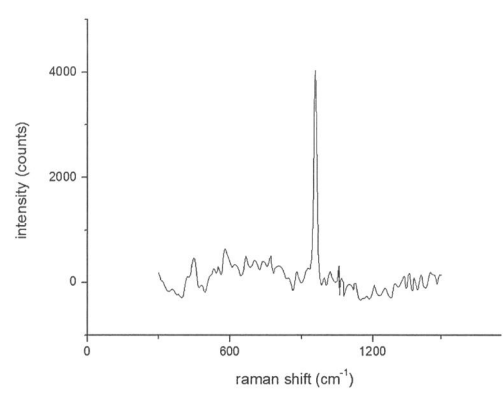

图四　牙雕蚕牙本质的拉曼光谱　　　　图五　牙雕蚕牙釉质的拉曼光谱

我们检测发现，器物正面的主要成分为兽牙的牙本质 $Ca_5(PO4)_3(OH)$。牙本质的颜色淡黄，矿物质约占65% ~ 75%，有机质占20%，其余5% ~ 10%为水。其背面主要成分为羟基磷灰石 $Ca_5(PO4)_3(OH)$，即牙釉质（珐琅质），是牙冠外层的白色半透明的钙化程度最高的坚硬组织（硬度高达7~8），乳白色或淡黄色。沉积物主要成分为$CaCO_3$（硬度3）和TiO_2（硬度6~7）。通过上述分析可以确认，器物为兽牙制品，成分在水中会有微弱的溶解，会加速器物劣化，影响器物安全。

三、修复保护

此件牙雕蚕表面沉积物的疏松多孔状态容易吸收水分，而且硬度不高，可以小心剔除。器物本体及沉积物并不含可溶性盐类，因此不需要对其进行脱盐处理。牙本质及牙釉质成分在水中会有微弱的溶解，因此需要进行封护处理，以防器物加速劣化。在显微镜的辅助下，我们使用手术刀等工具，对器物表面的沉积物进行剥离，控制清除时工具的角度和力度，避免工具直接刻划到器物的原始表面。

清理过程中，尽量不使用酸等溶剂去软化沉积物，以防止酸性物质残留在牙雕蚕上，给长久保存留下隐患。对于局部坚硬致密的沉积物，用酒精丙酮等挥发性强的溶剂尝试软化，以便去除沉积物，如果仍不奏效，就残留少量难以去除的沉积物，绝不强行去除而损伤器物。这样的坚硬沉积物往往结构致密，并不容易吸收环境中的水分和酸性物质，不会给器物安全带来实质性的危害。牙雕蚕表面的沉积物清理完毕后，我们使用3%浓度的甲苯溶液，对其本体进行了加固，用刷子涂刷，让它慢慢渗入器物，多次涂刷直到器物不再吸收。

骨角质类器物为生物材料，该类文物有一定的生物学结构，他们以无机物为网状骨架，有机物填充于骨架之间。在长期的保存过程中，有机物发生不同程度的降解，形成间隙，这种间隙结构为此类文物的长期保存提供了可能性。其中含有的有机化合物，由碳氢原子以共价键的形式相互联结而成，若键断裂，就会造成有机物分解。紫外光具有使有机物化学键断裂的能量，使器物中的有机质受到破坏。红外线是热辐射线，兽牙吸收红外线后，表面及内部的温度急剧上升，产生内应力，会出现翘起、龟裂现象。因此保存时，需要避免接触自然光，器物应该保存在暗处，展示时不可避免会有文物照明，建议使用专业的博物馆照明灯具，并控制光照度和照射时间。温度大于20℃，湿度大于60%时，寄生在器物表面的霉菌孢子容易滋生蔓延。霉菌对藏品的危害主要是分解有机质，并分泌色素污染藏品。因此，器物保存应确保恒温、恒湿，控制在20℃的温度以及60%的湿度。

（原刊于《大众考古》2017年第11期）

新郑唐户遗址出土穿孔玉器的科学分析

信应君　　崔天兴　　胡亚毅

唐户遗址位于新郑市观音寺乡唐户村南，潩水和九龙河在此地交汇，并被历代传为"黄帝口"[1]。该遗址北高南低，是一处跨时代聚落，横跨从裴李岗、仰韶、龙山到二里头、商周等多个时代，遗址总面积达140余万平方米，其中经过确认的裴李岗时代遗址面积达30万平方米（图一）[2]。

2006～2008年，郑州市文物考古研究院对该遗址进行了发掘。两年来发掘面积共8600余平方米，发现裴李岗文化时期的房址65座、灰坑206个、墓葬2座，文化遗存非常丰富[3]。同时还发掘出土一批裴李岗时代的打制和磨制石器、石质装饰品共893件。其中石磨盘、磨棒一共245件，以及石镰1件、磨制边刃石器14件、磨制端刃工具11件，还出土打制石器17件、石

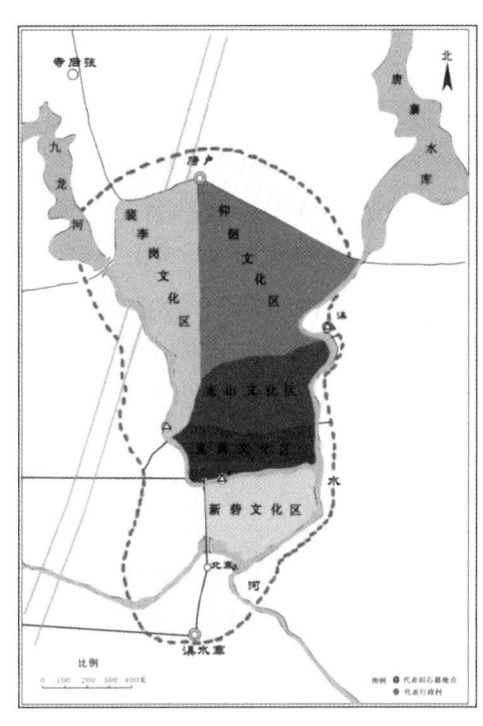

图一　唐户遗址文化遗存分布示意图

核10件、石片24件、断块571件。2009年9月，郑州市文物考古研究院与北京大学文博学院合作，对唐户遗址东南部黄帝口旧石器地点进行发掘。同时为了解旧石器时代与裴李岗文化时期的地层叠压关系，对2006年发掘的探方III区T1013、T1113（探方位于九龙河由北向东的西南转角处，原发掘面积各5×10平方米）南部各向南扩1米，由于T1013东部受地域限制，发掘长度7米，两个探方共发掘面积1×17平方米（图二）。

在T1013探方发掘距地表深3.6米处的9层堆积内发现磨制穿孔玉器1件（图三）。

该玉器编号09ZXT1013⑨：4，形状整体呈棱形，通长4.5厘米、孔径2～2.1厘米。孔径呈圆台形，即一端大而另一端小（图四）。

该玉器是我国目前出土最早的穿孔最长、孔径最大的玉器，对该件玉器的质地、

　　图二　T1013、T1113地层堆积

　　图三　玉石器出土地层

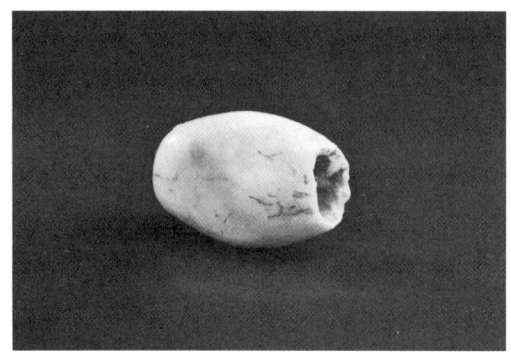

图四　T1013出土玉器

制作工艺、使用痕迹进行分析，为我们深入了解史前玉石器的使用具有重要的意义，也为我们深入理解中国玉文化的起源有重要意义。

一、技术与方法

1. Raman分析

采用HORIBA JOBIN YNON SAS便携拉曼光谱仪HE785对其质地进行鉴定。测试条件：光谱分析范围150cm-1-3200cm-1，激发光源为785nm，功率不低于300mW，积分时间20s，使用Knowitall数据库对数据进行分析。

2.超景深显微镜分析

使用基恩士VNX-2000进行显微痕迹观察。使用20X镜头，使用高清晰度动态HDR功能进行观察和3D拼图重建。

3.多光谱微距分析

使用Pixelteq多光谱微距拍摄系统，分别使用紫外波段313nm、325nm，可见光430nm、550nm、615nm，675nm，红外波段750nm，800nm等波段对出土玉器的保存状况以及是否存在有机物残留进行光学分析。

二、实验与结果

1.年代

唐户遗址年代的判定主要根据 [14]C 测年数据，其中经过树轮校正后的年代最早已达到距今9500年（表一）。唐户遗址跨越距今9750～9400年、8370～7805年、6800年等三个时期。与裴李岗时代早（距今8709～8000年）、中（距今8000～7500年）、晚期（距今7500～7000年）相比，唐户遗址的早期稍偏早，其中、晚期可以大致对应[4]。

表一　唐户遗址 [14]C 测年数据表

序号	实验室编号	样品	原编号	位置	碳十四年代（5568, 1950BP）	树轮校正年代（OxCal 3.10）	
1	ZK6672	木炭	06ZXTⅢT1112（剖沟北）	西2.10米，南7.58米，沟深1.10米	7427±42	6370BC（68.2%）6240BC	6400（95.4%）6220BC
2	ZK6674	木炭	06ZXTⅢT1112（剖沟）	西2.72米，南3.10米，沟深1.25米	8375±35	7520（53.3%）7450BC 7400（14.9%）7370BC	7530BC（95.4%）7350BC
3	ZK6675	木炭	06ZXTⅢT1112（剖沟中）		8709±37	7750（68.2%）7610BC	7940BC（1.3%）7900BC 7840BC（94.1%）7590BC
4	ZK6678	木炭	06ZXTⅢT1013（8B）	西0.65米，南0.65米，沟深2.75米	5899±33	4800BC（68.2%）4720BC	4850BC（95.4%）4700BC
5	ZK6679	木炭	07ZXTF21④		6894±32	5805BC（68.2%）5725BC	5850BC（95.4%）5710BC
6	ZK6680	木炭	07ZXTF21④		6964±32	5890BC（68.2%）5790BC	5980BC（4.6%）5950BC 5920BC（90.8%）5740BC
7	ZK6691	木炭	06ZXTⅢT1110（剖沟南）	西1.5米，南2.7米，沟深0.65米	8562±41	7600BC（68.2%）7550BC	7650BC（95.4%）7520BC

2.物质结构分析

使用便携拉曼光谱仪 HE785 对此玉器多点进行了拉曼光谱的测试，实验结果如图五所示，波长范围150cm-1～1200cm-1。从而可知，这些样品均具有4组拉曼峰值分别是：154.84cm-1、281.07cm-1、710.65cm-1、1085.27cm-1。使用Knowitall软件进行分析，数据结果显示为方解石。该实验结果与杜广鹏、范建良的方解石族矿物的拉曼光谱特征基本一致。杜广鹏、范建良认为方解石晶体在波长范围250cm-1～1800cm-1内具有相同的拉曼位移，均具有3个强拉曼位移，分别位于275cm-1，705cm-1和1080cm-1附近，其中1080cm-1具有最强的光谱特征[5]。由于机器的系统误差，峰值均漂移了6cm-1。

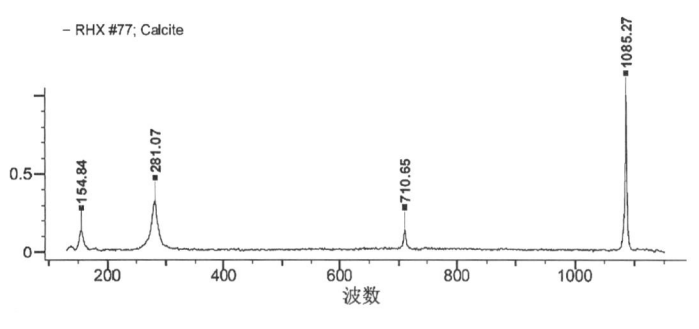

图五　Raman光谱分析方解石

3. 出土玉器超景深微痕分析

使用20x倍超景深显微镜高清晰度动态HDR功能进行观察和3D拼图重建。结果显示，在器物孔径内壁连续与器身平行的条纹，条纹沿孔壁均匀分布（图六：1、2），因此推测应属于钻孔之后的扩孔行为。根据该遗址出土石英砂岩磨石占绝大多数，因此推测其扩孔工具应为条状细砂岩。在孔径内壁中部有一周轻微磨圆，打断了"条痕"的连续贯通分布，但在条痕较深区域还能观察到较深的若断若续的条痕贯通分布（图六：2）。这种轻微磨圆并打断条痕连续分布的行为应该是中软性物质所致，如兽骨或木材。

在该器物的口径两端部位也发现了轻微磨圆。两端磨圆均由内向外呈弧状剖面（图六：3、4）。这种磨圆产生的机理与孔径内壁产生的机理有较大差异。推测应该有软性物质所致，如兽皮、植物纤维

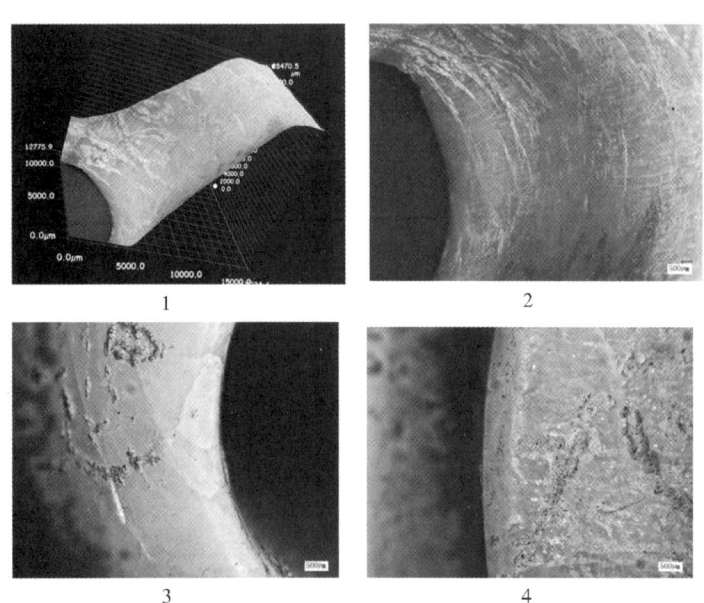

图六　超景深显微镜3D重建分析

等。因此这显示了两种不同的行为——装柄和悬挂。

4.多光谱（Pixelteq）微距分析

为了进一步研究该玉器是否使用颜料等物质进行装饰，特使用多光谱进行分析。紫外波段315nm显示，由于方解石本身结构龟裂非常严重，亟需采取进一步的保护措施（图七：1）。而可见光光谱则不能显示其内部结构的脆弱性。

孔径较小的断茬则显示V字形缺口部位有轻微磨圆（图七：3），该磨圆的物质对象仍为柔性物质所致，如兽皮、植物纤维等。断茬部位的磨圆显示该缺口形成之后还经历了长期的悬挂行为，而非缺口形成之后就遭到了废弃。而孔径较大的孔径断茬则显示没有形成磨圆（图七：4），则说明在此端断茬形成之后则很快就被废弃了。根据图（图七：1）所显示其方解石宏观结构的节理性，可能此断茬的形成与结构相关，而非使用过程中导致的损坏。

器物两端的微距图像的分析结果与超景深显微镜的微痕分析结果基本一致。但也获得了方解石器物本身结构的节理发达等文物的脆弱信息。

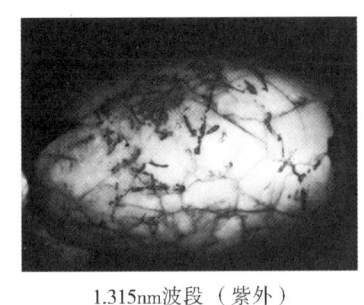

1.315nm波段（紫外）

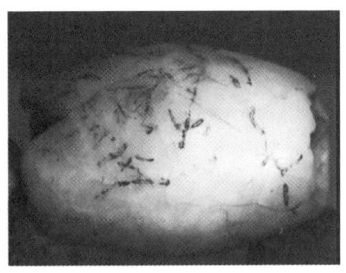

2.550nm波段图片

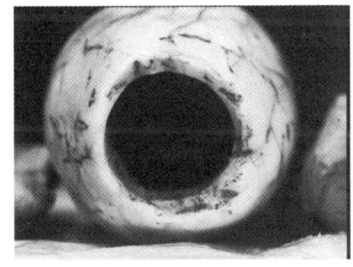

3.430nm波段

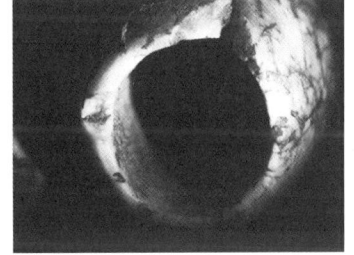

4.315波段（紫外）

图七　出土玉器多波段图像分析

三、结语与讨论

从 ^{14}C 测年结果可知，该件器物的绝对年代为距今9600～7800年之间。这件器物是目前我国中原地区出土最早的穿孔玉器之一，其质地为方解石。与兴隆洼、顺山集、跨湖桥遗址形成了不同的用玉起点。但该用玉的质地与东胡林遗址却是一致的。

从其方解石质地（质地较软而且脆性材料），因此推测该件器物并非实用器。这件器物的具体的穿孔工艺目前已不可知，但根据其剖面形状可以谨慎推测为单面钻。无论管钻还是桯钻，都能形成梯形钻孔。根据微痕观察，其孔形成之后，又经历了扩孔等行为。

从孔径内壁的两端的微痕分析分析可知，其使用方式主要为装柄和悬挂。装柄物质为中软性的兽骨或木材，长期悬挂的物质为软性的兽皮或植物纤维等，由此推测，该玉器应该是装饰品或者仪式性器物。

注释

［1］蔡全法、寇玉海、杜平安：《新郑唐户新石器时代遗址调查》，《中原文物》2005年第5期。

［2］张松林、信应君、胡亚毅、闫付海：《河南新郑市唐户遗址裴李岗文化遗存发掘简报》，《考古》2008年第5期。

［3］信应君、胡亚毅、张永清、刘青彬：《河南新郑市唐户遗址裴李岗文化遗存2007年发掘简报》，《考古》2010年第5期。

［4］靳松安：《试论裴李岗文化的分期与年代》，《中原文物》2005年第5期。

［5］杜广鹏、范见良：《方解石族矿物的拉曼光谱特征》，《矿物岩石》2010年第4期。

（原刊于《"夏商时期玉文化国际学术研讨会"论文集》，科学出版社，2018年）

河南省大遗址保护现状、存在问题及解决途径

张永清

中华人民共和国成立以后，河南省借助全国文物考古事业发展大势，在中央和省政府以及国家文物局的关心支持下，做了许多有益工作，并取得一系列成果，包括文物勘探与调查、考古发掘、文物保护等。尤其是自2005年国家文物局颁发大遗址保护"十一五"规划以来，我国大遗址保护工作如火如荼开展起来，并相继发布"十二五"和"十三五"规划。河南省依托全国大遗址保护的大环境，在国家文物局等有关部委及学术界的高度关注和大力指导、支持下，大遗址保护工作扎实稳步推进，并取得初步成效，成为建设华夏文明传承创新区的重要基点和核心内容。

河南省地处黄河中下游中原腹地，是华夏文明起源和发展的核心区域，是中国古代历代王朝政治、经济、文化发展的中心区域，境内留存有大量的历史文化遗产和大遗址，使得河南省在华夏文明史上的重要区位优势非常显著。省内大遗址不仅类型齐全、规模宏大、级别较高，而且链条完整、分布集中、价值重大，兼具集中性、丰富性、典型性和重要性为一体。因此，做好大遗址的保护和利用工作，变"城市发展死角"为"城市名片"，充分发挥大遗址对河南省国民经济、社会民生的积极辐射带动作用，对于助推河南省"文化振兴"战略，加快中原经济区建设、郑州中心城市建设、洛阳副中心城市建设等具有重要意义，是时代赋予河南省文物工作的历史使命和热切召唤[1]。

一、大遗址和大遗址保护的概念

大遗址隶属于文物分类中的不可移动文物，属于考古学概念，由遗存及其相关环境组成，主要包括反映中国古代历史各个发展阶段，涉及政治、宗教、军事、科技、工业、农业、建筑、交通、水利等方面历史文化信息，规模宏大、价值重大、影响深远的大型聚落、城址、宫室，陵寝墓葬、宗教遗址、水利设施遗址、交通设施遗址、军事设施遗址、手工业遗址以及其他建筑遗迹和文化景观等[2]。大遗址不仅包含较大的遗址，也包括较大的墓葬、建筑等遗迹，可能是单个遗迹，也可能是一个遗迹群。大遗址的"大"包含两层含义：一是遗址的规模范围大，包含遗址本体和周边环境；

二是指遗址的重要性，即遗址在历史发展中的地位和影响比较重要，价值意义比较大。大遗址承载着丰富的历史信息和文化内涵，是中国五千多年灿烂文明史的主体和典型代表，体现了中华民族和中华文明的起源与发展，在地方经济社会文化发展建设等方面发挥着重要作用。

大遗址保护的概念目前尚无明文界定，但学术界已基本形成共识，是以国家文化遗产保护相关法律、法规为依据，针对我国境内的大遗址所开展的现状保护、考古作业、学术研究、内涵阐释、展示利用等工作[3]，是基于大遗址的重要性而进行的遗址本体和周边环境的共同建设和保护利用。大遗址保护的目的是在有效保护大遗址历史环境、文化内涵、遗存现状的真实性、完整性和延续性的前提下，对大遗址本身所承载的历史文化价值进行保护、挖掘和弘扬，使之延续传承、惠及于民，服务社会[4]。

二、河南省大遗址资源概况及保护现状

1.资源概况

河南省文物资源丰富，分布密集，被国家文物局列入项目库的大遗址22处[5]，位居全国前列，另有长城、大运河、丝绸之路、万里茶路4个跨省大遗址项目，主要分布于郑州、洛阳、安阳、开封、三门峡、平顶山、信阳、周口、漯河9个地级市，以洛阳和郑州最多，郑州和洛阳被列入"十二五"期间国家重点支持的六大遗址片区[6]。根据第一批至第七批国家、河南省及郑州市重点文物保护单位名录统计，目前河南省拥有世界文化遗产5项、全国重点文物保护单位358处、河南省重点文物保护单位1793处、郑州市文物保护单位246处，符合大遗址标注的项目约占据1/4以上，其中入选"全国十大考古新发现"43项（1990～2017年度），入选"河南省五大考古新发现"50项（2008～2017年度）。此外，河南有国家级历史文化名城8个、省级历史文化名城15个，中国九大古都有4个在河南。

2.保护现状

（1）推动申遗工作，河南省的安阳殷墟、洛阳龙门石窟、登封"天地之中"历史建筑群、大运河河南段、丝绸之路5个大遗址项目，成功列入世界遗产名录。

（2）注重规划引领，逐步完善文物保护规划体系建设。"十一五"规划以来，编制完成或部分完成列入国家项目库的大遗址保护规划14处，相继制订40多个保护展示设计方案，完成了大遗址保护展示项目20余个。同时加强长城、大运河、丝绸之路、万里茶道4个跨省大遗址项目的考古调查、勘察、测绘、发掘、资源调查、综合研究和规划纲要编制等前期工作。

（3）积极规划筹建国家考古遗址公园、遗址类博物馆或示范园区，促进洛阳、郑

州两大遗址片区建设，推动河南大遗址保护工作。河南省大遗址的突出地位得到国家的重点认可，郑州片区、洛阳片区是国家文物局"十一五"规划"三线两片"以及"十二五"规划"六片四线一圈"大遗址保护格局的核心发展片区；"十三五"规划中，河南纳入国家项目库的大遗址共22处，位居全国前列。目前，河南省的安阳殷墟、隋唐洛阳城、汉魏洛阳故城、郑韩故城等13处大遗址公园相继完成挂牌或立项，是全国在建国家考古遗址公园数量最多的省份；同时，偃师商城、洛阳定鼎门遗址、郑王陵遗址、大河村遗址、三杨庄汉代遗址等近10家遗址类博物馆完成开放或正在建设中。通过打造华夏文明核心区展示平台，保护与民生相结合，变被动保护为主动保护，促进河南"生态保遗"工作，惠及民众。

（4）加强大遗址保护基础研究工作。近些年来，河南注重大遗址保护基础研究工作，多次参与或主持召开大遗址保护高峰论坛、工作推进会等，积极探索大遗址保护工作模式和机制方法，不断开拓大遗址保护利用新局面。

三、存在问题

（1）大遗址保护方向不明确，文化形象不明晰。河南省大遗址项目位居全国前列，长期宣传的文化品牌很多，如裴李岗文化、仰韶文化、龙山文化、唐三彩等，但多处于"圈内知名度高、圈外不知所以然"的尴尬境地。郑州、洛阳是全国八大古都之一，又同时入选全国六大遗址片区，但洛阳闻名全国的是牡丹文化而非古文化，郑州作为省会城市，其文化形象更加不明晰，缺乏高层次文化定位，不能够产生理想的文化名片效应，与河南古老悠久的文化底蕴不匹配。

（2）缺乏专门的大遗址保护机构，管理和技术人才明显不足。河南是文物资源大省，以遗址类为大宗，全省17个地级市和1个市辖县均有大遗址分布，保护任务艰巨，但没有专门的大遗址保护机构。大遗址保护工作目前隶属于省文物局，但省文物局编制人员很少，与目前大遗址保护发展形势不匹配，人员相对不足，科研和保护力量薄弱。

（3）大遗址没有国家级法律性权威明确的概念和定义界限，缺乏系统清晰的基础数据。"大遗址"最明确的定义见于2005年的《大遗址保护专项经费管理办法》，而大遗址概念在《中华人民共和国文物法》《中华人民共和国文物保护法实施条例》《中国文物古迹保护准则》等最权威的国家级法律条文中，都没有清晰的概念和界定范围，文物法中"不可移动文物"中的部分古文化遗址、古墓葬、古建筑、石窟寺等，可归属于大遗址类。由此，河南省大遗址项目及数量无法确定，故河南省缺乏统一明确的大遗址基础数据。

（4）大遗址保护利用缺乏科学规划。近几年，河南省文物保护规划多是单个遗址项目或者区域性文物保护规划，规划保护形式仅限于遗址博物馆、考古遗址公园、文化片区、示范园区，规划内容也多限于遗址本体和周边环境，既没有全省专门的大遗址保护规划，也缺乏全面系统的总体部署。而且有关规划内容尚处于大遗址保护的初级形态，对遗址保护需要的科技保护手段、宣传展示形式、生态保遗模式、文化旅游运营体系以及与地方经济社会的融合效果等方面规划重视不够，观众接受度不高，公众传播效果不理想，文化名片效应不显著，大遗址保护利用难达成效。

（5）大遗址保护专项费用偏低，不能满足宣传和发展工作的需求。河南省大遗址项目数量多，且需要长效保护，然而省文物局每年文物保护专项经费有限，用于遗址本体的保护经费尚且不足，更无法顾及遗址周边环境的维护，资金缺口大，大遗址保护受到制约。

（6）大遗址保护项目往往面积较大，多位于城市建成区，跨区、跨镇及搬迁安置等各方面情况复杂，而且建设周期长，需要多个相关机构和单位密切协作，但目前尚缺乏有效的联合保护执法机制，大遗址保护难度较大。

四、问题解决途径

（1）做好顶层设计，出台相关政策，确定河南省大遗址保护的方向和目标。可将大遗址保护方向明确为"河南省新型而独特的文化和经济增长点"，并将其纳入河南省国民经济和社会发展计划，站位全局，立足长远，统筹谋划，规划出五年、十年发展目标，以河南段丝绸之路、大运河、古长城三条文化线路与郑州片区、洛阳片区、安阳片区等大遗址相互联结的"三线三片"文化遗产保护开发格局为基础，逐步扩及其他拥有重要知名大遗址的城市，提炼中原文化内涵，提升文化定位。同时积极研究出台相关政策，激励和支持大遗址文化发展，着力打造明晰的遗址城市文化名片，展示河南省深厚的文化底蕴，彰显河南省独特的古文化魅力，为中原经济区建设、郑州中心城市建设、洛阳副中心城市建设注入新的文化生命力。

（2）增设大遗址保护专门机构，加强组织建设和人员力量。河南省政府在1995年的《河南省古代大型遗址保护管理暂行规定》中明确规定，全国重点文物保护单位的大遗址，应建立健全专门的保护组织；省级文物保护单位的大遗址，由所在地的市、县人民政府根据实际情况设立相关的保护组织或指定有关单位负责保护。针对目前大遗址保护机构薄弱、人员编制不足的现状，从河南省长远发展考虑，可考虑增设相应的专门机构"河南省大遗址保护管理局"，下设办公室、计划财务处、规划编制研究处、科技保护处、运营管理处、保护研究处等部门，给予相应的财政和政策支持，专门立足于大遗址保护工作，并逐渐形成河南省大遗址保护集中规划研究和保护利用的管理机制。

（3）建立大遗址文物保护名录登记制度，建立健全大遗址保护基础数据库。首先建议修订《中华人民共和国文物保护法（2017年修正本）》，纳入"大遗址"概念，确定大遗址界定范围。据此对河南省大遗址进行全面普查登记，摸清河南省大遗址基本状况，根据国家级、省级、市县级大遗址文物保护单位和未录入保护名录的大遗址四个等级进行统计登录，并以古文化遗址、古墓葬、古建筑、石窟寺等进行分类统计，将普查登记制度常规化，每隔三年或五年进行一次全省普查登记，建立健全大遗址保护基础数据库建设。

（4）编制系统、完备、科学、可操作的大遗址保护规划，充分发挥大遗址保护的文化价值，实现大遗址保护的惠民作用。大遗址保护是一项复杂、系统的工程，要组织文物、城建、园林、水利、土地、科技等有关方面的领导和专家，进行全面的讨论和论证，准确掌握资料，编制全省范围内系统、完备、科学、可操作的保护规划，作为河南省大遗址保护工作的指导方针。对于某项具体的大遗址保护，则要将该遗址保护各个阶段如考古发掘、科技保护、文化研究、保护形式设计、基础设施建设、数据信息系统建设、周边环境建设和维护、成果展示、运营管理等各项内容统一纳入规划编制中，为财政预算和保护建设提供基础数据和依据。应积极借助技术手段，以多种形式充分展现大遗址内在的文化价值，真正发挥大遗址保护工程的惠民作用，变被动为主动，让大遗址保护活起来，为城市延续文脉，为城市建设添彩。

（5）大资金投入，完善大遗址保护经费保障机制。资金是文物保护工作的基础和支撑，可将有关遗址本体、周边环境等硬件以及数据库等软件建设纳入发展规划和财政预算，加大大遗址保护专项资金投入，落实保护研究经费等。并形成大遗址保护经费常规机制。

（6）完善大遗址保护考核考评机制，强化大遗址保护联合保护执行能力。针对大遗址保护涉及面广、情况复杂、建设周期长、需要长效保护等问题，政府可出台大遗址保护联动执行办法，明确相关部门责任分工，并纳入各相关部门年度考核考评，形成奖惩机制，增强相关部门大遗址保护联合执行能力、工作合力及成效。

▎注释

［1］张贺君：《河南省大遗址保护研究》，郑州大学2012年博士学位论文。

［2］财政局、国家文物局：《大遗址保护专项经费管理办法》，2005年8月。

［3］张贺君：《河南省大遗址保护研究》，郑州大学2012年博士学位论文。

［4］张贺君：《河南省大遗址保护研究》，郑州大学2012年博士学位论文。

［5］财政部、国家文物局：《大遗址保护"十三五"专项规划》，2016年10月。

［6］财政部、国家文物局：《大遗址保护"十二五"专项规划》，2013年7月。

（原刊于《黄河·黄土·黄种人》2018年第9期）

虢文化当代价值与保护利用浅谈

张永清

虢文化即虢国文化，虢国指的是西周初年姬姓诸侯的封国，包括东虢[1]、西虢[2]、北虢[3]、南虢[4]以及小虢。虢仲、虢叔为周文王的弟弟，他们分别受封东、西二虢，东虢在今河南荥阳境内，西虢在今陕西宝鸡东。周平王四年（前767年），东虢被郑国所灭。后来西虢东迁至今河南三门峡黄河两岸，《汉书》等史籍中称之为"北虢""南虢"，公元前655年为晋国所灭。西虢原地有小虢，公元前687年被秦国所灭[5]。

李久昌依据虢国的发展变迁历史，对虢史和虢文化进行了一个明确的内涵界定："虢史即是指从西周初期建国，到公元前655年虢公丑亡国，包括前期东、西二虢及后期南、北虢和小虢的整个虢国史。虢文化便是以西周初年分封至春秋早期生活在诸虢疆域内的姬姓周人文化为主体，并吸纳当地商文化、土著文化和其他外来文化的因素，逐渐混融而成的一种具有自身特色的地域性文化。"[6]

根据李久昌的记述，我们基本可以界定出"虢文化"的三个典型特性：一是虢文化以虢史为基础，研究虢文化首先必须研究虢国历史；二是分布范围比较固定，即河南荥阳、陕西宝鸡、河南三门峡，呈片状分布，属地方性、区域性文化；三是"虢文化"主体明确，它是独立的或融合当地商文化、土著文化及其他外来文化以后形成的姬姓周人文化。

因此，本文主要依据上述虢文化的三个特性，从科学研究与保护利用两个大方面，思考如何充分挖掘虢文化的内涵价值，并加以保护利用。

一、加强科学研究为虢文化保护利用打好基础

1. 收集、整理、出版《虢文化文献研究著述目录》

虢文化地域性强，研究范围较窄，相关文献著述、考古发现比较集中、有限。目前为止，虢文化全部的研究资料主要包括古文献资料及其衍生文献、青铜器铭文及其考释、考古发掘资料及学者们的研究文章等。对虢文化作全面系统的研究，首先要整合所有关于虢国或虢文化的全部研究资料，可以考虑将国内所有与"虢""虢公""虢叔""虢季""虢文化""虢国"等相关的研究资料及其出处都逐一收集、统计、整合，之后汇编成册，公开出版，作为虢文化研究目录学的重要组成部分，便于后人查找资

料和进行虢文化研究。

2.考古发掘资料的整理和出版

虢文化研究资料除了有限的文献典籍以及传世品的著录与考释之外，主体资料主要依赖20世纪50年代至今累积的考古发掘资料以及虢史、虢文化再研究资料，因此，虢文化考古发掘资料的整理尤为重要。目前，虢文化重要考古发现主要分布于陕西以及河南的三门峡、荥阳、洛阳等地区，考古发掘资料也主要集中于这几个区域，主要有1956年三门峡上村岭虢国墓地第一次发掘以及20世纪90年代初虢国墓地第二次发掘资料。此外，20世纪六七十年代在陕西等地陆续出土了一批虢国或与虢国相关的有铭青铜器，例如宝鸡贾村的何尊、扶风强家村的师𡚁钟和即簋等7件青铜器、岐山的公臣簋和虢仲鬲等，20世纪60年代在洛阳北窑亦发掘出土虢公戈，郑州荥阳也零星发现虢文化遗迹。近些年，虢文化考古发掘和研究仍在继续，也取得较多进展，陆续有新的发现，总体来讲，主要集中于陕西以及河南的三门峡、洛阳、荥阳等地。有必要将各地的虢文化考古学资料进行统一整理和研究，同时出版虢文化考古发掘研究丛书。

3.确立虢文化现代研究综合体系

建议由国家文物局、河南省文物局、陕西省文物局等联合组织，河南三门峡、陕西宝鸡、郑州荥阳、河南洛阳等地多区域联合，以虢文化为统领，以三门峡、陕西宝鸡、郑州荥阳等地的虢文化研究资料为基础，以虢国历史地理研究、虢国墓地暨陵寝制度研究、虢国青铜文化、虢国玉文化、虢国车马文化、虢文化与周文化等专题为切入点，有统筹、有专题、有区域地联合，纵向研究，横向交流互动，推动虢文化研究向纵深发展，确立虢文化现代研究综合体系。

4.扩大虢文化研究的范围，提升研究层面

虢文化主体是姬姓周人文化，西周初年分封后，在封国疆域内又吸纳了当地的商文化、土著文化及其他外来文化，虢文化隶属周文化，同时又独立于周文化。虢文化的研究范围不能仅限于虢国的历史地理范围，还可以扩大到虢国前后、虢国周边甚至全国的商周文化范围，研究层面也不必局限于虢文化本身，还可以将虢文化与周文化研究联系起来，结合商文化研究，分出虢文化中的商文化、土著文化、外来文化元素，从而凸显虢文化特色，扩大虢文化研究范围，提升研究层面。

二、虢文化的保护与利用

关于虢文化的保护与利用，笔者主要有三点建议。

1.建立多地联合大遗址保护文化区

建议河南三门峡、陕西宝鸡、郑州三地联合制定"虢文化大遗址保护区规划"，打造

全国第一个多地联合的大遗址保护文化区，并申报纳入国家大遗址保护规划或片区规划。

三门峡历史文化资源丰富，大遗址和文化遗产保护工作成效显著。虢文化是三门峡文化遗产中的又一个亮点。20世纪50年代，三门峡上村岭虢国墓地的发掘引起轰动，之后大遗址保护工作启动，对墓地遗址进行了原址保护，2000年建成"虢国博物馆"并且对外开放。近年来，又依托2000年发掘的李家窑遗址（即虢国都城上阳城遗址），筹建了虢国公园（原名虢国植物园，2005年改名虢国公园）。而国家文物局颁发的大遗址保护规划是从2011年开始的，可以说，三门峡的虢文化大遗址保护工作是走在全国前列的。

陕西宝鸡是虢国文化发祥地，在城市文化中融入虢文化元素，筹建有"西虢文化公园""西虢文化广场"等，对虢文化大遗址进行了重点保护。

荥阳也有部分遗址和墓葬具有虢文化的痕迹，虽然范围和内涵还待进一步研究和确认，但虢国在荥阳的历史记载是清晰的，《汉书》有明确的历史记载。

虢文化主要集中在陕西、河南等地，分布区域有限，研究范围小，这对于保护来说，这也是优点，方便联合保护。三门峡距离陕西宝鸡约400公里，郑州距离三门峡大约250公里左右，驾车分别为4个小时和3个小时左右，也就是半天时间。这三个虢文化特色区域联合起来进行保护，应该也是可以实现的，因此可以考虑三地联合制定"虢文化大遗址保护区规划"，形成规模和联动效应，并申请将"虢文化大遗址保护"纳入国家文物局未来几年的大遗址专项保护规划中。三地联合研究和保护"虢文化"，势必形成规模联动的大遗址保护片区，并将产生一批大遗址保护的理论和研究成果。

2.打造"虢文化"文化品牌，筹建虢文化旅游线路

虢国墓地的重要发现与国内一些知名的重要墓地相比毫不逊色，例如这几年持续发掘和报道的海昏侯墓，但虢国文化的知名度与它们相比，似乎还有很大的差距。这里特意将三门峡虢国墓地与南昌海昏侯墓做一个简单比较（表一）。

表一　虢国墓地、海昏侯墓概况表

名称	三门峡虢国墓地[7]	南昌市海昏侯墓[8]
时代	西周、春秋	西汉
性质	大型邦国公墓，其中M2001虢季墓、M2009虢仲墓为国君墓	汉废帝刘贺的墓葬——帝王墓
规模	总面积32.45万平方米，探明各类遗址800余处，已发掘300余座墓葬和陪葬坑，是我国迄今发现的一处规模宏大、等级齐全、排列有序、保存完好的西周、春秋时期大型邦国公墓	由2座主墓、7座祔葬墓、1座车马坑（陪葬坑）、园墙、门阙、祠堂、厢房等建筑构成，内有完善的道路系统和排水设施

续表

名称	三门峡虢国墓地[7]	南昌市海昏侯墓[8]
出土文物	近3万件	1万余件
保护工作	全国重点文物保护单位，现已建成虢国博物馆。被评为"二十世纪中国百项考古大发现"之一。其中西周虢季墓、西周虢仲墓分别连续被评为1990年、1991年全国十大考古新发现之一	2017年12月，南昌汉代海昏侯国遗址被列入国家考古遗址公园立项名单
科技手段应用	相对比较传统的考古发掘与保护	海昏侯墓的整个发掘过程代表当今中国第一流的考古水平和文物保护水平，也代表了当今中国第一流的展示水平。墓园的考古发掘有10余家单位开展跨学科合作，运用科技手段全程提取和记录信息。在考古调查和发掘前期，大量使用了地球物理探测、GPS定位、电子全站仪布网测控、全球地理信息系统（GIS）记录等科技手段，将调查资料完整信息化。所有发掘工作都以世界遗产的标准指导考古发掘，为今后大遗址的保护展示提供科学依据

　　三门峡虢国墓地与南昌市海昏侯墓相比，时代更早，规模庞大而完整，性质更是全国唯一的大型邦国墓，尤其是两座国君墓，对两周春秋历史链条空白的填补尤其重要，无论是墓葬规模还是性质，其重要性都不亚于甚至要高于南昌市海昏侯墓，但由于时代和条件的限制，虢国墓地虽然在业界闻名遐迩，但在全国公众中的知名度还非常有限，远不如南昌市海昏侯墓在新媒体传播下所产生的影响与社会关注。鉴于此，可以重新考虑虢文化现代化的保护和利用规划，将虢文化的重要发现做成信息化数字系统，以三门峡、宝鸡、郑州荥阳三地为中心，建立和完善虢文化地理信息系统，并依托三门峡旅游城市、郑州国家中心城市、陕西宝鸡虢文化发祥地这些平台，借助信息化全媒体科技手段，重新打造"虢文化"文化品牌，在加强基础科研和宣传力度的情况下，提升"虢文化"在全国的影响力和知名度，树立"虢文化"文化品牌，筹建三门峡—郑州、三门峡—陕西宝鸡的虢文化旅游线路。

3.申报国家级文化遗产

　　虢文化是对周文化以"天"为精神信仰、以"德"为价值原则、以"和"为社会行动准则的文化体系的丰富和发展，是中国历史的轴心时代，为中华民族遗留下来的宝贵文化财富，是中华民族传承千年的文化之源，至今仍有巨大的精神魅力。在深度挖掘和深入研究其内涵价值的基础上，做好保护规划，申报国家级文化遗产是必要的，目的是更好地保护、利用、继承和发扬。

三、结语

虢国是西周时期的重要诸侯封国。虢国国君虢仲、虢叔是周文王的弟弟，属西周姬姓王室血统，其封国虢国虽小，却全面传承了周代社会的传统，是周代历史上政治、经济、文化、军事最有代表性的诸侯国之一，同时具有鲜明的地方特色，对两周历史与文化影响广泛而深远。

20世纪50年代以来，三门峡市的虢国墓地和虢国都城先后被发掘，陆续被评为"河南二十世纪十项考古重大发现"和"中国二十世纪百项考古大发现"，虢国墓地还被评为"全国重点文物保护单位"，虢文化成为中国西周文化研究的重要组成部分，更是中华优秀传统文化的重要组成部分，各地政府和研究机构都对虢文化加大了研究力度。本文旨在通过探讨虢文化科学研究及相关保护、利用，为虢文化进一步研究和保护提供参考，助力进一步研究、探讨虢文化的思想内涵及人文精神，强化区域文化交流协作，真正让文物说话、让历史说话、让文化说话，为进一步讲好"黄河故事"，促进推动中华优秀传统文化创造性转化、创新性发展尽绵薄之力。

附记：本文是"第二届虢文化论坛"项目征集稿件之一，课题名称为《虢文化当代价值与保护利用浅谈》，荣获"第二届虢文化论坛"社科二等奖，并收录于第二届虢文化论坛《虢文化论集》中，此次刊发前对原文进行了修改。

▎注释

[1]《汉书·地理志》之《弘农郡·陕县下》，中华书局，1962年，第1549页。班固自注云："陕，故虢国。有焦城，故焦国。北虢在大阳，东虢在荥阳，西虢在雍州。"

[2]《汉书·地理志》之《弘农郡·陕县》，中华书局，1962年，第1549页。班固自注云："故虢国。有焦城，故焦国。北虢在大阳，东虢在荥阳，西虢在雍州。"

[3]《汉书·地理志》之《弘农郡·陕县》，中华书局，1962年，第1549页。班固自注云："故虢国。有焦城，故焦国。北虢在大阳，东虢在荥阳，西虢在雍州。"

[4]《水经注》卷四《河水》："昔周、邵分伯，以此（陕）城为东西之别，东城即虢邑之上阳也。虢仲之所都为南虢，三虢此其一焉。其大城中有小城，故焦国也。"巴蜀书社，1985年，第112页。

[5]《史记·秦本纪》载：武公十一年（前687年）"灭小虢"。中华书局，1959年，第182页。

[6]李久昌：《60年来虢史与虢文化的发现与研究》，《三门峡职业技术学院学报》2012年

第9期。

［7］a.中国科学院考古研究所编著：《上村岭虢国墓地》，科学出版社，1959年；b.河南省文物考古研究所、三门峡市文物工作队：《三门峡虢国墓》，文物出版社，1999年；c.河南省文物研究所、三门峡市文物工作队：《三门峡上村岭虢国墓地M2001发掘简报》，《华夏考古》1992年第3期；d.唐英杰、李发：《三门峡虢国墓M2009墓主虢仲考》，《中国国家博物馆馆刊》2019年第10期。

［8］杨军、徐长青：《南昌市西汉海昏侯墓》，《考古》2016年第7期。

（原刊于《洛阳考古》2020年第2期）

第四篇
文物介绍与赏析

郑州唐墓出土铜镜

张文霞

自1986年成立以来，郑州市文物考古研究院在负责郑州市区及六县市的文物保护过程中，发掘到百余面唐代铜镜。从外形来看，有圆形镜、菱花形镜、葵花形镜、方形镜四种，今以郑州市区唐墓铜镜为主、以巩义和荥阳唐墓铜镜为辅介绍给大家。其中郑州唐墓中有些墓还伴出瓷器、陶器，根据其特征，能将铜镜的使用年代断得更准确些，但是由于各种原因，同出器物难以调出，故本文以沿黄河一线的纪年唐墓作为断代依据，所判定年代应与其实际使用年代误差不大。兹介绍如下。

一、圆形镜

根据镜背纹饰，圆形镜可分为生肖镜、瑞兽铭文镜、葡萄镜、月宫镜、折枝花镜、宝相花镜等。

1.生肖镜

1件。标本1，荥阳周古寺M7[1]出土。窄平缘，圆纽，无座。纽外三周细凸棱将镜背分成三区。内区铸有"光正随人，长命宜新"八字，字间有小乳钉。中区饰连绵不断的短枝与叶，枝叶周围布满小乳钉，使枝叶充满质感。外区铸十二生肖，"光"字下为鼠，顺时针排列，每个动物周都有或多或少的星云纹。外区外尚有一周三角纹。直径15.6、缘厚0.5厘米（图一）。

2.瑞兽铭文镜

4件。标本1，荥阳周古寺M2[2]出土。三角缘，圆纽，柿蒂座，座外饰双线界框。一周凸棱纹将镜背分为内外两区。内区4只瑞兽绕框行走，其中2只似虎，首向前，方向不同；一只似翼虎，回首；还有一只似狻猊，低首抬右腿，蹑手蹑脚。兽周围饰火云纹，兽间各有一V形纹，再外为两周三角纹。外区铭文一周："玉匣盼看镜，轻灰暂拭尘，光如一片水，影照两边人。"铭文外还有一周三角纹。直径16.3、缘厚0.7厘米（图二）。标本2，郑州郊区采集。三角缘，圆纽，花座，座外双线界框，框角有4个星纹。一周凸棱将镜背分为内外两区。内区有4只瑞兽绕框行走，皆身形瘦削。其中2只首朝前，似狗；另2只回首，肩部有翼，似狼。四兽周围均有星云纹，兽间饰V形纹，再外为两周三角纹。外区铭文一周："赏得秦王镜，判不惜千金，非关欲照胆，特是自明心。"再外为两周三角形纹。直径16.1、缘厚0.4厘米（图三）。标本3，荥阳峡窝村采集。三角缘，圆纽，联珠纹圆座。一周凸棱将镜背分为内外两区。内区4条双线弧形成十字纹带，将内区分成4个小区，纹带内饰星云纹、石榴花纹，小区内有两狻猊、两鸾鸟，狻猊扬尾奔走，鸾鸟因空间狭小作横卧状。周围皆有火云纹，再外为两周篦纹。外区为一周铭文，铭文同前，再外为一周篦纹，一周三角乳钉纹。直径13.1、缘厚1.1厘米（图四）。标本4，巩义丁香花园M1出土。三角缘，圆纽，联珠纹圆座。镜背由一周凸棱分为内外两区。内区有4只狻猊绕纽奔走，或回首，或颔首，或昂首，皆为尖嘴，小耳，球尾，其外两周锯齿纹。外区一周铭文："发花流采，波澄影正，月素齐明，鉴秦逾净。"铭文外两周三角纹。直径11.9、缘厚1.2厘米（图五）。

3.葡萄镜

7件。标本1，上街唐墓出土。三角缘，伏兽纽，无座。一周葡萄枝构成的凸棱将镜背分为内外两区。内区有4只狻猊绕纽奔走，身皆向外盘曲，粗尾高扬，狻猊间有4

图一　生肖镜（荥阳周古寺M7出土）

图二　瑞兽铭文镜（荥阳周古寺M2出土）

图三　瑞兽铭文镜（郑州郊区采集）

图四　瑞兽铭文镜（荥阳峡窝村采集）

图五　瑞兽铭文镜（巩义丁香花园M1出土）

图六　葡萄镜（上街唐墓出土）

只长尾雀，两大两小，狻猊周围密布葡萄枝叶实。外区有 10 只长尾雀，成组布于葡萄枝叶实间，每组两只，或飞或站，每组长尾雀间隔一只向内飞的蝴蝶，或蜜蜂或蜻蜓，共 5 只。最外一周朵云纹。直径 11.8、缘厚 1.2 厘米（图六）。标本 2，巩义益家窝三联电器公司唐墓出土。三角缘，伏兽纽，无座。一周葡萄枝构成的凸棱将镜背分为内外两区。内区有 4 只狻猊绕扭曲身腾跃，首向外，兽间葡萄枝叶实。外区有四只长尾雀，飞翔于葡萄枝叶实之间，最外为一周朵云纹。直径 10.2、缘厚 1 厘米（图七）。标本 3，郑州水文站家属院唐墓出土。同前镜极像，雕模更细。直径 9.9、缘厚 1 厘米（图八）。标本 4，巩义二纸厂 M1[3] 出土。三角缘，伏兽纽，无座。一周凸棱将镜背分为内外两区。内区有 6 只狻猊绕纽奔跑，周围饰葡萄枝叶实。外区有 10 只长尾雀、2 只短尾雀，飞翔于葡萄枝叶实之间，最外一周卷云纹。直径 13.5、缘厚 1.1 厘米（图九）。标本 4，巩义王沟村祈氏墓[4] 出土。三角缘，伏兽纽，无座。一周顶饰联珠纹的凸棱将镜背分为内外两区。内区 5 只狻猊绕纽奔走，其中 4 只昂首，一只回首，其外一周葡萄枝叶实。外区 8 只长尾雀或停或飞于葡萄枝叶实之间，最外为一周小花。直径 13、缘厚 1.2 厘米（图一〇）。标本 5，上街基督教堂唐墓出土。三角缘，圆纽，无座。一周凸棱将镜背分内外两区。内区 4 只狻猊绕纽腾跃，皆昂首曲身，尾大如球，周围为葡萄枝叶实。外区一周疏朗的葡萄枝叶实。直径 10.2、缘厚 1 厘米（图一一）。标本 6，上街体育场唐墓出土。三角缘，圆纽，花座。一周凸棱将镜背分为内外两区。内区 5 串硕籽葡萄连以枝叶，凸棱内壁有一周联珠纹。外区一周缠枝葡萄枝叶，其外有一周不太明显的朵云纹。直径 9.3、缘厚 0.5 厘米（图一二）。

4.月宫镜

1 件。标本 1，河南中信中原置业唐墓出土。三角缘，圆纽。镜中一株桂树拔地而起，树根微露，主干粗壮，穿纽而过，上部枝繁叶茂。树左嫦娥头梳双髻，身穿右衽阔袖襦，下着裤鞋，左手托盘，右腿作起舞状，腋间、右腿飘带如流云遮罩于身。树右吴刚头戴冠，身穿左衽阔袖襦，腰束带，下着裙、履，双手上举，亦作舞蹈状，身后裙带飘飘。树前蟾蜍手舞足蹈，玉兔躬身捣药。直径 15、缘厚 0.7 厘米（图一三）。

5.折枝花镜

3 件。标本 1，河南化工学校唐墓出土。窄斜缘，圆纽，花座，座外一周绚纹。镜背分布 6 朵花，花分两型，相间排列。一种直枝，周围簇拥椭圆形叶，中间花开三朵。另一种曲枝，花开三瓣，两朵花蕾下垂。直径 18.7、缘厚 0.4 厘米（图一四）。标本 2，郑州卷烟厂唐墓出土。三角缘，圆纽，花座。镜背分布 4 朵花，花分两型，一种为菊花，一种为莲花，花萼下各伸出两枝，与临枝相连。直径 13.9、缘厚 0.6 厘米（图一五）。标本 3，郑州卷烟厂唐墓出土。三角缘，圆纽，无座。纽周四朵折枝菊花彼此

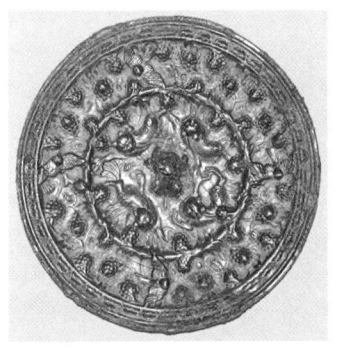

图七 葡萄镜（巩义益家窝三
联电器公司唐墓出土）

图八 葡萄镜（郑州水文站家属
院唐墓出土）

图九 葡萄镜（巩义二纸厂M1
出土）

图一〇 葡萄镜（巩义王沟祈
氏墓出土）

图一一 葡萄镜（上街基督教
堂唐墓出土）

图一二 葡萄镜（上街体育场
唐墓出土）

相连，枝长，叶尖，花小。直径10.9、缘厚0.5厘米（图一六）。

6.宝相花镜

1件。标本1，郑州大谢村唐墓出土。三角缘，圆纽，莲花座。座周6朵莲花样宝相花环绕，花分两种，相间而饰，一种为尖朝外的宽瓣莲花，另一种为尖朝内的宽瓣莲花。直径13.8、缘厚0.6厘米（图一七）。

二、菱花形镜

菱花形镜主要有宝相花镜、月宫镜两种。

1.宝相花镜

1件。标本1，巩义恒丰钢缆厂M13[5]出土。窄平缘，圆纽，无座。镜背一矮凸棱将镜分为内外两区。内区5朵菱形宝相花，间以4朵小云，宝相花中心为花蕊，四圆花瓣，再外为菱形花瓣及叶。外区饰4只蜜蜂、4朵折枝小花，蜜蜂凌空飞舞，折枝花含苞待放。直径11.8、缘厚0.4厘米（图一八）。

图一三　月宫镜（河南中信置
业唐墓出土）

图一四　折枝花镜（河南化工学
校唐墓出土）

图一五　折枝花镜（郑州卷烟
厂唐墓出土）

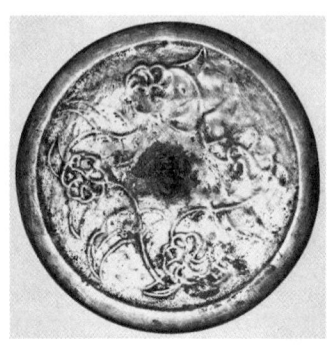

图一六　折枝花镜（郑州卷烟
厂唐墓出土）

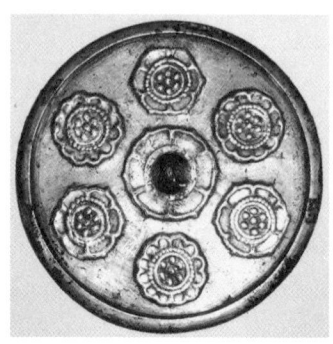

图一七　宝相花镜（郑州大谢
村唐墓出土）

图一八　宝相花镜（巩义恒丰
钢缆厂 M13 出土）

2.月宫镜

1件。标本1，上街东方明珠小区唐墓出土。窄平缘，伏兽纽，无座。一周凸棱将镜背分为内外两区。内区一株曲干桂树顶天立地，上部穿过伏兽纽，枝分三杈，叶大而疏，树右嫦娥头梳双髻，身穿右衽阔袖襦，腰束带，下着裤、履，双腿微曲，右手捧桂花作舞蹈状，树左有玉兔躬身捣药，蟾蜍跳舞。外区八朵流云，云分两型。直径15.6、缘厚0.5厘米（图一九）。

三、葵花形镜

葵花形镜根据镜背纹饰主要有双鸾镜、鸿雁镜、真子飞霜镜、折枝花镜四种。

1.双鸾镜

3件。标本1，河南中信置业唐墓出土。圆形，因边缘向内出8个葵口，归入葵花镜类。三角缘，圆纽，无座。一周凸棱将镜背分内外两区。内区纽侧各有一鸾呈降落姿态，昂首曲颈，口衔穗缕，翅尾扬起，一足凌空，一足抓以折枝莲花。纽上、纽下各一折枝莲花，均为三花无叶。外区饰8株小折枝花，花分两种，一种含苞待放，一种花蕾初绽。直径24.6、缘厚0.5厘米（图二〇）。标本2，河南中信置业唐墓出土。窄平缘，圆纽，无座。一周凸棱将镜背分内外两区。内区纽侧各有一只鸾鸟，昂首挺胸，展翅扬尾，双足立于地，纽上一朵祥云飘浮，纽下一匹天马飞奔，马背飘过一朵浮云。外区流云、蜜蜂、小折枝花间饰。直径18.5厘米，缘厚0.5厘米（图二一）。标本3，河南中信置业唐墓出土。窄平缘，圆纽，无座。一周凸棱将镜背分内外两区。内区纽侧各有一只鸾鸟呈下降姿态，昂首，展翅，扬尾，双腿略曲，纽上仙山矗立，旁有朵云，纽下波涛汹涌，仙山岿然不动，山顶有长尾雀飞过。外区间饰小折枝花与流云。直径14.2、缘厚0.3厘米（图二二）。

2.鸿雁镜

1件。标本4，河南电力工业学校唐墓出土。窄平缘，圆纽，无座。一周凸棱将镜背分为内外两区。内区纽侧各有一鸿雁，昂首，展翅，短尾，颈系穗绶，双足立于折枝莲花上，纽上一长尾雀衔叶飞过，纽下一长尾雀衔绶迎风而飞。外区蜜蜂与小折枝花间饰。直径17厘米，缘厚0.4厘米（图二三）。

3.真子飞霜镜

1件。标本5，郑州第八人民医院唐墓出土。窄平缘，圆纽，无座。纽上一田字框，内铸真子飞霜四字，再上为群峰重叠，白云飞渡，一轮红日喷薄而出。纽下一池碧水，池旁与水中假山对出。纽左竹林前一老者头戴莲花冠，身穿右衽阔袖袍，下着裙，盘腿坐于藤席上，膝上置琴，左手正拨弄琴弦，右前方有一案几，上置笔架、辟雍砚、书卷。纽右一鸾闻琴而来，单足落于低矮岩石上，回首扬尾，似在呼唤同伴。直径18.5、缘厚0.6厘米（图二四）。

4.折枝花镜

1件。标本1，郑州化工厂唐墓[6]出土。窄斜缘，圆纽，花苞座，座外一周绹纹。纽周六朵折枝花，花形相近，中心盛花一朵，花上3个花蕾，花下2个花苞。直径18.4、缘厚0.4厘米（图二五）。

四、方形镜

均为方形委角镜，根据镜背纹饰分为万字镜、八卦镜两种。

1.万字镜

2件。标本1，郑州纺织机械厂唐墓出土。窄斜缘，宽桥纽，无座。镜背以纽为中心，饰双线"卍"字纹。边长19.7、缘厚0.2厘米（图二六）。标本2，郑州纺织机械厂唐墓出土。宽斜缘，圆纽，无座。以纽为中心，饰双线"卍"字纹，空档内填"太平万岁"四字。边长12.6、缘厚0.2厘米（图二七）。

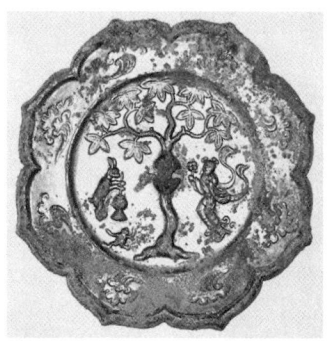

图一九　月宫镜（上街东方明
珠小区唐墓出土）

图二〇　双鸾镜（河南中信置业
唐墓出土）

图二一　双鸾镜（南中信置业
唐墓出土）

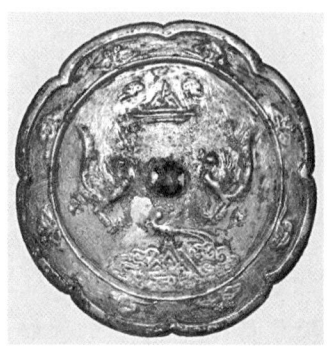

图二二　双鸾镜（河南中信置
业唐墓出土）

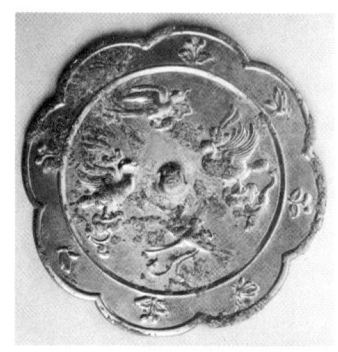

图二三　鸿雁镜（河南电力工
业学校唐墓出土）

图二四　真子飞霜镜（郑州第
八人民医院唐墓出土）

2.八卦镜

1件。标本1，河南省化工学校唐墓出土。窄斜缘，伏兽纽，无座。座外为方形八卦符号，再外铸"精金百炼，有鉴思极。子育长生，形神相识。"边长15.2、缘厚0.4厘米（图二八）。

五、结语

1.铜镜年代

圆形铜镜在有唐一代自始至终都在使用。唐初的圆形铜镜大部分是隋朝遗留下来的，不能因为革故鼎新，将前朝铸造的铜镜定成后朝铜镜。我们对唐初铜镜的年代只泛泛而论。

周古寺M7的生肖铜镜，在608年李静训墓出土的一面近同，但M7根据其出土的镇墓兽、武士俑、文官俑等可知，其年代在675～680年之间。巩义丁香花园唐墓出土瑞兽铭文镜，根据墓中出土的武士俑、文官俑判断，其年代大概是680年左右。两件采集的瑞兽铭文镜从镜背纹饰来看，可能在670～680年之间。故这类带铭文的铜镜自隋代

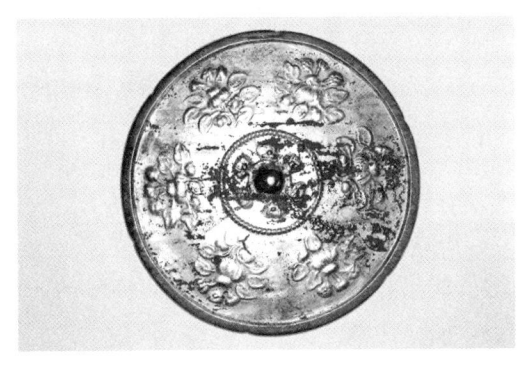

图二五　折枝花镜（郑州化工厂唐墓出土）

图二六　万字镜（郑州纺织机械厂唐墓出土）

图二七　万字镜（郑州纺织机械厂唐墓出土）

图二八　八卦镜（河南省化工学校唐墓出土）

始铸，延续使用到680年左右。

唐代葡萄镜的发展序列目前已经比较清楚。巩义二纸厂M1的葡萄镜，外区鸟雀葡萄纹之外还有一周朵云纹，这种铜镜从纪年墓来看，一般在675～700年间，个别的延续使用到730年左右。唐代有一种外区没有朵云的葡萄镜，葡萄枝叶实疏朗，这种镜的年代大概从690年开始出现，在巩义芝田92M4[7]有发现，故上街基督教堂唐墓的年代大概也在此时。上街体育场的葡萄镜外区只有简体缠枝纹，不见雀鸟，718年偃师杏园宋珣[8]墓曾出一面，直径也相同。

月宫镜未见纪年墓葬资料，甘肃平凉曾出土一面851年双犀镜，镜背上为竹丛，下为池水与花，纽两侧有犀牛，其风格与月宫镜类似，故疑月宫镜的年代大概是800年之后。

河南省化工学校唐墓出土了折枝花镜与八卦镜，此墓另出沿外出唇的玉璧底大瓷碗，这种碗有纪年资料证明已经到了五代，故这面镜的年代应为五代，其出现年代也可能早到晚唐。

菱花形镜本文仅举两例。大谢村出土的宝相花铜镜与840年偃师杏园崔防墓[9]出土的宝相花镜相同，但是这种仿自莲花的宝相花可能在800年就已出现。巩义恒丰钢缆厂M13出土的宝相花镜的年代要早，根据墓中出土的镇墓兽、武士俑、男女侍俑，可以确定，墓葬年代在724～730年之间。上街东方明珠小区唐墓出土的月宫镜，其内区纹饰与河南中信置业出土的月宫镜分区不同，内容基本相同，其年代可能也在800年之后。

本文介绍的葵花镜有三面为双鸾镜，其中内出弧边的葵花镜伴出有玉璧底碗，年代约为820年左右。另一面上方有仙山的葵花镜，伴出有小玉璧底碗与直领瓷罐，年代约为880年。另一面河南电力工业学校孙和墓出土的鸿雁镜，墓葬年代为796年。

郑州第八人民医院唐墓、郑州化工厂唐墓均有纪年，前者为823年，后者为797年，故真子飞霜镜、折枝花镜的使用年代可以确定。

郑州纺织机械厂出土的两面方形万字镜，一面无字，另一面有字。794年偃师杏园李荣初墓[10]出土万字镜，838年陕县刘家渠M5[11]出土一面写有"永寿之镜"的万字镜，故这类万字镜的年代在790～850年之间。

2.铜镜变化规律

本文虽然仅介绍20余面铜镜，但郑州地区唐代铜镜的发展脉络大体可寻。郑州唐代铜镜主要有四种外形，其中圆形使用时间最长，是唐代铜镜的主力形式。唐初以瑞兽镜、瑞兽铭文镜为主，主要为隋朝遗留的铜镜。盛唐时出现圆形葡萄镜，随着时间的推移，镜背纹饰略有变化，730年以后极少再见到葡萄镜。在葡萄镜消亡的同时，兴起了花鸟镜，诸如双鸾镜、鸿雁镜、燕雀镜等，但器形以葵花形、菱形为多，圆形镜装饰这些纹饰的反而少见。800年后出现较多的宝相花镜、折枝花镜、真子飞霜镜、月宫镜、万字镜等，主要器形为葵花形、圆形、方形，菱形镜几乎不见了。

▎注释

[1] 郑州市文物考古研究院、荥阳市文物保护管理中心：《荥阳市周古寺唐墓M7发掘简报》，《华夏文明》2017年第2期。

[2] 郑州市文物考古研究院、荥阳市文物保护管理中心：《荥阳市周古寺唐墓M2发掘简报》，《华夏文明》2016年第1期。

[3] 许昌市博物馆、巩义市博物馆：《河南巩义二纸厂唐墓发掘简报》，《中原文物》2019年第3期。

[4] 郑州市文物考古研究院、巩义市博物馆：《河南巩义站街镇王沟村唐墓》，《东方博物》2016年第4期。

[5] 郑州市文物考古研究院、巩义市博物馆：《巩义恒丰钢缆厂唐墓发掘简报》，《古都郑州》2017年第3期。

［6］郑州市文物工作队：《郑州地区发现的几座唐墓》，《文物》1995年第5期。

［7］郑州市文物考古研究所：《巩义芝田晋唐墓葬》，科学出版社，2003年。

［8］中国社会科学院考古研究所：《偃师杏园唐墓》，科学出版社，2001年。

［9］中国社会科学院考古研究所：《偃师杏园唐墓》，科学出版社，2001年。

［10］黄河水库考古队：《一九五六年河南陕县刘家渠汉唐墓葬发掘简报》，《考古通讯》1957年第4期。

三门峡出土唐代铜镜精选（上）

郑立超　郝红星

三门峡是唐代陕州州治之地，北临黄河，南依崤山，处在连通东西二京的必经之路上，又因北岸有茅津渡，遂成南来北往交通要冲。虽地狭人稀，这里的唐墓却出土了大量妆容用具——铜镜，其精彩程度在全国也很少见。2018年，三门峡市文物考古研究所从所藏500余面铜镜中挑选精者，编成《三门峡出土铜镜选》图录，其中唐代铜镜约有80余面，我们精中选精，选择具有代表且精美的铜镜介绍给大家。这些铜镜皆为墓葬出土，惜墓葬资料尚未整理，故铜镜的年代只能参考沿黄一线已发表的纪年墓或有伴出物、年代能大致确定唐墓的铜镜来判断。本文介绍圆形铜镜、方形铜镜。

一、圆形镜

圆形铜镜根据镜背纹饰可分为神兽镜、铭文镜、葡萄镜、云龙镜、素面镜、四神镜、飞仙镜、生肖镜、孔雀镜、宝相花镜、折枝花镜、燕雀镜、花叶镜、竹林七贤镜、菱格纹镜、蝴蝶镜等。

1.神兽镜　2件。标本1，三门峡富果业出土。圆形。窄平缘，圆纽，纽座为7只毛茸茸的猫脸怪兽。一周细矮凸棱将镜背分为内外两区。内区4只瑞兽绕纽扬尾奔跑，其中2只昂首朝前，右爪上举；2只回首衔尾，右爪前伸。兽间飘浮4朵兽脸怪云，其外一周三角纹，外区为连绵卷云带和短篦纹。直径12.8、缘厚0.3厘米（图一）。标本2，三门峡刚玉砂厂出土。圆形。窄平缘，圆纽，圆纽座。两周矮凸棱将镜背分为内中外三区。内区饰一周乳钉纹。中区4条龙张牙舞爪奔腾于云海中，体瘦尾长，皆昂首于背，2只首右尾左，2只首左尾右。外区饰一周水波纹和一周三角纹。直径14.3、缘厚0.4厘米（图二）。

2.铭文镜　1件。标本1，三门峡舒北小区出土。圆形。窄平缘，圆纽，圆座。一周凸棱将镜背分为内外两区。内区6朵团花，花蕊为带座的乳钉，花瓣为4朵喇叭花间叶，围以一周联珠纹，团花间有三角形花株，外围以一周三角纹。外区有一周铭文："花发无冬，夏临台晓，夜明偏识，秦楼意能，聪美妆成。"其外为一周三角纹。直径13、缘厚1.1厘米（图三）。

　　3.葡萄镜　4件。标本1，三门峡隆发公司出土。圆形。三角缘，伏兽纽，无座。一周凸棱将镜背分成内外两区。内区6只瑞兽绕纽奔跑于葡萄枝叶实之间，一只回首，一只仰首，其余首朝前。外区一周葡萄枝叶实，其间11只鸟雀或飞或驻或啄食，再外为一周云气纹。直径13.8、缘厚0.8厘米（图四）。标本2，三门峡人民银行出土。圆形。三角缘，龙纽，无座。一周联珠纹凸棱将镜背分内外两区。内区葡萄枝叶实间2只孔雀、2只狻猊、2只蟠龙相间排列，孔雀尾大身肥，狻猊头皆朝外，蟠龙大首细尾。外区一周葡萄枝叶实，其间10只长尾雀展翅飞翔，另有4只蝴蝶、1只蜻蜓夹杂其间，其外为一周朵云纹。直径17.2、缘厚1.7厘米（图五）。标本3，三门峡第二面粉厂出土。圆形。三角缘，伏兽纽，无座。一周葡萄枝构成的凸棱将镜背分为内外两区。内区4只奔腾的狻猊，首皆朝前；外区为一周葡萄枝叶实。直径7.5、缘厚0.8厘米（图六）。标本4，三门峡印染厂出土。圆形。三角缘，圆纽，花座。一周凸棱分将镜背内外两区。内区5串硕籽葡萄，连以枝叶；外区一周缠枝葡萄枝叶，其外有一周不太明显的朵云纹。直径9.1、缘厚0.5厘米（图七）。

图一　神兽镜（三门峡富果业出土）

图二　神兽镜（三门峡刚玉砂厂出土）

图三　铭文镜（三门峡舒北小区出土）

图四　葡萄镜（三门峡隆发公司出土）

图五　葡萄镜（三门峡人民银行出土）

图六　葡萄镜（三门峡第二面粉厂出土）

4.云龙镜　1件。标本1，三门峡供电局出土。圆形。窄平缘，圆纽，圆座。一周矮凸棱将镜背分为内外两区。内区一条巨龙绕纽，颈被纽阻断，龙须飞扬，大口狂张，四腿外展，细尾缠在左后腿上，周围飘浮7朵白云。外区较小，铸十二生肖。直径22.4、缘厚0.6厘米（图八）。

5.素面镜　1件。标本1，三门峡第二面粉厂出土。圆形。三角缘，圆纽，圆座。一周高凸棱将镜背分为内外两区，其中内区光素无纹，外区外侧一周较细的凸棱纹。直径10.2、缘厚1.2厘米（图九）。

6.四神镜　1件。标本1，三门峡电力公司出土。圆形。窄平缘，圆纽，花座。座周广大区域内分布四神。朱雀在上，昂首展翅翘尾；玄武在下，长蛇缠身；青龙在左，四足腾空作奔跑状，浑身龙鳞，有角和翼，长尾后甩；白虎在右，身形似青龙，无角有翼，身饰虎毛。四神周围飘浮6朵仙草形云朵。直径14.4、缘厚0.5厘米（图一〇）。

7.飞仙镜　1件。标本1，三门峡农业银行出土。圆形。窄平缘，龟纽，无座。一周"回"字形界框将镜背分为内、中、外三区。内区绕纽四个方向各有水波纹，四角各有伸颈的水禽。中区为界框，自龟尾后顺时针分布十二生肖。外区有4个飞仙：上方

图七　葡萄镜（三门峡印染厂出土）

图八　云龙镜（三门峡供电局出土）

图九　素面镜（三门峡第二面粉厂出土）

图一〇　四神镜（三门峡电力公司出土）

图一一　飞仙镜（三门峡农业银行出土）

图一二　生肖镜（三门峡天一化工出土）

为人首鸟身，左手托物；下方为人首鱼身；左方为人首蛇身，右手托物；右方仙人不清。仙人身旁各有2朵飞云。直径14.2、缘厚1厘米（图一一）。

8.生肖镜　1件。标本1，三门峡天一化工出土。圆形。窄斜缘，龟纽，无座。三周星点纹将镜背间隔成内外两区。内区为八卦图案；外区为十二生肖，自纽下顺时针排列。直径17.8、缘厚0.3厘米（图一二）。

9.孔雀镜　1件。标本1，三门峡第二面粉厂出土。圆形。窄斜缘，宽桥纽，无座。纽左右各有一丰姿绰约的孔雀，单脚立于折枝莲叶上，首相对，冠前倾，曲颈，展翅，开屏。纽上下各有一折枝莲花，均为两叶一花。镜背空余处填满四瓣的小浮萍。直径19.6、缘厚0.3厘米（图一三）。

10.宝相花镜　1件。标本1，三门峡紫薇天枢出土。圆形。窄平缘，龟纽，花座。座周围分布8朵宝相花，花分两型，相间排列。一种为圆形莲花，花蕊作莲篷状；另一种为菱形菊花，花瓣作散点状，周围为菊叶。直径14.5、缘厚0.5厘米（图一四）。

11.折枝花镜　2件。标本1，三门峡技校出土。圆形。窄斜缘，圆纽，花座，座外一周绹纹。镜背分布6朵花，花分两型，相间排列。一种花周围簇拥椭圆形叶，中间花开3朵；另一种花枝曲折，花开4瓣，2朵花蕾下垂。直径18.5、缘厚0.3厘米（图一五）。标本2，三门峡迎宾馆出土。圆形。平缘，宽桥纽，花座。以菱格纹为地纹，饰4朵折枝花，中为盛开的花朵，上站一展翅的长尾雀。四花间饰4朵小折枝花。直径21.5、缘厚0.3厘米（图一六）。

12.燕雀镜　1件。标本1，三门峡电力公司出土。圆形。宽斜缘，宽桥纽，重瓣花座。座外一周绹纹，再外饰4朵并蒂莲、4个云气纹，2只衔绶燕雀飞翔其间。直径20.9、缘厚0.3厘米（图一七）。

13.花叶镜　1件。标本1，三门峡刚玉砂厂出土。圆形。宽平缘，圆纽，花座。座周围饰两层花瓣，每层四瓣，每瓣既是叶又是花。外层花瓣间有4只内飞的蝴蝶，最外为一周绹纹。直径14.2、缘厚0.35厘米（图一八）。

14.竹林七贤镜　1件。标本1，三门峡第二面粉厂出土。圆形。窄平缘，宽桥纽，花座。纽下四人围棋而坐，两人对弈，两人围观。身后竹、柳、松遮天蔽日，云气飞腾。左侧一人端坐饮酒，一人站立而歌，右侧一人席地而坐，一人拄杖远望。直径16.4、缘厚0.3厘米（图一九）。

15.菱格纹镜　1件。标本1，三门峡工商银行出土。圆形。窄平缘，窄桥纽，无座。镜背铺满浅交叉直线形成的菱格纹。直径13.6、缘厚0.2厘米（图二〇）。

16.蝴蝶镜　2件。标本1，新欣小区出土。圆形。宽平缘，宽桥纽，花座。座周4只蝴蝶展翅向内飞舞，蝴蝶间偏后部位又有4只蜜蜂向内飞舞。直径14.7、缘厚0.2厘米（图

图一三　孔雀镜（三门峡第二
　　　　面粉厂出土）

图一四　宝相花镜（三门峡紫
　　　　薇天枢出土）

图一五　折枝花镜（三门峡技
　　　　校出土）

图一六　折枝花镜（三门峡迎
　　　　宾馆出土）

图一七　燕雀镜（三门峡电
　　　　力公司出土）

图一八　花叶镜（三门峡刚玉
　　　　砂厂出土）

二一）。标本2，紫薇天枢出土。圆形。宽平缘，宽桥纽，花座。座周6只蝴蝶，其中3只向内飞舞，3只向外飞舞，相间排列，身皆三角形。直径9.4、缘厚0.2厘米（图二二）。

二、方形镜

方形铜镜根据镜背内容，可分为瑞兽镜、四神镜、蝙蝠镜、凤鸟镜、永寿镜等。

1.瑞兽镜　1件。标本1，三门峡纺机厂出土。方形。窄平缘，伏兽纽，无座。一周方凸棱将镜背分为内外两区。内区4只狻猊绕纽腾跃，身下为葡萄枝叶实，四角为4朵菊花。外区分布一周葡萄枝叶实，四角各有一只首朝外的长尾雀，每边中部2只形态各异的长尾雀，或停或飞。边长10.6、缘厚1.2厘米（图二三）。

2.四神镜　1件。标本1，三门峡隆发小区出土。方形。宽平缘，窄桥纽，无座。一周细凸棱将镜背分为内外两区。内区纽下为玄武，上为朱雀，左为青龙，右为白虎，其外为八卦，排序不对。外区顺时针排列十二生肖，鼠位于坎卦下。边长14、缘厚0.35厘米（图二四）。

3.蝴蝶镜　1件。标本1，三门峡技校出土。委角方形。窄平缘，宽桥纽，无座。

图一九　竹林七贤镜（三门峡
第二面粉厂出土）

图二〇　菱格镜（三门峡工商
银行出土）

图二一　蝴蝶镜（新欣小区
出土）

图二二　蝴蝶镜（紫薇天枢
出土）

图二三　瑞兽镜（三门峡纺机
厂出土）

图二四　四神镜（三门峡隆发
小区出土）

纽周饰4片变形柿蒂纹花叶，四角各有一展翅内飞的蝴蝶，再外为一周锯齿纹。边长13.2、缘厚0.3厘米（图二五）。

4.凤鸟镜　1件。标本1，三门峡宇泰公司出土。委角方形。窄斜缘，宽桥纽，无座。纽周2只凤鸟，皆为高冠，昂首，嘴微张，展翅，长尾曲折向左，爪被翅遮住，最外为一周锯齿纹。边长13.9、缘厚0.3厘米（图二六）。

图二五　蝴蝶镜（三门峡技校出土）

图二六　凤鸟镜（三门峡宇泰公司出土）

图二七　永寿镜（三门峡青少年活动中心出土）

5.永寿镜　1件。标本1，三门峡青少年活动中心出土。委角方形。宽斜缘，圆纽，无座。镜背饰双线"卐"字纹，内嵌"永寿之镜"四字。边长11.8、缘厚0.2厘米（图二七）。

三、结语

1.年代

本文介绍圆形与方形铜镜，前者22面，后者5面，由于挑选原则是优中选优，一些品相稍次、纹饰独特的铜镜并未纳入，故这些铜镜反映的并非三门峡圆形铜镜、方形铜镜的全貌，望读者见谅。在述及年代时，尽量挑选黄河流域唐墓中纹饰相同或相近者佐之。

富果业出土的神兽镜，尚未见到类似者。刚玉砂厂出土的神兽镜和676年郑州丁彻墓[1]出土的神兽镜相似，这类内为神兽、外为三角纹的神兽镜年代为初唐。

舒北小区出土的团花铭文镜和巩义新兴家园M598出土的团花铭文镜很像，根据后者伴出物可知，这类铜镜的年代大致在650年左右。

隆发公司、人民银行出土的葡萄镜，内区为神兽环绕，外区为长尾雀，近缘有一周细小卷云纹。这类铜镜为盛唐产品，年代一般在675～700年间。第二面粉厂出土的葡萄镜边缘没有卷云纹，与巩义芝田二电厂92M4[2]出土的葡萄镜风格相同，直径也差不多。根据92M4出土的镇墓兽，知其年代约为700年，故这类没有卷云纹、直径略小的铜镜是后续产品。印染厂出土的葡萄镜与718年偃师杏园宋珣墓[3]出土的葡萄镜别无二致，时代应该相同。

云龙镜发现较多，但龙一般铸在葵花镜或菱花镜上，738年偃师杏园李景由墓[4]出土的云龙镜，龙为回首龙，与本镜之龙略有不同，但它们的时代应该大体相同。

素面镜在706年偃师杏园宋祯墓[5]有出土，与第二面粉厂素面镜形制相同，大小相近，可视为同时代产品。

孔雀镜的两只孔雀对立莲叶上，上海博物馆藏有一面完全相同的孔雀镜，但年代未知。733年西安南郊张夫人墓[6]出土的孔雀镜，两只孔雀对立，纽上下各有莲花，与本镜风格相近，直径相差2厘米，可视为同时代产品。

宝相花镜的花分为圆形与菱形两种，与晚唐常见的单一圆形宝相花镜不同。时代约730年的巩义恒丰钢缆厂M13出土的菱花镜，饰4朵菱形宝相花，与本镜上的菱形花风格相似，推测其年代也在此一时期。

刚玉砂厂出土的花叶镜与约850年三门峡印染厂M12[7]出土的花叶葵花镜相似，其年代与镜背铺满花叶的竹林七贤镜的年代相同。

技校出土的折枝花镜，在洛阳唐墓发现有一面完全相同者，年代不明。河南应用技术职业学院唐墓M23[8]出土有尺寸、花形与此完全相同的折枝花镜，根据墓中伴出的唇口玉璧底碗口沿的尺寸，年代可能已经到了五代。迎宾馆出土的折枝花镜也具有曲枝特征，可视为同时代产品。工商银行出土的菱格纹镜，可能是菱格纹折枝花镜的简化形式。

纺机厂出土的方形葡萄镜，与巩义正和紫荆城M20出土的方形葡萄镜风格相同，尺寸相差极小，年代约在730年左右。

技校出土的委角方形蝴蝶镜，与832年巩义司马仲莒墓[9]出土的委角方形蝴蝶镜近似，年代应大致相同。另外，新欣小区、紫薇天枢出土的圆形蝴蝶镜，可能也是这一时期的产品。

宇泰公司出土的委角方形凤鸟镜，与819年三门峡张弘庆墓[10]出土的委角方形镜风格相似，后者纹饰不清，纽周可能是蝶而非鸟，边长小于前者0.4厘米，两镜大体年代相同。

青少年活动中心出土的委角方形永寿镜，与838年陕县刘家渠M5[11]出土的永寿镜相似，年代应相同。

电力公司出土的四神镜目前未找到类似者，根据镜背四神流畅的风格及镜径较大这一特征，推测其年代在740年之后。电力公司出土的燕雀镜也未找到类似者，只能根据莲花出现的早晚，大致推测它的年代在730年左右。农业银行出土的飞仙镜、隆发小区出土的四神镜，"回"字形界框内皆有十二生肖，前者的图形曾在葵花镜中出现，故推测两镜的年代不早于葵花镜出现的年代，约在720年之后。天一化工厂出土的生肖镜参考生肖镜、八卦镜的流行年代，也定在公元720年之后。

以上铜镜的断代在三门峡唐墓资料整理之后，还应有所调整。

2.铜镜风格

圆形铜镜是唐代最常见且使用最久的铜镜，从唐初一直使用到唐末。在675年以前，圆形铜镜的镜背以绕纽的动物为主，近缘处一般饰有箆纹、三角纹、铭文。675年后，大量葡萄镜冒了出来，并且出现即巅峰，内区皆雕饰体短肥硕的瑞兽与细腻的葡萄纹，外区则雕饰长尾雀、葡萄纹以及小朵云纹，个别葡萄镜在外区保留有瑞兽及三角纹，可称为前期风格遗留。700年后，葡萄镜出现了简率风格，即葡萄籽粒变大，外区长尾雀、朵云干脆被省去等，方形葡萄镜可能主要存在这一时期。730年后就很少见到葡萄镜了。

从700年开始，许多新镜开始登场，主要有云龙镜、宝相花镜、四神镜、孔雀镜等。这些镜的特征是花形继续变大，动物、禽类数量减少，体形优美舒畅。这一时期出现的飞仙镜、生肖镜因内容较多而图案不大，但活泼的风格符合这一阶段的特征。圆形素面镜在这一阶段出现，可能表达的是另一种意含，以静制动，以空示有，让人在禅定中达到满足的境界。

800年开始，又有新的铜镜进场。圆形铜镜有蝴蝶镜、花叶镜、折枝花镜，方形铜镜有委角蝴蝶镜、委角万字镜、委角素面镜等，给人的感觉是花花草草的铜镜多了，雕饰四肢动物的铜镜少且十分草率，标志着铜镜已经进入衰落阶段。

总之，三门峡圆形铜镜、方形铜镜的发展轨迹与唐代的兴衰史密合。初唐时谨守前朝法度，雕饰规整呆板，充满期盼；盛唐时思想激越，雕饰繁缛华丽，至臻至美；中唐时因繁就简，纹饰飘逸灵动，无拘无束；晚唐时不思进取，纹饰草草而作，有气无力。

▌注释

［1］郑州市文物考古研究所：《郑州丁彻墓发掘》，《华夏考古》2000年第4期。

［2］郑州市文物考古研究所：《巩义芝田晋唐墓葬》，科学出版社，2003年。

［3］中国社会科学院考古研究所：《偃师杏园唐墓》，科学出版社，2001年。

［4］中国社会科学院考古研究所：《偃师杏园唐墓》，科学出版社，2001年。

［5］中国社会科学院考古研究所：《河南偃师杏园村的六座纪年唐墓》，《考古》1986年第5期。

［6］西安市文物保护考古研究院：《西安南郊唐代张夫人墓发掘简报》，《文博》2013年第1期。

［7］河南省文物考古研究院：《三门峡市印染厂墓地》，中州古籍出版社，2017年。

［8］郑州市文物考古研究院：《河南应用技术职业学院唐墓简报》，《黄河·黄土·黄种人》2021年第4期。

［9］巩义市考古研究所内部资料。

［10］三门峡市文物工作队：《三门峡市两座唐墓发掘简报》，《华夏考古》1989年第3期。

［11］黄河水库考古队：《一九五六年河南陕县刘家渠汉唐墓葬发掘简报》，《考古通讯》1957年第4期。

三门峡出土唐代铜镜精选（下）

郑立超　郝红星

上文介绍了唐代最基本的两种铜镜——圆形铜镜和方形铜镜，这两种铜镜在有唐一代的使用基本做到了一以贯之，另外两种铜镜——菱花镜和葵花镜则出现较晚，大致自700年开始，是接续葡萄镜出现的时兴铜镜。菱花镜一般有8个中部出尖的弧边，葵花镜有8个内敛弧边，两种铜镜都有少量的六边镜。从数量上看，菱花镜略少于葵花镜，两种铜镜堪称天外飞仙，款款而降，让人欲醉欲痴，欲罢不能。以下分别叙述。

一、菱花镜

菱花镜标本较少，根据镜背内容仅有狮雀镜、牡丹花镜两种。

1.狮雀镜　1件。标本1，三门峡三里桥宾馆出土。窄平缘，圆纽，无座。一周凸棱将镜背分为内外两区。内区双狮双雀绕纽相间排列。狮子昂首张嘴，四足腾空，尾、鬣飞扬，一花枝草从前腿间攀上肩部，更显奔姿洒脱；雀振翅短尾，一回首，一前望，右爪抓住花枝末端。外区蝴蝶与祥云相间而饰。直径10.3、缘厚0.5厘米（图一）。

2.牡丹花镜　1件。标本1，三门峡二小出土。窄平缘，宽桥纽，八瓣花座。座外与缘之间8个出尖弧边内，8朵牡丹花紧紧相连。直径9.1、缘厚0.5厘米（图二）。

二、葵花镜

根据镜背纹饰，葵花镜可分为双龙镜、双鸾镜、鸿雁镜、燕雀镜、宝相花镜、缠枝花镜、折枝花镜、花叶镜、荷叶镜、双犀镜等。

1.双龙镜　1件。标本1，三门峡自来水公司出土。窄平缘，圆纽，无座。一周凸棱将镜背分为内外两区。内区纽上一龙，身盘曲，头左扭，尾缠在右后腿，纽下之龙有双角和鬣，纽侧各有一鸳鸯，缩颈敛翅立于莲花之上，周围祥云朵朵。外区蜜蜂与祥云相间而饰。直径13.6、缘厚0.6厘米（图三）。

2.双鸾镜　4件。标本1，三门峡第二面粉厂出土。窄平缘，圆纽，无座。一周凸棱将镜背分为内外两区。内区纽侧各有一只鸾鸟衔绶站立，一足踩在莲瓣上，尾、翅、冠扬起，纽上仙山耸入云端，东日西月，纽下仙山矗立，周飘祥云。外区飞雀与并蒂莲相间而饰。直径25.5、缘厚0.9厘米（图四）。标本2，三门峡迎宾馆出土。窄平缘，圆纽，无座。一周凸棱将镜背分为内外两区。内区纽侧各有一鸾鸟，低首曲项，翅和尾扬起，单足立地，另一足似抓蛇，纽上下各有宝相花。外区蜜蜂、莲花相间而饰，各有两种姿态。直径17.5、缘厚0.4厘米（图五）。标本3，三门峡工商银行出土。窄平缘，圆纽，无座。一周凸棱将镜背分为内外两区。内区纽两侧各有一鸾鸟，昂首曲颈，扬尾展翅，单足立于纽下折枝莲花侧出的花朵上，纽上折枝莲花稍简。外区蜜蜂、折枝花相间而饰。直径12.7、缘厚0.5厘米（图六）。标本4，三门峡天香小区出土。窄平缘，宽桥纽，无座。纽上下各有一枝繁叶茂的牡丹花，上花根部伸出两枝漫长的柳枝，向下包裹，纽侧各有一鸾，单足立于柳枝上，口衔柳枝，小翅高扬，长尾做成花叶状。直径15.5、缘厚0.4厘米（图七）。

3.鸿雁镜　4件。标本1，三门峡电业局出土。窄平缘，圆纽，无座。一周凸棱将镜背分为内外两区。内区纽侧各有一只鸿雁口衔绶带，曲颈短尾，双翅振起踩于折枝莲花上，纽上下各有一长尾雀展翅飞过，上雀口衔葡萄，下雀口衔穗绶。外区蜜蜂与小折枝

图一　狮雀镜（三门峡三里桥宾馆出土）

图二　牡丹花镜（三门峡二小出土）

图三　双龙镜（三门峡自来水公司出土）

图四　双鸾镜（三门峡第二面粉厂出土）

图五　双鸾镜（三门峡迎宾馆出土）

图六　双鸾镜（三门峡工商银行出土）

花相间而饰。直径17.4、缘厚0.4厘米（图八）。标本2，三门峡房屋开发公司出土。窄平缘，宽桥纽，无座。一周凸棱将镜背分为内外两区。内区纽侧各有一鸿雁展翅飞翔，昂首曲颈，尾、腿朝后，纽上下各有一折枝莲花，纽下一长尾雀飞来啄食。外区蜜蜂与小折枝花相间而饰，各有两种状态。直径13.4、缘厚0.6厘米（图九）。标本3，三门峡九州通医药公司出土。宽平缘，圆纽，无座。纽左右各有一鸿雁昂首曲颈，颈系穗绶，翅长尾短，单足立于折枝花上。纽上下各有一折枝莲花。直径7.3、缘厚0.3厘米（图一〇）。标本4，三门峡氧化铝厂出土。窄平缘，花纽，莲叶座。纽侧各有一鸿雁呈降落姿态，昂首曲颈，颈上绶带十分花哨。纽上断枝莲，中为莲叶出花，侧为两个莲蕾，纽下断枝莲，莲花盛开，中为莲蓬，侧为莲叶。直径15.5厘米，缘厚0.4厘米（图一一）。

4.燕雀镜　3件。标本1，三门峡第二面粉厂出土。窄平缘，宽桥纽，无座。纽上一轮明月，内有桂树摇曳，树左玉兔捣药，树右蟾蜍舞蹈。纽下万顷波涛中巨龙出水，昂首盘尾，左右各有一朵祥云。纽侧各有长尾雀衔绶迎风飞向月宫。直径15.1厘米，缘厚0.4厘米（图一二）。标本2，三门峡第二面粉厂出土。窄平缘，圆纽，无座。

图七　双鸾镜（三门峡天香小区出土）

图八　鸿雁镜（三门峡电业局出土）

图九　鸿雁镜（三门峡房屋开发公司出土）

图一〇　鸿雁镜（三门峡九州通医药公司出土）

图一一　鸿雁镜（三门峡氧化铝厂出土）

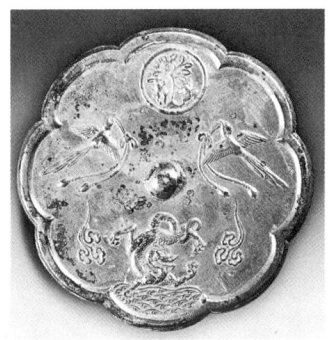

图一二　燕雀镜（三门峡第二面粉厂出土）

一周凸棱将镜背分为内外两区。内区纽上一人形穗绶，腿状绶带被两雀衔住，纽下一断枝莲花，侧出两叶，高高举起的莲叶伸出莲蕾。外区蜜蜂与小折枝花相间而饰。直径13.9、缘厚0.5厘米（图一三）。标本3，三门峡湖滨区法院出土。宽平缘，圆纽，无座。纽上下各有一长尾雀衔绶迎风而飞，纽侧各有一鸳鸯敛翅而走，雀和鸳鸯之间有4束小折枝花。直径13.3、缘厚0.9厘米（图一四）。

5.宝相花镜　2件。标本1，三门峡刚玉砂厂出土。窄平缘，宽桥纽，莲瓣座。座周6朵莲花样宝相花环绕，花分两种，相间而饰，一种为尖朝外的宽瓣莲花，另一种为尖朝内的宽瓣莲花。直径14.3、缘厚0.2厘米（图一五）。标本2，三门峡湖滨区房屋开发公司出土。窄平缘，圆纽，莲瓣与莲叶组成的复合花座。座周8朵宝相花环绕，花分两种，相间而饰。一种花内为莲蓬，联珠纹为缘的莲叶上生出3朵莲花、3片莲叶；另一种花内为莲蓬，外为变形莲叶。直径27.5、缘厚0.7厘米（图一六）。

6.缠枝花镜　2件。标本1，三门峡刚玉砂厂出土。窄平缘，圆纽，重瓣花座。座外一周缠枝，枝上生出8朵花，花分三种。一种类似莲花，内为锥状莲蓬，中为小莲

图一三　燕雀镜（三门峡第二
　　　　面粉厂出土）

图一四　燕雀镜（三门峡湖滨
　　　　区法院出土）

图一五　宝相花镜（三门峡刚
　　　　玉砂厂出土）

图一六　宝相花镜（三门峡湖
　　　　滨区房屋开发公司出土）

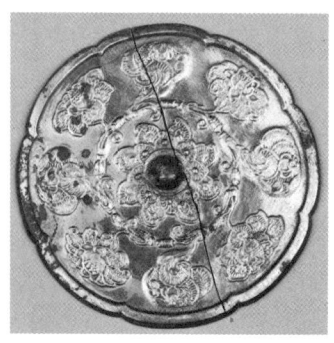

图一七　缠枝花镜（三门峡
　　　　刚玉砂厂出土）

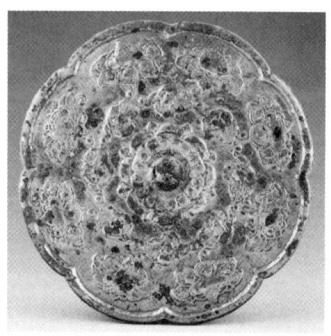

图一八　缠枝花镜（三门峡工
　　　　商银行出土）

瓣，外为桃叶状莲瓣；另一种也类莲花，内为散点状莲蓬，中为小莲瓣，外为牡丹叶状莲瓣；最后一种类似菊花。直径21、缘厚0.5厘米（图一七）。标本2，三门峡工商银行出土。窄平缘，圆纽，莲瓣与折枝花组成的复合座。座周一周牡丹叶组成的缠枝，枝上生出8朵花，花分两种，皆类莲花。一种内为锥状莲蓬，中为小莲瓣，外为桃叶形莲瓣；另一种内为散点式莲蓬，中为小莲瓣，外为牡丹叶状莲瓣。直径20.5、缘厚0.4厘米（图一八）。

7.折枝花镜　3件。标本1，三门峡第二面粉厂出土。窄平缘，圆纽，花蕾座。座外一周联珠纹，再外为8束折枝花，花分两种。一种周缘全为叶，中心三瓣花（一朵例外）；另一种周缘为叶与两朵花蕾，中心为聚束的四瓣花。直径13.5、缘厚0.4厘米（图一九）。标本2，三门峡第二面粉厂出土。窄平缘，宽桥纽，重瓣座。座周4朵枝折枝花，花分两种，一种似为桃花，另一种似为石榴花，均为两花一叶。花间有4只凌空飞舞的小蜜蜂。直径19、缘厚0.5厘米（图二〇）。标本3，三门峡青少年活动中心出土。窄平缘，圆纽，无座。座周4束折枝莲花。纽下两朵大致一样，莲瓣、莲叶中都有锥形莲蓬。纽上两朵略有不同，一为聚瓣莲花，一为旋转瓣莲花，它们的叶中均出小莲瓣。直径16.4、缘厚0.3厘米（图二一）。

10.花叶镜　1件。标本1，三门峡电力公司出土。窄平缘，圆纽，方形叶座。座周4朵花叶铺满镜面，每朵由六七个叶片与两三朵小花簇拥在一起，花间有小蜜蜂飞舞，最外为一周绹纹。直径20.1、缘厚0.3厘米（图二二）。

11.荷花镜　1件。标本1，三门峡兴业房产出土。窄平缘，小平纽，无座。纽周伸出11根荷花茎，托起5个硕大的荷花叶，每叶只显小半部于镜缘处。直径8.3、缘厚0.2厘米（图二三）。

12.双犀镜　1件。标本1，三门峡刚玉砂厂出土。窄平缘，圆纽，无座。纽侧各有一犀牛昂首相对，额上鼻上各有一角，长耳后伸，身似梅花鹿，长尾偶蹄。纽上一坛丛竹，枝叶扶疏，坛侧各有一丛鲜花，左有燕雀俯冲，蜜蜂萦绕，右有燕雀冲天，蝴蝶飞过。纽下一池碧水，池侧有假山，池边花枝摇曳，上飞三朵小花，两侧地上各生一丛鲜花。直径22.2、缘厚0.5厘米（图二四）。

三、结语

1.年代

本文介绍的菱花镜仅有2面，葵花镜有27面，这或与图录的选择有关，实际上唐墓中菱花镜与葵花镜的比例不至于这么悬殊。

根据黄河流域纪年唐墓来看，菱花镜早在盛唐前期即已出现。2003年发掘的伊川

图一九　折枝花镜（三门峡第
二面粉厂出土）

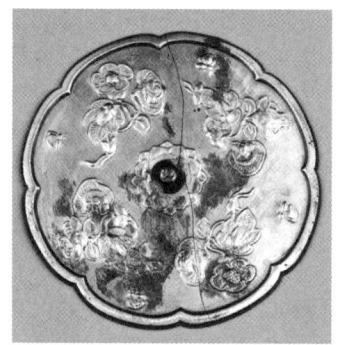
图二〇　折枝花镜（三门峡第
二面粉厂出土）

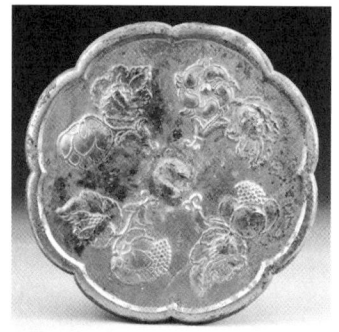
图二一　折枝花镜（三门峡青
少年活动中心出土）

图二二　花叶镜（三门峡电力
公司出土）

图二三　荷花镜（三门峡兴
业房产出土）

图二四　双犀镜（三门峡刚玉
砂厂出土）

大庄 M3[1] 就出土一面直径达 18.8 厘米的菱花镜，圆纽无座，纽外有 4 人骑马击球，骏马或奔或停，鞠杖或前或后，意兴正浓。此镜内外分区以 8 个连弧凸棱为界，与本文常见的正圆凸棱不同，根据墓中出土镇墓兽、武士俑、文官俑、陶罐等可以确定，其年代在 675～680 年之间。然而奇怪的是，在 680～700 年间，黄河流域再无见到菱花镜。700 年之后，菱花镜与葵花镜呈爆发式出现，逐一说明。

三里桥宾馆出土的菱花镜，与 709 年偃师杏园李嗣本墓出土的菱花镜的纹饰、直径一样，可知年代相同（以下所引偃师杏园唐墓均见《偃师杏园唐墓》，科学出版社，2001 年）。三门峡二小出土的菱花镜根据花的铺排方式，推测年代在 800 年之后。

双龙镜未见纪年铜镜，根据风格推测，其年代在 700～800 年间。

双鸾镜中，仅工商银行出土的双鸾镜在 742 年三门峡韩忠节[2] 墓中发现一面，纹饰、大小相同，其他纹饰的双鸾镜在纪年墓中均未发现，推测年代大致也在 700～800 年间。天香小区出土的柳枝双鸾镜尤为别致，根据纹饰铺满镜背这一特点，年代可能晚于 800 年。

鸿雁镜有 4 面，鸿雁均位于纽的两侧。电业局出土的鸿雁镜纽上下有长尾雀，796

年郑州孙和墓[3]出土一面相同的鸿雁镜。九州通医药公司和氧化铝厂出土的鸿雁颈部系绶，纽上下为莲花，与722年偃师杏园卢氏墓所见鸿雁镜风格类似，年代可能接近。这样鸿雁镜的年代大致也在700～800年间。

　　燕雀镜共有三面。第二面粉厂出土的燕雀镜，纽上有月宫，纽下有飞龙，783年洛阳16工区76号唐墓[4]曾出土一面，直径比此镜大2厘米，这二镜的年代应相同。湖滨区法院出土的燕雀镜，两雀衔绶，两鸳鸯敛翅短尾，与750年偃师杏园郑琇墓出土的菱花镜内区纹饰大致相同，长尾雀不衔绶而已。推测这类饰雀、鸳鸯的铜镜的年代大体相同。

　　刚玉砂厂出土的宝相花镜，宝相花为规整的莲花形，这种花形在800～860年唐墓铜镜上都有使用，尤以圆形镜为多。湖滨区房屋开发公司出土的宝相花镜有两种宝相花，一种宝相花的花瓣由莲花和莲叶组成，这种宝相花比较少见，此镜的年代亦应在800～860年间。

　　缠枝镜有2面，均为重瓣花座，缠枝外的花朵很华丽，全国各地都有这种铜镜出土，惜未见纪年。根据两镜直径都在20厘米以上，推测年代在800年左右。

　　折枝花镜有3面。第二面粉厂出土的花束状折枝花比较常见，与约840年的三门峡印染厂M79出土的折枝花镜相似，二镜年代接近（以下所引三门峡印染厂唐墓均见《三门峡市印染厂墓地》，中州古籍出版社，2017年）。第二面粉厂出土的另一面折枝花镜，与约830年的三门峡印染厂M151出土的折枝花镜花形、直径均同，区别仅在于后者铸造不精，两镜年代应相同。青少年活动中心出土的折枝花镜较少见，西安唐墓曾发现一面，年代不明，推测这种大叶折枝花镜年代也在800年之后。

　　电力公司出土的花叶镜，与约855年的三门峡印染厂M12出土的花叶镜风格相似，均有方形叶座，外为花叶，最外为一周绹纹，唯后者花叶稍简。两镜年代或为一致。

　　三门峡兴业房产出土的荷花镜极少见，从其叶疏这特征来看，接近宋镜风格，推测年代为晚唐或五代。

　　三门峡刚玉砂厂出土的双犀镜，在851年甘肃平凉一座唐墓中发现一面，纹饰不差分毫，直径相差不到1厘米。从双犀镜的构图风格来看，其年代可能在800～860年间。

2.铜镜风格

　　菱花镜与葵花镜可以说是唐代铜镜的两面奇葩，外形漂亮，内容贴切。从时间来看，700～800年间，以双鸾镜、鸿雁镜、燕雀镜为主，也有少量兽雀镜，而双鸾镜中双鸾多姿多彩，让人感到富贵之极，鸿雁镜的鸿雁身姿虽不如双鸾大气，那也是祥和之鸟，飞翔于莲花塘中，给人以圣洁之感，燕雀镜中不管是长尾雀还是短尾雀，都是日常中所见之鸟，或与莲花、鸳鸯结合，或与玉兔、瑞兽结合，都表达了一种美好希冀。总之，这三种以鸟为主体，辅以花枝、瑞兽、蜜蜂、蝴蝶的铜镜，与盛唐人们积极向上、充满活力的思想境界相符合。800～850年间，以宝相花镜、缠枝花镜、折枝花镜为主，宝相花是对现实中的花卉进行改造，以莲花为主，缠枝花、折枝花目前看改造的痕迹也很明显，也具有宝相花的性质。这一时期镜背纹饰没了鸟兽、昆虫，可能暗示着经过中唐的社会动荡，人们对美好生活已经不再期望，生活早已不是原样，能有些花花草草已经不错了。850～900年，主要有花叶镜，也就是一些叶片组合，人们连经过改造的宝相花也懒得制作，从800年开始，不断有万字镜来抢菱花镜、葵花镜的生意，由此可知，中晚唐人们想到的只有活命这一生活主题了。

自盛唐兴起的菱花镜、葵花镜是唐人精神生活的一个缩影，虽不能说它昙花一现，其繁荣期也不过维持了一百多年，其兴也勃焉，其亡也忽焉。没想到的浩浩荡荡的大唐兴衰史，竟也在这小小的镜背上得到了体现。

▌注释

［1］洛阳市第二文物工作队：《洛阳伊川大庄唐墓（M3）发掘简报》，《文物》2005年第8期。

［2］三门峡市文物工作队：《三门峡市两座唐墓发掘简报》，《华夏考古》1989年第3期。

［3］郑州市文物考古研究院：《郑州市区西北部两座唐墓发掘简报》，《中原文物》2011年第4期。

［4］河南省文化局文物工作队第二队：《洛阳16工区分号唐墓清理简报》，《文物参考资料》1956年第5期。

漫谈唐代的骰子

魏青利

2015年，荥阳一座小型唐代土洞墓出土了一批偏重女性色彩的随葬品，包括各种银头饰、手镯、眉夹、铜镜、铁镜、骨梳、胭脂粉、梳妆盒等，另有两个玲珑小巧的骨质骰子（M1：22），格外显眼。两个骰子大小相似，边长约为1厘米，一个绿色，一个黄色。均为正方体，六个面分别钻有1～6个圆窝，从骰子上残存的色彩可以推断，代表"四"的那面圆窝内施有红彩，其余五面的圆窝内施有墨彩（图一至图三）。

从古至今，骰子都是一种博具和行酒令的工具，其主要功能是供人们休闲娱乐。考古资料中发现的最早的骰子出自春秋时期，为十四面体，上面阴刻篆书"一"至"六"数字。据考古资料显示，到了汉代，骰子呈十八面体，上刻"一"至"十六"数字。骰子发展到晋代，已有现代骰子的雏形，正六面体，每面分刻1～6个圆点。到唐代，骰子的形制已经与现代麻将所用骰子相同。

唐代经济繁荣，政治稳定，文化水平较高，人们的精神面貌也大为改观，人性得到自由发挥，这一切都为休闲娱乐活动提供了雄厚的物质和文化基础。

图一　唐墓出土骨骰

图二　唐墓出土黄色骨骰

图三　唐墓出土绿色骨骰

博弈类游戏顺应潮流，成为当时的一种风尚。当时的博弈类游戏主要有"樗蒲""握槊""双陆""彩选""叶子戏"等，其中"彩选"和"叶子戏"为唐代人创造。

据传，中唐贺州刺史李郃首创"彩选"，并且著有《骰子彩选格》三卷。游戏方法是用两枚骰子掷点，视点数大小作为官职进退浮沉的依据。"彩选"简易而有趣，盛行于唐末五代，为后世"升官图"游戏的前身。又传，唐代著名天文学家张遂（一行和尚）发明"叶子戏"，这是供唐玄宗和宫女玩耍的一种游戏纸牌，兼用骰子掷玩，今之扑克被认为起源于"叶子戏"。

唐代女子盛行"樗蒲""双陆"等游戏，今虽不知游戏的具体玩法，但知其基本玩法是行棋时掷骰子决定先后。从唐代诗词中可以窥见博类游戏在宫女中的盛行："锦褥花明满殿铺，宫娥分座学樗蒲。欲教官马冲关过，咒愿纤纤早掷卢。"（和凝《宫词百首》）"分朋闲坐赌樱桃，收却投壶玉腕劳。各把沉香双陆子，局中斗累阿谁高。"（王建《宫词》）

唐代宴游活动中，多掷骰子劝饮。皇甫松《醉乡日月》载"骰子令"："聚十只骰子齐掷，自出手六人，依彩饮焉。堂印本彩人劝合席，碧油劝掷外，三人骰子聚于一处，谓之酒星，依彩聚散。"由于史料问题，目前无法了解当时行酒令的具体方法，但可从唐诗得知，骰子在行酒令游戏中，对活跃宴席气氛起到不可或缺的作用。李白诗云："六博争雄好彩来，金盘一掷万人开。"白居易也有"醉翻衫袖抛小令，笑掷骰盘呼大采"和"鞍马呼教住，骰盘喝遣输。长驱波卷白，连掷采成卢"的诗句。

据五代潘远《纪闻谭》记载："明皇与贵妃采戏，将北，唯重四可解。连叱之，果重四。上悦，顾高力士，令赐绯，遂不易。"由此可知，骰子四点为赤色始自唐玄宗，而且之后掷骰子重色不重数，以赤为最胜，诗中描述的呼"好采""大采"，即"呼赤采"。宋元以后，掷骰子游戏由重色尚赤改为重数尚六，于是有了"呼么喝六"一说。

唐代是我国历史上最为鼎盛的时期，社会开放进取，思想活跃，充满活力，在这样的开放自由的气氛下，唐代女子也可以积极参加各种娱乐活动，尽情享受生活。透过这座平民女子墓葬出土的小巧可爱的两个骰子，我们可以打破时空隔阂，感受到唐代女子的闺中风情，了解她们的日常娱乐消遣。小小的骰子，体现了唐代女子对美好恬淡生活的向往与追求。

（原刊于《华夏文明》2019 年第 5 期）

第五篇
中国近代史研究

铁路、市场与禁毒

——近代郑州烟毒业述论

顾万发

　　河南烟毒业中鸦片种植有较早的历史，在清代道光年间河南巡抚杨国桢奏折中已有所反映[1]。河南出现官员消费烟毒也有记载，在桂良办理的案件中有所反映[2]。随着19世纪50年代鸦片"驰禁"政策的逐渐实施，河南各地也有种植的情况，至1897年左右，河南鸦片种植面积和产量达到了四川、云南之后的全国第三位。这些都反映了河南烟毒业之早、之盛。作为近代河南重要工商业城市和四方贸易中转站的郑州，烟毒业也逐渐成为该城的主要产业之一。

　　目前，学术界一些论著对近代郑州烟毒业的一些具体问题有所关注，有学者就抗日战争期间日伪河南政府制定的有关烟毒业政策进行过研究，关联到了郑州近代范围内郑县的鸦片种植问题[3]；也有人研究了1935～1940年河南的禁烟运动，涉及郑州有关县的戒毒强民工厂问题[4]。不过总体上对近代郑州烟毒业还缺乏较为系统的专题研究，特别是从铁路、市场与禁止烟毒的关联角度进行的探讨缺如，是为不足。

一、近代郑州烟毒核心市场的地位

　　在近代中国的大局势和豫省"以征代禁"政策环境下，河南烟毒业作为商业的重要一行，逐步繁盛起来。郑州从清末四通八达铁路交通枢纽地位的确立、商埠制度的逐步实行并获得重要工商业城市地位以来，其烟毒业市场也以郑县为中心逐渐形成，并随着工商业的变迁演进，一步步地获得了畸形发展。

　　近代郑州本身的烟毒业市场主要存在于郑县和周围各个县的县城，同时还有一些存在于集镇，尤其出现随着庙会、集市而出现的散市，像巩县庙会的烟棚[5]。20世纪30年代以来，郑县县城是当时全省的烟毒中心，是郑州烟毒市场的核心，也是当时郑州区域烟毒市场的代表。

　　郑县烟毒市场的空间位置，主要集中在郑县一马路、二马路、三马路、三多里、万顺街、福寿街、正兴街和德化街等商业繁盛街道，形成较为独立的烟毒业为特色的商业街区，并且基本连接成一个集中市场。这一区域有多家烟土行，一般都是从事大宗鸦片为主的毒品贸易，并逐步开始经营一些新式毒品；也有一些是专供吸食的土膏店，或曰"零剪商"[6]。有文献称，还有少数商家，除了一般的烟毒经营业务外，还依托银行从事依照市场变化而囤积居奇烟土的商业垄断行为。像该市场位居"华昌""隆康""隆昌"等烟土行商之首的"益泰祥"，是豫商毛虞岑为首经营的烟土行。1935年益泰祥一成立，即成为当时郑州烟毒业的代表，郑县律师张瑞占、郑县公安分局局长陈寿庭等都是其股东。该商曾在金城银行郑州支行行长金颂甸的帮助下，在1936年利用西安事变大规模低价收购郑州土膏店，随即又高价抛售，获得超额利润，从而成为按照烟商经营规模而言的烟土商中的最高级别，即"囤卖商"[7]。

由于铁路而兴起的交通城市地位，20世纪二三十年代，郑州可以说是河南烟毒业的大本营和代表城市。据统计，郑州的郑县1934年即有4家有规模业务的烟土公司，27家公开的烟馆，附近金水河北的271家歌舞店，每家几乎都可以搜出两套以上的烟具，其附近十几条小胡同里，多半就是红丸、白面等新式烟毒的供销基地[8]。显然这里早已形成了一个成规模的烟毒综合业务市场。

从历史态来看，近代郑州烟毒中转站地位是逐步形成的。郑州不只是一个重要的烟毒消费地市场，还有一个重要的特征——更是20世纪初以来各种烟毒贩运路线的过境中转地。有关郑州作为重要中转站的较早记载，可以早至鸦片战争时期。当时漯河集散的鸦片会运到郑州供应消费并经过郑州转运往西部的西安、安康、甘肃和青海等地[9]。

随着京汉、陇海铁路的修成，郑州逐步超越漯河、开封，中转站地位增强，20世纪二三十年代已成为河南甚至中原烟毒业的集散中心。当时的烟毒一部分从南方经过铁路等贩运方式从汉口运来；一部分从豫北制毒基地运来[10]；还有的是从青海、甘肃和关中沿着陇海铁路运来的[11]；也有从北京运来经过郑州直接运往豫西等地的[12]。郑州本地也生产有烟毒，除了供应本地消费，也运往其他城市[13]。整个1930年代，郑州的烟毒达到了最盛时期。

二、近代郑州市场上的烟毒种类和来源

（一）烟毒的种类。清末民初，在郑州烟毒市场或者过境郑州贩运至其他地方的烟毒种类较为单一，主要是生鸦片和熟鸦片。20世纪二三十年代以来，郑州烟毒种类明显增加，除了代表性的传统鸦片制品外，还有吗啡、红丸、白丸、白面（或称白面儿，郑州本地人也称之为老海，最早来自浙江人的称呼，少数称之为鹄肩，是Heroin的粤语音译，其本质即是海洛因）等。另外，从抗日战争以来，敌占的日伪区市场上还有所谓的小磨、沙子、大砂等。其中的大砂或沙子，实际上是土制海洛因。至于小磨，

则是文献较少提到的一种新型毒品的名字，是超越一般红丸、白丸和普通海洛因的毒性更强的特殊海洛因[14]。

（二）烟毒的来源。近代郑州这些烟毒来源广泛而复杂。概括而论，近代早期的鸦片主要是豫西的东土和南方的粤土、贵土、云土[15]。早期，外来烟土有的是经过长江运输到汉口转运而来；有的是由山东登州府所属各海口转运而来；有的是从天津输入的；有的是由江西、湖北等省陆路转运而来[16]。稍晚，郑州市场的烟土除了豫西的东土，还有来自西部省份的青土、甘土、西土。新型毒品吗啡、海洛因、红丸、白丸主要来自豫北清化镇的大辛庄、豫东的项城、上蔡、陈州等制造产地，还有郑州本地制作的鸦片和纯度较高的白丸、白面等。

至于小磨、沙子、大砂这些毒品，一般来自日本军队占领的敌占区，像郑州、巩县、登封、荥阳市场的这些毒品即是日本占领巩县和登封时期出现的。

三、郑州烟毒的消费量——20世纪30年代烟土的统计样本

近代郑州早期的烟毒消费量并不容易统计，只有20世纪30年代的烟土消费量有较为明确的记载。不过依据现有材料，这显然只是一个时间和种类的小样本统计。列表如下：

表一　1931～1934年河南全省烟土消费与郑州市烟土消费表

年别　类别	河南全省每年消费烟土量	郑州市每年消费烟土量
1931年	3917000两	1131000两
1932年	3895000两	1129800两
1933年	3697000两	1107800两
1934年	3502000两	1007230两

资料来源：《郑州烟市调查统计》，《拒毒月刊》1935年第93期，第14页。

20世纪30年代以来，郑州不只是由此转运的烟毒数量惊人，单是本地每年的烟毒消费量也是有相当规模的。上文表一有关河南和郑州1931～1934年烟土统计数据表明，不算郑州近代范围的其他各个县和其他烟毒品种，单郑县一年消费烟土的数量就在100万两以上，占河南省整个烟土消费量的30%以上。若加上巩县、新郑等各个县以及一些中药店售卖的烟土，则显然会更高。依据1934年的统计，郑县鸦片、吗啡烟毒消费人员有1‰；登封达到8‰；巩县达到2‰；新郑的消费人群中男性达到5‰，女性达到1‰；汜水县男女消费鸦片的各占3‰（统计时未发现消费吗啡的）[17]；广武县消

费烟土和吗啡的各达到 4 ~ 5‰[18]；密县男子消费鸦片者约 5‰，女子很少[19]。由于各个县 1930 年代早中期消费吗啡、红丸的人数较少，所以郑州这时除了郑县，其他各个县烟土的消费量会更多一些。参照当时各县的人口数，这样整个郑州烟土消费量在 1930 年代前中期可能会达到全省消费量的 40% 左右。

河南境内消费的烟土，1931 ~ 1934 年以来下降幅度虽然不明显，但是逐年都在下降，降幅从每年几万两至于十万两左右。这似乎表明戒毒人员在增加。实际上，出现这一情况重要的原因则是由于烟民换用鸦片代用品红丸和白面等使然。

以 1931 ~ 1934 年的郑州烟土消费、郑州各个县的消费烟土和吗啡的人口数比例以及替代品的基本情况为参照，则可约略了解近代郑州的烟毒消费数量变化之基本情况。

四、郑州烟毒业中鸦片税的征收及其归属

对鸦片等烟毒"以征为禁"的政策从晚清开始一直在实行，征税实际存在于烟毒业的整个链条，即使是烟苗种植，也需要征税。郑州 20 世纪 20 年代以来盛行按地征收烟苗费，甚至在六年禁烟运动期间，很多地方依然在实行。登封县 1932 年春夏已清理烟苗十分之七，然 1932 年 9 月又不再清理，改为收烟税九元二角一亩征收[20]。还征收有各种关税、印花税等，20 世纪 30 年代以来，郑州诸多货栈、旅店都有从事从汉口运来的生鸦片或者土膏的存储生意，对于这一情况，军政部门的禁止烟毒机关不是予以禁止，而是发布政令要求征税[21]。

当时郑州烟毒业的税收中，总体而言是以鸦片的消费链条为基础的，并且较为稳定和清楚。鸦片税实际是多种税收的总称，一般有洋药、土药厘金、土药税、土膏统捐、土药统税、罂粟亩税、鸦片牌照、凭照捐以及灯捐等名目。

《郑州烟市调查统计》调查报告中显示了郑州 1931 ~ 1934 年的鸦片税的主要税种和征收办法。其中印花税是整个烟毒商品合法性流通的一种基础证明；烟土栈牌照费，实际上是一种营业税，是按照资本区间累增征税的；枪、灯捐税则是按照每月每个征收的，烟馆则是按照每三个月定期征收的。其中还有一项是铁路局征收的贩运费。这些税费依照数量而非定额征收，一般是可以转嫁市场变化而产生税负的，常规情况下对于投收两方也是较为公平合理的。地方军政部门还征收有烟馆牌照税（营业税），是按照每季度定额来征收的，这是利于鼓励更多人投资该行业的征税方式。

本文表二表明，当时郑州一年的鸦片税总量颇为可观，这些税收按照《郑州烟市调查统计》报告所述，早期为特税处分一半，余归民政厅及县政府，随即又调整为全归属于督察处。也就是说这四年中，郑州的特税在 1932 年之前的，50% 归属于河南省戒烟药品专卖处即最终上缴于汉口禁烟督察处，实际也即最终归于"剿匪"总司令部。

至于1934年4月1日以来的，则归于禁烟督察处，从1934年5月9日禁烟督察处组织规程规定看，其实际归属于军事委员会并听命于军事委员会委员长支配。

另从《郑州烟市调查统计》调查报告和本文表二判断，依数量征收的运费，实际是铁路实行联运政策的一种垄断收费，但是归属于铁路所得的只占收费总量的3.5％，剩下的主要部分则都归督察处，实际也是归属于军事委员会。

表二　郑州市各项涉毒税收全年总量统计表

税目　类别	运费	印花税	土栈牌照税	烟馆牌照税	烟灯捐	枪照费	总计
数量	平均1100000两	烟膏7707000两	4家	27家	243盏	621支	
纳税量	132000元	7 700元	共28800元	1620元	5832元	22356元	275608元
附注	路局运费估3.5％，余归督察处		内有2家各700元，另2家各400元				

资料来源：《郑州烟市调查统计》，《拒毒月刊》1935年第93期，第16页。

五、国民政府"六年禁烟运动"与郑州烟毒业

显然，公卖政策的实施不可能达到控制烟毒的效果，全国毒品的泛滥令民间社会和南京国民政府也意识到问题的严重，遂于1935年发起较有影响的"六年禁烟运动"。

然而即使在这种国家运动期间，郑州依然烟毒盛行。依据当时的记录，郑州老县城的大同路依然有以减价幌子和减价广播为标志的某某特货公司、特货堆栈等，实际即是烟土行、土膏店等。消费者有政府机关人员和其他烟民，政府规定购买特货应缴税，名曰"灯捐"[22]。1934年郑县发现有毒贩公然贩毒，并被查获[23]；1936年洛阳人孙连仲、黄瑞生携带毒品红丸78市斤装在行李和罐头中，从郑州乘坐火车沿陇海路到洛阳贩毒被查获[24]。此类贩烟被查的案例甚多。高额利润使得这一时期的巩县商会也有人参与贩毒[25]。更有甚者，郑州当时还有银行业参与这一业务，并且多为大宗烟土贩卖提供存储和巨资[26]。

1935年开始的"六年禁烟运动"、1937年全面抗日战争的开始以及郑州位于军事重点区域等因素，似乎影响到郑州的烟毒业，然而从所论情况看这个影响很小，可以认为郑州这一阶段至多属于一个相对的稳定期。此时期的整个河南来看烟毒业更为特殊，甚至达到了民国以来的繁盛期。从1935年至1938年左右，以烟行或烟栈和土膏店数量、规模看，不降反升，全省1935年烟行和土膏店两者共有180多个，至1938年反增至280多个[27]。

这里应该注意的是，郑州各县从抗战以来，所辖部分县为日本军队占据（1938年6月，日军占领中牟，1941年10月4日至1941年10月31日，日军占领郑州；1944年年4月23日，日军占领郑州、新郑、广武、密县等，5月占领登封、巩县，1945年8月投降）。日伪政府和日本军队在占领区实行的是"以毒养战"的毒害政策，以之破坏国民政府军队兵员和衰弱民众斗争意志，对河南执行的尤为严苛[28]。郑县、中牟等县由于在一定时间段内是敌占区，所以被纳入这些毒害政策的范围。

从河南有关各县的执行情况看，从1935年以来国民政府实行的"六年禁烟运动"，其运动的设计虽然有一些运动预期的期望，然而形式主义非常严重。尤其是随着1937年开始的全面抗战形势面临的军费和财政窘境，各地政府依然采用"以征代禁"的政策，只是更加由中央政府垄断罢了。不过由于有一定的禁烟宣传和形式上的打击烟毒业，整个社会对于烟毒的看法已然出现巨变，可以认为是"六年禁烟运动"的一个超出设定的重要效果。尤其是按照规定所成立的强民工厂，教烟民学习立身技艺、从事劳作等措施，都是值得肯定的。郑州地区当时的郑县、荥阳、巩县、登封等，也设立强民工厂，施行这些施教措施[29]，并取得了一定的成效。

六、余论

国民政府在1940年在形式上基本"按期"完成了"六年禁烟运动"的任务，之后继续采取断禁政策，但因郑州地区有的县在1938年、1941年、1944年等成为日军的占领区，所以这些地方执行的是日本军队一贯的"以毒养战"政策，一段时间内烟毒仍旧弥漫，并且各种新型毒品向周边扩散。1945年8月抗日战争胜利后，在国民政府治下郑州工商业有所恢复，地方政府也对烟毒业采取了一定的肃清和施禁措施，包括施行一系列禁毒法律法规、考核各级禁政人员、颁定奖惩办法、普设戒烟院所等。1945年，时任河南省政府主席的刘茂恩向国民政府行政院呈送《河南省政府呈送该省禁绝游击区烟毒办法》，较为严格地执行禁绝烟毒政策，提出"各县查缉烟毒遇必要时，得调集团队武装查铲或检查，并得商请当地驻军协助之"，并规定各县长对负责区内禁绝烟毒事项负有连带责任。1946年以后，还以新的行政管理办法考核各级禁政人员[30]，部分地解决了历史上禁烟中的一些难题，包括郑州在内的稽查工作，实事求是地讲，都取得了较为明显的改善。这在一定程度上遏制了烟毒的进一步流传危害，到1948年，郑州的烟毒治理已有相当改观。

自近代陇海、京汉铁路建成后，郑州逐渐形成为区域性的工商业中心，有"小上海""小汉口""东方芝加哥""北中国的命脉""北方交通线上的头脑"之称。由于城市的铁路交通枢纽、内陆商埠等便利因素，毒品也在此形成各地毒品市场的集散市场、流散附近地区的中转市场、毒品消费的本地市场，一时间成为郑州城市发展的畸形"繁荣"之态中尤其畸形的表现。加之民国时期河南地方长期的军政紊乱状态，毒业征税成为军政税收来源之一，形成各种涉毒税收的"寓禁于征"管控制度，又在制度上保障了烟毒业的繁荣，一时难以施禁彻底。民国时期只要烟毒供需市场存在、鸦片税收征收制度的存在，地方性的烟毒就难以在国家层面的禁烟施政、法律规定的大框架下真正禁绝。同时，由于烟毒消费的社会化，仅靠政府的严禁而缺少必要的社会教育、社会动员、社会管控，禁绝烟毒也势必会因缺少社会层面的参与而不彻底。从郑州来看，上述情况尤其如此。

▌注释

［1］《宣宗成皇帝实录》卷一八九第992页，卷一九○第1008页，中华书局，1996年。

［2］国家禁毒委员会办公室编：《中国禁毒史资料（1729～1949年）》，天津人民出版社，1998年，第122页、1360～1371页。

［3］谢晓鹏：《抗战时期日伪的烟毒政策及其影响——以河南沦陷区为例》，《安徽史学》2021年第1期，第109页。

［4］雷佳佳：《1935年至1940年河南省的禁烟运动研究》，郑州大学2010年硕士学位论文，第32～33页。

［5］白风楼：《巩县旧社会烟毒情况》，中国人民政治协商会议巩义市委员会文史资料委员会编《巩县文史资料》1989年第5辑，第94页。

［6］《郑州烟市调查统计》，《拒毒月刊》1935年第93期，第13页。

［7］a.徐滋叔：《豫陕巨商毛虞岑》，《河南文史资料》编辑部编《河南文史资料》1992年第4辑，第4～14页；b.郑幼池：《河南巨商毛虞岑事迹》，《河南文史资料》1986年第20辑，第132～136页。

［8］《郑州烟市调查统计》，《拒毒月刊》1935年第93期，第13页。

［9］邢富功、刘国钧：《漯河的禁烟禁毒》，《漯河文史资料》1993年第5辑，第111页。

［10］《巩县商会贩毒被抄：搜出红丸一袋》，《河南禁烟季刊》1936年第2期，第337页。

［11］《郑州烟市调查统计》，《拒毒月刊》1935年第93期，第14～15页。

［12］《郑州陇海车站查获毒品50公斤、皮箱二只由平联运至陕州在车站无人提取运郑交警段》，《河南自治周刊》1934年第37期，第11页。

［13］《新郑破获制毒窑——刘其昌制毒多年发财百万，今始破获李玉亭为吸贩巨魁被抓送县府法办》，《河南自治周刊》1934年第37期，第11～12页。

［14］《中原杂讯》，《新华日报》1944年12月8日第2版。

［15］邢富功、刘国钧：《漯河的禁烟禁毒》，《漯河文史资料》1993年第5辑，第111页。

［16］中国第一历史档案馆编：《鸦片战争档案史料》第1册，上海人民出版社，1987年，第287页。

［17］《河南社会调查（一一一）汜水七：教育与风化》，《河南统计月报》1937年第6期，第111页。

［18］《河南各县社会调查（七）广武七：教育与风化》，《河南统计月报》1935年第2、3卷合刊，第154页。

［19］《河南各县社会调查（十四）密县七：教育与风化》，《河南统计月报》1935年第4期，第129页。

［20］《查办河南省登封洛阳等县私种烟苗》，《禁烟委员会民国二十一年四、五、六月份工作报告》之"关于主管事务之进行事项"款，出版单位不详，1932年版，第11页。

［21］《郑县督察处宣示毒处罚办法》，《河南实业公报》1926年第5期，第128页。

［22］秋士：《衰落的郑州有畸形的发展》，《拒毒月刊》1935年第85期，第21～22页。

［23］《指令新郑县县长李雅仙呈一件为报告虏获毒品贩高俊贤一名应否解省请鉴核正遵由》，《绥靖旬刊》1934年第28期，第85页。

［24］《陇海路郑州车站查获巨量毒品案孙连仲、黄瑞生》，《拒毒月刊》1936年第104期，第40～41页。

［25］《巩县商会贩毒被抄：搜出红丸一袋》，第337页。

［26］颖悟：《在前月金城银行郑州分行发现了巨量的烟土这件事》，《银行知识》1937年第1期，第20页。

［27］河南省政府民政厅编：《河南省六年禁烟总报告》，河南省民政厅1941年编印，附录乙，第35页。

［28］谢晓鹏：《抗战时期日伪的烟毒政策及其影响——以河南沦陷区为例》，第106～108页。

［29］《河南省各强民工厂统计表》，河南省政府民政厅编：《河南省六年禁烟总报告》附录乙，第21～23页。

［30］《一九四六年中国禁烟年报》，国家禁毒委员会办公室编：《中国禁毒史资料（1729—1949年）》，第1360～1371页。

（原刊于《史学月刊》2021年第12期）

论郑州商号近代化转型的三种类型及其代表性案例

顾万发

在郑州经济近代化的历程中，虽然有铁路和内陆商埠的比较优势，但是由于过境贸易的特殊性和社会、经济环境的复杂性，郑州商号的近代化过程异常艰难。郑州经济近代化过程于内陆城市近代化而言，具有一定的典型性和代表性。在纷繁复杂的经济历史进程中，从有些文献记录较为清晰、商业特征较为明确的代表性商号的典型特征上，还是可以较为清晰地观察其时整个经济近代化转型的不同面貌。

依照商号的近代化特征和近代化形式的不同，主要有这样几种类型及其代表性商号。

第一类型，守旧不变，固守无援，最终衰败。以康百万为代表。

康百万是传统豫商的代表。该商号繁荣于明清时期，在明代以来的近代化早期，曾经辉煌，辛亥革命以后逐渐没落，抗日战争时期走向衰败。康百万跨越明、清、民国三个历史时期，商业经营曾被形容为"头枕泾阳、西安，脚踏临沂、济南；马跑千里不吃别家草，人行千里尽是康家田"，兴盛了12代400多年。

康氏家族利用运河航运和陆路运输，购买土地，多种经营，捐款获取功名，联络官府，寻找商机，是中国典型的绅商。而其采用的"相公制"经营制度，却是具有一定的近代化经理制特征的。不过这一制度在近代化过程中，并没有过渡到近代的职业经理人制度。康氏放手让相公们自主决策，出了问题一般不处理相公们，而是由康家负责损失。这种基于信任的经理制，与近代企业的考核制和问责制相距甚远。而且相公多是同宗、同乡，相公和康家不是近代化企业的雇员和雇主关系，依然类似于旧时人身依附的徒弟和师傅的关系。

在郑州近代化的过程中，随着清政府的衰亡，康家与新的变幻的官场没能保持更好的联系，更没能及时调整商业策略，并由于自身管理团队素质的降低和其他各种社会因素，20世纪30年代康家终于完全衰败。

康百万是跨越明清至民国的豫商代表，在明代中期以来的中国资本主义萌芽和近代化过程中，其衰败固然有依傍衰亡政府等诸多因素，但是在经营管理方面，既没能发挥原有优势，依照现实而改革，又固守土地等千年不变的投资策略，也是其衰落的主要原因。

第二类型，积极改变，然而本质未变，虽然有所气势，但是在官僚资本等的竞争下依然走向失败。以同和裕为代表。

在本质意义上，同和裕是由于无法与官僚资本和新生产力、生产关系的代表即资产阶级、民族资产阶级所投资的银行竞争而失败。

依据张玉峰《同和裕银号的创办与发展》[1]一文和有关记载[2]的论述：

同和裕银号由王晏卿于1912年在新乡创办，不久即办理郑州分号。1912年即民国元年，新乡同和裕银号创立，王晏卿任总经理。银号经营存放汇兑业务，以新乡为中心，北伸京津，南延沪宁，东至新浦，西到陕西西安，共有分号40处。同和裕同时兼有工业、商业、学校、医院等企业105家，从业人员达3000余人。

其具体的近代化改革措施是：

1.业务上与其他分号重点不同。其重点一是押汇，二是抵押放款，三是储运调拨货币。押汇主要是对行商、大商号。抵押放款的主要对象是新建的大商号、新办的工厂，如郑州裕兴水布店、郑州云礼机制砖瓦厂等。这种质押贷款显然是取自银行的优势，是郑州银号近代化过程中少有的现象。

2.由于郑州交通方便，郑州分号不仅是货币转运中心，而且是各地信息联络中心，每天各地的市场情报、货币行市等均在这里汇集、传递。注重信息和调研是银行业的重要法宝，同和裕有这样的制度，理念较为西化。

3.参与各种社会活动，加入开封商会组织，主动为军界、政界及商会筹粮筹款，为社会事业捐款，扩大了同和裕的社会影响。

4.发行招收新股，接办天津大中银行。从初期的单式记账法一律改为复式记账法（即银行簿记），向银行转型。

5.1928年年初，创办《郦南商务》杂志。以杂志为媒介，加强各地信息调研，强调员工应该随时了解经营情况，学习办工业、商业方面的思想理念。兴商学、办教育是各地商会的重要职能之一，也是商会适应市场经济需要的举措。兴商学的目标在于提高近代商人素质，培育商人的新商业精神。苏州商会章程中说得很明白："时至今日，所谓商战世界，实即学战世界。"经商与求学、商业与教育皆密不可分，"学堂也，讲习所也，陈列所也，皆为商界下新种子也"。

总体来看，尽管不像西方那样可以清楚地看到清教伦理在培育资本主义精神方面的巨大作用，但无论如何，近代中国仍然有着融汇古今、学贯中西而形成的中国近代商业精神。这种精神是许多近代企业赖以创业的无形资产。可以说，商会在培育近代商业精神方面起到了非常重要的作用。如果能够将商会创办商业期刊、商业图书馆、商品陈列所、商业补习学校、举办不同内容的国货展览会、组织商人参加国际博览会等，同"商人之服务精神"的提高、商业新道德的养成等追求结合起来观察，将会对于近代商会的商业精神有一个更加全面的认知[3]。

6. 多方置业，多种经营。同和裕在郑州、汉口、上海、天津等地设分号，积极与银行竞争。"北伸平津，南延沪宁，东至新浦，西达成都、太原，共有分号43处，店员850余人。同时兼有工商企业105家，从业人员3000余人，先后经营二十一载，成为集现代化银行、综合性工商业为一体的集团。"[4]

在近代金融业的银号中，同和裕银号可谓一枝独秀。在与银行业的竞争中，它甚至取得了不小成绩。例如1930~1933年，同和裕在郑州与中国银行等银行争夺同棉业金融权，其潢川分号与河南农工银行潢川办事处的竞争，都取得了胜利。然而毕竟是私人资本，即使有刘镇华等一些官僚资本的成分，也无法与以官僚资本为主的并且具有货币发行垄断特权的银行竞争。中国、交通、上海、金城、省农工银行等以银行团的名义采取联合行动，使同和裕先后发生了三次大的挤提事件，1937年10月4日，同和裕银号只能宣告破产。这实际是民间民族资本败于官僚资本的典型案例。

第三类型，采用新式设备、西方组织系统、管理技术和新式人力资源模式。以豫丰纱厂为代表。

1918年，留美上海民族资本家穆藕初认为，"郑州地当中枢，陕西、山西两省所产棉花之由彼东下者为数甚巨。且……东西南北四路畅通，交通便利，销场甚广。煤斤劳力……较廉"，于是他集资创办豫丰纱厂[5]。

豫丰纱厂所用机器是委托美国在上海的慎昌洋行代办的美国萨克洛佛尔公司生产的设备。穆藕初担任董事长兼总经理，厂董事会重金聘请机电、纺织、土木、建筑、财务、管理等方面的专家管理团队，把美国"泰罗制"生产管理方式运用到生产管理、工作环境、规章制度、工人管理等方面，"厂中设有医院、学校、浴池等，以供给工人之用，均不收费"[6]。所用原料种类广泛，有美棉、陕西棉、彰德棉，还设计有"宝塔""飞艇"等商标品牌。豫丰纱厂推行新式生产组织规范，厂内按装机先后次序分成五个纺织工场和一个织布工场，并设机电、机械、购料、营业、土木、运输、会计、庶务等科。在生产、工艺、管理诸方面都比较规范[7]。

正是科学的管理和先进的技术设备，让豫丰纱厂即使在成本提高的情况下，也能有所获利。早期"该厂在郑地位甚佳，该处花贱而纱销畅，虽申地纱市日见疲顿，该厂尚能独有盈余"[8]。"河南郑州豫丰纱厂为穆藕初君所创办，地位颇占优胜，其棉价工价煤价均比较低廉。兹闻其旧历四月底结算，已获净利八万九千余两，合十二万余元，当此纱厂不振之时，该厂独能获利，诚为难得，兹将该厂损益计算书录下。"[9]（表一）

表一 豫丰纱厂损益计算

利益	两	损失	两
各种纱款	2285001.95	花款	2757069.50
各种布款	157074.54	工缴	188701.73
脚花	40530.64	利息	113118.65
花包	10380.65	上年存货	499522.95
存各种花	545519.38	纯益	89889.43
存各种纱	418586.00		
存物料	145000.00		
房租	483.92		
上年收纱款	32981.18		
共计	3648302.26	共计	3648302.26

与传统商号相比，以豫丰纱厂为代表的近代企业，在规模、管理、生产、销售、效益等各方面表现出巨大的优势，是郑州近代商号近代化过程中的典范。但是民族资本主义本身的优势并不明显，办厂初期就因资本不足，借款于美国慎昌洋行。由于国内军阀混战，加上国际资本来到中国，民族资本家遇到许多困难，豫丰纱厂亏损严重。最终在以天津中国银行为代表的官僚资本和慎昌洋行为代表的国际资本双重压力下，豫丰纱厂改为豫丰和记纱厂，由官僚资本和国际资本控制。

关于豫丰和记纱厂是官僚资本还是民族资本纱厂，学术界有不同看法。有学者认为，应该依然是民办[10]，其依据是国民政府对于豫丰纱厂的认定[11]。但是，更名为"豫丰和记纱厂"的豫丰纱厂，实际上由中国银行天津分行控制，19名主要股东都是中国银行的高级职员，其中宋子文为中国银行董事长[12]，显然应该视为官僚资本。同时从改革方案看，慎昌洋行其实也是控制方之一，原来的民族资本家不再拥有投票权和经营权，所以我们认为，穆藕初的豫丰纱厂的变革，除了别的原因，就资本而言，主要原因还是民族资本不敌官僚资本和国际资本。

近代郑州商号近代化的类型和几个具体商号近代化转型的典型案例表明，在郑州经济的近代化过程中，商号无论是保守传统者，还是实施变革者，无论是传统绅商、俗商，还是真正的民族资本家，在与国际资本和官僚资本的竞争中，在半殖民地半封建的经济状况和近代生产力和生产关系的条件下，一般都不可能获得真正的成功，这也是中国经济近代化过程中一个典型的资本竞争规律。

注释

［1］张玉峰：《同和裕银号的创办与发展》，毛德富主编《百年记忆——河南文史资料大系·经济卷》卷一，中州古籍出版社，2014年，第436页。

［2］新乡市金融志编写组：《新乡同和裕银号始末——1912～1937》，《河南金融研究》1983年奥利给12期。

［3］马敏、付海晏：《近20年来的中国商会史研究（1990～2009）》，《近代历史研究》2010年第2期。

［4］《王晏卿：新乡工业之父》，https：//www.sohu.com/a/67819688_117391.

［5］穆藕初：《藕初五十自述》，上海书店，1928年，第66页。

［6］刘景向：《河南新志》上册，中州古籍出版社，1990年，第256页。

［7］张平：《豫丰纱厂始末》，《中州今古》2002年第5期。

［8］《豫丰纱厂在沪开股东会议》，《申报》1923年4月23日第4版。

［9］《公告》，《银行杂志》1925年第17期，第7页。

［10］陈景拴：《抗战时期民营企业内迁历程探析——以豫丰纱厂为例》，《重庆第二师范学院学报》2018年第6期。

［11］中国第二历史档案馆：《国民政府抗战时期厂企内迁档案选辑》，重庆出版社，2016年，第14、297页。

［12］张平：《豫丰纱厂始末》，《中州今古》2002年第5期。

（原刊于《华夏文明》2021年第7期）

柳沟碑刻中的"捻军薄荥"

刘文科　周　蜜

郑州市文物考古研究院在柳沟碑刻群搬迁清理时发现了两通石碑，分属兄弟二人，碑文相互照应，关系密切。碑文记载了清末捻军起义的若干史实，且与《荥阳县志》互为增补，对于了解清末荥阳乡土社会、探讨捻军起义这段历史增加了新的材料。

一

两通碑刻分属"茹有神"和"茹秉文"两人。根据碑刻记载，茹有神为兄，其碑文编为碑一；茹秉文为弟，其碑文编为碑二，分述如下。

1.茹有神墓碑

碑为长条形，弧形碑首。碑额近方形，上面阴刻楷书15字"此茔墓址是地主管业只准本支进入"，其两侧阴刻线纹，为仙鹤梅鹿图案。碑身外侧刻有回形纹。碑身正中刻有"清太学生茹太公讳有神暨德配赵孺人墓表"，左右两侧为碑文，均为楷书。碑文共11行，共计422字，录文如下（图一）。

公姓茹讳有神字伯昏，特表义士景昌公长子。旷达多力不拘小节，有侠士风。董君泽黎著有《异人传》，」余曾赞异人像，十八岁即蓄须，经年修髯过胸，幼读书能文章，曾授徒且精医，既而曰大丈夫当磊磊落落」文弱亦奚以为，即延师学武术，剑法枪棒拳法兼优，紫金锤常不去身。顾盼自雄曰："吾万人敌也。"咸丰十」一年，粤匪薄荥，随乃父战贼，数十合全活甚众，会坚壁清野，令下倡团练举会长击贼退，纠合村人筑土」围膺寨首，亳匪频来，率乡勇越境击贼，患遂息。名噪当时而为庸官劣绅所忌，寻衅诬以莫须有流福建，」冤哉！临行邑人士塞途送别，公蹑飞脚而去，时公年四十有六。民国七年，其孙喜发以空棺招魂，像公形」实其内，与德配赵孺人合葬于兹。用�乃父慰先灵也。孺人邑之小留村赵宗文公女，柔顺孝贤，十八岁」归，内助有则，学于公，能武术，尝于枪棒示余，得见一斑。生男一，玉镜，女二，长适后蒋寨蒋贵，次适水牛张」张成义。公去后，家政力肩无废事，子能成立女能宜家，使公得绵延烟祀不坠家风者，孺人力也。生于道」光之十六年二月十六日，卒于宣统三年

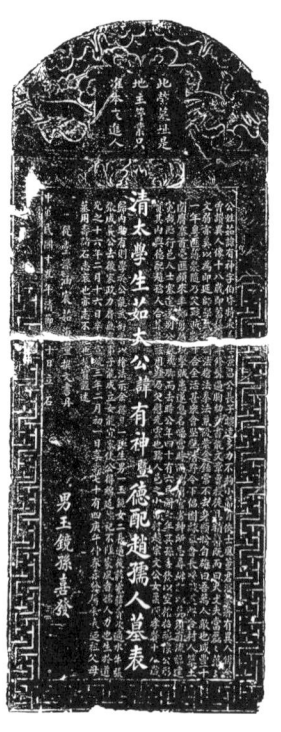

图一　茹有神墓碑拓片　　　　图二　茹秉文墓碑拓片

二月初一日，享寿七十有四。庚午仲春喜发嘱余表乃祖父母」墓用寿，诸石志衷也，亦志不忘也，据实谨述。

从堂孙涵宸茹海量撰文书丹

男玉镜孙喜发

中华民国十九年清节后十日立石

2.茹秉文墓碑

碑为长条形，弧形碑首。碑额近方形，上阴刻楷书15字"此茔墓址是地主管业只准本支进入"，其两侧为阴刻双龙吐水图案。碑身外侧饰回形纹，正中刻"清从九品茹二公讳秉文及原配王儒人继配常孺人墓表"，两侧为碑文，均为楷书。碑文共11行，共计423字，录文如下（图二）。

公讳秉文字丕显，业儒。义士茹景昌公次子，赋性孝友。父战粤匪死之营。葬毕，手刃数贼，提刀归，目犹耽」耽，以父状请于朝入忠义祠。长兄有神公无辜陷法，叩阍营救未直，有厚受公德成功名者，为县令所重，」一启口或可脱，倩之不应，终身不道该某一字，或提及目红发指巳耳。至此改儒业农。抚孤侄玉镜如子，」督责尤严，卒成立。公姊适周岗铺罗姓，少寡，无子，且贫，励以节义养于家。委以家政，殁具棺衾遂送归葬。严」庄公正，寡言笑，不轻假人以辞色，而喜与后辈谈故事。以是人敬而亲之，遇事明断入理中情。充寨长，光」绪二十六年讹传匪至，督工补寨，言出功成，村事巨细取决于公，公之威信孚人者为何如耶。生于道光」十九年五月二十八日，卒于光绪三十年二月初一日，享寿六十有六岁。原配王儒人寺后村生员王公」维范次女，柔嘉维则，卒于光绪四年，享年四十有一。生男四，玉鉴通儒术，以足跛授徒为业，先公卒无」嗣。次玉润，接寨长。三玉合、四玉聚业农。孙四，金声玉润子，继玉鉴，金晃通医术，金铎乙种蚕校毕业，金盈」业农，曾孙五，国桢业商，国权业工，国栋农村师范毕业，永安、春生俱幼。继配常孺人无出。葬公之二十五」年，其嗣以余忝列孙辈知之最悉，请为文表其墓志之如右。

从堂孙涵宸茹海量撰文并书丹

男　玉监　玉润　玉合　玉聚

孙　金声　金晃　金泽　金盈

曾孙　国桢　国权　国栋　永安　春生

中华民国十九年清明节后十日立石

二

这两通碑刻记录之事件主要集中在咸丰十一年（1861年），与"粤匪"和"亳匪"有很大关系。"义士景昌公"是茹有神、茹秉文的父亲，根据碑文可知，他与粤匪激战，并且死于战场。茹秉文"以父状请于朝入忠义祠"，得到了县府的批准。《续荥阳县志》卷三《建置志·朝庙·忠义祠》中就有茹景昌的名字。茹景昌是清末荥阳地区一位有名的乡绅，根据《续荥阳县志》卷八《人物志·武功·茹玉堂》记载，辛酉年亳匪犯境，"其祖景昌恐其有失，出城寻觅，玉堂率众追之不及，景昌遇害于茹寨西，收其尸而还"。

咸丰十一年，密县的捻军势力逼近荥阳，在与捻军作战时，由于担心族孙茹玉堂的安危，茹景昌"出城寻觅"，在茹家寨西被捻军所杀。碑文与县志中存在出入，一说死于"粤匪"（太平天国），一说死于"亳匪"（捻军）。根据文献可知，太平天国两次攻打河南，主要集中在1853～1855年的北伐和1862年西北远征。1860年前后，捻军的主要活动范围在安徽、河南一带，河南也是捻军势力最为强盛的区域之一。根据《续荥阳县志》卷十二《杂记》，1860年捻军已深入郑州地区，并且在白寨、三李等村庄活动，当地百姓闻乱躲入山洞，被全数搜出。1861年，捻军曾大举进攻荥阳、郑州地区。

据此可知，义士景昌公应该是战死于咸丰十一年捻军进攻郑、荥之时的村寨保卫战。

值得注意的是，这两篇碑刻中均提及清政府对于捻军所采取的一些政策，例如"坚壁清野"和"倡团练"，结合文献可知，这些政策为清政府针对太平天国和捻军，在地方所采取的主要战略。咸丰年间，清政府倡导"坚壁清野"的政策，在江苏、河南、山东等地倡导团练，修建圩寨，建立地方民间军事力量，并确保圩寨之间相互呼应，合力迎敌，使来犯者进无可依，退无所掠。目前在荥阳地区依然可见大量的圩寨，拥有城墙和军事设施，当是清末遗存。这一政策虽然有效地打击了太平天国运动和捻军起义，但是也加剧了晚清地方军事化进程，加快了清政府的解体。

三

上述两通碑文让我们从一个小视角切入捻军薄荥事件，两通碑刻属于同一个家族，对于研究这一时期的历史与社会具有重要价值。

从碑文和文献可知，咸丰十一年（1861年）九月，捻军远征豫东、豫中各地，并于九月八日进攻开封省城，陷巩县，围攻郑州。捻军的进攻给晚清政府造成巨大冲击，也给荥阳茹家寨茹景昌家族带来无法抹去的伤痛，而茹景昌家族的起落，反映了晚清政权统治下传统中国社会的日薄西山。

晚清时期，战乱风起，义军云涌，社会动荡。为了打击太平天国运动和捻军起义，清政府放权于乡村士绅阶层，坚壁清野，广筑圩寨，大兴团练。荥阳茹家庄的乡绅茹景昌也担负起这一"保家卫国"的社会责任。1861年，捻军攻破巩义，围困郑州，荥阳战火四起，茹景昌战死沙场。其长子茹有神继承父亲遗志，成为团练会长，他兴修圩寨，率领乡勇确保家族和地方平安。因其英勇善战，屡挫劲敌，声名显赫，成为荥阳抗击捻军的代表人物。但是随着"捻军之乱"的平息，茹有神却无故获罪，发配福建，客死他乡。关于其获罪的原因，两通碑文均有所指，茹有神的碑文写"寻衅诬以莫须有流福建"，其弟茹秉文碑文写"长兄有神公无辜陷法，一启口或可脱"。碑文如果所言不虚，那么茹有神所犯之罪或为诬陷，或并非重刑，或两者皆是。

茹有神作为乡土社会中的核心人物，为何获罪并且客死他乡，着实让人费解。结合史料可知，清末乱局中，清政府为了对付起义军，兴修团练，在这一政策下，地方性武装势力激增，有效地防范和打击了太平天国运动和捻军起义。随着地方势力的崛起，乡土社会内部的士绅权力日益扩张，在圩寨或地区军事体系仍有极高的威信和权威，这从茹有神碑文"临行邑人塞途送别公"可见一斑。地方势力的强大对中央政府构成了极大威胁，甚至在太平天国运动时期，一些地区便发生了地方团练与清政府对抗的事件。对于这些新情况，清政府采取了剿灭和瓦解政策，清政府与士绅阶层的裂隙没有弥补，反而越来越大。因此我们推测，茹有神在捻军起义被平定之后无辜陷法，可能与清政府剿灭、化解地方武装有一定的关系。

茹有神流配之后，茹景昌的二子茹秉文接过父兄的接力棒，成为寨长，士绅阶层所追求的家族荣誉和社会责任，促使他继续为地方治安服务。值得注意的是，茹秉文在其兄长被诬陷入狱之后，"至此改儒业农"。众所周知，乡村社会中士绅阶层多尚"儒"，以实现修身、齐家、治国、平天下的儒家理想和社会抱负，同时以科举为手段取得出仕资格，最大限度地发挥自我价值，确保家族获得更高的政治地位和权力。茹秉文在兄长流配之后"改儒业农"，可见父兄旧事对其影响之大。作为晚清士绅，在战乱之中，为了维护地方和家族和平，不但担负了本应由政府担负的责任，为了地方安定贡献出了亲人的生命，但最终亲人身陷囹圄，客死他乡，这些不能不让人对腐败政府产生失望，对笃信已久的儒家信条产生怀疑。茹秉文"改儒业农"不仅仅是其个人思想行为的转变，也绝对不是一桩个体事件，它表现了清末乡村社会乡绅阶层较为普遍的心理变化，具有代表性。

释读这两通碑刻的文字，茹氏一门的遭遇既是一百多年前民族记忆的缩影，也是荥阳地区军事地理意义的必然结果。郑州地处中华腹地，早期王朝核心区域，自古便有"逐鹿中原"的典故。结合文献可知，这一区域经历了太多的沧桑和战事。荥阳在咸同年间共修建圩寨56处，用于坚壁清野，抵抗太平天国运动和捻军起义。通过这两通碑刻，我们看到了一个乡土社会中的家族史，看到捻军在郑州地区的活动，看到了士绅阶层与乡土社会的紧密联系，也看到了晚清政府行将就木的惨淡背影。

（原刊于《寻根》2019年第3期）

柳沟碑刻节孝碑中的女性问题

刘文科　周　蜜

2015年，郑州市文物考古研究院在郑州市中原区须水镇附近清理搬迁了一批明清到民国时期的古代和近代碑刻。须水古属荥阳，地势险峻，具有重要的军事价值，此地人口繁盛，农商发达，一直都是中原地区的商贸中心和交通枢纽。这一批碑刻原本分布于须水镇各个村庄，后因农田水利建设，被集中在中原西路与须水河交汇的柳沟村西，称作"柳沟碑刻群"。为了配合郑州西部村镇的拆迁安置，郑州市文物考古研究院对柳沟碑刻群进行了搬迁和发掘。

这批碑刻的出现，为我们了解清末至民国初年的乡村社会提供了不可多得的文献资料。对碑刻的初步整理和释读，有助于我们了解清代至民国时期须水地区的经济、教育、生活、宗教、农村基层组织等。其中的两通节孝碑，更是为研究这一时期女性问题提供了实物资料。

对两通节孝碑的释读，让我们初步了解碑主人的生平事迹及其所体现的女性生存状态。再结合其他同时期的柳沟碑刻资料，为研究清代至民国时期荥阳东部地方社会与家庭关系打开了一扇窗。

一　节孝碑释读

由于受日光照射、风雨侵蚀，影响了碑刻文字的释读。加上碑刻在集中和作为水库堤坡基石的过程中受损，现已无法看到碑刻文字的全部内容。在搬迁过程中，我们共发现节孝碑三通，其一碑名为"登仕佐郎方二公讳文祥德配李孺人节行碑"，其二碑名为"清故处士方三公讳象离德配朱氏节孝碑"，第三通为"皇清处士方大公讳锦文德配赵氏节孝碑"。由于第三通石碑仅见少许文字，不能成文，此处不做介绍，只对前两通较为完整的石碑略作释读。

1.登仕佐郎方二公讳文祥德配李孺人节行碑

碑刻为青灰石质，高1.64米，宽0.57米，厚0.14米。碑首为圆弧形，碑额上书"鹤发冰心"，左右两侧为龙纹浮雕。碑文为小楷，共计8行，每行52字。共计378字，部分文字已漫漶不清，录文如下（图一）。

登仕佐郎方二公讳文祥德配李孺人节行碑

从来有守者必有为，有为者必出于有守，是以人生天地间，有守尚焉，夫守孰为大，守节为大。然节之守也，求之于妇女难，求之于幼年」妇女尤难者。余族祖母李孺人者可谓幼年守节者也。原孺人及笄适方文祥君，不数年而方君夭损，孺人则哭天号地，势不欲生，继又」思夫尚无嗣，徒以一死塞责罪，庶滋甚不得已，收泪含痛，勉裹家政于一人。则唯勤惟俭，对兄嫂则毕敬毕和，对侄辈则有恩有威，以治」先人旧业愈进愈盛。后来人众，拆居，孺人仅取薄田六十亩，住宅一处，余尽归侄辈享用。比时，孺人乃择兄之第六子同生为嗣，而理」家后振刷精神焉。孺人视同生有大材，令其深入商界，家中琐务，一己独任其劳。孺人生一女，适孟君金铃。于适时，嫁妆不甚丰厚，恐于」家之财政

图一 李孺人节行碑

有妨也，现今家业兴盛，时因孺人之留守而有为也。昔孺人到方门时，翁姑已谢世耳，其孝不知若何也，今孺人弃世已五」六年矣，村人群思树碑光前人以劝来者，嘱玉为文，玉不获辞，特即所知者缕续述之云。

铭□：山明水秀兮，钟毓异常有女丈夫兮，才节无双，后人□□□，前人有光。是为铭。

清优廪生　愚族孙　方贡玉沐手撰文

师范讲习所毕业　愚甥　孙奉先书丹

第四师范完全科毕业　愚孙　方　男　书额

同族：国子监　方锡蕃　清国子监　方今生　方□寅　　方□□　方锡明

副官　方贡瑞　方同科　方□□　方锡□　官校毕业　方福林等

中华民国十四年六月仲浣毂旦

这通节行碑是方氏族人为了彰显李氏的操行美德而合族共立的。据墓碑描述，李氏在非常年轻的时候便因丈夫去世而守寡。李氏在刚刚成年（十五六岁）时，便嫁与登仕佐郎方文祥为妻，当时丈夫的父母均已过世，显然孝行无从说起，所以碑名节行，并不表彰她的孝道。没过几年李氏的丈夫就去世了，只留下一个女儿，并无儿子。李氏痛不欲生，但觉得自己没有给丈夫留下子嗣，不能用死来逃脱责任，于是"收泪含痛"，过继方文祥大哥的第六子同生为自己的儿子。后来家业渐大，人口渐多，在分家

图二　朱氏节孝碑背面碑额和
正面碑文

之时，李氏仅仅取薄田少许、住宅一处，其他家产都让给了众多侄子。李氏"唯勤惟俭"，对于过继来的同生视如己出，让他外出从事商业活动，自己在家承担所有家务。李氏与方文祥只有一个亲生女儿，在女儿出嫁时，并没有给予太多的嫁妆，害怕"家之财政有妨也"。这一段碑文以寥寥数百字，讲述了清末一个年少丧夫的女子的一生。

2.清故处士方三公讳象离德配朱氏节孝碑

碑刻为青灰石质，高1.82米，宽0.56米，厚0.15米。弧形碑首，石碑正反两面皆有文字。正面碑额上书"流芳百代"，两侧为高浮雕龙形纹饰。碑文为行楷。共计11行，每行33字，共计328字。背面碑首位置为一松鹤形浮雕纹饰。碑身部分书写"乡友亲族仝立"，且记录有参与立碑的所有人员的姓名。该碑出土时已经严重破坏，碑首与背身断成两截（图二）。录文如下。

清故处士方三公讳象离德配朱氏节孝碑

益闻男□□，尤山河倚以为重，妇人节孝，门第因之生辉，此乃间气所钟而风化攸关」者也。若吾族婶母者，朱公启元之女也，十八适方门。斯时也，翁姑在堂，但知殷殷以事老，」弟兄在侧，恒知怡怡以悦亲，且亲疾亲侍汤药未尝废离。方冀夫倡妇随永享天年，」不意清光绪丁酉年，其夫象离公竟夭逝焉。生四子一女，长锡朋，仅十二岁，其他幼且」弱，不问可知。况前已析居，田无人耕，事无人理。婶母几不欲生，又思翁姑尚在，不得不」勉强支持，以书孝道。于是柏舟矢志，菽水承欢，昼夜纺织以食其十指。又为四子计划，」长子朋四□钦留在家耕□，次子珍、三子党令出外学习职业，后来各知勤俭，家有余」粮，外进多□，二十余年置地近八十亩，家中称少有为。呜呼，婶母七十竟去世矣，何受」其苦者久、享其甘者寥也。村人欲树碑以彰其德、表其苦，乞文于玉。玉陋甚，只按事序」之云尔。

铭曰：檀山在其后，长河在其前，妇女有完人兮，节孝双全。吾始信钟毓有灵兮，可作巾帼之山巅。

清优廪生族侄方贡玉斋心撰文

邑人赵道一沐手书丹

铁笔孙绍源

中华民国二十一年岁次壬申秋九月上浣穀旦

这一通节孝碑是方家后辈们为家族内一位德行高尚的长辈朱氏所立。朱氏18岁之时婚配方象离为妻。当媳妇时，她伺候公婆，与方象离的兄弟关系和睦；家人有病时，常常亲侍汤药。丈夫方象离早年过世，留下了白发高堂和幼子四人幼女一人，长子年仅12岁。因为丈夫的去世，朱氏痛不欲生。但是高堂和年幼的孩子需要她照料，朱氏勉力支撑起这个家。通过勤俭持家，精心打理，儿子各有成就。20余年来，置地多达80亩，家境殷实。朱氏70岁去世，结束了其中年丧夫、吃苦受罪和晚年乐享天伦、家业有成的一生。

二、柳沟碑刻中女性概述及其特点

上述两通节孝碑记载翔实，保存状况相对较好，为我们研究这一时期女性问题提供了重要的材料。在柳沟所发现的其他碑刻中，也有少量关于女性的记载，对这些材料的统计和分析，将为我们研究清末乡村女性问题提供更多资料。

柳沟碑刻群共发掘有字碑刻59通，其中33通碑刻提到女性，共计56人。尽管人数不少，但对于她们的描述惜墨如金，具有以下两个特点。第一，有姓无名。在柳沟发现的碑刻中，包括合葬墓碑和节孝碑，均未发现女性的完整姓名，在合葬墓碑中，仅有丈夫名讳，女性均以姓氏区分。第二，描述简略。在柳沟碑刻中仅有少数关于女性事迹的记载，在合葬墓碑中除姓氏外，基本上没有女性的信息。在节孝碑中，出于对人物具体功绩表彰的需要，一般有较多的关于女性事迹的记载。

三、柳沟碑刻反映出的社会问题

柳沟碑刻群中可以观察到的女性事迹较少，以节孝碑为基础，结合其他碑刻中零散的信息资料，可以一窥清末至民国初年荥阳地区的女性评价标准及其社会地位，这些都是研究这一时期社会结构与社会环境的重要资料。柳沟碑刻尽管文字较少，仍然反映出许多关于女性的社会情况。

1.评价标准

在柳沟出土的所有碑刻中，有具体女性事迹描述的不过6通石碑，叙述详尽的则只有上文介绍的两通节孝碑。通过对人物形象的刻画，我们可以归纳出当时社会对于女性的评价标准。

在《登仕佐郎方二公讳文祥德配李孺人节行碑》中，提出女性"守节为大"；评价李氏在生活中"唯勤惟俭"，在人际关系上"毕敬毕和""有恩有威"；治家方面，"以治先人旧业愈进愈盛"；培养下一代时，"视同生有大材，令其深入商界"；面对家庭琐事，"独任其劳"；至于对待长辈的态度，则因"其孝不知若何也"。

在《清故处士方三公讳象离德配朱氏节孝碑》中，认为女性"妇人节孝，门第因之生辉"，丈夫去世后，二老双亲和未成年的四子一女是朱氏唯一的牵挂和责任。朱氏对待老人"但知殷殷以事老"，用行为"以书孝道"；处理人姒娌兄弟关系时，则"恒知怡怡以悦亲"；治家方面"昼夜纺织以食其十指"，辛苦劳作终有回报，"二十余年置地近八十亩，家中称少有为"；培养下一代时，"为四子计划"，子女"各知勤俭"。

柳沟碑刻中其他碑文中，也有少量关于女性评价的记载。例如《清从九品茹二公讳秉文及原配王儒人继配常孺人墓表》，提及茹秉文原配王孺人"柔嘉维则"。《清太学生茹太公讳有神暨德配赵孺人墓表》中，对于赵孺人的评价则是"柔顺若贤，十八岁归内助，家政力肩无废事，子能成立女能宜家，使公得绵延烟祀不坠家风者"。

通过对上述碑文的释读，我们不难归纳出清末至民国初年对于女性的评价标准。这一标准首先是立足于妇德。"节孝"是女性妇德的第一个标准，"守节为大"；恪守孝道也是妇德的一个重要标准。在处理人际关系中，则要求女性恭敬平和，温柔待人，温和处事。

通过对上述碑刻的观察，我们发现，这一时期对妇女评价有一个较为明显的特征是"有所作为"。李孺人少年守寡，在治家之上，使先人旧业愈进愈盛，家业兴旺。朱氏中年丧夫之后，精心治家，20年来置地80亩。对二人的文字描述均表明，这一时期对女性的要求除了能够守节，还必须有所作为，能够使家族昌盛。

2.社会地位

考察柳沟碑刻中的女性事迹可以看出，这一时期对于女性的评价仍以传统标准为主，要求非常高，甚至可以说近乎苛刻。这一时期的女性的地位又如何呢？女性在整个社会和家庭体系中无外乎三种身份和地位：母亲、妻子和女儿。这三种形态在柳沟碑刻提及女性的碑刻中均有涉及，但是，对于出现的女性不做过多介绍，描写寥寥无几。只说明女儿人数、嫁至某家、是否有嗣，母亲这一属性更多地依附在妻子的身份之下，大多数没有事迹可供查考。

根据柳沟碑刻的碑文，女性在墓碑中只有姓氏而没有完整的姓名，大部分女性也没有较为完整的生卒年月。即使在表彰女性德操的节孝碑上，也没有女性的姓名，却往往在其上书写其丈夫的完整姓名。即使如李氏节孝碑中"孺人生一女，适孟君金铃"，便提及有亲生女儿，且没有女儿的完整姓名，却有女婿的姓名。这一情况并不是孤例，其他碑刻中也有类似情况。据此可知，此时的须水地区男性身份较女性仍然有无法比拟的优越性，女性只是男性的附庸，是社会与家庭中的次要组成元素，没有占据较高的社会和家庭地位，甚至是非常低的一种社会地位。

3.节孝的阶层性

宋元以来，由于"三从四德"的观念渐深，对于女性便提出了更为苛刻的要求，重节孝的社会风气日盛。但是，通过两通节孝碑以及相关碑刻的释读，我们明确地感受到，节孝有一定的阶层性。

两通节孝碑中均提及两位女性能够守节且勤于持家，使家庭面貌为之一新。两者共同的特点是具有较好的经济条件。这一基础不但是评价女性有为的标准，在某种程度上也是女性得以守节义的基础。《清从九品茹二公讳秉文及原配王孺人继配常孺人墓表》中提及的"公姊适同岗铺罗姓，少寡，无子，且贫，励以节义养于家。委以家政，殁具棺衾遂送归葬"。茹秉文的姐姐家贫且无子，茹秉文鼓励其节孝养于家，就是一个有力的证明，经济条件的具备是女性节义的必要条件之一。没有较好的经济实力，传统社会中孤独贫穷的妇女难以完成其节孝的心愿。节孝观念在现在看来是女性的社会和家庭枷锁，但是，在古代社会却被认为是传统女性个人价值的实现，同时也是家族荣耀。于是，越是庞大的家族，在经济条件允许的情况下，越会支持家族内女性的节孝实践，也都会把这种节孝行为当作家族共同的成就。

4.时代性

在柳沟碑刻中关于女性的碑刻中，我们根据碑刻的年代先后进行排列，发现了一些细微的差异。例如，所有提及墓主姐姐和墓主女儿（包括孙女）的碑刻，全都立碑于民国；所有清代碑刻中，无论墓主有无继承人，都没有提到是否还有女儿。可见从清代至民国这段时期，女性地位处于从传统社会向近代的转型中，正与时代变革同步。

在方文祥妻李氏节行碑、方离德妻朱氏节孝碑中，除了表彰她们守节、与同辈和睦相处、自力自强、但取所需这些传统节孝美德，还强调了她们在治家和经济上的天赋和努力，例如擅长财富积累、支持继子投身商界，这显然脱离了称颂列女事迹的标准模式，说明在清末以至民国时期，节行碑已不能容纳新时期女性的奋斗事迹和人生贡献，而且社会舆论对于这类突破传统评价标准的女性，也表示了认可和称赞。

综上所述，柳沟碑刻群中共有两通涉及女性杰出事迹的碑文。作为家庭从属者角色的女儿、作为家庭生活承上启下的妻子、作为家庭气质塑造者的母亲，都是曾经生活在须水镇的平凡历史人物，虽然没有波澜壮阔的人生际遇，她们的生平事迹仍然对后人研究清末至民国时期荥阳地区社会变化具有重要的参考价值。

（原刊于《寻根》2020年第4期）

新发现荥阳教育记事碑考释
——兼论郑州地区清末义学特征

刘文科　任向坤　葛放

义学是中国古代为民间孤寒子弟设立的一种启蒙教育机构，免费入学，经费来源有官款、地方公款和地租等多种形式。义学源于北宋，范仲淹在其家乡购置良田建立义宅和义田，用来为宗族子弟设立义学，对其进行教育，这就是义学的发端。明清以来，义学作为一种民间的教育形式在全国范围内得到飞速发展。2014年，郑州市文物考古研究院对柳沟碑刻群进行了搬迁，在搬迁中发现两通教育记事碑，这两通石碑记录和描述了清末至民国初年民间创办学校的情况，对于我们了解这一时期郑州地区民间义学和乡村教育模式具有重要意义。

一、柳沟教育记事碑概况

清末的教育记事碑立于宣统年间，记录光绪年间创办义学，未发现碑名，碑额上书"兴学育材"。民国时期的碑名为"创办大同学校碑记"。现分述如下。

1. "兴学育材"石碑

石碑为青石材质，高1.41米，宽0.53米，厚0.13米。碑首弧形，左侧为阴刻的白鹤衔环图案，右侧图案磨损较严重，为梅花鹿的图案，碑额阴刻"兴学育材"四个楷体大字。碑首下面为碑文，四周有阴刻边款，宽约5厘米，有花草蔓枝、花瓶、拂尘等吉祥图案。正文竖行，一共13行，满行42字，共计519字，录文如下（图一）。

国家育材之道，有官学，有私塾。官学设之自上，私塾则民间设立以补官学之不足者也。然□□□□□夫为难，非大慈善家捐资财以设义塾则贫困者读书无由，而欲收教育普及之效□□□□□□□君号梅村者乐善好施，虽身列商界，而性喜读书，光绪二十四年，出钱二百千文交本村梁君文许经理，盖欲设义塾，便贫民也，梁君虑孤立无助，势难独任，要本村方君锡蕃，方君同升为会办，三人同心协力，和衷共济，日以提倡教育为心，故能集少成多，积微致巨。不数年，而购地十八亩余，三十年，三人相集商议谓事情日以繁难办理仍难周全，又要梅翁之堂侄贡珍及本村方君增华为

图一　筹办余庆堂义塾碑记　　图二　筹办大同学校碑记

帮办之五人者，视公事如己事，三十一年，学已成立命名为余庆堂义塾，村中父老无不称便，异日人材蔚起梅翁捐资之功固伟，梁君竭力经营及方锡蕃等尽心扶持任事之功岂可少哉，石庙村周君之翰深以此事为义，丈地十八亩余未尝取分毫之利，轻财好义之心亦有不容泯没者矣，君于三十一年十二月殁，临终召其子贡瑞而嘱之曰，余庆堂义塾乃吾与梁君经营数年而成者也，尔不可不承吾志，贡瑞饶有父风，塾内诸事，仍委梁一人主持，数年之间，颇著成效，又购庄基一处，以为义塾之用，厥后方同升经商他乡，方增华身任公务，方贡珍以己既出资不宜问塾内事，遂相继辞职，梁君与方锡蕃君，虑人少事多，难以兼顾，要本村方君文玉方君克仁与予为帮办，并嘱予为文，予以公益所在，义无容辞，因即其颠末而为之记。

巳酉科拔贡直隶补用直隶州州判族愚侄方志光顿首撰文

优廪膳生再从堂侄方贡玉题大清宣统三年十月吉日

2.创办大同学校碑记

石碑为青石材质，高1.57米，宽0.56米，厚0.14米。碑首弧形，左右阴刻祥云瑞兽花纹，漫漶不清。碑额阴刻上书"明德昭垂"四个楷体大字。碑首下面为碑文，正文竖行，计10行，满行45字，共计415字，录文如下（图二）。

吾邑东南有洛河庙焉不知创自何时，神圣灵应德被一方。其庙西各村结成洛西会捐资制田，百四十亩以之办理学校，洵称善举，唯相聚较远，各村每因时间风雨关系诸多滞碍。于是纠集各村会首再四商酌，始议由百四十亩中分出六十五亩，学设白寨，名之曰大同学校，凡上学各生靡不称便。因开办事繁，遂举方五棠、雨村两位先生倡办于前，后举方锡藩同礼信卿绍卿绍年子义等承办于后，当即呈请纪、胡两县长由教育局省厅各处备案永垂不替。至办学诸君奔驰城乡监修学舍颇着勋劳，然预计地课税变款，不足半年开支。是以募得方五棠捐洋二百余元，雨村捐洋数十元，与藩捐洋数十元，信卿绍年绍卿子义等各捐钱六十串，谢晋卿捐钱二十串，藉以度支难关。虽有济助，仍属亏累，学校几至停办。幸得方绍卿、五棠等出而维持运筹、至再唯有移地可赛债累，且近地价昂远地价轻，遂商同办理。诸人将近地卖出三十二亩有零，得洋二千四百余元，制南乡远地六十三亩有零，费洋一千九百余元。所余之款，一还旧年亏空，二作本年经费。自是以后学款较丰，当企永远庶无虑焉，余学识简陋未能为文，谨叙其颠末缘由，并将办理学校各会首名列于后，以昭来许云尔。

经办诸会首：

方锡藩　方同礼　方联志　方保成　吕丙先　方济勇　方筱未　方文滔　方贡瑞　方孚先　方廷信文

文甫学士　孙钦明撰文

师范毕业　方廷杨敬书

铁笔　孟昭文

中华民国二十年岁次辛未正月上浣立

二、柳沟教育记事碑考释

碑刻1记载清代光绪二十四年（1898年），从事商业的方梅村出资二百千文，倡导兴办义学来解决贫困家庭的教育问题。在方梅村的支持下，梁文许邀请方锡蕃、方同升为会办。通过6年的努力，终于购置了土地18亩，并且逐渐扩大义学规模，历经7年的筹划筹备，终于在光绪三十一年（1905年）建起"余庆堂义塾"。

碑刻2记载了在洛西庙附近的村庄成立洛西会，采用捐资的方法筹办学校。方五棠、方雨村倡导于前，方锡藩、方同礼积极筹备学校，后学校建成，校名为"大同学校"，学校设在白寨。但是由于民间办学的艰难，致使学校多次停办，筹办者采用捐资和置地的方法筹措经费，以保证大同学校的运营。

这两通石碑发现于须水柳沟，与其一起共存的还有大量须水地域的其他碑刻。通过碑文中的"石庙村""白寨""吾邑东南有洛河庙"和"洛西村"等信息，我们可以清楚地知道这些学校的地点。白寨和石庙村在历史上均为当时行政区划中荥阳须水地域的村庄。这两处村庄均在柳沟附近，根据学校开办的地点和学校名称，我们初步判定，这两通石碑记录的应该是在荥阳地区须水附近的两次民间办学的事情。

结合文献，我们发现，在这一地区，还存在一次办学活动。民国《续荥阳县志》载："洛西国民小学，治东三十五里洛河庙，光绪三十年，由监生方锡藩、方增华创办，经费由洛西会。"[1]这段文字为我们了解须水附近这两通石碑所载的两次办学情况提供了重要的史料。根据文献，我们可知在光绪三十年（1904年），在洛河庙附近，方锡藩和方增华曾创办洛西国民小学，经费由洛西会出。结合目前新出土的两块石碑，我们发现其中有两个问题值得探讨。

第一，这一地域三所学校的筹办时间与关系。文献所载洛西国民小学创建于光绪三十年，石碑所载余庆堂义塾创建于光绪三十一年，大同学校未写明创办时间，但是通过碑文可知其不晚于"民国"二十年。根据上述，我们可知，在须水先后创办了洛西国民小学、余庆堂义塾、大同学校三所民间教育学校。

其二，文献与石碑所载的地名、创办者的姓名等多有重合。如余庆堂义塾的筹办者方锡蕃和方贡瑞。光绪三十年，在洛河庙附近，方锡藩和方增华曾创办洛西国民小学，经费由洛西会出。在大同学校的会首中有方贡瑞和方锡藩，经费同样由洛西会出。

通过对上面两个问题的观察与思考，三者的关系是否如上述所言？结合石碑与文献可知，光绪三十一年创办的是"余庆堂义塾"，是方梅村和周之翰捐地出资，梁文许、方锡藩、方增华、方贡瑞等筹备办理的义学。但是根据文献，光绪三十年，方锡藩、方增华创办了洛西国民小学，经费由洛西会出。在大同学校的会首中有方贡瑞和方锡藩，经费同样由洛西会出。在三所学校的创办中，出现有方锡蕃、方锡藩、方增华、方贡瑞。余庆堂义塾的碑文为直隶补用直隶州州判方志光所书，他是文中方氏家族中的晚辈，据此可知，"方锡蕃"与"方锡藩"应该是同一个人。因此，方锡藩、方增华、方贡瑞三人先后参与了须水地区的三次办学活动。但是根据文献和碑刻还可以知道，洛西国民小学、余庆堂义塾均为光绪年间的办学活动，其中一个为光绪三十年，一个为光绪三十一年。根据碑刻所载，在民间办学相当不易，两年时间创办两所学校更不容易。那么这三所学校究竟存在什么样的关系，厘清其中关系与原委，对于我们认识这一地区的民间教育具有非常重要的作用。

据文献记载，洛西国民小学为光绪三十年建校，而余庆堂义塾于光绪三十一年建校，并且创办者的姓名差别不大，在经费上却存在一定的偏差，前者为洛西会所出，后者为方梅村捐资。大同学校的筹办者之一也是方锡藩，其费用也是洛西会所出。同时根据文献和碑刻年代，可知余庆堂义塾乃光绪二十四年筹办，创建于光绪三十一年，碑刻所立时间为大清宣统三年（1911年）十月。《续荥阳县志》载有洛西国民小学，该书为民国十三年成书，为县知事有庚主修，卢以洽主纂。而创办大同学校碑是民国二十年立。何时建立学校，在碑文上并未提及，但是根据本文中有办学向教育厅备案的文字，提到"纪胡两位县长"。通过《荥阳县志》我们可知，在国民政府时期，荥阳县（今荥阳市）历任32位县长或者知事，只有一位县长姓纪，这位县长就是纪泽生县长，此人为山东利津人，在民国十六年任荥阳县长[2]。因此，这通碑刻记录的事情应该是发生在民国十六年前后，而且不早于民国十一年，不晚于民国二十年。因此，根据碑刻与文献年代，加之余庆堂义塾、洛西国民小学、大同学校这些特定时代学校的名称，我们认为，在洛河庙地区的白寨附近，至少有三次不同时期的建校活动，第一次为余庆堂义塾，第二次为洛西国民小学，第三次为大同学校。

但是通过对比我们发现，第一次办余庆堂义塾与第二次办洛西国民小学，除去学校名字和出资方不同外，小学创办者基本一致，没有太大出入。而第一次与第三次的情况亦类同。第二次与第三次根据文献记载，除地理位置、出资方、创办人稍有出入外，基本没有太大变化。根据这三所学校的历史、地理位置以及创办人的情况，结合清末到民国时期的经济、教育情况。我们大胆推测，在洛西庙附近的三所不同的学校，很有可能是同一地区的同一所学校。因为在同一区域，通过民间集资、捐款的方法来筹办慈善性学校并不是一件容易的事情，不可能在同一地域创办两所或者多所公益类学校。上述三所学校均采用捐资和课租的方法来维持学校的运转，在资金运营上完全一致。这三所学校所在位置应该均在洛西庙附近。同时在三所学校的筹备上都有较为关键的几个人，方锡藩参与了余庆堂义塾，而且被认为是洛西国民小学的创办者。方贡瑞，方梅村之子，余庆堂义塾的出资方，并且有其父"余庆堂义塾乃吾与梁君经营数年而成者也，尔不可不承吾志"的嘱托，其也是余庆义塾和大同学校的关键人物之一。结合上述，我们认为，文献中所载这所学校，很可能是有传承的一所学校，在一群有识之士的努力下艰难前行。柳沟这两通石碑的发现，对于完善这一区域的史料提供了重要的佐证。

三、郑州义学的特征

碑文中讲道，国家之育才有官学，亦有私塾。官学应该是由上而下设立的公办学校，在民间则有私塾，这些私塾是民间的一种教育模式，可以补充官学的不足。但是对于贫困家庭来说，不管是官学还是私学都上不起，不能实现教育的普及。于是在民间产生了义学。

根据文献资料可知，清代荥阳县（今荥阳市）共设立义学5所，均为光绪年间设立，其为曹李义学、乐育义学、郎君庙义学、兴国寺义学、蔚文义学[3]。由此可见，义学是清代一种主要的民间教育。在创办大同学校碑记中我们可知，该碑立于民国二十年，在这通碑上，我们没有发现比较清晰的是否义学的痕迹，但是我们知道，这所学校为须水的村寨办理的区域性民间教育组织。尽管在建立之初，通过当时的荥阳县长报教育部门核准，是须水这一区域的学校，但是在教育经费的来源上还是采取捐资的方法，其中"方五棠捐洋二百余元"，并在此基础上筹措资金而"办理土地"，用来维持学校的运转，由于其经费来源是课税，所以不出义学的范畴。这种情况在中国古代的民间教育中屡见不鲜，因为义学从北宋开创，是在族塾和宗塾的基础上发展而来，所以两者之间有着千丝万缕的关系。并且这类情况在清末荥阳地区较为常见。例如荥阳地区的东街国民小学、吉寨国民小学等[4]。从这些学校的经费筹措情况来看，我们可以清晰地看出，其源于早期的义学运营模式。同时，通过对这两通石碑的释读，可以较为清晰地把握清末郑州地区民间教育的主要特征和文化背景。

清代的义学分为官办、官立义学、私立官督义学、私立义学等多种形式。从柳沟出土的这两通石碑并结合河南地区的文献，我们可知，在荥阳地区出现的义学大多为私立的义学，广泛设立于汉族地区的义学，带有很强的民间社区和宗族"众所共设"的特征[5]。

1.义学创办的艰难性

尽管义学希望通过免费的方式来满足"贫困者读书无由"并达到"教育普及"的目的，但是从石碑和县志中，我们清楚地看到，在须水地域的洛西庙附近，这三次一脉相承的办学活动都十分艰难，不但表现在创办人员的流动性上，也表现在经费的缺乏上。从碑文来看，洛西会应该是洛河庙附近一个相对成熟的办学民间组织，其成立的时间应该在民国十三年之前。据荥阳县志可知，洛西国民小学的出资方应该是这个组织，而且在民国十六年左右，它又倡导开办大同学校。一个地区三次创办乡村学校，每一次创办都暗示了上一次办学的失败。学校不断地创办，却因各种原因不断地停滞。这其中有来自村社的原因，正如碑文记载"惟相聚较远，各村每因时间风雨关系诸多滞碍"；也有资金的原因，例如"虽有济助，仍属亏累，学校几至停办"。这些都表现出郑州地区乡村民间教育的艰难。

2.义学管理机构的民间性

在须水洛西庙附近的三次民间办学，都有一个核心办学机构来倡导和筹办义学。在余庆堂义塾的建立上，方梅村出资，梁文许、方锡藩、方同升、方增华等进行学校的创立和运营；在大同学校的建立上，采用了捐学田的方法，由方五棠出资，方锡藩、方同礼、方联志、方宝成、吕丙先等进行管理运营；大同学校的创办是以洛西会为主导，这一协会是洛河庙西附近村子为了办理学校捐资置田而自发组成的，其协会董事就办学问题进行讨论，而且有了一定的规则。

将碑刻与文献结合来看，洛西会应该成立较早，早在洛西国民小学成立之前就已经成立，因为洛西国民小学就是这一协会倡导并办理的。而后"因时间风雨关系诸多滞碍"。在洛西国民小学停办后，又创办了大同学校。这一组织是洛西庙附近办学的主导与核心力量，而其发端应该是余庆堂义塾。这是中国古代比较典型的民间管理模式，具有松散性的特征，是传统意义上的一种管理模式。在余庆堂义塾的建立上，管理队伍从梁文许开始，随着事情的复杂和时间的推移，其队伍不断扩大。大同学校在筹办中，有一定的约束，但还是相对松散。

3.学校经费来源以课税为主

民间义学的开办，大都需要有强大的经济作为后盾，仅就河南而言，义学的创建者既有朝廷大员、地方官员，也有士绅、地主、商人、平民等。明清时期，在河南创建义学的各阶层人士共369人，其中，地方官员所占的比重最大，约43%；各类学生次之，约23%；再次是士人阶层，约12%[6]。这两通石碑对于私立义学的经费问题做了较为清晰的介绍。余庆堂义塾以商人方梅村的捐资为基础，在石庙村周之翰的帮助下建立起来；大同学校则是在捐地、捐款的基础上进行运营，资金来源主要依靠田地的课税来维持。没有国家和政府的支持，这些义学的经费容易陷入困顿，大同学校就多次停办，这也基本上反映了民间义学的真实状况。

4.社会责任感是义学创办的基础

因为没有科学的管理模式和雄厚的经济基础作为后盾，在民间义学的创办和运营中，需要有一个非常团结的集体。这样的集体能够"视公事如己事"，创办者和组织者都有良好的道德操守。明清时期，"义"被认为是趋向于"众所共设"之意[7]。结合柳沟出土的两通石碑，我们认为，私立义学创办并维持需要两个前提，其一是商人的社会责任感，其二是管理人员的自我责任感和使命感。在余庆堂义塾的设立上，方梅村出资办学，在他去世前，还嘱托儿子将此事办下去。同时，有人出资而不出面管理，不落分文之私，石庙村周之翰免费捐赠土地促成义学。在学校的筹办和建设上，主要的管理人员"视公事如己事"，苦心经营，使这些民间学校得以生存。

四、余论

柳沟这两通石碑的发现，对于我们研究清末荥阳地区甚至郑州地区的民间教育具有重要意义。通过对这两通石碑的释读，结合河南地区的文献，我们对义学有了一个更为全面的认知。

义学是明清时期重要的民间教育组织，这一组织对民智开化、教育普及起到了非常重要的作用。柳沟教育记事碑是研究区域性民间教育的重要资料，同时也是我们研究地区政治、经济的重要参考。荥阳的这些义学均开办于光绪年间，这些学校的开办与荥阳当时的政风是分不开的。时任县令张煦初热心教育，创办多所学校，使当时荥阳地区的教育风气为之一变[8]。总之，在柳沟发现的这两通石碑为我们认识和了解义学、研究须水地区历史提供了重要的文献资料。

注释

[1] 卢以洽纂修、张沂等编：《民国续荥阳县志》，成文出版社，1968年。

[2] 荥阳市志总编辑室编：《荥阳市志》，新华出版社，1996年。

[3] 卢以洽纂修、张沂等编：《民国续荥阳县志》，成文出版社，1968年。

[4] 卢以洽纂修、张沂等编：《民国续荥阳县志》，成文出版社，1968年。

[5] 于晓燕：《"义学"释义》，《贵州师范学院学报》2014年第10期。

[6] 李慧源：《明清河南义学创建及办学规制研究》，《教育与考试》2013年第5期。

[7] 于晓燕：《"义学"释义》，《贵州师范学院学报》2014年第10期。

[8] 荥阳文物志编纂委员会：《荥阳文物志》，中州古籍出版社，2011年。

（原刊于《华夏文明》2016年8期）